2013中国省市经济发展年鉴

CHINA PROVINCES AND CITIES ECONOMY DEVELOPMENT YEARBOOK

中国省市经济发展年鉴编委会　编

下册

外文出版社
FOREIGN LANGUAGES PRESS

图书在版编目（CIP）数据
中国省市经济发展年鉴. 2013：全 2 册 ：汉英对照 / 中国省市经济发展年鉴编委会编.
北京 ：外文出版社, 2014
ISBN 978-7-119-08817-4
Ⅰ. ①中… Ⅱ. ①中… Ⅲ. ①区域经济发展－中国－2013－年鉴－汉、英
Ⅳ. ①F127-54
中国版本图书馆 CIP 数据核字(2014)第 086781 号

责任编辑：刘承忠
装帧设计：刘志鹏

中国省市经济发展年鉴·2013（上、下）

编　　者：中国省市经济发展年鉴编委会

出版发行：外文出版社有限责任公司
地　　址：北京市西城区百万庄大街 24 号　　邮政编码：100037
网　　址：http://www.flp.com.cn　　电子邮箱：flp@cipg.org.cn
电　　话：008610-68320579（总编室）　　008610-68996182（编辑部）
　　　　　008610-68996179（发行部）　　008610-68996183（投稿电话）
印　　刷：北京画中画印刷有限公司
经　　销：新华书店 / 外文书店
开　　本：880mm×1230mm　1/16
印　　张：121.5
字　　数：4000 千字
版　　次：2014 年第 1 版第 1 次印刷
书　　号：ISBN 978-7-119-08817-4
定　　价：780.00 元（上、下）

《中国省市经济发展年鉴·2013（上、下）》

编委会

主　　编：黄　培

编　　委：刘　琴　　贺立丽　　韩拥军　　杜劲松

　　　　　杨桂英　　高春雨

校　　对：乔　霞

责任编辑：刘承忠　　施化敏

编者说明

一、《中国省市经济发展年鉴·2013（上、下）》是一部全面反映、系统比较中国区域经济和城市经济发展状况的大型统计资料性年刊。本书分为上、下册，上册收集整理了31个省级行政单位的数据，下册收录了285个地级及以上城市的数据。

二、本书信息量大、特别突出数据的发展性和比较性，包括连续三年的统计数据以及最后一年数据的位次排列，为讲述全国地区发展和城市发展提供了重要的参考依据。主要内容涵盖：行政区划与人口、就业和工资、国民经济核算、固定资产投资、财政和税收、价格指数、居民生活、城市建设、资源、能源和环境、农业、工业、建筑业、运输和邮电、贸易和旅游、金融业、房地产业、科学技术、教育、卫生、文化和体育、社会服务和社会保障等社会经济发展的各个方面。本书未包括香港特别行政区、澳门特别行政区和台湾省的数据。

三、本书所涉及东部、中部、西部和东北地区的具体划分为：

东部10省（市）包括北京、天津、河北、上海、江苏、浙江、福建、山东、广东和海南；

中部6省包括山西、安徽、江西、河南、湖北和湖南；

西部12省（区、市）包括内蒙古、广西、重庆、四川、贵州、云南、西藏、陕西、甘肃、青海、宁夏和新疆；

东北3省包括辽宁、吉林和黑龙江。

四、本书中部分数据合计数或相对数由于单位取舍不同而产生的计算误差，均未做机械调整，本书的数据均来源与国家政府机构、行业协会等公开发布数据整理而成，数据准确权威。

《中国省市经济发展年鉴》编委会

Editor's Notes

I. "Cina Provinces and Cities Economic Development Yearbook - 2013 (Volumes 1 and 2) " is a large statistical annual book which fully reflected and compared China's regional and urban economy development systematically. Thish book is divided into two volumes, Volume 1 collected data of 31 provincial administrative units, Volume 2 includes the data of more than 285 central cities in Chinese urban system. To facilitate readers to use, the book made brief explanation to the major statistical indicators.

II. The yearbook is informative and particularly prominent on it's developmental and comparative data which including three consecutive years of statistical data and the seating arrangement on data of the last year. It provides an important reference for comparing the national regional development and city development. The Main contents include: population and land, employment and wages, national economic accounting, fixed asset investment, national finances and taxes, price index, the lives of residents, city construction, resources, energy and environment, agriculture, industry, construction, transportation and post and telecommunications, trade and tourism, finance, real estate industry, science and technology, education, health, culture and sports, social service and social security and other aspects of the social and economic development. The data of this book does not include the Hong Kong special administrative region, Macao special administrative region and Taiwan province.

III. The regions involved in the book were divided like this: Eastern region including Beijing, Shanghai, Tianjin, Hebei, Jiangsu, Zhejiang, Fujian, Shandong, Guangdong and Hainan 10 provinces (municipalities);

Central region including Shanxi, Anhui, Jiangxi, Henan, Hubei and Hunan 6 provinces; Western region including Inner Mongolia, Guangxi, Chongqing, Sichuan, Guizhou, Yunnan, Tibet, Shaanxi, Gansu, Qinghai, Ningxia and Xinjiang 12 provinces (autonomous regions and municipalities); Northeastern region including Liaoning, Jilin and Heilongjiang 3 provinces.

IV.Some total numbers or relative numbers in this book may have a few calculation errors because of a certain units, we did not do the mechanical adjustment. Book sources of data and national government agencies, trade associations, and other publicly available data from the authority of the data accurate.

地级目录

CITIES CONTENTS

一、行政区划和人口

Divisions of Administrative and population

二、就业和工资

Employment and Wages

三、国民经济核算
National Accounts

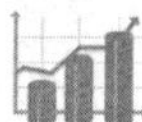

四、固定资产投资和房地产
Investment in Fixed Assets and Real Estate

五、财政
Government Finance

六、居民生活和社会保障
People's Living Conditions and Social Security

七、土地资源管理
Land resources management

八、城市建设
Urban Construction

九、能源和环境
Energy and Environment

十、农业
Agriculture

十一、工业
Industry

十二、建筑业
Construction

十三、运输和邮电
Transport, Postal and Telecommunication Services

十四、贸易和旅游

Tourism, Trade and Economic

十五、金融业

Financial Intermediation

十六、教育、卫生和文化
Education, Public Health and Culture

附录一：主要经济社会指标
APPENDIX Ⅰ.Main Social and Economic Indicators

1

行政区划和人口

Divisions of Administrative and population

1-1 城市行政区划和区域分布
Administrative Division and Regional Distribution of Cities

单位：个 (uint)

地名	City	城市合计 Total	按行政级别分组 Grouped by Administrative Levels(year end)		
			直辖市 Municipality Directly under the Central Government	副省级市 Vice-Provincial City	地级市 Prefecture-level City
全国总计	**National Total**	**657**	**4**	**15**	**285**
北　京	Beijing	1	1		
天　津	Tianjin	1	1		
河　北	Hebei	33			11
山　西	Shanxi	22			11
内蒙古	Inner Mongolia	20			12
辽　宁	Liaoning	31		2	14
吉　林	Jilin	28		1	9
黑龙江	Heilongjiang	30		1	13
上　海	Shanghai	1	1		
江　苏	Jiangsu	36		1	13
浙　江	Zhejiang	33		2	11
安　徽	Anhui	22			16
福　建	Fujian	23		1	9
江　西	Jiangxi	22			11
山　东	Shandong	47		2	17
河　南	Henan	38			17
湖　北	Hubei	36		1	13
湖　南	Hunan	29			14
广　东	Guangdong	44		2	21
广　西	Guangxi	21			14
海　南	Hainan	9			3
重　庆	Chongqing	1	1		
四　川	Sichuan	32		1	21
贵　州	Guizhou	13			9
云　南	Yunnan	19			16
西　藏	Tibet	2			7
陕　西	Shaanxi	13		1	10
甘　肃	Gansu	16			14
青　海	Qinghai	3			8
宁　夏	Ningxia	7			5
新　疆	Xinjiang	24			14

1-2 地级及以上城市一览表
List of City's Basic Conditions by Region

单位：个 (uint)

省级单位 Province	地级及以上城市	City at Prefecture Level and above	省级单位 Province	地级及以上城市	City at Prefecture Level and above
北　京 Beijing				抚顺	Fushun
天　津 Tianjin				本溪	Benxi
河　北 Hebei	石家庄	Shijiazhuang		丹东	Dandong
	唐山	Tangshan		锦州	Jinzhou
	秦皇岛	Qinhuangdao		营口	Yingkou
	邯郸	Handan		阜新	Fuxin
	邢台	Xingtai		辽阳	Liaoyang
	保定	Baoding		盘锦	Panjin
	张家口	Zhangjiakou		铁岭	Tieling
	承德	Chengde		朝阳	Chaoyang
	沧州	Cangzhou		葫芦岛	Huludao
	廊坊	Langfang	吉　林 Jilin	长春	Changchun
	衡水	Hengshui		吉林	Jilin
山　西 Shanxi	太原	Taiyuan		四平	Siping
	大同	Datong		辽源	Liaoyuan
	阳泉	Yangquan		通化	Tonghua
	长治	Changzhi		白山	Baishan
	晋城	Jincheng		松原	Songyuan
	朔州	Shuozhou		白城	Baicheng
	晋中	Jinzhong	黑龙江 Heilongjiang	哈尔滨	Harbin
	运城	Yuncheng		齐齐哈尔	Qiqihar
	忻州	Xinzhou		鸡西	Jixi
	临汾	Linfen		鹤岗	Hegang
	吕梁	Luliang		双鸭山	Shuangyashan
内蒙古 Inner Mongolia	呼和浩特	Hohhot		大庆	Daqing
	包头	Baotou		伊春	Yichun
	乌海	Wuhai		佳木斯	Jiamusi
	赤峰	Chifeng		七台河	Qitaihe
	通辽	Tongliao		牡丹江	Mudanjiang
	鄂尔多斯	Erdos		黑河	Heihe
	呼伦贝尔	Hulunbuir		绥化	Suihua
	巴彦淖尔	Bayannur	上　海 Shanghai		
	乌兰察布	Ulanqab	江　苏 Jiangsu	南京	Nanjing
辽　宁 Liaoning	沈阳	Shenyang		无锡	Wuxi
	大连	Dalian		徐州	Xuzhou
	鞍山	Anshan		常州	Changzhou

1-2 续表 1 continued

单位：个 (uint)

省级单位 Province	地级及以上城市	City at Prefecture Level and above	省级单位 Province	地级及以上城市	City at Prefecture Level and above
	苏州	Suzhou	福　建 Fujian	福州	Fuzhou
	南通	Nantong		厦门	Xiamen
	连云港	Lianyungang		莆田	Putian
	淮安	Huaian		三明	Sanming
	盐城	Yancheng		泉州	Quanzhou
	扬州	Yangzhou		漳州	Zhangzhou
	镇江	Zhenjiang		南平	Nanping
	泰州	Taizhou		龙岩	Longyan
	宿迁	Suqian		宁德	Ningde
浙　江 Zhejiang	杭州	Hangzhou	江　西 Jiangxi	南昌	Nanchang
	宁波	Ningbo		景德镇	Jingdezhen
	温州	Wenzhou		萍乡	Pingxiang
	嘉兴	Jiaxing		九江	Jiujiang
	湖州	Huzhou		新余	Xinyu
	绍兴	Shaoxing		鹰潭	Yingtan
	金华	Jinhua		赣州	Ganzhou
	衢州	Quzhou		吉安	Jian
	舟山	Zhoushan		宜春	Yichun
	台州	Taizhou		抚州	Fuzhou
	丽水	Lishui		上饶	Shangrao
安　徽 Anhui	合肥	Hefei	山　东 Shandong	济南	Jinan
	芜湖	Wuhu		青岛	Qingdao
	蚌埠	Bengbu		淄博	Zibo
	淮南	Huainan		枣庄	Zaozhuang
	马鞍山	Maanshan		东营	Dongying
	淮北	Huaibei		烟台	Yantai
	铜陵	Tongling		潍坊	Weifang
	安庆	Anqing		济宁	Jining
	黄山	Huangshan		泰安	Taian
	滁州	Chuzhou		威海	Weihai
	阜阳	Fuyang		日照	Rizhao
	宿州	Suzhou		莱芜	Laiwu
	六安	Liuan		临沂	Linyi
	亳州	Bozhou		德州	Dezhou
	池州	Chizhou		聊城	Liaocheng
	宣城	Xuancheng		滨州	Binzhou

1-2 续表 2 continued

单位：个 (uint)

省级单位 Province	地级及以上城市	City at Prefecture Level and above	省级单位 Province	地级及以上城市	City at Prefecture Level and above
	菏泽	Heze		常德	Changde
河 南 Henan	郑州	Zhengzhou		张家界	Zhangjiajie
	开封	Kaifeng		益阳	Yiyang
	洛阳	Luoyang		郴州	Chenzhou
	平顶山	Pingdingshan		永州	Yongzhou
	安阳	Anyang		怀化	Huaihua
	鹤壁	Hebi		娄底	Loudi
	新乡	Xinxiang	广 东 Guangdong	广州	Guangzhou
	焦作	Jiaozuo		韶关	Shaoguan
	濮阳	Puyang		深圳	Shenzhen
	许昌	Xuchang		珠海	Zhuhai
	漯河	Luohe		汕头	Shantou
	三门峡	Sanmenxia		佛山	Foshan
	南阳	Nanyang		江门	Jiangmen
	商丘	Shangqiu		湛江	Zhanjiang
	信阳	Xinyang		茂名	Maoming
	周口	Zhoukou		肇庆	Zhaoqing
	驻马店	Zhumadian		惠州	Huizhou
湖 北 Hubei	武汉	Wuhan		梅州	Meizhou
	黄石	Huangshi		汕尾	Shanwei
	十堰	Shiyan		河源	Heyuan
	宜昌	Yichang		阳江	Yangjiang
	襄阳	Xiangfan		清远	Qingyuan
	鄂州	Ezhou		东莞	Dongguan
	荆门	Jingmen		中山	ZhongShan
	孝感	Xiaogan		潮州	Chaozhou
	荆州	Jingzhou		揭阳	Jieyang
	黄冈	Huanggang		云浮	Yunfu
	咸宁	Xianning	广 西 Guangxi	南宁	Nanning
	随州	Suizhou		柳州	Liuzhou
湖 南 Hunan	长沙	Changsha		桂林	Guilin
	株洲	Zhuzhou		梧州	Wuzhou
	湘潭	Xiangtan		北海	Beihai
	衡阳	Hengyang		防城港	Fangchenggang
	邵阳	Shaoyang		钦州	Qinzhou
	岳阳	Yueyang		贵港	Guigang

1-2 续表 3 continued

单位：个 (uint)

省级单位 Province	地级及以上城市	City at Prefecture Level and above	省级单位 Province	地级及以上城市	City at Prefecture Level and above
	玉林	Yulin		保山	Baoshan
	百色	Baise		昭通	Zhaotong
	贺州	Hezhou		丽江	Lijiang
	河池	Hechi		普洱	Puer
	来宾	Laibin		临沧	Lincang
	崇左	Chongzuo	西　藏 Tibet	拉萨	Lhasa
海　南 Hainan	海口	Haikou	陕　西 Shaanxi	西安	Xi'an
	三亚	Sanya		铜川	Tongchuan
重　庆 Chongqing				宝鸡	Baoji
四　川 Sichuan	成都	Chengdu		咸阳	Xianyang
	自贡	Zigong		渭南	Weinan
	攀枝花	Panzhihua		延安	Yan'an
	泸州	Luzhou		汉中	Hanzhong
	德阳	Deyang		榆林	Yulin
	绵阳	Mianyang		安康	Ankang
	广元	Guangyuan		商洛	Shangluo
	遂宁	Suining	甘　肃 Gansu	兰州	Lanzhou
	内江	Neijiang		嘉峪关	Jiayuguan
	乐山	Leshan		金昌	Jinchang
	南充	Nanchong		白银	Baiyin
	眉山	Meishan		天水	Tianshui
	宜宾	Yibin		武威	Wuwei
	广安	Guangan		张掖	Zhangye
	达州	Dazhou		平凉	Pingliang
	雅安	Yaan		酒泉	Jiuquan
	巴中	Bazhong		庆阳	Qingyang
	资阳	Ziyang		定西	Dingxi
贵　州 Guizhou	贵阳	Guiyang		陇南	Longnan
	六盘水	Liupanshui	青　海 Qinghai	西宁	Xining
	遵义	Zunyi	宁　夏 Ningxia	银川	Yinchuan
	安顺	Anshun		石嘴山	Shizuishan
	毕节	Bijie		吴忠	Wuzhong
	铜仁	Tongren		固原	Guyuan
云　南 Yunnan	昆明	Kunming		中卫	Zhongwei
	曲靖	Qujing	新　疆 Xinjiang	乌鲁木齐	Urumqi
	玉溪	Yuxi		克拉玛依	Karamay

1-3 行政区域土地面积
Total Land Area of Administrative region

单位：平方公里 (sq. km)

地名	City	2010	2011	2012	2012 排名 Ranking	地名	City	2010	2011	2012	2012 排名 Ranking
全国	**National Total**	**9600000**	**9600000**	**9600000**		沈阳	Shenyang	12980	12980	12980	130
北京	**Beijing**	**16411**	**16411**	**16411**		大连	Dalian	12574	12574	12574	134
天津	**Tianjin**	**11917**	**11917**	**11917**		鞍山	Anshan	9252	9255	9255	185
河北	**Hebei**	**188434**	**188434**	**188434**		抚顺	Fushun	11272	11272	11272	154
石家庄	Shijiazhuang	15848	15848	15848	97	本溪	Benxi	8411	8411	8411	195
唐山	Tangshan	13472	13472	13472	119	丹东	Dandong	15290	15290	15290	102
秦皇岛	Qinhuangdao	7523	7802	7802	208	锦州	Jinzhou	9891	9891	9891	173
邯郸	Handan	12062	12062	12065	144	营口	Yingkou	5242	5242	5242	242
邢台	Xingtai	12486	12433	12433	137	阜新	Fuxin	10355	10399	10355	167
保定	Baoding	20584	22185	22185	52	辽阳	Liaoyang	4736	4774	4736	246
张家口	Zhangjiakou	36873	36873	36873	19	盘锦	Panjin	4071	4071	4065	256
承德	Chengde	39548	39548	39548	15	铁岭	Tieling	12980	12980	12985	129
沧州	Cangzhou	14053	14053	14053	114	朝阳	Chaoyang	19698	19698	19731	64
廊坊	Langfang	6429	6429	6429	224	葫芦岛	Huludao	10415	10415	10415	165
衡水	Hengshui	8815	8837	8837	190	**吉林**	**Jilin**	**191124**	**191124**	**191124**	
山西	**Shanxi**	**156711**	**156711**	**156711**		长春	Changchun	20604	20604	20604	61
太原	Taiyuan	6963	6977	6977	220	吉林	Jilin	27126	27126	27126	34
大同	Datong	14127	14127	14127	111	四平	Siping	14080	14080	14080	112
阳泉	Yangquan	4570	4570	4570	249	辽源	Liaoyuan	5140	5140	5140	243
长治	Changzhi	13896	13896	13896	115	通化	Tonghua	15608	15608	15608	99
晋城	Jincheng	9425	9425	9425	182	白山	Baishan	17485	17485	17485	82
朔州	Shuozhou	11066	10674	10674	162	松原	Songyuan	21090	21090	21090	57
晋中	Jinzhong	16392	16392	16932	90	白城	Baicheng	25745	25745	25745	39
运城	Yuncheng	14181	14181	14181	110	**黑龙江**	**Heilongjiang**	**452645**	**452645**	**452645**	
忻州	Xinzhou	25117	25117	25117	41	哈尔滨	Harbin	53068	53068	53068	10
临汾	Linfen	20275	20275	20275	62	齐齐哈尔	Qiqihar	42469	42469	42469	13
吕梁	Luliang	21240	21239	21239	54	鸡西	Jixi	22531	22531	22531	50
内蒙古	**Inner Mongolia**	**1145121**	**1145121**	**1145121**		鹤岗	Hegang	14659	14659	14657	108
呼和浩特	Hohhot	17224	17453	17453	84	双鸭山	Shuangyashan	23209	23209	23209	45
包头	Baotou	27768	27768	27768	31	大庆	Daqing	21219	21219	21522	53
乌海	Wuhai	1754	1754	1754	279	伊春	Yichun	32759	32759	32759	24
赤峰	Chifeng	90021	90021	90021	4	佳木斯	Jiamusi	32704	32704	32704	25
通辽	Tongliao	59535	59535	59535	8	七台河	Qitaihe	6222	6221	6221	227
鄂尔多斯	Erdos	86752	86752	86752	5	牡丹江	Mudanjiang	40583	40876	38405	17
呼伦贝尔	Hulunbuir	253356	253356	253356	1	黑河	Heihe	82164	82164	68240	6
巴彦淖尔	Bayannur	64413	64413	64413	7	绥化	Suihua	34873	34873	34954	21
乌兰察布	Ulanqab	54492	54492	59447	9	**上海**	**Shanghai**	**8239**	**8239**	**8239**	
辽宁	**Liaoning**	**147167**	**147252**	**148060**		**江苏**	**Jiangsu**	**106742**	**106742**	**106742**	

1-3 行政区域土地面积 续表 1
Total Land Area of Administrative region continued 1

单位：平方公里 (sq. km)

地名	City	2010	2011	2012	2012 排名 Ranking	地名	City	2010	2011	2012	2012 排名 Ranking
南京	Nanjing	6587	6587	6587	222	池州	Chizhou	8272	8272	8272	197
无锡	Wuxi	4627	4627	4627	247	宣城	Xuancheng	12323	12313	12453	136
徐州	Xuzhou	11259	11259	11259	155	**福建**	**Fujian**	**124016**	**124016**	**124016**	
常州	Changzhou	4372	4372	4372	252	福州	Fuzhou	13066	13066	13066	127
苏州	Suzhou	8488	8488	8488	194	厦门	Xiamen	1573	1573	1573	282
南通	Nantong	8001	8001	8001	203	莆田	Putian	4119	4131	4131	254
连云港	Lianyungang	7500	7615	7615	213	三明	Sanming	23094	23094	23064	46
淮安	Huaian	10072	10072	10072	170	泉州	Quanzhou	11015	11015	11015	158
盐城	Yancheng	16972	16972	16972	89	漳州	Zhangzhou	12873	12881	13334	122
扬州	Yangzhou	6591	6591	6591	221	南平	Nanping	26308	26308	26308	38
镇江	Zhenjiang	3847	3847	3847	260	龙岩	Longyan	19063	19052	19028	71
泰州	Taizhou	5787	5787	5787	234	宁德	Ningde	13452	13248	13452	120
宿迁	Suqian	8555	8555	8555	192	**江西**	**Jiangxi**	**166894**	**166894**	**166894**	
浙江	**Zhejiang**	**105397**	**105397**	**105397**		南昌	Nanchang	7402	7402	7402	216
杭州	Hangzhou	16596	16596	16571	93	景德镇	Jingdezhen	5256	5256	5261	241
宁波	Ningbo	9816	9816	9816	174	萍乡	Pingxiang	3824	3824	3831	261
温州	Wenzhou	11786	11786	11874	146	九江	Jiujiang	18823	18823	18823	74
嘉兴	Jiaxing	3915	3915	3915	258	新余	Xinyu	3178	3178	3178	265
湖州	Huzhou	5818	5820	5820	232	鹰潭	Yingtan	3560	3650	3560	263
绍兴	Shaoxing	8279	8256	8256	198	赣州	Ganzhou	39379	39379	39379	16
金华	Jinhua	10941	10942	10942	159	吉安	Jian	25283	25372	25372	40
衢州	Quzhou	8841	8845	8845	189	宜春	Yichun	18669	18669	18669	76
舟山	Zhoushan	1440	1440	1455	283	抚州	Fuzhou	18820	18820	18820	75
台州	Taizhou	9411	9411	9411	183	上饶	Shangrao	22791	22791	22791	48
丽水	Lishui	17298	17298	17298	87	**山东**	**Shandong**	**157126**	**157126**	**157126**	
安徽	**Anhui**	**140125**	**140125**	**140125**		济南	Jinan	8177	8177	8177	200
合肥	Hefei	7047	11430	11445	149	青岛	Qingdao	10978	10978	11282	153
芜湖	Wuhu	3317	5988	5988	228	淄博	Zibo	5965	5946	5965	229
蚌埠	Bengbu	5941	5952	5952	230	枣庄	Zaozhuang	4563	4563	4563	250
淮南	Huainan	2585	2584	2584	270	东营	Dongying	7923	7950	7950	206
马鞍山	Maanshan	1686	4042	4049	257	烟台	Yantai	13746	13746	13746	117
淮北	Huaibei	2741	2741	2741	268	潍坊	Weifang	16140	16143	16143	95
铜陵	Tongling	1113	1113	1200	284	济宁	Jining	11423	11423	11423	151
安庆	Anqing	15318	15318	15318	100	泰安	Taian	7762	7762	7762	210
黄山	Huangshan	9807	9807	9807	175	威海	Weihai	5797	5797	5797	233
滁州	Chuzhou	13523	13523	13523	118	日照	Rizhao	5348	5348	5348	236
阜阳	Fuyang	9775	9776	9776	177	莱芜	Laiwu	2246	2246	2246	273
宿州	Suzhou	9787	9787	9787	176	临沂	Linyi	17191	17191	17191	88
六安	Liuan	17976	17976	17976	81	德州	Dezhou	10356	10356	10356	166
亳州	Bozhou	8374	8374	8374	196	聊城	Liaocheng	8703	8703	8703	191

1-3 行政区域土地面积 续表 2
Total Land Area of Administrative region continued 2

单位：平方公里 (sq. km)

地名	City	2010	2011	2012	2012 排名 Ranking	地名	City	2010	2011	2012	2012 排名 Ranking
滨州	Binzhou	9600	9600	9600	179	常德	Changde	18190	18910	18910	72
菏泽	Heze	12239	12239	12239	141	张家界	Zhangjiajie	9516	9516	9516	180
河南	**Henan**	**165536**	**165536**	**165536**		益阳	Yiyang	12144	12320	12320	139
郑州	Zhengzhou	7446	7446	7446	214	郴州	Chenzhou	19699	19730	19342	68
开封	Kaifeng	6444	6444	6444	223	永州	Yongzhou	22441	22441	22897	47
洛阳	Luoyang	15200	15200	115236	3	怀化	Huaihua	27624	27624	27624	32
平顶山	Pingdingshan	7904	7904	7904	207	娄底	Loudi	8117	8117	8119	201
安阳	Anyang	7413	7413	7352	218	广东	**Guangdong**	**179813**	**179813**	**179813**	
鹤壁	Hebi	2182	2182	2182	274	广州	Guangzhou	7434	7434	7434	215
新乡	Xinxiang	8169	8249	8249	199	韶关	Shaoguan	18463	18463	18463	78
焦作	Jiaozuo	4071	4071	4071	255	深圳	Shenzhen	1992	1992	1997	276
濮阳	Puyang	4266	4266	4266	253	珠海	Zhuhai	1711	1711	1724	280
许昌	Xuchang	4996	4996	4996	245	汕头	Shantou	2064	2064	2064	275
漯河	Luohe	2716	2617	2617	269	佛山	Foshan	3798	3798	3798	262
三门峡	Sanmenxia	10496	10496	10496	164	江门	Jiangmen	9568	9504	9505	181
南阳	Nanyang	26509	26509	26509	37	湛江	Zhanjiang	13225	13225	13325	123
商丘	Shangqiu	10704	10704	10704	161	茂名	Maoming	11458	11458	11425	150
信阳	Xinyang	18847	18847	18847	73	肇庆	Zhaoqing	15464	15464	14891	107
周口	Zhoukou	11959	11959	11961	145	惠州	Huizhou	11343	11343	11343	152
驻马店	Zhumadian	15083	15083	15083	105	梅州	Meizhou	16089	15870	15864	96
湖北	**Hubei**	**185888**	**185888**	**185888**		汕尾	Shanwei	5271	5271	5271	239
武汉	Wuhan	8494	8494	8494	193	河源	Heyuan	15642	15642	15642	98
黄石	Huangshi	4586	4586	4586	248	阳江	Yangjiang	7946	7955	7956	205
十堰	Shiyan	23680	23680	23680	43	清远	Qingyuan	19036	19036	19036	70
宜昌	Yichang	21084	21084	21084	58	东莞	Dongguan	2460	2460	2460	271
襄阳	Xiangfan	19724	19728	19728	65	中山	ZhongShan	1800	1800	1784	278
鄂州	Ezhou	1594	1594	1594	281	潮州	Chaozhou	3146	3146	3146	266
荆门	Jingmen	12404	12404	12404	138	揭阳	Jieyang	5266	5266	5266	240
孝感	Xiaogan	8910	8910	8910	187	云浮	Yunfu	7779	7779	7779	209
荆州	Jingzhou	14092	14092	14067	113	广西	**Guangxi**	**237558**	**237558**	**237558**	
黄冈	Huanggang	17457	17457	17457	83	南宁	Nanning	22112	22112	22244	51
咸宁	Xianning	9861	9861	10049	171	柳州	Liuzhou	18617	18617	18597	77
随州	Suizhou	9636	9636	9636	178	桂林	Guilin	27809	27809	27809	30
湖南	**Hunan**	**211855**	**211855**	**211855**		梧州	Wuzhou	12588	12572	12588	133
长沙	Changsha	11816	11816	11816	148	北海	Beihai	3337	3337	3337	264
株洲	Zhuzhou	11247	11248	11247	156	防城港	Fangchenggang	6222	6222	6222	226
湘潭	Xiangtan	5015	5006	5006	244	钦州	Qinzhou	10843	10843	10843	160
衡阳	Hengyang	15299	15299	15303	101	贵港	Guigang	10602	10602	10602	163
邵阳	Shaoyang	20830	20830	20830	60	玉林	Yulin	12838	12838	12835	131
岳阳	Yueyang	15087	15087	15087	104	百色	Baise	36022	36202	36202	20

1-3 行政区域土地面积 续表 3
Total Land Area of Administrative region continued 3

单位：平方公里 (sq. km)

地名	City	2010	2011	2012	2012 排名 Ranking	地名	City	2010	2011	2012	2012 排名 Ranking
贺州	Hezhou	11855	12053	11855	147	丽江	Lijiang	21219	21219	21219	55
河池	Hechi	32907	32907	32907	23	普洱	Puer	45385	45385	45385	11
来宾	Laibin	13411	13411	13409	121	临沧	Lincang	24469	24469	24469	42
崇左	Chongzuo	17386	17386	17386	86	**西藏**	**Tibet**	**1202071**	**1202071**	**1202071**	
海南	**Hainan**	**35354**	**35354**	**35354**		拉萨	Lhasa			29518	27
海口	Haikou	2305	2305	2305	272	**陕西**	**Shaanxi**	**205795**	**205795**	**205795**	
三亚	Sanya	1918	1918	1919	277	西安	Xi'an	10108	10108	10108	169
重庆	**Chongqing**	**82269**	**82269**	**82269**		铜川	Tongchuan	3882	3882	3882	259
四川	**Sichuan**	**484056**	**484056**	**484056**		宝鸡	Baoji	18131	18117	18117	79
成都	Chengdu	12132	12121	12121	143	咸阳	Xianyang	10196	10189	10189	168
自贡	Zigong	4373	4372	4381	251	渭南	Weinan	13134	13134	13134	125
攀枝花	Panzhihua	7440	7440	7401	217	延安	Yan'an	37037	37021	37037	18
泸州	Luzhou	12228	12228	12236	142	汉中	Hanzhong	27246	27246	27246	33
德阳	Deyang	5911	5911	5910	231	榆林	Yulin	43578	43578	43578	12
绵阳	Mianyang	20249	20287	20248	63	安康	Ankang	23536	23536	23536	44
广元	Guangyuan	16319	16319	16311	94	商洛	Shangluo	19292	19292	19292	69
遂宁	Suining	5325	5325	5323	237	**甘肃**	**Gansu**	**404091**	**404091**	**404091**	
内江	Neijiang	5386	5385	5385	235	兰州	Lanzhou	13086	13086	13086	126
乐山	Leshan	12826	12826	12723	132	嘉峪关	Jiayuguan	2935	2935	2935	267
南充	Nanchong	12479	12479	12477	135	金昌	Jinchang	8896	8896	8896	188
眉山	Meishan	7186	7186	7140	219	白银	Baiyin	21158	21158	21158	56
宜宾	Yibin	13271	13271	13271	124	天水	Tianshui	14359	14403	14313	109
广安	Guangan	6344	6344	6341	225	武威	Wuwei	33238	33238	33238	22
达州	Dazhou	16591	16580	16582	92	张掖	Zhangye	41924	41924	41924	14
雅安	Yaan	15302	15046	15046	106	平凉	Pingliang	11170	11170	11170	157
巴中	Bazhong	12301	12301	12293	140	酒泉	Jiuquan	193974	193974	193974	2
资阳	Ziyang	7962	7962	7960	204	庆阳	Qingyang	27119	27119	27119	35
贵州	**Guizhou**	**176152**	**176152**	**176152**		定西	Dingxi	20330	20330	19609	67
贵阳	Guiyang	8034	8034	8034	202	陇南	Longnan	27914	27914	27914	29
六盘水	Liupanshui	9965	9914	9914	172	**青海**	**Qinghai**	**717481**	**717481**	**717481**	
遵义	Zunyi	30762	30762	30762	26	西宁	Xining	7655	7665	7665	212
安顺	Anshun	9267	9267	9267	184	**宁夏**	**Ningxia**	**51945**	**51945**	**51945**	
毕节	Bijie		26853	26853	36	银川	Yinchuan	9025	9025	9025	186
铜仁	Tongren		18003	18003	80	石嘴山	Shizuishan	5310	4467	5310	238
云南	**Yunnan**	**383194**	**383194**	**383194**		吴忠	Wuzhong	20394	20700	16757	91
昆明	Kunming	21015	21012	21012	59	固原	Guyuan	10541	13047	13047	128
曲靖	Qujing	28904	28904	28904	28	中卫	Zhongwei	17441	17441	17441	85
玉溪	Yuxi	15285	15285	15285	103	**新疆**	**Xinjiang**	**1664897**	**1664897**	**1664897**	
保山	Baoshan	19637	19637	19637	66	乌鲁木齐	Urumqi	13788	13788	13788	116
昭通	Zhaotong	22567	22657	22621	49	克拉玛依	Karamay	9548	7734	7735	211

1-4 常住人口
Usual Population

单位：万人 （10 000 persons）

地名	City	2010	2011	2012	2012 排名 Ranking
全国	**Nation Total**	**134091**	**134735**	**135404**	
北京	**Beijing**	**1961.2**	**2018.6**	**2069.0**	
天津	**Tianjin**	**1299.3**	**1354.6**	**1413.0**	
河北	**Hebei**	**7193.6**	**7240.5**	**7288.0**	
石家庄	Shijiazhuang	1017.5	1028.0	1038.6	7
唐山	Tangshan	758.2	762.7	766.9	27
秦皇岛	Qinhuangdao	299.0	300.6	302.2	167
邯郸	Handan	918.8	923.9	928.6	11
邢台	Xingtai	711.4	715.6	718.9	39
保定	Baoding	1120.8	1127.2	1135.1	3
张家口	Zhangjiakou	434.9	437.4	439.4	111
承德	Chengde	347.6	348.9	350.6	144
沧州	Cangzhou	714.3	719.8	724.4	36
廊坊	Langfang	436.4	440.0	443.9	109
衡水	Hengshui	434.6	436.4	438.9	112
山西	**Shanxi**	**3574.1**	**3593.3**	**3611.0**	
太原	Taiyuan	420.5	423.5	425.6	119
大同	Datong	332.1	334.0	335.7	149
阳泉	Yangquan	136.9	137.4	137.9	256
长治	Changzhi	333.7	335.4	337.0	147
晋城	Jincheng	228.0	228.6	229.1	214
朔州	Shuozhou	171.6	172.6	173.5	242
晋中	Jinzhong	325.2	327.0	328.7	154
运城	Yuncheng	513.9	516.7	519.5	82
忻州	Xinzhou	307.0	308.5	309.9	164
临汾	Linfen	432.1	434.5	436.7	113
吕梁	Luliang	373.0	375.2	377.2	130
内蒙古	**Inner Mongolia**	**2472.2**	**2481.7**	**2490.0**	
呼和浩特	Hohhot	287.4	291.2	294.9	172
包头	Baotou	265.6	269.3	273.2	187
乌海	Wuhai	53.5	54.1	54.8	281
赤峰	Chifeng	433.8	431.9	431.3	115
通辽	Tongliao	314.0	313.6	313.3	162
鄂尔多斯	Erdos	195.0	199.9	200.4	234
呼伦贝尔	Hulunbuir	254.6	270.4	253.5	201
巴彦淖尔	Bayannur	166.9	166.3	166.9	246
乌兰察布	Ulanqab	214.1	213.5	212.9	225
辽宁	**Liaoning**	**4374.6**	**4383.0**	**4389.0**	
沈阳	Shenyang	810.6	722.7	822.8	24
大连	Dalian	669.0	588.5	689.2	46
鞍山	Anshan	364.6	351.6	361.8	137
抚顺	Fushun	213.8	220.1	210.2	229
本溪	Benxi	171.0	154.3	172.6	243
丹东	Dandong	244.5	241.1	243.1	209
锦州	Jinzhou	312.6	308.3	309.7	165
营口	Yingkou	242.8	235.5	244.2	207
阜新	Fuxin	181.9	192.1	179.9	241
辽阳	Liaoyang	185.9	182.4	185.6	239
盘锦	Panjin	139.2	131.2	143.5	254
铁岭	Tieling	271.8	304.9	267.9	190
朝阳	Chaoyang	304.5	341.0	299.1	169
葫芦岛	Huludao	262.4	281.3	259.6	193
吉林	**Jilin**	**2747.0**	**2749.0**	**2750.0**	
长春	Changchun	767.7	761.8	756.9	31
吉林	Jilin	441.5	433.3	430.8	116
四平	Siping	338.6	341.1	336.3	148
辽源	Liaoyuan	117.7	122.5	122.0	264
通化	Tonghua	232.5	226.0	224.6	217
白山	Baishan	129.7	128.5	127.9	260
松原	Songyuan	288.1	292.1	289.8	176
白城	Baicheng	203.3	202.5	200.0	235
黑龙江	**Heilongjiang**	**3833.4**	**3834.0**	**3834.0**	
哈尔滨	Harbin	1064.2	1064.2	1064.2	4
齐齐哈尔	Qiqihar	537.0	537.0	537.0	77
鸡西	Jixi	186.3	186.3	186.3	238
鹤岗	Hegang	105.9	105.9	105.9	272
双鸭山	Shuangyashan	146.3	146.3	146.3	253
大庆	Daqing	290.6	290.6	290.6	174
伊春	Yichun	114.9	114.9	114.9	267
佳木斯	Jiamusi	255.3	255.3	255.3	199
七台河	Qitaihe	92.1	92.1	92.1	274
牡丹江	Mudanjiang	280.0	280.0	280.0	183
黑河	Heihe	167.5	167.5	167.5	245
绥化	Suihua	542.1	542.1	542.1	74
上海	**Shanghai**	**2302.7**	**2347.5**	**2380.0**	
江苏	**Jiangsu**	**7869.3**	**7898.8**	**7920.0**	

1-4 常住人口 续表 1
Usual Population continued 1

单位：万人 （10 000 persons）

地名	City	2010	2011	2012	2012 排名 Ranking	地名	City	2010	2011	2012	2012 排名 Ranking
南京	Nanjing	800.8	810.9	816.1	25	池州	Chizhou	140.3	141.4	141.9	255
无锡	Wuxi	637.6	643.2	646.5	52	宣城	Xuancheng	253.4	254.7	255.6	198
徐州	Xuzhou	858.2	857.3	856.4	18	**福建**	**Fujian**	**3693.0**	**3720.0**	**3748.0**	
常州	Changzhou	459.3	465.0	468.7	97	福州	Fuzhou	711.5	720.0	727.0	34
苏州	Suzhou	1046.9	1051.9	1054.9	5	厦门	Xiamen	353.1	361.0	367.0	135
南通	Nantong	728.2	728.9	729.7	33	莆田	Putian	277.9	279.0	281.0	182
连云港	Lianyungang	439.7	438.6	440.7	110	三明	Sanming	250.3	251.0	250.0	203
淮安	Huaian	480.4	480.3	480.3	93	泉州	Quanzhou	812.9	821.0	829.0	23
盐城	Yancheng	726.4	723.7	721.6	37	漳州	Zhangzhou	481.0	484.0	490.0	88
扬州	Yangzhou	446.1	446.3	446.7	106	南平	Nanping	264.6	265.0	263.0	192
镇江	Zhenjiang	311.5	313.4	315.5	160	龙岩	Longyan	256.0	256.0	257.0	195
泰州	Taizhou	462.1	462.6	463.0	102	宁德	Ningde	282.2	283.0	284.0	180
宿迁	Suqian	472.3	476.6	479.8	94	**江西**	**Jiangxi**	**4462.0**	**4488.4**	**4504.0**	
浙江	**Zhejiang**	**5446.5**	**5463.0**	**5477.0**		南昌	Nanchang	505.3	508.9	513.2	83
杭州	Hangzhou	870.5	873.8	880.2	17	景德镇	Jingdezhen	158.9	159.9	161.0	247
宁波	Ningbo	761.1	762.8	763.9	28	萍乡	Pingxiang	185.6	186.8	187.4	237
温州	Wenzhou	913.5	914.3	915.6	13	九江	Jiujiang	473.2	476.3	477.3	96
嘉兴	Jiaxing	450.5	453.1	454.4	104	新余	Xinyu	114.0	114.7	115.1	266
湖州	Huzhou	289.4	289.9	290.5	175	鹰潭	Yingtan	112.6	113.4	113.8	269
绍兴	Shaoxing	491.3	493.4	494.3	85	赣州	Ganzhou	838.2	842.8	845.2	20
金华	Jinhua	536.6	538.6	539.9	75	吉安	Jian	481.6	484.3	485.4	90
衢州	Quzhou	212.3	211.9	212.0	227	宜春	Yichun	542.3	545.3	546.5	72
舟山	Zhoushan	112.1	113.7	114.0	268	抚州	Fuzhou	391.7	393.8	394.9	124
台州	Taizhou	597.4	599.9	600.5	57	上饶	Shangrao	658.7	662.4	664.3	48
丽水	Lishui	211.8	211.6	211.7	228	**山东**	**Shandong**	**9587.9**	**9637.3**	**9685.0**	
安徽	**Anhui**	**5956.7**	**5967.7**	**5988.0**		济南	Jinan	681.8	688.5	695.0	44
合肥	Hefei	570.8	752.1	757.2	30	青岛	Qingdao	871.9	879.5	886.9	15
芜湖	Wuhu	226.4	356.6	357.8	140	淄博	Zibo	453.3	455.6	457.9	103
蚌埠	Bengbu	316.9	317.6	318.3	159	枣庄	Zaozhuang	373.4	375.3	377.2	130
淮南	Huainan	233.7	233.1	233.9	212	东营	Dongying	203.7	205.5	207.3	231
马鞍山	Maanshan	136.7	218.8	219.5	221	烟台	Yantai	696.8	697.6	698.3	43
淮北	Huaibei	211.7	211.5	212.3	226	潍坊	Weifang	909.2	915.5	921.6	12
铜陵	Tongling	72.4	73.1	73.4	278	济宁	Jining	809.2	812.9	815.8	26
安庆	Anqing	531.5	530.6	532.0	79	泰安	Taian	549.8	551.4	552.9	69
黄山	Huangshan	136.0	134.9	135.3	257	威海	Weihai	280.5	280.1	279.8	184
滁州	Chuzhou	394.1	393.1	394.5	125	日照	Rizhao	280.3	281.9	283.4	181
阜阳	Fuyang	761.4	761.9	763.9	28	莱芜	Laiwu	129.9	130.6	131.4	258
宿州	Suzhou	536.2	536.6	537.8	76	临沂	Linyi	1005.6	1009.1	1012.4	9
六安	Liuan	561.8	563.6	565.1	65	德州	Dezhou	557.4	560.3	563.1	66
亳州	Bozhou	486.1	488.0	489.5	89	聊城	Liaocheng	579.8	584.6	589.3	61

1-4 常住人口 续表 2
Usual Population continued 2

单位：万人 （10 000 persons）

地名	City	2010	2011	2012	2012 排名 Ranking	地名	City	2010	2011	2012	2012 排名 Ranking
滨州	Binzhou	375.2	377.1	378.9	129	常德	Changde	571.5	573.3	576.0	62
菏泽	Heze	830.2	831.9	833.8	21	张家界	Zhangjiajie	147.8	149.0	150.2	252
河南	**Henan**	**9405.5**	**9388.0**	**9406.0**		益阳	Yiyang	430.8	431.4	434.2	114
郑州	Zhengzhou	866.1	885.7	903.0	14	郴州	Chenzhou	458.4	460.5	463.3	101
开封	Kaifeng	467.7	466.0	465.3	99	永州	Yongzhou	519.5	521.3	525.8	81
洛阳	Luoyang	655.4	656.7	659.0	49	怀化	Huaihua	474.2	475.1	477.5	95
平顶山	Pingdingshan	490.5	491.8	492.9	86	娄底	Loudi	378.5	379.3	381.2	128
安阳	Anyang	517.1	515.0	508.3	84	**广东**	**Guangdong**	**10440.9**	**10505.0**	**10594.0**	
鹤壁	Hebi	157.2	158.0	158.8	248	广州	Guangzhou	1271.0	1275.1	1283.9	2
新乡	Xinxiang	571.1	565.9	566.9	64	韶关	Shaoguan	283.0	285.0	286.9	178
焦作	Jiaozuo	354.3	352.7	352.0	142	深圳	Shenzhen	1037.2	1046.7	1054.7	6
濮阳	Puyang	360.0	356.0	359.8	138	珠海	Zhuhai	156.2	156.8	158.3	249
许昌	Xuchang	431.0	429.6	429.6	117	汕头	Shantou	539.6	541.7	544.8	73
漯河	Luohe	254.8	255.0	255.8	197	佛山	Foshan	719.9	723.1	726.2	35
三门峡	Sanmenxia	223.4	224.1	223.2	218	江门	Jiangmen	445.1	446.6	448.3	105
南阳	Nanyang	1027.2	1012.9	1014.9	8	湛江	Zhanjiang	700.4	706.9	710.9	42
商丘	Shangqiu	735.4	736.4	732.2	32	茂名	Maoming	582.6	588.3	596.8	58
信阳	Xinyang	610.1	610.8	639.8	53	肇庆	Zhaoqing	392.2	395.1	398.2	123
周口	Zhoukou	893.9	895.2	880.7	16	惠州	Huizhou	460.1	463.4	467.4	98
驻马店	Zhumadian	722.6	708.5	693.7	45	梅州	Meizhou	424.5	426.8	429.4	118
湖北	**Hubei**	**5723.8**	**5758.0**	**5779.0**		汕尾	Shanwei	293.9	295.5	296.9	170
武汉	Wuhan	978.5	1002.0	1012.0	10	河源	Heyuan	295.8	298.2	301.0	168
黄石	Huangshi	242.9	243.5	244.1	208	阳江	Yangjiang	242.5	244.5	247.0	205
十堰	Shiyan	334.1	334.8	335.7	149	清远	Qingyuan	370.4	373.8	376.6	132
宜昌	Yichang	406.0	406.9	408.8	122	东莞	Dongguan	822.5	825.5	829.2	22
襄阳	Xiangfan	550.0	552.7	555.1	68	中山	ZhongShan	312.3	314.2	315.5	160
鄂州	Ezhou	104.9	105.1	105.4	273	潮州	Chaozhou	267.2	268.4	270.0	189
荆门	Jingmen	287.4	288.0	288.5	177	揭阳	Jieyang	588.3	591.5	595.6	59
孝感	Xiaogan	481.5	482.5	483.3	92	云浮	Yunfu	236.3	237.9	241.7	210
荆州	Jingzhou	569.2	570.4	571.9	63	**广西**	**Guangxi**	**4610.0**	**4645.0**	**4682.0**	
黄冈	Huanggang	616.2	621.0	623.2	55	南宁	Nanning	666.2	692.0	679.1	47
咸宁	Xianning	246.3	246.8	247.5	204	柳州	Liuzhou	375.9	379.4	382.5	127
随州	Suizhou	216.2	217.0	217.8	222	桂林	Guilin	474.8	478.8	483.9	91
湖南	**Hunan**	**6570.1**	**6595.6**	**6639.0**		梧州	Wuzhou	288.2	290.9	292.9	173
长沙	Changsha	704.1	709.1	714.7	41	北海	Beihai	153.9	155.4	156.7	250
株洲	Zhuzhou	385.7	388.1	390.7	126	防城港	Fangchenggang	86.7	87.8	88.7	275
湘潭	Xiangtan	275.2	276.5	278.1	185	钦州	Qinzhou	308.0	311.0	313.3	162
衡阳	Hengyang	714.8	716.6	719.8	38	贵港	Guigang	411.9	415.7	418.7	121
邵阳	Shaoyang	707.2	710.7	717.0	40	玉林	Yulin	548.7	553.8	558.1	67
岳阳	Yueyang	547.6	548.5	552.3	70	百色	Baise	346.7	349.5	351.8	143

1-4 常住人口 续表 3
Usual Population continued 3

单位：万人 （10 000 persons）

地名	City	2010	2011	2012	2012 排名 Ranking	地名	City	2010	2011	2012	2012 排名 Ranking
贺州	Hezhou	195.4	197.0	198.7	236	丽江	Lijiang	123.1	125.4	126.2	262
河池	Hechi	336.9	339.3	341.6	146	普洱	Puer	254.6	256.1	257.5	194
来宾	Laibin	210.0	211.8	213.5	224	临沧	Lincang	243.2	244.8	246.3	206
崇左	Chongzuo	199.4	201.1	202.0	233	**西藏**	**Tibet**	**300.2**	**303.3**	**308.0**	
海南	**Hainan**	**868.6**	**877.4**	**887.0**		拉萨	Lhasa	55.9	56.3	57.9	280
海口	Haikou	204.6	209.7	214.1	223	**陕西**	**Shaanxi**	**3735.2**	**3742.6**	**3753.0**	
三亚	Sanya	68.5	70.6	72.2	279	西安	Xi'an	847.4	851.3	855.3	19
重庆	**Chongqing**	**2884.6**	**2919.0**	**2945.0**		铜川	Tongchuan	83.5	83.8	84.1	276
四川	**Sichuan**	**8045.0**	**8050.0**	**8076.0**		宝鸡	Baoji	371.9	372.7	373.7	133
成都	Chengdu	1404.8	1407.1	1417.8	1	咸阳	Xianyang	489.8	491.2	492.9	86
自贡	Zigong	267.9	268.4	271.3	188	渭南	Weinan	529.0	530.5	532.1	78
攀枝花	Panzhihua	121.4	122.0	123.1	263	延安	Yan'an	218.9	219.4	219.8	220
泸州	Luzhou	421.8	422.5	425.0	120	汉中	Hanzhong	341.8	341.5	341.8	145
德阳	Deyang	361.6	359.2	353.1	141	榆林	Yulin	335.4	335.2	335.7	149
绵阳	Mianyang	461.4	462.0	464.0	100	安康	Ankang	263.1	263.1	263.4	191
广元	Guangyuan	248.4	249.0	253.0	202	商洛	Shangluo	234.3	233.6	234.2	211
遂宁	Suining	325.3	326.0	326.8	156	**甘肃**	**Gansu**	**2560.0**	**2564.2**	**2578.0**	
内江	Neijiang	370.3	370.9	371.8	134	兰州	Lanzhou	361.9	362.1	363.1	136
乐山	Leshan	323.6	324.3	325.4	157	嘉峪关	Jiayuguan	23.2	23.3	23.4	284
南充	Nanchong	627.9	628.5	630.0	54	金昌	Jinchang	46.4	46.6	46.7	282
眉山	Meishan	295.1	295.8	296.6	171	白银	Baiyin	171.0	171.3	171.9	244
宜宾	Yibin	447.2	446.0	446.0	107	天水	Tianshui	326.6	327.5	328.2	155
广安	Guangan	320.5	321.0	321.6	158	武威	Wuwei	181.7	182.0	182.2	240
达州	Dazhou	546.8	548.6	549.3	71	张掖	Zhangye	120.1	120.5	120.8	265
雅安	Yaan	150.7	151.7	152.7	251	平凉	Pingliang	207.0	207.7	208.2	230
巴中	Bazhong	328.4	329.6	330.8	153	酒泉	Jiuquan	109.7	110.1	110.4	271
资阳	Ziyang	366.5	363.0	358.9	139	庆阳	Qingyang	221.4	221.5	221.8	219
贵州	**Guizhou**	**3479.0**	**3469.0**	**3484.0**		定西	Dingxi	270.1	270.5	276.9	186
贵阳	Guiyang	432.9	439.0	445.2	108	陇南	Longnan	257.0	256.1	257.0	195
六盘水	Liupanshui	285.4	285.0	285.9	179	**青海**	**Qinghai**	**562.7**	**568.0**	**573.0**	
遵义	Zunyi	613.3	610.0	611.7	56	西宁	Xining	220.9		224.7	216
安顺	Anshun	230.0	228.0	228.3	215	**宁夏**	**Ningxia**	**633.0**	**639.0**	**647.0**	
毕节	Bijie	654.6	652.0	652.4	51	银川	Yinchuan	200.4	202.6	204.6	232
铜仁	Tongren	309.6	308.0	309.4	166	石嘴山	Shizuishan	72.7	73.4	74.2	277
云南	**Yunnan**	**4601.6**	**4631.0**	**4659.0**		吴忠	Wuzhong	128.2	129.5	131.3	259
昆明	Kunming	643.9	648.6	653.3	50	固原	Guyuan	123.3	124.7	126.4	261
曲靖	Qujing	585.5	589.9	593.6	60	中卫	Zhongwei	108.3	109.3	110.7	270
玉溪	Yuxi	230.6	231.8	233.0	213	**新疆**	**Xinjiang**	**2185.0**	**2208.7**	**2233.0**	
保山	Baoshan	250.6	252.5	254.0	200	乌鲁木齐	Urumqi	311.3	330.7	335.0	152
昭通	Zhaotong	521.4	525.9	529.6	80	克拉玛依	Karamay	39.1	65.6	43.6	283

1-5 年末总人口
Total Population at Year-end

单位：万人 （10 000 persons）

地名	City	2010	2011	2012	2012 排名 Ranking	地名	City	2010	2011	2012	2012 排名 Ranking
全国	**Nation Total**	**134531.4**	**135579.9**	**135780.3**		沈阳	Shenyang	719.6	722.7	724.8	36
北京	**Beijing**	**1261.7**	**1280.9**	**1300.1**		大连	Dalian	586.4	588.5	590.3	65
天津	**Tianjin**	**989.6**	**1000.4**	**996.4**		鞍山	Anshan	351.8	351.6	350.3	151
河北	**Hebei**	**7298.0**	**7344.8**	**7416.6**		抚顺	Fushun	220.9	220.1	219.3	224
石家庄		989.2	997.3	1005.3	6	本溪	Benxi	154.6	154.3	153.2	251
唐山	Tangshan	735.0	737.1	741.8	34	丹东	Dandong	241.4	241.1	240.5	213
秦皇岛	Qinhuangdao	288.3	289.8	291.2	182	锦州	Jinzhou	308.3	308.3	307.8	172
邯郸	Handan	963.5	979.9	993.1	8	营口	Yingkou	235.5	235.5	235.1	217
邢台	Xingtai	732.0	736.9	747.7	32	阜新	Fuxin	192.4	192.1	191.6	232
保定	Baoding	1161.0	1160.7	1172.1	2	辽阳	Liaoyang	183.4	182.4	180.3	239
张家口	Zhangjiakou	466.0	467.4	468.4	104	盘锦	Panjin	131.3	131.2	128.8	258
承德	Chengde	373.0	374.3	376.9	138	铁岭	Tieling	305.1	304.9	302.2	175
沧州	Cangzhou	730.9	734.8	744.4	33	朝阳	Chaoyang	339.2	341.0	340.6	157
廊坊	Langfang	419.0	424.9	433.2	112	葫芦岛	Huludao	281.8	281.3	280.0	190
衡水	Hengshui	440.2	441.6	442.4	108	**吉林**	**Jilin**	**2723.8**	**2726.5**	**2701.5**	
山西	**Shanxi**	**3473.6**	**3499.5**	**3500.6**		长春	Changchun	758.9	761.8	756.9	29
太原	Taiyuan	420.5	423.5	425.6	119	吉林	Jilin	434.0	433.3	430.8	114
大同	Datong	332.1	334.0	335.7	160	四平	Siping	340.6	341.1	336.6	159
阳泉	Yangquan	136.9	137.4	137.9	255	辽源	Liaoyuan	123.8	122.5	122.0	263
长治	Changzhi	333.7	335.4	337.0	158	通化	Tonghua	226.1	226.0	224.6	222
晋城	Jincheng	228.0	228.6	229.1	219	白山	Baishan	128.7	128.5	127.9	259
朔州	Shuozhou	171.6	172.6	173.5	241	松原	Songyuan	290.1	292.1	289.8	183
晋中	Jinzhong	325.2	327.0	328.7	163	白城	Baicheng	202.6	202.5	200.0	230
运城	Yuncheng	513.9	516.7	519.5	85	**黑龙江**	**Heilongjiang**	**3842.8**	**3834.3**	**3811.1**	
忻州	Xinzhou	307.0	308.5	309.9	171	哈尔滨	Harbin	992.0	993.3	993.5	7
临汾	Linfen	432.1	434.5	436.7	111	齐齐哈尔	Qiqihar	568.1	567.3	559.1	74
吕梁	Luliang	373.0	375.2	377.2	137	鸡西	Jixi	189.2	188.9	185.9	237
内蒙古	**Inner Mongolia**	**2453.2**	**2465.9**	**2459.9**		鹤岗	Hegang	109.1	108.8	108.5	270
呼和浩特	Hohhot	287.4	232.2	294.9	180	双鸭山	Shuangyashan	151.6	151.2	150.4	253
包头	Baotou	265.5	221.8	273.2	193	大庆	Daqing	279.8	281.6	281.7	188
乌海	Wuhai	53.5	54.1	54.8	280	伊春	Yichun	127.0	126.3	124.1	262
赤峰	Chifeng	433.8	459.9	431.3	113	佳木斯	Jiamusi	252.7	250.5	248.1	211
通辽	Tongliao	314.0	320.1	313.3	169	七台河	Qitaihe	92.9	92.7	92.4	274
鄂尔多斯	Erdos	195.0	154.2	200.4	229	牡丹江	Mudanjiang	268.9	267.2	266.4	195
呼伦贝尔	Hulunbuir	254.6	270.4	253.5	207	黑河	Heihe	173.3	173.1	172.8	242
巴彦淖尔	Bayannur	166.9	186.8	166.9	244	绥化	Suihua	586.2	581.9	577.0	69
乌兰察布	Ulanqab	214.1	288.8	212.9	227	**上海**	**Shanghai**	**1412.3**	**1419.4**	**1426.9**	
辽宁	**Liaoning**	**4251.7**	**4255.0**	**4244.8**		**江苏**	**Jiangsu**	**7466.6**	**7514.3**	**7553.4**	

1-5 年末总人口 续表 1
Total Population at Year-end continued 1

单位：万人 （10 000 persons）

地名	City	2010	2011	2012	2012 排名 Ranking	地名	City	2010	2011	2012	2012 排名 Ranking
南京	Nanjing	632.4	636.4	638.5	55	池州	Chizhou	160.5	161.4	161.9	246
无锡	Wuxi	466.6	468.0	470.1	102	宣城	Xuancheng	278.4	279.4	279.6	191
徐州	Xuzhou	972.9	976.7	990.5	9	**福建**	**Fujian**	**3529.7**	**3551.8**	**3579.3**	
常州	Changzhou	360.8	362.9	364.8	144	福州	Fuzhou	645.9	649.4	655.3	50
苏州	Suzhou	637.7	642.3	647.8	53	厦门	Xiamen	180.2	185.3	190.9	233
南通	Nantong	762.9	764.9	765.2	27	莆田	Putian	323.5	326.5	329.3	162
连云港	Lianyungang	497.7	505.2	511.0	89	三明	Sanming	272.7	273.3	274.2	192
淮安	Huaian	538.7	543.2	546.8	76	泉州	Quanzhou	685.3	689.5	693.2	43
盐城	Yancheng	816.1	820.7	822.4	17	漳州	Zhangzhou	473.9	479.2	482.5	98
扬州	Yangzhou	459.1	460.1	458.4	106	南平	Nanping	313.9	313.4	313.9	168
镇江	Zhenjiang	270.7	271.9	271.4	194	龙岩	Longyan	295.7	295.1	297.7	178
泰州	Taizhou	504.6	507.1	506.4	92	宁德	Ningde	338.5	340.0	342.3	155
宿迁	Suqian	546.3	555.1	560.3	73	**江西**	**Jiangxi**	**4693.5**	**4752.6**	**4803.5**	
浙江	**Zhejiang**	**4748.0**	**4781.3**	**4799.3**		南昌	Nanchang	505.3	508.9	513.2	87
杭州	Hangzhou	689.1	695.7	700.5	39	景德镇	Jingdezhen	158.9	159.9	161.0	248
宁波	Ningbo	574.1	576.4	577.7	67	萍乡	Pingxiang	185.6	186.8	187.4	234
温州	Wenzhou	786.8	798.4	800.2	21	九江	Jiujiang	473.2	476.3	477.3	100
嘉兴	Jiaxing	341.6	343.1	344.5	154	新余	Xinyu	114.0	114.7	115.1	265
湖州	Huzhou	260.0	261.0	261.4	200	鹰潭	Yingtan	112.6	113.4	113.8	266
绍兴	Shaoxing	438.9	440.0	440.8	109	赣州	Ganzhou	838.2	842.8	845.2	16
金华	Jinhua	466.7	469.1	470.6	101	吉安	Jian	481.6	484.3	485.4	97
衢州	Quzhou	251.2	252.6	252.8	208	宜春	Yichun	542.3	545.3	546.5	78
舟山	Zhoushan	96.8	97.0	97.2	273	抚州	Fuzhou	391.7	393.8	394.9	125
台州	Taizhou	583.1	586.8	590.9	64	上饶	Shangrao	658.7	662.4	664.3	46
丽水	Lishui	259.7	261.3	262.6	197	**山东**	**Shandong**	**9536.2**	**9591.0**	**9579.7**	
安徽	**Anhui**	**6825.1**	**6886.6**	**6912.3**		济南	Jinan	604.1	606.6	609.2	61
合肥	Hefei	495.0	706.1	710.5	37	青岛	Qingdao	763.6	766.4	769.6	26
芜湖	Wuhu	229.5	385.4	383.4	134	淄博	Zibo	422.4	423.8	423.7	120
蚌埠	Bengbu	362.2	365.4	367.8	143	枣庄	Zaozhuang	391.0	394.2	394.8	126
淮南	Huainan	244.0	245.6	243.8	212	东营	Dongying	184.9	186.0	185.5	238
马鞍山	Maanshan	129.1	228.6	228.4	220	烟台	Yantai	651.1	651.8	650.3	52
淮北	Huaibei	219.6	221.8	218.3	225	潍坊	Weifang	873.8	877.6	878.9	13
铜陵	Tongling	74.0	74.2	74.2	277	济宁	Jining	843.0	847.0	847.1	15
安庆	Anqing	615.6	618.6	620.4	59	泰安	Taian	557.0	559.5	558.9	75
黄山	Huangshan	148.1	148.1	147.3	254	威海	Weihai	253.6	253.8	253.6	206
滁州	Chuzhou	450.8	452.9	452.1	107	日照	Rizhao	287.9	289.0	288.1	184
阜阳	Fuyang	1011.8	1025.2	1039.8	4	莱芜	Laiwu	126.7	127.0	126.3	261
宿州	Suzhou	642.1	649.2	651.7	51	临沂	Linyi	1072.6	1081.0	1083.8	3
六安	Liuan	704.8	709.6	710.3	38	德州	Dezhou	570.2	576.0	577.5	68
亳州	Bozhou	600.8	604.2	621.5	58	聊城	Liaocheng	597.5	604.2	594.5	62

1-5 年末总人口 续表 2
Total Population at Year-end continued 2

单位：万人 （10 000 persons）

地名	City	2010	2011	2012	2012 排名 Ranking	地名	City	2010	2011	2012	2012 排名 Ranking
滨州	Binzhou	377.9	380.7	380.9	135	常德	Changde	623.1	625.7	629.0	57
菏泽	Heze	958.8	966.5	957.3	10	张家界	Zhangjiajie	164.8	168.4	170.1	243
河南	**Henan**	**10799.6**	**10922.4**	**10931.6**		益阳	Yiyang	476.4	478.7	481.9	99
郑州	Zhengzhou	732.0	735.4	903.0	11	郴州	Chenzhou	504.1	506.5	509.8	90
开封	Kaifeng	504.0	506.4	465.3	105	永州	Yongzhou	610.7	614.9	620.3	60
洛阳	Luoyang	681.0	684.7	659.0	49	怀化	Huaihua	509.7	513.5	516.5	86
平顶山	Pingdingshan	529.0	532.0	492.9	96	娄底	Loudi	433.0	435.8	437.8	110
安阳	Anyang	569.0	571.3	508.3	91	**广东**	**Guangdong**	**8521.5**	**8637.2**	**8635.9**	
鹤壁	Hebi	159.0	159.4	158.8	249	广州	Guangzhou	806.1	814.6	822.3	18
新乡	Xinxiang	590.0	593.2	566.9	71	韶关	Shaoguan	328.1	329.7	326.5	165
焦作	Jiaozuo	362.0	364.0	352.0	149	深圳	Shenzhen	259.9	279.4	299.2	176
濮阳	Puyang	382.0	383.8	359.8	146	珠海	Zhuhai	104.7	106.0	106.6	271
许昌	Xuchang	477.0	479.4	429.6	115	汕头	Shantou	524.1	529.4	532.9	81
漯河	Luohe	271.0	272.8	255.8	203	佛山	Foshan	370.9	374.8	377.7	136
三门峡	Sanmenxia	225.0	225.6	223.2	223	江门	Jiangmen	392.3	393.7	391.8	127
南阳	Nanyang	1158.0	1163.8	1014.9	5	湛江	Zhanjiang	777.8	792.1	785.2	24
商丘	Shangqiu	886.0	890.5	732.2	35	茂名	Maoming	747.2	761.3	748.9	30
信阳	Xinyang	846.0	850.9	639.8	54	肇庆	Zhaoqing	422.4	426.9	427.6	116
周口	Zhoukou	1115.0	1120.6	880.7	12	惠州	Huizhou	337.3	343.0	341.9	156
驻马店	Zhumadian	883.0	887.3	693.7	42	梅州	Meizhou	514.7	517.6	521.4	84
湖北	**Hubei**	**6149.0**	**6164.1**	**6165.4**		汕尾	Shanwei	345.0	347.2	347.2	152
武汉	Wuhan	836.7	827.2	821.7	19	河源	Heyuan	358.4	366.8	355.1	147
黄石	Huangshi	260.1	260.1	261.5	199	阳江	Yangjiang	282.8	284.6	282.5	187
十堰	Shiyan	346.5	348.4	346.0	153	清远	Qingyuan	413.5	416.5	405.7	121
宜昌	Yichang	398.6	398.8	399.0	123	东莞	Dongguan	181.8	184.8	186.1	235
襄阳	Xiangfan	591.1	593.6	594.0	63	中山	ZhongShan	149.2	150.7	152.0	252
鄂州	Ezhou	108.5	109.4	109.4	269	潮州	Chaozhou	260.9	262.8	264.8	196
荆门	Jingmen	299.9	301.9	302.3	174	揭阳	Jieyang	661.8	669.3	673.9	45
孝感	Xiaogan	530.7	528.9	526.9	83	云浮	Yunfu	282.8	286.1	287.0	185
荆州	Jingzhou	657.1	662.7	663.3	47	**广西**	**Guangxi**	**5331.4**	**5368.6**	**5378.2**	
黄冈	Huanggang	742.4	746.3	748.2	31	南宁	Nanning	707.4	711.5	699.1	40
咸宁	Xianning	291.0	295.3	297.9	177	柳州	Liuzhou	372.7	374.8	360.6	145
随州	Suizhou	254.6	256.9	256.9	202	桂林	Guilin	519.0	521.8	506.4	92
湖南	**Hunan**	**7069.0**	**7134.9**	**7131.6**		梧州	Wuzhou	326.3	327.6	331.1	161
长沙	Changsha	652.4	657.0	662.8	48	北海	Beihai	166.8	167.9	164.4	245
株洲	Zhuzhou	390.3	393.2	395.8	124	防城港	Fangchenggang	91.2	91.4	87.3	275
湘潭	Xiangtan	289.0	291.1	291.8	181	钦州	Qinzhou	387.7	391.2	385.2	131
衡阳	Hengyang	791.6	796.6	800.2	21	贵港	Guigang	523.8	527.7	511.1	88
邵阳	Shaoyang	794.0	797.5	801.3	20	玉林	Yulin	674.6	684.8	682.7	44
岳阳	Yueyang	565.6	569.2	573.0	70	百色	Baise	382.6	385.3	388.8	130

1-5 年末总人口 续表 3
Total Population at Year-end continued 3

单位：万人 (10 000 persons)

地名	City	2010	2011	2012	2012 排名 Ranking	地名	City	2010	2011	2012	2012 排名 Ranking
贺州	Hezhou	233.4	233.3	226.4	221	丽江	Lijiang	124.5	125.4	119.0	264
河池	Hechi	399.2	401.8	405.1	122	普洱	Puer	248.9	256.1	251.7	209
来宾	Laibin	249.8	261.7	253.7	205	临沧	Lincang	234.9	244.8	236.4	215
崇左	Chongzuo	243.5	246.6	238.1	214	**西藏**	**Tibet**	**294.0**	**302.3**	**309.6**	
海南	**Hainan**	**896.1**	**907.8**	**901.9**		拉萨	Lhasa	55.9			
海口	Haikou	160.4	162.4	161.6	247	**陕西**	**Shaanxi**	**3873.9**	**3908.7**	**3926.2**	
三亚	Sanya	57.0	58.1	57.3	279	西安	Xi'an	782.7	791.8	796.0	23
重庆	**Chongqing**	**3303.4**	**3329.8**	**3343.4**		铜川	Tongchuan	85.4	85.5	85.3	276
四川	**Sichuan**	**9001.3**	**9058.4**	**9097.4**		宝鸡	Baoji	381.1	383.2	383.9	133
成都	Chengdu	1149.1	1163.3	1173.4	1	咸阳	Xianyang	520.1	525.7	527.9	82
自贡	Zigong	326.0	327.1	328.5	164	渭南	Weinan	560.1	564.7	565.1	72
攀枝花	Panzhihua	111.3	111.7	111.9	267	延安	Yan'an	230.2	232.9	235.4	216
泸州	Luzhou	502.3	503.0	505.2	95	汉中	Hanzhong	381.5	382.3	384.3	132
德阳	Deyang	389.2	390.5	391.5	128	榆林	Yulin	364.5	370.7	374.6	140
绵阳	Mianyang	541.9	543.4	545.4	79	安康	Ankang	304.3	305.1	306.0	173
广元	Guangyuan	310.9	311.2	311.7	170	商洛	Shangluo	244.8	247.9	248.8	210
遂宁	Suining	381.4	382.7	376.1	139	**甘肃**	**Gansu**	**2712.1**	**2728.9**	**2713.0**	
内江	Neijiang	425.5	426.1	426.6	117	兰州	Lanzhou	323.5	323.3	321.5	167
乐山	Leshan	353.3	354.4	355.1	147	嘉峪关	Jiayuguan	19.1	19.5	19.8	283
南充	Nanchong	751.7	756.2	759.6	28	金昌	Jinchang	45.7	46.1	46.0	281
眉山	Meishan	349.1	350.8	350.4	150	白银	Baiyin	180.4	181.1	175.7	240
宜宾	Yibin	539.0	542.9	546.6	77	天水	Tianshui	366.7	369.6	369.0	142
广安	Guangan	466.2	468.5	468.5	103	武威	Wuwei	191.3	192.1	186.0	236
达州	Dazhou	685.5	690.7	695.6	41	张掖	Zhangye	130.8	130.9	130.8	257
雅安	Yaan	154.9	155.8	156.5	250	平凉	Pingliang	230.3	232.2	231.5	218
巴中	Bazhong	388.0	389.4	390.0	129	酒泉	Jiuquan	100.3	101.5	101.3	272
资阳	Ziyang	501.1	503.9	505.9	94	庆阳	Qingyang	259.2	262.0	262.3	198
贵州	**Guizhou**	**4189.0**	**4238.4**	**4134.3**		定西	Dingxi	300.4	302.3	296.3	179
贵阳	Guiyang	373.2	376.1	374.5	141	陇南	Longnan	281.8	281.5	280.6	189
六盘水	Liupanshui	319.2	321.4	322.5	166	**青海**	**Qinghai**	**550.0**	**557.6**	**565.6**	
遵义	Zunyi	764.2	771.9	771.4	25	西宁	Xining	196.0	197.4	198.5	231
安顺	Anshun	279.8	282.3	284.4	186	**宁夏**	**Ningxia**	**642.6**	**651.6**	**659.0**	
毕节	Bijie	833.9	851.7	858.0	14	银川	Yinchuan	200.4	202.6	204.6	228
铜仁	Tongren	421.7	427.2	426.5	118	石嘴山	Shizuishan	72.7	73.4	74.2	277
云南	**Yunnan**	**4528.2**	**4562.3**	**4575.7**		吴忠	Wuzhong	128.2	129.5	131.3	256
昆明	Kunming	643.9	648.6	543.5	80	固原	Guyuan	123.3	124.7	126.4	260
曲靖	Qujing	626.4	589.9	637.4	56	中卫	Zhongwei	108.3	109.3	110.7	268
玉溪	Yuxi	214.6	231.8	214.1	226	**新疆**	**Xinjiang**	**2164.4**	**2202.7**	**2226.0**	
保山	Baoshan	250.6	252.5	255.6	204	乌鲁木齐	Urumqi	243.0	249.4	257.8	201
昭通	Zhaotong	574.2	525.9	583.3	66	克拉玛依	Karamay	27.8	28.2	28.6	282

1-6 年末男性人口
Male Population at Year-end

单位：万人 （10 000 persons）

地名	City	2010	2011	2012	2012 排名 Ranking
全国	**National Total**	**69129.0**	**69638.1**	**69763.0**	
北京	**Beijing**	**634.7**	**643.8**	**652.9**	
天津	**Tianjin**	**497.6**	**502.9**	**500.3**	
河北	**Hebei**	**3718.3**	**3741.6**	**3778.5**	
石家庄	Shijiazhuang	498.1	502.4	506.5	8
唐山	Tangshan	372.8	373.8	376.0	33
秦皇岛	Qinhuangdao	146.9	147.6	148.3	183
邯郸	Handan	493.4	501.5	507.9	7
邢台	Xingtai	374.1	377.2	383.1	28
保定	Baoding	589.7	589.1	594.7	1
张家口	Zhangjiakou	240.9	241.3	241.4	100
承德	Chengde	193.1	193.7	195.0	136
沧州	Cangzhou	374.4	376.6	381.8	29
廊坊	Langfang	212.3	215.1	219.8	116
衡水	Hengshui	222.7	223.4	223.9	109
山西	**Shanxi**	**1780.5**	**1791.6**	**1791.0**	
太原	Taiyuan	215.3	216.3	215.2	118
大同	Datong	169.1	170.3	171.6	159
阳泉	Yangquan	71.1	71.0	70.5	255
长治	Changzhi	171.2	172.6	172.9	158
晋城	Jincheng	115.5	115.0	115.2	221
朔州	Shuozhou	89.6	90.1	89.8	241
晋中	Jinzhong	169.6	170.2	169.2	163
运城	Yuncheng	261.8	262.8	265.6	88
忻州	Xinzhou	158.3	159.7	160.6	170
临汾	Linfen	220.3	221.8	225.2	107
吕梁	Luliang	193.5	193.9	195.0	136
内蒙古	**Inner Mongolia**	**1252.6**	**1258.5**	**1254.0**	
呼和浩特	Hohhot	146.6	118.6	150.2	182
包头	Baotou	137.2	112.5	140.9	192
乌海	Wuhai	28.3	28.7	29.0	280
赤峰	Chifeng	223.2	236.2	221.6	111
通辽	Tongliao	159.6	162.4	159.1	172
鄂尔多斯	Erdos	111.1	78.5	114.0	222
呼伦贝尔	Hulunbuir	131.0	137.9	130.2	207
巴彦淖尔	Bayannur	88.6	94.4	88.5	242
乌兰察布	Ulanqab	109.3	149.1	108.6	227
辽宁	**Liaoning**	**2144.7**	**2143.6**	**2136.5**	
沈阳	Shenyang	358.4	359.5	360.2	42
大连	Dalian	294.2	294.8	295.4	64
鞍山	Anshan	178.1	177.7	176.8	153
抚顺	Fushun	110.8	110.2	109.7	226
本溪	Benxi	77.6	77.4	76.7	250
丹东	Dandong	121.5	121.2	120.8	216
锦州	Jinzhou	155.2	155.0	154.7	175
营口	Yingkou	119.7	119.2	119.2	219
阜新	Fuxin	96.1	95.9	95.6	233
辽阳	Liaoyang	93.1	92.5	91.3	239
盘锦	Panjin	66.2	66.1	64.7	259
铁岭	Tieling	155.1	154.9	153.4	179
朝阳	Chaoyang	174.3	174.9	174.7	156
葫芦岛	Huludao	144.4	144.3	143.3	189
吉林	**Jilin**	**1377.7**	**1377.9**	**1363.4**	
长春	Changchun	382.4	383.5	381.2	30
吉林	Jilin	219.7	219.1	217.4	117
四平	Siping	172.6	172.8	170.5	161
辽源	Liaoyuan	63.0	62.3	62.0	262
通化	Tonghua	115.0	114.8	114.0	222
白山	Baishan	66.1	65.9	65.1	258
松原	Songyuan	147.2	148.2	146.1	187
白城	Baicheng	102.5	102.3	100.8	230
黑龙江	**Heilongjiang**	**1943.6**	**1937.7**	**1924.8**	
哈尔滨	Harbin	500.9	500.6	501.5	9
齐齐哈尔	Qiqihar	288.0	288.1	283.2	73
鸡西	Jixi	95.5	95.2	93.5	237
鹤岗	Hegang	54.7	54.7	54.4	270
双鸭山	Shuangyashan	76.7	76.4	75.9	252
大庆	Daqing	140.4	141.0	140.9	192
伊春	Yichun	63.6	63.1	62.0	262
佳木斯	Jiamusi	128.1	126.7	125.4	212
七台河	Qitaihe	47.9	47.7	47.8	274
牡丹江	Mudanjiang	135.2	134.3	133.7	199
黑河	Heihe	88.1	87.9	87.7	243
绥化	Suihua	298.0	295.6	292.9	66
上海	**Shanghai**	**703.6**	**706.4**	**709.6**	
江苏	**Jiangsu**	**3787.7**	**3811.8**	**3832.6**	

1-6 年末男性人口 续表 1
Male Population at Year-end continued 1

单位：万人 (10 000 persons)

地名	City	2010	2011	2012	2012 排名 Ranking	地名	City	2010	2011	2012	2012 排名 Ranking
南京	Nanjing	319.7	320.9	321.4	55	池州	Chizhou	82.0	82.6	82.7	247
无锡	Wuxi	232.3	232.7	233.4	105	宣城	Xuancheng	144.4	144.7	144.7	188
徐州	Xuzhou	502.4	505.7	513.3	6	**福建**	**Fujian**	**1816.7**	**1828.5**	**1842.7**	
常州	Changzhou	180.3	180.9	181.6	146	福州	Fuzhou	333.1	334.5	337.1	49
苏州	Suzhou	314.4	316.5	318.9	58	厦门	Xiamen	90.2	92.4	95.1	234
南通	Nantong	377.4	378.0	377.8	32	莆田	Putian	164.1	165.9	167.6	165
连云港	Lianyungang	259.3	263.3	266.6	86	三明	Sanming	142.2	142.6	143.1	190
淮安	Huaian	276.8	279.8	281.5	77	泉州	Quanzhou	351.0	353.9	356.4	43
盐城	Yancheng	420.1	422.5	423.5	17	漳州	Zhangzhou	243.4	246.1	247.7	95
扬州	Yangzhou	230.2	230.5	230.0	106	南平	Nanping	162.5	162.1	162.3	169
镇江	Zhenjiang	135.2	135.4	134.9	197	龙岩	Longyan	152.0	152.1	153.7	177
泰州	Taizhou	257.7	258.6	258.7	92	宁德	Ningde	178.3	178.8	179.9	151
宿迁	Suqian	282.1	287.2	291.0	67	**江西**	**Jiangxi**	**2459.1**	**2487.4**	**2515.1**	
浙江	**Zhejiang**	**2413.1**	**2426.9**	**2433.7**		南昌	Nanchang	263.9	265.7	267.8	84
杭州	Hangzhou	346.6	349.1	350.9	44	景德镇	Jingdezhen	82.7	83.1	83.6	245
宁波	Ningbo	287.2	287.9	288.3	69	萍乡	Pingxiang	94.0	94.5	94.8	235
温州	Wenzhou	408.7	414.3	415.4	21	九江	Jiujiang	240.4	242.5	242.4	99
嘉兴	Jiaxing	169.1	169.6	170.1	162	新余	Xinyu	59.8	60.1	60.3	265
湖州	Huzhou	129.9	130.2	130.1	208	鹰潭	Yingtan	59.2	59.5	59.6	266
绍兴	Shaoxing	220.5	220.8	221.0	112	赣州	Ganzhou	426.5	428.2	429.1	16
金华	Jinhua	239.1	240.1	240.7	102	吉安	Jian	250.1	251.1	251.2	94
衢州	Quzhou	129.7	130.2	130.1	208	宜春	Yichun	282.6	282.9	283.1	74
舟山	Zhoushan	48.3	48.3	48.3	273	抚州	Fuzhou	203.9	204.8	205.1	124
台州	Taizhou	299.7	301.4	303.3	62	上饶	Shangrao	340.0	341.1	341.7	47
丽水	Lishui	134.5	135.1	135.6	196	**山东**	**Shandong**	**4838.9**	**4869.6**	**4867.8**	
安徽	**Anhui**	**3542.4**	**3572.3**	**3586.9**		济南	Jinan	301.3	302.2	303.3	62
合肥	Hefei	258.0	366.5	368.7	36	青岛	Qingdao	381.9	382.7	383.8	27
芜湖	Wuhu	118.1	199.2	198.1	133	淄博	Zibo	211.2	211.7	211.4	119
蚌埠	Bengbu	187.6	189.1	190.3	141	枣庄	Zaozhuang	203.2	205.7	205.9	123
淮南	Huainan	127.1	127.8	126.8	210	东营	Dongying	93.1	93.5	93.0	238
马鞍山	Maanshan	66.3	118.1	117.8	220	烟台	Yantai	326.1	326.1	325.3	53
淮北	Huaibei	112.5	113.5	112.1	225	潍坊	Weifang	441.4	443.3	443.9	13
铜陵	Tongling	37.8	37.8	37.7	277	济宁	Jining	432.5	434.9	435.9	14
安庆	Anqing	318.2	319.7	320.5	56	泰安	Taian	281.9	283.3	282.9	75
黄山	Huangshan	75.9	75.8	75.4	254	威海	Weihai	127.1	127.1	126.7	211
滁州	Chuzhou	233.1	234.1	234.0	104	日照	Rizhao	146.2	146.8	146.5	186
阜阳	Fuyang	525.8	533.1	540.7	4	莱芜	Laiwu	64.3	64.4	64.0	261
宿州	Suzhou	330.1	333.7	335.9	50	临沂	Linyi	551.3	556.7	558.1	3
六安	Liuan	371.8	374.4	375.2	34	德州	Dezhou	288.4	291.5	293.3	65
亳州	Bozhou	314.9	316.7	319.6	57	聊城	Liaocheng	302.8	307.1	303.6	61

1-6 年末男性人口 续表 2
Male Population at Year-end continued 2

单位：万人 （10 000 persons）

地名	City	2010	2011	2012	2012 排名 Ranking	地名	City	2010	2011	2012	2012 排名 Ranking
滨州	Binzhou	190.5	192.0	192.2	139	常德	Changde	318.0	233.1	290.9	68
菏泽	Heze	495.5	500.5	498.0	10	张家界	Zhangjiajie	85.1	74.0	76.7	250
河南	**Henan**	**5576.1**	**5641.4**	**5657.0**		益阳	Yiyang	244.5	210.9	223.5	110
郑州	Zhengzhou	375.2	369.5	456.5	11	郴州	Chenzhou	263.5	222.0	241.0	101
开封	Kaifeng	255.5	256.4	235.1	103	永州	Yongzhou	322.1	270.1	273.6	81
洛阳	Luoyang	343.8	344.0	331.6	52	怀化	Huaihua	265.3	247.9	247.5	96
平顶山	Pingdingshan	272.1	273.4	252.9	93	娄底	Loudi	225.4	188.7	198.6	131
安阳	Anyang	275.3	276.5	245.0	98	**广东**	**Guangdong**	**4388.6**	**4445.5**	**4448.5**	
鹤壁	Hebi	81.5	82.1	82.1	248	广州	Guangzhou	409.0	412.6	415.8	20
新乡	Xinxiang	297.0	298.5	282.9	75	韶关	Shaoguan	169.5	170.3	169.2	163
焦作	Jiaozuo	183.7	184.0	175.1	155	深圳	Shenzhen	137.9	147.7	157.2	173
濮阳	Puyang	190.7	193.4	181.4	147	珠海	Zhuhai	53.4	54.1	54.4	270
许昌	Xuchang	244.4	248.3	220.6	114	汕头	Shantou	262.5	265.4	267.2	85
漯河	Luohe	138.4	140.2	130.8	205	佛山	Foshan	184.7	186.6	187.9	143
三门峡	Sanmenxia	115.7	114.9	113.0	224	江门	Jiangmen	198.0	198.6	197.4	134
南阳	Nanyang	595.8	605.2	524.9	5	湛江	Zhanjiang	412.2	419.7	418.0	19
商丘	Shangqiu	443.3	451.0	367.5	37	茂名	Maoming	397.0	404.5	400.1	24
信阳	Xinyang	424.6	430.8	325.3	53	肇庆	Zhaoqing	218.2	220.3	221.0	112
周口	Zhoukou	551.1	563.9	433.0	15	惠州	Huizhou	171.4	174.0	173.4	157
驻马店	Zhumadian	444.6	445.0	348.7	45	梅州	Meizhou	263.6	264.8	266.6	87
湖北	**Hubei**	**3183.7**	**3193.9**	**3194.0**		汕尾	Shanwei	180.5	181.1	180.3	150
武汉	Wuhan	429.8	424.3	421.0	18	河源	Heyuan	182.5	186.4	181.1	149
黄石	Huangshi	136.2	136.9	136.7	194	阳江	Yangjiang	149.9	151.2	150.5	180
十堰	Shiyan	183.2	184.3	182.7	145	清远	Qingyuan	212.7	214.3	209.9	121
宜昌	Yichang	204.1	204.1	204.1	125	东莞	Dongguan	92.3	93.8	94.4	236
襄阳	Xiangfan	302.6	304.6	305.6	60	中山	ZhongShan	74.4	75.0	75.6	253
鄂州	Ezhou	56.3	57.1	57.5	267	潮州	Chaozhou	132.1	133.0	133.8	198
荆门	Jingmen	152.7	153.7	153.7	177	揭阳	Jieyang	338.6	342.3	344.4	46
孝感	Xiaogan	276.4	275.8	275.3	79	云浮	Yunfu	148.3	150.1	150.3	181
荆州	Jingzhou	335.7	338.7	338.2	48	**广西**	**Guangxi**	**2804.1**	**2823.1**	**2832.2**	
黄冈	Huanggang	389.5	392.5	394.3	26	南宁	Nanning	369.8	371.9	365.5	38
咸宁	Xianning	152.0	154.6	155.3	174	柳州	Liuzhou	193.1	194.1	187.0	144
随州	Suizhou	130.5	131.9	131.9	202	桂林	Guilin	269.9	271.3	263.1	90
湖南	**Hunan**	**3668.5**	**3700.5**	**3700.4**		梧州	Wuzhou	173.3	174.0	176.0	154
长沙	Changsha	331.2	362.6	363.2	41	北海	Beihai	87.4	88.1	85.9	244
株洲	Zhuzhou	199.5	210.9	200.0	130	防城港	Fangchenggang	49.6	49.6	47.3	275
湘潭	Xiangtan	148.3	129.5	141.7	191	钦州	Qinzhou	211.7	213.4	210.0	120
衡阳	Hengyang	414.9	347.8	372.9	35	贵港	Guigang	276.6	278.7	270.6	83
邵阳	Shaoyang	415.8	336.7	379.1	31	玉林	Yulin	360.2	365.5	365.0	39
岳阳	Yueyang	293.6	273.8	286.8	71	百色	Baise	199.4	199.2	201.1	127

1-6 年末男性人口 续表 3
Male Population at Year-end continued 3

单位：万人 （10 000 persons）

地名	City	2010	2011	2012	2012 排名 Ranking	地名	City	2010	2011	2012	2012 排名 Ranking
贺州	Hezhou	122.2	122.0	119.4	217	丽江	Lijiang	64.2	64.7	60.6	264
河池	Hechi	207.3	207.6	209.9	121	普洱	Puer	129.5	134.9	131.0	204
来宾	Laibin	130.4	137.1	133.0	201	临沧	Lincang	121.7	128.4	122.7	214
崇左	Chongzuo	127.5	129.2	125.3	213	**西藏**	**Tibet**	**148.3**	**151.6**	**155.2**	
海南	**Hainan**	**467.7**	**474.2**	**471.7**		拉萨	Lhasa	28.7			
海口	Haikou	82.5	83.5	83.2	246	**陕西**	**Shaanxi**	**2008.0**	**2021.7**	**2031.0**	
三亚	Sanya	29.1	29.7	29.3	279	西安	Xi'an	398.8	402.5	403.9	22
重庆	**Chongqing**	**1709.0**	**1720.5**	**1725.9**		铜川	Tongchuan	44.7	44.7	44.3	276
四川	**Sichuan**	**4640.4**	**4665.6**	**4684.9**		宝鸡	Baoji	197.5	198.5	198.5	132
成都	Chengdu	575.8	582.1	586.0	2	咸阳	Xianyang	269.2	271.6	273.1	82
自贡	Zigong	166.6	167.1	167.6	165	渭南	Weinan	284.8	286.3	287.3	70
攀枝花	Panzhihua	57.2	57.2	57.3	268	延安	Yan'an	119.1	120.2	122.4	215
泸州	Luzhou	260.6	260.8	262.1	91	汉中	Hanzhong	200.8	200.2	200.9	128
德阳	Deyang	199.7	200.2	200.2	129	榆林	Yulin	190.0	193.3	195.5	135
绵阳	Mianyang	279.4	280.1	281.0	78	安康	Ankang	163.6	163.9	164.2	167
广元	Guangyuan	160.1	159.6	159.7	171	商洛	Shangluo	129.8	130.7	131.1	203
遂宁	Suining	196.8	197.4	194.7	138	**甘肃**	**Gansu**	**1399.8**	**1407.1**	**1400.3**	
内江	Neijiang	219.7	220.1	220.3	115	兰州	Lanzhou	165.1	164.4	163.0	168
乐山	Leshan	180.7	181.0	181.3	148	嘉峪关	Jiayuguan	10.1	10.4	10.6	283
南充	Nanchong	391.5	393.2	395.8	25	金昌	Jinchang	23.8	24.0	23.9	281
眉山	Meishan	178.5	179.3	179.0	152	白银	Baiyin	93.3	93.5	91.0	240
宜宾	Yibin	281.1	283.1	285.0	72	天水	Tianshui	188.4	189.6	189.4	142
广安	Guangan	243.9	245.6	245.5	97	武威	Wuwei	98.7	99.1	96.6	232
达州	Dazhou	360.1	361.8	364.6	40	张掖	Zhangye	67.4	67.4	67.4	256
雅安	Yaan	79.4	79.8	80.1	249	平凉	Pingliang	118.5	119.4	119.3	218
巴中	Bazhong	201.8	202.5	203.1	126	酒泉	Jiuquan	51.0	51.5	51.3	272
资阳	Ziyang	261.0	262.3	263.4	89	庆阳	Qingyang	134.7	136.2	136.6	195
贵州	**Guizhou**	**2180.4**	**2205.8**	**2157.8**		定西	Dingxi	156.0	156.8	154.2	176
贵阳	Guiyang	190.9	192.1	190.7	140	陇南	Longnan	147.4	147.3	146.8	185
六盘水	Liupanshui	167.6	169.0	170.8	160	**青海**	**Qinghai**	**279.8**	**283.2**	**286.8**	
遵义	Zunyi	395.9	400.3	401.5	23	西宁	Xining	99.3	99.9	100.2	231
安顺	Anshun	144.5	145.7	147.2	184	**宁夏**	**Ningxia**	**327.0**	**331.2**	**334.7**	
毕节	Bijie	435.7	444.7	449.1	12	银川	Yinchuan	103.8	102.9	102.7	229
铜仁	Tongren	221.2	223.8	224.2	108	石嘴山	Shizuishan	37.6	37.2	37.6	278
云南	**Yunnan**	**2332.3**	**2350.4**	**2359.3**		吴忠	Wuzhong	65.5	65.9	67.1	257
昆明	Kunming	331.0	333.4	275.0	80	固原	Guyuan	62.2	64.8	64.3	260
曲靖	Qujing	328.2	309.2	334.1	51	中卫	Zhongwei	55.3	56.1	56.9	269
玉溪	Yuxi	107.9	118.9	107.7	228	**新疆**	**Xinjiang**	**1104.3**	**1121.7**	**1133.5**	
保山	Baoshan	128.5	129.5	130.7	206	乌鲁木齐	Urumqi	126.5	129.0	133.6	200
昭通	Zhaotong	302.1	276.2	307.8	59	克拉玛依	Karamay	14.2	14.4	14.5	282

1-7 年末女性人口
Female Poplation at Year-end

单位：万人 （10 000 persons）

地名	City	2010	2011	2012	2012 排名 Ranking	地名	City	2010	2011	2012	2012 排名 Ranking
全国	**National Total**	**65402.4**	**65941.7**	**6601.7**		沈阳	Shenyang	361.2	363.2	364.6	29
北京	**Beijing**	**627.0**	**637.1**	**647.2**		大连	Dalian	292.2	293.7	294.9	58
天津	**Tianjin**	**492.0**	**497.5**	**496.0**		鞍山	Anshan	173.7	173.9	173.5	151
河北	**Hebei**	**3579.8**	**3603.2**	**3638.1**		抚顺	Fushun	110.1	109.9	109.6	223
石家庄	Shijiazhuang	491.1	494.9	498.9	5	本溪	Benxi	77.0	76.9	76.5	249
唐山	Tangshan	362.2	363.3	365.7	27	丹东	Dandong	119.9	119.9	119.7	211
秦皇岛	Qinhuangdao	141.4	142.2	143.0	178	锦州	Jinzhou	153.1	153.3	153.1	168
邯郸	Handan	470.1	478.5	485.2	8	营口	Yingkou	115.8	116.3	115.9	214
邢台	Xingtai	357.9	359.7	364.6	29	阜新	Fuxin	96.3	96.2	96.0	231
保定	Baoding	571.4	571.6	577.4	2	辽阳	Liaoyang	90.3	89.9	89.0	238
张家口	Zhangjiakou	225.0	226.1	227.0	103	盘锦	Panjin	65.1	65.1	64.1	257
承德	Chengde	179.9	180.6	182.0	139	铁岭	Tieling	150.0	150.0	148.8	173
沧州	Cangzhou	356.5	358.2	362.5	32	朝阳	Chaoyang	164.9	166.1	165.9	155
廊坊	Langfang	206.8	209.8	213.4	109	葫芦岛	Huludao	137.4	137.0	136.7	186
衡水	Hengshui	217.5	218.2	218.5	107	**吉林**	**Jilin**	**1346.2**	**1348.6**	**1338.1**	
山西	**Shanxi**	**1693.1**	**1707.9**	**1709.7**		长春	Changchun	376.5	378.2	375.7	24
太原	Taiyuan	205.1	207.3	210.4	114	吉林	Jilin	214.4	214.2	213.4	109
大同	Datong	163.0	163.7	164.1	157	四平	Siping	168.0	168.4	165.8	156
阳泉	Yangquan	65.9	66.5	67.4	255	辽源	Liaoyuan	60.7	60.2	60.1	263
长治	Changzhi	162.5	162.7	164.1	157	通化	Tonghua	111.2	111.2	110.6	220
晋城	Jincheng	112.6	113.5	113.9	215	白山	Baishan	62.6	62.6	62.8	259
朔州	Shuozhou	82.0	82.5	83.7	242	松原	Songyuan	142.9	143.9	143.7	177
晋中	Jinzhong	155.6	156.8	159.4	163	白城	Baicheng	100.2	100.2	99.3	229
运城	Yuncheng	252.1	253.9	253.8	84	**黑龙江**	**Heilongjiang**	**1899.2**	**1896.6**	**1886.3**	
忻州	Xinzhou	148.7	148.8	149.3	172	哈尔滨	Harbin	491.1	492.6	492.0	6
临汾	Linfen	211.8	212.7	211.5	112	齐齐哈尔	Qiqihar	280.1	279.3	275.9	71
吕梁	Luliang	179.5	181.3	182.1	138	鸡西	Jixi	93.7	93.6	92.4	235
内蒙古	**Inner Mongolia**	**1200.6**	**1207.5**	**1205.9**		鹤岗	Hegang	54.4	54.1	54.1	267
呼和浩特	Hohhot	140.8	113.6	144.7	175	双鸭山	Shuangyashan	74.9	74.9	74.5	252
包头	Baotou	128.4	109.3	132.3	193	大庆	Daqing	139.4	140.5	140.8	184
乌海	Wuhai	25.1	25.5	25.8	280	伊春	Yichun	63.4	63.1	62.1	261
赤峰	Chifeng	210.7	223.7	209.7	115	佳木斯	Jiamusi	124.6	123.8	122.7	208
通辽	Tongliao	154.4	157.6	154.1	167	七台河	Qitaihe	44.9	45.0	44.5	274
鄂尔多斯	Erdos	83.9	75.7	86.5	239	牡丹江	Mudanjiang	133.7	132.9	132.7	192
呼伦贝尔	Hulunbuir	123.6	132.6	123.3	206	黑河	Heihe	85.2	85.2	85.1	240
巴彦淖尔	Bayannur	78.3	92.5	78.4	245	绥化	Suihua	288.2	286.3	284.1	67
乌兰察布	Ulanqab	104.8	139.7	104.4	227	**上海**	**Shanghai**	**708.7**	**713.0**	**717.3**	
辽宁	**Liaoning**	**2107.0**	**2111.4**	**2108.3**		**江苏**	**Jiangsu**	**3678.9**	**3702.4**	**3720.9**	

1-7 年末女性人口 续表 1
Female Poplation at Year-end continued 1

单位：万人 （10 000 persons）

地名	City	2010	2011	2012	2012 排名 Ranking
南京	Nanjing	312.8	315.5	317.1	52
无锡	Wuxi	234.2	235.3	236.7	96
徐州	Xuzhou	470.5	470.9	477.3	9
常州	Changzhou	180.5	182.0	183.2	136
苏州	Suzhou	323.2	325.9	328.9	45
南通	Nantong	385.6	386.9	387.4	21
连云港	Lianyungang	238.4	241.9	244.4	90
淮安	Huaian	262.0	263.4	265.3	77
盐城	Yancheng	396.0	398.2	398.9	19
扬州	Yangzhou	228.9	229.6	288.4	62
镇江	Zhenjiang	135.5	136.5	136.5	188
泰州	Taizhou	246.9	248.5	247.7	88
宿迁	Suqian	264.1	267.9	269.3	73
浙江	**Zhejiang**	**2334.8**	**2354.4**	**2365.7**	
杭州	Hangzhou	342.6	346.6	349.6	35
宁波	Ningbo	286.9	288.5	289.4	61
温州	Wenzhou	378.1	384.1	384.8	23
嘉兴	Jiaxing	172.5	173.5	174.4	147
湖州	Huzhou	130.1	130.9	131.3	195
绍兴	Shaoxing	218.4	219.2	219.8	106
金华	Jinhua	227.6	229.0	229.9	102
衢州	Quzhou	121.5	122.4	122.8	207
舟山	Zhoushan	48.5	48.7	48.9	273
台州	Taizhou	283.5	285.4	287.7	64
丽水	Lishui	125.2	126.2	127.0	198
安徽	**Anhui**	**3282.7**	**3314.3**	**3325.4**	
合肥	Hefei	237.0	339.6	341.9	38
芜湖	Wuhu	111.4	186.1	185.3	133
蚌埠	Bengbu	174.7	176.3	177.5	144
淮南	Huainan	116.9	117.9	117.0	213
马鞍山	Maanshan	62.8	110.5	110.5	221
淮北	Huaibei	107.1	108.3	106.2	226
铜陵	Tongling	36.2	36.3	36.5	278
安庆	Anqing	297.4	298.9	299.9	57
黄山	Huangshan	72.2	72.3	71.9	254
滁州	Chuzhou	217.7	218.8	218.1	108
阜阳	Fuyang	486.0	492.2	499.1	4
宿州	Suzhou	312.0	315.5	315.8	53
六安	Liuan	333.0	335.1	335.1	41
亳州	Bozhou	285.8	287.6	292.9	59
池州	Chizhou	78.4	78.8	79.3	243
宣城	Xuancheng	134.0	134.7	134.9	190
福建	**Fujian**	**1713.0**	**1723.3**	**1736.5**	
福州	Fuzhou	312.8	314.9	318.2	50
厦门	Xiamen	90.0	92.8	95.9	232
莆田	Putian	159.5	160.6	161.7	161
三明	Sanming	130.6	130.8	131.1	196
泉州	Quanzhou	334.2	335.6	336.8	40
漳州	Zhangzhou	230.5	233.1	234.8	98
南平	Nanping	151.4	151.3	151.6	171
龙岩	Longyan	143.7	142.9	144.1	176
宁德	Ningde	160.2	161.2	162.4	160
江西	**Jiangxi**	**2234.4**	**2265.2**	**2288.4**	
南昌	Nanchang	241.4	243.2	245.4	89
景德镇	Jingdezhen	76.2	76.8	77.4	247
萍乡	Pingxiang	91.7	92.3	92.6	233
九江	Jiujiang	232.8	233.8	234.9	97
新余	Xinyu	54.1	54.6	54.8	265
鹰潭	Yingtan	53.5	53.9	54.1	267
赣州	Ganzhou	411.7	414.6	416.1	14
吉安	Jian	231.5	233.2	234.1	99
宜春	Yichun	259.7	262.4	263.4	79
抚州	Fuzhou	187.7	189.0	189.8	126
上饶	Shangrao	318.7	321.3	322.6	49
山东	**Shandong**	**4697.3**	**4721.4**	**4711.9**	
济南	Jinan	302.8	304.4	305.9	55
青岛	Qingdao	381.7	383.7	385.7	22
淄博	Zibo	211.2	212.1	212.3	111
枣庄	Zaozhuang	187.8	188.5	188.9	128
东营	Dongying	91.7	92.5	92.5	234
烟台	Yantai	325.0	325.7	325.0	47
潍坊	Weifang	432.4	434.3	434.9	13
济宁	Jining	410.6	412.1	411.2	15
泰安	Taian	275.1	276.2	276.0	70
威海	Weihai	126.5	126.8	126.9	199
日照	Rizhao	141.7	142.2	141.6	183
莱芜	Laiwu	62.4	62.5	62.3	260
临沂	Linyi	521.3	524.3	525.6	3
德州	Dezhou	281.7	284.4	284.2	66
聊城	Liaocheng	294.7	297.1	290.8	60

1-7 年末女性人口 续表 2
Female Poplation at Year-end continued 2

单位：万人 （10 000 persons）

地名	City	2010	2011	2012	2012 排名 Ranking	地名	City	2010	2011	2012	2012 排名 Ranking
滨州	Binzhou	187.4	188.7	188.7	129	常德	Changde	305.1	137.4	285.1	65
菏泽	Heze	463.3	466.0	459.3	10	张家界	Zhangjiajie	79.6	37.8	73.5	253
河南	**Henan**	**5223.6**	**5281.0**	**5274.6**		益阳	Yiyang	231.9	103.0	210.7	113
郑州	Zhengzhou	356.8	365.9	446.5	12	郴州	Chenzhou	240.6	109.9	222.3	105
开封	Kaifeng	248.5	250.0	230.2	100	永州	Yongzhou	288.6	127.1	252.2	85
洛阳	Luoyang	337.2	340.7	327.4	46	怀化	Huaihua	244.4	113.3	230.0	101
平顶山	Pingdingshan	256.9	258.6	240.0	95	娄底	Loudi	207.6	92.7	182.6	137
安阳	Anyang	293.7	294.8	263.3	80	**广东**	**Guangdong**	**4132.9**	**4191.7**	**4187.4**	
鹤壁	Hebi	77.5	77.3	76.7	248	广州	Guangzhou	397.1	402.0	406.5	17
新乡	Xinxiang	293.0	294.7	284.0	68	韶关	Shaoguan	158.6	159.4	157.3	165
焦作	Jiaozuo	178.3	180.1	176.9	145	深圳	Shenzhen	122.0	131.7	141.9	181
濮阳	Puyang	191.3	190.5	178.3	143	珠海	Zhuhai	51.3	51.9	52.1	270
许昌	Xuchang	232.6	231.1	209.1	116	汕头	Shantou	261.6	264.1	265.7	75
漯河	Luohe	132.6	132.6	125.0	201	佛山	Foshan	186.2	188.2	189.8	126
三门峡	Sanmenxia	109.3	110.7	110.2	222	江门	Jiangmen	194.3	195.1	194.4	123
南阳	Nanyang	562.2	558.6	490.0	7	湛江	Zhanjiang	365.6	372.3	367.2	26
商丘	Shangqiu	442.7	439.5	364.7	28	茂名	Maoming	350.2	356.8	248.8	87
信阳	Xinyang	421.4	420.1	314.4	54	肇庆	Zhaoqing	204.2	206.6	206.6	117
周口	Zhoukou	563.9	556.7	447.7	11	惠州	Huizhou	165.9	169.1	168.5	153
驻马店	Zhumadian	438.4	442.4	345.0	37	梅州	Meizhou	251.1	252.8	254.8	83
湖北	**Hubei**	**2965.3**	**2970.1**	**2971.4**		汕尾	Shanwei	164.5	166.1	166.9	154
武汉	Wuhan	407.0	403.0	400.7	18	河源	Heyuan	175.9	180.4	174.0	148
黄石	Huangshi	123.9	123.2	124.8	204	阳江	Yangjiang	132.9	133.5	132.0	194
十堰	Shiyan	163.3	164.1	163.3	159	清远	Qingyuan	200.8	202.2	195.8	120
宜昌	Yichang	194.4	194.7	194.8	122	东莞	Dongguan	89.5	91.0	91.7	236
襄阳	Xiangfan	288.5	289.0	288.4	62	中山	ZhongShan	74.8	75.7	76.5	249
鄂州	Ezhou	52.1	52.4	51.9	271	潮州	Chaozhou	128.8	129.8	131.0	197
荆门	Jingmen	147.2	148.2	148.6	174	揭阳	Jieyang	323.2	327.0	329.5	44
孝感	Xiaogan	254.4	253.1	251.7	86	云浮	Yunfu	134.5	136.0	136.7	186
荆州	Jingzhou	321.4	324.1	325.0	47	**广西**	**Guangxi**	**2527.4**	**2545.5**	**2546.0**	
黄冈	Huanggang	352.9	353.8	353.9	33	南宁	Nanning	337.6	339.6	333.6	42
咸宁	Xianning	139.0	140.6	142.6	179	柳州	Liuzhou	179.6	180.7	173.7	150
随州	Suizhou	124.1	125.0	125.0	201	桂林	Guilin	249.1	250.6	243.3	91
湖南	**Hunan**	**3400.5**	**3434.4**	**3431.2**		梧州	Wuzhou	153.0	153.6	155.1	166
长沙	Changsha	321.2	188.9	351.5	34	北海	Beihai	79.4	79.8	78.5	244
株洲	Zhuzhou	190.8	96.2	190.7	125	防城港	Fangchenggang	41.6	41.7	40.0	276
湘潭	Xiangtan	140.7	68.7	136.4	189	钦州	Qinzhou	175.9	177.8	175.2	146
衡阳	Hengyang	376.7	175.2	347.0	36	贵港	Guigang	247.2	249.0	240.5	94
邵阳	Shaoyang	378.2	171.7	337.9	39	玉林	Yulin	314.4	319.3	317.7	51
岳阳	Yueyang	272.0	133.9	265.5	76	百色	Baise	183.2	186.1	187.7	130

1-7 年末女性人口 续表 3
Female Poplation at Year-end continued 3

单位：万人 （10 000 persons）

地名	City	2010	2011	2012	2012 排名 Ranking
贺州	Hezhou	111.2	111.2	107.0	224
河池	Hechi	191.9	194.1	195.1	121
来宾	Laibin	119.5	124.6	120.7	209
崇左	Chongzuo	116.0	117.4	112.9	218
海南	**Hainan**	**428.4**	**433.6**	**430.2**	
海口	Haikou	78.0	78.9	78.4	245
三亚	Sanya	27.9	28.5	28.0	279
重庆	**Chongqing**	**1594.4**	**1609.3**	**1617.6**	
四川	**Sichuan**	**4360.9**	**4392.8**	**4412.4**	
成都	Chengdu	573.3	581.2	587.4	1
自贡	Zigong	159.4	160.0	160.9	162
攀枝花	Panzhihua	54.1	54.5	54.6	266
泸州	Luzhou	241.7	242.2	243.1	92
德阳	Deyang	189.5	190.3	191.3	124
绵阳	Mianyang	262.5	263.3	264.4	78
广元	Guangyuan	150.8	151.6	152.0	169
遂宁	Suining	184.6	185.3	181.4	140
内江	Neijiang	205.8	206.0	206.3	118
乐山	Leshan	172.7	173.4	173.8	149
南充	Nanchong	360.2	363.0	363.8	31
眉山	Meishan	170.5	171.5	171.4	152
宜宾	Yibin	257.9	259.8	261.6	81
广安	Guangan	222.2	222.9	223.0	104
达州	Dazhou	325.4	328.9	331.0	43
雅安	Yaan	75.5	76.0	76.4	251
巴中	Bazhong	186.2	186.9	186.9	131
资阳	Ziyang	240.1	241.6	242.5	93
贵州	**Guizhou**	**2008.6**	**2032.7**	**1976.4**	
贵阳	Guiyang	182.3	184.1	183.8	134
六盘水	Liupanshui	151.6	152.5	151.7	170
遵义	Zunyi	368.2	371.6	369.9	25
安顺	Anshun	135.3	136.5	137.2	185
毕节	Bijie	398.2	407.1	408.9	16
铜仁	Tongren	200.5	203.4	202.3	119
云南	**Yunnan**	**2195.9**	**2211.9**	**2216.4**	
昆明	Kunming	312.9	315.2	268.5	74
曲靖	Qujing	298.2	280.7	303.3	56
玉溪	Yuxi	106.6	112.9	106.4	225
保山	Baoshan	122.1	123.0	124.9	203
昭通	Zhaotong	272.1	249.7	275.5	72
丽江	Lijiang	60.2	60.7	58.4	264
普洱	Puer	119.4	121.2	120.7	209
临沧	Lincang	113.2	116.3	113.7	216
西藏	**Tibet**	**145.7**	**150.6**	**154.4**	
拉萨	Lhasa	27.2			
陕西	**Shaanxi**	**1865.9**	**1886.9**	**1895.2**	
西安	Xi'an	383.9	389.3	392.0	20
铜川	Tongchuan	40.8	40.8	41.0	275
宝鸡	Baoji	183.6	184.7	185.4	132
咸阳	Xianyang	250.9	254.1	254.9	82
渭南	Weinan	275.3	278.4	277.7	69
延安	Yan'an	111.2	112.7	113.0	217
汉中	Hanzhong	180.8	182.2	183.4	135
榆林	Yulin	174.5	177.4	179.1	142
安康	Ankang	140.7	141.1	141.9	181
商洛	Shangluo	115.0	117.1	117.7	212
甘肃	**Gansu**	**1312.3**	**1321.8**	**1312.7**	
兰州	Lanzhou	158.4	159.0	158.5	164
嘉峪关	Jiayuguan	8.9	9.1	9.2	283
金昌	Jinchang	21.9	22.1	22.1	281
白银	Baiyin	87.1	87.6	84.7	241
天水	Tianshui	178.3	180.0	179.6	141
武威	Wuwei	92.6	93.0	89.4	237
张掖	Zhangye	63.5	63.5	63.4	258
平凉	Pingliang	111.8	112.8	112.2	219
酒泉	Jiuquan	49.3	50.0	50.0	272
庆阳	Qingyang	124.5	125.8	125.7	200
定西	Dingxi	144.4	145.5	142.1	180
陇南	Longnan	134.4	134.2	133.8	191
青海	**Qinghai**	**270.2**	**274.4**	**278.7**	
西宁	Xining	96.7	97.6	98.2	230
宁夏	**Ningxia**	**315.7**	**320.4**	**324.3**	
银川	Yinchuan	96.7	99.7	102.0	228
石嘴山	Shizuishan	35.1	36.3	36.6	277
吴忠	Wuzhong	62.7	63.6	64.2	256
固原	Guyuan	61.1	59.9	62.1	261
中卫	Zhongwei	52.9	53.2	53.8	269
新疆	**Xinjiang**	**1060.1**	**1080.9**	**1092.5**	
乌鲁木齐	Urumqi	116.5	120.4	124.2	205
克拉玛依	Karamay	13.6	13.8	14.1	282

1-8 年平均人口
Annual Average Population

单位：万人 （10 000 persons）

地名	City	2010	2011	2012	2012 排名 Ranking
全国	**Nation Total**	**133770.5**	**134413.0**	**135069.5**	
北京	**Beijing**	**1251.8**	**1990.3**	**2044.0**	
天津	**Tianjin**	**982.4**	**1327.1**	**1384.1**	
河北	**Hebei**	**7257.4**	**7217.1**	**7264.0**	
石家庄	Shijiazhuang	983.3	993.2	1001.3	7
唐山	Tangshan	734.5	736.0	739.4	33
秦皇岛	Qinhuangdao	287.8	289.1	290.5	179
邯郸	Handan	953.2	971.7	986.5	9
邢台	Xingtai	725.3	734.5	717.2	35
保定	Baoding	1158.2	1160.9	1166.4	4
张家口	Zhangjiakou	464.1	466.7	467.9	105
承德	Chengde	372.4	373.6	375.6	139
沧州	Cangzhou	724.2	732.9	739.6	32
廊坊	Langfang	416.2	422.0	429.1	115
衡水	Hengshui	438.2	440.9	442.0	109
山西	**Shanxi**	**3458.5**	**3583.6**	**3601.9**	
太原	Taiyuan	365.3	365.3	365.4	146
大同	Datong	316.6	318.2	319.1	167
阳泉	Yangquan	130.5	131.1	131.8	257
长治	Changzhi	330.6	334.6	335.2	159
晋城	Jincheng	216.4	216.9	217.9	227
朔州	Shuozhou	158.2	172.3	173.0	240
晋中	Jinzhong	320.5	326.1	324.1	164
运城	Yuncheng	503.7	515.3	518.1	90
忻州	Xinzhou	307.2	308.8	310.1	170
临汾	Linfen	437.2	438.7	432.7	112
吕梁	Luliang	372.4	361.0	376.2	137
内蒙古	**Inner Mongolia**	**2136.4**	**2476.9**	**2485.8**	
呼和浩特	Hohhot	228.5	230.9	229.1	218
包头	Baotou	219.7	220.8	222.6	224
乌海	Wuhai	50.5	53.8	54.5	281
赤峰	Chifeng	433.5	431.0	431.6	114
通辽	Tongliao	318.8	319.4	319.9	166
鄂尔多斯	Erdos	150.9	153.3	155.1	250
呼伦贝尔	Hulunbuir	271.5	270.9	268.4	194
巴彦淖尔	Bayannur	174.7	176.6	176.8	239
乌兰察布	Ulanqab	288.3	288.0	287.9	181
辽宁	**Liaoning**	**4253.8**	**4379.0**	**4386.0**	
沈阳	Shenyang	718.1	721.2	723.7	34
大连	Dalian	585.6	587.5	589.4	65
鞍山	Anshan	351.9	351.7	351.0	150
抚顺	Fushun	221.8	220.5	219.7	226
本溪	Benxi	155.0	154.5	153.8	252
丹东	Dandong	242.0	241.2	240.8	211
锦州	Jinzhou	309.3	308.3	308.1	171
营口	Yingkou	235.3	235.5	235.3	214
阜新	Fuxin	192.3	192.2	191.8	230
辽阳	Liaoyang	183.4	182.9	181.4	237
盘锦	Panjin	130.6	131.2	130.0	259
铁岭	Tieling	305.6	305.0	303.6	173
朝阳	Chaoyang	340.9	340.1	340.8	157
葫芦岛	Huludao	282.0	281.5	280.7	186
吉林	**Jilin**	**2503.2**	**2748.0**	**2749.9**	
长春	Changchun	757.7	760.3	759.3	28
吉林	Jilin	434.1	433.7	432.0	113
四平	Siping	339.8	340.8	338.7	158
辽源	Liaoyuan	123.8	123.2	122.3	264
通化	Tonghua	226.5	226.1	225.3	223
白山	Baishan	129.2	128.6	128.2	260
松原	Songyuan	289.2	291.1	291.0	178
白城	Baicheng	202.9	202.6	201.3	228
黑龙江	**Heilongjiang**	**3790.3**	**3833.7**	**3834.0**	
哈尔滨	Harbin	991.8	992.6	993.4	8
齐齐哈尔	Qiqihar	569.8	567.7	563.2	73
鸡西	Jixi	189.2	188.9	185.9	234
鹤岗	Hegang	109.3	109.0	108.7	269
双鸭山	Shuangyashan	151.2	151.4	150.8	254
大庆	Daqing	278.0	273.0	279.7	187
伊春	Yichun	127.2	126.5	125.4	262
佳木斯	Jiamusi	253.0	252.2	240.5	212
七台河	Qitaihe	92.8	92.8	92.5	274
牡丹江	Mudanjiang	271.0	268.0	260.1	201
黑河	Heihe	173.9	173.9	171.5	241
绥化	Suihua	583.0	584.1	579.5	68
上海	**Shanghai**	**1406.5**	**2325.1**	**2363.9**	
江苏	**Jiangsu**	**7442.9**	**7884.1**	**3834.0**	

1-8 年平均人口 续表 1
Annual Average Population continued 1

单位：万人 （10 000 persons）

地名	City	2010	2011	2012	2012 排名 Ranking	地名	City	2010	2011	2012	2012 排名 Ranking
南京	Nanjing	631.1	634.4	637.4	54	池州	Chizhou	160.2	160.9	161.7	248
无锡	Wuxi	466.1	467.3	469.0	103	宣城	Xuancheng	278.1	278.9	279.5	188
徐州	Xuzhou	965.3	974.8	983.6	10	**福建**	**Fujian**	**3514.8**	**3706.5**	**3734.0**	
常州	Changzhou	360.3	361.8	363.8	147	福州	Fuzhou	641.9	647.7	652.3	49
苏州	Suzhou	635.5	640.0	645.1	53	厦门	Xiamen	178.6	182.7	188.1	233
南通	Nantong	762.8	763.9	765.0	26	莆田	Putian	321.6	325.0	327.9	162
连云港	Lianyungang	494.2	501.5	508.1	93	三明	Sanming	271.9	273.0	273.8	191
淮安	Huaian	536.5	541.0	545.0	77	泉州	Quanzhou	683.1	687.4	691.3	43
盐城	Yancheng	814.3	818.4	821.6	18	漳州	Zhangzhou	473.5	477.8	480.9	100
扬州	Yangzhou	459.0	459.6	459.2	107	南平	Nanping	312.0	313.7	313.6	168
镇江	Zhenjiang	270.3	271.3	271.6	193	龙岩	Longyan	294.5	295.4	296.4	176
泰州	Taizhou	504.3	505.9	506.7	94	宁德	Ningde	337.7	339.7	341.2	156
宿迁	Suqian	543.4	550.7	557.7	75	**江西**	**Jiangxi**	**4665.5**	**4475.3**	**4496.2**	
浙江	**Zhejiang**	**4732.1**	**5454.8**	**5470.0**		南昌	Nanchang	499.8	503.6	511.0	92
杭州	Hangzhou	686.3	692.4	698.1	41	景德镇	Jingdezhen	161.7	163.9	165.6	244
宁波	Ningbo	572.6	575.2	577.1	69	萍乡	Pingxiang	187.5	189.2	191.4	231
温州	Wenzhou	783.0	792.6	799.3	21	九江	Jiujiang	494.5	500.2	505.5	95
嘉兴	Jiaxing	340.6	342.3	343.8	154	新余	Xinyu	117.2	118.7	119.9	266
湖州	Huzhou	259.6	260.5	261.2	198	鹰潭	Yingtan	120.9	120.8	123.0	263
绍兴	Shaoxing	438.3	439.5	440.4	110	赣州	Ganzhou	902.1	912.8	922.5	13
金华	Jinhua	465.2	467.9	469.9	102	吉安	Jian	492.1	498.3	503.5	98
衢州	Quzhou	250.6	251.9	252.7	206	宜春	Yichun	553.9	562.4	570.0	72
舟山	Zhoushan	96.8	96.9	97.1	273	抚州	Fuzhou	401.6	408.0	394.3	126
台州	Taizhou	580.8	585.0	588.9	66	上饶	Shangrao	734.3	745.3	663.3	46
丽水	Lishui	258.5	255.5	262.0	197	**山东**	**Shandong**	**9320.3**	**9612.4**	**9661.0**	
安徽	**Anhui**	**6810.5**	**5962.4**	**5378.0**		济南	Jinan	603.7	605.4	607.9	61
合肥	Hefei	493.2	705.6	708.3	40	青岛	Qingdao	763.3	765.0	768.0	25
芜湖	Wuhu	229.8	384.8	384.4	132	淄博	Zibo	421.9	423.1	423.8	119
蚌埠	Bengbu	361.4	363.8	366.6	145	枣庄	Zaozhuang	388.9	394.1	394.5	125
淮南	Huainan	243.3	244.8	244.7	210	东营	Dongying	184.7	185.4	185.7	236
马鞍山	Maanshan	128.9	228.2	228.5	219	烟台	Yantai	651.6	651.5	651.0	51
淮北	Huaibei	218.5	220.7	220.1	225	潍坊	Weifang	870.8	875.7	878.2	15
铜陵	Tongling	74.0	74.1	74.2	277	济宁	Jining	837.2	845.0	847.0	16
安庆	Anqing	615.8	617.1	619.5	56	泰安	Taian	556.4	558.3	559.2	74
黄山	Huangshan	148.3	148.1	147.7	255	威海	Weihai	253.3	253.7	253.7	204
滁州	Chuzhou	450.5	451.9	452.5	108	日照	Rizhao	286.8	288.5	288.6	180
阜阳	Fuyang	1006.2	1018.8	1032.8	6	莱芜	Laiwu	128.9	126.8	126.6	261
宿州	Suzhou	638.6	645.7	650.5	52	临沂	Linyi	1004.8	1076.8	1082.4	5
六安	Liuan	705.4	707.2	709.9	38	德州	Dezhou	569.7	573.1	576.8	70
亳州	Bozhou	598.8	602.5	608.4	60	聊城	Liaocheng	594.2	600.9	599.3	62

1-8 年平均人口 续表 2
Annual Average Population continued 2

单位：万人 （10 000 persons）

地名	City	2010	2011	2012	2012 排名 Ranking	地名	City	2010	2011	2012	2012 排名 Ranking
滨州	Binzhou	377.4	379.2	380.8	135	常德	Changde	623.9	618.7	627.4	55
菏泽	Heze	826.8	962.7	962.0	11	张家界	Zhangjiajie	164.1	166.6	169.3	242
河南	**Henan**	**10667.6**	**9396.7**	**9397.0**		益阳	Yiyang	473.5	477.6	480.3	101
郑州	Zhengzhou	738.0	752.4	762.8	27	郴州	Chenzhou	481.2	505.3	461.9	106
开封	Kaifeng	530.9	539.0	543.9	80	永州	Yongzhou	588.7	620.9	617.6	57
洛阳	Luoyang	699.2	707.3	710.4	37	怀化	Huaihua	508.2	511.6	515.0	91
平顶山	Pingdingshan	536.0	544.2	547.2	76	娄底	Loudi	426.8	426.3	436.8	111
安阳	Anyang	581.4	586.1	591.9	64	**广东**	**Guangdong**	**8374.0**	**10472.9**	**10549.4**	
鹤壁	Hebi	160.9	163.1	163.6	246	广州	Guangzhou	800.4	810.4	818.4	19
新乡	Xinxiang	600.6	608.2	614.8	58	韶关	Shaoguan	328.1	328.9	328.1	161
焦作	Jiaozuo	366.4	369.0	368.6	144	深圳	Shenzhen	252.9	259.5	277.8	189
濮阳	Puyang	407.0	413.2	419.0	120	珠海	Zhuhai	103.7	105.4	106.3	270
许昌	Xuchang	487.6	491.9	494.1	99	汕头	Shantou	517.4	526.8	531.2	84
漯河	Luohe	277.3	277.4	275.0	190	佛山	Foshan	369.3	372.8	376.2	137
三门峡	Sanmenxia	229.9	225.2	225.9	221	江门	Jiangmen	391.9	393.0	392.8	128
南阳	Nanyang	1177.1	1193.8	1203.6	2	湛江	Zhanjiang	699.7	703.7	708.9	39
商丘	Shangqiu	914.4	922.4	930.5	12	茂名	Maoming	741.2	754.2	755.1	30
信阳	Xinyang	865.6	873.4	747.5	31	肇庆	Zhaoqing	418.1	424.7	427.3	116
周口	Zhoukou	1215.6	1231.4	1234.0	1	惠州	Huizhou	330.8	340.2	342.5	155
驻马店	Zhumadian	879.6	811.0	895.6	14	梅州	Meizhou	511.1	516.2	519.5	89
湖北	**Hubei**	**5319.8**	**5742.7**	**5768.3**		汕尾	Shanwei	342.8	346.1	347.2	152
武汉	Wuhan	836.1	832.0	824.5	17	河源	Heyuan	353.7	362.6	360.9	148
黄石	Huangshi	259.4	260.1	260.8	200	阳江	Yangjiang	279.2	283.7	283.6	185
十堰	Shiyan	353.2	347.4	347.2	152	清远	Qingyuan	410.8	415.0	411.1	121
宜昌	Yichang	400.0	398.7	398.9	124	东莞	Dongguan	180.3	183.3	185.9	234
襄阳	Xiangfan	590.0	592.3	593.8	63	中山	ZhongShan	148.5	150.0	151.4	253
鄂州	Ezhou	104.2	105.0	105.3	271	潮州	Chaozhou	259.4	261.8	263.8	195
荆门	Jingmen	300.7	301.2	302.1	174	揭阳	Jieyang	655.5	665.5	540.9	82
孝感	Xiaogan	529.9	529.8	527.9	86	云浮	Yunfu	279.3	284.4	286.6	182
荆州	Jingzhou	660.1	659.9	663.0	47	**广西**	**Guangxi**	**5232.3**	**4627.5**	**4663.5**	
黄冈	Huanggang	738.6	683.7	685.7	45	南宁	Nanning	702.6	709.4	712.5	36
咸宁	Xianning	290.8	293.1	296.6	175	柳州	Liuzhou	370.1	373.8	373.5	142
随州	Suizhou	256.9	258.7	256.7	202	桂林	Guilin	515.3	520.4	521.9	88
湖南	**Hunan**	**6706.8**	**6582.9**	**6617.3**		梧州	Wuzhou	321.2	327.0	328.6	160
长沙	Changsha	652.0	653.4	658.6	48	北海	Beihai	163.5	167.4	168.0	243
株洲	Zhuzhou	387.2	389.5	393.6	127	防城港	Fangchenggang	89.1	91.3	91.5	275
湘潭	Xiangtan	295.2	290.2	291.6	177	钦州	Qinzhou	379.4	389.4	391.4	129
衡阳	Hengyang	765.7	794.1	798.4	22	贵港	Guigang	516.8	525.8	528.8	85
邵阳	Shaoyang	779.1	795.8	799.4	20	玉林	Yulin	664.0	679.7	688.4	44
岳阳	Yueyang	561.3	548.1	571.1	71	百色	Baise	402.1	384.0	408.3	122

1-8 年平均人口 续表 3
Annual Average Population continued 3

单位：万人 （10 000 persons）

地名	City	2010	2011	2012	2012 排名 Ranking	地名	City	2010	2011	2012	2012 排名 Ranking
贺州	Hezhou	203.5	232.2	225.5	222	丽江	Lijiang	120.5	120.8	120.1	265
河池	Hechi	404.4	419.9	406.7	123	普洱	Puer	253.9	255.4	251.1	207
来宾	Laibin	257.5	260.9	261.0	199	临沧	Lincang	241.4	244.0	236.1	213
崇左	Chongzuo	242.7	245.1	246.0	209	**西藏**	**Tibet**		**302.0**	**305.5**	
海南	**Hainan**	**215.7**	**872.9**	**881.9**		拉萨	Lhasa			57.9	279
海口	Haikou	159.3	161.4	162.0	247	**陕西**	**Shaanxi**	**3833.4**	**3738.9**	**3747.8**	
三亚	Sanya	56.4	57.6	57.7	280	西安	Xi'an	782.2	787.3	793.9	23
重庆	**Chongqing**	**3289.5**	**2901.8**	**2932.0**		铜川	Tongchuan	83.4	85.5	85.4	276
四川	**Sichuan**	**8317.8**	**8047.5**	**8063.1**		宝鸡	Baoji	379.9	382.1	383.6	133
成都	Chengdu	1144.4	1156.2	1168.3	3	咸阳	Xianyang	518.2	522.9	526.8	87
自贡	Zigong	327.2	326.6	327.8	163	渭南	Weinan	558.5	562.4	532.3	83
攀枝花	Panzhihua	111.5	111.5	111.8	268	延安	Yan'an	228.9	231.6	234.2	215
泸州	Luzhou	499.1	502.7	504.1	97	汉中	Hanzhong	381.5	381.9	383.3	134
德阳	Deyang	388.8	389.8	391.0	130	榆林	Yulin	361.8	367.6	372.6	143
绵阳	Mianyang	543.3	542.6	544.4	79	安康	Ankang	304.0	304.7	305.6	172
广元	Guangyuan	311.8	311.1	311.5	169	商洛	Shangluo	234.9	246.4	248.3	208
遂宁	Suining	384.2	382.1	379.4	136	**甘肃**	**Gansu**	**2425.2**	**2562.1**	**2570.9**	
内江	Neijiang	425.6	425.8	426.3	118	兰州	Lanzhou	323.6	323.4	322.4	165
乐山	Leshan	353.3	353.9	354.8	149	嘉峪关	Jiayuguan	20.3	23.3	23.4	284
南充	Nanchong	752.6	754.9	757.9	29	金昌	Jinchang	47.0	46.5	46.7	282
眉山	Meishan	348.6	349.9	350.6	151	白银	Baiyin	180.0	179.9	177.6	238
宜宾	Yibin	537.0	541.0	544.7	78	天水	Tianshui	363.2	368.2	374.5	141
广安	Guangan	468.1	467.3	468.5	104	武威	Wuwei	191.0	191.7	191.0	232
达州	Dazhou	671.5	686.8	693.2	42	张掖	Zhangye	130.6	130.9	130.9	258
雅安	Yaan	155.0	155.3	156.1	249	平凉	Pingliang	230.4	232.4	233.5	216
巴中	Bazhong	394.6	388.7	389.3	131	酒泉	Jiuquan	97.2	98.5	99.0	272
资阳	Ziyang	501.2	502.5	504.9	96	庆阳	Qingyang	260.1	260.6	262.1	196
贵州	**Guizhou**	**1729.0**	**3473.8**	**3476.4**		定西	Dingxi	299.9	301.3	273.7	192
贵阳	Guiyang	370.1	374.6	375.3	140	陇南	Longnan	282.0	282.3	284.1	184
六盘水	Liupanshui	314.7	320.3	285.5	183	**青海**	**Qinghai**	**220.7**	**565.8**	**570.7**	
遵义	Zunyi	767.5	768.1	771.7	24	西宁	Xining	220.7	221.8	197.9	229
安顺	Anshun	276.6	229.0	228.2	220	**宁夏**	**Ningxia**	**638.4**	**636.2**	**643.3**	
毕节	Bijie		653.3	652.2	50	银川	Yinchuan	157.2	160.5	164.7	245
铜仁	Tongren		424.5	426.8	117	石嘴山	Shizuishan	74.7	74.9	73.8	278
云南	**Yunnan**	**2865.4**	**4616.2**	**4644.9**		吴忠	Wuzhong	137.8	139.1	140.7	256
昆明	Kunming	579.6	540.2	543.8	81	固原	Guyuan	151.3	153.9	154.8	251
曲靖	Qujing	621.3	629.3	613.6	59	中卫	Zhongwei	117.4	118.7	119.6	267
玉溪	Yuxi	229.7	231.2	231.8	217	**新疆**	**Xinjiang**	**280.5**	**2196.9**	**2220.7**	
保山	Baoshan	251.5	251.6	254.9	203	乌鲁木齐	Urumqi	242.1	246.2	253.6	205
昭通	Zhaotong	567.6	576.8	581.3	67	克拉玛依	Karamay	38.4	37.7	37.7	283

1-9 人口自然增长率
Natural Growth Rate

单位：‰ (‰)

地名	City	2010	2011	2012	2012 排名 Ranking	地名	City	2010	2011	2012	2012 排名 Ranking
全国	**Nation Total**	**4.79**	**4.79**	**4.95**		沈阳	Shenyang	-0.59	-0.10		
北京	**Beijing**	**3.07**	**4.02**	**4.74**		大连	Dalian	-1.14	2.20	1.20	213
天津	**Tianjin**	**2.60**	**2.50**	**2.63**		鞍山	Anshan	-1.65	1.00	-1.40	244
河北	**Hebei**	**6.81**	**6.50**	**6.47**		抚顺	Fushun	-5.69	-1.60	-1.80	251
石家庄	Shijiazhuang	10.69	9.00	9.80	28	本溪	Benxi	-4.45	-0.30	-5.90	274
唐山	Tangshan	0.57	3.20	6.70	74	丹东	Dandong	-5.12	-0.40	-0.80	240
秦皇岛	Qinhuangdao	2.07	4.00	5.80	98	锦州	Jinzhou	-5.53	0.70	-0.60	238
邯郸	Handan	20.48	16.60	15.30	6	营口	Yingkou	-1.62	-1.50	-0.40	235
邢台	Xingtai	16.94	8.00	15.40	5	阜新	Fuxin	-2.99	-2.00	-1.00	243
保定	Baoding	3.21	-0.10	10.10	24	辽阳	Liaoyang	-0.64	-2.50	-8.90	276
张家口	Zhangjiakou	7.68	4.00	4.30	145	盘锦	Panjin	4.38	-0.70	-1.60	247
承德	Chengde	3.97	4.80	8.20	50	铁岭	Tieling	-1.72	0.80	-5.60	273
沧州	Cangzhou	15.17	6.40	13.80	11	朝阳	Chaoyang	-1.46	1.60	2.30	186
廊坊	Langfang	8.90	5.00	14.10	10	葫芦岛	Huludao	-3.91	0.70	-2.50	256
衡水	Hengshui	6.97	4.30	5.00	127	**吉林**	**Jilin**	**2.03**	**1.02**	**0.36**	
山西	**Shanxi**	**5.30**	**4.86**	**4.87**		长春	Changchun	3.81	4.20	-2.20	252
太原	Taiyuan	5.77	6.90	5.70	105	吉林	Jilin	2.11	2.00	-3.50	266
大同	Datong	9.16	5.50	4.10	147	四平	Siping	2.59	3.30	0.30	231
阳泉	Yangquan	4.04	3.60	3.80	154	辽源	Liaoyuan	2.41	-0.20	-3.30	262
长治	Changzhi	3.48	7.10	4.80	133	通化	Tonghua	-0.23	1.80	-2.70	259
晋城	Jincheng	-1.81	3.30	2.30	186	白山	Baishan	0.79	2.00	-4.70	270
朔州	Shuozhou	8.33	10.10	9.20	36	松原	Songyuan	4.33	4.80	3.80	154
晋中	Jinzhong	2.36	6.60	5.20	118	白城	Baicheng	-1.37	2.90	-5.50	272
运城	Yuncheng	1.67	3.00	3.50	168	**黑龙江**	**Heilongjiang**	**2.32**	**1.07**	**1.27**	
忻州	Xinzhou	2.60	7.90	4.50	139	哈尔滨	Harbin	3.21	2.70	-0.50	237
临汾	Linfen	2.89	8.10	5.40	114	齐齐哈尔	Qiqihar	-4.33	4.10	-5.40	271
吕梁	Luliang	5.87	5.30	4.80	133	鸡西	Jixi	1.03	-0.20	-4.30	269
内蒙古	**Inner Mongolia**	**3.76**	**3.51**	**3.65**		鹤岗	Hegang	-1.07	-0.30	-2.80	260
呼和浩特	Hohhot	4.00	8.20	-2.20	252	双鸭山	Shuangyashan	0.38	1.20	-3.30	262
包头	Baotou	-0.38	5.90	5.40	114	大庆	Daqing	-3.73	4.70	1.80	196
乌海	Wuhai	5.54	4.80	3.60	162	伊春	Yichun	-2.53	-2.30	-2.40	255
赤峰	Chifeng	-2.02	6.10	3.70	160	佳木斯	Jiamusi	2.56	0.30	-2.90	261
通辽	Tongliao	1.66	5.60	3.80	154	七台河	Qitaihe	4.04	3.20		
鄂尔多斯	Erdos	12.73	8.30	2.00	193	牡丹江	Mudanjiang	0.08	-1.30		
呼伦贝尔	Hulunbuir	-0.25	1.00	-3.40	264	黑河	Heihe	2.40	2.30	-0.60	238
巴彦淖尔	Bayannur	5.13	2.30	2.10	189	绥化	Suihua	6.83	3.50	0.70	224
乌兰察布	Ulanqab	4.40	7.10			**上海**	**Shanghai**	**1.98**	**1.87**	**4.20**	
辽宁	**Liaoning**	**0.42**	**-0.34**	**-0.39**		**江苏**	**Jiangsu**	**2.85**	**2.61**	**2.45**	

1-9 人口自然增长率　续表 1
Natural Growth Rate continued 1

单位：‰ (‰)

地名	City	2010	2011	2012	2012 排名 Ranking
南京	Nanjing	0.89	3.70	3.40	171
无锡	Wuxi	0.70	1.00	2.10	189
徐州	Xuzhou	0.93	1.70	14.90	8
常州	Changzhou	-0.71	1.90	1.40	208
苏州	Suzhou	2.44	2.60	3.60	162
南通	Nantong	-0.89	-0.90	-1.40	244
连云港	Lianyungang	4.99	10.20	11.70	18
淮安	Huaian	6.70	9.60	9.30	35
盐城	Yancheng	4.23	5.30	3.20	175
扬州	Yangzhou	-1.63	0.30	-1.50	246
镇江	Zhenjiang	0.07	1.50	-2.20	252
泰州	Taizhou	-1.92	2.90	-2.60	258
宿迁	Suqian	8.58	10.90	20.30	1
浙江	**Zhejiang**	**4.73**	**4.07**	**4.60**	
杭州	Hangzhou	3.40	4.60	3.90	153
宁波	Ningbo	2.34	2.00	2.10	189
温州	Wenzhou	10.10	10.50	4.90	130
嘉兴	Jiaxing	0.66	0.30	1.50	203
湖州	Huzhou	0.09	1.20	-0.40	235
绍兴	Shaoxing	0.28	0.40	0.70	224
金华	Jinhua	3.62	3.00	1.70	197
衢州	Quzhou	3.54	3.30	1.20	213
舟山	Zhoushan	-1.21	-0.70		
台州	Taizhou	6.20	5.20	6.60	75
丽水	Lishui	7.55	5.60	5.00	127
安徽	**Anhui**	**6.75**	**6.32**	**6.86**	
合肥	Hefei	6.72	4.80	4.60	137
芜湖	Wuhu	0.96	3.70	-1.60	247
蚌埠	Bengbu	6.70	10.70	9.50	33
淮南	Huainan	7.83	9.50	4.10	147
马鞍山	Maanshan	3.11	3.50		
淮北	Huaibei	9.78	10.10	10.10	24
铜陵	Tongling	1.99	2.10	2.70	183
安庆	Anqing	-0.71	5.80	4.50	139
黄山	Huangshan	-1.44	2.20	1.40	208
滁州	Chuzhou	2.53	4.40	4.90	130
阜阳	Fuyang	10.78	11.00	11.30	19
宿州	Suzhou	7.98	8.60	6.30	84
六安	Liuan	-0.69	7.40	4.60	137
亳州	Bozhou	3.46	5.20	5.20	118

地名	City	2010	2011	2012	2012 排名 Ranking
池州	Chizhou	1.76	4.10	2.50	185
宣城	Xuancheng	1.51	2.50	1.10	217
福建	**Fujian**	**6.11**	**6.21**	**7.01**	
福州	Fuzhou	14.50	7.20	8.20	50
厦门	Xiamen	4.23	7.40	11.00	21
莆田	Putian	11.00	8.40	8.50	48
三明	Sanming	4.82	3.60	5.80	98
泉州	Quanzhou	10.01	7.10	7.40	64
漳州	Zhangzhou	8.13	5.80	8.10	52
南平	Nanping	12.53	2.60	4.80	133
龙岩	Longyan	6.26	0.00	9.70	30
宁德	Ningde	3.67	2.30	8.50	48
江西	**Jiangxi**	**7.66**	**7.50**	**7.32**	
南昌	Nanchang	14.19	9.30	7.30	66
景德镇	Jingdezhen	18.73	11.90	6.60	75
萍乡	Pingxiang	5.97	7.30	6.80	73
九江	Jiujiang	10.09	12.60	13.20	12
新余	Xinyu	12.00	11.30	10.00	26
鹰潭	Yingtan	12.63	18.70	15.30	6
赣州	Ganzhou	11.11	11.30	9.20	36
吉安	Jian	7.47	12.20	6.90	70
宜春	Yichun	5.15	12.80	9.80	28
抚州	Fuzhou	8.35	10.20	7.90	55
上饶	Shangrao	13.32	15.00	12.50	15
山东	**Shandong**	**5.39**	**5.10**	**4.95**	
济南	Jinan	2.78	4.30	3.60	162
青岛	Qingdao	0.69	1.30	1.60	201
淄博	Zibo	1.05	2.30	0.70	224
枣庄	Zaozhuang	7.36	3.10	3.50	168
东营	Dongying	1.81	4.10	1.60	201
烟台	Yantai	-2.43	-0.20	-1.70	250
潍坊	Weifang	2.83	2.60	3.60	162
济宁	Jining	8.48	7.20	6.10	90
泰安	Taian	2.35	5.00	3.00	179
威海	Weihai	-1.30	-1.60	-1.60	247
日照	Rizhao	3.46	3.20	2.10	189
莱芜	Laiwu	0.62	1.00	0.80	220
临沂	Linyi	6.71	6.70	3.00	179
德州	Dezhou	2.12	8.80	4.00	149
聊城	Liaocheng	6.65	9.10	5.70	105

1-9 人口自然增长率　续表 2
Natural Growth Rate continued 2

单位：‰　　(‰)

地名	City	2010	2011	2012	2012 排名 Ranking	地名	City	2010	2011	2012	2012 排名 Ranking
滨州	Binzhou	-0.21	5.40	0.50	227	常德	Changde	-1.67	4.20	4.00	149
菏泽	Heze	0.23	4.80	5.10	122	张家界	Zhangjiajie	5.19	2.90	5.90	96
河南	**Henan**	**4.95**	**4.94**	**5.16**		益阳	Yiyang	-0.74	4.60	6.40	79
郑州	Zhengzhou	5.46	6.80	1.50	203	郴州	Chenzhou	6.00	6.00	5.50	111
开封	Kaifeng	10.51	12.10	11.90	17	永州	Yongzhou	5.70	5.00	8.70	43
洛阳	Luoyang	6.86	6.00	1.00	219	怀化	Huaihua	7.07	6.10	7.60	61
平顶山	Pingdingshan	8.56	12.10	8.80	41	娄底	Loudi	3.21	8.80	7.10	69
安阳	Anyang	8.07	11.00	1.20	213	广东	**Guangdong**	**6.97**	**6.10**	**6.95**	
鹤壁	Hebi	11.65	9.50	8.60	46	广州	Guangzhou	6.72	5.30	6.20	88
新乡	Xinxiang	5.80	6.70	5.20	118	韶关	Shaoguan	8.44	6.80	-3.40	264
焦作	Jiaozuo	4.48	5.00	1.40	208	深圳	Shenzhen	12.01	14.50	19.80	2
濮阳	Puyang	6.00	8.20	7.80	58	珠海	Zhuhai	7.45	9.20	10.30	23
许昌	Xuchang	5.29	6.10	4.00	149	汕头	Shantou	4.66	4.60	5.80	98
漯河	Luohe	3.00	-5.00	0.40	229	佛山	Foshan	4.53	6.00	5.80	98
三门峡	Sanmenxia	1.62	4.20	4.40	142	江门	Jiangmen	2.49	3.10	0.30	231
南阳	Nanyang	16.18	14.40	8.60	46	湛江	Zhanjiang	19.30	18.40	9.90	27
商丘	Shangqiu	4.59	4.30	5.10	122	茂名	Maoming	11.94	15.90	0.80	220
信阳	Xinyang	7.62	5.00	-4.00	268	肇庆	Zhaoqing	18.11	9.30	8.00	53
周口	Zhoukou	7.27	7.10	6.30	84	惠州	Huizhou	6.94	6.80	7.60	61
驻马店	Zhumadian	9.29	5.30	7.20	67	梅州	Meizhou	7.40	5.60	7.70	60
湖北	**Hubei**	**4.34**	**4.38**	**4.88**		汕尾	Shanwei	14.74	12.80	7.80	58
武汉	Wuhan	1.59	2.10	5.10	122	河源	Heyuan	23.06	16.60	-2.50	256
黄石	Huangshi	0.91	7.20	9.20	36	阳江	Yangjiang	9.86	10.90	1.40	208
十堰	Shiyan	8.11	6.10	0.30	231	清远	Qingyuan	12.82	8.40	5.70	105
宜昌	Yichang	-4.72	0.70	0.80	220	东莞	Dongguan	6.13	6.00	8.00	53
襄阳	Xiangfan	7.26	7.60	0.80	220	中山	ZhongShan	5.33	5.70	5.30	117
鄂州	Ezhou	5.61	7.70	5.50	111	潮州	Chaozhou	13.38	7.80	7.90	55
荆门	Jingmen	-7.66	4.20	3.30	172	揭阳	Jieyang	17.40	11.80	9.60	32
孝感	Xiaogan	3.93	0.90	3.20	175	云浮	Yunfu	16.16	9.50	5.60	108
荆州	Jingzhou	-4.54	3.30	0.50	227	广西	**Guangxi**	**8.65**	**7.67**	**7.89**	
黄冈	Huanggang	5.60	8.10	6.00	94	南宁	Nanning	14.70	7.80	6.40	79
咸宁	Xianning	0.54	10.00	9.70	30	柳州	Liuzhou	13.09	5.20	-3.50	266
随州	Suizhou	-3.97	5.70	1.90	195	桂林	Guilin	10.38	4.30	5.60	108
湖南	**Hunan**	**6.40**	**6.55**	**6.57**		梧州	Wuzhou	28.40	6.70	9.40	34
长沙	Changsha	5.41	6.80	6.10	90	北海	Beihai	31.73	9.40		
株洲	Zhuzhou	-0.16	7.40	6.60	75	防城港	Fangchenggang	27.99	7.60	16.40	3
湘潭	Xiangtan	3.11	2.80	5.80	98	钦州	Qinzhou	40.78	7.30	6.90	70
衡阳	Hengyang	4.51	5.90	7.60	61	贵港	Guigang	26.14	10.50	8.70	43
邵阳	Shaoyang	14.76	5.80	6.40	79	玉林	Yulin	28.58	16.30	14.70	9
岳阳	Yueyang	6.68	5.90	6.60	75	百色	Baise	12.63	4.50	1.50	203

1-9 人口自然增长率　续表 3
Natural Growth Rate continued 3

单位：‰　　　　(‰)

地名	City	2010	2011	2012	2012 排名 Ranking
贺州	Hezhou	39.18	2.20	8.80	41
河池	Hechi	4.24	6.70	1.70	197
来宾	Laibin	20.44	5.00	0.40	229
崇左	Chongzuo	4.38	12.40	4.50	139
海南	**Hainan**	**8.98**	**8.97**	**8.85**	
海口	Haikou	13.74	10.50	11.10	20
三亚	Sanya	9.99	9.70	8.70	43
重庆	**Chongqing**	**2.77**	**3.17**	**4.00**	
四川	**Sichuan**	**2.31**	**2.98**	**2.97**	
成都	Chengdu	-0.16	4.50	0.10	234
自贡	Zigong	-5.30	6.70	6.10	90
攀枝花	Panzhihua	-0.91	4.20	3.60	162
泸州	Luzhou	4.39	3.70	4.90	130
德阳	Deyang	-1.20	2.90	1.50	203
绵阳	Mianyang	-3.59	3.50	3.30	172
广元	Guangyuan	-6.20	3.30	2.20	188
遂宁	Suining	-4.64	4.70	-7.20	275
内江	Neijiang	2.56	5.10	3.50	168
乐山	Leshan	-0.90	2.50	1.70	197
南充	Nanchong	-0.19	3.20	3.80	154
眉山	Meishan	1.24	5.40	-0.90	242
宜宾	Yibin	2.91	4.10	3.80	154
广安	Guangan	2.04	7.80	3.60	162
达州	Dazhou	-0.47	6.80	6.20	88
雅安	Yaan	0.62	5.70	5.80	98
巴中	Bazhong	2.17	2.40	1.50	203
资阳	Ziyang	-3.56	3.50	3.00	179
贵州	**Guizhou**	**7.41**	**6.38**	**6.31**	
贵阳	Guiyang	13.07	6.60	3.70	160
六盘水	Liupanshui	17.67	7.10	5.00	127
遵义	Zunyi	11.80	9.40	3.00	179
安顺	Anshun	10.41	9.30	10.90	22
毕节	Bijie		11.70	12.80	13
铜仁	Tongren		8.90	3.80	154
云南	**Yunnan**	**6.54**	**6.35**	**6.22**	
昆明	Kunming	5.96	5.10	1.70	197
曲靖	Qujing	15.27	7.30	6.40	79
玉溪	Yuxi	5.61	5.30	6.10	90
保山	Baoshan	5.46	5.00	5.10	122
昭通	Zhaotong	24.13	7.20	4.80	133

地名	City	2010	2011	2012	2012 排名 Ranking
丽江	Lijiang	-0.61	4.90	-0.80	240
普洱	Puer	-2.09	6.50	6.00	94
临沧	Lincang	18.71	6.40	6.30	84
西藏	**Tibet**	**10.25**	**10.26**	**10.27**	
拉萨	Lhasa		3.40	7.90	55
陕西	**Shaanxi**	**3.72**	**3.69**	**3.88**	
西安	Xi'an	0.68	8.40	7.40	64
铜川	Tongchuan	2.19	2.80	1.20	213
宝鸡	Baoji	1.13	5.80	5.20	118
咸阳	Xianyang	3.32	7.80	5.90	96
渭南	Weinan	4.34	2.80	1.40	208
延安	Yan'an	14.25	9.10	4.20	146
汉中	Hanzhong	1.36	0.60	3.10	177
榆林	Yulin	11.07	12.50	12.80	13
安康	Ankang	2.91	2.70	3.30	172
商洛	Shangluo	0.74	5.70	4.40	142
甘肃	**Gansu**	**6.03**	**6.05**	**6.06**	
兰州	Lanzhou	3.05	6.00	4.40	142
嘉峪关	Jiayuguan	3.00	3.60	5.10	122
金昌	Jinchang	6.26	4.70	6.40	79
白银	Baiyin	8.89	6.40		
天水	Tianshui	13.21	11.20	6.90	70
武威	Wuwei	1.20	2.80	1.10	217
张掖	Zhangye	4.47	1.80	3.10	177
平凉	Pingliang	6.57	8.30	5.60	108
酒泉	Jiuquan	1.98	5.30	2.00	193
庆阳	Qingyang	-1.53	12.30	7.20	67
定西	Dingxi	5.34	6.50	5.40	114
陇南	Longnan	7.94	6.10	6.30	84
青海	**Qinghai**	**8.63**	**8.31**	**8.24**	
西宁	Xining	6.49	5.50	5.50	111
宁夏	**Ningxia**	**9.04**	**8.97**	**8.93**	
银川	Yinchuan	8.06	8.90	9.00	40
石嘴山	Shizuishan	4.82	5.30	4.00	149
吴忠	Wuzhong		2.40	12.00	16
固原	Guyuan	14.26	16.90	15.60	4
中卫	Zhongwei	14.54	8.30	9.20	36
新疆	**Xinjiang**	**10.56**	**10.57**	**10.84**	
乌鲁木齐	Urumqi	4.06	5.80	5.80	98
克拉玛依	Karamay	3.71	3.80	2.70	183

1-10 年底总户数
Total Households at Year-end

单位：万户 （10 000 households）

地名	City	2010	2011	2012	2012 排名 Ranking	地名	City	2010	2011	2012	2012 排名 Ranking
全国	**Nation Total**	**42116.2**	**42892.6**	**43308.9**		沈阳	Shenyang	251.3	255.1	257.6	21
北京	**Beijing**	**496.1**	**503.2**	**509.2**		大连	Dalian	207.6	209.2	210.4	46
天津	**Tianjin**	**345.8**	**350.3**	**351.2**		鞍山	Anshan	117.9	118.7	122.5	132
河北	**Hebei**	**2208.5**	**2259.5**	**2294.8**		抚顺	Fushun	83.3	83.7	85.1	194
石家庄	Shijiazhuang	276.3	281.9	285.9	8	本溪	Benxi	56.7	57.1	56.9	242
唐山	Tangshan	228.4	229.0	230.0	33	丹东	Dandong	82.8	83.6	84.0	196
秦皇岛	Qinhuangdao	103.6	106.7	105.7	160	锦州	Jinzhou	103.8	104.0	107.0	158
邯郸	Handan	254.0	258.8	261.2	19	营口	Yingkou	87.2	88.5	88.4	189
邢台	Xingtai	217.3	220.7	228.5	36	阜新	Fuxin	67.0	66.7	67.4	229
保定	Baoding	348.9	356.6	365.9	3	辽阳	Liaoyang	69.0	68.4	68.1	228
张家口	Zhangjiakou	174.4	179.6	183.1	67	盘锦	Panjin	47.6	47.5	46.4	259
承德	Chengde	127.8	129.8	131.9	118	铁岭	Tieling	105.0	105.8	105.5	161
沧州	Cangzhou	222.2	230.3	235.8	28	朝阳	Chaoyang	112.5	113.4	112.7	148
廊坊	Langfang	119.9	129.1	128.5	126	葫芦岛	Huludao	97.1	97.0	96.8	180
衡水	Hengshui	135.7	137.0	138.3	113	**吉林**	**Jilin**	**947.0**	**967.9**	**978.1**	
山西	**Shanxi**	**1188.8**	**1233.1**	**1282.4**		长春	Changchun	247.5	255.7	259.3	20
太原	Taiyuan	104.7	107.1	109.9	154	吉林	Jilin	150.7	152.6	153.5	96
大同	Datong	119.0	123.5	126.9	127	四平	Siping	118.0	122.2	121.9	134
阳泉	Yangquan	49.1	49.5	51.8	251	辽源	Liaoyuan	43.3	43.6	49.2	256
长治	Changzhi	107.3	110.9	115.5	142	通化	Tonghua	78.5	79.7	81.6	205
晋城	Jincheng	75.8	80.0	81.8	202	白山	Baishan	54.7	55.8	56.1	244
朔州	Shuozhou	60.9	64.2	67.3	230	松原	Songyuan	95.2	96.4	96.7	181
晋中	Jinzhong	117.8	122.6	128.8	123	白城	Baicheng	81.1	82.8	81.8	203
运城	Yuncheng	152.7	159.2	167.6	80	**黑龙江**	**Heilongjiang**	**1391.2**	**1433.5**	**1449.1**	
忻州	Xinzhou	120.3	124.2	131.3	119	哈尔滨	Harbin	347.0	366.7	372.3	2
临汾	Linfen	150.5	154.7	155.2	93	齐齐哈尔	Qiqihar	199.6	206.3	204.8	50
吕梁	Luliang	130.7	137.5	146.4	106	鸡西	Jixi	75.7	76.8	76.9	217
内蒙古	**Inner Mongolia**	**884.5**	**911.0**	**922.1**		鹤岗	Hegang	48.5	49.6	50.4	254
呼和浩特	Hohhot	80.2	82.8	83.9	197	双鸭山	Shuangyashan	60.7	61.7	62.4	236
包头	Baotou	78.1	80.1	81.9	201	大庆	Daqing	101.0	103.0	104.4	162
乌海	Wuhai	22.5	19.3	19.6	280	伊春	Yichun	51.8	52.7	53.4	248
赤峰	Chifeng	164.0	170.5	174.2	74	佳木斯	Jiamusi	92.3	94.0	95.6	183
通辽	Tongliao	105.3	109.7	111.8	149	七台河	Qitaihe	33.8	34.2	34.2	271
鄂尔多斯	Erdos	60.5	62.1	61.9	237	牡丹江	Mudanjiang	99.2	100.2	101.7	168
呼伦贝尔	Hulunbuir	98.8	101.5	100.3	173	黑河	Heihe	66.2	67.9	69.4	227
巴彦淖尔	Bayannur	63.4	65.7	67.1	231	绥化	Suihua	195.0	200.1	203.1	51
乌兰察布	Ulanqab	111.5	115.4	117.5	139	**上海**	**Shanghai**	**519.3**	**522.0**	**524.3**	
辽宁	**Liaoning**	**1488.8**	**1498.7**	**1508.8**		**江苏**	**Jiangsu**	**2564.6**	**2572.9**	**2416.3**	

1-10 年底总户数 续表 1
Total Households at Year-end continued 1

单位：万户 （10 000 households）

地名	City	2010	2011	2012	2012 排名 Ranking
南京	Nanjing	209.3	213.2	214.4	43
无锡	Wuxi	155.6	156.3	157.1	88
徐州	Xuzhou	277.3	273.2	274.1	13
常州	Changzhou	127.1	128.1	128.8	125
苏州	Suzhou	211.8	213.2	214.0	44
南通	Nantong	283.2	282.8	281.2	10
连云港	Lianyungang	139.7	140.2	139.8	112
淮安	Huaian	160.0	161.0	159.9	86
盐城	Yancheng	277.9	277.8	277.3	12
扬州	Yangzhou	154.2	153.2	151.3	98
镇江	Zhenjiang	102.2	102.2	101.4	169
泰州	Taizhou	172.9	171.6	170.2	79
宿迁	Suqian	148.5	152.3	146.7	104
浙江	**Zhejiang**	**1607.9**	**1618.0**	**1616.2**	
杭州	Hangzhou	216.5	218.3	219.0	41
宁波	Ningbo	223.0	223.8	223.5	39
温州	Wenzhou	228.7	229.3	228.3	37
嘉兴	Jiaxing	103.2	103.6	103.9	163
湖州	Huzhou	84.1	85.8	85.5	193
绍兴	Shaoxing	161.9	162.1	162.0	83
金华	Jinhua	181.9	184.2	182.3	68
衢州	Quzhou	86.3	87.5	87.5	190
舟山	Zhoushan	36.7	36.8	36.7	267
台州	Taizhou	192.7	192.3	191.7	61
丽水	Lishui	92.9	94.5	95.9	182
安徽	**Anhui**	**2093.4**	**2118.0**	**2142.3**	
合肥	Hefei	157.1	228.6	233.8	30
芜湖	Wuhu	78.3	127.1	126.9	128
蚌埠	Bengbu	106.0	108.9	110.3	151
淮南	Huainan	77.5	78.1	77.9	210
马鞍山	Maanshan	40.6	73.6	72.7	220
淮北	Huaibei	66.1	67.7	66.9	232
铜陵	Tongling	25.3	25.3	25.9	277
安庆	Anqing	180.6	183.8	185.5	66
黄山	Huangshan	50.2	50.8	50.7	253
滁州	Chuzhou	142.1	142.7	143.9	109
阜阳	Fuyang	288.1	288.2	289.5	7
宿州	Suzhou	178.8	184.1	192.2	60
六安	Liuan	231.7	233.8	235.6	29
亳州	Bozhou	170.9	173.2	173.7	75
池州	Chizhou	57.1	55.6	55.5	246
宣城	Xuancheng	94.5	96.6	97.9	176
福建	**Fujian**	**1010.1**	**1021.0**	**1033.3**	
福州	Fuzhou	199.1	200.8	202.6	54
厦门	Xiamen	57.8	59.7	61.6	238
莆田	Putian	81.7	81.6	83.4	200
三明	Sanming	76.9	77.0	77.1	214
泉州	Quanzhou	185.6	187.8	190.0	63
漳州	Zhangzhou	131.2	133.3	134.3	116
南平	Nanping	92.0	92.2	92.5	185
龙岩	Longyan	87.1	88.6	90.5	187
宁德	Ningde	98.7	100.1	101.2	170
江西	**Jiangxi**	**1188.8**	**1209.8**	**1489.7**	
南昌	Nanchang	140.8	144.8	148.9	102
景德镇	Jingdezhen	44.0	44.9	45.8	260
萍乡	Pingxiang	48.8	49.5	50.3	255
九江	Jiujiang	126.9	128.3	129.7	121
新余	Xinyu	35.5	36.2	37.0	266
鹰潭	Yingtan	30.3	31.0	31.6	273
赣州	Ganzhou	214.0	217.4	221.0	40
吉安	Jian	128.8	130.4	132.1	117
宜春	Yichun	145.4	147.6	150.0	101
抚州	Fuzhou	105.6	107.7	109.8	155
上饶	Shangrao	168.7	172.0	175.4	73
山东	**Shandong**	**3002.2**	**3036.7**	**3045.5**	
济南	Jinan	190.7	193.6	195.8	57
青岛	Qingdao	246.1	247.9	249.3	25
淄博	Zibo	143.5	145.4	145.9	107
枣庄	Zaozhuang	120.9	119.0	117.1	141
东营	Dongying	62.5	61.7	62.8	235
烟台	Yantai	231.5	234.1	233.8	30
潍坊	Weifang	271.6	275.5	278.2	11
济宁	Jining	245.5	248.5	251.5	22
泰安	Taian	181.6	185.3	187.5	64
威海	Weihai	91.8	91.8	92.0	186
日照	Rizhao	99.4	100.4	100.6	171
莱芜	Laiwu	46.9	47.1	47.5	258
临沂	Linyi	327.9	331.1	331.3	6
德州	Dezhou	172.6	176.0	175.7	72
聊城	Liaocheng	187.8	189.8	187.5	65

1-10 年底总户数 续表 2
Total Households at Year-end continued 2

单位：万户 （10 000 households）

地名	City	2010	2011	2012	2012 排名 Ranking	地名	City	2010	2011	2012	2012 排名 Ranking
滨州	Binzhou	116.8	119.6	120.7	136	常德	Changde	213.9	173.2	177.0	71
菏泽	Heze	265.1	269.9	268.4	15	张家界	Zhangjiajie	44.6	44.6	52.8	250
河南	**Henan**	**3051.6**	**3102.0**	**3110.0**		益阳	Yiyang	147.4	147.4	147.2	103
郑州	Zhengzhou	200.9	205.0	207.4	48	郴州	Chenzhou	159.5	136.3	144.4	108
开封	Kaifeng	148.3	153.0	155.5	92	永州	Yongzhou	173.5	148.1	150.8	100
洛阳	Luoyang	203.8	206.0	208.8	47	怀化	Huaihua	161.2	137.9	143.3	111
平顶山	Pingdingshan	152.1	155.0	154.3	95	娄底	Loudi	142.9	110.6	115.1	144
安阳	Anyang	169.6	171.0	167.5	81	**广东**	**Guangdong**	**2296.6**	**2326.4**	**2325.1**	
鹤壁	Hebi	46.7	49.0	48.5	257	广州	Guangzhou	252.7	259.6	264.6	17
新乡	Xinxiang	168.2	170.0	171.4	77	韶关	Shaoguan	100.5	106.4	103.0	166
焦作	Jiaozuo	99.4	100.0	98.6	175	深圳	Shenzhen	74.0	74.5	81.4	206
濮阳	Puyang	105.5	109.0	109.8	156	珠海	Zhuhai	29.4	29.8	29.7	275
许昌	Xuchang	139.6	144.0	143.7	110	汕头	Shantou	115.9	118.6	119.4	138
漯河	Luohe	77.8	79.0	77.0	215	佛山	Foshan	112.0	113.4	114.1	147
三门峡	Sanmenxia	72.7	73.0	71.2	224	江门	Jiangmen	120.3	119.1	119.6	137
南阳	Nanyang	363.5	363.0	364.3	4	湛江	Zhanjiang	205.6	204.4	202.7	53
商丘	Shangqiu	256.1	261.0	262.5	18	茂名	Maoming	195.1	196.3	193.4	59
信阳	Xinyang	268.5	272.0	273.3	14	肇庆	Zhaoqing	117.9	119.8	121.1	135
周口	Zhoukou	324.2	336.0	337.4	5	惠州	Huizhou	94.6	95.6	97.9	177
驻马店	Zhumadian	235.2	236.0	238.8	27	梅州	Meizhou	134.6	136.3	135.7	114
湖北	**Hubei**	**2011.0**	**2034.2**	**2043.5**		汕尾	Shanwei	73.0	73.0	72.7	220
武汉	Wuhan	274.6	276.5	281.3	9	河源	Heyuan	94.3	95.0	93.3	184
黄石	Huangshi	78.1	77.4	76.7	218	阳江	Yangjiang	78.5	78.6	77.4	213
十堰	Shiyan	115.5	116.9	117.2	140	清远	Qingyuan	115.0	114.6	110.7	150
宜昌	Yichang	149.7	151.5	152.2	97	东莞	Dongguan	53.1	53.9	54.4	247
襄阳	Xiangfan	206.3	209.3	210.7	45	中山	ZhongShan	41.7	42.2	42.4	263
鄂州	Ezhou	36.2	37.1	35.9	269	潮州	Chaozhou	63.1	63.5	63.1	234
荆门	Jingmen	100.0	103.7	103.3	164	揭阳	Jieyang	147.4	150.2	150.9	99
孝感	Xiaogan	164.9	164.8	164.5	82	云浮	Yunfu	78.2	81.8	77.7	211
荆州	Jingzhou	205.9	207.8	207.3	49	**广西**	**Guangxi**	**1347.0**	**1359.0**	**1549.8**	
黄冈	Huanggang	242.5	245.6	250.3	24	南宁	Nanning	211.4	214.6	218.0	42
咸宁	Xianning	87.5	88.7	89.3	188	柳州	Liuzhou	110.0	111.1	110.1	153
随州	Suizhou	75.6	87.6	87.1	191	桂林	Guilin	161.5	162.6	160.4	84
湖南	**Hunan**	**2152.9**	**1927.0**	**2271.4**		梧州	Wuzhou	95.8	96.8	97.6	178
长沙	Changsha	204.3	222.7	228.6	35	北海	Beihai	44.2	44.4	43.9	262
株洲	Zhuzhou	115.8	108.9	110.2	152	防城港	Fangchenggang	24.8	24.5	24.7	279
湘潭	Xiangtan	93.0	83.0	81.8	204	钦州	Qinzhou	98.8	98.9	97.2	179
衡阳	Hengyang	238.9	198.4	202.7	52	贵港	Guigang	155.5	156.8	155.8	91
邵阳	Shaoyang	225.5	196.5	229.5	34	玉林	Yulin	191.6	196.4	199.3	56
岳阳	Yueyang	158.1	153.0	160.2	85	百色	Baise	108.4	110.1	109.3	157

1-10 年底总户数 续表 3
Total Households at Year-end continued 3

单位：万户 （10 000 households）

地名	City	2010	2011	2012	2012 排名 Ranking	地名	City	2010	2011	2012	2012 排名 Ranking
贺州	Hezhou	62.3	63.2	63.6	233	丽江	Lijiang	31.3	37.3	38.8	264
河池	Hechi	100.3	125.6	122.3	133	普洱	Puer	74.9	72.2	78.1	209
来宾	Laibin	59.4	76.2	76.9	216	临沧	Lincang	62.6	64.4	72.7	220
崇左	Chongzuo	69.1	70.7	70.7	225	**西藏**	**Tibet**		**10.3**	**79.4**	
海南	**Hainan**	**253.6**	**259.9**	**257.9**		拉萨	Lhasa				
海口	Haikou	49.7	50.9	51.0	252	**陕西**	**Shaanxi**	**1198.4**	**1224.9**	**1244.5**	
三亚	Sanya	14.2	14.4	14.0	282	西安	Xi'an	226.7	234.3	239.5	26
重庆	**Chongqing**	**1154.8**	**1205.2**	**1220.6**		铜川	Tongchuan	27.3	27.6	27.9	276
四川	**Sichuan**	**2638.4**	**3112.1**	**3167.4**		宝鸡	Baoji	112.0	113.3	114.6	145
成都	Chengdu	483.0	439.7	446.9	1	咸阳	Xianyang	152.0	153.8	157.0	89
自贡	Zigong	84.8	105.4	106.5	159	渭南	Weinan	171.3	176.6	178.4	70
攀枝花	Panzhihua	39.0	35.5	36.1	268	延安	Yan'an	80.8	81.9	83.6	198
泸州	Luzhou	128.5	145.3	146.6	105	汉中	Hanzhong	126.0	127.6	128.8	124
德阳	Deyang	131.7	150.2	154.4	94	榆林	Yulin	125.4	129.7	131.0	120
绵阳	Mianyang	171.4	195.3	201.8	55	安康	Ankang	99.0	100.5	102.7	167
广元	Guangyuan	84.5	112.0	115.2	143	商洛	Shangluo	73.0	74.8	76.1	219
遂宁	Suining	104.1	133.7	135.2	115	**甘肃**	**Gansu**	**777.2**	**792.9**	**805.3**	
内江	Neijiang	121.2	154.7	157.2	87	兰州	Lanzhou	100.2	102.0	103.2	165
乐山	Leshan	108.5	126.6	126.5	130	嘉峪关	Jiayuguan	6.1	6.3	60.4	239
南充	Nanchong	207.0	260.3	264.9	16	金昌	Jinchang	15.7	16.1	16.4	281
眉山	Meishan	102.0	125.3	126.6	129	白银	Baiyin	52.6	53.5	53.1	249
宜宾	Yibin	143.7	168.4	170.6	78	天水	Tianshui	97.7	99.3	100.4	172
广安	Guangan	113.9	157.0	156.5	90	武威	Wuwei	54.5	55.3	55.8	245
达州	Dazhou	169.4	245.9	251.1	23	张掖	Zhangye	42.2	43.6	44.4	261
雅安	Yaan	47.0	55.3	56.5	243	平凉	Pingliang	66.7	67.6	69.7	226
巴中	Bazhong	96.8	126.7	129.3	122	酒泉	Jiuquan	33.2	33.3	33.9	272
资阳	Ziyang	132.3	176.5	180.5	69	庆阳	Qingyang	73.9	76.2	77.6	212
贵州	**Guizhou**	**1153.0**	**1204.4**	**1200.1**		定西	Dingxi	81.8	83.6	84.4	195
贵阳	Guiyang	108.7	112.1	114.2	146	陇南	Longnan	77.9	79.1	80.7	207
六盘水	Liupanshui	92.4	96.6	99.0	174	**青海**	**Qinghai**	**161.9**	**166.5**	**169.3**	
遵义	Zunyi	211.9	221.6	227.8	38	西宁	Xining	57.1	58.4	59.3	240
安顺	Anshun	79.8	80.8	83.5	199	**宁夏**	**Ningxia**	**195.5**	**197.4**	**216.7**	
毕节	Bijie	213.0	226.0	230.6	32	银川	Yinchuan	70.3	69.8	58.9	241
铜仁	Tongren	116.2	121.9	124.9	131	石嘴山	Shizuishan	26.5	26.0	25.6	278
云南	**Yunnan**	**1323.5**	**1346.7**	**1409.3**		吴忠	Wuzhong	35.0	37.4	37.4	265
昆明	Kunming	185.2	196.1	191.0	62	固原	Guyuan	32.9	33.4	34.3	270
曲靖	Qujing	182.9	185.0	194.1	58	中卫	Zhongwei	30.8	30.8	30.5	274
玉溪	Yuxi	71.6	72.2	80.0	208	**新疆**	**Xinjiang**	**646.0**	**663.7**	**675.2**	
保山	Baoshan	67.5	68.4	71.9	223	乌鲁木齐	Urumqi	80.6	84.6	85.8	192
昭通	Zhaotong	159.5	161.7	173.2	76	克拉玛依	Karamay	10.4	10.6	10.7	283

1-11 人口密度
Population Density

单位：人/平方公里 (person/sq.km)

地名	City	2010	2011	2012	2012 排名 Ranking	地名	City	2010	2011	2012	2012 排名 Ranking
全国	**Nation Total**	**139.68**	**140.3**	**141.0**		沈阳	Shenyang	624.50	556.8	633.9	60
北京	**Beijing**	**1195.51**	**1230.1**	**1261.0**		大连	Dalian	532.05	468.0	548.1	83
天津	**Tianjin**	**1090.25**	**1137.0**	**1185.8**		鞍山	Anshan	394.08	379.9	390.9	121
河北	**Hebei**	**381.76**	**384.2**	**386.7**		抚顺	Fushun	189.67	195.3	186.5	204
石家庄	Shijiazhuang	642.04	648.7	655.4	58	本溪	Benxi	203.31	183.5	205.2	196
唐山	Tangshan	562.80	566.1	569.3	76	丹东	Dandong	159.91	157.7	159.0	217
秦皇岛	Qinhuangdao	397.45	385.3	387.3	122	锦州	Jinzhou	316.04	311.7	313.1	142
邯郸	Handan	761.73	766.0	769.7	37	营口	Yingkou	463.18	449.3	465.9	109
邢台	Xingtai	569.76	575.6	578.2	74	阜新	Fuxin	175.66	184.7	173.7	208
保定	Baoding	544.50	508.1	511.7	94	辽阳	Liaoyang	392.53	382.1	391.9	120
张家口	Zhangjiakou	117.95	118.6	119.2	241	盘锦	Panjin	341.93	322.3	353.0	131
承德	Chengde	87.89	88.2	88.7	253	铁岭	Tieling	209.40	234.9	206.3	191
沧州	Cangzhou	508.29	512.2	515.5	93	朝阳	Chaoyang	154.58	173.1	151.6	224
廊坊	Langfang	678.80	684.4	690.5	48	葫芦岛	Huludao	251.94	270.1	249.3	165
衡水	Hengshui	493.02	493.8	496.7	99	**吉林**	**Jilin**	**143.71**	**143.9**	**143.9**	
山西	**Shanxi**	**228.07**	**229.3**	**230.4**		长春	Changchun	372.60	369.7	367.4	126
太原	Taiyuan	603.91	607.0	610.0	65	吉林	Jilin	162.76	159.7	158.8	218
大同	Datong	235.08	236.4	237.6	175	四平	Siping	240.48	242.3	238.8	174
阳泉	Yangquan	299.56	300.7	301.8	150	辽源	Liaoyuan	228.99	238.3	237.4	176
长治	Changzhi	240.14	241.4	242.5	171	通化	Tonghua	148.96	144.8	143.9	226
晋城	Jincheng	241.91	242.5	243.1	168	白山	Baishan	74.18	73.5	73.1	262
朔州	Shuozhou	155.07	161.7	162.5	215	松原	Songyuan	136.61	138.5	137.4	232
晋中	Jinzhong	198.39	199.5	194.1	200	白城	Baicheng	78.97	78.7	77.7	260
运城	Yuncheng	362.39	364.4	366.3	127	**黑龙江**	**Heilongjiang**	**84.69**	**84.7**	**84.7**	
忻州	Xinzhou	122.23	122.8	123.4	238	哈尔滨	Harbin	200.54	200.5	200.5	197
临汾	Linfen	213.12	214.3	215.4	186	齐齐哈尔	Qiqihar	126.45	126.4	126.4	236
吕梁	Luliang	175.61	176.7	177.6	206	鸡西	Jixi	82.69	82.7	82.7	254
内蒙古	**Inner Mongolia**	**21.59**	**21.7**	**21.7**		鹤岗	Hegang	72.24	72.2	72.3	264
呼和浩特	Hohhot	166.86	166.8	169.0	212	双鸭山	Shuangyashan	63.04	63.0	63.0	266
包头	Baotou	95.65	97.0	98.4	249	大庆	Daqing	136.95	137.0	135.0	234
乌海	Wuhai	305.02	308.4	312.4	143	伊春	Yichun	35.07	35.1	35.1	277
赤峰	Chifeng	48.19	48.0	47.9	275	佳木斯	Jiamusi	78.06	78.1	78.1	259
通辽	Tongliao	52.74	52.7	52.6	273	七台河	Qitaihe	148.02	148.0	148.0	225
鄂尔多斯	Erdos	22.48	23.0	23.1	281	牡丹江	Mudanjiang	68.99	68.5	72.9	263
呼伦贝尔	Hulunbuir	10.05	10.7	10.0	283	黑河	Heihe	20.39	20.4	24.5	280
巴彦淖尔	Bayannur	25.91	25.8	25.9	279	绥化	Suihua	155.45	155.4	155.1	222
乌兰察布	Ulanqab	39.29	39.2	35.8	276	**上海**	**Shanghai**	**2794.83**	**2849.2**	**2889.2**	
辽宁	**Liaoning**	**295.47**	**296.0**	**296.4**		**江苏**	**Jiangsu**	**737.23**	**740.0**	**742.0**	

注：本表数据为常住人口与行政区域土地面积之比。

a)Refers to the rotio of the usual residents with the land area of administrative region.

1-11 人口密度 续表 1
Population Density continued 1

单位：人/平方公里 (person/sq.km)

地名	City	[illegible]	2011	2012	2012 排名 Ranking	地名	City	2010	2011	2012	2012 排名 Ranking
南京	Nanjing	121[illegible]	[illegible]31.1	1239.0	10	池州	Chizhou	169.61	170.9	171.5	211
无锡	Wuxi	1378.[illegible]	[illegible].1	1397.2	8	宣城	Xuancheng	205.63	206.9	205.2	195
徐州	Xuzhou	762.23	[illegible]	760.6	39	**福建**	**Fujian**	**297.79**	**300.0**	**302.2**	
常州	Changzhou	1050.55	[illegible]063.6	1072.0	16	福州	Fuzhou	544.54	551.0	556.4	79
苏州	Suzhou	1233.39	1239.3	1242.8	9	厦门	Xiamen	2244.76	2295.0	2333.1	4
南通	Nantong	910.14	911.0	912.0	20	莆田	Putian	674.68	675.4	680.2	53
连云港	Lianyungang	586.27	576.0	578.7	73	三明	Sanming	108.38	108.7	108.4	244
淮安	Huaian	476.97	476.9	476.9	104	泉州	Quanzhou	737.99	745.3	752.6	40
盐城	Yancheng	428.00	426.4	425.2	113	漳州	Zhangzhou	373.65	375.7	367.5	125
扬州	Yangzhou	676.83	677.1	677.7	54	南平	Nanping	100.58	100.7	100.0	248
镇江	Zhenjiang	809.72	814.7	820.1	29	龙岩	Longyan	134.29	134.4	135.1	233
泰州	Taizhou	798.51	799.4	800.1	30	宁德	Ningde	209.78	213.6	211.1	189
宿迁	Suqian	552.07	557.1	560.8	78	**江西**	**Jiangxi**	**267.37**	**268.9**	**269.9**	
浙江	**Zhejiang**	**516.76**	**518.3**	**519.7**		南昌	Nanchang	682.65	687.5	693.3	46
杭州	Hangzhou	524.52	526.5	531.2	90	景德镇	Jingdezhen	302.32	304.2	306.0	147
宁波	Ningbo	775.37	777.1	778.2	34	萍乡	Pingxiang	485.36	488.5	489.2	101
温州	Wenzhou	775.07	775.8	771.1	36	九江	Jiujiang	251.39	253.0	253.6	164
嘉兴	Jiaxing	1150.70	1157.3	1160.7	14	新余	Xinyu	358.72	360.9	362.2	129
湖州	Huzhou	497.42	498.1	499.1	98	鹰潭	Yingtan	316.29	310.7	319.7	140
绍兴	Shaoxing	593.43	597.6	598.7	67	赣州	Ganzhou	212.85	214.0	214.6	187
金华	Jinhua	490.45	492.2	493.4	100	吉安	Jian	190.48	190.9	191.3	203
衢州	Quzhou	240.13	239.6	239.7	172	宜春	Yichun	290.48	292.1	292.7	152
舟山	Zhoushan	778.47	789.6	783.5	32	抚州	Fuzhou	208.13	209.2	209.8	190
台州	Taizhou	634.79	637.4	638.1	59	上饶	Shangrao	289.02	290.6	291.5	154
丽水	Lishui	122.44	122.3	122.4	239	**山东**	**Shandong**	**610.20**	**613.3**	**616.4**	
安徽	**Anhui**	**425.10**	**425.9**	**427.3**		济南	Jinan	833.80	842.0	849.9	25
合肥	Hefei	809.99	658.0	661.6	56	青岛	Qingdao	794.22	801.1	786.1	31
芜湖	Wuhu	682.54	595.5	597.5	68	淄博	Zibo	759.93	766.2	767.6	38
蚌埠	Bengbu	533.41	533.6	534.8	87	枣庄	Zaozhuang	818.32	822.5	826.6	28
淮南	Huainan	904.06	902.1	905.2	21	东营	Dongying	257.10	258.5	260.8	162
马鞍山	Maanshan	810.79	541.3	542.1	86	烟台	Yantai	506.91	507.5	508.0	95
淮北	Huaibei	772.35	771.6	774.5	35	潍坊	Weifang	563.32	567.1	570.9	75
铜陵	Tongling	650.49	656.8	611.7	64	济宁	Jining	708.40	711.6	714.2	44
安庆	Anqing	346.98	346.4	347.3	135	泰安	Taian	708.32	710.4	712.3	45
黄山	Huangshan	138.68	137.6	138.0	231	威海	Weihai	483.87	483.2	482.7	103
滁州	Chuzhou	291.43	290.7	291.7	153	日照	Rizhao	524.12	527.1	529.9	91
阜阳	Fuyang	778.93	779.4	781.4	33	莱芜	Laiwu	578.36	581.5	585.0	71
宿州	Suzhou	547.87	548.3	549.5	82	临沂	Linyi	584.96	587.0	588.9	70
六安	Liuan	312.53	313.5	314.4	141	德州	Dezhou	538.24	541.0	543.7	84
亳州	Bozhou	580.49	582.8	584.5	72	聊城	Liaocheng	666.21	671.7	677.1	55

1-11 人口密度 续表 2
Population Density continued 2

单位：人/平方公里 （person/sq.km）

地名	City	2010	2011	2012	2012 排名 Ranking	地名	City	2010	2011	2012	2012 排名 Ranking
滨州	Binzhou	390.83	392.8	394.7	119	常德	Changde	314.18	303.2	304.6	149
菏泽	Heze	678.32	679.7	681.3	52	张家界	Zhangjiajie	155.32	156.6	157.8	219
河南	**Henan**	**568.18**	**567.1**	**568.2**		益阳	Yiyang	354.74	350.2	352.4	132
郑州	Zhengzhou	1163.17	1189.5	1212.7	11	郴州	Chenzhou	232.70	233.4	239.5	173
开封	Kaifeng	725.79	723.2	722.1	43	永州	Yongzhou	231.50	232.3	229.6	180
洛阳	Luoyang	431.18	432.0	57.2	269	怀化	Huaihua	171.66	172.0	172.9	209
平顶山	Pingdingshan	620.57	622.2	623.6	61	娄底	Loudi	466.31	467.3	469.5	108
安阳	Anyang	697.56	694.7	691.4	47	**广东**	**Guangdong**	**580.66**	**584.2**	**589.2**	
鹤壁	Hebi	720.44	724.1	727.8	42	广州	Guangzhou	1709.71	1715.2	1727.1	7
新乡	Xinxiang	699.11	686.0	687.2	50	韶关	Shaoguan	153.28	154.4	155.4	220
焦作	Jiaozuo	870.30	866.4	864.7	22	深圳	Shenzhen	5206.83	5254.5	5281.4	1
濮阳	Puyang	843.88	834.5	843.4	27	珠海	Zhuhai	912.92	916.4	918.2	19
许昌	Xuchang	862.69	859.9	859.9	23	汕头	Shantou	2614.34	2624.5	2639.5	3
漯河	Luohe	938.14	974.4	977.5	17	佛山	Foshan	1895.47	1903.9	1912.1	5
三门峡	Sanmenxia	212.84	213.5	212.7	188	江门	Jiangmen	465.20	469.9	471.6	105
南阳	Nanyang	387.49	382.1	382.9	123	湛江	Zhanjiang	529.60	534.5	533.5	88
商丘	Shangqiu	687.03	688.0	684.0	51	茂名	Maoming	508.47	513.4	522.4	92
信阳	Xinyang	323.71	324.1	339.5	137	肇庆	Zhaoqing	253.62	255.5	267.4	161
周口	Zhoukou	747.47	748.6	736.3	41	惠州	Huizhou	405.62	408.5	412.1	115
驻马店	Zhumadian	479.08	469.7	459.9	110	梅州	Meizhou	263.84	268.9	270.7	159
湖北	**Hubei**	**308.14**	**309.7**	**310.9**		汕尾	Shanwei	557.58	560.6	563.3	77
武汉	Wuhan	1151.99	1179.7	1191.4	12	河源	Heyuan	189.11	190.6	192.4	202
黄石	Huangshi	529.66	531.0	532.3	89	阳江	Yangjiang	305.18	307.4	310.5	146
十堰	Shiyan	141.09	141.4	141.8	228	清远	Qingyuan	194.58	196.4	197.8	199
宜昌	Yichang	192.56	193.0	193.9	201	东莞	Dongguan	3343.50	3355.7	3370.7	2
襄阳	Xiangfan	278.85	280.2	281.4	157	中山	ZhongShan	1735.00	1745.6	1768.5	6
鄂州	Ezhou	658.09	659.3	661.2	57	潮州	Chaozhou	849.33	853.1	858.2	24
荆门	Jingmen	231.70	232.2	232.6	179	揭阳	Jieyang	1117.17	1123.2	1131.0	15
孝感	Xiaogan	540.40	541.5	542.4	85	云浮	Yunfu	303.77	305.8	310.7	145
荆州	Jingzhou	403.92	404.8	406.6	116	**广西**	**Guangxi**	**194.06**	**195.5**	**197.1**	
黄冈	Huanggang	352.98	355.7	357.0	130	南宁	Nanning	301.28	313.0	305.3	148
咸宁	Xianning	249.77	250.3	246.3	167	柳州	Liuzhou	201.91	203.8	205.7	193
随州	Suizhou	224.37	225.2	226.0	184	桂林	Guilin	170.74	172.2	174.0	207
湖南	**Hunan**	**310.12**	**311.3**	**313.4**		梧州	Wuzhou	228.95	231.4	232.7	178
长沙	Changsha	595.89	600.1	604.9	66	北海	Beihai	461.19	465.7	469.6	107
株洲	Zhuzhou	342.94	345.0	347.4	133	防城港	Fangchenggang	139.34	141.1	142.6	227
湘潭	Xiangtan	548.75	552.3	555.5	80	钦州	Qinzhou	284.05	286.8	288.9	155
衡阳	Hengyang	467.22	468.4	470.4	106	贵港	Guigang	388.51	392.1	394.9	118
邵阳	Shaoyang	339.51	341.2	344.2	136	玉林	Yulin	427.40	431.4	434.8	112
岳阳	Yueyang	362.96	363.6	366.1	128	百色	Baise	96.25	96.5	97.2	250

1-11 人口密度 续表 3
Population Density continued 3

单位：人/平方公里 （person/sq.km）

地名	City	2010	2011	2012	2012 排名 Ranking	地名	City	2010	2011	2012	2012 排名 Ranking
贺州	Hezhou	164.82	163.4	167.6	213	丽江	Lijiang	58.01	59.1	59.5	267
河池	Hechi	102.38	103.1	103.8	245	普洱	Puer	56.10	56.4	56.7	270
来宾	Laibin	156.59	157.9	159.2	216	临沧	Lincang	99.39	100.0	100.7	247
崇左	Chongzuo	114.69	115.7	116.2	242	**西藏**	**Tibet**	**2.50**	**2.5**	**2.6**	
海南	**Hainan**	**245.67**	**248.2**	**250.8**		拉萨	Lhasa			19.6	282
海口	Haikou	887.64	909.8	928.9	18	**陕西**	**Shaanxi**	**181.50**	**181.9**	**182.4**	
三亚	Sanya	357.14	368.1	376.2	124	西安	Xi'an	838.35	842.2	846.2	26
重庆	**Chongqing**	**350.63**	**354.8**	**358.0**		铜川	Tongchuan	215.10	215.9	216.6	185
四川	**Sichuan**	**166.20**	**166.3**	**166.8**		宝鸡	Baoji	205.12	205.7	206.3	192
成都	Chengdu	1157.93	1160.9	1169.7	13	咸阳	Xianyang	480.38	482.1	483.8	102
自贡	Zigong	612.62	613.9	619.3	62	渭南	Weinan	402.77	403.9	405.1	117
攀枝花	Panzhihua	163.17	164.0	166.3	214	延安	Yan'an	59.10	59.3	59.3	268
泸州	Luzhou	344.95	345.5	347.3	134	汉中	Hanzhong	125.45	125.3	125.4	237
德阳	Deyang	611.74	607.7	597.5	69	榆林	Yulin	76.97	76.9	77.0	261
绵阳	Mianyang	227.86	227.7	229.2	182	安康	Ankang	111.79	111.8	111.9	243
广元	Guangyuan	152.22	152.6	155.1	221	商洛	Shangluo	121.45	121.1	121.4	240
遂宁	Suining	610.89	612.2	613.9	63	**甘肃**	**Gansu**	**63.35**	**63.5**	**63.8**	
内江	Neijiang	687.52	688.8	690.4	49	兰州	Lanzhou	276.56	276.7	277.5	158
乐山	Leshan	252.30	252.8	255.8	163	嘉峪关	Jiayuguan	79.05	79.4	79.7	257
南充	Nanchong	503.17	503.6	504.9	97	金昌	Jinchang	52.16	52.4	52.5	274
眉山	Meishan	410.66	411.6	415.4	114	白银	Baiyin	80.82	81.0	81.2	256
宜宾	Yibin	336.98	336.1	336.1	138	天水	Tianshui	227.45	227.4	229.3	181
广安	Guangan	505.20	506.0	507.2	96	武威	Wuwei	54.67	54.8	54.8	272
达州	Dazhou	329.58	330.9	331.3	139	张掖	Zhangye	28.65	28.7	28.8	278
雅安	Yaan	98.48	100.8	101.5	246	平凉	Pingliang	185.32	185.9	186.4	205
巴中	Bazhong	266.97	267.9	269.1	160	酒泉	Jiuquan	5.66	5.7	5.7	284
资阳	Ziyang	460.31	455.9	450.9	111	庆阳	Qingyang	81.64	81.7	81.8	255
贵州	**Guizhou**	**197.50**	**196.9**	**197.8**		定西	Dingxi	132.86	133.1	141.2	229
贵阳	Guiyang	538.83	546.4	554.1	81	陇南	Longnan	92.07	91.7	92.1	252
六盘水	Liupanshui	286.40	287.5	288.4	156	**青海**	**Qinghai**	**7.85**	**7.9**	**8.0**	
遵义	Zunyi	199.37	198.3	198.8	198	西宁	Xining	288.57		293.2	151
安顺	Anshun	248.19	246.0	246.4	166	**宁夏**	**Ningxia**	**121.83**	**123.1**	**124.6**	
毕节	Bijie		242.8	243.0	170	银川	Yinchuan	222.05	224.5	226.7	183
铜仁	Tongren		171.1	171.9	210	石嘴山	Shizuishan	136.91	164.3	139.7	230
云南	**Yunnan**	**120.09**	**120.8**	**121.6**		吴忠	Wuzhong	62.86	62.6	78.4	258
昆明	Kunming	306.40	308.7	310.9	144	固原	Guyuan	116.97	95.6	96.9	251
曲靖	Qujing	202.57	204.1	205.4	194	中卫	Zhongwei	62.10	62.7	63.5	265
玉溪	Yuxi	150.87	151.7	152.4	223	**新疆**	**Xinjiang**	**13.12**	**13.3**	**13.4**	
保山	Baoshan	127.62	128.6	129.3	235	乌鲁木齐	Urumqi	225.78	239.8	243.0	169
昭通	Zhaotong	231.05	232.1	234.1	177	克拉玛依	Karamay	40.95	84.8	56.4	271

2

就业和工资

Employment and Wages

2-1 就业人员
Employed Population

单位：万人 （10 000 persons）

地名	City	2010	2011	2012	2012 排名 Ranking	地名	City	2010	2011	2012	2012 排名 Ranking
全国	**Nation Total**	**76105.0**	**76420.0**	**76704.0**		沈阳	Shenyang	348.6	357.8	363.6	55
北京	**Beijing**	**1031.6**	**1069.7**			大连	Dalian	402.2	437.2	441.9	38
天津	**Tianjin**	**728.7**	**763.2**			鞍山	Anshan	164.2	166.2	171.9	163
河北	**Hebei**	**3865.1**	**3962.4**			抚顺	Fushun	117.5	111.5	112.4	220
石家庄	Shijiazhuang	514.5	519.7	527.6	17	本溪	Benxi	77.0	71.4	72.3	246
唐山	Tangshan	434.6	440.2	449.0	35	丹东	Dandong	120.8	125.8	124.9	214
秦皇岛	Qinhuangdao	160.8	161.6	167.0	167	锦州	Jinzhou	163.7	160.3	164.8	168
邯郸	Handan	672.2	546.0	582.2	12	营口	Yingkou	139.3	152.8	155.0	179
邢台	Xingtai	368.2	377.4	389.2	51	阜新	Fuxin	110.0	106.8	117.4	218
保定	Baoding	642.6	646.2	643.1	9	辽阳	Liaoyang	89.4	89.9	105.0	229
张家口	Zhangjiakou	261.9	269.2	279.8	92	盘锦	Panjin	104.9	100.4	100.9	233
承德	Chengde	214.5	217.6	212.1	129	铁岭	Tieling	142.7	145.8	146.4	191
沧州	Cangzhou	396.1	409.6	417.3	44	朝阳	Chaoyang	182.4	186.1	194.9	143
廊坊	Langfang	238.8	249.3	256.5	107	葫芦岛	Huludao	137.5	136.5	136.9	198
衡水	Hengshui	222.8	227.3	231.4	121	吉林	**Jilin**	**1311.6**	**1337.8**		
山西	**Shanxi**	**1685.9**	**1738.9**			长春	Changchun	356.5	384.6	386.3	53
太原	Taiyuan	176.1	177.3	201.9	138	吉林	Jilin	171.7	180.4	187.3	155
大同	Datong	139.3	144.3	145.7	192	四平	Siping	152.1	151.4	164.5	169
阳泉	Yangquan	63.3	66.2	70.9	248	辽源	Liaoyuan	55.4	58.8	62.0	255
长治	Changzhi	158.4	167.0	39.5	261	通化	Tonghua	100.0	107.1	109.3	225
晋城	Jincheng	131.7	138.6	142.3	194	白山	Baishan	50.3	51.2	59.8	256
朔州	Shuozhou	82.3	87.8	89.6	239	松原	Songyuan	138.5	152.8	156.4	177
晋中	Jinzhong	161.6	162.6	167.4	166	白城	Baicheng	86.0	94.0	106.2	228
运城	Yuncheng	264.0	265.4	265.7	103	黑龙江	**Heilongjiang**	**1932.0**	**1977.8**		
忻州	Xinzhou	135.3	142.9	152.6	183	哈尔滨	Harbin	475.0			
临汾	Linfen	202.2	206.7	214.0	128	齐齐哈尔	Qiqihar	263.7			
吕梁	Luliang	138.7	145.5	35.9	262	鸡西	Jixi	78.2			
内蒙古	**Inner Mongolia**	**1184.7**	**1249.3**			鹤岗	Hegang	43.5			
呼和浩特	Hohhot	165.5	168.3	171.1	165	双鸭山	Shuangyashan	59.3			
包头	Baotou	141.7	146.8	150.6	187	大庆	Daqing	162.7			
乌海	Wuhai	26.3	27.1	27.4	265	伊春	Yichun	49.6			
赤峰	Chifeng	241.2	253.2	247.2	112	佳木斯	Jiamusi	115.3			
通辽	Tongliao	163.1	167.5	191.1	149	七台河	Qitaihe	44.8			
鄂尔多斯	Erdos	98.0	102.2	102.4	232	牡丹江	Mudanjiang	156.3			
呼伦贝尔	Hulunbuir	107.5	118.4	131.4	208	黑河	Heihe	64.1			
巴彦淖尔	Bayannur	89.1	89.2	89.3	240	绥化	Suihua	259.7			
乌兰察布	Ulanqab	110.6	110.9	112.3	221	上海	**Shanghai**	**1090.8**	**1104.3**		
辽宁	**Liaoning**	**2317.5**	**2364.9**			江苏	**Jiangsu**	**4754.7**	**4758.2**		

2-1 就业人员 续表 1
Employed Population continued 1

单位：万人 （10 000 persons）

地名	City	2010	2011	2012	2012 排名 Ranking	地名	City	2010	2011	2012	2012 排名 Ranking
南京	Nanjing	457.8	468.3	451.8	34	池州	Chizhou	109.2	111.4	112.1	222
无锡	Wuxi	382.3	386.0	389.1	52	宣城	Xuancheng	193.0	198.6	202.2	137
徐州	Xuzhou	520.7	528.9	478.7	29	福建	**Fujian**	**2181.3**	**2460.0**		
常州	Changzhou	323.4	277.7	280.9	90	福州	Fuzhou	391.2	425.6	451.9	33
苏州	Suzhou	589.1	609.3	694.3	4	厦门	Xiamen	149.9	251.2	276.4	95
南通	Nantong	463.7	464.9	468.9	32	莆田	Putian	176.6	194.5	203.6	136
连云港	Lianyungang	302.1	308.2	249.2	110	三明	Sanming	147.3	152.6	161.1	173
淮安	Huaian	326.5	361.5	280.4	91	泉州	Quanzhou	521.6	570.7	580.9	13
盐城	Yancheng	348.3	357.5	447.7	37	漳州	Zhangzhou	275.4	289.2	294.8	87
扬州	Yangzhou	296.8	303.8	265.8	102	南平	Nanping	171.4	174.6	177.8	157
镇江	Zhenjiang	182.1	190.3	192.0	146	龙岩	Longyan	178.5	185.9	189.3	153
泰州	Taizhou	284.3	286.7	284.4	89	宁德	Ningde	166.2	173.8	190.4	151
宿迁	Suqian	333.1	351.4	276.4	95	江西	**Jiangxi**	**2498.8**	**2532.6**		
浙江	**Zhejiang**	**3636.0**	**3674.1**			南昌	Nanchang	292.6	303.6	315.9	77
杭州	Hangzhou	626.3	637.8	644.4	8	景德镇	Jingdezhen	97.0	98.8	100.8	234
宁波	Ningbo	476.5	493.8	501.6	26	萍乡	Pingxiang	106.4	109.0	111.1	223
温州	Wenzhou	558.9	575.9	577.9	15	九江	Jiujiang	308.3	308.8	309.2	84
嘉兴	Jiaxing	317.6	321.4	327.1	71	新余	Xinyu	71.5	62.3	64.4	252
湖州	Huzhou	179.9	180.1	180.3	156	鹰潭	Yingtan	70.9	71.4	72.0	247
绍兴	Shaoxing	341.8	343.3	343.9	61	赣州	Ganzhou	480.2	491.7	506.4	23
金华	Jinhua	346.0	342.6	343.5	63	吉安	Jian	260.3	265.0	269.8	101
衢州	Quzhou	128.1	131.3	133.4	206	宜春	Yichun	301.0	308.6	316.3	75
舟山	Zhoushan	66.7	69.0	72.9	245	抚州	Fuzhou	208.7	212.4	215.8	126
台州	Taizhou	367.6	370.8	389.3	50	上饶	Shangrao	395.7	405.3	417.4	43
丽水	Lishui	137.6	137.9	139.2	196	山东	**Shandong**	**6401.9**	**6485.6**		
安徽	**Anhui**	**4050.0**	**4120.9**			济南	Jinan	379.1	392.7	407.9	46
合肥	Hefei	344.5	476.2	484.9	28	青岛	Qingdao	523.9	547.6	548.5	16
芜湖	Wuhu	135.4	194.1	195.9	141	淄博	Zibo	249.6	267.7	273.6	98
蚌埠	Bengbu	212.5	226.0	226.0	122	枣庄	Zaozhuang	232.0	238.9	244.1	113
淮南	Huainan	132.1	136.8	138.1	197	东营	Dongying	115.6	126.0	128.8	210
马鞍山	Maanshan	66.7	122.0	127.2	212	烟台	Yantai	416.8	434.1	436.1	40
淮北	Huaibei	111.5	113.0	113.5	219	潍坊	Weifang	513.8	513.5	519.7	18
铜陵	Tongling	45.2	45.6	46.0	259	济宁	Jining	482.7	497.5	512.0	21
安庆	Anqing	426.7	429.3	431.9	41	泰安	Taian	314.5	331.2	335.6	68
黄山	Huangshan	93.4	95.8	96.1	236	威海	Weihai	154.3	173.3	174.8	160
滁州	Chuzhou	265.5	270.4	276.7	94	日照	Rizhao	180.2	182.5	188.4	154
阜阳	Fuyang	590.1	602.8	611.1	11	莱芜	Laiwu	76.1	79.7	80.3	242
宿州	Suzhou	355.1	368.4	359.1	56	临沂	Linyi	635.6	651.5	665.0	7
六安	Liuan	395.0	399.5	403.5	47	德州	Dezhou	301.0	303.3	311.0	80
亳州	Bozhou	334.2	322.9	338.5	65	聊城	Liaocheng	347.4	357.1	357.5	57

2-1 就业人员 续表 2
Employed Population continued 2

单位：万人 （10 000 persons）

地名	City	2010	2011	2012	2012 排名 Ranking	地名	City	2010	2011	2012	2012 排名 Ranking
滨州	Binzhou	239.3	250.4	254.1	108	常德	Changde	324.7	332.5	342.8	64
菏泽	Heze	462.0	470.8	477.6	30	张家界	Zhangjiajie	89.0	94.4	96.3	235
河南	**Henan**	**6041.6**	**6197.9**			益阳	Yiyang	249.1	253.1	258.4	105
郑州	Zhengzhou	469.3	490.9	509.1	22	郴州	Chenzhou	299.1	304.0	310.9	81
开封	Kaifeng	303.7	306.5	309.3	83	永州	Yongzhou	336.5	336.3	343.6	62
洛阳	Luoyang	408.0	418.0	429.6	42	怀化	Huaihua	294.7	299.7	302.7	85
平顶山	Pingdingshan	309.2	315.1	316.0	76	娄底	Loudi	249.4	251.4	252.0	109
安阳	Anyang	346.5	357.3	349.8	60	广东	**Guangdong**	**5752.4**	**5960.7**		
鹤壁	Hebi	86.4	88.0	90.4	238	广州	Guangzhou	789.1	743.2	751.3	3
新乡	Xinxiang	318.7	322.7	323.3	73	韶关	Shaoguan	143.1	142.7	143.1	193
焦作	Jiaozuo	210.1	223.2	234.6	119	深圳	Shenzhen	705.2	764.5	771.2	2
濮阳	Puyang	232.6	238.3	241.0	114	珠海	Zhuhai	105.4	104.1	104.9	230
许昌	Xuchang	261.7	261.7	315.8	78	汕头	Shantou	237.9	238.6	239.0	116
漯河	Luohe	161.9	161.6	163.4	171	佛山	Foshan	381.1	445.1	437.2	39
三门峡	Sanmenxia	129.6	133.9	136.4	201	江门	Jiangmen	248.3	253.0	248.3	111
南阳	Nanyang	675.6	691.1	691.4	5	湛江	Zhanjiang	318.1	329.1	331.6	69
商丘	Shangqiu	505.6	506.6	512.9	20	茂名	Maoming	298.0	275.6	278.3	93
信阳	Xinyang	459.1	485.6	491.2	27	肇庆	Zhaoqing	236.5	215.1	215.6	127
周口	Zhoukou	680.2	683.5	686.6	6	惠州	Huizhou	255.4	267.9	270.0	100
驻马店	Zhumadian	560.8	561.9	579.4	14	梅州	Meizhou	211.8	209.5	211.0	131
湖北	**Hubei**	**3645.0**	**3672.0**			汕尾	Shanwei	123.5	119.2	119.4	215
武汉	Wuhan	488.0	498.0	506.4	23	河源	Heyuan	139.9	135.5	136.6	199
黄石	Huangshi	125.2	133.8	134.8	204	阳江	Yangjiang	170.1	137.9	132.0	207
十堰	Shiyan	209.3	205.3	207.2	135	清远	Qingyuan	183.7	197.5	197.7	140
宜昌	Yichang	278.7	226.5	225.0	123	东莞	Dongguan	438.5	628.5	631.4	10
襄阳	Xiangfan	371.1	307.8	310.9	81	中山	ZhongShan	217.8	208.6	208.8	133
鄂州	Ezhou	63.1	63.5	64.1	253	潮州	Chaozhou	146.3	138.8	135.0	203
荆门	Jingmen	202.7	146.1	151.2	185	揭阳	Jieyang	266.0	273.6	271.9	99
孝感	Xiaogan	319.8	298.6	301.6	86	云浮	Yunfu	136.6	132.7	131.4	208
荆州	Jingzhou	383.2	311.9	336.9	66	广西	**Guangxi**	**2903.0**	**2936.0**		
黄冈	Huanggang	348.0	353.0	355.0	58	南宁	Nanning	409.1	409.1	409.1	45
咸宁	Xianning	149.8	147.6	150.6	187	柳州	Liuzhou	217.9	223.7	233.2	120
随州	Suizhou	149.3	132.5	134.0	205	桂林	Guilin	276.9			
湖南	**Hunan**	**3982.7**	**4005.0**			梧州	Wuzhou	185.5	186.0	191.6	148
长沙	Changsha	424.1	439.0	447.9	36	北海	Beihai	58.1	80.7	84.1	241
株洲	Zhuzhou	230.6	234.5	238.0	117	防城港	Fangchenggang	55.3	57.3	59.4	257
湘潭	Xiangtan	172.7	169.3	175.5	159	钦州	Qinzhou	227.5	234.0	16.6	267
衡阳	Hengyang	458.3	466.4	470.2	31	贵港	Guigang	258.5	257.7	260.6	104
邵阳	Shaoyang	478.6	489.8	504.6	25	玉林	Yulin	362.0	366.7	378.2	54
岳阳	Yueyang	315.0	348.4	350.1	59	百色	Baise	227.5		237.6	118

2-1 就业人员 续表 3
Employed Population continued 3

单位：万人 （10 000 persons）

地名	City	2010	2011	2012	2012 排名 Ranking
贺州	Hezhou	117.3	120.0		
河池	Hechi	191.2	194.2	195.0	142
来宾	Laibin	158.0	160.9	160.2	175
崇左	Chongzuo	160.3	147.4	148.5	190
海南	**Hainan**	**439.7**	**459.2**		
海口	Haikou	111.2	118.2	136.6	199
三亚	Sanya	30.1	31.7	135.5	202
重庆	**Chongqing**		**1585.2**		
四川	**Sichuan**	**4772.5**	**4785.5**		
成都	Chengdu	766.4	784.3	791.1	1
自贡	Zigong	184.2	190.0	190.7	150
攀枝花	Panzhihua	65.4	70.4	66.2	251
泸州	Luzhou	243.5	241.1	240.3	115
德阳	Deyang	203.5	211.7	209.9	132
绵阳	Mianyang	279.5	287.0	293.3	88
广元	Guangyuan	164.1	168.6	160.4	174
遂宁	Suining	160.4	161.0	163.9	170
内江	Neijiang	202.7	173.2	174.1	161
乐山	Leshan	188.5	188.1	193.7	144
南充	Nanchong	249.1	270.2	275.8	97
眉山	Meishan	192.4	193.6	189.5	152
宜宾	Yibin	310.8	315.3	323.0	74
广安	Guangan	212.6	211.1	217.1	125
达州	Dazhou	303.2	308.9	330.8	70
雅安	Yaan	95.3	96.5	104.8	231
巴中	Bazhong	184.5	171.8	172.3	162
资阳	Ziyang	205.5	204.1	207.3	134
贵州	**Guizhou**		**1792.8**		
贵阳	Guiyang	241.5	217.9	223.6	124
六盘水	Liupanshui	167.0	147.0	149.0	189
遵义	Zunyi	434.4	317.6	324.8	72
安顺	Anshun	153.4	125.0	125.9	213
毕节	Bijie	454.3	465.8	151.8	184
铜仁	Tongren	249.7	257.6	155.1	178
云南	**Yunnan**	**2765.9**	**2857.2**		
昆明	Kunming	392.2	400.7	401.9	48
曲靖	Qujing	393.0	392.6	394.7	49
玉溪	Yuxi	149.3	149.4	153.3	181
保山	Baoshan	152.3	159.7	163.3	172
昭通	Zhaotong	297.5	304.9	313.5	79

地名	City	2010	2011	2012	2012 排名 Ranking
丽江	Lijiang	72.1	74.8	75.2	243
普洱	Puer	160.6	165.9	171.4	164
临沧	Lincang	139.2	144.1	150.8	186
西藏	**Tibet**	**173.4**	**185.6**		
拉萨	Lhasa				
陕西	**Shaanxi**	**2073.5**	**2059.0**		
西安	Xi'an	477.6	496.0	514.6	19
铜川	Tongchuan	41.1	42.4	43.2	260
宝鸡	Baoji	203.7	208.9	211.1	130
咸阳	Xianyang	262.7	239.7	257.6	106
渭南	Weinan	334.5	351.2	336.9	66
延安	Yan'an	111.2	115.6	117.7	217
汉中	Hanzhong	197.6	200.0	199.5	139
榆林	Yulin	193.0	194.4	191.7	147
安康	Ankang	153.1	152.1	152.7	182
商洛	Shangluo	110.8	109.2	109.2	226
甘肃	**Gansu**	**1499.6**	**1500.3**		
兰州	Lanzhou	176.5	179.7	192.4	145
嘉峪关	Jiayuguan	12.6	12.4	12.5	268
金昌	Jinchang	28.1	28.3	28.6	264
白银	Baiyin	90.1	92.0	93.1	237
天水	Tianshui	194.0	198.1	177.3	158
武威	Wuwei	108.8	108.9	110.2	224
张掖	Zhangye	81.1	72.8	73.7	244
平凉	Pingliang	123.3	127.0	128.5	211
酒泉	Jiuquan	53.9	58.1	58.8	258
庆阳	Qingyang	139.9	140.0	141.6	195
定西	Dingxi	157.4	157.8	159.7	176
陇南	Longnan	152.0	152.7	154.5	180
青海	**Qinghai**	**330.1**	**309.2**		
西宁	Xining				
宁夏	**Ningxia**	**326.0**	**339.6**		
银川	Yinchuan	87.5	100.7	108.6	227
石嘴山	Shizuishan	33.4	37.9	35.8	263
吴忠	Wuzhong	69.7	68.6	67.7	249
固原	Guyuan	74.6	71.2	67.5	250
中卫	Zhongwei	59.3	59.7	63.7	254
新疆	**Xinjiang**	**894.7**	**953.3**		
乌鲁木齐	Urumqi	114.3	116.1	118.1	216
克拉玛依	Karamay	22.8	23.8	23.8	266

2-2 城镇单位就业人员
Urban Employed Persons

单位：万人 (10 000 persons)

地名	City	2010	2011	2012	2012 排名 Ranking	地名	City	2010	2011	2012	2012 排名 Ranking
全国	**Nation Total**	**13051.5**	**14413.3**	**15236.4**		沈阳	Shenyang	109.9	110.0	112.8	21
北京	**Beijing**	**646.6**	**685.9**	**717.4**		大连	Dalian	96.3	109.8	111.5	22
天津	**Tianjin**	**205.7**	**268.2**	**289.1**		鞍山	Anshan	51.2	52.0	55.2	62
河北	**Hebei**	**519.6**	**555.4**	**619.9**		抚顺	Fushun	40.3	28.2	30.9	147
石家庄	Shijiazhuang	84.2	84.8	90.7	32	本溪	Benxi	32.3	26.4	28.0	162
唐山	Tangshan	84.0	87.3	95.6	31	丹东	Dandong	24.6	26.8	26.9	171
秦皇岛	Qinhuangdao	29.8	29.9	33.5	136	锦州	Jinzhou	32.2	26.9	29.2	155
邯郸	Handan	56.6	58.4	64.5	53	营口	Yingkou	20.8	26.6	28.0	162
邢台	Xingtai	35.1	36.0	44.9	87	阜新	Fuxin	25.6	19.6	21.7	203
保定	Baoding	70.4	81.2	101.0	25	辽阳	Liaoyang	18.9	17.6	18.0	224
张家口	Zhangjiakou	33.7	37.3	39.8	101	盘锦	Panjin	50.3	47.4	46.9	81
承德	Chengde	25.7	25.4	26.4	174	铁岭	Tieling	27.2	23.1	23.0	194
沧州	Cangzhou	43.7	48.6	52.4	67	朝阳	Chaoyang	25.2	26.5	30.9	147
廊坊	Langfang	34.6	39.5	42.1	95	葫芦岛	Huludao	25.4	22.2	20.4	209
衡水	Hengshui	21.8	27.0	29.1	157	吉林	**Jilin**	**267.6**	**277.9**	**285.5**	
山西	**Shanxi**	**394.4**	**409.7**	**436.0**		长春	Changchun	92.8	95.0	100.0	27
太原	Taiyuan	77.3	78.4	98.5	28	吉林	Jilin	33.3	38.4	39.1	111
大同	Datong	42.1	42.4	44.6	88	四平	Siping	21.1	20.9	20.5	208
阳泉	Yangquan	23.7	26.1	27.6	167	辽源	Liaoyuan	8.8	9.1	9.1	278
长治	Changzhi	37.3	39.4	39.5	106	通化	Tonghua	19.9	21.0	21.5	205
晋城	Jincheng	27.1	28.9	28.9	159	白山	Baishan	17.2	19.2	18.9	219
朔州	Shuozhou	17.9	19.7	20.4	209	松原	Songyuan	21.5	21.9	21.6	204
晋中	Jinzhong	35.1	35.0	34.6	131	白城	Baicheng	18.5	19.4	20.8	207
运城	Yuncheng	32.0	32.8	32.4	141	黑龙江	**Heilongjiang**	**607.6**	**611.3**	**471.0**	
忻州	Xinzhou	22.7	24.5	25.3	181	哈尔滨	Harbin	160.8	176.2	298.5	2
临汾	Linfen	33.8	34.5	37.5	116	齐齐哈尔	Qiqihar	37.3	38.7	73.8	41
吕梁	Luliang	30.8	32.7	35.9	124	鸡西	Jixi	22.6	23.6	52.2	68
内蒙古	**Inner Mongolia**	**465.2**	**517.1**	**270.8**		鹤岗	Hegang	20.2	20.3	38.4	113
呼和浩特	Hohhot	71.8	88.7	34.0	134	双鸭山	Shuangyashan	16.6	17.9	30.6	150
包头	Baotou	75.0	89.9	39.4	109	大庆	Daqing	69.2	73.9	100.4	26
乌海	Wuhai	15.9	17.4	10.2	268	伊春	Yichun	24.5	25.8	57.4	58
赤峰	Chifeng	53.9	30.6	32.1	143	佳木斯	Jiamusi	22.7	24.2	57.6	57
通辽	Tongliao	37.3	38.1	24.9	185	七台河	Qitaihe	18.6	19.0	28.0	162
鄂尔多斯	Erdos	35.3	20.1	22.3	199	牡丹江	Mudanjiang	38.9	39.1	65.5	49
呼伦贝尔	Hulunbuir	49.8	51.2	29.2	155	黑河	Heihe	15.3	15.9	34.8	129
巴彦淖尔	Bayannur	25.9	29.4	15.7	239	绥化	Suihua	27.8	30.3	69.7	46
乌兰察布	Ulanqab	28.9	14.8	15.3	242	上海	**Shanghai**	**392.9**	**497.3**	**555.7**	
辽宁	**Liaoning**	**597.6**	**579.6**	**598.7**		江苏	**Jiangsu**	**763.8**	**811.3**	**830.9**	

2-2 城镇单位就业人员 续表 1
Urban Employed Persons continued 1

单位：万人 (10 000 persons)

地名	City	2010	2011	2012	2012 排名 Ranking	地名	City	2010	2011	2012	2012 排名 Ranking
南京	Nanjing	125.6	140.2	147.4	11	池州	Chizhou	7.1	8.1	7.8	281
无锡	Wuxi	83.0	87.0	88.1	34	宣城	Xuancheng	12.4	12.9	12.9	254
徐州	Xuzhou	61.8	62.4	63.5	54	**福建**	**Fujian**	**507.1**	**596.3**	**637.9**	
常州	Changzhou	38.2	50.1	48.9	73	福州	Fuzhou	105.5	128.1	143.8	12
苏州	Suzhou	130.9	133.1	133.7	14	厦门	Xiamen	95.3	110.5	118.0	19
南通	Nantong	63.1	66.0	68.5	47	莆田	Putian	28.8	34.0	36.9	117
连云港	Lianyungang	34.0	35.2	35.5	125	三明	Sanming	21.5	23.8	25.3	181
淮安	Huaian	39.3	40.8	42.7	93	泉州	Quanzhou	142.2	174.0	163.6	9
盐城	Yancheng	51.9	52.8	53.8	64	漳州	Zhangzhou	40.1	45.7	48.6	76
扬州	Yangzhou	40.1	42.1	42.9	91	南平	Nanping	23.6	25.1	25.8	178
镇江	Zhenjiang	37.3	39.3	40.7	102	龙岩	Longyan	30.6	34.4	34.3	132
泰州	Taizhou	37.2	39.4	40.9	101	宁德	Ningde	16.6	17.7	26.2	176
宿迁	Suqian	21.5	23.0	24.4	187	**江西**	**Jiangxi**	**297.4**	**344.4**	**385.8**	
浙江	**Zhejiang**	**883.6**	**995.7**	**1070.1**		南昌	Nanchang	67.8	91.4	96.3	30
杭州	Hangzhou	232.7	264.3	281.9	3	景德镇	Jingdezhen	17.4	19.3	19.3	214
宁波	Ningbo	140.2	171.8	174.7	8	萍乡	Pingxiang	14.1	14.2	14.1	250
温州	Wenzhou	107.9	111.3	111.5	22	九江	Jiujiang	34.0	39.4	41.9	96
嘉兴	Jiaxing	80.4	79.1	79.2	38	新余	Xinyu	10.1	10.2	11.4	260
湖州	Huzhou	37.9	41.4	47.1	79	鹰潭	Yingtan	10.0	10.2	10.2	268
绍兴	Shaoxing	107.1	125.2	130.7	15	赣州	Ganzhou	42.4	45.0	48.8	75
金华	Jinhua	52.5	57.7	56.0	61	吉安	Jian	20.2	21.9	22.9	198
衢州	Quzhou	17.1	19.3	20.3	211	宜春	Yichun	28.1	35.3	36.8	118
舟山	Zhoushan	16.8	16.1	17.7	226	抚州	Fuzhou	21.2	23.9	29.8	153
台州	Taizhou	69.8	86.3	96.8	29	上饶	Shangrao	30.0	31.2	42.9	91
丽水	Lishui	16.8	18.4	18.9	219	**山东**	**Shandong**	**956.2**	**1050.4**	**1110.2**	
安徽	**Anhui**	**372.9**	**411.6**	**236.8**		济南	Jinan	116.9	121.9	134.5	13
合肥	Hefei	71.1	97.7	115.6	20	青岛	Qingdao	124.1	128.4	129.0	16
芜湖	Wuhu	26.7	33.0	36.5	120	淄博	Zibo	62.9	72.0	77.4	39
蚌埠	Bengbu	17.3	20.3	23.4	192	枣庄	Zaozhuang	35.8	39.6	41.3	99
淮南	Huainan	32.7	37.3	35.5	125	东营	Dongying	40.1	46.1	47.1	79
马鞍山	Maanshan	15.4	19.2	19.1	217	烟台	Yantai	90.5	106.0	104.7	24
淮北	Huaibei	20.8	21.8	22.3	199	潍坊	Weifang	74.0	68.7	83.7	35
铜陵	Tongling	11.7	12.2	12.6	255	济宁	Jining	63.2	71.5	76.9	40
安庆	Anqing	24.2	26.5	27.3	170	泰安	Taian	56.3	65.7	68.2	48
黄山	Huangshan	9.4	9.8	10.3	266	威海	Weihai	39.9	56.6	56.8	59
滁州	Chuzhou	17.9	18.8	19.1	217	日照	Rizhao	20.7	21.4	21.8	201
阜阳	Fuyang	29.1	30.5	29.6	154	莱芜	Laiwu	13.8	17.0	17.4	229
宿州	Suzhou	22.1	24.1	24.4	187	临沂	Linyi	56.2	63.1	72.2	42
六安	Liuan	22.2	23.0	23.0	194	德州	Dezhou	38.6	38.5	41.6	98
亳州	Bozhou	16.1	16.6	17.4	229	聊城	Liaocheng	35.4	38.3	39.5	106

2-2 城镇单位就业人员 续表 2
Urban Employed Persons continued 2

单位：万人 (10 000 persons)

地名	City	2010	2011	2012	2012 排名 Ranking
滨州	Binzhou	37.6	41.6	43.0	90
菏泽	Heze	37.2	40.8	41.9	96
河南	**Henan**	**751.7**	**839.1**	**881.2**	
郑州	Zhengzhou	108.5	136.7	155.6	10
开封	Kaifeng	33.1	39.1	41.0	100
洛阳	Luoyang	53.9	60.0	61.1	55
平顶山	Pingdingshan	48.5	49.9	51.8	69
安阳	Anyang	43.5	50.2	51.1	71
鹤壁	Hebi	17.8	18.6	19.2	215
新乡	Xinxiang	45.7	46.8	46.0	83
焦作	Jiaozuo	32.3	37.8	39.8	104
濮阳	Puyang	31.4	32.5	33.1	137
许昌	Xuchang	28.7	32.8	33.1	137
漯河	Luohe	23.1	24.6	25.3	181
三门峡	Sanmenxia	24.2	26.8	26.2	176
南阳	Nanyang	70.5	84.4	83.5	36
商丘	Shangqiu	39.7	42.0	45.8	85
信阳	Xinyang	43.2	44.6	46.0	83
周口	Zhoukou	45.2	46.1	47.5	78
驻马店	Zhumadian	41.2	44.8	49.0	72
湖北	**Hubei**	**713.0**	**812.3**	**598.0**	
武汉	Wuhan	178.5	189.8	191.9	6
黄石	Huangshi	27.3	31.7	32.5	140
十堰	Shiyan	35.6	51.0	54.9	63
宜昌	Yichang	78.9	42.3	70.0	45
襄阳	Xiangfan	40.5	48.8	51.5	70
鄂州	Ezhou	30.5	19.2	20.0	212
荆门	Jingmen	42.3	22.6	23.0	194
孝感	Xiaogan	50.4	65.4	70.9	44
荆州	Jingzhou	63.6	34.4	36.7	119
黄冈	Huanggang	33.0	36.6	36.3	122
咸宁	Xianning	32.9	30.4	32.0	144
随州	Suizhou	43.2	16.4	12.4	256
湖南	**Hunan**	**1229.5**	**551.4**	**567.5**	
长沙	Changsha	179.9	121.9	124.1	17
株洲	Zhuzhou	64.2	40.7	42.2	94
湘潭	Xiangtan	44.3	30.3	32.2	142
衡阳	Hengyang	136.3	55.4	56.6	60
邵阳	Shaoyang	93.9	35.1	34.9	128
岳阳	Yueyang	92.3	48.9	48.9	73
常德	Changde	60.5	36.9	38.8	112
张家界	Zhangjiajie	15.8	9.1	9.0	279
益阳	Yiyang	38.8	28.0	28.1	161
郴州	Chenzhou	62.2	31.3	34.0	134
永州	Yongzhou	54.7	30.0	31.3	146
怀化	Huaihua	84.6	27.6	29.1	157
娄底	Loudi	53.9	28.8	28.9	159
广东	**Guangdong**	**1118.5**	**1238.2**	**1304.0**	
广州	Guangzhou	246.4	310.2	326.8	1
韶关	Shaoguan	30.6	32.1	34.8	129
深圳	Shenzhen	253.0	263.7	280.0	4
珠海	Zhuhai	63.2	67.0	65.4	50
汕头	Shantou	32.3	35.6	53.0	66
佛山	Foshan	56.1	60.7	65.0	52
江门	Jiangmen	44.9	54.9	53.3	65
湛江	Zhanjiang	40.7	42.9	44.4	89
茂名	Maoming	30.9	35.2	38.3	114
肇庆	Zhaoqing	27.6	30.0	31.8	145
惠州	Huizhou	80.4	84.8	89.0	33
梅州	Meizhou	23.5	24.3	24.0	190
汕尾	Shanwei	15.7	15.8	17.5	227
河源	Heyuan	24.7	24.6	23.8	191
阳江	Yangjiang	18.2	18.9	18.4	222
清远	Qingyuan	27.6	27.8	26.9	171
东莞	Dongguan	23.2	24.9	25.3	181
中山	ZhongShan	29.0	31.3	33.0	139
潮州	Chaozhou	12.5	13.4	13.1	252
揭阳	Jieyang	20.7	23.1	23.0	194
云浮	Yunfu	17.5	17.3	17.1	234
广西	**Guangxi**	**1003.0**	**1035.0**	**358.0**	
南宁	Nanning	70.5	78.0	72.2	42
柳州	Liuzhou	38.0	43.1	48.5	77
桂林	Guilin	31.6	34.3	36.0	123
梧州	Wuzhou	15.6	15.6	15.6	241
北海	Beihai	11.9	14.3	14.3	249
防城港	Fangchenggang	8.9	9.8	10.4	265
钦州	Qinzhou	13.7	15.2	16.6	237
贵港	Guigang	15.3	15.6	16.0	238
玉林	Yulin	27.3	29.4	30.8	149
百色	Baise	18.2	18.7	19.6	213

2-2 城镇单位就业人员 续表 3
Urban Employed Persons continued 3

单位：万人 (10 000 persons)

地名	City	2010	2011	2012	2012 排名 Ranking	地名	City	2010	2011	2012	2012 排名 Ranking
贺州	Hezhou	8.0	9.1	9.5	277	丽江	Lijiang	8.4	9.5	10.3	266
河池	Hechi	18.2	19.1	19.2	215	普洱	Puer	14.1	15.8	16.8	236
来宾	Laibin	11.8	12.2	12.4	256	临沧	Lincang	11.0	11.9	13.1	252
崇左	Chongzuo	14.0	14.5	14.1	250	**西藏**	**Tibet**	**15.5**	**23.2**	**25.2**	
海南	**Hainan**	**81.3**	**85.1**	**90.1**		拉萨	Lhasa	2.5	9.1	9.6	276
海口	Haikou	77.2	35.5	45.0	86	**陕西**	**Shaanxi**	**364.8**	**393.7**	**411.2**	
三亚	Sanya	14.4	7.6	9.7	275	西安	Xi'an	140.4	154.3	179.8	7
重庆	**Chongqing**	**250.2**	**292.1**	**353.2**		铜川	Tongchuan	9.8	10.2	10.0	272
四川	**Sichuan**	**570.6**	**614.0**	**640.9**		宝鸡	Baoji	29.8	31.6	30.2	151
成都	Chengdu	172.1	198.9	212.3	5	咸阳	Xianyang	37.1	39.9	40.2	103
自贡	Zigong	16.5	17.4	17.4	229	渭南	Weinan	37.4	39.0	39.2	110
攀枝花	Panzhihua	17.2	19.8	18.6	221	延安	Yan'an	23.1	24.1	24.6	186
泸州	Luzhou	25.7	26.5	27.8	165	汉中	Hanzhong	25.0	25.7	26.4	174
德阳	Deyang	25.7	26.8	25.7	179	榆林	Yulin	25.9	26.9	27.5	168
绵阳	Mianyang	34.6	38.1	39.5	106	安康	Ankang	12.9	13.9	14.8	246
广元	Guangyuan	14.2	14.3	14.6	248	商洛	Shangluo	12.9	13.9	14.7	247
遂宁	Suining	16.2	16.7	17.5	227	**甘肃**	**Gansu**	**194.3**	**199.3**	**211.3**	
内江	Neijiang	21.4	21.2	21.8	201	兰州	Lanzhou	57.7	56.8	60.1	56
乐山	Leshan	28.8	28.2	27.8	165	嘉峪关	Jiayuguan	5.0	5.7	6.4	282
南充	Nanchong	25.9	26.2	30.2	151	金昌	Jinchang	7.4	8.1	10.2	268
眉山	Meishan	15.3	15.9	15.7	239	白银	Baiyin	15.3	15.4	15.3	242
宜宾	Yibin	33.5	36.3	36.5	120	天水	Tianshui	18.9	19.5	21.1	206
广安	Guangan	11.4	11.6	11.9	258	武威	Wuwei	9.9	10.5	10.6	263
达州	Dazhou	25.1	25.8	26.9	171	张掖	Zhangye	10.3	11.0	11.4	260
雅安	Yaan	9.6	9.6	10.1	271	平凉	Pingliang	12.9	16.3	15.3	242
巴中	Bazhong	14.4	17.2	17.8	225	酒泉	Jiuquan	10.2	10.3	11.0	262
资阳	Ziyang	16.1	16.5	17.4	229	庆阳	Qingyang	9.3	9.7	10.5	264
贵州	**Guizhou**	**224.3**	**241.1**	**269.5**		定西	Dingxi	10.6	10.9	11.6	259
贵阳	Guiyang	72.0	76.5	82.7	37	陇南	Longnan	11.3	11.4	9.9	273
六盘水	Liupanshui	22.5	22.2	24.3	189	**青海**	**Qinghai**	**52.6**	**60.6**	**61.7**	
遵义	Zunyi	30.3	32.9	37.8	115	西宁	Xining	29.0	33.9	34.1	133
安顺	Anshun	12.8	14.4	15.2	245	**宁夏**	**Ningxia**	**108.0**	**60.9**	**67.4**	
毕节	Bijie	21.7	23.9	27.4	169	银川	Yinchuan	53.6	31.3	35.5	125
铜仁	Tongren	14.6	14.8	17.1	234	石嘴山	Shizuishan	16.6	9.1	9.9	273
云南	**Yunnan**	**322.8**	**317.2**	**392.7**		吴忠	Wuzhong	16.5	8.2	8.3	280
昆明	Kunming	92.2	110.8	119.8	18	固原	Guyuan	11.8	5.7	5.9	284
曲靖	Qujing	33.2	33.6	46.5	82	中卫	Zhongwei	8.0	5.1	6.2	283
玉溪	Yuxi	18.8	19.4	25.4	180	**新疆**	**Xinjiang**	**255.0**	**279.4**	**288.8**	
保山	Baoshan	14.2	15.9	18.1	223	乌鲁木齐	Urumqi	49.1	62.7	65.3	51
昭通	Zhaotong	18.1	21.6	23.2	193	克拉玛依	Karamay	16.7	17.5	17.2	233

2-3 城镇单位第一产业就业人员
Employed Persons in Primary Industry

单位：万人 (10 000 persons)

地名	City	2010	2011	2012	2012 排名 Ranking	地名	City	2010	2011	2012	2012 排名 Ranking
全国	**Nation Total**	**375.70**	**359.50**	**338.90**		沈阳	Shenyang	0.99	0.96	0.73	73
北京	**Beijing**	**3.23**	**2.36**	**2.54**		大连	Dalian	0.97	0.99	0.69	80
天津	**Tianjin**	**0.71**	**0.60**	**0.55**		鞍山	Anshan	0.74	0.78	0.43	114
河北	**Hebei**	**6.63**	**5.70**	**5.50**		抚顺	Fushun	0.55	0.53	0.46	109
石家庄	Shijiazhuang	0.41	0.41	0.26	156	本溪	Benxi	0.19	0.22	0.19	176
唐山	Tangshan	3.03	2.84	2.66	14	丹东	Dandong	0.30	0.31	0.29	148
秦皇岛	Qinhuangdao	0.20	0.13	0.09	228	锦州	Jinzhou	1.46	1.52	1.41	33
邯郸	Handan	0.25	2.13	0.21	170	营口	Yingkou	0.11	0.12	0.07	243
邢台	Xingtai	0.16	0.15	0.12	204	阜新	Fuxin	0.44	0.35	0.41	118
保定	Baoding	0.28	0.14	0.16	185	辽阳	Liaoyang	0.42	0.40	0.37	129
张家口	Zhangjiakou	0.55	0.46	0.98	53	盘锦	Panjin	18.75	17.75	17.79	1
承德	Chengde	0.52	0.40	0.41	118	铁岭	Tieling	2.02	1.87	1.78	22
沧州	Cangzhou	0.94	0.66	0.85	63	朝阳	Chaoyang	0.61	0.42	0.26	156
廊坊	Langfang	0.16	0.14	0.15	192	葫芦岛	Huludao	0.42	0.30	0.31	142
衡水	Hengshui	0.13	0.15	0.12	204	吉林	**Jilin**	**16.70**	**16.30**	**15.70**	
山西	**Shanxi**	**3.23**	**3.20**	**2.80**		长春	Changchun	1.33	1.23	1.09	46
太原	Taiyuan	0.33	0.33	0.25	159	吉林	Jilin	1.64	1.69	1.55	30
大同	Datong	0.21	0.22	0.16	185	四平	Siping	1.03	1.09	0.99	52
阳泉	Yangquan	0.04	0.04	0.04	267	辽源	Liaoyuan	0.36	0.35	0.34	140
长治	Changzhi	0.31	0.28	0.16	185	通化	Tonghua	0.62	0.63	0.60	84
晋城	Jincheng	0.15	0.14	0.13	201	白山	Baishan	2.20	2.18	2.37	16
朔州	Shuozhou	0.87	0.92	0.96	56	松原	Songyuan	2.42	2.14	2.09	19
晋中	Jinzhong	0.18	0.18	0.15	192	白城	Baicheng	3.40	3.52	3.30	13
运城	Yuncheng	0.30	0.30	0.51	96	黑龙江	**Heilongjiang**	**92.90**	**93.90**	**93.30**	
忻州	Xinzhou	0.33	0.34	0.41	118	哈尔滨	Harbin	5.50	7.27	7.61	8
临汾	Linfen	0.42	0.42	0.62	82	齐齐哈尔	Qiqihar	7.65	7.85	0.57	88
吕梁	Luliang	0.09	0.13	0.14	198	鸡西	Jixi	6.70	6.55	6.23	9
内蒙古	**Inner Mongolia**	**26.70**	**26.20**	**25.00**		鹤岗	Hegang	8.55	8.74	8.55	5
呼和浩特	Hohhot	0.36	0.37	0.63	81	双鸭山	Shuangyashan	14.61	0.90	0.90	60
包头	Baotou	0.31	0.30	0.31	142	大庆	Daqing	0.34	0.32	0.30	146
乌海	Wuhai	0.05	0.04	0.04	267	伊春	Yichun	10.23	10.54	10.36	4
赤峰	Chifeng	1.95	1.99	1.79	21	佳木斯	Jiamusi	9.56	9.61	8.32	6
通辽	Tongliao	5.82	5.74	5.47	10	七台河	Qitaihe	0.55	0.50	0.47	105
鄂尔多斯	Erdos	0.47	0.46	0.44	111	牡丹江	Mudanjiang	5.00	4.85	4.65	11
呼伦贝尔	Hulunbuir	11.27	10.90	10.69	3	黑河	Heihe	16.30	15.93	16.25	2
巴彦淖尔	Bayannur	2.24	1.65	2.30	17	绥化	Suihua	1.28	1.22	1.34	35
乌兰察布	Ulanqab	0.36	0.41	0.37	129	上海	**Shanghai**	**1.54**	**1.40**	**1.23**	
辽宁	**Liaoning**	**27.97**	**26.52**	**25.19**		江苏	**Jiangsu**	**9.92**	**9.40**	**8.60**	

2-3 城镇单位第一产业就业人员 续表 1
Employed Persons in Primary Industry continued 1

单位：万人 (10 000 persons)

地名	City	2010	2011	2012	2012 排名 Ranking	地名	City	2010	2011	2012	2012 排名 Ranking
南京	Nanjing	0.41	0.42	0.50	97	池州	Chizhou	0.13	0.12	0.10	219
无锡	Wuxi	0.24	0.23	0.20	171	宣城	Xuancheng	0.29	2.80	1.30	36
徐州	Xuzhou	1.86	1.48	1.57	29	福建	**Fujian**	**6.69**	**6.10**	**4.83**	
常州	Changzhou	0.12	0.11	0.12	204	福州	Fuzhou	0.73	0.66	0.22	166
苏州	Suzhou	0.15	0.14	0.09	228	厦门	Xiamen	0.28	0.24	0.23	165
南通	Nantong	1.13	1.15	1.14	40	莆田	Putian	0.13	0.06	0.04	267
连云港	Lianyungang	1.87	1.77	1.61	27	三明	Sanming	0.57	0.58	0.56	90
淮安	Huaian	1.13	1.10	1.03	48	泉州	Quanzhou	0.38	0.36	0.36	131
盐城	Yancheng	2.42	2.36	2.40	15	漳州	Zhangzhou	2.66	2.31	1.85	20
扬州	Yangzhou	0.09	0.08	0.15	192	南平	Nanping	1.09	1.12	0.89	61
镇江	Zhenjiang	0.15	0.15	0.28	150	龙岩	Longyan	0.52	0.54	0.44	111
泰州	Taizhou	0.24	0.23	0.43	114	宁德	Ningde	0.33	0.30	0.24	163
宿迁	Suqian	0.11	0.11	0.13	201	江西	**Jiangxi**	**12.09**	**10.80**	**11.64**	
浙江	**Zhejiang**	**1.44**	**1.50**	**0.83**		南昌	Nanchang	1.73	1.26	0.78	67
杭州	Hangzhou	0.15	0.16	0.11	213	景德镇	Jingdezhen	1.02	0.69	0.74	71
宁波	Ningbo	0.13	0.12	0.06	254	萍乡	Pingxiang	0.07	0.05	0.10	219
温州	Wenzhou	0.11	0.10	0.05	261	九江	Jiujiang	0.89	0.93	0.74	71
嘉兴	Jiaxing	0.09	0.12	0.08	237	新余	Xinyu	0.09	0.08	0.06	254
湖州	Huzhou	0.02	0.02	0.02	275	鹰潭	Yingtan	1.43	1.40	1.21	38
绍兴	Shaoxing	0.03	0.06	0.05	261	赣州	Ganzhou	0.76	0.83	0.73	73
金华	Jinhua	0.10	0.11	0.07	243	吉安	Jian	1.39	1.24	1.24	37
衢州	Quzhou	0.04	0.04	0.03	271	宜春	Yichun	0.78	0.56	0.57	88
舟山	Zhoushan	0.05	0.04	0.03	271	抚州	Fuzhou	0.98	0.85	0.84	64
台州	Taizhou	0.48	0.48	0.14	198	上饶	Shangrao	2.95	2.84	4.63	12
丽水	Lishui	0.24	0.25	0.16	185	山东	**Shandong**	**5.10**	**4.79**	**2.80**	
安徽	**Anhui**	**6.13**	**6.00**	**5.40**		济南	Jinan	0.11	0.17	0.10	219
合肥	Hefei	0.10	0.16	0.14	198	青岛	Qingdao	0.52	0.30	0.18	178
芜湖	Wuhu	0.04	0.05	0.06	254	淄博	Zibo	0.25	0.19	0.15	192
蚌埠	Bengbu	0.21	0.20	0.05	261	枣庄	Zaozhuang	0.40	0.39	0.12	204
淮南	Huainan	0.32	0.30	0.30	146	东营	Dongying	0.59	0.65	0.43	114
马鞍山	Maanshan	0.03	0.09	0.08	237	烟台	Yantai	0.34	0.28	0.22	166
淮北	Huaibei			0.01	280	潍坊	Weifang	0.34	0.40	0.12	204
铜陵	Tongling	0.38	0.34	0.28	150	济宁	Jining	0.18	0.17	0.19	176
安庆	Anqing	1.69	1.75	1.72	23	泰安	Taian	0.26	0.30	0.16	185
黄山	Huangshan	0.10	0.10	0.10	219	威海	Weihai	0.15	0.15	0.08	237
滁州	Chuzhou	0.85	0.83	0.88	62	日照	Rizhao	0.11	0.13	0.09	228
阜阳	Fuyang	0.31	0.30	0.26	156	莱芜	Laiwu				
宿州	Suzhou	0.58	0.54	1.00	50	临沂	Linyi	0.70	0.58	0.38	128
六安	Liuan	0.84	1.70	1.60	28	德州	Dezhou	0.52	0.47	0.25	159
亳州	Bozhou	0.05	0.04	0.05	261	聊城	Liaocheng	0.12	0.07	0.06	254

2-3 城镇单位第一产业就业人员 续表 2
Employed Persons in Primary Industry continued 2

单位：万人 (10 000 persons)

地名	City	2010	2011	2012	2012 排名 Ranking	地名	City	2010	2011	2012	2012 排名 Ranking
滨州	Binzhou	0.09	0.10	0.06	254	常德	Changde	0.10	0.05	0.25	159
菏泽	Heze	0.42	0.44	0.49	99	张家界	Zhangjiajie	0.07	0.07	0.07	243
河南	**Henan**	**7.10**	**7.30**	**5.80**		益阳	Yiyang	0.15	0.10	0.10	219
郑州	Zhengzhou	0.23	0.20	0.22	166	郴州	Chenzhou	0.10	0.13	0.17	180
开封	Kaifeng	0.73	0.79	0.79	66	永州	Yongzhou	0.54	0.32	0.36	131
洛阳	Luoyang	0.21	0.22	0.17	180	怀化	Huaihua	0.40	0.35	0.31	142
平顶山	Pingdingshan	0.12	0.11	0.09	228	娄底	Loudi	0.41	0.09	0.20	171
安阳	Anyang	0.13	0.19	0.11	214	**广东**	**Guangdong**	**8.81**	**8.20**	**7.20**	
鹤壁	Hebi	0.12	0.12	0.11	214	广州	Guangzhou	0.60	0.35	0.25	159
新乡	Xinxiang	0.63	0.57	0.56	90	韶关	Shaoguan	0.46	0.43	0.44	111
焦作	Jiaozuo	0.57	0.56	0.49	99	深圳	Shenzhen	0.27	0.26	0.08	237
濮阳	Puyang	0.05	0.06	0.03	271	珠海	Zhuhai	0.74	0.73	0.73	73
许昌	Xuchang	0.06	0.10	0.16	185	汕头	Shantou	0.04	0.04	0.05	261
漯河	Luohe	0.04	0.04	0.07	243	佛山	Foshan	0.04	0.04	0.03	271
三门峡	Sanmenxia	0.14	0.13	0.11	214	江门	Jiangmen	0.11	0.05	0.04	267
南阳	Nanyang	1.16	1.16	1.10	43	湛江	Zhanjiang	2.34	2.33	2.26	18
商丘	Shangqiu	0.28	0.27	0.40	122	茂名	Maoming	1.19	1.07	0.93	58
信阳	Xinyang	0.88	0.87	0.97	55	肇庆	Zhaoqing	0.14	0.11	0.11	214
周口	Zhoukou	1.10	1.18	0.47	105	惠州	Huizhou	0.11	0.12	0.10	219
驻马店	Zhumadian	0.52	0.54	0.70	78	梅州	Meizhou	0.11	0.15	0.10	219
湖北	**Hubei**	**13.80**	**9.40**	**9.70**		汕尾	Shanwei	1.02	0.91	0.77	69
武汉	Wuhan	0.79	0.40	0.39	125	河源	Heyuan	0.13	0.11	0.09	228
黄石	Huangshi	0.44	0.44	0.36	131	阳江	Yangjiang	0.57	0.54	0.47	105
十堰	Shiyan	0.36	0.38	0.54	92	清远	Qingyuan	0.21	0.17	0.18	178
宜昌	Yichang	0.28	0.38	0.73	73	东莞	Dongguan	0.07	0.10	0.09	228
襄阳	Xiangfan	0.60	0.64	0.70	78	中山	ZhongShan				
鄂州	Ezhou	0.03	0.03	0.01	280	潮州	Chaozhou	0.02	0.02	0.02	275
荆门	Jingmen	1.08	1.00	1.03	48	揭阳	Jieyang	0.57	0.60	0.49	99
孝感	Xiaogan	1.72	1.75	1.71	25	云浮	Yunfu	0.07	0.07	0.08	237
荆州	Jingzhou	3.97	1.63	1.72	23	**广西**	**Guangxi**	**10.77**	**10.82**	**9.90**	
黄冈	Huanggang	0.83	0.46	0.94	57	南宁	Nanning	1.54	1.65	1.55	30
咸宁	Xianning	0.39	0.21	0.07	243	柳州	Liuzhou	0.79	0.75	0.71	77
随州	Suizhou	0.06	0.06	0.07	243	桂林	Guilin	0.64	0.65	0.60	84
湖南	**Hunan**	**5.30**	**5.40**	**2.40**		梧州	Wuzhou	0.23	0.23	0.42	117
长沙	Changsha	0.05	0.15	0.12	204	北海	Beihai	0.52	0.51	1.00	50
株洲	Zhuzhou	0.10	1.00	0.10	219	防城港	Fangchenggang	1.23	1.17	1.16	39
湘潭	Xiangtan			0.02	275	钦州	Qinzhou	0.54	0.53	0.53	93
衡阳	Hengyang	0.03	0.04	0.06	254	贵港	Guigang	0.21	0.19	0.17	180
邵阳	Shaoyang	0.56	0.54	0.50	97	玉林	Yulin	1.14	1.12	1.10	43
岳阳	Yueyang	3.23	3.34	0.48	103	百色	Baise	0.48	0.47	0.53	93

2-3 城镇单位第一产业就业人员 续表 3
Employed Persons in Primary Industry continued 3

单位：万人 (10 000 persons)

地名	City	2010	2011	2012	2012 排名 Ranking	地名	City	2010	2011	2012	2012 排名 Ranking
贺州	Hezhou	0.34	0.39	0.35	135	丽江	Lijiang	0.40	0.40	0.35	135
河池	Hechi	0.59	0.48	0.53	93	普洱	Puer	1.37	1.74	1.41	33
来宾	Laibin	0.91	0.95	0.91	59	临沧	Lincang	1.12	1.08	1.11	42
崇左	Chongzuo	1.61	1.73	1.63	26	**西藏**	**Tibet**	**0.90**	**0.90**	**0.60**	
海南	**Hainan**	**12.30**	**11.80**	**11.90**		拉萨	Lhasa	0.90	0.90	0.60	84
海口	Haikou	0.13	7.58	7.64	7	**陕西**	**Shaanxi**	**4.40**	**4.19**	**3.60**	
三亚	Sanya	0.08	0.08	0.61	83	西安	Xi'an	0.39	0.38	0.35	135
重庆	**Chongqing**	**1.90**	**1.60**	**1.30**		铜川	Tongchuan	0.06	0.06	0.07	243
四川	**Sichuan**	**5.00**	**4.60**	**4.00**		宝鸡	Baoji	0.50	0.54	0.28	150
成都	Chengdu	0.23	0.21	0.20	171	咸阳	Xianyang	0.38	0.30	0.28	150
自贡	Zigong	0.06	0.07	0.06	254	渭南	Weinan	1.06	1.02	1.54	32
攀枝花	Panzhihua	0.12	0.12	0.08	237	延安	Yan'an	0.45	0.46	0.45	110
泸州	Luzhou	0.21	0.23	0.17	180	汉中	Hanzhong	0.43	0.41	0.35	135
德阳	Deyang	0.07	0.08	0.05	261	榆林	Yulin	0.62	0.62	0.78	67
绵阳	Mianyang	0.16	0.16	0.13	201	安康	Ankang	0.13	0.13	0.09	228
广元	Guangyuan	0.10	0.10	0.09	228	商洛	Shangluo	0.28	0.27	0.35	135
遂宁	Suining	0.01	0.01	0.02	275	**甘肃**	**Gansu**	**5.30**	**5.20**	**5.50**	
内江	Neijiang	0.19	0.11	0.11	214	兰州	Lanzhou	0.16	0.14	0.20	171
乐山	Leshan	0.39	0.38	0.16	185	嘉峪关	Jiayuguan	0.01		0.02	275
南充	Nanchong	0.26	0.30	0.11	212	金昌	Jinchang	0.33	0.33	0.31	142
眉山	Meishan	0.21	0.07	0.07	243	白银	Baiyin	0.46	0.19	0.40	122
宜宾	Yibin	0.10	0.08	0.24	163	天水	Tianshui	0.48	0.51	0.48	103
广安	Guangan	0.12	0.12	0.07	243	武威	Wuwei	1.12	1.13	0.98	53
达州	Dazhou	0.40	0.55	0.36	131	张掖	Zhangye	1.15	1.07	1.10	43
雅安	Yaan	0.16	0.12	0.09	228	平凉	Pingliang	0.30	0.33	0.29	148
巴中	Bazhong	0.43	0.38	0.47	105	酒泉	Jiuquan	0.61	0.53	0.75	70
资阳	Ziyang	0.33	0.33	0.27	155	庆阳	Qingyang	0.05	0.07	0.07	243
贵州	**Guizhou**	**2.10**	**1.90**	**1.60**		定西	Dingxi	0.25	0.13	0.28	150
贵阳	Guiyang	0.30	0.20	0.17	180	陇南	Longnan	0.53	0.52	0.41	118
六盘水	Liupanshui	0.11	0.12	0.12	204	**青海**	**Qinghai**	**1.70**	**1.80**	**1.60**	
遵义	Zunyi	0.13	0.12	0.12	204	西宁	Xining	0.14	0.15	0.15	192
安顺	Anshun	0.31	0.22	0.20	171	**宁夏**	**Ningxia**	**2.64**	**2.70**	**2.40**	
毕节	Bijie		0.04	0.07	243	银川	Yinchuan	1.22	1.20	1.12	41
铜仁	Tongren		0.19	0.15	192	石嘴山	Shizuishan	0.29	0.25	0.10	219
云南	**Yunnan**	**14.50**	**11.00**	**9.20**		吴忠	Wuzhong	0.42	0.56	0.60	84
昆明	Kunming	0.80	0.69	0.33	141	固原	Guyuan	0.29	0.31	0.40	122
曲靖	Qujing	0.53	0.51	0.39	125	中卫	Zhongwei	0.42	0.46	0.83	65
玉溪	Yuxi	0.29	0.30	0.22	166	**新疆**	**Xinjiang**	**58.30**	**57.90**	**56.20**	
保山	Baoshan	0.54	0.54	0.49	99	乌鲁木齐	Urumqi	1.23	1.12	1.09	46
昭通	Zhaotong	0.32	0.37	0.39	125	克拉玛依	Karamay	0.04	0.01		

2-4 城镇单位第二产业就业人员
Employed Persons in Secondary Industry

单位：万人 (10 000 persons)

地名	City	2010	2011	2012	2012 排名 Ranking	地名	City	2010	2011	2012	2012 排名 Ranking
全国	**Nation Total**	**4509.70**	**5034.50**	**5237.80**		沈阳	Shenyang	41.27	44.15	47.40	35
北京	**Beijing**	**151.24**	**166.05**	**166.53**		大连	Dalian	47.57	56.35	57.64	25
天津	**Tianjin**	**97.74**	**157.84**	**162.64**		鞍山	Anshan	21.23	29.98	31.31	52
河北	**Hebei**	**203.90**	**229.28**	**276.87**		抚顺	Fushun	15.39	16.21	18.16	108
石家庄	Shijiazhuang	31.11	30.50	33.96	48	本溪	Benxi	12.93	14.90	15.36	123
唐山	Tangshan	43.13	45.60	51.49	31	丹东	Dandong	8.01	11.84	10.14	181
秦皇岛	Qinhuangdao	11.17	11.22	13.68	146	锦州	Jinzhou	8.05	9.96	11.99	161
邯郸	Handan	22.31	22.23	26.78	64	营口	Yingkou	7.48	13.53	14.03	143
邢台	Xingtai	12.23	12.69	20.60	89	阜新	Fuxin	7.95	9.79	11.37	163
保定	Baoding	29.22	39.25	55.72	27	辽阳	Liaoyang	8.38	9.20	9.10	194
张家口	Zhangjiakou	11.93	13.51	14.82	130	盘锦	Panjin	19.72	17.99	18.17	107
承德	Chengde	8.15	7.85	8.44	203	铁岭	Tieling	8.71	9.76	9.47	188
沧州	Cangzhou	14.62	17.97	20.67	87	朝阳	Chaoyang	9.10	10.85	14.66	133
廊坊	Langfang	14.58	18.70	19.67	98	葫芦岛	Huludao	11.29	10.68	8.87	197
衡水	Hengshui	5.45	9.76	11.04	170	吉林	**Jilin**	**88.22**	**93.43**	**98.58**	
山西	**Shanxi**	**181.76**	**189.29**	**227.56**		长春	Changchun	37.45	37.93	39.62	42
太原	Taiyuan	42.75	42.15	57.98	24	吉林	Jilin	14.26	18.39	18.99	102
大同	Datong	20.64	22.11	22.86	78	四平	Siping	7.38	7.07	6.76	224
阳泉	Yangquan	15.25	17.29	18.53	104	辽源	Liaoyuan	3.78	3.87	3.82	260
长治	Changzhi	19.70	20.14	19.99	93	通化	Tonghua	8.29	8.74	9.22	193
晋城	Jincheng	15.44	17.18	16.75	114	白山	Baishan	6.10	6.33	8.41	204
朔州	Shuozhou	7.42	8.45	9.38	190	松原	Songyuan	8.45	7.86	7.30	218
晋中	Jinzhong	17.31	16.87	16.28	117	白城	Baicheng	2.51	3.24	4.46	252
运城	Yuncheng	12.21	11.43	19.36	100	黑龙江	**Heilongjiang**	**152.41**	**153.48**	**155.74**	
忻州	Xinzhou	6.14	7.47	7.98	209	哈尔滨	Harbin	49.67	45.01	49.87	33
临汾	Linfen	12.19	12.40	15.03	126	齐齐哈尔	Qiqihar	12.75	13.54	13.27	152
吕梁	Luliang	12.71	13.80	23.42	76	鸡西	Jixi	11.52	11.28	11.35	164
内蒙古	**Inner Mongolia**	**69.85**	**79.24**	**85.51**		鹤岗	Hegang	10.31	10.38	10.32	179
呼和浩特	Hohhot	8.83	9.36	10.48	177	双鸭山	Shuangyashan	8.21	7.02	6.27	232
包头	Baotou	16.95	21.97	23.40	77	大庆	Daqing	27.34	29.68	28.75	59
乌海	Wuhai	6.16	6.47	6.58	225	伊春	Yichun	3.80	4.19	4.21	255
赤峰	Chifeng	10.20	10.13	11.32	165	佳木斯	Jiamusi	4.60	4.36	3.42	265
通辽	Tongliao	5.89	6.21	6.42	230	七台河	Qitaihe	9.12	9.82	9.26	192
鄂尔多斯	Erdos	6.87	8.90	10.60	176	牡丹江	Mudanjiang	5.98	6.90	6.51	228
呼伦贝尔	Hulunbuir	8.27	8.34	9.28	191	黑河	Heihe	2.54	3.35	3.95	257
巴彦淖尔	Bayannur	3.88	4.87	4.50	251	绥化	Suihua	6.57	7.95	8.56	201
乌兰察布	Ulanqab	2.80	2.99	2.93	273	上海	**Shanghai**	**158.16**	**229.74**	**273.47**	
辽宁	**Liaoning**	**227.08**	**265.19**	**277.67**		江苏	**Jiangsu**	**413.29**	**445.55**	**455.00**	

2-4 城镇单位第二产业就业人员 续表 1
Employed Persons in Secondary Industry continued 1

单位：万人 (10 000 persons)

地名	City	2010	2011	2012	2012 排名 Ranking	地名	City	2010	2011	2012	2012 排名 Ranking
南京	Nanjing	59.59	68.98	71.13	15	池州	Chizhou	1.74	2.50	2.25	276
无锡	Wuxi	52.16	54.83	56.60	26	宣城	Xuancheng	3.87	10.70	11.30	166
徐州	Xuzhou	23.85	24.94	26.11	67	福建	**Fujian**	**317.60**	**399.32**	**428.89**	
常州	Changzhou	18.83	29.00	26.71	65	福州	Fuzhou	55.90	79.40	91.85	11
苏州	Suzhou	94.69	94.90	93.68	9	厦门	Xiamen	66.02	78.98	82.70	12
南通	Nantong	36.39	38.23	39.55	43	莆田	Putian	18.44	22.63	25.73	68
连云港	Lianyungang	13.67	14.18	14.17	141	三明	Sanming	8.69	10.21	11.21	167
淮安	Huaian	18.82	20.05	22.27	82	泉州	Quanzhou	116.37	146.82	145.35	4
盐城	Yancheng	24.37	24.67	25.48	69	漳州	Zhangzhou	22.39	26.63	29.22	56
扬州	Yangzhou	22.98	24.09	24.14	73	南平	Nanping	9.61	10.77	11.19	168
镇江	Zhenjiang	21.20	22.47	23.59	75	龙岩	Longyan	15.83	18.65	18.77	103
泰州	Taizhou	17.92	19.43	20.60	89	宁德	Ningde	4.35	5.23	12.87	154
宿迁	Suqian	8.82	9.78	10.97	171	江西	**Jiangxi**	**119.47**	**156.28**	**180.27**	
浙江	**Zhejiang**	**545.60**	**628.45**	**680.28**		南昌	Nanchang	32.11	51.10	54.50	28
杭州	Hangzhou	125.86	144.91	155.01	1	景德镇	Jingdezhen	8.80	10.58	10.48	177
宁波	Ningbo	92.07	118.26	117.02	5	萍乡	Pingxiang	6.85	6.63	6.54	227
温州	Wenzhou	72.51	72.31	70.08	16	九江	Jiujiang	15.44	19.75	21.75	84
嘉兴	Jiaxing	56.48	53.79	53.09	30	新余	Xinyu	5.79	5.96	6.77	223
湖州	Huzhou	25.07	27.79	31.37	51	鹰潭	Yingtan	4.36	4.41	4.43	253
绍兴	Shaoxing	85.03	101.88	106.48	7	赣州	Ganzhou	16.74	17.94	20.62	88
金华	Jinhua	26.47	30.25	59.82	22	吉安	Jian	3.87	5.39	5.83	239
衢州	Quzhou	7.50	8.77	9.10	194	宜春	Yichun	10.81	16.80	17.51	111
舟山	Zhoushan	6.63	6.53	6.55	226	抚州	Fuzhou	7.38	9.55	14.87	128
台州	Taizhou	42.80	58.19	66.00	19	上饶	Shangrao	7.32	8.17	16.97	113
丽水	Lishui	5.18	5.77	5.75	240	山东	**Shandong**	**514.76**	**587.25**	**630.69**	
安徽	**Anhui**	**159.86**	**206.39**	**225.22**		济南	Jinan	61.93	61.13	68.98	17
合肥	Hefei	32.93	50.54	64.46	21	青岛	Qingdao	75.61	78.16	77.27	13
芜湖	Wuhu	15.56	17.86	19.90	95	淄博	Zibo	40.53	47.18	51.44	32
蚌埠	Bengbu	5.89	8.51	11.15	169	枣庄	Zaozhuang	18.86	22.54	24.99	71
淮南	Huainan	20.90	23.50	22.44	81	东营	Dongying	22.90	29.33	29.25	55
马鞍山	Maanshan	9.68	10.70	10.32	179	烟台	Yantai	54.46	67.56	67.14	18
淮北	Huaibei	14.90	15.52	15.64	121	潍坊	Weifang	38.37	34.50	48.13	34
铜陵	Tongling	7.46	7.75	8.18	206	济宁	Jining	32.81	38.59	42.80	39
安庆	Anqing	5.63	7.60	7.85	212	泰安	Taian	34.35	41.91	44.22	38
黄山	Huangshan	2.43	2.70	2.96	272	威海	Weihai	25.21	40.91	40.52	41
滁州	Chuzhou	5.10	5.44	5.63	242	日照	Rizhao	9.54	9.69	9.73	184
阜阳	Fuyang	9.03	9.62	8.83	198	莱芜	Laiwu	9.17	11.65	11.73	162
宿州	Suzhou	7.81	9.52	9.70	186	临沂	Linyi	24.60	31.35	38.94	45
六安	Liuan	6.91	19.30	19.60	99	德州	Dezhou	17.37	17.21	18.24	106
亳州	Bozhou	4.54	4.63	5.01	247	聊城	Liaocheng	14.68	16.19	16.65	115

2-4 城镇单位第二产业就业人员 续表 2
Employed Persons in Secondary Industry continued 2

单位：万人 (10 000 persons)

地名	City	2010	2011	2012	2012 排名 Ranking	地名	City	2010	2011	2012	2012 排名 Ranking
滨州	Binzhou	24.45	27.81	28.21	61	常德	Changde	16.98	16.53	17.85	110
菏泽	Heze	9.92	11.54	12.45	157	张家界	Zhangjiajie	1.70	2.12	2.22	278
河南	**Henan**	**320.09**	**387.53**	**420.40**		益阳	Yiyang	8.03	10.45	10.79	174
郑州	Zhengzhou	50.39	72.62	93.11	10	郴州	Chenzhou	11.00	12.99	14.63	134
开封	Kaifeng	10.34	13.12	14.58	135	永州	Yongzhou	8.92	10.43	10.80	173
洛阳	Luoyang	23.81	28.10	28.90	58	怀化	Huaihua	5.96	7.27	7.97	210
平顶山	Pingdingshan	26.78	28.19	30.11	54	娄底	Loudi	13.12	14.66	14.43	138
安阳	Anyang	24.39	30.25	30.24	53	广东	**Guangdong**	**563.19**	**634.28**	**672.08**	
鹤壁	Hebi	11.68	12.22	12.61	155	广州	Guangzhou	105.73	142.56	148.45	2
新乡	Xinxiang	21.48	22.06	21.91	83	韶关	Shaoguan	15.33	16.79	19.71	97
焦作	Jiaozuo	15.99	20.79	22.45	80	深圳	Shenzhen	138.71	139.45	145.82	3
濮阳	Puyang	16.49	18.13	19.21	101	珠海	Zhuhai	44.17	47.52	44.83	36
许昌	Xuchang	13.32	16.17	16.41	116	汕头	Shantou	13.27	16.65	32.48	50
漯河	Luohe	12.57	13.59	14.69	132	佛山	Foshan	29.14	32.15	37.67	47
三门峡	Sanmenxia	12.86	14.88	13.86	145	江门	Jiangmen	26.99	36.07	33.54	49
南阳	Nanyang	28.03	41.17	39.35	44	湛江	Zhanjiang	13.62	15.28	16.14	118
商丘	Shangqiu	11.61	13.68	15.98	119	茂名	Maoming	9.46	13.04	15.13	124
信阳	Xinyang	13.51	13.95	14.54	137	肇庆	Zhaoqing	12.60	14.10	15.37	122
周口	Zhoukou	12.43	12.70	14.39	139	惠州	Huizhou	60.50	63.08	65.22	20
驻马店	Zhumadian	14.41	15.91	18.06	109	梅州	Meizhou	6.88	6.99	6.83	222
湖北	**Hubei**	**306.65**	**323.03**	**334.98**		汕尾	Shanwei	6.46	6.49	8.27	205
武汉	Wuhan	89.04	98.98	100.91	8	河源	Heyuan	13.11	12.96	12.22	159
黄石	Huangshi	29.70	20.65	21.49	85	阳江	Yangjiang	6.49	7.20	7.32	217
十堰	Shiyan	21.50	25.34	28.74	60	清远	Qingyuan	14.77	14.36	13.34	151
宜昌	Yichang	31.27	38.09	27.44	63	东莞	Dongguan	8.82	8.23	8.60	200
襄阳	Xiangfan	22.77	27.43	38.09	46	中山	ZhongShan	17.99	19.31	19.91	94
鄂州	Ezhou	12.02	12.90	13.44	150	潮州	Chaozhou	5.04	5.72	5.41	244
荆门	Jingmen	15.94	19.89	19.85	96	揭阳	Jieyang	5.91	7.77	7.70	215
孝感	Xiaogan	35.16	36.86	40.62	40	云浮	Yunfu	8.20	8.56	8.12	208
荆州	Jingzhou	18.85	13.54	15.08	125	广西	**Guangxi**	**97.16**	**110.83**	**118.36**	
黄冈	Huanggang	18.52	15.01	13.64	147	南宁	Nanning	22.47	26.98	29.11	57
咸宁	Xianning	7.25	8.64	9.54	187	柳州	Liuzhou	16.49	18.56	20.31	91
随州	Suizhou	4.63	5.70	6.14	234	桂林	Guilin	9.07	10.71	12.11	160
湖南	**Hunan**	**215.84**	**237.84**	**244.60**		梧州	Wuzhou	5.19	4.98	4.96	248
长沙	Changsha	50.11	58.64	58.36	23	北海	Beihai	4.42	6.29	6.09	235
株洲	Zhuzhou	19.48	23.94	24.72	72	防城港	Fangchenggang	2.45	2.97	3.29	268
湘潭	Xiangtan	17.07	17.93	20.11	92	钦州	Qinzhou	3.81	4.76	5.91	238
衡阳	Hengyang	23.96	27.52	27.49	62	贵港	Guigang	3.59	3.66	3.95	257
邵阳	Shaoyang	12.04	12.63	12.59	156	玉林	Yulin	8.85	10.36	10.73	175
岳阳	Yueyang	27.47	22.73	22.64	79	百色	Baise	5.16	5.33	5.96	237

2-4 城镇单位第二产业就业人员 续表 3
Employed Persons in Secondary Industry continued 3

单位：万人 (10 000 persons)

地名	City	2010	2011	2012	2012 排名 Ranking	地名	City	2010	2011	2012	2012 排名 Ranking
贺州	Hezhou	2.09	2.01	1.97	279	丽江	Lijiang	2.51	2.91	3.22	269
河池	Hechi	5.47	5.74	5.71	241	普洱	Puer	4.53	5.41	6.20	233
来宾	Laibin	3.70	3.96	3.86	259	临沧	Lincang	2.07	3.54	4.19	256
崇左	Chongzuo	4.40	4.52	4.40	254	**西藏**	**Tibet**		**3.87**	**4.60**	
海南	**Hainan**	**10.88**	**10.18**	**10.78**		拉萨	Lhasa		3.87	4.60	250
海口	Haikou	10.08	9.31	9.87	183	**陕西**	**Shaanxi**	**136.65**	**147.77**	**156.81**	
三亚	Sanya	0.80	0.87	0.91	282	西安	Xi'an	57.22	63.99	72.60	14
重庆	**Chongqing**	**116.69**	**149.34**	**367.99**		铜川	Tongchuan	4.83	4.66	4.74	249
四川	**Sichuan**	**248.31**	**278.98**	**287.85**		宝鸡	Baoji	14.50	14.70	14.89	127
成都	Chengdu	90.91	109.68	115.03	6	咸阳	Xianyang	15.04	16.99	17.14	112
自贡	Zigong	7.21	7.94	7.81	213	渭南	Weinan	14.43	15.51	14.24	140
攀枝花	Panzhihua	11.48	13.77	12.31	158	延安	Yan'an	8.48	9.00	9.09	196
泸州	Luzhou	13.42	13.43	14.16	142	汉中	Hanzhong	8.97	8.96	9.42	189
德阳	Deyang	14.10	14.94	13.58	148	榆林	Yulin	7.68	7.73	7.91	211
绵阳	Mianyang	16.31	17.56	18.31	105	安康	Ankang	2.12	2.57	3.07	270
广元	Guangyuan	2.66	3.66	3.72	261	商洛	Shangluo	3.38	3.66	3.71	262
遂宁	Suining	8.02	8.27	8.61	199	**甘肃**	**Gansu**	**63.97**	**66.81**	**71.58**	
内江	Neijiang	10.66	10.49	10.85	172	兰州	Lanzhou	24.12	24.74	25.47	70
乐山	Leshan	16.08	15.10	14.80	131	嘉峪关	Jiayuguan	3.68	4.35	5.05	246
南充	Nanchong	6.87	6.91	9.72	185	金昌	Jinchang	5.10	5.63	7.73	214
眉山	Meishan	6.43	6.62	6.35	231	白银	Baiyin	7.29	7.34	6.92	221
宜宾	Yibin	18.41	21.02	20.87	86	天水	Tianshui	6.50	6.31	6.47	229
广安	Guangan	2.88	2.84	2.90	274	武威	Wuwei	2.34	2.33	2.31	275
达州	Dazhou	8.81	9.24	10.13	182	张掖	Zhangye	2.78	3.08	3.05	271
雅安	Yaan	2.87	2.99	3.35	267	平凉	Pingliang	4.37	5.25	6.04	236
巴中	Bazhong	4.93	7.89	8.14	207	酒泉	Jiuquan	2.96	3.32	3.53	264
资阳	Ziyang	6.26	6.63	7.21	219	庆阳	Qingyang	0.68	0.43	0.85	283
贵州	**Guizhou**	**57.08**	**75.02**	**89.05**		定西	Dingxi	1.92	1.86	1.93	280
贵阳	Guiyang	34.12	40.18	44.76	37	陇南	Longnan	2.23	2.17	2.23	277
六盘水	Liupanshui	11.31	13.02	14.83	129	**青海**	**Qinghai**	**11.52**	**14.82**	**15.69**	
遵义	Zunyi	8.30	10.11	13.46	149	西宁	Xining	11.52	14.82	15.69	120
安顺	Anshun	3.35	4.90	5.49	243	**宁夏**	**Ningxia**	**23.07**	**22.82**	**25.08**	
毕节	Bijie		5.26	7.14	220	银川	Yinchuan	13.95	14.20	13.93	144
铜仁	Tongren		1.55	3.37	266	石嘴山	Shizuishan	5.37	4.73	5.09	245
云南	**Yunnan**	**84.00**	**100.36**	**123.67**		吴忠	Wuzhong	2.19	2.40	3.57	263
昆明	Kunming	38.86	48.84	54.27	29	固原	Guyuan	0.54	0.54	0.73	284
曲靖	Qujing	17.34	17.04	26.71	65	中卫	Zhongwei	1.02	0.95	1.76	281
玉溪	Yuxi	8.14	8.37	12.97	153	**新疆**	**Xinjiang**	**28.11**	**35.50**	**38.20**	
保山	Baoshan	6.12	7.16	8.52	202	乌鲁木齐	Urumqi	16.46	23.37	23.62	74
昭通	Zhaotong	4.43	7.09	7.59	216	克拉玛依	Karamay	11.65	12.13	14.58	135

2-5 城镇单位第三产业就业人员
Employed Persons in Tertiary Industry

单位：万人 (10 000 persons)

地名	City	2010	2011	2012	2012 排名 Ranking
全国	**Nation Total**	**8166.10**	**9019.30**	**9659.70**	
北京	**Beijing**	**492.16**	**517.49**	**548.30**	
天津	**Tianjin**	**107.20**	**109.80**	**125.88**	
河北	**Hebei**	**309.05**	**318.54**	**337.54**	
石家庄	Shijiazhuang	52.63	53.89	56.46	16
唐山	Tangshan	37.86	38.86	41.48	28
秦皇岛	Qinhuangdao	18.38	18.53	19.68	108
邯郸	Handan	34.01	34.08	37.53	34
邢台	Xingtai	22.69	23.15	24.21	71
保定	Baoding	40.94	41.82	45.13	24
张家口	Zhangjiakou	21.24	23.33	24.46	69
承德	Chengde	17.05	17.19	17.55	127
沧州	Cangzhou	28.14	29.95	30.86	45
廊坊	Langfang	19.90	20.69	22.28	85
衡水	Hengshui	16.21	17.05	17.90	123
山西	**Shanxi**	**204.01**	**210.21**	**216.67**	
太原	Taiyuan	41.56	41.32	45.22	23
大同	Datong	21.27	20.10	21.57	91
阳泉	Yangquan	8.45	8.72	9.00	233
长治	Changzhi	17.29	18.97	19.37	112
晋城	Jincheng	11.56	11.56	12.02	194
朔州	Shuozhou	9.60	10.33	10.10	219
晋中	Jinzhong	17.57	17.89	18.19	122
运城	Yuncheng	19.54	21.02	21.11	94
忻州	Xinzhou	16.23	16.65	17.02	134
临汾	Linfen	23.02	23.71	24.07	73
吕梁	Luliang	17.92	19.94	19.00	116
内蒙古	**Inner Mongolia**	**117.74**	**120.26**	**123.60**	
呼和浩特	Hohhot	22.31	22.73	23.16	81
包头	Baotou	15.33	16.35	15.67	152
乌海	Wuhai	3.31	3.55	3.66	282
赤峰	Chifeng	18.35	18.69	18.95	117
通辽	Tongliao	12.63	12.77	13.04	176
鄂尔多斯	Erdos	9.97	10.75	11.22	205
呼伦贝尔	Hulunbuir	15.89	16.26	16.80	136
巴彦淖尔	Bayannur	8.49	8.27	9.10	231
乌兰察布	Ulanqab	11.46	10.89	12.00	196
辽宁	**Liaoning**	**257.76**	**282.23**	**289.59**	

地名	City	2010	2011	2012	2012 排名 Ranking
沈阳	Shenyang	68.16	75.69	73.82	9
大连	Dalian	45.66	52.46	53.16	17
鞍山	Anshan	19.00	21.24	23.43	78
抚顺	Fushun	10.82	11.47	12.32	186
本溪	Benxi	10.09	11.31	12.42	185
丹东	Dandong	12.91	14.65	16.43	143
锦州	Jinzhou	14.62	15.38	15.81	149
营口	Yingkou	12.03	12.98	13.89	166
阜新	Fuxin	9.15	9.43	9.88	221
辽阳	Liaoyang	7.81	8.03	8.49	240
盘锦	Panjin	10.90	11.66	10.93	210
铁岭	Tieling	11.40	11.48	11.76	199
朝阳	Chaoyang	14.29	15.21	16.01	148
葫芦岛	Huludao	10.92	11.24	11.24	204
吉林	**Jilin**	**131.88**	**138.53**	**140.48**	
长春	Changchun	54.03	55.79	59.27	14
吉林	Jilin	17.35	18.32	18.54	119
四平	Siping	12.73	12.72	12.74	181
辽源	Liaoyuan	4.69	4.86	4.93	272
通化	Tonghua	10.96	11.63	11.70	200
白山	Baishan	8.90	10.68	8.07	245
松原	Songyuan	10.62	11.85	12.20	191
白城	Baicheng	12.60	12.68	13.03	177
黑龙江	**Heilongjiang**	**214.62**	**212.90**	**209.32**	
哈尔滨	Harbin	80.00	79.06	80.78	7
齐齐哈尔	Qiqihar	21.57	21.80	18.36	121
鸡西	Jixi	9.44	9.65	9.81	222
鹤岗	Hegang	7.03	7.06	7.07	257
双鸭山	Shuangyashan	9.99	7.03	7.23	255
大庆	Daqing	24.21	25.50	25.09	68
伊春	Yichun	4.18	4.30	5.33	270
佳木斯	Jiamusi	13.47	13.79	11.10	208
七台河	Qitaihe	3.76	3.75	3.88	281
牡丹江	Mudanjiang	12.77	12.08	11.79	198
黑河	Heihe	10.62	10.90	11.17	206
绥化	Suihua	17.58	17.98	17.71	126
上海	**Shanghai**	**233.17**	**266.18**	**281.03**	
江苏	**Jiangsu**	**340.54**	**355.54**	**366.29**	

2-5 城镇单位第三产业就业人员 续表 1
Employed Persons in Tertiary Industry continued 1

单位：万人 (10 000 persons)

地名	City	2010	2011	2012	2012 排名 Ranking	地名	City	2010	2011	2012	2012 排名 Ranking
南京	Nanjing	65.64	69.91	75.77	8	池州	Chizhou	5.23	5.44	5.49	269
无锡	Wuxi	30.55	31.90	31.29	44	宣城	Xuancheng	8.18	38.10	42.10	26
徐州	Xuzhou	36.11	35.95	35.84	36	福建	**Fujian**	**179.73**	**187.68**	**200.51**	
常州	Changzhou	19.21	21.01	22.03	87	福州	Fuzhou	48.84	48.01	51.64	18
苏州	Suzhou	36.03	38.04	39.88	31	厦门	Xiamen	29.03	31.28	35.12	38
南通	Nantong	25.59	26.61	27.79	55	莆田	Putian	10.21	11.33	11.44	203
连云港	Lianyungang	18.46	19.21	19.72	106	三明	Sanming	12.26	13.00	13.51	169
淮安	Huaian	19.33	19.69	19.43	109	泉州	Quanzhou	25.42	26.77	29.18	49
盐城	Yancheng	25.12	25.75	25.94	63	漳州	Zhangzhou	15.06	16.75	17.53	129
扬州	Yangzhou	17.02	17.94	18.64	118	南平	Nanping	12.84	13.18	13.72	167
镇江	Zhenjiang	15.91	16.65	16.80	136	龙岩	Longyan	14.20	15.21	15.24	156
泰州	Taizhou	18.99	19.74	19.91	103	宁德	Ningde	11.87	12.15	13.09	174
宿迁	Suqian	12.58	13.14	13.25	172	江西	**Jiangxi**	**163.71**	**173.78**	**181.14**	
浙江	**Zhejiang**	**332.21**	**360.92**	**385.94**		南昌	Nanchang	33.99	39.07	40.96	30
杭州	Hangzhou	106.70	119.23	126.76	3	景德镇	Jingdezhen	7.62	7.98	8.04	246
宁波	Ningbo	47.99	53.42	57.62	15	萍乡	Pingxiang	7.19	7.49	7.48	251
温州	Wenzhou	35.30	38.89	41.39	29	九江	Jiujiang	17.62	18.73	19.43	109
嘉兴	Jiaxing	23.84	25.15	26.02	61	新余	Xinyu	4.19	4.18	4.53	276
湖州	Huzhou	12.82	13.63	15.74	151	鹰潭	Yingtan	4.30	4.40	4.59	275
绍兴	Shaoxing	22.07	23.24	24.13	72	赣州	Ganzhou	24.93	26.24	27.41	59
金华	Jinhua	25.93	27.34	28.49	53	吉安	Jian	14.89	15.32	15.79	150
衢州	Quzhou	9.56	10.53	11.12	207	宜春	Yichun	16.48	16.71	17.53	128
舟山	Zhoushan	10.12	9.53	11.07	209	抚州	Fuzhou	12.81	13.51	14.07	165
台州	Taizhou	26.50	27.64	30.66	47	上饶	Shangrao	19.69	20.15	21.31	93
丽水	Lishui	11.39	12.33	12.94	179	山东	**Shandong**	**434.21**	**454.11**	**470.07**	
安徽	**Anhui**	**206.93**	**283.59**	**295.73**		济南	Jinan	65.76	71.79	72.37	10
合肥	Hefei	38.07	47.04	50.97	21	青岛	Qingdao	47.98	49.98	51.57	19
芜湖	Wuhu	11.11	15.08	16.50	142	淄博	Zibo	22.10	24.63	25.80	65
蚌埠	Bengbu	11.15	11.61	12.23	189	枣庄	Zaozhuang	16.52	15.14	16.22	146
淮南	Huainan	11.48	13.46	12.72	182	东营	Dongying	16.61	16.09	17.32	131
马鞍山	Maanshan	5.71	8.37	8.69	239	烟台	Yantai	35.66	38.13	37.31	35
淮北	Huaibei	5.94	6.30	6.69	261	潍坊	Weifang	35.28	33.82	35.45	37
铜陵	Tongling	3.83	4.06	4.16	278	济宁	Jining	30.25	32.81	33.82	39
安庆	Anqing	16.92	17.16	17.73	125	泰安	Taian	21.71	23.53	23.85	75
黄山	Huangshan	6.88	6.95	7.26	253	威海	Weihai	14.58	15.51	16.17	147
滁州	Chuzhou	11.90	12.53	12.67	183	日照	Rizhao	11.05	11.60	12.01	195
阜阳	Fuyang	19.77	20.59	20.49	98	莱芜	Laiwu	4.77	5.39	5.70	268
宿州	Suzhou	13.66	14.03	14.22	163	临沂	Linyi	30.82	31.18	32.90	40
六安	Liuan	14.42	51.00	51.50	20	德州	Dezhou	20.66	20.80	23.21	80
亳州	Bozhou	11.48	11.87	12.31	187	聊城	Liaocheng	20.57	22.07	22.76	83

2-5 城镇单位第三产业就业人员 续表 2
Employed Persons in Tertiary Industry continued 2

单位：万人 (10 000 persons)

地名	City	2010	2011	2012	2012 排名 Ranking	地名	City	2010	2011	2012	2012 排名 Ranking
滨州	Binzhou	13.02	13.72	14.68	160	常德	Changde	19.73	20.30	21.49	92
菏泽	Heze	26.87	27.92	28.93	51	张家界	Zhangjiajie	6.16	6.84	6.69	261
河南	**Henan**	**403.33**	**422.04**	**432.69**		益阳	Yiyang	15.89	17.42	17.20	132
郑州	Zhengzhou	57.88	63.84	68.71	11	郴州	Chenzhou	17.85	18.21	19.25	113
开封	Kaifeng	22.03	25.20	25.54	67	永州	Yongzhou	19.81	19.29	20.11	102
洛阳	Luoyang	29.90	31.64	31.98	42	怀化	Huaihua	19.26	20.00	20.85	96
平顶山	Pingdingshan	21.55	21.57	21.64	90	娄底	Loudi	13.24	14.00	14.40	161
安阳	Anyang	18.94	19.72	20.72	97	广东	**Guangdong**	**546.52**	**595.90**	**624.64**	
鹤壁	Hebi	6.01	6.24	6.51	265	广州	Guangzhou	140.04	167.33	178.15	1
新乡	Xinxiang	23.58	24.21	23.57	77	韶关	Shaoguan	14.82	14.91	14.69	159
焦作	Jiaozuo	15.73	16.42	16.82	135	深圳	Shenzhen	114.04	124.00	134.11	2
濮阳	Puyang	14.88	14.34	14.36	162	珠海	Zhuhai	18.24	18.75	19.88	104
许昌	Xuchang	15.29	16.50	16.56	141	汕头	Shantou	18.97	18.89	20.47	99
漯河	Luohe	10.48	10.95	10.50	215	佛山	Foshan	26.89	28.49	27.25	60
三门峡	Sanmenxia	11.22	11.79	12.23	189	江门	Jiangmen	17.75	18.75	19.69	107
南阳	Nanyang	41.29	42.04	43.00	25	湛江	Zhanjiang	24.72	25.25	25.99	62
商丘	Shangqiu	27.83	28.04	29.43	48	茂名	Maoming	20.29	21.09	22.26	86
信阳	Xinyang	28.80	29.00	30.72	46	肇庆	Zhaoqing	14.84	15.82	16.32	145
周口	Zhoukou	31.69	32.20	32.66	41	惠州	Huizhou	19.78	21.55	23.66	76
驻马店	Zhumadian	26.23	28.34	27.74	56	梅州	Meizhou	16.47	17.34	17.07	133
湖北	**Hubei**	**272.54**	**283.00**	**312.07**		汕尾	Shanwei	8.24	8.36	8.48	241
武汉	Wuhan	88.63	90.39	90.55	6	河源	Heyuan	11.44	11.52	11.46	202
黄石	Huangshi	13.71	10.59	10.24	217	阳江	Yangjiang	11.18	11.13	10.65	214
十堰	Shiyan	21.40	22.06	25.80	65	清远	Qingyuan	12.62	13.26	13.38	171
宜昌	Yichang	24.18	27.17	41.85	27	东莞	Dongguan	14.31	16.54	16.60	138
襄阳	Xiangfan	23.16	24.61	31.76	43	中山	ZhongShan	11.05	11.96	13.07	175
鄂州	Ezhou	6.17	6.06	6.57	264	潮州	Chaozhou	7.39	7.61	7.71	249
荆门	Jingmen	14.42	16.62	15.62	153	揭阳	Jieyang	14.23	14.68	14.79	158
孝感	Xiaogan	22.83	26.77	28.61	52	云浮	Yunfu	9.21	8.67	8.96	236
荆州	Jingzhou	19.90	19.25	19.87	105	广西	**Guangxi**	**195.98**	**207.17**	**215.51**	
黄冈	Huanggang	19.97	21.10	21.71	89	南宁	Nanning	46.54	49.36	49.78	22
咸宁	Xianning	11.94	12.01	12.54	184	柳州	Liuzhou	20.71	23.82	27.62	57
随州	Suizhou	6.23	6.37	6.95	258	桂林	Guilin	21.88	22.91	23.30	79
湖南	**Hunan**	**273.68**	**280.68**	**291.81**		梧州	Wuzhou	10.17	10.44	10.26	216
长沙	Changsha	60.40	63.12	65.56	12	北海	Beihai	6.95	7.55	7.67	250
株洲	Zhuzhou	15.95	16.62	17.42	130	防城港	Fangchenggang	5.23	5.61	5.94	267
湘潭	Xiangtan	12.50	12.40	12.17	192	钦州	Qinzhou	9.37	9.91	10.16	218
衡阳	Hengyang	27.70	27.80	29.06	50	贵港	Guigang	11.51	11.75	11.84	197
邵阳	Shaoyang	20.87	21.89	21.85	88	玉林	Yulin	17.31	17.89	19.11	115
岳阳	Yueyang	24.32	22.79	25.81	64	百色	Baise	12.52	12.92	13.22	173

2-5 城镇单位第三产业就业人员 续表 3
Employed Persons in Tertiary Industry continued 3

单位：万人 (10 000 persons)

地名	City	2010	2011	2012	2012 排名 Ranking	地名	City	2010	2011	2012	2012 排名 Ranking
贺州	Hezhou	6.41	6.65	7.19	256	丽江	Lijiang	5.81	6.17	6.70	259
河池	Hechi	12.18	12.86	13.03	177	普洱	Puer	8.19	8.68	9.14	230
来宾	Laibin	7.24	7.31	8.22	242	临沧	Lincang	6.83	7.25	7.82	248
崇左	Chongzuo	7.96	8.19	8.17	243	**西藏**	**Tibet**		**24.28**	**23.10**	
海南	**Hainan**	**28.93**	**33.65**	**35.62**		拉萨	Lhasa		24.28	23.10	82
海口	Haikou	22.88	26.96	27.47	58	**陕西**	**Shaanxi**	**215.17**	**227.65**	**234.44**	
三亚	Sanya	6.05	6.69	8.15	244	西安	Xi'an	82.76	89.97	92.64	5
重庆	**Chongqing**	**130.35**	**141.25**	**449.82**		铜川	Tongchuan	4.94	5.44	5.22	271
四川	**Sichuan**	**271.23**	**282.60**	**298.84**		宝鸡	Baoji	16.65	16.26	16.59	140
成都	Chengdu	80.91	89.03	97.06	4	咸阳	Xianyang	21.68	22.57	22.74	84
自贡	Zigong	9.27	9.37	9.50	225	渭南	Weinan	21.84	22.85	24.03	74
攀枝花	Panzhihua	5.58	5.86	6.22	266	延安	Yan'an	14.16	14.59	15.08	157
泸州	Luzhou	12.10	12.84	13.44	170	汉中	Hanzhong	15.61	16.29	16.60	138
德阳	Deyang	11.57	11.76	12.09	193	榆林	Yulin	17.61	18.53	19.13	114
绵阳	Mianyang	18.09	18.47	21.03	95	安康	Ankang	10.62	11.20	11.63	201
广元	Guangyuan	11.46	10.54	10.81	212	商洛	Shangluo	9.30	9.95	10.78	213
遂宁	Suining	8.14	8.44	8.86	238	**甘肃**	**Gansu**	**102.60**	**107.29**	**112.27**	
内江	Neijiang	9.51	10.63	10.84	211	兰州	Lanzhou	27.08	27.49	28.40	54
乐山	Leshan	12.37	12.70	12.86	180	嘉峪关	Jiayuguan	1.32	1.38	1.49	284
南充	Nanchong	18.81	19.00	20.37	100	金昌	Jinchang	2.01	2.11	2.12	283
眉山	Meishan	8.63	9.19	9.28	228	白银	Baiyin	7.59	7.88	8.00	247
宜宾	Yibin	15.01	15.19	15.42	154	天水	Tianshui	11.94	12.68	14.13	164
广安	Guangan	8.40	8.66	8.97	235	武威	Wuwei	6.43	7.02	7.29	252
达州	Dazhou	16.06	15.99	16.33	144	张掖	Zhangye	6.34	6.94	7.26	253
雅安	Yaan	6.76	6.48	6.68	263	平凉	Pingliang	8.26	8.57	8.99	234
巴中	Bazhong	9.08	8.90	9.19	229	酒泉	Jiuquan	6.00	6.41	6.70	259
资阳	Ziyang	9.48	9.55	9.89	220	庆阳	Qingyang	8.66	9.15	9.59	223
贵州	**Guizhou**	**75.14**	**108.85**	**114.77**		定西	Dingxi	8.46	8.98	9.37	226
贵阳	Guiyang	35.92	36.14	37.80	33	陇南	Longnan	8.51	8.68	8.93	237
六盘水	Liupanshui	8.19	9.04	9.35	227	**青海**	**Qinghai**	**16.99**	**18.64**	**17.87**	
遵义	Zunyi	21.91	22.67	24.26	70	西宁	Xining	16.99	18.64	17.87	124
安顺	Anshun	9.12	9.32	9.55	224	**宁夏**	**Ningxia**	**32.13**	**33.85**	**36.17**	
毕节	Bijie		18.62	20.19	101	银川	Yinchuan	14.91	15.92	18.46	120
铜仁	Tongren		13.06	13.62	168	石嘴山	Shizuishan	3.87	4.19	4.73	274
云南	**Yunnan**	**126.77**	**132.58**	**144.91**		吴忠	Wuzhong	4.93	5.20	4.11	279
昆明	Kunming	59.30	61.30	65.15	13	固原	Guyuan	4.78	4.84	4.84	273
曲靖	Qujing	15.34	16.07	19.39	111	中卫	Zhongwei	3.64	3.70	4.03	280
玉溪	Yuxi	10.39	10.73	12.24	188	**新疆**	**Xinjiang**	**33.55**	**40.83**	**42.68**	
保山	Baoshan	7.55	8.24	9.09	232	乌鲁木齐	Urumqi	29.48	36.38	38.31	32
昭通	Zhaotong	13.36	14.14	15.38	155	克拉玛依	Karamay	4.07	4.45	4.37	277

2-6 城镇单位国有单位就业人员
Urban Employed Person of State-owned Units

单位：万人　　　　　　　　　　　　　　　　　　　　　　　　(10 000 persons)

地名	City	2010	2011	2012	2012 排名 Ranking	地名	City	2010	2011	2012	2012 排名 Ranking
全国	**Nation Total**	**6516.00**	**6704.00**	**6839.00**		沈阳	Shenyang	51.75	52.38	57.60	7
北京	**Beijing**	**189.00**	**188.80**			大连	Dalian	28.18	29.25	31.60	35
天津	**Tianjin**	**80.79**	**85.88**			鞍山	Anshan	31.65	30.94	32.60	32
河北	**Hebei**	**330.00**	**322.49**			抚顺	Fushun	15.57	11.32	11.90	191
石家庄	Shijiazhuang	58.53	58.66	58.70	6	本溪	Benxi	20.80	17.85	19.40	106
唐山	Tangshan	39.57	37.37	38.00	29	丹东	Dandong	13.81	13.90	15.00	157
秦皇岛	Qinhuangdao	16.45	15.47	16.10	137	锦州	Jinzhou	20.31	16.61	17.10	126
邯郸	Handan	42.81	43.25	45.40	18	营口	Yingkou	11.12	12.03	12.10	189
邢台	Xingtai	24.29	24.45	23.10	65	阜新	Fuxin	13.75	13.58	15.50	143
保定	Baoding	43.39	39.60	45.10	19	辽阳	Liaoyang	8.81	8.65	9.20	235
张家口	Zhangjiakou	22.85	23.82	23.50	62	盘锦	Panjin	25.95	32.95	32.50	33
承德	Chengde	16.52	15.95	16.50	131	铁岭	Tieling	13.90	13.12	13.60	171
沧州	Cangzhou	30.81	30.08	30.50	41	朝阳	Chaoyang	13.99	14.12	14.70	159
廊坊	Langfang	19.00	18.39	19.50	103	葫芦岛	Huludao	13.90	11.51	12.00	190
衡水	Hengshui	15.80	15.47	16.10	137	吉林	**Jilin**	**166.30**	**170.93**		
山西	**Shanxi**	**237.77**	**243.81**			长春	Changchun	48.09	48.65	50.50	11
太原	Taiyuan	39.67	41.91	40.00	27	吉林	Jilin	21.23	22.98	20.80	86
大同	Datong	19.11	19.64	20.50	90	四平	Siping	13.21	13.21	13.10	177
阳泉	Yangquan	19.15	20.77	21.40	77	辽源	Liaoyuan	7.74	7.99	7.90	253
长治	Changzhi	23.10	21.61	21.70	76	通化	Tonghua	12.54	12.57	12.50	185
晋城	Jincheng	11.98	11.63	11.90	191	白山	Baishan	11.42	12.35	11.90	191
朔州	Shuozhou	11.62	11.17	11.10	200	松原	Songyuan	13.05	13.34	13.60	171
晋中	Jinzhong	15.72	16.30	16.50	131	白城	Baicheng	15.41	15.64	15.80	140
运城	Yuncheng	22.06	22.67	23.30	64	黑龙江	**Heilongjiang**	**332.38**	**333.60**		
忻州	Xinzhou	18.96	19.96	20.00	96	哈尔滨	Harbin	70.11	73.07	76.10	5
临汾	Linfen	23.20	23.43	22.30	71	齐齐哈尔	Qiqihar	21.16	17.48	17.40	123
吕梁	Luliang	18.73	19.40	20.60	88	鸡西	Jixi	8.52	8.87	9.00	240
内蒙古	**Inner Mongolia**	**169.40**	**173.10**			鹤岗	Hegang	10.85	10.99	10.60	210
呼和浩特	Hohhot	21.15	21.87	22.40	69	双鸭山	Shuangyashan	7.49	7.65	7.70	257
包头	Baotou	12.89	13.40	13.40	174	大庆	Daqing	46.15	46.10	44.90	20
乌海	Wuhai	5.50	5.72	5.50	276	伊春	Yichun	15.07	15.44	16.20	135
赤峰	Chifeng	19.88	19.72	20.40	91	佳木斯	Jiamusi	12.72	13.20	13.30	176
通辽	Tongliao	18.75	18.70	18.90	110	七台河	Qitaihe	3.97	3.89	4.00	284
鄂尔多斯	Erdos	11.34	12.85	14.30	167	牡丹江	Mudanjiang	14.89	15.07	15.20	152
呼伦贝尔	Hulunbuir	20.45	20.63	20.90	83	黑河	Heihe	9.71	9.90	9.90	226
巴彦淖尔	Bayannur	10.48	10.41	10.60	210	绥化	Suihua	18.97	18.64	18.50	113
乌兰察布	Ulanqab	11.24	11.30	11.40	197	上海	**Shanghai**	**145.49**	**147.21**		
辽宁	**Liaoning**	**300.41**	**294.58**			江苏	**Jiangsu**	**281.21**	**291.00**		

2-6 城镇单位国有单位就业人员 续表 1
Urban Employed Person of State-owned Units continued 1

单位：万人 （10 000 persons）

地名	City	2010	2011	2012	2012 排名 Ranking	地名	City	2010	2011	2012	2012 排名 Ranking
南京	Nanjing	50.02	52.11	54.00	10	池州	Chizhou	4.79	4.85	4.90	278
无锡	Wuxi	16.61	17.50	17.80	118	宣城	Xuancheng	7.64	7.93	8.00	252
徐州	Xuzhou	40.62	40.83	41.50	22	福建	**Fujian**	**155.51**	**161.65**		
常州	Changzhou	14.45	15.21	15.60	141	福州	Fuzhou	35.76	37.18	31.60	35
苏州	Suzhou	22.63	23.34	23.80	61	厦门	Xiamen	17.46	19.27	18.40	114
南通	Nantong	20.23	21.07	22.00	74	莆田	Putian	9.98	10.02	9.30	233
连云港	Lianyungang	16.29	16.32	16.60	130	三明	Sanming	12.67	12.96	12.50	185
淮安	Huaian	18.16	18.48	18.10	115	泉州	Quanzhou	23.47	24.53	20.00	96
盐城	Yancheng	24.16	24.43	24.70	57	漳州	Zhangzhou	17.28	17.28	13.10	177
扬州	Yangzhou	17.66	19.64	19.20	107	南平	Nanping	12.58	12.95	11.10	200
镇江	Zhenjiang	14.42	15.16	15.60	141	龙岩	Longyan	11.76	12.45	11.10	200
泰州	Taizhou	13.49	13.99	14.10	168	宁德	Ningde	11.45	11.90	10.90	207
宿迁	Suqian	12.47	12.91	13.00	180	江西	**Jiangxi**	**200.61**	**200.45**		
浙江	**Zhejiang**	**215.43**	**224.08**			南昌	Nanchang	44.25	41.62	44.40	21
杭州	Hangzhou	54.53	56.95	56.30	8	景德镇	Jingdezhen	10.90	10.03	9.70	228
宁波	Ningbo	30.04	31.83	31.70	34	萍乡	Pingxiang	9.53	9.01	9.10	236
温州	Wenzhou	26.66	27.36	30.60	40	九江	Jiujiang	20.95	21.64	22.10	72
嘉兴	Jiaxing	15.23	14.73	14.90	158	新余	Xinyu	4.48	4.58	4.60	281
湖州	Huzhou	9.28	9.43	10.30	216	鹰潭	Yingtan	8.83	9.16	9.10	236
绍兴	Shaoxing	12.76	14.58	15.30	148	赣州	Ganzhou	25.85	27.25	26.80	51
金华	Jinhua	10.50	10.50	17.20	124	吉安	Jian	16.98	17.45	17.80	118
衢州	Quzhou	8.71	9.99	9.00	240	宜春	Yichun	18.65	18.60	19.20	107
舟山	Zhoushan	6.56	6.64	6.70	264	抚州	Fuzhou	15.21	16.12	17.10	126
台州	Taizhou	18.46	19.14	19.50	103	上饶	Shangrao	22.75	22.57	24.00	59
丽水	Lishui	9.80	10.10	10.30	216	山东	**Shandong**	**439.40**	**437.00**		
安徽	**Anhui**	**205.95**	**219.02**			济南	Jinan	50.10	47.10	47.20	16
合肥	Hefei	30.82	41.27	46.30	17	青岛	Qingdao	39.80	37.20	36.90	30
芜湖	Wuhu	8.56	11.52	12.60	183	淄博	Zibo	26.80	27.60	27.80	46
蚌埠	Bengbu	9.70	10.08	10.70	208	枣庄	Zaozhuang	25.10	23.90	23.50	62
淮南	Huainan	9.78	10.89	9.10	236	东营	Dongying	25.00	27.60	27.00	50
马鞍山	Maanshan	4.55	6.98	7.00	262	烟台	Yantai	31.70	31.10	31.10	38
淮北	Huaibei	15.79	16.46	16.80	128	潍坊	Weifang	30.70	29.70	30.40	42
铜陵	Tongling	5.98	6.76	6.90	263	济宁	Jining	40.80	43.10	48.50	13
安庆	Anqing	17.98	19.73	19.80	98	泰安	Taian	19.70	20.20	21.30	79
黄山	Huangshan	5.37	5.44	5.80	270	威海	Weihai	13.30	13.20	13.10	177
滁州	Chuzhou	11.68	12.13	12.40	188	日照	Rizhao	10.10	8.70	9.70	228
阜阳	Fuyang	20.15	20.39	19.80	98	莱芜	Laiwu	5.00	4.90	5.20	277
宿州	Suzhou	16.65	17.83	18.10	115	临沂	Linyi	30.00	29.60	30.80	39
六安	Liuan	14.71	15.14			德州	Dezhou	20.10	19.20	20.90	83
亳州	Bozhou	11.31	11.62	12.50	185	聊城	Liaocheng	20.00	20.90	19.70	100

2-6 城镇单位国有单位就业人员 续表 2
Urban Employed Person of State-owned Units continued 2

单位：万人 （10 000 persons）

地名	City	2010	2011	2012	2012 排名 Ranking	地名	City	2010	2011	2012	2012 排名 Ranking
滨州	Binzhou	12.50	14.00	14.40	166	常德	Changde	19.11	17.20	17.70	121
菏泽	Heze	26.40	26.80	27.70	47	张家界	Zhangjiajie	6.15	6.01	6.00	267
河南	**Henan**	**389.11**	**400.25**			益阳	Yiyang	15.97	15.90	15.30	148
郑州	Zhengzhou	52.56	53.55	55.00	9	郴州	Chenzhou	19.27	18.96	20.20	92
开封	Kaifeng	15.38	14.49	16.30	134	永州	Yongzhou	20.23	18.87	19.50	103
洛阳	Luoyang	30.97	33.47	34.40	31	怀化	Huaihua	20.23	19.28	20.10	95
平顶山	Pingdingshan	19.08	19.79	19.70	100	娄底	Loudi	16.33	15.10	15.40	145
安阳	Anyang	15.81	15.96	15.30	148	**广东**	**Guangdong**	**400.70**	**423.88**		
鹤壁	Hebi	5.17	5.19	5.60	272	广州	Guangzhou	87.00	97.37	97.80	3
新乡	Xinxiang	22.12	22.49	22.60	66	韶关	Shaoguan	14.60	14.95	15.10	155
焦作	Jiaozuo	13.45	13.46	13.80	170	深圳	Shenzhen	46.90	49.35	50.10	12
濮阳	Puyang	16.48	19.61	18.70	111	珠海	Zhuhai	10.20	11.01	11.30	199
许昌	Xuchang	13.52	15.19	15.50	143	汕头	Shantou	17.10	17.69	22.10	72
漯河	Luohe	9.42	9.67	9.80	227	佛山	Foshan	20.30	21.44	20.60	88
三门峡	Sanmenxia	12.38	12.99	13.00	180	江门	Jiangmen	14.10	14.05	14.60	163
南阳	Nanyang	37.90	39.78	41.30	23	湛江	Zhanjiang	28.30	29.15	29.20	44
商丘	Shangqiu	25.84	25.75	27.20	49	茂名	Maoming	21.40	22.23	21.20	80
信阳	Xinyang	29.42	29.85	31.20	37	肇庆	Zhaoqing	14.10	14.44	15.10	155
周口	Zhoukou	30.84	30.12	29.30	43	惠州	Huizhou	16.50	17.97	18.60	112
驻马店	Zhumadian	23.93	24.38	25.40	56	梅州	Meizhou	16.10	16.52	16.50	131
湖北	**Hubei**	**288.00**	**292.30**			汕尾	Shanwei	9.40	9.41	9.40	232
武汉	Wuhan	79.85	85.15	82.70	4	河源	Heyuan	10.90	10.87	10.70	208
黄石	Huangshi	12.95	11.06	11.10	200	阳江	Yangjiang	10.90	11.03	10.00	223
十堰	Shiyan	14.22	14.31	14.70	159	清远	Qingyuan	12.20	12.57	12.60	183
宜昌	Yichang	60.39	18.90	21.40	77	东莞	Dongguan	12.60	14.00	14.70	159
襄阳	Xiangfan	25.76	26.00	27.30	48	中山	ZhongShan	7.60	8.47	8.90	243
鄂州	Ezhou	5.89	5.62	4.50	282	潮州	Chaozhou	7.50	7.63	7.70	257
荆门	Jingmen	13.56	12.39	11.40	197	揭阳	Jieyang	14.80	15.18	15.30	148
孝感	Xiaogan	20.23	19.92	20.70	87	云浮	Yunfu	8.50	8.57	8.80	245
荆州	Jingzhou	20.36	21.19	22.00	74	**广西**	**Guangxi**	**203.30**	**209.49**		
黄冈	Huanggang	20.05	20.07	20.90	83	南宁	Nanning	38.70	46.81	47.50	15
咸宁	Xianning	11.32	9.85	11.00	205	柳州	Liuzhou	22.40	21.80	22.50	68
随州	Suizhou	5.86	6.01	5.80	270	桂林	Guilin	22.10	22.81	24.10	58
湖南	**Hunan**	**287.13**	**275.01**			梧州	Wuzhou	9.60	10.04	10.00	223
长沙	Changsha	43.28	40.42	41.30	23	北海	Beihai	7.20	7.60	7.80	256
株洲	Zhuzhou	16.06	16.33	16.80	128	防城港	Fangchenggang	6.50	6.88	7.30	261
湘潭	Xiangtan	14.01	11.12	11.00	205	钦州	Qinzhou	10.10	10.95	10.60	210
衡阳	Hengyang	27.14	25.13	25.70	55	贵港	Guigang	11.40	11.58	11.80	194
邵阳	Shaoyang	22.30	21.08	21.10	82	玉林	Yulin	17.80	18.34	18.10	115
岳阳	Yueyang	26.08	24.66	25.90	54	百色	Baise	15.00	15.32	15.90	139

2-6 城镇单位国有单位就业人员 续表 3
Urban Employed Person of State-owned Units continued 3

单位：万人 （10 000 persons）

地名	City	2010	2011	2012	2012 排名 Ranking	地名	City	2010	2011	2012	2012 排名 Ranking
贺州	Hezhou	7.00	7.19	7.60	259	丽江	Lijiang	8.09	5.36	5.60	272
河池	Hechi	13.60	13.87	14.10	168	普洱	Puer	9.20	9.90	10.40	215
来宾	Laibin	8.30	8.44	7.40	260	临沧	Lincang	7.65	7.91	8.20	250
崇左	Chongzuo	9.60	9.53	9.30	233	西藏	**Tibet**	**14.64**	**21.72**		
海南	**Hainan**	**53.10**	**53.30**			拉萨	Lhasa	2.28	8.17	8.90	243
海口	Haikou	15.90	15.69	24.00	59	陕西	**Shaanxi**	**253.20**	**263.52**		
三亚	Sanya	3.50	3.72	4.80	280	西安	Xi'an	88.84	91.62	108.30	1
重庆	**Chongqing**	**118.80**	**116.47**			铜川	Tongchuan	7.85	8.13	7.90	253
四川	**Sichuan**	**335.77**	**346.47**			宝鸡	Baoji	18.46	19.54	17.70	121
成都	Chengdu	92.06	97.64	104.10	2	咸阳	Xianyang	24.89	26.16	26.30	53
自贡	Zigong	8.88	9.01	9.10	236	渭南	Weinan	27.16	27.45	28.00	45
攀枝花	Panzhihua	12.80	14.38	13.40	174	延安	Yan'an	21.01	21.95	22.40	69
泸州	Luzhou	13.57	14.23	14.70	159	汉中	Hanzhong	15.81	15.82	16.20	135
德阳	Deyang	14.80	14.83	15.20	152	榆林	Yulin	21.79	21.79	22.60	66
绵阳	Mianyang	16.45	17.53	19.53	102	安康	Ankang	9.83	9.78	10.10	220
广元	Guangyuan	10.25	10.05	10.10	220	商洛	Shangluo	9.15	9.88	10.60	210
遂宁	Suining	7.82	7.87	8.40	249	甘肃	**Gansu**	**147.36**	**150.05**		
内江	Neijiang	11.74	11.40	11.50	196	兰州	Lanzhou	40.63	38.86	40.90	26
乐山	Leshan	11.62	11.61	11.60	195	嘉峪关	Jiayuguan	4.62	5.18	4.90	278
南充	Nanchong	18.08	19.66	20.20	92	金昌	Jinchang	6.10	6.69	8.80	245
眉山	Meishan	8.58	8.57	9.00	240	白银	Baiyin	7.90	7.84	8.20	250
宜宾	Yibin	15.68	15.78	15.40	145	天水	Tianshui	12.65	13.16	14.60	163
广安	Guangan	10.61	10.78	11.10	200	武威	Wuwei	8.36	8.30	8.60	248
达州	Dazhou	16.55	16.73	17.20	124	张掖	Zhangye	7.81	8.47	8.70	247
雅安	Yaan	6.26	6.35	6.50	265	平凉	Pingliang	12.11	12.37	12.70	182
巴中	Bazhong	9.56	9.82	10.00	223	酒泉	Jiuquan	6.30	6.11	6.50	265
资阳	Ziyang	9.44	9.63	9.70	228	庆阳	Qingyang	8.81	9.08	9.50	231
贵州	**Guizhou**	**156.67**	**170.54**			定西	Dingxi	8.96	9.66	10.10	220
贵阳	Guiyang	42.50	44.09	41.00	25	陇南	Longnan	9.76	9.98	10.20	218
六盘水	Liupanshui	8.41	13.89	14.60	163	青海	**Qinghai**	**37.94**	**41.57**		
遵义	Zunyi	23.53	25.29	26.50	52	西宁	Xining	17.81	20.25	21.20	80
安顺	Anshun	8.94	9.50	10.20	218	宁夏	**Ningxia**	**37.18**	**37.85**		
毕节	Bijie	17.50	18.72	20.20	92	银川	Yinchuan	15.07	16.50	17.80	118
铜仁	Tongren	12.71	12.86	13.60	171	石嘴山	Shizuishan	6.13	4.80	5.60	272
云南	**Yunnan**	**190.96**	**175.80**			吴忠	Wuzhong	5.41	5.77	6.00	267
昆明	Kunming	45.30	46.54	47.70	14	固原	Guyuan	5.23	5.32	5.60	272
曲靖	Qujing	18.76	18.70	19.20	107	中卫	Zhongwei	3.81	3.92	4.30	283
玉溪	Yuxi	9.79	10.22	10.50	214	新疆	**Xinjiang**	**184.15**	**192.32**		
保山	Baoshan	6.91	7.40	7.90	253	乌鲁木齐	Urumqi	31.50	25.92	39.20	28
昭通	Zhaotong	14.06	14.70	15.40	145	克拉玛依	Karamay	5.07	5.37	5.90	269

2-7　城镇单位城镇集体单位就业人员
Urban Employed Person of Collective-owned Units

单位：万人　　　　（10 000 persons）

地名	City	2010	2011	2012	2012 排名 Ranking
全国	**Nation Total**	**597.00**	**603.0**	**589.70**	
北京	**Beijing**	**22.71**	**20.10**		
天津	**Tianjin**	**4.30**	**8.84**		
河北	**Hebei**	**25.91**	**22.21**		
石家庄	Shijiazhuang	5.07	4.94	3.90	27
唐山	Tangshan	3.54	3.00	2.60	67
秦皇岛	Qinhuangdao	0.91	0.81	0.60	220
邯郸	Handan	2.84	2.80	2.90	54
邢台	Xingtai	2.09	2.21	1.60	116
保定	Baoding	3.82	1.69	2.10	81
张家口	Zhangjiakou	2.16	2.36	2.70	64
承德	Chengde	0.62	0.73	0.80	202
沧州	Cangzhou	2.28	0.89	1.10	167
廊坊	Langfang	0.70	1.02	1.20	155
衡水	Hengshui	1.82	1.77	1.60	116
山西	**Shanxi**	**23.89**	**24.81**		
太原	Taiyuan	4.77	4.91	4.30	21
大同	Datong	2.94	3.09	3.00	51
阳泉	Yangquan	2.59	2.68	2.90	54
长治	Changzhi	1.60	1.85	1.80	102
晋城	Jincheng	1.90	1.65	1.60	116
朔州	Shuozhou	1.25	1.27	1.10	167
晋中	Jinzhong	1.82	1.69	1.70	107
运城	Yuncheng	1.88	2.19	2.00	89
忻州	Xinzhou	1.63	1.83	1.80	102
临汾	Linfen	1.64	1.69	1.70	107
吕梁	Luliang	1.81	1.95	2.90	54
内蒙古	**Inner Mongolia**	**8.90**	**8.50**		
呼和浩特	Hohhot	1.00	0.97	1.00	179
包头	Baotou	2.51	2.20	2.00	89
乌海	Wuhai	0.02	0.02		
赤峰	Chifeng	1.13	1.17	1.20	155
通辽	Tongliao	0.93	0.90	0.80	202
鄂尔多斯	Erdos	0.38	0.41	0.40	245
呼伦贝尔	Hulunbuir	0.60	0.60	0.60	220
巴彦淖尔	Bayannur	0.50	0.50	0.50	235
乌兰察布	Ulanqab	0.41	0.41	0.40	245
辽宁	**Liaoning**	**68.47**	**32.09**		

地名	City	2010	2011	2012	2012 排名 Ranking
沈阳	Shenyang	9.16	5.37	5.50	10
大连	Dalian	2.44	2.73	2.60	67
鞍山	Anshan	9.46	5.36	6.20	4
抚顺	Fushun	9.41	1.71	2.00	89
本溪	Benxi	6.24	2.14	2.40	72
丹东	Dandong	2.63	1.66	1.50	131
锦州	Jinzhou	4.32	2.24	2.70	64
营口	Yingkou	1.31	1.62	1.70	107
阜新	Fuxin	8.81	1.38	1.90	94
辽阳	Liaoyang	2.86	1.41	1.50	131
盘锦	Panjin	0.43	0.50	0.80	202
铁岭	Tieling	5.48	2.11	2.10	81
朝阳	Chaoyang	1.85	1.02	1.60	116
葫芦岛	Huludao	4.05	2.84	2.40	72
吉林	**Jilin**	**13.74**	**9.56**		
长春	Changchun	4.21	3.11	2.90	54
吉林	Jilin	1.58	1.70	1.20	155
四平	Siping	0.75	0.68	0.60	220
辽源	Liaoyuan	0.34	0.36	0.40	245
通化	Tonghua	1.05	1.01	1.00	179
白山	Baishan	0.38	0.46	0.50	235
松原	Songyuan	0.72	0.74	0.70	215
白城	Baicheng	0.94	0.75	0.80	202
黑龙江	**Heilongjiang**	**22.00**	**16.10**		
哈尔滨	Harbin	12.53	6.66	6.00	5
齐齐哈尔	Qiqihar	2.02	1.89	1.80	102
鸡西	Jixi	0.63	0.55	0.50	235
鹤岗	Hegang	1.31	1.31	1.10	167
双鸭山	Shuangyashan	0.55	0.53	0.50	235
大庆	Daqing	0.88	1.44	1.30	145
伊春	Yichun	0.93	0.82	0.80	202
佳木斯	Jiamusi	0.72	0.74	0.80	202
七台河	Qitaihe	0.55	0.43	0.40	245
牡丹江	Mudanjiang	0.60	0.49	0.50	235
黑河	Heihe	0.29	0.27	0.30	256
绥化	Suihua	0.91	0.90	1.00	179
上海	**Shanghai**	**9.12**	**10.43**		
江苏	**Jiangsu**	**30.31**	**31.20**		

2-7 城镇单位城镇集体单位就业人员　续表 1
Urban Employed Person of Collective-owned Units continued 1

单位：万人　　　　(10 000 persons)

地名	City	2010	2011	2012	2012 排名 Ranking	地名	City	2010	2011	2012	2012 排名 Ranking
南京	Nanjing	4.90	4.67	4.90	16	池州	Chizhou	0.34	0.36	0.30	256
无锡	Wuxi	1.37	1.36	1.20	155	宣城	Xuancheng	0.57	0.44	0.40	245
徐州	Xuzhou	3.12	3.26	2.90	54	福建	**Fujian**	**16.58**	**15.56**		
常州	Changzhou	1.36	1.32	1.40	140	福州	Fuzhou	3.61	3.98	3.10	48
苏州	Suzhou	2.72	2.94	2.70	64	厦门	Xiamen	2.88	1.65	1.30	145
南通	Nantong	2.29	2.26	2.50	71	莆田	Putian	0.98	0.64	0.60	220
连云港	Lianyungang	2.07	1.94	1.90	94	三明	Sanming	0.87	1.35	1.20	155
淮安	Huaian	1.79	2.01	1.60	116	泉州	Quanzhou	3.96	3.35	2.80	61
盐城	Yancheng	1.62	1.67	1.70	107	漳州	Zhangzhou	1.42	1.67	1.20	155
扬州	Yangzhou	3.01	3.08	3.20	44	南平	Nanping	0.80	0.88	0.70	215
镇江	Zhenjiang	1.83	1.93	1.90	94	龙岩	Longyan	1.34	1.34	1.40	140
泰州	Taizhou	3.85	4.39	4.00	23	宁德	Ningde	0.71	0.71	0.60	220
宿迁	Suqian	0.39	0.38	0.30	256	江西	**Jiangxi**	**14.04**	**18.75**		
浙江	**Zhejiang**	**28.90**	**28.46**			南昌	Nanchang	4.20	6.33	3.20	44
杭州	Hangzhou	5.21	5.29	5.60	9	景德镇	Jingdezhen	0.79	0.94	0.90	192
宁波	Ningbo	3.33	3.43	3.20	44	萍乡	Pingxiang	0.26	0.50	0.50	235
温州	Wenzhou	5.19	4.76	4.70	19	九江	Jiujiang	2.33	4.40	3.80	29
嘉兴	Jiaxing	1.64	1.46	1.50	131	新余	Xinyu	0.18	0.22	0.30	256
湖州	Huzhou	2.68	1.31	1.40	140	鹰潭	Yingtan	0.18	0.12	0.20	266
绍兴	Shaoxing	2.22	2.29	1.90	94	赣州	Ganzhou	1.37	1.37	1.60	116
金华	Jinhua	9.50	11.00	1.60	116	吉安	Jian	1.07	1.26	1.60	116
衢州	Quzhou	0.27	0.33	0.40	245	宜春	Yichun	0.64	0.98	0.90	192
舟山	Zhoushan	1.66	0.82	1.20	155	抚州	Fuzhou	1.48	1.10	1.60	116
台州	Taizhou	2.75	2.99	3.80	29	上饶	Shangrao	1.53	1.53	3.50	40
丽水	Lishui	0.76	0.62	0.50	235	山东	**Shandong**	**57.00**	**60.80**		
安徽	**Anhui**	**17.88**	**18.34**			济南	Jinan	5.00	3.40	4.80	18
合肥	Hefei	1.79	1.85	2.60	67	青岛	Qingdao	4.80	5.70	5.50	10
芜湖	Wuhu	0.22	0.30	0.30	256	淄博	Zibo	4.20	5.00	5.40	12
蚌埠	Bengbu	0.90	1.30	0.80	202	枣庄	Zaozhuang	4.20	3.90	4.40	20
淮南	Huainan	1.28	1.51	1.30	145	东营	Dongying	2.10	1.60	1.30	145
马鞍山	Maanshan	0.64	1.25	1.20	155	烟台	Yantai	4.60	6.10	5.70	7
淮北	Huaibei	0.90	0.92	0.90	192	潍坊	Weifang	2.90	2.60	3.80	29
铜陵	Tongling	0.17	0.06	0.10	278	济宁	Jining	4.30	5.90	5.70	7
安庆	Anqing	1.64	1.63	1.90	94	泰安	Taian	8.20	11.80	12.20	1
黄山	Huangshan	0.23	0.23	0.20	266	威海	Weihai	2.90	3.60	3.20	44
滁州	Chuzhou	0.94	0.94	1.00	179	日照	Rizhao	0.70	0.90	0.90	192
阜阳	Fuyang	2.24	2.77	1.30	145	莱芜	Laiwu	1.50	0.50	0.40	245
宿州	Suzhou	2.19	2.01	2.10	81	临沂	Linyi	4.30	1.90	2.10	81
六安	Liuan	1.78	1.81	1.80	102	德州	Dezhou	2.20	2.10	2.30	78
亳州	Bozhou	1.02	0.97	0.70	215	聊城	Liaocheng	1.40	1.30	1.20	155

2-7 城镇单位城镇集体单位就业人员 续表 2
Urban Employed Person of Collective-owned Units continued 2

单位：万人 （10 000 persons）

地名	City	2010	2011	2012	2012 排名 Ranking
滨州	Binzhou	1.40	1.10	1.20	155
菏泽	Heze	2.30	3.00	2.90	54
河南	**Henan**	**50.41**	**51.66**		
郑州	Zhengzhou	4.34	5.34	4.30	21
开封	Kaifeng	3.52	4.24	3.80	29
洛阳	Luoyang	3.75	3.51	3.60	34
平顶山	Pingdingshan	3.72	3.38	3.10	48
安阳	Anyang	1.79	2.16	3.00	51
鹤壁	Hebi	0.68	0.65	0.40	245
新乡	Xinxiang	4.04	4.15	4.00	23
焦作	Jiaozuo	1.41	1.83	1.50	131
濮阳	Puyang	0.93	0.87	0.80	202
许昌	Xuchang	1.06	0.97	1.00	179
漯河	Luohe	2.04	2.12	2.10	81
三门峡	Sanmenxia	1.08	1.11	1.10	167
南阳	Nanyang	6.33	5.70	5.30	13
商丘	Shangqiu	2.77	3.11	3.60	34
信阳	Xinyang	5.60	5.84	5.80	6
周口	Zhoukou	3.42	3.46	3.60	34
驻马店	Zhumadian	2.42	2.28	2.40	72
湖北	**Hubei**	**22.00**	**18.20**		
武汉	Wuhan	7.09	4.53	4.00	23
黄石	Huangshi	1.34	1.37	1.40	140
十堰	Shiyan	0.98	0.90	1.10	167
宜昌	Yichang	1.78	1.20	3.00	51
襄阳	Xiangfan	1.21	0.90	1.30	145
鄂州	Ezhou	0.43	0.56	0.60	220
荆门	Jingmen	1.25	1.50	1.30	145
孝感	Xiaogan	2.98	1.66	1.70	107
荆州	Jingzhou	1.12	1.39	1.50	131
黄冈	Huanggang	0.76	1.01	0.80	202
咸宁	Xianning	1.42	1.31	1.60	116
随州	Suizhou	0.56	0.64	0.60	220
湖南	**Hunan**	**33.24**	**27.84**		
长沙	Changsha	5.45	4.16	3.80	29
株洲	Zhuzhou	1.84	1.19	1.10	167
湘潭	Xiangtan	1.90	1.34	1.20	155
衡阳	Hengyang	4.42	3.59	3.50	40
邵阳	Shaoyang	3.09	2.34	2.40	72
岳阳	Yueyang	2.79	2.75	2.60	67
常德	Changde	1.67	1.60	1.70	107
张家界	Zhangjiajie	0.57	0.52	0.40	245
益阳	Yiyang	1.84	1.33	1.50	131
郴州	Chenzhou	1.35	0.95	1.00	179
永州	Yongzhou	1.51	1.87	2.10	81
怀化	Huaihua	1.72	1.56	1.70	107
娄底	Loudi	4.17	3.94	4.00	23
广东	**Guangdong**	**57.70**	**62.83**		
广州	Guangzhou	10.80	9.37	10.60	2
韶关	Shaoguan	2.00	2.61	2.90	54
深圳	Shenzhen	1.50	1.64	1.70	107
珠海	Zhuhai	3.30	2.44	2.30	78
汕头	Shantou	5.90	8.82	3.40	42
佛山	Foshan	2.40	2.44	2.00	89
江门	Jiangmen	1.90	5.23	2.10	81
湛江	Zhanjiang	3.00	3.50	3.90	27
茂名	Maoming	3.90	4.01	3.30	43
肇庆	Zhaoqing	1.20	1.58	1.60	116
惠州	Huizhou	2.50	2.15	2.40	72
梅州	Meizhou	1.70	1.77	1.60	116
汕尾	Shanwei	1.70	1.53	1.90	94
河源	Heyuan	1.60	1.64	1.20	155
阳江	Yangjiang	3.90	3.46	3.60	34
清远	Qingyuan	0.60	0.59	0.80	202
东莞	Dongguan	3.50	3.41	3.60	34
中山	ZhongShan	2.00	1.27	1.00	179
潮州	Chaozhou	1.30	1.52	1.50	131
揭阳	Jieyang	2.30	2.84	2.80	61
云浮	Yunfu	0.70	0.97	1.00	179
广西	**Guangxi**	**17.30**	**18.76**		
南宁	Nanning	1.60	1.59	1.60	116
柳州	Liuzhou	1.80	2.00	1.60	116
桂林	Guilin	1.70	1.65	1.80	102
梧州	Wuzhou	0.90	0.86	0.90	192
北海	Beihai	0.80	1.10	1.30	145
防城港	Fangchenggang	0.60	0.58	0.60	220
钦州	Qinzhou	1.10	1.05	1.10	167
贵港	Guigang	1.20	1.35	1.50	131
玉林	Yulin	4.10	4.91	2.40	72
百色	Baise	0.80	2.37	1.00	179

2-7 城镇单位城镇集体单位就业人员 续表 3
Urban Employed Person of Collective-owned Units continued 3

单位：万人 （10 000 persons）

地名	City	2010	2011	2012	2012 排名 Ranking	地名	City	2010	2011	2012	2012 排名 Ranking
贺州	Hezhou	0.30	0.22	0.20	266	丽江	Lijiang	0.31	0.40	0.40	245
河池	Hechi	1.50	1.28	1.40	140	普洱	Puer	0.28	0.34	0.30	256
来宾	Laibin	0.40	0.55	3.60	34	临沧	Lincang	0.16	0.28	0.30	256
崇左	Chongzuo	0.40	0.35	0.30	256	西藏	**Tibet**	**0.45**	**0.41**		
海南	**Hainan**	**3.90**	**3.61**			拉萨	Lhasa	0.21	0.20	0.20	266
海口	Haikou	1.70	1.22	1.41	139	陕西	**Shaanxi**	**15.00**	**15.24**		
三亚	Sanya	0.20	0.21	0.20	266	西安	Xi'an	4.75	5.33	5.10	14
重庆	**Chongqing**	**10.30**	**9.88**			铜川	Tongchuan	0.24	0.24	0.20	266
四川	**Sichuan**	**33.69**	**33.77**			宝鸡	Baoji	1.28	1.45	1.60	116
成都	Chengdu	7.99	8.76	8.00	3	咸阳	Xianyang	1.37	1.55	1.90	94
自贡	Zigong	1.51	1.18	1.10	167	渭南	Weinan	1.88	1.33	1.10	167
攀枝花	Panzhihua	0.73	0.56	0.50	235	延安	Yan'an	1.12	1.00	1.00	179
泸州	Luzhou	5.02	4.84	4.90	16	汉中	Hanzhong	1.36	1.33	1.30	145
德阳	Deyang	0.75	0.81	0.80	202	榆林	Yulin	1.01	1.14	1.10	167
绵阳	Mianyang	1.51	1.30	1.30	145	安康	Ankang	0.78	0.84	0.80	202
广元	Guangyuan	0.96	0.95	0.90	192	商洛	Shangluo	0.95	0.98	1.00	179
遂宁	Suining	2.74	3.06	3.10	48	甘肃	**Gansu**	**6.88**	**7.46**		
内江	Neijiang	1.53	1.17	1.10	167	兰州	Lanzhou	1.91	1.92	2.00	89
乐山	Leshan	0.95	0.99	1.10	167	嘉峪关	Jiayuguan	0.11	0.25	0.60	220
南充	Nanchong	2.15	1.90	2.20	80	金昌	Jinchang	0.40	0.42	0.40	245
眉山	Meishan	0.76	0.79	0.60	220	白银	Baiyin	1.00	0.92	0.90	192
宜宾	Yibin	0.72	0.73	0.60	220	天水	Tianshui	0.78	0.74	0.60	220
广安	Guangan	0.46	0.50	0.50	235	武威	Wuwei	0.60	0.65	0.60	220
达州	Dazhou	2.10	2.16	2.80	61	张掖	Zhangye	0.20	0.22	0.20	266
雅安	Yaan	0.29	0.31	0.20	266	平凉	Pingliang	0.29	0.69	0.70	215
巴中	Bazhong	1.23	1.95	2.10	81	酒泉	Jiuquan	0.18	0.21	0.50	235
资阳	Ziyang	1.47	0.88	1.00	179	庆阳	Qingyang	0.15	0.17	0.20	266
贵州	**Guizhou**	**7.26**	**7.66**			定西	Dingxi	0.18	0.15	0.10	278
贵阳	Guiyang	2.41	2.43	1.70	107	陇南	Longnan	0.61	0.59	0.60	220
六盘水	Liupanshui	0.15	0.30	0.30	256	青海	**Qinghai**	**1.72**	**1.86**		
遵义	Zunyi	1.02	0.96	0.10	278	西宁	Xining	1.25	1.37	1.00	179
安顺	Anshun	0.57	0.71	0.70	215	宁夏	**Ningxia**	**0.81**	**0.80**		
毕节	Bijie	0.66	0.77	0.80	202	银川	Yinchuan	0.28	0.24	0.20	266
铜仁	Tongren	0.78	0.85	0.90	192	石嘴山	Shizuishan	0.11	0.11	0.10	278
云南	**Yunnan**	**10.59**	**9.70**			吴忠	Wuzhong	0.19	0.22	0.20	266
昆明	Kunming	3.67	4.28	5.10	14	固原	Guyuan	0.12	0.12	0.10	278
曲靖	Qujing	1.14	1.30	1.90	94	中卫	Zhongwei	0.11	0.12	0.10	278
玉溪	Yuxi	0.58	0.55	0.90	192	新疆	**Xinjiang**	**3.14**	**3.39**		
保山	Baoshan	0.32	0.30	0.30	256	乌鲁木齐	Urumqi	0.84	0.87	0.90	192
昭通	Zhaotong	0.52	0.49	0.60	220	克拉玛依	Karamay	0.20	0.45	0.20	266

2-8 城镇私营单位就业人员
Employed Persons in Urban Private Units

单位：万人 （10 000 persons）

地名	City	2010	2011	2012	2012 排名 Ranking	地名	City	2010	2011	2012	2012 排名 Ranking
全国	**Nation Total**	**6071.00**	**6912.0**	**7557.00**		沈阳	Shenyang	98.32	61.55	67.30	20
北京	**Beijing**	**193.50**	**210.60**			大连	Dalian	88.59	151.28	158.90	5
天津	**Tianjin**	**146.47**	**167.67**			鞍山	Anshan	23.72	7.93	7.80	201
河北	**Hebei**	**176.92**	**292.07**			抚顺	Fushun	14.53	8.09	8.50	193
石家庄	Shijiazhuang	14.92	50.15	62.30	21	本溪	Benxi	10.16	4.92	5.00	244
唐山	Tangshan	12.66	46.09	46.00	38	丹东	Dandong	14.65	6.97	7.30	207
秦皇岛	Qinhuangdao	18.15	16.73	16.40	115	锦州	Jinzhou	10.33	7.72	8.00	197
邯郸	Handan	15.00	32.54	29.00	64	营口	Yingkou	24.08	8.82	9.70	175
邢台	Xingtai	19.56	18.86	20.70	89	阜新	Fuxin	13.85	8.50	8.90	190
保定	Baoding	28.28	38.62	38.60	47	辽阳	Liaoyang	11.41	7.31	7.20	210
张家口	Zhangjiakou	10.47	12.58	12.90	139	盘锦	Panjin	8.09	6.53	6.30	223
承德	Chengde	5.34	15.54	14.70	129	铁岭	Tieling	14.56	7.11	7.30	207
沧州	Cangzhou	23.97	28.54	32.10	56	朝阳	Chaoyang	17.88	8.78	8.80	192
廊坊	Langfang	16.50	16.36	21.70	86	葫芦岛	Huludao	9.35	7.76	7.90	198
衡水	Hengshui	12.07	16.06	16.70	113	吉林	**Jilin**	**74.89**	**100.70**		
山西	**Shanxi**	**123.63**	**144.95**			长春	Changchun	16.13	33.90	30.80	58
太原	Taiyuan	26.49	34.35	36.50	53	吉林	Jilin	27.01	13.90	11.80	147
大同	Datong	10.07	9.29	10.40	165	四平	Siping	1.21	12.20	11.20	151
阳泉	Yangquan	4.89	5.60	5.90	230	辽源	Liaoyuan	7.72	7.30	7.10	212
长治	Changzhi	10.29	12.50	16.30	117	通化	Tonghua	6.01	7.40	9.20	180
晋城	Jincheng	8.24	12.46	11.10	152	白山	Baishan	1.95	3.60	4.70	250
朔州	Shuozhou	7.15	8.33	10.60	161	松原	Songyuan	4.34	5.40	5.90	230
晋中	Jinzhong	11.18	10.29	17.20	111	白城	Baicheng	4.75	3.50	3.40	267
运城	Yuncheng	10.45	11.88	18.90	99	黑龙江	**Heilongjiang**	**147.65**	**145.10**		
忻州	Xinzhou	12.58	13.57	14.90	128	哈尔滨	Harbin	38.40	59.57	62.30	21
临汾	Linfen	13.94	14.15	15.00	126	齐齐哈尔	Qiqihar	6.00	6.13	10.30	167
吕梁	Luliang	8.36	12.51	14.70	129	鸡西	Jixi	3.68	4.38	4.30	257
内蒙古	**Inner Mongolia**	**103.10**	**117.40**			鹤岗	Hegang	6.02	6.12	6.30	223
呼和浩特	Hohhot	24.25	20.80	30.20	59	双鸭山	Shuangyashan	2.71	2.90	2.70	274
包头	Baotou	26.30	33.60	35.80	54	大庆	Daqing	17.26	18.42	20.00	93
乌海	Wuhai	3.50	3.56	5.00	244	伊春	Yichun	6.28	6.79	7.40	205
赤峰	Chifeng	9.51	12.53	10.00	173	佳木斯	Jiamusi	6.29	7.01	7.90	198
通辽	Tongliao	4.77		6.30	223	七台河	Qitaihe	5.18	4.91	4.10	259
鄂尔多斯	Erdos	7.55		9.20	180	牡丹江	Mudanjiang	15.89	16.04	19.70	96
呼伦贝尔	Hulunbuir	5.68	6.70	7.20	210	黑河	Heihe	3.96	4.27	4.60	252
巴彦淖尔	Bayannur	4.78	6.12	7.00	213	绥化	Suihua	2.36	3.14	3.20	270
乌兰察布	Ulanqab	6.34	6.31	7.40	205	上海	**Shanghai**	**315.70**	**420.03**		
辽宁	**Liaoning**	**359.52**	**303.27**			江苏	**Jiangsu**	**958.85**	**1007.62**		

2-8 城镇私营单位就业人员 续表 1
Employed Persons in Urban Private Units continued 1

单位：万人 （10 000 persons）

地名	City	2010	2011	2012	2012 排名 Ranking	地名	City	2010	2011	2012	2012 排名 Ranking
南京	Nanjing	112.71	119.61	130.70	7	池州	Chizhou	2.40	3.08	3.80	262
无锡	Wuxi	143.29	145.49	150.00	6	宣城	Xuancheng	9.13	11.63	14.40	132
徐州	Xuzhou	50.62	56.56	58.30	27	福建	**Fujian**	**278.38**	**396.24**		
常州	Changzhou	110.92	113.76	120.30	9	福州	Fuzhou	67.35	52.66	61.70	23
苏州	Suzhou	177.58	195.19	209.10	2	厦门	Xiamen	32.52	95.59	85.90	13
南通	Nantong	47.21	51.52	52.00	31	莆田	Putian	14.35	13.25	14.60	131
连云港	Lianyungang	25.69	28.06	30.00	60	三明	Sanming	23.53	16.90	18.70	102
淮安	Huaian	44.67	47.74	41.60	41	泉州	Quanzhou	64.20	50.64	57.80	28
盐城	Yancheng	55.97	52.62	59.70	25	漳州	Zhangzhou	19.69	22.11	17.30	107
扬州	Yangzhou	59.88	60.88	49.90	35	南平	Nanping	20.38	13.84	25.30	78
镇江	Zhenjiang	40.82	47.11	47.20	37	龙岩	Longyan	17.40	13.44	14.40	132
泰州	Taizhou	44.82	49.60	51.90	32	宁德	Ningde	18.95	13.14	17.80	105
宿迁	Suqian	39.20	39.21	41.50	42	江西	**Jiangxi**	**87.53**	**138.02**		
浙江	**Zhejiang**	**385.76**	**609.25**			南昌	Nanchang	3.67	41.28	37.50	50
杭州	Hangzhou	104.91	121.44	117.60	11	景德镇	Jingdezhen	6.22	7.05	9.00	187
宁波	Ningbo	99.33	116.69	161.30	4	萍乡	Pingxiang	8.89	9.80	26.70	72
温州	Wenzhou	62.91	65.15	71.70	17	九江	Jiujiang	1.96	9.83	25.70	77
嘉兴	Jiaxing	25.40	43.90	39.90	45	新余	Xinyu	5.27	6.04	10.70	159
湖州	Huzhou	16.13	19.03	22.80	84	鹰潭	Yingtan	4.23	4.98	4.40	256
绍兴	Shaoxing	36.09	36.76	37.40	51	赣州	Ganzhou	19.38	20.29	34.70	55
金华	Jinhua	62.71	81.50	71.30	18	吉安	Jian	11.33	11.93	28.50	65
衢州	Quzhou	13.20	22.16	23.30	83	宜春	Yichun	1.46	0.55	30.00	60
舟山	Zhoushan	6.41	14.46	15.80	120	抚州	Fuzhou	6.67	7.12	11.70	148
台州	Taizhou	33.86	74.36	70.50	19	上饶	Shangrao	18.45	19.15	19.40	98
丽水	Lishui	8.44	7.08	11.10	152	山东	**Shandong**	**371.10**	**410.90**		
安徽	**Anhui**	**133.29**	**165.05**			济南	Jinan	34.80	43.70	41.70	40
合肥	Hefei	42.14	49.67	55.00	29	青岛	Qingdao	96.20	110.40	117.80	10
芜湖	Wuhu	8.49	8.25	12.60	142	淄博	Zibo	19.70	19.80	20.70	89
蚌埠	Bengbu	6.50	7.38	8.50	193	枣庄	Zaozhuang	10.60	12.10	13.30	136
淮南	Huainan	3.46	4.30	4.90	247	东营	Dongying	8.60	9.80	10.80	158
马鞍山	Maanshan	6.17	8.99	10.70	159	烟台	Yantai	42.80	44.40	49.90	35
淮北	Huaibei	4.75	4.42	4.80	249	潍坊	Weifang	39.30	41.30	37.80	49
铜陵	Tongling	1.82	2.83	3.80	262	济宁	Jining	13.30	14.30	17.30	107
安庆	Anqing	7.86	10.79	12.90	139	泰安	Taian	11.50	13.50	13.00	137
黄山	Huangshan	3.64	5.18	6.40	221	威海	Weihai	14.70	16.90	17.60	106
滁州	Chuzhou	12.97	17.73	21.30	87	日照	Rizhao	13.60	14.30	17.30	107
阜阳	Fuyang	5.71	8.81	10.60	161	莱芜	Laiwu	6.60	6.30	6.50	218
宿州	Suzhou	3.24	4.48	4.50	254	临沂	Linyi	13.90	14.90	15.10	124
六安	Liuan	7.61	10.65	12.60	142	德州	Dezhou	10.10	9.60	10.20	169
亳州	Bozhou	3.77	6.80	9.70	175	聊城	Liaocheng	6.70	8.90	8.90	190

2-8 城镇私营单位就业人员 续表 2
Employed Persons in Urban Private Units continued 2

单位：万人 （10 000 persons）

地名	City	2010	2011	2012	2012 排名 Ranking	地名	City	2010	2011	2012	2012 排名 Ranking
滨州	Binzhou	9.80	13.70	15.00	126	常德	Changde	5.65	7.83	13.50	134
菏泽	Heze	10.50	10.00	11.10	152	张家界	Zhangjiajie	1.95	1.99	5.70	232
河南	**Henan**	**177.45**	**430.09**			益阳	Yiyang	3.28	6.61	7.50	204
郑州	Zhengzhou	75.01	80.85	80.80	15	郴州	Chenzhou	9.57	10.85	12.40	144
开封	Kaifeng	15.70	22.06	22.10	85	永州	Yongzhou	11.71	9.62	10.10	171
洛阳	Luoyang	19.94	40.83	40.80	44	怀化	Huaihua	22.77	24.21	25.10	79
平顶山	Pingdingshan	5.12	10.96	11.00	156	娄底	Loudi	6.23	6.78	5.20	239
安阳	Anyang	8.05	43.19	43.20	39	**广东**	**Guangdong**	**885.60**	**899.46**		
鹤壁	Hebi	2.18	3.50	3.50	266	广州	Guangzhou	225.70	155.70	164.60	3
新乡	Xinxiang	9.61	28.29	28.30	68	韶关	Shaoguan	5.00	3.80	6.20	227
焦作	Jiaozuo	16.11	26.29	26.30	75	深圳	Shenzhen		281.37	304.00	1
濮阳	Puyang	6.43	9.20	9.20	180	珠海	Zhuhai	17.90	17.59	17.10	112
许昌	Xuchang	6.44	28.10	28.10	69	汕头	Shantou		35.38		
漯河	Luohe	3.23	9.50	9.50	177	佛山	Foshan		18.56	20.20	92
三门峡	Sanmenxia	4.86	10.25	10.20	169	江门	Jiangmen	25.60	27.57	29.90	62
南阳	Nanyang	13.42	50.17	50.20	34	湛江	Zhanjiang	12.40	15.26	26.50	73
商丘	Shangqiu	8.09	15.68	15.70	121	茂名	Maoming	7.50	4.70	9.20	180
信阳	Xinyang	2.73	11.50	11.50	150	肇庆	Zhaoqing	7.60	8.49	26.50	73
周口	Zhoukou	17.85	17.33	17.30	107	惠州	Huizhou	35.30	8.99	9.20	180
驻马店	Zhumadian	14.72	19.99	20.00	93	梅州	Meizhou	4.10	3.98	4.10	259
湖北	**Hubei**	**184.00**	**226.20**			汕尾	Shanwei		6.24	6.60	217
武汉	Wuhan	38.56	25.90	85.40	14	河源	Heyuan	12.80	7.74	6.40	221
黄石	Huangshi	16.60	17.82	18.00	104	阳江	Yangjiang	16.40	8.02	9.80	174
十堰	Shiyan	13.22	17.90	20.70	89	清远	Qingyuan	17.60	22.40	23.60	82
宜昌	Yichang	20.20	25.30	27.60	70	东莞	Dongguan				
襄阳	Xiangfan	17.56	18.20	4.90	247	中山	ZhongShan	10.90	100.45	99.80	12
鄂州	Ezhou	11.17	10.41	10.60	161	潮州	Chaozhou	12.10	19.89	13.00	137
荆门	Jingmen	12.03	14.90	13.40	135	揭阳	Jieyang	9.00	9.60	10.30	167
孝感	Xiaogan	21.33	26.14	29.70	63	云浮	Yunfu		8.91	1.90	277
荆州	Jingzhou	16.23	18.80	60.20	24	**广西**	**Guangxi**	**100.00**	**123.00**		
黄冈	Huanggang	10.12	9.71	15.20	123	南宁	Nanning	48.10	68.76	51.00	33
咸宁	Xianning	5.88	2.76	3.00	272	柳州	Liuzhou	21.40	24.60	28.50	65
随州	Suizhou	14.32	2.40	6.80	214	桂林	Guilin	20.10	23.25	10.40	165
湖南	**Hunan**	**234.04**	**260.62**			梧州	Wuzhou	5.10	17.39	8.10	196
长沙	Changsha	34.51	34.77	37.90	48	北海	Beihai				
株洲	Zhuzhou	12.17	12.49	12.90	139	防城港	Fangchenggang	1.90	2.61	3.20	270
湘潭	Xiangtan	6.49	5.39	5.20	239	钦州	Qinzhou	4.30	9.50	5.40	235
衡阳	Hengyang	44.95	48.31	52.90	30	贵港	Guigang	5.20	5.85	5.00	244
邵阳	Shaoyang	11.73	15.34	18.80	100	玉林	Yulin	19.10	6.12	25.80	76
岳阳	Yueyang	10.48	24.28	25.10	79	百色	Baise		4.12	6.50	218

2-8 城镇私营单位就业人员 续表 3
Employed Persons in Urban Private Units continued 3

单位：万人 (10 000 persons)

地名	City	2010	2011	2012	2012 排名 Ranking
贺州	Hezhou	1.60	3.00	2.30	275
河池	Hechi	8.90	34.18	20.90	88
来宾	Laibin	10.60	10.77	9.30	179
崇左	Chongzuo	2.70	3.50	3.30	268
海南	**Hainan**	**41.60**	**47.75**		
海口	Haikou	31.60	36.23	40.90	43
三亚	Sanya	3.40	3.84	4.10	259
重庆	**Chongqing**	**210.30**	**235.10**		
四川	**Sichuan**	**285.85**	**299.66**		
成都	Chengdu	108.85	109.07	123.50	8
自贡	Zigong	11.00	14.22	15.50	122
攀枝花	Panzhihua	6.15	6.50	6.30	223
泸州	Luzhou	12.99	13.85	16.30	117
德阳	Deyang	10.33	11.53	11.60	149
绵阳	Mianyang	8.81	9.79	12.30	145
广元	Guangyuan	6.91	7.41	7.80	201
遂宁	Suining	9.92	9.91	10.10	171
内江	Neijiang	9.57	9.77	12.20	146
乐山	Leshan	8.91	9.20	9.00	187
南充	Nanchong	23.33	23.60	24.20	81
眉山	Meishan	4.80	5.06	5.20	239
宜宾	Yibin	16.30	16.39	18.20	103
广安	Guangan	9.66	10.06	11.10	152
达州	Dazhou	13.47	14.35	16.50	114
雅安	Yaan	4.61	4.76	5.20	239
巴中	Bazhong	3.35	5.43	5.60	233
资阳	Ziyang	5.96	6.91	7.30	207
贵州	**Guizhou**		**41.07**		
贵阳	Guiyang	15.53		16.40	115
六盘水	Liupanshui	2.85	5.31	10.90	157
遵义	Zunyi	5.80	2.66	15.10	124
安顺	Anshun	3.27	4.85	4.70	250
毕节	Bijie	3.57	6.07	6.70	216
铜仁	Tongren	1.07	1.09	7.80	201
云南	**Yunnan**	**276.30**	**220.80**		
昆明	Kunming			59.20	26
曲靖	Qujing	21.67	1.60	28.50	65
玉溪	Yuxi	5.26	6.82	5.40	235
保山	Baoshan	2.15	2.20	2.20	276
昭通	Zhaotong	5.97	10.29	8.50	193
丽江	Lijiang	0.94	1.04	1.00	279
普洱	Puer	4.62	8.50	9.10	185
临沧	Lincang	1.02	3.69	6.50	218
西藏	**Tibet**				
拉萨	Lhasa				
陕西	**Shaanxi**	**190.28**	**206.72**		
西安	Xi'an	67.10	70.88	74.40	16
铜川	Tongchuan	0.29	0.29	3.70	265
宝鸡	Baoji	18.84	20.17	18.80	100
咸阳	Xianyang	9.19	8.60	31.80	57
渭南	Weinan	22.52	27.86	26.80	71
延安	Yan'an	6.72	7.25	7.90	198
汉中	Hanzhong	2.31	2.31	16.30	117
榆林	Yulin	19.08	19.40	20.00	93
安康	Ankang	1.64	1.91	10.50	164
商洛	Shangluo	5.60	8.44	5.30	238
甘肃	**Gansu**	**59.42**	**90.98**		
兰州	Lanzhou	30.67	36.36	36.80	52
嘉峪关	Jiayuguan	1.16		1.50	278
金昌	Jinchang	2.10	3.05	3.30	268
白银	Baiyin	2.70	5.49	6.80	214
天水	Tianshui	4.22	7.50	9.10	185
武威	Wuwei	1.67	3.78	4.50	254
张掖	Zhangye	3.14	5.53	6.00	229
平凉	Pingliang	1.70	3.24	3.80	262
酒泉	Jiuquan	2.79	5.43	6.20	227
庆阳	Qingyang	1.70	4.27	5.20	239
定西	Dingxi	3.05	4.89	5.60	233
陇南	Longnan	2.17	4.29	4.60	252
青海	**Qinghai**	**14.51**	**35.62**		
西宁	Xining	8.80			
宁夏	**Ningxia**	**48.64**	**70.16**		
银川	Yinchuan	23.49	36.38	38.70	46
石嘴山	Shizuishan	7.06	14.16	9.40	178
吴忠	Wuzhong	8.95	8.94	9.00	187
固原	Guyuan	6.25	7.03	5.40	235
中卫	Zhongwei	2.90	3.66	4.20	258
新疆	**Xinjiang**	**65.36**	**65.00**		
乌鲁木齐	Urumqi	26.91	21.29	19.70	96
克拉玛依	Karamay	2.33	2.90	2.80	273

2-9 城镇单位就业人员平均工资
Average Wage of Urban Employed Persons

单位：元 (yuan)

地名	City	2010	2011	2012	2012 排名 Ranking
全国	**Nation Total**	**36539**	**41799**	**46769**	
北京	**Beijing**	**65683**	**75834**	**84742**	
天津	**Tianjin**	**52963**	**55636**	**61514**	
河北	**Hebei**	**32306**	**36166**	**38658**	
石家庄	Shijiazhuang	31460	35132	39669	130
唐山	Tangshan	37232	42029	45838	61
秦皇岛	Qinhuangdao	35825	40518	44824	69
邯郸	Handan	32123	36122	38255	153
邢台	Xingtai	30317	34829	36278	181
保定	Baoding	28089	32277	34912	203
张家口	Zhangjiakou	30592	33437	35615	193
承德	Chengde	29960	34134	37787	160
沧州	Cangzhou	33015	36201	40114	120
廊坊	Langfang	37224	39976	44886	67
衡水	Hengshui	25699	28994	32800	242
山西	**Shanxi**	**33544**	**39903**	**44236**	
太原	Taiyuan	37634	43398	46831	53
大同	Datong	34433	43633	47646	44
阳泉	Yangquan	42371	48489	53972	22
长治	Changzhi	33418	38738	44304	77
晋城	Jincheng	40029	48325	54163	21
朔州	Shuozhou	32530	38136	44777	70
晋中	Jinzhong	29024	36766	42099	91
运城	Yuncheng	23690	27598	31912	253
忻州	Xinzhou	24402	30487	34443	216
临汾	Linfen	26601	30045	34555	211
吕梁	Luliang	31048	38783	46561	54
内蒙古	**Inner Mongolia**	**35507**	**41481**	**46557**	
呼和浩特	Hohhot	37685	40476	44402	76
包头	Baotou	41403	47059	51167	29
乌海	Wuhai	39837	45188	47547	48
赤峰	Chifeng	31321	38680	44531	74
通辽	Tongliao	26432	34505	38281	151
鄂尔多斯	Erdos	53015	59306	66892	4
呼伦贝尔	Hulunbuir	33118	39611	45892	60
巴彦淖尔	Bayannur	30331	35253	40391	114
乌兰察布	Ulanqab	31006	34419	41341	99
辽宁	**Liaoning**	**35057**	**38713**	**41858**	
沈阳	Shenyang	41525	45306	47639	45
大连	Dalian	44617	49730	54391	20
鞍山	Anshan	32913	33730	34206	219
抚顺	Fushun	35148	36191	38267	152
本溪	Benxi	31823	36845	37990	156
丹东	Dandong	25863	27055	28392	279
锦州	Jinzhou	29450	33500	37320	167
营口	Yingkou	30592	31902	35930	186
阜新	Fuxin	25354	33110	37598	163
辽阳	Liaoyang	32028	36161	39855	126
盘锦	Panjin	28028	30397	32748	243
铁岭	Tieling	27959	32640	35764	189
朝阳	Chaoyang	29947	31402	35839	188
葫芦岛	Huludao	26041	31498	34638	210
吉林	**Jilin**	**29399**	**34197**	**38407**	
长春	Changchun	35723	41473	46272	57
吉林	Jilin	30992	35088	39934	125
四平	Siping	22367	28012	31325	263
辽源	Liaoyuan	23988	27792	31564	257
通化	Tonghua	24063	28404	31561	258
白山	Baishan	26422	29996	32134	249
松原	Songyuan	29328	33705	36337	179
白城	Baicheng	20668	24339	25371	283
黑龙江	**Heilongjiang**	**29603**	**33503**	**36406**	
哈尔滨	Harbin	31776	35404	39450	135
齐齐哈尔	Qiqihar	26770	29648	32514	244
鸡西	Jixi	28837	34309	37486	164
鹤岗	Hegang	29372	37085	38976	140
双鸭山	Shuangyashan	29515	33042	35257	197
大庆	Daqing	45679	49161	54556	19
伊春	Yichun	15985	18582	24350	284
佳木斯	Jiamusi	27028	30352	66913	3
七台河	Qitaihe	28714	33310	37360	165
牡丹江	Mudanjiang	27291	31033	72283	2
黑河	Heihe	24439	26722	30688	268
绥化	Suihua	20408	23208	26952	281
上海	**Shanghai**	**71874**	**75591**	**78673**	
江苏	**Jiangsu**	**40505**	**45987**	**50639**	

2-9 城镇单位就业人员平均工资 续表 1
Average Wage of Urban Employed Persons continued 1

单位：元 (yuan)

地名	City	2010	2011	2012	2012 排名 Ranking	地名	City	2010	2011	2012	2012 排名 Ranking
南京	Nanjing	48780	54713	60404	6	池州	Chizhou	31275	36790	40829	107
无锡	Wuxi	47006	51518	56883	11	宣城	Xuancheng	33499	39357	43872	81
徐州	Xuzhou	34243	39493	44070	79	福建	**Fujian**	**32647**	**38989**	**44525**	
常州	Changzhou	44214	49755	55764	16	福州	Fuzhou	34806	41725	48089	42
苏州	Suzhou	45566	51657	57622	8	厦门	Xiamen	40284	46098	52526	26
南通	Nantong	39448	44574	49399	35	莆田	Putian	27813	34083	40056	122
连云港	Lianyungang	33843	38817	44124	78	三明	Sanming	30610	37114	41941	94
淮安	Huaian	32786	36982	41966	93	泉州	Quanzhou	28908	35902	41117	104
盐城	Yancheng	30462	35499	40357	115	漳州	Zhangzhou	29535	34898	42137	90
扬州	Yangzhou	35429	40289	44689	72	南平	Nanping	28319	33378	39822	127
镇江	Zhenjiang	37675	42659	47626	46	龙岩	Longyan	30836	35557	41168	103
泰州	Taizhou	34488	38328	42985	88	宁德	Ningde	31292	38311	43504	84
宿迁	Suqian	27615	31995	36624	175	江西	**Jiangxi**	**29092**	**34055**	**38512**	
浙江	**Zhejiang**	**41505**	**46660**	**50197**		南昌	Nanchang	35038	39816	42417	89
杭州	Hangzhou	48772	54408	56417	13	景德镇	Jingdezhen	23249	29049	33346	235
宁波	Ningbo	43476	49755	56257	14	萍乡	Pingxiang	25332	31023	33267	238
温州	Wenzhou	37610	42343	48212	41	九江	Jiujiang	24744	29452	32490	245
嘉兴	Jiaxing	36319	42990	48305	40	新余	Xinyu	31455	35370	39611	131
湖州	Huzhou	36485	41107	46287	56	鹰潭	Yingtan	27917	30696	34012	223
绍兴	Shaoxing	35125	39810	45614	63	赣州	Ganzhou	23602	27775	32416	246
金华	Jinhua	39467	42861	47196	49	吉安	Jian	23093	27505	31966	252
衢州	Quzhou	44067	50055	50899	31	宜春	Yichun	24190	27806	32216	248
舟山	Zhoushan	43642	52915	57294	9	抚州	Fuzhou	21426	26895	32072	251
台州	Taizhou	40562	42199	47007	51	上饶	Shangrao	23428	27625	32100	250
丽水	Lishui	44979	49072	56448	12	山东	**Shandong**	**33321**	**37618**	**41904**	
安徽	**Anhui**	**34341**	**40640**	**44601**		济南	Jinan	36928	41715	45040	66
合肥	Hefei	39292	45442	49712	33	青岛	Qingdao	38136	42752	48967	36
芜湖	Wuhu	36591	41945	46234	58	淄博	Zibo	33690	37214	41350	98
蚌埠	Bengbu	28708	32853	37348	166	枣庄	Zaozhuang	30696	35542	38671	145
淮南	Huainan	45856	51913	54995	18	东营	Dongying	41805	45412	49635	34
马鞍山	Maanshan	42954	46439	49756	32	烟台	Yantai	32815	37375	41303	101
淮北	Huaibei	43013	50060	55925	15	潍坊	Weifang	33682	36548	40058	121
铜陵	Tongling	36633	42815	45361	64	济宁	Jining	35113	38745	43625	83
安庆	Anqing	27986	33359	36259	182	泰安	Taian	30734	37549	39800	128
黄山	Huangshan	30673	35920	39427	136	威海	Weihai	31839	35196	38662	146
滁州	Chuzhou	28758	34679	40491	112	日照	Rizhao	33172	36377	38831	142
阜阳	Fuyang	26273	32777	35390	196	莱芜	Laiwu	38265	37040	40547	111
宿州	Suzhou	28688	34517	36546	178	临沂	Linyi	30795	35137	40305	116
六安	Liuan	27088	32052	35062	202	德州	Dezhou	23939	28002	33328	236
亳州	Bozhou	27672	32241	37082	170	聊城	Liaocheng	25406	29148	32843	241

2-9 城镇单位就业人员平均工资 续表 2
Average Wage of Urban Employed Persons continued 2

单位：元 (yuan)

地名	City	2010	2011	2012	2012 排名 Ranking
滨州	Binzhou	27678	33392	40019	123
菏泽	Heze	21664	26783	31850	254
河南	**Henan**	**29819**	**33634**	**37338**	
郑州	Zhengzhou	32455	35000	41086	105
开封	Kaifeng	23948	27351	31398	261
洛阳	Luoyang	29059	32657	37074	171
平顶山	Pingdingshan	31506	36135	40179	117
安阳	Anyang	26211	28543	33002	239
鹤壁	Hebi	25542	29226	33440	232
新乡	Xinxiang	22616	25207	30111	272
焦作	Jiaozuo	25760	30545	34684	209
濮阳	Puyang	26092	31810	35122	199
许昌	Xuchang	26452	29617	33672	228
漯河	Luohe	20990	25322	30829	266
三门峡	Sanmenxia	29999	32707	38690	144
南阳	Nanyang	23127	26460	30112	271
商丘	Shangqiu	24075	26863	30674	269
信阳	Xinyang	24526	26704	30482	270
周口	Zhoukou	23784	26930	31846	255
驻马店	Zhumadian	21220	24627	28968	276
湖北	**Hubei**	**28092**	**32050**	**39846**	
武汉	Wuhan	31565	45643	48942	37
黄石	Huangshi	23879	31083	34437	217
十堰	Shiyan	22415	33474	38574	147
宜昌	Yichang	26893	31250	34412	218
襄阳	Xiangfan	23882	29234	32962	240
鄂州	Ezhou	31152	25876	37672	162
荆门	Jingmen	25446	32642	36637	174
孝感	Xiaogan	20136	25524	28180	280
荆州	Jingzhou	21563	28263	31173	264
黄冈	Huanggang	24177	27757	31542	259
咸宁	Xianning	22121	26367	26908	282
随州	Suizhou	22966	25595	28431	278
湖南	**Hunan**	**30483**	**35520**	**38971**	
长沙	Changsha	38338	44497	50904	30
株洲	Zhuzhou	33349	38499	43307	86
湘潭	Xiangtan	27292	33370	38327	149
衡阳	Hengyang	27614	30836	33459	230
邵阳	Shaoyang	24907	29467	32263	247
岳阳	Yueyang	25585	30931	35720	191
常德	Changde	28189	30831	33933	225
张家界	Zhangjiajie	26493	31080	34454	215
益阳	Yiyang	26334	30084	34154	220
郴州	Chenzhou	29859	34820	37946	158
永州	Yongzhou	27520	31864	34693	208
怀化	Huaihua	28751	32099	35088	200
娄底	Loudi	27369	31065	34912	203
广东	**Guangdong**	**40358**	**45152**	**50278**	
广州	Guangzhou	54807	57473	63752	5
韶关	Shaoguan	31873	35831	40133	119
深圳	Shenzhen	50456	55143	59010	7
珠海	Zhuhai	34405	40925	48486	39
汕头	Shantou	27742	32788	37716	161
佛山	Foshan	37079	40663	46203	59
江门	Jiangmen	27497	31913	37983	157
湛江	Zhanjiang	26787	29820	33965	224
茂名	Maoming	25811	30587	36671	173
肇庆	Zhaoqing	30114	34113	39151	138
惠州	Huizhou	29599	35719	41506	97
梅州	Meizhou	26672	31471	37129	169
汕尾	Shanwei	25501	30383	34786	206
河源	Heyuan	26379	31232	35747	190
阳江	Yangjiang	23586	28712	33858	227
清远	Qingyuan	32716	37024	44590	73
东莞	Dongguan	46576	50398	57007	10
中山	ZhongShan	40578	48415	55480	17
潮州	Chaozhou	24521	29276	33404	234
揭阳	Jieyang	22608	26934	30752	267
云浮	Yunfu	24758	30189	34885	205
广西	**Guangxi**	**30673**	**33032**	**36386**	
南宁	Nanning	37042	40120	41331	100
柳州	Liuzhou	37278	38229	38223	154
桂林	Guilin	30833	34085	36049	184
梧州	Wuzhou	28411	30170	31427	260
北海	Beihai	28063	30996	34466	214
防城港	Fangchenggang	29969	33642	35485	194
钦州	Qinzhou	28487	30227	34499	213
贵港	Guigang	26210	26334	28787	277
玉林	Yulin	26488	28461	31678	256
百色	Baise	28637	31456	34023	222

2-9 城镇单位就业人员平均工资 续表 3
Average Wage of Urban Employed Persons continued 3

单位：元 (yuan)

地名	City	2010	2011	2012	2012 排名 Ranking
贺州	Hezhou	28282	30827	33312	237
河池	Hechi	25953	29902	30109	273
来宾	Laibin	30825	32402	33471	229
崇左	Chongzuo	25464	27593	29674	275
海南	**Hainan**	**31025**	**36716**	**39485**	
海口	Haikou	34192	41220	40805	109
三亚	Sanya	33437	37002	39955	124
重庆	**Chongqing**	**35326**	**40042**	**44498**	
四川	**Sichuan**	**26952**	**37924**	**42339**	
成都	Chengdu	30515	41838	46456	55
自贡	Zigong	23223	35279	40154	118
攀枝花	Panzhihua	30029	41788	46888	52
泸州	Luzhou	22448	30731	35688	192
德阳	Deyang	28355	41896	45769	62
绵阳	Mianyang	26347	37865	41530	96
广元	Guangyuan	25328	35653	38901	141
遂宁	Suining	22621	31622	35246	198
内江	Neijiang	22340	32189	35892	187
乐山	Leshan	23865	31745	36615	176
南充	Nanchong	22197	31217	36585	177
眉山	Meishan	22897	34289	39476	133
宜宾	Yibin	25265	35065	39222	137
广安	Guangan	22913	34750	39466	134
达州	Dazhou	22809	31764	36325	180
雅安	Yaan	23065	30997	35084	201
巴中	Bazhong	22996	28753	33434	233
资阳	Ziyang	24224	32422	35400	195
贵州	**Guizhou**	**31458**	**37334**	**41156**	
贵阳	Guiyang	30848	37935	41767	95
六盘水	Liupanshui	33983	39448	41995	92
遵义	Zunyi	31335	37684	43056	87
安顺	Anshun	29435	35343	38403	148
毕节	Bijie	28498	33037	40814	108
铜仁	Tongren	30366	34328	38323	150
云南	**Yunnan**	**30177**	**35387**	**37629**	
昆明	Kunming	34403	41644	45094	65
曲靖	Qujing	32520	35891	37295	168
玉溪	Yuxi	30243	38180	40454	113
保山	Baoshan	23190	27699	31088	265
昭通	Zhaotong	28650	35604	36113	183

地名	City	2010	2011	2012	2012 排名 Ranking
丽江	Lijiang	29452	32541	35975	185
普洱	Puer	27092	26159	31340	262
临沧	Lincang	26365	30202	34059	221
西藏	**Tibet**	**54397**	**49464**	**51705**	
拉萨	Lhasa	46480	57899	47008	50
陕西	**Shaanxi**	**34299**	**39043**	**43073**	
西安	Xi'an	37870	41083	47566	47
铜川	Tongchuan	31046	33963	38722	143
宝鸡	Baoji	30943	35063	39025	139
咸阳	Xianyang	27786	32763	38202	155
渭南	Weinan	28628	33703	39510	132
延安	Yan'an	38313	42676	47867	43
汉中	Hanzhong	30148	35119	40739	110
榆林	Yulin	40629	45053	53216	23
安康	Ankang	32903	37802	40951	106
商洛	Shangluo	26171	30287	34769	207
甘肃	**Gansu**	**29588**	**32906**	**37679**	
兰州	Lanzhou	33966	38965	44492	75
嘉峪关	Jiayuguan	46948	53750	51796	28
金昌	Jinchang	42104	46730	53087	24
白银	Baiyin	34374	39818	44866	68
天水	Tianshui	23936	28322	34525	212
武威	Wuwei	21969	27345	29731	274
张掖	Zhangye	23009	26690	33448	231
平凉	Pingliang	31546	37868	43431	85
酒泉	Jiuquan	33304	37100	43687	82
庆阳	Qingyang	28590	34645	37936	159
定西	Dingxi	27324	32717	36839	172
陇南	Longnan	26433	29292	33859	226
青海	**Qinghai**	**37182**	**42493**	**46483**	
西宁	Xining	32989	38768	44031	80
宁夏	**Ningxia**	**39144**	**44574**	**47436**	
银川	Yinchuan	43195	49098	52807	25
石嘴山	Shizuishan	34222	39318	41174	102
吴忠	Wuzhong	34496	38163	44765	71
固原	Guyuan	35977	41653	48697	38
中卫	Zhongwei	30974	36255	39770	129
新疆	**Xinjiang**	**32361**	**38820**	**44576**	
乌鲁木齐	Urumqi	41529	47747	52418	27
克拉玛依	Karamay	42767	58657	73510	1

2-10 城镇单位国有单位就业人员平均工资
Average Wage of Urban Employed Persons of State-owned Units

单位：元 (yuan)

地名	City	2010	2011	2012	2012 排名 Ranking
全国	**Nation Total**	**38359**	**43483**	**48357**	
北京	**Beijing**	**70320**	**81215**	**87299**	
天津	**Tianjin**	**59442**	**63773**	**68231**	
河北	**Hebei**	**32830**	**36782**	**39177**	
石家庄	Shijiazhuang	34168	37477	42520	124
唐山	Tangshan	35548	41210	43572	112
秦皇岛	Qinhuangdao	35046	37650	42096	129
邯郸	Handan	34849	38710	40269	148
邢台	Xingtai	28614	31523	34183	237
保定	Baoding	29066	34580	36892	190
张家口	Zhangjiakou	30164	33512	36255	194
承德	Chengde	31013	35113	38080	175
沧州	Cangzhou	36119	39498	42925	119
廊坊	Langfang	36398	39290	44088	105
衡水	Hengshui	25674	30088	34339	232
山西	**Shanxi**	**33119**	**37164**	**40881**	
太原	Taiyuan	35663	41214	45949	93
大同	Datong	27993	31983	34386	230
阳泉	Yangquan	45549	52129	57860	41
长治	Changzhi	38577	35526	39374	161
晋城	Jincheng	30978	34384	37321	184
朔州	Shuozhou	35602	35297	39477	157
晋中	Jinzhong	27512	33724	37898	178
运城	Yuncheng	24546	28350	32125	263
忻州	Xinzhou	25834	31582	35354	210
临汾	Linfen	26705	30105	32431	261
吕梁	Luliang	28048	32068	41604	138
内蒙古	**Inner Mongolia**	**37602**	**44143**	**49278**	
呼和浩特	Hohhot	43042	43906	47571	79
包头	Baotou	46112	52403	59112	35
乌海	Wuhai	47744	56787	63995	28
赤峰	Chifeng	33808	41859	47964	74
通辽	Tongliao	26185	35460	38672	173
鄂尔多斯	Erdos	56944	63526	69599	20
呼伦贝尔	Hulunbuir	35095	41745	47801	78
巴彦淖尔	Bayannur	31399	37380	42095	130
乌兰察布	Ulanqab	32393	36365	43580	111
辽宁	**Liaoning**	**36371**	**40553**	**43177**	
沈阳	Shenyang	49968	52049	52548	54
大连	Dalian	56729	62882	65597	26
鞍山	Anshan	37080	39501	38957	169
抚顺	Fushun	34872	35786	37589	181
本溪	Benxi	34791	41188	41222	140
丹东	Dandong	30911	32315	32752	259
锦州	Jinzhou	30164	33035	36709	192
营口	Yingkou	35068	36332	39564	156
阜新	Fuxin	27670	36859	42410	127
辽阳	Liaoyang	28211	31255	35021	220
盘锦	Panjin	13152	23546	25009	283
铁岭	Tieling	23626	27777	30724	273
朝阳	Chaoyang	32169	33086	41216	141
葫芦岛	Huludao	26517	31939	34260	234
吉林	**Jilin**	**30661**	**35216**	**39335**	
长春	Changchun	38428	43419	48868	69
吉林	Jilin	30881	34684	39140	168
四平	Siping	24743	30460	33570	247
辽源	Liaoyuan	25444	29304	33147	254
通化	Tonghua	26490	31202	34643	227
白山	Baishan	29371	32816	34262	233
松原	Songyuan	24770	30749	33459	248
白城	Baicheng	21285	25128	25319	282
黑龙江	**Heilongjiang**	**30675**	**34462**	**36814**	
哈尔滨	Harbin	33822	37005	40559	145
齐齐哈尔	Qiqihar	29723	30931	33235	251
鸡西	Jixi	27298	30280	33725	243
鹤岗	Hegang	30539	39057	41149	142
双鸭山	Shuangyashan	26314	30267	30068	277
大庆	Daqing	46773	51493	57949	39
伊春	Yichun	15391	17392	22960	284
佳木斯	Jiamusi	28049	30923	81535	9
七台河	Qitaihe	27460	30969	35093	218
牡丹江	Mudanjiang	28166	31989	92094	1
黑河	Heihe	25537	27701	31615	269
绥化	Suihua	22327	24806	27199	281
上海	**Shanghai**	**78651**	**83519**	**89739**	
江苏	**Jiangsu**	**51245**	**57002**	**61221**	

2-10 城镇单位国有单位就业人员平均工资 续表 1
Average Wage of Urban Employed Persons of State-owned Units continued 1

单位：元 (yuan)

地名	City	2010	2011	2012	2012 排名 Ranking
南京	Nanjing	61673	67976	74560	14
无锡	Wuxi	76650	79480	85446	5
徐州	Xuzhou	37406	43102	47890	75
常州	Changzhou	61638	68289	73912	16
苏州	Suzhou	75574	81343	88461	3
南通	Nantong	56939	63230	68887	22
连云港	Lianyungang	37386	43526	49535	63
淮安	Huaian	39023	45383	51456	58
盐城	Yancheng	37240	42897	49231	65
扬州	Yangzhou	45048	49749	53754	52
镇江	Zhenjiang	51067	56014	62087	32
泰州	Taizhou	48766	52026	55814	46
宿迁	Suqian	33151	38337	43956	107
浙江	**Zhejiang**	**65440**	**72383**	**73494**	
杭州	Hangzhou	71579	79657	82856	8
宁波	Ningbo	72632	81725	88219	4
温州	Wenzhou	63463	67558	75303	12
嘉兴	Jiaxing	59268	67860	74804	13
湖州	Huzhou	64181	70062	72896	17
绍兴	Shaoxing	71207	78364	85297	6
金华	Jinhua	56334	61105	63840	29
衢州	Quzhou	55705	58272	64776	27
舟山	Zhoushan	52410	62528	67450	23
台州	Taizhou	65978	65047	79338	10
丽水	Lishui	53566	58379	63484	30
安徽	**Anhui**	**35014**	**40732**	**44818**	
合肥	Hefei	44724	48167	52583	53
芜湖	Wuhu	45499	48073	51715	55
蚌埠	Bengbu	33918	38120	42486	125
淮南	Huainan	32912	39613	43937	108
马鞍山	Maanshan	42827	44810	48904	68
淮北	Huaibei	44139	51938	57563	44
铜陵	Tongling	46218	49411	51592	56
安庆	Anqing	29853	35084	37701	180
黄山	Huangshan	34779	40711	43148	115
滁州	Chuzhou	29897	35087	39813	151
阜阳	Fuyang	25846	31951	36135	196
宿州	Suzhou	31394	38268	39615	154
六安	Liuan	28098	32377	35800	199
亳州	Bozhou	29259	33663	37366	183
池州	Chizhou	34071	40377	43339	113
宣城	Xuancheng	34755	40663	45474	94
福建	**Fujian**	**41685**	**48587**	**54211**	
福州	Fuzhou	43481	50528	58753	37
厦门	Xiamen	64219	70111	75806	11
莆田	Putian	35626	42583	48573	70
三明	Sanming	31505	37603	43276	114
泉州	Quanzhou	44678	52542	63411	31
漳州	Zhangzhou	35784	42108	49255	64
南平	Nanping	33414	38884	45344	96
龙岩	Longyan	36029	42117	47556	80
宁德	Ningde	32596	39717	43899	109
江西	**Jiangxi**	**30985**	**36939**	**39422**	
南昌	Nanchang	37938	43606	47376	82
景德镇	Jingdezhen	26568	30029	36761	191
萍乡	Pingxiang	24831	28651	31808	267
九江	Jiujiang	26476	30540	34782	225
新余	Xinyu	32230	35761	37862	179
鹰潭	Yingtan	29570	31679	35186	215
赣州	Ganzhou	25875	29786	35130	216
吉安	Jian	23787	28138	32693	260
宜春	Yichun	26467	29340	35258	214
抚州	Fuzhou	22964	26703	31131	271
上饶	Shangrao	24203	28634	32839	256
山东	**Shandong**	**38490**	**43469**	**47894**	
济南	Jinan	42511	47862	50986	60
青岛	Qingdao	51803	58744	66332	25
淄博	Zibo	43345	46701	50104	61
枣庄	Zaozhuang	35313	42074	45301	98
东营	Dongying	49492	55493	60959	33
烟台	Yantai	40231	43062	47221	83
潍坊	Weifang	38130	41667	46014	92
济宁	Jining	39919	45058	48927	67
泰安	Taian	32725	38294	42326	128
威海	Weihai	40280	45015	47513	81
日照	Rizhao	39151	39556	43987	106
莱芜	Laiwu	34656	40511	42591	122
临沂	Linyi	31834	38342	42946	118
德州	Dezhou	25571	30013	34899	221
聊城	Liaocheng	27671	31988	34805	224

2-10 城镇单位国有单位就业人员平均工资 续表 2

Average Wage of Urban Employed Persons of State-owned Units continued 2

单位：元 (yuan)

地名	City	2010	2011	2012	2012 排名 Ranking	地名	City	2010	2011	2012	2012 排名 Ranking
滨州	Binzhou	33682	37474	44739	101	常德	Changde	31833	32910	35700	204
菏泽	Heze	21818	26395	31494	270	张家界	Zhangjiajie	28608	32513	35738	202
河南	**Henan**	**31470**	**35386**	**39344**		益阳	Yiyang	28268	31431	34480	229
郑州	Zhengzhou	37032	40564	46645	89	郴州	Chenzhou	31233	35853	39573	155
开封	Kaifeng	25978	29858	34248	235	永州	Yongzhou	29910	32385	36013	198
洛阳	Luoyang	30988	34283	39259	166	怀化	Huaihua	29801	32272	36118	197
平顶山	Pingdingshan	27713	31553	35602	206	娄底	Loudi	27742	30812	34737	226
安阳	Anyang	28150	30275	35054	219	**广东**	**Guangdong**	**49610**	**54739**	**59423**	
鹤壁	Hebi	24663	27724	30715	274	广州	Guangzhou	73803	77883	84328	7
新乡	Xinxiang	25165	27866	32958	255	韶关	Shaoguan	36472	42671	46652	88
焦作	Jiaozuo	26237	28520	33696	244	深圳	Shenzhen	79734	85218	90492	2
濮阳	Puyang	26607	37780	41524	139	珠海	Zhuhai	65945	66774	70218	19
许昌	Xuchang	27180	30509	34379	231	汕头	Shantou	32592	39789	43147	116
漯河	Luohe	23301	27658	32301	262	佛山	Foshan	53706	56757	58860	36
三门峡	Sanmenxia	29863	32377	36346	193	江门	Jiangmen	36849	43940	47066	84
南阳	Nanyang	27433	31064	34884	222	湛江	Zhanjiang	27819	30449	35124	217
商丘	Shangqiu	23547	25436	28252	280	茂名	Maoming	26068	30150	35474	209
信阳	Xinyang	26363	28496	31817	266	肇庆	Zhaoqing	37856	42590	47885	76
周口	Zhoukou	25359	28618	33658	246	惠州	Huizhou	42919	49414	55221	49
驻马店	Zhumadian	23214	26023	30244	276	梅州	Meizhou	29047	33314	39335	162
湖北	**Hubei**	**35981**	**40345**	**41979**		汕尾	Shanwei	26001	29897	34095	238
武汉	Wuhan	40121	58578	58361	38	河源	Heyuan	30425	35311	39471	158
黄石	Huangshi	25336	31039	35291	212	阳江	Yangjiang	27319	30690	34842	223
十堰	Shiyan	23136	29065	35711	203	清远	Qingyuan	43837	49078	57603	43
宜昌	Yichang	31542	35362	33190	253	东莞	Dongguan	57275	61504	66857	24
襄阳	Xiangfan	25290	29875	34235	236	中山	ZhongShan	62367	66958	71887	18
鄂州	Ezhou	35579	39838	46179	91	潮州	Chaozhou	28773	32324	37535	182
荆门	Jingmen	27889	36043	37899	177	揭阳	Jieyang	23937	27847	31820	265
孝感	Xiaogan	23121	30097	33929	242	云浮	Yunfu	30168	36183	41689	136
荆州	Jingzhou	23896	28529	31924	264	**广西**	**Guangxi**	**32587**	**34886**	**37706**	
黄冈	Huanggang	25590	29674	32754	258	南宁	Nanning	44735	47418	46884	87
咸宁	Xianning	23516	28200	29984	278	柳州	Liuzhou	36988	39727	39401	160
随州	Suizhou	25046	29259	33338	250	桂林	Guilin	33012	35807	37180	186
湖南	**Hunan**	**32863**	**36654**	**40397**		梧州	Wuzhou	30933	32812	33976	240
长沙	Changsha	46901	52317	60561	34	北海	Beihai	31449	35718	37228	185
株洲	Zhuzhou	35337	38846	44101	104	防城港	Fangchenggang	30913	34924	35783	201
湘潭	Xiangtan	35107	36666	40339	146	钦州	Qinzhou	30606	31701	35523	208
衡阳	Hengyang	29246	32371	35554	207	贵港	Guigang	28236	27686	30272	275
邵阳	Shaoyang	27086	30477	33687	245	玉林	Yulin	27141	31892	32791	257
岳阳	Yueyang	25942	29699	33945	241	百色	Baise	29338	32771	34539	228

2-10 城镇单位国有单位就业人员平均工资 续表 3
Average Wage of Urban Employed Persons of State-owned Units continued 3

单位：元 (yuan)

地名	City	2010	2011	2012	2012 排名 Ranking
贺州	Hezhou	29960	31661	33411	249
河池	Hechi	28326	30875	31119	272
来宾	Laibin	30782	32132	33217	252
崇左	Chongzuo	26901	28074	29559	279
海南	**Hainan**	**32028**	**38219**	**40225**	
海口	Haikou	36904	45935	40307	147
三亚	Sanya	41203	46842	46955	85
重庆	**Chongqing**	**38075**	**44585**	**50523**	
四川	**Sichuan**	**37502**	**42828**	**47721**	
成都	Chengdu	46282	51381	56816	45
自贡	Zigong	33262	38890	44456	102
攀枝花	Panzhihua	37684	42471	47844	77
泸州	Luzhou	27679	32813	38445	174
德阳	Deyang	43657	44642	46917	86
绵阳	Mianyang	39243	45988	48168	72
广元	Guangyuan	29706	36451	39291	164
遂宁	Suining	31150	33881	40707	144
内江	Neijiang	31477	36990	39689	153
乐山	Leshan	33586	38543	42840	120
南充	Nanchong	27934	32960	39141	167
眉山	Meishan	31099	36261	42425	126
宜宾	Yibin	31549	36505	41918	133
广安	Guangan	28803	34662	39268	165
达州	Dazhou	28235	34052	38897	172
雅安	Yaan	27444	32177	36982	189
巴中	Bazhong	26725	32011	36223	195
资阳	Ziyang	31496	37600	41614	137
贵州	**Guizhou**	**32718**	**38914**	**43702**	
贵阳	Guiyang	33212	42468	46209	90
六盘水	Liupanshui	33090	38748	41980	132
遵义	Zunyi	32430	38355	45325	97
安顺	Anshun	31449	36158	41886	135
毕节	Bijie	28847	33126	43096	117
铜仁	Tongren	30510	34208	40168	149
云南	**Yunnan**	**34330**	**40379**	**43415**	
昆明	Kunming	41925	52539	57882	40
曲靖	Qujing	38486	42044	44842	99
玉溪	Yuxi	38601	50314	57759	42
保山	Baoshan	28115	32140	35339	211
昭通	Zhaotong	30733	35320	37007	188
丽江	Lijiang	32857	36394	39814	150
普洱	Puer	28773	29223	34067	239
临沧	Lincang	28175	31647	35285	213
西藏	**Tibet**	**55581**	**50770**	**52219**	
拉萨	Lhasa	50239	59996	69028	21
陕西	**Shaanxi**	**35495**	**41291**	**45526**	
西安	Xi'an	38122	44274	51030	59
铜川	Tongchuan	31993	34044	38912	171
宝鸡	Baoji	34347	38588	42617	121
咸阳	Xianyang	28767	33752	39413	159
渭南	Weinan	29879	35680	41038	143
延安	Yan'an	38183	42562	48210	71
汉中	Hanzhong	33247	37943	43887	110
榆林	Yulin	40918	44480	53908	51
安康	Ankang	35622	42034	44369	103
商洛	Shangluo	28861	32498	37163	187
甘肃	**Gansu**	**30475**	**33232**	**38401**	
兰州	Lanzhou	36978	41816	48081	73
嘉峪关	Jiayuguan	47941	54334	55684	47
金昌	Jinchang	43922	48576	54716	50
白银	Baiyin	31129	34898	39799	152
天水	Tianshui	27520	31544	39301	163
武威	Wuwei	23390	29337	31716	268
张掖	Zhangye	25144	28698	35788	200
平凉	Pingliang	32242	39915	44818	100
酒泉	Jiuquan	34094	35276	42530	123
庆阳	Qingyang	28627	34819	38914	170
定西	Dingxi	28930	34030	38000	176
陇南	Longnan	27778	30675	35646	205
青海	**Qinghai**	**42906**	**48618**	**50729**	
西宁	Xining	40161	46186	49231	65
宁夏	**Ningxia**	**37377**	**43325**	**46880**	
银川	Yinchuan	39170	46660	51483	57
石嘴山	Shizuishan	35658	39863	41994	131
吴忠	Wuzhong	35203	38340	45439	95
固原	Guyuan	36723	42531	49558	62
中卫	Zhongwei	31980	37225	41916	134
新疆	**Xinjiang**	**31390**	**36752**	**42479**	
乌鲁木齐	Urumqi	44927	51310	55487	48
克拉玛依	Karamay	41403	57385	74218	15

2-11 城镇单位城镇集体单位就业人员平均工资
Average Wage of Urban Employed Persons of Colletive-owned Units

单位：元 (yuan)

地名	City	2010	2011	2012	2012 排名 Ranking
全国	**Nation Total**	**24010**	**28791**	**33784**	
北京	**Beijing**	**26607**	**32469**	**38552**	
天津	**Tianjin**	**40874**	**36050**	**40494**	
河北	**Hebei**	**22220**	**25196**	**28597**	
石家庄	Shijiazhuang	17770	22941	27761	216
唐山	Tangshan	26053	24423	29431	191
秦皇岛	Qinhuangdao	26439	25229	25555	243
邯郸	Handan	18998	23363	28192	209
邢台	Xingtai	19833	24107	29695	187
保定	Baoding	22051	24146	28298	207
张家口	Zhangjiakou	24543	27644	27302	222
承德	Chengde	30883	34172	38913	70
沧州	Cangzhou	23234	29818	35293	103
廊坊	Langfang	28168	28418	31906	154
衡水	Hengshui	21978	26633	30281	174
山西	**Shanxi**	**21993**	**27669**	**32780**	
太原	Taiyuan	18255	22887	26372	234
大同	Datong	16755	22625	26088	238
阳泉	Yangquan	28339	35190	40426	62
长治	Changzhi	23016	31072	33648	126
晋城	Jincheng	20626	25540	30910	166
朔州	Shuozhou	27059	30197	29804	186
晋中	Jinzhong	24517	31757	38132	78
运城	Yuncheng	19709	25305	29520	189
忻州	Xinzhou	15002	21099	22171	272
临汾	Linfen	32758	36681	40700	60
吕梁	Luliang	25108	32315	49723	25
内蒙古	**Inner Mongolia**	**29822**	**37963**	**45344**	
呼和浩特	Hohhot	26412	33309	33457	129
包头	Baotou	29496	35734	38264	76
乌海	Wuhai	17189	22697	22377	268
赤峰	Chifeng	28995	39108	48808	27
通辽	Tongliao	26013	37110	44599	41
鄂尔多斯	Erdos	47938	57504	63605	8
呼伦贝尔	Hulunbuir	37421	52410	77738	4
巴彦淖尔	Bayannur	36381	44906	57592	12
乌兰察布	Ulanqab	26159	28631	40633	61
辽宁	**Liaoning**	**20237**	**24591**	**28183**	

地名	City	2010	2011	2012	2012 排名 Ranking
沈阳	Shenyang	24706	27711	34700	112
大连	Dalian	30412	36699	42140	52
鞍山	Anshan	17123	20182	21597	276
抚顺	Fushun	19773	23070	24022	258
本溪	Benxi	15416	19951	22249	271
丹东	Dandong	17988	24445	23100	263
锦州	Jinzhou	16943	25206	29185	196
营口	Yingkou	18720	22141	27112	226
阜新	Fuxin	14712	20710	25006	247
辽阳	Liaoyang	26196	31215	38013	79
盘锦	Panjin	20922	23102	18653	282
铁岭	Tieling	14290	18600	20017	281
朝阳	Chaoyang	24800	30861	35849	98
葫芦岛	Huludao	17604	18509	24270	254
吉林	**Jilin**	**17060**	**25718**	**29506**	
长春	Changchun	19129	23952	28199	208
吉林	Jilin	24361	29443	35283	104
四平	Siping	19947	30915	34837	110
辽源	Liaoyuan	16827	19913	29898	184
通化	Tonghua	16327	24315	26849	229
白山	Baishan	21908	23341	24711	250
松原	Songyuan	23144	29041	33233	133
白城	Baicheng	22687	25188	26537	233
黑龙江	**Heilongjiang**	**19969**	**25149**	**28762**	
哈尔滨	Harbin	21760	26576	30802	167
齐齐哈尔	Qiqihar	14438	17651	18085	283
鸡西	Jixi	18430	23700	32374	149
鹤岗	Hegang	21982	29936	31498	160
双鸭山	Shuangyashan	25717	30123	31630	158
大庆	Daqing	18606	31714	32981	136
伊春	Yichun	14689	17328	21564	277
佳木斯	Jiamusi	15683	24419	130792	1
七台河	Qitaihe	20116	21454	39489	68
牡丹江	Mudanjiang	24092	34900	81918	3
黑河	Heihe	16770	23529	29248	195
绥化	Suihua	13738	18021	20621	278
上海	**Shanghai**	**45395**	**51422**	**52786**	
江苏	**Jiangsu**	**31502**	**37302**	**42368**	

2-11 城镇单位城镇集体单位就业人员平均工资 续表 1

Average Wage of Urban Employed Persons of Colletive-owned Units continued 1

单位：元 (yuan)

地名	City	2010	2011	2012	2012 排名 Ranking
南京	Nanjing	32159	37105	43474	47
无锡	Wuxi	44007	49717	60411	11
徐州	Xuzhou	24377	30822	35540	100
常州	Changzhou	38609	47063	56293	13
苏州	Suzhou	46676	54628	63844	6
南通	Nantong	36666	42303	50892	24
连云港	Lianyungang	25286	30788	37499	84
淮安	Huaian	27025	32671	34851	109
盐城	Yancheng	31554	38337	41900	54
扬州	Yangzhou	26798	29773	36401	89
镇江	Zhenjiang	29633	35468	42475	51
泰州	Taizhou	25463	31626	38758	73
宿迁	Suqian	27492	31656	35331	101
浙江	**Zhejiang**	**36038**	**41817**	**46789**	
杭州	Hangzhou	42929	49117	52689	19
宁波	Ningbo	43178	50052	61678	9
温州	Wenzhou	26827	31250	38191	77
嘉兴	Jiaxing	28992	33020	37536	83
湖州	Huzhou	35397	45123	47788	29
绍兴	Shaoxing	45334	52457	51005	23
金华	Jinhua	32521	37037	53929	16
衢州	Quzhou	38443	47298	53041	18
舟山	Zhoushan	26754	34457	35044	108
台州	Taizhou	37238	40715	43061	49
丽水	Lishui	42487	48470	47235	31
安徽	**Anhui**	**24537**	**29205**	**34741**	
合肥	Hefei	29003	32203	37654	82
芜湖	Wuhu	34601	38092	43761	45
蚌埠	Bengbu	23649	24476	28068	212
淮南	Huainan	20616	25490	29369	193
马鞍山	Maanshan	25952	32932	37427	85
淮北	Huaibei	20529	25752	32608	143
铜陵	Tongling	32616	20924	22675	265
安庆	Anqing	25643	30811	33672	125
黄山	Huangshan	26546	34362	42888	50
滁州	Chuzhou	28241	35309	39597	67
阜阳	Fuyang	20267	26231	36022	95
宿州	Suzhou	20001	24831	28961	201
六安	Liuan	25447	31687	32876	139
亳州	Bozhou	23473	28015	41035	57
池州	Chizhou	28345	32521	45257	38
宣城	Xuancheng	27227	33837	43935	43
福建	**Fujian**	**27234**	**34527**	**38576**	
福州	Fuzhou	23335	30412	33907	122
厦门	Xiamen	22980	40395	47910	28
莆田	Putian	30508	38769	38963	69
三明	Sanming	25783	31738	36180	91
泉州	Quanzhou	32813	37040	41682	55
漳州	Zhangzhou	30058	35198	45114	39
南平	Nanping	21957	27759	37886	81
龙岩	Longyan	29173	35106	36074	93
宁德	Ningde	28641	41282	47104	33
江西	**Jiangxi**	**18194**	**24265**	**29429**	
南昌	Nanchang	18422	24262	35275	105
景德镇	Jingdezhen	14854	28444	33419	130
萍乡	Pingxiang	16957	22682	25541	244
九江	Jiujiang	15167	22845	27220	223
新余	Xinyu	20305	27140	29667	188
鹰潭	Yingtan	13849	23550	20572	279
赣州	Ganzhou	22698	29354	33811	124
吉安	Jian	19418	22786	28171	210
宜春	Yichun	23790	24907	30625	173
抚州	Fuzhou	17551	22208	28937	202
上饶	Shangrao	17418	22264	24685	251
山东	**Shandong**	**25626**	**29683**	**34001**	
济南	Jinan	24798	30256	32291	150
青岛	Qingdao	30685	40444	47225	32
淄博	Zibo	23369	31187	35325	102
枣庄	Zaozhuang	21476	24449	27501	219
东营	Dongying	28875	31703	33943	121
烟台	Yantai	25880	29109	32605	144
潍坊	Weifang	30817	40820	40357	63
济宁	Jining	19108	23214	26298	236
泰安	Taian	27023	28156	34488	115
威海	Weihai	25476	30578	35671	99
日照	Rizhao	22043	25368	31155	163
莱芜	Laiwu	42055	23784	22143	273
临沂	Linyi	30153	32313	36027	94
德州	Dezhou	18993	24277	30207	176
聊城	Liaocheng	20628	35833	36232	90

2-11 城镇单位城镇集体单位就业人员平均工资 续表 2
Average Wage of Urban Employed Persons of Colletive-owned Units continued 2

单位：元 (yuan)

地名	City	2010	2011	2012	2012 排名 Ranking	地名	City	2010	2011	2012	2012 排名 Ranking
滨州	Binzhou	22588	29959	30642	171	常德	Changde	19176	22907	23647	261
菏泽	Heze	18978	21808	28050	214	张家界	Zhangjiajie	18825	21417	32568	145
河南	**Henan**	**20385**	**24220**	**27682**		益阳	Yiyang	21910	29696	32268	151
郑州	Zhengzhou	20665	28165	28379	205	郴州	Chenzhou	21446	24743	28100	211
开封	Kaifeng	22835	26366	29887	185	永州	Yongzhou	22427	28602	30252	175
洛阳	Luoyang	23355	27426	30732	169	怀化	Huaihua	22309	29747	27508	218
平顶山	Pingdingshan	24580	27436	32422	147	娄底	Loudi	25279	28029	33495	127
安阳	Anyang	20086	20411	28332	206	**广东**	**Guangdong**	**22470**	**25679**	**30947**	
鹤壁	Hebi	16061	23684	25624	242	广州	Guangzhou	27717	30313	34591	114
新乡	Xinxiang	21480	25094	27424	220	韶关	Shaoguan	19882	25201	31707	157
焦作	Jiaozuo	19105	21998	30738	168	深圳	Shenzhen	27801	31830	34444	116
濮阳	Puyang	15385	18418	23008	264	珠海	Zhuhai	20347	37768	43751	46
许昌	Xuchang	26606	33174	37123	87	汕头	Shantou	13988	19327	21900	275
漯河	Luohe	16994	20912	26157	237	佛山	Foshan	34849	40348	49230	26
三门峡	Sanmenxia	28155	28522	34184	119	江门	Jiangmen	23883	26007	31148	164
南阳	Nanyang	18906	21034	24005	259	湛江	Zhanjiang	17850	18651	21911	274
商丘	Shangqiu	17644	20830	24938	248	茂名	Maoming	17435	22032	30050	181
信阳	Xinyang	21052	23835	28563	204	肇庆	Zhaoqing	21655	25455	26682	231
周口	Zhoukou	20426	23923	26008	239	惠州	Huizhou	23292	28999	35895	97
驻马店	Zhumadian	16156	20734	24814	249	梅州	Meizhou	16069	20667	25488	245
湖北	**Hubei**	**24429**	**26988**	**32683**		汕尾	Shanwei	22062	29028	29148	197
武汉	Wuhan	21534	30447	34164	120	河源	Heyuan	18505	21400	24377	253
黄石	Huangshi	18559	21878	28064	213	阳江	Yangjiang	15209	19421	28772	203
十堰	Shiyan	16334	27287	34726	111	清远	Qingyuan	38444	42799	47541	30
宜昌	Yichang	19724	22512	32127	153	东莞	Dongguan	27391	30549	35977	96
襄阳	Xiangfan	17514	30563	30125	178	中山	ZhongShan	31891	33826	40271	64
鄂州	Ezhou	25547	28858	31075	165	潮州	Chaozhou	12221	14924	17079	284
荆门	Jingmen	19352	23657	29029	200	揭阳	Jieyang	17035	19250	22338	269
孝感	Xiaogan	18563	25124	27858	215	云浮	Yunfu	18603	23054	23801	260
荆州	Jingzhou	20112	24510	26628	232	**广西**	**Guangxi**	**21533**	**22123**	**28819**	
黄冈	Huanggang	22282	25156	33293	132	南宁	Nanning	24955	30848	32616	142
咸宁	Xianning	17532	23557	40720	59	柳州	Liuzhou	27198	31181	32382	148
随州	Suizhou	25608	29940	32970	137	桂林	Guilin	24036	25946	31792	156
湖南	**Hunan**	**22168**	**27034**	**29663**		梧州	Wuzhou	22876	23016	26847	230
长沙	Changsha	24257	27110	34297	118	北海	Beihai	27154	29241	29984	182
株洲	Zhuzhou	23857	30985	33364	131	防城港	Fangchenggang	24812	27646	29044	199
湘潭	Xiangtan	22627	28310	32721	140	钦州	Qinzhou	22448	23515	24176	255
衡阳	Hengyang	20692	28067	26854	228	贵港	Guigang	15425	15670	20240	280
邵阳	Shaoyang	20427	23667	29451	190	玉林	Yulin	18813	14089	29307	194
岳阳	Yueyang	19704	26067	27647	217	百色	Baise	20807	26727	29419	192

2-11 城镇单位城镇集体单位就业人员平均工资 续表 3
Average Wage of Urban Employed Persons of Colletive-owned Units continued 3

单位：元 (yuan)

地名	City	2010	2011	2012	2012 排名 Ranking	地名	City	2010	2011	2012	2012 排名 Ranking
贺州	Hezhou	33072	34163	39879	65	丽江	Lijiang	34336	39797	42139	53
河池	Hechi	16475	21494	22620	267	普洱	Puer	47564	50258	63765	7
来宾	Laibin	35266	34146	35171	106	临沧	Lincang	27699	48333	87325	2
崇左	Chongzuo	23843	28502	32532	146	西藏	**Tibet**	**16447**	**15163**	**25966**	
海南	**Hainan**	**20733**	**25418**	**31715**		拉萨	Lhasa	11889	14024	22634	266
海口	Haikou	21998	30213	35137	107	陕西	**Shaanxi**	**20650**	**27336**	**32399**	
三亚	Sanya	25090	27629	30709	170	西安	Xi'an	12505	23241	30638	172
重庆	**Chongqing**	**24205**	**28490**	**30087**		铜川	Tongchuan	18429	25423	25946	240
四川	**Sichuan**	**23645**	**28752**	**33409**		宝鸡	Baoji	24621	27560	32131	152
成都	Chengdu	27448	31424	38491	75	咸阳	Xianyang	19970	22795	27188	225
自贡	Zigong	24440	27456	29909	183	渭南	Weinan	20678	20475	24027	257
攀枝花	Panzhihua	27619	33619	43137	48	延安	Yan'an	29313	38557	38860	71
泸州	Luzhou	19325	22690	26999	227	汉中	Hanzhong	29886	33839	37969	80
德阳	Deyang	34034	36398	38582	74	榆林	Yulin	38419	42767	51030	22
绵阳	Mianyang	29832	35465	45847	36	安康	Ankang	27878	33516	43764	44
广元	Guangyuan	29550	40678	45001	40	商洛	Shangluo	20241	24733	31188	162
遂宁	Suining	18512	27036	27196	224	甘肃	**Gansu**	**22249**	**28129**	**32580**	
内江	Neijiang	23988	28039	38849	72	兰州	Lanzhou	25891	31636	33889	123
乐山	Leshan	23250	28748	32914	138	嘉峪关	Jiayuguan	32887	51537	37311	86
南充	Nanchong	17491	25129	29052	198	金昌	Jinchang	46681	48836	55706	14
眉山	Meishan	29701	38611	40992	58	白银	Baiyin	16265	26985	36120	92
宜宾	Yibin	21632	22425	25917	241	天水	Tianshui	16078	19722	24435	252
广安	Guangan	37662	38049	45842	37	武威	Wuwei	16153	22732	22261	270
达州	Dazhou	19430	25032	30204	177	张掖	Zhangye	21532	24231	32635	141
雅安	Yaan	20595	21705	25361	246	平凉	Pingliang	16559	22038	24076	256
巴中	Bazhong	17949	23770	30073	180	酒泉	Jiuquan	29918	33335	41317	56
资阳	Ziyang	19511	25900	27383	221	庆阳	Qingyang	27083	37373	34357	117
贵州	**Guizhou**	**24703**	**31601**	**38882**		定西	Dingxi	26340	32077	33480	128
贵阳	Guiyang	19430	22982	31563	159	陇南	Longnan	17555	20430	23608	262
六盘水	Liupanshui	25312	65612	60705	10	青海	**Qinghai**	**20672**	**23501**	**29341**	
遵义	Zunyi	24994	30730	36951	88	西宁	Xining	17811	20274	26354	235
安顺	Anshun	28437	34478	46045	35	宁夏	**Ningxia**	**40815**	**38635**	**44330**	
毕节	Bijie	24339	33933	46574	34	银川	Yinchuan	43010	50040	55248	15
铜仁	Tongren	22513	27593	33202	134	石嘴山	Shizuishan	42853	33447	39649	66
云南	**Yunnan**	**25137**	**34019**	**37211**		吴忠	Wuzhong	31665	28925	31327	161
昆明	Kunming	20891	26221	31841	155	固原	Guyuan	45194	51222	69750	5
曲靖	Qujing	28012	40133	34625	113	中卫	Zhongwei	44794	43207	52138	20
玉溪	Yuxi	19367	28423	30111	179	新疆	**Xinjiang**	**31997**	**40102**	**46452**	
保山	Baoshan	22992	30433	53510	17	乌鲁木齐	Urumqi	30831	40650	51965	21
昭通	Zhaotong	31496	44324	44329	42	克拉玛依	Karamay	22850	29784	33139	135

2-12 城镇登记失业人员
Registered Unemployed Persons in Urban Areas

单位：人 (person)

地名	City	2010	2011	2012	2012 排名 Ranking
全国	**Nation Total**	**9080000**	**9220000**	**9170000**	
北京	**Beijing**	**77255**	**81336**	**81000**	
天津	**Tianjin**	**160983**	**201100**	**204000**	
河北	**Hebei**	**351000**	**360000**	**368000**	
石家庄	Shijiazhuang	50929	50517	53394	19
唐山	Tangshan	57885	57885	59545	13
秦皇岛	Qinhuangdao	18911	20170	22389	106
邯郸	Handan	50482	52900	54743	18
邢台	Xingtai	21110	21024	22465	105
保定	Baoding	42605	42200	47228	24
张家口	Zhangjiakou	32652	34596	30393	57
承德	Chengde	24604	18367	19408	124
沧州	Cangzhou	18919	23117	23720	92
廊坊	Langfang	11945	11935	11923	195
衡水	Hengshui	21323	25464	25781	78
山西	**Shanxi**	**204000**	**211000**	**210000**	
太原	Taiyuan	41338	44080	45262	27
大同	Datong	52945	52516	48991	22
阳泉	Yangquan	9010	9137	7900	242
长治	Changzhi	11685	12215	12358	187
晋城	Jincheng	6719	6050	5287	270
朔州	Shuozhou	5945	5840	5848	262
晋中	Jinzhong	8730	8723	9547	222
运城	Yuncheng	10500	11300	11390	200
忻州	Xinzhou	8210	8250	7825	244
临汾	Linfen	14511	14102	14500	162
吕梁	Luliang	4820	8126	8003	238
内蒙古	**Inner Mongolia**	**208000**	**218000**	**231000**	
呼和浩特	Hohhot	29749	33854	9764	216
包头	Baotou	39203	40369	46547	26
乌海	Wuhai	8200	11458	9010	229
赤峰	Chifeng	25050	26286	25128	83
通辽	Tongliao	16503	16800	16831	143
鄂尔多斯	Erdos	7901	9423	12642	184
呼伦贝尔	Hulunbuir	27855	28901	28280	65
巴彦淖尔	Bayannur	8966	18676	19000	128
乌兰察布	Ulanqab	33198	32764	18020	134
辽宁	**Liaoning**	**389000**	**394000**	**381000**	
沈阳	Shenyang	77198	76332	76958	8
大连	Dalian	71159	80156	84780	6
鞍山	Anshan	19952	20097	20467	119
抚顺	Fushun	39737	36788	36113	42
本溪	Benxi	28989	27265	27159	71
丹东	Dandong	22000	22552	22848	103
锦州	Jinzhou	17111	12810	11035	205
营口	Yingkou	21116	16758	12419	186
阜新	Fuxin	17919	18000	20254	121
辽阳	Liaoyang	11518	9885	8715	230
盘锦	Panjin	14267	18421	16914	141
铁岭	Tieling	18492	18564	13844	168
朝阳	Chaoyang	17161	17648	13236	176
葫芦岛	Huludao	19595	17000	16084	147
吉林	**Jilin**	**227000**	**222000**	**223000**	
长春	Changchun	71208	70151	88219	5
吉林	Jilin	22341	22958	26714	74
四平	Siping	22150	24942	23323	97
辽源	Liaoyuan	9678	10429	11598	197
通化	Tonghua	10949	10999	8513	234
白山	Baishan	13210	12997	11601	196
松原	Songyuan	11120	14033	15233	156
白城	Baicheng	17902	12600	15596	151
黑龙江	**Heilongjiang**	**362000**	**350000**	**413000**	
哈尔滨	Harbin	85100	79900	95700	4
齐齐哈尔	Qiqihar	34225	33694	7690	246
鸡西	Jixi	19020	19080	21253	113
鹤岗	Hegang	16216	16364	16611	144
双鸭山	Shuangyashan	9522	9522	19256	127
大庆	Daqing	29566	31274	40505	30
伊春	Yichun	21556	20575	22254	107
佳木斯	Jiamusi	20083	15936	18692	129
七台河	Qitaihe	5809	6671	7702	245
牡丹江	Mudanjiang	17133	17348	20622	116
黑河	Heihe	7092	7534	7336	250
绥化	Suihua	14749	13642	21311	112
上海	**Shanghai**	**276000**	**270000**	**267000**	
江苏	**Jiangsu**	**406000**	**414000**	**405000**	

2-12 城镇登记失业人员 续表 1
Registered Unemployed Persons in Urban Areas continued 1

单位：人 (person)

地名	City	2010	2011	2012	2012 排名 Ranking
南京	Nanjing	63550	65304	66332	9
无锡	Wuxi	45797	48245	47044	25
徐州	Xuzhou	33613	37824	35369	45
常州	Changzhou	31454	32650	34013	46
苏州	Suzhou	45875	44675	44273	28
南通	Nantong	36100	39165	36454	41
连云港	Lianyungang	17976	15152	15003	158
淮安	Huaian	23106	24135	21234	114
盐城	Yancheng	24487	24114	23878	90
扬州	Yangzhou	32398	32134	29695	61
镇江	Zhenjiang	16796	17569	17512	139
泰州	Taizhou	21800	20308	20621	117
宿迁	Suqian	13700	13209	13284	175
浙江	**Zhejiang**	**311000**	**317000**	**334000**	
杭州	Hangzhou	48478	44011	39700	33
宁波	Ningbo	56642	64500	82078	7
温州	Wenzhou	28668	26417	25436	80
嘉兴	Jiaxing	27032	30023	26649	75
湖州	Huzhou	13561	12759	13100	179
绍兴	Shaoxing	32295	34488	39300	34
金华	Jinhua	28027	26013	26185	77
衢州	Quzhou	10450	11695	12274	188
舟山	Zhoushan	5985	6023	5843	263
台州	Taizhou	26501	27376	29420	63
丽水	Lishui	9703	9406	9363	224
安徽	**Anhui**	**269000**	**331000**	**313000**	
合肥	Hefei	50881	39976	21800	109
芜湖	Wuhu	14135	20151	16569	145
蚌埠	Bengbu	22045	21947	17934	136
淮南	Huainan	20254	23573	20872	115
马鞍山	Maanshan	7494	9605	9274	227
淮北	Huaibei	17808	18205	19666	123
铜陵	Tongling	9801	10023	10190	211
安庆	Anqing	30320	28053	26862	73
黄山	Huangshan	6208	6109	6111	259
滁州	Chuzhou	13261	4745	11449	199
阜阳	Fuyang	11144	8458	9591	219
宿州	Suzhou	13561	13400	9335	226
六安	Liuan	15400	17000	13981	166
亳州	Bozhou	6587	7817	12096	191
池州	Chizhou	8205	9051	9587	220
宣城	Xuancheng	9287	20800	23000	102
福建	**Fujian**	**145000**	**146000**	**145000**	
福州	Fuzhou	39125	32213	33022	49
厦门	Xiamen	26517	26600	32400	52
莆田	Putian	7690	7319	6691	254
三明	Sanming	9344	8874	8266	235
泉州	Quanzhou	14762	16475	17407	140
漳州	Zhangzhou	11388	9876	9817	214
南平	Nanping	13565	14525	16015	149
龙岩	Longyan	12911	11388	13842	169
宁德	Ningde	9655	9185	8006	237
江西	**Jiangxi**	**263000**	**246000**	**257000**	
南昌	Nanchang	53000	55000	55160	17
景德镇	Jingdezhen	11200	6913	11300	203
萍乡	Pingxiang	13374	12900	12252	189
九江	Jiujiang	21051	20606	7666	248
新余	Xinyu	14700	11559	11452	198
鹰潭	Yingtan	9458	9632	9719	217
赣州	Ganzhou	34409	33243	29720	60
吉安	Jian	19580	21432	25159	82
宜春	Yichun	28321	27661	27531	68
抚州	Fuzhou	25651	29503	21487	110
上饶	Shangrao	28854	13317	29800	58
山东	**Shandong**	**445000**	**451000**	**434000**	
济南	Jinan	59650	56452	47769	23
青岛	Qingdao	61929	64710	64252	11
淄博	Zibo	27942	25169	27104	72
枣庄	Zaozhuang	21073	19471	18234	133
东营	Dongying	9953	9936	9370	223
烟台	Yantai	48900	49123	49815	21
潍坊	Weifang	39872	39483	40300	31
济宁	Jining	39827	39461	31393	55
泰安	Taian	24797	24915	24821	84
威海	Weihai	7882	7923	7916	241
日照	Rizhao	13260	12121	13035	181
莱芜	Laiwu	6614	6614	5346	269
临沂	Linyi	19196	18022	19307	125
德州	Dezhou	20993	11706	18393	131
聊城	Liaocheng	25413	27101	25586	79

2-12 城镇登记失业人员 续表 2
Registered Unemployed Persons in Urban Areas continued 2

单位：人 (person)

地名	City	2010	2011	2012	2012 排名 Ranking	地名	City	2010	2011	2012	2012 排名 Ranking
滨州	Binzhou	15085	13755	13420	173	常德	Changde	35636	35810	36976	40
菏泽	Heze	20174	19365	19266	126	张家界	Zhangjiajie	5833	6323	6380	257
河南	**Henan**	**382000**	**384000**	**383000**		益阳	Yiyang	16513	17934	18296	132
郑州	Zhengzhou	36223	22292	50256	20	郴州	Chenzhou	25302	27187	29590	62
开封	Kaifeng	25407	24919	23706	93	永州	Yongzhou	22997	24524	24172	88
洛阳	Luoyang	33426	36763	39827	32	怀化	Huaihua	31084	40601	32910	50
平顶山	Pingdingshan	21963	19972	20580	118	娄底	Loudi	29978	29653	22713	104
安阳	Anyang	20852	22719	26437	76	**广东**	**Guangdong**	**393000**	**388000**	**396000**	
鹤壁	Hebi	9913	8830	5448	268	广州	Guangzhou	306802	316138	282963	1
新乡	Xinxiang	25908	25337	24249	86	韶关	Shaoguan	43499	47535	59573	12
焦作	Jiaozuo	21160	7065	17557	137	深圳	Shenzhen	35302	33220	38165	37
濮阳	Puyang	9359	13936	13741	171	珠海	Zhuhai	12501	11145	11339	202
许昌	Xuchang	43100	41600	38357	36	汕头	Shantou	13127	15404	15391	153
漯河	Luohe	4014	5277	7937	240	佛山	Foshan	19628	22233	23085	101
三门峡	Sanmenxia	8999	8415	7688	247	江门	Jiangmen	21380	22249	24119	89
南阳	Nanyang	37047	40114	38044	39	湛江	Zhanjiang	23882	24637	23374	96
商丘	Shangqiu	25218	26579	24226	87	茂名	Maoming	30504	29300	29796	59
信阳	Xinyang	10355	9247	8682	231	肇庆	Zhaoqing	11662	12745	4972	273
周口	Zhoukou	31675	30209	35872	44	惠州	Huizhou	14996	15467	16869	142
驻马店	Zhumadian	15033	15781	16041	148	梅州	Meizhou	14200	40203	13750	170
湖北	**Hubei**	**557000**	**551000**	**423000**		汕尾	Shanwei	11314	11926	12156	190
武汉	Wuhan	109465	104611	101108	2	河源	Heyuan	13951	10979	10940	206
黄石	Huangshi	34711	33461	27483	69	阳江	Yangjiang	44404	45657	12952	183
十堰	Shiyan	29238	29467	27405	70	清远	Qingyuan	14257	14805	14785	160
宜昌	Yichang	22986	22858	23184	100	东莞	Dongguan	5303	6076	6061	260
襄阳	Xiangfan	41822	36292	38705	35	中山	ZhongShan	7068	9178	9785	215
鄂州	Ezhou	13000	13233	13035	181	潮州	Chaozhou	8362	8605	8682	231
荆门	Jingmen	17707	17523	17969	135	揭阳	Jieyang	11357	10299	9708	218
孝感	Xiaogan	21400	31849	33963	47	云浮	Yunfu	5825	5802	5683	265
荆州	Jingzhou	54222	56200	56483	16	**广西**	**Guangxi**	**191000**	**181000**	**189000**	
黄冈	Huanggang	28393	28300	16000	150	南宁	Nanning	35599	34415	31167	56
咸宁	Xianning	19959	18014	17546	138	柳州	Liuzhou	29574	27110	28215	66
随州	Suizhou	3674	4941	6330	258	桂林	Guilin	24021	23592	24552	85
湖南	**Hunan**	**432000**	**431000**	**441000**		梧州	Wuzhou	13405	13219	13901	167
长沙	Changsha	41335	54764	58748	14	北海	Beihai		9232	9254	228
株洲	Zhuzhou	24436	20621	20381	120	防城港	Fangchenggang	3916	3851	3327	279
湘潭	Xiangtan	21145	20145	21471	111	钦州	Qinzhou	9680	9200	8000	239
衡阳	Hengyang	35126	41364	58642	15	贵港	Guigang	10136	9880	9562	221
邵阳	Shaoyang	30800	28100	31800	53	玉林	Yulin	18367	17477	15568	152
岳阳	Yueyang	22236	27155	27578	67	百色	Baise	8400		10305	209

2-12 城镇登记失业人员 续表 3
Registered Unemployed Persons in Urban Areas continued 3

单位：人 (person)

地名	City	2010	2011	2012	2012 排名 Ranking	地名	City	2010	2011	2012	2012 排名 Ranking
贺州	Hezhou	8465	5131	7900	242	丽江	Lijiang	4366	4606	5158	272
河池	Hechi	12550	11670	12064	192	普洱	Puer	10660	10830	11186	204
来宾	Laibin	5664	5932	6479	255	临沧	Lincang	6942	7908	7105	252
崇左	Chongzuo	5303	5031	4909	274	西藏	**Tibet**	**21000**	**10000**	**16000**	
海南	**Hainan**	**48000**	**29000**	**36000**		拉萨	Lhasa		1951	249	284
海口	Haikou	9257	6205	11345	201	陕西	**Shaanxi**	**214000**	**209000**	**195000**	
三亚	Sanya	2628	3785	4403	276	西安	Xi'an	120215	103742	96121	3
重庆	**Chongqing**	**130000**	**130000**	**124000**		铜川	Tongchuan	2689	1686	1810	282
四川	**Sichuan**	**346000**	**369000**	**407000**		宝鸡	Baoji	19367	13111	15223	157
成都	Chengdu	56214	66506	64500		咸阳	Xianyang	22793	18009	14966	159
自贡	Zigong	16030	16223	23836	91	渭南	Weinan	16300	14535	15366	154
攀枝花	Panzhihua	11337	8153	15350	155	延安	Yan'an	9528	9528	9824	213
泸州	Luzhou	16567	16309	14744	161	汉中	Hanzhong	15000	14000	10154	212
德阳	Deyang	15027	15381	16334	146	榆林	Yulin	10071	11652	13322	174
绵阳	Mianyang	30359	31318	31433	54	安康	Ankang	9300	9536	9344	225
广元	Guangyuan	12150	12061	19908	122	商洛	Shangluo	57000	6046	5665	266
遂宁	Suining	13786	14135	33836	48	甘肃	**Gansu**	**107000**	**108000**	**98000**	
内江	Neijiang	15721	14804	14483	163	兰州	Lanzhou	23746	21467	14400	164
乐山	Leshan	21554	22301	23539	94	嘉峪关	Jiayuguan	2777	2748	2809	280
南充	Nanchong	27115	30316	36018	43	金昌	Jinchang	3786	3786	4703	275
眉山	Meishan	11517	12594	13089	180	白银	Baiyin	7305	6857	6391	256
宜宾	Yibin	18095	19363	23269	98	天水	Tianshui	11023	10628	10914	207
广安	Guangan	12495	14143	12050	193	武威	Wuwei	8214	7609	5221	271
达州	Dazhou	19850	20600	18614	130	张掖	Zhangye	4843	4809	4255	277
雅安	Yaan	21080	5808	5913	261	平凉	Pingliang	26653	12035	12458	185
巴中	Bazhong	11596	11400	13125	178	酒泉	Jiuquan	5500	6172	5524	267
资阳	Ziyang	13606	14288	14111	165	庆阳	Qingyang	11273	11840	13162	177
贵州	**Guizhou**	**122000**	**125000**	**126000**		定西	Dingxi	7780	6812	7035	253
贵阳	Guiyang	28353	30649	29060	64	陇南	Longnan	6155	6155	5700	264
六盘水	Liupanshui	12714	12920	13626	172	青海	**Qinghai**	**42000**	**44000**	**41000**	
遵义	Zunyi	15900	21087	22236	108	西宁	Xining	25600	26356	23500	95
安顺	Anshun	6745	6905	7190	251	宁夏	**Ningxia**	**48000**	**52000**	**46000**	
毕节	Bijie		15831	11984	194	银川	Yinchuan	22645	22327	25180	81
铜仁	Tongren		10413	10726	208	石嘴山	Shizuishan	31198	7948	8543	233
云南	**Yunnan**	**157000**	**160000**	**174000**		吴忠	Wuzhong	7716	9676	10305	209
昆明	Kunming	33700	32407	38129	38	固原	Guyuan	9487	3926	3649	278
曲靖	Qujing	32822	32800	42000	29	中卫	Zhongwei	2123	2044	2025	281
玉溪	Yuxi	5884	6293	7430	249	新疆	**Xinjiang**	**110000**	**111000**	**118000**	
保山	Baoshan	7682	8003	8240	236	乌鲁木齐	Urumqi	29794	33559	32770	51
昭通	Zhaotong	15109	14802	23253	99	克拉玛依	Karamay	2890	1186	1150	283

3

国民经济核算

National Accounts

3-1 地区生产总值
Gross Regional Product

单位：亿元 (100 million yuan)

地名	City	2010	2011	2012	2012 排名 Ranking
全国	**Nation Total**	**401512.8**	**473104.0**	**518942.1**	
北京	**Beijing**	**14113.60**	**16251.93**	**17879.40**	
天津	**Tianjin**	**9224.46**	**11307.28**	**12893.88**	
河北	**Hebei**	**20394.26**	**24515.76**	**26575.01**	
石家庄	Shijiazhuang	3401.02	4082.68	4500.21	23
唐山	Tangshan	4469.16	5442.45	5861.64	15
秦皇岛	Qinhuangdao	930.50	1070.08	1139.37	145
邯郸	Handan	2361.56	2789.03	3024.29	39
邢台	Xingtai	1212.09	1428.92	1532.06	98
保定	Baoding	2050.30	2449.90	2720.90	50
张家口	Zhangjiakou	966.42	1118.61	1233.55	133
承德	Chengde	888.96	1104.20	1181.92	140
沧州	Cangzhou	2203.12	2585.20	2812.42	49
廊坊	Langfang	1351.10	1611.42	1794.33	81
衡水	Hengshui	781.82	929.07	1011.03	165
山西	**Shanxi**	**9200.86**	**11237.55**	**12112.83**	
太原	Taiyuan	1778.05	2080.12	2311.43	66
大同	Datong	695.91	843.57	931.39	183
阳泉	Yangquan	429.38	528.11	601.95	233
长治	Changzhi	920.23	1218.60	1328.61	122
晋城	Jincheng	730.54	894.98	1012.81	164
朔州	Shuozhou	670.15	855.20	1007.12	166
晋中	Jinzhong	763.84	890.24	986.56	174
运城	Yuncheng	827.43	1016.82	1068.65	154
忻州	Xinzhou	437.46	554.55	620.94	227
临汾	Linfen	890.14	1136.06	1221.08	135
吕梁	Luliang	845.54	1130.71	1230.42	134
内蒙古	**Inner Mongolia**	**11672.00**	**14359.88**	**15880.58**	
呼和浩特	Hohhot	1865.71	2177.26	2458.74	59
包头	Baotou	2460.80	3005.40	3209.14	36
乌海	Wuhai	391.36	481.58	531.91	242
赤峰	Chifeng	1086.23	1347.19	1556.82	96
通辽	Tongliao	1176.62	1448.82	1693.19	87
鄂尔多斯	Erdos	2643.23	3218.54	3656.80	33
呼伦贝尔	Hulunbuir	932.01	1145.31	1335.80	120
巴彦淖尔	Bayannur	603.33	718.45	783.34	202
乌兰察布	Ulanqab	567.60	690.04	778.71	204
辽宁	**Liaoning**	**18457.30**	**22226.70**	**24846.43**	
沈阳	Shenyang	5017.54	5915.71	6602.59	12
大连	Dalian	5158.16	6150.63	7002.83	10
鞍山	Anshan	2125.01	2398.76	2429.32	62
抚顺	Fushun	895.16	1113.37	1236.37	131
本溪	Benxi	860.37	1044.59	1112.36	149
丹东	Dandong	728.89	888.67	1015.37	163
锦州	Jinzhou	912.63	1116.93	1242.71	130
营口	Yingkou	1002.45	1224.65	1381.18	112
阜新	Fuxin	378.87	480.26	559.96	239
辽阳	Liaoyang	735.43	888.67	1000.49	170
盘锦	Panjin	926.32	1119.92	1244.96	128
铁岭	Tieling	722.13	873.84	975.33	178
朝阳	Chaoyang	656.41	813.02	920.63	184
葫芦岛	Huludao	531.45	650.06	719.33	215
吉林	**Jilin**	**8667.58**	**10568.83**	**11939.24**	
长春	Changchun	3329.03	4003.07	4456.64	24
吉林	Jilin	1800.64	2208.05	2430.07	61
四平	Siping	779.55	984.59	1122.80	148
辽源	Liaoyuan	410.14	500.49	605.12	232
通化	Tonghua	627.08	780.23	881.12	193
白山	Baishan	433.16	531.43	643.02	222
松原	Songyuan	1102.85	1360.97	1605.42	90
白城	Baicheng	445.18	554.57	615.50	229
黑龙江	**Heilongjiang**	**10368.60**	**12582.00**	**13691.58**	
哈尔滨	Harbin	3664.85	4242.19	4550.22	22
齐齐哈尔	Qiqihar	880.46	1065.67	1176.08	142
鸡西	Jixi	419.49	507.83	582.34	235
鹤岗	Hegang	250.99	313.06	358.24	266
双鸭山	Shuangyashan	396.35	502.92	565.43	237
大庆	Daqing	2900.06	3741.54	4001.07	30
伊春	Yichun	202.44	229.68	260.03	278
佳木斯	Jiamusi	512.46	625.31	668.29	221
七台河	Qitaihe	305.22	308.06	298.91	273
牡丹江	Mudanjiang	764.98	940.35	981.10	176
黑河	Heihe	261.10	316.05	366.08	265
绥化	Suihua	733.43	912.09	1063.54	155
上海	**Shanghai**	**17165.98**	**19195.69**	**20181.72**	
江苏	**Jiangsu**	**41425.48**	**49110.27**	**54058.22**	

注：本表按当年价格计算。

a)Data in this table are calculated at current prices.

3-1 地区生产总值 续表 1
Gross Regional Product continued 1

单位：亿元 (100 million yuan)

地名	City	2010	2011	2012	2012 排名 Ranking	地名	City	2010	2011	2012	2012 排名 Ranking
南京	Nanjing	5130.65	6145.52	7201.57	9	池州	Chizhou	300.84	372.49	417.45	256
无锡	Wuxi	5793.30	6880.15	7568.15	7	宣城	Xuancheng	525.96	671.39	757.46	207
徐州	Xuzhou	2942.14	3551.65	4016.58	28	福建	**Fujian**	**14737.12**	**17560.18**	**19701.78**	
常州	Changzhou	3044.89	3580.99	3969.87	31	福州	Fuzhou	3123.41	3736.38	4210.93	26
苏州	Suzhou	9228.91	10716.99	12011.65	3	厦门	Xiamen	2060.07	2539.31	2815.17	48
南通	Nantong	3465.67	4080.22	4558.67	21	莆田	Putian	850.33	1050.62	1200.38	137
连云港	Lianyungang	1193.31	1410.52	1603.42	91	三明	Sanming	975.10	1211.81	1334.82	121
淮安	Huaian	1388.07	1690.00	1920.91	76	泉州	Quanzhou	3564.97	4270.89	4702.70	20
盐城	Yancheng	2332.76	2771.33	3120.00	38	漳州	Zhangzhou	1430.71	1768.20	2012.92	71
扬州	Yangzhou	2229.49	2630.30	2933.20	45	南平	Nanping	728.65	894.31	995.08	172
镇江	Zhenjiang	1987.64	2311.45	2630.42	54	龙岩	Longyan	990.90	1242.15	1356.78	117
泰州	Taizhou	2048.72	2422.61	2701.67	52	宁德	Ningde	738.61	930.12	1075.06	153
宿迁	Suqian	1064.09	1320.83	1522.03	99	江西	**Jiangxi**	**9451.26**	**11702.82**	**12948.88**	
浙江	**Zhejiang**	**27722.31**	**32318.85**	**34665.33**		南昌	Nanchang	2207.11	2688.87	3000.52	43
杭州	Hangzhou	5949.17	7019.06	7802.01	6	景德镇	Jingdezhen	461.50	564.71	628.25	225
宁波	Ningbo	5163.00	6059.24	6582.21	13	萍乡	Pingxiang	520.39	658.15	733.06	214
温州	Wenzhou	2925.04	3418.53	3669.18	32	九江	Jiujiang	1032.06	1256.41	1420.10	107
嘉兴	Jiaxing	2300.20	2677.09	2890.57	47	新余	Xinyu	631.22	779.21	830.32	197
湖州	Huzhou	1301.73	1520.06	1664.30	88	鹰潭	Yingtan	344.89	427.59	482.17	249
绍兴	Shaoxing	2795.20	3332.00	3654.03	34	赣州	Ganzhou	1119.74	1336.00	1508.49	101
金华	Jinhua	2110.04	2458.07	2710.77	51	吉安	Jian	720.53	879.06	1006.26	167
衢州	Quzhou	755.48	919.62	972.25	179	宜春	Yichun	870.00	1077.98	1247.60	127
舟山	Zhoushan	644.32	772.75	853.18	194	抚州	Fuzhou	630.01	742.51	825.04	198
台州	Taizhou	2426.45	2754.41	2911.26	46	上饶	Shangrao	901.00	1110.58	1265.39	126
丽水	Lishui	663.29	798.22	894.10	188	山东	**Shandong**	**39169.92**	**45361.85**	**50013.24**	
安徽	**Anhui**	**12359.33**	**15300.65**	**17212.05**		济南	Jinan	3910.53	4406.29	4803.67	19
合肥	Hefei	2701.61	3636.62	4164.32	27	青岛	Qingdao	5666.19	6615.60	7302.11	8
芜湖	Wuhu	1108.63	1658.24	1873.63	78	淄博	Zibo	2866.75	3280.23	3557.21	35
蚌埠	Bengbu	638.05	780.24	890.22	189	枣庄	Zaozhuang	1362.04	1561.68	1702.92	86
淮南	Huainan	604.18	709.54	781.76	203	东营	Dongying	2359.94	2676.35	3000.66	42
马鞍山	Maanshan	810.72	1144.30	1233.94	132	烟台	Yantai	4358.46	4906.83	5281.38	17
淮北	Huaibei	461.64	554.92	620.54	228	潍坊	Weifang	3090.92	3541.84	4012.43	29
铜陵	Tongling	466.70	579.41	621.30	226	济宁	Jining	2542.81	2896.69	3189.37	37
安庆	Anqing	989.04	1215.74	1359.70	116	泰安	Taian	2051.68	2304.31	2547.01	55
黄山	Huangshan	309.45	378.81	424.95	254	威海	Weihai	1944.70	2110.95	2337.86	65
滁州	Chuzhou	695.65	850.49	970.74	180	日照	Rizhao	1025.08	1214.07	1352.57	118
阜阳	Fuyang	721.51	853.21	962.53	181	莱芜	Laiwu	546.33	611.88	631.41	223
宿州	Suzhou	650.57	802.42	914.95	186	临沂	Linyi	2399.99	2770.45	3012.81	40
六安	Liuan	676.11	821.08	918.19	185	德州	Dezhou	1657.82	1950.71	2230.55	67
亳州	Bozhou	512.78	626.65	715.65	216	聊城	Liaocheng	1622.38	1919.42	2146.75	69

3-1 地区生产总值 续表 2
Gross Regional Product continued 2

单位：亿元 (100 million yuan)

地名	City	2010	2011	2012	2012 排名 Ranking	地名	City	2010	2011	2012	2012 排名 Ranking
滨州	Binzhou	1551.52	1817.58	1987.73	73	常德	Changde	1491.57	1811.19	2038.50	70
菏泽	Heze	1227.09	1556.52	1787.36	82	张家界	Zhangjiajie	242.48	298.04	338.99	269
河南	**Henan**	**23092.36**	**26931.03**	**29599.31**		益阳	Yiyang	712.28	883.63	1020.28	162
郑州	Zhengzhou	4040.89	4979.85	5549.79	16	郴州	Chenzhou	1081.76	1346.38	1517.27	100
开封	Kaifeng	927.16	1072.42	1207.05	136	永州	Yongzhou	767.01	945.39	1059.60	156
洛阳	Luoyang	2320.25	2702.76	2981.12	44	怀化	Huaihua	674.92	845.63	1001.07	169
平顶山	Pingdingshan	1310.84	1484.61	1495.80	103	娄底	Loudi	678.71	847.26	1002.65	168
安阳	Anyang	1315.59	1486.61	1566.90	94	广东	**Guangdong**	**46013.06**	**53210.28**	**57067.92**	
鹤壁	Hebi	429.12	500.52	545.78	241	广州	Guangzhou	10748.28	12423.44	13551.21	1
新乡	Xinxiang	1189.94	1489.41	1619.77	89	韶关	Shaoguan	683.10	816.81	906.48	187
焦作	Jiaozuo	1245.93	1442.62	1551.35	97	深圳	Shenzhen	9581.51	11505.53	12590.06	2
濮阳	Puyang	775.40	897.34	989.70	173	珠海	Zhuhai	1208.60	1404.93	1503.76	102
许昌	Xuchang	1316.49	1588.74	1716.19	84	汕头	Shantou	1208.97	1275.74	1425.01	106
漯河	Luohe	680.49	751.70	797.12	201	佛山	Foshan	5651.52	6210.23	6613.02	11
三门峡	Sanmenxia	874.42	1030.45	1127.32	147	江门	Jiangmen	1570.42	1830.64	1880.39	77
南阳	Nanyang	1953.36	2202.31	2340.73	64	湛江	Zhanjiang	1405.06	1700.23	1860.22	79
商丘	Shangqiu	1143.79	1308.37	1397.28	110	茂名	Maoming	1492.09	1745.31	1936.18	75
信阳	Xinyang	1091.83	1257.68	1397.32	109	肇庆	Zhaoqing	1085.87	1324.41	1462.35	105
周口	Zhoukou	1228.30	1407.49	1574.72	92	惠州	Huizhou	1729.95	2093.08	2367.55	63
驻马店	Zhumadian	1053.71	1244.77	1373.55	114	梅州	Meizhou	612.85	707.54	744.75	212
湖北	**Hubei**	**15967.61**	**19632.26**	**22250.45**		汕尾	Shanwei	465.08	550.55	610.41	231
武汉	Wuhan	5515.76	6762.20	8003.82	5	河源	Heyuan	475.14	579.29	615.26	230
黄石	Huangshi	690.12	925.96	1040.95	157	阳江	Yangjiang	639.84	766.82	887.03	190
十堰	Shiyan	736.80	851.25	955.68	182	清远	Qingyuan	1088.18	1003.03	1025.03	161
宜昌	Yichang	1547.32	2140.69	2508.89	56	东莞	Dongguan	4246.45	4735.39	5010.17	18
襄阳	Xiangfan	1538.30	2132.22	2501.96	58	中山	ZhongShan	1850.65	2193.20	2441.04	60
鄂州	Ezhou	395.29	490.89	560.39	238	潮州	Chaozhou	559.24	647.22	706.65	217
荆门	Jingmen	730.07	942.59	1085.26	152	揭阳	Jieyang	1009.51	1225.86	1396.79	111
孝感	Xiaogan	800.67	958.16	1105.16	150	云浮	Yunfu	400.97	481.37	530.29	244
荆州	Jingzhou	837.10	1043.12	1196.02	138	广西	**Guangxi**	**9569.85**	**11720.87**	**13035.10**	
黄冈	Huanggang	862.30	1045.11	1192.88	139	南宁	Nanning	1800.26	2211.51	2503.18	57
咸宁	Xianning	519.94	652.01	760.99	206	柳州	Liuzhou	1315.31	1579.72	1820.61	80
随州	Suizhou	401.66	517.99	590.52	234	桂林	Guilin	1103.56	1327.57	1485.02	104
湖南	**Hunan**	**16037.96**	**19969.56**	**22154.23**		梧州	Wuzhou	579.28	735.24	832.58	196
长沙	Changsha	4547.06	5619.33	6399.91	14	北海	Beihai	401.41	496.58	630.09	224
株洲	Zhuzhou	1275.48	1564.27	1761.32	83	防城港	Fangchenggang	320.42	413.77	443.99	252
湘潭	Xiangtan	894.01	1124.14	1282.39	123	钦州	Qinzhou	520.67	646.65	691.32	218
衡阳	Hengyang	1420.34	1734.30	1957.70	74	贵港	Guigang	544.66	634.41	679.18	220
邵阳	Shaoyang	727.29	907.23	1028.41	160	玉林	Yulin	840.25	1019.94	1102.08	151
岳阳	Yueyang	1539.36	1899.49	2199.92	68	百色	Baise	573.99	664.10	755.24	208

3-1 地区生产总值 续表 3
Gross Regional Product continued 3

单位：亿元 (100 million yuan)

地名	City	2010	2011	2012	2012 排名 Ranking	地名	City	2010	2011	2012	2012 排名 Ranking
贺州	Hezhou	296.87	356.40	394.21	260	丽江	Lijiang	143.60	178.50	212.24	283
河池	Hechi	468.74	518.13	492.71	248	普洱	Puer	248.08	301.19	366.85	264
来宾	Laibin	405.22	486.21	514.29	246	临沧	Lincang	216.97	272.43	352.98	267
崇左	Chongzuo	392.37	491.85	530.51	243	西藏	**Tibet**	**508.75**	**605.83**	**701.03**	
海南	**Hainan**	**2064.50**	**2522.66**	**2855.54**		拉萨	Lhasa	178.91	222.09	260.04	277
海口	Haikou	617.19	733.91	818.76	199	陕西	**Shaanxi**	**10123.48**	**12512.30**	**14453.68**	
三亚	Sanya	242.21	294.56	330.96	270	西安	Xi'an	3241.69	3862.58	4366.10	25
重庆	**Chongqing**	**7925.58**	**10011.37**	**11409.60**		铜川	Tongchuan	187.73	232.63	273.31	275
四川	**Sichuan**	**17185.48**	**21026.68**	**23872.80**		宝鸡	Baoji	976.09	1175.75	1374.33	113
成都	Chengdu	5551.33	6950.58	8138.94	4	咸阳	Xianyang	1098.68	1361.32	1573.68	93
自贡	Zigong	647.73	780.36	884.80	192	渭南	Weinan	801.42	1028.97	1153.80	143
攀枝花	Panzhihua	523.99	645.66	740.03	213	延安	Yan'an	885.42	1113.35	1271.02	125
泸州	Luzhou	714.79	900.87	1030.45	159	汉中	Hanzhong	509.70	647.48	754.57	209
德阳	Deyang	921.27	1137.45	1280.20	124	榆林	Yulin	1756.67	2292.25	2669.88	53
绵阳	Mianyang	960.22	1189.11	1346.42	119	安康	Ankang	327.06	407.17	496.91	247
广元	Guangyuan	321.87	403.54	468.66	250	商洛	Shangluo	285.90	362.95	423.31	255
遂宁	Suining	495.23	603.36	682.41	219	甘肃	**Gansu**	**4120.75**	**5020.37**	**5650.20**	
内江	Neijiang	690.28	854.68	978.18	177	兰州	Lanzhou	1100.39	1360.03	1563.82	95
乐山	Leshan	743.92	918.06	1037.75	158	嘉峪关	Jiayuguan	184.32	235.54	269.15	276
南充	Nanchong	827.82	1029.48	1180.36	141	金昌	Jinchang	210.51	232.36	243.40	280
眉山	Meishan	552.25	673.34	775.22	205	白银	Baiyin	311.18	375.83	433.77	253
宜宾	Yibin	870.85	1091.18	1242.76	129	天水	Tianshui	300.23	357.55	412.87	257
广安	Guangan	537.22	659.90	752.22	211	武威	Wuwei	228.77	272.85	340.50	268
达州	Dazhou	819.20	1011.83	1135.46	146	张掖	Zhangye	212.70	256.84	291.93	274
雅安	Yaan	286.54	350.13	398.05	259	平凉	Pingliang	231.89	276.19	324.51	271
巴中	Bazhong	280.91	343.39	390.40	261	酒泉	Jiuquan	405.03	481.54	573.66	236
资阳	Ziyang	657.90	836.44	984.72	175	庆阳	Qingyang	357.61	454.35	529.36	245
贵州	**Guizhou**	**4602.16**	**5701.84**	**6852.20**		定西	Dingxi	156.02	186.94	223.27	282
贵阳	Guiyang	1121.82	1383.07	1710.30	85	陇南	Longnan	169.43	197.68	225.98	281
六盘水	Liupanshui	500.63	613.86	753.65	210	青海	**Qinghai**	**1350.43**	**1670.44**	**1893.54**	
遵义	Zunyi	908.76	1121.46	1361.93	115	西宁	Xining	628.28	770.70	851.09	195
安顺	Anshun	232.90	285.64	367.62	263	宁夏	**Ningxia**	**1689.65**	**2102.21**	**2341.29**	
毕节	Bijie	600.85	737.88	884.96	191	银川	Yinchuan	792.61	986.68	1150.93	144
铜仁	Tongren	293.62	357.96	457.91	251	石嘴山	Shizuishan	298.60	368.02	409.97	258
云南	**Yunnan**	**7224.18**	**8893.12**	**10309.47**		吴忠	Wuzhong	217.16	271.96	315.03	272
昆明	Kunming	2120.30	2509.58	3011.14	41	固原	Guyuan	105.80	133.75	158.45	284
曲靖	Qujing	1005.55	1209.93	1400.20	108	中卫	Zhongwei	173.19	221.59	250.59	279
玉溪	Yuxi	736.43	876.55	1000.17	171	新疆	**Xinjiang**	**5437.47**	**6610.05**	**7505.31**	
保山	Baoshan	260.90	319.64	389.96	262	乌鲁木齐	Urumqi	1338.52	1690.03	2001.74	72
昭通	Zhaotong	379.64	465.04	555.60	240	克拉玛依	Karamay	711.35	801.68	810.71	200

3-2 第一产业增加值
Added Value of Primary Industry

单位：亿元 (100 million yuan)

地名	City	2010	2011	2012	2012 排名 Ranking	地名	City	2010	2011	2012	2012 排名 Ranking
全国	**Nation Total**	**40533.60**	**47486.20**	**52373.60**		沈阳	Shenyang	232.75	279.06	315.20	31
北京	**Beijing**	**124.40**	**136.27**	**150.20**		大连	Dalian	345.10	395.72	451.37	5
天津	**Tianjin**	**145.58**	**159.72**	**171.60**		鞍山	Anshan	93.01	110.55	124.43	166
河北	**Hebei**	**2562.81**	**2905.73**	**3186.66**		抚顺	Fushun	54.82	70.48	85.11	210
石家庄	Shijiazhuang	369.61	415.00	452.18	4	本溪	Benxi	43.35	53.12	60.19	236
唐山	Tangshan	421.87	486.53	528.56	1	丹东	Dandong	100.09	119.70	140.01	149
秦皇岛	Qinhuangdao	126.72	139.94	152.41	130	锦州	Jinzhou	151.31	173.37	190.29	98
邯郸	Handan	307.95	350.61	383.90	11	营口	Yingkou	77.23	90.76	103.56	195
邢台	Xingtai	189.73	218.83	240.35	60	阜新	Fuxin	92.66	110.02	125.40	164
保定	Baoding	303.65	343.02	378.12	13	辽阳	Liaoyang	45.86	56.44	63.28	230
张家口	Zhangjiakou	152.94	180.28	205.78	79	盘锦	Panjin	81.52	94.33	108.43	189
承德	Chengde	139.41	165.55	185.16	102	铁岭	Tieling	142.18	172.42	193.30	94
沧州	Cangzhou	252.65	295.84	319.18	28	朝阳	Chaoyang	135.80	170.69	205.03	81
廊坊	Langfang	157.48	174.28	198.40	89	葫芦岛	Huludao	71.63	84.53	95.91	200
衡水	Hengshui	154.20	174.54	189.03	100	吉林	**Jilin**	**1050.15**	**1277.44**	**1412.11**	
山西	**Shanxi**	**554.48**	**641.42**	**698.32**		长春	Changchun	252.75	290.12	317.09	30
太原	Taiyuan	30.28	33.85	36.02	268	吉林	Jilin	194.42	220.32	242.71	58
大同	Datong	36.26	46.50	49.78	250	四平	Siping	211.47	257.44	283.81	38
阳泉	Yangquan	6.58	8.45	9.19	280	辽源	Liaoyuan	42.77	48.73	53.79	242
长治	Changzhi	40.24	49.00	53.46	244	通化	Tonghua	65.08	78.75	87.13	207
晋城	Jincheng	30.71	38.80	42.77	261	白山	Baishan	44.03	48.44	53.57	243
朔州	Shuozhou	40.54	45.39	50.93	249	松原	Songyuan	191.04	230.54	254.88	49
晋中	Jinzhong	64.96	73.93	83.77	211	白城	Baicheng	83.43	100.77	110.58	186
运城	Yuncheng	141.50	164.50	176.99	115	黑龙江	**Heilongjiang**	**1302.90**	**1701.50**	**2113.66**	
忻州	Xinzhou	49.22	54.89	57.22	239	哈尔滨	Harbin	412.72	447.21	506.79	2
临汾	Linfen	66.58	74.83	81.04	215	齐齐哈尔	Qiqihar	192.07	243.21	284.76	37
吕梁	Luliang	43.70	48.24	54.97	241	鸡西	Jixi	107.17	134.50	165.22	118
内蒙古	**Inner Mongolia**	**1095.28**	**1306.30**	**1448.58**		鹤岗	Hegang	66.37	88.10	105.48	192
呼和浩特	Hohhot	91.33	109.44	120.52	176	双鸭山	Shuangyashan	120.26	160.07	184.86	104
包头	Baotou	66.48	80.17	89.75	206	大庆	Daqing	95.01	134.14	154.21	128
乌海	Wuhai	3.71	4.36	4.86	282	伊春	Yichun	61.42	74.91	91.63	203
赤峰	Chifeng	177.37	210.74	237.54	63	佳木斯	Jiamusi	146.45	189.24	201.74	84
通辽	Tongliao	178.26	208.64	232.88	67	七台河	Qitaihe	22.41	26.56	30.57	270
鄂尔多斯	Erdos	70.81	83.16	90.14	205	牡丹江	Mudanjiang	122.58	152.58	223.15	74
呼伦贝尔	Hulunbuir	182.39	214.60	239.14	61	黑河	Heihe	116.93	153.74	182.64	106
巴彦淖尔	Bayannur	119.06	138.38	151.19	133	绥化	Suihua	267.09	359.46	428.07	6
乌兰察布	Ulanqab	93.96	111.69	121.52	174	上海	**Shanghai**	**114.15**	**124.94**	**127.80**	
辽宁	**Liaoning**	**1631.10**	**1915.57**	**2155.82**		江苏	**Jiangsu**	**2540.10**	**3064.78**	**3418.29**	

注：本表按当年价格计算。

a)Data in this table are calculated at current prices.

3-2 第一产业增加值 续表 1
Added Value of Primary Industry continued 1

单位：亿元 (100 million yuan)

地名	City	2010	2011	2012	2012 排名 Ranking	地名	City	2010	2011	2012	2012 排名 Ranking
南京	Nanjing	142.29	164.28	185.06	103	池州	Chizhou	45.70	56.29	62.15	232
无锡	Wuxi	104.94	122.98	137.22	152	宣城	Xuancheng	88.50	102.07	111.65	185
徐州	Xuzhou	282.82	334.54	382.46	12	**福建**	**Fujian**	**1363.67**	**1612.24**	**1776.71**	
常州	Changzhou	99.78	111.78	126.37	160	福州	Fuzhou	282.73	325.09	367.73	17
苏州	Suzhou	155.79	177.75	195.08	92	厦门	Xiamen	23.06	24.68	25.30	272
南通	Nantong	266.22	287.21	319.09	29	莆田	Putian	87.86	98.80	107.24	191
连云港	Lianyungang	182.60	204.11	232.40	68	三明	Sanming	168.26	195.30	211.00	78
淮安	Huaian	195.97	223.46	247.98	55	泉州	Quanzhou	132.18	151.78	160.57	121
盐城	Yancheng	374.21	416.83	456.13	3	漳州	Zhangzhou	254.70	293.30	320.45	27
扬州	Yangzhou	161.37	184.54	205.19	80	南平	Nanping	159.53	212.99	234.49	65
镇江	Zhenjiang	81.53	100.77	115.77	180	龙岩	Longyan	128.89	153.24	162.00	120
泰州	Taizhou	151.65	175.11	191.75	97	宁德	Ningde	136.61	168.65	201.35	85
宿迁	Suqian	187.09	209.72	226.80	71	**江西**	**Jiangxi**	**1206.98**	**1391.07**	**1520.23**	
浙江	**Zhejiang**	**1360.56**	**1583.04**	**1667.88**		南昌	Nanchang	120.56	134.92	147.19	139
杭州	Hangzhou	208.41	236.77	255.11	48	景德镇	Jingdezhen	38.09	44.73	48.97	252
宁波	Ningbo	219.13	255.23	268.52	43	萍乡	Pingxiang	42.32	48.97	53.12	246
温州	Wenzhou	93.69	107.88	114.22	182	九江	Jiujiang	98.04	107.69	118.29	177
嘉兴	Jiaxing	127.00	142.80	151.39	132	新余	Xinyu	37.88	44.06	48.21	255
湖州	Huzhou	104.22	116.22	122.65	172	鹰潭	Yingtan	32.81	38.14	41.46	263
绍兴	Shaoxing	149.67	172.10	184.80	105	赣州	Ganzhou	211.89	232.70	252.41	52
金华	Jinhua	108.03	125.43	134.46	155	吉安	Jian	143.00	163.78	180.51	110
衢州	Quzhou	64.68	76.15	79.75	218	宜春	Yichun	164.92	185.00	202.67	83
舟山	Zhoushan	62.02	76.04	83.06	212	抚州	Fuzhou	119.84	136.89	152.00	131
台州	Taizhou	160.42	189.25	200.91	86	上饶	Shangrao	151.90	176.50	192.83	95
丽水	Lishui	62.93	72.62	79.37	220	**山东**	**Shandong**	**3588.28**	**3973.85**	**4281.70**	
安徽	**Anhui**	**1729.02**	**2015.31**	**2178.73**		济南	Jinan	215.17	237.86	252.92	50
合肥	Hefei	132.74	208.22	229.05	70	青岛	Qingdao	276.99	306.38	324.41	23
芜湖	Wuhu	49.04	107.01	117.63	179	淄博	Zibo	105.30	116.75	123.75	168
蚌埠	Bengbu	121.16	144.38	158.86	125	枣庄	Zaozhuang	117.56	126.40	133.00	156
淮南	Huainan	47.59	55.90	60.61	234	东营	Dongying	87.38	99.18	104.34	194
马鞍山	Maanshan	28.53	67.02	73.46	223	烟台	Yantai	334.49	361.43	377.31	15
淮北	Huaibei	40.46	46.89	51.43	247	潍坊	Weifang	330.51	359.28	390.52	9
铜陵	Tongling	9.65	11.00	11.78	278	济宁	Jining	320.41	351.14	371.97	16
安庆	Anqing	156.32	180.71	196.17	90	泰安	Taian	195.31	215.00	233.05	66
黄山	Huangshan	39.44	45.12	48.54	254	威海	Weihai	153.94	171.18	180.11	111
滁州	Chuzhou	148.42	173.29	192.79	96	日照	Rizhao	100.26	112.08	117.64	178
阜阳	Fuyang	197.34	232.50	249.42	53	莱芜	Laiwu	38.61	41.18	44.20	259
宿州	Suzhou	181.46	217.53	237.35	64	临沂	Linyi	264.01	279.01	291.34	36
六安	Liuan	159.36	181.48	198.79	88	德州	Dezhou	210.51	229.57	244.39	56
亳州	Bozhou	137.15	164.04	181.13	109	聊城	Liaocheng	221.64	243.37	257.80	45

3-2 第一产业增加值 续表 2
Added Value of Primary Industry continued 2

单位：亿元 (100 million yuan)

地名	City	2010	2011	2012	2012 排名 Ranking	地名	City	2010	2011	2012	2012 排名 Ranking
滨州	Binzhou	155.48	178.07	189.51	99	常德	Changde	280.10	294.69	302.56	33
菏泽	Heze	220.18	228.04	241.01	59	张家界	Zhangjiajie	31.23	38.73	42.27	262
河南	**Henan**	**3258.09**	**3512.24**	**3769.54**		益阳	Yiyang	162.36	193.67	203.88	82
郑州	Zhengzhou	124.56	131.66	142.40	147	郴州	Chenzhou	126.75	150.21	157.04	127
开封	Kaifeng	219.31	237.54	257.66	46	永州	Yongzhou	190.56	227.91	244.17	57
洛阳	Luoyang	187.62	203.84	223.76	73	怀化	Huaihua	97.43	129.31	145.30	141
平顶山	Pingdingshan	114.72	135.63	145.85	140	娄底	Loudi	99.80	131.79	149.89	135
安阳	Anyang	159.07	175.22	187.32	101	**广东**	**Guangdong**	**2286.98**	**2665.20**	**2847.26**	
鹤壁	Hebi	48.83	55.95	58.13	237	广州	Guangzhou	188.56	204.54	213.76	77
新乡	Xinxiang	157.15	187.40	200.34	87	韶关	Shaoguan	95.90	113.16	123.13	170
焦作	Jiaozuo	101.30	114.16	122.42	173	深圳	Shenzhen	6.47	6.55	6.30	281
濮阳	Puyang	107.62	128.49	137.76	151	珠海	Zhuhai	32.36	36.55	39.02	265
许昌	Xuchang	149.96	171.71	177.82	114	汕头	Shantou	64.53	73.76	80.44	217
漯河	Luohe	86.66	94.91	98.01	197	佛山	Foshan	105.40	118.86	130.53	157
三门峡	Sanmenxia	70.00	81.22	90.57	204	江门	Jiangmen	117.03	138.36	149.51	136
南阳	Nanyang	401.18	415.90	423.62	7	湛江	Zhanjiang	289.31	344.15	384.97	10
商丘	Shangqiu	299.51	317.00	323.22	24	茂名	Maoming	274.52	319.27	344.12	21
信阳	Xinyang	288.04	330.05	377.64	14	肇庆	Zhaoqing	190.26	226.40	238.63	62
周口	Zhoukou	365.64	389.83	417.56	8	惠州	Huizhou	102.38	116.51	124.56	165
驻马店	Zhumadian	290.67	339.95	365.91	18	梅州	Meizhou	124.24	143.99	157.17	126
湖北	**Hubei**	**2147.00**	**2569.30**	**2848.77**		汕尾	Shanwei	77.59	89.99	99.28	196
武汉	Wuhan	170.04	198.70	301.21	34	河源	Heyuan	60.44	72.39	78.22	222
黄石	Huangshi	53.63	68.81	85.89	208	阳江	Yangjiang	140.28	160.33	176.02	116
十堰	Shiyan	77.80	96.91	121.16	175	清远	Qingyuan	119.98	139.33	152.78	129
宜昌	Yichang	176.50	240.81	305.20	32	东莞	Dongguan	16.57	17.88	18.76	276
襄阳	Xiangfan	234.70	291.66	357.18	19	中山	ZhongShan	50.74	58.45	62.17	231
鄂州	Ezhou	51.45	60.99	69.23	226	潮州	Chaozhou	40.34	45.97	49.44	251
荆门	Jingmen	145.10	166.53	178.69	113	揭阳	Jieyang	110.86	128.70	140.21	148
孝感	Xiaogan	171.18	195.11	225.00	72	云浮	Yunfu	100.74	119.72	125.49	163
荆州	Jingzhou	231.07	265.15	292.80	35	**广西**	**Guangxi**	**1675.06**	**2047.23**	**2172.37**	
黄冈	Huanggang	246.96	290.00	332.78	22	南宁	Nanning	244.43	306.31	322.96	25
咸宁	Xianning	100.98	118.80	145.30	141	柳州	Liuzhou	109.48	135.86	147.38	138
随州	Suizhou	86.57	103.99	114.28	181	桂林	Guilin	203.31	247.11	271.84	41
湖南	**Hunan**	**2325.50**	**2768.03**	**3004.21**		梧州	Wuzhou	79.96	96.47	104.84	193
长沙	Changsha	202.01	243.38	272.31	40	北海	Beihai	87.17	115.45	127.37	158
株洲	Zhuzhou	123.85	133.30	144.68	143	防城港	Fangchenggang	47.43	57.79	61.16	233
湘潭	Xiangtan	96.04	102.56	110.55	187	钦州	Qinzhou	132.21	156.01	166.81	117
衡阳	Hengyang	264.42	290.74	322.89	26	贵港	Guigang	108.05	138.51	148.68	137
邵阳	Shaoyang	173.71	227.52	252.75	51	玉林	Yulin	171.73	213.81	229.20	69
岳阳	Yueyang	215.53	249.80	256.58	47	百色	Baise	105.21	125.67	137.14	153

3-2 第一产业增加值 续表 3
Added Value of Primary Industry continued 3

单位：亿元 (100 million yuan)

地名	City	2010	2011	2012	2012 排名 Ranking	地名	City	2010	2011	2012	2012 排名 Ranking
贺州	Hezhou	63.68	78.92	85.43	209	丽江	Lijiang	26.00	30.49	36.61	267
河池	Hechi	97.87	119.65	126.34	161	普洱	Puer	73.66	89.34	112.88	184
来宾	Laibin	97.83	120.37	127.01	159	临沧	Lincang	71.48	87.82	107.64	190
崇左	Chongzuo	114.85	144.98	142.95	146	**西藏**	**Tibet**	**68.13**	**74.47**	**80.38**	
海南	**Hainan**	**539.83**	**659.23**	**711.54**		拉萨	Lhasa	9.14	9.99	10.78	279
海口	Haikou	45.99	53.76	55.92	240	**陕西**	**Shaanxi**	**988.45**	**1220.90**	**1370.16**	
三亚	Sanya	38.38	41.60	46.73	257	西安	Xi'an	140.06	173.14	195.59	91
重庆	**Chongqing**	**685.38**	**844.52**	**940.01**		铜川	Tongchuan	14.18	17.41	19.47	275
四川	**Sichuan**	**2482.89**	**2983.51**	**3297.21**		宝鸡	Baoji	104.20	128.56	143.26	145
成都	Chengdu	285.09	327.34	348.10	20	咸阳	Xianyang	203.29	252.46	283.10	39
自贡	Zigong	84.68	98.99	109.39	188	渭南	Weinan	128.94	160.47	180.00	112
攀枝花	Panzhihua	21.49	24.24	25.77	271	延安	Yan'an	71.19	86.69	97.06	199
泸州	Luzhou	108.81	130.83	143.60	144	汉中	Hanzhong	110.39	142.29	159.47	123
德阳	Deyang	152.39	177.74	194.03	93	榆林	Yulin	92.16	111.91	125.88	162
绵阳	Mianyang	166.49	199.23	219.19	75	安康	Ankang	67.07	72.01	80.95	216
广元	Guangyuan	76.52	83.80	91.82	202	商洛	Shangluo	58.05	70.61	79.43	219
遂宁	Suining	109.39	140.95	150.37	134	**甘肃**	**Gansu**	**599.28**	**678.75**	**780.50**	
内江	Neijiang	112.39	139.76	163.31	119	兰州	Lanzhou	33.79	40.00	44.55	258
乐山	Leshan	100.08	114.58	123.72	169	嘉峪关	Jiayuguan	2.46	3.10	3.75	284
南充	Nanchong	201.62	240.02	270.47	42	金昌	Jinchang	11.18	11.60	13.39	277
眉山	Meishan	103.80	121.42	135.91	154	白银	Baiyin	37.64	42.15	48.58	253
宜宾	Yibin	133.84	163.27	181.94	107	天水	Tianshui	60.18	67.02	78.36	221
广安	Guangan	109.91	125.26	140.00	150	武威	Wuwei	60.45	67.00	81.66	214
达州	Dazhou	194.99	232.73	248.95	54	张掖	Zhangye	62.33	71.55	81.87	213
雅安	Yaan	49.97	56.87	60.39	235	平凉	Pingliang	50.59	57.00	68.52	228
巴中	Bazhong	81.65	86.31	93.00	201	酒泉	Jiuquan	54.19	59.01	68.86	227
资阳	Ziyang	151.81	185.02	216.13	76	庆阳	Qingyang	51.02	58.26	73.00	224
贵州	**Guizhou**	**625.03**	**726.22**	**891.91**		定西	Dingxi	47.72	52.89	67.71	229
贵阳	Guiyang	57.10	62.55	72.28	225	陇南	Longnan	44.55	50.53	57.36	238
六盘水	Liupanshui	29.22	32.07	43.27	260	**青海**	**Qinghai**	**134.92**	**155.08**	**176.91**	
遵义	Zunyi	140.22	151.57	181.24	108	西宁	Xining	24.47	27.41	31.17	269
安顺	Anshun	40.30	44.42	53.19	245	**宁夏**	**Ningxia**	**159.29**	**184.14**	**199.40**	
毕节	Bijie	124.37	134.16	160.07	122	银川	Yinchuan	40.29	47.05	50.95	248
铜仁	Tongren	95.43	103.74	123.93	167	石嘴山	Shizuishan	17.99	20.95	22.37	274
云南	**Yunnan**	**1108.38**	**1411.01**	**1654.55**		吴忠	Wuzhong	37.18	43.20	46.89	256
昆明	Kunming	120.30	133.83	159.16	124	固原	Guyuan	30.86	33.66	38.12	266
曲靖	Qujing	183.52	225.74	262.30	44	中卫	Zhongwei	32.97	38.84	41.07	264
玉溪	Yuxi	69.60	81.28	97.44	198	**新疆**	**Xinjiang**	**1078.63**	**1139.03**	**1320.57**	
保山	Baoshan	79.00	99.14	122.92	171	乌鲁木齐	Urumqi	19.94	22.05	25.02	273
昭通	Zhaotong	74.45	91.59	113.35	183	克拉玛依	Karamay	3.52	4.15	4.62	283

3-3　第二产业增加值
Added Value of Secondary Industry

单位：亿元　　　　(100 million yuan)

地名	City	2010	2011	2012	2012 排名 Ranking
全国	**Nation Total**	**187383.2**	**220412.8**	**235162.0**	
北京	**Beijing**	**3388.40**	**3752.48**	**4059.27**	
天津	**Tianjin**	**4840.23**	**5928.32**	**6663.82**	
河北	**Hebei**	**10707.68**	**13126.86**	**14003.57**	
石家庄	Shijiazhuang	1653.76	2031.90	2240.66	24
唐山	Tangshan	2598.40	3269.93	3473.79	12
秦皇岛	Qinhuangdao	367.79	419.48	447.68	187
邯郸	Handan	1280.30	1527.43	1620.84	42
邢台	Xingtai	674.06	793.38	829.61	97
保定	Baoding	1057.87	1338.49	1495.91	46
张家口	Zhangjiakou	415.18	494.38	529.04	161
承德	Chengde	453.70	605.43	625.40	140
沧州	Cangzhou	1115.22	1358.70	1479.08	47
廊坊	Langfang	723.81	875.50	968.62	78
衡水	Hengshui	396.00	488.33	522.91	164
山西	**Shanxi**	**5234.00**	**6635.26**	**6731.56**	
太原	Taiyuan	798.49	949.19	1035.57	74
大同	Datong	338.82	427.91	472.18	178
阳泉	Yangquan	255.31	313.93	354.46	221
长治	Changzhi	601.67	827.35	894.94	89
晋城	Jincheng	464.64	585.83	653.76	132
朔州	Shuozhou	379.01	498.76	596.05	149
晋中	Jinzhong	418.27	488.03	538.42	158
运城	Yuncheng	365.29	494.17	492.32	175
忻州	Xinzhou	195.08	285.93	320.47	225
临汾	Linfen	519.28	716.14	758.78	110
吕梁	Luliang	585.07	833.42	901.03	86
内蒙古	**Inner Mongolia**	**6367.69**	**8037.69**	**8801.50**	
呼和浩特	Hohhot	678.95	789.99	802.31	101
包头	Baotou	1331.45	1665.18	1685.08	39
乌海	Wuhai	280.52	351.95	362.54	217
赤峰	Chifeng	556.58	722.53	856.35	95
通辽	Tongliao	689.71	886.71	1068.54	70
鄂尔多斯	Erdos	1551.43	1933.68	2213.13	25
呼伦贝尔	Hulunbuir	392.60	509.95	629.79	138
巴彦淖尔	Bayannur	339.68	414.07	448.83	186
乌兰察布	Ulanqab	296.74	371.18	418.63	198
辽宁	**Liaoning**	**9976.80**	**12152.15**	**13230.49**	

地名	City	2010	2011	2012	2012 排名 Ranking
沈阳	Shenyang	2529.93	3026.88	3383.15	14
大连	Dalian	2624.49	3204.18	3634.80	8
鞍山	Anshan	1154.37	1281.01	1293.15	59
抚顺	Fushun	525.46	673.51	736.74	117
本溪	Benxi	536.01	657.02	674.60	129
丹东	Dandong	373.19	457.15	508.53	170
锦州	Jinzhou	434.55	554.01	616.23	144
营口	Yingkou	554.67	673.81	738.99	116
阜新	Fuxin	158.46	213.47	255.80	242
辽阳	Liaoyang	465.14	561.19	632.10	137
盘锦	Panjin	616.49	762.17	843.55	96
铁岭	Tieling	381.03	460.13	505.20	172
朝阳	Chaoyang	332.55	416.64	455.60	183
葫芦岛	Huludao	247.02	312.01	342.89	222
吉林	**Jilin**	**4506.31**	**5611.48**	**6376.77**	
长春	Changchun	1719.90	2092.73	2291.88	23
吉林	Jilin	896.02	1116.52	1207.53	66
四平	Siping	333.24	444.54	513.69	168
辽源	Liaoyuan	230.41	291.70	356.85	220
通化	Tonghua	326.85	408.11	466.96	179
白山	Baishan	260.31	317.36	388.29	210
松原	Songyuan	568.10	670.33	780.46	103
白城	Baicheng	201.50	270.41	291.01	231
黑龙江	**Heilongjiang**	**5204.11**	**6330.50**	**6073.61**	
哈尔滨	Harbin	1384.55	1647.18	1638.87	41
齐齐哈尔	Qiqihar	357.74	438.44	439.28	193
鸡西	Jixi	177.50	213.03	238.26	245
鹤岗	Hegang	116.96	149.44	167.84	264
双鸭山	Shuangyashan	177.48	233.06	258.01	241
大庆	Daqing	2385.06	3070.01	3235.93	15
伊春	Yichun	79.46	84.89	87.91	278
佳木斯	Jiamusi	133.88	166.21	172.46	262
七台河	Qitaihe	201.98	195.06	174.03	261
牡丹江	Mudanjiang	303.15	386.52	422.60	197
黑河	Heihe	44.71	53.79	62.59	282
绥化	Suihua	181.47	232.16	285.69	234
上海	**Shanghai**	**7218.32**	**7927.89**	**7854.77**	
江苏	**Jiangsu**	**21753.93**	**25203.28**	**27121.95**	

注：本表按当年价格计算。

a)Data in this table are calculated at current prices.

3-3 第二产业增加值 续表 1
Added Value of Secondary Industry continued 1

单位：亿元 (100 million yuan)

地名	City	2010	2011	2012	2012 排名 Ranking	地名	City	2010	2011	2012	2012 排名 Ranking
南京	Nanjing	2327.86	2760.84	3170.78	16	池州	Chizhou	140.23	184.55	204.23	253
无锡	Wuxi	3208.79	3728.12	4012.03	5	宣城	Xuancheng	248.20	349.94	395.12	206
徐州	Xuzhou	1490.92	1777.04	1968.52	30	**福建**	**Fujian**	**7522.83**	**9069.20**	**10187.94**	
常州	Changzhou	1683.68	1950.84	2100.76	29	福州	Fuzhou	1401.92	1711.19	1905.50	34
苏州	Suzhou	5253.81	5957.74	6502.25	1	厦门	Xiamen	1024.51	1297.15	1363.85	56
南通	Nantong	1908.56	2221.48	2414.11	20	莆田	Putian	477.10	613.28	689.65	127
连云港	Lianyungang	545.07	654.28	736.14	118	三明	Sanming	480.22	610.90	677.79	128
淮安	Huaian	647.10	794.18	889.20	90	泉州	Quanzhou	2144.86	2662.37	2890.41	19
盐城	Yancheng	1096.55	1306.26	1472.87	48	漳州	Zhangzhou	652.04	836.26	961.10	79
扬州	Yangzhou	1229.34	1427.87	1554.46	44	南平	Nanping	304.79	376.78	423.97	195
镇江	Zhenjiang	1120.63	1272.39	1419.54	52	龙岩	Longyan	527.69	701.97	752.07	111
泰州	Taizhou	1125.85	1308.21	1434.53	50	宁德	Ningde	317.22	435.75	512.23	169
宿迁	Suqian	479.14	614.48	589.82	150	**江西**	**Jiangxi**	**5122.88**	**6390.55**	**6942.59**	
浙江	**Zhejiang**	**14297.93**	**16555.58**	**17316.32**		南昌	Nanchang	1252.04	1579.29	1693.65	38
杭州	Hangzhou	2844.07	3323.79	3572.63	10	景德镇	Jingdezhen	280.51	355.74	373.78	215
宁波	Ningbo	2870.69	3349.53	3516.84	11	萍乡	Pingxiang	329.46	433.44	445.68	188
温州	Wenzhou	1533.46	1760.72	1852.99	36	九江	Jiujiang	579.71	735.94	808.84	100
嘉兴	Jiaxing	1339.57	1537.26	1603.08	43	新余	Xinyu	403.36	522.01	502.01	173
湖州	Huzhou	715.01	817.71	886.42	91	鹰潭	Yingtan	216.51	276.17	305.92	228
绍兴	Shaoxing	1566.61	1834.34	1962.41	31	赣州	Ganzhou	496.70	631.16	696.78	126
金华	Jinhua	1086.02	1246.09	1344.69	58	吉安	Jian	363.74	465.94	520.59	166
衢州	Quzhou	414.46	511.02	516.34	167	宜春	Yichun	492.22	637.79	702.20	124
舟山	Zhoushan	293.29	349.16	382.94	212	抚州	Fuzhou	314.47	395.61	435.93	194
台州	Taizhou	1254.33	1390.72	1419.47	53	上饶	Shangrao	459.18	598.98	662.54	131
丽水	Lishui	328.60	401.78	449.50	184	**山东**	**Shandong**	**21238.49**	**24017.11**	**25735.73**	
安徽	**Anhui**	**6436.62**	**8309.38**	**9404.84**		济南	Jinan	1637.45	1828.97	1938.14	32
合肥	Hefei	1456.64	2002.10	2303.90	22	青岛	Qingdao	2758.62	3150.72	3402.23	13
芜湖	Wuhu	722.79	1092.55	1234.24	62	淄博	Zibo	1766.57	1975.38	2101.19	28
蚌埠	Bengbu	300.95	384.88	445.08	189	枣庄	Zaozhuang	818.37	920.32	991.33	76
淮南	Huainan	388.82	461.44	501.02	174	东营	Dongying	1712.20	1914.81	2126.02	27
马鞍山	Maanshan	563.55	779.04	818.86	99	烟台	Yantai	2566.49	2830.88	2985.09	18
淮北	Huaibei	298.37	368.15	410.36	202	潍坊	Weifang	1720.28	1961.40	2166.17	26
铜陵	Tongling	339.50	433.02	456.28	182	济宁	Jining	1356.47	1535.93	1673.50	40
安庆	Anqing	518.96	672.71	759.44	109	泰安	Taian	1099.45	1202.84	1290.54	60
黄山	Huangshan	135.41	174.61	196.55	255	威海	Weihai	1087.03	1139.36	1249.30	61
滁州	Chuzhou	342.01	439.65	507.59	171	日照	Rizhao	561.55	660.66	724.06	119
阜阳	Fuyang	282.76	342.26	397.51	205	莱芜	Laiwu	330.18	370.40	365.20	216
宿州	Suzhou	246.43	325.68	378.95	214	临沂	Linyi	1206.29	1382.05	1463.45	49
六安	Liuan	285.78	372.35	423.35	196	德州	Dezhou	899.55	1059.80	1208.65	65
亳州	Bozhou	191.56	248.40	288.80	233	聊城	Liaocheng	924.09	1087.48	1186.38	67

3-3 第二产业增加值 续表 2
Added Value of Secondary Industry continued 2

单位：亿元 (100 million yuan)

地名	City	2010	2011	2012	2012 排名 Ranking
滨州	Binzhou	847.31	972.29	1045.61	73
菏泽	Heze	648.54	849.03	974.22	77
河南	**Henan**	**13226.38**	**15427.08**	**16672.20**	
郑州	Zhengzhou	2269.91	2874.22	3132.92	17
开封	Kaifeng	400.65	470.27	533.26	159
洛阳	Luoyang	1396.21	1656.52	1788.09	37
平顶山	Pingdingshan	869.43	973.71	910.74	85
安阳	Anyang	809.29	873.33	900.84	87
鹤壁	Hebi	301.95	354.07	384.59	211
新乡	Xinxiang	686.48	880.65	925.66	84
焦作	Jiaozuo	855.31	993.84	1046.49	72
濮阳	Puyang	515.33	583.25	644.53	135
许昌	Xuchang	901.98	1078.25	1150.13	68
漯河	Luohe	474.58	519.72	545.94	157
三门峡	Sanmenxia	599.18	709.04	766.41	107
南阳	Nanyang	1017.07	1166.81	1220.99	64
商丘	Shangqiu	532.13	622.96	653.20	133
信阳	Xinyang	460.87	523.61	558.34	154
周口	Zhoukou	557.90	653.80	749.41	112
驻马店	Zhumadian	441.28	530.18	588.21	151
湖北	**Hubei**	**7767.24**	**9815.94**	**11193.10**	
武汉	Wuhan	2532.82	3254.02	3869.56	6
黄石	Huangshi	394.91	577.56	645.01	134
十堰	Shiyan	402.10	451.88	490.25	176
宜昌	Yichang	890.12	1295.24	1513.08	45
襄阳	Xiangfan	798.20	1216.99	1428.10	51
鄂州	Ezhou	231.35	289.83	336.43	223
荆门	Jingmen	353.13	494.40	587.55	152
孝感	Xiaogan	360.93	453.69	528.57	162
荆州	Jingzhou	325.33	448.83	522.54	165
黄冈	Huanggang	328.16	406.86	464.87	180
咸宁	Xianning	241.96	309.25	359.73	218
随州	Suizhou	181.66	243.59	284.39	235
湖南	**Hunan**	**7343.19**	**9361.99**	**10506.42**	
长沙	Changsha	2437.03	3151.68	3592.52	9
株洲	Zhuzhou	736.86	945.54	1062.82	71
湘潭	Xiangtan	499.38	668.46	765.65	108
衡阳	Hengyang	645.73	842.93	949.51	82
邵阳	Shaoyang	278.02	353.17	398.07	204
岳阳	Yueyang	834.23	1078.57	1221.83	63

地名	City	2010	2011	2012	2012 排名 Ranking
常德	Changde	685.25	889.28	1008.45	75
张家界	Zhangjiajie	60.07	76.35	85.43	279
益阳	Yiyang	288.41	382.74	458.68	181
郴州	Chenzhou	594.42	776.56	878.89	92
永州	Yongzhou	278.63	361.83	410.61	201
怀化	Huaihua	288.90	375.28	449.18	185
娄底	Loudi	364.86	466.35	552.03	155
广东	**Guangdong**	**23014.53**	**26447.38**	**27700.97**	
广州	Guangzhou	4002.27	4576.98	4720.65	3
韶关	Shaoguan	285.38	347.25	379.57	213
深圳	Shenzhen	4523.37	5343.32	5737.64	2
珠海	Zhuhai	662.01	764.41	776.36	104
汕头	Shantou	678.22	649.70	740.20	115
佛山	Foshan	3542.49	3870.95	4113.34	4
江门	Jiangmen	872.21	997.27	960.82	80
湛江	Zhanjiang	577.60	710.43	723.10	120
茂名	Maoming	590.76	696.66	789.55	102
肇庆	Zhaoqing	456.67	587.30	669.31	130
惠州	Huizhou	1019.57	1223.25	1377.23	55
梅州	Meizhou	252.43	282.66	269.14	239
汕尾	Shanwei	212.68	258.52	284.18	236
河源	Heyuan	244.45	306.55	299.70	230
阳江	Yangjiang	271.63	338.98	408.93	203
清远	Qingyuan	616.38	448.48	416.58	199
东莞	Dongguan	2160.82	2366.20	2375.64	21
中山	ZhongShan	1074.10	1223.25	1353.64	57
潮州	Chaozhou	309.34	352.93	388.74	209
揭阳	Jieyang	579.03	734.96	859.35	94
云浮	Yunfu	165.12	204.46	220.66	249
广西	**Guangxi**	**4511.68**	**5675.32**	**6247.43**	
南宁	Nanning	651.88	846.34	960.75	81
柳州	Liuzhou	839.96	1003.68	1147.36	69
桂林	Guilin	492.35	615.08	697.46	125
梧州	Wuzhou	341.23	460.91	525.22	163
北海	Beihai	167.88	207.39	303.75	229
防城港	Fangchenggang	159.77	217.63	233.56	247
钦州	Qinzhou	218.51	290.73	289.15	232
贵港	Guigang	248.25	282.40	273.38	237
玉林	Yulin	373.39	458.59	482.33	177
百色	Baise	313.98	363.76	414.21	200

3-3 第二产业增加值 续表 3
Added Value of Secondary Industry continued 3

单位：亿元 (100 million yuan)

地名	City	2010	2011	2012	2012 排名 Ranking	地名	City	2010	2011	2012	2012 排名 Ranking
贺州	Hezhou	139.57	165.09	183.53	258	丽江	Lijiang	55.10	74.39	89.74	277
河池	Hechi	216.29	227.32	174.34	260	普洱	Puer	83.78	109.05	133.56	272
来宾	Laibin	192.35	231.75	236.07	246	临沧	Lincang	76.18	104.06	150.56	268
崇左	Chongzuo	149.11	197.42	216.96	252	**西藏**	**Tibet**	**164.03**	**208.79**	**242.85**	
海南	**Hainan**	**571.00**	**714.50**	**804.47**		拉萨	Lhasa	55.76	75.21	90.70	276
海口	Haikou	148.81	182.05	201.67	254	**陕西**	**Shaanxi**	**5446.10**	**6935.59**	**8075.87**	
三亚	Sanya	50.22	63.70	68.18	281	西安	Xi'an	1406.72	1674.31	1881.75	35
重庆	**Chongqing**	**4359.12**	**5543.04**	**5975.18**		铜川	Tongchuan	116.50	147.41	176.82	259
四川	**Sichuan**	**8672.18**	**11029.13**	**12333.28**		宝鸡	Baoji	614.42	749.25	895.92	88
成都	Chengdu	2480.90	3143.82	3765.62	7	咸阳	Xianyang	573.27	740.40	876.78	93
自贡	Zigong	370.84	458.63	529.26	160	渭南	Weinan	394.55	545.19	610.67	145
攀枝花	Panzhihua	386.63	487.75	561.41	153	延安	Yan'an	635.49	815.45	934.85	83
泸州	Luzhou	403.71	538.16	624.03	141	汉中	Hanzhong	199.50	267.58	320.42	226
德阳	Deyang	532.72	682.39	770.31	106	榆林	Yulin	1205.77	1629.66	1928.53	33
绵阳	Mianyang	468.27	616.56	706.22	123	安康	Ankang	130.95	183.13	243.47	244
广元	Guangyuan	125.67	180.16	220.29	250	商洛	Shangluo	117.82	163.03	195.14	256
遂宁	Suining	254.69	309.43	359.20	219	**甘肃**	**Gansu**	**1984.97**	**2377.83**	**2600.09**	
内江	Neijiang	419.53	534.00	610.10	146	兰州	Lanzhou	529.18	656.55	744.70	113
乐山	Leshan	442.45	567.37	643.91	136	嘉峪关	Jiayuguan	147.76	192.98	220.21	251
南充	Nanchong	401.57	523.85	609.66	147	金昌	Jinchang	166.91	182.40	184.48	257
眉山	Meishan	303.31	379.59	443.33	190	白银	Baiyin	171.12	215.72	248.60	243
宜宾	Yibin	519.21	675.69	773.97	105	天水	Tianshui	113.27	142.16	162.59	266
广安	Guangan	259.25	339.07	392.68	207	武威	Wuwei	91.54	115.53	150.43	269
达州	Dazhou	409.59	532.35	605.23	148	张掖	Zhangye	75.40	96.01	103.68	275
雅安	Yaan	157.83	200.38	233.56	247	平凉	Pingliang	108.79	133.40	153.91	267
巴中	Bazhong	94.97	138.99	167.45	265	酒泉	Jiuquan	210.21	251.96	307.36	227
资阳	Ziyang	348.40	460.19	548.45	156	庆阳	Qingyang	214.86	287.95	329.50	224
贵州	**Guizhou**	**1800.06**	**2194.33**	**2677.54**		定西	Dingxi	39.17	51.80	60.19	283
贵阳	Guiyang	456.95	586.84	717.32	121	陇南	Longnan	48.51	60.57	69.10	280
六盘水	Liupanshui	303.22	384.69	441.57	191	**青海**	**Qinghai**	**744.63**	**975.18**	**1092.34**	
遵义	Zunyi	379.69	493.02	626.23	139	西宁	Xining	320.76	411.28	439.52	192
安顺	Anshun	88.60	112.63	137.02	270	**宁夏**	**Ningxia**	**827.91**	**1056.15**	**1159.37**	
毕节	Bijie	259.73	342.23	390.97	208	银川	Yinchuan	400.24	525.25	619.05	143
铜仁	Tongren	77.22	99.90	131.79	273	石嘴山	Shizuishan	187.05	236.91	264.95	240
云南	**Yunnan**	**3223.49**	**3780.32**	**4419.20**		吴忠	Wuzhong	110.64	145.11	171.01	263
昆明	Kunming	960.86	1161.18	1378.48	54	固原	Guyuan	22.68	36.17	42.29	284
曲靖	Qujing	526.67	647.17	742.90	114	中卫	Zhongwei	70.66	97.08	111.06	274
玉溪	Yuxi	457.88	552.31	623.95	142	**新疆**	**Xinjiang**	**2592.15**	**3225.90**	**3481.56**	
保山	Baoshan	80.50	102.62	133.93	271	乌鲁木齐	Urumqi	600.41	759.06	829.01	98
昭通	Zhaotong	174.82	222.87	270.61	238	克拉玛依	Karamay	638.42	716.20	713.07	122

3-4 第三产业增加值
Added Value of Tertiary Industry

单位：亿元 (100 million yuan)

地名	City	2010	2011	2012	2012 排名 Ranking
全国	**Nation Total**	**173596.0**	**205205.0**	**231406.5**	
北京	**Beijing**	**10600.80**	**12363.18**	**13669.93**	
天津	**Tianjin**	**4238.65**	**5219.24**	**6058.46**	
河北	**Hebei**	**7123.77**	**8483.17**	**9384.78**	
石家庄	Shijiazhuang	1377.66	1635.79	1807.37	25
唐山	Tangshan	1448.89	1686.00	1859.29	22
秦皇岛	Qinhuangdao	435.99	510.66	539.27	95
邯郸	Handan	773.31	910.98	1019.55	54
邢台	Xingtai	348.31	416.71	462.10	109
保定	Baoding	688.78	768.38	846.88	62
张家口	Zhangjiakou	398.30	443.96	498.73	101
承德	Chengde	295.85	333.22	371.37	148
沧州	Cangzhou	835.26	930.66	1014.17	55
廊坊	Langfang	469.80	561.64	627.31	82
衡水	Hengshui	231.63	266.20	299.09	177
山西	**Shanxi**	**3412.38**	**3960.87**	**4682.95**	
太原	Taiyuan	949.28	1097.08	1239.84	41
大同	Datong	320.83	369.16	409.43	124
阳泉	Yangquan	167.49	205.74	238.31	207
长治	Changzhi	278.32	342.25	380.21	144
晋城	Jincheng	235.19	270.34	316.28	168
朔州	Shuozhou	250.60	311.04	360.14	154
晋中	Jinzhong	280.60	328.28	364.37	151
运城	Yuncheng	320.64	358.15	399.34	132
忻州	Xinzhou	193.15	213.72	243.25	204
临汾	Linfen	304.29	345.08	381.27	141
吕梁	Luliang	216.76	249.05	274.41	190
内蒙古	**Inner Mongolia**	**4209.03**	**5015.89**	**5630.50**	
呼和浩特	Hohhot	1095.43	1277.83	1535.92	31
包头	Baotou	1062.87	1260.05	1434.31	35
乌海	Wuhai	107.13	125.27	164.52	244
赤峰	Chifeng	352.28	413.92	462.93	108
通辽	Tongliao	308.64	353.47	391.77	136
鄂尔多斯	Erdos	1020.98	1201.70	1353.53	37
呼伦贝尔	Hulunbuir	357.02	420.76	466.88	107
巴彦淖尔	Bayannur	144.59	166.00	183.31	234
乌兰察布	Ulanqab	176.90	207.17	238.56	206
辽宁	**Liaoning**	**6849.40**	**8158.98**	**9460.12**	
沈阳	Shenyang	2254.86	2609.77	2904.23	11
大连	Dalian	2188.57	2550.73	2916.66	10
鞍山	Anshan	877.63	1007.20	1011.74	56
抚顺	Fushun	314.88	369.38	414.52	121
本溪	Benxi	281.01	334.44	377.57	146
丹东	Dandong	255.61	311.82	266.84	196
锦州	Jinzhou	326.77	389.54	436.19	116
营口	Yingkou	370.55	460.09	538.63	96
阜新	Fuxin	127.75	156.77	178.76	237
辽阳	Liaoyang	224.43	271.04	305.11	173
盘锦	Panjin	228.31	263.41	292.97	181
铁岭	Tieling	198.92	241.29	276.83	188
朝阳	Chaoyang	188.06	225.69	260.01	198
葫芦岛	Huludao	212.80	253.52	280.54	185
吉林	**Jilin**	**3111.12**	**3679.92**	**4150.36**	
长春	Changchun	1356.38	1620.22	1847.67	23
吉林	Jilin	710.20	871.21	979.83	57
四平	Siping	234.84	282.61	325.30	165
辽源	Liaoyuan	136.96	160.06	194.48	230
通化	Tonghua	235.15	293.37	327.03	164
白山	Baishan	128.82	165.63	201.16	226
松原	Songyuan	343.71	460.10	570.08	89
白城	Baicheng	160.25	183.39	213.91	218
黑龙江	**Heilongjiang**	**3861.59**	**4550.00**	**5540.31**	
哈尔滨	Harbin	1867.59	2147.79	2404.56	16
齐齐哈尔	Qiqihar	330.65	384.02	452.03	112
鸡西	Jixi	134.83	160.31	178.85	236
鹤岗	Hegang	67.65	75.52	84.92	279
双鸭山	Shuangyashan	98.61	109.78	122.55	263
大庆	Daqing	419.99	537.39	610.94	84
伊春	Yichun	61.57	69.88	80.49	280
佳木斯	Jiamusi	232.13	269.86	294.09	180
七台河	Qitaihe	80.83	86.43	94.31	276
牡丹江	Mudanjiang	339.25	401.24	370.00	149
黑河	Heihe	99.46	108.51	120.86	264
绥化	Suihua	284.87	320.47	349.78	157
上海	**Shanghai**	**9833.51**	**11142.86**	**12199.15**	
江苏	**Jiangsu**	**17131.45**	**20842.21**	**23517.98**	

注：本表按当年价格计算。

a)Data in this table are calculated at current prices.

3-4 第三产业增加值 续表 1
Added Value of Tertiary Industry continued 1

单位：亿元 (100 million yuan)

地名	City	2010	2011	2012	2012 排名 Ranking	地名	City	2010	2011	2012	2012 排名 Ranking
南京	Nanjing	2660.49	3220.41	3845.73	6	池州	Chizhou	114.91	131.65	151.07	253
无锡	Wuxi	2479.57	3029.05	3418.90	9	宣城	Xuancheng	189.26	219.38	250.69	201
徐州	Xuzhou	1168.40	1440.07	1665.60	28	福建	**Fujian**	**5850.62**	**6878.74**	**7737.13**	
常州	Changzhou	1261.43	1518.37	1742.74	26	福州	Fuzhou	1438.76	1700.10	1937.70	20
苏州	Suzhou	3819.31	4581.50	5314.32	3	厦门	Xiamen	1012.50	1217.49	1426.02	36
南通	Nantong	1290.89	1571.53	1825.47	24	莆田	Putian	285.36	338.54	403.49	131
连云港	Lianyungang	465.64	552.13	634.88	81	三明	Sanming	326.62	405.62	446.03	113
淮安	Huaian	545.00	672.36	783.73	64	泉州	Quanzhou	1287.93	1456.74	1651.72	29
盐城	Yancheng	862.00	1048.24	1191.00	44	漳州	Zhangzhou	523.97	638.64	731.37	71
扬州	Yangzhou	838.78	1017.89	1173.55	45	南平	Nanping	264.33	304.54	336.61	161
镇江	Zhenjiang	785.48	938.29	1095.11	50	龙岩	Longyan	334.32	386.95	442.71	114
泰州	Taizhou	771.22	939.29	1075.39	51	宁德	Ningde	284.78	325.72	361.49	153
宿迁	Suqian	397.86	496.63	578.38	87	江西	**Jiangxi**	**3121.40**	**3921.20**	**4486.06**	
浙江	**Zhejiang**	**12063.82**	**14180.23**	**15681.13**		南昌	Nanchang	834.50	974.66	1159.68	46
杭州	Hangzhou	2896.69	3458.50	3974.27	5	景德镇	Jingdezhen	142.91	164.24	205.50	221
宁波	Ningbo	2073.18	2454.49	2796.85	12	萍乡	Pingxiang	148.61	175.74	234.26	211
温州	Wenzhou	1297.89	1549.94	1701.98	27	九江	Jiujiang	354.32	412.78	492.97	103
嘉兴	Jiaxing	833.63	997.03	1136.10	49	新余	Xinyu	189.98	213.14	280.10	186
湖州	Huzhou	482.50	586.13	655.24	80	鹰潭	Yingtan	95.57	113.28	134.79	258
绍兴	Shaoxing	1078.93	1325.56	1506.82	32	赣州	Ganzhou	411.14	472.14	559.30	91
金华	Jinhua	915.99	1086.55	1231.62	42	吉安	Jian	213.79	249.34	305.16	172
衢州	Quzhou	276.34	332.44	376.16	147	宜春	Yichun	212.87	255.19	342.73	159
舟山	Zhoushan	289.00	347.55	387.18	139	抚州	Fuzhou	195.70	210.01	237.11	209
台州	Taizhou	1011.70	1174.45	1290.87	39	上饶	Shangrao	289.93	335.10	410.02	123
丽水	Lishui	271.76	323.82	365.23	150	山东	**Shandong**	**14343.14**	**17370.89**	**19995.81**	
安徽	**Anhui**	**4193.68**	**4975.95**	**5628.48**		济南	Jinan	2057.90	2339.46	2612.61	14
合肥	Hefei	1112.23	1426.29	1631.37	30	青岛	Qingdao	2630.58	3158.50	3575.47	8
芜湖	Wuhu	336.80	458.68	521.76	98	淄博	Zibo	994.89	1188.10	1332.27	38
蚌埠	Bengbu	215.94	250.98	286.28	183	枣庄	Zaozhuang	426.10	514.96	578.59	86
淮南	Huainan	167.77	192.20	220.13	215	东营	Dongying	560.36	662.36	770.30	67
马鞍山	Maanshan	218.64	298.24	341.62	160	烟台	Yantai	1457.48	1714.52	1918.98	21
淮北	Huaibei	122.81	139.88	158.75	245	潍坊	Weifang	1040.13	1221.16	1455.74	34
铜陵	Tongling	117.55	135.39	153.24	249	济宁	Jining	865.94	1009.62	1143.90	48
安庆	Anqing	313.76	362.32	404.09	129	泰安	Taian	756.92	886.47	1023.41	53
黄山	Huangshan	134.60	159.08	179.86	235	威海	Weihai	703.73	800.41	908.45	60
滁州	Chuzhou	205.22	237.55	270.36	191	日照	Rizhao	363.27	441.33	510.87	100
阜阳	Fuyang	241.41	278.44	315.60	170	莱芜	Laiwu	177.54	200.30	222.01	213
宿州	Suzhou	222.68	259.21	298.65	178	临沂	Linyi	929.69	1109.39	1258.02	40
六安	Liuan	230.97	267.25	296.05	179	德州	Dezhou	547.76	661.34	777.52	65
亳州	Bozhou	184.07	214.21	245.72	203	聊城	Liaocheng	476.65	588.57	702.57	75

3-4　第三产业增加值　续表 2
Added Value of Tertiary Industry continued 2

单位：亿元　　(100 million yuan)

地名	City	2010	2011	2012	2012 排名 Ranking	地名	City	2010	2011	2012	2012 排名 Ranking
滨州	Binzhou	548.73	667.22	752.61	69	常德	Changde	526.22	627.21	727.49	72
菏泽	Heze	358.37	479.45	572.13	88	张家界	Zhangjiajie	151.18	182.97	211.28	219
河南	**Henan**	**6607.89**	**7991.72**	**9157.57**		益阳	Yiyang	261.51	307.22	357.72	155
郑州	Zhengzhou	1646.43	1973.97	2274.46	19	郴州	Chenzhou	360.59	419.61	481.34	104
开封	Kaifeng	307.20	364.61	416.13	120	永州	Yongzhou	297.82	355.65	404.82	128
洛阳	Luoyang	736.42	842.39	969.28	58	怀化	Huaihua	288.59	341.04	406.59	126
平顶山	Pingdingshan	326.68	375.28	439.21	115	娄底	Loudi	214.05	249.13	300.73	175
安阳	Anyang	347.22	438.06	478.73	106	**广东**	**Guangdong**	**20711.55**	**24097.70**	**26519.69**	
鹤壁	Hebi	78.34	90.50	103.07	269	广州	Guangzhou	6557.45	7641.92	8616.79	1
新乡	Xinxiang	346.31	421.36	493.78	102	韶关	Shaoguan	301.82	356.40	403.78	130
焦作	Jiaozuo	289.32	334.62	382.44	140	深圳	Shenzhen	5051.67	6155.65	7206.12	2
濮阳	Puyang	152.45	185.60	207.41	220	珠海	Zhuhai	514.23	603.98	688.38	78
许昌	Xuchang	264.55	338.79	388.24	138	汕头	Shantou	466.22	552.28	604.37	85
漯河	Luohe	119.26	137.07	153.18	250	佛山	Foshan	2003.63	2220.43	2369.16	17
三门峡	Sanmenxia	205.23	240.19	270.34	192	江门	Jiangmen	581.18	695.01	770.06	68
南阳	Nanyang	535.11	619.61	696.11	76	湛江	Zhanjiang	538.15	645.65	752.15	70
商丘	Shangqiu	312.16	368.41	420.85	118	茂名	Maoming	626.81	729.38	802.51	63
信阳	Xinyang	342.93	404.03	461.34	110	肇庆	Zhaoqing	438.94	510.72	554.41	93
周口	Zhoukou	304.77	363.86	407.75	125	惠州	Huizhou	608.00	753.32	865.76	61
驻马店	Zhumadian	321.77	374.64	419.43	119	梅州	Meizhou	236.19	280.89	318.44	167
湖北	**Hubei**	**6053.37**	**7247.02**	**8208.58**		汕尾	Shanwei	174.81	202.05	226.95	212
武汉	Wuhan	2812.90	3309.48	3833.05	7	河源	Heyuan	170.26	200.35	237.33	208
黄石	Huangshi	241.58	279.59	310.05	171	阳江	Yangjiang	227.93	267.52	302.08	174
十堰	Shiyan	256.90	302.46	344.27	158	清远	Qingyuan	351.83	415.23	455.68	111
宜昌	Yichang	480.70	604.65	690.61	77	东莞	Dongguan	2069.07	2351.32	2615.78	13
襄阳	Xiangfan	505.40	623.57	716.68	74	中山	ZhongShan	725.81	911.51	1025.24	52
鄂州	Ezhou	112.49	140.07	154.73	248	潮州	Chaozhou	209.57	248.32	268.48	195
荆门	Jingmen	231.84	281.66	319.02	166	揭阳	Jieyang	319.62	362.21	397.23	133
孝感	Xiaogan	268.56	309.36	351.59	156	云浮	Yunfu	135.11	157.19	184.13	233
荆州	Jingzhou	280.70	329.14	380.68	142	**广西**	**Guangxi**	**3383.11**	**3998.33**	**4615.30**	
黄冈	Huanggang	287.18	348.25	395.23	134	南宁	Nanning	903.94	1058.85	1219.48	43
咸宁	Xianning	177.00	223.96	255.96	200	柳州	Liuzhou	365.87	440.17	525.87	97
随州	Suizhou	133.43	170.41	191.85	232	桂林	Guilin	407.89	465.37	515.71	99
湖南	**Hunan**	**6369.27**	**7539.54**	**8643.60**		梧州	Wuzhou	158.10	177.86	202.52	224
长沙	Changsha	1908.02	2224.26	2535.08	15	北海	Beihai	146.36	173.75	198.97	227
株洲	Zhuzhou	414.77	485.43	553.82	94	防城港	Fangchenggang	113.21	138.35	149.28	254
湘潭	Xiangtan	298.59	353.12	406.20	127	钦州	Qinzhou	169.95	199.91	235.35	210
衡阳	Hengyang	510.19	600.63	685.30	79	贵港	Guigang	188.35	213.50	257.13	199
邵阳	Shaoyang	275.56	326.54	377.60	145	玉林	Yulin	295.13	347.55	390.55	137
岳阳	Yueyang	489.60	571.12	721.51	73	百色	Baise	154.80	174.66	203.89	223

3-4 第三产业增加值 续表 3
Added Value of Tertiary Industry continued 3

单位：亿元 (100 million yuan)

地名	City	2010	2011	2012	2012 排名 Ranking	地名	City	2010	2011	2012	2012 排名 Ranking
贺州	Hezhou	93.62	112.39	125.25	261	丽江	Lijiang	62.50	73.62	85.89	278
河池	Hechi	154.58	171.16	192.02	231	普洱	Puer	90.64	102.80	120.41	265
来宾	Laibin	115.04	134.09	151.22	252	临沧	Lincang	69.31	80.55	94.78	275
崇左	Chongzuo	128.41	149.45	170.60	243	西藏	**Tibet**	**276.59**	**322.57**	**377.80**	
海南	**Hainan**	**953.67**	**1148.93**	**1339.53**		拉萨	Lhasa	114.01	136.89	158.56	246
海口	Haikou	422.39	498.10	561.17	90	陕西	**Shaanxi**	**3688.93**	**4355.81**	**5009.65**	
三亚	Sanya	153.61	189.26	216.05	217	西安	Xi'an	1694.91	2015.13	2288.76	18
重庆	**Chongqing**	**2881.08**	**3623.81**	**4494.41**		铜川	Tongchuan	57.05	67.81	77.02	282
四川	**Sichuan**	**6030.41**	**7014.04**	**8242.31**		宝鸡	Baoji	257.47	297.94	335.15	162
成都	Chengdu	2785.34	3479.42	4025.22	4	咸阳	Xianyang	322.12	368.46	413.80	122
自贡	Zigong	192.21	222.74	246.15	202	渭南	Weinan	277.93	323.31	363.13	152
攀枝花	Panzhihua	115.87	133.67	152.85	251	延安	Yan'an	178.74	211.21	239.11	205
泸州	Luzhou	202.27	231.88	262.82	197	汉中	Hanzhong	199.81	237.61	274.68	189
德阳	Deyang	236.16	277.32	315.86	169	榆林	Yulin	458.74	550.68	615.47	83
绵阳	Mianyang	325.46	373.32	421.01	117	安康	Ankang	129.04	152.03	172.49	240
广元	Guangyuan	119.68	139.58	156.55	247	商洛	Shangluo	110.03	129.31	148.74	255
遂宁	Suining	131.15	152.98	172.84	239	甘肃	**Gansu**	**1536.50**	**1963.79**	**2269.61**	
内江	Neijiang	158.36	180.92	204.77	222	兰州	Lanzhou	537.41	663.48	774.57	66
乐山	Leshan	201.39	236.11	270.12	193	嘉峪关	Jiayuguan	34.10	39.46	45.18	284
南充	Nanchong	224.63	265.61	300.23	176	金昌	Jinchang	32.43	38.35	45.53	283
眉山	Meishan	145.14	172.33	195.98	229	白银	Baiyin	102.42	117.97	136.59	257
宜宾	Yibin	217.80	252.22	286.85	182	天水	Tianshui	126.77	148.36	171.92	241
广安	Guangan	168.06	195.57	219.54	216	武威	Wuwei	76.78	90.32	108.41	266
达州	Dazhou	214.62	246.75	281.28	184	张掖	Zhangye	74.98	89.28	106.37	267
雅安	Yaan	78.74	92.88	104.10	268	平凉	Pingliang	72.51	85.79	102.07	270
巴中	Bazhong	104.29	118.09	129.95	259	酒泉	Jiuquan	140.63	170.58	197.44	228
资阳	Ziyang	157.69	191.23	220.14	214	庆阳	Qingyang	91.74	108.13	126.87	260
贵州	**Guizhou**	**2177.07**	**2781.29**	**3282.75**		定西	Dingxi	69.13	82.25	95.37	274
贵阳	Guiyang	607.77	733.68	920.70	59	陇南	Longnan	76.36	86.58	99.51	271
六盘水	Liupanshui	168.19	197.10	268.81	194	青海	**Qinghai**	**470.88**	**540.18**	**624.29**	
遵义	Zunyi	388.85	476.88	554.46	92	西宁	Xining	283.05	332.01	380.40	143
安顺	Anshun	104.00	128.59	177.41	238	宁夏	**Ningxia**	**702.45**	**861.92**	**982.52**	
毕节	Bijie	216.76	261.50	333.92	163	银川	Yinchuan	352.08	414.38	480.93	105
铜仁	Tongren	120.97	154.31	202.19	225	石嘴山	Shizuishan	93.56	110.16	122.65	262
云南	**Yunnan**	**2892.31**	**3701.79**	**4235.72**		吴忠	Wuzhong	69.33	83.65	97.13	273
昆明	Kunming	1039.15	1214.57	1473.50	33	固原	Guyuan	52.26	63.91	78.05	281
曲靖	Qujing	295.36	337.03	395.00	135	中卫	Zhongwei	69.56	85.67	98.46	272
玉溪	Yuxi	208.95	242.96	279.00	187	新疆	**Xinjiang**	**1766.69**	**2245.12**	**2703.18**	
保山	Baoshan	101.40	117.88	143.11	256	乌鲁木齐	Urumqi	718.17	908.92	1147.71	47
昭通	Zhaotong	130.37	150.57	171.64	242	克拉玛依	Karamay	69.41	81.33	93.01	277

3-5 地区生产总值指数
Indices of Gross Regional Product

(上年=100) (preceding year=100)

地名	City	2010	2011	2012	2012 排名 Ranking	地名	City	2010	2011	2012	2012 排名 Ranking
全国	**Nation Total**	**110.4**	**109.3**	**107.7**		沈阳	Shenyang	114.1	112.3	110.0	239
北京	**Beijing**	**110.3**	**108.1**	**107.7**		大连	Dalian	115.2	113.5	110.3	225
天津	**Tianjin**	**117.4**	**116.4**	**113.8**		鞍山	Anshan	116.0	111.0	109.0	262
河北	**Hebei**	**112.2**	**111.3**	**109.6**		抚顺	Fushun	117.0	113.7	110.7	199
石家庄	Shijiazhuang	112.3	112.0	110.4	220	本溪	Benxi	116.0	113.6	110.0	239
唐山	Tangshan	113.1	111.7	110.4	220	丹东	Dandong	115.8	113.6	110.5	210
秦皇岛	Qinhuangdao	112.3	112.0	109.1	261	锦州	Jinzhou	116.2	113.2	110.4	220
邯郸	Handan	113.1	112.2	110.5	210	营口	Yingkou	117.8	113.9	110.8	192
邢台	Xingtai	112.2	111.6	109.5	254	阜新	Fuxin	117.5	113.7	110.9	188
保定	Baoding	114.0	112.0	110.5	210	辽阳	Liaoyang	116.0	113.5	110.3	225
张家口	Zhangjiakou	114.2	111.5	110.0	239	盘锦	Panjin	117.8	113.9	110.8	192
承德	Chengde	111.4	112.1	110.5	210	铁岭	Tieling	116.0	113.8	109.0	262
沧州	Cangzhou	114.5	112.3	110.6	202	朝阳	Chaoyang	116.6	113.8	110.8	192
廊坊	Langfang	112.5	111.5	109.7	249	葫芦岛	Huludao	115.5	112.1	109.0	262
衡水	Hengshui	113.6	112.1	110.4	220	吉林	**Jilin**	**115.3**	**113.8**	**112.0**	
山西	**Shanxi**	**111.2**	**113.0**	**110.1**		长春	Changchun	115.3	113.3	112.0	132
太原	Taiyuan	111.0	109.9	110.5	210	吉林	Jilin	112.5	114.3	111.5	165
大同	Datong	114.2	113.1	110.0	239	四平	Siping	114.2	117.6	112.4	98
阳泉	Yangquan	114.2	112.8	109.6	252	辽源	Liaoyuan	114.1	115.2	112.1	120
长治	Changzhi	113.7	115.4	110.6	202	通化	Tonghua	117.1	116.5	112.1	120
晋城	Jincheng	113.7	113.6	111.1	176	白山	Baishan	117.2	116.6	112.4	98
朔州	Shuozhou	113.8	115.2	111.1	176	松原	Songyuan	112.7	113.8	112.1	120
晋中	Jinzhong	114.0	113.1	110.2	229	白城	Baicheng	119.3	116.7	112.2	108
运城	Yuncheng	115.6	114.1	107.8	274	黑龙江	**Heilongjiang**	**112.7**	**112.3**	**110.0**	
忻州	Xinzhou	118.7	115.0	111.5	165	哈尔滨	Harbin	114.0	112.3	110.0	239
临汾	Linfen	116.9	115.3	110.1	234	齐齐哈尔	Qiqihar	118.5	113.1	108.0	273
吕梁	Luliang	121.0	114.0	110.8	192	鸡西	Jixi	116.1	114.0	113.6	48
内蒙古	**Inner Mongolia**	**115.0**	**114.3**	**111.5**		鹤岗	Hegang	116.1	114.1	113.5	53
呼和浩特	Hohhot	113.0	111.3	110.9	188	双鸭山	Shuangyashan	125.1	115.8	113.5	53
包头	Baotou	116.0	115.5	112.5	92	大庆	Daqing	112.0	112.1	110.0	239
乌海	Wuhai	119.7	117.5	113.8	42	伊春	Yichun	115.7	108.0	112.7	81
赤峰	Chifeng	115.2	115.5	113.5	53	佳木斯	Jiamusi	118.9	114.2	113.8	42
通辽	Tongliao	116.0	114.6	113.2	60	七台河	Qitaihe	125.1	105.3	108.3	269
鄂尔多斯	Erdos	119.0	115.1	113.0	68	牡丹江	Mudanjiang	116.2	115.5	114.1	33
呼伦贝尔	Hulunbuir	114.9	114.4	113.5	53	黑河	Heihe	112.1	110.7	113.0	68
巴彦淖尔	Bayannur	113.5	110.5	110.2	229	绥化	Suihua	114.8	113.8	112.3	102
乌兰察布	Ulanqab	111.0	113.1	110.0	239	上海	**Shanghai**	**110.3**	**108.2**	**107.5**	
辽宁	**Liaoning**	**114.2**	**112.2**	**109.5**		江苏	**Jiangsu**	**112.7**	**111.0**	**110.1**	

注：本表按不变价格计算。

a)Data in this table are calculated at constant prices.

3-5 地区生产总值指数 续表 1
Indices of Gross Regional Product continued 1

(上年=100) (preceding year=100)

地名	City	2010	2011	2012	2012 排名 Ranking	地名	City	2010	2011	2012	2012 排名 Ranking
南京	Nanjing	113.1	112.0	111.7	155	池州	Chizhou	116.1	113.0	112.3	102
无锡	Wuxi	113.2	111.6	110.1	234	宣城	Xuancheng	115.0	114.1	112.6	87
徐州	Xuzhou	114.0	113.5	113.2	60	福建	**Fujian**	**113.9**	**112.3**	**111.4**	
常州	Changzhou	113.1	112.2	111.5	165	福州	Fuzhou	114.2	113.0	112.1	120
苏州	Suzhou	113.3	112.0	110.1	234	厦门	Xiamen	115.1	115.1	112.1	120
南通	Nantong	113.0	112.1	111.8	147	莆田	Putian	115.3	114.3	112.8	77
连云港	Lianyungang	113.6	113.0	112.7	81	三明	Sanming	113.9	114.1	112.2	108
淮安	Huaian	113.8	113.2	113.1	64	泉州	Quanzhou	112.8	113.5	112.3	102
盐城	Yancheng	113.6	112.8	112.7	81	漳州	Zhangzhou	114.9	114.7	112.6	87
扬州	Yangzhou	113.5	112.2	111.7	155	南平	Nanping	111.7	112.2	111.0	181
镇江	Zhenjiang	113.3	112.3	112.8	77	龙岩	Longyan	113.9	113.0	112.0	132
泰州	Taizhou	113.5	112.1	112.5	92	宁德	Ningde	115.0	115.2	112.6	87
宿迁	Suqian	113.7	112.8	113.0	68	江西	**Jiangxi**	**114.0**	**112.5**	**111.0**	
浙江	**Zhejiang**	**111.9**	**109.0**	**108.0**		南昌	Nanchang	114.0	113.0	112.5	92
杭州	Hangzhou	112.0	110.5	109.0	262	景德镇	Jingdezhen	115.1	112.1	111.6	160
宁波	Ningbo	112.5	110.0	107.5	275	萍乡	Pingxiang	114.3	114.3	111.8	147
温州	Wenzhou	111.1	109.5	106.7	280	九江	Jiujiang	114.3	113.2	112.0	132
嘉兴	Jiaxing	113.7	110.6	108.7	267	新余	Xinyu	115.6	113.3	110.3	225
湖州	Huzhou	112.1	110.8	109.7	249	鹰潭	Yingtan	114.1	112.3	112.4	98
绍兴	Shaoxing	111.0	110.5	109.7	249	赣州	Ganzhou	113.8	112.5	111.9	143
金华	Jinhua	112.6	110.5	110.2	229	吉安	Jian	114.2	112.8	111.3	173
衢州	Quzhou	113.5	111.4	108.5	268	宜春	Yichun	114.1	112.8	111.6	160
舟山	Zhoushan	111.3	111.3	110.2	229	抚州	Fuzhou	115.0	112.5	110.8	192
台州	Taizhou	113.2	108.0	107.1	277	上饶	Shangrao	114.8	113.1	111.5	165
丽水	Lishui	112.9	111.5	110.5	210	山东	**Shandong**	**112.3**	**110.9**	**109.8**	
安徽	**Anhui**	**114.6**	**113.5**	**112.1**		济南	Jinan	112.7	110.6	109.5	254
合肥	Hefei	117.5	115.4	113.6	48	青岛	Qingdao	112.9	111.7	110.6	202
芜湖	Wuhu	118.2	116.0	113.8	42	淄博	Zibo	113.7	112.0	110.5	210
蚌埠	Bengbu	114.5	114.0	113.0	68	枣庄	Zaozhuang	112.6	110.9	110.7	199
淮南	Huainan	113.0	112.1	112.7	81	东营	Dongying	113.4	112.7	112.1	120
马鞍山	Maanshan	115.0	112.1	112.0	132	烟台	Yantai	114.1	112.1	110.3	225
淮北	Huaibei	114.2	112.2	113.2	60	潍坊	Weifang	113.3	111.0	110.6	202
铜陵	Tongling	117.1	112.6	111.0	181	济宁	Jining	112.9	110.8	111.0	181
安庆	Anqing	113.6	113.2	111.5	165	泰安	Taian	113.7	111.5	110.7	199
黄山	Huangshan	113.1	112.5	111.6	160	威海	Weihai	112.7	110.7	109.4	257
滁州	Chuzhou	115.6	114.0	113.1	64	日照	Rizhao	112.5	112.1	111.8	147
阜阳	Fuyang	113.6	112.0	111.7	155	莱芜	Laiwu	112.0	110.6	111.1	176
宿州	Suzhou	113.1	113.7	112.5	92	临沂	Linyi	112.9	112.0	111.8	147
六安	Liuan	113.7	112.3	111.0	181	德州	Dezhou	112.9	111.7	112.1	120
亳州	Bozhou	113.8	112.9	111.9	143	聊城	Liaocheng	113.2	112.3	112.7	81

3-5 地区生产总值指数 续表 2
Indices of Gross Regional Product continued 2

(上年=100) (preceding year=100)

地名	City	2010	2011	2012	2012 排名 Ranking
滨州	Binzhou	113.5	112.0	110.8	192
菏泽	Heze	114.3	114.0	113.0	68
河南	**Henan**	**112.5**	**111.9**	**110.1**	
郑州	Zhengzhou	113.0	113.8	112.2	108
开封	Kaifeng	112.2	112.9	111.1	176
洛阳	Luoyang	113.3	112.5	110.0	239
平顶山	Pingdingshan	111.2	111.1	106.8	279
安阳	Anyang	113.5	112.2	107.4	276
鹤壁	Hebi	113.4	112.9	110.9	188
新乡	Xinxiang	114.6	114.7	111.4	171
焦作	Jiaozuo	111.9	113.4	111.2	175
濮阳	Puyang	111.4	112.4	112.1	120
许昌	Xuchang	113.6	115.2	112.2	108
漯河	Luohe	114.7	113.2	112.1	120
三门峡	Sanmenxia	115.2	113.1	112.0	132
南阳	Nanyang	111.6	111.2	110.1	234
商丘	Shangqiu	111.1	110.7	110.8	192
信阳	Xinyang	111.6	111.1	110.5	210
周口	Zhoukou	111.1	111.2	110.6	202
驻马店	Zhumadian	111.6	111.3	110.4	220
湖北	**Hubei**	**114.8**	**113.8**	**111.3**	
武汉	Wuhan	114.7	112.5	111.4	171
黄石	Huangshi	115.7	115.8	112.0	132
十堰	Shiyan	119.5	111.0	108.2	270
宜昌	Yichang	115.8	116.1	112.6	87
襄阳	Xiangfan	116.2	116.0	112.5	92
鄂州	Ezhou	115.3	116.0	112.1	120
荆门	Jingmen	115.6	115.6	112.2	108
孝感	Xiaogan	115.1	114.1	112.2	108
荆州	Jingzhou	113.2	113.4	111.1	176
黄冈	Huanggang	114.1	114.0	110.6	202
咸宁	Xianning	115.9	115.8	112.2	108
随州	Suizhou	115.2	115.2	112.0	132
湖南	**Hunan**	**114.6**	**112.8**	**111.3**	
长沙	Changsha	115.5	114.5	113.0	68
株洲	Zhuzhou	115.4	114.1	112.0	132
湘潭	Xiangtan	115.2	114.4	112.3	102
衡阳	Hengyang	115.1	114.2	111.8	147
邵阳	Shaoyang	114.6	112.7	111.7	155
岳阳	Yueyang	114.8	114.2	112.2	108
常德	Changde	115.2	114.1	112.1	120
张家界	Zhangjiajie	114.5	114.0	111.6	160
益阳	Yiyang	114.7	113.2	111.9	143
郴州	Chenzhou	115.2	114.3	112.4	98
永州	Yongzhou	114.4	113.0	111.0	181
怀化	Huaihua	114.8	114.2	112.0	132
娄底	Loudi	114.3	113.1	111.9	143
广东	**Guangdong**	**112.4**	**110.0**	**108.2**	
广州	Guangzhou	113.2	111.3	110.5	210
韶关	Shaoguan	112.5	112.1	110.0	239
深圳	Shenzhen	112.2	110.0	110.0	239
珠海	Zhuhai	112.9	111.3	107.0	278
汕头	Shantou	113.9	112.0	109.5	254
佛山	Foshan	114.3	111.4	108.2	270
江门	Jiangmen	114.5	113.0	108.1	272
湛江	Zhanjiang	114.2	113.0	109.6	252
茂名	Maoming	114.1	110.8	110.6	202
肇庆	Zhaoqing	117.5	114.7	111.0	181
惠州	Huizhou	118.0	114.6	112.6	87
梅州	Meizhou	114.1	113.6	110.1	234
汕尾	Shanwei	118.1	114.0	113.5	53
河源	Heyuan	113.3	113.1	111.6	160
阳江	Yangjiang	116.8	114.9	113.0	68
清远	Qingyuan	117.8	108.3	105.1	283
东莞	Dongguan	110.3	108.0	106.1	281
中山	ZhongShan	113.9	113.1	111.0	181
潮州	Chaozhou	114.1	113.0	110.6	202
揭阳	Jieyang	119.6	114.6	111.3	173
云浮	Yunfu	113.8	114.3	112.8	77
广西	**Guangxi**	**114.2**	**112.3**	**111.3**	
南宁	Nanning	114.2	113.5	112.3	102
柳州	Liuzhou	115.8	110.8	111.5	165
桂林	Guilin	113.8	111.8	113.1	64
梧州	Wuzhou	117.8	113.8	113.6	48
北海	Beihai	117.6	118.2	121.7	1
防城港	Fangchenggang	117.8	115.3	112.2	108
钦州	Qinzhou	118.0	120.1	111.8	147
贵港	Guigang	114.0	106.1	110.2	229
玉林	Yulin	115.7	111.0	110.9	188
百色	Baise	115.0	107.7	109.2	260

3-5 地区生产总值指数 续表 3
Indices of Gross Regional Product continued 3

(上年=100) (preceding year=100)

地名	City	2010	2011	2012	2012 排名 Ranking
贺州	Hezhou	113.1	110.5	109.0	262
河池	Hechi	112.5	103.3	99.3	284
来宾	Laibin	118.0	113.0	111.7	155
崇左	Chongzuo	113.1	110.5	111.8	147
海南	**Hainan**	**116.0**	**112.0**	**109.1**	
海口	Haikou	118.2	112.2	109.3	258
三亚	Sanya	119.9	114.1	109.3	258
重庆	**Chongqing**	**117.1**	**116.4**	**113.6**	
四川	**Sichuan**	**115.1**	**115.0**	**112.6**	
成都	Chengdu	115.0	115.2	113.1	64
自贡	Zigong	115.6	115.6	113.9	40
攀枝花	Panzhihua	115.1	115.3	114.1	33
泸州	Luzhou	116.5	115.9	114.8	24
德阳	Deyang	114.4	115.6	113.0	68
绵阳	Mianyang	115.3	115.2	113.3	59
广元	Guangyuan	115.9	115.6	113.8	42
遂宁	Suining	115.3	115.2	113.9	40
内江	Neijiang	116.2	115.3	113.6	48
乐山	Leshan	116.2	116.0	114.4	30
南充	Nanchong	115.3	115.3	114.2	32
眉山	Meishan	115.6	115.3	114.5	27
宜宾	Yibin	115.6	115.6	114.1	33
广安	Guangan	115.6	115.3	114.0	37
达州	Dazhou	115.1	115.2	113.6	48
雅安	Yaan	115.3	115.3	114.0	37
巴中	Bazhong	114.7	115.2	114.0	37
资阳	Ziyang	117.0	116.1	114.3	31
贵州	**Guizhou**	**112.8**	**115.0**	**113.6**	
贵阳	Guiyang	114.3	117.0	115.9	9
六盘水	Liupanshui	115.8	116.6	116.0	8
遵义	Zunyi	114.7	117.0	115.9	9
安顺	Anshun	112.1	115.1	115.4	15
毕节	Bijie	114.6	116.8	115.3	16
铜仁	Tongren	112.9	115.5	115.3	16
云南	**Yunnan**	**112.3**	**113.7**	**113.0**	
昆明	Kunming	114.0	114.0	114.1	33
曲靖	Qujing	113.1	113.1	113.0	68
玉溪	Yuxi	112.8	112.1	112.2	108
保山	Baoshan	112.5	113.1	115.1	20
昭通	Zhaotong	114.2	114.7	116.1	6
丽江	Lijiang	115.2	116.5	115.8	12
普洱	Puer	114.2	114.2	115.6	14
临沧	Lincang	112.2	115.2	116.8	3
西藏	**Tibet**	**112.3**	**112.7**	**111.8**	
拉萨	Lhasa	113.0	114.6	112.2	108
陕西	**Shaanxi**	**114.6**	**113.9**	**112.9**	
西安	Xi'an	114.5	113.8	111.8	147
铜川	Tongchuan	115.6	116.0	115.8	12
宝鸡	Baoji	114.4	114.5	115.1	20
咸阳	Xianyang	114.5	114.2	114.5	27
渭南	Weinan	115.0	115.0	114.5	27
延安	Yan'an	113.6	111.0	110.5	210
汉中	Hanzhong	115.1	115.5	115.2	18
榆林	Yulin	118.3	115.0	112.0	132
安康	Ankang	115.0	115.5	115.2	18
商洛	Shangluo	114.9	115.1	114.8	24
甘肃	**Gansu**	**111.8**	**112.5**	**112.6**	
兰州	Lanzhou	112.8	115.0	113.4	58
嘉峪关	Jiayuguan	117.5	117.4	116.4	5
金昌	Jinchang	111.3	115.7	116.5	4
白银	Baiyin	113.9	113.6	114.7	26
天水	Tianshui	111.5	112.0	113.2	60
武威	Wuwei	113.5	113.1	115.1	20
张掖	Zhangye	111.5	113.2	112.3	102
平凉	Pingliang	114.5	114.0	113.8	42
酒泉	Jiuquan	117.5	115.5	116.1	6
庆阳	Qingyang	115.8	116.8	115.9	9
定西	Dingxi	111.5	112.7	112.7	81
陇南	Longnan	111.8	112.5	112.8	77
青海	**Qinghai**	**115.3**	**113.5**	**112.3**	
西宁	Xining	118.2	115.0	115.0	23
宁夏	**Ningxia**	**113.5**	**112.1**	**111.5**	
银川	Yinchuan	114.8	112.0	112.5	92
石嘴山	Shizuishan	113.5	113.3	112.1	120
吴忠	Wuzhong	111.9	113.1	113.8	42
固原	Guyuan	109.6	114.0	112.0	132
中卫	Zhongwei	113.3	113.6	112.2	108
新疆	**Xinjiang**	**110.6**	**112.0**	**112.0**	
乌鲁木齐	Urumqi	112.3	115.3	117.3	2
克拉玛依	Karamay	117.4	102.9	106.0	282

3-6 第一产业增加值指数

Indices of Added Value of Primary Industry

(上年=100) (preceding year=100)

地名	City	2010	2011	2012	2012 排名 Ranking	地名	City	2010	2011	2012	2012 排名 Ranking
全国	**Nation Total**	**104.3**	**104.3**	**104.5**		沈阳	Shenyang	106.0	106.5	105.1	126
北京	**Beijing**	**98.4**	**100.9**	**103.2**		大连	Dalian	106.0	106.5	105.1	126
天津	**Tianjin**	**103.3**	**103.8**	**103.0**		鞍山	Anshan	105.8	106.7	105.2	111
河北	**Hebei**	**103.5**	**104.2**	**104.0**		抚顺	Fushun	105.8	106.5	105.2	111
石家庄	Shijiazhuang	102.7	104.3	103.6	259	本溪	Benxi	105.8	106.4	104.0	239
唐山	Tangshan	104.7	105.0	104.2	224	丹东	Dandong	105.9	106.8	105.1	126
秦皇岛	Qinhuangdao	105.7	105.2	103.0	267	锦州	Jinzhou	105.9	106.8	105.3	104
邯郸	Handan	105.9	105.8	104.2	224	营口	Yingkou	106.0	106.7	105.1	126
邢台	Xingtai	104.7	105.4	104.0	239	阜新	Fuxin	118.1	106.9	105.4	96
保定	Baoding	104.3	105.5	104.2	224	辽阳	Liaoyang	112.8	106.7	105.2	111
张家口	Zhangjiakou	115.0	108.4	104.6	167	盘锦	Panjin	106.0	106.7	105.2	111
承德	Chengde	111.4	108.0	104.6	167	铁岭	Tieling	106.1	106.7	105.3	104
沧州	Cangzhou	106.4	105.3	104.2	224	朝阳	Chaoyang	119.2	106.9	105.4	96
廊坊	Langfang	102.2	102.4	103.0	267	葫芦岛	Huludao	106.5	106.5	105.0	134
衡水	Hengshui	106.8	105.3	103.7	256	吉林	**Jilin**	**103.3**	**105.1**	**105.3**	
山西	**Shanxi**	**106.1**	**106.1**	**106.3**		长春	Changchun	103.3	104.7	104.3	211
太原	Taiyuan	104.9	103.5	105.5	89	吉林	Jilin	105.2	105.1	105.0	134
大同	Datong	103.3	109.3	105.8	77	四平	Siping	106.9	108.6	105.3	104
阳泉	Yangquan	103.1	110.8	106.0	64	辽源	Liaoyuan	109.4	105.1	105.2	111
长治	Changzhi	108.0	108.8	105.5	89	通化	Tonghua	106.1	105.5	105.3	104
晋城	Jincheng	113.7	107.7	109.1	11	白山	Baishan	105.1	106.1	105.4	96
朔州	Shuozhou	108.0	100.0	105.5	89	松原	Songyuan	105.8	105.3	105.4	96
晋中	Jinzhong	106.3	105.1	106.5	41	白城	Baicheng	107.6	106.2	104.6	167
运城	Yuncheng	107.1	108.0	106.5	41	黑龙江	**Heilongjiang**	**106.2**	**106.2**	**106.5**	
忻州	Xinzhou	108.9	105.1	104.3	211	哈尔滨	Harbin	107.3	107.0	109.2	10
临汾	Linfen	109.9	102.8	105.8	77	齐齐哈尔	Qiqihar	110.6	111.3	111.1	6
吕梁	Luliang	103.0	104.5	105.2	111	鸡西	Jixi	110.8	111.7	113.4	5
内蒙古	**Inner Mongolia**	**106.1**	**105.9**	**105.6**		鹤岗	Hegang	119.7	115.3	110.4	9
呼和浩特	Hohhot	104.7	105.1	104.5	187	双鸭山	Shuangyashan	119.2	110.3	109.0	12
包头	Baotou	107.4	106.0	106.1	55	大庆	Daqing	110.0	113.5	111.0	7
乌海	Wuhai	107.0	105.0	106.5	41	伊春	Yichun	111.6	112.7	116.3	2
赤峰	Chifeng	106.4	107.1	107.7	19	佳木斯	Jiamusi	112.0	115.1	113.8	4
通辽	Tongliao	105.7	105.3	105.1	126	七台河	Qitaihe	107.3	108.0	107.4	22
鄂尔多斯	Erdos	104.5	104.9	103.6	259	牡丹江	Mudanjiang	114.9	108.6	115.7	3
呼伦贝尔	Hulunbuir	105.6	105.8	107.0	32	黑河	Heihe	111.7	114.9	117.1	1
巴彦淖尔	Bayannur	106.5	105.2	104.3	211	绥化	Suihua	114.2	114.6	110.9	8
乌兰察布	Ulanqab	107.6	105.8	103.7	256	上海	**Shanghai**	**93.4**	**99.3**	**100.5**	
辽宁	**Liaoning**	**105.8**	**106.5**	**105.1**		江苏	**Jiangsu**	**104.9**	**104.0**	**104.6**	

注：本表按不变价格计算。

a)Data in this table are calculated at constant prices.

3-6 第一产业增加值指数 续表 1
Indices of Added Value of Primary Industry continued 1

(上年=100) (preceding year=100)

地名	City	2010	2011	2012	2012 排名 Ranking	地名	City	2010	2011	2012	2012 排名 Ranking
南京	Nanjing	104.1	104.1	104.9	141	池州	Chizhou	104.2	104.6	106.0	64
无锡	Wuxi	104.3	104.4	104.6	167	宣城	Xuancheng	104.6	104.7	105.8	77
徐州	Xuzhou	114.0	104.5	105.1	126	福建	**Fujian**	**103.3**	**104.4**	**104.2**	
常州	Changzhou	104.3	103.9	104.7	151	福州	Fuzhou	103.9	104.1	104.7	151
苏州	Suzhou	104.1	104.1	104.4	205	厦门	Xiamen	103.1	95.0	100.5	281
南通	Nantong	104.0	103.7	104.6	167	莆田	Putian	103.9	101.3	103.8	251
连云港	Lianyungang	105.1	104.0	105.7	81	三明	Sanming	103.2	104.9	104.3	211
淮安	Huaian	104.6	104.1	104.3	211	泉州	Quanzhou	103.0	102.5	101.6	279
盐城	Yancheng	104.3	103.8	104.0	239	漳州	Zhangzhou	104.2	104.2	104.5	187
扬州	Yangzhou	104.5	104.0	105.2	111	南平	Nanping	102.9	106.1	105.3	104
镇江	Zhenjiang	104.5	105.5	105.2	111	龙岩	Longyan	103.5	104.3	103.6	259
泰州	Taizhou	104.5	104.3	104.4	205	宁德	Ningde	104.6	105.7	105.5	89
宿迁	Suqian	105.3	104.3	104.3	211	江西	**Jiangxi**	**104.0**	**104.2**	**104.6**	
浙江	**Zhejiang**	**103.2**	**103.6**	**102.0**		南昌	Nanchang	105.4	104.4	104.6	167
杭州	Hangzhou	102.5	103.9	102.5	274	景德镇	Jingdezhen	105.1	104.0	104.1	234
宁波	Ningbo	103.7	103.8	99.7	284	萍乡	Pingxiang	108.0	104.3	104.6	167
温州	Wenzhou	104.3	102.3	101.7	278	九江	Jiujiang	103.8	104.2	104.2	224
嘉兴	Jiaxing	103.6	101.5	101.6	279	新余	Xinyu	105.4	104.2	104.5	187
湖州	Huzhou	104.0	103.4	102.4	276	鹰潭	Yingtan	105.1	104.3	104.5	187
绍兴	Shaoxing	103.8	103.9	103.0	267	赣州	Ganzhou	104.3	104.0	104.8	146
金华	Jinhua	112.5	104.8	104.0	239	吉安	Jian	104.0	104.3	104.7	151
衢州	Quzhou	104.3	104.4	103.0	267	宜春	Yichun	106.6	105.9	104.5	187
舟山	Zhoushan	105.1	105.5	105.5	89	抚州	Fuzhou	105.1	104.4	104.6	167
台州	Taizhou	104.3	103.1	102.5	274	上饶	Shangrao	105.3	104.2	104.5	187
丽水	Lishui	104.0	106.0	103.9	249	山东	**Shandong**	**103.6**	**104.0**	**104.7**	
安徽	**Anhui**	**104.6**	**104.0**	**105.5**		济南	Jinan	104.9	104.4	104.7	151
合肥	Hefei	103.5	103.5	105.4	96	青岛	Qingdao	101.4	105.0	103.2	265
芜湖	Wuhu	103.7	104.0	105.7	81	淄博	Zibo	104.8	104.3	105.2	111
蚌埠	Bengbu	105.1	104.3	106.0	64	枣庄	Zaozhuang	102.9	102.0	104.2	224
淮南	Huainan	104.9	103.1	105.6	87	东营	Dongying	104.6	104.2	104.0	239
马鞍山	Maanshan	103.8	104.1	105.2	111	烟台	Yantai	103.5	103.0	104.6	167
淮北	Huaibei	104.8	104.8	105.7	81	潍坊	Weifang	104.3	104.2	105.2	111
铜陵	Tongling	103.9	103.8	106.0	64	济宁	Jining	103.5	103.2	104.8	146
安庆	Anqing	104.5	104.2	105.5	89	泰安	Taian	104.4	103.8	104.7	151
黄山	Huangshan	104.7	104.4	105.2	111	威海	Weihai	101.3	101.4	105.0	134
滁州	Chuzhou	104.7	104.5	105.9	71	日照	Rizhao	104.5	103.7	104.1	234
阜阳	Fuyang	105.5	104.9	105.9	71	莱芜	Laiwu	103.1	102.7	105.9	71
宿州	Suzhou	105.3	105.1	106.1	55	临沂	Linyi	103.5	103.8	104.1	234
六安	Liuan	104.6	104.6	105.6	87	德州	Dezhou	103.2	102.4	105.2	111
亳州	Bozhou	105.0	105.0	106.1	55	聊城	Liaocheng	104.3	104.3	104.6	167

3-6 第一产业增加值指数 续表 2
Indices of Added Value of Primary Industry continued 2

(上年=100) (preceding year=100)

地名	City	2010	2011	2012	2012 排名 Ranking	地名	City	2010	2011	2012	2012 排名 Ranking
滨州	Binzhou	104.9	104.9	105.1	126	常德	Changde	104.4	103.3	103.8	251
菏泽	Heze	103.2	103.0	103.0	267	张家界	Zhangjiajie	104.1	104.2	104.3	211
河南	**Henan**	**104.5**	**103.7**	**104.5**		益阳	Yiyang	104.3	104.6	104.7	151
郑州	Zhengzhou	103.0	103.7	104.0	239	郴州	Chenzhou	104.4	104.0	104.3	211
开封	Kaifeng	104.6	104.1	104.5	187	永州	Yongzhou	104.4	103.8	104.5	187
洛阳	Luoyang	104.6	103.7	104.6	167	怀化	Huaihua	104.4	104.5	104.6	167
平顶山	Pingdingshan	104.2	103.6	104.2	224	娄底	Loudi	104.2	104.2	104.4	205
安阳	Anyang	104.4	103.7	104.3	211	**广东**	**Guangdong**	**104.5**	**104.2**	**103.8**	
鹤壁	Hebi	104.6	103.4	104.2	224	广州	Guangzhou	103.2	103.0	103.2	265
新乡	Xinxiang	104.5	104.2	104.5	187	韶关	Shaoguan	106.0	105.3	105.3	104
焦作	Jiaozuo	104.3	103.7	104.5	187	深圳	Shenzhen	91.4	93.5	100.1	282
濮阳	Puyang	104.7	104.3	104.6	167	珠海	Zhuhai	105.1	101.1	104.9	141
许昌	Xuchang	104.1	103.8	103.5	262	汕头	Shantou	105.0	104.0	104.2	224
漯河	Luohe	104.3	103.5	104.4	205	佛山	Foshan	104.7	104.0	102.3	277
三门峡	Sanmenxia	104.7	104.4	105.0	134	江门	Jiangmen	104.8	104.5	104.2	224
南阳	Nanyang	104.5	103.7	104.5	187	湛江	Zhanjiang	104.2	105.1	106.0	64
商丘	Shangqiu	104.5	104.0	104.7	151	茂名	Maoming	104.2	104.2	103.5	262
信阳	Xinyang	105.0	103.8	104.7	151	肇庆	Zhaoqing	105.4	106.0	104.0	239
周口	Zhoukou	104.9	104.0	104.5	187	惠州	Huizhou	104.0	103.9	102.9	272
驻马店	Zhumadian	104.7	103.7	104.6	167	梅州	Meizhou	106.6	104.1	105.0	134
湖北	**Hubei**	**104.6**	**104.4**	**104.7**		汕尾	Shanwei	106.1	105.5	105.9	71
武汉	Wuhan	104.5	104.0	104.5	187	河源	Heyuan	103.4	105.0	104.7	151
黄石	Huangshi	105.3	104.6	104.7	151	阳江	Yangjiang	105.7	104.0	103.8	251
十堰	Shiyan	105.1	104.5	105.0	134	清远	Qingyuan	106.7	104.7	106.3	49
宜昌	Yichang	105.2	104.4	104.6	167	东莞	Dongguan	101.6	100.5	100.0	283
襄阳	Xiangfan	105.3	104.3	104.7	151	中山	ZhongShan	103.1	102.4	102.6	273
鄂州	Ezhou	105.2	104.6	104.8	146	潮州	Chaozhou	104.5	105.0	105.0	134
荆门	Jingmen	105.0	104.5	104.5	187	揭阳	Jieyang	105.0	104.5	104.4	205
孝感	Xiaogan	105.0	104.4	104.6	167	云浮	Yunfu	104.7	104.2	104.3	211
荆州	Jingzhou	104.3	104.4	104.7	151	**广西**	**Guangxi**	**104.6**	**104.8**	**105.6**	
黄冈	Huanggang	104.3	104.3	104.6	167	南宁	Nanning	105.6	105.7	105.2	111
咸宁	Xianning	101.8	104.0	104.7	151	柳州	Liuzhou	105.4	105.7	106.1	55
随州	Suizhou	105.1	104.5	104.3	211	桂林	Guilin	104.9	105.2	106.7	38
湖南	**Hunan**	**104.3**	**104.2**	**103.0**		梧州	Wuzhou	104.7	105.1	105.1	126
长沙	Changsha	104.5	104.0	104.0	239	北海	Beihai	103.7	103.1	104.3	211
株洲	Zhuzhou	104.2	104.2	103.9	249	防城港	Fangchenggang	105.7	105.8	105.7	81
湘潭	Xiangtan	104.3	103.6	104.1	234	钦州	Qinzhou	104.9	105.1	106.5	41
衡阳	Hengyang	104.4	104.4	104.3	211	贵港	Guigang	104.6	105.0	106.1	55
邵阳	Shaoyang	104.5	104.0	104.6	167	玉林	Yulin	105.7	105.5	106.1	55
岳阳	Yueyang	104.2	103.7	103.8	251	百色	Baise	104.9	104.6	107.4	22

3-6 第一产业增加值指数 续表 3
Indices of Added Value of Primary Industry continued 3

(上年=100) (preceding year=100)

地名	City	2010	2011	2012	2012 排名 Ranking
贺州	Hezhou	103.8	105.1	106.2	52
河池	Hechi	105.6	104.1	104.9	141
来宾	Laibin	105.1	105.1	107.7	19
崇左	Chongzuo	107.0	106.2	105.2	111
海南	**Hainan**	**106.3**	**106.2**	**106.3**	
海口	Haikou	105.1	105.9	106.2	52
三亚	Sanya	105.3	106.4	107.1	30
重庆	**Chongqing**	**106.1**	**105.1**	**105.3**	
四川	**Sichuan**	**104.4**	**104.5**	**104.5**	
成都	Chengdu	104.1	103.7	103.8	251
自贡	Zigong	104.6	103.8	104.8	146
攀枝花	Panzhihua	103.9	104.5	104.6	167
泸州	Luzhou	104.2	103.0	104.9	141
德阳	Deyang	104.1	103.8	104.4	205
绵阳	Mianyang	104.0	103.8	104.0	239
广元	Guangyuan	104.6	104.4	104.9	141
遂宁	Suining	104.5	103.3	104.5	187
内江	Neijiang	104.6	104.2	104.5	187
乐山	Leshan	104.1	104.0	104.1	234
南充	Nanchong	104.5	104.1	104.5	187
眉山	Meishan	104.4	104.0	104.7	151
宜宾	Yibin	104.9	103.4	104.8	146
广安	Guangan	104.5	104.0	104.7	151
达州	Dazhou	104.4	103.5	104.6	167
雅安	Yaan	103.1	103.4	104.0	239
巴中	Bazhong	104.2	104.0	103.7	256
资阳	Ziyang	104.3	103.6	104.5	187
贵州	**Guizhou**	**104.7**	**101.2**	**108.6**	
贵阳	Guiyang	108.0	102.8	108.5	18
六盘水	Liupanshui	106.2	101.9	108.8	15
遵义	Zunyi	106.6	101.6	108.9	14
安顺	Anshun	106.1	102.3	109.0	12
毕节	Bijie	106.5	103.0	108.6	17
铜仁	Tongren	107.0	102.6	108.8	15
云南	**Yunnan**	**104.2**	**106.0**	**106.7**	
昆明	Kunming	104.8	106.1	106.4	47
曲靖	Qujing	106.6	108.1	107.3	25
玉溪	Yuxi	105.0	107.7	107.0	32
保山	Baoshan	106.0	107.5	106.5	41
昭通	Zhaotong	104.9	106.8	107.3	25
丽江	Lijiang	106.5	106.5	107.0	32
普洱	Puer	106.7	108.0	107.3	25
临沧	Lincang	106.6	107.8	107.3	25
西藏	**Tibet**	**103.2**	**103.4**	**103.4**	
拉萨	Lhasa	103.3	103.4	103.4	264
陕西	**Shaanxi**	**105.8**	**105.9**	**106.0**	
西安	Xi'an	106.9	106.7	106.0	64
铜川	Tongchuan	107.7	107.3	106.3	49
宝鸡	Baoji	106.9	106.1	105.7	81
咸阳	Xianyang	107.8	107.2	106.1	55
渭南	Weinan	107.3	107.0	106.0	64
延安	Yan'an	107.0	107.4	106.1	55
汉中	Hanzhong	106.6	106.6	105.8	77
榆林	Yulin	107.8	106.0	105.9	71
安康	Ankang	106.4	106.5	105.7	81
商洛	Shangluo	106.5	106.5	105.9	71
甘肃	**Gansu**	**105.5**	**105.9**	**106.8**	
兰州	Lanzhou	105.0	105.2	106.7	38
嘉峪关	Jiayuguan	107.1	108.0	106.2	52
金昌	Jinchang	104.8	105.5	106.5	41
白银	Baiyin	106.0	106.6	107.3	25
天水	Tianshui	107.5	107.6	106.9	36
武威	Wuwei	106.1	105.3	107.0	32
张掖	Zhangye	106.0	105.9	106.1	55
平凉	Pingliang	107.1	106.6	107.1	30
酒泉	Jiuquan	105.3	106.2	106.6	40
庆阳	Qingyang	106.3	106.8	107.5	21
定西	Dingxi	105.8	105.5	107.4	22
陇南	Longnan	104.1	106.5	106.4	47
青海	**Qinghai**	**105.9**	**104.8**	**105.2**	
西宁	Xining	105.8	105.1	105.4	96
宁夏	**Ningxia**	**107.4**	**105.1**	**105.8**	
银川	Yinchuan	106.3	105.0	105.5	89
石嘴山	Shizuishan	106.4	104.8	104.7	151
吴忠	Wuzhong	106.2	104.8	106.3	49
固原	Guyuan	109.5	104.8	106.9	36
中卫	Zhongwei	107.4	105.1	105.3	104
新疆	**Xinjiang**	**104.5**	**106.5**	**107.0**	
乌鲁木齐	Urumqi	105.5	105.8	105.4	96
克拉玛依	Karamay	103.9	105.2	105.4	96

3-7 第二产业增加值指数
Indices of Added Value of Secondary Industry

(上年=100) (preceding year=100)

地名	City	2010	2011	2012	2012 排名 Ranking
全国	**Nation Total**	**112.3**	**110.3**	**107.9**	
北京	**Beijing**	**113.7**	**106.7**	**107.5**	
天津	**Tianjin**	**120.2**	**118.3**	**115.2**	
河北	**Hebei**	**113.4**	**113.4**	**111.5**	
石家庄	Shijiazhuang	113.1	113.6	112.0	204
唐山	Tangshan	114.6	113.1	111.9	207
秦皇岛	Qinhuangdao	114.5	116.2	111.3	228
邯郸	Handan	112.4	113.4	112.3	191
邢台	Xingtai	114.1	113.4	111.1	234
保定	Baoding	115.8	114.1	112.2	194
张家口	Zhangjiakou	115.9	114.5	111.9	207
承德	Chengde	110.2	114.0	113.0	176
沧州	Cangzhou	114.1	113.4	112.9	179
廊坊	Langfang	113.5	113.7	111.4	226
衡水	Hengshui	114.6	115.5	112.7	181
山西	**Shanxi**	**118.3**	**116.5**	**110.8**	
太原	Taiyuan	112.0	111.6	109.7	253
大同	Datong	118.6	116.1	110.8	240
阳泉	Yangquan	117.0	114.6	109.7	253
长治	Changzhi	116.7	118.4	111.5	220
晋城	Jincheng	115.5	116.3	112.1	199
朔州	Shuozhou	116.0	119.9	112.6	182
晋中	Jinzhong	118.0	117.5	111.5	220
运城	Yuncheng	121.6	119.7	107.5	270
忻州	Xinzhou	128.7	125.5	115.0	106
临汾	Linfen	121.0	119.5	111.2	230
吕梁	Luliang	125.8	116.6	111.9	207
内蒙古	**Inner Mongolia**	**118.2**	**117.1**	**113.3**	
呼和浩特	Hohhot	113.3	110.7	111.4	226
包头	Baotou	119.1	117.2	113.9	143
乌海	Wuhai	124.0	119.7	115.1	102
赤峰	Chifeng	120.9	120.4	117.7	47
通辽	Tongliao	124.5	119.2	117.1	55
鄂尔多斯	Erdos	119.9	116.8	115.4	95
呼伦贝尔	Hulunbuir	124.3	120.4	120.8	12
巴彦淖尔	Bayannur	118.0	113.0	113.5	161
乌兰察布	Ulanqab	112.6	116.0	110.7	241
辽宁	**Liaoning**	**116.8**	**114.1**	**109.8**	
沈阳	Shenyang	115.2	114.0	111.3	228
大连	Dalian	120.7	118.6	110.6	242
鞍山	Anshan	115.4	110.0	109.9	251
抚顺	Fushun	119.2	115.4	111.6	219
本溪	Benxi	117.6	114.3	110.0	250
丹东	Dandong	120.6	113.7	111.2	230
锦州	Jinzhou	118.9	116.5	111.9	207
营口	Yingkou	118.5	114.9	111.5	220
阜新	Fuxin	120.8	117.0	113.6	155
辽阳	Liaoyang	115.2	113.6	111.1	234
盘锦	Panjin	119.7	116.0	112.2	194
铁岭	Tieling	120.1	114.5	109.1	262
朝阳	Chaoyang	116.0	115.8	112.4	187
葫芦岛	Huludao	120.3	115.6	112.1	199
吉林	**Jilin**	**119.0**	**117.7**	**114.0**	
长春	Changchun	119.0	114.9	113.1	172
吉林	Jilin	112.5	117.8	113.8	147
四平	Siping	121.7	126.6	115.7	85
辽源	Liaoyuan	117.1	120.9	114.0	139
通化	Tonghua	122.8	120.0	115.2	100
白山	Baishan	124.1	122.3	113.7	149
松原	Songyuan	113.3	115.5	114.1	135
白城	Baicheng	129.4	127.0	116.1	76
黑龙江	**Heilongjiang**	**114.5**	**113.2**	**110.3**	
哈尔滨	Harbin	117.1	114.4	110.9	238
齐齐哈尔	Qiqihar	127.2	114.8	106.6	273
鸡西	Jixi	125.5	117.9	116.7	63
鹤岗	Hegang	116.7	117.6	116.8	61
双鸭山	Shuangyashan	130.4	124.2	118.6	28
大庆	Daqing	111.2	110.1	109.8	252
伊春	Yichun	122.9	103.7	110.4	244
佳木斯	Jiamusi	132.5	117.5	120.1	16
七台河	Qitaihe	131.2	105.6	109.3	258
牡丹江	Mudanjiang	122.3	119.8	115.5	90
黑河	Heihe	117.2	110.1	114.7	114
绥化	Suihua	119.5	119.0	121.1	11
上海	**Shanghai**	**116.8**	**106.3**	**103.1**	
江苏	**Jiangsu**	**113.1**	**111.7**	**111.1**	

注：本表按不变价格计算。

a)Data in this table are calculated at constant prices.

3-7 第二产业增加值指数 续表 1
Indices of Added Value of Secondary Industry continued 1

(上年=100) (preceding year=100)

地名	City	2010	2011	2012	2012 排名 Ranking	地名	City	2010	2011	2012	2012 排名 Ranking
南京	Nanjing	113.6	112.3	111.9	207	池州	Chizhou	124.0	118.4	114.0	139
无锡	Wuxi	113.1	111.6	109.3	258	宣城	Xuancheng	123.4	119.7	114.9	109
徐州	Xuzhou	113.4	114.6	114.5	122	**福建**	**Fujian**	**118.1**	**116.2**	**114.3**	
常州	Changzhou	113.2	112.2	111.7	215	福州	Fuzhou	119.1	115.9	114.9	109
苏州	Suzhou	113.3	111.5	107.8	268	厦门	Xiamen	116.9	116.9	113.3	166
南通	Nantong	113.7	112.4	112.4	187	莆田	Putian	120.4	118.9	115.6	87
连云港	Lianyungang	116.9	115.6	114.3	127	三明	Sanming	120.8	120.5	117.0	57
淮安	Huaian	116.5	115.2	115.4	95	泉州	Quanzhou	116.7	117.0	114.3	127
盐城	Yancheng	116.8	114.8	115.2	100	漳州	Zhangzhou	121.6	121.1	117.3	52
扬州	Yangzhou	114.6	112.6	112.1	199	南平	Nanping	117.6	118.5	117.9	43
镇江	Zhenjiang	113.8	112.7	113.1	172	龙岩	Longyan	119.2	118.3	114.6	118
泰州	Taizhou	114.5	112.5	113.1	172	宁德	Ningde	125.4	124.0	120.8	12
宿迁	Suqian	117.5	116.6	116.9	58	**江西**	**Jiangxi**	**118.2**	**115.2**	**113.1**	
浙江	**Zhejiang**	**112.4**	**109.2**	**107.3**		南昌	Nanchang	116.0	113.9	113.6	155
杭州	Hangzhou	112.5	110.1	107.4	271	景德镇	Jingdezhen	115.9	114.0	112.4	187
宁波	Ningbo	113.4	109.7	104.2	281	萍乡	Pingxiang	114.2	116.4	112.9	179
温州	Wenzhou	111.9	109.5	105.7	279	九江	Jiujiang	117.0	115.5	113.1	172
嘉兴	Jiaxing	115.3	110.5	107.8	268	新余	Xinyu	118.4	116.5	110.1	249
湖州	Huzhou	111.6	109.8	110.5	243	鹰潭	Yingtan	115.1	113.1	113.9	143
绍兴	Shaoxing	109.7	110.1	109.7	253	赣州	Ganzhou	116.3	116.1	113.7	149
金华	Jinhua	112.9	110.2	110.2	247	吉安	Jian	119.0	115.3	113.7	149
衢州	Quzhou	115.9	112.1	108.1	267	宜春	Yichun	119.3	116.4	113.6	155
舟山	Zhoushan	111.7	110.9	111.5	220	抚州	Fuzhou	118.9	113.4	113.3	166
台州	Taizhou	114.5	106.4	105.9	277	上饶	Shangrao	118.9	116.7	113.7	149
丽水	Lishui	115.4	112.1	111.8	213	**山东**	**Shandong**	**112.8**	**111.7**	**110.5**	
安徽	**Anhui**	**120.7**	**118.0**	**114.4**		济南	Jinan	111.0	111.7	109.2	260
合肥	Hefei	122.2	119.8	115.4	95	青岛	Qingdao	112.6	111.6	111.5	220
芜湖	Wuhu	122.8	120.1	115.5	90	淄博	Zibo	112.5	112.6	111.5	220
蚌埠	Bengbu	121.9	120.2	116.3	71	枣庄	Zaozhuang	110.4	112.3	111.7	215
淮南	Huainan	114.1	114.5	113.6	155	东营	Dongying	113.4	113.2	112.2	194
马鞍山	Maanshan	116.8	114.3	112.4	187	烟台	Yantai	112.1	112.1	110.2	247
淮北	Huaibei	118.2	114.6	114.9	109	潍坊	Weifang	113.2	112.3	111.7	215
铜陵	Tongling	120.8	113.8	111.1	234	济宁	Jining	113.1	112.9	112.0	204
安庆	Anqing	119.3	118.0	114.3	127	泰安	Taian	112.4	110.8	111.2	230
黄山	Huangshan	119.7	117.8	113.9	143	威海	Weihai	111.4	112.0	109.7	253
滁州	Chuzhou	124.4	120.5	116.6	65	日照	Rizhao	112.9	113.5	112.6	182
阜阳	Fuyang	123.0	118.8	115.7	85	莱芜	Laiwu	112.2	111.8	112.3	191
宿州	Suzhou	123.2	122.0	116.2	73	临沂	Linyi	113.0	112.1	113.5	161
六安	Liuan	123.8	118.9	115.3	98	德州	Dezhou	114.3	113.8	114.7	114
亳州	Bozhou	123.9	120.2	115.1	102	聊城	Liaocheng	113.8	114.3	114.8	113

3-7 第二产业增加值指数 续表 2
Indices of Added Value of Secondary Industry continued 2

(上年=100) (preceding year=100)

地名	City	2010	2011	2012	2012 排名 Ranking
滨州	Binzhou	112.4	113.1	112.2	194
菏泽	Heze	116.6	117.5	116.1	76
河南	**Henan**	**114.8**	**113.2**	**111.4**	
郑州	Zhengzhou	115.1	117.0	114.2	133
开封	Kaifeng	114.9	118.1	114.3	127
洛阳	Luoyang	116.1	115.9	111.2	230
平顶山	Pingdingshan	112.0	112.9	106.0	275
安阳	Anyang	116.3	114.7	108.3	266
鹤壁	Hebi	116.0	115.6	112.1	199
新乡	Xinxiang	118.5	118.2	113.5	161
焦作	Jiaozuo	114.7	115.8	112.1	199
濮阳	Puyang	112.9	114.8	114.5	122
许昌	Xuchang	116.1	117.8	113.7	149
漯河	Luohe	117.3	116.1	114.2	133
三门峡	Sanmenxia	117.9	114.5	113.6	155
南阳	Nanyang	114.4	115.3	112.6	182
商丘	Shangqiu	113.5	113.8	113.9	143
信阳	Xinyang	114.8	115.5	113.5	161
周口	Zhoukou	115.6	115.7	115.1	102
驻马店	Zhumadian	114.8	117.1	114.7	114
湖北	**Hubei**	**120.2**	**117.9**	**113.2**	
武汉	Wuhan	117.8	116.4	113.2	169
黄石	Huangshi	120.0	120.9	115.0	106
十堰	Shiyan	130.8	110.8	106.4	274
宜昌	Yichang	119.1	119.2	114.7	114
襄阳	Xiangfan	120.9	120.2	115.9	80
鄂州	Ezhou	121.2	117.2	115.8	83
荆门	Jingmen	122.1	120.3	116.2	73
孝感	Xiaogan	122.2	118.0	115.6	87
荆州	Jingzhou	121.3	121.6	114.6	118
黄冈	Huanggang	118.5	120.2	114.9	109
咸宁	Xianning	122.4	112.7	116.3	71
随州	Suizhou	121.8	118.8	116.9	58
湖南	**Hunan**	**120.2**	**117.0**	**112.8**	
长沙	Changsha	120.7	118.3	114.5	122
株洲	Zhuzhou	119.4	117.3	113.0	176
湘潭	Xiangtan	120.6	117.3	113.3	166
衡阳	Hengyang	121.1	119.2	113.2	169
邵阳	Shaoyang	120.7	117.7	113.2	169
岳阳	Yueyang	120.6	118.6	113.8	147
常德	Changde	121.0	118.4	114.1	135
张家界	Zhangjiajie	119.9	116.1	112.3	191
益阳	Yiyang	121.1	118.9	114.1	135
郴州	Chenzhou	120.9	118.4	114.0	139
永州	Yongzhou	120.3	118.6	114.0	139
怀化	Huaihua	120.9	118.8	113.7	149
娄底	Loudi	118.4	116.4	113.5	161
广东	**Guangdong**	**114.7**	**110.5**	**107.3**	
广州	Guangzhou	113.1	111.7	108.5	265
韶关	Shaoguan	112.7	113.9	112.5	186
深圳	Shenzhen	114.1	111.8	107.3	272
珠海	Zhuhai	117.8	111.5	103.1	283
汕头	Shantou	116.1	111.5	111.9	207
佛山	Foshan	115.0	111.9	109.2	260
江门	Jiangmen	117.1	116.2	106.0	275
湛江	Zhanjiang	116.7	111.0	109.1	262
茂名	Maoming	114.1	113.4	116.2	73
肇庆	Zhaoqing	130.8	121.4	118.6	28
惠州	Huizhou	123.8	114.7	114.4	125
梅州	Meizhou	117.8	116.6	112.6	182
汕尾	Shanwei	124.7	120.9	118.9	23
河源	Heyuan	115.7	115.7	115.0	106
阳江	Yangjiang	122.1	122.7	118.5	34
清远	Qingyuan	120.0	105.4	103.4	282
东莞	Dongguan	116.7	107.0	105.8	278
中山	ZhongShan	115.7	113.7	114.1	135
潮州	Chaozhou	115.6	113.4	111.1	234
揭阳	Jieyang	126.4	120.0	115.5	90
云浮	Yunfu	121.4	123.8	116.4	69
广西	**Guangxi**	**120.5**	**116.5**	**114.2**	
南宁	Nanning	117.8	119.7	118.1	42
柳州	Liuzhou	120.4	111.7	111.7	215
桂林	Guilin	120.7	118.7	119.3	21
梧州	Wuzhou	125.3	119.4	117.5	49
北海	Beihai	132.3	131.9	138.3	1
防城港	Fangchenggang	120.1	119.0	117.8	46
钦州	Qinzhou	130.6	136.6	114.4	125
贵港	Guigang	120.6	106.4	112.0	204
玉林	Yulin	123.7	113.7	114.6	118
百色	Baise	121.1	107.9	109.7	253

3-7 第二产业增加值指数 续表 3
Indices of Added Value of Secondary Industry continued 3

(上年=100) (preceding year=100)

地名	City	2010	2011	2012	2012 排名 Ranking	地名	City	2010	2011	2012	2012 排名 Ranking
贺州	Hezhou	119.9	114.1	110.9	238	丽江	Lijiang	122.0	125.9	121.4	10
河池	Hechi	117.0	102.5	93.2	284	普洱	Puer	120.4	124.6	123.3	5
来宾	Laibin	125.1	118.9	114.6	118	临沧	Lincang	115.7	126.0	126.3	2
崇左	Chongzuo	116.6	116.0	117.4	51	西藏	**Tibet**	**114.1**	**118.3**	**114.4**	
海南	**Hainan**	**119.2**	**115.3**	**111.0**		拉萨	Lhasa	114.7	124.6	117.2	54
海口	Haikou	121.2	112.7	110.3	245	陕西	**Shaanxi**	**118.0**	**116.4**	**114.8**	
三亚	Sanya	122.4	117.1	109.0	264	西安	Xi'an	118.0	114.9	111.8	213
重庆	**Chongqing**	**122.7**	**121.8**	**115.6**		铜川	Tongchuan	118.1	118.0	119.4	20
四川	**Sichuan**	**122.0**	**120.6**	**115.2**		宝鸡	Baoji	117.5	117.5	118.5	34
成都	Chengdu	119.8	119.8	115.6	87	咸阳	Xianyang	118.7	119.6	119.8	17
自贡	Zigong	121.1	120.7	116.7	63	渭南	Weinan	120.7	120.6	119.6	18
攀枝花	Panzhihua	117.5	117.5	115.5	90	延安	Yan'an	114.8	110.9	110.3	245
泸州	Luzhou	126.6	122.5	118.4	37	汉中	Hanzhong	119.6	122.2	121.8	8
德阳	Deyang	118.3	121.0	115.8	83	榆林	Yulin	119.1	116.3	113.6	155
绵阳	Mianyang	123.2	122.8	117.9	43	安康	Ankang	121.5	122.9	123.6	3
广元	Guangyuan	129.3	126.2	122.2	7	商洛	Shangluo	119.5	121.2	120.7	14
遂宁	Suining	124.7	122.2	118.6	28	甘肃	**Gansu**	**115.3**	**115.2**	**114.2**	
内江	Neijiang	123.8	120.5	116.8	61	兰州	Lanzhou	113.7	116.3	112.2	194
乐山	Leshan	120.7	120.3	117.5	49	嘉峪关	Jiayuguan	120.8	118.8	117.9	43
南充	Nanchong	123.5	122.5	119.6	18	金昌	Jinchang	112.1	117.1	117.3	52
眉山	Meishan	123.8	120.1	118.6	28	白银	Baiyin	117.7	115.5	116.6	65
宜宾	Yibin	121.7	121.1	116.9	58	天水	Tianshui	113.8	114.8	116.5	68
广安	Guangan	124.5	122.3	118.9	23	武威	Wuwei	119.1	118.6	118.6	28
达州	Dazhou	124.8	123.5	118.6	28	张掖	Zhangye	116.5	119.7	114.3	127
雅安	Yaan	122.2	121.0	118.3	38	平凉	Pingliang	119.7	118.3	116.0	79
巴中	Bazhong	130.3	131.4	123.6	3	酒泉	Jiuquan	125.1	118.2	120.2	15
资阳	Ziyang	125.4	122.7	118.8	25	庆阳	Qingyang	120.7	121.1	118.2	41
贵州	**Guizhou**	**116.6**	**117.9**	**116.8**		定西	Dingxi	113.5	120.7	117.7	47
贵阳	Guiyang	115.1	121.3	118.8	25	陇南	Longnan	119.6	118.2	118.3	38
六盘水	Liupanshui	117.9	120.1	115.9	80	青海	**Qinghai**	**119.3**	**117.4**	**114.1**	
遵义	Zunyi	119.1	122.9	119.3	21	西宁	Xining	121.2	118.4	118.3	38
安顺	Anshun	113.9	120.2	116.6	65	宁夏	**Ningxia**	**116.0**	**117.6**	**113.8**	
毕节	Bijie	119.8	124.6	117.1	55	银川	Yinchuan	119.0	116.8	115.1	102
铜仁	Tongren	118.2	122.1	115.3	98	石嘴山	Shizuishan	115.2	115.6	114.3	127
云南	**Yunnan**	**115.8**	**117.9**	**116.7**		吴忠	Wuzhong	114.2	118.0	118.8	25
昆明	Kunming	116.6	116.7	116.1	76	固原	Guyuan	112.2	138.4	118.5	34
曲靖	Qujing	115.5	117.2	115.5	90	中卫	Zhongwei	118.3	123.0	115.9	80
玉溪	Yuxi	115.5	115.8	113.0	176	新疆	**Xinjiang**	**112.6**	**112.0**	**113.7**	
保山	Baoshan	117.5	121.3	121.7	9	乌鲁木齐	Urumqi	111.2	110.0	116.4	69
昭通	Zhaotong	119.9	121.4	122.9	6	克拉玛依	Karamay	118.4	102.4	105.4	280

3-8 第三产业增加值指数
Indices of Added Value of Tertiary Industry

（上年=100） (preceding year=100)

地名	City	2010	2011	2012	2012 排名 Ranking
全国	**Nation Total**	**109.8**	**109.4**	**108.1**	
北京	**Beijing**	**109.3**	**108.7**	**107.9**	
天津	**Tianjin**	**114.2**	**114.7**	**112.6**	
河北	**Hebei**	**113.1**	**110.5**	**108.6**	
石家庄	Shijiazhuang	113.2	112.1	110.0	193
唐山	Tangshan	112.3	110.9	109.5	217
秦皇岛	Qinhuangdao	111.8	110.4	108.8	250
邯郸	Handan	116.4	112.6	109.7	207
邢台	Xingtai	111.5	111.5	109.2	230
保定	Baoding	115.1	111.4	110.4	174
张家口	Zhangjiakou	112.2	109.5	109.9	199
承德	Chengde	113.3	111.1	109.4	222
沧州	Cangzhou	117.4	112.8	109.2	230
廊坊	Langfang	114.1	111.3	109.0	244
衡水	Hengshui	114.7	110.9	110.5	162
山西	**Shanxi**	**109.4**	**108.7**	**109.7**	
太原	Taiyuan	110.5	108.7	111.3	123
大同	Datong	111.2	110.4	109.7	207
阳泉	Yangquan	110.5	110.1	109.7	207
长治	Changzhi	109.8	110.2	109.2	230
晋城	Jincheng	110.4	109.1	109.4	222
朔州	Shuozhou	111.9	110.5	109.5	217
晋中	Jinzhong	110.2	109.0	109.3	226
运城	Yuncheng	109.8	110.3	108.6	256
忻州	Xinzhou	113.9	107.0	109.1	235
临汾	Linfen	110.6	110.7	109.1	235
吕梁	Luliang	112.3	109.0	108.6	256
内蒙古	**Inner Mongolia**	**112.4**	**112.4**	**110.0**	
呼和浩特	Hohhot	113.3	112.2	111.1	136
包头	Baotou	114.2	113.9	111.2	129
乌海	Wuhai	111.8	112.1	110.9	150
赤峰	Chifeng	112.1	112.0	109.0	244
通辽	Tongliao	110.6	109.6	108.2	261
鄂尔多斯	Erdos	119.1	113.2	109.8	203
呼伦贝尔	Hulunbuir	110.8	112.1	108.0	266
巴彦淖尔	Bayannur	110.0	102.2	107.4	270
乌兰察布	Ulanqab	110.4	112.0	111.9	86
辽宁	**Liaoning**	**112.5**	**111.0**	**110.1**	
沈阳	Shenyang	113.7	111.0	108.9	248
大连	Dalian	110.8	108.5	110.6	158
鞍山	Anshan	117.9	112.9	108.3	260
抚顺	Fushun	115.3	112.3	110.0	193
本溪	Benxi	114.7	113.4	110.8	154
丹东	Dandong	113.1	116.2	111.4	117
锦州	Jinzhou	117.8	111.8	110.4	174
营口	Yingkou	119.0	113.8	111.0	140
阜新	Fuxin	113.8	114.4	111.2	129
辽阳	Liaoyang	118.0	114.9	109.7	207
盘锦	Panjin	117.7	110.7	108.8	250
铁岭	Tieling	114.4	117.6	111.1	136
朝阳	Chaoyang	116.2	115.3	111.6	108
葫芦岛	Huludao	112.8	109.8	106.4	277
吉林	**Jilin**	**112.6**	**111.0**	**111.3**	
长春	Changchun	112.6	113.0	111.8	92
吉林	Jilin	114.4	112.5	110.2	185
四平	Siping	111.3	113.2	113.3	33
辽源	Liaoyuan	110.5	108.7	110.5	162
通化	Tonghua	112.7	114.8	109.3	226
白山	Baishan	108.3	108.7	111.8	92
松原	Songyuan	114.8	115.5	112.3	60
白城	Baicheng	114.6	109.3	110.5	162
黑龙江	**Heilongjiang**	**111.8**	**113.2**	**110.8**	
哈尔滨	Harbin	113.5	112.0	109.4	222
齐齐哈尔	Qiqihar	115.2	112.3	107.8	267
鸡西	Jixi	110.2	110.7	109.2	230
鹤岗	Hegang	112.3	106.9	110.5	162
双鸭山	Shuangyashan	121.3	107.3	108.6	256
大庆	Daqing	116.3	123.5	111.0	140
伊春	Yichun	110.1	108.8	112.0	76
佳木斯	Jiamusi	117.3	111.8	110.0	193
七台河	Qitaihe	116.9	103.8	106.2	279
牡丹江	Mudanjiang	111.8	114.2	111.8	92
黑河	Heihe	110.4	106.0	107.0	273
绥化	Suihua	112.6	109.8	107.6	269
上海	**Shanghai**	**105.7**	**109.6**	**110.6**	
江苏	**Jiangsu**	**113.3**	**111.1**	**109.7**	

注：本表按不变价格计算。

a)Data in this table are calculated at constant prices.

3-8 第三产业增加值指数 续表 1
Indices of Added Value of Tertiary Industry continued 1

(上年=100) (preceding year=100)

地名	City	2010	2011	2012	2012 排名 Ranking	地名	City	2010	2011	2012	2012 排名 Ranking
南京	Nanjing	113.0	112.3	111.8	92	池州	Chizhou	112.4	109.6	112.6	52
无锡	Wuxi	113.7	111.8	111.3	123	宣城	Xuancheng	110.8	110.7	112.1	71
徐州	Xuzhou	113.2	114.5	113.4	32	福建	**Fujian**	**110.6**	**109.1**	**109.1**	
常州	Changzhou	113.6	112.8	111.6	108	福州	Fuzhou	111.5	111.9	110.6	158
苏州	Suzhou	113.7	112.9	113.5	30	厦门	Xiamen	113.5	113.6	111.0	140
南通	Nantong	113.6	113.2	112.3	60	莆田	Putian	110.5	110.6	110.3	183
连云港	Lianyungang	113.3	113.4	113.3	33	三明	Sanming	110.1	109.5	108.2	261
淮安	Huaian	114.1	114.3	113.2	36	泉州	Quanzhou	107.8	108.9	109.8	203
盐城	Yancheng	113.6	114.0	112.9	47	漳州	Zhangzhou	111.5	112.0	110.2	185
扬州	Yangzhou	113.9	113.2	112.1	71	南平	Nanping	110.1	108.7	105.7	280
镇江	Zhenjiang	113.4	112.6	113.0	41	龙岩	Longyan	110.5	108.2	110.5	162
泰州	Taizhou	113.9	113.1	113.0	41	宁德	Ningde	109.2	110.0	105.7	280
宿迁	Suqian	113.0	112.3	112.0	76	江西	**Jiangxi**	**111.2**	**111.1**	**109.5**	
浙江	**Zhejiang**	**112.3**	**109.5**	**109.4**		南昌	Nanchang	112.2	112.8	111.9	86
杭州	Hangzhou	112.3	112.0	110.9	150	景德镇	Jingdezhen	116.2	110.6	111.7	102
宁波	Ningbo	112.2	111.1	111.8	92	萍乡	Pingxiang	116.2	112.5	111.2	129
温州	Wenzhou	110.5	110.0	108.2	261	九江	Jiujiang	114.0	111.7	112.2	68
嘉兴	Jiaxing	112.7	112.3	111.2	129	新余	Xinyu	112.9	108.5	111.9	86
湖州	Huzhou	114.5	114.1	109.9	199	鹰潭	Yingtan	115.4	113.0	111.7	102
绍兴	Shaoxing	114.1	112.0	110.8	154	赣州	Ganzhou	115.6	112.4	113.2	36
金华	Jinhua	113.5	111.6	111.0	140	吉安	Jian	113.3	114.3	111.2	129
衢州	Quzhou	112.8	111.8	110.4	174	宜春	Yichun	109.7	109.6	111.8	92
舟山	Zhoushan	112.2	113.0	109.8	203	抚州	Fuzhou	115.7	116.0	110.2	185
台州	Taizhou	112.9	110.8	109.1	235	上饶	Shangrao	113.5	112.0	111.3	123
丽水	Lishui	112.0	112.1	110.5	162	山东	**Shandong**	**113.5**	**1113.0**	**109.8**	
安徽	**Anhui**	**110.1**	**110.6**	**111.0**		济南	Jinan	114.9	110.3	110.1	190
合肥	Hefei	112.7	111.4	112.3	60	青岛	Qingdao	114.4	112.4	110.5	162
芜湖	Wuhu	112.4	110.1	111.7	102	淄博	Zibo	117.4	111.6	109.4	222
蚌埠	Bengbu	109.8	110.8	111.9	86	枣庄	Zaozhuang	120.0	110.5	110.4	174
淮南	Huainan	112.4	109.3	112.3	60	东营	Dongying	114.5	112.6	113.1	38
马鞍山	Maanshan	111.7	108.8	112.5	54	烟台	Yantai	120.3	114.2	111.6	108
淮北	Huaibei	109.0	108.6	111.3	123	潍坊	Weifang	116.0	111.0	110.5	162
铜陵	Tongling	109.9	109.7	111.0	140	济宁	Jining	115.4	110.2	111.3	123
安庆	Anqing	110.5	109.8	109.3	226	泰安	Taian	118.1	114.5	111.4	117
黄山	Huangshan	109.8	109.5	110.8	154	威海	Weihai	117.8	110.8	109.7	207
滁州	Chuzhou	110.0	110.0	111.6	108	日照	Rizhao	114.3	112.2	112.5	54
阜阳	Fuyang	109.6	109.9	111.2	129	莱芜	Laiwu	113.0	110.0	109.7	207
宿州	Suzhou	110.5	111.5	113.1	38	临沂	Linyi	115.1	114.2	111.5	113
六安	Liuan	107.8	109.6	108.8	250	德州	Dezhou	113.8	111.7	110.2	185
亳州	Bozhou	110.6	111.0	112.5	54	聊城	Liaocheng	115.9	112.2	111.9	86

3-8 第三产业增加值指数 续表 2
Indices of Added Value of Tertiary Industry continued 2

(上年=100) (preceding year=100)

地名	City	2010	2011	2012	2012 排名 Ranking	地名	City	2010	2011	2012	2012 排名 Ranking
滨州	Binzhou	117.9	112.3	110.0	193	常德	Changde	113.9	114.1	113.6	28
菏泽	Heze	117.4	113.9	112.3	60	张家界	Zhangjiajie	114.4	115.3	113.0	41
河南	**Henan**	**111.4**	**113.4**	**110.2**		益阳	Yiyang	113.7	112.2	113.7	27
郑州	Zhengzhou	110.8	110.2	110.0	193	郴州	Chenzhou	111.4	111.2	112.3	60
开封	Kaifeng	113.5	112.5	111.0	140	永州	Yongzhou	114.3	113.7	112.0	76
洛阳	Luoyang	109.2	108.1	108.8	250	怀化	Huaihua	112.9	112.7	112.5	54
平顶山	Pingdingshan	111.5	109.1	109.7	207	娄底	Loudi	111.8	111.6	112.3	60
安阳	Anyang	110.5	110.2	106.6	274	**广东**	**Guangdong**	**110.6**	**110.0**	**109.5**	
鹤壁	Hebi	108.9	108.3	109.7	207	广州	Guangzhou	113.6	111.3	112.0	76
新乡	Xinxiang	110.6	112.6	109.9	199	韶关	Shaoguan	113.9	112.6	109.1	235
焦作	Jiaozuo	106.3	109.6	110.4	174	深圳	Shenzhen	110.1	108.5	112.3	60
濮阳	Puyang	110.1	109.9	108.8	250	珠海	Zhuhai	107.1	111.6	112.1	71
许昌	Xuchang	110.3	112.5	111.4	117	汕头	Shantou	111.8	113.6	107.3	271
漯河	Luohe	110.5	108.7	108.6	256	佛山	Foshan	113.4	110.8	106.6	274
三门峡	Sanmenxia	111.2	111.8	109.5	217	江门	Jiangmen	111.9	109.9	112.2	68
南阳	Nanyang	111.2	109.2	109.2	230	湛江	Zhanjiang	116.5	119.3	111.7	102
商丘	Shangqiu	113.2	111.6	111.1	136	茂名	Maoming	117.7	111.2	108.1	265
信阳	Xinyang	112.2	111.5	110.9	150	肇庆	Zhaoqing	111.4	111.4	105.3	283
周口	Zhoukou	109.5	111.5	109.1	235	惠州	Huizhou	110.6	116.1	111.1	136
驻马店	Zhumadian	112.6	110.2	109.0	244	梅州	Meizhou	113.6	115.3	109.8	203
湖北	**Hubei**	**111.3**	**112.0**	**110.8**		汕尾	Shanwei	114.7	109.4	109.5	217
武汉	Wuhan	112.5	109.6	110.0	193	河源	Heyuan	113.1	112.3	109.5	217
黄石	Huangshi	111.1	110.1	108.2	261	阳江	Yangjiang	117.2	112.3	110.9	150
十堰	Shiyan	110.6	113.2	112.0	76	清远	Qingyuan	117.6	112.7	106.4	277
宜昌	Yichang	113.5	114.5	111.3	123	东莞	Dongguan	104.1	109.0	106.5	276
襄阳	Xiangfan	114.6	115.0	110.5	162	中山	ZhongShan	112.0	113.0	107.1	272
鄂州	Ezhou	109.0	118.8	107.7	268	潮州	Chaozhou	114.0	113.8	111.0	140
荆门	Jingmen	113.3	115.5	110.4	174	揭阳	Jieyang	112.7	108.1	105.4	282
孝感	Xiaogan	111.6	115.0	112.1	71	云浮	Yunfu	110.8	110.1	113.8	26
荆州	Jingzhou	110.6	114.4	111.5	113	**广西**	**Guangxi**	**111.1**	**110.5**	**109.8**	
黄冈	Huanggang	116.2	115.4	110.1	190	南宁	Nanning	113.7	111.1	118.7	5
咸宁	Xianning	114.5	113.4	110.2	185	柳州	Liuzhou	109.8	110.3	111.6	108
随州	Suizhou	112.5	117.1	109.6	215	桂林	Guilin	110.3	106.7	119.8	2
湖南	**Hunan**	**111.7**	**111.0**	**112.2**		梧州	Wuzhou	110.2	105.9	119.0	4
长沙	Changsha	111.5	110.7	112.0	76	北海	Beihai	110.0	111.4	141.9	1
株洲	Zhuzhou	112.6	111.5	112.5	54	防城港	Fangchenggang	119.9	114.0	117.8	7
湘潭	Xiangtan	111.5	113.0	113.1	38	钦州	Qinzhou	115.5	110.7	111.5	113
衡阳	Hengyang	113.1	113.2	113.5	30	贵港	Guigang	112.0	106.2	110.4	174
邵阳	Shaoyang	114.4	113.1	114.1	22	玉林	Yulin	112.8	110.9	113.3	33
岳阳	Yueyang	110.7	111.3	112.8	50	百色	Baise	110.5	109.6	109.1	235

3-8 第三产业增加值指数 续表 3
Indices of Added Value of Tertiary Industry continued 3

(上年=100) (preceding year=100)

地名	City	2010	2011	2012	2012 排名 Ranking	地名	City	2010	2011	2012	2012 排名 Ranking
贺州	Hezhou	110.1	108.6	109.1	235	丽江	Lijiang	113.6	112.4	113.6	28
河池	Hechi	111.4	104.0	90.5	284	普洱	Puer	113.6	109.5	114.0	24
来宾	Laibin	117.6	109.9	112.1	71	临沧	Lincang	113.9	110.8	114.5	19
崇左	Chongzuo	114.0	108.1	117.4	8	**西藏**	**Tibet**	**113.7**	**111.6**	**112.0**	
海南	**Hainan**	**120.1**	**113.3**	**109.5**		拉萨	Lhasa	113.0	110.7	109.6	215
海口	Haikou	118.8	112.8	109.1	235	**陕西**	**Shaanxi**	**112.1**	**112.5**	**111.6**	
三亚	Sanya	123.5	115.0	115.4	15	西安	Xi'an	112.5	113.4	112.2	68
重庆	**Chongqing**	**112.4**	**110.8**	**112.0**		铜川	Tongchuan	112.8	114.2	110.5	162
四川	**Sichuan**	**110.2**	**111.2**	**111.6**		宝鸡	Baoji	109.4	111.0	109.9	199
成都	Chengdu	111.8	112.4	111.5	113	咸阳	Xianyang	111.7	109.1	109.3	226
自贡	Zigong	111.0	110.9	111.8	92	渭南	Weinan	110.6	110.9	110.4	174
攀枝花	Panzhihua	109.0	110.2	110.5	162	延安	Yan'an	111.0	112.8	112.7	51
泸州	Luzhou	107.3	109.7	111.7	102	汉中	Hanzhong	114.3	113.7	112.9	47
德阳	Deyang	111.3	111.1	111.4	117	榆林	Yulin	118.2	113.5	108.8	250
绵阳	Mianyang	110.2	109.9	110.4	174	安康	Ankang	113.9	112.6	110.5	162
广元	Guangyuan	111.4	111.6	109.1	235	商洛	Shangluo	114.7	113.1	112.5	54
遂宁	Suining	108.1	111.4	111.2	129	**甘肃**	**Gansu**	**109.9**	**111.6**	**112.5**	
内江	Neijiang	107.9	109.3	110.7	157	兰州	Lanzhou	112.4	114.3	114.8	17
乐山	Leshan	112.2	112.6	111.9	86	嘉峪关	Jiayuguan	105.9	112.2	110.3	183
南充	Nanchong	110.2	112.6	112.0	76	金昌	Jinchang	108.4	112.0	115.6	14
眉山	Meishan	108.0	113.5	112.0	76	白银	Baiyin	110.1	113.0	114.0	24
宜宾	Yibin	108.9	110.1	112.0	76	天水	Tianshui	111.0	111.5	113.0	41
广安	Guangan	110.0	111.9	111.4	117	武威	Wuwei	112.9	112.9	116.0	11
达州	Dazhou	107.0	110.0	110.6	158	张掖	Zhangye	110.8	112.6	114.8	17
雅安	Yaan	109.3	111.4	110.6	158	平凉	Pingliang	112.8	112.6	115.0	16
巴中	Bazhong	109.4	109.2	111.0	140	酒泉	Jiuquan	112.9	115.3	112.9	47
资阳	Ziyang	110.5	113.5	112.0	76	庆阳	Qingyang	109.4	112.4	114.5	19
贵州	**Guizhou**	**112.1**	**116.5**	**112.1**		定西	Dingxi	112.1	113.1	113.0	41
贵阳	Guiyang	114.3	115.2	114.1	22	陇南	Longnan	110.2	112.4	112.6	52
六盘水	Liupanshui	114.2	112.6	117.3	9	**青海**	**Qinghai**	**112.1**	**109.7**	**111.1**	
遵义	Zunyi	113.5	116.9	114.4	21	西宁	Xining	116.1	112.0	111.8	92
安顺	Anshun	113.1	115.1	116.5	10	**宁夏**	**Ningxia**	**111.6**	**107.2**	**109.7**	
毕节	Bijie	114.7	114.7	116.0	11	银川	Yinchuan	111.1	107.2	110.1	190
铜仁	Tongren	115.0	120.8	119.5	3	石嘴山	Shizuishan	110.8	110.2	108.9	248
云南	**Yunnan**	**111.5**	**112.0**	**110.9**		吴忠	Wuzhong	110.5	109.2	109.0	244
昆明	Kunming	112.6	112.5	113.0	41	固原	Guyuan	108.6	108.9	111.4	117
曲靖	Qujing	112.4	108.7	111.8	92	中卫	Zhongwei	110.6	108.1	111.0	140
玉溪	Yuxi	109.2	105.3	111.8	92	**新疆**	**Xinjiang**	**110.8**	**115.2**	**112.3**	
保山	Baoshan	113.5	111.0	115.8	13	乌鲁木齐	Urumqi	113.3	120.0	118.3	6
昭通	Zhaotong	112.6	110.2	111.0	140	克拉玛依	Karamay	110.0	107.5	111.7	102

3-9 人均地区生产总值
Per Capita Gross Regional Product

单位：元 (yuan)

地名	City	2010	2011	2012	2012 排名 Ranking
全国	**Nation Total**	**30015**	**35198**	**38420**	
北京	**Beijing**	**75856**	**81658**	**87475**	
天津	**Tianjin**	**72994**	**85213**	**93173**	
河北	**Hebei**	**28668**	**33969**	**36584**	
石家庄	Shijiazhuang	33915	39919	43552	103
唐山	Tangshan	59389	71565	76643	35
秦皇岛	Qinhuangdao	31182	35691	37804	131
邯郸	Handan	26143	30270	32650	156
邢台	Xingtai	17189	20027	21361	234
保定	Baoding	18451	21796	24053	213
张家口	Zhangjiakou	22517	25649	28139	184
承德	Chengde	25698	31705	33791	148
沧州	Cangzhou	31091	36053	38949	125
廊坊	Langfang	31844	36773	40598	113
衡水	Hengshui	18076	21334	23101	219
山西	**Shanxi**	**26283**	**31357**	**33628**	
太原	Taiyuan	46144	49292	54440	66
大同	Datong	21360	25341	27815	188
阳泉	Yangquan	31898	38500	43702	101
长治	Changzhi	27642	34625	39523	120
晋城	Jincheng	32329	39205	44257	99
朔州	Shuozhou	41107	49692	58205	53
晋中	Jinzhong	23575	27300	30093	174
运城	Yuncheng	16170	19733	20628	242
忻州	Xinzhou	14188	18020	20081	246
临汾	Linfen	20841	26220	28031	185
吕梁	Luliang	23013	30224	32709	154
内蒙古	**Inner Mongolia**	**47347**	**57974**	**63886**	
呼和浩特	Hohhot	65518	75266	83906	24
包头	Baotou	93441	112372	118320	6
乌海	Wuhai	73801	89521	97617	14
赤峰	Chifeng	24967	31121	36070	143
通辽	Tongliao	37489	46167	54019	67
鄂尔多斯	Erdos	138109	163012	182680	1
呼伦贝尔	Hulunbuir	36552	45038	52649	72
巴彦淖尔	Bayannur	36048	43109	47012	87
乌兰察布	Ulanqab	26459	32246	36525	140
辽宁	**Liaoning**	**42355**	**50760**	**56649**	
沈阳	Shenyang	62357	72648	80480	29
大连	Dalian	77704	91295	102922	13
鞍山	Anshan	58426	68224	69211	39
抚顺	Fushun	41810	52245	58512	51
本溪	Benxi	50612	60552	64459	41
丹东	Dandong	29893	36841	42171	110
锦州	Jinzhou	29264	35784	40002	115
营口	Yingkou	41452	50309	56583	59
阜新	Fuxin	20819	26480	31049	167
辽阳	Liaoyang	39686	48594	53877	68
盘锦	Panjin	66976	79584	87153	20
铁岭	Tieling	26556	28647	32130	159
朝阳	Chaoyang	21536	26927	30765	170
葫芦岛	Huludao	20302	24789	27709	190
吉林	**Jilin**	**31599**	**38460**	**43415**	
长春	Changchun	43936	52649	58691	50
吉林	Jilin	41479	50914	56244	62
四平	Siping	22942	28874	33150	150
辽源	Liaoyuan	33137	40844	49479	82
通化	Tonghua	27690	34515	39111	124
白山	Baishan	33524	41325	50158	81
松原	Songyuan	38136	46749	55176	65
白城	Baicheng	21973	27374	30576	172
黑龙江	**Heilongjiang**	**27076**	**32819**	**35711**	
哈尔滨	Harbin	36951	42736	45810	94
齐齐哈尔	Qiqihar	16309	19903	22139	228
鸡西	Jixi	22083	26864	31076	166
鹤岗	Hegang	23044	28768	32968	151
双鸭山	Shuangyashan	26215	33215	37490	134
大庆	Daqing	103576	133301	142067	3
伊春	Yichun	15924	18142	20686	240
佳木斯	Jiamusi	20254	24853	27774	189
七台河	Qitaihe	32891	33209	32308	158
牡丹江	Mudanjiang	27545	33675	37001	136
黑河	Heihe	14994	18103	18892	253
绥化	Suihua	12576	15617	18474	258
上海	**Shanghai**	**76074**	**82560**	**85373**	
江苏	**Jiangsu**	**52840**	**62290**	**68347**	

注：本表按当年价格计算。

a)Data in this table are calculated at current prices.

3-9 人均地区生产总值 续表 1
Per Capita Gross Regional Product continued 1

单位：元 (yuan)

地名	City	2010	2011	2012	2012 排名 Ranking	地名	City	2010	2011	2012	2012 排名 Ranking
南京	Nanjing	65273	76263	88525	18	池州	Chizhou	21476	26446	29471	178
无锡	Wuxi	92167	107437	117357	7	宣城	Xuancheng	20779	26428	29687	177
徐州	Xuzhou	34084	41407	46877	88	福建	**Fujian**	**40025**	**47377**	**52763**	
常州	Changzhou	67327	77485	85040	21	福州	Fuzhou	44000	52152	58202	54
苏州	Suzhou	93043	102129	114029	10	厦门	Xiamen	59323	70832	77340	34
南通	Nantong	48083	56005	62506	43	莆田	Putian	30584	37724	42871	107
连云港	Lianyungang	26987	32119	36470	141	三明	Sanming	38866	48376	53244	70
淮安	Huaian	28861	35181	39992	116	泉州	Quanzhou	43963	52245	57002	58
盐城	Yancheng	31640	38222	43172	105	漳州	Zhangzhou	29755	36641	41333	112
扬州	Yangzhou	49786	58950	65691	40	南平	Nanping	27450	33775	37692	132
镇江	Zhenjiang	64284	73981	83651	25	龙岩	Longyan	38603	48554	52896	71
泰州	Taizhou	44118	52396	58378	52	宁德	Ningde	26089	32936	37921	130
宿迁	Suqian	22525	27839	31827	162	江西	**Jiangxi**	**21253**	**26150**	**28800**	
浙江	**Zhejiang**	**51711**	**59249**	**63374**		南昌	Nanchang	43961	53023	58715	49
杭州	Hangzhou	69828	101370	111758	11	景德镇	Jingdezhen	29155	35421	39151	123
宁波	Ningbo	69368	105334	114065	9	萍乡	Pingxiang	28106	35350	39186	121
温州	Wenzhou	32586	43132	45906	93	九江	Jiujiang	21863	26464	29785	176
嘉兴	Jiaxing	52143	78202	84080	23	新余	Xinyu	55538	68155	72266	37
湖州	Huzhou	45323	58349	63714	42	鹰潭	Yingtan	30769	37834	42449	109
绍兴	Shaoxing	57580	75820	82966	27	赣州	Ganzhou	13397	15895	17873	260
金华	Jinhua	39897	52538	57694	56	吉安	Jian	15002	18202	20755	239
衢州	Quzhou	35500	36508	38476	128	宜春	Yichun	16080	19823	22855	222
舟山	Zhoushan	58378	79765	87883	19	抚州	Fuzhou	16134	18907	20893	238
台州	Taizhou	41172	46011	49438	83	上饶	Shangrao	13729	16813	19077	251
丽水	Lishui	31296	30643	34132	147	山东	**Shandong**	**41106**	**47335**	**51768**	
安徽	**Anhui**	**20888**	**25659**	**28792**		济南	Jinan	57947	64310	69444	38
合肥	Hefei	48312	48540	55182	64	青岛	Qingdao	65812	75546	82680	28
芜湖	Wuhu	49013	46626	52453	74	淄博	Zibo	63384	72182	77876	32
蚌埠	Bengbu	20223	24594	27999	186	枣庄	Zaozhuang	36817	41720	45262	96
淮南	Huainan	26287	30400	33489	149	东营	Dongying	116404	130811	145395	2
马鞍山	Maanshan	60712	52108	56306	61	烟台	Yantai	62254	70380	75672	36
淮北	Huaibei	22309	26225	29285	179	潍坊	Weifang	34260	38820	43681	102
铜陵	Tongling	64496	79644	84819	22	济宁	Jining	31541	35717	39165	122
安庆	Anqing	18647	22893	25592	206	泰安	Taian	37376	41850	46130	92
黄山	Huangshan	22791	27967	31454	164	威海	Weihai	69187	75316	83516	26
滁州	Chuzhou	17693	21608	24650	208	日照	Rizhao	36870	43191	47852	85
阜阳	Fuyang	9528	11202	12617	278	莱芜	Laiwu	42392	46983	48212	84
宿州	Suzhou	12195	14959	17032	263	临沂	Linyi	24067	27503	29808	175
六安	Liuan	12074	14592	16270	266	德州	Dezhou	29858	34905	39710	119
亳州	Bozhou	10615	12866	14642	271	聊城	Liaocheng	28444	32968	36573	139

3-9 人均地区生产总值 续表 2
Per Capita Gross Regional Product continued 2

单位：元 (yuan)

地名	City	2010	2011	2012	2012 排名 Ranking
滨州	Binzhou	41643	48326	52591	73
菏泽	Heze	14829	18730	21461	233
河南	**Henan**	**24446**	**28661**	**31499**	
郑州	Zhengzhou	47608	56855	62054	44
开封	Kaifeng	19750	22972	25922	205
洛阳	Luoyang	35762	41198	45316	95
平顶山	Pingdingshan	26730	30227	30380	173
安阳	Anyang	25330	28806	30624	171
鹤壁	Hebi	28531	31763	34456	146
新乡	Xinxiang	21196	26198	28598	181
焦作	Jiaozuo	35767	40810	44029	100
濮阳	Puyang	21787	25066	27654	191
许昌	Xuchang	30536	36924	39947	118
漯河	Luohe	26974	29487	31211	165
三门峡	Sanmenxia	39176	46049	50406	79
南阳	Nanyang	19145	21590	23086	220
商丘	Shangqiu	15085	17779	19029	252
信阳	Xinyang	16936	20603	22347	225
周口	Zhoukou	12944	15734	17734	261
驻马店	Zhumadian	14117	17396	19592	249
湖北	**Hubei**	**27906**	**34197**	**38572**	
武汉	Wuhan	56367	68315	79482	31
黄石	Huangshi	28481	38075	42703	108
十堰	Shiyan	21267	25427	28470	183
宜昌	Yichang	38114	52673	61517	45
襄阳	Xiangfan	27968	38671	45167	98
鄂州	Ezhou	37928	46756	53256	69
荆门	Jingmen	25614	32765	37649	133
孝感	Xiaogan	16630	19880	22886	221
荆州	Jingzhou	14707	18288	20912	236
黄冈	Huanggang	13421	16908	19220	250
咸宁	Xianning	21129	26452	30791	169
随州	Suizhou	18381	23914	27163	195
湖南	**Hunan**	**24719**	**29880**	**33480**	
长沙	Changsha	66464	79530	89903	17
株洲	Zhuzhou	33604	40431	45235	97
湘潭	Xiangtan	32305	40753	46249	91
衡阳	Hengyang	20419	24231	27258	194
邵阳	Shaoyang	10468	12797	14406	273
岳阳	Yueyang	28849	34629	39968	117
常德	Changde	26551	31644	35475	145
张家界	Zhangjiajie	16238	20082	22658	224
益阳	Yiyang	16710	20496	23572	216
郴州	Chenzhou	24015	29305	32848	152
永州	Yongzhou	14853	18168	20239	245
怀化	Huaihua	14371	17816	21018	235
娄底	Loudi	17569	22362	26367	197
广东	**Guangdong**	**44736**	**50807**	**54095**	
广州	Guangzhou	87458	97588	105909	12
韶关	Shaoguan	24050	28760	31702	163
深圳	Shenzhen	94296	110421	123247	5
珠海	Zhuhai	77888	89794	95471	15
汕头	Shantou	22776	23596	26231	202
佛山	Foshan	80313	86073	91259	16
江门	Jiangmen	35622	41062	42028	111
湛江	Zhanjiang	20161	24163	26240	201
茂名	Maoming	25496	29811	32678	155
肇庆	Zhaoqing	27987	33642	36864	137
惠州	Huizhou	38650	45331	50873	78
梅州	Meizhou	14554	16623	17396	262
汕尾	Shanwei	15845	18682	20608	243
河源	Heyuan	16301	19505	20536	244
阳江	Yangjiang	26676	31491	36096	142
清远	Qingyuan	29487	26957	27320	192
东莞	Dongguan	52798	57470	60557	46
中山	ZhongShan	60797	70014	77527	33
潮州	Chaozhou	21107	24169	26252	200
揭阳	Jieyang	17264	20780	23532	217
云浮	Yunfu	17074	20302	22115	229
广西	**Guangxi**	**20219**	**25326**	**27952**	
南宁	Nanning	26330	31173	37016	135
柳州	Liuzhou	35230	41832	47795	86
桂林	Guilin	22780	25512	30849	168
梧州	Wuzhou	19430	25394	28523	182
北海	Beihai	25657	32103	40372	114
防城港	Fangchenggang	37264	47415	50302	80
钦州	Qinzhou	16421	20896	22147	227
贵港	Guigang	12932	15332	16281	265
玉林	Yulin	15011	18501	19822	248
百色	Baise	16106	18867	21539	232

3-9 人均地区生产总值 续表 3
Per Capita Gross Regional Product continued 3

单位：元 (yuan)

地名	City	2010	2011	2012	2012 排名 Ranking
贺州	Hezhou	14589	18064	19922	247
河池	Hechi	12991	15323	14472	272
来宾	Laibin	18385	23055	24183	211
崇左	Chongzuo	18734	24531	26288	199
海南	**Hainan**	**23831**	**28898**	**32377**	
海口	Haikou	38731	35338	38634	127
三亚	Sanya	42977	42236	46366	89
重庆	**Chongqing**		**34500**	**38914**	
四川	**Sichuan**	**21182**	**26133**	**29608**	
成都	Chengdu	41253	49438	57624	57
自贡	Zigong	23613	29102	32787	153
攀枝花	Panzhihua	43959	53054	60391	47
泸州	Luzhou	16698	21339	24317	209
德阳	Deyang	25335	31562	35945	144
绵阳	Mianyang	20053	25755	29080	180
广元	Guangyuan	12313	16225	18672	257
遂宁	Suining	14498	18528	20908	237
内江	Neijiang	18022	23062	26341	198
乐山	Leshan	22490	28339	31942	161
南充	Nanchong	13212	16388	18757	255
眉山	Meishan	18586	22791	26168	203
宜宾	Yibin	19499	24433	27865	187
广安	Guangan	15588	20572	23410	218
达州	Dazhou	14623	18474	20685	241
雅安	Yaan	18881	23153	26157	204
巴中	Bazhong	8717	10438	11823	280
资阳	Ziyang	16644	22931	27283	193
贵州	**Guizhou**	**13119**	**16413**	**19710**	
贵阳	Guiyang	26209	31712	38673	126
六盘水	Liupanshui	17462	21522	26402	196
遵义	Zunyi	14650	18335	22296	226
安顺	Anshun	10014	12472	16112	267
毕节	Bijie	9113	11295	13569	276
铜仁	Tongren	9304	11622	14833	270
云南	**Yunnan**	**15752**	**19265**	**22195**	
昆明	Kunming	33549	38831	46256	90
曲靖	Qujing	17236	20588	23661	215
玉溪	Yuxi	32068	37913	43037	106
保山	Baoshan	10469	12705	15397	269
昭通	Zhaotong	7193	8877	10528	281
丽江	Lijiang	11680	14279	16870	264
普洱	Puer	9773	11795	14286	275
临沧	Lincang	8988	11166	14376	274
西藏	**Tibet**	**17319**	**20077**	**22936**	
拉萨	Lhasa	23775	39118		
陕西	**Shaanxi**	**27133**	**33464**	**38564**	
西安	Xi'an	38343	45475	51166	77
铜川	Tongchuan	22317	27806	32556	157
宝鸡	Baoji	26201	31579	36826	138
咸阳	Xianyang	22469	27751	31982	160
渭南	Weinan	15149	19424	21717	231
延安	Yan'an	40621	50807	57876	55
汉中	Hanzhong	14907	18952	22084	230
榆林	Yulin	52437	68358	79587	30
安康	Ankang	12428	15477	18878	254
商洛	Shangluo	12197	15513	18097	259
甘肃	**Gansu**	**16113**	**19595**	**21978**	
兰州	Lanzhou	30672	37570	43175	104
嘉峪关	Jiayuguan	83214	101306	115123	8
金昌	Jinchang	45374	49974	52157	75
白银	Baiyin	17956	21956	25274	207
天水	Tianshui	9202	10931	12593	279
武威	Wuwei	12250	14994	18701	256
张掖	Zhangye	17093	21357	24204	210
平凉	Pingliang	11202	13320	15607	268
酒泉	Jiuquan	38305	43825	52028	76
庆阳	Qingyang	15095	20506	23882	214
定西	Dingxi	5530	6916	8157	283
陇南	Longnan	6020	7603	8809	282
青海	**Qinghai**	**24115**	**29522**	**33181**	
西宁	Xining	28428	34743	38034	129
宁夏	**Ningxia**	**26860**	**33043**	**36394**	
银川	Yinchuan	42771	48964	56528	60
石嘴山	Shizuishan	41066	50377	55564	63
吴忠	Wuzhong	16607	21107	24166	212
固原	Guyuan	8187	10785	12619	277
中卫	Zhongwei	15596	20370	22779	223
新疆	**Xinjiang**	**25034**	**30087**	**33796**	
乌鲁木齐	Urumqi	43039	52649	59576	48
克拉玛依	Karamay	121387	129105	135018	4

3-10 人均地区生产总值指数
Per Capita Gross Regional Product and Indices

单位：上年=100 (preceding year=100)

地名	City	2010	2011	2012	2012 排名 Ranking	地名	City	2010	2011	2012	2012 排名 Ranking
全国	**Nation Total**	**109.9**	**108.8**	**107.1**		沈阳	Shenyang	112.5	111.0	109.1	250
北京	**Beijing**	**102.4**	**103.8**	**104.9**		大连	Dalian	113.5	108.3	109.2	248
天津	**Tianjin**	**111.7**	**110.9**	**109.2**		鞍山	Anshan	115.5	111.1	109.3	241
河北	**Hebei**	**110.6**	**109.7**	**108.9**		抚顺	Fushun	117.4	114.3	111.6	126
石家庄	Shijiazhuang	110.4	109.8	109.3	241	本溪	Benxi	114.7	112.6	110.0	209
唐山	Tangshan	111.9	110.5	109.8	219	丹东	Dandong	115.3	114.9	111.0	161
秦皇岛	Qinhuangdao	111.7	111.5	108.5	260	锦州	Jinzhou	115.7	113.1	110.9	167
邯郸	Handan	110.8	110.0	109.9	213	营口	Yingkou	116.9	113.1	110.5	184
邢台	Xingtai	110.7	110.0	108.9	255	阜新	Fuxin	117.7	114.1	111.5	134
保定	Baoding	112.5	110.7	109.8	219	辽阳	Liaoyang	115.4	113.9	110.5	184
张家口	Zhangjiakou	112.3	109.7	109.4	238	盘锦	Panjin	116.4	110.3	109.2	248
承德	Chengde	110.3	111.3	110.1	205	铁岭	Tieling	116.2	114.0	109.5	233
沧州	Cangzhou	113.2	110.9	109.8	219	朝阳	Chaoyang	116.9	114.9	111.8	115
廊坊	Langfang	109.1	108.0	108.7	259	葫芦岛	Huludao	115.0	120.5	110.0	209
衡水	Hengshui	112.7	111.4	109.8	219	吉林	**Jilin**	**114.8**	**113.5**	**111.9**	
山西	**Shanxi**	**111.2**	**110.4**	**109.6**		长春	Changchun	114.8	112.9	112.1	95
太原	Taiyuan	109.3	109.1	109.8	219	吉林	Jilin	112.4	114.4	112.0	103
大同	Datong	114.2	113.1	109.4	238	四平	Siping	103.7	117.3	113.2	57
阳泉	Yangquan	112.4	112.5	109.3	241	辽源	Liaoyuan	115.7	116.4	112.3	83
长治	Changzhi	112.9	114.9	110.1	205	通化	Tonghua	117.4	116.8	112.4	80
晋城	Jincheng	112.6	112.5	110.9	167	白山	Baishan	117.7	117.1	112.8	70
朔州	Shuozhou	108.6	109.1	110.4	190	松原	Songyuan	117.1	113.0	112.2	87
晋中	Jinzhong	113.5	112.4	109.6	230	白城	Baicheng	119.6	116.7	113.0	63
运城	Yuncheng	113.7	113.3	107.2	273	黑龙江	**Heilongjiang**	**112.6**	**112.2**	**110.1**	
忻州	Xinzhou	113.9	115.3	111.0	161	哈尔滨	Harbin	113.9	112.2	109.9	213
临汾	Linfen	115.3	113.6	109.6	230	齐齐哈尔	Qiqihar	119.2	114.0	108.9	255
吕梁	Luliang	120.1	112.0	110.2	199	鸡西	Jixi	116.6	114.6	114.6	24
内蒙古	**Inner Mongolia**	**114.4**	**113.8**	**111.1**		鹤岗	Hegang	116.5	114.2	113.7	45
呼和浩特	Hohhot	110.9	109.6	109.5	233	双鸭山	Shuangyashan	124.6	115.6	114.0	37
包头	Baotou	114.0	113.7	110.9	167	大庆	Daqing	111.4	111.8	109.7	226
乌海	Wuhai	117.8	115.8	112.3	83	伊春	Yichun	116.0	108.5	113.5	47
赤峰	Chifeng	115.9	116.1	113.8	41	佳木斯	Jiamusi	118.4	114.9	114.7	23
通辽	Tongliao	115.8	114.6	113.3	51	七台河	Qitaihe	123.4	104.2	108.5	260
鄂尔多斯	Erdos	114.6	111.6	111.4	142	牡丹江	Mudanjiang	116.1	114.9	114.5	25
呼伦贝尔	Hulunbuir	115.2	114.7	113.8	41	黑河	Heihe	112.0	114.5	113.0	63
巴彦淖尔	Bayannur	114.1	110.5	110.2	199	绥化	Suihua	114.0	113.6	113.2	57
乌兰察布	Ulanqab	111.5	113.3	110.3	194	上海	**Shanghai**	**106.4**	**105.0**	**105.7**	
辽宁	**Liaoning**	**113.4**	**111.7**	**109.4**		江苏	**Jiangsu**	**112.0**	**110.3**	**109.7**	

注：本表按不变价格计算。

a)Data in this table are calculated at constant prices.

3-10 人均地区生产总值指数 续表 1
Per Capita Gross Regional Product and Indices continued 1

单位：上年=100 (preceding year=100)

地名	City	2010	2011	2012	2012 排名 Ranking	地名	City	2010	2011	2012	2012 排名 Ranking
南京	Nanjing	110.1	109.3	110.6	180	池州	Chizhou	117.2	112.3	111.1	156
无锡	Wuxi	110.8	109.5	109.3	241	宣城	Xuancheng	116.1	118.1	112.2	87
徐州	Xuzhou	114.7	114.3	113.3	51	**福建**	**Fujian**	**113.2**	**111.6**	**110.5**	
常州	Changzhou	110.7	109.8	110.3	194	福州	Fuzhou	113.1	111.9	110.9	167
苏州	Suzhou	105.7	109.5	109.7	226	厦门	Xiamen	109.1	110.1	110.4	190
南通	Nantong	111.9	110.9	111.7	122	莆田	Putian	115.2	114.0	112.2	87
连云港	Lianyungang	114.4	113.7	112.6	77	三明	Sanming	114.4	117.2	112.1	95
淮安	Huaian	114.1	113.4	113.1	61	泉州	Quanzhou	111.7	112.6	111.3	147
盐城	Yancheng	115.6	114.7	113.0	63	漳州	Zhangzhou	114.5	114.3	111.6	126
扬州	Yangzhou	113.6	112.6	111.6	126	南平	Nanping	112.6	117.5	111.3	147
镇江	Zhenjiang	111.9	111.2	112.0	103	龙岩	Longyan	114.6	112.9	111.7	122
泰州	Taizhou	113.7	112.6	112.3	83	宁德	Ningde	115.8	115.6	112.2	87
宿迁	Suqian	114.0	112.4	112.1	95	**江西**	**Jiangxi**	**113.2**	**111.8**	**110.4**	
浙江	**Zhejiang**	**109.5**	**107.2**	**107.7**		南昌	Nanchang	112.4	111.9	111.6	126
杭州	Hangzhou	108.7	109.0	108.1	267	景德镇	Jingdezhen	114.2	111.3	110.8	174
宁波	Ningbo	109.1	107.5	106.9	275	萍乡	Pingxiang	113.7	113.7	111.2	153
温州	Wenzhou	108.4	107.6	105.8	279	九江	Jiujiang	114.6	112.6	111.5	134
嘉兴	Jiaxing	110.3	108.0	108.2	265	新余	Xinyu	115.5	112.6	109.8	219
湖州	Huzhou	110.9	109.9	109.4	238	鹰潭	Yingtan	113.4	111.4	111.9	109
绍兴	Shaoxing	109.2	109.0	109.5	233	赣州	Ganzhou	113.7	111.9	111.5	134
金华	Jinhua	110.4	108.7	108.8	257	吉安	Jian	114.2	112.2	110.9	167
衢州	Quzhou	113.8	111.7	108.2	265	宜春	Yichun	115.6	112.2	111.1	156
舟山	Zhoushan	108.3	108.8	109.8	219	抚州	Fuzhou	114.2	112.2	110.2	199
台州	Taizhou	111.2	106.3	106.4	277	上饶	Shangrao	113.9	112.4	111.0	161
丽水	Lishui	113.1	111.7	110.6	180	**山东**	**Shandong**	**111.3**	**109.9**	**109.2**	
安徽	**Anhui**	**118.8**	**112.6**	**111.8**		济南	Jinan	111.1	108.9	108.5	260
合肥	Hefei	109.9	115.0	112.8	70	青岛	Qingdao	111.2	109.8	109.7	226
芜湖	Wuhu	118.7	115.4	114.4	26	淄博	Zibo	113.4	111.4	109.9	213
蚌埠	Bengbu	115.2	113.4	113.8	41	枣庄	Zaozhuang	111.3	109.6	110.1	205
淮南	Huainan	111.8	110.4	112.7	73	东营	Dongying	112.5	111.7	111.1	156
马鞍山	Maanshan	111.2	111.8	112.2	87	烟台	Yantai	114.5	112.6	110.2	199
淮北	Huaibei	112.4	109.7	113.1	61	潍坊	Weifang	112.0	109.7	109.9	213
铜陵	Tongling	117.6	112.0	110.0	209	济宁	Jining	112.0	110.1	110.5	184
安庆	Anqing	116.5	113.1	111.3	147	泰安	Taian	113.3	111.1	110.4	190
黄山	Huangshan	114.8	112.7	111.8	115	威海	Weihai	112.8	111.0	109.5	233
滁州	Chuzhou	118.2	113.9	113.0	63	日照	Rizhao	111.3	110.8	111.1	156
阜阳	Fuyang	118.9	111.4	111.5	134	莱芜	Laiwu	111.0	109.4	110.5	184
宿州	Suzhou	116.4	113.1	112.4	80	临沂	Linyi	111.6	110.9	111.4	142
六安	Liuan	118.3	111.8	107.9	269	德州	Dezhou	112.0	111.0	111.5	134
亳州	Bozhou	116.7	111.9	111.6	126	聊城	Liaocheng	110.9	110.0	111.8	115

3-10 人均地区生产总值指数 续表 2

Per Capita Gross Regional Product and Indices continued 2

单位：上年=100 (preceding year=100)

地名	City	2010	2011	2012	2012 排名 Ranking
滨州	Binzhou	112.5	110.9	110.2	199
菏泽	Heze	113.5	113.5	112.8	70
河南	**Henan**	**112.7**	**112.5**	**110.1**	
郑州	Zhengzhou	108.5	105.1	109.9	213
开封	Kaifeng	112.4	113.6	111.4	142
洛阳	Luoyang	112.1	111.2	109.7	226
平顶山	Pingdingshan	110.8	111.0	106.5	276
安阳	Anyang	113.9	112.9	108.3	264
鹤壁	Hebi	108.1	107.7	110.3	194
新乡	Xinxiang	112.6	113.3	111.8	115
焦作	Jiaozuo	109.8	111.7	111.6	126
濮阳	Puyang	109.9	111.7	112.1	95
许昌	Xuchang	113.6	115.4	112.4	80
漯河	Luohe	113.1	112.1	111.9	109
三门峡	Sanmenxia	114.8	112.7	112.1	95
南阳	Nanyang	110.3	111.2	110.8	174
商丘	Shangqiu	114.1	114.0	111.0	161
信阳	Xinyang	116.7	117.3	107.9	269
周口	Zhoukou	117.1	118.0	111.4	142
驻马店	Zhumadian	115.0	116.1	112.7	73
湖北	**Hubei**	**114.7**	**113.5**	**110.7**	
武汉	Wuhan	121.2	107.3	111.1	156
黄石	Huangshi	120.8	133.9	112.2	87
十堰	Shiyan	121.9	110.7	112.0	103
宜昌	Yichang	118.6	115.7	112.3	83
襄阳	Xiangfan	119.6	115.2	112.0	103
鄂州	Ezhou	127.8	123.2	113.9	40
荆门	Jingmen	121.5	115.0	112.0	103
孝感	Xiaogan	118.6	114.0	112.0	103
荆州	Jingzhou	120.2	112.4	114.3	29
黄冈	Huanggang	118.7	147.6	109.1	250
咸宁	Xianning	116.9	117.0	111.9	109
随州	Suizhou	116.4	116.0	111.6	126
湖南	**Hunan**	**112.9**	**111.2**	**110.7**	
长沙	Changsha	111.7	110.9	112.2	87
株洲	Zhuzhou	113.2	111.9	111.3	147
湘潭	Xiangtan	115.7	114.8	111.8	115
衡阳	Hengyang	111.7	111.0	111.4	142
邵阳	Shaoyang	111.9	110.4	110.9	167
岳阳	Yueyang	111.5	111.1	111.8	115
常德	Changde	113.0	112.0	111.7	122
张家界	Zhangjiajie	115.2	114.7	110.7	178
益阳	Yiyang	113.1	111.9	111.5	134
郴州	Chenzhou	113.1	112.1	111.8	115
永州	Yongzhou	113.7	112.1	110.4	190
怀化	Huaihua	113.6	113.0	111.6	126
娄底	Loudi	116.3	115.3	111.5	134
广东	**Guangdong**	**109.5**	**108.0**	**107.4**	
广州	Guangzhou	106.1	107.5	110.0	209
韶关	Shaoguan	113.2	112.1	109.3	241
深圳	Shenzhen	107.6	107.3	109.0	252
珠海	Zhuhai	111.0	110.3	106.3	278
汕头	Shantou	111.2	109.9	109.0	252
佛山	Foshan	109.2	108.6	107.7	271
江门	Jiangmen	112.4	111.7	107.7	271
湛江	Zhanjiang	113.4	111.9	108.8	257
茂名	Maoming	115.2	110.7	109.3	241
肇庆	Zhaoqing	115.7	113.0	110.2	199
惠州	Huizhou	112.5	111.1	111.7	122
梅州	Meizhou	112.9	112.4	109.5	233
汕尾	Shanwei	117.7	113.5	113.0	63
河源	Heyuan	111.2	111.0	110.6	180
阳江	Yangjiang	115.3	113.2	111.9	109
清远	Qingyuan	117.2	107.4	104.2	282
东莞	Dongguan	105.3	105.4	105.7	280
中山	ZhongShan	108.3	109.9	110.5	184
潮州	Chaozhou	112.5	111.8	110.1	205
揭阳	Jieyang	118.6	113.6	110.7	178
云浮	Yunfu	113.3	113.2	111.5	134
广西	**Guangxi**	**113.9**	**112.0**	**110.4**	
南宁	Nanning	113.4	112.4	111.2	153
柳州	Liuzhou	115.4	110.3	110.5	184
桂林	Guilin	113.7	111.2	112.1	95
梧州	Wuzhou	117.6	113.6	112.7	73
北海	Beihai	116.9	119.7	120.6	1
防城港	Fangchenggang	116.1	113.6	111.2	153
钦州	Qinzhou	117.6	123.1	110.8	174
贵港	Guigang	113.5	105.6	109.3	241
玉林	Yulin	115.2	110.4	109.9	213
百色	Baise	117.6	106.3	108.4	263

3-10 人均地区生产总值指数 续表 3
Per Capita Gross Regional Product and Indices continued 3

单位：上年=100 (preceding year=100)

地名	City	2010	2011	2012	2012 排名 Ranking
贺州	Hezhou	113.2	110.4	108.1	267
河池	Hechi	113.3	103.9	98.7	283
来宾	Laibin	118.2	113.1	110.8	174
崇左	Chongzuo	113.4	110.7	110.9	167
海南	**Hainan**	**115.0**	**111.1**	**108.0**	
海口	Haikou	116.5	110.2	107.1	274
三亚	Sanya	117.3	111.6	109.0	252
重庆	**Chongqing**	**116.2**	**115.1**	**112.4**	
四川	**Sichuan**	**115.7**	**115.9**	**112.3**	
成都	Chengdu	109.3	110.3	112.5	78
自贡	Zigong	118.4	118.3	113.2	57
攀枝花	Panzhihua	112.0	113.0	113.3	51
泸州	Luzhou	117.6	117.5	114.3	29
德阳	Deyang	114.9	116.7	114.4	26
绵阳	Mianyang	119.5	119.4	113.0	63
广元	Guangyuan	121.5	121.5	112.7	73
遂宁	Suining	120.6	120.8	113.7	45
内江	Neijiang	120.1	119.2	113.4	50
乐山	Leshan	118.3	118.4	114.1	34
南充	Nanchong	115.0	115.0	114.0	37
眉山	Meishan	116.7	116.0	114.2	32
宜宾	Yibin	115.4	115.6	114.2	32
广安	Guangan	124.5	123.9	113.8	41
达州	Dazhou	117.8	117.8	113.3	51
雅安	Yaan	115.9	115.7	113.3	51
巴中	Bazhong	112.3	112.8	113.5	47
资阳	Ziyang	125.4	125.8	115.5	11
贵州	**Guizhou**	**114.7**	**116.1**	**113.5**	
贵阳	Guiyang		114.9	114.3	29
六盘水	Liupanshui	116.8	116.8	115.9	6
遵义	Zunyi	117.3	117.5	116.0	4
安顺	Anshun		115.7	115.9	6
毕节	Bijie		117.9	115.5	11
铜仁	Tongren		118.1	115.4	13
云南	**Yunnan**	**111.6**	**113.0**	**112.3**	
昆明	Kunming	112.9	111.5	113.3	51
曲靖	Qujing	112.7	112.3	112.2	87
玉溪	Yuxi	112.1	118.2	112.1	95
保山	Baoshan	116.7	112.0	119.8	2
昭通	Zhaotong	115.1	113.7	115.3	16

地名	City	2010	2011	2012	2012 排名 Ranking
丽江	Lijiang	112.8	116.9	115.1	17
普洱	Puer	113.5	113.5	114.9	20
临沧	Lincang	111.0	113.9	116.0	4
西藏	**Tibet**	**111.2**	**111.3**	**110.4**	
拉萨	Lhasa		108.6		
陕西	**Shaanxi**	**114.4**	**113.7**	**112.6**	
西安	Xi'an	113.8	113.2	111.3	147
铜川	Tongchuan	115.3	115.7	115.4	13
宝鸡	Baoji	114.0	114.3	114.8	22
咸阳	Xianyang	114.3	113.9	114.1	34
渭南	Weinan	115.1	114.9	114.1	34
延安	Yan'an	112.7	110.4	110.3	194
汉中	Hanzhong	115.2	115.6	115.1	17
榆林	Yulin	118.3	114.9	111.9	109
安康	Ankang	115.0	115.5	115.1	17
商洛	Shangluo	115.3	115.3	114.9	20
甘肃	**Gansu**	**111.6**	**112.3**	**112.2**	
兰州	Lanzhou	111.3	114.9	113.2	57
嘉峪关	Jiayuguan	109.9	111.0	110.3	194
金昌	Jinchang	111.1	115.4	116.2	3
白银	Baiyin	115.3	115.1	114.4	26
天水	Tianshui	111.5	111.7	113.0	63
武威	Wuwei	121.7	119.1	115.4	13
张掖	Zhangye	115.2	117.2	111.9	109
平凉	Pingliang	114.4	113.8	113.5	47
酒泉	Jiuquan	113.2	111.1	115.7	10
庆阳	Qingyang	123.4	124.9	115.8	9
定西	Dingxi	116.1	117.6	109.6	230
陇南	Longnan	118.1	112.5	115.9	6
青海	**Qinghai**	**114.5**	**112.3**	**111.3**	
西宁	Xining	117.2	114.6	114.0	37
宁夏	**Ningxia**	**112.1**	**110.8**	**110.3**	
银川	Yinchuan	111.4	103.0	111.3	147
石嘴山	Shizuishan	113.4	112.7	111.0	161
吴忠	Wuzhong	112.1	114.8	112.5	78
固原	Guyuan	116.7	118.8	110.6	180
中卫	Zhongwei	115.6	116.0	111.0	161
新疆	**Xinjiang**	**109.3**	**110.7**	**110.8**	
乌鲁木齐	Urumqi	102.7	111.7	112.1	95
克拉玛依	Karamay	118.9	105.6	105.5	281

固定资产投资和房地产

Investment in Fixed Assets and Real Estate

4-1 固定资产投资额（不含农户）
Investment in Fixed Assets (Excluding Rural Households)

单位：亿元 （100 million yuan）

地名	City	2010	2011	2012	2012 排名 Ranking
全国	**National Total**	**241430.9**	**302396.1**	**364854.1**	
北京	**Beijing**	**5002.57**	**5851.51**	**6064.90**	
天津	**Tianjin**	**6114.34**	**7057.2**	**7913.30**	
河北	**Hebei**	**12922.66**	**15780.26**	**19104.60**	
石家庄	Shijiazhuang	2696.81	3026.98	3673.33	13
唐山	Tangshan	2218.43	2491.91	3017.17	20
秦皇岛	Qinhuangdao	409.67	598.03	723.74	165
邯郸	Handan	1596.32	1888.81	2292.13	32
邢台	Xingtai	754.15	978.60	1186.47	84
保定	Baoding	1320.73	1558.11	1888.45	44
张家口	Zhangjiakou	800.93	967.09	1163.08	88
承德	Chengde	695.07	797.36	996.75	106
沧州	Cangzhou	1022.16	1530.39	1891.87	43
廊坊	Langfang	856.15	1056.32	1282.12	70
衡水	Hengshui	328.77	519.99	639.95	185
山西	**Shanxi**	**5816.03**	**7137.69**	**8584.90**	
太原	Taiyuan	852.29	1024.14	1320.63	68
大同	Datong	524.26	664.91	831.79	140
阳泉	Yangquan	271.02	341.87	391.29	249
长治	Changzhi	534.01	686.90	866.96	134
晋城	Jincheng	389.32	504.12	654.95	181
朔州	Shuozhou	361.00	474.80	610.62	191
晋中	Jinzhong	465.75	580.21	744.11	158
运城	Yuncheng	549.88	664.21	826.85	142
忻州	Xinzhou	417.24	516.04	653.33	183
临汾	Linfen	506.72	644.96	822.45	144
吕梁	Luliang	399.85	543.75	690.38	171
内蒙古	**Inner Mongolia**	**8733.15**	**10594.98**	**11749.80**	
呼和浩特	Hohhot	880.37	1027.08	1301.43	69
包头	Baotou	1774.85	2153.32	2534.24	27
乌海	Wuhai	238.72	286.90	346.67	255
赤峰	Chifeng	786.18	1047.13	1322.29	67
通辽	Tongliao	634.16	852.20	1281.58	71
鄂尔多斯	Erdos	1866.95	2232.91	2570.58	26
呼伦贝尔	Hulunbuir	603.81	774.30	899.02	125
巴彦淖尔	Bayannur	549.18	544.20	701.01	169
乌兰察布	Ulanqab	271.66	453.56	650.49	184
辽宁	**Liaoning**	**15106.33**	**17431.46**	**21535.40**	

地名	City	2010	2011	2012	2012 排名 Ranking
沈阳	Shenyang	3271.30	4560.59	5625.40	2
大连	Dalian	3985.48	4553.56	5624.40	3
鞍山	Anshan	1109.29	1328.42	1642.30	53
抚顺	Fushun	674.62	771.52	953.52	115
本溪	Benxi	461.54	580.82	720.68	166
丹东	Dandong	629.43	690.25	853.25	137
锦州	Jinzhou	658.82	649.31	803.70	148
营口	Yingkou	1021.93	875.79	1085.09	95
阜新	Fuxin	258.83	390.88	498.02	216
辽阳	Liaoyang	464.32	481.00	593.81	195
盘锦	Panjin	783.72	780.37	967.72	113
铁岭	Tieling	904.70	746.55	906.21	123
朝阳	Chaoyang	491.72	578.12	714.57	167
葫芦岛	Huludao	356.87	444.28	546.71	206
吉林	**Jilin**	**7395.11**	**7226.65**	**9262.20**	
长春	Changchun	2579.07	2359.79	3070.92	18
吉林	Jilin	1535.89	1493.42	1899.87	41
四平	Siping	446.35	431.54	554.41	204
辽源	Liaoyuan	405.62	374.17	493.42	218
通化	Tonghua	657.45	556.04	735.14	164
白山	Baishan	324.29	407.11	502.23	215
松原	Songyuan	624.08	769.15	966.93	114
白城	Baicheng	293.63	345.54	436.63	235
黑龙江	**Heilongjiang**	**6281.70**	**7157.72**	**9375.40**	
哈尔滨	Harbin	2295.56	2674.97	3502.63	16
齐齐哈尔	Qiqihar	483.53	511.69	677.35	176
鸡西	Jixi	155.49	200.10	277.54	266
鹤岗	Hegang	149.10	139.39	195.25	277
双鸭山	Shuangyashan	271.73	322.89	438.82	233
大庆	Daqing	994.84	1056.65	1375.51	64
伊春	Yichun	148.56	161.07	218.11	274
佳木斯	Jiamusi	242.91	293.94	384.34	250
七台河	Qitaihe	188.50	120.95	163.52	281
牡丹江	Mudanjiang	491.60	550.09	782.63	153
黑河	Heihe	138.40	158.24	213.95	275
绥化	Suihua	342.60	417.56	572.83	199
上海	**Shanghai**	**4839.24**	**5064.26**	**5114.60**	
江苏	**Jiangsu**	**17416.47**	**26314.66**	**30473.70**	

4-1 固定资产投资额（不含农户） 续表 1
Investment in Fixed Assets (Excluding Rural Households) continued 1

单位：亿元 （100 million yuan）

地名	City	2010	2011	2012	2012 排名 Ranking
南京	Nanjing	2623.96	3757.25	4558.49	6
无锡	Wuxi	2067.99	3169.18	3618.07	14
徐州	Xuzhou	1646.98	2201.03	2685.89	24
常州	Changzhou	1420.47	2223.26	2621.56	25
苏州	Suzhou	2705.27	4279.98	5142.51	4
南通	Nantong	1281.39	2378.36	2886.47	23
连云港	Lianyungang	920.82	1043.19	1280.88	72
淮安	Huaian	841.22	1020.60	1247.99	76
盐城	Yancheng	1054.95	1586.98	1940.89	40
扬州	Yangzhou	890.68	1475.43	1783.65	46
镇江	Zhenjiang	749.35	1226.94	1500.67	58
泰州	Taizhou	693.01	1197.65	1454.59	61
宿迁	Suqian	554.92	788.97	1025.56	103
浙江	**Zhejiang**	**8438.08**	**14077.25**	**17096.00**	
杭州	Hangzhou	2138.78	3100.02	3722.75	12
宁波	Ningbo	1118.29	2385.51	2901.43	22
温州	Wenzhou	691.75	1540.31	2110.34	35
嘉兴	Jiaxing	819.02	1488.27	1642.31	52
湖州	Huzhou	358.71	804.67	970.73	111
绍兴	Shaoxing	390.90	1426.26	1722.56	49
金华	Jinhua		862.83	1126.80	90
衢州	Quzhou	385.34	504.63	566.13	202
舟山	Zhoushan	260.78	476.09	570.60	201
台州	Taizhou	556.72	1007.81	1242.56	77
丽水	Lishui	242.35	358.47	471.98	223
安徽	**Anhui**	**10928.42**	**12147.78**	**14943.80**	
合肥	Hefei	2950.16	3227.80	3803.04	10
芜湖	Wuhu	1206.80	1338.81	1700.79	51
蚌埠	Bengbu	432.25	654.14	872.79	133
淮南	Huainan	350.61	498.44	639.70	186
马鞍山	Maanshan	682.95	951.95	1201.15	82
淮北	Huaibei	354.08	452.33	577.21	198
铜陵	Tongling	353.41	412.72	534.30	209
安庆	Anqing	724.06	829.37	972.01	110
黄山	Huangshan	425.02	369.33	445.17	229
滁州	Chuzhou	660.49	696.38	882.59	130
阜阳	Fuyang	314.46	405.37	514.89	213
宿州	Suzhou	288.93	481.90	613.69	189
六安	Liuan	465.15	568.12	687.24	174
亳州	Bozhou	255.37	333.13	430.29	237
池州	Chizhou	272.21	292.60	374.74	251
宣城	Xuancheng	655.55	635.40	805.34	146
福建	**Fujian**	**7460.07**	**9885.67**	**12182.50**	
福州	Fuzhou	2027.33	2692.07	3234.78	17
厦门	Xiamen	904.74	1117.26	1322.98	66
莆田	Putian	367.54	699.33	900.71	124
三明	Sanming	558.25	900.20	1092.86	94
泉州	Quanzhou	1082.79	1527.11	1963.42	38
漳州	Zhangzhou	673.67	1075.65	1444.08	62
南平	Nanping	395.56	669.24	875.03	131
龙岩	Longyan	412.63	754.98	974.26	109
宁德	Ningde	296.28	446.03		
江西	**Jiangxi**	**7856.94**	**8753.93**	**10378.40**	
南昌	Nanchang	1816.78	2002.33	2393.03	29
景德镇	Jingdezhen	423.88	381.93	456.69	226
萍乡	Pingxiang	590.46	577.29	690.40	170
九江	Jiujiang	856.99	1011.69	1206.33	81
新余	Xinyu	587.12	627.00	670.41	177
鹰潭	Yingtan	216.37	276.86	327.99	258
赣州	Ganzhou	650.07	819.61	1035.91	102
吉安	Jian	676.54	740.67	885.91	129
宜春	Yichun	552.79	781.97	926.98	119
抚州	Fuzhou	576.02	554.14	661.41	180
上饶	Shangrao	756.82	829.11	987.51	108
山东	**Shandong**	**18844.41**	**25928.45**	**30319.80**	
济南	Jinan	1784.27	1934.34	2186.08	33
青岛	Qingdao	2434.66	3502.54	4153.91	7
淄博	Zibo	1175.93	1499.22	1743.33	48
枣庄	Zaozhuang	515.92	823.77	1044.62	101
东营	Dongying	1185.12	1574.42	1963.00	39
烟台	Yantai	2193.62	2883.80	3043.92	19
潍坊	Weifang	1751.71	2603.17	3012.93	21
济宁	Jining	1116.36	1391.66	1809.74	45
泰安	Taian	980.63	1473.70	1774.48	47
威海	Weihai	1059.18	1341.60	1595.45	55
日照	Rizhao	621.30	880.69	922.38	121
莱芜	Laiwu	299.71	350.10	441.06	231
临沂	Linyi	1000.12	1608.62	2016.66	37
德州	Dezhou	1026.27	1153.66	1401.62	63
聊城	Liaocheng	578.30	1041.11	1260.74	75

4-1 固定资产投资额（不含农户） 续表 2

Investment in Fixed Assets (Excluding Rural Households) continued 2

单位： 亿元 （100 million yuan）

地名	City	2010	2011	2012	2012 排名 Ranking
滨州	Binzhou	715.79	1010.69	1262.73	74
菏泽	Heze	405.49	552.29	687.11	175
河南	**Henan**	**13934.82**	**16935.88**	**20558.60**	
郑州	Zhengzhou	2421.31	2902.71	3561.22	15
开封	Kaifeng	394.72	585.60	738.21	161
洛阳	Luoyang	1548.81	1862.66	2109.05	36
平顶山	Pingdingshan	580.34	815.36	1004.99	105
安阳	Anyang	760.06	888.19	1080.53	96
鹤壁	Hebi	305.30	339.51	415.67	243
新乡	Xinxiang	1085.44	1129.92	1271.72	73
焦作	Jiaozuo	841.03	916.84	1120.21	91
濮阳	Puyang	432.43	590.90	738.96	160
许昌	Xuchang	685.59	896.71	1111.47	92
漯河	Luohe	351.57	425.77	526.79	210
三门峡	Sanmenxia	570.83	749.07	925.54	120
南阳	Nanyang	1129.95	1385.46	1721.11	50
商丘	Shangqiu	690.39	826.37	1005.51	104
信阳	Xinyang	855.05	979.53	1197.52	83
周口	Zhoukou	592.84	750.25	931.22	118
驻马店	Zhumadian	496.74	662.61	817.58	145
湖北	**Hubei**	**9934.71**	**12569.51**	**15148.70**	
武汉	Wuhan	3651.45	4240.46	5016.08	5
黄石	Huangshi	448.42	588.38	736.41	162
十堰	Shiyan	382.76	486.06	653.95	182
宜昌	Yichang	825.02	1157.04	1557.03	56
襄阳	Xiangfan	752.99	1097.61	1538.23	57
鄂州	Ezhou	284.61	328.86	442.74	230
荆门	Jingmen	395.57	560.81	761.25	156
孝感	Xiaogan	488.83	692.71	940.31	117
荆州	Jingzhou	530.45	731.25	995.49	107
黄冈	Huanggang	650.11	787.66	1060.33	99
咸宁	Xianning	366.82	549.64	739.31	159
随州	Suizhou	228.95	362.99	355.86	254
湖南	**Hunan**	**8775.51**	**11431.48**	**13966.30**	
长沙	Changsha	2842.75	3433.33	3956.06	9
株洲	Zhuzhou	749.04	849.05	1150.47	89
湘潭	Xiangtan	582.20	650.18	893.86	126
衡阳	Hengyang	537.52	780.45	1063.75	98
邵阳	Shaoyang	567.44	562.10	761.61	155
岳阳	Yueyang	733.90	861.80	1168.11	87

地名	City	2010	2011	2012	2012 排名 Ranking
常德	Changde	530.22	689.91	946.57	116
张家界	Zhangjiajie	118.79	145.10	170.09	280
益阳	Yiyang	392.26	460.23	625.14	188
郴州	Chenzhou	731.10	811.56	1098.40	93
永州	Yongzhou	538.60	593.27	802.90	149
怀化	Huaihua	415.92	437.97	600.95	193
娄底	Loudi	329.00	425.25	581.91	197
广东	**Guangdong**	**12870.09**	**16843.83**	**18250.10**	
广州	Guangzhou	3138.91	3412.20	3758.39	11
韶关	Shaoguan	384.26	472.20	548.48	205
深圳	Shenzhen	1944.70	2060.92	2314.43	31
珠海	Zhuhai	486.05	637.39	787.62	151
汕头	Shantou	274.74	438.15	611.92	190
佛山	Foshan	959.37	1933.96	2128.33	34
江门	Jiangmen	465.13	741.79	850.41	139
湛江	Zhanjiang	365.39	490.76	572.28	200
茂名	Maoming	140.50	214.51	427.37	238
肇庆	Zhaoqing	407.78	710.03	852.60	138
惠州	Huizhou	778.34	1024.21	1208.68	80
梅州	Meizhou	157.15	197.65	230.14	270
汕尾	Shanwei	300.33	329.65	391.56	248
河源	Heyuan	161.83	237.34	278.59	265
阳江	Yangjiang	270.33	400.66	483.67	219
清远	Qingyuan	621.88	486.07	437.95	234
东莞	Dongguan	765.52	1079.31	1180.35	85
中山	ZhongShan	506.32	766.95	893.43	127
潮州	Chaozhou	116.26	198.94	224.16	271
揭阳	Jieyang	440.51	658.08	663.51	179
云浮	Yunfu	184.79	353.08	463.66	224
广西	**Guangxi**	**7161.84**	**9280.30**	**9345.20**	
南宁	Nanning	1389.30	1966.12	2517.61	28
柳州	Liuzhou	929.61	1251.16	1615.22	54
桂林	Guilin	758.52	1040.22	1336.18	65
梧州	Wuzhou	425.95	582.79	797.07	150
北海	Beihai	455.44	561.43	707.80	168
防城港	Fangchenggang	349.84	461.62	517.83	211
钦州	Qinzhou	374.04	484.88	561.68	203
贵港	Guigang	301.06	383.84	495.21	217
玉林	Yulin	535.63	759.42	969.42	112
百色	Baise	559.80	700.19	916.88	122

4-1 固定资产投资总额（不含农户） 续表 3
Investment in Fixed Assets (Excluding Rural Households) continued 3

单位：亿元　　　　　　　　　　　　　　　　　　　　　　　　　　(100 million yuan)

地名	City	2010	2011	2012	2012 排名 Ranking	地名	City	2010	2011	2012	2012 排名 Ranking
贺州	Hezhou	307.53	423.00	542.37	207	丽江	Lijiang	196.01	224.17	231.40	269
河池	Hechi	272.92	363.58	221.82	273	普洱	Puer	207.06	254.12	333.26	256
来宾	Laibin	244.30	354.84	480.11	220	临沧	Lincang	156.16	203.30	411.36	245
崇左	Chongzuo	245.55	368.73	479.99	221	西藏	**Tibet**	**405.43**	**519.36**	**670.50**	
海南	**Hainan**	**1257.50**	**1611.41**	**2064.40**		拉萨	Lhasa	171.99	220.50	277.50	267
海口	Haikou	341.60	395.04	510.38	214	陕西	**Shaanxi**	**8167.48**	**9701.43**	**11705.80**	
三亚	Sanya	300.30	355.54	430.34	236	西安	Xi'an	2909.74	3135.97	4038.76	8
重庆	**Chongqing**	**6342.98**	**7579.45**	**8610.40**		铜川	Tongchuan	104.23	136.53	182.94	279
四川	**Sichuan**	**11598.04**	**14452.59**	**16530.30**		宝鸡	Baoji	664.45	904.05	1212.04	79
成都	Chengdu	4032.63	4932.65	5818.42	1	咸阳	Xianyang	888.06	1124.10	1486.34	60
自贡	Zigong	255.52	327.84	414.91	244	渭南	Weinan	631.45	803.07	1065.02	97
攀枝花	Panzhihua	299.18	370.64	452.28	227	延安	Yan'an	529.23	664.36	872.92	132
泸州	Luzhou	326.24	508.36	667.08	178	汉中	Hanzhong	278.53	348.59	460.65	225
德阳	Deyang	535.68	580.06	689.83	172	榆林	Yulin	822.28	1189.08	1493.97	59
绵阳	Mianyang	698.06	780.90	860.48	135	安康	Ankang	233.09	234.68	324.41	260
广元	Guangyuan	343.36	423.24	440.17	232	商洛	Shangluo	240.83	256.84	363.11	253
遂宁	Suining	400.44	511.38	628.49	187	甘肃	**Gansu**	**2808.55**	**4180.24**	**5040.00**	
内江	Neijiang	254.15	372.82	451.85	228	兰州	Lanzhou	591.98	870.57	1239.18	78
乐山	Leshan	470.27	492.32	608.09	192	嘉峪关	Jiayuguan	47.37	65.24	93.35	283
南充	Nanchong	579.37	673.60	855.46	136	金昌	Jinchang	98.21	126.88	184.87	278
眉山	Meishan	349.39	440.35	589.07	196	白银	Baiyin	174.55	221.37	320.88	261
宜宾	Yibin	435.21	592.25	735.64	163	天水	Tianshui	194.43	292.10	416.51	241
广安	Guangan	235.78	420.08	517.38	212	武威	Wuwei	167.41	285.79	415.95	242
达州	Dazhou	482.58	656.84	804.21	147	张掖	Zhangye	112.02	145.30	209.59	276
雅安	Yaan	308.44	305.97	317.74	262	平凉	Pingliang	229.88	289.55	417.95	240
巴中	Bazhong	161.24	305.12	474.62	222	酒泉	Jiuquan	361.77	539.40	784.00	152
资阳	Ziyang	343.44	455.20	593.93	194	庆阳	Qingyang	300.64	517.69	751.88	157
贵州	**Guizhou**	**2699.86**	**4312.00**	**5504.90**		定西	Dingxi	164.98	272.05	392.29	247
贵阳	Guiyang	961.33	1537.36	1897.35	42	陇南	Longnan	208.63	290.82	410.35	246
六盘水	Liupanshui	233.30	350.14	766.39	154	青海	**Qinghai**	**731.82**	**1364.67**	**1808.70**	
遵义	Zunyi	430.31	685.31	1176.48	86	西宁	Xining	269.94	528.01	688.43	173
安顺	Anshun	87.81	131.63	298.16	263	宁夏	**Ningxia**	**1313.34**	**1598.55**	**2033.00**	
毕节	Bijie	264.62	450.40	1052.81	100	银川	Yinchuan	625.96	692.51	889.89	128
铜仁	Tongren	214.21	326.19	540.07	208	石嘴山	Shizuishan	195.45	266.80	332.00	257
云南	**Yunnan**	**5052.61**	**5927.01**	**7553.50**		吴忠	Wuzhong	183.77	257.67	365.05	252
昆明	Kunming	2121.11	1874.74	2341.91	30	固原	Guyuan	64.00	116.70	154.10	282
曲靖	Qujing	507.79	670.54	825.09	143	中卫	Zhongwei	158.78	182.52	242.07	268
玉溪	Yuxi	248.44	229.54	287.13	264	新疆	**Xinjiang**	**3181.58**	**4525.61**	**5858.00**	
保山	Baoshan	170.28	162.61	222.63	272	乌鲁木齐	Urumqi	542.76	653.92	827.63	141
昭通	Zhaotong	321.62	312.43	421.79	239	克拉玛依	Karamay	180.61	213.09	327.49	259

4-2 房地产开发投资额
Investment in Real Estate Development

单位：亿元 （100 million yuan）

地名	City	2010	2011	2012	2012 排名 Ranking
全国	**National Total**	**48259.40**	**61796.90**	**71803.80**	
北京	**Beijing**	**2901.07**	**3036.33**	**3153.40**	
天津	**Tianjin**	**866.64**	**1080.04**	**1260.00**	
河北	**Hebei**	**2264.94**	**3054.59**	**3086.50**	
石家庄	Shijiazhuang	538.00	789.14	833.21	20
唐山	Tangshan	338.39	506.27	516.52	29
秦皇岛	Qinhuangdao	120.26	164.43	213.32	73
邯郸	Handan	225.63	240.29	257.83	57
邢台	Xingtai	62.39	84.91	90.93	160
保定	Baoding	273.94	353.83	347.91	44
张家口	Zhangjiakou	173.15	208.56	209.12	76
承德	Chengde	92.72	143.40	120.33	134
沧州	Cangzhou	112.62	152.79	150.01	109
廊坊	Langfang	249.10	294.18	243.07	61
衡水	Hengshui	78.73	116.77	104.28	146
山西	**Shanxi**	**592.24**	**790.20**	**1010.50**	
太原	Taiyuan	241.09	312.08	364.72	41
大同	Datong	90.61	134.18	170.61	96
阳泉	Yangquan	43.34	58.88	56.97	215
长治	Changzhi	32.76	53.76	75.92	183
晋城	Jincheng	32.37	37.50	45.18	236
朔州	Shuozhou	19.78	24.44	46.40	232
晋中	Jinzhong	29.81	32.22	70.31	194
运城	Yuncheng	33.25	52.68	67.77	196
忻州	Xinzhou	18.13	24.10	27.63	262
临汾	Linfen	31.37	37.39	55.56	218
吕梁	Luliang	19.71	22.97	29.38	259
内蒙古	**Inner Mongolia**	**1119.99**	**1591.20**	**1291.40**	
呼和浩特	Hohhot	254.35	344.49	447.99	35
包头	Baotou	202.83	234.17	158.56	102
乌海	Wuhai	24.90	49.83	46.35	233
赤峰	Chifeng	83.37	128.08	139.84	120
通辽	Tongliao	57.79	100.64	42.63	241
鄂尔多斯	Erdos	280.53	426.03	175.34	93
呼伦贝尔	Hulunbuir	49.79	110.80	90.75	161
巴彦淖尔	Bayannur	56.17	69.50	66.42	198
乌兰察布	Ulanqab	35.04	60.06	31.99	254
辽宁	**Liaoning**	**3599.58**	**4487.56**	**5455.80**	
沈阳	Shenyang	1481.19	1684.72	1942.96	1
大连	Dalian	780.48	1107.46	1396.52	5
鞍山	Anshan	235.86	332.62	384.77	38
抚顺	Fushun	91.48	112.74	129.70	128
本溪	Benxi	60.70	83.12	104.41	145
丹东	Dandong	115.01	157.29	198.30	79
锦州	Jinzhou	117.12	114.50	138.09	121
营口	Yingkou	197.94	266.06	306.97	48
阜新	Fuxin	35.89	47.07	91.58	158
辽阳	Liaoyang	65.41	109.53	126.18	130
盘锦	Panjin	100.34	109.64	178.78	86
铁岭	Tieling	186.64	193.73	214.62	72
朝阳	Chaoyang	75.56	88.50	107.86	143
葫芦岛	Huludao	55.96	80.56	135.05	124
吉林	**Jilin**	**921.01**	**1195.39**	**1310.00**	
长春	Changchun	543.64	666.42	649.65	24
吉林	Jilin	139.61	206.20	248.80	59
四平	Siping	26.93	63.92	58.67	211
辽源	Liaoyuan	20.78	25.79	46.52	231
通化	Tonghua	75.74	82.27	108.16	142
白山	Baishan	9.21	20.04	37.24	246
松原	Songyuan	58.57	73.70	81.38	172
白城	Baicheng	6.58	9.31	11.08	281
黑龙江	**Heilongjiang**	**843.12**	**1227.60**	**1535.80**	
哈尔滨	Harbin	360.74	785.68	900.92	18
齐齐哈尔	Qiqihar	58.75	106.74	156.49	105
鸡西	Jixi	17.27	38.14	43.61	240
鹤岗	Hegang	8.27	20.92	22.20	268
双鸭山	Shuangyashan	22.80	43.49	39.57	242
大庆	Daqing	119.50	250.50	272.01	56
伊春	Yichun	11.04	42.04	65.40	202
佳木斯	Jiamusi	47.75	71.26	79.98	175
七台河	Qitaihe	5.44	15.55	13.55	279
牡丹江	Mudanjiang	63.70	81.49	132.68	125
黑河	Heihe	18.96	39.92	50.14	227
绥化	Suihua	100.49	129.19	103.60	147
上海	**Shanghai**	**1980.68**	**2253.80**	**2381.40**	
江苏	**Jiangsu**	**4299.38**	**5567.94**	**6206.10**	

4-2 房地产开发投资额 续表 1
Investment in Real Estate Development continued 1

单位：亿元 （100 million yuan）

地名	City	2010	2011	2012	2012 排名 Ranking	地名	City	2010	2011	2012	2012 排名 Ranking
南京	Nanjing	748.35	871.43	971.96	14	池州	Chizhou	66.49	77.88	98.61	150
无锡	Wuxi	612.67	877.78	974.37	12	宣城	Xuancheng	82.19	117.17	185.70	84
徐州	Xuzhou	205.32	255.12	310.07	47	福建	**Fujian**	**1818.86**	**2402.61**	**2824.10**	
常州	Changzhou	409.91	567.53	597.01	26	福州	Fuzhou	670.69	956.45	972.27	13
苏州	Suzhou	935.80	1199.13	1263.36	8	厦门	Xiamen	396.13	436.31	518.88	28
南通	Nantong	272.78	379.96	481.74	31	莆田	Putian	87.91	152.83	198.59	78
连云港	Lianyungang	132.36	164.65	162.23	99	三明	Sanming	94.82	105.73	139.98	119
淮安	Huaian	237.77	286.49	280.55	51	泉州	Quanzhou	203.11	273.24	395.50	37
盐城	Yancheng	165.47	214.37	273.41	55	漳州	Zhangzhou	159.62	223.48	254.49	58
扬州	Yangzhou	165.16	197.71	235.84	64	南平	Nanping	67.13	68.31	85.84	166
镇江	Zhenjiang	114.88	141.47	205.48	77	龙岩	Longyan	80.82	87.83	120.53	133
泰州	Taizhou	152.19	228.25	234.48	65	宁德	Ningde	58.62	98.43	138.04	122
宿迁	Suqian	147.63	189.93	218.64	71	江西	**Jiangxi**	**706.82**	**867.03**	**969.60**	
浙江	**Zhejiang**	**3025.43**	**4137.30**	**5226.30**		南昌	Nanchang	230.15	279.89	344.36	46
杭州	Hangzhou	956.20	1302.72	1597.36	3	景德镇	Jingdezhen	25.72	36.45	52.04	223
宁波	Ningbo	557.27	754.94	884.35	19	萍乡	Pingxiang	16.47	16.77	17.16	275
温州	Wenzhou	270.50	680.55	687.50	22	九江	Jiujiang	46.06	60.80	58.12	212
嘉兴	Jiaxing	270.39	383.37	415.88	36	新余	Xinyu	24.43	27.11	24.73	265
湖州	Huzhou	143.13	184.68	211.17	75	鹰潭	Yingtan	13.04	21.51	25.15	264
绍兴	Shaoxing	297.80	403.24	467.71	34	赣州	Ganzhou	100.48	130.64	163.27	98
金华	Jinhua	163.65	203.59	285.19	50	吉安	Jian	31.85	34.85	43.90	239
衢州	Quzhou	63.71	70.66	75.79	185	宜春	Yichun	49.80	73.59	80.97	174
舟山	Zhoushan	58.98	116.79	158.94	101	抚州	Fuzhou	74.63	84.11	66.09	199
台州	Taizhou	196.08	319.16	357.38	43	上饶	Shangrao	94.19	101.30	93.84	155
丽水	Lishui	47.73	54.64	84.99	169	山东	**Shandong**	**3249.37**	**4106.08**	**4708.30**	
安徽	**Anhui**	**2251.80**	**2611.54**	**3151.60**		济南	Jinan	484.50	527.16	663.32	23
合肥	Hefei	819.03	889.60	1182.44	9	青岛	Qingdao	602.44	782.72	930.11	15
芜湖	Wuhu	291.16	291.83	475.47	32	淄博	Zibo	166.99	197.19	155.66	106
蚌埠	Bengbu	73.84	105.79	244.71	60	枣庄	Zaozhuang	78.00	136.85	178.56	87
淮南	Huainan	78.35	104.05	211.68	74	东营	Dongying	100.30	122.91	147.75	111
马鞍山	Maanshan	85.05	135.17	277.38	52	烟台	Yantai	383.12	568.97	573.52	27
淮北	Huaibei	42.53	66.62	146.11	113	潍坊	Weifang	367.63	405.87	468.81	33
铜陵	Tongling	73.30	98.75	123.75	132	济宁	Jining	134.60	182.24	219.07	70
安庆	Anqing	92.22	98.65	124.13	131	泰安	Taian	75.10	86.15	108.94	140
黄山	Huangshan	125.76	127.06	159.34	100	威海	Weihai	269.80	352.26	366.19	40
滁州	Chuzhou	131.77	171.93	303.45	49	日照	Rizhao	63.33	62.91	65.99	200
阜阳	Fuyang	50.05	78.80	147.65	112	莱芜	Laiwu	18.34	28.83	35.24	251
宿州	Suzhou	47.14	70.61	119.07	135	临沂	Linyi	158.23	190.70	233.52	67
六安	Liuan	62.41	96.38	158.05	104	德州	Dezhou	90.19	117.64	141.31	117
亳州	Bozhou	43.52	81.24	148.76	110	聊城	Liaocheng	56.45	90.89	108.75	141

4-2 房地产开发投资额 续表 2
Investment in Real Estate Development continued 2

单位：亿元 (100 million yuan)

地名	City	2010	2011	2012	2012 排名 Ranking	地名	City	2010	2011	2012	2012 排名 Ranking
滨州	Binzhou	96.55	106.28	135.26	123	常德	Changde	61.70	85.76	94.81	153
菏泽	Heze	103.82	148.53	176.31	89	张家界	Zhangjiajie	22.49	29.44	44.52	237
河南	**Henan**	**2114.08**	**2626.54**	**3035.30**		益阳	Yiyang	63.00	80.59	92.56	157
郑州	Zhengzhou	775.16	926.31	1095.14	10	郴州	Chenzhou	68.68	94.22	116.54	136
开封	Kaifeng	57.69	88.96	94.88	152	永州	Yongzhou	72.60	86.19	86.12	165
洛阳	Luoyang	179.90	239.19	274.51	54	怀化	Huaihua	44.73	57.04	79.35	177
平顶山	Pingdingshan	54.28	75.50	109.35	139	娄底	Loudi	40.98	52.33	81.14	173
安阳	Anyang	98.72	121.52	131.58	126	**广东**	**Guangdong**	**3659.69**	**4809.91**	**5352.80**	
鹤壁	Hebi	24.47	36.65	37.59	244	广州	Guangzhou	983.66	1305.36	1370.45	6
新乡	Xinxiang	117.64	156.10	172.85	95	韶关	Shaoguan	63.96	81.27	91.30	159
焦作	Jiaozuo	72.29	74.13	71.09	193	深圳	Shenzhen	458.47	514.74	736.84	21
濮阳	Puyang	41.60	50.23	57.90	214	珠海	Zhuhai	179.51	255.61	242.08	62
许昌	Xuchang	71.06	94.07	89.31	164	汕头	Shantou	49.31	73.47	83.35	171
漯河	Luohe	28.93	33.23	37.35	245	佛山	Foshan	485.52	596.92	638.46	25
三门峡	Sanmenxia	46.60	53.86	64.78	203	江门	Jiangmen	111.72	146.93	144.49	116
南阳	Nanyang	70.32	93.72	100.85	149	湛江	Zhanjiang	75.04	103.62	114.96	137
商丘	Shangqiu	89.98	103.19	140.37	118	茂名	Maoming	37.22	51.43	73.96	189
信阳	Xinyang	136.08	164.50	189.15	81	肇庆	Zhaoqing	91.14	143.11	145.45	115
周口	Zhoukou	125.09	149.97	173.14	94	惠州	Huizhou	267.86	376.54	482.17	30
驻马店	Zhumadian	107.05	144.74	168.25	97	梅州	Meizhou	26.18	41.37	44.05	238
湖北	**Hubei**	**1618.24**	**2066.48**	**2539.50**		汕尾	Shanwei	17.72	34.68	16.07	276
武汉	Wuhan	1017.40	1274.17	1574.86	4	河源	Heyuan	23.19	58.80	67.13	197
黄石	Huangshi	38.36	42.51	56.04	217	阳江	Yangjiang	51.97	77.67	77.18	180
十堰	Shiyan	41.08	52.90	76.64	182	清远	Qingyuan	125.22	168.61	180.72	85
宜昌	Yichang	105.78	136.55	176.59	88	东莞	Dongguan	298.99	373.31	377.32	39
襄阳	Xiangfan	106.52	145.31	186.19	83	中山	ZhongShan	241.79	310.36	346.41	45
鄂州	Ezhou	11.49	18.82	11.65	280	潮州	Chaozhou	18.22	23.63	28.57	260
荆门	Jingmen	52.58	55.65	64.31	204	揭阳	Jieyang	33.25	43.84	56.44	216
孝感	Xiaogan	49.60	57.15	74.98	188	云浮	Yunfu	19.75	28.64	35.40	250
荆州	Jingzhou	35.53	61.10	54.89	220	**广西**	**Guangxi**	**1206.22**	**1517.47**	**1554.90**	
黄冈	Huanggang	43.84	62.25	78.57	178	南宁	Nanning	317.50	392.42	362.73	42
咸宁	Xianning	59.57	65.51	84.96	170	柳州	Liuzhou	165.41	199.17	230.27	68
随州	Suizhou	21.66	24.68	19.79	272	桂林	Guilin	118.01	158.09	176.07	91
湖南	**Hunan**	**1469.33**	**1943.80**	**2210.50**		梧州	Wuzhou	60.05	74.65	71.89	191
长沙	Changsha	684.10	886.92	1032.00	11	北海	Beihai	97.34	135.40	176.17	90
株洲	Zhuzhou	146.49	184.80	189.65	80	防城港	Fangchenggang	90.55	133.90	129.77	127
湘潭	Xiangtan	59.91	72.13	93.81	156	钦州	Qinzhou	65.39	111.84	68.44	195
衡阳	Hengyang	65.31	80.74	96.75	151	贵港	Guigang	45.31	51.76	48.99	229
邵阳	Shaoyang	47.03	61.10	75.49	186	玉林	Yulin	82.72	92.35	94.66	154
岳阳	Yueyang	70.37	100.40	102.06	148	百色	Baise	65.92	68.52	65.93	201

4-2 房地产开发投资额 续表 3
Investment in Real Estate Development continued 3

单位：亿元 （100 million yuan）

地名	City	2010	2011	2012	2012 排名 Ranking	地名	City	2010	2011	2012	2012 排名 Ranking
贺州	Hezhou	13.79	15.48	19.76	273	丽江	Lijiang	25.06	39.26	64.16	205
河池	Hechi	26.32	24.99	14.24	277	普洱	Puer	23.83	46.87	30.16	256
来宾	Laibin	24.67	48.02	61.96	209	临沧	Lincang	20.75	26.64	62.56	208
崇左	Chongzuo	33.25	38.81	34.06	252	西藏	**Tibet**	**8.96**	**5.13**	**6.90**	
海南	**Hainan**	**467.87**	**650.80**	**886.60**		拉萨	Lhasa	7.15	4.33	5.44	284
海口	Haikou	103.79	145.14	175.55	92	陕西	**Shaanxi**	**1159.47**	**1410.90**	**1835.90**	
三亚	Sanya	132.84	178.84	238.45	63	西安	Xi'an	842.34	996.81	1281.90	7
重庆	**Chongqing**	**1620.26**	**2015.09**	**2508.40**		铜川	Tongchuan	14.68	20.36	22.52	267
四川	**Sichuan**	**2194.63**	**2819.17**	**3266.40**		宝鸡	Baoji	63.70	72.71	75.88	184
成都	Chengdu	1278.34	1585.28	1890.03	2	咸阳	Xianyang	93.84	118.48	151.76	108
自贡	Zigong	54.00	75.95	62.77	207	渭南	Weinan	42.08	68.21	85.11	167
攀枝花	Panzhihua	34.20	35.73	54.69	221	延安	Yan'an	8.13	8.08	20.31	270
泸州	Luzhou	54.52	67.78	71.64	192	汉中	Hanzhong	38.22	57.21	73.41	190
德阳	Deyang	46.97	72.90	79.87	176	榆林	Yulin	28.33	29.12	52.49	222
绵阳	Mianyang	105.84	132.28	145.69	114	安康	Ankang	16.65	22.32	36.40	247
广元	Guangyuan	18.72	33.00	32.89	253	商洛	Shangluo	8.22	10.98	14.20	278
遂宁	Suining	67.90	71.64	76.79	181	甘肃	**Gansu**	**266.41**	**367.00**	**561.00**	
内江	Neijiang	41.01	54.35	58.03	213	兰州	Lanzhou	118.28	159.67	223.31	69
乐山	Leshan	58.79	67.55	75.46	187	嘉峪关	Jiayuguan	11.77	12.28	19.49	274
南充	Nanchong	102.23	145.73	187.07	82	金昌	Jinchang	4.83	6.44	7.68	282
眉山	Meishan	47.77	63.62	78.18	179	白银	Baiyin	11.75	15.22	19.87	271
宜宾	Yibin	60.22	105.41	104.52	144	天水	Tianshui	23.51	27.88	36.01	249
广安	Guangan	29.58	38.49	51.04	224	武威	Wuwei	11.18	14.83	22.90	266
达州	Dazhou	60.68	81.89	85.10	168	张掖	Zhangye	8.08	15.39	31.09	255
雅安	Yaan	11.91	28.62	30.01	257	平凉	Pingliang	16.41	16.51	29.67	258
巴中	Bazhong	27.27	38.00	49.28	228	酒泉	Jiuquan	13.74	25.84	28.29	261
资阳	Ziyang	74.65	94.57	109.60	138	庆阳	Qingyang	12.29	17.47	50.73	226
贵州	**Guizhou**	**556.69**	**873.48**	**1467.60**		定西	Dingxi	18.31	23.61	45.21	235
贵阳	Guiyang	310.47	467.36	908.52	17	陇南	Longnan	3.14	5.46	5.95	283
六盘水	Liupanshui	26.25	36.50	55.48	219	青海	**Qinghai**	**108.19**	**144.77**	**189.70**	
遵义	Zunyi	44.57	81.60	128.87	129	西宁	Xining	95.40	117.29	158.23	103
安顺	Anshun	24.11	40.97	61.40	210	宁夏	**Ningxia**	**254.37**	**336.23**	**429.20**	
毕节	Bijie	52.61	80.28	89.58	163	银川	Yinchuan	160.82	214.78	275.70	53
铜仁	Tongren	28.14	60.70	63.08	206	石嘴山	Shizuishan	35.71	46.21	48.49	230
云南	**Yunnan**	**900.44**	**1280.10**	**1782.10**		吴忠	Wuzhong	27.31	37.20	37.95	243
昆明	Kunming	440.68	625.97	919.07	16	固原	Guyuan	10.89	16.23	21.43	269
曲靖	Qujing	101.56	138.53	153.80	107	中卫	Zhongwei	19.64	21.80	45.58	234
玉溪	Yuxi	57.54	66.88	90.57	162	新疆	**Xinjiang**	**347.72**	**516.39**	**606.10**	
保山	Baoshan	16.74	29.30	50.77	225	乌鲁木齐	Urumqi	150.20	198.04	233.83	66
昭通	Zhaotong	17.43	24.65	36.11	248	克拉玛依	Karamay	9.19	13.32	25.33	263

4-3 商品房销售额
Total Sales of Commercialized Buildings

单位：亿元 (100 million yuan)

地名	City	2010	2011	2012	2012 排名 Ranking	地名	City	2010	2011	2012	2012 排名 Ranking
全国	**National Total**	**52721.24**	**58588.86**	**64455.79**		沈阳	Shenyang	945.05	1274.02	1561.13	3
北京	**Beijing**	**2915.36**	**2425.80**	**3308.56**		大连	Dalian	856.04	732.66	861.47	13
天津	**Tianjin**	**1282.43**	**1394.41**	**1365.53**		鞍山	Anshan	202.42	252.56	312.31	45
河北	**Hebei**	**1650.00**	**2345.23**	**2303.90**		抚顺	Fushun	77.54	126.12	145.75	93
石家庄	Shijiazhuang	182.16	437.19	379.06	35	本溪	Benxi	76.16	145.04	170.85	80
唐山	Tangshan	197.10	355.98	490.08	27	丹东	Dandong	109.02	146.73	178.78	77
秦皇岛	Qinhuangdao	147.01	165.32	142.83	95	锦州	Jinzhou	122.20	134.27	158.13	87
邯郸	Handan	90.33	132.11	164.83	84	营口	Yingkou	184.28	233.11	268.21	49
邢台	Xingtai	56.16	83.23	62.85	179	阜新	Fuxin	33.57	51.05	58.85	184
保定	Baoding	106.32	143.28	133.21	100	辽阳	Liaoyang	60.29	73.49	96.66	129
张家口	Zhangjiakou	188.14	228.10	215.08	60	盘锦	Panjin	91.84	127.68	148.33	91
承德	Chengde	104.52	122.61	94.48	135	铁岭	Tieling	136.09	128.72	166.97	82
沧州	Cangzhou	125.26	181.78	129.83	102	朝阳	Chaoyang	69.34	92.72	151.49	90
廊坊	Langfang	399.87	389.52	417.36	33	葫芦岛	Huludao	99.50	50.94	83.87	148
衡水	Hengshui	53.14	106.11	74.30	163	吉林	**Jilin**	**868.80**	**1061.56**	**1016.95**	
山西	**Shanxi**	**411.71**	**441.03**	**579.89**		长春	Changchun	446.91	539.02	503.05	25
太原	Taiyuan	187.49	149.96	221.48	58	吉林	Jilin	164.79	209.30	249.02	54
大同	Datong	23.99	29.35	47.22	210	四平	Siping	39.62	54.37	52.23	193
阳泉	Yangquan	28.03	28.05	34.90	232	辽源	Liaoyuan	19.22	11.66	12.40	274
长治	Changzhi	32.17	42.31	55.72	189	通化	Tonghua	46.08	56.78	61.75	181
晋城	Jincheng	18.44	36.55	26.59	246	白山	Baishan	26.71	40.22	12.29	275
朔州	Shuozhou	11.87	16.34	21.23	254	松原	Songyuan	47.24	58.28	23.80	250
晋中	Jinzhong	28.49	25.26	42.79	218	白城	Baicheng	4.81	5.48	5.03	283
运城	Yuncheng	32.92	42.20	66.89	175	黑龙江	**Heilongjiang**	**1011.95**	**1361.60**	**1548.30**	
忻州	Xinzhou	14.36	23.36	17.66	265	哈尔滨	Harbin	470.19	530.64	641.77	20
临汾	Linfen	17.43	32.04	32.13	238	齐齐哈尔	Qiqihar	70.89	92.23	95.54	132
吕梁	Luliang	16.51	15.60	13.27	272	鸡西	Jixi	20.05	29.29	38.21	222
内蒙古	**Inner Mongolia**	**1076.55**	**1327.46**	**1022.80**		鹤岗	Hegang	17.17	15.68	8.60	279
呼和浩特	Hohhot	193.71	240.20	260.38	52	双鸭山	Shuangyashan	9.60	24.98	34.00	234
包头	Baotou	266.57	323.08	161.80	85	大庆	Daqing	128.84	199.10	236.92	55
乌海	Wuhai	27.23	45.08	50.63	200	伊春	Yichun	13.32	14.42	11.88	276
赤峰	Chifeng	102.86	162.19	123.72	107	佳木斯	Jiamusi	66.62	96.88	51.68	197
通辽	Tongliao	48.32	62.79	51.86	196	七台河	Qitaihe	10.47	14.24	12.71	273
鄂尔多斯	Erdos	251.63	213.17	107.90	122	牡丹江	Mudanjiang	80.68	80.42	89.69	139
呼伦贝尔	Hulunbuir	70.69	151.58	140.24	96	黑河	Heihe	18.90	35.56	45.39	215
巴彦淖尔	Bayannur	41.87	44.71	32.95	236	绥化	Suihua	96.92	212.36	261.22	51
乌兰察布	Ulanqab	29.99	40.25	17.84	263	上海	**Shanghai**	**2959.94**	**2615.23**	**2669.49**	
辽宁	**Liaoning**	**3063.32**	**3569.12**	**4362.78**		江苏	**Jiangsu**	**5540.32**	**5224.19**	**6067.01**	

4-3 商品房销售额 续表 1
Total Sales of Commercialized Buildings continued 1

单位：亿元 (100 million yuan)

地名	City	2010	2011	2012	2012 排名 Ranking	地名	City	2010	2011	2012	2012 排名 Ranking
南京	Nanjing	787.38	714.72	960.98	9	池州	Chizhou	64.10	92.52	88.22	144
无锡	Wuxi	811.45	569.97	776.67	14	宣城	Xuancheng	83.74	109.13	113.57	116
徐州	Xuzhou	232.55	286.01	342.75	41	**福建**	**Fujian**	**1611.32**	**2101.58**	**2817.70**	
常州	Changzhou	553.19	485.23	515.31	24	福州	Fuzhou	502.99	632.11	941.49	10
苏州	Suzhou	1248.06	1091.34	1336.43	5	厦门	Xiamen	379.12	470.14	755.67	17
南通	Nantong	357.44	381.14	401.98	34	莆田	Putian	79.55	112.69	139.62	97
连云港	Lianyungang	167.70	188.70	184.28	72	三明	Sanming	105.23	108.28	126.60	104
淮安	Huaian	232.61	254.25	300.04	47	泉州	Quanzhou	225.30	341.35	365.14	38
盐城	Yancheng	224.79	249.47	251.38	53	漳州	Zhangzhou	122.21	184.69	196.87	68
扬州	Yangzhou	304.73	332.93	375.87	37	南平	Nanping	62.60	73.09	86.45	146
镇江	Zhenjiang	203.86	205.31	233.79	57	龙岩	Longyan	64.72	64.09	93.44	137
泰州	Taizhou	248.61	295.06	199.64	66	宁德	Ningde	69.61	115.15	112.41	119
宿迁	Suqian	164.62	173.76	187.17	70	**江西**	**Jiangxi**	**776.41**	**1002.44**	**1137.35**	
浙江	**Zhejiang**	**4459.04**	**3474.17**	**4262.66**		南昌	Nanchang	237.80	296.45	442.82	30
杭州	Hangzhou	1396.77	974.90	1465.26	4	景德镇	Jingdezhen	25.81	49.53	46.03	213
宁波	Ningbo	778.47	580.85	663.39	18	萍乡	Pingxiang	17.94	14.86	14.67	270
温州	Wenzhou	307.31	228.36	354.83	40	九江	Jiujiang	85.18	124.11	73.42	165
嘉兴	Jiaxing	378.08	275.89	322.48	43	新余	Xinyu	36.54	40.75	26.87	245
湖州	Huzhou	258.53	223.87	186.04	71	鹰潭	Yingtan	11.76	23.14	21.19	255
绍兴	Shaoxing	463.41	385.62	418.91	32	赣州	Ganzhou	131.45	139.41	204.58	65
金华	Jinhua	275.53	247.26	315.93	44	吉安	Jian	43.94	37.72	46.69	212
衢州	Quzhou	90.57	55.07	70.24	169	宜春	Yichun	65.00	92.58	88.37	142
舟山	Zhoushan	125.26	141.09	83.63	149	抚州	Fuzhou	57.86	104.57	96.24	131
台州	Taizhou	330.47	285.23	305.31	46	上饶	Shangrao	63.10	79.32	76.48	161
丽水	Lishui	53.77	76.05	76.63	160	**山东**	**Shandong**	**3665.12**	**4259.15**	**4111.80**	
安徽	**Anhui**	**1732.66**	**2199.67**	**2329.88**		济南	Jinan	332.64	398.59	450.10	29
合肥	Hefei	593.34	788.17	764.86	16	青岛	Qingdao	894.84	771.04	766.07	15
芜湖	Wuhu	166.40	206.56	236.26	56	淄博	Zibo	240.37	308.30	207.36	63
蚌埠	Bengbu	75.20	93.25	113.87	115	枣庄	Zaozhuang	73.75	93.34	90.03	138
淮南	Huainan	82.34	76.85	83.94	147	东营	Dongying	137.90	173.90	168.78	81
马鞍山	Maanshan	56.15	94.48	113.14	118	烟台	Yantai	475.71	643.51	578.02	22
淮北	Huaibei	31.11	53.71	49.17	205	潍坊	Weifang	415.69	445.64	427.22	31
铜陵	Tongling	39.75	49.78	54.37	190	济宁	Jining	104.01	133.32	179.96	76
安庆	Anqing	85.07	105.32	122.35	110	泰安	Taian	99.23	130.38	139.22	98
黄山	Huangshan	52.83	56.61	57.85	187	威海	Weihai	281.85	305.81	323.15	42
滁州	Chuzhou	97.44	117.80	143.48	94	日照	Rizhao	41.68	62.45	50.74	199
阜阳	Fuyang	71.51	71.32	88.32	143	莱芜	Laiwu	11.88	10.27	31.31	240
宿州	Suzhou	49.10	94.68	111.46	120	临沂	Linyi	128.25	209.96	264.01	50
六安	Liuan	76.29	116.23	117.31	111	德州	Dezhou	120.62	147.32	152.86	89
亳州	Bozhou	20.37	73.24	71.72	168	聊城	Liaocheng	73.31	93.81	93.66	136

4-3 商品房销售额 续表 2
Total Sales of Commercialized Buildings continued 2

单位：亿元 （100 million yuan）

地名	City	2010	2011	2012	2012 排名 Ranking	地名	City	2010	2011	2012	2012 排名 Ranking
滨州	Binzhou	67.67	95.09	106.29	124	常德	Changde	717.54	103.00	94.52	134
菏泽	Heze	165.71	236.43	83.02	150	张家界	Zhangjiajie	209.93	31.76	19.37	261
河南	**Henan**	**1658.79**	**2196.81**	**2286.67**		益阳	Yiyang	444.30	61.83	77.71	158
郑州	Zhengzhou	772.70	890.44	901.62	12	郴州	Chenzhou	483.59	82.16	104.01	125
开封	Kaifeng	41.62	59.05	67.06	173	永州	Yongzhou	421.90	68.21	94.66	133
洛阳	Luoyang	144.24	198.63	199.33	67	怀化	Huaihua	290.07	47.66	82.96	151
平顶山	Pingdingshan	30.94	39.17	44.66	217	娄底	Loudi	361.77	50.38	96.60	130
安阳	Anyang	74.67	115.61	98.20	127	广东	**Guangdong**	**5480.77**	**5852.54**	**6407.81**	
鹤壁	Hebi	18.98	28.98	30.90	241	广州	Guangzhou	1674.99	1445.25	1754.75	2
新乡	Xinxiang	81.74	119.07	124.38	105	韶关	Shaoguan	75.79	83.11	116.33	112
焦作	Jiaozuo	47.78	48.23	49.28	204	深圳	Shenzhen	892.55	1060.86	1030.10	7
濮阳	Puyang	33.60	52.09	64.94	178	珠海	Zhuhai	293.01	257.53	268.48	48
许昌	Xuchang	42.26	62.24	66.91	174	汕头	Shantou	73.13	82.41	114.70	114
漯河	Luohe	24.32	35.94	33.23	235	佛山	Foshan	668.13	702.37	646.25	19
三门峡	Sanmenxia	18.61	23.77	29.47	242	江门	Jiangmen	179.17	171.75	193.65	69
南阳	Nanyang	56.80	93.65	97.67	128	湛江	Zhanjiang	62.16	98.03	107.37	123
商丘	Shangqiu	55.85	92.13	113.36	117	茂名	Maoming	55.62	101.00	123.56	109
信阳	Xinyang	85.35	129.52	134.05	99	肇庆	Zhaoqing	140.31	156.10	175.82	78
周口	Zhoukou	43.33	64.22	80.98	154	惠州	Huizhou	311.17	440.87	478.42	28
驻马店	Zhumadian	74.74	123.48	123.82	106	梅州	Meizhou	31.67	44.34	61.92	180
湖北	**Hubei**	**1313.14**	**1878.73**	**2036.20**		汕尾	Shanwei	16.43	25.91	20.62	258
武汉	Wuhan	694.73	955.86	1157.51	6	河源	Heyuan	25.58	46.07	50.20	203
黄石	Huangshi	43.38	51.30	57.51	188	阳江	Yangjiang	41.91	59.86	88.81	141
十堰	Shiyan	50.46	55.90	60.50	183	清远	Qingyuan	138.14	158.01	181.70	74
宜昌	Yichang	86.96	163.87	161.01	86	东莞	Dongguan	373.77	459.61	542.38	23
襄阳	Xiangfan	117.11	193.70	184.09	73	中山	ZhongShan	350.38	373.59	359.81	39
鄂州	Ezhou	18.72	20.45	17.70	264	潮州	Chaozhou	19.70	19.98	19.54	260
荆门	Jingmen	44.74	58.57	42.15	219	揭阳	Jieyang	34.62	38.61	36.95	225
孝感	Xiaogan	50.06	80.03	58.14	186	云浮	Yunfu	22.53	27.28	36.44	229
荆州	Jingzhou	39.54	63.40	48.58	207	广西	**Guangxi**	**995.19**	**1118.22**	**1159.83**	
黄冈	Huanggang	31.83	62.30	79.35	156	南宁	Nanning	342.84	369.81	377.59	36
咸宁	Xianning	43.74	61.43	68.02	171	柳州	Liuzhou	113.30	129.53	165.75	83
随州	Suizhou	30.23	31.37	29.16	243	桂林	Guilin	115.66	118.19	36.59	228
湖南	**Hunan**	**14068.47**	**1857.22**	**2085.23**		梧州	Wuzhou	34.26	47.32	45.28	216
长沙	Changsha	7423.31	882.07	931.56	11	北海	Beihai	76.00	72.91	58.84	185
株洲	Zhuzhou	1534.59	225.60	213.80	61	防城港	Fangchenggang	48.82	67.74	48.43	208
湘潭	Xiangtan	577.11	64.02	65.54	176	钦州	Qinzhou	62.30	45.85	51.93	194
衡阳	Hengyang	682.32	95.15	103.43	126	贵港	Guigang	41.96	48.14	50.22	202
邵阳	Shaoyang	208.27	32.57	47.71	209	玉林	Yulin	59.93	91.70	89.29	140
岳阳	Yueyang	628.67	95.29	133.17	101	百色	Baise	32.60	36.31	41.60	220

4-3 商品房销售额 续表 3
Total Sales of Commercialized Buildings continued 3

单位：亿元 （100 million yuan）

地名	City	2010	2011	2012	2012 排名 Ranking	地名	City	2010	2011	2012	2012 排名 Ranking
贺州	Hezhou	5.37	6.86	10.74	277	丽江	Lijiang	23.80	44.30	60.58	182
河池	Hechi	21.58	17.59	17.05	267	普洱	Puer	26.24	36.02	46.03	213
来宾	Laibin	18.46	26.32	37.51	224	临沧	Lincang	14.17	20.57	18.34	262
崇左	Chongzuo	23.13	32.57	29.01	244	**西藏**	**Tibet**	**5.57**	**6.64**	**7.35**	
海南	**Hainan**	**746.61**	**774.27**	**735.57**		拉萨	Lhasa	3.92	5.60	6.69	282
海口	Haikou	168.12	150.08	181.63	75	**陕西**	**Shaanxi**	**973.69**	**1510.38**	**1420.75**	
三亚	Sanya	243.88	209.25	209.24	62	西安	Xi'an	707.00	1091.31	1017.74	8
重庆	**Chongqing**	**1846.94**	**2146.09**	**2297.35**		铜川	Tongchuan	10.07	14.61	8.22	281
四川	**Sichuan**	**2647.34**	**3218.04**	**3517.72**		宝鸡	Baoji	53.98	67.73	67.80	172
成都	Chengdu	1519.33	1805.70	2069.90	1	咸阳	Xianyang	50.55	82.04	53.40	192
自贡	Zigong	60.80	78.59	71.97	167	渭南	Weinan	24.70	69.19	87.88	145
攀枝花	Panzhihua	28.91	30.76	36.94	226	延安	Yan'an	5.78	10.22	13.82	271
泸州	Luzhou	98.09	103.02	108.19	121	汉中	Hanzhong	42.89	65.15	54.15	191
德阳	Deyang	75.02	83.70	82.35	152	榆林	Yulin	34.29	43.84	48.90	206
绵阳	Mianyang	127.40	167.64	146.68	92	安康	Ankang	31.39	43.96	38.15	223
广元	Guangyuan	28.35	42.50	35.96	230	商洛	Shangluo	8.79	12.02	16.67	269
遂宁	Suining	46.02	62.73	81.89	153	**甘肃**	**Gansu**	**227.81**	**276.95**	**349.32**	
内江	Neijiang	70.75	95.46	73.51	164	兰州	Lanzhou	96.51	82.37	115.76	113
乐山	Leshan	85.65	114.91	76.23	162	嘉峪关	Jiayuguan	17.99	18.94	25.98	247
南充	Nanchong	106.04	163.75	171.14	79	金昌	Jinchang	12.11	8.07	9.78	278
眉山	Meishan	61.17	69.74	77.54	159	白银	Baiyin	17.13	22.46	23.10	251
宜宾	Yibin	82.77	100.62	129.07	103	天水	Tianshui	19.47	34.06	32.51	237
广安	Guangan	52.04	64.42	65.25	177	武威	Wuwei	0.13	4.67	8.43	280
达州	Dazhou	82.40	86.22	73.17	166	张掖	Zhangye	11.97	19.10	20.89	256
雅安	Yaan	10.25	17.24	22.03	253	平凉	Pingliang	2.77	11.43	23.07	252
巴中	Bazhong	26.27	30.01	51.92	195	酒泉	Jiuquan	11.27	22.98	24.46	249
资阳	Ziyang	70.73	80.62	123.64	108	庆阳	Qingyang	12.03	16.64	16.93	268
贵州	**Guizhou**	**581.01**	**731.91**	**900.08**		定西	Dingxi	5.67	16.20	17.23	266
贵阳	Guiyang	353.46	417.18	502.55	26	陇南	Longnan	1.23	1.69	2.92	284
六盘水	Liupanshui	27.63	30.45	35.45	231	**青海**	**Qinghai**	**84.44**	**116.79**	**106.46**	
遵义	Zunyi	54.05	76.04	80.25	155	西宁	Xining	72.25	95.18	79.33	157
安顺	Anshun	17.33	26.35	51.40	198	**宁夏**	**Ningxia**	**309.22**	**315.91**	**317.58**	
毕节	Bijie	22.34	37.08	50.38	201	银川	Yinchuan	210.63	213.99	205.98	64
铜仁	Tongren	18.64	29.09	36.89	227	石嘴山	Shizuishan	29.31	32.28	31.37	239
云南	**Yunnan**	**934.60**	**1171.64**	**1362.83**		吴忠	Wuzhong	30.51	28.47	34.85	233
昆明	Kunming	455.06	525.98	603.97	21	固原	Guyuan	15.67	15.42	20.88	257
曲靖	Qujing	93.97	135.50	154.20	88	中卫	Zhongwei	23.10	25.76	24.51	248
玉溪	Yuxi	66.18	47.08	69.48	170	**新疆**	**Xinjiang**	**483.04**	**613.31**	**560.45**	
保山	Baoshan	21.95	27.43	39.90	221	乌鲁木齐	Urumqi	211.81	249.48	220.92	59
昭通	Zhaotong	14.28	26.20	46.79	211	克拉玛依	Karamay	15.28	13.42	19.60	259

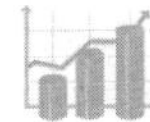

4-4 商品住宅销售额
Total Sales of Commercialized Residential Buildings

单位：亿元 (100 million yuan)

地名	City	2010	2011	2012	2012 排名 Ranking	地名	City	2010	2011	2012	2012 排名 Ranking
全国	**National Total**	**44120.65**	**48198.32**	**53467.18**		沈阳	Shenyang	774.55	1093.28	1318.55	3
北京	**Beijing**	**2060.52**	**1606.04**	**2455.50**		大连	Dalian	761.55	660.82	733.29	12
天津	**Tianjin**	**1070.27**	**1167.36**	**1210.57**		鞍山	Anshan	182.86	187.40	223.79	49
河北	**Hebei**	**1488.78**	**1993.81**	**1914.61**		抚顺	Fushun	69.01	114.75	109.03	104
石家庄	Shijiazhuang	169.97	340.86	328.57	35	本溪	Benxi	37.48	82.90	128.87	87
唐山	Tangshan	170.43	291.61	348.68	33	丹东	Dandong	86.59	130.23	153.07	76
秦皇岛	Qinhuangdao	142.73	151.12	130.99	86	锦州	Jinzhou	105.11	112.85	143.06	82
邯郸	Handan	79.56	119.60	148.95	80	营口	Yingkou	164.34	195.07	219.96	50
邢台	Xingtai	51.44	69.58	58.86	172	阜新	Fuxin	24.06	40.37	41.65	203
保定	Baoding	98.85	132.71	117.00	94	辽阳	Liaoyang	49.85	58.62	82.27	130
张家口	Zhangjiakou	156.34	200.24	165.21	64	盘锦	Panjin	81.24	111.51	123.11	89
承德	Chengde	88.68	95.49	81.49	131	铁岭	Tieling	110.50	104.38	139.51	83
沧州	Cangzhou	111.73	158.14	103.66	106	朝阳	Chaoyang	56.51	73.25	118.19	92
廊坊	Langfang	371.37	342.16	363.49	29	葫芦岛	Huludao	84.00	43.80	76.86	135
衡水	Hengshui	47.70	92.30	67.72	152	吉林	**Jilin**	**735.91**	**883.16**	**836.80**	
山西	**Shanxi**	**357.37**	**378.36**	**513.20**		长春	Changchun	400.72	469.18	408.79	27
太原	Taiyuan	166.92	125.06	197.78	55	吉林	Jilin	138.52	184.56	210.63	51
大同	Datong	20.17	27.57	38.54	209	四平	Siping	33.07	42.75	43.67	199
阳泉	Yangquan	24.45	24.61	32.88	222	辽源	Liaoyuan	15.96	9.58	11.48	272
长治	Changzhi	27.89	38.79	46.33	192	通化	Tonghua	37.44	38.68	50.02	186
晋城	Jincheng	15.23	33.47	24.93	242	白山	Baishan	20.64	22.25	9.77	276
朔州	Shuozhou	8.39	13.71	17.16	257	松原	Songyuan	33.45	43.51	20.47	249
晋中	Jinzhong	25.60	22.41	41.77	201	白城	Baicheng	4.48	4.48	3.41	283
运城	Yuncheng	27.58	32.87	57.79	174	黑龙江	**Heilongjiang**	**833.05**	**1085.62**	**1201.93**	
忻州	Xinzhou	13.67	20.83	15.51	262	哈尔滨	Harbin	420.82	472.84	510.84	20
临汾	Linfen	14.31	27.26	28.60	233	齐齐哈尔	Qiqihar	53.98	64.04	63.22	164
吕梁	Luliang	13.15	11.79	11.91	270	鸡西	Jixi	12.59	22.74	33.71	219
内蒙古	**Inner Mongolia**	**766.47**	**972.52**	**769.39**		鹤岗	Hegang	14.61	14.39	7.42	281
呼和浩特	Hohhot	144.08	199.78	198.79	54	双鸭山	Shuangyashan	7.63	15.65	23.68	244
包头	Baotou	162.41	236.66	134.85	85	大庆	Daqing	106.23	166.57	187.38	58
乌海	Wuhai	22.48	36.46	38.49	210	伊春	Yichun	12.25	13.29	9.98	275
赤峰	Chifeng	89.74	124.67	96.18	115	佳木斯	Jiamusi	49.12	67.09	37.83	211
通辽	Tongliao	31.96	45.91	33.67	220	七台河	Qitaihe	9.38	12.95	11.54	271
鄂尔多斯	Erdos	173.02	150.64	73.19	139	牡丹江	Mudanjiang	55.90	59.93	69.85	147
呼伦贝尔	Hulunbuir	47.25	83.08	95.57	117	黑河	Heihe	13.87	22.88	31.29	227
巴彦淖尔	Bayannur	37.25	36.41	28.13	235	绥化	Suihua	69.91	140.73	196.50	56
乌兰察布	Ulanqab	25.66	38.14	15.39	263	上海	**Shanghai**	**2395.35**	**2034.87**	**2208.96**	
辽宁	**Liaoning**	**2587.66**	**3009.23**	**3611.21**		江苏	**Jiangsu**	**4536.63**	**4158.61**	**5089.06**	

4-4 商品住宅销售额 续表 1
Total Sales of Commercialized Residential Buildings continued 1

单位：亿元 (100 million yuan)

地名	City	2010	2011	2012	2012 排名 Ranking	地名	City	2010	2011	2012	2012 排名 Ranking
南京	Nanjing	696.45	572.95	847.76	9	池州	Chizhou	40.09	51.09	61.78	168
无锡	Wuxi	656.65	430.61	607.36	17	宣城	Xuancheng	63.88	87.54	84.74	127
徐州	Xuzhou	197.62	246.18	292.99	40	福建	**Fujian**	**1300.13**	**1649.34**	**2293.90**	
常州	Changzhou	444.51	368.66	433.31	25	福州	Fuzhou	418.33	508.23	781.26	10
苏州	Suzhou	971.53	887.94	1134.28	5	厦门	Xiamen	276.63	365.27	622.11	16
南通	Nantong	311.69	316.60	344.79	34	莆田	Putian	64.65	97.52	112.52	100
连云港	Lianyungang	129.98	137.76	153.99	75	三明	Sanming	81.31	84.10	100.29	111
淮安	Huaian	194.07	201.41	244.29	47	泉州	Quanzhou	194.65	266.58	284.31	41
盐城	Yancheng	169.69	197.89	194.09	57	漳州	Zhangzhou	105.45	147.32	154.67	73
扬州	Yangzhou	272.50	292.43	323.62	36	南平	Nanping	54.62	63.05	74.58	137
镇江	Zhenjiang	154.94	162.48	204.28	52	龙岩	Longyan	43.87	42.89	70.25	146
泰州	Taizhou	208.08	218.42	157.40	70	宁德	Ningde	60.62	74.38	93.90	118
宿迁	Suqian	125.74	127.98	149.79	79	江西	**Jiangxi**	**670.34**	**824.32**	**931.39**	
浙江	**Zhejiang**	**3577.49**	**2702.36**	**3541.63**		南昌	Nanchang	211.90	232.07	350.06	31
杭州	Hangzhou	1137.29	761.67	1223.17	4	景德镇	Jingdezhen	23.85	35.39	40.50	206
宁波	Ningbo	580.90	386.70	522.29	19	萍乡	Pingxiang	16.75	12.36	12.75	269
温州	Wenzhou	266.00	190.88	318.29	38	九江	Jiujiang	80.32	107.82	69.32	149
嘉兴	Jiaxing	274.94	196.89	254.81	45	新余	Xinyu	33.83	37.95	23.81	243
湖州	Huzhou	194.74	170.55	154.57	74	鹰潭	Yingtan	10.37	20.79	19.66	251
绍兴	Shaoxing	372.80	313.90	351.13	30	赣州	Ganzhou	92.03	106.33	155.90	72
金华	Jinhua	243.55	201.63	264.19	44	吉安	Jian	37.14	33.03	35.88	216
衢州	Quzhou	74.01	42.31	56.61	176	宜春	Yichun	59.80	81.09	72.28	141
舟山	Zhoushan	109.82	122.63	54.25	181	抚州	Fuzhou	52.60	93.63	87.45	125
台州	Taizhou	283.00	254.27	276.50	43	上饶	Shangrao	51.75	63.85	63.79	163
丽水	Lishui	47.79	60.92	65.82	158	山东	**Shandong**	**3218.02**	**3757.63**	**3529.51**	
安徽	**Anhui**	**1408.41**	**1745.00**	**1921.86**		济南	Jinan	291.14	358.37	371.84	28
合肥	Hefei	475.17	593.50	642.94	14	青岛	Qingdao	776.83	658.00	638.90	15
芜湖	Wuhu	135.15	170.74	183.64	60	淄博	Zibo	220.52	281.79	183.09	61
蚌埠	Bengbu	62.90	73.27	96.62	114	枣庄	Zaozhuang	64.68	77.54	71.94	142
淮南	Huainan	73.40	67.73	70.73	145	东营	Dongying	132.78	152.87	151.06	78
马鞍山	Maanshan	50.51	81.65	102.92	107	烟台	Yantai	410.83	571.78	507.27	21
淮北	Huaibei	29.00	47.23	44.71	196	潍坊	Weifang	341.70	369.99	348.75	32
铜陵	Tongling	32.34	40.63	45.93	193	济宁	Jining	92.67	115.03	156.14	71
安庆	Anqing	70.30	86.72	104.13	105	泰安	Taian	89.49	109.69	116.16	96
黄山	Huangshan	42.73	43.75	43.93	198	威海	Weihai	261.48	286.12	283.62	42
滁州	Chuzhou	80.27	98.27	117.24	93	日照	Rizhao	36.92	55.22	47.06	190
阜阳	Fuyang	56.42	60.83	78.54	133	莱芜	Laiwu	8.97	9.77	31.07	229
宿州	Suzhou	43.82	78.58	86.88	126	临沂	Linyi	117.90	190.37	240.43	48
六安	Liuan	60.84	99.43	102.30	108	德州	Dezhou	111.35	133.70	128.79	88
亳州	Bozhou	16.34	64.05	54.80	180	聊城	Liaocheng	66.89	86.93	82.89	129

4-4 商品住宅销售额 续表 2
Total Sales of Commercialized Residential Buildings continued 2

单位：亿元 （100 million yuan）

地名	City	2010	2011	2012	2012 排名 Ranking	地名	City	2010	2011	2012	2012 排名 Ranking
滨州	Binzhou	49.01	85.87	98.03	113	常德	Changde	59.68	81.14	76.78	136
菏泽	Heze	144.87	214.59	72.49	140	张家界	Zhangjiajie	13.79	25.77	16.56	260
河南	**Henan**	**1454.57**	**1788.04**	**1915.57**		益阳	Yiyang	34.97	50.02	62.10	165
郑州	Zhengzhou	656.55	612.99	691.94	13	郴州	Chenzhou	45.43	73.70	93.07	119
开封	Kaifeng	38.64	54.39	61.56	169	永州	Yongzhou	34.30	56.82	80.80	132
洛阳	Luoyang	122.63	175.58	164.18	65	怀化	Huaihua	22.11	35.52	71.88	143
平顶山	Pingdingshan	28.09	35.89	41.75	202	娄底	Loudi	28.27	39.41	58.32	173
安阳	Anyang	68.14	106.73	83.84	128	**广东**	**Guangdong**	**4589.82**	**5070.76**	**5488.39**	
鹤壁	Hebi	17.54	26.97	28.13	235	广州	Guangzhou	1180.03	1083.48	1354.31	2
新乡	Xinxiang	71.21	108.79	116.32	95	韶关	Shaoguan	68.56	72.47	88.35	124
焦作	Jiaozuo	45.81	46.49	44.64	197	深圳	Shenzhen	784.30	987.55	927.84	7
濮阳	Puyang	31.71	49.77	61.79	167	珠海	Zhuhai	263.96	229.95	246.07	46
许昌	Xuchang	39.23	53.96	59.48	171	汕头	Shantou	65.47	66.48	99.80	112
漯河	Luohe	22.79	34.15	31.10	228	佛山	Foshan	593.72	614.37	561.31	18
三门峡	Sanmenxia	16.98	21.11	27.61	237	江门	Jiangmen	167.20	159.89	179.63	62
南阳	Nanyang	51.63	88.23	88.50	123	湛江	Zhanjiang	54.56	82.74	91.34	121
商丘	Shangqiu	51.68	75.51	91.89	120	茂名	Maoming	51.29	83.03	113.32	99
信阳	Xinyang	72.43	110.75	115.17	97	肇庆	Zhaoqing	122.92	136.61	152.09	77
周口	Zhoukou	41.93	61.93	73.74	138	惠州	Huizhou	285.97	414.66	445.80	24
驻马店	Zhumadian	67.46	106.28	109.32	103	梅州	Meizhou	29.47	39.73	48.33	188
湖北	**Hubei**	**1134.64**	**1569.32**	**1689.86**		汕尾	Shanwei	16.33	24.86	19.18	252
武汉	Wuhan	606.01	791.38	958.78	6	河源	Heyuan	22.91	42.74	47.92	189
黄石	Huangshi	37.78	42.86	51.64	184	阳江	Yangjiang	39.99	56.80	77.49	134
十堰	Shiyan	47.19	50.20	51.74	183	清远	Qingyuan	124.56	147.72	162.61	67
宜昌	Yichang	73.35	123.58	113.86	98	东莞	Dongguan	334.15	413.33	472.52	23
襄阳	Xiangfan	88.09	162.20	157.50	69	中山	ZhongShan	312.20	335.93	314.82	39
鄂州	Ezhou	17.77	18.75	15.99	261	潮州	Chaozhou	19.28	17.89	17.59	255
荆门	Jingmen	37.19	48.08	36.57	214	揭阳	Jieyang	33.27	35.78	35.27	217
孝感	Xiaogan	48.54	77.08	53.98	182	云浮	Yunfu	19.68	24.74	32.80	223
荆州	Jingzhou	35.36	57.30	45.23	194	**广西**	**Guangxi**	**881.70**	**977.10**	**995.82**	
黄冈	Huanggang	27.52	54.10	68.21	151	南宁	Nanning	298.01	305.87	323.37	37
咸宁	Xianning	35.03	49.64	55.02	179	柳州	Liuzhou	97.28	114.86	138.33	84
随州	Suizhou	27.44	28.25	27.00	238	桂林	Guilin	106.27	109.18	121.44	90
湖南	**Hunan**	**1248.11**	**1569.93**	**1711.55**		梧州	Wuzhou	30.85	42.27	41.37	205
长沙	Changsha	701.92	759.87	776.13	11	北海	Beihai	73.23	70.28	56.05	177
株洲	Zhuzhou	123.93	186.75	174.33	63	防城港	Fangchenggang	38.63	65.21	45.21	195
湘潭	Xiangtan	51.93	59.46	59.68	170	钦州	Qinzhou	56.01	39.78	14.95	264
衡阳	Hengyang	58.06	80.23	71.81	144	贵港	Guigang	37.14	41.54	41.42	204
邵阳	Shaoyang	18.88	28.82	42.40	200	玉林	Yulin	7.04	79.38	66.07	157
岳阳	Yueyang	46.57	78.11	112.18	102	百色	Baise	29.48	30.95	37.28	212

4-4 商品住宅销售额 续表 3
Sales of Commercialized Residential Buildings continued 3

单位：亿元 （100 million yuan）

地名	City	2010	2011	2012	2012 排名 Ranking	地名	City	2010	2011	2012	2012 排名 Ranking
贺州	Hezhou	4.01	6.06	8.62	278	丽江	Lijiang	20.33	38.50	46.50	191
河池	Hechi	18.22	15.34	14.61	265	普洱	Puer	20.05	27.00	23.43	245
来宾	Laibin	15.41	24.18	30.07	232	临沧	Lincang	10.88	14.85	11.37	273
崇左	Chongzuo	20.98	27.07	26.64	239	**西藏**	**Tibet**	**5.17**	**5.73**	**6.16**	
海南	**Hainan**	**734.10**	**743.93**	**701.72**		拉萨	Lhasa	3.68	5.37	5.54	282
海口	Haikou	161.14	131.17	163.32	66	**陕西**	**Shaanxi**	**906.68**	**1352.54**	**1215.57**	
三亚	Sanya	243.82	206.63	203.49	53	西安	Xi'an	661.27	973.71	858.53	8
重庆	**Chongqing**	**1610.64**	**1825.41**	**1972.42**		铜川	Tongchuan	10.05	14.59	7.98	280
四川	**Sichuan**	**2330.85**	**2677.36**	**2816.49**		宝鸡	Baoji	52.41	64.89	64.79	161
成都	Chengdu	1334.38	1458.63	1618.89	1	咸阳	Xianyang	47.39	80.43	51.45	185
自贡	Zigong	54.16	73.17	65.66	159	渭南	Weinan	20.93	52.70	67.64	153
攀枝花	Panzhihua	25.02	26.01	33.10	221	延安	Yan'an	5.66	7.98	12.84	268
泸州	Luzhou	85.92	77.30	89.27	122	汉中	Hanzhong	39.46	58.41	49.38	187
德阳	Deyang	66.34	72.94	66.28	155	榆林	Yulin	31.01	39.02	40.19	208
绵阳	Mianyang	116.75	151.59	112.24	101	安康	Ankang	27.58	39.53	36.26	215
广元	Guangyuan	22.39	30.69	25.52	241	商洛	Shangluo	7.43	11.06	13.09	267
遂宁	Suining	42.93	52.35	66.93	154	**甘肃**	**Gansu**	**201.47**	**235.55**	**301.60**	
内江	Neijiang	64.62	89.21	65.63	160	兰州	Lanzhou	84.04	66.52	101.95	109
乐山	Leshan	76.24	99.95	66.19	156	嘉峪关	Jiayuguan	16.91	17.68	20.70	248
南充	Nanchong	97.77	150.08	145.78	81	金昌	Jinchang	11.42	7.62	9.51	277
眉山	Meishan	55.11	62.66	69.37	148	白银	Baiyin	15.44	20.53	16.99	258
宜宾	Yibin	69.14	78.29	101.77	110	天水	Tianshui	17.71	28.15	30.08	231
广安	Guangan	45.61	56.02	57.12	175	武威	Wuwei	0.13	3.98	8.26	279
达州	Dazhou	71.15	75.11	61.93	166	张掖	Zhangye	10.95	16.87	18.75	253
雅安	Yaan	8.89	16.82	18.72	254	平凉	Pingliang	1.73	10.34	20.89	247
巴中	Bazhong	22.19	26.44	40.31	207	酒泉	Jiuquan	9.22	20.35	23.39	246
资阳	Ziyang	59.25	63.39	95.60	116	庆阳	Qingyang	9.99	11.68	10.89	274
贵州	**Guizhou**	**501.63**	**592.73**	**739.96**		定西	Dingxi	4.72	14.35	13.70	266
贵阳	Guiyang	310.48	334.07	428.89	26	陇南	Longnan	0.77	0.85	2.43	284
六盘水	Liupanshui	22.92	23.87	32.41	226	**青海**	**Qinghai**	**77.10**	**105.85**	**91.14**	
遵义	Zunyi	46.30	64.75	63.85	162	西宁	Xining	66.10	86.03	69.16	150
安顺	Anshun	14.63	22.54	32.49	225	**宁夏**	**Ningxia**	**253.76**	**239.00**	**256.19**	
毕节	Bijie	18.35	28.67	34.76	218	银川	Yinchuan	171.06	152.83	162.61	67
铜仁	Tongren	15.69	22.42	32.52	224	石嘴山	Shizuishan	23.30	26.41	25.95	240
云南	**Yunnan**	**769.32**	**958.78**	**1077.10**		吴忠	Wuzhong	27.73	26.01	30.71	230
昆明	Kunming	373.99	422.67	496.02	22	固原	Guyuan	11.40	12.37	16.73	259
曲靖	Qujing	77.04	120.10	118.21	91	中卫	Zhongwei	20.27	21.39	20.19	250
玉溪	Yuxi	63.07	40.09	55.75	178	**新疆**	**Xinjiang**	**416.41**	**516.24**	**458.14**	
保山	Baoshan	19.21	21.59	28.41	234	乌鲁木齐	Urumqi	182.94	213.65	185.85	59
昭通	Zhaotong	9.27	19.81	36.96	213	克拉玛依	Karamay	13.54	12.50	17.22	256

4-5 商品房销售面积
Floor Space Sold of Commercialized Buildings

单位：万平方米 （10 000 sq.m）

地名	City	2010	2011	2012	2012 排名 Ranking
全国	**National Total**	**104764.7**	**109366.7**	**111303.6**	
北京	**Beijing**	**1639.5**	**1440.0**	**1943.7**	
天津	**Tianjin**	**1564.5**	**1594.6**	**1661.7**	
河北	**Hebei**	**4662.1**	**5888.3**	**5144.9**	
石家庄	Shijiazhuang	469.3	922.2	768.7	26
唐山	Tangshan	482.0	686.8	835.6	23
秦皇岛	Qinhuangdao	326.2	335.3	276.4	118
邯郸	Handan	275.7	380.7	431.8	69
邢台	Xingtai	225.4	292.8	206.8	151
保定	Baoding	399.9	477.7	419.6	75
张家口	Zhangjiakou	667.0	766.6	596.4	44
承德	Chengde	329.8	329.6	260.1	130
沧州	Cangzhou	422.6	532.6	359.2	87
廊坊	Langfang	819.9	728.8	710.2	32
衡水	Hengshui	244.4	435.2	280.0	117
山西	**Shanxi**	**1180.6**	**1284.8**	**1497.9**	
太原	Taiyuan	258.8	217.7	326.1	100
大同	Datong	80.7	90.2	110.2	226
阳泉	Yangquan	107.7	106.4	124.8	209
长治	Changzhi	122.5	144.3	167.5	183
晋城	Jincheng	61.4	104.6	71.5	251
朔州	Shuozhou	57.6	79.1	95.2	237
晋中	Jinzhong	114.6	82.9	108.7	227
运城	Yuncheng	176.0	188.4	264.6	126
忻州	Xinzhou	68.9	100.3	69.0	255
临汾	Linfen	67.5	110.8	108.6	228
吕梁	Luliang	64.8	60.1	51.7	266
内蒙古	**Inner Mongolia**	**3057.4**	**3509.1**	**2523.5**	
呼和浩特	Hohhot	471.9	576.4	478.2	62
包头	Baotou	597.7	730.7	354.3	89
乌海	Wuhai	83.5	113.5	116.3	220
赤峰	Chifeng	350.8	477.0	337.9	95
通辽	Tongliao	214.5	278.3	158.7	185
鄂尔多斯	Erdos	535.5	438.9	232.7	142
呼伦贝尔	Hulunbuir	253.9	394.4	420.8	73
巴彦淖尔	Bayannur	176.9	167.4	101.2	233
乌兰察布	Ulanqab	166.7	174.0	70.8	253
辽宁	**Liaoning**	**6800.5**	**7541.5**	**8827.9**	
沈阳	Shenyang	1746.5	2165.2	2469.7	2
大连	Dalian	1215.3	909.9	1076.4	13
鞍山	Anshan	553.1	606.2	766.9	27
抚顺	Fushun	212.3	307.8	319.9	107
本溪	Benxi	227.6	399.8	476.2	63
丹东	Dandong	332.3	434.4	480.7	61
锦州	Jinzhou	353.0	416.7	500.4	54
营口	Yingkou	532.6	613.1	641.8	39
阜新	Fuxin	121.6	165.2	186.4	170
辽阳	Liaoyang	177.6	200.6	258.4	133
盘锦	Panjin	261.3	346.1	376.6	84
铁岭	Tieling	485.6	447.0	504.8	53
朝阳	Chaoyang	298.8	376.3	571.6	46
葫芦岛	Huludao	282.8	153.2	198.1	161
吉林	**Jilin**	**2382.1**	**2432.6**	**2452.4**	
长春	Changchun	863.1	879.1	908.0	20
吉林	Jilin	496.3	524.3	660.1	36
四平	Siping	175.1	210.6	182.3	174
辽源	Liaoyuan	87.9	39.7	44.8	272
通化	Tonghua	193.4	189.2	216.7	145
白山	Baishan	113.0	133.9	47.4	270
松原	Songyuan	165.1	136.4	72.0	250
白城	Baicheng	27.0	23.4	21.8	282
黑龙江	**Heilongjiang**	**2720.9**	**3432.8**	**3806.8**	
哈尔滨	Harbin	881.7	956.4	1168.3	10
齐齐哈尔	Qiqihar	241.4	281.3	282.3	116
鸡西	Jixi	61.0	85.4	114.2	222
鹤岗	Hegang	79.6	49.2	28.1	279
双鸭山	Shuangyashan	37.8	73.8	107.1	229
大庆	Daqing	305.3	438.7	526.3	49
伊春	Yichun	77.2	73.6	49.9	268
佳木斯	Jiamusi	240.4	310.3	164.2	184
七台河	Qitaihe	39.3	42.4	34.9	278
牡丹江	Mudanjiang	246.2	233.2	260.1	130
黑河	Heihe	71.3	117.0	154.1	189
绥化	Suihua	404.5	699.3	878.9	21
上海	**Shanghai**	**2055.5**	**1790.9**	**1898.5**	
江苏	**Jiangsu**	**9485.5**	**7970.5**	**9019.2**	

4-5 商品房销售面积 续表 1
Floor Space Sold of Commercialized Buildings continued 1

单位：万平方米 （10 000 sq.m）

地名	City	2010	2011	2012	2012 排名 Ranking
南京	Nanjing	823.2	767.7	950.9	17
无锡	Wuxi	1045.1	653.9	926.3	19
徐州	Xuzhou	621.8	639.4	698.3	33
常州	Changzhou	915.7	661.1	756.8	28
苏州	Suzhou	1514.0	1210.9	1466.3	6
南通	Nantong	739.5	677.5	712.5	31
连云港	Lianyungang	474.2	435.7	419.1	76
淮安	Huaian	640.8	552.5	677.1	35
盐城	Yancheng	581.3	562.8	548.2	48
扬州	Yangzhou	628.8	552.4	601.9	43
镇江	Zhenjiang	374.8	331.3	420.2	74
泰州	Taizhou	524.7	468.2	324.1	101
宿迁	Suqian	603.6	457.0	517.5	52
浙江	**Zhejiang**	**4816.7**	**3531.4**	**4005.3**	
杭州	Hangzhou	988.3	734.0	1089.6	12
宁波	Ningbo	693.6	526.5	590.2	45
温州	Wenzhou	228.5	135.3	204.3	155
嘉兴	Jiaxing	596.3	398.7	450.3	65
湖州	Huzhou	411.8	331.1	273.6	120
绍兴	Shaoxing	610.3	456.7	483.7	59
金华	Jinhua	147.5	304.2	322.5	104
衢州	Quzhou	170.9	79.4	104.1	230
舟山	Zhoushan	138.2	136.1	78.4	247
台州	Taizhou	462.9	327.0	319.7	108
丽水	Lishui	91.2	102.2	88.8	240
安徽	**Anhui**	**4113.9**	**4605.6**	**4828.8**	
合肥	Hefei	1004.9	1246.0	1242.5	9
芜湖	Wuhu	320.2	381.3	427.0	70
蚌埠	Bengbu	177.9	201.4	269.6	122
淮南	Huainan	213.9	187.2	184.0	173
马鞍山	Maanshan	128.1	245.6	260.2	129
淮北	Huaibei	107.4	136.6	117.5	218
铜陵	Tongling	86.6	101.7	113.8	223
安庆	Anqing	285.0	311.4	317.3	109
黄山	Huangshan	153.5	136.5	137.9	202
滁州	Chuzhou	282.6	295.8	341.5	94
阜阳	Fuyang	194.1	162.3	202.3	156
宿州	Suzhou	176.6	250.3	289.1	115
六安	Liuan	217.4	278.6	262.2	128
亳州	Bozhou	71.1	191.0	184.5	172
池州	Chizhou	181.2	211.5	213.8	149
宣城	Xuancheng	258.8	268.5	265.7	125
福建	**Fujian**	**2575.6**	**2706.7**	**3258.9**	
福州	Fuzhou	597.8	621.0	841.5	22
厦门	Xiamen	426.8	445.4	615.3	42
莆田	Putian	164.1	189.4	205.5	154
三明	Sanming	228.4	209.2	218.7	144
泉州	Quanzhou	444.1	482.7	553.7	47
漳州	Zhangzhou	286.3	338.6	351.2	90
南平	Nanping	150.8	150.6	168.0	182
龙岩	Longyan	139.0	122.5	155.0	187
宁德	Ningde	138.2	147.1	150.0	192
江西	**Jiangxi**	**2469.7**	**2416.9**	**2397.1**	
南昌	Nanchang	520.8	499.1	689.9	34
景德镇	Jingdezhen	107.8	118.8	122.0	211
萍乡	Pingxiang	70.3	44.3	38.5	277
九江	Jiujiang	292.9	338.0	196.5	163
新余	Xinyu	151.3	128.5	78.1	248
鹰潭	Yingtan	35.5	65.5	54.5	264
赣州	Ganzhou	382.2	319.7	392.4	81
吉安	Jian	173.1	107.2	121.8	213
宜春	Yichun	274.4	276.9	240.9	139
抚州	Fuzhou	228.9	289.4	264.5	127
上饶	Shangrao	232.6	229.4	198.1	161
山东	**Shandong**	**9293.9**	**9576.0**	**8632.8**	
济南	Jinan	531.5	594.1	658.0	37
青岛	Qingdao	1360.7	1028.0	950.9	17
淄博	Zibo	654.8	707.1	464.0	64
枣庄	Zaozhuang	225.8	242.7	233.7	141
东营	Dongying	373.6	404.6	381.7	83
烟台	Yantai	1163.4	1292.4	1053.2	14
潍坊	Weifang	1388.7	1239.8	1107.9	11
济宁	Jining	351.7	350.6	499.3	55
泰安	Taian	282.5	301.4	322.1	105
威海	Weihai	742.3	753.9	728.2	29
日照	Rizhao	112.3	146.9	118.5	217
莱芜	Laiwu	44.4	35.2	59.9	260
临沂	Linyi	456.8	642.2	727.8	30
德州	Dezhou	457.8	450.1	432.5	68
聊城	Liaocheng	242.4	272.0	254.5	137

4-5 商品房销售面积 续表 2
Floor Space Sold of Commercialized Buildings continued 2

单位：万平方米 （10 000 sq.m）

地名	City	2010	2011	2012	2012 排名 Ranking	地名	City	2010	2011	2012	2012 排名 Ranking
滨州	Binzhou	278.1	331.8	372.0	86	常德	Changde	319.1	338.3	269.8	121
菏泽	Heze	627.1	783.2	268.6	123	张家界	Zhangjiajie	81.0	110.9	60.7	259
河南	**Henan**	**5452.2**	**6275.2**	**5968.5**		益阳	Yiyang	194.3	229.9	257.5	134
郑州	Zhengzhou	1558.7	1563.2	1441.9	7	郴州	Chenzhou	224.4	303.9	350.1	92
开封	Kaifeng	148.0	191.4	191.7	165	永州	Yongzhou	239.5	325.7	392.1	82
洛阳	Luoyang	455.0	552.6	494.2	57	怀化	Huaihua	153.5	208.5	323.7	102
平顶山	Pingdingshan	128.4	136.0	138.3	200	娄底	Loudi	179.9	226.7	299.6	114
安阳	Anyang	339.9	418.1	337.8	96	**广东**	**Guangdong**	**7321.8**	**7427.9**	**7899.0**	
鹤壁	Hebi	77.9	103.7	101.1	234	广州	Guangzhou	1405.1	1194.1	1333.1	8
新乡	Xinxiang	360.5	447.2	436.8	67	韶关	Shaoguan	234.0	223.8	259.6	132
焦作	Jiaozuo	200.7	171.4	154.8	188	深圳	Shenzhen	465.6	496.9	525.8	50
濮阳	Puyang	148.8	191.5	206.8	151	珠海	Zhuhai	282.8	224.0	251.2	138
许昌	Xuchang	166.4	209.3	207.3	150	汕头	Shantou	171.0	159.1	189.9	166
漯河	Luohe	113.9	157.8	112.6	224	佛山	Foshan	885.5	873.7	802.2	25
三门峡	Sanmenxia	84.7	94.3	99.5	235	江门	Jiangmen	382.5	321.6	351.1	91
南阳	Nanyang	272.9	356.1	357.0	88	湛江	Zhanjiang	148.3	194.3	206.6	153
商丘	Shangqiu	271.3	318.0	400.0	79	茂名	Maoming	198.9	261.1	327.7	99
信阳	Xinyang	416.9	480.0	423.1	72	肇庆	Zhaoqing	342.2	329.2	373.6	85
周口	Zhoukou	235.2	273.3	301.0	113	惠州	Huizhou	627.3	796.3	826.7	24
驻马店	Zhumadian	428.3	535.5	482.5	60	梅州	Meizhou	119.0	138.0	149.1	193
湖北	**Hubei**	**2558.9**	**4187.6**	**4037.8**		汕尾	Shanwei	57.5	66.8	54.7	263
武汉	Wuhan	1208.0	1323.5	1576.1	3	河源	Heyuan	90.1	130.8	128.2	208
黄石	Huangshi	140.2	153.0	158.2	186	阳江	Yangjiang	137.4	168.4	189.3	168
十堰	Shiyan	190.3	172.4	152.4	191	清远	Qingyuan	326.2	355.1	392.6	80
宜昌	Yichang	231.4	371.2	328.6	98	东莞	Dongguan	511.3	595.6	639.1	40
襄阳	Xiangfan	382.7	577.9	497.9	56	中山	ZhongShan	670.6	628.4	654.2	38
鄂州	Ezhou	64.6	67.2	46.7	271	潮州	Chaozhou	64.3	54.2	48.2	269
荆门	Jingmen	173.3	192.3	117.4	219	揭阳	Jieyang	138.0	145.2	110.7	225
孝感	Xiaogan	249.0	288.2	215.5	146	云浮	Yunfu	64.1	71.2	85.3	241
荆州	Jingzhou	145.6	201.0	136.0	204	**广西**	**Guangxi**	**2793.9**	**2964.2**	**2759.3**	
黄冈	Huanggang	170.0	258.0	256.7	136	南宁	Nanning	666.5	711.7	629.0	41
咸宁	Xianning	191.7	229.3	234.1	140	柳州	Liuzhou	291.9	308.4	349.5	93
随州	Suizhou	129.7	112.5	91.8	238	桂林	Guilin	323.6	303.7	322.7	103
湖南	**Hunan**	**4472.5**	**4900.3**	**5150.5**		梧州	Wuzhou	133.5	169.7	138.1	201
长沙	Changsha	1680.2	1500.2	1526.9	5	北海	Beihai	179.6	161.5	133.8	205
株洲	Zhuzhou	513.8	601.8	524.5	51	防城港	Fangchenggang	155.1	237.5	145.3	194
湘潭	Xiangtan	201.6	191.2	194.1	164	钦州	Qinzhou	200.0	129.2	143.3	195
衡阳	Hengyang	284.4	325.5	312.8	110	贵港	Guigang	140.7	138.7	137.4	203
邵阳	Shaoyang	111.1	137.7	169.7	179	玉林	Yulin	253.8	294.7	274.9	119
岳阳	Yueyang	241.4	326.8	400.7	78	百色	Baise	145.9	152.9	142.3	196

4-5 商品房销售面积 续表 3
Floor Space Sold of Commercialized Buildings continued 3

单位：万平方米 (10 000 sq.m)

地名	City	2010	2011	2012	2012 排名 Ranking	地名	City	2010	2011	2012	2012 排名 Ranking
贺州	Hezhou	26.7	35.2	43.4	273	丽江	Lijiang	94.2	158.6	188.8	169
河池	Hechi	91.7	67.6	57.8	261	普洱	Puer	121.1	124.8	130.6	207
来宾	Laibin	85.7	116.0	119.6	215	临沧	Lincang	55.5	75.3	61.0	258
崇左	Chongzuo	99.3	122.6	122.3	210	**西藏**	**Tibet**	**19.3**	**19.0**	**22.5**	
海南	**Hainan**	**854.7**	**865.7**	**931.8**		拉萨	Lhasa	11.4	15.7	20.2	283
海口	Haikou	209.8	225.6	266.1	124	**陕西**	**Shaanxi**	**2590.2**	**3051.8**	**2755.6**	
三亚	Sanya	140.8	163.7	180.0	176	西安	Xi'an	1587.8	1778.0	1538.9	4
重庆	**Chongqing**	**4314.4**	**4533.5**	**4522.4**		铜川	Tongchuan	44.0	51.8	26.7	281
四川	**Sichuan**	**6396.9**	**6543.6**	**6455.9**		宝鸡	Baoji	198.4	211.8	220.5	143
成都	Chengdu	2559.3	2704.4	2845.2	1	咸阳	Xianyang	164.5	215.7	139.8	198
自贡	Zigong	201.8	224.7	189.4	167	渭南	Weinan	139.7	243.5	257.2	135
攀枝花	Panzhihua	115.0	85.2	80.8	246	延安	Yan'an	20.3	24.0	41.5	275
泸州	Luzhou	344.3	297.6	306.3	112	汉中	Hanzhong	165.3	216.4	185.0	171
德阳	Deyang	226.6	213.7	199.8	159	榆林	Yulin	92.3	96.8	122.0	211
绵阳	Mianyang	358.1	415.8	309.4	111	安康	Ankang	119.0	133.1	121.7	214
广元	Guangyuan	82.5	93.4	83.7	242	商洛	Shangluo	34.6	43.6	52.9	265
遂宁	Suining	197.0	197.2	200.0	158	**甘肃**	**Gansu**	**756.5**	**838.8**	**978.4**	
内江	Neijiang	261.7	274.5	200.8	157	兰州	Lanzhou	228.2	184.6	214.3	148
乐山	Leshan	256.8	267.7	169.0	180	嘉峪关	Jiayuguan	67.5	74.5	83.1	243
南充	Nanchong	353.7	418.0	426.3	71	金昌	Jinchang	73.1	37.3	41.7	274
眉山	Meishan	192.5	193.6	199.5	160	白银	Baiyin	65.3	68.9	69.0	255
宜宾	Yibin	269.2	279.4	320.0	106	天水	Tianshui	84.3	80.4	98.8	236
广安	Guangan	215.3	201.1	178.4	177	武威	Wuwei	0.9	14.4	27.2	280
达州	Dazhou	286.3	255.2	181.9	175	张掖	Zhangye	44.7	65.0	76.4	249
雅安	Yaan	39.8	42.7	50.4	267	平凉	Pingliang	20.0	32.8	71.0	252
巴中	Bazhong	112.4	98.1	153.4	190	酒泉	Jiuquan	47.0	75.3	90.7	239
资阳	Ziyang	283.5	246.6	329.5	97	庆阳	Qingyang	36.6	45.5	39.4	276
贵州	**Guizhou**	**1731.0**	**1882.1**	**2186.9**		定西	Dingxi	24.9	60.1	56.7	262
贵阳	Guiyang	860.1	828.3	1040.6	16	陇南	Longnan	5.2	7.3	10.3	284
六盘水	Liupanshui	108.0	102.8	119.1	216	**青海**	**Qinghai**	**281.0**	**359.6**	**263.0**	
遵义	Zunyi	207.2	245.3	214.7	147	西宁	Xining	217.1	260.8	169.0	180
安顺	Anshun	75.6	91.9	131.2	206	**宁夏**	**Ningxia**	**936.0**	**846.5**	**804.4**	
毕节	Bijie	82.8	115.3	140.1	197	银川	Yinchuan	536.1	489.0	450.3	65
铜仁	Tongren	91.0	101.6	116.1	221	石嘴山	Shizuishan	123.4	111.6	102.0	232
云南	**Yunnan**	**2959.4**	**3222.9**	**3237.7**		吴忠	Wuzhong	109.8	92.9	104.1	230
昆明	Kunming	1242.5	1115.1	1051.4	15	固原	Guyuan	64.0	55.9	66.3	257
曲靖	Qujing	354.6	506.6	486.4	58	中卫	Zhongwei	102.7	97.0	81.7	245
玉溪	Yuxi	211.0	137.4	171.6	178	**新疆**	**Xinjiang**	**1564.9**	**1728.2**	**1430.3**	
保山	Baoshan	76.6	83.4	82.7	244	乌鲁木齐	Urumqi	476.7	481.8	402.9	77
昭通	Zhaotong	49.3	89.4	138.4	199	克拉玛依	Karamay	59.6	50.4	69.1	254

4-6 商品住宅销售面积
Floor Space Sold of Commercialized Residential Buildings

单位：万平方米 （10 000 sq.m）

地名	City	2010	2011	2012	2012 排名 Ranking
全国	**National Total**	**93376.60**	**96528.41**	**98467.5**	
北京	**Beijing**	**1201.4**	**1035.0**	**1483.4**	
天津	**Tianjin**	**1352.6**	**1365.7**	**1511.4**	
河北	**Hebei**	**4325.1**	**5293.2**	**4622.5**	
石家庄	Shijiazhuang	446.4	783.2	697.1	26
唐山	Tangshan	436.7	595.6	715.0	24
秦皇岛	Qinhuangdao	313.9	310.2	259.4	113
邯郸	Handan	252.2	356.9	401.5	64
邢台	Xingtai	217.9	265.1	198.4	146
保定	Baoding	377.8	445.1	370.5	72
张家口	Zhangjiakou	602.0	705.0	528.8	43
承德	Chengde	296.8	283.2	237.1	124
沧州	Cangzhou	389.9	484.4	304.6	95
廊坊	Langfang	762.7	674.8	651.3	30
衡水	Hengshui	228.7	389.8	258.9	114
山西	**Shanxi**	**1070.5**	**1170.9**	**1390.4**	
太原	Taiyuan	235.5	191.9	309.4	93
大同	Datong	73.4	86.0	99.3	226
阳泉	Yangquan	100.6	99.9	121.5	203
长治	Changzhi	113.9	135.8	150.9	181
晋城	Jincheng	55.3	98.6	68.5	247
朔州	Shuozhou	42.2	69.5	77.6	239
晋中	Jinzhong	109.0	77.1	107.2	218
运城	Yuncheng	157.4	163.6	240.4	122
忻州	Xinzhou	67.1	93.3	63.9	251
临汾	Linfen	60.1	100.7	102.9	223
吕梁	Luliang	56.2	54.5	49.8	263
内蒙古	**Inner Mongolia**	**2569.8**	**2911.2**	**2104.2**	
呼和浩特	Hohhot	394.8	511.1	414.3	63
包头	Baotou	474.0	592.0	314.2	91
乌海	Wuhai	75.4	103.4	100.1	225
赤峰	Chifeng	324.1	404.8	283.0	103
通辽	Tongliao	164.3	227.7	117.4	206
鄂尔多斯	Erdos	448.2	349.4	181.4	160
呼伦贝尔	Hulunbuir	196.9	294.7	326.8	88
巴彦淖尔	Bayannur	166.4	151.7	94.8	231
乌兰察布	Ulanqab	151.8	165.4	63.4	252
辽宁	**Liaoning**	**6013.5**	**6624.1**	**7655.4**	
沈阳	Shenyang	1516.1	1947.8	2201.5	2
大连	Dalian	1126.7	833.4	966.9	11
鞍山	Anshan	512.2	517.1	584.8	37
抚顺	Fushun	197.6	287.8	267.9	112
本溪	Benxi	128.4	242.0	362.1	78
丹东	Dandong	293.0	402.0	437.9	59
锦州	Jinzhou	316.7	365.0	463.5	50
营口	Yingkou	491.1	545.6	555.3	41
阜新	Fuxin	101.2	146.4	149.1	184
辽阳	Liaoyang	159.5	174.6	236.7	125
盘锦	Panjin	239.5	315.8	326.3	89
铁岭	Tieling	414.5	382.7	441.0	56
朝阳	Chaoyang	266.3	322.9	473.2	47
葫芦岛	Huludao	250.7	140.8	189.3	149
吉林	**Jilin**	**2105.3**	**2122.4**	**2159.4**	
长春	Changchun	786.2	785.9	775.2	21
吉林	Jilin	444.7	476.8	598.8	34
四平	Siping	154.4	188.6	164.2	173
辽源	Liaoyuan	80.1	35.9	43.1	270
通化	Tonghua	169.9	154.4	189.1	150
白山	Baishan	99.2	90.5	40.6	272
松原	Songyuan	133.1	113.5	64.5	250
白城	Baicheng	25.4	19.9	17.0	283
黑龙江	**Heilongjiang**	**2385.7**	**2947.8**	**3226.2**	
哈尔滨	Harbin	809.9	885.4	1005.3	10
齐齐哈尔	Qiqihar	198.0	220.2	211.5	137
鸡西	Jixi	47.6	71.9	103.8	222
鹤岗	Hegang	73.8	46.2	25.2	281
双鸭山	Shuangyashan	33.2	58.1	89.8	234
大庆	Daqing	283.3	401.3	443.4	55
伊春	Yichun	72.4	69.7	44.6	267
佳木斯	Jiamusi	201.8	250.7	137.7	187
七台河	Qitaihe	35.4	38.9	32.8	277
牡丹江	Mudanjiang	202.0	197.7	225.8	134
黑河	Heihe	59.3	93.5	127.0	198
绥化	Suihua	338.6	554.7	744.2	22
上海	**Shanghai**	**1685.4**	**1500.0**	**1592.6**	
江苏	**Jiangsu**	**8112.4**	**6767.3**	**7923.4**	

4-6 商品住宅销售面积 续表 1
Floor Space Sold of Commercialized Residential Buildings continued 1

单位：万平方米 （10 000 sq.m）

地名	City	2010	2011	2012	2012 排名 Ranking	地名	City	2010	2011	2012	2012 排名 Ranking
南京	Nanjing	754.8	680.9	876.3	17	池州	Chizhou	129.1	130.7	170.9	169
无锡	Wuxi	880.0	528.9	784.6	20	宣城	Xuancheng	214.0	234.9	216.4	136
徐州	Xuzhou	548.7	575.1	623.8	32	福建	**Fujian**	**2139.3**	**2213.3**	**2742.0**	
常州	Changzhou	775.1	537.9	665.0	29	福州	Fuzhou	531.1	532.0	734.0	23
苏州	Suzhou	1182.9	983.5	1263.1	6	厦门	Xiamen	238.7	272.1	480.3	46
南通	Nantong	664.7	596.0	631.8	31	莆田	Putian	147.9	174.4	172.1	167
连云港	Lianyungang	401.1	355.0	372.1	71	三明	Sanming	195.8	175.9	187.7	153
淮安	Huaian	560.4	483.2	598.9	33	泉州	Quanzhou	395.7	404.3	461.4	51
盐城	Yancheng	490.5	482.8	467.8	49	漳州	Zhangzhou	259.2	299.5	292.9	99
扬州	Yangzhou	582.2	484.1	537.1	42	南平	Nanping	137.6	137.9	153.1	178
镇江	Zhenjiang	300.7	281.6	386.8	68	龙岩	Longyan	107.9	93.4	124.7	201
泰州	Taizhou	464.3	387.6	276.5	106	宁德	Ningde	125.5	123.8	136.0	189
宿迁	Suqian	508.9	390.6	439.7	58	江西	**Jiangxi**	**2265.7**	**2156.8**	**2125.9**	
浙江	**Zhejiang**	**3833.7**	**2757.2**	**3316.2**		南昌	Nanchang	489.3	436.0	595.3	35
杭州	Hangzhou	797.6	597.7	920.3	15	景德镇	Jingdezhen	103.6	108.9	112.7	212
宁波	Ningbo	497.8	342.7	458.7	52	萍乡	Pingxiang	68.0	41.4	35.6	276
温州	Wenzhou	192.5	113.2	181.9	158	九江	Jiujiang	278.5	304.7	189.8	148
嘉兴	Jiaxing	450.3	290.5	368.5	75	新余	Xinyu	145.2	122.8	72.4	242
湖州	Huzhou	314.1	263.3	229.4	131	鹰潭	Yingtan	33.9	61.8	51.9	261
绍兴	Shaoxing	489.1	364.1	394.1	65	赣州	Ganzhou	309.6	263.4	334.6	84
金华	Jinhua	132.0	251.7	279.5	105	吉安	Jian	156.6	97.1	104.1	221
衢州	Quzhou	135.5	59.1	83.4	237	宜春	Yichun	260.4	252.7	201.0	143
舟山	Zhoushan	115.8	113.9	53.2	259	抚州	Fuzhou	215.3	268.2	250.2	116
台州	Taizhou	390.6	278.6	276.0	107	上饶	Shangrao	205.4	199.8	178.2	163
丽水	Lishui	73.0	82.5	71.3	244	山东	**Shandong**	**8448.3**	**8741.2**	**7745.9**	
安徽	**Anhui**	**3604.9**	**3992.0**	**4275.4**		济南	Jinan	477.3	536.8	558.3	40
合肥	Hefei	863.9	1058.4	1117.3	9	青岛	Qingdao	1209.9	917.5	842.5	18
芜湖	Wuhu	285.2	341.5	382.4	70	淄博	Zibo	604.8	654.1	423.1	60
蚌埠	Bengbu	155.6	167.2	243.4	121	枣庄	Zaozhuang	211.3	218.3	210.0	139
淮南	Huainan	202.0	175.8	170.3	170	东营	Dongying	362.6	374.1	343.1	82
马鞍山	Maanshan	118.6	222.6	240.4	122	烟台	Yantai	1039.0	1182.9	963.5	12
淮北	Huaibei	102.4	126.6	110.2	216	潍坊	Weifang	1218.7	1072.7	953.6	14
铜陵	Tongling	77.0	90.1	102.7	224	济宁	Jining	328.2	319.8	453.1	53
安庆	Anqing	249.5	268.2	283.4	102	泰安	Taian	262.3	268.9	288.4	101
黄山	Huangshan	133.4	113.6	114.2	210	威海	Weihai	696.7	720.5	666.9	28
滁州	Chuzhou	251.1	259.6	300.3	98	日照	Rizhao	101.8	133.2	112.2	214
阜阳	Fuyang	176.2	152.0	188.4	152	莱芜	Laiwu	29.7	33.2	59.5	254
宿州	Suzhou	163.0	229.6	248.2	117	临沂	Linyi	429.4	603.4	679.5	27
六安	Liuan	188.9	245.3	235.6	126	德州	Dezhou	431.7	418.6	368.6	74
亳州	Bozhou	62.3	175.9	151.1	180	聊城	Liaocheng	221.6	251.1	228.1	132

4-6 商品住宅销售面积 续表 2
Floor Space Sold of Commercialized Residential Buildings continued 2

单位：万平方米 (10 000 sq.m)

地名	City	2010	2011	2012	2012 排名 Ranking	地名	City	2010	2011	2012	2012 排名 Ranking
滨州	Binzhou	242.2	310.0	351.1	81	常德	Changde	284.2	295.5	243.8	120
菏泽	Heze	581.1	726.0	244.4	119	张家界	Zhangjiajie	71.9	97.9	58.0	256
河南	**Henan**	**5092.5**	**5725.1**	**5455.5**		益阳	Yiyang	173.2	204.9	226.3	133
郑州	Zhengzhou	1428.6	1306.4	1226.2	7	郴州	Chenzhou	215.6	280.7	328.4	87
开封	Kaifeng	139.9	182.1	182.7	157	永州	Yongzhou	213.9	297.4	351.4	79
洛阳	Luoyang	405.4	512.1	440.2	57	怀化	Huaihua	136.2	178.8	301.6	97
平顶山	Pingdingshan	123.8	128.8	133.5	193	娄底	Loudi	160.2	196.8	246.3	118
安阳	Anyang	322.6	401.0	312.8	92	**广东**	**Guangdong**	**6552.8**	**6706.6**	**7157.6**	
鹤壁	Hebi	74.8	99.8	95.8	227	广州	Guangzhou	1111.7	991.7	1128.5	8
新乡	Xinxiang	339.5	425.1	422.0	61	韶关	Shaoguan	219.4	209.2	234.9	127
焦作	Jiaozuo	194.6	167.5	148.0	185	深圳	Shenzhen	413.8	469.4	488.4	44
濮阳	Puyang	142.3	185.5	201.5	142	珠海	Zhuhai	251.0	193.2	230.7	130
许昌	Xuchang	158.7	192.1	199.3	144	汕头	Shantou	157.4	138.8	169.8	171
漯河	Luohe	110.2	152.8	109.0	217	佛山	Foshan	776.3	748.6	705.4	25
三门峡	Sanmenxia	80.0	86.4	95.3	228	江门	Jiangmen	360.5	300.5	330.0	86
南阳	Nanyang	258.7	342.6	334.0	85	湛江	Zhanjiang	139.9	173.6	182.8	156
商丘	Shangqiu	258.4	276.4	351.4	79	茂名	Maoming	186.4	235.9	302.5	96
信阳	Xinyang	373.8	431.1	385.0	69	肇庆	Zhaoqing	314.7	299.5	339.6	83
周口	Zhoukou	231.0	268.1	288.7	100	惠州	Huizhou	593.7	752.4	787.3	19
驻马店	Zhumadian	408.6	497.1	453.1	53	梅州	Meizhou	114.0	130.2	128.2	196
湖北	**Hubei**	**2137.3**	**3788.7**	**3620.1**		汕尾	Shanwei	57.2	64.8	52.6	260
武汉	Wuhan	1091.5	1169.3	1390.5	3	河源	Heyuan	84.7	125.0	123.7	202
黄石	Huangshi	129.2	145.4	149.9	183	阳江	Yangjiang	133.2	163.5	175.8	166
十堰	Shiyan	181.6	157.9	135.6	191	清远	Qingyuan	306.5	341.1	368.9	73
宜昌	Yichang	217.0	323.8	280.8	104	东莞	Dongguan	469.9	540.7	583.4	38
襄阳	Xiangfan	352.6	511.7	468.8	48	中山	ZhongShan	606.6	576.7	594.0	36
鄂州	Ezhou	61.2	63.8	44.1	269	潮州	Chaozhou	62.6	50.7	44.2	268
荆门	Jingmen	157.2	172.2	106.1	220	揭阳	Jieyang	135.1	136.1	107.1	219
孝感	Xiaogan	244.5	281.9	210.2	138	云浮	Yunfu	58.2	65.1	80.1	238
荆州	Jingzhou	134.9	186.0	127.7	197	**广西**	**Guangxi**	**2607.2**	**2749.3**	**2547.0**	
黄冈	Huanggang	157.5	236.5	231.8	129	南宁	Nanning	601.8	612.2	575.5	39
咸宁	Xianning	171.5	210.4	207.2	141	柳州	Liuzhou	273.1	291.6	322.2	90
随州	Suizhou	122.7	104.4	86.9	236	桂林	Guilin	307.2	290.8	305.5	94
湖南	**Hunan**	**4142.6**	**4455.6**	**4664.1**		梧州	Wuzhou	124.6	157.1	131.5	194
长沙	Changsha	1624.0	1385.6	1385.3	4	北海	Beihai	174.1	157.5	131.0	195
株洲	Zhuzhou	445.2	546.9	482.8	45	防城港	Fangchenggang	145.2	233.7	140.1	186
湘潭	Xiangtan	188.7	183.9	181.9	158	钦州	Qinzhou	186.8	123.2	40.1	273
衡阳	Hengyang	264.9	300.3	271.7	111	贵港	Guigang	132.7	130.5	125.7	200
邵阳	Shaoyang	105.2	125.6	159.6	175	玉林	Yulin	26.1	273.2	221.7	135
岳阳	Yueyang	211.7	300.9	365.6	76	百色	Baise	137.1	142.1	135.7	190

4-6 商品住宅销售面积 续表 3
Floor Space Sold of Commercialized Residential Buildings continued 3

单位：万平方米 （10 000 sq.m）

地名	City	2010	2011	2012	2012 排名 Ranking	地名	City	2010	2011	2012	2012 排名 Ranking
贺州	Hezhou	21.9	35.0	38.6	275	丽江	Lijiang	88.0	147.0	150.6	182
河池	Hechi	83.5	64.8	53.7	258	普洱	Puer	106.4	111.9	90.4	233
来宾	Laibin	78.0	112.5	112.3	213	临沧	Lincang	50.1	65.5	46.8	264
崇左	Chongzuo	95.7	114.6	117.6	205	**西藏**	**Tibet**	**18.8**	**18.0**	**20.6**	
海南	**Hainan**	**834.2**	**819.0**	**898.3**		拉萨	Lhasa	11.1	15.4	18.4	282
海口	Haikou	199.7	196.8	250.6	115	**陕西**	**Shaanxi**	**2471.9**	**2874.5**	**2530.8**	
三亚	Sanya	140.8	162.4	178.0	164	西安	Xi'an	1523.2	1674.9	1383.9	5
重庆	**Chongqing**	**3986.3**	**4063.4**	**4105.1**		铜川	Tongchuan	44.0	51.7	25.9	280
四川	**Sichuan**	**5849.3**	**5826.5**	**5679.3**		宝鸡	Baoji	193.3	205.1	209.6	140
成都	Chengdu	2289.9	2311.2	2427.7	1	咸阳	Xianyang	159.3	213.4	136.8	188
自贡	Zigong	188.0	216.0	180.8	161	渭南	Weinan	127.9	211.9	233.5	128
攀枝花	Panzhihua	108.2	78.8	76.3	240	延安	Yan'an	20.2	21.4	39.7	274
泸州	Luzhou	312.8	257.0	272.3	110	汉中	Hanzhong	157.8	205.1	176.9	165
德阳	Deyang	205.1	193.0	171.9	168	榆林	Yulin	84.6	88.1	113.0	211
绵阳	Mianyang	340.2	395.0	272.7	109	安康	Ankang	107.2	124.4	117.1	207
广元	Guangyuan	70.5	77.8	70.0	245	商洛	Shangluo	32.0	42.0	45.7	266
遂宁	Suining	189.5	181.2	180.2	162	**甘肃**	**Gansu**	**692.1**	**758.2**	**893.4**	
内江	Neijiang	246.9	259.2	187.3	154	兰州	Lanzhou	206.8	164.2	198.7	145
乐山	Leshan	242.3	245.4	155.8	177	嘉峪关	Jiayuguan	64.2	68.2	66.8	248
南充	Nanchong	332.4	393.3	389.1	66	金昌	Jinchang	70.2	35.5	41.0	271
眉山	Meishan	180.4	180.9	185.9	155	白银	Baiyin	61.4	64.6	57.0	257
宜宾	Yibin	242.0	238.7	274.1	108	天水	Tianshui	79.0	70.8	95.2	230
广安	Guangan	196.4	184.3	163.9	174	武威	Wuwei	0.9	12.1	26.6	279
达州	Dazhou	266.3	232.7	169.1	172	张掖	Zhangye	42.0	60.7	71.8	243
雅安	Yaan	37.2	42.0	45.9	265	平凉	Pingliang	12.4	30.9	66.8	248
巴中	Bazhong	102.5	91.0	135.4	192	酒泉	Jiuquan	39.9	66.8	87.3	235
资阳	Ziyang	261.9	218.5	190.9	147	庆阳	Qingyang	33.3	34.0	29.4	278
贵州	**Guizhou**	**1596.0**	**1698.5**	**2002.4**		定西	Dingxi	22.8	57.4	49.9	262
贵阳	Guiyang	441.9	733.7	963.3	13	陇南	Longnan	4.1	4.1	8.9	284
六盘水	Liupanshui	98.9	94.0	115.5	208	**青海**	**Qinghai**	**266.4**	**342.6**	**246.9**	
遵义	Zunyi	193.4	219.1	189.1	150	西宁	Xining	206.8	250.3	159.5	176
安顺	Anshun	71.2	86.1	115.5	208	**宁夏**	**Ningxia**	**816.8**	**705.1**	**707.6**	
毕节	Bijie	77.2	104.8	119.7	204	银川	Yinchuan	456.2	384.0	388.3	67
铜仁	Tongren	85.7	89.6	110.3	215	石嘴山	Shizuishan	110.8	99.1	91.5	232
云南	**Yunnan**	**2659.0**	**2829.6**	**2789.7**		吴忠	Wuzhong	101.4	88.0	95.3	228
昆明	Kunming	1097.4	928.3	917.7	16	固原	Guyuan	52.1	46.7	59.4	255
曲靖	Qujing	327.9	464.9	421.3	62	中卫	Zhongwei	96.3	87.3	73.0	241
玉溪	Yuxi	204.6	127.5	152.3	179	**新疆**	**Xinjiang**	**1450.0**	**1570.6**	**1274.8**	
保山	Baoshan	71.3	70.4	69.6	246	乌鲁木齐	Urumqi	437.5	436.2	363.7	77
昭通	Zhaotong	40.6	75.6	125.9	199	克拉玛依	Karamay	55.5	47.7	62.8	253

5

财　政

Government Finance

5-1 公共财政预算收入
Public Budgetary Revenue

单位：亿元 （100 million yuan）

地名	City	2010	2011	2012	2012 排名 Ranking
地方合计	**Region Total**	**40613.04**	**52547.11**	**61078.29**	
北京	**Beijing**	**2353.93**	**3006.28**	**3314.93**	
天津	**Tianjin**	**1068.81**	**1455.13**	**1760.02**	
河北	**Hebei**	**1331.85**	**1737.77**	**2084.28**	
石家庄	Shijiazhuang	163.63	221.23	272.28	35
唐山	Tangshan	195.84	255.56	301.09	32
秦皇岛	Qinhuangdao	72.02	86.64	108.66	109
邯郸	Handan	115.90	158.95	184.65	60
邢台	Xingtai	57.10	70.58	85.61	135
保定	Baoding	91.03	128.59	159.93	70
张家口	Zhangjiakou	62.45	82.99	106.56	114
承德	Chengde	54.84	71.10	82.51	147
沧州	Cangzhou	91.30	116.49	142.58	77
廊坊	Langfang	105.86	140.25	172.15	63
衡水	Hengshui	27.97	37.25	50.73	213
山西	**Shanxi**	**969.67**	**1213.43**	**1516.38**	
太原	Taiyuan	138.48	174.72	215.67	50
大同	Datong	55.18	64.64	80.30	149
阳泉	Yangquan	37.69	46.64	56.88	192
长治	Changzhi	77.90	104.41	133.49	91
晋城	Jincheng	55.49	67.92	82.91	145
朔州	Shuozhou	55.75	70.92	84.25	140
晋中	Jinzhong	64.75	78.04	99.23	124
运城	Yuncheng	35.54	40.82	41.54	226
忻州	Xinzhou	42.34	53.57	65.17	173
临汾	Linfen	75.44	89.11	110.78	106
吕梁	Luliang	72.96	100.51	141.95	78
内蒙古	**Inner Mongolia**	**1069.98**	**1356.67**	**1552.75**	
呼和浩特	Hohhot	126.76	151.43	178.64	62
包头	Baotou	139.18	161.86	185.76	59
乌海	Wuhai	33.66	40.50	54.41	204
赤峰	Chifeng	56.33	61.78	74.56	158
通辽	Tongliao	64.83	73.25	89.17	131
鄂尔多斯	Erdos	239.08	346.18	375.51	24
呼伦贝尔	Hulunbuir	55.98	64.91	79.36	150
巴彦淖尔	Bayannur	38.28	42.72	49.61	215
乌兰察布	Ulanqab	17.33	23.47	34.80	241
辽宁	**Liaoning**	**2004.84**	**2643.15**	**3105.38**	
沈阳	Shenyang	465.35	620.12	715.04	10
大连	Dalian	500.83	651.13	750.11	7
鞍山	Anshan	180.03	207.02	234.39	44
抚顺	Fushun	81.25	106.50	130.15	95
本溪	Benxi	74.60	102.43	123.52	97
丹东	Dandong	80.24	103.82	127.97	96
锦州	Jinzhou	81.07	103.67	131.50	94
营口	Yingkou	100.11	140.24	170.22	65
阜新	Fuxin	30.07	50.14	64.03	177
辽阳	Liaoyang	76.48	100.17	110.21	108
盘锦	Panjin	80.59	112.28	140.22	83
铁岭	Tieling	80.08	105.02	114.62	102
朝阳	Chaoyang	66.25	86.92	107.09	112
葫芦岛	Huludao	55.94	70.31	83.98	141
吉林	**Jilin**	**602.41**	**850.10**	**1041.25**	
长春	Changchun	180.85	288.63	340.80	29
吉林	Jilin	73.19	101.95	119.03	100
四平	Siping	27.90	38.90	56.58	195
辽源	Liaoyuan	17.06	18.86	23.87	262
通化	Tonghua	34.02	48.13	64.43	176
白山	Baishan	25.27	35.53	43.63	221
松原	Songyuan	30.97	42.67	58.00	189
白城	Baicheng	18.01	24.57	31.03	250
黑龙江	**Heilongjiang**	**755.58**	**997.55**	**1163.17**	
哈尔滨	Harbin	238.14	300.32	354.72	28
齐齐哈尔	Qiqihar	51.36	70.08	55.01	202
鸡西	Jixi	25.98	35.23	43.27	222
鹤岗	Hegang	15.49	22.18	27.14	258
双鸭山	Shuangyashan	20.61	26.85	32.16	248
大庆	Daqing	95.90	131.93	140.33	81
伊春	Yichun	8.32	10.03	12.38	283
佳木斯	Jiamusi	20.85	31.48	39.83	231
七台河	Qitaihe	23.32	20.38	21.79	267
牡丹江	Mudanjiang	42.82	60.77	79.31	151
黑河	Heihe	15.04	18.44	21.20	271
绥化	Suihua	28.53	42.04	55.43	200
上海	**Shanghai**	**2873.58**	**3429.83**	**3743.71**	
江苏	**Jiangsu**	**4079.86**	**5148.92**	**5860.69**	

5-1 公共财政预算收入 续表 1
Public Budgetary Revenue continued 1

单位：亿元 （100 million yuan）

地名	City	2010	2011	2012	2012 排名 Ranking
南京	Nanjing	518.80	635.00	733.02	8
无锡	Wuxi	511.89	615.00	658.03	12
徐州	Xuzhou	222.16	318.42	366.76	25
常州	Changzhou	286.18	350.88	378.99	22
苏州	Suzhou	900.55	1100.88	1204.33	2
南通	Nantong	290.81	373.69	419.72	16
连云港	Lianyungang	141.39	180.08	208.94	55
淮安	Huaian	141.43	204.63	233.61	45
盐城	Yancheng	191.35	269.04	312.78	30
扬州	Yangzhou	167.78	218.08	225.00	47
镇江	Zhenjiang	138.10	181.90	215.48	51
泰州	Taizhou	170.80	218.00	223.62	48
宿迁	Suqian	89.57	120.98	158.13	74
浙江	**Zhejiang**	**2608.47**	**3150.80**	**3441.23**	
杭州	Hangzhou	671.34	785.15	859.99	4
宁波	Ningbo	530.93	657.55	725.50	9
温州	Wenzhou	228.49	270.87	289.64	34
嘉兴	Jiaxing	176.83	226.40	257.73	37
湖州	Huzhou	97.27	122.12	138.55	86
绍兴	Shaoxing	193.23	239.69	265.76	36
金华	Jinhua	155.93	185.77	214.89	52
衢州	Quzhou	46.98	57.57	63.42	179
舟山	Zhoushan	61.04	76.48	85.56	136
台州	Taizhou	164.88	200.12	220.42	49
丽水	Lishui	44.94	57.36	64.61	175
安徽	**Anhui**	**1149.40**	**1463.56**	**1792.72**	
合肥	Hefei	259.43	338.51	389.50	18
芜湖	Wuhu	94.84	139.97	178.91	61
蚌埠	Bengbu	42.90	61.36	164.72	68
淮南	Huainan	51.81	71.38	166.20	67
马鞍山	Maanshan	69.88	91.44	210.60	53
淮北	Huaibei	29.60	38.07	51.85	211
铜陵	Tongling	34.73	45.36	63.60	178
安庆	Anqing	50.57	72.39	170.27	64
黄山	Huangshan	30.79	45.50	56.32	197
滁州	Chuzhou	50.53	73.86	96.94	125
阜阳	Fuyang	41.18	55.73	69.31	166
宿州	Suzhou	26.15	38.96	53.30	206
六安	Liuan	42.70	56.76	69.53	164
亳州	Bozhou	23.30	34.04	85.12	138

地名	City	2010	2011	2012	2012 排名 Ranking
池州	Chizhou	31.21	40.99	52.37	209
宣城	Xuancheng	49.83	68.36	86.94	133
福建	**Fujian**	**1151.49**	**1501.51**	**1776.17**	
福州	Fuzhou	247.82	320.04	382.02	20
厦门	Xiamen	289.17	380.50	432.27	15
莆田	Putian	47.63	63.93	77.45	154
三明	Sanming	49.64	64.54	77.44	155
泉州	Quanzhou	181.53	242.09	293.46	33
漳州	Zhangzhou	88.57	112.09	131.71	93
南平	Nanping	38.59	48.68	59.18	186
龙岩	Longyan	66.75	84.28	101.51	123
宁德	Ningde	40.51	54.30	70.64	161
江西	**Jiangxi**	**778.09**	**1053.43**	**1371.99**	
南昌	Nanchang	146.47	187.03	240.14	42
景德镇	Jingdezhen	38.76	51.09	66.64	170
萍乡	Pingxiang	41.11	58.49	74.09	159
九江	Jiujiang	71.06	101.03	141.87	79
新余	Xinyu	49.99	69.43	83.23	143
鹰潭	Yingtan	29.51	38.82	58.83	188
赣州	Ganzhou	79.01	110.05	141.28	80
吉安	Jian	57.10	76.81	103.50	121
宜春	Yichun	66.30	92.34	132.43	92
抚州	Fuzhou	55.43	75.99	87.25	132
上饶	Shangrao	72.56	95.58	134.16	90
山东	**Shandong**	**2749.38**	**3455.93**	**4059.43**	
济南	Jinan	266.13	324.93	380.82	21
青岛	Qingdao	452.61	566.14	670.18	11
淄博	Zibo	162.40	203.59	236.28	43
枣庄	Zaozhuang	76.71	100.12	116.37	101
东营	Dongying	104.88	135.27	158.71	72
烟台	Yantai	237.80	303.19	357.36	26
潍坊	Weifang	202.43	253.92	306.12	31
济宁	Jining	169.25	207.10	245.63	40
泰安	Taian	116.95	138.12	158.85	71
威海	Weihai	118.27	136.44	158.40	73
日照	Rizhao	55.61	68.50	78.86	152
莱芜	Laiwu	35.32	39.23	42.02	224
临沂	Linyi	115.48	141.26	170.07	66
德州	Dezhou	72.91	95.06	120.24	98
聊城	Liaocheng	70.50	96.56	104.49	116

5-1 公共财政预算收入 续表 2
Public Budgetary Revenue continued 2

单位：亿元 （100 million yuan）

地名	City	2010	2011	2012	2012 排名 Ranking
滨州	Binzhou	103.99	130.76	150.46	76
菏泽	Heze	84.69	111.59	140.30	82
河南	**Henan**	**1381.32**	**1721.76**	**2040.33**	
郑州	Zhengzhou	386.80	502.32	606.65	13
开封	Kaifeng	37.03	49.05	61.92	181
洛阳	Luoyang	142.02	178.27	205.26	56
平顶山	Pingdingshan	80.58	95.30	107.36	111
安阳	Anyang	65.05	77.36	83.57	142
鹤壁	Hebi	22.15	28.02	32.66	245
新乡	Xinxiang	70.46	90.73	108.35	110
焦作	Jiaozuo	63.34	74.51	85.13	137
濮阳	Puyang	30.17	39.02	48.09	217
许昌	Xuchang	57.45	74.17	90.37	129
漯河	Luohe	26.13	33.69	41.61	225
三门峡	Sanmenxia	49.74	57.61	68.62	169
南阳	Nanyang	69.07	87.10	103.65	120
商丘	Shangqiu	43.00	56.44	70.19	163
信阳	Xinyang	34.10	44.33	55.46	199
周口	Zhoukou	38.31	48.72	60.13	184
驻马店	Zhumadian	36.44	47.10	58.91	187
湖北	**Hubei**	**1011.23**	**1526.90**	**1823.05**	
武汉	Wuhan	390.19	673.26	828.58	5
黄石	Huangshi	34.10	53.84	65.64	171
十堰	Shiyan	43.77	66.71	76.93	156
宜昌	Yichang	70.24	113.98	153.24	75
襄阳	Xiangfan	51.01	97.41	139.85	84
鄂州	Ezhou	15.66	26.31	32.58	246
荆门	Jingmen	23.25	39.39	50.69	214
孝感	Xiaogan	34.20	51.58	69.50	165
荆州	Jingzhou	27.60	44.33	56.76	193
黄冈	Huanggang	38.98	51.61	62.92	180
咸宁	Xianning	23.34	35.56	45.82	219
随州	Suizhou	9.53	17.07	22.99	264
湖南	**Hunan**	**1081.69**	**1517.07**	**1782.16**	
长沙	Changsha	314.28	425.78	490.65	14
株洲	Zhuzhou	78.04	109.22	135.43	88
湘潭	Xiangtan	47.38	64.69	84.78	139
衡阳	Hengyang	75.89	104.06	135.51	87
邵阳	Shaoyang	31.53	40.97	53.66	205
岳阳	Yueyang	51.90	73.63	90.48	128
常德	Changde	70.02	93.89	106.73	113
张家界	Zhangjiajie	14.31	18.33	22.62	265
益阳	Yiyang	24.50	33.91	43.87	220
郴州	Chenzhou	62.71	95.01	119.68	99
永州	Yongzhou	33.01	45.67	59.47	185
怀化	Huaihua	35.67	47.54	69.07	168
娄底	Loudi	30.01	39.56	51.83	212
广东	**Guangdong**	**4515.72**	**5514.84**	**6229.18**	
广州	Guangzhou	872.65	979.48	1102.40	3
韶关	Shaoguan	47.81	53.91	61.48	182
深圳	Shenzhen	1106.82	1339.57	1482.08	1
珠海	Zhuhai	124.53	143.41	162.60	69
汕头	Shantou	72.65	85.58	96.34	126
佛山	Foshan	306.05	341.73	384.08	19
江门	Jiangmen	104.29	119.17	135.03	89
湛江	Zhanjiang	66.23	80.03	92.09	127
茂名	Maoming	51.95	66.12	78.12	153
肇庆	Zhaoqing	76.80	92.23	103.81	118
惠州	Huizhou	131.23	162.83	200.88	58
梅州	Meizhou	38.95	46.89	56.27	198
汕尾	Shanwei	26.23	32.71	41.09	228
河源	Heyuan	25.09	31.37	37.64	235
阳江	Yangjiang	26.77	34.95	43.12	223
清远	Qingyuan	72.79	84.31	86.87	134
东莞	Dongguan	277.84	313.06	356.32	27
中山	ZhongShan	139.38	183.22	201.89	57
潮州	Chaozhou	23.25	27.27	31.93	249
揭阳	Jieyang	38.65	46.35	56.70	194
云浮	Yunfu	23.54	29.80	36.76	237
广西	**Guangxi**	**771.99**	**947.72**	**1166.06**	
南宁	Nanning	156.10	186.29	229.72	46
柳州	Liuzhou	74.64	89.45	113.55	103
桂林	Guilin	67.08	80.75	106.01	115
梧州	Wuzhou	32.42	44.91	73.83	160
北海	Beihai	17.22	37.06	41.13	227
防城港	Fangchenggang	22.69	28.30	35.55	239
钦州	Qinzhou	22.36	25.57	33.58	242
贵港	Guigang	21.44	21.69	26.57	260
玉林	Yulin	36.84	48.94	65.57	172
百色	Baise	33.86	39.69	56.58	195

5-1 公共财政预算收入 续表 3
Public Budgetary Revenue continued 3

单位：亿元 （100 million yuan）

地名	City	2010	2011	2012	2012 排名 Ranking
贺州	Hezhou	12.13	14.02	19.21	275
河池	Hechi	22.95	23.36	22.17	266
来宾	Laibin	24.94	25.10	32.21	247
崇左	Chongzuo	26.16	30.23	39.49	232
海南	**Hainan**	**270.99**	**340.12**	**409.44**	
海口	Haikou	50.37	60.93	210.43	54
三亚	Sanya	42.22	50.23	60.25	183
重庆	**Chongqing**	**586.71**	**1488.33**	**1703.49**	
四川	**Sichuan**	**1561.67**	**2044.79**	**2421.27**	
成都	Chengdu	526.94	680.69	780.90	6
自贡	Zigong	21.84	29.14	32.99	243
攀枝花	Panzhihua	38.78	49.48	57.20	191
泸州	Luzhou	47.59	65.40	82.79	146
德阳	Deyang	45.80	67.09	75.53	157
绵阳	Mianyang	45.21	65.65	80.40	148
广元	Guangyuan	16.73	22.77	26.84	259
遂宁	Suining	17.77	24.01	28.45	257
内江	Neijiang	20.39	25.31	30.93	251
乐山	Leshan	45.77	60.20	70.40	162
南充	Nanchong	32.26	43.29	52.87	208
眉山	Meishan	24.69	34.05	48.81	216
宜宾	Yibin	55.65	67.23	82.97	144
广安	Guangan	21.28	27.78	32.80	244
达州	Dazhou	30.59	41.15	52.04	210
雅安	Yaan	15.65	21.65	30.22	252
巴中	Bazhong	7.82	12.74	20.06	274
资阳	Ziyang	24.47	32.47	40.73	229
贵州	**Guizhou**	**533.73**	**773.08**	**1014.05**	
贵阳	Guiyang	136.30	187.09	241.19	41
六盘水	Liupanshui	49.29	70.40	103.50	121
遵义	Zunyi	57.59	84.62	113.00	105
安顺	Anshun	19.84	26.51	37.50	236
毕节	Bijie	62.11	80.76	110.43	107
铜仁	Tongren	18.16	28.39	36.57	238
云南	**Yunnan**	**871.19**	**1111.16**	**1338.15**	
昆明	Kunming	253.83	317.69	378.40	23
曲靖	Qujing	72.43	88.31	103.83	117
玉溪	Yuxi	64.73	77.25	90.22	130
保山	Baoshan	21.40	28.20	35.55	239
昭通	Zhaotong	25.62	32.59	39.47	233
丽江	Lijiang	16.46	26.26	38.01	234
普洱	Puer	30.86	39.29	47.90	218
临沧	Lincang	14.51	21.39	30.22	252
西藏	**Tibet**	**32.00**	**54.76**	**86.58**	
拉萨	Lhasa	15.02	23.43	40.38	230
陕西	**Shaanxi**	**958.21**	**1500.18**	**1600.69**	
西安	Xi'an	241.86	318.55	396.96	17
铜川	Tongchuan	13.75	18.89	21.00	273
宝鸡	Baoji	38.78	51.44	64.85	174
咸阳	Xianyang	43.48	58.56	69.17	167
渭南	Weinan	34.00	44.30	55.06	201
延安	Yan'an	105.19	120.73	139.26	85
汉中	Hanzhong	18.62	23.55	30.09	254
榆林	Yulin	125.54	180.25	249.06	39
安康	Ankang	13.23	17.34	21.66	268
商洛	Shangluo	12.01	16.49	21.50	269
甘肃	**Gansu**	**353.58**	**450.12**	**520.40**	
兰州	Lanzhou	72.76	86.49	103.73	119
嘉峪关	Jiayuguan	8.34	11.01	12.85	281
金昌	Jinchang	10.22	11.38	13.32	279
白银	Baiyin	11.84	17.12	24.09	261
天水	Tianshui	14.39	18.63	23.05	263
武威	Wuwei	6.43	10.17	14.50	278
张掖	Zhangye	7.58	10.27	12.66	282
平凉	Pingliang	17.32	28.59	21.39	270
酒泉	Jiuquan	11.91	16.50	21.18	272
庆阳	Qingyang	30.02	44.34	53.11	207
定西	Dingxi	7.25	10.00	13.11	280
陇南	Longnan	15.32	13.06	16.01	276
青海	**Qinghai**	**110.22**	**151.81**	**186.42**	
西宁	Xining	34.52	45.25	54.77	203
宁夏	**Ningxia**	**153.55**	**219.98**	**263.96**	
银川	Yinchuan	64.04	96.62	113.13	104
石嘴山	Shizuishan	21.65	26.38	29.79	255
吴忠	Wuzhong	15.67	21.91	28.74	256
固原	Guyuan	5.26	7.98	10.33	284
中卫	Zhongwei	8.50	12.45	14.74	277
新疆	**Xinjiang**	**500.58**	**720.43**	**908.97**	
乌鲁木齐	Urumqi	147.99	206.20	252.01	38
克拉玛依	Karamay	42.43	50.97	57.26	190

5-2 人均公共财政预算收入
Per Capita General Budgetary Revenue

单位：元/人 （yuan/person）

地名	City	2010	2011	2012	2012 排名 Ranking	地名	City	2010	2011	2012	2012 排名 Ranking
全国平均	**National Average**	**3036.0**	**3909.4**	**4522.0**		沈阳	Shenyang	6480.5	8598.4	9880.3	23
北京	**Beijing**	**12668.4**	**15103.1**	**16217.9**		大连	Dalian	8552.1	11083.1	12726.7	12
天津	**Tianjin**	**8476.5**	**10965.6**	**12716.9**		鞍山	Anshan	5115.8	5886.3	6677.8	44
河北	**Hebei**	**1873.3**	**2407.7**	**2869.1**		抚顺	Fushun	3663.9	4829.9	5924.0	51
石家庄	Shijiazhuang	1664.1	2227.4	2719.3	137	本溪	Benxi	4812.0	6629.8	8031.2	30
唐山	Tangshan	2666.5	3472.3	4072.1	79	丹东	Dandong	3315.7	4304.3	5314.4	60
秦皇岛	Qinhuangdao	2502.7	2996.9	3740.4	95	锦州	Jinzhou	2621.3	3362.6	4268.0	76
邯郸	Handan	1215.9	1635.8	1871.8	183	营口	Yingkou	4254.7	5955.0	7234.2	36
邢台	Xingtai	787.2	960.9	1193.7	230	阜新	Fuxin	1563.5	2608.7	3338.4	105
保定	Baoding	786.0	1107.7	1371.1	216	辽阳	Liaoyang	4170.1	5476.8	6075.5	48
张家口	Zhangjiakou	1345.5	1778.2	2277.4	155	盘锦	Panjin	6169.3	8557.9	10786.2	16
承德	Chengde	1472.5	1903.1	2196.8	159	铁岭	Tieling	2620.4	3443.3	3775.4	92
沧州	Cangzhou	1260.7	1589.4	1927.8	179	朝阳	Chaoyang	1943.4	2555.7	3142.3	111
廊坊	Langfang	2543.6	3323.5	4011.9	82	葫芦岛	Huludao	1983.6	2497.7	2991.8	118
衡水	Hengshui	638.2	844.9	1147.7	233	吉林	**Jilin**	**2196.1**	**3093.5**	**3033.8**	
山西	**Shanxi**	**2771.2**	**3386.2**	**4209.8**		长春	Changchun	2386.8	3796.3	4488.3	72
太原	Taiyuan	3790.8	4782.9	5902.3	52	吉林	Jilin	1686.0	2350.7	2755.3	133
大同	Datong	1743.1	2031.4	2516.5	141	四平	Siping	821.0	1141.4	1670.5	195
阳泉	Yangquan	2887.7	3557.6	4315.6	74	辽源	Liaoyuan	1378.4	1530.8	1951.8	176
长治	Changzhi	2356.5	3120.4	3982.4	83	通化	Tonghua	1502.2	2128.7	2859.7	124
晋城	Jincheng	2564.5	3131.4	3805.0	91	白山	Baishan	1955.7	2762.8	3403.3	104
朔州	Shuozhou	3523.6	4116.1	4869.9	66	松原	Songyuan	1070.9	1465.8	1993.1	173
晋中	Jinzhong	2020.4	2393.1	3061.7	114	白城	Baicheng	887.6	1212.7	1541.5	203
运城	Yuncheng	705.6	792.2	801.8	262	黑龙江	**Heilongjiang**	**1973.5**	**2602.2**	**3033.8**	
忻州	Xinzhou	1378.1	1734.8	2101.6	164	哈尔滨	Harbin	2401.1	3025.6	3570.8	99
临汾	Linfen	1725.6	2031.2	2560.2	139	齐齐哈尔	Qiqihar	901.3	1234.5	976.7	244
吕梁	Luliang	1959.3	2784.2	3773.3	93	鸡西	Jixi	1373.2	1865.0	2327.6	152
内蒙古	**Inner Mongolia**	**4373.8**	**5477.1**	**6246.0**		鹤岗	Hegang	1417.7	2034.9	2496.8	143
呼和浩特	Hohhot	5548.2	6558.3	7797.5	33	双鸭山	Shuangyashan	1363.2	1773.4	2132.6	162
包头	Baotou	6335.0	7330.6	8345.0	29	大庆	Daqing	3449.6	4832.6	5017.2	63
乌海	Wuhai	6665.3	7527.9	9983.5	21	伊春	Yichun	654.0	792.9	987.2	242
赤峰	Chifeng	1299.5	1433.4	1727.5	188	佳木斯	Jiamusi	824.0	1248.2	1656.1	196
通辽	Tongliao	2033.7	2293.4	2787.4	131	七台河	Qitaihe	2512.7	2196.1	2355.7	150
鄂尔多斯	Erdos	15840.5	22581.9	24210.8	2	牡丹江	Mudanjiang	1579.9	2267.5	3049.2	115
呼伦贝尔	Hulunbuir	2061.7	2396.1	2956.8	119	黑河	Heihe	864.7	1060.4	1236.2	225
巴彦淖尔	Bayannur	2191.6	2419.0	2806.0	130	绥化	Suihua	489.3	719.7	956.5	247
乌兰察布	Ulanqab	601.1	814.9	1208.8	229	上海	**Shanghai**	**13609.5**	**14752.0**	**15839.7**	
辽宁	**Liaoning**	**4612.2**	**6036.2**	**7080.2**		江苏	**Jiangsu**	**5233.6**	**6530.8**	**7409.7**	

5-2 人均公共财政预算收入 续表 1
Per Capita General Budgetary Revenue continued 1

单位：元/人 （yuan/person）

地名	City	2010	2011	2012	2012 排名 Ranking
南京	Nanjing	8220.6	10009.5	11500.2	15
无锡	Wuxi	10982.4	13160.7	14030.5	8
徐州	Xuzhou	2301.6	3266.5	3728.8	96
常州	Changzhou	7942.6	9698.2	10417.5	18
苏州	Suzhou	14171.4	17201.3	18668.9	5
南通	Nantong	3812.5	4891.9	5486.5	59
连云港	Lianyungang	2861.1	3590.8	4112.2	78
淮安	Huaian	2636.4	3782.4	4286.4	75
盐城	Yancheng	2350.0	3287.4	3807.0	90
扬州	Yangzhou	3655.7	4745.0	4899.8	65
镇江	Zhenjiang	5109.3	6704.8	7933.7	32
泰州	Taizhou	3386.8	4309.2	4413.3	73
宿迁	Suqian	1648.2	2196.8	2835.4	127
浙江	**Zhejiang**	**4911.1**	**5776.0**	**6291.1**	
杭州	Hangzhou	9782.7	11339.5	12319.0	14
宁波	Ningbo	9273.1	11431.7	12571.5	13
温州	Wenzhou	2918.3	3417.5	3623.7	98
嘉兴	Jiaxing	5191.7	6614.1	7496.5	34
湖州	Huzhou	3747.4	4687.9	5304.4	61
绍兴	Shaoxing	4408.4	5453.7	6034.5	49
金华	Jinhua	3352.1	3970.3	4573.1	70
衢州	Quzhou	1875.1	2285.4	2509.7	142
舟山	Zhoushan	6307.7	7892.7	8811.5	25
台州	Taizhou	2838.8	3420.9	3742.9	94
丽水	Lishui	1738.4	2245.0	2466.0	144
安徽	**Anhui**	**1902.8**	**2454.6**	**2998.9**	
合肥	Hefei	5260.2	4797.5	5499.1	56
芜湖	Wuhu	4127.1	3637.5	4654.3	69
蚌埠	Bengbu	1186.9	1686.6	4493.2	71
淮南	Huainan	2129.9	2915.8	6792.0	41
马鞍山	Maanshan	5421.3	4007.0	9216.6	24
淮北	Huaibei	1354.7	1725.0	2355.7	149
铜陵	Tongling	4693.2	6121.5	8571.4	27
安庆	Anqing	821.3	1173.1	2748.5	134
黄山	Huangshan	2075.8	3072.2	3813.1	89
滁州	Chuzhou	1121.6	1634.4	2142.3	160
阜阳	Fuyang	409.3	547.0	671.1	275
宿州	Suzhou	409.5	603.4	819.4	260
六安	Liuan	605.4	802.6	979.4	243
亳州	Bozhou	389.1	565.0	1399.1	212

地名	City	2010	2011	2012	2012 排名 Ranking
池州	Chizhou	1948.2	2547.5	3238.7	107
宣城	Xuancheng	1792.0	2451.1	3110.6	112
福建	**Fujian**	**3147.7**	**4051.0**	**4756.8**	
福州	Fuzhou	3860.7	4941.2	5856.5	54
厦门	Xiamen	16190.9	20826.5	22980.9	3
莆田	Putian	1481.2	1967.1	2362.0	148
三明	Sanming	1825.7	2364.1	2828.3	128
泉州	Quanzhou	2657.6	3521.8	4245.0	77
漳州	Zhangzhou	1870.4	2346.0	2738.8	135
南平	Nanping	1236.9	1551.8	1887.1	181
龙岩	Longyan	2266.2	2853.1	3424.8	103
宁德	Ningde	1199.7	1598.5	2070.3	166
江西	**Jiangxi**	**1750.7**	**2354.0**	**3051.6**	
南昌	Nanchang	2930.6	3713.9	4699.4	68
景德镇	Jingdezhen	2397.2	3117.1	4024.2	81
萍乡	Pingxiang	2192.4	3091.4	3871.0	87
九江	Jiujiang	1437.1	2019.8	2806.5	129
新余	Xinyu	4264.3	5849.2	6941.6	39
鹰潭	Yingtan	2441.5	3213.6	4782.9	67
赣州	Ganzhou	875.8	1205.6	1531.5	204
吉安	Jian	1160.4	1541.4	2055.6	167
宜春	Yichun	1196.9	1641.9	2323.3	153
抚州	Fuzhou	1380.4	1862.5	2212.8	158
上饶	Shangrao	988.2	1282.4	2022.6	171
山东	**Shandong**	**2886.6**	**3595.2**	**4201.9**	
济南	Jinan	4408.5	5367.2	6264.5	46
青岛	Qingdao	5929.8	7400.5	8726.3	26
淄博	Zibo	3849.4	4811.9	5575.3	55
枣庄	Zaozhuang	1972.4	2540.5	2949.8	120
东营	Dongying	5677.5	7296.1	8546.6	28
烟台	Yantai	3649.6	4653.7	5489.4	58
潍坊	Weifang	2324.6	2899.6	3485.8	100
济宁	Jining	2021.7	2450.9	2900.0	122
泰安	Taian	2101.9	2473.9	2840.7	126
威海	Weihai	4669.4	5378.0	6243.6	47
日照	Rizhao	1938.7	2374.4	2732.5	136
莱芜	Laiwu	2741.0	3093.8	3319.1	106
临沂	Linyi	1149.3	1311.8	1571.2	201
德州	Dezhou	1279.8	1658.7	2084.6	165
聊城	Liaocheng	1186.4	1606.9	1743.5	187

5-2 人均公共财政预算收入 续表 2
Per Capita General Budgetary Revenue continued 2

单位：元/人 （yuan/person）

地名	City	2010	2011	2012	2012 排名 Ranking
滨州	Binzhou	2755.4	3448.3	3951.2	84
菏泽	Heze	1024.3	1159.1	1458.4	210
河南	**Henan**	**1462.5**	**1832.3**	**2171.3**	
郑州	Zhengzhou	5241.2	6676.2	7952.9	31
开封	Kaifeng	697.5	910.0	1138.4	235
洛阳	Luoyang	2031.1	2520.4	2889.4	123
平顶山	Pingdingshan	1503.4	1751.2	1962.0	175
安阳	Anyang	1118.9	1319.9	1411.9	211
鹤壁	Hebi	1376.5	1718.0	1996.3	172
新乡	Xinxiang	1173.2	1491.8	1762.4	186
焦作	Jiaozuo	1728.5	2019.2	2309.5	154
濮阳	Puyang	741.2	944.3	1147.7	234
许昌	Xuchang	1178.1	1507.8	1829.0	184
漯河	Luohe	942.4	1214.5	1513.1	207
三门峡	Sanmenxia	2163.5	2558.2	3037.6	117
南阳	Nanyang	586.8	729.6	861.2	255
商丘	Shangqiu	470.2	611.9	754.3	265
信阳	Xinyang	393.9	507.6	741.9	268
周口	Zhoukou	315.2	395.6	487.3	283
驻马店	Zhumadian	414.3	580.8	657.8	277
湖北	**Hubei**	**1767.3**	**2658.7**	**3160.4**	
武汉	Wuhan	4666.6	8092.1	10049.5	20
黄石	Huangshi	1314.8	2070.0	2516.9	140
十堰	Shiyan	1239.2	1920.3	2215.7	157
宜昌	Yichang	1756.2	2858.8	3841.6	88
襄阳	Xiangfan	864.6	1644.6	2355.2	151
鄂州	Ezhou	1503.2	2505.7	3094.0	113
荆门	Jingmen	773.1	1307.8	1677.9	194
孝感	Xiaogan	645.4	973.6	1316.5	220
荆州	Jingzhou	418.1	671.8	856.1	258
黄冈	Huanggang	527.8	754.9	917.6	249
咸宁	Xianning	802.6	1213.2	1544.8	202
随州	Suizhou	371.0	659.8	895.6	252
湖南	**Hunan**	**1667.4**	**2304.5**	**2963.1**	
长沙	Changsha	4820.2	6516.4	7449.9	35
株洲	Zhuzhou	2015.7	2804.1	3440.8	101
湘潭	Xiangtan	1604.8	2229.2	2907.4	121
衡阳	Hengyang	991.1	1310.4	1697.3	190
邵阳	Shaoyang	404.7	514.8	671.3	274
岳阳	Yueyang	924.6	1343.4	1584.3	200
常德	Changde	1122.3	1517.5	1701.1	189
张家界	Zhangjiajie	872.1	1100.2	1336.1	219
益阳	Yiyang	517.5	710.0	913.4	251
郴州	Chenzhou	1303.2	1880.3	2591.0	138
永州	Yongzhou	560.8	735.5	962.9	246
怀化	Huaihua	701.8	929.2	1341.2	218
娄底	Loudi	703.2	928.0	1186.6	231
广东	**Guangdong**	**4501.7**	**5265.8**	**5904.7**	
广州	Guangzhou	10902.9	12086.4	13470.2	9
韶关	Shaoguan	1457.2	1639.1	1873.8	182
深圳	Shenzhen	43761.7	51621.2	53350.6	1
珠海	Zhuhai	12008.7	13606.3	15296.3	6
汕头	Shantou	1404.1	1624.5	1813.6	185
佛山	Foshan	8288.2	9166.6	10209.5	19
江门	Jiangmen	2661.1	3032.3	3437.6	102
湛江	Zhanjiang	946.5	1137.3	1299.1	222
茂名	Maoming	700.9	876.7	1034.6	239
肇庆	Zhaoqing	1837.1	2171.7	2429.4	147
惠州	Huizhou	3966.8	4786.3	5865.1	53
梅州	Meizhou	762.1	908.4	1083.2	236
汕尾	Shanwei	765.2	945.1	1183.5	232
河源	Heyuan	709.4	865.1	1042.9	238
阳江	Yangjiang	958.7	1231.9	1520.5	206
清远	Qingyuan	1771.8	2031.6	2113.1	163
东莞	Dongguan	15414.1	17079.1	19167.3	4
中山	ZhongShan	9384.6	12214.7	13334.9	10
潮州	Chaozhou	896.3	1041.6	1210.4	228
揭阳	Jieyang	589.7	696.5	1048.3	237
云浮	Yunfu	842.9	1047.8	1282.6	223
广西	**Guangxi**	**1632.4**	**2048.0**	**2500.4**	
南宁	Nanning	2221.7	2626.0	3224.1	108
柳州	Liuzhou	2016.6	2393.0	3040.2	116
桂林	Guilin	1301.8	1551.7	2031.2	169
梧州	Wuzhou	1009.2	1373.4	2246.8	156
北海	Beihai	1053.1	2213.9	2448.2	146
防城港	Fangchenggang	2547.1	3099.7	3885.2	86
钦州	Qinzhou	589.3	656.7	857.9	256
贵港	Guigang	414.9	412.5	502.5	282
玉林	Yulin	554.8	720.0	952.5	248
百色	Baise	842.1	1033.6	1385.7	215

5-2 人均公共财政预算收入 续表 3
Per Capita General Budgetary Revenue continued 3

单位：元/人 (yuan/person)

地名	City	2010	2011	2012	2012 排名 Ranking
贺州	Hezhou	596.1	603.8	851.9	259
河池	Hechi	567.5	556.3	545.1	280
来宾	Laibin	968.4	962.1	1234.1	226
崇左	Chongzuo	1077.7	1233.4	1605.3	199
海南	**Hainan**	**3130.8**	**3895.9**	**4624.1**	
海口	Haikou	3161.2	3775.1	12989.51	11
三亚	Sanya	7491.1	8720.5	10441.94	17
重庆	**Chongqing**	**3315.2**	**5129.0**	**5810.0**	
四川	**Sichuan**	**1924.8**	**2540.9**	**3002.9**	
成都	Chengdu	4604.7	5887.3	6684.1	43
自贡	Zigong	667.4	892.2	1006.4	241
攀枝花	Panzhihua	3478.7	4437.7	5116.3	62
泸州	Luzhou	953.5	1301.0	1642.3	198
德阳	Deyang	1178.1	1721.1	1931.7	178
绵阳	Mianyang	832.2	1209.9	1476.9	208
广元	Guangyuan	536.5	731.9	861.6	254
遂宁	Suining	462.5	628.4	749.9	267
内江	Neijiang	479.1	594.4	725.5	269
乐山	Leshan	1295.5	1701.0	1984.2	174
南充	Nanchong	428.6	573.5	697.6	272
眉山	Meishan	708.3	973.1	1392.2	214
宜宾	Yibin	1036.4	1242.7	1523.2	205
广安	Guangan	454.6	594.5	700.1	271
达州	Dazhou	455.5	599.2	750.7	266
雅安	Yaan	1009.5	1394.1	1935.9	177
巴中	Bazhong	198.2	327.8	515.3	281
资阳	Ziyang	488.2	646.2	806.7	261
贵州	**Guizhou**	**1467.8**	**2225.3**	**2916.9**	
贵阳	Guiyang	3682.6	4994.4	6426.6	45
六盘水	Liupanshui	1566.3	2197.9	3625.2	97
遵义	Zunyi	750.3	1101.7	1464.3	209
安顺	Anshun	717.2	1157.6	1643.3	197
毕节	Bijie			1693.2	191
铜仁	Tongren			856.8	257
云南	**Yunnan**	**1900.6**	**2406.9**	**2880.8**	
昆明	Kunming	4379.7	5881.0	6958.4	38
曲靖	Qujing	1165.8	1403.3	1692.1	192
玉溪	Yuxi	2818.0	3341.3	3892.1	85
保山	Baoshan	850.9	1120.8	1394.7	213
昭通	Zhaotong	451.3	565.0	679.0	273
丽江	Lijiang	1366.2	2173.8	3164.9	110
普洱	Puer	1215.7	1538.4	1907.6	180
临沧	Lincang	601.1	876.6	1280.0	224
西藏	**Tibet**	**1241.8**	**1813.4**	**2834.1**	
拉萨	Lhasa			6974.1	37
陕西	**Shaanxi**	**2553.6**	**4012.3**	**4270.8**	
西安	Xi'an	3092.0	4046.1	5000.1	64
铜川	Tongchuan	1648.5	2209.4	2459.0	145
宝鸡	Baoji	1020.7	1346.2	1690.6	193
咸阳	Xianyang	839.0	1119.9	1313.0	221
渭南	Weinan	608.8	787.7	1034.4	240
延安	Yan'an	4596.1	5212.9	5946.2	50
汉中	Hanzhong	488.0	616.7	785.0	263
榆林	Yulin	3469.8	4903.4	6684.4	42
安康	Ankang	435.3	569.1	708.8	270
商洛	Shangluo	511.2	669.2	865.9	253
甘肃	**Gansu**	**1361.9**	**1756.9**	**2024.1**	
兰州	Lanzhou	2248.7	2674.4	3217.4	109
嘉峪关	Jiayuguan	4112.4	4725.3	5491.5	57
金昌	Jinchang	2173.1	2447.3	2852.2	125
白银	Baiyin	657.9	951.6	1356.4	217
天水	Tianshui	396.2	506.0	615.5	278
武威	Wuwei	336.7	530.5	759.2	264
张掖	Zhangye	580.4	784.6	967.2	245
平凉	Pingliang	751.7	1230.2	916.1	250
酒泉	Jiuquan	1225.4	1675.1	2139.4	161
庆阳	Qingyang	1154.3	1701.5	2026.3	170
定西	Dingxi	241.7	331.9	479.0	284
陇南	Longnan	543.2	462.6	563.5	279
青海	**Qinghai**	**1968.7**	**2685.3**	**3267.6**	
西宁	Xining	1564.2	2040.1	2767.6	132
宁夏	**Ningxia**	**2446.8**	**3458.8**	**4105.1**	
银川	Yinchuan	4074.3	6019.9	6868.9	40
石嘴山	Shizuishan	2899.4	3522.0	4036.6	80
吴忠	Wuzhong	1137.3	1575.1	2042.6	168
固原	Guyuan	347.6	518.5	667.3	276
中卫	Zhongwei	724.1	1048.9	1232.4	227
新疆	**Xinjiang**	**2306.6**	**3279.2**	**4092.6**	
乌鲁木齐	Urumqi	6112.5	8375.3	9937.3	22
克拉玛依	Karamay	11040.9	13519.9	15188.3	7

5-3 公共财政预算收入中税收收入
Taxes of Public Budgetary Revenue

单位：亿元 （100 million yuan）

地名	City	2010	2011	2012	2012 排名 Ranking
地方合计	**Region Total**	**32701.49**	**41106.74**	**47319.08**	
北京	**Beijing**	**2251.59**	**2854.63**	**3124.75**	
天津	**Tianjin**	**776.65**	**1004.51**	**1105.56**	
河北	**Hebei**	**1074.04**	**1348.51**	**1560.59**	
石家庄	Shijiazhuang	141.53	177.44	207.73	38
唐山	Tangshan	162.88	202.00	230.22	36
秦皇岛	Qinhuangdao	59.40	70.89	84.56	98
邯郸	Handan	79.47	103.81	116.19	70
邢台	Xingtai	44.83	57.30	63.66	125
保定	Baoding	67.30	83.15	100.14	84
张家口	Zhangjiakou	51.66	64.12	67.88	116
承德	Chengde	49.47	61.33	70.36	113
沧州	Cangzhou	73.61	91.05	105.16	77
廊坊	Langfang	94.98	123.83	145.74	57
衡水	Hengshui	22.40	29.30	38.01	197
山西	**Shanxi**	**692.71**	**872.88**	**1045.22**	
太原	Taiyuan	111.55	141.69	172.38	48
大同	Datong	44.48	52.11	63.73	124
阳泉	Yangquan	31.24	37.79	43.62	176
长治	Changzhi	52.67	67.67	75.73	108
晋城	Jincheng	43.19	52.08	61.50	131
朔州	Shuozhou	36.28	50.73	60.52	133
晋中	Jinzhong	42.64	53.86	65.39	121
运城	Yuncheng	26.23	29.02	28.70	226
忻州	Xinzhou	25.95	36.32	43.58	177
临汾	Linfen	41.78	50.00	51.58	159
吕梁	Luliang	51.16	71.75	88.66	91
内蒙古	**Inner Mongolia**	**752.81**	**985.69**	**1119.87**	
呼和浩特	Hohhot	88.88	106.08	126.67	66
包头	Baotou	94.27	113.63	125.13	67
乌海	Wuhai	23.38	30.23	31.99	220
赤峰	Chifeng	37.15	49.22	58.71	139
通辽	Tongliao	37.99	47.08	59.55	134
鄂尔多斯	Erdos	192.35	273.43	300.25	22
呼伦贝尔	Hulunbuir	38.25	46.49	56.55	147
巴彦淖尔	Bayannur	26.95	32.54	37.42	200
乌兰察布	Ulanqab	14.29	19.28	29.57	224
辽宁	**Liaoning**	**1516.65**	**1974.85**	**2317.19**	

地名	City	2010	2011	2012	2012 排名 Ranking
沈阳	Shenyang	368.07	491.14	575.37	9
大连	Dalian	398.56	514.85	598.00	8
鞍山	Anshan	124.62	144.52	157.13	53
抚顺	Fushun	62.86	81.24	98.84	86
本溪	Benxi	55.72	75.53	96.00	89
丹东	Dandong	59.01	77.09	96.08	88
锦州	Jinzhou	66.88	77.83	99.31	85
营口	Yingkou	81.17	112.13	127.05	65
阜新	Fuxin	25.04	38.31	44.71	172
辽阳	Liaoyang	56.99	73.73	79.03	103
盘锦	Panjin	63.20	86.28	85.67	94
铁岭	Tieling	56.73	78.21	77.78	106
朝阳	Chaoyang	51.42	65.93	106.65	74
葫芦岛	Huludao	38.91	48.07	58.39	141
吉林	**Jilin**	**439.31**	**624.19**	**760.57**	
长春	Changchun	141.13	226.86	276.75	27
吉林	Jilin	50.15	71.23	77.48	107
四平	Siping	17.99	25.57	35.93	207
辽源	Liaoyuan	8.23	10.13	12.05	273
通化	Tonghua	22.85	32.33	44.44	173
白山	Baishan	17.29	24.09	29.79	223
松原	Songyuan	22.16	27.28	40.75	188
白城	Baicheng	12.05	16.01	18.64	258
黑龙江	**Heilongjiang**	**556.97**	**741.85**	**837.80**	
哈尔滨	Harbin	187.47	242.04	276.23	28
齐齐哈尔	Qiqihar	27.40	32.53	33.83	212
鸡西	Jixi	18.01	22.66	24.80	238
鹤岗	Hegang	11.91	15.14	14.17	267
双鸭山	Shuangyashan	15.42	18.80	19.45	256
大庆	Daqing	77.59	114.98	104.10	80
伊春	Yichun	6.17	7.17	7.93	283
佳木斯	Jiamusi	16.71	23.18	26.32	234
七台河	Qitaihe	17.66	15.29	14.97	262
牡丹江	Mudanjiang	30.08	38.36	42.46	182
黑河	Heihe	9.47	11.63	12.18	272
绥化	Suihua	19.00	25.34	31.86	221
上海	**Shanghai**	**2707.80**	**3172.72**	**3426.79**	
江苏	**Jiangsu**	**3312.61**	**4124.62**	**4782.59**	

5-3 公共财政预算收入中税收收入 续表 1
Taxes of Public Budgetary Revenue continued 1

单位：亿元 （100 million yuan）

地名	City	2010	2011	2012	2012 排名 Ranking	地名	City	2010	2011	2012	2012 排名 Ranking
南京	Nanjing	437.77	529.62	602.79	7	池州	Chizhou	19.61	26.32	36.92	203
无锡	Wuxi	440.86	513.96	540.01	11	宣城	Xuancheng	40.54	53.61	66.06	119
徐州	Xuzhou	173.90	237.12	284.14	25	福建	**Fujian**	**966.09**	**1254.31**	**1440.34**	
常州	Changzhou	237.74	280.83	303.89	21	福州	Fuzhou	215.19	277.55	314.84	19
苏州	Suzhou	783.22	929.36	1023.88	2	厦门	Xiamen	239.70	314.85	362.65	14
南通	Nantong	225.24	285.14	339.51	15	莆田	Putian	37.66	49.87	62.12	130
连云港	Lianyungang	97.36	124.14	160.92	51	三明	Sanming	42.93	54.63	62.83	126
淮安	Huaian	98.51	145.68	180.93	43	泉州	Quanzhou	160.30	211.16	240.78	35
盐城	Yancheng	138.73	198.48	251.38	32	漳州	Zhangzhou	67.64	86.87	100.86	82
扬州	Yangzhou	121.08	155.45	180.61	44	南平	Nanping	32.84	41.09	47.54	165
镇江	Zhenjiang	110.87	145.82	174.12	47	龙岩	Longyan	57.40	70.99	79.75	102
泰州	Taizhou	131.75	164.14	179.73	45	宁德	Ningde	32.91	42.99	51.36	160
宿迁	Suqian	69.07	95.28	130.07	63	江西	**Jiangxi**	**585.71**	**777.09**	**978.08**	
浙江	**Zhejiang**	**2464.96**	**2952.01**	**3227.77**		南昌	Nanchang	124.17	158.45	200.17	40
杭州	Hangzhou	652.09	758.27	830.25	3	景德镇	Jingdezhen	29.68	37.15	46.17	169
宁波	Ningbo	507.97	608.27	667.84	5	萍乡	Pingxiang	33.85	48.33	59.26	138
温州	Wenzhou	211.83	251.45	267.68	29	九江	Jiujiang	57.20	79.62	105.06	78
嘉兴	Jiaxing	177.86	220.10	249.83	33	新余	Xinyu	37.33	52.18	52.85	156
湖州	Huzhou	93.26	117.01	132.26	62	鹰潭	Yingtan	22.92	31.85	35.55	208
绍兴	Shaoxing	187.60	227.80	252.62	31	赣州	Ganzhou	61.82	88.26	111.39	72
金华	Jinhua	143.26	171.46	197.89	41	吉安	Jian	40.61	53.83	67.10	117
衢州	Quzhou	43.22	51.79	57.12	143	宜春	Yichun	56.19	75.56	100.75	83
舟山	Zhoushan	59.51	71.81	78.42	105	抚州	Fuzhou	41.89	52.01	65.31	122
台州	Taizhou	155.41	185.70	203.80	39	上饶	Shangrao	54.33	68.91	96.10	87
丽水	Lishui	39.34	50.51	56.72	145	山东	**Shandong**	**2149.90**	**2603.13**	**3050.20**	
安徽	**Anhui**	**866.55**	**1108.31**	**1305.09**		济南	Jinan	209.13	255.18	289.55	24
合肥	Hefei	221.43	274.54	311.43	20	青岛	Qingdao	377.06	457.33	524.56	12
芜湖	Wuhu	83.02	118.42	144.33	59	淄博	Zibo	116.52	137.41	162.11	50
蚌埠	Bengbu	34.08	45.58	56.81	144	枣庄	Zaozhuang	60.49	73.08	85.55	96
淮南	Huainan	45.85	58.66	132.68	61	东营	Dongying	81.73	96.65	111.61	71
马鞍山	Maanshan	47.09	68.71	155.80	54	烟台	Yantai	180.22	229.50	262.83	30
淮北	Huaibei	27.48	35.82	42.64	181	潍坊	Weifang	175.07	212.71	246.41	34
铜陵	Tongling	25.86	33.19	40.18	191	济宁	Jining	132.40	151.68	177.72	46
安庆	Anqing	35.20	45.83	57.43	142	泰安	Taian	83.58	93.49	103.77	81
黄山	Huangshan	22.66	32.84	36.11	206	威海	Weihai	91.60	108.95	127.15	64
滁州	Chuzhou	39.35	54.16	70.55	112	日照	Rizhao	46.21	53.27	59.45	136
阜阳	Fuyang	33.01	45.11	52.00	158	莱芜	Laiwu	26.73	28.06	32.01	219
宿州	Suzhou	19.01	29.18			临沂	Linyi	88.00	106.09	135.04	60
六安	Liuan	30.42	42.70	50.31	162	德州	Dezhou	54.26	66.72	85.56	95
亳州	Bozhou	17.60	26.30	35.41	209	聊城	Liaocheng	48.69	59.75	70.03	114

5-3 公共财政预算收入中税收收入 续表 2
Taxes of Public Budgetary Revenue continued 2

单位：亿元 （100 million yuan）

地名	City	2010	2011	2012	2012 排名 Ranking	地名	City	2010	2011	2012	2012 排名 Ranking
滨州	Binzhou	73.61	88.38	106.34	75	常德	Changde	43.84	52.62	63.80	123
菏泽	Heze	68.56	83.15	104.69	79	张家界	Zhangjiajie	8.71	10.80	12.99	269
河南	**Henan**	**1016.55**	**1263.10**	**1469.57**		益阳	Yiyang	16.61	21.73	28.41	229
郑州	Zhengzhou	313.15	389.58	452.43	13	郴州	Chenzhou	39.87	51.32	62.58	128
开封	Kaifeng	26.51	34.56	44.72	171	永州	Yongzhou	20.29	26.24	33.15	215
洛阳	Luoyang	103.50	131.23	148.54	56	怀化	Huaihua	25.11	31.56	43.05	180
平顶山	Pingdingshan	61.37	70.56	74.46	110	娄底	Loudi	22.12	26.97	34.63	211
安阳	Anyang	45.13	53.65	55.73	150	广东	**Guangdong**	**3803.47**	**4548.66**	**5073.88**	
鹤壁	Hebi	16.02	19.95	22.25	246	广州	Guangzhou	704.06	760.42	825.45	4
新乡	Xinxiang	51.65	67.49	78.52	104	韶关	Shaoguan	34.76	37.25	41.29	186
焦作	Jiaozuo	45.74	52.14	55.57	151	深圳	Shenzhen	991.98	1195.14	1329.98	1
濮阳	Puyang	24.29	31.43	39.39	194	珠海	Zhuhai	103.10	112.00	122.62	68
许昌	Xuchang	43.67	58.55	69.65	115	汕头	Shantou	51.77	55.78	61.41	132
漯河	Luohe	21.49	27.60	33.35	214	佛山	Foshan	252.13	270.45	300.25	22
三门峡	Sanmenxia	37.68	42.36	47.04	166	江门	Jiangmen	84.96	94.09	105.55	76
南阳	Nanyang	54.15	67.52	82.59	99	湛江	Zhanjiang	45.20	48.53	52.31	157
商丘	Shangqiu	33.82	45.32	52.90	155	茂名	Maoming	29.95	36.93	44.04	175
信阳	Xinyang	25.61	34.30	42.32	184	肇庆	Zhaoqing	48.26	56.45	65.57	120
周口	Zhoukou	26.80	33.04	40.45	189	惠州	Huizhou	105.05	130.29	154.20	55
驻马店	Zhumadian	27.71	35.06	43.06	179	梅州	Meizhou	28.98	32.32	39.71	193
湖北	**Hubei**	**777.96**	**1067.11**	**1324.44**		汕尾	Shanwei	16.78	20.12	25.11	237
武汉	Wuhan	306.41	547.68	666.74	6	河源	Heyuan	20.36	23.95	28.59	228
黄石	Huangshi	23.44	38.99	46.27	168	阳江	Yangjiang	18.27	23.43	28.63	227
十堰	Shiyan	38.28	55.54	58.42	140	清远	Qingyuan	49.10	55.32	56.61	146
宜昌	Yichang	57.31	93.52	120.37	69	东莞	Dongguan	221.77	243.39	279.29	26
襄阳	Xiangfan	37.71	75.94	107.14	73	中山	ZhongShan	127.74	139.27	145.70	58
鄂州	Ezhou	11.97	19.41	24.33	240	潮州	Chaozhou	19.74	22.47	25.50	236
荆门	Jingmen	15.82	29.01	36.83	205	揭阳	Jieyang	29.04	33.04	37.81	198
孝感	Xiaogan	21.44	35.58	46.41	167	云浮	Yunfu	15.61	17.22	21.66	248
荆州	Jingzhou	19.99	33.65	42.46	182	广西	**Guangxi**	**533.87**	**644.80**	**762.46**	
黄冈	Huanggang	18.24	32.33	40.44	190	南宁	Nanning	110.00	133.51	158.02	52
咸宁	Xianning	14.06	24.26	32.10	217	柳州	Liuzhou	57.63	64.75	80.16	101
随州	Suizhou	6.43	12.65	17.08	260	桂林	Guilin	44.29	52.73	59.33	137
湖南	**Hunan**	**730.84**	**915.40**	**1110.74**		梧州	Wuzhou	19.82	27.67	44.06	174
长沙	Changsha	229.77	290.97	336.75	17	北海	Beihai	13.37	24.83	29.38	225
株洲	Zhuzhou	45.79	56.89	71.51	111	防城港	Fangchenggang	11.24	15.00	19.77	255
湘潭	Xiangtan	26.80	34.06	40.07	192	钦州	Qinzhou	14.24	11.36	21.07	251
衡阳	Hengyang	40.38	51.63	66.32	118	贵港	Guigang	13.50	15.48	19.04	257
邵阳	Shaoyang	17.90	20.94	27.11	232	玉林	Yulin	23.42	29.77	36.85	204
岳阳	Yueyang	29.88	36.87	46.05	170	百色	Baise	25.11	29.33	35.08	210

5-3 公共财政预算收入中税收收入 续表 3
Taxes of Public Budgetary Revenue continued 3

单位：亿元 （100 million yuan）

地名	City	2010	2011	2012	2012 排名 Ranking
贺州	Hezhou	17.39	9.19	11.08	278
河池	Hechi	14.06	15.76	14.47	265
来宾	Laibin	10.40	13.21	17.89	259
崇左	Chongzuo	13.02	16.55	21.58	249
海南	**Hainan**	**237.10**	**295.69**	**350.80**	
海口	Haikou	38.62	52.90	62.82	127
三亚	Sanya	38.30	44.59	53.59	154
重庆	**Chongqing**	**379.48**	**881.07**	**970.17**	
四川	**Sichuan**	**1180.58**	**1537.42**	**1827.04**	
成都	Chengdu	372.21	487.17	571.50	10
自贡	Zigong	14.85	19.43	22.55	245
攀枝花	Panzhihua	30.56	35.93	40.95	187
泸州	Luzhou	35.92	48.19	59.50	135
德阳	Deyang	35.56	49.45	54.83	153
绵阳	Mianyang	34.28	47.16	55.39	152
广元	Guangyuan	12.36	16.82	19.82	254
遂宁	Suining	12.94	18.14	20.07	252
内江	Neijiang	13.31	17.07	21.08	250
乐山	Leshan	34.09	40.46	43.11	178
南充	Nanchong	22.28	30.72	39.13	195
眉山	Meishan	17.88	24.77	32.96	216
宜宾	Yibin	34.97	48.23	62.51	129
广安	Guangan	12.13	16.44	19.99	253
达州	Dazhou	22.16	30.42	37.71	199
雅安	Yaan	13.03	18.14	26.03	235
巴中	Bazhong	5.78	9.08	12.87	270
资阳	Ziyang	14.54	20.36	27.93	230
贵州	**Guizhou**		**518.14**	**681.66**	
贵阳	Guiyang	118.79	154.40	193.65	42
六盘水	Liupanshui	37.26	42.56	56.44	148
遵义	Zunyi	45.66	61.10	84.68	97
安顺	Anshun	14.70	19.39	26.86	233
毕节	Bijie	32.51	39.14	56.39	149
铜仁	Tongren	13.19	18.74	24.60	239
云南	**Yunnan**	**702.16**	**881.95**	**1063.90**	
昆明	Kunming	226.04	283.04	338.87	16
曲靖	Qujing	62.71	75.57	88.00	92
玉溪	Yuxi	54.76	63.51	75.43	109
保山	Baoshan	17.20	18.42	27.79	231
昭通	Zhaotong	21.20	26.38	32.07	218

地名	City	2010	2011	2012	2012 排名 Ranking
丽江	Lijiang	12.40	17.84	22.72	244
普洱	Puer	24.70	31.36	37.33	202
临沧	Lincang	11.29	15.97	23.23	241
西藏	**Tibet**	**23.04**	**45.83**	**70.07**	
拉萨	Lhasa	12.78	21.40	31.79	222
陕西	**Shaanxi**	**710.57**	**933.84**	**1131.55**	
西安	Xi'an	207.27	261.51	322.08	18
铜川	Tongchuan	7.60	10.18	12.00	274
宝鸡	Baoji	29.81	36.02	41.66	185
咸阳	Xianyang	31.19	41.36	48.26	163
渭南	Weinan	23.27	30.03	38.96	196
延安	Yan'an	49.48	62.93	86.81	93
汉中	Hanzhong	14.99	18.81	22.97	242
榆林	Yulin	96.67	141.41	172.11	49
安康	Ankang	9.82	12.93	13.63	268
商洛	Shangluo	8.68	10.50	12.36	271
甘肃	**Gansu**	**220.29**	**284.04**	**347.78**	
兰州	Lanzhou	58.10	69.97	81.68	100
嘉峪关	Jiayuguan	7.66	9.99	11.22	277
金昌	Jinchang	8.63	9.63	11.52	275
白银	Baiyin	9.54	12.64	15.35	261
天水	Tianshui	10.13	12.52	14.34	266
武威	Wuwei	4.44	6.90	9.06	282
张掖	Zhangye	5.71	7.72	9.58	280
平凉	Pingliang	10.29	12.73	14.80	264
酒泉	Jiuquan	8.48	10.58	14.81	263
庆阳	Qingyang	13.63	25.17	33.79	213
定西	Dingxi	5.12	6.96	9.25	281
陇南	Longnan	6.58	9.07	10.05	279
青海	**Qinghai**	**88.94**	**119.85**	**146.69**	
西宁	Xining	30.74	40.20	48.14	164
宁夏	**Ningxia**	**126.79**	**177.13**	**207.02**	
银川	Yinchuan	56.88	82.48	90.17	90
石嘴山	Shizuishan	17.51	21.14	22.85	243
吴忠	Wuzhong	12.55	17.29	22.13	247
固原	Guyuan	4.07	6.18	7.86	284
中卫	Zhongwei	7.03	9.88	11.47	276
新疆	**Xinjiang**	**416.23**	**593.41**	**698.93**	
乌鲁木齐	Urumqi	135.37	182.82	217.69	37
克拉玛依	Karamay	38.13	45.88	50.74	161

5-4 公共财政预算收入中国内增值税收入
Domestic Value-added Tax of Public Budgetary Revenue

单位：亿元 （100 million yuan）

地名	City	2010	2011	2012	2012 排名 Ranking	地名	City	2010	2011	2012	2012 排名 Ranking
地方合计	**Region Total**	**5196.27**	**5989.25**	**6737.16**		沈阳	Shenyang	39.95	46.45	52.08	14
北京	**Beijing**	**210.01**	**237.76**	**314.00**		大连	Dalian	46.14	56.04	55.94	12
天津	**Tianjin**	**119.20**	**141.32**	**149.87**		鞍山	Anshan	19.54	19.22	18.76	62
河北	**Hebei**	**203.84**	**229.85**	**250.30**		抚顺	Fushun	8.83	10.03	9.10	129
石家庄	Shijiazhuang	16.00	18.13	19.36	60	本溪	Benxi	9.59	7.87	7.99	147
唐山	Tangshan	28.13	33.19	36.51	32	丹东	Dandong	5.24	6.40	5.93	185
秦皇岛	Qinhuangdao	6.00	6.65	7.34	153	锦州	Jinzhou	7.47	7.20	7.58	152
邯郸	Handan	15.96	16.42	16.60	67	营口	Yingkou	7.21	8.49	9.50	125
邢台	Xingtai	9.16	9.26	9.67	121	阜新	Fuxin	4.55	5.32	4.89	200
保定	Baoding	11.49	12.83	14.29	82	辽阳	Liaoyang	8.95	11.70	8.40	139
张家口	Zhangjiakou	6.30	7.03	7.12	155	盘锦	Panjin	13.44	16.78	16.16	70
承德	Chengde	5.38	7.20	7.98	148	铁岭	Tieling	5.39	6.26	5.75	188
沧州	Cangzhou	13.24	14.61	16.08	71	朝阳	Chaoyang	7.73	10.04	8.13	145
廊坊	Langfang	7.37	8.64	10.40	114	葫芦岛	Huludao	4.81	6.51	6.49	170
衡水	Hengshui	3.29	3.95	4.82	201	吉林	**Jilin**	**78.15**	**92.78**	**102.68**	
山西	**Shanxi**	**198.26**	**239.97**	**242.88**		长春	Changchun	21.27	26.21	31.05	40
太原	Taiyuan	20.84	24.32	23.33	52	吉林	Jilin	5.89	6.28	6.04	182
大同	Datong	11.80	13.62	14.83	79	四平	Siping	3.02	3.52	3.44	230
阳泉	Yangquan	8.74	10.49	11.17	105	辽源	Liaoyuan	1.02	1.29	1.32	276
长治	Changzhi	16.27	20.39	20.23	57	通化	Tonghua	3.86	4.70	5.63	189
晋城	Jincheng	13.35	15.02	15.42	74	白山	Baishan	2.49	2.85	2.91	245
朔州	Shuozhou	11.36	13.67	16.56	69	松原	Songyuan	5.47	6.42	6.54	168
晋中	Jinzhong	11.46	13.69	14.15	84	白城	Baicheng	2.55	2.86	2.89	248
运城	Yuncheng	7.15	7.19	5.46	193	黑龙江	**Heilongjiang**	**123.52**	**145.48**	**144.87**	
忻州	Xinzhou	6.60	9.31	10.43	112	哈尔滨	Harbin	25.72	28.56	29.12	41
临汾	Linfen	12.78	14.38	12.16	96	齐齐哈尔	Qiqihar	5.49	5.42	4.69	205
吕梁	Luliang	18.42	25.90	26.27	45	鸡西	Jixi	6.71	7.21	6.20	177
内蒙古	**Inner Mongolia**	**135.95**	**135.00**	**182.68**		鹤岗	Hegang	4.12	4.41	3.02	242
呼和浩特	Hohhot	9.88	10.57	10.95	107	双鸭山	Shuangyashan	3.33	3.79	3.43	232
包头	Baotou	15.73	17.70	15.80	73	大庆	Daqing	9.82	14.61	12.98	91
乌海	Wuhai	4.61	6.33	5.06	198	伊春	Yichun	1.54	1.24	1.03	280
赤峰	Chifeng	5.72	7.08	6.89	158	佳木斯	Jiamusi	2.43	2.73	2.76	252
通辽	Tongliao	5.69	6.17	6.64	166	七台河	Qitaihe	5.66	5.52	4.80	202
鄂尔多斯	Erdos	41.59	61.40	54.53	13	牡丹江	Mudanjiang	5.83	6.36	5.83	187
呼伦贝尔	Hulunbuir	4.19	5.50	6.86	159	黑河	Heihe	1.28	1.36	1.24	277
巴彦淖尔	Bayannur	3.38	4.18	4.06	217	绥化	Suihua	3.50	4.61	4.55	209
乌兰察布	Ulanqab	3.32	4.37	4.51	210	上海	**Shanghai**	**388.62**	**416.70**	**667.13**	
辽宁	**Liaoning**	**188.84**	**218.32**	**216.70**		江苏	**Jiangsu**	**562.60**	**650.80**	**708.75**	

5-4 公共财政预算收入中国内增值税收入 续表 1
Domestic Value-added Tax of Public Budgetary Revenue continued 1

单位：亿元 (100 million yuan)

地名	City	2010	2011	2012	2012 排名 Ranking
南京	Nanjing	71.15	82.11	95.63	7
无锡	Wuxi	92.92	102.60	107.47	6
徐州	Xuzhou	28.68	34.17	34.64	35
常州	Changzhou	39.96	48.56	51.57	15
苏州	Suzhou	160.16	181.53	208.92	1
南通	Nantong	39.37	45.41	45.38	22
连云港	Lianyungang	12.34	15.53	16.59	68
淮安	Huaian	14.83	19.54	18.50	63
盐城	Yancheng	21.59	25.47	27.50	43
扬州	Yangzhou	23.55	26.88	28.79	42
镇江	Zhenjiang	20.84	23.68	23.35	51
泰州	Taizhou	31.08	33.08	35.41	33
宿迁	Suqian	7.86	11.64	13.50	88
浙江	**Zhejiang**	**398.82**	**461.75**	**507.57**	
杭州	Hangzhou	89.23	101.80	109.26	5
宁波	Ningbo	91.34	110.20	122.67	4
温州	Wenzhou	37.56	42.37	44.75	23
嘉兴	Jiaxing	34.29	38.42	45.41	21
湖州	Huzhou	15.78	19.45	22.06	54
绍兴	Shaoxing	33.56	38.25	42.06	24
金华	Jinhua	24.40	29.02	31.97	39
衢州	Quzhou	5.84	7.42	7.84	149
舟山	Zhoushan	6.87	8.30	8.50	137
台州	Taizhou	29.38	32.58	37.95	29
丽水	Lishui	6.42	8.46	9.95	118
安徽	**Anhui**	**129.48**	**164.68**	**175.33**	
合肥	Hefei	25.56	34.41	39.28	28
芜湖	Wuhu	11.12	18.14	22.19	53
蚌埠	Bengbu	5.36	7.53	9.47	126
淮南	Huainan	13.49	15.41	15.08	77
马鞍山	Maanshan	13.35	16.35	13.28	90
淮北	Huaibei	8.87	10.58	8.46	138
铜陵	Tongling	5.11	6.69	6.65	165
安庆	Anqing	5.93	7.75	6.74	164
黄山	Huangshan	2.06	2.82	3.26	238
滁州	Chuzhou	6.16	7.82	8.24	143
阜阳	Fuyang	7.31	9.03	10.20	116
宿州	Suzhou	3.46	5.07	6.02	184
六安	Liuan	3.98	5.13	6.80	161
亳州	Bozhou	3.03	4.53	6.14	180
池州	Chizhou	1.91	2.36	3.09	240
宣城	Xuancheng	7.87	11.07	11.12	106
福建	**Fujian**	**141.10**	**164.22**	**190.43**	
福州	Fuzhou	25.11	29.12	34.80	34
厦门	Xiamen	39.39	40.73	47.68	17
莆田	Putian	5.43	6.66	8.35	141
三明	Sanming	7.08	8.42	9.16	128
泉州	Quanzhou	33.94	43.08	47.37	18
漳州	Zhangzhou	10.05	11.79	14.66	80
南平	Nanping	4.58	5.39	6.35	174
龙岩	Longyan	11.09	13.48	15.14	76
宁德	Ningde	4.44	5.55	6.91	157
江西	**Jiangxi**	**84.79**	**105.90**	**107.41**	
南昌	Nanchang	11.00	14.03	15.19	75
景德镇	Jingdezhen	3.06	2.92	3.03	241
萍乡	Pingxiang	5.38	6.96	6.22	176
九江	Jiujiang	8.15	10.20	8.78	130
新余	Xinyu	4.92	8.13	5.48	191
鹰潭	Yingtan	7.15	6.25	4.78	203
赣州	Ganzhou	8.44	12.50	14.11	85
吉安	Jian	7.09	8.99	8.00	146
宜春	Yichun	9.21	12.12	14.16	83
抚州	Fuzhou	3.94	5.09	4.96	199
上饶	Shangrao	9.51	12.64	14.46	81
山东	**Shandong**	**378.23**	**413.82**	**438.12**	
济南	Jinan	27.68	31.43	33.33	37
青岛	Qingdao	54.72	57.36	64.33	11
淄博	Zibo	22.90	24.66	25.41	47
枣庄	Zaozhuang	9.93	11.12	9.90	120
东营	Dongying	13.47	14.79	17.52	64
烟台	Yantai	31.84	35.83	37.87	30
潍坊	Weifang	34.51	36.15	36.73	31
济宁	Jining	32.41	33.03	34.31	36
泰安	Taian	13.66	14.13	15.07	78
威海	Weihai	13.15	14.87	15.82	72
日照	Rizhao	9.63	10.77	10.47	111
莱芜	Laiwu	6.60	6.73	6.39	171
临沂	Linyi	16.51	18.63	20.04	58
德州	Dezhou	8.89	10.28	11.78	99
聊城	Liaocheng	12.27	12.52	13.36	89

5-4 公共财政预算收入中国内增值税收入 续表 2
Domestic Value-added Tax of Public Budgetary Revenue continued 2

单位：亿元 （100 million yuan）

地名	City	2010	2011	2012	2012 排名 Ranking	地名	City	2010	2011	2012	2012 排名 Ranking
滨州	Binzhou	20.38	21.75	23.65	50	常德	Changde	4.18	4.77	5.48	191
菏泽	Heze	9.72	11.63	12.76	93	张家界	Zhangjiajie	0.65	0.78	0.83	281
河南	**Henan**	**155.79**	**181.38**	**187.78**		益阳	Yiyang	3.01	3.60	4.12	215
郑州	Zhengzhou	31.68	38.57	41.51	25	郴州	Chenzhou	7.48	8.66	9.63	122
开封	Kaifeng	3.34	4.12	4.14	214	永州	Yongzhou	2.30	2.82	2.99	243
洛阳	Luoyang	17.56	20.25	19.14	61	怀化	Huaihua	3.19	3.61	3.79	221
平顶山	Pingdingshan	13.43	14.83	13.66	87	娄底	Loudi	4.45	5.22	5.59	190
安阳	Anyang	8.26	8.05	6.39	171	广东	**Guangdong**	**657.82**	**701.17**	**793.84**	
鹤壁	Hebi	3.15	3.65	3.44	230	广州	Guangzhou	159.42	157.38	175.83	3
新乡	Xinxiang	8.95	10.81	11.37	103	韶关	Shaoguan	8.29	8.85	9.59	124
焦作	Jiaozuo	8.38	9.13	8.54	136	深圳	Shenzhen	161.08	163.96	187.55	2
濮阳	Puyang	5.08	6.16	6.79	163	珠海	Zhuhai	25.53	29.03	32.28	38
许昌	Xuchang	7.67	8.49	9.93	119	汕头	Shantou	14.06	15.60	17.34	65
漯河	Luohe	4.58	4.90	5.91	186	佛山	Foshan	59.84	61.93	66.14	10
三门峡	Sanmenxia	8.18	8.40	7.73	150	江门	Jiangmen	22.91	24.80	26.77	44
南阳	Nanyang	9.08	10.78	11.66	100	湛江	Zhanjiang	11.46	10.80	12.43	95
商丘	Shangqiu	7.56	9.53	9.39	127	茂名	Maoming	8.58	10.12	11.44	102
信阳	Xinyang	2.67	3.53	3.77	223	肇庆	Zhaoqing	8.00	9.23	9.61	123
周口	Zhoukou	3.17	3.73	3.76	224	惠州	Huizhou	29.22	36.04	40.85	26
驻马店	Zhumadian	3.56	4.12	4.38	211	梅州	Meizhou	6.80	7.66	8.61	134
湖北	**Hubei**	**125.57**	**148.36**	**162.39**		汕尾	Shanwei	2.57	2.69	2.92	244
武汉	Wuhan	39.27	68.53	72.18	9	河源	Heyuan	4.20	5.41	6.59	167
黄石	Huangshi	4.85	8.70	10.41	113	阳江	Yangjiang	3.35	4.27	5.16	196
十堰	Shiyan	4.83	7.89	8.74	132	清远	Qingyuan	7.43	7.66	8.59	135
宜昌	Yichang	6.84	11.20	12.78	92	东莞	Dongguan	62.63	71.93	83.02	8
襄阳	Xiangfan	6.73	12.00	12.56	94	中山	ZhongShan	31.26	35.72	40.32	27
鄂州	Ezhou	2.30	3.90	4.60	206	潮州	Chaozhou	7.23	8.19	8.77	131
荆门	Jingmen	2.47	4.53	4.60	206	揭阳	Jieyang	9.28	10.21	11.31	104
孝感	Xiaogan	3.09	5.50	6.80	161	云浮	Yunfu	2.78	3.29	3.60	226
荆州	Jingzhou	3.86	6.16	6.93	156	广西	**Guangxi**	**77.48**	**86.13**	**84.81**	
黄冈	Huanggang	3.05	5.38	6.20	177	南宁	Nanning	9.52	10.74	11.94	97
咸宁	Xianning	1.81	3.24	3.64	225	柳州	Liuzhou	11.38	12.14	11.94	97
随州	Suizhou	1.38	2.60	2.90	247	桂林	Guilin	4.96	5.24	5.12	197
湖南	**Hunan**	**112.57**	**135.24**	**152.22**		梧州	Wuzhou	2.62	3.25	2.89	248
长沙	Changsha	18.38	23.15	26.09	46	北海	Beihai	1.30	1.19	1.78	264
株洲	Zhuzhou	7.91	9.27	10.92	108	防城港	Fangchenggang	1.22	1.31	1.44	274
湘潭	Xiangtan	3.74	4.63	4.33	212	钦州	Qinzhou	1.41	1.84	1.15	278
衡阳	Hengyang	5.19	6.67	6.11	181	贵港	Guigang	2.28	2.43	2.57	255
邵阳	Shaoyang	2.72	3.28	3.93	219	玉林	Yulin	3.71	3.77	3.52	228
岳阳	Yueyang	5.93	7.61	8.65	133	百色	Baise	5.14	5.69	5.42	194

5-4 公共财政预算收入中国内增值税收入 续表 3
Domestic Value-added Tax of Public Budgetary Revenue continued 3

单位：亿元 （100 million yuan）

地名	City	2010	2011	2012	2012 排名 Ranking
贺州	Hezhou	7.05	1.42	1.49	272
河池	Hechi	2.91	3.14	2.62	254
来宾	Laibin	2.46	2.98	2.41	257
崇左	Chongzuo	2.65	3.41	3.39	234
海南	**Hainan**	**18.53**	**19.61**	**20.75**	
海口	Haikou	3.40	3.68	4.11	216
三亚	Sanya	0.60	0.75	0.69	284
重庆	**Chongqing**	**45.90**	**81.78**	**86.33**	
四川	**Sichuan**	**149.65**	**185.12**	**205.68**	
成都	Chengdu	37.46	44.61	49.54	16
自贡	Zigong	2.25	3.08	3.28	237
攀枝花	Panzhihua	7.19	7.93	8.28	142
泸州	Luzhou	4.68	6.63	8.38	140
德阳	Deyang	6.83	9.57	10.80	109
绵阳	Mianyang	4.26	5.21	6.16	179
广元	Guangyuan	1.22	1.48	1.71	267
遂宁	Suining	1.03	1.39	1.63	268
内江	Neijiang	2.43	2.51	2.49	256
乐山	Leshan	4.98	5.95	6.04	182
南充	Nanchong	1.59	1.92	2.24	260
眉山	Meishan	2.22	2.58	2.69	253
宜宾	Yibin	5.88	8.15	10.14	117
广安	Guangan	1.80	2.11	2.06	262
达州	Dazhou	3.21	4.15	4.15	213
雅安	Yaan	3.04	4.45	5.25	195
巴中	Bazhong	0.52	0.63	0.79	282
资阳	Ziyang	1.27	1.54	1.60	270
贵州	**Guizhou**	**66.00**	**76.41**	**85.74**	
贵阳	Guiyang	10.36	11.87	13.83	86
六盘水	Liupanshui	7.46	7.43	6.52	169
遵义	Zunyi	6.36	8.86	11.60	101
安顺	Anshun	1.81	2.11	2.39	258
毕节	Bijie	4.89	5.86	6.37	173
铜仁	Tongren	1.51	1.78	1.97	263
云南	**Yunnan**	**112.78**	**136.64**	**148.00**	
昆明	Kunming	35.52	43.83	46.31	19
曲靖	Qujing	17.35	20.40	21.67	55
玉溪	Yuxi	17.24	18.90	20.66	56
保山	Baoshan	2.36	3.31	3.78	222
昭通	Zhaotong	5.47	6.22	6.81	160

地名	City	2010	2011	2012	2012 排名 Ranking
丽江	Lijiang	1.97	2.73	3.46	229
普洱	Puer	2.60	3.17	3.43	232
临沧	Lincang	2.11	3.23	3.82	220
西藏	**Tibet**	**3.50**	**5.18**	**7.69**	
拉萨	Lhasa	2.07	3.12	4.74	204
陕西	**Shaanxi**	**140.27**	**176.05**	**189.46**	
西安	Xi'an	21.13	25.32	25.40	48
铜川	Tongchuan	2.17	2.81	2.83	251
宝鸡	Baoji	5.96	6.64	7.29	154
咸阳	Xianyang	6.19	7.63	7.62	151
渭南	Weinan	5.75	6.68	8.22	144
延安	Yan'an	17.04	19.19	24.86	49
汉中	Hanzhong	2.12	2.75	3.29	236
榆林	Yulin	32.27	45.09	46.27	20
安康	Ankang	1.35	1.62	1.76	265
商洛	Shangluo	0.87	1.00	1.12	279
甘肃	**Gansu**	**44.09**	**48.95**	**60.52**	
兰州	Lanzhou	10.14	9.65	10.39	115
嘉峪关	Jiayuguan	2.14	2.36	2.29	259
金昌	Jinchang	1.46	1.87	2.89	248
白银	Baiyin	2.07	2.74	3.39	234
天水	Tianshui	2.10	2.52	2.91	245
武威	Wuwei	1.07	1.50	1.56	271
张掖	Zhangye	1.43	1.45	1.73	266
平凉	Pingliang	3.43	4.13	3.94	218
酒泉	Jiuquan	1.36	1.26	1.63	268
庆阳	Qingyang	3.94	5.06	10.80	109
定西	Dingxi	0.78	0.93	1.35	275
陇南	Longnan	1.53	2.02	2.24	260
青海	**Qinghai**	**17.52**	**22.93**	**26.42**	
西宁	Xining	3.60	4.38	4.58	208
宁夏	**Ningxia**	**20.25**	**24.40**	**26.23**	
银川	Yinchuan	5.13	6.22	6.28	175
石嘴山	Shizuishan	4.29	4.53	3.54	227
吴忠	Wuzhong	2.31	2.92	3.24	239
固原	Guyuan	0.27	0.55	0.72	283
中卫	Zhongwei	1.25	1.50	1.49	272
新疆	**Xinjiang**	**75.31**	**96.70**	**100.57**	
乌鲁木齐	Urumqi	16.54	18.67	19.79	59
克拉玛依	Karamay	13.80	17.29	17.19	66

5-5 公共财政预算收入中营业税收入
Business Tax of Public Budgetary Revenue

单位：亿元 （100 million yuan）

地名	City	2010	2011	2012	2012 排名 Ranking	地名	City	2010	2011	2012	2012 排名 Ranking
地方合计	**Region Total**	**11004.57**	**13504.44**	**15542.91**		沈阳	Shenyang	129.51	162.99	180.35	8
北京	**Beijing**	**855.40**	**1071.51**	**1152.74**		大连	Dalian	135.76	159.34	174.64	10
天津	**Tianjin**	**283.87**	**352.86**	**400.90**		鞍山	Anshan	30.04	35.39	34.84	67
河北	**Hebei**	**362.65**	**457.27**	**533.45**		抚顺	Fushun	15.57	19.94	21.45	104
石家庄	Shijiazhuang	57.04	74.32	87.89	26	本溪	Benxi	10.06	12.28	13.91	165
唐山	Tangshan	54.33	69.60	79.06	30	丹东	Dandong	16.52	19.39	21.93	102
秦皇岛	Qinhuangdao	24.11	28.60	32.57	69	锦州	Jinzhou	20.95	26.62	28.46	81
邯郸	Handan	25.68	31.88	35.75	64	营口	Yingkou	25.32	30.46	29.98	78
邢台	Xingtai	13.71	17.79	22.93	101	阜新	Fuxin	6.78	9.59	10.76	200
保定	Baoding	25.60	30.44	35.91	63	辽阳	Liaoyang	11.03	15.37	15.58	146
张家口	Zhangjiakou	20.82	25.90	27.98	84	盘锦	Panjin	16.96	21.49	25.66	89
承德	Chengde	19.10	23.12	26.13	88	铁岭	Tieling	11.39	14.00	13.15	176
沧州	Cangzhou	27.16	33.10	38.19	59	朝阳	Chaoyang	11.34	14.34	15.81	145
廊坊	Langfang	41.58	52.89	58.94	44	葫芦岛	Huludao	12.52	15.02	19.97	113
衡水	Hengshui	7.97	10.61	13.28	173	**吉林**	**Jilin**	**145.97**	**189.30**	**218.12**	
山西	**Shanxi**	**191.91**	**242.81**	**314.06**		长春	Changchun	34.82	45.01	50.96	51
太原	Taiyuan	37.35	45.28	64.28	40	吉林	Jilin	11.96	16.53	16.01	143
大同	Datong	10.95	12.03	16.37	141	四平	Siping	5.05	6.65	7.99	223
阳泉	Yangquan	5.69	6.95	9.05	212	辽源	Liaoyuan	1.94	2.69	3.33	277
长治	Changzhi	10.18	12.85	13.69	168	通化	Tonghua	6.08	9.21	12.07	186
晋城	Jincheng	7.80	9.44	11.92	188	白山	Baishan	4.34	5.45	5.84	249
朔州	Shuozhou	6.92	8.99	11.25	195	松原	Songyuan	5.44	6.26	6.54	240
晋中	Jinzhong	11.47	15.52	19.76	115	白城	Baicheng	3.80	4.89	4.90	257
运城	Yuncheng	7.58	8.76	9.59	207	**黑龙江**	**Heilongjiang**	**165.80**	**218.92**	**244.05**	
忻州	Xinzhou	8.18	10.13	13.61	169	哈尔滨	Harbin	71.43	92.92	110.24	21
临汾	Linfen	9.55	12.33	14.41	155	齐齐哈尔	Qiqihar	6.12	7.24	8.12	221
吕梁	Luliang	8.24	12.34	14.61	152	鸡西	Jixi	2.88	3.50	4.75	259
内蒙古	**Inner Mongolia**	**234.57**	**198.00**	**319.76**		鹤岗	Hegang	1.95	2.58	3.05	278
呼和浩特	Hohhot	33.72	40.36	53.58	47	双鸭山	Shuangyashan	2.90	3.91	4.22	264
包头	Baotou	25.65	26.70	34.29	68	大庆	Daqing	11.34	17.80	14.26	156
乌海	Wuhai	5.41	7.47	9.58	208	伊春	Yichun	1.47	1.87	2.45	283
赤峰	Chifeng	10.71	13.27	19.68	116	佳木斯	Jiamusi	4.81	6.53	7.45	228
通辽	Tongliao	9.88	10.90	13.59	171	七台河	Qitaihe	2.08	1.89	2.05	284
鄂尔多斯	Erdos	43.69	56.14	66.87	37	牡丹江	Mudanjiang	5.94	7.17	7.60	226
呼伦贝尔	Hulunbuir	11.33	12.17	17.66	129	黑河	Heihe	2.26	3.13	3.56	274
巴彦淖尔	Bayannur	7.78	8.84	12.60	181	绥化	Suihua	4.30	5.65	7.03	233
乌兰察布	Ulanqab	4.50	6.37	14.22	160	**上海**	**Shanghai**	**933.91**	**1041.49**	**897.92**	
辽宁	**Liaoning**	**453.75**	**556.20**	**606.49**		**江苏**	**Jiangsu**	**1023.92**	**1260.60**	**1659.67**	

5-5 公共财政预算收入中营业税收入 续表 1
Business Tax of Public Budgetary Revenue continued 1

单位：亿元 (100 million yuan)

地名	City	2010	2011	2012	2012 排名 Ranking	地名	City	2010	2011	2012	2012 排名 Ranking
南京	Nanjing	140.53	152.64	190.30	7	池州	Chizhou	8.24	10.43	13.89	166
无锡	Wuxi	108.92	122.02	158.10	13	宣城	Xuancheng	12.84	17.45	20.20	111
徐州	Xuzhou	56.42	83.40	106.90	22	福建	**Fujian**	**319.70**	**400.03**	**490.09**	
常州	Changzhou	64.97	74.11	83.81	28	福州	Fuzhou	73.69	89.57	110.26	20
苏州	Suzhou	201.92	225.09	256.10	3	厦门	Xiamen	73.21	97.65	121.61	19
南通	Nantong	64.41	84.85	132.74	15	莆田	Putian	12.57	15.28	19.08	119
连云港	Lianyungang	30.99	41.66	67.33	35	三明	Sanming	16.19	18.47	21.00	105
淮安	Huaian	33.01	52.47	70.80	32	泉州	Quanzhou	43.44	50.94	63.64	41
盐城	Yancheng	41.08	62.22	91.47	25	漳州	Zhangzhou	20.51	25.75	30.08	76
扬州	Yangzhou	36.61	42.90	59.64	43	南平	Nanping	12.03	15.29	17.97	127
镇江	Zhenjiang	35.15	44.39	66.97	36	龙岩	Longyan	15.48	16.34	18.74	122
泰州	Taizhou	33.51	42.47	55.44	46	宁德	Ningde	13.21	15.23	16.86	139
宿迁	Suqian	24.10	32.03	47.20	52	江西	**Jiangxi**	**204.38**	**272.79**	**363.46**	
浙江	**Zhejiang**	**816.68**	**915.71**	**1063.49**		南昌	Nanchang	54.26	67.36	87.11	27
杭州	Hangzhou	331.31	240.94	297.01	2	景德镇	Jingdezhen	8.57	10.17	15.05	149
宁波	Ningbo	154.02	162.30	195.22	6	萍乡	Pingxiang	13.01	18.79	26.61	87
温州	Wenzhou	62.24	69.63	80.93	29	九江	Jiujiang	20.01	27.59	38.01	60
嘉兴	Jiaxing	56.55	61.94	67.84	34	新余	Xinyu	12.43	15.46	19.48	117
湖州	Huzhou	29.50	34.00	38.25	58	鹰潭	Yingtan	6.01	8.20	13.52	172
绍兴	Shaoxing	52.10	63.89	69.65	33	赣州	Ganzhou	22.32	30.91	37.50	62
金华	Jinhua	44.04	46.87	61.16	42	吉安	Jian	14.48	19.86	27.57	85
衢州	Quzhou	14.72	15.74	17.56	131	宜春	Yichun	16.21	23.46	32.49	71
舟山	Zhoushan	22.87	27.26	30.01	77	抚州	Fuzhou	16.31	23.22	30.14	75
台州	Taizhou	43.29	50.32	57.43	45	上饶	Shangrao	17.73	24.23	32.10	72
丽水	Lishui	13.11	15.52	19.36	118	山东	**Shandong**	**631.51**	**765.72**	**896.64**	
安徽	**Anhui**	**291.93**	**379.18**	**451.42**		济南	Jinan	78.73	93.71	104.70	23
合肥	Hefei	90.30	116.89	132.84	14	青岛	Qingdao	120.02	146.62	172.16	11
芜湖	Wuhu	27.56	42.07	51.29	50	淄博	Zibo	24.66	29.89	35.34	65
蚌埠	Bengbu	11.57	15.58	18.83	121	枣庄	Zaozhuang	11.57	14.18	14.49	154
淮南	Huainan	14.69	16.49	20.59	109	东营	Dongying	21.99	25.78	32.01	73
马鞍山	Maanshan	12.48	19.86	24.08	94	烟台	Yantai	45.43	57.09	66.31	38
淮北	Huaibei	7.74	9.69	11.33	194	潍坊	Weifang	45.38	56.39	65.39	39
铜陵	Tongling	8.12	10.83	13.17	175	济宁	Jining	26.23	29.99	37.68	61
安庆	Anqing	13.34	17.15	21.51	103	泰安	Taian	16.83	20.51	23.23	100
黄山	Huangshan	9.95	14.77	14.97	151	威海	Weihai	25.93	31.41	35.02	66
滁州	Chuzhou	13.72	20.33	28.30	82	日照	Rizhao	13.72	16.35	18.60	125
阜阳	Fuyang	12.09	15.29	18.69	124	莱芜	Laiwu	6.98	7.34	8.44	219
宿州	Suzhou	7.42	11.52	20.12	112	临沂	Linyi	23.54	31.49	41.86	55
六安	Liuan	13.10	17.23	20.92	106	德州	Dezhou	14.99	19.22	24.47	92
亳州	Bozhou	7.13	10.60	20.31	110	聊城	Liaocheng	13.96	17.46	20.62	108

5-5 公共财政预算收入中营业税收入 续表 2
Business Tax of Public Budgetary Revenue continued 2

单位：亿元 （100 million yuan）

地名	City	2010	2011	2012	2012 排名 Ranking	地名	City	2010	2011	2012	2012 排名 Ranking
滨州	Binzhou	17.56	20.85	24.30	93	常德	Changde	10.69	12.60	14.98	150
菏泽	Heze	19.89	21.67	25.18	90	张家界	Zhangjiajie	3.52	4.35	4.98	256
河南	**Henan**	**319.34**	**404.27**	**482.40**		益阳	Yiyang	5.44	7.17	9.18	211
郑州	Zhengzhou	119.28	144.68	171.01	12	郴州	Chenzhou	9.35	12.63	15.42	147
开封	Kaifeng	9.18	12.79	17.08	135	永州	Yongzhou	6.08	7.71	9.47	209
洛阳	Luoyang	27.92	38.43	46.47	53	怀化	Huaihua	7.07	9.35	12.40	182
平顶山	Pingdingshan	17.29	20.33	23.73	97	娄底	Loudi	6.01	7.57	9.81	205
安阳	Anyang	12.44	15.76	17.25	133	广东	**Guangdong**	**1244.26**	**1431.16**	**1556.80**	
鹤壁	Hebi	4.48	5.76	6.69	239	广州	Guangzhou	177.73	162.56	174.76	9
新乡	Xinxiang	14.52	19.87	24.08	94	韶关	Shaoguan	8.22	7.37	8.03	222
焦作	Jiaozuo	11.75	14.60	16.75	140	深圳	Shenzhen	350.60	396.36	421.02	1
濮阳	Puyang	6.96	10.26	12.83	178	珠海	Zhuhai	22.67	21.88	23.26	99
许昌	Xuchang	11.07	15.50	18.95	120	汕头	Shantou	9.24	9.56	9.94	204
漯河	Luohe	5.88	8.58	9.61	206	佛山	Foshan	55.78	51.57	51.73	49
三门峡	Sanmenxia	9.43	11.13	12.19	184	江门	Jiangmen	17.23	16.86	17.25	133
南阳	Nanyang	15.62	19.47	24.99	91	湛江	Zhanjiang	11.46	11.09	12.15	185
商丘	Shangqiu	10.38	15.35	18.71	123	茂名	Maoming	5.81	5.88	6.52	241
信阳	Xinyang	10.94	14.89	18.47	126	肇庆	Zhaoqing	12.45	12.10	12.75	180
周口	Zhoukou	9.32	12.75	14.23	158	惠州	Huizhou	24.20	25.51	29.29	80
驻马店	Zhumadian	10.20	13.52	15.36	148	梅州	Meizhou	5.61	4.95	6.03	247
湖北	**Hubei**	**249.49**	**366.77**	**472.36**		汕尾	Shanwei	3.70	3.17	3.35	276
武汉	Wuhan	93.95	194.51	249.61	4	河源	Heyuan	5.47	5.25	6.06	246
黄石	Huangshi	5.77	12.41	13.84	167	阳江	Yangjiang	5.15	5.76	7.16	232
十堰	Shiyan	6.99	12.42	14.26	156	清远	Qingyuan	13.01	13.67	14.06	164
宜昌	Yichang	13.36	29.54	39.16	57	东莞	Dongguan	45.87	45.33	51.82	48
襄阳	Xiangfan	9.21	21.73	32.53	70	中山	ZhongShan	25.58	27.43	29.39	79
鄂州	Ezhou	3.13	5.99	8.46	218	潮州	Chaozhou	2.63	2.34	2.62	281
荆门	Jingmen	4.60	9.94	12.39	183	揭阳	Jieyang	4.08	4.29	4.72	260
孝感	Xiaogan	5.92	12.06	16.88	138	云浮	Yunfu	4.05	3.71	4.32	263
荆州	Jingzhou	6.36	13.17	17.08	135	广西	**Guangxi**	**207.44**	**240.75**	**262.32**	
黄冈	Huanggang	5.90	13.83	17.08	135	南宁	Nanning	33.45	37.67	40.58	56
咸宁	Xianning	4.38	9.32	12.88	177	柳州	Liuzhou	13.45	14.39	14.14	161
随州	Suizhou	2.22	4.53	6.81	238	桂林	Guilin	12.28	14.08	14.07	162
湖南	**Hunan**	**256.80**	**320.58**	**387.52**		梧州	Wuzhou	5.34	6.05	5.94	248
长沙	Changsha	84.38	105.23	124.39	18	北海	Beihai	4.01	7.74	7.39	230
株洲	Zhuzhou	13.71	16.62	20.72	107	防城港	Fangchenggang	3.90	5.72	6.10	245
湘潭	Xiangtan	7.92	11.42	14.07	162	钦州	Qinzhou	5.47	6.30	6.90	236
衡阳	Hengyang	12.12	14.91	17.97	127	贵港	Guigang	4.25	4.77	5.25	252
邵阳	Shaoyang	5.61	6.90	8.82	216	玉林	Yulin	5.73	7.06	7.45	228
岳阳	Yueyang	8.83	11.06	13.26	174	百色	Baise	6.10	6.63	6.82	237

5-5 公共财政预算收入中营业税收入 续表 3
Business Tax of Public Budgetary Revenue continued 3

单位：亿元 (100 million yuan)

地名	City	2010	2011	2012	2012 排名 Ranking	地名	City	2010	2011	2012	2012 排名 Ranking
贺州	Hezhou	3.59	2.60	2.53	282	丽江	Lijiang	5.76	0.73	7.99	223
河池	Hechi	4.09	4.63	4.10	266	普洱	Puer	6.06	8.57	8.87	215
来宾	Laibin	2.68	3.35	3.89	267	临沧	Lincang	3.88	5.24	7.49	227
崇左	Chongzuo	2.28	3.24	3.73	271	西藏	**Tibet**	**10.84**	**16.00**	**20.75**	
海南	**Hainan**	**112.35**	**123.48**	**132.41**		拉萨	Lhasa	5.41	7.97	11.05	197
海口	Haikou	15.42	15.85	17.62	130	陕西	**Shaanxi**	**265.94**	**332.88**	**392.90**	
三亚	Sanya	18.92	17.44	17.41	132	西安	Xi'an	86.04	108.35	128.76	16
重庆	**Chongqing**	**108.25**	**343.92**	**368.05**		铜川	Tongchuan	1.90	2.69	3.75	270
四川	**Sichuan**	**475.80**	**611.51**	**725.41**		宝鸡	Baoji	8.06	10.82	10.64	201
成都	Chengdu	125.11	161.58	198.35	5	咸阳	Xianyang	11.16	14.15	16.23	142
自贡	Zigong	4.20	6.18	6.93	235	渭南	Weinan	7.50	9.20	11.51	193
攀枝花	Panzhihua	6.48	7.40	7.92	225	延安	Yan'an	10.10	10.14	11.76	190
泸州	Luzhou	8.96	10.79	11.73	192	汉中	Hanzhong	6.81	8.26	9.32	210
德阳	Deyang	10.90	12.86	12.77	179	榆林	Yulin	19.92	24.29	31.93	74
绵阳	Mianyang	15.56	19.38	19.80	114	安康	Ankang	5.06	6.22	5.33	251
广元	Guangyuan	6.37	7.32	7.21	231	商洛	Shangluo	2.74	3.68	4.53	262
遂宁	Suining	5.09	6.42	7.00	234	甘肃	**Gansu**	**86.84**	**110.05**	**136.72**	
内江	Neijiang	3.92	5.34	6.45	242	兰州	Lanzhou	19.23	22.56	27.20	86
乐山	Leshan	10.12	11.56	11.02	199	嘉峪关	Jiayuguan	1.78	2.58	2.83	279
南充	Nanchong	8.36	12.14	14.61	152	金昌	Jinchang	1.94	2.37	2.68	280
眉山	Meishan	5.85	7.76	8.91	214	白银	Baiyin	2.76	3.36	3.83	268
宜宾	Yibin	7.55	10.20	11.77	189	天水	Tianshui	3.63	4.28	4.72	260
广安	Guangan	2.94	4.17	5.17	253	武威	Wuwei	1.62	2.62	3.59	272
达州	Dazhou	7.57	9.11	11.03	198	张掖	Zhangye	1.94	3.13	3.53	275
雅安	Yaan	4.16	4.70	4.90	257	平凉	Pingliang	2.54	3.31	3.78	269
巴中	Bazhong	2.74	3.72	5.04	255	酒泉	Jiuquan	3.26	4.23	5.73	250
资阳	Ziyang	4.21	7.42	8.95	213	庆阳	Qingyang	3.67	4.82	6.39	243
贵州	**Guizhou**	**136.73**	**181.73**	**241.53**		定西	Dingxi	2.44	3.30	4.17	265
贵阳	Guiyang	46.47	59.15	75.87	31	陇南	Longnan	2.51	3.63	3.58	273
六盘水	Liupanshui	8.73	12.10	15.89	144	青海	**Qinghai**	**34.44**	**45.66**	**59.17**	
遵义	Zunyi	15.18	19.44	28.08	83	西宁	Xining	15.34	19.58	24.04	96
安顺	Anshun	6.95	9.05	11.74	191	宁夏	**Ningxia**	**56.24**	**80.11**	**92.48**	
毕节	Bijie	10.02	10.55	14.23	158	银川	Yinchuan	29.34	43.69	45.60	54
铜仁	Tongren	5.14	6.95	8.56	217	石嘴山	Shizuishan	6.54	8.08	8.40	220
云南	**Yunnan**	**237.26**	**277.71**	**340.54**		吴忠	Wuzhong	5.74	8.40	10.24	202
昆明	Kunming	93.82	99.96	127.72	17	固原	Guyuan	2.52	4.03	5.12	254
曲靖	Qujing	16.85	20.23	23.38	98	中卫	Zhongwei	3.84	5.54	6.29	244
玉溪	Yuxi	10.47	11.78	13.61	169	新疆	**Xinjiang**	**151.27**	**209.84**	**259.31**	
保山	Baoshan	5.69	7.85	10.11	203	乌鲁木齐	Urumqi	58.37	80.74	97.18	24
昭通	Zhaotong	7.09	9.27	11.21	196	克拉玛依	Karamay	8.55	9.05	12.07	186

5-6 公共财政预算收入中企业所得税收入
Company Income Tax of Public Budgetary Revenue

单位：亿元 （100 million yuan）

地名	City	2010	2011	2012	2012 排名 Ranking	地名	City	2010	2011	2012	2012 排名 Ranking
地方合计	**Region Total**	**5048.37**	**6746.29**	**7571.60**		沈阳	Shenyang	50.33	66.62	74.86	11
北京	**Beijing**	**513.09**	**683.71**	**752.47**		大连	Dalian	56.03	71.63	74.36	12
天津	**Tianjin**	**125.89**	**182.95**	**187.70**		鞍山	Anshan	12.93	14.48	14.84	67
河北	**Hebei**	**145.93**	**199.08**	**226.20**		抚顺	Fushun	5.15	8.09	7.96	110
石家庄	Shijiazhuang	12.55	16.46	20.72	45	本溪	Benxi	1.83	4.79	4.18	169
唐山	Tangshan	12.73	17.95	17.95	55	丹东	Dandong	4.55	6.95	7.45	115
秦皇岛	Qinhuangdao	5.10	6.67	6.85	121	锦州	Jinzhou	4.95	6.04	5.87	131
邯郸	Handan	5.87	8.70	8.74	96	营口	Yingkou	6.52	8.49	8.36	103
邢台	Xingtai	4.10	4.76	5.22	150	阜新	Fuxin	2.17	3.34	4.02	173
保定	Baoding	5.83	7.89	8.74	96	辽阳	Liaoyang	8.94	7.98	8.45	101
张家口	Zhangjiakou	3.83	5.14	5.80	135	盘锦	Panjin	3.25	5.00	5.48	145
承德	Chengde	4.07	6.22	6.79	123	铁岭	Tieling	4.27	5.26	4.86	157
沧州	Cangzhou	5.18	6.86	8.31	104	朝阳	Chaoyang	4.28	5.88	5.52	142
廊坊	Langfang	8.44	11.10	13.82	69	葫芦岛	Huludao	2.44	3.35	3.72	188
衡水	Hengshui	1.97	2.93	3.81	184	吉林	**Jilin**	**60.82**	**90.59**	**111.21**	
山西	**Shanxi**	**117.75**	**150.22**	**214.39**		长春	Changchun	22.71	34.89	44.02	18
太原	Taiyuan	16.47	19.99	25.03	41	吉林	Jilin	4.96	7.54	6.55	124
大同	Datong	5.89	7.23	9.14	92	四平	Siping	1.87	2.33	2.74	208
阳泉	Yangquan	5.47	6.63	8.69	98	辽源	Liaoyuan	0.85	1.19	1.53	252
长治	Changzhi	11.67	15.04	21.64	43	通化	Tonghua	2.41	4.04	5.86	132
晋城	Jincheng	9.76	12.17	17.62	58	白山	Baishan	1.53	2.44	2.89	204
朔州	Shuozhou	5.69	10.51	13.66	71	松原	Songyuan	1.48	1.81	2.24	229
晋中	Jinzhong	5.79	7.11	9.41	88	白城	Baicheng	1.06	1.63	1.47	254
运城	Yuncheng	1.62	1.81	1.68	247	黑龙江	**Heilongjiang**	**61.60**	**80.87**	**97.89**	
忻州	Xinzhou	3.33	5.32	6.41	126	哈尔滨	Harbin	24.29	31.52	38.69	26
临汾	Linfen	5.47	6.64	7.41	116	齐齐哈尔	Qiqihar	3.59	4.39	4.47	165
吕梁	Luliang	7.91	12.57	18.34	53	鸡西	Jixi	1.38	2.67	3.08	201
内蒙古	**Inner Mongolia**	**101.65**	**156.10**	**179.85**		鹤岗	Hegang	1.41	1.72	2.55	216
呼和浩特	Hohhot	8.62	12.34	14.87	66	双鸭山	Shuangyashan	1.78	1.80	2.34	224
包头	Baotou	8.30	14.20	18.08	54	大庆	Daqing	5.69	9.29	10.41	83
乌海	Wuhai	3.85	3.16	3.94	178	伊春	Yichun	0.51	0.69	1.06	265
赤峰	Chifeng	4.03	6.45	8.68	99	佳木斯	Jiamusi	2.99	3.82	5.59	139
通辽	Tongliao	2.95	5.22	4.59	163	七台河	Qitaihe	2.66	2.15	2.16	233
鄂尔多斯	Erdos	33.20	50.14	53.29	15	牡丹江	Mudanjiang	5.16	6.60	8.40	102
呼伦贝尔	Hulunbuir	3.76	5.22	5.75	137	黑河	Heihe	1.44	1.80	2.49	221
巴彦淖尔	Bayannur	3.70	5.22	5.30	149	绥化	Suihua	3.08	3.92	5.50	143
乌兰察布	Ulanqab	0.82	1.66	2.36	223	上海	**Shanghai**	**606.05**	**731.05**	**806.77**	
辽宁	**Liaoning**	**174.06**	**227.16**	**242.39**		江苏	**Jiangsu**	**554.43**	**731.17**	**745.88**	

5-6 公共财政预算收入中企业所得税收入 续表 1
Company Income Tax of Public Budgetary Revenue continued 1

单位：亿元 （100 million yuan）

地名	City	2010	2011	2012	2012 排名 Ranking	地名	City	2010	2011	2012	2012 排名 Ranking
南京	Nanjing	68.79	94.50	93.01	8	池州	Chizhou	1.01	1.68	2.13	234
无锡	Wuxi	75.38	101.16	88.64	9	宣城	Xuancheng	2.06	3.76	3.90	180
徐州	Xuzhou	17.82	24.73	20.01	47	福建	**Fujian**	**156.91**	**216.12**	**251.76**	
常州	Changzhou	35.80	44.07	40.67	21	福州	Fuzhou	31.40	40.42	50.78	16
苏州	Suzhou	148.13	187.41	190.02	2	厦门	Xiamen	41.53	58.35	67.23	14
南通	Nantong	33.99	42.79	42.77	19	莆田	Putian	5.58	8.07	12.43	75
连云港	Lianyungang	9.77	12.64	13.09	73	三明	Sanming	3.96	6.41	7.77	111
淮安	Huaian	8.35	12.09	11.36	80	泉州	Quanzhou	25.44	38.52	44.26	17
盐城	Yancheng	13.19	20.16	21.95	42	漳州	Zhangzhou	9.02	12.28	13.75	70
扬州	Yangzhou	15.29	21.90	19.71	49	南平	Nanping	3.75	5.20	5.94	129
镇江	Zhenjiang	14.17	20.48	20.05	46	龙岩	Longyan	7.97	12.32	13.11	72
泰州	Taizhou	21.68	27.64	25.46	40	宁德	Ningde	3.02	4.73	5.08	152
宿迁	Suqian	6.51	12.49	16.02	62	江西	**Jiangxi**	**63.72**	**97.92**	**124.12**	
浙江	**Zhejiang**	**374.13**	**497.56**	**536.97**		南昌	Nanchang	12.52	17.45	25.77	39
杭州	Hangzhou	99.23	130.88	144.86	3	景德镇	Jingdezhen	1.81	3.04	3.68	190
宁波	Ningbo	80.57	108.47	115.74	4	萍乡	Pingxiang	1.98	2.83	2.57	215
温州	Wenzhou	28.10	34.79	39.90	22	九江	Jiujiang	5.24	10.18	11.63	78
嘉兴	Jiaxing	24.43	34.02	37.07	28	新余	Xinyu	3.88	7.18	3.95	177
湖州	Huzhou	11.23	16.59	19.20	51	鹰潭	Yingtan	1.24	1.81	2.77	206
绍兴	Shaoxing	24.50	33.40	37.09	27	赣州	Ganzhou	6.91	10.65	17.65	57
金华	Jinhua	16.50	21.55	27.61	37	吉安	Jian	2.98	4.87	5.78	136
衢州	Quzhou	4.22	6.34	9.00	94	宜春	Yichun	5.39	8.21	10.33	84
舟山	Zhoushan	7.57	9.05	8.93	95	抚州	Fuzhou	2.95	4.17	5.04	154
台州	Taizhou	22.40	28.99	31.09	32	上饶	Shangrao	4.05	6.49	9.14	92
丽水	Lishui	4.16	5.95	5.99	128	山东	**Shandong**	**293.31**	**398.56**	**441.64**	
安徽	**Anhui**	**106.59**	**153.26**	**184.50**		济南	Jinan	30.64	35.07	39.05	24
合肥	Hefei	22.13	30.25	34.43	29	青岛	Qingdao	53.46	71.38	79.52	10
芜湖	Wuhu	7.99	12.16	14.80	68	淄博	Zibo	13.47	19.34	17.77	56
蚌埠	Bengbu	2.08	3.00	3.78	185	枣庄	Zaozhuang	6.28	8.10	8.24	106
淮南	Huainan	2.15	4.62	19.40	50	东营	Dongying	6.84	8.71	10.66	82
马鞍山	Maanshan	3.40	4.43	17.34	59	烟台	Yantai	24.93	34.18	41.90	20
淮北	Huaibei	2.94	4.69	6.19	127	潍坊	Weifang	16.44	24.04	29.79	34
铜陵	Tongling	1.92	2.71	3.78	185	济宁	Jining	22.62	28.17	31.90	30
安庆	Anqing	2.16	3.22	4.69	160	泰安	Taian	6.44	9.12	9.24	90
黄山	Huangshan	1.35	1.98	2.69	211	威海	Weihai	9.25	11.69	12.28	76
滁州	Chuzhou	2.54	4.28	4.83	158	日照	Rizhao	7.02	8.29	8.54	100
阜阳	Fuyang	1.87	2.96	4.14	171	莱芜	Laiwu	1.55	3.10	4.00	175
宿州	Suzhou	0.84	1.66	2.19	231	临沂	Linyi	7.23	10.28	13.07	74
六安	Liuan	1.67	3.20	3.88	182	德州	Dezhou	4.95	7.05	7.55	113
亳州	Bozhou	0.93	1.38	2.00	239	聊城	Liaocheng	5.11	6.81	8.22	107

5-6 公共财政预算收入中企业所得税收入 续表 2
Company Income Tax of Public Budgetary Revenue continued 2

单位：亿元 （100 million yuan）

地名	City	2010	2011	2012	2012 排名 Ranking	地名	City	2010	2011	2012	2012 排名 Ranking
滨州	Binzhou	7.89	13.13	11.92	77	常德	Changde	1.55	2.30	2.75	207
菏泽	Heze	6.52	10.21	9.70	87	张家界	Zhangjiajie	0.60	0.79	1.08	264
河南	**Henan**	**136.63**	**185.21**	**209.13**		益阳	Yiyang	0.92	1.55	2.27	228
郑州	Zhengzhou	46.72	59.06	67.79	13	郴州	Chenzhou	1.50	2.38	3.09	200
开封	Kaifeng	1.90	3.09	3.49	195	永州	Yongzhou	0.86	1.20	1.72	246
洛阳	Luoyang	14.77	20.00	18.42	52	怀化	Huaihua	0.99	1.77	2.29	227
平顶山	Pingdingshan	4.34	5.73	5.88	130	娄底	Loudi	0.81	1.23	2.08	237
安阳	Anyang	3.68	5.49	5.42	147	**广东**	**Guangdong**	**678.75**	**827.90**	**891.03**	
鹤壁	Hebi	1.03	1.75	1.62	249	广州	Guangzhou	93.52	106.16	107.50	6
新乡	Xinxiang	6.93	10.31	11.29	81	韶关	Shaoguan	2.58	2.16	2.19	231
焦作	Jiaozuo	4.66	6.14	5.85	133	深圳	Shenzhen	214.48	252.89	269.73	1
濮阳	Puyang	1.17	1.97	2.64	212	珠海	Zhuhai	16.33	16.13	15.57	63
许昌	Xuchang	4.72	6.93	7.32	117	汕头	Shantou	7.91	6.58	7.16	118
漯河	Luohe	3.70	4.38	4.87	156	佛山	Foshan	28.31	32.84	39.75	23
三门峡	Sanmenxia	2.85	4.98	4.27	167	江门	Jiangmen	9.11	9.09	10.20	85
南阳	Nanyang	3.69	4.95	6.43	125	湛江	Zhanjiang	2.95	3.15	3.90	180
商丘	Shangqiu	3.01	3.46	4.01	174	茂名	Maoming	1.34	1.67	1.96	242
信阳	Xinyang	1.34	2.72	4.07	172	肇庆	Zhaoqing	3.17	3.86	3.60	193
周口	Zhoukou	1.47	2.61	3.68	190	惠州	Huizhou	9.71	11.70	11.37	79
驻马店	Zhumadian	2.11	3.11	4.00	175	梅州	Meizhou	2.69	2.96	2.53	217
湖北	**Hubei**	**106.91**	**155.51**	**196.87**		汕尾	Shanwei	1.17	0.99	1.45	256
武汉	Wuhan	40.50	91.56	113.34	5	河源	Heyuan	2.15	2.40	2.53	217
黄石	Huangshi	2.45	5.55	8.00	109	阳江	Yangjiang	1.94	2.00	2.50	220
十堰	Shiyan	3.41	7.41	8.25	105	清远	Qingyuan	4.35	4.89	5.06	153
宜昌	Yichang	4.71	12.58	16.78	60	东莞	Dongguan	24.50	26.59	29.63	35
襄阳	Xiangfan	3.08	8.27	9.33	89	中山	ZhongShan	13.43	15.25	15.20	64
鄂州	Ezhou	0.75	1.49	2.09	236	潮州	Chaozhou	1.96	2.36	2.71	209
荆门	Jingmen	1.12	3.19	3.43	196	揭阳	Jieyang	3.41	3.31	3.77	187
孝感	Xiaogan	1.57	3.75	4.95	155	云浮	Yunfu	0.93	1.04	1.38	257
荆州	Jingzhou	1.74	4.19	5.44	146	**广西**	**Guangxi**	**58.95**	**85.65**	**85.95**	
黄冈	Huanggang	1.36	3.35	1.68	247	南宁	Nanning	12.99	19.09	21.36	44
咸宁	Xianning	0.91	2.29	3.67	192	柳州	Liuzhou	7.10	10.37	10.15	86
随州	Suizhou	0.33	0.92	2.00	239	桂林	Guilin	5.00	6.63	5.81	134
湖南	**Hunan**	**60.29**	**89.96**	**120.07**		梧州	Wuzhou	2.09	3.09	2.70	210
长沙	Changsha	18.54	29.84	39.02	25	北海	Beihai	1.27	2.51	2.46	222
株洲	Zhuzhou	2.81	4.35	5.39	148	防城港	Fangchenggang	0.85	1.78	1.60	250
湘潭	Xiangtan	1.75	2.57	3.33	197	钦州	Qinzhou	1.28	1.82	2.33	225
衡阳	Hengyang	1.84	2.81	4.15	170	贵港	Guigang	0.99	1.62	1.98	241
邵阳	Shaoyang	0.88	1.25	1.87	245	玉林	Yulin	2.52	3.84	3.58	194
岳阳	Yueyang	1.40	2.02	2.95	203	百色	Baise	2.08	3.12	2.05	238

5-6 公共财政预算收入中企业所得税收入 续表 3
Company Income Tax of Public Budgetary Revenue continued 3

单位：亿元 (100 million yuan)

地名	City	2010	2011	2012	2012 排名 Ranking	地名	City	2010	2011	2012	2012 排名 Ranking
贺州	Hezhou	1.48	1.08	1.01	269	丽江	Lijiang	0.36	0.57	0.67	274
河池	Hechi	1.56	2.10	1.47	254	普洱	Puer	0.48	0.98	1.50	253
来宾	Laibin	1.21	1.70	1.92	244	临沧	Lincang	0.39	0.71	0.99	270
崇左	Chongzuo	2.07	2.85	2.51	219	**西藏**	**Tibet**	**3.55**	**11.25**	**10.91**	
海南	**Hainan**	**28.04**	**42.91**	**46.39**		拉萨	Lhasa	2.47	4.01	7.46	114
海口	Haikou	5.71	7.67	8.19	108	**陕西**	**Shaanxi**	**84.81**	**124.13**	**160.92**	
三亚	Sanya	3.19	4.78	5.63	138	西安	Xi'an	18.84	24.95	28.38	36
重庆	**Chongqing**	**33.90**	**115.11**	**119.80**		铜川	Tongchuan	0.45	0.68	0.85	272
四川	**Sichuan**	**141.50**	**200.59**	**246.45**		宝鸡	Baoji	2.11	2.79	2.85	205
成都	Chengdu	57.79	84.88	101.33	7	咸阳	Xianyang	2.21	4.25	4.57	164
自贡	Zigong	1.24	1.88	2.58	214	渭南	Weinan	1.21	1.87	2.11	235
攀枝花	Panzhihua	2.84	4.33	5.55	140	延安	Yan'an	3.65	6.40	9.16	91
泸州	Luzhou	7.23	10.00	14.96	65	汉中	Hanzhong	0.54	0.75	1.06	265
德阳	Deyang	2.99	6.09	6.81	122	榆林	Yulin	12.54	19.35	30.50	33
绵阳	Mianyang	2.23	4.52	5.55	140	安康	Ankang	0.35	0.56	0.67	274
广元	Guangyuan	0.82	1.20	1.38	257	商洛	Shangluo	0.43	0.36	0.52	280
遂宁	Suining	0.85	1.23	2.24	229	**甘肃**	**Gansu**	**19.99**	**28.59**	**36.53**	
内江	Neijiang	1.51	2.10	2.64	212	兰州	Lanzhou	4.35	6.39	7.72	112
乐山	Leshan	4.54	5.58	5.49	144	嘉峪关	Jiayuguan	0.61	0.84	0.91	271
南充	Nanchong	2.61	3.87	5.18	151	金昌	Jinchang	0.29	0.35	0.37	283
眉山	Meishan	2.19	3.41	3.92	179	白银	Baiyin	0.53	1.08	1.03	268
宜宾	Yibin	9.24	11.98	16.21	61	天水	Tianshui	0.42	0.48	0.59	278
广安	Guangan	1.64	2.38	3.33	197	武威	Wuwei	0.21	0.43	0.64	277
达州	Dazhou	2.30	3.65	4.35	166	张掖	Zhangye	0.32	0.58	0.71	273
雅安	Yaan	1.53	1.86	2.33	225	平凉	Pingliang	0.62	0.77	1.18	260
巴中	Bazhong	0.52	0.97	1.12	263	酒泉	Jiuquan	0.51	0.75	1.17	261
资阳	Ziyang	1.35	2.12	3.01	202	庆阳	Qingyang	0.20	0.27	0.46	281
贵州	**Guizhou**	**51.14**	**70.69**	**86.53**		定西	Dingxi	0.21	0.29	0.39	282
贵阳	Guiyang	18.14	23.34	26.86	38	陇南	Longnan	0.41	0.44	0.65	276
六盘水	Liupanshui	3.25	3.45	3.87	183	**青海**	**Qinghai**	**10.98**	**14.62**	**16.08**	
遵义	Zunyi	2.92	4.82	6.92	120	西宁	Xining	2.46	4.49	4.68	161
安顺	Anshun	0.99	1.71	3.15	199	**宁夏**	**Ningxia**	**14.08**	**24.17**	**25.39**	
毕节	Bijie	1.99	3.06	4.67	162	银川	Yinchuan	4.83	8.41	7.16	118
铜仁	Tongren	0.59	1.43	1.96	242	石嘴山	Shizuishan	0.91	1.57	1.55	251
云南	**Yunnan**	**82.28**	**110.61**	**135.82**		吴忠	Wuzhong	0.66	0.95	1.04	267
昆明	Kunming	13.48	17.46	19.98	48	固原	Guyuan	0.13	0.24	0.21	284
曲靖	Qujing	2.76	3.19	4.27	167	中卫	Zhongwei	0.31	0.62	0.56	279
玉溪	Yuxi	3.57	5.03	4.83	158	**新疆**	**Xinjiang**	**40.02**	**63.43**	**79.99**	
保山	Baoshan	0.54	0.92	1.16	262	乌鲁木齐	Urumqi	16.69	25.37	31.32	31
昭通	Zhaotong	0.80	1.10	1.28	259	克拉玛依	Karamay	2.61	3.23	3.71	189

5-7 公共财政预算收入中个人所得税收入
Personal Income Tax of Public Budgetary Revenue

单位：亿元 (100 million yuan)

地名	City	2010	2011	2012	2012 排名 Ranking	地名	City	2010	2011	2012	2012 排名 Ranking
地方合计	**Region Total**	**1934.30**	**2421.04**	**2327.63**		沈阳	Shenyang	17.32	20.15	17.60	15
北京	**Beijing**		**272.90**	**281.49**		大连	Dalian	21.24	26.65	21.13	11
天津	**Tianjin**	**42.96**	**52.01**	**49.56**		鞍山	Anshan	3.31	3.77	2.43	98
河北	**Hebei**	**47.05**	**57.39**	**50.19**		抚顺	Fushun	2.69	2.80	2.01	116
石家庄	Shijiazhuang	7.11	8.67	7.95	37	本溪	Benxi	2.23	3.66	2.26	102
唐山	Tangshan	7.45	9.14	7.67	38	丹东	Dandong	1.51	1.87	1.52	146
秦皇岛	Qinhuangdao	2.55	2.94	2.33	101	锦州	Jinzhou	2.37	2.60	2.16	105
邯郸	Handan	3.03	3.55	2.47	96	营口	Yingkou	1.66	1.98	1.52	146
邢台	Xingtai	1.65	2.10	1.68	132	阜新	Fuxin	0.94	1.31	1.04	188
保定	Baoding	2.62	3.29	2.89	81	辽阳	Liaoyang	2.11	2.21	1.47	149
张家口	Zhangjiakou	1.91	2.08	1.97	118	盘锦	Panjin	3.65	3.55	2.74	86
承德	Chengde	2.13	2.85	3.20	76	铁岭	Tieling	1.38	1.43	1.09	181
沧州	Cangzhou	2.79	3.06	2.59	93	朝阳	Chaoyang	2.55	3.63	2.75	85
廊坊	Langfang	3.18	4.30	3.86	69	葫芦岛	Huludao	1.24	1.33	1.19	174
衡水	Hengshui	0.87	1.06	1.02	190	吉林	**Jilin**	**23.39**	**29.49**	**26.85**	
山西	**Shanxi**	**31.95**	**42.84**	**43.10**		长春	Changchun	7.62	9.53	9.79	31
太原	Taiyuan	5.62	7.12	7.51	40	吉林	Jilin	2.53	2.91	2.58	94
大同	Datong	2.16	2.82	2.73	87	四平	Siping	0.75	0.89	0.60	238
阳泉	Yangquan	1.40	1.53	1.47	149	辽源	Liaoyuan	0.44	0.65	0.54	246
长治	Changzhi	2.77	3.32	3.59	72	通化	Tonghua	1.28	1.62	1.39	159
晋城	Jincheng	1.85	2.39	2.20	103	白山	Baishan	0.92	1.14	0.86	205
朔州	Shuozhou	1.33	2.44	2.04	112	松原	Songyuan	0.93	1.11	0.82	210
晋中	Jinzhong	2.28	2.97	3.20	76	白城	Baicheng	0.45	0.60	0.50	250
运城	Yuncheng	0.74	0.96	0.91	201	黑龙江	**Heilongjiang**	**25.07**	**34.05**	**28.39**	
忻州	Xinzhou	1.14	1.72	1.92	123	哈尔滨	Harbin	9.76	12.90	11.18	27
临汾	Linfen	1.56	2.43	2.03	113	齐齐哈尔	Qiqihar	1.51	1.67	1.58	138
吕梁	Luliang	1.51	2.29	2.58	94	鸡西	Jixi	1.00	1.38	1.60	137
内蒙古	**Inner Mongolia**	**39.34**	**40.00**	**47.61**		鹤岗	Hegang	0.91	1.22	1.06	184
呼和浩特	Hohhot	5.03	6.07	5.77	49	双鸭山	Shuangyashan	0.85	1.65	1.94	121
包头	Baotou	3.10	4.21	4.20	63	大庆	Daqing	5.22	6.88	4.09	65
乌海	Wuhai	1.42	1.79	1.72	131	伊春	Yichun	0.25	0.32	0.30	274
赤峰	Chifeng	2.10	2.46	2.17	104	佳木斯	Jiamusi	1.10	1.31	1.05	186
通辽	Tongliao	1.01	1.42	1.05	186	七台河	Qitaihe	0.60	0.74	0.63	235
鄂尔多斯	Erdos	10.93	16.50	13.52	22	牡丹江	Mudanjiang	1.87	3.74	2.71	89
呼伦贝尔	Hulunbuir	2.23	2.80	2.02	114	黑河	Heihe	0.68	0.79	0.71	222
巴彦淖尔	Bayannur	1.24	1.44	1.36	162	绥化	Suihua	0.65	1.01	1.20	172
乌兰察布	Ulanqab	0.59	0.75	0.69	227	上海	**Shanghai**	**261.20**	**314.95**	**318.10**	
辽宁	**Liaoning**	**64.20**	**76.94**	**60.92**		江苏	**Jiangsu**	**180.94**	**237.74**	**224.22**	

5-7 公共财政预算收入中个人所得税收入 续表 1
Personal Income Tax of Public Budgetary Revenue continued 1

单位：亿元 （100 million yuan）

地名	City	2010	2011	2012	2012 排名 Ranking
南京	Nanjing	31.30	41.55	38.70	5
无锡	Wuxi	28.17	35.40	31.60	7
徐州	Xuzhou	7.39	8.78	8.41	35
常州	Changzhou	14.53	19.18	19.90	12
苏州	Suzhou	48.12	62.58	56.64	2
南通	Nantong	13.13	19.15	19.50	13
连云港	Lianyungang	3.44	4.33	3.70	70
淮安	Huaian	3.81	4.74	5.08	53
盐城	Yancheng	5.12	8.04	8.32	36
扬州	Yangzhou	5.57	6.75	6.12	47
镇江	Zhenjiang	5.52	7.57	6.99	42
泰州	Taizhou	5.76	7.15	7.13	41
宿迁	Suqian	2.28	4.57	5.13	52
浙江	**Zhejiang**	**151.08**	**185.56**	**178.93**	
杭州	Hangzhou	39.20	51.06	49.87	3
宁波	Ningbo	34.40	38.77	36.11	6
温州	Wenzhou	15.02	18.33	17.05	17
嘉兴	Jiaxing	9.66	13.01	12.19	25
湖州	Huzhou	5.57	7.18	6.87	45
绍兴	Shaoxing	9.95	11.83	11.45	26
金华	Jinhua	9.99	12.60	13.42	23
衢州	Quzhou	2.13	2.75	2.90	80
舟山	Zhoushan	3.06	3.45	3.50	74
台州	Taizhou	11.58	14.53	13.60	21
丽水	Lishui	3.23	3.95	4.08	66
安徽	**Anhui**	**31.97**	**40.04**	**35.91**	
合肥	Hefei	5.52	7.37	7.57	39
芜湖	Wuhu	2.82	2.83	2.40	99
蚌埠	Bengbu	0.58	0.75	0.63	235
淮南	Huainan	1.86	2.18	5.31	51
马鞍山	Maanshan	1.21	1.58	4.63	55
淮北	Huaibei	0.54	0.85	0.60	238
铜陵	Tongling	0.47	0.55	0.57	242
安庆	Anqing	0.86	1.06	1.08	182
黄山	Huangshan	0.64	0.77	0.68	229
滁州	Chuzhou	0.84	1.04	0.97	195
阜阳	Fuyang	0.63	0.81	0.81	211
宿州	Suzhou	0.45	0.58	0.50	250
六安	Liuan	0.75	1.02	0.87	204
亳州	Bozhou	0.39	0.46	0.55	243
池州	Chizhou	0.47	0.55	0.65	233
宣城	Xuancheng	0.91	1.20	1.20	172
福建	**Fujian**	**56.34**	**69.24**	**68.24**	
福州	Fuzhou	15.43	19.01	19.11	14
厦门	Xiamen	14.51	18.46	17.13	16
莆田	Putian	1.80	2.44	2.73	87
三明	Sanming	2.81	3.17	2.71	89
泉州	Quanzhou	11.08	13.21	12.43	24
漳州	Zhangzhou	3.36	4.13	4.37	59
南平	Nanping	1.91	2.43	2.64	92
龙岩	Longyan	3.02	3.58	4.31	61
宁德	Ningde	2.22	2.71	2.79	83
江西	**Jiangxi**	**20.27**	**32.32**	**26.52**	
南昌	Nanchang	6.77	8.17	10.51	28
景德镇	Jingdezhen	0.83	2.24	1.12	179
萍乡	Pingxiang	0.64	0.74	0.58	240
九江	Jiujiang	1.64	2.38	1.80	130
新余	Xinyu	1.16	1.64	0.98	194
鹰潭	Yingtan	1.32	6.94	1.04	188
赣州	Ganzhou	2.53	3.46	4.59	57
吉安	Jian	1.87	2.30	1.96	119
宜春	Yichun	1.32	1.86	1.61	136
抚州	Fuzhou	0.80	0.92	0.79	215
上饶	Shangrao	1.24	1.61	1.53	144
山东	**Shandong**	**81.01**	**96.58**	**95.11**	
济南	Jinan	8.77	10.71	10.18	30
青岛	Qingdao	18.69	22.09	22.36	10
淄博	Zibo	3.22	3.66	3.52	73
枣庄	Zaozhuang	1.29	1.45	0.99	193
东营	Dongying	2.09	2.62	2.83	82
烟台	Yantai	4.33	5.70	6.55	46
潍坊	Weifang	3.39	4.11	3.60	71
济宁	Jining	4.37	4.87	4.17	64
泰安	Taian	1.86	2.15	1.95	120
威海	Weihai	1.81	1.98	2.05	109
日照	Rizhao	1.00	1.13	0.97	195
莱芜	Laiwu	0.77	0.88	1.12	179
临沂	Linyi	1.95	2.07	2.05	109
德州	Dezhou	1.14	1.40	1.42	157
聊城	Liaocheng	1.18	1.51	1.54	142

5-7 公共财政预算收入中个人所得税收入 续表 2
Personal Income Tax of Public Budgetary Revenue continued 2

单位：亿元 （100 million yuan）

地名	City	2010	2011	2012	2012 排名 Ranking	地名	City	2010	2011	2012	2012 排名 Ranking
滨州	Binzhou	0.96	1.15	1.37	161	常德	Changde	1.17	1.23	1.24	166
菏泽	Heze	0.82	1.17	1.17	177	张家界	Zhangjiajie	0.29	0.33	0.28	277
河南	**Henan**	**40.29**	**48.38**	**41.41**		益阳	Yiyang	0.80	0.98	0.93	199
郑州	Zhengzhou	15.03	19.13	16.43	18	郴州	Chenzhou	1.54	2.30	2.05	109
开封	Kaifeng	0.75	0.99	0.93	199	永州	Yongzhou	1.06	1.28	1.16	178
洛阳	Luoyang	5.24	5.14	4.04	67	怀化	Huaihua	0.97	1.11	1.23	167
平顶山	Pingdingshan	2.47	2.74	2.08	108	娄底	Loudi	0.72	0.92	0.75	220
安阳	Anyang	1.25	1.59	1.21	169	**广东**	**Guangdong**	**287.26**	**341.40**	**322.71**	
鹤壁	Hebi	0.52	1.09	0.76	219	广州	Guangzhou	47.22	46.21	43.96	4
新乡	Xinxiang	1.55	1.98	1.66	134	韶关	Shaoguan	1.39	1.16	1.06	184
焦作	Jiaozuo	1.44	2.06	1.35	163	深圳	Shenzhen	111.68	134.88	139.12	1
濮阳	Puyang	1.22	1.66	1.44	154	珠海	Zhuhai	5.06	5.27	4.61	56
许昌	Xuchang	1.39	1.91	2.02	114	汕头	Shantou	2.08	2.12	1.94	121
漯河	Luohe	0.67	0.79	0.78	217	佛山	Foshan	12.86	12.57	10.37	29
三门峡	Sanmenxia	1.67	1.63	1.39	159	江门	Jiangmen	3.30	3.15	3.05	79
南阳	Nanyang	1.97	2.20	1.98	117	湛江	Zhanjiang	1.94	2.00	1.68	132
商丘	Shangqiu	1.33	1.38	1.66	134	茂名	Maoming	0.90	0.94	0.83	209
信阳	Xinyang	1.00	1.29	1.23	167	肇庆	Zhaoqing	1.62	1.52	1.30	165
周口	Zhoukou	0.87	0.86	0.77	218	惠州	Huizhou	4.21	4.35	3.13	78
驻马店	Zhumadian	1.24	1.16	1.02	190	梅州	Meizhou	1.16	1.17	0.91	201
湖北	**Hubei**	**23.00**	**48.85**	**48.55**		汕尾	Shanwei	0.36	0.37	0.34	269
武汉	Wuhan	12.85	28.98	26.79	8	河源	Heyuan	0.69	0.64	0.51	249
黄石	Huangshi	0.60	1.29	1.58	138	阳江	Yangjiang	0.80	0.77	0.68	229
十堰	Shiyan	0.90	2.27	1.87	126	清远	Qingyuan	1.44	1.37	1.21	169
宜昌	Yichang	1.86	3.76	4.31	61	东莞	Dongguan	11.04	11.20	8.90	33
襄阳	Xiangfan	1.02	2.73	3.41	75	中山	ZhongShan	5.75	5.41	4.33	60
鄂州	Ezhou	0.23	0.51	0.65	233	潮州	Chaozhou	0.98	0.88	0.80	214
荆门	Jingmen	0.56	1.40	1.54	142	揭阳	Jieyang	1.11	1.16	1.19	174
孝感	Xiaogan	0.57	1.16	1.53	144	云浮	Yunfu	0.92	1.01	1.00	192
荆州	Jingzhou	0.61	1.30	1.47	149	**广西**	**Guangxi**	**25.84**	**29.41**	**24.19**	
黄冈	Huanggang	0.54	1.06	1.43	156	南宁	Nanning	5.41	6.26	5.79	48
咸宁	Xianning	0.37	0.71	0.81	211	柳州	Liuzhou	2.43	2.45	1.90	124
随州	Suizhou	0.27	0.81	0.70	226	桂林	Guilin	2.08	2.19	1.85	127
湖南	**Hunan**	**37.62**	**48.25**	**46.74**		梧州	Wuzhou	0.60	1.13	0.66	232
长沙	Changsha	12.43	15.99	15.76	19	北海	Beihai	0.32	0.72	0.48	253
株洲	Zhuzhou	1.79	2.40	2.45	97	防城港	Fangchenggang	0.35	0.41	0.35	267
湘潭	Xiangtan	1.15	1.41	1.21	169	钦州	Qinzhou	0.45	0.51	0.44	258
衡阳	Hengyang	1.56	2.34	2.16	105	贵港	Guigang	0.48	0.57	0.54	246
邵阳	Shaoyang	1.01	1.24	1.41	158	玉林	Yulin	1.01	1.11	0.84	207
岳阳	Yueyang	1.19	1.52	1.45	153	百色	Baise	0.76	0.80	0.58	240

5-7 公共财政预算收入中个人所得税收入 续表 3
Personal Income Tax of Public Budgetary Revenue continued 3

单位：亿元 （100 million yuan）

地名	City	2010	2011	2012	2012 排名 Ranking	地名	City	2010	2011	2012	2012 排名 Ranking
贺州	Hezhou	1.07	0.34	0.34	269	丽江	Lijiang	0.22	0.30	0.31	271
河池	Hechi	0.97	0.98	0.74	221	普洱	Puer	0.35	0.55	0.27	279
来宾	Laibin	0.34	0.41	0.29	276	临沧	Lincang	0.22	0.28	0.52	248
崇左	Chongzuo	0.40	0.47	0.31	271	西藏	**Tibet**	**1.98**	**8.10**	**23.80**	
海南	**Hainan**	**8.05**	**9.75**	**7.58**		拉萨	Lhasa	1.19	3.50	4.48	58
海口	Haikou	1.92	2.47	1.85	127	陕西	**Shaanxi**	**35.54**	**44.42**	**42.05**	
三亚	Sanya	0.72	0.75	0.71	222	西安	Xi'an	8.14	9.79	9.17	32
重庆	**Chongqing**	**12.29**	**34.90**	**32.98**		铜川	Tongchuan	0.23	0.30	0.30	274
四川	**Sichuan**	**57.76**	**72.75**	**73.40**		宝鸡	Baoji	0.58	0.72	0.68	229
成都	Chengdu	17.71	23.26	23.09	9	咸阳	Xianyang	0.74	0.99	0.94	198
自贡	Zigong	0.54	0.58	0.79	215	渭南	Weinan	0.56	0.68	0.71	222
攀枝花	Panzhihua	1.42	1.64	1.52	146	延安	Yan'an	1.14	1.34	1.19	174
泸州	Luzhou	1.36	1.39	1.55	140	汉中	Hanzhong	0.38	0.50	0.45	256
德阳	Deyang	1.14	1.49	1.46	152	榆林	Yulin	5.38	7.01	6.97	43
绵阳	Mianyang	1.31	1.72	2.36	100	安康	Ankang	0.25	0.36	0.42	259
广元	Guangyuan	0.25	0.37	0.48	253	商洛	Shangluo	0.30	0.44	0.28	277
遂宁	Suining	0.40	0.58	0.49	252	甘肃	**Gansu**	**11.13**	**14.06**	**13.54**	
内江	Neijiang	0.70	0.71	0.62	237	兰州	Lanzhou	2.16	2.54	2.79	83
乐山	Leshan	1.30	1.49	1.44	154	嘉峪关	Jiayuguan	0.25	0.29	0.25	280
南充	Nanchong	0.81	0.88	0.95	197	金昌	Jinchang	0.21	0.22	0.16	283
眉山	Meishan	0.78	0.75	0.81	211	白银	Baiyin	0.54	0.65	0.40	261
宜宾	Yibin	1.28	1.42	1.32	164	天水	Tianshui	0.27	0.32	0.31	271
广安	Guangan	0.40	0.46	0.48	253	武威	Wuwei	0.19	0.28	0.37	264
达州	Dazhou	1.45	1.52	1.55	140	张掖	Zhangye	0.24	0.32	0.35	267
雅安	Yaan	0.59	1.08	0.84	207	平凉	Pingliang	0.25	0.30	0.39	262
巴中	Bazhong	0.34	0.46	0.69	227	酒泉	Jiuquan	0.32	0.43	0.36	265
资阳	Ziyang	0.48	0.65	0.71	222	庆阳	Qingyang	0.38	0.73	0.55	243
贵州	**Guizhou**	**27.42**	**33.24**	**32.29**		定西	Dingxi	0.18	0.22	0.21	281
贵阳	Guiyang	7.64	9.27	8.46	34	陇南	Longnan	0.24	0.32	0.36	265
六盘水	Liupanshui	4.37	4.46	3.97	68	青海	**Qinghai**	**3.46**	**4.45**	**3.56**	
遵义	Zunyi	3.81	4.54	4.81	54	西宁	Xining	1.78	2.05	1.81	129
安顺	Anshun	0.99	1.13	1.07	183	宁夏	**Ningxia**	**5.57**	**7.50**	**6.68**	
毕节	Bijie	3.83	5.46	5.64	50	银川	Yinchuan	1.65	2.43	2.10	107
铜仁	Tongren	0.73	0.83	0.85	206	石嘴山	Shizuishan	0.47	0.57	0.55	243
云南	**Yunnan**	**3.23**	**41.38**	**37.10**		吴忠	Wuzhong	0.41	0.41	0.38	263
昆明	Kunming	5.76	7.74	6.94	44	固原	Guyuan	0.10	0.14	0.12	284
曲靖	Qujing	1.50	1.66	1.88	125	中卫	Zhongwei	0.16	0.20	0.18	282
玉溪	Yuxi	0.85	1.23	0.90	203	新疆	**Xinjiang**	**27.38**	**38.34**	**35.89**	
保山	Baoshan	0.35	0.44	0.42	259	乌鲁木齐	Urumqi	9.52	12.84	14.95	20
昭通	Zhaotong	0.49	0.56	0.45	256	克拉玛依	Karamay	2.88	3.43	2.67	91

5-8 公共财政预算支出
Public Budgetary Expenditure

单位：亿元 (100 million yuan)

地名	City	2010	2011	2012	2012 排名 Ranking
地方合计	**Region Total**	**73884.4**	**92733.7**	**107188.3**	
北京	**Beijing**	**2717.32**	**3245.23**	**3685.31**	
天津	**Tianjin**	**1376.84**	**1796.33**	**2143.21**	
河北	**Hebei**	**2820.24**	**3537.39**	**4079.44**	
石家庄	Shijiazhuang	305.16	403.54	464.09	29
唐山	Tangshan	332.43	441.68	490.31	23
秦皇岛	Qinhuangdao	135.74	168.62	199.97	146
邯郸	Handan	263.86	328.63	379.58	41
邢台	Xingtai	172.34	214.61	250.25	97
保定	Baoding	268.90	332.67	383.57	40
张家口	Zhangjiakou	181.73	231.52	266.56	87
承德	Chengde	155.92	192.36	235.80	110
沧州	Cangzhou	213.13	264.35	311.57	56
廊坊	Langfang	179.64	227.95	268.04	86
衡水	Hengshui	112.10	137.42	160.81	191
山西	**Shanxi**	**1931.36**	**2363.85**	**2759.46**	
太原	Taiyuan	189.64	239.31	277.76	76
大同	Datong	132.78	169.21	186.56	158
阳泉	Yangquan	60.07	71.70	88.41	263
长治	Changzhi	135.87	176.03	201.87	143
晋城	Jincheng	89.51	113.24	129.83	234
朔州	Shuozhou	90.13	115.42	138.87	222
晋中	Jinzhong	120.54	152.21	178.64	164
运城	Yuncheng	134.81	165.77	192.71	150
忻州	Xinzhou	128.58	152.21	181.53	162
临汾	Linfen	159.76	187.13	222.82	119
吕梁	Luliang	151.00	189.76	246.47	102
内蒙古	**Inner Mongolia**	**2273.50**	**2989.21**	**3425.99**	
呼和浩特	Hohhot	177.17	255.39	276.29	78
包头	Baotou	204.96	251.27	291.02	65
乌海	Wuhai	63.54	71.11	79.32	274
赤峰	Chifeng	219.79	272.20	325.62	50
通辽	Tongliao	184.46	213.52	255.56	92
鄂尔多斯	Erdos	318.79	446.62	483.25	24
呼伦贝尔	Hulunbuir	207.90	254.98	294.44	64
巴彦淖尔	Bayannur	123.53	154.66	182.81	160
乌兰察布	Ulanqab	140.03	186.37	233.81	115
辽宁	**Liaoning**	**3195.82**	**3905.85**	**4558.59**	
沈阳	Shenyang	516.62	639.29	766.09	10
大连	Dalian	611.47	734.94	890.96	5
鞍山	Anshan	201.90	232.07	290.27	67
抚顺	Fushun	150.25	165.33	200.20	145
本溪	Benxi	116.48	139.64	175.57	169
丹东	Dandong	134.66	157.33	196.94	147
锦州	Jinzhou	138.45	157.36	204.71	138
营口	Yingkou	137.29	183.16	221.03	123
阜新	Fuxin	88.27	128.36	145.40	209
辽阳	Liaoyang	100.07	123.10	137.40	224
盘锦	Panjin	109.82	144.13	182.18	161
铁岭	Tieling	141.58	167.82	200.29	144
朝阳	Chaoyang	146.75	173.14	213.72	130
葫芦岛	Huludao	109.49	146.79	166.80	183
吉林	**Jilin**	**1787.25**	**2201.74**	**2471.20**	
长春	Changchun	382.93	518.68	555.51	19
吉林	Jilin	213.78	251.57	284.94	70
四平	Siping	113.75	139.83	171.66	177
辽源	Liaoyuan	64.02	68.83	82.65	270
通化	Tonghua	119.91	140.63	176.15	168
白山	Baishan	100.08	127.38	140.09	218
松原	Songyuan	104.28	122.27	142.59	213
白城	Baicheng	92.17	115.05	142.71	212
黑龙江	**Heilongjiang**	**2253.27**	**2794.08**	**3171.52**	
哈尔滨	Harbin	452.97	557.14	643.58	14
齐齐哈尔	Qiqihar	208.09	240.25	263.78	89
鸡西	Jixi	85.56	104.88	116.46	245
鹤岗	Hegang	51.28	61.81	79.75	273
双鸭山	Shuangyashan	70.67	81.85	99.41	257
大庆	Daqing	164.22	217.02	234.93	113
伊春	Yichun	63.73	78.89	81.70	271
佳木斯	Jiamusi	121.81	142.30	175.18	172
七台河	Qitaihe	48.50	54.13	60.86	282
牡丹江	Mudanjiang	136.09	162.90	202.52	141
黑河	Heihe	93.11	94.64	115.17	246
绥化	Suihua	167.18	198.54	254.54	94
上海	**Shanghai**	**3302.89**	**3914.88**	**4184.02**	
江苏	**Jiangsu**	**4914.06**	**6221.72**	**7027.67**	

5-8 公共财政预算支出 续表 1
Public Budgetary Expenditure continued 1

单位：亿元 (100 million yuan)

地名	City	2010	2011	2012	2012 排名 Ranking
南京	Nanjing	542.18	666.21	769.66	9
无锡	Wuxi	488.68	592.67	648.61	13
徐州	Xuzhou	325.72	454.24	530.05	20
常州	Changzhou	281.44	361.81	391.22	36
苏州	Suzhou	825.67	1002.63	1113.47	3
南通	Nantong	316.75	419.45	513.01	22
连云港	Lianyungang	202.75	274.63	312.55	55
淮安	Huaian	206.15	296.68	339.86	49
盐城	Yancheng	291.90	407.22	473.48	26
扬州	Yangzhou	201.68	264.37	284.80	71
镇江	Zhenjiang	159.07	202.90	235.25	111
泰州	Taizhou	215.73	262.02	300.90	60
宿迁	Suqian	168.36	221.24	272.40	80
浙江	**Zhejiang**	**3207.88**	**3842.59**	**4161.88**	
杭州	Hangzhou	616.58	747.50	786.28	8
宁波	Ningbo	600.66	750.72	828.44	7
温州	Wenzhou	310.78	370.44	387.79	37
嘉兴	Jiaxing	199.06	240.61	260.70	91
湖州	Huzhou	127.12	151.73	167.51	182
绍兴	Shaoxing	221.95	253.31	278.71	75
金华	Jinhua	211.52	235.08	271.95	82
衢州	Quzhou	107.09	125.44	138.89	221
舟山	Zhoushan	105.03	148.10	155.22	199
台州	Taizhou	222.76	265.53	287.93	68
丽水	Lishui	135.20	154.40	167.94	180
安徽	**Anhui**	**2587.61**	**3302.99**	**3961.01**	
合肥	Hefei	317.72	474.89	572.29	18
芜湖	Wuhu	144.43	238.18	302.21	59
蚌埠	Bengbu	106.98	141.21	165.17	187
淮南	Huainan	81.02	109.64	148.95	204
马鞍山	Maanshan	86.53	138.29	190.37	153
淮北	Huaibei	65.93	87.29	108.53	251
铜陵	Tongling	57.32	70.66	96.39	259
安庆	Anqing	161.83	214.89	245.68	103
黄山	Huangshan	72.98	96.22	125.97	238
滁州	Chuzhou	128.12	183.25	231.03	116
阜阳	Fuyang	164.35	216.56	272.29	81
宿州	Suzhou	113.19	157.03	193.80	149
六安	Liuan	153.93	209.70	251.09	95
亳州	Bozhou	103.34	138.62	177.26	166

地名	City	2010	2011	2012	2012 排名 Ranking
池州	Chizhou	68.11	88.11	112.72	249
宣城	Xuancheng	104.28	142.18	178.68	163
福建	**Fujian**	**1695.09**	**2198.18**	**2607.50**	
福州	Fuzhou	262.42	363.30	410.73	33
厦门	Xiamen	306.95	398.37	470.50	27
莆田	Putian	79.32	95.41	117.79	244
三明	Sanming	97.01	120.85	153.22	201
泉州	Quanzhou	229.64	296.99	356.44	44
漳州	Zhangzhou	147.52	182.43	221.77	121
南平	Nanping	87.02	116.32	131.10	231
龙岩	Longyan	110.81	137.73	164.93	188
宁德	Ningde	86.61	114.07	142.18	214
江西	**Jiangxi**	**1923.26**	**2534.60**	**3019.22**	
南昌	Nanchang	232.03	298.80	345.99	47
景德镇	Jingdezhen	77.87	98.74	121.35	242
萍乡	Pingxiang	86.70	108.71	134.34	228
九江	Jiujiang	166.52	225.22	298.01	61
新余	Xinyu	77.69	102.69	126.12	237
鹰潭	Yingtan	57.46	68.12	87.97	265
赣州	Ganzhou	239.69	311.84	404.16	34
吉安	Jian	158.36	197.22	246.94	101
宜春	Yichun	171.61	215.22	269.26	84
抚州	Fuzhou	139.45	178.67	202.21	142
上饶	Shangrao	191.68	240.60	304.26	58
山东	**Shandong**	**4145.03**	**5002.07**	**5904.52**	
济南	Jinan	336.80	396.88	465.67	28
青岛	Qingdao	532.39	658.06	765.98	11
淄博	Zibo	201.87	253.19	290.88	66
枣庄	Zaozhuang	128.95	160.34	187.19	156
东营	Dongying	141.95	179.80	208.40	134
烟台	Yantai	323.86	407.53	476.87	25
潍坊	Weifang	291.04	358.26	425.59	31
济宁	Jining	252.20	300.39	362.49	43
泰安	Taian	175.61	208.37	242.67	105
威海	Weihai	167.93	200.59	244.37	104
日照	Rizhao	94.83	124.35	138.02	223
莱芜	Laiwu	51.94	59.23	66.73	280
临沂	Linyi	236.46	284.89	348.98	46
德州	Dezhou	154.91	191.28	241.91	107
聊城	Liaocheng	144.60	173.47	217.00	127

5-8 公共财政预算支出 续表 2
Public Budgetary Expenditure continued 2

单位：亿元 （100 million yuan）

地名	City	2010	2011	2012	2012 排名 Ranking
滨州	Binzhou	161.84	201.17	226.59	118
菏泽	Heze	186.97	231.55	280.28	73
河南	**Henan**	**3416.14**	**4248.82**	**5006.40**	
郑州	Zhengzhou	426.80	566.58	700.70	12
开封	Kaifeng	116.44	144.99	171.69	176
洛阳	Luoyang	230.80	296.90	345.11	48
平顶山	Pingdingshan	148.59	175.17	209.65	133
安阳	Anyang	140.65	174.54	204.81	137
鹤壁	Hebi	59.13	74.25	83.50	268
新乡	Xinxiang	159.53	201.32	241.50	108
焦作	Jiaozuo	121.55	144.80	165.97	185
濮阳	Puyang	90.10	118.45	150.66	202
许昌	Xuchang	117.23	150.31	178.39	165
漯河	Luohe	69.97	87.48	111.70	250
三门峡	Sanmenxia	95.26	118.61	137.13	225
南阳	Nanyang	247.11	309.65	386.56	38
商丘	Shangqiu	179.98	229.04	286.31	69
信阳	Xinyang	173.76	222.80	277.11	77
周口	Zhoukou	193.70	244.83	323.56	51
驻马店	Zhumadian	172.30	212.60	268.98	85
湖北	**Hubei**	**2465.18**	**3214.74**	**3759.79**	
武汉	Wuhan	583.55	765.04	885.55	6
黄石	Huangshi	102.49	128.69	139.99	219
十堰	Shiyan	143.79	185.09	207.75	135
宜昌	Yichang	195.23	241.13	295.63	62
襄阳	Xiangfan	182.07	248.14	313.97	54
鄂州	Ezhou	42.17	56.66	62.68	281
荆门	Jingmen	94.58	125.34	141.17	217
孝感	Xiaogan	88.34	172.61	143.51	211
荆州	Jingzhou	163.15	197.18	158.88	195
黄冈	Huanggang	183.08	225.54	271.95	82
咸宁	Xianning	94.85	127.07	143.54	210
随州	Suizhou	54.74	72.34	85.54	266
湖南	**Hunan**	**2702.48**	**3520.76**	**4119.00**	
长沙	Changsha	403.33	520.89	624.62	15
株洲	Zhuzhou	156.98	191.90	230.28	117
湘潭	Xiangtan	106.81	133.69	158.60	197
衡阳	Hengyang	209.33	259.93	304.30	57
邵阳	Shaoyang	161.61	195.11	247.97	100
岳阳	Yueyang	165.34	205.82	234.82	114
常德	Changde	177.30	222.79	254.97	93
张家界	Zhangjiajie	55.09	68.37	80.83	272
益阳	Yiyang	116.75	143.08	172.24	174
郴州	Chenzhou	161.15	219.88	248.64	98
永州	Yongzhou	144.39	181.40	220.00	124
怀化	Huaihua	145.55	181.00	222.53	120
娄底	Loudi	106.66	131.37	165.20	186
广东	**Guangdong**	**5421.54**	**6712.40**	**7387.86**	
广州	Guangzhou	977.32	1181.25	1343.65	2
韶关	Shaoguan	100.24	128.56	148.04	207
深圳	Shenzhen	1266.07	1590.56	1569.01	1
珠海	Zhuhai	166.41	190.37	212.20	132
汕头	Shantou	121.71	151.66	172.93	173
佛山	Foshan	363.35	388.68	433.96	30
江门	Jiangmen	132.98	165.30	188.12	154
湛江	Zhanjiang	153.65	186.81	218.24	126
茂名	Maoming	122.49	161.79	192.27	152
肇庆	Zhaoqing	127.66	157.01	176.49	167
惠州	Huizhou	185.44	227.21	274.08	79
梅州	Meizhou	117.98	148.21	175.53	170
汕尾	Shanwei	56.51	74.37	87.99	264
河源	Heyuan	94.55	110.04	134.47	227
阳江	Yangjiang	64.92	81.05	102.90	254
清远	Qingyuan	132.81	157.76	172.01	175
东莞	Dongguan	289.83	351.92	385.58	39
中山	ZhongShan	145.85	192.67	215.32	128
潮州	Chaozhou	55.99	63.50	77.81	275
揭阳	Jieyang	94.68	123.92	149.48	203
云浮	Yunfu	69.28	77.18	95.15	260
广西	**Guangxi**	**2007.59**	**2545.28**	**2985.23**	
南宁	Nanning	261.28	302.31	376.51	42
柳州	Liuzhou	155.03	184.29	221.16	122
桂林	Guilin	183.59	232.67	261.33	90
梧州	Wuzhou	90.96	119.00	159.24	193
北海	Beihai	63.04	84.71	100.45	256
防城港	Fangchenggang	52.57	60.77	74.73	277
钦州	Qinzhou	78.00	96.63	122.51	240
贵港	Guigang	90.80	106.07	126.24	236
玉林	Yulin	129.37	159.73	192.65	151
百色	Baise	137.67	162.89	214.85	129

5-8 公共财政预算支出 续表 3
Public Budgetary Expenditure continued 3

单位：亿元 （100 million yuan）

地名	City	2010	2011	2012	2012 排名 Ranking
贺州	Hezhou	61.23	78.95	97.69	258
河池	Hechi	120.97	141.94	175.27	171
来宾	Laibin	89.76	100.17	119.82	243
崇左	Chongzuo	85.53	103.10	131.01	232
海南	**Hainan**	**581.34**	**778.80**	**911.67**	
海口	Haikou	79.84	99.43	113.85	247
三亚	Sanya	53.50	71.58	82.73	269
重庆	**Chongqing**	**1234.69**	**2570.24**	**3046.36**	
四川	**Sichuan**	**4257.98**	**4674.92**	**5450.99**	
成都	Chengdu	777.38	857.87	983.85	4
自贡	Zigong	81.16	106.04	128.80	235
攀枝花	Panzhihua	75.06	92.30	108.17	252
泸州	Luzhou	126.54	170.74	212.31	131
德阳	Deyang	224.42	153.23	166.66	184
绵阳	Mianyang	345.32	213.58	250.56	96
广元	Guangyuan	221.32	137.42	157.64	198
遂宁	Suining	88.85	110.00	133.32	230
内江	Neijiang	92.48	122.03	142.03	215
乐山	Leshan	118.51	144.15	168.72	179
南充	Nanchong	185.61	234.42	278.74	74
眉山	Meishan	96.53	118.89	413.29	32
宜宾	Yibin	143.32	179.39	219.03	125
广安	Guangan	97.54	125.83	148.66	206
达州	Dazhou	150.27	200.17	240.35	109
雅安	Yaan	77.49	81.03	93.01	261
巴中	Bazhong	103.03	136.72	167.57	181
资阳	Ziyang	101.10	130.02	154.04	200
贵州	**Guizhou**	**1631.48**	**2249.40**	**2755.68**	
贵阳	Guiyang	204.38	277.38	349.33	45
六盘水	Liupanshui	111.12	146.37	187.84	155
遵义	Zunyi	194.20	256.36	320.20	52
安顺	Anshun	78.84	101.02	130.79	233
毕节	Bijie	205.43	249.28	318.96	53
铜仁	Tongren	125.54	163.04	206.91	136
云南	**Yunnan**	**2285.72**	**2929.60**	**3572.66**	
昆明	Kunming	346.29	441.73	525.50	21
曲靖	Qujing	181.59	222.19	281.93	72
玉溪	Yuxi	107.30	139.65	161.82	190
保山	Baoshan	82.28	106.44	141.57	216
昭通	Zhaotong	146.60	178.28	248.09	99
丽江	Lijiang	59.11	81.49	106.73	253
普洱	Puer	114.11	145.75	170.09	178
临沧	Lincang	90.77	128.79	160.62	192
西藏	**Tibet**	**206.64**	**758.11**	**905.34**	
拉萨	Lhasa	51.35	75.63	578.16	17
陕西	**Shaanxi**	**2218.83**	**2930.81**	**3323.80**	
西安	Xi'an	371.62	494.58	597.49	16
铜川	Tongchuan	53.96	64.34	71.94	278
宝鸡	Baoji	133.06	163.74	203.53	139
咸阳	Xianyang	151.40	190.19	234.94	112
渭南	Weinan	154.30	197.32	242.41	106
延安	Yan'an	192.71	223.82	264.24	88
汉中	Hanzhong	126.79	159.25	195.84	148
榆林	Yulin	237.19	316.14	398.88	35
安康	Ankang	110.25	127.15	162.28	189
商洛	Shangluo	90.20	106.78	134.03	229
甘肃	**Gansu**	**1468.58**	**1791.24**	**2059.56**	
兰州	Lanzhou	146.93	175.48	202.60	140
嘉峪关	Jiayuguan	12.19	16.78	19.22	284
金昌	Jinchang	24.52	28.69	33.58	283
白银	Baiyin	72.13	84.41	112.84	248
天水	Tianshui	111.47	132.84	159.14	194
武威	Wuwei	75.45	97.27	122.37	241
张掖	Zhangye	58.94	74.82	85.36	267
平凉	Pingliang	85.75	102.05	123.90	239
酒泉	Jiuquan	59.70	75.41	88.93	262
庆阳	Qingyang	113.66	135.13	158.61	196
定西	Dingxi	90.72	117.71	148.67	205
陇南	Longnan	137.07	110.13	147.04	208
青海	**Qinghai**	**743.40**	**967.47**	**1159.05**	
西宁	Xining	108.70	150.04	185.32	159
宁夏	**Ningxia**	**557.53**	**705.91**	**864.36**	
银川	Yinchuan	119.92	147.25	186.74	157
石嘴山	Shizuishan	61.45	64.84	77.72	276
吴忠	Wuzhong	78.57	96.61	139.93	220
固原	Guyuan	78.66	108.11	135.99	226
中卫	Zhongwei	58.42	77.52	100.84	255
新疆	**Xinjiang**	**1698.91**	**2284.49**	**2720.07**	
乌鲁木齐	Urumqi	159.61	238.49	295.60	63
克拉玛依	Karamay	54.77	63.30	70.18	279

5-9 人均公共财政预算支出
Per Capita General Budgetary Expenditure

单位：元/人 (yuan/person)

地名	City	2010	2011	2012	2012 排名 Ranking
全国	**Nation Average**	**5523.2**	**6899.2**	**7935.8**	
北京	**Beijing**	**14624.0**	**16303.6**	**18029.9**	
天津	**Tianjin**	**10919.4**	**13536.8**	**15485.6**	
河北	**Hebei**	**3966.8**	**4901.1**	**5615.6**	
石家庄	Shijiazhuang	3103.5	4063.0	4634.9	197
唐山	Tangshan	4526.2	6001.1	6631.2	102
秦皇岛	Qinhuangdao	4717.0	5832.6	6883.6	92
邯郸	Handan	2768.1	3382.0	3847.7	235
邢台	Xingtai	2376.0	2921.9	3489.3	253
保定	Baoding	2321.8	2865.6	3288.5	260
张家口	Zhangjiakou	3915.4	4960.8	5696.9	147
承德	Chengde	4186.6	5148.8	6278.0	120
沧州	Cangzhou	2943.0	3606.9	4212.7	219
廊坊	Langfang	4316.4	5401.7	6246.6	123
衡水	Hengshui	2558.0	3116.8	3638.2	243
山西	**Shanxi**	**5519.6**	**6596.5**	**7660.9**	
太原	Taiyuan	5191.2	6551.1	7601.5	73
大同	Datong	4194.5	5317.7	5846.4	143
阳泉	Yangquan	4602.4	5469.1	6707.9	99
长治	Changzhi	4110.0	5260.9	6022.4	130
晋城	Jincheng	4136.7	5220.8	5958.2	134
朔州	Shuozhou	5696.5	6698.8	8027.2	66
晋中	Jinzhong	3761.2	4667.6	5511.9	151
运城	Yuncheng	2676.7	3217.0	3719.6	240
忻州	Xinzhou	4185.1	4929.1	5853.9	141
临汾	Linfen	3654.3	4265.6	5149.5	169
吕梁	Luliang	4055.1	5256.5	6551.6	108
内蒙古	**Inner Mongolia**	**10641.9**	**13938.3**	**13781.1**	
呼和浩特	Hohhot	7754.6	11060.6	12059.8	21
包头	Baotou	9329.1	11380.0	13073.7	18
乌海	Wuhai	12582.2	13217.5	14554.1	12
赤峰	Chifeng	5070.6	6315.5	7544.5	77
通辽	Tongliao	5786.4	6685.0	7988.7	68
鄂尔多斯	Erdos	21121.7	29133.7	31157.3	3
呼伦贝尔	Hulunbuir	7656.6	9412.3	10970.2	30
巴彦淖尔	Bayannur	7072.2	8757.6	10339.9	38
乌兰察布	Ulanqab	4856.8	6471.2	8121.2	64
辽宁	**Liaoning**	**7512.8**	**9182.9**	**10393.5**	
沈阳	Shenyang	7194.5	8864.3	10585.7	35
大连	Dalian	10441.4	12509.6	15116.4	11
鞍山	Anshan	5737.3	6598.5	8269.8	60
抚顺	Fushun	6775.3	7498.0	9112.4	49
本溪	Benxi	7513.4	9038.2	11415.5	25
丹东	Dandong	5564.5	6522.8	8178.6	62
锦州	Jinzhou	4476.7	5104.1	6644.1	101
营口	Yingkou	5834.9	7777.5	9393.5	45
阜新	Fuxin	4589.5	6678.5	7580.8	75
辽阳	Liaoyang	5456.4	6730.5	7574.4	76
盘锦	Panjin	8407.0	10985.5	14013.7	16
铁岭	Tieling	4632.9	5502.3	6597.2	103
朝阳	Chaoyang	4304.9	5090.9	6271.1	121
葫芦岛	Huludao	3882.5	5214.6	5942.3	137
吉林	**Jilin**	**7139.9**	**8784.5**	**8987.8**	
长春	Changchun	5053.8	6822.0	7316.1	83
吉林	Jilin	4924.6	5800.6	6595.8	104
四平	Siping	3347.2	4103.0	5068.2	174
辽源	Liaoyuan	5172.5	5586.9	6758.0	97
通化	Tonghua	5294.7	6219.8	7818.5	70
白山	Baishan	7745.5	9905.1	10927.5	31
松原	Songyuan	3605.9	4200.3	4900.0	179
白城	Baicheng	4542.4	5678.7	7089.4	87
黑龙江	**Heilongjiang**	**5944.8**	**7391.7**	**8272.1**	
哈尔滨	Harbin	4567.1	5612.9	6478.6	111
齐齐哈尔	Qiqihar	3651.8	4232.0	4683.6	195
鸡西	Jixi	4522.2	5552.1	6264.7	122
鹤岗	Hegang	4693.4	5670.6	7336.7	80
双鸭山	Shuangyashan	4674.3	5406.2	6592.2	105
大庆	Daqing	5907.2	7949.5	8399.4	58
伊春	Yichun	5009.8	6236.4	6515.2	110
佳木斯	Jiamusi	4814.2	5642.3	7284.0	84
七台河	Qitaihe	5225.7	5833.0	6579.5	106
牡丹江	Mudanjiang	5021.2	6078.4	7786.2	71
黑河	Heihe	5353.0	5442.2	6715.5	98
绥化	Suihua	2867.4	3399.1	4392.4	208
上海	**Shanghai**	**23482.9**	**27651.4**	**17702.6**	
江苏	**Jiangsu**	**6602.3**	**8306.3**	**8885.1**	

5-9 人均地方财政一般预算支出 续表 1
Per Capita General Budgetary Expenditure continued 1

单位：元/人 (yuan/person)

地名	City	2010	2011	2012	2012 排名 Ranking	地名	City	2010	2011	2012	2012 排名 Ranking
南京	Nanjing	8591.0	10501.4	12075.0	20	池州	Chizhou	4251.6	5476.1	6970.9	91
无锡	Wuxi	10484.4	12682.9	13829.6	17	宣城	Xuancheng	3750.1	5097.9	6392.8	115
徐州	Xuzhou	3374.5	4659.8	5388.9	156	福建	**Fujian**	**4822.7**	**6205.3**	**6983.1**	
常州	Changzhou	7811.1	10000.3	10753.7	32	福州	Fuzhou	4088.1	5609.1	6296.6	118
苏州	Suzhou	12993.1	15666.1	17260.4	8	厦门	Xiamen	17186.5	21804.6	25013.3	4
南通	Nantong	4152.5	5490.9	6706.0	100	莆田	Putian	2466.6	2935.7	3592.3	248
连云港	Lianyungang	4102.8	5476.2	6151.3	126	三明	Sanming	3567.9	4426.7	5596.1	148
淮安	Huaian	3842.9	5483.9	6236.0	124	泉州	Quanzhou	3361.9	4320.5	5156.1	168
盐城	Yancheng	3584.9	4975.8	5762.9	145	漳州	Zhangzhou	3115.3	3818.1	4611.6	198
扬州	Yangzhou	4394.3	5752.2	6202.1	125	南平	Nanping	2789.1	3708.0	4180.5	223
镇江	Zhenjiang	5885.2	7478.8	8661.6	53	龙岩	Longyan	3762.1	4662.5	5564.4	149
泰州	Taizhou	4277.7	5179.3	5938.4	138	宁德	Ningde	2565.0	3358.0	4167.1	224
宿迁	Suqian	3098.0	4017.4	4884.3	182	江西	**Jiangxi**	**4122.3**	**5366.4**	**6715.4**	
浙江	**Zhejiang**	**6779.0**	**8073.3**	**7608.6**		南昌	Nanchang	4642.5	5933.3	6770.8	96
杭州	Hangzhou	8984.8	10795.8	11263.1	28	景德镇	Jingdezhen	4816.0	6024.4	7327.9	81
宁波	Ningbo	10491.0	13051.5	14355.2	13	萍乡	Pingxiang	4623.8	5745.8	7018.8	89
温州	Wenzhou	3969.3	4673.7	4851.6	184	九江	Jiujiang	3367.6	4502.6	5895.4	140
嘉兴	Jiaxing	5844.4	7029.2	7582.9	74	新余	Xinyu	6627.1	8651.2	10518.8	37
湖州	Huzhou	4897.3	5824.6	6413.1	112	鹰潭	Yingtan	4753.9	5639.1	7152.0	86
绍兴	Shaoxing	5063.7	5763.6	6328.6	117	赣州	Ganzhou	2656.9	3416.3	4381.1	209
金华	Jinhua	4547.2	5024.2	5787.4	144	吉安	Jian	3218.2	3957.9	4904.5	178
衢州	Quzhou	4274.2	4979.8	5496.2	152	宜春	Yichun	3098.1	3826.8	4723.9	194
舟山	Zhoushan	10853.6	15283.8	15985.6	10	抚州	Fuzhou	3472.8	4379.2	5128.3	170
台州	Taizhou	3835.3	4539.0	4889.3	181	上饶	Shangrao	2610.4	3228.2	4587.1	202
丽水	Lishui	5229.8	6043.1	6409.9	113	山东	**Shandong**	**4447.3**	**5229.6**	**6111.7**	
安徽	**Anhui**	**3799.4**	**4819.7**	**6626.0**		济南	Jinan	5579.1	6555.7	7660.3	72
合肥	Hefei	6442.1	6730.3	8079.8	65	青岛	Qingdao	6975.0	8602.1	9973.7	39
芜湖	Wuhu	6285.0	6189.7	7861.9	69	淄博	Zibo	4785.0	5984.2	6863.6	93
蚌埠	Bengbu	2959.8	3881.5	4505.5	205	枣庄	Zaozhuang	3315.7	4068.5	4745.0	193
淮南	Huainan	3330.7	4478.8	6087.0	127	东营	Dongying	7684.2	9698.0	11222.4	29
马鞍山	Maanshan	6713.0	6060.0	8331.3	59	烟台	Yantai	4970.5	6255.3	7325.2	82
淮北	Huaibei	3017.4	3955.1	4930.9	177	潍坊	Weifang	3342.1	4091.1	4846.2	186
铜陵	Tongling	7745.9	9535.8	12990.6	19	济宁	Jining	3012.5	3554.9	4279.7	215
安庆	Anqing	2628.2	3482.3	3965.8	232	泰安	Taian	3156.1	3732.2	4339.6	210
黄山	Huangshan	4920.1	6497.0	8528.8	54	威海	Weihai	6629.9	7906.6	9632.2	43
滁州	Chuzhou	2843.8	4055.1	5105.6	172	日照	Rizhao	3306.0	4310.2	4782.4	190
阜阳	Fuyang	1633.4	2125.6	2636.4	279	莱芜	Laiwu	4030.7	4671.1	5270.9	165
宿州	Suzhou	1772.4	2431.9	2979.2	272	临沂	Linyi	2353.4	2645.7	3224.1	262
六安	Liuan	2182.3	2965.2	3537.0	251	德州	Dezhou	2719.2	3337.6	4194.0	221
亳州	Bozhou	1725.7	2300.7	2913.5	274	聊城	Liaocheng	2433.5	2886.8	3620.9	245

5-9 人均地方财政一般预算支出 续表 2
Per Capita General Budgetary Expenditure continued 2

单位：元/人 (yuan/person)

地名	City	2010	2011	2012	2012 排名 Ranking	地名	City	2010	2011	2012	2012 排名 Ranking
滨州	Binzhou	4288.2	5305.1	5950.4	136	常德	Changde	2841.8	3600.9	4063.9	228
菏泽	Heze	2261.3	2405.2	2913.5	275	张家界	Zhangjiajie	3357.5	4103.8	4774.4	191
河南	**Henan**	**3202.4**	**3967.5**	**5327.7**		益阳	Yiyang	2465.9	2995.8	3586.1	249
郑州	Zhengzhou	5783.2	7530.3	9185.9	48	郴州	Chenzhou	3348.9	4351.5	5383.0	157
开封	Kaifeng	2193.2	2690.0	3156.6	265	永州	Yongzhou	2452.9	2921.6	3562.2	250
洛阳	Luoyang	3300.9	4197.7	4858.0	183	怀化	Huaihua	2863.8	3537.9	4321.0	212
平顶山	Pingdingshan	2772.3	3218.9	3831.3	236	娄底	Loudi	2499.4	3081.6	3782.1	238
安阳	Anyang	2419.2	2978.0	3460.2	255	**广东**	**Guangdong**	**6474.3**	**7908.1**	**7003.0**	
鹤壁	Hebi	3674.5	4552.4	5103.9	173	广州	Guangzhou	12210.7	14576.1	16418.0	9
新乡	Xinxiang	2656.4	3310.1	3928.1	234	韶关	Shaoguan	3055.2	3908.8	4512.0	204
焦作	Jiaozuo	3317.1	3924.1	4502.7	206	深圳	Shenzhen	50058.1	61293.3	56479.8	2
濮阳	Puyang	2213.7	2866.7	3595.7	247	珠海	Zhuhai	16047.3	18061.7	19962.4	6
许昌	Xuchang	2404.1	3055.7	3610.4	246	汕头	Shantou	2352.2	2878.9	3255.5	261
漯河	Luohe	2523.5	3153.6	4061.8	229	佛山	Foshan	9840.0	10426.0	11535.4	24
三门峡	Sanmenxia	4143.5	5266.9	6070.4	128	江门	Jiangmen	3393.2	4206.1	4789.2	189
南阳	Nanyang	2099.3	2593.8	3211.7	263	湛江	Zhanjiang	2195.9	2654.7	3078.6	268
商丘	Shangqiu	1968.2	2483.1	3076.9	269	茂名	Maoming	1652.5	2145.2	2546.3	281
信阳	Xinyang	2007.4	2551.0	3707.2	241	肇庆	Zhaoqing	3053.7	3697.0	4130.4	226
周口	Zhoukou	1593.5	1988.2	2622.0	280	惠州	Huizhou	5605.5	6678.7	8002.3	67
驻马店	Zhumadian	1958.8	2621.5	3003.3	271	梅州	Meizhou	2308.5	2871.2	3378.8	256
湖北	**Hubei**	**4634.0**	**6109.5**	**6517.8**		汕尾	Shanwei	1648.5	2148.8	2534.3	282
武汉	Wuhan	6979.1	9195.2	10740.4	33	河源	Heyuan	2673.2	3034.7	3726.0	239
黄石	Huangshi	3951.8	4947.7	5367.7	158	阳江	Yangjiang	2324.9	2856.9	3628.3	244
十堰	Shiyan	4070.9	5327.9	5983.6	131	清远	Qingyuan	3232.8	3801.4	4184.1	222
宜昌	Yichang	4881.2	6047.9	7411.1	79	东莞	Dongguan	16079.3	19199.1	20741.3	5
襄阳	Xiangfan	3086.0	4189.4	5287.5	163	中山	ZhongShan	9820.2	12844.7	14221.9	15
鄂州	Ezhou	4047.8	5396.2	5952.5	135	潮州	Chaozhou	2158.5	2425.5	2949.6	273
荆门	Jingmen	3145.1	4161.4	4673.0	196	揭阳	Jieyang	1444.5	1862.1	2763.5	277
孝感	Xiaogan	1667.1	3258.0	2718.5	278	云浮	Yunfu	2480.7	2713.8	3320.0	259
荆州	Jingzhou	2471.6	2988.0	2396.4	283	**广西**	**Guangxi**	**3836.9**	**4778.9**	**6401.3**	
黄冈	Huanggang	2478.9	3298.8	3966.0	231	南宁	Nanning	3718.6	4261.5	5284.4	164
咸宁	Xianning	3261.8	4335.4	4839.5	188	柳州	Liuzhou	4188.5	4930.2	5921.3	139
随州	Suizhou	2131.0	2796.3	3332.3	257	桂林	Guilin	3562.8	4471.0	5007.3	176
湖南	**Hunan**	**4029.5**	**5179.2**	**6224.4**		梧州	Wuzhou	2831.5	3639.1	4846.0	187
长沙	Changsha	6186.0	7972.0	9484.1	44	北海	Beihai	3855.4	5060.3	5979.2	132
株洲	Zhuzhou	4054.5	4926.8	5850.6	142	防城港	Fangchenggang	5901.4	6656.1	8167.2	63
湘潭	Xiangtan	3617.7	4606.8	5439.0	153	钦州	Qinzhou	2055.8	2481.5	3130.0	266
衡阳	Hengyang	2733.8	3273.3	3811.4	237	贵港	Guigang	1757.1	2017.3	2387.3	284
邵阳	Shaoyang	2074.4	2451.7	3102.0	267	玉林	Yulin	1948.3	2350.0	2798.5	276
岳阳	Yueyang	2945.7	3755.2	4111.7	227	百色	Baise	3423.8	4241.9	5262.1	166

5-9 人均地方财政一般预算支出 续表 3
Per Capita General Budgetary Expenditure continued 3

单位：元/人 (yuan/person)

地名	City	2010	2011	2012	2012 排名 Ranking	地名	City	2010	2011	2012	2012 排名 Ranking
贺州	Hezhou	3008.8	3400.1	4332.2	211	丽江	Lijiang	4906.2	6745.9	8886.8	51
河池	Hechi	2991.6	3380.3	4309.6	213	普洱	Puer	4495.2	5706.7	6773.8	95
来宾	Laibin	3485.3	3839.4	4590.8	201	临沧	Lincang	3760.3	5278.3	6803.0	94
崇左	Chongzuo	3523.5	4206.4	5325.6	159	**西藏**	**Tibet**			**29634.6**	
海南	**Hainan**	**26951.3**	**35561.6**	**10336.4**		拉萨	Lhasa			99854.9	1
海口	Haikou	5010.7	6160.5	7027.8	88	**陕西**	**Shaanxi**	**5788.2**	**7568.7**	**8868.2**	
三亚	Sanya	9492.5	12427.1	14338.0	14	西安	Xi'an	4751.0	6282.0	7526.0	78
重庆	**Chongqing**	**3753.4**	**7749.6**	**10390.0**		铜川	Tongchuan	6469.2	7525.1	8423.9	56
四川	**Sichuan**	**5119.1**	**5599.6**	**6760.5**		宝鸡	Baoji	3502.1	4285.3	5305.8	162
成都	Chengdu	6793.2	7419.7	8421.2	57	咸阳	Xianyang	2921.4	3637.2	4459.8	207
自贡	Zigong	2480.3	3246.8	3929.2	233	渭南	Weinan	2763.0	3508.5	4554.0	203
攀枝花	Panzhihua	6733.0	8278.0	9675.3	41	延安	Yan'an	8420.1	9664.1	11282.7	27
泸州	Luzhou	2535.2	3396.5	4211.7	220	汉中	Hanzhong	3323.1	4169.9	5109.3	171
德阳	Deyang	5772.6	3931.0	4262.4	217	榆林	Yulin	6555.7	8600.1	10705.3	34
绵阳	Mianyang	6356.4	3936.2	4602.5	199	安康	Ankang	3627.1	4173.0	5310.2	160
广元	Guangyuan	7097.9	4417.2	5060.7	175	商洛	Shangluo	3839.3	4333.6	5397.9	155
遂宁	Suining	2312.4	2878.8	3514.0	252	**甘肃**	**Gansu**	**6055.4**	**7344.5**	**8010.8**	
内江	Neijiang	2173.1	2865.9	3331.7	258	兰州	Lanzhou	4541.0	5426.1	6284.1	119
乐山	Leshan	3354.5	4073.2	4755.4	192	嘉峪关	Jiayuguan	6010.8	7201.7	8213.7	61
南充	Nanchong	2466.2	3105.3	3677.8	242	金昌	Jinchang	5213.7	6169.9	7190.6	85
眉山	Meishan	2769.2	3397.8	11788.1	22	白银	Baiyin	4007.9	4692.1	6353.6	116
宜宾	Yibin	2669.0	3315.9	4021.1	230	天水	Tianshui	3069.0	3607.8	4249.4	218
广安	Guangan	2083.8	2692.7	3173.1	264	武威	Wuwei	3951.1	5074.1	6406.8	114
达州	Dazhou	2237.7	2914.5	3467.3	254	张掖	Zhangye	4513.0	5715.8	6521.0	109
雅安	Yaan	4998.7	5217.6	5958.4	133	平凉	Pingliang	3721.6	4391.1	5306.2	161
巴中	Bazhong	2611.0	3517.4	4304.4	214	酒泉	Jiuquan	6142.6	7655.8	8982.8	50
资阳	Ziyang	2017.0	2587.5	3050.9	270	庆阳	Qingyang	4370.4	5185.3	6051.5	129
贵州	**Guizhou**	**9436.1**	**8121.2**	**7926.6**		定西	Dingxi	3024.9	3906.7	5431.9	154
贵阳	Guiyang	5522.0	7404.7	9308.0	47	陇南	Longnan	4859.9	3901.2	5175.6	167
六盘水	Liupanshui	3531.0	4569.8	6579.3	107	**青海**	**Qinghai**	**33685.3**	**43619.0**	**20316.4**	
遵义	Zunyi	2530.2	3337.6	4149.3	225	西宁	Xining	4925.5	6764.7	9364.3	46
安顺	Anshun	2849.9	4411.4	5731.4	146	**宁夏**	**Ningxia**	**8733.9**	**10907.1**	**13442.6**	
毕节	Bijie			4890.5	180	银川	Yinchuan	7629.5	9174.5	11338.2	26
铜仁	Tongren			4847.9	185	石嘴山	Shizuishan	8229.5	8656.9	10531.2	36
云南	**Yunnan**	**7976.9**	**10282.2**	**7691.4**		吴忠	Wuzhong	5702.6	6945.4	9945.3	40
昆明	Kunming	5975.1	8177.2	9663.5	42	固原	Guyuan	5197.6	7024.7	8784.9	52
曲靖	Qujing	2922.7	3530.7	4594.7	200	中卫	Zhongwei	4977.0	6530.7	8431.4	55
玉溪	Yuxi	4671.3	6040.2	6981.0	90	**新疆**	**Xinjiang**	**60558.6**	**80468.1**	**12247.0**	
保山	Baoshan	3271.6	4230.5	5553.9	150	乌鲁木齐	Urumqi	6592.5	9686.8	11656.2	23
昭通	Zhaotong	2582.6	3090.8	4267.8	216	克拉玛依	Karamay	14251.9	16790.5	18615.4	7

5-10 公共财政预算支出中教育支出
Public Budgetary Expenditure for Education

单位：亿元 (100 million yuan)

地名	City	2010	2011	2012	2012 排名 Ranking
地方合计	**Region Total**	**11829.06**	**15498.28**	**20140.64**	
北京	**Beijing**	**450.22**	**520.08**	**628.65**	
天津	**Tianjin**	**229.56**	**302.32**	**378.75**	
河北	**Hebei**	**514.30**	**652.11**	**865.54**	
石家庄	Shijiazhuang	70.01	87.52	109.28	19
唐山	Tangshan	60.24	78.30	97.55	24
秦皇岛	Qinhuangdao	21.70	25.54	34.88	174
邯郸	Handan	57.92	70.13	95.35	29
邢台	Xingtai	36.07	50.25	57.39	78
保定	Baoding	55.20	65.86	78.97	41
张家口	Zhangjiakou	29.12	40.61	51.63	100
承德	Chengde	29.93	38.80	51.46	101
沧州	Cangzhou	50.05	54.38	73.78	47
廊坊	Langfang	34.55	43.43	56.24	80
衡水	Hengshui	22.34	29.82	36.75	163
山西	**Shanxi**	**328.58**	**421.79**	**558.03**	
太原	Taiyuan	35.95	44.78	55.04	85
大同	Datong	33.23	34.00	44.28	127
阳泉	Yangquan	12.40	15.67	21.86	241
长治	Changzhi	28.04	32.85	44.48	126
晋城	Jincheng	18.89	23.82	30.15	201
朔州	Shuozhou	16.03	20.30	29.74	205
晋中	Jinzhong	23.24	32.11	39.49	150
运城	Yuncheng	28.54	37.56	45.45	124
忻州	Xinzhou	24.93	32.84	43.57	133
临汾	Linfen	30.50	36.08	46.81	116
吕梁	Luliang	33.52	42.85	60.83	69
内蒙古	**Inner Mongolia**	**322.11**	**390.69**	**439.97**	
呼和浩特	Hohhot	27.32	31.69	33.98	179
包头	Baotou	28.16	36.53	40.38	146
乌海	Wuhai	7.42	7.95	7.98	282
赤峰	Chifeng	46.59	57.81	66.80	56
通辽	Tongliao	31.24	34.45	38.81	153
鄂尔多斯	Erdos	43.85	48.96	59.23	72
呼伦贝尔	Hulunbuir	29.44	36.58	41.47	140
巴彦淖尔	Bayannur	16.26	19.13	19.83	249
乌兰察布	Ulanqab	17.89	23.39	30.17	200
辽宁	**Liaoning**	**405.39**	**544.09**	**728.79**	
沈阳	Shenyang	77.06	95.90	119.43	12
大连	Dalian	75.35	96.85	136.96	8
鞍山	Anshan	21.42	33.48	33.16	186
抚顺	Fushun	13.33	24.14	32.15	189
本溪	Benxi	15.68	17.93	24.25	227
丹东	Dandong	18.24	22.75	34.06	178
锦州	Jinzhou	17.37	22.67	33.67	183
营口	Yingkou	17.37	25.33	35.08	170
阜新	Fuxin	10.21	15.27	20.75	247
辽阳	Liaoyang	11.61	16.53	21.89	240
盘锦	Panjin	12.48	15.29	28.93	212
铁岭	Tieling	18.62	24.84	33.84	181
朝阳	Chaoyang	20.61	22.23	36.43	165
葫芦岛	Huludao	14.10	17.57	28.81	213
吉林	**Jilin**	**250.20**	**319.82**	**451.05**	
长春	Changchun	57.93	72.15	102.81	22
吉林	Jilin	33.08	40.61	54.71	89
四平	Siping	20.61	24.16	34.74	177
辽源	Liaoyuan	9.13	11.43	16.43	265
通化	Tonghua	15.98	19.50	31.35	192
白山	Baishan	11.72	14.82	24.20	228
松原	Songyuan	16.71	19.87	29.13	210
白城	Baicheng	14.65	17.86	29.35	207
黑龙江	**Heilongjiang**	**299.14**	**373.83**	**544.79**	
哈尔滨	Harbin	69.30	84.88	118.59	13
齐齐哈尔	Qiqihar	33.75	39.01	53.71	94
鸡西	Jixi	13.44	15.31	23.68	230
鹤岗	Hegang	8.11	9.81	14.62	268
双鸭山	Shuangyashan	10.00	13.77	18.59	253
大庆	Daqing	25.89	30.76	41.34	141
伊春	Yichun	7.28	8.78	11.67	279
佳木斯	Jiamusi	16.52	22.59	35.07	171
七台河	Qitaihe	7.30	8.28	11.08	281
牡丹江	Mudanjiang	16.38	20.39	38.82	152
黑河	Heihe	11.11	13.55	23.26	233
绥化	Suihua	26.26	30.11	55.73	82
上海	**Shanghai**	**417.28**	**549.24**	**648.95**	
江苏	**Jiangsu**	**865.36**	**1093.22**	**1350.61**	

5-10 公共财政预算支出中教育支出 续表 1
Public Budgetary Expenditure for Education continued 1

单位：亿元 (100 million yuan)

地名	City	2010	2011	2012	2012 排名 Ranking
南京	Nanjing	76.50	95.30	124.99	10
无锡	Wuxi	82.32	102.89	115.89	15
徐州	Xuzhou	61.24	90.17	111.59	18
常州	Changzhou	40.62	54.92	66.11	59
苏州	Suzhou	123.11	151.27	180.70	3
南通	Nantong	65.03	89.03	113.79	17
连云港	Lianyungang	30.71	42.65	57.40	77
淮安	Huaian	36.57	53.24	66.73	57
盐城	Yancheng	49.24	78.06	93.60	31
扬州	Yangzhou	36.34	46.81	55.04	85
镇江	Zhenjiang	26.99	33.28	46.01	121
泰州	Taizhou	38.62	42.96	58.37	73
宿迁	Suqian	40.10	48.93	63.43	64
浙江	**Zhejiang**	**606.54**	**751.42**	**877.86**	
杭州	Hangzhou	105.88	132.05	146.98	5
宁波	Ningbo	89.27	117.67	141.70	7
温州	Wenzhou	79.34	93.59	103.64	21
嘉兴	Jiaxing	42.93	55.60	64.93	62
湖州	Huzhou	25.11	32.11	37.11	162
绍兴	Shaoxing	45.06	56.13	67.25	55
金华	Jinhua	48.37	59.17	72.38	49
衢州	Quzhou	21.66	27.08	31.11	193
舟山	Zhoushan	12.14	16.27	21.34	242
台州	Taizhou	51.57	62.31	73.97	44
丽水	Lishui	24.00	28.37	36.73	164
安徽	**Anhui**	**386.31**	**564.71**	**717.94**	
合肥	Hefei	37.01	67.11	99.92	23
芜湖	Wuhu	16.45	35.66	49.17	110
蚌埠	Bengbu	17.06	24.98	29.32	208
淮南	Huainan	12.79	19.59	23.19	234
马鞍山	Maanshan	12.06	25.01	29.76	204
淮北	Huaibei	10.60	16.80	17.50	259
铜陵	Tongling	6.53	8.08	14.08	272
安庆	Anqing	35.99	49.64	53.77	93
黄山	Huangshan	8.22	10.61	12.94	274
滁州	Chuzhou	20.40	29.70	38.16	158
阜阳	Fuyang	30.90	47.35	65.08	61
宿州	Suzhou	28.16	40.40	43.84	131
六安	Liuan	31.40	45.86	57.89	75
亳州	Bozhou	20.80	29.61	40.79	143
池州	Chizhou	9.66	14.32	18.59	253
宣城	Xuancheng	15.19	28.57	26.08	222
福建	**Fujian**	**327.77**	**406.73**	**562.30**	
福州	Fuzhou	55.99	71.38	95.79	28
厦门	Xiamen	43.38	58.37	70.71	50
莆田	Putian	27.96	29.32	41.96	136
三明	Sanming	20.69	28.57	38.27	157
泉州	Quanzhou	60.21	70.05	82.63	37
漳州	Zhangzhou	28.61	33.49	40.56	144
南平	Nanping	17.77	20.99	30.13	202
龙岩	Longyan	22.84	28.55	38.99	151
宁德	Ningde	19.32	27.49	34.80	176
江西	**Jiangxi**	**297.50**	**474.43**	**622.06**	
南昌	Nanchang	34.83	51.13	63.52	63
景德镇	Jingdezhen	9.77	14.82	18.35	256
萍乡	Pingxiang	9.32	16.26	20.88	245
九江	Jiujiang	23.97	41.24	55.29	84
新余	Xinyu	8.48	14.52	18.46	255
鹰潭	Yingtan	5.82	10.12	12.70	275
赣州	Ganzhou	40.76	61.68	94.36	30
吉安	Jian	25.03	38.04	54.94	87
宜春	Yichun	28.65	42.64	54.36	91
抚州	Fuzhou	20.34	31.51	41.92	137
上饶	Shangrao	36.07	51.99	69.74	51
山东	**Shandong**	**770.45**	**1047.90**	**1311.80**	
济南	Jinan	50.33	65.29	82.00	38
青岛	Qingdao	86.07	112.64	143.24	6
淄博	Zibo	40.37	61.34	73.36	48
枣庄	Zaozhuang	25.52	34.19	37.41	161
东营	Dongying	25.10	38.47	47.42	115
烟台	Yantai	56.64	76.69	96.42	27
潍坊	Weifang	73.10	95.97	114.91	16
济宁	Jining	55.89	75.33	89.11	34
泰安	Taian	30.61	40.68	47.70	114
威海	Weihai	31.71	39.28	49.18	109
日照	Rizhao	20.48	27.73	31.61	191
莱芜	Laiwu	12.28	15.15	17.21	260
临沂	Linyi	51.91	72.32	85.25	36
德州	Dezhou	28.61	41.77	51.67	98
聊城	Liaocheng	30.07	41.64	54.92	88

5-10 公共财政预算支出中教育支出 续表 2
Public Budgetary Expenditure for Education continued 2

单位：亿元 (100 million yuan)

地名	City	2010	2011	2012	2012 排名 Ranking	地名	City	2010	2011	2012	2012 排名 Ranking
滨州	Binzhou	30.81	43.88	51.34	102	常德	Changde	29.66	34.97	52.65	97
菏泽	Heze	37.45	54.97	68.40	52	张家界	Zhangjiajie	7.50	9.49	17.93	257
河南	**Henan**	**609.37**	**857.14**	**1106.51**		益阳	Yiyang	19.85	24.34	33.76	182
郑州	Zhengzhou	67.32	91.95	124.02	11	郴州	Chenzhou	31.75	42.04	56.25	79
开封	Kaifeng	19.71	28.07	33.54	184	永州	Yongzhou	30.06	40.04	51.66	99
洛阳	Luoyang	44.50	63.33	79.19	40	怀化	Huaihua	24.37	29.40	50.14	107
平顶山	Pingdingshan	24.69	33.97	45.61	123	娄底	Loudi	16.31	21.20	35.62	167
安阳	Anyang	31.81	42.14	46.11	120	广东	**Guangdong**	**921.48**	**1227.87**	**1501.22**	
鹤壁	Hebi	9.41	14.51	16.65	262	广州	Guangzhou	112.63	175.33	223.50	2
新乡	Xinxiang	31.64	45.72	52.96	96	韶关	Shaoguan	18.65	24.04	30.96	195
焦作	Jiaozuo	19.61	24.91	33.13	187	深圳	Shenzhen	47.82	196.79	246.13	1
濮阳	Puyang	21.15	28.50	35.36	168	珠海	Zhuhai	25.97	31.55	43.86	130
许昌	Xuchang	23.86	34.33	41.91	138	汕头	Shantou	30.31	38.20	44.65	125
漯河	Luohe	11.05	16.23	22.58	238	佛山	Foshan	69.11	83.46	96.65	25
三门峡	Sanmenxia	18.11	24.88	29.25	209	江门	Jiangmen	26.30	35.46	44.02	129
南阳	Nanyang	45.18	65.77	81.41	39	湛江	Zhanjiang	35.09	43.64	53.27	95
商丘	Shangqiu	43.58	61.60	73.95	46	茂名	Maoming	31.41	45.86	50.68	104
信阳	Xinyang	40.04	58.29	75.10	43	肇庆	Zhaoqing	26.75	35.03	41.82	139
周口	Zhoukou	45.15	61.09	85.26	35	惠州	Huizhou	32.39	45.03	62.60	67
驻马店	Zhumadian	35.10	48.92	61.27	68	梅州	Meizhou	25.44	33.78	38.44	156
湖北	**Hubei**	**359.44**	**488.16**	**732.37**		汕尾	Shanwei	13.51	18.95	23.13	235
武汉	Wuhan	75.29	85.32	133.80	9	河源	Heyuan	19.86	25.09	30.05	203
黄石	Huangshi	14.76	17.09	25.90	224	阳江	Yangjiang	13.06	16.09	23.86	229
十堰	Shiyan	17.63	21.85	35.03	172	清远	Qingyuan	27.08	34.65	40.35	148
宜昌	Yichang	26.81	32.77	45.82	122	东莞	Dongguan	65.31	83.23	92.80	32
襄阳	Xiangfan	28.56	40.51	55.54	83	中山	ZhongShan	38.27	53.62	59.69	70
鄂州	Ezhou	6.04	7.99	11.13	280	潮州	Chaozhou	11.30	13.09	19.68	250
荆门	Jingmen	11.41	13.90	23.63	231	揭阳	Jieyang	24.70	33.06	38.65	155
孝感	Xiaogan	21.07	24.12	35.24	169	云浮	Yunfu	12.99	17.22	21.18	244
荆州	Jingzhou	23.31	23.01	36.08	166	广西	**Guangxi**	**366.84**	**456.89**	**589.24**	
黄冈	Huanggang	34.94	44.07	59.60	71	南宁	Nanning	42.98	53.55	66.07	60
咸宁	Xianning	13.42	15.63	26.04	223	柳州	Liuzhou	27.91	34.45	40.32	149
随州	Suizhou	9.38	11.43	16.50	263	桂林	Guilin	33.53	39.84	46.78	117
湖南	**Hunan**	**403.10**	**540.83**	**807.58**		梧州	Wuzhou	21.13	27.31	37.78	160
长沙	Changsha	53.93	72.37	116.68	14	北海	Beihai	11.88	14.31	17.17	261
株洲	Zhuzhou	22.07	26.27	43.10	134	防城港	Fangchenggang	6.15	8.15	12.12	278
湘潭	Xiangtan	14.86	19.39	25.77	225	钦州	Qinzhou	19.48	23.79	30.86	196
衡阳	Hengyang	29.66	36.64	56.02	81	贵港	Guigang	25.95	29.10	33.97	180
邵阳	Shaoyang	27.86	33.22	58.15	74	玉林	Yulin	34.38	40.02	50.55	105
岳阳	Yueyang	26.87	33.01	48.23	111	百色	Baise	26.83	32.74	51.05	103

5-10 公共财政预算支出中教育支出 续表 3
Public Budgetary Expenditure for Education continued 3

单位：亿元 (100 million yuan)

地名	City	2010	2011	2012	2012 排名 Ranking
贺州	Hezhou	14.15	16.27	23.12	236
河池	Hechi	26.22	29.18	37.84	159
来宾	Laibin	14.56	21.21	26.62	219
崇左	Chongzuo	13.70	20.33	27.63	218
海南	**Hainan**	**98.33**	**127.27**	**158.79**	
海口	Haikou	14.20	17.85	21.22	243
三亚	Sanya	8.37	9.88	12.18	277
重庆	**Chongqing**	**200.43**	**318.70**	**471.49**	
四川	**Sichuan**	**540.65**	**684.66**	**993.20**	
成都	Chengdu	97.67	117.84	162.29	4
自贡	Zigong	12.77	14.07	22.20	239
攀枝花	Panzhihua	11.73	18.08	22.97	237
泸州	Luzhou	23.96	33.46	48.03	112
德阳	Deyang	16.37	20.89	28.19	217
绵阳	Mianyang	23.56	31.20	44.09	128
广元	Guangyuan	17.95	21.66	33.27	185
遂宁	Suining	15.58	19.05	28.97	211
内江	Neijiang	16.48	17.78	29.50	206
乐山	Leshan	16.54	20.11	30.34	199
南充	Nanchong	37.65	46.00	67.27	54
眉山	Meishan	14.73	17.69	26.16	221
宜宾	Yibin	25.39	34.23	47.92	113
广安	Guangan	19.47	24.74	33.07	188
达州	Dazhou	26.85	35.02	50.45	106
雅安	Yaan	7.83	9.11	14.23	269
巴中	Bazhong	18.03	21.53	14.23	269
资阳	Ziyang	19.01	22.79	40.42	145
贵州	**Guizhou**	**292.06**	**376.86**	**500.51**	
贵阳	Guiyang	35.30	48.38	62.61	66
六盘水	Liupanshui	23.33	28.78	34.97	173
遵义	Zunyi	42.96	54.68	73.97	44
安顺	Anshun	14.90	18.77	26.40	220
毕节	Bijie	44.93	57.16	76.01	42
铜仁	Tongren	24.81	30.79	46.68	118
云南	**Yunnan**	**374.79**	**483.00**	**674.82**	
昆明	Kunming	47.11	66.62	91.60	33
曲靖	Qujing	44.86	55.06	67.91	53
玉溪	Yuxi	19.52	22.29	25.46	226
保山	Baoshan	16.18	19.45	28.79	214
昭通	Zhaotong	33.03	40.96	57.58	76
丽江	Lijiang	9.83	11.93	18.91	251
普洱	Puer	17.40	21.02	28.52	215
临沧	Lincang	16.50	23.37	31.04	194
西藏	**Tibet**	**45.45**	**77.80**	**94.48**	
拉萨	Lhasa	8.95	12.85	40.94	142
陕西	**Shaanxi**	**377.79**	**529.46**	**703.34**	
西安	Xi'an	53.08	74.53	108.04	20
铜川	Tongchuan	7.91	13.05	16.44	264
宝鸡	Baoji	26.21	37.53	53.93	92
咸阳	Xianyang	34.57	46.46	63.37	65
渭南	Weinan	34.33	48.37	66.40	58
延安	Yan'an	30.29	40.92	54.57	90
汉中	Hanzhong	21.74	31.28	43.61	132
榆林	Yulin	49.38	72.99	96.60	26
安康	Ankang	21.87	31.69	46.20	119
商洛	Shangluo	20.13	26.50	38.74	154
甘肃	**Gansu**	**228.23**	**284.33**	**367.92**	
兰州	Lanzhou	29.54	33.96	40.38	146
嘉峪关	Jiayuguan	1.52	2.00	2.06	284
金昌	Jinchang	3.58	4.33	5.40	283
白银	Baiyin	15.37	16.94	23.29	232
天水	Tianshui	20.68	25.90	34.83	175
武威	Wuwei	13.58	17.01	20.88	245
张掖	Zhangye	8.79	10.81	14.99	267
平凉	Pingliang	16.91	20.63	30.75	197
酒泉	Jiuquan	8.72	10.68	14.22	271
庆阳	Qingyang	19.14	25.56	32.15	189
定西	Dingxi	18.22	22.53	30.73	198
陇南	Longnan	16.20	19.61	28.40	216
青海	**Qinghai**	**82.47**	**130.11**	**171.81**	
西宁	Xining	22.33	31.89	42.90	135
宁夏	**Ningxia**	**81.59**	**103.02**	**106.45**	
银川	Yinchuan	17.64	18.00	18.70	252
石嘴山	Shizuishan	9.40	9.54	12.51	276
吴忠	Wuzhong	4.39	15.19	17.80	258
固原	Guyuan	16.49	19.73	20.32	248
中卫	Zhongwei	10.68	11.51	13.50	273
新疆	**Xinjiang**	**313.84**	**399.80**	**473.86**	
乌鲁木齐	Urumqi	26.55	40.85	49.77	108
克拉玛依	Karamay	11.53	14.57	16.37	266

5-11 公共财政预算支出中科学技术支出
Public Budgetary Expenditure for Science and Technology

单位：亿元 (100 million yuan)

地名	City	2010	2011	2012	2012 排名 Ranking
地方合计	**City Total**	**1588.88**	**1885.88**	**2242.20**	
北京	**Beijing**	**178.92**	**183.07**	**199.94**	
天津	**Tianjin**	**43.25**	**60.17**	**76.45**	
河北	**Hebei**	**29.65**	**33.22**	**44.74**	
石家庄	Shijiazhuang	4.50	6.32	7.51	41
唐山	Tangshan	4.77	6.20	10.59	29
秦皇岛	Qinhuangdao	0.78	1.08	1.20	205
邯郸	Handan	2.15	2.67	4.86	61
邢台	Xingtai	0.84	1.08	1.18	208
保定	Baoding	2.17	1.56	1.90	144
张家口	Zhangjiakou	1.20	1.01	1.30	195
承德	Chengde	1.03	1.37	1.57	169
沧州	Cangzhou	1.18	1.13	1.48	177
廊坊	Langfang	2.35	2.79	3.37	89
衡水	Hengshui	0.67	0.67	0.73	241
山西	**Shanxi**	**20.12**	**27.17**	**33.32**	
太原	Taiyuan	4.70	7.76	9.56	36
大同	Datong	0.90	1.06	1.04	224
阳泉	Yangquan	0.72	0.75	0.97	228
长治	Changzhi	1.46	2.31	2.58	112
晋城	Jincheng	1.28	1.51	1.92	142
朔州	Shuozhou	0.73	0.98	1.24	200
晋中	Jinzhong	1.01	1.19	1.41	187
运城	Yuncheng	1.08	1.20	1.20	202
忻州	Xinzhou	0.89	1.15	1.64	165
临汾	Linfen	1.04	1.16	1.46	182
吕梁	Luliang	1.17	1.42	1.87	147
内蒙古	**Inner Mongolia**	**21.39**	**28.21**	**27.61**	
呼和浩特	Hohhot	1.93	2.23	2.31	128
包头	Baotou	2.92	3.66	3.82	78
乌海	Wuhai	0.78	1.11	1.07	221
赤峰	Chifeng	0.80	0.79	1.16	214
通辽	Tongliao	1.74	1.72	1.52	172
鄂尔多斯	Erdos	2.86	7.09	4.79	64
呼伦贝尔	Hulunbuir	1.59	2.03	2.40	124
巴彦淖尔	Bayannur	0.85	0.65	0.71	243
乌兰察布	Ulanqab	0.56	0.76	0.57	262
辽宁	**Liaoning**	**68.90**	**87.20**	**101.24**	
沈阳	Shenyang	15.35	20.33	24.64	9
大连	Dalian	26.60	33.17	39.29	5
鞍山	Anshan	1.96	2.01	2.45	120
抚顺	Fushun	1.15	1.58	2.55	115
本溪	Benxi	1.14	2.16	2.38	126
丹东	Dandong	0.87	1.21	1.40	188
锦州	Jinzhou	1.23	1.33	2.45	121
营口	Yingkou	2.01	3.00	3.51	84
阜新	Fuxin	0.21	0.88	1.20	207
辽阳	Liaoyang	1.46	1.85	2.03	137
盘锦	Panjin	0.97	1.40	1.85	150
铁岭	Tieling	1.87	3.13	3.71	79
朝阳	Chaoyang	0.98	1.81	2.10	135
葫芦岛	Huludao	0.94	1.69	2.06	136
吉林	**Jilin**	**19.12**	**21.18**	**24.96**	
长春	Changchun	3.49	4.41	4.38	69
吉林	Jilin	2.40	2.48	3.37	88
四平	Siping	0.38	0.49	0.55	263
辽源	Liaoyuan	0.30	0.41	0.46	272
通化	Tonghua	1.95	2.45	4.10	75
白山	Baishan	0.52	0.49	0.70	245
松原	Songyuan	0.15	0.18	0.28	281
白城	Baicheng	0.47	0.54	0.61	255
黑龙江	**Heilongjiang**	**27.69**	**33.23**	**37.64**	
哈尔滨	Harbin	8.94	11.51	12.79	25
齐齐哈尔	Qiqihar	1.48	2.14	1.04	223
鸡西	Jixi	0.33	0.45	0.89	233
鹤岗	Hegang	0.46	0.48	0.42	274
双鸭山	Shuangyashan	0.34	0.54	0.54	264
大庆	Daqing	1.24	1.39	1.98	138
伊春	Yichun	0.34	0.91	0.44	273
佳木斯	Jiamusi	0.42	0.61	1.17	211
七台河	Qitaihe	0.11	0.18	0.24	282
牡丹江	Mudanjiang	2.07	2.89	1.93	141
黑河	Heihe	0.32	0.50	0.53	265
绥化	Suihua	0.64	0.92	1.64	166
上海	**Shanghai**	**202.03**	**218.50**	**245.43**	
江苏	**Jiangsu**	**150.35**	**213.40**	**257.24**	

5-11 公共财政预算支出中科学技术支出 续表 1
Public Budgetary Expenditure for Science and Technology continued 1

单位：亿元 (100 million yuan)

地名	City	2010	2011	2012	2012 排名 Ranking	地名	City	2010	2011	2012	2012 排名 Ranking
南京	Nanjing	16.51	24.08	35.00	6	池州	Chizhou	1.02	1.02	1.41	186
无锡	Wuxi	18.97	24.25	29.49	8	宣城	Xuancheng	2.31	4.25	5.45	54
徐州	Xuzhou	4.54	10.35	12.59	26	福建	**Fujian**	**32.31**	**40.48**	**48.47**	
常州	Changzhou	8.71	12.53	18.93	14	福州	Fuzhou	4.18	4.93	6.48	50
苏州	Suzhou	35.71	53.61	66.59	2	厦门	Xiamen	9.60	12.19	13.81	22
南通	Nantong	9.99	13.07	14.37	21	莆田	Putian	1.22	1.45	1.88	145
连云港	Lianyungang	4.26	5.89	7.49	42	三明	Sanming	1.27	1.62	2.53	117
淮安	Huaian	4.48	6.25	7.44	43	泉州	Quanzhou	4.72	6.74	7.40	44
盐城	Yancheng	6.02	11.90	16.12	19	漳州	Zhangzhou	1.80	2.58	3.09	98
扬州	Yangzhou	6.78	9.69	9.81	34	南平	Nanping	1.01	1.29	1.46	181
镇江	Zhenjiang	5.24	7.00	10.24	32	龙岩	Longyan	1.48	1.87	2.68	107
泰州	Taizhou	4.38	5.28	5.82	52	宁德	Ningde	0.96	0.70	1.20	204
宿迁	Suqian	3.19	4.62	7.17	45	江西	**Jiangxi**	**18.26**	**21.32**	**27.50**	
浙江	**Zhejiang**	**121.40**	**143.90**	**165.98**		南昌	Nanchang	3.56	3.72	4.48	68
杭州	Hangzhou	28.86	34.92	40.19	4	景德镇	Jingdezhen	0.59	0.77	0.95	230
宁波	Ningbo	22.15	28.15	32.41	7	萍乡	Pingxiang	0.85	1.21	1.57	170
温州	Wenzhou	6.67	7.32	8.50	38	九江	Jiujiang	0.78	1.18	1.66	161
嘉兴	Jiaxing	7.54	9.48	10.46	30	新余	Xinyu	1.08	1.33	1.44	184
湖州	Huzhou	3.67	4.58	5.19	56	鹰潭	Yingtan	0.31	0.43	0.58	258
绍兴	Shaoxing	9.55	12.33	13.23	23	赣州	Ganzhou	1.00	1.25	1.50	174
金华	Jinhua	7.55	8.34	10.42	31	吉安	Jian	0.77	1.00	1.17	212
衢州	Quzhou	2.75	3.24	3.66	81	宜春	Yichun	1.13	1.50	1.95	140
舟山	Zhoushan	2.44	2.75	3.49	86	抚州	Fuzhou	0.85	1.09	1.81	153
台州	Taizhou	5.76	5.64	7.89	40	上饶	Shangrao	1.15	1.40	1.48	176
丽水	Lishui	2.45	2.98	3.54	83	山东	**Shandong**	**84.36**	**108.62**	**124.98**	
安徽	**Anhui**	**57.98**	**77.03**	**96.00**		济南	Jinan	6.21	7.56	10.12	33
合肥	Hefei	17.96	19.03	22.67	10	青岛	Qingdao	9.87	16.12	17.29	16
芜湖	Wuhu	10.01	14.59	20.38	12	淄博	Zibo	4.84	6.44	7.98	39
蚌埠	Bengbu	3.46	4.51	5.68	53	枣庄	Zaozhuang	1.55	1.74	1.91	143
淮南	Huainan	1.27	2.01	2.93	102	东营	Dongying	2.02	2.17	3.22	93
马鞍山	Maanshan	2.45	3.50	5.05	60	烟台	Yantai	10.63	12.71	13.14	24
淮北	Huaibei	0.83	1.16	1.47	178	潍坊	Weifang	7.22	9.15	12.58	27
铜陵	Tongling	1.20	1.79	4.38	70	济宁	Jining	5.27	5.75	6.78	48
安庆	Anqing	2.48	3.47	4.51	67	泰安	Taian	2.81	2.76	3.41	87
黄山	Huangshan	1.41	2.12	2.89	104	威海	Weihai	5.62	5.63	6.96	46
滁州	Chuzhou	1.33	1.74	3.17	96	日照	Rizhao	0.94	1.22	1.37	190
阜阳	Fuyang	0.59	1.31	1.88	146	莱芜	Laiwu	1.30	2.76	1.74	156
宿州	Suzhou	0.66	1.03	1.16	215	临沂	Linyi	3.29	3.04	4.18	71
六安	Liuan	0.85	1.42	2.44	122	德州	Dezhou	2.01	2.60	3.29	90
亳州	Bozhou	0.36	0.87	0.94	231	聊城	Liaocheng	2.07	2.14	3.21	94

5-11 公共财政预算支出中科学技术支出 续表 2
Public Budgetary Expenditure for Science and Technology continued 2

单位：亿元 (100 million yuan)

地名	City	2010	2011	2012	2012 排名 Ranking
滨州	Binzhou	2.40	2.83	3.98	76
菏泽	Heze	1.85	2.41	4.14	72
河南	**Henan**	**44.67**	**56.59**	**69.64**	
郑州	Zhengzhou	9.50	10.16	15.27	20
开封	Kaifeng	1.22	1.52	1.86	149
洛阳	Luoyang	3.31	5.96	6.91	47
平顶山	Pingdingshan	1.64	2.23	2.48	119
安阳	Anyang	2.47	3.33	3.60	82
鹤壁	Hebi	0.51	0.65	0.70	244
新乡	Xinxiang	2.58	2.54	2.95	101
焦作	Jiaozuo	2.81	3.26	3.28	91
濮阳	Puyang	1.09	1.43	1.84	151
许昌	Xuchang	1.30	1.64	2.10	134
漯河	Luohe	0.45	0.57	0.60	257
三门峡	Sanmenxia	1.63	1.92	2.24	131
南阳	Nanyang	3.53	4.31	5.19	57
商丘	Shangqiu	1.24	1.58	1.87	148
信阳	Xinyang	1.16	1.41	1.83	152
周口	Zhoukou	1.38	1.52	2.63	108
驻马店	Zhumadian	1.80	2.14	2.80	106
湖北	**Hubei**	**30.09**	**44.19**	**54.39**	
武汉	Wuhan	11.70	15.27	20.65	11
黄石	Huangshi	1.05	1.48	1.71	159
十堰	Shiyan	0.98	2.05	2.54	116
宜昌	Yichang	2.89	3.67	4.80	63
襄阳	Xiangfan	1.81	2.79	4.56	66
鄂州	Ezhou	0.33	0.64	0.78	240
荆门	Jingmen	0.72	0.97	1.47	179
孝感	Xiaogan	1.06	1.42	2.34	127
荆州	Jingzhou	0.57	1.77	2.26	130
黄冈	Huanggang	2.09	2.92	3.68	80
咸宁	Xianning	0.97	1.35	1.80	154
随州	Suizhou	0.58	0.82	1.08	219
湖南	**Hunan**	**35.04**	**41.96**	**48.19**	
长沙	Changsha	13.33	15.43	16.75	18
株洲	Zhuzhou	2.10	31.23	3.08	99
湘潭	Xiangtan	2.20	2.23	2.17	132
衡阳	Hengyang	1.24	1.24	1.50	173
邵阳	Shaoyang	0.63	0.65	0.65	252
岳阳	Yueyang	1.80	2.45	2.93	103

地名	City	2010	2011	2012	2012 排名 Ranking
常德	Changde	1.03	1.38	1.47	180
张家界	Zhangjiajie	0.22	0.30	0.50	268
益阳	Yiyang	0.71	0.96	1.29	196
郴州	Chenzhou	2.33	2.98	3.50	85
永州	Yongzhou	0.85	1.07	1.09	218
怀化	Huaihua	0.63	0.71	1.01	226
娄底	Loudi	0.88	0.86	0.83	238
广东	**Guangdong**	**214.44**	**203.92**	**246.71**	
广州	Guangzhou	31.94	22.23	52.12	3
韶关	Shaoguan	1.42	2.00	2.62	110
深圳	Shenzhen	99.84	70.49	79.12	1
珠海	Zhuhai	5.70	7.35	8.83	37
汕头	Shantou	1.45	2.49	2.40	125
佛山	Foshan	11.34	12.90	16.83	17
江门	Jiangmen	2.99	3.86	5.41	55
湛江	Zhanjiang	0.58	0.95	1.58	168
茂名	Maoming	0.44	1.17	1.02	225
肇庆	Zhaoqing	2.30	3.09	3.86	77
惠州	Huizhou	3.57	5.29	5.10	59
梅州	Meizhou	0.99	1.29	2.43	123
汕尾	Shanwei	0.40	0.76	0.68	247
河源	Heyuan	0.80	1.16	1.20	206
阳江	Yangjiang	0.80	1.05	1.31	194
清远	Qingyuan	1.33	1.75	1.96	139
东莞	Dongguan	7.98	18.14	18.54	15
中山	ZhongShan	6.72	8.39	10.96	28
潮州	Chaozhou	0.44	0.72	1.49	175
揭阳	Jieyang	0.48	0.95	1.65	164
云浮	Yunfu	1.14	1.35	1.56	171
广西	**Guangxi**	**21.66**	**28.25**	**42.81**	
南宁	Nanning	2.84	3.80	5.15	58
柳州	Liuzhou	2.09	2.16	3.19	95
桂林	Guilin	1.90	2.64	3.15	97
梧州	Wuzhou	0.27	0.89	1.71	158
北海	Beihai	0.21	0.41	1.66	163
防城港	Fangchenggang	0.14	0.24	0.49	270
钦州	Qinzhou	0.22	0.25	1.10	216
贵港	Guigang	0.16	0.35	0.57	261
玉林	Yulin	0.58	1.03	1.74	155
百色	Baise	0.67	1.13	2.56	114

5-11 公共财政预算支出中科学技术支出 续表 3
Public Budgetary Expenditure for Science and Technology continued 3

单位：亿元 (100 million yuan)

地名	City	2010	2011	2012	2012 排名 Ranking	地名	City	2010	2011	2012	2012 排名 Ranking
贺州	Hezhou	0.29	0.42	1.07	220	丽江	Lijiang	0.46	0.68	0.69	246
河池	Hechi	0.65	0.91	1.36	191	普洱	Puer	0.84	1.17	0.88	234
来宾	Laibin	0.31	0.58	1.18	210	临沧	Lincang	0.32	0.50	0.39	277
崇左	Chongzuo	0.47	0.77	1.17	213	西藏	**Tibet**	**2.71**	**3.38**	**5.09**	
海南	**Hainan**	**7.47**	**9.83**	**12.06**		拉萨	Lhasa		2.78	4.10	74
海口	Haikou	0.96	1.36	1.61	167	陕西	**Shaanxi**	**25.25**	**29.01**	**34.94**	
三亚	Sanya	1.76	2.13	2.52	118	西安	Xi'an	4.36	5.22	5.93	51
重庆	**Chongqing**	**17.90**	**25.04**	**29.84**		铜川	Tongchuan	0.22	0.28	0.38	278
四川	**Sichuan**	**34.71**	**45.75**	**59.40**		宝鸡	Baoji	1.27	1.28	1.68	160
成都	Chengdu	10.70	14.70	19.09	13	咸阳	Xianyang	0.82	0.96	1.25	199
自贡	Zigong	0.70	0.83	1.32	193	渭南	Weinan	0.54	0.79	1.10	217
攀枝花	Panzhihua	0.76	1.09	1.21	201	延安	Yan'an	1.68	1.85	2.15	133
泸州	Luzhou	0.65	0.71	0.94	232	汉中	Hanzhong	0.70	0.81	1.06	222
德阳	Deyang	0.93	1.59	2.28	129	榆林	Yulin	3.23	3.58	4.82	62
绵阳	Mianyang	1.91	2.69	4.12	73	安康	Ankang	0.47	0.57	0.61	256
广元	Guangyuan	0.51	0.72	0.84	236	商洛	Shangluo	0.44	0.52	0.64	254
遂宁	Suining	0.43	0.50	0.73	242	甘肃	**Gansu**	**10.89**	**13.22**	**16.19**	
内江	Neijiang	0.31	0.42	0.66	251	兰州	Lanzhou	2.02	2.29	2.80	105
乐山	Leshan	1.07	1.22	1.44	183	嘉峪关	Jiayuguan	0.11	0.12	0.13	284
南充	Nanchong	0.81	1.03	1.18	209	金昌	Jinchang	0.26	0.15	0.19	283
眉山	Meishan	0.35	0.47	0.58	260	白银	Baiyin	0.30	0.53	0.67	250
宜宾	Yibin	1.55	2.06	2.57	113	天水	Tianshui	0.70	0.89	0.83	237
广安	Guangan	0.28	0.39	0.58	258	武威	Wuwei	0.21	0.31	0.29	280
达州	Dazhou	0.73	0.95	1.25	197	张掖	Zhangye	0.33	0.46	0.49	269
雅安	Yaan	0.43	1.24	2.58	111	平凉	Pingliang	0.40	0.47	0.64	253
巴中	Bazhong	0.32	0.41	0.52	267	酒泉	Jiuquan	0.45	0.56	0.68	249
资阳	Ziyang	0.80	1.20	1.73	157	庆阳	Qingyang	0.57	0.86	1.43	185
贵州	**Guizhou**	**16.66**	**21.68**	**28.98**		定西	Dingxi	0.59	0.75	0.97	229
贵阳	Guiyang	3.61	5.05	6.59	49	陇南	Longnan	0.22	0.21	0.41	275
六盘水	Liupanshui	0.62	0.79	0.99	227	青海	**Qinghai**	**4.08**	**3.76**	**7.18**	
遵义	Zunyi	1.40	2.44	2.99	100	西宁	Xining	0.66	0.34	1.25	198
安顺	Anshun	0.53	0.73	0.88	235	宁夏	**Ningxia**	**5.97**	**7.87**	**9.61**	
毕节	Bijie	0.00	0.97	1.39	189	银川	Yinchuan	1.16	2.26	3.24	92
铜仁	Tongren	0.00	0.38	0.53	265	石嘴山	Shizuishan	0.19	0.19	0.39	276
云南	**Yunnan**	**21.43**	**28.30**	**32.67**		吴忠	Wuzhong	0.34	0.55	0.68	248
昆明	Kunming	4.44	8.04	9.71	35	固原	Guyuan	0.39	0.40	0.47	271
曲靖	Qujing	1.45	1.51	2.63	109	中卫	Zhongwei	0.28	0.35	0.38	279
玉溪	Yuxi	1.28	1.27	1.66	162	新疆	**Xinjiang**	**20.19**	**26.43**	**33.01**	
保山	Baoshan	0.34	0.71	0.82	239	乌鲁木齐	Urumqi	2.15	2.96	4.63	65
昭通	Zhaotong	0.87	1.08	1.20	203	克拉玛依	Karamay	0.99	1.20	1.34	192

5-12 公共财政预算支出中社会保障和就业支出
Public Budgetary Expenditure for Social Safety Net and Employment Effort

单位：亿元 (100 million yuan)

地名	City	2010	2011	2012	2012 排名 Ranking
地方合计	**Region Total**	**8680.32**	**10606.92**	**11999.85**	
北京	**Beijing**	**275.90**	**354.88**	**424.31**	
天津	**Tianjin**	**137.74**	**168.34**	**201.17**	
河北	**Hebei**	**358.78**	**426.23**	**470.21**	
石家庄	Shijiazhuang	23.08	29.30	37.39	55
唐山	Tangshan	44.85	50.04	48.61	25
秦皇岛	Qinhuangdao	13.90	16.84	17.30	198
邯郸	Handan	25.02	32.52	32.94	74
邢台	Xingtai	18.04	17.53	25.60	118
保定	Baoding	34.10	41.28	52.09	22
张家口	Zhangjiakou	25.05	30.71	31.10	83
承德	Chengde	13.22	18.06	20.40	170
沧州	Cangzhou	16.58	20.95	24.12	129
廊坊	Langfang	15.38	20.01	24.10	130
衡水	Hengshui	11.31	12.76	14.33	226
山西	**Shanxi**	**274.46**	**321.60**	**354.61**	
太原	Taiyuan	29.62	32.15	33.43	69
大同	Datong	14.85	21.29	22.04	151
阳泉	Yangquan	7.26	8.05	8.81	268
长治	Changzhi	12.12	18.49	22.10	149
晋城	Jincheng	11.35	13.55	16.26	211
朔州	Shuozhou	7.34	9.75	10.61	257
晋中	Jinzhong	16.76	21.75	25.63	117
运城	Yuncheng	18.47	23.47	25.34	120
忻州	Xinzhou	18.05	23.86	24.04	133
临汾	Linfen	23.66	28.88	29.56	88
吕梁	Luliang	11.74	16.65	20.44	168
内蒙古	**Inner Mongolia**	**292.44**	**363.97**	**435.47**	
呼和浩特	Hohhot	19.97	28.81	30.57	84
包头	Baotou	30.64	33.73	38.92	49
乌海	Wuhai	7.50	8.47	8.16	273
赤峰	Chifeng	26.18	33.88	41.05	43
通辽	Tongliao	21.77	27.69	33.06	70
鄂尔多斯	Erdos	29.53	39.19	43.57	35
呼伦贝尔	Hulunbuir	30.17	38.58	44.66	31
巴彦淖尔	Bayannur	17.66	23.05	29.48	90
乌兰察布	Ulanqab	23.96	29.18	41.72	40
辽宁	**Liaoning**	**579.84**	**657.36**	**727.71**	
沈阳	Shenyang	94.80	109.44	125.34	2
大连	Dalian	92.31	109.22	122.69	3
鞍山	Anshan	42.03	44.46	55.71	19
抚顺	Fushun	46.87	41.98	44.40	32
本溪	Benxi	21.68	25.59	27.21	107
丹东	Dandong	24.45	28.74	33.00	72
锦州	Jinzhou	30.04	33.77	37.59	54
营口	Yingkou	26.27	30.89	35.33	61
阜新	Fuxin	22.20	29.38	24.39	126
辽阳	Liaoyang	22.67	22.22	24.06	131
盘锦	Panjin	15.79	18.81	20.38	171
铁岭	Tieling	15.42	18.55	21.83	155
朝阳	Chaoyang	28.44	34.85	37.25	56
葫芦岛	Huludao	22.44	27.80	29.06	93
吉林	**Jilin**	**253.36**	**298.99**	**304.00**	
长春	Changchun	51.08	69.01	61.66	13
吉林	Jilin	42.13	43.68	48.99	24
四平	Siping	22.05	27.57	27.60	104
辽源	Liaoyuan	13.66	14.57	15.62	218
通化	Tonghua	20.89	23.41	24.98	123
白山	Baishan	19.66	22.29	23.13	144
松原	Songyuan	13.41	16.82	16.12	213
白城	Baicheng	16.73	20.04	20.37	172
黑龙江	**Heilongjiang**	**306.06**	**392.05**	**458.20**	
哈尔滨	Harbin	42.41	84.55	87.52	6
齐齐哈尔	Qiqihar	28.99	40.91	39.07	48
鸡西	Jixi	13.49	20.17	17.05	202
鹤岗	Hegang	5.15	6.83	9.79	260
双鸭山	Shuangyashan	10.91	12.43	13.71	233
大庆	Daqing	15.53	22.36	22.03	152
伊春	Yichun	13.75	20.40	15.17	220
佳木斯	Jiamusi	14.97	21.51	26.81	110
七台河	Qitaihe	4.71	7.81	7.30	277
牡丹江	Mudanjiang	15.40	24.62	21.72	157
黑河	Heihe	8.20	10.96	16.12	213
绥化	Suihua	19.24	28.06	29.94	87
上海	**Shanghai**	**362.56**	**417.50**	**443.01**	
江苏	**Jiangsu**	**364.48**	**481.65**	**557.77**	

5-12 公共财政预算支出中社会保障和就业支出 续表 1

Public Budgetary Expenditure for Social Safety Net and Employment Effort continued 1

单位：亿元 (100 million yuan)

地名	City	2010	2011	2012	2012 排名 Ranking
南京	Nanjing	45.94	56.58	74.07	9
无锡	Wuxi	34.94	43.33	46.82	26
徐州	Xuzhou	37.41	46.44	50.52	23
常州	Changzhou	24.95	36.36	41.66	41
苏州	Suzhou	63.67	84.63	101.61	5
南通	Nantong	28.20	35.45	40.70	44
连云港	Lianyungang	13.23	17.40	20.62	165
淮安	Huaian	22.89	28.24	29.25	91
盐城	Yancheng	25.59	33.27	38.78	51
扬州	Yangzhou	15.87	19.93	20.23	174
镇江	Zhenjiang	8.86	13.02	16.75	207
泰州	Taizhou	17.43	22.05	25.86	116
宿迁	Suqian	19.32	24.08	28.94	94
浙江	**Zhejiang**	**206.39**	**291.82**	**345.44**	
杭州	Hangzhou	63.92	77.54	87.14	7
宁波	Ningbo	34.43	58.63	79.01	8
温州	Wenzhou	17.88	24.13	27.75	102
嘉兴	Jiaxing	10.27	19.12	20.97	162
湖州	Huzhou	7.70	10.39	13.57	236
绍兴	Shaoxing	14.51	18.53	21.34	159
金华	Jinhua	15.64	19.02	22.58	148
衢州	Quzhou	7.81	10.12	11.75	249
舟山	Zhoushan	5.28	6.20	7.54	275
台州	Taizhou	13.98	21.71	24.26	127
丽水	Lishui	8.06	11.21	12.98	239
安徽	**Anhui**	**334.15**	**392.98**	**459.19**	
合肥	Hefei	20.06	38.43	44.04	33
芜湖	Wuhu	12.49	22.03	26.65	111
蚌埠	Bengbu	12.40	16.35	18.34	184
淮南	Huainan	10.59	13.32	15.01	223
马鞍山	Maanshan	6.73	12.77	15.62	218
淮北	Huaibei	8.19	10.24	11.11	256
铜陵	Tongling	7.57	7.54	8.21	271
安庆	Anqing	17.16	23.90	27.56	105
黄山	Huangshan	8.26	12.04	13.76	232
滁州	Chuzhou	13.93	19.64	23.18	142
阜阳	Fuyang	25.60	32.41	40.52	46
宿州	Suzhou	7.66	12.61	15.78	217
六安	Liuan	14.85	19.33	23.29	141
亳州	Bozhou	13.86	19.49	23.47	138
池州	Chizhou	6.25	8.66	10.02	259
宣城	Xuancheng	9.37	12.50	15.87	215
福建	**Fujian**	**148.24**	**184.92**	**205.28**	
福州	Fuzhou	26.25	36.27	38.42	52
厦门	Xiamen	23.18	27.34	32.05	76
莆田	Putian	6.55	8.28	8.91	266
三明	Sanming	7.93	10.31	11.62	252
泉州	Quanzhou	16.84	22.49	27.45	106
漳州	Zhangzhou	15.22	19.03	23.15	143
南平	Nanping	11.66	12.82	14.06	229
龙岩	Longyan	11.28	14.70	13.67	234
宁德	Ningde	10.65	11.89	14.70	224
江西	**Jiangxi**	**233.02**	**272.75**	**323.06**	
南昌	Nanchang	31.27	33.91	37.84	53
景德镇	Jingdezhen	11.38	14.11	16.72	208
萍乡	Pingxiang	11.43	13.86	17.60	193
九江	Jiujiang	23.17	28.54	34.43	66
新余	Xinyu	7.50	8.59	9.46	261
鹰潭	Yingtan	6.99	7.59	8.87	267
赣州	Ganzhou	39.10	48.59	59.25	14
吉安	Jian	17.07	21.90	27.02	108
宜春	Yichun	26.45	32.28	39.59	47
抚州	Fuzhou	19.17	19.81	23.96	134
上饶	Shangrao	21.83	31.09	35.33	61
山东	**Shandong**	**416.77**	**501.54**	**596.48**	
济南	Jinan	42.17	49.46	56.89	16
青岛	Qingdao	36.07	47.82	55.80	17
淄博	Zibo	24.10	27.57	31.51	81
枣庄	Zaozhuang	12.64	15.90	17.85	190
东营	Dongying	9.26	10.22	13.96	231
烟台	Yantai	44.10	57.11	71.46	10
潍坊	Weifang	20.47	25.86	33.90	67
济宁	Jining	17.99	23.47	30.38	86
泰安	Taian	19.44	24.79	28.62	96
威海	Weihai	28.95	28.10	27.76	101
日照	Rizhao	11.01	13.13	13.64	235
莱芜	Laiwu	6.17	6.49	6.94	279
临沂	Linyi	26.75	34.95	43.09	37
德州	Dezhou	18.29	21.49	27.96	100
聊城	Liaocheng	14.67	18.17	24.06	131

5-12 公共财政预算支出中社会保障和就业支出 续表 2
Public Budgetary Expenditure for Social Safety Net and Employment Effort continued 2

单位：亿元 (100 million yuan)

地名	City	2010	2011	2012	2012 排名 Ranking
滨州	Binzhou	22.41	27.10	31.69	80
菏泽	Heze	26.22	30.70	38.81	50
河南	**Henan**	**461.22**	**547.96**	**631.61**	
郑州	Zhengzhou	43.56	49.17	55.74	18
开封	Kaifeng	18.95	21.26	23.59	136
洛阳	Luoyang	21.37	26.93	31.79	78
平顶山	Pingdingshan	19.03	22.65	25.17	121
安阳	Anyang	14.92	15.95	18.45	182
鹤壁	Hebi	6.58	8.42	9.09	265
新乡	Xinxiang	13.54	18.65	22.59	147
焦作	Jiaozuo	11.62	14.62	17.49	196
濮阳	Puyang	14.35	18.64	21.18	160
许昌	Xuchang	11.00	14.86	17.37	197
漯河	Luohe	9.02	10.99	12.03	246
三门峡	Sanmenxia	9.35	11.26	12.13	244
南阳	Nanyang	33.60	38.02	44.94	30
商丘	Shangqiu	24.06	31.26	37.24	57
信阳	Xinyang	19.64	26.82	28.06	98
周口	Zhoukou	25.24	31.46	43.98	34
驻马店	Zhumadian	23.70	30.20	36.43	59
湖北	**Hubei**	**361.72**	**449.29**	**501.13**	
武汉	Wuhan	91.90	108.74	117.73	4
黄石	Huangshi	16.38	20.53	20.82	163
十堰	Shiyan	21.03	27.33	29.17	92
宜昌	Yichang	21.25	27.74	32.20	75
襄阳	Xiangfan	36.52	37.18	43.57	35
鄂州	Ezhou	4.82	6.52	7.02	278
荆门	Jingmen	13.75	18.13	19.94	175
孝感	Xiaogan	9.34	17.88	22.01	153
荆州	Jingzhou	28.83	26.32	31.29	82
黄冈	Huanggang	27.92	33.66	41.54	42
咸宁	Xianning	12.07	15.03	16.59	210
随州	Suizhou	10.43	11.54	13.23	238
湖南	**Hunan**	**396.40**	**484.44**	**525.71**	
长沙	Changsha	42.45	51.94	53.60	21
株洲	Zhuzhou	24.77	27.17	33.06	70
湘潭	Xiangtan	23.40	21.22	26.08	114
衡阳	Hengyang	37.68	45.26	46.77	27
邵阳	Shaoyang	28.96	36.63	40.69	45
岳阳	Yueyang	29.95	36.81	41.78	39
常德	Changde	37.43	45.31	46.27	28
张家界	Zhangjiajie	8.30	10.72	11.71	251
益阳	Yiyang	24.95	28.48	32.99	73
郴州	Chenzhou	24.08	31.59	33.88	68
永州	Yongzhou	25.81	32.65	35.13	63
怀化	Huaihua	26.95	31.65	34.63	64
娄底	Loudi	16.84	20.10	24.50	125
广东	**Guangdong**	**469.58**	**548.65**	**611.04**	
广州	Guangzhou	114.12	132.48	126.46	1
韶关	Shaoguan	12.44	15.39	18.23	186
深圳	Shenzhen	62.00	51.89	66.78	12
珠海	Zhuhai	13.03	16.58	17.02	203
汕头	Shantou	9.64	16.08	19.12	177
佛山	Foshan	24.91	27.76	31.94	77
江门	Jiangmen	17.70	22.06	24.67	124
湛江	Zhanjiang	20.28	25.84	27.65	103
茂名	Maoming	18.23	21.35	25.44	119
肇庆	Zhaoqing	14.53	16.84	17.78	191
惠州	Huizhou	18.48	18.94	21.96	154
梅州	Meizhou	19.14	22.82	26.06	115
汕尾	Shanwei	7.82	10.37	11.89	248
河源	Heyuan	13.18	15.39	18.88	179
阳江	Yangjiang	8.07	9.62	11.43	254
清远	Qingyuan	14.16	15.10	18.19	187
东莞	Dongguan	26.40	24.38	24.19	128
中山	ZhongShan	10.83	15.02	17.01	204
潮州	Chaozhou	7.17	9.34	8.45	270
揭阳	Jieyang	10.86	13.85	17.60	193
云浮	Yunfu	7.21	9.31	11.91	247
广西	**Guangxi**	**217.07**	**250.64**	**282.33**	
南宁	Nanning	40.03	32.05	36.38	60
柳州	Liuzhou	18.08	18.03	18.39	183
桂林	Guilin	14.75	18.52	22.63	146
梧州	Wuzhou	12.59	10.41	14.27	227
北海	Beihai	3.27	3.76	5.05	281
防城港	Fangchenggang	6.90	9.04	7.84	274
钦州	Qinzhou	7.23	10.65	12.75	242
贵港	Guigang	6.22	8.48	11.17	255
玉林	Yulin	11.69	17.16	20.78	164
百色	Baise	14.77	19.86	18.18	188

5-12 公共财政预算支出中社会保障和就业支出 续表 3
Public Budgetary Expenditure for Social Safety Net and Employment Effort continued 3

单位：亿元 (100 million yuan)

地名	City	2010	2011	2012	2012 排名 Ranking	地名	City	2010	2011	2012	2012 排名 Ranking
贺州	Hezhou	5.47	6.63	8.57	269	丽江	Lijiang	7.48	9.30	13.48	237
河池	Hechi	11.51	15.32	17.11	201	普洱	Puer	15.43	20.36	23.11	145
来宾	Laibin	8.05	7.24	8.17	272	临沧	Lincang	11.99	15.75	17.66	192
崇左	Chongzuo	10.39	12.87	12.90	241	西藏	**Tibet**	**11.34**	**56.68**	**65.54**	
海南	**Hainan**	**73.80**	**94.04**	**106.15**		拉萨	Lhasa	1.75	3.89	45.05	29
海口	Haikou	9.28	11.79	14.45	225	陕西	**Shaanxi**	**315.61**	**365.43**	**421.16**	
三亚	Sanya	3.61	4.42	4.94	282	西安	Xi'an	52.21	61.43	67.82	11
重庆	**Chongqing**	**149.54**	**338.76**	**403.05**		铜川	Tongchuan	6.57	7.58	9.40	263
四川	**Sichuan**	**513.65**	**645.79**	**680.21**		宝鸡	Baoji	22.77	22.66	23.87	135
成都	Chengdu	38.70	49.80	58.30	15	咸阳	Xianyang	15.18	18.31	22.10	149
自贡	Zigong	14.60	19.28	17.60	193	渭南	Weinan	18.60	23.32	28.09	97
攀枝花	Panzhihua	11.42	8.00	9.31	264	延安	Yan'an	14.49	13.47	17.20	199
泸州	Luzhou	19.08	24.99	26.58	112	汉中	Hanzhong	15.37	15.48	18.14	189
德阳	Deyang	19.09	21.19	20.44	168	榆林	Yulin	16.90	22.39	30.45	85
绵阳	Mianyang	23.65	27.07	28.00	99	安康	Ankang	13.04	10.17	12.97	240
广元	Guangyuan	17.04	21.26	20.26	173	商洛	Shangluo	8.11	8.25	10.46	258
遂宁	Suining	15.28	19.22	18.56	181	甘肃	**Gansu**	**215.09**	**279.22**	**294.64**	
内江	Neijiang	16.41	20.85	19.06	178	兰州	Lanzhou	14.85	22.20	20.51	167
乐山	Leshan	18.91	24.10	23.36	140	嘉峪关	Jiayuguan	1.61	1.96	2.39	284
南充	Nanchong	24.00	36.42	36.53	58	金昌	Jinchang	3.25	3.89	4.25	283
眉山	Meishan	13.22	17.12	16.88	206	白银	Baiyin	9.97	14.05	15.09	222
宜宾	Yibin	18.90	17.78	21.70	158	天水	Tianshui	21.08	27.72	29.54	89
广安	Guangan	13.81	17.98	16.96	205	武威	Wuwei	9.90	16.16	15.85	216
达州	Dazhou	27.93	37.24	34.58	65	张掖	Zhangye	8.66	13.76	11.72	250
雅安	Yaan	9.44	11.57	12.48	243	平凉	Pingliang	13.95	17.67	17.13	200
巴中	Bazhong	15.15	27.59	21.82	156	酒泉	Jiuquan	7.54	10.25	11.48	253
资阳	Ziyang	15.68	22.13	21.02	161	庆阳	Qingyang	15.09	20.99	23.54	137
贵州	**Guizhou**	**140.76**	**194.78**	**235.40**		定西	Dingxi	11.86	20.05	26.86	109
贵阳	Guiyang	16.93	20.03	25.06	122	陇南	Longnan	13.16	19.15	19.84	176
六盘水	Liupanshui	8.65	13.30	14.07	228	青海	**Qinghai**	**189.50**	**163.57**	**179.51**	
遵义	Zunyi	17.70	23.15	26.24	113	西宁	Xining	13.79	13.06	18.83	180
安顺	Anshun	9.31	12.15	13.99	230	宁夏	**Ningxia**	**35.03**	**71.95**	**89.60**	
毕节	Bijie	14.76	23.79	28.83	95	银川	Yinchuan	6.88	14.16	16.25	212
铜仁	Tongren	13.54	18.45	20.52	166	石嘴山	Shizuishan	3.29	7.29	7.49	276
云南	**Yunnan**	**304.69**	**386.50**	**439.06**		吴忠	Wuzhong	4.46	9.44	12.05	245
昆明	Kunming	40.81	51.01	54.94	20	固原	Guyuan	5.38	11.87	15.11	221
曲靖	Qujing	22.54	27.33	31.73	79	中卫	Zhongwei	3.46	7.33	9.44	262
玉溪	Yuxi	13.94	16.73	18.25	185	新疆	**Xinjiang**	**166.40**	**201.64**	**227.79**	
保山	Baoshan	12.26	14.94	16.69	209	乌鲁木齐	Urumqi	17.87	21.89	23.37	139
昭通	Zhaotong	19.39	25.18	41.88	38	克拉玛依	Karamay	2.76	3.30	5.12	280

5-13 公共财政预算支出中医疗卫生支出
Public Budgetary Expenditure for Medical and Health Care

单位：亿元 (100 million yuan)

地名	City	2010	2011	2012	2012 排名 Ranking
地方合计	**Region Total**	**4730.62**	**6358.19**	**7170.82**	
北京	**Beijing**	**186.82**	**225.49**	**256.06**	
天津	**Tianjin**	**70.07**	**90.53**	**105.91**	
河北	**Hebei**	**235.48**	**302.75**	**323.17**	
石家庄	Shijiazhuang	27.59	39.60	41.83	12
唐山	Tangshan	26.56	40.92	40.51	15
秦皇岛	Qinhuangdao	11.24	14.50	19.63	104
邯郸	Handan	24.28	31.64	33.72	31
邢台	Xingtai	18.63	22.67	25.19	63
保定	Baoding	29.26	35.30	42.47	11
张家口	Zhangjiakou	16.50	20.19	20.64	96
承德	Chengde	11.63	16.93	18.45	125
沧州	Cangzhou	22.68	28.65	29.43	47
廊坊	Langfang	11.99	16.23	20.18	98
衡水	Hengshui	11.11	15.77	15.72	151
山西	**Shanxi**	**113.86**	**159.62**	**180.34**	
太原	Taiyuan	10.12	14.08	17.15	137
大同	Datong	7.44	10.50	14.03	177
阳泉	Yangquan	3.82	5.50	6.47	267
长治	Changzhi	10.14	14.62	15.91	148
晋城	Jincheng	6.37	9.40	10.19	228
朔州	Shuozhou	4.58	6.86	8.30	246
晋中	Jinzhong	8.40	12.35	14.70	168
运城	Yuncheng	10.66	16.70	18.80	119
忻州	Xinzhou	9.16	13.38	15.31	158
临汾	Linfen	11.59	17.46	18.76	120
吕梁	Luliang	10.25	16.68	18.89	117
内蒙古	**Inner Mongolia**	**120.72**	**164.59**	**177.91**	
呼和浩特	Hohhot	9.81	13.22	15.44	156
包头	Baotou	7.90	10.39	12.01	202
乌海	Wuhai	5.40	5.08	4.72	275
赤峰	Chifeng	13.55	20.56	22.87	76
通辽	Tongliao	10.78	15.79	19.34	109
鄂尔多斯	Erdos	16.46	25.50	21.28	92
呼伦贝尔	Hulunbuir	13.85	17.54	18.74	121
巴彦淖尔	Bayannur	7.03	10.14	10.48	221
乌兰察布	Ulanqab	9.94	15.76	13.41	183
辽宁	**Liaoning**	**151.36**	**182.07**	**200.19**	

地名	City	2010	2011	2012	2012 排名 Ranking
沈阳	Shenyang	26.76	32.47	36.60	23
大连	Dalian	26.85	33.71	31.12	36
鞍山	Anshan	11.94	12.30	12.92	192
抚顺	Fushun	6.53	6.91	7.28	256
本溪	Benxi	4.85	5.63	6.77	261
丹东	Dandong	6.05	7.60	8.20	248
锦州	Jinzhou	7.81	8.99	11.06	215
营口	Yingkou	7.25	11.67	14.24	175
阜新	Fuxin	4.86	7.32	8.03	251
辽阳	Liaoyang	6.21	6.48	7.25	257
盘锦	Panjin	4.60	5.32	6.41	268
铁岭	Tieling	7.48	8.90	10.12	229
朝阳	Chaoyang	9.16	13.01	13.41	183
葫芦岛	Huludao	7.10	8.30	9.24	238
吉林	**Jilin**	**110.91**	**143.87**	**160.36**	
长春	Changchun	25.57	34.09	40.07	16
吉林	Jilin	18.23	22.69	25.72	61
四平	Siping	9.35	13.32	15.46	155
辽源	Liaoyuan	4.15	5.53	6.30	269
通化	Tonghua	7.13	9.98	12.06	200
白山	Baishan	7.65	9.13	9.37	235
松原	Songyuan	7.32	10.05	11.41	210
白城	Baicheng	7.89	10.85	11.28	211
黑龙江	**Heilongjiang**	**135.18**	**170.78**	**173.33**	
哈尔滨	Harbin	31.00	40.07	42.59	10
齐齐哈尔	Qiqihar	13.94	19.67	20.03	100
鸡西	Jixi	5.29	7.48	6.56	265
鹤岗	Hegang	3.83	6.33	4.72	275
双鸭山	Shuangyashan	5.21	5.80	5.86	272
大庆	Daqing	10.61	13.32	15.51	154
伊春	Yichun	3.33	5.14	4.56	278
佳木斯	Jiamusi	8.72	11.47	11.43	209
七台河	Qitaihe	2.91	4.04	3.19	282
牡丹江	Mudanjiang	7.61	10.63	11.02	216
黑河	Heihe	6.46	7.19	7.07	259
绥化	Suihua	13.59	17.99	20.13	99
上海	**Shanghai**	**160.07**	**190.03**	**197.34**	
江苏	**Jiangsu**	**249.69**	**349.86**	**418.14**	

5-13 公共财政预算支出中医疗卫生支出 续表 1
Public Budgetary Expenditure for Medical and Health Care continued 1

单位：亿元 (100 million yuan)

地名	City	2010	2011	2012	2012 排名 Ranking	地名	City	2010	2011	2012	2012 排名 Ranking
南京	Nanjing	31.60	39.19	45.34	9	池州	Chizhou	5.08	7.36	10.11	230
无锡	Wuxi	22.95	30.75	34.16	27	宣城	Xuancheng	9.40	13.27	18.73	122
徐州	Xuzhou	21.34	33.45	39.40	17	福建	**Fujian**	**117.58**	**159.30**	**185.99**	
常州	Changzhou	14.70	19.69	22.79	77	福州	Fuzhou	18.17	27.67	31.01	38
苏州	Suzhou	33.78	46.06	55.29	7	厦门	Xiamen	14.49	19.55	21.42	90
南通	Nantong	17.38	28.52	36.65	22	莆田	Putian	7.36	9.83	11.88	205
连云港	Lianyungang	9.99	14.67	17.03	139	三明	Sanming	7.91	10.23	12.51	196
淮安	Huaian	11.72	20.07	23.56	68	泉州	Quanzhou	16.71	23.76	28.56	48
盐城	Yancheng	19.85	29.30	36.87	21	漳州	Zhangzhou	11.64	15.73	19.18	112
扬州	Yangzhou	10.56	15.10	18.63	123	南平	Nanping	8.00	10.59	13.21	188
镇江	Zhenjiang	7.70	12.20	14.57	170	龙岩	Longyan	8.70	12.00	14.54	172
泰州	Taizhou	12.14	17.26	23.76	67	宁德	Ningde	8.14	10.71	13.51	180
宿迁	Suqian	9.17	14.22	17.93	129	江西	**Jiangxi**	**150.02**	**196.32**	**219.15**	
浙江	**Zhejiang**	**224.53**	**278.98**	**305.91**		南昌	Nanchang	20.89	25.99	30.97	39
杭州	Hangzhou	41.71	51.35	55.92	5	景德镇	Jingdezhen	4.63	6.81	8.23	247
宁波	Ningbo	36.59	47.18	56.38	4	萍乡	Pingxiang	6.12	9.05	9.06	240
温州	Wenzhou	23.30	32.61	29.94	45	九江	Jiujiang	16.21	20.90	23.06	73
嘉兴	Jiaxing	13.02	15.42	15.12	160	新余	Xinyu	3.67	5.23	6.03	271
湖州	Huzhou	8.29	10.47	11.95	203	鹰潭	Yingtan	3.81	5.10	7.16	258
绍兴	Shaoxing	15.25	19.08	20.68	95	赣州	Ganzhou	23.81	32.07	34.52	25
金华	Jinhua	16.44	20.77	25.67	62	吉安	Jian	15.22	19.33	21.43	89
衢州	Quzhou	8.04	9.94	11.15	214	宜春	Yichun	15.56	19.76	22.99	74
舟山	Zhoushan	7.49	9.19	10.27	226	抚州	Fuzhou	12.05	16.99	17.48	134
台州	Taizhou	13.86	16.78	19.20	111	上饶	Shangrao	21.52	27.06	30.57	42
丽水	Lishui	10.98	14.10	14.93	164	山东	**Shandong**	**250.77**	**360.36**	**422.91**	
安徽	**Anhui**	**184.22**	**277.23**	**319.39**		济南	Jinan	21.08	27.07	33.32	33
合肥	Hefei	13.52	30.89	35.02	24	青岛	Qingdao	19.78	29.62	33.86	29
芜湖	Wuhu	10.03	15.64	19.85	102	淄博	Zibo	12.59	16.26	19.98	101
蚌埠	Bengbu	9.09	13.64	15.66	152	枣庄	Zaozhuang	9.09	13.61	15.14	159
淮南	Huainan	6.48	9.00	12.07	199	东营	Dongying	6.81	9.91	12.31	198
马鞍山	Maanshan	5.58	11.04	12.81	194	烟台	Yantai	22.39	31.72	37.55	20
淮北	Huaibei	4.90	7.89	9.30	236	潍坊	Weifang	15.94	26.18	32.43	34
铜陵	Tongling	3.68	3.86	6.74	262	济宁	Jining	17.91	29.13	33.85	30
安庆	Anqing	17.12	23.73	27.33	53	泰安	Taian	13.23	19.92	22.47	79
黄山	Huangshan	6.05	8.28	9.64	233	威海	Weihai	7.78	10.89	13.09	191
滁州	Chuzhou	12.19	16.99	26.43	56	日照	Rizhao	6.86	10.73	11.52	208
阜阳	Fuyang	17.31	30.64	31.71	35	莱芜	Laiwu	3.32	4.16	4.59	277
宿州	Suzhou	14.35	20.62	21.42	90	临沂	Linyi	21.14	34.45	38.97	18
六安	Liuan	16.36	25.09	26.32	58	德州	Dezhou	12.37	18.24	21.93	84
亳州	Bozhou	13.17	20.37	23.10	72	聊城	Liaocheng	14.10	18.82	22.65	78

5-13 公共财政预算支出中医疗卫生支出 续表 2
Public Budgetary Expenditure for Medical and Health Care continued 2

单位：亿元 (100 million yuan)

地名	City	2010	2011	2012	2012 排名 Ranking	地名	City	2010	2011	2012	2012 排名 Ranking
滨州	Binzhou	10.09	15.01	17.12	138	常德	Changde	14.53	20.55	22.99	74
菏泽	Heze	17.59	27.47	33.89	28	张家界	Zhangjiajie	4.46	5.69	7.34	255
河南	**Henan**	**270.21**	**361.48**	**425.99**		益阳	Yiyang	11.60	16.89	18.30	127
郑州	Zhengzhou	27.59	35.04	46.05	8	郴州	Chenzhou	11.58	16.60	19.01	113
开封	Kaifeng	10.73	16.43	18.99	115	永州	Yongzhou	13.74	20.36	23.49	69
洛阳	Luoyang	17.24	24.60	26.02	59	怀化	Huaihua	11.52	16.96	19.58	105
平顶山	Pingdingshan	13.22	17.99	19.54	106	娄底	Loudi	9.16	13.81	16.18	144
安阳	Anyang	13.82	19.60	22.20	82	**广东**	**Guangdong**	**304.04**	**433.75**	**505.14**	
鹤壁	Hebi	4.22	5.56	6.54	266	广州	Guangzhou	51.39	67.67	74.88	2
新乡	Xinxiang	13.21	18.69	21.76	86	韶关	Shaoguan	8.09	13.04	11.91	204
焦作	Jiaozuo	9.74	13.38	15.11	161	深圳	Shenzhen	14.16	78.69	105.30	1
濮阳	Puyang	9.32	12.94	14.57	170	珠海	Zhuhai	5.99	7.42	8.14	249
许昌	Xuchang	9.97	13.28	15.94	147	汕头	Shantou	11.74	16.54	19.54	106
漯河	Luohe	7.25	9.19	10.99	217	佛山	Foshan	13.94	20.03	22.33	81
三门峡	Sanmenxia	5.89	8.77	9.69	231	江门	Jiangmen	8.89	12.84	15.01	162
南阳	Nanyang	22.90	31.74	38.94	19	湛江	Zhanjiang	14.10	25.72	28.08	51
商丘	Shangqiu	18.09	24.79	29.70	46	茂名	Maoming	12.98	18.87	23.45	70
信阳	Xinyang	15.88	20.32	24.26	65	肇庆	Zhaoqing	8.70	13.69	16.19	143
周口	Zhoukou	21.60	32.92	40.90	14	惠州	Huizhou	10.73	18.09	21.82	85
驻马店	Zhumadian	18.99	25.56	30.51	43	梅州	Meizhou	10.77	16.65	17.89	131
湖北	**Hubei**	**173.21**	**247.30**	**267.99**		汕尾	Shanwei	4.63	7.72	8.56	244
武汉	Wuhan	38.33	56.62	56.98	3	河源	Heyuan	8.22	10.93	13.37	185
黄石	Huangshi	6.40	10.83	10.35	222	阳江	Yangjiang	5.57	9.07	10.25	227
十堰	Shiyan	9.23	14.26	14.68	169	清远	Qingyuan	10.34	15.94	17.52	133
宜昌	Yichang	11.01	18.60	20.30	97	东莞	Dongguan	5.31	13.79	12.86	193
襄阳	Xiangfan	9.68	17.87	21.03	93	中山	ZhongShan	4.76	6.67	7.40	254
鄂州	Ezhou	2.81	3.76	4.09	281	潮州	Chaozhou	5.53	8.13	9.09	239
荆门	Jingmen	6.03	10.10	11.25	212	揭阳	Jieyang	9.73	16.16	18.81	118
孝感	Xiaogan	5.24	11.34	14.46	173	云浮	Yunfu	6.01	8.73	10.82	219
荆州	Jingzhou	14.86	14.27	15.82	149	**广西**	**Guangxi**	**165.49**	**232.88**	**253.17**	
黄冈	Huanggang	15.66	20.58	26.82	54	南宁	Nanning	20.64	28.14	34.41	26
咸宁	Xianning	8.00	9.82	12.04	201	柳州	Liuzhou	12.10	16.06	17.93	129
随州	Suizhou	5.03	8.12	9.29	237	桂林	Guilin	17.37	22.45	26.37	57
湖南	**Hunan**	**180.44**	**256.76**	**294.17**		梧州	Wuzhou	7.99	12.71	14.79	166
长沙	Changsha	17.21	26.48	30.82	40	北海	Beihai	4.56	7.37	8.05	250
株洲	Zhuzhou	9.54	14.53	17.56	132	防城港	Fangchenggang	3.64	4.53	4.96	273
湘潭	Xiangtan	6.76	10.22	11.81	206	钦州	Qinzhou	8.36	13.19	15.00	163
衡阳	Hengyang	16.10	24.08	28.46	49	贵港	Guigang	10.04	15.44	17.19	135
邵阳	Shaoyang	15.73	23.62	28.46	49	玉林	Yulin	15.24	22.42	24.08	66
岳阳	Yueyang	13.42	19.00	22.01	83	百色	Baise	12.84	17.99	19.01	113

5-13 公共财政预算支出中医疗卫生支出 续表 3
Public Budgetary Expenditure for Medical and Health Care continued 3

单位：亿元 (100 million yuan)

地名	City	2010	2011	2012	2012 排名 Ranking	地名	City	2010	2011	2012	2012 排名 Ranking
贺州	Hezhou	5.78	9.42	10.76	220	丽江	Lijiang	4.32	7.23	7.60	253
河池	Hechi	13.14	18.17	18.39	126	普洱	Puer	10.69	13.60	14.75	167
来宾	Laibin	7.25	10.45	10.30	225	临沧	Lincang	7.67	10.02	13.46	181
崇左	Chongzuo	6.16	10.19	11.71	207	西藏	**Tibet**	**16.61**	**35.30**	**36.12**	
海南	**Hainan**	**34.82**	**50.30**	**59.86**		拉萨	Lhasa	2.20	2.57	14.88	165
海口	Haikou	5.41	7.91	9.45	234	陕西	**Shaanxi**	**156.66**	**197.61**	**222.30**	
三亚	Sanya	3.00	3.65	4.32	279	西安	Xi'an	27.10	33.62	41.46	13
重庆	**Chongqing**	**81.01**	**143.70**	**167.43**		铜川	Tongchuan	3.55	4.19	4.30	280
四川	**Sichuan**	**263.34**	**372.96**	**424.26**		宝鸡	Baoji	11.12	13.93	15.78	150
成都	Chengdu	42.74	49.87	55.48	6	咸阳	Xianyang	14.94	18.64	22.47	79
自贡	Zigong	7.28	11.16	13.43	182	渭南	Weinan	13.02	18.54	21.62	87
攀枝花	Panzhihua	4.82	6.49	7.92	252	延安	Yan'an	12.96	15.52	18.26	128
泸州	Luzhou	10.96	16.86	19.66	103	汉中	Hanzhong	10.98	16.02	18.91	116
德阳	Deyang	8.80	14.36	15.97	146	榆林	Yulin	18.33	28.63	30.58	41
绵阳	Mianyang	11.86	18.80	21.46	88	安康	Ankang	9.74	12.12	14.05	176
广元	Guangyuan	8.85	12.00	13.74	179	商洛	Shangluo	7.42	9.09	11.25	212
遂宁	Suining	8.53	12.56	14.02	178	甘肃	**Gansu**	**100.40**	**143.18**	**148.21**	
内江	Neijiang	9.96	14.66	16.09	145	兰州	Lanzhou	12.51	17.28	17.19	135
乐山	Leshan	10.74	14.45	15.60	153	嘉峪关	Jiayuguan	0.96	1.22	1.22	284
南充	Nanchong	18.01	27.19	30.48	44	金昌	Jinchang	1.61	2.38	2.46	283
眉山	Meishan	8.95	12.96	16.32	142	白银	Baiyin	6.71	7.51	8.85	242
宜宾	Yibin	12.66	21.28	23.12	71	天水	Tianshui	9.46	15.51	16.96	140
广安	Guangan	11.01	17.20	19.29	110	武威	Wuwei	5.80	9.57	9.67	232
达州	Dazhou	14.24	22.81	26.56	55	张掖	Zhangye	5.18	6.80	6.79	260
雅安	Yaan	5.46	7.98	8.93	241	平凉	Pingliang	7.62	10.93	10.34	223
巴中	Bazhong	8.69	14.18	16.86	141	酒泉	Jiuquan	4.70	6.63	6.18	270
资阳	Ziyang	10.76	16.17	18.50	124	庆阳	Qingyang	8.61	12.54	13.11	190
贵州	**Guizhou**	**127.68**	**173.26**	**201.05**		定西	Dingxi	7.09	12.51	12.62	195
贵阳	Guiyang	12.21	17.87	20.88	94	陇南	Longnan	8.11	12.59	13.20	189
六盘水	Liupanshui	8.49	10.60	12.44	197	青海	**Qinghai**	**38.94**	**47.44**	**60.11**	
遵义	Zunyi	18.40	29.63	33.46	32	西宁	Xining	7.49	10.21	13.22	187
安顺	Anshun	7.51	10.73	14.36	174	宁夏	**Ningxia**	**34.02**	**41.09**	**46.09**	
毕节	Bijie	21.12	23.63	31.02	37	银川	Yinchuan	7.19	7.54	8.42	245
铜仁	Tongren	11.30	17.98	19.45	108	石嘴山	Shizuishan	3.42	3.53	4.85	274
云南	**Yunnan**	**183.70**	**236.98**	**266.94**		吴忠	Wuzhong	4.83	6.73	8.75	243
昆明	Kunming	18.53	26.49	27.74	52	固原	Guyuan	6.77	7.42	10.34	223
曲靖	Qujing	16.71	22.63	26.01	60	中卫	Zhongwei	4.09	5.21	6.63	264
玉溪	Yuxi	9.12	13.92	15.41	157	新疆	**Xinjiang**	**103.56**	**132.43**	**145.88**	
保山	Baoshan	7.29	11.82	13.31	186	乌鲁木齐	Urumqi	6.94	10.62	10.92	218
昭通	Zhaotong	16.70	20.94	24.43	64	克拉玛依	Karamay	5.64	5.89	6.70	263

5-14 公共财政预算支出中农林水事务支出
Public Budgetary Expenditure for Agriculture, Forestry and Water Conservancy

单位：亿元 (100 million yuan)

地名	City	2010	2011	2012	2012 排名 Ranking	地名	City	2010	2011	2012	2012 排名 Ranking
地方合计	**Region Total**	**7741.69**	**9520.99**	**11471.39**		沈阳	Shenyang	26.41	29.60	38.79	60
北京	**Beijing**	**158.64**	**187.34**	**222.69**		大连	Dalian	34.96	44.31	56.44	14
天津	**Tianjin**	**67.14**	**91.78**	**100.98**		鞍山	Anshan	11.66	11.89	19.83	189
河北	**Hebei**	**312.66**	**366.10**	**443.62**		抚顺	Fushun	11.09	11.90	17.60	212
石家庄	Shijiazhuang	24.66	33.14	39.89	54	本溪	Benxi	9.13	9.63	12.62	249
唐山	Tangshan	35.59	41.00	46.22	28	丹东	Dandong	19.34	18.57	23.74	151
秦皇岛	Qinhuangdao	12.79	16.49	17.17	218	锦州	Jinzhou	20.07	21.22	33.53	84
邯郸	Handan	25.61	31.85	34.86	74	营口	Yingkou	9.92	11.79	14.56	239
邢台	Xingtai	19.50	25.43	29.41	108	阜新	Fuxin	8.83	11.65	17.21	217
保定	Baoding	27.10	32.17	46.41	26	辽阳	Liaoyang	6.60	7.92	10.25	263
张家口	Zhangjiakou	18.81	23.15	30.61	98	盘锦	Panjin	14.16	13.91	19.42	191
承德	Chengde	20.30	25.10	33.28	85	铁岭	Tieling	17.47	17.59	28.04	119
沧州	Cangzhou	23.72	27.13	28.73	113	朝阳	Chaoyang	20.16	23.08	33.81	81
廊坊	Langfang	18.71	19.14	24.21	146	葫芦岛	Huludao	16.37	17.41	23.10	156
衡水	Hengshui	14.28	16.62	17.11	220	**吉林**	**Jilin**	**238.94**	**255.57**	**291.30**	
山西	**Shanxi**	**201.71**	**241.45**	**309.63**		长春	Changchun	32.13	34.17	35.56	70
太原	Taiyuan	8.81	11.24	18.21	204	吉林	Jilin	21.52	20.89	20.74	181
大同	Datong	12.24	14.10	15.72	233	四平	Siping	16.47	18.01	18.73	198
阳泉	Yangquan	3.79	5.00	5.86	279	辽源	Liaoyuan	6.74	6.55	7.14	275
长治	Changzhi	15.33	20.97	21.81	170	通化	Tonghua	16.80	17.65	18.55	202
晋城	Jincheng	10.93	13.35	16.63	227	白山	Baishan	9.88	12.32	13.58	243
朔州	Shuozhou	10.11	12.12	15.27	235	松原	Songyuan	17.55	17.68	20.82	176
晋中	Jinzhong	14.07	17.97	19.06	194	白城	Baicheng	16.28	18.63	23.88	150
运城	Yuncheng	16.71	22.60	26.24	127	**黑龙江**	**Heilongjiang**	**338.06**	**355.98**	**430.39**	
忻州	Xinzhou	16.81	18.27	22.43	162	哈尔滨	Harbin	62.84	62.63	63.32	8
临汾	Linfen	15.48	21.96	23.51	154	齐齐哈尔	Qiqihar	41.99	41.83	56.97	13
吕梁	Luliang	15.16	21.37	25.49	139	鸡西	Jixi	12.22	12.50	15.62	234
内蒙古	**Inner Mongolia**	**281.00**	**391.68**	**450.83**		鹤岗	Hegang	6.44	6.90	9.09	271
呼和浩特	Hohhot	20.24	22.00	33.71	82	双鸭山	Shuangyashan	11.19	10.21	12.79	248
包头	Baotou	15.32	21.42	30.15	101	大庆	Daqing	16.86	20.95	24.94	141
乌海	Wuhai	5.71	7.49	9.52	270	伊春	Yichun	10.95	10.65	10.86	258
赤峰	Chifeng	31.74	42.96	51.20	20	佳木斯	Jiamusi	26.99	26.83	32.02	93
通辽	Tongliao	29.15	37.03	47.47	25	七台河	Qitaihe	4.88	5.24	5.83	280
鄂尔多斯	Erdos	39.22	59.11	58.63	10	牡丹江	Mudanjiang	17.08	16.95	21.12	175
呼伦贝尔	Hulunbuir	28.53	42.26	44.18	35	黑河	Heihe	22.69	21.73	25.37	140
巴彦淖尔	Bayannur	22.89	30.06	34.31	76	绥化	Suihua	39.20	39.75	53.48	17
乌兰察布	Ulanqab	20.70	30.24	36.53	65	**上海**	**Shanghai**	**151.93**	**161.54**	**217.97**	
辽宁	**Liaoning**	**289.00**	**329.20**	**405.02**		**江苏**	**Jiangsu**	**489.16**	**618.13**	**754.09**	

5-14 公共财政预算支出中农林水事务支出 续表 1
Public Budgetary Expenditure for Agriculture, Forestry and Water Conservancy continued 1

单位：亿元 (100 million yuan)

地名	City	2010	2011	2012	2012 排名 Ranking
南京	Nanjing	32.21	44.08	51.01	21
无锡	Wuxi	28.30	37.21	44.82	33
徐州	Xuzhou	43.74	61.77	81.91	3
常州	Changzhou	21.04	25.66	28.61	115
苏州	Suzhou	62.15	78.62	86.56	2
南通	Nantong	36.00	49.72	62.90	9
连云港	Lianyungang	27.92	35.67	43.15	39
淮安	Huaian	27.39	38.71	50.42	22
盐城	Yancheng	38.89	51.19	66.54	5
扬州	Yangzhou	21.71	32.61	35.87	69
镇江	Zhenjiang	13.30	18.24	22.26	163
泰州	Taizhou	25.86	30.62	39.46	56
宿迁	Suqian	26.34	36.79	47.67	24
浙江	**Zhejiang**	**290.37**	**373.32**	**408.20**	
杭州	Hangzhou	31.97	39.23	44.88	32
宁波	Ningbo	43.01	57.94	72.20	4
温州	Wenzhou	29.14	39.54	42.18	42
嘉兴	Jiaxing	15.34	18.86	23.00	158
湖州	Huzhou	11.33	13.37	15.03	237
绍兴	Shaoxing	20.70	24.66	28.19	118
金华	Jinhua	22.04	23.83	27.90	121
衢州	Quzhou	14.12	16.04	18.63	200
舟山	Zhoushan	19.47	35.75	30.40	99
台州	Taizhou	26.06	37.34	39.29	59
丽水	Lishui	17.91	23.72	25.73	135
安徽	**Anhui**	**292.52**	**351.87**	**430.47**	
合肥	Hefei	14.99	33.95	40.47	49
芜湖	Wuhu	7.49	20.05	22.06	166
蚌埠	Bengbu	9.35	15.03	19.31	193
淮南	Huainan	6.79	9.55	12.00	252
马鞍山	Maanshan	3.29	11.70	14.88	238
淮北	Huaibei	5.45	6.81	10.43	262
铜陵	Tongling	2.20	2.37	4.47	282
安庆	Anqing	21.54	28.75	33.92	79
黄山	Huangshan	8.64	12.27	14.53	240
滁州	Chuzhou	20.10	34.64	39.40	57
阜阳	Fuyang	20.30	26.56	34.04	77
宿州	Suzhou	14.96	23.52	31.50	95
六安	Liuan	24.92	35.16	42.26	41
亳州	Bozhou	12.90	17.57	22.67	160
池州	Chizhou	8.61	11.46	12.83	247
宣城	Xuancheng	12.52	20.41	24.08	149
福建	**Fujian**	**160.34**	**207.89**	**244.16**	
福州	Fuzhou	14.71	29.14	29.90	104
厦门	Xiamen	9.60	11.55	13.83	242
莆田	Putian	6.82	9.82	11.67	254
三明	Sanming	15.55	21.37	26.17	129
泉州	Quanzhou	21.14	30.17	40.38	50
漳州	Zhangzhou	16.06	24.67	29.64	106
南平	Nanping	13.13	17.14	19.36	192
龙岩	Longyan	13.03	16.49	20.04	187
宁德	Ningde	12.11	16.34	19.52	190
江西	**Jiangxi**	**232.34**	**287.99**	**384.77**	
南昌	Nanchang	17.93	21.40	25.78	134
景德镇	Jingdezhen	7.07	10.35	13.31	244
萍乡	Pingxiang	7.86	10.16	12.97	246
九江	Jiujiang	22.20	30.88	35.46	71
新余	Xinyu	6.10	6.91	8.34	274
鹰潭	Yingtan	5.72	5.74	6.77	276
赣州	Ganzhou	33.82	41.17	54.82	15
吉安	Jian	28.60	32.69	45.00	31
宜春	Yichun	27.87	34.97	40.64	48
抚州	Fuzhou	22.73	29.18	30.34	100
上饶	Shangrao	30.42	35.13	42.34	40
山东	**Shandong**	**465.98**	**564.00**	**673.82**	
济南	Jinan	23.03	25.36	29.04	110
青岛	Qingdao	32.09	38.12	39.74	55
淄博	Zibo	17.94	24.28	29.56	107
枣庄	Zaozhuang	11.31	13.59	17.12	219
东营	Dongying	18.05	24.56	30.08	102
烟台	Yantai	37.94	53.03	64.00	6
潍坊	Weifang	28.77	38.80	51.47	19
济宁	Jining	29.30	31.00	43.39	37
泰安	Taian	21.09	25.97	30.98	97
威海	Weihai	18.78	30.67	42.13	43
日照	Rizhao	13.72	19.71	20.80	179
莱芜	Laiwu	5.27	6.14	6.74	277
临沂	Linyi	28.56	31.45	37.14	63
德州	Dezhou	23.22	26.11	33.71	82
聊城	Liaocheng	18.77	22.04	28.95	111

5-14 公共财政预算支出中农林水事务支出 续表 2
Public Budgetary Expenditure for Agriculture, Forestry and Water Conservancy continued 2

单位：亿元 (100 million yuan)

地名	City	2010	2011	2012	2012 排名 Ranking	地名	City	2010	2011	2012	2012 排名 Ranking
滨州	Binzhou	21.34	26.63	33.96	78	常德	Changde	20.86	24.98	36.37	66
菏泽	Heze	27.53	29.59	36.37	66	张家界	Zhangjiajie	7.58	8.54	11.60	255
河南	**Henan**	**399.19**	**480.48**	**551.73**		益阳	Yiyang	13.40	16.11	24.20	147
郑州	Zhengzhou	30.35	40.12	52.05	18	郴州	Chenzhou	18.70	22.60	27.54	122
开封	Kaifeng	11.42	15.48	21.51	174	永州	Yongzhou	17.90	20.67	32.95	88
洛阳	Luoyang	19.34	26.07	36.05	68	怀化	Huaihua	18.07	20.80	26.39	126
平顶山	Pingdingshan	14.34	18.08	25.50	138	娄底	Loudi	11.78	11.88	16.83	224
安阳	Anyang	13.86	17.32	26.20	128	广东	**Guangdong**	**325.02**	**420.34**	**539.56**	
鹤壁	Hebi	5.42	6.72	8.58	272	广州	Guangzhou	38.92	53.84	63.55	7
新乡	Xinxiang	16.70	21.05	30.03	103	韶关	Shaoguan	10.27	14.16	18.06	207
焦作	Jiaozuo	10.27	12.66	16.98	222	深圳	Shenzhen		29.76	44.66	34
濮阳	Puyang	9.60	14.63	23.04	157	珠海	Zhuhai	7.62	7.56	10.79	261
许昌	Xuchang	11.00	14.15	20.55	184	汕头	Shantou	8.04	14.18	18.93	196
漯河	Luohe	5.65	7.16	12.14	251	佛山	Foshan	23.99	26.29	26.85	123
三门峡	Sanmenxia	10.36	11.94	16.52	230	江门	Jiangmen	12.30	16.14	20.58	183
南阳	Nanyang	32.02	36.59	57.10	12	湛江	Zhanjiang	17.22	23.07	24.44	145
商丘	Shangqiu	18.77	22.74	37.72	62	茂名	Maoming	11.41	16.92	19.89	188
信阳	Xinyang	21.85	29.21	41.58	46	肇庆	Zhaoqing	13.52	13.95	18.15	205
周口	Zhoukou	18.15	23.43	41.36	47	惠州	Huizhou	14.61	19.18	26.06	131
驻马店	Zhumadian	24.31	24.00	39.36	58	梅州	Meizhou	14.85	19.18	23.58	153
湖北	**Hubei**	**300.87**	**376.23**	**419.02**		汕尾	Shanwei	6.07	6.78	11.13	257
武汉	Wuhan	38.46	41.26	49.48	23	河源	Heyuan	14.75	15.74	18.02	208
黄石	Huangshi	9.91	11.75	13.19	245	阳江	Yangjiang	8.53	14.13	16.69	225
十堰	Shiyan	25.75	28.41	28.84	112	清远	Qingyuan	13.78	15.69	20.78	180
宜昌	Yichang	23.32	28.49	33.88	80	东莞	Dongguan	22.96	18.04	29.69	105
襄阳	Xiangfan	25.97	41.10	46.40	27	中山	ZhongShan	18.34	21.42	25.90	133
鄂州	Ezhou	4.70	5.36	6.16	278	潮州	Chaozhou	5.52	7.40	9.54	269
荆门	Jingmen	17.69	23.32	21.61	173	揭阳	Jieyang	8.02	12.65	15.78	232
孝感	Xiaogan	6.39	7.92	9.68	268	云浮	Yunfu	6.66	7.73	10.04	265
荆州	Jingzhou	27.79	11.71	11.59	256	广西	**Guangxi**	**260.26**	**314.86**	**369.07**	
黄冈	Huanggang	30.34	38.91	43.34	38	南宁	Nanning	18.98	27.07	32.33	90
咸宁	Xianning	14.12	19.59	22.90	159	柳州	Liuzhou	13.33	16.11	20.60	182
随州	Suizhou	10.08	15.32	16.89	223	桂林	Guilin	27.01	40.43	37.82	61
湖南	**Hunan**	**322.65**	**394.26**	**447.74**		梧州	Wuzhou	10.66	16.25	18.98	195
长沙	Changsha	25.56	30.28	40.04	53	北海	Beihai	7.06	15.10	23.17	155
株洲	Zhuzhou	10.84	12.01	17.67	211	防城港	Fangchenggang	5.91	7.78	10.15	264
湘潭	Xiangtan	7.54	10.10	12.22	250	钦州	Qinzhou	9.48	13.12	16.65	226
衡阳	Hengyang	18.51	22.31	32.07	92	贵港	Guigang	11.93	13.66	17.00	221
邵阳	Shaoyang	20.30	21.52	33.23	86	玉林	Yulin	16.21	18.74	24.46	144
岳阳	Yueyang	17.92	20.28	28.71	114	百色	Baise	18.48	21.45	32.74	89

5-14 公共财政预算支出中农林水事务支出 续表 3
Public Budgetary Expenditure for Agriculture, Forestry and Water Conservancy continued 3

单位：亿元 (100 million yuan)

地名	City	2010	2011	2012	2012 排名 Ranking	地名	City	2010	2011	2012	2012 排名 Ranking
贺州	Hezhou	9.88	11.70	13.91	241	丽江	Lijiang	7.97	12.96	17.41	214
河池	Hechi	17.31	18.78	26.15	130	普洱	Puer	17.21	21.77	27.98	120
来宾	Laibin	14.69	14.00	20.39	186	临沧	Lincang	15.24	20.30	26.69	124
崇左	Chongzuo	9.61	11.28	17.57	213	西藏	**Tibet**	**16.96**	**126.53**	**142.62**	
海南	**Hainan**	**87.68**	**105.63**	**123.62**		拉萨	Lhasa	4.31	6.44	90.72	1
海口	Haikou	6.45	8.37	9.74	267	陕西	**Shaanxi**	**267.16**	**333.79**	**376.45**	
三亚	Sanya	7.49	9.22	10.80	260	西安	Xi'an	25.14	38.79	45.11	30
重庆	**Chongqing**	**127.90**	**198.91**	**256.35**		铜川	Tongchuan	5.51	6.87	9.90	266
四川	**Sichuan**	**401.76**	**545.70**	**654.95**		宝鸡	Baoji	19.23	24.43	32.14	91
成都	Chengdu	37.26	56.71	53.70	16	咸阳	Xianyang	23.20	28.64	33.03	87
自贡	Zigong	8.83	13.26	16.54	229	渭南	Weinan	24.73	35.94	43.66	36
攀枝花	Panzhihua	6.46	8.78	10.83	259	延安	Yan'an	30.21	32.89	41.75	45
泸州	Luzhou	15.94	25.29	31.08	96	汉中	Hanzhong	16.44	19.60	28.42	116
德阳	Deyang	11.49	14.54	17.70	210	榆林	Yulin	36.00	49.92	57.27	11
绵阳	Mianyang	15.01	21.59	31.69	94	安康	Ankang	15.04	16.72	20.47	185
广元	Guangyuan	14.15	20.44	21.90	168	商洛	Shangluo	13.22	15.62	22.03	167
遂宁	Suining	10.97	14.58	17.99	209	甘肃	**Gansu**	**196.27**	**237.66**	**302.37**	
内江	Neijiang	11.54	15.97	18.69	199	兰州	Lanzhou	13.92	13.55	16.62	228
乐山	Leshan	13.94	16.44	21.65	172	嘉峪关	Jiayuguan	0.43	1.34	0.99	284
南充	Nanchong	20.72	30.79	40.08	52	金昌	Jinchang	3.16	3.42	5.50	281
眉山	Meishan	12.31	17.53	20.81	177	白银	Baiyin	8.77	10.48	17.24	216
宜宾	Yibin	16.76	22.53	29.37	109	天水	Tianshui	15.02	18.36	22.17	165
广安	Guangan	14.63	18.06	23.70	152	武威	Wuwei	17.40	21.38	21.81	170
达州	Dazhou	21.22	27.25	34.78	75	张掖	Zhangye	12.16	13.42	17.37	215
雅安	Yaan	6.44	10.29	11.83	253	平凉	Pingliang	11.71	14.33	18.13	206
巴中	Bazhong	13.81	18.79	25.64	136	酒泉	Jiuquan	9.06	11.90	16.23	231
资阳	Ziyang	16.16	20.66	24.74	143	庆阳	Qingyang	20.65	20.34	24.84	142
贵州	**Guizhou**	**246.76**	**278.47**	**361.87**		定西	Dingxi	14.98	22.22	26.58	125
贵阳	Guiyang	16.24	19.53	24.18	148	陇南	Longnan	13.19	16.71	22.66	161
六盘水	Liupanshui	16.06	15.57	21.89	169	青海	**Qinghai**	**69.50**	**104.74**	**134.31**	
遵义	Zunyi	32.54	36.72	46.21	29	西宁	Xining	10.88	15.19	18.56	201
安顺	Anshun	12.95	13.51	18.87	197	宁夏	**Ningxia**	**94.23**	**112.19**	**139.80**	
毕节	Bijie	32.14	35.76	40.22	51	银川	Yinchuan	13.71	18.90	22.26	163
铜仁	Tongren	25.09	28.13	35.19	72	石嘴山	Shizuishan	7.06	5.39	8.55	273
云南	**Yunnan**	**327.21**	**409.80**	**518.60**		吴忠	Wuzhong	14.61	23.65	28.29	117
昆明	Kunming	25.05	32.66	36.84	64	固原	Guyuan	14.24	19.82	26.06	131
曲靖	Qujing	30.59	36.60	42.00	44	中卫	Zhongwei	12.34	14.61	18.33	203
玉溪	Yuxi	14.88	18.53	20.81	177	新疆	**Xinjiang**	**220.50**	**297.59**	**365.39**	
保山	Baoshan	15.98	19.32	25.54	137	乌鲁木齐	Urumqi	7.30	10.66	15.18	236
昭通	Zhaotong	23.13	27.99	34.92	73	克拉玛依	Karamay	0.81	1.32	1.62	283

6

居民生活和社会保障

People's Living Conditions and Social Security

6-1 城镇居民人均可支配收入
Per Capita Disposable Income of Urban Households

单位：元 (yuan)

地名	City	2010	2011	2012	2012 排名 Ranking
全国	**Nation Total**	**19109**	**21810**	**24565**	
北京	**Beijing**	**29073**	**32903**	**36469**	
天津	**Tianjin**	**24293**	**26921**	**29626**	
河北	**Hebei**	**16263**	**18292**	**20543**	
石家庄	Shijiazhuang	16263	20534	23038	81
唐山	Tangshan	16263	21785	24358	65
秦皇岛	Qinhuangdao	16263	19552	22098	108
邯郸	Handan	16263	19322	21740	118
邢台	Xingtai	16263	16592	18639	221
保定	Baoding	16263	16912	19048	207
张家口	Zhangjiakou	16263	16401	18441	230
承德	Chengde	16263	16638	18706	217
沧州	Cangzhou	16263	18375	20805	140
廊坊	Langfang	16263	21991	24872	61
衡水	Hengshui	16263	16506	18504	227
山西	**Shanxi**	**15648**	**18124**	**20412**	
太原	Taiyuan	17258	20149	22587	92
大同	Datong	16103	18915	21622	123
阳泉	Yangquan	17084	20253	21749	117
长治	Changzhi	17123	20131	22545	94
晋城	Jincheng	17353	20127	22539	95
朔州	Shuozhou	17558	20287	23341	77
晋中	Jinzhong	17394	20195	22878	87
运城	Yuncheng	14952	17346	19661	183
忻州	Xinzhou	14939	17169	19493	191
临汾	Linfen	16145	18924	21464	128
吕梁	Luliang	15278	17428	20006	170
内蒙古	**Inner Mongolia**	**17698**	**20408**	**23150**	
呼和浩特	Hohhot	25174	28877	32646	22
包头	Baotou	25862	29628	33488	16
乌海	Wuhai	19741	22349	25447	57
赤峰	Chifeng	14108	16416	18678	220
通辽	Tongliao	14263	16548	18828	213
鄂尔多斯	Erdos	25205	29283	33140	19
呼伦贝尔	Hulunbuir	14857	17142	19492	192
巴彦淖尔	Bayannur	14421	16368	18455	228
乌兰察布	Ulanqab	14202	16313	18609	224
辽宁	**Liaoning**	**17713**	**20467**	**23223**	
沈阳	Shenyang	20541	23326	26431	46
大连	Dalian	21293	24276	27539	39
鞍山	Anshan	18423	21297	24194	67
抚顺	Fushun	15303	18069	20545	148
本溪	Benxi	16775	19752	22466	98
丹东	Dandong	14536	17123	19625	184
锦州	Jinzhou	17375	20171	22995	82
营口	Yingkou	18055	20894	23986	69
阜新	Fuxin	12711	14994	17123	252
辽阳	Liaoyang	16570	19469	22259	102
盘锦	Panjin	21035	24266	27533	40
铁岭	Tieling	13730	16203	18587	225
朝阳	Chaoyang	12961	14958	17112	253
葫芦岛	Huludao	17371	20159	22841	88
吉林	**Jilin**	**15411**	**17797**	**20208**	
长春	Changchun	17922	20487	22970	84
吉林	Jilin	16936	19560	22068	109
四平	Siping	16459	18483	21387	129
辽源	Liaoyuan	16665	18757	21252	134
通化	Tonghua	16704	18904	21627	121
白山	Baishan	16356	18483	21282	132
松原	Songyuan	16800	19227	21704	120
白城	Baicheng	15904	17814	20154	163
黑龙江	**Heilongjiang**	**13857**	**15696**	**17760**	
哈尔滨	Harbin	17557	20031	22477	96
齐齐哈尔	Qiqihar	13377	15200	17170	251
鸡西	Jixi	13005	15263	16980	259
鹤岗	Hegang	12044	13930	15698	273
双鸭山	Shuangyashan	14157	16166	18024	238
大庆	Daqing	20016	22500	25223	60
伊春	Yichun	10317	11681	13425	284
佳木斯	Jiamusi	12186	13924	15713	272
七台河	Qitaihe	15002	16427	17092	254
牡丹江	Mudanjiang	12806	14515	16704	264
黑河	Heihe			18076	236
绥化	Suihua			15300	279
上海	**Shanghai**	**31838**	**36230**	**40188**	
江苏	**Jiangsu**	**22944**	**26341**	**29677**	

6-1 城镇居民人均可支配收入 续表 1
Per Capita Disposable Income of Urban Households continued 1

单位：元 (yuan)

地名	City	2010	2011	2012	2012 排名 Ranking	地名	City	2010	2011	2012	2012 排名 Ranking
南京	Nanjing	27383	31100	35092	11	池州	Chizhou	15997	19133	21386	130
无锡	Wuxi	27750	31638	35663	10	宣城	Xuancheng	15141	17995	20478	151
徐州	Xuzhou	16762	19206	21716	119	福建	**Fujian**	**21781**	**24907**	**28055**	
常州	Changzhou	25875	29559	33326	17	福州	Fuzhou	22723	26050	29399	34
苏州	Suzhou	30366	34617	39079	3	厦门	Xiamen	29253	33565	37576	6
南通	Nantong	21825	25094	28292	36	莆田	Putian	19068	21843	24690	63
连云港	Lianyungang	15790	18483	20816	139	三明	Sanming	18194	20778	23459	76
淮安	Huaian	15983	18510	20950	138	泉州	Quanzhou	25155	28703	32283	24
盐城	Yancheng	16935	19414	21941	111	漳州	Zhangzhou	18482	21137	23951	70
扬州	Yangzhou	19537	22835	25712	54	南平	Nanping	17332	19735	22235	103
镇江	Zhenjiang	23224	26637	30045	30	龙岩	Longyan	18406	21085	23765	72
泰州	Taizhou	20255	23597	26574	45	宁德	Ningde	16815	19314	21825	113
宿迁	Suqian	12757	14972	16991	258	江西	**Jiangxi**	**15481**	**17495**	**19860**	
浙江	**Zhejiang**	**27359**	**30971**	**34550**		南昌	Nanchang	18276	20741	23602	74
杭州	Hangzhou	30035	32434	35704	8	景德镇	Jingdezhen	16657	18964	21621	124
宁波	Ningbo	30166	34321	38043	5	萍乡	Pingxiang	16381	18646	21257	133
温州	Wenzhou	27250	31749	34820	12	九江	Jiujiang	15764	17911	20330	157
嘉兴	Jiaxing	27487	31520	35696	9	新余	Xinyu	17358	19719	22470	97
湖州	Huzhou	25572	29367	32987	20	鹰潭	Yingtan	15618	17518	19883	173
绍兴	Shaoxing	30164	33273	36911	7	赣州	Ganzhou	14203	16058	18704	218
金华	Jinhua	25029	29729	33164	18	吉安	Jian	15547	17692	20134	165
衢州	Quzhou	21811	24900	26232	48	宜春	Yichun	14333	16431	18896	212
舟山	Zhoushan	26242	30496	34224	14	抚州	Fuzhou	14445	16633	18932	209
台州	Taizhou	27212	30490	33979	15	上饶	Shangrao	15535	17698	20177	161
丽水	Lishui	21093	23391	26309	47	山东	**Shandong**	**19946**	**22792**	**25755**	
安徽	**Anhui**	**15788**	**18606**	**21024**		济南	Jinan	25321	28892	32570	23
合肥	Hefei	19051	22459	25434	58	青岛	Qingdao	24998	28567	32145	25
芜湖	Wuhu	18727	21011	23784	71	淄博	Zibo	21784	24955	28189	37
蚌埠	Bengbu	15376	18143	20629	145	枣庄	Zaozhuang	17630	20193	22960	85
淮南	Huainan	15377	18219	20733	144	东营	Dongying	23796	27343	30953	27
马鞍山	Maanshan	23159	27329	30937	28	烟台	Yantai	23288	26542	30045	30
淮北	Huaibei	15191	17876	20360	156	潍坊	Weifang	19675	22508	25817	50
铜陵	Tongling	18690	21825	24685	64	济宁	Jining	19826	22406	25454	56
安庆	Anqing	15147	18005	20453	152	泰安	Taian	19953	22687	25659	55
黄山	Huangshan	15834	18669	21208	135	威海	Weihai	22235	25290	28630	35
滁州	Chuzhou	15104	17918	20426	153	日照	Rizhao	17558	20098	22817	89
阜阳	Fuyang	13981	16686	18972	208	莱芜	Laiwu	20988	23509	26589	44
宿州	Suzhou	14669	17563	19731	180	临沂	Linyi	21038	24232	27624	38
六安	Liuan	14508	17270	19369	196	德州	Dezhou	17410	19771	22440	99
亳州	Bozhou	15538	18099	20488	150	聊城	Liaocheng	17889	20649	23685	73

6-1 城镇居民人均可支配收入 续表 2
Per Capita Disposable Income of Urban Households continued 2

单位：元 (yuan)

地名	City	2010	2011	2012	2012 排名 Ranking	地名	City	2010	2011	2012	2012 排名 Ranking
滨州	Binzhou	19686	22540	25810	51	常德	Changde	15502	17567	19858	174
菏泽	Heze	14419	16658	19140	204	张家界	Zhangjiajie	12705	14098	15641	275
河南	**Henan**	**15930**	**18195**	**20443**		益阳	Yiyang	15398	17328	19765	178
郑州	Zhengzhou	18897	21612	24246	66	郴州	Chenzhou	15342	17606	20016	169
开封	Kaifeng	13695	15558	17545	246	永州	Yongzhou	15041	17193	19671	182
洛阳	Luoyang	17639	20163	22636	91	怀化	Huaihua	12523	13824	15666	274
平顶山	Pingdingshan	16208	18348	20610	146	娄底	Loudi	15025	16892	19194	200
安阳	Anyang	16394	18686	21042	137	广东	**Guangdong**	**23898**	**26897**	**30227**	
鹤壁	Hebi	15059	17255	19284	199	广州	Guangzhou	30658	34438	38054	4
新乡	Xinxiang	15752	17988	20159	162	韶关	Shaoguan	18021	20329	23184	80
焦作	Jiaozuo	15781	18005	20136	164	深圳	Shenzhen	32381	36505	40742	2
濮阳	Puyang	15138	17228	19511	190	珠海	Zhuhai	25382	28731	32978	21
许昌	Xuchang	15171	17503	19685	181	汕头	Shantou	15179	17474	20024	168
漯河	Luohe	14769	16997	19136	205	佛山	Foshan	27245	30718	34580	13
三门峡	Sanmenxia	15032	17062	19184	201	江门	Jiangmen	21153	23924	27017	42
南阳	Nanyang	15077	17289	19544	188	湛江	Zhanjiang	15305	17584	20227	160
商丘	Shangqiu	14178	16151	18312	234	茂名	Maoming	14360	16113	18034	237
信阳	Xinyang	13348	15271	17256	249	肇庆	Zhaoqing	16832	19040	21754	116
周口	Zhoukou	12678	14583	16503	267	惠州	Huizhou	23565	26609	29965	33
驻马店	Zhumadian	13702	15795	17671	243	梅州	Meizhou	14728	16761	18699	219
湖北	**Hubei**	**16058**	**18374**	**20840**		汕尾	Shanwei	13915	15751	18422	231
武汉	Wuhan	20806	23738	27061	41	河源	Heyuan	13177	14737	16520	266
黄石	Huangshi	14665	17003	19417	194	阳江	Yangjiang	14641	16878	19120	206
十堰	Shiyan	12653	14172	16011	270	清远	Qingyuan	15768	17668	19514	189
宜昌	Yichang	15557	16451	18775	214	东莞	Dongguan	35690	39513	42944	1
襄阳	Xiangfan	14756	15352	17532	247	中山	ZhongShan	25357	27700	31130	26
鄂州	Ezhou	14788	17008	19307	198	潮州	Chaozhou	13669	15664	17645	244
荆门	Jingmen	15218	15526	17678	242	揭阳	Jieyang	14907	16879	18901	211
孝感	Xiaogan	14878	15888	18091	235	云浮	Yunfu	14613	16090	18332	233
荆州	Jingzhou	14708	16513	17010	256	广西	**Guangxi**	**17064**	**18854**	**21243**	
黄冈	Huanggang	12832	14731	16765	263	南宁	Nanning	18032	20005	22561	93
咸宁	Xianning	12968	14875	16913	261	柳州	Liuzhou	17766	19615	22181	105
随州	Suizhou	15280	16960	19164	202	桂林	Guilin	17949	19882	22300	101
湖南	**Hunan**	**16566**	**18844**	**21319**		梧州	Wuzhou	16427	18239	20563	147
长沙	Changsha	22814	26451	30288	29	北海	Beihai	16798	18656	21202	136
株洲	Zhuzhou	19643	22633	25916	49	防城港	Fangchenggang	17831	19722	22203	104
湘潭	Xiangtan	18059	20614	23549	75	钦州	Qinzhou	17356	19248	21600	126
衡阳	Hengyang	15635	17866	20380	155	贵港	Guigang	15531	17017	19314	197
邵阳	Shaoyang	11698	13584	15457	277	玉林	Yulin	17642	19590	22171	106
岳阳	Yueyang	17312	19680	22111	107	百色	Baise	15976	17384	19561	185

6-1 城镇居民人均可支配收入 续表 3
Per Capita Disposable Income of Urban Households continued 3

单位：元 (yuan)

地名	City	2010	2011	2012	2012 排名 Ranking	地名	City	2010	2011	2012	2012 排名 Ranking
贺州	Hezhou	15802	17606	19855	175	丽江	Lijiang	13740	15812	18621	222
河池	Hechi	14889	16448	17964	239	普洱	Puer	13489	14877	17267	248
来宾	Laibin	17334	19233	21499	127	临沧	Lincang	12587	14159	16398	268
崇左	Chongzuo	15620	17301	19370	195	**西藏**	**Tibet**	**14980**	**16196**	**18028**	
海南	**Hainan**	**15581**	**18369**	**20918**		拉萨	Lhasa	16567	17654	19545	187
海口	Haikou	16720	19730	22992	83	**陕西**	**Shaanxi**	**15695**	**18245**	**20734**	
三亚	Sanya	17758	20472	23295	78	西安	Xi'an	15884	25981	29982	32
重庆	**Chongqing**	**17532**	**20250**	**22968**		铜川	Tongchuan	18978	18775	21929	112
四川	**Sichuan**	**15461**	**17899**	**20307**		宝鸡	Baoji	18914	22337	25777	52
成都	Chengdu	19920	23048	26590	43	咸阳	Xianyang	15918	22224	25758	53
自贡	Zigong	14538	16852	19447	193	渭南	Weinan	17880	18768	21808	114
攀枝花	Panzhihua	16882	19735	22808	90	延安	Yan'an	14509	21188	24748	62
泸州	Luzhou	15505	17884	20746	143	汉中	Hanzhong	17545	17019	19827	176
德阳	Deyang	16202	19371	22374	100	榆林	Yulin	14642	20721	24140	68
绵阳	Mianyang	15516	17998	20755	141	安康	Ankang	14811	17365	20300	158
广元	Guangyuan	12509	14635	17012	255	商洛	Shangluo	22297	17344	19998	171
遂宁	Suining	13778	16093	18716	216	**甘肃**	**Gansu**	**13189**	**14989**	**17157**	
内江	Neijiang	14324	16602	19142	203	兰州	Lanzhou	14062	15953	18443	229
乐山	Leshan	15237	17644	20397	154	嘉峪关	Jiayuguan	16742	18931	22006	110
南充	Nanchong	12638	14798	17225	250	金昌	Jinchang	17679	20074	23295	78
眉山	Meishan	14644	17038	19766	177	白银	Baiyin	14213	15960	18533	226
宜宾	Yibin	15261	17753	20522	149	天水	Tianshui	11507	13051	15177	280
广安	Guangan	14754	17203	19973	172	武威	Wuwei	11551	13261	15397	278
达州	Dazhou	12624	14662	16949	260	张掖	Zhangye	10855	12400	14395	281
雅安	Yaan	14906	17326	20049	167	平凉	Pingliang	11766	13355	15506	276
巴中	Bazhong	12413	14609	16999	257	酒泉	Jiuquan	15104	17265	20062	166
资阳	Ziyang	15298	17853	20751	142	庆阳	Qingyang	12453	14388	16662	265
贵州	**Guizhou**	**14143**	**16495**	**18701**		定西	Dingxi	10790	12290	14281	282
贵阳	Guiyang	16597	19420	21796	115	陇南	Longnan	10623	12124	14077	283
六盘水	Liupanshui	13919	16371	18764	215	**青海**	**Qinghai**	**13855**	**15603**	**17566**	
遵义	Zunyi	15279	17426	19748	179	西宁	Xining	14085	15842	17634	245
安顺	Anshun	14504	16300	18617	223	**宁夏**	**Ningxia**	**15344**	**17579**	**19831**	
毕节	Bijie	14308	17135	19555	186	银川	Yinchuan	16842	19203	21620	125
铜仁	Tongren	11000	13846	15911	271	石嘴山	Shizuishan	15466	17928	20294	159
云南	**Yunnan**	**16065**	**18576**	**21075**		吴忠	Wuzhong	13849	15753	17845	241
昆明	Kunming	18876	21966	25240	59	固原	Guyuan	13044	14879	16854	262
曲靖	Qujing	15940	18408	21623	122	中卫	Zhongwei	13980	15866	17867	240
玉溪	Yuxi	164741	18527	21384	131	**新疆**	**Xinjiang**	**13644**	**15514**	**17921**	
保山	Baoshan	14894	16228	18907	210	乌鲁木齐	Urumqi	14402	16141	18385	232
昭通	Zhaotong	12295	14073	16394	269	克拉玛依	Karamay	17295	19768	22937	86

6-2 城镇居民人均现金消费支出
Per Capita Cash Consumption Expenditure of Urban Households

单位：元　　(yuan)

地名	City	2010	2011	2012	2012 排名 Ranking
全国	**Nation Total**	**13471**	**15161**	**16674**	
北京	**Beijing**	**19934**	**21984**	**24046**	
天津	**Tianjin**	**16562**	**18424**	**20024**	
河北	**Hebei**	**10318**	**11609**	**12531**	
石家庄	Shijiazhuang	10568	12519	13378	210
唐山	Tangshan	13522	14483	15605	135
秦皇岛	Qinhuangdao	11081	11746	12691	233
邯郸	Handan	9438	11756	12413	244
邢台	Xingtai	10416	10979	12090	252
保定	Baoding	9626	10989	11769	262
张家口	Zhangjiakou	9874	10055	11498	269
承德	Chengde	9490	10903	11604	267
沧州	Cangzhou	10279	11207	11883	258
廊坊	Langfang	12673	13921	15736	124
衡水	Hengshui	9211	10705	11928	255
山西	**Shanxi**	**9793**	**11354**	**12212**	
太原	Taiyuan	12106	13111	13970	188
大同	Datong	10140	12243	13441	206
阳泉	Yangquan	10256	11988	12504	239
长治	Changzhi	10830	13018	14052	184
晋城	Jincheng	10586	12967	16473	107
朔州	Shuozhou	11713	13353	15296	143
晋中	Jinzhong	11972	13473	14034	187
运城	Yuncheng	9050	11186	11777	261
忻州	Xinzhou	9786	11032	11045	277
临汾	Linfen	9641	12164	12494	240
吕梁	Luliang	8145	9257	9425	284
内蒙古	**Inner Mongolia**	**13995**	**15878**	**17717**	
呼和浩特	Hohhot	16624	19106	21095	35
包头	Baotou	20994	23570	25999	8
乌海	Wuhai	16680	18471	20921	37
赤峰	Chifeng	10343	11321	13138	219
通辽	Tongliao	10403	12077	14334	175
鄂尔多斯	Erdos	22566	25977	27488	4
呼伦贝尔	Hulunbuir	11877	13535	15157	148
巴彦淖尔	Bayannur	10400	12209	13372	211
乌兰察布	Ulanqab	10875	11983	12263	248
辽宁	**Liaoning**	**13280**	**14790**	**16594**	
沈阳	Shenyang	16961	18147	20003	50
大连	Dalian	16580	18846	20417	40
鞍山	Anshan	13710	14909	16389	111
抚顺	Fushun	10007	12440	13768	197
本溪	Benxi	12119	13982	16065	117
丹东	Dandong	11323	12725	14490	162
锦州	Jinzhou	11802	13652	16968	94
营口	Yingkou	12223	12994	16453	108
阜新	Fuxin	9047	11127	12797	230
辽阳	Liaoyang	11071	12651	15090	149
盘锦	Panjin	13923	15213	18153	71
铁岭	Tieling	10323	12039	14386	172
朝阳	Chaoyang	9318	10334	11376	271
葫芦岛	Huludao	10969	12132	12991	225
吉林	**Jilin**	**11679**	**13011**	**14614**	
长春	Changchun	14400	16328	22970	17
吉林	Jilin	13223	13506	22068	26
四平	Siping	10831	11291	21387	32
辽源	Liaoyuan	11608	12855	21252	34
通化	Tonghua	10940	12460	21627	30
白山	Baishan	10722	11739	21282	33
松原	Songyuan	12501	14481	21704	29
白城	Baicheng	10509	12390	20154	45
黑龙江	**Heilongjiang**	**10684**	**12054**	**12984**	
哈尔滨	Harbin	13940	16233	22477	20
齐齐哈尔	Qiqihar	10044	11372	17170	88
鸡西	Jixi	10509	12014	16980	92
鹤岗	Hegang	9391	10915	15698	129
双鸭山	Shuangyashan	9699	10858	18024	76
大庆	Daqing	13051	14000	25223	10
伊春	Yichun	8182	9366	13425	208
佳木斯	Jiamusi	10586	11506	15713	128
七台河	Qitaihe	9345	9788	17092	89
牡丹江	Mudanjiang	10672	12005	16704	101
黑河	Heihe			18076	75
绥化	Suihua			15300	142
上海	**Shanghai**	**23200**	**25102**	**26254**	
江苏	**Jiangsu**	**14357**	**16782**	**18825**	

6-2 城镇居民人均现金消费支出 续表 1
Per Capita Cash Consumption Expenditure of Urban Households continued 1

单位：元 (yuan)

地名	City	2010	2011	2012	2012 排名 Ranking	地名	City	2010	2011	2012	2012 排名 Ranking
南京	Nanjing	17409	20098	22446	21	池州	Chizhou	10777	12824	14432	169
无锡	Wuxi	17068	19780	23000	16	宣城	Xuancheng	11507	13531	15402	140
徐州	Xuzhou	10558	12450	13730	200	福建	**Fujian**	**14750**	**16661**	**18593**	
常州	Changzhou	17205	19126	20918	38	福州	Fuzhou	15778	17847	20040	47
苏州	Suzhou	18837	22330	25157	11	厦门	Xiamen	19961	22314	24922	12
南通	Nantong	13506	15613	17858	81	莆田	Putian	12621	14282	16065	117
连云港	Lianyungang	9984	11473	12726	231	三明	Sanming	12273	13825	15685	130
淮安	Huaian	11047	13287	14458	166	泉州	Quanzhou	15955	18413	20053	46
盐城	Yancheng	12026	13188	15430	139	漳州	Zhangzhou	12665	14314	16231	114
扬州	Yangzhou	12842	14757	16492	106	南平	Nanping	11284	12522	13892	193
镇江	Zhenjiang	13324	15518	17897	79	龙岩	Longyan	14483	16337	17651	84
泰州	Taizhou	12317	14415	16499	105	宁德	Ningde	11090	12730	14368	173
宿迁	Suqian	8536	10634	11864	259	江西	**Jiangxi**	**10619**	**11747**	**12776**	
浙江	**Zhejiang**	**17858**	**20437**	**21545**		南昌	Nanchang	13899	15234	16450	109
杭州	Hangzhou	20219	21404	22518	19	景德镇	Jingdezhen	11475	12683	14104	182
宁波	Ningbo	19420	21695	22887	18	萍乡	Pingxiang	11775	12931	14488	163
温州	Wenzhou	19832	23337	23975	14	九江	Jiujiang	10823	11817	13174	218
嘉兴	Jiaxing	16559	19535	21720	28	新余	Xinyu	12709	13610	14427	170
湖州	Huzhou	16207	18166	19898	51	鹰潭	Yingtan	10929	11136	12587	237
绍兴	Shaoxing	18267	20353	22204	24	赣州	Ganzhou	10662	11609	12708	232
金华	Jinhua	17386	20003	21974	27	吉安	Jian	8893	11560	12667	234
衢州	Quzhou	14867	16556	16284	113	宜春	Yichun	10098	11765	11924	256
舟山	Zhoushan	16717	19183	20958	36	抚州	Fuzhou	7474	10155	11389	270
台州	Taizhou	17933	19808	20643	39	上饶	Shangrao	10099	10559	11749	263
丽水	Lishui	15366	15852	17878	80	山东	**Shandong**	**13118**	**14561**	**15778**	
安徽	**Anhui**	**11513**	**13181**	**15012**		济南	Jinan	15973	18046	20032	48
合肥	Hefei	14012	15697	18758	65	青岛	Qingdao	17531	19297	20391	42
芜湖	Wuhu	12980	15009	16992	91	淄博	Zibo	13724	15994	16917	95
蚌埠	Bengbu	11242	12566	13467	205	枣庄	Zaozhuang	11409	13463	14917	153
淮南	Huainan	10688	12782	14087	183	东营	Dongying	14744	17532	18001	77
马鞍山	Maanshan	14184	15815	18286	70	烟台	Yantai	15792	18395	20315	44
淮北	Huaibei	9733	12803	15207	146	潍坊	Weifang	13819	15170	16100	116
铜陵	Tongling	12877	15630	18144	72	济宁	Jining	12500	14692	16810	98
安庆	Anqing	11026	12317	13952	190	泰安	Taian	13421	14888	16734	100
黄山	Huangshan	11069	13144	14458	166	威海	Weihai	15339	17002	18549	67
滁州	Chuzhou	11499	13344	15964	122	日照	Rizhao	12289	13781	14458	166
阜阳	Fuyang	11178	12885	14736	158	莱芜	Laiwu	13645	14219	15664	132
宿州	Suzhou	9322	10682	12084	254	临沂	Linyi	12325	13881	14525	160
六安	Liuan	10712	12993	15059	150	德州	Dezhou	11628	12700	14179	178
亳州	Bozhou	10273	11350	12881	227	聊城	Liaocheng	12767	13847	15350	141

6-2 城镇居民人均现金消费支出 续表 2
Per Capita Cash Consumption Expenditure of Urban Households continued 2

单位：元 (yuan)

地名	City	2010	2011	2012	2012 排名 Ranking
滨州	Binzhou	13147	14808	16008	121
菏泽	Heze	9765	11216	12452	243
河南	**Henan**	**10838**	**12336**	**13733**	
郑州	Zhengzhou	12790	14500	16610	103
开封	Kaifeng	11378	12078	13832	194
洛阳	Luoyang	12069	13884	14927	152
平顶山	Pingdingshan	11502	13192	14917	153
安阳	Anyang	10559	11863	13191	217
鹤壁	Hebi	9931	10923	12090	252
新乡	Xinxiang	11257	12348	14052	184
焦作	Jiaozuo	11228	12603	14146	180
濮阳	Puyang	10108	11594	12596	236
许昌	Xuchang	10743	12390	19685	54
漯河	Luohe	10913	12234	19136	62
三门峡	Sanmenxia	11193	14082	19184	60
南阳	Nanyang	11087	13094	19544	56
商丘	Shangqiu	8734	10361	18312	69
信阳	Xinyang	9307	10452	17256	87
周口	Zhoukou	9980	10930	16503	104
驻马店	Zhumadian	10183	11779	17671	83
湖北	**Hubei**	**13576**	**13164**	**14496**	
武汉	Wuhan	14490	17141	27061	5
黄石	Huangshi	10988	12407	19417	57
十堰	Shiyan	9216	10710	16011	120
宜昌	Yichang	11638	12015	18775	64
襄阳	Xiangfan	10897	10650	17532	85
鄂州	Ezhou	10349	10837	19307	58
荆门	Jingmen	10393	12399	17678	82
孝感	Xiaogan	10508	10007	18091	74
荆州	Jingzhou	10583	11693	17010	90
黄冈	Huanggang	9282	11334	16765	99
咸宁	Xianning	9791	11189	16913	96
随州	Suizhou	11798	13362	19164	61
湖南	**Hunan**	**11825**	**13403**	**14609**	
长沙	Changsha	16096	17782	30288	3
株洲	Zhuzhou	12269	13813	25916	9
湘潭	Xiangtan	12211	13466	23549	15
衡阳	Hengyang	11654	12737	20380	43
邵阳	Shaoyang	8170	9654	15457	138
岳阳	Yueyang	12177	13404	22111	25

地名	City	2010	2011	2012	2012 排名 Ranking
常德	Changde	11253	12773	19858	52
张家界	Zhangjiajie	9258	10345	15641	133
益阳	Yiyang	11279	12326	19765	53
郴州	Chenzhou	10386	11845	20016	49
永州	Yongzhou	9945	11199	19671	55
怀化	Huaihua	9013	9663	15666	131
娄底	Loudi	9354	10933	19194	59
广东	**Guangdong**	**18490**	**20252**	**22396**	
广州	Guangzhou	25012	28210	30490	2
韶关	Shaoguan	12910	14397	16290	112
深圳	Shenzhen	22807	24080	26728	6
珠海	Zhuhai	20370	21162	24083	13
汕头	Shantou	13218	15746	17986	78
佛山	Foshan	21995	23782	26164	7
江门	Jiangmen	15561	17076	18448	68
湛江	Zhanjiang	11825	14055	15618	134
茂名	Maoming	10182	13162	14300	176
肇庆	Zhaoqing	12164	14020	15729	125
惠州	Huizhou	19741	20603	22279	23
梅州	Meizhou	11008	12555	13121	221
汕尾	Shanwei	10013	11983	13800	195
河源	Heyuan	8371	9817	11202	275
阳江	Yangjiang	10430	11765	13330	213
清远	Qingyuan	10595	11287	12399	245
东莞	Dongguan	25733	27495	31369	1
中山	ZhongShan	18833	20519	22288	22
潮州	Chaozhou	11926	14097	15554	136
揭阳	Jieyang	12164	13269	14517	161
云浮	Yunfu	10535	12376	14406	171
广西	**Guangxi**	**11490**	**12848**	**14244**	
南宁	Nanning	12337	13843	15292	144
柳州	Liuzhou	11318	12909	14115	181
桂林	Guilin	11477	12852	14470	165
梧州	Wuzhou	10998	12183	13630	203
北海	Beihai	11695	12832	14224	177
防城港	Fangchenggang	10698	12068	13544	204
钦州	Qinzhou	10594	11918	13095	222
贵港	Guigang	10375	11547	13123	220
玉林	Yulin	10716	11830	13755	198
百色	Baise	10297	11013	12327	247

6-2 城镇居民人均现金消费支出 续表 3
Per Capita Cash Consumption Expenditure of Urban Households continued 3

单位：元 (yuan)

地名	City	2010	2011	2012	2012 排名 Ranking	地名	City	2010	2011	2012	2012 排名 Ranking
贺州	Hezhou	9791	11534	11706	264	丽江	Lijiang	9068	9620	11294	273
河池	Hechi	9773	11120	11695	265	普洱	Puer	8859	13412	11657	266
来宾	Laibin	11462	12533	13709	201	临沧	Lincang	9282	9895	11116	276
崇左	Chongzuo	9438	10747	11566	268	**西藏**	**Tibet**	**9686**	**10399**	**11184**	
海南	**Hainan**	**10927**	**12643**	**14457**		拉萨	Lhasa	11687		13953	189
海口	Haikou	12401	13656	15760	123	**陕西**	**Shaanxi**	**11822**	**13783**	**15333**	
三亚	Sanya	13081	14966	16975	93	西安	Xi'an	16543	19306	21434	31
重庆	**Chongqing**		**16747**	**16573**		铜川	Tongchuan	11181	13340	15510	137
四川	**Sichuan**	**12105**	**13696**	**15050**		宝鸡	Baoji	13258	15263	17499	86
成都	Chengdu	14430	16717	18814	63	咸阳	Xianyang	13845	15833	18094	73
自贡	Zigong	10724	12022	13648	202	渭南	Weinan	10130	12309	13738	199
攀枝花	Panzhihua	12695	14179	15286	145	延安	Yan'an	11633	13458	16129	115
泸州	Luzhou	11293	12852	15028	151	汉中	Hanzhong	9519	11210	13001	224
德阳	Deyang	12706	14213	16028	119	榆林	Yulin	10315	12650	14527	159
绵阳	Mianyang	12268	14070	15717	127	安康	Ankang	10469	11921	14368	173
广元	Guangyuan	9107	10796	11911	257	商洛	Shangluo	9169	10826	13351	212
遂宁	Suining	11111	12851	14883	155	**甘肃**	**Gansu**	**9895**	**11189**	**12847**	
内江	Neijiang	11238	12395	13402	209	兰州	Lanzhou	10930	12352	14168	179
乐山	Leshan	11053	12708	13921	191	嘉峪关	Jiayuguan	12076	12984	14762	157
南充	Nanchong	9634	10550	11816	260	金昌	Jinchang	14186	16698	18754	66
眉山	Meishan	10386	11818	13427	207	白银	Baiyin	10628	12524	13906	192
宜宾	Yibin	11677	13240	14848	156	天水	Tianshui	8300	9280	10469	278
广安	Guangan	9585	10627	12144	250	武威	Wuwei	8942	10101	11316	272
达州	Dazhou	9976	11181	12510	238	张掖	Zhangye	10136	11024	12486	242
雅安	Yaan	10903	11862	12850	229	平凉	Pingliang	7499	8408	10172	281
巴中	Bazhong	9694	11226	12893	226	酒泉	Jiuquan	12139	14237	16627	102
资阳	Ziyang	12560	13847	15193	147	庆阳	Qingyang	9693	10681	12601	235
贵州	**Guizhou**	**10058**	**11353**	**12586**		定西	Dingxi	8077	8982	10429	279
贵阳	Guiyang	12940	14300	15718	126	陇南	Longnan	7714	8933	10152	282
六盘水	Liupanshui	8358	9482	10216	280	**青海**	**Qinghai**	**9614**	**10955**	**12346**	
遵义	Zunyi	10834	11953	13288	214	西宁	Xining	9421	10551	12114	251
安顺	Anshun	10292	11897	12853	228	**宁夏**	**Ningxia**	**11334**	**12896**	**14067**	
毕节	Bijie	10407	12291	13267	215	银川	Yinchuan	13589	14931	16390	110
铜仁	Tongren	7096	9385	11242	274	石嘴山	Shizuishan	10870	13223	14039	186
云南	**Yunnan**	**11074**	**12248**	**13884**		吴忠	Wuzhong	9749	11525	12386	246
昆明	Kunming	13244	14106	16881	97	固原	Guyuan	8840	11137	12494	240
曲靖	Qujing	10919	12611	14485	164	中卫	Zhongwei	9612	11987	13245	216
玉溪	Yuxi	10621	12219	13034	223	**新疆**	**Xinjiang**	**10197**	**11839**	**13892**	
保山	Baoshan	9484	11592	12209	249	乌鲁木齐	Urumqi	10239	11756	13785	196
昭通	Zhaotong	8369	9095	9936	283	克拉玛依	Karamay	15957	17838	20392	41

6-3 城镇居民人均食品消费支出
Per Capita Food Consumption Expenditure of Urban Households

单位：元 (yuan)

地名	City	2010	2011	2012	2012 排名 Ranking
全国	**Nation Total**	**4805**	**5506**	**6041**	
北京	**Beijing**	**6393**	**6905**	**7535**	
天津	**Tianjin**	**5940**	**6663**	**7344**	
河北	**Hebei**	**3335**	**3927**	**4211**	
石家庄	Shijiazhuang	3661	4341	4810	197
唐山	Tangshan	4371	5027	5291	141
秦皇岛	Qinhuangdao	3833	4504	4651	212
邯郸	Handan	3213	4579	4955	177
邢台	Xingtai	3835	3984	4247	245
保定	Baoding	3599	4054	4139	255
张家口	Zhangjiakou	3722	4125	4094	260
承德	Chengde	3647	4402	4816	196
沧州	Cangzhou	3286	3805	4089	261
廊坊	Langfang	3775	4386	4542	225
衡水	Hengshui	3039	3345	3820	273
山西	**Shanxi**	**3053**	**3558**	**3856**	
太原	Taiyuan	3710	4286	4652	211
大同	Datong	3571	4198	4746	200
阳泉	Yangquan	3463	3818	4002	267
长治	Changzhi	3362	4076	4246	246
晋城	Jincheng	2915	3667	4008	266
朔州	Shuozhou	1383	4198	4667	207
晋中	Jinzhong	3121	3306	4035	264
运城	Yuncheng	2644	3018	3340	278
忻州	Xinzhou	2693	3419	3576	276
临汾	Linfen	2928	3144	3319	279
吕梁	Luliang	3012	2855	3024	282
内蒙古	**Inner Mongolia**	**4211**	**4962**	**5463**	
呼和浩特	Hohhot	4983	5853	6492	53
包头	Baotou	6639	7162	8001	13
乌海	Wuhai	4833	5541	6165	67
赤峰	Chifeng	3299	4087	4270	242
通辽	Tongliao	3272	3861	4354	237
鄂尔多斯	Erdos	5876	6852	7254	26
呼伦贝尔	Hulunbuir	3295		4830	193
巴彦淖尔	Bayannur	3214	3858	4026	265
乌兰察布	Ulanqab	3666	3878	4463	228
辽宁	**Liaoning**	**4658**	**5255**	**5809**	
沈阳	Shenyang	5385	5868	6327	57
大连	Dalian	6145	6965	7700	18
鞍山	Anshan	4671	5153	5521	119
抚顺	Fushun	4041	4629	4968	175
本溪	Benxi	4780	5441	6222	62
丹东	Dandong	4470	5535	3207	281
锦州	Jinzhou	4191	5180	5777	97
营口	Yingkou	4511	5307	6640	44
阜新	Fuxin	3463	4152	4667	207
辽阳	Liaoyang	4202	4757	5366	132
盘锦	Panjin	4358	4697	5256	143
铁岭	Tieling	3567	4097	4544	223
朝阳	Chaoyang	3479	3663	4109	258
葫芦岛	Huludao	3772	4054	4600	217
吉林	**Jilin**	**3768**	**4253**	**4635**	
长春	Changchun	4642	5040	5295	140
吉林	Jilin	3891	4231	4709	203
四平	Siping	3772	4024	4271	241
辽源	Liaoyuan	3730	4298	4832	192
通化	Tonghua	4218	4232	4661	210
白山	Baishan	3788	4060	4513	226
松原	Songyuan	3536	4177	4400	234
白城	Baicheng	3393	3545	3977	268
黑龙江	**Heilongjiang**	**3785**	**4348**	**4687**	
哈尔滨	Harbin	4647	5310	5797	96
齐齐哈尔	Qiqihar	3922	4320	4553	222
鸡西	Jixi	3908	4464	4648	213
鹤岗	Hegang	3201	4119	4556	221
双鸭山	Shuangyashan	3188	3430	3774	274
大庆	Daqing	4260	4665	4829	194
伊春	Yichun	2971	3746	4224	251
佳木斯	Jiamusi	3932	4445	4757	198
七台河	Qitaihe	3597	3976	4418	231
牡丹江	Mudanjiang	3722	4650	4841	189
黑河	Heihe				
绥化	Suihua				
上海	**Shanghai**	**7777**	**8906**	**9656**	
江苏	**Jiangsu**	**5243**	**6061**	**6658**	

6-3 城镇居民人均食品消费支出 续表 1
Per Capita Food Consumption Expenditure of Urban Households continued 1

单位：元 (yuan)

地名	City	2010	2011	2012	2012 排名 Ranking	地名	City	2010	2011	2012	2012 排名 Ranking
南京	Nanjing	6120	7133	7827	15	池州	Chizhou	4331	4905	5550	115
无锡	Wuxi	6357	6979	8010	12	宣城	Xuancheng	4622	5450	5932	87
徐州	Xuzhou	3712	4338	4820	195	福建	**Fujian**	**5791**	**6535**	**7317**	
常州	Changzhou	5605	6591	7229	27	福州	Fuzhou	6145	6722	7755	17
苏州	Suzhou	6607	7615	8371	10	厦门	Xiamen	7275	7897	8873	6
南通	Nantong	4803	5651	6221	63	莆田	Putian	5349	6188	6731	40
连云港	Lianyungang	3741	4321	4689	205	三明	Sanming	4948	5620	6267	60
淮安	Huaian	4003	4861	5126	158	泉州	Quanzhou	6059	7046	7511	23
盐城	Yancheng	4302	4710	5228	148	漳州	Zhangzhou	5333	6335	7041	30
扬州	Yangzhou	4782	5588	6037	75	南平	Nanping	4948	5253	5821	94
镇江	Zhenjiang	5318	5936	6589	47	龙岩	Longyan	5456	6219	6696	41
泰州	Taizhou	4518	5355	5927	88	宁德	Ningde	4662	5648	6639	45
宿迁	Suqian	3232	3995	4438	230	江西	**Jiangxi**	**4195**	**4675**	**5018**	
浙江	**Zhejiang**	**6118**	**7066**	**7552**		南昌	Nanchang	4782	5347	5612	108
杭州	Hangzhou	7790	7881	8174	11	景德镇	Jingdezhen	4306	4804	5337	135
宁波	Ningbo	6899	7808	8518	9	萍乡	Pingxiang	4404	4774	5069	167
温州	Wenzhou	7117	8460	9074	4	九江	Jiujiang	4368	4929	5460	123
嘉兴	Jiaxing	5444	6712	7159	29	新余	Xinyu	4471	5365	5629	106
湖州	Huzhou	5970	6970	7346	25	鹰潭	Yingtan	4253	5016	5576	113
绍兴	Shaoxing	6317	7127	7817	16	赣州	Ganzhou	4645	4747	5087	164
金华	Jinhua	5672	6147	6629	46	吉安	Jian	4006	4787	5146	154
衢州	Quzhou	5489	5994	5836	93	宜春	Yichun	4049	4614	4836	191
舟山	Zhoushan	5972	6902	7525	21	抚州	Fuzhou	3906	4783	5393	131
台州	Taizhou	6212	6916	7175	28	上饶	Shangrao	4576	4561	5194	150
丽水	Lishui	5389	5859	6097	71	山东	**Shandong**	**4206**	**4828**	**5201**	
安徽	**Anhui**	**4370**	**5247**	**5815**		济南	Jinan	5051	5723	6162	68
合肥	Hefei	5010	5970	6421	55	青岛	Qingdao	6553	7241	7450	24
芜湖	Wuhu	5012	5742	6211	65	淄博	Zibo	3918	4755	5247	144
蚌埠	Bengbu	4018	5287	5580	111	枣庄	Zaozhuang	3923	4415	4914	181
淮南	Huainan	4290	5193	5681	103	东营	Dongying	4183	5109	5854	90
马鞍山	Maanshan	5273	5964	6855	37	烟台	Yantai	5116	6192	6934	34
淮北	Huaibei	4056	5566	6039	74	潍坊	Weifang	3981	4645	4902	183
铜陵	Tongling	4541	6236	6293	58	济宁	Jining	4562	5088	5696	101
安庆	Anqing	4378	5466	6340	56	泰安	Taian	4242	5182	5477	120
黄山	Huangshan	4231	5195	5734	100	威海	Weihai	4415	5445	5995	80
滁州	Chuzhou	4256	5280	6207	66	日照	Rizhao	3578	4195	4602	216
阜阳	Fuyang	4390	5073	5853	91	莱芜	Laiwu	4005	4738	5143	155
宿州	Suzhou	3862	4489	5010	171	临沂	Linyi	3791	4349	4543	224
六安	Liuan	4374	5350	5580	111	德州	Dezhou	3804	4316	4627	215
亳州	Bozhou	3646	4311	5086	165	聊城	Liaocheng	3650	4378	5121	159

6-3 城镇居民人均食品消费支出 续表 2

Per Capita Food Consumption Expenditure of Urban Households continued 2

单位：元 (yuan)

地名	City	2010	2011	2012	2012 排名 Ranking	地名	City	2010	2011	2012	2012 排名 Ranking
滨州	Binzhou	3781	4273	4575	219	常德	Changde	3785	5115	5112	162
菏泽	Heze	3538	3982	4402	233	张家界	Zhangjiajie	3225	3628	3854	272
河南	**Henan**	**3576**	**4213**	**4608**		益阳	Yiyang	4412	4852	5240	146
郑州	Zhengzhou	4223	5158	5767	98	郴州	Chenzhou	4051	4458	4922	180
开封	Kaifeng	3600	4127	4295	239	永州	Yongzhou	3672	4303	4861	187
洛阳	Luoyang	3802	4379	4722	202	怀化	Huaihua	3341	3729	4210	253
平顶山	Pingdingshan	3694	4272	4703	204	娄底	Loudi	3672	4014	4513	226
安阳	Anyang	3465	3604	4230	250	广东	**Guangdong**	**6747**	**7472**	**8258**	
鹤壁	Hebi	3054	3249	3715	275	广州	Guangzhou	8325	9592	10361	2
新乡	Xinxiang	3539	3867	4293	240	韶关	Shaoguan	5138	5729	6470	54
焦作	Jiaozuo	3541	3921	4414	232	深圳	Shenzhen	8105	8832	9703	3
濮阳	Puyang	3221	4162	4393	235	珠海	Zhuhai	7124	7767	8841	7
许昌	Xuchang	3223	3841	4246	246	汕头	Shantou	6456	7065	7545	20
漯河	Luohe	3684	4346	5010	171	佛山	Foshan	7417	8014	9026	5
三门峡	Sanmenxia	3386	3819	4361	236	江门	Jiangmen	5849	6407	6910	35
南阳	Nanyang	3676	4341	5088	163	湛江	Zhanjiang	5064	5896	6529	50
商丘	Shangqiu	3321	3606	4055	262	茂名	Maoming	4134	5324	5755	99
信阳	Xinyang	3954	4620	5114	160	肇庆	Zhaoqing	5169	5927	6769	39
周口	Zhoukou	3591	3858	4172	254	惠州	Huizhou	6695	7114	7943	14
驻马店	Zhumadian	3312	3626	4118	257	梅州	Meizhou	4601	5223	5445	126
湖北	**Hubei**	**5254**	**5364**	**5838**		汕尾	Shanwei	4420	5243	5983	83
武汉	Wuhan	5367	6782	7522	22	河源	Heyuan	3511	4426	4885	186
黄石	Huangshi	4312	4931	5614	107	阳江	Yangjiang	4415	4911	5467	122
十堰	Shiyan	3573	4370	4739	201	清远	Qingyuan	4585	4920	5430	128
宜昌	Yichang	4040	4894	5241	145	东莞	Dongguan	8733	9513	11103	1
襄阳	Xiangfan	4106	4451	4899	185	中山	ZhongShan	7378	8123	8582	8
鄂州	Ezhou	4650	4902	5235	147	潮州	Chaozhou	5270	6162	6670	42
荆门	Jingmen	3854	4703	4900	184	揭阳	Jieyang	5110	5552	6025	77
孝感	Xiaogan	4110	4545	5047	169	云浮	Yunfu	4452	5148	5946	85
荆州	Jingzhou	4448	4912	5333	136	广西	**Guangxi**	**4373**	**5074**	**5553**	
黄冈	Huanggang	3445	4125	4587	218	南宁	Nanning	4789	5564	5994	81
咸宁	Xianning	3880	4637	5048	168	柳州	Liuzhou	4484	5350	5851	92
随州	Suizhou	4716	5330	6002	79	桂林	Guilin	4765	5447	5935	86
湖南	**Hunan**	**4322**	**4944**	**5442**		梧州	Wuzhou	4789	5653	6145	70
长沙	Changsha	5413	6389	6975	32	北海	Beihai	5160	6125	6666	43
株洲	Zhuzhou	4409	5022	5550	115	防城港	Fangchenggang	4348	4984	5439	127
湘潭	Xiangtan	4095	4671	5077	166	钦州	Qinzhou	4601	5358	3946	270
衡阳	Hengyang	4635	5082	5973	84	贵港	Guigang	4110	4999	5556	114
邵阳	Shaoyang	3390	3874	4096	259	玉林	Yulin	4096	5065	5808	95
岳阳	Yueyang	4362	4949	5358	133	百色	Baise	3818	4618	4934	178

6-3 城镇居民人均食品消费支出 续表 3
Per Capita Food Consumption Expenditure of Urban Households continued 3

单位：元 (yuan)

地名	City	2010	2011	2012	2012 排名 Ranking
贺州	Hezhou	3790	4661	4664	209
河池	Hechi	3967	4727	4913	182
来宾	Laibin	4034	4839	5215	149
崇左	Chongzuo	3810	4615	4847	188
海南	**Hainan**	**4896**	**5674**	**6556**	
海口	Haikou	5219	5940	6852	38
三亚	Sanya	5606	6405	7604	19
重庆	**Chongqing**		**6441**	**6870**	
四川	**Sichuan**	**4780**	**5572**	**6074**	
成都	Chengdu	5560	6283	6873	36
自贡	Zigong	4588	5048	5605	110
攀枝花	Panzhihua	5081	6110	6500	52
泸州	Luzhou	4691	5436	6062	72
德阳	Deyang	5064	5917	6555	49
绵阳	Mianyang	4749	5505	6150	69
广元	Guangyuan	3932	4649	4839	190
遂宁	Suining	5035	5765	6575	48
内江	Neijiang	4771	5203	5609	109
乐山	Leshan	4664	5513	5866	89
南充	Nanchong	4378	4940	5455	124
眉山	Meishan	4352	4742	5329	137
宜宾	Yibin	4725	5448	6048	73
广安	Guangan	4571	5015	5449	125
达州	Dazhou	4356	4902	5645	104
雅安	Yaan	4084	4669	5128	157
巴中	Bazhong	4024	4721	5354	134
资阳	Ziyang	4950	5457	6032	76
贵州	**Guizhou**	**4014**	**4566**	**4993**	
贵阳	Guiyang	4905	5528	6011	78
六盘水	Liupanshui	3871	4380	5130	156
遵义	Zunyi	4157	4679	4977	174
安顺	Anshun	4780	5209	5524	118
毕节	Bijie	3436	4286	5148	153
铜仁	Tongren	2753	3373	3977	268
云南	**Yunnan**	**4593**	**4802**	**5468**	
昆明	Kunming	5240	5289	6242	61
曲靖	Qujing	4013	4810	5328	138
玉溪	Yuxi	3951	4299	4635	214
保山	Baoshan	3889	4541	4934	178
昭通	Zhaotong	3710	3985	4257	244

地名	City	2010	2011	2012	2012 排名 Ranking
丽江	Lijiang	3890	4037	4681	206
普洱	Puer	4127	4568	5684	102
临沧	Lincang	4351	4672	5168	152
西藏	**Tibet**	**4848**	**5184**	**5518**	
拉萨	Lhasa	5496		6213	64
陕西	**Shaanxi**	**4381**	**5040**	**5551**	
西安	Xi'an	5177	6041	6961	33
铜川	Tongchuan	4006	5103	5630	105
宝鸡	Baoji	4994	5908	7006	31
咸阳	Xianyang	4642	5349	5987	82
渭南	Weinan	3216	3984	5014	170
延安	Yan'an	3653	4237	4963	176
汉中	Hanzhong	3724	4375	5114	160
榆林	Yulin	2948	3627	4240	249
安康	Ankang	4192	4876	5413	129
商洛	Shangluo	3306	3914	4456	229
甘肃	**Gansu**	**3702**	**4182**	**4602**	
兰州	Lanzhou	4244	4714	5281	142
嘉峪关	Jiayuguan	4222	4512	5548	117
金昌	Jinchang	4840	6047	6287	59
白银	Baiyin	3563	4338	4999	173
天水	Tianshui	2998	3503	3873	271
武威	Wuwei	3519	4130	4565	220
张掖	Zhangye	2937	3527	4042	263
平凉	Pingliang	2902	3378	3310	280
酒泉	Jiuquan	4148	4741	5409	130
庆阳	Qingyang	3440	3732	4211	252
定西	Dingxi	2976	3154	3438	277
陇南	Longnan	3026	4035	4242	248
青海	**Qinghai**	**3785**	**4260**	**4667**	
西宁	Xining	3863	4330	4752	199
宁夏	**Ningxia**	**3768**	**4483**	**4769**	
银川	Yinchuan	4358	5268	5471	121
石嘴山	Shizuishan	3820	4808	5171	151
吴忠	Wuzhong	3262	4003	4139	255
固原	Guyuan	2983	3874	4310	238
中卫	Zhongwei	3109	3897	4260	243
新疆	**Xinjiang**	**3695**	**4538**	**5239**	
乌鲁木齐	Urumqi	3891	4676	5297	139
克拉玛依	Karamay	4850	5689	6511	51

6-4 农村居民人均纯收入
Per Capita Net Income of Rural Households

单位：元 (yuan)

地名	City	2010	2011	2012	2012 排名 Ranking	地名	City	2010	2011	2012	2012 排名 Ranking
全国	Nation Total	5919	6977	7917		沈阳	Shenyang	10022	11575	13045	28
北京	Beijing	13262	14736	16476		大连	Dalian	12317	14213	15990	13
天津	Tianjin	10075	11891	14026		鞍山	Anshan	9250	11146	12617	31
河北	Hebei	5958	7120	8081		抚顺	Fushun	7203	8780	10062	75
石家庄	Shijiazhuang	6577	7822	8993	115	本溪	Benxi	7845	9524	10800	58
唐山	Tangshan	8310	9460	10698	63	丹东	Dandong	8340	10033	11428	46
秦皇岛	Qinhuangdao	6214	7365	8315	150	锦州	Jinzhou	7756	9447	10788	59
邯郸	Handan	6085	7366	8447	147	营口	Yingkou	8863	10662	12080	37
邢台	Xingtai	4966	5814	6601	228	阜新	Fuxin	6372	7615	8772	130
保定	Baoding	5446	6656	7696	186	辽阳	Liaoyang	8095	9844	11183	53
张家口	Zhangjiakou	4119	4854	5564	254	盘锦	Panjin	9750	11437	12935	29
承德	Chengde	4382	4935	5546	255	铁岭	Tieling	7739	9271	10569	64
沧州	Cangzhou	5528	6540	7514	194	朝阳	Chaoyang	6142	7536	8689	135
廊坊	Langfang	7589	9102	10447	66	葫芦岛	Huludao	6597	7901	8983	116
衡水	Hengshui	4370	5355	6167	242	吉林	Jilin	6237	7510	8598	
山西	Shanxi	4736	5601	6357		长春	Changchun	6665	7965	9064	111
太原	Taiyuan	7611	8888	10079	74	吉林	Jilin	6594	7952	8955	118
大同	Datong	4063	4936	5642	253	四平	Siping	6586	7718	8760	131
阳泉	Yangquan	6560	7677	8683	137	辽源	Liaoyuan	6324	7557	8524	144
长治	Changzhi	5960	7092	8120	157	通化	Tonghua	6572	7716	8959	117
晋城	Jincheng	5899	7043	8037	165	白山	Baishan	6134	7334	8134	155
朔州	Shuozhou	5903	7024	8000	167	松原	Songyuan	6167	7597	8562	143
晋中	Jinzhong	5809	6912	7936	173	白城	Baicheng	4504	5513	6191	240
运城	Yuncheng	4685	5622	6381	234	黑龙江	Heilongjiang	6211	7591	8604	
忻州	Xinzhou	3446	4135	4776	269	哈尔滨	Harbin	8020	9608	9894	82
临汾	Linfen	5287	6084	6899	221	齐齐哈尔	Qiqihar	6724	7672	8797	129
吕梁	Luliang	3890	4743	5364	258	鸡西	Jixi	7636	10509	10422	67
内蒙古	Inner Mongolia	5530	6642	7611		鹤岗	Hegang	6300	8657	9365	102
呼和浩特	Hohhot	8746	10038	13161	27	双鸭山	Shuangyashan	6882	8957	9675	89
包头	Baotou	8766	10059	11421	47	大庆	Daqing	8045	9300	9732	87
乌海	Wuhai	9245	10786	12429	34	伊春	Yichun	7280	8630	9232	104
赤峰	Chifeng	5010	6188	7079	215	佳木斯	Jiamusi	7111	9048	9823	85
通辽	Tongliao	6002	7216	8501	145	七台河	Qitaihe	6955	8241	8253	151
鄂尔多斯	Erdos	8756	10047	11416	48	牡丹江	Mudanjiang	9363	11198	10565	65
呼伦贝尔	Hulunbuir	6295	7643	8807	127	黑河	Heihe	7046	8651	9326	103
巴彦淖尔	Bayannur	8240	9483	10717	61	绥化	Suihua		7719	7897	175
乌兰察布	Ulanqab	4451	5092	5853	249	上海	Shanghai	13978	16054	17804	
辽宁	Liaoning	6908	8297	9384		江苏	Jiangsu	9118	10805	12202	

6-4 农村居民人均纯收入 续表 1
Per Capita Net Income of Rural Households continued 1

单位：元 (yuan)

地名	City	2010	2011	2012	2012 排名 Ranking	地名	City	2010	2011	2012	2012 排名 Ranking
南京	Nanjing	11128	13108	14786	16	池州	Chizhou	5827	6908	7986	169
无锡	Wuxi	14002	16438	18509	6	宣城	Xuancheng	6651	7844	9036	112
徐州	Xuzhou	7955	9490	10762	60	福建	**Fujian**	**7427**	**8779**	**9967**	
常州	Changzhou	12637	14838	16737	12	福州	Fuzhou	8543	10107	11492	43
苏州	Suzhou	14657	17226	19396	2	厦门	Xiamen	10033	11928	13455	22
南通	Nantong	9914	11730	13231	26	莆田	Putian	7663	9066	10311	70
连云港	Lianyungang	7039	8434	9589	94	三明	Sanming	6949	8205	9375	101
淮安	Huaian	7233	8645	9838	84	泉州	Quanzhou	9296	10578	11915	38
盐城	Yancheng	8751	10511	11898	39	漳州	Zhangzhou	7861	9128	10389	68
扬州	Yangzhou	9462	11217	12686	30	南平	Nanping	6759	7861	8893	120
镇江	Zhenjiang	10874	12825	14518	19	龙岩	Longyan	6931	8234	9396	98
泰州	Taizhou	9324	11046	12493	33	宁德	Ningde	6542	7756	8829	125
宿迁	Suqian	6975	8344	9495	97	江西	**Jiangxi**	**5789**	**6892**	**7829**	
浙江	**Zhejiang**	**11303**	**13071**	**14552**		南昌	Nanchang	7193	8484	9730	88
杭州	Hangzhou	13186	15245	17017	10	景德镇	Jingdezhen	6521	7676	8865	123
宁波	Ningbo	14261	16518	18475	7	萍乡	Pingxiang	7219	8598	10000	81
温州	Wenzhou	11416	13243	14719	17	九江	Jiujiang	5584	6777	7785	179
嘉兴	Jiaxing	14365	16707	18636	4	新余	Xinyu	7301	8813	10048	76
湖州	Huzhou	13288	15381	17188	9	鹰潭	Yingtan	6249	7623	8803	128
绍兴	Shaoxing	13651	15861	17706	8	赣州	Ganzhou	4182	4684	5301	260
金华	Jinhua	10201	11877	13286	25	吉安	Jian	5570	6308	7103	213
衢州	Quzhou	8270	9635	10714	62	宜春	Yichun	5799	6981	8052	161
舟山	Zhoushan	14265	16608	18601	5	抚州	Fuzhou	5848	7051	8095	158
台州	Taizhou	11307	13108	14567	18	上饶	Shangrao	5317	6134	7011	218
丽水	Lishui	6537	7809	8855	124	山东	**Shandong**	**6990**	**8342**	**9447**	
安徽	**Anhui**	**5285**	**6232**	**7160**		济南	Jinan	8903	10412	11786	41
合肥	Hefei	7117	7862	9081	109	青岛	Qingdao	10550	12370	13990	20
芜湖	Wuhu	7834	8413	9675	89	淄博	Zibo	9195	10878	12378	36
蚌埠	Bengbu	5565	6615	7674	188	枣庄	Zaozhuang	7103	8397	9606	92
淮南	Huainan	5746	6795	7835	177	东营	Dongying	8427	10025	11489	44
马鞍山	Maanshan	9331	9505	10920	56	烟台	Yantai	9916	11716	13298	24
淮北	Huaibei	5337	6313	7286	206	潍坊	Weifang	8872	10409	11797	40
铜陵	Tongling	7266	8562	9847	83	济宁	Jining	7450	8712	10002	80
安庆	Anqing	4985	5900	6820	222	泰安	Taian	7592	8974	10194	71
黄山	Huangshan	6716	7952	9161	107	威海	Weihai	10517	12334	13962	21
滁州	Chuzhou	5915	7017	8091	159	日照	Rizhao	7504	8756	10026	79
阜阳	Fuyang	4187	5100	5922	248	莱芜	Laiwu	8311	9626	10887	57
宿州	Suzhou	4766	5720	6635	226	临沂	Linyi	6761	8018	9149	108
六安	Liuan	4714	5643	6535	232	德州	Dezhou	7028	8350	9602	93
亳州	Bozhou	4689	5638	6552	231	聊城	Liaocheng	6377	7735	8872	122

6-4 农村居民人均纯收入 续表 2

Per Capita Net Income of Rural Households continued 2

单位：元 (yuan)

地名	City	2010	2011	2012	2012 排名 Ranking	地名	City	2010	2011	2012	2012 排名 Ranking
滨州	Binzhou	7194	8744	10047	77	常德	Changde	5635	6663	8023	166
菏泽	Heze	5812	7119	8187	154	张家界	Zhangjiajie	3668	4093	4574	275
河南	**Henan**	**5524**	**6604**	**7525**		益阳	Yiyang	5617	6773	7958	171
郑州	Zhengzhou	9225	11050	12531	32	郴州	Chenzhou	5207	6230	7410	203
开封	Kaifeng	5390	6492	7414	202	永州	Yongzhou	5061	6002	7073	216
洛阳	Luoyang	5680	6822	7777	180	怀化	Huaihua	3520	4281	5024	266
平顶山	Pingdingshan	5504	6578	7518	193	娄底	Loudi	3365	3951	4762	271
安阳	Anyang	6359	7586	8618	139	广东	**Guangdong**	**7890**	**9372**	**10543**	
鹤壁	Hebi	6813	8271	9388	99	广州	Guangzhou	12676	14818	16788	11
新乡	Xinxiang	6241	7532	8647	138	韶关	Shaoguan	6317	7461	8580	141
焦作	Jiaozuo	7512	8902	10113	73	深圳	Shenzhen				
濮阳	Puyang	5077	6082	6945	220	珠海	Zhuhai	10187	11858	13399	23
许昌	Xuchang	7197	8651	9819	86	汕头	Shantou	6518	7893	9032	114
漯河	Luohe	6460	7700	8755	132	佛山	Foshan	12202	13862	15684	15
三门峡	Sanmenxia	5787	6929	7906	174	江门	Jiangmen	8589	9996	11345	49
南阳	Nanyang	5666	6776	7752	183	湛江	Zhanjiang	6909	8257	9561	95
商丘	Shangqiu	4674	5637	6426	233	茂名	Maoming	6802	8188	9506	96
信阳	Xinyang	5311	6153	7008	219	肇庆	Zhaoqing	7524	9014	10366	69
周口	Zhoukou	4510	5448	6199	239	惠州	Huizhou	9077	10938	12415	35
驻马店	Zhumadian	4861	5804	6599	229	梅州	Meizhou	6367	7825	9036	112
湖北	**Hubei**	**5832**	**6898**	**7852**		汕尾	Shanwei	6316	7389	8569	142
武汉	Wuhan	8295	9814	11190	52	河源	Heyuan	5645	6734	7772	181
黄石	Huangshi	5525	6487	7477	198	阳江	Yangjiang	6655	7912	9202	106
十堰	Shiyan	3499	4044	4566	276	清远	Qingyuan	6386	7427	8612	140
宜昌	Yichang	5980	7055	8046	162	东莞	Dongguan	20486	22842	24944	1
襄阳	Xiangfan	6365	7549	8684	136	中山	ZhongShan	14928	17182	19347	3
鄂州	Ezhou	6645	7909	9072	110	潮州	Chaozhou	6373	7787	8889	121
荆门	Jingmen	6951	8248	9387	100	揭阳	Jieyang	6128	6993	8046	162
孝感	Xiaogan	5943	7029	7988	168	云浮	Yunfu	6744	8147	9222	105
荆州	Jingzhou	6453	7664	8710	134	广西	**Guangxi**	**4543**	**5231**	**6008**	
黄冈	Huanggang	4634	5438	6142	243	南宁	Nanning	5005	5848	6777	223
咸宁	Xianning	5606	6588	7505	195	柳州	Liuzhou	4935	5721	6747	224
随州	Suizhou	6279	7427	8419	148	桂林	Guilin	5487	6325	7328	205
湖南	**Hunan**	**5622**	**6567**	**7440**		梧州	Wuzhou	4879	5651	6592	230
长沙	Changsha	11206	13401	15763	14	北海	Beihai	5415	6249	7227	209
株洲	Zhuzhou	7658	9328	10972	55	防城港	Fangchenggang	5628	6502	7539	192
湘潭	Xiangtan	7817	9502	11316	50	钦州	Qinzhou	5340	6167	7140	211
衡阳	Hengyang	7220	8506	10116	72	贵港	Guigang	5289	6257	7253	208
邵阳	Shaoyang	3760	4373	5136	263	玉林	Yulin	5302	6269	7269	207
岳阳	Yueyang	5988	7070	8326	149	百色	Baise	3461	4052	4774	270

6-4 农村居民人均纯收入 续表 3
Per Capita Net Income of Rural Households continued 3

单位：元 (yuan)

地名	City	2010	2011	2012	2012 排名 Ranking	地名	City	2010	2011	2012	2012 排名 Ranking
贺州	Hezhou	4298	4963	5832	250	丽江	Lijiang	3410	4270	5094	264
河池	Hechi	3599	4118	4620	274	普洱	Puer	3456	4338	5020	267
来宾	Laibin	4659	5382	6231	237	临沧	Lincang	3279	4284	5158	262
崇左	Chongzuo	4621	5370	6263	236	**西藏**	**Tibet**	**4139**	**4904**	**5719**	
海南	**Hainan**	**5275**	**6446**	**7408**		拉萨	Lhasa	5003	6019	7082	214
海口	Haikou	6173	7191	8134	155	**陕西**	**Shaanxi**	**4105**	**5028**	**5763**	
三亚	Sanya	6502	7582	8825	126	西安	Xi'an	7750	9788	11442	45
重庆	**Chongqing**	**5277**	**6480**	**7383**		铜川	Tongchuan	4789	6077	7134	212
四川	**Sichuan**	**5087**	**6129**	**7001**		宝鸡	Baoji	5040	6340	7373	204
成都	Chengdu	8205	9895	11301	51	咸阳	Xianyang	5056	6401	7464	200
自贡	Zigong	5762	6951	7955	172	渭南	Weinan	4372	5571	6602	227
攀枝花	Panzhihua	6293	7627	8728	133	延安	Yan'an	5173	6565	7655	189
泸州	Luzhou	5388	6509	7463	201	汉中	Hanzhong	4183	5283	6181	241
德阳	Deyang	6486	7831	8953	119	榆林	Yulin	5113	6520	7681	187
绵阳	Mianyang	5940	7183	8213	153	安康	Ankang	3976	5009	5815	251
广元	Guangyuan	4036	4895	5649	252	商洛	Shangluo	3605	4586	5425	256
遂宁	Suining	5390	6528	7488	197	**甘肃**	**Gansu**	**3425**	**3909**	**4507**	
内江	Neijiang	5504	6638	7602	191	兰州	Lanzhou	4588	5252	6224	238
乐山	Leshan	5613	6770	7746	184	嘉峪关	Jiayuguan	7865	9304	10999	54
南充	Nanchong	4814	5837	6726	225	金昌	Jinchang	5953	6709	7885	176
眉山	Meishan	5942	7184	8236	152	白银	Baiyin	3386	3813	4497	277
宜宾	Yibin	5610	6779	7771	182	天水	Tianshui	2825	3266	3864	281
广安	Guangan	5377	6513	7474	199	武威	Wuwei	4551	5193	6135	244
达州	Dazhou	5084	6148	7047	217	张掖	Zhangye	5575	6467	7504	196
雅安	Yaan	5181	6269	7187	210	平凉	Pingliang	3136	3581	4215	279
巴中	Bazhong	3847	4667	5387	257	酒泉	Jiuquan	7234	8158	9645	91
资阳	Ziyang	5552	6718	7708	185	庆阳	Qingyang	3154	3674	4262	278
贵州	**Guizhou**	**3472**	**4145**	**4753**		定西	Dingxi	2702	3074	3612	282
贵阳	Guiyang	5976	7381	8488	146	陇南	Longnan	2299	2621	3088	283
六盘水	Liupanshui	3601	4437	5182	261	**青海**	**Qinghai**	**3863**	**4608**	**5364**	
遵义	Zunyi	4207	5216	6061	245	西宁	Xining	5521	6634	7802	178
安顺	Anshun	3526	4367	5088	265	**宁夏**	**Ningxia**	**4675**	**5410**	**6180**	
毕节	Bijie	3354	4210	4926	268	银川	Yinchuan	6161	7070	8068	160
铜仁	Tongren	3222	4002	4673	273	石嘴山	Shizuishan	6060	6974	7967	170
云南	**Yunnan**	**3952**	**4722**	**5417**		吴忠	Wuzhong	5041	5573	6370	235
昆明	Kunming	5810	6985	8040	164	固原	Guyuan	3477	4044	4690	272
曲靖	Qujing	4130	5035	5950	246	中卫	Zhongwei	4439	5178	5927	247
玉溪	Yuxi	5747	6616	7628	190	**新疆**	**Xinjiang**	**4643**	**5442**	**6394**	
保山	Baoshan	3626	4439	5331	259	乌鲁木齐	Urumqi	7466	8485	10032	78
昭通	Zhaotong	2768	3294	3897	280	克拉玛依	Karamay	10296		11735	42

6-5 农村居民人均消费支出
Per Capita Consumption Expenditure of Rural Households

单位：元 (yuan)

地名	City	2010	2011	2012	2012 排名 Ranking
全国	**Nation Total**	**4382**	**5221**	**5908**	
北京	**Beijing**	**9255**	**11078**	**11879**	
天津	**Tianjin**	**4937**	**6725**	**8337**	
河北	**Hebei**	**3845**	**4711**	**5364**	
石家庄	Shijiazhuang	3956	5457	5439	166
唐山	Tangshan	5980	7201	8316	36
秦皇岛	Qinhuangdao	4070	5643	6110	125
邯郸	Handan	2692	3927	4023	251
邢台	Xingtai	2864	3969	4259	240
保定	Baoding	2864	4757	5083	192
张家口	Zhangjiakou	3110	4360	4364	233
承德	Chengde	3672	4984	5524	161
沧州	Cangzhou	3525	4996	5336	177
廊坊	Langfang	3850	6015	6764	79
衡水	Hengshui	2779	4212	4656	215
山西	**Shanxi**	**3664**	**4587**	**5566**	
太原	Taiyuan	3879	5884	6550	96
大同	Datong	2472	3834	4214	244
阳泉	Yangquan	4047	5207	5969	134
长治	Changzhi	2935	4278	4720	212
晋城	Jincheng	3853	5289	6044	129
朔州	Shuozhou	3293	4809	5416	171
晋中	Jinzhong	3801	5352	5971	133
运城	Yuncheng	3067	4201	4740	210
忻州	Xinzhou	3041	3867	3994	254
临汾	Linfen	3381	4230	4429	227
吕梁	Luliang	3327	5767	4305	238
内蒙古	**Inner Mongolia**	**4461**	**5508**	**6382**	
呼和浩特	Hohhot	5526	7090	8175	38
包头	Baotou	6132	6943	7869	44
乌海	Wuhai	5115	10023	10118	21
赤峰	Chifeng	3572	5341	5801	144
通辽	Tongliao	4264	6172	6764	79
鄂尔多斯	Erdos	8458	9613	10392	17
呼伦贝尔	Hulunbuir	4522	5653	6818	76
巴彦淖尔	Bayannur	6325	7662	8662	29
乌兰察布	Ulanqab	2844	3303	4468	225
辽宁	**Liaoning**	**4490**	**5406**	**5998**	
沈阳	Shenyang	5388	5989	6631	90
大连	Dalian	6940	7599	7639	48
鞍山	Anshan	5188	6601	6464	103
抚顺	Fushun	4630	6233	6510	99
本溪	Benxi	5775	6683	7967	43
丹东	Dandong	5029	5958	7418	55
锦州	Jinzhou	3861	5357	6274	115
营口	Yingkou	5591	6435	8046	40
阜新	Fuxin	4119	5501	5261	180
辽阳	Liaoyang	3980	5218	6669	88
盘锦	Panjin	5012	6113	6541	97
铁岭	Tieling	4982	5642	6301	114
朝阳	Chaoyang	5178	6138	6155	120
葫芦岛	Huludao	3906	4581	5212	183
吉林	**Jilin**	**4147**	**5306**	**6186**	
长春	Changchun	3533	5245	5855	140
吉林	Jilin	4441	5054	6014	131
四平	Siping	4256	5467	6328	113
辽源	Liaoyuan	3892	5459	6750	83
通化	Tonghua	3506	5061	6186	118
白山	Baishan	2826	4525	4786	209
松原	Songyuan	3528	4945	5720	151
白城	Baicheng	3400	4666	5761	149
黑龙江	**Heilongjiang**	**4391**	**5334**	**5718**	
哈尔滨	Harbin	4666	5513	5718	152
齐齐哈尔	Qiqihar	5331	5969	6821	75
鸡西	Jixi	3956	6244	6148	122
鹤岗	Hegang				
双鸭山	Shuangyashan				
大庆	Daqing	4204	4851		
伊春	Yichun		4027		
佳木斯	Jiamusi	2323	2781	3279	271
七台河	Qitaihe				
牡丹江	Mudanjiang	5205	5974		
黑河	Heihe				
绥化	Suihua				
上海	**Shanghai**	**10210**	**11049**	**11972**	
江苏	**Jiangsu**	**6543**	**8095**	**9138**	

6-5 农村居民人均消费支出 续表 1
Per Capita Consumption Expenditure of Rural Households continued 1

单位：元 (yuan)

地名	City	2010	2011	2012	2012 排名 Ranking	地名	City	2010	2011	2012	2012 排名 Ranking
南京	Nanjing	8477	9956	11114	11	池州	Chizhou	3968	4603	5839	142
无锡	Wuxi	9790	11239	12795	5	宣城	Xuancheng	4522	5925	6358	111
徐州	Xuzhou	5216	5973	6742	84	福建	**Fujian**	**5498**	**6541**	**7402**	
常州	Changzhou	9924	11207	12027	8	福州	Fuzhou	6071	7353	8336	35
苏州	Suzhou	10397	12485	14381	2	厦门	Xiamen	7523	9142	10152	19
南通	Nantong	7240	8510	9839	23	莆田	Putian	5679	6748	7733	46
连云港	Lianyungang	4766	5498	6210	116	三明	Sanming	4862	5896	6752	82
淮安	Huaian	5216	5904	6493	101	泉州	Quanzhou	6782	7701	8484	32
盐城	Yancheng	5074	6142	6998	66	漳州	Zhangzhou	5524	6650	7582	50
扬州	Yangzhou	6782	7791	8714	28	南平	Nanping	4991	5787	6502	100
镇江	Zhenjiang	7848	9136	10530	16	龙岩	Longyan	5245	6161	6837	74
泰州	Taizhou	6476	8046	8990	25	宁德	Ningde	4469	5338	6075	127
宿迁	Suqian	4684	5838	6594	94	江西	**Jiangxi**	**3912**	**4660**	**5130**	
浙江	**Zhejiang**	**8929**	**9965**	**10653**		南昌	Nanchang	3992	4893	5209	184
杭州	Hangzhou	10267	12125	13612	3	景德镇	Jingdezhen	4200	4683	5338	176
宁波	Ningbo	9794	11253	12699	6	萍乡	Pingxiang	4762	4781	6035	130
温州	Wenzhou	8431	10137	10820	15	九江	Jiujiang	4131	4438	5164	188
嘉兴	Jiaxing	9274	10707	12326	7	新余	Xinyu	4879	5804	6130	124
湖州	Huzhou	9139	10093	11077	13	鹰潭	Yingtan	4028	4932	5497	162
绍兴	Shaoxing	9210	10073	11107	12	赣州	Ganzhou	3197	3788	3945	259
金华	Jinhua	7695	8687	9272	24	吉安	Jian	3495	4133	4529	220
衢州	Quzhou	5485	6281	6857	73	宜春	Yichun	3676	4933	5269	179
舟山	Zhoushan	10270	12124	13589	4	抚州	Fuzhou	3331	3948	4364	233
台州	Taizhou	8086	9491	10148	20	上饶	Shangrao	2757	3933	4117	247
丽水	Lishui	4947	5954	6685	87	山东	**Shandong**	**4807**	**5901**	**6776**	
安徽	**Anhui**	**4013**	**4957**	**5556**		济南	Jinan	5407	5905	6932	69
合肥	Hefei	4188	4477	5253	181	青岛	Qingdao	6662	7661	8653	30
芜湖	Wuhu	5231	5605	6369	110	淄博	Zibo	5676	6458	7334	56
蚌埠	Bengbu	3159	3421	4065	249	枣庄	Zaozhuang	4209	5051	5640	156
淮南	Huainan	3376	4290	5437	167	东营	Dongying	4985	5829	7101	63
马鞍山	Maanshan	6339	5780	6782	77	烟台	Yantai	5175	5884	6603	93
淮北	Huaibei	3881	4224	4497	221	潍坊	Weifang	5982	6382	7487	52
铜陵	Tongling	5387	6171	7041	65	济宁	Jining	4216	4721	5437	167
安庆	Anqing	3392	4598	4888	205	泰安	Taian	4273	4855	5588	157
黄山	Huangshan	4163	5128	5249	182	威海	Weihai	5728	6823	7547	51
滁州	Chuzhou	4027	4896	5875	138	日照	Rizhao	4144	4352	4897	204
阜阳	Fuyang	2686	3114	3481	269	莱芜	Laiwu	4620	5194	6093	126
宿州	Suzhou	3126	3768	4470	224	临沂	Linyi	3935	4696	5536	160
六安	Liuan	3807	4443	4853	207	德州	Dezhou	3045	4142	4938	199
亳州	Bozhou	3025	3679	4569	219	聊城	Liaocheng	3542	4553	5190	186

6-5 农村居民人均消费支出 续表 2
Per Capita Consumption Expenditure of Rural Households continued 2

单位：元 (yuan)

地名	City	2010	2011	2012	2012 排名 Ranking	地名	City	2010	2011	2012	2012 排名 Ranking
滨州	Binzhou	4531	5968	6994	67	常德	Changde	4575	5440	6380	109
菏泽	Heze	3629	4140	4696	213	张家界	Zhangjiajie	3476	3791	4490	223
河南	**Henan**	**3682**	**4320**	**5032**		益阳	Yiyang	4637	5644	6427	106
郑州	Zhengzhou	6254	7622	8967	26	郴州	Chenzhou	3511	4315	4886	206
开封	Kaifeng	3352	3963	4641	216	永州	Yongzhou	3951	4728	5289	178
洛阳	Luoyang	4635	5293	5979	132	怀化	Huaihua	3072	3573	3769	261
平顶山	Pingdingshan	3168	3696	4131	246	娄底	Loudi	3224	4367	4996	195
安阳	Anyang	3726	4489	5399	174	**广东**	**Guangdong**	**5516**	**6726**	**7459**	
鹤壁	Hebi	3938	5060	6475	102	广州	Guangzhou	8986	9903	10965	14
新乡	Xinxiang	4593	5517	6342	112	韶关	Shaoguan	4930	6200	6634	89
焦作	Jiaozuo	4845	5875	7435	53	深圳	Shenzhen				
濮阳	Puyang	2911	3686	4403	231	珠海	Zhuhai	8071	8897	10099	22
许昌	Xuchang	4222	4885	5549	159	汕头	Shantou	5960	6586	7296	57
漯河	Luohe	3492	4189	4797	208	佛山	Foshan	8539	11184	11458	9
三门峡	Sanmenxia	4126	4857	5765	148	江门	Jiangmen	6412	7609	8355	34
南阳	Nanyang	4012	4694	5454	164	湛江	Zhanjiang	4579	5632	6912	71
商丘	Shangqiu	2890	3460	3970	257	茂名	Maoming	4320	5586	6624	91
信阳	Xinyang	3604	4056	4331	237	肇庆	Zhaoqing	5081	6159	6430	105
周口	Zhoukou	3344	3713	4281	239	惠州	Huizhou	6029	7187	8286	37
驻马店	Zhumadian	3670	4297	4986	196	梅州	Meizhou	5578	6283	6729	86
湖北	**Hubei**	**4091**	**5011**	**5727**		汕尾	Shanwei	5752	6483	7138	60
武汉	Wuhan	5631	7103	8167	39	河源	Heyuan	4949	5881	6205	117
黄石	Huangshi	4073	4970	5859	139	阳江	Yangjiang	6070	7508	8486	31
十堰	Shiyan	3100	3662	4014	252	清远	Qingyuan	4977	6090	6767	78
宜昌	Yichang	4071	5241	5945	135	东莞	Dongguan	11840	14055	16189	1
襄阳	Xiangfan	4252	5491	6134	123	中山	ZhongShan	9008	10174	11321	10
鄂州	Ezhou	3209	4231	6573	95	潮州	Chaozhou	6027	7071	7635	49
荆门	Jingmen	6951	5757	6608	92	揭阳	Jieyang	4745	5603	6151	121
孝感	Xiaogan	3987	4608	5142	189	云浮	Yunfu	5180	6237	6861	72
荆州	Jingzhou	3964	4989	6526	98	**广西**	**Guangxi**	**3455**	**4211**	**4934**	
黄冈	Huanggang	3511	4230	5370	175	南宁	Nanning	3354	4913	5201	185
咸宁	Xianning	3823	5026	5556	158	柳州	Liuzhou	3663	5407	5830	143
随州	Suizhou	4404	5330	5738	150	桂林	Guilin	3872	5332	5770	147
湖南	**Hunan**	**4310**	**5179**	**5870**		梧州	Wuzhou	2798	3634	5106	191
长沙	Changsha	7533	8576	10155	18	北海	Beihai	3170	3870	4939	198
株洲	Zhuzhou	5466	6710	7656	47	防城港	Fangchenggang	3470	3841	4340	236
湘潭	Xiangtan	5073	6513	7128	61	钦州	Qinzhou	2901	4203	3755	262
衡阳	Hengyang	4843	5631	6382	108	贵港	Guigang	3504	4209	5166	187
邵阳	Shaoyang	2942	3548	3954	258	玉林	Yulin	2910	4357	4615	217
岳阳	Yueyang	4990	5904	6757	81	百色	Baise	2859	4655	3983	255

6-5 农村居民人均消费支出 续表 3
Per Capita Consumption Expenditure of Rural Households continued 3

单位：元 (yuan)

地名	City	2010	2011	2012	2012 排名 Ranking
贺州	Hezhou	2985	3980	4094	248
河池	Hechi	2099	3992	3516	266
来宾	Laibin	3545	5458	5434	169
崇左	Chongzuo	3581	4561	5843	141
海南	**Hainan**	**3446**	**4166**	**4776**	
海口	Haikou	3403	4938	5887	137
三亚	Sanya	3905	4491	4903	203
重庆	**Chongqing**	**3625**	**4502**	**5019**	
四川	**Sichuan**	**3898**	**4676**	**5367**	
成都	Chengdu	5796	7033	7990	42
自贡	Zigong	4300	4857	5664	155
攀枝花	Panzhihua	5439	5608	7114	62
泸州	Luzhou	4174	4554	5445	165
德阳	Deyang	5241	5472	5792	145
绵阳	Mianyang	4607	5513	5772	146
广元	Guangyuan	3416	3961	4406	230
遂宁	Suining	4049	3968	4358	235
内江	Neijiang	3997	4520	5112	190
乐山	Leshan	4394	4631	4917	202
南充	Nanchong	3376	3967	4400	232
眉山	Meishan	3933	4501	4936	200
宜宾	Yibin	4340	4364	5404	173
广安	Guangan	3138	3931	4416	229
达州	Dazhou	3552	4159	4693	214
雅安	Yaan	4507	5041	5707	153
巴中	Bazhong	3910	4298	4934	201
资阳	Ziyang	2924	4295	4493	222
贵州	**Guizhou**	**2853**	**3456**	**3902**	
贵阳	Guiyang	4741	5494	6161	119
六盘水	Liupanshui	2612	3427	4001	253
遵义	Zunyi	2790	3944	4226	243
安顺	Anshun	2210	3388	3489	268
毕节	Bijie	2499	3625	3972	256
铜仁	Tongren	2594	3738	4250	241
云南	**Yunnan**	**3398**	**4000**	**4561**	
昆明	Kunming	5701	6362	6981	68
曲靖	Qujing	3120	4020	4029	250
玉溪	Yuxi	5033	5989	6733	85
保山	Baoshan	3214	4109	5006	194
昭通	Zhaotong	2314	2935	2572	274
丽江	Lijiang	2184	3200	3493	267
普洱	Puer	2755	3827	4426	228
临沧	Lincang	2020	2948	3444	270
西藏	**Tibet**	**2667**	**2742**	**2968**	
拉萨	Lhasa	2482	3851	2782	273
陕西	**Shaanxi**	**3794**	**4492**	**5115**	
西安	Xi'an	5633	6705	7774	45
铜川	Tongchuan	4402	4861	6443	104
宝鸡	Baoji	4466	5270	5934	136
咸阳	Xianyang	3867	4701	6057	128
渭南	Weinan	3273	4495	5494	163
延安	Yan'an	3731	4335	4971	197
汉中	Hanzhong	3192	3892	4597	218
榆林	Yulin	4298	4975	7223	58
安康	Ankang	3536	3940	4732	211
商洛	Shangluo	2711	3569	4443	226
甘肃	**Gansu**	**2942**	**3665**	**4146**	
兰州	Lanzhou	3686	4331	5078	193
嘉峪关	Jiayuguan	5077	10149	8817	27
金昌	Jinchang	4147	7939	7425	54
白银	Baiyin	2955	3821	4181	245
天水	Tianshui	2413	3156	3526	265
武威	Wuwei	2160	2876	3671	263
张掖	Zhangye	4416	5210	6410	107
平凉	Pingliang	3090	4364	5422	170
酒泉	Jiuquan	6043	7063	8022	41
庆阳	Qingyang	2330	3113	3878	260
定西	Dingxi	2419	3005	3628	264
陇南	Longnan	2341	2667	2964	272
青海	**Qinghai**	**3775**	**4537**	**5359**	
西宁	Xining	5404	6435	6914	70
宁夏	**Ningxia**	**4013**	**4727**	**5351**	
银川	Yinchuan	5394	6707	7089	64
石嘴山	Shizuishan	4930	6041	7222	59
吴忠	Wuzhong	3763	4604	5410	172
固原	Guyuan	3085	3793	4248	242
中卫	Zhongwei	3877	4916	5670	154
新疆	**Xinjiang**	**3458**	**4398**	**5301**	
乌鲁木齐	Urumqi		7657	8398	33
克拉玛依	Karamay				

6-6 农村居民人均食品消费支出
Per Capita Food Consumption Expenditure of Rural Households

单位：元 （yuan）

地名	City	2010	2011	2012	2012 排名 Ranking
全国	**Nation Total**	**1801**	**2107**	**2324**	
北京	**Beijing**	**2995**	**3593**	**3945**	
天津	**Tianjin**	**2061**	**2376**	**3020**	
河北	**Hebei**	**1351**	**1580**	**1817**	
石家庄	Shijiazhuang	1405	1675	1809	225
唐山	Tangshan	2086	2627	2857	67
秦皇岛	Qinhuangdao	1384	1882	1993	202
邯郸	Handan	1021	1487	1511	262
邢台	Xingtai	1098	1472	1581	250
保定	Baoding	1143	1610	1804	227
张家口	Zhangjiakou	1440	1848	1891	212
承德	Chengde	1697	2091	2361	131
沧州	Cangzhou	1289	1826	1866	215
廊坊	Langfang	1505	2101	2172	169
衡水	Hengshui	1162	1631	1724	235
山西	**Shanxi**	**1372**	**1730**	**1860**	
太原	Taiyuan	1312	1870	2219	159
大同	Datong	1141	1861	2050	194
阳泉	Yangquan	1444	1956	2030	196
长治	Changzhi	1167	1698	1830	223
晋城	Jincheng	1493	1902	1995	200
朔州	Shuozhou	1383	2048	2129	177
晋中	Jinzhong	1323	1854	1849	219
运城	Yuncheng	1147	1507	1544	256
忻州	Xinzhou	1319	1664	1635	243
临汾	Linfen	1237	1603	1601	247
吕梁	Luliang	1200	1629	1716	238
内蒙古	**Inner Mongolia**	**1675**	**2067**	**2380**	
呼和浩特	Hohhot	2061	2778	2814	71
包头	Baotou	2279	2577	2927	62
乌海	Wuhai	2014	3329	3877	18
赤峰	Chifeng	1479	2118	2284	146
通辽	Tongliao	1615	2156	2376	126
鄂尔多斯	Erdos	2464	3504	3778	21
呼伦贝尔	Hulunbuir	1539		2520	95
巴彦淖尔	Bayannur	2460	2981	3231	44
乌兰察布	Ulanqab	1289	1341	2146	174
辽宁	**Liaoning**	**1714**	**2116**	**2300**	

地名	City	2010	2011	2012	2012 排名 Ranking
沈阳	Shenyang	1991	2210	2510	100
大连	Dalian	2746	3138	3139	46
鞍山	Anshan	2023	2352	2508	101
抚顺	Fushun	1954	2550	2742	74
本溪	Benxi	2274	2644	3244	42
丹东	Dandong	2314	2807	3266	39
锦州	Jinzhou	1412	1807	2052	191
营口	Yingkou	2124	2552	2866	64
阜新	Fuxin	1474	2054	1915	209
辽阳	Liaoyang	1867	1956	2337	138
盘锦	Panjin	1964	2656	2576	86
铁岭	Tieling	2004	2163	2231	157
朝阳	Chaoyang	1931	2489	2298	144
葫芦岛	Huludao	1542	1698	1923	207
吉林	**Jilin**	**1523**	**1872**	**2269**	
长春	Changchun		2073	2254	152
吉林	Jilin		1926	2337	138
四平	Siping		1931	2216	161
辽源	Liaoyuan		1952	2287	145
通化	Tonghua		2053	2507	102
白山	Baishan		1676	1904	211
松原	Songyuan		1685	1994	201
白城	Baicheng		1740	2364	129
黑龙江	**Heilongjiang**	**1484**	**2072**	**2165**	
哈尔滨	Harbin	1880	2216	2165	171
齐齐哈尔	Qiqihar	1850	2281	2403	118
鸡西	Jixi	1893	2405	2329	141
鹤岗	Hegang				
双鸭山	Shuangyashan				
大庆	Daqing	1610	1834		
伊春	Yichun		1189		
佳木斯	Jiamusi	1046	1404	1704	239
七台河	Qitaihe				
牡丹江	Mudanjiang	1839	2404		
黑河	Heihe				
绥化	Suihua				
上海	**Shanghai**	**3807**	**4517**	**4848**	
江苏	**Jiangsu**	**2492**	**2840**	**3049**	

6-6 农村居民人均食品消费支出 续表 1
Per Capita Food Consumption Expenditure of Rural Households continued 1

单位：元 (yuan)

地名	City	2010	2011	2012	2012 排名 Ranking	地名	City	2010	2011	2012	2012 排名 Ranking
南京	Nanjing	3110	3731	4147	15	池州	Chizhou	1852	2092	2433	110
无锡	Wuxi	3375	4115	4655	7	宣城	Xuancheng	1811	2079	2468	105
徐州	Xuzhou	1962	2170	2411	114	福建	**Fujian**	**2537**	**3032**	**3403**	
常州	Changzhou	3480	3976	4337	13	福州	Fuzhou	2761	3294	3687	23
苏州	Suzhou	3527	4221	4875	6	厦门	Xiamen	3109	3947	4413	12
南通	Nantong	2623	3077	3546	28	莆田	Putian	2648	3158	3521	31
连云港	Lianyungang	1947	2018	2259	151	三明	Sanming	2244	2741	3088	53
淮安	Huaian	2053	2198	2409	115	泉州	Quanzhou	2868	3269	3621	25
盐城	Yancheng	1871	2267	2543	90	漳州	Zhangzhou	2577	3181	3522	30
扬州	Yangzhou	2578	2916	3180	45	南平	Nanping	2268	2606	2937	61
镇江	Zhenjiang	3076	3445	3857	19	龙岩	Longyan	2403	2833	3106	50
泰州	Taizhou	2217	2573	2974	60	宁德	Ningde	2113	2571	2816	70
宿迁	Suqian	2008	2352	2479	104	江西	**Jiangxi**	**1813**	**2106**	**2333**	
浙江	**Zhejiang**	**3056**	**3715**	**3947**		南昌	Nanchang	1936	2471	2586	85
杭州	Hangzhou	3333	4076	4455	11	景德镇	Jingdezhen	1948	2459	2456	108
宁波	Ningbo	4049	4905	5293	2	萍乡	Pingxiang	1849	2019	2517	97
温州	Wenzhou	3635	4553	4943	4	九江	Jiujiang	1717	2012	2118	178
嘉兴	Jiaxing	3064	3629	3955	17	新余	Xinyu	2101	2302	2513	98
湖州	Huzhou	3004	3284	3583	27	鹰潭	Yingtan	1853	2282	2531	94
绍兴	Shaoxing	3314	4010	4186	14	赣州	Ganzhou	1459	1776	1791	229
金华	Jinhua	2670	3170	3246	40	吉安	Jian	1669	1886	2003	199
衢州	Quzhou	2229	2581	2720	76	宜春	Yichun	1692	2138	2273	148
舟山	Zhoushan	4071	4712	5183	3	抚州	Fuzhou	1614	1989	2176	168
台州	Taizhou	2980	3778	4021	16	上饶	Shangrao	1414	1844	1919	208
丽水	Lishui	1889	2301	2553	89	山东	**Shandong**	**1804**	**2107**	**2321**	
安徽	**Anhui**	**1633**	**2055**	**2181**		济南	Jinan	1818	2147	2465	106
合肥	Hefei	2037	2162	2363	130	青岛	Qingdao	2365	2803	3130	48
芜湖	Wuhu	2175	2554	2838	69	淄博	Zibo	1864	2266	2572	87
蚌埠	Bengbu	1380	1498	1743	234	枣庄	Zaozhuang	1558	1891	2021	197
淮南	Huainan	1486	1827	2184	167	东营	Dongying	1734	2050	2351	134
马鞍山	Maanshan	2483	2331	2612	81	烟台	Yantai	1982	2330	2594	84
淮北	Huaibei	1431	1553	1719	236	潍坊	Weifang	1747	2100	2356	132
铜陵	Tongling	2158	2506	2542	91	济宁	Jining	1596	1878	2137	175
安庆	Anqing	1722	1975	2388	122	泰安	Taian	1572	1861	2052	191
黄山	Huangshan	1874	2616	2404	117	威海	Weihai	2060	2492	2367	128
滁州	Chuzhou	1680	2026	2409	115	日照	Rizhao	1752	1758	1858	217
阜阳	Fuyang	1207	1366	1474	265	莱芜	Laiwu	1753	1917	2200	164
宿州	Suzhou	1446	1449	1615	246	临沂	Linyi	1580	1846	2075	186
六安	Liuan	1816	2248	2461	107	德州	Dezhou	1333	1531	1601	247
亳州	Bozhou	1311	1438	1647	242	聊城	Liaocheng	1418	1724	1926	205

6-6 农村居民人均食品消费支出 续表 2

Per Capita Food Consumption Expenditure of Rural Households continued 2

单位：元 (yuan)

地名	City	2010	2011	2012	2012 排名 Ranking
滨州	Binzhou	1413	1881	2093	181
菏泽	Heze	1472	1658	1810	224
河南	**Henan**	**1371**	**1560**	**1702**	
郑州	Zhengzhou	1889	2059	2203	163
开封	Kaifeng	1140	1401	1555	253
洛阳	Luoyang	1395	1621	1719	236
平顶山	Pingdingshan	1273	1414	1522	261
安阳	Anyang	1197	1433	1535	258
鹤壁	Hebi	1451	1773	2096	180
新乡	Xinxiang	1457	1627	1806	226
焦作	Jiaozuo	1479	1681	2018	198
濮阳	Puyang	1051	1374	1584	249
许昌	Xuchang	1329	1523	1685	241
漯河	Luohe	1225	1415	1550	254
三门峡	Sanmenxia	1419	1632	1831	222
南阳	Nanyang	1525	1910	2086	184
商丘	Shangqiu	1081	1407	1549	255
信阳	Xinyang	1780	1940	2068	189
周口	Zhoukou	1250	1307	1542	257
驻马店	Zhumadian	1529	1699	1891	212
湖北	**Hubei**	**1763**	**1955**	**2154**	
武汉	Wuhan	2329	3068	3245	41
黄石	Huangshi	1773	2095	2317	142
十堰	Shiyan	1351	1681	1782	232
宜昌	Yichang	1787	2157	2238	154
襄阳	Xiangfan	1016	2241	2446	109
鄂州	Ezhou	1077	1329	3121	49
荆门	Jingmen	4786	2464	2172	169
孝感	Xiaogan	1827	2156	2240	153
荆州	Jingzhou	1788	2109	2616	80
黄冈	Huanggang	1525	1791	2075	186
咸宁	Xianning	1710	2190	2272	149
随州	Suizhou	1994	2218	2236	156
湖南	**Hunan**	**2088**	**2343**	**2575**	
长沙	Changsha	2838	3243	3756	22
株洲	Zhuzhou	2382	2800	3039	57
湘潭	Xiangtan	2297	2722	2840	68
衡阳	Hengyang	2444	2631	3076	54
邵阳	Shaoyang	1525	1861	1910	210
岳阳	Yueyang	1836	2271	2540	92
常德	Changde	2125	2406	2610	82
张家界	Zhangjiajie	1795	2001	2159	172
益阳	Yiyang	2119	2484	2790	72
郴州	Chenzhou	1705	2154	2199	165
永州	Yongzhou	1882	2201	2391	120
怀化	Huaihua	1738	2011	2148	173
娄底	Loudi	1688	2282	2371	127
广东	**Guangdong**	**2630**	**3301**	**3659**	
广州	Guangzhou	4126	4516	4879	5
韶关	Shaoguan	2687	3042	3244	42
深圳	Shenzhen				
珠海	Zhuhai	3631	4030	4504	9
汕头	Shantou	2865	3188	3480	33
佛山	Foshan	3236	4351	4480	10
江门	Jiangmen		3222	3604	26
湛江	Zhanjiang	2285	2951	3539	29
茂名	Maoming	2065	2642	3067	55
肇庆	Zhaoqing	2517	3043	3137	47
惠州	Huizhou	2715	3205	3671	24
梅州	Meizhou	2611	2915	3095	51
汕尾	Shanwei	2630	2978	3390	36
河源	Heyuan	2382	2761	3049	56
阳江	Yangjiang		3416	3836	20
清远	Qingyuan	2455	3027	3328	37
东莞	Dongguan	4447	5313	5980	1
中山	ZhongShan	3891	4222	4574	8
潮州	Chaozhou	2750	3253	3444	34
揭阳	Jieyang	2259	2639	2866	64
云浮	Yunfu	2778	3231	3499	32
广西	**Guangxi**	**1675**	**1845**	**2086**	
南宁	Nanning	1636	2393	2431	111
柳州	Liuzhou	1820	2399	2520	95
桂林	Guilin	1827	2558	2559	88
梧州	Wuzhou	1531	1300	2224	158
北海	Beihai	1701	1786	2354	133
防城港	Fangchenggang	1865	1773	1949	204
钦州	Qinzhou	1568	2313	1573	251
贵港	Guigang	1648	2004	2346	136
玉林	Yulin	1418	2019	2088	183
百色	Baise	1474	2258	1316	270

6-6 农村居民人均食品消费支出 续表 3
Per Capita Food Consumption Expenditure of Rural Households continued 3

单位：元 (yuan)

地名	City	2010	2011	2012	2012 排名 Ranking
贺州	Hezhou	1480	1296	1302	271
河池	Hechi	1297	1799	1281	272
来宾	Laibin	1554	2197	2131	176
崇左	Chongzuo	1432	1653	2346	136
海南	**Hainan**	**1724**	**2138**	**2410**	
海口	Haikou	1505	2360	3093	52
三亚	Sanya	1944	2216	2312	143
重庆	**Chongqing**	**1750**	**2109**	**2216**	
四川	**Sichuan**	**1881**	**2162**	**2514**	
成都	Chengdu	2429	2952	3284	38
自贡	Zigong	2401	2501	2725	75
攀枝花	Panzhihua	2438	2693	3397	35
泸州	Luzhou	2071	2396	2667	77
德阳	Deyang	2327	2636	2871	63
绵阳	Mianyang	2012	2471	2511	99
广元	Guangyuan	1453	1923	2082	185
遂宁	Suining	1778	1935	2092	182
内江	Neijiang	2077	2206	2490	103
乐山	Leshan	2066	2185	2274	147
南充	Nanchong	1806	1996	2383	123
眉山	Meishan	1861	1953	2237	155
宜宾	Yibin	1941	2226	2860	66
广安	Guangan	1849	2248	2429	112
达州	Dazhou	1865	2187	2422	113
雅安	Yaan	2068	2395	2637	78
巴中	Bazhong	2010	2114	2398	119
资阳	Ziyang	1699	2221	2391	120
贵州	**Guizhou**	**1319**	**1647**	**1741**	
贵阳	Guiyang	1736	2241	2380	124
六盘水	Liupanshui	1370	1482	1976	203
遵义	Zunyi	1323	1797	1792	228
安顺	Anshun	1223	1759	1762	233
毕节	Bijie	1175	1677	1786	231
铜仁	Tongren	1274	1778	1926	205
云南	**Yunnan**	**1605**	**1884**	**2081**	
昆明	Kunming	1781	2062	2539	93
曲靖	Qujing	1396	1845	1856	218
玉溪	Yuxi	1932	2142	2351	134
保山	Baoshan	1541	1915	2109	179
昭通	Zhaotong	1298	1523	1002	274

地名	City	2010	2011	2012	2012 排名 Ranking
丽江	Lijiang	1061	1528	1833	221
普洱	Puer	1636	2115	2337	138
临沧	Lincang	1130	1467	1616	245
西藏	**Tibet**	**1326**	**1385**	**1592**	
拉萨	Lhasa	970	1092	1370	269
陕西	**Shaanxi**	**1299**	**1345**	**1520**	
西安	Xi'an	1833	2138	2630	79
铜川	Tongchuan	1454	1631	1863	216
宝鸡	Baoji	1365	1537	1620	244
咸阳	Xianyang	1211	1475	1790	230
渭南	Weinan	1035	1349	2060	190
延安	Yan'an	1338	1714	1698	240
汉中	Hanzhong	1390	1617	1883	214
榆林	Yulin	1692	1826	2606	83
安康	Ankang	1575	1777	2073	188
商洛	Shangluo	1060	1343	1439	266
甘肃	**Gansu**	**1315**	**1548**	**1649**	
兰州	Lanzhou	1624	1831	2052	191
嘉峪关	Jiayuguan	2205	3840	3005	59
金昌	Jinchang	1648	2257	2209	162
白银	Baiyin	1338	1791	1845	220
天水	Tianshui	1129	1433	1503	263
武威	Wuwei	730	1389	1475	264
张掖	Zhangye	1770	2035	2380	124
平凉	Pingliang	1282	1655	2261	150
酒泉	Jiuquan	2070	2603	3039	57
庆阳	Qingyang	971	1232	1372	268
定西	Dingxi	1138	1293	1532	259
陇南	Longnan	1261	1312	1375	267
青海	**Qinghai**	**1443**	**1716**	**1859**	
西宁	Xining	1634	2087	2217	160
宁夏	**Ningxia**	**1542**	**1763**	**1891**	
银川	Yinchuan	1931	2322	2188	166
石嘴山	Shizuishan	1904	2247	2034	195
吴忠	Wuzhong	1510	1867	1523	260
固原	Guyuan	1494	1819	1249	273
中卫	Zhongwei	1338	1769	1573	251
新疆	**Xinjiang**	**1394**	**1589**	**1891**	
乌鲁木齐	Urumqi		2653	2754	73
克拉玛依	Karamay				

6-7 城乡居民人民币储蓄存款余额
Household Saving Deposits at Year-end

单位：亿元 (100 million yuan)

地名	City	2010	2011	2012	2012 排名 Ranking	地名	City	2010	2011	2012	2012 排名 Ranking
全国	**Nation Total**	**303302.49**	**343635.89**	**399551.04**		沈阳	Shenyang	5970.16	3729.47	4318.84	10
北京	**Beijing**	**17003.11**	**19126.14**	**21644.94**		大连	Dalian	6159.00	3672.21	4160.47	13
天津	**Tianjin**	**5558.23**	**6123.08**	**7055.38**		鞍山	Anshan	1079.14	1238.41	1437.40	59
河北	**Hebei**	**15678.43**	**17824.33**	**20665.09**		抚顺	Fushun	372.98	685.72	807.89	132
石家庄	Shijiazhuang	3272.10	3243.58	3735.50	16	本溪	Benxi	504.91	546.69	600.01	181
唐山	Tangshan	2716.11	2841.24	3305.07	21	丹东	Dandong	476.43	770.69	893.01	118
秦皇岛	Qinhuangdao	896.02	992.12	1150.19	73	锦州	Jinzhou	583.29	777.66	904.50	115
邯郸	Handan	1318.74	1569.11	1790.81	44	营口	Yingkou	813.55	680.70	805.94	134
邢台	Xingtai	814.13	1259.42	1454.71	58	阜新	Fuxin	359.35	379.44	442.81	211
保定	Baoding	1158.32	2289.08	2657.01	30	辽阳	Liaoyang	513.99	585.75	678.37	162
张家口	Zhangjiakou	918.31	965.42	1119.75	78	盘锦	Panjin	440.22	581.25	676.77	163
承德	Chengde	766.25	764.62	888.22	120	铁岭	Tieling	484.33	522.87	620.30	176
沧州	Cangzhou	894.57	1549.68	1845.65	42	朝阳	Chaoyang	434.80	613.06	733.32	147
廊坊	Langfang	1322.08	1354.60	1581.56	52	葫芦岛	Huludao	505.66	610.11	712.06	151
衡水	Hengshui	457.60	987.43	1160.39	72	吉林	**Jilin**	**5147.26**	**5835.32**	**6875.10**	
山西	**Shanxi**	**9222.97**	**10455.46**	**11997.03**		长春	Changchun	4557.44	2337.78	2767.38	27
太原	Taiyuan	5054.75	2775.57	3021.50	22	吉林	Jilin	715.40	976.91	1141.97	75
大同	Datong	597.21	1077.04	1220.11	67	四平	Siping	364.58	456.40	537.60	194
阳泉	Yangquan	369.08	522.72	605.39	180	辽源	Liaoyuan	171.26	202.43	240.95	265
长治	Changzhi	631.17	849.55	981.33	98	通化	Tonghua	341.68	423.04	498.88	205
晋城	Jincheng	522.92	653.49	756.54	142	白山	Baishan	243.59	286.48	327.22	242
朔州	Shuozhou	197.68	519.50	596.29	183	松原	Songyuan	281.98	335.97	405.90	221
晋中	Jinzhong	469.64	933.30	1087.03	84	白城	Baicheng	192.58	217.40	259.82	262
运城	Yuncheng	499.86	757.47	878.16	122	黑龙江	**Heilongjiang**	**7254.71**	**8147.41**	**9269.20**	
忻州	Xinzhou	352.40	765.84	878.54	121	哈尔滨	Harbin	4126.95	2896.57	3320.67	20
临汾	Linfen	549.93	944.13	1068.67	86	齐齐哈尔	Qiqihar	540.40	684.82	781.58	136
吕梁	Luliang	406.11	773.99	919.50	111	鸡西	Jixi	224.98	450.00	501.52	202
内蒙古	**Inner Mongolia**	**4618.11**	**5423.06**	**6597.22**		鹤岗	Hegang	226.68	271.17	301.51	250
呼和浩特	Hohhot	2522.52	1053.68	1243.27	66	双鸭山	Shuangyashan	247.04	330.17	363.88	233
包头	Baotou	1037.29	848.88	1035.02	89	大庆	Daqing	409.78	998.13	1147.55	74
乌海	Wuhai	279.82	216.87	260.17	260	伊春	Yichun	104.05	271.00	309.84	247
赤峰	Chifeng	465.93	648.34	767.02	138	佳木斯	Jiamusi	342.26	488.07	545.21	191
通辽	Tongliao	464.00	312.30	365.47	232	七台河	Qitaihe	164.03	203.00	223.70	271
鄂尔多斯	Erdos	1562.10	780.70	1031.67	91	牡丹江	Mudanjiang	313.06	665.45	675.48	164
呼伦贝尔	Hulunbuir	430.54	504.32	594.67	184	黑河	Heihe	174.76	312.92	336.58	240
巴彦淖尔	Bayannur	346.36	285.72	354.63	236	绥化	Suihua	301.87	479.04	553.93	190
乌兰察布	Ulanqab	241.12	320.68	410.80	219	上海	**Shanghai**	**15650.24**	**17288.45**	**19506.70**	
辽宁	**Liaoning**	**13690.27**	**15365.66**	**17785.88**		江苏	**Jiangsu**	**23334.48**	**25914.74**	**30057.19**	

6-7 城乡居民人民币储蓄存款余额 续表 1
Household Saving Deposits at Year-end continued 1

单位：亿元 (100 million yuan)

地名	City	2010	2011	2012	2012 排名 Ranking	地名	City	2010	2011	2012	2012 排名 Ranking
南京	Nanjing	10384.84	3910.20	4465.37	9	池州	Chizhou	247.69	251.17	314.11	246
无锡	Wuxi	6160.60	3312.38	3731.83	17	宣城	Xuancheng	385.56	388.30	465.90	209
徐州	Xuzhou	1436.44	1495.42	1794.72	43	**福建**	**Fujian**	**8101.02**	**9068.62**	**10507.39**	
常州	Changzhou	3011.67	2157.39	2473.27	32	福州	Fuzhou	5005.53	2550.77	2939.46	25
苏州	Suzhou	10133.15	5078.59	5787.75	5	厦门	Xiamen	3621.72	1558.74	1680.19	51
南通	Nantong	2843.14	3052.28	3588.06	19	莆田	Putian	616.71	541.18	654.81	169
连云港	Lianyungang	946.26	623.23	723.59	149	三明	Sanming	697.66	462.92	537.53	195
淮安	Huaian	8426.34	678.92	806.86	133	泉州	Quanzhou	2600.56	2049.67	2375.79	34
盐城	Yancheng	1310.40	1264.37	1519.33	55	漳州	Zhangzhou	836.20	695.17	814.84	131
扬州	Yangzhou	1486.06	1427.87	1697.51	49	南平	Nanping	617.60	460.82	539.37	193
镇江	Zhenjiang	1563.34	1108.83	1301.36	64	龙岩	Longyan	723.39	451.77	524.97	197
泰州	Taizhou	1460.69	1307.77	1546.53	53	宁德	Ningde	718.56	337.65	408.18	220
宿迁	Suqian	625.61	497.50	621.02	175	**江西**	**Jiangxi**	**6113.24**	**7123.57**	**8471.86**	
浙江	**Zhejiang**	**20612.16**	**23470.25**	**26406.81**		南昌	Nanchang	3461.52	1603.96	1853.57	40
杭州	Hangzhou	15078.73	5519.17	6022.08	4	景德镇	Jingdezhen	227.00	292.99	345.16	238
宁波	Ningbo	9414.20	3696.28	4175.96	12	萍乡	Pingxiang	227.96	273.50	318.38	245
温州	Wenzhou	5516.68	3566.31	3616.96	18	九江	Jiujiang	638.02	680.15	822.11	130
嘉兴	Jiaxing	2753.64	1880.45	2144.49	36	新余	Xinyu	352.33	267.00	306.40	249
湖州	Huzhou	1461.32	954.44	1078.46	85	鹰潭	Yingtan	220.03	192.16	228.95	268
绍兴	Shaoxing	3934.27	2227.67	2492.09	31	赣州	Ganzhou	846.37	1100.38	1327.76	62
金华	Jinhua	3096.47	2314.15	2668.17	29	吉安	Jian	373.98	683.05	825.96	128
衢州	Quzhou	788.22	513.07	606.38	179	宜春	Yichun	508.67	748.64	899.53	117
舟山	Zhoushan	1017.72	461.30	503.69	200	抚州	Fuzhou	325.29	521.98	636.33	174
台州	Taizhou	3055.82	2068.79	2371.99	35	上饶	Shangrao	577.22	759.32	906.59	114
丽水	Lishui	821.46	722.77	726.54	148	**山东**	**Shandong**	**19648.21**	**22173.27**	**26343.31**	
安徽	**Anhui**	**7788.48**	**9233.57**	**11178.62**		济南	Jinan	6319.09	2427.48	2888.74	26
合肥	Hefei	4214.08	1689.54	2065.57	37	青岛	Qingdao	5886.23	3198.51	3757.60	15
芜湖	Wuhu	1033.45	713.67	866.71	126	淄博	Zibo	1686.13	1437.07	1690.22	50
蚌埠	Bengbu	386.92	451.40	531.41	196	枣庄	Zaozhuang	727.71	570.87	695.09	156
淮南	Huainan	644.64	479.99	571.38	187	东营	Dongying	1148.11	789.90	941.29	106
马鞍山	Maanshan	523.11	560.67	637.58	173	烟台	Yantai	2511.91	2365.95	2767.33	28
淮北	Huaibei	304.76	350.73	424.56	213	潍坊	Weifang	2514.81	2081.80	2459.05	33
铜陵	Tongling	388.49	220.99	265.68	258	济宁	Jining	1366.43	1456.77	1730.65	47
安庆	Anqing	547.07	869.91	1067.01	87	泰安	Taian	917.60	967.18	1185.88	71
黄山	Huangshan	281.01	309.68	375.71	227	威海	Weihai	1121.73	1054.95	1205.74	70
滁州	Chuzhou	473.76	491.82	599.25	182	日照	Rizhao	960.79	549.79	660.76	167
阜阳	Fuyang	441.49	874.88	1053.29	88	莱芜	Laiwu	464.70	322.97	377.90	226
宿州	Suzhou	307.68	560.36	665.08	166	临沂	Linyi	1538.21	1625.00	1941.66	38
六安	Liuan	485.25	581.06	723.24	150	德州	Dezhou	909.84	918.44	1107.54	81
亳州	Bozhou	244.78	451.79	554.40	189	聊城	Liaocheng	919.65	844.14	1018.54	93

6-7 城乡居民人民币储蓄存款余额 续表 2
Household Saving Deposits at Year-end continued 2

单位：亿元 (100 million yuan)

地名	City	2010	2011	2012	2012 排名 Ranking	地名	City	2010	2011	2012	2012 排名 Ranking
滨州	Binzhou	1020.39	586.72	711.17	152	常德	Changde	480.70	793.42	939.32	107
菏泽	Heze	797.66	984.92	1219.92	68	张家界	Zhangjiajie	188.03	185.24	225.89	269
河南	**Henan**	**12883.70**	**14648.43**	**17469.01**		益阳	Yiyang	313.08	500.33	613.02	178
郑州	Zhengzhou	5717.55	3252.15	3845.46	14	郴州	Chenzhou	369.10	755.23	876.72	123
开封	Kaifeng	402.49	545.00	658.31	168	永州	Yongzhou	362.66	628.98	748.43	143
洛阳	Luoyang	1113.88	1233.05	1465.16	57	怀化	Huaihua	356.08	565.88	692.24	157
平顶山	Pingdingshan	694.39	789.21	911.95	112	娄底	Loudi	399.32	477.78	557.71	188
安阳	Anyang	608.50	727.26	892.25	119	**广东**	**Guangdong**	**36318.66**	**40405.07**	**45533.78**	
鹤壁	Hebi	268.43	188.23	220.37	272	广州	Guangzhou	16284.31	10032.62	11310.69	1
新乡	Xinxiang	712.34	858.61	928.51	110	韶关	Shaoguan	346.28	619.79	702.00	155
焦作	Jiaozuo	470.98	562.90	638.08	172	深圳	Shenzhen	13708.16	7427.64	8389.06	2
濮阳	Puyang	231.60	496.96	592.52	185	珠海	Zhuhai	1472.54	1102.85	1216.75	69
许昌	Xuchang	562.35	615.72	743.29	145	汕头	Shantou	661.52	1384.40	1534.46	54
漯河	Luohe	301.20	298.02	367.37	230	佛山	Foshan	4868.99	4707.06	5164.86	6
三门峡	Sanmenxia	340.20	424.07	492.12	207	江门	Jiangmen	973.75	1645.28	1853.10	41
南阳	Nanyang	827.50	1136.37	1366.92	60	湛江	Zhanjiang	714.40	1076.41	1246.23	65
商丘	Shangqiu	607.67	790.37	968.91	99	茂名	Maoming	361.30	851.75	984.04	97
信阳	Xinyang	570.09	920.69	1104.25	82	肇庆	Zhaoqing	642.04	745.60	854.43	127
周口	Zhoukou	563.18	906.71	1112.87	80	惠州	Huizhou	1097.66	1174.34	1351.44	61
驻马店	Zhumadian	499.44	852.37	1020.39	92	梅州	Meizhou	331.10	665.44	757.67	139
湖北	**Hubei**	**9798.05**	**11291.57**	**13419.72**		汕尾	Shanwei	130.20	259.39	296.29	251
武汉	Wuhan	9093.71	4036.23	4622.96	8	河源	Heyuan	338.69	364.52	415.52	217
黄石	Huangshi	478.94	436.13	516.15	198	阳江	Yangjiang	283.93	432.63	494.59	206
十堰	Shiyan	404.70	568.59	685.89	160	清远	Qingyuan	520.62	660.50	741.99	146
宜昌	Yichang	1415.86	856.67	1033.11	90	东莞	Dongguan	3329.82	3710.99	4204.20	11
襄阳	Xiangfan	688.25	926.85	1115.58	79	中山	ZhongShan	1329.89	1585.74	1753.58	45
鄂州	Ezhou	141.71	168.16	198.13	279	潮州	Chaozhou	205.91	507.78	585.92	186
荆门	Jingmen	317.21	522.24	618.41	177	揭阳	Jieyang	400.68	810.98	947.90	104
孝感	Xiaogan	389.60	648.31	792.23	135	云浮	Yunfu	278.34	396.41	462.00	210
荆州	Jingzhou	461.07	848.58	1005.76	94	**广西**	**Guangxi**	**5702.43**	**6653.96**	**7900.77**	
黄冈	Huanggang	392.18	816.71	992.91	95	南宁	Nanning	4142.30	1581.03	1863.80	39
咸宁	Xianning	226.88	320.36	381.98	224	柳州	Liuzhou	1046.17	744.94	871.87	125
随州	Suizhou	172.52	352.80	421.02	215	桂林	Guilin	789.34	906.89	1088.54	83
湖南	**Hunan**	**9022.58**	**10584.81**	**12578.29**		梧州	Wuzhou	321.34	340.92	412.42	218
长沙	Changsha	6353.68	2526.93	2981.31	23	北海	Beihai	239.03	307.49	356.93	235
株洲	Zhuzhou	550.63	793.06	942.53	105	防城港	Fangchenggang	178.17	184.35	213.36	278
湘潭	Xiangtan	545.91	590.18	703.37	154	钦州	Qinzhou	321.45	306.87	368.50	228
衡阳	Hengyang	530.71	1013.72	1314.50	63	贵港	Guigang	279.41	415.11	499.44	204
邵阳	Shaoyang	348.54	806.90	953.92	101	玉林	Yulin	397.18	643.58	757.28	141
岳阳	Yueyang	437.18	622.69	744.25	144	百色	Baise	391.03	318.42	381.35	225

6-7 城乡居民人民币储蓄存款余额 续表 3
Household Saving Deposits at Year-end continued 3

单位：亿元 (100 million yuan)

地名	City	2010	2011	2012	2012 排名 Ranking
贺州	Hezhou	144.51	182.88	215.27	277
河池	Hechi	275.01	326.56	386.81	223
来宾	Laibin	182.78	180.19	220.31	273
崇左	Chongzuo	161.88	227.19	268.20	256
海南	**Hainan**	**1667.14**	**1875.07**	**2172.70**	
海口	Haikou	1933.26	852.10	952.15	102
三亚	Sanya	228.65	246.80	291.69	253
重庆	**Chongqing**	**5839.66**	**6990.25**	**8361.64**	
四川	**Sichuan**	**13650.83**	**16147.35**	**19438.27**	
成都	Chengdu	12139.43	5944.77	7060.03	3
自贡	Zigong	248.24	443.95	541.12	192
攀枝花	Panzhihua	380.31	309.85	358.99	234
泸州	Luzhou	406.72	617.28	757.31	140
德阳	Deyang	592.39	783.46	928.66	109
绵阳	Mianyang	877.28	932.62	1122.03	76
广元	Guangyuan	238.93	387.13	472.90	208
遂宁	Suining	276.37	423.37	507.74	199
内江	Neijiang	266.90	524.04	638.58	171
乐山	Leshan	585.87	633.09	771.21	137
南充	Nanchong	424.82	905.73	1121.19	77
眉山	Meishan	281.58	521.65	649.22	170
宜宾	Yibin	447.84	559.98	672.74	165
广安	Guangan	251.60	560.54	681.68	161
达州	Dazhou	363.46	800.32	951.17	103
雅安	Yaan	238.90	258.23	309.82	248
巴中	Bazhong	129.22	312.47	403.89	222
资阳	Ziyang	281.77	566.07	690.79	158
贵州	**Guizhou**	**3244.99**	**3934.48**	**4806.09**	
贵阳	Guiyang	2588.73	1251.04	1498.20	56
六盘水	Liupanshui	361.68	264.96	321.46	244
遵义	Zunyi	598.16	743.74	931.95	108
安顺	Anshun	229.65	205.74	246.39	264
毕节	Bijie		331.00	415.85	216
铜仁	Tongren		266.36	332.81	241
云南	**Yunnan**	**5719.97**	**6656.03**	**7744.66**	
昆明	Kunming	6498.57	2615.65	2967.02	24
曲靖	Qujing	629.93	599.97	688.74	159
玉溪	Yuxi	465.66	434.74	499.60	203
保山	Baoshan	228.70	238.53	285.48	254
昭通	Zhaotong	286.34	293.54	367.65	229
丽江	Lijiang	193.92	182.12	216.69	275
普洱	Puer	232.00	220.16	258.85	263
临沧	Lincang	168.14	148.45	183.16	280
西藏	**Tibet**	**267.13**	**318.83**	**403.91**	
拉萨	Lhasa		178.30	223.83	270
陕西	**Shaanxi**	**7957.78**	**9172.09**	**10770.05**	
西安	Xi'an	6591.73	4155.65	4787.03	7
铜川	Tongchuan	79.40	182.16	216.93	274
宝鸡	Baoji	436.95	763.86	910.64	113
咸阳	Xianyang	454.66	826.25	988.54	96
渭南	Weinan	471.52	738.00	876.43	124
延安	Yan'an	360.97	423.61	501.54	201
汉中	Hanzhong	300.08	590.55	707.72	153
榆林	Yulin	898.82	796.37	954.63	100
安康	Ankang	211.34	350.71	421.29	214
商洛	Shangluo	156.50	292.52	348.39	237
甘肃	**Gansu**	**3598.24**	**4231.41**	**5050.08**	
兰州	Lanzhou	2359.28	1480.16	1743.18	46
嘉峪关	Jiayuguan	174.45	87.68	96.66	284
金昌	Jinchang	140.69	114.12	134.59	282
白银	Baiyin	186.64	221.18	260.15	261
天水	Tianshui	215.00	366.86	440.55	212
武威	Wuwei	161.13	264.48	324.75	243
张掖	Zhangye	132.34	201.89	234.92	266
平凉	Pingliang	254.96	242.85	295.98	252
酒泉	Jiuquan	242.20	317.00	367.13	231
庆阳	Qingyang	139.97	279.34	340.59	239
定西	Dingxi	143.60	211.89	263.55	259
陇南	Longnan	177.80	220.48	267.99	257
青海	**Qinghai**	**868.22**	**1043.54**	**1275.27**	
西宁	Xining	1542.08	680.06	823.15	129
宁夏	**Ningxia**	**1170.25**	**1351.30**	**1679.43**	
银川	Yinchuan	1641.06	725.26	901.47	116
石嘴山	Shizuishan	270.07	226.22	284.12	255
吴忠	Wuzhong	243.51	179.10	215.83	276
固原	Guyuan	60.83	93.89	122.26	283
中卫	Zhongwei	160.41	120.08	156.15	281
新疆	**Xinjiang**	**3713.47**	**4421.93**	**5281.83**	
乌鲁木齐	Urumqi	2074.74	1470.34	1715.97	48
克拉玛依	Karamay	150.64	214.34	231.33	267

6-8 城乡居民人均储蓄存款余额
Per Capita of Household Saving Deposits at Year-end

单位：元/人 yuan/person

地名	City	2010	2011	2012	2012 排名 Ranking	地名	City	2010	2011	2012	2012 排名 Ranking
全国	**Nation Total**	**22619.2**	**25504.6**	**29508.1**		沈阳	Shenyang	73651.2	51604.7	52489.5	16
北京	**Beijing**	**86697.5**	**94749.5**	**104615.5**		大连	Dalian	92062.8	62399.5	60366.6	7
天津	**Tianjin**	**42778.7**	**45202.1**	**49931.9**		鞍山	Anshan	29598.0	35222.2	39729.0	48
河北	**Hebei**	**21795.0**	**24617.5**	**28355.0**		抚顺	Fushun	17445.2	31155.0	38434.4	54
石家庄	Shijiazhuang	32158.2	31552.3	35966.7	68	本溪	Benxi	29526.9	35430.2	34763.1	70
唐山	Tangshan	35823.1	37252.4	43096.5	36	丹东	Dandong	19485.7	31965.4	36734.4	61
秦皇岛	Qinhuangdao	29967.2	33004.6	38060.7	56	锦州	Jinzhou	18659.3	25224.2	29205.8	80
邯郸	Handan	14352.8	16983.5	19285.0	174	营口	Yingkou	33507.1	28904.3	33003.2	78
邢台	Xingtai	11444.0	17599.4	20235.2	159	阜新	Fuxin	19755.2	19752.1	24614.4	112
保定	Baoding	10334.7	20307.7	23407.7	127	辽阳	Liaoyang	27648.9	32113.2	36549.9	64
张家口	Zhangjiakou	21115.4	22071.7	25483.6	106	盘锦	Panjin	31624.9	44302.2	47161.3	27
承德	Chengde	22043.9	21915.2	25334.2	108	铁岭	Tieling	17819.5	17148.9	23154.2	130
沧州	Cangzhou	12523.8	21529.2	25478.3	107	朝阳	Chaoyang	14279.1	17978.3	24517.4	113
廊坊	Langfang	30295.1	30786.5	35628.6	69	葫芦岛	Huludao	19270.5	21688.8	27429.2	95
衡水	Hengshui	10529.1	22626.7	26438.6	102	吉林	**Jilin**	**18737.8**	**19205.6**	**25000.4**	
山西	**Shanxi**	**25805.0**	**29097.1**	**33223.6**		长春	Changchun	59364.9	30687.6	36562.1	63
太原	Taiyuan	120208.1	65538.8	70993.9	5	吉林	Jilin	16203.9	22545.9	26508.0	101
大同	Datong	17982.7	32246.7	36345.4	65	四平	Siping	10767.2	13380.1	15985.6	219
阳泉	Yangquan	26959.5	38043.4	43900.6	35	辽源	Liaoyuan	14550.6	16525.0	19750.2	168
长治	Changzhi	18914.2	25329.5	29119.7	82	通化	Tonghua	14695.8	18718.6	22211.8	136
晋城	Jincheng	22935.0	28586.7	33022.3	77	白山	Baishan	18781.3	22293.9	25584.0	105
朔州	Shuozhou	11519.6	30098.5	34368.1	71	松原	Songyuan	9787.5	11501.9	14006.3	245
晋中	Jinzhong	14441.6	28541.3	33070.5	76	白城	Baicheng	9472.9	10735.8	12991.0	257
运城	Yuncheng	9726.8	14659.8	16903.9	204	黑龙江	**Heilongjiang**	**18925.0**	**2099.6**	**24176.3**	
忻州	Xinzhou	11478.8	24824.6	28349.1	91	哈尔滨	Harbin	38779.9	29161.0	31203.5	79
临汾	Linfen	12726.9	21729.1	24471.5	114	齐齐哈尔	Qiqihar	10063.3	12071.5	14554.6	235
吕梁	Luliang	10887.7	20628.8	24377.0	117	鸡西	Jixi	12076.1	23822.1	26919.9	98
内蒙古	**Inner Mongolia**	**18680.2**	**21852.2**	**26494.9**		鹤岗	Hegang	21405.1	24923.6	28471.0	89
呼和浩特	Hohhot	87770.4	36184.1	42159.0	40	双鸭山	Shuangyashan	16885.9	21836.7	24872.0	111
包头	Baotou	39054.5	31521.9	37885.2	58	大庆	Daqing	14101.1	35445.0	39488.9	52
乌海	Wuhai	52303.1	40086.9	47476.3	25	伊春	Yichun	9055.9	21456.8	26966.3	97
赤峰	Chifeng	10740.7	15011.2	17784.0	190	佳木斯	Jiamusi	13406.0	19483.8	21355.8	147
通辽	Tongliao	14777.2	9958.5	11665.3	265	七台河	Qitaihe	17810.1	21898.9	24288.5	119
鄂尔多斯	Erdos	80107.7	39054.5	51480.5	17	牡丹江	Mudanjiang	11180.7	24904.7	24124.5	122
呼伦贝尔	Hulunbuir	16910.5	18650.9	23458.4	126	黑河	Heihe	10433.6	18077.5	20094.4	162
巴彦淖尔	Bayannur	20752.5	17181.1	21248.1	148	绥化	Suihua	5568.6	8232.3	10218.2	277
乌兰察布	Ulanqab	11261.9	15020.1	19295.3	173	上海	**Shanghai**	**67964.7**	**126519.8**	**81960.9**	
辽宁	**Liaoning**	**31294.9**	**35057.4**	**40523.8**		江苏	**Jiangsu**	**29652.5**	**32808.5**	**37951.0**	

6-8 城乡居民人均储蓄存款余额 续表 1
Per Capita of Household Saving Deposits at Year-end continued 1

单位：元/人 yuan/person

地名	City	2010	2011	2012	2012 排名 Ranking	地名	City	2010	2011	2012	2012 排名 Ranking
南京	Nanjing	129680.8	48220.5	54716.0	12	池州	Chizhou	17654.2	17763.1	22136.2	137
无锡	Wuxi	96621.6	51498.5	57723.5	8	宣城	Xuancheng	15215.3	15245.6	18230.6	185
徐州	Xuzhou	16737.9	17443.4	20956.5	153	福建	**Fujian**	**21936.1**	**24378.0**	**28034.7**	
常州	Changzhou	65570.9	46395.4	52768.7	15	福州	Fuzhou	70351.8	35427.4	40432.7	46
苏州	Suzhou	96792.0	48280.2	54865.4	11	厦门	Xiamen	102569.3	43178.4	45781.8	28
南通	Nantong	39043.4	41875.1	49171.7	23	莆田	Putian	22191.7	19397.1	23302.8	129
连云港	Lianyungang	21520.6	14209.4	16419.2	213	三明	Sanming	27873.0	18443.0	21501.1	141
淮安	Huaian	175402.7	14135.3	16799.1	205	泉州	Quanzhou	31991.1	24965.5	28658.5	87
盐城	Yancheng	18039.6	17470.9	21054.9	152	漳州	Zhangzhou	17384.7	14362.9	16629.3	207
扬州	Yangzhou	33312.3	31993.4	38001.1	57	南平	Nanping	23340.7	17389.3	20508.3	155
镇江	Zhenjiang	50187.5	35380.5	41247.5	45	龙岩	Longyan	28257.4	17647.1	20426.9	157
泰州	Taizhou	31609.8	28270.0	33402.3	74	宁德	Ningde	25462.7	11931.3	14372.6	237
宿迁	Suqian	13246.0	10438.5	12943.4	258	江西	**Jiangxi**	**13700.7**	**15871.1**	**18809.6**	
浙江	**Zhejiang**	**37844.8**	**42962.2**	**48214.0**		南昌	Nanchang	68504.3	31518.2	36117.8	67
杭州	Hangzhou	173219.1	63162.8	68417.2	6	景德镇	Jingdezhen	14285.4	18323.5	21438.4	145
宁波	Ningbo	123692.0	48456.8	54666.4	13	萍乡	Pingxiang	12282.5	14641.2	16989.6	203
温州	Wenzhou	60390.6	39005.9	39503.7	50	九江	Jiujiang	13483.0	14280.0	17224.2	199
嘉兴	Jiaxing	61124.1	41501.9	47194.0	26	新余	Xinyu	30906.2	23277.8	26620.4	100
湖州	Huzhou	50494.9	32923.1	37124.3	59	鹰潭	Yingtan	19540.8	16945.2	20118.5	160
绍兴	Shaoxing	80078.7	45149.4	50416.5	20	赣州	Ganzhou	10097.5	13056.2	15709.4	222
金华	Jinhua	57705.4	42966.0	49419.7	22	吉安	Jian	7765.5	14103.9	17016.0	202
衢州	Quzhou	37127.9	24212.7	28602.7	88	宜春	Yichun	9379.9	13728.9	16459.9	211
舟山	Zhoushan	90787.2	40571.5	44183.2	33	抚州	Fuzhou	8304.4	13254.9	16113.6	217
台州	Taizhou	51152.0	34485.6	39500.2	51	上饶	Shangrao	8763.0	11463.2	13647.3	249
丽水	Lishui	38784.6	34157.4	34319.2	72	山东	**Shandong**	**20492.7**	**23007.8**	**27200.1**	
安徽	**Anhui**	**13075.2**	**15472.6**	**18668.4**		济南	Jinan	92682.5	35257.6	41564.6	42
合肥	Hefei	73827.7	22464.3	27278.0	96	青岛	Qingdao	67510.3	36367.4	42367.8	39
芜湖	Wuhu	45647.0	20013.1	24223.2	120	淄博	Zibo	37196.8	31542.4	36912.5	60
蚌埠	Bengbu	12209.5	14212.8	16695.3	206	枣庄	Zaozhuang	19488.9	15211.0	18427.6	183
淮南	Huainan	27584.1	20591.6	24428.4	116	东营	Dongying	56362.9	38438.1	45407.2	31
马鞍山	Maanshan	38267.2	25624.6	29047.1	83	烟台	Yantai	36049.3	33915.6	39629.5	49
淮北	Huaibei	14395.9	16583.0	19998.3	166	潍坊	Weifang	27659.6	22739.5	26682.4	99
铜陵	Tongling	53658.6	30231.0	36195.7	66	济宁	Jining	16886.2	17920.6	21214.2	149
安庆	Anqing	10293.0	16394.7	20056.6	163	泰安	Taian	16689.7	17540.5	21448.4	143
黄山	Huangshan	20662.5	22956.2	27768.5	93	威海	Weihai	39990.4	37663.4	43093.0	37
滁州	Chuzhou	12021.3	12511.4	15190.1	227	日照	Rizhao	34277.1	19503.1	23315.5	128
阜阳	Fuyang	5798.4	11482.9	13788.3	248	莱芜	Laiwu	35773.9	24729.6	28759.7	86
宿州	Suzhou	5738.2	10442.7	12366.7	261	临沂	Linyi	15296.5	16103.5	19178.8	176
六安	Liuan	8637.5	10309.8	12798.4	259	德州	Dezhou	16322.9	16391.9	19668.6	170
亳州	Bozhou	5035.5	9258.0	11325.7	267	聊城	Liaocheng	15861.6	14439.6	17284.0	197

6-8 城乡居民人均储蓄存款余额 续表 2
Per Capita of Household Saving Deposits at Year-end continued 2

单位：元/人 yuan/person

地名	City	2010	2011	2012	2012 排名 Ranking	地名	City	2010	2011	2012	2012 排名 Ranking
滨州	Binzhou	27195.8	15558.8	18769.3	180	常德	Changde	8411.3	13839.5	16307.6	216
菏泽	Heze	9608.1	11839.4	14630.8	233	张家界	Zhangjiajie	12722.0	12432.2	15039.4	230
河南	**Henan**	**13698.0**	**15603.4**	**18572.2**		益阳	Yiyang	7267.3	11597.7	14118.4	242
郑州	Zhengzhou	66014.9	36718.4	42585.3	38	郴州	Chenzhou	8052.0	16400.2	18923.4	178
开封	Kaifeng	8605.7	11695.3	14148.2	241	永州	Yongzhou	6980.9	12065.5	14234.1	239
洛阳	Luoyang	16995.4	18776.5	22233.0	135	怀化	Huaihua	7509.0	11910.7	14497.1	236
平顶山	Pingdingshan	14156.7	16047.3	18501.6	182	娄底	Loudi	10550.1	12596.4	14630.4	234
安阳	Anyang	11767.6	14121.5	17553.7	193	广东	**Guangdong**	**34785.0**	**38462.7**	**42980.7**	
鹤壁	Hebi	17075.8	11913.3	13877.3	246	广州	Guangzhou	128122.0	78681.0	88096.3	1
新乡	Xinxiang	12473.1	15172.4	16378.8	215	韶关	Shaoguan	12235.9	21747.1	24468.3	115
焦作	Jiaozuo	13293.2	15959.6	18127.2	186	深圳	Shenzhen	132165.1	70962.5	79539.8	2
濮阳	Puyang	6433.4	13959.5	16468.1	210	珠海	Zhuhai	94272.5	70335.1	76863.6	3
许昌	Xuchang	13047.5	14332.3	17301.9	196	汕头	Shantou	12259.4	25556.5	28165.6	92
漯河	Luohe	11821.1	11687.2	14361.6	238	佛山	Foshan	67634.2	65095.5	71121.8	4
三门峡	Sanmenxia	15228.1	18923.2	22048.2	138	江门	Jiangmen	21877.1	36840.1	41336.2	43
南阳	Nanyang	8055.9	11218.9	13468.5	252	湛江	Zhanjiang	10199.9	15227.2	17530.3	194
商丘	Shangqiu	8263.1	10732.8	13232.8	256	茂名	Maoming	6201.5	14478.1	16488.5	208
信阳	Xinyang	9344.2	15073.4	17259.3	198	肇庆	Zhaoqing	16370.3	18871.3	21457.4	142
周口	Zhoukou	6300.2	10128.6	12636.1	260	惠州	Huizhou	23857.0	25341.9	28914.1	84
驻马店	Zhumadian	6911.7	12030.7	14709.4	232	梅州	Meizhou	7799.7	15591.5	17644.9	191
湖北	**Hubei**	**17118.1**	**19610.2**	**23221.5**		汕尾	Shanwei	4430.2	8777.9	9979.6	279
武汉	Wuhan	92935.2	40281.7	45681.5	29	河源	Heyuan	11449.9	12224.1	13804.6	247
黄石	Huangshi	19717.8	17910.9	21145.0	151	阳江	Yangjiang	11708.3	17694.4	20023.8	165
十堰	Shiyan	12113.1	16982.9	20431.6	156	清远	Qingyuan	14055.6	17669.9	19702.4	169
宜昌	Yichang	34873.5	21053.6	25271.8	110	东莞	Dongguan	40484.2	44954.5	50701.9	19
襄阳	Xiangfan	12513.6	16769.5	20096.8	161	中山	ZhongShan	42583.8	50469.3	55581.0	10
鄂州	Ezhou	13508.8	15999.6	18798.0	179	潮州	Chaozhou	7706.1	18918.6	21700.8	140
荆门	Jingmen	11037.2	18133.3	21435.4	146	揭阳	Jieyang	6810.8	13710.6	15916.4	221
孝感	Xiaogan	8091.5	13436.5	16392.1	214	云浮	Yunfu	11779.1	16662.8	19114.8	177
荆州	Jingzhou	8100.4	14876.9	17586.3	192	广西	**Guangxi**	**12369.7**	**14325.0**	**16874.8**	
黄冈	Huanggang	6364.5	13151.5	15932.5	220	南宁	Nanning	62178.1	22847.3	27445.2	94
咸宁	Xianning	9211.4	12980.6	15433.6	224	柳州	Liuzhou	27831.1	19634.7	22794.0	132
随州	Suizhou	7979.7	16258.0	19330.4	172	桂林	Guilin	16624.7	18940.8	22495.1	134
湖南	**Hunan**	**13732.8**	**16048.3**	**18946.1**		梧州	Wuzhou	11150.0	11719.3	14080.5	244
长沙	Changsha	90238.3	35635.8	41714.1	41	北海	Beihai	15531.3	19786.8	22777.8	133
株洲	Zhuzhou	14276.0	20434.4	24124.0	123	防城港	Fangchenggang	20550.5	20997.0	24054.2	124
湘潭	Xiangtan	19837.0	21344.8	25292.1	109	钦州	Qinzhou	10436.6	9867.1	11761.8	264
衡阳	Hengyang	7424.6	14146.2	18262.0	184	贵港	Guigang	6783.5	9985.8	11928.4	263
邵阳	Shaoyang	4928.5	11353.6	13304.4	254	玉林	Yulin	7238.6	11621.1	13568.9	250
岳阳	Yueyang	7983.6	11352.7	13475.5	251	百色	Baise	11278.6	9110.8	10839.9	271

6-8 城乡居民人均储蓄存款余额 续表 3
Per Capita of Household Saving Deposits at Year-end continued 3

单位：元/人 yuan/person

地名	City	2010	2011	2012	2012 排名 Ranking
贺州	Hezhou	7395.4	9283.4	10833.9	272
河池	Hechi	8162.9	9624.5	11323.5	268
来宾	Laibin	8704.0	8507.7	10318.8	276
崇左	Chongzuo	8118.5	11297.4	13277.3	255
海南	**Hainan**	**19193.4**	**21370.8**	**24494.9**	
海口	Haikou	94489.7	40634.4	44472.1	32
三亚	Sanya	33378.8	34957.5	40400.7	47
重庆	**Chongqing**	**20244.3**	**23947.4**	**28392.7**	
四川	**Sichuan**	**16968.1**	**20058.8**	**24069.2**	
成都	Chengdu	86413.9	42248.4	49795.7	21
自贡	Zigong	9266.3	16540.6	19945.3	167
攀枝花	Panzhihua	31327.0	25397.7	29162.3	81
泸州	Luzhou	9642.4	14610.2	17819.1	188
德阳	Deyang	16382.5	21811.1	26300.2	103
绵阳	Mianyang	19013.5	20186.6	24181.7	121
广元	Guangyuan	9618.7	15547.5	18691.6	181
遂宁	Suining	8495.7	12986.8	15536.8	223
内江	Neijiang	7207.7	14128.8	17175.4	200
乐山	Leshan	18104.8	19521.8	23700.4	125
南充	Nanchong	6765.8	14410.9	17796.6	189
眉山	Meishan	9541.7	17635.1	21888.8	139
宜宾	Yibin	10014.3	12555.5	15083.9	229
广安	Guangan	7850.2	17462.2	21196.6	150
达州	Dazhou	6647.0	14588.4	17316.1	195
雅安	Yaan	15852.8	17022.1	20289.3	158
巴中	Bazhong	3934.8	9480.4	12209.6	262
资阳	Ziyang	7688.2	15594.1	19247.4	175
贵州	**Guizhou**	**9327.4**	**11341.8**	**13794.7**	
贵阳	Guiyang	59799.7	28497.4	33652.3	73
六盘水	Liupanshui	12672.9	9296.7	11243.8	269
遵义	Zunyi	9753.1	12192.4	15235.4	226
安顺	Anshun	9985.0	9023.5	10792.3	273
毕节	Bijie		5076.6	6374.2	284
铜仁	Tongren		8648.0	10756.6	274
云南	**Yunnan**	**12430.4**	**14372.8**	**16623.0**	
昆明	Kunming	100925.1	40327.7	45415.9	30
曲靖	Qujing	10758.9	10170.6	11602.8	266
玉溪	Yuxi	20193.3	18754.9	21442.1	144
保山	Baoshan	9126.0	9446.8	11239.3	270
昭通	Zhaotong	5491.7	5581.7	6942.0	283

地名	City	2010	2011	2012	2012 排名 Ranking
丽江	Lijiang	15753.3	14522.7	17170.6	201
普洱	Puer	9112.5	8596.8	10052.3	278
临沧	Lincang	6913.5	6064.0	7436.4	282
西藏	**Tibet**	**8898.4**	**10512.0**	**13114.0**	
拉萨	Lhasa		31669.2	38658.6	53
陕西	**Shaanxi**	**21304.8**	**24507.3**	**28697.2**	
西安	Xi'an	77787.7	48815.3	55969.0	9
铜川	Tongchuan	9509.3	21737.8	25794.7	104
宝鸡	Baoji	11749.1	20495.3	24368.2	118
咸阳	Xianyang	9282.5	16821.0	20055.5	164
渭南	Weinan	8913.4	13911.3	16471.1	209
延安	Yan'an	16490.2	19307.6	22818.2	131
汉中	Hanzhong	8779.3	17292.8	20705.7	154
榆林	Yulin	26798.4	23758.0	28437.0	90
安康	Ankang	8032.9	13329.9	15994.5	218
商洛	Shangluo	6679.5	12522.3	14875.6	231
甘肃	**Gansu**	**14055.6**	**16501.9**	**19589.1**	
兰州	Lanzhou	65191.5	40877.2	48008.3	24
嘉峪关	Jiayuguan	75194.1	37630.9	41307.4	44
金昌	Jinchang	30321.5	24489.6	28820.1	85
白银	Baiyin	10914.7	12912.1	15134.0	228
天水	Tianshui	6582.9	11201.8	13423.2	253
武威	Wuwei	8868.0	14531.7	17823.8	187
张掖	Zhangye	11019.0	16754.3	19447.2	171
平凉	Pingliang	12316.9	11692.3	14216.1	240
酒泉	Jiuquan	22078.6	28792.0	33254.2	75
庆阳	Qingyang	6322.2	12611.3	15355.8	225
定西	Dingxi	5316.6	7833.1	9518.0	281
陇南	Longnan	6918.3	8609.3	10427.5	275
青海	**Qinghai**	**15429.5**	**18372.2**	**22256.0**	
西宁	Xining	69809.1		36633.2	62
宁夏	**Ningxia**	**18487.4**	**21147.1**	**25957.2**	
银川	Yinchuan	81889.4	35797.7	44060.0	34
石嘴山	Shizuishan	37148.2	30819.8	38291.3	55
吴忠	Wuzhong	18994.4	13830.3	16438.0	212
固原	Guyuan	4933.5	7529.3	9672.2	280
中卫	Zhongwei	14811.9	10986.3	14106.0	243
新疆	**Xinjiang**	**16995.3**	**20020.5**	**23653.5**	
乌鲁木齐	Urumqi	66647.7	44461.5	51222.9	18
克拉玛依	Karamay	38527.6	32673.4	53058.4	14

6-9 城镇居民人均住房建筑面积
Per Capita Building Space of Urban Residents

单位：平方米 (sq.m)

地名	City	2011	2012	2012 排名 Ranking
全国	**Nation Total**	**32.7**	**32.9**	
北京	**Beijing**	**29.4**		
天津	**Tianjin**	**23.3**		
河北	**Hebei**	**32.2**		
石家庄	Shijiazhuang	29.3	29.9	213
唐山	Tangshan	25.3	25.6	264
秦皇岛	Qinhuangdao	29.3	29.8	216
邯郸	Handan	28.9	28.7	231
邢台	Xingtai	34.2	33.8	137
保定	Baoding	34.2	33.6	139
张家口	Zhangjiakou	27.7	26.8	254
承德	Chengde	25.2	25.9	261
沧州	Cangzhou	32.3	33.1	147
廊坊	Langfang	34.4	35.0	114
衡水	Hengshui	29.9	30.8	190
山西	**Shanxi**	**30.2**		
太原	Taiyuan	28.6	29.0	225
大同	Datong	24.3	26.3	257
阳泉	Yangquan	29.0	28.8	229
长治	Changzhi	33.5	30.1	205
晋城	Jincheng	32.5	32.1	163
朔州	Shuozhou	28.2	28.0	238
晋中	Jinzhong	31.3	31.3	178
运城	Yuncheng	36.1	35.8	95
忻州	Xinzhou	32.3	23.7	276
临汾	Linfen	35.0	35.0	114
吕梁	Luliang	27.6	28.1	235
内蒙古	**Inner Mongolia**	**29.4**		
呼和浩特	Hohhot	30.9	31.5	176
包头	Baotou	33.0	33.1	147
乌海	Wuhai	31.4	31.5	176
赤峰	Chifeng	27.9	28.9	227
通辽	Tongliao	27.1	27.6	242
鄂尔多斯	Erdos	38.0	38.0	61
呼伦贝尔	Hulunbuir	27.8	27.8	241
巴彦淖尔	Bayannur	23.2	31.1	182
乌兰察布	Ulanqab	23.8	23.8	275
辽宁	**Liaoning**	**27.3**		
沈阳	Shenyang	28.1	26.3	257
大连	Dalian	27.0	27.3	247
鞍山	Anshan	25.2	25.9	261
抚顺	Fushun	23.8	24.6	272
本溪	Benxi	22.7	23.5	277
丹东	Dandong	25.1	25.5	266
锦州	Jinzhou	30.8	32.1	163
营口	Yingkou	29.8	31.9	169
阜新	Fuxin	24.9	25.3	268
辽阳	Liaoyang	27.5	28.2	233
盘锦	Panjin	30.5	31.3	178
铁岭	Tieling	29.1	30.3	201
朝阳	Chaoyang	27.2	28.1	235
葫芦岛	Huludao	28.5	29.8	216
吉林	**Jilin**	**28.9**		
长春	Changchun	28.8	29.2	224
吉林	Jilin	30.3	30.1	205
四平	Siping	28.2	28.2	233
辽源	Liaoyuan	24.1	24.8	271
通化	Tonghua	25.9	26.9	251
白山	Baishan	27.1	27.6	242
松原	Songyuan	30.0	30.4	198
白城	Baicheng	29.5	31.0	185
黑龙江	**Heilongjiang**	**25.4**		
哈尔滨	Harbin	26.6	27.0	249
齐齐哈尔	Qiqihar	24.3	25.1	269
鸡西	Jixi	24.2	25.6	264
鹤岗	Hegang	22.8	24.2	274
双鸭山	Shuangyashan	24.9	25.1	269
大庆	Daqing	28.3	28.1	235
伊春	Yichun	24.0	24.6	272
佳木斯	Jiamusi	26.4	26.5	256
七台河	Qitaihe	26.6	27.0	249
牡丹江	Mudanjiang	26.9	26.9	251
黑河	Heihe			
绥化	Suihua			
上海	**Shanghai**			
江苏	**Jiangsu**	**34.7**		

6-9 城镇居民人均住房建筑面积 续表 1
Per Capita Building Space of Urban Residents continued 1

单位：平方米 (sq.m)

地名	City	2011	2012	2012 排名 Ranking	地名	City	2011	2012	2012 排名 Ranking
南京	Nanjing	31.8	32.3	161	池州	Chizhou	37.9	38.9	51
无锡	Wuxi	36.2	36.4	86	宣城	Xuancheng	30.6	31.3	178
徐州	Xuzhou	34.7	35.0	114	福建	**Fujian**	**37.9**		
常州	Changzhou	37.0	37.5	65	福州	Fuzhou	33.2	32.4	158
苏州	Suzhou	36.1	36.1	90	厦门	Xiamen	32.6	33.4	142
南通	Nantong	39.5	39.8	39	莆田	Putian	38.9	39.3	46
连云港	Lianyungang	36.9	37.4	69	三明	Sanming	37.4	37.7	63
淮安	Huaian	34.9	35.5	105	泉州	Quanzhou	41.6	40.8	33
盐城	Yancheng	36.8	37.2	73	漳州	Zhangzhou	35.3	35.4	106
扬州	Yangzhou	36.2	37.4	69	南平	Nanping	34.1	34.9	121
镇江	Zhenjiang	39.4	39.1	49	龙岩	Longyan	42.9	43.4	20
泰州	Taizhou	39.0	39.3	46	宁德	Ningde	39.1	40.6	34
宿迁	Suqian	38.9	38.9	51	江西	**Jiangxi**	**39.4**		
浙江	**Zhejiang**	**36.9**			南昌	Nanchang	33.0	34.1	132
杭州	Hangzhou	33.9	34.3	129	景德镇	Jingdezhen	34.6	35.7	99
宁波	Ningbo	35.3	35.0	114	萍乡	Pingxiang	34.9	35.1	111
温州	Wenzhou	41.9	41.3	28	九江	Jiujiang	33.9	34.2	130
嘉兴	Jiaxing	35.6	35.6	101	新余	Xinyu	40.2	40.2	36
湖州	Huzhou	38.0	36.5	84	鹰潭	Yingtan	34.1	34.1	132
绍兴	Shaoxing	35.1	35.3	108	赣州	Ganzhou	40.3	41.0	30
金华	Jinhua	47.1	49.3	8	吉安	Jian	39.9	39.9	38
衢州	Quzhou	40.4	39.0	50	宜春	Yichun	48.3	49.5	7
舟山	Zhoushan	32.4	32.4	158	抚州	Fuzhou	37.9	37.3	71
台州	Taizhou	43.0	44.2	15	上饶	Shangrao	39.8	41.1	29
丽水	Lishui	43.4	39.8	39	山东	**Shandong**	**33.2**		
安徽	**Anhui**	**32.1**			济南	Jinan	30.3	30.1	205
合肥	Hefei	28.5	28.8	229	青岛	Qingdao	27.7	27.9	239
芜湖	Wuhu	29.5	30.4	198	淄博	Zibo	34.4	34.9	121
蚌埠	Bengbu	26.7	26.2	260	枣庄	Zaozhuang	30.7	30.7	193
淮南	Huainan	25.9	26.9	251	东营	Dongying	36.7	37.1	76
马鞍山	Maanshan	29.2	37.5	65	烟台	Yantai	29.9	30.1	205
淮北	Huaibei	25.8	26.8	254	潍坊	Weifang	34.9	35.0	114
铜陵	Tongling	28.4	30.0	211	济宁	Jining	31.9	32.2	162
安庆	Anqing	36.4	33.7	138	泰安	Taian	32.0	32.0	168
黄山	Huangshan	36.1	37.2	73	威海	Weihai	42.8	29.4	222
滁州	Chuzhou	30.9	32.8	154	日照	Rizhao	36.6	36.1	90
阜阳	Fuyang	34.9	36.0	94	莱芜	Laiwu	38.0	38.2	60
宿州	Suzhou	30.4	35.1	111	临沂	Linyi	36.5	36.5	84
六安	Liuan	38.2	37.5	65	德州	Dezhou	32.6	33.3	143
亳州	Bozhou	46.8	46.2	12	聊城	Liaocheng	34.6	34.7	124

6-9 城镇居民人均住房建筑面积 续表 2
Per Capita Building Space of Urban Residents continued 2

单位：平方米 （sq.m）

地名	City	2011	2012	2012 排名 Ranking	地名	City	2011	2012	2012 排名 Ranking
滨州	Binzhou	36.8	37.3	71	常德	Changde	41.1	42.6	25
菏泽	Heze	35.7	36.1	90	张家界	Zhangjiajie	47.9	47.5	11
河南	**Henan**	**34.1**			益阳	Yiyang	38.5	38.3	58
郑州	Zhengzhou	30.8	31.0	185	郴州	Chenzhou	35.1	35.6	101
开封	Kaifeng	35.2	35.4	106	永州	Yongzhou	43.0	43.1	22
洛阳	Luoyang	32.8	33.3	143	怀化	Huaihua	32.3	32.5	157
平顶山	Pingdingshan	36.0	36.2	89	娄底	Loudi	33.0	34.2	130
安阳	Anyang	33.1	33.1	147	广东	**Guangdong**	**34.4**		
鹤壁	Hebi	33.1	36.6	82	广州	Guangzhou	21.9	22.5	279
新乡	Xinxiang	36.1	37.2	73	韶关	Shaoguan	34.9	35.8	95
焦作	Jiaozuo	40.4	41.0	30	深圳	Shenzhen	27.9	27.9	239
濮阳	Puyang	32.4	32.1	163	珠海	Zhuhai	30.1	29.3	223
许昌	Xuchang	39.5	39.6	42	汕头	Shantou	29.1	29.9	213
漯河	Luohe	43.0	43.0	23	佛山	Foshan	38.4	38.8	53
三门峡	Sanmenxia	35.5	35.8	95	江门	Jiangmen	30.4	30.7	193
南阳	Nanyang	43.0	43.4	20	湛江	Zhanjiang	34.4	30.1	205
商丘	Shangqiu	41.8	41.7	27	茂名	Maoming	32.6	32.7	156
信阳	Xinyang	39.0	39.4	44	肇庆	Zhaoqing	27.8	21.1	280
周口	Zhoukou	41.3	44.2	15	惠州	Huizhou	32.7	35.3	108
驻马店	Zhumadian	34.6	34.1	132	梅州	Meizhou	31.6	32.1	163
湖北	**Hubei**	**35.5**			汕尾	Shanwei	33.2	33.6	139
武汉	Wuhan	32.3	33.5	141	河源	Heyuan	33.0	37.5	65
黄石	Huangshi	31.6	40.6	34	阳江	Yangjiang	48.6	48.1	10
十堰	Shiyan	29.6	29.5	220	清远	Qingyuan	30.1	30.3	201
宜昌	Yichang	35.6	35.6	101	东莞	Dongguan	65.8	58.4	3
襄阳	Xiangfan	30.9	35.7	99	中山	ZhongShan	34.3	34.6	127
鄂州	Ezhou	37.3	36.8	80	潮州	Chaozhou	31.4	30.9	188
荆门	Jingmen	34.9	35.0	114	揭阳	Jieyang	30.5	30.9	79
孝感	Xiaogan	38.0	39.7	41	云浮	Yunfu	31.2	30.6	195
荆州	Jingzhou	35.8	37.1	76	广西	**Guangxi**	**29.3**		
黄冈	Huanggang	48.0	49.0	9	南宁	Nanning	33.7	31.6	175
咸宁	Xianning	43.0	44.5	14	柳州	Liuzhou	36.6	36.6	82
随州	Suizhou	40.0	42.7	24	桂林	Guilin	38.1	38.5	57
湖南	**Hunan**	**39.7**			梧州	Wuzhou	39.1	39.2	48
长沙	Changsha	35.6	34.8	123	北海	Beihai		56.7	4
株洲	Zhuzhou	42.6	39.6	42	防城港	Fangchenggang	43.4	44.1	17
湘潭	Xiangtan	35.6	36.3	87	钦州	Qinzhou	45.1	43.7	18
衡阳	Hengyang	35.5	35.2	110	贵港	Guigang	57.7	58.6	2
邵阳	Shaoyang	38.0	38.7	54	玉林	Yulin	60.8	62.3	1
岳阳	Yueyang	43.8	43.7	18	百色	Baise	39.5	39.4	44

6-9 城镇居民人均住房建筑面积 续表 3
Per Capita Building Space of Urban Residents continued 3

单位：平方米 (sq.m)

地名	City	2011	2012	2012 排名 Ranking
贺州	Hezhou	52.0	49.8	6
河池	Hechi	53.4	52.6	5
来宾	Laibin	34.6	34.6	127
崇左	Chongzuo	38.3	37.7	63
海南	**Hainan**	**29.5**		
海口	Haikou	29.9	29.8	216
三亚	Sanya	34.4	34.1	132
重庆	**Chongqing**	**28.4**		
四川	**Sichuan**	**32.2**		
成都	Chengdu	30.7	32.9	153
自贡	Zigong	30.3	31.1	182
攀枝花	Panzhihua	51.0	28.7	231
泸州	Luzhou	33.7	33.3	143
德阳	Deyang	34.3	34.7	124
绵阳	Mianyang	32.9	32.8	154
广元	Guangyuan	31.0	33.3	143
遂宁	Suining	36.9	36.3	87
内江	Neijiang	35.3	35.6	101
乐山	Leshan	54.0	35.0	114
南充	Nanchong	52.0	34.0	136
眉山	Meishan	39.1		
宜宾	Yibin	36.0	33.0	151
广安	Guangan	39.7	41.0	30
达州	Dazhou	34.2	30.1	205
雅安	Yaan		30.2	204
巴中	Bazhong	56.0	37.0	78
资阳	Ziyang	35.0	34.7	124
贵州	**Guizhou**	**27.8**		
贵阳	Guiyang	22.3	22.7	278
六盘水	Liupanshui	28.4	29.5	220
遵义	Zunyi	32.0	31.1	182
安顺	Anshun	27.7	27.3	247
毕节	Bijie	27.7	28.9	227
铜仁	Tongren	27.9	27.4	245
云南	**Yunnan**	**37.4**		
昆明	Kunming	33.6	35.1	111
曲靖	Qujing	37.4	38.3	58
玉溪	Yuxi	43.7	45.2	13
保山	Baoshan	37.5	38.0	61
昭通	Zhaotong	31.2	31.9	169

地名	City	2011	2012	2012 排名 Ranking
丽江	Lijiang	39.2	41.9	26
普洱	Puer	31.3	31.0	185
临沧	Lincang	39.6	40.0	37
西藏	**Tibet**	**36.6**		
拉萨	Lhasa	36.7	35.8	95
陕西	**Shaanxi**	**29.3**		
西安	Xi'an	27.3	33.0	151
铜川	Tongchuan	28.7	19.7	281
宝鸡	Baoji	28.3	31.7	174
咸阳	Xianyang	36.5	36.1	90
渭南	Weinan	36.1	36.7	81
延安	Yan'an	29.3	30.3	201
汉中	Hanzhong	29.5	30.8	190
榆林	Yulin	30.2	29.0	225
安康	Ankang	35.5	38.7	54
商洛	Shangluo	34.7	38.7	54
甘肃	**Gansu**	**28.0**		
兰州	Lanzhou		25.4	267
嘉峪关	Jiayuguan		31.2	181
金昌	Jinchang		30.8	190
白银	Baiyin		27.6	242
天水	Tianshui		26.3	257
武威	Wuwei		32.1	163
张掖	Zhangye		31.9	169
平凉	Pingliang		30.6	195
酒泉	Jiuquan		31.9	169
庆阳	Qingyang		33.1	147
定西	Dingxi		29.9	213
陇南	Longnan		31.9	169
青海	**Qinghai**	**26.0**		
西宁	Xining	25.8	25.8	263
宁夏	**Ningxia**	**30.3**		
银川	Yinchuan	30.4	30.5	197
石嘴山	Shizuishan	30.8	30.9	188
吴忠	Wuzhong	29.2	29.8	216
固原	Guyuan	34.5	32.4	158
中卫	Zhongwei	29.1	30.0	211
新疆	**Xinjiang**	**28.9**		
乌鲁木齐	Urumqi	27.3	27.4	245
克拉玛依	Karamay	30.2	30.4	198

6-10 农村居民人均住房面积
Per Capita Living Space of Rural Residents

单位：平方米 (sq.m)

地名	City	2010	2011	2012	2012 排名 Ranking
全国	**Nation Total**	**34.1**	**36.2**	**37.1**	
北京	**Beijing**	**40.6**	**38.1**	**38.2**	
天津	**Tianjin**	**28.8**	**30.2**	**30.3**	
河北	**Hebei**	**32.2**	**34.1**	**35.0**	
石家庄	Shijiazhuang	40.0	39.9	40.3	89
唐山	Tangshan	33.4	33.6	37.3	132
秦皇岛	Qinhuangdao	31.1	33.0	33.2	179
邯郸	Handan	34.8	37.9	36.7	140
邢台	Xingtai	33.1	34.0	34.2	168
保定	Baoding	31.0	29.7	26.0	238
张家口	Zhangjiakou	21.7	22.1	22.5	262
承德	Chengde	23.0	25.3	29.1	212
沧州	Cangzhou	28.0	31.5	32.1	195
廊坊	Langfang	31.6	39.8	38.1	119
衡水	Hengshui	28.0	29.8	30.0	210
山西	**Shanxi**	**28.3**	**29.9**	**30.6**	
太原	Taiyuan	32.9	36.9	37.5	127
大同	Datong	20.3	22.4	23.1	259
阳泉	Yangquan	30.9	28.0	27.9	226
长治	Changzhi	36.5	39.4	39.0	110
晋城	Jincheng	34.9	37.0	36.7	140
朔州	Shuozhou	21.0	27.9	26.0	238
晋中	Jinzhong	29.4	33.7	28.5	218
运城	Yuncheng	31.1	40.7	40.2	91
忻州	Xinzhou	22.4	24.7	24.9	248
临汾	Linfen	30.4	33.1	33.0	180
吕梁	Luliang	26.0	27.8	24.0	254
内蒙古	**Inner Mongolia**	**22.1**	**24.3**	**24.9**	
呼和浩特	Hohhot	27.3	29.2	26.7	232
包头	Baotou	29.6	32.7	30.1	209
乌海	Wuhai	29.9	31.4	32.2	193
赤峰	Chifeng	23.1	24.6	25.1	245
通辽	Tongliao	22.1	23.6	23.8	257
鄂尔多斯	Erdos	33.8	36.0	40.0	95
呼伦贝尔	Hulunbuir	22.1	23.0	25.0	246
巴彦淖尔	Bayannur	27.0	26.0	28.0	224
乌兰察布	Ulanqab	18.9	19.1	16.1	273
辽宁	**Liaoning**	**27.3**	**28.9**	**29.3**	
沈阳	Shenyang	26.2	30.5	30.7	204
大连	Dalian	30.5	31.7	32.3	191
鞍山	Anshan	27.9	27.3	28.5	218
抚顺	Fushun	24.2	26.4	26.7	232
本溪	Benxi	24.8	25.3	25.5	243
丹东	Dandong	27.1	26.0	27.0	230
锦州	Jinzhou	29.7	29.8	30.0	210
营口	Yingkou	28.4	28.2	28.9	215
阜新	Fuxin	26.8	27.5	28.3	222
辽阳	Liaoyang	27.7	26.2	27.7	228
盘锦	Panjin	33.5	34.6	35.4	152
铁岭	Tieling	27.5	27.2	27.7	228
朝阳	Chaoyang	27.1	28.2	28.2	223
葫芦岛	Huludao	26.4	26.8	28.4	221
吉林	**Jilin**	**22.9**	**24.4**	**24.7**	
长春	Changchun		26.9	25.8	241
吉林	Jilin		22.9	24.0	254
四平	Siping		25.3	25.5	243
辽源	Liaoyuan		22.6	22.4	263
通化	Tonghua		25.8	24.6	252
白山	Baishan		22.4	22.1	265
松原	Songyuan		26.0	26.3	237
白城	Baicheng		26.8	26.4	234
黑龙江	**Heilongjiang**	**22.8**	**24.8**	**24.8**	
哈尔滨	Harbin	24.4	24.8	24.8	249
齐齐哈尔	Qiqihar	28.6	29.4	19.5	270
鸡西	Jixi	22.0	24.6	21.9	267
鹤岗	Hegang				
双鸭山	Shuangyashan		20.7		
大庆	Daqing	28.6	31.5		
伊春	Yichun	22.8	22.0	22.0	266
佳木斯	Jiamusi	21.9	20.2	22.3	264
七台河	Qitaihe		20.7		
牡丹江	Mudanjiang	25.9	26.1		
黑河	Heihe		20.2		
绥化	Suihua				
上海	**Shanghai**	**59.7**	**58.9**	**60.4**	
江苏	**Jiangsu**	**46.3**	**49.3**	**50.8**	

6-10 农村居民人均住房面积 续表 1
Per Capita Living Space of Rural Residents continued 1

单位：平方米 (sq.m)

地名	City	2010	2011	2012	2012 排名 Ranking	地名	City	2010	2011	2012	2012 排名 Ranking
南京	Nanjing	49.9	58.9	59.3	15	池州	Chizhou	39.9	42.1	42.9	67
无锡	Wuxi	58.5	66.0	67.6	6	宣城	Xuancheng	36.8	37.0	38.0	121
徐州	Xuzhou	41.6	44.7	45.6	55	**福建**	**Fujian**	**47.5**	**49.8**	**50.8**	
常州	Changzhou	58.4	61.5	60.3	13	福州	Fuzhou	48.1	47.9	48.0	46
苏州	Suzhou	68.0	69.0	68.3	4	厦门	Xiamen	59.9	58.1	60.0	14
南通	Nantong	53.6	54.2	54.6	28	莆田	Putian	69.5	66.1	66.0	7
连云港	Lianyungang	35.3	41.5	42.1	72	三明	Sanming	46.0	48.0	49.0	45
淮安	Huaian	36.3	41.3	43.3	64	泉州	Quanzhou	51.0	52.6	55.0	26
盐城	Yancheng	39.0	44.2	45.1	59	漳州	Zhangzhou	37.0	39.6	41.0	82
扬州	Yangzhou	42.2	48.3	50.1	36	南平	Nanping	47.8	45.9	47.0	48
镇江	Zhenjiang	48.6	53.3	56.2	22	龙岩	Longyan	49.6	47.2	53.0	29
泰州	Taizhou	49.4	53.9	56.9	21	宁德	Ningde	35.1	41.6	43.0	66
宿迁	Suqian	34.2	40.0	42.3	71	**江西**	**Jiangxi**	**40.3**	**46.8**	**47.0**	
浙江	**Zhejiang**	**60.3**	**61.3**	**62.1**		南昌	Nanchang	45.3	48.8	50.1	36
杭州	Hangzhou	71.2	72.5	71.0	3	景德镇	Jingdezhen	49.7	56.8	57.4	18
宁波	Ningbo	56.0	57.2	58.3	17	萍乡	Pingxiang	49.6	46.8	55.5	24
温州	Wenzhou	43.0	43.8	45.8	52	九江	Jiujiang	40.8	44.7	45.8	52
嘉兴	Jiaxing	69.1	71.4	72.4	2	新余	Xinyu	49.7	53.7	55.9	23
湖州	Huzhou	58.0	64.0	68.0	5	鹰潭	Yingtan	55.6	63.0	55.0	26
绍兴	Shaoxing	67.6	62.0	64.8	9	赣州	Ganzhou	32.5	37.9	38.8	112
金华	Jinhua	63.6	64.2	64.6	10	吉安	Jian	38.9	38.3	39.1	109
衢州	Quzhou	55.8	60.0	66.0	7	宜春	Yichun	41.1	51.1	57.3	19
舟山	Zhoushan	48.6	48.8	49.1	44	抚州	Fuzhou	32.0	41.8	42.4	70
台州	Taizhou	57.0	57.0	55.3	25	上饶	Shangrao	35.9	42.3	46.1	50
丽水	Lishui	48.0	52.5	52.7	30	**山东**	**Shandong**	**34.7**	**36.3**	**38.4**	
安徽	**Anhui**	**32.1**	**35.0**	**35.3**		济南	Jinan	39.8	39.3	40.0	95
合肥	Hefei	33.4	33.7	34.2	168	青岛	Qingdao	31.0	31.7	32.3	191
芜湖	Wuhu	38.2	35.1	35.7	148	淄博	Zibo	35.4	35.3	36.9	137
蚌埠	Bengbu	34.3	35.6	37.8	123	枣庄	Zaozhuang	34.1	38.5	40.8	86
淮南	Huainan	37.2	37.2	39.5	104	东营	Dongying	34.1	35.8	37.4	130
马鞍山	Maanshan	36.8	35.0	38.8	112	烟台	Yantai	35.4	33.7	34.6	163
淮北	Huaibei	40.3	39.3	40.2	91	潍坊	Weifang	38.1	36.5	36.8	138
铜陵	Tongling	38.4	40.8	41.5	80	济宁	Jining	34.7	33.7	35.5	150
安庆	Anqing	36.1	35.0	35.0	158	泰安	Taian	37.7	42.0	42.9	67
黄山	Huangshan	39.0	39.8	40.9	85	威海	Weihai	39.8	38.8	39.6	103
滁州	Chuzhou	31.8	32.5	33.6	173	日照	Rizhao	36.9	33.0	36.4	143
阜阳	Fuyang	29.3	30.6	32.6	188	莱芜	Laiwu	37.0	38.9	39.7	102
宿州	Suzhou	32.0	35.7	35.2	156	临沂	Linyi	31.3	32.3	33.7	172
六安	Liuan	31.8	32.5	33.9	170	德州	Dezhou	34.0	36.5	35.4	152
亳州	Bozhou	32.8	35.0	37.4	130	聊城	Liaocheng	35.7	35.8	38.1	119

6-10 农村居民人均住房面积 续表 2
Per Capita Living Space of Rural Residents continued 2

单位：平方米 (sq.m)

地名	City	2010	2011	2012	2012 排名 Ranking	地名	City	2010	2011	2012	2012 排名 Ranking
滨州	Binzhou	36.5	44.1	41.0	82	常德	Changde	47.3	51.2	51.5	32
菏泽	Heze	31.9	34.5	35.5	150	张家界	Zhangjiajie	35.7	30.1	46.6	49
河南	**Henan**	**34.5**	**36.5**	**37.9**		益阳	Yiyang	42.2	46.4	47.2	47
郑州	Zhengzhou	56.0	60.2	61.0	12	郴州	Chenzhou	38.2	39.2	35.2	156
开封	Kaifeng	30.5	35.2	36.7	140	永州	Yongzhou	35.0	39.1	37.3	132
洛阳	Luoyang	38.5	41.0	41.6	79	怀化	Huaihua	33.4	38.1	36.8	138
平顶山	Pingdingshan	31.8	36.4	37.6	125	娄底	Loudi	40.8	46.4	49.3	42
安阳	Anyang	35.6	34.4	34.6	163	**广东**	**Guangdong**	**29.2**	**30.7**	**31.7**	
鹤壁	Hebi	35.7	40.8	41.7	77	广州	Guangzhou	43.7	44.7	45.3	57
新乡	Xinxiang	38.6	38.8	40.1	93	韶关	Shaoguan	30.1	31.0	33.0	180
焦作	Jiaozuo	41.2	43.6	44.9	60	深圳	Shenzhen				
濮阳	Puyang	26.9	30.1	31.3	200	珠海	Zhuhai	33.1	33.7	37.5	127
许昌	Xuchang	36.7	41.0	41.7	77	汕头	Shantou	18.7	19.2	19.0	271
漯河	Luohe	32.9	37.1	37.7	124	佛山	Foshan	48.7	49.3	49.9	38
三门峡	Sanmenxia	34.9	38.0	39.2	108	江门	Jiangmen		27.8	29.0	213
南阳	Nanyang	32.3	36.4	37.6	125	湛江	Zhanjiang	28.5	30.3	31.5	199
商丘	Shangqiu	31.5	38.5	39.9	101	茂名	Maoming	38.6	41.6	41.8	76
信阳	Xinyang	33.1	33.1	33.5	177	肇庆	Zhaoqing	25.5	26.6	28.5	218
周口	Zhoukou	27.1	34.9	35.7	148	惠州	Huizhou	28.6	31.2	32.8	187
驻马店	Zhumadian	29.7	32.1	32.6	188	梅州	Meizhou	31.6	30.8	33.9	170
湖北	**Hubei**	**41.0**	**44.2**	**45.0**		汕尾	Shanwei	25.5	26.2	25.7	242
武汉	Wuhan	48.8	51.8	51.4	33	河源	Heyuan	27.6	29.0	28.8	216
黄石	Huangshi	42.3	47.7	50.6	34	阳江	Yangjiang		31.7	33.0	180
十堰	Shiyan	32.8	35.2	36.0	146	清远	Qingyuan	30.9	29.1	30.3	206
宜昌	Yichang	45.7	50.3	49.2	43	东莞	Dongguan	52.1	52.0	50.3	35
襄阳	Xiangfan	38.7	43.9	45.2	58	中山	ZhongShan	41.8	42.1	42.1	72
鄂州	Ezhou	42.5	43.6	46.0	51	潮州	Chaozhou	23.1	24.8	23.6	258
荆门	Jingmen	37.7	43.6	44.5	62	揭阳	Jieyang	22.8	22.0	24.4	253
孝感	Xiaogan	34.7	38.5	38.6	115	云浮	Yunfu	27.0	29.5	31.6	198
荆州	Jingzhou	37.1	39.6	40.3	89	**广西**	**Guangxi**	**33.9**	**34.9**	**36.0**	
黄冈	Huanggang	42.2	43.8	43.8	63	南宁	Nanning	36.8	37.5	40.8	86
咸宁	Xianning	41.7	48.9	49.4	41	柳州	Liuzhou	29.3	37.5	39.5	104
随州	Suizhou	42.3	38.5	38.3	117	桂林	Guilin	38.0	41.1	42.1	72
湖南	**Hunan**	**42.0**	**46.6**	**46.5**		梧州	Wuzhou	29.6	32.6	34.4	166
长沙	Changsha	59.5	62.1	62.6	11	北海	Beihai	38.5	36.9	38.3	117
株洲	Zhuzhou	55.5	56.4	58.7	16	防城港	Fangchenggang	30.1	30.3	33.6	173
湘潭	Xiangtan	49.8	49.3	49.6	40	钦州	Qinzhou	26.8	27.3	26.4	234
衡阳	Hengyang	50.9	46.4	49.8	39	贵港	Guigang	32.6	40.7	41.1	81
邵阳	Shaoyang	34.0	36.6	39.4	107	玉林	Yulin	26.8	28.2	33.6	173
岳阳	Yueyang	42.4	48.5	45.5	56	百色	Baise	28.9	32.2	33.0	180

6-10 农村居民人均住房面积 续表 3
Per Capita Living Space of Rural Residents continued 3

单位：平方米 (sq.m)

地名	City	2010	2011	2012	2012 排名 Ranking	地名	City	2010	2011	2012	2012 排名 Ranking
贺州	Hezhou	34.7	35.0			丽江	Lijiang	25.3	35.5	33.5	177
河池	Hechi	25.6	36.4	35.4	152	普洱	Puer	22.3	24.7	24.8	249
来宾	Laibin	36.0	38.0	38.5	116	临沧	Lincang	17.6	21.3	23.0	260
崇左	Chongzuo	34.5	39.6	41.0	82	**西藏**	**Tibet**	**25.3**	**29.6**	**28.8**	
海南	**Hainan**	**24.7**	**24.2**	**25.3**		拉萨	Lhasa	22.6	30.6	30.7	204
海口	Haikou	31.6	31.6	31.8	197	**陕西**	**Shaanxi**	**31.7**	**35.8**	**36.9**	
三亚	Sanya	28.6	39.3	30.3	206	西安	Xi'an	66.7	67.0	78.0	1
重庆	**Chongqing**	**37.6**	**39.7**	**41.1**		铜川	Tongchuan	32.0	35.2	36.1	145
四川	**Sichuan**	**36.6**	**37.7**	**37.9**		宝鸡	Baoji	32.7	32.7	33.0	180
成都	Chengdu	48.8	50.2	52.2	31	咸阳	Xianyang	38.5	39.7	40.5	88
自贡	Zigong	37.0	34.8	35.0	158	渭南	Weinan	32.7	34.0	35.0	158
攀枝花	Panzhihua	34.0	37.0	37.0	134	延安	Yan'an	24.1	26.4	27.8	227
泸州	Luzhou	38.0	39.9	38.7	114	汉中	Hanzhong	34.7	36.6	40.1	93
德阳	Deyang	38.0	37.3	36.4	143	榆林	Yulin	26.6	29.9	33.6	173
绵阳	Mianyang	43.0	39.5	38.9	111	安康	Ankang	35.0	35.4	39.5	104
广元	Guangyuan	41.0	37.5	35.0	158	商洛	Shangluo	34.6	35.8	32.0	196
遂宁	Suining	35.0	41.7	43.3	64	**甘肃**	**Gansu**	**21.0**	**23.7**	**24.1**	
内江	Neijiang	34.0	34.4	34.4	166	兰州	Lanzhou	23.8	29.8	33.0	180
乐山	Leshan	43.0	39.0	40.0	95	嘉峪关	Jiayuguan	34.7	40.3	37.0	134
南充	Nanchong	35.0	36.8	37.0	134	金昌	Jinchang	34.4	42.3	42.0	75
眉山	Meishan	38.0	41.1			白银	Baiyin	22.6	24.5	25.0	246
宜宾	Yibin	40.0	40.0	40.0	95	天水	Tianshui	17.5	19.9	20.0	268
广安	Guangan	39.0	41.7	40.0	95	武威	Wuwei	40.0	33.4	28.0	224
达州	Dazhou	39.0	36.8	37.5	127	张掖	Zhangye	32.6	32.9	36.0	146
雅安	Yaan	38.0	38.6	32.2	193	平凉	Pingliang	22.4	23.6	24.0	254
巴中	Bazhong	34.0	34.0	32.5	190	酒泉	Jiuquan	17.7	41.3	40.0	95
资阳	Ziyang	40.0	38.0	38.0	121	庆阳	Qingyang	21.3	22.1	23.0	260
贵州	**Guizhou**	**27.0**	**29.4**	**29.6**		定西	Dingxi	19.3	19.9	19.0	271
贵阳	Guiyang	46.7	52.2	57.1	20	陇南	Longnan	23.6	23.8	26.0	238
六盘水	Liupanshui	27.6	31.4	30.2	208	**青海**	**Qinghai**	**21.4**	**26.8**	**29.7**	
遵义	Zunyi	31.0	35.5	34.5	165	西宁	Xining	34.3	38.1	35.4	152
安顺	Anshun	27.0	29.7	31.1	201	**宁夏**	**Ningxia**	**24.9**	**24.4**	**25.9**	
毕节	Bijie	23.0	38.0	24.8	249	银川	Yinchuan	38.9	39.9	44.7	61
铜仁	Tongren	29.1	33.2	33.0	180	石嘴山	Shizuishan	31.6	30.9	34.8	162
云南	**Yunnan**	**29.0**	**30.9**	**31.7**		吴忠	Wuzhong	29.7	26.1	27.0	230
昆明	Kunming	45.8	44.0	45.7	54	固原	Guyuan	19.3	19.1	19.8	269
曲靖	Qujing	31.0	32.8	31.0	202	中卫	Zhongwei	24.2	26.1	28.6	217
玉溪	Yuxi	43.5	44.7	42.8	69	**新疆**	**Xinjiang**	**24.0**	**26.1**	**27.2**	
保山	Baoshan	27.4	28.5	29.0	213	乌鲁木齐	Urumqi	38.1	30.0	31.0	202
昭通	Zhaotong	23.9	26.2	26.4	234	克拉玛依	Karamay				

6-11 私有汽车拥有量
Number of Private Vehicles

单位：辆 （unit）

地名	City	2010	2011	2012	2012排名 Ranking
全国	**Nation Total**	**59387080**	**73267938**	**88386000**	
北京	**Beijing**	**3715068**	**3872928**	**4055474**	
天津	**Tianjin**	**1256999**	**1554586**	**1855351**	
河北	**Hebei**	**4041575**	**5106108**	**6240422**	
石家庄	Shijiazhuang	727466	886565	1069201	11
唐山	Tangshan	696560	854891	1015275	15
秦皇岛	Qinhuangdao	236818	293382	350979	62
邯郸	Handan	450472	533862	636805	33
邢台	Xingtai	331987	399547	480957	44
保定	Baoding	705993	881866	1085043	10
张家口	Zhangjiakou	248178	303251	366767	60
承德	Chengde	158028	187450	231305	100
沧州	Cangzhou	504005	616266	744932	27
廊坊	Langfang	408211	513475	599758	34
衡水	Hengshui	234985	299185	361031	61
山西	**Shanxi**	**1865984**	**2301975**	**2704497**	
太原	Taiyuan	459607	558584	648485	32
大同	Datong	196774	237417	244980	94
阳泉	Yangquan	80896	99269	112952	186
长治	Changzhi	191173	223560	233195	99
晋城	Jincheng	150851	174305	176693	137
朔州	Shuozhou	54195	68543	82774	226
晋中	Jinzhong	231652	277875	296953	79
运城	Yuncheng	244802	279432	288241	81
忻州	Xinzhou	137982	161775	159181	151
临汾	Linfen	216768	256911	274403	87
吕梁	Luliang	168513	195301	186638	129
内蒙古	**Inner Mongolia**	**1474731**	**1880812**	**2236575**	
呼和浩特	Hohhot	259185	436112	422106	52
包头	Baotou	230353	292150	344142	66
乌海	Wuhai	70200	87500	138172	163
赤峰	Chifeng	291465	183767	247040	93
通辽	Tongliao	305015	355340	233801	98
鄂尔多斯	Erdos	150000	397015	395386	56
呼伦贝尔	Hulunbuir	101582	131420	122484	177
巴彦淖尔	Bayannur	80048	87000	132566	169
乌兰察布	Ulanqab	105652	112478	123653	176
辽宁	**Liaoning**	**1988119**	**2505856**	**3048210**	
沈阳	Shenyang	707838	682672	812027	23
大连	Dalian	739675	614199	722605	28
鞍山	Anshan	264683	200217	230157	102
抚顺	Fushun	181880	126107	140958	161
本溪	Benxi	100050	63027	69041	241
丹东	Dandong	188325	101882	118052	180
锦州	Jinzhou	368610	187139	209989	112
营口	Yingkou	183288	140262	164975	147
阜新	Fuxin	306267	120429	141126	160
辽阳	Liaoyang	227040	110041	112456	188
盘锦	Panjin	136075	127957	148959	155
铁岭	Tieling	281605	105355	126134	174
朝阳	Chaoyang	427621	195932	212019	110
葫芦岛	Huludao	201642	113444	131934	170
吉林	**Jilin**	**1144913**	**1413640**	**1701895**	
长春	Changchun	505205	600541	706208	29
吉林	Jilin	216649	253905	285923	82
四平	Siping	121298	152378	192456	124
辽源	Liaoyuan	45640	52093	60469	254
通化	Tonghua	82500	95202	105529	195
白山	Baishan	44842	52505	57768	256
松原	Songyuan	154431	177456	204714	117
白城	Baicheng	74302	92695	113120	184
黑龙江	**Heilongjiang**	**1396536**	**1720231**	**2013653**	
哈尔滨	Harbin	468701	654279	700260	30
齐齐哈尔	Qiqihar	109093	313480		
鸡西	Jixi	109816	125042	125302	175
鹤岗	Hegang	29858	37999	45230	268
双鸭山	Shuangyashan	39788	63750	97229	204
大庆	Daqing	230190	263652	314410	73
伊春	Yichun	22401	28717	32309	274
佳木斯	Jiamusi				
七台河	Qitaihe	32000	33626	40540	271
牡丹江	Mudanjiang	90120	106858	182177	133
黑河	Heihe				
绥化	Suihua	8231	11631	19772	277
上海	**Shanghai**	**1037051**	**1197486**	**1411615**	
江苏	**Jiangsu**	**4181285**	**5288586**	**6466850**	

6-11 私有汽车拥有量 续表 1
Number of Private Vehicles continued 1

单位：辆 (unit)

地名	City	2010	2011	2012	2012 排名 Ranking	地名	City	2010	2011	2012	2012 排名 Ranking
南京	Nanjing	647562	796339	963645	17	池州	Chizhou	32284	40512	50519	263
无锡	Wuxi	521407	637805	764492	25	宣城	Xuancheng	86395	102759	11373	278
徐州	Xuzhou	356532	441822	517040	40	福建	**Fujian**	**1519318**	**1895951**	**2308804**	
常州	Changzhou	339434	434702	523417	38	福州	Fuzhou	330352	410804	497158	42
苏州	Suzhou	981650	1201509	1447145	5	厦门	Xiamen	284745	354539	437989	50
南通	Nantong	355328	454699	571391	36	莆田	Putian	65608	85181	107678	192
连云港	Lianyungang	146448	183408	223427	105	三明	Sanming	73018	91555	108559	191
淮安	Huaian	124905	161061	200917	120	泉州	Quanzhou	408143	494459	590710	35
盐城	Yancheng	207710	269802	333321	68	漳州	Zhangzhou	126009	162347	201055	119
扬州	Yangzhou	178389	227155	281691	83	南平	Nanping	63093	79811	96833	205
镇江	Zhenjiang	147295	188217	231258	101	龙岩	Longyan	135368	166534	198762	121
泰州	Taizhou	169165	219424	274197	88	宁德	Ningde	55173	70557	89174	214
宿迁	Suqian	169843	200890	240741	96	江西	**Jiangxi**	**873814**	**1171759**	**1495759**	
浙江	**Zhejiang**	**4315235**	**5346972**	**6433394**		南昌	Nanchang	203953	265399	326173	69
杭州	Hangzhou	942585	1162925	1408653	6	景德镇	Jingdezhen	52699	66598	84886	222
宁波	Ningbo	532965	744795	895247	20	萍乡	Pingxiang	38124	52003	66613	245
温州	Wenzhou	674836	823296	964222	16	九江	Jiujiang	105004	137250	173601	140
嘉兴	Jiaxing	265802	352245	451331	49	新余	Xinyu	34088	45544	55280	259
湖州	Huzhou	180041	233523	294027	80	鹰潭	Yingtan	22121	29477	39877	272
绍兴	Shaoxing	346672	426941	518814	39	赣州	Ganzhou	152701	202975	263903	90
金华	Jinhua	517447	630575	759193	26	吉安	Jian	74765	93588	116337	183
衢州	Quzhou	99318	96904	150522	154	宜春	Yichun	111507	145223	180288	134
舟山	Zhoushan	39063	50437	60677	253	抚州	Fuzhou	52665	67988	88024	218
台州	Taizhou	481717	585034	691389	31	上饶	Shangrao	99980	131213	166965	146
丽水	Lishui	116539	141298	168436	144	山东	**Shandong**	**5771075**	**7085294**	**8775634**	
安徽	**Anhui**	**1368463**	**1784603**	**2234091**		济南	Jinan	670465	786123	907299	19
合肥	Hefei	250403	379900	486532	43	青岛	Qingdao	729966	895383	1057712	13
芜湖	Wuhu	90999	150916	189723	126	淄博	Zibo	373721	440874	506304	41
蚌埠	Bengbu	55918	68751	85168	221	枣庄	Zaozhuang	233435	280998	324630	70
淮南	Huainan	45751	59354	76930	232	东营	Dongying	279344	323881	373384	58
马鞍山	Maanshan	41994	71964	88884	216	烟台	Yantai	631748	742815	836576	22
淮北	Huaibei	65058	80648	99755	200	潍坊	Weifang	935879	990392	1302215	7
铜陵	Tongling	24689	32823	41856	269	济宁	Jining	409787	476031	544438	37
安庆	Anqing	120980	148947	183314	131	泰安	Taian	259842	295555	346086	65
黄山	Huangshan	42833	52517	64052	248	威海	Weihai	263595	316903	370555	59
滁州	Chuzhou	91396	109147	116800	182	日照	Rizhao	176291	213623	254932	92
阜阳	Fuyang	189074	233459	278965	85	莱芜	Laiwu	104278	118954	132673	168
宿州	Suzhou	138078	150778	163726	149	临沂	Linyi	652175	780576	935753	18
六安	Liuan	153224	183336	209937	113	德州	Dezhou	331411	391364	477519	45
亳州	Bozhou	157249	186711	213955	109	聊城	Liaocheng	405537	436237	472559	47

6-11 私有汽车拥有量 续表 2
Number of Private Vehicles continued 2

单位：辆 (unit)

地名	City	2010	2011	2012	2012 排名 Ranking
滨州	Binzhou	309800	361687	424681	51
菏泽	Heze	329045	365849	414613	54
河南	**Henan**	**2947564**	**3836257**	**4678042**	
郑州	Zhengzhou	777605	1032919	1203452	8
开封	Kaifeng	155557	182086	217847	107
洛阳	Luoyang	282820	342370	413741	55
平顶山	Pingdingshan	176333	211067	243652	95
安阳	Anyang	240506	280410	318833	72
鹤壁	Hebi	63004	77347	91801	209
新乡	Xinxiang	239442	288073	346722	63
焦作	Jiaozuo	149803	174465	204676	118
濮阳	Puyang	196863	236750	279251	84
许昌	Xuchang	155659	186906	226269	104
漯河	Luohe	76691	88754	107143	194
三门峡	Sanmenxia	124052	131788	147736	156
南阳	Nanyang	220249	264376	346647	64
商丘	Shangqiu	270906	281594	335870	67
信阳	Xinyang	176704	198545	191112	125
周口	Zhoukou	288892	326739	323795	71
驻马店	Zhumadian	130365	156575	228259	103
湖北	**Hubei**	**1486487**	**1853771**	**2274544**	
武汉	Wuhan	780000	810393	810468	24
黄石	Huangshi	54500	106000	79365	230
十堰	Shiyan	99105	161000	141846	159
宜昌	Yichang	148146	148523	210636	111
襄阳	Xiangfan	197040	144572	220712	106
鄂州	Ezhou	16223	59200	61253	252
荆门	Jingmen	75509	91122	111975	189
孝感	Xiaogan	30256	66900	93657	206
荆州	Jingzhou	101401	94100	147201	157
黄冈	Huanggang	83439	75493	130785	171
咸宁	Xianning	61996	51632	84019	223
随州	Suizhou	46592	59940	72070	238
湖南	**Hunan**	**1692449**	**2128859**	**2615879**	
长沙	Changsha	546834	689957	856813	21
株洲	Zhuzhou	120972	150174	182596	132
湘潭	Xiangtan	84797	108782	134120	166
衡阳	Hengyang	133277	162051	188372	127
邵阳	Shaoyang	120228	150570	184522	130
岳阳	Yueyang	98940	131166	171946	142

地名	City	2010	2011	2012	2012 排名 Ranking
常德	Changde	104254	131692	164183	148
张家界	Zhangjiajie	30968	37655	46522	266
益阳	Yiyang	96621	118814	142065	158
郴州	Chenzhou	134137	160199	180268	135
永州	Yongzhou	98152	115299	133159	167
怀化	Huaihua	72780	91318	153318	152
娄底	Loudi	106893	129029	61415	251
广东	**Guangdong**	**6281233**	**7453746**	**8634620**	
广州	Guangzhou	1261160	1489046	1646931	3
韶关	Shaoguan	78230	95454	112962	185
深圳	Shenzhen	1301631	1531266	1780799	2
珠海	Zhuhai	157798	186191	216136	108
汕头	Shantou	223325	269205	312733	75
佛山	Foshan	791313	916556	1066317	12
江门	Jiangmen	224812	263328	302712	78
湛江	Zhanjiang	115782	144934	177198	136
茂名	Maoming	134923	162702	196724	122
肇庆	Zhaoqing	120318	144424	168052	145
惠州	Huizhou	208425	255906	305145	77
梅州	Meizhou	88353	110400	134919	165
汕尾	Shanwei	22300	26421	32060	275
河源	Heyuan	59198	73956	89251	212
阳江	Yangjiang	72668	92637	112901	187
清远	Qingyuan	104093	129472	159871	150
东莞	Dongguan	740238	874476	1016060	14
中山	ZhongShan	313775	366495	421890	53
潮州	Chaozhou	96149	112282	129227	172
揭阳	Jieyang	119258	144702	169678	143
云浮	Yunfu	56141	72240	91439	210
广西	**Guangxi**	**1083336**	**1404049**	**1774208**	
南宁	Nanning	292736	383793	476696	46
柳州	Liuzhou	154217	193175	236929	97
桂林	Guilin	132797	168244	208368	114
梧州	Wuzhou	41874	55533	70793	240
北海	Beihai	54637	68585	83900	224
防城港	Fangchenggang	29231	36561	48375	265
钦州	Qinzhou	39390	53359	59806	255
贵港	Guigang	58973	76125	97607	202
玉林	Yulin	108945	132900	176223	139
百色	Baise	59973	29067	97459	203

6-11 私有汽车拥有量 续表 3
Number of Private Vehicles continued 3

单位：辆 （unit）

地名	City	2010	2011	2012	2012 排名 Ranking
贺州	Hezhou	34410	45158	56892	257
河池	Hechi	53299	69229	89225	213
来宾	Laibin	37656	42961	55212	260
崇左	Chongzuo	20972	21488	45940	267
海南	**Hainan**	**280903**	**355094**	**426810**	
海口	Haikou	182623	226437	270815	89
三亚	Sanya	37705	56246	63023	249
重庆	**Chongqing**	**741488**	**898864**	**1171024**	
四川	**Sichuan**	**2809524**	**3422903**	**4088875**	
成都	Chengdu	1396000	1657000	1925500	1
自贡	Zigong	52244	64557	80325	228
攀枝花	Panzhihua	60087	69115	80443	227
泸州	Luzhou	56693	74785	100238	199
德阳	Deyang	183763	198024	195830	123
绵阳	Mianyang			257929	91
广元	Guangyuan	62707	77633	92938	207
遂宁	Suining	55399	69662	83733	225
内江	Neijiang	52256	63523	79501	229
乐山	Leshan	95347	116175	139390	162
南充	Nanchong	102573	134248	151984	153
眉山	Meishan	74842	94574	122221	178
宜宾	Yibin	68148	87969	109727	190
广安	Guangan	40063	50622	65990	247
达州	Dazhou	52772	72970	89124	215
雅安	Yaan	42071	62779	74000	235
巴中	Bazhong	38901	51615	53118	261
资阳	Ziyang	57786	71042	87920	219
贵州	**Guizhou**	**878065**	**1062596**	**1322146**	
贵阳	Guiyang	512066	557366	463523	48
六盘水	Liupanshui	95366	118724	137273	164
遵义	Zunyi	39483	54178	207848	115
安顺	Anshun	41819	54165	76187	233
毕节	Bijie	63019	73631	102321	197
铜仁	Tongren		221878	67906	242
云南	**Yunnan**	**1855688**	**2281126**	**2737927**	
昆明	Kunming	1173869	1325154	1513557	4
曲靖	Qujing	734549	812634	314100	74
玉溪	Yuxi	156581	607798	187746	128
保山	Baoshan	70443	512961	98324	201
昭通	Zhaotong	83980	427110	121126	179
丽江	Lijiang	38732	163340	73385	236
普洱	Puer	80336	580791	117956	181
临沧	Lincang		421456	51623	262
西藏	**Tibet**	**110318**	**130901**	**152164**	
拉萨	Lhasa	81988	92463	102618	196
陕西	**Shaanxi**	**1441129**	**1853852**	**2307940**	
西安	Xi'an	778902	970440	1174425	9
铜川	Tongchuan	36492	42384	41521	270
宝鸡	Baoji	93891	109588	127477	173
咸阳	Xianyang	116103	142466	173279	141
渭南	Weinan	205237	238791	277933	86
延安	Yan'an	144707	160665	176661	138
汉中	Hanzhong	79634	91305	107585	193
榆林	Yulin	255161	317502	385680	57
安康	Ankang	47771	56562	67123	243
商洛	Shangluo	40301	45059	49911	264
甘肃	**Gansu**	**527351**	**696480**	**901689**	
兰州	Lanzhou	120100	162300	206900	116
嘉峪关	Jiayuguan	15400	19000	24700	276
金昌	Jinchang	21600	27000	32800	273
白银	Baiyin	60500	75500	92500	208
天水	Tianshui	54000	67800	88066	217
武威	Wuwei	46200	58000	72000	239
张掖	Zhangye	40300	51900	67000	244
平凉	Pingliang	45580	58200	73300	237
酒泉	Jiuquan	51100	63600	78000	231
庆阳	Qingyang	60400	76500	100600	198
定西	Dingxi	52200	68100	87900	220
陇南	Longnan	46600	54200	61600	250
青海	**Qinghai**	**199467**	**274761**	**357792**	
西宁	Xining				
宁夏	**Ningxia**	**309364**	**414174**	**534949**	
银川	Yinchuan	177270	239496	307035	76
石嘴山	Shizuishan	45193	55274	66398	246
吴忠	Wuzhong	60058	73898	89736	211
固原	Guyuan	53465	63394	74335	234
中卫	Zhongwei	35616	45043	56620	258
新疆	**Xinjiang**	**792548**	**1073718**	**1425181**	
乌鲁木齐	Urumqi				
克拉玛依	Karamay				

6-12 城镇职工基本养老保险参保人数
Persons Covered by Basic Pension Insurance

单位：万人 (10 000 persons)

地名	City	2011	2012	2012 排名 Ranking	地名	City	2011	2012	2012 排名 Ranking
全国	**Nation Total**	**28391.3**	**30426.8**		沈阳	Shenyang	308.0	320.7	9
北京	**Beijing**	**1089.4**	**1206.4**		大连	Dalian	172.3	176.3	25
天津	**Tianjin**	**458.7**	**490.3**		鞍山	Anshan	91.6	90.0	64
河北	**Hebei**	**1059.8**	**1125.6**		抚顺	Fushun	90.1	92.9	61
石家庄	Shijiazhuang	162.3	174.5	29	本溪	Benxi	84.2	86.9	68
唐山	Tangshan	171.8	185.8	22	丹东	Dandong	73.4	76.0	77
秦皇岛	Qinhuangdao	60.1	67.4	92	锦州	Jinzhou	66.4	70.0	87
邯郸	Handan	104.6	106.5	48	营口	Yingkou	66.9	48.7	135
邢台	Xingtai	54.4	56.1	109	阜新	Fuxin	46.9	45.9	144
保定	Baoding	106.8	112.3	44	辽阳	Liaoyang	54.8	57.1	106
张家口	Zhangjiakou	70.9	74.3	81	盘锦	Panjin	53.9	55.5	110
承德	Chengde	45.3	50.2	127	铁岭	Tieling	49.9	51.9	119
沧州	Cangzhou	70.6	75.9	79	朝阳	Chaoyang	47.6	49.3	132
廊坊	Langfang	56.8	62.8	100	葫芦岛	Huludao	46.9	47.7	139
衡水	Hengshui	41.6	43.7	153	吉林	**Jilin**	**617.5**	**632.2**	
山西	**Shanxi**	**623.8**	**648.7**		长春	Changchun	167.5	177.8	24
太原	Taiyuan	119.2	122.5	37	吉林	Jilin	99.6	102.6	50
大同	Datong	40.5	41.4	161	四平	Siping	52.8	51.2	120
阳泉	Yangquan	24.8	24.4	219	辽源	Liaoyuan	22.9	23.5	222
长治	Changzhi	32.9	45.8	145	通化	Tonghua	46.9	49.0	133
晋城	Jincheng	28.6	32.2	191	白山	Baishan	35.1	36.4	178
朔州	Shuozhou	13.1	17.7	238	松原	Songyuan	30.2	31.2	197
晋中	Jinzhong	41.9	37.1	175	白城	Baicheng	17.2	30.1	201
运城	Yuncheng	45.8	47.7	138	黑龙江	**Heilongjiang**	**981.0**	**1013.0**	
忻州	Xinzhou	35.0	37.5	171	哈尔滨	Harbin	121.3	119.6	39
临汾	Linfen	37.6	39.6	165	齐齐哈尔	Qiqihar	47.8	43.8	152
吕梁	Luliang	13.5	14.1	252	鸡西	Jixi	18.1	19.2	233
内蒙古	**Inner Mongolia**	**452.4**	**471.9**		鹤岗	Hegang	16.3	17.0	242
呼和浩特	Hohhot	42.4	37.4	172	双鸭山	Shuangyashan	16.8	17.1	241
包头	Baotou	56.2	82.4	71	大庆	Daqing	33.6	38.2	168
乌海	Wuhai	14.8	15.6	245	伊春	Yichun	25.2	29.0	206
赤峰	Chifeng	28.8	30.2	200	佳木斯	Jiamusi	23.8	24.1	220
通辽	Tongliao	22.4	23.0	224	七台河	Qitaihe	13.5	14.2	250
鄂尔多斯	Erdos	23.0	24.9	217	牡丹江	Mudanjiang	47.8	29.6	204
呼伦贝尔	Hulunbuir	47.5	107.0	47	黑河	Heihe	16.8	20.0	231
巴彦淖尔	Bayannur	27.1	26.9	212	绥化	Suihua	25.6	26.4	213
乌兰察布	Ulanqab	24.9	14.1	251	上海	**Shanghai**	**1382.7**	**1416.9**	
辽宁	**Liaoning**	**1556.6**	**1609.2**		江苏	**Jiangsu**	**2223.9**	**2427.5**	

6-12 城镇职工基本养老保险参保人数 续表 1
Persons Covered by Basic Pension Insurance continued 1

单位：万人 (10 000 persons)

地名	City	2011	2012	2012 排名 Ranking	地名	City	2011	2012	2012 排名 Ranking
南京	Nanjing	235.8	268.9	12	池州	Chizhou	11.8	9.9	269
无锡	Wuxi	212.5	219.6	16	宣城	Xuancheng	40.2	31.9	192
徐州	Xuzhou	95.1	101.5	52	福建	**Fujian**	**695.1**	**756.5**	
常州	Changzhou	113.8	121.1	38	福州	Fuzhou	135.2	148.1	32
苏州	Suzhou	381.8	475.9	6	厦门	Xiamen	194.1	210.5	17
南通	Nantong	119.0	129.3	35	莆田	Putian	28.3	26.4	215
连云港	Lianyungang	43.5	49.7	129	三明	Sanming	46.7	48.8	134
淮安	Huaian	59.3	70.6	85	泉州	Quanzhou	87.7	111.2	45
盐城	Yancheng	88.5	98.8	54	漳州	Zhangzhou	52.9	47.8	137
扬州	Yangzhou	83.6	93.0	60	南平	Nanping	47.6	50.5	124
镇江	Zhenjiang	74.7	78.5	74	龙岩	Longyan	34.5	37.7	169
泰州	Taizhou	71.5	75.9	78	宁德	Ningde	32.0	29.3	205
宿迁	Suqian	31.1	35.5	180	江西	**Jiangxi**	**653.0**	**707.4**	
浙江	**Zhejiang**	**1919.2**	**2183.3**		南昌	Nanchang	116.0	132.2	34
杭州	Hangzhou	428.1	492.6	4	景德镇	Jingdezhen	36.2	36.6	177
宁波	Ningbo	434.4	474.3	7	萍乡	Pingxiang	31.7	34.6	183
温州	Wenzhou	217.3	240.3	14	九江	Jiujiang	72.1	75.7	80
嘉兴	Jiaxing	167.2	193.0	19	新余	Xinyu	27.3	28.0	210
湖州	Huzhou	71.3	97.5	56	鹰潭	Yingtan	16.7	18.2	236
绍兴	Shaoxing	155.0	188.7	20	赣州	Ganzhou	65.4	71.9	84
金华	Jinhua	117.5	117.1	41	吉安	Jian	42.9	46.7	141
衢州	Quzhou	49.1	56.8	107	宜春	Yichun	61.6	65.0	96
舟山	Zhoushan	33.2	39.2	166	抚州	Fuzhou	46.2	50.3	126
台州	Taizhou	134.1	148.7	31	上饶	Shangrao	66.9	73.7	83
丽水	Lishui	41.9	46.6	142	山东	**Shandong**	**1907.1**	**2063.2**	
安徽	**Anhui**	**729.3**	**783.8**		济南	Jinan	164.7	175.0	27
合肥	Hefei	113.1	132.4	33	青岛	Qingdao	285.9	303.1	10
芜湖	Wuhu	47.5	50.4	125	淄博	Zibo	98.6	103.0	49
蚌埠	Bengbu	45.5	49.5	130	枣庄	Zaozhuang	53.2	65.8	95
淮南	Huainan	28.8	31.6	194	东营	Dongying	24.7	33.7	185
马鞍山	Maanshan	35.8	38.3	167	烟台	Yantai	127.6	181.5	23
淮北	Huaibei	33.0	36.1	179	潍坊	Weifang	149.0	161.3	30
铜陵	Tongling	16.4	19.1	234	济宁	Jining	109.0	129.3	36
安庆	Anqing	47.8	55.1	112	泰安	Taian	90.6	115.0	43
黄山	Huangshan	18.9	21.0	230	威海	Weihai	82.9	89.1	65
滁州	Chuzhou	38.4	42.4	156	日照	Rizhao	30.1	42.0	159
阜阳	Fuyang	31.2	32.6	190	莱芜	Laiwu	32.9	26.4	214
宿州	Suzhou	22.9	26.1	216	临沂	Linyi	109.8	116.2	42
六安	Liuan	30.6	43.6	154	德州	Dezhou	52.9	70.2	86
亳州	Bozhou	14.1	15.4	248	聊城	Liaocheng	50.2	52.5	117

6-12 城镇职工基本养老保险参保人数 续表 2
Persons Covered by Basic Pension Insurance continued 2

单位：万人 (10 000 persons)

地名	City	2011	2012	2012 排名 Ranking	地名	City	2011	2012	2012 排名 Ranking
滨州	Binzhou	43.5	55.4	111	常德	Changde	82.9	87.5	67
菏泽	Heze	72.5	93.7	58	张家界	Zhangjiajie	10.2	10.4	264
河南	**Henan**	**1168.4**	**1270.6**		益阳	Yiyang	26.1	28.9	207
郑州	Zhengzhou	172.1	224.8	15	郴州	Chenzhou	43.4	44.4	149
开封	Kaifeng	56.1	57.7	105	永州	Yongzhou	51.0	51.2	121
洛阳	Luoyang	87.6	100.3	53	怀化	Huaihua	21.2	22.0	226
平顶山	Pingdingshan	57.5	62.4	101	娄底	Loudi	31.0	31.7	193
安阳	Anyang	72.9	61.6	102	广东	**Guangdong**	**3800.7**	**4034.1**	
鹤壁	Hebi	16.4	17.3	239	广州	Guangzhou	534.8	583.4	2
新乡	Xinxiang	71.5	76.1	76	韶关	Shaoguan	43.1	45.9	143
焦作	Jiaozuo	44.9	52.7	116	深圳	Shenzhen	751.7	792.4	1
濮阳	Puyang	27.4	28.7	209	珠海	Zhuhai	94.4	98.6	55
许昌	Xuchang	41.5	42.2	157	汕头	Shantou	77.9	102.0	51
漯河	Luohe	22.1	24.0	221	佛山	Foshan	289.7	292.9	11
三门峡	Sanmenxia	27.5	28.8	208	江门	Jiangmen	131.6	176.0	26
南阳	Nanyang	79.5	68.0	89	湛江	Zhanjiang	93.2	97.2	57
商丘	Shangqiu	29.2	30.7	199	茂名	Maoming	61.2	69.4	88
信阳	Xinyang	53.8	58.5	104	肇庆	Zhaoqing	62.2	67.8	90
周口	Zhoukou	31.9	33.7	184	惠州	Huizhou	190.0	202.2	18
驻马店	Zhumadian	30.8	37.2	174	梅州	Meizhou	67.4	67.7	91
湖北	**Hubei**	**1113.4**	**1171.4**		汕尾	Shanwei	39.0	41.8	160
武汉	Wuhan	333.3	350.6	8	河源	Heyuan	41.5	43.4	155
黄石	Huangshi	53.9	35.0	182	阳江	Yangjiang	34.7	44.4	148
十堰	Shiyan	29.6	37.2	173	清远	Qingyuan	59.2	66.5	93
宜昌	Yichang	88.1	93.2	59	东莞	Dongguan	481.0	537.6	3
襄阳	Xiangfan	85.3	91.2	62	中山	ZhongShan	179.6	186.0	21
鄂州	Ezhou	20.7	21.4	228	潮州	Chaozhou	44.1	47.6	140
荆门	Jingmen	41.4	44.2	150	揭阳	Jieyang	59.7	64.0	97
孝感	Xiaogan	45.2	44.8	147	云浮	Yunfu	30.3	32.9	187
荆州	Jingzhou	78.2	84.8	70	广西	**Guangxi**	**483.8**	**512.7**	
黄冈	Huanggang	51.1	52.9	115	南宁	Nanning	87.1	90.6	63
咸宁	Xianning	17.8	32.8	188	柳州	Liuzhou	53.3	81.0	73
随州	Suizhou	18.4	18.7	235	桂林	Guilin	40.5	63.4	99
湖南	**Hunan**	**988.2**	**1048.0**		梧州	Wuzhou	28.4	29.6	203
长沙	Changsha	155.3	174.7	28	北海	Beihai	11.2	17.2	240
株洲	Zhuzhou	49.7	53.0	114	防城港	Fangchenggang	9.7	10.8	261
湘潭	Xiangtan	34.8	37.7	170	钦州	Qinzhou	12.1	8.6	276
衡阳	Hengyang	78.5	66.1	94	贵港	Guigang	9.8	11.0	259
邵阳	Shaoyang	62.8	49.9	128	玉林	Yulin	31.2	33.3	186
岳阳	Yueyang	73.2	74.1	82	百色	Baise		13.3	256

6-12 城镇职工基本养老保险参保人数 续表 3
Persons Covered by Basic Pension Insurance continued 3

单位：万人 (10 000 persons)

地名	City	2011	2012	2012 排名 Ranking	地名	City	2011	2012	2012 排名 Ranking
贺州	Hezhou	10.6	10.5	263	丽江	Lijiang	6.5	7.3	280
河池	Hechi	20.8	21.1	229	普洱	Puer	13.0	14.1	253
来宾	Laibin	12.2	13.2	257	临沧	Lincang	8.4	9.0	274
崇左	Chongzuo	12.8	13.6	255	**西藏**	**Tibet**	**11.2**	**13.3**	
海南	**Hainan**	**199.9**	**214.2**		拉萨	Lhasa	1.9	2.8	284
海口	Haikou	40.6	44.0	151	**陕西**	**Shaanxi**	**588.6**	**643.5**	
三亚	Sanya	15.8	16.1	243	西安	Xi'an	234.4	241.6	13
重庆	**Chongqing**	**647.6**	**716.9**		铜川	Tongchuan	17.0	17.9	237
四川	**Sichuan**	**1494.2**	**1615.4**		宝鸡	Baoji	49.0	51.9	118
成都	Chengdu	442.5	485.4	5	咸阳	Xianyang	47.8	51.1	123
自贡	Zigong	28.5	9.6	271	渭南	Weinan	37.1	40.0	164
攀枝花	Panzhihua	44.3	31.2	196	延安	Yan'an	18.2	19.8	232
泸州	Luzhou	53.5	56.5	108	汉中	Hanzhong	31.0	35.4	181
德阳	Deyang	82.5	85.2	69	榆林	Yulin	19.2	22.0	225
绵阳	Mianyang	80.9	88.6	66	安康	Ankang	12.9	15.7	244
广元	Guangyuan	37.1	40.5	163	商洛	Shangluo	13.6	10.9	260
遂宁	Suining	45.2	49.5	131	**甘肃**	**Gansu**	**263.0**	**277.4**	
内江	Neijiang	56.9	51.1	122	兰州	Lanzhou	33.8	37.0	176
乐山	Leshan	45.4	48.0	136	嘉峪关	Jiayuguan	7.8	9.0	273
南充	Nanchong	72.0	76.2	75	金昌	Jinchang	4.0	4.1	283
眉山	Meishan	42.4	45.6	146	白银	Baiyin	7.0	7.8	278
宜宾	Yibin	59.7	63.8	98	天水	Tianshui	12.7	12.0	258
广安	Guangan	39.9	32.7	189	武威	Wuwei	9.5	10.0	268
达州	Dazhou	65.4	29.8	202	张掖	Zhangye	9.6	10.1	267
雅安	Yaan	23.2	24.9	218	平凉	Pingliang	9.7	9.8	270
巴中	Bazhong	23.9	27.0	211	酒泉	Jiuquan	9.9	10.3	265
资阳	Ziyang	55.1	59.0	103	庆阳	Qingyang	7.3	7.5	279
贵州	**Guizhou**	**282.1**	**309.4**		定西	Dingxi	8.4	8.7	275
贵阳	Guiyang	104.1	118.3	40	陇南	Longnan	5.1	5.3	282
六盘水	Liupanshui	7.2	8.2	277	**青海**	**Qinghai**	**81.5**	**86.0**	
遵义	Zunyi	35.3	40.6	162	西宁	Xining	29.6	30.8	198
安顺	Anshun	13.6	14.7	249	**宁夏**	**Ningxia**	**121.4**	**131.2**	
毕节	Bijie	14.0	15.5	247	银川	Yinchuan	52.1	53.5	113
铜仁	Tongren	8.8	9.6	272	石嘴山	Shizuishan	31.1	31.6	195
云南	**Yunnan**	**342.8**	**364.5**		吴忠	Wuzhong	14.9	15.6	246
昆明	Kunming	102.6	110.9	46	固原	Guyuan	51.3	13.8	254
曲靖	Qujing	21.5	42.2	158	中卫	Zhongwei	9.8	7.0	281
玉溪	Yuxi	23.5	21.6	227	**新疆**	**Xinjiang**	**431.5**	**458.8**	
保山	Baoshan	9.7	10.5	262	乌鲁木齐	Urumqi	75.0	82.2	72
昭通	Zhaotong	11.5	10.3	266	克拉玛依	Karamay	22.5	23.3	223

6-13 城镇基本医疗保险参保人数
Persons Covered by Basic Medical Care Insurance

单位：万人 (10 000 persons)

地名	City	2011	2012	2012 排名 Ranking
全国	**Nation Total**	**47343.2**	**53641.3**	
北京	**Beijing**	**1347.8**	**1431.6**	
天津	**Tianjin**	**972.8**	**981.3**	
河北	**Hebei**	**1562.2**	**1644.4**	
石家庄	Shijiazhuang	240.7	269.3	34
唐山	Tangshan	215.8	225.2	45
秦皇岛	Qinhuangdao	91.4	92.5	150
邯郸	Handan	175.1	181.8	57
邢台	Xingtai	148.1	164.4	66
保定	Baoding	186.6	189.3	54
张家口	Zhangjiakou	114.3	116.0	111
承德	Chengde	87.7	93.1	149
沧州	Cangzhou	103.3	103.6	129
廊坊	Langfang	89.0	94.3	145
衡水	Hengshui	59.5	63.1	202
山西	**Shanxi**	**1005.1**	**1055.9**	
太原	Taiyuan	220.7	232.9	44
大同	Datong	128.7	130.9	94
阳泉	Yangquan	58.2	60.6	205
长治	Changzhi	50.3	97.6	139
晋城	Jincheng	54.8	57.7	214
朔州	Shuozhou	37.4	38.6	250
晋中	Jinzhong	78.6	80.7	173
运城	Yuncheng	78.5	83.6	167
忻州	Xinzhou	60.0	64.8	198
临汾	Linfen	50.4	100.0	136
吕梁	Luliang	28.1	76.2	184
内蒙古	**Inner Mongolia**	**907.3**	**967.7**	
呼和浩特	Hohhot	104.6	91.5	151
包头	Baotou	76.6	130.8	95
乌海	Wuhai	45.1	24.6	276
赤峰	Chifeng	98.9	104.2	126
通辽	Tongliao	86.6	101.2	134
鄂尔多斯	Erdos	54.1	60.3	207
呼伦贝尔	Hulunbuir	132.7	138.0	88
巴彦淖尔	Bayannur	62.0	62.7	203
乌兰察布	Ulanqab	25.0	76.7	182
辽宁	**Liaoning**	**2120.1**	**2251.9**	
沈阳	Shenyang	339.9	351.2	25
大连	Dalian	433.9	453.1	12
鞍山	Anshan	113.5	115.5	112
抚顺	Fushun	103.6	145.0	82
本溪	Benxi	95.5	106.1	124
丹东	Dandong	99.8	103.1	130
锦州	Jinzhou	118.4	124.9	101
营口	Yingkou	60.9	112.2	116
阜新	Fuxin	82.2	84.5	166
辽阳	Liaoyang	79.8	81.7	170
盘锦	Panjin	98.2	108.0	120
铁岭	Tieling	102.4	74.5	185
朝阳	Chaoyang	44.5	99.0	137
葫芦岛	Huludao	88.1	90.6	155
吉林	**Jilin**	**1350.6**	**1370.0**	
长春	Changchun	399.2	403.2	18
吉林	Jilin	93.0	236.2	43
四平	Siping	54.7	135.1	91
辽源	Liaoyuan	26.0	60.8	204
通化	Tonghua	111.4	114.4	113
白山	Baishan	42.4	96.3	141
松原	Songyuan	37.2	90.4	156
白城	Baicheng	37.0	81.7	169
黑龙江	**Heilongjiang**	**1578.0**	**1580.3**	
哈尔滨	Harbin	211.0	364.1	23
齐齐哈尔	Qiqihar	91.2	172.0	60
鸡西	Jixi	89.3	89.5	158
鹤岗	Hegang	48.2	48.2	230
双鸭山	Shuangyashan	20.9	44.2	238
大庆	Daqing	137.5	138.4	86
伊春	Yichun	55.0	60.5	206
佳木斯	Jiamusi	38.0	93.9	147
七台河	Qitaihe	24.0	25.1	274
牡丹江	Mudanjiang	96.4	91.4	152
黑河	Heihe	20.6	36.3	253
绥化	Suihua	95.1	95.1	143
上海	**Shanghai**	**1591.8**	**1638.6**	
江苏	**Jiangsu**	**3500.5**	**3608.8**	

6-13 城镇基本医疗保险参保人数 续表 1
Persons Covered by Basic Medical Care Insurance continued 1

单位：万人 (10 000 persons)

地名	City	2011	2012	2012 排名 Ranking
南京	Nanjing	309.0	420.4	15
无锡	Wuxi	258.9	415.7	16
徐州	Xuzhou	138.0	145.9	80
常州	Changzhou	149.1	187.5	55
苏州	Suzhou	437.6	823.9	1
南通	Nantong	150.6	249.1	39
连云港	Lianyungang	60.7	67.3	192
淮安	Huaian	67.1	76.6	183
盐城	Yancheng	115.9	303.0	28
扬州	Yangzhou	101.4	163.4	67
镇江	Zhenjiang	80.5	142.5	84
泰州	Taizhou	100.4	170.1	61
宿迁	Suqian	43.3	125.9	100
浙江	**Zhejiang**	**2244.1**	**2806.8**	
杭州	Hangzhou	386.3	804.8	2
宁波	Ningbo	305.0	430.5	14
温州	Wenzhou	139.5	176.5	58
嘉兴	Jiaxing	146.1	221.4	46
湖州	Huzhou	76.5	114.3	114
绍兴	Shaoxing	141.0	156.2	72
金华	Jinhua	100.5	113.4	115
衢州	Quzhou	45.5	155.1	75
舟山	Zhoushan	32.4	51.4	223
台州	Taizhou	92.6	161.1	69
丽水	Lishui	29.5	239.3	42
安徽	**Anhui**	**1612.9**	**1660.0**	
合肥	Hefei	112.2	308.8	27
芜湖	Wuhu	54.6	58.7	211
蚌埠	Bengbu	42.2	104.2	127
淮南	Huainan	49.0	110.8	118
马鞍山	Maanshan	39.8	46.6	232
淮北	Huaibei	41.7	42.5	243
铜陵	Tongling	25.8	27.2	273
安庆	Anqing	39.3	117.9	109
黄山	Huangshan	15.8	39.2	247
滁州	Chuzhou	36.1	106.8	123
阜阳	Fuyang	34.6	127.3	98
宿州	Suzhou	26.8	56.1	215
六安	Liuan	31.3	108.0	121
亳州	Bozhou	18.7	19.7	279
池州	Chizhou	13.3	27.8	271
宣城	Xuancheng	26.9	31.2	261
福建	**Fujian**	**1217.2**	**1262.9**	
福州	Fuzhou	118.6	337.3	26
厦门	Xiamen	259.3	280.7	30
莆田	Putian	38.4	51.2	224
三明	Sanming	82.8	71.2	186
泉州	Quanzhou	166.1	261.0	36
漳州	Zhangzhou	44.9	77.0	179
南平	Nanping	88.2	69.7	187
龙岩	Longyan	35.0	69.0	189
宁德	Ningde	60.9	103.0	131
江西	**Jiangxi**	**1329.7**	**1438.6**	
南昌	Nanchang	79.5	165.0	65
景德镇	Jingdezhen	26.1	51.7	221
萍乡	Pingxiang	86.7	86.2	163
九江	Jiujiang	58.8	137.5	89
新余	Xinyu	51.1	51.6	222
鹰潭	Yingtan	30.3	31.3	260
赣州	Ganzhou	61.7	203.4	50
吉安	Jian	42.6	123.2	103
宜春	Yichun	66.3	155.4	74
抚州	Fuzhou	36.6	102.3	132
上饶	Shangrao	149.4	149.1	78
山东	**Shandong**	**2947.8**	**3101.2**	
济南	Jinan	275.2	283.8	29
青岛	Qingdao	267.7	359.0	24
淄博	Zibo	195.9	205.5	49
枣庄	Zaozhuang	120.6	122.5	104
东营	Dongying	54.2	93.6	148
烟台	Yantai	253.7	276.3	33
潍坊	Weifang	137.0	263.5	35
济宁	Jining	205.9	239.6	41
泰安	Taian	188.5	199.2	53
威海	Weihai	84.6	86.9	162
日照	Rizhao	73.7	83.4	168
莱芜	Laiwu	40.3	41.0	245
临沂	Linyi	198.0	201.9	52
德州	Dezhou	135.5	69.2	188
聊城	Liaocheng	151.5	155.7	73

6-13 城镇基本医疗保险参保人数 续表 2
Persons Covered by Basic Medical Care Insurance continued 2

单位：万人 (10 000 persons)

地名	City	2011	2012	2012 排名 Ranking	地名	City	2011	2012	2012 排名 Ranking
滨州	Binzhou	56.3	95.2	142	常德	Changde	57.2	58.2	212
菏泽	Heze	209.6	213.3	48	张家界	Zhangjiajie	13.4	34.4	255
河南	**Henan**	**2122.3**	**2222.2**		益阳	Yiyang	41.7	124.6	102
郑州	Zhengzhou	116.4	148.4	79	郴州	Chenzhou	49.4	49.5	228
开封	Kaifeng	37.6	38.6	249	永州	Yongzhou	44.2	168.6	63
洛阳	Luoyang	198.9	202.2	51	怀化	Huaihua	116.4	116.9	110
平顶山	Pingdingshan	66.2	128.4	97	娄底	Loudi	30.4	56.0	216
安阳	Anyang	121.5	122.2	105	**广东**	**Guangdong**	**6767.1**	**8421.8**	
鹤壁	Hebi	38.8	39.2	246	广州	Guangzhou	724.9	768.2	3
新乡	Xinxiang	68.3	142.2	85	韶关	Shaoguan	84.2	87.4	161
焦作	Jiaozuo	100.5	94.0	146	深圳	Shenzhen	503.9	556.1	8
濮阳	Puyang	50.1	80.5	174	珠海	Zhuhai	101.6	150.1	77
许昌	Xuchang	38.1	90.8	153	汕头	Shantou	145.4	491.2	10
漯河	Luohe	32.4	78.1	178	佛山	Foshan	442.3	448.2	13
三门峡	Sanmenxia	64.0	64.9	196	江门	Jiangmen	377.4	380.9	22
南阳	Nanyang	158.3	159.6	70	湛江	Zhanjiang	53.9	65.6	194
商丘	Shangqiu	42.0	153.2	76	茂名	Maoming	66.4	718.6	4
信阳	Xinyang	132.8	134.0	92	肇庆	Zhaoqing	94.3	394.6	20
周口	Zhoukou	51.2	54.1	219	惠州	Huizhou	134.9	392.4	21
驻马店	Zhumadian	116.0	121.4	106	梅州	Meizhou	81.3	459.1	11
湖北	**Hubei**	**1932.5**	**1960.3**		汕尾	Shanwei	75.8	80.4	175
武汉	Wuhan	379.7	575.5	6	河源	Heyuan	25.4	63.9	201
黄石	Huangshi	106.4	111.3	117	阳江	Yangjiang	22.6	247.4	40
十堰	Shiyan	43.2	99.0	138	清远	Qingyuan	395.6	400.0	19
宜昌	Yichang	135.7	137.1	90	东莞	Dongguan	602.4	616.9	5
襄阳	Xiangfan	77.7	182.6	56	中山	ZhongShan	244.9	250.7	38
鄂州	Ezhou	16.4	28.3	269	潮州	Chaozhou	29.8	60.0	208
荆门	Jingmen	85.7	87.5	160	揭阳	Jieyang	565.8	565.8	7
孝感	Xiaogan	123.1	121.1	107	云浮	Yunfu	36.6	260.5	37
荆州	Jingzhou	59.5	57.9	213	**广西**	**Guangxi**	**981.3**	**1011.5**	
黄冈	Huanggang	162.8	166.9	64	南宁	Nanning	165.9	169.0	62
咸宁	Xianning	81.2	81.4	171	柳州	Liuzhou	70.2	143.5	83
随州	Suizhou	16.5	47.6	231	桂林	Guilin	116.7	119.3	108
湖南	**Hunan**	**1941.2**	**2341.9**		梧州	Wuzhou	63.2	64.5	200
长沙	Changsha	140.7	279.0	32	北海	Beihai	45.2	46.3	233
株洲	Zhuzhou	56.1	131.3	93	防城港	Fangchenggang	9.6	30.4	263
湘潭	Xiangtan	49.5	97.3	140	钦州	Qinzhou	14.7	44.2	239
衡阳	Hengyang	163.4	174.9	59	贵港	Guigang	53.2	53.9	220
邵阳	Shaoyang	88.6	88.8	159	玉林	Yulin	74.1	80.0	176
岳阳	Yueyang	205.5	217.8	47	百色	Baise		49.3	229

6-13 城镇基本医疗保险参保人数 续表 3
Persons Covered by Basic Medical Care Insurance continued 3

单位：万人 (10 000 persons)

地名	City	2011	2012	2012 排名 Ranking	地名	City	2011	2012	2012 排名 Ranking
贺州	Hezhou	32.9	30.9	262	丽江	Lijiang	9.9	17.7	280
河池	Hechi	54.6	59.2	210	普洱	Puer	18.1	33.7	256
来宾	Laibin	34.7	31.7	258	临沧	Lincang	22.2	22.5	277
崇左	Chongzuo	43.7	46.0	234	西藏	**Tibet**	**43.7**	**50.1**	
海南	**Hainan**	**352.4**	**378.5**		拉萨	Lhasa	3.2	9.4	283
海口	Haikou	39.5	42.7	242	陕西	**Shaanxi**	**1090.4**	**1118.8**	
三亚	Sanya	18.8	42.3	244	西安	Xi'an	404.3	413.2	17
重庆	**Chongqing**	**1324.8**	**3219.1**		铜川	Tongchuan	36.9	37.5	251
四川	**Sichuan**	**2248.4**	**2383.8**		宝鸡	Baoji	50.7	101.2	135
成都	Chengdu	476.9	552.6	9	咸阳	Xianyang	60.3	126.1	99
自贡	Zigong	79.8	80.8	172	渭南	Weinan	56.4	138.2	87
攀枝花	Panzhihua	65.1	68.6	190	延安	Yan'an	75.6	103.6	128
泸州	Luzhou	81.8	90.0	157	汉中	Hanzhong	38.2	76.9	181
德阳	Deyang	107.1	59.4	209	榆林	Yulin	62.6	67.2	193
绵阳	Mianyang	115.9	128.9	96	安康	Ankang	18.6	43.2	240
广元	Guangyuan	67.0	68.0	191	商洛	Shangluo	41.4	43.1	241
遂宁	Suining	65.5	44.5	237	甘肃	**Gansu**	**590.8**	**616.5**	
内江	Neijiang	81.2	84.7	165	兰州	Lanzhou	79.1	79.9	177
乐山	Leshan	55.7	107.3	122	嘉峪关	Jiayuguan	7.6	8.0	284
南充	Nanchong	148.6	156.9	71	金昌	Jinchang	11.6	20.5	278
眉山	Meishan	60.6	64.8	197	白银	Baiyin	21.1	45.1	236
宜宾	Yibin	93.3	94.5	144	天水	Tianshui	58.9	55.6	218
广安	Guangan	76.1	77.0	180	武威	Wuwei	13.4	30.4	264
达州	Dazhou	102.1	102.3	133	张掖	Zhangye	13.3	29.2	268
雅安	Yaan	30.9	33.6	257	平凉	Pingliang	36.0	36.1	254
巴中	Bazhong	52.8	51.0	225	酒泉	Jiuquan	31.3	30.3	265
资阳	Ziyang	73.0	86.0	164	庆阳	Qingyang	12.7	28.0	270
贵州	**Guizhou**	**629.0**	**648.3**		定西	Dingxi	30.8	29.4	267
贵阳	Guiyang	105.6	109.2	119	陇南	Longnan	30.2	29.6	266
六盘水	Liupanshui	63.0	64.7	199	青海	**Qinghai**	**151.6**	**172.3**	
遵义	Zunyi	118.2	49.5	227	西宁	Xining	23.2	25.0	275
安顺	Anshun	38.4	39.2	248	宁夏	**Ningxia**	**188.8**	**561.8**	
毕节	Bijie	52.9	55.8	217	银川	Yinchuan	53.8	145.1	81
铜仁	Tongren	16.0	45.2	235	石嘴山	Shizuishan	65.5	65.1	195
云南	**Yunnan**	**865.8**	**882.4**		吴忠	Wuzhong	12.1	12.9	282
昆明	Kunming	325.0	280.5	31	固原	Guyuan	142.5	15.7	281
曲靖	Qujing	89.4	90.7	154	中卫	Zhongwei	104.2	104.8	125
玉溪	Yuxi	23.5	50.0	226	新疆	**Xinjiang**	**825.2**	**851.9**	
保山	Baoshan	31.3	31.3	259	乌鲁木齐	Urumqi	99.1	161.9	68
昭通	Zhaotong	40.4	36.8	252	克拉玛依	Karamay	18.9	27.5	272

6-14 失业保险参保人数
Persons Covered by Unemployment Insurance

单位：万人 (10 000 persons)

地名	City	2011	2012	2012 排名 Ranking	地名	City	2011	2012	2012 排名 Ranking
全国	**Nation Total**	**14317.1**	**15224.7**		沈阳	Shenyang	126.5	133.3	16
北京	**Beijing**	**881.0**	**1006.7**		大连	Dalian	131.1	131.4	17
天津	**Tianjin**	**258.8**	**268.7**		鞍山	Anshan	60.5	61.0	50
河北	**Hebei**	**498.7**	**501.7**		抚顺	Fushun	51.6	51.6	60
石家庄	Shijiazhuang	89.8	89.9	31	本溪	Benxi	39.0	39.2	81
唐山	Tangshan	76.8	79.4	36	丹东	Dandong	27.0	27.2	129
秦皇岛	Qinhuangdao	30.7	31.1	107	锦州	Jinzhou	35.6	35.8	86
邯郸	Handan	66.1	66.3	43	营口	Yingkou	22.3	22.6	160
邢台	Xingtai	34.2	34.3	95	阜新	Fuxin	22.0	23.0	156
保定	Baoding	51.9	52.1	59	辽阳	Liaoyang	21.6	21.9	165
张家口	Zhangjiakou	38.5	38.5	84	盘锦	Panjin	27.2	28.3	123
承德	Chengde	26.1	25.0	140	铁岭	Tieling	31.5	21.1	173
沧州	Cangzhou	34.6	35.1	91	朝阳	Chaoyang	20.5	24.1	149
廊坊	Langfang	24.8	24.8	142	葫芦岛	Huludao	25.1	26.4	134
衡水	Hengshui	18.3	18.3	190	吉林	**Jilin**	**247.2**	**251.5**	
山西	**Shanxi**	**309.4**	**391.0**		长春	Changchun	83.3	87.0	32
太原	Taiyuan	69.3	78.8	38	吉林	Jilin	39.8	39.8	77
大同	Datong	42.5	43.7	71	四平	Siping	22.2	22.3	162
阳泉	Yangquan	20.0	24.1	150	辽源	Liaoyuan	8.3	8.3	255
长治	Changzhi	26.1	39.7	78	通化	Tonghua	18.8	18.9	182
晋城	Jincheng	21.1	26.9	130	白山	Baishan	13.4	13.5	221
朔州	Shuozhou	12.5	17.7	196	松原	Songyuan	14.8	15.2	210
晋中	Jinzhong	24.1	31.9	105	白城	Baicheng	14.2	14.1	216
运城	Yuncheng	24.7	25.0	141	黑龙江	**Heilongjiang**	**474.5**	**476.2**	
忻州	Xinzhou	19.0	19.9	179	哈尔滨	Harbin	125.8	125.8	19
临汾	Linfen	26.0	34.2	96	齐齐哈尔	Qiqihar	48.5	48.6	64
吕梁	Luliang	16.6	30.8	110	鸡西	Jixi	19.8	20.0	177
内蒙古	**Inner Mongolia**	**232.5**	**232.8**		鹤岗	Hegang	10.1	10.2	243
呼和浩特	Hohhot	41.4	40.4	76	双鸭山	Shuangyashan	10.3	12.1	231
包头	Baotou	43.1	43.3	72	大庆	Daqing	20.3	10.5	242
乌海	Wuhai	10.5	9.8	245	伊春	Yichun	12.2	12.3	229
赤峰	Chifeng	27.5	26.5	131	佳木斯	Jiamusi	18.9	18.6	187
通辽	Tongliao	18.0	18.0	193	七台河	Qitaihe	9.1	9.7	246
鄂尔多斯	Erdos	15.1	16.1	203	牡丹江	Mudanjiang	17.9	18.2	191
呼伦贝尔	Hulunbuir	30.6	30.0	113	黑河	Heihe	6.9	7.0	271
巴彦淖尔	Bayannur	10.6	10.6	241	绥化	Suihua	30.5	30.9	109
乌兰察布	Ulanqab	13.5	13.8	218	上海	**Shanghai**	**604.2**	**617.4**	
辽宁	**Liaoning**	**632.3**	**660.7**		江苏	**Jiangsu**	**1238.2**	**1332.2**	

6-14 失业保险参保人数 续表 1
Persons Covered by Unemployment Insurance continued 1

单位：万人 (10 000 persons)

地名	City	2011	2012	2012 排名 Ranking
南京	Nanjing	218.6	229.6	7
无锡	Wuxi	169.6	178.6	10
徐州	Xuzhou	73.8	79.1	37
常州	Changzhou	88.9	96.0	26
苏州	Suzhou	282.1	307.8	4
南通	Nantong	82.7	96.1	25
连云港	Lianyungang	29.7	32.4	102
淮安	Huaian	50.3	57.1	53
盐城	Yancheng	61.1	65.2	47
扬州	Yangzhou	57.5	59.4	52
镇江	Zhenjiang	44.1	46.6	67
泰州	Taizhou	52.8	57.0	54
宿迁	Suqian	26.9	27.4	127
浙江	**Zhejiang**	**980.6**	**1065.6**	
杭州	Hangzhou	277.5	299.8	5
宁波	Ningbo	200.6	216.2	8
温州	Wenzhou	88.2	95.6	27
嘉兴	Jiaxing	86.3	94.8	29
湖州	Huzhou	47.3	52.7	58
绍兴	Shaoxing	90.0	99.7	23
金华	Jinhua	61.3	65.4	46
衢州	Quzhou	19.3	21.5	168
舟山	Zhoushan	18.1	19.1	180
台州	Taizhou	74.9	82.3	34
丽水	Lishui	16.9	18.6	188
安徽	**Anhui**	**397.7**	**402.2**	
合肥	Hefei	89.5	98.3	24
芜湖	Wuhu	31.3	34.1	97
蚌埠	Bengbu	20.6	21.1	172
淮南	Huainan	30.0	29.4	116
马鞍山	Maanshan	22.8	24.1	147
淮北	Huaibei	24.1	24.7	143
铜陵	Tongling	14.2	14.6	213
安庆	Anqing	25.7	24.4	144
黄山	Huangshan	9.0	9.1	250
滁州	Chuzhou	22.0	21.6	167
阜阳	Fuyang	27.0	26.5	132
宿州	Suzhou	21.6	21.2	171
六安	Liuan	22.5	20.6	174
亳州	Bozhou	15.5	15.5	208

地名	City	2011	2012	2012 排名 Ranking
池州	Chizhou	7.3	7.1	270
宣城	Xuancheng	14.5	13.1	224
福建	**Fujian**	**430.9**	**459.1**	
福州	Fuzhou	91.5	101.3	22
厦门	Xiamen	148.7	160.5	12
莆田	Putian	26.4	18.9	183
三明	Sanming	24.8	25.8	138
泉州	Quanzhou	51.8	56.4	55
漳州	Zhangzhou	26.4	27.8	124
南平	Nanping	26.0	26.4	133
龙岩	Longyan	22.7	28.8	120
宁德	Ningde	12.1	13.3	222
江西	**Jiangxi**	**263.5**	**272.2**	
南昌	Nanchang	56.7	61.8	49
景德镇	Jingdezhen	12.0	13.5	220
萍乡	Pingxiang	14.0	14.5	215
九江	Jiujiang	33.0	33.5	99
新余	Xinyu	12.0	10.6	240
鹰潭	Yingtan	7.1	7.7	265
赣州	Ganzhou	34.1	34.5	92
吉安	Jian	21.1	21.7	166
宜春	Yichun	25.0	25.1	139
抚州	Fuzhou	19.8	19.9	178
上饶	Shangrao	28.8	28.6	122
山东	**Shandong**	**964.9**	**1009.8**	
济南	Jinan	103.7	111.1	20
青岛	Qingdao	155.6	164.1	11
淄博	Zibo	67.7	68.6	42
枣庄	Zaozhuang	33.8	34.4	94
东营	Dongying	12.7	16.0	205
烟台	Yantai	95.6	101.7	21
潍坊	Weifang	69.4	72.4	39
济宁	Jining	61.4	68.7	41
泰安	Taian	49.6	50.1	62
威海	Weihai	45.9	47.5	65
日照	Rizhao	15.7	16.4	201
莱芜	Laiwu	15.6	15.9	206
临沂	Linyi	48.8	50.0	63
德州	Dezhou	27.8	29.2	118
聊城	Liaocheng	28.4	28.6	121

6-14 失业保险参保人数 续表 2
Persons Covered by Unemployment Insurance continued 2

单位：万人 (10 000 persons)

地名	City	2011	2012	2012 排名 Ranking
滨州	Binzhou	20.3	23.0	157
菏泽	Heze	29.1	29.4	117
河南	**Henan**	**701.2**	**724.2**	
郑州	Zhengzhou	92.7	131.2	18
开封	Kaifeng	21.1	21.3	170
洛阳	Luoyang	30.2	60.8	51
平顶山	Pingdingshan	47.0	47.4	66
安阳	Anyang	40.3	40.5	75
鹤壁	Hebi	15.5	15.8	207
新乡	Xinxiang	44.8	45.1	69
焦作	Jiaozuo	35.2	35.4	88
濮阳	Puyang	30.3	31.0	108
许昌	Xuchang	27.0	27.5	126
漯河	Luohe	17.1	17.6	197
三门峡	Sanmenxia	22.8	23.2	154
南阳	Nanyang	62.8	63.8	48
商丘	Shangqiu	35.0	35.3	90
信阳	Xinyang	39.4	39.7	79
周口	Zhoukou	38.1	39.5	80
驻马店	Zhumadian	36.9	38.9	82
湖北	**Hubei**	**498.2**	**508.6**	
武汉	Wuhan	146.9	157.6	13
黄石	Huangshi	30.9	31.3	106
十堰	Shiyan	21.8	24.2	146
宜昌	Yichang	44.9	46.0	68
襄阳	Xiangfan	45.3	44.7	70
鄂州	Ezhou	7.7	8.0	262
荆门	Jingmen	17.5	17.8	194
孝感	Xiaogan	24.1	24.1	148
荆州	Jingzhou	35.2	30.4	111
黄冈	Huanggang	25.5	23.6	153
咸宁	Xianning	12.4	12.5	226
随州	Suizhou	11.6	11.5	234
湖南	**Hunan**	**415.6**	**449.9**	
长沙	Changsha	81.9	95.3	28
株洲	Zhuzhou	29.1	30.4	112
湘潭	Xiangtan	31.3	32.2	103
衡阳	Hengyang	38.6	51.0	61
邵阳	Shaoyang	26.3	27.4	128
岳阳	Yueyang	32.0	33.2	100
常德	Changde	23.1	23.7	151
张家界	Zhangjiajie	9.3	9.6	247
益阳	Yiyang	20.1	20.0	176
郴州	Chenzhou	26.1	26.2	136
永州	Yongzhou	21.7	21.4	169
怀化	Huaihua	23.1	23.6	152
娄底	Loudi	28.6	29.0	119
广东	**Guangdong**	**1875.4**	**2008.7**	
广州	Guangzhou	362.5	391.7	1
韶关	Shaoguan	27.0	27.6	125
深圳	Shenzhen	300.1	340.6	2
珠海	Zhuhai	82.3	86.3	33
汕头	Shantou	58.2	65.7	45
佛山	Foshan	181.2	194.1	9
江门	Jiangmen	62.0	66.2	44
湛江	Zhanjiang	35.3	35.8	87
茂名	Maoming	25.3	26.4	135
肇庆	Zhaoqing	36.6	38.8	83
惠州	Huizhou	91.0	92.5	30
梅州	Meizhou	22.6	22.9	158
汕尾	Shanwei	13.5	14.6	214
河源	Heyuan	25.1	26.1	137
阳江	Yangjiang	17.8	18.8	185
清远	Qingyuan	29.4	33.6	98
东莞	Dongguan	299.4	312.8	3
中山	ZhongShan	139.9	146.7	14
潮州	Chaozhou	33.9	35.3	89
揭阳	Jieyang	17.8	18.7	186
云浮	Yunfu	14.6	16.7	200
广西	**Guangxi**	**240.8**	**243.4**	
南宁	Nanning	40.4	40.6	74
柳州	Liuzhou	29.4	29.6	115
桂林	Guilin	24.1	24.3	145
梧州	Wuzhou	12.0	12.3	228
北海	Beihai	10.5	10.9	237
防城港	Fangchenggang	5.5	5.7	278
钦州	Qinzhou	8.0	8.1	260
贵港	Guigang	10.8	11.2	236
玉林	Yulin	13.8	14.6	212
百色	Baise		11.7	233

6-14 失业保险参保人数 续表 3
Persons Covered by Unemployment Insurance continued 3

单位：万人 (10 000 persons)

地名	City	2011	2012	2012 排名 Ranking
贺州	Hezhou	6.3	6.4	276
河池	Hechi	12.9	11.7	232
来宾	Laibin	7.2	7.3	268
崇左	Chongzuo	7.3	7.4	267
海南	**Hainan**	**126.0**	**139.5**	
海口	Haikou	31.6	36.0	85
三亚	Sanya	15.7	16.8	199
重庆	**Chongqing**	**268.6**	**323.5**	
四川	**Sichuan**	**536.8**	**585.5**	
成都	Chengdu	249.9	280.4	6
自贡	Zigong	12.6	12.5	225
攀枝花	Panzhihua	21.7	22.2	163
泸州	Luzhou	16.6	19.0	181
德阳	Deyang	27.2	29.8	114
绵阳	Mianyang	21.9	22.8	159
广元	Guangyuan	13.6	13.7	219
遂宁	Suining	8.0	8.2	257
内江	Neijiang	12.6	12.5	227
乐山	Leshan	17.6	17.8	195
南充	Nanchong	18.6	18.2	192
眉山	Meishan	7.8	8.8	253
宜宾	Yibin	22.3	22.6	161
广安	Guangan	7.7	8.1	259
达州	Dazhou	15.6	15.5	209
雅安	Yaan	5.8	6.2	277
巴中	Bazhong	6.5	6.5	274
资阳	Ziyang	9.7	9.0	251
贵州	**Guizhou**	**160.5**	**173.5**	
贵阳	Guiyang	48.1	53.1	57
六盘水	Liupanshui	9.0	10.0	244
遵义	Zunyi	18.3	20.4	175
安顺	Anshun	7.4	8.0	261
毕节	Bijie	12.4	14.1	217
铜仁	Tongren	7.5	8.4	254
云南	**Yunnan**	**216.8**	**224.7**	
昆明	Kunming	78.7	82.2	35
曲靖	Qujing	22.7	23.1	155
玉溪	Yuxi	12.7	13.3	223
保山	Baoshan	7.1	7.3	269
昭通	Zhaotong	10.5	10.7	239
丽江	Lijiang	3.0	3.0	282
普洱	Puer	9.3	9.4	248
临沧	Lincang	7.2	7.9	263
西藏	**Tibet**	**9.6**	**10.6**	
拉萨	Lhasa	1.2	1.2	283
陕西	**Shaanxi**	**332.2**	**339.1**	
西安	Xi'an	134.8	139.8	15
铜川	Tongchuan	11.4	18.8	184
宝鸡	Baoji	32.1	32.2	104
咸阳	Xianyang	40.5	41.9	73
渭南	Weinan	33.0	33.0	101
延安	Yan'an	18.5	18.3	189
汉中	Hanzhong	21.8	22.1	164
榆林	Yulin	17.0	17.1	198
安康	Ankang	9.0	9.2	249
商洛	Shangluo	11.2	11.3	235
甘肃	**Gansu**	**163.8**	**163.6**	
兰州	Lanzhou	56.1	56.1	56
嘉峪关	Jiayuguan	4.4	5.2	279
金昌	Jinchang	7.9	7.4	266
白银	Baiyin	13.0	12.1	230
天水	Tianshui	14.0	14.8	211
武威	Wuwei	6.3	6.4	275
张掖	Zhangye	6.9	6.9	272
平凉	Pingliang	9.0	8.9	252
酒泉	Jiuquan	7.2	6.9	273
庆阳	Qingyang	8.1	8.3	256
定西	Dingxi	8.3	8.2	258
陇南	Longnan	1.0	0.6	284
青海	**Qinghai**	**37.3**	**37.9**	
西宁	Xining	15.9	16.3	202
宁夏	**Ningxia**	**60.0**	**70.5**	
银川	Yinchuan	33.4	34.4	93
石嘴山	Shizuishan	10.5	10.8	238
吴忠	Wuzhong	7.5	7.8	264
固原	Guyuan	4.6	4.8	281
中卫	Zhongwei	4.5	5.0	280
新疆	**Xinjiang**	**260.2**	**273.7**	
乌鲁木齐	Urumqi	68.0	72.1	40
克拉玛依	Karamay	15.4	16.1	204

7

土地资源管理

Land resources management

7-1 建设用地土地供应面积
Area of Construction-used Land Supplied

单位：公顷 (hectare)

地名	City	2010	2011	2012	2012 排名 Ranking
全国	**Nation Total**	**432561.4**	**593284.6**	**711281.31**	
北京	**Beijing**	**2412.63**	**2877.60**	**1636.03**	
天津	**Tianjin**	**6655.00**	**18058.65**	**8936.12**	
河北	**Hebei**	**18126.85**	**20577.52**	**21016.28**	
石家庄	Shijiazhuang	1522.90	1968.17	2467.70	78
唐山	Tangshan	2819.40	4126.13	5356.02	16
秦皇岛	Qinhuangdao	935.75	972.96	1129.03	196
邯郸	Handan	1679.46	1748.11	1434.61	158
邢台	Xingtai	1115.23	1393.48	1306.31	175
保定	Baoding	1596.54	1524.58	1727.90	123
张家口	Zhangjiakou	1392.55	2196.76	1726.87	124
承德	Chengde	896.89	914.95	1067.10	203
沧州	Cangzhou	3488.43	2123.88	1975.85	110
廊坊	Langfang	1778.33	2745.79	1813.69	119
衡水	Hengshui	901.38	862.71	1011.19	208
山西	**Shanxi**	**7114.75**	**20551.62**	**16779.12**	
太原	Taiyuan	977.32	1497.61	1662.70	127
大同	Datong	989.73	1919.74	1178.07	188
阳泉	Yangquan	299.55	505.40	998.92	212
长治	Changzhi	431.49	1338.23	889.00	228
晋城	Jincheng	609.38	787.94	1287.98	178
朔州	Shuozhou	706.39	1050.58	1394.33	166
晋中	Jinzhong	605.94	1409.42	1948.80	114
运城	Yuncheng	755.50	8767.41	3070.76	51
忻州	Xinzhou	368.84	1166.84	862.79	229
临汾	Linfen	689.37	1110.51	2320.00	86
吕梁	Luliang	681.23	997.93	1165.76	189
内蒙古	**Inner Mongolia**	**21938.08**	**26505.55**	**32954.29**	
呼和浩特	Hohhot	981.62	970.70	1435.13	157
包头	Baotou	1450.38	1119.06	1296.26	177
乌海	Wuhai	1014.02	721.92	848.86	231
赤峰	Chifeng	1131.64	2819.02	4257.64	34
通辽	Tongliao	2338.89	2295.65	2108.02	100
鄂尔多斯	Erdos	7210.73	7061.94	4872.90	23
呼伦贝尔	Hulunbuir	1978.07	2911.29	4106.86	37
巴彦淖尔	Bayannur	1650.94	1426.12	3945.26	40
乌兰察布	Ulanqab	798.64	1707.03	2221.89	91
辽宁	**Liaoning**	**29268.68**	**64938.78**	**30969.44**	

地名	City	2010	2011	2012	2012 排名 Ranking
沈阳	Shenyang	3970.80	15156.22	5989.72	8
大连	Dalian	5316.07	10153.12	5585.98	13
鞍山	Anshan	2405.09	3390.58	1710.84	125
抚顺	Fushun	1216.29	1804.94	1659.14	128
本溪	Benxi	1809.18	1252.59	755.27	241
丹东	Dandong	1383.20	3095.95	909.84	224
锦州	Jinzhou	1319.57	6895.38	981.17	215
营口	Yingkou	4361.96	4736.66	4294.14	33
阜新	Fuxin	886.84	2090.79	705.73	246
辽阳	Liaoyang	1067.55	2091.83	1605.44	132
盘锦	Panjin	1051.22	3156.19	3853.02	42
铁岭	Tieling	2379.43	2681.43	683.55	250
朝阳	Chaoyang	1031.27	6195.71	1460.92	153
葫芦岛	Huludao	1070.21	2237.40	774.68	240
吉林	**Jilin**	**9310.63**	**14245.04**	**10797.44**	
长春	Changchun	3853.09	7828.91	4640.10	28
吉林	Jilin	1094.60	2095.36	1630.13	130
四平	Siping	701.38	1022.82	711.46	245
辽源	Liaoyuan	395.21	470.04	648.63	255
通化	Tonghua	484.28	658.81	563.67	263
白山	Baishan	1377.07	519.03	621.85	258
松原	Songyuan	195.47	223.28	364.49	277
白城	Baicheng	688.73	509.34	404.89	274
黑龙江	**Heilongjiang**	**14530.55**	**21015.53**	**15517.92**	
哈尔滨	Harbin	3514.86	5382.54	2550.87	72
齐齐哈尔	Qiqihar	778.47	1346.13	1207.81	185
鸡西	Jixi	234.43	406.71	468.50	272
鹤岗	Hegang	215.21	439.49	231.14	282
双鸭山	Shuangyashan	384.48	711.54	465.07	273
大庆	Daqing	3358.86	3694.57	1225.97	183
伊春	Yichun	233.40	174.20	785.93	237
佳木斯	Jiamusi	905.92	1208.83	1339.65	171
七台河	Qitaihe	102.14	446.37	1190.33	187
牡丹江	Mudanjiang	1014.15	2346.94	1191.09	186
黑河	Heihe	685.46	1275.90	783.59	239
绥化	Suihua	1232.53	1490.06	2347.85	83
上海	**Shanghai**	**2926.14**	**4238.85**	**2343.20**	
江苏	**Jiangsu**	**37873.85**	**41755.38**	**48392.31**	

7-1 建设用地土地供应面积 续表 1
Area of Construction-used Land Supplied continued 1

单位：公顷 (hectare)

地名	City	2010	2011	2012	2012 排名 Ranking	地名	City	2010	2011	2012	2012 排名 Ranking
南京	Nanjing	2979.20	4125.44	4372.49	29	池州	Chizhou	640.51	1115.79	1563.65	139
无锡	Wuxi	5253.22	4347.59	4668.44	27	宣城	Xuancheng	1179.16	1607.93	2910.76	55
徐州	Xuzhou	2793.73	3005.25	4825.81	24	福建	**Fujian**	**12391.84**	**19082.79**	**14121.74**	
常州	Changzhou	3647.00	2815.30	3439.54	47	福州	Fuzhou	2162.00	3552.82	2670.75	67
苏州	Suzhou	4827.76	5178.91	6167.11	6	厦门	Xiamen	1967.97	1769.46	967.67	217
南通	Nantong	3926.48	4320.46	5015.46	19	莆田	Putian	498.17	952.90	690.22	248
连云港	Lianyungang	1978.24	3061.02	2693.06	66	三明	Sanming	1464.99	2570.02	2002.46	107
淮安	Huaian	2015.36	2505.15	2068.15	105	泉州	Quanzhou	1736.36	2996.18	2238.58	89
盐城	Yancheng	4289.60	5180.27	5486.88	15	漳州	Zhangzhou	1737.54	2868.08	2273.51	88
扬州	Yangzhou	2218.83	2167.76	2234.48	90	南平	Nanping	1024.59	1608.89	1008.27	209
镇江	Zhenjiang	542.06	1366.02	2363.37	82	龙岩	Longyan	1084.69	1868.34	1445.60	155
泰州	Taizhou	1596.82	1763.33	2572.99	71	宁德	Ningde	715.53	896.11	824.66	235
宿迁	Suqian	1805.55	1918.88	2394.53	81	江西	**Jiangxi**	**17908.29**	**25883.33**	**23438.20**	
浙江	**Zhejiang**	**27932.57**	**27309.38**	**31318.23**		南昌	Nanchang	3576.07	2536.50	2668.87	68
杭州	Hangzhou	6216.95	5275.10	5667.54	11	景德镇	Jingdezhen	504.20	1219.40	485.91	271
宁波	Ningbo	5603.70	5945.51	6186.12	5	萍乡	Pingxiang	476.45	1324.01	573.05	261
温州	Wenzhou	1112.55	3148.21	2422.09	80	九江	Jiujiang	1504.40	2512.33	2871.54	58
嘉兴	Jiaxing	3251.48	2213.19	5244.05	17	新余	Xinyu	354.90	1857.39	649.08	253
湖州	Huzhou	1451.78	1530.42	1429.72	159	鹰潭	Yingtan	602.77	991.03	941.72	221
绍兴	Shaoxing	2076.69	2084.53	2496.62	75	赣州	Ganzhou	2909.30	3770.61	2504.08	74
金华	Jinhua	1875.53	1813.16	1396.48	165	吉安	Jian	2315.58	2266.08	2523.87	73
衢州	Quzhou	1487.54	1168.29	1151.10	192	宜春	Yichun	1754.10	3459.99	4327.60	32
舟山	Zhoushan	1459.51	853.33	1427.67	160	抚州	Fuzhou	2005.33	1764.35	2892.10	57
台州	Taizhou	2194.95	1826.79	1804.32	121	上饶	Shangrao	1905.20	4181.64	2955.39	53
丽水	Lishui	1201.88	1450.83	2092.52	102	山东	**Shandong**	**45372.12**	**43812.60**	**43596.88**	
安徽	**Anhui**	**17524.25**	**22398.15**	**34828.65**		济南	Jinan	2568.33	2576.77	2107.43	101
合肥	Hefei	2553.61	2365.96	4947.63	20	青岛	Qingdao	5682.46	5664.93	5816.70	9
芜湖	Wuhu	2417.63	1554.75	2200.64	92	淄博	Zibo	2267.17	1452.19	1545.62	142
蚌埠	Bengbu	690.12	988.41	1501.41	146	枣庄	Zaozhuang	1166.67	1327.64	982.00	214
淮南	Huainan	845.59	657.11	835.90	232	东营	Dongying	2264.51	3163.98	2432.57	79
马鞍山	Maanshan	927.90	1212.73	2186.21	95	烟台	Yantai	5141.95	4514.49	2754.25	62
淮北	Huaibei	913.68	1281.27	1805.74	120	潍坊	Weifang	7512.94	7691.12	8120.36	2
铜陵	Tongling	703.41	780.80	719.24	242	济宁	Jining	2411.58	2504.13	2074.36	104
安庆	Anqing	896.48	1430.95	2192.37	94	泰安	Taian	1622.13	1385.80	1536.71	144
黄山	Huangshan	676.03	1600.16	700.30	247	威海	Weihai	2945.89	2627.00	3864.04	41
滁州	Chuzhou	1178.43	1730.12	2472.89	77	日照	Rizhao	1187.84	1066.79	1300.81	176
阜阳	Fuyang	668.29	705.96	2345.23	84	莱芜	Laiwu	754.23	356.07	537.12	265
宿州	Suzhou	879.46	1404.38	1657.25	129	临沂	Linyi	3106.67	3088.13	3265.86	49
六安	Liuan	804.23	2047.57	3808.44	43	德州	Dezhou	1379.74	1923.78	2130.41	99
亳州	Bozhou	752.73	805.11	1352.59	169	聊城	Liaocheng	1763.47	1479.72	1495.53	149

7-1 建设用地土地供应面积 续表 2
Area of Construction-used Land Supplied continued 2

单位：公顷 (hectare)

地名	City	2010	2011	2012	2012 排名 Ranking	地名	City	2010	2011	2012	2012 排名 Ranking
滨州	Binzhou	1805.18	1522.34	1575.84	138	常德	Changde	1130.99	1480.75	980.46	216
菏泽	Heze	1791.37	1467.70	1057.27	204	张家界	Zhangjiajie	351.67	1557.26	189.69	283
河南	**Henan**	**17546.75**	**23024.27**	**48095.14**		益阳	Yiyang	1165.55	1108.93	983.89	213
郑州	Zhengzhou	2920.13	4861.59	6203.23	4	郴州	Chenzhou	918.42	3966.16	1467.36	152
开封	Kaifeng	980.55	1262.34	1159.43	191	永州	Yongzhou	591.19	2179.49	1731.05	122
洛阳	Luoyang	1763.85	3419.85	14176.91	1	怀化	Huaihua	1556.79	4648.43	5662.10	12
平顶山	Pingdingshan	1588.16	1380.65	1497.42	148	娄底	Loudi	309.95	822.04	922.83	222
安阳	Anyang	1076.78	1096.65	1324.17	173	广东	**Guangdong**	**16395.55**	**16277.74**	**34463.41**	
鹤壁	Hebi	519.25	513.63	853.87	230	广州	Guangzhou	3146.23	1880.91	4225.64	35
新乡	Xinxiang	917.40	1606.40	2860.24	59	韶关	Shaoguan	511.81	588.89	4052.60	38
焦作	Jiaozuo	891.31	1343.73	2948.29	54	深圳	Shenzhen	428.11	237.55	494.88	269
濮阳	Puyang	373.88	943.05	1133.42	195	珠海	Zhuhai	1031.14	1779.63	1109.25	198
许昌	Xuchang	1060.91	753.30	1322.11	174	汕头	Shantou	247.59	447.79	180.45	284
漯河	Luohe	452.94	496.65	1114.99	197	佛山	Foshan	1430.69	1066.27	3306.72	48
三门峡	Sanmenxia	710.80	482.23	4880.14	22	江门	Jiangmen	1299.25	1022.07	2479.63	76
南阳	Nanyang	1752.47	1052.33	2025.97	106	湛江	Zhanjiang	737.17	814.55	2713.14	64
商丘	Shangqiu	775.70	1303.45	2131.70	98	茂名	Maoming	328.94	465.99	1082.32	201
信阳	Xinyang	474.15	593.73	1593.57	136	肇庆	Zhaoqing	660.04	757.67	2153.32	97
周口	Zhoukou	458.70	594.66	1601.90	134	惠州	Huizhou	1345.23	1597.90	1987.25	108
驻马店	Zhumadian	829.78	1320.03	1267.78	180	梅州	Meizhou	398.93	491.89	1836.79	118
湖北	**Hubei**	**16872.89**	**21006.98**	**25644.72**		汕尾	Shanwei	65.42	118.85	101.23	285
武汉	Wuhan	4707.93	4630.61	4020.28	39	河源	Heyuan	376.46	281.66	524.12	266
黄石	Huangshi	629.38	1309.35	965.80	219	阳江	Yangjiang	1003.14	785.05	1406.79	163
十堰	Shiyan	681.35	994.83	1409.05	162	清远	Qingyuan	1129.67	1558.15	1969.84	111
宜昌	Yichang	2120.13	2033.47	1979.61	109	东莞	Dongguan	793.38	797.33	1143.98	194
襄阳	Xiangfan	1418.78	2390.02	2897.57	56	中山	ZhongShan	974.54	801.54	634.62	256
鄂州	Ezhou	710.66	299.86	917.27	223	潮州	Chaozhou	38.70	82.47	666.34	251
荆门	Jingmen	910.72	1165.05	2299.95	87	揭阳	Jieyang	223.03	267.40	834.23	233
孝感	Xiaogan	1059.99	1534.39	1878.46	116	云浮	Yunfu	226.07	434.19	1560.29	140
荆州	Jingzhou	1374.60	1291.63	2798.00	61	广西	**Guangxi**	**10399.88**	**18215.96**	**30012.07**	
黄冈	Huanggang	1030.31	1251.02	2341.59	85	南宁	Nanning	2090.24	3142.58	4209.61	36
咸宁	Xianning	882.67	1504.98	1486.44	150	柳州	Liuzhou	1496.90	1007.46	3698.98	44
随州	Suizhou	329.68	618.05	624.51	257	桂林	Guilin	1174.44	3286.00	2197.66	93
湖南	**Hunan**	**13425.00**	**29786.40**	**24087.80**		梧州	Wuzhou	589.56	706.69	4798.74	25
长沙	Changsha	3771.49	4384.21	4786.64	26	北海	Beihai	324.09	542.37	1071.43	202
株洲	Zhuzhou	761.74	1958.88	1336.89	172	防城港	Fangchenggang	554.18	713.08	1256.88	181
湘潭	Xiangtan	609.16	1675.61	966.20	218	钦州	Qinzhou	996.40	528.00	1959.00	112
衡阳	Hengyang	829.09	3290.48	1601.89	135	贵港	Guigang	332.76	1259.79	1161.24	190
邵阳	Shaoyang	504.15	907.49	1501.02	147	玉林	Yulin	626.72	944.85	718.09	243
岳阳	Yueyang	747.87	1314.25	1449.62	154	百色	Baise	630.99	2485.25	2976.35	52

7-1 建设用地土地供应面积 续表 3
Area of Construction-used Land Supplied continued 3

单位：公顷 (hectare)

地名	City	2010	2011	2012	2012排名 Ranking	地名	City	2010	2011	2012	2012排名 Ranking
贺州	Hezhou	886.30	877.84	793.74	236	丽江	Lijiang	194.51	259.13	2715.96	63
河池	Hechi	284.30	1464.24	1555.66	141	普洱	Puer	218.81	448.03	390.62	275
来宾	Laibin	113.13	419.06	1002.49	210	临沧	Lincang	197.64	286.46	513.53	267
崇左	Chongzuo	299.86	838.75	2612.21	70	西藏	**Tibet**	**1121.91**	**1121.91**	**624.83**	
海南	**Hainan**	**2646.82**	**2635.25**	**8281.27**		拉萨	Lhasa	319.77	319.77	274.60	281
海口	Haikou	439.53	131.68	896.09	226	陕西	**Shaanxi**	**7544.49**	**8540.50**	**15569.52**	
三亚	Sanya	169.34	647.86	292.43	278	西安	Xi'an	1803.40	1054.62	3256.87	50
重庆	**Chongqing**	**11240.07**	**17833.58**	**12704.78**		铜川	Tongchuan	363.55	249.95	276.37	280
四川	**Sichuan**	**14630.73**	**28727.27**	**33296.95**		宝鸡	Baoji	417.24	619.04	2163.14	96
成都	Chengdu	5114.18	5163.93	7751.82	3	咸阳	Xianyang	903.71	1444.09	1684.58	126
自贡	Zigong	338.73	738.68	655.24	252	渭南	Weinan	470.61	563.70	1094.87	200
攀枝花	Panzhihua	300.68	447.43	889.84	227	延安	Yan'an	292.34	506.23	1445.08	156
泸州	Luzhou	1232.23	3905.37	1356.38	168	汉中	Hanzhong	242.31	586.46	574.39	260
德阳	Deyang	995.81	1838.25	2629.02	69	榆林	Yulin	2215.38	2703.31	3602.72	45
绵阳	Mianyang	953.74	1282.42	3491.19	46	安康	Ankang	649.53	387.82	566.82	262
广元	Guangyuan	441.29	1190.91	1878.63	115	商洛	Shangluo	186.41	425.28	904.66	225
遂宁	Suining	592.84	610.90	686.03	249	甘肃	**Gansu**	**6135.91**	**9563.15**	**18544.79**	
内江	Neijiang	388.87	1030.38	1604.51	133	兰州	Lanzhou	793.72	646.97	1038.64	205
乐山	Leshan	770.23	932.54	1016.71	207	嘉峪关	Jiayuguan	711.51	585.82	1577.76	137
南充	Nanchong	562.72	732.80	1866.15	117	金昌	Jinchang	420.80	585.13	486.52	270
眉山	Meishan	460.94	1749.75	1392.05	167	白银	Baiyin	363.11	749.17	1002.13	211
宜宾	Yibin	599.57	1091.71	1484.01	151	天水	Tianshui	222.61	724.01	648.91	254
广安	Guangan	406.53	935.87	1417.07	161	武威	Wuwei	460.73	1513.17	1950.88	113
达州	Dazhou	368.67	821.86	833.35	234	张掖	Zhangye	288.30	743.59	1148.73	193
雅安	Yaan	376.84	1472.96	1285.35	179	平凉	Pingliang	187.75	181.03	383.51	276
巴中	Bazhong	91.47	1311.08	785.41	238	酒泉	Jiuquan	1233.28	2173.89	6140.61	7
资阳	Ziyang	223.17	2822.96	1351.36	170	庆阳	Qingyang	340.34	700.57	2085.76	103
贵州	**Guizhou**	**16492.75**	**10901.75**	**44165.80**		定西	Dingxi	709.89	715.28	1219.10	184
贵阳	Guiyang	2407.94	2374.59	5169.01	18	陇南	Longnan	42.15	66.27	502.01	268
六盘水	Liupanshui	495.44	772.69	4346.94	30	青海	**Qinghai**	**2026.61**	**3142.93**	**7648.06**	
遵义	Zunyi	2607.17	1756.55	5502.09	14	西宁	Xining	420.06	1144.11	1101.44	199
安顺	Anshun	338.24	542.98	4335.05	31	宁夏	**Ningxia**	**6324.18**	**6929.48**	**7864.77**	
毕节	Bijie	633.93	1773.37	4888.17	21	银川	Yinchuan	2682.19	3469.87	2851.58	60
铜仁	Tongren	776.86	410.96	5782.39	10	石嘴山	Shizuishan	1461.50	936.40	1240.83	182
云南	**Yunnan**	**9979.03**	**13834.50**	**13705.05**		吴忠	Wuzhong	889.27	1345.37	1541.51	143
昆明	Kunming	1346.02	5159.98	2696.45	65	固原	Guyuan	713.58	408.25	716.59	244
曲靖	Qujing	1293.87	1282.83	1023.53	206	中卫	Zhongwei	577.63	769.58	1514.25	145
玉溪	Yuxi	662.77	859.20	588.53	259	新疆	**Xinjiang**	**8492.12**	**8492.12**	**49926.51**	
保山	Baoshan	614.17	888.43	557.39	264	乌鲁木齐	Urumqi	1844.59	1844.59	945.49	220
昭通	Zhaotong	283.00	301.09	291.18	279	克拉玛依	Karamay	265.02	265.02	1403.46	164

7-2 建设用地划拨土地面积
Land Area of Construction-used Land Supplied by Allocation

单位：公顷 (hectare)

地名	City	2010	2011	2012	2012 排名 Ranking	地名	City	2010	2011	2012	2012 排名 Ranking
全国	**Nation Total**	**138267.3**	**257208.6**	**377133.5**		沈阳	Shenyang	823.81	8586.67	2867.90	23
北京	**Beijing**	**260.10**	**336.84**	**415.34**		大连	Dalian	467.12	4617.28	2903.96	21
天津	**Tianjin**	**1372.41**	**11733.78**	**3843.69**		鞍山	Anshan	88.16	1597.83	253.31	233
河北	**Hebei**	**2408.36**	**4676.62**	**3795.25**		抚顺	Fushun	345.83	660.16	913.67	107
石家庄	Shijiazhuang	302.72	503.45	1140.26	88	本溪	Benxi	1319.70	634.23	416.80	196
唐山	Tangshan	380.63	630.84	295.87	224	丹东	Dandong	757.01	2362.16	312.25	216
秦皇岛	Qinhuangdao	62.63	344.55	261.53	230	锦州	Jinzhou	251.89	6103.24	262.98	228
邯郸	Handan	318.06	793.29	67.42	276	营口	Yingkou	1162.49	1455.20	2356.48	34
邢台	Xingtai	144.91	168.62	122.39	262	阜新	Fuxin	401.21	1137.92	86.02	271
保定	Baoding	271.40	268.53	363.41	207	辽阳	Liaoyang	349.29	1433.42	597.76	153
张家口	Zhangjiakou	249.26	810.55	970.19	103	盘锦	Panjin	80.89	725.36	1440.25	61
承德	Chengde	205.56	139.82	205.46	251	铁岭	Tieling	487.35	1030.75	133.17	259
沧州	Cangzhou	357.03	325.99	230.44	241	朝阳	Chaoyang	382.44	5316.06	596.92	154
廊坊	Langfang	54.41	645.80	98.29	269	葫芦岛	Huludao	183.56	458.81	122.01	263
衡水	Hengshui	61.76	45.19	40.00	281	吉林	**Jilin**	**2543.82**	**6591.53**	**4217.87**	
山西	**Shanxi**	**2337.87**	**13441.80**	**9642.72**		长春	Changchun	1384.08	4313.72	2557.54	30
太原	Taiyuan	422.43	775.03	934.81	105	吉林	Jilin	185.15	939.25	464.82	182
大同	Datong	618.34	1242.65	406.43	198	四平	Siping	55.91	77.03	126.32	261
阳泉	Yangquan	43.77	301.91	770.13	125	辽源	Liaoyuan	136.42	263.33	251.93	235
长治	Changzhi	110.07	460.81	207.37	249	通化	Tonghua	151.00	170.91	45.24	279
晋城	Jincheng	239.90	568.26	930.67	106	白山	Baishan	197.82	122.70	311.39	219
朔州	Shuozhou	153.85	288.18	757.48	127	松原	Songyuan	12.47	66.14	100.85	268
晋中	Jinzhong	110.18	697.21	1236.05	82	白城	Baicheng	232.13	231.93	153.61	257
运城	Yuncheng	98.16	8196.75	2343.47	35	黑龙江	**Heilongjiang**	**7116.18**	**11641.03**	**7850.31**	
忻州	Xinzhou	124.22	147.90	240.94	238	哈尔滨	Harbin	1418.64	2194.81	883.28	112
临汾	Linfen	168.72	456.63	1396.04	65	齐齐哈尔	Qiqihar	137.43	614.69	414.26	197
吕梁	Luliang	248.23	306.46	419.33	194	鸡西	Jixi	49.80	231.56	120.27	265
内蒙古	**Inner Mongolia**	**6777.34**	**9336.51**	**17963.93**		鹤岗	Hegang	44.75	213.39	68.05	275
呼和浩特	Hohhot	199.40	72.74	421.12	192	双鸭山	Shuangyashan	101.93	437.87	221.04	242
包头	Baotou	627.48	189.33	501.63	176	大庆	Daqing	2641.83	2060.44	91.09	270
乌海	Wuhai	490.41	143.44	320.51	215	伊春	Yichun	91.13	77.74	667.14	143
赤峰	Chifeng	237.50	1547.89	2688.95	26	佳木斯	Jiamusi	439.84	746.22	995.17	99
通辽	Tongliao	265.79	1093.72	1163.19	87	七台河	Qitaihe	22.32	266.84	1026.86	95
鄂尔多斯	Erdos	2664.92	2201.49	1585.84	54	牡丹江	Mudanjiang	189.73	1715.68	721.21	128
呼伦贝尔	Hulunbuir	774.29	754.22	2561.06	29	黑河	Heihe	333.24	905.40	120.30	264
巴彦淖尔	Bayannur	396.22	228.70	2700.64	25	绥化	Suihua	204.12	765.89	1362.37	71
乌兰察布	Ulanqab	165.45	235.48	895.33	110	上海	**Shanghai**	**992.20**	**1660.64**	**855.97**	
辽宁	**Liaoning**	**7100.75**	**36119.08**	**13263.49**		江苏	**Jiangsu**	**8570.35**	**8235.72**	**14727.17**	

7-2 建设用地划拨土地面积 续表 1
Land Area of Construction-used Land Supplied by Allocation continued 1

单位：公顷 (hectare)

地名	City	2010	2011	2012	2012 排名 Ranking
南京	Nanjing	1577.68	2418.68	2442.45	32
无锡	Wuxi	2589.17	1778.82	2683.97	27
徐州	Xuzhou	472.29	611.82	2087.44	39
常州	Changzhou	1264.88	459.68	703.43	134
苏州	Suzhou	674.71	613.61	2002.93	41
南通	Nantong	722.65	493.48	662.82	144
连云港	Lianyungang	92.22	96.83	233.24	240
淮安	Huaian	205.78	310.03	114.10	266
盐城	Yancheng	239.63	347.91	1317.53	75
扬州	Yangzhou	308.90	504.78	599.46	151
镇江	Zhenjiang	2.10	223.12	880.34	113
泰州	Taizhou	129.23	205.25	814.26	121
宿迁	Suqian	291.11	171.71	185.19	255
浙江	**Zhejiang**	**9992.24**	**11739.48**	**19106.51**	
杭州	Hangzhou	2873.04	2481.98	3604.92	12
宁波	Ningbo	3302.73	2358.37	3833.11	10
温州	Wenzhou	496.92	2211.09	1649.21	50
嘉兴	Jiaxing	633.01	501.30	3884.69	9
湖州	Huzhou	129.13	322.71	508.26	172
绍兴	Shaoxing	349.68	575.32	1296.68	77
金华	Jinhua	363.31	899.39	585.20	159
衢州	Quzhou	362.50	391.58	708.65	133
舟山	Zhoushan	71.65	180.21	511.60	170
台州	Taizhou	754.11	1014.60	1004.94	97
丽水	Lishui	656.15	802.93	1519.23	58
安徽	**Anhui**	**4936.19**	**8072.39**	**18444.83**	
合肥	Hefei	1267.46	1097.74	3007.30	20
芜湖	Wuhu	699.25	413.86	580.53	161
蚌埠	Bengbu	154.56	171.03	530.09	166
淮南	Huainan	583.54	266.30	425.37	190
马鞍山	Maanshan	431.78	558.50	1412.45	63
淮北	Huaibei	141.91	365.17	1385.92	68
铜陵	Tongling	62.04	219.46	193.80	252
安庆	Anqing	81.59	516.37	1271.41	79
黄山	Huangshan	273.08	911.79	214.12	247
滁州	Chuzhou	85.83	612.04	1089.71	93
阜阳	Fuyang	68.04	288.27	1516.38	59
宿州	Suzhou	202.98	628.78	650.41	147
六安	Liuan	183.52	845.41	2176.94	36
亳州	Bozhou	405.87	243.21	716.12	130
池州	Chizhou	0.17	136.31	767.77	126
宣城	Xuancheng	178.22	411.35	1694.00	46
福建	**Fujian**	**4069.25**	**7881.82**	**4362.49**	
福州	Fuzhou	810.55	1234.03	683.79	137
厦门	Xiamen	928.58	1038.91	464.31	183
莆田	Putian	90.10	403.89	188.00	254
三明	Sanming	728.70	1452.31	911.48	108
泉州	Quanzhou	587.50	1224.43	714.04	131
漳州	Zhangzhou	125.41	741.12	535.24	165
南平	Nanping	520.49	617.32	240.26	239
龙岩	Longyan	111.42	657.40	431.95	188
宁德	Ningde	166.51	512.42	193.42	253
江西	**Jiangxi**	**8858.34**	**13344.60**	**12617.47**	
南昌	Nanchang	1942.99	1006.16	1209.16	83
景德镇	Jingdezhen	63.34	784.37	257.77	232
萍乡	Pingxiang	276.77	720.00	329.83	213
九江	Jiujiang	401.71	811.90	906.64	109
新余	Xinyu	126.33	671.49	258.46	231
鹰潭	Yingtan	289.71	493.62	509.17	171
赣州	Ganzhou	1826.00	2416.42	1322.62	74
吉安	Jian	1571.94	1219.76	1638.87	51
宜春	Yichun	176.57	1091.85	2665.05	28
抚州	Fuzhou	1006.56	912.21	1870.28	43
上饶	Shangrao	1176.41	3216.80	1649.62	49
山东	**Shandong**	**7424.50**	**9926.47**	**9257.07**	
济南	Jinan	799.24	763.97	493.02	178
青岛	Qingdao	1877.42	1897.25	1808.98	44
淄博	Zibo	193.20	382.99	506.74	173
枣庄	Zaozhuang	395.65	537.09	310.14	221
东营	Dongying	474.35	872.46	304.57	223
烟台	Yantai	636.09	706.85	662.10	145
潍坊	Weifang	425.94	855.68	1132.93	90
济宁	Jining	173.12	1099.26	462.85	184
泰安	Taian	252.29	487.99	469.50	180
威海	Weihai	287.80	419.99	422.61	191
日照	Rizhao	409.50	181.02	311.57	217
莱芜	Laiwu	234.69	34.21	71.74	274
临沂	Linyi	453.75	754.07	1118.81	91
德州	Dezhou	112.87	454.73	288.00	227
聊城	Liaocheng	373.14	247.71	85.15	272

7-2 建设用地划拨土地面积 续表 2

Land Area of Construction-used Land Supplied by Allocation continued 2

单位：公顷 (hectare)

地名	City	2010	2011	2012	2012 排名 Ranking	地名	City	2010	2011	2012	2012 排名 Ranking
滨州	Binzhou	118.43	161.45	387.70	203	常德	Changde	397.84	693.88	310.33	220
菏泽	Heze	207.02	69.74	420.65	193	张家界	Zhangjiajie	72.32	1435.59	44.57	280
河南	**Henan**	**5543.79**	**7706.61**	**30994.09**		益阳	Yiyang	684.55	696.41	402.13	200
郑州	Zhengzhou	1468.74	2167.40	3267.29	18	郴州	Chenzhou	226.49	3268.72	857.86	116
开封	Kaifeng	261.76	494.99	517.97	167	永州	Yongzhou	103.82	1607.51	1317.34	76
洛阳	Luoyang	406.16	1860.70	12702.56	1	怀化	Huaihua	928.75	3887.33	4985.64	3
平顶山	Pingdingshan	796.66	829.09	672.21	141	娄底	Loudi	37.32	596.43	598.18	152
安阳	Anyang	402.34	196.58	583.99	160	**广东**	**Guangdong**	**3454.49**	**4248.71**	**22044.73**	
鹤壁	Hebi	60.54	43.23	380.13	204	广州	Guangzhou	1372.84	783.80	3239.15	19
新乡	Xinxiang	73.86	315.11	1599.20	53	韶关	Shaoguan	35.21	63.77	3516.72	13
焦作	Jiaozuo	174.57	256.79	1364.63	69	深圳	Shenzhen	139.39	3.03	3.29	285
濮阳	Puyang	111.08	504.95	589.95	156	珠海	Zhuhai	288.51	1128.59	549.97	164
许昌	Xuchang	270.11	69.78	653.93	146	汕头	Shantou	99.29	39.90	52.21	277
漯河	Luohe	162.77	56.43	501.69	175	佛山	Foshan	180.35	155.55	2024.51	40
三门峡	Sanmenxia	154.95	112.96	4363.98	5	江门	Jiangmen	205.88	190.05	1325.53	73
南阳	Nanyang	921.62	181.68	853.83	117	湛江	Zhanjiang	173.89	301.95	1686.97	47
商丘	Shangqiu	145.55	169.31	889.98	111	茂名	Maoming	188.24	53.33	840.41	118
信阳	Xinyang	30.78	57.22	1135.85	89	肇庆	Zhaoqing	18.65	63.06	1439.19	62
周口	Zhoukou	67.96	92.95	586.74	157	惠州	Huizhou	67.87	109.12	998.00	98
驻马店	Zhumadian	34.34	297.45	330.14	212	梅州	Meizhou	15.41	159.43	1542.17	56
湖北	**Hubei**	**3695.44**	**5352.23**	**9564.33**		汕尾	Shanwei	42.09	4.81	3.70	284
武汉	Wuhan	1693.19	965.65	1392.13	66	河源	Heyuan	81.92	51.31	261.78	229
黄石	Huangshi	96.84	485.33	457.69	185	阳江	Yangjiang	136.49	198.96	449.04	186
十堰	Shiyan	174.33	431.78	585.62	158	清远	Qingyuan	115.61	621.63	1545.99	55
宜昌	Yichang	194.21	834.52	515.32	168	东莞	Dongguan	93.86	129.80	703.39	135
襄阳	Xiangfan	465.81	493.77	879.31	114	中山	ZhongShan	96.96	23.29	18.23	283
鄂州	Ezhou	14.31	4.03	320.88	214	潮州	Chaozhou	7.83	73.84	499.17	177
荆门	Jingmen	80.56	124.33	973.49	102	揭阳	Jieyang	74.12	58.03	351.15	210
孝感	Xiaogan	106.42	167.91	377.79	206	云浮	Yunfu	20.08	35.47	994.16	100
荆州	Jingzhou	416.92	148.57	1456.48	60	**广西**	**Guangxi**	**4074.59**	**11217.93**	**22123.37**	
黄冈	Huanggang	149.67	362.71	1291.03	78	南宁	Nanning	1124.46	2274.89	3292.94	17
咸宁	Xianning	102.21	347.12	437.46	187	柳州	Liuzhou	913.51	391.61	2740.47	24
随州	Suizhou	14.80	137.84	78.24	273	桂林	Guilin	488.45	2573.12	1601.74	52
湖南	**Hunan**	**5065.29**	**19688.68**	**15444.25**		梧州	Wuzhou	46.87	51.56	4227.50	6
长沙	Changsha	1721.98	1862.48	2878.61	22	北海	Beihai	31.75	137.28	562.34	163
株洲	Zhuzhou	402.06	1355.87	982.47	101	防城港	Fangchenggang	117.69	129.05	513.31	169
湘潭	Xiangtan	143.96	1056.17	245.97	236	钦州	Qinzhou	53.89	98.22	1396.40	64
衡阳	Hengyang	121.24	1948.71	713.00	132	贵港	Guigang	193.06	931.13	820.50	120
邵阳	Shaoyang	62.26	367.29	961.42	104	玉林	Yulin	39.19	308.56	214.80	244
岳阳	Yueyang	114.40	672.41	825.65	119	百色	Baise	308.20	1880.76	2147.67	37

7-2 建设用地划拨土地面积 续表 3
Land Area of Construction-used Land Supplied by Allocation continued 3

单位：公顷 (hectare)

地名	City	2010	2011	2012	2012 排名 Ranking
贺州	Hezhou	625.70	578.62	362.48	208
河池	Hechi	38.99	1309.09	1243.40	80
来宾	Laibin	13.18	147.84	635.73	149
崇左	Chongzuo	79.64	406.21	2364.10	33
海南	**Hainan**	**837.53**	**880.81**	**6332.25**	
海口	Haikou	311.86	13.94	682.39	139
三亚	Sanya	52.38	431.17	45.51	278
重庆	**Chongqing**	**5746.01**	**11319.27**	**6305.38**	
四川	**Sichuan**	**3358.72**	**15628.83**	**19879.97**	
成都	Chengdu	1697.00	2109.28	4502.47	4
自贡	Zigong	51.97	424.69	293.33	226
攀枝花	Panzhihua	22.97	33.37	406.09	199
泸州	Luzhou	145.58	2653.17	621.03	150
德阳	Deyang	66.42	400.99	1674.52	48
绵阳	Mianyang	181.14	267.65	2108.73	38
广元	Guangyuan	167.13	874.62	1386.21	67
遂宁	Suining	275.33	163.34	308.61	222
内江	Neijiang	88.18	590.78	1238.60	81
乐山	Leshan	58.09	228.25	476.85	179
南充	Nanchong	47.42	198.49	1346.85	72
眉山	Meishan	11.79	1208.76	565.54	162
宜宾	Yibin	89.32	276.17	689.62	136
广安	Guangan	52.00	622.84	1021.23	96
达州	Dazhou	41.72	539.58	342.05	211
雅安	Yaan	42.16	1321.75	1041.80	94
巴中	Bazhong	17.55	1206.80	391.67	201
资阳	Ziyang	37.80	2143.88	681.04	140
贵州	**Guizhou**	**13139.45**	**5662.94**	**34784.25**	
贵阳	Guiyang	1107.04	1011.55	3351.34	16
六盘水	Liupanshui	152.21	430.80	3679.71	11
遵义	Zunyi	2155.54	817.27	4187.47	7
安顺	Anshun	174.88	250.46	3925.61	8
毕节	Bijie	344.58	1235.76	3353.76	15
铜仁	Tongren	649.53	118.56	5063.52	2
云南	**Yunnan**	**3994.05**	**5574.92**	**6273.05**	
昆明	Kunming	122.57	1704.85	682.86	138
曲靖	Qujing	604.85	282.10	354.15	209
玉溪	Yuxi	159.65	249.88	126.73	260
保山	Baoshan	132.92	491.64	105.70	267
昭通	Zhaotong	78.59	89.62	30.02	282

地名	City	2010	2011	2012	2012 排名 Ranking
丽江	Lijiang	32.07	77.77	2528.03	31
普洱	Puer	52.15	147.20	212.67	248
临沧	Lincang	45.54	195.56	252.05	234
西藏	**Tibet**	**781.77**	**781.77**	**398.48**	
拉萨	Lhasa	65.14	65.14	135.22	258
陕西	**Shaanxi**	**3487.35**	**3550.78**	**8181.21**	
西安	Xi'an	1016.21	617.44	1720.76	45
铜川	Tongchuan	205.72	74.63	214.80	244
宝鸡	Baoji	35.47	86.25	1520.50	57
咸阳	Xianyang	254.72	902.98	667.70	142
渭南	Weinan	71.28	87.76	388.95	202
延安	Yan'an	168.42	192.12	1363.78	70
汉中	Hanzhong	30.47	133.71	206.57	250
榆林	Yulin	1102.03	1058.70	1163.28	86
安康	Ankang	572.89	225.43	215.22	243
商洛	Shangluo	30.13	171.77	719.66	129
甘肃	**Gansu**	**3374.86**	**3443.50**	**11298.76**	
兰州	Lanzhou	290.56	168.96	378.45	205
嘉峪关	Jiayuguan	568.39	178.63	878.34	115
金昌	Jinchang	311.12	98.06	176.51	256
白银	Baiyin	111.78	173.71	505.39	174
天水	Tianshui	36.60	409.79	467.20	181
武威	Wuwei	265.84	623.83	1092.96	92
张掖	Zhangye	31.76	215.11	776.70	124
平凉	Pingliang	90.81	90.47	311.53	218
酒泉	Jiuquan	711.96	555.98	3409.59	14
庆阳	Qingyang	222.11	522.26	1901.59	42
定西	Dingxi	470.32	344.82	796.99	123
陇南	Longnan	8.76	23.61	429.15	189
青海	**Qinghai**	**1085.02**	**1652.72**	**5292.41**	
西宁	Xining	54.84	143.80	214.16	246
宁夏	**Ningxia**	**2931.69**	**2823.15**	**3122.85**	
银川	Yinchuan	1311.95	1381.77	1166.18	85
石嘴山	Shizuishan	606.86	270.69	417.87	195
吴忠	Wuzhong	344.37	500.75	649.08	148
固原	Guyuan	431.30	208.47	595.84	155
中卫	Zhongwei	237.21	461.46	293.88	225
新疆	**Xinjiang**	**2937.41**	**2937.41**	**34730.05**	
乌鲁木齐	Urumqi	770.95	770.95	243.32	237
克拉玛依	Karamay	122.21	122.21	1174.86	84

7-3 建设用地出让土地面积
Land Area of Construction-used Land Supplied by Granting

单位：公顷 (hectare)

地名	City	2010	2011	2012	2012 排名 Ranking	地名	City	2010	2011	2012	2012 排名 Ranking
全国	**Nation Total**	**293717.8**	**335085.2**	**332432.3**		沈阳	Shenyang	3146.99	6569.55	3121.82	10
北京	**Beijing**	**2152.53**	**2540.76**	**1220.70**		大连	Dalian	4848.46	5435.89	2134.91	22
天津	**Tianjin**	**5282.59**	**6222.97**	**5092.43**		鞍山	Anshan	2316.93	1792.75	1457.52	63
河北	**Hebei**	**15710.71**	**15897.48**	**17221.03**		抚顺	Fushun	863.42	1144.79	745.47	146
石家庄	Shijiazhuang	1220.19	1464.71	1327.44	71	本溪	Benxi	489.47	618.27	338.47	247
唐山	Tangshan	2438.77	3495.30	5060.15	2	丹东	Dandong	626.19	733.27	597.59	182
秦皇岛	Qinhuangdao	873.06	627.41	867.51	123	锦州	Jinzhou	1067.68	792.14	718.20	154
邯郸	Handan	1361.40	954.82	1367.18	67	营口	Yingkou	3199.47	3281.46	1937.65	33
邢台	Xingtai	970.32	1224.86	1183.93	84	阜新	Fuxin	485.63	952.87	619.71	178
保定	Baoding	1325.14	1253.65	1364.49	68	辽阳	Liaoyang	718.27	658.42	1007.68	101
张家口	Zhangjiakou	1143.29	1386.21	756.69	144	盘锦	Panjin	970.33	2430.83	2412.77	18
承德	Chengde	683.62	775.13	861.64	125	铁岭	Tieling	1892.08	1650.68	550.38	192
沧州	Cangzhou	3131.39	1797.89	1745.42	39	朝阳	Chaoyang	648.83	879.65	864.00	124
廊坊	Langfang	1723.92	2099.99	1715.40	41	葫芦岛	Huludao	886.65	1778.59	652.67	170
衡水	Hengshui	839.62	817.52	971.19	108	吉林	**Jilin**	**6750.32**	**7650.39**	**6539.01**	
山西	**Shanxi**	**4768.03**	**7100.98**	**7135.73**		长春	Changchun	2454.87	3515.10	2082.56	25
太原	Taiyuan	554.89	722.58	727.90	150	吉林	Jilin	908.42	1156.11	1165.31	87
大同	Datong	371.39	677.09	771.63	142	四平	Siping	645.48	945.79	585.14	185
阳泉	Yangquan	255.78	203.49	228.79	264	辽源	Liaoyuan	258.79	206.72	396.71	231
长治	Changzhi	321.41	877.43	681.63	160	通化	Tonghua	333.28	484.93	518.43	201
晋城	Jincheng	360.64	210.83	357.31	241	白山	Baishan	1177.93	396.27	310.46	249
朔州	Shuozhou	552.54	762.40	636.18	174	松原	Songyuan	183.00	157.13	263.64	253
晋中	Jinzhong	495.76	712.21	712.75	156	白城	Baicheng	456.59	277.41	251.29	257
运城	Yuncheng	657.34	570.67	727.30	151	黑龙江	**Heilongjiang**	**7350.06**	**9254.07**	**7560.93**	
忻州	Xinzhou	244.62	1018.93	621.85	177	哈尔滨	Harbin	2095.19	3158.21	1666.67	44
临汾	Linfen	520.65	653.88	923.96	114	齐齐哈尔	Qiqihar	637.96	730.16	793.55	139
吕梁	Luliang	433.00	691.47	746.43	145	鸡西	Jixi	184.62	175.15	348.24	244
内蒙古	**Inner Mongolia**	**15160.56**	**17169.00**	**14983.04**		鹤岗	Hegang	129.70	164.64	81.67	281
呼和浩特	Hohhot	782.22	897.96	1014.01	99	双鸭山	Shuangyashan	277.92	269.11	242.07	262
包头	Baotou	822.91	929.73	794.63	137	大庆	Daqing	716.44	1634.13	1134.87	89
乌海	Wuhai	523.61	578.47	528.36	198	伊春	Yichun	139.62	96.46	113.33	279
赤峰	Chifeng	894.09	1271.14	1561.37	53	佳木斯	Jiamusi	466.09	462.61	341.06	245
通辽	Tongliao	2073.10	1201.93	944.83	112	七台河	Qitaihe	70.81	174.53	156.53	274
鄂尔多斯	Erdos	4545.81	4860.45	3287.06	8	牡丹江	Mudanjiang	824.42	629.92	463.32	217
呼伦贝尔	Hulunbuir	1203.78	2157.03	1545.80	54	黑河	Heihe	352.22	353.22	663.29	168
巴彦淖尔	Bayannur	1254.72	1197.42	1244.62	78	绥化	Suihua	1027.48	724.17	985.48	106
乌兰察布	Ulanqab	633.19	1471.55	1326.56	72	上海	**Shanghai**	**1933.94**	**2578.21**	**1487.22**	
辽宁	**Liaoning**	**22160.40**	**28719.14**	**17158.84**		江苏	**Jiangsu**	**29262.40**	**33478.83**	**33654.30**	

7-3 建设用地出让土地面积 续表 1
Land Area of Construction-used Land Supplied by Granting continued 1

单位：公顷 (hectare)

地名	City	2010	2011	2012	2012 排名 Ranking	地名	City	2010	2011	2012	2012 排名 Ranking
南京	Nanjing	1401.52	1706.76	1930.03	34	池州	Chizhou	640.34	979.49	795.88	136
无锡	Wuxi	2628.46	2527.94	1975.71	29	宣城	Xuancheng	1000.94	1196.58	1216.75	81
徐州	Xuzhou	2321.45	2393.43	2738.37	12	福建	**Fujian**	**8278.63**	**11147.70**	**9725.59**	
常州	Changzhou	2382.12	2355.62	2736.11	13	福州	Fuzhou	1351.45	2318.79	1986.96	28
苏州	Suzhou	4153.05	4565.29	4164.17	5	厦门	Xiamen	995.42	730.07	503.37	205
南通	Nantong	3203.83	3826.98	4442.64	3	莆田	Putian	408.07	549.01	495.59	208
连云港	Lianyungang	1886.02	2964.20	2459.82	16	三明	Sanming	736.29	1117.71	1090.98	90
淮安	Huaian	1809.58	2195.12	1954.05	31	泉州	Quanzhou	1148.86	1718.96	1497.51	58
盐城	Yancheng	4049.97	4832.36	4169.35	4	漳州	Zhangzhou	1612.14	2126.96	1738.28	40
扬州	Yangzhou	1904.41	1662.98	1635.02	46	南平	Nanping	504.11	991.57	768.01	143
镇江	Zhenjiang	539.97	1142.90	1480.96	59	龙岩	Longyan	973.27	1210.95	1013.65	100
泰州	Taizhou	1467.59	1558.08	1758.72	38	宁德	Ningde	549.02	383.69	631.23	175
宿迁	Suqian	1514.43	1747.17	2209.34	20	江西	**Jiangxi**	**9049.66**	**12518.57**	**10820.73**	
浙江	**Zhejiang**	**17607.47**	**15085.70**	**11741.97**		南昌	Nanchang	1632.78	1530.33	1459.71	62
杭州	Hangzhou	3011.05	2308.93	1592.87	51	景德镇	Jingdezhen	440.86	435.03	228.13	266
宁波	Ningbo	2300.97	3587.14	2353.02	19	萍乡	Pingxiang	199.67	604.00	243.22	261
温州	Wenzhou	615.64	937.12	772.88	141	九江	Jiujiang	1102.69	1700.42	1964.90	30
嘉兴	Jiaxing	2618.47	1711.89	1359.35	69	新余	Xinyu	228.57	1185.90	390.62	234
湖州	Huzhou	1322.65	1207.71	921.46	115	鹰潭	Yingtan	313.06	497.41	432.55	223
绍兴	Shaoxing	1727.01	1509.21	1199.93	82	赣州	Ganzhou	1083.30	1354.19	1181.46	85
金华	Jinhua	1512.22	913.77	811.27	134	吉安	Jian	743.64	1046.32	885.00	122
衢州	Quzhou	1125.04	776.72	442.46	221	宜春	Yichun	1577.53	2368.14	1707.54	42
舟山	Zhoushan	1387.86	673.13	916.06	118	抚州	Fuzhou	998.77	852.14	1021.82	96
台州	Taizhou	1440.84	812.19	799.38	135	上饶	Shangrao	728.79	944.67	1305.78	75
丽水	Lishui	545.72	647.90	573.29	187	山东	**Shandong**	**37945.58**	**33872.50**	**34339.19**	
安徽	**Anhui**	**12588.06**	**14325.76**	**16383.82**		济南	Jinan	1769.09	1812.80	1614.40	49
合肥	Hefei	1286.15	1268.22	1940.33	32	青岛	Qingdao	3805.04	3767.68	4007.72	6
芜湖	Wuhu	1718.39	1140.89	1620.11	48	淄博	Zibo	2073.97	1069.20	1038.89	94
蚌埠	Bengbu	535.56	817.38	971.32	107	枣庄	Zaozhuang	771.02	790.55	671.86	162
淮南	Huainan	262.05	390.82	410.53	229	东营	Dongying	1790.16	2291.52	2128.00	23
马鞍山	Maanshan	496.12	654.23	773.75	140	烟台	Yantai	4504.73	3794.17	2091.53	24
淮北	Huaibei	771.76	916.10	419.83	227	潍坊	Weifang	7086.99	6835.45	6987.44	1
铜陵	Tongling	641.37	561.34	525.45	199	济宁	Jining	2238.46	1404.87	1611.50	50
安庆	Anqing	814.89	914.58	920.95	116	泰安	Taian	1369.84	897.64	1067.21	91
黄山	Huangshan	402.95	688.37	486.18	212	威海	Weihai	2658.09	2207.01	3441.43	7
滁州	Chuzhou	1092.61	1118.08	1383.18	65	日照	Rizhao	778.35	885.77	989.24	104
阜阳	Fuyang	600.25	417.68	828.86	127	莱芜	Laiwu	519.54	321.86	465.38	216
宿州	Suzhou	676.48	775.60	1006.83	102	临沂	Linyi	2652.91	2334.06	2147.05	21
六安	Liuan	620.71	1202.16	1631.49	47	德州	Dezhou	1266.87	1469.05	1842.41	36
亳州	Bozhou	346.87	561.90	636.47	173	聊城	Liaocheng	1389.42	1232.01	1410.38	64

7-3 建设用地出让土地面积 续表 2
Land Area of Construction-used Land Supplied by Granting continued 2

单位：公顷 (hectare)

地名	City	2010	2011	2012	2012 排名 Ranking	地名	City	2010	2011	2012	2012 排名 Ranking
滨州	Binzhou	1686.75	1360.89	1188.14	83	常德	Changde	727.91	786.86	670.13	164
菏泽	Heze	1584.35	1397.96	1636.62	45	张家界	Zhangjiajie	279.35	121.67	145.12	275
河南	**Henan**	**11992.83**	**15317.66**	**17098.73**		益阳	Yiyang	480.99	412.52	581.76	186
郑州	Zhengzhou	1441.26	2694.20	2935.94	11	郴州	Chenzhou	691.93	697.44	609.50	181
开封	Kaifeng	718.79	767.35	641.46	172	永州	Yongzhou	487.37	571.98	413.71	228
洛阳	Luoyang	1357.69	1559.14	1474.35	60	怀化	Huaihua	628.04	761.10	676.46	161
平顶山	Pingdingshan	791.50	551.55	825.22	130	娄底	Loudi	272.63	225.61	324.65	248
安阳	Anyang	674.44	900.07	738.19	148	**广东**	**Guangdong**	**12937.06**	**12029.03**	**12418.69**	
鹤壁	Hebi	458.71	470.40	473.74	215	广州	Guangzhou	1773.39	1097.11	986.49	105
新乡	Xinxiang	843.54	1291.29	1261.04	77	韶关	Shaoguan	476.60	525.13	535.88	197
焦作	Jiaozuo	716.74	1086.94	1583.65	52	深圳	Shenzhen	288.72	234.52	491.59	210
濮阳	Puyang	262.80	438.09	543.47	194	珠海	Zhuhai	742.63	651.04	559.28	191
许昌	Xuchang	790.80	683.52	668.18	166	汕头	Shantou	148.30	407.89	128.24	277
漯河	Luohe	290.17	440.22	613.30	180	佛山	Foshan	1250.34	910.71	1282.21	76
三门峡	Sanmenxia	555.85	369.27	516.17	202	江门	Jiangmen	1093.38	832.02	1154.09	88
南阳	Nanyang	830.85	870.65	1172.13	86	湛江	Zhanjiang	559.29	512.60	1026.17	95
商丘	Shangqiu	630.15	1134.14	1241.71	79	茂名	Maoming	140.70	412.66	241.90	263
信阳	Xinyang	443.37	536.52	457.72	219	肇庆	Zhaoqing	641.38	694.61	714.14	155
周口	Zhoukou	390.74	501.71	1015.16	98	惠州	Huizhou	1277.36	1488.78	989.25	103
驻马店	Zhumadian	795.44	1022.59	937.30	113	梅州	Meizhou	383.52	332.46	294.62	252
湖北	**Hubei**	**13176.29**	**15646.43**	**16068.80**		汕尾	Shanwei	23.33	114.04	97.52	280
武汉	Wuhan	3014.74	3657.38	2616.67	15	河源	Heyuan	294.55	230.35	262.34	254
黄石	Huangshi	532.55	824.02	508.10	204	阳江	Yangjiang	866.65	586.08	957.75	110
十堰	Shiyan	507.02	563.05	823.44	131	清远	Qingyuan	1014.06	936.52	423.85	225
宜昌	Yichang	1925.92	1198.95	1464.30	61	东莞	Dongguan	699.52	667.54	440.59	222
襄阳	Xiangfan	952.25	1895.52	2018.14	26	中山	ZhongShan	877.58	778.24	616.39	179
鄂州	Ezhou	696.35	295.84	596.39	183	潮州	Chaozhou	30.87	8.63	167.17	273
荆门	Jingmen	830.16	1040.72	1326.46	73	揭阳	Jieyang	148.91	209.37	483.08	214
孝感	Xiaogan	953.56	1366.48	1500.67	57	云浮	Yunfu	205.99	398.72	566.14	189
荆州	Jingzhou	957.23	1143.06	1341.52	70	**广西**	**Guangxi**	**6325.14**	**6998.03**	**7883.20**	
黄冈	Huanggang	880.64	888.31	1050.55	92	南宁	Nanning	965.78	867.69	916.67	117
咸宁	Xianning	780.46	1157.87	1045.97	93	柳州	Liuzhou	583.39	615.85	958.50	109
随州	Suizhou	314.88	480.21	546.27	193	桂林	Guilin	685.84	712.88	595.91	184
湖南	**Hunan**	**8354.97**	**10097.73**	**8643.01**		梧州	Wuzhou	542.68	655.13	571.25	188
长沙	Changsha	2049.51	2521.74	1907.50	35	北海	Beihai	292.34	405.09	509.09	203
株洲	Zhuzhou	359.69	603.01	354.43	242	防城港	Fangchenggang	436.48	584.03	743.57	147
湘潭	Xiangtan	465.19	619.44	720.23	152	钦州	Qinzhou	942.51	429.78	562.60	190
衡阳	Hengyang	707.86	1341.77	888.89	120	贵港	Guigang	139.70	328.66	340.74	246
邵阳	Shaoyang	441.89	540.20	539.60	196	玉林	Yulin	587.53	636.29	503.29	206
岳阳	Yueyang	633.47	641.84	623.98	176	百色	Baise	322.80	604.49	828.68	128

7-3 建设用地出让土地面积 续表 3
Land Area of Construction-used Land Supplied by Granting continued 3

单位：公顷 (hectare)

地名	City	2010	2011	2012	2012 排名 Ranking
贺州	Hezhou	260.60	299.22	431.26	224
河池	Hechi	245.31	155.14	306.76	251
来宾	Laibin	99.96	271.22	366.76	238
崇左	Chongzuo	220.22	432.54	248.11	258
海南	**Hainan**	**1809.29**	**1746.66**	**1944.34**	
海口	Haikou	127.67	117.74	213.70	267
三亚	Sanya	116.97	216.69	246.92	259
重庆	**Chongqing**	**5495.06**	**6514.31**	**6399.40**	
四川	**Sichuan**	**11272.01**	**13098.44**	**13416.98**	
成都	Chengdu	3417.17	3054.65	3249.35	9
自贡	Zigong	286.75	314.00	361.91	240
攀枝花	Panzhihua	277.71	414.06	483.75	213
泸州	Luzhou	1086.65	1252.20	735.35	149
德阳	Deyang	929.40	1437.26	954.50	111
绵阳	Mianyang	772.60	1014.76	1382.46	66
广元	Guangyuan	274.16	316.29	492.42	209
遂宁	Suining	317.51	447.56	377.42	235
内江	Neijiang	300.69	439.60	365.91	239
乐山	Leshan	712.13	704.29	539.86	195
南充	Nanchong	515.30	534.31	519.30	200
眉山	Meishan	449.15	540.99	826.52	129
宜宾	Yibin	510.26	815.55	794.39	138
广安	Guangan	354.54	313.03	395.84	232
达州	Dazhou	326.95	282.28	491.30	211
雅安	Yaan	334.68	151.20	243.55	260
巴中	Bazhong	73.93	104.28	393.74	233
资阳	Ziyang	185.37	679.08	670.32	163
贵州	**Guizhou**	**3353.30**	**5238.81**	**9280.68**	
贵阳	Guiyang	1300.90	1363.04	1817.67	37
六盘水	Liupanshui	343.23	341.89	667.23	167
遵义	Zunyi	451.64	939.28	1314.62	74
安顺	Anshun	163.36	292.52	409.44	230
毕节	Bijie	289.35	537.61	1534.41	56
铜仁	Tongren	127.33	292.40	718.87	153
云南	**Yunnan**	**5984.99**	**8259.58**	**7432.00**	
昆明	Kunming	1223.45	3455.13	2013.59	27
曲靖	Qujing	689.02	1000.74	669.38	165
玉溪	Yuxi	503.11	609.31	461.80	218
保山	Baoshan	481.25	396.80	451.69	220
昭通	Zhaotong	204.41	211.46	261.15	256

地名	City	2010	2011	2012	2012 排名 Ranking
丽江	Lijiang	162.44	181.36	187.94	268
普洱	Puer	166.66	300.83	177.95	272
临沧	Lincang	152.10	90.90	261.48	255
西藏	**Tibet**	**338.81**	**338.81**	**226.35**	
拉萨	Lhasa	254.63	254.63	139.39	276
陕西	**Shaanxi**	**4057.15**	**4988.98**	**7388.31**	
西安	Xi'an	787.19	437.02	1536.12	55
铜川	Tongchuan	157.83	175.32	61.57	285
宝鸡	Baoji	381.77	532.79	642.64	171
咸阳	Xianyang	648.99	541.10	1016.88	97
渭南	Weinan	399.33	475.95	705.92	157
延安	Yan'an	123.91	314.11	81.31	282
汉中	Hanzhong	211.84	452.16	367.82	237
榆林	Yulin	1113.36	1644.61	2439.44	17
安康	Ankang	76.64	162.39	351.60	243
商洛	Shangluo	156.29	253.51	185.00	269
甘肃	**Gansu**	**2761.05**	**6116.70**	**7241.23**	
兰州	Lanzhou	503.16	478.02	660.19	169
嘉峪关	Jiayuguan	143.12	407.19	694.62	159
金昌	Jinchang	109.67	487.07	310.01	250
白银	Baiyin	251.33	575.46	496.74	207
天水	Tianshui	186.01	314.22	181.71	271
武威	Wuwei	194.89	889.34	857.92	126
张掖	Zhangye	256.53	525.54	372.03	236
平凉	Pingliang	96.94	90.56	71.98	284
酒泉	Jiuquan	521.32	1617.90	2731.02	14
庆阳	Qingyang	118.23	178.30	184.17	270
定西	Dingxi	239.57	370.46	422.11	226
陇南	Longnan	33.39	42.66	72.86	283
青海	**Qinghai**	**931.69**	**1489.88**	**2008.86**	
西宁	Xining	365.22	1000.31	887.29	121
宁夏	**Ningxia**	**3392.49**	**4106.33**	**4741.92**	
银川	Yinchuan	1370.24	2088.10	1685.40	43
石嘴山	Shizuishan	854.64	665.71	822.96	132
吴忠	Wuzhong	544.90	844.63	892.44	119
固原	Guyuan	282.28	199.78	120.74	278
中卫	Zhongwei	340.43	308.12	1220.38	80
新疆	**Xinjiang**	**5535.74**	**5535.74**	**15175.29**	
乌鲁木齐	Urumqi	1073.65	1073.65	702.17	158
克拉玛依	Karamay	142.81	142.81	228.60	265

7-4 建设用地新增土地供应面积
Newly Increased Area of Construction-used Land Supplied

单位：公顷 (hectare)

地名	City	2010	2011	2012	2012 排名 Ranking	地名	City	2010	2011	2012	2012 排名 Ranking
全国	**Nation Total**	**171369.0**	**265670.1**	**292591.2**		沈阳	Shenyang	1889.00	5967.49	2318.54	16
北京	**Beijing**	**1130.00**	**1703.76**	**876.32**		大连	Dalian	1402.00	2885.72	883.95	106
天津	**Tianjin**	**2382.00**	**7138.46**	**4197.60**		鞍山	Anshan	1154.00	1341.46	1189.28	68
河北	**Hebei**	**5547.00**	**10313.77**	**11036.81**		抚顺	Fushun	403.00	607.56	418.21	198
石家庄	Shijiazhuang	724.00	1253.81	1091.16	84	本溪	Benxi	241.00	326.19	203.82	256
唐山	Tangshan	669.00	1239.27	1564.71	40	丹东	Dandong	428.00	407.25	225.50	251
秦皇岛	Qinhuangdao	427.00	452.80	651.94	151	锦州	Jinzhou	294.00	320.51	418.56	197
邯郸	Handan	697.00	791.04	1219.77	60	营口	Yingkou	661.00	1779.07	568.72	168
邢台	Xingtai	277.00	908.33	852.46	111	阜新	Fuxin	294.00	686.42	468.44	190
保定	Baoding	513.00	818.30	1094.99	82	辽阳	Liaoyang	428.00	502.13	831.30	112
张家口	Zhangjiakou	457.00	874.34	593.59	161	盘锦	Panjin	366.00	422.34	202.98	257
承德	Chengde	376.00	630.93	714.91	134	铁岭	Tieling	1234.00	1066.31	250.88	239
沧州	Cangzhou	513.00	1092.36	1156.73	71	朝阳	Chaoyang	476.00	643.49	496.62	184
廊坊	Langfang	671.00	1625.26	1416.58	50	葫芦岛	Huludao	256.00	755.33	248.29	242
衡水	Hengshui	224.00	627.34	679.98	141	吉林	**Jilin**	**2877.00**	**5177.24**	**4927.11**	
山西	**Shanxi**	**2747.00**	**5844.62**	**5835.87**		长春	Changchun	1411.00	2975.24	1687.49	37
太原	Taiyuan	306.00	542.26	635.36	154	吉林	Jilin	346.00	601.69	931.92	96
大同	Datong	242.00	512.13	657.20	147	四平	Siping	144.00	519.90	377.27	210
阳泉	Yangquan	159.00	132.69	147.39	269	辽源	Liaoyuan	116.00	131.22	246.34	244
长治	Changzhi	184.00	784.27	570.11	167	通化	Tonghua	53.00	301.83	380.71	208
晋城	Jincheng	213.00	143.99	309.14	227	白山	Baishan	478.00	215.80	228.17	249
朔州	Shuozhou	286.00	693.15	538.55	174	松原	Songyuan	50.00	118.36	223.21	252
晋中	Jinzhong	210.00	482.55	476.59	187	白城	Baicheng	173.00	53.61	120.41	275
运城	Yuncheng	373.00	454.92	658.47	146	黑龙江	**Heilongjiang**	**3248.00**	**5811.06**	**4843.74**	
忻州	Xinzhou	173.00	975.25	536.07	175	哈尔滨	Harbin	1073.00	2642.89	1381.56	51
临汾	Linfen	264.00	507.58	653.08	150	齐齐哈尔	Qiqihar	160.00	318.66	323.93	222
吕梁	Luliang	339.00	615.85	653.91	149	鸡西	Jixi	42.00	71.70	165.57	266
内蒙古	**Inner Mongolia**	**7674.00**	**12576.77**	**11247.12**		鹤岗	Hegang	89.00	152.62	46.99	284
呼和浩特	Hohhot	416.00	643.02	775.70	120	双鸭山	Shuangyashan	117.00	128.15	131.63	272
包头	Baotou	734.00	580.33	583.11	165	大庆	Daqing	190.00	928.42	590.28	163
乌海	Wuhai	327.00	464.69	313.84	225	伊春	Yichun	9.00	38.53	26.50	285
赤峰	Chifeng	442.00	928.06	1073.78	86	佳木斯	Jiamusi	112.00	236.62	175.98	263
通辽	Tongliao	438.00	583.77	507.48	182	七台河	Qitaihe	38.00	96.04	139.75	271
鄂尔多斯	Erdos	2974.00	3799.05	2085.49	22	牡丹江	Mudanjiang	217.00	386.77	282.91	232
呼伦贝尔	Hulunbuir	515.00	1543.83	1131.59	74	黑河	Heihe	219.00	226.43	527.64	178
巴彦淖尔	Bayannur	484.00	1001.83	1183.31	70	绥化	Suihua	507.00	425.23	812.19	115
乌兰察布	Ulanqab	357.00	1205.84	1120.53	75	上海	**Shanghai**	**325.00**	**1325.55**	**616.13**	
辽宁	**Liaoning**	**9525.00**	**17711.27**	**8725.10**		江苏	**Jiangsu**	**24697.00**	**23846.98**	**28612.33**	

7-4 建设用地新增土地供应面积 续表 1
Newly Increased Area of Construction-used Land Supplied continued 1

单位：公顷 (hectare)

地名	City	2010	2011	2012	2012 排名 Ranking
南京	Nanjing	2292.00	3102.25	3225.55	8
无锡	Wuxi	4195.00	3355.19	3389.40	6
徐州	Xuzhou	1791.00	1821.44	3030.54	9
常州	Changzhou	2845.00	1726.29	2002.03	25
苏州	Suzhou	2313.00	2395.07	3423.27	5
南通	Nantong	2972.00	2558.24	2547.85	12
连云港	Lianyungang	452.00	675.31	886.36	103
淮安	Huaian	1330.00	1632.42	1096.25	81
盐城	Yancheng	2002.00	1940.74	3265.59	7
扬州	Yangzhou	1646.00	1471.54	1431.45	49
镇江	Zhenjiang	339.00	751.07	1239.65	57
泰州	Taizhou	1312.00	1321.01	1962.07	26
宿迁	Suqian	1207.00	1096.41	1112.33	78
浙江	**Zhejiang**	**21372.00**	**19951.99**	**22550.81**	
杭州	Hangzhou	4986.00	3917.75	4492.01	2
宁波	Ningbo	4281.00	3464.68	4919.14	1
温州	Wenzhou	895.00	2545.91	1928.06	27
嘉兴	Jiaxing	2661.00	1723.99	1811.75	31
湖州	Huzhou	1189.00	1212.14	1057.91	88
绍兴	Shaoxing	1461.00	1416.77	1883.34	29
金华	Jinhua	1568.00	1529.60	1155.77	72
衢州	Quzhou	1237.00	933.20	1003.37	90
舟山	Zhoushan	482.00	476.44	1104.36	80
台州	Taizhou	1529.00	1397.02	1433.66	48
丽水	Lishui	1084.00	1334.49	1761.45	34
安徽	**Anhui**	**6056.00**	**10195.97**	**10911.44**	
合肥	Hefei	719.00	919.72	779.09	119
芜湖	Wuhu	873.00	563.62	861.23	109
蚌埠	Bengbu	226.00	752.09	588.07	164
淮南	Huainan	119.00	214.41	278.16	234
马鞍山	Maanshan	197.00	569.24	558.61	170
淮北	Huaibei	401.00	586.48	631.24	155
铜陵	Tongling	323.00	87.36	180.21	262
安庆	Anqing	458.00	754.74	792.53	118
黄山	Huangshan	214.00	643.04	341.47	217
滁州	Chuzhou	370.00	549.10	699.80	139
阜阳	Fuyang	393.00	381.99	607.82	160
宿州	Suzhou	363.00	650.16	820.28	113
六安	Liuan	305.00	927.88	985.37	93
亳州	Bozhou	158.00	338.04	398.67	204

地名	City	2010	2011	2012	2012 排名 Ranking
池州	Chizhou	368.00	857.61	758.64	124
宣城	Xuancheng	340.00	753.38	860.06	110
福建	**Fujian**	**5039.00**	**16786.08**	**11990.47**	
福州	Fuzhou	776.00	3083.20	2252.76	17
厦门	Xiamen	271.00	1245.29	734.18	130
莆田	Putian	241.00	867.82	535.94	177
三明	Sanming	518.00	2283.28	1801.95	33
泉州	Quanzhou	762.00	2713.48	2061.17	23
漳州	Zhangzhou	840.00	2615.68	1819.73	30
南平	Nanping	627.00	1524.50	906.42	102
龙岩	Longyan	607.00	1639.29	1215.27	61
宁德	Ningde	394.00	813.54	663.05	143
江西	**Jiangxi**	**6080.00**	**10524.73**	**9706.16**	
南昌	Nanchang	834.00	1174.41	1115.51	77
景德镇	Jingdezhen	279.00	312.84	213.27	254
萍乡	Pingxiang	143.00	588.97	221.59	253
九江	Jiujiang	650.00	1199.58	1545.12	43
新余	Xinyu	148.00	1057.08	258.58	237
鹰潭	Yingtan	206.00	453.11	390.02	206
赣州	Ganzhou	1013.00	1466.64	1213.81	62
吉安	Jian	568.00	850.38	1203.13	65
宜春	Yichun	1079.00	1739.03	1555.59	41
抚州	Fuzhou	654.00	545.35	909.26	101
上饶	Shangrao	507.00	1137.34	1080.28	85
山东	**Shandong**	**17218.00**	**19783.09**	**21603.07**	
济南	Jinan	986.00	1326.63	1201.88	66
青岛	Qingdao	1926.00	2127.43	2048.34	24
淄博	Zibo	586.00	756.49	775.31	121
枣庄	Zaozhuang	367.00	582.99	511.82	180
东营	Dongying	1526.00	1822.75	1720.68	36
烟台	Yantai	1692.00	1659.76	1264.49	55
潍坊	Weifang	2306.00	2575.96	2994.55	10
济宁	Jining	1011.00	1013.81	1231.73	58
泰安	Taian	730.00	587.37	946.61	95
威海	Weihai	824.00	949.48	1267.52	54
日照	Rizhao	602.00	642.73	661.93	144
莱芜	Laiwu	368.00	289.68	414.46	201
临沂	Linyi	1334.00	1618.21	1810.70	32
德州	Dezhou	560.00	793.32	1205.65	63
聊城	Liaocheng	872.00	907.92	1117.74	76

7-4　建设用地新增土地供应面积　续表 2

Newly Increased Area of Construction-used Land Supplied continued 2

单位：公顷 (hectare)

地名	City	2010	2011	2012	2012 排名 Ranking	地名	City	2010	2011	2012	2012 排名 Ranking
滨州	Binzhou	882.00	1056.70	971.32	94	常德	Changde	369.00	514.01	540.60	173
菏泽	Heze	645.00	1071.86	1458.35	46	张家界	Zhangjiajie	80.00	1646.98	95.19	276
河南	**Henan**	**6236.00**	**12058.02**	**12308.05**		益阳	Yiyang	193.00	507.10	458.03	191
郑州	Zhengzhou	715.00	2137.19	2524.20	13	郴州	Chenzhou	331.00	403.45	468.45	189
开封	Kaifeng	376.00	568.12	433.80	194	永州	Yongzhou	128.00	633.58	367.93	211
洛阳	Luoyang	541.00	1246.52	1062.31	87	怀化	Huaihua	240.00	2301.78	503.85	183
平顶山	Pingdingshan	764.00	1128.11	654.64	148	娄底	Loudi	106.00	111.20	248.67	241
安阳	Anyang	348.00	661.08	515.22	179	**广东**	**Guangdong**	**4940.00**	**6700.58**	**28818.67**	
鹤壁	Hebi	275.00	449.01	328.38	220	广州	Guangzhou	1204.00	714.72	3765.02	4
新乡	Xinxiang	305.00	660.86	884.15	104	韶关	Shaoguan	170.00	198.81	3813.83	3
焦作	Jiaozuo	391.00	762.68	701.07	138	深圳	Shenzhen	128.00	43.35	282.54	233
濮阳	Puyang	143.00	350.58	363.03	214	珠海	Zhuhai	61.00	859.46	813.03	114
许昌	Xuchang	448.00	609.92	541.80	172	汕头	Shantou	53.00	171.28	88.07	279
漯河	Luohe	136.00	335.85	426.45	195	佛山	Foshan	106.00	164.04	2106.69	20
三门峡	Sanmenxia	365.00	273.23	348.52	216	江门	Jiangmen	488.00	445.42	2106.57	21
南阳	Nanyang	339.00	662.40	873.86	107	湛江	Zhanjiang	236.00	264.17	2319.02	15
商丘	Shangqiu	332.00	903.18	884.02	105	茂名	Maoming	43.00	59.05	988.89	92
信阳	Xinyang	152.00	357.58	338.83	219	肇庆	Zhaoqing	221.00	475.07	1887.00	28
周口	Zhoukou	197.00	372.74	768.52	123	惠州	Huizhou	162.00	425.04	1251.84	56
驻马店	Zhumadian	410.00	578.95	659.26	145	梅州	Meizhou	84.00	175.27	1682.86	38
湖北	**Hubei**	**8096.00**	**13405.18**	**12309.47**		汕尾	Shanwei		74.86	95.07	277
武汉	Wuhan	1788.00	3114.14	2216.26	18	河源	Heyuan	235.00	240.55	479.76	186
黄石	Huangshi	205.00	658.91	400.41	202	阳江	Yangjiang	338.00	365.88	1306.07	53
十堰	Shiyan	476.00	505.18	795.43	116	清远	Qingyuan	494.00	675.58	1753.69	35
宜昌	Yichang	1331.00	1020.35	993.61	91	东莞	Dongguan	392.00	621.15	1054.94	89
襄阳	Xiangfan	534.00	1661.98	1582.90	39	中山	ZhongShan	366.00	293.12	475.61	188
鄂州	Ezhou	348.00	250.34	483.56	185	潮州	Chaozhou	6.00	3.71	383.70	207
荆门	Jingmen	626.00	874.50	702.42	137	揭阳	Jieyang	72.00	144.20	722.18	131
孝感	Xiaogan	475.00	1202.72	1203.44	64	云浮	Yunfu	83.00	285.87	1442.32	47
荆州	Jingzhou	550.00	876.95	918.63	97	**广西**	**Guangxi**	**2155.00**	**5411.32**	**5758.32**	
黄冈	Huanggang	584.00	791.49	715.22	133	南宁	Nanning	465.00	701.01	918.48	98
咸宁	Xianning	465.00	1097.95	867.44	108	柳州	Liuzhou	189.00	401.23	746.06	127
随州	Suizhou	187.00	453.80	450.10	193	桂林	Guilin	176.00	412.34	417.75	200
湖南	**Hunan**	**3424.00**	**12333.97**	**7122.29**		梧州	Wuzhou	235.00	455.45	451.09	192
长沙	Changsha	679.00	1937.57	1229.18	59	北海	Beihai	46.00	297.76	151.06	268
株洲	Zhuzhou	223.00	577.50	669.36	142	防城港	Fangchenggang	168.00	384.14	240.03	246
湘潭	Xiangtan	97.00	515.17	622.21	158	钦州	Qinzhou	141.00	296.70	623.46	157
衡阳	Hengyang	360.00	2027.51	721.63	132	贵港	Guigang	31.00	220.80	183.47	261
邵阳	Shaoyang	323.00	387.00	357.34	215	玉林	Yulin	214.00	478.05	364.92	213
岳阳	Yueyang	243.00	546.54	708.04	135	百色	Baise	184.00	511.73	630.53	156

7-4 建设用地新增土地供应面积 续表 3
Newly Increased Area of Construction-used Land Supplied continued 3

单位：公顷 (hectare)

地名	City	2010	2011	2012	2012 排名 Ranking	地名	City	2010	2011	2012	2012 排名 Ranking
贺州	Hezhou	120.00	260.57	339.02	218	丽江	Lijiang	49.00	127.05	152.10	267
河池	Hechi	65.00	501.47	228.34	248	普洱	Puer	77.00	228.32	144.23	270
来宾	Laibin	16.00	174.23	277.16	235	临沧	Lincang	49.00	81.34	284.58	231
崇左	Chongzuo	104.00	315.84	186.95	260	**西藏**	**Tibet**	**988.00**	**987.97**	**413.12**	
海南	**Hainan**	**675.00**	**1381.62**	**4723.19**		拉萨	Lhasa	213.00	212.72	174.88	264
海口	Haikou	27.00	10.98	58.87	282	**陕西**	**Shaanxi**	**2765.00**	**4059.67**	**6594.56**	
三亚	Sanya	44.00	204.34	241.90	245	西安	Xi'an	239.00	229.40	1185.97	69
重庆	**Chongqing**	**3222.00**	**4944.28**	**3851.87**		铜川	Tongchuan	101.00	157.25	68.35	281
四川	**Sichuan**	**5276.00**	**10951.84**	**11155.52**		宝鸡	Baoji	159.00	451.36	571.48	166
成都	Chengdu	1741.00	2259.08	2803.22	11	咸阳	Xianyang	409.00	416.53	914.44	99
自贡	Zigong	111.00	209.57	306.56	228	渭南	Weinan	202.00	416.88	647.52	152
攀枝花	Panzhihua	63.00	106.09	314.99	223	延安	Yan'an	68.00	281.53	227.36	250
泸州	Luzhou	690.00	1139.30	637.61	153	汉中	Hanzhong	110.00	352.43	284.97	230
德阳	Deyang	599.00	1226.48	750.28	126	榆林	Yulin	844.00	1413.52	2215.60	19
绵阳	Mianyang	345.00	648.22	1111.99	79	安康	Ankang	556.00	132.49	309.92	226
广元	Guangyuan	16.00	213.52	422.45	196	商洛	Shangluo	76.00	208.27	168.94	265
遂宁	Suining	57.00	232.45	249.89	240	**甘肃**	**Gansu**	**2566.00**	**5948.75**	**6883.96**	
内江	Neijiang	123.00	331.72	740.44	128	兰州	Lanzhou	196.00	225.86	255.49	238
乐山	Leshan	192.00	585.49	398.00	205	嘉峪关	Jiayuguan	72.00	486.36	694.60	140
南充	Nanchong	276.00	457.07	365.19	212	金昌	Jinchang	307.00	513.03	324.24	221
眉山	Meishan	359.0	470.70	554.81	171	白银	Baiyin	171.00	236.73	265.50	236
宜宾	Yibin	262.00	603.84	703.65	136	天水	Tianshui	118.00	272.02	121.28	274
广安	Guangan	138.00	193.40	300.90	229	武威	Wuwei	172.00	1059.83	795.42	117
达州	Dazhou	97.00	203.92	211.23	255	张掖	Zhangye	209.00	561.13	738.91	129
雅安	Yaan	51.00	736.50	202.48	258	平凉	Pingliang	32.00	51.46	92.09	278
巴中	Bazhong	0.00	454.20	238.82	247	酒泉	Jiuquan	997.00	1862.69	2513.96	14
资阳	Ziyang	64.00	681.21	591.42	162	庆阳	Qingyang	96.00	171.17	248.17	243
贵州	**Guizhou**	**4231.00**	**3799.83**	**8613.93**		定西	Dingxi	113.00	364.09	535.97	176
贵阳	Guiyang	837.00	996.21	1492.84	45	陇南	Longnan	12.00	25.59	57.52	283
六盘水	Liupanshui	257.00	256.67	511.79	181	**青海**	**Qinghai**	**925.00**	**1395.19**	**2262.30**	
遵义	Zunyi	2020.00	598.35	1153.12	73	西宁	Xining	217.00	832.89	751.32	125
安顺	Anshun	80.00	195.83	314.95	224	**宁夏**	**Ningxia**	**2051.00**	**3632.23**	**4139.50**	
毕节	Bijie	82.00	781.31	1530.62	44	银川	Yinchuan	801.00	1795.43	1325.99	52
铜仁	Tongren	39.00	162.97	1092.10	83	石嘴山	Shizuishan	525.00	487.14	615.97	159
云南	**Yunnan**	**4479.00**	**6544.07**	**6458.85**		吴忠	Wuzhong	364.00	902.63	913.05	100
昆明	Kunming	567.00	2360.81	1550.35	42	固原	Guyuan	141.00	165.97	83.37	280
曲靖	Qujing	287.00	871.24	561.44	169	中卫	Zhongwei	219.00	281.07	1201.12	67
玉溪	Yuxi	361.00	567.60	418.01	199	**新疆**	**Xinjiang**	**3424.00**	**3424.28**	**13497.46**	
保山	Baoshan	258.00	542.04	399.48	203	乌鲁木齐	Urumqi	307.00	307.27	377.38	209
昭通	Zhaotong	190.00	173.39	196.81	259	克拉玛依	Karamay	36.00	36.29	130.96	273

7-5 建设用地新增划拨土地面积
Newly Increased Area of Construction-used Land Supplied by Allocation

单位：公顷 (hectare)

地名	City	2010	2011	2012	2012 排名 Ranking
全国	**Nation Total**	**28626.94**	**42247.66**	**65794.02**	
北京	**Beijing**	**14.60**	**15.32**	**21.01**	
天津	**Tianjin**	**22.90**	**2155.29**	**302.30**	
河北	**Hebei**	**159.55**	**161.31**	**101.39**	
石家庄	Shijiazhuang	44.25	36.79	49.35	83
唐山	Tangshan	15.00	97.78		
秦皇岛	Qinhuangdao	5.09	0.97	7.30	138
邯郸	Handan	18.13	0.57		
邢台	Xingtai		4.20	3.78	155
保定	Baoding	2.38	7.88	5.82	144
张家口	Zhangjiakou	13.75	3.32	16.09	115
承德	Chengde	0.16	1.69	11.75	127
沧州	Cangzhou	56.27	2.25	7.30	138
廊坊	Langfang	2.22	5.86		
衡水	Hengshui	2.31			
山西	**Shanxi**	**40.89**	**57.21**	**49.90**	
太原	Taiyuan	0.43		31.69	100
大同	Datong		53.02	0.42	185
阳泉	Yangquan		1.65		
长治	Changzhi	7.62		6.21	142
晋城	Jincheng	13.44	0.19		
朔州	Shuozhou				
晋中	Jinzhong	4.00			
运城	Yuncheng	1.23		9.97	132
忻州	Xinzhou	4.46		0.79	183
临汾	Linfen	9.71			
吕梁	Luliang		2.35	0.82	180
内蒙古	**Inner Mongolia**	**687.29**	**527.44**	**890.45**	
呼和浩特	Hohhot		6.31		
包头	Baotou	350.45	23.40	10.84	130
乌海	Wuhai	112.39	86.64	13.68	121
赤峰	Chifeng	0.32	7.10		
通辽	Tongliao	10.25		32.85	98
鄂尔多斯	Erdos	0.30	2.39	8.02	137
呼伦贝尔	Hulunbuir	196.28	235.11	358.94	48
巴彦淖尔	Bayannur		2.34	91.83	72
乌兰察布	Ulanqab	4.27	0.53	32.27	99
辽宁	**Liaoning**	**114.14**	**229.56**	**66.16**	

地名	City	2010	2011	2012	2012 排名 Ranking
沈阳	Shenyang	8.95	178.93		
大连	Dalian	5.12	8.46		
鞍山	Anshan		5.59		
抚顺	Fushun	0.36	7.48		
本溪	Benxi				
丹东	Dandong	57.85	27.53	15.22	116
锦州	Jinzhou		1.36		
营口	Yingkou				
阜新	Fuxin	2.44			
辽阳	Liaoyang	39.42	0.21	49.89	81
盘锦	Panjin				
铁岭	Tieling				
朝阳	Chaoyang				
葫芦岛	Huludao			1.05	176
吉林	**Jilin**	**46.33**	**18.42**	**9.30**	
长春	Changchun				
吉林	Jilin		1.31		
四平	Siping		3.76		
辽源	Liaoyuan	45.67	8.90		
通化	Tonghua				
白山	Baishan	0.66	4.44		
松原	Songyuan			9.25	133
白城	Baicheng			0.05	189
黑龙江	**Heilongjiang**	**728.94**	**205.87**	**196.64**	
哈尔滨	Harbin	108.89	102.60	8.19	135
齐齐哈尔	Qiqihar	2.32	8.19	25.71	104
鸡西	Jixi				
鹤岗	Hegang	18.97	30.98		
双鸭山	Shuangyashan				
大庆	Daqing	0.10	1.90		
伊春	Yichun				
佳木斯	Jiamusi	0.72	4.50		
七台河	Qitaihe	5.28	0.49		
牡丹江	Mudanjiang		25.64	0.86	179
黑河	Heihe	154.06	2.23		
绥化	Suihua	42.11	18.89	34.14	95
上海	**Shanghai**				
江苏	**Jiangsu**	**6977.14**	**6682.72**	**11662.85**	

7-5 建设用地新增划拨土地面积 续表 1

Newly Increased Area of Construction-used Land Supplied by Allocation continued 1

单位：公顷 (hectare)

地名	City	2010	2011	2012	2012 排名 Ranking
南京	Nanjing	1260.15	2016.27	2048.26	6
无锡	Wuxi	2292.51	1527.87	2207.98	5
徐州	Xuzhou	430.19	540.83	1630.64	9
常州	Changzhou	1134.43	377.13	509.30	36
苏州	Suzhou	296.32	252.02	1435.09	13
南通	Nantong	566.98	406.58	488.87	39
连云港	Lianyungang	49.41	77.76	182.93	59
淮安	Huaian	144.40	255.30	83.33	74
盐城	Yancheng	217.82	270.40	1188.48	17
扬州	Yangzhou	230.92	445.11	516.61	35
镇江	Zhenjiang	2.10	205.36	522.09	34
泰州	Taizhou	101.30	192.00	735.02	25
宿迁	Suqian	250.62	116.08	114.24	67
浙江	**Zhejiang**	**8418.03**	**9684.23**	**14080.10**	
杭州	Hangzhou	2131.72	1763.90	2733.72	4
宁波	Ningbo	2803.30	1945.47	3453.70	2
温州	Wenzhou	439.52	1950.98	1465.70	12
嘉兴	Jiaxing	588.79	395.88	910.33	21
湖州	Huzhou	87.68	303.42	462.26	40
绍兴	Shaoxing	288.21	450.17	1130.44	18
金华	Jinhua	349.08	784.14	442.50	42
衢州	Quzhou	342.84	365.52	642.19	28
舟山	Zhoushan	54.05	98.56	492.30	38
台州	Taizhou	712.68	863.45	943.91	20
丽水	Lishui	620.16	762.73	1403.05	14
安徽	**Anhui**	**28.99**	**84.04**	**777.44**	
合肥	Hefei				
芜湖	Wuhu				
蚌埠	Bengbu		2.00	5.99	143
淮南	Huainan			28.61	101
马鞍山	Maanshan				
淮北	Huaibei			535.89	33
铜陵	Tongling	1.00			
安庆	Anqing			2.40	165
黄山	Huangshan	1.97	16.81	0.79	183
滁州	Chuzhou				
阜阳	Fuyang				
宿州	Suzhou	11.82			
六安	Liuan	0.90	0.66	15.13	117
亳州	Bozhou			27.58	102

地名	City	2010	2011	2012	2012 排名 Ranking
池州	Chizhou				
宣城	Xuancheng	7.94	61.49	53.85	78
福建	**Fujian**	**1074.07**	**7508.23**	**3933.84**	
福州	Fuzhou	105.29	1187.15	618.67	30
厦门	Xiamen	123.86	863.91	355.83	49
莆田	Putian	27.66	394.61	175.13	63
三明	Sanming	67.13	1388.83	889.74	23
泉州	Quanzhou	212.50	1196.64	709.56	26
漳州	Zhangzhou	51.40	723.38	406.11	45
南平	Nanping	362.19	600.94	226.99	57
龙岩	Longyan	68.35	649.22	411.17	44
宁德	Ningde	55.68	503.54	140.62	66
江西	**Jiangxi**	**443.27**	**821.46**	**1769.43**	
南昌	Nanchang	11.78	1.00	44.68	87
景德镇	Jingdezhen	2.31		2.76	162
萍乡	Pingxiang		14.43	4.00	152
九江	Jiujiang		61.54	3.40	157
新余	Xinyu			2.67	163
鹰潭	Yingtan				
赣州	Ganzhou	358.25	304.98	392.61	47
吉安	Jian	13.63	53.20	547.44	32
宜春	Yichun	0.47		495.61	37
抚州	Fuzhou	35.07	4.99	177.21	61
上饶	Shangrao	21.77	381.30	99.06	69
山东	**Shandong**	**1016.44**	**228.83**	**196.75**	
济南	Jinan	56.49			
青岛	Qingdao	343.54	5.52	12.63	125
淄博	Zibo		22.36	16.59	114
枣庄	Zaozhuang				
东营	Dongying	279.66	91.92	25.49	105
烟台	Yantai	206.54			
潍坊	Weifang	1.64			
济宁	Jining	16.49	78.38	13.77	120
泰安	Taian	0.21		45.35	86
威海	Weihai		1.35	39.00	91
日照	Rizhao				
莱芜	Laiwu				
临沂	Linyi	5.55	23.54	33.70	97
德州	Dezhou		4.70		
聊城	Liaocheng		1.06	8.09	136

7-5 建设用地新增划拨土地面积 续表 2

Newly Increased Area of Construction-used Land Supplied by Allocation continued 2

单位：公顷 (hectare)

地名	City	2010	2011	2012	2012 排名 Ranking
滨州	Binzhou	31.43			
菏泽	Heze	74.87		2.13	167
河南	**Henan**	**484.01**	**853.53**	**418.94**	
郑州	Zhengzhou	80.81	25.99	191.34	58
开封	Kaifeng				
洛阳	Luoyang	0.42	3.10	2.91	161
平顶山	Pingdingshan	357.02	705.19		
安阳	Anyang	1.70			
鹤壁	Hebi				
新乡	Xinxiang			168.26	64
焦作	Jiaozuo		45.29	3.14	159
濮阳	Puyang	2.49	6.15	1.68	170
许昌	Xuchang	6.19	6.53	4.48	149
漯河	Luohe		30.63		
三门峡	Sanmenxia	28.38	19.96	13.62	122
南阳	Nanyang	3.47	4.61	26.00	103
商丘	Shangqiu			6.25	141
信阳	Xinyang	3.32	6.09	1.25	174
周口	Zhoukou	0.20			
驻马店	Zhumadian				
湖北	**Hubei**	**287.17**	**219.80**	**247.81**	
武汉	Wuhan	170.67	12.93	5.69	145
黄石	Huangshi				
十堰	Shiyan	97.37	16.29	35.95	92
宜昌	Yichang	0.23			
襄阳	Xiangfan				
鄂州	Ezhou				
荆门	Jingmen	7.08	1.50		
孝感	Xiaogan		17.68	23.78	107
荆州	Jingzhou	10.28	0.01	2.61	164
黄冈	Huanggang		0.20		
咸宁	Xianning		152.10	3.92	153
随州	Suizhou		3.75		
湖南	**Hunan**	**76.01**	**5373.28**	**746.55**	
长沙	Changsha	3.88	409.08		
株洲	Zhuzhou		33.69	355.08	50
湘潭	Xiangtan			11.73	128
衡阳	Hengyang	0.44	1037.17	3.08	160
邵阳	Shaoyang	19.56			
岳阳	Yueyang	0.46	29.93	248.69	55
常德	Changde	10.19	30.75	49.84	82
张家界	Zhangjiajie	2.89	1573.15		
益阳	Yiyang	6.55	206.32		
郴州	Chenzhou	13.22	21.17	19.71	111
永州	Yongzhou	13.69	327.86	45.50	85
怀化	Huaihua	5.12	1698.96		
娄底	Loudi		4.29	12.93	123
广东	**Guangdong**	**93.25**	**910.10**	**20940.24**	
广州	Guangzhou	1.05	45.61	3124.01	3
韶关	Shaoguan		0.22	3490.30	1
深圳	Shenzhen	6.45		1.59	171
珠海	Zhuhai		530.95	396.82	46
汕头	Shantou		3.29	33.75	96
佛山	Foshan	41.00	3.68	1760.90	7
江门	Jiangmen	6.50	20.02	1306.72	16
湛江	Zhanjiang		23.39	1632.82	8
茂名	Maoming		45.53	834.79	24
肇庆	Zhaoqing		39.91	1379.48	15
惠州	Huizhou		4.69	897.78	22
梅州	Meizhou	0.22	35.84	1523.77	10
汕尾	Shanwei		3.11	0.98	177
河源	Heyuan	35.75	42.72	248.91	54
阳江	Yangjiang		35.16	447.50	41
清远	Qingyuan	0.04	19.61	1504.33	11
东莞	Dongguan		43.63	698.07	27
中山	ZhongShan			11.08	129
潮州	Chaozhou	2.24	0.86	320.68	52
揭阳	Jicyang		3.67	331.25	51
云浮	Yunfu		8.20	991.70	19
广西	**Guangxi**	**138.89**	**565.43**	**520.62**	
南宁	Nanning	112.09	81.92	232.30	56
柳州	Liuzhou		0.25	18.71	112
桂林	Guilin	0.62	17.84	46.46	84
梧州	Wuzhou	6.73		6.67	140
北海	Beihai			4.67	148
防城港	Fangchenggang	0.31	1.11	8.29	134
钦州	Qinzhou		8.29	179.08	60
贵港	Guigang	2.00	7.45		
玉林	Yulin	1.60			
百色	Baise	4.01	1.18	4.08	150

7-5 建设用地新增划拨土地面积 续表 3
Newly Increased Area of Construction-used Land Supplied by Allocation continued 3

单位：公顷 (hectare)

地名	City	2010	2011	2012	2012 排名 Ranking
贺州	Hezhou	10.12	22.17		
河池	Hechi	1.32	422.60	5.24	146
来宾	Laibin		0.23	2.31	166
崇左	Chongzuo	0.10	2.40	12.83	124
海南	**Hainan**	**29.90**	**174.48**	**3448.22**	
海口	Haikou				
三亚	Sanya				
重庆	**Chongqing**	**54.66**	**109.20**	**22.69**	
四川	**Sichuan**	**75.45**	**1242.80**	**875.75**	
成都	Chengdu	12.30	2.46		
自贡	Zigong		0.07	0.97	178
攀枝花	Panzhihua				
泸州	Luzhou	5.07	14.66		
德阳	Deyang				
绵阳	Mianyang		10.49		
广元	Guangyuan	1.23		58.95	77
遂宁	Suining		4.10	3.38	158
内江	Neijiang			621.32	29
乐山	Leshan			5.15	147
南充	Nanchong	1.25		20.37	110
眉山	Meishan	1.83	20.83		
宜宾	Yibin	15.62	3.45	1.20	175
广安	Guangan	1.20		1.49	172
达州	Dazhou	0.02	14.03		
雅安	Yaan		620.86	3.86	154
巴中	Bazhong	0.18	383.74		
资阳	Ziyang		96.99	20.45	109
贵州	**Guizhou**	**2331.09**	**571.18**	**1332.50**	
贵阳	Guiyang	6.20	90.02		
六盘水	Liupanshui	4.87	7.82	3.58	156
遵义	Zunyi	1775.71	2.29	34.95	94
安顺	Anshun			90.54	73
毕节	Bijie		423.91	257.86	53
铜仁	Tongren		0.40	587.08	31
云南	**Yunnan**	**1090.00**	**343.73**	**415.33**	
昆明	Kunming	4.39	42.83	41.52	90
曲靖	Qujing	146.34		17.82	113
玉溪	Yuxi		2.00	12.34	126
保山	Baoshan	0.03	249.71	0.40	186
昭通	Zhaotong	33.91	4.17	4.07	151
丽江	Lijiang	0.42		1.96	168
普洱	Puer		16.72	21.83	108
临沧	Lincang			42.09	88
西藏	**Tibet**	**749.65**	**749.65**	**279.13**	
拉萨	Lhasa	52.15	52.15	94.39	71
陕西	**Shaanxi**	**525.44**	**84.87**	**313.52**	
西安	Xi'an				
铜川	Tongchuan			14.13	118
宝鸡	Baoji				
咸阳	Xianyang			65.03	75
渭南	Weinan	4.37	6.14	13.88	119
延安	Yan'an	14.79	1.84	175.99	62
汉中	Hanzhong		8.87	41.90	89
榆林	Yulin	6.89	67.33		
安康	Ankang	499.39		0.81	182
商洛	Shangluo		0.69	1.79	169
甘肃	**Gansu**	**1153.76**	**982.49**	**840.91**	
兰州	Lanzhou				
嘉峪关	Jiayuguan	43.49	94.21		
金昌	Jinchang	217.95	39.85	63.15	76
白银	Baiyin	58.95	17.83	1.38	173
天水	Tianshui	2.00	1.14		
武威	Wuwei	96.21	343.22		
张掖	Zhangye	10.00	134.68	414.66	43
平凉	Pingliang			23.93	106
酒泉	Jiuquan	661.99	308.12	0.34	187
庆阳	Qingyang	5.00		96.02	70
定西	Dingxi	53.81	37.58	162.62	65
陇南	Longnan	0.28		0.31	188
青海	**Qinghai**	**376.02**	**178.89**	**464.62**	
西宁	Xining			10.05	131
宁夏	**Ningxia**	**2.42**	**121.67**	**50.98**	
银川	Yinchuan				
石嘴山	Shizuishan		1.78		
吴忠	Wuzhong	2.42	99.89	50.16	80
固原	Guyuan				
中卫	Zhongwei		20.00	0.82	180
新疆	**Xinjiang**	**1386.61**	**1386.61**	**818.65**	
乌鲁木齐	Urumqi	284.26	284.26	35.83	93
克拉玛依	Karamay	23.54	23.54	53.36	79

7-6 建设用地新增出让土地面积
Newly Increased Area of Construction-used Land Supplied by Granting

单位：公顷 (hectare)

地名	City	2010	2011	2012	2012 排名 Ranking	地名	City	2010	2011	2012	2012 排名 Ranking
全国	**Nation Total**	**142370.8**	**222838.6**	**226287.6**		沈阳	Shenyang	1880.13	5788.56	2318.54	5
北京	**Beijing**	**1115.74**	**1688.44**	**855.31**		大连	Dalian	1396.66	2877.26	883.95	71
天津	**Tianjin**	**2359.35**	**4983.17**	**3895.29**		鞍山	Anshan	1153.99	1335.87	1189.28	42
河北	**Hebei**	**5387.94**	**10152.46**	**10935.42**		抚顺	Fushun	402.32	600.09	418.21	178
石家庄	Shijiazhuang	679.39	1217.02	1041.81	58	本溪	Benxi	240.51	326.19	203.82	249
唐山	Tangshan	653.83	1141.48	1564.71	18	丹东	Dandong	369.86	379.73	210.28	248
秦皇岛	Qinhuangdao	421.85	451.83	644.64	127	锦州	Jinzhou	294.08	319.15	418.56	177
邯郸	Handan	679.09	790.46	1219.77	37	营口	Yingkou	660.80	1779.07	568.72	144
邢台	Xingtai	277.45	904.13	848.68	78	阜新	Fuxin	291.35	686.42	468.44	165
保定	Baoding	510.38	810.41	1089.17	52	辽阳	Liaoyang	388.99	501.92	781.42	87
张家口	Zhangjiakou	443.15	871.02	577.50	140	盘锦	Panjin	365.95	422.34	202.98	250
承德	Chengde	375.86	629.24	703.15	108	铁岭	Tieling	1234.41	1066.31	250.88	228
沧州	Cangzhou	456.73	1090.11	1149.43	47	朝阳	Chaoyang	476.07	643.49	496.62	160
廊坊	Langfang	668.58	1619.41	1416.58	25	葫芦岛	Huludao	255.81	755.33	247.24	231
衡水	Hengshui	221.64	627.34	679.98	116	吉林	**Jilin**	**2830.43**	**5158.81**	**4917.81**	
山西	**Shanxi**	**2706.08**	**5787.41**	**5785.97**		长春	Changchun	1411.26	2975.24	1687.49	15
太原	Taiyuan	305.36	542.26	603.67	136	吉林	Jilin	346.02	600.38	931.92	65
大同	Datong	241.57	459.11	656.77	121	四平	Siping	144.15	516.14	377.27	189
阳泉	Yangquan	159.15	131.04	147.39	263	辽源	Liaoyuan	70.12	122.31	246.34	233
长治	Changzhi	176.07	784.27	563.90	145	通化	Tonghua	53.02	301.83	380.71	187
晋城	Jincheng	199.44	143.80	309.14	215	白山	Baishan	477.72	211.36	228.17	241
朔州	Shuozhou	285.79	693.15	538.55	149	松原	Songyuan	49.62	118.36	213.95	245
晋中	Jinzhong	205.91	482.55	476.59	164	白城	Baicheng	173.34	53.61	120.36	269
运城	Yuncheng	371.30	454.92	648.50	126	黑龙江	**Heilongjiang**	**2518.56**	**5595.86**	**4647.10**	
忻州	Xinzhou	168.21	975.25	535.27	151	哈尔滨	Harbin	964.31	2540.29	1373.37	28
临汾	Linfen	254.10	507.58	653.08	125	齐齐哈尔	Qiqihar	157.55	310.47	298.22	220
吕梁	Luliang	339.18	613.50	653.09	124	鸡西	Jixi	41.65	71.70	165.57	258
内蒙古	**Inner Mongolia**	**6986.97**	**12049.33**	**10356.68**		鹤岗	Hegang	70.52	112.32	46.99	284
呼和浩特	Hohhot	415.51	636.70	775.70	90	双鸭山	Shuangyashan	116.72	128.15	131.63	266
包头	Baotou	384.04	556.93	572.27	141	大庆	Daqing	190.17	926.53	590.28	138
乌海	Wuhai	214.61	378.05	300.16	218	伊春	Yichun	8.80	38.53	26.50	285
赤峰	Chifeng	441.19	920.96	1073.78	54	佳木斯	Jiamusi	110.98	232.11	175.98	255
通辽	Tongliao	427.98	583.77	747.63	98	七台河	Qitaihe	32.69	95.55	139.75	265
鄂尔多斯	Erdos	2973.61	3796.66	2077.47	8	牡丹江	Mudanjiang	216.63	361.13	282.05	221
呼伦贝尔	Hulunbuir	319.02	1308.72	772.64	91	黑河	Heihe	65.33	224.19	527.64	152
巴彦淖尔	Bayannur	484.19	999.50	1091.48	51	绥化	Suihua	464.61	406.34	778.05	89
乌兰察布	Ulanqab	353.10	1205.31	1088.27	53	上海	**Shanghai**	**324.60**	**1325.55**	**616.13**	
辽宁	**Liaoning**	**9410.93**	**17481.71**	**8658.94**		江苏	**Jiangsu**	**17694.52**	**17128.68**	**16943.35**	

7-6 建设用地新增出让土地面积 续表 1

Newly Increased Area of Construction-used Land Supplied by Granting continued 1

单位：公顷 (hectare)

地名	City	2010	2011	2012	2012 排名 Ranking	地名	City	2010	2011	2012	2012 排名 Ranking
南京	Nanjing	1032.30	1085.98	1177.29	45	池州	Chizhou	368.48	857.61	758.64	95
无锡	Wuxi	1882.61	1791.74	1177.15	46	宣城	Xuancheng	332.40	691.89	806.21	82
徐州	Xuzhou	1360.72	1280.60	1399.90	27	福建	**Fujian**	**3964.56**	**9224.58**	**8022.98**	
常州	Changzhou	1710.98	1349.15	1492.74	22	福州	Fuzhou	671.12	1896.05	1634.08	16
苏州	Suzhou	2017.04	2143.05	1988.18	12	厦门	Xiamen	147.43	380.89	378.34	188
南通	Nantong	2404.60	2151.66	2058.98	10	莆田	Putian	213.58	473.21	354.18	200
连云港	Lianyungang	403.00	597.55	703.44	107	三明	Sanming	451.25	894.44	912.21	68
淮安	Huaian	1186.10	1377.12	1012.92	59	泉州	Quanzhou	549.83	1464.06	1324.59	30
盐城	Yancheng	1783.79	1670.34	2077.10	9	漳州	Zhangzhou	788.83	1892.30	1413.62	26
扬州	Yangzhou	1409.27	1026.43	914.84	67	南平	Nanping	265.14	923.56	679.43	117
镇江	Zhenjiang	336.89	545.71	715.68	104	龙岩	Longyan	538.95	990.07	804.10	83
泰州	Taizhou	1210.46	1129.01	1227.05	36	宁德	Ningde	338.42	309.99	522.43	153
宿迁	Suqian	956.74	980.33	998.09	60	江西	**Jiangxi**	**5636.47**	**9703.27**	**7936.73**	
浙江	**Zhejiang**	**12621.52**	**9784.59**	**8000.96**		南昌	Nanchang	821.95	1173.41	1070.84	55
杭州	Hangzhou	2521.25	1670.68	1288.54	31	景德镇	Jingdezhen	276.61	312.84	210.51	247
宁波	Ningbo	1478.18	1519.21	1465.44	23	萍乡	Pingxiang	142.71	574.54	217.59	244
温州	Wenzhou	455.20	594.93	462.36	167	九江	Jiujiang	650.35	1138.04	1541.71	19
嘉兴	Jiaxing	2072.12	1328.11	901.42	69	新余	Xinyu	147.87	1057.08	255.92	226
湖州	Huzhou	1101.03	908.72	595.65	137	鹰潭	Yingtan	205.63	453.11	390.02	185
绍兴	Shaoxing	1172.63	966.60	752.90	96	赣州	Ganzhou	655.10	1161.66	821.20	80
金华	Jinhua	1218.58	745.46	713.26	106	吉安	Jian	554.42	797.17	655.69	122
衢州	Quzhou	894.30	567.68	361.18	196	宜春	Yichun	1078.19	1739.03	1059.98	56
舟山	Zhoushan	427.56	377.88	612.06	133	抚州	Fuzhou	618.70	540.36	732.05	100
台州	Taizhou	816.40	533.57	489.75	162	上饶	Shangrao	484.95	756.03	981.22	62
丽水	Lishui	464.27	571.76	358.40	197	山东	**Shandong**	**16201.59**	**19554.25**	**21406.32**	
安徽	**Anhui**	**6026.73**	**10111.93**	**10133.99**		济南	Jinan	929.79	1326.63	1201.88	40
合肥	Hefei	718.93	919.72	779.09	88	青岛	Qingdao	1582.28	2121.91	2035.70	11
芜湖	Wuhu	872.75	563.62	861.23	75	淄博	Zibo	586.11	734.12	758.72	94
蚌埠	Bengbu	226.01	750.09	582.08	139	枣庄	Zaozhuang	367.25	582.99	511.82	155
淮南	Huainan	118.63	214.41	249.55	229	东营	Dongying	1246.60	1730.83	1695.20	14
马鞍山	Maanshan	196.51	569.24	558.61	146	烟台	Yantai	1485.20	1659.76	1264.49	33
淮北	Huaibei	401.03	586.48	95.34	271	潍坊	Weifang	2304.71	2575.96	2994.55	1
铜陵	Tongling	322.39	87.36	180.21	254	济宁	Jining	994.77	935.43	1217.96	38
安庆	Anqing	458.36	754.74	790.13	86	泰安	Taian	729.30	587.37	901.26	70
黄山	Huangshan	212.27	626.23	340.69	205	威海	Weihai	824.15	948.14	1228.52	35
滁州	Chuzhou	369.60	549.10	699.80	111	日照	Rizhao	602.07	642.73	661.93	119
阜阳	Fuyang	393.14	381.99	607.82	135	莱芜	Laiwu	368.30	289.68	414.46	180
宿州	Suzhou	351.49	650.16	820.28	81	临沂	Linyi	1328.25	1594.67	1777.00	13
六安	Liuan	304.12	927.22	970.23	64	德州	Dezhou	560.14	788.62	1205.65	39
亳州	Bozhou	157.78	338.04	371.09	192	聊城	Liaocheng	872.38	906.86	1109.65	50

7-6 建设用地新增出让土地面积 续表 2

Newly Increased Area of Construction-used Land Supplied by Granting continued 2

单位：公顷 (hectare)

地名	City	2010	2011	2012	2012 排名 Ranking
滨州	Binzhou	850.26	1056.70	971.32	63
菏泽	Heze	570.04	1071.86	1456.21	24
河南	**Henan**	**5751.63**	**11204.49**	**11889.11**	
郑州	Zhengzhou	633.98	2111.21	2332.86	4
开封	Kaifeng	375.52	568.12	433.80	175
洛阳	Luoyang	540.19	1243.42	1059.40	57
平顶山	Pingdingshan	406.68	422.93	654.64	123
安阳	Anyang	346.49	661.08	515.22	154
鹤壁	Hebi	275.47	449.01	328.38	209
新乡	Xinxiang	304.59	660.86	715.90	103
焦作	Jiaozuo	391.28	717.39	697.93	112
濮阳	Puyang	140.85	344.44	361.35	195
许昌	Xuchang	441.83	603.39	537.32	150
漯河	Luohe	136.36	305.22	426.45	176
三门峡	Sanmenxia	336.91	253.27	334.90	208
南阳	Nanyang	335.14	657.79	847.85	79
商丘	Shangqiu	331.58	903.18	877.77	72
信阳	Xinyang	148.91	351.49	337.57	207
周口	Zhoukou	196.30	372.74	768.52	92
驻马店	Zhumadian	409.54	578.95	659.26	120
湖北	**Hubei**	**7809.31**	**13185.38**	**12061.67**	
武汉	Wuhan	1617.28	3101.21	2210.57	7
黄石	Huangshi	205.23	658.91	400.41	182
十堰	Shiyan	378.82	488.89	759.49	93
宜昌	Yichang	1330.42	1020.35	993.61	61
襄阳	Xiangfan	533.71	1661.98	1582.90	17
鄂州	Ezhou	348.27	250.34	483.56	163
荆门	Jingmen	618.51	872.04	702.42	110
孝感	Xiaogan	474.89	1185.05	1179.66	44
荆州	Jingzhou	539.63	876.94	916.22	66
黄冈	Huanggang	584.24	791.29	715.22	105
咸宁	Xianning	464.55	945.84	863.52	73
随州	Suizhou	186.96	450.05	450.10	171
湖南	**Hunan**	**3348.40**	**6960.70**	**6375.74**	
长沙	Changsha	675.32	1528.49	1229.18	34
株洲	Zhuzhou	223.43	543.81	314.28	214
湘潭	Xiangtan	97.42	515.17	610.47	134
衡阳	Hengyang	359.91	990.34	718.55	102
邵阳	Shaoyang	303.53	387.00	357.34	198
岳阳	Yueyang	242.78	516.61	459.35	168
常德	Changde	359.15	483.26	490.75	161
张家界	Zhangjiajie	76.78	73.83	95.19	272
益阳	Yiyang	186.09	300.78	458.03	169
郴州	Chenzhou	318.25	382.28	448.74	172
永州	Yongzhou	113.93	305.72	322.44	212
怀化	Huaihua	234.98	602.82	503.85	159
娄底	Loudi	106.46	106.90	235.74	238
广东	**Guangdong**	**4846.35**	**5790.48**	**7878.43**	
广州	Guangzhou	1202.77	669.11	641.01	128
韶关	Shaoguan	169.90	198.59	323.52	211
深圳	Shenzhen	121.21	43.35	280.95	222
珠海	Zhuhai	60.88	328.51	416.21	179
汕头	Shantou	53.12	167.99	54.31	281
佛山	Foshan	65.45	160.36	345.79	202
江门	Jiangmen	481.01	425.41	799.85	84
湛江	Zhanjiang	235.65	240.77	686.20	114
茂名	Maoming	42.61	13.52	154.10	260
肇庆	Zhaoqing	220.56	435.16	507.52	157
惠州	Huizhou	161.71	420.35	354.06	201
梅州	Meizhou	83.31	139.43	159.08	259
汕尾	Shanwei		71.75	94.09	273
河源	Heyuan	199.69	197.83	230.85	240
阳江	Yangjiang	338.29	330.71	858.57	76
清远	Qingyuan	493.74	655.97	249.36	230
东莞	Dongguan	392.08	577.51	356.87	199
中山	ZhongShan	366.05	293.12	464.53	166
潮州	Chaozhou	3.38	2.85	63.02	278
揭阳	Jieyang	71.53	140.53	387.03	186
云浮	Yunfu	83.41	277.67	450.62	170
广西	**Guangxi**	**2015.72**	**4845.89**	**5237.70**	
南宁	Nanning	353.00	619.09	686.18	115
柳州	Liuzhou	188.78	400.99	727.35	101
桂林	Guilin	175.35	394.50	371.29	191
梧州	Wuzhou	228.44	455.45	444.43	173
北海	Beihai	45.61	297.76	146.40	264
防城港	Fangchenggang	167.27	383.03	231.74	239
钦州	Qinzhou	141.17	288.41	444.38	174
贵港	Guigang	29.31	213.36	183.47	253
玉林	Yulin	212.34	478.05	364.92	193
百色	Baise	180.36	510.55	626.45	131

7-6 建设用地新增出让土地面积 续表 3

Newly Increased Area of Construction-used Land Supplied by Granting continued 3

单位：公顷 (hectare)

地名	City	2010	2011	2012	2012 排名 Ranking	地名	City	2010	2011	2012	2012 排名 Ranking
贺州	Hezhou	110.02	238.40	339.02	206	丽江	Lijiang	48.47	127.05	150.13	262
河池	Hechi	63.52	78.87	223.11	243	普洱	Puer	77.12	211.60	122.40	267
来宾	Laibin	16.27	173.99	274.85	223	临沧	Lincang	49.05	81.34	242.50	235
崇左	Chongzuo	104.39	313.44	174.12	256	**西藏**	**Tibet**	**236.98**	**236.98**	**133.98**	
海南	**Hainan**	**644.95**	**1207.13**	**1274.97**		拉萨	Lhasa	160.57	160.57	80.50	275
海口	Haikou	26.75	10.98	58.87	279	**陕西**	**Shaanxi**	**2239.39**	**3974.80**	**6281.04**	
三亚	Sanya	43.74	204.34	241.90	236	西安	Xi'an	239.17	229.40	1185.97	43
重庆	**Chongqing**	**3166.96**	**4835.08**	**3829.18**		铜川	Tongchuan	101.07	157.25	54.22	282
四川	**Sichuan**	**5200.63**	**9709.04**	**10279.77**		宝鸡	Baoji	158.69	451.36	571.48	142
成都	Chengdu	1728.63	2256.62	2803.22	2	咸阳	Xianyang	409.38	416.53	849.41	77
自贡	Zigong	110.97	209.49	305.60	217	渭南	Weinan	197.25	410.74	633.64	130
攀枝花	Panzhihua	63.39	106.09	314.99	213	延安	Yan'an	53.41	279.69	51.36	283
泸州	Luzhou	684.94	1124.65	637.61	129	汉中	Hanzhong	109.80	343.56	243.07	234
德阳	Deyang	599.35	1226.48	750.28	97	榆林	Yulin	837.46	1346.19	2215.60	6
绵阳	Mianyang	345.45	637.73	1111.99	49	安康	Ankang	56.87	132.49	309.11	216
广元	Guangyuan	15.25	213.52	363.49	194	商洛	Shangluo	76.29	207.58	167.15	257
遂宁	Suining	57.17	228.35	246.51	232	**甘肃**	**Gansu**	**1412.38**	**4966.26**	**6043.06**	
内江	Neijiang	123.50	331.72	119.12	270	兰州	Lanzhou	196.39	225.86	255.49	227
乐山	Leshan	191.56	585.49	392.86	184	嘉峪关	Jiayuguan	28.51	392.15	694.60	113
南充	Nanchong	275.05	457.07	344.83	203	金昌	Jinchang	89.10	473.17	261.09	225
眉山	Meishan	357.58	449.87	554.81	147	白银	Baiyin	111.59	218.90	264.13	224
宜宾	Yibin	246.20	600.39	702.45	109	天水	Tianshui	116.37	271.68	121.28	268
广安	Guangan	136.43	193.40	299.41	219	武威	Wuwei	76.08	716.61	795.42	85
达州	Dazhou	96.93	189.89	211.23	246	张掖	Zhangye	199.22	426.45	324.25	210
雅安	Yaan	51.47	115.64	198.62	251	平凉	Pingliang	32.36	51.46	68.16	277
巴中	Bazhong		70.46	238.82	237	酒泉	Jiuquan	334.70	1554.57	2513.62	3
资阳	Ziyang	63.99	584.22	570.97	143	庆阳	Qingyang	91.28	171.17	152.14	261
贵州	**Guizhou**	**1899.80**	**3228.64**	**7281.43**		定西	Dingxi	58.98	326.51	373.35	190
贵阳	Guiyang	831.19	906.19	1492.84	21	陇南	Longnan	11.31	25.59	57.21	280
六盘水	Liupanshui	251.79	248.86	508.21	156	**青海**	**Qinghai**	**538.79**	**1216.30**	**1797.68**	
遵义	Zunyi	244.14	596.05	1118.17	48	西宁	Xining	216.74	832.89	741.26	99
安顺	Anshun	80.32	195.83	224.41	242	**宁夏**	**Ningxia**	**2048.16**	**3510.56**	**4088.52**	
毕节	Bijie	81.65	357.40	1272.75	32	银川	Yinchuan	800.52	1795.43	1325.99	29
铜仁	Tongren	39.09	162.57	505.01	158	石嘴山	Shizuishan	525.34	485.36	615.97	132
云南	**Yunnan**	**3388.90**	**6200.34**	**6043.53**		吴忠	Wuzhong	362.01	802.74	862.88	74
昆明	Kunming	562.61	2317.98	1508.83	20	固原	Guyuan	140.85	165.97	83.37	274
曲靖	Qujing	270.23	871.24	543.62	148	中卫	Zhongwei	219.44	261.07	1200.31	41
玉溪	Yuxi	361.00	565.60	405.67	181	**新疆**	**Xinjiang**	**2036.49**	**2036.49**	**12678.81**	
保山	Baoshan	257.47	292.33	399.08	183	乌鲁木齐	Urumqi	23.01	23.01	341.55	204
昭通	Zhaotong	156.49	169.22	192.74	252	克拉玛依	Karamay	12.74	12.74	77.61	276

7-7 建设用地出让土地成交价款

Transaction Price Value of Construction-used Land Supplied by Granting

单位：亿元 (100 million yuan)

地名	City	2010	2011	2012	2012 排名 Ranking
全国	**Nation Total**	**27464.48**	**32126.08**	**28042.28**	
北京	**Beijing**	**1318.87**	**1555.45**	**656.45**	
天津	**Tianjin**	**852.96**	**767.35**	**529.03**	
河北	**Hebei**	**1076.32**	**1089.66**	**1133.96**	
石家庄	Shijiazhuang	130.02	130.04	175.84	34
唐山	Tangshan	162.06	217.20	226.04	27
秦皇岛	Qinhuangdao	118.16	62.03	95.91	69
邯郸	Handan	121.53	112.86	103.28	63
邢台	Xingtai	48.44	58.80	56.12	119
保定	Baoding	92.47	65.86	85.27	78
张家口	Zhangjiakou	55.87	53.37	35.01	176
承德	Chengde	48.40	58.07	51.82	134
沧州	Cangzhou	73.99	102.46	71.85	90
廊坊	Langfang	193.68	187.99	166.66	38
衡水	Hengshui	31.72	40.97	66.16	95
山西	**Shanxi**	**265.95**	**364.34**	**428.50**	
太原	Taiyuan	63.49	77.33	65.81	96
大同	Datong	62.46	64.62	77.35	85
阳泉	Yangquan	9.63	11.36	12.34	252
长治	Changzhi	8.25	31.62	30.65	186
晋城	Jincheng	26.86	16.82	21.18	226
朔州	Shuozhou	21.90	41.78	37.78	167
晋中	Jinzhong	16.52	26.29	40.70	156
运城	Yuncheng	15.63	23.05	26.71	206
忻州	Xinzhou	10.79	20.33	30.24	189
临汾	Linfen	18.75	28.06	64.74	97
吕梁	Luliang	11.67	23.08	21.00	227
内蒙古	**Inner Mongolia**	**487.98**	**610.67**	**554.99**	
呼和浩特	Hohhot	59.88	64.68	93.79	70
包头	Baotou	44.89	57.82	57.70	115
乌海	Wuhai	15.02	16.45	9.23	260
赤峰	Chifeng	37.41	70.78	56.92	116
通辽	Tongliao	21.36	20.27	20.82	229
鄂尔多斯	Erdos	215.91	242.36	141.71	46
呼伦贝尔	Hulunbuir	24.32	42.93	44.79	144
巴彦淖尔	Bayannur	18.24	23.36	53.64	126
乌兰察布	Ulanqab	9.74	28.42	35.05	175
辽宁	**Liaoning**	**1916.70**	**3129.90**	**1775.96**	

地名	City	2010	2011	2012	2012 排名 Ranking
沈阳	Shenyang	292.94	897.94	451.67	7
大连	Dalian	870.96	1043.22	450.73	8
鞍山	Anshan	218.89	172.91	146.36	45
抚顺	Fushun	41.38	80.51	67.33	94
本溪	Benxi	13.46	69.84	24.80	214
丹东	Dandong	30.31	57.62	62.48	101
锦州	Jinzhou	39.96	74.30	47.08	141
营口	Yingkou	176.76	286.15	181.03	33
阜新	Fuxin	25.89	72.32	29.84	192
辽阳	Liaoyang	48.42	48.94	48.88	138
盘锦	Panjin	47.33	135.47	129.46	50
铁岭	Tieling	56.73	44.90	38.89	162
朝阳	Chaoyang	20.04	51.11	59.37	109
葫芦岛	Huludao	33.62	94.68	38.06	166
吉林	**Jilin**	**406.22**	**538.53**	**448.72**	
长春	Changchun	281.63	371.87	240.93	26
吉林	Jilin	48.61	68.74	73.18	87
四平	Siping	13.24	29.42	28.92	197
辽源	Liaoyuan	6.25	5.76	18.35	234
通化	Tonghua	14.62	27.76	30.24	188
白山	Baishan	22.76	8.96	7.68	267
松原	Songyuan	5.31	3.50	12.88	251
白城	Baicheng	6.35	7.15	8.85	262
黑龙江	**Heilongjiang**	**356.43**	**570.18**	**351.04**	
哈尔滨	Harbin	214.68	377.12	147.13	44
齐齐哈尔	Qiqihar	19.28	30.39	40.58	158
鸡西	Jixi	3.22	5.30	7.58	268
鹤岗	Hegang	1.86	3.25	2.20	284
双鸭山	Shuangyashan	4.74	6.66	8.15	265
大庆	Daqing	42.90	72.37	69.19	92
伊春	Yichun	2.07	2.02	2.78	282
佳木斯	Jiamusi	5.64	7.66	6.29	272
七台河	Qitaihe	1.18	7.42	2.97	281
牡丹江	Mudanjiang	26.88	24.60	19.47	230
黑河	Heihe	6.24	6.02	8.30	264
绥化	Suihua	21.96	14.80	19.46	231
上海	**Shanghai**	**880.09**	**948.13**	**601.67**	
江苏	**Jiangsu**	**3821.81**	**4582.41**	**3889.08**	

7-7 建设用地出让土地成交价款 续表 1

Transaction Price Value of Construction-used Land Supplied by Granting continued 1

单位：亿元 (100 million yuan)

地名	City	2010	2011	2012	2012 排名 Ranking	地名	City	2010	2011	2012	2012 排名 Ranking
南京	Nanjing	521.96	528.73	415.91	11	池州	Chizhou	37.32	36.35	33.82	179
无锡	Wuxi	626.32	516.67	283.64	23	宣城	Xuancheng	67.94	69.99	44.05	150
徐州	Xuzhou	189.39	273.02	279.09	24	福建	**Fujian**	**1138.42**	**1122.28**	**1033.21**	
常州	Changzhou	339.35	466.60	492.26	5	福州	Fuzhou	366.03	381.01	301.31	19
苏州	Suzhou	679.87	884.53	586.89	2	厦门	Xiamen	329.01	141.03	174.63	36
南通	Nantong	380.85	376.61	573.11	3	莆田	Putian	52.88	71.28	56.23	118
连云港	Lianyungang	87.12	146.07	105.21	62	三明	Sanming	38.14	83.97	53.18	128
淮安	Huaian	209.88	278.08	189.44	31	泉州	Quanzhou	126.84	197.01	175.78	35
盐城	Yancheng	299.22	391.88	316.08	16	漳州	Zhangzhou	82.66	70.75	73.09	88
扬州	Yangzhou	221.98	229.14	213.49	28	南平	Nanping	47.90	46.63	41.88	154
镇江	Zhenjiang	64.63	187.88	149.31	43	龙岩	Longyan	39.75	75.64	99.18	67
泰州	Taizhou	117.24	167.82	149.52	42	宁德	Ningde	55.21	54.96	57.93	114
宿迁	Suqian	83.99	135.36	135.13	48	江西	**Jiangxi**	**602.72**	**763.89**	**770.22**	
浙江	**Zhejiang**	**3640.02**	**3034.26**	**2029.55**		南昌	Nanchang	149.76	196.82	160.49	39
杭州	Hangzhou	1025.21	729.47	564.48	4	景德镇	Jingdezhen	24.14	17.59	24.97	212
宁波	Ningbo	692.82	478.64	459.15	6	萍乡	Pingxiang	10.42	32.38	17.43	236
温州	Wenzhou	305.66	475.81	191.18	30	九江	Jiujiang	89.41	123.87	117.65	54
嘉兴	Jiaxing	298.71	239.07	169.42	37	新余	Xinyu	11.29	37.21	12.00	253
湖州	Huzhou	161.25	161.63	77.38	84	鹰潭	Yingtan	21.23	26.27	32.22	182
绍兴	Shaoxing	282.96	262.54	208.35	29	赣州	Ganzhou	101.69	86.02	141.02	47
金华	Jinhua	303.36	335.66	99.20	66	吉安	Jian	47.72	49.69	58.43	111
衢州	Quzhou	82.27	60.20	26.77	205	宜春	Yichun	57.02	90.29	85.77	77
舟山	Zhoushan	142.01	83.98	54.10	124	抚州	Fuzhou	41.35	48.72	43.27	151
台州	Taizhou	279.25	137.51	131.69	49	上饶	Shangrao	48.70	55.03	76.98	86
丽水	Lishui	66.52	69.76	47.83	140	山东	**Shandong**	**2544.35**	**2571.11**	**2599.05**	
安徽	**Anhui**	**1092.93**	**1226.59**	**1262.48**		济南	Jinan	309.57	312.34	365.70	14
合肥	Hefei	187.61	234.65	306.06	18	青岛	Qingdao	535.02	529.80	430.45	10
芜湖	Wuhu	199.28	133.58	152.35	41	淄博	Zibo	86.87	78.94	90.16	74
蚌埠	Bengbu	52.04	47.78	79.28	82	枣庄	Zaozhuang	65.05	103.92	100.66	65
淮南	Huainan	27.47	41.84	31.66	183	东营	Dongying	61.06	125.21	105.92	61
马鞍山	Maanshan	52.25	54.17	56.91	117	烟台	Yantai	253.83	214.07	120.97	53
淮北	Huaibei	47.91	61.21	25.72	209	潍坊	Weifang	275.70	304.39	284.68	22
铜陵	Tongling	54.16	68.54	51.48	135	济宁	Jining	294.61	146.64	157.67	40
安庆	Anqing	62.53	79.06	64.06	98	泰安	Taian	71.46	66.58	79.47	80
黄山	Huangshan	44.59	39.14	33.45	180	威海	Weihai	176.29	206.62	311.72	17
滁州	Chuzhou	89.11	87.15	59.55	107	日照	Rizhao	39.67	50.74	115.01	56
阜阳	Fuyang	41.75	32.84	61.69	103	莱芜	Laiwu	16.72	12.45	13.99	249
宿州	Suzhou	39.01	50.19	68.16	93	临沂	Linyi	135.27	144.73	128.92	51
六安	Liuan	43.51	91.37	77.75	83	德州	Dezhou	56.44	104.03	109.24	60
亳州	Bozhou	27.47	58.59	72.07	89	聊城	Liaocheng	57.87	52.03	61.73	102

7-7 建设用地出让土地成交价款 续表 2

Transaction Price Value of Construction-used Land Supplied by Granting continued 2

单位：亿元 (100 million yuan)

地名	City	2010	2011	2012	2012 排名 Ranking	地名	City	2010	2011	2012	2012 排名 Ranking
滨州	Binzhou	59.54	62.86	59.40	108	常德	Changde	31.61	57.11	54.29	122
菏泽	Heze	49.40	55.76	63.36	99	张家界	Zhangjiajie	17.73	11.48	17.07	239
河南	**Henan**	**651.35**	**950.30**	**1083.47**		益阳	Yiyang	22.21	22.56	35.98	173
郑州	Zhengzhou	159.51	256.47	330.99	15	郴州	Chenzhou	29.71	53.94	52.22	130
开封	Kaifeng	46.65	45.66	40.35	159	永州	Yongzhou	19.96	37.11	22.29	220
洛阳	Luoyang	57.70	118.46	93.33	71	怀化	Huaihua	41.48	56.90	58.73	110
平顶山	Pingdingshan	32.38	30.54	45.40	143	娄底	Loudi	13.78	18.62	26.23	207
安阳	Anyang	61.26	52.34	44.17	148	**广东**	**Guangdong**	**1350.02**	**1369.30**	**1517.19**	
鹤壁	Hebi	18.54	17.17	27.96	201	广州	Guangzhou	364.28	332.39	297.83	20
新乡	Xinxiang	21.73	45.39	39.91	160	韶关	Shaoguan	19.32	26.41	22.09	221
焦作	Jiaozuo	27.02	37.37	52.08	131	深圳	Shenzhen	50.85	43.78	97.55	68
濮阳	Puyang	12.17	28.67	52.51	129	珠海	Zhuhai	92.78	79.48	121.15	52
许昌	Xuchang	39.89	56.88	38.72	163	汕头	Shantou	12.34	30.88	15.07	245
漯河	Luohe	9.85	26.38	36.87	172	佛山	Foshan	269.35	236.65	387.43	12
三门峡	Sanmenxia	22.51	21.98	24.37	216	江门	Jiangmen	38.33	60.65	54.23	123
南阳	Nanyang	42.54	37.95	53.67	125	湛江	Zhanjiang	26.25	20.29	49.23	137
商丘	Shangqiu	26.64	58.95	55.28	121	茂名	Maoming	6.06	28.50	11.57	254
信阳	Xinyang	33.13	38.15	31.22	184	肇庆	Zhaoqing	23.86	30.76	37.54	168
周口	Zhoukou	11.91	25.81	60.56	104	惠州	Huizhou	101.39	94.65	92.58	73
驻马店	Zhumadian	27.92	52.13	56.08	120	梅州	Meizhou	17.68	27.85	21.44	225
湖北	**Hubei**	**765.88**	**1118.85**	**982.33**		汕尾	Shanwei	0.99	4.81	4.18	276
武汉	Wuhan	363.29	577.11	371.84	13	河源	Heyuan	14.59	15.89	15.76	243
黄石	Huangshi	22.30	41.01	27.93	202	阳江	Yangjiang	38.43	34.23	34.94	177
十堰	Shiyan	34.03	28.96	38.38	164	清远	Qingyuan	41.82	65.75	24.97	213
宜昌	Yichang	71.23	50.17	89.76	75	东莞	Dongguan	135.78	134.94	114.10	57
襄阳	Xiangfan	41.85	94.97	93.06	72	中山	ZhongShan	67.67	65.23	51.38	136
鄂州	Ezhou	27.43	16.63	38.16	165	潮州	Chaozhou	5.77	0.44	17.41	238
荆门	Jingmen	24.01	41.93	53.42	127	揭阳	Jieyang	16.07	23.40	22.06	222
孝感	Xiaogan	34.66	50.12	46.36	142	云浮	Yunfu	6.41	12.32	24.69	215
荆州	Jingzhou	37.58	55.59	42.79	152	**广西**	**Guangxi**	**424.68**	**494.32**	**504.65**	
黄冈	Huanggang	20.12	33.25	41.80	155	南宁	Nanning	183.14	133.30	115.79	55
咸宁	Xianning	32.47	44.52	44.45	146	柳州	Liuzhou	35.17	58.90	101.63	64
随州	Suizhou	18.29	21.38	24.98	211	桂林	Guilin	28.79	63.69	32.98	181
湖南	**Hunan**	**499.59**	**859.29**	**782.73**		梧州	Wuzhou	33.00	43.17	37.01	171
长沙	Changsha	180.65	341.66	286.76	21	北海	Beihai	23.53	21.06	21.64	224
株洲	Zhuzhou	33.37	54.23	29.14	196	防城港	Fangchenggang	15.77	29.21	25.67	210
湘潭	Xiangtan	23.23	73.76	60.38	105	钦州	Qinzhou	27.23	25.70	29.72	194
衡阳	Hengyang	27.80	63.38	51.99	132	贵港	Guigang	5.61	10.39	15.94	242
邵阳	Shaoyang	25.71	31.70	37.18	169	玉林	Yulin	34.17	33.13	30.15	190
岳阳	Yueyang	28.05	30.46	39.71	161	百色	Baise	14.77	29.50	29.28	195

7-7 建设用地出让土地成交价款 续表 3

Transaction Price Value of Construction-used Land Supplied by Granting continued 3

单位：亿元 (100 million yuan)

地名	City	2010	2011	2012	2012 排名 Ranking	地名	City	2010	2011	2012	2012 排名 Ranking
贺州	Hezhou	6.12	7.68	14.17	248	丽江	Lijiang	1.99	6.79	9.16	261
河池	Hechi	6.52	3.43	14.19	247	普洱	Puer	9.30	11.88	15.74	244
来宾	Laibin	3.88	21.55	28.48	199	临沧	Lincang	3.18	2.29	9.53	259
崇左	Chongzuo	6.98	13.61	8.02	266	西藏	**Tibet**	**6.67**	**6.67**	**5.90**	
海南	**Hainan**	**202.50**	**176.36**	**210.22**		拉萨	Lhasa	5.68	5.68	3.06	280
海口	Haikou	17.00	16.90	30.34	187	陕西	**Shaanxi**	**265.33**	**273.16**	**539.27**	
三亚	Sanya	51.49	58.31	79.35	81	西安	Xi'an	130.97	82.22	276.51	25
重庆	**Chongqing**	**732.88**	**960.47**	**1187.28**		铜川	Tongchuan	6.76	6.58	3.26	279
四川	**Sichuan**	**1116.80**	**1138.59**	**1361.94**		宝鸡	Baoji	17.25	27.67	22.68	219
成都	Chengdu	535.07	484.53	616.60	1	咸阳	Xianyang	33.96	30.17	42.75	153
自贡	Zigong	26.03	19.33	27.27	204	渭南	Weinan	16.21	20.90	27.48	203
攀枝花	Panzhihua	21.40	21.01	19.31	232	延安	Yan'an	7.40	15.84	10.72	255
泸州	Luzhou	49.59	76.99	35.93	174	汉中	Hanzhong	9.71	21.33	24.32	217
德阳	Deyang	58.58	55.33	44.16	149	榆林	Yulin	34.19	51.15	111.04	58
绵阳	Mianyang	47.97	48.70	86.30	76	安康	Ankang	2.33	7.01	13.22	250
广元	Guangyuan	17.87	19.73	23.28	218	商洛	Shangluo	6.56	10.30	7.29	269
遂宁	Suining	41.31	44.55	16.38	240	甘肃	**Gansu**	**135.47**	**284.45**	**125.67**	
内江	Neijiang	26.14	35.98	37.05	170	兰州	Lanzhou	66.53	49.45	28.65	198
乐山	Leshan	64.04	37.14	59.82	106	嘉峪关	Jiayuguan	1.12	1.56	3.54	278
南充	Nanchong	64.74	53.71	58.06	113	金昌	Jinchang	0.76	5.33	2.68	283
眉山	Meishan	21.00	26.00	62.77	100	白银	Baiyin	5.03	13.90	5.34	273
宜宾	Yibin	36.77	73.34	58.07	112	天水	Tianshui	13.59	18.30	16.09	241
广安	Guangan	27.89	32.36	31.12	185	武威	Wuwei	5.21	17.08	9.53	258
达州	Dazhou	31.43	23.91	29.76	193	张掖	Zhangye	8.09	11.08	6.87	271
雅安	Yaan	12.24	26.10	5.06	274	平凉	Pingliang	4.13	8.18	3.60	277
巴中	Bazhong	8.77	10.82	48.58	139	酒泉	Jiuquan	5.67	8.51	10.37	256
资阳	Ziyang	12.32	28.34	83.33	79	庆阳	Qingyang	8.20	15.52	18.26	235
贵州	**Guizhou**	**197.34**	**322.95**	**548.99**		定西	Dingxi	9.27	10.97	10.11	257
贵阳	Guiyang	99.84	114.65	181.79	32	陇南	Longnan	0.63	2.75	2.02	285
六盘水	Liupanshui	9.70	10.17	34.51	178	青海	**Qinghai**	**47.54**	**59.35**	**43.57**	
遵义	Zunyi	19.09	68.11	69.36	91	西宁	Xining	41.74	46.71	29.93	191
安顺	Anshun	9.51	17.20	21.86	223	宁夏	**Ningxia**	**89.92**	**128.18**	**93.75**	
毕节	Bijie	9.98	30.40	110.50	59	银川	Yinchuan	40.49	68.92	44.78	145
铜仁	Tongren	8.89	16.82	28.11	200	石嘴山	Shizuishan	17.85	16.92	8.64	263
云南	**Yunnan**	**438.16**	**970.55**	**757.73**		吴忠	Wuzhong	12.60	23.47	18.64	233
昆明	Kunming	248.00	722.64	437.28	9	固原	Guyuan	10.32	5.62	4.27	275
曲靖	Qujing	28.20	42.41	51.89	133	中卫	Zhongwei	8.65	13.25	17.41	237
玉溪	Yuxi	24.54	28.61	26.14	208	新疆	**Xinjiang**	**138.55**	**138.55**	**233.68**	
保山	Baoshan	16.64	14.49	20.95	228	乌鲁木齐	Urumqi	42.80	42.80	40.62	157
昭通	Zhaotong	15.19	16.97	14.57	246	克拉玛依	Karamay	2.67	2.67	7.15	270

7-8 供应工矿仓储用地面积
Land Supplied for Industry, Mining and Warehousing

单位：公顷 (hectare)

地名	City	2010	2011	2012	2012 排名 Ranking	地名	City	2010	2011	2012	2012 排名 Ranking
全国	**Nation Total**	**153977.6**	**191314.5**	**207194.5**		沈阳	Shenyang	1677.98	3074.15	1383.92	20
北京	**Beijing**	**844.49**	**1012.67**	**530.88**		大连	Dalian	2140.55	2688.78	1131.48	34
天津	**Tianjin**	**2642.73**	**4131.77**	**3702.43**		鞍山	Anshan	942.03	607.76	587.47	110
河北	**Hebei**	**8679.30**	**8455.56**	**9943.17**		抚顺	Fushun	517.48	562.44	436.65	155
石家庄	Shijiazhuang	645.34	765.08	696.26	89	本溪	Benxi	312.30	275.69	179.09	244
唐山	Tangshan	1523.73	1771.77	3230.43	2	丹东	Dandong	285.58	310.55	257.76	211
秦皇岛	Qinhuangdao	315.49	316.63	199.04	232	锦州	Jinzhou	627.19	391.91	414.18	163
邯郸	Handan	619.72	477.54	989.50	46	营口	Yingkou	762.74	1238.10	918.09	61
邢台	Xingtai	539.18	836.64	712.26	87	阜新	Fuxin	262.14	498.38	465.04	145
保定	Baoding	638.25	746.53	843.43	75	辽阳	Liaoyang	393.10	307.95	817.91	76
张家口	Zhangjiakou	361.36	573.76	325.16	186	盘锦	Panjin	458.20	1427.33	1131.61	33
承德	Chengde	288.07	401.02	436.52	156	铁岭	Tieling	966.91	1008.80	173.54	245
沧州	Cangzhou	2644.78	1101.19	1316.33	24	朝阳	Chaoyang	470.62	484.66	429.66	159
廊坊	Langfang	669.05	967.91	730.01	85	葫芦岛	Huludao	457.94	820.01	322.67	187
衡水	Hengshui	434.33	497.49	464.23	147	吉林	**Jilin**	**3344.29**	**4694.72**	**3721.68**	
山西	**Shanxi**	**2460.12**	**4254.49**	**4522.15**		长春	Changchun	1409.71	2145.11	1130.20	35
太原	Taiyuan	246.32	363.47	478.51	142	吉林	Jilin	434.55	770.04	659.46	95
大同	Datong	52.18	358.19	197.19	234	四平	Siping	361.53	565.10	284.11	201
阳泉	Yangquan	94.68	71.21	128.63	258	辽源	Liaoyuan	127.74	171.45	194.31	235
长治	Changzhi	260.62	536.39	428.14	161	通化	Tonghua	216.48	267.17	301.34	193
晋城	Jincheng	177.60	151.64	210.88	225	白山	Baishan	77.85	243.37	216.57	222
朔州	Shuozhou	304.12	366.40	653.80	96	松原	Songyuan	73.04	115.49	134.63	253
晋中	Jinzhong	314.83	458.41	444.53	153	白城	Baicheng	480.74	184.58	150.37	250
运城	Yuncheng	329.97	334.02	449.38	151	黑龙江	**Heilongjiang**	**3066.40**	**5843.88**	**4260.04**	
忻州	Xinzhou	61.08	720.77	387.75	169	哈尔滨	Harbin	789.36	1041.02	864.13	73
临汾	Linfen	318.24	422.64	518.11	124	齐齐哈尔	Qiqihar	366.20	362.61	456.25	149
吕梁	Luliang	300.48	471.38	595.21	104	鸡西	Jixi	71.84	97.46	191.41	238
内蒙古	**Inner Mongolia**	**7779.21**	**10224.84**	**10162.43**		鹤岗	Hegang	109.42	170.68	124.00	260
呼和浩特	Hohhot	212.64	419.13	170.06	246	双鸭山	Shuangyashan	127.07	125.61	67.47	274
包头	Baotou	450.01	529.24	436.32	157	大庆	Daqing	232.06	2293.98	519.21	135
乌海	Wuhai	377.34	402.90	455.52	150	伊春	Yichun	56.77	9.72	24.61	280
赤峰	Chifeng	546.67	685.48	1680.37	11	佳木斯	Jiamusi	168.53	162.12	228.27	218
通辽	Tongliao	1721.94	849.62	624.16	99	七台河	Qitaihe	61.36	110.69	133.76	254
鄂尔多斯	Erdos	1237.89	1897.38	1837.25	8	牡丹江	Mudanjiang	314.14	278.00	127.05	259
呼伦贝尔	Hulunbuir	848.96	1499.00	1356.26	21	黑河	Heihe	109.27	255.50	570.52	117
巴彦淖尔	Bayannur	585.46	702.92	755.62	81	绥化	Suihua	460.71	698.78	677.94	93
乌兰察布	Ulanqab	346.71	903.83	920.08	60	上海	**Shanghai**	**692.58**	**1357.20**	**908.96**	
辽宁	**Liaoning**	**10274.76**	**13696.52**	**8649.05**		江苏	**Jiangsu**	**16100.98**	**18137.43**	**18858.65**	

7-8 供应工矿仓储用地面积 续表 1
Land Supplied for Industry, Mining and Warehousing continued 1

单位：公顷 (hectare)

地名	City	2010	2011	2012	2012 排名 Ranking	地名	City	2010	2011	2012	2012 排名 Ranking
南京	Nanjing	866.93	796.48	1199.04	28	池州	Chizhou	334.89	805.95	604.14	103
无锡	Wuxi	1161.09	1454.54	1151.49	30	宣城	Xuancheng	630.17	824.86	921.63	59
徐州	Xuzhou	1283.87	1167.44	1264.85	25	福建	**Fujian**	**5439.26**	**7250.33**	**6332.47**	
常州	Changzhou	1318.63	1224.63	1584.11	14	福州	Fuzhou	728.38	995.29	883.26	67
苏州	Suzhou	2486.52	2647.87	2665.39	3	厦门	Xiamen	517.93	482.62	269.54	208
南通	Nantong	1616.74	1676.36	1925.53	5	莆田	Putian	288.16	392.94	315.82	190
连云港	Lianyungang	1064.00	2031.16	1526.88	16	三明	Sanming	530.60	783.63	880.35	69
淮安	Huaian	747.80	786.45	872.60	71	泉州	Quanzhou	707.27	1018.02	961.44	50
盐城	Yancheng	2413.82	3007.68	2304.05	4	漳州	Zhangzhou	1131.82	1686.28	1351.55	22
扬州	Yangzhou	1043.06	897.14	916.31	63	南平	Nanping	265.36	705.21	495.35	139
镇江	Zhenjiang	360.00	619.06	796.83	78	龙岩	Longyan	841.58	922.67	625.43	98
泰州	Taizhou	887.95	958.02	1115.22	37	宁德	Ningde	428.15	263.65	549.73	123
宿迁	Suqian	850.56	870.59	1536.34	15	江西	**Jiangxi**	**5694.95**	**9035.31**	**6852.27**	
浙江	**Zhejiang**	**10505.67**	**9365.58**	**7523.40**		南昌	Nanchang	853.02	760.50	866.73	72
杭州	Hangzhou	1567.70	1296.81	1041.30	45	景德镇	Jingdezhen	213.96	382.86	137.23	252
宁波	Ningbo	1143.13	2233.98	1439.18	18	萍乡	Pingxiang	116.48	442.29	146.79	251
温州	Wenzhou	384.71	506.11	385.57	172	九江	Jiujiang	602.52	1068.17	1142.24	32
嘉兴	Jiaxing	1766.36	930.36	772.82	80	新余	Xinyu	120.02	982.18	289.47	196
湖州	Huzhou	757.82	758.67	628.98	97	鹰潭	Yingtan	126.60	256.07	197.97	233
绍兴	Shaoxing	1063.46	843.62	692.65	90	赣州	Ganzhou	741.85	1038.16	615.04	101
金华	Jinhua	1059.20	646.40	587.83	109	吉安	Jian	521.88	767.74	588.25	108
衢州	Quzhou	899.72	662.38	319.88	188	宜春	Yichun	1205.76	1786.24	1200.64	27
舟山	Zhoushan	476.97	398.94	547.71	125	抚州	Fuzhou	768.80	575.36	794.51	79
台州	Taizhou	937.83	547.34	561.88	119	上饶	Shangrao	424.04	975.73	873.40	70
丽水	Lishui	448.78	540.97	545.61	126	山东	**Shandong**	**19632.25**	**19229.91**	**19931.09**	
安徽	**Anhui**	**7437.57**	**8856.53**	**9743.85**		济南	Jinan	880.04	1053.28	751.40	82
合肥	Hefei	931.55	763.90	1083.81	43	青岛	Qingdao	1814.00	2080.17	1882.19	7
芜湖	Wuhu	1119.45	700.80	946.31	52	淄博	Zibo	515.22	574.52	577.29	115
蚌埠	Bengbu	179.03	520.23	518.48	136	枣庄	Zaozhuang	448.33	430.63	281.98	202
淮南	Huainan	212.47	143.52	185.16	241	东营	Dongying	1458.14	2155.88	1343.09	23
马鞍山	Maanshan	319.02	372.11	522.50	133	烟台	Yantai	1848.04	1311.97	1109.26	38
淮北	Huaibei	494.13	746.71	277.69	204	潍坊	Weifang	4268.05	4449.78	5462.56	1
铜陵	Tongling	354.08	206.36	191.78	236	济宁	Jining	975.15	529.22	681.04	92
安庆	Anqing	430.25	566.80	536.45	129	泰安	Taian	931.92	497.65	567.31	118
黄山	Huangshan	139.33	320.40	201.00	228	威海	Weihai	986.58	765.22	923.47	58
滁州	Chuzhou	501.47	674.84	942.00	53	日照	Rizhao	603.41	665.99	549.93	122
阜阳	Fuyang	363.92	294.90	526.95	132	莱芜	Laiwu	329.19	170.18	370.30	177
宿州	Suzhou	443.12	412.51	506.90	138	临沂	Linyi	1302.25	1278.33	1150.40	31
六安	Liuan	308.24	647.79	940.19	55	德州	Dezhou	672.70	781.59	1159.32	29
亳州	Bozhou	146.20	299.24	280.68	203	聊城	Liaocheng	819.25	800.26	941.78	54

7-8 供应工矿仓储用地面积 续表 2
Land Supplied for Industry, Mining and Warehousing continued 2

单位：公顷 (hectare)

地名	City	2010	2011	2012	2012 排名 Ranking	地名	City	2010	2011	2012	2012 排名 Ranking
滨州	Binzhou	1073.24	904.79	1092.94	40	常德	Changde	427.03	428.17	365.54	178
菏泽	Heze	706.73	780.47	1086.82	42	张家界	Zhangjiajie	53.88	10.87	23.49	281
河南	**Henan**	**6645.83**	**8746.30**	**9878.58**		益阳	Yiyang	288.60	249.30	357.80	180
郑州	Zhengzhou	687.27	1723.71	1483.79	17	郴州	Chenzhou	354.12	297.13	271.34	207
开封	Kaifeng	329.70	467.07	317.44	189	永州	Yongzhou	216.89	267.61	248.81	214
洛阳	Luoyang	1073.27	793.75	895.46	66	怀化	Huaihua	74.77	119.00	118.02	261
平顶山	Pingdingshan	530.52	339.14	447.47	152	娄底	Loudi	140.87	126.48	112.98	263
安阳	Anyang	431.85	561.86	464.86	146	**广东**	**Guangdong**	**6453.45**	**6080.93**	**7412.60**	
鹤壁	Hebi	309.27	316.54	241.10	217	广州	Guangzhou	1253.84	490.27	542.54	127
新乡	Xinxiang	374.26	526.30	684.09	91	韶关	Shaoguan	349.29	331.51	376.03	175
焦作	Jiaozuo	480.19	747.06	1095.61	39	深圳	Shenzhen	62.40	76.75	89.23	270
濮阳	Puyang	123.76	295.89	276.18	205	珠海	Zhuhai	547.12	344.68	345.48	182
许昌	Xuchang	349.77	304.36	413.52	164	汕头	Shantou	83.77	286.53	104.95	265
漯河	Luohe	211.84	250.45	396.91	168	佛山	Foshan	548.32	552.01	926.75	56
三门峡	Sanmenxia	385.43	250.29	290.39	195	江门	Jiangmen	823.78	602.20	806.04	77
南阳	Nanyang	443.50	562.67	732.19	84	湛江	Zhanjiang	278.33	384.40	853.59	74
商丘	Shangqiu	311.89	632.84	917.90	62	茂名	Maoming	52.90	58.47	188.10	239
信阳	Xinyang	91.63	183.88	211.66	224	肇庆	Zhaoqing	388.31	490.37	538.65	128
周口	Zhoukou	206.80	306.61	530.46	131	惠州	Huizhou	266.16	632.14	535.06	130
驻马店	Zhumadian	304.88	483.86	479.54	141	梅州	Meizhou	157.60	182.35	151.72	249
湖北	**Hubei**	**7664.18**	**10292.00**	**11098.14**		汕尾	Shanwei	3.58	50.10	57.55	276
武汉	Wuhan	1355.85	2208.69	1727.98	10	河源	Heyuan	88.33	60.54	114.30	262
黄石	Huangshi	372.07	589.22	344.84	183	阳江	Yangjiang	343.59	129.69	387.20	170
十堰	Shiyan	192.29	267.39	507.34	137	清远	Qingyuan	264.76	403.45	200.95	229
宜昌	Yichang	1431.50	986.15	1051.09	44	东莞	Dongguan	284.51	236.73	215.17	223
襄阳	Xiangfan	819.05	1542.48	1613.18	13	中山	ZhongShan	435.14	389.54	259.28	210
鄂州	Ezhou	234.42	146.73	250.76	213	潮州	Chaozhou	16.55	49.38	130.05	256
荆门	Jingmen	482.51	581.60	906.22	64	揭阳	Jieyang	44.13	77.57	288.84	197
孝感	Xiaogan	642.95	1001.62	1089.64	41	云浮	Yunfu	161.04	252.25	310.09	192
荆州	Jingzhou	701.45	833.84	1127.31	36	**广西**	**Guangxi**	**3083.94**	**4095.03**	**4848.84**	
黄冈	Huanggang	668.47	594.61	985.85	47	南宁	Nanning	632.43	613.75	581.32	113
咸宁	Xianning	161.05	568.29	467.75	143	柳州	Liuzhou	319.59	354.41	703.69	88
随州	Suizhou	146.62	343.81	384.22	173	桂林	Guilin	285.08	246.60	286.17	200
湖南	**Hunan**	**3386.83**	**4311.21**	**3877.83**		梧州	Wuzhou	348.56	385.34	287.36	199
长沙	Changsha	618.82	1044.94	750.02	83	北海	Beihai	135.16	278.87	402.70	166
株洲	Zhuzhou	74.05	152.68	156.43	247	防城港	Fangchenggang	196.52	365.73	467.02	144
湘潭	Xiangtan	248.33	187.55	430.62	158	钦州	Qinzhou	216.41	193.03	222.91	219
衡阳	Hengyang	334.34	545.21	361.90	179	贵港	Guigang	36.59	188.47	342.99	184
邵阳	Shaoyang	121.96	247.82	203.44	227	玉林	Yulin	324.93	409.96	256.78	212
岳阳	Yueyang	358.76	478.91	386.07	171	百色	Baise	171.83	440.44	666.26	94

7-10 供应工矿仓储用地面积 续表 3
Land Supplied for Industry, Mining and Warehousing continued 3

单位：公顷 (hectare)

地名	City	2010	2011	2012	2012 排名 Ranking
贺州	Hezhou	111.25	129.87	209.23	226
河池	Hechi	179.22	116.76	185.01	242
来宾	Laibin	21.24	129.77	105.35	264
崇左	Chongzuo	105.15	242.03	132.06	255
海南	**Hainan**	**463.33**	**438.00**	**540.71**	
海口	Haikou	47.49	58.00	92.50	267
三亚	Sanya	21.34	8.08	40.12	279
重庆	**Chongqing**	**2891.81**	**3649.19**	**2573.25**	
四川	**Sichuan**	**5493.80**	**8159.20**	**8455.87**	
成都	Chengdu	1481.91	1951.52	1907.45	6
自贡	Zigong	120.93	231.43	241.56	216
攀枝花	Panzhihua	164.43	253.75	485.53	140
泸州	Luzhou	611.38	671.54	460.37	148
德阳	Deyang	536.07	958.87	624.03	100
绵阳	Mianyang	276.42	446.59	950.57	51
广元	Guangyuan	144.77	187.49	347.53	181
遂宁	Suining	114.14	213.05	199.94	231
内江	Neijiang	187.16	295.80	200.61	230
乐山	Leshan	300.61	447.73	269.09	209
南充	Nanchong	240.29	294.99	274.76	206
眉山	Meishan	209.50	398.79	607.12	102
宜宾	Yibin	272.63	447.46	521.50	134
广安	Guangan	233.97	246.99	311.50	191
达州	Dazhou	115.93	408.82	372.28	176
雅安	Yaan	272.44	84.01	221.63	220
巴中	Bazhong	5.27	40.74	89.94	269
资阳	Ziyang	114.27	384.70	290.78	194
贵州	**Guizhou**	**1792.53**	**3210.68**	**6043.78**	
贵阳	Guiyang	462.68	691.62	881.05	68
六盘水	Liupanshui	309.77	319.24	425.92	162
遵义	Zunyi	344.00	600.42	925.63	57
安顺	Anshun	82.31	159.93	242.33	215
毕节	Bijie	211.80	429.78	899.11	65
铜仁	Tongren	41.90	102.91	428.75	160
云南	**Yunnan**	**2646.93**	**2390.82**	**2460.36**	
昆明	Kunming	646.04	449.11	575.40	116
曲靖	Qujing	358.84	670.87	327.68	185
玉溪	Yuxi	208.86	200.03	220.98	221
保山	Baoshan	86.50	122.03	93.23	266
昭通	Zhaotong	44.20	70.57	91.47	268

地名	City	2010	2011	2012	2012 排名 Ranking
丽江	Lijiang	37.60	21.94	12.71	283
普洱	Puer	58.69	187.30	41.74	278
临沧	Lincang	78.37	56.39	79.89	272
西藏	**Tibet**	**101.92**	**101.92**	**58.57**	
拉萨	Lhasa	66.27	66.27	13.21	282
陕西	**Shaanxi**	**2532.25**	**2852.42**	**4178.26**	
西安	Xi'an	378.56	71.91	560.81	120
铜川	Tongchuan	99.48	116.97	10.67	284
宝鸡	Baoji	258.58	378.30	377.32	174
咸阳	Xianyang	437.50	300.27	590.61	106
渭南	Weinan	266.18	255.97	442.47	154
延安	Yan'an	76.33	203.95	9.72	285
汉中	Hanzhong	81.40	281.22	128.92	257
榆林	Yulin	868.88	1030.00	1823.50	9
安康	Ankang	6.52	40.55	180.95	243
商洛	Shangluo	58.82	173.28	53.29	277
甘肃	**Gansu**	**1520.82**	**4819.67**	**6495.98**	
兰州	Lanzhou	105.06	377.10	589.50	107
嘉峪关	Jiayuguan	82.76	320.55	577.58	114
金昌	Jinchang	252.69	415.55	191.73	237
白银	Baiyin	168.95	473.15	412.70	165
天水	Tianshui	113.32	218.54	154.64	248
武威	Wuwei	161.38	822.19	964.87	48
张掖	Zhangye	76.68	290.78	186.50	240
平凉	Pingliang	22.06	66.75	70.94	273
酒泉	Jiuquan	348.40	1243.73	1262.54	26
庆阳	Qingyang	32.57	351.80	1623.69	12
定西	Dingxi	103.41	210.97	287.89	198
陇南	Longnan	22.89	16.30	86.47	271
青海	**Qinghai**	**606.41**	**1412.07**	**3663.82**	
西宁	Xining	173.96	683.17	594.39	105
宁夏	**Ningxia**	**1632.91**	**2742.16**	**3767.96**	
银川	Yinchuan	640.26	1817.53	1432.51	19
石嘴山	Shizuishan	618.91	365.99	727.45	86
吴忠	Wuzhong	259.97	344.61	585.45	112
固原	Guyuan	64.66	45.30	58.28	275
中卫	Zhongwei	49.11	168.73	964.26	49
新疆	**Xinjiang**	**2466.15**	**2466.15**	**16188.48**	
乌鲁木齐	Urumqi	431.58	431.58	402.52	167
克拉玛依	Karamay	96.23	96.23	587.16	111

7-9 供应商业服务用地面积
Land Supplied for Commercial and Service Uses

单位：公顷 (hectare)

地名	City	2010	2011	2012	2012 排名 Ranking
全国	**Nation Total**	**38905.15**	**42629.68**	**50939.34**	
北京	**Beijing**	**400.08**	**459.39**	**149.00**	
天津	**Tianjin**	**590.24**	**677.55**	**499.07**	
河北	**Hebei**	**1694.86**	**1677.20**	**2333.32**	
石家庄	Shijiazhuang	92.64	107.65	158.01	87
唐山	Tangshan	322.60	267.09	674.60	9
秦皇岛	Qinhuangdao	137.10	133.16	304.68	27
邯郸	Handan	175.36	119.42	101.46	142
邢台	Xingtai	89.02	109.63	113.77	128
保定	Baoding	123.98	136.17	119.44	121
张家口	Zhangjiakou	185.55	255.23	110.87	132
承德	Chengde	144.18	144.85	190.84	59
沧州	Cangzhou	173.73	147.29	96.22	151
廊坊	Langfang	140.72	193.11	302.85	28
衡水	Hengshui	109.98	63.60	160.58	84
山西	**Shanxi**	**743.08**	**949.35**	**1097.91**	
太原	Taiyuan	60.47	73.32	97.83	148
大同	Datong	99.06	145.61	213.12	53
阳泉	Yangquan	45.10	36.78	45.76	241
长治	Changzhi	9.31	116.58	91.28	159
晋城	Jincheng	54.56	22.97	77.07	186
朔州	Shuozhou	97.80	127.27	75.27	188
晋中	Jinzhong	73.80	68.66	73.18	190
运城	Yuncheng	62.33	49.82	83.85	167
忻州	Xinzhou	99.26	161.37	143.74	99
临汾	Linfen	81.64	69.05	121.34	118
吕梁	Luliang	59.75	77.92	65.46	203
内蒙古	**Inner Mongolia**	**3154.32**	**2706.54**	**2796.60**	
呼和浩特	Hohhot	165.53	89.63	359.82	25
包头	Baotou	83.54	138.28	112.21	130
乌海	Wuhai	45.07	72.38	58.30	219
赤峰	Chifeng	132.45	231.68	195.83	58
通辽	Tongliao	149.90	113.16	92.27	157
鄂尔多斯	Erdos	1588.16	1101.18	766.34	7
呼伦贝尔	Hulunbuir	147.07	275.71	316.93	26
巴彦淖尔	Bayannur	316.77	196.46	243.76	43
乌兰察布	Ulanqab	144.78	172.82	166.31	79
辽宁	**Liaoning**	**3260.02**	**3869.55**	**2181.61**	
沈阳	Shenyang	283.42	777.66	473.71	16
大连	Dalian	441.30	814.16	565.96	11
鞍山	Anshan	112.69	161.25	180.14	67
抚顺	Fushun	110.42	221.59	128.58	110
本溪	Benxi	132.88	56.80	57.56	221
丹东	Dandong	79.99	234.80	84.85	166
锦州	Jinzhou	100.41	90.33	146.04	96
营口	Yingkou	1112.94	296.45	260.00	39
阜新	Fuxin	74.38	107.34	47.13	237
辽阳	Liaoyang	143.40	184.76	81.44	175
盘锦	Panjin	125.06	422.76	455.02	18
铁岭	Tieling	285.86	153.95	90.98	161
朝阳	Chaoyang	49.35	108.41	100.68	143
葫芦岛	Huludao	207.94	239.28	146.52	95
吉林	**Jilin**	**892.22**	**865.11**	**1237.54**	
长春	Changchun	333.77	504.39	770.96	6
吉林	Jilin	99.27	64.22	122.36	117
四平	Siping	72.78	52.79	53.95	226
辽源	Liaoyuan	44.57	10.63	82.03	170
通化	Tonghua	50.87	56.28	42.50	249
白山	Baishan	167.54	51.53	34.96	253
松原	Songyuan	28.95	11.18	19.98	275
白城	Baicheng	39.67	26.45	23.74	272
黑龙江	**Heilongjiang**	**1040.96**	**1465.61**	**1305.50**	
哈尔滨	Harbin	229.02	494.54	232.30	46
齐齐哈尔	Qiqihar	57.27	79.82	160.41	85
鸡西	Jixi	18.88	19.14	43.40	247
鹤岗	Hegang	9.53	22.57	16.64	277
双鸭山	Shuangyashan	9.18	35.24	81.67	174
大庆	Daqing	123.84	160.56	178.95	68
伊春	Yichun	24.39	68.14	64.63	205
佳木斯	Jiamusi	58.38	84.25	101.75	140
七台河	Qitaihe	3.89	14.82	9.41	282
牡丹江	Mudanjiang	129.18	126.74	82.15	169
黑河	Heihe	63.55	48.32	44.98	244
绥化	Suihua	117.59	108.00	126.83	112
上海	**Shanghai**	**561.45**	**277.21**	**155.48**	
江苏	**Jiangsu**	**3699.52**	**4576.03**	**5853.34**	

7-9 供应商业服务用地面积 续表 1
Land Supplied for Commercial and Service Uses continued 1

单位：公顷 (hectare)

地名	City	2010	2011	2012	2012 排名 Ranking	地名	City	2010	2011	2012	2012 排名 Ranking
南京	Nanjing	108.37	210.76	148.35	94	池州	Chizhou	183.05	54.57	74.82	189
无锡	Wuxi	465.28	399.95	283.06	33	宣城	Xuancheng	192.19	196.15	188.77	60
徐州	Xuzhou	370.47	323.98	509.68	14	福建	**Fujian**	**935.02**	**1359.14**	**1324.86**	
常州	Changzhou	407.08	458.10	468.08	17	福州	Fuzhou	175.60	346.88	442.29	20
苏州	Suzhou	436.56	548.73	784.44	5	厦门	Xiamen	100.23	115.45	139.14	101
南通	Nantong	482.86	758.66	1175.50	2	莆田	Putian	28.48	57.71	46.82	238
连云港	Lianyungang	260.68	350.24	597.21	10	三明	Sanming	101.38	164.91	77.46	182
淮安	Huaian	354.59	345.04	405.81	22	泉州	Quanzhou	112.82	194.68	145.95	97
盐城	Yancheng	282.52	514.62	856.98	4	漳州	Zhangzhou	195.48	131.89	118.26	123
扬州	Yangzhou	347.02	302.26	185.69	63	南平	Nanping	127.43	147.65	133.76	108
镇江	Zhenjiang	15.91	49.81	96.59	150	龙岩	Longyan	63.08	160.08	173.22	73
泰州	Taizhou	95.88	120.51	138.90	103	宁德	Ningde	30.50	39.88	47.96	236
宿迁	Suqian	72.30	193.38	203.06	55	江西	**Jiangxi**	**1084.78**	**1341.07**	**1370.72**	
浙江	**Zhejiang**	**1830.49**	**1857.36**	**1276.09**		南昌	Nanchang	288.85	285.92	152.41	92
杭州	Hangzhou	483.54	442.75	182.64	65	景德镇	Jingdezhen	76.99	14.24	49.25	235
宁波	Ningbo	373.60	375.85	298.53	29	萍乡	Pingxiang	34.09	32.72	30.99	262
温州	Wenzhou	66.78	172.59	125.39	113	九江	Jiujiang	159.83	228.35	264.55	36
嘉兴	Jiaxing	243.59	320.40	153.01	91	新余	Xinyu	5.40	88.65	24.15	271
湖州	Huzhou	185.04	126.38	55.33	225	鹰潭	Yingtan	44.08	80.50	60.34	215
绍兴	Shaoxing	75.83	144.52	153.66	89	赣州	Ganzhou	122.81	201.74	279.26	35
金华	Jinhua	139.11	72.82	95.94	154	吉安	Jian	117.28	125.35	114.31	127
衢州	Quzhou	76.15	24.38	31.98	261	宜春	Yichun	121.83	138.28	170.09	76
舟山	Zhoushan	55.30	67.35	24.47	270	抚州	Fuzhou	31.94	37.85	53.24	228
台州	Taizhou	98.96	71.35	77.95	180	上饶	Shangrao	81.67	107.46	172.12	74
丽水	Lishui	32.59	38.97	77.19	184	山东	**Shandong**	**5069.53**	**4154.67**	**5217.40**	
安徽	**Anhui**	**1761.66**	**1885.07**	**2775.47**		济南	Jinan	179.63	147.86	280.73	34
合肥	Hefei	132.17	113.68	489.45	15	青岛	Qingdao	457.29	407.37	1092.27	3
芜湖	Wuhu	120.95	187.26	164.26	82	淄博	Zibo	154.82	135.69	128.92	109
蚌埠	Bengbu	66.56	56.39	165.15	80	枣庄	Zaozhuang	122.83	98.97	176.55	71
淮南	Huainan	15.76	49.18	61.92	210	东营	Dongying	104.53	111.41	187.97	61
马鞍山	Maanshan	31.04	59.86	46.22	239	烟台	Yantai	563.77	554.40	251.84	42
淮北	Huaibei	52.37	61.68	72.74	191	潍坊	Weifang	1213.28	788.64	565.21	12
铜陵	Tongling	113.44	95.92	92.05	158	济宁	Jining	518.63	327.06	454.56	19
安庆	Anqing	86.51	173.83	169.08	77	泰安	Taian	128.56	100.57	202.22	56
黄山	Huangshan	121.56	263.59	187.66	62	威海	Weihai	346.09	395.68	375.20	24
滁州	Chuzhou	224.56	140.45	174.33	72	日照	Rizhao	35.29	71.17	80.30	179
阜阳	Fuyang	110.24	51.00	145.44	98	莱芜	Laiwu	71.23	28.07	35.39	252
宿州	Suzhou	80.51	145.38	182.08	66	临沂	Linyi	500.60	304.40	554.36	13
六安	Liuan	102.41	72.19	295.91	30	德州	Dezhou	103.17	217.75	388.51	23
亳州	Bozhou	110.13	112.47	183.64	64	聊城	Liaocheng	171.43	170.05	108.21	135

7-9 供应商业服务用地面积 续表 2
Land Supplied for Commercial and Service Uses continued 2

单位：公顷 (hectare)

地名	City	2010	2011	2012	2012 排名 Ranking	地名	City	2010	2011	2012	2012 排名 Ranking
滨州	Binzhou	196.25	145.17	100.51	145	常德	Changde	102.16	144.63	110.27	134
菏泽	Heze	202.13	150.42	234.64	45	张家界	Zhangjiajie	72.86	15.29	30.29	263
河南	**Henan**	**1069.34**	**1529.77**	**1954.34**		益阳	Yiyang	40.12	45.63	91.27	160
郑州	Zhengzhou	88.83	240.29	260.44	38	郴州	Chenzhou	51.57	53.09	67.56	202
开封	Kaifeng	63.26	81.50	58.96	218	永州	Yongzhou	33.23	85.11	55.48	224
洛阳	Luoyang	78.21	121.67	134.30	107	怀化	Huaihua	193.04	241.40	241.81	44
平顶山	Pingdingshan	11.20	77.06	103.48	138	娄底	Loudi	47.66	15.55	81.77	173
安阳	Anyang	85.18	40.24	140.49	100	广东	**Guangdong**	**1385.03**	**1463.83**	**1531.17**	
鹤壁	Hebi	23.87	37.20	70.88	195	广州	Guangzhou	164.29	242.41	178.30	69
新乡	Xinxiang	77.55	124.30	110.87	132	韶关	Shaoguan	20.77	70.49	43.62	246
焦作	Jiaozuo	70.84	135.42	138.15	104	深圳	Shenzhen	10.86	8.24	30.05	264
濮阳	Puyang	11.25	22.30	62.52	209	珠海	Zhuhai	98.37	65.18	59.80	217
许昌	Xuchang	70.30	160.66	95.60	155	汕头	Shantou	19.87	79.02	4.40	284
漯河	Luohe	20.19	31.75	42.87	248	佛山	Foshan	212.66	139.12	225.47	48
三门峡	Sanmenxia	43.58	45.84	113.56	129	江门	Jiangmen	30.92	34.04	217.11	51
南阳	Nanyang	113.49	79.46	127.51	111	湛江	Zhanjiang	58.81	19.00	32.28	259
商丘	Shangqiu	67.07	100.02	100.21	146	茂名	Maoming	25.05	51.70	17.36	276
信阳	Xinyang	81.95	57.72	87.91	164	肇庆	Zhaoqing	66.22	32.31	67.97	198
周口	Zhoukou	28.66	40.55	167.61	78	惠州	Huizhou	209.92	141.49	122.99	115
驻马店	Zhumadian	133.93	133.81	138.98	102	梅州	Meizhou	34.02	44.92	26.60	269
湖北	**Hubei**	**1666.36**	**1706.97**	**1896.47**		汕尾	Shanwei	18.85	6.09	7.31	283
武汉	Wuhan	405.14	300.88	220.37	49	河源	Heyuan	55.09	56.32	34.29	254
黄石	Huangshi	48.95	87.17	45.15	243	阳江	Yangjiang	115.12	164.36	71.71	193
十堰	Shiyan	103.65	209.20	134.37	106	清远	Qingyuan	114.55	74.32	20.79	274
宜昌	Yichang	244.35	89.10	159.70	86	东莞	Dongguan	80.15	27.59	49.36	234
襄阳	Xiangfan	97.04	109.96	251.99	41	中山	ZhongShan	29.76	91.41	214.13	52
鄂州	Ezhou	50.63	12.02	52.08	229	潮州	Chaozhou		0.14	3.73	285
荆门	Jingmen	88.42	189.26	164.19	83	揭阳	Jieyang	5.70	57.52	45.86	240
孝感	Xiaogan	108.06	122.26	104.12	136	云浮	Yunfu	14.05	58.14	58.04	220
荆州	Jingzhou	78.92	72.69	80.36	177	广西	**Guangxi**	**769.25**	**692.13**	**981.05**	
黄冈	Huanggang	133.93	137.37	262.74	37	南宁	Nanning	138.20	90.73	77.10	185
咸宁	Xianning	130.45	136.03	101.47	141	柳州	Liuzhou	83.30	63.95	64.86	204
随州	Suizhou	34.61	16.81	28.93	265	桂林	Guilin	198.49	102.28	61.42	213
湖南	**Hunan**	**1238.49**	**1605.30**	**1459.30**		梧州	Wuzhou	27.11	69.09	119.64	120
长沙	Changsha	357.31	399.61	291.23	31	北海	Beihai	11.24	14.47	32.67	258
株洲	Zhuzhou	34.62	83.00	75.36	187	防城港	Fangchenggang	59.15	60.51	177.43	70
湘潭	Xiangtan	42.88	119.41	68.09	197	钦州	Qinzhou	103.34	41.42	61.43	212
衡阳	Hengyang	104.68	235.67	136.23	105	贵港	Guigang	9.77	19.52	69.22	196
邵阳	Shaoyang	69.53	106.48	115.85	126	玉林	Yulin	74.03	32.24	50.24	232
岳阳	Yueyang	82.96	45.75	63.25	207	百色	Baise	30.04	56.73	77.32	183

7-9 供应商业服务用地面积 续表 3
Land Supplied for Commercial and Service Uses continued 3

单位：公顷 (hectare)

地名	City	2010	2011	2012	2012 排名 Ranking
贺州	Hezhou	6.57	24.51	23.13	273
河池	Hechi	2.55	20.38	70.99	194
来宾	Laibin	15.93	32.27	43.71	245
崇左	Chongzuo	9.53	64.04	51.89	230
海南	**Hainan**	**437.10**	**414.80**	**463.07**	
海口	Haikou	3.64	32.17	55.51	223
三亚	Sanya	58.34	89.35	99.38	147
重庆	**Chongqing**	**354.89**	**541.12**	**766.77**	
四川	**Sichuan**	**1362.91**	**1569.67**	**2097.02**	
成都	Chengdu	505.40	392.68	716.64	8
自贡	Zigong	39.17	30.41	50.85	231
攀枝花	Panzhihua	22.66	35.48	27.40	266
泸州	Luzhou	155.69	80.42	57.44	222
德阳	Deyang	76.60	271.09	164.91	81
绵阳	Mianyang	68.01	149.57	153.09	90
广元	Guangyuan	41.63	46.34	60.12	216
遂宁	Suining	63.63	79.27	103.54	137
内江	Neijiang	19.60	10.41	37.00	251
乐山	Leshan	124.00	94.57	148.73	93
南充	Nanchong	77.12	41.21	72.29	192
眉山	Meishan	29.26	67.88	125.39	113
宜宾	Yibin	42.94	90.82	77.94	181
广安	Guangan	21.82	14.14	40.13	250
达州	Dazhou	22.90	6.94	45.62	242
雅安	Yaan	8.23	6.52	11.37	280
巴中	Bazhong	12.54	6.96	96.18	152
资阳	Ziyang	2.24	92.21	88.20	162
贵州	**Guizhou**	**452.82**	**752.03**	**2166.80**	
贵阳	Guiyang	107.41	112.38	288.16	32
六盘水	Liupanshui	19.30	59.36	172.01	75
遵义	Zunyi	45.78	180.61	228.18	47
安顺	Anshun	40.26	58.79	122.70	116
毕节	Bijie	52.18	40.34	157.90	88
铜仁	Tongren	40.98	47.81	101.85	139
云南	**Yunnan**	**1005.05**	**1755.93**	**1684.93**	
昆明	Kunming	181.69	900.96	410.38	21
曲靖	Qujing	50.87	93.45	116.90	124
玉溪	Yuxi	144.74	63.05	93.34	156
保山	Baoshan	223.86	109.39	86.31	165
昭通	Zhaotong	60.16	61.50	62.82	208
丽江	Lijiang	7.21	30.41	81.80	172
普洱	Puer	33.07	51.95	67.81	200
临沧	Lincang	40.90	18.38	120.52	119
西藏	**Tibet**	**113.63**	**113.63**	**71.38**	
拉萨	Lhasa	99.67	99.67	34.26	255
陕西	**Shaanxi**	**353.29**	**447.02**	**933.70**	
西安	Xi'an	69.34	38.53	207.21	54
铜川	Tongchuan	10.66	10.17	10.49	281
宝鸡	Baoji	35.42	33.56	67.80	201
咸阳	Xianyang	33.27	40.40	81.07	176
渭南	Weinan	34.92	93.19	80.32	178
延安	Yan'an	26.21	32.52	26.97	268
汉中	Hanzhong	16.23	15.84	82.23	168
榆林	Yulin	76.42	99.23	201.60	57
安康	Ankang	12.00	69.09	111.52	131
商洛	Shangluo	38.82	14.48	64.48	206
甘肃	**Gansu**	**320.69**	**431.83**	**2058.49**	
兰州	Lanzhou	67.65	44.00	33.84	256
嘉峪关	Jiayuguan	25.66	77.02	100.53	144
金昌	Jinchang	8.77	29.27	50.19	233
白银	Baiyin	10.72	23.57	32.23	260
天水	Tianshui	27.90	9.41	97.18	149
武威	Wuwei	8.53	55.57	95.97	153
张掖	Zhangye	32.17	79.73	67.97	198
平凉	Pingliang	28.50	1.48	16.53	278
酒泉	Jiuquan	39.84	32.55	1417.37	1
庆阳	Qingyang	19.09	25.20	33.34	257
定西	Dingxi	38.31	38.59	61.75	211
陇南	Longnan	4.16	2.80	14.84	279
青海	**Qinghai**	**108.35**	**194.20**	**285.48**	
西宁	Xining	54.86	113.63	115.90	125
宁夏	**Ningxia**	**774.78**	**515.62**	**678.15**	
银川	Yinchuan	445.70	176.52	252.53	40
石嘴山	Shizuishan	128.70	80.59	60.61	214
吴忠	Wuzhong	78.79	197.87	118.37	122
固原	Guyuan	59.54	30.40	27.21	267
中卫	Zhongwei	62.04	30.25	219.44	50
新疆	**Xinjiang**	**774.96**	**774.96**	**1700.31**	
乌鲁木齐	Urumqi	92.14	92.14	53.31	227
克拉玛依	Karamay	27.17	27.17	88.00	163

7-10 供应住宅用地面积
Land Supplied for Residential Uses

单位：公顷 (hectare)

地名	City	2010	2011	2012	2012 排名 Ranking	地名	City	2010	2011	2012	2012 排名 Ranking
全国	**Nation Total**	**115272.5**	**126452.9**	**114664.6**		沈阳	Shenyang	1108.99	2818.85	1253.47	5
北京	**Beijing**	**786.19**	**917.80**	**613.60**		大连	Dalian	2209.18	2210.75	848.23	16
天津	**Tianjin**	**2571.90**	**2035.02**	**1580.03**		鞍山	Anshan	1221.14	985.43	691.33	27
河北	**Hebei**	**5413.39**	**5787.80**	**4591.90**		抚顺	Fushun	310.22	440.50	274.75	130
石家庄	Shijiazhuang	491.72	568.37	495.39	57	本溪	Benxi	186.13	376.70	122.12	227
唐山	Tangshan	648.85	988.08	690.49	29	丹东	Dandong	257.93	220.78	251.48	141
秦皇岛	Qinhuangdao	430.84	321.70	387.77	87	锦州	Jinzhou	369.73	319.41	178.61	190
邯郸	Handan	655.03	471.29	275.53	129	营口	Yingkou	1671.89	1880.64	824.36	19
邢台	Xingtai	357.54	307.04	389.96	86	阜新	Fuxin	168.36	432.88	135.64	217
保定	Baoding	556.56	417.94	397.31	81	辽阳	Liaoyang	191.74	234.42	169.07	195
张家口	Zhangjiakou	586.48	602.94	349.71	100	盘锦	Panjin	385.73	648.26	828.66	18
承德	Chengde	268.89	233.01	227.92	157	铁岭	Tieling	643.95	495.49	283.50	126
沧州	Cangzhou	326.32	645.81	373.13	91	朝阳	Chaoyang	117.23	416.32	333.09	105
廊坊	Langfang	824.70	954.11	644.62	33	葫芦岛	Huludao	262.98	821.12	197.90	180
衡水	Hengshui	266.47	277.51	360.07	96	吉林	**Jilin**	**2837.72**	**2913.91**	**2675.97**	
山西	**Shanxi**	**1816.40**	**2592.56**	**2271.18**		长春	Changchun	1015.63	1446.70	986.15	13
太原	Taiyuan	300.52	383.25	200.96	176	吉林	Jilin	424.48	363.98	475.29	62
大同	Datong	480.45	668.54	485.59	58	四平	Siping	231.50	342.59	240.84	146
阳泉	Yangquan	132.98	145.40	125.34	225	辽源	Liaoyuan	134.45	55.57	154.19	205
长治	Changzhi	56.76	194.49	168.29	196	通化	Tonghua	165.34	193.44	184.94	185
晋城	Jincheng	100.23	55.45	121.62	229	白山	Baishan	543.79	127.00	97.94	251
朔州	Shuozhou	105.68	290.12	240.55	147	松原	Songyuan	80.90	38.89	119.83	234
晋中	Jinzhong	123.78	145.86	220.24	161	白城	Baicheng	81.00	98.64	107.94	240
运城	Yuncheng	153.23	246.34	220.08	162	黑龙江	**Heilongjiang**	**4624.75**	**5048.01**	**3092.60**	
忻州	Xinzhou	93.28	123.80	148.92	211	哈尔滨	Harbin	1322.05	1776.57	606.83	38
临汾	Linfen	133.21	180.50	179.01	188	齐齐哈尔	Qiqihar	279.21	316.08	256.66	138
吕梁	Luliang	136.23	158.81	160.56	199	鸡西	Jixi	97.31	65.56	124.54	226
内蒙古	**Inner Mongolia**	**4940.09**	**5345.90**	**3826.55**		鹤岗	Hegang	53.16	138.97	39.32	278
呼和浩特	Hohhot	420.02	417.61	480.13	61	双鸭山	Shuangyashan	154.88	265.97	173.36	193
包头	Baotou	362.41	362.35	295.05	120	大庆	Daqing	362.03	472.20	442.26	72
乌海	Wuhai	253.87	128.61	51.37	274	伊春	Yichun	93.88	64.15	100.86	249
赤峰	Chifeng	246.12	422.44	316.23	112	佳木斯	Jiamusi	376.74	263.34	97.28	252
通辽	Tongliao	299.15	276.96	230.66	154	七台河	Qitaihe	18.18	186.05	35.12	279
鄂尔多斯	Erdos	1828.43	1834.66	785.31	23	牡丹江	Mudanjiang	438.03	243.77	287.77	123
呼伦贝尔	Hulunbuir	365.30	574.08	484.79	59	黑河	Heihe	239.28	82.59	61.49	272
巴彦淖尔	Bayannur	297.11	283.55	243.04	144	绥化	Suihua	531.72	307.09	222.35	160
乌兰察布	Ulanqab	160.83	445.61	401.03	79	上海	**Shanghai**	**704.13**	**1140.89**	**487.13**	
辽宁	**Liaoning**	**9105.20**	**12301.54**	**6392.21**		江苏	**Jiangsu**	**10874.29**	**12547.82**	**10916.46**	

7-10 供应住宅用地面积 续表 1
Land Supplied for Residential Uses continued 1

单位：公顷 (hectare)

地名	City	2010	2011	2012	2012 排名 Ranking	地名	City	2010	2011	2012	2012 排名 Ranking
南京	Nanjing	709.54	1457.73	703.37	26	池州	Chizhou	117.59	139.90	196.69	181
无锡	Wuxi	1539.11	1273.95	1012.43	12	宣城	Xuancheng	189.80	229.13	281.03	128
徐州	Xuzhou	843.72	906.91	1438.71	3	**福建**	**Fujian**	**2112.92**	**2755.13**	**2273.05**	
常州	Changzhou	793.48	803.31	791.56	22	福州	Fuzhou	655.81	788.07	602.68	39
苏州	Suzhou	1336.19	1334.85	1051.57	11	厦门	Xiamen	348.12	199.91	121.58	230
南通	Nantong	1058.31	1464.44	1318.19	4	莆田	Putian	120.54	176.38	203.57	174
连云港	Lianyungang	560.01	585.90	392.25	84	三明	Sanming	92.51	294.86	192.63	183
淮安	Huaian	764.91	1059.71	690.79	28	泉州	Quanzhou	328.04	639.04	461.70	65
盐城	Yancheng	1307.89	1305.29	1075.32	10	漳州	Zhangzhou	299.43	271.22	286.71	124
扬州	Yangzhou	614.82	692.32	690.12	30	南平	Nanping	104.88	140.32	115.30	236
镇江	Zhenjiang	159.79	425.67	582.15	41	龙岩	Longyan	81.77	138.71	205.02	173
泰州	Taizhou	474.54	546.73	659.17	32	宁德	Ningde	81.83	106.62	83.85	260
宿迁	Suqian	711.98	691.00	510.82	55	**江西**	**Jiangxi**	**2891.21**	**3607.26**	**3476.36**	
浙江	**Zhejiang**	**7466.36**	**6556.69**	**5955.67**		南昌	Nanchang	554.67	579.62	481.86	60
杭州	Hangzhou	1475.00	1165.30	880.00	14	景德镇	Jingdezhen	181.64	123.84	67.88	270
宁波	Ningbo	2081.83	1592.77	1540.04	2	萍乡	Pingxiang	57.48	198.81	205.61	172
温州	Wenzhou	267.38	693.90	641.74	35	九江	Jiujiang	396.17	478.02	630.60	36
嘉兴	Jiaxing	773.47	610.53	570.78	46	新余	Xinyu	116.14	168.90	73.20	267
湖州	Huzhou	395.03	454.03	322.97	109	鹰潭	Yingtan	199.90	219.56	210.38	167
绍兴	Shaoxing	656.96	602.84	537.52	52	赣州	Ganzhou	375.48	541.90	547.61	50
金华	Jinhua	418.29	368.84	229.54	155	吉安	Jian	136.12	275.35	238.33	148
衢州	Quzhou	278.56	188.60	234.08	151	宜春	Yichun	310.92	460.30	443.75	68
舟山	Zhoushan	328.26	201.17	95.62	253	抚州	Fuzhou	234.10	265.40	231.67	153
台州	Taizhou	456.62	439.33	371.66	92	上饶	Shangrao	328.61	295.57	345.48	102
丽水	Lishui	334.96	239.39	531.72	53	**山东**	**Shandong**	**12857.15**	**11735.65**	**9647.28**	
安徽	**Anhui**	**4766.31**	**5364.70**	**6695.52**		济南	Jinan	785.10	708.96	551.32	49
合肥	Hefei	457.23	643.06	563.42	47	青岛	Qingdao	1881.40	1704.95	1243.89	6
芜湖	Wuhu	910.79	587.66	574.94	44	淄博	Zibo	398.82	381.08	264.98	135
蚌埠	Bengbu	339.35	240.66	336.18	103	枣庄	Zaozhuang	239.06	368.06	225.11	158
淮南	Huainan	351.81	221.57	270.24	133	东营	Dongying	308.12	535.20	572.59	45
马鞍山	Maanshan	189.86	224.40	259.26	136	烟台	Yantai	1813.34	1600.77	643.70	34
淮北	Huaibei	315.07	216.58	839.93	17	潍坊	Weifang	1686.46	1507.10	1208.77	8
铜陵	Tongling	196.81	264.97	272.60	131	济宁	Jining	704.86	683.66	443.29	69
安庆	Anqing	328.67	364.44	300.38	119	泰安	Taian	398.14	385.63	391.89	85
黄山	Huangshan	175.20	223.33	140.51	215	威海	Weihai	1379.72	1022.83	1786.02	1
滁州	Chuzhou	389.66	662.13	504.44	56	日照	Rizhao	184.60	201.44	442.80	70
阜阳	Fuyang	146.73	114.31	265.44	134	莱芜	Laiwu	128.80	131.24	88.80	256
宿州	Suzhou	219.84	250.08	471.74	64	临沂	Linyi	996.66	771.66	513.09	54
六安	Liuan	195.90	518.80	713.87	25	德州	Dezhou	484.52	618.03	328.91	108
亳州	Bozhou	117.21	257.54	395.03	82	聊城	Liaocheng	397.22	286.87	331.26	106

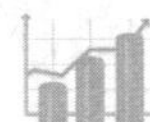

7-10 供应住宅用地面积 续表 2
Land Supplied for Residential Uses continued 2

单位：公顷 (hectare)

地名	City	2010	2011	2012	2012 排名 Ranking	地名	City	2010	2011	2012	2012 排名 Ranking
滨州	Binzhou	371.13	365.71	293.42	121	常德	Changde	195.82	348.83	235.02	150
菏泽	Heze	699.18	462.45	317.45	111	张家界	Zhangjiajie	151.31	113.69	98.82	250
河南	**Henan**	**5174.84**	**6099.47**	**6526.24**		益阳	Yiyang	147.90	140.81	152.11	208
郑州	Zhengzhou	1070.61	1000.22	1095.60	9	郴州	Chenzhou	275.17	315.21	394.04	83
开封	Kaifeng	347.36	242.07	306.21	116	永州	Yongzhou	230.58	358.72	140.71	214
洛阳	Luoyang	249.76	1193.90	579.02	42	怀化	Huaihua	354.74	472.91	349.32	101
平顶山	Pingdingshan	400.61	155.97	438.93	73	娄底	Loudi	81.01	140.98	164.34	197
安阳	Anyang	311.66	361.41	314.87	113	**广东**	**Guangdong**	**4818.47**	**4159.34**	**3395.82**	
鹤壁	Hebi	154.55	140.62	232.46	152	广州	Guangzhou	448.39	343.63	375.87	89
新乡	Xinxiang	390.73	674.41	665.22	31	韶关	Shaoguan	102.23	128.74	107.63	241
焦作	Jiaozuo	193.26	288.86	419.72	77	深圳	Shenzhen	78.31	79.03	129.51	219
濮阳	Puyang	162.35	113.04	245.72	143	珠海	Zhuhai	299.25	90.72	79.25	263
许昌	Xuchang	345.65	217.73	208.28	168	汕头	Shantou	26.15	35.49	11.41	285
漯河	Luohe	72.33	169.27	178.82	189	佛山	Foshan	542.06	264.99	359.33	97
三门峡	Sanmenxia	139.90	72.80	127.73	222	江门	Jiangmen	220.16	202.74	200.37	178
南阳	Nanyang	324.65	241.89	361.24	95	湛江	Zhanjiang	117.71	105.86	159.86	201
商丘	Shangqiu	239.11	400.45	433.73	74	茂名	Maoming	63.11	217.57	32.48	282
信阳	Xinyang	279.15	241.59	195.62	182	肇庆	Zhaoqing	166.80	167.74	169.83	194
周口	Zhoukou	146.58	148.19	357.08	98	惠州	Huizhou	824.72	736.52	399.67	80
驻马店	Zhumadian	346.56	437.05	365.98	94	梅州	Meizhou	193.82	122.04	121.52	231
湖北	**Hubei**	**4278.38**	**4044.60**	**4539.25**		汕尾	Shanwei	0.90	45.78	33.06	281
武汉	Wuhan	1575.88	1296.39	804.34	21	河源	Heyuan	151.72	147.13	155.36	204
黄石	Huangshi	114.89	206.68	121.17	232	阳江	Yangjiang	286.34	234.42	219.98	163
十堰	Shiyan	191.09	93.94	183.07	187	清远	Qingyuan	613.99	465.94	206.77	170
宜昌	Yichang	284.18	208.21	317.49	110	东莞	Dongguan	221.08	307.45	103.61	244
襄阳	Xiangfan	187.35	275.25	356.83	99	中山	ZhongShan	334.66	292.88	144.64	213
鄂州	Ezhou	405.60	136.01	254.10	140	潮州	Chaozhou	14.18	10.71	84.25	259
荆门	Jingmen	274.49	276.79	293.17	122	揭阳	Jieyang	80.95	104.18	125.78	223
孝感	Xiaogan	177.62	257.37	377.00	88	云浮	Yunfu	31.94	55.75	175.65	192
荆州	Jingzhou	172.36	261.99	200.67	177	**广西**	**Guangxi**	**2876.33**	**2517.95**	**2255.50**	
黄冈	Huanggang	83.01	151.58	543.69	51	南宁	Nanning	517.25	272.14	206.10	171
咸宁	Xianning	491.07	423.18	474.91	63	柳州	Liuzhou	235.11	230.90	373.96	90
随州	Suizhou	131.17	143.02	149.65	210	桂林	Guilin	173.49	339.91	248.83	142
湖南	**Hunan**	**3869.41**	**4856.59**	**4176.01**		梧州	Wuzhou	171.76	174.72	159.05	202
长沙	Changsha	1221.31	1237.77	1226.24	7	北海	Beihai	106.08	150.90	110.65	239
株洲	Zhuzhou	257.74	341.75	146.92	212	防城港	Fangchenggang	185.87	216.95	69.00	269
湘潭	Xiangtan	179.03	308.52	228.84	156	钦州	Qinzhou	633.30	199.94	199.62	179
衡阳	Hengyang	302.00	557.24	456.89	66	贵港	Guigang	210.68	140.43	120.01	233
邵阳	Shaoyang	245.97	221.05	284.59	125	玉林	Yulin	181.66	219.65	150.88	209
岳阳	Yueyang	200.03	168.18	215.57	166	百色	Baise	150.94	135.88	125.68	224

7-10 供应住宅用地面积 续表 3
Land Supplied for Residential Uses continued 3

单位：公顷 (hectare)

地名	City	2010	2011	2012	2012 排名 Ranking	地名	City	2010	2011	2012	2012 排名 Ranking
贺州	Hezhou	94.59	58.73	86.90	257	丽江	Lijiang	115.34	112.34	103.50	245
河池	Hechi	44.91	81.18	107.07	242	普洱	Puer	72.30	60.55	82.94	261
来宾	Laibin	62.79	127.29	241.52	145	临沧	Lincang	42.47	97.21	137.48	216
崇左	Chongzuo	107.90	169.33	56.24	273	西藏	**Tibet**	**133.46**	**133.46**	**121.40**	
海南	**Hainan**	**1017.90**	**900.35**	**940.34**		拉萨	Lhasa	84.47	84.47	110.73	238
海口	Haikou	78.90	28.07	77.71	265	陕西	**Shaanxi**	**1583.05**	**1810.58**	**2605.23**	
三亚	Sanya	54.96	52.99	40.30	276	西安	Xi'an	422.37	374.00	764.17	24
重庆	**Chongqing**	**2958.44**	**3371.13**	**3619.58**		铜川	Tongchuan	135.19	66.62	78.84	264
四川	**Sichuan**	**4669.47**	**5266.73**	**4682.20**		宝鸡	Baoji	96.94	167.49	272.48	132
成都	Chengdu	1530.44	1278.57	807.93	20	咸阳	Xianyang	236.42	242.53	335.12	104
自贡	Zigong	137.17	96.13	82.32	262	渭南	Weinan	150.15	132.04	222.60	159
攀枝花	Panzhihua	95.47	130.97	103.39	246	延安	Yan'an	84.20	177.77	71.08	268
泸州	Luzhou	332.61	525.77	254.21	139	汉中	Hanzhong	133.17	204.18	217.18	165
德阳	Deyang	337.53	229.03	431.04	75	榆林	Yulin	208.26	283.20	451.27	67
绵阳	Mianyang	397.94	417.00	402.14	78	安康	Ankang	60.88	65.32	103.09	247
广元	Guangyuan	90.65	179.56	134.95	218	商洛	Shangluo	55.47	97.44	89.38	255
遂宁	Suining	151.31	194.36	121.92	228	甘肃	**Gansu**	**1285.37**	**1342.14**	**1443.21**	
内江	Neijiang	154.32	146.82	159.93	200	兰州	Lanzhou	361.21	170.25	237.69	149
乐山	Leshan	284.70	185.74	187.40	184	嘉峪关	Jiayuguan	52.51	36.14	39.97	277
南充	Nanchong	197.71	181.16	184.20	186	金昌	Jinchang	45.46	87.62	33.41	280
眉山	Meishan	210.09	549.45	442.72	71	白银	Baiyin	78.21	132.23	128.85	221
宜宾	Yibin	200.74	258.40	329.06	107	天水	Tianshui	61.72	131.10	71.59	266
广安	Guangan	130.46	114.61	118.18	235	武威	Wuwei	74.34	86.52	202.43	175
达州	Dazhou	204.24	113.34	91.22	254	张掖	Zhangye	153.09	190.42	129.44	220
雅安	Yaan	54.66	94.43	46.74	275	平凉	Pingliang	59.23	59.17	18.59	284
巴中	Bazhong	57.85	72.45	283.35	127	酒泉	Jiuquan	89.91	95.09	152.80	207
资阳	Ziyang	71.56	377.49	428.23	76	庆阳	Qingyang	70.99	87.36	106.67	243
贵州	**Guizhou**	**1635.32**	**2424.96**	**3631.30**		定西	Dingxi	154.64	119.10	208.14	169
贵阳	Guiyang	802.77	694.53	599.61	40	陇南	Longnan	6.30	25.15	27.55	283
六盘水	Liupanshui	16.64	30.55	156.77	203	青海	**Qinghai**	**545.06**	**506.06**	**937.14**	
遵义	Zunyi	216.13	489.65	575.77	43	西宁	Xining	147.31	270.92	217.74	164
安顺	Anshun	70.68	138.91	161.66	198	宁夏	**Ningxia**	**1479.34**	**1666.59**	**1129.62**	
毕节	Bijie	119.76	223.31	617.95	37	银川	Yinchuan	426.63	507.30	559.04	48
铜仁	Tongren	47.95	221.50	257.42	137	石嘴山	Shizuishan	412.42	319.14	84.92	258
云南	**Yunnan**	**2429.46**	**3952.03**	**3544.84**		吴忠	Wuzhong	219.53	397.43	311.32	114
昆明	Kunming	341.83	1629.96	868.42	15	固原	Guyuan	188.23	194.70	63.09	271
曲靖	Qujing	332.04	256.54	370.88	93	中卫	Zhongwei	232.52	248.02	111.25	237
玉溪	Yuxi	157.88	331.33	177.87	191	新疆	**Xinjiang**	**2750.22**	**2750.22**	**6621.35**	
保山	Baoshan	160.96	234.05	305.04	117	乌鲁木齐	Urumqi	652.35	652.35	302.55	118
昭通	Zhaotong	103.16	113.84	102.67	248	克拉玛依	Karamay	42.43	42.43	152.94	206

7-11 供应普通商品住房用地面积
Land Supplied for Ordinary Commercial Housing

单位：公顷 (hectare)

地名	City	2010	2011	2012	2012 排名 Ranking
全国	**Nation Total**	**97887.90**	**103696.3**	**84647.33**	
北京	**Beijing**	**684.65**	**821.02**	**409.03**	
天津	**Tianjin**	**2010.94**	**1337.91**	**776.03**	
河北	**Hebei**	**5045.79**	**5077.28**	**4199.48**	
石家庄	Shijiazhuang	446.83	485.28	428.56	49
唐山	Tangshan	565.78	942.65	674.45	16
秦皇岛	Qinhuangdao	406.30	168.29	344.27	64
邯郸	Handan	558.24	367.23	258.85	104
邢台	Xingtai	341.32	264.01	330.62	72
保定	Baoding	551.28	381.40	382.23	55
张家口	Zhangjiakou	545.57	547.93	290.96	90
承德	Chengde	252.56	214.53	209.43	135
沧州	Cangzhou	312.10	541.39	337.66	68
廊坊	Langfang	811.80	907.55	596.83	22
衡水	Hengshui	254.01	257.01	345.62	63
山西	**Shanxi**	**1217.12**	**1652.65**	**1561.63**	
太原	Taiyuan	188.49	275.68	111.25	209
大同	Datong	206.20	189.96	310.40	82
阳泉	Yangquan	116.00	95.51	71.37	246
长治	Changzhi	47.30	191.04	159.18	174
晋城	Jincheng	77.31	41.78	60.00	254
朔州	Shuozhou	88.25	210.60	173.04	164
晋中	Jinzhong	91.05	94.02	161.93	171
运城	Yuncheng	142.74	184.13	185.55	154
忻州	Xinzhou	74.21	101.82	87.38	231
临汾	Linfen	120.10	130.41	161.89	172
吕梁	Luliang	65.48	128.70	79.65	237
内蒙古	**Inner Mongolia**	**4231.72**	**4588.97**	**3193.74**	
呼和浩特	Hohhot	385.96	386.16	475.68	39
包头	Baotou	282.31	262.21	197.27	142
乌海	Wuhai	100.66	103.19	22.48	278
赤峰	Chifeng	241.89	369.40	272.97	99
通辽	Tongliao	274.84	241.10	223.59	122
鄂尔多斯	Erdos	1657.44	1697.06	562.03	28
呼伦贝尔	Hulunbuir	248.04	382.62	409.65	51
巴彦淖尔	Bayannur	290.06	265.68	224.56	120
乌兰察布	Ulanqab	140.45	335.91	329.78	74
辽宁	**Liaoning**	**8353.39**	**11129.31**	**5947.09**	
沈阳	Shenyang	1079.67	2773.47	1234.97	3
大连	Dalian	2143.11	1872.85	788.28	11
鞍山	Anshan	1220.58	915.27	644.06	17
抚顺	Fushun	264.94	424.79	213.43	132
本溪	Benxi	32.24	283.96	95.80	224
丹东	Dandong	251.78	164.62	234.35	118
锦州	Jinzhou	331.85	286.26	157.00	175
营口	Yingkou	1363.29	1741.03	756.31	12
阜新	Fuxin	144.76	346.54	99.84	221
辽阳	Liaoyang	173.53	179.19	120.31	198
盘锦	Panjin	384.81	648.26	828.66	9
铁岭	Tieling	627.91	486.71	277.61	96
朝阳	Chaoyang	115.40	323.05	322.13	78
葫芦岛	Huludao	219.52	683.31	174.36	162
吉林	**Jilin**	**2376.41**	**2574.59**	**2105.35**	
长春	Changchun	801.51	1296.59	720.43	14
吉林	Jilin	367.43	344.57	381.24	56
四平	Siping	229.63	321.31	228.18	119
辽源	Liaoyuan	61.50	35.57	118.81	201
通化	Tonghua	124.67	165.59	156.89	176
白山	Baishan	535.70	103.34	67.24	250
松原	Songyuan	80.90	30.54	105.34	215
白城	Baicheng	64.80	86.47	78.62	239
黑龙江	**Heilongjiang**	**3602.05**	**3868.06**	**2260.76**	
哈尔滨	Harbin	1098.35	1593.40	526.68	33
齐齐哈尔	Qiqihar	210.19	262.38	221.64	126
鸡西	Jixi	93.33	50.82	111.92	206
鹤岗	Hegang	45.93	79.11	22.45	279
双鸭山	Shuangyashan	140.91	108.74	93.48	228
大庆	Daqing	361.13	469.68	429.12	48
伊春	Yichun	23.92	21.70	30.58	272
佳木斯	Jiamusi	313.60	242.56	73.24	243
七台河	Qitaihe	14.73	53.22	20.30	280
牡丹江	Mudanjiang	412.31	231.83	261.97	103
黑河	Heihe	186.51	72.09	48.29	264
绥化	Suihua	430.71	259.16	205.34	137
上海	**Shanghai**	**669.40**	**888.43**	**393.69**	
江苏	**Jiangsu**	**8908.12**	**10063.92**	**8414.26**	

7-11 供应普通商品住房用地面积 续表 1
Land Supplied for Ordinary Commercial Housing continued 1

单位：公顷 (hectare)

地名	City	2010	2011	2012	2012 排名 Ranking	地名	City	2010	2011	2012	2012 排名 Ranking
南京	Nanjing	411.45	461.71	333.89	70	池州	Chizhou	117.59	112.93	97.42	222
无锡	Wuxi	886.23	625.03	467.59	40	宣城	Xuancheng	177.82	174.61	109.27	213
徐州	Xuzhou	658.26	815.89	753.04	13	福建	**Fujian**	**1960.82**	**2623.07**	**2169.83**	
常州	Changzhou	646.14	642.44	612.67	19	福州	Fuzhou	625.85	768.84	586.09	25
苏州	Suzhou	991.02	1241.87	935.35	7	厦门	Xiamen	331.23	184.26	120.71	196
南通	Nantong	1004.10	1359.48	1295.06	2	莆田	Putian	105.63	168.88	199.13	140
连云港	Lianyungang	534.56	545.58	359.12	60	三明	Sanming	80.89	283.40	188.43	151
淮安	Huaian	725.24	1002.85	638.91	18	泉州	Quanzhou	295.26	598.63	437.04	47
盐城	Yancheng	1268.58	1277.73	893.09	8	漳州	Zhangzhou	291.41	262.38	271.04	100
扬州	Yangzhou	582.69	516.33	586.25	24	南平	Nanping	95.89	137.24	112.54	204
镇江	Zhenjiang	159.79	407.62	564.66	27	龙岩	Longyan	76.93	128.34	179.62	157
泰州	Taizhou	466.21	518.76	512.44	35	宁德	Ningde	57.72	91.10	75.23	241
宿迁	Suqian	573.88	648.64	462.19	42	江西	**Jiangxi**	**2421.31**	**2648.77**	**2607.91**	
浙江	**Zhejiang**	**6100.29**	**6076.82**	**2266.36**		南昌	Nanchang	487.48	518.05	408.92	52
杭州	Hangzhou	1294.68	1038.59	322.17	77	景德镇	Jingdezhen	146.68	73.00	37.23	268
宁波	Ningbo	1179.08	1476.97	540.13	30	萍乡	Pingxiang	47.62	129.99	129.25	189
温州	Wenzhou	228.40	637.02	189.93	150	九江	Jiujiang	386.19	367.38	437.37	45
嘉兴	Jiaxing	694.92	563.58	275.45	98	新余	Xinyu	103.14	159.68	72.21	245
湖州	Huzhou	383.49	431.08	204.20	138	鹰潭	Yingtan	126.75	155.87	176.04	159
绍兴	Shaoxing	631.99	579.89	306.12	85	赣州	Ganzhou	231.25	225.74	370.44	58
金华	Jinhua	353.39	352.79	110.35	211	吉安	Jian	123.84	159.98	174.27	163
衢州	Quzhou	257.05	179.95	53.24	257	宜春	Yichun	277.58	390.73	341.59	65
舟山	Zhoushan	315.09	192.89	73.20	244	抚州	Fuzhou	211.78	230.06	167.49	168
台州	Taizhou	437.99	416.60	143.26	183	上饶	Shangrao	278.99	238.29	293.10	89
丽水	Lishui	324.20	207.46	48.31	263	山东	**Shandong**	**11986.78**	**10510.30**	**8769.36**	
安徽	**Anhui**	**3409.49**	**3576.48**	**3672.94**		济南	Jinan	599.04	619.06	505.90	38
合肥	Hefei	229.97	406.00	264.87	102	青岛	Qingdao	1733.28	1327.26	1004.61	6
芜湖	Wuhu	372.13	270.42	195.30	143	淄博	Zibo	373.46	332.19	222.87	124
蚌埠	Bengbu	279.34	183.83	276.03	97	枣庄	Zaozhuang	225.55	274.33	213.33	133
淮南	Huainan	123.65	159.89	138.78	186	东营	Dongying	301.65	524.85	535.27	31
马鞍山	Maanshan	181.01	214.34	198.30	141	烟台	Yantai	1764.86	1570.91	611.04	21
淮北	Huaibei	259.86	151.64	339.31	67	潍坊	Weifang	1683.69	1444.38	1195.69	4
铜陵	Tongling	169.65	233.22	222.24	125	济宁	Jining	689.18	613.58	414.28	50
安庆	Anqing	309.63	215.84	234.62	117	泰安	Taian	302.31	292.66	306.64	84
黄山	Huangshan	152.08	83.83	85.97	233	威海	Weihai	1379.72	1021.70	1742.12	1
滁州	Chuzhou	363.97	370.26	249.15	111	日照	Rizhao	139.12	151.71	353.01	62
阜阳	Fuyang	117.71	71.37	128.85	190	莱芜	Laiwu	110.08	120.92	67.35	249
宿州	Suzhou	157.85	215.95	316.57	81	临沂	Linyi	833.66	693.34	437.65	44
六安	Liuan	189.22	421.25	340.64	66	德州	Dezhou	470.29	543.76	288.43	92
亳州	Bozhou	90.53	186.74	257.54	106	聊城	Liaocheng	383.45	253.06	325.40	76

7-11 供应普通商品住房用地面积 续表 2
Land Supplied for Ordinary Commercial Housing continued 2

单位：公顷 (hectare)

地名	City	2010	2011	2012	2012 排名 Ranking	地名	City	2010	2011	2012	2012 排名 Ranking
滨州	Binzhou	354.34	308.14	248.48	114	常德	Changde	189.56	201.78	188.36	152
菏泽	Heze	643.10	418.42	297.27	87	张家界	Zhangjiajie	144.76	81.36	86.79	232
河南	**Henan**	**4062.05**	**5057.02**	**5608.77**		益阳	Yiyang	121.97	108.06	119.10	200
郑州	Zhengzhou	566.17	692.64	1023.95	5	郴州	Chenzhou	254.24	272.33	257.89	105
开封	Kaifeng	324.17	223.98	255.56	107	永州	Yongzhou	225.60	201.80	104.76	217
洛阳	Luoyang	197.95	960.88	516.31	34	怀化	Huaihua	332.95	440.26	289.12	91
平顶山	Pingdingshan	231.33	114.46	265.02	101	娄底	Loudi	76.08	79.90	128.59	191
安阳	Anyang	266.15	308.16	295.66	88	广东	**Guangdong**	**4571.79**	**3928.19**	**3268.94**	
鹤壁	Hebi	123.37	106.59	177.16	158	广州	Guangzhou	325.98	268.28	318.08	79
新乡	Xinxiang	385.54	630.14	612.13	20	韶关	Shaoguan	102.11	118.67	102.24	219
焦作	Jiaozuo	164.32	221.91	325.60	75	深圳	Shenzhen	59.48	78.48	128.23	192
濮阳	Puyang	112.09	102.32	213.74	131	珠海	Zhuhai	297.92	82.47	79.15	238
许昌	Xuchang	326.01	200.43	154.96	178	汕头	Shantou	23.32	35.49	11.41	283
漯河	Luohe	57.26	155.18	175.49	160	佛山	Foshan	541.70	259.90	358.52	61
三门峡	Sanmenxia	117.78	64.25	109.00	214	江门	Jiangmen	215.18	194.47	194.71	144
南阳	Nanyang	249.82	211.66	330.96	71	湛江	Zhanjiang	113.48	102.11	159.71	173
商丘	Shangqiu	216.61	358.95	378.54	57	茂名	Maoming	63.11	212.68	30.42	273
信阳	Xinyang	263.46	188.00	156.42	177	肇庆	Zhaoqing	166.66	148.41	163.00	170
周口	Zhoukou	126.35	123.51	317.91	80	惠州	Huizhou	821.03	728.09	394.54	53
驻马店	Zhumadian	333.68	393.95	300.36	86	梅州	Meizhou	190.80	98.59	121.07	195
湖北	**Hubei**	**3976.82**	**3458.45**	**3785.94**		汕尾	Shanwei	0.90	45.78	32.47	271
武汉	Wuhan	1449.79	1029.81	546.21	29	河源	Heyuan	71.28	131.45	136.69	188
黄石	Huangshi	106.24	192.01	112.51	205	阳江	Yangjiang	284.64	232.85	214.94	130
十堰	Shiyan	190.68	85.50	172.77	166	清远	Qingyuan	611.71	460.66	205.93	136
宜昌	Yichang	227.65	137.73	247.41	116	东莞	Dongguan	221.08	285.10	94.13	227
襄阳	Xiangfan	174.68	252.91	335.98	69	中山	ZhongShan	334.66	292.88	141.59	185
鄂州	Ezhou	405.60	136.01	254.10	109	潮州	Chaozhou	14.18	3.38	83.62	235
荆门	Jingmen	256.57	245.70	248.93	112	揭阳	Jieyang	80.67	92.68	125.49	193
孝感	Xiaogan	168.71	220.27	307.57	83	云浮	Yunfu	31.91	55.75	172.99	165
荆州	Jingzhou	140.06	235.12	179.73	156	广西	**Guangxi**	**2520.83**	**1971.37**	**1887.08**	
黄冈	Huanggang	63.90	102.89	512.28	36	南宁	Nanning	395.06	172.43	194.71	144
咸宁	Xianning	484.80	412.10	437.25	46	柳州	Liuzhou	169.86	181.35	288.19	93
随州	Suizhou	126.60	118.06	141.62	184	桂林	Guilin	148.64	298.93	222.96	123
湖南	**Hunan**	**3420.62**	**3895.75**	**3068.38**		梧州	Wuzhou	165.81	167.50	146.51	181
长沙	Changsha	1003.79	1055.29	799.98	10	北海	Beihai	106.08	100.48	49.37	260
株洲	Zhuzhou	241.59	308.49	120.69	197	防城港	Fangchenggang	166.83	149.37	53.92	256
湘潭	Xiangtan	170.83	269.45	191.09	147	钦州	Qinzhou	622.72	177.72	190.74	149
衡阳	Hengyang	259.11	521.86	364.35	59	贵港	Guigang	136.32	124.31	110.47	210
邵阳	Shaoyang	238.45	177.05	209.93	134	玉林	Yulin	174.81	196.39	137.52	187
岳阳	Yueyang	141.02	109.08	150.83	180	百色	Baise	135.57	100.92	103.70	218

7-11 供应普通商品住房用地面积 续表 3
Land Supplied for Ordinary Commercial Housing continued 3

单位：公顷 (hectare)

地名	City	2010	2011	2012	2012 排名 Ranking	地名	City	2010	2011	2012	2012 排名 Ranking
贺州	Hezhou	87.42	35.73	75.09	242	丽江	Lijiang	115.34	104.66	87.98	230
河池	Hechi	43.50	20.23	54.03	255	普洱	Puer	71.70	51.41	67.82	248
来宾	Laibin	62.78	108.79	217.94	128	临沧	Lincang	30.92	14.53	48.19	265
崇左	Chongzuo	105.42	137.21	41.92	267	西藏	**Tibet**	**108.84**	**108.84**	**96.34**	
海南	**Hainan**	**804.20**	**756.96**	**831.36**		拉萨	Lhasa	80.34	80.34	94.69	226
海口	Haikou	60.02	26.16	51.85	258	陕西	**Shaanxi**	**1099.94**	**1314.55**	**1999.57**	
三亚	Sanya	1.88	52.74	34.08	269	西安	Xi'an	319.15	251.22	594.29	23
重庆	**Chongqing**	**2148.40**	**2218.69**	**2656.97**		铜川	Tongchuan	46.69	46.68	28.53	276
四川	**Sichuan**	**4297.51**	**3824.64**	**3502.53**		宝鸡	Baoji	85.65	91.53	193.00	146
成都	Chengdu	1373.76	570.44	583.64	26	咸阳	Xianyang	226.85	198.69	283.25	95
自贡	Zigong	130.28	54.91	68.55	247	渭南	Weinan	96.49	115.98	166.59	169
攀枝花	Panzhihua	89.66	114.19	96.23	223	延安	Yan'an	9.99	94.47	51.62	259
泸州	Luzhou	319.58	502.63	215.13	129	汉中	Hanzhong	110.54	156.19	172.09	167
德阳	Deyang	264.52	208.65	190.83	148	榆林	Yulin	134.62	242.47	382.67	54
绵阳	Mianyang	384.84	368.27	330.62	72	安康	Ankang	27.81	58.56	65.76	251
广元	Guangyuan	83.72	87.91	111.34	208	商洛	Shangluo	42.13	58.76	61.76	252
遂宁	Suining	139.74	147.15	82.59	236	甘肃	**Gansu**	**961.17**	**880.53**	**796.26**	
内江	Neijiang	127.21	136.07	144.13	182	兰州	Lanzhou	275.03	95.56	119.64	199
乐山	Leshan	282.67	168.58	118.05	202	嘉峪关	Jiayuguan	33.09	16.06	33.18	270
南充	Nanchong	195.52	179.59	174.95	161	金昌	Jinchang	23.06	45.49	30.27	274
眉山	Meishan	210.09	524.60	439.98	43	白银	Baiyin	50.50	68.01	49.28	261
宜宾	Yibin	178.36	199.31	187.80	153	天水	Tianshui	43.46	65.31	60.37	253
广安	Guangan	124.87	91.88	100.31	220	武威	Wuwei	45.74	39.06	29.43	275
达州	Dazhou	195.22	96.86	77.18	240	张掖	Zhangye	147.60	157.75	105.28	216
雅安	Yaan	45.40	73.59	7.73	285	平凉	Pingliang	43.27	52.65	15.13	281
巴中	Bazhong	57.85	58.57	250.36	110	酒泉	Jiuquan	61.15	71.14	83.64	234
资阳	Ziyang	71.15	210.90	287.65	94	庆阳	Qingyang	59.83	64.12	92.28	229
贵州	**Guizhou**	**1135.41**	**1796.77**	**2918.47**		定西	Dingxi	112.02	75.21	109.67	212
贵阳	Guiyang	529.96	506.80	462.71	41	陇南	Longnan	3.98	22.88	14.20	282
六盘水	Liupanshui	12.22	11.22	124.58	194	青海	**Qinghai**	**231.12**	**264.73**	**317.40**	
遵义	Zunyi	145.42	446.70	511.79	37	西宁	Xining	137.68	203.88	152.73	179
安顺	Anshun	46.48	73.46	117.64	203	宁夏	**Ningxia**	**1140.24**	**1082.13**	**553.71**	
毕节	Bijie	46.25	130.88	528.66	32	银川	Yinchuan	276.81	258.46	254.52	108
铜仁	Tongren	45.30	162.52	202.75	139	石嘴山	Shizuishan	281.90	215.85	25.53	277
云南	**Yunnan**	**2325.93**	**3595.34**	**2743.09**		吴忠	Wuzhong	198.29	301.97	182.93	155
昆明	Kunming	323.97	1608.31	694.81	15	固原	Guyuan	154.72	126.10	48.39	262
曲靖	Qujing	318.51	246.46	224.19	121	中卫	Zhongwei	228.52	179.76	42.35	266
玉溪	Yuxi	156.76	316.52	111.48	207	新疆	**Xinjiang**	**2104.74**	**2104.74**	**1865.07**	
保山	Baoshan	160.41	228.37	247.79	115	乌鲁木齐	Urumqi	549.93	549.93	248.73	113
昭通	Zhaotong	99.19	78.79	95.52	225	克拉玛依	Karamay	19.41	19.41	9.29	284

7-12 供应经济适用住房用地面积
Land Supplied for Economically Affordable Housing

单位：公顷　　　　(hectare)

地名	City	2010	2011	2012	2012 排名 Ranking
全国	**Nation Total**	**13292.14**	**16238.19**	**20245.62**	
北京	**Beijing**	**96.83**	**93.90**	**193.00**	
天津	**Tianjin**	**560.77**	**485.38**	**745.31**	
河北	**Hebei**	**272.30**	**487.27**	**213.11**	
石家庄	Shijiazhuang	39.89	58.06	59.07	62
唐山	Tangshan	32.51	9.27	9.37	192
秦皇岛	Qinhuangdao	22.62	149.94	33.54	105
邯郸	Handan	84.04	90.93	4.92	223
邢台	Xingtai	16.10	25.48	29.42	120
保定	Baoding	3.49	22.09	4.47	229
张家口	Zhangjiakou	39.96	35.69	40.07	89
承德	Chengde	15.91	14.89	6.65	210
沧州	Cangzhou	1.76	38.89	7.76	205
廊坊	Langfang	7.50	31.42	12.02	178
衡水	Hengshui	8.52	10.61	5.82	215
山西	**Shanxi**	**241.84**	**406.05**	**444.40**	
太原	Taiyuan	61.00	103.02	87.11	40
大同	Datong	19.77	30.31		
阳泉	Yangquan	15.59	38.97	46.42	82
长治	Changzhi	8.05	1.45	9.11	193
晋城	Jincheng	22.71	13.67	50.23	71
朔州	Shuozhou	16.61	63.69	47.81	78
晋中	Jinzhong	32.73	45.85	53.57	65
运城	Yuncheng	5.19	48.73	31.39	111
忻州	Xinzhou	12.79	8.84	32.75	107
临汾	Linfen	7.42	36.15	11.01	182
吕梁	Luliang	39.98	15.36	75.18	44
内蒙古	**Inner Mongolia**	**516.50**	**564.01**	**453.73**	
呼和浩特	Hohhot	34.07	31.45	4.34	230
包头	Baotou	77.67	96.10	66.74	51
乌海	Wuhai	43.50	24.25	28.86	122
赤峰	Chifeng	2.99	27.52	8.11	203
通辽	Tongliao	17.95	2.71		
鄂尔多斯	Erdos	155.88	111.12	215.59	17
呼伦贝尔	Hulunbuir	90.76	175.98	47.16	79
巴彦淖尔	Bayannur	3.24	3.70	0.77	253
乌兰察布	Ulanqab	14.11	70.09	33.71	103
辽宁	**Liaoning**	**738.51**	**1018.01**	**357.69**	
沈阳	Shenyang	28.15	9.57	12.05	177
大连	Dalian	66.07	313.60	53.24	66
鞍山	Anshan		40.53	32.35	110
抚顺	Fushun	45.28	15.41	46.79	81
本溪	Benxi	148.78	79.80	22.05	140
丹东	Dandong	3.74	56.15	15.96	160
锦州	Jinzhou	37.89	29.29	20.14	149
营口	Yingkou	305.75	133.38	36.77	95
阜新	Fuxin	23.60	86.34	30.91	113
辽阳	Liaoyang	18.21	49.21	48.55	75
盘锦	Panjin				
铁岭	Tieling	16.05	8.26	5.75	218
朝阳	Chaoyang	1.53	58.67	9.97	190
葫芦岛	Huludao	43.46	137.81	23.14	136
吉林	**Jilin**	**407.77**	**245.73**	**437.03**	
长春	Changchun	198.08	118.62	221.91	15
吉林	Jilin	52.44	4.05	62.04	56
四平	Siping	1.80	7.82	4.08	232
辽源	Liaoyuan	70.79	14.87	35.38	100
通化	Tonghua	32.70	18.16	24.09	133
白山	Baishan	3.61	21.01	22.38	137
松原	Songyuan		3.54		
白城	Baicheng	10.01	12.16	25.23	131
黑龙江	**Heilongjiang**	**829.79**	**1056.33**	**699.98**	
哈尔滨	Harbin	217.43	162.00	66.47	52
齐齐哈尔	Qiqihar	61.81	43.58	30.83	114
鸡西	Jixi	3.98	12.90	12.62	174
鹤岗	Hegang	2.63	56.08	8.44	199
双鸭山	Shuangyashan	13.98	157.23	78.73	42
大庆	Daqing	0.82	2.53	12.24	176
伊春	Yichun	7.51	36.96	64.18	54
佳木斯	Jiamusi	58.14	1.37		
七台河	Qitaihe		125.69	4.83	224
牡丹江	Mudanjiang		9.65	8.12	202
黑河	Heihe	42.81	8.08	7.32	208
绥化	Suihua	87.60	40.32	8.62	196
上海	**Shanghai**	**31.08**	**249.18**	**59.46**	
江苏	**Jiangsu**	**1380.63**	**1844.87**	**1748.61**	

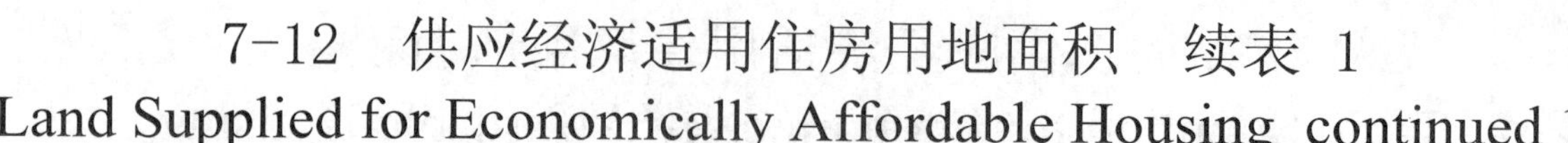

7-12 供应经济适用住房用地面积 续表 1
Land Supplied for Economically Affordable Housing continued 1

单位：公顷 (hectare)

地名	City	2010	2011	2012	2012 排名 Ranking
南京	Nanjing	285.77	960.51	302.36	8
无锡	Wuxi	175.18	204.87	157.45	24
徐州	Xuzhou	175.36	74.68	630.12	2
常州	Changzhou	104.64	92.51	68.14	50
苏州	Suzhou	343.15	86.58	96.01	38
南通	Nantong	53.53	84.55	4.49	227
连云港	Lianyungang	11.91	34.25	27.51	128
淮安	Huaian	39.67	40.94	49.41	74
盐城	Yancheng	14.89	20.27	143.37	26
扬州	Yangzhou	31.59	176.00	103.81	37
镇江	Zhenjiang		6.27	3.72	235
泰州	Taizhou	7.10	24.05	132.67	28
宿迁	Suqian	137.85	39.39	29.55	119
浙江	**Zhejiang**	**1290.01**	**436.98**	**3494.68**	
杭州	Hangzhou	164.43	105.63	521.86	3
宁波	Ningbo	887.69	114.61	983.23	1
温州	Wenzhou	18.89	52.39	439.89	5
嘉兴	Jiaxing	78.55	46.11	287.28	10
湖州	Huzhou	10.97	21.53	110.75	35
绍兴	Shaoxing	6.76	22.94	224.05	14
金华	Jinhua	63.94	9.34	112.78	33
衢州	Quzhou	18.14	8.41	166.09	23
舟山	Zhoushan	12.71	8.18	21.42	143
台州	Taizhou	17.87	18.04	213.28	18
丽水	Lishui	10.06	29.79	414.06	6
安徽	**Anhui**	**1274.11**	**1363.84**	**2056.29**	
合肥	Hefei	223.09	223.37	233.66	13
芜湖	Wuhu	514.51	216.86	188.92	22
蚌埠	Bengbu	59.76	31.12	19.46	152
淮南	Huainan	226.31	60.76	73.92	46
马鞍山	Maanshan	6.42		29.14	121
淮北	Huaibei	55.21	29.30	474.77	4
铜陵	Tongling	22.97	19.24	33.61	104
安庆	Anqing	8.00	113.53	27.57	126
黄山	Huangshan	11.45	130.19	49.54	73
滁州	Chuzhou	25.69	250.57	201.12	20
阜阳	Fuyang	27.70	17.74	68.85	48
宿州	Suzhou	50.13	16.41	125.05	30
六安	Liuan	1.95	80.06	269.15	11
亳州	Bozhou	23.75	33.51	61.91	57

地名	City	2010	2011	2012	2012 排名 Ranking
池州	Chizhou			25.49	130
宣城	Xuancheng	10.09	45.02	127.30	29
福建	**Fujian**	**78.65**	**88.46**	**42.45**	
福州	Fuzhou	2.81	12.49	9.78	191
厦门	Xiamen	16.89	15.65	0.87	252
莆田	Putian	12.72	1.35	1.87	244
三明	Sanming	0.69	8.06		
泉州	Quanzhou	22.18	35.30	2.41	241
漳州	Zhangzhou	6.19	0.62	5.82	215
南平	Nanping		1.04	1.40	247
龙岩	Longyan	2.79	4.44	12.48	175
宁德	Ningde	14.38	9.51	7.81	204
江西	**Jiangxi**	**278.88**	**521.02**	**337.68**	
南昌	Nanchang	47.98	36.33	19.46	152
景德镇	Jingdezhen	24.36	35.52	16.01	159
萍乡	Pingxiang	0.54	56.82	59.48	60
九江	Jiujiang	2.95	5.44	15.85	163
新余	Xinyu		7.55		
鹰潭	Yingtan	50.51	37.26	31.18	112
赣州	Ganzhou	123.35	168.74	87.75	39
吉安	Jian	6.61	84.75	23.43	135
宜春	Yichun	3.59	34.95	49.61	72
抚州	Fuzhou	13.20	12.49	21.56	142
上饶	Shangrao	5.79	41.15	13.34	172
山东	**Shandong**	**775.92**	**1034.75**	**668.79**	
济南	Jinan	185.37	52.27	13.72	168
青岛	Qingdao	143.89	371.37	201.27	19
淄博	Zibo	2.38	37.83	36.27	98
枣庄	Zaozhuang	11.52	91.09	6.12	213
东营	Dongying	4.48	9.45	24.52	132
烟台	Yantai	48.48	27.09	32.65	109
潍坊	Weifang		34.52	9.09	194
济宁	Jining	9.54	55.32	19.45	154
泰安	Taian	95.83	84.96	69.29	47
威海	Weihai			40.30	87
日照	Rizhao	7.26	25.05	47.82	77
莱芜	Laiwu	18.72	10.32	21.07	147
临沂	Linyi	162.42	74.00	68.71	49
德州	Dezhou	11.70	36.36	20.13	150
聊城	Liaocheng	5.25	33.30	5.19	221

7-12 供应经济适用住房用地面积 续表 2
Land Supplied for Economically Affordable Housing continued 2

单位：公顷 (hectare)

地名	City	2010	2011	2012	2012 排名 Ranking	地名	City	2010	2011	2012	2012 排名 Ranking
滨州	Binzhou	15.46	53.40	32.88	106	常德	Changde	2.77	117.52	29.98	117
菏泽	Heze	53.62	38.44	20.18	148	张家界	Zhangjiajie	3.42	14.01	8.95	195
河南	**Henan**	**973.82**	**845.37**	**574.71**		益阳	Yiyang	19.09	9.86	28.26	124
郑州	Zhengzhou	491.54	306.99	60.32	59	郴州	Chenzhou	15.44	28.83	111.15	34
开封	Kaifeng	23.19	12.36	38.95	93	永州	Yongzhou	3.44	125.38	21.17	145
洛阳	Luoyang	35.87	224.89	50.78	69	怀化	Huaihua	17.70	22.90	50.41	70
平顶山	Pingdingshan	161.80	35.73	155.37	25	娄底	Loudi	0.64	26.99	30.70	116
安阳	Anyang	40.03	35.97	6.40	211	**广东**	**Guangdong**	**151.50**	**146.68**	**81.99**	
鹤壁	Hebi	25.69	7.18			广州	Guangzhou	121.48	73.67	51.31	67
新乡	Xinxiang	2.30	22.32	3.14	236	韶关	Shaoguan	0.13	8.43	1.72	245
焦作	Jiaozuo	14.37	56.57	74.27	45	深圳	Shenzhen	13.16	0.55		
濮阳	Puyang	50.27	10.56	30.71	115	珠海	Zhuhai	1.33	6.25		
许昌	Xuchang	13.55	6.89	48.22	76	汕头	Shantou				
漯河	Luohe	11.32	11.84			佛山	Foshan	0.36			
三门峡	Sanmenxia	1.44	4.58	14.08	166	江门	Jiangmen	2.02	0.17	4.25	231
南阳	Nanyang	69.02	26.89	18.62	155	湛江	Zhanjiang	2.29	1.97	0.05	261
商丘	Shangqiu	7.63	16.78	13.63	169	茂名	Maoming			1.00	251
信阳	Xinyang	2.17	40.19	34.03	102	肇庆	Zhaoqing	0.05	5.90	0.52	257
周口	Zhoukou	15.68	12.98	15.93	161	惠州	Huizhou	3.69	5.22	5.12	222
驻马店	Zhumadian	7.94	12.65	10.26	187	梅州	Meizhou	0.50	22.66	0.45	258
湖北	**Hubei**	**243.49**	**404.24**	**546.21**		汕尾	Shanwei			0.58	256
武汉	Wuhan	124.42	262.92	239.55	12	河源	Heyuan	3.15	0.90	16.03	158
黄石	Huangshi	8.65	5.43	2.99	239	阳江	Yangjiang	0.78	1.39		
十堰	Shiyan	0.09	0.43	5.69	219	清远	Qingyuan	2.28	2.48	0.06	260
宜昌	Yichang	50.89	53.25	42.59	85	东莞	Dongguan		9.29		
襄阳	Xiangfan	3.69	22.34	10.44	185	中山	ZhongShan				
鄂州	Ezhou					潮州	Chaozhou		6.67		
荆门	Jingmen	14.45	6.21	35.77	99	揭阳	Jieyang	0.29	1.12	0.30	259
孝感	Xiaogan	0.36	5.27	13.22	173	云浮	Yunfu			0.60	254
荆州	Jingzhou	21.38	18.14	10.34	186	**广西**	**Guangxi**	**304.59**	**314.19**	**171.52**	
黄冈	Huanggang	8.30	1.87	11.60	180	南宁	Nanning	117.19	68.94	10.02	189
咸宁	Xianning	2.36		2.62	240	柳州	Liuzhou	61.21	41.50	57.16	63
随州	Suizhou	3.70	19.60	5.90	214	桂林	Guilin	19.47	23.70	18.14	156
湖南	**Hunan**	**338.93**	**581.31**	**869.83**		梧州	Wuzhou		0.88	3.75	234
长沙	Changsha	203.02	76.91	381.90	7	北海	Beihai		5.91		
株洲	Zhuzhou	16.15	31.31	15.09	165	防城港	Fangchenggang	10.95	64.14	11.11	181
湘潭	Xiangtan	3.02	26.89	34.51	101	钦州	Qinzhou	7.59	9.92	0.60	254
衡阳	Hengyang	32.88	24.92	86.97	41	贵港	Guigang	74.36	4.83	4.67	226
邵阳	Shaoyang	3.38	28.51	28.57	123	玉林	Yulin	3.33	3.70	4.71	225
岳阳	Yueyang	15.31	44.59	37.76	94	百色	Baise	4.09	5.99	8.20	200

7-12 供应经济适用住房用地面积 续表 3
Land Supplied for Economically Affordable Housing continued 3

单位：公顷 (hectare)

地名	City	2010	2011	2012	2012 排名 Ranking	地名	City	2010	2011	2012	2012 排名 Ranking
贺州	Hezhou	3.41	17.55	5.43	220	丽江	Lijiang			2.27	242
河池	Hechi	1.05	55.47	40.20	88	普洱	Puer	0.60	0.03	1.56	246
来宾	Laibin	0.00	0.72			临沧	Lincang	7.53	8.27	0.02	262
崇左	Chongzuo	1.95	10.94	7.53	206	**西藏**	**Tibet**	**5.39**	**5.39**	**13.44**	
海南	**Hainan**	**124.48**	**85.73**	**98.78**		拉萨	Lhasa			13.44	171
海口	Haikou	16.31	1.91	22.35	138	**陕西**	**Shaanxi**	**279.65**	**379.86**	**388.37**	
三亚	Sanya	37.33	0.25	6.22	212	西安	Xi'an	61.48	119.79	133.94	27
重庆	**Chongqing**	**542.87**	**1012.75**	**532.19**		铜川	Tongchuan	57.37	15.22	43.21	84
四川	**Sichuan**	**274.83**	**1121.04**	**862.32**		宝鸡	Baoji	6.08	69.68	19.55	151
成都	Chengdu	125.38	692.34	201.03	21	咸阳	Xianyang	8.57	20.19	36.67	96
自贡	Zigong	4.40	24.01	8.51	198	渭南	Weinan	53.65	5.44	36.67	96
攀枝花	Panzhihua	2.54	15.80	3.78	233	延安	Yan'an	13.65	72.71	11.80	179
泸州	Luzhou	7.32	9.66	27.57	126	汉中	Hanzhong	15.03	46.10	39.50	91
德阳	Deyang	67.23	12.71	220.16	16	榆林	Yulin	62.86	18.71	51.08	68
绵阳	Mianyang	3.41	4.60	62.76	55	安康	Ankang	0.66	0.02	15.32	164
广元	Guangyuan	4.37	87.57	22.10	139	商洛	Shangluo	0.30	12.01	10.63	184
遂宁	Suining	6.73	28.32	18.13	157	**甘肃**	**Gansu**	**204.86**	**288.34**	**365.18**	
内江	Neijiang	16.51	2.39	10.72	183	兰州	Lanzhou	76.60	64.41	114.85	32
乐山	Leshan	2.03	9.59	42.04	86	嘉峪关	Jiayuguan	17.83	18.55	5.76	217
南充	Nanchong	1.17	0.80	1.92	243	金昌	Jinchang	11.59	40.66	3.14	236
眉山	Meishan		8.25	1.29	249	白银	Baiyin	21.31	32.38	46.01	83
宜宾	Yibin	17.86	44.17	124.80	31	天水	Tianshui	6.65	43.51	8.56	197
广安	Guangan	0.17	6.62	15.88	162	武威	Wuwei	11.63	15.70	13.98	167
达州	Dazhou	5.73	0.72	4.49	227	张掖	Zhangye	4.96	16.11	23.98	134
雅安	Yaan	6.44	14.15	29.63	118	平凉	Pingliang			1.33	248
巴中	Bazhong		2.96	32.66	108	酒泉	Jiuquan	19.29	14.46	65.21	53
资阳	Ziyang		123.00	1.23	250	庆阳	Qingyang	7.37	15.81	8.19	201
贵州	**Guizhou**	**411.83**	**290.51**	**407.84**		定西	Dingxi	21.22	20.53	59.37	61
贵阳	Guiyang	262.03	109.24	76.42	43	陇南	Longnan	2.14	0.23	10.09	188
六盘水	Liupanshui	3.73		3.12	238	**青海**	**Qinghai**	**48.77**	**79.28**	**418.52**	
遵义	Zunyi	59.96	31.47	39.81	90	西宁	Xining	9.58	61.49	61.19	58
安顺	Anshun	7.38	52.80	21.35	144	**宁夏**	**Ningxia**	**269.27**	**462.71**	**381.76**	
毕节	Bijie	58.40	13.22	6.84	209	银川	Yinchuan	135.26	248.42	287.96	9
铜仁	Tongren	1.97	21.96	27.77	125	石嘴山	Shizuishan	130.35	97.02	25.67	129
云南	**Yunnan**	**38.37**	**19.12**	**44.89**		吴忠	Wuzhong		75.95	21.17	145
昆明	Kunming	13.89	0.05	13.52	170	固原	Guyuan	3.67	7.28	7.53	206
曲靖	Qujing	6.60	2.20	21.83	141	中卫	Zhongwei		34.04	39.42	92
玉溪	Yuxi					**新疆**	**Xinjiang**	**305.91**	**305.91**	**2535.86**	
保山	Baoshan					乌鲁木齐	Urumqi	89.32	89.32	53.58	64
昭通	Zhaotong		0.35			克拉玛依	Karamay	22.96	22.96	109.07	36

7-13 供应廉租住房用地面积
Land Supplied for Low Rent Housing

单位：公顷 (hectare)

地名	City	2010	2011	2012	2012 排名 Ranking
全国	**Nation Total**	**3380.87**	**6121.69**	**9545.24**	
北京	**Beijing**	**0.63**	**2.88**	**11.57**	
天津	**Tianjin**		**211.71**	**58.65**	
河北	**Hebei**	**92.67**	**219.42**	**171.79**	
石家庄	Shijiazhuang	5.00	25.04	7.75	160
唐山	Tangshan	47.99	36.17	6.67	174
秦皇岛	Qinhuangdao	1.87	3.05	9.84	138
邯郸	Handan	12.75	13.14	11.75	127
邢台	Xingtai	0.11	17.55	29.93	61
保定	Baoding	1.79	14.44	8.09	155
张家口	Zhangjiakou	0.95	19.32	18.69	92
承德	Chengde	0.42	3.59	11.84	126
沧州	Cangzhou	12.46	62.10	24.01	76
廊坊	Langfang	5.40	15.13	34.60	51
衡水	Hengshui	3.94	9.88	8.63	148
山西	**Shanxi**	**311.66**	**533.86**	**225.49**	
太原	Taiyuan	5.25	4.55	2.59	227
大同	Datong	254.48	448.27	135.52	7
阳泉	Yangquan	1.40	10.92	7.54	164
长治	Changzhi	1.41	2.01		
晋城	Jincheng	0.21		11.39	131
朔州	Shuozhou	0.82	15.82	19.71	89
晋中	Jinzhong		5.99	4.74	200
运城	Yuncheng	5.30	13.48	3.34	217
忻州	Xinzhou	6.28	13.14	28.79	64
临汾	Linfen	5.73	4.94	6.14	180
吕梁	Luliang	30.77	14.75	5.72	184
内蒙古	**Inner Mongolia**	**191.02**	**184.83**	**179.09**	
呼和浩特	Hohhot			0.11	262
包头	Baotou	2.42	4.04	31.04	58
乌海	Wuhai	109.71	1.18	0.02	265
赤峰	Chifeng	1.24	17.42	35.15	50
通辽	Tongliao	6.36	33.16	7.07	169
鄂尔多斯	Erdos	15.12	26.47	7.69	162
呼伦贝尔	Hulunbuir	26.51	15.47	27.98	66
巴彦淖尔	Bayannur	3.81	14.17	17.71	96
乌兰察布	Ulanqab	6.28	39.61	37.54	47
辽宁	**Liaoning**	**13.30**	**111.73**	**82.55**	
沈阳	Shenyang	1.16	12.31	6.45	176
大连	Dalian		24.30	6.71	173
鞍山	Anshan	0.56	10.64	14.93	107
抚顺	Fushun		0.30	14.52	111
本溪	Benxi	5.11	12.93	4.28	203
丹东	Dandong	2.40		1.17	241
锦州	Jinzhou		3.86	1.46	234
营口	Yingkou	2.85	6.23	31.28	57
阜新	Fuxin				
辽阳	Liaoyang		6.02	0.22	258
盘锦	Panjin	0.91			
铁岭	Tieling		0.53	0.14	261
朝阳	Chaoyang	0.30	34.60	0.99	246
葫芦岛	Huludao			0.40	255
吉林	**Jilin**	**53.27**	**93.59**	**133.60**	
长春	Changchun	16.03	31.49	43.81	36
吉林	Jilin	4.61	15.36	32.01	54
四平	Siping	0.07	13.45	8.58	149
辽源	Liaoyuan	2.16	5.13		
通化	Tonghua	7.70	9.69	3.95	209
白山	Baishan	4.48	2.65	8.32	153
松原	Songyuan		4.80	14.49	112
白城	Baicheng	6.19		4.09	206
黑龙江	**Heilongjiang**	**191.29**	**123.62**	**131.87**	
哈尔滨	Harbin	6.27	21.17	13.68	116
齐齐哈尔	Qiqihar	7.24	10.13	4.19	205
鸡西	Jixi		1.83		
鹤岗	Hegang	4.59	3.78	8.43	151
双鸭山	Shuangyashan			1.14	242
大庆	Daqing	0.09		0.84	248
伊春	Yichun	62.45	5.50	6.10	181
佳木斯	Jiamusi	5.00	19.41	24.04	75
七台河	Qitaihe	3.45	7.14	10.00	137
牡丹江	Mudanjiang	25.72	2.30	17.67	97
黑河	Heihe	9.96	2.42	5.89	182
绥化	Suihua	13.42	7.61	8.39	152
上海	**Shanghai**		**3.28**	**59.46**	
江苏	**Jiangsu**	**430.88**	**584.29**	**1748.61**	

7-13 供应廉租住房用地面积 续表 1
Land Supplied for Low Rent Housing continued 1

单位：公顷 (hectare)

地名	City	2010	2011	2012	2012 排名 Ranking
南京	Nanjing		2.74	7.98	158
无锡	Wuxi	411.27	444.05	382.53	1
徐州	Xuzhou	9.65	1.86	55.55	26
常州	Changzhou	4.02	68.13	110.75	9
苏州	Suzhou	2.02	6.40	20.21	85
南通	Nantong	0.69	20.40	18.64	93
连云港	Lianyungang	0.33	1.32	5.62	188
淮安	Huaian		13.50		
盐城	Yancheng	2.64	7.21	38.87	44
扬州	Yangzhou				
镇江	Zhenjiang		11.79	13.77	114
泰州	Taizhou		3.92	14.06	113
宿迁	Suqian	0.26	2.97	19.09	91
浙江	**Zhejiang**	**41.10**	**42.89**	**190.42**	
杭州	Hangzhou	15.88	21.08	35.97	48
宁波	Ningbo	15.05	1.20	16.68	102
温州	Wenzhou	2.87	4.48	11.92	125
嘉兴	Jiaxing		0.83	8.05	156
湖州	Huzhou	0.57	1.42	8.02	157
绍兴	Shaoxing	0.90		3.45	214
金华	Jinhua	0.52	6.70	6.41	177
衢州	Quzhou	3.37	0.24	14.75	110
舟山	Zhoushan	0.46	0.10	1.00	245
台州	Taizhou	0.76	4.69	14.82	108
丽水	Lishui	0.70	2.14	69.35	17
安徽	**Anhui**	**82.72**	**424.39**	**966.28**	
合肥	Hefei	4.17	13.68	64.89	20
芜湖	Wuhu	24.15	100.39	190.72	2
蚌埠	Bengbu	0.25	25.71	40.69	40
淮南	Huainan	1.85	0.93	57.54	24
马鞍山	Maanshan	2.43	10.05	31.82	55
淮北	Huaibei		35.64	25.85	71
铜陵	Tongling	4.19	12.50	16.75	101
安庆	Anqing	11.04	35.07	38.20	45
黄山	Huangshan	11.67	9.32	5.00	197
滁州	Chuzhou		41.29	54.16	29
阜阳	Fuyang	1.32	25.20	67.74	18
宿州	Suzhou	11.86	17.71	30.12	60
六安	Liuan	4.73	17.49	104.09	11
亳州	Bozhou	2.92	37.30	75.57	15
池州	Chizhou		26.97	73.78	16
宣城	Xuancheng	1.88	9.50	44.46	34
福建	**Fujian**	**52.96**	**43.30**	**60.77**	
福州	Fuzhou	27.14	6.74	6.81	170
厦门	Xiamen				
莆田	Putian	2.20	6.15	2.57	228
三明	Sanming	10.93	3.40	4.20	204
泉州	Quanzhou	3.88	5.10	22.25	81
漳州	Zhangzhou	1.83	8.22	9.84	138
南平	Nanping	2.07	1.73	1.36	238
龙岩	Longyan	2.04	5.94	12.92	119
宁德	Ningde	2.87	6.01	0.82	249
江西	**Jiangxi**	**167.18**	**383.48**	**527.07**	
南昌	Nanchang	19.21	25.24	53.48	30
景德镇	Jingdezhen	10.60	15.32	10.94	134
萍乡	Pingxiang	9.23	11.98	16.88	99
九江	Jiujiang	7.03	65.19	177.37	3
新余	Xinyu	13.00	1.66	0.99	246
鹰潭	Yingtan	22.63	26.43	3.15	222
赣州	Ganzhou	20.88	142.11	89.42	12
吉安	Jian	5.67	30.62	40.62	41
宜春	Yichun	11.47	26.29	52.55	31
抚州	Fuzhou	9.00	22.85	42.62	37
上饶	Shangrao	38.46	15.80	39.04	43
山东	**Shandong**	**85.92**	**145.59**	**208.97**	
济南	Jinan	0.69	37.64	31.70	56
青岛	Qingdao	4.24	6.31	37.86	46
淄博	Zibo	22.98	11.06	5.84	183
枣庄	Zaozhuang	1.99	2.64	5.67	185
东营	Dongying	1.99	0.89	12.80	121
烟台	Yantai		2.77		
潍坊	Weifang	2.77	3.15	3.99	207
济宁	Jining	6.13	14.76	9.56	141
泰安	Taian		8.02	15.96	106
威海	Weihai		1.09	3.45	214
日照	Rizhao	38.22	24.68	41.97	38
莱芜	Laiwu			0.37	256
临沂	Linyi	0.58	4.32	6.74	172
德州	Dezhou	2.53	17.99	20.35	84
聊城	Liaocheng		0.51	0.67	252

7-13 供应廉租住房用地面积 续表 2
Land Supplied for Low Rent Housing continued 2

单位：公顷 (hectare)

地名	City	2010	2011	2012	2012 排名 Ranking	地名	City	2010	2011	2012	2012 排名 Ranking
滨州	Binzhou	1.34	4.18	12.05	123	常德	Changde	3.49	22.35	16.68	102
菏泽	Heze	2.46	5.58			张家界	Zhangjiajie	3.13	18.32	3.07	223
河南	**Henan**	**138.97**	**197.08**	**342.69**		益阳	Yiyang	6.85	22.88	4.76	199
郑州	Zhengzhou	12.90	0.60	11.33	132	郴州	Chenzhou	4.86	14.04	24.99	73
开封	Kaifeng		5.73	11.70	128	永州	Yongzhou	1.54	31.54	14.77	109
洛阳	Luoyang	15.94	8.13	11.93	124	怀化	Huaihua	4.09	9.75	9.79	140
平顶山	Pingdingshan	7.48	5.78	18.53	95	娄底	Loudi	3.92	34.09	5.06	195
安阳	Anyang	5.48	17.27	12.80	121	广东	**Guangdong**	**14.73**	**49.45**	**39.05**	
鹤壁	Hebi	5.50	26.85	55.30	27	广州	Guangzhou	0.93	1.68	6.48	175
新乡	Xinxiang	2.89	21.95	49.96	32	韶关	Shaoguan		1.60	3.61	212
焦作	Jiaozuo	14.57	10.39	19.85	87	深圳	Shenzhen	5.67		1.28	239
濮阳	Puyang		0.16	1.28	239	珠海	Zhuhai		2.00	0.10	263
许昌	Xuchang	6.09	10.41	5.11	193	汕头	Shantou				
漯河	Luohe	3.75	2.25	3.33	218	佛山	Foshan		5.09	0.81	250
三门峡	Sanmenxia	20.69	3.97	4.65	201	江门	Jiangmen	2.97	8.10	1.41	236
南阳	Nanyang	5.82	3.34	11.66	129	湛江	Zhanjiang	1.94	1.79	0.10	263
商丘	Shangqiu	14.87	24.72	41.56	39	茂名	Maoming		1.96	1.06	243
信阳	Xinyang	13.52	13.40	5.17	192	肇庆	Zhaoqing	0.05	1.52	0.54	254
周口	Zhoukou	4.55	11.70	23.24	78	惠州	Huizhou		3.21		
驻马店	Zhumadian	4.94	30.44	55.30	27	梅州	Meizhou	2.24	0.79		
湖北	**Hubei**	**48.44**	**118.76**	**154.31**		汕尾	Shanwei				
武汉	Wuhan	1.67	3.66	18.59	94	河源	Heyuan		1.00	2.64	225
黄石	Huangshi		9.24	5.67	185	阳江	Yangjiang		0.18	5.04	196
十堰	Shiyan	0.32	8.01	4.61	202	清远	Qingyuan	0.92	2.80	0.77	251
宜昌	Yichang	5.65	17.23	27.49	67	东莞	Dongguan		13.06	9.48	143
襄阳	Xiangfan	8.99		10.40	136	中山	ZhongShan			3.05	224
鄂州	Ezhou					潮州	Chaozhou		0.67	0.63	253
荆门	Jingmen	3.47	13.14	8.47	150	揭阳	Jieyang		4.00		
孝感	Xiaogan	0.93		7.96	159	云浮	Yunfu			2.06	231
荆州	Jingzhou	8.90	8.72	10.60	135	广西	**Guangxi**	**50.91**	**232.39**	**196.90**	
黄冈	Huanggang	10.81	27.26	19.81	88	南宁	Nanning	5.00	30.77	1.37	237
咸宁	Xianning	3.91	11.08	30.49	59	柳州	Liuzhou	4.04	8.05	28.61	65
随州	Suizhou	0.87	5.35	2.13	229	桂林	Guilin	5.38	17.28	7.72	161
湖南	**Hunan**	**66.68**	**372.34**	**237.80**		梧州	Wuzhou	5.95	6.34	8.79	145
长沙	Changsha	14.50	105.57	44.35	35	北海	Beihai		44.50	61.28	21
株洲	Zhuzhou		1.95	11.14	133	防城港	Fangchenggang	8.08	3.44	3.97	208
湘潭	Xiangtan	3.30	12.19	3.24	220	钦州	Qinzhou	2.99	12.30	8.28	154
衡阳	Hengyang	6.67	10.45	5.58	190	贵港	Guigang		11.29	4.86	198
邵阳	Shaoyang	4.13	15.49	46.09	33	玉林	Yulin	3.52	19.56	8.65	147
岳阳	Yueyang	6.74	14.51	26.98	69	百色	Baise	11.29	28.97	13.77	114

7-13 供应廉租住房用地面积 续表 3
Land Supplied for Low Rent Housing continued 3

单位：公顷 (hectare)

地名	City	2010	2011	2012	2012 排名 Ranking	地名	City	2010	2011	2012	2012 排名 Ranking
贺州	Hezhou	3.76	5.45	6.39	178	丽江	Lijiang		7.69	13.26	118
河池	Hechi	0.36	5.47	12.84	120	普洱	Puer		9.11	13.56	117
来宾	Laibin		17.78	23.58	77	临沧	Lincang	4.02	74.42	89.27	13
崇左	Chongzuo	0.54	21.18	6.79	171	**西藏**	**Tibet**	**19.23**	**19.23**	**11.62**	
海南	**Hainan**	**52.25**	**17.46**	**10.20**		拉萨	Lhasa	4.13	4.13	2.60	226
海口	Haikou	2.57		3.52	213	**陕西**	**Shaanxi**	**127.41**	**115.17**	**217.13**	
三亚	Sanya					西安	Xi'an	41.74	2.99	35.94	49
重庆	**Chongqing**	**136.50**	**108.50**	**430.41**		铜川	Tongchuan	31.13	4.73	7.10	168
四川	**Sichuan**	**72.37**	**315.71**	**316.71**		宝鸡	Baoji	5.20	6.27	59.93	23
成都	Chengdu	11.91	15.61	22.62	80	咸阳	Xianyang	1.00	23.64	25.21	72
自贡	Zigong	2.49	17.21	5.27	191	渭南	Weinan		10.61	19.34	90
攀枝花	Panzhihua	3.27	0.97	3.38	216	延安	Yan'an	23.75	10.59	7.66	163
泸州	Luzhou	5.71	13.48	11.51	130	汉中	Hanzhong	7.60	1.89	5.59	189
德阳	Deyang	5.78	7.67	20.04	86	榆林	Yulin	10.78	22.02	17.52	98
绵阳	Mianyang	9.70	44.12	8.76	146	安康	Ankang	0.07	6.74	22.01	82
广元	Guangyuan	2.57	4.08	1.51	233	商洛	Shangluo	6.13	25.68	16.83	100
遂宁	Suining	4.84	18.88	21.20	83	**甘肃**	**Gansu**	**119.35**	**173.25**	**281.77**	
内江	Neijiang	5.31	8.35	5.08	194	兰州	Lanzhou	9.58	10.28	3.20	221
乐山	Leshan		7.58	27.30	68	嘉峪关	Jiayuguan	1.60	1.52	1.04	244
南充	Nanchong	1.02	0.77	7.33	165	金昌	Jinchang	10.80	1.48		
眉山	Meishan		16.61	1.44	235	白银	Baiyin	6.40	31.84	33.56	53
宜宾	Yibin	4.52	11.71	16.46	105	天水	Tianshui	11.61	25.58	5.66	187
广安	Guangan	5.42	16.12	2.00	232	武威	Wuwei	16.97	31.77	159.02	5
达州	Dazhou	3.28	15.65	9.54	142	张掖	Zhangye	0.53	16.56	0.18	260
雅安	Yaan	2.83	4.87	9.38	144	平凉	Pingliang	15.96	6.52	2.13	229
巴中	Bazhong		10.91	0.34	257	酒泉	Jiuquan	9.47	9.49	3.95	209
资阳	Ziyang	0.41	43.59	139.35	6	庆阳	Qingyang	3.79	7.43	6.20	179
贵州	**Guizhou**	**88.08**	**337.44**	**304.98**		定西	Dingxi	21.39	23.35	39.10	42
贵阳	Guiyang	10.78	78.49	60.49	22	陇南	Longnan	0.19	2.05	3.27	219
六盘水	Liupanshui	0.70	19.33	29.06	63	**青海**	**Qinghai**	**265.17**	**160.67**	**201.22**	
遵义	Zunyi	10.75	11.48	24.18	74	西宁	Xining	0.05	5.55	3.83	211
安顺	Anshun	16.83	12.66	22.67	79	**宁夏**	**Ningxia**	**62.44**	**121.75**	**194.15**	
毕节	Bijie	15.11	79.22	82.44	14	银川	Yinchuan	14.56	0.42	16.55	104
铜仁	Tongren	0.68	37.02	26.89	70	石嘴山	Shizuishan	0.17	6.26	33.72	52
云南	**Yunnan**	**64.20**	**334.06**	**751.32**		吴忠	Wuzhong	13.86	19.51	107.22	10
昆明	Kunming	3.96	21.60	160.09	4	固原	Guyuan	29.84	61.33	7.17	166
曲靖	Qujing	6.94	7.87	124.87	8	中卫	Zhongwei	4.00	34.23	29.48	62
玉溪	Yuxi	1.12	14.80	66.39	19	**新疆**	**Xinjiang**	**339.57**	**339.57**	**2185.83**	
保山	Baoshan	0.56	5.67	57.25	25	乌鲁木齐	Urumqi	13.10	13.10	0.22	258
昭通	Zhaotong	3.97	34.71	7.14	167	克拉玛依	Karamay	0.06	0.06		

7-14 供应其他用地面积
Land Supplied for Other Types

单位：公顷 (hectare)

地名	City	2010	2011	2012	2012 排名 Ranking	地名	City	2010	2011	2012	2012 排名 Ranking
全国	**Nation Total**	**124406.1**	**232887.5**	**338482.9**		沈阳	Shenyang	900.42	8485.55	2878.63	21
北京	**Beijing**	**381.87**	**487.73**	**342.55**		大连	Dalian	525.05	4439.43	3040.32	19
天津	**Tianjin**	**850.13**	**11214.31**	**3154.59**		鞍山	Anshan	129.23	1636.15	251.90	224
河北	**Hebei**	**2339.31**	**4656.95**	**4147.89**		抚顺	Fushun	278.17	580.43	819.16	107
石家庄	Shijiazhuang	293.20	527.06	1118.04	80	本溪	Benxi	1177.87	543.39	396.49	189
唐山	Tangshan	324.22	1099.19	760.50	114	丹东	Dandong	759.70	2329.82	315.75	207
秦皇岛	Qinhuangdao	52.32	201.47	237.54	228	锦州	Jinzhou	222.24	6093.72	242.35	226
邯郸	Handan	229.35	679.86	68.13	274	营口	Yingkou	814.40	1321.47	2291.68	31
邢台	Xingtai	129.50	140.17	90.32	269	阜新	Fuxin	381.96	1052.19	57.93	277
保定	Baoding	277.76	223.95	367.73	196	辽阳	Liaoyang	339.32	1364.70	537.02	158
张家口	Zhangjiakou	259.16	764.83	941.12	90	盘锦	Panjin	82.23	657.84	1437.74	56
承德	Chengde	195.75	136.07	211.82	235	铁岭	Tieling	482.70	1023.20	135.52	257
沧州	Cangzhou	343.60	229.58	190.18	240	朝阳	Chaoyang	394.07	5186.32	597.50	142
廊坊	Langfang	143.86	630.66	136.21	256	葫芦岛	Huludao	141.36	356.98	107.59	265
衡水	Hengshui	90.60	24.11	26.30	283	吉林	**Jilin**	**2236.40**	**5771.30**	**3162.26**	
山西	**Shanxi**	**2095.15**	**12755.22**	**8887.88**		长春	Changchun	1093.99	3732.71	1752.79	40
太原	Taiyuan	370.01	677.57	885.41	97	吉林	Jilin	136.30	897.13	373.02	194
大同	Datong	358.04	747.41	282.16	213	四平	Siping	35.57	62.35	132.56	258
阳泉	Yangquan	26.79	252.01	699.19	121	辽源	Liaoyuan	88.44	232.40	218.10	233
长治	Changzhi	104.79	490.78	201.29	238	通化	Tonghua	51.58	141.91	34.89	281
晋城	Jincheng	276.99	557.89	878.41	99	白山	Baishan	587.88	97.12	272.39	217
朔州	Shuozhou	198.79	266.79	424.70	184	松原	Songyuan	12.58	57.72	90.05	270
晋中	Jinzhong	93.53	736.49	1200.84	74	白城	Baicheng	87.32	199.68	122.85	260
运城	Yuncheng	209.97	8137.24	2317.46	30	黑龙江	**Heilongjiang**	**5798.43**	**8658.03**	**6859.79**	
忻州	Xinzhou	115.23	160.89	182.38	243	哈尔滨	Harbin	1174.43	2070.40	847.61	103
临汾	Linfen	156.25	430.32	1471.51	54	齐齐哈尔	Qiqihar	76.76	587.61	331.49	200
吕梁	Luliang	184.77	289.83	344.53	199	鸡西	Jixi	46.40	224.56	109.15	264
内蒙古	**Inner Mongolia**	**6064.46**	**8228.28**	**16168.70**		鹤岗	Hegang	43.09	107.26	51.18	278
呼和浩特	Hohhot	183.41	44.32	425.13	183	双鸭山	Shuangyashan	93.34	284.72	142.57	255
包头	Baotou	554.43	89.19	452.69	175	大庆	Daqing	2640.92	767.83	85.55	272
乌海	Wuhai	337.74	118.02	283.67	211	伊春	Yichun	58.36	32.18	595.83	143
赤峰	Chifeng	206.41	1479.43	2065.21	34	佳木斯	Jiamusi	302.28	699.12	912.36	94
通辽	Tongliao	167.90	1055.90	1160.93	78	七台河	Qitaihe	18.72	134.81	1012.04	86
鄂尔多斯	Erdos	2556.25	2228.71	1483.99	52	牡丹江	Mudanjiang	132.81	1698.42	694.12	123
呼伦贝尔	Hulunbuir	616.74	562.51	1948.88	36	黑河	Heihe	273.36	889.48	106.60	266
巴彦淖尔	Bayannur	451.60	243.19	2702.84	23	绥化	Suihua	122.51	376.19	1320.74	66
乌兰察布	Ulanqab	146.31	184.78	734.47	118	上海	**Shanghai**	**967.99**	**1463.55**	**791.62**	
辽宁	**Liaoning**	**6628.70**	**35071.17**	**13109.57**		江苏	**Jiangsu**	**7199.06**	**6494.11**	**12763.86**	

7-14 供应其他用地面积 续表 1
Land Supplied for Other Types continued 1

单位：公顷 (hectare)

地名	City	2010	2011	2012	2012 排名 Ranking	地名	City	2010	2011	2012	2012 排名 Ranking
南京	Nanjing	1294.36	1660.47	2321.73	29	池州	Chizhou	4.98	115.38	688.00	124
无锡	Wuxi	2087.74	1219.15	2221.45	32	宣城	Xuancheng	167.00	357.79	1519.33	51
徐州	Xuzhou	295.67	606.92	1612.56	44	福建	**Fujian**	**3904.64**	**7718.20**	**4191.35**	
常州	Changzhou	1127.81	329.25	595.79	144	福州	Fuzhou	602.21	1422.57	742.52	117
苏州	Suzhou	568.48	647.45	1665.71	43	厦门	Xiamen	1001.68	971.47	437.42	181
南通	Nantong	768.57	421.00	686.25	126	莆田	Putian	60.98	325.87	124.01	259
连云港	Lianyungang	93.55	93.72	176.72	245	三明	Sanming	740.50	1326.61	852.02	102
淮安	Huaian	148.06	313.95	98.95	267	泉州	Quanzhou	588.23	1144.44	669.49	132
盐城	Yancheng	285.38	352.68	1250.53	72	漳州	Zhangzhou	110.82	778.69	516.99	162
扬州	Yangzhou	213.94	276.04	442.37	178	南平	Nanping	526.92	615.72	263.85	219
镇江	Zhenjiang	6.37	271.47	887.79	96	龙岩	Longyan	98.26	646.88	441.94	179
泰州	Taizhou	138.44	138.07	659.69	134	宁德	Ningde	175.05	485.95	143.11	254
宿迁	Suqian	170.70	163.90	144.30	253	江西	**Jiangxi**	**8237.35**	**11899.69**	**11738.85**	
浙江	**Zhejiang**	**8130.05**	**9529.75**	**16563.07**		南昌	Nanchang	1879.53	910.46	1167.87	77
杭州	Hangzhou	2690.71	2370.24	3563.61	11	景德镇	Jingdezhen	31.60	698.47	231.54	229
宁波	Ningbo	2005.14	1742.90	2908.38	20	萍乡	Pingxiang	268.40	650.19	189.66	241
温州	Wenzhou	393.69	1775.61	1269.39	69	九江	Jiujiang	345.87	737.79	834.15	106
嘉兴	Jiaxing	468.06	351.91	3747.44	9	新余	Xinyu	113.33	617.67	262.26	220
湖州	Huzhou	113.89	191.34	422.45	185	鹰潭	Yingtan	232.19	434.90	473.03	173
绍兴	Shaoxing	280.44	493.56	1112.79	81	赣州	Ganzhou	1669.16	1988.81	1062.17	83
金华	Jinhua	258.93	725.10	483.17	169	吉安	Jian	1540.31	1097.63	1582.99	47
衢州	Quzhou	233.11	292.94	565.15	150	宜春	Yichun	115.59	1075.17	2558.12	24
舟山	Zhoushan	598.99	185.87	759.86	115	抚州	Fuzhou	970.49	885.74	1812.68	38
台州	Taizhou	701.54	768.77	792.83	109	上饶	Shangrao	1070.88	2802.87	1564.40	48
丽水	Lishui	385.56	631.49	938.01	91	山东	**Shandong**	**7813.19**	**8692.37**	**8801.10**	
安徽	**Anhui**	**3558.71**	**6291.85**	**15613.81**		济南	Jinan	723.55	666.67	523.98	161
合肥	Hefei	1032.66	845.32	2810.94	22	青岛	Qingdao	1529.77	1472.44	1598.36	46
芜湖	Wuhu	266.44	79.02	515.14	163	淄博	Zibo	1198.30	360.91	574.43	148
蚌埠	Bengbu	105.19	171.13	481.60	170	枣庄	Zaozhuang	356.45	429.98	298.36	210
淮南	Huainan	265.55	242.84	318.58	205	东营	Dongying	393.71	361.50	328.92	201
马鞍山	Maanshan	387.98	556.37	1358.23	62	烟台	Yantai	916.79	1047.35	749.45	116
淮北	Huaibei	52.10	256.30	615.38	138	潍坊	Weifang	345.14	945.60	883.82	98
铜陵	Tongling	39.07	213.55	162.81	251	济宁	Jining	212.93	964.19	495.47	167
安庆	Anqing	51.05	325.88	1186.45	76	泰安	Taian	163.52	401.94	375.29	191
黄山	Huangshan	239.94	792.84	171.13	250	威海	Weihai	233.50	443.28	779.35	111
滁州	Chuzhou	62.75	252.71	852.12	101	日照	Rizhao	364.54	128.19	227.77	230
阜阳	Fuyang	47.39	245.75	1407.39	58	莱芜	Laiwu	225.01	26.58	42.63	279
宿州	Suzhou	135.99	596.41	496.52	165	临沂	Linyi	307.16	733.74	1048.00	84
六安	Liuan	197.67	808.80	1858.47	37	德州	Dezhou	119.35	306.42	253.67	223
亳州	Bozhou	379.19	135.86	493.25	168	聊城	Liaocheng	375.57	222.55	114.27	262

7-14 供应其他用地面积 续表 2
Land Supplied for Other Types continued 2

单位：公顷 (hectare)

地名	City	2010	2011	2012	2012 排名 Ranking	地名	City	2010	2011	2012	2012 排名 Ranking
滨州	Binzhou	164.56	106.67	88.97	271	常德	Changde	405.98	559.12	269.62	218
菏泽	Heze	183.33	74.36	418.36	186	张家界	Zhangjiajie	73.62	1417.41	37.09	280
河南	**Henan**	**4656.74**	**6648.73**	**29735.98**		益阳	Yiyang	688.92	673.20	382.28	190
郑州	Zhengzhou	1073.43	1897.37	3363.39	14	郴州	Chenzhou	237.56	3300.74	734.42	119
开封	Kaifeng	240.23	471.70	476.82	171	永州	Yongzhou	110.49	1468.05	1286.05	68
洛阳	Luoyang	362.61	1310.52	12568.13	1	怀化	Huaihua	934.25	3815.12	4952.96	3
平顶山	Pingdingshan	645.84	808.47	507.54	164	娄底	Loudi	40.42	539.02	563.73	151
安阳	Anyang	248.10	133.14	403.94	188	广东	**Guangdong**	**3738.61**	**4573.65**	**22114.82**	
鹤壁	Hebi	31.55	19.28	309.43	208	广州	Guangzhou	1279.70	804.60	3128.93	18
新乡	Xinxiang	74.86	281.40	1400.05	59	韶关	Shaoguan	39.52	58.15	3525.31	12
焦作	Jiaozuo	147.01	172.39	1294.81	67	深圳	Shenzhen	276.54	73.52	246.10	225
濮阳	Puyang	76.51	511.82	549.01	154	珠海	Zhuhai	86.40	1279.05	624.70	137
许昌	Xuchang	295.19	70.55	604.72	141	汕头	Shantou	117.80	46.74	59.69	276
漯河	Luohe	148.59	45.17	496.39	166	佛山	Foshan	127.65	110.14	1795.17	39
三门峡	Sanmenxia	141.88	113.30	4348.47	4	江门	Jiangmen	224.40	183.09	1256.11	71
南阳	Nanyang	870.83	168.31	805.03	108	湛江	Zhanjiang	282.32	305.29	1667.41	42
商丘	Shangqiu	157.63	170.14	679.85	127	茂名	Maoming	187.88	138.25	844.38	104
信阳	Xinyang	21.42	110.54	1098.39	82	肇庆	Zhaoqing	38.71	67.24	1376.87	61
周口	Zhoukou	76.66	99.31	546.74	155	惠州	Huizhou	44.44	87.76	929.53	93
驻马店	Zhumadian	44.41	265.31	283.28	212	梅州	Meizhou	13.50	142.58	1536.95	50
湖北	**Hubei**	**3263.97**	**4963.42**	**8110.86**		汕尾	Shanwei	42.09	16.87	3.30	285
武汉	Wuhan	1371.05	824.65	1267.58	70	河源	Heyuan	81.32	17.67	220.18	231
黄石	Huangshi	93.47	426.28	454.63	174	阳江	Yangjiang	258.10	256.57	727.90	120
十堰	Shiyan	194.32	424.31	584.28	146	清远	Qingyuan	136.37	614.44	1541.32	49
宜昌	Yichang	160.10	750.00	451.33	176	东莞	Dongguan	207.64	225.55	775.84	112
襄阳	Xiangfan	315.34	462.33	675.58	130	中山	ZhongShan	174.97	27.71	16.57	284
鄂州	Ezhou	20.00	5.10	360.33	197	潮州	Chaozhou	7.97	22.24	448.31	177
荆门	Jingmen	65.30	117.40	936.37	92	揭阳	Jieyang	92.25	28.12	373.74	192
孝感	Xiaogan	131.36	153.13	307.69	209	云浮	Yunfu	19.05	68.06	1016.51	85
荆州	Jingzhou	421.86	123.12	1389.66	60	广西	**Guangxi**	**3670.36**	**10910.85**	**21926.67**	
黄冈	Huanggang	144.89	367.45	549.32	153	南宁	Nanning	802.36	2165.95	3345.09	15
咸宁	Xianning	100.10	377.48	439.31	180	柳州	Liuzhou	858.89	358.20	2556.46	25
随州	Suizhou	17.27	114.41	61.70	275	桂林	Guilin	517.38	2597.21	1601.25	45
湖南	**Hunan**	**4930.77**	**19013.30**	**14574.66**		梧州	Wuzhou	42.14	77.55	4232.68	6
长沙	Changsha	1574.06	1701.89	2519.14	26	北海	Beihai	71.61	98.13	525.42	160
株洲	Zhuzhou	395.32	1381.45	958.19	88	防城港	Fangchenggang	112.64	69.89	543.43	157
湘潭	Xiangtan	138.91	1060.12	238.65	227	钦州	Qinzhou	43.36	93.62	1475.04	53
衡阳	Hengyang	88.09	1952.37	646.87	135	贵港	Guigang	75.71	911.36	629.02	136
邵阳	Shaoyang	66.70	332.14	897.13	95	玉林	Yulin	46.11	283.00	260.19	222
岳阳	Yueyang	106.12	621.40	784.73	110	百色	Baise	278.18	1852.20	2107.09	33

7-14 供应其他用地面积 续表 3
Land Supplied for Other Types continued 3

单位：公顷 (hectare)

地名	City	2010	2011	2012	2012 排名 Ranking	地名	City	2010	2011	2012	2012 排名 Ranking
贺州	Hezhou	673.89	664.72	474.47	172	丽江	Lijiang	34.37	94.44	2517.95	27
河池	Hechi	57.63	1245.92	1192.60	75	普洱	Puer	54.75	148.23	198.14	239
来宾	Laibin	13.18	129.73	611.91	139	临沧	Lincang	35.90	114.47	175.63	247
崇左	Chongzuo	77.28	363.35	2372.03	28	西藏	**Tibet**	**772.91**	**772.91**	**373.49**	
海南	**Hainan**	**728.49**	**882.10**	**6337.14**		拉萨	Lhasa	69.35	69.35	116.40	261
海口	Haikou	309.50	13.43	670.35	131	陕西	**Shaanxi**	**3075.90**	**3430.48**	**7852.34**	
三亚	Sanya	34.71	497.44	112.63	263	西安	Xi'an	933.13	570.17	1724.68	41
重庆	**Chongqing**	**5034.92**	**10272.14**	**5745.18**		铜川	Tongchuan	118.22	56.20	176.37	246
四川	**Sichuan**	**3104.55**	**13731.67**	**18061.86**		宝鸡	Baoji	26.29	39.69	1445.54	55
成都	Chengdu	1596.43	1541.15	4319.79	5	咸阳	Xianyang	196.52	860.89	677.78	129
自贡	Zigong	41.45	380.72	280.50	214	渭南	Weinan	19.37	82.51	349.48	198
攀枝花	Panzhihua	18.12	27.24	273.52	216	延安	Yan'an	105.60	91.99	1337.32	63
泸州	Luzhou	132.55	2627.64	584.36	145	汉中	Hanzhong	11.50	85.21	146.05	252
德阳	Deyang	45.62	379.27	1409.05	57	榆林	Yulin	1061.83	1290.89	1126.34	79
绵阳	Mianyang	211.36	269.26	1985.38	35	安康	Ankang	570.14	212.86	171.26	249
广元	Guangyuan	164.24	777.51	1336.04	64	商洛	Shangluo	33.30	140.08	697.51	122
遂宁	Suining	263.76	124.22	260.63	221	甘肃	**Gansu**	**3009.03**	**2969.51**	**8547.12**	
内江	Neijiang	27.80	577.35	1206.97	73	兰州	Lanzhou	259.80	55.62	177.61	244
乐山	Leshan	60.92	204.49	411.49	187	嘉峪关	Jiayuguan	550.58	152.11	859.68	100
南充	Nanchong	47.60	215.44	1334.90	65	金昌	Jinchang	113.88	52.69	211.18	236
眉山	Meishan	12.10	733.63	215.82	234	白银	Baiyin	105.23	120.22	428.35	182
宜宾	Yibin	83.27	295.02	555.51	152	天水	Tianshui	19.67	361.65	322.50	203
广安	Guangan	20.29	560.12	947.25	89	武威	Wuwei	216.48	548.89	687.61	125
达州	Dazhou	25.60	292.76	324.23	202	张掖	Zhangye	26.36	182.67	764.82	113
雅安	Yaan	41.51	1287.99	1005.60	87	平凉	Pingliang	77.96	53.63	277.46	215
巴中	Bazhong	15.82	1190.93	315.93	206	酒泉	Jiuquan	755.13	802.52	3307.90	16
资阳	Ziyang	35.10	1968.56	544.16	156	庆阳	Qingyang	217.69	236.20	322.06	204
贵州	**Guizhou**	**12612.08**	**4514.07**	**32323.92**		定西	Dingxi	413.54	346.62	661.32	133
贵阳	Guiyang	1035.09	876.06	3400.18	13	陇南	Longnan	8.80	22.02	373.15	193
六盘水	Liupanshui	149.73	363.53	3592.25	10	青海	**Qinghai**	**766.78**	**1030.60**	**2761.62**	
遵义	Zunyi	2001.26	485.88	3772.50	8	西宁	Xining	43.93	76.39	173.42	248
安顺	Anshun	144.99	185.35	3808.36	7	宁夏	**Ningxia**	**2437.16**	**2005.11**	**2289.04**	
毕节	Bijie	250.19	1079.94	3213.21	17	银川	Yinchuan	1169.61	968.53	607.50	140
铜仁	Tongren	646.03	38.74	4994.37	2	石嘴山	Shizuishan	301.46	170.69	367.85	195
云南	**Yunnan**	**3897.59**	**5735.72**	**6014.92**		吴忠	Wuzhong	330.98	405.46	526.37	159
昆明	Kunming	176.46	2179.95	842.25	105	固原	Guyuan	401.15	137.86	568.01	149
曲靖	Qujing	552.10	261.97	208.06	237	中卫	Zhongwei	233.97	322.57	219.31	232
玉溪	Yuxi	151.30	264.78	96.34	268	新疆	**Xinjiang**	**2500.79**	**2500.79**	**25416.38**	
保山	Baoshan	142.86	422.97	72.80	273	乌鲁木齐	Urumqi	668.52	668.52	187.10	242
昭通	Zhaotong	75.47	55.18	34.22	282	克拉玛依	Karamay	99.18	99.18	575.36	147

7-15 供应公共管理与公共服务用地面积
Land Supplied for Public Management and Utilities Services

单位：公顷 (hectare)

地名	City	2010	2011	2012	2012 排名 Ranking	地名	City	2010	2011	2012	2012 排名 Ranking
全国	**Nation Total**	**52945.57**	**79274.16**	**100396.99**		沈阳	Shenyang	462.63	3621.87	1329.70	9
北京	**Beijing**	**350.19**	**382.49**	**299.83**		大连	Dalian	386.62	1894.04	1125.37	13
天津	**Tianjin**	**356.75**	**2128.65**	**1076.29**		鞍山	Anshan	112.19	316.28	68.86	230
河北	**Hebei**	**1372.59**	**1677.59**	**1396.33**		抚顺	Fushun	222.37	264.78	86.53	210
石家庄	Shijiazhuang	162.14	287.44	265.71	89	本溪	Benxi	488.34	386.52	40.21	265
唐山	Tangshan	99.20	184.35	180.69	128	丹东	Dandong	430.95	304.38	100.65	194
秦皇岛	Qinhuangdao	39.68	180.65	81.65	217	锦州	Jinzhou	172.91	113.09	162.27	140
邯郸	Handan	174.52	151.44	46.83	257	营口	Yingkou	812.38	505.43	309.19	81
邢台	Xingtai	129.23	137.84	87.00	209	阜新	Fuxin	210.05	272.78	47.14	255
保定	Baoding	193.71	146.12	132.49	165	辽阳	Liaoyang	86.57	382.85	422.36	58
张家口	Zhangjiakou	143.93	142.69	176.85	130	盘锦	Panjin	56.49	550.39	138.02	158
承德	Chengde	72.86	124.03	133.58	163	铁岭	Tieling	349.34	140.32	76.18	222
沧州	Cangzhou	163.91	162.85	165.03	135	朝阳	Chaoyang	185.57	259.20	142.33	153
廊坊	Langfang	114.54	137.56	106.60	186	葫芦岛	Huludao	140.77	224.00	101.99	192
衡水	Hengshui	78.87	22.63	19.91	277	吉林	**Jilin**	**1531.04**	**3803.86**	**1629.09**	
山西	**Shanxi**	**1287.27**	**2744.29**	**2037.32**		长春	Changchun	663.79	3117.70	954.86	16
太原	Taiyuan	262.87	584.11	330.26	74	吉林	Jilin	126.49	148.51	311.23	80
大同	Datong	113.65	445.85	189.21	122	四平	Siping	19.03	52.29	87.60	208
阳泉	Yangquan	17.71	28.53	121.61	168	辽源	Liaoyuan	77.21	51.97	42.56	264
长治	Changzhi	89.49	107.88	82.04	215	通化	Tonghua	48.49	83.72	29.05	271
晋城	Jincheng	115.06	78.20	126.20	166	白山	Baishan	427.36	43.85	32.60	269
朔州	Shuozhou	124.97	131.89	98.11	197	松原	Songyuan	7.78	51.20	59.41	241
晋中	Jinzhong	83.08	671.98	302.55	83	白城	Baicheng	74.39	150.98	80.60	218
运城	Yuncheng	190.34	110.13	256.74	92	黑龙江	**Heilongjiang**	**1833.35**	**3313.86**	**1579.20**	
忻州	Xinzhou	109.03	97.06	135.68	162	哈尔滨	Harbin	784.18	1746.71	472.54	51
临汾	Linfen	102.73	289.98	206.34	113	齐齐哈尔	Qiqihar	62.09	103.35	114.07	180
吕梁	Luliang	78.33	198.69	188.58	123	鸡西	Jixi	35.28	91.11	33.54	267
内蒙古	**Inner Mongolia**	**2654.50**	**2672.78**	**4010.47**		鹤岗	Hegang	38.00	45.66	48.73	252
呼和浩特	Hohhot	122.31	44.32	254.57	94	双鸭山	Shuangyashan	86.29	66.43	96.94	199
包头	Baotou	157.18	70.25	208.86	111	大庆	Daqing	237.13	249.03	55.42	245
乌海	Wuhai	316.25	24.21	30.07	270	伊春	Yichun	58.36	25.69	96.36	200
赤峰	Chifeng	160.19	251.82	745.70	29	佳木斯	Jiamusi	37.60	217.89	153.10	145
通辽	Tongliao	99.88	497.23	305.59	82	七台河	Qitaihe	4.66	18.70	13.98	281
鄂尔多斯	Erdos	763.65	912.45	725.14	33	牡丹江	Mudanjiang	67.78	128.17	159.73	141
呼伦贝尔	Hulunbuir	317.29	234.12	230.99	102	黑河	Heihe	98.32	49.67	56.49	244
巴彦淖尔	Bayannur	137.73	215.76	441.05	54	绥化	Suihua	112.10	181.27	81.78	216
乌兰察布	Ulanqab	119.74	165.44	138.81	157	上海	**Shanghai**	**459.35**	**541.37**	**387.14**	
辽宁	**Liaoning**	**4117.18**	**9235.92**	**4150.80**		江苏	**Jiangsu**	**3030.45**	**3334.34**	**5488.16**	

注：2012年开始采用新的土地分类。

a)These indicators are using the new land use type after 2012.

7-15 供应公共管理与公共服务用地面积　续表 1
Land Supplied for Public Management and Utilities Services continued 1

单位：公顷 (hectare)

地名	City	2010	2011	2012	2012 排名 Ranking
南京	Nanjing	370.07	1013.66	887.83	20
无锡	Wuxi	663.91	350.91	1030.24	15
徐州	Xuzhou	221.25	427.33	884.98	21
常州	Changzhou	570.52	153.17	117.14	173
苏州	Suzhou	330.37	311.78	560.75	43
南通	Nantong	159.65	155.54	211.13	110
连云港	Lianyungang	78.91	81.09	164.50	136
淮安	Huaian	124.49	146.92	88.26	205
盐城	Yancheng	183.66	199.64	290.30	85
扬州	Yangzhou	77.34	157.36	152.60	146
镇江	Zhenjiang	6.37	91.74	453.70	53
泰州	Taizhou	123.91	107.96	530.70	47
宿迁	Suqian	120.00	137.24	116.03	176
浙江	**Zhejiang**	**3390.07**	**4357.44**	**10100.65**	
杭州	Hangzhou	1304.30	1148.66	1668.83	6
宁波	Ningbo	538.03	497.24	1393.87	8
温州	Wenzhou	229.67	982.71	704.04	34
嘉兴	Jiaxing	312.44	209.77	3334.86	1
湖州	Huzhou	74.92	126.33	196.45	117
绍兴	Shaoxing	126.54	398.65	849.46	23
金华	Jinhua	113.08	311.37	261.95	90
衢州	Quzhou	127.79	210.05	456.70	52
舟山	Zhoushan	29.98	103.09	486.87	50
台州	Taizhou	296.45	243.47	358.70	66
丽水	Lishui	236.86	126.10	588.92	40
安徽	**Anhui**	**1438.72**	**2206.83**	**5498.71**	
合肥	Hefei	225.12	357.89	429.28	57
芜湖	Wuhu	149.71	44.63	433.87	56
蚌埠	Bengbu	92.60	167.33	85.88	211
淮南	Huainan	152.71	209.89	173.15	133
马鞍山	Maanshan	204.16	68.75	749.87	28
淮北	Huaibei	42.82	85.85	337.94	70
铜陵	Tongling	37.24	92.79	32.68	268
安庆	Anqing	50.68	182.19	374.00	64
黄山	Huangshan	81.21	46.32	92.96	202
滁州	Chuzhou	14.60	121.89	660.02	36
阜阳	Fuyang	40.76	88.55	503.66	48
宿州	Suzhou	44.60	73.76	115.43	178
六安	Liuan	164.03	123.35	743.86	30
亳州	Bozhou	58.93	56.80	333.35	72

地名	City	2010	2011	2012	2012 排名 Ranking
池州	Chizhou	3.98	64.75	121.14	169
宣城	Xuancheng	54.28	254.66	163.08	138
福建	**Fujian**	**1474.59**	**1745.96**	**1694.28**	
福州	Fuzhou	418.71	401.24	343.37	68
厦门	Xiamen	470.99	278.74	186.94	125
莆田	Putian	23.35	151.34	59.42	240
三明	Sanming	98.72	280.13	205.51	114
泉州	Quanzhou	161.21	197.15	252.71	96
漳州	Zhangzhou	65.88	165.40	269.19	88
南平	Nanping	51.02	101.53	92.81	203
龙岩	Longyan	70.00	99.24	173.45	132
宁德	Ningde	114.70	71.20	110.87	183
江西	**Jiangxi**	**3438.04**	**5420.77**	**4926.05**	
南昌	Nanchang	1050.19	571.42	417.69	59
景德镇	Jingdezhen	29.60	67.51	74.36	223
萍乡	Pingxiang	29.43	89.43	70.51	228
九江	Jiujiang	99.24	363.63	258.26	91
新余	Xinyu	43.82	471.54	47.93	253
鹰潭	Yingtan	110.53	131.51	145.58	150
赣州	Ganzhou	697.96	1067.14	684.83	35
吉安	Jian	580.51	721.65	823.23	24
宜春	Yichun	42.10	788.29	1287.62	10
抚州	Fuzhou	509.22	307.37	386.41	62
上饶	Shangrao	245.43	841.29	729.63	32
山东	**Shandong**	**4582.66**	**4092.51**	**3098.43**	
济南	Jinan	398.84	210.17	219.72	104
青岛	Qingdao	799.85	492.43	545.65	46
淄博	Zibo	1131.42	141.37	338.36	69
枣庄	Zaozhuang	76.78	39.75	42.71	261
东营	Dongying	253.88	275.07	216.96	106
烟台	Yantai	338.11	715.71	238.14	99
潍坊	Weifang	292.69	413.26	355.96	67
济宁	Jining	135.37	637.69	255.66	93
泰安	Taian	151.26	151.77	77.42	221
威海	Weihai	195.95	368.14	320.76	77
日照	Rizhao	201.21	70.24	47.90	254
莱芜	Laiwu	46.86	26.58	42.63	263
临沂	Linyi	231.73	222.97	60.99	238
德州	Dezhou	93.94	98.43	139.97	156
聊城	Liaocheng	46.28	104.78	85.61	212

7-15 供应公共管理与公共服务用地面积 续表 2
Land Supplied for Public Management and Utilities Services continued 2

单位：公顷 (hectare)

地名	City	2010	2011	2012	2012 排名 Ranking
滨州	Binzhou	37.48	97.60	54.97	247
菏泽	Heze	151.03	26.54	55.03	246
河南	**Henan**	**2056.26**	**2928.65**	**7185.82**	
郑州	Zhengzhou	622.39	1026.99	1738.16	5
开封	Kaifeng	54.31	88.55	142.97	151
洛阳	Luoyang	75.70	576.13	797.12	26
平顶山	Pingdingshan	142.91	117.31	190.96	119
安阳	Anyang	171.31	131.20	101.78	193
鹤壁	Hebi	25.21	9.09	152.33	147
新乡	Xinxiang	55.76	82.93	270.48	87
焦作	Jiaozuo	131.02	167.72	929.53	18
濮阳	Puyang	58.06	40.67	65.35	234
许昌	Xuchang	112.93	70.55	83.94	213
漯河	Luohe	80.68	43.49	213.26	107
三门峡	Sanmenxia	121.18	96.11	577.06	42
南阳	Nanyang	173.72	73.20	242.80	98
商丘	Shangqiu	134.26	107.18	312.79	79
信阳	Xinyang	12.77	109.43	865.74	22
周口	Zhoukou	43.61	76.26	322.58	76
驻马店	Zhumadian	40.41	111.85	178.98	129
湖北	**Hubei**	**1272.50**	**1976.44**	**1991.86**	
武汉	Wuhan	635.46	506.31	791.11	27
黄石	Huangshi	53.67	103.96	141.35	155
十堰	Shiyan	69.72	59.79	50.51	250
宜昌	Yichang	56.29	257.56	149.17	148
襄阳	Xiangfan	51.83	179.25	106.24	187
鄂州	Ezhou	18.90	4.26	9.08	282
荆门	Jingmen	16.39	49.34	67.06	233
孝感	Xiaogan	24.99	68.40	104.10	188
荆州	Jingzhou	115.34	82.35	67.09	232
黄冈	Huanggang	84.64	298.98	253.43	95
咸宁	Xianning	60.73	151.92	137.42	160
随州	Suizhou	10.21	35.88	17.15	279
湖南	**Hunan**	**1450.55**	**3626.07**	**2858.60**	
长沙	Changsha	534.50	1183.86	1228.66	12
株洲	Zhuzhou	179.79	389.87	194.58	118
湘潭	Xiangtan	64.69	225.56	158.03	142
衡阳	Hengyang	49.53	155.55	100.60	195
邵阳	Shaoyang	48.33	152.92	190.89	120
岳阳	Yueyang	64.56	327.50	87.84	207

地名	City	2010	2011	2012	2012 排名 Ranking
常德	Changde	91.62	92.32	46.53	259
张家界	Zhangjiajie	50.24	110.84	19.02	278
益阳	Yiyang	79.15	20.80	79.93	219
郴州	Chenzhou	124.19	200.51	72.23	226
永州	Yongzhou	54.38	306.23	365.24	65
怀化	Huaihua	48.06	290.12	190.11	121
娄底	Loudi	22.43	90.66	58.89	242
广东	**Guangdong**	**2272.67**	**2079.04**	**4829.53**	
广州	Guangzhou	758.78	356.20	932.63	17
韶关	Shaoguan	35.46	40.29	27.32	272
深圳	Shenzhen	121.09	71.85	237.64	100
珠海	Zhuhai	63.41	477.38	36.02	266
汕头	Shantou	104.76	42.64	42.67	262
佛山	Foshan	116.25	89.09	250.28	97
江门	Jiangmen	96.76	90.27	314.66	78
湛江	Zhanjiang	190.96	153.43	274.67	86
茂名	Maoming	1.51	138.25	155.64	143
肇庆	Zhaoqing	30.99	27.12	142.43	152
惠州	Huizhou	44.32	81.76	816.24	25
梅州	Meizhou	12.19	36.96	597.22	37
汕尾	Shanwei	13.39	16.87	2.72	284
河源	Heyuan	80.72	14.67	218.48	105
阳江	Yangjiang	164.16	111.96	404.41	60
清远	Qingyuan	53.62	31.13	120.39	170
东莞	Dongguan	186.11	181.14	117.83	171
中山	ZhongShan	132.71	27.71	16.49	280
潮州	Chaozhou	7.97	14.38	7.39	283
揭阳	Jieyang	43.45	28.12	64.56	235
云浮	Yunfu	14.05	47.82	49.86	251
广西	**Guangxi**	**1819.91**	**2371.10**	**3869.93**	
南宁	Nanning	387.49	602.50	739.45	31
柳州	Liuzhou	552.41	246.85	1484.90	7
桂林	Guilin	173.82	309.71	332.76	73
梧州	Wuzhou	39.69	61.17	70.25	229
北海	Beihai	70.28	97.65	125.59	167
防城港	Fangchenggang	71.46	54.83	82.20	214
钦州	Qinzhou	34.97	77.40	73.26	224
贵港	Guigang	75.71	135.93	71.84	227
玉林	Yulin	43.71	230.21	115.84	177
百色	Baise	145.61	103.31	224.62	103

7-15 供应公共管理与公共服务用地面积 续表 3
Land Supplied for Public Management and Utilities Services continued 3

单位：公顷 (hectare)

地名	City	2010	2011	2012	2012 排名 Ranking
贺州	Hezhou	90.69	144.59	212.20	109
河池	Hechi	43.60	63.69	68.75	231
来宾	Laibin	13.18	107.47	102.46	190
崇左	Chongzuo	77.28	135.80	165.72	134
海南	**Hainan**	**572.65**	**399.15**	**1805.47**	
海口	Haikou	177.26	13.43	51.74	249
三亚	Sanya	12.27	260.08	103.53	189
重庆	**Chongqing**	**1702.40**	**5590.82**	**1172.67**	
四川	**Sichuan**	**1573.45**	**3880.04**	**7613.44**	
成都	Chengdu	551.71	604.19	2190.16	4
自贡	Zigong	38.85	103.33	58.41	243
攀枝花	Panzhihua	16.45	23.50	162.98	139
泸州	Luzhou	116.55	504.22	440.12	55
德阳	Deyang	43.82	156.79	551.70	44
绵阳	Mianyang	185.38	224.56	1234.97	11
广元	Guangyuan	135.91	338.02	545.75	45
遂宁	Suining	43.85	77.72	206.35	112
内江	Neijiang	26.52	166.16	137.69	159
乐山	Leshan	32.73	116.05	163.39	137
南充	Nanchong	47.60	214.70	335.83	71
眉山	Meishan	6.64	41.37	63.70	236
宜宾	Yibin	51.08	109.96	297.30	84
广安	Guangan	18.49	531.21	102.22	191
达州	Dazhou	22.21	96.13	154.04	144
雅安	Yaan	31.27	63.64	188.07	124
巴中	Bazhong	15.82	178.11	110.88	182
资阳	Ziyang	9.15	210.73	388.36	61
贵州	**Guizhou**	**1638.85**	**942.90**	**8228.10**	
贵阳	Guiyang	551.33	144.43	2226.39	3
六盘水	Liupanshui	45.40	26.64	87.91	206
遵义	Zunyi	120.26	209.12	584.37	41
安顺	Anshun	136.57	124.33	2647.08	2
毕节	Bijie	88.27	86.24	378.58	63
铜仁	Tongren	285.63	37.94	497.65	49
云南	**Yunnan**	**1383.01**	**2355.41**	**1674.69**	
昆明	Kunming	139.89	1177.74	591.21	38
曲靖	Qujing	318.02	139.52	116.27	175
玉溪	Yuxi	46.20	224.81	45.97	260
保山	Baoshan	12.74	14.20	26.15	274
昭通	Zhaotong	40.41	34.99	21.92	276

地名	City	2010	2011	2012	2012 排名 Ranking
丽江	Lijiang	7.39	51.83	47.14	255
普洱	Puer	15.82	48.56	98.07	198
临沧	Lincang	31.68	43.99	46.62	258
西藏	**Tibet**	**695.36**	**731.88**	**270.56**	
拉萨	Lhasa	69.35	68.91	108.72	185
陕西	**Shaanxi**	**1049.23**	**922.19**	**1866.48**	
西安	Xi'an	659.84	272.76	888.33	19
铜川	Tongchuan	35.03	33.98	26.77	273
宝鸡	Baoji	26.22	26.48	200.11	116
咸阳	Xianyang	18.05	66.85	141.37	154
渭南	Weinan	19.06	69.59	114.92	179
延安	Yan'an	99.99	73.31	24.12	275
汉中	Hanzhong	7.31	42.52	91.60	204
榆林	Yulin	130.69	253.23	205.40	115
安康	Ankang	25.38	22.99	110.51	184
商洛	Shangluo	27.65	60.48	63.36	237
甘肃	**Gansu**	**1737.82**	**1359.49**	**2991.41**	
兰州	Lanzhou	111.47	38.41	117.79	172
嘉峪关	Jiayuguan	540.58	83.29	589.92	39
金昌	Jinchang	50.05	52.69	100.14	196
白银	Baiyin	34.38	106.08	328.64	75
天水	Tianshui	14.77	151.75	77.64	220
武威	Wuwei	128.59	178.89	112.50	181
张掖	Zhangye	26.36	50.89	95.59	201
平凉	Pingliang	77.32	22.59	53.19	248
酒泉	Jiuquan	363.00	354.34	1106.76	14
庆阳	Qingyang	39.19	85.33	72.67	225
定西	Dingxi	103.78	213.17	175.00	131
陇南	Longnan	8.43	13.98	132.88	164
青海	**Qinghai**	**255.18**	**268.01**	**591.54**	
西宁	Xining	15.97	36.12	148.76	149
宁夏	**Ningxia**	**1092.23**	**1127.50**	**758.97**	
银川	Yinchuan	493.89	441.19	232.21	101
石嘴山	Shizuishan	177.24	34.13	116.55	174
吴忠	Wuzhong	247.90	331.93	212.63	108
固原	Guyuan	101.47	107.06	60.61	239
中卫	Zhongwei	71.73	213.18	136.96	161
新疆	**Xinjiang**	**1056.80**	**1056.80**	**5315.17**	
乌鲁木齐	Urumqi	135.64	135.64	185.07	127
克拉玛依	Karamay	72.65	72.65	185.59	126

城市建设

Urban Construction

8-1 城市城区面积（辖区）
Urban Area (Districts under City)

单位：平方公里 (sq. km)

地名	City	2010	2011	2012	2012 排名 Ranking
全国	**National Total**	**178691.7**	**183618.0**	**183039.4**	
北京	**Beijing**	**12187.0**	**12187.0**	**12187.0**	
天津	**Tianjin**	**2236.1**	**2334.5**	**2334.5**	
河北	**Hebei**	**6521.7**	**6627.0**	**6611.2**	
石家庄	Shijiazhuang	212.5	305.7	305.7	113
唐山	Tangshan	1230.2	1230.2	1230.2	15
秦皇岛	Qinhuangdao	363.2	363.2	363.2	96
邯郸	Handan	434.0	434.0	417.2	77
邢台	Xingtai	114.8	114.8	114.8	198
保定	Baoding	312.3	312.3	312.3	109
张家口	Zhangjiakou	376.3	376.3	376.3	94
承德	Chengde	760.1	771.2	771.2	34
沧州	Cangzhou	183.0	183.0	183.0	163
廊坊	Langfang	292.0	292.0	292.0	119
衡水	Hengshui	273.4	273.4	273.4	122
山西	**Shanxi**	**3348.3**	**3400.8**	**3427.2**	
太原	Taiyuan	1416.0	1450.0	1450.0	11
大同	Datong	130.2	130.2	130.2	189
阳泉	Yangquan	51.6	52.5	52.9	261
长治	Changzhi	76.2	76.2	76.2	236
晋城	Jincheng	147.0	147.0	152.0	184
朔州	Shuozhou	148.0	159.1	159.1	178
晋中	Jinzhong	53.4	53.4	53.4	260
运城	Yuncheng	44.5	44.5	44.5	267
忻州	Xinzhou	183.0	183.0	183.0	163
临汾	Linfen	43.0	43.0	60.0	251
吕梁	Luliang	25.1	25.1	25.1	285
内蒙古	**Inner Mongolia**	**8537.1**	**10996.7**	**8501.0**	
呼和浩特	Hohhot	265.1	265.1	265.1	125
包头	Baotou	885.0	885.0	885.0	28
乌海	Wuhai	1754.0	1754.0	1754.0	8
赤峰	Chifeng	560.0	560.0	560.0	58
通辽	Tongliao	65.8	75.6	75.6	237
鄂尔多斯	Erdos	195.6	195.6	195.6	158
呼伦贝尔	Hulunbuir	209.4	209.4	209.4	151
巴彦淖尔	Bayannur	668.0	698.0	698.0	41
乌兰察布	Ulanqab	404.8	52.0	52.0	262
辽宁	**Liaoning**	**11655.7**	**12821.7**	**13966.5**	
沈阳	Shenyang	1506.0	2589.0	3125.6	2
大连	Dalian	1194.0	1194.0	1170.0	18
鞍山	Anshan	624.3	624.3	624.3	48
抚顺	Fushun	545.4	628.4	628.4	47
本溪	Benxi	1023.8	1023.8	1518.0	10
丹东	Dandong	226.1	226.1	226.1	139
锦州	Jinzhou	436.0	436.0	436.0	72
营口	Yingkou	183.7	183.7	183.7	162
阜新	Fuxin	448.0	448.0	448.0	69
辽阳	Liaoyang	632.5	632.5	728.2	38
盘锦	Panjin	266.0	266.0	266.0	124
铁岭	Tieling	203.7	203.7	203.7	153
朝阳	Chaoyang	533.0	533.0	570.0	54
葫芦岛	Huludao	575.0	575.0	575.0	53
吉林	**Jilin**	**7376.8**	**4718.2**	**3956.6**	
长春	Changchun	422.1	442.8	449.3	68
吉林	Jilin	1042.8	1042.8	1038.5	22
四平	Siping	835.0	86.9	87.3	223
辽源	Liaoyuan	442.4	46.3	46.3	266
通化	Tonghua	761.0	70.0	64.0	245
白山	Baishan	100.0	100.0	383.8	88
松原	Songyuan	1000.0	80.0	80.0	232
白城	Baicheng	912.0	912.0	49.1	264
黑龙江	**Heilongjiang**	**2589.5**	**2653.2**	**2718.3**	
哈尔滨	Harbin	359.2	367.1	383.0	89
齐齐哈尔	Qiqihar	139.6	139.6	139.6	186
鸡西	Jixi	79.2	79.2	79.2	234
鹤岗	Hegang	85.0	85.0	85.0	230
双鸭山	Shuangyashan	118.0	118.0	118.0	196
大庆	Daqing	285.8	299.1	305.4	114
伊春	Yichun	171.4	174.9	174.9	169
佳木斯	Jiamusi	93.5	96.6	98.1	212
七台河	Qitaihe	62.4	307.0	307.0	111
牡丹江	Mudanjiang	86.3	86.3	86.3	226
黑河	Heihe	27.9	27.9	27.9	282
绥化	Suihua	51.8	51.8	92.8	217
上海	**Shanghai**	**6340.5**	**6340.5**	**6340.5**	
江苏	**Jiangsu**	**12462.8**	**13272.3**	**13957.0**	

8-1 城市城区面积（辖区） 续表 1
Urban Area (Districts under City) continued 1

单位：平方公里 (sq. km)

地名	City	2010	2011	2012	2012 排名 Ranking	地名	City	2010	2011	2012	2012 排名 Ranking
南京	Nanjing	3092.71	3476.68	4003.81	1	池州	Chizhou	252.93	252.93	252.93	130
无锡	Wuxi	1143.35	1164.58	1164.58	19	宣城	Xuancheng	131.17	131.17	131.17	187
徐州	Xuzhou	427.45	427.45	427.45	73	福建	**Fujian**	**4361.84**	**4481.44**	**4500.88**	
常州	Changzhou	384.38	384.38	384.38	87	福州	Fuzhou	1043.00	1043.00	1043.00	21
苏州	Suzhou	1211.93	1211.93	1523.88	9	厦门	Xiamen	230.00	246.30	264.31	126
南通	Nantong	214.67	382.00	385.00	86	莆田	Putian	244.00	244.00	244.00	131
连云港	Lianyungang	673.05	673.50	673.50	42	三明	Sanming	220.00	220.00	220.00	144
淮安	Huaian	227.00	227.00	227.00	138	泉州	Quanzhou	529.00	529.00	529.00	63
盐城	Yancheng	218.28	324.19	324.19	107	漳州	Zhangzhou	95.24	95.24	95.24	215
扬州	Yangzhou	274.96	415.34	415.34	79	南平	Nanping	165.81	165.81	165.81	174
镇江	Zhenjiang	555.43	555.43	555.43	60	龙岩	Longyan	185.00	185.00	185.00	160
泰州	Taizhou	349.74	349.74	349.74	101	宁德	Ningde	105.50	107.50	107.50	203
宿迁	Suqian	220.00	220.00	220.00	144	江西	**Jiangxi**	**1719.32**	**1890.72**	**1949.64**	
浙江	**Zhejiang**	**10256.38**	**10484.32**	**10515.23**		南昌	Nanchang	215.00	215.00	222.00	143
杭州	Hangzhou	1019.53	1022.41	1022.41	23	景德镇	Jingdezhen	160.00	198.50	198.50	156
宁波	Ningbo	778.00	778.00	778.00	33	萍乡	Pingxiang	42.10	85.70	85.70	228
温州	Wenzhou	585.05	585.05	585.05	50	九江	Jiujiang	114.97	92.04	104.85	206
嘉兴	Jiaxing	224.00	224.00	224.00	141	新余	Xinyu	160.00	230.00	230.00	136
湖州	Huzhou	627.46	640.65	640.65	45	鹰潭	Yingtan	57.65	63.00	63.00	246
绍兴	Shaoxing	226.04	226.04	226.04	140	赣州	Ganzhou	85.13	100.86	106.14	205
金华	Jinhua	379.64	379.64	379.64	92	吉安	Jian	218.20	218.20	223.20	142
衢州	Quzhou	200.10	200.10	200.10	155	宜春	Yichun	88.00	88.00	88.00	221
舟山	Zhoushan	408.52	408.52	408.52	83	抚州	Fuzhou	81.30	85.30	85.30	229
台州	Taizhou	749.98	749.98	749.98	35	上饶	Shangrao	55.80	55.80	60.20	250
丽水	Lishui	266.13	266.13	266.13	123	山东	**Shandong**	**19631.65**	**20157.61**	**21421.45**	
安徽	**Anhui**	**5041.16**	**5572.94**	**5569.09**		济南	Jinan	1210.00	1210.00	1210.00	16
合肥	Hefei	565.50	598.09	575.60	52	青岛	Qingdao	1405.25	1405.25	1789.25	6
芜湖	Wuhu	230.00	721.70	721.70	40	淄博	Zibo	792.70	792.70	655.80	43
蚌埠	Bengbu	284.60	284.60	284.60	120	枣庄	Zaozhuang	442.13	442.13	470.00	65
淮南	Huainan	415.45	415.45	415.45	78	东营	Dongying	1089.10	1089.10	1089.10	20
马鞍山	Maanshan	105.85	175.84	175.84	168	烟台	Yantai	898.33	901.41	901.41	27
淮北	Huaibei	210.00	210.00	210.00	150	潍坊	Weifang	1186.53	1186.54	1186.54	17
铜陵	Tongling	180.60	180.00	180.60	167	济宁	Jining	480.00	727.47	727.47	39
安庆	Anqing	311.39	311.39	311.39	110	泰安	Taian	272.22	272.22	405.82	84
黄山	Huangshan	445.80	445.80	445.80	70	威海	Weihai	230.00	230.00	230.00	136
滁州	Chuzhou	282.60	282.60	282.60	121	日照	Rizhao	362.00	362.00	362.00	97
阜阳	Fuyang	332.67	332.67	332.67	104	莱芜	Laiwu	452.40	423.99	423.99	74
宿州	Suzhou	164.51	164.51	164.51	175	临沂	Linyi	1171.65	1277.63	1277.63	14
六安	Liuan	136.12	166.12	166.12	172	德州	Dezhou	539.00	539.00	539.00	62
亳州	Bozhou	66.82	75.72	86.90	225	聊城	Liaocheng	412.69	412.69	412.69	81

8-1 城市城区面积（辖区） 续表 2
Urban Area (Districts under City) continued 2

单位：平方公里 (sq. km)

地名	City	2010	2011	2012	2012 排名 Ranking	地名	City	2010	2011	2012	2012 排名 Ranking
滨州	Binzhou	534.54	559.44	559.44	59	常德	Changde	339.16	339.16	339.16	102
菏泽	Heze	359.54	359.54	359.54	98	张家界	Zhangjiajie	142.60	142.60	142.60	185
河南	**Henan**	**4101.39**	**4213.74**	**4628.01**		益阳	Yiyang	66.30	88.00	88.00	221
郑州	Zhengzhou	439.07	439.07	439.07	71	郴州	Chenzhou	580.00	580.00	580.00	51
开封	Kaifeng	121.25	121.25	121.25	192	永州	Yongzhou	77.37	91.37	91.37	219
洛阳	Luoyang	331.42	331.42	331.42	105	怀化	Huaihua	52.00	58.00	62.00	247
平顶山	Pingdingshan	260.03	260.03	260.03	127	娄底	Loudi	60.00	61.00	62.00	247
安阳	Anyang	153.00	153.00	153.00	182	**广东**	**Guangdong**	**18130.10**	**17957.23**	**15984.06**	
鹤壁	Hebi	130.42	130.42	130.42	188	广州	Guangzhou	3843.43	3843.43	1387.24	13
新乡	Xinxiang	103.00	110.00	110.00	200	韶关	Shaoguan	1392.50	1392.50	1392.50	12
焦作	Jiaozuo	94.90	96.69	102.00	208	深圳	Shenzhen	1991.64	1991.64	1991.64	5
濮阳	Puyang	50.00	153.56	153.56	181	珠海	Zhuhai	745.38	745.38	745.38	36
许昌	Xuchang	97.00	97.00	97.00	214	汕头	Shantou	607.88	607.88	607.88	49
漯河	Luohe	106.82	106.82	106.82	204	佛山	Foshan	663.10	663.58	736.17	37
三门峡	Sanmenxia	30.00	30.00	30.00	281	江门	Jiangmen	580.06	565.96	566.00	55
南阳	Nanyang	231.81	231.81	640.77	44	湛江	Zhanjiang	92.19	110.00	110.00	200
商丘	Shangqiu	103.00	103.00	103.00	207	茂名	Maoming	116.05	116.05	116.05	197
信阳	Xinyang	259.51	259.51	259.51	128	肇庆	Zhaoqing	392.78	392.78	392.78	85
周口	Zhoukou	100.00	100.00	100.00	209	惠州	Huizhou	999.19	921.37	921.37	26
驻马店	Zhumadian	185.00	185.00	185.00	160	梅州	Meizhou	168.00	168.00	168.00	171
湖北	**Hubei**	**9057.18**	**9049.15**	**9052.31**		汕尾	Shanwei	94.21	94.21	59.39	255
武汉	Wuhan	2718.00	2718.00	2718.00	3	河源	Heyuan	28.54	28.91	30.84	280
黄石	Huangshi	237.00	237.00	237.00	133	阳江	Yangjiang	285.00	70.00	357.00	99
十堰	Shiyan	319.00	319.00	319.00	108	清远	Qingyuan	271.30	271.30	523.00	64
宜昌	Yichang	541.00	541.00	541.00	61	东莞	Dongguan	2465.00	2465.00	2465.00	4
襄阳	Xiangfan	337.80	337.80	337.80	103	中山	ZhongShan	167.30	170.10	170.10	170
鄂州	Ezhou	240.67	240.67	240.67	132	潮州	Chaozhou	41.68	152.27	152.27	183
荆门	Jingmen	194.00	194.00	194.00	159	揭阳	Jieyang	181.00	181.00	181.00	166
孝感	Xiaogan	87.10	87.10	87.10	224	云浮	Yunfu	84.00	84.00	84.00	231
荆州	Jingzhou	66.40	67.80	69.05	240	**广西**	**Guangxi**	**5656.72**	**5789.07**	**6067.38**	
黄冈	Huanggang	31.13	32.23	33.23	278	南宁	Nanning	841.08	841.08	841.08	29
咸宁	Xianning	100.00	100.00	100.00	209	柳州	Liuzhou	437.11	464.39	464.39	67
随州	Suizhou	216.00	221.70	216.00	148	桂林	Guilin	565.00	565.00	565.00	56
湖南	**Hunan**	**4121.85**	**4602.42**	**4623.47**		梧州	Wuzhou	307.00	307.00	307.00	111
长沙	Changsha	954.55	1007.66	1007.66	24	北海	Beihai	957.00	957.00	957.00	25
株洲	Zhuzhou	470.33	836.40	837.00	30	防城港	Fangchenggang	233.13	233.13	233.13	134
湘潭	Xiangtan	418.00	418.00	418.00	76	钦州	Qinzhou	96.27	109.84	354.38	100
衡阳	Hengyang	120.00	120.00	123.68	191	贵港	Guigang	301.50	301.50	301.50	116
邵阳	Shaoyang	67.00	67.00	67.00	241	玉林	Yulin	219.04	302.04	302.04	115
岳阳	Yueyang	155.00	155.00	155.00	180	百色	Baise	362.60	362.60	377.89	93

8-1 城市城区面积（辖区） 续表 3
Urban Area (Districts under City) continued 3

单位：平方公里 (sq. km)

地名	City	2010	2011	2012	2012 排名 Ranking
贺州	Hezhou	60.65	69.15	72.15	239
河池	Hechi	80.00	80.00	80.00	232
来宾	Laibin	76.52	76.52	92.00	218
崇左	Chongzuo	34.02	34.02	34.00	276
海南	**Hainan**	**833.03**	**850.12**	**1149.13**	
海口	Haikou	215.00	215.00	562.40	57
三亚	Sanya	60.00	74.70	74.70	238
重庆	**Chongqing**	**5695.83**	**5696.60**	**6105.70**	
四川	**Sichuan**	**5772.84**	**5998.96**	**6204.99**	
成都	Chengdu	778.73	779.73	779.77	31
自贡	Zigong	566.50	637.32	778.32	32
攀枝花	Panzhihua	329.18	329.18	326.66	106
泸州	Luzhou	410.38	411.38	411.38	82
德阳	Deyang	57.20	65.10	65.10	243
绵阳	Mianyang	362.10	465.00	465.00	66
广元	Guangyuan	216.70	216.70	216.70	147
遂宁	Suining	284.10	298.52	298.62	117
内江	Neijiang	204.09	204.09	204.09	152
乐山	Leshan	92.83	92.83	93.21	216
南充	Nanchong	420.00	420.00	420.00	75
眉山	Meishan	56.50	56.50	56.50	257
宜宾	Yibin	60.00	77.08	97.35	213
广安	Guangan	111.31	111.31	111.31	199
达州	Dazhou	89.00	89.00	89.00	220
雅安	Yaan	164.50	164.50	196.89	157
巴中	Bazhong	160.29	160.29	160.29	176
资阳	Ziyang	176.20	178.20	181.24	165
贵州	**Guizhou**	**1658.36**	**1673.75**	**1816.64**	
贵阳	Guiyang	414.77	414.77	414.77	80
六盘水	Liupanshui	129.00	129.00	129.00	190
遵义	Zunyi	220.00	220.00	220.00	144
安顺	Anshun	109.48	109.48	109.48	202
毕节	Bijie	43.87	43.87	166.09	173
铜仁	Tongren	23.50	38.89	40.10	270
云南	**Yunnan**	**1929.97**	**2084.64**	**2143.79**	
昆明	Kunming	472.57	603.77	632.57	46
曲靖	Qujing	56.00	61.00	66.00	242
玉溪	Yuxi	46.70	59.82	59.82	254
保山	Baoshan	33.10	38.30	40.00	271
昭通	Zhaotong	61.00	61.00	61.00	249
丽江	Lijiang	22.00	22.00	26.00	283
普洱	Puer	48.00	50.00	50.00	263
临沧	Lincang	20.00	20.00	33.93	277
西藏	**Tibet**	**782.00**	**948.00**	**337.00**	
拉萨	Lhasa	295.00	295.00	295.00	118
陕西	**Shaanxi**	**1430.60**	**1373.40**	**1504.44**	
西安	Xi'an	331.67	373.96	380.00	90
铜川	Tongchuan	55.00	55.00	55.00	258
宝鸡	Baoji	104.53	156.30	156.30	179
咸阳	Xianyang	74.75	78.00	78.00	235
渭南	Weinan	171.00	202.00	202.00	154
延安	Yan'an	43.25	43.34	43.34	268
汉中	Hanzhong	86.00	86.00	86.00	227
榆林	Yulin	119.00	119.00	119.00	194
安康	Ankang	30.00	35.00	160.00	177
商洛	Shangluo	230.00	39.40	39.40	273
甘肃	**Gansu**	**1426.32**	**1436.55**	**1292.43**	
兰州	Lanzhou	205.74	212.07	212.07	149
嘉峪关	Jiayuguan	120.00	120.00	120.00	193
金昌	Jinchang	42.00	42.00	42.00	269
白银	Baiyin	99.24	99.24	99.24	211
天水	Tianshui	58.61	58.61	60.00	251
武威	Wuwei	28.50	30.50	31.00	279
张掖	Zhangye	33.69	35.59	53.70	259
平凉	Pingliang	255.00	255.00	255.00	129
酒泉	Jiuquan	232.00	232.00	232.00	135
庆阳	Qingyang	25.44	25.44	25.44	284
定西	Dingxi	200.00	200.00	35.88	275
陇南	Longnan	40.00	40.00	40.00	271
青海	**Qinghai**	**512.28**	**512.28**	**512.28**	
西宁	Xining	380.00	380.00	380.00	90
宁夏	**Ningxia**	**2049.72**	**2063.49**	**2103.16**	
银川	Yinchuan	1773.50	1773.50	1773.50	7
石嘴山	Shizuishan	118.20	118.20	118.20	195
吴忠	Wuzhong	29.91	38.00	60.00	251
固原	Guyuan	34.62	34.62	36.66	274
中卫	Zhongwei	52.00	53.58	64.70	244
新疆	**Xinjiang**	**1267.62**	**1429.73**	**1558.54**	
乌鲁木齐	Urumqi	342.67	383.80	368.40	95
克拉玛依	Karamay	57.16	53.21	57.13	256

8-2 城市建成区面积（辖区）
Area of Built District (Districts under City)

单位：平方公里 (sq. km)

地名	City	2010	2011	2012	2012 排名 Ranking
全国	**National Total**	**40058.01**	**43603.23**	**45565.76**	
北京	**Beijing**		**1231.30**	**1261.11**	
天津	**Tianjin**	**686.71**	**710.60**	**722.14**	
河北	**Hebei**	**1619.67**	**1684.60**	**1738.89**	
石家庄	Shijiazhuang	202.90	210.47	216.60	33
唐山	Tangshan	234.00	234.00	247.00	27
秦皇岛	Qinhuangdao	89.48	92.12	94.76	102
邯郸	Handan	110.55	116.93	117.48	70
邢台	Xingtai	70.00	71.96	71.96	136
保定	Baoding	132.33	133.22	140.94	56
张家口	Zhangjiakou	84.00	85.60	86.00	114
承德	Chengde	99.75	106.90	112.81	77
沧州	Cangzhou	46.48	59.84	60.84	170
廊坊	Langfang	59.45	60.60	63.60	165
衡水	Hengshui	43.56	45.80	45.80	212
山西	**Shanxi**	**864.73**	**956.92**	**1013.84**	
太原	Taiyuan	245.00	300.00	310.00	21
大同	Datong	108.00	108.00	108.00	81
阳泉	Yangquan	51.58	52.50	52.92	193
长治	Changzhi	59.30	59.30	59.30	177
晋城	Jincheng	35.40	35.40	51.00	196
朔州	Shuozhou	36.60	41.60	41.60	230
晋中	Jinzhong	39.14	43.00	50.00	199
运城	Yuncheng	30.00	35.00	40.00	232
忻州	Xinzhou	30.10	30.10	32.00	261
临汾	Linfen	37.40	42.04	54.00	187
吕梁	Luliang	18.00	22.50	22.50	276
内蒙古	**Inner Mongolia**	**1038.32**	**1077.04**	**1132.78**	
呼和浩特	Hohhot	166.20	173.59	209.63	37
包头	Baotou	183.49	185.00	186.00	42
乌海	Wuhai	62.92	62.92	62.92	167
赤峰	Chifeng	81.00	82.00	89.00	108
通辽	Tongliao	65.80	75.63	75.63	131
鄂尔多斯	Erdos	112.58	112.58	112.58	78
呼伦贝尔	Hulunbuir	40.00	42.46	47.96	203
巴彦淖尔	Bayannur	38.00	38.00	38.00	237
乌兰察布	Ulanqab	40.75	51.98	51.98	194
辽宁	**Liaoning**	**2220.53**	**2276.51**	**2329.08**	
沈阳	Shenyang	412.00	430.00	455.00	7
大连	Dalian	390.00	390.00	395.00	11
鞍山	Anshan	158.00	162.79	166.55	46
抚顺	Fushun	130.38	136.15	131.03	62
本溪	Benxi	106.50	106.50	108.00	81
丹东	Dandong	53.40	53.40	53.40	191
锦州	Jinzhou	71.45	71.45	71.60	138
营口	Yingkou	99.24	102.54	103.81	87
阜新	Fuxin	76.50	76.50	76.50	130
辽阳	Liaoyang	97.85	103.64	103.42	88
盘锦	Panjin	60.83	60.83	66.90	151
铁岭	Tieling	43.96	44.12	45.08	217
朝阳	Chaoyang	40.00	40.00	40.00	232
葫芦岛	Huludao	75.15	80.00	80.00	120
吉林	**Jilin**	**1237.38**	**1270.99**	**1293.82**	
长春	Changchun	393.71	418.23	433.78	10
吉林	Jilin	165.63	165.63	165.63	47
四平	Siping	51.42	51.42	53.81	189
辽源	Liaoyuan	46.30	46.34	46.33	209
通化	Tonghua	48.50	47.75	48.82	201
白山	Baishan	40.00	37.66	36.36	245
松原	Songyuan	42.70	44.51	46.71	208
白城	Baicheng	38.11	38.11	42.13	227
黑龙江	**Heilongjiang**	**1637.98**	**1678.64**	**1725.45**	
哈尔滨	Harbin	359.21	367.14	383.02	12
齐齐哈尔	Qiqihar	134.72	139.63	139.63	58
鸡西	Jixi	79.23	79.23	79.23	124
鹤岗	Hegang	43.48	46.48	50.72	198
双鸭山	Shuangyashan	58.80	58.80	58.80	178
大庆	Daqing	213.32	224.89	232.74	31
伊春	Yichun	161.19	164.65	164.77	48
佳木斯	Jiamusi	93.50	96.56	98.08	97
七台河	Qitaihe	62.37	62.37	67.77	148
牡丹江	Mudanjiang	76.08	76.08	77.38	127
黑河	Heihe	20.00	20.00	20.00	280
绥化	Suihua	30.65	33.00	33.00	259
上海	**Shanghai**	**998.78**	**998.75**	**998.75**	
江苏	**Jiangsu**	**3271.09**	**3493.78**	**3655.05**	

8-2 城市建成区面积（辖区） 续表 1
Area of Built District (Districts under City) continued 1

单位：平方公里 (sq. km)

地名	City	2010	2011	2012	2012 排名 Ranking	地名	City	2010	2011	2012	2012 排名 Ranking
南京	Nanjing	618.64	637.71	653.05	4	池州	Chizhou	35.00	35.82	36.93	242
无锡	Wuxi	231.30	289.10	315.90	20	宣城	Xuancheng	43.00	47.50	48.35	202
徐州	Xuzhou	239.00	249.00	253.00	26	福建	**Fujian**	**1059.00**	**1129.96**	**1203.14**	
常州	Changzhou	153.05	173.15	183.24	43	福州	Fuzhou	220.22	232.12	240.12	29
苏州	Suzhou	329.29	336.36	436.53	9	厦门	Xiamen	230.00	246.30	264.30	25
南通	Nantong	125.21	140.92	156.26	50	莆田	Putian	54.82	54.82	54.82	186
连云港	Lianyungang	120.00	130.00	140.00	57	三明	Sanming	27.84	28.80	33.08	258
淮安	Huaian	120.00	130.00	136.00	60	泉州	Quanzhou	150.00	161.50	176.50	44
盐城	Yancheng	88.50	91.50	94.50	103	漳州	Zhangzhou	50.59	53.26	56.44	182
扬州	Yangzhou	82.00	124.50	128.00	63	南平	Nanping	25.76	28.18	28.18	268
镇江	Zhenjiang	108.60	114.10	120.00	69	龙岩	Longyan	38.00	40.00	42.00	228
泰州	Taizhou	65.00	62.30	70.10	140	宁德	Ningde	19.23	21.02	23.39	274
宿迁	Suqian	65.00	68.08	70.00	141	江西	**Jiangxi**	**933.78**	**1019.87**	**1077.61**	
浙江	**Zhejiang**	**2128.96**	**2221.10**	**2296.33**		南昌	Nanchang	201.50	208.00	215.00	34
杭州	Hangzhou	412.59	432.98	452.62	8	景德镇	Jingdezhen	72.84	74.06	75.39	132
宁波	Ningbo	271.59	284.91	289.83	22	萍乡	Pingxiang	42.10	43.30	44.50	222
温州	Wenzhou	174.60	190.00	204.00	38	九江	Jiujiang	89.47	89.47	99.77	96
嘉兴	Jiaxing	93.61	98.59	103.82	86	新余	Xinyu	53.00	67.00	70.00	141
湖州	Huzhou	77.92	85.00	88.30	109	鹰潭	Yingtan	23.68	30.50	32.00	261
绍兴	Shaoxing	100.06	109.47	114.71	72	赣州	Ganzhou	76.30	85.23	89.02	107
金华	Jinhua	71.98	73.74	74.36	134	吉安	Jian	35.03	42.03	45.53	214
衢州	Quzhou	58.21	59.89	64.26	162	宜春	Yichun	50.00	55.00	60.00	173
舟山	Zhoushan	52.39	54.02	56.01	183	抚州	Fuzhou	50.30	52.70	55.00	185
台州	Taizhou	116.19	116.19	116.19	71	上饶	Shangrao	38.28	42.28	46.88	205
丽水	Lishui	31.89	33.13	33.28	257	山东	**Shandong**	**3566.15**	**3751.20**	**3926.97**	
安徽	**Anhui**	**1491.32**	**1597.69**	**1696.01**		济南	Jinan	347.00	355.35	363.25	18
合肥	Hefei	325.91	339.10	378.00	13	青岛	Qingdao	282.33	291.52	374.64	15
芜湖	Wuhu	135.00	145.50	150.00	53	淄博	Zibo	224.50	231.53	237.89	30
蚌埠	Bengbu	104.80	108.50	114.50	73	枣庄	Zaozhuang	119.16	124.29	145.96	55
淮南	Huainan	97.45	97.65	102.00	91	东营	Dongying	108.08	108.98	110.95	79
马鞍山	Maanshan	78.50	82.50	86.00	114	烟台	Yantai	265.47	269.33	273.20	24
淮北	Huaibei	62.97	78.87	79.50	123	潍坊	Weifang	140.00	149.00	156.00	51
铜陵	Tongling	47.85	61.90	51.54	195	济宁	Jining	88.90	117.50	124.60	64
安庆	Anqing	77.32	80.00	81.00	118	泰安	Taian	106.80	110.90	114.20	74
黄山	Huangshan	43.92	47.20	53.50	190	威海	Weihai	132.00	135.00	138.00	59
滁州	Chuzhou	60.10	70.38	77.49	126	日照	Rizhao	89.80	93.40	95.80	100
阜阳	Fuyang	76.43	83.08	90.42	106	莱芜	Laiwu	58.00	70.00	81.00	118
宿州	Suzhou	53.23	58.00	67.00	150	临沂	Linyi	165.70	177.50	195.60	40
六安	Liuan	60.80	64.30	67.50	149	德州	Dezhou	60.00	71.00	95.53	101
亳州	Bozhou	36.00	37.58	42.55	225	聊城	Liaocheng	69.00	68.14	69.97	143

8-2 城市建成区面积（辖区） 续表 2
Area of Built District (Districts under City) continued 2

单位：平方公里 (sq. km)

地名	City	2010	2011	2012	2012 排名 Ranking
滨州	Binzhou	85.50	111.40	113.20	76
菏泽	Heze	76.60	79.10	84.00	116
河南	**Henan**	**2014.40**	**2098.07**	**2219.07**	
郑州	Zhengzhou	342.66	354.66	372.96	16
开封	Kaifeng	95.05	96.78	97.95	98
洛阳	Luoyang	180.54	186.85	186.85	41
平顶山	Pingdingshan	71.00	71.00	71.60	138
安阳	Anyang	76.00	77.00	78.00	125
鹤壁	Hebi	50.90	58.45	60.82	171
新乡	Xinxiang	97.05	106.90	110.00	80
焦作	Jiaozuo	94.90	96.69	101.57	92
濮阳	Puyang	37.15	44.00	46.00	210
许昌	Xuchang	80.00	80.00	80.00	120
漯河	Luohe	60.00	60.00	60.00	173
三门峡	Sanmenxia	30.00	30.00	30.00	266
南阳	Nanyang	98.52	104.81	147.42	54
商丘	Shangqiu	60.00	61.00	62.00	168
信阳	Xinyang	68.00	72.50	77.20	128
周口	Zhoukou	51.00	56.00	60.00	173
驻马店	Zhumadian	52.90	55.23	65.00	159
湖北	**Hubei**	**1701.03**	**1811.57**	**1889.61**	
武汉	Wuhan	484.01	506.42	520.30	5
黄石	Huangshi	66.00	69.50	72.50	135
十堰	Shiyan	62.14	65.18	65.60	158
宜昌	Yichang	92.23	102.43	123.60	67
襄阳	Xiangfan	90.57	99.58	107.61	83
鄂州	Ezhou	52.30	55.78	55.78	184
荆门	Jingmen	50.50	51.82	53.19	192
孝感	Xiaogan	32.70	35.00	37.30	239
荆州	Jingzhou	66.40	67.80	69.05	146
黄冈	Huanggang	30.03	31.02	32.02	260
咸宁	Xianning	62.60	63.00	63.79	164
随州	Suizhou	43.00	50.00	45.00	218
湖南	**Hunan**	**1321.05**	**1408.00**	**1465.07**	
长沙	Changsha	272.39	276.86	282.46	23
株洲	Zhuzhou	96.77	120.42	124.23	65
湘潭	Xiangtan	73.38	75.48	77.08	129
衡阳	Hengyang	96.00	108.90	114.00	75
邵阳	Shaoyang	48.50	52.00	54.00	187
岳阳	Yueyang	82.50	83.00	86.50	112
常德	Changde	76.22	79.40	81.80	117
张家界	Zhangjiajie	28.21	28.56	29.86	267
益阳	Yiyang	54.00	60.00	65.00	159
郴州	Chenzhou	62.00	66.70	71.96	136
永州	Yongzhou	56.43	57.66	58.43	179
怀化	Huaihua	52.00	56.00	60.00	173
娄底	Loudi	42.00	45.00	46.00	210
广东	**Guangdong**	**4618.07**	**4829.26**	**5026.44**	
广州	Guangzhou	952.03	990.11	1009.71	1
韶关	Shaoguan	81.83	84.26	87.81	111
深圳	Shenzhen	830.01	841.68	863.43	3
珠海	Zhuhai	123.64	123.64	123.64	66
汕头	Shantou	175.00	184.53	214.16	35
佛山	Foshan	151.53	153.23	154.23	52
江门	Jiangmen	128.66	134.36	156.89	49
湛江	Zhanjiang	81.23	105.67	105.67	85
茂名	Maoming	69.70	101.90	102.72	90
肇庆	Zhaoqing	79.95	92.54	94.28	104
惠州	Huizhou	214.96	221.29	229.30	32
梅州	Meizhou	45.00	46.88	47.82	204
汕尾	Shanwei	14.37	15.26	15.67	283
河源	Heyuan	28.54	28.91	30.84	265
阳江	Yangjiang	48.37	45.42	45.42	215
清远	Qingyuan	56.85	60.39	60.40	172
东莞	Dongguan	820.26	854.31	888.21	2
中山	ZhongShan	87.30	88.20	88.20	110
潮州	Chaozhou	41.68	41.68	41.68	229
揭阳	Jieyang	57.74	58.25	68.10	147
云浮	Yunfu	18.81	20.28	20.62	278
广西	**Guangxi**	**940.47**	**1014.38**	**1083.57**	
南宁	Nanning	215.23	225.65	242.05	28
柳州	Liuzhou	135.06	162.24	172.10	45
桂林	Guilin	63.00	65.24	66.00	156
梧州	Wuzhou	36.10	37.00	37.00	241
北海	Beihai	57.80	65.38	66.58	152
防城港	Fangchenggang	30.63	33.47	33.98	254
钦州	Qinzhou	69.79	71.11	86.17	113
贵港	Guigang	55.72	58.69	66.51	154
玉林	Yulin	56.66	61.66	66.56	153
百色	Baise	33.00	33.71	34.97	251

8-2 城市建成区面积（辖区） 续表 3
Area of Built District (Districts under City) continued 3

单位：平方公里 (sq. km)

地名	City	2010	2011	2012	2012 排名 Ranking
贺州	Hezhou	28.85	31.01	32.00	261
河池	Hechi	18.80	18.80	19.62	281
来宾	Laibin	29.00	31.00	35.00	250
崇左	Chongzuo	22.00	22.00	22.00	277
海南	**Hainan**	**221.32**	**237.99**	**265.59**	
海口	Haikou	91.67	97.50	123.60	67
三亚	Sanya	28.20	33.79	33.79	256
重庆	**Chongqing**	**870.23**	**1034.92**	**1051.71**	
四川	**Sichuan**	**1629.73**	**1788.13**	**1901.72**	
成都	Chengdu	455.56	483.35	515.53	6
自贡	Zigong	80.40	90.13	100.18	95
攀枝花	Panzhihua	54.60	59.56	66.39	155
泸州	Luzhou	82.66	93.60	101.05	93
德阳	Deyang	53.51	61.33	64.29	161
绵阳	Mianyang	102.85	103.00	107.50	84
广元	Guangyuan	38.13	41.44	45.00	218
遂宁	Suining	50.08	66.87	69.08	145
内江	Neijiang	40.45	42.00	45.20	216
乐山	Leshan	53.84	55.82	64.10	163
南充	Nanchong	78.00	90.60	101.00	94
眉山	Meishan	44.50	44.80	45.00	218
宜宾	Yibin	56.60	66.37	79.85	122
广安	Guangan	30.00	31.00	34.00	252
达州	Dazhou	45.00	64.20	50.95	197
雅安	Yaan	21.00	21.00	27.90	269
巴中	Bazhong	17.50	18.00	18.00	282
资阳	Ziyang	36.00	38.00	41.04	231
贵州	**Guizhou**	**463.96**	**508.28**	**586.06**	
贵阳	Guiyang	162.00	162.00	211.34	36
六盘水	Liupanshui	38.50	38.50	38.50	236
遵义	Zunyi	62.00	62.00	62.00	168
安顺	Anshun	32.00	36.00	38.60	235
毕节	Bijie	20.00	30.00	36.51	244
铜仁	Tongren	23.00	31.90	33.90	255
云南	**Yunnan**	**751.34**	**804.14**	**859.87**	
昆明	Kunming	295.03	314.70	334.10	19
曲靖	Qujing	56.00	61.00	66.00	156
玉溪	Yuxi	23.23	30.88	44.06	224
保山	Baoshan	21.00	21.80	24.80	270
昭通	Zhaotong	26.48	33.00	36.00	247
丽江	Lijiang	21.79	19.90	23.00	275
普洱	Puer	24.00	24.00	24.50	271
临沧	Lincang	13.30	14.64	15.18	284
西藏	**Tibet**	**84.88**	**89.68**	**119.70**	
拉萨	Lhasa	62.88	62.88	93.60	105
陕西	**Shaanxi**	**758.48**	**809.01**	**863.51**	
西安	Xi'an	326.53	342.55	375.00	14
铜川	Tongchuan	38.44	41.11	44.11	223
宝鸡	Baoji	92.06	95.27	97.78	99
咸阳	Xianyang	65.00	66.95	69.31	144
渭南	Weinan	40.00	40.50	42.50	226
延安	Yan'an	25.95	36.00	36.00	247
汉中	Hanzhong	33.20	34.00	34.00	252
榆林	Yulin	40.00	50.00	50.00	199
安康	Ankang	30.00	32.50	37.50	238
商洛	Shangluo	13.10	13.42	20.60	279
甘肃	**Gansu**	**632.80**	**655.63**	**681.55**	
兰州	Lanzhou	196.26	196.97	198.67	39
嘉峪关	Jiayuguan	49.50	55.00	63.00	166
金昌	Jinchang	36.69	39.36	39.36	234
白银	Baiyin	55.17	55.50	58.16	180
天水	Tianshui	42.24	42.50	45.80	212
武威	Wuwei	28.50	30.50	31.00	264
张掖	Zhangye	33.69	35.59	37.22	240
平凉	Pingliang	36.00	36.00	36.00	247
酒泉	Jiuquan	38.00	40.00	46.80	206
庆阳	Qingyang	21.30	22.50	23.50	272
定西	Dingxi	23.40	23.41	23.44	273
陇南	Longnan	10.40	10.40	10.40	285
青海	**Qinghai**	**113.88**	**122.11**	**122.11**	
西宁	Xining	66.77	75.00	75.00	133
宁夏	**Ningxia**	**343.79**	**371.29**	**399.57**	
银川	Yinchuan	120.57	126.38	135.11	61
石嘴山	Shizuishan	99.64	100.00	102.80	89
吴忠	Wuzhong	28.21	36.28	45.00	218
固原	Guyuan	34.62	34.62	36.66	243
中卫	Zhongwei	32.04	35.65	36.10	246
新疆	**Xinjiang**	**838.21**	**921.82**	**959.64**	
乌鲁木齐	Urumqi	342.67	383.80	368.40	17
克拉玛依	Karamay	57.16	53.20	57.13	181

8-3 城市建设用地面积（辖区）
Area of Urban Construction Land (Districts under City)

单位：平方公里 (sq. km)

地名	City	2010	2011	2012	2012 排名 Ranking	地名	City	2010	2011	2012	2012 排名 Ranking
全国	**National Total**	**39758.42**	**41805.25**	**45750.67**		沈阳	Shenyang	412.00	430.00	455.00	7
北京	**Beijing**		**1425.87**	**1445.01**		大连	Dalian	405.70	415.00	382.35	11
天津	**Tianjin**	**686.71**	**710.60**	**722.14**		鞍山	Anshan	158.19	162.79	151.44	51
河北	**Hebei**	**1571.72**	**1625.16**	**1609.33**		抚顺	Fushun	130.38	136.15	131.03	63
石家庄	Shijiazhuang	206.19	213.76	212.75	33	本溪	Benxi	69.90	69.90	91.70	105
唐山	Tangshan	229.79	229.79	192.42	40	丹东	Dandong	53.40	53.40	53.40	184
秦皇岛	Qinhuangdao	95.44	98.08	94.49	101	锦州	Jinzhou	71.45	71.45	71.60	134
邯郸	Handan	117.50	116.93	117.48	69	营口	Yingkou	99.24	102.54	110.00	74
邢台	Xingtai	70.00	71.96	71.96	133	阜新	Fuxin	71.20	71.90	70.37	138
保定	Baoding	132.33	133.22	134.68	62	辽阳	Liaoyang	97.85	103.64	103.42	84
张家口	Zhangjiakou	87.39	88.39	90.19	107	盘锦	Panjin	60.83	60.83	66.90	144
承德	Chengde	54.86	60.25	62.36	158	铁岭	Tieling	43.96	44.12	45.08	208
沧州	Cangzhou	42.17	59.80	60.84	163	朝阳	Chaoyang	31.00	40.00	39.80	221
廊坊	Langfang	59.45	60.60	63.60	156	葫芦岛	Huludao	75.15	80.00	68.61	141
衡水	Hengshui	39.04	42.38	41.98	213	吉林	**Jilin**	**1171.77**	**1197.97**	**1209.78**	
山西	**Shanxi**	**847.15**	**878.41**	**944.09**		长春	Changchun	388.16	407.14	411.92	9
太原	Taiyuan	218.93	249.25	274.00	24	吉林	Jilin	150.22	157.52	150.92	53
大同	Datong	107.99	107.99	107.99	75	四平	Siping	49.35	51.36	53.51	183
阳泉	Yangquan	40.41	41.33	41.53	216	辽源	Liaoyuan	46.34	46.34	46.33	201
长治	Changzhi	53.88	54.54	56.37	176	通化	Tonghua	44.56	48.50	49.19	197
晋城	Jincheng	50.40	50.40	50.80	188	白山	Baishan	33.99	34.81	33.35	245
朔州	Shuozhou	31.56	33.98	40.04	218	松原	Songyuan	42.70	44.51	46.45	200
晋中	Jinzhong	51.19	42.85	50.00	196	白城	Baicheng	33.89	37.85	39.82	220
运城	Yuncheng	42.96	31.17	37.10	231	黑龙江	**Heilongjiang**	**1737.50**	**1722.14**	**1747.71**	
忻州	Xinzhou	28.92	28.92	31.52	253	哈尔滨	Harbin	359.21	367.14	374.25	12
临汾	Linfen	36.55	38.11	50.44	192	齐齐哈尔	Qiqihar	130.63	130.63	130.63	58
吕梁	Luliang	18.28	18.96	20.26	273	鸡西	Jixi	79.23	78.85	78.85	123
内蒙古	**Inner Mongolia**	**1123.44**	**1179.53**	**1198.84**		鹤岗	Hegang	70.77	46.47	50.71	190
呼和浩特	Hohhot	166.14	180.30	209.63	36	双鸭山	Shuangyashan	54.90	56.97	57.41	171
包头	Baotou	184.05	185.00	186.00	42	大庆	Daqing	285.81	299.10	305.39	21
乌海	Wuhai	56.73	56.93	56.93	172	伊春	Yichun	156.76	156.76	156.96	48
赤峰	Chifeng	87.05	92.75	78.68	124	佳木斯	Jiamusi	93.50	96.56	98.08	92
通辽	Tongliao	65.80	75.63	74.44	128	七台河	Qitaihe	62.37	62.37	67.77	142
鄂尔多斯	Erdos	142.58	149.62	155.00	49	牡丹江	Mudanjiang	75.05	80.90	82.92	119
呼伦贝尔	Hulunbuir	75.32	75.32	102.13	86	黑河	Heihe	27.88	27.88	20.00	274
巴彦淖尔	Bayannur	37.00	54.00	35.00	239	绥化	Suihua	30.65	31.78	30.89	255
乌兰察布	Ulanqab	38.41	38.61	39.00	225	上海	**Shanghai**			**2904.25**	
辽宁	**Liaoning**	**2171.23**	**2249.09**	**2261.31**		江苏	**Jiangsu**	**3424.75**	**3552.61**	**3701.86**	

8-3 城市建设用地面积（辖区） 续表 1
Area of Urban Construction Land (Districts under City) continued 1

单位：平方公里 (sq. km)

地名	City	2010	2011	2012	2012 排名 Ranking	地名	City	2010	2011	2012	2012 排名 Ranking
南京	Nanjing	647.28	654.43	647.22	4	池州	Chizhou	36.79	36.15	37.06	232
无锡	Wuxi	214.76	266.70	278.01	23	宣城	Xuancheng	42.40	47.75	41.28	217
徐州	Xuzhou	184.60	142.82	213.96	32	**福建**	**Fujian**	**1019.07**	**1076.98**	**1126.05**	
常州	Changzhou	153.05	173.15	174.60	45	福州	Fuzhou	235.11	220.22	220.22	30
苏州	Suzhou	329.09	336.16	433.46	8	厦门	Xiamen	230.00	246.30	264.30	26
南通	Nantong	179.38	214.84	202.41	38	莆田	Putian	58.73	58.73	50.43	193
连云港	Lianyungang	162.62	169.03	175.34	44	三明	Sanming	27.84	28.80	33.08	248
淮安	Huaian	203.99	205.90	211.90	34	泉州	Quanzhou	89.70	129.50	135.10	61
盐城	Yancheng	87.30	90.86	93.85	102	漳州	Zhangzhou	50.57	53.20	56.43	174
扬州	Yangzhou	90.00	122.37	126.62	65	南平	Nanping	25.76	28.18	28.18	260
镇江	Zhenjiang	108.60	114.10	120.00	67	龙岩	Longyan	36.85	38.37	39.70	222
泰州	Taizhou	88.20	95.18	105.98	79	宁德	Ningde	23.73	27.19	32.76	250
宿迁	Suqian	69.30	70.30	73.21	130	**江西**	**Jiangxi**	**966.32**	**986.44**	**1034.27**	
浙江	**Zhejiang**	**2245.93**	**2263.41**	**2246.68**		南昌	Nanchang	201.50	208.00	208.80	37
杭州	Hangzhou	374.62	393.23	394.00	10	景德镇	Jingdezhen	67.84	69.08	70.41	137
宁波	Ningbo	307.33	329.17	336.88	18	萍乡	Pingxiang	42.10	42.84	44.31	210
温州	Wenzhou	148.63	148.63	150.37	54	九江	Jiujiang	92.04	89.47	97.27	94
嘉兴	Jiaxing	101.44	105.69	103.82	83	新余	Xinyu	53.00	62.50	65.14	150
湖州	Huzhou	142.25	145.72	92.56	104	鹰潭	Yingtan	29.00	25.10	26.27	263
绍兴	Shaoxing	95.87	100.89	103.86	82	赣州	Ganzhou	76.30	85.23	89.02	110
金华	Jinhua	71.65	73.41	74.36	129	吉安	Jian	35.03	42.03	45.53	206
衢州	Quzhou	57.15	58.83	62.23	159	宜春	Yichun	50.00	55.00	60.00	166
舟山	Zhoushan	51.61	52.54	51.85	187	抚州	Fuzhou	57.22	52.70	55.00	181
台州	Taizhou	139.63	145.55	151.23	52	上饶	Shangrao	49.02	41.95	44.57	209
丽水	Lishui	31.62	32.46	35.32	238	**山东**	**Shandong**	**3526.37**	**3680.66**	**3854.39**	
安徽	**Anhui**	**1539.96**	**1565.01**	**1682.02**		济南	Jinan	346.90	355.00	363.24	16
合肥	Hefei	325.91	295.77	350.15	17	青岛	Qingdao	280.71	287.14	364.38	15
芜湖	Wuhu	135.00	145.50	150.00	55	淄博	Zibo	220.76	225.31	233.89	28
蚌埠	Bengbu	104.50	108.00	114.38	71	枣庄	Zaozhuang	117.99	123.78	143.43	56
淮南	Huainan	96.72	96.29	100.20	90	东营	Dongying	119.81	107.67	110.12	73
马鞍山	Maanshan	92.07	89.86	96.16	98	烟台	Yantai	262.70	267.06	270.93	25
淮北	Huaibei	77.12	84.37	85.00	117	潍坊	Weifang	142.46	147.20	152.83	50
铜陵	Tongling	47.85	47.85	50.32	195	济宁	Jining	88.28	114.03	123.03	66
安庆	Anqing	77.32	81.77	85.29	116	泰安	Taian	106.80	108.25	113.35	72
黄山	Huangshan	41.81	36.20	37.91	229	威海	Weihai	132.00	135.00	138.00	59
滁州	Chuzhou	68.00	80.15	87.26	112	日照	Rizhao	89.80	93.40	95.80	99
阜阳	Fuyang	75.76	82.45	89.80	108	莱芜	Laiwu	58.00	70.00	81.00	120
宿州	Suzhou	63.58	64.50	66.18	146	临沂	Linyi	158.99	173.18	190.84	41
六安	Liuan	60.80	64.30	67.50	143	德州	Dezhou	59.95	70.65	95.53	100
亳州	Bozhou	40.48	46.59	53.05	186	聊城	Liaocheng	60.17	62.44	64.27	153

8-3 城市建设用地面积（辖区） 续表 2

Area of Urban Construction Land (Districts under City) continued 2

单位：平方公里 (sq. km)

地名	City	2010	2011	2012	2012 排名 Ranking
滨州	Binzhou	75.56	91.76	104.28	81
菏泽	Heze	76.50	79.00	83.90	118
河南	**Henan**	**1947.18**	**2019.26**	**2083.42**	
郑州	Zhengzhou	315.71	318.92	335.38	19
开封	Kaifeng	95.04	96.78	97.95	93
洛阳	Luoyang	180.38	184.86	185.19	43
平顶山	Pingdingshan	71.00	71.00	71.60	134
安阳	Anyang	75.99	77.00	77.86	125
鹤壁	Hebi	49.77	58.45	60.82	164
新乡	Xinxiang	97.05	106.90	102.67	85
焦作	Jiaozuo	94.69	95.41	101.53	87
濮阳	Puyang	37.14	43.95	45.80	204
许昌	Xuchang	78.60	78.60	72.90	131
漯河	Luohe	57.46	58.79	59.15	167
三门峡	Sanmenxia	29.33	29.47	29.80	258
南阳	Nanyang	91.13	93.08	114.82	70
商丘	Shangqiu	60.00	60.99	61.26	162
信阳	Xinyang	61.40	67.01	71.50	136
周口	Zhoukou	43.56	47.56	45.90	203
驻马店	Zhumadian	52.00	54.00	56.00	177
湖北	**Hubei**	**1968.81**	**2042.57**	**2126.73**	
武汉	Wuhan	732.21	751.14	807.70	2
黄石	Huangshi	65.70	69.33	72.36	132
十堰	Shiyan	62.14	65.18	65.60	148
宜昌	Yichang	125.61	135.21	130.56	64
襄阳	Xiangfan	90.58	99.58	107.61	76
鄂州	Ezhou	51.79	55.78	55.78	178
荆门	Jingmen	50.50	51.82	53.18	185
孝感	Xiaogan	26.22	26.29	26.36	262
荆州	Jingzhou	66.40	67.80	69.05	140
黄冈	Huanggang	30.03	31.02	32.02	251
咸宁	Xianning	65.27	61.83	50.38	194
随州	Suizhou	38.76	40.07	38.76	227
湖南	**Hunan**	**1458.58**	**1474.90**	**1430.16**	
长沙	Changsha	272.39	276.86	282.46	22
株洲	Zhuzhou	96.77	112.42	107.43	77
湘潭	Xiangtan	99.09	107.02	91.04	106
衡阳	Hengyang	94.00	96.45	104.31	80
邵阳	Shaoyang	47.72	50.09	50.58	191
岳阳	Yueyang	79.04	80.64	86.50	113

地名	City	2010	2011	2012	2012 排名 Ranking
常德	Changde	75.48	78.71	79.20	122
张家界	Zhangjiajie	25.46	26.79	31.62	252
益阳	Yiyang	54.00	59.49	75.70	126
郴州	Chenzhou	143.90	104.75	62.81	157
永州	Yongzhou	55.36	57.66	58.34	169
怀化	Huaihua	50.65	57.60	58.31	170
娄底	Loudi	51.70	55.44	55.49	180
广东	**Guangdong**	**4774.76**	**4125.59**	**4083.37**	
广州	Guangzhou	657.72	673.01	656.52	3
韶关	Shaoguan	81.83	84.26	87.81	111
深圳	Shenzhen	817.47			
珠海	Zhuhai	341.69	367.07	365.72	14
汕头	Shantou	206.46	211.63	227.88	29
佛山	Foshan	166.62	137.00	142.21	57
江门	Jiangmen	150.69	101.36	158.71	47
湛江	Zhanjiang	92.19	94.44	96.35	96
茂名	Maoming	62.85	88.77	89.31	109
肇庆	Zhaoqing	82.00	63.45	93.03	103
惠州	Huizhou	203.96	274.11	215.97	31
梅州	Meizhou	45.00	35.67	47.79	199
汕尾	Shanwei	73.40	66.50	66.20	145
河源	Heyuan	28.52	28.91	30.36	256
阳江	Yangjiang	48.34	39.22	37.75	230
清远	Qingyuan	56.85	60.39	60.40	165
东莞	Dongguan	954.82	994.54	1003.94	1
中山	ZhongShan	87.30	161.58	101.32	88
潮州	Chaozhou	41.68	41.68	41.68	215
揭阳	Jieyang				
云浮	Yunfu		47.86	20.36	272
广西	**Guangxi**	**908.64**	**931.56**	**1029.77**	
南宁	Nanning	215.23	196.64	236.75	27
柳州	Liuzhou	135.06	162.24	172.10	46
桂林	Guilin	63.00	65.24	66.00	147
梧州	Wuzhou	30.74	33.12	35.86	236
北海	Beihai	57.80	65.38	65.38	149
防城港	Fangchenggang	30.04	19.61	20.74	271
钦州	Qinzhou	64.29	64.94	85.63	115
贵港	Guigang	55.72	58.69	58.90	168
玉林	Yulin	56.41	58.42	64.05	155
百色	Baise	31.32	32.03	33.62	243

8-3 城市建设用地面积（辖区） 续表 3
Area of Urban Construction Land (Districts under City) continued 3

单位：平方公里 (sq. km)

地名	City	2010	2011	2012	2012 排名 Ranking	地名	City	2010	2011	2012	2012 排名 Ranking
贺州	Hezhou	23.20	23.28	27.08	261	丽江	Lijiang	21.39	19.88	20.00	274
河池	Hechi	15.45	16.51	18.32	276	普洱	Puer	21.72	22.69	22.72	267
来宾	Laibin	28.93	31.00	35.00	239	临沧	Lincang	11.41	11.41	16.89	277
崇左	Chongzuo	13.11	13.42	13.88	279	西藏	**Tibet**	**82.51**	**40.20**	**111.03**	
海南	**Hainan**	**260.73**	**267.91**	**253.38**		拉萨	Lhasa	62.88	35.31	86.47	114
海口	Haikou	112.17	112.17	117.50	68	陕西	**Shaanxi**	**704.86**	**706.48**	**776.18**	
三亚	Sanya	52.64	52.70	33.55	244	西安	Xi'an	277.31	291.07	318.00	20
重庆	**Chongqing**	**855.67**	**945.48**	**859.47**		铜川	Tongchuan	46.87	48.85	48.85	198
四川	**Sichuan**	**1610.31**	**1745.51**	**1855.64**		宝鸡	Baoji	82.65	70.17	96.78	95
成都	Chengdu	441.82	472.90	506.49	5	咸阳	Xianyang	65.00	66.95	69.30	139
自贡	Zigong	80.40	90.13	100.18	91	渭南	Weinan	52.11	40.47	42.57	211
攀枝花	Panzhihua	67.09	59.35	65.07	151	延安	Yan'an	24.07	24.07	24.06	265
泸州	Luzhou	81.03	88.77	96.22	97	汉中	Hanzhong	21.07	26.78	31.05	254
德阳	Deyang	53.51	61.03	64.10	154	榆林	Yulin	40.00	40.00	40.00	219
绵阳	Mianyang	102.85	102.96	106.34	78	安康	Ankang	29.90	30.90	37.00	233
广元	Guangyuan	33.84	38.53	41.89	214	商洛	Shangluo	12.30	12.62	12.83	280
遂宁	Suining	48.70	62.30	64.57	152	甘肃	**Gansu**	**594.35**	**615.37**	**642.69**	
内江	Neijiang	40.45	42.00	45.20	207	兰州	Lanzhou	184.64	206.77	198.07	39
乐山	Leshan	51.93	53.91	55.61	179	嘉峪关	Jiayuguan	46.30	54.45	61.93	160
南充	Nanchong	78.00	90.60	101.00	89	金昌	Jinchang	36.71	39.35	39.35	223
眉山	Meishan	42.04	42.34	42.54	212	白银	Baiyin	53.42	46.52	56.82	173
宜宾	Yibin	59.18	67.51	79.85	121	天水	Tianshui	42.24	42.50	45.80	204
广安	Guangan	30.00	31.00	34.00	242	武威	Wuwei	24.31	25.35	30.35	257
达州	Dazhou	45.00	60.13	53.83	182	张掖	Zhangye	33.40	22.55	32.98	249
雅安	Yaan	17.80	17.80	21.23	269	平凉	Pingliang	33.11	33.19	33.19	247
巴中	Bazhong	15.90	21.40	23.10	266	酒泉	Jiuquan	30.57	39.05	39.05	224
资阳	Ziyang	36.00	38.00	38.83	226	庆阳	Qingyang	20.15	21.69	22.63	268
贵州	**Guizhou**	**477.07**	**524.22**	**555.53**		定西	Dingxi	18.50	13.55	14.02	278
贵阳	Guiyang	170.85	170.85	211.34	35	陇南	Longnan	9.20	9.20	9.20	281
六盘水	Liupanshui	58.07	58.98	36.67	234	青海	**Qinghai**	**113.45**	**121.68**	**121.98**	
遵义	Zunyi	61.59	61.81	61.88	161	西宁	Xining	66.77	75.00	75.00	127
安顺	Anshun	26.59	31.15	34.36	241	宁夏	**Ningxia**	**284.37**	**312.95**	**332.94**	
毕节	Bijie	32.73	36.15	36.51	235	银川	Yinchuan	120.57	126.38	135.11	60
铜仁	Tongren	23.50	36.44	29.32	259	石嘴山	Shizuishan	37.72	46.76	50.75	189
云南	**Yunnan**	**832.86**	**884.74**	**846.58**		吴忠	Wuzhong	27.85	35.37	38.44	228
昆明	Kunming	414.83	493.15	498.60	6	固原	Guyuan	29.72	31.45	33.35	245
曲靖	Qujing	54.88	60.05	2.34	282	中卫	Zhongwei	34.01	34.86	35.35	237
玉溪	Yuxi	21.17	0.30	0.50	283	新疆	**Xinjiang**	**852.35**	**932.95**	**954.07**	
保山	Baoshan	12.48	12.98	20.79	270	乌鲁木齐	Urumqi	342.67	383.80	368.40	13
昭通	Zhaotong	23.07	17.54	26.03	264	克拉玛依	Karamay	49.52	52.83	56.38	175

8-4 城市居住用地面积（辖区）
Area of Urban Residential Land(Districts under City)

单位：平方公里 (sq. km)

地名	City	2010	2011	2012	2012 排名 Ranking
全国	**National Total**	**12404.04**	**13181.70**	**14283.43**	
北京	**Beijing**		**405.40**	**405.40**	
天津	**Tianjin**	**186.53**	**190.71**	**194.79**	
河北	**Hebei**	**507.37**	**515.29**	**558.46**	
石家庄	Shijiazhuang	58.75	61.00	78.00	26
唐山	Tangshan	68.17	58.17	71.17	33
秦皇岛	Qinhuangdao	21.43	21.97	23.00	134
邯郸	Handan	37.42	39.51	38.07	71
邢台	Xingtai	29.75	29.76	29.76	103
保定	Baoding	40.07	40.75	42.37	64
张家口	Zhangjiakou	25.20	25.50	25.58	123
承德	Chengde	16.16	18.42	20.74	155
沧州	Cangzhou	15.48	22.28	23.15	133
廊坊	Langfang	20.12	21.11	21.37	149
衡水	Hengshui	9.53	9.53	9.53	251
山西	**Shanxi**	**260.94**	**281.99**	**309.85**	
太原	Taiyuan	48.00	55.00	62.00	39
大同	Datong	35.20	35.20	35.23	79
阳泉	Yangquan	14.88	14.74	15.13	198
长治	Changzhi	14.27	14.61	15.01	200
晋城	Jincheng	22.11	22.11	32.00	96
朔州	Shuozhou	9.28	9.85	12.05	228
晋中	Jinzhong	13.67	13.80	16.00	190
运城	Yuncheng	16.29	18.29	18.29	172
忻州	Xinzhou	11.42	11.42	11.60	231
临汾	Linfen	16.00	18.00	21.96	143
吕梁	Luliang	6.23	6.59	6.83	265
内蒙古	**Inner Mongolia**	**332.55**	**362.07**	**386.09**	
呼和浩特	Hohhot	42.33	55.36	77.00	28
包头	Baotou	51.29	51.29	56.30	41
乌海	Wuhai	20.00	20.00	20.00	159
赤峰	Chifeng	29.34	32.50	37.86	73
通辽	Tongliao	17.99	26.86	22.39	141
鄂尔多斯	Erdos	44.78	46.44	44.78	56
呼伦贝尔	Hulunbuir	17.72	17.72	17.73	178
巴彦淖尔	Bayannur	13.00	16.50	18.00	175
乌兰察布	Ulanqab	14.20	14.20	14.20	205
辽宁	**Liaoning**	**729.12**	**759.96**	**783.94**	
沈阳	Shenyang	133.00	139.00	152.00	7
大连	Dalian	119.70	122.01	128.01	8
鞍山	Anshan	38.54	41.32	42.57	63
抚顺	Fushun	31.98	33.46	33.31	87
本溪	Benxi	24.07	24.07	27.86	110
丹东	Dandong	18.29	18.29	20.22	157
锦州	Jinzhou	34.04	34.04	34.14	83
营口	Yingkou	31.49	32.50	33.45	86
阜新	Fuxin	26.11	25.80	25.80	121
辽阳	Liaoyang	34.51	36.38	36.62	76
盘锦	Panjin	24.20	24.20	24.07	130
铁岭	Tieling	15.96	15.96	16.36	184
朝阳	Chaoyang	10.00	19.00	12.00	230
葫芦岛	Huludao	19.50	20.00	21.60	146
吉林	**Jilin**	**413.19**	**421.84**	**428.70**	
长春	Changchun	111.27	110.77	116.42	13
吉林	Jilin	44.29	47.71	47.62	50
四平	Siping	22.43	22.67	22.73	136
辽源	Liaoyuan	27.61	27.61	27.61	112
通化	Tonghua	17.09	18.63	19.10	165
白山	Baishan	15.83	15.80	13.22	221
松原	Songyuan	14.96	14.50	15.00	201
白城	Baicheng	10.41	10.83	11.51	232
黑龙江	**Heilongjiang**	**625.94**	**614.56**	**624.51**	
哈尔滨	Harbin	107.76	110.14	118.37	11
齐齐哈尔	Qiqihar	44.32	44.32	44.32	57
鸡西	Jixi	47.80	47.80	47.80	47
鹤岗	Hegang	38.96	18.15	18.77	167
双鸭山	Shuangyashan	29.90	30.00	30.00	102
大庆	Daqing	69.00	74.50	78.34	25
伊春	Yichun	62.40	62.40	63.08	37
佳木斯	Jiamusi	24.33	25.74	26.51	116
七台河	Qitaihe	22.45	22.45	25.81	120
牡丹江	Mudanjiang	29.54	31.77	32.34	94
黑河	Heihe	7.28	7.28	5.50	272
绥化	Suihua	12.32	13.45	10.44	242
上海	**Shanghai**			**1065.55**	
江苏	**Jiangsu**	**1024.54**	**1085.77**	**1143.75**	

8-4 城市居住用地面积（辖区） 续表 1

Area of Urban Residential Land(Districts under City) continued 1

单位：平方公里 (sq. km)

地名	City	2010	2011	2012	2012 排名 Ranking	地名	City	2010	2011	2012	2012 排名 Ranking
南京	Nanjing	178.41	173.16	175.35	5	池州	Chizhou	13.32	13.88	13.98	210
无锡	Wuxi	62.92	79.80	90.61	20	宣城	Xuancheng	12.10	14.12	10.47	241
徐州	Xuzhou	58.18	50.18	51.31	45	福建	**Fujian**	**316.42**	**332.96**	**359.60**	
常州	Changzhou	44.34	47.66	51.44	44	福州	Fuzhou	97.26	94.50	94.50	18
苏州	Suzhou	76.86	78.19	122.41	10	厦门	Xiamen	46.18	51.60	59.94	40
南通	Nantong	55.39	84.86	65.99	35	莆田	Putian	15.99	15.99	15.99	191
连云港	Lianyungang	74.36	76.33	77.56	27	三明	Sanming	7.70	8.06	9.85	247
淮安	Huaian	62.23	67.12	76.12	29	泉州	Quanzhou	29.00	37.00	43.00	60
盐城	Yancheng	27.10	26.50	31.64	99	漳州	Zhangzhou	15.76	16.27	16.83	183
扬州	Yangzhou	26.11	39.14	40.64	66	南平	Nanping	9.32	7.15	7.15	263
镇江	Zhenjiang	25.23	26.25	32.40	93	龙岩	Longyan	8.69	9.04	9.46	252
泰州	Taizhou	33.74	36.48	32.14	95	宁德	Ningde	8.16	11.19	12.14	226
宿迁	Suqian	19.66	20.66	19.34	163	江西	**Jiangxi**	**278.27**	**302.49**	**320.70**	
浙江	**Zhejiang**	**614.53**	**626.01**	**626.96**		南昌	Nanchang	50.64	60.40	68.59	34
杭州	Hangzhou	94.74	100.56	104.47	17	景德镇	Jingdezhen	18.76	19.42	19.89	161
宁波	Ningbo	65.86	71.43	72.64	32	萍乡	Pingxiang	12.50	12.80	13.80	213
温州	Wenzhou	34.18	34.18	35.55	78	九江	Jiujiang	29.52	29.52	31.55	100
嘉兴	Jiaxing	28.68	29.80	29.70	106	新余	Xinyu	18.60	22.76	23.87	132
湖州	Huzhou	36.35	38.42	24.03	131	鹰潭	Yingtan	8.65	7.00	6.15	270
绍兴	Shaoxing	36.91	38.16	38.71	70	赣州	Ganzhou	18.59	24.65	25.06	125
金华	Jinhua	19.35	19.55	19.85	162	吉安	Jian	8.84	9.74	9.64	250
衢州	Quzhou	13.32	13.63	14.11	207	宜春	Yichun	11.90	12.90	13.90	212
舟山	Zhoushan	17.79	18.06	17.91	176	抚州	Fuzhou	17.55	16.92	17.69	179
台州	Taizhou	38.20	40.56	42.61	62	上饶	Shangrao	23.85	25.89	25.89	119
丽水	Lishui	10.10	10.25	10.75	237	山东	**Shandong**	**1040.88**	**1089.10**	**1143.35**	
安徽	**Anhui**	**488.33**	**518.22**	**542.78**		济南	Jinan	89.52	90.71	92.36	19
合肥	Hefei	103.38	98.79	104.48	16	青岛	Qingdao	81.75	84.04	105.12	15
芜湖	Wuhu	32.20	33.50	33.50	84	淄博	Zibo	73.07	77.06	79.38	23
蚌埠	Bengbu	35.26	37.80	37.80	74	枣庄	Zaozhuang	42.39	42.44	45.41	54
淮南	Huainan	36.70	36.72	40.90	65	东营	Dongying	36.66	34.66	36.80	75
马鞍山	Maanshan	21.67	23.38	24.16	129	烟台	Yantai	73.51	74.66	75.95	30
淮北	Huaibei	21.00	29.35	32.00	96	潍坊	Weifang	49.29	51.13	54.62	42
铜陵	Tongling	13.00	13.00	13.70	216	济宁	Jining	31.11	36.13	37.92	72
安庆	Anqing	27.43	28.68	29.75	105	泰安	Taian	39.70	40.79	43.60	59
黄山	Huangshan	12.20	15.60	15.50	193	威海	Weihai	33.77	36.75	39.05	69
滁州	Chuzhou	18.99	23.35	25.03	126	日照	Rizhao	25.59	26.71	28.42	109
阜阳	Fuyang	38.47	42.66	45.19	55	莱芜	Laiwu	14.69	18.16	21.00	154
宿州	Suzhou	19.41	19.90	21.22	152	临沂	Linyi	44.95	46.00	53.73	43
六安	Liuan	20.57	21.62	22.58	138	德州	Dezhou	9.32	18.50	26.00	117
亳州	Bozhou	15.45	16.65	17.55	180	聊城	Liaocheng	16.31	16.77	17.03	182

8-4 城市居住用地面积（辖区） 续表 2
Area of Urban Residential Land(Districts under City) continued 2

单位：平方公里 (sq. km)

地名	City	2010	2011	2012	2012 排名 Ranking
滨州	Binzhou	27.84	33.58	30.96	101
菏泽	Heze	26.55	28.55	29.35	107
河南	**Henan**	**578.68**	**594.03**	**612.01**	
郑州	Zhengzhou	79.73	82.39	86.54	22
开封	Kaifeng	31.85	31.86	31.92	98
洛阳	Luoyang	61.69	62.43	62.43	38
平顶山	Pingdingshan	27.50	27.50	27.50	113
安阳	Anyang	23.18	23.78	24.36	128
鹤壁	Hebi	12.57	13.44	13.44	217
新乡	Xinxiang	29.76	29.76	29.76	103
焦作	Jiaozuo	31.99	32.04	35.73	77
濮阳	Puyang	10.00	12.00	14.10	204
许昌	Xuchang	21.19	21.19	19.00	166
漯河	Luohe	15.50	16.01	16.01	189
三门峡	Sanmenxia	9.39	9.41	9.22	255
南阳	Nanyang	23.06	24.61	33.26	89
商丘	Shangqiu	15.44	16.11	10.98	235
信阳	Xinyang	18.22	19.31	20.51	156
周口	Zhoukou	12.40	13.30	12.60	223
驻马店	Zhumadian	11.28	12.03	12.60	223
湖北	**Hubei**	**580.36**	**599.27**	**652.38**	
武汉	Wuhan	219.12	218.45	238.80	2
黄石	Huangshi	15.21	16.38	18.24	173
十堰	Shiyan	18.37	19.93	21.32	150
宜昌	Yichang	31.61	33.63	34.56	82
襄阳	Xiangfan	28.82	30.82	33.46	85
鄂州	Ezhou	12.84	13.40	14.47	203
荆门	Jingmen	13.42	14.18	15.02	199
孝感	Xiaogan	2.13	2.20	2.20	281
荆州	Jingzhou	17.73	18.50	18.52	169
黄冈	Huanggang	10.17	10.37	10.37	244
咸宁	Xianning	20.86	20.86	21.52	147
随州	Suizhou	13.77	14.31	13.77	214
湖南	**Hunan**	**475.45**	**484.08**	**507.62**	
长沙	Changsha	105.91	107.88	111.65	14
株洲	Zhuzhou	32.52	35.11	44.27	58
湘潭	Xiangtan	27.50	29.92	26.60	115
衡阳	Hengyang	31.00	35.00	35.19	81
邵阳	Shaoyang	17.21	18.21	18.42	170
岳阳	Yueyang	23.60	24.60	24.60	127
常德	Changde	20.95	22.51	22.51	139
张家界	Zhangjiajie	9.74	10.49	10.52	240
益阳	Yiyang	19.98	22.30	26.00	117
郴州	Chenzhou	40.50	27.57	22.96	135
永州	Yongzhou	14.76	15.33	15.36	196
怀化	Huaihua	14.00	15.12	16.12	188
娄底	Loudi	18.28	21.25	21.30	151
广东	**Guangdong**	**1446.64**	**1317.05**	**1279.29**	
广州	Guangzhou	191.84	192.97	195.22	4
韶关	Shaoguan	26.48	27.01	27.81	111
深圳	Shenzhen	213.99			
珠海	Zhuhai	113.64	116.52	117.82	12
汕头	Shantou	84.29	82.74	89.30	21
佛山	Foshan	54.23	55.86	47.92	46
江门	Jiangmen	44.47	41.73	47.72	48
湛江	Zhanjiang	30.93	31.33	32.89	90
茂名	Maoming	23.35	32.07	33.30	88
肇庆	Zhaoqing	21.80	21.02	21.71	145
惠州	Huizhou	63.27	82.45	63.40	36
梅州	Meizhou	9.18	10.48	10.75	237
汕尾	Shanwei	20.40	22.49	22.49	140
河源	Heyuan	8.56	8.66	9.03	256
阳江	Yangjiang	11.40	10.37	10.37	244
清远	Qingyuan	19.37	19.56	17.75	177
东莞	Dongguan	257.88	265.21	272.69	1
中山	ZhongShan	23.86	50.70	32.42	92
潮州	Chaozhou	14.15	14.13	14.15	206
揭阳	Jieyang				
云浮	Yunfu		8.25	2.80	280
广西	**Guangxi**	**283.69**	**298.66**	**322.49**	
南宁	Nanning	69.87	64.34	79.15	24
柳州	Liuzhou	28.43	44.02	46.33	53
桂林	Guilin	17.80	18.30	18.40	171
梧州	Wuzhou	10.57	11.29	12.17	225
北海	Beihai	24.20	25.60	25.60	122
防城港	Fangchenggang	8.45	4.87	4.87	275
钦州	Qinzhou	18.52	17.12	21.20	153
贵港	Guigang	17.93	18.83	19.19	164
玉林	Yulin	23.43	24.04	25.28	124
百色	Baise	12.37	12.59	13.37	218

8-4 城市居住用地面积（辖区） 续表 3
Area of Urban Residential Land(Districts under City) continued 3

单位：平方公里 (sq. km)

地名	City	2010	2011	2012	2012 排名 Ranking	地名	City	2010	2011	2012	2012 排名 Ranking
贺州	Hezhou	4.54	8.14	8.14	259	丽江	Lijiang	8.20	0.98	4.00	277
河池	Hechi	4.57	4.99	5.28	273	普洱	Puer	4.85	4.85	4.85	276
来宾	Laibin	8.01	9.00	9.78	248	临沧	Lincang	4.06	4.06	7.14	264
崇左	Chongzuo	3.93	3.93	3.94	279	**西藏**	**Tibet**	**28.97**	**23.95**	**40.26**	
海南	**Hainan**	**83.03**	**86.19**	**91.42**		拉萨	Lhasa	23.17	23.17	35.21	80
海口	Haikou	39.20	39.20	46.61	52	**陕西**	**Shaanxi**	**217.69**	**223.78**	**210.91**	
三亚	Sanya	10.23	9.65	8.65	257	西安	Xi'an	65.70	68.90	75.50	31
重庆	**Chongqing**	**282.15**	**302.37**	**277.56**		铜川	Tongchuan	17.74	18.58	18.58	168
四川	**Sichuan**	**526.12**	**564.89**	**587.76**		宝鸡	Baoji	22.53	25.55	13.28	220
成都	Chengdu	154.43	165.06	174.23	6	咸阳	Xianyang	12.05	12.82	15.45	194
自贡	Zigong	27.04	30.84	32.71	91	渭南	Weinan	20.22	17.71	15.32	197
攀枝花	Panzhihua	18.60	16.77	18.12	174	延安	Yan'an	13.71	13.71	13.71	215
泸州	Luzhou	21.48	25.36	27.18	114	汉中	Hanzhong	4.70	5.70	5.70	271
德阳	Deyang	16.03	18.16	13.91	211	榆林	Yulin	17.10	17.10	9.25	254
绵阳	Mianyang	27.96	27.96	29.15	108	安康	Ankang	18.60	19.00	22.26	142
广元	Guangyuan	8.56	9.02	8.34	258	商洛	Shangluo	3.75	3.85	3.95	278
遂宁	Suining	18.71	20.07	21.52	147	**甘肃**	**Gansu**	**168.15**	**184.56**	**184.60**	
内江	Neijiang	13.79	13.85	17.31	181	兰州	Lanzhou	56.47	65.97	47.63	49
乐山	Leshan	14.20	14.80	16.25	186	嘉峪关	Jiayuguan	10.41	11.23	12.08	227
南充	Nanchong	32.50	37.00	39.50	68	金昌	Jinchang	5.59	6.83	6.83	265
眉山	Meishan	17.00	17.10	16.30	185	白银	Baiyin	15.76	16.58	16.13	187
宜宾	Yibin	22.23	24.91	22.68	137	天水	Tianshui	9.21	9.21	9.36	253
广安	Guangan	9.22	10.90	10.70	239	武威	Wuwei	8.74	10.00	20.00	159
达州	Dazhou	13.09	15.74	15.41	195	张掖	Zhangye	7.61	8.15	14.52	202
雅安	Yaan	5.70	5.70	6.66	268	平凉	Pingliang	12.87	13.00	13.30	219
巴中	Bazhong	6.00	7.00	7.50	262	酒泉	Jiuquan	9.47	9.75	9.75	249
资阳	Ziyang	8.64	9.00	9.96	246	庆阳	Qingyang	7.61	7.69	7.69	261
贵州	**Guizhou**	**128.29**	**144.60**	**169.64**		定西	Dingxi	3.94	4.89	5.12	274
贵阳	Guiyang	43.22	43.22	46.62	51	陇南	Longnan	6.42	6.42	6.42	269
六盘水	Liupanshui	11.98	12.01	11.00	234	**青海**	**Qinghai**	**43.93**	**51.32**	**53.37**	
遵义	Zunyi	13.56	13.76	14.06	208	西宁	Xining	30.44	37.83	39.58	67
安顺	Anshun	9.34	10.15	11.15	233	**宁夏**	**Ningxia**	**104.13**	**112.10**	**114.17**	
毕节	Bijie	8.30	8.70	10.39	243	银川	Yinchuan	37.67	39.74	42.77	61
铜仁	Tongren	5.41	11.19	14.00	209	石嘴山	Shizuishan	25.92	28.50	21.85	144
云南	**Yunnan**	**353.74**	**366.61**	**348.44**		吴忠	Wuzhong	11.41	11.98	13.19	222
昆明	Kunming	212.78	232.15	233.59	3	固原	Guyuan	10.28	10.58	12.03	229
曲靖	Qujing	20.61	23.00	1.72	282	中卫	Zhongwei	9.75	10.14	10.81	236
玉溪	Yuxi	6.30	0.08	0.02	283	**新疆**	**Xinjiang**	**284.41**	**321.87**	**342.48**	
保山	Baoshan	3.74	3.86	6.80	267	乌鲁木齐	Urumqi	99.20	100.02	126.53	9
昭通	Zhaotong	8.56	9.22	7.73	260	克拉玛依	Karamay	19.31	20.01	20.21	158

8-5 城市公共管理与公共服务设施用地面积（辖区）
Area of Land for Administration and Public Services (Districts under City)

单位：平方公里 (sq. km)

地名	City	2012	2012 排名 Ranking	地名	City	2012	2012 排名 Ranking
全国	**National Total**	**4481.77**		沈阳	Shenyang	43.00	17
北京	**Beijing**			大连	Dalian	29.29	23
天津	**Tianjin**	**49.35**		鞍山	Anshan	12.96	60
河北	**Hebei**	**167.62**		抚顺	Fushun	9.50	97
石家庄	Shijiazhuang	22.60	37	本溪	Benxi	6.72	141
唐山	Tangshan	26.99	27	丹东	Dandong	3.68	219
秦皇岛	Qinhuangdao	7.23	130	锦州	Jinzhou	8.27	112
邯郸	Handan	17.77	47	营口	Yingkou	8.85	103
邢台	Xingtai	5.75	159	阜新	Fuxin	3.44	224
保定	Baoding	11.29	72	辽阳	Liaoyang	3.31	227
张家口	Zhangjiakou	6.83	139	盘锦	Panjin	5.59	163
承德	Chengde	7.47	124	铁岭	Tieling	6.84	138
沧州	Cangzhou	4.77	184	朝阳	Chaoyang	2.00	262
廊坊	Langfang	3.19	232	葫芦岛	Huludao	3.05	235
衡水	Hengshui	3.87	211	吉林	**Jilin**	**100.73**	
山西	**Shanxi**	**121.44**		长春	Changchun	40.23	19
太原	Taiyuan	38.00	20	吉林	Jilin	13.42	58
大同	Datong	13.74	56	四平	Siping	4.23	198
阳泉	Yangquan	2.30	250	辽源	Liaoyuan	2.35	249
长治	Changzhi	12.82	61	通化	Tonghua	3.89	210
晋城	Jincheng	12.00	67	白山	Baishan	2.27	253
朔州	Shuozhou	3.48	223	松原	Songyuan	3.60	220
晋中	Jinzhong	4.00	204	白城	Baicheng	2.78	243
运城	Yuncheng	1.00	274	黑龙江	**Heilongjiang**	**162.67**	
忻州	Xinzhou	4.53	190	哈尔滨	Harbin	48.58	12
临汾	Linfen	4.60	188	齐齐哈尔	Qiqihar	11.43	71
吕梁	Luliang	3.79	213	鸡西	Jixi	2.07	260
内蒙古	**Inner Mongolia**	**115.73**		鹤岗	Hegang	1.65	268
呼和浩特	Hohhot	26.67	28	双鸭山	Shuangyashan	4.20	199
包头	Baotou	14.82	55	大庆	Daqing	42.36	18
乌海	Wuhai	3.21	231	伊春	Yichun	11.17	74
赤峰	Chifeng	7.58	123	佳木斯	Jiamusi	1.00	274
通辽	Tongliao	8.58	107	七台河	Qitaihe	6.18	149
鄂尔多斯	Erdos	17.82	46	牡丹江	Mudanjiang	7.43	125
呼伦贝尔	Hulunbuir	2.91	238	黑河	Heihe	3.94	208
巴彦淖尔	Bayannur	1.20	271	绥化	Suihua	4.20	199
乌兰察布	Ulanqab	2.50	245	上海	**Shanghai**	**160.16**	
辽宁	**Liaoning**	**177.98**		江苏	**Jiangsu**	**305.71**	

8-5 城市公共管理与公共服务设施用地面积（辖区） 续表 1
Area of Land for Administration and Public Services (Districts under City) continued 1

单位：平方公里 (sq. km)

地名	City	2012	2012 排名 Ranking	地名	City	2012	2012 排名 Ranking
南京	Nanjing	78.71	4	池州	Chizhou	3.30	228
无锡	Wuxi	12.39	65	宣城	Xuancheng	3.24	229
徐州	Xuzhou	28.63	24	福建	**Fujian**	**143.56**	
常州	Changzhou	9.89	90	福州	Fuzhou	28.00	25
苏州	Suzhou	27.45	26	厦门	Xiamen	43.32	16
南通	Nantong	24.26	32	莆田	Putian	11.00	76
连云港	Lianyungang	10.60	79	三明	Sanming	2.27	253
淮安	Huaian	5.70	161	泉州	Quanzhou	19.00	44
盐城	Yancheng	11.69	70	漳州	Zhangzhou	7.39	126
扬州	Yangzhou	9.96	88	南平	Nanping	3.56	221
镇江	Zhenjiang	8.40	108	龙岩	Longyan	2.91	238
泰州	Taizhou	9.03	102	宁德	Ningde	3.10	234
宿迁	Suqian	6.96	136	江西	**Jiangxi**	**94.31**	
浙江	**Zhejiang**	**195.82**		南昌	Nanchang	11.90	68
杭州	Hangzhou	60.44	6	景德镇	Jingdezhen	4.00	204
宁波	Ningbo	15.76	52	萍乡	Pingxiang	4.00	204
温州	Wenzhou	10.54	82	九江	Jiujiang	5.90	156
嘉兴	Jiaxing	5.31	167	新余	Xinyu	8.37	109
湖州	Huzhou	7.69	122	鹰潭	Yingtan	0.59	279
绍兴	Shaoxing	5.28	168	赣州	Ganzhou	10.72	78
金华	Jinhua	6.12	150	吉安	Jian	7.02	134
衢州	Quzhou	4.13	201	宜春	Yichun	4.30	195
舟山	Zhoushan	7.05	132	抚州	Fuzhou	5.41	165
台州	Taizhou	12.54	64	上饶	Shangrao	2.91	238
丽水	Lishui	6.07	152	山东	**Shandong**	**435.57**	
安徽	**Anhui**	**164.13**		济南	Jinan	57.50	8
合肥	Hefei	57.13	9	青岛	Qingdao	45.28	15
芜湖	Wuhu	8.00	116	淄博	Zibo	19.92	41
蚌埠	Bengbu	6.91	137	枣庄	Zaozhuang	19.62	43
淮南	Huainan	6.60	142	东营	Dongying	14.83	54
马鞍山	Maanshan	9.51	95	烟台	Yantai	17.30	49
淮北	Huaibei	6.50	145	潍坊	Weifang	19.74	42
铜陵	Tongling	3.94	208	济宁	Jining	5.60	162
安庆	Anqing	5.43	164	泰安	Taian	10.00	87
黄山	Huangshan	4.53	190	威海	Weihai	9.76	92
滁州	Chuzhou	7.07	131	日照	Rizhao	4.83	181
阜阳	Fuyang	4.82	182	莱芜	Laiwu	12.82	61
宿州	Suzhou	9.59	94	临沂	Linyi	23.09	36
六安	Liuan	4.65	185	德州	Dezhou	7.04	133
亳州	Bozhou	6.58	143	聊城	Liaocheng	6.83	139

8-5 城市公共管理与公共服务设施用地面积（辖区） 续表 2
Area of Land for Administration and Public Services (Districts under City) continued 2

单位：平方公里 (sq. km)

地名	City	2012	2012 排名 Ranking	地名	City	2012	2012 排名 Ranking
滨州	Binzhou	13.30	59	常德	Changde	13.65	57
菏泽	Heze	8.77	104	张家界	Zhangjiajie	4.91	178
河南	**Henan**	**242.86**		益阳	Yiyang		
郑州	Zhengzhou	50.35	11	郴州	Chenzhou	9.68	93
开封	Kaifeng	12.57	63	永州	Yongzhou	4.89	179
洛阳	Luoyang	23.29	34	怀化	Huaihua	10.60	79
平顶山	Pingdingshan	4.89	179	娄底	Loudi	8.12	113
安阳	Anyang	9.86	91	广东	**Guangdong**	**413.49**	
鹤壁	Hebi	5.98	155	广州	Guangzhou	107.42	1
新乡	Xinxiang	15.30	53	韶关	Shaoguan	10.37	84
焦作	Jiaozuo	20.13	39	深圳	Shenzhen		
濮阳	Puyang	3.00	236	珠海	Zhuhai	46.03	14
许昌	Xuchang	6.00	153	汕头	Shantou	25.38	29
漯河	Luohe	4.50	193	佛山	Foshan	11.03	75
三门峡	Sanmenxia	3.69	218	江门	Jiangmen	10.05	86
南阳	Nanyang	17.60	48	湛江	Zhanjiang	11.87	69
商丘	Shangqiu	6.20	148	茂名	Maoming	5.75	159
信阳	Xinyang	1.91	266	肇庆	Zhaoqing	9.96	88
周口	Zhoukou	5.10	172	惠州	Huizhou	23.19	35
驻马店	Zhumadian	8.60	106	梅州	Meizhou	7.76	121
湖北	**Hubei**	**271.43**		汕尾	Shanwei	5.17	169
武汉	Wuhan	105.40	2	河源	Heyuan	1.92	265
黄石	Huangshi	7.39	126	阳江	Yangjiang	2.12	259
十堰	Shiyan	8.06	115	清远	Qingyuan	10.76	77
宜昌	Yichang	23.84	33	东莞	Dongguan	59.71	7
襄阳	Xiangfan	11.23	73	中山	ZhongShan	7.27	129
鄂州	Ezhou	4.64	186	潮州	Chaozhou	1.61	269
荆门	Jingmen	7.29	128	揭阳	Jieyang		
孝感	Xiaogan	4.00	204	云浮	Yunfu	3.80	212
荆州	Jingzhou	8.31	111	广西	**Guangxi**	**116.72**	
黄冈	Huanggang	5.38	166	南宁	Nanning	34.13	22
咸宁	Xianning	9.51	95	柳州	Liuzhou	17.20	50
随州	Suizhou	4.50	193	桂林	Guilin	6.50	145
湖南	**Hunan**	**195.09**		梧州	Wuzhou	4.52	192
长沙	Changsha	51.22	10	北海	Beihai	9.40	98
株洲	Zhuzhou	10.41	83	防城港	Fangchenggang	2.05	261
湘潭	Xiangtan	18.00	45	钦州	Qinzhou	7.02	134
衡阳	Hengyang	10.21	85	贵港	Guigang	4.98	177
邵阳	Shaoyang	6.55	144	玉林	Yulin	9.34	100
岳阳	Yueyang	9.40	98	百色	Baise	3.39	226

8-5 城市公共管理与公共服务设施用地面积（辖区） 续表 3

Area of Land for Administration and Public Services (Districts under City) continued 3

单位：平方公里 (sq. km)

地名	City	2012	2012 排名 Ranking	地名	City	2012	2012 排名 Ranking
贺州	Hezhou	6.37	147	丽江	Lijiang	2.00	262
河池	Hechi	2.43	248	普洱	Puer	7.90	118
来宾	Laibin	1.20	271	临沧	Lincang	0.69	278
崇左	Chongzuo	1.83	267	**西藏**	**Tibet**	**10.51**	
海南	**Hainan**	**31.35**		拉萨	Lhasa	4.30	195
海口	Haikou	22.25	38	**陕西**	**Shaanxi**	**130.04**	
三亚	Sanya	1.20	271	西安	Xi'an	84.40	3
重庆	**Chongqing**	**79.85**		铜川	Tongchuan	7.91	117
四川	**Sichuan**	**213.60**		宝鸡	Baoji	7.84	120
成都	Chengdu	73.38	5	咸阳	Xianyang	9.18	101
自贡	Zigong	5.83	158	渭南	Weinan	3.76	215
攀枝花	Panzhihua	3.70	217	延安	Yan'an	2.15	258
泸州	Luzhou	6.10	151	汉中	Hanzhong	2.60	244
德阳	Deyang	12.03	66	榆林	Yulin	4.57	189
绵阳	Mianyang	16.35	51	安康	Ankang	2.83	242
广元	Guangyuan	5.16	170	商洛	Shangluo	1.28	270
遂宁	Suining	8.07	114	**甘肃**	**Gansu**	**72.00**	
内江	Neijiang	3.77	214	兰州	Lanzhou	20.12	40
乐山	Leshan	3.71	216	嘉峪关	Jiayuguan	6.00	153
南充	Nanchong	10.60	79	金昌	Jinchang	8.76	105
眉山	Meishan	3.50	222	白银	Baiyin	4.80	183
宜宾	Yibin	7.88	119	天水	Tianshui	3.24	229
广安	Guangan	5.04	174	武威	Wuwei	2.00	262
达州	Dazhou	4.12	203	张掖	Zhangye	2.30	250
雅安	Yaan	2.22	256	平凉	Pingliang	5.90	156
巴中	Bazhong	3.00	236	酒泉	Jiuquan	3.15	233
资阳	Ziyang	2.91	238	庆阳	Qingyang	5.16	170
贵州	**Guizhou**	**64.94**		定西	Dingxi	2.45	247
贵阳	Guiyang	35.07	21	陇南	Longnan	0.86	277
六盘水	Liupanshui	5.00	175	**青海**	**Qinghai**	**13.58**	
遵义	Zunyi	5.00	175	西宁	Xining	4.13	201
安顺	Anshun	2.25	255	**宁夏**	**Ningxia**	**47.13**	
毕节	Bijie	3.40	225	银川	Yinchuan	25.05	30
铜仁	Tongren	2.50	245	石嘴山	Shizuishan	2.16	257
云南	**Yunnan**	**93.64**		吴忠	Wuzhong	5.10	172
昆明	Kunming	48.15	13	固原	Guyuan	4.30	195
曲靖	Qujing	0.11	280	中卫	Zhongwei	4.64	186
玉溪	Yuxi	0.08	281	**新疆**	**Xinjiang**	**90.76**	
保山	Baoshan	1.00	274	乌鲁木齐	Urumqi	24.92	31
昭通	Zhaotong	2.30	250	克拉玛依	Karamay	8.36	110

8-6 城市商业服务业设施用地面积（辖区）
Area of Land for Commercial and Business Facilities (Districts under City)

单位：平方公里 (sq. km)

地名	City	2012	2012 排名 Ranking	地名	City	2012	2012 排名 Ranking
全国	**National Total**	**3084.76**		沈阳	Shenyang	21.00	23
北京	**Beijing**			大连	Dalian	13.81	35
天津	**Tianjin**	**40.00**		鞍山	Anshan	0.49	260
河北	**Hebei**	**99.41**		抚顺	Fushun	4.37	130
石家庄	Shijiazhuang	12.99	41	本溪	Benxi	12.72	42
唐山	Tangshan			丹东	Dandong	2.68	173
秦皇岛	Qinhuangdao	12.53	44	锦州	Jinzhou	2.45	187
邯郸	Handan	10.09	64	营口	Yingkou	30.42	13
邢台	Xingtai	5.10	115	阜新	Fuxin	3.63	151
保定	Baoding	5.39	111	辽阳	Liaoyang	7.72	83
张家口	Zhangjiakou	6.05	99	盘锦	Panjin	3.29	160
承德	Chengde	3.43	157	铁岭	Tieling	0.55	254
沧州	Cangzhou	2.99	169	朝阳	Chaoyang	2.00	203
廊坊	Langfang	2.70	172	葫芦岛	Huludao	6.20	98
衡水	Hengshui	4.79	124	吉林	**Jilin**	**80.14**	
山西	**Shanxi**	**40.13**		长春	Changchun	19.69	26
太原	Taiyuan			吉林	Jilin		
大同	Datong	6.81	90	四平	Siping	7.33	85
阳泉	Yangquan	4.24	133	辽源	Liaoyuan	3.09	165
长治	Changzhi	0.31	266	通化	Tonghua	10.81	53
晋城	Jincheng	3.20	162	白山	Baishan	2.64	177
朔州	Shuozhou	4.88	122	松原	Songyuan	1.50	222
晋中	Jinzhong	5.37	112	白城	Baicheng	2.27	193
运城	Yuncheng	1.00	238	黑龙江	**Heilongjiang**	**141.79**	
忻州	Xinzhou	1.23	229	哈尔滨	Harbin	20.55	24
临汾	Linfen	4.10	137	齐齐哈尔	Qiqihar	6.46	95
吕梁	Luliang	0.22	267	鸡西	Jixi	2.61	180
内蒙古	**Inner Mongolia**	**80.80**		鹤岗	Hegang	3.55	153
呼和浩特	Hohhot	6.64	92	双鸭山	Shuangyashan	10.30	60
包头	Baotou	9.83	66	大庆	Daqing	71.83	2
乌海	Wuhai	14.70	34	伊春	Yichun	5.34	113
赤峰	Chifeng	0.65	249	佳木斯	Jiamusi	3.63	151
通辽	Tongliao	4.64	126	七台河	Qitaihe		
鄂尔多斯	Erdos	15.43	31	牡丹江	Mudanjiang		
呼伦贝尔	Hulunbuir	3.04	166	黑河	Heihe	1.36	227
巴彦淖尔	Bayannur	0.50	257	绥化	Suihua	1.15	233
乌兰察布	Ulanqab	2.50	185	上海	**Shanghai**	**135.21**	
辽宁	**Liaoning**	**150.40**		江苏	**Jiangsu**	**300.44**	

8-6 城市商业服务业设施用地面积（辖区） 续表 1
Area of Land for Commercial and Business Facilities (Districts under City) continued 1

单位：平方公里 (sq. km)

地名	City	2012	2012 排名 Ranking	地名	City	2012	2012 排名 Ranking
南京	Nanjing	32.95	11	池州	Chizhou	2.17	200
无锡	Wuxi	30.27	14	宣城	Xuancheng	2.47	186
徐州	Xuzhou	0.46	261	福建	**Fujian**	**73.48**	
常州	Changzhou	8.10	80	福州	Fuzhou	8.50	76
苏州	Suzhou	25.91	17	厦门	Xiamen	10.11	63
南通	Nantong	56.19	4	莆田	Putian	1.00	238
连云港	Lianyungang	9.05	72	三明	Sanming	0.97	242
淮安	Huaian	16.75	30	泉州	Quanzhou	24.00	18
盐城	Yancheng	23.66	19	漳州	Zhangzhou	0.10	270
扬州	Yangzhou	9.44	68	南平	Nanping	0.83	246
镇江	Zhenjiang	6.00	101	龙岩	Longyan	1.58	219
泰州	Taizhou	7.35	84	宁德	Ningde	1.97	210
宿迁	Suqian	3.79	146	江西	**Jiangxi**	**88.74**	
浙江	**Zhejiang**	**176.91**		南昌	Nanchang	27.16	16
杭州	Hangzhou	36.63	9	景德镇	Jingdezhen	5.51	108
宁波	Ningbo	18.00	29	萍乡	Pingxiang	0.50	257
温州	Wenzhou	34.96	10	九江	Jiujiang	5.90	103
嘉兴	Jiaxing	11.62	49	新余	Xinyu	1.09	237
湖州	Huzhou	8.07	82	鹰潭	Yingtan	1.15	233
绍兴	Shaoxing	8.37	79	赣州	Ganzhou	4.39	129
金华	Jinhua	5.89	104	吉安	Jian	10.32	59
衢州	Quzhou	2.61	180	宜春	Yichun	6.46	95
舟山	Zhoushan	2.37	188	抚州	Fuzhou	3.34	159
台州	Taizhou	0.64	250	上饶	Shangrao	1.44	224
丽水	Lishui	1.99	209	山东	**Shandong**	**276.36**	
安徽	**Anhui**	**142.39**		济南	Jinan	20.52	25
合肥	Hefei	11.78	48	青岛	Qingdao	18.02	28
芜湖	Wuhu	15.00	33	淄博	Zibo	12.45	45
蚌埠	Bengbu	3.35	158	枣庄	Zaozhuang	13.79	36
淮南	Huainan	8.50	76	东营	Dongying	13.50	38
马鞍山	Maanshan	10.53	56	烟台	Yantai	29.31	15
淮北	Huaibei	8.60	75	潍坊	Weifang		
铜陵	Tongling	4.40	128	济宁	Jining	3.50	155
安庆	Anqing	2.68	173	泰安	Taian	10.71	55
黄山	Huangshan	2.24	194	威海	Weihai	8.65	74
滁州	Chuzhou	3.70	149	日照	Rizhao	6.31	97
阜阳	Fuyang	4.79	124	莱芜	Laiwu	10.40	58
宿州	Suzhou	15.07	32	临沂	Linyi	10.51	57
六安	Liuan	4.18	136	德州	Dezhou	5.94	102
亳州	Bozhou	13.50	38	聊城	Liaocheng	5.11	114

8-6 城市商业服务业设施用地面积（辖区） 续表 2

Area of Land for Commercial and Business Facilities (Districts under City) continued 2

单位：平方公里 (sq. km)

地名	City	2012	2012 排名 Ranking	地名	City	2012	2012 排名 Ranking
滨州	Binzhou	1.43	225	常德	Changde	9.45	67
菏泽	Heze	2.98	170	张家界	Zhangjiajie	1.40	226
河南	**Henan**	**130.96**		益阳	Yiyang		
郑州	Zhengzhou	12.21	46	郴州	Chenzhou	4.20	134
开封	Kaifeng	7.04	88	永州	Yongzhou	7.15	86
洛阳	Luoyang	37.55	8	怀化	Huaihua	1.68	215
平顶山	Pingdingshan	4.00	141	娄底	Loudi	10.23	61
安阳	Anyang	2.36	190	广东	**Guangdong**	**310.72**	
鹤壁	Hebi	3.97	144	广州	Guangzhou	51.25	5
新乡	Xinxiang	5.51	108	韶关	Shaoguan	8.78	73
焦作	Jiaozuo	0.55	254	深圳	Shenzhen		
濮阳	Puyang	5.00	119	珠海	Zhuhai	48.57	6
许昌	Xuchang	3.90	145	汕头	Shantou	31.87	12
漯河	Luohe	2.00	203	佛山	Foshan	8.10	80
三门峡	Sanmenxia	1.60	217	江门	Jiangmen	6.90	89
南阳	Nanyang	4.25	132	湛江	Zhanjiang	11.30	51
商丘	Shangqiu	1.81	214	茂名	Maoming	1.15	233
信阳	Xinyang	1.65	216	肇庆	Zhaoqing	21.54	22
周口	Zhoukou	4.10	137	惠州	Huizhou	12.56	43
驻马店	Zhumadian	5.00	119	梅州	Meizhou	3.26	161
湖北	**Hubei**	**106.88**		汕尾	Shanwei	4.99	121
武汉	Wuhan	19.40	27	河源	Heyuan	0.93	244
黄石	Huangshi	0.11	269	阳江	Yangjiang	2.66	175
十堰	Shiyan	1.60	217	清远	Qingyuan	3.70	149
宜昌	Yichang	6.79	91	东莞	Dongguan	43.30	7
襄阳	Xiangfan	5.09	118	中山	ZhongShan	5.80	106
鄂州	Ezhou	2.64	177	潮州	Chaozhou	2.56	184
荆门	Jingmen	2.65	176	揭阳	Jieyang		
孝感	Xiaogan	3.11	164	云浮	Yunfu	4.20	134
荆州	Jingzhou	2.24	194	广西	**Guangxi**	**54.26**	
黄冈	Huanggang	2.63	179	南宁	Nanning	13.07	40
咸宁	Xianning			柳州	Liuzhou	10.81	53
随州	Suizhou	4.26	131	桂林	Guilin	0.08	271
湖南	**Hunan**	**85.19**		梧州	Wuzhou	2.21	196
长沙	Changsha	10.09	64	北海	Beihai	0.71	248
株洲	Zhuzhou	3.98	143	防城港	Fangchenggang	0.54	256
湘潭	Xiangtan			钦州	Qinzhou	5.77	107
衡阳	Hengyang	3.02	167	贵港	Guigang	2.94	171
邵阳	Shaoyang	3.74	148	玉林	Yulin	9.43	69
岳阳	Yueyang	5.40	110	百色	Baise	0.92	245

8-6 城市商业服务业设施用地面积（辖区） 续表 3
Area of Land for Commercial and Business Facilities (Districts under City) continued 3

单位：平方公里 (sq. km)

地名	City	2012	2012 排名 Ranking	地名	City	2012	2012 排名 Ranking
贺州	Hezhou	1.83	213	丽江	Lijiang	2.00	203
河池	Hechi	0.45	262	普洱	Puer	2.37	188
来宾	Laibin	0.96	243	临沧	Lincang	1.20	231
崇左	Chongzuo	0.43	263	**西藏**	**Tibet**	**11.70**	
海南	**Hainan**	**5.13**		拉萨	Lhasa	8.50	76
海口	Haikou			**陕西**	**Shaanxi**	**100.64**	
三亚	Sanya	0.50	257	西安	Xi'an	70.50	3
重庆	**Chongqing**	**52.14**		铜川	Tongchuan	0.72	247
四川	**Sichuan**	**125.18**		宝鸡	Baoji	13.52	37
成都	Chengdu	21.65	21	咸阳	Xianyang	0.42	264
自贡	Zigong	4.85	123	渭南	Weinan	2.19	199
攀枝花	Panzhihua	5.89	104	延安	Yan'an	1.53	220
泸州	Luzhou	5.10	115	汉中	Hanzhong	5.10	115
德阳	Deyang	10.12	62	榆林	Yulin	0.64	250
绵阳	Mianyang	6.01	100	安康	Ankang	1.17	232
广元	Guangyuan	2.02	202	商洛	Shangluo	1.86	212
遂宁	Suining	12.11	47	**甘肃**	**Gansu**	**49.12**	
内江	Neijiang	0.98	241	兰州	Lanzhou	11.29	52
乐山	Leshan	9.36	70	嘉峪关	Jiayuguan	7.14	87
南充	Nanchong	6.50	93	金昌	Jinchang		
眉山	Meishan	6.50	93	白银	Baiyin	2.58	183
宜宾	Yibin	4.02	140	天水	Tianshui	1.22	230
广安	Guangan	2.10	201	武威	Wuwei	3.00	168
达州	Dazhou	2.60	182	张掖	Zhangye	2.36	190
雅安	Yaan	2.00	203	平凉	Pingliang	4.00	141
巴中	Bazhong	1.50	222	酒泉	Jiuquan	4.50	127
资阳	Ziyang	1.53	220	庆阳	Qingyang	2.20	198
贵州	**Guizhou**	**33.32**		定西	Dingxi	3.12	163
贵阳	Guiyang	11.42	50	陇南	Longnan	0.40	265
六盘水	Liupanshui	1.00	238	**青海**	**Qinghai**	**4.20**	
遵义	Zunyi	2.00	203	西宁	Xining	1.95	211
安顺	Anshun	2.21	196	**宁夏**	**Ningxia**	**15.86**	
毕节	Bijie	4.03	139	银川	Yinchuan	0.57	253
铜仁	Tongren	1.10	236	石嘴山	Shizuishan	3.51	154
云南	**Yunnan**	**109.78**		吴忠	Wuzhong	2.35	192
昆明	Kunming	86.79	1	固原	Guyuan	1.33	228
曲靖	Qujing	0.12	268	中卫	Zhongwei	3.45	156
玉溪	Yuxi	0.05	272	**新疆**	**Xinjiang**	**63.48**	
保山	Baoshan	0.60	252	乌鲁木齐	Urumqi	22.63	20
昭通	Zhaotong	2.00	203	克拉玛依	Karamay	3.75	147

8-7 城市工业用地面积（辖区）
Area of Industrial Land (Districts under City)

单位：平方公里 (sq. km)

地名	City	2010	2011	2012	2012 排名 Ranking	地名	City	2010	2011	2012	2012 排名 Ranking
全国	**National Total**	**8689.49**	**8721.20**	**8721.44**		沈阳	Shenyang	82.00	84.00	99.00	8
北京	**Beijing**		**313.47**	**313.47**		大连	Dalian	86.10	93.37	93.42	9
天津	**Tianjin**	**155.66**	**159.54**	**165.14**		鞍山	Anshan	53.95	54.68	55.33	25
河北	**Hebei**	**314.84**	**295.97**	**244.20**		抚顺	Fushun	40.31	43.83	44.19	30
石家庄	Shijiazhuang	31.13	21.53	8.85	173	本溪	Benxi	23.11	23.11	21.38	82
唐山	Tangshan	72.00	72.00	31.31	50	丹东	Dandong	11.50	11.50	13.18	136
秦皇岛	Qinhuangdao	16.45	17.15	17.00	112	锦州	Jinzhou	12.83	12.83	12.83	141
邯郸	Handan	16.78	15.26	14.00	126	营口	Yingkou	28.60	29.42	6.30	196
邢台	Xingtai	16.32	12.78	12.78	142	阜新	Fuxin	11.63	12.17	12.17	147
保定	Baoding	38.29	38.28	39.84	35	辽阳	Liaoyang	26.69	26.89	26.89	58
张家口	Zhangjiakou	18.05	18.05	18.05	105	盘锦	Panjin	10.96	10.96	18.85	102
承德	Chengde	8.64	10.26	11.61	153	铁岭	Tieling	8.33	8.33	8.53	176
沧州	Cangzhou	7.10	9.83	9.83	168	朝阳	Chaoyang	2.50	2.50	9.00	171
廊坊	Langfang	6.03	6.04	6.98	190	葫芦岛	Huludao	19.00	20.00	13.29	135
衡水	Hengshui	4.37	4.79	2.00	257	吉林	**Jilin**	**242.87**	**252.18**	**250.05**	
山西	**Shanxi**	**171.35**	**178.27**	**184.69**		长春	Changchun	94.91	97.71	100.74	7
太原	Taiyuan	63.53	68.00	73.00	16	吉林	Jilin	44.13	46.53	60.51	24
大同	Datong	19.51	19.51	25.35	65	四平	Siping	10.70	11.90	8.51	179
阳泉	Yangquan	10.84	10.80	10.64	159	辽源	Liaoyuan	8.82	8.82	8.82	174
长治	Changzhi	11.78	12.03	12.54	144	通化	Tonghua	9.68	10.55	2.01	256
晋城	Jincheng	6.85	6.85	3.60	236	白山	Baishan	5.29	5.46	3.63	235
朔州	Shuozhou	4.57	4.58	0.98	270	松原	Songyuan	7.90	6.80	5.85	202
晋中	Jinzhong	9.68	8.00	8.00	180	白城	Baicheng	5.71	10.12	11.36	154
运城	Yuncheng	5.01	5.01	5.01	210	黑龙江	**Heilongjiang**	**338.80**	**336.12**	**272.62**	
忻州	Xinzhou	4.23	4.23	4.50	216	哈尔滨	Harbin	82.98	84.81	82.11	13
临汾	Linfen	3.00	3.02	1.30	267	齐齐哈尔	Qiqihar	39.80	39.80	29.72	53
吕梁	Luliang	5.11	5.11	5.29	207	鸡西	Jixi	9.94	9.94	9.94	166
内蒙古	**Inner Mongolia**	**205.62**	**213.01**	**213.63**		鹤岗	Hegang	11.89	9.27	10.65	158
呼和浩特	Hohhot	25.85	26.06	28.97	54	双鸭山	Shuangyashan	10.00	10.00	1.62	261
包头	Baotou	52.46	52.40	52.40	26	大庆	Daqing	67.35	70.43	20.89	89
乌海	Wuhai	14.70	14.70	3.72	232	伊春	Yichun	19.17	18.47	18.33	103
赤峰	Chifeng	21.48	21.49	14.29	125	佳木斯	Jiamusi	16.07	16.70	17.15	111
通辽	Tongliao	10.08	15.34	15.16	119	七台河	Qitaihe	13.47	13.47	14.95	123
鄂尔多斯	Erdos	4.56	4.39	4.43	219	牡丹江	Mudanjiang	16.14	16.87	17.52	107
呼伦贝尔	Hulunbuir	21.52	21.52	48.41	29	黑河	Heihe	4.13	4.13	2.13	255
巴彦淖尔	Bayannur	3.00	3.50	1.50	263	绥化	Suihua	4.50	4.50	6.24	200
乌兰察布	Ulanqab	2.60	2.60	2.60	245	上海	**Shanghai**			**736.80**	
辽宁	**Liaoning**	**506.75**	**522.00**	**518.51**		江苏	**Jiangsu**	**896.33**	**900.78**	**839.49**	

8-7 城市工业用地面积（辖区） 续表 1
Area of Industrial Land (Districts under City) continued 1

单位：平方公里 (sq. km)

地名	City	2010	2011	2012	2012 排名 Ranking	地名	City	2010	2011	2012	2012 排名 Ranking
南京	Nanjing	161.81	161.66	162.13	4	池州	Chizhou	5.27	5.27	4.46	217
无锡	Wuxi	56.57	72.20	75.10	15	宣城	Xuancheng	10.40	10.35	13.73	130
徐州	Xuzhou	35.15	25.79	26.05	60	福建	**Fujian**	**219.32**	**235.10**	**235.21**	
常州	Changzhou	35.94	42.61	44.09	31	福州	Fuzhou	37.85	36.20	36.20	41
苏州	Suzhou	119.80	122.12	131.16	5	厦门	Xiamen	63.00	71.46	92.84	10
南通	Nantong	52.48	58.96	9.28	169	莆田	Putian	10.89	10.89	11.00	157
连云港	Lianyungang	34.10	38.10	41.37	34	三明	Sanming	10.18	10.34	12.17	147
淮安	Huaian	46.30	34.90	37.90	36	泉州	Quanzhou	18.00	25.00	4.00	224
盐城	Yancheng	21.90	19.50	4.53	215	漳州	Zhangzhou	13.54	14.40	14.47	124
扬州	Yangzhou	27.75	38.38	37.78	37	南平	Nanping	5.73	6.30	6.30	196
镇江	Zhenjiang	35.71	36.84	33.00	47	龙岩	Longyan	7.55	7.60	7.60	184
泰州	Taizhou	25.15	27.94	33.04	46	宁德	Ningde	2.46	3.26	3.69	233
宿迁	Suqian	16.37	16.37	21.26	84	江西	**Jiangxi**	**193.07**	**208.64**	**197.98**	
浙江	**Zhejiang**	**573.55**	**573.14**	**541.32**		南昌	Nanchang	37.45	41.25	37.19	39
杭州	Hangzhou	51.25	53.70	67.42	20	景德镇	Jingdezhen	18.93	18.96	19.71	98
宁波	Ningbo	118.28	124.84	126.63	6	萍乡	Pingxiang	7.65	7.67	7.67	183
温州	Wenzhou	34.66	34.66	3.68	234	九江	Jiujiang	23.44	23.44	24.27	72
嘉兴	Jiaxing	27.61	28.40	24.33	71	新余	Xinyu	11.05	11.86	12.87	140
湖州	Huzhou	35.23	36.45	28.54	55	鹰潭	Yingtan	2.85	2.85	2.91	241
绍兴	Shaoxing	23.00	24.13	24.72	69	赣州	Ganzhou	11.50	20.35	21.63	79
金华	Jinhua	16.07	16.87	17.27	109	吉安	Jian	7.40	10.40	4.05	223
衢州	Quzhou	18.47	19.36	21.52	81	宜春	Yichun	7.10	7.45	7.95	181
舟山	Zhoushan	7.46	7.46	6.62	194	抚州	Fuzhou	6.73	10.92	11.04	156
台州	Taizhou	46.29	48.43	49.75	28	上饶	Shangrao	5.68	5.88	2.14	254
丽水	Lishui	3.53	3.83	3.83	228	山东	**Shandong**	**775.69**	**801.09**	**819.51**	
安徽	**Anhui**	**327.39**	**352.03**	**301.43**		济南	Jinan	65.33	67.68	69.26	18
合肥	Hefei	61.88	68.31	69.52	17	青岛	Qingdao	65.67	66.06	82.47	12
芜湖	Wuhu	26.00	28.00	13.00	138	淄博	Zibo	66.39	65.21	67.08	21
蚌埠	Bengbu	21.20	19.44	21.20	85	枣庄	Zaozhuang	16.40	16.91	19.99	95
淮南	Huainan	15.50	15.50	15.00	122	东营	Dongying	24.80	21.42	20.72	90
马鞍山	Maanshan	28.15	31.00	20.95	88	烟台	Yantai	60.78	61.99	62.52	22
淮北	Huaibei	19.08	19.46	20.00	94	潍坊	Weifang	36.16	32.80	32.80	48
铜陵	Tongling	9.30	9.30	9.96	165	济宁	Jining	26.04	33.47	34.10	44
安庆	Anqing	24.01	25.21	25.37	64	泰安	Taian	19.40	19.40	21.00	87
黄山	Huangshan	5.94	7.21	7.45	185	威海	Weihai	39.78	41.38	51.06	27
滁州	Chuzhou	19.30	21.20	23.96	73	日照	Rizhao	18.59	20.05	21.59	80
阜阳	Fuyang	9.02	12.68	13.97	128	莱芜	Laiwu	7.29	14.47	16.74	113
宿州	Suzhou	13.19	13.50	1.50	263	临沂	Linyi	29.09	27.05	34.09	45
六安	Liuan	12.05	12.26	12.58	143	德州	Dezhou	15.62	17.75	26.29	59
亳州	Bozhou	7.96	12.32	1.92	259	聊城	Liaocheng	14.46	15.53	18.22	104

8-7 城市工业用地面积（辖区） 续表 2
Area of Industrial Land (Districts under City) continued 2

单位：平方公里 (sq. km)

地名	City	2010	2011	2012	2012 排名 Ranking	地名	City	2010	2011	2012	2012 排名 Ranking
滨州	Binzhou	15.33	22.89	22.16	77	常德	Changde	18.67	19.46	19.46	100
菏泽	Heze	17.36	17.36	21.28	83	张家界	Zhangjiajie	1.02	1.40	1.50	263
河南	**Henan**	**338.30**	**319.73**	**305.91**		益阳	Yiyang	12.85	12.85	26.00	61
郑州	Zhengzhou	35.73	31.20	30.31	51	郴州	Chenzhou	25.40	22.65	4.20	221
开封	Kaifeng	21.28	21.86	21.88	78	永州	Yongzhou	5.90	6.83	5.71	203
洛阳	Luoyang	37.64	37.64	2.67	244	怀化	Huaihua	5.00	5.00	5.00	211
平顶山	Pingdingshan	15.54	15.54	15.54	118	娄底	Loudi	9.92	10.23	2.23	252
安阳	Anyang	16.56	16.63	15.12	121	**广东**	**Guangdong**	**1364.34**	**922.60**	**950.10**	
鹤壁	Hebi	15.60	15.60	15.60	117	广州	Guangzhou	213.48	49.00	175.52	3
新乡	Xinxiang	22.60	5.51	25.60	63	韶关	Shaoguan	21.92	21.84	19.99	95
焦作	Jiaozuo	16.27	16.06	19.89	97	深圳	Shenzhen	296.21			
濮阳	Puyang	5.39	5.39	5.50	205	珠海	Zhuhai	76.20	73.18	77.42	14
许昌	Xuchang	13.27	13.27	10.00	164	汕头	Shantou	38.84	35.38	25.17	68
漯河	Luohe	7.55	7.59	5.59	204	佛山	Foshan	40.13	35.60	36.72	40
三门峡	Sanmenxia	3.55	3.55	2.54	248	江门	Jiangmen	49.52	40.00	42.81	33
南阳	Nanyang	17.47	17.44	23.12	75	湛江	Zhanjiang	17.04	17.31	17.31	108
商丘	Shangqiu	6.00	3.76	2.73	243	茂名	Maoming	12.25	12.45	11.86	151
信阳	Xinyang	14.29	15.00	15.70	116	肇庆	Zhaoqing	17.96	24.88	7.03	188
周口	Zhoukou	4.40	4.50	4.10	222	惠州	Huizhou	65.12	75.16	60.52	23
驻马店	Zhumadian	11.78	11.78	12.00	149	梅州	Meizhou	7.56	6.88	6.88	193
湖北	**Hubei**	**434.55**	**459.53**	**485.49**		汕尾	Shanwei	16.90	11.97	11.97	150
武汉	Wuhan	154.85	157.21	183.70	2	河源	Heyuan	6.26	6.29	6.30	196
黄石	Huangshi	19.44	21.51	22.74	76	阳江	Yangjiang	5.93	4.86	4.86	212
十堰	Shiyan	18.01	18.28	20.65	91	清远	Qingyuan	19.64	21.61	10.28	162
宜昌	Yichang	31.72	38.64	34.86	43	东莞	Dongguan	329.44	327.04	329.54	1
襄阳	Xiangfan	26.86	33.86	43.46	32	中山	ZhongShan	26.85	30.39	25.20	67
鄂州	Ezhou	12.89	13.58	13.69	131	潮州	Chaozhou	8.09	7.46	7.45	185
荆门	Jingmen	12.35	13.02	13.04	137	揭阳	Jieyang				
孝感	Xiaogan	6.11	6.11	6.11	201	云浮	Yunfu		11.20	2.60	245
荆州	Jingzhou	16.23	17.03	18.03	106	**广西**	**Guangxi**	**171.89**	**171.50**	**162.72**	
黄冈	Huanggang	5.47	5.77	6.27	199	南宁	Nanning	20.50	21.95	27.11	57
咸宁	Xianning	13.03	13.03	13.44	132	柳州	Liuzhou	40.27	38.18	37.58	38
随州	Suizhou	9.20	9.54	9.20	170	桂林	Guilin	14.50	14.87	13.75	129
湖南	**Hunan**	**257.27**	**261.26**	**227.18**		梧州	Wuzhou	10.38	11.35	5.10	208
长沙	Changsha	30.08	30.54	30.26	52	北海	Beihai	7.50	9.20	4.00	224
株洲	Zhuzhou	23.66	24.02	25.98	62	防城港	Fangchenggang	2.19	2.20	2.21	253
湘潭	Xiangtan	31.10	32.56	23.65	74	钦州	Qinzhou	14.99	12.23	20.53	92
衡阳	Hengyang	21.60	21.60	25.22	66	贵港	Guigang	13.13	13.99	13.41	133
邵阳	Shaoyang	3.36	3.73	3.01	240	玉林	Yulin	8.75	9.11	1.90	260
岳阳	Yueyang	17.20	17.20	17.20	110	百色	Baise	6.81	6.87	6.92	192

8-7 城市工业用地面积（辖区） 续表 3
Area of Industrial Land (Districts under City) continued 3

单位：平方公里 (sq. km)

地名	City	2010	2011	2012	2012 排名 Ranking
贺州	Hezhou	5.24	3.73	3.73	230
河池	Hechi	3.57	3.77	3.90	227
来宾	Laibin	3.91	4.91	5.42	206
崇左	Chongzuo	2.38	2.38	2.38	251
海南	**Hainan**	**20.47**	**19.10**	**17.62**	
海口	Haikou	10.20	10.20	10.52	160
三亚	Sanya	0.59	0.59	0.65	272
重庆	**Chongqing**	**200.94**	**221.01**	**183.19**	
四川	**Sichuan**	**344.84**	**356.65**	**350.49**	
成都	Chengdu	89.93	86.63	86.41	11
自贡	Zigong	20.68	22.15	24.37	70
攀枝花	Panzhihua	24.18	20.56	19.53	99
泸州	Luzhou	14.20	15.21	15.80	114
德阳	Deyang	16.14	18.35	9.91	167
绵阳	Mianyang	27.14	27.14	28.30	56
广元	Guangyuan	6.06	7.41	8.55	175
遂宁	Suining	7.75	12.11	2.59	247
内江	Neijiang	6.98	12.26	12.48	145
乐山	Leshan	10.76	9.76	7.12	187
南充	Nanchong	11.60	12.50	14.00	126
眉山	Meishan	5.56	4.46	4.46	217
宜宾	Yibin	3.13	4.77	21.03	86
广安	Guangan	5.71	3.10	3.46	237
达州	Dazhou	11.40	11.90	13.00	138
雅安	Yaan	2.93	2.93	3.12	238
巴中	Bazhong	0.65	0.70	0.70	271
资阳	Ziyang	9.36	10.00	11.20	155
贵州	**Guizhou**	**86.25**	**92.31**	**86.70**	
贵阳	Guiyang	32.34	32.34	35.10	42
六盘水	Liupanshui	15.02	15.12	9.00	171
遵义	Zunyi	8.00	7.00	7.00	189
安顺	Anshun	5.03	5.79	6.35	195
毕节	Bijie	6.80	7.20	7.86	182
铜仁	Tongren	0.14	1.08	3.82	229
云南	**Yunnan**	**121.51**	**126.39**	**47.29**	
昆明	Kunming	73.27	72.79	11.73	152
曲靖	Qujing	9.20	9.80	0.18	281
玉溪	Yuxi	2.00	0.22	0.35	278
保山	Baoshan	1.23	1.29	1.00	269
昭通	Zhaotong	1.94	6.68	4.70	213
丽江	Lijiang	0.98	1.60	2.00	257
普洱	Puer	2.37	2.37	0.40	276
临沧	Lincang	0.40	0.40		
西藏	**Tibet**	**7.95**	**9.07**	**12.13**	
拉萨	Lhasa	7.17	7.17	10.13	163
陕西	**Shaanxi**	**136.29**	**137.34**	**79.90**	
西安	Xi'an	61.29	64.35	13.40	134
铜川	Tongchuan	8.41	8.53	8.53	176
宝鸡	Baoji	17.92	18.02	19.16	101
咸阳	Xianyang	15.20	15.43	12.21	146
渭南	Weinan	9.13	5.78	5.07	209
延安	Yan'an	1.53	1.53	0.25	280
汉中	Hanzhong	4.40	4.40	4.40	220
榆林	Yulin	4.68	4.68	4.68	214
安康	Ankang	0.80	1.20	1.41	266
商洛	Shangluo	1.48	1.67	0.30	279
甘肃	**Gansu**	**99.73**	**106.84**	**96.67**	
兰州	Lanzhou	21.36	24.88	31.65	49
嘉峪关	Jiayuguan	7.14	7.14	6.98	190
金昌	Jinchang	14.83	15.73	15.73	115
白银	Baiyin	12.45	13.08	20.50	93
天水	Tianshui	8.40	8.40	10.33	161
武威	Wuwei	4.50	4.70	1.15	268
张掖	Zhangye	5.49	5.50	1.60	262
平凉	Pingliang	4.38	4.50	0.38	277
酒泉	Jiuquan	4.50	4.50	2.50	249
庆阳	Qingyang	1.20	2.20	0.60	273
定西	Dingxi	2.10	2.80	0.60	273
陇南	Longnan	0.40	0.40	0.16	282
青海	**Qinghai**	**17.94**	**7.02**	**10.53**	
西宁	Xining	11.39	0.47	3.98	226
宁夏	**Ningxia**	**26.21**	**28.69**	**32.70**	
银川	Yinchuan	14.78	15.01	15.15	120
石嘴山	Shizuishan	1.19	2.26	8.53	176
吴忠	Wuzhong	1.60	2.33	2.91	241
固原	Guyuan	1.30	1.30	0.48	275
中卫	Zhongwei	2.85	2.90	3.12	238
新疆	**Xinjiang**	**139.77**	**140.82**	**143.24**	
乌鲁木齐	Urumqi	65.90	69.56	67.47	19
克拉玛依	Karamay	4.34	4.33	3.73	230

8-8 城市物流仓储用地面积（辖区）
Area of Land for Logistics and Warehouse (Districts under City)

单位：平方公里 (sq. km)

地名	City	2010	2011	2012	2012 排名 Ranking
全国	**National Total**	**1186.99**	**1581.42**	**1378.45**	
北京	**Beijing**		**38.39**	**38.39**	
天津	**Tianjin**	**23.46**	**49.53**	**52.99**	
河北	**Hebei**	**60.53**	**67.24**	**57.50**	
石家庄	Shijiazhuang	7.87	7.87	3.95	76
唐山	Tangshan	7.25	7.25	4.36	65
秦皇岛	Qinhuangdao	5.18	5.18	4.65	63
邯郸	Handan	6.54	8.95	11.65	16
邢台	Xingtai	1.86	1.91	1.91	148
保定	Baoding	2.99	2.99	3.27	89
张家口	Zhangjiakou	6.05	6.05	6.05	49
承德	Chengde	1.19	1.24	1.35	186
沧州	Cangzhou	4.28	2.55	2.56	113
廊坊	Langfang	2.87	2.87	2.87	100
衡水	Hengshui	2.00	2.00	1.44	178
山西	**Shanxi**	**30.13**	**30.85**	**36.67**	
太原	Taiyuan	8.80	8.80	9.50	20
大同	Datong	3.70	3.70	6.28	45
阳泉	Yangquan	1.37	1.37	1.37	183
长治	Changzhi	2.59	2.59	2.59	111
晋城	Jincheng	1.23	1.23		
朔州	Shuozhou	0.87	0.88	1.85	152
晋中	Jinzhong	2.57	2.73	2.73	107
运城	Yuncheng	1.80	1.80	1.83	155
忻州	Xinzhou	0.71	0.71	0.71	242
临汾	Linfen	0.96	1.10	1.53	172
吕梁	Luliang	0.63	0.63	0.81	234
内蒙古	**Inner Mongolia**	**42.73**	**44.39**	**39.30**	
呼和浩特	Hohhot	5.92	6.39	4.28	66
包头	Baotou	6.03	6.03	7.50	32
乌海	Wuhai	1.80	1.80	2.90	99
赤峰	Chifeng	2.01	2.01	1.28	191
通辽	Tongliao	3.26	3.57	5.29	54
鄂尔多斯	Erdos	1.55	0.79	0.94	224
呼伦贝尔	Hulunbuir	6.00	6.00	5.01	58
巴彦淖尔	Bayannur	2.00	4.00	0.75	239
乌兰察布	Ulanqab	1.20	1.20	1.20	196
辽宁	**Liaoning**	**77.03**	**77.81**	**76.19**	
沈阳	Shenyang	8.00	8.00	10.00	19
大连	Dalian	18.10	18.61	18.67	2
鞍山	Anshan	3.41	3.34	3.25	91
抚顺	Fushun	4.91	4.91	4.91	60
本溪	Benxi	1.68	1.68	0.93	225
丹东	Dandong	1.79	1.79	1.29	190
锦州	Jinzhou	1.71	1.71	1.71	164
营口	Yingkou	6.40	6.29	6.40	43
阜新	Fuxin	2.98	3.00	1.72	163
辽阳	Liaoyang	7.05	7.05	7.05	35
盘锦	Panjin	3.71	3.71	1.97	143
铁岭	Tieling	1.17	1.17	1.17	200
朝阳	Chaoyang	2.00	2.00	2.80	104
葫芦岛	Huludao	2.50	3.00	2.52	114
吉林	**Jilin**	**40.76**	**41.69**	**35.58**	
长春	Changchun	11.47	11.58	11.82	15
吉林	Jilin	3.35	3.35	1.59	169
四平	Siping	1.66	1.68	1.92	147
辽源	Liaoyuan	0.84	0.84	0.84	228
通化	Tonghua	1.01	1.33	2.11	131
白山	Baishan	1.28	0.92	0.25	262
松原	Songyuan	1.11	1.00	1.10	205
白城	Baicheng	2.72	3.13	3.18	95
黑龙江	**Heilongjiang**	**81.83**	**82.64**	**73.95**	
哈尔滨	Harbin	8.26	8.44	8.50	26
齐齐哈尔	Qiqihar	7.60	7.60	7.71	30
鸡西	Jixi	1.93	1.93	1.93	144
鹤岗	Hegang	1.55	1.24	0.84	228
双鸭山	Shuangyashan	1.50	1.54	3.60	82
大庆	Daqing	20.04	20.77	13.10	13
伊春	Yichun	6.78	7.26	5.23	55
佳木斯	Jiamusi	3.78	3.84	4.12	68
七台河	Qitaihe	6.09	6.09	6.09	48
牡丹江	Mudanjiang	3.22	3.28	3.51	86
黑河	Heihe	1.25	1.25	1.15	203
绥化	Suihua	1.60	1.60	1.37	183
上海	**Shanghai**			**86.29**	
江苏	**Jiangsu**	**92.52**	**90.79**	**101.93**	

注：本表2011年及以前年份数据统计口径为仓储用地。

a)The table data statistics caliber and before the year of 2011 warehouse land.

8-8 城市物流仓储用地面积（辖区） 续表 1
Area of Land for Logistics and Warehouse (Districts under City) continued 1

单位：平方公里 (sq. km)

地名	City	2010	2011	2012	2012 排名 Ranking	地名	City	2010	2011	2012	2012 排名 Ranking
南京	Nanjing	16.27	16.32	15.97	6	池州	Chizhou	1.33	1.33	1.35	186
无锡	Wuxi	4.61	6.60	6.70	40	宣城	Xuancheng	0.90	1.31	0.07	275
徐州	Xuzhou	4.22		19.76	1	福建	**Fujian**	**22.05**	**23.74**	**30.97**	
常州	Changzhou	2.94	3.07	3.57	83	福州	Fuzhou	2.50	2.40	2.40	121
苏州	Suzhou	4.31	4.45	6.75	39	厦门	Xiamen	6.41	6.41	7.37	33
南通	Nantong	5.49	5.84	2.84	102	莆田	Putian	0.36	0.36	0.01	277
连云港	Lianyungang	7.78	7.78	8.76	24	三明	Sanming	1.15	1.34	1.91	148
淮安	Huaian	4.15	4.17	6.17	46	泉州	Quanzhou	1.20	3.30	5.10	56
盐城	Yancheng	4.50	4.00	2.11	131	漳州	Zhangzhou	0.83	0.83	0.83	231
扬州	Yangzhou	2.15	1.52	1.58	171	南平	Nanping	1.03	0.81	1.09	209
镇江	Zhenjiang	7.82	7.82	4.80	62	龙岩	Longyan	1.50	1.65	1.80	157
泰州	Taizhou	2.77	2.79	2.84	102	宁德	Ningde	0.09	0.05	0.19	269
宿迁	Suqian	2.28	2.28	0.66	244	江西	**Jiangxi**	**24.23**	**27.27**	**29.47**	
浙江	**Zhejiang**	**47.34**	**48.25**	**52.92**		南昌	Nanchang	3.32	3.95	3.65	78
杭州	Hangzhou	6.44	6.45	9.16	22	景德镇	Jingdezhen	3.05	3.29	3.38	87
宁波	Ningbo	11.24	11.87	11.99	14	萍乡	Pingxiang	1.03	1.04	1.04	212
温州	Wenzhou	3.38	3.38	6.97	37	九江	Jiujiang	1.70	1.70	1.90	150
嘉兴	Jiaxing	1.60	1.60	1.59	169	新余	Xinyu	1.53	1.81	1.93	144
湖州	Huzhou	2.96	3.93	1.45	177	鹰潭	Yingtan	1.00	1.00	1.10	205
绍兴	Shaoxing	1.18	1.18	1.19	199	赣州	Ganzhou	2.10	2.50	1.11	204
金华	Jinhua	3.39	3.39	3.56	84	吉安	Jian	1.21	2.01	1.50	173
衢州	Quzhou	1.06	1.06	1.78	158	宜春	Yichun	1.25	1.60	2.60	110
舟山	Zhoushan	0.43	0.43	0.43	254	抚州	Fuzhou	1.07	1.19	1.20	196
台州	Taizhou	2.44	2.45	2.78	105	上饶	Shangrao	0.98	0.29	0.19	269
丽水	Lishui	0.28	0.35	0.35	260	山东	**Shandong**	**110.87**	**120.19**	**120.49**	
安徽	**Anhui**	**37.29**	**44.27**	**49.58**		济南	Jinan	7.60	7.74	7.88	28
合肥	Hefei	5.13	3.79	4.16	67	青岛	Qingdao	14.29	15.52	18.37	3
芜湖	Wuhu	3.50	4.00	4.00	73	淄博	Zibo	4.24	4.48	6.55	42
蚌埠	Bengbu	2.37	8.64	8.64	25	枣庄	Zaozhuang	3.99	4.17	5.88	50
淮南	Huainan	2.20	2.20	3.70	77	东营	Dongying	2.51	2.70	2.11	131
马鞍山	Maanshan	3.59	2.34	2.36	123	烟台	Yantai	7.51	7.51	7.53	31
淮北	Huaibei	0.71	0.98	1.10	205	潍坊	Weifang	5.53	5.40	5.40	53
铜陵	Tongling	3.40	3.40	3.65	78	济宁	Jining	6.10	2.21	2.25	126
安庆	Anqing	1.89	2.22	3.63	81	泰安	Taian	0.75	0.76	0.76	238
黄山	Huangshan	0.43	0.57	0.57	249	威海	Weihai	3.40	2.20	1.85	152
滁州	Chuzhou	2.10	2.17	2.17	130	日照	Rizhao	3.80	3.85	4.04	72
阜阳	Fuyang	1.12	1.56	1.78	158	莱芜	Laiwu	1.57	2.79	3.22	92
宿州	Suzhou	3.55	3.00	2.65	109	临沂	Linyi	4.46	5.59	7.33	34
六安	Liuan	0.63	0.98	1.16	201	德州	Dezhou	3.65	3.80	4.10	69
亳州	Bozhou	0.89	0.91	4.50	64	聊城	Liaocheng	2.92	3.07	1.89	151

8-8 城市物流仓储用地面积（辖区） 续表 2
Area of Land for Logistics and Warehouse (Districts under City) continued 2

单位：平方公里 (sq. km)

地名	City	2010	2011	2012	2012 排名 Ranking	地名	City	2010	2011	2012	2012 排名 Ranking
滨州	Binzhou	1.53	3.18	2.49	116	常德	Changde	2.41	2.85	2.85	101
菏泽	Heze	1.39	1.39	1.39	182	张家界	Zhangjiajie	5.74	5.74		
河南	**Henan**	**61.54**	**72.82**	**72.66**		益阳	Yiyang	0.73	0.80	1.00	217
郑州	Zhengzhou	13.63	13.71	13.65	9	郴州	Chenzhou	3.30	4.27	1.05	211
开封	Kaifeng	2.30	2.30	2.30	125	永州	Yongzhou	1.90	2.06	2.46	119
洛阳	Luoyang	2.39	2.39	10.05	18	怀化	Huaihua	4.00	4.01	4.10	69
平顶山	Pingdingshan	3.27	3.27	3.27	89	娄底	Loudi	1.36	2.23	1.36	185
安阳	Anyang	2.85	2.85	3.20	93	广东	**Guangdong**	**102.92**	**311.45**	**93.62**	
鹤壁	Hebi	1.03	1.03	1.03	214	广州	Guangzhou	18.18	218.22	18.28	4
新乡	Xinxiang	2.76	12.75	3.05	96	韶关	Shaoguan	1.09	1.09	2.09	135
焦作	Jiaozuo	1.23	1.02	1.03	214	深圳	Shenzhen	13.48			
濮阳	Puyang	1.30	1.30	1.50	173	珠海	Zhuhai	15.90	10.58	7.87	29
许昌	Xuchang	3.82	3.82	4.00	73	汕头	Shantou	7.85	16.46	13.14	11
漯河	Luohe	2.03	2.11	2.11	131	佛山	Foshan	4.56	9.81	9.12	23
三门峡	Sanmenxia	0.28	0.28	0.25	262	江门	Jiangmen	2.98	3.27	1.82	156
南阳	Nanyang	2.67	2.84	3.65	78	湛江	Zhanjiang	3.11	3.31	3.31	88
商丘	Shangqiu	1.30	1.00	0.60	246	茂名	Maoming	2.83	2.01	2.08	136
信阳	Xinyang	3.01	3.74	4.05	71	肇庆	Zhaoqing	1.19	1.35	1.21	195
周口	Zhoukou	2.20	2.20	2.20	128	惠州	Huizhou	5.00	5.60	5.45	52
驻马店	Zhumadian	0.37	0.37	0.90	227	梅州	Meizhou	1.89	1.97	2.01	140
湖北	**Hubei**	**59.36**	**72.22**	**65.33**		汕尾	Shanwei	1.20	0.60	0.60	246
武汉	Wuhan	15.94	16.71	16.80	5	河源	Heyuan	0.62	0.64	0.78	237
黄石	Huangshi	1.72	1.78	1.78	158	阳江	Yangjiang	0.50	1.40	1.40	181
十堰	Shiyan	2.40	2.50	2.91	98	清远	Qingyuan	0.21	0.35	0.18	271
宜昌	Yichang	2.73	4.01	4.81	61	东莞	Dongguan	7.74	11.51	11.06	17
襄阳	Xiangfan	1.16	1.16	1.16	201	中山	ZhongShan	0.76	2.86	0.97	221
鄂州	Ezhou	1.37	1.45	2.05	139	潮州	Chaozhou	0.42	0.40	0.40	256
荆门	Jingmen	2.12	0.97	1.04	212	揭阳	Jieyang				
孝感	Xiaogan	1.20	1.20	1.20	196	云浮	Yunfu		2.60	1.10	205
荆州	Jingzhou	1.75	1.75	1.75	162	广西	**Guangxi**	**30.17**	**29.83**	**38.43**	
黄冈	Huanggang	0.42	0.42	0.42	255	南宁	Nanning	6.25	4.18	5.08	57
咸宁	Xianning	0.94	0.94	0.97	221	柳州	Liuzhou	4.27	5.17	6.88	38
随州	Suizhou	1.63	1.63	1.63	166	桂林	Guilin	2.54	2.57	2.59	111
湖南	**Hunan**	**54.99**	**58.68**	**43.12**		梧州	Wuzhou	1.57	1.57	1.84	154
长沙	Changsha	7.15	7.17	7.05	35	北海	Beihai	0.47	0.67	0.67	243
株洲	Zhuzhou	2.20	2.20	2.48	117	防城港	Fangchenggang	1.93	1.93	1.93	144
湘潭	Xiangtan	2.99	3.87	3.97	75	钦州	Qinzhou	2.88	3.43	8.25	27
衡阳	Hengyang	3.15	3.15	2.24	127	贵港	Guigang	2.15	2.45	2.68	108
邵阳	Shaoyang	3.00	3.00	2.00	141	玉林	Yulin	1.16	1.16	2.06	138
岳阳	Yueyang	3.10	3.20	3.20	93	百色	Baise	1.41	1.42	1.67	165

8-8 城市物流仓储用地面积（辖区） 续表 3

Area of Land for Logistics and Warehouse (Districts under City) continued 3

单位：平方公里 (sq. km)

地名	City	2010	2011	2012	2012 排名 Ranking	地名	City	2010	2011	2012	2012 排名 Ranking
贺州	Hezhou	0.65	0.36	0.36	259	丽江	Lijiang	0.12	0.98	2.00	141
河池	Hechi	1.01	1.03	0.21	267	普洱	Puer	0.40	0.40	2.07	137
来宾	Laibin	1.00	1.01	1.41	180	临沧	Lincang	0.31	0.31	0.32	261
崇左	Chongzuo	0.45	0.45	0.45	252	西藏	**Tibet**	**2.60**	**3.15**	**1.50**	
海南	**Hainan**	**3.58**	**6.39**	**4.31**		拉萨	Lhasa	1.75	1.75		
海口	Haikou	1.26	1.26	2.32	124	陕西	**Shaanxi**	**22.76**	**23.15**	**21.07**	
三亚	Sanya	0.40	0.41	0.15	273	西安	Xi'an	11.61	12.19	9.20	21
重庆	**Chongqing**	**16.87**	**17.69**	**19.13**		铜川	Tongchuan	0.37	0.37	0.37	258
四川	**Sichuan**	**34.97**	**48.26**	**36.95**		宝鸡	Baoji	3.04	3.04	2.78	105
成都	Chengdu	6.60	15.94	6.64	41	咸阳	Xianyang	2.41	2.41	2.41	120
自贡	Zigong	0.71	0.89	1.28	191	渭南	Weinan	0.75	0.56	0.59	248
攀枝花	Panzhihua	3.60	2.64	3.52	85	延安	Yan'an	0.25	0.25	1.42	179
泸州	Luzhou	1.43	1.45	1.49	175	汉中	Hanzhong	1.35	1.35	1.35	186
德阳	Deyang	0.55	0.72	0.72	240	榆林	Yulin	0.80	0.80	0.80	235
绵阳	Mianyang	1.71	1.71	1.78	158	安康	Ankang	0.20	0.20	0.24	265
广元	Guangyuan	1.08	1.08	1.09	209	商洛	Shangluo	0.30	0.30	0.23	266
遂宁	Suining	0.73	2.23	0.92	226	甘肃	**Gansu**	**22.14**	**41.03**	**22.91**	
内江	Neijiang	0.69	0.36	0.46	251	兰州	Lanzhou	2.29	20.08	6.13	47
乐山	Leshan	1.06	1.01	1.03	214	嘉峪关	Jiayuguan	1.87	1.90	2.51	115
南充	Nanchong	3.74	4.70	5.00	59	金昌	Jinchang	1.09	1.46	1.46	176
眉山	Meishan	0.83	0.83	0.83	231	白银	Baiyin	3.32	3.52	1.26	193
宜宾	Yibin	3.08	3.28	2.47	118	天水	Tianshui	5.79	5.79	5.79	51
广安	Guangan	0.48	1.30	1.26	193	武威	Wuwei	0.80	0.90		
达州	Dazhou	0.91	1.09	0.61	245	张掖	Zhangye	1.29	1.29	2.20	128
雅安	Yaan	0.32	0.32	0.44	253	平凉	Pingliang	0.34	0.38	0.96	223
巴中	Bazhong	0.20	0.25	0.25	262	酒泉	Jiuquan	2.50	2.50	0.80	235
资阳	Ziyang	0.36	0.36	0.38	257	庆阳	Qingyang	0.60	0.60	0.72	240
贵州	**Guizhou**	**17.57**	**26.75**	**22.65**		定西	Dingxi	0.40	0.56	0.01	277
贵阳	Guiyang	6.17	6.17	13.43	10	陇南	Longnan	0.16	0.16	0.02	276
六盘水	Liupanshui	1.81	1.81	1.00	217	青海	**Qinghai**	**5.02**	**13.79**	**14.88**	
遵义	Zunyi	1.00	1.00	1.00	217	西宁	Xining	3.28	12.05	13.14	11
安顺	Anshun	0.66	0.74	0.83	231	宁夏	**Ningxia**	**10.64**	**11.04**	**11.58**	
毕节	Bijie	2.20	2.60	2.98	97	银川	Yinchuan	5.42	5.65	6.36	44
铜仁	Tongren	1.90	3.00	1.60	167	石嘴山	Shizuishan	1.35	1.50	0.20	268
云南	**Yunnan**	**22.34**	**26.50**	**28.76**		吴忠	Wuzhong	0.17	0.17	0.17	272
昆明	Kunming	10.07	11.92	13.81	8	固原	Guyuan	0.41	0.42	1.35	186
曲靖	Qujing	1.33	2.55	0.10	274	中卫	Zhongwei	0.72	0.72	0.84	228
玉溪	Yuxi	0.52				新疆	**Xinjiang**	**28.75**	**31.62**	**37.72**	
保山	Baoshan	0.30	0.40	0.50	250	乌鲁木齐	Urumqi	13.38	13.44	14.91	7
昭通	Zhaotong	0.96	0.96	1.00	217	克拉玛依	Karamay	0.79	0.79	2.39	122

8-9 城市道路交通设施用地面积（辖区）
Area of Land for Roads ,Street and Transportation (Districts under City)

单位：平方公里 (sq. km)

地名	City	2012	2012 排名 Ranking	地名	City	2012	2012 排名 Ranking
全国	**National Total**	**5462.72**		沈阳	Shenyang	50.00	15
北京	**Beijing**			大连	Dalian	52.98	12
天津	**Tianjin**	**116.34**		鞍山	Anshan	13.92	73
河北	**Hebei**	**199.37**		抚顺	Fushun	7.63	155
石家庄	Shijiazhuang	37.39	21	本溪	Benxi	13.76	76
唐山	Tangshan			丹东	Dandong	7.43	162
秦皇岛	Qinhuangdao	18.75	49	锦州	Jinzhou	6.96	165
邯郸	Handan	13.25	81	营口	Yingkou	15.34	63
邢台	Xingtai	7.50	160	阜新	Fuxin	18.30	50
保定	Baoding	17.53	53	辽阳	Liaoyang	14.72	69
张家口	Zhangjiakou	15.85	58	盘锦	Panjin	8.46	134
承德	Chengde	7.96	145	铁岭	Tieling	0.71	272
沧州	Cangzhou	12.44	93	朝阳	Chaoyang	1.00	270
廊坊	Langfang	11.50	99	葫芦岛	Huludao	8.45	136
衡水	Hengshui	6.81	167	吉林	**Jilin**	**155.63**	
山西	**Shanxi**	**74.24**		长春	Changchun	64.91	6
太原	Taiyuan	20.50	42	吉林	Jilin	5.84	183
大同	Datong	5.51	192	四平	Siping	2.00	250
阳泉	Yangquan	2.84	242	辽源	Liaoyuan	0.60	274
长治	Changzhi	8.82	128	通化	Tonghua	5.59	189
晋城	Jincheng			白山	Baishan	6.25	176
朔州	Shuozhou	4.78	205	松原	Songyuan	8.13	143
晋中	Jinzhong	1.38	260	白城	Baicheng	7.36	163
运城	Yuncheng	2.00	250	黑龙江	**Heilongjiang**	**201.06**	
忻州	Xinzhou	5.35	193	哈尔滨	Harbin	47.38	16
临汾	Linfen	3.90	221	齐齐哈尔	Qiqihar	17.75	52
吕梁	Luliang	1.41	259	鸡西	Jixi	8.82	128
内蒙古	**Inner Mongolia**	**139.87**		鹤岗	Hegang	8.80	130
呼和浩特	Hohhot	13.82	75	双鸭山	Shuangyashan	4.20	215
包头	Baotou	18.90	48	大庆	Daqing	51.58	13
乌海	Wuhai	7.70	154	伊春	Yichun	5.83	184
赤峰	Chifeng	2.61	243	佳木斯	Jiamusi	8.02	144
通辽	Tongliao	5.98	181	七台河	Qitaihe	1.51	257
鄂尔多斯	Erdos	31.98	26	牡丹江	Mudanjiang	12.31	96
呼伦贝尔	Hulunbuir	10.19	116	黑河	Heihe	2.12	248
巴彦淖尔	Bayannur	0.10	277	绥化	Suihua	3.78	228
乌兰察布	Ulanqab	7.20	164	上海	**Shanghai**	**414.51**	
辽宁	**Liaoning**	**256.41**		江苏	**Jiangsu**	**411.31**	

8-9 城市道路交通设施用地面积（辖区） 续表 1
Area of Land for Roads ,Street and Transportation (Districts under City) continued 1

单位：平方公里 (sq. km)

地名	City	2012	2012 排名 Ranking	地名	City	2012	2012 排名 Ranking
南京	Nanjing	84.94	3	池州	Chizhou	7.63	155
无锡	Wuxi	29.16	29	宣城	Xuancheng	8.76	131
徐州	Xuzhou	7.89	150	福建	**Fujian**	**116.84**	
常州	Changzhou	22.45	39	福州	Fuzhou	28.90	30
苏州	Suzhou	59.54	9	厦门	Xiamen	14.88	68
南通	Nantong	33.50	24	莆田	Putian	3.50	232
连云港	Lianyungang	20.81	41	三明	Sanming	4.12	217
淮安	Huaian	4.18	216	泉州	Quanzhou	15.00	64
盐城	Yancheng	10.96	103	漳州	Zhangzhou	10.68	107
扬州	Yangzhou	12.94	87	南平	Nanping	4.58	208
镇江	Zhenjiang	16.40	57	龙岩	Longyan	6.49	173
泰州	Taizhou	13.76	76	宁德	Ningde	7.71	153
宿迁	Suqian	13.06	83	江西	**Jiangxi**	**126.65**	
浙江	**Zhejiang**	**324.41**		南昌	Nanchang	31.99	25
杭州	Hangzhou	62.33	7	景德镇	Jingdezhen	5.11	198
宁波	Ningbo	61.29	8	萍乡	Pingxiang	6.40	174
温州	Wenzhou	25.66	36	九江	Jiujiang	13.22	82
嘉兴	Jiaxing	5.00	201	新余	Xinyu	1.65	254
湖州	Huzhou	9.46	119	鹰潭	Yingtan	5.27	195
绍兴	Shaoxing	14.24	71	赣州	Ganzhou	13.90	74
金华	Jinhua	14.98	67	吉安	Jian	6.02	180
衢州	Quzhou	10.96	103	宜春	Yichun	10.85	106
舟山	Zhoushan	8.17	142	抚州	Fuzhou	8.95	127
台州	Taizhou	8.31	139	上饶	Shangrao	3.72	229
丽水	Lishui	3.19	238	山东	**Shandong**	**444.54**	
安徽	**Anhui**	**198.07**		济南	Jinan	66.79	5
合肥	Hefei	46.86	17	青岛	Qingdao	50.93	14
芜湖	Wuhu	16.50	56	淄博	Zibo	25.31	37
蚌埠	Bengbu	18.11	51	枣庄	Zaozhuang	8.46	134
淮南	Huainan	10.50	112	东营	Dongying	3.34	233
马鞍山	Maanshan	3.61	231	烟台	Yantai	35.56	23
淮北	Huaibei	6.50	172	潍坊	Weifang	3.30	235
铜陵	Tongling	7.90	147	济宁	Jining	20.11	44
安庆	Anqing	3.85	223	泰安	Taian	19.00	47
黄山	Huangshan	1.62	255	威海	Weihai	19.87	45
滁州	Chuzhou	14.99	66	日照	Rizhao	13.30	79
阜阳	Fuyang	13.06	83	莱芜	Laiwu	3.01	239
宿州	Suzhou	8.39	138	临沂	Linyi	19.42	46
六安	Liuan	9.23	124	德州	Dezhou	12.87	89
亳州	Bozhou	3.69	230	聊城	Liaocheng	9.29	123

8-9 城市道路交通设施用地面积（辖区） 续表 2

Area of Land for Roads ,Street and Transportation (Districts under City) continued 2

单位：平方公里 (sq. km)

地名	City	2012	2012 排名 Ranking	地名	City	2012	2012 排名 Ranking
滨州	Binzhou	15.54	60	常德	Changde	3.85	223
菏泽	Heze	11.46	100	张家界	Zhangjiajie	6.52	171
河南	**Henan**	**323.04**		益阳	Yiyang	1.30	263
郑州	Zhengzhou	59.53	10	郴州	Chenzhou	7.92	146
开封	Kaifeng	12.68	91	永州	Yongzhou	7.44	161
洛阳	Luoyang	27.07	32	怀化	Huaihua	5.60	188
平顶山	Pingdingshan	10.53	110	娄底	Loudi	1.60	256
安阳	Anyang	12.80	90	广东	**Guangdong**	**512.84**	
鹤壁	Hebi	9.61	118	广州	Guangzhou	76.82	4
新乡	Xinxiang	11.00	101	韶关	Shaoguan	10.04	117
焦作	Jiaozuo	12.61	92	深圳	Shenzhen		
濮阳	Puyang	6.20	177	珠海	Zhuhai	9.38	120
许昌	Xuchang	12.00	98	汕头	Shantou	25.19	38
漯河	Luohe	7.90	147	佛山	Foshan	8.45	136
三门峡	Sanmenxia	5.54	191	江门	Jiangmen	26.49	33
南阳	Nanyang	20.24	43	湛江	Zhanjiang	6.71	169
商丘	Shangqiu	9.37	121	茂名	Maoming	6.60	170
信阳	Xinyang	13.00	85	肇庆	Zhaoqing	15.41	62
周口	Zhoukou	8.70	132	惠州	Huizhou	25.86	35
驻马店	Zhumadian	10.22	115	梅州	Meizhou	7.58	157
湖北	**Hubei**	**254.87**		汕尾	Shanwei	12.88	88
武汉	Wuhan	163.10	2	河源	Heyuan	5.02	200
黄石	Huangshi	10.66	108	阳江	Yangjiang	5.72	187
十堰	Shiyan	3.31	234	清远	Qingyuan	15.00	64
宜昌	Yichang	10.57	109	东莞	Dongguan	172.71	1
襄阳	Xiangfan	5.76	186	中山	ZhongShan	17.07	55
鄂州	Ezhou	3.87	222	潮州	Chaozhou	4.09	218
荆门	Jingmen	1.28	264	揭阳	Jieyang		
孝感	Xiaogan	1.27	265	云浮	Yunfu	1.20	266
荆州	Jingzhou	12.06	97	广西	**Guangxi**	**174.13**	
黄冈	Huanggang	0.44	275	南宁	Nanning	37.03	22
咸宁	Xianning			柳州	Liuzhou	30.97	27
随州	Suizhou	1.09	268	桂林	Guilin	7.90	147
湖南	**Hunan**	**110.11**		梧州	Wuzhou	7.55	158
长沙	Changsha	8.25	141	北海	Beihai	9.00	126
株洲	Zhuzhou	10.51	111	防城港	Fangchenggang	5.96	182
湘潭	Xiangtan	10.42	113	钦州	Qinzhou	14.02	72
衡阳	Hengyang	17.31	54	贵港	Guigang	10.96	103
邵阳	Shaoyang	4.65	207	玉林	Yulin	9.35	122
岳阳	Yueyang	3.80	225	百色	Baise	4.30	214

8-9 城市道路交通设施用地面积（辖区） 续表 3

Area of Land for Roads ,Street and Transportation (Districts under City) continued 3

单位：平方公里 (sq. km)

地名	City	2012	2012 排名 Ranking	地名	City	2012	2012 排名 Ranking
贺州	Hezhou	2.85	241	丽江	Lijiang	2.50	244
河池	Hechi	2.05	249	普洱	Puer	2.18	247
来宾	Laibin	7.54	159	临沧	Lincang	1.35	261
崇左	Chongzuo	1.87	253	**西藏**	**Tibet**	**7.10**	
海南	**Hainan**	**49.15**		拉萨	Lhasa	4.40	212
海口	Haikou	28.00	31	**陕西**	**Shaanxi**	**99.03**	
三亚	Sanya	3.91	220	西安	Xi'an	37.60	20
重庆	**Chongqing**	**138.93**		铜川	Tongchuan	7.82	152
四川	**Sichuan**	**214.46**		宝鸡	Baoji	12.95	86
成都	Chengdu	26.29	34	咸阳	Xianyang	13.26	80
自贡	Zigong	12.36	95	渭南	Weinan	7.85	151
攀枝花	Panzhihua	4.44	211	延安	Yan'an	1.17	267
泸州	Luzhou	15.81	59	汉中	Hanzhong	3.20	237
德阳	Deyang	12.38	94	榆林	Yulin	4.89	203
绵阳	Mianyang	15.47	61	安康	Ankang	1.46	258
广元	Guangyuan	6.37	175	商洛	Shangluo	1.08	269
遂宁	Suining	10.97	102	**甘肃**	**Gansu**	**82.79**	
内江	Neijiang	6.73	168	兰州	Lanzhou	39.92	19
乐山	Leshan	9.07	125	嘉峪关	Jiayuguan	4.00	219
南充	Nanchong	14.60	70	金昌	Jinchang	0.77	271
眉山	Meishan	6.15	178	白银	Baiyin	5.21	196
宜宾	Yibin	13.65	78	天水	Tianshui	6.90	166
广安	Guangan	5.56	190	武威	Wuwei	3.00	240
达州	Dazhou	8.65	133	张掖	Zhangye	1.90	252
雅安	Yaan	3.79	227	平凉	Pingliang	4.90	202
巴中	Bazhong	0.15	276	酒泉	Jiuquan	4.35	213
资阳	Ziyang	5.03	199	庆阳	Qingyang	4.46	210
贵州	**Guizhou**	**70.42**		定西	Dingxi	0.01	279
贵阳	Guiyang	45.31	18	陇南	Longnan	0.70	273
六盘水	Liupanshui	4.67	206	**青海**	**Qinghai**	**7.91**	
遵义	Zunyi	3.25	236	西宁	Xining	4.85	204
安顺	Anshun	5.12	197	**宁夏**	**Ningxia**	**52.07**	
毕节	Bijie	1.35	261	银川	Yinchuan	21.11	40
铜仁	Tongren	2.20	245	石嘴山	Shizuishan	10.36	114
云南	**Yunnan**	**72.67**		吴忠	Wuzhong	5.80	185
昆明	Kunming	30.58	28	固原	Guyuan	6.10	179
曲靖	Qujing	0.10	277	中卫	Zhongwei	5.35	193
玉溪	Yuxi			**新疆**	**Xinjiang**	**113.95**	
保山	Baoshan	3.80	225	乌鲁木齐	Urumqi	57.11	11
昭通	Zhaotong	4.50	209	克拉玛依	Karamay	8.27	140

8-10 城市公用设施用地面积（辖区）
Area of Land for Municipal Utilities (Districts under City)

单位：平方公里 (sq. km)

地名	City	2010	2011	2012	2012 排名 Ranking
全国	**National Total**	**1387.15**	**1483.23**	**2130.24**	
北京	**Beijing**		**39.64**	**39.64**	
天津	**Tianjin**	**19.88**	**19.44**	**20.93**	
河北	**Hebei**	**53.78**	**48.95**	**85.26**	
石家庄	Shijiazhuang	11.23	6.28	10.09	39
唐山	Tangshan	4.98	4.98	4.98	82
秦皇岛	Qinhuangdao	3.78	3.78	4.43	95
邯郸	Handan	4.50	4.52	4.79	86
邢台	Xingtai	1.81	1.86	1.86	188
保定	Baoding	3.18	3.23	4.07	105
张家口	Zhangjiakou	1.98	1.98	1.98	182
承德	Chengde	1.67	1.82	1.32	222
沧州	Cangzhou	1.17	1.73	1.73	199
廊坊	Langfang	2.46	2.46	2.46	157
衡水	Hengshui	1.19	1.19	1.19	229
山西	**Shanxi**	**56.94**	**63.76**	**78.56**	
太原	Taiyuan	24.05	32.50	41.00	4
大同	Datong	2.70	2.70	2.22	165
阳泉	Yangquan	1.22	1.22	1.22	226
长治	Changzhi	2.94	2.95	3.04	126
晋城	Jincheng	1.34	1.34		
朔州	Shuozhou	1.26	1.42	2.12	170
晋中	Jinzhong	13.42	9.00	11.20	29
运城	Yuncheng	1.33	2.00	4.50	93
忻州	Xinzhou	0.62	0.62	1.99	180
临汾	Linfen	1.62	1.64	2.73	140
吕梁	Luliang	1.19	1.19	1.39	218
内蒙古	**Inner Mongolia**	**30.78**	**34.88**	**73.55**	
呼和浩特	Hohhot	4.83	4.83	37.74	5
包头	Baotou	2.59	2.60	2.60	148
乌海	Wuhai	1.95	1.95	1.95	185
赤峰	Chifeng	5.24	6.24	4.66	90
通辽	Tongliao	1.02	1.49	4.35	96
鄂尔多斯	Erdos	1.64	1.56	1.60	204
呼伦贝尔	Hulunbuir	1.90	1.90	2.92	134
巴彦淖尔	Bayannur	2.00	4.50	0.05	276
乌兰察布	Ulanqab	1.50	1.50	7.00	59
辽宁	**Liaoning**	**59.10**	**60.38**	**67.62**	
沈阳	Shenyang	10.00	10.00	11.00	31
大连	Dalian	10.30	10.46	10.22	37
鞍山	Anshan	4.84	4.87	4.97	83
抚顺	Fushun	5.45	5.45	5.34	75
本溪	Benxi	1.34	1.34	1.88	187
丹东	Dandong	1.14	1.14	0.84	249
锦州	Jinzhou	2.14	2.14	2.14	168
营口	Yingkou	4.00	4.00	4.32	98
阜新	Fuxin	1.27	1.28	1.40	216
辽阳	Liaoyang	2.34	2.52	2.52	152
盘锦	Panjin	2.38	2.38	1.11	233
铁岭	Tieling	1.76	1.92	5.99	69
朝阳	Chaoyang	0.50	0.50	1.00	238
葫芦岛	Huludao	2.55	2.75	2.95	130
吉林	**Jilin**	**34.42**	**91.51**	**61.83**	
长春	Changchun	12.67	69.70	26.66	9
吉林	Jilin	3.96	4.12	13.42	20
四平	Siping	0.24	0.42	1.99	180
辽源	Liaoyuan	1.41	1.41	1.41	215
通化	Tonghua	1.30	1.43	1.51	208
白山	Baishan	0.53	0.03	0.36	270
松原	Songyuan	0.65	0.86	0.87	248
白城	Baicheng	1.26	3.23	0.55	262
黑龙江	**Heilongjiang**	**41.71**	**42.66**	**75.73**	
哈尔滨	Harbin	6.47	6.61	10.29	36
齐齐哈尔	Qiqihar	3.84	3.84	14.07	18
鸡西	Jixi	1.44	1.44	1.44	212
鹤岗	Hegang	1.01	1.02	1.24	224
双鸭山	Shuangyashan	0.60	1.19	1.19	229
大庆	Daqing	10.62	11.22	11.34	28
伊春	Yichun	3.00	3.00	6.22	68
佳木斯	Jiamusi	1.27	1.27	2.28	161
七台河	Qitaihe	1.20	1.20	8.42	46
牡丹江	Mudanjiang	1.59	1.75	1.83	192
黑河	Heihe	0.89	0.89	0.89	247
绥化	Suihua	2.71	2.71	2.45	158
上海	**Shanghai**			**117.88**	
江苏	**Jiangsu**	**97.84**	**101.39**	**159.75**	

注：本表2011年及以前年份数据统计口径为市政公用设施用地。

a)The table data statistics caliber and before the year of 2011 green space area.

8-10 城市公用设施用地面积（辖区） 续表 1
Area of Land for Municipal Utilities (Districts under City) continued 1

单位：平方公里 (sq. km)

地名	City	2010	2011	2012	2012 排名 Ranking
南京	Nanjing	22.84	22.84	20.85	12
无锡	Wuxi	7.42	7.50	6.93	61
徐州	Xuzhou	5.44	4.19	21.46	11
常州	Changzhou	5.52	5.64	5.97	70
苏州	Suzhou	5.71	5.92	8.09	50
南通	Nantong	3.62	3.26	3.66	112
连云港	Lianyungang	3.08	3.08	3.08	125
淮安	Huaian	4.37	4.71	28.75	6
盐城	Yancheng	4.30	4.61	4.26	101
扬州	Yangzhou	2.45	2.11	2.17	167
镇江	Zhenjiang	3.72	3.86	4.6	92
泰州	Taizhou	3.22	3.37	3.53	116
宿迁	Suqian	1.17	1.17	0.47	267
浙江	**Zhejiang**	**78.48**	**82.67**	**107.01**	
杭州	Hangzhou	19.83	20.06	10.59	35
宁波	Ningbo	6.12	7.03	13.40	21
温州	Wenzhou	8.16	8.16	8.16	49
嘉兴	Jiaxing	2.10	1.94	16.22	16
湖州	Huzhou	4.70	2.66	2.13	169
绍兴	Shaoxing	1.38	1.56	1.59	206
金华	Jinhua	1.77	1.79	1.81	195
衢州	Quzhou	1.76	1.78	1.80	196
舟山	Zhoushan	1.06	1.06	1.60	204
台州	Taizhou	4.46	4.82	16.52	15
丽水	Lishui	1.73	1.78	5.02	80
安徽	**Anhui**	**43.12**	**55.37**	**76.18**	
合肥	Hefei	6.22	4.74	6.80	62
芜湖	Wuhu	1.37	11.00	11.00	31
蚌埠	Bengbu	2.93	9.73	9.73	41
淮南	Huainan	6.40	6.40	5.40	74
马鞍山	Maanshan	6.25	2.67	13.05	23
淮北	Huaibei	0.53	1.03	1.50	209
铜陵	Tongling	2.35	2.35	2.61	147
安庆	Anqing	2.27	2.30	8.36	47
黄山	Huangshan	1.38	0.25	0.65	256
滁州	Chuzhou	1.81	2.20	2.63	145
阜阳	Fuyang	1.24	1.24	1.37	219
宿州	Suzhou	1.84	1.84	1.84	190
六安	Liuan	1.13	1.13	1.96	184
亳州	Bozhou	1.66	1.89	2.10	174
池州	Chizhou	0.77	0.32	0.79	252
宣城	Xuancheng	0.80	1.52	0.51	264
福建	**Fujian**	**32.07**	**37.98**	**49.41**	
福州	Fuzhou	4.66	4.20	4.20	103
厦门	Xiamen	7.07	7.56	7.95	53
莆田	Putian	2.47	2.47	2.47	156
三明	Sanming	0.89	0.90	1.18	231
泉州	Quanzhou	3.50	8.10	8.00	51
漳州	Zhangzhou	1.97	2.16	3.64	113
南平	Nanping	0.88	0.16	0.14	273
龙岩	Longyan	1.78	1.80	1.83	192
宁德	Ningde	0.26	0.26	0.30	271
江西	**Jiangxi**	**30.70**	**34.15**	**51.08**	
南昌	Nanchang	3.96	4.26	4.66	90
景德镇	Jingdezhen	3.07	3.12	6.71	63
萍乡	Pingxiang	2.30	2.40	4.70	89
九江	Jiujiang	2.51	2.51	2.81	137
新余	Xinyu	2.30	2.66	9.01	43
鹰潭	Yingtan	0.55	0.57	2.60	148
赣州	Ganzhou	1.50	2.09	2.11	171
吉安	Jian	1.83	2.13	2.48	154
宜春	Yichun	1.80	2.15	2.94	131
抚州	Fuzhou	1.52	0.88	0.92	244
上饶	Shangrao	1.12	2.18	0.16	272
山东	**Shandong**	**121.76**	**135.75**	**180.15**	
济南	Jinan	12.07	12.75	13.35	22
青岛	Qingdao	8.37	8.51	17.34	14
淄博	Zibo	5.72	6.04	5.53	72
枣庄	Zaozhuang	4.97	5.92	9.31	42
东营	Dongying	5.27	4.77	8.17	48
烟台	Yantai	8.63	8.63	12.94	24
潍坊	Weifang	4.80	3.20	22.48	10
济宁	Jining	3.25	1.32	8.72	44
泰安	Taian	0.90	0.95	0.95	242
威海	Weihai	3.52	3.52	1.54	207
日照	Rizhao	3.60	3.67	4.21	102
莱芜	Laiwu	3.02	4.08	4.73	87
临沂	Linyi	4.91	7.77	12.73	25
德州	Dezhou	2.85	3.00	2.52	152
聊城	Liaocheng	3.34	3.35	0.59	259

8-10 城市公用设施用地面积（辖区） 续表 2
Area of Land for Municipal Utilities (Districts under City) continued 2

单位：平方公里 (sq. km)

地名	City	2010	2011	2012	2012 排名 Ranking
滨州	Binzhou	1.90	1.90	2.62	146
菏泽	Heze	0.90	1.00	1.15	232
河南	**Henan**	**68.42**	**82.09**	**98.11**	
郑州	Zhengzhou	13.25	13.28	13.56	19
开封	Kaifeng	2.25	2.55	2.57	150
洛阳	Luoyang	3.99	3.99	3.58	115
平顶山	Pingdingshan	1.35	1.35	1.35	221
安阳	Anyang	2.58	2.61	2.80	138
鹤壁	Hebi	1.65	1.65	1.65	201
新乡	Xinxiang	2.38	13.97	2.65	141
焦作	Jiaozuo	3.45	3.45	2.64	142
濮阳	Puyang	2.30	2.30	2.00	177
许昌	Xuchang	5.36	5.36	7.00	59
漯河	Luohe	2.03	2.09	7.50	55
三门峡	Sanmenxia	0.78	0.81	0.90	246
南阳	Nanyang	4.90	4.91	5.00	81
商丘	Shangqiu	2.27	2.30	2.97	129
信阳	Xinyang	1.35	1.77	10.67	34
周口	Zhoukou	2.80	3.40	3.10	123
驻马店	Zhumadian	1.25	1.25	4.48	94
湖北	**Hubei**	**72.89**	**77.45**	**104.77**	
武汉	Wuhan	24.44	27.00	27.80	7
黄石	Huangshi	3.31	3.46	3.46	119
十堰	Shiyan	2.56	2.61	2.64	142
宜昌	Yichang	3.30	6.26	5.93	71
襄阳	Xiangfan	2.25	2.25	3.47	118
鄂州	Ezhou	2.59	2.59	2.84	136
荆门	Jingmen	1.58	2.15	4.30	99
孝感	Xiaogan	1.14	1.14	5.27	77
荆州	Jingzhou	1.23	1.25	4.30	99
黄冈	Huanggang	1.67	1.74	3.90	108
咸宁	Xianning	2.05	2.05		
随州	Suizhou	1.23	1.23	1.23	225
湖南	**Hunan**	**60.44**	**59.86**	**127.25**	
长沙	Changsha	6.45	6.58	41.57	3
株洲	Zhuzhou	2.57	3.30	1.84	190
湘潭	Xiangtan	3.16	3.17	4.07	105
衡阳	Hengyang	3.60	3.60	2.94	131
邵阳	Shaoyang	2.82	2.92	2.93	133
岳阳	Yueyang	2.20	2.20	11.20	29

地名	City	2010	2011	2012	2012 排名 Ranking
常德	Changde	3.33	3.33	3.33	121
张家界	Zhangjiajie	0.27	0.27	4.96	84
益阳	Yiyang	1.60	1.60	16.00	17
郴州	Chenzhou	9.70	3.52	1.05	235
永州	Yongzhou	7.60	7.65	7.95	53
怀化	Huaihua	1.50	1.54	7.32	57
娄底	Loudi	1.02	6.43	6.43	65
广东	**Guangdong**	**184.28**	**102.88**	**128.41**	
广州	Guangzhou	71.61	9.88	6.23	67
韶关	Shaoguan	0.93	1.23	1.43	213
深圳	Shenzhen	17.94			
珠海	Zhuhai	8.83	13.31	10.95	33
汕头	Shantou	6.35	7.07	7.34	56
佛山	Foshan	2.56	0.65	1.70	200
江门	Jiangmen	3.41		5.51	73
湛江	Zhanjiang	1.47	1.47	11.49	27
茂名	Maoming	1.63	7.04	7.05	58
肇庆	Zhaoqing	4.34	0.33	5.10	79
惠州	Huizhou	5.90	6.06	6.50	64
梅州	Meizhou	1.00		0.48	266
汕尾	Shanwei	1.90	1.37	1.37	219
河源	Heyuan	1.82	1.88	2.87	135
阳江	Yangjiang	1.20	0.84	0.84	249
清远	Qingyuan	0.92	0.79	0.53	263
东莞	Dongguan	21.51	24.98	27.15	8
中山	ZhongShan	5.28	5.42	2.23	163
潮州	Chaozhou	0.52	0.52	0.58	260
揭阳	Jieyang				
云浮	Yunfu		2.67	2.10	174
广西	**Guangxi**	**35.24**	**29.53**	**48.69**	
南宁	Nanning	5.51	5.19	6.29	66
柳州	Liuzhou	9.81	3.43	3.64	113
桂林	Guilin	1.33	1.39	4.82	85
梧州	Wuzhou	0.84	0.84	2.00	177
北海	Beihai	1.00	1.50	8.00	51
防城港	Fangchenggang	0.95	1.15	0.97	240
钦州	Qinzhou	1.76	1.54	1.77	197
贵港	Guigang	2.14	2.21	2.27	162
玉林	Yulin	1.73	1.86	2.22	165
百色	Baise	2.72	2.81	0.95	242

8-10 城市公用设施用地面积（辖区） 续表 3
Area of Land for Municipal Utilities (Districts under City) continued 3

单位：平方公里 (sq. km)

地名	City	2010	2011	2012	2012 排名 Ranking
贺州	Hezhou	1.88	1.92	3.76	110
河池	Hechi	0.16	0.17	2.23	163
来宾	Laibin	2.00	2.03	5.12	78
崇左	Chongzuo	1.26	1.28	1.40	216
海南	**Hainan**	**6.22**	**6.67**	**11.84**	
海口	Haikou	1.24	1.24	2.11	171
三亚	Sanya	0.53	0.54	0.06	275
重庆	**Chongqing**	**23.85**	**27.80**	**25.27**	
四川	**Sichuan**	**47.06**	**54.85**	**135.01**	
成都	Chengdu	9.58	10.15	81.53	1
自贡	Zigong	1.83	2.02	2.11	171
攀枝花	Panzhihua	2.02	2.01	3.44	120
泸州	Luzhou	1.51	1.62	1.65	201
德阳	Deyang	0.83	0.95	1.95	185
绵阳	Mianyang	2.32	2.32	2.42	159
广元	Guangyuan	1.79	2.16	2.30	160
遂宁	Suining	0.53	1.02	1.08	234
内江	Neijiang	1.71	0.95	1.04	236
乐山	Leshan	3.65	3.88	4.00	107
南充	Nanchong	2.25	3.00	3.80	109
眉山	Meishan	2.90	2.90	3.10	123
宜宾	Yibin	2.35	2.50	1.22	226
广安	Guangan	1.65	5.75	2.10	174
达州	Dazhou	1.15	1.41	1.74	198
雅安	Yaan	0.67	0.67	1.01	237
巴中	Bazhong	0.68	1.30	3.00	127
资阳	Ziyang	0.72	0.93	0.96	241
贵州	**Guizhou**	**13.38**	**15.22**	**25.81**	
贵阳	Guiyang	5.13	5.13	2.74	139
六盘水	Liupanshui	1.87	1.92	3.00	127
遵义	Zunyi	1.20	1.20	9.80	40
安顺	Anshun	1.03	1.47	1.63	203
毕节	Bijie	1.10	1.50	1.50	209
铜仁	Tongren	0.45	0.70	1.20	228
云南	**Yunnan**	**58.51**	**58.91**	**61.06**	
昆明	Kunming	41.76	42.45	42.83	2
曲靖	Qujing	1.15	2.00	0.01	277
玉溪	Yuxi	0.80			
保山	Baoshan	0.89	0.92	0.40	269
昭通	Zhaotong	1.53		0.60	257
丽江	Lijiang	1.00	2.00	1.50	209
普洱	Puer	0.45	0.45	0.45	268
临沧	Lincang	1.12	1.12	0.56	261
西藏	**Tibet**	**3.96**		**11.91**	
拉萨	Lhasa	2.56		10.21	38
陕西	**Shaanxi**	**21.27**	**21.80**	**35.18**	
西安	Xi'an	4.97	5.21	12.10	26
铜川	Tongchuan	1.82	1.82	1.82	194
宝鸡	Baoji	4.14	3.81	3.69	111
咸阳	Xianyang	3.16	3.16	3.16	122
渭南	Weinan	0.91	0.77	0.81	251
延安	Yan'an	0.71	0.71	0.71	255
汉中	Hanzhong	0.79	1.50	2.00	177
榆林	Yulin	1.50	1.50	4.72	88
安康	Ankang	1.70	1.70	4.35	96
商洛	Shangluo	0.13	0.13	0.13	274
甘肃	**Gansu**	**23.25**	**23.71**	**26.79**	
兰州	Lanzhou	8.74	9.50	5.34	75
嘉峪关	Jiayuguan	1.33	1.82	0.60	257
金昌	Jinchang	0.83	1.43	1.43	213
白银	Baiyin	2.47	1.58	2.64	142
天水	Tianshui	0.28	0.28	4.17	104
武威	Wuwei	0.26	0.02		
张掖	Zhangye	0.28		3.50	117
平凉	Pingliang	0.63	0.72	0.72	254
酒泉	Jiuquan	1.10	1.00	1.00	238
庆阳	Qingyang	0.74	0.74	0.78	253
定西	Dingxi	0.64	0.20	0.01	277
陇南	Longnan	0.50	0.50	0.50	265
青海	**Qinghai**	**11.80**	**14.22**	**9.22**	
西宁	Xining	10.49	12.91	2.48	154
宁夏	**Ningxia**	**14.02**	**15.38**	**15.96**	
银川	Yinchuan	5.17	5.18	8.61	45
石嘴山	Shizuishan	3.96	4.62	0.91	245
吴忠	Wuzhong	1.25	1.30	1.32	222
固原	Guyuan	1.20	1.30	1.86	188
中卫	Zhongwei	1.57	1.72	1.98	182
新疆	**Xinjiang**	**41.98**	**44.33**	**60.02**	
乌鲁木齐	Urumqi	21.78	22.62	18.57	13
克拉玛依	Karamay	3.24	3.40	2.55	151

8-11 城市绿地与广场用地面积（辖区）
Area of Green Space and Square (Districts under City)

单位：平方公里 (sq. km)

地名	City	2010	2011	2012	2012 排名 Ranking	地名	City	2010	2011	2012	2012 排名 Ranking
全国	**National Total**	**4060.23**	**4455.47**	**4771.19**		沈阳	Shenyang	58.00	61.00	69.00	4
北京	**Beijing**		**146.50**	**146.50**		大连	Dalian	38.30	35.66	35.95	20
天津	**Tianjin**	**77.01**	**86.17**	**82.60**		鞍山	Anshan	17.48	17.95	17.95	54
河北	**Hebei**	**154.85**	**164.39**	**197.51**		抚顺	Fushun	21.60	21.65	21.78	43
石家庄	Shijiazhuang	27.74	27.89	38.88	13	本溪	Benxi	4.41	4.41	6.45	164
唐山	Tangshan	14.09	14.09	31.71	24	丹东	Dandong	5.96	5.96	4.08	217
秦皇岛	Qinhuangdao	7.37	7.37	6.90	153	锦州	Jinzhou	3.10	3.10	3.10	239
邯郸	Handan	8.70	6.90	7.86	133	营口	Yingkou	4.42	4.82	4.92	192
邢台	Xingtai	2.25	7.30	7.30	145	阜新	Fuxin	8.20	8.65	3.91	222
保定	Baoding	9.33	9.33	10.92	90	辽阳	Liaoyang	3.85	4.59	4.59	202
张家口	Zhangjiakou	9.24	9.45	9.80	106	盘锦	Panjin	5.94	5.94	3.56	228
承德	Chengde	7.51	7.60	8.48	121	铁岭	Tieling	4.59	4.59	4.93	191
沧州	Cangzhou	3.37	3.37	3.37	232	朝阳	Chaoyang	4.50	4.50	10.00	104
廊坊	Langfang	12.11	12.16	12.53	75	葫芦岛	Huludao	9.40	10.00	10.55	94
衡水	Hengshui	10.19	12.35	12.35	76	吉林	**Jilin**	**100.59**	**96.00**	**97.12**	
山西	**Shanxi**	**87.01**	**85.96**	**98.51**		长春	Changchun	28.37	30.52	31.45	25
太原	Taiyuan	24.00	24.00	30.00	27	吉林	Jilin	11.46	11.46	8.52	120
大同	Datong	7.60	7.60	12.85	74	四平	Siping	3.03	3.20	4.80	198
阳泉	Yangquan	3.49	3.79	3.79	223	辽源	Liaoyuan	1.61	1.61	1.61	266
长治	Changzhi	1.24	1.24	1.24	272	通化	Tonghua	3.59	3.87	4.17	212
晋城	Jincheng	6.68	6.68			白山	Baishan	4.22	4.27	4.73	200
朔州	Shuozhou	7.46	8.38	9.90	105	松原	Songyuan	8.44	9.50	10.40	98
晋中	Jinzhong	1.32	1.32	1.32	270	白城	Baicheng	3.02	0.79	0.81	275
运城	Yuncheng	3.07	3.07	3.47	230	黑龙江	**Heilongjiang**	**183.54**	**184.24**	**195.38**	
忻州	Xinzhou	1.61	1.61	1.61	266	哈尔滨	Harbin	33.77	34.51	38.47	14
临汾	Linfen	2.71	2.72	10.32	101	齐齐哈尔	Qiqihar	8.46	8.46	8.17	124
吕梁	Luliang	0.34	0.34	0.52	277	鸡西	Jixi	2.24	4.24	4.24	210
内蒙古	**Inner Mongolia**	**139.55**	**150.49**	**149.87**		鹤岗	Hegang	4.75	5.07	5.21	183
呼和浩特	Hohhot	26.57	27.02	14.51	65	双鸭山	Shuangyashan	2.10	2.30	2.30	254
包头	Baotou	19.93	19.93	23.65	38	大庆	Daqing	15.63	15.71	15.95	61
乌海	Wuhai	2.75	2.75	2.75	246	伊春	Yichun	34.65	34.65	41.76	12
赤峰	Chifeng	9.50	9.68	9.75	109	佳木斯	Jiamusi	35.37	35.37	35.37	22
通辽	Tongliao	5.57	5.11	8.05	126	七台河	Qitaihe	4.78	4.78	4.81	197
鄂尔多斯	Erdos	26.22	33.49	38.02	15	牡丹江	Mudanjiang	7.49	7.59	7.98	129
呼伦贝尔	Hulunbuir	11.91	11.91	11.92	80	黑河	Heihe	4.41	4.41	2.91	244
巴彦淖尔	Bayannur	2.00	5.50	12.90	73	绥化	Suihua	2.75	2.75	1.26	271
乌兰察布	Ulanqab	0.80	0.80	1.80	263	上海	**Shanghai**			**187.85**	
辽宁	**Liaoning**	**214.21**	**224.48**	**230.26**		江苏	**Jiangsu**	**344.83**	**376.96**	**439.48**	

注：本表2011年及以前年份数据统计口径为绿地面积。

a)The table data statistics caliber and before the year of 2011 green space area.

8-11 城市绿地与广场用地面积（辖区） 续表 1

Area of Green Space and Square (Districts under City) continued 1

单位：平方公里 (sq. km)

地名	City	2010	2011	2012	2012 排名 Ranking
南京	Nanjing	65.43	74.92	76.32	2
无锡	Wuxi	16.20	24.00	26.85	32
徐州	Xuzhou	14.38	7.15	58.40	5
常州	Changzhou	22.84	27.49	29.09	30
苏州	Suzhou	42.60	43.21	52.15	7
南通	Nantong	8.26	8.52	6.69	161
连云港	Lianyungang	3.14	3.14	4.11	215
淮安	Huaian	29.05	33.33	36.33	17
盐城	Yancheng	6.60	9.08	5.00	188
扬州	Yangzhou	4.44	11.43	12.11	77
镇江	Zhenjiang	4.32	5.68	14.40	67
泰州	Taizhou	4.29	4.29	4.29	209
宿迁	Suqian	10.15	10.15	7.67	138
浙江	**Zhejiang**	**239.24**	**235.37**	**221.33**	
杭州	Hangzhou	61.35	63.35	42.96	11
宁波	Ningbo	14.79	15.88	17.17	58
温州	Wenzhou	21.68	21.68	24.85	36
嘉兴	Jiaxing	8.47	9.89	10.05	103
湖州	Huzhou	19.53	20.63	11.19	85
绍兴	Shaoxing	5.27	5.50	9.76	108
金华	Jinhua	4.28	4.78	4.88	194
衢州	Quzhou	4.40	4.48	5.32	181
舟山	Zhoushan	6.23	6.23	7.70	135
台州	Taizhou	15.83	15.86	18.08	53
丽水	Lishui	3.86	3.95	4.12	214
安徽	**Anhui**	**179.74**	**194.45**	**207.46**	
合肥	Hefei	48.28	41.70	49.42	8
芜湖	Wuhu	37.61	48.00	49.00	9
蚌埠	Bengbu	7.96	8.64	8.64	118
淮南	Huainan	9.00	9.07	9.60	110
马鞍山	Maanshan	5.09	8.27	11.99	78
淮北	Huaibei	8.59	8.44	8.80	117
铜陵	Tongling	3.70	3.70	4.16	213
安庆	Anqing	6.15	6.22	6.22	169
黄山	Huangshan	5.17	6.50	5.15	185
滁州	Chuzhou	5.54	7.66	7.71	134
阜阳	Fuyang	4.59	4.04	4.82	195
宿州	Suzhou	5.92	5.92	5.92	175
六安	Liuan	9.75	10.72	11.16	86
亳州	Bozhou	1.19	1.59	3.21	235

地名	City	2010	2011	2012	2012 排名 Ranking
池州	Chizhou	1.92	3.30	3.38	231
宣城	Xuancheng	4.40	4.80	2.03	259
福建	**Fujian**	**105.95**	**113.63**	**116.98**	
福州	Fuzhou	22.01	17.52	17.52	56
厦门	Xiamen	26.94	27.76	27.89	31
莆田	Putian	5.46	5.46	5.46	179
三明	Sanming	0.70	0.70	0.61	276
泉州	Quanzhou	12.10	15.00	17.00	59
漳州	Zhangzhou	0.83	1.88	2.49	251
南平	Nanping	2.07	4.52	4.53	203
龙岩	Longyan	7.44	7.69	8.03	127
宁德	Ningde	1.70	3.66	3.66	226
江西	**Jiangxi**	**106.18**	**113.63**	**125.32**	
南昌	Nanchang	22.52	23.29	23.66	37
景德镇	Jingdezhen	5.76	5.80	6.10	172
萍乡	Pingxiang	6.10	6.20	6.20	171
九江	Jiujiang	7.87	7.87	11.72	82
新余	Xinyu	3.10	5.10	6.35	167
鹰潭	Yingtan	8.35	6.00	6.50	163
赣州	Ganzhou	8.29	10.00	10.10	102
吉安	Jian	2.96	4.06	4.50	205
宜春	Yichun	9.00	10.00	11.00	88
抚州	Fuzhou	8.48	4.99	6.45	164
上饶	Shangrao	5.13	6.12	8.12	125
山东	**Shandong**	**389.32**	**418.68**	**434.42**	
济南	Jinan	35.06	35.14	35.58	21
青岛	Qingdao	18.22	18.43	26.85	32
淄博	Zibo	13.71	17.63	17.67	55
枣庄	Zaozhuang	11.87	15.81	20.97	46
东营	Dongying	8.89	7.11	10.65	93
烟台	Yantai	28.30	28.81	29.82	29
潍坊	Weifang	8.02	14.37	14.49	66
济宁	Jining	3.02	10.32	10.83	92
泰安	Taian	7.20	7.50	7.33	143
威海	Weihai	15.69	15.70	6.22	169
日照	Rizhao	12.58	12.58	13.10	71
莱芜	Laiwu	11.94	7.84	9.08	114
临沂	Linyi	28.05	31.56	29.94	28
德州	Dezhou	5.81	6.80	10.50	95
聊城	Liaocheng	7.34	7.34	5.31	182

8-11 城市绿地与广场用地面积（辖区） 续表 2
Area of Green Space and Square (Districts under City) continued 2

单位：平方公里 (sq. km)

地名	City	2010	2011	2012	2012 排名 Ranking
滨州	Binzhou	11.71	12.95	15.78	62
菏泽	Heze	6.80	6.90	7.52	140
河南	**Henan**	**250.70**	**276.76**	**297.87**	
郑州	Zhengzhou	64.12	67.12	69.23	3
开封	Kaifeng	6.73	6.96	6.99	151
洛阳	Luoyang	14.81	18.55	18.55	50
平顶山	Pingdingshan	4.52	4.52	4.52	204
安阳	Anyang	7.03	7.24	7.36	142
鹤壁	Hebi	1.83	6.50	9.54	111
新乡	Xinxiang	8.34	9.23	10.36	99
焦作	Jiaozuo	8.75	8.75	8.95	116
濮阳	Puyang	6.00	7.26	8.20	122
许昌	Xuchang	11.72	11.72	11.00	88
漯河	Luohe	12.30	12.78	13.54	69
三门峡	Sanmenxia	5.51	5.53	6.06	173
南阳	Nanyang	6.51	6.46	7.70	135
商丘	Shangqiu	17.49	20.22	26.60	34
信阳	Xinyang	3.04	3.55	4.01	218
周口	Zhoukou	4.90	5.70	6.00	174
驻马店	Zhumadian	0.75	2.00	2.20	256
湖北	**Hubei**	**164.27**	**175.81**	**185.58**	
武汉	Wuhan	48.91	49.59	52.70	6
黄石	Huangshi	7.98	7.98	7.98	129
十堰	Shiyan	4.26	5.11	5.11	186
宜昌	Yichang	9.19	9.26	9.20	113
襄阳	Xiangfan	3.82	3.82	3.98	221
鄂州	Ezhou	8.24	9.08	11.58	84
荆门	Jingmen	8.19	8.12	8.56	119
孝感	Xiaogan	3.20	3.20	3.20	236
荆州	Jingzhou	6.89	6.89	6.89	155
黄冈	Huanggang	2.49	2.61	2.61	248
咸宁	Xianning	4.79	4.79	4.94	190
随州	Suizhou	3.08	3.51	3.08	241
湖南	**Hunan**	**125.65**	**131.73**	**134.60**	
长沙	Changsha	22.32	22.32	22.37	42
株洲	Zhuzhou	5.98	7.16	7.96	131
湘潭	Xiangtan	3.92	4.03	4.33	208
衡阳	Hengyang	4.01	6.00	8.18	123
邵阳	Shaoyang	8.90	9.10	9.28	112
岳阳	Yueyang	10.60	10.70	11.70	83
常德	Changde	4.10	4.10	4.10	216
张家界	Zhangjiajie	0.75	0.94	1.81	262
益阳	Yiyang	2.04	4.50	5.40	180
郴州	Chenzhou	19.70	16.36	11.75	81
永州	Yongzhou	6.76	7.09	7.38	141
怀化	Huaihua	6.00	7.67	7.89	132
娄底	Loudi	3.38	4.22	4.22	211
广东	**Guangdong**	**420.15**	**411.34**	**394.90**	
广州	Guangzhou	26.78	3.32	25.78	35
韶关	Shaoguan	6.81	7.00	7.30	145
深圳	Shenzhen	54.75			
珠海	Zhuhai	15.77	31.05	47.68	10
汕头	Shantou	11.45	10.41	10.49	96
佛山	Foshan	22.98	23.14	19.17	48
江门	Jiangmen	13.64	16.36	17.41	57
湛江	Zhanjiang	8.38	8.38	1.47	269
茂名	Maoming	11.20	19.85	21.52	45
肇庆	Zhaoqing	12.02	11.00	11.07	87
惠州	Huizhou	11.65	26.58	18.49	51
梅州	Meizhou	16.38	8.72	9.07	115
汕尾	Shanwei	8.60	6.73	6.73	159
河源	Heyuan	3.27	3.30	3.51	229
阳江	Yangjiang	17.93	9.61	9.78	107
清远	Qingyuan	4.94	3.15	2.20	256
东莞	Dongguan	84.22	93.93	87.78	1
中山	ZhongShan	7.13	25.26	10.36	99
潮州	Chaozhou	10.19	10.84	10.84	91
揭阳	Jieyang				
云浮	Yunfu		10.19	2.56	249
广西	**Guangxi**	**91.99**	**99.62**	**112.33**	
南宁	Nanning	30.49	28.40	34.89	23
柳州	Liuzhou	7.40	15.50	18.69	49
桂林	Guilin	11.00	11.78	11.96	79
梧州	Wuzhou	0.47	0.47	0.47	278
北海	Beihai	7.00	8.50	8.00	128
防城港	Fangchenggang	8.07	2.20	2.21	255
钦州	Qinzhou	3.71	7.13	7.07	148
贵港	Guigang	2.47	2.47	2.47	252
玉林	Yulin	3.59	3.59	4.47	206
百色	Baise	1.74	1.75	2.10	258

8-11 城市绿地与广场用地面积（辖区） 续表 3
Area of Green Space and Square (Districts under City) continued 3

单位：平方公里 (sq. km)

地名	City	2010	2011	2012	2012 排名 Ranking
贺州	Hezhou	2.02	0.04	0.04	280
河池	Hechi	1.74	1.76	1.77	264
来宾	Laibin	2.72	2.73	3.57	227
崇左	Chongzuo	1.12	1.38	1.58	268
海南	**Hainan**	**42.22**	**42.37**	**42.56**	
海口	Haikou	7.34	7.34	5.69	177
三亚	Sanya	18.75	18.75	18.43	52
重庆	**Chongqing**	**71.50**	**82.39**	**83.40**	
四川	**Sichuan**	**145.27**	**166.55**	**191.55**	
成都	Chengdu	29.49	32.77	36.36	16
自贡	Zigong	10.76	12.58	16.67	60
攀枝花	Panzhihua	6.68	5.40	6.43	166
泸州	Luzhou	16.83	17.34	23.09	40
德阳	Deyang	2.71	3.08	3.08	241
绵阳	Mianyang	6.58	6.58	6.86	156
广元	Guangyuan	1.50	2.67	6.34	168
遂宁	Suining	4.78	7.28	7.31	144
内江	Neijiang	2.39	2.19	2.43	253
乐山	Leshan	4.72	4.75	5.07	187
南充	Nanchong	4.50	5.30	7.00	149
眉山	Meishan	1.60	1.70	1.70	265
宜宾	Yibin	8.52	10.28	6.90	153
广安	Guangan	4.04	3.70	3.78	224
达州	Dazhou	4.60	10.04	7.70	135
雅安	Yaan	1.22	1.22	1.99	261
巴中	Bazhong	4.64	6.00	7.00	149
资阳	Ziyang	5.76	5.82	6.86	156
贵州	**Guizhou**	**82.86**	**89.12**	**82.05**	
贵阳	Guiyang	26.54	26.54	21.65	44
六盘水	Liupanshui	9.75	10.20	2.00	260
遵义	Zunyi	20.69	21.00	19.77	47
安顺	Anshun	2.44	4.19	4.82	195
毕节	Bijie	4.50	5.00	5.00	188
铜仁	Tongren	9.00	10.10	2.90	245
云南	**Yunnan**	**56.26**	**72.41**	**84.94**	
昆明	Kunming	11.16	30.09	31.12	26
曲靖	Qujing	2.50	4.00		
玉溪	Yuxi	1.80			
保山	Baoshan	1.51	1.58	6.69	161
昭通	Zhaotong	0.52	0.68	3.20	236

地名	City	2010	2011	2012	2012 排名 Ranking
丽江	Lijiang	6.80	4.00	4.00	219
普洱	Puer	1.14	2.47	2.50	250
临沧	Lincang	1.66	1.66	5.63	178
西藏	**Tibet**	**4.12**	**3.22**	**15.92**	
拉萨	Lhasa	3.22	3.22	13.72	68
陕西	**Shaanxi**	**58.83**	**62.53**	**99.41**	
西安	Xi'an	13.95	14.65	15.30	64
铜川	Tongchuan	2.44	3.10	3.10	239
宝鸡	Baoji	10.23	13.23	23.56	39
咸阳	Xianyang	10.41	10.50	13.21	70
渭南	Weinan	4.36	2.96	6.98	152
延安	Yan'an	3.12	3.12	3.12	238
汉中	Hanzhong	2.83	2.83	6.70	160
榆林	Yulin	1.60	1.60	10.45	97
安康	Ankang	2.60	2.80	3.28	233
商洛	Shangluo	3.95	3.98	4.00	219
甘肃	**Gansu**	**100.03**	**111.41**	**107.81**	
兰州	Lanzhou	35.71	37.89	35.99	19
嘉峪关	Jiayuguan	13.30	19.46	22.62	41
金昌	Jinchang	6.54	4.37	4.37	207
白银	Baiyin	7.29	7.41	3.70	225
天水	Tianshui	4.53	4.79	4.79	199
武威	Wuwei	0.33	0.34	1.20	273
张掖	Zhangye	7.61	7.61	4.60	201
平凉	Pingliang	3.01	3.02	3.03	243
酒泉	Jiuquan	5.70	13.00	13.00	72
庆阳	Qingyang	0.85	1.02	1.02	274
定西	Dingxi	7.12	2.70	2.70	247
陇南	Longnan	0.14	0.14	0.14	279
青海	**Qinghai**	**5.19**	**7.43**	**8.29**	
西宁	Xining	1.79	4.03	4.89	193
宁夏	**Ningxia**	**30.60**	**38.79**	**43.47**	
银川	Yinchuan	12.26	13.73	15.49	63
石嘴山	Shizuishan	0.60	1.26	3.23	234
吴忠	Wuzhong	3.60	7.60	7.60	139
固原	Guyuan	5.12	5.60	5.90	176
中卫	Zhongwei	5.20	5.38	5.16	184
新疆	**Xinjiang**	**88.57**	**93.04**	**102.42**	
乌鲁木齐	Urumqi	32.26	38.49	36.26	18
克拉玛依	Karamay	5.28	6.44	7.12	147

8-12 城市本年征用土地面积（辖区）
Area of Land Requisition This Year (Districts under City)

单位：平方公里 (sq. km)

地名	City	2010	2011	2012	2012 排名 Ranking
全国	**National Total**	**1641.57**	**1841.72**	**2161.48**	
北京	**Beijing**	**46.48**	**50.42**	**42.16**	
天津	**Tianjin**	**43.96**	**44.04**	**55.70**	
河北	**Hebei**	**37.08**	**42.71**	**19.72**	
石家庄	Shijiazhuang	2.38			
唐山	Tangshan	2.45	2.45		
秦皇岛	Qinhuangdao	4.37	4.37	6.19	66
邯郸	Handan				
邢台	Xingtai	0.13			
保定	Baoding	1.45	1.11	3.38	104
张家口	Zhangjiakou				
承德	Chengde				
沧州	Cangzhou	2.15	13.36	1.00	163
廊坊	Langfang	2.14	3.44	1.34	151
衡水	Hengshui	1.26	1.26	0.75	175
山西	**Shanxi**	**16.61**	**25.82**	**26.75**	
太原	Taiyuan	8.69	9.87	10.50	39
大同	Datong				
阳泉	Yangquan	0.10	0.93	0.42	189
长治	Changzhi	2.57	3.24	1.73	144
晋城	Jincheng				
朔州	Shuozhou	0.50	0.50	0.78	173
晋中	Jinzhong	0.91	7.83	2.09	135
运城	Yuncheng				
忻州	Xinzhou			1.90	140
临汾	Linfen			2.10	134
吕梁	Luliang	2.05	0.40	1.09	161
内蒙古	**Inner Mongolia**	**14.12**	**27.92**	**17.94**	
呼和浩特	Hohhot				
包头	Baotou				
乌海	Wuhai		1.92	1.92	139
赤峰	Chifeng	4.77	4.77		
通辽	Tongliao			3.40	103
鄂尔多斯	Erdos				
呼伦贝尔	Hulunbuir	0.97	0.97		
巴彦淖尔	Bayannur				
乌兰察布	Ulanqab				
辽宁	**Liaoning**	**128.20**	**185.73**	**194.81**	
沈阳	Shenyang	38.90	46.39	66.20	2
大连	Dalian	28.12	56.18	40.58	4
鞍山	Anshan	9.11	5.00	8.40	49
抚顺	Fushun	4.05	5.78	2.46	120
本溪	Benxi	5.11	3.10	8.59	47
丹东	Dandong	4.50	9.51	13.35	26
锦州	Jinzhou	1.56		0.15	198
营口	Yingkou	1.59	1.59		
阜新	Fuxin	14.00	15.80	13.25	28
辽阳	Liaoyang	9.79	12.63	11.17	36
盘锦	Panjin	1.80		1.00	163
铁岭	Tieling	0.42		0.50	184
朝阳	Chaoyang				
葫芦岛	Huludao		16.10	12.33	32
吉林	**Jilin**	**59.00**	**75.27**	**55.99**	
长春	Changchun	44.33	61.79	27.90	9
吉林	Jilin	5.19			
四平	Siping			5.96	68
辽源	Liaoyuan				
通化	Tonghua	0.60	1.90	1.11	160
白山	Baishan	0.37		0.42	189
松原	Songyuan	1.14	1.81	2.20	130
白城	Baicheng	0.65	2.17	2.44	122
黑龙江	**Heilongjiang**	**28.30**	**47.73**	**39.65**	
哈尔滨	Harbin	13.90	7.93	15.88	21
齐齐哈尔	Qiqihar			3.60	98
鸡西	Jixi			2.46	120
鹤岗	Hegang	0.66	0.19	0.26	194
双鸭山	Shuangyashan		3.06	0.80	171
大庆	Daqing	6.66	11.57	7.83	55
伊春	Yichun		4.59	0.01	203
佳木斯	Jiamusi				
七台河	Qitaihe		9.70	1.19	158
牡丹江	Mudanjiang	2.63	6.12	2.97	112
黑河	Heihe				
绥化	Suihua			0.30	192
上海	**Shanghai**			**42.04**	
江苏	**Jiangsu**	**195.45**	**182.85**	**245.90**	

8-12 城市本年征用土地面积（辖区） 续表 1
Area of Land Requisition This Year (Districts under City) continued 1

单位：平方公里 (sq. km)

地名	City	2010	2011	2012	2012 排名 Ranking
南京	Nanjing	35.96	27.83	53.16	3
无锡	Wuxi	24.25	18.50	23.73	14
徐州	Xuzhou	1.73			
常州	Changzhou	18.67	17.44	29.91	6
苏州	Suzhou		7.07	1.34	151
南通	Nantong	8.25	2.90	6.43	63
连云港	Lianyungang	12.67	3.28	11.05	37
淮安	Huaian	11.59	13.44	19.44	18
盐城	Yancheng	6.53	3.00	7.97	54
扬州	Yangzhou	3.40	6.51	5.58	72
镇江	Zhenjiang	10.99	13.64	7.61	61
泰州	Taizhou	8.79	6.98		
宿迁	Suqian	7.00	12.87	12.70	30
浙江	**Zhejiang**	**107.36**	**88.87**	**115.24**	
杭州	Hangzhou	27.68	15.51	12.53	31
宁波	Ningbo	4.93	6.83	15.68	22
温州	Wenzhou	5.54	5.54	6.22	65
嘉兴	Jiaxing	7.89	3.53	2.75	115
湖州	Huzhou	2.20	2.77	2.20	130
绍兴	Shaoxing	1.16	3.36	2.42	123
金华	Jinhua	3.24	0.70	1.76	143
衢州	Quzhou	4.79	4.01	8.79	46
舟山	Zhoushan	6.52	4.58	4.38	86
台州	Taizhou	5.78	2.53	7.66	60
丽水	Lishui	2.76	5.37	1.01	162
安徽	**Anhui**	**109.30**	**117.53**	**128.62**	
合肥	Hefei	17.96	15.40	10.81	38
芜湖	Wuhu	11.02	20.00	11.77	34
蚌埠	Bengbu	5.00	12.00	5.22	74
淮南	Huainan	12.05	8.15	10.40	40
马鞍山	Maanshan	5.53	21.26	25.02	12
淮北	Huaibei	4.52	4.85	5.10	76
铜陵	Tongling	3.40	3.40	3.50	100
安庆	Anqing	5.20	4.45	4.45	83
黄山	Huangshan	1.27	2.25	1.61	146
滁州	Chuzhou	16.01	1.06	12.83	29
阜阳	Fuyang	3.96	2.58	4.21	90
宿州	Suzhou	3.08	1.99	4.90	80
六安	Liuan	3.66	1.98	2.03	137
亳州	Bozhou	8.18	6.27	5.22	74
池州	Chizhou		0.78	3.55	99
宣城	Xuancheng	2.50	6.37	4.30	88
福建	**Fujian**	**23.79**	**51.70**	**72.49**	
福州	Fuzhou		13.28	13.28	27
厦门	Xiamen			12.12	33
莆田	Putian	1.90	1.90	2.00	138
三明	Sanming		0.95		
泉州	Quanzhou			3.50	100
漳州	Zhangzhou	3.56	2.75	6.81	62
南平	Nanping	0.27	1.29	2.17	132
龙岩	Longyan	3.46	3.43	4.41	84
宁德	Ningde	1.63	2.22	1.86	142
江西	**Jiangxi**	**20.97**	**57.51**	**65.85**	
南昌	Nanchang		11.93	22.24	16
景德镇	Jingdezhen				
萍乡	Pingxiang				
九江	Jiujiang				
新余	Xinyu	3.60	2.33	2.61	117
鹰潭	Yingtan				
赣州	Ganzhou	3.50	6.89	8.45	48
吉安	Jian	0.08	0.08	0.15	198
宜春	Yichun		18.00	4.00	95
抚州	Fuzhou		0.19	7.83	55
上饶	Shangrao	2.23	5.37	7.78	58
山东	**Shandong**	**98.71**	**141.64**	**150.70**	
济南	Jinan	21.27	20.00	18.55	20
青岛	Qingdao	11.70	11.59	22.80	15
淄博	Zibo	7.99	7.81	11.60	35
枣庄	Zaozhuang	1.40	3.02	5.77	70
东营	Dongying	3.11	2.59	10.23	42
烟台	Yantai	12.93	7.27	9.02	45
潍坊	Weifang	1.88	0.77		
济宁	Jining		12.10		
泰安	Taian				
威海	Weihai	3.00	3.00	3.00	109
日照	Rizhao		3.60	2.40	124
莱芜	Laiwu	1.66	2.56	0.74	177
临沂	Linyi	4.05	6.69	5.00	78
德州	Dezhou				
聊城	Liaocheng	1.24	2.27	3.00	109

8-12 城市本年征用土地面积（辖区） 续表 2
Area of Land Requisition This Year (Districts under City) continued 2

单位：平方公里 (sq. km)

地名	City	2010	2011	2012	2012 排名 Ranking
滨州	Binzhou	3.00	1.16	2.21	129
菏泽	Heze	2.41	5.50	6.30	64
河南	**Henan**	**67.01**	**40.99**	**44.66**	
郑州	Zhengzhou	19.35	10.23	9.52	44
开封	Kaifeng	8.74	2.30	8.10	53
洛阳	Luoyang	15.73	5.58		
平顶山	Pingdingshan				
安阳	Anyang	0.38	0.36		
鹤壁	Hebi	0.43	3.57	4.04	94
新乡	Xinxiang				
焦作	Jiaozuo				
濮阳	Puyang	4.00	0.50	0.80	171
许昌	Xuchang				
漯河	Luohe				
三门峡	Sanmenxia	0.12			
南阳	Nanyang	3.76	1.53	0.77	174
商丘	Shangqiu				
信阳	Xinyang	12.64	5.80	1.68	145
周口	Zhoukou				
驻马店	Zhumadian	1.10	1.20	1.30	153
湖北	**Hubei**	**79.94**	**74.39**	**34.28**	
武汉	Wuhan	44.66	44.67		
黄石	Huangshi				
十堰	Shiyan	4.82	4.82	4.82	81
宜昌	Yichang	0.48	0.04	0.66	182
襄阳	Xiangfan	15.35		5.08	77
鄂州	Ezhou	1.02	1.27	1.45	149
荆门	Jingmen				
孝感	Xiaogan	0.50	1.00	1.50	147
荆州	Jingzhou	0.75	1.40	1.25	155
黄冈	Huanggang	0.90	0.99	1.00	163
咸宁	Xianning				
随州	Suizhou	0.05	2.78	0.70	180
湖南	**Hunan**	**48.92**	**84.63**	**69.07**	
长沙	Changsha		40.76		
株洲	Zhuzhou		8.09	8.28	51
湘潭	Xiangtan	2.11	1.62	20.71	17
衡阳	Hengyang	6.06	8.00	5.73	71
邵阳	Shaoyang	7.96	2.37	0.30	192
岳阳	Yueyang	0.10	0.20	1.00	163

地名	City	2010	2011	2012	2012 排名 Ranking
常德	Changde		3.90	3.80	96
张家界	Zhangjiajie	0.21	0.40	0.74	177
益阳	Yiyang	2.80	1.78	2.30	128
郴州	Chenzhou	10.00		2.73	116
永州	Yongzhou	1.61	1.34	0.67	181
怀化	Huaihua		0.01	0.02	202
娄底	Loudi	2.14	2.35	2.36	125
广东	**Guangdong**	**95.74**	**73.36**	**286.26**	
广州	Guangzhou	33.72	14.16	24.14	13
韶关	Shaoguan		0.30		
深圳	Shenzhen				
珠海	Zhuhai	1.95	3.80	0.82	170
汕头	Shantou				
佛山	Foshan		1.04	154.79	1
江门	Jiangmen	3.63	3.28	0.74	177
湛江	Zhanjiang	2.14	0.36	8.38	50
茂名	Maoming	3.50	6.80	3.50	100
肇庆	Zhaoqing		0.14		
惠州	Huizhou	12.04	6.52	3.25	106
梅州	Meizhou	0.25		19.05	19
汕尾	Shanwei	0.10	2.74	0.60	183
河源	Heyuan		2.01	3.17	107
阳江	Yangjiang				
清远	Qingyuan	0.41	0.49	0.50	184
东莞	Dongguan	8.42	8.72	13.94	24
中山	ZhongShan	7.26	9.12	3.01	108
潮州	Chaozhou			32.62	5
揭阳	Jieyang				
云浮	Yunfu	8.81	0.38	2.09	135
广西	**Guangxi**	**101.44**	**121.83**	**88.94**	
南宁	Nanning	6.09	52.03	28.97	7
柳州	Liuzhou	7.34	6.95	5.44	73
桂林	Guilin	1.00		0.06	200
梧州	Wuzhou	7.23	0.18	1.20	156
北海	Beihai	4.14	12.69	9.64	43
防城港	Fangchenggang		2.54	0.31	191
钦州	Qinzhou	17.38	12.21	5.84	69
贵港	Guigang	10.37	1.71	2.33	127
玉林	Yulin	4.09	2.27	2.36	125
百色	Baise	0.47	1.39	0.26	194

8-12 城市本年征用土地面积（辖区） 续表 3
Area of Land Requisition This Year (Districts under City) continued 3

单位：平方公里 (sq. km)

地名	City	2010	2011	2012	2012 排名 Ranking
贺州	Hezhou	7.62	4.57	4.40	85
河池	Hechi	0.05	0.05	0.83	169
来宾	Laibin	23.41	13.74	13.38	25
崇左	Chongzuo	3.86	4.18	4.20	91
海南	**Hainan**	**0.10**	**14.73**	**11.17**	
海口	Haikou				
三亚	Sanya				
重庆	**Chongqing**	**48.02**	**54.49**	**75.33**	
四川	**Sichuan**	**86.33**	**72.36**	**71.11**	
成都	Chengdu	15.91	7.59	8.24	52
自贡	Zigong	8.74	5.45	7.75	59
攀枝花	Panzhihua	0.70	1.72	2.83	113
泸州	Luzhou	12.81	13.60	3.32	105
德阳	Deyang	2.17	1.30	2.81	114
绵阳	Mianyang				
广元	Guangyuan	1.97	1.63	0.18	197
遂宁	Suining			0.06	200
内江	Neijiang	3.25	4.35	4.10	92
乐山	Leshan	0.06	0.06		
南充	Nanchong	7.00	12.60	10.40	40
眉山	Meishan	2.30	0.98	4.10	92
宜宾	Yibin	7.03	2.23	6.00	67
广安	Guangan				
达州	Dazhou			4.67	82
雅安	Yaan			1.20	156
巴中	Bazhong	0.30	0.50	0.50	184
资阳	Ziyang	5.52	6.13	1.30	153
贵州	**Guizhou**	**5.26**	**6.58**	**17.07**	
贵阳	Guiyang				
六盘水	Liupanshui				
遵义	Zunyi				
安顺	Anshun	2.00	1.50		
毕节	Bijie			3.65	97
铜仁	Tongren				
云南	**Yunnan**	**85.23**	**61.16**	**62.48**	
昆明	Kunming	44.73	25.88	26.24	11
曲靖	Qujing				
玉溪	Yuxi				
保山	Baoshan	0.55	0.68	1.00	163
昭通	Zhaotong	3.00	6.52	3.00	109

地名	City	2010	2011	2012	2012 排名 Ranking
丽江	Lijiang				
普洱	Puer	0.33	2.58	2.58	118
临沧	Lincang	2.12	2.12	1.89	141
西藏	**Tibet**	**2.94**	**3.10**		
拉萨	Lhasa	2.94	3.10		
陕西	**Shaanxi**	**41.52**	**33.83**	**28.68**	
西安	Xi'an	38.43	33.07	27.80	10
铜川	Tongchuan				
宝鸡	Baoji				
咸阳	Xianyang				
渭南	Weinan	2.08	0.34	0.48	187
延安	Yan'an				
汉中	Hanzhong				
榆林	Yulin				
安康	Ankang				
商洛	Shangluo				
甘肃	**Gansu**	**23.83**	**33.62**	**52.88**	
兰州	Lanzhou	11.38	11.79	28.87	8
嘉峪关	Jiayuguan				
金昌	Jinchang	1.26	0.63	0.91	168
白银	Baiyin	1.29	0.68	0.75	175
天水	Tianshui			1.37	150
武威	Wuwei	1.00	5.00	5.00	78
张掖	Zhangye	0.16	2.35	2.48	119
平凉	Pingliang		0.62	0.45	188
酒泉	Jiuquan				
庆阳	Qingyang	1.39	2.13	2.13	133
定西	Dingxi	0.50	2.28	1.16	159
陇南	Longnan				
青海	**Qinghai**	**0.01**	**0.76**	**2.89**	
西宁	Xining				
宁夏	**Ningxia**	**8.30**	**10.47**	**10.69**	
银川	Yinchuan				
石嘴山	Shizuishan				
吴忠	Wuzhong	2.70	6.12	4.26	89
固原	Guyuan	0.99	1.00	1.50	147
中卫	Zhongwei	0.91	2.79	4.34	87
新疆	**Xinjiang**	**17.65**	**15.68**	**32.41**	
乌鲁木齐	Urumqi	9.42	2.18	14.11	23
克拉玛依	Karamay	0.30	0.20	0.24	196

8-13 城市本年征用耕地面积（辖区）

Area of Arable Land Requisition This Year (Districts under City)

单位：平方公里 (sq. km)

地名	City	2010	2011	2012	2012 排名 Ranking
全国	**National Total**	**708.96**	**775.30**	**992.24**	
北京	**Beijing**	**17.53**	**15.90**	**7.07**	
天津	**Tianjin**	**18.65**	**20.81**	**25.53**	
河北	**Hebei**	**12.86**	**10.55**	**7.16**	
石家庄	Shijiazhuang	2.38			
唐山	Tangshan	0.26	0.26		
秦皇岛	Qinhuangdao	2.47	2.47	1.01	112
邯郸	Handan				
邢台	Xingtai				
保定	Baoding	1.23	1.03	2.84	66
张家口	Zhangjiakou				
承德	Chengde				
沧州	Cangzhou	1.31	4.30	0.60	126
廊坊	Langfang	1.12	1.41	0.51	132
衡水	Hengshui	0.56	0.10	0.30	141
山西	**Shanxi**	**8.02**	**7.94**	**13.29**	
太原	Taiyuan	4.45	4.45	5.50	31
大同	Datong				
阳泉	Yangquan				
长治	Changzhi	1.65	2.32	1.23	101
晋城	Jincheng				
朔州	Shuozhou				
晋中	Jinzhong				
运城	Yuncheng				
忻州	Xinzhou			1.63	92
临汾	Linfen			1.30	100
吕梁	Luliang	0.56		0.77	120
内蒙古	**Inner Mongolia**	**1.39**	**2.65**	**3.34**	
呼和浩特	Hohhot				
包头	Baotou				
乌海	Wuhai				
赤峰	Chifeng				
通辽	Tongliao			0.42	136
鄂尔多斯	Erdos				
呼伦贝尔	Hulunbuir				
巴彦淖尔	Bayannur				
乌兰察布	Ulanqab				
辽宁	**Liaoning**	**60.24**	**95.41**	**102.33**	

地名	City	2010	2011	2012	2012 排名 Ranking
沈阳	Shenyang	24.50	34.11	41.40	2
大连	Dalian	7.53	19.75	14.29	8
鞍山	Anshan	4.30	2.80	4.00	45
抚顺	Fushun				
本溪	Benxi	2.91	1.93	3.70	47
丹东	Dandong	4.00	5.41	6.55	26
锦州	Jinzhou	0.87		0.15	155
营口	Yingkou				
阜新	Fuxin	7.30	9.80	5.17	35
辽阳	Liaoyang	6.53	9.04	7.30	19
盘锦	Panjin			0.80	117
铁岭	Tieling	0.04		0.10	159
朝阳	Chaoyang				
葫芦岛	Huludao		7.10	7.19	21
吉林	**Jilin**	**40.73**	**54.98**	**35.39**	
长春	Changchun	33.64	46.11	22.05	4
吉林	Jilin	2.96			
四平	Siping				
辽源	Liaoyuan				
通化	Tonghua	0.41	1.11	0.57	128
白山	Baishan	0.37		0.34	139
松原	Songyuan	0.42	0.95	1.73	87
白城	Baicheng		1.56	2.12	76
黑龙江	**Heilongjiang**	**3.37**	**17.64**	**8.83**	
哈尔滨	Harbin				
齐齐哈尔	Qiqihar			1.64	91
鸡西	Jixi			1.31	99
鹤岗	Hegang	0.43	0.10	0.06	161
双鸭山	Shuangyashan		2.38	0.50	133
大庆	Daqing				
伊春	Yichun				
佳木斯	Jiamusi				
七台河	Qitaihe		7.42	0.31	140
牡丹江	Mudanjiang	1.54	4.81	1.65	90
黑河	Heihe				
绥化	Suihua			0.30	141
上海	**Shanghai**			**25.48**	
江苏	**Jiangsu**	**88.21**	**74.32**	**104.28**	

8-13 城市本年征用耕地面积（辖区） 续表 1
Area of Arable Land Requisition This Year (Districts under City) continued 1

单位：平方公里 (sq. km)

地名	City	2010	2011	2012	2012 排名 Ranking	地名	City	2010	2011	2012	2012 排名 Ranking
南京	Nanjing	14.67	13.04	21.30	5	池州	Chizhou		0.66	1.18	104
无锡	Wuxi	10.00	6.35	8.67	16	宣城	Xuancheng				
徐州	Xuzhou	0.71				福建	**Fujian**	**7.41**	**13.66**	**19.88**	
常州	Changzhou	11.27	5.81	10.01	14	福州	Fuzhou		5.33	5.33	33
苏州	Suzhou		1.40	0.45	134	厦门	Xiamen			4.39	41
南通	Nantong	4.14	1.16	1.84	85	莆田	Putian	1.30	1.30	1.90	84
连云港	Lianyungang	8.53	3.06	3.33	55	三明	Sanming				
淮安	Huaian	6.80	7.89	6.26	28	泉州	Quanzhou				
盐城	Yancheng	4.50	2.80	6.40	27	漳州	Zhangzhou	0.59	0.28	0.29	143
扬州	Yangzhou		4.01	1.60	93	南平	Nanping	0.03	0.14	0.40	137
镇江	Zhenjiang	4.27	4.74	3.25	58	龙岩	Longyan	2.09	1.64	1.83	86
泰州	Taizhou					宁德	Ningde	0.58	0.83	0.55	129
宿迁	Suqian			5.80	29	江西	**Jiangxi**	**4.16**	**16.55**	**29.04**	
浙江	**Zhejiang**	**65.94**	**50.10**	**65.36**		南昌	Nanchang		7.10	10.78	12
杭州	Hangzhou	18.37	8.12	7.62	18	景德镇	Jingdezhen				
宁波	Ningbo	2.78	3.63	9.68	15	萍乡	Pingxiang				
温州	Wenzhou	4.62	4.62	4.15	44	九江	Jiujiang				
嘉兴	Jiaxing	6.20	2.63	1.95	82	新余	Xinyu	0.31	0.21	0.20	151
湖州	Huzhou	0.80	1.27	0.80	117	鹰潭	Yingtan				
绍兴	Shaoxing	0.98	2.34	1.73	87	赣州	Ganzhou	1.80	3.40	4.29	42
金华	Jinhua	2.17	0.44	1.20	102	吉安	Jian				
衢州	Quzhou	2.01	1.48	3.64	50	宜春	Yichun		2.00	2.00	80
舟山	Zhoushan	3.24	2.17	2.27	73	抚州	Fuzhou		0.14	2.59	68
台州	Taizhou	1.19	1.82	2.21	75	上饶	Shangrao	0.56	2.15	6.78	24
丽水	Lishui	1.15	1.71	0.16	154	山东	**Shandong**	**38.05**	**49.27**	**66.96**	
安徽	**Anhui**	**61.18**	**53.00**	**52.38**		济南	Jinan	12.10	10.56	10.09	13
合肥	Hefei	13.47	8.36	5.73	30	青岛	Qingdao	5.78	5.56	11.53	11
芜湖	Wuhu	5.59	9.30	4.65	38	淄博	Zibo	4.15	3.96	7.04	22
蚌埠	Bengbu	3.00	8.00	3.37	54	枣庄	Zaozhuang	0.47	0.48	1.15	105
淮南	Huainan	7.66	4.64	6.71	25	东营	Dongying	1.10	0.79		
马鞍山	Maanshan	2.78	6.31			烟台	Yantai	2.26	1.37	2.27	73
淮北	Huaibei	2.39	2.74	2.90	64	潍坊	Weifang	0.43			
铜陵	Tongling			1.67	89	济宁	Jining				
安庆	Anqing					泰安	Taian				
黄山	Huangshan	0.99	1.69	0.43	135	威海	Weihai				
滁州	Chuzhou	10.34	0.69	8.28	17	日照	Rizhao				
阜阳	Fuyang	2.01	1.50	1.92	83	莱芜	Laiwu				
宿州	Suzhou	2.96	1.85	3.70	47	临沂	Linyi	0.22	0.16	0.25	146
六安	Liuan	1.99	0.68	0.72	123	德州	Dezhou				
亳州	Bozhou	5.85	4.49	5.00	36	聊城	Liaocheng		2.27	3.00	62

8-13 城市本年征用耕地面积（辖区） 续表 2
Area of Arable Land Requisition This Year (Districts under City) continued 2

单位：平方公里 (sq. km)

地名	City	2010	2011	2012	2012 排名 Ranking
滨州	Binzhou		0.09	0.19	152
菏泽	Heze	1.66	4.00	4.40	39
河南	**Henan**	**27.02**	**14.46**	**19.23**	
郑州	Zhengzhou				
开封	Kaifeng	6.01	0.90	5.50	31
洛阳	Luoyang	11.79	3.28		
平顶山	Pingdingshan				
安阳	Anyang				
鹤壁	Hebi	0.27	2.19	3.23	59
新乡	Xinxiang				
焦作	Jiaozuo				
濮阳	Puyang				
许昌	Xuchang				
漯河	Luohe				
三门峡	Sanmenxia				
南阳	Nanyang	1.66	1.02	0.66	125
商丘	Shangqiu				
信阳	Xinyang	6.03	2.26		
周口	Zhoukou				
驻马店	Zhumadian				
湖北	**Hubei**	**15.23**	**29.88**	**5.14**	
武汉	Wuhan	13.40	25.46		
黄石	Huangshi				
十堰	Shiyan				
宜昌	Yichang				
襄阳	Xiangfan			3.39	52
鄂州	Ezhou	0.51	0.63	0.88	114
荆门	Jingmen				
孝感	Xiaogan				
荆州	Jingzhou	0.06	0.06		
黄冈	Huanggang				
咸宁	Xianning				
随州	Suizhou		1.12		
湖南	**Hunan**	**11.65**	**30.89**	**31.00**	
长沙	Changsha		16.23		
株洲	Zhuzhou				
湘潭	Xiangtan	0.92	0.64	12.83	10
衡阳	Hengyang	2.46	3.05	2.85	65
邵阳	Shaoyang	0.21	1.20	0.19	152
岳阳	Yueyang				
常德	Changde		2.04	2.10	77
张家界	Zhangjiajie	0.17	0.37	0.74	121
益阳	Yiyang	1.00	0.87	1.07	109
郴州	Chenzhou	0.50		1.06	110
永州	Yongzhou	0.20	0.15	0.15	155
怀化	Huaihua				
娄底	Loudi	1.09	1.11	1.12	106
广东	**Guangdong**	**26.43**	**21.15**	**161.69**	
广州	Guangzhou	11.95	3.59	6.84	23
韶关	Shaoguan		0.10		
深圳	Shenzhen				
珠海	Zhuhai	0.45	0.95	0.27	145
汕头	Shantou				
佛山	Foshan		0.22	131.08	1
江门	Jiangmen	1.29	1.05	0.23	147
湛江	Zhanjiang			3.68	49
茂名	Maoming		5.00	2.40	71
肇庆	Zhaoqing		0.01		
惠州	Huizhou	1.81	0.08	0.23	147
梅州	Meizhou	0.07		5.29	34
汕尾	Shanwei		0.93	0.36	138
河源	Heyuan		0.43	0.52	131
阳江	Yangjiang				
清远	Qingyuan	0.40	0.13	0.13	157
东莞	Dongguan	2.12	0.62	2.42	70
中山	ZhongShan	2.86	2.13	1.32	98
潮州	Chaozhou				
揭阳	Jieyang				
云浮	Yunfu	3.34	0.26	1.12	106
广西	**Guangxi**	**40.43**	**54.25**	**38.50**	
南宁	Nanning	3.04	24.45	13.62	9
柳州	Liuzhou	5.09	3.60	1.34	96
桂林	Guilin				
梧州	Wuzhou				
北海	Beihai	1.89	3.81	3.38	53
防城港	Fangchenggang				
钦州	Qinzhou	0.22	7.19		
贵港	Guigang	7.29	1.00	0.86	116
玉林	Yulin	2.06	2.27	2.36	72
百色	Baise		1.39		

8-13 城本年征用耕地面积（辖区） 续表 3
Area of Arable Land Requisition This Year (Districts under City) continued 3

单位：平方公里 (sq. km)

地名	City	2010	2011	2012	2012 排名 Ranking
贺州	Hezhou	6.09	3.20	3.08	61
河池	Hechi			0.58	127
来宾	Laibin	9.58	2.00	2.00	80
崇左	Chongzuo	3.17	3.23	3.23	59
海南	**Hainan**		**0.53**	**1.23**	
海口	Haikou				
三亚	Sanya				
重庆	**Chongqing**	**14.23**	**25.77**	**35.48**	
四川	**Sichuan**	**45.58**	**32.56**	**34.96**	
成都	Chengdu	11.40	0.30	1.05	111
自贡	Zigong	5.15	3.16	4.72	37
攀枝花	Panzhihua	0.70	0.62	0.71	124
泸州	Luzhou	8.20	8.50	1.20	102
德阳	Deyang	2.17	1.30	2.01	78
绵阳	Mianyang				
广元	Guangyuan			0.06	161
遂宁	Suining				
内江	Neijiang	2.51	2.88	3.28	57
乐山	Leshan				
南充	Nanchong	1.00	2.00	4.40	39
眉山	Meishan	1.14	0.69	2.46	69
宜宾	Yibin	0.95	1.75	2.98	63
广安	Guangan				
达州	Dazhou			2.63	67
雅安	Yaan			0.80	117
巴中	Bazhong				
资阳	Ziyang	4.14	4.47	1.08	108
贵州	**Guizhou**	**0.28**	**0.60**	**7.11**	
贵阳	Guiyang				
六盘水	Liupanshui				
遵义	Zunyi				
安顺	Anshun	0.20	0.10		
毕节	Bijie			0.94	113
铜仁	Tongren				
云南	**Yunnan**	**43.95**	**25.85**	**22.32**	3
昆明	Kunming	20.13	9.45	7.28	20
曲靖	Qujing				
玉溪	Yuxi				
保山	Baoshan	0.35	0.36	0.54	130
昭通	Zhaotong	2.50		1.33	97
丽江	Lijiang				
普洱	Puer				
临沧	Lincang	0.80	0.80	0.74	121
西藏	**Tibet**	**0.71**	**0.71**		
拉萨	Lhasa	0.71	0.71		
陕西	**Shaanxi**	**30.59**	**20.92**	**17.48**	
西安	Xi'an	28.15	20.40	17.20	6
铜川	Tongchuan				
宝鸡	Baoji				
咸阳	Xianyang				
渭南	Weinan	1.73	0.21	0.28	144
延安	Yan'an				
汉中	Hanzhong				
榆林	Yulin				
安康	Ankang				
商洛	Shangluo				
甘肃	**Gansu**	**12.62**	**18.54**	**28.09**	
兰州	Lanzhou	6.50	6.52	17.18	7
嘉峪关	Jiayuguan				
金昌	Jinchang	0.57	0.15	0.04	163
白银	Baiyin	0.81	0.06	0.08	160
天水	Tianshui			1.37	95
武威	Wuwei	1.00	4.20	1.50	94
张掖	Zhangye	0.13	1.88	2.01	78
平凉	Pingliang		0.43	0.21	150
酒泉	Jiuquan				
庆阳	Qingyang	0.11	0.11	0.11	158
定西	Dingxi	0.20	0.57	0.23	147
陇南	Longnan				
青海	**Qinghai**		**0.69**	**0.27**	
西宁	Xining				
宁夏	**Ningxia**	**6.70**	**9.70**	**8.78**	
银川	Yinchuan				
石嘴山	Shizuishan				
吴忠	Wuzhong	2.60	6.02	4.26	43
固原	Guyuan	0.70	0.71	0.88	114
中卫	Zhongwei	0.91	2.67	3.32	56
新疆	**Xinjiang**	**5.80**	**6.02**	**14.64**	
乌鲁木齐	Urumqi	3.83	1.48	3.62	51
克拉玛依	Karamay				

8-14 城市维护建设资金收入（辖区）

Revenue of Urban Maintenance and Construction Fund (Districts under City)

单位：万元 (10 000 yuan)

地名	City	2010	2011	2012	2012 排名 Ranking
全国	**Nation Total**	**85704996**	**117817189**	**119233467**	
北京	**Beijing**	**5886970**	**19558588**	**18436572**	
天津	**Tianjin**	**1516602**	**1197632**	**1687948**	
河北	**Hebei**	**3115491**	**4430893**	**3575184**	
石家庄	Shijiazhuang	410377	642665	623340	31
唐山	Tangshan	617009	636038	252988	70
秦皇岛	Qinhuangdao	346299	449300	376538	46
邯郸	Handan	419186	947484	419941	44
邢台	Xingtai	55600	76650	40964	214
保定	Baoding	296291	211639	330261	55
张家口	Zhangjiakou	96036	102933	97472	147
承德	Chengde	46963	59084	46000	208
沧州	Cangzhou	95169	83836	96308	148
廊坊	Langfang	107104	66346	69974	173
衡水	Hengshui	23645	70385	46014	207
山西	**Shanxi**	**1890382**	**2483606**	**1921217**	
太原	Taiyuan	690751	1132482	766172	25
大同	Datong	589139	563135	77109	167
阳泉	Yangquan	86952	51120	78641	164
长治	Changzhi	71849	93723	112686	129
晋城	Jincheng	204	3268	4539	284
朔州	Shuozhou	118346	130218	220611	80
晋中	Jinzhong	84160	199787	315240	58
运城	Yuncheng	33245	26980	28662	245
忻州	Xinzhou	19764	20271	20575	259
临汾	Linfen	72372	71018	120136	123
吕梁	Luliang	14028	13291	23625	253
内蒙古	**Inner Mongolia**	**2016567**	**2350346**	**1726507**	
呼和浩特	Hohhot	143959	185271	218142	82
包头	Baotou	194937	640161	209322	86
乌海	Wuhai	72670	164060	120641	122
赤峰	Chifeng	173710	41811	34993	232
通辽	Tongliao	87642	84181	268822	65
鄂尔多斯	Erdos	880253	716679	230843	77
呼伦贝尔	Hulunbuir	34567	30765	114246	127
巴彦淖尔	Bayannur	1450	3276	5718	282
乌兰察布	Ulanqab	33975	6020	13647	269
辽宁	**Liaoning**	**4617395**	**4944885**	**6376488**	
沈阳	Shenyang	692324	988356	1666059	8
大连	Dalian	477648	884618	812439	21
鞍山	Anshan	1955871	1442162	1108974	14
抚顺	Fushun	123387	225725	338181	54
本溪	Benxi	99424	86864	156300	105
丹东	Dandong	103943	61388	69262	174
锦州	Jinzhou	72452	86471	90008	152
营口	Yingkou	99609	80762	99720	144
阜新	Fuxin	42632	71378	98348	146
辽阳	Liaoyang	219210	242549	421822	43
盘锦	Panjin	109439	73940	110189	132
铁岭	Tieling	13522	20734	30970	241
朝阳	Chaoyang	40227	55680	51920	200
葫芦岛	Huludao	33656	58657	29762	242
吉林	**Jilin**	**883223**	**1323688**	**1369846**	
长春	Changchun	463853	842313	761351	26
吉林	Jilin	58000	60000	65000	179
四平	Siping	8913	4285	4447	285
辽源	Liaoyuan	26909	60368	35684	231
通化	Tonghua	21689	39392	31295	239
白山	Baishan	37594	28353	43330	211
松原	Songyuan	8935	18245	25317	251
白城	Baicheng	18307	33297	39022	220
黑龙江	**Heilongjiang**	**1186674**	**1787879**	**2126914**	
哈尔滨	Harbin	345790	506000	583346	34
齐齐哈尔	Qiqihar	103597	97523	76305	169
鸡西	Jixi	16570	32950	59279	186
鹤岗	Hegang	24609	21796	21588	256
双鸭山	Shuangyashan	30149	19835	35798	230
大庆	Daqing	223668	653912	638875	30
伊春	Yichun	62307	65952	86884	156
佳木斯	Jiamusi	91623	28225	32545	236
七台河	Qitaihe	13444	57470	70099	172
牡丹江	Mudanjiang	28419	40718	147826	107
黑河	Heihe	15945	8735	15020	266
绥化	Suihua	14496	13503	25750	249
上海	**Shanghai**	**1960933**	**2200745**	**2372764**	
江苏	**Jiangsu**	**8008899**	**9174850**	**10292341**	

8-14 城市维护建设资金收入（辖区） 续表 1
Revenue of Urban Maintenance and Construction Fund (Districts under City) continued 1

单位：万元 (10 000 yuan)

地名	City	2010	2011	2012	2012 排名 Ranking
南京	Nanjing	1737698	2043181	2081571	7
无锡	Wuxi	535568	506437	488054	39
徐州	Xuzhou	169651	129021	296441	63
常州	Changzhou	297868	310752	328105	56
苏州	Suzhou	1365198	1213442	1523086	11
南通	Nantong	363404	858421	1013900	15
连云港	Lianyungang	207428	134118	147185	108
淮安	Huaian	212091	282003	347910	53
盐城	Yancheng	82886	89851	107211	135
扬州	Yangzhou	201999	335839	109672	134
镇江	Zhenjiang	646642	410418	798829	22
泰州	Taizhou	117332	141556	112210	130
宿迁	Suqian	42294	129412	149618	106
浙江	**Zhejiang**	**6108113**	**6878872**	**5352956**	
杭州	Hangzhou	2237771	2281985	1427371	12
宁波	Ningbo	815389	916788	752498	27
温州	Wenzhou	94515	97225	452305	42
嘉兴	Jiaxing	261755	85182	79397	163
湖州	Huzhou	274925	357872	175671	99
绍兴	Shaoxing	180767	196232	176062	98
金华	Jinhua	67290	67194	67973	176
衢州	Quzhou	98802	110948	115650	126
舟山	Zhoushan	146504	188402	182797	95
台州	Taizhou	126916	220112	130604	118
丽水	Lishui	58456	114680	99948	142
安徽	**Anhui**	**2902962**	**6431006**	**3908590**	
合肥	Hefei	597267	3477723	830742	20
芜湖	Wuhu	616024	739995	771464	24
蚌埠	Bengbu	331579	363190	372193	48
淮南	Huainan	224036	222677	220080	81
马鞍山	Maanshan	228717	274804	143875	110
淮北	Huaibei	81340	92945	88160	154
铜陵	Tongling	29178	27794	29611	243
安庆	Anqing	79137	96545	100530	141
黄山	Huangshan	68456	104496	77133	165
滁州	Chuzhou	138826	248627	315026	59
阜阳	Fuyang	56548	84641	23613	254
宿州	Suzhou	12722	33934	68544	175
六安	Liuan	54679	55814	89534	153
亳州	Bozhou	51395	99148	109942	133

地名	City	2010	2011	2012	2012 排名 Ranking
池州	Chizhou	65881	47052	102190	140
宣城	Xuancheng	103185	202218	232000	76
福建	**Fujian**	**4656971**	**6148392**	**5579730**	
福州	Fuzhou	2747179	3438676	978086	17
厦门	Xiamen	546055	803102	2167829	5
莆田	Putian	53450	60902	37974	223
三明	Sanming	8923	15964	7202	280
泉州	Quanzhou	345200	562600	713000	28
漳州	Zhangzhou	36867	48931	51074	201
南平	Nanping	28167	39561	45369	209
龙岩	Longyan	115652	115781	138218	113
宁德	Ningde	174527	111433	177738	96
江西	**Jiangxi**	**2422959**	**2777679**	**3594547**	
南昌	Nanchang	125773	323774	318475	57
景德镇	Jingdezhen	13687	55723	56147	191
萍乡	Pingxiang	51200	53090	111301	131
九江	Jiujiang	665900	82276	199508	89
新余	Xinyu	118293	262373	305127	62
鹰潭	Yingtan	113836	216530	129948	119
赣州	Ganzhou	174601	57229	76830	168
吉安	Jian	167206	186313	195295	90
宜春	Yichun	174159	257477	274125	64
抚州	Fuzhou	123561	242283	415824	45
上饶	Shangrao	142829	347252	559244	35
山东	**Shandong**	**10377521**	**11121239**	**10257592**	
济南	Jinan	951069	900366	996423	16
青岛	Qingdao	4752449	4449154	3537032	1
淄博	Zibo	145597	206110	192432	91
枣庄	Zaozhuang	162441	192889	261043	68
东营	Dongying	231469	160478	473681	41
烟台	Yantai	429225	697698	537377	36
潍坊	Weifang	162854	151009	242055	74
济宁	Jining	142668	124775	236927	75
泰安	Taian	244194	301518	230318	78
威海	Weihai	128946	133845	136753	115
日照	Rizhao	168122	136831	113703	128
莱芜	Laiwu	53012	53067	53074	198
临沂	Linyi	252508	231699	350361	52
德州	Dezhou	97815	153620	159612	104
聊城	Liaocheng	64766	63753	60304	184

8-14 城市维护建设资金收入（辖区） 续表 2

Revenue of Urban Maintenance and Construction Fund (Districts under City) continued 2

单位：万元 (10 000 yuan)

地名	City	2010	2011	2012	2012 排名 Ranking
滨州	Binzhou	78755	141082	83062	158
菏泽	Heze	69140	152251	80514	162
河南	**Henan**	**2381809**	**2259935**	**3059135**	
郑州	Zhengzhou	1205952	845603	1189035	13
开封	Kaifeng	117063	144669	140735	111
洛阳	Luoyang	38016	39614	39955	216
平顶山	Pingdingshan	130426	135598	137574	114
安阳	Anyang	38155	41292	46436	206
鹤壁	Hebi	24182	26666	40607	215
新乡	Xinxiang	35676	62150	67357	177
焦作	Jiaozuo	130885	163126	252610	71
濮阳	Puyang	60780	70930	50964	202
许昌	Xuchang	56796	62536	90368	150
漯河	Luohe	58325	19093	16236	264
三门峡	Sanmenxia	22389	35896	38875	221
南阳	Nanyang	52098	98954	164471	102
商丘	Shangqiu	22626	24249	36956	227
信阳	Xinyang	23912	28108	25689	250
周口	Zhoukou	49778	38478	39726	217
驻马店	Zhumadian	18700	15300	16696	263
湖北	**Hubei**	**1561968**	**2136609**	**2458489**	
武汉	Wuhan	406770	438600	475834	40
黄石	Huangshi	62525	29651	58745	187
十堰	Shiyan	175056	135020	42263	212
宜昌	Yichang	145952	479047	516294	38
襄阳	Xiangfan	192652	365589	527059	37
鄂州	Ezhou	97828	80469	90648	149
荆门	Jingmen	16944	15996	21453	257
孝感	Xiaogan	15700	31330	31260	240
荆州	Jingzhou	33135	47100	62034	181
黄冈	Huanggang	16480	18380	21130	258
咸宁	Xianning	90859	10952	9717	276
随州	Suizhou	12300	48903	12300	273
湖南	**Hunan**	**2004494**	**2273434**	**2890702**	
长沙	Changsha	602633	545606	617456	32
株洲	Zhuzhou	279587	155883	260168	69
湘潭	Xiangtan	34150	60065	80921	160
衡阳	Hengyang	20658	58797	59300	185
邵阳	Shaoyang	55792	68659	80877	161
岳阳	Yueyang	146356	144271	162988	103
常德	Changde	195847	151100	186000	93
张家界	Zhangjiajie	5037	5637	5753	281
益阳	Yiyang	85132	203426	191903	92
郴州	Chenzhou	72418	200335	215746	83
永州	Yongzhou	118929	152182	185787	94
怀化	Huaihua	17881	15426	18602	262
娄底	Loudi	62196	63389	263976	66
广东	**Guangdong**	**9315084**	**8860239**	**10648858**	
广州	Guangzhou	2511190	3110289	2191312	3
韶关	Shaoguan	89614	158950	202667	88
深圳	Shenzhen	132886	187955	208222	87
珠海	Zhuhai	1867958	830313	943940	18
汕头	Shantou	33895	53603	60519	183
佛山	Foshan	1609100	989705	892568	19
江门	Jiangmen	307168	315856	306085	61
湛江	Zhanjiang	296750	178715	227724	79
茂名	Maoming	50082	63957	53152	197
肇庆	Zhaoqing	267468	385711	353194	51
惠州	Huizhou	226235	435482	609071	33
梅州	Meizhou	79121	247147	122453	121
汕尾	Shanwei	12680	16600	24425	252
河源	Heyuan	22393	50914	116891	124
阳江	Yangjiang	33027	40542	38283	222
清远	Qingyuan	125436	7689	138356	112
东莞	Dongguan	585254	746612	2488824	2
中山	ZhongShan	113168	115831	357409	50
潮州	Chaozhou	28604	44071	81161	159
揭阳	Jieyang	20733	21572	16065	265
云浮	Yunfu	42947	55366	250704	72
广西	**Guangxi**	**2722649**	**3208078**	**3252268**	
南宁	Nanning	1447620	1636538	1524615	10
柳州	Liuzhou	529239	653060	781054	23
桂林	Guilin	98538	134424	177347	97
梧州	Wuzhou	64514	74375	66136	178
北海	Beihai	30724	53683	116348	125
防城港	Fangchenggang	100928	126325	61440	182
钦州	Qinzhou	71664	27563	25873	248
贵港	Guigang	21452	36076	43829	210
玉林	Yulin	141541	75200	70890	171
百色	Baise	21082	26717	31395	238

8-14 城市维护建设资金收入（辖区） 续表 3
Revenue of Urban Maintenance and Construction Fund (Districts under City) continued 3

单位：万元 (10 000 yuan)

地名	City	2010	2011	2012	2012 排名 Ranking
贺州	Hezhou	6091	22525	27073	246
河池	Hechi	37573	57420	32081	237
来宾	Laibin	25666	123565	128638	120
崇左	Chongzuo	35278	31868	37531	224
海南	**Hainan**	**245421**	**732844**	**665467**	
海口	Haikou	60079	54025	104762	137
三亚	Sanya	47850	54062	58559	188
重庆	**Chongqing**	**1950298**	**2949661**	**3623844**	
四川	**Sichuan**	**1929600**	**2548967**	**3596997**	
成都	Chengdu	680325	1004853	1632416	9
自贡	Zigong	29839	27757	42001	213
攀枝花	Panzhihua	35138	54495	85658	157
泸州	Luzhou	45043	76188	136632	116
德阳	Deyang	44274	133360	90287	151
绵阳	Mianyang	116535	64992	104202	138
广元	Guangyuan	107311	78046	77121	166
遂宁	Suining	35286	84169	50634	203
内江	Neijiang	13572	34840	57571	189
乐山	Leshan	77158	67969	52338	199
南充	Nanchong	98170	141760	170350	100
眉山	Meishan	12312	20035	76086	170
宜宾	Yibin	163208	323532	374547	47
广安	Guangan	47070	23108	10041	275
达州	Dazhou	20521	13110	18725	261
雅安	Yaan	2780	76260	54135	194
巴中	Bazhong	53212	76555	213456	85
资阳	Ziyang	9743	16322	36159	228
贵州	**Guizhou**	**389972**	**890410**	**406502**	
贵阳	Guiyang	259749	405403	133750	117
六盘水	Liupanshui	1837	3000	54065	195
遵义	Zunyi	20583	45217	34671	233
安顺	Anshun	18636	24725	14803	268
毕节	Bijie	590	26350	32681	235
铜仁	Tongren	2451	6656	7283	279
云南	**Yunnan**	**1923960**	**4380133**	**3169577**	
昆明	Kunming	961108	3260410	2091018	6
曲靖	Qujing	76702	105154	39172	219
玉溪	Yuxi	36443	30473	37429	225
保山	Baoshan	12103	12540	11566	274
昭通	Zhaotong	25278	110337	5427	283
丽江	Lijiang	31757	31596	33732	234
普洱	Puer	50812	43949	55540	192
临沧	Lincang	9430	10106	12489	272
西藏	**Tibet**	**13138**	**7947**	**8324**	
拉萨	Lhasa	9345	6138	8264	278
陕西	**Shaanxi**	**2060164**	**2352543**	**3441368**	
西安	Xi'an	1397733	1539519	2170117	4
铜川	Tongchuan	18776	27049	13349	270
宝鸡	Baoji	188268	210719	308260	60
咸阳	Xianyang	44130	60865	103336	139
渭南	Weinan	36219	56030	87642	155
延安	Yan'an	58088	30755	64613	180
汉中	Hanzhong	13262	18226	29333	244
榆林	Yulin	63352	87582	244000	73
安康	Ankang	167400	191328	261294	67
商洛	Shangluo	35158	51198	57079	190
甘肃	**Gansu**	**421293**	**460691**	**765360**	
兰州	Lanzhou	120222	150618	369607	49
嘉峪关	Jiayuguan	25594	35175	47796	205
金昌	Jinchang	24602	29169	19373	260
白银	Baiyin	17572	19651	22392	255
天水	Tianshui	8432	16624	37315	226
武威	Wuwei	26051	34078	55357	193
张掖	Zhangye	9350	9367	9575	277
平凉	Pingliang	18511	27806	14806	267
酒泉	Jiuquan	16701	9432	13233	271
庆阳	Qingyang	95424	40415	48392	204
定西	Dingxi	5123	9823	26915	247
陇南	Longnan	18066	20292	53959	196
青海	**Qinghai**	**154783**	**224485**	**244529**	
西宁	Xining	120571	197762	215088	84
宁夏	**Ningxia**	**385876**	**441881**	**676989**	
银川	Yinchuan	111326	83416	146256	109
石嘴山	Shizuishan	71609	97111	105913	136
吴忠	Wuzhong	18896	21163	39713	218
固原	Guyuan	25747	24131	99382	145
中卫	Zhongwei	37044	82634	99747	143
新疆	**Xinjiang**	**692825**	**1279032**	**1745862**	
乌鲁木齐	Urumqi	165227	633347	707983	29
克拉玛依	Karamay	67373	107294	164785	101

8-15 城市维护建设资金支出（辖区）
Expenditure of Urban Maintenance and Construction Fund (Districts under City)

单位：万元 (10 000 yuan)

地名	City	2010	2011	2012	2012 排名 Ranking
全国	**Nation Total**	**75080799**	**87390666**	**101981275**	
北京	**Beijing**	**6215691**	**7000475**	**8106944**	
天津	**Tianjin**	**1592922**	**1255605**	**1688364**	
河北	**Hebei**	**3043449**	**3495576**	**3208252**	
石家庄	Shijiazhuang	410507	642665	623340	27
唐山	Tangshan	616009	635038	252988	63
秦皇岛	Qinhuangdao	341328	462636	354408	47
邯郸	Handan	350869	457890	382341	42
邢台	Xingtai	55600	76650	40964	219
保定	Baoding	306844	211639	330261	51
张家口	Zhangjiakou	94369	100395	98016	147
承德	Chengde	46963	58584	56143	197
沧州	Cangzhou	95169	83836	96308	149
廊坊	Langfang	107104	66346	69974	173
衡水	Hengshui	27169	17978	75212	169
山西	**Shanxi**	**2080377**	**2645544**	**2573185**	
太原	Taiyuan	690751	1132482	797154	19
大同	Datong	739492	718778	557433	34
阳泉	Yangquan	92162	52120	78641	162
长治	Changzhi	74075	93723	112686	130
晋城	Jincheng	204	3268	4539	282
朔州	Shuozhou	118346	130218	220611	74
晋中	Jinzhong	87913	198451	233482	71
运城	Yuncheng	33245	26980	28242	245
忻州	Xinzhou	19764	19764	184225	88
临汾	Linfen	74137	77516	120136	125
吕梁	Luliang	13183	6757	19324	262
内蒙古	**Inner Mongolia**	**1755347**	**1029962**	**1632103**	
呼和浩特	Hohhot	141777	159894	249466	64
包头	Baotou	126522	94811	56337	196
乌海	Wuhai	107846	118661	130526	115
赤峰	Chifeng	100954	41765	33773	235
通辽	Tongliao	72234	84091	268822	61
鄂尔多斯	Erdos	825256	101552	183501	89
呼伦贝尔	Hulunbuir	39578	30765	127186	119
巴彦淖尔	Bayannur	1450	3276	2954	283
乌兰察布	Ulanqab	22940	24000	76646	166
辽宁	**Liaoning**	**2429628**	**2963211**	**4229221**	
沈阳	Shenyang	639209	847615	1666069	8
大连	Dalian	474880	798451	752047	22
鞍山	Anshan	248074	45207	83610	156
抚顺	Fushun	122116	212763	150912	104
本溪	Benxi	102113	100385	191705	85
丹东	Dandong	104028	61388	69262	177
锦州	Jinzhou	78738	86471	121558	123
营口	Yingkou	99609	73566	99720	145
阜新	Fuxin	32162	58117	120538	124
辽阳	Liaoyang	47757	76340	153276	102
盘锦	Panjin	109731	81553	93886	150
铁岭	Tieling	13522	20734	18262	265
朝阳	Chaoyang	40227	55680	52793	203
葫芦岛	Huludao	33656	64897	22068	257
吉林	**Jilin**	**953627**	**1479425**	**1608405**	
长春	Changchun	467275	884013	787826	20
吉林	Jilin	58000	62930	65000	181
四平	Siping	7664	130065	130080	116
辽源	Liaoyuan	37200	37662	64908	182
通化	Tonghua	21689	39392	31295	239
白山	Baishan	43429	30589	45983	213
松原	Songyuan	60940	17400	55300	198
白城	Baicheng	18307	33297	48972	208
黑龙江	**Heilongjiang**	**1185874**	**1695744**	**2163245**	
哈尔滨	Harbin	345790	506000	583346	30
齐齐哈尔	Qiqihar	103597	97523	76305	167
鸡西	Jixi	16570	32950	57395	193
鹤岗	Hegang	24613	21371	20371	259
双鸭山	Shuangyashan	30073	19824	35798	232
大庆	Daqing	223668	552490	604279	29
伊春	Yichun	62307	65952	86884	153
佳木斯	Jiamusi	91623	40088	32545	237
七台河	Qitaihe	13060	57470	69391	176
牡丹江	Mudanjiang	28419	40718	215898	77
黑河	Heihe	15945	8735	16182	268
绥化	Suihua	14496	13210	25750	252
上海	**Shanghai**	**3503084**	**2975905**	**2382074**	
江苏	**Jiangsu**	**7679303**	**8888035**	**9500522**	

8-15 城市维护建设资金支出（辖区） 续表 1
Expenditure of Urban Maintenance and Construction Fund (Districts under City) continued 1

单位：万元 (10 000 yuan)

地名	City	2010	2011	2012	2012 排名 Ranking
南京	Nanjing	1638585	2183437	2006768	6
无锡	Wuxi	535568	506437	488054	38
徐州	Xuzhou	169652	129021	296441	58
常州	Changzhou	297318	310752	306682	56
苏州	Suzhou	1393528	1222093	1341915	11
南通	Nantong	722095	982625	1167331	14
连云港	Lianyungang	198090	134599	145062	106
淮安	Huaian	225725	375983	347910	48
盐城	Yancheng	80839	89796	107211	136
扬州	Yangzhou	209471	343732	471680	39
镇江	Zhenjiang	166605	78408	193886	83
泰州	Taizhou	107422	135356	107780	135
宿迁	Suqian	42118	99656	139038	109
浙江	**Zhejiang**	**5732752**	**5568814**	**4855338**	
杭州	Hangzhou	2049529	1460119	1255491	12
宁波	Ningbo	811028	906253	747272	23
温州	Wenzhou	71415	72900	170072	94
嘉兴	Jiaxing	172941	59909	48724	209
湖州	Huzhou	275789	309839	243117	68
绍兴	Shaoxing	180842	191263	179086	91
金华	Jinhua	71675	66616	67967	179
衢州	Quzhou	98867	101572	103724	140
舟山	Zhoushan	142461	189307	177845	92
台州	Taizhou	110799	196910	110087	133
丽水	Lishui	55404	111911	99863	143
安徽	**Anhui**	**2677535**	**4185140**	**4337081**	
合肥	Hefei	563516	1252837	816273	18
芜湖	Wuhu	613238	702745	732141	24
蚌埠	Bengbu	107472	253780	340883	49
淮南	Huainan	223663	221073	220143	75
马鞍山	Maanshan	221841	274337	243565	67
淮北	Huaibei	81746	143852	309961	53
铜陵	Tongling	26219	35459	160623	98
安庆	Anqing	79190	96300	100500	142
黄山	Huangshan	69477	104039	77037	164
滁州	Chuzhou	133575	246823	309476	55
阜阳	Fuyang	54310	84041	23353	256
宿州	Suzhou	12090	33934	68394	178
六安	Liuan	54679	55814	85844	154
亳州	Bozhou	51395	99148	109742	134
池州	Chizhou	65533	47051	102311	141
宣城	Xuancheng	101515	197620	230754	72
福建	**Fujian**	**3355289**	**3661158**	**6734107**	
福州	Fuzhou	1486942	1248337	1106106	15
厦门	Xiamen	546055	803102	3715870	1
莆田	Putian	53450	58827	35850	231
三明	Sanming	8923	15946	7202	277
泉州	Quanzhou	419500	543000	699000	26
漳州	Zhangzhou	26733	38931	50464	207
南平	Nanping	28167	34380	45369	214
龙岩	Longyan	115652	115781	138218	110
宁德	Ningde	76055	81633	77534	163
江西	**Jiangxi**	**2405355**	**2330558**	**3605071**	
南昌	Nanchang	120692	158945	754796	21
景德镇	Jingdezhen	135731	61914	62559	185
萍乡	Pingxiang	51200	53090	111275	132
九江	Jiujiang	597745	78436	205093	80
新余	Xinyu	118293	262373	301860	57
鹰潭	Yingtan	80749	170806	129056	117
赣州	Ganzhou	174601	57350	74914	170
吉安	Jian	187130	200975	193987	82
宜春	Yichun	174147	210554	278728	59
抚州	Fuzhou	195127	195131	336077	50
上饶	Shangrao	142829	347252	552138	35
山东	**Shandong**	**5474926**	**6008406**	**7847438**	
济南	Jinan	997725	901801	996394	16
青岛	Qingdao	1051964	1240117	1439813	10
淄博	Zibo	121389	169282	175136	93
枣庄	Zaozhuang	161258	189863	244730	65
东营	Dongying	92815	133957	468584	40
烟台	Yantai	372635	635708	536774	36
潍坊	Weifang	168680	133901	236267	70
济宁	Jining	135119	124641	237121	69
泰安	Taian	245126	220000	220000	76
威海	Weihai	127986	133174	135937	112
日照	Rizhao	166630	86777	118740	127
莱芜	Laiwu	50008	51356	52014	205
临沂	Linyi	246046	232136	374401	43
德州	Dezhou	95430	19573	159612	99
聊城	Liaocheng	56990	49802	73521	172

8-15 城市维护建设资金支出（辖区） 续表 2

Expenditure of Urban Maintenance and Construction Fund (Districts under City) continued 2

单位：万元 (10 000 yuan)

地名	City	2010	2011	2012	2012 排名 Ranking	地名	City	2010	2011	2012	2012 排名 Ranking
滨州	Binzhou	78233	139836	81705	157	常德	Changde	20637	10581	186000	86
菏泽	Heze	69141	156320	80514	160	张家界	Zhangjiajie	5383	4762	4792	281
河南	**Henan**	**2078148**	**2042117**	**2752148**		益阳	Yiyang	91752	217647	193027	84
郑州	Zhengzhou	1205952	845603	1189035	13	郴州	Chenzhou	79575	200872	215456	78
开封	Kaifeng	75823	111293	139129	108	永州	Yongzhou	104373	152182	185787	87
洛阳	Luoyang	36694	32765	43541	215	怀化	Huaihua	17881	15426	18602	264
平顶山	Pingdingshan	46307	50775	34940	233	娄底	Loudi	47395	29853	134533	113
安阳	Anyang	37518	40480	46300	212	**广东**	**Guangdong**	**6977019**	**7036973**	**8777348**	
鹤壁	Hebi	23968	23263	36302	229	广州	Guangzhou	2450282	2826303	2053180	5
新乡	Xinxiang	46443	31735	69411	175	韶关	Shaoguan	24167	32453	26144	250
焦作	Jiaozuo	59236	82940	120112	126	深圳	Shenzhen	132886	187955	153170	103
濮阳	Puyang	10785	70930	50964	206	珠海	Zhuhai	1435388	820432	904447	17
许昌	Xuchang	36601	67423	125751	121	汕头	Shantou	87009	71520	272920	60
漯河	Luohe	45282	18653	13646	271	佛山	Foshan	183619	154495	561191	33
三门峡	Sanmenxia	22389	35896	38875	224	江门	Jiangmen	125286	140321	162980	97
南阳	Nanyang	48545	94976	153321	101	湛江	Zhanjiang	335080	168742	225383	73
商丘	Shangqiu	21669	48906	81409	158	茂名	Maoming	16928	21296	28551	244
信阳	Xinyang	23813	27047	24158	254	肇庆	Zhaoqing	348784	476770	372049	45
周口	Zhoukou	49778	38478	39726	220	惠州	Huizhou	228380	341979	563362	32
驻马店	Zhumadian	18675	15225	16633	267	梅州	Meizhou	64351	243392	132159	114
湖北	**Hubei**	**1307256**	**1682261**	**2038845**		汕尾	Shanwei	12680	16600	24425	253
武汉	Wuhan	320000	350000	358018	46	河源	Heyuan	22393	47700	116741	128
黄石	Huangshi	62525	29651	58745	190	阳江	Yangjiang	33027	40542	38193	225
十堰	Shiyan	142639	139776	182747	90	清远	Qingyuan	7779	7629	19170	263
宜昌	Yichang	145952	479047	516294	37	东莞	Dongguan	444827	597573	2378713	2
襄阳	Xiangfan	70552	74165	79778	161	中山	ZhongShan	133327	89976	140645	107
鄂州	Ezhou	97828	80469	90648	151	潮州	Chaozhou	23493	32901	32698	236
荆门	Jingmen	16944	15494	42008	216	揭阳	Jieyang	21741	21572	15923	269
孝感	Xiaogan	15700	22500	31260	240	云浮	Yunfu	11853	21579	11394	274
荆州	Jingzhou	33135	43269	62034	186	**广西**	**Guangxi**	**2694094**	**2927307**	**3048818**	
黄冈	Huanggang	16480	18380	21130	258	南宁	Nanning	1447620	1636538	1524615	9
咸宁	Xianning	90630	7383	8150	275	柳州	Liuzhou	529239	459792	577488	31
随州	Suizhou	12300	12339	12300	273	桂林	Guilin	98538	130657	167921	95
湖南	**Hunan**	**2028183**	**2361541**	**2862082**		梧州	Wuzhou	64619	63401	62852	184
长沙	Changsha	569487	545606	617456	28	北海	Beihai	30899	54496	112438	131
株洲	Zhuzhou	486537	394759	374320	44	防城港	Fangchenggang	97760	80236	56739	194
湘潭	Xiangtan	55648	59906	54761	199	钦州	Qinzhou	66810	30044	26171	249
衡阳	Hengyang	20000	58797	59605	187	贵港	Guigang	19107	29304	41943	218
邵阳	Shaoyang	55792	68659	80877	159	玉林	Yulin	140599	60771	69860	174
岳阳	Yueyang	146356	144271	162989	96	百色	Baise	20320	24429	29456	241

8-15 城市维护建设资金支出（辖区） 续表 3
Expenditure of Urban Maintenance and Construction Fund (Districts under City) continued 3

单位：万元 (10 000 yuan)

地名	City	2010	2011	2012	2012 排名 Ranking
贺州	Hezhou	6065	17587	27030	247
河池	Hechi	37571	57420	57760	191
来宾	Laibin	25593	123428	128602	118
崇左	Chongzuo	26899	31078	37113	228
海南	**Hainan**	**249151**	**449560**	**516373**	
海口	Haikou	74137	41988	104762	138
三亚	Sanya	33061	26365	26001	251
重庆	**Chongqing**	**1917066**	**3188955**	**3607139**	
四川	**Sichuan**	**1818786**	**2346087**	**3308919**	
成都	Chengdu	705868	1069757	1699901	7
自贡	Zigong	29839	27757	42001	217
攀枝花	Panzhihua	35352	53897	74063	171
泸州	Luzhou	44463	77675	136288	111
德阳	Deyang	44274	133360	90287	152
绵阳	Mianyang	115391	62853	103850	139
广元	Guangyuan	60415	77780	76893	165
遂宁	Suining	35275	78629	48359	211
内江	Neijiang	13559	34174	57534	192
乐山	Leshan	76323	65114	52391	204
南充	Nanchong	100500	145500	196620	81
眉山	Meishan	12312	24353	76086	168
宜宾	Yibin	103442	96015	53325	201
广安	Guangan	47070	23108	12443	272
达州	Dazhou	18630	13436	23639	255
雅安	Yaan	2780	76260	54135	200
巴中	Bazhong	10407	37243	154864	100
资阳	Ziyang	9015	18237	39631	222
贵州	**Guizhou**	**447265**	**794881**	**513260**	
贵阳	Guiyang	330640	401645	148328	105
六盘水	Liupanshui	2367	4686	2673	284
遵义	Zunyi	20123	38250	34671	234
安顺	Anshun	13055	5267	62962	183
毕节	Bijie	6110	26300	29023	242
铜仁	Tongren	2186	5491	6046	278
云南	**Yunnan**	**1685076**	**3992102**	**2884786**	
昆明	Kunming	939165	3212247	2059614	4
曲靖	Qujing	68734	47777	38901	223
玉溪	Yuxi	40792	31077	32184	238
保山	Baoshan	12870	13296	17700	266
昭通	Zhaotong	25278	103837	5427	280
丽江	Lijiang	31875	32056	37679	226
普洱	Puer	51182	43939	56550	195
临沧	Lincang	9710	11010	13670	270
西藏	**Tibet**	**11353**	**2549**	**7467**	
拉萨	Lhasa	7581		7307	276
陕西	**Shaanxi**	**2239864**	**2651629**	**3964042**	
西安	Xi'an	1396774	1538103	2157696	3
铜川	Tongchuan	56061	108745	126907	120
宝鸡	Baoji	188268	200891	320860	52
咸阳	Xianyang	162973	229450	412893	41
渭南	Weinan	32679	42779	84337	155
延安	Yan'an	57338	34302	67913	180
汉中	Hanzhong	32541	65540	96316	148
榆林	Yulin	52583	87570	244000	66
安康	Ankang	167400	191328	261294	62
商洛	Shangluo	35038	51198	59290	188
甘肃	**Gansu**	**442365**	**449296**	**703478**	
兰州	Lanzhou	118655	123523	309667	54
嘉峪关	Jiayuguan	26243	41158	58976	189
金昌	Jinchang	24602	29169	19373	261
白银	Baiyin	17572	19631	28556	243
天水	Tianshui	8471	16808	37457	227
武威	Wuwei	24728	4775	28241	246
张掖	Zhangye	10160	5862	5546	279
平凉	Pingliang	45257	33171	19869	260
酒泉	Jiuquan	16701	9432	130	285
庆阳	Qingyang	95424	46644	48680	210
定西	Dingxi	5042	9803	26915	248
陇南	Longnan	13814	19962	53223	202
青海	**Qinghai**	**154783**	**223412**	**241168**	
西宁	Xining	120571	197402	215188	79
宁夏	**Ningxia**	**305836**	**829604**	**552785**	
银川	Yinchuan	86109	546278	122327	122
石嘴山	Shizuishan	72893	79936	107133	137
吴忠	Wuzhong	18896	21163	39712	221
固原	Guyuan	24156	21994	99424	146
中卫	Zhongwei	37044	82634	99765	144
新疆	**Xinjiang**	**639395**	**1228834**	**1731267**	
乌鲁木齐	Urumqi	165227	633347	707983	25
克拉玛依	Karamay	60382	80165	115367	129

8-16 城市市政公用设施建设固定资产投资额（辖区）
Fixed Assets Investment in Urban Service Facilities (Districts under City)

单位：万元 (10 000 yuan)

地名	City	2010	2011	2012	2012 排名 Ranking	地名	City	2010	2011	2012	2012 排名 Ranking
全国	**Nation Total**	**143058687**	**139342378**	**152964082**		沈阳	Shenyang	3593773	4730102	4966546	2
北京	**Beijing**	**8541126**	**8340633**	**12162405**		大连	Dalian	1442714	958898	889350	32
天津	**Tianjin**	**6009490**	**6284304**	**6540958**		鞍山	Anshan	138845	169038	231997	109
河北	**Hebei**	**8526761**	**7247523**	**5202841**		抚顺	Fushun	279218	421840	444895	64
石家庄	Shijiazhuang	1494183	678617	1030696	27	本溪	Benxi	66682	114678	121902	159
唐山	Tangshan	2190198	2170487	421129	65	丹东	Dandong	86162	110591	354185	76
秦皇岛	Qinhuangdao	429991	729915	539988	51	锦州	Jinzhou	122839	124021	120228	161
邯郸	Handan	803804	483840	397692	72	营口	Yingkou	123291	121984	73068	194
邢台	Xingtai	663984	324146	261677	100	阜新	Fuxin	41812	75418	71717	196
保定	Baoding	294471	222370	166938	130	辽阳	Liaoyang	152085	230087	202908	119
张家口	Zhangjiakou	492258	401787	292382	90	盘锦	Panjin	104571	70747	59670	215
承德	Chengde	328661	388974	290930	91	铁岭	Tieling	17480	20129	24758	263
沧州	Cangzhou	150126	232408	95784	179	朝阳	Chaoyang	41954	33441	59699	214
廊坊	Langfang	336604	303730	87885	184	葫芦岛	Huludao	80069	100045	18417	270
衡水	Hengshui	245370	356931	134790	144	吉林	**Jilin**	**2152685**	**2355318**	**2728689**	
山西	**Shanxi**	**2258567**	**2987461**	**3356831**		长春	Changchun	1442023	1481110	1917746	11
太原	Taiyuan	780811	1216588	1209732	21	吉林	Jilin	228767	112637	76613	189
大同	Datong	672705	718778	520111	54	四平	Siping	19564	132847	36418	249
阳泉	Yangquan	97045	46224	103063	173	辽源	Liaoyuan	13412	33849	55958	221
长治	Changzhi	61265	132791	122982	156	通化	Tonghua	70540	66274	25955	260
晋城	Jincheng	2669	131889	130502	148	白山	Baishan	43504	28113	48583	231
朔州	Shuozhou	117849	118697	197818	120	松原	Songyuan	60470	26277	52900	226
晋中	Jinzhong	122303	119299	224482	112	白城	Baicheng	33085	161561	52949	225
运城	Yuncheng	25193	48544	63062	210	黑龙江	**Heilongjiang**	**3048439**	**3616794**	**3553700**	
忻州	Xinzhou	54500	56660	221728	113	哈尔滨	Harbin	2092434	2501208	2058076	8
临汾	Linfen	74137	72136	132816	146	齐齐哈尔	Qiqihar	73425	32938	53626	224
吕梁	Luliang	10767	80177	46386	235	鸡西	Jixi	25718	42399	71768	195
内蒙古	**Inner Mongolia**	**3663044**	**5656179**	**6079229**		鹤岗	Hegang	50240	54163	40920	244
呼和浩特	Hohhot	355810	886074	923993	30	双鸭山	Shuangyashan	29810	27764	46221	237
包头	Baotou	869045	967220	1072358	24	大庆	Daqing	214058	376453	312596	82
乌海	Wuhai	139354	160000	192441	121	伊春	Yichun	58727	65629	137161	143
赤峰	Chifeng	174630	103913	232792	108	佳木斯	Jiamusi	126985	68584	24759	262
通辽	Tongliao	94921	79818	265392	99	七台河	Qitaihe	22622	52582	79034	188
鄂尔多斯	Erdos	1062387	2093965	1404338	20	牡丹江	Mudanjiang	38832	72925	181378	124
呼伦贝尔	Hulunbuir	196242	179847	453903	63	黑河	Heihe	18556	17285	18992	269
巴彦淖尔	Bayannur	451700	219900	298947	86	绥化	Suihua	17096	21898	49986	230
乌兰察布	Ulanqab	79121	584627	726074	41	上海	**Shanghai**	**4769428**	**4390420**	**3393269**	
辽宁	**Liaoning**	**6746292**	**7730552**	**8262694**		江苏	**Jiangsu**	**13299989**	**12428699**	**13797311**	

8-16 城市市政公用设施建设固定资产投资额（辖区） 续表 1

Fixed Assets Investment in Urban Service Facilities (Districts under City) continued 1

单位：万元

(10 000 yuan)

地名	City	2010	2011	2012	2012 排名 Ranking
南京	Nanjing	2764279	3062884	3999657	3
无锡	Wuxi	2816435	1774840	884811	34
徐州	Xuzhou	308785	261595	497687	56
常州	Changzhou	1412021	701173	1441032	18
苏州	Suzhou	1145287	1057457	1088731	22
南通	Nantong	1100991	1816117	1831296	12
连云港	Lianyungang	244502	225917	407642	67
淮安	Huaian	305802	243806	298056	87
盐城	Yancheng	225176	188253	68295	201
扬州	Yangzhou	289141	408387	496005	57
镇江	Zhenjiang	747350	847204	886955	33
泰州	Taizhou	184213	226657	112819	168
宿迁	Suqian	65332	168554	220834	115
浙江	**Zhejiang**	**5339364**	**5452495**	**6533208**	
杭州	Hangzhou	1414876	1315025	1440705	19
宁波	Ningbo	1503364	1702886	1707729	14
温州	Wenzhou	135005	316458	1047127	26
嘉兴	Jiaxing	299618	136747	96330	178
湖州	Huzhou	307221	276091	151291	138
绍兴	Shaoxing	162757	101847	150968	139
金华	Jinhua	56815	46191	46637	234
衢州	Quzhou	47708	84808	56127	220
舟山	Zhoushan	81614	126021	116172	166
台州	Taizhou	132233	79773	122631	158
丽水	Lishui	136558	94346	156275	136
安徽	**Anhui**	**4756917**	**6203403**	**6339795**	
合肥	Hefei	844908	1024672	810014	35
芜湖	Wuhu	622873	768012	774015	37
蚌埠	Bengbu	395255	490213	752062	39
淮南	Huainan	517803	614999	607716	46
马鞍山	Maanshan	417855	593935	660621	44
淮北	Huaibei	225281	468276	314461	80
铜陵	Tongling	150424	148793	122768	157
安庆	Anqing	105324	122677	97582	177
黄山	Huangshan	83976	115788	91767	182
滁州	Chuzhou	304663	512418	310662	83
阜阳	Fuyang	121221	118446	102639	175
宿州	Suzhou	115007	213174	345052	77
六安	Liuan	68388	65293	74103	193
亳州	Bozhou	108304	112801	126909	153
池州	Chizhou	92215	266768	279142	95
宣城	Xuancheng	242763	253670	341375	78
福建	**Fujian**	**3850761**	**4640271**	**5108988**	
福州	Fuzhou	1679485	1237909	1070667	25
厦门	Xiamen	534554	768676	974679	29
莆田	Putian	454845	613659	580412	48
三明	Sanming	8440	14273	3685	283
泉州	Quanzhou	229420	944344	923264	31
漳州	Zhangzhou	197180	302087	483239	60
南平	Nanping	40289	12192	20631	266
龙岩	Longyan	91154	79034	148687	141
宁德	Ningde	76055	88598	81614	186
江西	**Jiangxi**	**4210145**	**5452089**	**7813525**	
南昌	Nanchang	283754	1316914	2761493	5
景德镇	Jingdezhen	127913	202593	166245	131
萍乡	Pingxiang	94715	94404	119458	162
九江	Jiujiang	1326866	1093654	1505127	16
新余	Xinyu	355090	423963	738605	40
鹰潭	Yingtan	55809	155889	95348	180
赣州	Ganzhou	685581	577628	226177	111
吉安	Jian	154704	83638	212193	118
宜春	Yichun	225759	217953	533326	53
抚州	Fuzhou	414079	331522	401515	71
上饶	Shangrao	148379	395122	488854	59
山东	**Shandong**	**7896810**	**7879961**	**9150818**	
济南	Jinan	787538	957759	1003467	28
青岛	Qingdao	2059597	1585574	1786825	13
淄博	Zibo	373884	328337	260734	102
枣庄	Zaozhuang	174226	220941	280485	93
东营	Dongying	109091	146770	579467	49
烟台	Yantai	485503	423462	493354	58
潍坊	Weifang	200740	313033	217594	117
济宁	Jining	274208	310148	300969	85
泰安	Taian	231505	245595	242278	104
威海	Weihai	218972	227513	237061	105
日照	Rizhao	360650	411612	411721	66
莱芜	Laiwu	151000	161362	180000	125
临沂	Linyi	400196	273543	404079	69
德州	Dezhou	323252	305073	540568	50
聊城	Liaocheng	103398	65088	121563	160

8-16 城市市政公用设施建设固定资产投资额（辖区） 续表 2
Fixed Assets Investment in Urban Service Facilities (Districts under City) continued 2

单位：万元 (10 000 yuan)

地名	City	2010	2011	2012	2012 排名 Ranking
滨州	Binzhou	115662	226962	149447	140
菏泽	Heze	94601	87970	64985	204
河南	**Henan**	**2242336**	**2371384**	**3046018**	
郑州	Zhengzhou	1062514	763934	1079420	23
开封	Kaifeng	104896	170715	129780	151
洛阳	Luoyang	75267	134311	161488	134
平顶山	Pingdingshan	59456	45067	56753	218
安阳	Anyang	76333	94375	46741	233
鹤壁	Hebi	38076	61073	28841	255
新乡	Xinxiang	40486	25147	54047	223
焦作	Jiaozuo	47162	82271	116863	164
濮阳	Puyang	3915	65520	64761	205
许昌	Xuchang	2462	17282	63282	209
漯河	Luohe	45242	23848	69215	200
三门峡	Sanmenxia	27297	50821	70950	198
南阳	Nanyang	139549	201072	366686	75
商丘	Shangqiu	25876	33787	114300	167
信阳	Xinyang	49511	26226	41804	241
周口	Zhoukou	61230	36587	41340	243
驻马店	Zhumadian	29934	156096	71405	197
湖北	**Hubei**	**6148789**	**7345885**	**8577231**	
武汉	Wuhan	4859000	5880867	6645218	1
黄石	Huangshi	214944	136329	175117	128
十堰	Shiyan	114814	182271	188924	122
宜昌	Yichang	125339	206672	294614	88
襄阳	Xiangfan	88129	55407	275510	97
鄂州	Ezhou	97828	80469	90648	183
荆门	Jingmen	100002	111991	98206	176
孝感	Xiaogan	38040	41640	130380	149
荆州	Jingzhou	42315	19777	60825	213
黄冈	Huanggang	34030	31482	29220	254
咸宁	Xianning	10650	2208	13276	274
随州	Suizhou	7048	63859	17000	272
湖南	**Hunan**	**5197309**	**5990712**	**6340166**	
长沙	Changsha	1717959	1529560	1679690	15
株洲	Zhuzhou	386570	780985	600712	47
湘潭	Xiangtan	367100	535285	670434	43
衡阳	Hengyang	676505	671242	508199	55
邵阳	Shaoyang	64948	72671	108199	169
岳阳	Yueyang	213481	320050	401769	70
常德	Changde	396418	373356	279554	94
张家界	Zhangjiajie	90157	63809	64109	206
益阳	Yiyang	73796	78306	57312	217
郴州	Chenzhou	337507	543744	712404	42
永州	Yongzhou	123713	173355	168956	129
怀化	Huaihua	151380	169451	313537	81
娄底	Loudi	149485	185231	293894	89
广东	**Guangdong**	**20425281**	**6877101**	**6586058**	
广州	Guangzhou	6463223	1659351	2022147	9
韶关	Shaoguan	10727	14849	8403	278
深圳	Shenzhen	2029095	1875946	1935336	10
珠海	Zhuhai	606730	563031	655154	45
汕头	Shantou	53537	24193	28813	256
佛山	Foshan	335628	559646	236487	106
江门	Jiangmen	91581	209686	221060	114
湛江	Zhanjiang	18122	19156	76022	192
茂名	Maoming	2429	6349	10472	276
肇庆	Zhaoqing	288021	296082	219078	116
惠州	Huizhou	194602	139229	131150	147
梅州	Meizhou	50829		17015	271
汕尾	Shanwei	11880	16200	19500	268
河源	Heyuan	212167	31708	177794	126
阳江	Yangjiang	28564	30651	25248	261
清远	Qingyuan	7507	16445	15675	273
东莞	Dongguan	9574959	855433	277016	96
中山	ZhongShan	102769	118719	47806	232
潮州	Chaozhou	9796	24355	7471	279
揭阳	Jieyang	42770	122123	102881	174
云浮	Yunfu	7423	13691	6312	280
广西	**Guangxi**	**4391407**	**3716741**	**3367433**	
南宁	Nanning	1522437	770573	757615	38
柳州	Liuzhou	798066	678957	468061	62
桂林	Guilin	400573	368806	406935	68
梧州	Wuzhou	68199	243490	63336	208
北海	Beihai	163878	139437	117711	163
防城港	Fangchenggang	316509	202936	141584	142
钦州	Qinzhou	219420	226705	270387	98
贵港	Guigang	78564	61680	69712	199
玉林	Yulin	270375	261981	228666	110
百色	Baise	140150	109106	39193	246

8-16 城市市政公用设施建设固定资产投资额（辖区） 续表 3
Fixed Assets Investment in Urban Service Facilities (Districts under City) continued 3

单位：万元 (10 000 yuan)

地名	City	2010	2011	2012	2012 排名 Ranking
贺州	Hezhou	14145	18484	56404	219
河池	Hechi	34227	54570	46275	236
来宾	Laibin	148769	315558	397053	73
崇左	Chongzuo	25932	29289	41680	242
海南	**Hainan**	**296222**	**654629**	**698192**	
海口	Haikou	72131	374921	474786	61
三亚	Sanya	65819	27526	24501	265
重庆	**Chongqing**	**5756056**	**6883214**	**4607586**	
四川	**Sichuan**	**3664555**	**3868048**	**6530341**	
成都	Chengdu	1852554	1976346	3934694	4
自贡	Zigong	245890	179236	287741	92
攀枝花	Panzhihua	38507	68741	67754	203
泸州	Luzhou	77770	116601	165798	132
德阳	Deyang	116550	87639	116237	165
绵阳	Mianyang	120165	97599	165386	133
广元	Guangyuan	51665	98767	104089	172
遂宁	Suining	45179	77004	124732	155
内江	Neijiang	44602	75948	107182	170
乐山	Leshan	32970	43981	34096	251
南充	Nanchong	96000	139000	188320	123
眉山	Meishan	12161	3410	82609	185
宜宾	Yibin	114771	146762	331708	79
广安	Guangan	43100	22181	24583	264
达州	Dazhou	19911	8556	31606	253
雅安	Yaan	15665	11077	52695	228
巴中	Bazhong	5535	21297	129805	150
资阳	Ziyang	199923	315816	176397	127
贵州	**Guizhou**	**911371**	**1812961**	**1385437**	
贵阳	Guiyang	821368	1112592	789180	36
六盘水	Liupanshui	1026	6516	4168	282
遵义	Zunyi	10878	41830	13000	275
安顺	Anshun	9850	36026	155403	137
毕节	Bijie	1889	9872		
铜仁	Tongren	8808	15173	67990	202
云南	**Yunnan**	**2908549**	**2558336**	**1278326**	
昆明	Kunming	1928961	1862983	538755	52
曲靖	Qujing	265198	110673	124953	154
玉溪	Yuxi	38647	34493	36260	250
保山	Baoshan	5890	13926	26647	258
昭通	Zhaotong	105486	103964	61280	212
丽江	Lijiang	22515	25834	6280	281
普洱	Puer	28172	15248	20000	267
临沧	Lincang	10077	16424	42063	240
西藏	**Tibet**	**28344**	**35843**	**45585**	
拉萨	Lhasa	28344	35843	39058	247
陕西	**Shaanxi**	**3457448**	**3145345**	**4032828**	
西安	Xi'an	2748881	2219372	2477694	6
铜川	Tongchuan	69386	127523	105877	171
宝鸡	Baoji	105826	79549	243379	103
咸阳	Xianyang	142536	134972	302667	84
渭南	Weinan	58732	78322	76179	191
延安	Yan'an	47520	29953	61971	211
汉中	Hanzhong	4860	63069	92187	181
榆林	Yulin	28145	79567	234994	107
安康	Ankang	165753	188548	261294	101
商洛	Shangluo	31988	49686	54786	222
甘肃	**Gansu**	**944242**	**939628**	**2013513**	
兰州	Lanzhou	602895	557021	1472719	17
嘉峪关	Jiayuguan	15679	37197	50255	229
金昌	Jinchang	29322	23679	8815	277
白银	Baiyin	54979	38758	36807	248
天水	Tianshui	25909	30629	80022	187
武威	Wuwei	39908	38584	43631	238
张掖	Zhangye	14722	16284	1848	284
平凉	Pingliang	43849	40746	57890	216
酒泉	Jiuquan	25579	10269	33618	252
庆阳	Qingyang	46085	45332	76209	190
定西	Dingxi	14090	29482	26418	259
陇南	Longnan	12069	20162	52823	227
青海	**Qinghai**	**265163**	**408534**	**416236**	
西宁	Xining	210203	370159	388893	74
宁夏	**Ningxia**	**356655**	**339276**	**334884**	
银川	Yinchuan	199242	140190	127955	152
石嘴山	Shizuishan	53474	75271	43368	239
吴忠	Wuzhong	38108	44056	40849	245
固原	Guyuan	18011	21289	63465	207
中卫	Zhongwei	8273	13094	28102	257
新疆	**Xinjiang**	**995143**	**1728639**	**3679987**	
乌鲁木齐	Urumqi	403842	928169	2269224	7
克拉玛依	Karamay	57041	105512	133830	145

8-17 城市市政供水设施建设投资额（辖区）
Fixed Assets Investment in Water Supply of Urban Service Facilities (Districts under City)

单位：万元 (10 000 yuan)

地名	City	2010	2011	2012	2012 排名 Ranking	地名	City	2010	2011	2012	2012 排名 Ranking
全国	**Nation Total**	**4268294**	**4318302**	**4103827**		沈阳	Shenyang	66541	33570	68811	9
北京	**Beijing**	**259746**	**258039**	**200013**		大连	Dalian	154460	17608	4411	121
天津	**Tianjin**	**83758**	**87060**	**40081**		鞍山	Anshan	25090	9798	58468	10
河北	**Hebei**	**82966**	**112252**	**88115**		抚顺	Fushun	6820	11060	16398	42
石家庄	Shijiazhuang	4900	1200	200	217	本溪	Benxi	1393	1076	5848	101
唐山	Tangshan	2596	878			丹东	Dandong	4622	814	6562	90
秦皇岛	Qinhuangdao	2073	1677	5878	100	锦州	Jinzhou	3780	18555	6935	86
邯郸	Handan	10286	4002	8190	78	营口	Yingkou	3131	16682	4407	122
邢台	Xingtai	1350	4162	7690	80	阜新	Fuxin	8604	3600	5900	98
保定	Baoding	1300	1500	2700	147	辽阳	Liaoyang	7866	13685	1220	191
张家口	Zhangjiakou	10091	6825	17936	36	盘锦	Panjin	377	4436	850	198
承德	Chengde	2880	35400	15660	43	铁岭	Tieling	2152	598	1738	173
沧州	Cangzhou	10721	7426	3360	133	朝阳	Chaoyang	600		1904	168
廊坊	Langfang		1530	379	210	葫芦岛	Huludao	11500	25300		
衡水	Hengshui	8328	2820	3206	138	吉林	**Jilin**	**53759**	**119045**	**100458**	
山西	**Shanxi**	**48653**	**129143**	**71964**		长春	Changchun	19472	85217	75284	6
太原	Taiyuan	16020	12500	17600	40	吉林	Jilin	4258	2426	1787	169
大同	Datong	20000	83130	30776	21	四平	Siping				
阳泉	Yangquan	1564	1200			辽源	Liaoyuan		971	2900	144
长治	Changzhi	1065	955	2650	149	通化	Tonghua	3000	2982	2103	163
晋城	Jincheng			524	203	白山	Baishan	2330	1900	220	215
朔州	Shuozhou	5000	18860	4489	119	松原	Songyuan	1050	2000	300	211
晋中	Jinzhong	244	76	7000	85	白城	Baicheng	730	1550	2505	153
运城	Yuncheng					黑龙江	**Heilongjiang**	**49260**	**62260**	**93367**	
忻州	Xinzhou		5800	5770	103	哈尔滨	Harbin	4800	11576		
临汾	Linfen	3263	4303	1285	188	齐齐哈尔	Qiqihar	583	490	2951	142
吕梁	Luliang		1140			鸡西	Jixi	13648	900	455	207
内蒙古	**Inner Mongolia**	**116720**	**264337**	**260040**		鹤岗	Hegang	534	247	277	212
呼和浩特	Hohhot	4557	10371	2588	150	双鸭山	Shuangyashan	1200	3447	3671	131
包头	Baotou	3518	200	14000	49	大庆	Daqing	8937	11978	43000	16
乌海	Wuhai	1448		8789	73	伊春	Yichun	7844	5549	5320	111
赤峰	Chifeng	46190	5100	11150	65	佳木斯	Jiamusi	3300	712		
通辽	Tongliao		2476	6410	92	七台河	Qitaihe		1505	1980	166
鄂尔多斯	Erdos	9275	144804	164373	1	牡丹江	Mudanjiang		6000		
呼伦贝尔	Hulunbuir	39326	40207	11696	58	黑河	Heihe	500	30	500	204
巴彦淖尔	Bayannur		31704	9200	71	绥化	Suihua		860		
乌兰察布	Ulanqab	800	17564	1640	178	上海	**Shanghai**	**397909**	**272189**	**254264**	
辽宁	**Liaoning**	**328914**	**183205**	**208020**		江苏	**Jiangsu**	**635100**	**654790**	**614522**	

8-17 城市市政供水设施建设投资额（辖区） 续表 1
Fixed Assets Investment in Water Supply of Urban Service Facilities (Districts under City) continued 1

单位：万元 (10 000 yuan)

地名	City	2010	2011	2012	2012 排名 Ranking	地名	City	2010	2011	2012	2012 排名 Ranking
南京	Nanjing	108884	89683	147927	2	池州	Chizhou	1484	9961	2980	141
无锡	Wuxi	53672	264721	74610	7	宣城	Xuancheng	5633	3940	8282	76
徐州	Xuzhou	310	8435	10161	68	福建	**Fujian**	**92791**	**186305**	**173531**	
常州	Changzhou	59969	12508	48919	12	福州	Fuzhou		14310	2503	154
苏州	Suzhou	34768	13957	23140	29	厦门	Xiamen	44634	82860	79666	5
南通	Nantong	34671	70688	99471	3	莆田	Putian	8247		2000	164
连云港	Lianyungang	5113	10438	17903	37	三明	Sanming	570	21	20	224
淮安	Huaian		1500	11600	60	泉州	Quanzhou	1982	11500	10008	70
盐城	Yancheng		2000			漳州	Zhangzhou	765	3847	3000	140
扬州	Yangzhou	16896	6298	17704	38	南平	Nanping	2086	2280	1771	171
镇江	Zhenjiang	18676	29131	11200	63	龙岩	Longyan	1292	2383	5375	110
泰州	Taizhou	1000	700	1050	194	宁德	Ningde	1300	2487	7377	84
宿迁	Suqian	8200	6650	1500	183	江西	**Jiangxi**	**95408**	**57620**	**77017**	
浙江	**Zhejiang**	**240451**	**225647**	**204532**		南昌	Nanchang	4882	4810	26818	25
杭州	Hangzhou	72403	32227	13525	50	景德镇	Jingdezhen	1046	316	28	223
宁波	Ningbo	22580	6987	17075	41	萍乡	Pingxiang	5920	4580	1965	167
温州	Wenzhou	481	1700	5396	109	九江	Jiujiang	12300	2526	1755	172
嘉兴	Jiaxing	19566	15143	11921	57	新余	Xinyu	1560	2800	6393	93
湖州	Huzhou	4177	870			鹰潭	Yingtan	2626	1755	1571	181
绍兴	Shaoxing	3322	2951	5465	108	赣州	Ganzhou		4380		
金华	Jinhua	494	1094	559	202	吉安	Jian	10026	489	9080	72
衢州	Quzhou	3071	7299	4531	117	宜春	Yichun	1218	536	803	201
舟山	Zhoushan	1446	2209	8255	77	抚州	Fuzhou	16857	2468	10978	66
台州	Taizhou	9965	7964	6827	87	上饶	Shangrao	10468	3573	820	200
丽水	Lishui	2500	7037	3149	139	山东	**Shandong**	**384331**	**376619**	**362110**	
安徽	**Anhui**	**93108**	**166548**	**198007**		济南	Jinan	94253	86042	54860	11
合肥	Hefei	17246	31378	37560	17	青岛	Qingdao	55481	100689	83547	4
芜湖	Wuhu	10838	6290	19758	32	淄博	Zibo	26198	30274	47182	14
蚌埠	Bengbu	2550	2000	3800	130	枣庄	Zaozhuang	6644	4695	7690	80
淮南	Huainan	4608	6192	6540	91	东营	Dongying		13720	12192	55
马鞍山	Maanshan	2390	4979	13230	51	烟台	Yantai	41328	17972	14665	47
淮北	Huaibei	2531	43540			潍坊	Weifang	6393	3448	2238	160
铜陵	Tongling	4022	4100	4000	125	济宁	Jining	1272	299	2908	143
安庆	Anqing	3183	4718	3948	127	泰安	Taian	3615	2420	3250	136
黄山	Huangshan	6607	3353	2209	161	威海	Weihai	25619	26578	27684	23
滁州	Chuzhou	3079	12506	48675	13	日照	Rizhao	8502	8513	18993	33
阜阳	Fuyang	4072	2965	3310	135	莱芜	Laiwu	1695	9600	5741	105
宿州	Suzhou	4026	10350	2540	151	临沂	Linyi	52373	3620	29279	22
六安	Liuan	1430	2640	5081	113	德州	Dezhou		2671	4000	125
亳州	Bozhou	13847	4704	159	219	聊城	Liaocheng	1850	1291	2440	156

8-17 城市市政供水设施建设投资额（辖区） 续表 2

Fixed Assets Investment in Water Supply of Urban Service Facilities (Districts under City) continued 2

单位：万元 (10 000 yuan)

地名	City	2010	2011	2012	2012 排名 Ranking
滨州	Binzhou	2389	180	2681	148
菏泽	Heze	420	1300	500	204
河南	**Henan**	**40624**	**112588**	**94553**	
郑州	Zhengzhou	9896	36875	37266	18
开封	Kaifeng	121	161	1707	175
洛阳	Luoyang	500	5480	1604	179
平顶山	Pingdingshan			7390	83
安阳	Anyang	1700	2231	2321	157
鹤壁	Hebi	497	3341	2446	155
新乡	Xinxiang	354	791	140	220
焦作	Jiaozuo	488	3460	1280	189
濮阳	Puyang		12881	400	208
许昌	Xuchang		2400	4139	124
漯河	Luohe	1015		1200	192
三门峡	Sanmenxia	98	1351	1583	180
南阳	Nanyang	3902	15994	12820	53
商丘	Shangqiu	930	5790	6300	94
信阳	Xinyang	4000	1731	1500	183
周口	Zhoukou	3693	5392	3240	137
驻马店	Zhumadian	1210	1350	1378	185
湖北	**Hubei**	**49351**	**103921**	**130919**	
武汉	Wuhan	22376	35752	36367	19
黄石	Huangshi	500	8200	17625	39
十堰	Shiyan		3063	5107	112
宜昌	Yichang	2928	5770	3518	132
襄阳	Xiangfan		1328	2198	162
鄂州	Ezhou	4722	3952	4433	120
荆门	Jingmen	4200	6150	4378	123
孝感	Xiaogan	500	4800	5800	102
荆州	Jingzhou	1500	398	5879	99
黄冈	Huanggang	1100	3300	1300	187
咸宁	Xianning			190	218
随州	Suizhou				
湖南	**Hunan**	**116825**	**79664**	**92188**	
长沙	Changsha	40007	15255		
株洲	Zhuzhou	13676	21437	15140	44
湘潭	Xiangtan	772	8064	18078	35
衡阳	Hengyang	829	315	1318	186
邵阳	Shaoyang	795	993	2737	145
岳阳	Yueyang	4181	876	6160	95
常德	Changde				
张家界	Zhangjiajie	4450			
益阳	Yiyang	1756	1133		
郴州	Chenzhou	19620	9542	24542	28
永州	Yongzhou		1800	3900	129
怀化	Huaihua	650	2889	1783	170
娄底	Loudi	1080	524	5950	97
广东	**Guangdong**	**569854**	**332694**	**133468**	
广州	Guangzhou	451486	21877	18476	34
韶关	Shaoguan	1705	350	400	208
深圳	Shenzhen	15748			
珠海	Zhuhai	12648	17295	11622	59
汕头	Shantou	11117	9747		
佛山	Foshan	9715	13769	68827	8
江门	Jiangmen	7845	7813	5553	107
湛江	Zhanjiang				
茂名	Maoming	929	1918	4893	115
肇庆	Zhaoqing	6295	7879	2712	146
惠州	Huizhou	1120	11832	8500	74
梅州	Meizhou				
汕尾	Shanwei				
河源	Heyuan	468	2171	1513	182
阳江	Yangjiang				
清远	Qingyuan	339			
东莞	Dongguan	41572	203892		
中山	ZhongShan	328	12954	5758	104
潮州	Chaozhou				
揭阳	Jieyang				
云浮	Yunfu	800	7424	1650	177
广西	**Guangxi**	**79997**	**114790**	**126756**	
南宁	Nanning	23487	19186	11190	64
柳州	Liuzhou	1306	3131	1679	176
桂林	Guilin	17868	13278	11402	62
梧州	Wuzhou	3121	2577	2305	158
北海	Beihai	3036	12119	4813	116
防城港	Fangchenggang	3014	6075	14949	45
钦州	Qinzhou	7851	17994	14888	46
贵港	Guigang	3395	6317	3907	128
玉林	Yulin	3049	11811	35277	20
百色	Baise	800	1998	234	213

8-17 城市市政供水设施建设投资额（辖区） 续表 3
Fixed Assets Investment in Water Supply of Urban Service Facilities (Districts under City) continued 3

单位：万元 (10 000 yuan)

地名	City	2010	2011	2012	2012 排名 Ranking
贺州	Hezhou		50		
河池	Hechi	888			
来宾	Laibin	1500	14100	8038	79
崇左	Chongzuo	110		480	206
海南	**Hainan**	**11967**	**35981**	**17775**	
海口	Haikou	4911	33861	13110	52
三亚	Sanya	1210	346	115	221
重庆	**Chongqing**	**100880**	**84753**	**119377**	
四川	**Sichuan**	**88770**	**49058**	**85105**	
成都	Chengdu	43196	10873	14439	48
自贡	Zigong	5189			
攀枝花	Panzhihua	1762	3278	2269	159
泸州	Luzhou	2069	154	5732	106
德阳	Deyang	1766	6542	6810	89
绵阳	Mianyang	4556	2486	8287	75
广元	Guangyuan	2861	5041	6827	87
遂宁	Suining	1111	1481	7593	82
内江	Neijiang	361	2545	3355	134
乐山	Leshan	1175	1536	854	197
南充	Nanchong	4000	3000	5000	114
眉山	Meishan	100		10033	69
宜宾	Yibin	24		1272	190
广安	Guangan	2270	1280	228	214
达州	Dazhou	1900		900	196
雅安	Yaan				
巴中	Bazhong	850			
资阳	Ziyang	1603	705	843	199
贵州	**Guizhou**	**7795**	**28792**	**46267**	
贵阳	Guiyang	4815			
六盘水	Liupanshui				
遵义	Zunyi				
安顺	Anshun		300	2520	152
毕节	Bijie				
铜仁	Tongren			11990	56
云南	**Yunnan**	**41916**	**52704**	**98781**	
昆明	Kunming	26811	34125	24977	27
曲靖	Qujing	2158	2000	44850	15
玉溪	Yuxi				
保山	Baoshan				
昭通	Zhaotong		3000		
丽江	Lijiang				
普洱	Puer				
临沧	Lincang				
西藏	**Tibet**				
拉萨	Lhasa				
陕西	**Shaanxi**	**47115**	**30983**	**41336**	
西安	Xi'an	18000	7080	10900	67
铜川	Tongchuan		1168		
宝鸡	Baoji	16100	11200	27550	24
咸阳	Xianyang	5430			
渭南	Weinan		1150	1180	193
延安	Yan'an	6205	5520	206	216
汉中	Hanzhong		690	69	222
榆林	Yulin	500			
安康	Ankang				
商洛	Shangluo	580	1615		
甘肃	**Gansu**	**20839**	**26178**	**47406**	
兰州	Lanzhou	5844	8767	20525	30
嘉峪关	Jiayuguan	375	3698		
金昌	Jinchang				
白银	Baiyin	8419	2000	4490	118
天水	Tianshui	2000	3420		
武威	Wuwei	2719		20284	31
张掖	Zhangye	230	2000		
平凉	Pingliang	204	1796		
酒泉	Jiuquan	848	1863		
庆阳	Qingyang		1186		
定西	Dingxi				
陇南	Longnan	200	200	1725	174
青海	**Qinghai**	**33422**	**19471**	**7566**	
西宁	Xining	26993	16531	6000	96
宁夏	**Ningxia**	**40224**	**36415**	**18037**	
银川	Yinchuan	16723	12414	1996	165
石嘴山	Shizuishan	16391	18423	11407	61
吴忠	Wuzhong	941	1595	957	195
固原	Guyuan				
中卫	Zhongwei				
新疆	**Xinjiang**	**55841**	**55251**	**98252**	
乌鲁木齐	Urumqi	10700		25600	26
克拉玛依	Karamay	5891	13306	12261	54

8-18 城市市政燃气设施建设投资额（辖区）

Fixed Assets Investment in Gas Supply of Urban Service Facilities (Districts under City)

单位：万元 (10 000 yuan)

地名	City	2010	2011	2012	2012 排名 Ranking
全国	**Nation Total**	**2907816**	**3314244**	**4144852**	
北京	**Beijing**	**182583**	**170469**	**253410**	
天津	**Tianjin**	**133368**	**135187**	**159272**	
河北	**Hebei**	**240440**	**229919**	**238308**	
石家庄	Shijiazhuang	16100	4595	30000	16
唐山	Tangshan	49138	16446	20474	24
秦皇岛	Qinhuangdao	10819	10434	1280	176
邯郸	Handan	17114	5830	9460	58
邢台	Xingtai	11200	12940	8400	69
保定	Baoding	3026	5737	36111	12
张家口	Zhangjiakou	57588	19845	19500	26
承德	Chengde	4369	56000	12600	45
沧州	Cangzhou	3007	14425	2800	140
廊坊	Langfang	3022	4000	3916	119
衡水	Hengshui	5350	7460	1043	184
山西	**Shanxi**	**97264**	**135811**	**270464**	
太原	Taiyuan	28700	53141	182389	2
大同	Datong	35000	41905	13936	43
阳泉	Yangquan	1515	1055	4399	114
长治	Changzhi	19284	1057	132	216
晋城	Jincheng			339	209
朔州	Shuozhou		2600	6445	92
晋中	Jinzhong		2999	15000	35
运城	Yuncheng				
忻州	Xinzhou	4980	5220	2600	144
临汾	Linfen			2000	162
吕梁	Luliang			4775	106
内蒙古	**Inner Mongolia**	**84233**	**77759**	**97081**	
呼和浩特	Hohhot	11594	6472	6472	91
包头	Baotou	42264	13000	15987	32
乌海	Wuhai	535	5177	23065	22
赤峰	Chifeng	7300	6925	820	195
通辽	Tongliao	604	611	1190	180
鄂尔多斯	Erdos	13043	8074	14557	39
呼伦贝尔	Hulunbuir		9680		
巴彦淖尔	Bayannur		2300	4000	116
乌兰察布	Ulanqab	3240	17500	15000	35
辽宁	**Liaoning**	**123984**	**150503**	**206221**	
沈阳	Shenyang	31920	60900	104584	4
大连	Dalian	30671	10359	8644	65
鞍山	Anshan	13252	10842	10238	54
抚顺	Fushun	1316	5600	10465	53
本溪	Benxi	498	4000	5615	98
丹东	Dandong	6814	10556	4617	109
锦州	Jinzhou	4795	155	2728	142
营口	Yingkou	2227	4496	2132	156
阜新	Fuxin	296	1460	2900	135
辽阳	Liaoyang	4781	7788	5450	100
盘锦	Panjin	580	2163	1644	167
铁岭	Tieling	891	1807	9746	57
朝阳	Chaoyang	883	3513		
葫芦岛	Huludao	3633	8769	160	215
吉林	**Jilin**	**108001**	**69609**	**80208**	
长春	Changchun	16159	39100	35708	13
吉林	Jilin	68872		7779	77
四平	Siping	200	4344	4000	116
辽源	Liaoyuan				
通化	Tonghua		1100	1500	172
白山	Baishan	1204	1200	1200	178
松原	Songyuan	390	457	1000	186
白城	Baicheng		1200		
黑龙江	**Heilongjiang**	**53238**	**45809**	**106511**	
哈尔滨	Harbin				
齐齐哈尔	Qiqihar	3105	3435	2963	133
鸡西	Jixi			350	208
鹤岗	Hegang	3271	6185	4530	111
双鸭山	Shuangyashan		66		
大庆	Daqing	31955	1057	975	189
伊春	Yichun			8500	67
佳木斯	Jiamusi	2250	4789	2835	137
七台河	Qitaihe	50	15000	30900	15
牡丹江	Mudanjiang	1000	4000	4500	113
黑河	Heihe				
绥化	Suihua		2000		
上海	**Shanghai**	**187926**	**165980**	**138720**	
江苏	**Jiangsu**	**209311**	**234180**	**239189**	

8-18 城市市政燃气设施建设投资额（辖区） 续表 1

Fixed Assets Investment in Gas Supply of Urban Service Facilities (Districts under City) continued 1

单位：万元 (10 000 yuan)

地名	City	2010	2011	2012	2012 排名 Ranking	地名	City	2010	2011	2012	2012 排名 Ranking
南京	Nanjing	20382	10651	50669	8	池州	Chizhou	3225	1719	3237	126
无锡	Wuxi	38678	22400	15203	34	宣城	Xuancheng	1862	3158	2106	158
徐州	Xuzhou	5000				福建	**Fujian**	**60834**	**31352**	**50646**	
常州	Changzhou	11196	8834	18483	28	福州	Fuzhou	4972	7891	7083	80
苏州	Suzhou	19254	60772	25931	18	厦门	Xiamen	14294		10877	50
南通	Nantong	14608	24720	6291	93	莆田	Putian	5671	800	3000	131
连云港	Lianyungang	2880	900	1768	166	三明	Sanming	950	280	380	207
淮安	Huaian		1000	2840	136	泉州	Quanzhou	22000	3200		
盐城	Yancheng	4818	6875			漳州	Zhangzhou	4100	2065	2806	138
扬州	Yangzhou	4644	8810	8454	68	南平	Nanping	50	200		
镇江	Zhenjiang	10131	8023	11831	48	龙岩	Longyan	1429	1200	14000	42
泰州	Taizhou	1800	3600			宁德	Ningde	1229	500	3162	128
宿迁	Suqian	9500	8600	14100	40	江西	**Jiangxi**	**66967**	**427900**	**745094**	
浙江	**Zhejiang**	**119041**	**133651**	**1157165**		南昌	Nanchang		20034	121947	3
杭州	Hangzhou	24424	40782	45569	9	景德镇	Jingdezhen		69100		
宁波	Ningbo	18148	17147	22965	23	萍乡	Pingxiang	1500	4000	900	191
温州	Wenzhou		6368	15500	33	九江	Jiujiang	37863	235500	549829	1
嘉兴	Jiaxing	31075	6392	5939	97	新余	Xinyu	8087	4080	4005	115
湖州	Huzhou	14064	33574	9151	61	鹰潭	Yingtan			7050	81
绍兴	Shaoxing	5108	8151	8738	63	赣州	Ganzhou		5908	7709	78
金华	Jinhua	973	430	696	200	吉安	Jian	1383			
衢州	Quzhou	138	431	764	198	宜春	Yichun	2099	7450	3924	118
舟山	Zhoushan	1385	1716	2235	153	抚州	Fuzhou	12070	8405	3295	125
台州	Taizhou	539	1312	6711	89	上饶	Shangrao	1235	24531	1250	177
丽水	Lishui	571		300	211	山东	**Shandong**	**355215**	**299627**	**424822**	
安徽	**Anhui**	**82614**	**110953**	**110600**		济南	Jinan	16285	49039	32772	14
合肥	Hefei	11237	17529	12632	44	青岛	Qingdao	34874	27417	41742	10
芜湖	Wuhu	2081	8200	14823	37	淄博	Zibo	44379	49354	4535	110
蚌埠	Bengbu	8040	6500	2410	151	枣庄	Zaozhuang	7136	7020	12024	47
淮南	Huainan	3627	3824	2332	152	东营	Dongying	259	3200		
马鞍山	Maanshan	4200	10137	6581	90	烟台	Yantai	3189	3426	6144	94
淮北	Huaibei	7210	12650	2000	162	潍坊	Weifang	4262	7679	6143	95
铜陵	Tongling	7525	8040	8019	74	济宁	Jining	10000			
安庆	Anqing	2680	1527	2500	148	泰安	Taian	15815	6704	100000	5
黄山	Huangshan	3060	5640	3560	123	威海	Weihai	12874	13489	14057	41
滁州	Chuzhou	4880	3062	3880	120	日照	Rizhao	2000	3500	24350	20
阜阳	Fuyang	2100	2306	8709	64	莱芜	Laiwu	69700	14200	23650	21
宿州	Suzhou	3038	1358	2012	161	临沂	Linyi	41584	35029	40975	11
六安	Liuan	2119	2055	2115	157	德州	Dezhou		917	7989	76
亳州	Bozhou	5159	1742	6769	88	聊城	Liaocheng	830	3474	2102	159

8-18 城市市政燃气设施建设投资额（辖区） 续表 2
Fixed Assets Investment in Gas Supply of Urban Service Facilities (Districts under City) continued 2

单位：万元 (10 000 yuan)

地名	City	2010	2011	2012	2012 排名 Ranking
滨州	Binzhou	676	483	807	196
菏泽	Heze	200	4120	1800	165
河南	**Henan**	**85960**	**132738**	**141830**	
郑州	Zhengzhou	24584	11188	19247	27
开封	Kaifeng	1064	1174	7048	82
洛阳	Luoyang	190	15312	6916	85
平顶山	Pingdingshan	922	8837	5219	102
安阳	Anyang	5036	750	800	197
鹤壁	Hebi	1803	3062	5477	99
新乡	Xinxiang	6817	1975	3167	127
焦作	Jiaozuo	2367	13646	17985	30
濮阳	Puyang		260	10500	52
许昌	Xuchang		3100	10569	51
漯河	Luohe	945	2800	5000	104
三门峡	Sanmenxia	4170	18760	2146	155
南阳	Nanyang	1286	14854	8139	72
商丘	Shangqiu	829	11246	9840	55
信阳	Xinyang		2962	2590	146
周口	Zhoukou	5397	800	180	214
驻马店	Zhumadian	255		1411	173
湖北	**Hubei**	**144094**	**109320**	**80576**	
武汉	Wuhan	45750	40202	1	219
黄石	Huangshi	11630	2500	9100	62
十堰	Shiyan	31000	28903	4711	107
宜昌	Yichang	5074	4170	6855	86
襄阳	Xiangfan	17104	3821	8000	75
鄂州	Ezhou	6000	5000	4700	108
荆门	Jingmen	804	300	1375	174
孝感	Xiaogan	200	1520		
荆州	Jingzhou	1291	831	3051	130
黄冈	Huanggang				
咸宁	Xianning				
随州	Suizhou				
湖南	**Hunan**	**64237**	**61243**	**41318**	
长沙	Changsha	18300	26000	9200	60
株洲	Zhuzhou	11312	10130	19782	25
湘潭	Xiangtan	2455	4218	2054	160
衡阳	Hengyang	2425	240	662	201
邵阳	Shaoyang	1200	1511	2200	154
岳阳	Yueyang	500			

地名	City	2010	2011	2012	2012 排名 Ranking
常德	Changde				
张家界	Zhangjiajie		1200	1200	178
益阳	Yiyang	4800	5850		
郴州	Chenzhou				
永州	Yongzhou				
怀化	Huaihua	5000		2600	144
娄底	Loudi	2000	2000	2670	143
广东	**Guangdong**	**110079**	**167439**	**155654**	
广州	Guangzhou	27811	37439	29378	17
韶关	Shaoguan	200	246	463	205
深圳	Shenzhen	37544	94880	75699	7
珠海	Zhuhai	1047	3424	3424	124
汕头	Shantou	3891	2545	1086	181
佛山	Foshan	11032	8909	8384	70
江门	Jiangmen	4138	5623	8541	66
湛江	Zhanjiang				
茂名	Maoming	1500		2500	148
肇庆	Zhaoqing	6592	3495	9367	59
惠州	Huizhou	2278	1437	1548	169
梅州	Meizhou			1000	186
汕尾	Shanwei				
河源	Heyuan		2232	1046	183
阳江	Yangjiang				
清远	Qingyuan		791	7017	83
东莞	Dongguan	71		45	218
中山	ZhongShan	11295	1817	856	193
潮州	Chaozhou				
揭阳	Jieyang	465	161	1000	186
云浮	Yunfu	1200	800		
广西	**Guangxi**	**31474**	**67088**	**30466**	
南宁	Nanning	8784	4357	8305	71
柳州	Liuzhou	2466	2676	1519	171
桂林	Guilin	1053	2400	6935	84
梧州	Wuzhou	530	1164	1341	175
北海	Beihai	8000	7500		
防城港	Fangchenggang	4985	1361	1584	168
钦州	Qinzhou	450	572	600	203
贵港	Guigang	590	546	3780	122
玉林	Yulin	1789	30138	2442	150
百色	Baise	100	800	650	202

8-18 城市市政燃气设施建设投资额（辖区） 续表 3
Fixed Assets Investment in Gas Supply of Urban Service Facilities (Districts under City) continued 3

单位：万元 (10 000 yuan)

地名	City	2010	2011	2012	2012 排名 Ranking	地名	City	2010	2011	2012	2012 排名 Ranking
贺州	Hezhou		558			丽江	Lijiang				
河池	Hechi			3110	129	普洱	Puer				
来宾	Laibin	200	11987	3000	131	临沧	Lincang				
崇左	Chongzuo	1000	300			西藏	**Tibet**				
海南	**Hainan**	**7896**	**2786**	**1856**		拉萨	Lhasa				
海口	Haikou					陕西	**Shaanxi**	**34435**	**50435**	**77495**	
三亚	Sanya	6000	2369	1856	164	西安	Xi'an	17847	23575	18071	29
重庆	**Chongqing**	86081	35477	26200		铜川	Tongchuan	4272	5623		
四川	**Sichuan**	**47388**	**41092**	**53566**		宝鸡	Baoji	4500	4500	25800	19
成都	Chengdu	13055	13627	5189	103	咸阳	Xianyang	2800		9835	56
自贡	Zigong	914		832	194	渭南	Weinan		4000		
攀枝花	Panzhihua	240		308	210	延安	Yan'an	1332	197	48	217
泸州	Luzhou	1059		2734	141	汉中	Hanzhong		1900	5969	96
德阳	Deyang	4500	667			榆林	Yulin	1500	6000	16400	31
绵阳	Mianyang	3000	1886	8098	73	安康	Ankang				
广元	Guangyuan	1538	950	870	192	商洛	Shangluo	368	1340		
遂宁	Suining	1459	755	2952	134	甘肃	**Gansu**	**12261**	**28851**	**18899**	
内江	Neijiang	128	890	731	199	兰州	Lanzhou	8129	13563		
乐山	Leshan	911	1780	1009	185	嘉峪关	Jiayuguan	32	140	453	206
南充	Nanchong	3000	3200	3800	121	金昌	Jinchang		4920		
眉山	Meishan	120				白银	Baiyin		4690	5442	101
宜宾	Yibin	1120	1977	199	213	天水	Tianshui			201	212
广安	Guangan	2931	198	2805	139	武威	Wuwei				
达州	Dazhou	800	6000	11506	49	张掖	Zhangye				
雅安	Yaan					平凉	Pingliang	4100			
巴中	Bazhong	601				酒泉	Jiuquan				
资阳	Ziyang	1524	4680	4518	112	庆阳	Qingyang				
贵州	**Guizhou**	**6085**	**26677**	**30445**		定西	Dingxi				
贵阳	Guiyang	4991	2934	12091	46	陇南	Longnan				
六盘水	Liupanshui					青海	**Qinghai**	**3729**	**8035**	**7812**	
遵义	Zunyi					西宁	Xining	2567	6312	6850	87
安顺	Anshun		1523	954	190	宁夏	**Ningxia**	**100133**	**9857**	**24300**	
毕节	Bijie					银川	Yinchuan	99821	6950	14703	38
铜仁	Tongren					石嘴山	Shizuishan	272	2085	1533	170
云南	**Yunnan**	**11054**	**18337**	**3984**		吴忠	Wuzhong	40	822	2580	147
昆明	Kunming	4676	3960			固原	Guyuan				
曲靖	Qujing	4875	13161			中卫	Zhongwei			1084	182
玉溪	Yuxi					新疆	**Xinjiang**	**57891**	**136160**	**172740**	
保山	Baoshan					乌鲁木齐	Urumqi	22675	57844	79872	6
昭通	Zhaotong	230	495	600	203	克拉玛依	Karamay	10865	18206	7334	79

8-19 城市市政集中供热设施建设投资额（辖区）
Fixed Assets Investment in Central Heating in Urban Service Facilities (Districts under City)

单位：万元 (10 000 yuan)

地名	City	2010	2011	2012	2012 排名 Ranking
全国	**Nation Total**	**4332455**	**4376198**	**6302635**	
北京	**Beijing**	**496568**	**276096**	**691449**	
天津	**Tianjin**	**70439**	**27964**	**58738**	
河北	**Hebei**	**768645**	**666442**	**498758**	
石家庄	Shijiazhuang	318982	114479	56600	20
唐山	Tangshan	107989	90802	34681	28
秦皇岛	Qinhuangdao	16013	24223	13698	55
邯郸	Handan	22300	13192	15295	50
邢台	Xingtai	11600	12000	12000	62
保定	Baoding	1730	22470		
张家口	Zhangjiakou	97000	95184	53569	22
承德	Chengde	9341	89604	84020	12
沧州	Cangzhou	16357	3600	4915	88
廊坊	Langfang	26549	29627	5566	85
衡水	Hengshui	3700	16000	6238	82
山西	**Shanxi**	**224561**	**296851**	**854342**	
太原	Taiyuan	24961	80415	583941	1
大同	Datong	38000	76190	43982	24
阳泉	Yangquan	11090	8000	16093	47
长治	Changzhi	8500	2762	15000	51
晋城	Jincheng		41127	10628	69
朔州	Shuozhou	5850	11365	60050	18
晋中	Jinzhong	66310	12000	19000	44
运城	Yuncheng				
忻州	Xinzhou	32000	7380	9200	74
临汾	Linfen	13800	24130	22580	40
吕梁	Luliang	3350	1128		
内蒙古	**Inner Mongolia**	**374920**	**480586**	**578718**	
呼和浩特	Hohhot	42240	107473	70561	15
包头	Baotou	67773	28040	92450	11
乌海	Wuhai	8725	15330	14604	53
赤峰	Chifeng	27391	9244	32335	31
通辽	Tongliao	6700	10955	11002	67
鄂尔多斯	Erdos	85022	72670	196782	5
呼伦贝尔	Hulunbuir	27287	18364	20299	41
巴彦淖尔	Bayannur	33000	48000	13050	59
乌兰察布	Ulanqab	5000	74372	63000	17
辽宁	**Liaoning**	**717638**	**745278**	**909507**	
沈阳	Shenyang	106568	313866	181465	6
大连	Dalian	206765	119932	40023	25
鞍山	Anshan	3600	53620	66233	16
抚顺	Fushun	35694	55071	113553	8
本溪	Benxi	13728	10838	28354	33
丹东	Dandong	6989	3900	300000	3
锦州	Jinzhou	11920	16320	11520	64
营口	Yingkou	35138	12710		
阜新	Fuxin	14053	11460	14054	54
辽阳	Liaoyang	64898	27810	11915	63
盘锦	Panjin	14401	7510	8701	76
铁岭	Tieling	890	5613	4267	89
朝阳	Chaoyang	11600	4500	10141	71
葫芦岛	Huludao	5800	21600	2800	96
吉林	**Jilin**	**294835**	**345309**	**201860**	
长春	Changchun	137822	59556	53456	23
吉林	Jilin	35810	43304	13500	57
四平	Siping	13000			
辽源	Liaoyuan	2300	200		
通化	Tonghua	28400	9826	1500	105
白山	Baishan	445		1200	106
松原	Songyuan	11751	8100	1000	108
白城	Baicheng	14355	140354		
黑龙江	**Heilongjiang**	**239959**	**216881**	**106511**	
哈尔滨	Harbin	22477	41334	108703	9
齐齐哈尔	Qiqihar	2362	7022	18200	46
鸡西	Jixi	3500	24499	27169	34
鹤岗	Hegang	1861	8263	7004	80
双鸭山	Shuangyashan	800	9478	20288	42
大庆	Daqing	32719	10958	82954	13
伊春	Yichun	24291	20947	75405	14
佳木斯	Jiamusi	45000	3360	4256	90
七台河	Qitaihe	8830	9658	3253	92
牡丹江	Mudanjiang	9192	2989	5400	87
黑河	Heihe	6000	12000	10759	68
绥化	Suihua	3000	9188	25600	35
上海	**Shanghai**				
江苏	**Jiangsu**	**2033**	**2158**	**9768**	

8-19 城市市政集中供热设施建设投资额（辖区） 续表 1

Fixed Assets Investment in Central Heating in Urban Service Facilities (Districts under City) continued 1

单位：万元 (10 000 yuan)

地名	City	2010	2011	2012	2012 排名 Ranking
南京	Nanjing			9768	72
浙江	**Zhejiang**	**5131**	**9565**	**2446**	
杭州	Hangzhou	1000	120		
宁波	Ningbo	1639	6459	1989	102
温州	Wenzhou		1170		
绍兴	Shaoxing		1500		
安徽	**Anhui**	**12092**	**28904**	**20290**	
合肥	Hefei	9250	20949	12910	60
淮南	Huainan	1791	2019		
滁州	Chuzhou	551			
宿州	Suzhou	500	5936		
山东	**Shandong**	**643338**	**569194**	**701319**	
济南	Jinan	133604	95140	115382	7
青岛	Qingdao	67331	115694	94427	10
淄博	Zibo	19504	26230	19953	43
枣庄	Zaozhuang	2900	19695	32400	30
东营	Dongying	6671	2020	33167	29
烟台	Yantai	28069	16518	15326	49
潍坊	Weifang	7500	41155	233770	4
济宁	Jining	10000			
泰安	Taian	9948	17740	18366	45
威海	Weihai	50814	52896	55126	21
日照	Rizhao	55650	9240	13230	58
莱芜	Laiwu	6275	8543	2800	96
临沂	Linyi	12949	2105	57489	19
德州	Dezhou			23908	38
聊城	Liaocheng	3702	776	1865	103
滨州	Binzhou	12476	30000	23000	39
菏泽	Heze	3500	14500	6000	83
河南	**Henan**	**141445**	**178274**	**116210**	
郑州	Zhengzhou	47917	30000	32112	32
开封	Kaifeng	4000	3297	14654	52
洛阳	Luoyang	5300	10673	4151	91
平顶山	Pingdingshan			1200	106
安阳	Anyang	8571	2050	460	113
鹤壁	Hebi	1205	957	859	111
新乡	Xinxiang	1341	1800	8500	77
焦作	Jiaozuo	650	6302	3112	93
许昌	Xuchang		570	300	115
漯河	Luohe		5500	2200	100
三门峡	Sanmenxia	5000	4742	460	113
南阳	Nanyang	3655	300	9000	75
商丘	Shangqiu	3300	4200		
驻马店	Zhumadian	4368	57997	5509	86
湖北	**Hubei**	**759**	**14188**	**6636**	
黄石	Huangshi		12200	1000	108
十堰	Shiyan		1908	5636	84
襄阳	Xiangfan	759	80		
重庆	**Chongqing**	**16025**	**8358**		
陕西	**Shaanxi**	**79313**	**43395**	**101485**	
西安	Xi'an	48513	20345	15520	
铜川	Tongchuan				
宝鸡	Baoji	17600	15650	36500	27
咸阳	Xianyang	10000		8465	78
渭南	Weinan	2700	4500	3000	94
延安	Yan'an		2900		
榆林	Yulin	500		38000	26
甘肃	**Gansu**	**66474**	**54235**	**103789**	
兰州	Lanzhou	18983	8180	11093	66
嘉峪关	Jiayuguan	658	10054	11408	65
白银	Baiyin		640	9664	73
天水	Tianshui		1108	2871	95
武威	Wuwei	14675			
张掖	Zhangye	2585	9904	504	112
平凉	Pingliang		500	24500	37
酒泉	Jiuquan	10645	4800	25000	36
庆阳	Qingyang	8358	2859	2700	98
定西	Dingxi		10000	2699	99
陇南	Longnan	4200	1000	1000	108
青海	**Qinghai**	**433**	**3563**	**12331**	
西宁	Xining	433	3563	12266	61
宁夏	**Ningxia**	**33403**	**38863**	**39143**	
银川	Yinchuan	15326	15723	13563	56
石嘴山	Shizuishan	8671	2384	1589	104
吴忠	Wuzhong	1300	4376	10530	70
固原	Guyuan	2710	6337	7861	79
中卫	Zhongwei	1360	500	2000	101
新疆	**Xinjiang**	**144444**	**372094**	**803664**	
乌鲁木齐	Urumqi	83198	190600	534600	2
克拉玛依	Karamay	7105	10844	6994	81

8-20 城市市政轨道交通建设投资额（辖区）
Fixed Assets Investment in Urban Rail Transit System of Urban Service Facilities (Districts under City)

单位：万元 (10 000 yuan)

地名	City	2010	2011	2012	2012 排名 Ranking
全国	**Nation Total**	**18125781**	**19370884**	**20644539**	
北京	**Beijing**	**3914519**	**3374098**	**3852795**	
天津	**Tianjin**	**702058**	**992323**	**923076**	
河北	**Hebei**			**111**	
石家庄	Shijiazhuang			111	29
山西	**Shanxi**			**1200**	
阳泉	Yangquan			1200	26
内蒙古	**Inner Mongolia**			**3000**	
包头	Baotou			3000	25
辽宁	**Liaoning**	**1301484**	**760659**	**1145697**	
沈阳	Shenyang	618264	482734	491307	13
大连	Dalian	683220	277925	654390	9
吉林	**Jilin**	**239493**	**516366**	**175077**	
长春	Changchun	239493	516366	175077	18
黑龙江	**Heilongjiang**	**252769**	**185200**	**72200**	
哈尔滨	Harbin	252769	185200	72200	21
上海	**Shanghai**	**2296190**	**2497413**	**1771279**	
江苏	**Jiangsu**	**1317628**	**1804042**	**2783848**	
南京	Nanjing	398685	725135	1573290	1
无锡	Wuxi	401169	544179	532104	12
苏州	Suzhou	517774	534728	628454	11
浙江	**Zhejiang**	**928898**	**1253455**	**1484016**	
杭州	Hangzhou	508974	655338	760614	6
宁波	Ningbo	419924	598117	723402	8
安徽	**Anhui**	**57493**	**57493**	**55175**	
合肥	Hefei	57493	57493	55175	23
福建	**Fujian**	**354200**	**250455**	**331210**	
福州	Fuzhou	354200	250455	295948	15
厦门	Xiamen			35262	24
江西	**Jiangxi**	**112894**	**111451**	**725600**	
南昌	Nanchang	112894	111451	725600	7
山东	**Shandong**	**156160**	**217461**	**240733**	
济南	Jinan		22000		
青岛	Qingdao	156160	195461	240583	17
淄博	Zibo			150	28
河南	**Henan**	**280000**	**212713**	**281656**	
郑州	Zhengzhou	280000	212713	281656	16
湖北	**Hubei**	**1012900**	**1306200**	**1404168**	
武汉	Wuhan	1012900	1306200	1404012	2
宜昌	Yichang			156	27
湖南	**Hunan**	**183386**	**362750**	**464100**	
长沙	Changsha	183386	362750	464100	14
广东	**Guangdong**	**2816178**	**1973723**	**2377075**	
广州	Guangzhou	1198807	522253	958620	4
深圳	Shenzhen	1438442	1078135	1194916	3
珠海	Zhuhai	1100			
佛山	Foshan	149219	94626	65691	22
肇庆	Zhaoqing	28610	135037	155158	19
东莞	Dongguan		143672	30	30
广西	**Guangxi**	**10393**	**37889**	**105306**	
南宁	Nanning	10393	37889	105306	20
重庆	**Chongqing**	**1169406**	**1671356**	**995152**	
四川	**Sichuan**	**392454**	**480620**	**820487**	
成都	Chengdu	392454	480620	820487	5
云南	**Yunnan**	**176370**	**859939**		
昆明	Kunming	176370	859939		
陕西	**Shaanxi**	**450908**	**445278**	**631578**	
西安	Xi'an	450908	445278	631578	10

8-21 城市市政道路桥梁建设投资额（辖区）
Fixed Assets Investment in Road and Bridge of Urban Service Facilities (Districts under City)

单位：万元 (10 000 yuan)

地名	City	2010	2011	2012	2012 排名 Ranking	地名	City	2010	2011	2012	2012 排名 Ranking
全国	**Nation Total**	**66956858**	**70790965**	**74024553**		沈阳	Shenyang	1528363	2524544	2782180	3
北京	**Beijing**	**1778292**	**2056793**	**3355409**		大连	Dalian	265109	359371	79137	127
天津	**Tianjin**	**4120952**	**3010861**	**3042803**		鞍山	Anshan	77085	71446	30325	209
河北	**Hebei**	**4671358**	**4132795**	**2360788**		抚顺	Fushun	54711	144112	157284	89
石家庄	Shijiazhuang	732042	158316	655397	17	本溪	Benxi	42515	77724	25159	219
唐山	Tangshan	1219003	1655614	203862	72	丹东	Dandong	60376	46942	15035	243
秦皇岛	Qinhuangdao	322985	561298	375962	44	锦州	Jinzhou	79991	34958	46288	180
邯郸	Handan	566038	265705	216958	71	营口	Yingkou	12441	8406	15264	240
邢台	Xingtai	367682	253317	87051	122	阜新	Fuxin	13669	34040	12693	250
保定	Baoding	156314	117347	110572	107	辽阳	Liaoyang	51877	133203	63312	151
张家口	Zhangjiakou	271488	148674	77792	128	盘锦	Panjin	69002	27647	35747	196
承德	Chengde	241300	127770	74000	135	铁岭	Tieling	4520	7153	6728	264
沧州	Cangzhou	43143	92424	52529	169	朝阳	Chaoyang	20022	17964	24625	222
廊坊	Langfang	198133	102980	20694	226	葫芦岛	Huludao	53076	42377	11912	255
衡水	Hengshui	107654	270329	110620	106	吉林	**Jilin**	**1127066**	**1059784**	**1928225**	
山西	**Shanxi**	**1297255**	**1567569**	**1416391**		长春	Changchun	862141	658361	1520477	5
太原	Taiyuan	493308	661301	239136	65	吉林	Jilin	99742	62067	45509	182
大同	Datong	410000	320445	303179	51	四平	Siping	6364	128503	32418	200
阳泉	Yangquan	56603	22641	68343	144	辽源	Liaoyuan	10070	31080	48000	177
长治	Changzhi	14897	97777	76096	131	通化	Tonghua	21900	42216	10578	256
晋城	Jincheng	2249	81762	106181	108	白山	Baishan	17376	16389	25897	216
朔州	Shuozhou	88783	64733	61621	153	松原	Songyuan	26576	12120	12000	254
晋中	Jinzhong	39040	63984	128487	98	白城	Baicheng	9600	12317	29171	210
运城	Yuncheng	17550	28200	31989	201	黑龙江	**Heilongjiang**	**1511906**	**2425252**	**1541232**	
忻州	Xinzhou		26560	180500	79	哈尔滨	Harbin	1177341	1932727	1154071	9
临汾	Linfen	44015	42666	64165	149	齐齐哈尔	Qiqihar	11780	13504	8711	259
吕梁	Luliang	3127	19447	25630	217	鸡西	Jixi	5000	9000	31821	202
内蒙古	**Inner Mongolia**	**1789918**	**3313738**	**3474372**		鹤岗	Hegang	27385	6285	5575	266
呼和浩特	Hohhot	140298	601237	536149	26	双鸭山	Shuangyashan	17000	9242	16089	238
包头	Baotou	574074	439182	610955	18	大庆	Daqing	109988	240345	46895	178
乌海	Wuhai	49836	48028	87944	121	伊春	Yichun	18251	14763	16816	234
赤峰	Chifeng	58355	58833	156524	91	佳木斯	Jiamusi	58959	51000	13698	246
通辽	Tongliao	51165	16159	147087	94	七台河	Qitaihe	4027	11810	15276	239
鄂尔多斯	Erdos	460228	1537497	830221	13	牡丹江	Mudanjiang	7709	38132	113468	101
呼伦贝尔	Hulunbuir	103406	87579	394533	43	黑河	Heihe	9800	2940	1400	276
巴彦淖尔	Bayannur	209700	75696	172556	83	绥化	Suihua	2600	1850	12100	253
乌兰察布	Ulanqab	62822	256955	285384	58	上海	**Shanghai**	**1022470**	**773799**	**603836**	
辽宁	**Liaoning**	**2447279**	**3735348**	**3545010**		江苏	**Jiangsu**	**7862161**	**6662064**	**6543401**	

8-21 城市市政道路桥梁建设投资额（辖区） 续表 1

Fixed Assets Investment in Road and Bridge of Urban Service Facilities (Districts under City) continued 1

单位：万元 (10 000 yuan)

地名	City	2010	2011	2012	2012 排名 Ranking
南京	Nanjing	1651645	1767679	1696965	4
无锡	Wuxi	1893473	790148	177657	81
徐州	Xuzhou	116341	84008	304908	49
常州	Changzhou	1037268	350361	888554	10
苏州	Suzhou	369920	177331	239560	64
南通	Nantong	788573	1275163	1221329	6
连云港	Lianyungang	151324	132287	257236	60
淮安	Huaian	231769	138262	158530	87
盐城	Yancheng	157000	143708	49350	175
扬州	Yangzhou	160796	214192	307773	48
镇江	Zhenjiang	449145	621094	423774	41
泰州	Taizhou	110947	176051	85345	125
宿迁	Suqian	19105	60375	94520	117
浙江	**Zhejiang**	**2786719**	**2619462**	**3128279**	
杭州	Hangzhou	543543	476963	517920	30
宁波	Ningbo	954493	928688	866173	11
温州	Wenzhou	53745	194526	498245	33
嘉兴	Jiaxing	172454	65065	41096	189
湖州	Huzhou	76110	78324	38755	192
绍兴	Shaoxing	117330	64961	105295	109
金华	Jinhua	23412	25371	31692	203
衢州	Quzhou	23244	32717	22053	225
舟山	Zhoushan	45034	54434	75751	133
台州	Taizhou	92135	46928	48559	176
丽水	Lishui	92094	56020	113124	102
安徽	**Anhui**	**3065935**	**4172500**	**4118822**	
合肥	Hefei	576735	663358	536800	25
芜湖	Wuhu	399725	558819	538188	24
蚌埠	Bengbu	279116	356833	527957	28
淮南	Huainan	325584	321497	297112	52
马鞍山	Maanshan	239146	477656	484313	34
淮北	Huaibei	155300	264451	243901	62
铜陵	Tongling	117001	89824	70253	141
安庆	Anqing	84157	84653	63322	150
黄山	Huangshan	44490	81094	56401	162
滁州	Chuzhou	161979	420253	156944	90
阜阳	Fuyang	80075	85269	59554	157
宿州	Suzhou	55541	164072	293772	53
六安	Liuan	39510	41590	51242	173
亳州	Bozhou	66483	72598	77069	130

地名	City	2010	2011	2012	2012 排名 Ranking
池州	Chizhou	58372	119408	186772	76
宣城	Xuancheng	156259	200177	244987	61
福建	**Fujian**	**2394391**	**2997252**	**3212368**	
福州	Fuzhou	911657	544399	551442	22
厦门	Xiamen	383079	488351	342975	45
莆田	Putian	368250	546530	531405	27
三明	Sanming	4599	6623	2305	274
泉州	Quanzhou	190816	830809	843175	12
漳州	Zhangzhou	94825	167179	320555	47
南平	Nanping	28380	8470	13604	247
龙岩	Longyan	53818	30910	76028	132
宁德	Ningde	28801	57414	55095	165
江西	**Jiangxi**	**2539040**	**3595860**	**3494090**	
南昌	Nanchang	110760	1111848	1207713	8
景德镇	Jingdezhen	55042	72732	530	279
萍乡	Pingxiang	68735	65497	90520	120
九江	Jiujiang	850717	608071	293714	54
新余	Xinyu	157839	268130	516509	31
鹰潭	Yingtan	53183	116046	57166	161
赣州	Ganzhou	632024	565087	187521	75
吉安	Jian	61568	38099	62456	152
宜春	Yichun	183128	130591	175111	82
抚州	Fuzhou	100087	86902	132790	97
上饶	Shangrao	95336	186839	437735	40
山东	**Shandong**	**3924985**	**3277659**	**3952703**	
济南	Jinan	275081	197714	558054	21
青岛	Qingdao	1485793	798978	677181	16
淄博	Zibo	149663	138322	71058	138
枣庄	Zaozhuang	108513	73629	111755	104
东营	Dongying	15387	59756	229844	67
烟台	Yantai	272151	296514	185842	77
潍坊	Weifang	91381	136029	60587	155
济宁	Jining	181504	113670	223561	69
泰安	Taian	152283	182872	90713	119
威海	Weihai	41851	43592	45469	184
日照	Rizhao	132755	169698	77555	129
莱芜	Laiwu	50093	113899	99399	115
临沂	Linyi	148706	116409	157711	88
德州	Dezhou	210739	229942	479241	36
聊城	Liaocheng	5189	5650	92020	118

8-21 城市市政道路桥梁建设投资额（辖区） 续表 2
Fixed Assets Investment in Road and Bridge of Urban Service Facilities (Districts under City) continued 2

单位：万元 (10 000 yuan)

地名	City	2010	2011	2012	2012 排名 Ranking	地名	City	2010	2011	2012	2012 排名 Ranking
滨州	Binzhou	46387	91637	58600	158	常德	Changde	211668	230661	193561	74
菏泽	Heze	34017	35000	20608	227	张家界	Zhangjiajie	60577	62400	61100	154
河南	**Henan**	**1193887**	**1284062**	**1584366**		益阳	Yiyang	56576	37745	40451	190
郑州	Zhengzhou	610053	369685	584057	20	郴州	Chenzhou	258502	171414	181053	78
开封	Kaifeng	86431	133421	65144	148	永州	Yongzhou	112813	139934	101614	110
洛阳	Luoyang	42840	86348	126186	99	怀化	Huaihua	8178	6500	74932	134
平顶山	Pingdingshan	39127	34220	27155	213	娄底	Loudi	78785	88397	161030	86
安阳	Anyang	50233	73526	17759	232	**广东**	**Guangdong**	**3279124**	**2081607**	**2399678**	
鹤壁	Hebi	16778	25255	10143	257	广州	Guangzhou	1679476	616292	593751	19
新乡	Xinxiang	16337	8700	31691	204	韶关	Shaoguan	4150	10967	2302	275
焦作	Jiaozuo	38593	53834	69029	142	深圳	Shenzhen	274590	372995	525437	29
濮阳	Puyang		36088	26740	214	珠海	Zhuhai	420459	398756	510956	32
许昌	Xuchang	2102	3000	27985	211	汕头	Shantou	10735	7045	13120	249
漯河	Luohe	21130	11338	45322	185	佛山	Foshan	58038	68072	46655	179
三门峡	Sanmenxia	11349	25668	45500	183	江门	Jiangmen	41250	155272	147589	93
南阳	Nanyang	64548	139877	179577	80	湛江	Zhanjiang	15195	13628	57284	160
商丘	Shangqiu	3067	1821	52700	168	茂名	Maoming		4286	2714	271
信阳	Xinyang	14051	17196	12573	251	肇庆	Zhaoqing	164109	114212	24090	223
周口	Zhoukou	22737	19105	13806	244	惠州	Huizhou	136751	46419	71729	137
驻马店	Zhumadian	8001	45940	8630	260	梅州	Meizhou	28856		15052	242
湖北	**Hubei**	**3064360**	**4414130**	**4852427**		汕尾	Shanwei	8880	4200	4500	269
武汉	Wuhan	2353455	3620767	3735991	1	河源	Heyuan	155716	6960	70858	139
黄石	Huangshi	95347	43990	72463	136	阳江	Yangjiang	22529	30651	25248	218
十堰	Shiyan	68499	126561	146682	95	清远	Qingyuan	6713	13530		
宜昌	Yichang	91422	162863	241976	63	东莞	Dongguan	21817	64954	18883	229
襄阳	Xiangfan	38832	32023	231395	66	中山	ZhongShan	34989	50274	13802	245
鄂州	Ezhou	63655	43609	60355	156	潮州	Chaozhou	6962	8041	6591	265
荆门	Jingmen	70338	63754	51950	170	揭阳	Jieyang	21082	4550	80782	126
孝感	Xiaogan	18200	21200	100	280	云浮	Yunfu	1412	2727	3010	270
荆州	Jingzhou	7738	8782	44986	186	**广西**	**Guangxi**	**3221009**	**2358335**	**2260162**	
黄冈	Huanggang	15750	15400	15220	241	南宁	Nanning	959763	522755	541347	23
咸宁	Xianning	10300		1386	277	柳州	Liuzhou	641113	400123	321401	46
随州	Suizhou	6438	13843			桂林	Guilin	298635	260694	225817	68
湖南	**Hunan**	**3430888**	**3381911**	**3156209**		梧州	Wuzhou	47005	44642	36569	194
长沙	Changsha	1336900	750197	471086	37	北海	Beihai	129340	99582	100659	112
株洲	Zhuzhou	314098	395808	304075	50	防城港	Fangchenggang	283022	152485	101391	111
湘潭	Xiangtan	150933	464572	461626	38	钦州	Qinzhou	194633	168935	149764	92
衡阳	Hengyang	393288	481945	440150	39	贵港	Guigang	47525	31360	51247	172
邵阳	Shaoyang	37658	42779	85912	123	玉林	Yulin	231350	148163	168309	85
岳阳	Yueyang	166060	228009	291945	55	百色	Baise	125076	100392	34718	198

8-21 城市市政道路桥梁建设投资额（辖区） 续表 3
Fixed Assets Investment in Road and Bridge of Urban Service Facilities (Districts under City) continued 3

单位：万元 (10 000 yuan)

地名	City	2010	2011	2012	2012 排名 Ranking	地名	City	2010	2011	2012	2012 排名 Ranking
贺州	Hezhou	9473	14748	27517	212	丽江	Lijiang	6061	234	2680	272
河池	Hechi	19500	50855	37100	193	普洱	Puer	19941	15248	8000	261
来宾	Laibin	98337	192025	290097	56	临沧	Lincang	1690	10891	31679	205
崇左	Chongzuo	21430	23530	35924	195	**西藏**	**Tibet**	**15203**	**22843**	**43267**	
海南	**Hainan**	**135874**	**469109**	**462692**		拉萨	Lhasa	15203	22843	39058	191
海口	Haikou		271605	288898	57	**陕西**	**Shaanxi**	**996486**	**1086829**	**1488116**	
三亚	Sanya	17099	12628	13356	248	西安	Xi'an	776916	672319	759915	14
重庆	**Chongqing**	**3128742**	**3384958**	**2569957**		铜川	Tongchuan	4442	47930	7167	263
四川	**Sichuan**	**2373445**	**2604724**	**4564414**		宝鸡	Baoji	23030	22389	100419	113
成都	Chengdu	1201256	1255057	2940663	2	咸阳	Xianyang	23842	88728	203770	73
自贡	Zigong	181063	156336	218210	70	渭南	Weinan	38542	35392	24807	221
攀枝花	Panzhihua	28979	46352	50595	174	延安	Yan'an	31967	8127	54158	167
泸州	Luzhou	43266	70429	112762	103	汉中	Hanzhong	4450	47470	35106	197
德阳	Deyang	72796	69172	99534	114	榆林	Yulin	17024	60881	122295	100
绵阳	Mianyang	80797	70755	111579	105	安康	Ankang	34276	28749	30706	207
广元	Guangyuan	36737	54830	68895	143	商洛	Shangluo	16435	26592	54786	166
遂宁	Suining	22703	57845	70726	140	**甘肃**	**Gansu**	**494608**	**634463**	**1459512**	
内江	Neijiang	31665	55023	67818	145	兰州	Lanzhou	330052	447912	1208824	7
乐山	Leshan	22346	29474	16373	236	嘉峪关	Jiayuguan	10676	17542	24960	220
南充	Nanchong	35000	40000	85600	124	金昌	Jinchang	26982	15727	5284	267
眉山	Meishan	10446	3410	66149	147	白银	Baiyin	6711	26308	9744	258
宜宾	Yibin	22335	113373	30477	208	天水	Tianshui	6033	11058	26578	215
广安	Guangan	14123	17800	17993	231	武威	Wuwei	22514	27054	18552	230
达州	Dazhou	13700	1032	19200	228	张掖	Zhangye	11907	1950	1344	278
雅安	Yaan	14031	3790	46119	181	平凉	Pingliang	25000	746	16360	237
巴中	Bazhong	105	8105	97709	116	酒泉	Jiuquan	4143	1582	7692	262
资阳	Ziyang	131520	291992	169136	84	庆阳	Qingyang	25298	23685	51919	171
贵州	**Guizhou**	**835059**	**1570968**	**1186129**		定西	Dingxi	11333	16708	12125	252
贵阳	Guiyang	774610	1021999	755616	15	陇南	Longnan	5829	13463	44489	187
六盘水	Liupanshui	1026	6278	2580	273	**青海**	**Qinghai**	**147522**	**257760**	**299172**	
遵义	Zunyi	6500	23000			西宁	Xining	129457	241763	280303	59
安顺	Anshun	9850	28636	135355	96	**宁夏**	**Ningxia**	**75452**	**159968**	**160696**	
毕节	Bijie	1140	4872			银川	Yinchuan	22921	76380	66723	146
铜仁	Tongren	6808	10238	56000	163	石嘴山	Shizuishan	13951	29404	17519	233
云南	**Yunnan**	**1808022**	**1166956**	**834891**		吴忠	Wuzhong	19686	19769	16638	235
昆明	Kunming	1349091	826976	419849	42	固原	Guyuan	8806	10695	43956	188
曲靖	Qujing	19090	16201			中卫	Zhongwei			4650	268
玉溪	Yuxi	28735	17080	33268	199	**新疆**	**Xinjiang**	**417450**	**511606**	**985136**	
保山	Baoshan	2000	3884	22318	224	乌鲁木齐	Urumqi	193579	285698	479445	35
昭通	Zhaotong	74737	61493	55946	164	克拉玛依	Karamay	9872	43463	30931	206

8-22 城市市政排水设施建设投资额（辖区）
Fixed Assets Investment in Sewerage of Urban Service Facilities (Districts under City)

单位：万元 (10 000 yuan)

地名	City	2010	2011	2012	2012 排名 Ranking
全国	**Nation Total**	**9015609**	**7700519**	**7044835**	
北京	**Beijing**	**172688**	**378303**	**400789**	
天津	**Tianjin**	**249114**	**151857**	**96370**	
河北	**Hebei**	**538504**	**356764**	**265854**	
石家庄	Shijiazhuang	91367	740	115500	5
唐山	Tangshan	207013	165970	18701	64
秦皇岛	Qinhuangdao	6598	4200	18613	65
邯郸	Handan	10305	6500	27958	39
邢台	Xingtai	1232	2556	789	221
保定	Baoding	27682	11345	6346	136
张家口	Zhangjiakou	12766	5479	4146	165
承德	Chengde	18836	15000	11950	99
沧州	Cangzhou	34712	52170	8254	121
廊坊	Langfang	29000	23813	6530	134
衡水	Hengshui		12000		
山西	**Shanxi**	**201559**	**164153**	**49193**	
太原	Taiyuan	70218			
大同	Datong	82585	85137	2340	184
阳泉	Yangquan	2427			
长治	Changzhi	16895		26500	41
晋城	Jincheng				
朔州	Shuozhou	6000	6730	1380	205
晋中	Jinzhong	5574	4680	6300	137
运城	Yuncheng	1623	2694		
忻州	Xinzhou	500			
临汾	Linfen	6080		1800	199
吕梁	Luliang	4290	56930		
内蒙古	**Inner Mongolia**	**398943**	**297980**	**296501**	
呼和浩特	Hohhot	47953	37820	81065	9
包头	Baotou	60957	116533	85456	8
乌海	Wuhai	150	17430	4855	157
赤峰	Chifeng	26756	14287	15120	81
通辽	Tongliao	4285	23409	2670	180
鄂尔多斯	Erdos	32712	22905	28387	37
呼伦贝尔	Hulunbuir	18814	9655	9943	110
巴彦淖尔	Bayannur	167000	11000	2000	193
乌兰察布	Ulanqab	1759	11505	1050	213
辽宁	**Liaoning**	**135585**	**667094**	**669831**	

地名	City	2010	2011	2012	2012 排名 Ranking
沈阳	Shenyang	32306	503561	424579	2
大连	Dalian	23796	27798	14666	83
鞍山	Anshan	12618	6687	50738	19
抚顺	Fushun	2738	23287	57024	16
本溪	Benxi	1644	2005	30361	35
丹东	Dandong		20604	871	217
锦州	Jinzhou	1700			
营口	Yingkou	5520	7470	2527	183
阜新	Fuxin	836	3000	12291	96
辽阳	Liaoyang	9223	24943	16354	76
盘锦	Panjin	8369	9618	71	233
铁岭	Tieling	292	2710	70	234
朝阳	Chaoyang			15600	79
葫芦岛	Huludao	5090			
吉林	**Jilin**	**113705**	**69705**	**50882**	
长春	Changchun	42205	21944		
吉林	Jilin	1060	2860		
四平	Siping				
辽源	Liaoyuan				
通化	Tonghua	15400	2800		
白山	Baishan	13909	3874	1202	210
松原	Songyuan	10348		4600	159
白城	Baicheng	6350	2090	5173	152
黑龙江	**Heilongjiang**	**228375**	**99762**	**135233**	
哈尔滨	Harbin	61923	1219	1160	211
齐齐哈尔	Qiqihar	38228	1009	13697	90
鸡西	Jixi	2670		7562	126
鹤岗	Hegang	8687	8908	6186	139
双鸭山	Shuangyashan	8755	2562	4530	161
大庆	Daqing	7259	20180	9091	118
伊春	Yichun	5044	13413	18201	67
佳木斯	Jiamusi	11600	6143	800	219
七台河	Qitaihe	7925	732	4431	162
牡丹江	Mudanjiang	380		32650	30
黑河	Heihe		1250	2600	181
绥化	Suihua	5683			
上海	**Shanghai**	**342661**	**114389**	**170844**	
江苏	**Jiangsu**	**847735**	**858305**	**720955**	

8-22 城市市政排水设施建设投资额（辖区） 续表 1
Fixed Assets Investment in Sewerage of Urban Service Facilities (Districts under City) continued 1

单位：万元 (10 000 yuan)

地名	City	2010	2011	2012	2012 排名 Ranking
南京	Nanjing	273190	268906	227865	3
无锡	Wuxi	124730	51425	33822	26
徐州	Xuzhou	17471	14840	6100	140
常州	Changzhou	9571	43326	25902	43
苏州	Suzhou	29458	22959	24612	46
南通	Nantong	112358	188150	156381	4
连云港	Lianyungang	3900	6700	16639	75
淮安	Huaian		5115	32486	31
盐城	Yancheng		8000	800	219
扬州	Yangzhou	521	8614	12246	97
镇江	Zhenjiang	32455	17191	24367	47
泰州	Taizhou	4000	9500	350	228
宿迁	Suqian	8444	15400	1230	209
浙江	**Zhejiang**	**343652**	**220710**	**255704**	
杭州	Hangzhou	51859	40843	28192	38
宁波	Ningbo	53171	39889	9659	115
温州	Wenzhou	14576	10521	50679	20
嘉兴	Jiaxing	23881	7768	7720	125
湖州	Huzhou	3050	2709	9634	116
绍兴	Shaoxing	4404	5034	9701	112
金华	Jinhua	11994	4355	1833	198
衢州	Quzhou	6077	11472	8905	119
舟山	Zhoushan	8045	11312	5196	151
台州	Taizhou	23955	19449	23066	51
丽水	Lishui	6361		370	227
安徽	**Anhui**	**241288**	**365305**	**355283**	
合肥	Hefei	43321	57783	6080	141
芜湖	Wuhu	17994	24216	28645	36
蚌埠	Bengbu	20488	42036	6050	142
淮南	Huainan	33852	19379	37151	25
马鞍山	Maanshan	14784	51394	68361	12
淮北	Huaibei	8350	62135	26320	42
铜陵	Tongling	5705	34000	21635	54
安庆	Anqing	3538	5197	7516	127
黄山	Huangshan	7966	6909	6267	138
滁州	Chuzhou	7030	5010	19320	60
阜阳	Fuyang	15221	7680	7439	129
宿州	Suzhou	4075	5428	5020	153
六安	Liuan	4869	4828	9674	114
亳州	Bozhou	13750	11284	10213	108
池州	Chizhou	3933	5495	23053	52
宣城	Xuancheng	20024	2600	3140	175
福建	**Fujian**	**145390**	**427750**	**192917**	
福州	Fuzhou	35322	291864	54323	17
厦门	Xiamen	27521	34060	58889	14
莆田	Putian	32567	19630	16707	74
三明	Sanming		1647		
泉州	Quanzhou	2114	33612	18404	66
漳州	Zhangzhou	5573	4278	11193	102
南平	Nanping	3830	400	1070	212
龙岩	Longyan	2915	5811	3500	172
宁德	Ningde	1772	9150	5990	144
江西	**Jiangxi**	**177934**	**132987**	**144547**	
南昌	Nanchang		8847	31083	34
景德镇	Jingdezhen	3700	8395	7228	131
萍乡	Pingxiang	3560	6227	1947	194
九江	Jiujiang	44834	24700	8000	123
新余	Xinyu	85270	26000	23438	49
鹰潭	Yingtan			11900	100
赣州	Ganzhou	17080	253	9688	113
吉安	Jian	1500	500	8500	120
宜春	Yichun	3900	696	4231	164
抚州	Fuzhou	8560	19764	15740	78
上饶	Shangrao	900	2100	1520	203
山东	**Shandong**	**592851**	**815891**	**518098**	
济南	Jinan	189400	404885	75251	10
青岛	Qingdao	34398	18906	70718	11
淄博	Zibo	14854	18014	9782	111
枣庄	Zaozhuang	10830	5949	19221	61
东营	Dongying	968	23281	42035	22
烟台	Yantai	18951	22914	17538	72
潍坊	Weifang	14524	6967	4543	160
济宁	Jining	25325	21482	5000	154
泰安	Taian	13002	13400	1550	202
威海	Weihai	21783	26473	27518	40
日照	Rizhao	7350	15400	12090	98
莱芜	Laiwu	5300	630	17925	68
临沂	Linyi	22592	53118	8158	122
德州	Dezhou	32300	320	17850	69
聊城	Liaocheng	1237	5397	11007	103

8-22 城市市政排水设施建设投资额（辖区） 续表 2
Fixed Assets Investment in Sewerage of Urban Service Facilities (Districts under City) continued 2

单位：万元 (10 000 yuan)

地名	City	2010	2011	2012	2012 排名 Ranking
滨州	Binzhou	12772	22051	1862	197
菏泽	Heze	16058	13500	820	218
河南	**Henan**	**200684**	**156574**	**256864**	
郑州	Zhengzhou	18518	2968	14500	84
开封	Kaifeng		11252		
洛阳	Luoyang	20699	12302	2537	182
平顶山	Pingdingshan	3660	1810	4027	167
安阳	Anyang	4310	7350	1798	200
鹤壁	Hebi	5610	3148	1288	208
新乡	Xinxiang	2427	1700	3919	168
焦作	Jiaozuo	150	3769	10345	107
濮阳	Puyang		11160	19124	63
许昌	Xuchang	60	700	3540	171
漯河	Luohe	16902	2580	15043	82
三门峡	Sanmenxia	70	300	261	231
南阳	Nanyang	48689	24703	41141	23
商丘	Shangqiu	17000		23960	48
信阳	Xinyang	1220	1880	350	228
周口	Zhoukou	12610	10084	13624	91
驻马店	Zhumadian	5631	41488	25240	45
湖北	**Hubei**	**244247**	**537115**	**947621**	
武汉	Wuhan	129891	410952	749817	1
黄石	Huangshi	13107	23100	13957	87
十堰	Shiyan	5187	11595	19140	62
宜昌	Yichang	2514	10646	21592	55
襄阳	Xiangfan	6269	3062	25633	44
鄂州	Ezhou	11320	7838	11310	101
荆门	Jingmen	6900	5620	442	226
孝感	Xiaogan	2200	4300	14500	84
荆州	Jingzhou		43		
黄冈	Huanggang	4980	2600	2100	191
咸宁	Xianning		38		
随州	Suizhou				
湖南	**Hunan**	**195493**	**208489**	**180476**	
长沙	Changsha	39913	26955	58059	15
株洲	Zhuzhou	16422	18328	16870	73
湘潭	Xiangtan	16204	14866	2185	190
衡阳	Hengyang	6959		5605	148
邵阳	Shaoyang	12760	7	450	225
岳阳	Yueyang	30360	47200	31582	33
常德	Changde	21755	6800	7031	132
张家界	Zhangjiajie	800			
益阳	Yiyang	5262	4184	3681	169
郴州	Chenzhou	16161	789		
永州	Yongzhou	6000	5800	14050	86
怀化	Huaihua			2700	179
娄底	Loudi	7500	10660	6030	143
广东	**Guangdong**	**2123562**	**594389**	**261968**	
广州	Guangzhou	1818524	130263	105924	6
韶关	Shaoguan	1880	1666	1355	206
深圳	Shenzhen		2300	5680	147
珠海	Zhuhai	35377	73329	61060	13
汕头	Shantou	23821	1000	13854	89
佛山	Foshan	43279	38547	132	232
江门	Jiangmen	18121	9739	12410	95
湛江	Zhanjiang	1042	3470	10844	105
茂名	Maoming		70	60	235
肇庆	Zhaoqing	13377	8336	7457	128
惠州	Huizhou	13484	6595	3040	176
梅州	Meizhou	1708			
汕尾	Shanwei	3000	4000	3000	177
河源	Heyuan		2713		
阳江	Yangjiang				
清远	Qingyuan		1646		
东莞	Dongguan	56063	254914	10101	109
中山	ZhongShan	31280	6427	1324	207
潮州	Chaozhou	2834	14856	880	216
揭阳	Jieyang	1100	5400		
云浮	Yunfu	3600	2740	1034	215
广西	**Guangxi**	**392515**	**179049**	**144828**	
南宁	Nanning	263368	69375	17589	71
柳州	Liuzhou	32512	23826	33811	27
桂林	Guilin	13539	15387	5564	149
梧州	Wuzhou	13322	2300	2244	188
北海	Beihai	1965	2805	6683	133
防城港	Fangchenggang	7694	16547	13227	92
钦州	Qinzhou	9683	16317	22684	53
贵港	Guigang	4337	2273	600	223
玉林	Yulin	5202	8806	1655	201
百色	Baise	5297	957		

8-22 城市市政排水设施建设投资额（辖区） 续表 3
Fixed Assets Investment in Sewerage of Urban Service Facilities (Districts under City) continued 3

单位：万元 (10 000 yuan)

地名	City	2010	2011	2012	2012 排名 Ranking
贺州	Hezhou	3710			
河池	Hechi	5513			
来宾	Laibin	4000	10751	10482	106
崇左	Chongzuo			680	222
海南	**Hainan**	**62734**	**67912**	**114712**	
海口	Haikou	46310	41529	98672	7
三亚	Sanya	6286	5667	5865	145
重庆	**Chongqing**	71549	175298	**154071**	
四川	**Sichuan**	**121658**	**169393**	**244019**	
成都	Chengdu	22378	45078	51968	18
自贡	Zigong	1800	3395	23090	50
攀枝花	Panzhihua	2287	2718	1049	214
泸州	Luzhou	12835	10767	10868	104
德阳	Deyang	6820	7182	4990	155
绵阳	Mianyang	10134	9106	13861	88
广元	Guangyuan	2200	18085	17615	70
遂宁	Suining	2280	2343	32867	29
内江	Neijiang	500	6100	4960	156
乐山	Leshan	5671	4956	9491	117
南充	Nanchong	28000	35000	39500	24
眉山	Meishan	18		1400	204
宜宾	Yibin	4778	5395	2050	192
广安	Guangan	4235	481		
达州	Dazhou				
雅安	Yaan			3576	170
巴中	Bazhong	3190	1500	3310	174
资阳	Ziyang			1900	196
贵州	**Guizhou**	**25876**	**79755**	**34773**	
贵阳	Guiyang	8172	60484	20595	57
六盘水	Liupanshui			300	230
遵义	Zunyi	2288	11830	5500	150
安顺	Anshun		150	3479	173
毕节	Bijie	749			
铜仁	Tongren				
云南	**Yunnan**	**436480**	**126847**	**94676**	
昆明	Kunming	315881	77401	47005	21
曲靖	Qujing	42247	2115	21382	56
玉溪	Yuxi				
保山	Baoshan	3000	5308	2329	185
昭通	Zhaotong	1921	100	2326	186
丽江	Lijiang	1850	5600		
普洱	Puer	5231		5800	146
临沧	Lincang		3004	550	224
西藏	**Tibet**			**786**	
拉萨	Lhasa				
陕西	**Shaanxi**	**150391**	**111479**	**97578**	
西安	Xi'an	103886	63904	33273	28
铜川	Tongchuan	9436	9447		
宝鸡	Baoji	20000	11751	20160	58
咸阳	Xianyang	2310	3012	19400	59
渭南	Weinan	1190	7080	13070	93
延安	Yan'an	4959	4280	4607	158
汉中	Hanzhong		935		
榆林	Yulin	1830			
安康	Ankang				
商洛	Shangluo	5580	2220		
甘肃	**Gansu**	**100885**	**49010**	**48750**	
兰州	Lanzhou	73668	37115	15438	80
嘉峪关	Jiayuguan	95	560	2245	187
金昌	Jinchang				
白银	Baiyin	280			
天水	Tianshui	5100	5232	2898	178
武威	Wuwei			2244	188
张掖	Zhangye				
平凉	Pingliang	8300	733	7370	130
酒泉	Jiuquan	6694	754		
庆阳	Qingyang	4629		6420	135
定西	Dingxi	199		4130	166
陇南	Longnan	1250	500		
青海	**Qinghai**	**32691**	**31685**	**8247**	
西宁	Xining	21500	30500	7800	124
宁夏	**Ningxia**	**16544**	**21641**	**7294**	
银川	Yinchuan	4836	10150	1905	195
石嘴山	Shizuishan	6865	3018		
吴忠	Wuzhong	3327	2388		
固原	Guyuan	793	2800	4408	163
中卫	Zhongwei	358	155		
新疆	**Xinjiang**	**110316**	**70928**	**125171**	
乌鲁木齐	Urumqi	34200	1760	16000	77
克拉玛依	Karamay	17128	7976	12998	94

8-23 城市市政园林绿化建设投资额（辖区）

Fixed Assets Investment in Landscaping of Urban Service Facilities (Districts under City)

单位：万元 (10 000 yuan)

地名	City	2010	2011	2012	2012 排名 Ranking
全国	**Nation Total**	**22970392**	**15462473**	**17986674**	
北京	**Beijing**	**654687**	**177822**	**1538045**	
天津	**Tianjin**	**140439**	**531232**	**582542**	
河北	**Hebei**	**1139362**	**1182860**	**636925**	
石家庄	Shijiazhuang	312817	398717	115303	30
唐山	Tangshan	145459	142788	35481	93
秦皇岛	Qinhuangdao	54786	51917	32900	97
邯郸	Handan	117312	163782	111700	33
邢台	Xingtai	32809	14717	3600	213
保定	Baoding	29049	8671		
张家口	Zhangjiakou	31290	2200	64439	59
承德	Chengde	23198	82680	62500	62
沧州	Cangzhou	34250	62000	22930	114
廊坊	Langfang	40400	2000	41980	81
衡水	Hengshui	119508	18472	8840	171
山西	**Shanxi**	**297291**	**329184**	**501599**	
太原	Taiyuan	131925	104322	111656	34
大同	Datong	87120	111971	125218	25
阳泉	Yangquan	23006	6543	4200	206
长治	Changzhi	624	8262	2604	227
晋城	Jincheng				
朔州	Shuozhou	9612	9996	59489	64
晋中	Jinzhong	10835	32382	36245	92
运城	Yuncheng	4100	17650	31073	101
忻州	Xinzhou	2860	6700	18000	126
临汾	Linfen	3677	201	39840	86
吕梁	Luliang		1532	15981	137
内蒙古	**Inner Mongolia**	**784633**	**1120686**	**1262789**	
呼和浩特	Hohhot	90561	110899	211902	12
包头	Baotou	115761	329313	195072	16
乌海	Wuhai	70000	65600	49586	72
赤峰	Chifeng	7181	5639	11339	155
通辽	Tongliao	31622	24434	96496	44
鄂尔多斯	Erdos	395667	306848	163584	18
呼伦贝尔	Hulunbuir	3700	5432	15188	142
巴彦淖尔	Bayannur	42000	45200	96641	42
乌兰察布	Ulanqab	5000	196387	360000	4
辽宁	**Liaoning**	**288607**	**988061**	**1207368**	
沈阳	Shenyang	92922	433740	662811	1
大连	Dalian	21976	94058	52954	68
鞍山	Anshan	6000	7756	15995	136
抚顺	Fushun	3200	170755	77052	52
本溪	Benxi	2800	13429	25934	110
丹东	Dandong	5049	27524	25837	111
锦州	Jinzhou	20573	53804	52757	69
营口	Yingkou	64422	71379	47770	76
阜新	Fuxin	3095	18800	21693	118
辽阳	Liaoyang	13036	18713	75700	54
盘锦	Panjin	5630	19373	12657	149
铁岭	Tieling	8312	620	1947	233
朝阳	Chaoyang	3470	4595		
葫芦岛	Huludao	900	1449	3500	214
吉林	**Jilin**	**120506**	**110586**	**148830**	
长春	Changchun	71909	72692	45658	80
吉林	Jilin	2968	1980	5700	194
四平	Siping				
辽源	Liaoyuan	300	960	822	247
通化	Tonghua	1840	2850		
白山	Baishan	7848	3286	3355	216
松原	Songyuan	6355	3600	20000	123
白城	Baicheng	1200	1950	1800	236
黑龙江	**Heilongjiang**	**172685**	**172644**	**260315**	
哈尔滨	Harbin	55844	50796	119322	28
齐齐哈尔	Qiqihar	16000	2500	3009	223
鸡西	Jixi	900	8000	1928	234
鹤岗	Hegang	7564	14894	15463	140
双鸭山	Shuangyashan	2055	1637	1643	240
大庆	Daqing	20608	32579	38200	88
伊春	Yichun	1593	1316	5336	196
佳木斯	Jiamusi	5876	2580	2920	224
七台河	Qitaihe	1790	11723	10161	163
牡丹江	Mudanjiang	14626	3610	15970	138
黑河	Heihe	2256	1015	2622	226
绥化	Suihua	5000	7000	8800	172
上海	**Shanghai**	**282119**	**254066**	**193000**	
江苏	**Jiangsu**	**1792150**	**1740457**	**2159628**	

8-23 城市市政园林绿化建设投资额（辖区） 续表 1
Fixed Assets Investment in Landscaping of Urban Service Facilities (Districts under City) continued 1

单位：万元 (10 000 yuan)

地名	City	2010	2011	2012	2012 排名 Ranking	地名	City	2010	2011	2012	2012 排名 Ranking
南京	Nanjing	291333	181105	154595	21	池州	Chizhou	16867	108962	29334	104
无锡	Wuxi	204742	100257	51415	70	宣城	Xuancheng	58282	42470	64850	58
徐州	Xuzhou	159834	116912	150747	22	**福建**	**Fujian**	**360633**	**491336**	**475659**	
常州	Changzhou	76884	157308	373697	3	福州	Fuzhou	202776	113593	133057	24
苏州	Suzhou	157283	244736	142388	23	厦门	Xiamen	8007	89515	48013	75
南通	Nantong	129719	238149	172442	17	莆田	Putian	23200	43343	15300	141
连云港	Lianyungang	74027	74265	109744	36	三明	Sanming	2106	4500	800	248
淮安	Huaian	74033	97329	91200	47	泉州	Quanzhou	966	38129	31821	100
盐城	Yancheng	63358	27170	17245	129	漳州	Zhangzhou	34595	99960	124869	26
扬州	Yangzhou	68738	111444	98891	41	南平	Nanping	3051	597	4036	207
镇江	Zhenjiang	116759	63175	277464	9	龙岩	Longyan	25400	23550	27750	107
泰州	Taizhou	66466	36806	26074	109	宁德	Ningde	11035	5140	2000	232
宿迁	Suqian	20083	45129	106833	39	**江西**	**Jiangxi**	**948889**	**625776**	**930401**	
浙江	**Zhejiang**	**389492**	**584933**	**722560**		南昌	Nanchang	52223	41223	341058	6
杭州	Hangzhou	100772	54804	64023	61	景德镇	Jingdezhen	56454	50250	46562	78
宁波	Ningbo	27300	96056	16184	135	萍乡	Pingxiang	15000	12900	24126	113
温州	Wenzhou	11358	74468	337248	7	九江	Jiujiang	360188	147721	96619	43
嘉兴	Jiaxing	33734	11629	14218	145	新余	Xinyu	84635	72417	48285	73
湖州	Huzhou	70760	103580	37345	90	鹰潭	Yingtan		20235	700	249
绍兴	Shaoxing	1187	2540	5125	197	赣州	Ganzhou	36477		6960	186
金华	Jinhua	19123	6283	10859	158	吉安	Jian	77367	43550	35134	94
衢州	Quzhou	8911	8717	11537	154	宜春	Yichun	34878	57891	114042	31
舟山	Zhoushan	3167	3902	2453	230	抚州	Fuzhou	102172	53463	118759	29
台州	Taizhou	4711	3372	7065	184	上饶	Shangrao	38204	37710	36270	91
丽水	Lishui	33950	29877	39212	87	**山东**	**Shandong**	**1083450**	**1492716**	**1760138**	
安徽	**Anhui**	**908628**	**961970**	**1033701**		济南	Jinan	55383	31412	22840	115
合肥	Hefei	94166	112945	86480	49	青岛	Qingdao	89368	70582	400277	2
芜湖	Wuhu	166867	57899	57031	66	淄博	Zibo	58414	57657	80042	51
蚌埠	Bengbu	63384	61855	195275	15	枣庄	Zaozhuang	23156	53439	93589	45
淮南	Huainan	142537	250259	243850	11	东营	Dongying	11999	19528	163229	19
马鞍山	Maanshan	28307	42418	87485	48	烟台	Yantai	89671	27566	48258	74
淮北	Huaibei	48820	68600	40170	85	潍坊	Weifang	72014	111611	18513	125
铜陵	Tongling	2929	4075	1869	235	济宁	Jining	44680	174697	65000	57
安庆	Anqing	5763	8487	700	249	泰安	Taian	29105	19782	14218	145
黄山	Huangshan	17250	14202	22038	117	威海	Weihai	41832	45475	47486	77
滁州	Chuzhou	113907	62990	68482	56	日照	Rizhao	123503	178420	121780	27
阜阳	Fuyang	15860	19372	21580	119	莱芜	Laiwu	7200	8220	29350	103
宿州	Suzhou	33597	17648	12842	148	临沂	Linyi	63498	61331	107213	38
六安	Liuan	19890	11300	3617	211	德州	Dezhou	73013	49363	4900	201
亳州	Bozhou	7010	21316	32689	98	聊城	Liaocheng	14712	13000	7077	183

8-23 城市市政园林绿化建设投资额（辖区） 续表 2
Fixed Assets Investment in Landscaping of Urban Service Facilities (Districts under City) continued 2

单位：万元 (10 000 yuan)

地名	City	2010	2011	2012	2012 排名 Ranking
滨州	Binzhou	39417	81350	62487	63
菏泽	Heze	35666	18000	305211	8
河南	**Henan**	**252500**	**243139**	**501140**	
郑州	Zhengzhou	59688	87747	92095	46
开封	Kaifeng	12938	21410	7213	182
洛阳	Luoyang	5738	3339	17471	128
平顶山	Pingdingshan	14079	200	11559	153
安阳	Anyang	5655	6464	22311	116
鹤壁	Hebi	10848	16688	7990	177
新乡	Xinxiang	12865	10132	6630	188
焦作	Jiaozuo	4853	1260	14705	144
濮阳	Puyang	3915	4951	8000	176
许昌	Xuchang	300	480	16220	134
漯河	Luohe	4500			
三门峡	Sanmenxia	6100		21000	121
南阳	Nanyang	7522	4610	112229	32
商丘	Shangqiu	750	10500	21500	120
信阳	Xinyang	30240	2325	24791	112
周口	Zhoukou	16593	1106	10390	161
驻马店	Zhumadian	4309	8381	28979	105
湖北	**Hubei**	**312204**	**411422**	**554619**	
武汉	Wuhan	122965	160803	355579	5
黄石	Huangshi	49950	39839	34893	96
十堰	Shiyan	3311	1485	5000	198
宜昌	Yichang	13446	11451	12573	150
襄阳	Xiangfan	24072	14184	5000	198
鄂州	Ezhou	8631	5870	4350	205
荆门	Jingmen	17610	20202	4556	202
孝感	Xiaogan	15700	7100	17480	127
荆州	Jingzhou	17586	9523	5811	192
黄冈	Huanggang	10400	9382	7400	181
咸宁	Xianning	350	2170	9000	170
随州	Suizhou	610	40000	17000	130
湖南	**Hunan**	**228165**	**254021**	**379454**	
长沙	Changsha	25500	66457	76533	53
株洲	Zhuzhou	5425	1925	8625	173
湘潭	Xiangtan	27309	2756	45952	79
衡阳	Hengyang	15900		500	251
邵阳	Shaoyang	2475	16150	13200	147
岳阳	Yueyang		4602	4000	208
常德	Changde	41381	53755	11200	156
张家界	Zhangjiajie		209	209	257
益阳	Yiyang	3580	1000	5861	191
郴州	Chenzhou	33765	64514	110523	35
永州	Yongzhou	4500	2110	27040	108
怀化	Huaihua	7000	3000	41118	83
娄底	Loudi	6520	12860	1680	239
广东	**Guangdong**	**9805087**	**398136**	**432893**	
广州	Guangzhou	194173	20389	9480	168
韶关	Shaoguan	2792		180	258
深圳	Shenzhen	16550	27418	16801	131
珠海	Zhuhai	4708	4617	3180	220
汕头	Shantou	706	778		
佛山	Foshan	22117	16372	333	255
江门	Jiangmen	2570	13970	30061	102
湛江	Zhanjiang	677	414	3136	222
茂名	Maoming		20	255	256
肇庆	Zhaoqing	6354	12615	1186	243
惠州	Huizhou	34435	53660	37632	89
梅州	Meizhou	10095		354	253
汕尾	Shanwei				
河源	Heyuan	43898	13463	1737	238
阳江	Yangjiang	3632			
清远	Qingyuan				
东莞	Dongguan	9421958	142733	197090	14
中山	ZhongShan	833	7276	1500	242
潮州	Chaozhou		1458		
揭阳	Jieyang	20123	1500	6880	187
云浮	Yunfu	353		366	252
广西	**Guangxi**	**482261**	**793074**	**555224**	
南宁	Nanning	173616	78789	72403	55
柳州	Liuzhou	114835	244315	106394	40
桂林	Guilin	52645	39422	109280	37
梧州	Wuzhou	2216	182733	8510	174
北海	Beihai	2727	8118	348	254
防城港	Fangchenggang	16530	22456	9178	169
钦州	Qinzhou	2875	12486	50672	71
贵港	Guigang	13739	11262	3920	209
玉林	Yulin	20671	44793	15051	143
百色	Baise	5660	3747	1603	241

8-23 城市市政园林绿化建设投资额（辖区） 续表 3
Fixed Assets Investment in Landscaping of Urban Service Facilities (Districts under City) continued 3

单位：万元 (10 000 yuan)

地名	City	2010	2011	2012	2012 排名 Ranking
贺州	Hezhou	280	2575	28318	106
河池	Hechi	6330	3257	7905	178
来宾	Laibin	41657	86279	85436	50
崇左	Chongzuo	1880	483	4516	203
海南	**Hainan**	**26765**	**53113**	**74181**	
海口	Haikou		27126	58106	65
三亚	Sanya	21047	5491	3309	217
重庆	**Chongqing**	**1060050**	**1417761**	**653055**	
四川	**Sichuan**	**227904**	**261557**	**325801**	
成都	Chengdu	53546	76210	16547	133
自贡	Zigong	46824	17855	41568	82
攀枝花	Panzhihua	4433	13609	12541	151
泸州	Luzhou	12296	31086	32188	99
德阳	Deyang	17792	4076	4903	200
绵阳	Mianyang	4958	5758	3363	215
广元	Guangyuan	6053	14454	1780	237
遂宁	Suining	16358	11175	4378	204
内江	Neijiang	2821	9430	15898	139
乐山	Leshan	149	4985	5674	195
南充	Nanchong	18000	25000	35000	95
眉山	Meishan	1335		3789	210
宜宾	Yibin	246	4150	64430	60
广安	Guangan	5636	2252	3137	221
达州	Dazhou	3088	1524		
雅安	Yaan	165	1245		
巴中	Bazhong	468	6257	20531	122
资阳	Ziyang	3400			
贵州	**Guizhou**	**21513**	**69955**	**73255**	
贵阳	Guiyang	19138	9643	878	245
六盘水	Liupanshui				
遵义	Zunyi				
安顺	Anshun		2769	11795	152
毕节	Bijie		5000		
铜仁	Tongren	2000			
云南	**Yunnan**	**106647**	**94981**	**71243**	
昆明	Kunming	19383	28674	19281	124
曲靖	Qujing	8510	12326		
玉溪	Yuxi	745			
保山	Baoshan	890	4734		
昭通	Zhaotong	12483	113		
丽江	Lijiang	7104	20000		
普洱	Puer	3000		6200	189
临沧	Lincang	6898		9834	166
西藏	**Tibet**	**2923**		**1532**	
拉萨	Lhasa	2923			
陕西	**Shaanxi**	**758271**	**275778**	**273413**	
西安	Xi'an	593417	155715	159099	20
铜川	Tongchuan	18122	19878	2754	225
宝鸡	Baoji	17300	4190	11200	156
咸阳	Xianyang	81571	41313	5757	193
渭南	Weinan	11000	7900	16750	132
延安	Yan'an	93	2400	1000	244
汉中	Hanzhong	200	10600	10000	165
榆林	Yulin	4500	3800	56300	67
安康	Ankang	7178			
商洛	Shangluo	6190	1882		
甘肃	**Gansu**	**152514**	**70825**	**260029**	
兰州	Lanzhou	110894	15983	198056	13
嘉峪关	Jiayuguan	3717		10469	160
金昌	Jinchang	1781	3032	3275	219
白银	Baiyin	843	4100	3300	218
天水	Tianshui	12704	9106	10750	159
武威	Wuwei			2551	228
张掖	Zhangye				
平凉	Pingliang	6245	16011	8210	175
酒泉	Jiuquan	3085	730	846	246
庆阳	Qingyang	7800	12438	7750	179
定西	Dingxi	2558	2728	6160	190
陇南	Longnan	120	4085	3609	212
青海	**Qinghai**	**17796**	**17388**	**11878**	
西宁	Xining	5853	6900	7424	180
宁夏	**Ningxia**	**43094**	**43242**	**40292**	
银川	Yinchuan	28167	9245	9626	167
石嘴山	Shizuishan	5800	4400	10205	162
吴忠	Wuzhong	8063	12807	10144	164
固原	Guyuan	1064	842	2525	229
中卫	Zhongwei		12148	2200	231
新疆	**Xinjiang**	**109127**	**293752**	**365165**	
乌鲁木齐	Urumqi	26733	236787	248363	10
克拉玛依	Karamay	4189	8226	40936	84

8-24 城市市政市容环境卫生建设投资额（辖区）
Fixed Assets Investment in Environmental Sanitation of Urban Service Facilities (Districts under City)

单位：万元 (10 000 yuan)

地名	City	2010	2011	2012	2012 排名 Ranking
全国	**Nation Total**	**3015940**	**3840640**	**2964754**	
北京	**Beijing**	**223438**	**920003**	**245277**	
天津	**Tianjin**	**64495**	**129768**	**85321**	
河北	**Hebei**	**111998**	**103548**	**106510**	
石家庄	Shijiazhuang	5695	510	2585	97
唐山	Tangshan	3565	689	48250	7
秦皇岛	Qinhuangdao	1622	518	13900	33
邯郸	Handan		1450		
邢台	Xingtai	1320	4425	1049	147
保定	Baoding	1220	300		
张家口	Zhangjiakou	12035			
承德	Chengde	9230	3200	15000	31
沧州	Cangzhou	6466	11281	996	148
廊坊	Langfang	4000	49780	8820	47
衡水	Hengshui	830	3610	1743	115
山西	**Shanxi**	**40630**	**74395**	**34052**	
太原	Taiyuan	15679	56259		
大同	Datong			680	166
阳泉	Yangquan	840	383		
长治	Changzhi		978		
晋城	Jincheng				
朔州	Shuozhou	1780	3850	339	186
晋中	Jinzhong		1088	6450	55
运城	Yuncheng	1000			
忻州	Xinzhou	14160	5000	5658	61
临汾	Linfen	3302	836	1146	143
吕梁	Luliang				
内蒙古	**Inner Mongolia**	**113277**	**89846**	**64371**	
呼和浩特	Hohhot	18207	11802	15256	29
包头	Baotou	4698	40952	13201	37
乌海	Wuhai	8660	435	3598	82
赤峰	Chifeng	1457	638	5384	67
通辽	Tongliao	545	1774	537	174
鄂尔多斯	Erdos	66440	1167	6434	56
呼伦贝尔	Hulunbuir	3709	8930	2244	104
巴彦淖尔	Bayannur		6000	1500	126
乌兰察布	Ulanqab	500	10344		
辽宁	**Liaoning**	**150367**	**340083**	**219080**	
沈阳	Shenyang	40677	279381	157848	2
大连	Dalian	52318	15517	30555	15
鞍山	Anshan	1200	889		
抚顺	Fushun	9226	5895	2760	93
本溪	Benxi	2104	1166	590	170
丹东	Dandong	2312	251	1263	141
锦州	Jinzhou	80			
营口	Yingkou	412	841	968	150
阜新	Fuxin	1259	3058	2186	105
辽阳	Liaoyang	404	1089	359	184
盘锦	Panjin	6137			
铁岭	Tieling	91	1628	262	188
朝阳	Chaoyang	5379	2869	7429	52
葫芦岛	Huludao	70	550	45	209
吉林	**Jilin**	**70564**	**58967**	**36949**	
长春	Changchun	52822	27874	12086	40
吉林	Jilin			2338	102
四平	Siping				
辽源	Liaoyuan	742	638		
通化	Tonghua			5914	60
白山	Baishan	392	1464	3237	86
松原	Songyuan	4000			
白城	Baicheng		2100	300	187
黑龙江	**Heilongjiang**	**33730**	**59436**	**78204**	
哈尔滨	Harbin	20361	13588	40251	12
齐齐哈尔	Qiqihar	1367	1128	4095	76
鸡西	Jixi			2483	98
鹤岗	Hegang	938	9381	1885	113
双鸭山	Shuangyashan		800		
大庆	Daqing		6000	5240	69
伊春	Yichun	1425	9576	7570	50
佳木斯	Jiamusi			250	192
七台河	Qitaihe		2154		
牡丹江	Mudanjiang	470	2267	4350	75
黑河	Heihe		50	1111	145
绥化	Suihua	813	1000		
上海	**Shanghai**	**58236**	**154591**	**149831**	
江苏	**Jiangsu**	**149205**	**185733**	**212947**	

8-24 城市市政市容环境卫生建设投资额（辖区） 续表 1
Fixed Assets Investment in Environmental Sanitation of Urban Service Facilities (Districts under City) continued 1

单位：万元 (10 000 yuan)

地名	City	2010	2011	2012	2012 排名 Ranking
南京	Nanjing	13108	9276	115921	4
无锡	Wuxi	14940	1710		
徐州	Xuzhou		31900	800	158
常州	Changzhou	57966	27596	16887	26
苏州	Suzhou	3076	2974	2786	92
南通	Nantong	500	4427	9138	45
连云港	Lianyungang	63	1050	1400	129
淮安	Huaian		600	1400	129
盐城	Yancheng		500	900	154
扬州	Yangzhou	1865	10262	1626	119
镇江	Zhenjiang	19394	34220	8381	48
泰州	Taizhou				
宿迁	Suqian		32400	2651	95
浙江	**Zhejiang**	**95147**	**101511**	**132773**	
杭州	Hangzhou	2478	1305	1381	133
宁波	Ningbo		1949	694	165
温州	Wenzhou	4550	5009	4997	71
嘉兴	Jiaxing	4075	4458	2304	103
湖州	Huzhou	221	17344	1634	118
绍兴	Shaoxing	922	1040	1998	112
金华	Jinhua	423	158	659	167
衢州	Quzhou	1517	1302	196	194
舟山	Zhoushan	16194	16024	734	161
台州	Taizhou	742	671	30390	16
丽水	Lishui	1082	1201	120	200
安徽	**Anhui**	**79827**	**90186**	**121712**	
合肥	Hefei	10929	29130	41416	10
芜湖	Wuhu	1280	8588	6220	57
蚌埠	Bengbu	17977	900	1700	117
淮南	Huainan	5653	4178	9078	46
马鞍山	Maanshan	1206	1266	377	183
淮北	Huaibei	3070	7600	70	207
铜陵	Tongling	13046	1554	547	173
安庆	Anqing	6003	14795		
黄山	Huangshan	4603	3965	1292	138
滁州	Chuzhou	2041	951	944	152
阜阳	Fuyang	3893	854	1399	131
宿州	Suzhou	1030	6295	2020	108
六安	Liuan	570	1680	2374	101
亳州	Bozhou	2055	1013	10	211
池州	Chizhou	542	997	4931	72
宣城	Xuancheng	703	325	7710	49
福建	**Fujian**	**213498**	**179091**	**147638**	
福州	Fuzhou	89372	9647	994	149
厦门	Xiamen	33823	50386	29385	17
莆田	Putian	16910	1206	12000	41
三明	Sanming	215	1202	180	196
泉州	Quanzhou	948	11572	3953	79
漳州	Zhangzhou	14000	23969	14114	32
南平	Nanping	1995	195		
龙岩	Longyan	1800	14680	21234	22
宁德	Ningde	24480	6320	2380	100
江西	**Jiangxi**	**61536**	**23107**	**59225**	
南昌	Nanchang	2526	7613	23702	19
景德镇	Jingdezhen	11671	1800		
萍乡	Pingxiang		1200		
九江	Jiujiang	20964	2136	2862	90
新余	Xinyu	1619	369	448	178
鹰潭	Yingtan				
赣州	Ganzhou		2000		
吉安	Jian	2600		4495	74
宜春	Yichun	289	299	2015	109
抚州	Fuzhou		443	1622	120
上饶	Shangrao	336	65	259	189
山东	**Shandong**	**171077**	**187537**	**243773**	
济南	Jinan	8334	14355	23061	20
青岛	Qingdao	27165	54895	50953	6
淄博	Zibo	1387	516	2936	89
枣庄	Zaozhuang	5810	2098	106	201
东营	Dongying	22577	7190	13000	38
烟台	Yantai	1995	7674	43968	8
潍坊	Weifang	866			
济宁	Jining	27			
泰安	Taian	437	2677	5420	65
威海	Weihai	14678	15269	15862	28
日照	Rizhao	16040	16876	41067	11
莱芜	Laiwu	10737	270	885	155
临沂	Linyi	740	1360	140	199
德州	Dezhou	16300	154	2680	94
聊城	Liaocheng	143		52	208

8-24 城市市政市容环境卫生建设投资额（辖区） 续表 2
Fixed Assets Investment in Environmental Sanitation of Urban Service Facilities (Districts under City) continued 2

单位：万元 (10 000 yuan)

地名	City	2010	2011	2012	2012 排名 Ranking
滨州	Binzhou			190	195
菏泽	Heze	740	1550	356	185
河南	**Henan**	**29467**	**26565**	**69399**	
郑州	Zhengzhou	11858	6558	18487	24
开封	Kaifeng	342		34014	13
洛阳	Luoyang		857	2623	96
平顶山	Pingdingshan	1668		203	193
安阳	Anyang	828	2004	1292	138
鹤壁	Hebi	1335	1387	641	168
新乡	Xinxiang	345	49		
焦作	Jiaozuo	61		407	181
濮阳	Puyang		180		
许昌	Xuchang		7032	529	175
漯河	Luohe	750	1630	450	177
三门峡	Sanmenxia				
南阳	Nanyang	2169	386	3780	80
商丘	Shangqiu		230		
信阳	Xinyang		132		
周口	Zhoukou	200	100	100	202
驻马店	Zhumadian	6160	940	258	190
湖北	**Hubei**	**198154**	**147318**	**194977**	
武汉	Wuhan	111706	85000	169353	1
黄石	Huangshi	44410	6200	5538	64
十堰	Shiyan	4300	954		
宜昌	Yichang	1102	4745	5395	66
襄阳	Xiangfan	383		443	179
鄂州	Ezhou	3500	3200	3500	83
荆门	Jingmen		5740	1510	125
孝感	Xiaogan	1240	2720		
荆州	Jingzhou	14200	200	398	182
黄冈	Huanggang	1800	800	3200	87
咸宁	Xianning				
随州	Suizhou		9216		
湖南	**Hunan**	**133458**	**115570**	**265525**	
长沙	Changsha	3600	9942	156052	3
株洲	Zhuzhou	2740	27533		
湘潭	Xiangtan	1658	17440	22394	21
衡阳	Hengyang	33077	5685	2143	106
邵阳	Shaoyang	8860			
岳阳	Yueyang	680	17363	17710	25

地名	City	2010	2011	2012	2012 排名 Ranking
常德	Changde	42352	1629	13291	36
张家界	Zhangjiajie			1600	121
益阳	Yiyang	1710	1318	1706	116
郴州	Chenzhou	1559	1680	13685	34
永州	Yongzhou	400	17761	7220	54
怀化	Huaihua	1622	1562	603	169
娄底	Loudi	880	1460	3990	78
广东	**Guangdong**	**588574**	**568038**	**141521**	
广州	Guangzhou	470146	39530	66344	5
韶关	Shaoguan			20	210
深圳	Shenzhen	21110	84275	5617	62
珠海	Zhuhai	8321	2728	1554	122
汕头	Shantou	2046	3078	753	160
佛山	Foshan	32211	316204		
江门	Jiangmen	8762	13852	15211	30
湛江	Zhanjiang	250	1644	4758	73
茂名	Maoming				
肇庆	Zhaoqing	2571	3258	756	159
惠州	Huizhou	4302	2905	5951	58
梅州	Meizhou	8600			
汕尾	Shanwei		8000	12000	41
河源	Heyuan	3985	3898	3240	85
阳江	Yangjiang				
清远	Qingyuan	455	478		
东莞	Dongguan	5234	14244	10369	44
中山	ZhongShan	8944	32835	4009	77
潮州	Chaozhou				
揭阳	Jieyang		3507		
云浮	Yunfu	58			
广西	**Guangxi**	**84073**	**63628**	**86008**	
南宁	Nanning	20205	759	1475	127
柳州	Liuzhou	4107	4886	3257	84
桂林	Guilin	13635	25908	43722	9
梧州	Wuzhou		535	1367	134
北海	Beihai	10299	9313	5208	70
防城港	Fangchenggang	1264	3544	1055	146
钦州	Qinzhou	3026	2398	2077	107
贵港	Guigang	2432	1866	852	156
玉林	Yulin	5707	6152	5932	59
百色	Baise	2563	302	1388	132

8-24 城市市政市容环境卫生建设投资额（辖区） 续表 3
Fixed Assets Investment in Environmental Sanitation of Urban Service Facilities (Districts under City) continued 3

单位：万元 (10 000 yuan)

地名	City	2010	2011	2012	2012 排名 Ranking
贺州	Hezhou	191	258	569	171
河池	Hechi	1796	458	960	151
来宾	Laibin	3075	401		
崇左	Chongzuo	1512	55	80	204
海南	**Hainan**	**18106**	**20587**	**23326**	
海口	Haikou		800	16000	27
三亚	Sanya	7747	190		
重庆	**Chongqing**	**12527**	**20085**	**27757**	
四川	**Sichuan**	**46199**	**40308**	**38937**	
成都	Chengdu	3633	15838	1349	135
自贡	Zigong				
攀枝花	Panzhihua	286	304	175	197
泸州	Luzhou	3545	4165	1514	124
德阳	Deyang	461			
绵阳	Mianyang	2805	4353	11238	43
广元	Guangyuan	2276	3384	7432	51
遂宁	Suining	1217	706	147	198
内江	Neijiang	113		3120	88
乐山	Leshan	2718	1250	695	164
南充	Nanchong	5000	4800	7420	53
眉山	Meishan	82		1238	142
宜宾	Yibin	375	25	76	206
广安	Guangan	9915	170	420	180
达州	Dazhou	423			
雅安	Yaan	387	42		
巴中	Bazhong		261	2800	91
资阳	Ziyang				
贵州	**Guizhou**	**14000**	**26076**	**5068**	
贵阳	Guiyang	9642	13902		
六盘水	Liupanshui		130	1288	140
遵义	Zunyi	1090			
安顺	Anshun		2648	1300	137
毕节	Bijie				
铜仁	Tongren				
云南	**Yunnan**	**39905**	**32692**	**63017**	
昆明	Kunming	27393	30451	26010	18
曲靖	Qujing				
玉溪	Yuxi	1198	1686	930	153
保山	Baoshan				
昭通	Zhaotong			2408	99
丽江	Lijiang	7500			
普洱	Puer				
临沧	Lincang				
西藏	**Tibet**				
拉萨	Lhasa				
陕西	**Shaanxi**	**68258**	**36612**	**42338**	
西安	Xi'an	33314	18915	13643	35
铜川	Tongchuan	6152	8846	12200	39
宝鸡	Baoji	3596	1569	850	157
咸阳	Xianyang	12583	1416		
渭南	Weinan			5565	63
延安	Yan'an	2834	2000	1829	114
汉中	Hanzhong	210	874	463	176
榆林	Yulin	491	1432	1999	111
安康	Ankang				
商洛	Shangluo	2835			
甘肃	**Gansu**	**88815**	**12754**	**10289**	
兰州	Lanzhou	51947	1214	555	172
嘉峪关	Jiayuguan			720	162
金昌	Jinchang	559		256	191
白银	Baiyin	34926			
天水	Tianshui			3600	81
武威	Wuwei		530		
张掖	Zhangye				
平凉	Pingliang		5226	1450	128
酒泉	Jiuquan	164	540	80	204
庆阳	Qingyang		4555	100	202
定西	Dingxi		46	1304	136
陇南	Longnan			2000	110
青海	**Qinghai**	**8789**	**10330**	**980**	
西宁	Xining	7900	9600		
宁夏	**Ningxia**	**7910**	**5695**	**5063**	
银川	Yinchuan	2480	2539		
石嘴山	Shizuishan	752	628	1115	144
吴忠	Wuzhong	262	1622		
固原	Guyuan	3996	615	710	163
中卫	Zhongwei		291	1553	123
新疆	**Xinjiang**	**40680**	**16580**	**52886**	
乌鲁木齐	Urumqi	29757		31344	14
克拉玛依	Karamay	1541	3441	5302	68

8-25 城市市政公用设施建设新增固定资产投资额（辖区）
Newly Added Fixed Assets Investment in Urban Service Facilities (Districts under City)

单位：万元 (10 000 yuan)

地名	City	2010	2011	2012	2012 排名 Ranking
全国	**Nation Total**	**88147149**	**90202547**	**93908964**	
北京	**Beijing**	**3345022**	**2959041**	**3174952**	
天津	**Tianjin**	**1901462**	**2143822**	**1429853**	
河北	**Hebei**	**5136977**	**4029631**	**4418829**	
石家庄	Shijiazhuang	841269	179287	846748	16
唐山	Tangshan	554837	826328	198644	91
秦皇岛	Qinhuangdao	289265	617660	469628	37
邯郸	Handan	588252	155542	366072	50
邢台	Xingtai	662557	160247	251423	77
保定	Baoding	294451	222370	166938	102
张家口	Zhangjiakou	492138	401787	292382	64
承德	Chengde	200950	218600	284320	66
沧州	Cangzhou	73446	143713	40071	215
廊坊	Langfang	55871	52649	75005	163
衡水	Hengshui	139899	338513	134714	117
山西	**Shanxi**	**1208573**	**2525276**	**2431760**	
太原	Taiyuan	247446	1180436	1179361	9
大同	Datong	453760	608333	278989	69
阳泉	Yangquan	55040	29200	55238	181
长治	Changzhi	50688	32944	49210	193
晋城	Jincheng		90189		
朔州	Shuozhou	10723	168506	90800	149
晋中	Jinzhong	67446	36371	127065	120
运城	Yuncheng	25193	30894	33478	223
忻州	Xinzhou	44352	50860	221728	85
临汾	Linfen	57160	51333	44267	206
吕梁	Luliang	6477	80149	46386	204
内蒙古	**Inner Mongolia**	**2683104**	**4706472**	**4153773**	
呼和浩特	Hohhot	247846	687330	704233	22
包头	Baotou	544923	760443	266929	72
乌海	Wuhai	118710	139100	150200	110
赤峰	Chifeng	91051	79783	142500	112
通辽	Tongliao	73400	63419	259443	75
鄂尔多斯	Erdos	889980	1923738	1127549	11
呼伦贝尔	Hulunbuir	152468	153617	360812	51
巴彦淖尔	Bayannur	329000	114000	211526	89
乌兰察布	Ulanqab	48420	487270	580552	25
辽宁	**Liaoning**	**5310915**	**6840011**	**6864716**	
沈阳	Shenyang	3503328	4564043	4612572	2
大连	Dalian	494581	436831	232571	81
鞍山	Anshan	107474	145230	164928	105
抚顺	Fushun	269269	417894	441455	40
本溪	Benxi	51164	75132	67027	170
丹东	Dandong	83959	103690	320946	56
锦州	Jinzhou	56936	105084	48497	197
营口	Yingkou	117775	83552	78924	160
阜新	Fuxin	23383	72903	54988	182
辽阳	Liaoyang	96226	216578	174750	98
盘锦	Panjin	104571	55102	36225	219
铁岭	Tieling	17480	18375	24758	239
朝阳	Chaoyang	37004	32828	42441	208
葫芦岛	Huludao	39703	100045	18417	253
吉林	**Jilin**	**1590440**	**1643232**	**2136547**	
长春	Changchun	1188423	837052	1403328	7
吉林	Jilin	24738	85102	48656	195
四平	Siping	13000	132847	35418	221
辽源	Liaoyuan	13412	33849	31022	227
通化	Tonghua	28933	66274	25955	236
白山	Baishan	23440	28458	48325	198
松原	Songyuan	60470	22427	52900	188
白城	Baicheng	30945	157544	44403	205
黑龙江	**Heilongjiang**	**1872650**	**2690121**	**2566023**	
哈尔滨	Harbin	1172389	1628574	1140319	10
齐齐哈尔	Qiqihar	27838	29117	39356	216
鸡西	Jixi	22400	42399	68571	168
鹤岗	Hegang	52232	23523	40898	212
双鸭山	Shuangyashan	29802	27562	22953	243
大庆	Daqing	214058	367699	312313	58
伊春	Yichun	56919	65233	137056	115
佳木斯	Jiamusi	16391	63637	20503	249
七台河	Qitaihe	15832	52582	79034	159
牡丹江	Mudanjiang	38232	67183	181378	94
黑河	Heihe	18556	17285	21727	245
绥化	Suihua	17096	21898	49986	191
上海	**Shanghai**	**3704836**	**825301**	**2374523**	
江苏	**Jiangsu**	**11141951**	**9713772**	**8891860**	

8-25 城市市政公用设施建设新增固定资产投资额（辖区） 续表 1

Newly Added Fixed Assets Investment in Urban Service Facilities (Districts under City) continued 1

单位：万元 (10 000 yuan)

地名	City	2010	2011	2012	2012 排名 Ranking	地名	City	2010	2011	2012	2012 排名 Ranking
南京	Nanjing	1932517	1859283	1188163	8	池州	Chizhou	99680	159981	296740	63
无锡	Wuxi	2329882	1283887	384927	46	宣城	Xuancheng	180121	172093	231560	82
徐州	Xuzhou	303131	248279	575857	27	**福建**	**Fujian**	**2069601**	**2363191**	**3109090**	
常州	Changzhou	1977722	687869	607632	23	福州	Fuzhou	708744	13605	17973	254
苏州	Suzhou	555204	447633	1037897	12	厦门	Xiamen	100071	194203	555012	31
南通	Nantong	922481	1804748	1428395	6	莆田	Putian	454045	613659	580412	26
连云港	Lianyungang	205087	163808	298471	61	三明	Sanming	7576	14273	3685	272
淮安	Huaian	305802	243806	298056	62	泉州	Quanzhou	220464	908862	899835	13
盐城	Yancheng	151304	197753	46445	203	漳州	Zhangzhou	63234	40196	219051	88
扬州	Yangzhou	316599	302130	381885	48	南平	Nanping	2300	1212	18954	252
镇江	Zhenjiang	354862	687570	866710	15	龙岩	Longyan	88362	64824	148687	111
泰州	Taizhou	138764	228557	122229	128	宁德	Ningde	63996	88347	79894	156
宿迁	Suqian	65332	162754	220834	87	**江西**	**Jiangxi**	**2843733**	**2831760**	**2725364**	
浙江	**Zhejiang**	**3446333**	**3286960**	**3910912**		南昌	Nanchang	27505	358268	572566	28
杭州	Hangzhou	575862	410020	763782	20	景德镇	Jingdezhen		173287	134816	116
宁波	Ningbo	1188336	1188845	802521	18	萍乡	Pingxiang	66890	47752	6460	268
温州	Wenzhou	56881	71944	600429	24	九江	Jiujiang	1326179	479338	445591	39
嘉兴	Jiaxing	203450	130181	88819	151	新余	Xinyu	212589	295174	328379	54
湖州	Huzhou	295504	215611	112257	135	鹰潭	Yingtan		40101		
绍兴	Shaoxing	188088	163643	54051	187	赣州	Ganzhou	469176	482659	48903	194
金华	Jinhua	52189	44527	37814	218	吉安	Jian	151470	81598	166834	103
衢州	Quzhou	40319	66306	54286	186	宜春	Yichun	184337	99304	102052	139
舟山	Zhoushan	64122	29007	71210	164	抚州	Fuzhou	76283	332999	396985	42
台州	Taizhou	58791	70714	79228	157	上饶	Shangrao	116045	50731	92744	147
丽水	Lishui	148948	51159	24789	238	**山东**	**Shandong**	**4620312**	**6608743**	**6464288**	
安徽	**Anhui**	**2577343**	**3744866**	**4199787**		济南	Jinan	260494	223074	373565	49
合肥	Hefei	483825	802319	385032	45	青岛	Qingdao	403232	1807487	882938	14
芜湖	Wuhu	379118	531450	314836	57	淄博	Zibo	303602	297758	224467	84
蚌埠	Bengbu	236251	167098	461360	38	枣庄	Zaozhuang	145228	189845	266547	73
淮南	Huainan	41871	37903	554883	32	东营	Dongying	102362	126138	344246	53
马鞍山	Maanshan	224073	203731	274723	70	烟台	Yantai	218538	137565	155592	107
淮北	Huaibei	47362	468276	304741	59	潍坊	Weifang	178476	301446	166004	104
铜陵	Tongling	25139	54894	62854	174	济宁	Jining	272936	310148	279905	68
安庆	Anqing	68794	64755	99631	141	泰安	Taian	203768	248624	231088	83
黄山	Huangshan	66255	89255	84571	153	威海	Weihai	184988	224570	246138	78
滁州	Chuzhou	208073	442377	237908	79	日照	Rizhao	271331	331063	323758	55
阜阳	Fuyang	127992	117296	100060	140	莱芜	Laiwu	85992	110638	79196	158
宿州	Suzhou	80715	116744	112678	134	临沂	Linyi	399996	267256	387604	44
六安	Liuan	54420	43710	63490	172	德州	Dezhou	214302	285978	532780	34
亳州	Bozhou	108304	112801	126149	122	聊城	Liaocheng	24955	62504	121088	129

8-25 城市市政公用设施建设新增固定资产投资额（辖区） 续表 2
Newly Added Fixed Assets Investment in Urban Service Facilities (Districts under City) continued 2

单位：万元 (10 000 yuan)

地名	City	2010	2011	2012	2012 排名 Ranking
滨州	Binzhou	103846	226751	119180	131
菏泽	Heze	88155	64370	62292	175
河南	**Henan**	**1294903**	**1728352**	**2403111**	
郑州	Zhengzhou	259313	332013	569472	29
开封	Kaifeng	104896	170715	129780	119
洛阳	Luoyang	40060	109502	142081	113
平顶山	Pingdingshan	47610	43184	27646	232
安阳	Anyang	76333	94775	46741	202
鹤壁	Hebi	19468	57560	26786	233
新乡	Xinxiang	40486	25147	57060	179
焦作	Jiaozuo	47162	82271	91652	148
濮阳	Puyang	3915	65520	46764	201
许昌	Xuchang	2462	17282	63282	173
漯河	Luohe	32989	25526	69215	166
三门峡	Sanmenxia	27297	50821	70950	165
南阳	Nanyang	87575	81928	412758	41
商丘	Shangqiu	19708	33787	114300	133
信阳	Xinyang	43195	26026	35554	220
周口	Zhoukou	57230	28587	41340	210
驻马店	Zhumadian	42966	145331	54965	183
湖北	**Hubei**	**4540902**	**7096737**	**8336211**	
武汉	Wuhan	3507596	5880867	6626204	1
黄石	Huangshi	211124	119655	174193	99
十堰	Shiyan	41979	125058	153397	109
宜昌	Yichang	91279	153830	188963	92
襄阳	Xiangfan	87888	55407	262946	74
鄂州	Ezhou	90701	74590	87531	152
荆门	Jingmen	76434	109086	97906	142
孝感	Xiaogan	15400	32500	120050	130
荆州	Jingzhou	27699	11758	88845	150
黄冈	Huanggang	15050	21400	19900	251
咸宁	Xianning	10420	2208	13276	260
随州	Suizhou	2711	63559	17000	255
湖南	**Hunan**	**3650309**	**3113617**	**2413929**	
长沙	Changsha	1441400	440001	516478	35
株洲	Zhuzhou	192905	371034	349693	52
湘潭	Xiangtan	111531	42373	203572	90
衡阳	Hengyang	676505	667072	220920	86
邵阳	Shaoyang	51611	56584	59014	178
岳阳	Yueyang	166900	295730	271819	71
常德	Changde	388782	361256	280864	67
张家界	Zhangjiajie		20200	28800	228
益阳	Yiyang	35882	41975	54495	185
郴州	Chenzhou	176107	251113	51072	190
永州	Yongzhou	54590	133352	41224	211
怀化	Huaihua	55172	31951	24008	242
娄底	Loudi	47090	63391		
广东	**Guangdong**	**12204434**	**5608584**	**4276556**	
广州	Guangzhou	1387287	1494219	766780	19
韶关	Shaoguan	4142	5434	9287	263
深圳	Shenzhen	46172	2814350	2041066	4
珠海	Zhuhai	199644	113095	563647	30
汕头	Shantou	42044	32759	28513	229
佛山	Foshan	294181	379651	115601	132
江门	Jiangmen	36411	109850	123556	125
湛江	Zhanjiang			3350	273
茂名	Maoming	2682	6621	9263	264
肇庆	Zhaoqing	188024	146446	52366	189
惠州	Huizhou	10612	72688	107893	136
梅州	Meizhou				
汕尾	Shanwei	10880	6900	14700	258
河源	Heyuan	205739	29954	177378	96
阳江	Yangjiang	28564			
清远	Qingyuan	9253	16070	16540	256
东莞	Dongguan	9538960	98837	83069	154
中山	ZhongShan	74479	117380	47806	200
潮州	Chaozhou		4017	993	276
揭阳	Jieyang		17686		
云浮	Yunfu	1256	13212	4014	271
广西	**Guangxi**	**2023461**	**2013416**	**1851561**	
南宁	Nanning	528223	306865	170224	101
柳州	Liuzhou	506987	406134	547470	33
桂林	Guilin	391938	289433	164491	106
梧州	Wuzhou	26122	58504	48544	196
北海	Beihai	10085	60438	69195	167
防城港	Fangchenggang	78671	135433	92930	146
钦州	Qinzhou	33117	93339	106646	138
贵港	Guigang	21598	19908	28140	230
玉林	Yulin	192184	211297	180816	95
百色	Baise	15642	86547	21580	246

8-25 城市市政公用设施建设新增固定资产投资额（辖区） 续表 3

Newly Added Fixed Assets Investment in Urban Service Facilities (Districts under City) continued 3

单位：万元 (10 000 yuan)

地名	City	2010	2011	2012	2012 排名 Ranking
贺州	Hezhou	5337	5250	33300	225
河池	Hechi	599	17094	33466	224
来宾	Laibin	52598	157599	131802	118
崇左	Chongzuo	9505	9737	3104	274
海南	**Hainan**	**102202**	**256910**	**656783**	
海口	Haikou	24288	92038	382863	47
三亚	Sanya	47355	20135	14829	257
重庆	**Chongqing**	**2798739**	**4375492**	**2265339**	
四川	**Sichuan**	**2078176**	**2266160**	**4116962**	
成都	Chengdu	895367	934333	2082771	3
自贡	Zigong	238580	172371	287287	65
攀枝花	Panzhihua	19235	45978	96072	145
泸州	Luzhou	51973	98832	123456	126
德阳	Deyang	95338	57476	97789	143
绵阳	Mianyang	41083	62405	96420	144
广元	Guangyuan	40450	50303	123372	127
遂宁	Suining	37369	77491	140663	114
内江	Neijiang	10016	16978	64993	171
乐山	Leshan	32995	30272	42753	207
南充	Nanchong	96000	139000	188320	93
眉山	Meishan	3873	3334	21139	248
宜宾	Yibin	143	7729	21437	247
广安	Guangan	46600	22181	24583	241
达州	Dazhou	8735	8556	24606	240
雅安	Yaan			14111	259
巴中	Bazhong	2240	19797	126505	121
资阳	Ziyang	9981	184424	176397	97
贵州	**Guizhou**	**758257**	**1123823**	**1418573**	
贵阳	Guiyang	680865	804658	827562	17
六盘水	Liupanshui		5886	8488	266
遵义	Zunyi	12463	30000		
安顺	Anshun	9850	35187	155403	108
毕节	Bijie	1889	9872		
铜仁	Tongren	8276		67102	169
云南	**Yunnan**	**1803397**	**1307035**	**1288675**	
昆明	Kunming	1155782	793263	714431	21
曲靖	Qujing	265198	115209	124953	124
玉溪	Yuxi	40538	29752	21740	244
保山	Baoshan	5890	13926	26647	234
昭通	Zhaotong	105486	65201	61280	176

地名	City	2010	2011	2012	2012 排名 Ranking
丽江	Lijiang	18777	24500	5000	270
普洱	Puer	9870	15248	20000	250
临沧	Lincang	9591	16424	42063	209
西藏	**Tibet**	**20019**	**14158**	**17527**	
拉萨	Lhasa	20019	14158	11000	261
陕西	**Shaanxi**	**1946436**	**1625308**	**1849253**	
西安	Xi'an	1340468	800169	477286	36
铜川	Tongchuan	40896	114946	5954	269
宝鸡	Baoji	102814	82594	170829	100
咸阳	Xianyang	131615	138402	302667	60
渭南	Weinan	58732	78322	76179	162
延安	Yan'an	50197	8762	81153	155
汉中	Hanzhong	4860	44760	78301	161
榆林	Yulin	28145	79567	234994	80
安康	Ankang	165753	186466	257019	76
商洛	Shangluo		10197	54786	184
甘肃	**Gansu**	**363108**	**472356**	**414658**	
兰州	Lanzhou	92671	139464	38239	217
嘉峪关	Jiayuguan	15679	36744	49300	192
金昌	Jinchang	29322	23679	8815	265
白银	Baiyin	46545	32353	31487	226
天水	Tianshui	16653	24278	25701	237
武威	Wuwei	39908	38584	47842	199
张掖	Zhangye	14492	6380	1430	275
平凉	Pingliang	13104	32287	56310	180
酒泉	Jiuquan	25579	9669	33618	222
庆阳	Qingyang	42085	37332	40647	214
定西	Dingxi	13790	19202	10987	262
陇南	Longnan	120	19632	6834	267
青海	**Qinghai**	**238657**	**414760**	**421090**	
西宁	Xining	195203	370157	388902	43
宁夏	**Ningxia**	**227034**	**245261**	**312119**	
银川	Yinchuan	147941	70690	125721	123
石嘴山	Shizuishan	1324	61903	26482	235
吴忠	Wuzhong	38108	43180	40849	213
固原	Guyuan	17565	17772	60755	177
中卫	Zhongwei	4203	13094	28102	231
新疆	**Xinjiang**	**643863**	**1628379**	**3014340**	
乌鲁木齐	Urumqi	190942	921412	1857409	5
克拉玛依	Karamay	33932	83118	107441	137

8-26 城市供水综合生产能力（辖区）
Integrated Production Capacity of Urban Water Supply (Districts under City)

单位：万立方米/日 (10, 000 m³/day)

地名	City	2010	2011	2012	2012 排名 Ranking	地名	City	2010	2011	2012	2012 排名 Ranking
全国	**Nation Total**	**27601.5**	**26668.7**	**27177.3**		沈阳	Shenyang	175.4	182.3	193.5	18
北京	**Beijing**	**1604.1**	**1588.3**	**1644.2**		大连	Dalian	164.6	169.4	163.0	24
天津	**Tianjin**	**405.2**	**429.4**	**439.5**		鞍山	Anshan	158.3	163.0	163.0	24
河北	**Hebei**	**888.9**	**995.8**	**974.2**		抚顺	Fushun	130.3	130.3	131.0	34
石家庄	Shijiazhuang	103.7	126.7	126.7	37	本溪	Benxi	154.5	150.0	117.6	44
唐山	Tangshan	129.0	129.9	130.0	36	丹东	Dandong	93.5	45.4	47.4	116
秦皇岛	Qinhuangdao	41.7	41.7	44.0	123	锦州	Jinzhou	82.6	76.6	72.6	74
邯郸	Handan	98.5	98.5	98.5	54	营口	Yingkou	50.0	50.0	56.3	95
邢台	Xingtai	53.6	53.6	53.6	102	阜新	Fuxin	38.0	38.0	38.0	139
保定	Baoding	41.0	119.0	98.0	55	辽阳	Liaoyang	92.6	86.5	87.2	60
张家口	Zhangjiakou	100.3	100.3	100.3	53	盘锦	Panjin	30.6	30.6	30.6	158
承德	Chengde	29.8	30.6	30.6	159	铁岭	Tieling	21.5	21.4	21.6	196
沧州	Cangzhou	25.0	25.0	25.0	182	朝阳	Chaoyang	25.3	25.3	28.6	165
廊坊	Langfang	22.5	22.5	22.7	193	葫芦岛	Huludao	37.9	41.0	41.0	127
衡水	Hengshui	10.9	11.3	10.1	254	吉林	**Jilin**	**735.5**	**758.6**	**747.5**	
山西	**Shanxi**	**356.0**	**422.4**	**442.5**		长春	Changchun	110.4	110.4	124.4	41
太原	Taiyuan	111.3	151.3	182.1	22	吉林	Jilin	411.0	411.0	375.5	6
大同	Datong	56.6	55.3	55.3	98	四平	Siping	19.6	22.6	23.6	188
阳泉	Yangquan	26.8	26.1	26.1	174	辽源	Liaoyuan	18.0	30.0	30.0	161
长治	Changzhi	41.3	41.3	28.8	163	通化	Tonghua	14.0	14.2	14.0	244
晋城	Jincheng	13.0	26.0	26.0	175	白山	Baishan	14.1	14.2	16.8	226
朔州	Shuozhou	11.7	18.0	18.0	221	松原	Songyuan	17.1	18.6	18.6	218
晋中	Jinzhong	9.0	10.0	10.0	255	白城	Baicheng	14.0	14.0	11.0	251
运城	Yuncheng	16.0	16.0	16.0	232	黑龙江	**Heilongjiang**	**830.2**	**855.5**	**891.0**	
忻州	Xinzhou	6.6	6.6	6.6	271	哈尔滨	Harbin	223.4	224.9	221.1	13
临汾	Linfen	14.6	14.6	14.6	241	齐齐哈尔	Qiqihar	34.9	39.0	39.0	136
吕梁	Luliang	4.9	4.9	4.9	280	鸡西	Jixi	29.0	29.0	26.0	175
内蒙古	**Inner Mongolia**	**341.6**	**357.4**	**378.7**		鹤岗	Hegang	26.0	19.8	20.6	203
呼和浩特	Hohhot	55.3	55.3	55.6	97	双鸭山	Shuangyashan	26.5	26.5	26.5	172
包头	Baotou	52.7	53.2	62.7	85	大庆	Daqing	167.7	180.2	192.7	20
乌海	Wuhai	48.4	48.4	48.4	111	伊春	Yichun	23.9	27.1	27.3	170
赤峰	Chifeng	39.7	39.7	39.7	131	佳木斯	Jiamusi	44.5	45.9	46.0	119
通辽	Tongliao	45.8	45.8	45.8	120	七台河	Qitaihe	34.1	34.3	68.3	80
鄂尔多斯	Erdos	10.3	17.0	18.0	221	牡丹江	Mudanjiang	130.2	130.2	130.3	35
呼伦贝尔	Hulunbuir	14.0	14.0	14.0	244	黑河	Heihe	7.5	7.5	7.5	268
巴彦淖尔	Bayannur	4.4	6.9	8.1	265	绥化	Suihua	19.9	21.2	21.2	197
乌兰察布	Ulanqab	6.1	9.0	9.6	261	上海	**Shanghai**	**1465.6**	**1150.0**	**1145.0**	
辽宁	**Liaoning**	**1391.1**	**1354.6**	**1339.1**		江苏	**Jiangsu**	**2714.7**	**2757.2**	**2749.8**	

8-26 城市供水综合生产能力（辖区） 续表 1

Integrated Production Capacity of Urban Water Supply (Districts under City) continued 1

单位：万立方米/日 (10, 000 m³/day)

地名	City	2010	2011	2012	2012 排名 Ranking	地名	City	2010	2011	2012	2012 排名 Ranking
南京	Nanjing	645.8	642.6	633.8	4	池州	Chizhou	9.5	9.5	17.0	225
无锡	Wuxi	241.0	230.0	260.0	10	宣城	Xuancheng	19.7	18.6	20.1	207
徐州	Xuzhou	94.2	117.9	95.5	56	福建	**Fujian**	**676.4**	**682.9**	**721.0**	
常州	Changzhou	182.5	182.5	197.5	17	福州	Fuzhou	148.5	146.7	156.7	26
苏州	Suzhou	242.1	242.1	348.9	7	厦门	Xiamen	116.0	121.8	121.8	43
南通	Nantong	137.5	137.5	132.5	32	莆田	Putian	38.9	38.9	38.9	137
连云港	Lianyungang	39.1	39.1	39.1	134	三明	Sanming	74.9	74.9	74.9	69
淮安	Huaian	50.4	97.9	69.9	77	泉州	Quanzhou	42.0	55.3	55.3	98
盐城	Yancheng	30.0	41.0	34.0	145	漳州	Zhangzhou	32.5	32.5	32.5	151
扬州	Yangzhou	71.0	82.4	80.7	62	南平	Nanping	16.5	16.5	16.5	227
镇江	Zhenjiang	54.5	52.0	68.0	81	龙岩	Longyan	15.8	15.8	20.8	200
泰州	Taizhou	57.0	42.0	42.0	125	宁德	Ningde	7.5	7.5	13.0	246
宿迁	Suqian	23.5	34.0	26.0	175	江西	**Jiangxi**	**459.2**	**444.8**	**435.9**	
浙江	**Zhejiang**	**1519.9**	**1524.6**	**1537.8**		南昌	Nanchang	153.0	133.0	133.5	31
杭州	Hangzhou	320.0	320.0	320.0	8	景德镇	Jingdezhen	23.9	24.4	24.8	185
宁波	Ningbo	247.0	247.0	225.0	12	萍乡	Pingxiang	23.5	14.1	15.0	238
温州	Wenzhou	110.0	110.0	110.0	46	九江	Jiujiang	34.0	34.0	34.0	145
嘉兴	Jiaxing	49.1	54.0	71.8	76	新余	Xinyu	20.5	20.5	20.5	204
湖州	Huzhou	47.4	47.4	47.4	117	鹰潭	Yingtan	10.0	10.0	10.0	255
绍兴	Shaoxing	81.2	82.5	94.9	57	赣州	Ganzhou	37.0	37.0	37.0	141
金华	Jinhua	50.8	50.8	53.8	101	吉安	Jian	21.0	21.0	21.0	198
衢州	Quzhou	94.0	89.5	76.0	68	宜春	Yichun	11.3	16.4	16.4	229
舟山	Zhoushan	29.0	24.9	24.9	184	抚州	Fuzhou	22.0	21.0	21.0	198
台州	Taizhou	53.8	53.8	52.3	104	上饶	Shangrao	15.1	24.1	24.1	186
丽水	Lishui	20.0	20.0	20.0	208	山东	**Shandong**	**1477.6**	**1616.9**	**1644.5**	
安徽	**Anhui**	**1992.8**	**820.2**	**1029.4**		济南	Jinan	175.7	188.7	193.2	19
合肥	Hefei	112.0	125.0	125.0	40	青岛	Qingdao	130.5	130.1	153.7	27
芜湖	Wuhu	92.0	92.0	102.0	52	淄博	Zibo	139.4	170.6	164.9	23
蚌埠	Bengbu	77.3	77.2	77.2	66	枣庄	Zaozhuang	65.0	73.6	69.8	78
淮南	Huainan	59.0	55.0	48.0	115	东营	Dongying	64.5	74.5	74.5	71
马鞍山	Maanshan	930.8	124.3	124.3	42	烟台	Yantai	73.7	79.1	91.8	58
淮北	Huaibei	41.5	41.5	41.5	126	潍坊	Weifang	42.7	69.2	74.8	70
铜陵	Tongling	403.0	30.0	209.6	15	济宁	Jining	63.0	57.0	56.0	96
安庆	Anqing	56.6	56.8	56.9	93	泰安	Taian	29.6	29.0	29.0	162
黄山	Huangshan	21.4	22.4	21.7	195	威海	Weihai	39.2	39.2	39.2	133
滁州	Chuzhou	18.0	21.0	32.0	155	日照	Rizhao	31.7	33.7	33.7	147
阜阳	Fuyang	35.5	35.5	45.5	121	莱芜	Laiwu	25.5	25.5	25.5	181
宿州	Suzhou	26.5	26.5	26.5	172	临沂	Linyi	54.2	60.7	60.9	89
六安	Liuan	25.0	27.5	20.5	204	德州	Dezhou	28.0	28.0	41.0	128
亳州	Bozhou	9.0	10.5	10.5	253	聊城	Liaocheng	17.9	22.7	22.7	193

8-26 城市供水综合生产能力（辖区） 续表 2
Integrated Production Capacity of Urban Water Supply (Districts under City) continued 2

单位：万立方米/日 (10, 000 m³/day)

地名	City	2010	2011	2012	2012 排名 Ranking
滨州	Binzhou	42.5	45.5	44.2	122
菏泽	Heze	18.7	18.6	18.8	216
河南	**Henan**	**1010.3**	**1037.6**	**1042.3**	
郑州	Zhengzhou	124.4	124.4	109.4	47
开封	Kaifeng	62.5	62.5	62.5	86
洛阳	Luoyang	79.3	84.3	85.3	61
平顶山	Pingdingshan	61.2	61.2	60.9	88
安阳	Anyang	79.0	79.0	79.0	64
鹤壁	Hebi	38.3	38.3	38.3	138
新乡	Xinxiang	62.0	62.0	62.0	87
焦作	Jiaozuo	55.6	55.6	57.3	91
濮阳	Puyang	27.6	35.6	35.6	144
许昌	Xuchang	30.0	39.0	39.0	135
漯河	Luohe	33.4	33.4	33.4	148
三门峡	Sanmenxia	14.5	14.5	14.5	242
南阳	Nanyang	54.5	59.0	72.6	75
商丘	Shangqiu	37.3	37.3	37.3	140
信阳	Xinyang	26.8	26.8	26.8	171
周口	Zhoukou	16.0	16.0	19.0	214
驻马店	Zhumadian	22.5	22.7	22.8	192
湖北	**Hubei**	**1326.3**	**1351.0**	**1328.0**	
武汉	Wuhan	473.3	475.6	475.6	5
黄石	Huangshi	86.6	86.6	72.7	73
十堰	Shiyan	42.7	49.7	49.2	109
宜昌	Yichang	71.2	76.2	76.2	67
襄阳	Xiangfan	102.1	102.1	102.6	50
鄂州	Ezhou	23.0	24.0	24.0	187
荆门	Jingmen	48.2	48.2	48.2	113
孝感	Xiaogan	28.5	28.1	28.2	167
荆州	Jingzhou	73.5	73.5	57.0	92
黄冈	Huanggang	23.0	23.0	23.0	191
咸宁	Xianning	16.0	16.0	16.0	232
随州	Suizhou	28.0	28.2	26.0	175
湖南	**Hunan**	**979.4**	**985.1**	**999.5**	
长沙	Changsha	180.0	195.0	215.7	14
株洲	Zhuzhou	128.5	103.5	103.5	49
湘潭	Xiangtan	48.7	64.0	48.6	110
衡阳	Hengyang	74.1	73.0	69.0	79
邵阳	Shaoyang	67.5	67.5	66.8	82
岳阳	Yueyang	102.6	106.6	106.0	48
常德	Changde	37.5	36.0	41.0	129
张家界	Zhangjiajie	14.5	14.5	14.5	242
益阳	Yiyang	34.0	32.0	32.0	155
郴州	Chenzhou	35.7	36.0	32.5	151
永州	Yongzhou	55.3	50.0	50.0	108
怀化	Huaihua	31.4	32.8	30.4	160
娄底	Loudi	24.0	18.0	18.0	221
广东	**Guangdong**	**3497.4**	**3506.3**	**3531.4**	
广州	Guangzhou	684.3	703.7	702.7	2
韶关	Shaoguan	36.5	36.5	36.5	142
深圳	Shenzhen	692.5	692.0	692.0	3
珠海	Zhuhai	107.4	102.5	102.5	51
汕头	Shantou	131.2	131.2	131.2	33
佛山	Foshan	294.0	237.1	288.1	9
江门	Jiangmen	87.7	84.3	88.6	59
湛江	Zhanjiang	48.4	46.8	48.1	114
茂名	Maoming	96.6	65.8	65.9	83
肇庆	Zhaoqing	50.5	51.2	50.7	106
惠州	Huizhou	113.0	115.0	115.0	45
梅州	Meizhou	12.0	16.0	16.0	232
汕尾	Shanwei	16.5	16.5	16.5	227
河源	Heyuan	19.1	19.1	19.1	213
阳江	Yangjiang	26.0	26.0	26.0	175
清远	Qingyuan	33.8	33.0	20.0	208
东莞	Dongguan	700.0	759.5	728.6	1
中山	ZhongShan		22.0	20.0	208
潮州	Chaozhou	44.0	44.0	44.0	123
揭阳	Jieyang	30.0	25.0	25.0	182
云浮	Yunfu	14.0	14.0	15.0	238
广西	**Guangxi**	**604.4**	**636.6**	**665.0**	
南宁	Nanning	135.2	142.4	146.5	29
柳州	Liuzhou	114.3	131.0	134.2	30
桂林	Guilin	48.2	46.8	46.7	118
梧州	Wuzhou	36.5	25.0	27.5	169
北海	Beihai	32.7	32.6	32.5	151
防城港	Fangchenggang	13.0	16.0	16.0	232
钦州	Qinzhou	16.4	21.2	32.3	154
贵港	Guigang	31.0	36.0	36.0	143
玉林	Yulin	17.0	18.5	18.5	219
百色	Baise	13.2	13.2	16.2	231

8-26 城市供水综合生产能力（辖区） 续表 3

Integrated Production Capacity of Urban Water Supply (Districts under City) continued 3

单位：万立方米/日 (10, 000 m³/day)

地名	City	2010	2011	2012	2012 排名 Ranking
贺州	Hezhou	10.0	9.1	8.0	266
河池	Hechi	53.5	53.5	53.5	103
来宾	Laibin	11.8	16.8	20.2	206
崇左	Chongzuo	5.0	5.0	5.0	276
海南	**Hainan**	**173.0**	**174.3**	**151.7**	
海口	Haikou	106.0	108.1	80.7	63
三亚	Sanya	24.0	24.0	25.8	180
重庆	**Chongqing**	**412.3**	**429.3**	**447.8**	
四川	**Sichuan**	**804.5**	**812.6**	**822.8**	
成都	Chengdu	225.5	226.0	226.3	11
自贡	Zigong	37.0	37.0	31.5	157
攀枝花	Panzhihua	56.3	58.3	58.3	90
泸州	Luzhou	60.9	77.7	77.7	65
德阳	Deyang	23.5	23.5	23.5	189
绵阳	Mianyang	43.2	40.6	39.9	130
广元	Guangyuan	12.2	13.1	16.4	229
遂宁	Suining	16.9	17.3	20.7	201
内江	Neijiang	20.0	20.1	18.8	217
乐山	Leshan	32.5	32.3	32.5	150
南充	Nanchong	25.0	25.0	28.0	168
眉山	Meishan	10.0	11.0	12.2	248
宜宾	Yibin	22.9	18.5	18.5	219
广安	Guangan	6.5	6.5	8.5	264
达州	Dazhou	18.9	19.6	19.6	211
雅安	Yaan	16.5	10.0	13.0	246
巴中	Bazhong	5.0	5.0	5.5	273
资阳	Ziyang	18.8	28.8	28.8	164
贵州	**Guizhou**	**241.1**	**244.9**	**250.4**	
贵阳	Guiyang	126.6	126.9	125.4	38
六盘水	Liupanshui	10.0	10.0	10.0	255
遵义	Zunyi	23.4	23.4	23.4	190
安顺	Anshun	9.7	8.6	9.3	263
毕节	Bijie	14.9	18.2	19.3	212
铜仁	Tongren	13.5	14.3	17.3	224
云南	**Yunnan**	**299.3**	**323.6**	**353.1**	
昆明	Kunming	147.9	174.5	201.9	16
曲靖	Qujing	18.5	18.5	19.0	214
玉溪	Yuxi	15.0	16.0	15.0	238
保山	Baoshan	6.0	6.0	7.0	270
昭通	Zhaotong	3.6	5.0	5.0	276
丽江	Lijiang	6.5	6.5	7.5	267
普洱	Puer	6.5	4.2	4.2	283
临沧	Lincang	5.6	7.3	7.3	269
西藏	**Tibet**	**31.2**	**57.5**	**59.8**	
拉萨	Lhasa	29.7	56.0	56.4	94
陕西	**Shaanxi**	**371.1**	**375.9**	**380.5**	
西安	Xi'an	185.8	186.7	190.2	21
铜川	Tongchuan	12.0	12.0	15.0	237
宝鸡	Baoji	26.4	28.4	28.4	166
咸阳	Xianyang	53.9	53.9	54.0	100
渭南	Weinan	17.3	19.5	20.6	202
延安	Yan'an	5.0	5.0	5.0	276
汉中	Hanzhong	11.0	11.0	10.0	255
榆林	Yulin	9.5	9.5	9.5	262
安康	Ankang	13.7	13.9	11.7	250
商洛	Shangluo	6.2	6.1	6.1	272
甘肃	**Gansu**	**398.2**	**373.8**	**370.4**	
兰州	Lanzhou	156.5	158.0	150.8	28
嘉峪关	Jiayuguan	83.9	48.6	51.7	105
金昌	Jinchang	33.0	33.0	33.0	149
白银	Baiyin	44.9	48.4	48.4	111
天水	Tianshui	9.9	11.0	11.0	251
武威	Wuwei	10.0	10.4	10.0	255
张掖	Zhangye	12.0	12.0	12.0	249
平凉	Pingliang	5.0	4.6	4.6	282
酒泉	Jiuquan	10.7	14.4	15.4	236
庆阳	Qingyang	5.3	5.3	5.3	274
定西	Dingxi	5.0	5.0	5.0	276
陇南	Longnan	1.6	1.6	1.7	284
青海	**Qinghai**	**84.6**	**84.6**	**84.6**	
西宁	Xining	50.4	50.4	50.4	107
宁夏	**Ningxia**	**136.4**	**131.8**	**144.3**	
银川	Yinchuan	44.0	41.0	39.4	132
石嘴山	Shizuishan	51.7	51.7	63.7	84
吴忠	Wuzhong	10.1	10.0	10.0	255
固原	Guyuan	6.1	5.1	5.1	275
中卫	Zhongwei	5.2	4.2	4.6	281
新疆	**Xinjiang**	**373.1**	**385.1**	**425.8**	
乌鲁木齐	Urumqi	120.4	125.4	125.4	39
克拉玛依	Karamay	74.4	74.5	74.5	72

8-27 城市供水管道长度（辖区）
Length of Water Supply Pipelines (Districts under City)

单位：公里 (km)

地名	City	2010	2011	2012	2012 排名 Ranking
全国	**Nation Total**	**539778**	**573774**	**591872**	
北京	**Beijing**	**25147**	**26453**	**23674**	
天津	**Tianjin**	**10744**	**11906**	**12926**	
河北	**Hebei**	**14288**	**15014**	**15344**	
石家庄	Shijiazhuang	1426	1462	1497	70
唐山	Tangshan	1924	1968	1968	53
秦皇岛	Qinhuangdao	980	998	1020	112
邯郸	Handan	1047	1121	1148	98
邢台	Xingtai	567	640	723	157
保定	Baoding	807	876	915	128
张家口	Zhangjiakou	1098	1098	1131	104
承德	Chengde	493	557	599	177
沧州	Cangzhou	496	496	496	196
廊坊	Langfang	584	598	615	175
衡水	Hengshui	265	265	263	254
山西	**Shanxi**	**7414**	**7548**	**8550**	
太原	Taiyuan	1290	1289	1422	76
大同	Datong	1178	1185	1233	88
阳泉	Yangquan	909	875	895	131
长治	Changzhi	639	664	863	137
晋城	Jincheng	364	357	650	170
朔州	Shuozhou	291	306	306	243
晋中	Jinzhong	410	413	415	210
运城	Yuncheng	200	200	254	256
忻州	Xinzhou	309	310	371	224
临汾	Linfen	381	381	385	219
吕梁	Luliang	171	178	178	274
内蒙古	**Inner Mongolia**	**8561**	**9073**	**9967**	
呼和浩特	Hohhot	712	718	724	156
包头	Baotou	1548	1562	1608	65
乌海	Wuhai	1860	1860	2094	47
赤峰	Chifeng	830	1035	1114	106
通辽	Tongliao	540	540	550	187
鄂尔多斯	Erdos	679	752	757	151
呼伦贝尔	Hulunbuir	193	237	237	263
巴彦淖尔	Bayannur	141	235	362	227
乌兰察布	Ulanqab	292	300	314	240
辽宁	**Liaoning**	**29123**	**31487**	**32062**	
沈阳	Shenyang	2815	2906	3156	20
大连	Dalian	4752	5896	5249	11
鞍山	Anshan	2606	2699	2776	32
抚顺	Fushun	2162	2188	2217	40
本溪	Benxi	856	925	949	124
丹东	Dandong	1117	1098	1160	96
锦州	Jinzhou	1048	1351	1376	79
营口	Yingkou	1831	2045	2187	42
阜新	Fuxin	1844	1886	1988	51
辽阳	Liaoyang	1259	1267	1301	82
盘锦	Panjin	832	866	952	121
铁岭	Tieling	839	864	893	133
朝阳	Chaoyang	528	522	568	184
葫芦岛	Huludao	845	1110	1110	108
吉林	**Jilin**	**8935**	**9335**	**9600**	
长春	Changchun	1872	1987	2062	49
吉林	Jilin	1186	1223	1230	89
四平	Siping	431	431	431	209
辽源	Liaoyuan	296	320	362	228
通化	Tonghua	525	534	453	204
白山	Baishan	342	355	361	229
松原	Songyuan	408	409	412	211
白城	Baicheng	356	364	384	220
黑龙江	**Heilongjiang**	**11413**	**12149**	**12847**	
哈尔滨	Harbin	1612	1822	2075	48
齐齐哈尔	Qiqihar	1030	1029	1076	110
鸡西	Jixi	629	667	672	165
鹤岗	Hegang	542	548	553	186
双鸭山	Shuangyashan	363	381	403	214
大庆	Daqing	1500	1624	1763	60
伊春	Yichun	1027	1108	1168	95
佳木斯	Jiamusi	578	633	638	172
七台河	Qitaihe	692	712	735	155
牡丹江	Mudanjiang	592	599	599	178
黑河	Heihe	183	184	184	273
绥化	Suihua	384	441	443	206
上海	**Shanghai**	**32462**	**32217**	**34904**	
江苏	**Jiangsu**	**63807**	**65586**	**71413**	

8-27 城市供水管道长度（辖区） 续表 1
Length of Water Supply Pipelines (Districts under City) continued 1

单位：公里 (km)

地名	City	2010	2011	2012	2012 排名 Ranking	地名	City	2010	2011	2012	2012 排名 Ranking
南京	Nanjing	8673	8796	8884	5	池州	Chizhou	324	365	381	222
无锡	Wuxi	6293	3739	4637	13	宣城	Xuancheng	494	533	1398	78
徐州	Xuzhou	2760	2662	2815	30	福建	**Fujian**	**14650**	**15595**	**16743**	
常州	Changzhou	7488	8882	11393	3	福州	Fuzhou	1563	1741	1953	55
苏州	Suzhou	6354	6510	7611	7	厦门	Xiamen	3144	3228	3587	16
南通	Nantong	2159	2289	2691	34	莆田	Putian	663	722	782	145
连云港	Lianyungang	1202	1848	1931	56	三明	Sanming	894	955	1011	115
淮安	Huaian	3889	4260	4504	14	泉州	Quanzhou	4217	4772	4935	12
盐城	Yancheng	1899	1899	1848	59	漳州	Zhangzhou	359	369	466	201
扬州	Yangzhou	2042	2794	2954	25	南平	Nanping	207	299	313	241
镇江	Zhenjiang	2034	2217	2293	37	龙岩	Longyan	184	196	214	266
泰州	Taizhou	1206	1232	1271	86	宁德	Ningde	182	188	190	270
宿迁	Suqian	813	1056	1143	100	江西	**Jiangxi**	**9807**	**10837**	**11831**	
浙江	**Zhejiang**	**38982**	**41646**	**44841**		南昌	Nanchang	2707	2773	2960	24
杭州	Hangzhou	6510	7048	8093	6	景德镇	Jingdezhen	536	647	665	168
宁波	Ningbo	2688	2879	2935	26	萍乡	Pingxiang	371	445	458	203
温州	Wenzhou	1982	1990	1958	54	九江	Jiujiang	919	1031	1170	94
嘉兴	Jiaxing	762	783	883	135	新余	Xinyu	466	492	513	192
湖州	Huzhou	2385	2572	2742	33	鹰潭	Yingtan	127	132	171	275
绍兴	Shaoxing	2012	2105	2219	39	赣州	Ganzhou	1222	1388	1524	68
金华	Jinhua	1108	1175	1224	90	吉安	Jian	499	519	563	185
衢州	Quzhou	977	1041	1116	105	宜春	Yichun	463	490	503	194
舟山	Zhoushan	1154	1091	1286	84	抚州	Fuzhou	606	632	657	169
台州	Taizhou	2036	2391	2896	27	上饶	Shangrao	289	323	338	236
丽水	Lishui	800	909	983	117	山东	**Shandong**	**37313**	**39568**	**41934**	
安徽	**Anhui**	**14730**	**17032**	**18869**		济南	Jinan	3055	3367	3558	17
合肥	Hefei	2468	2912	3127	21	青岛	Qingdao	4926	5121	5643	9
芜湖	Wuhu	1199	1293	1411	77	淄博	Zibo	2127	2081	2235	38
蚌埠	Bengbu	772	856	917	127	枣庄	Zaozhuang	1241	1297	1598	66
淮南	Huainan	1471	1476	1437	74	东营	Dongying	1042	1050	1138	101
马鞍山	Maanshan	1149	1789	1889	57	烟台	Yantai	2715	2858	3020	23
淮北	Huaibei	651	794	862	138	潍坊	Weifang	1190	2030	2100	46
铜陵	Tongling	646	876	883	134	济宁	Jining	664	690	720	158
安庆	Anqing	733	800	851	139	泰安	Taian	1406	1417	1483	72
黄山	Huangshan	412	498	584	181	威海	Weihai	1726	1878	2106	45
滁州	Chuzhou	465	528	575	183	日照	Rizhao	1229	1405	1440	73
阜阳	Fuyang	996	1009	1113	107	莱芜	Laiwu	684	684	763	149
宿州	Suzhou	637	633	633	173	临沂	Linyi	1380	1441	1554	67
六安	Liuan	392	400	342	232	德州	Dezhou	649	722	703	159
亳州	Bozhou	662	734	774	146	聊城	Liaocheng	916	792	964	119

8-27 城市供水管道长度（辖区） 续表 2
Length of Water Supply Pipelines (Districts under City) continued 2

单位：公里 (km)

地名	City	2010	2011	2012	2012 排名 Ranking
滨州	Binzhou	944	1173	1271	87
菏泽	Heze	222	236	247	257
河南	**Henan**	**17299**	**18270**	**19288**	
郑州	Zhengzhou	2568	2719	2838	29
开封	Kaifeng	1075	1111	1181	93
洛阳	Luoyang	1328	1405	1484	71
平顶山	Pingdingshan	1174	1174	1190	92
安阳	Anyang	755	769	784	144
鹤壁	Hebi	546	579	604	176
新乡	Xinxiang	589	629	673	164
焦作	Jiaozuo	821	879	951	122
濮阳	Puyang	140	151	156	278
许昌	Xuchang	428	460	525	190
漯河	Luohe	473	473	473	199
三门峡	Sanmenxia	188	209	240	259
南阳	Nanyang	1000	1091	1281	85
商丘	Shangqiu	362	457	490	197
信阳	Xinyang	1296	1296	1296	83
周口	Zhoukou	273	300	326	238
驻马店	Zhumadian	308	328	384	221
湖北	**Hubei**	**22827**	**24239**	**26146**	
武汉	Wuhan	9757	10142	10772	4
黄石	Huangshi	745	838	771	147
十堰	Shiyan	442	498	450	205
宜昌	Yichang	986	1265	1332	81
襄阳	Xiangfan	688	741	828	142
鄂州	Ezhou	997	757	817	143
荆门	Jingmen	475	485	500	195
孝感	Xiaogan	335	363	396	216
荆州	Jingzhou	1208	1268	1361	80
黄冈	Huanggang	239	253	261	255
咸宁	Xianning	240	270	286	251
随州	Suizhou	445	719	616	174
湖南	**Hunan**	**14400**	**15956**	**16747**	
长沙	Changsha	2012	2211	2211	41
株洲	Zhuzhou	1222	1504	1870	58
湘潭	Xiangtan	848	1093	1135	102
衡阳	Hengyang	890	916	933	126
邵阳	Shaoyang	595	627	670	166
岳阳	Yueyang	585	664	690	162
常德	Changde	824	954	992	116
张家界	Zhangjiajie	371	395	395	218
益阳	Yiyang	304	315	331	237
郴州	Chenzhou	1231	1201	1201	91
永州	Yongzhou	791	818	836	141
怀化	Huaihua	879	916	913	129
娄底	Loudi	326	312	370	225
广东	**Guangdong**	**79816**	**86022**	**75935**	
广州	Guangzhou	15942	16715	16739	2
韶关	Shaoguan	1666	1682	2053	50
深圳	Shenzhen	14481	14874	5351	10
珠海	Zhuhai	2745	2825	2890	28
汕头	Shantou	2168	2292	2561	35
佛山	Foshan	4396	4617	4412	15
江门	Jiangmen	1925	1999	1971	52
湛江	Zhanjiang	645	682	1157	97
茂名	Maoming	820	839	881	136
肇庆	Zhaoqing	1379	1498	1633	63
惠州	Huizhou	1450	1647	1701	61
梅州	Meizhou	380	875	895	132
汕尾	Shanwei	462	463	466	202
河源	Heyuan	757	802	841	140
阳江	Yangjiang	700		740	154
清远	Qingyuan	1937	2190	1681	62
东莞	Dongguan	16268	18659	17543	1
中山	ZhongShan	1345	1363	1632	64
潮州	Chaozhou	459	510	527	189
揭阳	Jieyang	466	493	506	193
云浮	Yunfu	1000	1019	1020	113
广西	**Guangxi**	**12843**	**13782**	**14424**	
南宁	Nanning	2733	3035	3126	22
柳州	Liuzhou	2202	2308	2424	36
桂林	Guilin	1235	1425	1513	69
梧州	Wuzhou	357	368	378	223
北海	Beihai	1015	1075	1106	109
防城港	Fangchenggang	368	400	401	215
钦州	Qinzhou	621	655	702	160
贵港	Guigang	967	998	1020	114
玉林	Yulin	639	690	748	153
百色	Baise	283	326	340	233

8-27 城市供水管道长度（辖区） 续表 3
Length of Water Supply Pipelines (Districts under City) continued 3

单位：公里 (km)

地名	City	2010	2011	2012	2012 排名 Ranking	地名	City	2010	2011	2012	2012 排名 Ranking
贺州	Hezhou	428	432	432	208	丽江	Lijiang	202	203	240	260
河池	Hechi	283	283	292	248	普洱	Puer	231	238	238	262
来宾	Laibin	518	562	645	171	临沧	Lincang	265	272	293	247
崇左	Chongzuo	164	164	171	276	**西藏**	**Tibet**	**753**	**827**	**835**	
海南	**Hainan**	**2525**	**3145**	**3451**		拉萨	Lhasa	688	758	763	148
海口	Haikou	861	893	938	125	**陕西**	**Shaanxi**	**4926**	**5338**	**5948**	
三亚	Sanya	625	635	669	167	西安	Xi'an	1995	2295	2789	31
重庆	**Chongqing**	**9190**	**8914**	**9534**		铜川	Tongchuan	347	363	395	217
四川	**Sichuan**	**20656**	**21649**	**22880**		宝鸡	Baoji	854	864	897	130
成都	Chengdu	5194	5498	5753	8	咸阳	Xianyang	340	340	340	234
自贡	Zigong	1848	1979	2124	44	渭南	Weinan	204	223	240	261
攀枝花	Panzhihua	1046	1080	1146	99	延安	Yan'an	145	151	151	281
泸州	Luzhou	568	847	975	118	汉中	Hanzhong	240	268	277	252
德阳	Deyang	452	497	468	200	榆林	Yulin	295	295	295	246
绵阳	Mianyang	1617	1793	2149	43	安康	Ankang	151	167	165	277
广元	Guangyuan	281	325	409	212	商洛	Shangluo	85	93		
遂宁	Suining	343	369	584	180	**甘肃**	**Gansu**	**4357**	**4690**	**4719**	
内江	Neijiang	375	397	406	213	兰州	Lanzhou	871	882	760	150
乐山	Leshan	1000	1072	1131	103	嘉峪关	Jiayuguan	554	736	753	152
南充	Nanchong	440	610	692	161	金昌	Jinchang	337	342	351	231
眉山	Meishan	747	747	368	226	白银	Baiyin	284	287	290	249
宜宾	Yibin	751	512	685	163	天水	Tianshui	182	203	203	267
广安	Guangan	235	272	289	250	武威	Wuwei	194	218	221	265
达州	Dazhou	430	546	547	188	张掖	Zhangye	170	177	186	271
雅安	Yaan	136	140	243	258	平凉	Pingliang	293	297	298	245
巴中	Bazhong	177	194	202	268	酒泉	Jiuquan	236	249	339	235
资阳	Ziyang	449	453	474	198	庆阳	Qingyang	345	357	357	230
贵州	**Guizhou**	**5979**	**7124**	**7466**		定西	Dingxi	154	155	156	279
贵阳	Guiyang	3290	3413	3536	18	陇南	Longnan	63	63	65	284
六盘水	Liupanshui	230	925	950	123	**青海**	**Qinghai**	**1383**	**1501**	**1534**	
遵义	Zunyi	283	305	305	244	西宁	Xining	829	945	959	120
安顺	Anshun	143	143	153	280	**宁夏**	**Ningxia**	**2382**	**2471**	**1996**	
毕节	Bijie	363	446	598	179	银川	Yinchuan	841	839	580	182
铜仁	Tongren	109	160	148	282	石嘴山	Shizuishan	559	565	523	191
云南	**Yunnan**	**6559**	**7512**	**8011**		吴忠	Wuzhong	169	185	195	269
昆明	Kunming	2568	2946	3196	19	固原	Guyuan	173	186	186	272
曲靖	Qujing	369	379	433	207	中卫	Zhongwei	98	98	98	283
玉溪	Yuxi	285	293	306	242	**新疆**	**Xinjiang**	**6507**	**6888**	**7450**	
保山	Baoshan	186	190	235	264	乌鲁木齐	Urumqi	1323	1373	1432	75
昭通	Zhaotong	246	257	269	253	克拉玛依	Karamay	1015	1019	1034	111

8-28 城市供水总量（辖区）
Total Urban Water Supply (Districts under City)

单位：万立方米 (10 000 m³)

地名	City	2010	2011	2012	2012 排名 Ranking
全国	**Nation Total**	**5078745**	**5134222**	**5230326**	
北京	**Beijing**	**155557**	**158364**	**159646**	
天津	**Tianjin**	**68970**	**74483**	**77218**	
河北	**Hebei**	**166430**	**173061**	**172396**	
石家庄	Shijiazhuang	27629	34521	33531	26
唐山	Tangshan	28932	26415	26170	37
秦皇岛	Qinhuangdao	10308	11991	12920	73
邯郸	Handan	16627	16517	16537	56
邢台	Xingtai	7080	8817	6764	134
保定	Baoding	10000	10380	9338	99
张家口	Zhangjiakou	8226	8281	8384	109
承德	Chengde	5453	6144	5907	145
沧州	Cangzhou	3509	3739	3794	201
廊坊	Langfang	4435	4553	4833	180
衡水	Hengshui	3603	3737	3327	217
山西	**Shanxi**	**76772**	**81751**	**82438**	
太原	Taiyuan	28047	32147	31107	29
大同	Datong	8060	8139	8716	106
阳泉	Yangquan	5888	4899	4954	173
长治	Changzhi	8108	8371	7522	121
晋城	Jincheng	1954	2966	3296	219
朔州	Shuozhou	2506	2677	2696	237
晋中	Jinzhong	2604	3055	3322	218
运城	Yuncheng	2771	3043	3712	204
忻州	Xinzhou	2062	2069	2156	253
临汾	Linfen	2653	2740	2906	229
吕梁	Luliang	1238	1440	1433	272
内蒙古	**Inner Mongolia**	**62757**	**62762**	**64870**	
呼和浩特	Hohhot	11859	13986	13718	69
包头	Baotou	14587	13355	13565	70
乌海	Wuhai	3168	2713	2746	235
赤峰	Chifeng	9728	10856	10364	90
通辽	Tongliao	5276	4769	5132	161
鄂尔多斯	Erdos	2394	2878	3015	224
呼伦贝尔	Hulunbuir	2296	2522	2468	245
巴彦淖尔	Bayannur	1613	1824	1989	258
乌兰察布	Ulanqab	2029	1255	1276	273
辽宁	**Liaoning**	**261879**	**266033**	**274953**	
沈阳	Shenyang	52461	54390	56641	10
大连	Dalian	40730	45794	40896	17
鞍山	Anshan	31129	30632	30554	30
抚顺	Fushun	16102	19413	20697	47
本溪	Benxi	22778	20041	24962	40
丹东	Dandong	5157	5066	6005	144
锦州	Jinzhou	15052	14106	14006	66
营口	Yingkou	5930	6500	6650	137
阜新	Fuxin	7805	7888	7997	113
辽阳	Liaoyang	15846	13801	13530	71
盘锦	Panjin	7244	7380	7721	117
铁岭	Tieling	4006	3770	3583	210
朝阳	Chaoyang	4321	4357	5035	167
葫芦岛	Huludao	5620	7128	7363	122
吉林	**Jilin**	**100743**	**100330**	**106530**	
长春	Changchun	31315	33275	34951	22
吉林	Jilin	25458	23113	23455	43
四平	Siping	2525	3796	3831	200
辽源	Liaoyuan	2838	3258	3692	205
通化	Tonghua	4860	2924	2985	225
白山	Baishan	2585	2763	4479	186
松原	Songyuan	4800	4940	5045	166
白城	Baicheng	3487	3256	2639	239
黑龙江	**Heilongjiang**	**164235**	**151913**	**152154**	
哈尔滨	Harbin	37652	40405	38653	19
齐齐哈尔	Qiqihar	7462	8295	9181	100
鸡西	Jixi	7880	7665	7165	126
鹤岗	Hegang	4768	5013	5258	157
双鸭山	Shuangyashan	2837	2827	2822	233
大庆	Daqing	28390	32473	33224	28
伊春	Yichun	4270	4786	4853	179
佳木斯	Jiamusi	7805	7683	7820	116
七台河	Qitaihe	5237	5320	5338	155
牡丹江	Mudanjiang	43592	22837	22711	44
黑河	Heihe	659	671	1083	278
绥化	Suihua	1371	2086	2086	257
上海	**Shanghai**	**336637**	**311282**	**309704**	
江苏	**Jiangsu**	**482821**	**477044**	**492791**	

8-28 城市供水总量（辖区） 续表 1
Total Urban Water Supply (Districts under City) continued 1

单位：万立方米 (10 000 m³)

地名	City	2010	2011	2012	2012 排名 Ranking	地名	City	2010	2011	2012	2012 排名 Ranking
南京	Nanjing	112326	118862	121401	5	池州	Chizhou	2462	2815	2535	241
无锡	Wuxi	45907	43033	45257	14	宣城	Xuancheng	2337	2432	2270	251
徐州	Xuzhou	19957	21543	22029	45	福建	**Fujian**	**132627**	**137724**	**146328**	
常州	Changzhou	30031	29311	27416	34	福州	Fuzhou	24974	27563	30166	32
苏州	Suzhou	52348	55557	79575	6	厦门	Xiamen	31667	33739	35729	21
南通	Nantong	21189	20442	20803	46	莆田	Putian	6200	8216	8516	107
连云港	Lianyungang	9839	10282	10099	92	三明	Sanming	6922	6639	6989	129
淮安	Huaian	25590	19747	19257	49	泉州	Quanzhou	14049	14152	13786	68
盐城	Yancheng	6623	7258	7328	123	漳州	Zhangzhou	4242	4079	4563	182
扬州	Yangzhou	12534	15898	16819	55	南平	Nanping	2537	2560	2578	240
镇江	Zhenjiang	16660	15824	16096	58	龙岩	Longyan	4922	5418	6902	131
泰州	Taizhou	5321	6585	7038	128	宁德	Ningde	1869	1480	1274	274
宿迁	Suqian	5044	5517	6108	143	江西	**Jiangxi**	**91278**	**93615**	**94595**	
浙江	**Zhejiang**	**270044**	**273591**	**281165**		南昌	Nanchang	33950	33041	33972	24
杭州	Hangzhou	53565	52660	58183	8	景德镇	Jingdezhen	6258	6298	5589	150
宁波	Ningbo	43375	44758	46325	13	萍乡	Pingxiang	3068	3718	3578	211
温州	Wenzhou	25837	25152	24713	42	九江	Jiujiang	8679	7647	7678	118
嘉兴	Jiaxing	11282	10587	11685	83	新余	Xinyu	4609	5633	5548	152
湖州	Huzhou	8783	8804	8873	105	鹰潭	Yingtan	1779	2072	1959	259
绍兴	Shaoxing	10640	11286	11775	82	赣州	Ganzhou	4887	5387	5887	146
金华	Jinhua	5621	5986	6890	132	吉安	Jian	3037	2575	2807	234
衢州	Quzhou	10300	6630	4875	178	宜春	Yichun	3508	3760	3890	197
舟山	Zhoushan	4524	4535	4405	188	抚州	Fuzhou	3751	4236	4954	172
台州	Taizhou	13227	13719	13425	72	上饶	Shangrao	3192	3883	4015	195
丽水	Lishui	3874	4312	4157	192	山东	**Shandong**	**290866**	**313500**	**327449**	
安徽	**Anhui**	**160816**	**158039**	**156888**		济南	Jinan	27037	32268	33250	27
合肥	Hefei	29453	32207	34573	23	青岛	Qingdao	36159	35131	42791	16
芜湖	Wuhu	15457	17218	16448	57	淄博	Zibo	26741	27181	26929	35
蚌埠	Bengbu	14918	15073	14419	64	枣庄	Zaozhuang	8046	8492	9115	103
淮南	Huainan	10879	11034	9484	97	东营	Dongying	9711	9583	9618	95
马鞍山	Maanshan	22145	19623	17765	52	烟台	Yantai	14693	15222	15749	60
淮北	Huaibei	5518	5594	5719	148	潍坊	Weifang	9116	15022	15070	62
铜陵	Tongling	13309	7035	6654	136	济宁	Jining	10830	12400	12360	78
安庆	Anqing	8721	8658	9437	98	泰安	Taian	6607	6618	6405	141
黄山	Huangshan	2968	3238	3524	213	威海	Weihai	6017	6052	6378	142
滁州	Chuzhou	3073	4217	4967	171	日照	Rizhao	5920	6116	6768	133
阜阳	Fuyang	6007	6106	6746	135	莱芜	Laiwu	3751	3890	4553	183
宿州	Suzhou	6390	6539	5400	154	临沂	Linyi	15484	15778	17086	54
六安	Liuan	4625	2455	4524	184	德州	Dezhou	7057	6930	7536	120
亳州	Bozhou	2426	5303	2935	228	聊城	Liaocheng	4788	5430	5647	149

8-28 城市供水总量（辖区） 续表 2
Total Urban Water Supply (Districts under City) continued 2

单位：万立方米 (10 000 m³)

地名	City	2010	2011	2012	2012 排名 Ranking	地名	City	2010	2011	2012	2012 排名 Ranking
滨州	Binzhou	5823	7242	6936	130	常德	Changde	6267	8107	8491	108
菏泽	Heze	4071	4081	4106	193	张家界	Zhangjiajie	2415	3103	3103	222
河南	**Henan**	**179122**	**184588**	**188538**		益阳	Yiyang	4300	4058	5200	160
郑州	Zhengzhou	37724	35785	35825	20	郴州	Chenzhou	8725	6707	7113	127
开封	Kaifeng	7683	8945	3649	207	永州	Yongzhou	9256	9151	9142	101
洛阳	Luoyang	13631	15868	4918	175	怀化	Huaihua	4861	5204	4725	181
平顶山	Pingdingshan	10215	10553	5210	159	娄底	Loudi	4634	4333	4482	185
安阳	Anyang	11294	11114	4968	170	**广东**	**Guangdong**	**806144**	**821640**	**817348**	
鹤壁	Hebi	4843	5089	2950	226	广州	Guangzhou	190806	191019	191432	1
新乡	Xinxiang	10863	12313	12366	77	韶关	Shaoguan	8293	8435	8376	110
焦作	Jiaozuo	8084	7970	7851	115	深圳	Shenzhen	156470	161480	160361	3
濮阳	Puyang	5037	5110	5116	163	珠海	Zhuhai	26497	28216	33829	25
许昌	Xuchang	4088	4400	4448	187	汕头	Shantou	28500	27527	28592	33
漯河	Luohe	9950	9811	9872	93	佛山	Foshan	42761	47844	56895	9
三门峡	Sanmenxia	1898	1825	1825	261	江门	Jiangmen	18367	18026	19770	48
南阳	Nanyang	6532	6798	9120	102	湛江	Zhanjiang	9429	9309	11925	81
商丘	Shangqiu	4989	5237	3854	198	茂名	Maoming	20242	12746	11971	80
信阳	Xinyang	3956	3719	3766	202	肇庆	Zhaoqing	10507	11574	11496	85
周口	Zhoukou	1895	2346	2944	227	惠州	Huizhou	23735	23494	24949	41
驻马店	Zhumadian	4225	4621	5076	165	梅州	Meizhou	3943	5494	4981	169
湖北	**Hubei**	**253421**	**257586**	**259049**		汕尾	Shanwei	3429	3467	3574	212
武汉	Wuhan	111964	120051	121552	4	河源	Heyuan	4818	5430	5543	153
黄石	Huangshi	13038	13887	13919	67	阳江	Yangjiang	3840	4024	4211	190
十堰	Shiyan	11494	9957	9749	94	清远	Qingyuan	9808	10544	4912	176
宜昌	Yichang	9906	10755	11077	88	东莞	Dongguan	165607	173012	161155	2
襄阳	Xiangfan	15433	16083	16078	59	中山	ZhongShan	13725	12580	14107	65
鄂州	Ezhou	6561	3668	3835	199	潮州	Chaozhou	4835	5137	5212	158
荆门	Jingmen	7770	7825	7262	124	揭阳	Jieyang	4578	2595	2532	242
孝感	Xiaogan	2947	3178	3467	214	云浮	Yunfu	2274	2478	2837	232
荆州	Jingzhou	7595	7622	8220	112	**广西**	**Guangxi**	**147291**	**154483**	**156785**	
黄冈	Huanggang	3896	4176	4066	194	南宁	Nanning	37578	39346	40215	18
咸宁	Xianning	3257	2660	2837	231	柳州	Liuzhou	39445	46219	47016	12
随州	Suizhou	3318	3892	3756	203	桂林	Guilin	11076	11503	11111	87
湖南	**Hunan**	**189223**	**181642**	**186471**		梧州	Wuzhou	5148	4374	5782	147
长沙	Changsha	46431	39991	49562	11	北海	Beihai	4937	4964	5115	164
株洲	Zhuzhou	16324	17236	17229	53	防城港	Fangchenggang	2672	2825	3597	209
湘潭	Xiangtan	10480	16421	11681	84	钦州	Qinzhou	4437	4800	4922	174
衡阳	Hengyang	20710	20575	19135	50	贵港	Guigang	11010	10736	9538	96
邵阳	Shaoyang	6733	7931	7611	119	玉林	Yulin	5089	5459	5552	151
岳阳	Yueyang	16298	15529	15275	61	百色	Baise	4576	4393	4176	191

8-28 城市供水总量（辖区） 续表 3
Total Urban Water Supply (Districts under City) continued 3

单位：万立方米 (10 000 m³)

地名	City	2010	2011	2012	2012 排名 Ranking	地名	City	2010	2011	2012	2012 排名 Ranking
贺州	Hezhou	2148	2096	2125	255	丽江	Lijiang	1355	1327	1525	271
河池	Hechi	3579	2255	2336	250	普洱	Puer	1121	1250	1206	276
来宾	Laibin	2073	2354	2415	246	临沧	Lincang	1062	1069	1258	275
崇左	Chongzuo	1282	1326	1134	277	**西藏**	**Tibet**	**7681**	**12432**	**13043**	
海南	**Hainan**	**33546**	**36758**	**39045**		拉萨	Lhasa	6860	11331	12002	79
海口	Haikou	19015	19409	19066	51	**陕西**	**Shaanxi**	**81335**	**76780**	**84703**	
三亚	Sanya	8412	8527	10318	91	西安	Xi'an	39097	36715	43848	15
重庆	**Chongqing**	**86926**	**89756**	**95903**		铜川	Tongchuan	1572	1626	1650	267
四川	**Sichuan**	**173858**	**182239**	**190304**		宝鸡	Baoji	7179	6933	7252	125
成都	Chengdu	65778	70736	76021	7	咸阳	Xianyang	12670	12778	12827	75
自贡	Zigong	5639	6234	6439	140	渭南	Weinan	4421	4258	5308	156
攀枝花	Panzhihua	12173	12347	12776	76	延安	Yan'an	1491	1648	1709	266
泸州	Luzhou	9063	9770	10747	89	汉中	Hanzhong	2221	2367	2518	244
德阳	Deyang	5248	5667	4985	168	榆林	Yulin	1359	1792	1834	260
绵阳	Mianyang	7731	8387	8943	104	安康	Ankang	4218	1786	1597	269
广元	Guangyuan	2670	3067	3104	221	商洛	Shangluo	988	917		
遂宁	Suining	2571	3344	3645	208	**甘肃**	**Gansu**	**62713**	**55703**	**54243**	
内江	Neijiang	3801	3865	3075	223	兰州	Lanzhou	28355	29401	26828	36
乐山	Leshan	4584	4279	4359	189	嘉峪关	Jiayuguan	3322	3328	3657	206
南充	Nanchong	7100	7200	7910	114	金昌	Jinchang	8834	3032	2700	236
眉山	Meishan	2976	3303	2845	230	白银	Baiyin	7121	5414	6574	139
宜宾	Yibin	5166	4452	5125	162	天水	Tianshui	3635	3261	3265	220
广安	Guangan	1211	1474	1585	270	武威	Wuwei	1657	1816	1714	265
达州	Dazhou	3080	3176	3394	215	张掖	Zhangye	1704	1753	2112	256
雅安	Yaan	3385	1872	2405	247	平凉	Pingliang	1444	1427	1077	279
巴中	Bazhong	1451	1652	1804	263	酒泉	Jiuquan	2576	2123	2153	254
资阳	Ziyang	2105	2336	2393	248	庆阳	Qingyang	657	680	685	281
贵州	**Guizhou**	**44117**	**46694**	**48886**		定西	Dingxi	509	510	520	282
贵阳	Guiyang	24398	25239	25887	39	陇南	Longnan	234	386	411	283
六盘水	Liupanshui	2191	3217	3388	216	**青海**	**Qinghai**	**18572**	**21769**	**22946**	
遵义	Zunyi	5455	4831	4893	177	西宁	Xining	12402	14030	14633	63
安顺	Anshun	1757	2083	2158	252	**宁夏**	**Ningxia**	**28656**	**30101**	**28369**	
毕节	Bijie	1339	2054	2531	243	银川	Yinchuan	10525	11249	11468	86
铜仁	Tongren	1498	1601	1779	264	石嘴山	Shizuishan	9127	10829	8349	111
云南	**Yunnan**	**66444**	**67666**	**59717**		吴忠	Wuzhong	2320	2383	2361	249
昆明	Kunming	33459	35894	25930	38	固原	Guyuan	1318	721	738	280
曲靖	Qujing	4045	4156	3989	196	中卫	Zhongwei	1248	474	6611	138
玉溪	Yuxi	2360	2853	2661	238	**新疆**	**Xinjiang**	**77263**	**80894**	**85851**	
保山	Baoshan	1129	1129	1820	262	乌鲁木齐	Urumqi	29771	31034	30363	31
昭通	Zhaotong	1357	1606	1638	268	克拉玛依	Karamay	11947	12293	12902	74

8-29 城市人均日生活用水量(辖区)
Urban Daily Water Consumption Per Capita (Districts under City)

单位：升 (liter)

地名	City	2010	2011	2012	2012 排名 Ranking
全国	**Nation Total**	**171.4**	**170.9**	**171.8**	
北京	**Beijing**	**174.9**	**172.6**	**171.8**	
天津	**Tianjin**	**132.0**	**128.8**	**134.1**	
河北	**Hebei**	**123.0**	**124.5**	**126.2**	
石家庄	Shijiazhuang	116.1	118.1	119.8	199
唐山	Tangshan	173.8	172.8	183.0	79
秦皇岛	Qinhuangdao	138.5	176.1	191.4	72
邯郸	Handan	118.5	124.5	122.1	195
邢台	Xingtai	132.0	62.7	52.3	283
保定	Baoding	107.8	121.2	114.2	212
张家口	Zhangjiakou	84.2	84.4	84.3	268
承德	Chengde	137.6	147.6	142.4	150
沧州	Cangzhou	63.5	83.4	87.0	262
廊坊	Langfang	136.2	135.5	158.7	112
衡水	Hengshui	112.3	117.1	86.8	263
山西	**Shanxi**	**106.4**	**111.4**	**110.9**	
太原	Taiyuan	93.5	117.8	114.8	210
大同	Datong	91.6	94.0	100.0	245
阳泉	Yangquan	133.2	85.2	105.8	230
长治	Changzhi	154.9	173.4	158.9	111
晋城	Jincheng	154.8	154.0	115.9	208
朔州	Shuozhou	100.9	102.4	102.3	238
晋中	Jinzhong	110.8	101.9	104.8	234
运城	Yuncheng	141.7	95.5	101.1	241
忻州	Xinzhou	71.8	73.6	76.6	272
临汾	Linfen	98.7	104.0	108.3	226
吕梁	Luliang	99.8	99.8	99.8	246
内蒙古	**Inner Mongolia**	**88.5**	**94.5**	**91.1**	
呼和浩特	Hohhot	87.6	91.3	73.8	273
包头	Baotou	78.5	90.9	88.9	258
乌海	Wuhai	56.9	56.7	57.3	282
赤峰	Chifeng	107.0	98.5	96.6	251
通辽	Tongliao	104.7	106.8	123.1	192
鄂尔多斯	Erdos	66.6	76.3	85.4	265
呼伦贝尔	Hulunbuir	138.2	136.6	123.2	191
巴彦淖尔	Bayannur	105.0	137.9	141.9	153
乌兰察布	Ulanqab	53.8	72.9	71.0	278
辽宁	**Liaoning**	**121.0**	**126.2**	**128.1**	
沈阳	Shenyang	152.5	147.5	150.5	131
大连	Dalian	106.3	136.0	143.6	143
鞍山	Anshan	163.2	158.5	161.0	107
抚顺	Fushun	73.6	90.2	70.2	279
本溪	Benxi	94.7	92.7	113.9	213
丹东	Dandong	93.7	117.6	124.8	187
锦州	Jinzhou	137.0	128.8	124.4	188
营口	Yingkou	91.4	82.9	87.8	260
阜新	Fuxin	109.0	126.6	126.1	185
辽阳	Liaoyang	165.9	164.3	160.9	108
盘锦	Panjin	116.0	113.2	112.0	217
铁岭	Tieling	115.6	119.7	114.8	209
朝阳	Chaoyang	114.4	98.3	72.0	276
葫芦岛	Huludao	86.9	129.9	142.1	151
吉林	**Jilin**	**121.0**	**113.3**	**111.6**	
长春	Changchun	139.4	124.0	118.8	202
吉林	Jilin	119.5	121.0	123.0	193
四平	Siping	53.2	95.0	100.1	244
辽源	Liaoyuan	64.0	75.8	63.5	280
通化	Tonghua	100.0	48.8	88.3	259
白山	Baishan	78.4	77.7	79.7	270
松原	Songyuan	188.1	181.4	149.3	135
白城	Baicheng	145.2	127.2	130.1	174
黑龙江	**Heilongjiang**	**123.9**	**128.0**	**125.5**	
哈尔滨	Harbin	147.7	152.0	141.4	155
齐齐哈尔	Qiqihar	99.1	115.5	108.8	224
鸡西	Jixi	164.2	153.9	148.7	137
鹤岗	Hegang	87.3	92.3	92.0	255
双鸭山	Shuangyashan	104.8	102.1	101.7	240
大庆	Daqing	169.3	176.7	191.2	74
伊春	Yichun	90.5	98.6	98.2	249
佳木斯	Jiamusi	124.4	107.4	108.7	225
七台河	Qitaihe	79.9	82.3	84.5	267
牡丹江	Mudanjiang	94.2	103.7	102.7	236
黑河	Heihe	72.7	75.0	95.7	253
绥化	Suihua	106.0	135.7	135.7	163
上海	**Shanghai**	**174.8**	**183.6**	**186.5**	
江苏	**Jiangsu**	**220.4**	**212.3**	**215.4**	

8-29 城市人均日生活用水量(辖区) 续表 1
Urban Daily Water Consumption Per Capita (Districts under City) continued 1

单位：升 (liter)

地名	City	2010	2011	2012	2012 排名 Ranking
南京	Nanjing	314.8	304.1	298.5	12
无锡	Wuxi	228.3	210.6	204.4	57
徐州	Xuzhou	163.9	150.2	146.4	142
常州	Changzhou	238.7	229.9	226.8	39
苏州	Suzhou	295.1	291.1	318.6	5
南通	Nantong	236.2	205.7	175.3	87
连云港	Lianyungang	96.2	127.2	141.1	156
淮安	Huaian	256.7	178.6	173.6	89
盐城	Yancheng	142.4	167.1	171.4	92
扬州	Yangzhou	150.6	184.9	212.2	52
镇江	Zhenjiang	199.6	194.6	216.9	47
泰州	Taizhou	111.6	123.3	127.9	179
宿迁	Suqian	119.6	124.3	123.7	189
浙江	**Zhejiang**	**185.4**	**196.3**	**195.8**	
杭州	Hangzhou	255.7	254.8	251.5	20
宁波	Ningbo	290.3	299.2	300.4	10
温州	Wenzhou	219.1	206.0	196.6	63
嘉兴	Jiaxing	152.3	161.9	170.7	93
湖州	Huzhou	154.2	154.0	157.2	117
绍兴	Shaoxing	151.6	155.5	148.6	138
金华	Jinhua	122.7	131.8	150.1	133
衢州	Quzhou	185.5	176.3	192.1	69
舟山	Zhoushan	130.2	137.9	128.9	177
台州	Taizhou	185.8	193.9	181.7	82
丽水	Lishui	158.6	170.8	157.5	116
安徽	**Anhui**	**160.8**	**169.0**	**165.5**	
合肥	Hefei	238.4	249.0	216.8	49
芜湖	Wuhu	152.9	172.9	168.9	96
蚌埠	Bengbu	194.2	203.3	191.2	73
淮南	Huainan	121.8	122.7	122.3	194
马鞍山	Maanshan	219.9	193.2	195.4	65
淮北	Huaibei	106.3	107.5	107.1	228
铜陵	Tongling	128.6	225.1	217.6	45
安庆	Anqing	143.7	145.5	142.0	152
黄山	Huangshan	139.8	145.3	149.8	134
滁州	Chuzhou	126.8	126.5	153.1	124
阜阳	Fuyang	124.8	123.8	132.4	171
宿州	Suzhou	183.2	163.1	166.5	99
六安	Liuan	78.1	103.3	102.0	239
亳州	Bozhou	152.5	149.6	152.2	127
池州	Chizhou	126.5	121.9	121.0	197
宣城	Xuancheng	135.0	126.4	136.1	162
福建	**Fujian**	**186.6**	**188.2**	**178.4**	
福州	Fuzhou	260.1	249.8	241.1	31
厦门	Xiamen	129.7	149.0	150.1	132
莆田	Putian	179.7	143.0	134.7	166
三明	Sanming	226.6	229.6	226.3	41
泉州	Quanzhou	178.9	179.7	142.6	147
漳州	Zhangzhou	182.8	173.8	142.6	147
南平	Nanping	161.9	192.9	181.4	83
龙岩	Longyan	139.8	155.2	170.1	94
宁德	Ningde	199.1	148.9	123.5	190
江西	**Jiangxi**	**184.4**	**174.8**	**175.7**	
南昌	Nanchang	266.8	251.7	277.1	14
景德镇	Jingdezhen	183.5	188.6	192.1	70
萍乡	Pingxiang	118.9	114.9	116.2	207
九江	Jiujiang	141.6	126.1	127.8	180
新余	Xinyu	200.1	185.2	181.3	84
鹰潭	Yingtan	184.8	188.7	131.0	172
赣州	Ganzhou	138.8	143.2	143.0	145
吉安	Jian	178.9	150.2	155.3	122
宜春	Yichun	148.8	147.3	146.5	141
抚州	Fuzhou	197.4	192.3	158.0	115
上饶	Shangrao	149.6	147.8	129.5	175
山东	**Shandong**	**129.5**	**129.8**	**131.6**	
济南	Jinan	111.7	143.4	138.1	159
青岛	Qingdao	178.1	169.6	180.1	85
淄博	Zibo	129.7	115.9	119.0	201
枣庄	Zaozhuang	117.5	112.9	116.8	206
东营	Dongying	124.0	110.7	134.3	168
烟台	Yantai	127.6	131.4	139.8	157
潍坊	Weifang	102.8	110.1	121.9	196
济宁	Jining	183.8	126.9	120.3	198
泰安	Taian	170.0	166.7	153.5	123
威海	Weihai	122.3	121.5	125.4	186
日照	Rizhao	100.0	92.0	126.5	182
莱芜	Laiwu	129.5	125.6	126.3	184
临沂	Linyi	144.2	151.0	161.2	106
德州	Dezhou	140.3	123.6	108.0	227
聊城	Liaocheng	133.9	124.4	128.1	178

8-29 城市人均日生活用水量(辖区) 续表 2
Urban Daily Water Consumption Per Capita (Districts under City) continued 2

单位：升 (liter)

地名	City	2010	2011	2012	2012 排名 Ranking	地名	City	2010	2011	2012	2012 排名 Ranking
滨州	Binzhou	101.7	96.3	101.1	242	常德	Changde	155.5	179.4	218.5	44
菏泽	Heze	124.6	114.5	110.6	220	张家界	Zhangjiajie	241.8	147.6	147.6	139
河南	**Henan**	**109.1**	**108.6**	**104.1**		益阳	Yiyang	130.6	108.4	112.5	215
郑州	Zhengzhou	106.0	104.5	86.6	264	郴州	Chenzhou	237.9	131.2	246.2	25
开封	Kaifeng	83.3	68.9	84.8	266	永州	Yongzhou	205.8	203.5	199.8	60
洛阳	Luoyang	89.3	103.1	105.4	233	怀化	Huaihua	240.2	158.4	150.8	129
平顶山	Pingdingshan	106.3	111.1	111.1	219	娄底	Loudi	225.3	213.9	197.6	62
安阳	Anyang	134.2	133.2	136.4	161	**广东**	**Guangdong**	**250.0**	**241.4**	**246.7**	
鹤壁	Hebi	136.6	101.6	109.5	223	广州	Guangzhou	366.4	298.7	313.6	7
新乡	Xinxiang	130.6	136.7	142.4	149	韶关	Shaoguan	255.0	243.6	250.6	22
焦作	Jiaozuo	87.0	87.1	95.9	252	深圳	Shenzhen	216.4	224.1	226.4	40
濮阳	Puyang	128.8	128.9	129.3	176	珠海	Zhuhai	189.4	249.0	320.0	4
许昌	Xuchang	109.7	104.9	105.4	232	汕头	Shantou	190.4	183.3	195.9	64
漯河	Luohe	149.8	142.4	143.0	146	佛山	Foshan	332.3	355.0	326.9	2
三门峡	Sanmenxia	102.3	110.5	114.3	211	江门	Jiangmen	220.5	200.9	221.4	43
南阳	Nanyang	92.5	87.4	102.6	237	湛江	Zhanjiang	247.6	198.8	222.3	42
商丘	Shangqiu	150.5	156.4	106.2	229	茂名	Maoming	247.4	241.9	250.8	21
信阳	Xinyang	141.7	128.5	130.9	173	肇庆	Zhaoqing	273.5	273.4	276.2	15
周口	Zhoukou	115.5	130.0	141.8	154	惠州	Huizhou	229.8	231.7	237.1	34
驻马店	Zhumadian	134.5	121.3	105.6	231	梅州	Meizhou	163.5	366.7	304.1	9
湖北	**Hubei**	**211.5**	**213.2**	**215.7**		汕尾	Shanwei	147.9	169.6	182.3	81
武汉	Wuhan	256.2	283.2	297.6	13	河源	Heyuan	267.0	254.6	233.5	37
黄石	Huangshi	220.3	242.2	241.5	30	阳江	Yangjiang	139.6	199.1	208.0	55
十堰	Shiyan	279.1	244.1	242.4	28	清远	Qingyuan	311.0	327.2	186.2	77
宜昌	Yichang	129.2	142.7	158.3	113	东莞	Dongguan	221.4	214.7	245.9	26
襄阳	Xiangfan	247.5	253.5	252.3	19	中山	ZhongShan	402.7	279.9	240.5	33
鄂州	Ezhou	280.9	193.2	200.1	59	潮州	Chaozhou	160.8	197.8	212.5	50
荆门	Jingmen	201.0	169.6	160.4	109	揭阳	Jieyang	89.0	49.0	71.6	277
孝感	Xiaogan	190.1	156.0	156.3	119	云浮	Yunfu	197.6	207.2	228.4	38
荆州	Jingzhou	169.9	170.4	169.7	95	**广西**	**Guangxi**	**249.7**	**241.9**	**248.1**	
黄冈	Huanggang	260.5	250.4	248.5	23	南宁	Nanning	321.0	309.7	308.2	8
咸宁	Xianning	160.2	128.7	126.5	183	柳州	Liuzhou	219.8	220.9	262.6	17
随州	Suizhou	147.9	167.0	135.6	164	桂林	Guilin	324.2	311.0	299.0	11
湖南	**Hunan**	**220.4**	**203.2**	**212.8**		梧州	Wuzhou	235.9	202.7	234.2	36
长沙	Changsha	364.2	307.5	340.2	1	北海	Beihai	259.7	247.5	253.6	18
株洲	Zhuzhou	266.3	246.4	240.7	32	防城港	Fangchenggang	195.4	219.0	205.2	56
湘潭	Xiangtan	182.5	239.8	182.9	80	钦州	Qinzhou	293.0	249.0	216.9	47
衡阳	Hengyang	167.0	137.7	133.5	169	贵港	Guigang	193.8	172.3	168.2	97
邵阳	Shaoyang	167.7	194.2	164.7	102	玉林	Yulin	177.5	175.6	164.8	101
岳阳	Yueyang	183.3	184.1	192.9	68	百色	Baise	276.3	265.7	267.2	16

8-29 城市人均日生活用水量(辖区) 续表 3
Urban Daily Water Consumption Per Capita (Districts under City) continued 3

单位：升 (liter)

地名	City	2010	2011	2012	2012 排名 Ranking	地名	City	2010	2011	2012	2012 排名 Ranking
贺州	Hezhou	223.8	202.9	217.4	46	丽江	Lijiang	137.4	116.5	245.8	27
河池	Hechi	186.5	210.2	212.3	51	普洱	Puer	153.3	149.5	143.6	144
来宾	Laibin	180.4	174.3	191.5	71	临沧	Lincang	185.1	172.7	209.5	54
崇左	Chongzuo	200.9	210.1	185.7	78	**西藏**	**Tibet**	**218.9**	**228.1**	**127.7**	
海南	**Hainan**	**264.5**	**249.2**	**237.2**		拉萨	Lhasa	232.8	237.4	113.6	214
海口	Haikou	299.0	280.5	248.5	24	**陕西**	**Shaanxi**	**165.7**	**163.3**	**174.7**	
三亚	Sanya	285.6	289.6	320.1	3	西安	Xi'an	198.5	200.0	241.8	29
重庆	**Chongqing**	**136.8**	**145.4**	**148.8**		铜川	Tongchuan	73.6	72.1	77.2	271
四川	**Sichuan**	**196.7**	**191.7**	**195.6**		宝鸡	Baoji	131.8	120.2	118.5	203
成都	Chengdu	289.9	288.8	317.6	6	咸阳	Xianyang	198.6	193.9	135.3	165
自贡	Zigong	112.0	100.0	96.8	250	渭南	Weinan	125.1	159.8	146.9	140
攀枝花	Panzhihua	207.5	194.1	201.6	58	延安	Yan'an	104.8	112.5	109.7	222
泸州	Luzhou	126.3	127.5	132.9	170	汉中	Hanzhong	134.6	148.2	158.2	114
德阳	Deyang	167.9	168.5	111.6	218	榆林	Yulin	82.1	102.9	104.5	235
绵阳	Mianyang	161.0	164.3	163.7	103	安康	Ankang	210.3	115.8	110.5	221
广元	Guangyuan	161.6	170.1	173.7	88	商洛	Shangluo	155.4	174.9	194.2	66
遂宁	Suining	123.3	116.5	126.6	181	**甘肃**	**Gansu**	**155.1**	**146.5**	**144.0**	
内江	Neijiang	130.3	118.0	112.2	216	兰州	Lanzhou	189.9	196.1	190.6	75
乐山	Leshan	157.4	153.0	150.7	130	嘉峪关	Jiayuguan	157.5	155.7	152.5	126
南充	Nanchong	182.7	158.9	156.6	118	金昌	Jinchang	168.4	158.4	171.9	91
眉山	Meishan	174.2	182.2	163.1	104	白银	Baiyin	264.8	177.8	197.9	61
宜宾	Yibin	227.1	183.7	173.3	90	天水	Tianshui	138.6	136.5	134.6	167
广安	Guangan	97.2	113.2	91.2	256	武威	Wuwei	119.4	101.7	100.7	243
达州	Dazhou	178.2	165.7	175.9	86	张掖	Zhangye	147.2	123.3	155.3	121
雅安	Yaan	142.9	149.8	152.5	125	平凉	Pingliang	85.5	74.3	52.0	284
巴中	Bazhong	80.5	89.2	90.9	257	酒泉	Jiuquan	118.8	103.0	94.6	254
资阳	Ziyang	137.7	150.0	139.5	158	庆阳	Qingyang	78.1	73.7	72.2	275
贵州	**Guizhou**	**130.5**	**142.8**	**144.9**		定西	Dingxi	38.8	46.8	44.7	285
贵阳	Guiyang	148.5	169.4	166.3	100	陇南	Longnan	51.8	87.0	83.8	269
六盘水	Liupanshui	131.7	167.2	190.1	76	**青海**	**Qinghai**	**179.0**	**197.0**	**194.2**	
遵义	Zunyi	154.9	136.6	137.3	160	西宁	Xining	175.8	197.5	193.1	67
安顺	Anshun	72.5	80.9	87.0	261	**宁夏**	**Ningxia**	**177.6**	**163.1**	**156.5**	
毕节	Bijie	75.8	136.1	168.2	98	银川	Yinchuan	175.9	170.9	163.0	105
铜仁	Tongren	134.5	132.4	117.3	205	石嘴山	Shizuishan	233.2	232.9	211.4	53
云南	**Yunnan**	**146.2**	**124.9**	**118.3**		吴忠	Wuzhong	181.1	162.6	160.2	110
昆明	Kunming	149.9	120.8	99.2	247	固原	Guyuan	122.4	62.2	57.4	281
曲靖	Qujing	104.4	99.9	98.8	248	中卫	Zhongwei	151.3	53.7	73.7	274
玉溪	Yuxi	203.6	147.1	152.0	128	**新疆**	**Xinjiang**	**150.8**	**160.1**	**171.0**	
保山	Baoshan	100.2	100.0	119.4	200	乌鲁木齐	Urumqi	142.5	143.7	148.7	136
昭通	Zhaotong	92.6	111.2	117.3	204	克拉玛依	Karamay	206.3	225.5	234.7	35

8-30 城市用水普及率(辖区)
Urban Water Coverage Rate (Districts under City)

单位：% (%)

地名	City	2010	2011	2012	2012 排名 Ranking	地名	City	2010	2011	2012	2012 排名 Ranking
全国	**Nation Total**	**96.68**	**97.04**	**97.16**		沈阳	Shenyang	100.00	100.00	100.00	1
北京	**Beijing**	**100.00**	**100.00**	**100.00**		大连	Dalian	100.00	100.00	100.00	1
天津	**Tianjin**	**100.00**	**100.00**	**100.00**		鞍山	Anshan	97.73	98.55	98.56	154
河北	**Hebei**	**99.97**	**100.00**	**99.96**		抚顺	Fushun	98.59	96.30	96.51	193
石家庄	Shijiazhuang	100.00	100.00	100.00	1	本溪	Benxi	97.56	99.75	91.34	248
唐山	Tangshan	100.00	100.00	100.00	1	丹东	Dandong	94.59	96.83	97.50	179
秦皇岛	Qinhuangdao	100.00	100.00	100.00	1	锦州	Jinzhou	100.00	100.00	100.00	1
邯郸	Handan	100.00	100.00	100.00	1	营口	Yingkou	86.19	98.97	98.98	141
邢台	Xingtai	100.00	100.00	100.00	1	阜新	Fuxin	99.64	99.66	99.68	120
保定	Baoding	100.00	100.00	100.00	1	辽阳	Liaoyang	100.00	100.00	100.00	1
张家口	Zhangjiakou	100.00	100.00	100.00	1	盘锦	Panjin	100.00	100.00	100.00	1
承德	Chengde	100.00	100.00	100.00	1	铁岭	Tieling	97.50	97.54	97.74	173
沧州	Cangzhou	100.00	100.00	100.00	1	朝阳	Chaoyang	91.18	94.70	98.82	147
廊坊	Langfang	100.00	100.00	100.00	1	葫芦岛	Huludao	100.00	100.00	100.00	1
衡水	Hengshui	100.00	100.00	99.72	114	吉林	**Jilin**	**89.60**	**92.71**	**92.38**	
山西	**Shanxi**	**97.26**	**97.48**	**97.64**		长春	Changchun	99.46	99.70	99.70	116
太原	Taiyuan	100.00	100.00	100.00	1	吉林	Jilin	97.84	97.86	98.00	169
大同	Datong	100.00	100.00	100.00	1	四平	Siping	65.34	65.93	71.44	278
阳泉	Yangquan	100.00	100.00	100.00	1	辽源	Liaoyuan	82.33	93.98	98.22	163
长治	Changzhi	95.00	96.00	96.30	197	通化	Tonghua	88.26	88.63	87.37	261
晋城	Jincheng	100.00	96.01	96.50	194	白山	Baishan	91.51	95.54	81.00	266
朔州	Shuozhou	98.11	98.15	98.60	152	松原	Songyuan	92.24	94.00	95.31	205
晋中	Jinzhong	96.50	96.99	97.01	185	白城	Baicheng	92.02	98.02	98.09	165
运城	Yuncheng	93.02	93.02	94.00	217	黑龙江	**Heilongjiang**	**88.43**	**90.78**	**94.14**	
忻州	Xinzhou	90.00	91.03	93.04	230	哈尔滨	Harbin	89.17	92.17	100.00	1
临汾	Linfen	92.12	92.72	92.89	231	齐齐哈尔	Qiqihar	97.68	97.75	98.61	151
吕梁	Luliang	94.48	95.02	95.02	210	鸡西	Jixi	97.23	99.91	98.88	146
内蒙古	**Inner Mongolia**	**87.97**	**91.39**	**94.43**		鹤岗	Hegang	86.45	82.18	80.99	267
呼和浩特	Hohhot	95.50	99.90	98.63	150	双鸭山	Shuangyashan	99.78	100.00	99.79	109
包头	Baotou	90.86	92.06	99.43	126	大庆	Daqing	83.18	91.97	91.11	252
乌海	Wuhai	99.84	97.69	97.53	177	伊春	Yichun	69.53	71.54	73.47	276
赤峰	Chifeng	84.70	90.68	91.67	247	佳木斯	Jiamusi	90.21	91.83	93.88	220
通辽	Tongliao	79.44	92.07	92.67	234	七台河	Qitaihe	86.41	86.46	93.42	225
鄂尔多斯	Erdos	97.21	99.31	99.37	128	牡丹江	Mudanjiang	92.08	92.40	95.65	203
呼伦贝尔	Hulunbuir	71.92	78.70	91.19	250	黑河	Heihe	81.56	80.42	92.05	241
巴彦淖尔	Bayannur	80.52	83.17	93.37	226	绥化	Suihua	96.31	95.31	95.31	205
乌兰察布	Ulanqab	86.96	88.55	92.01	242	上海	**Shanghai**	**100.00**	**100.00**	**100.00**	
辽宁	**Liaoning**	**97.44**	**98.36**	**98.45**		江苏	**Jiangsu**	**99.56**	**99.58**	**99.70**	

8-30 城市用水普及率（辖区） 续表 1
Urban Water Coverage Rate (Districts under City) continued 1

单位：% (%)

地名	City	2010	2011	2012	2012 排名 Ranking	地名	City	2010	2011	2012	2012 排名 Ranking
南京	Nanjing	100.00	100.00	100.00	1	池州	Chizhou	93.83	96.13	98.28	160
无锡	Wuxi	100.00	100.00	100.00	1	宣城	Xuancheng	98.58	97.50	97.62	176
徐州	Xuzhou	99.44	97.81	98.08	166	**福建**	**Fujian**	**99.50**	**99.11**	**99.13**	
常州	Changzhou	100.00	100.00	100.00	1	福州	Fuzhou	99.86	99.26	99.37	128
苏州	Suzhou	100.00	100.00	100.00	1	厦门	Xiamen	100.00	100.00	100.00	1
南通	Nantong	100.00	100.00	100.00	1	莆田	Putian	99.00	99.00	99.46	123
连云港	Lianyungang	100.00	100.00	100.00	1	三明	Sanming	98.87	99.14	99.87	103
淮安	Huaian	93.94	96.20	99.20	133	泉州	Quanzhou	98.71	98.73	98.75	148
盐城	Yancheng	100.00	100.00	100.00	1	漳州	Zhangzhou	99.39	99.65	99.70	116
扬州	Yangzhou	99.81	99.83	99.02	138	南平	Nanping	99.61	100.00	100.00	1
镇江	Zhenjiang	100.00	100.00	100.00	1	龙岩	Longyan	99.37	99.41	99.45	124
泰州	Taizhou	100.00	100.00	100.00	1	宁德	Ningde	99.13	99.12	99.13	135
宿迁	Suqian	100.00	100.00	100.00	1	**江西**	**Jiangxi**	**97.43**	**97.94**	**97.67**	
浙江	**Zhejiang**	**99.79**	**99.84**	**99.88**		南昌	Nanchang	99.79	99.70	98.90	145
杭州	Hangzhou	100.00	100.00	100.00	1	景德镇	Jingdezhen	99.67	99.68	99.60	121
宁波	Ningbo	100.00	100.00	100.00	1	萍乡	Pingxiang	100.00	100.00	100.00	1
温州	Wenzhou	100.00	99.80	100.00	1	九江	Jiujiang	100.00	100.00	100.00	1
嘉兴	Jiaxing	100.00	100.00	100.00	1	新余	Xinyu	100.00	100.00	100.00	1
湖州	Huzhou	100.00	100.00	100.00	1	鹰潭	Yingtan	94.72	94.33	96.33	196
绍兴	Shaoxing	100.00	100.00	100.00	1	赣州	Ganzhou	100.00	100.00	100.00	1
金华	Jinhua	99.86	100.00	100.00	1	吉安	Jian	94.63	94.03	94.72	212
衢州	Quzhou	100.00	100.00	100.00	1	宜春	Yichun	90.11	95.13	95.15	209
舟山	Zhoushan	99.44	99.51	99.86	105	抚州	Fuzhou	99.88	99.82	98.24	162
台州	Taizhou	99.33	100.00	100.00	1	上饶	Shangrao	99.70	99.73	99.76	110
丽水	Lishui	100.00	100.00	100.00	1	**山东**	**Shandong**	**99.57**	**99.74**	**99.85**	
安徽	**Anhui**	**96.06**	**96.55**	**98.02**		济南	Jinan	100.00	100.00	100.00	1
合肥	Hefei	97.22	99.73	99.76	110	青岛	Qingdao	100.00	100.00	100.00	1
芜湖	Wuhu	100.00	100.00	100.00	1	淄博	Zibo	100.00	100.00	100.00	1
蚌埠	Bengbu	99.67	100.00	100.00	1	枣庄	Zaozhuang	99.10	99.19	99.24	132
淮南	Huainan	97.28	97.51	98.70	149	东营	Dongying	96.30	100.00	100.00	1
马鞍山	Maanshan	100.00	100.00	100.00	1	烟台	Yantai	99.84	99.85	99.87	103
淮北	Huaibei	97.01	98.58	99.00	140	潍坊	Weifang	100.00	100.00	100.00	1
铜陵	Tongling	96.63	94.11	99.91	102	济宁	Jining	100.00	100.00	100.00	1
安庆	Anqing	91.86	90.34	97.21	183	泰安	Taian	100.00	100.00	100.00	1
黄山	Huangshan	99.33	98.02	98.10	164	威海	Weihai	100.00	100.00	100.00	1
滁州	Chuzhou	99.79	99.80	99.81	107	日照	Rizhao	100.00	100.00	100.00	1
阜阳	Fuyang	92.01	92.37	92.57	236	莱芜	Laiwu	100.00	100.00	100.00	1
宿州	Suzhou	98.92	99.13	99.28	131	临沂	Linyi	100.00	100.00	100.00	1
六安	Liuan	99.16	94.56	100.00	1	德州	Dezhou	99.87	100.00	100.00	1
亳州	Bozhou	97.46	91.22	91.18	251	聊城	Liaocheng	100.00	97.05	98.38	158

8-30 城市用水普及率(辖区) 续表 2
Urban Water Coverage Rate (Districts under City) continued 2

单位：% (%)

地名	City	2010	2011	2012	2012 排名 Ranking
滨州	Binzhou	100.00	100.00	100.00	1
菏泽	Heze	94.62	97.74	100.00	1
河南	**Henan**	**91.03**	**92.64**	**91.76**	
郑州	Zhengzhou	100.00	100.00	100.00	1
开封	Kaifeng	97.65	97.89	97.12	184
洛阳	Luoyang	97.78	97.82	92.78	232
平顶山	Pingdingshan	80.69	78.53	96.68	190
安阳	Anyang	100.00	100.00	100.00	1
鹤壁	Hebi	97.88	98.04	93.72	223
新乡	Xinxiang	97.20	98.54	98.94	142
焦作	Jiaozuo	99.80	99.80	99.82	106
濮阳	Puyang	90.62	89.41	89.15	257
许昌	Xuchang	96.86	96.82	96.83	187
漯河	Luohe	91.29	91.37	92.33	237
三门峡	Sanmenxia	88.61	97.26	98.07	167
南阳	Nanyang	70.19	90.69	70.96	279
商丘	Shangqiu	64.35	64.50	61.46	285
信阳	Xinyang	96.00	95.98	95.17	208
周口	Zhoukou	93.70	92.76	92.78	232
驻马店	Zhumadian	63.38	68.36	77.83	272
湖北	**Hubei**	**97.59**	**98.25**	**98.24**	
武汉	Wuhan	100.00	100.00	100.00	1
黄石	Huangshi	99.97	99.71	100.00	1
十堰	Shiyan	88.35	97.97	94.76	211
宜昌	Yichang	100.00	100.00	100.00	1
襄阳	Xiangfan	99.62	96.72	97.91	171
鄂州	Ezhou	100.00	100.00	100.00	1
荆门	Jingmen	100.00	100.00	100.00	1
孝感	Xiaogan	97.40	96.34	96.62	192
荆州	Jingzhou	98.27	98.41	98.43	156
黄冈	Huanggang	97.21	96.90	98.01	168
咸宁	Xianning	84.34	88.05	92.30	238
随州	Suizhou	94.51	99.01	91.86	244
湖南	**Hunan**	**95.17**	**95.68**	**96.42**	
长沙	Changsha	100.00	99.98	99.98	94
株洲	Zhuzhou	98.89	100.00	100.00	1
湘潭	Xiangtan	97.54	97.19	97.85	172
衡阳	Hengyang	100.00	100.00	94.06	216
邵阳	Shaoyang	92.08	81.03	82.64	265
岳阳	Yueyang	95.54	98.18	99.95	100

地名	City	2010	2011	2012	2012 排名 Ranking
常德	Changde	96.59	99.31	99.44	125
张家界	Zhangjiajie	97.53	97.98	96.75	188
益阳	Yiyang	84.44	81.61	82.95	264
郴州	Chenzhou	92.23	91.24	100.00	1
永州	Yongzhou	98.77	98.85	98.92	143
怀化	Huaihua	97.33	96.68	97.70	174
娄底	Loudi	97.60	97.18	98.29	159
广东	**Guangdong**	**98.37**	**98.39**	**97.62**	
广州	Guangzhou	99.56	99.70	99.70	116
韶关	Shaoguan	93.88	97.78	97.39	180
深圳	Shenzhen	100.00	100.00	100.00	1
珠海	Zhuhai	99.70	99.70	99.69	119
汕头	Shantou	98.57	94.09	96.12	198
佛山	Foshan	100.00	100.00	100.00	1
江门	Jiangmen	96.80	99.39	98.41	157
湛江	Zhanjiang	99.37	95.45	99.40	127
茂名	Maoming	100.00	100.00	99.81	107
肇庆	Zhaoqing	99.94	99.96	99.96	99
惠州	Huizhou	96.57	96.95	97.63	175
梅州	Meizhou	96.16	73.03	77.69	273
汕尾	Shanwei	95.07	94.46	93.74	222
河源	Heyuan	99.89	100.00	100.00	1
阳江	Yangjiang	100.00	100.00	100.00	1
清远	Qingyuan	99.98	99.85	99.98	94
东莞	Dongguan	99.50	99.92	97.32	182
中山	ZhongShan	100.00	100.00	100.00	1
潮州	Chaozhou	100.00	100.00	100.00	1
揭阳	Jieyang	97.60	97.75	63.68	284
云浮	Yunfu	98.48	100.00	99.07	136
广西	**Guangxi**	**94.65**	**93.91**	**95.30**	
南宁	Nanning	95.10	93.52	95.38	204
柳州	Liuzhou	99.80	95.07	97.93	170
桂林	Guilin	78.27	84.98	88.30	260
梧州	Wuzhou	93.88	94.03	95.78	202
北海	Beihai	97.08	99.31	99.72	114
防城港	Fangchenggang	100.00	100.00	100.00	1
钦州	Qinzhou	99.56	99.63	99.76	110
贵港	Guigang	91.38	97.58	99.97	98
玉林	Yulin	100.00	100.00	100.00	1
百色	Baise	100.00	100.00	100.00	1

8-30 城市用水普及率(辖区) 续表 3
Urban Water Coverage Rate (Districts under City) continued 3

单位：% (%)

地名	City	2010	2011	2012	2012 排名 Ranking	地名	City	2010	2011	2012	2012 排名 Ranking
贺州	Hezhou	99.15	61.60	64.46	282	丽江	Lijiang	99.50	100.00	100.00	1
河池	Hechi	99.26	91.74	95.18	207	普洱	Puer	73.30	100.00	100.00	1
来宾	Laibin	90.55	97.95	96.67	191	临沧	Lincang	94.84	90.14	88.83	258
崇左	Chongzuo	100.00	100.00	92.60	235	**西藏**	**Tibet**	**97.42**	**91.93**	**75.39**	
海南	**Hainan**	**89.43**	**96.09**	**97.74**		拉萨	Lhasa	99.22	98.17	75.22	274
海口	Haikou	100.00	99.34	99.98	94	**陕西**	**Shaanxi**	**99.39**	**95.72**	**96.15**	
三亚	Sanya	91.23	99.26	98.91	144	西安	Xi'an	100.00	100.00	100.00	1
重庆	**Chongqing**	**94.05**	**93.41**	**93.84**		铜川	Tongchuan	95.67	93.83	94.58	214
四川	**Sichuan**	**90.80**	**91.83**	**92.04**		宝鸡	Baoji	99.85	99.87	100.00	1
成都	Chengdu	95.79	98.17	98.26	161	咸阳	Xianyang	96.00	92.77	96.38	195
自贡	Zigong	83.93	84.65	75.08	275	渭南	Weinan	99.38	99.50	99.76	110
攀枝花	Panzhihua	96.12	91.28	93.22	228	延安	Yan'an	86.01	86.37	86.85	263
泸州	Luzhou	89.68	89.78	90.82	253	汉中	Hanzhong	75.70	81.86	80.54	268
德阳	Deyang	98.67	100.00	98.57	153	榆林	Yulin	95.14	95.14	88.42	259
绵阳	Mianyang	97.96	99.02	99.02	138	安康	Ankang	84.74	80.65	90.51	254
广元	Guangyuan	90.94	92.59	94.66	213	商洛	Shangluo	94.94	75.98	67.95	281
遂宁	Suining	76.42	80.91	79.55	269	**甘肃**	**Gansu**	**91.57**	**92.50**	**92.77**	
内江	Neijiang	78.00	80.10	97.52	178	兰州	Lanzhou	94.96	94.61	93.93	218
乐山	Leshan	91.28	91.69	93.06	229	嘉峪关	Jiayuguan	100.00	100.00	100.00	1
南充	Nanchong	96.98	96.99	96.99	186	金昌	Jinchang	100.00	100.00	99.48	122
眉山	Meishan	99.58	97.69	96.69	189	白银	Baiyin	97.80	99.68	100.00	1
宜宾	Yibin	100.00	95.34	95.96	200	天水	Tianshui	76.09	78.19	79.13	270
广安	Guangan	72.82	78.22	93.57	224	武威	Wuwei	94.12	96.48	90.38	255
达州	Dazhou	94.91	85.15	73.18	277	张掖	Zhangye	99.01	100.00	100.00	1
雅安	Yaan	100.00	99.23	99.14	134	平凉	Pingliang	95.39	97.30	99.34	130
巴中	Bazhong	94.18	88.39	93.84	221	酒泉	Jiuquan	100.00	100.00	100.00	1
资阳	Ziyang	88.32	90.81	93.93	218	庆阳	Qingyang	95.88	96.74	98.47	155
贵州	**Guizhou**	**94.10**	**91.55**	**92.07**		定西	Dingxi	86.81	89.59	91.99	243
贵阳	Guiyang	96.22	89.35	94.49	215	陇南	Longnan	48.16	56.03	64.37	283
六盘水	Liupanshui	98.32	96.51	91.86	244	**青海**	**Qinghai**	**99.87**	**99.86**	**99.90**	
遵义	Zunyi	100.00	100.00	99.07	136	西宁	Xining	99.85	99.97	99.99	93
安顺	Anshun	86.21	91.05	91.24	249	**宁夏**	**Ningxia**	**98.23**	**95.45**	**92.30**	
毕节	Bijie	79.59	95.18	91.73	246	银川	Yinchuan	99.48	99.45	92.08	240
铜仁	Tongren	95.65	89.71	78.83	271	石嘴山	Shizuishan	99.29	98.59	99.98	94
云南	**Yunnan**	**96.50**	**95.09**	**94.32**		吴忠	Wuzhong	89.06	89.17	89.77	256
昆明	Kunming	99.69	94.73	93.37	226	固原	Guyuan	99.19	93.81	95.86	201
曲靖	Qujing	100.00	100.00	100.00	1	中卫	Zhongwei	97.99	70.87	70.05	280
玉溪	Yuxi	100.00	97.96	96.06	199	**新疆**	**Xinjiang**	**99.17**	**99.17**	**99.13**	
保山	Baoshan	90.03	89.25	86.92	262	乌鲁木齐	Urumqi	99.93	99.94	99.95	100
昭通	Zhaotong	96.30	97.48	97.36	181	克拉玛依	Karamay	100.00	100.00	100.00	1

8-31 城市人工煤气供气总量(辖区)
Total Urban Man-made Coal Gas Supplied (Districts under City)

单位：万立方米 (10 000 m³)

地名	City	2010	2011	2012	2012 排名 Ranking
全国	**Nation Total**	**2799380**	**847256**	**769686**	
北京	**Beijing**				
天津	**Tianjin**				
河北	**Hebei**	**89834**	**84634**	**89595**	
石家庄	Shijiazhuang	1046	1238	1346	45
唐山	Tangshan	53727	49458	58591	2
秦皇岛	Qinhuangdao				
邯郸	Handan	9162	7944	7275	19
邢台	Xingtai	14856	14778	11379	13
保定	Baoding				
张家口	Zhangjiakou	5879	5887	5583	23
承德	Chengde	3205	3201	3287	33
沧州	Cangzhou				
廊坊	Langfang				
衡水	Hengshui				
山西	**Shanxi**	**87203**	**93515**	**87787**	
太原	Taiyuan	49764	55013	55013	3
大同	Datong				
阳泉	Yangquan				
长治	Changzhi	11482	11973	6015	22
晋城	Jincheng				
朔州	Shuozhou				
晋中	Jinzhong	3928	4826	7232	20
运城	Yuncheng				
忻州	Xinzhou	4775	3392	1166	46
临汾	Linfen	9771	10493	10824	14
吕梁	Luliang	2838	2657	3340	32
内蒙古	**Inner Mongolia**	**3069**	**2806**	**2786**	
呼和浩特	Hohhot				
包头	Baotou	3069	2806	2786	36
乌海	Wuhai				
赤峰	Chifeng				
通辽	Tongliao				
鄂尔多斯	Erdos				
呼伦贝尔	Hulunbuir				
巴彦淖尔	Bayannur				
乌兰察布	Ulanqab				
辽宁	**Liaoning**	**55177**	**56625**	**59736**	
沈阳	Shenyang				
大连	Dalian	22357	22762	24435	7
鞍山	Anshan	13107	13997	15164	10
抚顺	Fushun				
本溪	Benxi	4738	4740	4647	25
丹东	Dandong	4024	4080	4102	31
锦州	Jinzhou	8276	8798	9140	16
营口	Yingkou				
阜新	Fuxin				
辽阳	Liaoyang				
盘锦	Panjin				
铁岭	Tieling				
朝阳	Chaoyang	2004	2142	2133	41
葫芦岛	Huludao				
吉林	**Jilin**	**16727**	**17445**	**17086**	
长春	Changchun	14327	15045	14641	11
吉林	Jilin				
四平	Siping				
辽源	Liaoyuan				
通化	Tonghua	2400	2400	2445	39
白山	Baishan				
松原	Songyuan				
白城	Baicheng				
黑龙江	**Heilongjiang**	**7587**	**8040**	**8185**	
哈尔滨	Harbin				
齐齐哈尔	Qiqihar				
鸡西	Jixi	1055	1155	1100	47
鹤岗	Hegang				
双鸭山	Shuangyashan	693	735	735	48
大庆	Daqing				
伊春	Yichun				
佳木斯	Jiamusi				
七台河	Qitaihe	4089	4300	4410	27
牡丹江	Mudanjiang	1750	1850	1940	43
黑河	Heihe				
绥化	Suihua				
上海	**Shanghai**	**142167**	**118541**	**90438**	
江苏	**Jiangsu**	**1931995**	**10310**	**4889**	

8-31 城市人工煤气供气总量(辖区) 续表 1
Total Urban Man-made Coal Gas Supplied (Districts under City) continued 1

单位：万立方米 (10 000 m³)

地名	City	2010	2011	2012	2012 排名 Ranking
南京	Nanjing	1918223			
无锡	Wuxi				
徐州	Xuzhou	1662			
常州	Changzhou				
苏州	Suzhou	7432	6070	4449	26
南通	Nantong	4677	4240	440	50
连云港	Lianyungang				
淮安	Huaian				
盐城	Yancheng				
扬州	Yangzhou				
镇江	Zhenjiang				
泰州	Taizhou				
宿迁	Suqian				
浙江	**Zhejiang**	**484**	**493**	**463**	
杭州	Hangzhou				
宁波	Ningbo				
温州	Wenzhou				
嘉兴	Jiaxing				
湖州	Huzhou				
绍兴	Shaoxing				
金华	Jinhua				
衢州	Quzhou	**447**	**493**	**463**	
舟山	Zhoushan				
台州	Taizhou				
丽水	Lishui				
安徽	**Anhui**				
合肥	Hefei				
芜湖	Wuhu				
蚌埠	Bengbu				
淮南	Huainan				
马鞍山	Maanshan				
淮北	Huaibei				
铜陵	Tongling				
安庆	Anqing				
黄山	Huangshan				
滁州	Chuzhou				
阜阳	Fuyang				
宿州	Suzhou				
六安	Liuan				
亳州	Bozhou				
池州	Chizhou				
宣城	Xuancheng				
福建	**Fujian**	**2673**	**2892**	**3080**	
福州	Fuzhou				
厦门	Xiamen				
莆田	Putian				
三明	Sanming	2673	2892	3080	35
泉州	Quanzhou				
漳州	Zhangzhou				
南平	Nanping				
龙岩	Longyan				
宁德	Ningdc				
江西	**Jiangxi**	**58208**	**49641**	**48497**	
南昌	Nanchang	16785	8030	8027	18
景德镇	Jingdezhen	22709	22941	22402	8
萍乡	Pingxiang	15642	15781	17355	9
九江	Jiujiang				
新余	Xinyu	3072	2889	713	49
鹰潭	Yingtan				
赣州	Ganzhou				
吉安	Jian				
宜春	Yichun				
抚州	Fuzhou				
上饶	Shangrao				
山东	**Shandong**	**35730**	**34513**	**21316**	
济南	Jinan	5294	4658	4300	28
青岛	Qingdao	9153	9137	8148	17
淄博	Zibo	7996	8464		
枣庄	Zaozhuang	4154	3405	3139	34
东营	Dongying				
烟台	Yantai				
潍坊	Weifang	6837	6449	4117	30
济宁	Jining				
泰安	Taian				
威海	Weihai				
日照	Rizhao				
莱芜	Laiwu				
临沂	Linyi				
德州	Dezhou				
聊城	Liaocheng				

8-31 城市人工煤气供气总量(辖区) 续表 2

Total Urban Man-made Coal Gas Supplied (Districts under City) continued 2

单位：万立方米 (10 000 m³)

地名	City	2010	2011	2012	2012 排名 Ranking
滨州	Binzhou				
菏泽	Heze				
河南	**Henan**	**109500**	**116309**	**85359**	
郑州	Zhengzhou	520	1964		
开封	Kaifeng				
洛阳	Luoyang	29759	31648	11928	12
平顶山	Pingdingshan	4605	3226	2121	42
安阳	Anyang	54998	51000	45000	4
鹤壁	Hebi				
新乡	Xinxiang				
焦作	Jiaozuo				
濮阳	Puyang				
许昌	Xuchang				
漯河	Luohe				
三门峡	Sanmenxia				
南阳	Nanyang	3086	8416	10336	15
商丘	Shangqiu				
信阳	Xinyang				
周口	Zhoukou				
驻马店	Zhumadian				
湖北	**Hubei**	**12042**	**9950**	**5100**	
武汉	Wuhan	8443	8500	5100	24
黄石	Huangshi	499			
十堰	Shiyan				
宜昌	Yichang	3100	1450		
襄阳	Xiangfan				
鄂州	Ezhou				
荆门	Jingmen				
孝感	Xiaogan				
荆州	Jingzhou				
黄冈	Huanggang				
咸宁	Xianning				
随州	Suizhou				
湖南	**Hunan**	**3044**	**2334**	**2707**	
长沙	Changsha				
株洲	Zhuzhou				
湘潭	Xiangtan				
衡阳	Hengyang				
邵阳	Shaoyang	1027			
岳阳	Yueyang				
常德	Changde				
张家界	Zhangjiajie				
益阳	Yiyang				
郴州	Chenzhou				
永州	Yongzhou				
怀化	Huaihua				
娄底	Loudi	2017	2334	2707	37
广东	**Guangdong**	**7037**	**5307**	**2509**	
广州	Guangzhou	3432	5307	2509	38
韶关	Shaoguan				
深圳	Shenzhen				
珠海	Zhuhai				
汕头	Shantou				
佛山	Foshan				
江门	Jiangmen				
湛江	Zhanjiang				
茂名	Maoming				
肇庆	Zhaoqing				
惠州	Huizhou				
梅州	Meizhou				
汕尾	Shanwei				
河源	Heyuan				
阳江	Yangjiang				
清远	Qingyuan				
东莞	Dongguan				
中山	ZhongShan				
潮州	Chaozhou				
揭阳	Jieyang				
云浮	Yunfu				
广西	**Guangxi**	**4517**	**4503**	**4423**	
南宁	Nanning				
柳州	Liuzhou	4320	4307	4226	29
桂林	Guilin				
梧州	Wuzhou				
北海	Beihai				
防城港	Fangchenggang				
钦州	Qinzhou				
贵港	Guigang				
玉林	Yulin				
百色	Baise				

8-31 城市人工煤气供气总量(辖区) 续表 3

Total Urban Man-made Coal Gas Supplied (Districts under City) continued 3

单位：万立方米 (10 000 m³)

地名	City	2010	2011	2012	2012 排名 Ranking
贺州	Hezhou				
河池	Hechi	197	197	197	51
来宾	Laibin				
崇左	Chongzuo				
海南	**Hainan**				
海口	Haikou				
三亚	Sanya				
重庆	**Chongqing**				
四川	**Sichuan**	**159719**	**159719**	**159925**	
成都	Chengdu				
自贡	Zigong				
攀枝花	Panzhihua	159719	159719	159925	1
泸州	Luzhou				
德阳	Deyang				
绵阳	Mianyang				
广元	Guangyuan				
遂宁	Suining				
内江	Neijiang				
乐山	Leshan				
南充	Nanchong				
眉山	Meishan				
宜宾	Yibin				
广安	Guangan				
达州	Dazhou				
雅安	Yaan				
巴中	Bazhong				
资阳	Ziyang				
贵州	**Guizhou**	**26963**	**30515**	**34167**	
贵阳	Guiyang	22364	25237	26909	6
六盘水	Liupanshui	3628	4723	6680	21
遵义	Zunyi				
安顺	Anshun				
毕节	Bijie	98			
铜仁	Tongren				
云南	**Yunnan**	**33818**	**35309**	**37653**	
昆明	Kunming	26975	28487	30531	5
曲靖	Qujing				
玉溪	Yuxi				
保山	Baoshan				
昭通	Zhaotong				

地名	City	2010	2011	2012	2012 排名 Ranking
丽江	Lijiang				
普洱	Puer				
临沧	Lincang				
西藏	**Tibet**				
拉萨	Lhasa				
陕西	**Shaanxi**				
西安	Xi'an				
铜川	Tongchuan				
宝鸡	Baoji				
咸阳	Xianyang				
渭南	Weinan				
延安	Yan'an				
汉中	Hanzhong				
榆林	Yulin				
安康	Ankang				
商洛	Shangluo				
甘肃	**Gansu**	**9438**	**1617**	**1658**	
兰州	Lanzhou				
嘉峪关	Jiayuguan	1928	1617	1658	44
金昌	Jinchang				
白银	Baiyin	7510			
天水	Tianshui				
武威	Wuwei				
张掖	Zhangye				
平凉	Pingliang				
酒泉	Jiuquan				
庆阳	Qingyang				
定西	Dingxi				
陇南	Longnan				
青海	**Qinghai**				
西宁	Xining				
宁夏	**Ningxia**	**697**	**240**	**137**	
银川	Yinchuan				
石嘴山	Shizuishan	697	240	137	52
吴忠	Wuzhong				
固原	Guyuan				
中卫	Zhongwei				
新疆	**Xinjiang**	**1752**	**1999**	**2190**	
乌鲁木齐	Urumqi	1752	1999	2190	40
克拉玛依	Karamay				

8-32 城市天然气供气总量(辖区)
Total Urban Natural Gas Supplied (Districts under City)

单位：万立方米 (10 000 m³)

地名	City	2010	2011	2012	2012 排名 Ranking
全国	**Nation Total**	**4875808**	**6787997**	**7950377**	
北京	**Beijing**	**719740**	**729608**	**924763**	
天津	**Tianjin**	**169453**	**169739**	**256241**	
河北	**Hebei**	**106740**	**193461**	**214451**	
石家庄	Shijiazhuang	13373	23330	23267	44
唐山	Tangshan	19752	23771	26883	37
秦皇岛	Qinhuangdao	13000	22892	20650	49
邯郸	Handan	11814	14410	17799	57
邢台	Xingtai	7439	12140	15901	65
保定	Baoding	8160	8500	11243	90
张家口	Zhangjiakou	39	44	44	250
承德	Chengde	19	96	261	233
沧州	Cangzhou	4800	5300	6381	123
廊坊	Langfang	8125	8949	11638	86
衡水	Hengshui	1110	2093	1801	189
山西	**Shanxi**	**141440**	**176342**	**213502**	
太原	Taiyuan	32323	39543	51809	22
大同	Datong	9212	9949	10706	92
阳泉	Yangquan	58750	71328	79997	13
长治	Changzhi	1856	2841	2056	180
晋城	Jincheng	14735	16717	18054	55
朔州	Shuozhou	4080	4314	4438	142
晋中	Jinzhong	1084	1205	1605	195
运城	Yuncheng	361	472	5965	127
忻州	Xinzhou	2785	2218	4355	146
临汾	Linfen		36	2900	164
吕梁	Luliang				
内蒙古	**Inner Mongolia**	**69531**	**127724**	**113040**	
呼和浩特	Hohhot	30623	38199	42050	28
包头	Baotou	30831	75546	50171	23
乌海	Wuhai	1440	2810	2965	163
赤峰	Chifeng	140	182	1072	207
通辽	Tongliao	711	1448	1775	191
鄂尔多斯	Erdos	4809	6764	8760	100
呼伦贝尔	Hulunbuir				
巴彦淖尔	Bayannur	52	2266	3463	154
乌兰察布	Ulanqab	730	261	301	230
辽宁	**Liaoning**	**66173**	**76601**	**85701**	

地名	City	2010	2011	2012	2012 排名 Ranking
沈阳	Shenyang	31889	39741	43332	25
大连	Dalian				
鞍山	Anshan	1459	576	598	215
抚顺	Fushun	7567	7478	7899	112
本溪	Benxi	28	69	185	237
丹东	Dandong	171	367	495	222
锦州	Jinzhou	121	132	378	226
营口	Yingkou	1404	1769	1793	190
阜新	Fuxin	3080	3310	3342	155
辽阳	Liaoyang	1180	1309	2266	176
盘锦	Panjin	1263	1506	2013	182
铁岭	Tieling	3723	4058	4138	147
朝阳	Chaoyang				
葫芦岛	Huludao	3129	4653	6330	125
吉林	**Jilin**	**43462**	**51758**	**69697**	
长春	Changchun	26282	24765	29975	35
吉林	Jilin	6608	10644	21320	46
四平	Siping	2764	2870	3277	156
辽源	Liaoyuan			148	242
通化	Tonghua				
白山	Baishan	104	155	198	236
松原	Songyuan	5400	6200	6700	120
白城	Baicheng	260	917	1243	203
黑龙江	**Heilongjiang**	**72497**	**85070**	**88191**	
哈尔滨	Harbin	29083	32585	33323	31
齐齐哈尔	Qiqihar	18090	22960	23937	41
鸡西	Jixi				
鹤岗	Hegang	1046	1513	1370	202
双鸭山	Shuangyashan				
大庆	Daqing	22035	25395	25574	40
伊春	Yichun				
佳木斯	Jiamusi	2243	2540	3010	161
七台河	Qitaihe				
牡丹江	Mudanjiang				
黑河	Heihe				
绥化	Suihua				
上海	**Shanghai**	**450032**	**543314**	**631126**	
江苏	**Jiangsu**	**472309**	**591493**	**691763**	

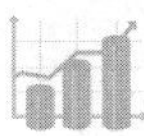

8-32 城市天然气供气总量(辖区) 续表 1

Total Urban Natural Gas Supplied (Districts under City) continued 1

单位：万立方米 (10 000 m³)

地名	City	2010	2011	2012	2012 排名 Ranking
南京	Nanjing	57891	67921	82413	12
无锡	Wuxi	41635	51525	56521	18
徐州	Xuzhou	13524	18670	23270	43
常州	Changzhou	48099	52355	55209	20
苏州	Suzhou	55899	66233	90312	10
南通	Nantong	810	3626	9670	97
连云港	Lianyungang	7223	7968	8485	106
淮安	Huaian	7433	13062	13489	73
盐城	Yancheng	5696	6745	8050	107
扬州	Yangzhou	6885	10966	12636	78
镇江	Zhenjiang	20497	23540	27119	36
泰州	Taizhou	2559	9969	13785	70
宿迁	Suqian	3735	6212	8487	105
浙江	**Zhejiang**	**118884**	**148674**	**191322**	
杭州	Hangzhou	45839	50910	55623	19
宁波	Ningbo	22464	30479	42747	27
温州	Wenzhou	1063	1860	1535	200
嘉兴	Jiaxing	5109	12553	20694	48
湖州	Huzhou	7573	9466	12645	77
绍兴	Shaoxing	13509	10286	14353	69
金华	Jinhua	790	1068	1558	197
衢州	Quzhou	1074	1804	3180	158
舟山	Zhoushan	1676	1922	2224	178
台州	Taizhou	25	279	1036	208
丽水	Lishui				
安徽	**Anhui**	**112190**	**138832**	**171251**	
合肥	Hefei	22411	28139	32924	32
芜湖	Wuhu	18677	22928	20877	30
蚌埠	Bengbu	11178	15329	18250	54
淮南	Huainan	7801	8943	9574	98
马鞍山	Maanshan	13136	14001	15948	63
淮北	Huaibei	2398	4407	5669	130
铜陵	Tongling	9596	9920	12216	82
安庆	Anqing	918	3678	4357	145
黄山	Huangshan		62	483	223
滁州	Chuzhou	9628	10658	12545	80
阜阳	Fuyang	6400	7300	8700	101
宿州	Suzhou	1709	2250	2750	166
六安	Liuan	2328	3287	4752	136
亳州	Bozhou	1287	1810	2469	172

地名	City	2010	2011	2012	2012 排名 Ranking
池州	Chizhou	934	1239	2022	181
宣城	Xuancheng	1188	1770	2111	179
福建	**Fujian**	**51101**	**66297**	**95325**	
福州	Fuzhou	7413	9794	13608	72
厦门	Xiamen	9085	9856	17053	59
莆田	Putian	1502	5080	5320	132
三明	Sanming				
泉州	Quanzhou	2405	4450	4000	148
漳州	Zhangzhou	877	1298	1886	186
南平	Nanping				
龙岩	Longyan				
宁德	Ningde				
江西	**Jiangxi**	**11263**	**27004**	**41910**	
南昌	Nanchang	1407	4762	11093	91
景德镇	Jingdezhen	1586	4569	7356	117
萍乡	Pingxiang	1830	2300	2495	171
九江	Jiujiang	1290	1870	2292	175
新余	Xinyu		6597	7950	109
鹰潭	Yingtan			121	244
赣州	Ganzhou	1686	2350	3000	162
吉安	Jian	730	813	1119	206
宜春	Yichun	1210	1915	2645	168
抚州	Fuzhou	200	292	1901	185
上饶	Shangrao	488	588	715	212
山东	**Shandong**	**326931**	**438016**	**518344**	
济南	Jinan	20814	29610	35000	30
青岛	Qingdao	35681	48167	68397	16
淄博	Zibo	62870	87229	91613	9
枣庄	Zaozhuang	2966	3035	3917	150
东营	Dongying	25240	25591	25762	39
烟台	Yantai	13110	16759	20196	50
潍坊	Weifang	8821	10971	15184	67
济宁	Jining	8673	12247	12859	75
泰安	Taian	17100	21147	30755	34
威海	Weihai	5441	5635	5762	129
日照	Rizhao	2175	2464	3928	149
莱芜	Laiwu	3037	4367	4368	144
临沂	Linyi	12831	23825	31215	33
德州	Dezhou	5685	13433	12559	79
聊城	Liaocheng	10190	14348	16741	60

8-32 城市天然气供气总量(辖区) 续表 2
Total Urban Natural Gas Supplied (Districts under City) continued 2

单位：万立方米 (10 000 m³)

地名	City	2010	2011	2012	2012 排名 Ranking
滨州	Binzhou	8190	10383	11625	87
菏泽	Heze	10814	14765	13687	71
河南	**Henan**	**158928**	**194720**	**241272**	
郑州	Zhengzhou	52171	63270	75742	14
开封	Kaifeng	6115	7474	11315	89
洛阳	Luoyang	4165	6861	17866	56
平顶山	Pingdingshan	20951	11960	8038	108
安阳	Anyang	12165	12728	14953	68
鹤壁	Hebi	1821	2500	3051	160
新乡	Xinxiang	8480	10113	11920	85
焦作	Jiaozuo	11750	16467	19142	53
濮阳	Puyang	5120	5201	5301	133
许昌	Xuchang	2149	2580	3740	151
漯河	Luohe	1769	1818	1967	184
三门峡	Sanmenxia	290	3870	4534	140
南阳	Nanyang	139	885	1535	199
商丘	Shangqiu	789	1036	2257	177
信阳	Xinyang	2363	8571	8865	99
周口	Zhoukou	4241	4423	5633	131
驻马店	Zhumadian	2027	2260	2497	170
湖北	**Hubei**	**152833**	**204472**	**240807**	
武汉	Wuhan	78444	105000	120031	6
黄石	Huangshi	11014	15370	15923	64
十堰	Shiyan				
宜昌	Yichang	10577	12446	12818	76
襄阳	Xiangfan	10234	12553	15549	66
鄂州	Ezhou	3000	3350	3500	153
荆门	Jingmen	5483	7118	8621	103
孝感	Xiaogan	457	1204	1214	204
荆州	Jingzhou	6803	8061	8505	104
黄冈	Huanggang	978	1631	1761	192
咸宁	Xianning	1452	1622	1859	188
随州	Suizhou	700	1316	1607	194
湖南	**Hunan**	**111757**	**139137**	**161274**	
长沙	Changsha	36000	47997	49475	24
株洲	Zhuzhou	13524	22319	23544	42
湘潭	Xiangtan	8763	11047	12542	81
衡阳	Hengyang	14221	17241	19214	52
邵阳	Shaoyang	598	950	1670	193
岳阳	Yueyang	6759	5180	10000	96
常德	Changde	10822	10785	12000	84
张家界	Zhangjiajie	85	165	298	231
益阳	Yiyang	2500	2821	4486	141
郴州	Chenzhou	270	320	670	213
永州	Yongzhou		8	9	254
怀化	Huaihua		10	23	252
娄底	Loudi			370	227
广东	**Guangdong**	**170266**	**1183316**	**1174509**	
广州	Guangzhou	61285	75189	85732	11
韶关	Shaoguan	1376	1810	2563	169
深圳	Shenzhen	40425	991623	919550	1
珠海	Zhuhai		18	2830	165
汕头	Shantou	979	1489	1565	196
佛山	Foshan	17532	39714	65921	17
江门	Jiangmen	375	2104	3727	152
湛江	Zhanjiang	4926	6221	7828	113
茂名	Maoming	36	163	561	217
肇庆	Zhaoqing	2001	2979	4548	139
惠州	Huizhou	450	754	1973	183
梅州	Meizhou	418	565	563	216
汕尾	Shanwei	3	9	45	249
河源	Heyuan	14		320	229
阳江	Yangjiang	804	1002	1160	205
清远	Qingyuan	641	1557	2705	167
东莞	Dongguan	23414	35356	43195	26
中山	ZhongShan	5313	6263	7294	118
潮州	Chaozhou	9703	14976	20032	51
揭阳	Jieyang	18	38	66	246
云浮	Yunfu	22	90	155	241
广西	**Guangxi**	**10320**	**13606**	**16904**	
南宁	Nanning	4235	5517	6554	122
柳州	Liuzhou	1874	2525	3070	159
桂林	Guilin	1244	1800	2401	173
梧州	Wuzhou	180	338	552	219
北海	Beihai	1481	1642	1883	187
防城港	Fangchenggang	17	45	68	245
钦州	Qinzhou	257	418	561	218
贵港	Guigang	352	395	451	225
玉林	Yulin	309	380	500	221
百色	Baise			1	256

8-32 城市天然气供气总量(辖区) 续表 3

Total Urban Natural Gas Supplied (Districts under City) continued 3

单位：万立方米 (10 000 m³)

地名	City	2010	2011	2012	2012 排名 Ranking	地名	City	2010	2011	2012	2012 排名 Ranking
贺州	Hezhou					丽江	Lijiang	25	25	25	251
河池	Hechi					普洱	Puer				
来宾	Laibin					临沧	Lincang				
崇左	Chongzuo					西藏	**Tibet**				
海南	**Hainan**	**14264**	**16374**	**17664**		拉萨	Lhasa				
海口	Haikou	10031	11492	12143	83	陕西	**Shaanxi**	**164654**	**182495**	**221162**	
三亚	Sanya	3062	3144	3233	157	西安	Xi'an	105807	116649	138050	5
重庆	**Chongqing**	**254021**	**268790**	**324965**		铜川	Tongchuan	4530	5704	7400	116
四川	**Sichuan**	**525686**	**564557**	**568317**		宝鸡	Baoji	13049	16103	17493	58
成都	Chengdu	219413	226637	210903	2	咸阳	Xianyang	17441	17941	16172	62
自贡	Zigong	14908	21155	22933	45	渭南	Weinan	4600	5123	7147	119
攀枝花	Panzhihua	1	4	5	255	延安	Yan'an	6810	7114	7811	114
泸州	Luzhou	71788	74563	75532	15	汉中	Hanzhong	10	69	915	210
德阳	Deyang	48194	48642	54014	21	榆林	Yulin	10565	9368	20800	47
绵阳	Mianyang	36244	38323	41584	29	安康	Ankang			245	235
广元	Guangyuan	5654	7259	8694	102	商洛	Shangluo	268	430	652	214
遂宁	Suining	8470	9030	10416	94	甘肃	**Gansu**	**72917**	**88100**	**112098**	
内江	Neijiang	5191	7592	7917	110	兰州	Lanzhou	70182	80750	98493	8
乐山	Leshan	15107	15780	16584	61	嘉峪关	Jiayuguan	43	129	142	243
南充	Nanchong	8940	10300	11465	88	金昌	Jinchang		29	972	209
眉山	Meishan	7755	8530	4409	143	白银	Baiyin	134	614	4662	137
宜宾	Yibin	7814	9646	10564	93	天水	Tianshui		620	750	211
广安	Guangan	2749	4514	5055	135	武威	Wuwei		1395	1405	201
达州	Dazhou	6619	7087	7417	115	张掖	Zhangye		8	170	238
雅安	Yaan	2525	3188	4644	138	平凉	Pingliang	7	13	17	253
巴中	Bazhong	3007	4654	6369	124	酒泉	Jiuquan	366	366	506	220
资阳	Ziyang	6485	6569	6630	121	庆阳	Qingyang	116	1441	1551	198
贵州	**Guizhou**	**3546**	**5484**	**9853**		定西	Dingxi			62	247
贵阳	Guiyang	1826	2949	5830	128	陇南	Longnan			169	240
六盘水	Liupanshui					青海	**Qinghai**	**61557**	**65738**	**111917**	
遵义	Zunyi	880	1320	2400	174	西宁	Xining	54255	58087	102749	7
安顺	Anshun	5	9	170	239	宁夏	**Ningxia**	**108485**	**122647**	**179132**	
毕节	Bijie		76	270	232	银川	Yinchuan	86937	95626	147354	3
铜仁	Tongren					石嘴山	Shizuishan	11852	12947	13290	74
云南	**Yunnan**	**119**	**212**	**1207**		吴忠	Wuzhong	3507	4732	5062	134
昆明	Kunming			335	228	固原	Guyuan				
曲靖	Qujing		43	47	248	中卫	Zhongwei	1280	2551	5978	126
玉溪	Yuxi					新疆	**Xinjiang**	**134711**	**174413**	**262670**	
保山	Baoshan	7	7	460	224	乌鲁木齐	Urumqi	66491	86500	144054	4
昭通	Zhaotong	58	91	260	234	克拉玛依	Karamay	3829	7308	10295	95

8-33 城市液化石油气供气总量(辖区)
Total Urban LPG Supplied (Districts under City)

单位：吨 (ton)

地名	City	2010	2011	2012	2012 排名 Ranking
全国	**Nation Total**	**12680054**	**11658326**	**11148032**	
北京	**Beijing**	**323104**	**442535**	**418156**	
天津	**Tianjin**	**53368**	**58608**	**49105**	
河北	**Hebei**	**205007**	**224873**	**205388**	
石家庄	Shijiazhuang	14106	33457	32051	54
唐山	Tangshan	10557	11000	9921	133
秦皇岛	Qinhuangdao	8083	7350	4547	196
邯郸	Handan	7546	6121	5554	180
邢台	Xingtai	7335	4700	5288	183
保定	Baoding	6758	13061	4357	199
张家口	Zhangjiakou	5633	5640	5640	178
承德	Chengde	4857	4876	5150	186
沧州	Cangzhou	3656	3200	3191	222
廊坊	Langfang	2648	2700	3100	225
衡水	Hengshui	3996	4300	4129	206
山西	**Shanxi**	**63331**	**74789**	**90534**	
太原	Taiyuan	31440	31439	32475	53
大同	Datong	5000	11012	10612	127
阳泉	Yangquan	1558	1337	1029	260
长治	Changzhi	5557	5607	10906	124
晋城	Jincheng	1772	1893	1095	259
朔州	Shuozhou	1300	1300	1300	255
晋中	Jinzhong	1983	2810	2730	230
运城	Yuncheng		2025		
忻州	Xinzhou	3600	3600	3560	216
临汾	Linfen	3800	3800	14600	105
吕梁	Luliang	1250	1420	1420	253
内蒙古	**Inner Mongolia**	**74251**	**113190**	**98496**	
呼和浩特	Hohhot	7760	26996	15173	100
包头	Baotou	11260	11310	9392	138
乌海	Wuhai	1510	1508	1508	251
赤峰	Chifeng	12459	16325	15615	96
通辽	Tongliao	3030	9000	7500	154
鄂尔多斯	Erdos	3800	4000	2880	228
呼伦贝尔	Hulunbuir	2945	5324	6824	164
巴彦淖尔	Bayannur	15010	15010	15010	101
乌兰察布	Ulanqab	2440	3240	3296	220
辽宁	**Liaoning**	**395058**	**504938**	**516426**	
沈阳	Shenyang	31800	156000	156000	9
大连	Dalian	155588	155730	157816	8
鞍山	Anshan	5321	5628	5100	188
抚顺	Fushun	38100	34068	33921	51
本溪	Benxi	4080	5924	9257	139
丹东	Dandong	5430	5330	5280	184
锦州	Jinzhou	6350	4435	4669	194
营口	Yingkou	20000	5005	12006	115
阜新	Fuxin	4910	4956	5100	188
辽阳	Liaoyang	11606	11378	10978	123
盘锦	Panjin	13504	14655	14655	104
铁岭	Tieling	2926	2826	3110	224
朝阳	Chaoyang	5980	5981	5980	174
葫芦岛	Huludao	1000	4220	4161	205
吉林	**Jilin**	**214818**	**236297**	**220874**	
长春	Changchun	79187	72506	68563	24
吉林	Jilin	48000	44741	44500	38
四平	Siping	6100	9000	9000	141
辽源	Liaoyuan	7332	7700	6993	162
通化	Tonghua	2100	1960	2110	240
白山	Baishan	3732	5705	5135	187
松原	Songyuan	13300	22700	12600	112
白城	Baicheng	7612	7820	7663	153
黑龙江	**Heilongjiang**	**219784**	**211074**	**206057**	
哈尔滨	Harbin	82800	81230	60480	32
齐齐哈尔	Qiqihar	6070	7035	5100	188
鸡西	Jixi	3994	5505	5573	179
鹤岗	Hegang	2612	4103	4179	204
双鸭山	Shuangyashan	3888	4275	4000	208
大庆	Daqing	13246	14211	15378	97
伊春	Yichun	6850	8276	8296	147
佳木斯	Jiamusi	9100	14000	22090	74
七台河	Qitaihe	22200	2400	2580	233
牡丹江	Mudanjiang	20005	19005	19001	82
黑河	Heihe	1200	1100	1230	257
绥化	Suihua	4000	4200	4300	201
上海	**Shanghai**	**398427**	**394278**	**392514**	
江苏	**Jiangsu**	**766586**	**766635**	**735757**	

8-33 城市液化石油气供气总量(辖区) 续表 1
Total Urban LPG Supplied (Districts under City) continued 1

单位：吨 (ton)

地名	City	2010	2011	2012	2012 排名 Ranking
南京	Nanjing	146476	130752	114673	13
无锡	Wuxi	55005	73487	65988	27
徐州	Xuzhou	29336	28050	31030	57
常州	Changzhou	11037	8182	7043	161
苏州	Suzhou	68005	67713	62000	29
南通	Nantong	37434	38022	39821	42
连云港	Lianyungang	9600	10000	10500	129
淮安	Huaian	24878	27881	38206	45
盐城	Yancheng	26972	28500	29000	60
扬州	Yangzhou	24726	44780	42871	39
镇江	Zhenjiang	31265	37278	38269	44
泰州	Taizhou	19445	19125	18025	87
宿迁	Suqian	7023	10745	16150	94
浙江	**Zhejiang**	**877956**	**807562**	**776396**	
杭州	Hangzhou	114427	111918	111742	14
宁波	Ningbo	222036	154316	138584	11
温州	Wenzhou	108000	94100	105080	16
嘉兴	Jiaxing	28079	27546	20127	79
湖州	Huzhou	10703	12931	11656	117
绍兴	Shaoxing	18371	18699	152212	10
金华	Jinhua	23899	24950	30481	58
衢州	Quzhou	8102	8479	8265	148
舟山	Zhoushan	29786	27257	23829	67
台州	Taizhou	61161	62379	61428	30
丽水	Lishui	11097	12058	12217	114
安徽	**Anhui**	**615770**	**567246**	**537160**	
合肥	Hefei	65284	24258	34388	49
芜湖	Wuhu	29520	29023	26003	65
蚌埠	Bengbu	14010	11719	9000	141
淮南	Huainan	25500	22010	18400	86
马鞍山	Maanshan				
淮北	Huaibei	21550	11292	11250	120
铜陵	Tongling	17945	12488	15725	95
安庆	Anqing	361594	360072	327408	3
黄山	Huangshan	10817	12129	12370	113
滁州	Chuzhou	5875	6180	6115	171
阜阳	Fuyang	3940	5320	6927	163
宿州	Suzhou	7500	7445	7446	157
六安	Liuan	7760	7520	7240	160
亳州	Bozhou	14100	20100	20155	78

地名	City	2010	2011	2012	2012 排名 Ranking
池州	Chizhou	2783	2988	2822	229
宣城	Xuancheng	3100	3600	3600	214
福建	**Fujian**	**333758**	**324768**	**288978**	
福州	Fuzhou	75234	72970	60497	31
厦门	Xiamen	89954	96681	84906	21
莆田	Putian	19208	14428	14727	103
三明	Sanming	3618	3260	1500	252
泉州	Quanzhou	42150	33310	31742	55
漳州	Zhangzhou	16545	16180	15274	99
南平	Nanping	4500	4200	4355	200
龙岩	Longyan	8942	8903	8904	143
宁德	Ningde	7867	8111	6665	168
江西	**Jiangxi**	**188847**	**194329**	**204258**	
南昌	Nanchang	48731	45050	34816	48
景德镇	Jingdezhen	26177	23560	24800	66
萍乡	Pingxiang	4920	5275	5720	176
九江	Jiujiang	18375	16000	16841	91
新余	Xinyu	1569	1586	1614	247
鹰潭	Yingtan	8000	7900	9630	136
赣州	Ganzhou	5500	8100	8100	150
吉安	Jian	5282	4500	4590	195
宜春	Yichun	11830	14730	15306	98
抚州	Fuzhou	11180	11600	23356	68
上饶	Shangrao	10982	12647	18000	88
山东	**Shandong**	**760332**	**541533**	**511489**	
济南	Jinan	28566	42000	50700	37
青岛	Qingdao	80073	79812	54341	36
淄博	Zibo	59928	52313	31257	56
枣庄	Zaozhuang	11909	14683	12721	111
东营	Dongying	10606	10697	10484	130
烟台	Yantai	29587	36745	42584	40
潍坊	Weifang	15727	10798	8800	144
济宁	Jining	1988	3988	3988	209
泰安	Taian	800	1013	1021	261
威海	Weihai	3318	1720	2452	235
日照	Rizhao	9644	10897	13308	109
莱芜	Laiwu	13141	11594	11818	116
临沂	Linyi	60919	60632	55542	34
德州	Dezhou	2985	1850	1700	246
聊城	Liaocheng	4000	4500	5000	192

8-33 城市液化石油气供气总量(辖区) 续表 2
Total Urban LPG Supplied (Districts under City) continued 2

单位：吨 (ton)

地名	City	2010	2011	2012	2012 排名 Ranking
滨州	Binzhou	9100	56700	55000	35
菏泽	Heze	278972	5996	26950	62
河南	**Henan**	**241602**	**238178**	**234450**	
郑州	Zhengzhou	65700	65800	67200	26
开封	Kaifeng	8075	7932	7790	151
洛阳	Luoyang	28005	27932	22235	72
平顶山	Pingdingshan	108			
安阳	Anyang	7657	7217	7257	159
鹤壁	Hebi	4830	1418	1418	254
新乡	Xinxiang	4970	4357	2430	236
焦作	Jiaozuo	3578	2885	2690	231
濮阳	Puyang				
许昌	Xuchang	8275	6582	6763	165
漯河	Luohe	10685	10500	10505	128
三门峡	Sanmenxia	2985	3230	2410	237
南阳	Nanyang	19219	19326	21208	76
商丘	Shangqiu	14530	15042	14068	107
信阳	Xinyang	10890	11343	10772	125
周口	Zhoukou	4100	4100	4095	207
驻马店	Zhumadian	3260	3270	3270	221
湖北	**Hubei**	**421507**	**426496**	**386152**	
武汉	Wuhan	215200	204800	168563	6
黄石	Huangshi	26326	26789	26700	63
十堰	Shiyan	18055	18241	14057	108
宜昌	Yichang	1664	9624	9688	135
襄阳	Xiangfan	20986	21183	22513	70
鄂州	Ezhou	7700	7300	7300	158
荆门	Jingmen	15657	15657	16637	92
孝感	Xiaogan	3191	9555	10092	131
荆州	Jingzhou	8200	7960	7758	152
黄冈	Huanggang	7699	5300	5190	185
咸宁	Xianning	6000	5600	5500	181
随州	Suizhou	9270	8675	8470	145
湖南	**Hunan**	**252906**	**265876**	**201279**	
长沙	Changsha	83000	87000	19499	80
株洲	Zhuzhou	10865	9030	3600	214
湘潭	Xiangtan	11000	11000	8400	146
衡阳	Hengyang	13500	18100	18675	84
邵阳	Shaoyang	3200	3140	3542	217
岳阳	Yueyang	8912	4183	4202	203

地名	City	2010	2011	2012	2012 排名 Ranking
常德	Changde	11605	10530	12775	110
张家界	Zhangjiajie	6650	11619	11267	119
益阳	Yiyang	9700	11000	14600	105
郴州	Chenzhou	14000	14500	18771	83
永州	Yongzhou	17165	17463	17575	90
怀化	Huaihua	18880	18860	19200	81
娄底	Loudi	3500	3800	6050	173
广东	**Guangdong**	**5055955**	**4049701**	**3872441**	
广州	Guangzhou	1087766	967468	899250	2
韶关	Shaoguan	40504	10943	10742	126
深圳	Shenzhen	1406466	1289648	1305709	1
珠海	Zhuhai	810000	156000	160000	7
汕头	Shantou	188300	185000	188000	5
佛山	Foshan	84638	66610	67218	25
江门	Jiangmen	80560	88868	87498	20
湛江	Zhanjiang	45000	45000	40120	41
茂名	Maoming	81404	37513	33056	52
肇庆	Zhaoqing	75737	74348	62206	28
惠州	Huizhou	72775	85544	76862	23
梅州	Meizhou	22134	22300	22200	73
汕尾	Shanwei	20400	24348	20348	77
河源	Heyuan	26697	26464	36454	46
阳江	Yangjiang	100003	85151	83793	22
清远	Qingyuan	26964	42285	29488	59
东莞	Dongguan	344762	338633	312920	4
中山	ZhongShan	43488	38977	34095	50
潮州	Chaozhou	212770	165771	108005	15
揭阳	Jieyang	27010	27050	28250	61
云浮	Yunfu	5249	6420	6582	169
广西	**Guangxi**	**303804**	**297416**	**326110**	
南宁	Nanning	86406	89305	93000	19
柳州	Liuzhou	54971	37060	56116	33
桂林	Guilin	22089	22536	21896	75
梧州	Wuzhou	7331	7360	7475	156
北海	Beihai	16500	18000	18450	85
防城港	Fangchenggang	10060	10260	9400	137
钦州	Qinzhou	8394	8981	9162	140
贵港	Guigang	8200	8961	9856	134
玉林	Yulin	29081	33361	38445	43
百色	Baise	5655	5697	5684	177

8-33 城市液化石油气供气总量(辖区) 续表 3
Total Urban LPG Supplied (Districts under City) continued 3

单位：吨 (ton)

地名	City	2010	2011	2012	2012 排名 Ranking
贺州	Hezhou	6000	6500	6500	170
河池	Hechi	5021	5021	5038	191
来宾	Laibin	7200	7250	7476	155
崇左	Chongzuo	2868	2920	2986	227
海南	**Hainan**	**63959**	**76650**	**55344**	
海口	Haikou	35710	43000	22401	71
三亚	Sanya	8624	11636	11637	118
重庆	**Chongqing**	**92807**	**92861**	**93315**	
四川	**Sichuan**	**191071**	**206628**	**180447**	
成都	Chengdu	121536	134790	105079	17
自贡	Zigong				
攀枝花	Panzhihua	5832	5740	5755	175
泸州	Luzhou	2161	2225	2274	239
德阳	Deyang	2185	3683	4491	197
绵阳	Mianyang	3340	4298	3932	210
广元	Guangyuan	2500	2059	1735	245
遂宁	Suining				
内江	Neijiang	9238	13660	17800	89
乐山	Leshan	120	120	121	272
南充	Nanchong	5350	5467	5470	182
眉山	Meishan	3110	2760	2510	234
宜宾	Yibin		500	353	270
广安	Guangan				
达州	Dazhou				
雅安	Yaan	303			
巴中	Bazhong	700	650	590	267
资阳	Ziyang	3010	3625	3498	218
贵州	**Guizhou**	**63772**	**65375**	**66101**	
贵阳	Guiyang	36000	36000	36000	47
六盘水	Liupanshui		497	485	269
遵义	Zunyi	10170	10280	10090	132
安顺	Anshun	3750	4088	3883	211
毕节	Bijie	480	480	1582	249
铜仁	Tongren	1885	2005	1905	243
云南	**Yunnan**	**166108**	**162402**	**174936**	
昆明	Kunming	124203	121278	133319	12
曲靖	Qujing	8543	4680	4680	193
玉溪	Yuxi	5490	5190	6694	167
保山	Baoshan	1797	1802	1913	242
昭通	Zhaotong	810	610	700	264

地名	City	2010	2011	2012	2012 排名 Ranking
丽江	Lijiang	3100	2981	2991	226
普洱	Puer	1400	1581	1581	250
临沧	Lincang	1902	3602	3702	213
西藏	**Tibet**	**5521**	**24650**	**25918**	
拉萨	Lhasa	5373	21390	22658	69
陕西	**Shaanxi**	**43381**	**34059**	**31516**	
西安	Xi'an	8110	2110		
铜川	Tongchuan	3950	1779	1288	256
宝鸡	Baoji	715	1465	1587	248
咸阳	Xianyang	11100	11100	11100	121
渭南	Weinan	4554	2333	2402	238
延安	Yan'an	5830	6094	6055	172
汉中	Hanzhong	3900	3880	3880	212
榆林	Yulin				
安康	Ankang	2121	2500	2600	232
商洛	Shangluo	1037	749	634	265
甘肃	**Gansu**	**185523**	**151715**	**151392**	
兰州	Lanzhou	101377	101330	101250	18
嘉峪关	Jiayuguan	40	40	42	273
金昌	Jinchang	980	980	500	268
白银	Baiyin	900	1849	1900	244
天水	Tianshui	9015	6705	6705	166
武威	Wuwei	3370	3360	3360	219
张掖	Zhangye	4450	4068	4260	202
平凉	Pingliang	2449	3265	3160	223
酒泉	Jiuquan	15430	15400	15000	102
庆阳	Qingyang	7785	7958	8218	149
定西	Dingxi	601	602	602	266
陇南	Longnan	567	557	1008	262
青海	**Qinghai**	**7142**	**6633**	**6834**	
西宁	Xining	5146	4767	4448	198
宁夏	**Ningxia**	**14984**	**14037**	**17086**	
银川	Yinchuan	7684	6950	11084	122
石嘴山	Shizuishan	425	430	278	271
吴忠	Wuzhong	2676	2812	2011	241
固原	Guyuan	1472	1284	1208	258
中卫	Zhongwei	1116	949	931	263
新疆	**Xinjiang**	**79617**	**82993**	**73123**	
乌鲁木齐	Urumqi	19620	26853	26625	64
克拉玛依	Karamay	22250	21279	16525	93

8-34 城市燃气普及率(辖区)
Urban Gas Coverage Rate (Districts under City)

单位：% (%)

地名	City	2010	2011	2012	2012 排名 Ranking
全国	**Nation Total**	**92.04**	**92.41**	**93.15**	
北京	**Beijing**	**100.00**	**100.00**	**100.00**	
天津	**Tianjin**	**100.00**	**100.00**	**100.00**	
河北	**Hebei**	**99.07**	**99.86**	**99.79**	
石家庄	Shijiazhuang	100.00	100.00	100.00	1
唐山	Tangshan	100.00	100.00	100.00	1
秦皇岛	Qinhuangdao	100.00	100.00	100.00	1
邯郸	Handan	100.00	100.00	100.00	1
邢台	Xingtai	99.06	99.10	99.22	80
保定	Baoding	99.52	99.54	99.22	80
张家口	Zhangjiakou	86.40	99.40	99.40	70
承德	Chengde	99.36	99.83	99.85	48
沧州	Cangzhou	100.00	100.00	100.00	1
廊坊	Langfang	100.00	100.00	100.00	1
衡水	Hengshui	99.47	99.21	99.53	65
山西	**Shanxi**	**89.94**	**94.63**	**95.18**	
太原	Taiyuan	98.64	98.60	99.00	87
大同	Datong	86.79	96.24	98.00	111
阳泉	Yangquan	91.66	92.37	93.02	178
长治	Changzhi	83.00	84.00	84.50	222
晋城	Jincheng	99.79	98.98	99.19	82
朔州	Shuozhou	89.01	91.21	92.64	186
晋中	Jinzhong	96.99	98.00	98.00	111
运城	Yuncheng	97.67	99.00	98.86	92
忻州	Xinzhou	95.00	95.97	96.32	138
临汾	Linfen	89.66	96.57	97.93	114
吕梁	Luliang	86.71	89.67	93.61	167
内蒙古	**Inner Mongolia**	**79.26**	**82.23**	**84.39**	
呼和浩特	Hohhot	92.40	92.90	94.01	163
包头	Baotou	94.66	94.86	95.74	146
乌海	Wuhai	68.45	75.72	79.16	242
赤峰	Chifeng	94.97	96.36	95.90	144
通辽	Tongliao	87.73	91.85	92.47	187
鄂尔多斯	Erdos	70.33	74.23	81.69	235
呼伦贝尔	Hulunbuir	66.02	69.04	82.28	231
巴彦淖尔	Bayannur	71.07	82.84	84.84	220
乌兰察布	Ulanqab	52.80	51.06	51.98	272
辽宁	**Liaoning**	**94.19**	**95.46**	**96.02**	

地名	City	2010	2011	2012	2012 排名 Ranking
沈阳	Shenyang	100.00	100.00	100.00	1
大连	Dalian	99.98	99.98	99.98	41
鞍山	Anshan	97.57	98.12	98.53	101
抚顺	Fushun	95.78	97.60	97.60	122
本溪	Benxi	85.27	89.02	91.77	188
丹东	Dandong	94.59	96.83	97.50	124
锦州	Jinzhou	98.63	98.64	98.65	100
营口	Yingkou	95.38	95.77	98.42	103
阜新	Fuxin	71.90	72.81	73.62	252
辽阳	Liaoyang	89.49	94.71	95.08	153
盘锦	Panjin	100.00	100.00	100.00	1
铁岭	Tieling	97.39	97.43	97.28	127
朝阳	Chaoyang	92.67	94.13	94.53	158
葫芦岛	Huludao	90.40	98.02	98.19	108
吉林	**Jilin**	**85.64**	**88.28**	**89.46**	
长春	Changchun	98.00	98.00	98.08	110
吉林	Jilin	95.55	95.96	96.30	140
四平	Siping	81.09	82.60	93.18	174
辽源	Liaoyuan	70.28	70.28	78.81	246
通化	Tonghua	78.98	81.74	79.07	243
白山	Baishan	78.89	81.93	75.64	250
松原	Songyuan	93.83	91.04	94.05	161
白城	Baicheng	82.59	82.80	81.86	233
黑龙江	**Heilongjiang**	**84.67**	**81.41**	**83.39**	
哈尔滨	Harbin	97.57	99.12	100.00	1
齐齐哈尔	Qiqihar	95.30	95.65	96.62	134
鸡西	Jixi	78.08	82.36	82.45	230
鹤岗	Hegang	48.74	49.44	47.84	276
双鸭山	Shuangyashan	85.21	52.97	50.21	274
大庆	Daqing	97.71	99.74	99.79	55
伊春	Yichun	74.32	36.19	35.60	282
佳木斯	Jiamusi	72.97	77.06	79.01	244
七台河	Qitaihe	86.90	65.95	67.00	256
牡丹江	Mudanjiang	85.85	85.60	90.04	204
黑河	Heihe	70.92	67.13	79.50	240
绥化	Suihua	57.78	56.25	56.88	267
上海	**Shanghai**	**100.00**	**99.87**	**100.00**	
江苏	**Jiangsu**	**99.12**	**99.03**	**99.43**	

8-34 城市燃气普及率(辖区) 续表 1

Urban Gas Coverage Rate (Districts under City) continued 1

单位：% (%)

地名	City	2010	2011	2012	2012 排名 Ranking
南京	Nanjing	99.50	99.62	99.65	61
无锡	Wuxi	99.60	99.70	99.80	53
徐州	Xuzhou	99.04	94.18	99.30	75
常州	Changzhou	99.00	99.10	99.70	56
苏州	Suzhou	100.00	100.00	100.00	1
南通	Nantong	100.00	100.00	100.00	1
连云港	Lianyungang	99.73	93.41	96.29	142
淮安	Huaian	96.96	100.00	100.00	1
盐城	Yancheng	99.43	99.40	99.51	67
扬州	Yangzhou	97.01	97.96	99.53	65
镇江	Zhenjiang	100.00	100.00	100.00	1
泰州	Taizhou	97.96	98.89	99.29	76
宿迁	Suqian	93.04	98.09	99.82	50
浙江	**Zhejiang**	**99.07**	**99.34**	**99.49**	
杭州	Hangzhou	100.00	100.00	100.00	1
宁波	Ningbo	100.00	100.00	100.00	1
温州	Wenzhou	96.00	98.35	98.16	109
嘉兴	Jiaxing	98.70	99.76	100.00	1
湖州	Huzhou	99.52	99.60	100.00	1
绍兴	Shaoxing	99.62	99.68	99.70	56
金华	Jinhua	99.52	99.80	100.00	1
衢州	Quzhou	95.02	96.03	96.99	129
舟山	Zhoushan	98.77	98.87	98.95	88
台州	Taizhou	99.02	100.00	100.00	1
丽水	Lishui	100.00	100.00	100.00	1
安徽	**Anhui**	**90.52**	**93.35**	**94.61**	
合肥	Hefei	97.77	98.11	98.29	107
芜湖	Wuhu	100.00	100.00	100.00	1
蚌埠	Bengbu	89.94	99.99	100.00	1
淮南	Huainan	90.18	92.51	92.82	183
马鞍山	Maanshan	100.00	100.00	100.00	1
淮北	Huaibei	92.07	97.40	97.99	113
铜陵	Tongling	98.99	99.66	99.91	44
安庆	Anqing	91.19	90.09	90.50	202
黄山	Huangshan	98.90	96.78	97.00	128
滁州	Chuzhou	99.60	99.66	99.67	60
阜阳	Fuyang	67.24	80.04	80.13	239
宿州	Suzhou	89.25	93.20	94.00	164
六安	Liuan	79.85	78.86	89.72	207
亳州	Bozhou	87.01	89.74	89.96	206
池州	Chizhou	89.66	90.16	98.48	102
宣城	Xuancheng	83.61	91.04	91.11	192
福建	**Fujian**	**98.92**	**98.67**	**98.60**	
福州	Fuzhou	99.61	99.82	99.50	68
厦门	Xiamen	100.00	100.00	100.00	1
莆田	Putian	97.99	98.03	98.75	97
三明	Sanming	96.99	98.32	99.57	64
泉州	Quanzhou	99.11	96.36	96.80	132
漳州	Zhangzhou	98.12	98.33	98.41	105
南平	Nanping	98.59	97.66	97.66	119
龙岩	Longyan	95.66	98.71	98.76	96
宁德	Ningde	98.83	98.86	98.89	91
江西	**Jiangxi**	**92.36**	**94.31**	**94.40**	
南昌	Nanchang	94.00	94.44	94.70	157
景德镇	Jingdezhen	96.75	99.22	96.30	140
萍乡	Pingxiang	94.68	95.79	95.12	151
九江	Jiujiang	97.30	98.01	99.23	79
新余	Xinyu	98.82	99.05	99.38	73
鹰潭	Yingtan	56.53	92.72	93.21	173
赣州	Ganzhou	97.36	97.32	97.35	125
吉安	Jian	91.17	96.66	96.59	136
宜春	Yichun	95.03	95.01	95.04	154
抚州	Fuzhou	99.09	98.64	99.08	85
上饶	Shangrao	91.33	95.01	95.32	149
山东	**Shandong**	**99.30**	**99.48**	**99.48**	
济南	Jinan	100.00	100.00	100.00	1
青岛	Qingdao	100.00	100.00	100.00	1
淄博	Zibo	100.00	100.00	100.00	1
枣庄	Zaozhuang	99.28	99.36	99.40	70
东营	Dongying	95.48	98.49	98.35	106
烟台	Yantai	99.79	99.81	99.82	50
潍坊	Weifang	99.90	100.00	100.00	1
济宁	Jining	99.38	96.58	96.60	135
泰安	Taian	100.00	99.80	99.81	52
威海	Weihai	99.83	100.00	100.00	1
日照	Rizhao	99.09	99.31	99.40	70
莱芜	Laiwu	99.68	99.85	99.86	46
临沂	Linyi	99.67	99.11	99.63	62
德州	Dezhou	99.95	100.00	100.00	1
聊城	Liaocheng	91.70	98.19	98.92	90

8-34 城市燃气普及率(辖区） 续表 2
Urban Gas Coverage Rate (Districts under City) continued 2

单位：% (%)

地名	City	2010	2011	2012	2012 排名 Ranking
滨州	Binzhou	100.00	100.00	100.00	1
菏泽	Heze	99.93	99.19	99.70	56
河南	**Henan**	**73.43**	**76.19**	**77.94**	
郑州	Zhengzhou	88.54	90.05	90.06	203
开封	Kaifeng	82.84	83.27	83.10	229
洛阳	Luoyang	36.34	40.57	46.93	278
平顶山	Pingdingshan	77.69	67.99	84.39	223
安阳	Anyang	97.49	97.65	97.70	118
鹤壁	Hebi	79.97	81.43	83.57	225
新乡	Xinxiang	96.18	97.67	97.72	117
焦作	Jiaozuo	90.98	91.00	91.15	191
濮阳	Puyang	86.70	86.88	86.58	216
许昌	Xuchang	88.94	85.90	88.46	211
漯河	Luohe	92.60	86.85	86.85	215
三门峡	Sanmenxia	52.80	85.39	85.98	218
南阳	Nanyang	69.15	81.98	69.94	254
商丘	Shangqiu	57.82	65.72	68.35	255
信阳	Xinyang	92.09	92.09	93.89	165
周口	Zhoukou	74.30	74.87	76.94	248
驻马店	Zhumadian	57.04	56.67	59.27	264
湖北	**Hubei**	**91.75**	**93.89**	**95.09**	
武汉	Wuhan	92.73	95.60	99.02	86
黄石	Huangshi	98.63	98.54	98.68	99
十堰	Shiyan	93.93	93.25	90.51	201
宜昌	Yichang	92.79	92.85	92.85	182
襄阳	Xiangfan	96.98	99.26	99.28	77
鄂州	Ezhou	89.64	92.29	93.18	174
荆门	Jingmen	100.00	100.00	100.00	1
孝感	Xiaogan	90.15	92.00	92.96	181
荆州	Jingzhou	91.02	91.47	94.22	160
黄冈	Huanggang	95.78	93.60	95.02	155
咸宁	Xianning	89.55	97.89	99.60	63
随州	Suizhou	90.85	93.43	90.55	198
湖南	**Hunan**	**86.50**	**88.45**	**91.33**	
长沙	Changsha	98.96	97.15	99.92	42
株洲	Zhuzhou	95.01	98.76	98.82	95
湘潭	Xiangtan	95.47	97.85	97.34	126
衡阳	Hengyang	97.00	98.95	95.11	152
邵阳	Shaoyang	73.06	67.39	59.20	265
岳阳	Yueyang	94.44	97.20	98.95	88

地名	City	2010	2011	2012	2012 排名 Ranking
常德	Changde	98.20	95.82	96.99	129
张家界	Zhangjiajie	95.16	93.80	84.84	220
益阳	Yiyang	81.13	75.45	88.33	212
郴州	Chenzhou	85.00	85.00	97.53	123
永州	Yongzhou	83.25	86.48	86.54	217
怀化	Huaihua	75.02	83.99	97.74	116
娄底	Loudi	94.40	93.59	93.39	170
广东	**Guangdong**	**95.75**	**91.30**	**94.93**	
广州	Guangzhou	99.21	99.25	99.45	69
韶关	Shaoguan	86.51	89.45	90.53	200
深圳	Shenzhen	96.04	77.86	91.60	190
珠海	Zhuhai	99.64	97.45	97.66	119
汕头	Shantou	96.87	94.15	97.80	115
佛山	Foshan	98.49	93.09	93.07	177
江门	Jiangmen	97.46	97.53	98.41	104
湛江	Zhanjiang	98.86	98.91	99.16	84
茂名	Maoming	94.53	100.00	99.92	42
肇庆	Zhaoqing	95.76	95.66	95.69	147
惠州	Huizhou	95.18	93.02	93.54	168
梅州	Meizhou	92.08	92.50	92.79	184
汕尾	Shanwei	95.35	96.03	96.77	133
河源	Heyuan	100.00	100.00	100.00	1
阳江	Yangjiang	99.73	94.60	93.77	166
清远	Qingyuan	98.45	90.72	99.88	45
东莞	Dongguan	97.22	97.35	97.62	121
中山	ZhongShan	100.00	100.00	99.80	53
潮州	Chaozhou	100.00	100.00	100.00	1
揭阳	Jieyang	89.40	90.45	91.00	194
云浮	Yunfu	90.08	91.51	92.66	185
广西	**Guangxi**	**92.35**	**91.08**	**93.26**	
南宁	Nanning	99.26	96.56	100.00	1
柳州	Liuzhou	95.00	94.33	94.30	159
桂林	Guilin	91.97	90.27	100.00	1
梧州	Wuzhou	99.07	94.60	93.34	171
北海	Beihai	99.71	99.86	99.86	46
防城港	Fangchenggang	89.67	91.92	93.49	169
钦州	Qinzhou	94.46	99.78	95.50	148
贵港	Guigang	75.04	81.94	95.29	150
玉林	Yulin	98.22	98.29	98.86	92
百色	Baise	54.01	50.63	49.55	275

8-34 城市燃气普及率(辖区) 续表 3
Urban Gas Coverage Rate (Districts under City) continued 3

单位：% (%)

地名	City	2010	2011	2012	2012排名 Ranking	地名	City	2010	2011	2012	2012排名 Ranking
贺州	Hezhou	95.04	61.60	59.35	263	丽江	Lijiang	95.51	92.21	90.97	195
河池	Hechi	79.47	79.43	80.40	238	普洱	Puer	53.67	70.39	76.19	249
来宾	Laibin	87.46	89.04	90.00	205	临沧	Lincang	35.84	60.09	64.94	259
崇左	Chongzuo	91.95	78.81	83.20	228	**西藏**	**Tibet**	**79.83**	**83.44**	**29.79**	
海南	**Hainan**	**82.44**	**93.59**	**92.15**		拉萨	Lhasa	89.30	87.75	22.65	285
海口	Haikou	99.02	99.78	95.75	145	**陕西**	**Shaanxi**	**90.39**	**92.09**	**94.11**	
三亚	Sanya	81.05	99.40	99.26	78	西安	Xi'an	99.32	99.87	100.00	1
重庆	**Chongqing**	**92.02**	**93.03**	**93.32**		铜川	Tongchuan	73.38	71.46	74.04	251
四川	**Sichuan**	**84.39**	**87.09**	**87.96**		宝鸡	Baoji	98.56	98.70	98.75	97
成都	Chengdu	94.42	95.58	96.95	131	咸阳	Xianyang	96.48	91.64	96.13	143
自贡	Zigong	73.03	82.00	77.42	247	渭南	Weinan	86.70	81.27	83.40	226
攀枝花	Panzhihua	87.21	85.42	96.55	137	延安	Yan'an	93.99	94.01	94.02	162
泸州	Luzhou	79.68	81.48	83.21	227	汉中	Hanzhong	67.64	83.71	90.93	196
德阳	Deyang	85.84	87.68	91.02	193	榆林	Yulin	77.14	90.00	90.79	197
绵阳	Mianyang	98.18	99.18	99.18	83	安康	Ankang	59.56	81.47	88.64	210
广元	Guangyuan	78.71	83.16	87.62	214	商洛	Shangluo	77.82	61.40	90.54	199
遂宁	Suining	73.79	79.33	79.46	241	**甘肃**	**Gansu**	**74.29**	**75.62**	**77.81**	
内江	Neijiang	72.48	77.62	84.05	224	兰州	Lanzhou	90.37	88.98	88.71	209
乐山	Leshan	81.32	90.99	91.73	189	嘉峪关	Jiayuguan	100.00	100.00	100.00	1
南充	Nanchong	95.60	95.65	96.31	139	金昌	Jinchang	49.86	56.53	59.53	262
眉山	Meishan	99.84	96.51	98.83	94	白银	Baiyin	62.38	66.73	70.25	253
宜宾	Yibin	90.14	96.51	93.22	172	天水	Tianshui	57.36	62.96	63.28	260
广安	Guangan	74.43	79.19	99.31	74	武威	Wuwei	52.16	54.99	51.89	273
达州	Dazhou	93.24	84.61	57.33	266	张掖	Zhangye	98.49	100.00	100.00	1
雅安	Yaan	58.62	73.91	81.00	237	平凉	Pingliang	57.38	63.02	66.38	257
巴中	Bazhong	92.47	85.42	87.89	213	酒泉	Jiuquan	99.42	99.51	99.68	59
资阳	Ziyang	82.48	82.60	85.47	219	庆阳	Qingyang	76.37	77.46	82.08	232
贵州	**Guizhou**	**69.72**	**71.56**	**71.35**		定西	Dingxi	43.96	47.70	55.88	269
贵阳	Guiyang	95.57	95.53	93.08	176	陇南	Longnan	25.92	29.05	46.52	279
六盘水	Liupanshui	79.29	85.62	89.26	208	**青海**	**Qinghai**	**90.79**	**92.10**	**92.65**	
遵义	Zunyi	74.52	63.90	62.20	261	西宁	Xining	93.71	94.53	94.99	156
安顺	Anshun	22.54	37.35	44.11	280	**宁夏**	**Ningxia**	**88.01**	**88.38**	**79.67**	
毕节	Bijie	14.53	15.62	47.83	277	银川	Yinchuan	98.28	96.35	81.86	233
铜仁	Tongren	34.78	34.69	26.28	283	石嘴山	Shizuishan	99.29	99.72	93.02	178
云南	**Yunnan**	**76.40**	**74.21**	**66.46**		吴忠	Wuzhong	84.37	85.04	81.47	236
昆明	Kunming	95.97	95.00	78.95	245	固原	Guyuan	67.53	62.33	53.38	271
曲靖	Qujing	80.90	22.63	24.15	284	中卫	Zhongwei	38.82	51.46	56.12	268
玉溪	Yuxi	86.48	96.32	55.32	270	**新疆**	**Xinjiang**	**95.80**	**96.19**	**96.60**	
保山	Baoshan	43.30	43.49	42.31	281	乌鲁木齐	Urumqi	99.60	99.51	99.83	49
昭通	Zhaotong	59.71	61.54	65.40	258	克拉玛依	Karamay	100.00	100.00	100.00	1

8-35 城市集中供热面积(辖区)
Urban Central Heated Area (Districts under City)

单位：万立方米 (10 000 m³)

地名	City	2010	2011	2012	2012 排名 Ranking
全国	**Nation Total**	**435668**	**473784**	**518368**	
北京	**Beijing**	**46715**	**50794**	**52555**	
天津	**Tianjin**	**24034**	**27162**	**30000**	
河北	**Hebei**	**38683**	**42050**	**44670**	
石家庄	Shijiazhuang	8031	11085	12251	5
唐山	Tangshan	4503	4910	5332	18
秦皇岛	Qinhuangdao	3326	3450	3794	24
邯郸	Handan	2884	3140	3345	30
邢台	Xingtai	1960	2110	2110	51
保定	Baoding	3239	1621	1430	68
张家口	Zhangjiakou	2260	2293	2293	45
承德	Chengde	1355	1552	1663	60
沧州	Cangzhou	1398	1592	1590	62
廊坊	Langfang	1537	1653	1745	58
衡水	Hengshui	670	720	940	93
山西	**Shanxi**	**28739**	**32841**	**36056**	
太原	Taiyuan	7483	8508	9650	7
大同	Datong	4934	6240	6370	14
阳泉	Yangquan	1829	2048	2284	46
长治	Changzhi	2555	2587	2665	38
晋城	Jincheng	1032	1184	1786	56
朔州	Shuozhou	1004	1640	1928	53
晋中	Jinzhong	1760	2020	2311	44
运城	Yuncheng	1241	1260	1260	77
忻州	Xinzhou	800	880	924	95
临汾	Linfen	1540	1599	1701	59
吕梁	Luliang	850	900	1000	90
内蒙古	**Inner Mongolia**	**25340**	**29737**	**32921**	
呼和浩特	Hohhot	6469	7489	7900	11
包头	Baotou	5256	5860	5874	15
乌海	Wuhai	1275	1275	1300	75
赤峰	Chifeng	2296	3351	3351	28
通辽	Tongliao	1399	1643	2140	50
鄂尔多斯	Erdos	2363	3463	3928	21
呼伦贝尔	Hulunbuir	902	1027	1141	85
巴彦淖尔	Bayannur	1020	600	1253	78
乌兰察布	Ulanqab	703	703	963	91
辽宁	**Liaoning**	**74526**	**81581**	**87108**	
沈阳	Shenyang	22500	23400	24200	1
大连	Dalian	15496	17337	18383	2
鞍山	Anshan	4500	4770	5336	17
抚顺	Fushun	3380	3500	3850	23
本溪	Benxi	2053	3071	2709	36
丹东	Dandong	2104	2260	2528	42
锦州	Jinzhou	2904	3110	3251	31
营口	Yingkou	1875	2321	2557	41
阜新	Fuxin	2314	2607	2738	35
辽阳	Liaoyang	2261	2448	2656	39
盘锦	Panjin	2419	2607	3418	27
铁岭	Tieling	1489	1489	1833	55
朝阳	Chaoyang	2060	2185	2210	49
葫芦岛	Huludao	1772	1858	1905	54
吉林	**Jilin**	**31718**	**34811**	**38296**	
长春	Changchun	12166	12818	13306	4
吉林	Jilin	4231	4918	5605	16
四平	Siping	984	993	1486	65
辽源	Liaoyuan	1121	1121	1329	73
通化	Tonghua	1280	1310	1450	67
白山	Baishan	761	1161	1373	72
松原	Songyuan		980	1232	70
白城	Baicheng	1162	1173	1225	80
黑龙江	**Heilongjiang**	**37513**	**42939**	**48336**	
哈尔滨	Harbin	13058	15338	17555	3
齐齐哈尔	Qiqihar	3187	3262	3528	26
鸡西	Jixi	910	1310	1458	66
鹤岗	Hegang	1143	1288	1390	70
双鸭山	Shuangyashan	650	712	1264	76
大庆	Daqing	6050	6430	6900	12
伊春	Yichun	1200	1509	1650	61
佳木斯	Jiamusi	2300	2450	2500	43
七台河	Qitaihe	870	1036	1137	86
牡丹江	Mudanjiang	2413	2568	2685	37
黑河	Heihe	652	732	818	98
绥化	Suihua	804	1181	1094	88
江苏	**Jiangsu**	**9946**			
南京	Nanjing	8			
徐州	Xuzhou	1201			
南通	Nantong	9			
连云港	Lianyungang	224			
扬州	Yangzhou	8330			
浙江	**Zhejiang**	**3992**	**4439**	**8575**	
杭州	Hangzhou	55	55		

8-35 城市集中供热面积(辖区) 续表 1
Urban Central Heated Area (Districts under City) continued 1

单位：万立方米 (10 000 m³)

地名	City	2010	2011	2012	2012 排名 Ranking	地名	City	2010	2011	2012	2012 排名 Ranking
宁波	Ningbo	122	42	4365	20	漯河	Luohe	28	150	1152	84
湖州	Huzhou	164				三门峡	Sanmenxia	330	357	465	115
绍兴	Shaoxing	1240	1355	1417	69	南阳	Nanyang	346	351	365	123
金华	Jinhua	109	109	109	129	商丘	Shangqiu	117	220	300	124
台州	Taizhou	28	28			驻马店	Zhumadian	120	120	126	128
安徽	**Anhui**	**2464**	**2847**	**2966**		湖北	**Hubei**	**978**	**1217**	**1682**	
合肥	Hefei	2300	2500	2620	40	黄石	Huangshi		27	11	134
淮南	Huainan	60	228	219	125	十堰	Shiyan	591	788	808	100
淮北	Huaibei	79	79	83	130	襄阳	Xiangfan	353	368	368	122
安庆	Anqing	1	4	4	135	四川	**Sichuan**	**14**			
滁州	Chuzhou	16	16	16	132	绵阳	Mianyang	14			
阜阳	Fuyang	2	2	2	136	陕西	**Shaanxi**	**9263**	**10069**	**12308**	
宿州	Suzhou	6	18	18	131	西安	Xi'an	5994	6424	8217	10
山东	**Shandong**	**54710**	**61121**	**67423**		宝鸡	Baoji	1799	1875	1985	52
济南	Jinan	6283	6623	8262	9	咸阳	Xianyang	559	590	718	105
青岛	Qingdao	7225	8235	10503	6	渭南	Weinan	120	177	185	126
淄博	Zibo	3824	3578	3625	25	延安	Yan'an	336	404	410	119
枣庄	Zaozhuang	1095	1098	1225	80	榆林	Yulin	427	586	780	101
东营	Dongying	2721	2778	2978	33	甘肃	**Gansu**	**10544**	**12162**	**12943**	
烟台	Yantai	5520	6089	6781	13	兰州	Lanzhou	4212	4335	4511	19
潍坊	Weifang	2744	2864	2913	34	嘉峪关	Jiayuguan	928	979	1076	89
济宁	Jining	1615	1941	2252	48	金昌	Jinchang	452	492	702	108
泰安	Taian	1550	1550	1550	63	白银	Baiyin	969	1026	1199	83
威海	Weihai	2453	2754	2985	32	天水	Tianshui	420	530	565	110
日照	Rizhao	1147	1273	1390	70	武威	Wuwei	833	900	900	96
莱芜	Laiwu	1107	1127	1129	87	张掖	Zhangye	300	380	440	117
临沂	Linyi	1657	1763	2256	47	平凉	Pingliang	490	712	715	106
德州	Dezhou	980	1380	1500	64	酒泉	Jiuquan	640	869	930	94
聊城	Liaocheng	931	1206	1208	82	庆阳	Qingyang	267	309	396	121
滨州	Binzhou	576	789	946	92	定西	Dingxi	182	480	496	113
菏泽	Heze	412	550	565	110	陇南	Longnan			13	133
河南	**Henan**	**10738**	**11831**	**13006**		青海	**Qinghai**	**208**	**270**	**304**	
郑州	Zhengzhou	2261	2285	3349	29	西宁	Xining	34	96	130	127
开封	Kaifeng	500	250	565	110	宁夏	**Ningxia**	**6380**	**6849**	**7373**	
洛阳	Luoyang	1640	1812	810	99	银川	Yinchuan	3452	3564	3914	22
平顶山	Pingdingshan	520	860	865	97	石嘴山	Shizuishan	1131	1234	1307	74
安阳	Anyang	920	1012	721	104	吴忠	Wuzhong	717	726	778	103
鹤壁	Hebi	361	414	442	116	固原	Guyuan	225	420	399	120
新乡	Xinxiang	280	305	425	118	中卫	Zhongwei	390	428	470	114
焦作	Jiaozuo	652	719	779	102	新疆	**Xinjiang**	**19162**	**21064**	**21844**	
濮阳	Puyang	620	630	631	109	乌鲁木齐	Urumqi	8723	9215	9151	8
许昌	Xuchang	710	710	710	107	克拉玛依	Karamay	1560	1602	1762	57

8-36 城市轨道交通路线长度(辖区)
Length of Lines of Urban Rail Transit System (Districts under City)

单位：公里 (km)

地名	City	2010	2011	2012	2012 排名 Ranking	地名	City	2010	2011	2012	2012 排名 Ranking
全国	**Nation Total**	**1428.87**	**1672.42**	**2008.53**							
北京	**Beijing**	**336.00**	**372.00**	**442.00**							
天津	**Tianjin**	**79.40**	**84.15**	**138.56**							
辽宁	**Liaoning**	**114.67**	**136.69**	**136.69**							
沈阳	Shenyang	27.90	49.92	49.92	5						
大连	Dalian	86.77	86.77	86.77	3						
吉林	**Jilin**	**31.96**	**48.26**	**31.96**							
长春	Changchun	31.96	48.26	31.96	8						
上海	**Shanghai**	**450.44**	**455.00**	**461.80**							
江苏	**Jiangsu**	**83.46**	**84.62**	**110.36**							
南京	Nanjing	83.46	84.62	84.62	4						
苏州	Suzhou			25.74	10						
湖北	**Hubei**	**28.68**	**28.68**	**28.68**							
武汉	Wuhan	28.68	28.68	28.68	9						
广东	**Guangdong**	**286.84**	**387.98**	**484.49**							
广州	Guangzhou	235.04	209.12	235.67	1						
深圳	Shenzhen	37.00	178.86	178.86	2						
佛山	Foshan	14.80		32.16	7						
东莞	Dongguan			37.80	6						
重庆	**Chongqing**	**17.42**	**56.52**	**130.57**							
四川	**Sichuan**		**18.52**	**22.40**							
成都	Chengdu		18.52	22.40	11						
云南	**Yunnan**			**18.02**							
昆明	Kunming			18.02	12						

8-37 城市道路长度(辖区)
Length of Urban Roads (Districts under City)

单位：公里 (km)

地名	City	2010	2011	2012	2012 排名 Ranking	地名	City	2010	2011	2012	2012 排名 Ranking
全国	**Nation Total**	**294443**	**308897**	**327081**		沈阳	Shenyang	2895	2906	3138	10
北京	**Beijing**	**6355**	**6258**	**7894**		大连	Dalian	2899	2882	2942	11
天津	**Tianjin**	**5439**	**5991**	**6462**		鞍山	Anshan	552	584	589	107
河北	**Hebei**	**11639**	**12286**	**12419**		抚顺	Fushun	746	815	831	72
石家庄	Shijiazhuang	1475	1503	1557	34	本溪	Benxi	794	645	728	92
唐山	Tangshan	1577	1587	1596	33	丹东	Dandong	462	491	499	130
秦皇岛	Qinhuangdao	698	722	730	91	锦州	Jinzhou	513	525	535	119
邯郸	Handan	1138	1210	1221	51	营口	Yingkou	536	539	546	118
邢台	Xingtai	510	528	530	123	阜新	Fuxin	339	343	345	178
保定	Baoding	674	687	702	96	辽阳	Liaoyang	858	893	990	62
张家口	Zhangjiakou	474	497	523	125	盘锦	Panjin	483	496	468	138
承德	Chengde	500	503	514	127	铁岭	Tieling	320	329	330	185
沧州	Cangzhou	307	361	361	171	朝阳	Chaoyang	253	255	257	220
廊坊	Langfang	450	466	472	133	葫芦岛	Huludao	321	352	385	161
衡水	Hengshui	343	357	357	173	吉林	**Jilin**	**8543**	**7687**	**8056**	
山西	**Shanxi**	**5733**	**6059**	**6382**		长春	Changchun	3659	2682	2850	12
太原	Taiyuan	1780	1812	1870	26	吉林	Jilin	1030	1010	990	62
大同	Datong	761	834	896	67	四平	Siping	234	326	353	176
阳泉	Yangquan	430	432	434	147	辽源	Liaoyuan	312	264	207	235
长治	Changzhi	362	372	376	165	通化	Tonghua	218	231	289	206
晋城	Jincheng	165	185	205	236	白山	Baishan	276	281	318	190
朔州	Shuozhou	169	201	227	230	松原	Songyuan	187	192	197	241
晋中	Jinzhong	235	249	272	212	白城	Baicheng	195	197	198	240
运城	Yuncheng	178	186	211	233	黑龙江	**Heilongjiang**	**10091**	**10629**	**11128**	
忻州	Xinzhou	134	138	171	252	哈尔滨	Harbin	1427	1692	1974	24
临汾	Linfen	216	229	229	229	齐齐哈尔	Qiqihar	528	528	534	120
吕梁	Luliang	120	133	133	270	鸡西	Jixi	363	363	368	169
内蒙古	**Inner Mongolia**	**6447**	**6782**	**7299**		鹤岗	Hegang	322	330	350	177
呼和浩特	Hohhot	720	725	770	79	双鸭山	Shuangyashan	361	365	373	167
包头	Baotou	1304	1313	1356	41	大庆	Daqing	2276	2463	2482	15
乌海	Wuhai	480	486	556	115	伊春	Yichun	789	791	813	74
赤峰	Chifeng	379	416	457	141	佳木斯	Jiamusi	291	304	308	196
通辽	Tongliao	379	405	418	152	七台河	Qitaihe	528	528	531	122
鄂尔多斯	Erdos	867	952	1052	59	牡丹江	Mudanjiang	762	762	762	84
呼伦贝尔	Hulunbuir	215	222	296	202	黑河	Heihe	81	82	82	281
巴彦淖尔	Bayannur	372	400	400	158	绥化	Suihua	172	173	174	251
乌兰察布	Ulanqab	263	263	306	198	上海	**Shanghai**	**4713**	**4708**	**4775**	
辽宁	**Liaoning**	**14238**	**14468**	**15513**		江苏	**Jiangsu**	**31899**	**32491**	**34966**	

8-37 城市道路长度(辖区) 续表 1
Length of Urban Roads (Districts under City) continued 1

单位：公里 (km)

地名	City	2010	2011	2012	2012 排名 Ranking	地名	City	2010	2011	2012	2012 排名 Ranking
南京	Nanjing	5599	5890	6615	3	池州	Chizhou	364	392	408	153
无锡	Wuxi	4609	3265	3306	9	宣城	Xuancheng	243	292	317	191
徐州	Xuzhou	1600	1620	2110	18	福建	**Fujian**	**6756**	**7238**	**8210**	
常州	Changzhou	1753	1811	1892	25	福州	Fuzhou	1101	1135	1171	52
苏州	Suzhou	2904	2965	3571	8	厦门	Xiamen	1213	1341	1976	23
南通	Nantong	981	1775	1680	30	莆田	Putian	669	674	692	98
连云港	Lianyungang	1023	1042	1058	58	三明	Sanming	280	280	280	208
淮安	Huaian	955	966	1642	31	泉州	Quanzhou	485	675	866	69
盐城	Yancheng	567	647	661	99	漳州	Zhangzhou	301	311	319	188
扬州	Yangzhou	1055	1411	1457	37	南平	Nanping	246	247	247	223
镇江	Zhenjiang	1223	1283	1306	48	龙岩	Longyan	329	335	343	179
泰州	Taizhou	902	940	959	64	宁德	Ningde	151	153	158	259
宿迁	Suqian	631	653	732	90	江西	**Jiangxi**	**5742**	**6086**	**6477**	
浙江	**Zhejiang**	**15550**	**16819**	**17672**		南昌	Nanchang	965	977	1059	57
杭州	Hangzhou	2194	2255	2458	16	景德镇	Jingdezhen	350	357	357	173
宁波	Ningbo	1439	1476	1526	35	萍乡	Pingxiang	221	233	242	225
温州	Wenzhou	1059	1169	1322	45	九江	Jiujiang	817	792	817	73
嘉兴	Jiaxing	652	729	753	86	新余	Xinyu	356	397	419	151
湖州	Huzhou	577	598	618	104	鹰潭	Yingtan	127	127	127	272
绍兴	Shaoxing	480	509	517	126	赣州	Ganzhou	255	262	310	195
金华	Jinhua	591	615	636	101	吉安	Jian	245	301	321	187
衢州	Quzhou	435	456	466	139	宜春	Yichun	281	304	322	186
舟山	Zhoushan	300	330	358	172	抚州	Fuzhou	379	402	424	150
台州	Taizhou	1937	2036	2067	21	上饶	Shangrao	302	347	379	164
丽水	Lishui	162	167	169	254	山东	**Shandong**	**32944**	**34681**	**36566**	
安徽	**Anhui**	**10157**	**10854**	**11571**		济南	Jinan	4498	4627	4675	6
合肥	Hefei	2013	2033	2068	20	青岛	Qingdao	3409	3705	4281	7
芜湖	Wuhu	1147	1204	1306	48	淄博	Zibo	1254	1380	1490	36
蚌埠	Bengbu	663	677	720	93	枣庄	Zaozhuang	790	868	1078	55
淮南	Huainan	683	687	719	94	东营	Dongying	716	735	785	77
马鞍山	Maanshan	386	407	441	144	烟台	Yantai	1522	1643	1731	29
淮北	Huaibei	574	601	606	106	潍坊	Weifang	1489	1537	1605	32
铜陵	Tongling	286	286	293	203	济宁	Jining	803	841	1035	61
安庆	Anqing	470	502	529	124	泰安	Taian	752	768	777	78
黄山	Huangshan	306	339	354	175	威海	Weihai	746	752	761	85
滁州	Chuzhou	300	392	444	143	日照	Rizhao	1252	1285	1321	47
阜阳	Fuyang	520	567	621	103	莱芜	Laiwu	768	770	770	79
宿州	Suzhou	459	529	572	110	临沂	Linyi	1913	2046	2019	22
六安	Liuan	268	385	436	146	德州	Dezhou	605	669	838	70
亳州	Bozhou	677	707	770	79	聊城	Liaocheng	487	517	553	116

8-37 城市道路长度(辖区) 续表 2
Length of Urban Roads (Districts under City) continued 2

单位：公里 (km)

地名	City	2010	2011	2012	2012 排名 Ranking	地名	City	2010	2011	2012	2012 排名 Ranking
滨州	Binzhou	588	700	736	88	常德	Changde	480	510	587	108
菏泽	Heze	516	540	570	112	张家界	Zhangjiajie	292	304	304	200
河南	**Henan**	**9414**	**9859**	**10798**		益阳	Yiyang	319	482	511	128
郑州	Zhengzhou	1338	1390	1446	38	郴州	Chenzhou	247	246	266	216
开封	Kaifeng	388	433	448	142	永州	Yongzhou	310	341	365	170
洛阳	Luoyang	552	582	635	102	怀化	Huaihua	220	221	241	226
平顶山	Pingdingshan	261	264	266	216	娄底	Loudi	262	266	232	228
安阳	Anyang	425	438	440	145	广东	**Guangdong**	**40847**	**42875**	**41388**	
鹤壁	Hebi	271	296	312	193	广州	Guangzhou	6986	7081	7100	2
新乡	Xinxiang	440	443	458	140	韶关	Shaoguan	562	565	568	113
焦作	Jiaozuo	395	415	429	149	深圳	Shenzhen	12613	12978	11115	1
濮阳	Puyang	209	245	250	222	珠海	Zhuhai	1485	1951	1388	40
许昌	Xuchang	250	260	270	213	汕头	Shantou	1318	1319	1322	45
漯河	Luohe	335	335	343	179	佛山	Foshan	1360	1911	2230	17
三门峡	Sanmenxia	133	151	151	262	江门	Jiangmen	1289	1312	1327	44
南阳	Nanyang	687	727	1295	50	湛江	Zhanjiang	718	720	1111	53
商丘	Shangqiu	346	348	380	163	茂名	Maoming	214	225	237	227
信阳	Xinyang	390	399	402	156	肇庆	Zhaoqing	542	615	617	105
周口	Zhoukou	203	213	213	232	惠州	Huizhou	1305	1315	1341	43
驻马店	Zhumadian	320	328	334	183	梅州	Meizhou	458	476	480	132
湖北	**Hubei**	**14168**	**14887**	**17461**		汕尾	Shanwei	174	176	188	247
武汉	Wuhan	2682	2840	5245	5	河源	Heyuan	126	139	139	267
黄石	Huangshi	685	694	704	95	阳江	Yangjiang	332	332	337	182
十堰	Shiyan	744	774	799	76	清远	Qingyuan	1342	742	769	82
宜昌	Yichang	952	1005	1075	56	东莞	Dongguan	5341	5950	6106	4
襄阳	Xiangfan	680	704	734	89	中山	ZhongShan	487	439	433	148
鄂州	Ezhou	613	700	765	83	潮州	Chaozhou	162	206	208	234
荆门	Jingmen	375	383	402	156	揭阳	Jieyang	285	287	303	201
孝感	Xiaogan	341	355	369	168	云浮	Yunfu	72	73	76	282
荆州	Jingzhou	774	775	802	75	广西	**Guangxi**	**6439**	**6823**	**7021**	
黄冈	Huanggang	363	376	382	162	南宁	Nanning	1307	1338	1356	41
咸宁	Xianning	207	243	243	224	柳州	Liuzhou	883	929	934	65
随州	Suizhou	200	245	200	238	桂林	Guilin	441	462	469	136
湖南	**Hunan**	**8585**	**9893**	**10367**		梧州	Wuzhou	290	330	319	188
长沙	Changsha	1781	2090	2090	19	北海	Beihai	368	381	403	154
株洲	Zhuzhou	893	1386	1424	39	防城港	Fangchenggang	243	258	270	213
湘潭	Xiangtan	490	498	508	129	钦州	Qinzhou	328	354	376	165
衡阳	Hengyang	676	766	836	71	贵港	Guigang	327	332	338	181
邵阳	Shaoyang	356	382	386	160	玉林	Yulin	502	516	532	121
岳阳	Yueyang	592	628	656	100	百色	Baise	173	183	190	246

8-37 城市道路长度(辖区) 续表 3
Length of Urban Roads (Districts under City) continued 3

单位：公里 (km)

地名	City	2010	2011	2012	2012 排名 Ranking	地名	City	2010	2011	2012	2012 排名 Ranking
贺州	Hezhou	149	151	152	261	丽江	Lijiang	87	87	91	278
河池	Hechi	115	122	132	271	普洱	Puer	73	83	83	280
来宾	Laibin	88	118	159	258	临沧	Lincang	63	65	66	284
崇左	Chongzuo	169	169	169	254	**西藏**	**Tibet**	**341**	**378**	**396**	
海南	**Hainan**	**1435**	**2013**	**2104**		拉萨	Lhasa	275	279	311	194
海口	Haikou	572	1082	1107	54	**陕西**	**Shaanxi**	**4810**	**4964**	**5422**	
三亚	Sanya	214	221	225	231	西安	Xi'an	2428	2473	2829	13
重庆	**Chongqing**	**5130**	**5435**	**5956**		铜川	Tongchuan	278	290	293	203
四川	**Sichuan**	**9584**	**10192**	**11287**		宝鸡	Baoji	462	485	490	131
成都	Chengdu	2610	2704	2797	14	咸阳	Xianyang	217	239	278	210
自贡	Zigong	605	726	1046	60	渭南	Weinan	320	312	313	192
攀枝花	Panzhihua	517	543	698	97	延安	Yan'an	105	111	113	275
泸州	Luzhou	433	469	571	111	汉中	Hanzhong	185	187	193	243
德阳	Deyang	237	254	264	218	榆林	Yulin	215	244	264	218
绵阳	Mianyang	742	742	749	87	安康	Ankang	181	184	193	243
广元	Guangyuan	257	268	293	203	商洛	Shangluo	107	107	108	277
遂宁	Suining	290	343	469	136	**甘肃**	**Gansu**	**3399**	**3503**	**3580**	
内江	Neijiang	162	166	176	250	兰州	Lanzhou	906	910	927	66
乐山	Leshan	525	553	576	109	嘉峪关	Jiayuguan	282	290	308	106
南充	Nanchong	415	420	470	134	金昌	Jinchang	161	173	180	249
眉山	Meishan	316	334	334	183	白银	Baiyin	396	402	403	154
宜宾	Yibin	156	235	254	221	天水	Tianshui	305	305	305	199
广安	Guangan	105	108	113	275	武威	Wuwei	145	150	151	262
达州	Dazhou	101	120	123	273	张掖	Zhangye	101	119	121	274
雅安	Yaan	130	132	156	260	平凉	Pingliang	151	166	168	256
巴中	Bazhong	71	72	74	283	酒泉	Jiuquan	279	280	280	208
资阳	Ziyang	160	180	195	242	庆阳	Qingyang	143	148	150	265
贵州	**Guizhou**	**2257**	**2419**	**2521**		定西	Dingxi	69	78	87	279
贵阳	Guiyang	872	872	872	68	陇南	Longnan	41	41	41	285
六盘水	Liupanshui	160	160	170	253	**青海**	**Qinghai**	**711**	**738**	**773**	
遵义	Zunyi	276	276	276	211	西宁	Xining	433	450	470	134
安顺	Anshun	158	182	192	245	**宁夏**	**Ningxia**	**1852**	**1832**	**1948**	
毕节	Bijie	103	108	134	269	银川	Yinchuan	506	551	563	114
铜仁	Tongren	152	184	199	239	石嘴山	Shizuishan	494	518	550	117
云南	**Yunnan**	**4049**	**4569**	**4855**		吴忠	Wuzhong	123	138	151	262
昆明	Kunming	1420	1721	1737	28	固原	Guyuan	324	177	201	237
曲靖	Qujing	205	281	285	207	中卫	Zhongwei	115	120	149	266
玉溪	Yuxi	127	131	270	213	**新疆**	**Xinjiang**	**5178**	**5476**	**5813**	
保山	Baoshan	138	155	161	257	乌鲁木齐	Urumqi	1632	1695	1740	27
昭通	Zhaotong	119	129	137	268	克拉玛依	Karamay	379	387	396	159

8-38 城市道路面积(辖区)
Surface Area of Urban Roads (Districts under City)

单位：万平方米 (10 000 m²)

地名	City	2010	2011	2012	2012 排名 Ranking
全国	**Nation Total**	**521322**	**562523**	**607449**	
北京	**Beijing**	**9395**	**9164**	**13509**	
天津	**Tianjin**	**9159**	**10492**	**11611**	
河北	**Hebei**	**26639**	**27935**	**28433**	
石家庄	Shijiazhuang	4147	4212	4285	17
唐山	Tangshan	2981	3011	3040	35
秦皇岛	Qinhuangdao	1752	1841	1876	67
邯郸	Handan	2983	3184	3259	32
邢台	Xingtai	1278	1435	1530	80
保定	Baoding	1714	1930	1980	63
张家口	Zhangjiakou	1241	1296	1323	96
承德	Chengde	693	698	712	180
沧州	Cangzhou	883	939	939	132
廊坊	Langfang	856	871	884	140
衡水	Hengshui	642	678	678	184
山西	**Shanxi**	**10312**	**11349**	**12233**	
太原	Taiyuan	2432	2752	2904	38
大同	Datong	1767	1896	2007	60
阳泉	Yangquan	581	591	602	194
长治	Changzhi	473	513	557	203
晋城	Jincheng	379	500	529	210
朔州	Shuozhou	477	624	645	190
晋中	Jinzhong	616	649	769	167
运城	Yuncheng	332	350	433	232
忻州	Xinzhou	238	242	435	230
临汾	Linfen	503	505	510	212
吕梁	Luliang	243	283	291	259
内蒙古	**Inner Mongolia**	**12476**	**13257**	**15502**	
呼和浩特	Hohhot	1609	1651	1949	65
包头	Baotou	2246	2332	2422	48
乌海	Wuhai	744	766	766	168
赤峰	Chifeng	819	830	1314	98
通辽	Tongliao	865	906	959	131
鄂尔多斯	Erdos	2217	2500	2904	38
呼伦贝尔	Hulunbuir	377	407	742	172
巴彦淖尔	Bayannur	714	780	822	151
乌兰察布	Ulanqab	534	535	682	183
辽宁	**Liaoning**	**23658**	**24727**	**26200**	
沈阳	Shenyang	5706	6223	6647	10
大连	Dalian	4135	4072	4098	18
鞍山	Anshan	1282	1340	1353	91
抚顺	Fushun	1189	1313	1337	93
本溪	Benxi	925	792	1016	122
丹东	Dandong	958	1024	1051	119
锦州	Jinzhou	952	979	1010	124
营口	Yingkou	713	718	718	178
阜新	Fuxin	461	494	497	217
辽阳	Liaoyang	998	1087	1247	104
盘锦	Panjin	984	1004	923	134
铁岭	Tieling	814	831	833	147
朝阳	Chaoyang	374	385	385	245
葫芦岛	Huludao	528	522	548	204
吉林	**Jilin**	**13243**	**13305**	**14362**	
长春	Changchun	6260	5913	6457	11
吉林	Jilin	1295	1300	1318	97
四平	Siping	354	522	547	205
辽源	Liaoyuan	646	648	501	214
通化	Tonghua	259	297	395	242
白山	Baishan	349	360	404	240
松原	Songyuan	502	514	542	206
白城	Baicheng	254	261	266	265
黑龙江	**Heilongjiang**	**13569**	**15296**	**16252**	
哈尔滨	Harbin	3296	4114	4624	16
齐齐哈尔	Qiqihar	875	877	906	136
鸡西	Jixi	543	553	577	201
鹤岗	Hegang	353	380	413	238
双鸭山	Shuangyashan	314	343	357	251
大庆	Daqing	2697	3183	3195	34
伊春	Yichun	734	778	796	158
佳木斯	Jiamusi	468	511	531	208
七台河	Qitaihe	423	457	485	221
牡丹江	Mudanjiang	874	962	962	130
黑河	Heihe	155	156	178	281
绥化	Suihua	213	214	216	271
上海	**Shanghai**	**9299**	**9481**	**9717**	
江苏	**Jiangsu**	**53723**	**58405**	**62438**	

8-38 城市道路面积(辖区) 续表 1
Surface Area of Urban Roads (Districts under City) continued 1

单位：万平方米 (10 000 m²)

地名	City	2010	2011	2012	2012 排名 Ranking	地名	City	2010	2011	2012	2012 排名 Ranking
南京	Nanjing	9576	10458	11424	2	池州	Chizhou	654	702	736	175
无锡	Wuxi	5580	5831	5936	13	宣城	Xuancheng	540	727	822	151
徐州	Xuzhou	2467	2604	3239	33	**福建**	**Fujian**	**12560**	**13908**	**15183**	
常州	Changzhou	3023	3230	3451	27	福州	Fuzhou	2327	2477	2563	43
苏州	Suzhou	5928	6089	7698	6	厦门	Xiamen	2994	3328	3780	23
南通	Nantong	1871	3011	3364	29	莆田	Putian	784	784	817	153
连云港	Lianyungang	1642	1675	1711	73	三明	Sanming	332	332	332	253
淮安	Huaian	2091	2386	2632	41	泉州	Quanzhou	932	1470	2201	55
盐城	Yancheng	1350	1599	1641	75	漳州	Zhangzhou	765	794	817	153
扬州	Yangzhou	1612	2083	2217	54	南平	Nanping	236	237	237	270
镇江	Zhenjiang	1823	1912	1971	64	龙岩	Longyan	396	407	437	229
泰州	Taizhou	1413	1661	1733	72	宁德	Ningde	284	292	302	257
宿迁	Suqian	1266	1313	1535	79	**江西**	**Jiangxi**	**11330**	**12329**	**13630**	
浙江	**Zhejiang**	**30381**	**31998**	**33575**		南昌	Nanchang	1806	1921	2391	49
杭州	Hangzhou	4754	4900	5284	14	景德镇	Jingdezhen	728	761	761	169
宁波	Ningbo	2379	2580	2786	40	萍乡	Pingxiang	593	640	663	186
温州	Wenzhou	2339	2274	2463	46	九江	Jiujiang	1331	1360	1432	85
嘉兴	Jiaxing	1196	1300	1371	89	新余	Xinyu	814	952	1067	115
湖州	Huzhou	1882	1949	1992	62	鹰潭	Yingtan	299	300	300	258
绍兴	Shaoxing	1207	1283	1305	99	赣州	Ganzhou	691	697	798	157
金华	Jinhua	1390	1418	1505	81	吉安	Jian	511	639	606	193
衢州	Quzhou	771	799	812	155	宜春	Yichun	605	663	733	176
舟山	Zhoushan	520	639	778	164	抚州	Fuzhou	916	963	1001	126
台州	Taizhou	2371	2562	2599	42	上饶	Shangrao	686	759	885	138
丽水	Lishui	411	418	423	235	**山东**	**Shandong**	**60615**	**66123**	**71390**	
安徽	**Anhui**	**19927**	**22722**	**24693**		济南	Jinan	5907	6361	7251	9
合肥	Hefei	4323	4664	4854	15	青岛	Qingdao	5893	6605	7528	7
芜湖	Wuhu	2583	2927	2974	37	淄博	Zibo	2523	3381	3673	24
蚌埠	Bengbu	1186	1294	1434	84	枣庄	Zaozhuang	1668	1916	2351	50
淮南	Huainan	1059	1072	1287	101	东营	Dongying	1858	1906	2022	58
马鞍山	Maanshan	968	1051	1161	108	烟台	Yantai	3034	3335	3405	28
淮北	Huaibei	864	981	1017	121	潍坊	Weifang	3094	3251	3337	30
铜陵	Tongling	476	476	501	214	济宁	Jining	1898	2761	3484	26
安庆	Anqing	937	975	1002	125	泰安	Taian	1506	1542	1566	78
黄山	Huangshan	546	633	669	185	威海	Weihai	1801	1812	1826	69
滁州	Chuzhou	792	1055	1335	94	日照	Rizhao	1561	1628	1707	74
阜阳	Fuyang	1147	1289	1392	86	莱芜	Laiwu	1367	1369	1369	90
宿州	Suzhou	840	1021	1156	109	临沂	Linyi	3722	3929	3921	22
六安	Liuan	447	1037	1121	111	德州	Dezhou	1231	1551	2348	51
亳州	Bozhou	958	1072	1243	105	聊城	Liaocheng	1773	1801	1888	66

8-38 城市道路面积(辖区) 续表 2
Surface Area of Urban Roads (Districts under City) continued 2

单位：万平方米 (10 000 m²)

地名	City	2010	2011	2012	2012 排名 Ranking	地名	City	2010	2011	2012	2012 排名 Ranking
滨州	Binzhou	1159	1401	1479	83	常德	Changde	950	1043	1120	112
菏泽	Heze	1056	1162	1264	102	张家界	Zhangjiajie	337	370	370	249
河南	**Henan**	**21768**	**23393**	**25458**		益阳	Yiyang	617	807	830	148
郑州	Zhengzhou	3158	3363	3564	25	郴州	Chenzhou	321	760	850	145
开封	Kaifeng	1010	1198	1258	103	永州	Yongzhou	709	749	782	162
洛阳	Luoyang	1650	1791	2041	57	怀化	Huaihua	299	370	406	239
平顶山	Pingdingshan	958	995	999	127	娄底	Loudi	482	488	427	233
安阳	Anyang	898	955	964	129	**广东**	**Guangdong**	**55869**	**59215**	**62787**	
鹤壁	Hebi	603	664	688	182	广州	Guangzhou	9731	10050	10140	4
新乡	Xinxiang	1028	1037	1070	114	韶关	Shaoguan	720	724	729	177
焦作	Jiaozuo	1056	1163	1193	107	深圳	Shenzhen	8941	9076	10629	3
濮阳	Puyang	405	567	583	199	珠海	Zhuhai	3385	3353	3007	36
许昌	Xuchang	538	554	597	195	汕头	Shantou	2492	2493	2497	45
漯河	Luohe	761	761	788	159	佛山	Foshan	2339	3194	4003	20
三门峡	Sanmenxia	207	289	289	260	江门	Jiangmen	1942	1961	2196	56
南阳	Nanyang	1088	1140	1859	68	湛江	Zhanjiang	1609	1610	2514	44
商丘	Shangqiu	719	724	888	137	茂名	Maoming	487	507	531	208
信阳	Xinyang	783	817	828	149	肇庆	Zhaoqing	869	1013	1014	123
周口	Zhoukou	629	656	658	187	惠州	Huizhou	1882	1919	2010	59
驻马店	Zhumadian	868	956	1021	120	梅州	Meizhou	693	750	758	170
湖北	**Hubei**	**24599**	**26341**	**28755**		汕尾	Shanwei	244	250	252	267
武汉	Wuhan	7273	7726	9027	5	河源	Heyuan	314	392	392	244
黄石	Huangshi	1227	1254	1374	88	阳江	Yangjiang	597	597	612	192
十堰	Shiyan	746	772	848	146	清远	Qingyuan	569	951	1061	116
宜昌	Yichang	1368	1468	1638	76	东莞	Dongguan	11853	12807	12943	1
襄阳	Xiangfan	1188	1264	1388	87	中山	ZhongShan	1089	1075	1053	118
鄂州	Ezhou	786	916	999	127	潮州	Chaozhou	399	411	419	236
荆门	Jingmen	645	680	739	173	揭阳	Jieyang	418	424	485	221
孝感	Xiaogan	554	596	701	181	云浮	Yunfu	86	90	86	282
荆州	Jingzhou	755	760	856	142	**广西**	**Guangxi**	**12118**	**13029**	**13662**	
黄冈	Huanggang	738	773	776	165	南宁	Nanning	3205	3294	3334	31
咸宁	Xianning	418	485	491	218	柳州	Liuzhou	1494	1587	1593	77
随州	Suizhou	383	495	415	237	桂林	Guilin	699	754	780	163
湖南	**Hunan**	**15972**	**18234**	**18902**		梧州	Wuzhou	509	604	594	197
长沙	Changsha	3618	3958	3958	21	北海	Beihai	745	773	802	156
株洲	Zhuzhou	1413	1714	1738	71	防城港	Fangchenggang	507	565	588	198
湘潭	Xiangtan	1140	1190	1218	106	钦州	Qinzhou	728	838	909	135
衡阳	Hengyang	1432	1840	2005	61	贵港	Guigang	716	731	752	171
邵阳	Shaoyang	775	852	885	138	玉林	Yulin	783	850	925	133
岳阳	Yueyang	807	820	853	144	百色	Baise	311	369	427	233

8-38 城市道路面积(辖区） 续表 3
Surface Area of Urban Roads (Districts under City) continued 3

单位：万平方米 (10 000 m²)

地名	City	2010	2011	2012	2012 排名 Ranking
贺州	Hezhou	276	281	285	262
河池	Hechi	157	183	201	274
来宾	Laibin	250	333	498	216
崇左	Chongzuo	185	186	186	278
海南	**Hainan**	**3152**	**4133**	**4504**	
海口	Haikou	1572	2213	2439	47
三亚	Sanya	383	386	396	241
重庆	**Chongqing**	**9931**	**10870**	**11936**	
四川	**Sichuan**	**18743**	**20258**	**22628**	
成都	Chengdu	6460	6715	7441	8
自贡	Zigong	794	910	1091	113
攀枝花	Panzhihua	565	611	717	179
泸州	Luzhou	785	928	1150	110
德阳	Deyang	533	603	653	189
绵阳	Mianyang	1484	1484	1501	82
广元	Guangyuan	376	395	451	226
遂宁	Suining	625	683	855	143
内江	Neijiang	303	317	358	250
乐山	Leshan	688	730	786	160
南充	Nanchong	964	1100	1330	95
眉山	Meishan	454	518	518	211
宜宾	Yibin	311	424	440	227
广安	Guangan	286	301	326	254
达州	Dazhou	156	193	197	275
雅安	Yaan	215	221	285	262
巴中	Bazhong	45	81	82	283
资阳	Ziyang	335	410	463	223
贵州	**Guizhou**	**3604**	**3884**	**4103**	
贵阳	Guiyang	1348	1348	1348	92
六盘水	Liupanshui	320	320	340	252
遵义	Zunyi	385	385	385	245
安顺	Anshun	254	292	323	256
毕节	Bijie	196	214	266	265
铜仁	Tongren	159	188	204	273
云南	**Yunnan**	**7983**	**9507**	**10297**	
昆明	Kunming	2815	4036	4056	19
曲靖	Qujing	698	766	770	166
玉溪	Yuxi	326	302	654	188
保山	Baoshan	206	236	324	255
昭通	Zhaotong	336	357	376	247

地名	City	2010	2011	2012	2012 排名 Ranking
丽江	Lijiang	224	224	240	269
普洱	Puer	272	196	196	276
临沧	Lincang	150	154	183	279
西藏	**Tibet**	**596**	**658**	**793**	
拉萨	Lhasa	519	533	623	191
陕西	**Shaanxi**	**10537**	**10966**	**12137**	
西安	Xi'an	5342	5502	6333	12
铜川	Tongchuan	438	459	460	225
宝鸡	Baoji	1233	1278	1292	100
咸阳	Xianyang	836	895	1059	117
渭南	Weinan	673	759	784	161
延安	Yan'an	178	190	195	277
汉中	Hanzhong	258	262	286	261
榆林	Yulin	447	463	488	220
安康	Ankang	470	471	491	218
商洛	Shangluo	184	184	179	280
甘肃	**Gansu**	**6599**	**6913**	**7093**	
兰州	Lanzhou	2162	2168	2219	53
嘉峪关	Jiayuguan	334	352	373	248
金昌	Jinchang	399	431	440	227
白银	Baiyin	555	581	582	200
天水	Tianshui	596	597	597	195
武威	Wuwei	259	273	276	264
张掖	Zhangye	321	384	395	242
平凉	Pingliang	521	546	558	202
酒泉	Jiuquan	429	431	434	231
庆阳	Qingyang	198	230	245	268
定西	Dingxi	161	187	214	272
陇南	Longnan	64	64	64	284
青海	**Qinghai**	**1357**	**1430**	**1529**	
西宁	Xining	737	754	823	150
宁夏	**Ningxia**	**3889**	**4238**	**4619**	
银川	Yinchuan	1652	1796	1809	70
石嘴山	Shizuishan	623	673	737	174
吴忠	Wuzhong	373	425	463	223
固原	Guyuan	398	438	510	212
中卫	Zhongwei	350	366	536	207
新疆	**Xinjiang**	**8323**	**8964**	**9517**	
乌鲁木齐	Urumqi	2005	2156	2225	52
克拉玛依	Karamay	823	847	869	141

8-39 城市人均道路面积(辖区)
Urban Road Surface Area Per Capita (Districts under City)

单位：平方米 (m²)

地名	City	2010	2011	2012	2012 排名 Ranking	地名	City	2010	2011	2012	2012 排名 Ranking
全国	**Nation Total**	**13.2**	**13.8**	**14.4**		沈阳	Shenyang	11.9	11.6	11.6	203
北京	**Beijing**	**5.6**	**5.3**	**7.6**		大连	Dalian	14.1	13.8	13.9	158
天津	**Tianjin**	**14.9**	**17.1**	**17.9**		鞍山	Anshan	8.2	8.5	8.5	258
河北	**Hebei**	**17.4**	**17.8**	**17.8**		抚顺	Fushun	9.0	9.7	10.0	239
石家庄	Shijiazhuang	16.9	17.0	17.1	99	本溪	Benxi	10.1	8.5	10.8	223
唐山	Tangshan	15.1	20.8	15.4	128	丹东	Dandong	14.3	15.8	16.5	106
秦皇岛	Qinhuangdao	19.4	19.5	19.7	67	锦州	Jinzhou	9.7	10.0	10.2	232
邯郸	Handan	19.6	20.8	20.9	61	营口	Yingkou	7.5	7.4	7.3	268
邢台	Xingtai	20.0	20.3	17.1	100	阜新	Fuxin	5.9	6.3	6.4	274
保定	Baoding	15.2	16.8	16.3	108	辽阳	Liaoyang	12.6	13.8	15.8	118
张家口	Zhangjiakou	14.5	15.0	15.2	132	盘锦	Panjin	15.0	14.5	13.2	175
承德	Chengde	13.0	13.1	13.2	177	铁岭	Tieling	18.0	18.4	18.5	84
沧州	Cangzhou	15.2	15.3	15.3	130	朝阳	Chaoyang	7.0	7.1	6.6	273
廊坊	Langfang	16.5	16.8	16.9	101	葫芦岛	Huludao	11.4	11.6	12.0	199
衡水	Hengshui	17.2	17.8	18.8	79	吉林	**Jilin**	**12.4**	**11.9**	**12.6**	
山西	**Shanxi**	**10.7**	**11.2**	**11.8**		长春	Changchun	20.2	17.1	17.9	91
太原	Taiyuan	8.1	8.6	8.8	251	吉林	Jilin	10.1	10.1	10.3	230
大同	Datong	13.8	15.0	15.7	121	四平	Siping	5.5	7.7	8.7	254
阳泉	Yangquan	9.9	10.1	10.3	231	辽源	Liaoyuan	13.0	13.0	9.9	240
长治	Changzhi	6.7	7.1	7.4	267	通化	Tonghua	5.5	6.6	8.6	257
晋城	Jincheng	11.5	12.4	12.6	186	白山	Baishan	9.2	9.8	9.9	241
朔州	Shuozhou	15.8	16.0	16.4	107	松原	Songyuan	10.6	10.6	11.3	208
晋中	Jinzhong	15.2	14.1	16.3	109	白城	Baicheng	9.0	9.2	9.4	246
运城	Yuncheng	7.7	8.1	10.1	237	黑龙江	**Heilongjiang**	**10.0**	**11.2**	**11.8**	
忻州	Xinzhou	8.8	8.9	15.5	125	哈尔滨	Harbin	7.9	9.7	10.7	224
临汾	Linfen	11.0	11.6	11.0	216	齐齐哈尔	Qiqihar	8.0	8.0	8.3	259
吕梁	Luliang	10.5	10.5	10.8	221	鸡西	Jixi	7.3	7.4	8.0	261
内蒙古	**Inner Mongolia**	**14.9**	**15.8**	**17.7**		鹤岗	Hegang	6.3	6.8	7.1	270
呼和浩特	Hohhot	10.2	10.2	10.3	229	双鸭山	Shuangyashan	6.8	7.3	7.6	264
包头	Baotou	12.8	13.3	13.8	163	大庆	Daqing	20.4	24.1	23.8	34
乌海	Wuhai	13.6	14.1	14.0	155	伊春	Yichun	9.8	10.2	10.4	227
赤峰	Chifeng	9.2	9.7	14.8	138	佳木斯	Jiamusi	7.5	8.3	8.8	252
通辽	Tongliao	17.2	18.1	19.1	75	七台河	Qitaihe	11.0	11.6	12.0	196
鄂尔多斯	Erdos	30.9	33.3	42.6	1	牡丹江	Mudanjiang	12.4	13.6	13.6	168
呼伦贝尔	Hulunbuir	13.1	14.1	24.0	33	黑河	Heihe	11.0	10.9	12.4	192
巴彦淖尔	Bayannur	19.2	21.6	22.7	43	绥化	Suihua	6.8	6.7	6.7	272
乌兰察布	Ulanqab	16.6	15.8	19.6	68	上海	**Shanghai**	**4.0**	**4.0**	**4.1**	
辽宁	**Liaoning**	**11.2**	**11.3**	**11.6**		江苏	**Jiangsu**	**21.3**	**21.9**	**22.4**	

8-39 城市人均道路面积(辖区)　续表 1
Urban Road Surface Area Per Capita (Districts under City) continued 1

单位：平方米　(m²)

地名	City	2010	2011	2012	2012 排名 Ranking	地名	City	2010	2011	2012	2012 排名 Ranking
南京	Nanjing	19.4	19.6	20.1	65	池州	Chizhou	23.7	24.7	24.3	30
无锡	Wuxi	23.5	24.3	24.4	28	宣城	Xuancheng	19.7	22.7	25.5	23
徐州	Xuzhou	16.3	17.4	21.5	56	福建	**Fujian**	**12.6**	**13.5**	**14.1**	
常州	Changzhou	22.9	23.5	24.5	27	福州	Fuzhou	11.3	11.3	11.4	205
苏州	Suzhou	27.6	27.1	27.7	13	厦门	Xiamen	10.8	12.7	13.9	160
南通	Nantong	18.9	25.5	22.6	44	莆田	Putian	14.9	14.9	14.6	140
连云港	Lianyungang	22.4	21.2	20.8	62	三明	Sanming	14.5	14.3	14.3	145
淮安	Huaian	17.1	18.5	19.2	73	泉州	Quanzhou	11.6	13.4	19.2	74
盐城	Yancheng	19.2	21.0	21.4	57	漳州	Zhangzhou	17.9	18.4	18.6	82
扬州	Yangzhou	20.8	19.5	20.7	63	南平	Nanping	11.5	11.6	11.3	209
镇江	Zhenjiang	20.8	21.8	22.5	45	龙岩	Longyan	13.2	13.5	14.3	147
泰州	Taizhou	22.2	24.9	26.1	17	宁德	Ningde	12.3	12.3	12.5	189
宿迁	Suqian	26.8	25.1	27.4	14	江西	**Jiangxi**	**13.8**	**14.4**	**15.0**	
浙江	**Zhejiang**	**16.7**	**17.5**	**17.9**		南昌	Nanchang	8.5	8.9	10.6	225
杭州	Hangzhou	14.3	14.4	14.5	142	景德镇	Jingdezhen	16.1	16.5	16.1	114
宁波	Ningbo	14.5	15.1	15.9	117	萍乡	Pingxiang	16.0	16.8	16.3	110
温州	Wenzhou	16.0	15.3	15.9	115	九江	Jiujiang	21.1	21.5	22.1	50
嘉兴	Jiaxing	17.5	17.5	17.7	93	新余	Xinyu	21.4	22.6	23.7	35
湖州	Huzhou	22.5	22.9	23.2	40	鹰潭	Yingtan	18.8	17.9	13.8	163
绍兴	Shaoxing	17.1	17.9	16.7	103	赣州	Ganzhou	10.2	9.6	10.1	235
金华	Jinhua	23.9	24.0	25.3	24	吉安	Jian	16.1	20.0	16.9	102
衢州	Quzhou	25.6	25.4	25.8	21	宜春	Yichun	13.8	13.2	13.6	167
舟山	Zhoushan	11.6	13.6	15.7	122	抚州	Fuzhou	18.1	18.8	18.7	80
台州	Taizhou	23.5	25.3	25.7	22	上饶	Shangrao	20.6	20.6	21.1	58
丽水	Lishui	12.7	12.8	12.7	185	山东	**Shandong**	**22.2**	**23.6**	**24.7**	
安徽	**Anhui**	**16.0**	**18.0**	**18.5**		济南	Jinan	21.0	22.5	24.8	26
合肥	Hefei	17.5	18.8	15.8	119	青岛	Qingdao	21.3	23.8	24.0	32
芜湖	Wuhu	21.8	24.7	25.9	19	淄博	Zibo	16.3	22.3	22.7	42
蚌埠	Bengbu	13.7	14.7	16.1	113	枣庄	Zaozhuang	18.9	21.1	24.8	25
淮南	Huainan	10.1	10.1	12.1	195	东营	Dongying	28.6	29.4	31.1	8
马鞍山	Maanshan	17.1	16.8	17.8	92	烟台	Yantai	21.0	23.3	23.6	37
淮北	Huaibei	10.3	11.9	12.0	198	潍坊	Weifang	24.6	25.8	26.5	16
铜陵	Tongling	11.5	11.5	11.5	204	济宁	Jining	28.8	27.0	32.4	6
安庆	Anqing	15.7	15.1	15.5	127	泰安	Taian	24.9	25.1	23.2	39
黄山	Huangshan	18.2	19.6	19.8	66	威海	Weihai	30.5	30.6	30.8	9
滁州	Chuzhou	24.3	29.9	36.4	4	日照	Rizhao	25.0	25.6	26.8	15
阜阳	Fuyang	15.5	17.2	18.3	86	莱芜	Laiwu	28.9	28.4	27.9	12
宿州	Suzhou	18.1	21.6	23.3	38	临沂	Linyi	21.8	20.6	21.7	53
六安	Liuan	7.5	16.5	19.5	70	德州	Dezhou	20.2	25.0	35.8	5
亳州	Bozhou	37.4	35.3	38.7	2	聊城	Liaocheng	28.8	28.3	29.5	11

8-39 城市人均道路面积(辖区) 续表 2

Urban Road Surface Area Per Capita (Districts under City) continued 2

单位：平方米 (m²)

地名	City	2010	2011	2012	2012 排名 Ranking
滨州	Binzhou	16.5	19.8	21.0	59
菏泽	Heze	14.8	16.8	18.1	88
河南	**Henan**	**10.3**	**10.8**	**11.1**	
郑州	Zhengzhou	6.3	6.5	6.0	277
开封	Kaifeng	11.6	13.6	14.2	149
洛阳	Luoyang	6.8	7.4	7.8	262
平顶山	Pingdingshan	9.5	9.5	11.2	211
安阳	Anyang	12.7	13.4	13.6	168
鹤壁	Hebi	14.4	15.3	15.2	133
新乡	Xinxiang	13.7	13.7	14.1	152
焦作	Jiaozuo	14.0	15.3	15.6	123
濮阳	Puyang	9.3	12.8	13.1	178
许昌	Xuchang	12.1	10.6	12.3	193
漯河	Luohe	14.0	13.8	14.3	148
三门峡	Sanmenxia	6.9	9.8	9.3	248
南阳	Nanyang	9.0	10.5	12.5	191
商丘	Shangqiu	7.5	7.4	9.1	249
信阳	Xinyang	16.7	17.4	17.3	97
周口	Zhoukou	21.0	21.6	21.5	54
驻马店	Zhumadian	20.4	21.5	22.2	48
湖北	**Hubei**	**14.1**	**14.8**	**15.9**	
武汉	Wuhan	11.4	12.3	14.4	143
黄石	Huangshi	16.9	17.3	18.9	78
十堰	Shiyan	14.0	14.4	15.1	135
宜昌	Yichang	17.3	18.8	20.3	64
襄阳	Xiangfan	15.4	15.8	16.2	112
鄂州	Ezhou	19.4	22.4	24.3	29
荆门	Jingmen	13.8	14.5	15.6	124
孝感	Xiaogan	19.5	16.8	18.2	87
荆州	Jingzhou	10.6	10.4	11.3	210
黄冈	Huanggang	25.1	26.0	25.8	20
咸宁	Xianning	12.6	14.2	14.2	149
随州	Suizhou	11.7	13.2	10.9	219
湖南	**Hunan**	**13.0**	**13.6**	**13.5**	
长沙	Changsha	14.3	13.2	12.6	187
株洲	Zhuzhou	16.8	17.3	16.7	104
湘潭	Xiangtan	15.4	15.5	15.5	125
衡阳	Hengyang	15.3	17.5	17.7	94
邵阳	Shaoyang	12.9	13.7	12.2	194
岳阳	Yueyang	12.4	12.8	13.2	176
常德	Changde	15.3	16.6	17.5	96
张家界	Zhangjiajie	15.7	17.4	17.2	98
益阳	Yiyang	10.2	12.4	12.8	183
郴州	Chenzhou	6.1	13.9	14.7	139
永州	Yongzhou	13.8	14.6	15.1	134
怀化	Huaihua	9.3	7.5	8.1	260
娄底	Loudi	12.9	12.5	9.1	250
广东	**Guangdong**	**12.7**	**12.5**	**13.4**	
广州	Guangzhou	11.2	9.2	10.0	238
韶关	Shaoguan	13.4	13.6	13.5	172
深圳	Shenzhen	8.6	8.7	10.1	236
珠海	Zhuhai	23.3	22.0	22.4	46
汕头	Shantou	10.8	10.2	10.3	228
佛山	Foshan	12.0	15.4	18.9	77
江门	Jiangmen	17.7	17.4	19.1	76
湛江	Zhanjiang	24.2	19.5	30.1	10
茂名	Maoming	10.1	10.5	10.9	217
肇庆	Zhaoqing	17.1	19.5	19.4	72
惠州	Huizhou	16.1	13.9	13.8	162
梅州	Meizhou	16.8	18.3	18.4	85
汕尾	Shanwei	9.8	10.0	10.6	225
河源	Heyuan	11.6	14.4	13.5	170
阳江	Yangjiang	14.5	14.5	15.0	136
清远	Qingyuan	11.9	19.8	22.1	49
东莞	Dongguan	20.0	21.4	21.5	54
中山	ZhongShan	18.6	14.2	13.9	160
潮州	Chaozhou	10.2	10.7	11.4	206
揭阳	Jieyang	5.3	5.4	5.9	278
云浮	Yunfu	4.0	4.2	3.8	284
广西	**Guangxi**	**14.3**	**14.3**	**14.7**	
南宁	Nanning	14.7	13.7	13.4	173
柳州	Liuzhou	10.6	10.4	10.2	232
桂林	Guilin	8.5	9.2	9.5	244
梧州	Wuzhou	12.2	14.4	14.1	153
北海	Beihai	21.7	21.3	22.3	47
防城港	Fangchenggang	32.6	35.4	36.5	3
钦州	Qinzhou	32.0	30.7	31.5	7
贵港	Guigang	17.7	17.8	19.6	69
玉林	Yulin	14.2	13.8	14.0	156
百色	Baise	14.0	15.6	17.5	95

8-39 城市人均道路面积(辖区) 续表 3

Urban Road Surface Area Per Capita (Districts under City) continued 3

单位：平方米 (m²)

地名	City	2010	2011	2012	2012 排名 Ranking	地名	City	2010	2011	2012	2012 排名 Ranking
贺州	Hezhou	16.7	9.9	9.7	242	丽江	Lijiang	18.6	17.1	17.9	90
河池	Hechi	6.8	8.0	8.7	256	普洱	Puer	12.6	9.5	9.4	247
来宾	Laibin	9.0	11.4	16.6	105	临沧	Lincang	10.8	10.1	11.9	201
崇左	Chongzuo	14.2	13.9	14.4	144	西藏	**Tibet**	**13.3**	**13.5**	**14.2**	
海南	**Hainan**	**13.8**	**18.4**	**18.9**		拉萨	Lhasa	13.5	13.4	13.7	165
海口	Haikou	14.2	19.5	19.5	71	陕西	**Shaanxi**	**13.4**	**13.7**	**14.7**	
三亚	Sanya	13.5	13.7	13.9	159	西安	Xi'an	15.6	16.0	17.9	89
重庆	**Chongqing**	**9.4**	**10.4**	**10.7**		铜川	Tongchuan	11.0	11.2	11.1	214
四川	**Sichuan**	**11.8**	**12.1**	**12.7**		宝鸡	Baoji	15.7	15.5	14.6	140
成都	Chengdu	14.9	15.0	16.2	111	咸阳	Xianyang	10.1	10.1	11.8	202
自贡	Zigong	8.9	9.5	9.5	245	渭南	Weinan	16.8	18.8	18.7	81
攀枝花	Panzhihua	8.8	9.1	10.8	220	延安	Yan'an	5.1	5.1	4.8	281
泸州	Luzhou	9.4	9.9	11.4	206	汉中	Hanzhong	6.3	6.9	7.4	266
德阳	Deyang	12.4	13.6	12.8	183	榆林	Yulin	12.8	13.2	12.8	182
绵阳	Mianyang	17.0	16.8	15.3	131	安康	Ankang	13.9	13.9	15.3	129
广元	Guangyuan	11.6	11.9	13.5	171	商洛	Shangluo	14.3	14.1	12.0	200
遂宁	Suining	11.5	11.4	13.0	179	甘肃	**Gansu**	**12.2**	**12.6**	**12.6**	
内江	Neijiang	6.0	6.2	6.9	271	兰州	Lanzhou	10.9	11.0	11.2	213
乐山	Leshan	12.8	13.7	14.3	145	嘉峪关	Jiayuguan	16.8	17.1	14.8	137
南充	Nanchong	12.1	12.0	12.9	181	金昌	Jinchang	22.1	22.7	22.9	41
眉山	Meishan	14.6	15.3	15.9	116	白银	Baiyin	13.7	14.4	14.1	153
宜宾	Yibin	8.2	8.7	7.7	263	天水	Tianshui	8.7	8.8	8.8	253
广安	Guangan	9.3	9.4	10.2	234	武威	Wuwei	10.2	9.2	8.7	255
达州	Dazhou	4.7	4.5	3.9	283	张掖	Zhangye	16.7	19.9	21.7	51
雅安	Yaan	8.7	10.0	11.1	215	平凉	Pingliang	18.7	18.9	18.5	83
巴中	Bazhong	1.6	2.4	2.1	285	酒泉	Jiuquan	13.9	14.0	12.6	188
资阳	Ziyang	11.4	13.3	14.1	151	庆阳	Qingyang	11.1	12.7	13.4	174
贵州	**Guizhou**	**6.7**	**6.6**	**6.8**		定西	Dingxi	9.0	10.9	12.0	197
贵阳	Guiyang	6.2	5.4	5.3	279	陇南	Longnan	4.2	4.2	4.3	282
六盘水	Liupanshui	10.2	10.0	10.8	222	青海	**Qinghai**	**11.4**	**11.2**	**11.2**	
遵义	Zunyi	5.3	5.2	5.2	280	西宁	Xining	7.4	7.0	7.2	269
安顺	Anshun	5.0	5.7	6.3	276	宁夏	**Ningxia**	**17.4**	**17.9**	**17.6**	
毕节	Bijie	8.0	9.1	10.9	218	银川	Yinchuan	15.3	15.9	13.7	166
铜仁	Tongren	6.9	7.0	6.3	275	石嘴山	Shizuishan	15.8	15.6	15.8	120
云南	**Yunnan**	**10.9**	**12.0**	**11.9**		吴忠	Wuzhong	20.1	21.7	23.6	36
昆明	Kunming	8.4	11.3	9.6	243	固原	Guyuan	19.1	19.6	20.9	60
曲靖	Qujing	11.0	11.2	11.2	212	中卫	Zhongwei	19.0	17.8	25.9	18
玉溪	Yuxi	16.2	8.6	21.7	52	新疆	**Xinjiang**	**13.2**	**13.7**	**14.2**	
保山	Baoshan	12.4	14.0	12.5	190	乌鲁木齐	Urumqi	7.2	7.4	7.5	265
昭通	Zhaotong	12.9	13.6	14.0	157	克拉玛依	Karamay	23.60	24.31	24.07	31

8-40 城市污水排放量(辖区)

Annual Quantity of Urban Wastewater Discharged (Districts under City)

单位：万立方米 (10 000 m³)

地名	City	2010	2011	2012	2012排名 Ranking
全国	**Nation Total**	**3786983**	**4037022**	**4167602**	
北京	**Beijing**	**141651**	**145543**	**152010**	
天津	**Tianjin**	**65235**	**67180**	**74473**	
河北	**Hebei**	**132798**	**147184**	**148329**	
石家庄	Shijiazhuang	24583	32043	30665	23
唐山	Tangshan	20285	21337	22506	32
秦皇岛	Qinhuangdao	9163	9691	10646	69
邯郸	Handan	12959	13016	13016	60
邢台	Xingtai	4828	5650	6165	118
保定	Baoding	8500	9424	9354	82
张家口	Zhangjiakou	5806	6627	6675	112
承德	Chengde	4635	4584	4609	153
沧州	Cangzhou	2842	3517	3517	187
廊坊	Langfang	3675	3664	3671	180
衡水	Hengshui	3468	3522	3522	186
山西	**Shanxi**	**60181**	**60433**	**61355**	
太原	Taiyuan	22556	22706	22256	33
大同	Datong	5840	5786	6155	119
阳泉	Yangquan	3547	3445	3614	183
长治	Changzhi	6000	5959	5921	122
晋城	Jincheng	2100	2514	2732	211
朔州	Shuozhou	1934	2000	2018	243
晋中	Jinzhong	1953	2291	2491	223
运城	Yuncheng	2700	2435	2600	217
忻州	Xinzhou	1330	1690	1901	247
临汾	Linfen	2449	2576	2541	219
吕梁	Luliang	750	1021	1021	273
内蒙古	**Inner Mongolia**	**46543**	**48069**	**50488**	
呼和浩特	Hohhot	9488	11189	10974	67
包头	Baotou	8232	8035	8583	85
乌海	Wuhai	2534	2440	2440	226
赤峰	Chifeng	6983	7744	7981	92
通辽	Tongliao	4523	4726	4800	149
鄂尔多斯	Erdos	1908	2253	2311	229
呼伦贝尔	Hulunbuir	1923	2120	2300	230
巴彦淖尔	Bayannur	1380	1288	1400	264
乌兰察布	Ulanqab	1853	947	1026	272
辽宁	**Liaoning**	**204370**	**209407**	**220454**	
沈阳	Shenyang	54429	47846	51126	8
大连	Dalian	28242	32064	34881	19
鞍山	Anshan	19300	21748	21397	35
抚顺	Fushun	9774	15608	14489	48
本溪	Benxi	18731	16406	18374	45
丹东	Dandong	3970	4052	4804	148
锦州	Jinzhou	10536	9875	9812	77
营口	Yingkou	4624	5080	5080	144
阜新	Fuxin	5630	6310	5997	120
辽阳	Liaoyang	9854	9675	9480	80
盘锦	Panjin	5795	6064	6272	117
铁岭	Tieling	3349	3355	3360	193
朝阳	Chaoyang	3351	3690	5037	145
葫芦岛	Huludao	5340	5800	5518	132
吉林	**Jilin**	**75270**	**74805**	**81629**	
长春	Changchun	23555	23901	24466	28
吉林	Jilin	17821	17501	18764	44
四平	Siping	1870	2657	2682	215
辽源	Liaoyuan	2280	2356	2780	206
通化	Tonghua	3509	2054	2089	239
白山	Baishan	2034	2101	3189	197
松原	Songyuan	3680	3780	3813	173
白城	Baicheng	2440	1390	1229	269
黑龙江	**Heilongjiang**	**108443**	**119372**	**121945**	
哈尔滨	Harbin	32016	35127	34633	20
齐齐哈尔	Qiqihar	7265	8075	7740	98
鸡西	Jixi	5500	3566	5500	133
鹤岗	Hegang	3812	4011	3891	169
双鸭山	Shuangyashan	1825	2003	2060	240
大庆	Daqing	19365	24998	25003	27
伊春	Yichun	2563	3353	3413	192
佳木斯	Jiamusi	6020	5870	5800	128
七台河	Qitaihe	3650	3750	3750	178
牡丹江	Mudanjiang	14185	15986	16498	46
黑河	Heihe	540	540	989	274
绥化	Suihua	1300	1530	1470	261
上海	**Shanghai**	**231374**	**231410**	**236803**	
江苏	**Jiangsu**	**363096**	**377868**	**388975**	

8-40 城市污水排放量(辖区) 续表 1

Annual Quantity of Urban Wastewater Discharged (Districts under City) continued 1

单位：万立方米 (10 000 m³)

地名	City	2010	2011	2012	2012 排名 Ranking	地名	City	2010	2011	2012	2012 排名 Ranking
南京	Nanjing	80490	87958	89638	4	池州	Chizhou	1620	1805	1878	248
无锡	Wuxi	38685	36579	38468	13	宣城	Xuancheng	1750	1610	1675	253
徐州	Xuzhou	18106	19286	19690	41	福建	**Fujian**	**95884**	**103366**	**111913**	
常州	Changzhou	24025	23449	21933	34	福州	Fuzhou	20208	21833	23834	29
苏州	Suzhou	40989	44446	58778	7	厦门	Xiamen	22049	23594	25833	26
南通	Nantong	15792	17463	19848	39	莆田	Putian	4905	6800	7376	102
连云港	Lianyungang	7181	7201	7232	104	三明	Sanming	4225	4648	4892	146
淮安	Huaian	13387	14380	14442	49	泉州	Quanzhou	8953	10033	9701	79
盐城	Yancheng	5299	5807	5862	124	漳州	Zhangzhou	3400	3264	3656	182
扬州	Yangzhou	10121	12763	13574	53	南平	Nanping	1842	1798	2011	244
镇江	Zhenjiang	12495	12660	12877	61	龙岩	Longyan	3931	4333	5415	137
泰州	Taizhou	3768	5268	5628	131	宁德	Ningde	1330	1036	892	277
宿迁	Suqian	4020	4414	4887	147	江西	**Jiangxi**	**70453**	**74147**	**75575**	
浙江	**Zhejiang**	**206415**	**214353**	**221437**		南昌	Nanchang	27297	29140	31104	22
杭州	Hangzhou	43746	44809	47330	9	景德镇	Jingdezhen	3945	4411	3913	168
宁波	Ningbo	32531	35806	37060	16	萍乡	Pingxiang	2450	2975	3189	197
温州	Wenzhou	17802	18864	19450	42	九江	Jiujiang	6238	6018	5432	135
嘉兴	Jiaxing	8027	7411	8180	88	新余	Xinyu	3687	4507	4565	156
湖州	Huzhou	6500	6329	6510	114	鹰潭	Yingtan	1765	1613	1613	254
绍兴	Shaoxing	9789	9473	8627	84	赣州	Ganzhou	3402	3771	4121	163
金华	Jinhua	4216	4490	5167	140	吉安	Jian	2364	1803	2020	242
衢州	Quzhou	8184	4841	3657	181	宜春	Yichun	2456	2660	2725	212
舟山	Zhoushan	3393	3190	3430	191	抚州	Fuzhou	3139	3324	3469	190
台州	Taizhou	8996	10369	10534	70	上饶	Shangrao	2551	2718	2811	205
丽水	Lishui	2711	3019	3015	202	山东	**Shandong**	**244417**	**265465**	**277438**	
安徽	**Anhui**	**124449**	**127134**	**131535**		济南	Jinan	22980	27428	28263	25
合肥	Hefei	30856	31076	36146	18	青岛	Qingdao	30735	29859	36372	17
芜湖	Wuhu	9789	12157	13093	59	淄博	Zibo	22730	23104	22889	30
蚌埠	Bengbu	13100	11883	11670	66	枣庄	Zaozhuang	6854	7218	7748	97
淮南	Huainan	10400	9428	7890	95	东营	Dongying	6512	7187	7502	101
马鞍山	Maanshan	15665	12295	12454	65	烟台	Yantai	12489	12939	13387	56
淮北	Huaibei	4348	4474	4566	155	潍坊	Weifang	7408	12768	12809	63
铜陵	Tongling	3143	4280	5153	141	济宁	Jining	9206	10540	10506	71
安庆	Anqing	5596	6144	6620	113	泰安	Taian	5624	5625	5444	134
黄山	Huangshan	2008	2427	2872	204	威海	Weihai	5115	5143	5421	136
滁州	Chuzhou	2766	3790	4409	157	日照	Rizhao	5032	5199	5753	129
阜阳	Fuyang	4500	5190	5289	138	莱芜	Laiwu	3188	3306	3853	172
宿州	Suzhou	5210	5210	3780	176	临沂	Linyi	12414	13360	14370	50
六安	Liuan	3600	3750	3212	195	德州	Dezhou	5998	5891	6405	115
亳州	Bozhou	2358	2992	3145	200	聊城	Liaocheng	4070	4615	4800	149

8-40 城市污水排放量(辖区) 续表 2
Annual Quantity of Urban Wastewater Discharged (Districts under City) continued 2

单位：万立方米 (10 000 m³)

地名	City	2010	2011	2012	2012 排名 Ranking
滨州	Binzhou	4949	6156	5896	123
菏泽	Heze	3460	3469	3490	188
河南	**Henan**	**147413**	**152660**	**164967**	
郑州	Zhengzhou	32065	32082	32120	21
开封	Kaifeng	5815	6369	6368	116
洛阳	Luoyang	11383	12400	14280	51
平顶山	Pingdingshan	9398	9710	10049	75
安阳	Anyang	8485	8506	8120	89
鹤壁	Hebi	3390	3573	3754	177
新乡	Xinxiang	8691	9851	9893	76
焦作	Jiaozuo	8106	7919	8559	86
濮阳	Puyang	3826	4344	4345	158
许昌	Xuchang	3270	3520	3558	185
漯河	Luohe	8553	7840	7789	96
三门峡	Sanmenxia	1329	1388	1450	263
南阳	Nanyang	4474	4474	6753	111
商丘	Shangqiu	4777	5111	9760	78
信阳	Xinyang	3326	3326	3561	184
周口	Zhoukou	1432	1906	2546	218
驻马店	Zhumadian	3334	3586	3802	175
湖北	**Hubei**	**169150**	**170699**	**171706**	
武汉	Wuhan	60801	64607	66420	5
黄石	Huangshi	10100	10430	9387	81
十堰	Shiyan	8045	7477	7600	100
宜昌	Yichang	7925	8389	8058	91
襄阳	Xiangfan	12346	13258	12823	62
鄂州	Ezhou	2450	2567	2705	214
荆门	Jingmen	4550	5478	5084	143
孝感	Xiaogan	2618	2635	2779	208
荆州	Jingzhou	7035	6972	7294	103
黄冈	Huanggang	3140	3320	3475	189
咸宁	Xianning	1704	2100	2200	237
随州	Suizhou	2800	3068	3068	201
湖南	**Hunan**	**153696**	**158259**	**159155**	
长沙	Changsha	35927	39666	40375	11
株洲	Zhuzhou	13000	13277	13479	55
湘潭	Xiangtan	13200	15771	10146	74
衡阳	Hengyang	11650	9434	13500	54
邵阳	Shaoyang	6600	8700	7968	93
岳阳	Yueyang	12400	10480	13310	57
常德	Changde	5680	5201	5813	127
张家界	Zhangjiajie	1925	2706	2200	237
益阳	Yiyang	4300	4300	5280	139
郴州	Chenzhou	4695	5368	5690	130
永州	Yongzhou	6791	7053	7059	106
怀化	Huaihua	4109	4160	3861	171
娄底	Loudi	4850	5280	5848	125
广东	**Guangdong**	**506546**	**606269**	**615166**	
广州	Guangzhou	93847	152815	152604	1
韶关	Shaoguan	5127	6431	6782	110
深圳	Shenzhen	104798	113036	136340	2
珠海	Zhuhai	17285	18965	22674	31
汕头	Shantou	19950	19269	20014	38
佛山	Foshan	36198	37076	39981	12
江门	Jiangmen	10103	15715	15816	47
湛江	Zhanjiang	7530	9334	10836	68
茂名	Maoming	3468	4716	4136	162
肇庆	Zhaoqing	7112	7954	8093	90
惠州	Huizhou	18153	18795	20211	37
梅州	Meizhou	3154	3845	3264	194
汕尾	Shanwei	2091	1778	2248	236
河源	Heyuan	3839	4000	3998	164
阳江	Yangjiang	2558	3018	3158	199
清远	Qingyuan	2556	6958	3929	167
东莞	Dongguan	109527	121108	95169	3
中山	ZhongShan	10431	10064	12696	64
潮州	Chaozhou	3868	4074	4188	161
揭阳	Jieyang	2117	1816	2026	241
云浮	Yunfu	1879	1982	2269	234
广西	**Guangxi**	**115256**	**122996**	**121395**	
南宁	Nanning	30062	32379	30161	24
柳州	Liuzhou	31556	36976	37613	15
桂林	Guilin	7997	8335	8473	87
梧州	Wuzhou	3825	3105	4626	152
北海	Beihai	3226	3757	3887	170
防城港	Fangchenggang	2015	2032	2681	216
钦州	Qinzhou	3386	3590	3713	179
贵港	Guigang	8809	8824	7737	99
玉林	Yulin	3817	4352	4335	159
百色	Baise	3661	3075	2923	203

8-40 城市污水排放量(辖区) 续表 3

Annual Quantity of Urban Wastewater Discharged (Districts under City) continued 3

单位：万立方米 (10 000 m³)

地名	City	2010	2011	2012	2012 排名 Ranking
贺州	Hezhou	1503	1570	1573	256
河池	Hechi	3150	2556	1937	245
来宾	Laibin	1762	1762	1862	249
崇左	Chongzuo	961	1046	794	279
海南	**Hainan**	**27811**	**24653**	**25625**	
海口	Haikou	12914	13721	14117	52
三亚	Sanya	10472	4674	4646	151
重庆	**Chongqing**	**64622**	**69142**	**76782**	
四川	**Sichuan**	**136520**	**146689**	**149029**	
成都	Chengdu	55404	61618	62684	6
自贡	Zigong	4502	4804	5141	142
攀枝花	Panzhihua	9751	9893	10236	73
泸州	Luzhou	7223	7230	7960	94
德阳	Deyang	3761	4100	3971	165
绵阳	Mianyang	6753	7119	7130	105
广元	Guangyuan	2280	2438	2524	222
遂宁	Suining	2397	2409	2717	213
内江	Neijiang	1826	2710	2452	224
乐山	Leshan	3368	3107	3212	195
南充	Nanchong	5660	5750	5820	126
眉山	Meishan	2376	2485	2275	233
宜宾	Yibin	3978	3118	2449	225
广安	Guangan	860	1106	1480	260
达州	Dazhou	2161	2377	2538	221
雅安	Yaan	1600	1356	1807	250
巴中	Bazhong	1510	1484	1704	251
资阳	Ziyang	1478	1637	1678	252
贵州	**Guizhou**	**32533**	**38232**	**40107**	
贵阳	Guiyang	16952	19161	19037	43
六盘水	Liupanshui	1801	2264	2541	219
遵义	Zunyi	3900	3800	3810	174
安顺	Anshun	1493	1582	1928	246
毕节	Bijie	1138	2338	2780	206
铜仁	Tongren	1089	1361	1362	266
云南	**Yunnan**	**58711**	**68458**	**68307**	
昆明	Kunming	37050	42563	41302	10
曲靖	Qujing	3016	3520	3950	166
玉溪	Yuxi	2200	2700	2738	210
保山	Baoshan	890	892	1400	264
昭通	Zhaotong	1144	1146	1156	270

地名	City	2010	2011	2012	2012 排名 Ranking
丽江	Lijiang	1100	1087	1097	271
普洱	Puer	908	875	846	278
临沧	Lincang	637	754	905	276
西藏	**Tibet**	**6770**	**6769**	**7831**	
拉萨	Lhasa	6020	6021	6981	108
陕西	**Shaanxi**	**68104**	**67366**	**71442**	
西安	Xi'an	33232	34757	38188	14
铜川	Tongchuan	1169	1298	1552	257
宝鸡	Baoji	6237	6245	6982	107
咸阳	Xianyang	10259	9583	9033	83
渭南	Weinan	3544	3653	4277	160
延安	Yan'an	1342	1399	1452	262
汉中	Hanzhong	2000	2190	2343	228
榆林	Yulin	960	1282	1538	258
安康	Ankang	3900	1500	1278	268
商洛	Shangluo	738	833	916	275
甘肃	**Gansu**	**41940**	**40312**	**40073**	
兰州	Lanzhou	22318	20568	19785	40
嘉峪关	Jiayuguan	2680	2707	2776	200
金昌	Jinchang	2040	2084	2292	231
白银	Baiyin	4161	3790	4604	154
天水	Tianshui	2084	2283	2390	227
武威	Wuwei	1576	1291	1291	267
张掖	Zhangye	1363	1593	1596	255
平凉	Pingliang	1070	1025	755	280
酒泉	Jiuquan	1600	1670	1507	259
庆阳	Qingyang	514	587	588	282
定西	Dingxi	316	362	380	284
陇南	Longnan	365	438	300	285
青海	**Qinghai**	**12889**	**15525**	**16198**	
西宁	Xining	7799	9923	10246	72
宁夏	**Ningxia**	**28047**	**27643**	**29143**	
银川	Yinchuan	10525	10931	13281	58
石嘴山	Shizuishan	5642	7993	6918	109
吴忠	Wuzhong	2261	2278	2292	231
固原	Guyuan	486	508	566	283
中卫	Zhongwei	656	659	740	281
新疆	**Xinjiang**	**46396**	**55613**	**56317**	
乌鲁木齐	Urumqi	18388	21837	21317	36
克拉玛依	Karamay	4876	5303	5944	121

8-41 城市排水管道长度(辖区)
Length of Urban Drainage Pipelines (Districts under City)

单位：公里 (km)

地名	City	2010	2011	2012	2012 排名 Ranking
全国	**Nation Total**	**369553**	**414074**	**439080**	
北京	**Beijing**	**10172**	**11086**	**12665**	
天津	**Tianjin**	**15140**	**16551**	**17756**	
河北	**Hebei**	**14576**	**15435**	**15787**	
石家庄	Shijiazhuang	2074	2151	2182	27
唐山	Tangshan	2218	2251	2279	24
秦皇岛	Qinhuangdao	1313	1369	1379	54
邯郸	Handan	1441	1532	1564	48
邢台	Xingtai	745	801	806	99
保定	Baoding	1062	1153	1153	65
张家口	Zhangjiakou	662	664	666	126
承德	Chengde	334	359	444	173
沧州	Cangzhou	404	521	532	151
廊坊	Langfang	402	422	523	156
衡水	Hengshui	361	388	388	189
山西	**Shanxi**	**5459**	**6086**	**6530**	
太原	Taiyuan	1473	1760	1720	43
大同	Datong	488	574	574	143
阳泉	Yangquan	330	336	351	202
长治	Changzhi	254	284	378	193
晋城	Jincheng	327	327	342	203
朔州	Shuozhou	457	510	510	158
晋中	Jinzhong	474	496	579	141
运城	Yuncheng	291	291	367	196
忻州	Xinzhou	132	143	286	220
临汾	Linfen	35	52	59	281
吕梁	Luliang	200	204	221	237
内蒙古	**Inner Mongolia**	**8514**	**9314**	**10012**	
呼和浩特	Hohhot	962	1080	1174	64
包头	Baotou	1750	1913	1982	35
乌海	Wuhai	260	279	289	219
赤峰	Chifeng	469	511	597	139
通辽	Tongliao	586	586	620	131
鄂尔多斯	Erdos	1823	2049	2059	33
呼伦贝尔	Hulunbuir	318	318	425	181
巴彦淖尔	Bayannur	557	617	619	132
乌兰察布	Ulanqab	246	268	292	216
辽宁	**Liaoning**	**14070**	**14906**	**15945**	
沈阳	Shenyang	3738	3648	3789	16
大连	Dalian	2459	2529	2587	20
鞍山	Anshan	860	885	892	87
抚顺	Fushun	842	846	917	83
本溪	Benxi	336	341	357	201
丹东	Dandong	684	767	780	105
锦州	Jinzhou	476	481	482	164
营口	Yingkou	526	531	549	147
阜新	Fuxin	259	270	274	222
辽阳	Liaoyang	742	788	868	88
盘锦	Panjin	555	591	613	133
铁岭	Tieling	461	463	464	168
朝阳	Chaoyang	251	270	613	133
葫芦岛	Huludao	176	622	622	129
吉林	**Jilin**	**7738**	**8194**	**8910**	
长春	Changchun	3801	4180	4645	10
吉林	Jilin	816	821	857	89
四平	Siping	206	206	214	241
辽源	Liaoyuan	114	114	114	268
通化	Tonghua	123	133	110	269
白山	Baishan	140	143	163	254
松原	Songyuan	193	201	217	239
白城	Baicheng	240	259	274	222
黑龙江	**Heilongjiang**	**7504**	**8106**	**9376**	
哈尔滨	Harbin	1796	2122	2613	19
齐齐哈尔	Qiqihar	693	696	711	119
鸡西	Jixi	289	289	298	214
鹤岗	Hegang	266	269	282	221
双鸭山	Shuangyashan	238	258	260	226
大庆	Daqing	1297	1328	1521	50
伊春	Yichun	266	322	367	196
佳木斯	Jiamusi	346	354	730	115
七台河	Qitaihe	141	146	144	260
牡丹江	Mudanjiang	387	387	387	190
黑河	Heihe	98	100	101	270
绥化	Suihua	151	151	177	250
上海	**Shanghai**	**11483**	**17599**	**18191**	
江苏	**Jiangsu**	**46867**	**51735**	**56887**	

8-41 城市排水管道长度(辖区) 续表 1
Length of Urban Drainage Pipelines (Districts under City) continued 1

单位：公里 (km)

地名	City	2010	2011	2012	2012 排名 Ranking
南京	Nanjing	4948	5301	5982	8
无锡	Wuxi	8880	11111	12250	1
徐州	Xuzhou	1334	1362	1569	47
常州	Changzhou	3627	3807	4214	12
苏州	Suzhou	5360	5678	7321	5
南通	Nantong	1757	1975	2148	30
连云港	Lianyungang	1228	1291	1371	56
淮安	Huaian	1599	1821	1941	37
盐城	Yancheng	786	1010	1041	74
扬州	Yangzhou	1584	1903	2170	29
镇江	Zhenjiang	1646	1756	1906	40
泰州	Taizhou	838	855	906	85
宿迁	Suqian	647	691	771	106
浙江	**Zhejiang**	**26367**	**28103**	**29786**	
杭州	Hangzhou	3904	4056	4280	11
宁波	Ningbo	3407	3589	3794	15
温州	Wenzhou	1539	1550	1613	46
嘉兴	Jiaxing	727	736	795	101
湖州	Huzhou	1652	1779	1792	42
绍兴	Shaoxing	982	1047	1075	71
金华	Jinhua	1323	1389	1447	51
衢州	Quzhou	952	1016	1069	72
舟山	Zhoushan	703	778	844	92
台州	Taizhou	1567	1768	1844	41
丽水	Lishui	427	432	468	167
安徽	**Anhui**	**13136**	**16380**	**19885**	
合肥	Hefei	3611	4188	5963	9
芜湖	Wuhu	1311	2000	2206	26
蚌埠	Bengbu	763	831	992	76
淮南	Huainan	646	648	680	123
马鞍山	Maanshan	595	1259	1315	58
淮北	Huaibei	125	135	163	254
铜陵	Tongling	256	570	799	100
安庆	Anqing	624	963	957	80
黄山	Huangshan	566	312	395	186
滁州	Chuzhou	589	836	981	78
阜阳	Fuyang	458	517	596	140
宿州	Suzhou	605	670	718	117
六安	Liuan	324	354	425	181
亳州	Bozhou	547	681	852	90
池州	Chizhou	414	467	529	153
宣城	Xuancheng	524	572	647	127
福建	**Fujian**	**9686**	**10767**	**11483**	
福州	Fuzhou	1448	1705	1924	38
厦门	Xiamen	1737	2124	2180	28
莆田	Putian	1245	1425	1532	49
三明	Sanming	113	129	130	264
泉州	Quanzhou	1011	1065	1149	66
漳州	Zhangzhou	734	749	782	104
南平	Nanping	72	75	83	276
龙岩	Longyan	219	227	239	229
宁德	Ningde	138	152	161	256
江西	**Jiangxi**	**7340**	**8580**	**9484**	
南昌	Nanchang	1239	1670	1944	36
景德镇	Jingdezhen	646	662	705	120
萍乡	Pingxiang	246	300	329	205
九江	Jiujiang	853	885	998	75
新余	Xinyu	591	712	758	109
鹰潭	Yingtan	61	78	70	270
赣州	Ganzhou	463	520	575	142
吉安	Jian	317	507	492	163
宜春	Yichun	380	427	455	170
抚州	Fuzhou	569	628	687	122
上饶	Shangrao	531	542	621	130
山东	**Shandong**	**34301**	**40110**	**43357**	
济南	Jinan	2177	2246	2357	23
青岛	Qingdao	4708	5187	6814	6
淄博	Zibo	1785	2251	2405	22
枣庄	Zaozhuang	930	972	1142	67
东营	Dongying	756	790	925	81
烟台	Yantai	2328	2653	2791	18
潍坊	Weifang	1433	1591	1684	44
济宁	Jining	969	1033	1045	73
泰安	Taian	797	847	897	86
威海	Weihai	1043	2462	2540	21
日照	Rizhao	1006	1138	1254	61
莱芜	Laiwu	798	834	846	91
临沂	Linyi	1845	1914	1997	34
德州	Dezhou	792	808	925	81
聊城	Liaocheng	874	894	916	84

8-41 城市排水管道长度(辖区) 续表 2
Length of Urban Drainage Pipelines (Districts under City) continued 2

单位：公里 (km)

地名	City	2010	2011	2012	2012 排名 Ranking	地名	City	2010	2011	2012	2012 排名 Ranking
滨州	Binzhou	590	1128	1300	60	常德	Changde	483	483	506	159
菏泽	Heze	509	659	697	121	张家界	Zhangjiajie	96	220	220	238
河南	**Henan**	**14733**	**15836**	**17292**		益阳	Yiyang	333	242	265	224
郑州	Zhengzhou	2939	3047	3204	17	郴州	Chenzhou	390	403	406	183
开封	Kaifeng	628	722	747	114	永州	Yongzhou	343	400	429	178
洛阳	Luoyang	1201	1254	1394	53	怀化	Huaihua	221	304	304	212
平顶山	Pingdingshan	392	425	429	178	娄底	Loudi	376	403	437	175
安阳	Anyang	768	803	817	97	广东	**Guangdong**	**42507**	**48185**	**41056**	
鹤壁	Hebi	340	364	385	191	广州	Guangzhou	8501	9255	9450	3
新乡	Xinxiang	765	775	810	98	韶关	Shaoguan	497	496	505	160
焦作	Jiaozuo	662	720	792	102	深圳	Shenzhen	12844	13712	10420	2
濮阳	Puyang	266	382	400	184	珠海	Zhuhai	1281	1147	1379	54
许昌	Xuchang	429	435	470	166	汕头	Shantou	1661	1640	1658	45
漯河	Luohe	451	454	464	168	佛山	Foshan	1672	1749	2144	31
三门峡	Sanmenxia	159	189	191	247	江门	Jiangmen	1242	1305	1362	57
南阳	Nanyang	811	849	1120	68	湛江	Zhanjiang	449	463	605	136
商丘	Shangqiu	237	241	391	188	茂名	Maoming	291	342	362	199
信阳	Xinyang	285	304	310	211	肇庆	Zhaoqing	568	714	718	117
周口	Zhoukou	450	497	540	148	惠州	Huizhou	1473	2026	2208	25
驻马店	Zhumadian	476	599	643	128	梅州	Meizhou	298	365	372	194
湖北	**Hubei**	**16577**	**17351**	**18634**		汕尾	Shanwei	215	216	234	232
武汉	Wuhan	7543	7909	8173	4	河源	Heyuan	206	212	383	192
黄石	Huangshi	602	673	751	112	阳江	Yangjiang				
十堰	Shiyan	473	508	568	144	清远	Qingyuan		49		
宜昌	Yichang	582	645	759	108	东莞	Dongguan	5857	8330	3948	14
襄阳	Xiangfan	665	698	756	110	中山	ZhongShan	899	817	980	79
鄂州	Ezhou	645	445	525	155	潮州	Chaozhou	307	318	320	206
荆门	Jingmen	539	620	672	124	揭阳	Jieyang	212			
孝感	Xiaogan	279	283	315	207	云浮	Yunfu	57	74	80	277
荆州	Jingzhou	385	394	431	176	广西	**Guangxi**	**6417**	**7264**	**7726**	
黄冈	Huanggang	203	205	209	244	南宁	Nanning	716	741	753	111
咸宁	Xianning	180	210	230	234	柳州	Liuzhou	1012	1091	1101	70
随州	Suizhou	236	276	256	227	桂林	Guilin	485	504	504	161
湖南	**Hunan**	**8882**	**10897**	**11402**		梧州	Wuzhou	156	188	194	246
长沙	Changsha	1274	1374	2062	32	北海	Beihai	308	508	521	157
株洲	Zhuzhou	291	1284	818	95	防城港	Fangchenggang	231	346	399	185
湘潭	Xiangtan	724	771	818	95	钦州	Qinzhou	449	507	561	145
衡阳	Hengyang	924	987	992	76	贵港	Guigang	320	326	332	204
邵阳	Shaoyang	480	1005	762	107	玉林	Yulin	619	698	720	116
岳阳	Yueyang	874	1012	1185	62	百色	Baise	256	272	297	215

8-41 城市排水管道长度(辖区) 续表 3
Length of Urban Drainage Pipelines (Districts under City) continued 3

单位：公里 (km)

地名	City	2010	2011	2012	2012 排名 Ranking
贺州	Hezhou	209	211	214	241
河池	Hechi	322	347	370	195
来宾	Laibin	210	271	431	176
崇左	Chongzuo	89	89	97	271
海南	**Hainan**	**2946**	**2788**	**3015**	
海口	Haikou	1154	1291	1447	51
三亚	Sanya	818	503	540	148
重庆	**Chongqing**	**7073**	**8163**	**8851**	
四川	**Sichuan**	**14498**	**15742**	**18753**	
成都	Chengdu	5213	5430	6234	7
自贡	Zigong	455	459	478	165
攀枝花	Panzhihua	545	584	607	135
泸州	Luzhou	632	477	783	103
德阳	Deyang	360	422	447	172
绵阳	Mianyang	1016	1079	1184	63
广元	Guangyuan	313	353	438	174
遂宁	Suining	487	527	667	125
内江	Neijiang	222	257	292	216
乐山	Leshan	456	529	560	146
南充	Nanchong	730	870	1120	68
眉山	Meishan	260	260	428	180
宜宾	Yibin	153	118	503	162
广安	Guangan	232	238	243	228
达州	Dazhou	415	416	603	137
雅安	Yaan	180	181	238	230
巴中	Bazhong	185	185	211	243
资阳	Ziyang	214	254	290	218
贵州	**Guizhou**	**3327**	**3695**	**3648**	
贵阳	Guiyang	1798	2051	1910	39
六盘水	Liupanshui	70	70	70	279
遵义	Zunyi	222	222	222	236
安顺	Anshun	295	297	315	207
毕节	Bijie	75	92	139	262
铜仁	Tongren	129	145	149	258
云南	**Yunnan**	**4419**	**4761**	**5276**	
昆明	Kunming	524	703	840	93
曲靖	Qujing	458	498	540	148
玉溪	Yuxi	475	390	448	171
保山	Baoshan	132	132	156	257
昭通	Zhaotong	108	159	167	251
丽江	Lijiang	118	123	124	266
普洱	Puer	221	223	223	235
临沧	Lincang	185	190	215	240
西藏	**Tibet**	**293**	**293**	**355**	
拉萨	Lhasa	216	216	231	233
陕西	**Shaanxi**	**5666**	**5809**	**6383**	
西安	Xi'an	3388	3587	4022	13
铜川	Tongchuan	180	193	196	245
宝鸡	Baoji	494	510	528	154
咸阳	Xianyang	230	230	235	231
渭南	Weinan	289	294	315	207
延安	Yan'an	89	90	92	274
汉中	Hanzhong	130	132	141	261
榆林	Yulin	364	364	364	198
安康	Ankang	110	115	167	251
商洛	Shangluo	178	66	70	279
甘肃	**Gansu**	**3092**	**3144**	**3282**	
兰州	Lanzhou	724	765	832	94
嘉峪关	Jiayuguan	344	350	359	200
金昌	Jinchang	87	90	93	272
白银	Baiyin	153	153	165	253
天水	Tianshui	323	315	315	207
武威	Wuwei	138	146	147	259
张掖	Zhangye	215	124	127	265
平凉	Pingliang	286	292	304	212
酒泉	Jiuquan	258	263	264	225
庆阳	Qingyang	159	180	186	249
定西	Dingxi	95	120	135	263
陇南	Longnan	56	56	56	282
青海	**Qinghai**	**1014**	**1115**	**1155**	
西宁	Xining	619	711	749	113
宁夏	**Ningxia**	**1384**	**1487**	**1242**	
银川	Yinchuan	451	522	531	152
石嘴山	Shizuishan	302	392	88	275
吴忠	Wuzhong	98	106	119	267
固原	Guyuan	154	169	191	247
中卫	Zhongwei	91	93	93	272
新疆	**Xinjiang**	**4372**	**4592**	**4956**	
乌鲁木齐	Urumqi	1172	1222	1302	59
克拉玛依	Karamay	405	365	392	187

8-42 城市污水处理总量(辖区)
Total Quantity of Urban Wastewater Treated (Districts under City)

单位：万立方米 (10 000 m²)

地名	City	2010	2011	2012	2012 排名 Ranking
全国	**Nation Total**	**3117032**	**3376103**	**3638238**	
北京	**Beijing**	**116288**	**118885**	**126411**	
天津	**Tianjin**	**55645**	**58277**	**65712**	
河北	**Hebei**	**122567**	**138248**	**139822**	
石家庄	Shijiazhuang	23448	30589	29396	22
唐山	Tangshan	19088	20187	21338	28
秦皇岛	Qinhuangdao	8439	8967	9852	66
邯郸	Handan	11889	12688	12692	50
邢台	Xingtai	4080	4742	5179	121
保定	Baoding	7640	8667	8605	72
张家口	Zhangjiakou	5080	5878	6095	108
承德	Chengde	4017	4427	4454	140
沧州	Cangzhou	2418	3517	3372	165
廊坊	Langfang	3164	3191	3205	173
衡水	Hengshui	3000	3084	2830	185
山西	**Shanxi**	**51111**	**52301**	**53980**	
太原	Taiyuan	18916	19072	18807	33
大同	Datong	4566	4675	5071	123
阳泉	Yangquan	2944	2975	3409	164
长治	Changzhi	5520	5495	5460	117
晋城	Jincheng	2001	2388	2595	194
朔州	Shuozhou	1864	1934	1962	223
晋中	Jinzhong	1875	2200	2397	203
运城	Yuncheng	2430	2203	2382	204
忻州	Xinzhou	1249	1588	1806	232
临汾	Linfen	2114	2295	2298	208
吕梁	Luliang	566	830	902	271
内蒙古	**Inner Mongolia**	**37490**	**40304**	**43204**	
呼和浩特	Hohhot	7315	8214	8783	69
包头	Baotou	6785	6669	7299	86
乌海	Wuhai	2275	2238	2259	211
赤峰	Chifeng	5749	6489	6846	95
通辽	Tongliao	3898	4726	4800	127
鄂尔多斯	Erdos	1766	2242	2300	207
呼伦贝尔	Hulunbuir	1550	1800	2013	218
巴彦淖尔	Bayannur	1191	1125	1225	260
乌兰察布	Ulanqab	1577	923	1005	269
辽宁	**Liaoning**	**153131**	**176203**	**186475**	
沈阳	Shenyang	40067	41243	44536	9
大连	Dalian	25531	30477	33172	18
鞍山	Anshan	13623	16854	17119	41
抚顺	Fushun	8899	10581	10381	64
本溪	Benxi	16310	15839	16060	43
丹东	Dandong	1951	3444	4083	148
锦州	Jinzhou	6339	8119	8101	79
营口	Yingkou	3443	3638	4538	138
阜新	Fuxin	3054	3606	3328	167
辽阳	Liaoyang	8044	8069	8108	78
盘锦	Panjin	3649	6064	6272	103
铁岭	Tieling	2859	3015	3010	179
朝阳	Chaoyang	2295	3690	3240	172
葫芦岛	Huludao	4496	4925	4691	130
吉林	**Jilin**	**55641**	**61987**	**67222**	
长春	Changchun	21072	20855	21076	29
吉林	Jilin	16307	16434	17638	39
四平	Siping	1850	1870	2012	219
辽源	Liaoyuan	1900	2159	2359	205
通化	Tonghua	1800	1808	1877	226
白山	Baishan	450	1794	1695	236
松原	Songyuan	3000	3455	3546	159
白城	Baicheng	261	547	740	274
黑龙江	**Heilongjiang**	**61513**	**68375**	**74111**	
哈尔滨	Harbin	18307	25972	31731	20
齐齐哈尔	Qiqihar	4901	4972	5640	112
鸡西	Jixi	1825	1248	1833	230
鹤岗	Hegang	460	1652	1616	242
双鸭山	Shuangyashan	185	1460	1596	243
大庆	Daqing	19365	13553	8128	77
伊春	Yichun	570	1261	1274	259
佳木斯	Jiamusi	3250	2324	2313	206
七台河	Qitaihe		900	1580	244
牡丹江	Mudanjiang	6450	6926	6936	91
黑河	Heihe	540	540	986	270
绥化	Suihua	730	1349	1460	248
上海	**Shanghai**	**192714**	**195358**	**216166**	
江苏	**Jiangsu**	**317926**	**339785**	**352759**	

8-42 城市污水处理总量(辖区) 续表 1

Total Quantity of Urban Wastewater Treated (Districts under City) continued 1

单位：万立方米 （10 000 m²）

地名	City	2010	2011	2012	2012 排名 Ranking	地名	City	2010	2011	2012	2012 排名 Ranking
南京	Nanjing	71493	83701	84802	4	池州	Chizhou	1458	1631	1695	236
无锡	Wuxi	36818	34880	36743	12	宣城	Xuancheng	1588	1400	1403	251
徐州	Xuzhou	14786	16692	17134	40	福建	**Fujian**	**80960**	**88162**	**95795**	
常州	Changzhou	21584	21500	20565	30	福州	Fuzhou	17601	18466	20187	31
苏州	Suzhou	37030	40132	53989	7	厦门	Xiamen	19866	21329	23430	26
南通	Nantong	14430	16082	17864	38	莆田	Putian	4253	5794	6225	105
连云港	Lianyungang	5846	5925	6018	109	三明	Sanming	3424	3894	4110	147
淮安	Huaian	10919	11297	11352	62	泉州	Quanzhou	7700	8629	8453	73
盐城	Yancheng	4345	4837	5006	124	漳州	Zhangzhou	2992	2882	3250	171
扬州	Yangzhou	8998	11848	12617	51	南平	Nanping	1523	1447	1689	238
镇江	Zhenjiang	10762	11145	11590	58	龙岩	Longyan	3539	3911	4868	126
泰州	Taizhou	3154	4412	4792	128	宁德	Ningde	982	891	775	273
宿迁	Suqian	3336	3707	4155	146	江西	**Jiangxi**	**56948**	**63082**	**63671**	
浙江	**Zhejiang**	**170781**	**182398**	**193751**		南昌	Nanchang	20473	25937	27888	24
杭州	Hangzhou	41733	42781	45197	8	景德镇	Jingdezhen	3942	2867	2722	188
宁波	Ningbo	27720	31097	32665	19	萍乡	Pingxiang	2260	2416	2853	184
温州	Wenzhou	12462	14838	16218	42	九江	Jiujiang	6114	5965	5390	118
嘉兴	Jiaxing	7004	6470	7372	84	新余	Xinyu	3687	4507	4418	142
湖州	Huzhou	5532	5588	5867	110	鹰潭	Yingtan	1375	1508	1528	246
绍兴	Shaoxing	8322	8170	8197	76	赣州	Ganzhou	2832	3100	2602	193
金华	Jinhua	3162	3769	4545	137	吉安	Jian	1898	1460	1843	228
衢州	Quzhou	6191	3719	3122	175	宜春	Yichun	2280	2475	2537	198
舟山	Zhoushan	2548	2611	2815	186	抚州	Fuzhou	2919	3033	2707	189
台州	Taizhou	6807	8584	9069	68	上饶	Shangrao	2302	2454	2530	199
丽水	Lishui	1965	2453	2610	192	山东	**Shandong**	**222691**	**247347**	**261415**	
安徽	**Anhui**	**110082**	**115807**	**124338**		济南	Jinan	22211	25893	27497	25
合肥	Hefei	30798	31023	35675	14	青岛	Qingdao	27136	28872	33221	17
芜湖	Wuhu	7342	10630	12032	54	淄博	Zibo	21521	21457	22017	27
蚌埠	Bengbu	11438	11506	11489	61	枣庄	Zaozhuang	6258	6676	7176	89
淮南	Huainan	9027	9224	7721	82	东营	Dongying	5753	6528	6915	92
马鞍山	Maanshan	13787	10752	11658	57	烟台	Yantai	11326	11792	12985	49
淮北	Huaibei	4044	4256	4446	141	潍坊	Weifang	6916	11730	12375	53
铜陵	Tongling	2169	3413	4162	145	济宁	Jining	8047	10013	9917	65
安庆	Anqing	5003	5294	6344	102	泰安	Taian	5067	5126	5119	122
黄山	Huangshan	1936	2297	2578	195	威海	Weihai	4726	4829	5188	120
滁州	Chuzhou	2505	3487	4074	149	日照	Rizhao	4568	4771	5381	119
阜阳	Fuyang	3915	4314	4669	132	莱芜	Laiwu	2933	3019	3515	161
宿州	Suzhou	3246	3349	3561	156	临沂	Linyi	11573	12623	13938	46
六安	Liuan	2910	3014	2858	183	德州	Dezhou	5079	5596	6213	106
亳州	Bozhou	2271	2893	3048	177	聊城	Liaocheng	3856	4196	4369	143

8-42 城市污水处理总量(辖区) 续表 2

Total Quantity of Urban Wastewater Treated (Districts under City) continued 2

单位：万立方米 (10 000 m²)

地名	City	2010	2011	2012	2012 排名 Ranking	地名	City	2010	2011	2012	2012 排名 Ranking
滨州	Binzhou	4593	5685	5643	111	常德	Changde	4245	4588	4524	139
菏泽	Heze	2167	2759	2624	191	张家界	Zhangjiajie	1193	1542	1722	234
河南	**Henan**	**129134**	**135929**	**144882**		益阳	Yiyang	3766	3717	4576	136
郑州	Zhengzhou	31167	31467	30776	21	郴州	Chenzhou	2635	4346	4607	135
开封	Kaifeng	5117	4906	5620	113	永州	Yongzhou	3625	4775	4989	125
洛阳	Luoyang	10875	11807	14258	44	怀化	Huaihua	2931	2861	3294	168
平顶山	Pingdingshan	9241	9464	9748	67	娄底	Loudi	3931	4464	4703	129
安阳	Anyang	8289	8310	7933	81	**广东**	**Guangdong**	**436041**	**479607**	**543394**	
鹤壁	Hebi	2797	2958	3108	176	广州	Guangzhou	90993	121380	126253	2
新乡	Xinxiang	7603	8629	8686	71	韶关	Shaoguan	3643	5151	5553	114
焦作	Jiaozuo	6898	6779	7369	85	深圳	Shenzhen	104062	107902	131017	1
濮阳	Puyang	2044	3691	3693	152	珠海	Zhuhai	13623	16315	19624	32
许昌	Xuchang	3170	3413	3450	163	汕头	Shantou	14174	17399	18059	37
漯河	Luohe	5540	5540	5500	115	佛山	Foshan	32209	35561	36636	13
三门峡	Sanmenxia	1320	1275	1400	252	江门	Jiangmen	8123	8452	13942	45
南阳	Nanyang	2791	2914	3291	169	湛江	Zhanjiang	7007	8727	10472	63
商丘	Shangqiu	4777	4926	7095	90	茂名	Maoming	2872	3221	3549	158
信阳	Xinyang	2694	2785	2991	181	肇庆	Zhaoqing	5826	6795	6911	93
周口	Zhoukou	1075	1525	2049	216	惠州	Huizhou	15459	17240	18606	34
驻马店	Zhumadian	3068	3300	3500	162	梅州	Meizhou	2239	2281	1741	233
湖北	**Hubei**	**137043**	**147637**	**149584**		汕尾	Shanwei	1080	1067	1924	225
武汉	Wuhan	57735	61355	58970	5	河源	Heyuan	3429	3575	3574	155
黄石	Huangshi	8202	8754	8261	75	阳江	Yangjiang	1823	1916	2637	190
十堰	Shiyan	5853	6358	6826	96	清远	Qingyuan	1572	1672	3284	170
宜昌	Yichang	7100	7589	7291	88	东莞	Dongguan	92753	78977	90515	3
襄阳	Xiangfan	10788	11637	11547	59	中山	ZhongShan	9538	9217	11515	60
鄂州	Ezhou	2004	2340	2438	202	潮州	Chaozhou	3192	3504	3610	153
荆门	Jingmen	3850	4740	4652	133	揭阳	Jieyang	1220	1290	1637	241
孝感	Xiaogan	2230	2410	2565	196	云浮	Yunfu	1846	1953	2237	213
荆州	Jingzhou	5633	5696	6120	107	**广西**	**Guangxi**	**96160**	**78780**	**106563**	
黄冈	Huanggang	2900	3181	3347	166	南宁	Nanning	28039	20929	28590	23
咸宁	Xianning	1457	1746	1926	224	柳州	Liuzhou	28718	19552	34191	16
随州	Suizhou	1291	2868	2868	182	桂林	Guilin	7690	7350	7711	83
湖南	**Hunan**	**115194**	**131064**	**136616**		梧州	Wuzhou	1613	2591	4047	150
长沙	Changsha	32622	38442	40145	11	北海	Beihai	2615	3057	3205	173
株洲	Zhuzhou	10558	12019	12010	55	防城港	Fangchenggang	716	1337	1837	229
湘潭	Xiangtan	10837	14213	8728	70	钦州	Qinzhou	2754	2129	2487	200
衡阳	Hengyang	7436	7050	8403	74	贵港	Guigang	7606	4362	6722	97
邵阳	Shaoyang	4066	5508	6879	94	玉林	Yulin	3750	4311	4315	144
岳阳	Yueyang	9277	9029	11816	56	百色	Baise	897	1702	1810	231

8-42 城市污水处理总量(辖区) 续表 3

Total Quantity of Urban Wastewater Treated (Districts under City) continued 3

单位：万立方米 (10 000 m²)

地名	City	2010	2011	2012	2012 排名 Ranking
贺州	Hezhou	932	999	1076	266
河池	Hechi	2918	1906	1722	234
来宾	Laibin	1344	1344	1440	250
崇左	Chongzuo	178	290	404	280
海南	**Hainan**	**15260**	**18031**	**19301**	
海口	Haikou	11290	12048	12437	52
三亚	Sanya	3133	3391	3704	151
重庆	**Chongqing**	**59229**	**65421**	**69155**	
四川	**Sichuan**	**102163**	**114888**	**124630**	
成都	Chengdu	50238	55468	57762	6
自贡	Zigong	3831	4314	4637	134
攀枝花	Panzhihua	2373	2391	6699	98
泸州	Luzhou	3347	5790	6667	99
德阳	Deyang	3150	3572	3542	160
绵阳	Mianyang	6010	6347	6546	101
广元	Guangyuan	1670	1892	1964	222
遂宁	Suining	1986	2003	2552	197
内江	Neijiang	1419	2195	2035	217
乐山	Leshan	1789	1982	2453	201
南充	Nanchong	3425	3891	4670	131
眉山	Meishan	1791	1851	1975	221
宜宾	Yibin	1460	2002	1861	227
广安	Guangan	780	1039	1475	247
达州	Dazhou	1314	1309	1560	245
雅安	Yaan	1000	1050	1114	263
巴中	Bazhong	1339	1128	1390	254
资阳	Ziyang	1266	1425	1448	249
贵州	**Guizhou**	**28249**	**34674**	**36554**	
贵阳	Guiyang	16139	18254	18099	35
六盘水	Liupanshui	1655	1764	1680	239
遵义	Zunyi	2334	2608	3034	178
安顺	Anshun	1366	1456	1646	240
毕节	Bijie	1021	2338	2780	187
铜仁	Tongren	748	1242	1337	256
云南	**Yunnan**	**54829**	**64774**	**64716**	
昆明	Kunming	37050	42318	40916	10
曲靖	Qujing	2520	2947	3560	157
玉溪	Yuxi	2103	2630	2241	212
保山	Baoshan	850	850	1125	262
昭通	Zhaotong	900	926	1053	267
丽江	Lijiang	987	967	1029	268
普洱	Puer	300	635	683	277
临沧	Lincang	333	555	710	276
西藏	**Tibet**			**5**	
拉萨	Lhasa			5	284
陕西	**Shaanxi**	**50522**	**56561**	**63221**	
西安	Xi'an	28716	30082	34408	15
铜川	Tongchuan	820	1044	1323	257
宝鸡	Baoji	5813	5810	6604	100
咸阳	Xianyang	5329	7575	8026	80
渭南	Weinan	2662	2984	3600	154
延安	Yan'an	1167	1231	1278	258
汉中	Hanzhong	1950	1980	2110	214
榆林	Yulin	650	1112	1081	265
安康	Ankang	460	873	1099	264
商洛	Shangluo	589	692	900	272
甘肃	**Gansu**	**26250**	**27742**	**30207**	
兰州	Lanzhou	12845	12073	13401	47
嘉峪关	Jiayuguan	1960	2250	2285	210
金昌	Jinchang	1914	2060	2289	209
白银	Baiyin	2165	2270	3006	180
天水	Tianshui	1355	1841	1996	220
武威	Wuwei	1396	1201	1212	261
张掖	Zhangye	1022	1315	1369	255
平凉	Pingliang	873	890	681	278
酒泉	Jiuquan	806	1471	1398	253
庆阳	Qingyang	450	511	530	279
定西	Dingxi	250	301	314	282
陇南	Longnan	365	438	280	283
青海	**Qinghai**	**5611**	**9469**	**9777**	
西宁	Xining	4293	7049	7293	87
宁夏	**Ningxia**	**21876**	**22168**	**27207**	
银川	Yinchuan	9662	10057	13281	48
石嘴山	Shizuishan	2321	4673	6227	104
吴忠	Wuzhong	2035	2047	2062	215
固原	Guyuan	355	350	379	281
中卫	Zhongwei	656	659	740	274
新疆	**Xinjiang**	**33983**	**42842**	**47495**	
乌鲁木齐	Urumqi	11153	17510	18067	36
克拉玛依	Karamay	4492	4887	5497	116

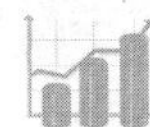

8-43 城市建成区排水管道密度(辖区)
Density of Drainage Pipeline in Built District (Districts under City)

单位：公里/平方公里 （km/sq.km）

地名	City	2010	2011	2012	2012 排名 Ranking
全国	**Nation Total**	**8.97**	**9.50**	**9.64**	
北京	**Beijing**		**9.00**	**10.04**	
天津	**Tianjin**	**22.05**	**23.29**	**24.59**	
河北	**Hebei**	**9.00**	**9.16**	**9.08**	
石家庄	Shijiazhuang	10.22	10.22	10.09	83
唐山	Tangshan	9.48	9.62	9.23	100
秦皇岛	Qinhuangdao	14.67	14.86	14.55	27
邯郸	Handan	13.03	13.10	13.31	38
邢台	Xingtai	10.64	11.12	11.20	59
保定	Baoding	8.03	8.66	8.18	132
张家口	Zhangjiakou	7.88	7.76	7.75	144
承德	Chengde	3.35	3.36	3.93	249
沧州	Cangzhou	8.69	8.70	8.74	111
廊坊	Langfang	6.76	6.96	8.23	130
衡水	Hengshui	8.29	8.47	8.47	121
山西	**Shanxi**	**6.31**	**6.36**	**6.44**	
太原	Taiyuan	6.01	5.87	5.55	215
大同	Datong	4.52	5.31	5.31	222
阳泉	Yangquan	6.40	6.39	6.63	179
长治	Changzhi	4.28	4.79	6.38	192
晋城	Jincheng	9.24	9.24	6.80	174
朔州	Shuozhou	12.49	12.27	12.27	49
晋中	Jinzhong	12.11	11.53	11.57	57
运城	Yuncheng	9.70	8.31	9.16	101
忻州	Xinzhou	4.39	4.73	8.92	109
临汾	Linfen	0.91	1.23	1.09	280
吕梁	Luliang	11.11	9.07	9.82	87
内蒙古	**Inner Mongolia**	**8.20**	**8.65**	**8.84**	
呼和浩特	Hohhot	5.79	6.22	5.60	214
包头	Baotou	9.54	10.34	10.65	73
乌海	Wuhai	4.13	4.43	4.59	236
赤峰	Chifeng	5.79	6.24	6.71	176
通辽	Tongliao	8.91	7.75	8.19	131
鄂尔多斯	Erdos	16.19	18.20	18.29	9
呼伦贝尔	Hulunbuir	7.95	7.49	8.86	110
巴彦淖尔	Bayannur	14.66	16.24	16.29	14
乌兰察布	Ulanqab	6.04	5.16	5.62	213
辽宁	**Liaoning**	**6.34**	**6.55**	**6.85**	
沈阳	Shenyang	9.07	8.48	8.35	126
大连	Dalian	6.31	6.49	6.55	182
鞍山	Anshan	5.44	5.43	5.35	221
抚顺	Fushun	6.46	6.21	7.00	168
本溪	Benxi	3.15	3.21	3.31	263
丹东	Dandong	12.81	14.35	14.61	26
锦州	Jinzhou	6.66	6.73	6.74	175
营口	Yingkou	5.30	5.18	5.29	223
阜新	Fuxin	3.39	3.53	3.58	256
辽阳	Liaoyang	7.58	7.61	8.39	124
盘锦	Panjin	9.12	9.71	9.16	101
铁岭	Tieling	10.49	10.50	10.30	78
朝阳	Chaoyang	6.28	6.75	15.34	21
葫芦岛	Huludao	2.34	7.78	7.78	142
吉林	**Jilin**	**6.25**	**6.45**	**6.89**	
长春	Changchun	9.65	9.99	10.71	72
吉林	Jilin	4.93	4.96	5.17	226
四平	Siping	4.01	4.01	3.98	248
辽源	Liaoyuan	2.46	2.46	2.46	272
通化	Tonghua	2.54	2.79	2.26	275
白山	Baishan	3.50	3.79	4.48	237
松原	Songyuan	4.52	4.52	4.64	235
白城	Baicheng	6.30	6.80	6.50	187
黑龙江	**Heilongjiang**	**4.58**	**4.83**	**5.43**	
哈尔滨	Harbin	5.00	5.78	6.82	173
齐齐哈尔	Qiqihar	5.14	4.98	5.09	227
鸡西	Jixi	3.65	3.65	3.75	254
鹤岗	Hegang	6.12	5.79	5.55	215
双鸭山	Shuangyashan	4.05	4.39	4.42	241
大庆	Daqing	6.08	5.90	6.54	183
伊春	Yichun	1.65	1.96	2.23	276
佳木斯	Jiamusi	3.70	3.67	7.44	156
七台河	Qitaihe	2.26	2.33	2.12	277
牡丹江	Mudanjiang	5.09	5.09	5.00	230
黑河	Heihe	4.90	5.00	5.06	229
绥化	Suihua	4.93	4.58	5.37	219
上海	**Shanghai**	**11.50**	**17.62**	**18.21**	
江苏	**Jiangsu**	**14.33**	**14.81**	**15.56**	

8-43 城市建成区排水管道密度(辖区) 续表 1

Density of Drainage Pipeline in Built District (Districts under City) continued 1

单位：公里/平方公里 (km/sq.km)

地名	City	2010	2011	2012	2012 排名 Ranking
南京	Nanjing	8.00	8.31	9.16	101
无锡	Wuxi	38.39	38.43	38.78	1
徐州	Xuzhou	5.58	5.47	6.20	200
常州	Changzhou	23.70	21.99	23.00	3
苏州	Suzhou	16.28	16.88	16.77	12
南通	Nantong	14.03	14.01	13.75	35
连云港	Lianyungang	10.23	9.93	9.80	88
淮安	Huaian	13.33	14.01	14.27	29
盐城	Yancheng	8.88	11.04	11.02	63
扬州	Yangzhou	19.32	15.28	16.96	11
镇江	Zhenjiang	15.16	15.39	15.88	16
泰州	Taizhou	12.89	12.70	12.92	43
宿迁	Suqian	9.95	10.15	11.01	64
浙江	**Zhejiang**	**12.38**	**12.65**	**12.97**	
杭州	Hangzhou	9.46	9.37	9.46	95
宁波	Ningbo	12.54	12.60	13.09	41
温州	Wenzhou	8.81	8.16	7.91	136
嘉兴	Jiaxing	7.77	7.46	7.65	149
湖州	Huzhou	21.20	20.93	20.29	4
绍兴	Shaoxing	9.81	9.57	9.38	97
金华	Jinhua	18.38	18.84	19.46	6
衢州	Quzhou	16.35	16.96	16.64	13
舟山	Zhoushan	13.42	14.40	15.06	23
台州	Taizhou	13.49	15.22	15.87	17
丽水	Lishui	13.39	13.04	14.06	32
安徽	**Anhui**	**8.81**	**10.25**	**11.72**	
合肥	Hefei	11.08	12.35	15.78	18
芜湖	Wuhu	9.71	13.75	14.71	25
蚌埠	Bengbu	7.28	7.66	8.66	116
淮南	Huainan	6.63	6.64	6.67	178
马鞍山	Maanshan	7.58	15.26	15.29	22
淮北	Huaibei	1.99	1.71	2.05	278
铜陵	Tongling	5.35	9.21	15.50	20
安庆	Anqing	8.07	12.03	11.82	53
黄山	Huangshan	12.89	6.61	7.38	159
滁州	Chuzhou	9.80	11.88	12.66	44
阜阳	Fuyang	5.99	6.22	6.59	180
宿州	Suzhou	11.37	11.55	10.72	71
六安	Liuan	5.33	5.50	6.29	197
亳州	Bozhou	15.19	18.13	20.02	5
池州	Chizhou	11.83	13.03	14.32	28
宣城	Xuancheng	12.19	12.04	13.38	37
福建	**Fujian**	**9.15**	**9.53**	**9.54**	
福州	Fuzhou	6.58	7.35	8.01	135
厦门	Xiamen	7.55	8.62	8.25	129
莆田	Putian	22.71	25.99	27.94	2
三明	Sanming	4.06	4.49	3.93	249
泉州	Quanzhou	6.74	6.60	6.51	185
漳州	Zhangzhou	14.51	14.07	13.86	34
南平	Nanping	2.80	2.67	2.94	265
龙岩	Longyan	5.76	5.68	5.68	210
宁德	Ningde	7.18	7.21	6.88	170
江西	**Jiangxi**	**7.86**	**8.41**	**8.80**	
南昌	Nanchang	6.15	8.03	9.04	106
景德镇	Jingdezhen	8.87	8.94	9.35	99
萍乡	Pingxiang	5.84	6.93	7.39	158
九江	Jiujiang	9.53	9.90	10.00	84
新余	Xinyu	11.15	10.63	10.83	66
鹰潭	Yingtan	2.58	2.57	2.45	273
赣州	Ganzhou	6.07	6.10	6.45	190
吉安	Jian	9.05	12.05	10.81	67
宜春	Yichun	7.60	7.76	7.58	154
抚州	Fuzhou	11.31	11.92	12.49	46
上饶	Shangrao	13.87	12.82	13.25	39
山东	**Shandong**	**9.62**	**10.69**	**11.04**	
济南	Jinan	6.27	6.32	6.49	188
青岛	Qingdao	16.68	17.79	18.19	10
淄博	Zibo	7.95	9.72	10.11	82
枣庄	Zaozhuang	7.80	7.82	7.82	140
东营	Dongying	6.99	7.25	8.34	127
烟台	Yantai	8.77	9.85	10.22	79
潍坊	Weifang	10.24	10.68	10.80	69
济宁	Jining	10.90	8.79	8.39	124
泰安	Taian	7.46	7.64	7.85	138
威海	Weihai	7.90	18.24	18.41	8
日照	Rizhao	11.20	12.19	13.09	41
莱芜	Laiwu	13.76	11.91	10.45	76
临沂	Linyi	11.13	10.78	10.21	80
德州	Dezhou	13.20	11.38	9.68	90
聊城	Liaocheng	12.67	13.12	13.10	40

8-43 城市建成区排水管道密度(辖区) 续表 2

Density of Drainage Pipeline in Built District (Districts under City) continued 2

单位：公里/平方公里 (km/sq.km)

地名	City	2010	2011	2012	2012 排名 Ranking	地名	City	2010	2011	2012	2012 排名 Ranking
滨州	Binzhou	6.90	10.12	11.48	58	常德	Changde	6.34	6.08	6.19	201
菏泽	Heze	6.64	8.33	8.30	128	张家界	Zhangjiajie	3.40	7.70	7.36	161
河南	**Henan**	**7.31**	**7.55**	**7.79**		益阳	Yiyang	6.17	4.03	4.07	246
郑州	Zhengzhou	8.58	8.59	8.59	118	郴州	Chenzhou	6.29	6.04	5.64	211
开封	Kaifeng	6.61	7.46	7.62	151	永州	Yongzhou	6.08	6.94	7.35	162
洛阳	Luoyang	6.65	6.71	7.46	155	怀化	Huaihua	4.25	5.43	5.07	228
平顶山	Pingdingshan	5.52	5.98	6.00	203	娄底	Loudi	8.95	8.96	9.50	94
安阳	Anyang	10.11	10.42	10.47	75	**广东**	**Guangdong**	**9.20**	**9.98**	**8.17**	
鹤壁	Hebi	6.68	6.23	6.34	194	广州	Guangzhou	8.93	9.35	9.36	98
新乡	Xinxiang	7.88	7.25	7.37	160	韶关	Shaoguan	6.07	5.89	5.75	206
焦作	Jiaozuo	6.98	7.45	7.80	141	深圳	Shenzhen	15.47	16.29	12.07	51
濮阳	Puyang	7.16	8.69	8.69	114	珠海	Zhuhai	10.36	9.28	11.16	60
许昌	Xuchang	5.36	5.44	5.87	204	汕头	Shantou	9.49	8.89	7.74	146
漯河	Luohe	7.52	7.57	7.73	147	佛山	Foshan	11.03	11.41	13.90	33
三门峡	Sanmenxia	5.30	6.30	6.36	193	江门	Jiangmen	9.56	9.71	8.68	115
南阳	Nanyang	8.23	8.10	7.59	153	湛江	Zhanjiang	5.53	4.38	5.73	207
商丘	Shangqiu	3.95	3.95	6.31	195	茂名	Maoming	4.18	3.35	3.53	258
信阳	Xinyang	4.19	4.19	4.02	247	肇庆	Zhaoqing	7.10	7.72	7.62	151
周口	Zhoukou	8.82	8.87	8.99	108	惠州	Huizhou	6.85	9.15	9.63	92
驻马店	Zhumadian	9.00	10.84	9.89	86	梅州	Meizhou	6.62	7.79	7.78	142
湖北	**Hubei**	**9.75**	**9.58**	**9.86**		汕尾	Shanwei	14.96	14.15	14.93	24
武汉	Wuhan	15.58	15.62	15.71	19	河源	Heyuan	7.22	7.34	12.43	47
黄石	Huangshi	9.12	9.68	10.36	77	阳江	Yangjiang				
十堰	Shiyan	7.61	7.80	8.66	116	清远	Qingyuan		0.81		
宜昌	Yichang	6.31	6.30	6.14	202	东莞	Dongguan	7.14	9.75	4.44	239
襄阳	Xiangfan	7.34	7.00	7.03	167	中山	ZhongShan	10.30	9.27	11.11	61
鄂州	Ezhou	12.23	7.98	9.41	96	潮州	Chaozhou	7.37	7.62	7.69	148
荆门	Jingmen	10.67	11.96	12.63	45	揭阳	Jieyang	3.67			
孝感	Xiaogan	8.53	8.09	8.45	122	云浮	Yunfu	3.03	3.65	3.88	252
荆州	Jingzhou	5.80	5.80	6.24	199	**广西**	**Guangxi**	**6.82**	**7.16**	**7.13**	
黄冈	Huanggang	6.76	6.61	6.53	184	南宁	Nanning	3.33	3.28	3.11	264
咸宁	Xianning	2.88	3.33	3.61	255	柳州	Liuzhou	7.49	6.72	6.40	191
随州	Suizhou	5.49	5.52	5.69	209	桂林	Guilin	7.70	7.72	7.64	150
湖南	**Hunan**	**6.72**	**7.74**	**7.78**		梧州	Wuzhou	4.32	5.07	5.25	224
长沙	Changsha	4.68	4.96	7.30	163	北海	Beihai	5.33	7.78	7.83	139
株洲	Zhuzhou	3.01	10.66	6.59	180	防城港	Fangchenggang	7.54	10.32	11.75	54
湘潭	Xiangtan	9.87	10.21	10.61	74	钦州	Qinzhou	6.43	7.13	6.51	185
衡阳	Hengyang	9.63	9.06	8.70	113	贵港	Guigang	5.74	5.55	4.99	231
邵阳	Shaoyang	9.90	19.33	14.11	31	玉林	Yulin	10.92	11.31	10.81	67
岳阳	Yueyang	10.59	12.19	13.70	36	百色	Baise	7.76	8.06	8.49	120

8-43 城市建成区排水管道密度(辖区) 续表 3
Density of Drainage Pipeline in Built District (Districts under City) continued 3

单位：公里/平方公里 (km/sq.km)

地名	City	2010	2011	2012	2012 排名 Ranking
贺州	Hezhou	7.24	6.80	6.68	177
河池	Hechi	17.13	18.48	18.88	7
来宾	Laibin	7.24	8.73	12.32	48
崇左	Chongzuo	4.05	4.05	4.41	242
海南	**Hainan**	**13.31**	**11.72**	**11.35**	
海口	Haikou	12.59	13.24	11.71	56
三亚	Sanya	29.01	14.90	15.99	15
重庆	**Chongqing**	**8.13**	**7.89**	**8.42**	
四川	**Sichuan**	**8.90**	**8.80**	**9.86**	
成都	Chengdu	11.44	11.23	12.09	50
自贡	Zigong	5.66	5.10	4.78	232
攀枝花	Panzhihua	9.98	9.81	9.15	104
泸州	Luzhou	7.65	5.09	7.75	144
德阳	Deyang	6.73	6.88	6.95	169
绵阳	Mianyang	9.88	10.48	11.01	64
广元	Guangyuan	8.21	8.52	9.73	89
遂宁	Suining	9.72	7.89	9.65	91
内江	Neijiang	5.49	6.12	6.46	189
乐山	Leshan	8.47	9.47	8.74	111
南充	Nanchong	9.36	9.60	11.09	62
眉山	Meishan	5.84	5.80	9.52	93
宜宾	Yibin	2.70	1.77	6.30	196
广安	Guangan	7.73	7.68	7.15	165
达州	Dazhou	9.22	6.48	11.84	52
雅安	Yaan	8.57	8.62	8.52	119
巴中	Bazhong	10.57	10.28	11.72	55
资阳	Ziyang	5.94	6.68	7.05	166
贵州	**Guizhou**	**7.17**	**7.27**	**6.22**	
贵阳	Guiyang	11.10	12.66	9.04	106
六盘水	Liupanshui	1.82	1.82	1.82	279
遵义	Zunyi	3.58	3.58	3.58	256
安顺	Anshun	9.22	8.25	8.16	134
毕节	Bijie	3.75	3.07	3.81	253
铜仁	Tongren	5.61	4.54	4.39	243
云南	**Yunnan**	**5.88**	**5.92**	**6.14**	
昆明	Kunming	1.78	2.23	2.52	270
曲靖	Qujing	8.18	8.16	8.18	132
玉溪	Yuxi	20.45	12.64	10.18	81
保山	Baoshan	6.29	6.06	6.29	197
昭通	Zhaotong	4.08	4.82	4.65	234
丽江	Lijiang	5.42	6.18	5.37	219
普洱	Puer	9.21	9.27	9.08	105
临沧	Lincang	13.91	12.98	14.19	30
西藏	**Tibet**	**3.45**	**3.27**	**2.97**	
拉萨	Lhasa	3.44	3.44	2.47	271
陕西	**Shaanxi**	**7.47**	**7.18**	**7.39**	
西安	Xi'an	10.38	10.47	10.73	70
铜川	Tongchuan	4.68	4.70	4.43	240
宝鸡	Baoji	5.37	5.35	5.40	217
咸阳	Xianyang	3.54	3.44	3.39	262
渭南	Weinan	7.23	7.26	7.41	157
延安	Yan'an	3.43	2.50	2.54	269
汉中	Hanzhong	3.92	3.88	4.14	245
榆林	Yulin	9.10	7.28	7.28	164
安康	Ankang	3.67	3.54	4.45	238
商洛	Shangluo	13.59	4.92	3.40	260
甘肃	**Gansu**	**4.89**	**4.80**	**4.82**	
兰州	Lanzhou	3.69	3.89	4.19	244
嘉峪关	Jiayuguan	6.95	6.36	5.70	208
金昌	Jinchang	2.37	2.29	2.36	274
白银	Baiyin	2.77	2.76	2.83	266
天水	Tianshui	7.65	7.41	6.88	170
武威	Wuwei	4.84	4.77	4.74	233
张掖	Zhangye	6.38	3.47	3.40	260
平凉	Pingliang	7.94	8.11	8.45	122
酒泉	Jiuquan	6.79	6.59	5.64	211
庆阳	Qingyang	7.46	8.01	7.89	137
定西	Dingxi	4.06	5.13	5.76	205
陇南	Longnan	5.38	5.38	5.38	218
青海	**Qinghai**	**8.90**	**9.13**	**9.46**	
西宁	Xining	9.27	9.48	9.99	85
宁夏	**Ningxia**	**4.03**	**4.01**	**3.11**	
银川	Yinchuan	3.74	4.13	3.93	249
石嘴山	Shizuishan	3.03	3.92	0.86	281
吴忠	Wuzhong	3.47	2.92	2.64	267
固原	Guyuan	4.45	4.88	5.21	225
中卫	Zhongwei	2.84	2.60	2.57	268
新疆	**Xinjiang**	**5.22**	**4.98**	**5.16**	
乌鲁木齐	Urumqi	3.42	3.18	3.53	258
克拉玛依	Karamay	7.09	6.86	6.87	172

8-44　城市污水处理率(辖区)
Urban Wastewater Treatment Rate (Districts under City)

单位：%　　　　(%)

地名	City	2010	2011	2012	2012 排名 Ranking	地名	City	2010	2011	2012	2012 排名 Ranking
全国	**Nation Total**	**82.31**	**83.63**	**87.30**		沈阳	Shenyang	73.61	86.20	87.11	162
北京	**Beijing**	**82.09**	**81.68**	**83.16**		大连	Dalian	90.40	95.05	95.10	52
天津	**Tianjin**	**85.30**	**86.75**	**88.24**		鞍山	Anshan	70.59	77.50	80.01	234
河北	**Hebei**	**92.30**	**93.93**	**94.26**		抚顺	Fushun	91.05	67.79	71.65	251
石家庄	Shijiazhuang	95.38	95.46	95.86	43	本溪	Benxi	87.07	96.54	87.40	158
唐山	Tangshan	94.10	94.61	94.81	57	丹东	Dandong	49.14	84.99	84.99	193
秦皇岛	Qinhuangdao	92.10	92.53	92.54	81	锦州	Jinzhou	60.17	82.22	82.56	217
邯郸	Handan	91.74	97.48	95.68	48	营口	Yingkou	74.46	71.61	89.33	135
邢台	Xingtai	84.51	83.93	84.01	202	阜新	Fuxin	54.25	57.15	55.49	272
保定	Baoding	89.88	91.97	92.00	90	辽阳	Liaoyang	81.63	83.40	85.53	182
张家口	Zhangjiakou	87.50	88.70	91.31	99	盘锦	Panjin	62.97	100.00	100.00	1
承德	Chengde	86.67	96.58	96.64	33	铁岭	Tieling	85.37	89.87	89.58	132
沧州	Cangzhou	85.08	100.00	95.88	42	朝阳	Chaoyang	68.49	100.00	64.32	265
廊坊	Langfang	86.10	87.10	87.31	159	葫芦岛	Huludao	84.19	84.91	85.01	192
衡水	Hengshui	86.51	87.56	87.31	159	吉林	**Jilin**	**73.92**	**82.86**	**82.35**	
山西	**Shanxi**	**84.93**	**86.54**	**87.98**		长春	Changchun	89.46	87.26	86.15	173
太原	Taiyuan	83.86	84.00	84.50	198	吉林	Jilin	91.50	93.90	94.00	66
大同	Datong	78.18	80.80	82.39	219	四平	Siping	98.93	70.38	75.02	248
阳泉	Yangquan	83.00	86.36	94.32	63	辽源	Liaoyuan	83.33	91.64	84.86	195
长治	Changzhi	92.00	92.21	92.21	85	通化	Tonghua	51.30	88.02	89.84	128
晋城	Jincheng	95.29	94.99	94.99	56	白山	Baishan	22.12	85.39	53.15	274
朔州	Shuozhou	96.38	96.70	97.25	26	松原	Songyuan	81.52	91.40	93.01	76
晋中	Jinzhong	96.01	96.03	96.23	39	白城	Baicheng	10.70	39.35	60.21	271
运城	Yuncheng	90.00	90.47	91.62	95	黑龙江	**Heilongjiang**	**56.72**	**57.28**	**60.77**	
忻州	Xinzhou	93.91	93.96	95.00	55	哈尔滨	Harbin	57.18	73.94	91.62	95
临汾	Linfen	86.32	89.09	90.45	108	齐齐哈尔	Qiqihar	67.46	61.57	72.87	249
吕梁	Luliang	75.47	81.29	88.34	144	鸡西	Jixi	33.18	35.00	33.33	282
内蒙古	**Inner Mongolia**	**80.55**	**83.85**	**85.57**		鹤岗	Hegang	12.07	41.19	41.53	279
呼和浩特	Hohhot	77.10	73.41	80.03	233	双鸭山	Shuangyashan	10.14	72.89	77.48	243
包头	Baotou	82.42	83.00	85.04	190	大庆	Daqing	100.00	54.22	32.51	283
乌海	Wuhai	89.78	91.72	92.58	80	伊春	Yichun	22.24	37.61	37.33	281
赤峰	Chifeng	82.33	83.79	85.77	180	佳木斯	Jiamusi	53.99	39.59	39.88	280
通辽	Tongliao	86.18	100.00	100.00	1	七台河	Qitaihe		24.00	42.13	277
鄂尔多斯	Erdos	92.56	99.51	99.52	10	牡丹江	Mudanjiang	45.47	43.33	42.04	278
呼伦贝尔	Hulunbuir	80.60	84.91	87.52	155	黑河	Heihe	100.00	100.00	99.70	8
巴彦淖尔	Bayannur	86.30	87.34	87.50	156	绥化	Suihua	56.15	88.17	99.32	12
乌兰察布	Ulanqab	85.11	97.47	98.00	21	上海	**Shanghai**	**83.29**	**84.42**	**91.29**	
辽宁	**Liaoning**	**74.93**	**84.14**	**84.59**		江苏	**Jiangsu**	**87.56**	**89.92**	**90.69**	

8-44 城市污水处理率(辖区) 续表 1
Urban Wastewater Treatment Rate (Districts under City) continued 1

单位：%　　　　(%)

地名	City	2010	2011	2012	2012 排名 Ranking
南京	Nanjing	88.82	95.16	94.60	60
无锡	Wuxi	95.17	95.36	95.52	49
徐州	Xuzhou	81.66	86.55	87.02	163
常州	Changzhou	89.84	91.69	93.76	70
苏州	Suzhou	90.34	90.29	91.85	92
南通	Nantong	91.38	92.09	90.00	125
连云港	Lianyungang	81.41	82.28	83.21	212
淮安	Huaian	81.56	78.56	78.60	237
盐城	Yancheng	82.00	83.30	85.40	183
扬州	Yangzhou	88.90	92.83	92.95	77
镇江	Zhenjiang	86.13	88.03	90.01	123
泰州	Taizhou	83.70	83.75	85.15	189
宿迁	Suqian	82.99	83.99	85.03	191
浙江	**Zhejiang**	**82.74**	**85.09**	**87.50**	
杭州	Hangzhou	95.40	95.47	95.49	50
宁波	Ningbo	85.21	86.85	88.14	148
温州	Wenzhou	70.00	78.66	83.38	211
嘉兴	Jiaxing	87.26	87.30	90.12	117
湖州	Huzhou	85.11	88.29	90.12	117
绍兴	Shaoxing	85.01	86.25	95.02	54
金华	Jinhua	75.00	83.94	87.96	152
衢州	Quzhou	75.65	76.82	85.38	185
舟山	Zhoushan	75.10	81.84	82.07	221
台州	Taizhou	75.67	82.79	86.09	175
丽水	Lishui	72.48	81.25	86.57	168
安徽	**Anhui**	**88.46**	**91.09**	**94.53**	
合肥	Hefei	99.81	99.83	98.70	16
芜湖	Wuhu	75.00	87.44	91.90	91
蚌埠	Bengbu	87.31	96.83	98.45	18
淮南	Huainan	86.80	97.84	97.86	22
马鞍山	Maanshan	88.01	87.45	93.60	71
淮北	Huaibei	93.01	95.13	97.36	24
铜陵	Tongling	69.01	79.74	80.77	227
安庆	Anqing	89.40	86.17	95.83	44
黄山	Huangshan	96.41	94.64	89.76	130
滁州	Chuzhou		92.01	92.40	83
阜阳	Fuyang	87.00	83.12	88.28	145
宿州	Suzhou	62.30	64.28	94.21	64
六安	Liuan	80.83	80.36	88.96	138
亳州	Bozhou	96.31	96.69	96.62	35

地名	City	2010	2011	2012	2012 排名 Ranking
池州	Chizhou	90.00	90.36	90.26	110
宣城	Xuancheng	90.74	86.96	83.76	206
福建	**Fujian**	**84.44**	**85.29**	**85.60**	
福州	Fuzhou	87.10	84.58	84.70	197
厦门	Xiamen	90.10	90.40	90.70	106
莆田	Putian	86.71	85.20	84.40	199
三明	Sanming	81.04	83.78	84.02	201
泉州	Quanzhou	86.00	86.01	87.13	161
漳州	Zhangzhou	88.00	88.30	88.89	139
南平	Nanping	82.68	80.48	84.00	203
龙岩	Longyan	90.03	90.26	89.90	127
宁德	Ningde	73.83	86.00	86.88	164
江西	**Jiangxi**	**80.83**	**85.08**	**84.25**	
南昌	Nanchang	75.00	89.01	89.66	131
景德镇	Jingdezhen	99.92	65.00	69.56	256
萍乡	Pingxiang	92.24	81.22	89.46	133
九江	Jiujiang	98.01	99.12	99.23	13
新余	Xinyu	100.00	100.00	96.78	32
鹰潭	Yingtan	77.90	93.49	94.73	59
赣州	Ganzhou	83.25	82.21	63.14	266
吉安	Jian	80.29	81.00	91.24	100
宜春	Yichun	92.83	93.05	93.10	75
抚州	Fuzhou	92.99	91.25	78.03	240
上饶	Shangrao	90.24	90.28	90.02	122
山东	**Shandong**	**91.11**	**93.17**	**94.22**	
济南	Jinan	96.65	94.40	97.29	25
青岛	Qingdao	88.29	96.69	91.34	98
淄博	Zibo	94.68	92.87	96.19	40
枣庄	Zaozhuang	91.30	92.49	92.62	79
东营	Dongying	88.34	90.83	92.17	86
烟台	Yantai	90.69	91.14	97.00	27
潍坊	Weifang	93.36	91.87	96.61	36
济宁	Jining	87.41	95.00	94.39	62
泰安	Taian	90.10	91.12	94.03	65
威海	Weihai	92.39	93.89	95.70	47
日照	Rizhao	90.78	91.77	93.54	72
莱芜	Laiwu	92.00	91.32	91.23	101
临沂	Linyi	93.23	94.48	97.00	27
德州	Dezhou	84.68	95.00	97.00	27
聊城	Liaocheng	94.74	90.92	91.02	103

8-44 城市污水处理率(辖区) 续表 2
Urban Wastewater Treatment Rate (Districts under City) continued 2

单位：% (%)

地名	City	2010	2011	2012	2012 排名 Ranking	地名	City	2010	2011	2012	2012 排名 Ranking
滨州	Binzhou	92.81	92.35	95.71	46	常德	Changde	74.74	88.20	77.83	241
菏泽	Heze	62.63	79.54	75.18	247	张家界	Zhangjiajie	61.97	56.98	78.27	239
河南	**Henan**	**87.60**	**89.04**	**87.83**		益阳	Yiyang	87.58	86.44	86.67	167
郑州	Zhengzhou	97.20	98.08	95.82	45	郴州	Chenzhou	56.12	80.95	80.96	225
开封	Kaifeng	88.00	77.03	88.25	146	永州	Yongzhou	53.38	67.70	70.67	253
洛阳	Luoyang	95.54	95.22	99.85	6	怀化	Huaihua	71.33	68.78	85.30	187
平顶山	Pingdingshan	98.33	97.47	97.00	27	娄底	Loudi	81.05	84.55	80.42	230
安阳	Anyang	97.69	97.70	97.70	23	**广东**	**Guangdong**	**86.08**	**79.11**	**88.33**	
鹤壁	Hebi	82.51	82.79	82.79	214	广州	Guangzhou	96.96	79.43	82.73	215
新乡	Xinxiang	87.48	87.60	87.80	153	韶关	Shaoguan	71.06	80.10	81.88	222
焦作	Jiaozuo	85.10	85.60	86.10	174	深圳	Shenzhen	99.30	95.46	96.10	41
濮阳	Puyang	53.42	84.98	84.99	193	珠海	Zhuhai	78.81	86.03	86.55	169
许昌	Xuchang	96.94	96.96	96.96	31	汕头	Shantou	71.05	90.29	90.23	111
漯河	Luohe	64.77	70.66	70.61	254	佛山	Foshan	88.98	95.91	91.63	94
三门峡	Sanmenxia	99.32	91.86	96.55	37	江门	Jiangmen	80.40	53.78	88.15	147
南阳	Nanyang	62.38	65.13	48.74	276	湛江	Zhanjiang	93.05	93.50	96.64	33
商丘	Shangqiu	100.00	96.38	72.69	250	茂名	Maoming	82.81	68.29	85.81	178
信阳	Xinyang	81.00	83.73	83.99	204	肇庆	Zhaoqing	81.92	85.43	85.39	184
周口	Zhoukou	75.07	80.00	80.48	229	惠州	Huizhou	85.16	91.73	92.06	88
驻马店	Zhumadian	92.02	92.03	92.05	89	梅州	Meizhou	70.99	59.32	53.34	273
湖北	**Hubei**	**81.02**	**86.49**	**87.12**		汕尾	Shanwei	51.65	60.02	85.57	181
武汉	Wuhan	94.96	94.97	88.78	142	河源	Heyuan	89.32	89.38	89.39	134
黄石	Huangshi	81.21	83.93	88.00	151	阳江	Yangjiang	71.27	63.49	83.50	209
十堰	Shiyan	72.75	85.03	89.81	129	清远	Qingyuan	61.50	24.03	83.57	208
宜昌	Yichang	89.59	90.46	90.45	108	东莞	Dongguan	84.69	65.21	95.11	51
襄阳	Xiangfan	87.38	87.77	90.05	121	中山	ZhongShan	91.44	91.58	90.70	106
鄂州	Ezhou	81.80	91.16	90.13	115	潮州	Chaozhou	82.52	86.00	86.20	172
荆门	Jingmen	84.50	86.53	91.50	97	揭阳	Jieyang	57.63	71.02	80.82	226
孝感	Xiaogan	85.18	91.46	92.30	84	云浮	Yunfu	98.24	98.52	98.56	17
荆州	Jingzhou	80.07	81.70	83.90	205	**广西**	**Guangxi**	**83.43**	**64.05**	**87.78**	
黄冈	Huanggang	92.36	95.81	96.32	38	南宁	Nanning	93.27	64.64	94.79	58
咸宁	Xianning	85.50	83.14	87.55	154	柳州	Liuzhou	91.01	52.88	90.90	105
随州	Suizhou	46.11	93.48	93.48	73	桂林	Guilin	96.16	88.18	91.01	104
湖南	**Hunan**	**74.95**	**82.82**	**85.84**		梧州	Wuzhou	42.17	83.44	87.48	157
长沙	Changsha	90.80	96.91	99.43	11	北海	Beihai	81.06	81.36	82.45	218
株洲	Zhuzhou	81.22	90.52	89.10	137	防城港	Fangchenggang	35.53	65.80	68.53	257
湘潭	Xiangtan	82.10	90.12	86.02	176	钦州	Qinzhou	81.33	59.30	66.98	260
衡阳	Hengyang	63.83	74.73	62.24	267	贵港	Guigang	86.34	49.43	86.88	164
邵阳	Shaoyang	61.61	63.31	86.33	170	玉林	Yulin	98.24	99.06	99.08	14
岳阳	Yueyang	74.81	86.15	88.78	142	百色	Baise	24.50	55.34	61.92	268

8-44 城市污水处理率(辖区) 续表 3
Urban Wastewater Treatment Rate (Districts under City) continued 3

单位：% (%)

地名	City	2010	2011	2012	2012 排名 Ranking
贺州	Hezhou	62.01	63.63	68.41	258
河池	Hechi	92.63	74.55	88.87	140
来宾	Laibin	76.28	76.28	77.34	244
崇左	Chongzuo	18.52	27.72	50.87	275
海南	**Hainan**	**54.87**	**73.14**	**75.32**	
海口	Haikou	87.42	87.81	88.10	149
三亚	Sanya	29.92	72.56	79.73	235
重庆	**Chongqing**	**91.65**	**94.62**	**90.07**	
四川	**Sichuan**	**74.83**	**78.32**	**83.63**	
成都	Chengdu	90.68	90.02	92.15	87
自贡	Zigong	85.10	89.80	90.20	112
攀枝花	Panzhihua	24.34	24.17	65.44	263
泸州	Luzhou	46.34	80.09	83.76	206
德阳	Deyang	83.75	87.12	89.20	136
绵阳	Mianyang	89.00	89.15	91.81	93
广元	Guangyuan	73.25	77.60	77.81	242
遂宁	Suining	82.85	83.15	93.94	67
内江	Neijiang	77.71	81.00	83.00	213
乐山	Leshan	63.12	63.78	76.38	245
南充	Nanchong	60.51	67.67	80.24	232
眉山	Meishan	75.38	74.49	86.81	166
宜宾	Yibin	36.70	64.21	75.99	246
广安	Guangan	90.70	93.94	99.66	9
达州	Dazhou	60.81	55.07	61.47	270
雅安	Yaan	62.50	77.43	61.65	269
巴中	Bazhong	88.68	76.01	81.57	224
资阳	Ziyang	85.66	87.05	86.32	171
贵州	**Guizhou**	**86.83**	**90.69**	**91.39**	
贵阳	Guiyang	95.20	95.27	95.07	53
六盘水	Liupanshui	91.89	77.92	66.11	262
遵义	Zunyi	59.85	68.63	79.63	236
安顺	Anshun	91.49	92.04	85.36	186
毕节	Bijie	89.72	100.00	100.00	1
铜仁	Tongren	68.69	91.26	98.20	20
云南	**Yunnan**	**93.39**	**94.62**	**94.74**	
昆明	Kunming	100.00	99.42	99.06	15
曲靖	Qujing	83.55	83.72	90.13	115
玉溪	Yuxi	95.59	97.41	81.85	223
保山	Baoshan	95.51	95.29	80.36	231
昭通	Zhaotong	78.67	80.80	91.09	102
丽江	Lijiang	89.73	88.96	93.80	69
普洱	Puer	33.04	72.57	80.73	228
临沧	Lincang	52.28	73.59	78.45	238
西藏	**Tibet**			**0.06**	
拉萨	Lhasa			0.07	284
陕西	**Shaanxi**	**74.18**	**83.96**	**88.49**	
西安	Xi'an	86.41	86.55	90.10	119
铜川	Tongchuan	70.15	80.43	85.23	188
宝鸡	Baoji	93.20	93.03	94.59	61
咸阳	Xianyang	51.94	79.04	88.85	141
渭南	Weinan	75.11	81.69	84.17	200
延安	Yan'an	86.96	87.99	88.02	150
汉中	Hanzhong	97.50	90.41	90.06	120
榆林	Yulin	67.71	86.74	70.29	255
安康	Ankang	11.79	58.20	86.01	177
商洛	Shangluo	79.81	83.07	98.25	19
甘肃	**Gansu**	**62.59**	**68.82**	**75.38**	
兰州	Lanzhou	57.55	58.70	67.73	259
嘉峪关	Jiayuguan	73.13	83.12	82.31	220
金昌	Jinchang	93.82	98.85	99.85	6
白银	Baiyin	52.03	59.89	65.30	264
天水	Tianshui	65.02	80.65	83.50	209
武威	Wuwei	88.58	93.00	93.85	68
张掖	Zhangye	74.98	82.55	85.78	179
平凉	Pingliang	81.59	86.78	90.16	113
酒泉	Jiuquan	50.38	88.08	92.76	78
庆阳	Qingyang	87.55	86.99	90.14	114
定西	Dingxi	79.11	83.15	82.63	216
陇南	Longnan	100.00	100.00	93.33	74
青海	**Qinghai**	**43.53**	**60.99**	**60.36**	
西宁	Xining	55.05	71.04	71.18	252
宁夏	**Ningxia**	**78.00**	**80.19**	**93.36**	
银川	Yinchuan	91.80	92.00	100.00	1
石嘴山	Shizuishan	41.14	58.46	90.01	123
吴忠	Wuzhong	90.00	89.86	89.97	126
固原	Guyuan	73.05	68.90	66.96	261
中卫	Zhongwei	100.00	100.00	100.00	1
新疆	**Xinjiang**	**73.25**	**77.04**	**84.34**	
乌鲁木齐	Urumqi	60.65	80.18	84.75	196
克拉玛依	Karamay	92.12	92.16	92.47	82

8-45 城市绿化覆盖面积(辖区)

Urban Green Coverage Area (Districts under City)

单位：公顷 (hectare)

地名	City	2010	2011	2012	2012 排名 Ranking
全国	**Nation Total**	**2452658**	**2553539**	**2747866**	
北京	**Beijing**	**65348**	**66171**	**68204**	
天津	**Tianjin**	**23265**	**24689**	**26875**	
河北	**Hebei**	**81819**	**83136**	**83775**	
石家庄	Shijiazhuang	9762	10687	9998	43
唐山	Tangshan	11178	9374	10033	42
秦皇岛	Qinhuangdao	5136	5210	5361	84
邯郸	Handan	8963	9475	9476	44
邢台	Xingtai	5540	5540	5555	83
保定	Baoding	5899	5970	5209	88
张家口	Zhangjiakou	3236	3502	3665	133
承德	Chengde	4175	4201	4514	106
沧州	Cangzhou	1942	2177	2264	197
廊坊	Langfang	4484	4519	4665	98
衡水	Hengshui	1806	1891	1791	222
山西	**Shanxi**	**34607**	**38477**	**41512**	
太原	Taiyuan	9089	11403	12112	33
大同	Datong	4046	4158	4504	107
阳泉	Yangquan	3134	3230	3235	143
长治	Changzhi	2847	2663	2669	170
晋城	Jincheng	1600	1821	2515	185
朔州	Shuozhou	1591	1901	1931	212
晋中	Jinzhong	1725	1780	1880	215
运城	Yuncheng	1315	1521	1488	240
忻州	Xinzhou	520	591	788	277
临汾	Linfen	1583	1732	2136	203
吕梁	Luliang	654	850	880	273
内蒙古	**Inner Mongolia**	**41059**	**43991**	**49723**	
呼和浩特	Hohhot	6169	6487	7798	58
包头	Baotou	7845	7939	7984	54
乌海	Wuhai	2168	2223	2560	179
赤峰	Chifeng	2773	2909	3368	138
通辽	Tongliao	2079	2480	2836	157
鄂尔多斯	Erdos	7991	8720	11155	38
呼伦贝尔	Hulunbuir	991	1050	1093	267
巴彦淖尔	Bayannur	1244	1678	1292	252
乌兰察布	Ulanqab	1559	1939	1940	211
辽宁	**Liaoning**	**106020**	**106507**	**192045**	
沈阳	Shenyang	27328	27328	29192	9
大连	Dalian	18666	18636	18668	19
鞍山	Anshan	6097	6197	6310	72
抚顺	Fushun	6164	6361	6508	70
本溪	Benxi	5082	5159	86955	5
丹东	Dandong	4443	2432	2467	190
锦州	Jinzhou	3956	3957	3977	123
营口	Yingkou	4166	4309	4417	109
阜新	Fuxin	2981	3127	3286	141
辽阳	Liaoyang	3809	4100	4189	112
盘锦	Panjin	2401	2481	2676	167
铁岭	Tieling	1726	1735	1773	224
朝阳	Chaoyang	2507	2607	2622	175
葫芦岛	Huludao	2878	2988	3035	150
吉林	**Jilin**	**43820**	**44700**	**45108**	
长春	Changchun	15618	15580	15525	24
吉林	Jilin	8002	8002	8057	53
四平	Siping	1677	1766	1842	218
辽源	Liaoyuan	1643	1773	1799	221
通化	Tonghua	1537	1729	1746	226
白山	Baishan	1204	1242	1275	254
松原	Songyuan	1712	1825	1920	213
白城	Baicheng	1231	1232	1233	260
黑龙江	**Heilongjiang**	**78727**	**80957**	**82945**	
哈尔滨	Harbin	13787	13923	14181	29
齐齐哈尔	Qiqihar	6186	6187	6187	74
鸡西	Jixi	3328	3478	3365	139
鹤岗	Hegang	2358	2549	3033	151
双鸭山	Shuangyashan	2719	2733	2733	165
大庆	Daqing	23386	23873	24427	11
伊春	Yichun	4478	4588	4619	99
佳木斯	Jiamusi	3768	3901	4031	121
七台河	Qitaihe	2546	2675	2737	164
牡丹江	Mudanjiang	5205	5205	5223	86
黑河	Heihe	479	485	607	285
绥化	Suihua	805	915	915	272
上海	**Shanghai**	**130160**	**131942**	**134405**	
江苏	**Jiangsu**	**258969**	**268417**	**277481**	

8-45 城市绿化覆盖面积(辖区) 续表 1
Urban Green Coverage Area (Districts under City) continued 1

单位：公顷 (hectare)

地名	City	2010	2011	2012	2012 排名 Ranking
南京	Nanjing	84848	88028	89850	3
无锡	Wuxi	17988	18348	18727	18
徐州	Xuzhou	14726	13900	14940	27
常州	Changzhou	8139	8205	8594	50
苏州	Suzhou	15415	15962	26114	10
南通	Nantong	5380	6181	7186	63
连云港	Lianyungang	18125	18914	19736	17
淮安	Huaian	7359	7785	8283	52
盐城	Yancheng	4199	4430	4570	101
扬州	Yangzhou	4065	7660	7835	57
镇江	Zhenjiang	6773	7012	7329	62
泰州	Taizhou	6153	6791	6907	65
宿迁	Suqian	8486	9161	9377	45
浙江	**Zhejiang**	**91111**	**119131**	**138877**	
杭州	Hangzhou	17693	32783	33582	7
宁波	Ningbo	10853	11441	11659	35
温州	Wenzhou	3822	4230	7383	61
嘉兴	Jiaxing	4665	4911	5190	90
湖州	Huzhou	4241	4458	4618	100
绍兴	Shaoxing	6178	6664	6851	66
金华	Jinhua	2865	2887	2912	153
衢州	Quzhou	2455	2527	2682	166
舟山	Zhoushan	2109	2163	15112	26
台州	Taizhou	5306	5193	5301	85
丽水	Lishui	1320	1364	1485	241
安徽	**Anhui**	**85281**	**94063**	**95952**	
合肥	Hefei	12737	14804	15288	25
芜湖	Wuhu	5165	5650	5925	78
蚌埠	Bengbu	4600	4738	5055	94
淮南	Huainan	4380	4471	4549	103
马鞍山	Maanshan	5241	5457	5639	81
淮北	Huaibei	3801	3953	3953	125
铜陵	Tongling	2492	4782	3173	146
安庆	Anqing	10783	10864	10965	39
黄山	Huangshan	13190	13410	13691	31
滁州	Chuzhou	3457	3817	4363	110
阜阳	Fuyang	3332	3530	3784	129
宿州	Suzhou	2062	3065	3261	142
六安	Liuan	2720	2936	2926	152
亳州	Bozhou	1520	1630	1842	218
池州	Chizhou	1554	1605	1699	230
宣城	Xuancheng	3518	3520	3679	131
福建	**Fujian**	**55914**	**57984**	**62054**	
福州	Fuzhou	10138	10138	10866	40
厦门	Xiamen	16363	17104	18131	20
莆田	Putian	2363	2514	2520	184
三明	Sanming	1418	1430	1430	244
泉州	Quanzhou	6845	6557	7448	59
漳州	Zhangzhou	2121	2205	2337	196
南平	Nanping	1039	1141	1264	255
龙岩	Longyan	1880	1980	2115	204
宁德	Ningde	801	875	1002	270
江西	**Jiangxi**	**48924**	**49308**	**50752**	
南昌	Nanchang	8619	8938	9247	46
景德镇	Jingdezhen	7469	4048	4048	120
萍乡	Pingxiang	1968	2031	2049	206
九江	Jiujiang	5045	5109	5168	91
新余	Xinyu	2863	3559	3767	130
鹰潭	Yingtan	1121	1154	1245	258
赣州	Ganzhou	3730	3854	3942	126
吉安	Jian	2011	2430	2627	173
宜春	Yichun	2123	2337	2585	177
抚州	Fuzhou	2785	2991	2626	174
上饶	Shangrao	1851	2077	2213	200
山东	**Shandong**	**179333**	**188136**	**199899**	
济南	Jinan	12853	13165	13803	30
青岛	Qingdao	19203	19883	23720	13
淄博	Zibo	15996	16398	17081	21
枣庄	Zaozhuang	4717	5079	6138	77
东营	Dongying	6062	6191	6526	69
烟台	Yantai	11228	11701	11894	34
潍坊	Weifang	8305	8696	9174	47
济宁	Jining	6162	6162	6162	76
泰安	Taian	5141	5187	5223	86
威海	Weihai	6698	6903	7098	64
日照	Rizhao	3740	3998	4107	115
莱芜	Laiwu	3014	3017	3482	136
临沂	Linyi	10593	10991	11609	36
德州	Dezhou	2455	2924	4080	117
聊城	Liaocheng	4272	4412	4760	95

8-45 城市绿化覆盖面积(辖区) 续表 2
Urban Green Coverage Area (Districts under City) continued 2

单位：公顷 (hectare)

地名	City	2010	2011	2012	2012 排名 Ranking	地名	City	2010	2011	2012	2012 排名 Ranking
滨州	Binzhou	3446	4559	5558	82	常德	Changde	3304	3444	3554	135
菏泽	Heze	3679	3903	4128	114	张家界	Zhangjiajie	1539	1539	1709	229
河南	**Henan**	**78108**	**81124**	**88232**		益阳	Yiyang	2169	2400	2496	187
郑州	Zhengzhou	13332	13838	14836	28	郴州	Chenzhou	2292	2555	2815	159
开封	Kaifeng	3393	3462	3632	134	永州	Yongzhou	1970	2026	2190	201
洛阳	Luoyang	5955	6080	6736	67	怀化	Huaihua	1918	1893	2166	202
平顶山	Pingdingshan	2940	3009	3049	149	娄底	Loudi	2220	2745	2753	162
安阳	Anyang	2912	2996	3050	148	广东	**Guangdong**	**488980**	**471844**	**465408**	
鹤壁	Hebi	2054	2364	2458	192	广州	Guangzhou	140768	139720	140974	1
新乡	Xinxiang	4002	4412	4543	104	韶关	Shaoguan	3774	3886	4050	119
焦作	Jiaozuo	3852	3893	3927	127	深圳	Shenzhen	97592	97575	97670	2
濮阳	Puyang	1651	1751	1751	225	珠海	Zhuhai	32456	30951	33050	8
许昌	Xuchang	3118	3192	3194	144	汕头	Shantou	7113	7607	8943	49
漯河	Luohe	2423	2423	2443	193	佛山	Foshan	11737	8946	8998	48
三门峡	Sanmenxia	1304	1304	1304	251	江门	Jiangmen	9537	9885	11173	37
南阳	Nanyang	3072	3105	6227	73	湛江	Zhanjiang	5565	5671	5704	80
商丘	Shangqiu	2289	2329	2530	183	茂名	Maoming	5188	3578	3675	132
信阳	Xinyang	4345	4359	4560	102	肇庆	Zhaoqing	7834	8427	7409	60
周口	Zhoukou	2249	2407	2607	176	惠州	Huizhou	6528	7289	7951	55
驻马店	Zhumadian	2142	2237	2631	171	梅州	Meizhou	2114	2200	2244	199
湖北	**Hubei**	**80294**	**85796**	**91713**		汕尾	Shanwei	1300	681	681	280
武汉	Wuhan	17991	19036	19870	16	河源	Heyuan	21930	23027	1366	249
黄石	Huangshi	2632	2694	2759	161	阳江	Yangjiang	17560	1696	1911	214
十堰	Shiyan	12468	12500	12500	32	清远	Qingyuan	2281	2448	2459	191
宜昌	Yichang	3770	4102	5077	93	东莞	Dongguan	79446	81684	89678	4
襄阳	Xiangfan	5111	6352	6400	71	中山	ZhongShan	4234	4053	4146	113
鄂州	Ezhou	1935	1966	2020	207	潮州	Chaozhou	1780	1845	1845	217
荆门	Jingmen	2016	2064	2104	205	揭阳	Jieyang	2797	2820	3317	140
孝感	Xiaogan	1482	1501	1713	228	云浮	Yunfu	1194	1234	1238	259
荆州	Jingzhou	2642	2649	2747	163	广西	**Guangxi**	**65692**	**69697**	**72785**	
黄冈	Huanggang	1115	1135	1177	265	南宁	Nanning	37125	37747	38603	6
咸宁	Xianning	2664	3813	3863	128	柳州	Liuzhou	7111	7443	7886	56
随州	Suizhou	1400	1597	4480	108	桂林	Guilin	2790	2795	2805	160
湖南	**Hunan**	**54509**	**57765**	**60071**		梧州	Wuzhou	2101	2351	2253	198
长沙	Changsha	9857	10235	10729	41	北海	Beihai	2068	2479	2534	182
株洲	Zhuzhou	4104	5136	5143	92	防城港	Fangchenggang	1092	1152	1179	264
湘潭	Xiangtan	4607	4677	4759	96	钦州	Qinzhou	1549	2368	3186	145
衡阳	Hengyang	4053	4268	3998	122	贵港	Guigang	1464	1465	1660	232
邵阳	Shaoyang	2038	2342	2472	188	玉林	Yulin	2195	2628	2824	158
岳阳	Yueyang	3413	3455	3479	137	百色	Baise	1406	1489	1560	236

8-45 城市绿化覆盖面积(辖区) 续表 3
Urban Green Coverage Area (Districts under City) continued 3

单位：公顷 (hectare)

地名	City	2010	2011	2012	2012 排名 Ranking	地名	City	2010	2011	2012	2012 排名 Ranking
贺州	Hezhou	662	1332	1408	246	丽江	Lijiang	778	800	960	271
河池	Hechi	576	576	640	281	普洱	Puer	1346	953	1020	269
来宾	Laibin	1015	993	1264	255	临沧	Lincang	546	700	700	279
崇左	Chongzuo	762	806	809	276	**西藏**	**Tibet**	**2778**	**3157**	**4398**	
海南	**Hainan**	**50564**	**51474**	**52470**		拉萨	Lhasa	2548	2548	2548	181
海口	Haikou	4046	4096	5191	89	**陕西**	**Shaanxi**	**33232**	**35566**	**38668**	
三亚	Sanya	1357	1684	1531	238	西安	Xi'an	13823	15103	16764	23
重庆	**Chongqing**	**41244**	**47637**	**51689**		铜川	Tongchuan	2371	2485	2498	186
四川	**Sichuan**	**80157**	**85991**	**92255**		宝鸡	Baoji	3527	3540	4520	105
成都	Chengdu	18335	19353	20757	15	咸阳	Xianyang	2669	2865	2900	155
自贡	Zigong	3071	3470	3955	124	渭南	Weinan	1530	1563	1659	233
攀枝花	Panzhihua	2214	2273	2554	180	延安	Yan'an	1204	1358	1410	245
泸州	Luzhou	3830	4432	4709	97	汉中	Hanzhong	1400	1433	1445	242
德阳	Deyang	2063	2441	2575	178	榆林	Yulin	2245	2468	2468	189
绵阳	Mianyang	3932	3951	4066	118	安康	Ankang	1044	1256	1441	243
广元	Guangyuan	1424	1582	1681	231	商洛	Shangluo	1382	1382	1400	247
遂宁	Suining	5866	5881	5893	79	**甘肃**	**Gansu**	**19898**	**20927**	**23069**	
内江	Neijiang	1405	1931	1965	209	兰州	Lanzhou	5495	5525	6548	68
乐山	Leshan	2167	2174	2887	156	嘉峪关	Jiayuguan	1815	2024	2340	195
南充	Nanchong	3263	3800	4350	111	金昌	Jinchang	1188	1200	1209	263
眉山	Meishan	1424	1603	1837	220	白银	Baiyin	1258	1478	1738	227
宜宾	Yibin	2360	2763	3076	147	天水	Tianshui	1487	1532	1549	237
广安	Guangan	1253	1376	1510	239	武威	Wuwei	611	612	620	283
达州	Dazhou	1679	1920	1783	223	张掖	Zhangye	901	1089	1344	250
雅安	Yaan	1689	1689	2018	208	平凉	Pingliang	1830	1902	1952	210
巴中	Bazhong	630	520	631	282	酒泉	Jiuquan	1546	1546	1621	234
资阳	Ziyang	1271	1466	1600	235	庆阳	Qingyang	395	625	711	278
贵州	**Guizhou**	**34190**	**35322**	**38873**		定西	Dingxi	596	605	610	284
贵阳	Guiyang	20952	21164	22766	14	陇南	Longnan	1252	1252	1254	257
六盘水	Liupanshui	1200	1212	1215	262	**青海**	**Qinghai**	**3409**	**3856**	**4121**	
遵义	Zunyi	2322	2322	2671	169	西宁	Xining	2345	2785	2902	154
安顺	Anshun	2187	2400	2630	172	**宁夏**	**Ningxia**	**19672**	**20539**	**21969**	
毕节	Bijie	208	1216	1216	261	银川	Yinchuan	5701	5865	6165	75
铜仁	Tongren	801	855	855	274	石嘴山	Shizuishan	8506	8512	8536	51
云南	**Yunnan**	**31903**	**35538**	**39210**		吴忠	Wuzhong	1617	2055	2428	194
昆明	Kunming	12545	14734	16884	22	固原	Guyuan	991	1000	1035	268
曲靖	Qujing	2210	2445	2674	168	中卫	Zhongwei	953	1104	1375	248
玉溪	Yuxi	993	1271	1283	253	**新疆**	**Xinjiang**	**43671**	**49697**	**53328**	
保山	Baoshan	732	756	853	275	乌鲁木齐	Urumqi	17316	22399	24197	12
昭通	Zhaotong	821	990	1116	266	克拉玛依	Karamay	2897	3347	4089	116

8-46 城市建成区绿化覆盖率（辖区）
Green Coverage Rate of Urban Built District (Districts under City)

单位：% (%)

地名	City	2010	2011	2012	2012 排名 Ranking
全国	**Nation Total**	**38.62**	**39.22**	**39.59**	
北京	**Beijing**		**45.60**	**46.20**	
天津	**Tianjin**	**32.06**	**34.53**	**34.88**	
河北	**Hebei**	**42.73**	**42.07**	**40.98**	
石家庄	Shijiazhuang	43.03	47.12	41.02	106
唐山	Tangshan	46.00	40.06	40.62	115
秦皇岛	Qinhuangdao	49.97	49.34	49.10	5
邯郸	Handan	47.20	49.00	49.10	5
邢台	Xingtai	40.60	39.12	39.33	157
保定	Baoding	44.58	44.81	36.96	219
张家口	Zhangjiakou	38.52	40.46	41.45	91
承德	Chengde	41.85	39.09	39.82	145
沧州	Cangzhou	41.76	36.36	37.20	213
廊坊	Langfang	46.80	46.49	46.59	14
衡水	Hengshui	41.30	41.29	39.10	162
山西	**Shanxi**	**38.01**	**38.29**	**38.60**	
太原	Taiyuan	35.75	38.01	39.07	163
大同	Datong	37.46	38.50	41.70	87
阳泉	Yangquan	39.74	40.76	40.85	110
长治	Changzhi	48.01	44.91	45.01	26
晋城	Jincheng	44.77	45.20	32.78	257
朔州	Shuozhou	42.84	41.25	42.76	56
晋中	Jinzhong	40.09	41.40	37.60	202
运城	Yuncheng	41.50	40.09	37.20	213
忻州	Xinzhou	17.28	19.63	24.63	279
临汾	Linfen	42.33	39.99	37.39	209
吕梁	Luliang	36.33	37.78	39.11	161
内蒙古	**Inner Mongolia**	**33.35**	**34.09**	**36.17**	
呼和浩特	Hohhot	35.69	36.00	36.06	228
包头	Baotou	39.98	40.50	42.00	75
乌海	Wuhai	34.46	35.33	40.69	114
赤峰	Chifeng	34.23	35.48	37.84	200
通辽	Tongliao	31.60	32.79	37.50	205
鄂尔多斯	Erdos	36.61	37.82	42.03	74
呼伦贝尔	Hulunbuir	24.78	24.73	22.79	281
巴彦淖尔	Bayannur	32.74	33.68	34.00	248
乌兰察布	Ulanqab	37.89	37.30	37.32	210
辽宁	**Liaoning**	**39.32**	**39.78**	**40.17**	
沈阳	Shenyang	42.01	42.00	42.22	67
大连	Dalian	45.17	45.17	44.68	30
鞍山	Anshan	38.59	38.07	37.89	199
抚顺	Fushun	39.48	39.26	41.91	80
本溪	Benxi	46.96	47.65	47.70	10
丹东	Dandong	37.79	37.79	37.98	196
锦州	Jinzhou	39.02	39.03	39.23	159
营口	Yingkou	41.49	41.54	41.73	86
阜新	Fuxin	38.33	40.22	41.25	99
辽阳	Liaoyang	38.93	39.56	40.50	119
盘锦	Panjin	38.52	39.83	40.00	139
铁岭	Tieling	39.26	39.32	39.33	157
朝阳	Chaoyang	29.73	32.23	32.60	259
葫芦岛	Huludao	38.30	37.35	37.94	198
吉林	**Jilin**	**34.12**	**34.17**	**33.94**	
长春	Changchun	38.58	36.33	35.09	238
吉林	Jilin	45.72	45.75	46.08	16
四平	Siping	31.41	33.55	33.92	249
辽源	Liaoyuan	35.12	38.26	38.83	171
通化	Tonghua	30.60	36.21	35.76	231
白山	Baishan	29.88	32.98	35.07	239
松原	Songyuan	40.05	41.00	41.10	102
白城	Baicheng	31.46	31.49	28.51	269
黑龙江	**Heilongjiang**	**34.89**	**36.32**	**35.98**	
哈尔滨	Harbin	38.38	37.92	37.02	216
齐齐哈尔	Qiqihar	40.01	38.61	38.61	181
鸡西	Jixi	39.13	43.90	42.47	61
鹤岗	Hegang	41.93	42.99	43.08	47
双鸭山	Shuangyashan	42.74	42.91	42.91	54
大庆	Daqing	38.44	44.72	43.21	46
伊春	Yichun	26.71	26.77	26.91	271
佳木斯	Jiamusi	40.30	40.40	41.10	102
七台河	Qitaihe	40.82	42.60	40.12	133
牡丹江	Mudanjiang	38.55	39.21	38.78	174
黑河	Heihe	23.95	24.00	30.35	263
绥化	Suihua	26.26	25.91	25.91	275
上海	**Shanghai**	**38.15**	**38.22**	**38.29**	
江苏	**Jiangsu**	**42.07**	**42.12**	**42.17**	

8-46 城市建成区绿化覆盖率(辖区) 续表 1
Green Coverage Rate of Urban Built District (Districts under City) continued 1

单位：% (%)

地名	City	2010	2011	2012	2012 排名 Ranking	地名	City	2010	2011	2012	2012 排名 Ranking
南京	Nanjing	44.38	44.42	44.02	37	池州	Chizhou	39.14	39.36	40.43	122
无锡	Wuxi	42.62	42.58	42.68	57	宣城	Xuancheng	35.12	36.17	38.82	172
徐州	Xuzhou	41.26	41.87	42.21	68	**福建**	**Fujian**	**40.97**	**41.39**	**42.03**	
常州	Changzhou	42.15	42.17	42.21	68	福州	Fuzhou	40.27	40.50	40.60	116
苏州	Suzhou	42.70	42.20	41.89	81	厦门	Xiamen	40.40	40.64	41.76	83
南通	Nantong	40.60	40.80	41.27	98	莆田	Putian	43.10	45.86	45.97	19
连云港	Lianyungang	38.73	39.60	39.91	142	三明	Sanming	40.48	41.63	41.11	101
淮安	Huaian	39.60	39.83	40.04	138	泉州	Quanzhou	40.48	40.60	42.20	70
盐城	Yancheng	39.20	40.03	40.23	129	漳州	Zhangzhou	41.93	41.38	41.39	93
扬州	Yangzhou	43.60	43.00	43.03	50	南平	Nanping	40.33	40.49	44.85	28
镇江	Zhenjiang	42.14	42.20	42.29	64	龙岩	Longyan	42.13	42.15	42.17	72
泰州	Taizhou	40.82	40.82	41.00	107	宁德	Ningde	40.04	40.06	41.34	94
宿迁	Suqian	40.57	40.92	41.33	95	**江西**	**Jiangxi**	**46.62**	**46.81**	**45.95**	
浙江	**Zhejiang**	**38.30**	**38.39**	**39.86**		南昌	Nanchang	42.76	42.96	43.00	52
杭州	Hangzhou	39.95	40.04	40.07	135	景德镇	Jingdezhen	53.57	54.66	53.69	1
宁波	Ningbo	38.04	38.13	38.23	187	萍乡	Pingxiang	46.72	46.88	46.02	18
温州	Wenzhou	21.89	22.26	35.62	233	九江	Jiujiang	56.39	57.10	51.80	4
嘉兴	Jiaxing	41.09	43.12	42.18	71	新余	Xinyu	49.17	52.67	53.37	2
湖州	Huzhou	49.78	48.19	48.20	7	鹰潭	Yingtan	47.34	37.84	38.91	169
绍兴	Shaoxing	40.35	41.32	41.06	105	赣州	Ganzhou	45.09	41.53	40.60	116
金华	Jinhua	39.80	39.15	38.97	166	吉安	Jian	42.22	45.16	45.55	20
衢州	Quzhou	42.17	42.10	41.15	100	宜春	Yichun	42.40	42.49	43.08	47
舟山	Zhoushan	40.24	40.04	38.76	175	抚州	Fuzhou	48.01	49.60	47.71	9
台州	Taizhou	44.27	42.35	43.24	45	上饶	Shangrao	48.35	49.08	47.21	12
丽水	Lishui	41.33	41.17	43.06	49	**山东**	**Shandong**	**41.47**	**41.51**	**42.12**	
安徽	**Anhui**	**37.50**	**39.47**	**38.80**		济南	Jinan	37.04	37.05	38.00	194
合肥	Hefei	38.82	43.41	39.92	141	青岛	Qingdao	43.38	44.69	44.70	29
芜湖	Wuhu	38.20	38.83	39.50	154	淄博	Zibo	42.20	42.53	43.25	44
蚌埠	Bengbu	37.00	37.01	37.21	212	枣庄	Zaozhuang	37.48	38.97	40.20	131
淮南	Huainan	39.83	40.68	39.71	149	东营	Dongying	38.57	39.56	40.41	123
马鞍山	Maanshan	42.73	43.27	43.63	40	烟台	Yantai	42.05	43.20	43.29	43
淮北	Huaibei	43.16	43.25	44.16	35	潍坊	Weifang	40.10	40.30	40.59	118
铜陵	Tongling	40.17	46.79	40.20	131	济宁	Jining	43.64	37.51	35.38	235
安庆	Anqing	38.48	38.20	38.89	170	泰安	Taian	43.81	43.85	43.88	38
黄山	Huangshan	48.82	47.86	47.25	11	威海	Weihai	47.12	47.59	47.92	8
滁州	Chuzhou	36.24	36.06	39.80	146	日照	Rizhao	41.10	42.00	42.29	64
阜阳	Fuyang	33.02	33.04	33.15	254	莱芜	Laiwu	44.22	42.17	42.12	73
宿州	Suzhou	38.02	39.05	38.60	182	临沂	Linyi	46.58	44.91	43.02	51
六安	Liuan	40.79	40.79	38.67	178	德州	Dezhou	40.33	40.69	42.49	60
亳州	Bozhou	39.53	40.71	40.89	109	聊城	Liaocheng	44.20	40.30	44.08	36

8-46 城市建成区绿化覆盖率(辖区) 续表 2
Green Coverage Rate of Urban Built District (Districts under City) continued 2

单位：% (%)

地名	City	2010	2011	2012	2012 排名 Ranking
滨州	Binzhou	38.96	39.58	43.84	39
菏泽	Heze	40.14	41.71	41.95	79
河南	**Henan**	**36.56**	**36.64**	**36.90**	
郑州	Zhengzhou	34.88	35.13	36.08	227
开封	Kaifeng	34.43	34.52	35.82	230
洛阳	Luoyang	32.98	32.54	35.94	229
平顶山	Pingdingshan	38.08	38.32	39.41	155
安阳	Anyang	37.49	38.22	38.73	177
鹤壁	Hebi	40.08	40.21	40.41	123
新乡	Xinxiang	41.24	41.27	41.30	96
焦作	Jiaozuo	39.59	39.26	38.66	179
濮阳	Puyang	44.44	39.80	38.07	190
许昌	Xuchang	38.93	39.84	39.86	144
漯河	Luohe	38.32	38.32	38.65	180
三门峡	Sanmenxia	43.47	43.47	43.47	41
南阳	Nanyang	29.51	28.05	25.14	276
商丘	Shangqiu	38.15	38.18	40.81	111
信阳	Xinyang	42.38	42.39	42.41	63
周口	Zhoukou	38.14	38.16	38.95	168
驻马店	Zhumadian	40.28	40.30	40.31	126
湖北	**Hubei**	**37.74**	**38.35**	**38.86**	
武汉	Wuhan	37.17	37.59	38.19	188
黄石	Huangshi	39.88	38.76	38.06	191
十堰	Shiyan	45.32	43.71	46.04	17
宜昌	Yichang	40.88	40.05	41.08	104
襄阳	Xiangfan	36.38	45.55	45.30	22
鄂州	Ezhou	37.00	35.25	36.21	223
荆门	Jingmen	39.92	39.83	39.56	152
孝感	Xiaogan	40.21	42.17	45.12	23
荆州	Jingzhou	39.79	39.07	39.78	148
黄冈	Huanggang	32.97	32.56	32.85	256
咸宁	Xianning	37.60	38.13	41.78	82
随州	Suizhou	31.98	27.98	36.89	220
湖南	**Hunan**	**36.64**	**36.84**	**37.01**	
长沙	Changsha	36.19	36.97	37.98	196
株洲	Zhuzhou	42.41	42.65	41.40	92
湘潭	Xiangtan	40.38	40.18	40.41	123
衡阳	Hengyang	38.95	36.13	35.07	239
邵阳	Shaoyang	32.97	33.85	35.00	242
岳阳	Yueyang	41.37	41.63	40.22	130
常德	Changde	43.35	43.38	43.45	42
张家界	Zhangjiajie	37.72	33.40	33.59	251
益阳	Yiyang	40.17	40.00	38.40	184
郴州	Chenzhou	36.97	38.31	39.12	160
永州	Yongzhou	31.35	31.96	34.57	246
怀化	Huaihua	30.38	31.13	35.10	237
娄底	Loudi	39.79	39.80	39.91	142
广东	**Guangdong**	**41.31**	**41.10**	**41.23**	
广州	Guangzhou	41.96	40.30	40.50	119
韶关	Shaoguan	46.12	46.12	46.12	15
深圳	Shenzhen	45.04	45.05	45.06	25
珠海	Zhuhai	50.25	51.26	52.15	3
汕头	Shantou	40.65	41.22	41.76	83
佛山	Foshan	37.11	37.49	38.36	186
江门	Jiangmen	40.74	41.00	42.46	62
湛江	Zhanjiang	45.77	40.42	40.73	112
茂名	Maoming	44.45	29.22	29.60	267
肇庆	Zhaoqing	36.09	35.06	35.19	236
惠州	Huizhou	30.06	32.94	34.68	244
梅州	Meizhou	42.84	42.85	42.87	55
汕尾	Shanwei	41.20	42.53	41.74	85
河源	Heyuan	44.11	44.21	44.29	32
阳江	Yangjiang	38.45	37.34	38.15	189
清远	Qingyuan	40.12	40.54	40.70	113
东莞	Dongguan	43.37	44.52	44.96	27
中山	ZhongShan	38.97	45.95	47.01	13
潮州	Chaozhou	42.71	44.27	44.27	33
揭阳	Jieyang	35.21	35.30	37.47	208
云浮	Yunfu	39.45	41.22	39.67	151
广西	**Guangxi**	**34.96**	**37.35**	**37.50**	
南宁	Nanning	40.36	41.25	42.00	75
柳州	Liuzhou	38.12	40.80	40.91	108
桂林	Guilin	44.29	42.84	42.50	59
梧州	Wuzhou	39.14	43.19	38.97	166
北海	Beihai	35.78	37.92	38.06	191
防城港	Fangchenggang	33.82	32.75	32.96	255
钦州	Qinzhou	22.20	33.30	34.29	247
贵港	Guigang	26.26	24.93	24.93	278
玉林	Yulin	33.02	38.01	38.03	193
百色	Baise	36.70	38.39	39.03	164

8-46 城市建成区绿化覆盖率(辖区) 续表 3
Green Coverage Rate of Urban Built District (Districts under City) continued 3

单位：%　　　　(%)

地名	City	2010	2011	2012	2012 排名 Ranking
贺州	Hezhou	22.77	40.34	41.47	90
河池	Hechi	28.30	28.30	30.33	264
来宾	Laibin	35.00	32.03	35.69	232
崇左	Chongzuo	29.82	32.55	32.64	258
海南	**Hainan**	**42.63**	**41.81**	**41.19**	
海口	Haikou	44.14	42.01	42.00	75
三亚	Sanya	48.12	45.31	45.31	21
重庆	**Chongqing**	**40.57**	**40.18**	**42.94**	
四川	**Sichuan**	**37.88**	**38.21**	**38.69**	
成都	Chengdu	39.43	39.15	39.38	156
自贡	Zigong	38.10	38.50	38.80	173
攀枝花	Panzhihua	40.55	38.16	38.47	183
泸州	Luzhou	39.00	40.26	40.30	127
德阳	Deyang	38.27	39.80	40.05	137
绵阳	Mianyang	37.89	38.30	37.82	201
广元	Guangyuan	36.56	37.81	37.02	216
遂宁	Suining	37.66	41.62	35.55	234
内江	Neijiang	34.64	38.05	36.11	225
乐山	Leshan	37.91	36.69	37.29	211
南充	Nanchong	38.12	38.63	40.10	134
眉山	Meishan	31.75	35.56	37.56	203
宜宾	Yibin	38.98	39.10	36.13	224
广安	Guangan	41.67	44.26	44.26	34
达州	Dazhou	35.76	29.91	35.00	242
雅安	Yaan	39.81	41.00	41.29	97
巴中	Bazhong	35.03	28.89	35.06	241
资阳	Ziyang	35.00	38.32	38.74	176
贵州	**Guizhou**	**29.58**	**32.31**	**32.80**	
贵阳	Guiyang	37.24	42.13	40.47	121
六盘水	Liupanshui	24.68	24.96	25.04	277
遵义	Zunyi	34.61	34.61	40.24	128
安顺	Anshun	14.00	16.94	21.76	282
毕节	Bijie	8.50	39.37	32.35	260
铜仁	Tongren	34.04	25.77	24.25	280
云南	**Yunnan**	**37.31**	**38.73**	**39.30**	
昆明	Kunming	41.36	42.40	44.47	31
曲靖	Qujing	38.93	39.59	40.06	136
玉溪	Yuxi	34.35	41.16	26.83	272
保山	Baoshan	34.86	34.68	33.19	253
昭通	Zhaotong	31.00	30.00	31.00	261
丽江	Lijiang	35.34	39.80	40.00	139
普洱	Puer	56.08	39.71	41.63	89
临沧	Lincang	37.07	39.00	42.23	66
西藏	**Tibet**	**25.40**	**24.06**	**32.41**	
拉萨	Lhasa	32.25	32.28	21.69	283
陕西	**Shaanxi**	**38.29**	**38.68**	**40.36**	
西安	Xi'an	40.43	41.15	42.00	75
铜川	Tongchuan	42.51	42.52	42.62	58
宝鸡	Baoji	14.23	36.30	45.12	23
咸阳	Xianyang	40.11	40.43	39.68	150
渭南	Weinan	37.10	37.46	37.48	207
延安	Yan'an	36.30	37.72	39.00	165
汉中	Hanzhong	37.65	37.65	38.00	194
榆林	Yulin	32.35	32.84	36.22	222
安康	Ankang	34.80	34.58	38.40	184
商洛	Shangluo	39.77	39.64	26.70	273
甘肃	**Gansu**	**27.12**	**27.85**	**30.02**	
兰州	Lanzhou	25.02	25.08	30.01	266
嘉峪关	Jiayuguan	36.67	36.80	37.14	215
金昌	Jinchang	32.38	30.49	30.72	262
白银	Baiyin	22.73	26.63	29.11	268
天水	Tianshui	35.20	36.05	33.82	250
武威	Wuwei	21.40	20.03	19.97	284
张掖	Zhangye	26.74	30.60	36.11	225
平凉	Pingliang	29.94	31.94	33.33	252
酒泉	Jiuquan	36.50	36.03	34.64	245
庆阳	Qingyang	18.40	27.78	30.26	265
定西	Dingxi	25.43	25.80	25.98	274
陇南	Longnan	2.69	2.79	2.98	285
青海	**Qinghai**	**29.38**	**31.06**	**32.50**	
西宁	Xining	35.12	37.13	37.49	206
宁夏	**Ningxia**	**38.75**	**37.45**	**38.37**	
银川	Yinchuan	43.03	42.19	41.68	88
石嘴山	Shizuishan	41.00	40.91	39.80	146
吴忠	Wuzhong	38.53	39.00	39.51	153
固原	Guyuan	28.63	27.59	28.23	270
中卫	Zhongwei	26.00	24.43	36.54	221
新疆	**Xinjiang**	**36.42**	**36.64**	**35.88**	
乌鲁木齐	Urumqi	34.80	36.16	37.00	218
克拉玛依	Karamay	42.90	42.91	42.92	53

8-47 城市公园绿地面积(辖区)
Area of Urban Public Green Space (Districts under City)

单位：公顷 (hectare)

地名	City	2010	2011	2012	2012 排名 Ranking
全国	**Nation Total**	**441276**	**482620**	**517815**	
北京	**Beijing**	**19020**	**19728**	**21178**	
天津	**Tianjin**	**5266**	**6341**	**6846**	
河北	**Hebei**	**21849**	**22321**	**22320**	
石家庄	Shijiazhuang	3530	3603	3557	18
唐山	Tangshan	2981	2920	2960	29
秦皇岛	Qinhuangdao	1793	1870	1929	46
邯郸	Handan	2988	3211	3281	22
邢台	Xingtai	1006	1006	1020	98
保定	Baoding	1491	1558	1108	89
张家口	Zhangjiakou	946	948	970	104
承德	Chengde	1450	1273	1344	70
沧州	Cangzhou	582	591	610	162
廊坊	Langfang	674	683	691	146
衡水	Hengshui	424	447	434	214
山西	**Shanxi**	**9061**	**10295**	**11224**	
太原	Taiyuan	2576	3027	3416	21
大同	Datong	876	1402	1652	57
阳泉	Yangquan	526	558	558	178
长治	Changzhi	864	744	745	133
晋城	Jincheng	456	456	556	179
朔州	Shuozhou	280	318	422	218
晋中	Jinzhong	431	568	605	164
运城	Yuncheng	395	398	429	216
忻州	Xinzhou	58	83	199	272
临汾	Linfen	592	603	612	160
吕梁	Luliang	315	320	320	248
内蒙古	**Inner Mongolia**	**10352**	**12161**	**13618**	
呼和浩特	Hohhot	2422	2644	2853	30
包头	Baotou	2100	2159	2221	41
乌海	Wuhai	522	651	782	127
赤峰	Chifeng	746	771	1282	76
通辽	Tongliao	741	757	779	128
鄂尔多斯	Erdos	1024	1673	1800	53
呼伦贝尔	Hulunbuir	549	687	687	149
巴彦淖尔	Bayannur	252	248	308	253
乌兰察布	Ulanqab	600	1096	1140	86
辽宁	**Liaoning**	**21593**	**23174**	**24710**	
沈阳	Shenyang	6085	6677	7112	5
大连	Dalian	3510	3575	3607	16
鞍山	Anshan	1617	1677	1747	56
抚顺	Fushun	1185	1255	1301	72
本溪	Benxi	828	850	913	109
丹东	Dandong	560	690	690	147
锦州	Jinzhou	896	898	913	109
营口	Yingkou	959	1007	1018	99
阜新	Fuxin	817	877	921	107
辽阳	Liaoyang	674	698	720	140
盘锦	Panjin	488	558	739	135
铁岭	Tieling	437	442	448	209
朝阳	Chaoyang	468	472	475	203
葫芦岛	Huludao	596	649	682	151
吉林	**Jilin**	**10974**	**11776**	**12486**	
长春	Changchun	4249	4470	4966	9
吉林	Jilin	1524	1534	1537	63
四平	Siping	461	502	510	190
辽源	Liaoyuan	363	363	380	228
通化	Tonghua	429	540	545	183
白山	Baishan	383	398	403	222
松原	Songyuan	497	540	566	175
白城	Baicheng	221	222	223	267
黑龙江	**Heilongjiang**	**15284**	**15664**	**16142**	
哈尔滨	Harbin	4198	4238	4333	11
齐齐哈尔	Qiqihar	1091	1091	1091	91
鸡西	Jixi	695	695	695	145
鹤岗	Hegang	842	860	874	116
双鸭山	Shuangyashan	739	690	690	147
大庆	Daqing	1779	1800	1918	47
伊春	Yichun	1518	1548	1561	61
佳木斯	Jiamusi	740	797	840	119
七台河	Qitaihe	457	477	480	201
牡丹江	Mudanjiang	739	746	749	131
黑河	Heihe	236	210	210	270
绥化	Suihua	135	245	245	262
上海	**Shanghai**	**16053**	**16446**	**16848**	
江苏	**Jiangsu**	**33585**	**35634**	**38069**	

8-47 城市公园绿地面积(辖区) 续表 1
Area of Urban Public Green Space (Districts under City) continued 1

单位：公顷 (hectare)

地名	City	2010	2011	2012	2012 排名 Ranking
南京	Nanjing	6773	7505	7908	4
无锡	Wuxi	3418	3485	3554	19
徐州	Xuzhou	2234	2395	2430	38
常州	Changzhou	1632	1704	1759	55
苏州	Suzhou	3615	3662	4271	12
南通	Nantong	1038	1257	1905	48
连云港	Lianyungang	880	1084	1129	88
淮安	Huaian	1341	1418	1650	58
盐城	Yancheng	821	902	921	107
扬州	Yangzhou	1483	1835	1858	49
镇江	Zhenjiang	1397	1445	1483	65
泰州	Taizhou	594	602	634	158
宿迁	Suqian	574	642	703	143
浙江	**Zhejiang**	**20090**	**21480**	**23420**	
杭州	Hangzhou	5017	5287	5635	8
宁波	Ningbo	1725	1799	1853	50
温州	Wenzhou	883	1244	2006	44
嘉兴	Jiaxing	883	998	1054	96
湖州	Huzhou	1277	1381	1407	67
绍兴	Shaoxing	1085	1129	1183	83
金华	Jinhua	707	709	709	141
衢州	Quzhou	394	412	426	217
舟山	Zhoushan	675	688	724	139
台州	Taizhou	1073	1085	1165	85
丽水	Lishui	340	346	367	234
安徽	**Anhui**	**13630**	**15001**	**15941**	
合肥	Hefei	3269	3436	3533	20
芜湖	Wuhu	1120	1495	1560	62
蚌埠	Bengbu	611	633	789	126
淮南	Huainan	1207	1241	1250	77
马鞍山	Maanshan	792	941	1032	97
淮北	Huaibei	1121	1177	1229	78
铜陵	Tongling	454	548	611	161
安庆	Anqing	578	584	589	167
黄山	Huangshan	435	467	494	197
滁州	Chuzhou	413	453	508	192
阜阳	Fuyang	555	599	730	138
宿州	Suzhou	489	506	531	186
六安	Liuan	713	831	827	121
亳州	Bozhou	280	310	330	247
池州	Chizhou	498	518	518	188
宣城	Xuancheng	387	335	371	231
福建	**Fujian**	**10972**	**12111**	**13004**	
福州	Fuzhou	2288	2452	2544	36
厦门	Xiamen	2807	2944	3105	26
莆田	Putian	582	681	709	141
三明	Sanming	274	283	291	256
泉州	Quanzhou	845	1309	1574	60
漳州	Zhangzhou	448	469	546	182
南平	Nanping	240	274	283	258
龙岩	Longyan	335	350	365	236
宁德	Ningde	315	324	335	246
江西	**Jiangxi**	**10733**	**11546**	**12817**	
南昌	Nanchang	1915	1981	2718	33
景德镇	Jingdezhen	709	740	740	134
萍乡	Pingxiang	447	467	470	206
九江	Jiujiang	1142	1185	1104	90
新余	Xinyu	602	732	832	120
鹰潭	Yingtan	202	220	270	260
赣州	Ganzhou	829	904	948	105
吉安	Jian	425	540	607	163
宜春	Yichun	637	717	807	125
抚州	Fuzhou	842	882	880	115
上饶	Shangrao	513	585	576	173
山东	**Shandong**	**43191**	**44800**	**47318**	
济南	Jinan	2890	2913	3017	28
青岛	Qingdao	4027	4041	4573	10
淄博	Zibo	2333	2345	2489	37
枣庄	Zaozhuang	1118	1206	1387	69
东营	Dongying	1119	1137	1205	80
烟台	Yantai	2795	2938	3080	27
潍坊	Weifang	2173	2187	2225	40
济宁	Jining	892	1116	1190	81
泰安	Taian	1198	1218	1285	75
威海	Weihai	1443	1465	1489	64
日照	Rizhao	1331	1376	1393	68
莱芜	Laiwu	892	892	907	113
临沂	Linyi	3269	3359	3629	15
德州	Dezhou	1169	1284	1650	58
聊城	Liaocheng	705	735	749	131

8-47 城市公园绿地面积(辖区) 续表 2

Area of Urban Public Green Space (Districts under City) continued 2

单位：公顷 (hectare)

地名	City	2010	2011	2012	2012 排名 Ranking
滨州	Binzhou	1178	1252	1287	74
菏泽	Heze	741	808	816	123
河南	**Henan**	**18361**	**19207**	**21202**	
郑州	Zhengzhou	3095	3344	3565	17
开封	Kaifeng	455	696	697	144
洛阳	Luoyang	1743	1783	1826	52
平顶山	Pingdingshan	863	902	910	111
安阳	Anyang	606	656	672	153
鹤壁	Hebi	587	650	653	154
新乡	Xinxiang	714	759	767	129
焦作	Jiaozuo	713	739	758	130
濮阳	Puyang	548	548	548	181
许昌	Xuchang	505	505	505	194
漯河	Luohe	825	825	825	122
三门峡	Sanmenxia	482	482	482	200
南阳	Nanyang	1257	1146	2651	34
商丘	Shangqiu	509	529	565	177
信阳	Xinyang	654	665	676	152
周口	Zhoukou	301	310	313	251
驻马店	Zhumadian	399	418	452	208
湖北	**Hubei**	**16818**	**18010**	**19042**	
武汉	Wuhan	5685	6038	6227	7
黄石	Huangshi	866	873	906	114
十堰	Shiyan	532	534	639	156
宜昌	Yichang	860	1100	1138	87
襄阳	Xiangfan	829	838	984	102
鄂州	Ezhou	573	604	624	159
荆门	Jingmen	480	480	480	201
孝感	Xiaogan	286	389	440	212
荆州	Jingzhou	677	677	734	137
黄冈	Huanggang	327	345	387	225
咸宁	Xianning	310	470	490	198
随州	Suizhou	337	364	381	227
湖南	**Hunan**	**10969**	**11790**	**12366**	
长沙	Changsha	2522	2647	2804	31
株洲	Zhuzhou	1071	1071	1071	94
湘潭	Xiangtan	646	669	687	149
衡阳	Hengyang	864	996	865	117
邵阳	Shaoyang	505	530	580	171
岳阳	Yueyang	556	566	583	169
常德	Changde	876	887	910	111
张家界	Zhangjiajie	165	360	363	238
益阳	Yiyang	458	453	510	190
郴州	Chenzhou	424	522	593	166
永州	Yongzhou	290	294	374	230
怀化	Huaihua	262	325	377	229
娄底	Loudi	340	371	447	210
广东	**Guangdong**	**58514**	**67958**	**74029**	
广州	Guangzhou	10319	16400	19935	1
韶关	Shaoguan	630	626	636	157
深圳	Shenzhen	16987	17271	17508	2
珠海	Zhuhai	1989	2107	2552	35
汕头	Shantou	2819	3137	3167	25
佛山	Foshan	2005	2164	2294	39
江门	Jiangmen	1205	1409	1947	45
湛江	Zhanjiang	846	1058	1078	93
茂名	Maoming	486	538	588	168
肇庆	Zhaoqing	1150	1175	1188	82
惠州	Huizhou	1304	1677	2168	42
梅州	Meizhou	486	487	488	199
汕尾	Shanwei	266	302	307	254
河源	Heyuan	327	330	351	242
阳江	Yangjiang	437	447	455	207
清远	Qingyuan	538	549	554	180
东莞	Dongguan	9075	9837	9956	3
中山	ZhongShan	693	1019	1089	92
潮州	Chaozhou	406	471	471	205
揭阳	Jieyang	1008	1028	1299	73
云浮	Yunfu	263	273	290	257
广西	**Guangxi**	**8331**	**10012**	**10585**	
南宁	Nanning	2149	3125	3235	24
柳州	Liuzhou	1804	1881	2094	43
桂林	Guilin	753	764	846	118
梧州	Wuzhou	379	523	357	241
北海	Beihai	295	360	369	232
防城港	Fangchenggang	162	127	128	278
钦州	Qinzhou	183	199	215	269
贵港	Guigang	488	488	507	193
玉林	Yulin	564	682	737	136
百色	Baise	204	212	225	266

8-47 城市公园绿地面积(辖区) 续表 3

Area of Urban Public Green Space (Districts under City) continued 3

单位：公顷 (hectare)

地名	City	2010	2011	2012	2012 排名 Ranking
贺州	Hezhou	91	260	344	245
河池	Hechi	117	117	151	275
来宾	Laibin	184	237	315	249
崇左	Chongzuo	98	110	111	279
海南	**Hainan**	**2561**	**2807**	**2871**	
海口	Haikou	1303	1367	1418	66
三亚	Sanya	541	541	541	185
重庆	**Chongqing**	**14032**	**18626**	**20275**	
四川	**Sichuan**	**16133**	**17902**	**19188**	
成都	Chengdu	5732	6029	6262	6
自贡	Zigong	722	827	974	103
攀枝花	Panzhihua	527	581	582	170
泸州	Luzhou	698	853	925	106
德阳	Deyang	414	427	495	195
绵阳	Mianyang	908	915	985	101
广元	Guangyuan	288	388	406	221
遂宁	Suining	410	426	579	172
内江	Neijiang	327	410	414	220
乐山	Leshan	382	382	443	211
南充	Nanchong	688	815	1005	100
眉山	Meishan	367	367	369	232
宜宾	Yibin	602	710	812	124
广安	Guangan	473	473	522	187
达州	Dazhou	482	623	495	195
雅安	Yaan	384	197	245	262
巴中	Bazhong	258	258	258	261
资阳	Ziyang	168	298	298	255
贵州	**Guizhou**	**3969**	**4255**	**5666**	
贵阳	Guiyang	2186	2357	3257	23
六盘水	Liupanshui	77	77	80	284
遵义	Zunyi	360	360	600	165
安顺	Anshun	62	70	90	282
毕节	Bijie	12	213	366	235
铜仁	Tongren	84	86	86	283
云南	**Yunnan**	**6811**	**8154**	**9007**	
昆明	Kunming	2796	3474	4014	13
曲靖	Qujing	590	638	642	155
玉溪	Yuxi	204	530	566	175
保山	Baoshan	183	196	196	273
昭通	Zhaotong	204	150	150	276
丽江	Lijiang	360	398	420	219
普洱	Puer	310	163	230	265
临沧	Lincang	544	81	100	281
西藏	**Tibet**	**260**	**524**	**524**	
拉萨	Lhasa	202	202	202	271
陕西	**Shaanxi**	**8402**	**9118**	**9552**	
西安	Xi'an	3253	3584	3819	14
铜川	Tongchuan	389	412	438	213
宝鸡	Baoji	1118	1160	1174	84
咸阳	Xianyang	1114	1310	1319	71
渭南	Weinan	475	489	511	189
延安	Yan'an	338	354	386	226
汉中	Hanzhong	577	566	576	173
榆林	Yulin	249	269	390	223
安康	Ankang	339	360	315	249
商洛	Shangluo	146	148	148	277
甘肃	**Gansu**	**4392**	**4570**	**5373**	
兰州	Lanzhou	1714	1720	1762	54
嘉峪关	Jiayuguan	330	345	361	239
金昌	Jinchang	269	271	275	259
白银	Baiyin	269	328	349	243
天水	Tianshui	384	426	432	215
武威	Wuwei	97	97	473	204
张掖	Zhangye	302	290	543	184
平凉	Pingliang	216	232	245	262
酒泉	Jiuquan	303	303	310	252
庆阳	Qingyang	80	84	110	280
定西	Dingxi	165	170	185	274
陇南	Longnan	20	21	22	285
青海	**Qinghai**	**1014**	**1229**	**1344**	
西宁	Xining	897	1109	1220	79
宁夏	**Ningxia**	**3626**	**3795**	**4132**	
银川	Yinchuan	1556	1651	1832	51
石嘴山	Shizuishan	1038	1042	1055	95
吴忠	Wuzhong	356	389	389	224
固原	Guyuan	178	186	219	268
中卫	Zhongwei	214	242	364	237
新疆	**Xinjiang**	**5430**	**6185**	**6718**	
乌鲁木齐	Urumqi	2063	2636	2750	32
克拉玛依	Karamay	315	321	346	244

8-48 城市人均公园绿地面积(辖区)
Urban Public Green Space Per Capita (Districts under City)

单位：平方米 (m²)

地名	City	2010	2011	2012	2012 排名 Ranking	地名	City	2010	2011	2012	2012 排名 Ranking
全国	**Nation Total**	**11.2**	**11.8**	**12.3**		沈阳	Shenyang	12.7	12.4	12.5	124
北京	**Beijing**	**11.3**	**11.3**	**11.9**		大连	Dalian	12.0	12.1	12.2	129
天津	**Tianjin**	**8.6**	**10.3**	**10.5**		鞍山	Anshan	10.4	10.6	11.0	171
河北	**Hebei**	**14.2**	**14.3**	**14.0**		抚顺	Fushun	9.0	9.3	9.7	215
石家庄	Shijiazhuang	14.4	14.5	14.2	82	本溪	Benxi	9.0	9.1	9.7	218
唐山	Tangshan	15.1	14.8	15.0	54	丹东	Dandong	8.4	10.7	10.8	174
秦皇岛	Qinhuangdao	19.9	19.8	20.2	15	锦州	Jinzhou	9.2	9.2	9.2	230
邯郸	Handan	19.6	21.0	21.0	13	营口	Yingkou	10.1	10.4	10.3	187
邢台	Xingtai	15.7	14.2	11.4	161	阜新	Fuxin	10.5	11.2	11.8	147
保定	Baoding	13.3	13.6	9.2	234	辽阳	Liaoyang	8.5	8.9	9.1	235
张家口	Zhangjiakou	11.0	11.0	11.2	166	盘锦	Panjin	7.5	8.1	10.6	180
承德	Chengde	27.2	23.9	24.8	7	铁岭	Tieling	9.7	9.8	9.9	205
沧州	Cangzhou	10.0	9.6	9.9	204	朝阳	Chaoyang	8.8	8.7	8.1	254
廊坊	Langfang	13.0	13.1	13.2	103	葫芦岛	Huludao	12.9	14.4	14.9	62
衡水	Hengshui	11.3	11.7	12.0	137	吉林	**Jilin**	**10.3**	**10.5**	**11.0**	
山西	**Shanxi**	**9.4**	**10.2**	**10.8**		长春	Changchun	13.7	12.9	13.8	92
太原	Taiyuan	8.6	9.5	10.4	186	吉林	Jilin	11.9	11.9	12.0	137
大同	Datong	6.8	11.1	12.9	110	四平	Siping	7.2	7.4	8.2	252
阳泉	Yangquan	9.0	9.6	9.5	226	辽源	Liaoyuan	7.3	7.3	7.5	268
长治	Changzhi	12.2	10.3	9.9	208	通化	Tonghua	9.2	11.9	11.8	146
晋城	Jincheng	13.8	11.3	13.2	103	白山	Baishan	10.1	10.8	9.9	208
朔州	Shuozhou	9.3	8.2	10.7	176	松原	Songyuan	10.5	11.2	11.9	144
晋中	Jinzhong	10.6	12.4	12.9	114	白城	Baicheng	7.8	7.9	7.9	260
运城	Yuncheng	9.2	9.3	10.0	203	黑龙江	**Heilongjiang**	**11.3**	**11.5**	**11.8**	
忻州	Xinzhou	2.2	3.0	7.1	271	哈尔滨	Harbin	10.1	10.0	10.1	199
临汾	Linfen	13.0	13.8	13.2	105	齐齐哈尔	Qiqihar	10.0	10.0	10.0	201
吕梁	Luliang	13.6	11.9	11.9	142	鸡西	Jixi	9.3	9.3	9.6	219
内蒙古	**Inner Mongolia**	**12.4**	**14.5**	**15.5**		鹤岗	Hegang	14.9	15.3	15.0	57
呼和浩特	Hohhot	15.4	16.4	15.1	53	双鸭山	Shuangyashan	16.0	14.6	14.7	63
包头	Baotou	12.0	12.3	12.6	120	大庆	Daqing	13.5	13.6	14.3	78
乌海	Wuhai	9.5	12.0	14.3	75	伊春	Yichun	20.2	20.3	20.4	14
赤峰	Chifeng	8.4	9.0	14.4	73	佳木斯	Jiamusi	11.9	12.9	13.9	88
通辽	Tongliao	14.7	15.1	15.5	46	七台河	Qitaihe	11.9	12.1	11.9	141
鄂尔多斯	Erdos	14.3	22.3	26.4	4	牡丹江	Mudanjiang	10.5	10.5	10.6	182
呼伦贝尔	Hulunbuir	19.1	23.7	22.2	10	黑河	Heihe	16.7	14.7	14.6	66
巴彦淖尔	Bayannur	6.8	6.9	8.5	248	绥化	Suihua	4.3	7.7	7.7	263
乌兰察布	Ulanqab	18.6	32.4	32.8	1	上海	**Shanghai**	**7.0**	**7.0**	**7.1**	
辽宁	**Liaoning**	**10.2**	**10.6**	**10.9**		江苏	**Jiangsu**	**13.3**	**13.3**	**13.6**	

8-48 城市人均公园绿地面积(辖区) 续表 1
Urban Public Green Space Per Capita (Districts under City) continued 1

单位：平方米 (m²)

地名	City	2010	2011	2012	2012 排名 Ranking	地名	City	2010	2011	2012	2012 排名 Ranking
南京	Nanjing	13.7	14.1	13.9	87	池州	Chizhou	18.1	18.2	17.1	31
无锡	Wuxi	14.4	14.5	14.6	68	宣城	Xuancheng	14.1	10.5	11.5	157
徐州	Xuzhou	14.7	16.0	16.1	42	福建	**Fujian**	**11.0**	**11.7**	**12.1**	
常州	Changzhou	12.4	12.4	12.5	123	福州	Fuzhou	11.2	11.2	11.3	164
苏州	Suzhou	16.9	16.3	15.3	50	厦门	Xiamen	10.1	11.2	11.4	160
南通	Nantong	10.5	10.7	12.8	115	莆田	Putian	11.0	12.9	12.7	119
连云港	Lianyungang	12.0	13.7	13.7	94	三明	Sanming	11.9	12.2	12.6	121
淮安	Huaian	11.0	11.0	12.0	134	泉州	Quanzhou	10.6	11.9	13.7	95
盐城	Yancheng	11.7	11.8	12.0	139	漳州	Zhangzhou	10.5	10.9	12.4	126
扬州	Yangzhou	19.1	17.2	17.3	30	南平	Nanping	11.7	13.4	13.5	99
镇江	Zhenjiang	16.0	16.5	16.9	34	龙岩	Longyan	11.2	11.6	11.9	142
泰州	Taizhou	9.3	9.0	9.5	224	宁德	Ningde	13.6	13.7	13.8	91
宿迁	Suqian	12.1	12.3	12.5	122	江西	**Jiangxi**	**13.0**	**13.5**	**14.1**	
浙江	**Zhejiang**	**11.1**	**11.8**	**12.5**		南昌	Nanchang	9.0	9.2	12.0	135
杭州	Hangzhou	15.1	15.5	15.5	48	景德镇	Jingdezhen	15.7	16.0	15.7	45
宁波	Ningbo	10.5	10.6	10.6	181	萍乡	Pingxiang	12.1	12.3	11.5	153
温州	Wenzhou	6.0	8.4	13.0	109	九江	Jiujiang	18.1	18.7	17.0	32
嘉兴	Jiaxing	12.9	13.4	13.6	97	新余	Xinyu	15.8	17.4	18.5	25
湖州	Huzhou	15.3	16.3	16.4	40	鹰潭	Yingtan	12.7	13.1	12.4	127
绍兴	Shaoxing	15.4	15.7	15.2	52	赣州	Ganzhou	12.2	12.4	12.0	136
金华	Jinhua	12.2	12.0	11.9	140	吉安	Jian	13.4	16.9	17.0	33
衢州	Quzhou	13.1	13.1	13.5	100	宜春	Yichun	14.5	14.2	15.0	54
舟山	Zhoushan	15.1	14.7	14.6	69	抚州	Fuzhou	16.6	17.2	16.4	39
台州	Taizhou	10.6	10.7	11.5	155	上饶	Shangrao	15.4	15.9	13.8	92
丽水	Lishui	10.5	10.6	11.0	170	山东	**Shandong**	**15.8**	**16.0**	**16.4**	
安徽	**Anhui**	**11.0**	**11.9**	**11.9**		济南	Jinan	10.3	10.3	10.3	188
合肥	Hefei	13.2	13.9	11.5	156	青岛	Qingdao	14.6	14.6	14.6	69
芜湖	Wuhu	9.5	12.6	13.6	98	淄博	Zibo	15.1	15.5	15.4	49
蚌埠	Bengbu	7.0	7.2	8.9	243	枣庄	Zaozhuang	12.6	13.3	14.6	67
淮南	Huainan	11.5	11.7	11.8	149	东营	Dongying	17.3	17.6	18.6	23
马鞍山	Maanshan	14.0	15.0	15.8	44	烟台	Yantai	19.4	20.5	21.3	12
淮北	Huaibei	13.3	14.3	14.5	71	潍坊	Weifang	17.3	17.4	17.7	28
铜陵	Tongling	10.9	13.2	14.0	86	济宁	Jining	13.6	10.9	11.1	169
安庆	Anqing	9.7	9.0	9.1	237	泰安	Taian	19.8	19.8	19.9	17
黄山	Huangshan	14.5	14.5	14.7	65	威海	Weihai	24.5	24.8	25.1	6
滁州	Chuzhou	12.7	12.8	13.9	89	日照	Rizhao	21.3	21.7	21.9	11
阜阳	Fuyang	7.5	8.0	9.6	220	莱芜	Laiwu	18.9	18.5	18.5	24
宿州	Suzhou	10.5	10.7	10.7	177	临沂	Linyi	19.2	17.6	20.0	16
六安	Liuan	12.0	13.2	14.4	72	德州	Dezhou	19.2	20.7	25.1	5
亳州	Bozhou	10.9	10.2	10.3	189	聊城	Liaocheng	11.5	11.5	11.7	150

8-48 城市人均公园绿地面积(辖区) 续表 2
Urban Public Green Space Per Capita (Districts under City) continued 2

单位：平方米 (m²)

地名	City	2010	2011	2012	2012 排名 Ranking
滨州	Binzhou	16.8	17.7	18.3	26
菏泽	Heze	10.4	11.7	11.7	152
河南	**Henan**	**8.7**	**8.9**	**9.2**	
郑州	Zhengzhou	6.2	6.5	6.0	276
开封	Kaifeng	5.2	7.9	7.8	261
洛阳	Luoyang	7.2	7.3	6.9	272
平顶山	Pingdingshan	8.6	8.6	10.2	194
安阳	Anyang	8.6	9.2	9.4	228
鹤壁	Hebi	14.0	15.0	14.4	73
新乡	Xinxiang	9.5	10.0	10.1	197
焦作	Jiaozuo	9.4	9.7	9.9	207
濮阳	Puyang	12.6	12.4	12.4	128
许昌	Xuchang	11.4	9.7	10.4	184
漯河	Luohe	15.2	14.9	14.9	59
三门峡	Sanmenxia	16.1	16.3	15.5	47
南阳	Nanyang	10.3	10.6	17.8	27
商丘	Shangqiu	5.3	5.4	5.8	278
信阳	Xinyang	13.9	14.1	14.1	83
周口	Zhoukou	10.0	10.2	10.2	196
驻马店	Zhumadian	9.4	9.4	9.8	213
湖北	**Hubei**	**9.6**	**10.1**	**10.5**	
武汉	Wuhan	8.9	9.6	9.9	205
黄石	Huangshi	12.0	12.0	12.4	125
十堰	Shiyan	10.0	10.0	11.3	162
宜昌	Yichang	10.9	14.1	14.1	85
襄阳	Xiangfan	10.8	10.5	11.5	158
鄂州	Ezhou	14.1	14.8	15.2	51
荆门	Jingmen	10.3	10.2	10.1	198
孝感	Xiaogan	10.1	11.0	11.4	159
荆州	Jingzhou	9.5	9.3	9.7	215
黄冈	Huanggang	11.1	11.6	12.9	113
咸宁	Xianning	9.3	13.8	14.1	84
随州	Suizhou	10.3	9.7	10.0	202
湖南	**Hunan**	**8.9**	**8.8**	**8.8**	
长沙	Changsha	10.0	8.8	8.9	241
株洲	Zhuzhou	12.7	10.8	10.3	192
湘潭	Xiangtan	8.7	8.7	8.8	246
衡阳	Hengyang	9.2	9.5	7.6	264
邵阳	Shaoyang	8.4	8.5	8.0	258
岳阳	Yueyang	8.5	8.8	9.0	238
常德	Changde	14.1	14.1	14.2	80
张家界	Zhangjiajie	7.7	16.9	16.8	36
益阳	Yiyang	7.6	7.0	7.8	262
郴州	Chenzhou	8.0	9.5	10.2	194
永州	Yongzhou	5.6	5.7	7.2	270
怀化	Huaihua	8.1	6.6	7.6	266
娄底	Loudi	9.1	9.5	9.5	224
广东	**Guangdong**	**13.3**	**14.4**	**15.8**	
广州	Guangzhou	11.9	15.1	19.6	19
韶关	Shaoguan	11.8	11.8	11.8	148
深圳	Shenzhen	16.4	16.5	16.6	37
珠海	Zhuhai	13.7	13.8	19.0	20
汕头	Shantou	12.2	12.8	13.1	107
佛山	Foshan	10.2	10.4	10.9	173
江门	Jiangmen	11.0	12.5	16.9	35
湛江	Zhanjiang	12.7	12.8	12.9	111
茂名	Maoming	10.0	11.1	12.1	132
肇庆	Zhaoqing	22.7	22.6	22.7	8
惠州	Huizhou	11.1	12.2	14.9	61
梅州	Meizhou	11.8	11.9	11.9	145
汕尾	Shanwei	10.7	12.1	12.9	112
河源	Heyuan	12.1	12.1	12.1	133
阳江	Yangjiang	10.6	10.8	11.1	168
清远	Qingyuan	11.3	11.4	11.5	154
东莞	Dongguan	15.3	16.5	16.5	38
中山	ZhongShan	11.9	13.4	14.3	77
潮州	Chaozhou	10.3	12.2	12.8	118
揭阳	Jieyang	12.9	13.1	15.9	43
云浮	Yunfu	12.1	12.6	12.8	115
广西	**Guangxi**	**9.8**	**11.0**	**11.4**	
南宁	Nanning	9.8	13.0	13.0	108
柳州	Liuzhou	12.8	12.3	13.4	101
桂林	Guilin	9.2	9.3	10.3	189
梧州	Wuzhou	9.1	12.5	8.5	249
北海	Beihai	8.6	9.9	10.3	191
防城港	Fangchenggang	10.4	8.0	7.9	259
钦州	Qinzhou	8.1	7.3	7.4	269
贵港	Guigang	12.1	11.9	13.2	106
玉林	Yulin	10.3	11.1	11.2	167
百色	Baise	9.2	9.0	9.2	230

8-48 城市人均公园绿地面积(辖区) 续表 3

Urban Public Green Space Per Capita (Districts under City) continued 3

单位：平方米 (m²)

地名	City	2010	2011	2012	2012 排名 Ranking	地名	City	2010	2011	2012	2012 排名 Ranking
贺州	Hezhou	5.5	9.2	11.7	150	丽江	Lijiang	29.9	30.4	31.3	2
河池	Hechi	5.1	5.1	6.5	273	普洱	Puer	13.9	7.9	11.0	172
来宾	Laibin	6.6	8.1	10.5	183	临沧	Lincang	2.2	5.3	6.5	274
崇左	Chongzuo	7.5	8.2	8.6	247	西藏	**Tibet**	**5.8**	**10.7**	**9.4**	
海南	**Hainan**	**11.2**	**12.5**	**12.0**		拉萨	Lhasa	55.3	5.1	4.4	280
海口	Haikou	11.8	12.0	11.3	164	陕西	**Shaanxi**	**10.7**	**11.4**	**11.6**	
三亚	Sanya	19.0	19.2	19.0	21	西安	Xi'an	9.5	10.4	10.8	175
重庆	**Chongqing**	**13.2**	**17.9**	**18.1**		铜川	Tongchuan	9.7	10.0	10.6	179
四川	**Sichuan**	**10.2**	**10.7**	**10.8**		宝鸡	Baoji	86.8	14.1	13.3	102
成都	Chengdu	13.2	13.5	13.7	96	咸阳	Xianyang	13.4	14.8	14.7	63
自贡	Zigong	8.1	8.6	8.5	250	渭南	Weinan	11.9	12.1	12.2	130
攀枝花	Panzhihua	8.2	8.6	8.8	244	延安	Yan'an	9.6	9.6	9.6	221
泸州	Luzhou	8.3	9.1	9.2	233	汉中	Hanzhong	14.1	15.0	15.0	58
德阳	Deyang	9.7	9.7	9.7	217	榆林	Yulin	7.1	7.7	10.3	193
绵阳	Mianyang	10.4	10.4	10.0	200	安康	Ankang	10.0	10.6	9.8	211
广元	Guangyuan	8.9	11.7	12.2	130	商洛	Shangluo	11.4	11.4	9.9	210
遂宁	Suining	7.6	7.1	8.8	245	甘肃	**Gansu**	**8.1**	**8.3**	**9.5**	
内江	Neijiang	6.4	8.0	8.0	257	兰州	Lanzhou	8.6	8.7	8.9	242
乐山	Leshan	7.1	7.1	8.1	255	嘉峪关	Jiayuguan	16.6	16.7	14.3	75
南充	Nanchong	8.7	8.9	9.8	214	金昌	Jinchang	14.9	14.3	14.3	79
眉山	Meishan	11.8	10.9	11.3	163	白银	Baiyin	6.7	8.1	8.5	250
宜宾	Yibin	16.0	14.8	14.2	81	天水	Tianshui	5.6	6.3	6.3	275
广安	Guangan	15.3	14.8	16.3	41	武威	Wuwei	3.8	3.3	14.9	60
达州	Dazhou	14.4	14.6	9.8	212	张掖	Zhangye	15.7	15.0	29.8	3
雅安	Yaan	15.5	8.9	9.5	223	平凉	Pingliang	7.8	8.0	8.1	253
巴中	Bazhong	8.8	7.7	7.6	265	酒泉	Jiuquan	9.8	9.8	9.0	240
资阳	Ziyang	5.7	9.7	9.1	236	庆阳	Qingyang	4.5	4.6	6.0	277
贵州	**Guizhou**	**7.3**	**7.3**	**9.4**		定西	Dingxi	9.2	9.9	10.4	185
贵阳	Guiyang	10.1	9.4	12.8	117	陇南	Longnan	1.3	1.4	1.5	284
六盘水	Liupanshui	2.4	2.4	2.5	282	青海	**Qinghai**	**8.5**	**9.7**	**9.8**	
遵义	Zunyi	4.9	4.9	8.1	256	西宁	Xining	8.9	10.3	10.6	178
安顺	Anshun	1.2	1.4	1.8	283	宁夏	**Ningxia**	**16.2**	**16.0**	**15.7**	
毕节	Bijie	0.5	9.1	15.0	54	银川	Yinchuan	14.4	14.6	13.8	90
铜仁	Tongren	3.7	3.2	2.7	281	石嘴山	Shizuishan	26.4	24.2	22.6	9
云南	**Yunnan**	**9.3**	**10.3**	**10.4**		吴忠	Wuzhong	19.2	19.9	19.8	18
昆明	Kunming	8.4	9.8	9.5	227	固原	Guyuan	8.5	8.3	9.0	239
曲靖	Qujing	9.3	9.3	9.3	229	中卫	Zhongwei	11.6	11.8	17.6	29
玉溪	Yuxi	10.1	15.0	18.8	22	新疆	**Xinjiang**	**8.6**	**9.5**	**10.0**	
保山	Baoshan	11.0	11.7	7.5	267	乌鲁木齐	Urumqi	7.4	9.1	9.2	232
昭通	Zhaotong	7.9	5.7	5.6	279	克拉玛依	Karamay	9.0	9.2	9.6	221

8-49 城市道路清扫保洁面积(辖区)
Surface Area of Urban Roads Cleaned and Maintained (Districts under City)

单位：万平方米 （10 000m²）

地名	City	2010	2011	2012	2012 排名 Ranking
全国	**Nation Total**	**485033**	**630545**	**573507**	
北京	**Beijing**	**13804**	**13701**	**14346**	
天津	**Tianjin**	**7322**	**8831**	**8723**	
河北	**Hebei**	**20050**	**21557**	**23128**	
石家庄	Shijiazhuang	3283	3229	4359	19
唐山	Tangshan	2014	2139	2139	50
秦皇岛	Qinhuangdao	837	845	848	136
邯郸	Handan	1853	2035	2000	53
邢台	Xingtai	1052	1288	1369	79
保定	Baoding	1449	1501	1687	62
张家口	Zhangjiakou	1045	1045	1045	110
承德	Chengde	517	689	684	173
沧州	Cangzhou	570	624	670	179
廊坊	Langfang	700	929	929	125
衡水	Hengshui	640	678	734	157
山西	**Shanxi**	**10609**	**11120**	**12637**	
太原	Taiyuan	3551	3600	3650	21
大同	Datong	1164	1280	1379	77
阳泉	Yangquan	479	522	527	200
长治	Changzhi	631	631	795	147
晋城	Jincheng	382	403	616	184
朔州	Shuozhou	354	471	641	182
晋中	Jinzhong	750	754	981	119
运城	Yuncheng	598	598	598	188
忻州	Xinzhou	238	242	434	221
临汾	Linfen	420	443	443	219
吕梁	Luliang	296	296	296	254
内蒙古	**Inner Mongolia**	**9674**	**12555**	**12755**	
呼和浩特	Hohhot	1511	2064	1849	59
包头	Baotou	1845	2505	2547	37
乌海	Wuhai	632	632	632	183
赤峰	Chifeng	681	1072	1294	84
通辽	Tongliao	734	671	671	177
鄂尔多斯	Erdos	1396	2257	2002	52
呼伦贝尔	Hulunbuir	346	399	405	228
巴彦淖尔	Bayannur	560	570	700	169
乌兰察布	Ulanqab	243	243	243	270
辽宁	**Liaoning**	**28122**	**132135**	**33403**	

地名	City	2010	2011	2012	2012 排名 Ranking
沈阳	Shenyang	11155	111492	11977	3
大连	Dalian	4126	4527	4761	15
鞍山	Anshan	1336	3196	2986	31
抚顺	Fushun	1330	1466	1507	70
本溪	Benxi	598	830	844	137
丹东	Dandong	752	779	765	151
锦州	Jinzhou	925	946	971	121
营口	Yingkou	675	682	750	154
阜新	Fuxin	480	480	480	212
辽阳	Liaoyang	902	1004	1110	99
盘锦	Panjin	681	681	730	160
铁岭	Tieling	762	792	822	140
朝阳	Chaoyang	562	587	750	154
葫芦岛	Huludao	638	784	818	141
吉林	**Jilin**	**13037**	**12602**	**13287**	
长春	Changchun	4561	4305	4517	18
吉林	Jilin	1595	1634	1634	64
四平	Siping	520	570	673	176
辽源	Liaoyuan	384	384	395	231
通化	Tonghua	350	414	424	223
白山	Baishan	295	303	306	252
松原	Songyuan	674	803	830	139
白城	Baicheng	330	340	260	264
黑龙江	**Heilongjiang**	**14937**	**16884**	**18320**	
哈尔滨	Harbin	4835	5720	6689	9
齐齐哈尔	Qiqihar	1018	1007	1007	111
鸡西	Jixi	314	321	565	191
鹤岗	Hegang	302	331	364	238
双鸭山	Shuangyashan	199	240	264	263
大庆	Daqing	2200	2600	2600	36
伊春	Yichun	848	878	956	124
佳木斯	Jiamusi	842	842	531	198
七台河	Qitaihe	389	389	389	233
牡丹江	Mudanjiang	891	1110	1204	91
黑河	Heihe	309	309	410	225
绥化	Suihua	309	310	310	250
上海	**Shanghai**	**15879**	**16769**	**17294**	
江苏	**Jiangsu**	**44088**	**46162**	**48098**	

8-49 城市道路清扫保洁面积(辖区) 续表 1
Surface Area of Urban Roads Cleaned and Maintained (Districts under City) continued 1

单位：万平方米 (10 000m²)

地名	City	2010	2011	2012	2012 排名 Ranking	地名	City	2010	2011	2012	2012 排名 Ranking
南京	Nanjing	7393	7402	7409	8	池州	Chizhou	722	702	702	168
无锡	Wuxi	2969	4199	4835	14	宣城	Xuancheng	360	703	805	144
徐州	Xuzhou	2032	2052	1609	66	福建	**Fujian**	**11433**	**12164**	**12696**	
常州	Changzhou	2333	2431	2543	39	福州	Fuzhou	2122	2032	1916	55
苏州	Suzhou	8835	6968	8648	7	厦门	Xiamen	2004	2144	2352	41
南通	Nantong	2159	2664	2647	35	莆田	Putian	500	837	1000	113
连云港	Lianyungang	1140	1795	1795	60	三明	Sanming	255	255	255	266
淮安	Huaian	1800	2021	2142	49	泉州	Quanzhou	1955	2046	2190	46
盐城	Yancheng	1135	1450	1450	72	漳州	Zhangzhou	652	670	779	150
扬州	Yangzhou	1232	1568	1572	68	南平	Nanping	141	176	176	279
镇江	Zhenjiang	1154	1309	1372	78	龙岩	Longyan	268	274	287	256
泰州	Taizhou	837	914	915	128	宁德	Ningde	178	178	198	276
宿迁	Suqian	870	870	1058	106	江西	**Jiangxi**	**9911**	**10217**	**11964**	
浙江	**Zhejiang**	**27805**	**29519**	**30973**		南昌	Nanchang	2447	2095	2919	32
杭州	Hangzhou	4609	4895	5006	13	景德镇	Jingdezhen	364	374	330	242
宁波	Ningbo	2591	2646	3093	29	萍乡	Pingxiang	346	346	446	218
温州	Wenzhou	2400	2469	2745	34	九江	Jiujiang	784	767	1191	94
嘉兴	Jiaxing	1352	1371	1491	71	新余	Xinyu	845	1126	963	123
湖州	Huzhou	1072	1108	1194	93	鹰潭	Yingtan	150	171	171	280
绍兴	Shaoxing	615	615	615	185	赣州	Ganzhou	647	647	914	129
金华	Jinhua	1123	1154	1168	97	吉安	Jian	316	316	345	240
衢州	Quzhou	764	855	929	125	宜春	Yichun	605	607	675	175
舟山	Zhoushan	549	567	608	187	抚州	Fuzhou	846	883	903	131
台州	Taizhou	1882	2145	2246	43	上饶	Shangrao	686	700	800	145
丽水	Lishui	660	678	697	171	山东	**Shandong**	**48528**	**50932**	**56109**	
安徽	**Anhui**	**17339**	**18315**	**22229**		济南	Jinan	3399	3542	3542	24
合肥	Hefei	3409	3359	5419	11	青岛	Qingdao	3251	3539	5172	12
芜湖	Wuhu	2583	2585	2017	51	淄博	Zibo	2844	3047	3057	30
蚌埠	Bengbu	930	930	1048	109	枣庄	Zaozhuang	2038	1377	1641	63
淮南	Huainan	1004	1180	1444	74	东营	Dongying	1525	1501	2190	46
马鞍山	Maanshan	900	950	1000	113	烟台	Yantai	2482	2360	2775	33
淮北	Huaibei	715	715	715	165	潍坊	Weifang	3219	3223	3341	27
铜陵	Tongling	736	787	987	117	济宁	Jining	861	1103	1153	98
安庆	Anqing	890	970	1277	86	泰安	Taian	1357	1442	1442	75
黄山	Huangshan	375	385	452	217	威海	Weihai	1263	1304	1324	83
滁州	Chuzhou	704	946	1097	101	日照	Rizhao	1698	1738	1861	57
阜阳	Fuyang	558	852	814	142	莱芜	Laiwu	1212	1253	1253	88
宿州	Suzhou	725	790	902	132	临沂	Linyi	2651	3153	4702	16
六安	Liuan	680	697	720	163	德州	Dezhou	900	983	1006	112
亳州	Bozhou	518	526	920	127	聊城	Liaocheng	575	650	780	149

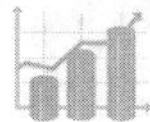

8-49 城市道路清扫保洁面积(辖区) 续表 2
Surface Area of Urban Roads Cleaned and Maintained (Districts under City) continued 2

单位：万平方米 (10 000m²)

地名	City	2010	2011	2012	2012 排名 Ranking	地名	City	2010	2011	2012	2012 排名 Ranking
滨州	Binzhou	1292	1705	1867	56	常德	Changde	850	850	878	134
菏泽	Heze	1550	1600	1780	61	张家界	Zhangjiajie	161	260	302	253
河南	**Henan**	**20892**	**22125**	**23569**		益阳	Yiyang	535	716	729	161
郑州	Zhengzhou	3338	3521	3652	20	郴州	Chenzhou	630	779	990	116
开封	Kaifeng	984	984	984	118	永州	Yongzhou	767	857	897	133
洛阳	Luoyang	1608	1754	2175	48	怀化	Huaihua	373	395	407	227
平顶山	Pingdingshan	676	995	999	115	娄底	Loudi	380	503	510	203
安阳	Anyang	898	954	964	122	**广东**	**Guangdong**	**62768**	**67612**	**71791**	
鹤壁	Hebi	722	680	680	174	广州	Guangzhou	9480	10162	10218	4
新乡	Xinxiang	1007	1020	1050	108	韶关	Shaoguan	1182	1173	1169	96
焦作	Jiaozuo	1015	1060	1100	100	深圳	Shenzhen	13079	16582	17087	1
濮阳	Puyang	507	557	572	190	珠海	Zhuhai	2542	2656	3375	26
许昌	Xuchang	345	450	494	209	汕头	Shantou	1418	1437	1850	58
漯河	Luohe	548	550	556	194	佛山	Foshan	3204	3112	3425	25
三门峡	Sanmenxia	188	238	240	271	江门	Jiangmen	1264	1304	2412	40
南阳	Nanyang	1575	1701	1947	54	湛江	Zhanjiang	1079	1128	1184	95
商丘	Shangqiu	580	637	732	158	茂名	Maoming	433	439	441	220
信阳	Xinyang	657	660	671	177	肇庆	Zhaoqing	946	1085	1345	81
周口	Zhoukou	488	488	502	206	惠州	Huizhou	2604	3009	2277	42
驻马店	Zhumadian	653	700	710	166	梅州	Meizhou	693	750	758	152
湖北	**Hubei**	**16941**	**18826**	**21086**		汕尾	Shanwei	245	240	320	246
武汉	Wuhan	6640	7130	8857	6	河源	Heyuan	330	500	502	206
黄石	Huangshi	731	757	757	153	阳江	Yangjiang	684	685	728	162
十堰	Shiyan	609	655	687	172	清远	Qingyuan	612	618	731	159
宜昌	Yichang	840	914	705	167	东莞	Dongguan	13467	14467	15717	2
襄阳	Xiangfan	764	1084	1281	85	中山	ZhongShan	1123	1180	1216	90
鄂州	Ezhou	390	410	410	225	潮州	Chaozhou	399	411	419	224
荆门	Jingmen	356	318	318	247	揭阳	Jieyang	477	480	500	208
孝感	Xiaogan	317	317	318	247	云浮	Yunfu	245	280	285	257
荆州	Jingzhou	500	920	974	120	**广西**	**Guangxi**	**11005**	**11133**	**11601**	
黄冈	Huanggang	296	320	330	242	南宁	Nanning	3867	3368	3236	28
咸宁	Xianning	390	485	485	210	柳州	Liuzhou	1494	1587	1589	67
随州	Suizhou	218	422	390	232	桂林	Guilin	1254	1254	1237	89
湖南	**Hunan**	**12331**	**14214**	**16216**		梧州	Wuzhou	290	383	383	235
长沙	Changsha	2954	3543	3608	22	北海	Beihai	578	623	906	130
株洲	Zhuzhou	705	945	1056	107	防城港	Fangchenggang	415	515	540	196
湘潭	Xiangtan	905	996	1075	104	钦州	Qinzhou	499	695	798	146
衡阳	Hengyang	831	840	1550	69	贵港	Guigang	310	310	318	247
邵阳	Shaoyang	545	580	700	169	玉林	Yulin	410	410	429	222
岳阳	Yueyang	659	684	745	156	百色	Baise	266	276	403	229

8-49 城市道路清扫保洁面积(辖区) 续表 3
Surface Area of Urban Roads Cleaned and Maintained (Districts under City) continued 3

单位：万平方米 （10 000m²）

地名	City	2010	2011	2012	2012 排名 Ranking	地名	City	2010	2011	2012	2012 排名 Ranking
贺州	Hezhou	220	220	226	273	丽江	Lijiang	185	185	190	277
河池	Hechi	120	120	132	283	普洱	Puer	182	260	280	259
来宾	Laibin	244	256	256	265	临沧	Lincang	90	99	180	278
崇左	Chongzuo	142	142	142	282	西藏	**Tibet**	**539**	**600**	**678**	
海南	**Hainan**	**4076**	**6233**	**6384**		拉萨	Lhasa	479	480	518	201
海口	Haikou	1735	3548	3548	23	陕西	**Shaanxi**	**10546**	**11567**	**12267**	
三亚	Sanya	1120	1181	1325	82	西安	Xi'an	5891	6009	6298	10
重庆	**Chongqing**	**6136**	**9150**	**10311**		铜川	Tongchuan	290	371	375	236
四川	**Sichuan**	**15173**	**17247**	**19318**		宝鸡	Baoji	1000	1050	1064	105
成都	Chengdu	3639	4301	4519	17	咸阳	Xianyang	759	803	806	143
自贡	Zigong	528	529	1091	103	渭南	Weinan	371	409	467	213
攀枝花	Panzhihua	501	513	557	193	延安	Yan'an	465	470	720	163
泸州	Luzhou	698	739	783	148	汉中	Hanzhong	306	372	397	230
德阳	Deyang	465	560	598	188	榆林	Yulin	863	1433	1450	72
绵阳	Mianyang	1484	1404	1095	102	安康	Ankang	180	212	219	275
广元	Guangyuan	369	391	465	214	商洛	Shangluo	106	116	121	284
遂宁	Suining	611	1105	1441	76	甘肃	**Gansu**	**5816**	**5904**	**6235**	
内江	Neijiang	303	315	330	242	兰州	Lanzhou	1332	1411	1633	65
乐山	Leshan	619	677	868	135	嘉峪关	Jiayuguan	480	454	454	216
南充	Nanchong	847	980	1195	92	金昌	Jinchang	610	610	610	186
眉山	Meishan	425	510	517	202	白银	Baiyin	496	505	549	195
宜宾	Yibin	445	512	642	181	天水	Tianshui	283	290	290	255
广安	Guangan	250	360	365	237	武威	Wuwei	295	234	254	267
达州	Dazhou	260	260	230	272	张掖	Zhangye	365	388	388	234
雅安	Yaan	211	211	274	261	平凉	Pingliang	490	490	510	203
巴中	Bazhong	210	256	282	258	酒泉	Jiuquan	535	535	535	197
资阳	Ziyang	290	300	329	245	庆阳	Qingyang	258	230	245	269
贵州	**Guizhou**	**3405**	**4241**	**4910**		定西	Dingxi	96	150	160	281
贵阳	Guiyang	1300	1864	2237	44	陇南	Longnan	54	57	57	285
六盘水	Liupanshui	264	265	265	262	青海	**Qinghai**	**1951**	**1999**	**2070**	
遵义	Zunyi	414	493	510	203	西宁	Xining	1272	1320	1368	80
安顺	Anshun	235	314	254	267	宁夏	**Ningxia**	**3347**	**4120**	**5021**	
毕节	Bijie	87	87	350	239	银川	Yinchuan	1503	1916	2544	38
铜仁	Tongren	420	446	485	210	石嘴山	Shizuishan	464	750	844	137
云南	**Yunnan**	**9726**	**12160**	**15643**		吴忠	Wuzhong	319	350	530	199
昆明	Kunming	5621	7462	10165	5	固原	Guyuan	270	280	280	259
曲靖	Qujing	342	455	643	180	中卫	Zhongwei	450	450	455	215
玉溪	Yuxi	320	262	307	251	新疆	**Xinjiang**	**7843**	**9951**	**10445**	
保山	Baoshan	175	178	220	274	乌鲁木齐	Urumqi	1846	2155	2225	45
昭通	Zhaotong	207	207	336	241	克拉玛依	Karamay	1108	1267	1271	87

8-50 城市生活垃圾清运量(辖区)

Quantity of Urban Domestic Garbage Collected and Transported (Districts under City)

单位：万吨 （10 000 tons）

地名	City	2010	2011	2012	2012 排名 Ranking
全国	**Nation Total**	**15804.8**	**16395.3**	**17080.9**	
北京	**Beijing**	**633.0**	**634.4**	**648.3**	
天津	**Tianjin**	**183.7**	**189.9**	**185.8**	
河北	**Hebei**	**589.3**	**584.6**	**577.4**	
石家庄	Shijiazhuang	98.0	75.3	86.1	31
唐山	Tangshan	46.1	57.5	57.7	48
秦皇岛	Qinhuangdao	48.1	36.6	29.0	105
邯郸	Handan	40.4	45.3	45.7	59
邢台	Xingtai	18.3	18.3	18.4	179
保定	Baoding	33.5	38.8	40.3	68
张家口	Zhangjiakou	47.2	48.0	49.0	57
承德	Chengde	20.4	24.0	36.6	79
沧州	Cangzhou	18.4	19.6	18.8	174
廊坊	Langfang	14.3	14.7	14.9	226
衡水	Hengshui	15.9	15.9	15.9	210
山西	**Shanxi**	**361.2**	**420.0**	**392.4**	
太原	Taiyuan	110.0	150.0	117.0	21
大同	Datong	36.0	37.4	41.1	67
阳泉	Yangquan	15.9	17.2	14.5	231
长治	Changzhi	18.8	19.4	17.8	187
晋城	Jincheng	12.8	14.3	14.5	230
朔州	Shuozhou	16.1	18.3	17.0	194
晋中	Jinzhong	11.8	12.1	16.6	198
运城	Yuncheng	19.5	18.0	18.0	184
忻州	Xinzhou	12.1	17.3	17.4	190
临汾	Linfen	18.5	11.0	14.1	234
吕梁	Luliang	8.2	11.4	10.2	259
内蒙古	**Inner Mongolia**	**334.0**	**340.0**	**385.9**	
呼和浩特	Hohhot	59.1	58.8	60.0	43
包头	Baotou	80.3	82.3	69.9	38
乌海	Wuhai	22.0	22.0	22.0	145
赤峰	Chifeng	33.7	37.2	50.6	55
通辽	Tongliao	20.1	20.7	20.7	155
鄂尔多斯	Erdos	26.1	20.6	20.0	160
呼伦贝尔	Hulunbuir	11.0	12.0	26.9	112
巴彦淖尔	Bayannur	14.8	15.0	15.1	222
乌兰察布	Ulanqab	10.8	14.6	14.9	225
辽宁	**Liaoning**	**837.3**	**876.0**	**929.9**	
沈阳	Shenyang	215.0	240.6	246.9	5
大连	Dalian	80.0	92.6	121.3	18
鞍山	Anshan	52.6	55.0	54.9	49
抚顺	Fushun	50.0	50.0	50.0	56
本溪	Benxi	33.9	38.8	47.9	58
丹东	Dandong	23.2	21.5	20.4	157
锦州	Jinzhou	32.0	28.6	28.9	106
营口	Yingkou	40.0	38.0	32.7	93
阜新	Fuxin	43.9	44.0	44.0	60
辽阳	Liaoyang	16.8	17.5	24.3	123
盘锦	Panjin	16.0	20.5	22.3	142
铁岭	Tieling	15.5	13.5	13.4	235
朝阳	Chaoyang	32.0	32.0	32.0	94
葫芦岛	Huludao	20.8	20.8	22.4	141
吉林	**Jilin**	**499.4**	**493.0**	**508.6**	
长春	Changchun	123.5	117.9	121.7	17
吉林	Jilin	36.9	36.7	33.8	89
四平	Siping	23.0	25.0	23.9	127
辽源	Liaoyuan	24.0	30.0	35.0	82
通化	Tonghua	18.3	19.5	22.6	136
白山	Baishan	20.5	20.8	20.7	156
松原	Songyuan	18.0	21.9	21.0	151
白城	Baicheng	10.3	10.3	15.5	212
黑龙江	**Heilongjiang**	**782.4**	**796.6**	**710.0**	
哈尔滨	Harbin	119.3	120.6	125.6	16
齐齐哈尔	Qiqihar	56.9	58.3	58.8	44
鸡西	Jixi	27.1	43.0	40.0	70
鹤岗	Hegang	70.6	67.9	68.7	39
双鸭山	Shuangyashan	47.5	47.5	20.1	158
大庆	Daqing	28.0	47.2	42.7	63
伊春	Yichun	86.3	87.2	90.6	29
佳木斯	Jiamusi	46.7	46.5	44.0	60
七台河	Qitaihe	25.5	25.5	25.5	117
牡丹江	Mudanjiang	31.7	30.1	22.4	140
黑河	Heihe	8.5	8.5	9.5	263
绥化	Suihua	19.0	18.5	18.7	175
上海	**Shanghai**	**732.0**	**704.0**	**716.0**	
江苏	**Jiangsu**	**1017.1**	**1119.8**	**1210.1**	

8-50 城市生活垃圾清运量(辖区) 续表 1

Quantity of Urban Domestic Garbage Collected and Transported (Districts under City) continued 1

单位：万吨 （10 000 tons）

地名	City	2010	2011	2012	2012 排名 Ranking	地名	City	2010	2011	2012	2012 排名 Ranking
南京	Nanjing	184.8	201.2	224.5	9	池州	Chizhou	10.3	10.3	11.7	248
无锡	Wuxi	99.3	102.3	108.9	22	宣城	Xuancheng	15.2	15.3	9.8	260
徐州	Xuzhou	44.4	49.5	51.6	53	**福建**	**Fujian**	**417.3**	**433.5**	**493.8**	
常州	Changzhou	52.0	55.0	58.1	47	福州	Fuzhou	76.0	80.3	91.2	28
苏州	Suzhou	121.4	122.4	182.9	10	厦门	Xiamen	94.5	95.9	121.0	19
南通	Nantong	38.3	46.3	53.1	52	莆田	Putian	27.4	25.6	34.0	88
连云港	Lianyungang	18.3	23.1	24.0	125	三明	Sanming	12.6	12.5	12.6	242
淮安	Huaian	24.6	37.6	40.1	69	泉州	Quanzhou	35.3	35.5	37.8	75
盐城	Yancheng	22.1	35.4	22.6	136	漳州	Zhangzhou	13.7	14.3	15.4	214
扬州	Yangzhou	31.7	42.8	43.4	62	南平	Nanping	7.3	7.8	7.8	268
镇江	Zhenjiang	23.0	31.9	25.6	115	龙岩	Longyan	16.7	18.6	21.5	149
泰州	Taizhou	18.4	19.5	19.4	165	宁德	Ningde	9.2	9.3	7.3	271
宿迁	Suqian	16.1	16.0	19.5	164	**江西**	**Jiangxi**	**284.0**	**306.6**	**327.2**	
浙江	**Zhejiang**	**959.0**	**1018.1**	**1055.0**		南昌	Nanchang	74.4	74.8	81.9	32
杭州	Hangzhou	211.7	217.1	233.6	7	景德镇	Jingdezhen	14.6	14.6	14.6	229
宁波	Ningbo	87.7	90.7	99.7	25	萍乡	Pingxiang	15.3	16.1	16.8	196
温州	Wenzhou	95.1	101.7	105.3	23	九江	Jiujiang	17.6	19.4	19.3	168
嘉兴	Jiaxing	18.4	21.5	22.4	138	新余	Xinyu	13.8	15.4	16.3	204
湖州	Huzhou	28.2	29.6	33.6	91	鹰潭	Yingtan	6.9	7.4	7.5	270
绍兴	Shaoxing	20.4	24.4	29.4	101	赣州	Ganzhou	35.6	28.5	35.0	82
金华	Jinhua	30.1	31.3	33.6	90	吉安	Jian	11.7	11.7	12.0	245
衢州	Quzhou	11.4	11.8	12.5	243	宜春	Yichun	8.9	14.9	15.9	209
舟山	Zhoushan	20.9	22.3	23.0	131	抚州	Fuzhou	17.2	18.2	18.5	176
台州	Taizhou	66.9	80.6	79.3	33	上饶	Shangrao	12.4	17.2	19.1	172
丽水	Lishui	19.3	19.8	20.1	159	**山东**	**Shandong**	**992.0**	**959.5**	**1062.4**	
安徽	**Anhui**	**435.3**	**435.1**	**442.1**		济南	Jinan	93.1	87.6	100.6	24
合肥	Hefei	66.4	75.8	92.0	27	青岛	Qingdao	138.9	135.1	147.4	12
芜湖	Wuhu	36.0	47.6	34.4	87	淄博	Zibo	54.9	56.9	61.0	41
蚌埠	Bengbu	33.0	33.0	29.2	103	枣庄	Zaozhuang	53.8	48.3	51.4	54
淮南	Huainan	41.3	31.6	31.6	95	东营	Dongying	18.8	18.9	17.7	189
马鞍山	Maanshan	17.9	17.0	19.1	170	烟台	Yantai	50.9	54.6	61.6	40
淮北	Huaibei	11.1	16.2	19.5	162	潍坊	Weifang	29.1	25.7	37.6	77
铜陵	Tongling	10.7	10.7	12.9	240	济宁	Jining	31.7	22.1	22.4	138
安庆	Anqing	30.5	31.7	38.3	73	泰安	Taian	16.8	17.4	21.6	148
黄山	Huangshan	15.4	13.6	10.2	258	威海	Weihai	25.4	27.8	29.4	102
滁州	Chuzhou	16.4	10.2	11.9	246	日照	Rizhao	20.0	17.4	18.8	173
阜阳	Fuyang	27.0	24.7	25.0	120	莱芜	Laiwu	15.9	18.3	25.6	116
宿州	Suzhou	18.0	19.8	18.0	184	临沂	Linyi	52.3	39.7	58.5	45
六安	Liuan	18.1	19.0	18.3	180	德州	Dezhou	19.9	20.6	21.9	146
亳州	Bozhou	10.5	10.1	10.4	256	聊城	Liaocheng	16.1	16.2	19.1	170

8-50 城市生活垃圾清运量(辖区) 续表 2

Quantity of Urban Domestic Garbage Collected and Transported (Districts under City) continued 2

单位：万吨 (10 000 tons)

地名	City	2010	2011	2012	2012 排名 Ranking
滨州	Binzhou	14.6	16.1	23.4	128
菏泽	Heze	25.1	25.1	25.5	117
河南	**Henan**	**694.6**	**729.5**	**795.8**	
郑州	Zhengzhou	164.4	166.4	173.3	11
开封	Kaifeng	31.5	33.0	37.6	76
洛阳	Luoyang	39.0	54.8	78.5	34
平顶山	Pingdingshan	29.4	30.5	30.5	98
安阳	Anyang	28.0	32.0	36.0	80
鹤壁	Hebi	13.0	15.2	14.9	224
新乡	Xinxiang	27.0	25.7	34.5	85
焦作	Jiaozuo	30.5	28.9	27.8	109
濮阳	Puyang	16.4	16.4	16.4	203
许昌	Xuchang	16.8	21.6	22.8	132
漯河	Luohe	18.5	20.0	21.0	151
三门峡	Sanmenxia	9.3	8.7	9.2	264
南阳	Nanyang	40.3	42.5	41.4	65
商丘	Shangqiu	35.2	31.8	37.9	74
信阳	Xinyang	12.6	15.5	19.4	166
周口	Zhoukou	13.1	13.2	10.3	257
驻马店	Zhumadian	17.5	17.7	18.5	178
湖北	**Hubei**	**711.1**	**736.3**	**716.6**	
武汉	Wuhan	219.1	224.4	225.0	8
黄石	Huangshi	29.1	29.1	29.1	104
十堰	Shiyan	29.7	38.0	31.6	96
宜昌	Yichang	30.8	32.3	30.5	97
襄阳	Xiangfan	33.2	25.8	25.2	119
鄂州	Ezhou	15.0	13.2	13.2	236
荆门	Jingmen	18.1	18.1	18.1	182
孝感	Xiaogan	9.7	10.5	11.5	249
荆州	Jingzhou	30.0	57.4	22.2	143
黄冈	Huanggang	14.9	17.8	18.1	182
咸宁	Xianning	28.0	16.4	16.4	201
随州	Suizhou	12.0	12.8	24.3	124
湖南	**Hunan**	**505.2**	**531.6**	**565.4**	
长沙	Changsha	106.9	134.3	143.7	13
株洲	Zhuzhou	33.1	33.5	39.4	72
湘潭	Xiangtan	23.9	22.6	26.5	114
衡阳	Hengyang	36.5	39.3	39.4	71
邵阳	Shaoyang	25.6	16.4	17.0	192
岳阳	Yueyang	18.9	19.4	19.5	163

地名	City	2010	2011	2012	2012 排名 Ranking
常德	Changde	20.4	26.0	22.7	133
张家界	Zhangjiajie	12.9	13.7	15.2	217
益阳	Yiyang	17.8	17.2	16.3	205
郴州	Chenzhou	20.1	21.8	24.3	122
永州	Yongzhou	19.8	20.6	20.8	154
怀化	Huaihua	18.7	17.5	17.7	188
娄底	Loudi	11.9	15.0	15.3	215
广东	**Guangdong**	**1938.6**	**1978.8**	**2136.9**	
广州	Guangzhou	356.6	349.4	413.4	2
韶关	Shaoguan	22.3	22.5	23.0	130
深圳	Shenzhen	479.3	481.8	489.8	1
珠海	Zhuhai	62.5	66.7	60.5	42
汕头	Shantou	67.6	69.8	70.7	37
佛山	Foshan	73.5	74.3	99.0	26
江门	Jiangmen	43.1	44.0	42.3	64
湛江	Zhanjiang	27.0	27.8	32.9	92
茂名	Maoming	19.1	18.7	19.2	169
肇庆	Zhaoqing	14.2	14.6	15.4	213
惠州	Huizhou	47.9	43.7	73.6	36
梅州	Meizhou	13.9	14.9	15.0	223
汕尾	Shanwei	9.1	9.1	9.1	265
河源	Heyuan	12.7	14.6	19.3	167
阳江	Yangjiang	12.2	12.2	12.7	241
清远	Qingyuan	15.9	16.6	22.6	134
东莞	Dongguan	357.3	378.1	384.4	3
中山	ZhongShan	28.1	28.4	58.3	46
潮州	Chaozhou	15.3	22.9	26.7	113
揭阳	Jieyang	33.0	29.3	30.2	99
云浮	Yunfu	5.5	5.8	6.6	273
广西	**Guangxi**	**245.1**	**255.8**	**266.2**	
南宁	Nanning	57.9	64.5	75.8	35
柳州	Liuzhou	33.3	35.9	37.3	78
桂林	Guilin	24.6	27.3	28.8	107
梧州	Wuzhou	8.0	9.3	8.8	266
北海	Beihai	14.9	14.5	14.8	228
防城港	Fangchenggang	7.0	7.2	6.1	278
钦州	Qinzhou	12.8	14.0	15.1	221
贵港	Guigang	11.6	9.9	10.7	255
玉林	Yulin	16.5	17.8	16.7	197
百色	Baise	8.0	4.6	5.0	281

8-50 城市生活垃圾清运量(辖区) 续表 3

Quantity of Urban Domestic Garbage Collected and Transported (Districts under City) continued 3

单位：万吨 (10 000 tons)

地名	City	2010	2011	2012	2012 排名 Ranking	地名	City	2010	2011	2012	2012 排名 Ranking
贺州	Hezhou	6.2	6.5	6.5	275	丽江	Lijiang	6.0	6.0	6.2	277
河池	Hechi	5.8	3.8	3.8	285	普洱	Puer	5.8	6.3	6.6	274
来宾	Laibin	4.6	8.3	5.0	283	临沧	Lincang	4.6	4.8	5.1	280
崇左	Chongzuo	4.6	4.6	4.6	284	西藏	**Tibet**	**16.3**	**17.3**	**25.6**	
海南	**Hainan**	**97.7**	**113.6**	**110.2**		拉萨	Lhasa	14.2	14.3	21.9	146
海口	Haikou	42.0	49.7	53.5	51	陕西	**Shaanxi**	**388.3**	**428.3**	**433.1**	
三亚	Sanya	19.7	23.1	24.0	126	西安	Xi'an	209.3	233.5	251.2	4
重庆	**Chongqing**	**256.7**	**281.6**	**335.3**		铜川	Tongchuan	17.1	17.0	17.1	191
四川	**Sichuan**	**656.0**	**669.0**	**702.8**		宝鸡	Baoji	23.6	24.8	27.9	108
成都	Chengdu	262.1	221.9	238.4	6	咸阳	Xianyang	23.2	27.8	27.8	110
自贡	Zigong	23.6	24.5	24.8	121	渭南	Weinan	15.5	16.3	15.2	219
攀枝花	Panzhihua	21.8	23.3	23.1	129	延安	Yan'an	10.2	12.3	11.8	247
泸州	Luzhou	26.8	29.1	29.6	100	汉中	Hanzhong	10.2	11.7	12.1	244
德阳	Deyang	10.0	13.3	15.2	220	榆林	Yulin	19.9	22.2	21.0	151
绵阳	Mianyang	24.5	26.0	27.0	111	安康	Ankang	34.0	36.0	22.6	135
广元	Guangyuan	13.5	13.9	16.6	200	商洛	Shangluo	5.8	6.0	6.4	276
遂宁	Suining	15.7	34.2	35.9	81	甘肃	**Gansu**	**278.3**	**276.2**	**270.5**	
内江	Neijiang	15.0	15.0	15.2	217	兰州	Lanzhou	124.1	125.9	118.2	20
乐山	Leshan	17.2	18.2	18.1	181	嘉峪关	Jiayuguan	8.1	8.1	8.7	267
南充	Nanchong	28.1	30.6	34.6	84	金昌	Jinchang	12.8	13.1	13.1	237
眉山	Meishan	11.2	14.2	18.0	184	白银	Baiyin	16.5	15.2	15.9	210
宜宾	Yibin	16.2	18.8	22.1	144	天水	Tianshui	32.1	21.2	21.3	150
广安	Guangan	7.2	9.6	9.7	262	武威	Wuwei	14.5	16.6	16.6	199
达州	Dazhou	13.1	13.1	13.1	237	张掖	Zhangye	7.0	7.4	7.6	269
雅安	Yaan	11.0	12.1	14.3	232	平凉	Pingliang	10.7	12.0	13.0	239
巴中	Bazhong	11.3	20.8	16.4	201	酒泉	Jiuquan	10.5	10.5	11.0	251
资阳	Ziyang	12.4	11.7	16.0	208	庆阳	Qingyang	9.9	12.2	14.2	233
贵州	**Guizhou**	**213.3**	**218.3**	**235.7**		定西	Dingxi	7.0	7.0	5.0	281
贵阳	Guiyang	75.8	77.9	89.4	30	陇南	Longnan	5.8	5.9	5.9	279
六盘水	Liupanshui	15.1	15.3	16.0	206	青海	**Qinghai**	**86.3**	**83.1**	**66.3**	
遵义	Zunyi	29.9	33.5	34.4	86	西宁	Xining	74.2	70.0	53.6	50
安顺	Anshun	17.1	15.3	15.3	215	宁夏	**Ningxia**	**91.9**	**120.5**	**116.2**	
毕节	Bijie	10.1	12.9	16.0	206	银川	Yinchuan	26.3	49.5	41.2	66
铜仁	Tongren	15.0	10.5	11.3	250	石嘴山	Shizuishan	17.1	19.4	20.0	161
云南	**Yunnan**	**265.5**	**300.2**	**306.7**		吴忠	Wuzhong	13.8	15.0	17.0	192
昆明	Kunming	102.6	127.8	143.7	14	固原	Guyuan	9.8	10.5	10.8	254
曲靖	Qujing	17.8	18.1	18.5	176	中卫	Zhongwei	9.0	9.5	10.9	253
玉溪	Yuxi	12.5	10.9	6.8	272	新疆	**Xinjiang**	**303.3**	**344.5**	**352.7**	
保山	Baoshan	15.8	16.2	9.7	261	乌鲁木齐	Urumqi	104.4	129.3	136.1	15
昭通	Zhaotong	14.1	13.3	14.8	227	克拉玛依	Karamay	14.2	16.1	16.9	195

8-51 城市生活垃圾处理量(辖区)

Volume of Urban Domestic Garbage Treated (Districts under City)

单位：万吨 （10 000 tons）

地名	City	2010	2011	2012	2012 排名 Ranking
全国	**Nation Total**	**14338.0**	**15066.0**	**15940.5**	
北京	**Beijing**	**613.7**	**623.2**	**642.6**	
天津	**Tianjin**	**183.7**	**189.9**	**185.4**	
河北	**Hebei**	**571.3**	**566.0**	**563.0**	
石家庄	Shijiazhuang	98.0	75.3	86.1	29
唐山	Tangshan	46.1	57.5	57.7	44
秦皇岛	Qinhuangdao	48.1	36.6	29.0	95
邯郸	Handan	40.4	45.3	45.7	55
邢台	Xingtai	18.3	18.3	18.4	168
保定	Baoding	33.5	38.8	40.3	59
张家口	Zhangjiakou	37.8	39.4	43.8	56
承德	Chengde	20.2	24.0	36.6	67
沧州	Cangzhou	14.6	17.7	17.4	179
廊坊	Langfang	13.7	14.2	14.2	217
衡水	Hengshui	15.9	15.9	15.9	197
山西	**Shanxi**	**265.8**	**339.0**	**332.4**	
太原	Taiyuan	110.0	150.0	117.0	20
大同	Datong	29.9	32.4	35.6	71
阳泉	Yangquan	15.9	17.2	14.5	215
长治	Changzhi	18.8	19.4	17.8	175
晋城	Jincheng	12.0	13.5	14.5	214
朔州	Shuozhou	12.2	11.8	14.9	207
晋中	Jinzhong	3.7	4.0	12.9	230
运城	Yuncheng	17.6	17.1	17.1	182
忻州	Xinzhou				
临汾	Linfen	9.6	11.0	14.1	218
吕梁	Luliang	8.2	11.4	10.2	251
内蒙古	**Inner Mongolia**	**310.5**	**316.9**	**371.0**	
呼和浩特	Hohhot	57.8	57.6	58.9	40
包头	Baotou	77.9	80.0	67.8	35
乌海	Wuhai	18.2	18.2	18.8	165
赤峰	Chifeng	33.7	37.2	50.6	50
通辽	Tongliao	20.1	20.7	20.7	148
鄂尔多斯	Erdos	25.7	20.2	19.6	153
呼伦贝尔	Hulunbuir	9.0	9.7	24.6	114
巴彦淖尔	Bayannur	14.3	14.5	14.6	211
乌兰察布	Ulanqab	10.8	14.6	14.6	211
辽宁	**Liaoning**	**752.3**	**823.8**	**877.7**	
沈阳	Shenyang	215.0	240.6	246.9	5
大连	Dalian	80.0	92.6	121.3	16
鞍山	Anshan	52.6	55.0	54.9	45
抚顺	Fushun	50.0	50.0	50.0	51
本溪	Benxi	33.9	38.8	47.4	53
丹东	Dandong	23.2	21.5	20.4	151
锦州	Jinzhou	27.7	28.6	28.9	96
营口	Yingkou	37.4	12.9		
阜新	Fuxin	39.9	40.0	40.0	60
辽阳	Liaoyang	16.8	17.5	24.3	116
盘锦	Panjin	16.0	20.5	22.3	135
铁岭	Tieling	13.2	13.5	11.2	240
朝阳	Chaoyang	9.0	32.0	32.0	83
葫芦岛	Huludao	14.6	20.8	22.4	132
吉林	**Jilin**	**457.4**	**469.5**	**473.9**	
长春	Changchun	123.3	107.4	117.3	19
吉林	Jilin	36.9	36.7	33.8	76
四平	Siping	23.0	25.0	8.6	259
辽源	Liaoyuan	21.0	30.0	35.0	72
通化	Tonghua	18.3	18.5	21.8	141
白山	Baishan	20.5	20.8	20.7	150
松原	Songyuan	14.6	20.5	19.0	163
白城	Baicheng	10.3	10.3	14.8	209
黑龙江	**Heilongjiang**	**315.7**	**348.1**	**361.8**	
哈尔滨	Harbin	98.9	96.2	107.1	22
齐齐哈尔	Qiqihar	29.0	29.0	29.5	88
鸡西	Jixi	19.8	26.0	27.0	104
鹤岗	Hegang				
双鸭山	Shuangyashan	18.0	18.0	16.5	188
大庆	Daqing	23.2	24.7	22.4	133
伊春	Yichun				
佳木斯	Jiamusi	35.2	36.5	36.5	68
七台河	Qitaihe	25.5	25.5	25.5	111
牡丹江	Mudanjiang	31.7	30.1	22.4	131
黑河	Heihe	6.5	6.5	6.9	267
绥化	Suihua		13.1	13.2	223
上海	**Shanghai**	**599.2**	**582.3**	**598.5**	
江苏	**Jiangsu**	**1016.8**	**1099.9**	**1199.1**	

8-51 城市生活垃圾处理量(辖区) 续表 1
Volume of Urban Domestic Garbage Treated (Districts under City) continued 1

单位：万吨 (10 000 tons)

地名	City	2010	2011	2012	2012 排名 Ranking	地名	City	2010	2011	2012	2012 排名 Ranking
南京	Nanjing	184.8	201.2	224.5	9	池州	Chizhou	9.1	10.1	11.7	237
无锡	Wuxi	99.3	102.3	108.9	21	宣城	Xuancheng	15.2	15.3	9.8	253
徐州	Xuzhou	44.4	43.6	51.6	48	**福建**	**Fujian**	**416.5**	**430.3**	**486.9**	
常州	Changzhou	52.0	55.0	58.1	43	福州	Fuzhou	76.0	80.3	88.6	28
苏州	Suzhou	121.4	122.4	182.9	10	厦门	Xiamen	94.5	95.1	119.8	17
南通	Nantong	38.3	46.3	53.1	47	莆田	Putian	27.4	25.6	33.5	78
连云港	Lianyungang	18.3	23.1	24.0	118	三明	Sanming	12.1	12.2	12.3	234
淮安	Huaian	24.6	26.9	29.1	93	泉州	Quanzhou	35.3	35.5	37.4	65
盐城	Yancheng	22.1	35.4	22.6	126	漳州	Zhangzhou	13.6	14.3	15.2	199
扬州	Yangzhou	31.7	42.8	43.4	57	南平	Nanping	7.3	7.8	7.7	262
镇江	Zhenjiang	23.0	31.9	25.6	109	龙岩	Longyan	16.7	18.4	21.2	144
泰州	Taizhou	18.4	19.5	19.4	157	宁德	Ningde	9.2	9.3	7.3	266
宿迁	Suqian	16.1	16.0	19.5	156	**江西**	**Jiangxi**	**284.0**	**306.6**	**327.2**	
浙江	**Zhejiang**	**958.4**	**999.6**	**1048.0**		南昌	Nanchang	74.4	74.8	81.9	31
杭州	Hangzhou	211.7	217.1	233.6	7	景德镇	Jingdezhen	14.6	14.6	14.6	213
宁波	Ningbo	87.7	90.7	99.7	24	萍乡	Pingxiang	15.3	16.1	16.8	185
温州	Wenzhou	95.1	91.6	105.3	23	九江	Jiujiang	17.6	19.4	19.3	159
嘉兴	Jiaxing	18.4	21.5	22.4	127	新余	Xinyu	13.8	15.4	16.3	192
湖州	Huzhou	28.2	29.6	33.6	77	鹰潭	Yingtan	6.9	7.4	7.5	264
绍兴	Shaoxing	20.4	24.4	29.4	90	赣州	Ganzhou	35.6	28.5	35.0	72
金华	Jinhua	30.1	31.3	32.3	81	吉安	Jian	11.7	11.7	12.0	235
衢州	Quzhou	11.4	11.8	12.5	233	宜春	Yichun	8.9	14.9	15.9	196
舟山	Zhoushan	20.9	22.3	23.0	123	抚州	Fuzhou	17.8	18.2	18.5	166
台州	Taizhou	66.9	80.6	79.3	32	上饶	Shangrao	12.4	17.2	19.1	162
丽水	Lishui	19.3	19.8	20.1	152	**山东**	**Shandong**	**955.3**	**935.5**	**1053.5**	
安徽	**Anhui**	**416.1**	**422.3**	**421.2**		济南	Jinan	84.5	86.3	92.5	26
合肥	Hefei	66.4	75.8	92.0	27	青岛	Qingdao	138.9	135.1	147.4	12
芜湖	Wuhu	36.0	47.6	32.7	80	淄博	Zibo	54.9	56.9	61.0	38
蚌埠	Bengbu	33.0	33.0	29.2	92	枣庄	Zaozhuang	46.8	47.5	50.6	49
淮南	Huainan	41.3	31.4	31.6	84	东营	Dongying	18.8	18.9	17.7	177
马鞍山	Maanshan	17.9	17.0	18.3	169	烟台	Yantai	50.9	54.6	61.6	37
淮北	Huaibei	9.8	16.2	19.5	154	潍坊	Weifang	29.0	25.7	37.6	64
铜陵	Tongling	10.1	10.7	12.9	229	济宁	Jining	28.3	22.1	22.4	127
安庆	Anqing	27.4	29.8	25.7	108	泰安	Taian	16.8	17.4	21.6	142
黄山	Huangshan	13.9	13.4	10.2	250	威海	Weihai	25.4	27.8	29.4	91
滁州	Chuzhou	16.4	10.2	11.9	236	日照	Rizhao	20.0	17.4	18.8	164
阜阳	Fuyang	27.0	22.5	23.3	121	莱芜	Laiwu	15.9	18.3	25.6	110
宿州	Suzhou	18.0	18.0	18.0	173	临沂	Linyi	52.3	39.7	58.5	41
六安	Liuan	17.1	17.9	18.3	170	德州	Dezhou	19.5	20.3	21.9	139
亳州	Bozhou	10.5	10.1	10.4	247	聊城	Liaocheng	16.1	16.2	19.1	161

8-51 城市生活垃圾处理量（辖区） 续表 2

Volume of Urban Domestic Garbage Treated (Districts under City) continued 2

单位：万吨 （10 000 tons）

地名	City	2010	2011	2012	2012 排名 Ranking
滨州	Binzhou	14.6	16.1	23.4	120
菏泽	Heze	23.6	25.1	25.5	111
河南	**Henan**	**616.5**	**648.3**	**724.6**	
郑州	Zhengzhou	147.3	149.3	155.5	11
开封	Kaifeng	31.5	32.0	37.0	66
洛阳	Luoyang	38.3	45.8	66.8	36
平顶山	Pingdingshan	25.0	28.0	28.1	98
安阳	Anyang	26.5	32.0	36.0	70
鹤壁	Hebi	11.8	13.2	13.2	221
新乡	Xinxiang	27.0	25.7	34.5	74
焦作	Jiaozuo	26.1	26.9	27.0	102
濮阳	Puyang	14.8	15.0	15.0	205
许昌	Xuchang	16.2	20.8	22.0	138
漯河	Luohe	18.5	19.0	20.9	146
三门峡	Sanmenxia	9.0	8.4	8.5	260
南阳	Nanyang	29.9	29.9	34.0	75
商丘	Shangqiu	23.5	23.7	25.4	113
信阳	Xinyang	11.7	14.4	18.1	171
周口	Zhoukou			8.1	261
驻马店	Zhumadian	16.1	16.3	17.0	183
湖北	**Hubei**	**677.1**	**681.6**	**666.5**	
武汉	Wuhan	219.1	224.4	225.0	8
黄石	Huangshi	29.1	21.8	29.1	94
十堰	Shiyan	27.7	37.9	31.6	85
宜昌	Yichang	27.7	28.9	27.4	101
襄阳	Xiangfan	26.8	22.8	22.4	127
鄂州	Ezhou	15.0	11.2	13.2	222
荆门	Jingmen	18.1	18.1	18.1	171
孝感	Xiaogan	9.1	10.5	11.5	238
荆州	Jingzhou	30.0	57.4	22.2	136
黄冈	Huanggang	13.9	16.8	17.2	181
咸宁	Xianning	24.0	16.4	16.4	189
随州	Suizhou	12.0	12.8	24.3	117
湖南	**Hunan**	**464.1**	**498.5**	**554.9**	
长沙	Changsha	106.9	134.3	143.7	13
株洲	Zhuzhou	33.1	33.5	39.4	62
湘潭	Xiangtan	23.9	22.6	26.5	106
衡阳	Hengyang	36.5	39.3	39.4	61
邵阳	Shaoyang	25.6	5.3	16.4	191
岳阳	Yueyang	18.9	19.4	19.5	155

地名	City	2010	2011	2012	2012 排名 Ranking
常德	Changde	20.4	26.0	22.7	124
张家界	Zhangjiajie	12.0	13.7	15.2	199
益阳	Yiyang	17.8	17.2	16.3	193
郴州	Chenzhou	20.1	21.8	24.3	115
永州	Yongzhou	15.5	20.6	20.8	147
怀化	Huaihua	18.7	17.5	17.7	176
娄底	Loudi	11.9	15.0	15.3	198
广东	**Guangdong**	**1764.2**	**1863.0**	**1943.7**	
广州	Guangzhou	327.9	320.8	332.3	3
韶关	Shaoguan	22.3	22.5	23.0	122
深圳	Shenzhen	453.4	457.7	466.0	1
珠海	Zhuhai	57.8	66.7	60.5	39
汕头	Shantou	43.6	45.6	46.5	54
佛山	Foshan	73.5	74.3	93.3	25
江门	Jiangmen	43.1	44.0	42.3	58
湛江	Zhanjiang	26.3	27.1	32.1	82
茂名	Maoming	8.0	18.7	19.2	160
肇庆	Zhaoqing	13.9	14.3	15.2	202
惠州	Huizhou	47.9	43.7	73.6	34
梅州	Meizhou	13.9	14.9	15.0	206
汕尾	Shanwei	9.1	5.5	7.3	265
河源	Heyuan	12.3	14.5	19.3	158
阳江	Yangjiang	12.2	12.2	12.7	232
清远	Qingyuan	15.9	12.6	22.6	125
东莞	Dongguan	350.8	378.1	384.4	2
中山	ZhongShan	28.1	28.4	58.3	42
潮州	Chaozhou	15.3	22.9	26.7	105
揭阳	Jieyang	29.7	26.7	27.8	100
云浮	Yunfu	5.5	5.8	6.6	269
广西	**Guangxi**	**227.9**	**244.3**	**260.9**	
南宁	Nanning	57.9	64.5	75.8	33
柳州	Liuzhou	33.3	35.0	36.3	69
桂林	Guilin	24.6	27.3	28.8	97
梧州	Wuzhou	8.0	9.3	8.8	257
北海	Beihai	14.9	14.5	14.8	210
防城港	Fangchenggang	2.9	4.2	5.8	275
钦州	Qinzhou	12.8	14.0	14.4	216
贵港	Guigang	11.3	8.4	10.3	249
玉林	Yulin	16.5	17.8	16.7	187
百色	Baise	8.0	4.6	5.0	276

8-51 城市生活垃圾处理量(辖区) 续表 3
Volume of Urban Domestic Garbage Treated (Districts under City) continued 3

单位：万吨 (10 000 tons)

地名	City	2010	2011	2012	2012 排名 Ranking
贺州	Hezhou	6.2	6.3	6.5	270
河池	Hechi	5.8	3.8	3.8	280
来宾	Laibin	4.6	8.3	4.9	278
崇左	Chongzuo	0.7	2.2	2.9	281
海南	**Hainan**	**77.7**	**108.5**	**110.1**	
海口	Haikou	42.0	49.7	53.5	46
三亚	Sanya	19.7	23.1	24.0	119
重庆	**Chongqing**	**254.4**	**280.3**	**332.9**	
四川	**Sichuan**	**619.8**	**619.8**	**664.4**	
成都	Chengdu	262.1	221.9	238.4	6
自贡	Zigong	20.2	21.9	22.4	127
攀枝花	Panzhihua	20.7	22.2	22.3	134
泸州	Luzhou	26.8	29.1	29.6	87
德阳	Deyang	10.0	13.3	15.2	202
绵阳	Mianyang	24.5	26.0	27.0	103
广元	Guangyuan	10.3	10.6	13.0	227
遂宁	Suining	14.0	26.0	31.0	86
内江	Neijiang	11.0	10.8	11.3	239
乐山	Leshan	16.6	17.6	17.6	178
南充	Nanchong	23.4	25.5	29.4	89
眉山	Meishan	10.6	14.2	18.0	173
宜宾	Yibin	15.0	18.4	21.0	145
广安	Guangan	7.0	9.6	9.6	255
达州	Dazhou	10.3	11.1	10.7	244
雅安	Yaan	9.5	10.6	13.3	220
巴中	Bazhong	11.0	12.4	12.8	231
资阳	Ziyang	11.8	11.1	15.2	199
贵州	**Guizhou**	**203.6**	**200.1**	**223.4**	
贵阳	Guiyang	71.0	73.1	85.6	30
六盘水	Liupanshui	15.1	15.2	16.0	194
遵义	Zunyi	28.2	31.5	32.8	79
安顺	Anshun	16.5	9.4	9.9	252
毕节	Bijie	9.6	12.9	16.0	194
铜仁	Tongren	14.0	10.3	10.6	245
云南	**Yunnan**	**253.0**	**294.0**	**305.1**	
昆明	Kunming	99.3	124.2	143.5	14
曲靖	Qujing	17.8	18.1	18.5	166
玉溪	Yuxi	11.2	10.2	6.8	268
保山	Baoshan	15.0	16.2	9.6	256
昭通	Zhaotong	14.1	13.3	14.8	208
丽江	Lijiang	6.0	6.0	6.2	273
普洱	Puer	5.5	5.9	6.2	272
临沧	Lincang	4.6	4.8	5.0	276
西藏	**Tibet**	**14.2**	**14.2**	**24.8**	
拉萨	Lhasa	14.2	14.2	21.9	139
陕西	**Shaanxi**	**334.0**	**404.6**	**421.1**	
西安	Xi'an	204.1	228.0	250.8	4
铜川	Tongchuan	14.5	14.8	15.1	204
宝鸡	Baoji	23.6	24.8	27.9	99
咸阳	Xianyang	12.4	25.0	25.9	107
渭南	Weinan	14.2	14.3	13.2	224
延安	Yan'an	8.4	10.4	10.4	248
汉中	Hanzhong	10.2	9.5	10.5	246
榆林	Yulin	16.9	18.2	20.7	148
安康	Ankang	18.0	36.0	22.1	137
商洛	Shangluo	5.8	6.0	6.4	271
甘肃	**Gansu**	**272.3**	**272.7**	**265.3**	
兰州	Lanzhou	124.1	125.9	118.2	18
嘉峪关	Jiayuguan	8.1	8.1	8.7	258
金昌	Jinchang	12.8	13.1	13.1	225
白银	Baiyin	14.7	14.9	13.4	219
天水	Tianshui	32.1	21.2	21.3	143
武威	Wuwei	14.4	16.4	16.4	190
张掖	Zhangye	6.3	7.1	7.6	263
平凉	Pingliang	10.5	11.5	12.9	228
酒泉	Jiuquan	10.0	10.0	10.8	243
庆阳	Qingyang	9.3	11.8	13.1	226
定西	Dingxi	5.6	6.5	4.7	279
陇南	Longnan	5.8	5.9	5.8	274
青海	**Qinghai**	**71.1**	**77.1**	**62.0**	
西宁	Xining	61.9	64.6	49.5	52
宁夏	**Ningxia**	**85.0**	**88.6**	**107.5**	
银川	Yinchuan	26.3	29.6	38.2	63
石嘴山	Shizuishan	14.5	18.0	17.3	180
吴忠	Wuzhong	13.8	14.8	16.8	186
固原	Guyuan	9.0	9.8	9.8	254
中卫	Zhongwei	8.1	8.3	10.9	242
新疆	**Xinjiang**	**286.5**	**317.6**	**331.3**	
乌鲁木齐	Urumqi	101.5	118.8	124.5	15
克拉玛依	Karamay	14.2	16.1	16.9	184

8-52 城市生活垃圾处理率(辖区)

Urban Domestic Garbage Treatment Rate (Districts under City)

单位：%　　　　(%)

地名	City	2010	2011	2012	2012 排名 Ranking
全国	**Nation Total**	**90.72**	**91.89**	**93.32**	
北京	**Beijing**	**96.95**	**98.24**	**99.12**	
天津	**Tianjin**	**100.00**	**100.00**	**99.81**	
河北	**Hebei**	**96.95**	**96.82**	**97.50**	
石家庄	Shijiazhuang	100.00	100.00	100.00	1
唐山	Tangshan	100.00	100.00	100.00	1
秦皇岛	Qinhuangdao	100.00	100.00	100.00	1
邯郸	Handan	100.00	100.00	100.00	1
邢台	Xingtai	100.00	100.00	99.73	164
保定	Baoding	100.00	100.00	100.00	1
张家口	Zhangjiakou	80.13	82.00	89.29	242
承德	Chengde	99.02	100.00	100.00	1
沧州	Cangzhou	79.30	90.25	92.61	225
廊坊	Langfang	95.79	96.87	95.70	204
衡水	Hengshui	100.00	100.00	100.00	1
山西	**Shanxi**	**73.58**	**80.72**	**84.71**	
太原	Taiyuan	100.00	100.00	100.00	1
大同	Datong	83.08	86.85	86.56	251
阳泉	Yangquan	100.00	100.00	100.00	1
长治	Changzhi	100.00	100.00	100.00	1
晋城	Jincheng	93.97	94.00	100.00	1
朔州	Shuozhou	75.47	64.30	87.93	247
晋中	Jinzhong	31.01	33.20	77.47	268
运城	Yuncheng	90.00	95.00	95.00	213
忻州	Xinzhou				
临汾	Linfen	52.00	100.00	100.00	1
吕梁	Luliang	100.00	100.00	100.00	1
内蒙古	**Inner Mongolia**	**92.98**	**93.21**	**96.13**	
呼和浩特	Hohhot	97.88	97.99	98.17	185
包头	Baotou	97.00	97.17	97.00	193
乌海	Wuhai	82.68	82.68	85.45	253
赤峰	Chifeng	100.00	100.00	100.00	1
通辽	Tongliao	100.00	100.00	100.00	1
鄂尔多斯	Erdos	98.58	97.91	98.00	187
呼伦贝尔	Hulunbuir	81.82	81.08	91.48	233
巴彦淖尔	Bayannur	96.28	96.46	96.65	197
乌兰察布	Ulanqab	100.00	100.00	98.05	186
辽宁	**Liaoning**	**89.85**	**94.04**	**94.38**	
沈阳	Shenyang	100.00	100.00	100.00	1
大连	Dalian	100.00	100.00	100.00	1
鞍山	Anshan	100.00	100.00	100.00	1
抚顺	Fushun	100.00	100.00	100.00	1
本溪	Benxi	100.00	100.00	99.06	168
丹东	Dandong	100.00	100.00	100.00	1
锦州	Jinzhou	86.69	100.00	100.00	1
营口	Yingkou	93.50	33.92		
阜新	Fuxin	90.89	90.91	90.91	236
辽阳	Liaoyang	100.00	100.00	100.00	1
盘锦	Panjin	100.00	100.00	100.00	1
铁岭	Tieling	85.16	100.00	83.98	257
朝阳	Chaoyang	28.13	100.00	100.00	1
葫芦岛	Huludao	70.16	100.00	100.00	1
吉林	**Jilin**	**91.57**	**95.24**	**93.19**	
长春	Changchun	99.84	91.08	96.39	200
吉林	Jilin	100.00	100.00	100.00	1
四平	Siping	100.00	100.00	35.94	281
辽源	Liaoyuan	87.50	100.00	100.00	1
通化	Tonghua	99.78	95.17	96.54	198
白山	Baishan	100.00	100.00	100.00	1
松原	Songyuan	81.11	93.61	90.48	238
白城	Baicheng	100.00	100.00	95.48	207
黑龙江	**Heilongjiang**	**40.36**	**43.69**	**50.95**	
哈尔滨	Harbin	82.91	79.73	85.30	254
齐齐哈尔	Qiqihar	50.96	49.72	50.14	280
鸡西	Jixi	73.06	60.47	67.57	273
鹤岗	Hegang				
双鸭山	Shuangyashan	37.89	37.89	81.93	261
大庆	Daqing	82.86	52.35	52.32	279
伊春	Yichun				
佳木斯	Jiamusi	75.37	78.49	82.95	259
七台河	Qitaihe	100.00	100.00	100.00	1
牡丹江	Mudanjiang	100.00	100.00	100.00	1
黑河	Heihe	76.47	76.47	72.54	271
绥化	Suihua		70.81	70.59	272
上海	**Shanghai**	**81.86**	**82.72**	**83.59**	
江苏	**Jiangsu**	**99.97**	**98.22**	**99.09**	

8-52 城市生活垃圾处理率(辖区) 续表 1
Urban Domestic Garbage Treatment Rate (Districts under City) continued 1

单位：% (%)

地名	City	2010	2011	2012	2012 排名 Ranking
南京	Nanjing	100.00	100.00	100.00	1
无锡	Wuxi	100.00	100.00	100.00	1
徐州	Xuzhou	100.00	87.95	99.98	157
常州	Changzhou	100.00	100.00	100.00	1
苏州	Suzhou	100.00	100.00	100.00	1
南通	Nantong	100.00	100.00	100.00	1
连云港	Lianyungang	100.00	100.00	100.00	1
淮安	Huaian	100.00	71.49	72.57	270
盐城	Yancheng	100.00	100.00	100.00	1
扬州	Yangzhou	100.00	100.00	100.00	1
镇江	Zhenjiang	100.00	100.00	100.00	1
泰州	Taizhou	100.00	100.00	100.00	1
宿迁	Suqian	100.00	100.00	100.00	1
浙江	**Zhejiang**	**99.94**	**98.19**	**99.33**	
杭州	Hangzhou	100.00	100.00	100.00	1
宁波	Ningbo	100.00	100.00	100.00	1
温州	Wenzhou	100.00	90.10	100.00	1
嘉兴	Jiaxing	100.00	100.00	100.00	1
湖州	Huzhou	100.00	100.00	100.00	1
绍兴	Shaoxing	100.00	100.00	100.00	1
金华	Jinhua	100.00	100.00	96.01	203
衢州	Quzhou	100.00	100.00	100.00	1
舟山	Zhoushan	100.00	100.00	100.00	1
台州	Taizhou	100.00	100.00	100.00	1
丽水	Lishui	100.00	100.00	100.00	1
安徽	**Anhui**	**95.59**	**97.06**	**95.28**	
合肥	Hefei	99.97	100.00	100.00	1
芜湖	Wuhu	100.00	100.00	95.00	213
蚌埠	Bengbu	100.00	100.00	100.00	1
淮南	Huainan	100.00	99.40	100.00	1
马鞍山	Maanshan	100.00	100.00	96.02	202
淮北	Huaibei	88.69	100.00	100.00	1
铜陵	Tongling	94.30	100.00	100.00	1
安庆	Anqing	89.58	93.98	67.00	275
黄山	Huangshan	90.31	99.19	100.00	1
滁州	Chuzhou	100.00	100.00	100.00	1
阜阳	Fuyang	100.00	91.20	93.28	220
宿州	Suzhou	99.78	90.91	100.00	1
六安	Liuan	94.42	94.01	99.95	158
亳州	Bozhou	100.00	100.00	100.00	1
池州	Chizhou	88.07	98.06	99.91	159
宣城	Xuancheng	100.00	100.00	100.00	1
福建	**Fujian**	**99.81**	**99.25**	**98.60**	
福州	Fuzhou	100.00	99.94	98.23	183
厦门	Xiamen	100.00	99.20	99.00	171
莆田	Putian	100.00	100.00	98.53	179
三明	Sanming	96.19	97.13	97.77	189
泉州	Quanzhou	100.00	100.00	99.02	169
漳州	Zhangzhou	99.34	99.79	98.96	175
南平	Nanping	100.00	100.00	98.97	173
龙岩	Longyan	99.64	98.50	99.02	169
宁德	Ningde	100.00	100.00	100.00	1
江西	**Jiangxi**	**100.00**	**100.00**	**100.00**	
南昌	Nanchang	100.00	100.00	100.00	1
景德镇	Jingdezhen	100.00	100.00	100.00	1
萍乡	Pingxiang	100.00	100.00	100.00	1
九江	Jiujiang	100.00	100.00	100.00	1
新余	Xinyu	100.00	100.00	100.00	1
鹰潭	Yingtan	100.00	100.00	100.00	1
赣州	Ganzhou	100.00	100.00	100.00	1
吉安	Jian	100.00	100.00	100.00	1
宜春	Yichun	100.00	100.00	100.00	1
抚州	Fuzhou	100.00	100.00	100.00	1
上饶	Shangrao	100.00	100.00	100.00	1
山东	**Shandong**	**96.30**	**97.51**	**99.17**	
济南	Jinan	90.78	98.47	91.98	231
青岛	Qingdao	100.00	100.00	100.00	1
淄博	Zibo	100.00	100.00	100.00	1
枣庄	Zaozhuang	87.04	98.28	98.50	181
东营	Dongying	100.00	100.00	100.00	1
烟台	Yantai	100.00	100.00	100.00	1
潍坊	Weifang	99.79	100.00	100.00	1
济宁	Jining	89.24	100.00	100.00	1
泰安	Taian	100.00	100.00	100.00	1
威海	Weihai	100.00	100.00	100.00	1
日照	Rizhao	100.00	100.00	100.00	1
莱芜	Laiwu	100.00	100.00	100.00	1
临沂	Linyi	100.00	100.00	100.00	1
德州	Dezhou	98.24	98.64	100.00	1
聊城	Liaocheng	100.00	100.00	100.00	1

8-52 城市生活垃圾处理率(辖区) 续表 2
Urban Domestic Garbage Treatment Rate (Districts under City) continued 2

单位：% (%)

地名	City	2010	2011	2012	2012 排名 Ranking	地名	City	2010	2011	2012	2012 排名 Ranking
滨州	Binzhou	100.00	100.00	100.00	1	常德	Changde	100.00	100.00	100.00	1
菏泽	Heze	93.79	100.00	100.00	1	张家界	Zhangjiajie	93.02	100.00	100.00	1
河南	**Henan**	**88.75**	**88.87**	**91.05**		益阳	Yiyang	100.00	100.00	100.00	1
郑州	Zhengzhou	89.61	89.71	89.75	241	郴州	Chenzhou	100.00	100.00	100.00	1
开封	Kaifeng	100.00	96.97	98.40	182	永州	Yongzhou	78.16	100.00	100.00	1
洛阳	Luoyang	98.15	83.58	85.07	255	怀化	Huaihua	100.00	100.00	100.00	1
平顶山	Pingdingshan	85.18	91.83	92.06	230	娄底	Loudi	100.00	100.00	100.00	1
安阳	Anyang	94.64	100.00	100.00	1	**广东**	**Guangdong**	**91.01**	**94.15**	**90.96**	
鹤壁	Hebi	90.49	87.04	88.73	244	广州	Guangzhou	91.96	91.80	80.38	263
新乡	Xinxiang	100.00	100.00	100.00	1	韶关	Shaoguan	100.00	100.00	100.00	1
焦作	Jiaozuo	85.75	93.18	97.34	192	深圳	Shenzhen	94.60	95.00	95.13	211
濮阳	Puyang	90.52	91.16	91.28	235	珠海	Zhuhai	92.34	100.00	100.00	1
许昌	Xuchang	96.13	96.16	96.27	201	汕头	Shantou	64.41	65.40	65.70	276
漯河	Luohe	100.00	95.00	99.48	166	佛山	Foshan	100.00	100.00	94.21	217
三门峡	Sanmenxia	96.77	96.55	92.39	227	江门	Jiangmen	100.00	100.00	100.00	1
南阳	Nanyang	74.21	70.37	82.17	260	湛江	Zhanjiang	97.41	97.48	97.72	190
商丘	Shangqiu	66.84	74.44	67.17	274	茂名	Maoming	41.91	100.00	100.00	1
信阳	Xinyang	93.02	93.10	93.20	222	肇庆	Zhaoqing	97.88	98.22	98.51	180
周口	Zhoukou			78.83	265	惠州	Huizhou	100.00	100.00	100.00	1
驻马店	Zhumadian	91.84	91.86	91.89	232	梅州	Meizhou	100.00	100.00	100.00	1
湖北	**Hubei**	**95.21**	**92.57**	**93.00**		汕尾	Shanwei	100.00	60.02	79.96	264
武汉	Wuhan	100.00	100.00	100.00	1	河源	Heyuan	96.54	99.66	100.00	1
黄石	Huangshi	100.00	74.89	100.00	1	阳江	Yangjiang	100.00	100.00	100.00	1
十堰	Shiyan	93.28	99.76	100.00	1	清远	Qingyuan	100.00	76.10	100.00	1
宜昌	Yichang	89.78	89.33	89.90	240	东莞	Dongguan	98.19	100.00	100.00	1
襄阳	Xiangfan	80.51	88.37	88.97	243	中山	ZhongShan	100.00	100.00	100.00	1
鄂州	Ezhou	100.00	84.86	100.00	1	潮州	Chaozhou	100.00	100.00	100.00	1
荆门	Jingmen	100.00	100.00	100.00	1	揭阳	Jieyang	90.00	90.99	92.11	229
孝感	Xiaogan	94.12	100.00	100.00	1	云浮	Yunfu	100.00	100.00	100.00	1
荆州	Jingzhou	100.00	100.00	100.00	1	**广西**	**Guangxi**	**93.01**	**95.49**	**98.00**	
黄冈	Huanggang	93.29	94.38	95.03	212	南宁	Nanning	100.00	100.00	100.00	1
咸宁	Xianning	85.71	100.00	100.00	1	柳州	Liuzhou	100.00	97.49	97.48	191
随州	Suizhou	100.00	100.00	100.00	1	桂林	Guilin	100.00	100.00	100.00	1
湖南	**Hunan**	**91.86**	**93.77**	**98.14**		梧州	Wuzhou	100.00	100.00	100.00	1
长沙	Changsha	100.00	100.00	100.00	1	北海	Beihai	100.00	100.00	100.00	1
株洲	Zhuzhou	100.00	100.00	100.00	1	防城港	Fangchenggang	41.43	58.10	95.24	208
湘潭	Xiangtan	100.00	100.00	100.00	1	钦州	Qinzhou	100.00	99.93	95.69	205
衡阳	Hengyang	100.00	100.00	100.00	1	贵港	Guigang	97.59	85.28	97.00	193
邵阳	Shaoyang	100.00	32.32	96.47	199	玉林	Yulin	100.00	100.00	100.00	1
岳阳	Yueyang	100.00	100.00	100.00	1	百色	Baise	100.00	100.00	100.00	1

8-52 城市生活垃圾处理率(辖区) 续表 3
Urban Domestic Garbage Treatment Rate (Districts under City) continued 3

单位：% (%)

地名	City	2010	2011	2012	2012 排名 Ranking	地名	City	2010	2011	2012	2012 排名 Ranking
贺州	Hezhou	100.00	97.53	100.00	1	丽江	Lijiang	100.00	100.00	100.00	1
河池	Hechi	100.00	100.00	100.00	1	普洱	Puer	94.48	93.65	94.98	215
来宾	Laibin	100.00	100.00	99.80	163	临沧	Lincang	100.00	100.00	98.81	177
崇左	Chongzuo	14.73	46.94	63.97	278	**西藏**	**Tibet**	**87.30**	**82.44**	**96.88**	
海南	**Hainan**	**79.52**	**95.49**	**99.91**		拉萨	Lhasa	100.00	99.79	100.00	1
海口	Haikou	100.00	100.00	100.00	1	**陕西**	**Shaanxi**	**86.02**	**94.48**	**97.23**	
三亚	Sanya	100.00	100.00	100.00	1	西安	Xi'an	97.48	97.64	99.84	162
重庆	**Chongqing**	**99.13**	**99.55**	**99.28**		铜川	Tongchuan	85.03	87.13	88.23	245
四川	**Sichuan**	**94.48**	**92.66**	**94.55**		宝鸡	Baoji	100.00	100.00	100.00	1
成都	Chengdu	100.00	100.00	100.00	1	咸阳	Xianyang	53.45	89.87	93.23	221
自贡	Zigong	85.48	89.49	90.48	238	渭南	Weinan	91.62	87.75	86.83	248
攀枝花	Panzhihua	95.00	95.29	96.75	196	延安	Yan'an	82.03	84.52	88.02	246
泸州	Luzhou	100.00	100.00	100.00	1	汉中	Hanzhong	100.00	81.41	86.78	250
德阳	Deyang	100.00	100.00	100.00	1	榆林	Yulin	84.77	81.87	98.57	178
绵阳	Mianyang	100.00	100.00	100.00	1	安康	Ankang	52.94	100.00	97.79	188
广元	Guangyuan	76.02	76.17	78.47	266	商洛	Shangluo	99.32	100.00	100.00	1
遂宁	Suining	89.06	76.13	86.35	252	**甘肃**	**Gansu**	**97.84**	**98.75**	**98.05**	
内江	Neijiang	73.00	71.73	74.41	269	兰州	Lanzhou	100.00	100.00	100.00	1
乐山	Leshan	96.05	96.69	96.96	195	嘉峪关	Jiayuguan	100.00	100.00	100.00	1
南充	Nanchong	83.27	83.33	85.06	256	金昌	Jinchang	100.00	100.00	100.00	1
眉山	Meishan	94.38	100.00	100.00	1	白银	Baiyin	88.79	97.70	83.96	258
宜宾	Yibin	92.59	98.03	94.98	215	天水	Tianshui	100.00	100.00	100.00	1
广安	Guangan	97.22	100.00	99.90	160	武威	Wuwei	99.31	98.98	98.98	172
达州	Dazhou	78.16	84.63	81.20	262	张掖	Zhangye	90.52	95.54	100.00	1
雅安	Yaan	86.30	87.55	93.14	223	平凉	Pingliang	98.41	95.92	99.23	167
巴中	Bazhong	97.35	59.62	77.72	267	酒泉	Jiuquan	95.24	95.24	98.18	184
资阳	Ziyang	95.30	95.29	95.18	210	庆阳	Qingyang	93.84	96.89	92.25	228
贵州	**Guizhou**	**95.47**	**91.68**	**94.80**		定西	Dingxi	80.00	92.86	94.00	218
贵阳	Guiyang	93.74	93.90	95.68	206	陇南	Longnan	100.00	100.00	99.66	165
六盘水	Liupanshui	100.00	99.35	100.00	1	**青海**	**Qinghai**	**82.34**	**92.81**	**93.51**	
遵义	Zunyi	94.35	94.02	95.21	209	西宁	Xining	83.37	92.29	92.52	226
安顺	Anshun	96.49	61.26	64.71	277	**宁夏**	**Ningxia**	**92.53**	**73.51**	**92.49**	
毕节	Bijie	94.96	100.00	100.00	1	银川	Yinchuan	100.00	59.80	92.71	224
铜仁	Tongren	93.33	98.09	93.81	219	石嘴山	Shizuishan	85.01	92.76	86.79	249
云南	**Yunnan**	**95.31**	**97.95**	**99.45**		吴忠	Wuzhong	100.00	98.73	98.82	176
昆明	Kunming	96.80	97.18	99.90	160	固原	Guyuan	91.84	93.33	90.74	237
曲靖	Qujing	100.00	100.00	100.00	1	中卫	Zhongwei	89.56	87.37	100.00	1
玉溪	Yuxi	89.60	93.38	100.00	1	**新疆**	**Xinjiang**	**94.45**	**92.20**	**93.93**	
保山	Baoshan	94.94	100.00	98.97	173	乌鲁木齐	Urumqi	97.25	91.86	91.43	234
昭通	Zhaotong	100.00	100.00	100.00	1	克拉玛依	Karamay	100.00	100.00	100.00	1

8-53 城市公共交通车辆运营数
Number of Public Vehicles under Operation

单位：辆 (unit)

地名	City	2010	2011	2012	2012 排名 Ranking
全国	**Nation Total**	**383161**	**412590**	**432021**	
北京	**Beijing**	**24011**	**24478**	**25831**	
天津	**Tianjin**	**7413**	**7954**	**9031**	
河北	**Hebei**	**14630**	**15503**	**16493**	
石家庄	Shijiazhuang	4460	4748	4197	18
唐山	Tangshan	2034	1936	1795	42
秦皇岛	Qinhuangdao	1036	929	841	90
邯郸	Handan	2708	1789	2219	37
邢台	Xingtai	2259	1042	1267	57
保定	Baoding	2007	1048	1298	54
张家口	Zhangjiakou	1240	616	872	85
承德	Chengde	643	686	634	118
沧州	Cangzhou	1190	633	566	133
廊坊	Langfang	491	517	558	138
衡水	Hengshui	986	296	363	181
山西	**Shanxi**	**6609**	**7226**	**7851**	
太原	Taiyuan	2213	2677	3054	27
大同	Datong	811	811	866	87
阳泉	Yangquan	612	771	748	98
长治	Changzhi	434	678	678	110
晋城	Jincheng	307	346	566	133
朔州	Shuozhou	187	197	217	240
晋中	Jinzhong	394	394	407	164
运城	Yuncheng	319	345	350	185
忻州	Xinzhou	111	112	112	267
临汾	Linfen	313	226	302	205
吕梁	Luliang	267	86	96	276
内蒙古	**Inner Mongolia**	**5771**	**5646**	**5586**	
呼和浩特	Hohhot	1902	1673	2261	35
包头	Baotou	1342	1395	1342	52
乌海	Wuhai	403	392	387	173
赤峰	Chifeng	474	446	444	154
通辽	Tongliao	260	262	388	172
鄂尔多斯	Erdos	333	442	396	169
呼伦贝尔	Hulunbuir	278	275	206	246
巴彦淖尔	Bayannur	111	111	111	268
乌兰察布	Ulanqab	117	117	161	257
辽宁	**Liaoning**	**19770**	**20514**	**20968**	
沈阳	Shenyang	5013	5139	5232	12
大连	Dalian	4696	5091	4972	13
鞍山	Anshan	1508	1633	1635	45
抚顺	Fushun	1175	1237	1277	56
本溪	Benxi	736	688	760	95
丹东	Dandong	725	552	594	129
锦州	Jinzhou	591	917	993	76
营口	Yingkou	660	704	746	99
阜新	Fuxin	361	373	464	151
辽阳	Liaoyang	538	557	496	146
盘锦	Panjin	419	459	488	148
铁岭	Tieling	400	348	346	188
朝阳	Chaoyang	201	225	245	224
葫芦岛	Huludao	409	409	638	116
吉林	**Jilin**	**10421**	**10521**	**10912**	
长春	Changchun	4433	4473	4575	16
吉林	Jilin	950	1221	1180	62
四平	Siping	275	234	234	228
辽源	Liaoyuan	350	344	379	174
通化	Tonghua	296	373	356	182
白山	Baishan	330	321	306	201
松原	Songyuan	512	514	546	139
白城	Baicheng	228	451	231	230
黑龙江	**Heilongjiang**	**13567**	**14241**	**14364**	
哈尔滨	Harbin	5173	5395	5433	10
齐齐哈尔	Qiqihar	876	1027	1027	72
鸡西	Jixi	706	926	909	81
鹤岗	Hegang	418	478	502	145
双鸭山	Shuangyashan	326	385	310	198
大庆	Daqing	2615	2389	2807	28
伊春	Yichun	238	283	295	209
佳木斯	Jiamusi	366	334	404	165
七台河	Qitaihe	375	402	403	166
牡丹江	Mudanjiang	778	726	729	102
黑河	Heihe	95	95	95	278
绥化	Suihua	275	230	212	242
上海	**Shanghai**	**20297**	**19488**	**19825**	
江苏	**Jiangsu**	**27561**	**29655**	**30956**	

8-53 城市公共交通车辆运营数 续表 1

Number of Public Vehicles under Operation continued 1

单位：辆 (unit)

地名	City	2010	2011	2012	2012 排名 Ranking
南京	Nanjing	6178	6312	6239	7
无锡	Wuxi	3135	3081	3144	26
徐州	Xuzhou	2149	2134	2125	38
常州	Changzhou	2518	2600	2590	31
苏州	Suzhou	3204	3665	4389	17
南通	Nantong	722	1135	1288	55
连云港	Lianyungang	574	596	741	100
淮安	Huaian	841	881	884	84
盐城	Yancheng	436	402	423	157
扬州	Yangzhou	1354	1191	1354	50
镇江	Zhenjiang	1032	1091	1006	75
泰州	Taizhou	479	667	615	123
宿迁	Suqian	502	576	623	122
浙江	**Zhejiang**	**21589**	**21927**	**23060**	
杭州	Hangzhou	7345	7543	7450	5
宁波	Ningbo	3455	3757	4046	19
温州	Wenzhou	2038	1884	2294	34
嘉兴	Jiaxing	1006	1017	1042	70
湖州	Huzhou	669	663	641	115
绍兴	Shaoxing	757	687	761	94
金华	Jinhua	918	593	656	113
衢州	Quzhou	653	653	223	235
舟山	Zhoushan	621	636	643	114
台州	Taizhou	485	496	586	130
丽水	Lishui	190	218	240	226
安徽	**Anhui**	**9626**	**11035**	**11992**	
合肥	Hefei	2628	3522	3704	24
芜湖	Wuhu	1426	1201	1202	59
蚌埠	Bengbu	774	952	1138	65
淮南	Huainan	832	825	940	79
马鞍山	Maanshan	458	564	625	121
淮北	Huaibei	1033	807	807	91
铜陵	Tongling	301	379	463	152
安庆	Anqing	321	355	398	167
黄山	Huangshan	248	266	272	215
滁州	Chuzhou	258	717	328	195
阜阳	Fuyang	602	627	601	127
宿州	Suzhou	241	266	307	200
六安	Liuan	329	347	373	176
亳州	Bozhou	70	100	100	274
池州	Chizhou	159	224	258	218
宣城	Xuancheng	174	174	220	238
福建	**Fujian**	**10306**	**11203**	**11823**	
福州	Fuzhou	3566	3120	3483	25
厦门	Xiamen	3363	3770	3893	21
莆田	Putian	279	257	283	211
三明	Sanming	282	294	308	199
泉州	Quanzhou	1649	1045	1051	69
漳州	Zhangzhou	472	251	275	214
南平	Nanping	194	208	230	231
龙岩	Longyan	286	309	507	143
宁德	Ningde	316	148	185	252
江西	**Jiangxi**	**6266**	**7297**	**7852**	
南昌	Nanchang	2490	3122	3801	22
景德镇	Jingdezhen	438	440	398	167
萍乡	Pingxiang	323	373	367	179
九江	Jiujiang	517	537	418	160
新余	Xinyu	391	378	416	162
鹰潭	Yingtan	160	160	150	250
赣州	Ganzhou	451	506	504	144
吉安	Jian	242	207	234	228
宜春	Yichun	263	284	334	193
抚州	Fuzhou	260	258	277	212
上饶	Shangrao	229	257	228	232
山东	**Shandong**	**27752**	**31230**	**32869**	
济南	Jinan	4239	4173	4710	14
青岛	Qingdao	4664	5419	5397	11
淄博	Zibo	2030	2827	2344	32
枣庄	Zaozhuang	910	1072	1138	65
东营	Dongying	605	835	868	86
烟台	Yantai	1740	1976	2012	39
潍坊	Weifang	1109	1158	1174	63
济宁	Jining	1014	1144	1198	60
泰安	Taian	668	937	1025	73
威海	Weihai	920	841	846	88
日照	Rizhao	440	510	545	140
莱芜	Laiwu	450	491	960	78
临沂	Linyi	1697	1552	1652	44
德州	Dezhou	745	734	734	101
聊城	Liaocheng	465	504	637	117

8-53 城市公共交通车辆运营数 续表 2

Number of Public Vehicles under Operation continued 2

单位：辆 （unit）

地名	City	2010	2011	2012	2012 排名 Ranking	地名	City	2010	2011	2012	2012 排名 Ranking
滨州	Binzhou	383	986	1237	58	常德	Changde	537	569	632	119
菏泽	Heze	380	380	440	155	张家界	Zhangjiajie	195	195	195	249
河南	**Henan**	**16096**	**17601**	**18137**		益阳	Yiyang	380	527	529	141
郑州	Zhengzhou	4788	5271	5548	8	郴州	Chenzhou	634	608	670	111
开封	Kaifeng	548	722	722	104	永州	Yongzhou	469	563	608	125
洛阳	Luoyang	1280	1464	1527	49	怀化	Huaihua	359	379	438	156
平顶山	Pingdingshan	598	647	561	137	娄底	Loudi	282	310	183	254
安阳	Anyang	743	739	709	108	**广东**	**Guangdong**	**41933**	**51736**	**53089**	
鹤壁	Hebi	333	329	337	192	广州	Guangzhou	11501	11745	12211	2
新乡	Xinxiang	1030	1189	1081	67	韶关	Shaoguan	422	517	523	142
焦作	Jiaozuo	649	613	601	127	深圳	Shenzhen	26796	29608	29846	1
濮阳	Puyang	366	366	366	180	珠海	Zhuhai	1377	1520	1873	40
许昌	Xuchang	517	473	564	136	汕头	Shantou	1057	1197	1323	53
漯河	Luohe	777	789	800	92	佛山	Foshan	3687	4990	5449	9
三门峡	Sanmenxia	243	243	255	220	江门	Jiangmen	792	935	988	77
南阳	Nanyang	460	460	449	153	湛江	Zhanjiang	578	696	721	105
商丘	Shangqiu	810	1110	1168	64	茂名	Maoming	216	314	303	204
信阳	Xinyang	257	257	241	225	肇庆	Zhaoqing	299	319	392	170
周口	Zhoukou	216	246	252	221	惠州	Huizhou	1178	1498	1558	48
驻马店	Zhumadian	247	299	392	170	梅州	Meizhou	303	220	349	187
湖北	**Hubei**	**16544**	**16590**	**16982**		汕尾	Shanwei	2445	114	156	260
武汉	Wuhan	7001	7465	7375	6	河源	Heyuan	220	236	258	218
黄石	Huangshi	879	881	710	107	阳江	Yangjiang	143	147	164	256
十堰	Shiyan	848	859	887	82	清远	Qingyuan	371	371	418	160
宜昌	Yichang	988	1020	1053	68	东莞	Dongguan	1443	1417	1656	43
襄阳	Xiangfan	811	835	1008	74	中山	ZhongShan	2125	2148	2240	36
鄂州	Ezhou	248	352	372	177	潮州	Chaozhou	175	225	227	233
荆门	Jingmen	429	489	489	147	揭阳	Jieyang	142	218	312	197
孝感	Xiaogan	484	484	316	196	云浮	Yunfu	85	101	101	273
荆州	Jingzhou	1103	1185	729	102	**广西**	**Guangxi**	**6839**	**7208**	**7430**	
黄冈	Huanggang	110	161	132	262	南宁	Nanning	2601	2677	2784	29
咸宁	Xianning	178	230	297	207	柳州	Liuzhou	1052	1033	1033	71
随州	Suizhou	486	446	421	158	桂林	Guilin	680	885	755	96
湖南	**Hunan**	**12344**	**12600**	**13148**		梧州	Wuzhou	301	301	297	207
长沙	Changsha	3557	3651	3775	23	北海	Beihai	227	250	252	221
株洲	Zhuzhou	1473	1406	1349	51	防城港	Fangchenggang	168	169	272	215
湘潭	Xiangtan	1026	1026	842	89	钦州	Qinzhou	300	400	413	163
衡阳	Hengyang	817	913	886	83	贵港	Guigang	221	221	221	237
邵阳	Shaoyang	337	334	331	194	玉林	Yulin	215	213	227	233
岳阳	Yueyang	946	986	936	80	百色	Baise	105		108	270

8-53 城市公共交通车辆运营数 续表 3

Number of Public Vehicles under Operation continued 3

单位：辆 (unit)

地名	City	2010	2011	2012	2012 排名 Ranking	地名	City	2010	2011	2012	2012 排名 Ranking
贺州	Hezhou	140	121	121	266	丽江	Lijiang	177	200	200	247
河池	Hechi	135	164	159	258	普洱	Puer	121	131	131	263
来宾	Laibin	187	382	182	255	临沧	Lincang	54	54	54	282
崇左	Chongzuo	36	29	46	283	西藏	**Tibet**	**940**	**366**	**396**	
海南	**Hainan**	**1964**	**2356**	**2614**		拉萨	Lhasa		325	355	183
海口	Haikou	1120	1408	1624	46	陕西	**Shaanxi**	**9953**	**10692**	**10948**	
三亚	Sanya	441	569	566	133	西安	Xi'an	7107	7654	7695	4
重庆	**Chongqing**	**7660**	**8118**	**8540**		铜川	Tongchuan	198	234	276	213
四川	**Sichuan**	**15288**	**17699**	**19628**		宝鸡	Baoji	623	665	751	97
成都	Chengdu	6763	7188	9890	3	咸阳	Xianyang	404	629	576	132
自贡	Zigong	747	762	785	93	渭南	Weinan	305	373	306	201
攀枝花	Panzhihua	559	648	613	124	延安	Yan'an	222	282	344	190
泸州	Luzhou	738	848	715	106	汉中	Hanzhong	164	194	209	244
德阳	Deyang	288	320	345	189	榆林	Yulin	209	209	259	217
绵阳	Mianyang	1010	1110	1195	61	安康	Ankang	102	102	102	272
广元	Guangyuan	241	274	353	184	商洛	Shangluo	62	72	83	279
遂宁	Suining	229	221	208	245	甘肃	**Gansu**	**4382**	**4965**	**5214**	
内江	Neijiang	631	685	659	112	兰州	Lanzhou	2149	2163	2693	30
乐山	Leshan	294	282	344	190	嘉峪关	Jiayuguan	92	88	106	271
南充	Nanchong	550	599	684	109	金昌	Jinchang	199	199	153	261
眉山	Meishan	157	268	187	251	白银	Baiyin	250	265	301	206
宜宾	Yibin	466	626	626	120	天水	Tianshui	291	323	369	178
广安	Guangan	40	75	75	281	武威	Wuwei	176	292	306	201
达州	Dazhou	145	222	222	236	张掖	Zhangye	179	185	185	252
雅安	Yaan	48	60	100	274	平凉	Pingliang	246	210	238	227
巴中	Bazhong	120	150	210	243	酒泉	Jiuquan	271	281	289	210
资阳	Ziyang	176	195	219	239	庆阳	Qingyang	350	350	350	185
贵州	**Guizhou**	**4584**	**4879**	**5031**		定西	Dingxi	68	72	82	280
贵阳	Guiyang	2124	2303	2299	33	陇南	Longnan	25	29	29	284
六盘水	Liupanshui	391	385	486	149	青海	**Qinghai**	**2175**	**2038**	**2067**	
遵义	Zunyi	509	509	603	126	西宁	Xining	1932	1735	1867	41
安顺	Anshun	260	276	248	223	宁夏	**Ningxia**	**2382**	**2570**	**3042**	
毕节	Bijie		106	96	276	银川	Yinchuan	1401	1514	1615	47
铜仁	Tongren		87	123	265	石嘴山	Shizuishan	195	198	199	248
云南	**Yunnan**	**7135**	**7531**	**8187**		吴忠	Wuzhong	295	361	375	175
昆明	Kunming	5368	4656	4681	15	固原	Guyuan	139	139	109	269
曲靖	Qujing	629	555	579	131	中卫	Zhongwei	168	212	419	159
玉溪	Yuxi	126	126	126	264	新疆	**Xinjiang**	**7353**	**7723**	**8155**	
保山	Baoshan	199	215	215	241	乌鲁木齐	Urumqi	3634	3732	3914	20
昭通	Zhaotong	141	162	192	250	克拉玛依	Karamay	299	445	470	150

8-54 城市出租汽车数
Number of Taxis

单位：辆 (unit)

地名	City	2010	2011	2012	2012 排名 Ranking
全国	**Nation Total**	**986190**	**1002306**	**1026678**	
北京	**Beijing**	**66646**	**66646**	**66646**	
天津	**Tianjin**	**31940**	**31940**	**31940**	
河北	**Hebei**	**46016**	**47441**	**49130**	
石家庄	Shijiazhuang	9646	9932	6873	21
唐山	Tangshan	4642	4941	4154	45
秦皇岛	Qinhuangdao	4306	4327	3607	55
邯郸	Handan	6949	6998	4860	38
邢台	Xingtai	3906	4143	2873	68
保定	Baoding	6205	6441	3036	66
张家口	Zhangjiakou	5033	5333	3951	50
承德	Chengde	5821	5880	2459	83
沧州	Cangzhou	7015	7180	2066	93
廊坊	Langfang	5960	6744	2030	94
衡水	Hengshui	2146	2307	1324	153
山西	**Shanxi**	**28848**	**29116**	**29700**	
太原	Taiyuan	8652	8719	8719	17
大同	Datong	4983	4954	4970	36
阳泉	Yangquan	1552	1659	2017	95
长治	Changzhi	1800	1801	1801	110
晋城	Jincheng	1453	1453	1897	99
朔州	Shuozhou	923	1012	1123	169
晋中	Jinzhong	902	902	1180	165
运城	Yuncheng	1805	1805	1805	108
忻州	Xinzhou	713	713	713	220
临汾	Linfen	1862	1862	1862	101
吕梁	Luliang	450	450	450	250
内蒙古	**Inner Mongolia**	**37131**	**37520**	**37778**	
呼和浩特	Hohhot	5568	5568	5564	29
包头	Baotou	5890	5890	5827	26
乌海	Wuhai	951	953	953	190
赤峰	Chifeng	4041	3773	3783	52
通辽	Tongliao	2949	2849	2949	67
鄂尔多斯	Erdos	2194	2460	2501	80
呼伦贝尔	Hulunbuir	2121	2131	2131	91
巴彦淖尔	Bayannur	936	1237	1237	159
乌兰察布	Ulanqab	2800	2800	3496	58
辽宁	**Liaoning**	**79890**	**79248**	**79868**	
沈阳	Shenyang	17200	17353	17844	2
大连	Dalian	10173	10242	10592	11
鞍山	Anshan	5375	5375	5375	32
抚顺	Fushun	4121	4121	4121	46
本溪	Benxi	3249	3879	4004	49
丹东	Dandong	3335	1932	1932	97
锦州	Jinzhou	4987	4962	3882	51
营口	Yingkou	4835	4836	4836	39
阜新	Fuxin	2558	2558	2558	78
辽阳	Liaoyang	3579	3579	3584	56
盘锦	Panjin	3238	3238	3187	61
铁岭	Tieling	2183	2183	2183	88
朝阳	Chaoyang	3338	1971	1971	96
葫芦岛	Huludao	2877	2877	4363	43
吉林	**Jilin**	**54933**	**54922**	**55457**	
长春	Changchun	16967	16967	16967	3
吉林	Jilin	4998	5158	5258	34
四平	Siping	2763	2905	3057	64
辽源	Liaoyuan	1095	1071	1049	176
通化	Tonghua	1387	1387	1387	146
白山	Baishan	1682	1401	1401	142
松原	Songyuan	2177	2177	2177	89
白城	Baicheng	1763	1815	1815	107
黑龙江	**Heilongjiang**	**61129**	**62092**	**62651**	
哈尔滨	Harbin	14366	15435	15519	5
齐齐哈尔	Qiqihar	3060	3159	3159	63
鸡西	Jixi	3135	4658	4658	41
鹤岗	Hegang	1773	1773	1773	113
双鸭山	Shuangyashan	1100	1100	1100	171
大庆	Daqing	2989	7913	7831	19
伊春	Yichun	3488	4608	5397	31
佳木斯	Jiamusi	6316	2559	2559	77
七台河	Qitaihe	1000	1000	1000	183
牡丹江	Mudanjiang	2619	2619	2819	71
黑河	Heihe	956	957	950	191
绥化	Suihua	2753	2344	2344	85
上海	**Shanghai**	**50007**	**50438**	**50683**	
江苏	**Jiangsu**	**46075**	**46342**	**47269**	

8-54 城市出租汽车数 续表 1
Number of Taxis continued 1

单位：辆 (unit)

地名	City	2010	2011	2012	2012 排名 Ranking
南京	Nanjing	10145	10195	10795	9
无锡	Wuxi	2641	4040	4040	48
徐州	Xuzhou	3760	3707	3710	54
常州	Changzhou	2542	2542	2542	79
苏州	Suzhou	3604	4003	5048	35
南通	Nantong	1277	1464	1472	138
连云港	Lianyungang	1611	1611	1611	124
淮安	Huaian	913	1113	1113	170
盐城	Yancheng	1010	1010	1010	179
扬州	Yangzhou	1838	1838	2461	82
镇江	Zhenjiang	1253	1253	1323	154
泰州	Taizhou	739	739	824	206
宿迁	Suqian	770	770	770	213
浙江	**Zhejiang**	**32532**	**33285**	**34165**	
杭州	Hangzhou	9362	10048	10344	13
宁波	Ningbo	3842	3851	4101	47
温州	Wenzhou	3709	3719	3770	53
嘉兴	Jiaxing	873	925	973	187
湖州	Huzhou	815	815	825	205
绍兴	Shaoxing	901	917	941	192
金华	Jinhua	796	796	976	186
衢州	Quzhou	461	491	491	247
舟山	Zhoushan	1053	774	733	217
台州	Taizhou	1448	1468	1505	136
丽水	Lishui	409	409	409	257
安徽	**Anhui**	**36681**	**36525**	**37142**	
合肥	Hefei	8395	8395	10546	12
芜湖	Wuhu	3504	3522	3522	57
蚌埠	Bengbu	2291	2491	2484	81
淮南	Huainan	3292	3308	3056	65
马鞍山	Maanshan	2298	2298	2298	86
淮北	Huaibei	1626	1626	1630	122
铜陵	Tongling	1584	1584	1584	128
安庆	Anqing	1119	1782	1782	112
黄山	Huangshan	525	525	525	241
滁州	Chuzhou	1257	2692	1257	158
阜阳	Fuyang	1805	1788	1788	111
宿州	Suzhou	1298	1367	1460	139
六安	Liuan	1850	1850	1850	105
亳州	Bozhou	1000	1000	1001	181
池州	Chizhou	598	598	599	229
宣城	Xuancheng	733	733	999	184
福建	**Fujian**	**16782**	**17491**	**18325**	
福州	Fuzhou	5809	5245	5610	28
厦门	Xiamen	4574	4825	4960	37
莆田	Putian	808	670	867	198
三明	Sanming	339	339	339	269
泉州	Quanzhou	2820	1662	1617	123
漳州	Zhangzhou	1300	1028	1002	180
南平	Nanping	241	284	237	279
龙岩	Longyan	381	381	480	248
宁德	Ningde	1166	455	477	249
江西	**Jiangxi**	**10854**	**11444**	**11998**	
南昌	Nanchang	4003	4345	4753	40
景德镇	Jingdezhen	595	595	595	232
萍乡	Pingxiang	670	600	700	222
九江	Jiujiang	1585	1586	1514	135
新余	Xinyu	531	531	531	239
鹰潭	Yingtan	271	271	271	277
赣州	Ganzhou	692	692	792	210
吉安	Jian	376	389	393	261
宜春	Yichun	404	404	404	258
抚州	Fuzhou	329	329	329	271
上饶	Shangrao	511	511	510	242
山东	**Shandong**	**57687**	**58462**	**58758**	
济南	Jinan	8867	8357	9020	16
青岛	Qingdao	9539	9683	9693	15
淄博	Zibo	8079	6491	6083	25
枣庄	Zaozhuang	804	824	834	203
东营	Dongying	3244	3264	3404	59
烟台	Yantai	2209	2169	2169	90
潍坊	Weifang	2166	4601	4601	42
济宁	Jining	1360	1560	1560	129
泰安	Taian	1292	1292	1292	157
威海	Weihai	1526	1527	1541	132
日照	Rizhao	968	968	968	188
莱芜	Laiwu	1600	1600	1600	125
临沂	Linyi	2750	2750	2750	72
德州	Dezhou	2405	2405	2405	84
聊城	Liaocheng	1416	1416	1416	141

8-54 城市出租汽车数 续表 2
Number of Taxis continued 2

单位：辆 (unit)

地名	City	2010	2011	2012	2012 排名 Ranking	地名	City	2010	2011	2012	2012 排名 Ranking
滨州	Binzhou	714	714	714	219	常德	Changde	1126	1126	1146	168
菏泽	Heze	1313	1315	1315	155	张家界	Zhangjiajie	725	725	725	218
河南	**Henan**	**44525**	**44539**	**45518**		益阳	Yiyang	860	860	977	185
郑州	Zhengzhou	10607	10607	10607	10	郴州	Chenzhou	1846	2046	1710	117
开封	Kaifeng	3066	3066	2636	75	永州	Yongzhou	540	540	500	244
洛阳	Luoyang	4267	4267	4267	44	怀化	Huaihua	800	800	800	208
平顶山	Pingdingshan	2080	2080	2080	92	娄底	Loudi	1215	1326	850	200
安阳	Anyang	1359	1359	1359	151	广东	**Guangdong**	**59972**	**60624**	**62243**	
鹤壁	Hebi	674	670	670	225	广州	Guangzhou	18991	19002	19943	1
新乡	Xinxiang	1338	1363	1738	116	韶关	Shaoguan	740	1063	740	216
焦作	Jiaozuo	1398	1398	1398	145	深圳	Shenzhen	14340	14735	15300	6
濮阳	Puyang	1745	1745	1745	115	珠海	Zhuhai	1852	1852	1852	104
许昌	Xuchang	1388	1388	1385	147	汕头	Shantou	1232	1544	1373	149
漯河	Luohe	1100	1100	1100	171	佛山	Foshan	3345	3365	3344	60
三门峡	Sanmenxia	482	456	400	259	江门	Jiangmen	490	570	569	236
南阳	Nanyang	1500	1500	1860	103	湛江	Zhanjiang	1234	1234	1234	160
商丘	Shangqiu	2846	2845	2847	69	茂名	Maoming	188	315	411	256
信阳	Xinyang	1903	1903	1846	106	肇庆	Zhaoqing	883	770	860	199
周口	Zhoukou	928	928	928	193	惠州	Huizhou	1650	1651	1663	120
驻马店	Zhumadian	1548	1548	1548	131	梅州	Meizhou	590	534	330	270
湖北	**Hubei**	**31325**	**30845**	**33520**		汕尾	Shanwei		360	360	267
武汉	Wuhan	13997	14780	16597	4	河源	Heyuan	495	495	495	246
黄石	Huangshi	922	927	1550	130	阳江	Yangjiang	529	543	440	254
十堰	Shiyan	700	800	830	204	清远	Qingyuan	370	370	370	263
宜昌	Yichang	1834	1884	1704	118	东莞	Dongguan	7671	7671	7691	20
襄阳	Xiangfan	1700	1700	1700	119	中山	ZhongShan	1487	1386	1384	148
鄂州	Ezhou	400	400	400	259	潮州	Chaozhou	873	875	875	196
荆门	Jingmen	500	800	800	208	揭阳	Jieyang	712	712	1059	175
孝感	Xiaogan	779	779	900	194	云浮	Yunfu	243	125	135	284
荆州	Jingzhou	1588	2930	1588	127	广西	**Guangxi**	**13566**	**14139**	**15015**	
黄冈	Huanggang	593	593	593	233	南宁	Nanning	4795	5070	5670	27
咸宁	Xianning	656	656	656	227	柳州	Liuzhou	1751	1751	1861	102
随州	Suizhou	760	761	759	214	桂林	Guilin	1930	1930	1930	98
湖南	**Hunan**	**44525**	**44539**	**24031**		梧州	Wuzhou	766	500	745	215
长沙	Changsha	6280	6420	6420	24	北海	Beihai	585	555	555	237
株洲	Zhuzhou	2837	1955	2827	70	防城港	Fangchenggang	115	138	138	283
湘潭	Xiangtan	1721	1721	1400	143	钦州	Qinzhou	500	356	580	235
衡阳	Hengyang	1471	1400	1400	143	贵港	Guigang	366	365	365	265
邵阳	Shaoyang	780	780	780	211	玉林	Yulin	599	599	599	229
岳阳	Yueyang	1651	1770	1770	114	百色	Baise	535		1348	152

8-54 城市出租汽车数 续表 3
Number of Taxis continued 3

单位：辆 (unit)

地名	City	2010	2011	2012	2012 排名 Ranking
贺州	Hezhou	419	395	380	262
河池	Hechi	300	300	300	274
来宾	Laibin	365	370	370	263
崇左	Chongzuo	152	152	143	282
海南	**Hainan**	**3978**	**4651**	**4998**	
海口	Haikou	2116	2352	2711	74
三亚	Sanya	1082	1232	1234	160
重庆	**Chongqing**	**14021**	**15004**	**15520**	
四川	**Sichuan**	**27022**	**29495**	**31818**	
成都	Chengdu	13979	15903	14009	8
自贡	Zigong	1096	1096	1096	173
攀枝花	Panzhihua	1475	1473	1477	137
泸州	Luzhou	1503	1503	1539	133
德阳	Deyang	850	850	850	200
绵阳	Mianyang	1077	1477	1447	140
广元	Guangyuan	628	600	597	231
遂宁	Suining	454	464	530	240
内江	Neijiang	700	700	700	222
乐山	Leshan	817	817	846	202
南充	Nanchong	966	966	1207	164
眉山	Meishan	418	868	418	255
宜宾	Yibin	982	1005	1011	178
广安	Guangan	359	359	359	268
达州	Dazhou	1013	1063	1063	174
雅安	Yaan	637	221	236	280
巴中	Bazhong	324	324	362	266
资阳	Ziyang	260	235	235	281
贵州	**Guizhou**	**9091**	**10260**	**13266**	
贵阳	Guiyang	3271	4401	6511	23
六盘水	Liupanshui	1228	1230	1213	163
遵义	Zunyi	1137	1137	1637	121
安顺	Anshun	624	594	602	228
毕节	Bijie		450	450	250
铜仁	Tongren		436	496	245
云南	**Yunnan**	**15164**	**15415**	**17302**	
昆明	Kunming	6321	7727	7975	18
曲靖	Qujing	1595	1589	1589	126
玉溪	Yuxi	317	317	317	273
保山	Baoshan	450	450	450	250
昭通	Zhaotong	580	580	581	234

地名	City	2010	2011	2012	2012 排名 Ranking
丽江	Lijiang	776	776	776	212
普洱	Puer	249	249	249	278
临沧	Lincang	300	300	300	274
西藏	**Tibet**	**1357**	**1379**	**1379**	
拉萨	Lhasa		1160	1160	166
陕西	**Shaanxi**	**21288**	**22385**	**22657**	
西安	Xi'an	12786	13839	14139	7
铜川	Tongchuan	990	965	965	189
宝鸡	Baoji	1764	3074	3169	62
咸阳	Xianyang	1305	2718	2742	73
渭南	Weinan	795	795	900	194
延安	Yan'an	700	700	700	222
汉中	Hanzhong	860	689	870	197
榆林	Yulin	997	1001	1001	181
安康	Ankang	531	526	544	238
商洛	Shangluo	319	319	319	272
甘肃	**Gansu**	**19309**	**19465**	**19324**	
兰州	Lanzhou	6738	6738	6745	22
嘉峪关	Jiayuguan	612	637	703	221
金昌	Jinchang	510	510	510	242
白银	Baiyin	3125	1880	1880	100
天水	Tianshui	1380	1055	1369	150
武威	Wuwei	3120	1131	1152	167
张掖	Zhangye	1266	1266	1225	162
平凉	Pingliang	544	666	666	226
酒泉	Jiuquan	810	815	820	207
庆阳	Qingyang	1300	1300	1300	156
定西	Dingxi	505	527	445	253
陇南	Longnan	570	300	300	274
青海	**Qinghai**	**7119**	**7119**	**7119**	
西宁	Xining	5516	5516	5516	30
宁夏	**Ningxia**	**12978**	**12827**	**13107**	
银川	Yinchuan	5006	5006	5278	33
石嘴山	Shizuishan	2269	2268	2268	87
吴忠	Wuzhong	1046	1046	1046	177
固原	Guyuan	2750	2750	2585	76
中卫	Zhongwei	1118	1128	1802	109
新疆	**Xinjiang**	**24546**	**27599**	**28351**	
乌鲁木齐	Urumqi	7950	9963	10046	14
克拉玛依	Karamay	1526	1528	1526	134

8-55 每万人拥有公共交通车辆
Number of Public Transportation Vehicles per 10 000 Persons

单位：辆 (unit)

地名	City	2010	2011	2012	2012 排名 Ranking	地名	City	2010	2011	2012	2012 排名 Ranking
全国	**Nation Average**	**11.20**	**11.80**	**12.15**		沈阳	Shenyang	9.73	9.90	10.02	71
北京	**Beijing**	**14.24**	**22.38**	**23.43**		大连	Dalian	15.43	17.13	16.62	17
天津	**Tianjin**	**12.05**	**15.19**	**17.34**		鞍山	Anshan	10.27	10.74	10.77	56
河北	**Hebei**	**9.53**	**10.44**	**11.29**		抚顺	Fushun	8.49	8.54	8.86	96
石家庄	Shijiazhuang	18.29	19.24	16.99	13	本溪	Benxi	7.74	7.25	8.07	106
唐山	Tangshan	6.61	6.29	5.52	167	丹东	Dandong	9.20	7.01	7.56	117
秦皇岛	Qinhuangdao	11.99	10.65	9.62	81	锦州	Jinzhou	6.33	9.79	10.59	60
邯郸	Handan	18.28	12.02	14.98	24	营口	Yingkou	7.30	7.73	8.16	105
邢台	Xingtai	31.59	14.52	14.86	25	阜新	Fuxin	4.58	4.78	5.96	157
保定	Baoding	18.92	9.70	11.98	45	辽阳	Liaoyang	7.16	7.44	5.63	164
张家口	Zhangjiakou	13.79	6.85	9.69	79	盘锦	Panjin	6.87	7.05	7.64	114
承德	Chengde	11.02	11.72	10.79	55	铁岭	Tieling	8.97	7.81	7.84	110
沧州	Cangzhou	22.07	11.67	10.57	61	朝阳	Chaoyang	3.49	3.71	4.03	210
廊坊	Langfang	6.11	6.39	6.83	134	葫芦岛	Huludao	4.09	4.13	6.48	139
衡水	Hengshui	20.10	5.96	7.19	124	吉林	**Jilin**	**9.75**	**9.31**	**9.75**	
山西	**Shanxi**	**6.83**	**7.87**	**8.47**		长春	Changchun	12.22	12.26	12.60	40
太原	Taiyuan	7.76	9.44	10.75	57	吉林	Jilin	5.18	6.67	6.47	140
大同	Datong	5.20	5.18	5.52	167	四平	Siping	4.50	3.86	3.88	214
阳泉	Yangquan	8.85	11.06	10.65	58	辽源	Liaoyuan	7.31	7.27	8.01	108
长治	Changzhi	5.97	9.27	9.59	82	通化	Tonghua	6.61	8.37	8.06	107
晋城	Jincheng	8.81	9.77	15.64	20	白山	Baishan	5.55	5.41	5.17	178
朔州	Shuozhou	2.87	2.76	3.03	237	松原	Songyuan	8.71	8.61	9.22	89
晋中	Jinzhong	6.62	6.58	6.77	135	白城	Baicheng	4.47	8.84	4.57	197
运城	Yuncheng	4.84	5.04	5.09	179	黑龙江	**Heilongjiang**	**10.00**	**11.14**	**11.26**	
忻州	Xinzhou	2.10	2.10	2.03	262	哈尔滨	Harbin	10.96	11.44	11.53	48
临汾	Linfen	3.74	2.69	3.75	219	齐齐哈尔	Qiqihar	6.19	7.30	7.38	122
吕梁	Luliang	9.61	3.05	3.37	230	鸡西	Jixi	8.03	10.61	10.63	59
内蒙古	**Inner Mongolia**	**6.89**	**7.20**	**7.05**		鹤岗	Hegang	6.18	7.10	7.46	119
呼和浩特	Hohhot	15.78	13.66	18.53	6	双鸭山	Shuangyashan	6.49	8.30	6.23	151
包头	Baotou	9.42	9.69	9.24	88	大庆	Daqing	19.60	17.71	20.81	2
乌海	Wuhai	7.60	7.24	7.06	128	伊春	Yichun	2.94	3.52	3.66	224
赤峰	Chifeng	3.90	3.65	3.60	226	佳木斯	Jiamusi	4.46	4.09	5.00	185
通辽	Tongliao	3.39	3.39	4.57	197	七台河	Qitaihe	6.55	7.04	7.06	128
鄂尔多斯	Erdos	12.80	16.81	15.05	23	牡丹江	Mudanjiang	8.75	8.19	8.22	104
呼伦贝尔	Hulunbuir	10.24	10.06	7.47	118	黑河	Heihe	4.95	5.01	5.02	183
巴彦淖尔	Bayannur	1.97	1.96	1.98	265	绥化	Suihua	3.06	2.58	2.39	253
乌兰察布	Ulanqab	3.84	3.86	5.01	184	上海	**Shanghai**	**8.82**	**11.79**	**11.91**	
辽宁	**Liaoning**	**9.35**	**11.03**	**11.11**		江苏	**Jiangsu**	**10.91**	**13.21**	**13.36**	

8-55 每万人拥有公共交通车辆 续表 1
Number of Public Transportation Vehicles per 10 000 Persons continued 1

单位：辆　　　　(unit)

地名	City	2010	2011	2012	2012 排名 Ranking
南京	Nanjing	11.27	11.44	11.28	49
无锡	Wuxi	13.14	12.87	13.04	37
徐州	Xuzhou	6.87	6.76	6.62	138
常州	Changzhou	11.06	11.35	11.24	51
苏州	Suzhou	13.21	14.94	13.34	34
南通	Nantong	3.41	5.36	6.08	155
连云港	Lianyungang	6.13	6.24	7.67	113
淮安	Huaian	3.02	3.13	3.13	233
盐城	Yancheng	2.67	2.44	2.54	249
扬州	Yangzhou	11.05	5.18	5.88	158
镇江	Zhenjiang	9.97	10.53	9.74	76
泰州	Taizhou	5.79	8.04	7.39	121
宿迁	Suqian	3.14	3.54	3.79	217
浙江	**Zhejiang**	**11.87**	**13.55**	**13.96**	
杭州	Hangzhou	16.89	17.13	16.73	15
宁波	Ningbo	15.47	16.72	17.89	9
温州	Wenzhou	13.98	12.75	15.33	22
嘉兴	Jiaxing	12.01	12.07	12.28	42
湖州	Huzhou	6.14	6.07	5.85	160
绍兴	Shaoxing	11.64	10.53	11.59	47
金华	Jinhua	9.85	6.34	6.98	130
衢州	Quzhou	7.90	7.85	2.68	248
舟山	Zhoushan	8.91	9.08	9.14	90
台州	Taizhou	3.13	3.18	3.73	221
丽水	Lishui	4.91	7.51	6.11	154
安徽	**Anhui**	**7.73**	**9.74**	**10.14**	
合肥	Hefei	12.19	16.13	16.67	16
芜湖	Wuhu	12.79	9.68	9.74	76
蚌埠	Bengbu	8.36	10.27	12.23	43
淮南	Huainan	4.58	4.53	5.23	176
马鞍山	Maanshan	7.17	8.83	7.62	115
淮北	Huaibei	9.41	7.29	7.27	123
铜陵	Tongling	6.71	8.45	10.34	65
安庆	Anqing	4.36	4.83	5.43	170
黄山	Huangshan	5.67	6.06	6.21	152
滁州	Chuzhou	4.81	13.30	6.06	156
阜阳	Fuyang	2.91	2.98	2.82	245
宿州	Suzhou	1.30	1.42	1.63	269
六安	Liuan	1.76	1.85	1.99	263
亳州	Bozhou	0.43	0.61	0.60	281

地名	City	2010	2011	2012	2012 排名 Ranking
池州	Chizhou	2.40	3.36	3.84	216
宣城	Xuancheng	2.02	2.01	2.54	249
福建	**Fujian**	**10.32**	**11.86**	**12.16**	
福州	Fuzhou	18.91	16.42	18.13	7
厦门	Xiamen	18.66	20.35	20.39	3
莆田	Putian	1.29	1.18	1.29	275
三明	Sanming	9.96	10.42	10.94	53
泉州	Quanzhou	15.99	10.13	10.12	69
漳州	Zhangzhou	8.50	4.48	4.85	188
南平	Nanping	3.90	4.18	4.63	195
龙岩	Longyan	4.84	6.36	10.32	66
宁德	Ningde	7.11	3.28	4.02	212
江西	**Jiangxi**	**7.61**	**9.78**	**10.01**	
南昌	Nanchang	11.75	14.15	16.88	14
景德镇	Jingdezhen	9.48	9.51	8.60	98
萍乡	Pingxiang	3.78	4.33	4.22	207
九江	Jiujiang	8.05	8.36	6.43	145
新余	Xinyu	4.42	4.38	4.77	193
鹰潭	Yingtan	6.35	6.98	6.84	133
赣州	Ganzhou	6.97	7.79	7.72	112
吉安	Jian	4.44	3.76	4.22	207
宜春	Yichun	2.50	2.64	3.09	236
抚州	Fuzhou	2.27	2.21	2.33	256
上饶	Shangrao	5.74	6.36	5.58	165
山东	**Shandong**	**10.18**	**12.41**	**12.76**	
济南	Jinan	12.18	11.94	13.37	33
青岛	Qingdao	16.93	19.56	14.83	26
淄博	Zibo	7.26	10.07	8.34	102
枣庄	Zaozhuang	4.08	4.76	5.04	182
东营	Dongying	7.26	9.96	10.39	63
烟台	Yantai	9.73	11.00	11.16	52
潍坊	Weifang	6.09	6.33	6.41	146
济宁	Jining	9.04	10.09	9.77	75
泰安	Taian	4.21	5.89	6.45	141
威海	Weihai	14.19	12.90	12.90	38
日照	Rizhao	3.57	4.11	4.23	206
莱芜	Laiwu	3.55	3.87	7.60	116
临沂	Linyi	8.05	6.29	6.65	136
德州	Dezhou	11.42	12.12	12.06	44
聊城	Liaocheng	4.02	4.31	5.54	166

8-55 每万人拥有公共交通车辆 续表 2

Number of Public Transportation Vehicles per 10 000 Persons continued 2

单位：辆 （unit）

地名	City	2010	2011	2012	2012 排名 Ranking	地名	City	2010	2011	2012	2012 排名 Ranking
滨州	Binzhou	6.02	15.32	19.15	5	常德	Changde	3.80	3.99	4.51	200
菏泽	Heze	2.49	2.48	2.92	242	张家界	Zhangjiajie	3.92	3.77	3.75	219
河南	**Henan**	**7.58**	**8.68**	**8.60**		益阳	Yiyang	2.85	3.93	3.92	213
郑州	Zhengzhou	9.39	9.95	9.45	85	郴州	Chenzhou	8.80	8.38	9.14	90
开封	Kaifeng	6.40	8.36	8.33	103	永州	Yongzhou	3.87	4.83	5.25	173
洛阳	Luoyang	7.71	8.69	7.77	111	怀化	Huaihua	9.87	10.43	11.91	46
平顶山	Pingdingshan	5.79	6.18	5.39	171	娄底	Loudi	6.03	6.60	3.87	215
安阳	Anyang	6.83	6.65	6.40	147	**广东**	**Guangdong**	**9.53**	**12.90**	**13.42**	
鹤壁	Hebi	5.39	5.25	5.48	169	广州	Guangzhou	17.31	17.50	18.01	8
新乡	Xinxiang	10.16	11.57	10.48	62	韶关	Shaoguan	4.53	5.53	5.68	163
焦作	Jiaozuo	7.72	7.24	6.24	150	深圳	Shenzhen	103.11	110.52	103.77	1
濮阳	Puyang	5.38	5.31	5.25	173	珠海	Zhuhai	13.15	14.31	17.58	11
许昌	Xuchang	12.48	11.35	13.57	31	汕头	Shantou	2.05	2.29	2.52	251
漯河	Luohe	5.52	5.60	5.72	162	佛山	Foshan	9.94	13.31	14.43	28
三门峡	Sanmenxia	8.29	8.14	8.53	99	江门	Jiangmen	5.73	6.73	7.11	126
南阳	Nanyang	2.44	2.41	2.31	257	湛江	Zhanjiang	3.77	4.46	4.42	202
商丘	Shangqiu	4.58	6.19	6.45	141	茂名	Maoming	1.63	2.31	2.26	258
信阳	Xinyang	1.74	1.72	1.62	270	肇庆	Zhaoqing	5.57	5.87	7.14	125
周口	Zhoukou	4.03	4.00	4.30	205	惠州	Huizhou	8.80	10.89	11.28	49
驻马店	Zhumadian	3.66	3.25	4.81	190	梅州	Meizhou	9.50	6.88	10.88	54
湖北	**Hubei**	**9.47**	**11.17**	**11.25**		汕尾	Shanwei	44.94	2.15	2.99	239
武汉	Wuhan	13.45	14.49	14.38	29	河源	Heyuan	7.06	7.64	8.90	93
黄石	Huangshi	12.31	12.32	9.91	73	阳江	Yangjiang	2.09	2.14	2.42	252
十堰	Shiyan	15.75	16.03	16.44	18	清远	Qingyuan	5.66	5.61	6.39	148
宜昌	Yichang	7.94	8.19	8.40	101	东莞	Dongguan	7.94	7.67	8.85	97
襄阳	Xiangfan	3.61	3.71	4.46	201	中山	ZhongShan	14.24	14.25	14.74	27
鄂州	Ezhou	2.29	3.22	3.40	229	潮州	Chaozhou	4.99	6.40	6.45	141
荆门	Jingmen	6.26	7.30	6.91	132	揭阳	Jieyang	2.03	3.09	4.39	204
孝感	Xiaogan	5.06	5.06	3.30	231	云浮	Yunfu	2.81	3.30	3.30	231
荆州	Jingzhou	9.78	10.51	6.45	141	**广西**	**Guangxi**	**8.07**	**8.90**	**9.18**	
黄冈	Huanggang	3.00	4.46	3.71	222	南宁	Nanning	9.61	9.81	10.14	68
咸宁	Xianning	2.98	3.79	4.82	189	柳州	Liuzhou	10.02	9.05	9.00	92
随州	Suizhou	7.44	6.74	9.30	87	桂林	Guilin	8.98	11.63	9.96	72
湖南	**Hunan**	**10.01**	**10.36**	**10.38**		梧州	Wuzhou	5.88	5.85	5.76	161
长沙	Changsha	14.71	12.30	12.67	39	北海	Beihai	3.68	4.00	4.03	210
株洲	Zhuzhou	18.25	15.09	14.12	30	防城港	Fangchenggang	3.11	3.12	5.00	185
湘潭	Xiangtan	11.86	11.62	9.49	84	钦州	Qinzhou	2.17	2.82	2.92	242
衡阳	Hengyang	8.28	9.20	8.88	95	贵港	Guigang	1.16	1.16	1.15	277
邵阳	Shaoyang	4.87	4.80	4.79	192	玉林	Yulin	2.12	2.06	2.17	260
岳阳	Yueyang	8.63	8.74	8.41	100	百色	Baise	2.98		3.11	234

8-55 每万人拥有公共交通车辆 续表 3
Number of Public Transportation Vehicles per 10 000 Persons continued 3

单位：辆 (unit)

地名	City	2010	2011	2012	2012 排名 Ranking	地名	City	2010	2011	2012	2012 排名 Ranking
贺州	Hezhou	1.24	1.15	1.09	278	丽江	Lijiang	11.62	13.08	13.25	35
河池	Hechi	4.01	4.85	4.57	197	普洱	Puer	4.07	4.34	5.88	158
来宾	Laibin	1.74	3.51	1.66	268	临沧	Lincang	1.67	1.71	1.70	267
崇左	Chongzuo	0.99	0.79	1.28	276	**西藏**	**Tibet**	**20.91**	**9.02**	**8.59**	
海南	**Hainan**	**8.61**	**10.76**	**11.60**		拉萨	Lhasa				
海口	Haikou	6.98	8.67	10.05	70	**陕西**	**Shaanxi**	**12.64**	**15.59**	**15.58**	
三亚	Sanya	7.74	9.79	9.89	74	西安	Xi'an	12.63	13.46	13.43	32
重庆	**Chongqing**	**7.23**	**8.80**	**9.00**		铜川	Tongchuan	2.61	3.08	3.64	225
四川	**Sichuan**	**9.65**	**12.60**	**13.34**		宝鸡	Baoji	4.36	4.64	5.24	175
成都	Chengdu	12.64	13.19	17.85	10	咸阳	Xianyang	4.48	6.94	6.33	149
自贡	Zigong	5.00	5.09	5.22	177	渭南	Weinan	3.12	3.79	3.11	234
攀枝花	Panzhihua	8.10	9.38	8.90	93	延安	Yan'an	4.85	6.10	7.40	120
泸州	Luzhou	5.03	5.76	4.81	190	汉中	Hanzhong	2.97	3.49	3.71	222
德阳	Deyang	4.35	4.73	5.05	181	榆林	Yulin	4.01	3.91	4.75	194
绵阳	Mianyang	8.27	9.02	9.63	80	安康	Ankang	1.01	1.01	1.00	279
广元	Guangyuan	2.61	2.95	3.77	218	商洛	Shangluo	1.13	1.30	1.50	273
遂宁	Suining	1.52	1.46	1.39	274	**甘肃**	**Gansu**	**8.10**	**9.76**	**10.04**	
内江	Neijiang	4.46	4.83	4.63	195	兰州	Lanzhou	10.22	10.34	13.05	36
乐山	Leshan	2.55	2.44	2.97	240	嘉峪关	Jiayuguan	4.22	4.52	5.36	172
南充	Nanchong	2.84	3.08	3.50	228	金昌	Jinchang	9.75	8.66	6.63	137
眉山	Meishan	1.84	3.11	2.16	261	白银	Baiyin	5.00	5.28	6.12	153
宜宾	Yibin	5.76	5.04	5.00	185	天水	Tianshui	2.24	2.47	2.79	246
广安	Guangan	0.32	0.60	0.60	281	武威	Wuwei	1.72	2.84	3.01	238
达州	Dazhou	3.40	5.14	5.07	180	张掖	Zhangye	3.44	3.58	3.59	227
雅安	Yaan	1.37	1.73	1.60	271	平凉	Pingliang	4.83	3.92	4.42	202
巴中	Bazhong	0.87	1.08	1.52	272	酒泉	Jiuquan	6.71	6.91	7.10	127
资阳	Ziyang	1.62	1.78	1.99	263	庆阳	Qingyang	9.77	9.57	9.40	86
贵州	**Guizhou**	**8.46**	**8.70**	**8.80**		定西	Dingxi	1.46	1.53	1.76	266
贵阳	Guiyang	9.57	10.29	10.24	67	陇南	Longnan	0.43	0.50	0.50	283
六盘水	Liupanshui	7.88	7.74	9.73	78	**青海**	**Qinghai**	**18.30**	**16.94**	**16.60**	
遵义	Zunyi	5.92	5.82	6.94	131	西宁	Xining	19.06	14.32	20.35	4
安顺	Anshun	3.00	3.15	2.83	244	**宁夏**	**Ningxia**	**10.63**	**11.24**	**12.46**	
毕节	Bijie		0.70	0.63	280	银川	Yinchuan	14.77	15.57	16.11	19
铜仁	Tongren		1.91	2.71	247	石嘴山	Shizuishan	4.28	4.33	4.12	209
云南	**Yunnan**	**9.74**	**10.06**	**10.25**		吴忠	Wuzhong	7.81	9.40	9.51	83
昆明	Kunming	20.63	17.02	17.17	12	固原	Guyuan	3.11	3.03	2.36	254
曲靖	Qujing	9.02	7.87	7.92	109	中卫	Zhongwei	4.24	5.34	10.39	63
玉溪	Yuxi	2.54	2.53	2.93	241	**新疆**	**Xinjiang**	**11.66**	**13.46**	**13.91**	
保山	Baoshan	2.21	2.37	2.36	254	乌鲁木齐	Urumqi	15.56	15.32	15.54	21
昭通	Zhaotong	1.69	1.92	2.25	259	克拉玛依	Karamay	7.97	11.77	12.51	41

9

能源和环境

Energy and Environment

9-1 全社会用电量
Annul Electricity City Consumption

单位：万千瓦时 （10 000 kwh）

地名	City	2010	2011	2012	2012 排名 Ranking
城市合计	**Prefecture Cities**	**218346196**	**238699456**	**248543801**	
北京	**Beijing**	**7909810**	**8018896**	**8535845**	
天津	**Tianjin**	**6753678**	**6951505**	**7224850**	
河北	**Hebei**	**10465004**	**11136185**	**12085350**	
石家庄	Shijiazhuang	1316611	1421732	1440928	37
唐山	Tangshan	4659232	4753750	5231221	4
秦皇岛	Qinhuangdao	467975	447394	559006	106
邯郸	Handan	545290	636382	677746	91
邢台	Xingtai	525945	534289	495570	121
保定	Baoding	542218	755926	778858	80
张家口	Zhangjiakou	690420	734436	738572	83
承德	Chengde	512789	478984	432234	140
沧州	Cangzhou	519383	574137	816585	73
廊坊	Langfang	361999	524339	633412	97
衡水	Hengshui	323142	274816	281218	183
山西	**Shanxi**	**4957728**	**5728073**	**6174687**	
太原	Taiyuan	2019443	2260178	2311059	19
大同	Datong	619656	648592	704999	87
阳泉	Yangquan	505641	774086	808106	74
长治	Changzhi	400864	438059	410413	149
晋城	Jincheng	163873	177761	188427	216
朔州	Shuozhou	338164	410798	512848	118
晋中	Jinzhong	200141	208581	276013	186
运城	Yuncheng	362119	370070	487769	124
忻州	Xinzhou	79388	91425	109288	250
临汾	Linfen	220486	278333	289765	178
吕梁	Luliang	47953	70190	76000	266
内蒙古	**Inner Mongolia**	**6469140**	**7190135**	**6569537**	
呼和浩特	Hohhot	1269961	1184765	553000	107
包头	Baotou	1909655	2301304	2357809	17
乌海	Wuhai	1180348	1443990	1565686	32
赤峰	Chifeng	454097	468000	536117	111
通辽	Tongliao	597011	689504	973823	64
鄂尔多斯	Erdos	758437	771367	229118	199
呼伦贝尔	Hulunbuir	86271	93038	91114	257
巴彦淖尔	Bayannur	111021	124920	132536	239
乌兰察布	Ulanqab	102339	113247	130334	242
辽宁	**Liaoning**	**11960548**	**12769708**	**12842991**	
沈阳	Shenyang	2033395	2169621	2326455	18
大连	Dalian	1996630	2066328	2256215	20
鞍山	Anshan	1581463	1601556	1548396	33
抚顺	Fushun	1059277	1093037	1013273	60
本溪	Benxi	1256254	1259332	1270718	45
丹东	Dandong	251454	277470	287510	181
锦州	Jinzhou	505023	497977	479634	127
营口	Yingkou	889976	933067	871109	69
阜新	Fuxin	337270	363463	375598	155
辽阳	Liaoyang	768598	957592	955105	66
盘锦	Panjin	482800	583529	452099	135
铁岭	Tieling	96087	111220	142216	233
朝阳	Chaoyang	154170	245827	249927	194
葫芦岛	Huludao	548151	609689	614736	101
吉林	**Jilin**	**3504055**	**3829766**	**3651767**	
长春	Changchun	1286042	1333319	1137106	51
吉林	Jilin	1002543	1160525	1100391	54
四平	Siping	383308	426932	417576	147
辽源	Liaoyuan	159424	190557	183491	217
通化	Tonghua	216349	219676	191393	213
白山	Baishan	213038	222526	213795	205
松原	Songyuan	195231	209253	327133	167
白城	Baicheng	48120	66978	80882	263
黑龙江	**Heilongjiang**	**5180326**	**5410782**	**5606627**	
哈尔滨	Harbin	1323300	1548364	1525932	35
齐齐哈尔	Qiqihar	450000	450000	602254	102
鸡西	Jixi	305225	308259	352767	161
鹤岗	Hegang	231981	256911	258129	190
双鸭山	Shuangyashan	193455	208553		
大庆	Daqing	1656487	1756723	1846009	27
伊春	Yichun	173203	199049	204406	208
佳木斯	Jiamusi	127000	148707	157052	226
七台河	Qitaihe	275329	152766	287794	180
牡丹江	Mudanjiang	324664	255198	221626	202
黑河	Heihe	59182	63052	84658	261
绥化	Suihua	60500	63200	66000	269
上海	**Shanghai**	**12958700**	**13396200**	**13534500**	
江苏	**Jiangsu**	**17088969**	**18701354**	**21839741**	

注：本章全国数和各省数为城市合计数。

a) Data of national and provinces are prefecture cities in this chapter.

9-1 全社会用电量 续表 1
Annul Electricity City Consumption continued 1

单位：万千瓦时 （10 000 kwh）

地名	City	2010	2011	2012	2012 排名 Ranking	地名	City	2010	2011	2012	2012 排名 Ranking
南京	Nanjing	3547502	3789004	4039334	8	池州	Chizhou	164993	202481	257561	192
无锡	Wuxi	2507785	2594821	2604597	14	宣城	Xuancheng	110715	127932	171981	219
徐州	Xuzhou	1499408	1726166	1951645	24	福建	**Fujian**	**5007755**	**5728586**	**6116853**	
常州	Changzhou	2151749	2408214	2541410	15	福州	Fuzhou	937800	1058998	1070480	57
苏州	Suzhou	2692950	2899339	5140791	5	厦门	Xiamen	1550100	1745300	1875722	26
南通	Nantong	1097437	1180261	858332	71	莆田	Putian	436831	490469	523016	115
连云港	Lianyungang	331797	397106	431228	141	三明	Sanming	328905	376652	392576	151
淮安	Huaian	696662	784296	829136	72	泉州	Quanzhou	703472	759361	799256	76
盐城	Yancheng	366404	401193	420733	146	漳州	Zhangzhou	278378	326731	481200	126
扬州	Yangzhou	609643	690335	989823	63	南平	Nanping	342977	477792	448320	137
镇江	Zhenjiang	848956	963808	1014686	59	龙岩	Longyan	348570	393085	411750	148
泰州	Taizhou	399557	405334	458012	134	宁德	Ningde	80722	100198	114533	249
宿迁	Suqian	339119	461477	560014	105	江西	**Jiangxi**	**3187234**	**3563610**	**3497567**	
浙江	**Zhejiang**	**11546484**	**12650269**	**13265115**		南昌	Nanchang	1008000	1150000	1217000	47
杭州	Hangzhou	3926426	4325675	4449519	7	景德镇	Jingdezhen	184497	146819	155911	227
宁波	Ningbo	2537433	2767470	3012523	11	萍乡	Pingxiang	380075	447033	450208	136
温州	Wenzhou	1159208	1230634	1203312	48	九江	Jiujiang	408977	248239	319184	171
嘉兴	Jiaxing	738037	851239	930296	68	新余	Xinyu	638327	856376	591329	104
湖州	Huzhou	596188	658500	702950	88	鹰潭	Yingtan	57414	63563	67686	268
绍兴	Shaoxing	485155	532462	548642	110	赣州	Ganzhou	160840	184836	202558	209
金华	Jinhua	355567	398693	427253	143	吉安	Jian	70390	136656	141888	234
衢州	Quzhou	530607	579480	630272	98	宜春	Yichun	111002	129816	141097	236
舟山	Zhoushan	315390	326697	324500	170	抚州	Fuzhou	109509	131022	141280	235
台州	Taizhou	761636	818396	865363	70	上饶	Shangrao	58203	69250	69426	267
丽水	Lishui	140837	161023	170485	220	山东	**Shandong**	**16401475**	**18092189**	**18909913**	
安徽	**Anhui**	**5641784**	**6007478**	**6536973**		济南	Jinan	1894606	1983821	1820033	28
合肥	Hefei	856458	1004013	1085783	56	青岛	Qingdao	1877516	1963859	2148190	21
芜湖	Wuhu	527315	638395	737276	84	淄博	Zibo	2570255	2681258	2640467	12
蚌埠	Bengbu	285422	308818	334386	166	枣庄	Zaozhuang	536445	649032	665473	93
淮南	Huainan	477568	479764	514430	117	东营	Dongying	1019390	1170185	1322437	41
马鞍山	Maanshan	972025	992016	1043359	58	烟台	Yantai	972597	1090552	1115687	53
淮北	Huaibei	308658	308944	279963	184	潍坊	Weifang	1058761	1146182	1127435	52
铜陵	Tongling	459581	488230	503841	119	济宁	Jining	781427	664514	688993	90
安庆	Anqing	324125	385511	355056	159	泰安	Taian	366252	422895	429765	142
黄山	Huangshan	94035	109124	120717	246	威海	Weihai	435765	469000	489839	123
滁州	Chuzhou	162978	138575	205379	207	日照	Rizhao	968785	1059977	1302667	42
阜阳	Fuyang	248624	290300	325012	168	莱芜	Laiwu	978714	1111476	995720	62
宿州	Suzhou	206120	226875	289971	176	临沂	Linyi	1207960	1397177	1492600	36
六安	Liuan	178203	201447	188547	215	德州	Dezhou	393775	456243	503727	120
亳州	Bozhou	81634	105053	123711	245	聊城	Liaocheng	426778	908471	1163900	50

9-1 全社会用电量 续表 2
Annul Electricity City Consumption continued 2

单位：万千瓦时 （10 000 kwh）

地名	City	2010	2011	2012	2012 排名 Ranking
滨州	Binzhou	568684	526342	481598	125
菏泽	Heze	343765	391205	521382	116
河南	**Henan**	**13519063**	**14441117**	**14684127**	
郑州	Zhengzhou	2887213	3233661	3413701	10
开封	Kaifeng	358825	432561	432600	138
洛阳	Luoyang	2809681	2386096	2471959	16
平顶山	Pingdingshan	708696	760982	782350	78
安阳	Anyang	1291473	1501935	1349051	40
鹤壁	Hebi	268496	288025	289853	177
新乡	Xinxiang	584882	704339	723473	86
焦作	Jiaozuo	1315224	1518686	1428404	38
濮阳	Puyang	371330	376813	463231	131
许昌	Xuchang	219253	237849	275070	187
漯河	Luohe	249138	272126	336810	164
三门峡	Sanmenxia	281167	295996	206347	206
南阳	Nanyang	634776	697095	669764	92
商丘	Shangqiu	869297	976824	943055	67
信阳	Xinyang	298002	360796	394522	150
周口	Zhoukou	121518	106490	124483	244
驻马店	Zhumadian	250092	290843	379454	152
湖北	**Hubei**	**6927194**	**7237650**	**7606630**	
武汉	Wuhan	3117800	3281625	3476037	9
黄石	Huangshi	638721	669730	627606	99
十堰	Shiyan	375120	373712	367428	158
宜昌	Yichang	779215	820649	804426	75
襄阳	Xiangfan	409771	451729	493169	122
鄂州	Ezhou	553894	588828	552027	108
荆门	Jingmen	227911	346339	350520	162
孝感	Xiaogan	104723	122513	147492	231
荆州	Jingzhou	279168	303480	459323	133
黄冈	Huanggang	62525	71790	82428	262
咸宁	Xianning	234284	84041	153362	228
随州	Suizhou	144062	123214	92812	256
湖南	**Hunan**	**4999429**	**5661618**	**5935778**	
长沙	Changsha	943789	1156205	1268341	46
株洲	Zhuzhou	648163	655319	702653	89
湘潭	Xiangtan	754268	821245	782176	79
衡阳	Hengyang	536875	625367	660792	95
邵阳	Shaoyang	114019	123906	135622	237
岳阳	Yueyang	549906	592257	622101	100
常德	Changde	193930	209560	228887	200
张家界	Zhangjiajie	73793	72778	90573	259
益阳	Yiyang	171642	189078	202374	210
郴州	Chenzhou	340016	361885	379100	153
永州	Yongzhou	190885	246704	220376	203
怀化	Huaihua	213547	270782	163440	223
娄底	Loudi	268596	336532	479343	128
广东	**Guangdong**	**31477111**	**34107072**	**35631318**	
广州	Guangzhou	5629954	5960200	6244969	2
韶关	Shaoguan	459495	513525	549191	109
深圳	Shenzhen	6635406	6960198	7221044	1
珠海	Zhuhai	1022561	1125587	1174724	49
汕头	Shantou	1235327	1490218	1536322	34
佛山	Foshan	4630795	4856165	5069529	6
江门	Jiangmen	871199	934562	967877	65
湛江	Zhanjiang	400813	572389	654000	96
茂名	Maoming	398718	415329	432387	139
肇庆	Zhaoqing	331382	369653	289730	179
惠州	Huizhou	1173823	1290336	1419567	39
梅州	Meizhou	121340	129406	167565	222
汕尾	Shanwei		100589	29559	277
河源	Heyuan	210168	230043	201217	211
阳江	Yangjiang	179209	186273	271364	189
清远	Qingyuan	454816	518926	665456	94
东莞	Dongguan	5619998	5860653	6042842	3
中山	ZhongShan	1870513	1985484	2064930	22
潮州	Chaozhou	140303	145653	149901	230
揭阳	Jieyang		345031	378838	154
云浮	Yunfu	91291	116852	100306	253
广西	**Guangxi**	**4456268**	**5288617**	**5202113**	
南宁	Nanning	854042	912268	1012123	61
柳州	Liuzhou	724039	748868	739463	82
桂林	Guilin	237250	243214	252902	193
梧州	Wuzhou	202829	416964	234792	198
北海	Beihai	132079	179120	257653	191
防城港	Fangchenggang	147347	211360	272269	188
钦州	Qinzhou	141570	319492	372927	157
贵港	Guigang	343170	356810	306862	173
玉林	Yulin	213848	245814	200314	212
百色	Baise	414830	433099	424816	145

9-1 全社会用电量 续表 3
Annul Electricity City Consumption continued 3

单位：万千瓦时 （10 000 kwh）

地名	City	2010	2011	2012	2012 排名 Ranking
贺州	Hezhou	279703	407988	373032	156
河池	Hechi	139620	167117	130548	241
来宾	Laibin	572247	577957	533524	112
崇左	Chongzuo	53694	68546	90888	258
海南	**Hainan**	**555888**	**650218**	**716847**	
海口	Haikou	391263	462099	526700	114
三亚	Sanya	164625	188119	190147	214
重庆	**Chongqing**	**4680337**	**5688373**	**5476605**	
四川	**Sichuan**	**6854005**	**7922949**	**8186968**	
成都	Chengdu	2181060	2465496	2631489	13
自贡	Zigong	275748	307216	324712	169
攀枝花	Panzhihua	955421	1072023	1093997	55
泸州	Luzhou	263020	318069	295688	175
德阳	Deyang	269843	284176	282038	182
绵阳	Mianyang	288581	316983	336741	165
广元	Guangyuan	314615	331709	296541	174
遂宁	Suining	102545	129489	133523	238
内江	Neijiang	96161	145724	143148	232
乐山	Leshan	770842	834077	774453	81
南充	Nanchong	206736	240359	243093	195
眉山	Meishan	224784	452998	528579	113
宜宾	Yibin	402537	459991	425129	144
广安	Guangan	112970	119916	103911	252
达州	Dazhou	204240	250953	276632	185
雅安	Yaan	59498	49826	157611	225
巴中	Bazhong	34695	40397	45460	271
资阳	Ziyang	90709	103547	94225	255
贵州	**Guizhou**	**2349165**	**3166948**	**3297340**	
贵阳	Guiyang	1470703	1712691	1595293	30
六盘水	Liupanshui	255416	293428	466527	130
遵义	Zunyi	358504	456041	475099	129
安顺	Anshun	264542	305077	342655	163
毕节	Bijie		148068	180306	218
铜仁	Tongren		251643	237460	197
云南	**Yunnan**	**2701456**	**2677713**	**2965038**	
昆明	Kunming	919188	919188	2035210	23
曲靖	Qujing	1112400	1112400	239044	196
玉溪	Yuxi	364793	318238	318248	172
保山	Baoshan	60468	76307	87572	260
昭通	Zhaotong	116609	131313	158641	224

地名	City	2010	2011	2012	2012 排名 Ranking
丽江	Lijiang	45994	48220	48348	270
普洱	Puer	51865	38964	40614	273
临沧	Lincang	30139	33083	37361	274
西藏	**Tibet**				
拉萨	Lhasa				
陕西	**Shaanxi**	**3134042**	**3507848**	**3731722**	
西安	Xi'an	1628535	1770418	1921600	25
铜川	Tongchuan	580857	596297	600252	103
宝鸡	Baoji	314362	383013	353275	160
咸阳	Xianyang	151402	121427	129616	243
渭南	Weinan		75507	77313	265
延安	Yan'an	109211	125963	152422	229
汉中	Hanzhong	89406	97558	117796	248
榆林	Yulin	119017	189578	217237	204
安康	Ankang	112652	118811	131790	240
商洛	Shangluo	28600	29276	30421	276
甘肃	**Gansu**	**3573429**	**3896448**	**4411874**	
兰州	Lanzhou	1473092	1504368	1672923	29
嘉峪关	Jiayuguan	593739	747851	1298559	43
金昌	Jinchang				
白银	Baiyin	761582	841558	792177	77
天水	Tianshui	213493	219398	222985	201
武威	Wuwei	126764	89306	107007	251
张掖	Zhangye	205890	238046	33892	275
平凉	Pingliang	80450	113929	120323	247
酒泉	Jiuquan	75610	85274	96316	254
庆阳	Qingyang	23000	31200	40723	272
定西	Dingxi	10055	11108	12108	279
陇南	Longnan	9754	14410	14861	278
青海	**Qinghai**	**640184**	**672757**	**728957**	
西宁	Xining	640184	672757	728957	85
宁夏	**Ningxia**	**1889815**	**2597132**	**1526483**	
银川	Yinchuan	422831	507855		
石嘴山	Shizuishan	1131000	1281400	1278559	44
吴忠	Wuzhong	210230	227100	168200	221
固原	Guyuan	38287	34764	79724	264
中卫	Zhongwei	87467	546013		
新疆	**Xinjiang**	**1556120**	**2008260**	**2049685**	
乌鲁木齐	Urumqi	1134410	1587434	1589621	31
克拉玛依	Karamay	421710	420826	460064	132

9-2 工业用电量
Electricity City Consumption for Industry Uses

单位：万千瓦时 （10 000 kwh）

地名	City	2010	2011	2012	2012 排名 Ranking
城市合计	**Prefecture Cities**	**151670192**	**164559758**	**169193302**	
北京	**Beijing**	**3014775**	**2822123**	**2903446**	
天津	**Tianjin**	**4922699**	**5014484**	**51021108**	
河北	**Hebei**	**8550597**	**9100222**	**9739027**	
石家庄	Shijiazhuang	852086	891197	911693	45
唐山	Tangshan	4331561	4370543	4815820	1
秦皇岛	Qinhuangdao	350174	369183	377031	117
邯郸	Handan	419820	522173	550893	77
邢台	Xingtai	419107	424826	381805	115
保定	Baoding	326178	547479	500802	89
张家口	Zhangjiakou	545516	605160	567130	76
承德	Chengde	458271	421050	363465	124
沧州	Cangzhou	357235	390946	620320	70
廊坊	Langfang	247687	371353	461123	98
衡水	Hengshui	242962	186312	188945	179
山西	**Shanxi**	**3717136**	**4296299**	**4529478**	
太原	Taiyuan	1504023	1736109	1724960	17
大同	Datong	459594	473350	493913	92
阳泉	Yangquan	425749	554390	606723	71
长治	Changzhi	328940	359440	323613	134
晋城	Jincheng	127458	137821	144879	196
朔州	Shuozhou	269705	362279	456643	99
晋中	Jinzhong	132913	134811	134100	201
运城	Yuncheng	247431	266811	373749	119
忻州	Xinzhou	46370	55800	53425	247
临汾	Linfen	145313	187288	188773	180
吕梁	Luliang	29640	28200	28700	262
内蒙古	**Inner Mongolia**	**4958388**	**5537034**	**5392637**	
呼和浩特	Hohhot	436439	776399	201000	173
包头	Baotou	1776599	2140959	2193117	13
乌海	Wuhai	1129662	1388394	1502401	21
赤峰	Chifeng	272046	312510	358166	127
通辽	Tongliao	523765	605383	811099	53
鄂尔多斯	Erdos	648604	128488	118133	208
呼伦贝尔	Hulunbuir	52418	57554	49832	250
巴彦淖尔	Bayannur	72925	81019	85092	226
乌兰察布	Ulanqab	45930	46328	73797	234
辽宁	**Liaoning**	**8490140**	**8750233**	**8910757**	
沈阳	Shenyang	1059822	1107051	1111283	36
大连	Dalian	1337558	1363037	1494061	22
鞍山	Anshan	1369432	1277263	1348718	24
抚顺	Fushun	946539	971032	892805	47
本溪	Benxi	1161231	1160375	1173968	34
丹东	Dandong	172789	190933	192100	177
锦州	Jinzhou	413660	333380	363249	125
营口	Yingkou	742377	762236	706217	62
阜新	Fuxin	269335	291661	292951	142
辽阳	Liaoyang	534445	577588	574049	75
盘锦	Panjin	285697	416629	413141	106
铁岭	Tieling	45332	53355	107656	212
朝阳	Chaoyang	101220	188991	185429	182
葫芦岛	Huludao	50703	56702	55130	245
吉林	**Jilin**	**2591187**	**2781841**	**2771918**	
长春	Changchun	752246	730239	762807	57
吉林	Jilin	885121	1013253	928307	44
四平	Siping	312755	344702	330366	132
辽源	Liaoyuan	123811	149542	139200	199
通化	Tonghua	188781	187126	153414	193
白山	Baishan	161697	165657	148565	194
松原	Songyuan	143517	150672	257685	155
白城	Baicheng	23259	40650	51574	248
黑龙江	**Heilongjiang**	**3942660**	**3932839**	**3997028**	
哈尔滨	Harbin	721800	748690	785322	55
齐齐哈尔	Qiqihar	340000	340000	413433	105
鸡西	Jixi	248463	255029	261328	153
鹤岗	Hegang	171210	186478	176197	186
双鸭山	Shuangyashan	179278	192758		
大庆	Daqing	1550070	1630295	1704850	18
伊春	Yichun	131004	152810	144198	197
佳木斯	Jiamusi	71100	79753	80011	228
七台河	Qitaihe	210970	110254	212975	170
牡丹江	Mudanjiang	255635	168542	124990	203
黑河	Heihe	46630	52230	76124	232
绥化	Suihua	16500	16000	17600	269
上海	**Shanghai**	**7866100**	**8057600**	**7862500**	
江苏	**Jiangsu**	**12397483**	**13535397**	**15830721**	

9-2 工业用电量 续表 1
Electricity City Consumption for Industry Uses continued 1

单位：万千瓦时 （10 000 kwh）

地名	City	2010	2011	2012	2012 排名 Ranking	地名	City	2010	2011	2012	2012 排名 Ranking
南京	Nanjing	2296124	2424317	2520751	8	池州	Chizhou	126560	159464	203348	172
无锡	Wuxi	1899827	1923331	1879643	16	宣城	Xuancheng	57343	76282	109604	211
徐州	Xuzhou	1195500	1391151	1557021	20	福建	**Fujian**	**2894854**	**3318987**	**3497012**	
常州	Changzhou	1681577	1899324	1961658	15	福州	Fuzhou	328400	377494	361209	126
苏州	Suzhou	1905634	2042397	3969926	4	厦门	Xiamen	898400	1004267	1061961	37
南通	Nantong	838683	887781	625672	68	莆田	Putian	256467	272431	274204	146
连云港	Lianyungang	191819	241011	253117	156	三明	Sanming	278242	312299	325583	133
淮安	Huaian	516414	575073	593112	73	泉州	Quanzhou	439090	468952	493297	93
盐城	Yancheng	227718	247210	240976	159	漳州	Zhangzhou	148700	176103	287100	145
扬州	Yangzhou	407707	463454	658294	63	南平	Nanping	277010	398487	368314	123
镇江	Zhenjiang	689165	789674	811309	52	龙岩	Longyan	242760	277264	287849	144
泰州	Taizhou	290497	288111	322592	135	宁德	Ningde	25785	31690	37495	259
宿迁	Suqian	256818	362563	436650	103	江西	**Jiangxi**	**2127099**	**2406934**	**2199526**	
浙江	**Zhejiang**	**8171357**	**8884640**	**9121721**		南昌	Nanchang	526480	598900	591000	74
杭州	Hangzhou	2583460	2829458	2789334	7	景德镇	Jingdezhen	153042	111580	118200	207
宁波	Ningbo	1938747	2100153	2260968	11	萍乡	Pingxiang	316468	375936	371837	121
温州	Wenzhou	753824	785312	746335	58	九江	Jiujiang	262010	160939	217175	168
嘉兴	Jiaxing	587923	675259	734622	59	新余	Xinyu	589491	791025	513053	86
湖州	Huzhou	440622	486553	508943	87	鹰潭	Yingtan	23748	25887	27067	263
绍兴	Shaoxing	357015	391252	396203	109	赣州	Ganzhou	86416	97067	100951	216
金华	Jinhua	222253	247970	263243	151	吉安	Jian	35592	95826	96039	219
衢州	Quzhou	460348	497275	539532	80	宜春	Yichun	57009	64078	68363	237
舟山	Zhoushan	198658	196247	180671	185	抚州	Fuzhou	60230	66230	82021	227
台州	Taizhou	545261	575276	598744	72	上饶	Shangrao	16613	19466	13820	272
丽水	Lishui	83246	99885	103126	214	山东	**Shandong**	**12761282**	**14064498**	**14314990**	
安徽	**Anhui**	**3990657**	**4225994**	**4350303**		济南	Jinan	1174780	1209019	959459	42
合肥	Hefei	369124	457248	433114	104	青岛	Qingdao	1204458	1257076	1300887	26
芜湖	Wuhu	388879	481240	550745	78	淄博	Zibo	2272515	2365933	2299303	10
蚌埠	Bengbu	182646	196737	213017	169	枣庄	Zaozhuang	419488	506346	497234	91
淮南	Huainan	371191	361653	373348	120	东营	Dongying	933985	1077819	1232090	27
马鞍山	Maanshan	893765	898900	890359	48	烟台	Yantai	718507	816434	812657	51
淮北	Huaibei	259018	254919	207385	171	潍坊	Weifang	806727	864521	866023	49
铜陵	Tongling	413556	436069	443187	102	济宁	Jining	647455	518641	523293	84
安庆	Anqing	257552	309777	270613	149	泰安	Taian	229680	267933	240633	160
黄山	Huangshan	41119	47407	50929	249	威海	Weihai	302300	335000	347088	128
滁州	Chuzhou	109518	85190	118817	206	日照	Rizhao	835614	905697	1026242	39
阜阳	Fuyang	165371	187883	196322	176	莱芜	Laiwu	904515	1026367	898510	46
宿州	Suzhou	127959	135674	172348	188	临沂	Linyi	964392	1103459	1143377	35
六安	Liuan	66602	101700	79802	229	德州	Dezhou	294275	342224	384780	113
亳州	Bozhou	26748	35851	37365	260	聊城	Liaocheng	318508	778005	1012934	40

9-2 工业用电量 续表 2
Electricity City Consumption for Industry Uses continued 2

单位：万千瓦时 （10 000 kwh）

地名	City	2010	2011	2012	2012 排名 Ranking	地名	City	2010	2011	2012	2012 排名 Ranking
滨州	Binzhou	494363	434723	395322	110	常德	Changde	108220	118928	92547	221
菏泽	Heze	239720	255301	375158	118	张家界	Zhangjiajie	22700	23313	25785	264
河南	**Henan**	**11081584**	**11646088**	**11587439**		益阳	Yiyang	107980	119446	121167	205
郑州	Zhengzhou	2043505	2297914	2350111	9	郴州	Chenzhou	128526	234884	232314	164
开封	Kaifeng	249374	298006	300552	141	永州	Yongzhou	117044	156496	121652	204
洛阳	Luoyang	2555346	2105028	2209841	12	怀化	Huaihua	93424	11620	4510	277
平顶山	Pingdingshan	607329	644527	656547	65	娄底	Loudi	249812	296321	390882	112
安阳	Anyang	1159916	1349616	1180375	33	**广东**	**Guangdong**	**20838729**	**22219249**	**22854102**	
鹤壁	Hebi	222285	237637	233390	162	广州	Guangzhou	3054991	3156900	3135824	6
新乡	Xinxiang	435479	531058	533763	81	韶关	Shaoguan	329949	363763	392156	111
焦作	Jiaozuo	1252349	1415140	1311219	25	深圳	Shenzhen	3974097	4186359	4232405	3
濮阳	Puyang	302574	298672	370426	122	珠海	Zhuhai	650805	716461	725808	60
许昌	Xuchang	155987	170257	197452	175	汕头	Shantou	802743	911206	938824	43
漯河	Luohe	170967	184896	233063	163	佛山	Foshan	3515947	3602147	3699098	5
三门峡	Sanmenxia	258708	262355	181139	184	江门	Jiangmen	595250	644100	649627	66
南阳	Nanyang	479639	511285	452246	100	湛江	Zhanjiang	225598	273897	330881	131
商丘	Shangqiu	751384	843000	788106	54	茂名	Maoming	320929	328611	337313	129
信阳	Xinyang	172129	217340	225659	165	肇庆	Zhaoqing	218920	242473	165936	190
周口	Zhoukou	80191	61230	71118	236	惠州	Huizhou	783682	867186	997183	41
驻马店	Zhumadian	184422	218127	292432	143	梅州	Meizhou	66200	75499	75536	233
湖北	**Hubei**	**4843711**	**5037059**	**5012332**		汕尾	Shanwei		51734	11432	274
武汉	Wuhan	1913385	1975226	2016330	14	河源	Heyuan	149558	163800	115255	209
黄石	Huangshi	532690	584023	527468	83	阳江	Yangjiang	56118	58163	183098	183
十堰	Shiyan	285275	277962	259322	154	清远	Qingyuan	360047	401642	533499	82
宜昌	Yichang	643885	671132	633061	67	东莞	Dongguan	4355690	4457615	4522891	2
襄阳	Xiangfan	280956	271957	316992	138	中山	ZhongShan	1289415	1325069	1366291	23
鄂州	Ezhou	485340	518583	471514	96	潮州	Chaozhou	28030	20948	57789	243
荆门	Jingmen	188233	281511	270580	150	揭阳	Jieyang		293903	317721	137
孝感	Xiaogan	40662	57825	67762	238	云浮	Yunfu	60760	77773	65535	241
荆州	Jingzhou	196956	214414	262519	152	**广西**	**Guangxi**	**3122590**	**3602277**	**3381834**	
黄冈	Huanggang	30568	37773	42471	258	南宁	Nanning	392257	381513	407175	107
咸宁	Xianning	171151	64559	98981	217	柳州	Liuzhou	541225	537824	507246	88
随州	Suizhou	74610	82094	45332	255	桂林	Guilin	100635	88732	88865	224
湖南	**Hunan**	**2921387**	**3288286**	**3432325**		梧州	Wuzhou	150261	274832	170405	189
长沙	Changsha	223612	308003	332841	130	北海	Beihai	43609	79385	141596	198
株洲	Zhuzhou	474020	470072	498562	90	防城港	Fangchenggang	102938	155414	198537	174
湘潭	Xiangtan	524731	595421	624809	69	钦州	Qinzhou	78640	233207	272433	147
衡阳	Hengyang	386342	428401	447596	101	贵港	Guigang	275579	277921	219679	167
邵阳	Shaoyang	53114	62915	64598	242	玉林	Yulin	139610	151149	95474	220
岳阳	Yueyang	431862	462466	475062	95	百色	Baise	379046	389567	380501	116

9-2 工业用电量 续表 3
Electricity City Consumption for Industry Uses continued 3

单位：万千瓦时 （10 000 kwh）

地名	City	2010	2011	2012	2012 排名 Ranking	地名	City	2010	2011	2012	2012 排名 Ranking
贺州	Hezhou	237294	354326	308312	140	丽江	Lijiang	10781	14730	8034	276
河池	Hechi	109080	129862	89637	223	普洱	Puer	29054	13123	14182	271
来宾	Laibin	532059	529850	479983	94	临沧	Lincang	18800	19876	21979	267
崇左	Chongzuo	40357	18695	21991	266	**西藏**	**Tibet**				
海南	**Hainan**	**120560**	**163130**	**167534**		拉萨	Lhasa				
海口	Haikou	99222	137789	144900	195	**陕西**	**Shaanxi**	**1665684**	**1830837**	**1857248**	
三亚	Sanya	21338	25341	22634	265	西安	Xi'an	684755	702299	714700	61
重庆	**Chongqing**	**3222492**	**3855201**	**3813387**		铜川	Tongchuan	542014	552458	550569	79
四川	**Sichuan**	**4620537**	**5273155**	**5183924**		宝鸡	Baoji	199081	262023	249706	157
成都	Chengdu	1024362	1143750	1217294	28	咸阳	Xianyang	55866	42740	45941	254
自贡	Zigong	206437	225461	239511	161	渭南	Weinan		20473	21632	268
攀枝花	Panzhihua	883763	997877	851508	50	延安	Yan'an	57521	60754	78153	231
泸州	Luzhou	196309	161934	186343	181	汉中	Hanzhong	44478	48480	46558	253
德阳	Deyang	195635	200913	191203	178	榆林	Yulin	24792	85230	96698	218
绵阳	Mianyang	122853	166822	173438	187	安康	Ankang	44777	45887	44802	256
广元	Guangyuan	239110	253112	219706	166	商洛	Shangluo	12400	10493	8489	275
遂宁	Suining	48909	56859	55079	246	**甘肃**	**Gansu**	**2705184**	**2978386**	**3504789**	
内江	Neijiang	32860	71254	66673	240	兰州	Lanzhou	1094818	1092931	1199276	31
乐山	Leshan	676119	747597	657147	64	嘉峪关	Jiayuguan	536200	676816	1201508	30
南充	Nanchong	111330	128482	131971	202	金昌	Jinchang				
眉山	Meishan	170072	391748	461698	97	白银	Baiyin	722682	817220	767831	56
宜宾	Yibin	355682	372918	308625	139	天水	Tianshui	71885	70739	73418	235
广安	Guangan	97967	108231	88845	225	武威	Wuwei	98117	75452	67448	239
达州	Dazhou	159467	153899	157748	192	张掖	Zhangye	74661	85632	12516	273
雅安	Yaan	34828	21151	112928	210	平凉	Pingliang	50326	89694	91233	222
巴中	Bazhong	10600	12341	14450	270	酒泉	Jiuquan	40458	46272	57192	244
资阳	Ziyang	54234	58806	49757	251	庆阳	Qingyang	12422	19000	29587	261
贵州	**Guizhou**	**1658642**	**2256383**	**2254737**		定西	Dingxi	1600	1920	2020	279
贵阳	Guiyang	1046488	1181680	1044331	38	陇南	Longnan	2015	2710	2760	278
六盘水	Liupanshui	178609	238489	382600	114	**青海**	**Qinghai**	**463297**	**496149**	**522873**	
遵义	Zunyi	236815	318646	319209	136	西宁	Xining	463297	496149	522873	85
安顺	Anshun	196730	222643	244692	158	**宁夏**	**Ningxia**	**1528125**	**2284109**	**1367525**	
毕节	Bijie		90489	102711	215	银川	Yinchuan	243696	339533		
铜仁	Tongren		204436	161194	191	石嘴山	Shizuishan	1097000	1237900	1185891	32
云南	**Yunnan**	**1286934**	**1281842**	**2114137**		吴忠	Wuzhong	176492	199000	135000	200
昆明	Kunming	584556	584556	1569234	19	固原	Guyuan	10483	7311	46634	252
曲靖	Qujing	239308	271145	106213	213	中卫	Zhongwei	454	500365		
玉溪	Yuxi	316647	276022	270685	148	**新疆**	**Xinjiang**	**1194322**	**1618482**	**1615944**	
保山	Baoshan	36119	43805	44184	257	乌鲁木齐	Urumqi	813356	1237516	1210261	29
昭通	Zhaotong	51669	58585	79626	230	克拉玛依	Karamay	380966	380966	405683	108

9-3　城乡居民生活用电量
Household Electricity City Consumption for Urban and rural residents

单位：万千瓦时　　　　　　　　　　　　　　　　　　　　　　　　（10 000 kwh）

地名	City	2010	2011	2012	2012 排名 Ranking
城市合计	**Prefecture Cities**	**26605611**	**28956844**	**31930012**	
北京	**Beijing**	**1357608**	**1411142**	**1579908**	
天津	**Tianjin**	**674061**	**663681**	**736869**	
河北	**Hebei**	**653582**	**711514**	**717039**	
石家庄	Shijiazhuang	160102	181241	150622	42
唐山	Tangshan	71259	83610	96548	55
秦皇岛	Qinhuangdao	56242	61828	68108	89
邯郸	Handan	65463	71731	79263	72
邢台	Xingtai	44733	42687	37993	180
保定	Baoding	84365	75263	67603	94
张家口	Zhangjiakou	35338	44505	50347	135
承德	Chengde	25506	28056	31142	204
沧州	Cangzhou	40436	38787	40956	171
廊坊	Langfang	41547	55069	66390	97
衡水	Hengshui	28591	28737	28067	216
山西	**Shanxi**	**464572**	**509286**	**566310**	
太原	Taiyuan	192006	214104	233240	30
大同	Datong	63991	72442	76850	77
阳泉	Yangquan	22000	24553	25125	233
长治	Changzhi	31077	35647	40859	172
晋城	Jincheng	11992	14099	15213	259
朔州	Shuozhou	11786	8347	9715	270
晋中	Jinzhong	27500	21940	32800	198
运城	Yuncheng	38926	45384	50701	133
忻州	Xinzhou	12924	14829	13062	262
临汾	Linfen	38178	43749	47045	146
吕梁	Luliang	14192	14192	21700	246
内蒙古	**Inner Mongolia**	**401289**	**512833**	**537592**	
呼和浩特	Hohhot	95054	129952	128000	46
包头	Baotou	129545	156113	159946	38
乌海	Wuhai	19946	23044	25363	231
赤峰	Chifeng	42935	45530	50084	136
通辽	Tongliao	31096	42710	82331	69
鄂尔多斯	Erdos	31428	49897	30362	205
呼伦贝尔	Hulunbuir	12171	15134	16494	256
巴彦淖尔	Bayannur	11814	20317	23200	243
乌兰察布	Ulanqab	27300	30136	21812	245
辽宁	**Liaoning**	**1098409**	**1148440**	**1195597**	
沈阳	Shenyang	384908	374687	400562	14
大连	Dalian	234977	245384	267841	25
鞍山	Anshan	75303	77434	83017	68
抚顺	Fushun	58103	61376	62146	107
本溪	Benxi	45329	46205	42222	166
丹东	Dandong	36615	42615	47650	143
锦州	Jinzhou	30059	43628	47043	147
营口	Yingkou	55733	70548	56688	121
阜新	Fuxin	33819	35948	38690	178
辽阳	Liaoyang	33331	34972	36794	185
盘锦	Panjin	32821	33622	28799	215
铁岭	Tieling	24832	26260	28056	217
朝阳	Chaoyang	23191	25480	23422	241
葫芦岛	Huludao	29388	30281	32667	199
吉林	**Jilin**	**448369**	**511601**	**439644**	
长春	Changchun	230581	258996	181056	33
吉林	Jilin	84081	96619	94218	57
四平	Siping	24554	29302	27975	219
辽源	Liaoyuan	23889	28084	29543	211
通化	Tonghua	22433	25313	25477	229
白山	Baishan	29604	34045	36245	189
松原	Songyuan	19751	24530	29581	210
白城	Baicheng	13476	14712	15549	257
黑龙江	**Heilongjiang**	**635467**	**716892**	**777235**	
哈尔滨	Harbin	222400	284857	293816	23
齐齐哈尔	Qiqihar	82000	52000	77487	75
鸡西	Jixi	30625	31688	30362	205
鹤岗	Hegang	43249	51230	53626	126
双鸭山	Shuangyashan	12156	9043		
大庆	Daqing	57902	64595	66064	98
伊春	Yichun	42199	42208	46695	148
佳木斯	Jiamusi	35600	47934	54693	124
七台河	Qitaihe	36301	31262	44544	158
牡丹江	Mudanjiang	20609	49370	53195	127
黑河	Heihe	8426	8475	8500	272
绥化	Suihua	44000	44230	48253	139
上海	**Shanghai**	**1689500**	**1752200**	**1873800**	
江苏	**Jiangsu**	**2024311**	**2079133**	**2450165**	

9-3 城乡居民生活用电量 续表 1

Household Electricity City Consumption for Urban and rural residents continued 1

单位：万千瓦时

（10 000 kwh）

地名	City	2010	2011	2012	2012 排名 Ranking	地名	City	2010	2011	2012	2012 排名 Ranking
南京	Nanjing	498679	495343	560073	7	池州	Chizhou	21751	22291	26627	225
无锡	Wuxi	253527	255957	273565	24	宣城	Xuancheng	23221	29457	62377	106
徐州	Xuzhou	141959	151414	179378	34	福建	**Fujian**	**1055245**	**1170933**	**1317180**	
常州	Changzhou	209858	212786	243576	28	福州	Fuzhou	304700	333094	343695	17
苏州	Suzhou	306963	323710	456214	12	厦门	Xiamen	305720	340503	377552	16
南通	Nantong	127471	134605	91999	60	莆田	Putian	107201	131477	149110	43
连云港	Lianyungang	60701	63107	74927	80	三明	Sanming	22558	25672	26424	227
淮安	Huaian	99924	106212	125608	47	泉州	Quanzhou	133423	144614	168273	35
盐城	Yancheng	70189	74480	85553	63	漳州	Zhangzhou	60595	67471	111300	53
扬州	Yangzhou	90253	91456	158775	39	南平	Nanping	39163	36524	38111	179
镇江	Zhenjiang	75045	74163	84706	65	龙岩	Longyan	57237	61435	66804	96
泰州	Taizhou	47193	48570	57021	118	宁德	Ningde	24648	30143	35911	190
宿迁	Suqian	42549	47330	58770	116	江西	**Jiangxi**	**448655**	**440703**	**515003**	
浙江	**Zhejiang**	**1422193**	**1560669**	**1742669**		南昌	Nanchang	150960	158000	185400	31
杭州	Hangzhou	507378	554875	636188	4	景德镇	Jingdezhen	31098	25239	29519	212
宁波	Ningbo	241472	261208	296978	22	萍乡	Pingxiang	34462	36870	42480	165
温州	Wenzhou	208993	228783	240667	29	九江	Jiujiang	70200	43548	52396	129
嘉兴	Jiaxing	58899	65383	72739	85	新余	Xinyu	35768	28176	32398	201
湖州	Huzhou	71259	76482	87181	61	鹰潭	Yingtan	11214	11012	12031	263
绍兴	Shaoxing	51870	56133	60734	108	赣州	Ganzhou	32521	41504	48130	140
金华	Jinhua	60160	68768	76146	79	吉安	Jian	14435	17660	19857	250
衢州	Quzhou	33417	38485	43069	164	宜春	Yichun	24740	28793	34273	193
舟山	Zhoushan	46569	50967	56923	119	抚州	Fuzhou	25900	29187	33619	196
台州	Taizhou	118844	133290	142300	44	上饶	Shangrao	17357	20714	23997	238
丽水	Lishui	23332	26295	29744	209	山东	**Shandong**	**1569941**	**1574728**	**1742808**	
安徽	**Anhui**	**831259**	**853849**	**989994**		济南	Jinan	299230	299354	334462	19
合肥	Hefei	217548	227307	260138	26	青岛	Qingdao	272321	275892	316730	20
芜湖	Wuhu	63711	67956	49404	138	淄博	Zibo	148353	152309	163948	36
蚌埠	Bengbu	48319	48839	50603	134	枣庄	Zaozhuang	94642	66805	78815	73
淮南	Huainan	65349	67940	81402	70	东营	Dongying	35192	34918	29929	207
马鞍山	Maanshan	36349	51137	58919	115	烟台	Yantai	105294	107600	113552	51
淮北	Huaibei	27914	33767	37323	183	潍坊	Weifang	85039	91782	84340	66
铜陵	Tongling	22066	23320	26749	224	济宁	Jining	52745	57107	67486	95
安庆	Anqing	52671	37904	41012	170	泰安	Taian	57868	60928	63177	105
黄山	Huangshan	19121	23825	26592	226	威海	Weihai	56670	45000	47894	142
滁州	Chuzhou	21848	14160	27914	220	日照	Rizhao	48845	56347	63817	103
阜阳	Fuyang	48076	56756	68037	90	莱芜	Laiwu	35229	39153	45071	156
宿州	Suzhou	42888	47325	56727	120	临沂	Linyi	123951	126612	155790	41
六安	Liuan	56625	56425	64142	101	德州	Dezhou	36269	35292	36712	187
亳州	Bozhou	35170	45440	52028	130	聊城	Liaocheng	44024	43571	47080	145

9-3 城乡居民生活用电量 续表 2

Household Electricity City Consumption for Urban and rural residents continued 2

单位：万千瓦时 （10 000 kwh）

地名	City	2010	2011	2012	2012 排名 Ranking	地名	City	2010	2011	2012	2012 排名 Ranking
滨州	Binzhou	31263	30881	34629	192	常德	Changde	55300	56019	59124	113
菏泽	Heze	43006	51177	59376	110	张家界	Zhangjiajie	16595	16387	23913	239
河南	**Henan**	**1046712**	**1166848**	**1320517**		益阳	Yiyang	34480	37837	46482	152
郑州	Zhengzhou	315780	351648	400754	13	郴州	Chenzhou	56680	57100	85100	64
开封	Kaifeng	57665	52733	58960	114	永州	Yongzhou	49100	49650	46663	149
洛阳	Luoyang	72949	124145	111492	52	怀化	Huaihua	25477	8167	8271	273
平顶山	Pingdingshan	51892	53408	59924	109	娄底	Loudi	15469	40211	43093	163
安阳	Anyang	71815	71112	81053	71	广东	**Guangdong**	**4332726**	**4800544**	**5272952**	
鹤壁	Hebi	18646	20263	22411	244	广州	Guangzhou	1083087	1167600	1289859	1
新乡	Xinxiang	70908	67694	74893	81	韶关	Shaoguan	55542	62842	63871	102
焦作	Jiaozuo	42158	39378	47452	144	深圳	Shenzhen	826906	894161	1043007	2
濮阳	Puyang	32362	35603	42028	167	珠海	Zhuhai	136194	148805	161671	37
许昌	Xuchang	34068	34169	39176	175	汕头	Shantou	288603	320784	340572	18
漯河	Luohe	42714	45598	53651	125	佛山	Foshan	466701	530525	570296	6
三门峡	Sanmenxia	17918	17869	20208	249	江门	Jiangmen	69348	68273	74374	82
南阳	Nanyang	60995	81493	100258	54	湛江	Zhanjiang	106028	107749	157118	40
商丘	Shangqiu	59296	63076	77035	76	茂名	Maoming	36603	41183	45690	154
信阳	Xinyang	51956	57870	70030	87	肇庆	Zhaoqing	37689	43533	44473	159
周口	Zhoukou	19238	20574	24304	237	惠州	Huizhou	139134	159256	181358	32
驻马店	Zhumadian	26352	30215	36888	184	梅州	Meizhou	35330	41223	44086	160
湖北	**Hubei**	**993077**	**1028876**	**1166003**		汕尾	Shanwei		27230	9518	271
武汉	Wuhan	535799	570686	633621	5	河源	Heyuan	32084	36717	41603	169
黄石	Huangshi	40922	42680	50000	137	阳江	Yangjiang	31657	32189	36785	186
十堰	Shiyan	38670	37564	43548	162	清远	Qingyuan	40970	47408	56397	122
宜昌	Yichang	69493	69426	78176	74	东莞	Dongguan	582056	657506	712042	3
襄阳	Xiangfan	74928	79415	96254	56	中山	ZhongShan	265870	297772	315023	21
鄂州	Ezhou	36387	39248	46383	153	潮州	Chaozhou	81862	93949	68617	88
荆门	Jingmen	20556	29477	35384	191	揭阳	Jieyang				
孝感	Xiaogan	37060	39948	48130	140	云浮	Yunfu	17062	21839	16592	255
荆州	Jingzhou	54610	57887	67844	92	广西	**Guangxi**	**630258**	**820435**	**867368**	
黄冈	Huanggang	15340	19587	23564	240	南宁	Nanning	191656	226557	255784	27
咸宁	Xianning	32527	11830	19709	251	柳州	Liuzhou	90497	107170	118813	50
随州	Suizhou	36785	31128	23390	242	桂林	Guilin	70495	81470	86545	62
湖南	**Hunan**	**879530**	**982357**	**1100195**		梧州	Wuzhou	26708	78773	32451	200
长沙	Changsha	344333	417589	464827	11	北海	Beihai	39466	45121	51960	131
株洲	Zhuzhou	69678	74441	70069	86	防城港	Fangchenggang	24480	22481	27327	222
湘潭	Xiangtan	59897	62354	67859	91	钦州	Qinzhou	16572	38716	45394	155
衡阳	Hengyang	62294	68191	72800	84	贵港	Guigang	41997	50932	59220	111
邵阳	Shaoyang	36190	29608	39091	176	玉林	Yulin	38762	51541	57291	117
岳阳	Yueyang	54037	64803	72903	83	百色	Baise	21376	25200	27614	221

9-3 城乡居民生活用电量 续表 3
Household Electricity City Consumption for Urban and rural residents continued 3

单位：万千瓦时 （10 000 kwh）

地名	City	2010	2011	2012	2012 排名 Ranking
贺州	Hezhou	25873	33480	40077	174
河池	Hechi	8640	16768	18228	252
来宾	Laibin	25115	30468	34006	194
崇左	Chongzuo	8621	11758	12658	265
海南	**Hainan**	**100808**	**118326**	**134821**	
海口	Haikou	56958	69331	83400	67
三亚	Sanya	43850	48995	51421	132
重庆	**Chongqing**	**721744**	**872600**	**903057**	
四川	**Sichuan**	**1014642**	**1168150**	**1325123**	
成都	Chengdu	420270	465472	492002	9
自贡	Zigong	39970	54164	46529	151
攀枝花	Panzhihua	27562	35255	39084	177
泸州	Luzhou	50600	54857	63412	104
德阳	Deyang	36544	39320	41620	168
绵阳	Mianyang	60907	70634	76642	78
广元	Guangyuan	31677	37162	33948	195
遂宁	Suining	31564	35320	29826	208
内江	Neijiang	35372	45436	46590	150
乐山	Leshan	57018	65088	67837	93
南充	Nanchong	53186	61389	65102	100
眉山	Meishan	33493	33575	37559	182
宜宾	Yibin	43256	60334	65584	99
广安	Guangan	7873	7761	14090	261
达州	Dazhou	29887	35054	118884	49
雅安	Yaan	15648	19039	31339	202
巴中	Bazhong	18236	21039	25637	228
资阳	Ziyang	21579	27251	29438	213
贵州	**Guizhou**	**477483**	**573411**	**654079**	
贵阳	Guiyang	298658	353580	384836	15
六盘水	Liupanshui	29330	36600	44026	161
遵义	Zunyi	121689	79382	93980	58
安顺	Anshun	27806	33752	40746	173
毕节	Bijie		45585	52559	128
铜仁	Tongren		24512	37932	181
云南	**Yunnan**	**441468**	**452350**	**601408**	
昆明	Kunming	334632	334632	465976	10
曲靖	Qujing	27810	27810	29119	214
玉溪	Yuxi	21413	19134	21626	247
保山	Baoshan	17052	19976	25434	230
昭通	Zhaotong	14802	21637	28015	218
丽江	Lijiang	7559	8761	10348	268
普洱	Puer	11840	13541	12681	264
临沧	Lincang	6360	6859	8209	274
西藏	**Tibet**				
拉萨	Lhasa				
陕西	**Shaanxi**	**605459**	**729828**	**820445**	
西安	Xi'an	403385	468432	524200	8
铜川	Tongchuan	18917	21778	25243	232
宝鸡	Baoji	38123	52482	59168	112
咸阳	Xianyang	45335	39913	44570	157
渭南	Weinan		29875	31301	203
延安	Yan'an	20309	24185	27310	223
汉中	Hanzhong	23662	29027	33550	197
榆林	Yulin	16238	20566	24434	235
安康	Ankang	28801	31150	36380	188
商洛	Shangluo	10689	12420	14289	260
甘肃	**Gansu**	**260595**	**293197**	**291139**	
兰州	Lanzhou	112937	119753	118915	48
嘉峪关	Jiayuguan	18183	21074	20498	248
金昌	Jinchang				
白银	Baiyin	21171	24338	24346	236
天水	Tianshui	42746	50318	56336	123
武威	Wuwei	10457	13854	16613	254
张掖	Zhangye	12446	15107	8082	275
平凉	Pingliang	11834	8756	9964	269
酒泉	Jiuquan	13527	15123	16798	253
庆阳	Qingyang	8356	11000	5137	277
定西	Dingxi	2700	2174	2350	278
陇南	Longnan	6238	11700	12100	266
青海	**Qinghai**	**77600**	**84058**	**93915**	
西宁	Xining	77600	84058	93915	59
宁夏	**Ningxia**	**96879**	**89743**	**32082**	
银川	Yinchuan	56300	50047		
石嘴山	Shizuishan	14800	15000	15268	258
吴忠	Wuzhong	9900	9100	11000	267
固原	Guyuan	8759	8155	5814	276
中卫	Zhongwei	7120	7441		
新疆	**Xinjiang**	**152169**	**158517**	**165095**	
乌鲁木齐	Urumqi	131970	138318	140163	45
克拉玛依	Karamay	20199	20199	24932	234

9-4 工业废水排放量
Volume of Industrial Waste Water Discharged

单位：万吨 (10 000 tons)

地名	City	2010	2011	2012	2012 排名 Ranking
城市合计	**Prefecture Cities**	**2254365**	**2217871**	**2093042**	
北京	**Beijing**	**8198**	**8633**	**9190**	
天津	**Tianjin**	**19680**	**19795**	**19117**	
河北	**Hebei**	**111185**	**118505**	**122645**	
石家庄	Shijiazhuang	19254	25591	31058	3
唐山	Tangshan	18170	17308	19396	19
秦皇岛	Qinhuangdao	5608	6380	6055	114
邯郸	Handan	7686	7205	5906	121
邢台	Xingtai	9293	14897	14806	28
保定	Baoding	17866	16395	15774	26
张家口	Zhangjiakou	6983	5582	6263	111
承德	Chengde	6290	1715	1421	251
沧州	Cangzhou	6871	11366	11666	44
廊坊	Langfang	6662	7278	5616	127
衡水	Hengshui	6502	4788	4684	152
山西	**Shanxi**	**45102**	**39040**	**45726**	
太原	Taiyuan	2557	2456	3161	187
大同	Datong	4832	5891	5985	119
阳泉	Yangquan	1134	779	500	272
长治	Changzhi	5241	7287	8659	72
晋城	Jincheng	5188	5601	5689	125
朔州	Shuozhou	1535	1489	1167	257
晋中	Jinzhong	2189	2065	3929	172
运城	Yuncheng	11854	4934	5448	132
忻州	Xinzhou	1452	2443	2338	215
临汾	Linfen	3068	4086	7329	94
吕梁	Luliang	6052	2009	1521	246
内蒙古	**Inner Mongolia**	**33064**	**40662**	**30569**	
呼和浩特	Hohhot	2374	2476	2186	224
包头	Baotou	4833	9327	7394	91
乌海	Wuhai	4352	6157	3024	193
赤峰	Chifeng	2723	2924	2253	221
通辽	Tongliao	2880	2766	4475	157
鄂尔多斯	Erdos	3377	2163	1783	239
呼伦贝尔	Hulunbuir	6357	5970	5124	140
巴彦淖尔	Bayannur	4718	6480	2696	206
乌兰察布	Ulanqab	1450	2399	1634	242
辽宁	**Liaoning**	**70524**	**86911**	**84240**	
沈阳	Shenyang	6140	7242	7705	87
大连	Dalian	27421	31488	30795	4
鞍山	Anshan	5548	7529	6516	106
抚顺	Fushun	3031	3223	2835	202
本溪	Benxi	2591	5103	4461	158
丹东	Dandong	4070	5517	5518	129
锦州	Jinzhou	3859	5497	6534	105
营口	Yingkou	3197	3796	2937	196
阜新	Fuxin	544	3976	4183	162
辽阳	Liaoyang	2942	7477	7372	93
盘锦	Panjin	2446			
铁岭	Tieling	1682	1821	1758	240
朝阳	Chaoyang	3823	1482	970	262
葫芦岛	Huludao	3230	2760	2656	207
吉林	**Jilin**	**35440**	**37846**	**40271**	
长春	Changchun	5815	6335	5309	136
吉林	Jilin	15584	11291	10615	52
四平	Siping	1385	4024	3567	179
辽源	Liaoyuan	1062	745	1214	256
通化	Tonghua	6807	9019	13698	33
白山	Baishan	1984	1652	1461	248
松原	Songyuan	751	2141	2485	210
白城	Baicheng	2052	2639	1922	233
黑龙江	**Heilongjiang**	**34920**	**40712**	**43152**	
哈尔滨	Harbin	3283	5838	6497	107
齐齐哈尔	Qiqihar	6089	6089	7066	97
鸡西	Jixi	3057	4109	3283	184
鹤岗	Hegang	2705	3825	4007	170
双鸭山	Shuangyashan	1107	4838	3094	191
大庆	Daqing	8786	5542	6565	104
伊春	Yichun	757	685	1438	250
佳木斯	Jiamusi	3185	1319	1270	253
七台河	Qitaihe	2671	2634	2932	197
牡丹江	Mudanjiang	2793	2753	3435	181
黑河	Heihe	161	1158	1222	255
绥化	Suihua	326	1922	2343	214
上海	**Shanghai**	**36696**	**44626**	**47700**	
江苏	**Jiangsu**	**262031**	**248480**	**236095**	

9-4 工业废水排放量 续表 1
Volume of Industrial Waste Water Discharged continued 1

单位：万吨 (10 000 tons)

地名	City	2010	2011	2012	2012 排名 Ranking
南京	Nanjing	33784	24268	24223	9
无锡	Wuxi	35846	26972	22987	12
徐州	Xuzhou	9122	10751	16050	25
常州	Changzhou	37715	19324	14630	29
苏州	Suzhou	64055	71307	70754	1
南通	Nantong	15708	19589	18200	21
连云港	Lianyungang	3538	7221	6390	109
淮安	Huaian	10484	10129	9951	63
盐城	Yancheng	13028	20449	20117	18
扬州	Yangzhou	9059	9168	9387	68
镇江	Zhenjiang	8187	11173	9982	61
泰州	Taizhou	15493	12558	8331	80
宿迁	Suqian	6012	5571	5093	143
浙江	**Zhejiang**	**216068**	**182426**	**175297**	
杭州	Hangzhou	80468	47954	42724	2
宁波	Ningbo	18970	19797	20125	17
温州	Wenzhou	17008	8038	7913	84
嘉兴	Jiaxing	19812	22381	23267	10
湖州	Huzhou	10888	11980	11069	48
绍兴	Shaoxing	30230	33124	30418	5
金华	Jinhua	12309	10436	9667	65
衢州	Quzhou	12256	12666	14575	30
舟山	Zhoushan	1493	2125	1951	232
台州	Taizhou	5709	6305	6152	113
丽水	Lishui	6926	7720	7436	89
安徽	**Anhui**	**70976**	**70644**	**67262**	
合肥	Hefei	3290	5978	5971	120
芜湖	Wuhu	4305	2691	3148	188
蚌埠	Bengbu	5742	4370	4144	163
淮南	Huainan	5607	10626	10787	51
马鞍山	Maanshan	5563	7391	6914	98
淮北	Huaibei	1818	2641	2881	199
铜陵	Tongling	4512	4351	5035	145
安庆	Anqing	5644	4615	4708	151
黄山	Huangshan	2102	1124	632	267
滁州	Chuzhou	7643	3972	5089	144
阜阳	Fuyang	2575	3045	2878	200
宿州	Suzhou	3688	7229	4049	167
六安	Liuan	3436	3084	2803	204
亳州	Bozhou	1527	3282	2448	213

地名	City	2010	2011	2012	2012 排名 Ranking
池州	Chizhou	1485	1572	1459	249
宣城	Xuancheng	6883	4673	4316	160
福建	**Fujian**	**124159**	**177206**	**105955**	
福州	Fuzhou	4920	5488	5333	134
厦门	Xiamen	4457	31423	26948	7
莆田	Putian	1700	2124	2283	219
三明	Sanming	15816	14826	15074	27
泉州	Quanzhou	19544	20716	20535	15
漳州	Zhangzhou	62845	86804	23039	11
南平	Nanping	9399	8274	7427	90
龙岩	Longyan	3977	6042	3729	175
宁德	Ningde	1501	1509	1587	244
江西	**Jiangxi**	**72481**	**75815**	**72544**	
南昌	Nanchang	10536	9367	10929	49
景德镇	Jingdezhen	5296	8448	8511	75
萍乡	Pingxiang	1808	2453	2462	212
九江	Jiujiang	8784	9178	10056	59
新余	Xinyu	5681	6780	5715	124
鹰潭	Yingtan	4725	4558	2877	201
赣州	Ganzhou	10437	10983	11255	46
吉安	Jian	11201	5931	4910	148
宜春	Yichun	4280	8780	7175	96
抚州	Fuzhou	4543	4451	4010	169
上饶	Shangrao	5184	4886	4644	153
山东	**Shandong**	**208261**	**178080**	**184717**	
济南	Jinan	5594	6396	6653	103
青岛	Qingdao	10800	11229	11145	47
淄博	Zibo	21212	17922	16621	24
枣庄	Zaozhuang	16185	10801	10412	54
东营	Dongying	10559	9701	10153	57
烟台	Yantai	8386	8875	9359	69
潍坊	Weifang	21496	28191	28191	6
济宁	Jining	16212	16690	16855	22
泰安	Taian	4579	8019	8423	76
威海	Weihai	2872	2309	2479	211
日照	Rizhao	9977	8361	7868	85
莱芜	Laiwu	2659	1901	2011	230
临沂	Linyi	10077	13216	10335	55
德州	Dezhou	19335	7858	8354	79
聊城	Liaocheng	20873		9316	70

9-4 工业废水排放量 续表 2
Volume of Industrial Waste Water Discharged continued 2

单位：万吨 (10 000 tons)

地名	City	2010	2011	2012	2012 排名 Ranking
滨州	Binzhou	15013	14182	16831	23
菏泽	Heze	12432	12429	9711	64
河南	**Henan**	**143284**	**137290**	**135747**	
郑州	Zhengzhou	13484	16282	14041	32
开封	Kaifeng	5462	9475	9395	67
洛阳	Luoyang	5741	9334	8410	77
平顶山	Pingdingshan	6107	6670	7757	86
安阳	Anyang	15585	7605	7283	95
鹤壁	Hebi	5680	4894	4627	154
新乡	Xinxiang	16098	15601	13238	37
焦作	Jiaozuo	21807	11489	11572	45
濮阳	Puyang	9370	5740	7475	88
许昌	Xuchang	3371	6579	6052	116
漯河	Luohe	7849	3613	3078	192
三门峡	Sanmenxia	3602	6080	6687	102
南阳	Nanyang	11070	7591	7382	92
商丘	Shangqiu	4354	8518	10032	60
信阳	Xinyang	4487	2903	2318	216
周口	Zhoukou	2852	8556	9667	65
驻马店	Zhumadian	6365	6360	6732	101
湖北	**Hubei**	**88192**	**96157**	**87070**	
武汉	Wuhan	22465	23304	20704	13
黄石	Huangshi	7749	7062	5095	142
十堰	Shiyan	2700	2327	2244	223
宜昌	Yichang	14484	19988	20635	14
襄阳	Xiangfan	11328	8330	8515	74
鄂州	Ezhou	2073	3350	2250	222
荆门	Jingmen	7177	4792	4362	159
孝感	Xiaogan	5928	5705	5441	133
荆州	Jingzhou	6104	13893	10579	53
黄冈	Huanggang	3704	2544	3308	183
咸宁	Xianning	2462	2957	2137	225
随州	Suizhou	2018	1905	1800	237
湖南	**Hunan**	**93658**	**99498**	**92568**	
长沙	Changsha	4336	4010	3777	174
株洲	Zhuzhou	7900	7152	5992	118
湘潭	Xiangtan	7557	9640	6053	115
衡阳	Hengyang	7180	6832	13118	38
邵阳	Shaoyang	6939	6326	5208	137
岳阳	Yueyang	12245	13214	13677	34

地名	City	2010	2011	2012	2012 排名 Ranking
常德	Changde	12575	9965	12855	39
张家界	Zhangjiajie	429	546	579	269
益阳	Yiyang	7548	6094	4117	164
郴州	Chenzhou	6768	10879	10099	58
永州	Yongzhou	3854	5539	4084	166
怀化	Huaihua	6471	8406	6181	112
娄底	Loudi	9856	10895	6828	99
广东	**Guangdong**	**186359**	**186612**	**154625**	
广州	Guangzhou	26023	24580		
韶关	Shaoguan	6028	9816	10889	50
深圳	Shenzhen	9001	11631	11937	42
珠海	Zhuhai	6124	5740	5524	128
汕头	Shantou	6150	5746	5097	141
佛山	Foshan	26683	20748	20396	16
江门	Jiangmen	11457	15609	14413	31
湛江	Zhanjiang	5455	6010	824	265
茂名	Maoming	5523	6522	5206	138
肇庆	Zhaoqing	8844	10202	12593	40
惠州	Huizhou	6029	6785	8300	81
梅州	Meizhou	3431	3462	5749	122
汕尾	Shanwei	3679	1206	1902	235
河源	Heyuan	3247	2054		
阳江	Yangjiang	3125	2698	2046	228
清远	Qingyuan	3055	4713	4088	165
东莞	Dongguan	29992	28240	26909	8
中山	ZhongShan	11381	9532	8622	73
潮州	Chaozhou	4237	3148	2994	194
揭阳	Jieyang	3369	4644	3671	177
云浮	Yunfu	3526	3526	3465	180
广西	**Guangxi**	**140094**	**94052**	**110671**	
南宁	Nanning	12426	14689	12496	41
柳州	Liuzhou		7505	13303	35
桂林	Guilin	3527	5152	4999	146
梧州	Wuzhou	4085	5123	5516	130
北海	Beihai	1369	1749	2291	218
防城港	Fangchenggang	5889	2910	3108	190
钦州	Qinzhou	4093	2482	1921	234
贵港	Guigang	15762	4715	13267	36
玉林	Yulin	3838	3181	3789	173
百色	Baise	4698		8204	82

9-4 工业废水排放量 续表 3
Volume of Industrial Waste Water Discharged continued 3

单位：万吨 (10 000 tons)

地名	City	2010	2011	2012	2012排名 Ranking	地名	City	2010	2011	2012	2012排名 Ranking
贺州	Hezhou	2946	3049	3419	182	丽江	Lijiang	132	471	2969	195
河池	Hechi	23701	23884	19198	20	普洱	Puer	2456	2006	2124	226
来宾	Laibin	51252	10552	9955	62	临沧	Lincang	2290	4925	4493	156
崇左	Chongzuo	6508	9061	9205	71	**西藏**	**Tibet**		**540**	**333**	
海南	**Hainan**	**536**	**698**	**951**		拉萨	Lhasa		540	333	276
海口	Haikou	513	620	879	264	**陕西**	**Shaanxi**	**47084**	**41317**	**36313**	
三亚	Sanya	23	78	72	281	西安	Xi'an	13840	13840	10224	56
重庆	**Chongqing**	**45180**	**33954**	**30611**		铜川	Tongchuan	328	350	433	273
四川	**Sichuan**	**88742**	**69246**	**65622**		宝鸡	Baoji	11521	4965	5639	126
成都	Chengdu	12558	12904	11780	43	咸阳	Xianyang	7149	7000	6033	117
自贡	Zigong	2781	2540	2293	217	渭南	Weinan	3245	3194	2581	209
攀枝花	Panzhihua	1904	2272	4011	168	延安	Yan'an	1390	2029	2648	208
泸州	Luzhou	6267	3513	3707	176	汉中	Hanzhong	2244	2798	2262	220
德阳	Deyang	5448	6914	6386	110	榆林	Yulin	5099	4892	4719	150
绵阳	Mianyang	9492	9625	6798	100	安康	Ankang	292	377	419	274
广元	Guangyuan	2783	1197	399	275	商洛	Shangluo	1976	1872	1355	252
遂宁	Suining	3560	1794	1529	245	**甘肃**	**Gansu**	**13727**	**18283**	**22954**	
内江	Neijiang	2654	2740	2904	198	兰州	Lanzhou	2529	4091	4800	149
乐山	Leshan	6342	5333	3947	171	嘉峪关	Jiayuguan	2566	1905	1505	247
南充	Nanchong	1133	2859	3110	189	金昌	Jinchang	1614	1964	1848	236
眉山	Meishan	10409	2924	6448	108	白银	Baiyin	1463	1439	1046	260
宜宾	Yibin	12256	7613	8404	78	天水	Tianshui	475	631	541	270
广安	Guangan	2547	1424	1615	243	武威	Wuwei	741	921	947	263
达州	Dazhou	3225	2694	232	280	张掖	Zhangye	987	2257	2035	229
雅安	Yaan	1943	1758	1028	261	平凉	Pingliang	1410	2486	4252	161
巴中	Bazhong	827	342	303	277	酒泉	Jiuquan	733	830	3632	178
资阳	Ziyang	2613	800	728	266	庆阳	Qingyang	180	355	266	279
贵州	**Guizhou**	**9214**	**15297**	**18222**		定西	Dingxi	187	367	298	278
贵阳	Guiyang	2380	1986	2009	231	陇南	Longnan	842	1037	1784	238
六盘水	Liupanshui	3912	4959	5324	135	**青海**	**Qinghai**	**4052**	**3144**	**3185**	
遵义	Zunyi	2203	2514	2805	203	西宁	Xining	4052	3144	3185	186
安顺	Anshun	719	1406	2094	227	**宁夏**	**Ningxia**	**20144**	**17301**	**10176**	
毕节	Bijie		3915	5466	131	银川	Yinchuan	5894	6448	593	268
铜仁	Tongren		517	524	271	石嘴山	Shizuishan	1864	1435	1230	254
云南	**Yunnan**	**17911**	**28851**	**32029**		吴忠	Wuzhong	6944	3919	2703	205
昆明	Kunming	4435	6255	5193	139	固原	Guyuan	142	233	1146	258
曲靖	Qujing	3078	4558	3224	185	中卫	Zhongwei	5300	5266	4504	155
玉溪	Yuxi	1510	1520	4994	147	**新疆**	**Xinjiang**	**7402**	**6250**	**7487**	
保山	Baoshan	3645	7924	7930	83	乌鲁木齐	Urumqi	5822	4570	5748	123
昭通	Zhaotong	365	1192	1102	259	克拉玛依	Karamay	1580	1680	1739	241

9-5 工业二氧化硫产生量
Volume of Industry Sulphur Dioxide Produced

单位：吨 (ton)

地名	City	2011	2012	2012 排名 Ranking
城市合计	**Prefecture Cities**	**48709109**	**53547134**	
北京	**Beijing**	**154714**	**159493**	
天津	**Tianjin**	**554913**	**623909**	
河北	**Hebei**	**3555783**	**3232634**	
石家庄	Shijiazhuang	632407	704746	8
唐山	Tangshan	701127	665548	12
秦皇岛	Qinhuangdao	548320	155867	110
邯郸	Handan	515933	539615	22
邢台	Xingtai	179565	178016	94
保定	Baoding	237581	211559	79
张家口	Zhangjiakou	265797	252125	63
承德	Chengde	159338	172385	99
沧州	Cangzhou	135489	138364	118
廊坊	Langfang	74751	97649	158
衡水	Hengshui	105475	116760	135
山西	**Shanxi**	**2644736**	**3333101**	
太原	Taiyuan	350273	379452	36
大同	Datong	436932	426266	27
阳泉	Yangquan	223007	224329	71
长治	Changzhi	333920	420329	29
晋城	Jincheng	176688	255130	62
朔州	Shuozhou	175921	345058	45
晋中	Jinzhong	124278	368647	41
运城	Yuncheng	151000	125361	129
忻州	Xinzhou	172985	178018	93
临汾	Linfen	287411	397329	33
吕梁	Luliang	212321	213182	78
内蒙古	**Inner Mongolia**	**3795508**	**4157334**	
呼和浩特	Hohhot	384596	392000	34
包头	Baotou	924157	547781	21
乌海	Wuhai	118277	317454	49
赤峰	Chifeng	674615	698790	9
通辽	Tongliao	97437	411497	30
鄂尔多斯	Erdos	608990	650949	13
呼伦贝尔	Hulunbuir	95436	116637	136
巴彦淖尔	Bayannur	87000	402426	32
乌兰察布	Ulanqab	805000	619800	15
辽宁	**Liaoning**	**2015266**	**2106758**	
沈阳	Shenyang	180971	202174	83
大连	Dalian	204728	219996	73
鞍山	Anshan	121609	140506	117
抚顺	Fushun	144582	134739	119
本溪	Benxi	75810	82237	174
丹东	Dandong	35079	56522	199
锦州	Jinzhou	101369	94743	163
营口	Yingkou	69711	91967	166
阜新	Fuxin	157607	157443	108
辽阳	Liaoyang	77044	120534	131
盘锦	Panjin			
铁岭	Tieling	140951	103368	152
朝阳	Chaoyang	66953	151849	111
葫芦岛	Huludao	638852	550680	20
吉林	**Jilin**	**511216**	**528461**	
长春	Changchun	112175	133965	120
吉林	Jilin	122243	112423	138
四平	Siping	77582	74813	180
辽源	Liaoyuan	32061	34337	226
通化	Tonghua	67420	62974	192
白山	Baishan	37918	42164	217
松原	Songyuan	32850	31803	233
白城	Baicheng	28967	35982	224
黑龙江	**Heilongjiang**	**415623**	**434488**	
哈尔滨	Harbin	128767	147566	114
齐齐哈尔	Qiqihar	5178	6291	270
鸡西	Jixi	25101	9404	262
鹤岗	Hegang	24173	27683	238
双鸭山	Shuangyashan	40926	40206	220
大庆	Daqing	66066	61820	195
伊春	Yichun	15542	17002	252
佳木斯	Jiamusi	18484	20111	248
七台河	Qitaihe	32797	16796	253
牡丹江	Mudanjiang	23839	41449	218
黑河	Heihe	21452	32804	228
绥化	Suihua	12998	13356	255
上海	**Shanghai**	**534287**		
江苏	**Jiangsu**	**2709267**	**3720415**	

9-5 工业二氧化硫产生量 续表 1
Volume of Industry Sulphur Dioxide Produced continued 1

单位：吨 (ton)

地名	City	2011	2012	2012 排名 Ranking
南京	Nanjing	247183	972793	5
无锡	Wuxi	308886	278907	56
徐州	Xuzhou	425868	432140	26
常州	Changzhou	163211	107316	149
苏州	Suzhou	573794	582531	18
南通	Nantong	244521	219825	74
连云港	Lianyungang	47127	66649	186
淮安	Huaian	70442	125532	128
盐城	Yancheng	65793	96538	160
扬州	Yangzhou	190889	186566	91
镇江	Zhenjiang	278518	498796	25
泰州	Taizhou	54921	107597	147
宿迁	Suqian	38114	45225	214
浙江	**Zhejiang**	**2245192**	**2168312**	
杭州	Hangzhou	152743	162175	104
宁波	Ningbo	1113077	991959	4
温州	Wenzhou	130896	125861	126
嘉兴	Jiaxing	165327	209580	81
湖州	Huzhou	91657	93349	164
绍兴	Shaoxing	109282	128697	123
金华	Jinhua	105761	103326	153
衢州	Quzhou	87053	95581	161
舟山	Zhoushan	28533	26684	241
台州	Taizhou	231382	201921	84
丽水	Lishui	29481	29179	235
安徽	**Anhui**	**2289845**	**2158513**	
合肥	Hefei	88612	98341	156
芜湖	Wuhu	84325	108735	144
蚌埠	Bengbu	52635	54441	202
淮南	Huainan	222552	216873	76
马鞍山	Maanshan	127116	161246	106
淮北	Huaibei	67488	62981	191
铜陵	Tongling	1354264	1082084	3
安庆	Anqing	34955	87647	172
黄山	Huangshan	4106	3238	272
滁州	Chuzhou	22179	26981	240
阜阳	Fuyang	55607	55336	201
宿州	Suzhou	55977	54437	203
六安	Liuan	16009	17741	251
亳州	Bozhou	17485	14084	254
池州	Chizhou	65994	81827	176
宣城	Xuancheng	20541	32521	230
福建	**Fujian**	**880845**	**972962**	
福州	Fuzhou	268501	223551	72
厦门	Xiamen	51324	49957	209
莆田	Putian	37862	35534	225
三明	Sanming	65810	81484	177
泉州	Quanzhou	201383	335225	47
漳州	Zhangzhou	96277	102265	155
南平	Nanping	23035	21109	247
龙岩	Longyan	57174	58012	197
宁德	Ningde	79479	65825	187
江西	**Jiangxi**	**2050073**	**2376003**	
南昌	Nanchang	59236	87523	173
景德镇	Jingdezhen	37697	37412	222
萍乡	Pingxiang	97716	102868	154
九江	Jiujiang	147956	225987	69
新余	Xinyu	115191	107794	146
鹰潭	Yingtan	1218008	1405869	2
赣州	Ganzhou	76996	32140	231
吉安	Jian	100872	91460	167
宜春	Yichun	100768	185572	92
抚州	Fuzhou	22750	22909	243
上饶	Shangrao	72883	76469	178
山东	**Shandong**	**4139011**	**4853136**	
济南	Jinan	134811	283642	54
青岛	Qingdao	249237	190869	89
淄博	Zibo	585756	602660	16
枣庄	Zaozhuang	138117	218620	75
东营	Dongying	302430	375256	38
烟台	Yantai	379429	391671	35
潍坊	Weifang	537249	537249	23
济宁	Jining	303173	353002	44
泰安	Taian	258971	269931	59
威海	Weihai	48206	7207	266
日照	Rizhao	157050	161947	105
莱芜	Laiwu	222368	255477	61
临沂	Linyi	239915	224671	70
德州	Dezhou	276317	282163	55
聊城	Liaocheng		292238	52

9-5 工业二氧化硫产生量 续表 2

Volume of Industry Sulphur Dioxide Produced continued 2

单位：吨 (ton)

地名	City	2011	2012	2012 排名 Ranking	地名	City	2011	2012	2012 排名 Ranking
滨州	Binzhou	115957	195205	85	常德	Changde	131054	105834	150
菏泽	Heze	190025	211328	80	张家界	Zhangjiajie	25431	22124	244
河南	**Henan**	**2710276**	**2855395**		益阳	Yiyang	121031	110870	141
郑州	Zhengzhou	236478	369074	40	郴州	Chenzhou	210815	294649	51
开封	Kaifeng	110851	109012	143	永州	Yongzhou	38879	45409	213
洛阳	Luoyang	604247	500663	24	怀化	Huaihua	77314	74523	181
平顶山	Pingdingshan	261442	274900	58	娄底	Loudi	72165	176342	95
安阳	Anyang	255365	312377	50	广东	**Guangdong**	**1695842**	**1859835**	
鹤壁	Hebi	91614	89781	169	广州	Guangzhou			
新乡	Xinxiang	154789	173941	97	韶关	Shaoguan	97034	97957	157
焦作	Jiaozuo	90234	120107	132	深圳	Shenzhen	35185	36683	223
濮阳	Puyang	44202	51323	207	珠海	Zhuhai	103011	90308	168
许昌	Xuchang	130235	125651	127	汕头	Shantou	110955		
漯河	Luohe	62548	62151	194	佛山	Foshan	179563	191917	88
三门峡	Sanmenxia	225850	232128	66	江门	Jiangmen	169116	163060	103
南阳	Nanyang	170148	144445	116	湛江	Zhanjiang	87870	95344	162
商丘	Shangqiu	83516	75307	179	茂名	Maoming	93774	361854	43
信阳	Xinyang	102995	117233	134	肇庆	Zhaoqing	31933	32689	229
周口	Zhoukou	22533	25699	242	惠州	Huizhou	101397	96922	159
驻马店	Zhumadian	63229	71602	182	梅州	Meizhou	102294	110500	142
湖北	**Hubei**	**1566690**	**1897526**		汕尾	Shanwei	43303	82181	175
武汉	Wuhan	268458	250913	64	河源	Heyuan	47015		
黄石	Huangshi	610269	667346	11	阳江	Yangjiang	38929	57359	198
十堰	Shiyan	28801	27054	239	清远	Qingyuan	56743	48633	211
宜昌	Yichang	124435	404707	31	东莞	Dongguan	274618	278375	57
襄阳	Xiangfan	80594	52268	205	中山	ZhongShan	22306	31529	234
鄂州	Ezhou	102837	87930	171	潮州	Chaozhou	16900		
荆门	Jingmen	116182	108143	145	揭阳	Jieyang	42493	43222	215
孝感	Xiaogan	84852	69047	184	云浮	Yunfu	41403	41302	219
荆州	Jingzhou	71553	112326	139	广西	**Guangxi**	**1382290**	**1692976**	
黄冈	Huanggang	39005	62315	193	南宁	Nanning	54230	111421	140
咸宁	Xianning	35104	50728	208	柳州	Liuzhou	126966	187351	90
随州	Suizhou	4600	4749	271	桂林	Guilin	102305	127436	124
湖南	**Hunan**	**1411676**	**1408823**		梧州	Wuzhou	11095	11280	259
长沙	Changsha	70420	55808	200	北海	Beihai	32370	42255	216
株洲	Zhuzhou	290997	38965	221	防城港	Fangchenggang	108131	52582	204
湘潭	Xiangtan	99847	114668	137	钦州	Qinzhou	19552	70608	183
衡阳	Hengyang	100990	172704	98	贵港	Guigang	114339	58365	196
邵阳	Shaoyang	25913	64510	190	玉林	Yulin	8626	10576	261
岳阳	Yueyang	146820	132417	122	百色	Baise		194419	86

9-5 工业二氧化硫产生量 续表 3
Volume of Industry Sulphur Dioxide Produced continued 3

单位：吨 (ton)

地名	City	2011	2012	2012 排名 Ranking
贺州	Hezhou	28875	21685	245
河池	Hechi	592086	371703	39
来宾	Laibin	175308	425092	28
崇左	Chongzuo	8407	8203	263
海南	**Hainan**		**1834**	
海口	Haikou		1834	274
三亚	Sanya			
重庆	**Chongqing**	**1526334**	**1285476**	
四川	**Sichuan**	**1459810**	**1753812**	
成都	Chengdu	108723	122398	130
自贡	Zigong	42410	31875	232
攀枝花	Panzhihua	130898	151074	112
泸州	Luzhou	172233	176307	96
德阳	Deyang	104563	107505	148
绵阳	Mianyang	100727	89467	170
广元	Guangyuan	26359	21111	246
遂宁	Suining	10327	11598	257
内江	Neijiang	156181	167084	101
乐山	Leshan	70095	64823	189
南充	Nanchong	10606	11360	258
眉山	Meishan	29959		
宜宾	Yibin	173926	378325	37
广安	Guangan	147595	238856	65
达州	Dazhou	127835	126612	125
雅安	Yaan	38712	46678	212
巴中	Bazhong	2816	1997	273
资阳	Ziyang	5845	6742	268
贵州	**Guizhou**	**2138193**	**2269361**	
贵阳	Guiyang	343061	157236	109
六盘水	Liupanshui	570386	642141	14
遵义	Zunyi	79026	320366	48
安顺	Anshun	202357	213310	77
毕节	Bijie	797859	790095	6
铜仁	Tongren	145504	146213	115
云南	**Yunnan**	**996320**	**1524815**	
昆明	Kunming	450000	552412	19
曲靖	Qujing	396341	682216	10
玉溪	Yuxi	74301	118897	133
保山	Baoshan	15043	18109	250
昭通	Zhaotong	14561	103922	151

地名	City	2011	2012	2012 排名 Ranking
丽江	Lijiang	7500	7458	264
普洱	Puer	10483	13254	256
临沧	Lincang	28091	28547	236
西藏	**Tibet**	**923**	**1091**	
拉萨	Lhasa	923	1091	276
陕西	**Shaanxi**	**1721115**	**1894330**	
西安	Xi'an	98000	255908	60
铜川	Tongchuan	21423	92352	165
宝鸡	Baoji	266468	192222	87
咸阳	Xianyang	144177	209138	82
渭南	Weinan	766550	597553	17
延安	Yan'an	22308	19732	249
汉中	Hanzhong	101544	68747	185
榆林	Yulin	266500	283764	53
安康	Ankang	11028	11124	260
商洛	Shangluo	23117	163790	102
甘肃	**Gansu**	**2458952**	**2726419**	
兰州	Lanzhou	180421	160969	107
嘉峪关	Jiayuguan	87240	65530	188
金昌	Jinchang	1364205	1506050	1
白银	Baiyin	594422	742075	7
天水	Tianshui	18993	28447	237
武威	Wuwei	1560	1523	275
张掖	Zhangye	41408	51413	206
平凉	Pingliang	128787	148853	113
酒泉	Jiuquan	18581	720	277
庆阳	Qingyang	7381	6995	267
定西	Dingxi	6051	6417	269
陇南	Longnan	9903	7427	265
青海	**Qinghai**	**115142**	**133510**	
西宁	Xining	115142	133510	121
宁夏	**Ningxia**	**849266**	**1015513**	
银川	Yinchuan	262375	362115	42
石嘴山	Shizuishan	264907	340877	46
吴忠	Wuzhong	218768	229205	68
固原	Guyuan	38538	33645	227
中卫	Zhongwei	64678	49671	210
新疆	**Xinjiang**	**180000**	**400899**	
乌鲁木齐	Urumqi	130000	231151	67
克拉玛依	Karamay	50000	169748	100

9-6 工业二氧化硫排放量
Volume of Sulphur Dioxide Emission

单位：吨 (ton)

地名	City	2010	2011	2012	2012 排名 Ranking
城市合计	**Prefecture Cities**	**16931974**	**18772891**	**17131450**	
北京	**Beijing**	**56844**	**61299**	**59330**	
天津	**Tianjin**	**217620**	**221897**	**215481**	
河北	**Hebei**	**994138**	**1317099**	**1238738**	
石家庄	Shijiazhuang	137934	196763	179942	10
唐山	Tangshan	238061	331863	313051	1
秦皇岛	Qinhuangdao	44737	75555	71727	86
邯郸	Handan	161805	220318	202792	7
邢台	Xingtai	96139	106528	99770	45
保定	Baoding	53984	76427	75312	83
张家口	Zhangjiakou	92997	95524	82991	71
承德	Chengde	71294	87360	83407	66
沧州	Cangzhou	25832	43616	44476	144
廊坊	Langfang	32302	48812	51098	120
衡水	Hengshui	39053	34333	34169	173
山西	**Shanxi**	**1094983**	**1224552**	**1075279**	
太原	Taiyuan	94233	108234	101780	42
大同	Datong	97416	143447	135097	19
阳泉	Yangquan	109377	101156	98713	48
长治	Changzhi	121102	146678	136945	17
晋城	Jincheng	98125	94469	82579	72
朔州	Shuozhou	137040	138938	114780	28
晋中	Jinzhong	96699	108235	111377	32
运城	Yuncheng	121407	121687	121687	24
忻州	Xinzhou	78831	76435	65524	99
临汾	Linfen	66627	100599	92469	52
吕梁	Luliang	74126	84674	14328	248
内蒙古	**Inner Mongolia**	**934607**	**1120879**	**1073604**	
呼和浩特	Hohhot	74041	107187	99375	47
包头	Baotou	174718	210014	209781	4
乌海	Wuhai	100000	116624	112397	31
赤峰	Chifeng	47524	128439	126137	22
通辽	Tongliao	78030	84741	83055	70
鄂尔多斯	Erdos	225519	226268	225666	2
呼伦贝尔	Hulunbuir	99489	81106	85120	62
巴彦淖尔	Bayannur	72370	86000	71193	88
乌兰察布	Ulanqab	62916	80500	60880	103
辽宁	**Liaoning**	**796959**	**945174**	**923746**	
沈阳	Shenyang	77385	95199	96756	50
大连	Dalian	78866	132003	114589	29
鞍山	Anshan	77532	118539	122876	23
抚顺	Fushun	50553	59214	55891	112
本溪	Benxi	87528	74706	75796	82
丹东	Dandong	27955	35078	33594	175
锦州	Jinzhou	61739	50343	47340	131
营口	Yingkou	77072	58024	50723	124
阜新	Fuxin	52912	102211	102154	41
辽阳	Liaoyang	30513	42657	49893	125
盘锦	Panjin	17561			
铁岭	Tieling	52802	52062	36283	164
朝阳	Chaoyang	41530	47013	59262	107
葫芦岛	Huludao	63011	78125	78589	78
吉林	**Jilin**	**287362**	**337730**	**328887**	
长春	Changchun	60528	68978	69046	93
吉林	Jilin	66448	83933	81809	73
四平	Siping	56644	53146	45291	141
辽源	Liaoyuan	11048	13176	13501	252
通化	Tonghua	38143	51258	45389	140
白山	Baishan	24097	19900	22552	209
松原	Songyuan	16846	32293	31667	177
白城	Baicheng	13608	15046	19632	224
黑龙江	**Heilongjiang**	**404438**	**326246**	**319508**	
哈尔滨	Harbin	54000	90208	80740	74
齐齐哈尔	Qiqihar	54940	48753	48750	127
鸡西	Jixi	19762	23323	24068	206
鹤岗	Hegang	32703	15685	16573	244
双鸭山	Shuangyashan	54489	32641	29662	190
大庆	Daqing	60515	56926	55054	115
伊春	Yichun	10515	15541	17002	240
佳木斯	Jiamusi	37268	14434	13045	254
七台河	Qitaihe	18767	18415	17502	236
牡丹江	Mudanjiang	42691	23157	23140	208
黑河	Heihe	16790	20429	24491	204
绥化	Suihua	1998	10612	13356	253
上海	**Shanghai**	**221476**	**210091**	**240100**	
江苏	**Jiangsu**	**1207743**	**1015104**	**959209**	

9-6 工业二氧化硫排放量 续表 1
Volume of Sulphur Dioxide Emission continued 1

单位：吨 (ton)

地名	City	2010	2011	2012	2012 排名 Ranking	地名	City	2010	2011	2012	2012 排名 Ranking
南京	Nanjing	115507	122156	119155	25	池州	Chizhou	21847	46561	16017	245
无锡	Wuxi	99857	96415	86833	57	宣城	Xuancheng	10045	17023	20346	222
徐州	Xuzhou	85851	143068	142678	14	福建	**Fujian**	**384135**	**370214**	**351565**	
常州	Changzhou	48000	43734	35984	166	福州	Fuzhou	93635	91320	76225	81
苏州	Suzhou	496377	191925	183401	9	厦门	Xiamen	44454	19108	18526	229
南通	Nantong	60740	65253	69821	92	莆田	Putian	17648	13893	13720	251
连云港	Lianyungang	34430	45390	40629	148	三明	Sanming	63064	46238	48168	129
淮安	Huaian	39597	47849	46937	133	泉州	Quanzhou	53546	99210	100569	43
盐城	Yancheng	31966	37335	40343	149	漳州	Zhangzhou	19017	29304	27628	196
扬州	Yangzhou	65994	56346	46046	137	南平	Nanping	34933	22786	20818	217
镇江	Zhenjiang	56402	86868	70455	90	龙岩	Longyan	40931	30519	28918	192
泰州	Taizhou	52950	52738	51979	118	宁德	Ningde	16907	17836	16993	242
宿迁	Suqian	20072	25997	24948	202	江西	**Jiangxi**	**469134**	**566161**	**555659**	
浙江	**Zhejiang**	**548291**	**647048**	**604530**		南昌	Nanchang	30636	34999	43470	146
杭州	Hangzhou	88682	91688	86181	60	景德镇	Jingdezhen	35902	35666	27634	195
宁波	Ningbo	109840	152601	144356	13	萍乡	Pingxiang	42358	90749	87127	56
温州	Wenzhou	61788	39982	36695	162	九江	Jiujiang	66817	88950	92076	53
嘉兴	Jiaxing	67198	80036	76572	80	新余	Xinyu	45654	62309	60637	104
湖州	Huzhou	50976	40285	38474	155	鹰潭	Yingtan	25501	20103	10092	227
绍兴	Shaoxing	54882	60425	59280	106	赣州	Ganzhou	29559	51517	50885	122
金华	Jinhua	28045	41367	39547	152	吉安	Jian	48140	36963	36823	160
衢州	Quzhou	26322	48024	37428	158	宜春	Yichun	86721	89866	83384	67
舟山	Zhoushan	22634	15277	13769	250	抚州	Fuzhou	22366	20273	19908	223
台州	Taizhou	24552	48981	44209	145	上饶	Shangrao	35480	34766	34823	171
丽水	Lishui	13372	28382	28019	194	山东	**Shandong**	**1382874**	**1543541**	**1545966**	
安徽	**Anhui**	**483911**	**483708**	**469562**		济南	Jinan	70297	109299	103187	39
合肥	Hefei	31988	49497	45572	138	青岛	Qingdao	86190	75777	72562	85
芜湖	Wuhu	40765	36289	36789	161	淄博	Zibo	163602	228815	219273	3
蚌埠	Bengbu	17735	19004	18700	228	枣庄	Zaozhuang	75952	76113	75264	84
淮南	Huainan	98680	70362	67899	95	东营	Dongying	70995	59095	55457	113
马鞍山	Maanshan	60543	66457	67717	96	烟台	Yantai	88047	88186	86655	58
淮北	Huaibei	51200	48141	44859	142	潍坊	Weifang	116122	131440	126921	21
铜陵	Tongling	40126	38478	37869	157	济宁	Jining	118716	140451	131236	20
安庆	Anqing	17409	17685	17130	238	泰安	Taian	67699	77588	70980	89
黄山	Huangshan	2440	4105	3238	275	威海	Weihai	31785	46368	39702	151
滁州	Chuzhou	13451	17233	17702	233	日照	Rizhao	49592	59908	56392	111
阜阳	Fuyang	10405	20454	19201	226	莱芜	Laiwu	58497	88480	88387	55
宿州	Suzhou	14847	30906	30002	188	临沂	Linyi	87757	106127	99439	46
六安	Liuan	15809	15307	14085	249	德州	Dezhou	103475	89760	84228	65
亳州	Bozhou	14579	16206	12436	256	聊城	Liaocheng	71865		79316	77

9-6 工业二氧化硫排放量 续表 2
Volume of Sulphur Dioxide Emission continued 2

单位：吨 (ton)

地名	City	2010	2011	2012	2012 排名 Ranking	地名	City	2010	2011	2012	2012 排名 Ranking
滨州	Binzhou	70668	84667	79872	76	常德	Changde	47728	46373	39364	153
菏泽	Heze	51615	81467	77095	79	张家界	Zhangjiajie	6379	21177	20438	221
河南	**Henan**	**1072032**	**1186547**	**1089681**		益阳	Yiyang	62145	65188	49085	126
郑州	Zhengzhou	116857	157997	141246	15	郴州	Chenzhou	40587	45823	47044	132
开封	Kaifeng	28322	46199	44496	143	永州	Yongzhou	20762	26655	24582	203
洛阳	Luoyang	211027	174855	136354	18	怀化	Huaihua	42160	41276	40095	150
平顶山	Pingdingshan	114674	107978	102966	40	娄底	Loudi	75132	3689	4207	274
安阳	Anyang	93059	131356	118149	27	**广东**	**Guangdong**	**794914**	**807557**	**628605**	
鹤壁	Hebi	48337	37804	36623	163	广州	Guangzhou		65900		
新乡	Xinxiang	40145	59200	58943	108	韶关	Shaoguan	48325	62773	50789	123
焦作	Jiaozuo	78217	51824	68835	94	深圳	Shenzhen	32641	4928	9847	258
濮阳	Puyang	23670	22474	24243	205	珠海	Zhuhai	35587	32059	30151	187
许昌	Xuchang	22772	41247	38317	156	汕头	Shantou	25002	23480	23539	207
漯河	Luohe	17907	25019	22442	210	佛山	Foshan	99100	89320	84626	63
三门峡	Sanmenxia	114668	114494	107849	35	江门	Jiangmen	44712	59475		
南阳	Nanyang	51762	80166	64761	102	湛江	Zhanjiang	43785	29588	25379	201
商丘	Shangqiu	31116	38179	34450	172	茂名	Maoming	33665	35749	30478	184
信阳	Xinyang	48900	41793	36002	165	肇庆	Zhaoqing	31420	27745	29220	191
周口	Zhoukou	11926	21771	22175	211	惠州	Huizhou	33058	36875	35501	169
驻马店	Zhumadian	18673	34191	31829	176	梅州	Meizhou	42405	32086	35400	170
湖北	**Hubei**	**488409**	**565906**	**522464**		汕尾	Shanwei	17585	10227	17516	235
武汉	Wuhan	87256	108500	100072	44	河源	Heyuan	21692	16983		
黄石	Huangshi	74480	91518	83362	68	阳江	Yangjiang	16102	22592	20962	216
十堰	Shiyan	25210	21175	18342	230	清远	Qingyuan	54614	35602	25983	199
宜昌	Yichang	69389	70464	65349	100	东莞	Dongguan	99913	132444	118663	26
襄阳	Xiangfan	46861	48780	46667	134	中山	ZhongShan	46050	22305	27363	197
鄂州	Ezhou	42527	37737	31083	181	潮州	Chaozhou	13338	16800	17300	237
荆门	Jingmen	41168	40877	37083	159	揭阳	Jieyang	20321	15027	14643	246
孝感	Xiaogan	36275	42393	45394	139	云浮	Yunfu	35599	35599	31245	180
荆州	Jingzhou	30111	56441	48486	128	**广西**	**Guangxi**	**773395**	**446845**	**471621**	
黄冈	Huanggang	13922	23971	20531	220	南宁	Nanning	65696	32444	30626	182
咸宁	Xianning	13400	19733	21768	212	柳州	Liuzhou		53944	53506	117
随州	Suizhou	7810	4317	4327	273	桂林	Guilin	48181	40635	39191	154
湖南	**Hunan**	**603667**	**736990**	**488238**		梧州	Wuzhou	48800	10095	8797	262
长沙	Changsha	54678	26029	21209	214	北海	Beihai	34185	21543	12637	255
株洲	Zhuzhou	57883	247387	35636	168	防城港	Fangchenggang	31585	28091	21462	213
湘潭	Xiangtan	66704	57454	42869	147	钦州	Qinzhou	44140	19551	16989	243
衡阳	Hengyang	56543	84526	86499	59	贵港	Guigang	66744	25668	20663	218
邵阳	Shaoyang	15852	18928	17054	239	玉林	Yulin	73031	7568	7754	264
岳阳	Yueyang	57114	52485	60156	105	百色	Baise	80179		95939	51

9-6 工业二氧化硫排放量 续表 3
Volume of Sulphur Dioxide Emission continued 3

单位：吨 (ton)

地名	City	2010	2011	2012	2012 排名 Ranking
贺州	Hezhou	26667	26667	5369	270
河池	Hechi	59315	66152	54542	116
来宾	Laibin	171282	106938	97516	49
崇左	Chongzuo	23590	7549	6630	266
海南	**Hainan**	**104**	**2002**	**1834**	
海口	Haikou	92	2002	1834	277
三亚	Sanya	12			
重庆	**Chongqing**	**572747**	**531340**	**509788**	
四川	**Sichuan**	**859458**	**772869**	**766665**	
成都	Chengdu	61928	52577	56730	110
自贡	Zigong	36611	5256	31337	179
攀枝花	Panzhihua	100568	97858	111301	33
泸州	Luzhou	91275	61344	46571	135
德阳	Deyang	22641	26740	19389	225
绵阳	Mianyang	46081	38171	35973	167
广元	Guangyuan	35365	26065	21111	215
遂宁	Suining	10989	8038	7859	263
内江	Neijiang	64586	99781	84414	64
乐山	Leshan	77516	56661	51907	119
南充	Nanchong	5733	10605	9230	261
眉山	Meishan	20818	27495	27076	198
宜宾	Yibin	86786	123137	138162	16
广安	Guangan	74851	67853	56912	109
达州	Dazhou	85222	57693	55375	114
雅安	Yaan	6652	5988	4899	271
巴中	Bazhong	8676	2038	1996	276
资阳	Ziyang	23160	5569	6423	267
贵州	**Guizhou**	**387562**	**747340**	**666623**	
贵阳	Guiyang	84508	81625	65259	101
六盘水	Liupanshui	88517	236022	204043	6
遵义	Zunyi	66804	79025	85711	61
安顺	Anshun	147733	87799	80645	75
毕节	Bijie		213225	184433	8
铜仁	Tongren		49644	46532	136
云南	**Yunnan**	**309400**	**705751**	**412445**	
昆明	Kunming	94265	404340	113277	30
曲靖	Qujing	172800	217663	175178	11
玉溪	Yuxi	10056	11026	29899	189
保山	Baoshan	7169	14869	16996	241
昭通	Zhaotong	9037	13261	31519	178

地名	City	2010	2011	2012	2012 排名 Ranking
丽江	Lijiang	3723	7151	7387	265
普洱	Puer	8723	9351	9642	260
临沧	Lincang	3627	28090	28547	193
西藏	**Tibet**			**1075**	
拉萨	Lhasa			1075	279
陕西	**Shaanxi**	**707045**	**814327**	**635603**	
西安	Xi'an	81504	81504	83063	69
铜川	Tongchuan	16343	20133	18098	231
宝鸡	Baoji	57851	43711	30534	183
咸阳	Xianyang	86305	69779	67248	97
渭南	Weinan	287814	305987	152298	12
延安	Yan'an	11196	17587	17616	234
汉中	Hanzhong	37980	30770	30294	186
榆林	Yulin	110499	212252	206242	5
安康	Ankang	5983	9816	9649	259
商洛	Shangluo	11570	22788	20561	219
甘肃	**Gansu**	**413130**	**495771**	**451168**	
兰州	Lanzhou	69800	92721	70151	91
嘉峪关	Jiayuguan	24518	45386	50986	121
金昌	Jinchang	86896	113193	104951	38
白银	Baiyin	110014	119912	106941	36
天水	Tianshui	7412	6877	9910	257
武威	Wuwei	4830	1462	1523	278
张掖	Zhangye	21084	31920	30398	185
平凉	Pingliang	59643	54458	33796	174
酒泉	Jiuquan	14500	18175	25961	200
庆阳	Qingyang	4084	6092	5740	269
定西	Dingxi	3707	5575	6217	268
陇南	Longnan	6642		4594	272
青海	**Qinghai**	**72874**	**72382**	**71408**	
西宁	Xining	72874	72382	71408	87
宁夏	**Ningxia**	**264353**	**323396**	**295140**	
银川	Yinchuan	24150	75355	105743	37
石嘴山	Shizuishan	112839	95992	91060	54
吴忠	Wuzhong	77043	74532	65799	98
固原	Guyuan	4210	31400	17911	232
中卫	Zhongwei	46111	46117	14627	247
新疆	**Xinjiang**	**128370**	**173125**	**157928**	
乌鲁木齐	Urumqi	94146	124435	109802	34
克拉玛依	Karamay	34224	48690	48126	130

9-7 工业烟（粉）尘去除量
Volume of Industrial Soot(dust) Removed

单位：吨 (ton)

地名	City	2010	2011	2012	2012 排名 Ranking
城市合计	**Prefecture Cities**	**350039826**	**745555638**	**652647691**	
北京	**Beijing**	**1907537**			
天津	**Tianjin**	**4844544**	**76933935**		
河北	**Hebei**	**28066850**	**56560002**	**52024973**	
石家庄	Shijiazhuang	3823559	9798502	10118477	5
唐山	Tangshan	9065052	18950986		
秦皇岛	Qinhuangdao	1621884	1826354	2150402	113
邯郸	Handan	3436523	11723377	13393265	2
邢台	Xingtai	1380090	2489864	3200655	68
保定	Baoding	1384577	2077000	2075174	117
张家口	Zhangjiakou	4047624	4402499	2637588	84
承德	Chengde	1023200	1779173		
沧州	Cangzhou	1063010	1654560	16085660	1
廊坊	Langfang	395438	1024871	1358270	153
衡水	Hengshui	825893	832816	1005482	178
山西	**Shanxi**	**22497240**	**47327678**	**49666377**	
太原	Taiyuan	3245803	7179260	5840526	23
大同	Datong	431046	7826279	7288138	13
阳泉	Yangquan	824681	2530081	1631633	142
长治	Changzhi	3861692	6276589	7006418	16
晋城	Jincheng	1161946	3256389	3158347	72
朔州	Shuozhou	5329117	5728264	8477636	9
晋中	Jinzhong	1238888	2267304	4879498	31
运城	Yuncheng	2655982	2742598	2753679	81
忻州	Xinzhou	1460688	2313123	288868	235
临汾	Linfen	1038993	3994879	5264804	28
吕梁	Luliang	1248404	3212912	3076830	74
内蒙古	**Inner Mongolia**	**22565763**	**66063113**	**33164287**	
呼和浩特	Hohhot	114583	4293539	2812079	77
包头	Baotou	3925911	6820698	7001813	17
乌海	Wuhai	1667838		5330661	27
赤峰	Chifeng	2482606	3630389	2958589	76
通辽	Tongliao	4206570	4283020	9323453	6
鄂尔多斯	Erdos	4566000	41181441		
呼伦贝尔	Hulunbuir	2077043	3253978	3468966	58
巴彦淖尔	Bayannur	978778	18292	2062936	118
乌兰察布	Ulanqab	2546434	2581756	205790	242
辽宁	**Liaoning**	**21224033**	**35149140**	**29108234**	
沈阳	Shenyang	2343064	2206369	2079448	116
大连	Dalian	2166019	4487995	5445970	26
鞍山	Anshan	2580049	2765131	2224012	107
抚顺	Fushun	3994381	2609729	2483680	93
本溪	Benxi	323802	6505196	2521091	90
丹东	Dandong	414370	599866	707944	201
锦州	Jinzhou	707539	1373395	1067686	174
营口	Yingkou	1596373	2072376	1947922	123
阜新	Fuxin	1514400	1955177	1466430	148
辽阳	Liaoyang	171719	2673806	3278714	64
盘锦	Panjin	267218			
铁岭	Tieling	2999867	4629525	2248712	105
朝阳	Chaoyang	467571	737062	1126473	169
葫芦岛	Huludao	1677661	2533513	2510152	91
吉林	**Jilin**	**9128389**	**16620234**	**13054022**	
长春	Changchun	1577651	4378637	620462	207
吉林	Jilin	3390524	4706957	4887572	30
四平	Siping	924900	2402251	2301561	100
辽源	Liaoyuan	707543	1392127	1225078	163
通化	Tonghua	1074155	1201561	1337587	156
白山	Baishan	1213714	1201693	1179714	167
松原	Songyuan	143791	591805	593978	211
白城	Baicheng	96111	745203	908070	188
黑龙江	**Heilongjiang**	**11328804**	**11642128**	**14719184**	
哈尔滨	Harbin	1639587		4031270	45
齐齐哈尔	Qiqihar	24757	24757	24757	263
鸡西	Jixi	867134	1316940	611724	208
鹤岗	Hegang	177308	1482573	1547819	146
双鸭山	Shuangyashan	377889	1682926	873281	189
大庆	Daqing	4225279	1553036	1754865	133
伊春	Yichun	345971	17162	15502	267
佳木斯	Jiamusi	757180	1380900	1366793	152
七台河	Qitaihe	1765183	1975877	2059202	119
牡丹江	Mudanjiang	349417	1526683	1819788	128
黑河	Heihe	425501	673336	604340	209
绥化	Suihua	373598	7938	9843	269
上海	**Shanghai**	**4723090**			
江苏	**Jiangsu**	**23441959**	**37474907**	**41179332**	

9-7　工业烟（粉）尘去除量　续表 1
Volume of Industrial Soot(dust) Removed continued 1

单位：吨　(ton)

地名	City	2010	2011	2012	2012 排名 Ranking
南京	Nanjing	3008848	6168967	5684896	24
无锡	Wuxi	3506771	4970739	4726407	33
徐州	Xuzhou	5639852	6610407	8710897	7
常州	Changzhou	1359084	1824250	2198838	108
苏州	Suzhou	3904745	5595208	6242918	21
南通	Nantong	1635979	2644481	2182914	110
连云港	Lianyungang	752553	962245	957766	182
淮安	Huaian	1445387	2605515	2800988	79
盐城	Yancheng	489295	974981	2309931	99
扬州	Yangzhou	90948	1437656	1554891	145
镇江	Zhenjiang	1416549	2290024	2523609	88
泰州	Taizhou	72843	1073475	963805	181
宿迁	Suqian	119105	316959	321472	232
浙江	**Zhejiang**	**12466130**	**23495248**	**26302116**	
杭州	Hangzhou	1061174	4489481	4063616	44
宁波	Ningbo	5777233	6087038	6062220	22
温州	Wenzhou	865893	891134	1083830	172
嘉兴	Jiaxing	1121435	3435773	2252120	104
湖州	Huzhou	789284	3646133	4160278	41
绍兴	Shaoxing	307883	1249619	1493593	147
金华	Jinhua	728650	2518407	2809302	78
衢州	Quzhou	370438		3585174	56
舟山	Zhoushan	272331	247541	177781	245
台州	Taizhou	1147402	578202	528139	217
丽水	Lishui	24407	351920	86063	257
安徽	**Anhui**	**16851337**	**38166735**	**38851280**	
合肥	Hefei	1435799	4239830	4503070	37
芜湖	Wuhu	254236	7050492	7219301	15
蚌埠	Bengbu	550887	143697	97634	256
淮南	Huainan	5840534	9228786	8613708	8
马鞍山	Maanshan	1703589	1985994	3777723	51
淮北	Huaibei	1545903	1236305	1328986	157
铜陵	Tongling	1097855	4816913	4961977	29
安庆	Anqing	734522	2878887	1777144	129
黄山	Huangshan	5135	16959	16978	265
滁州	Chuzhou	29396	1551767	949608	184
阜阳	Fuyang	1186166	1257039	1227240	162
宿州	Suzhou	793298	907720	1011744	177
六安	Liuan	98168	130858	175946	246
亳州	Bozhou	11428	8532	36299	261
池州	Chizhou	439507	697975	811911	193
宣城	Xuancheng	75705	2014981	2342011	98
福建	**Fujian**	**6713858**	**15570631**	**16788387**	
福州	Fuzhou	1373417	2106361	1697679	138
厦门	Xiamen	617166	488938	488518	219
莆田	Putian	197220	134452	156102	247
三明	Sanming	1339433	3370681	3695706	53
泉州	Quanzhou	1033656	1131273	1578995	143
漳州	Zhangzhou	699910	1713290	793033	196
南平	Nanping	768104	763149	779671	197
龙岩	Longyan	684258	5767786	6494332	19
宁德	Ningde	694	94701	1104351	171
江西	**Jiangxi**	**8359036**	**18343868**	**15225640**	
南昌	Nanchang	127397	1369489	753404	198
景德镇	Jingdezhen	660735	6635	6641	270
萍乡	Pingxiang	690514	1427314	15741	266
九江	Jiujiang	1084513	2471921	2179830	111
新余	Xinyu	667668	1723038	1643317	141
鹰潭	Yingtan	471387	924084	843927	191
赣州	Ganzhou	196978	1549107	1567399	144
吉安	Jian	676147	1505013	666523	204
宜春	Yichun	2491643	3626991	3632551	55
抚州	Fuzhou	5240	5540	6489	271
上饶	Shangrao	1286814	3734736	3909818	47
山东	**Shandong**	**35964478**	**54801371**	**61883307**	
济南	Jinan	2186420		4656409	34
青岛	Qingdao	2178880	2675830	2672791	83
淄博	Zibo	3240587	7037191	7779217	12
枣庄	Zaozhuang	1522004	6259299	5467897	25
东营	Dongying	1173165	1387744	1372440	151
烟台	Yantai	1883089	4730749	4425059	39
潍坊	Weifang	3068977	4441232	4441232	38
济宁	Jining	4482982	7028370	6345205	20
泰安	Taian	1808673	3412570	3447157	59
威海	Weihai	493462	1156068	1204627	165
日照	Rizhao	1197323	2842494	3196529	69
莱芜	Laiwu	2155712	3689046	3820672	49
临沂	Linyi	2218632	3432827	4101197	43
德州	Dezhou	3011137	3084014	2586383	86
聊城	Liaocheng	2135341		2257064	103

9-7 工业烟（粉）尘去除量 续表 2
Volume of Industrial Soot(dust) Removed continued 2

单位：吨 (ton)

地名	City	2010	2011	2012	2012 排名 Ranking
滨州	Binzhou	2172529	2052795	2131857	115
菏泽	Heze	1035565	1571142	1977571	122
河南	**Henan**	**26628529**	**54340853**	**62635424**	
郑州	Zhengzhou	3555305	7355354	10193815	4
开封	Kaifeng	818221	2688938	3951621	46
洛阳	Luoyang	3096929	6665378	12641243	3
平顶山	Pingdingshan	4280392	8595545	7234294	14
安阳	Anyang	1397165	3314539	3196194	70
鹤壁	Hebi	1387207	2280386	1776987	130
新乡	Xinxiang	1275577	4464060	4602547	36
焦作	Jiaozuo	1357532	3098148	3406070	61
濮阳	Puyang	563181	1637828	1913227	125
许昌	Xuchang	1189415	2534649	2994549	75
漯河	Luohe	284380	903253	933322	187
三门峡	Sanmenxia	2109958	3278155	3230949	66
南阳	Nanyang	2544585	3032448	1759734	131
商丘	Shangqiu	1177934	1333358	1339849	155
信阳	Xinyang	723665	956043	825533	192
周口	Zhoukou	64854	283064	262397	239
驻马店	Zhumadian	802229	1919707	2373093	96
湖北	**Hubei**	**11727777**	**17305556**	**16015570**	
武汉	Wuhan	2473257	3498537	3205296	67
黄石	Huangshi	2608460	3298398	2139688	114
十堰	Shiyan	479368	1405260	850497	190
宜昌	Yichang	360634	2594230	1717289	137
襄阳	Xiangfan	408823	430572	2800741	80
鄂州	Ezhou	1525718	2430909	2156273	112
荆门	Jingmen	1864377			
孝感	Xiaogan	396995	600280	992296	179
荆州	Jingzhou	317730	988653	533654	216
黄冈	Huanggang	176701	363134	246925	241
咸宁	Xianning	1111309	1682322	1351390	154
随州	Suizhou	4405	13261	21521	264
湖南	**Hunan**	**5687585**	**22332293**	**22943367**	
长沙	Changsha	103169	1533391	1316949	158
株洲	Zhuzhou	399923	1916915	1879323	126
湘潭	Xiangtan	669156	886982	6639735	18
衡阳	Hengyang	669300	43534	3237845	65
邵阳	Shaoyang	76498	431145	487878	220
岳阳	Yueyang	1096192	1180963	2007604	120
常德	Changde	196202	2506083	1653089	140
张家界	Zhangjiajie	57707	235484	248091	240
益阳	Yiyang	88506	1664760	1067860	173
郴州	Chenzhou	1924006	3076036	3086522	73
永州	Yongzhou	10764	8032250	473624	222
怀化	Huaihua	97636	522594	484675	221
娄底	Loudi	298526	302156	360172	231
广东	**Guangdong**	**9136944**	**15645736**	**15139130**	
广州	Guangzhou				
韶关	Shaoguan	1268622	1382468	288018	237
深圳	Shenzhen	408996	502766	391967	229
珠海	Zhuhai	760362	884473	733858	199
汕头	Shantou	496129	750525	520413	218
佛山	Foshan	996915	1626955	1992461	121
江门	Jiangmen	1136126	1593452	1437621	149
湛江	Zhanjiang	107101	1054096	115671	254
茂名	Maoming	166538	528084	711201	200
肇庆	Zhaoqing	170016	149614	1726361	135
惠州	Huizhou	106689	1305527	1745228	134
梅州	Meizhou	774751		953300	183
汕尾	Shanwei	35523	505974	570995	213
河源	Heyuan	6872	592636		
阳江	Yangjiang	95603	96542	422175	226
清远	Qingyuan	563497	2883544	1182438	166
东莞	Dongguan	647084	1105984	1247392	161
中山	ZhongShan	221091	10040	292973	234
潮州	Chaozhou	498262	4190		
揭阳	Jieyang	244370	236469	394617	228
云浮	Yunfu	432397	432397	412441	227
广西	**Guangxi**	**4514218**	**8479451**	**19249579**	
南宁	Nanning	475428		2509792	92
柳州	Liuzhou			3159873	71
桂林	Guilin	591446	870216	375765	230
梧州	Wuzhou	16800	130735	43813	259
北海	Beihai	441633	648071	593044	212
防城港	Fangchenggang	577586	843997	1017451	176
钦州	Qinzhou	288854		546958	214
贵港	Guigang	903484	4288797	2624446	85
玉林	Yulin	7508	387592	1285767	160
百色	Baise	198304		2358877	97

9-7 工业烟（粉）尘去除量 续表 3
Volume of Industrial Soot(dust) Removed continued 3

单位：吨 (ton)

地名	City	2010	2011	2012	2012 排名 Ranking
贺州	Hezhou	7946	7384	431515	225
河池	Hechi	78395	683059	598426	210
来宾	Laibin	804848	619600	3415413	60
崇左	Chongzuo	121986		288439	236
海南	**Hainan**	**629**	**1146**	**980**	
海口	Haikou	629	1146	980	272
三亚	Sanya				
重庆	**Chongqing**	**3773199**	**17837455**	**17302086**	
四川	**Sichuan**	**11784721**	**27920197**	**27567979**	
成都	Chengdu	727269	2009837	3484497	57
自贡	Zigong	127504	150000	262709	238
攀枝花	Panzhihua	2321338	3260341	2549668	87
泸州	Luzhou	956323	9009059	1211492	164
德阳	Deyang	334391	1069314	935899	186
绵阳	Mianyang	1072225	66903	2382433	95
广元	Guangyuan	71559	107284	1124212	170
遂宁	Suining	7377	45953	42759	260
内江	Neijiang	802810	222149	1930335	124
乐山	Leshan	1096925	3150089	3337678	62
南充	Nanchong	538	3542	10627	268
眉山	Meishan	165937		798109	195
宜宾	Yibin	597881	2416188	2522831	89
广安	Guangan	2134817	2986243	3671769	54
达州	Dazhou	1176299	3153951	2465599	94
雅安	Yaan	167812	8674	696818	202
巴中	Bazhong	1240	89	132	273
资阳	Ziyang	22476	260581	140412	248
贵州	**Guizhou**	**8802107**	**14470849**	**14607169**	
贵阳	Guiyang	1042180	2034121	1045924	175
六盘水	Liupanshui	4416603	4919860	4763703	32
遵义	Zunyi	2150336		2277613	102
安顺	Anshun	1192988	150655	137917	249
毕节	Bijie		6262618	4625941	35
铜仁	Tongren		1103595	1756071	132
云南	**Yunnan**	**8353345**	**5972808**	**15497335**	
昆明	Kunming	1252969	3028518	3707063	52
曲靖	Qujing	6881100	681100	7877354	11
玉溪	Yuxi	86068	86102	938789	185
保山	Baoshan	13297	373541	453600	224
昭通	Zhaotong	43841	1074746	1721101	136

地名	City	2010	2011	2012	2012 排名 Ranking
丽江	Lijiang	1389		542649	215
普洱	Puer	52379	581607	124234	252
临沧	Lincang	22302	147194	132545	251
西藏	**Tibet**		**179**	**198494**	
拉萨	Lhasa		179	198494	244
陕西	**Shaanxi**	**8352138**	**21329850**	**21938310**	
西安	Xi'an	1299580	63563	1287720	159
铜川	Tongchuan	161705	279799	803950	194
宝鸡	Baoji	747323	1927946	1842506	127
咸阳	Xianyang	1036462	2083032	2718528	82
渭南	Weinan	3263834	7182483	4152235	42
延安	Yan'an	89273	92140	114949	255
汉中	Hanzhong	312281	1079363	2186306	109
榆林	Yulin	1101521	8168030	8087282	10
安康	Ankang	319170	433704	626839	206
商洛	Shangluo	20989	19790	117995	253
甘肃	**Gansu**	**3456664**	**17185882**	**11798785**	
兰州	Lanzhou	1079974	9133311	3814615	50
嘉峪关	Jiayuguan	122611	1129479	1172641	168
金昌	Jinchang	567139	941213	662583	205
白银	Baiyin	719634	920847	2299400	101
天水	Tianshui	10032		976984	180
武威	Wuwei	11010	581032	136327	250
张掖	Zhangye	100197	2163132	462154	223
平凉	Pingliang	756319	65935	1693525	139
酒泉	Jiuquan	21300	12644	201763	243
庆阳	Qingyang	707		65244	258
定西	Dingxi	3086	317017	313517	233
陇南	Longnan	64655		32	274
青海	**Qinghai**	**915839**		**2238784**	
西宁	Xining	915839		2238784	106
宁夏	**Ningxia**	**15848376**	**20474389**	**9564703**	
银川	Yinchuan	534338	4259571	4259790	40
石嘴山	Shizuishan	11245517	10273416		
吴忠	Wuzhong	337643	4467288	3869477	48
固原	Guyuan	6924	293640	32570	262
中卫	Zhongwei	3723954	1180474	1402866	150
新疆	**Xinjiang**	**974706**	**4110003**	**3982857**	
乌鲁木齐	Urumqi	966256	3634020	3294265	63
克拉玛依	Karamay	8450	475983	688592	203

9-8 工业烟（粉）尘排放量
Volume of Industrial Soot (dust) Emission

单位：吨 (ton)

地名	City	2010	2011	2012	2012 排名 Ranking	地名	City	2010	2011	2012	2012 排名 Ranking
城市合计	**Prefecture Cities**	**5378758**	**14703168**	**14088302**		沈阳	Shenyang	60363	50728	53191	33
北京	**Beijing**	**21266**	**29405**	**30844**		大连	Dalian	24171	51099	52149	36
天津	**Tianjin**	**53831**	**65333**	**59036**		鞍山	Anshan	30205	71361	85418	13
河北	**Hebei**	**322623**	**1223503**	**1055732**		抚顺	Fushun	17937	38690	49096	43
石家庄	Shijiazhuang	32631	96123	98364	9	本溪	Benxi	26543	73170	60809	26
唐山	Tangshan	98670	506490	409921	2	丹东	Dandong	1378	28736	30699	94
秦皇岛	Qinhuangdao	11365	69760	78836	16	锦州	Jinzhou	41158	44229	34138	82
邯郸	Handan	34697	221276	195790	6	营口	Yingkou	45221	48224	32350	86
邢台	Xingtai	36357	93133	89289	12	阜新	Fuxin	28368	18353	27460	104
保定	Baoding	14652	37707	36703	74	辽阳	Liaoyang	13599	38600	90454	11
张家口	Zhangjiakou	28188	46545	30542	96	盘锦	Panjin	5316			
承德	Chengde	21383	47499	28127	103	铁岭	Tieling	31722	28626	25260	115
沧州	Cangzhou	6134	58812	47863	47	朝阳	Chaoyang	45750	50316	50251	41
廊坊	Langfang	9855	27615	26360	107	葫芦岛	Huludao	10684	22723	20459	140
衡水	Hengshui	28691	18543	13937	191	吉林	**Jilin**	**199922**	**341424**	**176364**	
山西	**Shanxi**	**487490**	**1636141**	**5951819**		长春	Changchun	94173	116194	40803	62
太原	Taiyuan	34814	44203	42084	57	吉林	Jilin	33507	120946	35677	78
大同	Datong	77185	66212	62421	25	四平	Siping	12245	23375	24343	122
阳泉	Yangquan	18891	31141	25639	112	辽源	Liaoyuan	10687	8468	8497	238
长治	Changzhi	64370	214965	203124	5	通化	Tonghua	19949	20856	17620	163
晋城	Jincheng	48202	72876	70116	21	白山	Baishan	13730	11891	11426	218
朔州	Shuozhou	24847	32126	28915	99	松原	Songyuan	6223	29868	29823	97
晋中	Jinzhong	36121	787537	73201	19	白城	Baicheng	9408	9826	8175	241
运城	Yuncheng	48997	52170	58670	29	黑龙江	**Heilongjiang**	**232434**	**296269**	**349229**	
忻州	Xinzhou	15163	104639	97107	10	哈尔滨	Harbin	30000	47577	52257	35
临汾	Linfen	57998	102666	5168812	1	齐齐哈尔	Qiqihar	3476	3476	3476	269
吕梁	Luliang	60902	127606	121730	8	鸡西	Jixi	23695	37044	68785	22
内蒙古	**Inner Mongolia**	**294618**	**3834671**	**665361**		鹤岗	Hegang	14739	35143	26471	106
呼和浩特	Hohhot	12731	25329	18372	156	双鸭山	Shuangyashan	26387	34276	37753	68
包头	Baotou	32563	97299	78946	15	大庆	Daqing	29715	21561	31461	90
乌海	Wuhai	19316	25831	39267	67	伊春	Yichun	25549	17162	15502	178
赤峰	Chifeng	10836	3257261	22472	132	佳木斯	Jiamusi	15900	38347	34977	80
通辽	Tongliao	73440	35000	138162	7	七台河	Qitaihe	26895	18748	18883	151
鄂尔多斯	Erdos	97957	168612	260939	3	牡丹江	Mudanjiang	29471	23602	39463	66
呼伦贝尔	Hulunbuir	14056	21349	60478	27	黑河	Heihe	5617	11506	10539	222
巴彦淖尔	Bayannur	13390		27228	105	绥化	Suihua	990	7827	9662	232
乌兰察布	Ulanqab	20329	203990	19497	146	上海	**Shanghai**	**41793**	**66446**	**87100**	
辽宁	**Liaoning**	**382415**	**564855**	**611734**		江苏	**Jiangsu**	**291765**	**442186**	**406993**	

9-8 工业烟（粉）尘排放量 续表 1
Volume of Industrial Soot (dust) Emission continued 1

单位：吨 (ton)

地名 City	2010	2011	2012	2012 排名 Ranking	地名 City	2010	2011	2012	2012 排名 Ranking
南京 Nanjing	33788	49842	40679	63	池州 Chizhou	16106	13865	13624	195
无锡 Wuxi	38909	64418	48169	46	宣城 Xuancheng	5969	48673	45508	51
徐州 Xuzhou	24257	38631	45883	49	福建 **Fujian**	**99951**	**210451**	**234007**	
常州 Changzhou	19582	38482	35837	76	福州 Fuzhou	8590	33813	37487	70
苏州 Suzhou	46272	50929	54382	32	厦门 Xiamen	2252	3131	2507	274
南通 Nantong	38457	49094	36399	75	莆田 Putian	5399	5082	4700	264
连云港 Lianyungang	7356	14389	16570	173	三明 Sanming	22826	34819	35301	79
淮安 Huaian	16823	22800	19740	144	泉州 Quanzhou	23452	49955	52294	34
盐城 Yancheng	19145	21727	23694	126	漳州 Zhangzhou	5594	12146	9842	228
扬州 Yangzhou	7796	12849	12286	205	南平 Nanping	20619	17792	16687	172
镇江 Zhenjiang	12375	36521	18080	161	龙岩 Longyan	5824	39179	48917	44
泰州 Taizhou	16826	25347	17765	162	宁德 Ningde	5395	14534	26272	110
宿迁 Suqian	10179	17157	37509	69	江西 **Jiangxi**	**138954**	**331029**	**319336**	
浙江 **Zhejiang**	**160507**	**302410**	**236209**		南昌 Nanchang	6264	19051	11115	220
杭州 Hangzhou	30860	38297	33015	85	景德镇 Jingdezhen	8230	11744	11522	217
宁波 Ningbo	28386	31816	32135	88	萍乡 Pingxiang	16018	41493	42721	54
温州 Wenzhou	5666	24976	19164	150	九江 Jiujiang	23141	35129	33645	83
嘉兴 Jiaxing	18900	27386	25206	116	新余 Xinyu	4124	30878	30553	95
湖州 Huzhou	10648	27730	25398	114	鹰潭 Yingtan	2261	3817	3424	270
绍兴 Shaoxing	17883	22999	15693	176	赣州 Ganzhou	20471	76407	64887	23
金华 Jinhua	13796	30280	28418	101	吉安 Jian	12213	18638	16494	174
衢州 Quzhou	8936	52243	23625	127	宜春 Yichun	16698	41724	43161	53
舟山 Zhoushan	17508	7081	5305	261	抚州 Fuzhou	21805	23005	35682	77
台州 Taizhou	5856	16619	13016	198	上饶 Shangrao	7729	29143	26132	111
丽水 Lishui	2068	22983	15234	179	山东 **Shandong**	**292695**	**610299**	**533672**	
安徽 **Anhui**	**208479**	**410240**	**351493**		济南 Jinan	19709	103115	51609	38
合肥 Hefei	10604	40062	41120	60	青岛 Qingdao	12334	26845	26308	109
芜湖 Wuhu	12958	79358	48381	45	淄博 Zibo	38271	65843	58999	28
蚌埠 Bengbu	9960	9285	9082	236	枣庄 Zaozhuang	13142	25860	24068	123
淮南 Huainan	38388	22699	21847	134	东营 Dongying	5873	6793	5810	253
马鞍山 Maanshan	8814	31427	31525	89	烟台 Yantai	15137	33790	32161	87
淮北 Huaibei	17981	25620	25604	113	潍坊 Weifang	26081	36761	36761	73
铜陵 Tongling	8530	17296	18788	152	济宁 Jining	22090	40963	45823	50
安庆 Anqing	8582	19241	10479	223	泰安 Taian	18248	23685	19577	145
黄山 Huangshan	2619	1905	1892	276	威海 Weihai	8238	26702	6629	249
滁州 Chuzhou	17927	40134	37392	71	日照 Rizhao	7427	31526	30809	93
阜阳 Fuyang	3891	12733	12199	208	莱芜 Laiwu	12858	78069	78499	17
宿州 Suzhou	9230	28171	13981	190	临沂 Linyi	31344	44424	40363	64
六安 Liuan	4790	12445	14616	187	德州 Dezhou	27590	20229	19171	149
亳州 Bozhou	4964	7326	5455	259	聊城 Liaocheng	6725		16890	171

9-8 工业烟（粉）尘排放量 续表 2
Volume of Industrial Soot (dust) Emission continued 2

单位：吨 (ton)

地名	City	2010	2011	2012	2012 排名 Ranking	地名	City	2010	2011	2012	2012 排名 Ranking
滨州	Binzhou	14952	21878	18163	159	常德	Changde	10516	21248	19376	147
菏泽	Heze	12676	23816	22032	133	张家界	Zhangjiajie	3513	4102	2565	272
河南	**Henan**	**466021**	**561016**	**480442**		益阳	Yiyang	23555	29636	34631	81
郑州	Zhengzhou	45011	71567	51242	39	郴州	Chenzhou	33928	45389	24511	121
开封	Kaifeng	36252	26013	23805	124	永州	Yongzhou	10951	48655	43651	52
洛阳	Luoyang	92344	56524	46088	48	怀化	Huaihua	18267	17782	18173	158
平顶山	Pingdingshan	60082	75104	73976	18	娄底	Loudi	14652	15562	17560	164
安阳	Anyang	28160	92526	81205	14	**广东**	**Guangdong**	**231205**	**263568**	**240947**	
鹤壁	Hebi	11703	11857	9751	231	广州	Guangzhou		15300		
新乡	Xinxiang	14855	18489	14699	185	韶关	Shaoguan	3835	10219	6525	251
焦作	Jiaozuo	32880	29880	29808	98	深圳	Shenzhen	912	1251	828	277
濮阳	Puyang	21386	20527	14792	184	珠海	Zhuhai	8041	10143	11150	219
许昌	Xuchang	6327	20275	14686	186	汕头	Shantou	4937	4299	4783	263
漯河	Luohe	9632	5526	5917	252	佛山	Foshan	33401	37885	42338	55
三门峡	Sanmenxia	44816	36862	23541	128	江门	Jiangmen	17861	11997	10183	226
南阳	Nanyang	12914	22208	18507	155	湛江	Zhanjiang	12851	10528	10146	227
商丘	Shangqiu	13568	23340	36882	72	茂名	Maoming	23593	25709	10442	224
信阳	Xinyang	15819	12581	6533	250	肇庆	Zhaoqing	32040	25541	24780	118
周口	Zhoukou	4859	13849	9773	230	惠州	Huizhou	3237	12773	21297	137
驻马店	Zhumadian	15413	23888	19237	148	梅州	Meizhou	6106	5553	5700	255
湖北	**Hubei**	**166093**	**277115**	**255283**		汕尾	Shanwei	3341	2837	10889	221
武汉	Wuhan	12537	22600	20496	139	河源	Heyuan	817	6935		
黄石	Huangshi	13668	36613	21531	135	阳江	Yangjiang	8215	13351	11700	215
十堰	Shiyan	5805	20185	18775	153	清远	Qingyuan	10671	35498	31323	91
宜昌	Yichang	9427	18162	15083	182	东莞	Dongguan	29124	11086	15095	181
襄阳	Xiangfan	14735	15670	18128	160	中山	ZhongShan	13927	9038	12399	202
鄂州	Ezhou	13171	21099	17500	166	潮州	Chaozhou	7448	4190	3328	271
荆门	Jingmen	15351	49866	64384	24	揭阳	Jieyang	4402	2990	2555	273
孝感	Xiaogan	12481	22241	13273	197	云浮	Yunfu	6446	6446	5486	258
荆州	Jingzhou	47320	12910	14609	188	**广西**	**Guangxi**	**235657**	**154756**	**268526**	
黄冈	Huanggang	6594	23769	24612	120	南宁	Nanning	24506	26916	25012	117
咸宁	Xianning	12100	19300	14168	189	柳州	Liuzhou			51875	37
随州	Suizhou	2904	14700	12724	199	桂林	Guilin	10514	17036	16068	175
湖南	**Hunan**	**212660**	**320228**	**272387**		梧州	Wuzhou	20005	1233	9161	235
长沙	Changsha	24746	10241	11976	211	北海	Beihai	5188	6170	6730	248
株洲	Zhuzhou	5983	11387	5769	254	防城港	Fangchenggang	9951	11647	12112	210
湘潭	Xiangtan	16895	25273	23795	125	钦州	Qinzhou	13785	10465	7888	244
衡阳	Hengyang	29500	36436	23430	129	贵港	Guigang	57050	28084	54924	31
邵阳	Shaoyang	4291	11551	18618	154	玉林	Yulin	38895	12795	10254	225
岳阳	Yueyang	15863	42966	28332	102	百色	Baise	10150		31242	92

9-8 工业烟（粉）尘排放量 续表 3
Volume of Industrial Soot (dust) Emission continued 3

单位：吨 (ton)

地名	City	2010	2011	2012	2012 排名 Ranking
贺州	Hezhou	7682	7682	5372	260
河池	Hechi	5109	14140	12613	201
来宾	Laibin	21091	18588	11834	213
崇左	Chongzuo	11731		13441	196
海南	**Hainan**	**127**	**961**	**995**	
海口	Haikou	93	722	727	278
三亚	Sanya	34	239	268	280
重庆	**Chongqing**	**102132**	**171224**	**166142**	
四川	**Sichuan**	**240530**	**1363243**	**255056**	
成都	Chengdu	28901	22227	24723	119
自贡	Zigong	13556	10000	5497	257
攀枝花	Panzhihua	25025	52938	41656	58
泸州	Luzhou	9014	13918	8311	240
德阳	Deyang	5332	13536	13795	193
绵阳	Mianyang	19843	17033	8496	239
广元	Guangyuan	19667	26821	18239	157
遂宁	Suining	1392	4396	4234	266
内江	Neijiang	24199	22243	13908	192
乐山	Leshan	21472	31111	28550	100
南充	Nanchong	2076	12098	4579	265
眉山	Meishan	28201	26079	22994	130
宜宾	Yibin	7550	21269	17130	170
广安	Guangan	8888	20095	13791	194
达州	Dazhou	7307	15495	14883	183
雅安	Yaan	2786	1047526	7700	245
巴中	Bazhong	8681	1894	2338	275
资阳	Ziyang	6640	4564	4226	267
贵州	**Guizhou**	**66004**	**109436**	**128557**	
贵阳	Guiyang	12601	30892	19743	143
六盘水	Liupanshui	27023	22473	40961	61
遵义	Zunyi	9836		9298	234
安顺	Anshun	16544	17390	17495	167
毕节	Bijie		17898	21291	138
铜仁	Tongren		20783	19769	142
云南	**Yunnan**	**54905**	**206441**	**163733**	
昆明	Kunming	7905	61151	58332	30
曲靖	Qujing	24900	98156	42170	56
玉溪	Yuxi	4325	5103	12204	207
保山	Baoshan	1442	7514	7920	243
昭通	Zhaotong	12097	6948	15215	180

地名	City	2010	2011	2012	2012 排名 Ranking
丽江	Lijiang	1185	11300	11732	214
普洱	Puer	2171	12283	12241	206
临沧	Lincang	880	3986	3919	268
西藏	**Tibet**			**647**	
拉萨	Lhasa			647	279
陕西	**Shaanxi**	**119473**	**459401**	**369535**	
西安	Xi'an	16675	81506	17463	168
铜川	Tongchuan	3336	39258	41583	59
宝鸡	Baoji	8714	14940	12342	204
咸阳	Xianyang	11757	30310	15684	177
渭南	Weinan	19223	45609	22482	131
延安	Yan'an	7000	7453	21324	136
汉中	Hanzhong	20672	19695	17534	165
榆林	Yulin	22168	203733	206949	4
安康	Ankang	3649	6295	8604	237
商洛	Shangluo	6279	10602	5570	256
甘肃	**Gansu**	**71738**	**170118**	**145522**	
兰州	Lanzhou	9356	38242	33598	84
嘉峪关	Jiayuguan	7884	18921	20305	141
金昌	Jinchang	13815	15459	11669	216
白银	Baiyin	14027	15288	12155	209
天水	Tianshui	4246	7395	7652	246
武威	Wuwei	2901	9796	8047	242
张掖	Zhangye	8092	14479	17174	169
平凉	Pingliang	4756	10150	9806	229
酒泉	Jiuquan	3208	19129	12639	200
庆阳	Qingyang	1404	5442	5152	262
定西	Dingxi	1599	9437	7265	247
陇南	Longnan	450	6380		
青海	**Qinghai**	**21034**	**44431**	**49367**	
西宁	Xining	21034	44431	49367	42
宁夏	**Ningxia**	**123433**	**175456**	**159270**	
银川	Yinchuan	8329	26415	26348	108
石嘴山	Shizuishan	72071	85442	71236	20
吴忠	Wuzhong	14200	18416	12394	203
固原	Guyuan	1000	2800	9441	233
中卫	Zhongwei	27833	42383	39851	65
新疆	**Xinjiang**	**39003**	**61112**	**62964**	
乌鲁木齐	Urumqi	32993	57344	51109	40
克拉玛依	Karamay	6010	3768	11855	212

9-9 工业固体废物综合利用率
Ratio of Industrial Solid Wastes Comprehensively Utilized

单位：% (%)

地名	City	2010	2011	2012	2012 排名 Ranking
城市合计	**Prefecture Cities**				
北京	**Beijing**	**65.82**	**66.26**	**78.96**	
天津	**Tianjin**	**98.57**	**99.79**	**99.62**	
河北	**Hebei**				
石家庄	Shijiazhuang	93.36		49.47	242
唐山	Tangshan	80.55			
秦皇岛	Qinhuangdao	59.57		37.04	259
邯郸	Handan	89.97		50.02	237
邢台	Xingtai	94.62	92.25	48.25	245
保定	Baoding	70.78		48.16	246
张家口	Zhangjiakou	33.27		23.27	268
承德	Chengde	12.20		4.74	279
沧州	Cangzhou	99.60		49.95	239
廊坊	Langfang	99.41		49.61	241
衡水	Hengshui	100.00		49.94	240
山西	**Shanxi**				
太原	Taiyuan	52.27	53.02	53.77	235
大同	Datong	68.94	62.20	78.69	189
阳泉	Yangquan	23.40	23.74	21.80	270
长治	Changzhi	67.87	68.05	67.34	216
晋城	Jincheng	75.21	77.04	80.75	185
朔州	Shuozhou	48.35	51.42	83.64	166
晋中	Jinzhong	90.89	94.20	81.61	178
运城	Yuncheng	70.80	62.80	63.44	220
忻州	Xinzhou	88.67	85.43	85.44	160
临汾	Linfen	80.98	76.17	73.34	205
吕梁	Luliang	91.67	74.95	83.71	165
内蒙古	**Inner Mongolia**				
呼和浩特	Hohhot	38.62	40.20	35.74	260
包头	Baotou	81.06	87.83	47.71	249
乌海	Wuhai	68.85	60.41	59.28	227
赤峰	Chifeng	38.37	17.17	18.07	272
通辽	Tongliao	86.04	82.79	85.00	162
鄂尔多斯	Erdos	78.00	85.83	86.53	156
呼伦贝尔	Hulunbuir	25.22	97.33	76.60	198
巴彦淖尔	Bayannur	96.98	17.09	13.00	277
乌兰察布	Ulanqab	75.41	56.27	57.00	232
辽宁	**Liaoning**				
沈阳	Shenyang	95.68	95.82	95.19	93
大连	Dalian	95.90	93.88	95.56	85
鞍山	Anshan	19.10	24.58	24.78	266
抚顺	Fushun	43.87	40.62	23.36	267
本溪	Benxi	37.85	15.57	15.09	275
丹东	Dandong	98.00	27.41	26.98	265
锦州	Jinzhou	62.52	65.98	72.58	207
营口	Yingkou	99.40	88.49	84.33	164
阜新	Fuxin	96.25	96.08	89.45	146
辽阳	Liaoyang	100.00	93.00	72.59	206
盘锦	Panjin	94.75			
铁岭	Tieling	67.39	59.23	69.14	212
朝阳	Chaoyang	54.09	14.86	55.53	234
葫芦岛	Huludao	65.13	58.20	58.88	229
吉林	**Jilin**				
长春	Changchun	99.58	99.36	99.79	21
吉林	Jilin	43.00	38.99	48.00	247
四平	Siping	87.36		93.74	109
辽源	Liaoyuan	100.00	70.00	99.90	14
通化	Tonghua	85.49	80.02	81.24	181
白山	Baishan	43.32	33.33	39.71	258
松原	Songyuan	99.45	96.32	96.36	70
白城	Baicheng	80.76	80.61	85.85	157
黑龙江	**Heilongjiang**				
哈尔滨	Harbin	89.68			
齐齐哈尔	Qiqihar	67.10	67.10	71.45	209
鸡西	Jixi	64.80	90.19	91.10	133
鹤岗	Hegang	83.69	74.55	74.11	204
双鸭山	Shuangyashan	75.00	83.96	48.80	244
大庆	Daqing	70.77	95.92	96.20	73
伊春	Yichun	79.01	76.00	77.00	196
佳木斯	Jiamusi	70.45	80.00	81.41	179
七台河	Qitaihe	86.82	85.46	85.53	159
牡丹江	Mudanjiang	96.37	96.45	97.99	52
黑河	Heihe	96.07	96.05	93.21	113
绥化	Suihua	100.00	100.00	100.00	1
上海	**Shanghai**	**96.16**	**96.56**	**97.34**	
江苏	**Jiangsu**				

9-9 工业固体废物综合利用率 续表 1
Ratio of Industrial Solid Wastes Comprehensively Utilized continued 1

单位：%

(%)

地名	City	2010	2011	2012	2012 排名 Ranking	地名	City	2010	2011	2012	2012 排名 Ranking
南京	Nanjing	88.82	90.40	92.00	121	池州	Chizhou	86.22	74.33	81.29	180
无锡	Wuxi	97.12	91.20	91.00	135	宣城	Xuancheng	100.00	97.72	79.75	187
徐州	Xuzhou	99.98	100.00	93.20	114	福建	**Fujian**				
常州	Changzhou	94.90	93.50	98.00	51	福州	Fuzhou	98.14	90.05	90.00	142
苏州	Suzhou	98.71	91.50	94.70	102	厦门	Xiamen	87.27	91.55	95.98	77
南通	Nantong	98.20	97.50	97.90	54	莆田	Putian	95.71	99.40	92.84	117
连云港	Lianyungang	91.89	91.50	92.10	120	三明	Sanming	59.96	59.45	81.72	177
淮安	Huaian	99.73	99.10	95.50	86	泉州	Quanzhou	93.53	94.05	95.25	90
盐城	Yancheng	93.00	97.30	83.30	168	漳州	Zhangzhou	98.58	96.19	95.48	88
扬州	Yangzhou	97.43	98.50	98.90	40	南平	Nanping	75.99	80.22	88.68	151
镇江	Zhenjiang	92.85	98.10	98.30	46	龙岩	Longyan	87.25	99.94	88.83	149
泰州	Taizhou	99.80	95.40	98.20	48	宁德	Ningde	89.05	83.73	94.63	104
宿迁	Suqian	99.99	98.10	83.30	168	江西	**Jiangxi**				
浙江	**Zhejiang**					南昌	Nanchang	93.62	98.34	98.70	43
杭州	Hangzhou	94.13	92.70	91.77	125	景德镇	Jingdezhen	91.70	94.94	95.03	98
宁波	Ningbo	89.66	89.76	91.59	128	萍乡	Pingxiang	88.17	91.77	96.37	69
温州	Wenzhou	95.00	93.60	96.15	74	九江	Jiujiang	60.39	53.71	47.85	248
嘉兴	Jiaxing	97.60	91.08	95.31	89	新余	Xinyu	85.00	90.97	91.74	126
湖州	Huzhou	96.49	96.34	96.03	75	鹰潭	Yingtan	92.48	95.10	91.10	133
绍兴	Shaoxing	93.15	91.09	92.00	121	赣州	Ganzhou	82.10	77.40	83.60	167
金华	Jinhua	98.59	96.94	98.97	37	吉安	Jian	96.57	96.28	96.40	68
衢州	Quzhou	97.20	95.52	94.88	100	宜春	Yichun	97.00	100.00	90.41	140
舟山	Zhoushan	99.75	93.44	98.74	41	抚州	Fuzhou	86.81	88.76	95.00	99
台州	Taizhou	97.61	89.82	94.20	107	上饶	Shangrao	5.47	10.60	13.30	276
丽水	Lishui	94.99	92.54	95.70	82	山东	**Shandong**				
安徽	**Anhui**					济南	Jinan	97.53	99.15	99.83	19
合肥	Hefei	98.76	93.90	93.95	108	青岛	Qingdao	98.60	97.10	95.90	78
芜湖	Wuhu	96.61	72.69	95.67	84	淄博	Zibo	90.51	96.90	96.60	65
蚌埠	Bengbu	99.94	99.11	99.11	32	枣庄	Zaozhuang	99.90	99.83	99.88	15
淮南	Huainan	91.34	91.70	88.37	153	东营	Dongying	92.54	92.97	94.61	105
马鞍山	Maanshan	65.17	68.40	93.50	112	烟台	Yantai	88.52	82.53	80.90	184
淮北	Huaibei	96.45	88.10	95.14	95	潍坊	Weifang	89.89	91.60	91.60	127
铜陵	Tongling	76.01	72.30	83.13	170	济宁	Jining	94.37	90.17	84.70	163
安庆	Anqing	99.24	97.10	98.21	47	泰安	Taian	97.47	98.13	99.80	20
黄山	Huangshan	87.60	74.16	75.00	202	威海	Weihai	95.70	80.00	91.18	132
滁州	Chuzhou	97.52	81.00	96.36	70	日照	Rizhao	99.99	99.50	99.53	26
阜阳	Fuyang	92.86	98.70	99.97	12	莱芜	Laiwu	96.00	93.80	93.58	111
宿州	Suzhou	90.90	46.50	46.00	252	临沂	Linyi	96.62	92.63	90.03	141
六安	Liuan	71.97	78.00	74.49	203	德州	Dezhou	99.98	96.98	94.69	103
亳州	Bozhou	99.88	99.80	99.85	17	聊城	Liaocheng	89.12		95.50	86

9-9 工业固体废物综合利用率 续表 2
Ratio of Industrial Solid Wastes Comprehensively Utilized continued 2

单位：% (%)

地名	City	2010	2011	2012	2012 排名 Ranking	地名	City	2010	2011	2012	2012 排名 Ranking
滨州	Binzhou	100.00	99.90	82.00	175	常德	Changde	93.39	94.18	96.49	66
菏泽	Heze	100.00	100.00	100.00	1	张家界	Zhangjiajie	93.00	90.00	96.46	67
河南	**Henan**					益阳	Yiyang	99.96	82.00	99.00	33
郑州	Zhengzhou	84.57	76.55	78.30	192	郴州	Chenzhou	70.87	71.00	49.08	243
开封	Kaifeng	100.00	100.00	93.70	110	永州	Yongzhou	94.00	84.80	82.21	174
洛阳	Luoyang	35.19	47.88	56.34	233	怀化	Huaihua	37.95	23.00	30.58	263
平顶山	Pingdingshan	80.86	81.31	91.86	124	娄底	Loudi	99.15	60.18	91.00	135
安阳	Anyang	89.46	95.68	91.27	130	广东	**Guangdong**				
鹤壁	Hebi	92.09	91.65	92.60	119	广州	Guangzhou		94.87		
新乡	Xinxiang	100.00	99.90	98.15	49	韶关	Shaoguan	82.28	95.09	77.46	194
焦作	Jiaozuo	77.28	61.69	59.57	226	深圳	Shenzhen	134.74	99.81	78.38	191
濮阳	Puyang	89.01	92.94	95.24	91	珠海	Zhuhai	98.20	96.00	96.36	70
许昌	Xuchang	98.28	97.73	97.91	53	汕头	Shantou	94.92	91.40	97.70	56
漯河	Luohe	100.00	99.29	99.34	29	佛山	Foshan	99.52	97.18	92.71	118
三门峡	Sanmenxia	39.44	51.04	34.16	262	江门	Jiangmen	95.88	90.15	88.48	152
南阳	Nanyang	84.27	76.06	69.90	211	湛江	Zhanjiang	91.28	92.31	95.11	96
商丘	Shangqiu	99.85	99.67	99.71	23	茂名	Maoming	87.99	77.32	94.53	106
信阳	Xinyang	99.95	99.28	98.71	42	肇庆	Zhaoqing	72.05	92.18	99.99	9
周口	Zhoukou	98.72	96.16	96.79	64	惠州	Huizhou	93.30	88.06	99.41	28
驻马店	Zhumadian	97.08	92.03	97.82	55	梅州	Meizhou	99.42	87.80	99.00	33
湖北	**Hubei**					汕尾	Shanwei	89.18	99.22	99.56	25
武汉	Wuhan	98.59	95.96	95.05	97	河源	Heyuan	70.61	46.64		
黄石	Huangshi	62.47	93.00	79.81	186	阳江	Yangjiang	99.25	99.36	99.85	17
十堰	Shiyan	71.54	96.36	52.23	236	清远	Qingyuan	87.95	86.80	82.28	173
宜昌	Yichang	47.34	43.85	46.52	251	东莞	Dongguan	94.98	79.15	78.05	193
襄阳	Xiangfan	94.31	97.20	97.43	58	中山	ZhongShan	85.21	97.67	88.81	150
鄂州	Ezhou	98.51	90.02	90.78	138	潮州	Chaozhou	99.41	99.79	99.88	15
荆门	Jingmen	96.33	88.77	90.97	137	揭阳	Jieyang	99.73	99.95	99.99	9
孝感	Xiaogan	99.08	99.21	99.75	22	云浮	Yunfu	82.63	82.63	78.65	190
荆州	Jingzhou	143.24	100.00	100.00	1	广西	**Guangxi**				
黄冈	Huanggang	80.93	95.04	95.85	80	南宁	Nanning	94.02	93.57	91.20	131
咸宁	Xianning	98.56	91.27	45.30	254	柳州	Liuzhou		93.60	96.02	76
随州	Suizhou	97.32	97.32	97.32	60	桂林	Guilin	90.87	93.30	87.74	154
湖南	**Hunan**					梧州	Wuzhou	41.62	75.37	79.46	188
长沙	Changsha	99.70	98.40	91.48	129	北海	Beihai	73.84	44.38	82.00	175
株洲	Zhuzhou	82.66	82.61	89.57	145	防城港	Fangchenggang	100.00	100.00	99.91	13
湘潭	Xiangtan	96.90	95.20	95.74	81	钦州	Qinzhou	92.38	93.40	97.39	59
衡阳	Hengyang	80.54	94.08	81.08	183	贵港	Guigang	90.79	85.05	83.07	172
邵阳	Shaoyang	91.75	95.00	64.74	217	玉林	Yulin	94.00	32.00	75.52	201
岳阳	Yueyang	96.12	96.12	91.94	123	百色	Baise	25.13		58.43	231

9-9 工业固体废物综合利用率 续表 3
Ratio of Industrial Solid Wastes Comprehensively Utilized continued 3

单位：% (%)

地名	City	2010	2011	2012	2012 排名 Ranking	地名	City	2010	2011	2012	2012 排名 Ranking
贺州	Hezhou	69.73	70.27	61.15	224	丽江	Lijiang	74.38	80.00	76.20	199
河池	Hechi	44.84	12.11	10.23	278	普洱	Puer	81.89	82.05	41.86	257
来宾	Laibin	92.58	96.49	72.12	208	临沧	Lincang	93.01	76.00	77.04	195
崇左	Chongzuo	93.67	54.40	63.34	221	西藏	**Tibet**				
海南	**Hainan**					拉萨	Lhasa		92.08	18.60	271
海口	Haikou	96.97	90.23	89.00	147	陕西	**Shaanxi**				
三亚	Sanya	99.46	100.00	100.00	1	西安	Xi'an	98.05	98.05	95.90	78
重庆	**Chongqing**	**80.40**	**76.86**	**81.65**		铜川	Tongchuan	82.31	90.10	97.10	63
四川	**Sichuan**					宝鸡	Baoji	26.86	52.68	60.30	225
成都	Chengdu	99.57	98.76	98.65	45	咸阳	Xianyang	99.01	99.98	99.57	24
自贡	Zigong	92.46	92.46	100.00	1	渭南	Weinan	47.49	98.65	99.00	33
攀枝花	Panzhihua	16.89	29.72	22.38	269	延安	Yan'an	87.75	88.73	62.48	223
泸州	Luzhou	76.49	97.76	92.91	116	汉中	Hanzhong	44.00	47.64	42.10	256
德阳	Deyang	81.00	80.69	99.99	9	榆林	Yulin	97.41	79.92	97.31	61
绵阳	Mianyang	88.03	95.82	98.93	38	安康	Ankang	93.30	94.15	90.59	139
广元	Guangyuan	93.04	94.81	99.31	30	商洛	Shangluo	4.56	6.98	16.88	274
遂宁	Suining	99.99	100.00	100.00	1	甘肃	**Gansu**				
内江	Neijiang	90.28	94.74	83.13	170	兰州	Lanzhou	78.94	91.60	99.00	33
乐山	Leshan	93.79	81.69	93.00	115	嘉峪关	Jiayuguan	33.46	6.95	28.89	264
南充	Nanchong	99.67	98.16	98.70	43	金昌	Jinchang	18.50	15.94	16.98	273
眉山	Meishan	99.64	100.00	100.00	1	白银	Baiyin	34.75	38.69	50.00	238
宜宾	Yibin	92.04	84.10	89.93	144	天水	Tianshui	81.23	78.00	85.58	158
广安	Guangan	99.16	99.34	95.16	94	武威	Wuwei	74.00	72.33	86.82	155
达州	Dazhou	99.77	99.60	98.93	38	张掖	Zhangye	72.24	68.70	68.76	213
雅安	Yaan	64.24	73.82	100.00	1	平凉	Pingliang	78.68	47.00	46.00	252
巴中	Bazhong	94.00	96.90	95.70	82	酒泉	Jiuquan	90.00	90.00	90.00	142
资阳	Ziyang	99.99	99.52	99.30	31	庆阳	Qingyang	96.32	95.69	98.10	50
贵州	**Guizhou**					定西	Dingxi	75.36	72.30	85.15	161
贵阳	Guiyang	56.17	56.20	59.10	228	陇南	Longnan	81.72	89.74	75.81	200
六盘水	Liupanshui	43.96	45.48	58.70	230	青海	**Qinghai**	**83.56**			
遵义	Zunyi	66.00	96.39	97.12	62	西宁	Xining	83.56		97.63	57
安顺	Anshun	76.52	99.29	77.00	196	宁夏	**Ningxia**				
毕节	Bijie		51.00	64.64	218	银川	Yinchuan	75.38	83.80	81.18	182
铜仁	Tongren		78.96	68.32	214	石嘴山	Shizuishan	53.74	52.50	64.48	219
云南	**Yunnan**					吴忠	Wuzhong	90.01	88.98	71.33	210
昆明	Kunming	96.11	44.10	43.29	255	固原	Guyuan	99.20	73.42	94.74	101
曲靖	Qujing	51.43	60.37	62.77	222	中卫	Zhongwei	60.61	69.27	95.24	91
玉溪	Yuxi	53.00	56.00	34.86	261	新疆	**Xinjiang**				
保山	Baoshan	67.74	68.09	67.80	215	乌鲁木齐	Urumqi	68.20	80.93	88.95	148
昭通	Zhaotong	44.13	48.00	47.20	250	克拉玛依	Karamay	63.55	98.48	99.52	27

10

农　业

Agriculture

10-1 农业乡村户数
Rural Households

单位：万户 (10 000 households)

地名	City	2010	2011	2012	2012 排名 Ranking	地名	City	2010	2011	2012	2012 排名 Ranking
全国	**Nation Total**					沈阳	Shenyang	91.1	91.5	87.3	122
北京	**Beijing**	**216.0**	**212.4**			大连	Dalian	94.1	89.0	88.7	117
天津	**Tianjin**	**130.3**	**129.1**			鞍山	Anshan	54.5	55.0	55.4	193
河北	**Hebei**	**1525.6**	**1536.9**			抚顺	Fushun	27.0	27.0	27.1	242
石家庄	Shijiazhuang	178.0	178.4	178.8	20	本溪	Benxi	15.2	15.4	15.5	266
唐山	Tangshan	162.8	163.8	163.1	29	丹东	Dandong	44.0	44.3	44.4	210
秦皇岛	Qinhuangdao	65.1	65.5	66.7	160	锦州	Jinzhou	61.5	61.4	61.6	180
邯郸	Handan	181.8	182.4	184.8	13	营口	Yingkou	44.4	44.5	45.2	208
邢台	Xingtai	153.6	154.7	156.2	32	阜新	Fuxin	34.1	34.5	34.5	233
保定	Baoding	240.7	241.2	243.9	3	辽阳	Liaoyang	35.4	36.8	36.2	226
张家口	Zhangjiakou	116.9	119.7	123.0	64	盘锦	Panjin	22.2	22.7	23.6	252
承德	Chengde	86.9	87.4	88.7	117	铁岭	Tieling	62.7	63.6	63.3	174
沧州	Cangzhou	155.5	157.3	158.7	31	朝阳	Chaoyang	77.6	77.3	77.7	138
廊坊	Langfang	82.3	82.9	83.0	128	葫芦岛	Huludao	59.1	59.5	59.6	182
衡水	Hengshui	102.0	103.5	104.2	89	吉林	**Jilin**	**411.3**	**419.2**		
山西	**Shanxi**	**694.4**	**758.4**			长春	Changchun	118.4	119.5	120.2	69
太原	Taiyuan	33.8	34.0	36.0	229	吉林	Jilin	58.5	58.5	59.0	185
大同	Datong	56.3	61.5	63.9	171	四平	Siping	58.1	59.2	59.5	183
阳泉	Yangquan	26.5	28.3	29.5	239	辽源	Liaoyuan	19.5	19.5	20.0	257
长治	Changzhi	68.4	74.8	76.8	140	通化	Tonghua	34.3	34.7	35.7	230
晋城	Jincheng	52.6	53.9	56.0	190	白山	Baishan	12.4	12.5	12.6	269
朔州	Shuozhou	35.0	36.4	38.3	218	松原	Songyuan	52.4	53.0	53.2	197
晋中	Jinzhong	78.2	86.2	90.4	113	白城	Baicheng	34.5	38.9	37.0	222
运城	Yuncheng	103.2	109.8	112.9	74	黑龙江	**Heilongjiang**	**509.1**	**512.5**		
忻州	Xinzhou	75.7	85.5	90.8	111	哈尔滨	Harbin	133.7	134.1	134.4	46
临汾	Linfen	80.6	91.0	93.9	104	齐齐哈尔	Qiqihar	93.6	95.3	96.1	102
吕梁	Luliang	84.2	97.0	103.5	90	鸡西	Jixi	19.4	19.4	19.4	259
内蒙古	**Inner Mongolia**	**364.0**	**380.1**			鹤岗	Hegang	6.6	6.6	6.8	275
呼和浩特	Hohhot	29.9	30.1	30.2	238	双鸭山	Shuangyashan	14.1	14.2	14.2	268
包头	Baotou	17.0	17.3	17.7	260	大庆	Daqing	36.8	36.7	36.6	225
乌海	Wuhai	0.9	1.0	0.9	281	伊春	Yichun	4.9	5.0	4.9	280
赤峰	Chifeng	100.9	103.8	104.5	88	佳木斯	Jiamusi	36.0	36.0	36.1	228
通辽	Tongliao	60.7	62.9	63.8	172	七台河	Qitaihe	9.6	9.6	9.5	273
鄂尔多斯	Erdos	18.6	19.1	19.5	258	牡丹江	Mudanjiang	30.6	31.3	31.3	237
呼伦贝尔	Hulunbuir	19.3	19.4	37.5	220	黑河	Heihe	21.7	22.3	22.4	254
巴彦淖尔	Bayannur	26.5	26.7	27.0	244	绥化	Suihua	100.3	100.2	100.7	95
乌兰察布	Ulanqab	44.9	42.0	43.3	212	上海	**Shanghai**	**114.2**	**119.0**		
辽宁	**Liaoning**	**722.9**	**722.5**			江苏	**Jiangsu**	**1483.3**	**1466.3**		

10-1 农业乡村户数 续表 1
Rural Households continued 1

单位：万户 (10 000 households)

地名	City	2010	2011	2012	2012 排名 Ranking
南京	Nanjing	65.2	64.8	64.2	169
无锡	Wuxi	72.5	66.3	64.5	167
徐州	Xuzhou	187.3	186.5	181.2	17
常州	Changzhou	78.7	78.0	76.2	141
苏州	Suzhou	97.6	94.1	91.4	109
南通	Nantong	212.6	206.5	204.6	8
连云港	Lianyungang	91.9	90.8	90.4	113
淮安	Huaian	100.0	100.8	99.2	98
盐城	Yancheng	188.1	186.7	184.9	12
扬州	Yangzhou	102.1	103.5	102.6	92
镇江	Zhenjiang	58.2	58.3	57.6	188
泰州	Taizhou	121.9	121.6	120.5	68
宿迁	Suqian	107.3	108.3	107.3	82
浙江	**Zhejiang**	**1254.2**	**1263.1**		
杭州	Hangzhou	131.8	132.9	129.3	56
宁波	Ningbo	180.5	180.2	174.8	24
温州	Wenzhou	184.6	182.3	183.3	15
嘉兴	Jiaxing	74.7	74.9	75.9	142
湖州	Huzhou	61.3	61.6	61.9	178
绍兴	Shaoxing	137.6	138.6	139.1	42
金华	Jinhua	173.0	179.0	175.8	23
衢州	Quzhou	61.4	61.7	62.1	176
舟山	Zhoushan	23.7	24.0	23.9	251
台州	Taizhou	164.0	164.7	166.3	27
丽水	Lishui	61.7	63.1	64.6	166
安徽	**Anhui**	**1424.3**	**1438.5**		
合肥	Hefei	71.8	123.0	125.5	62
芜湖	Wuhu	45.4	75.3	75.0	144
蚌埠	Bengbu	67.8	69.4	70.7	154
淮南	Huainan	35.7	36.0	36.9	223
马鞍山	Maanshan	19.0	41.0	40.5	214
淮北	Huaibei	35.4	36.8	36.8	224
铜陵	Tongling	9.8	9.9	10.0	272
安庆	Anqing	139.8	141.0	141.6	41
黄山	Huangshan	36.6	36.9	37.1	221
滁州	Chuzhou	93.2	92.9	93.8	105
阜阳	Fuyang	218.5	220.5	221.5	6
宿州	Suzhou	137.2	139.1	137.2	43
六安	Liuan	173.5	176.2	129.5	53
亳州	Bozhou	128.0	129.8	129.5	53
池州	Chizhou	38.8	39.0	39.6	216
宣城	Xuancheng	71.2	71.7	73.1	149
福建	**Fujian**	**712.3**	**724.4**		
福州	Fuzhou	131.5	132.4	132.7	49
厦门	Xiamen	11.5	11.6	12.6	269
莆田	Putian	64.7	65.9	66.0	163
三明	Sanming	53.1	54.1	54.7	194
泉州	Quanzhou	144.5	148.0	152.1	36
漳州	Zhangzhou	104.1	105.8	106.5	85
南平	Nanping	64.8	65.3	66.3	162
龙岩	Longyan	66.2	67.7	68.6	158
宁德	Ningde	72.1	73.5	74.1	147
江西	**Jiangxi**	**867.3**			
南昌	Nanchang	70.0		73.3	148
景德镇	Jingdezhen	26.7		27.0	244
萍乡	Pingxiang	34.2		35.1	231
九江	Jiujiang	90.7		91.8	108
新余	Xinyu	22.3		22.5	253
鹰潭	Yingtan	21.2		21.6	255
赣州	Ganzhou	172.8		177.7	21
吉安	Jian	97.2		99.7	97
宜春	Yichun	108.4		111.5	75
抚州	Fuzhou	77.1		79.6	135
上饶	Shangrao	146.7		149.5	37
山东	**Shandong**	**2146.1**	**2153.9**		
济南	Jinan	99.7	100.1	100.6	96
青岛	Qingdao	154.9	154.9	155.7	33
淄博	Zibo	88.0	88.8	89.3	116
枣庄	Zaozhuang	78.6	79.4	80.0	134
东营	Dongying	33.5	34.0	34.6	232
烟台	Yantai	175.0	172.1	171.5	26
潍坊	Weifang	206.2	204.1	204.0	9
济宁	Jining	181.9	183.9	185.5	11
泰安	Taian	122.0	122.5	123.2	63
威海	Weihai	65.1	64.4	64.2	169
日照	Rizhao	82.1	82.4	83.3	126
莱芜	Laiwu	31.9	31.5	31.7	235
临沂	Linyi	267.5	277.5	278.5	1
德州	Dezhou	125.8	124.6	125.8	61
聊城	Liaocheng	135.3	136.1	135.5	45

10-1 农业乡村户数 续表 2
Rural Households continued 2

单位：万户 (10 000 households)

地名	City	2010	2011	2012	2012 排名 Ranking
滨州	Binzhou	96.2	93.5	94.1	103
菏泽	Heze	202.5	204.2	205.7	7
河南	**Henan**	**2061.0**	**2061.5**		
郑州	Zhengzhou	106.0	106.3	105.1	86
开封	Kaifeng	97.1	98.5	99.0	99
洛阳	Luoyang	129.8	128.9	129.4	55
平顶山	Pingdingshan	103.7	102.2	102.7	91
安阳	Anyang	119.1	120.7	122.0	65
鹤壁	Hebi	27.9	26.5	26.6	247
新乡	Xinxiang	109.5	109.9	109.9	76
焦作	Jiaozuo	62.8	63.1	63.6	173
濮阳	Puyang	74.0	74.3	74.5	145
许昌	Xuchang	86.8	84.7	83.3	126
漯河	Luohe	53.7	54.0	54.4	195
三门峡	Sanmenxia	43.7	43.7	44.2	211
南阳	Nanyang	240.8	243.2	244.2	2
商丘	Shangqiu	193.8	193.3	193.6	10
信阳	Xinyang	178.6	180.7	180.7	18
周口	Zhoukou	236.4	237.2	237.6	4
驻马店	Zhumadian	185.2	182.5	182.9	16
湖北	**Hubei**	**1152.0**	**1071.8**		
武汉	Wuhan	76.1	75.3	77.3	139
黄石	Huangshi	34.7	37.7	37.6	219
十堰	Shiyan	65.5	65.2	65.6	165
宜昌	Yichang	86.6	86.4	87.4	121
襄阳	Xiangfan	95.5	98.1	101.0	94
鄂州	Ezhou	20.8	20.8	20.9	256
荆门	Jingmen	49.1	50.0	50.2	206
孝感	Xiaogan	104.5	104.4	104.8	87
荆州	Jingzhou	104.8	106.4	106.9	83
黄冈	Huanggang	152.2	152.9	154.5	35
咸宁	Xianning	51.1	52.1	52.4	201
随州	Suizhou	51.4	50.6	51.8	203
湖南	**Hunan**	**1568.8**	**1582.4**		
长沙	Changsha	132.1	132.7	133.9	47
株洲	Zhuzhou	76.9	79.4	78.1	137
湘潭	Xiangtan	62.7	61.8	61.9	178
衡阳	Hengyang	166.1	165.5	165.5	28
邵阳	Shaoyang	182.5	184.2	184.8	13
岳阳	Yueyang	128.4	127.1	128.4	58

地名	City	2010	2011	2012	2012 排名 Ranking
常德	Changde	152.0	154.1	154.9	34
张家界	Zhangjiajie	42.3	42.1	41.9	213
益阳	Yiyang	106.9	107.2	107.8	81
郴州	Chenzhou	114.5	117.8	121.1	67
永州	Yongzhou	132.5	134.9	135.8	44
怀化	Huaihua	116.1	117.9	118.8	70
娄底	Loudi	96.8	98.2	98.8	100
广东	**Guangdong**	**1686.6**	**1702.3**		
广州	Guangzhou	140.0	141.7	144.3	40
韶关	Shaoguan	60.4	62.0	62.3	175
深圳	Shenzhen				
珠海	Zhuhai	17.2	16.5	15.6	265
汕头	Shantou	88.1	89.0	91.2	110
佛山	Foshan	89.0	91.2	93.8	105
江门	Jiangmen	85.7	86.4	85.6	125
湛江	Zhanjiang	143.1	145.6	147.0	38
茂名	Maoming	132.4	133.6	126.9	60
肇庆	Zhaoqing	87.4	89.5	90.4	113
惠州	Huizhou	76.1	78.1	80.1	133
梅州	Meizhou	118.1	106.4	114.6	72
汕尾	Shanwei	66.7	66.9	68.8	157
河源	Heyuan	72.7	73.2	75.2	143
阳江	Yangjiang	66.3	66.5	66.8	159
清远	Qingyuan	86.0	86.9	86.4	124
东莞	Dongguan	48.8	50.0	50.4	205
中山	ZhongShan	60.6	64.0	64.4	168
潮州	Chaozhou	55.1	56.0	56.0	190
揭阳	Jieyang	121.9	127.1	128.7	57
云浮	Yunfu	70.9	71.8	71.7	151
广西	**Guangxi**	**1029.1**	**1039.2**		
南宁	Nanning	131.4	127.4	132.2	50
柳州	Liuzhou	58.7	59.5	61.6	180
桂林	Guilin	107.6	106.2	106.7	84
梧州	Wuzhou	70.0	70.6	71.5	152
北海	Beihai	21.9	23.0	24.1	250
防城港	Fangchenggang	16.0	16.3	16.6	263
钦州	Qinzhou	77.5	80.9	81.6	132
贵港	Guigang	112.2	112.6	113.9	73
玉林	Yulin	122.0	125.5	127.9	59
百色	Baise	76.0	77.6	78.2	136

10-1 农业乡村户数 续表 3
Rural Households continued 3

单位：万户 (10 000 households)

地名	City	2010	2011	2012	2012 排名 Ranking	地名	City	2010	2011	2012	2012 排名 Ranking
贺州	Hezhou	47.0	48.6	50.9	204	丽江	Lijiang	26.4	26.6	26.9	246
河池	Hechi	86.0	88.8	90.8	111	普洱	Puer	53.6	54.2	56.5	189
来宾	Laibin	51.9	52.6	52.8	200	临沧	Lincang	48.7	49.2	49.2	207
崇左	Chongzuo	50.8	49.9	52.3	202	西藏	**Tibet**	**48.0**	**50.3**		
海南	**Hainan**	**125.3**	**130.8**			拉萨	Lhasa	6.2	6.6	6.8	275
海口	Haikou	16.1	17.8	17.5	261	陕西	**Shaanxi**	**712.0**	**714.2**		
三亚	Sanya	6.2	6.4	6.4	279	西安	Xi'an	101.4	102.6	101.9	93
重庆	**Chongqing**	**727.8**	**721.1**			铜川	Tongchuan	11.2	11.8	11.8	271
四川	**Sichuan**	**2056.2**	**2063.4**			宝鸡	Baoji	70.4	70.3	69.9	155
成都	Chengdu	227.7	224.4	224.9	5	咸阳	Xianyang	95.5	93.7	93.5	107
自贡	Zigong	71.6	71.9	71.5	152	渭南	Weinan	110.9	110.9	109.1	78
攀枝花	Panzhihua	14.8	15.0	15.1	267	延安	Yan'an	37.8	38.3	39.0	217
泸州	Luzhou	116.7	116.6	118.7	71	汉中	Hanzhong	87.2	87.2	87.6	120
德阳	Deyang	106.7	107.8	108.9	79	榆林	Yulin	75.1	76.9	74.2	146
绵阳	Mianyang	133.6	132.9	133.6	48	安康	Ankang	65.0	65.1	66.5	161
广元	Guangyuan	68.9	69.3	69.4	156	商洛	Shangluo	54.6	54.4	54.0	196
遂宁	Suining	79.9	82.3	82.6	129	甘肃	**Gansu**	**480.6**	**482.4**		
内江	Neijiang	107.0	107.6	108.9	79	兰州	Lanzhou	33.9	34.3	34.1	234
乐山	Leshan	84.1	82.9	82.1	130	嘉峪关	Jiayuguan	0.6	0.6	0.6	282
南充	Nanchong	178.4	177.6	176.1	22	金昌	Jinchang	6.4	6.4	6.5	278
眉山	Meishan	87.2	87.7	87.7	119	白银	Baiyin	30.8	31.1	31.6	236
宜宾	Yibin	122.2	122.1	121.6	66	天水	Tianshui	65.9	65.8	65.9	164
广安	Guangan	108.0	108.9	109.6	77	武威	Wuwei	37.3	36.3	36.2	226
达州	Dazhou	160.6	161.3	162.0	30	张掖	Zhangye	26.6	27.0	27.1	242
雅安	Yaan	40.0	40.2	40.4	215	平凉	Pingliang	44.3	44.5	44.7	209
巴中	Bazhong	81.1	81.5	81.8	131	酒泉	Jiuquan	17.3	17.4	17.5	261
资阳	Ziyang	128.8	130.9	129.9	52	庆阳	Qingyang	52.2	52.6	52.9	199
贵州	**Guizhou**	**858.8**	**879.9**			定西	Dingxi	61.2	61.5	62.1	176
贵阳	Guiyang	53.1	54.2	55.7	192	陇南	Longnan	57.2	57.6	58.7	187
六盘水	Liupanshui	68.9	70.9	72.8	150	青海	**Qinghai**	**87.5**	**90.0**		
遵义	Zunyi	165.2	170.6	174.7	25	西宁	Xining	24.7	25.2	25.4	248
安顺	Anshun	56.5	57.7	59.3	184	宁夏	**Ningxia**	**103.6**	**104.3**		
毕节	Bijie	174.0	176.0	180.6	19	银川	Yinchuan	15.6	16.1	16.2	264
铜仁	Tongren	92.3	96.3	97.3	101	石嘴山	Shizuishan	8.4	7.8	8.3	274
云南	**Yunnan**	**947.0**	**961.2**			吴忠	Wuzhong	26.8	27.2	27.3	241
昆明	Kunming	86.8	86.9	87.1	123	固原	Guyuan	29.0	28.4	28.9	240
曲靖	Qujing	142.5	144.6	145.3	39	中卫	Zhongwei	23.4	24.8	25.2	249
玉溪	Yuxi	51.5	52.7	53.0	198	新疆	**Xinjiang**	**255.2**	**262.7**		
保山	Baoshan	56.9	57.6	59.0	185	乌鲁木齐	Urumqi	6.0	6.5	6.7	277
昭通	Zhaotong	125.9	128.9	130.8	51	克拉玛依	Karamay	0.1	0.1	0.1	283

10-2 常用耕地面积
Cultivated Land

单位：千公顷 (1000 hectares)

地名	City	2010	2011	2012	2012 排名 Ranking	地名	City	2010	2011	2012	2012 排名 Ranking
全国	**Nation Total**	**121715.9**	**121715.9**	**121715.9**		沈阳	Shenyang	682.5	682.5	682.5	26
北京	**Beijing**	**231.7**	**231.7**	**231.7**		大连	Dalian	361.1	361.1	361.1	94
天津	**Tianjin**	**398.8**	**396.5**	**441.1**		鞍山	Anshan	239.6	239.6	239.6	151
河北	**Hebei**	**6317.3**	**6317.3**	**6317.3**		抚顺	Fushun	125.7	125.7	125.7	219
石家庄	Shijiazhuang	554.3	554.3	554.3	46	本溪	Benxi	68.2	68.2	68.2	250
唐山	Tangshan	545.7	545.7	545.7	49	丹东	Dandong	206.7	206.7	206.7	164
秦皇岛	Qinhuangdao	165.8	165.8	165.8	187	锦州	Jinzhou	391.0	391.0	391.0	83
邯郸	Handan	651.9	651.9	651.9	31	营口	Yingkou	113.4	113.4	113.4	224
邢台	Xingtai	647.0	647.0	647.0	33	阜新	Fuxin	367.7	367.7	367.7	90
保定	Baoding	762.5	762.5	762.5	23	辽阳	Liaoyang	176.3	176.3	176.3	179
张家口	Zhangjiakou	682.2	682.2	682.2	27	盘锦	Panjin	128.9	128.9	128.9	215
承德	Chengde	264.1	264.1	264.1	136	铁岭	Tieling	542.0	542.0	542.0	50
沧州	Cangzhou	705.6	705.6	705.6	24	朝阳	Chaoyang	456.1	456.1	456.1	65
廊坊	Langfang	366.2	366.2	366.2	91	葫芦岛	Huludao	225.9	225.9	225.9	158
衡水	Hengshui	556.1	556.1	556.1	45	吉林	**Jilin**	**5578.4**	**5688.0**	**5534.6**	
山西	**Shanxi**	**4055.8**	**4055.8**	**4055.8**		长春	Changchun	1224.3	1294.0	1308.0	4
太原	Taiyuan	127.3	127.3	127.3	218	吉林	Jilin	584.1	590.0	598.5	37
大同	Datong	372.3	372.3	372.3	87	四平	Siping	849.8	845.3	850.6	15
阳泉	Yangquan	68.3	68.3	68.3	249	辽源	Liaoyuan	179.8	222.0	237.1	152
长治	Changzhi	346.2	346.2	346.2	102	通化	Tonghua	282.3	307.5	309.3	117
晋城	Jincheng	192.2	192.2	192.2	170	白山	Baishan	46.2	47.5	48.1	256
朔州	Shuozhou	365.9	365.9	365.9	92	松原	Songyuan	953.7	1187.2	1187.8	5
晋中	Jinzhong	364.1	364.1	364.1	93	白城	Baicheng	794.0	841.6	896.1	12
运城	Yuncheng	549.4	549.4	549.4	48	黑龙江	**Heilongjiang**	**11830.1**	**11838.0**	**11830.1**	
忻州	Xinzhou	649.5	649.5	649.5	32	哈尔滨	Harbin	1826.1	1826.1	1826.1	2
临汾	Linfen	494.6	494.6	494.6	57	齐齐哈尔	Qiqihar	2237.3	2237.3	2237.3	1
吕梁	Luliang	525.9	525.9	525.9	51	鸡西	Jixi	476.2	414.1	414.1	73
内蒙古	**Inner Mongolia**	**7148.5**	**7149.0**	**7147.2**		鹤岗	Hegang	218.7	160.1	160.1	194
呼和浩特	Hohhot	565.4	565.4	568.8	42	双鸭山	Shuangyashan	801.9	404.8	404.8	77
包头	Baotou	422.1	422.1	422.1	71	大庆	Daqing	804.1	627.5	627.5	34
乌海	Wuhai	8.6	8.6	7.0	269	伊春	Yichun	259.2	204.9	204.9	166
赤峰	Chifeng	1405.9	1405.9	1008.1	9	佳木斯	Jiamusi	1236.0	1148.4	1148.4	6
通辽	Tongliao	1347.7	1346.6	1074.4	8	七台河	Qitaihe	175.2	152.1	152.1	202
鄂尔多斯	Erdos	407.0	408.1	402.9	79	牡丹江	Mudanjiang	651.1	488.4	488.4	58
呼伦贝尔	Hulunbuir	10.2	1198.0	1143.7	7	黑河	Heihe	1108.4	851.0	851.0	14
巴彦淖尔	Bayannur	702.3	701.4	581.5	39	绥化	Suihua	1779.1	1657.4	1657.4	3
乌兰察布	Ulanqab	913.8	913.8	889.0	13	上海	**Shanghai**	**201.0**	**199.6**	**244.0**	
辽宁	**Liaoning**	**4085.2**	**4085.2**	**4085.3**		江苏	**Jiangsu**	**4763.8**	**4718.7**	**4763.8**	

10-2 常用耕地面积 续表 1
Cultivated Land continued 1

单位：千公顷 (1000 hectares)

地名	City	2010	2011	2012	2012 排名 Ranking	地名	City	2010	2011	2012	2012 排名 Ranking
南京	Nanjing	242.1	242.1	242.1	147	池州	Chizhou	82.2	82.9	83.0	242
无锡	Wuxi	139.5	139.5	139.5	208	宣城	Xuancheng	153.3	153.1	154.5	198
徐州	Xuzhou	591.0	591.0	591.0	38	**福建**	**Fujian**	**1501.9**	**1337.4**	**1330.1**	
常州	Changzhou	177.7	177.7	177.7	177	福州	Fuzhou	192.7	162.3	153.2	200
苏州	Suzhou	231.1	231.1	231.1	155	厦门	Xiamen	21.1	20.5	20.4	266
南通	Nantong	468.5	468.5	468.5	62	莆田	Putian	74.8	74.7	74.9	245
连云港	Lianyungang	369.1	369.1	369.1	88	三明	Sanming	192.1	192.4	193.5	169
淮安	Huaian	487.7	487.7	487.7	59	泉州	Quanzhou	147.6	147.6	147.0	205
盐城	Yancheng	781.4	781.4	781.4	22	漳州	Zhangzhou	180.0	180.0	180.1	175
扬州	Yangzhou	304.0	304.0	304.0	119	南平	Nanping	235.0	235.4	235.4	153
镇江	Zhenjiang	171.5	171.5	171.5	183	龙岩	Longyan	163.9	164.2	165.0	189
泰州	Taizhou	316.7	316.7	316.7	112	宁德	Ningde	136.8	137.2	137.3	210
宿迁	Suqian	438.4	438.4	438.4	69	**江西**	**Jiangxi**	**2827.1**	**2827.1**	**2827.1**	
浙江	**Zhejiang**	**1920.9**	**1920.9**	**1920.9**		南昌	Nanchang	259.8	259.8	259.8	138
杭州	Hangzhou					景德镇	Jingdezhen	84.3	84.3	84.3	241
宁波	Ningbo					萍乡	Pingxiang	64.2	64.2	64.2	252
温州	Wenzhou					九江	Jiujiang	295.5	295.5	295.5	124
嘉兴	Jiaxing					新余	Xinyu	82.0	82.0	82.0	243
湖州	Huzhou					鹰潭	Yingtan	88.1	88.1	88.1	240
绍兴	Shaoxing					赣州	Ganzhou	368.4	368.4	368.4	89
金华	Jinhua					吉安	Jian	420.4	420.4	420.4	72
衢州	Quzhou					宜春	Yichun	470.0	470.0	470.0	61
舟山	Zhoushan					抚州	Fuzhou	314.1	314.1	314.1	113
台州	Taizhou					上饶	Shangrao	380.4	380.4	380.4	85
丽水	Lishui					**山东**	**Shandong**	**7510.8**	**7510.8**	**7515.3**	
安徽	**Anhui**	**4181.3**	**4184.3**	**5730.2**		济南	Jinan	360.7	360.7	360.7	95
合肥	Hefei	218.8	337.6	337.2	105	青岛	Qingdao	512.8	512.8	512.8	55
芜湖	Wuhu	82.8	175.8	175.1	180	淄博	Zibo	207.1	207.1	207.1	163
蚌埠	Bengbu	293.3	295.1	294.9	125	枣庄	Zaozhuang	240.8	240.8	240.8	149
淮南	Huainan	114.4	113.4	113.3	225	东营	Dongying	220.0	220.0	220.0	159
马鞍山	Maanshan	48.4	124.6	124.7	220	烟台	Yantai	446.0	446.0	446.0	68
淮北	Huaibei	135.9	136.1	133.7	211	潍坊	Weifang	783.9	783.9	783.9	21
铜陵	Tongling	23.6	23.5	23.4	264	济宁	Jining	600.6	600.6	600.6	36
安庆	Anqing	298.3	298.0	299.1	122	泰安	Taian	343.4	343.4	343.4	104
黄山	Huangshan	47.6	47.4	46.6	258	威海	Weihai	191.7	191.7	191.7	171
滁州	Chuzhou	404.2	407.1	407.6	76	日照	Rizhao	229.6	229.6	229.6	156
阜阳	Fuyang	574.5	575.7	575.3	41	莱芜	Laiwu	68.6	68.6	68.6	248
宿州	Suzhou	481.1	480.5	480.4	60	临沂	Linyi	842.6	842.6	842.6	17
六安	Liuan	433.0	433.9	435.4	70	德州	Dezhou	619.0	619.0	619.0	35
亳州	Bozhou	499.4	499.7	500.2	56	聊城	Liaocheng	565.6	565.6	565.6	44

10-2 常用耕地面积 续表 2
Cultivated Land continued 2

单位：千公顷 (1000 hectares)

地名	City	2010	2011	2012	2012 排名 Ranking
滨州	Binzhou	447.1	447.1	447.1	67
菏泽	Heze	831.3	831.3	831.3	18
河南	**Henan**	**7926.4**	**7926.4**	**7926.4**	
郑州	Zhengzhou	295.7	295.7	295.7	123
开封	Kaifeng	394.0	394.0	394.0	82
洛阳	Luoyang	356.1	356.1	356.1	98
平顶山	Pingdingshan	312.9	312.9	312.9	114
安阳	Anyang	394.6	394.6	394.6	81
鹤壁	Hebi	96.4	96.4	96.4	234
新乡	Xinxiang	403.1	403.1	403.1	78
焦作	Jiaozuo	181.7	181.7	181.7	174
濮阳	Puyang	248.4	248.4	248.4	143
许昌	Xuchang	325.6	325.6	325.6	109
漯河	Luohe	165.7	165.7	165.7	188
三门峡	Sanmenxia	163.2	163.2	163.2	193
南阳	Nanyang	941.2	941.2	941.2	11
商丘	Shangqiu	666.6	666.6	666.6	29
信阳	Xinyang	568.6	568.6	568.6	43
周口	Zhoukou	826.2	826.2	826.2	20
驻马店	Zhumadian	827.3	827.3	827.3	19
湖北	**Hubei**	**3323.9**	**3361.9**	**4664.1**	
武汉	Wuhan	207.1	204.9	202.1	167
黄石	Huangshi	89.8	90.0	89.6	238
十堰	Shiyan	244.5	173.7	174.0	181
宜昌	Yichang	230.1	235.0	258.7	139
襄阳	Xiangfan	436.9	447.3	449.6	66
鄂州	Ezhou	40.9	40.6	40.6	260
荆门	Jingmen	257.3	261.1	265.0	135
孝感	Xiaogan	261.3	262.3	262.3	137
荆州	Jingzhou	464.8	466.5	467.8	63
黄冈	Huanggang	377.3	342.9	343.5	103
咸宁	Xianning	155.9	156.1	156.6	195
随州	Suizhou	144.9	147.1	142.9	207
湖南	**Hunan**	**3346.7**	**3346.7**	**3789.4**	
长沙	Changsha	248.1	248.1	248.1	144
株洲	Zhuzhou	178.9	178.9	178.9	176
湘潭	Xiangtan	122.9	122.9	122.9	223
衡阳	Hengyang	329.1	329.1	329.1	107
邵阳	Shaoyang	348.9	348.9	348.9	101
岳阳	Yueyang	284.5	284.5	284.5	127
常德	Changde	408.4	408.4	408.4	74
张家界	Zhangjiajie	92.0	92.0	92.0	236
益阳	Yiyang	242.0	242.0	242.0	148
郴州	Chenzhou	234.4	234.4	234.4	154
永州	Yongzhou	288.6	288.6	288.6	126
怀化	Huaihua	265.7	265.7	265.7	134
娄底	Loudi	149.9	149.9	149.9	203
广东	**Guangdong**	**2878.5**	**2878.5**	**2830.7**	
广州	Guangzhou	100.7	101.2	99.1	231
韶关	Shaoguan	220.6	131.6	131.6	214
深圳	Shenzhen				
珠海	Zhuhai	14.8	14.8	14.8	267
汕头	Shantou		73.8	73.8	247
佛山	Foshan	37.7	37.8	37.8	262
江门	Jiangmen	132.9	132.9	132.9	213
湛江	Zhanjiang	445.3	456.1	460.5	64
茂名	Maoming	225.6	260.1	252.4	142
肇庆	Zhaoqing	109.0	109.0	189.4	172
惠州	Huizhou	115.3	115.3	110.1	227
梅州	Meizhou	16.3	163.1	164.2	191
汕尾	Shanwei	94.5	94.5	97.9	233
河源	Heyuan	110.6	110.6	128.7	217
阳江	Yangjiang	104.7	104.1	104.3	229
清远	Qingyuan	220.6	241.9	270.4	131
东莞	Dongguan	13.9	12.6	37.9	261
中山	ZhongShan		50.6	50.6	255
潮州	Chaozhou			74.6	246
揭阳	Jieyang	80.2	123.9	124.2	222
云浮	Yunfu	99.6	98.9	99.0	232
广西	**Guangxi**	**4424.6**	**4421.1**	**4217.5**	
南宁	Nanning		687.3	686.4	25
柳州	Liuzhou	354.7	354.3	353.6	100
桂林	Guilin	283.7	329.5	329.4	106
梧州	Wuzhou	140.1	139.9	111.4	226
北海	Beihai	124.7		124.5	221
防城港	Fangchenggang	91.7	91.7	91.6	237
钦州	Qinzhou		212.4	212.0	160
贵港	Guigang	323.6	323.0	322.7	111
玉林	Yulin	242.3	242.2		
百色	Baise		449.5		

10-2 常用耕地面积 续表 3
Cultivated Land continued 3

单位：千公顷 (1000 hectares)

地名	City	2010	2011	2012	2012 排名 Ranking
贺州	Hezhou	121.2	114.0	163.9	192
河池	Hechi	374.1	374.2	374.1	86
来宾	Laibin		408.6	407.9	75
崇左	Chongzuo	519.6	349.5	520.2	53
海南	**Hainan**	**419.1**	**425.4**	**727.5**	
海口	Haikou	47.0	50.5	46.9	257
三亚	Sanya	11.0	13.9	14.1	268
重庆	**Chongqing**	**2235.9**	**2235.9**	**2235.9**	
四川	**Sichuan**	**4010.7**	**3983.4**	**5947.4**	
成都	Chengdu	356.5	325.5	323.5	110
自贡	Zigong	134.6	135.7	137.4	209
攀枝花	Panzhihua	40.0	40.7	40.8	259
泸州	Luzhou	209.5	209.7	210.3	162
德阳	Deyang	185.0	185.1	185.1	173
绵阳	Mianyang	280.6	281.5	281.9	128
广元	Guangyuan	166.1	167.6	168.8	185
遂宁	Suining	154.5	154.0	154.0	199
内江	Neijiang	164.4	164.4	164.4	190
乐山	Leshan	150.2	149.7	149.9	203
南充	Nanchong	300.7	301.7	302.3	120
眉山	Meishan	171.2	170.9	170.7	184
宜宾	Yibin	243.4	243.1	243.1	146
广安	Guangan	173.4	173.1	173.4	182
达州	Dazhou	301.3	302.1	304.5	118
雅安	Yaan	54.6	55.8	56.2	253
巴中	Bazhong	152.8	152.5	152.4	201
资阳	Ziyang	270.1	268.6	268.3	133
贵州	**Guizhou**	**1761.6**	**1754.9**	**4485.3**	
贵阳	Guiyang	97.8	96.7	95.6	235
六盘水	Liupanshui	107.8	108.1	310.7	116
遵义	Zunyi	390.3	390.0	846.2	16
安顺	Anshun	106.4	106.2	106.5	228
毕节	Bijie	369.3	365.8	997.3	10
铜仁	Tongren	175.3	175.7	176.7	178
云南	**Yunnan**	**4230.1**	**4230.1**	**6072.1**	
昆明	Kunming	157.5	163.8	155.7	196
曲靖	Qujing	281.1	271.8	272.4	129
玉溪	Yuxi	108.0	161.5	253.1	141
保山	Baoshan	155.6	155.3	155.3	197
昭通	Zhaotong	327.6	327.8	326.9	108
丽江	Lijiang	95.0	95.3	103.3	230
普洱	Puer	206.5	207.3	210.9	161
临沧	Lincang	241.4	271.1	270.6	130
西藏	**Tibet**	**203.0**	**231.6**	**361.6**	
拉萨	Lhasa	25.3	35.1	35.1	263
陕西	**Shaanxi**	**2860.5**	**2861.0**	**4050.3**	
西安	Xi'an	255.5	251.4	246.6	145
铜川	Tongchuan	62.7	63.3	64.6	251
宝鸡	Baoji	306.8	305.7	300.0	121
咸阳	Xianyang	359.2	359.3	359.6	96
渭南	Weinan	521.0	521.7	521.5	52
延安	Yan'an	234.6	235.3	240.4	150
汉中	Hanzhong	203.6	204.6	205.3	165
榆林	Yulin	574.3	575.0	580.6	40
安康	Ankang	195.5	197.1	197.9	168
商洛	Shangluo	132.3	133.2	133.6	212
甘肃	**Gansu**	**3493.8**	**4623.5**	**4658.8**	
兰州	Lanzhou	209.5	268.6	268.7	132
嘉峪关	Jiayuguan	2.8	4.2	4.0	270
金昌	Jinchang	67.7	89.3	89.3	239
白银	Baiyin	301.4	379.1	398.7	80
天水	Tianshui	381.4	527.2	514.7	54
武威	Wuwei	254.7	359.6	359.3	97
张掖	Zhangye	234.6	253.5	253.3	140
平凉	Pingliang	372.2	380.0	384.7	84
酒泉	Jiuquan	157.2	153.4	166.7	186
庆阳	Qingyang	445.9	662.7	664.7	30
定西	Dingxi	514.3	669.8	675.3	28
陇南	Longnan	287.9	549.5	553.3	47
青海	**Qinghai**	**542.7**	**542.7**	**542.7**	
西宁	Xining	145.8	145.8	145.8	206
宁夏	**Ningxia**	**1134.9**	**1104.7**	**1107.1**	
银川	Yinchuan	129.4	129.3	128.8	216
石嘴山	Shizuishan	78.1	78.1	78.4	244
吴忠	Wuzhong	339.9	310.8	312.0	115
固原	Guyuan	356.1	356.2	355.0	99
中卫	Zhongwei	231.3	230.2	229.3	157
新疆	**Xinjiang**	**4124.6**	**4124.6**	**4124.6**	
乌鲁木齐	Urumqi	55.4	55.4	55.4	254
克拉玛依	Karamay	21.9	21.9	21.9	265

10-3 农业机械总动力
Total Power of Agricultural Machinery

单位：万千瓦 (10 000 kw)

地名	City	2010	2011	2012	2012 排名 Ranking	地名	City	2010	2011	2012	2012 排名 Ranking
全国	**Nation Total**	**92780.5**	**97734.7**	**102559.0**		沈阳	Shenyang		312.8	326.3	93
北京	**Beijing**	**276.0**	**265.2**	**241.1**		大连	Dalian		341.9	356.5	84
天津	**Tianjin**	**587.8**	**583.9**	**568.1**		鞍山	Anshan		146.0	155.4	202
河北	**Hebei**	**10151.3**	**10349.2**	**10553.8**		抚顺	Fushun		65.2	73.3	260
石家庄	Shijiazhuang	1959.7	1977.0	1983.8	1	本溪	Benxi		53.9	56.5	269
唐山	Tangshan	1080.0	1114.4	1148.5	11	丹东	Dandong		180.2	188.9	170
秦皇岛	Qinhuangdao	295.0	296.8	303.6	99	锦州	Jinzhou		269.1	277.7	113
邯郸	Handan	1372.8	1419.6	1452.4	2	营口	Yingkou		111.1	116.0	232
邢台	Xingtai	929.1	933.4	954.9	15	阜新	Fuxin		222.6	236.7	136
保定	Baoding	1165.4	1191.9	1217.3	8	辽阳	Liaoyang		65.1	69.8	262
张家口	Zhangjiakou	289.8	298.7	306.0	98	盘锦	Panjin		73.4	76.4	256
承德	Chengde	310.1	329.6	349.0	88	铁岭	Tieling		229.1	244.9	128
沧州	Cangzhou	1174.8	1197.7	1215.3	9	朝阳	Chaoyang		181.3	192.0	166
廊坊	Langfang	673.7	677.8	683.9	27	葫芦岛	Huludao		148.2	156.5	200
衡水	Hengshui	900.8	912.3	939.0	16	吉林	**Jilin**	**2145.0**	**2355.0**	**2554.7**	
山西	**Shanxi**	**2809.2**	**2927.3**	**3056.1**		长春	Changchun	427.0	468.8	513.9	50
太原	Taiyuan	120.3	123.2	128.4	226	吉林	Jilin	281.0	306.5	328.2	92
大同	Datong	160.6	167.0	176.1	182	四平	Siping	217.0	244.4	261.0	123
阳泉	Yangquan	121.5	126.0	130.4	224	辽源	Liaoyuan	89.0	99.6	113.8	235
长治	Changzhi	176.2	186.0	198.5	160	通化	Tonghua	136.0	142.9	150.8	210
晋城	Jincheng	225.3	234.0	240.2	134	白山	Baishan	39.0	43.2	44.2	274
朔州	Shuozhou	206.1	214.5	223.1	147	松原	Songyuan	458.0	500.1	543.8	44
晋中	Jinzhong	321.1	334.0	349.9	87	白城	Baicheng	359.0	386.5	416.4	72
运城	Yuncheng	605.3	629.6	658.5	31	黑龙江	**Heilongjiang**	**3736.3**	**4097.8**	**4552.9**	
忻州	Xinzhou	216.1	226.0	236.7	136	哈尔滨	Harbin	753.2	806.7	891.1	19
临汾	Linfen	405.1	422.1	439.9	67	齐齐哈尔	Qiqihar	592.6	640.0	692.8	26
吕梁	Luliang	251.6	264.8	274.4	118	鸡西	Jixi	162.5	175.4	189.4	169
内蒙古	**Inner Mongolia**	**3034.0**	**3172.7**	**3280.6**		鹤岗	Hegang	65.0	71.3	82.2	253
呼和浩特	Hohhot	206.2	218.7	226.1	142	双鸭山	Shuangyashan	124.8	138.8	156.3	201
包头	Baotou	149.2	150.7	155.3	203	大庆	Daqing	267.3	283.5	299.3	101
乌海	Wuhai	7.7	7.9	7.8	282	伊春	Yichun	59.5	66.4	68.5	263
赤峰	Chifeng	434.0	458.8	492.2	55	佳木斯	Jiamusi	285.9	333.7	382.2	77
通辽	Tongliao	558.8	550.0	571.8	38	七台河	Qitaihe	45.6	53.1	56.0	270
鄂尔多斯	Erdos	256.9	266.9	278.8	112	牡丹江	Mudanjiang	164.7	178.6	207.7	156
呼伦贝尔	Hulunbuir	379.1	369.0	381.2	78	黑河	Heihe	213.9	229.7	241.4	132
巴彦淖尔	Bayannur	357.0	412.5	420.6	71	绥化	Suihua	345.9	385.6	444.4	64
乌兰察布	Ulanqab	188.8	196.7	203.2	158	上海	**Shanghai**	**104.2**	**105.6**	**112.7**	
辽宁	**Liaoning**	**2408.3**	**2558.1**	**2526.9**		江苏	**Jiangsu**	**3937.3**	**4106.1**	**4214.6**	

10-3 农业机械总动力 续表 1
Total Power of Agricultural Machinery continued 1

单位：万千瓦 (10 000 kw)

地名	City	2010	2011	2012	2012 排名 Ranking
南京	Nanjing	206.2	210.6	215.5	151
无锡	Wuxi	110.2	104.9	107.2	240
徐州	Xuzhou	563.7	591.7	615.2	33
常州	Changzhou	150.2	155.2	158.5	198
苏州	Suzhou	162.2	161.1	169.0	186
南通	Nantong	325.5	334.9	350.7	86
连云港	Lianyungang	387.3	426.4	474.5	58
淮安	Huaian	392.0	425.1	460.4	61
盐城	Yancheng	510.8	528.6	563.7	39
扬州	Yangzhou	222.7	230.3	235.8	138
镇江	Zhenjiang	142.8	133.9	137.8	216
泰州	Taizhou	218.2	228.1	247.5	126
宿迁	Suqian	545.5	575.2	478.8	56
浙江	**Zhejiang**	**2499.9**	**2542.1**	**2489.4**	
杭州	Hangzhou	322.0	337.2	343.4	90
宁波	Ningbo	326.1	335.5	344.0	89
温州	Wenzhou	229.8	230.2	213.3	153
嘉兴	Jiaxing	158.6	156.2	154.8	204
湖州	Huzhou	163.1	165.0	168.0	188
绍兴	Shaoxing	246.1	242.0	243.3	130
金华	Jinhua	246.5	253.2	258.3	124
衢州	Quzhou	158.9	162.3	164.7	193
舟山	Zhoushan	171.9	176.4	215.6	150
台州	Taizhou	360.0	373.7	367.7	83
丽水	Lishui	103.3	106.7	110.8	236
安徽	**Anhui**	**5409.8**	**5657.1**	**5902.8**	
合肥	Hefei	188.4	358.0	378.4	80
芜湖	Wuhu	106.3	183.0	190.3	167
蚌埠	Bengbu	482.3	498.9	504.4	52
淮南	Huainan	169.6	173.8	178.6	178
马鞍山	Maanshan	49.1	128.6	129.1	225
淮北	Huaibei	240.3	250.6	257.1	125
铜陵	Tongling	37.3	37.3	37.7	277
安庆	Anqing	265.1	280.9	296.3	104
黄山	Huangshan	67.0	70.2	74.8	259
滁州	Chuzhou	576.1	608.4	638.8	32
阜阳	Fuyang	598.2	634.5	662.6	30
宿州	Suzhou	732.7	759.2	787.7	21
六安	Liuan	604.4	622.5	668.0	28
亳州	Bozhou	683.6	726.9	760.7	22
池州	Chizhou	104.0	109.8	114.5	234
宣城	Xuancheng	207.4	214.4	223.9	146
福建	**Fujian**	**1206.2**	**1250.8**	**1286.8**	
福州	Fuzhou	160.3	162.4	161.6	197
厦门	Xiamen	41.7	40.9	41.3	275
莆田	Putian	75.0	76.3	78.0	255
三明	Sanming	119.5	127.5	135.8	219
泉州	Quanzhou	236.7	245.2	247.0	127
漳州	Zhangzhou	196.9	203.3	207.3	157
南平	Nanping	161.4	173.9	189.7	168
龙岩	Longyan	104.3	107.6	110.1	237
宁德	Ningde	110.3	113.8	115.9	233
江西	**Jiangxi**	**3805.0**	**4200.0**	**4599.7**	
南昌	Nanchang			470.0	60
景德镇	Jingdezhen			188.4	171
萍乡	Pingxiang			170.2	185
九江	Jiujiang			444.3	65
新余	Xinyu			128.3	227
鹰潭	Yingtan			94.6	248
赣州	Ganzhou			667.4	29
吉安	Jian			613.4	34
宜春	Yichun			705.3	24
抚州	Fuzhou			499.6	54
上饶	Shangrao			562.0	40
山东	**Shandong**	**11629.0**	**12098.3**	**12419.9**	
济南	Jinan	509.7	527.4	538.7	46
青岛	Qingdao	763.6	784.1	797.7	20
淄博	Zibo	334.5	340.5	352.4	85
枣庄	Zaozhuang	274.0	291.5	309.2	96
东营	Dongying	225.0	231.9	238.0	135
烟台	Yantai	859.0	907.7	928.7	17
潍坊	Weifang	1230.4	1301.0	1322.0	6
济宁	Jining	939.5	984.1	1024.2	14
泰安	Taian	452.5	479.8	500.9	53
威海	Weihai	531.8	539.2	543.9	43
日照	Rizhao	295.5	302.8	309.2	96
莱芜	Laiwu	99.3	102.3	105.0	243
临沂	Linyi	863.6	891.4	912.9	18
德州	Dezhou	1302.5	1362.7	1390.1	4
聊城	Liaocheng	1041.8	1086.0	1138.4	12

10-3 农业机械总动力 续表 2
Total Power of Agricultural Machinery continued 2

单位：万千瓦 (10 000 kw)

地名	City	2010	2011	2012	2012 排名 Ranking	地名	City	2010	2011	2012	2012 排名 Ranking
滨州	Binzhou	546.2	567.9	579.5	36	常德	Changde	481.5	505.3	514.1	48
菏泽	Heze	1360.2	1398.1	1429.0	3	张家界	Zhangjiajie	92.1	95.3	99.6	245
河南	**Henan**	**10195.9**	**10515.8**	**10872.7**		益阳	Yiyang	398.4	424.6	455.4	63
郑州	Zhengzhou	504.3	521.2	547.2	42	郴州	Chenzhou	336.8	368.1	384.4	76
开封	Kaifeng	668.4	681.2	696.7	25	永州	Yongzhou	457.7	482.0	514.2	47
洛阳	Luoyang	457.9	471.6	478.2	57	怀化	Huaihua	288.3	302.0	314.9	95
平顶山	Pingdingshan	344.9	362.1	377.2	81	娄底	Loudi	258.4	279.7	296.4	103
安阳	Anyang	568.9	583.0	602.0	35	**广东**	**Guangdong**	**2253.4**	**2350.5**	**2496.7**	
鹤壁	Hebi	216.1	223.5	231.7	141	广州	Guangzhou	217.6	207.3	195.7	163
新乡	Xinxiang	678.6	703.1	725.7	23	韶关	Shaoguan	124.3	131.8	137.6	217
焦作	Jiaozuo	378.4	385.1	392.6	75	深圳	Shenzhen		2.6	2.4	284
濮阳	Puyang	407.4	418.4	432.9	68	珠海	Zhuhai	24.1	24.9	25.6	280
许昌	Xuchang	355.1	361.4	369.4	82	汕头	Shantou	39.9	42.5	44.4	273
漯河	Luohe	250.0	255.1	261.2	122	佛山	Foshan	113.5	113.5	106.6	242
三门峡	Sanmenxia	165.0	170.0	173.5	183	江门	Jiangmen	158.2	165.6	167.6	190
南阳	Nanyang	1120.5	1165.6	1252.7	7	湛江	Zhanjiang	436.1	457.2	471.0	59
商丘	Shangqiu	1123.1	1140.3	1161.6	10	茂名	Maoming	159.4	162.5	165.5	191
信阳	Xinyang	461.1	510.5	552.7	41	肇庆	Zhaoqing	139.1	149.0	156.9	199
周口	Zhoukou	1064.2	1094.2	1119.7	13	惠州	Huizhou	119.6	123.1	126.0	228
驻马店	Zhumadian	1326.9	1361.4	1388.2	5	梅州	Meizhou	126.5	131.5	135.4	220
湖北	**Hubei**	**3371.0**	**3571.2**	**3842.2**		汕尾	Shanwei	83.9	87.6	90.7	250
武汉	Wuhan	214.6	241.4	234.0	139	河源	Heyuan	48.3	55.3	59.5	267
黄石	Huangshi	69.8	78.3	82.7	252	阳江	Yangjiang	79.1	87.7	88.9	251
十堰	Shiyan	135.3	156.5	179.0	177	清远	Qingyuan	103.2	106.0	109.3	238
宜昌	Yichang	245.0	260.7	277.5	116	东莞	Dongguan	36.8	37.9	39.1	276
襄阳	Xiangfan	515.0	541.2	573.1	37	中山	ZhongShan	69.8	71.2	72.0	261
鄂州	Ezhou	46.1	58.5	60.4	266	潮州	Chaozhou	27.5	29.7	48.2	271
荆门	Jingmen	340.8	366.7	404.1	74	揭阳	Jieyang	57.6	63.3	65.0	264
孝感	Xiaogan	203.2	218.1	232.6	140	云浮	Yunfu	95.1	100.5	106.9	241
荆州	Jingzhou	445.7	475.6	511.6	51	**广西**	**Guangxi**	**2767.7**	**2991.0**	**3195.9**	
黄冈	Huanggang	237.1	267.0	288.2	109	南宁	Nanning	393.8	412.0	427.9	70
咸宁	Xianning	144.1	157.1	168.1	187	柳州	Liuzhou	157.9	177.3	183.7	172
随州	Suizhou	178.0	186.6	194.0	164	桂林	Guilin	364.8	403.5	432.8	69
湖南	**Hunan**	**4651.6**	**4935.6**	**5189.2**		梧州	Wuzhou	100.9	109.5	118.6	230
长沙	Changsha	486.7	516.4	542.0	45	北海	Beihai	121.3	127.1	130.5	223
株洲	Zhuzhou	243.5	259.9	277.6	114	防城港	Fangchenggang	66.4	70.9	75.3	257
湘潭	Xiangtan	256.9	263.3	265.9	121	钦州	Qinzhou	130.3	141.5	153.2	208
衡阳	Hengyang	397.8	424.6	460.1	62	贵港	Guigang	256.2	275.2	291.8	107
邵阳	Shaoyang	362.1	381.8	405.8	73	玉林	Yulin	266.3	284.7	296.9	102
岳阳	Yueyang	468.4	498.1	514.1	48	百色	Baise	240.0	133.0	276.6	117

10-3 农业机械总动力 续表 3
Total Power of Agricultural Machinery continued 3

单位：万千瓦 (10 000 kw)

地名	City	2010	2011	2012	2012 排名 Ranking
贺州	Hezhou	96.0	105.2	117.2	231
河池	Hechi	267.7	287.9	302.3	100
来宾	Laibin	136.8	150.7	164.8	192
崇左	Chongzuo	172.6	193.2	216.3	149
海南	**Hainan**	**421.5**	**404.5**	**479.7**	
海口	Haikou	42.6	54.1	57.3	268
三亚	Sanya	25.8	31.2	33.0	278
重庆	**Chongqing**		**1140.3**	**1162.0**	
四川	**Sichuan**	**3155.1**	**3426.1**	**3694.0**	
成都	Chengdu	288.2	310.7	320.3	94
自贡	Zigong	83.6	89.2	97.8	246
攀枝花	Panzhihua	56.4	60.8	64.1	265
泸州	Luzhou	140.4	159.1	177.3	181
德阳	Deyang	157.1	172.3	183.5	173
绵阳	Mianyang	229.1	248.4	268.4	119
广元	Guangyuan	211.9	225.9	241.4	132
遂宁	Suining	100.4	104.2	108.5	239
内江	Neijiang	122.3	125.4	136.0	218
乐山	Leshan	163.6	180.1	194.0	164
南充	Nanchong	189.6	202.7	219.1	148
眉山	Meishan	182.5	198.6	215.2	152
宜宾	Yibin	171.5	183.7	198.4	161
广安	Guangan	133.1	152.0	168.0	188
达州	Dazhou	174.7	184.6	199.5	159
雅安	Yaan	126.1	138.6	149.8	211
巴中	Bazhong	123.7	133.1	143.0	215
资阳	Ziyang	151.1	162.0	178.2	179
贵州	**Guizhou**	**1730.3**	**1851.4**	**2106.7**	
贵阳	Guiyang	154.8	138.0	153.1	209
六盘水	Liupanshui	69.3	152.6	172.5	184
遵义	Zunyi	278.0	286.8	335.4	91
安顺	Anshun	120.3	134.1	162.1	196
毕节	Bijie	206.1	244.0	268.0	120
铜仁	Tongren	231.9	245.7	277.6	114
云南	**Yunnan**	**2411.0**	**2628.0**	**2874.5**	
昆明	Kunming	270.0	285.3	295.8	105
曲靖	Qujing	26.0	273.2	295.0	106
玉溪	Yuxi	206.9	222.4	242.2	131
保山	Baoshan	13.2	14.9	148.8	212
昭通	Zhaotong	130.7	15.1	180.8	176

地名	City	2010	2011	2012	2012 排名 Ranking
丽江	Lijiang	63.9	68.3	75.3	257
普洱	Puer	17.2	185.7	208.3	155
临沧	Lincang	117.7	135.5	153.8	206
西藏	**Tibet**	**412.0**	**445.1**	**465.0**	
拉萨	Lhasa	77.0	85.0	94.0	249
陕西	**Shaanxi**	**1889.3**	**2036.6**	**2350.2**	
西安	Xi'an	267.7	289.0	282.2	111
铜川	Tongchuan	39.2	41.5	44.9	272
宝鸡	Baoji	181.2	209.4	225.2	145
咸阳	Xianyang	249.1	262.5	283.1	110
渭南	Weinan	402.4	421.8	441.9	66
延安	Yan'an	164.4	172.1	181.3	175
汉中	Hanzhong	135.2	150.8	163.9	195
榆林	Yulin	253.5	272.6	288.5	108
安康	Ankang	113.0	127.8	145.0	214
商洛	Shangluo	71.5	76.9	79.9	254
甘肃	**Gansu**	**1977.6**	**2136.5**	**2279.1**	
兰州	Lanzhou	151.1	145.1	153.3	207
嘉峪关	Jiayuguan	10.6	10.9	11.2	281
金昌	Jinchang	89.3	91.6	95.9	247
白银	Baiyin	175.0	199.3	212.2	154
天水	Tianshui	116.0	125.6	135.1	221
武威	Wuwei	342.0	125.6	379.0	79
张掖	Zhangye	200.0	217.0	226.1	142
平凉	Pingliang	94.5	106.2	121.7	229
酒泉	Jiuquan	194.3	218.8	225.6	144
庆阳	Qingyang	310.9	144.0	154.5	205
定西	Dingxi	211.0	221.6	244.1	129
陇南	Longnan	134.7	149.3	164.3	194
青海	**Qinghai**	**421.3**	**432.3**	**435.0**	
西宁	Xining	140.0	140.3	134.9	222
宁夏	**Ningxia**	**729.1**	**768.7**	**787.3**	
银川	Yinchuan	163.7	176.9	183.3	174
石嘴山	Shizuishan	100.7	102.7	104.9	244
吴忠	Wuzhong	178.5	188.1	198.1	162
固原	Guyuan	153.9	166.8	177.8	180
中卫	Zhongwei	132.4	134.2	147.2	213
新疆	**Xinjiang**	**1642.9**	**1795.9**	**1968.9**	
乌鲁木齐	Urumqi	27.8	28.6	29.9	279
克拉玛依	Karamay	3.1	2.9	3.0	283

10-4 化肥施用量
Consumption of Chemical Fertilizer

单位：万吨 (10 000 tons)

地名	City	2010	2011	2012	2012 排名 Ranking	地名	City	2010	2011	2012	2012 排名 Ranking
全国	**Nation Total**	**5561.7**	**5704.2**	**5838.8**		沈阳	Shenyang	19.5	20.0	20.0	97
北京	**Beijing**	**13.7**	**13.8**	**13.7**		大连	Dalian	16.1	16.0	16.2	117
天津	**Tianjin**	**25.5**	**24.4**	**24.5**		鞍山	Anshan	9.3	9.4	9.6	184
河北	**Hebei**	**322.9**	**326.3**	**329.3**		抚顺	Fushun	3.3	3.4	3.4	260
石家庄	Shijiazhuang	48.4	48.7	48.9	20	本溪	Benxi	1.3	1.3	1.3	275
唐山	Tangshan	38.2	38.0	38.5	35	丹东	Dandong	7.1	6.5	7.4	216
秦皇岛	Qinhuangdao	14.0	14.3	14.6	131	锦州	Jinzhou	16.4	16.4	16.8	113
邯郸	Handan	47.3	47.2	47.9	21	营口	Yingkou	6.1	6.1	6.0	237
邢台	Xingtai	34.5	35.2	35.4	43	阜新	Fuxin	12.9	13.9	14.7	129
保定	Baoding	44.6	46.1	46.9	23	辽阳	Liaoyang	5.4	5.5	4.9	248
张家口	Zhangjiakou	9.8	10.1	10.3	178	盘锦	Panjin	5.0	5.0	4.7	251
承德	Chengde	10.6	10.8	10.8	171	铁岭	Tieling	19.7	21.3	22.1	83
沧州	Cangzhou	32.3	31.9	31.7	50	朝阳	Chaoyang	9.4	10.8	11.2	163
廊坊	Langfang	16.7	16.7	16.8	113	葫芦岛	Huludao	8.5	8.9	8.5	205
衡水	Hengshui	26.7	27.2	27.7	63	吉林	**Jilin**	**371.7**	**391.9**	**206.7**	
山西	**Shanxi**	**110.4**	**114.6**	**118.3**		长春	Changchun	93.2	98.5	101.6	1
太原	Taiyuan	2.6	2.8	2.9	263	吉林	Jilin	52.9	54.3	56.8	12
大同	Datong	8.1	8.3	8.8	201	四平	Siping	62.7	66.6	68.2	7
阳泉	Yangquan	1.4	1.4	1.3	275	辽源	Liaoyuan	14.5	15.5	18.4	108
长治	Changzhi	11.0	11.4	11.9	156	通化	Tonghua	26.4	28.3	29.3	57
晋城	Jincheng	6.9	7.1	7.1	219	白山	Baishan	3.5	3.5	3.7	258
朔州	Shuozhou	6.9	7.1	7.4	216	松原	Songyuan	66.3	69.0	72.7	5
晋中	Jinzhong	10.3	10.6	11.2	163	白城	Baicheng	39.4	41.4	43.7	28
运城	Yuncheng	27.4	28.8	29.4	56	黑龙江	**Heilongjiang**	**214.9**	**228.4**	**240.3**	
忻州	Xinzhou	12.7	13.3	13.0	142	哈尔滨	Harbin	43.6	45.0	47.1	22
临汾	Linfen	15.7	16.7	17.0	112	齐齐哈尔	Qiqihar	25.0	27.4	27.9	62
吕梁	Luliang	7.3	7.2	8.1	210	鸡西	Jixi	4.3	4.5	4.6	252
内蒙古	**Inner Mongolia**	**177.2**	**176.9**	**189.0**		鹤岗	Hegang	3.6	4.2	4.2	255
呼和浩特	Hohhot	10.7	11.1	11.6	160	双鸭山	Shuangyashan	5.5	6.1	6.2	232
包头	Baotou	6.6	6.7	7.0	221	大庆	Daqing	11.1	11.8	12.2	150
乌海	Wuhai	0.4	0.3	0.3	283	伊春	Yichun	2.0	2.3	2.4	269
赤峰	Chifeng	26.1	25.7	28.2	61	佳木斯	Jiamusi	18.6	20.1	21.3	86
通辽	Tongliao	53.0	53.2	54.2	15	七台河	Qitaihe	1.4	1.7	1.4	274
鄂尔多斯	Erdos	9.9	10.3	11.1	167	牡丹江	Mudanjiang	7.6	7.8	8.2	208
呼伦贝尔	Hulunbuir	1.6	15.5	20.9	93	黑河	Heihe	11.7	10.7	11.8	159
巴彦淖尔	Bayannur	24.7	24.4	24.1	68	绥化	Suihua	31.1	33.3	34.3	44
乌兰察布	Ulanqab	9.0	9.3	9.0	194	上海	**Shanghai**	**11.8**	**11.6**	**11.0**	
辽宁	**Liaoning**	**140.1**	**144.6**	**146.9**		江苏	**Jiangsu**	**341.1**	**337.2**	**331.0**	

10-4 化肥施用量 续表 1
Consumption of Chemical Fertilizer continued 1

单位：万吨 (10 000 tons)

地名	City	2010	2011	2012	2012 排名 Ranking
南京	Nanjing	9.0	8.4	8.2	208
无锡	Wuxi	6.5	6.2	6.0	237
徐州	Xuzhou	70.3	69.7	67.1	8
常州	Changzhou	6.7	6.5	6.3	230
苏州	Suzhou	9.2	8.8	8.5	205
南通	Nantong	24.5	23.8	23.8	73
连云港	Lianyungang	33.8	33.7	33.8	46
淮安	Huaian	36.7	37.1	38.0	36
盐城	Yancheng	60.7	59.3	55.7	14
扬州	Yangzhou	19.0	18.9	19.5	104
镇江	Zhenjiang	7.0	6.3	5.9	239
泰州	Taizhou	19.3	18.6	17.9	110
宿迁	Suqian	38.4	39.8	40.3	31
浙江	**Zhejiang**	**92.2**	**92.1**	**92.2**	
杭州	Hangzhou	11.5	11.0	10.8	171
宁波	Ningbo	10.9	11.1	11.2	163
温州	Wenzhou	8.9	8.7	8.6	204
嘉兴	Jiaxing	10.5	10.5	10.5	177
湖州	Huzhou	5.5	5.5	5.3	242
绍兴	Shaoxing	10.4	10.4	10.5	176
金华	Jinhua	11.2	11.5	12.0	152
衢州	Quzhou	7.5	7.6	7.5	214
舟山	Zhoushan	0.5	0.6	0.5	280
台州	Taizhou	9.1	9.0	9.0	194
丽水	Lishui	6.2	6.2	6.2	232
安徽	**Anhui**	**319.8**	**329.7**	**333.5**	
合肥	Hefei	19.7	31.6	31.4	51
芜湖	Wuhu	6.8	14.5	15.5	123
蚌埠	Bengbu	28.4	29.3	29.6	54
淮南	Huainan	13.3	13.4	14.1	136
马鞍山	Maanshan	2.8	9.4	9.0	194
淮北	Huaibei	8.6	9.8	10.0	180
铜陵	Tongling	2.2	2.3	2.4	269
安庆	Anqing	21.9	23.0	23.7	74
黄山	Huangshan	3.9	3.9	4.0	256
滁州	Chuzhou	32.1	33.4	33.9	45
阜阳	Fuyang	37.3	38.1	39.3	32
宿州	Suzhou	33.0	33.5	33.6	48
六安	Liuan	36.6	37.1	37.0	39
亳州	Bozhou	30.0	30.1	30.1	53

地名	City	2010	2011	2012	2012 排名 Ranking
池州	Chizhou	5.8	6.0	5.9	239
宣城	Xuancheng	13.8	14.2	14.0	137
福建	**Fujian**	**121.0**	**120.9**	**120.9**	
福州	Fuzhou	8.7	8.8	8.7	203
厦门	Xiamen	2.3	2.3	2.4	269
莆田	Putian	6.7	6.5	6.4	229
三明	Sanming	13.0	13.1	13.2	141
泉州	Quanzhou	15.2	14.8	14.9	125
漳州	Zhangzhou	38.7	39.2	39.1	33
南平	Nanping	15.9	15.6	15.7	122
龙岩	Longyan	11.3	11.3	11.1	167
宁德	Ningde	9.3	9.4	9.4	189
江西	**Jiangxi**	**137.6**	**141.1**	**141.3**	
南昌	Nanchang	14.9	15.0	14.9	125
景德镇	Jingdezhen	3.2	3.3	3.4	260
萍乡	Pingxiang	3.6	3.7	4.0	256
九江	Jiujiang	16.1	15.9	15.9	120
新余	Xinyu	2.9	3.2	2.8	265
鹰潭	Yingtan	3.0	2.8	2.9	263
赣州	Ganzhou	22.4	22.6	23.0	80
吉安	Jian	17.5	17.6	18.3	109
宜春	Yichun	20.8	21.9	21.0	90
抚州	Fuzhou	19.9	20.5	20.8	94
上饶	Shangrao	13.2	14.6	14.4	132
山东	**Shandong**	**475.3**	**473.6**	**476.3**	
济南	Jinan	23.4	23.6	23.3	78
青岛	Qingdao	29.9	29.4	29.1	58
淄博	Zibo	9.9	9.8	9.9	181
枣庄	Zaozhuang	21.7	21.1	21.2	88
东营	Dongying	11.4	10.9	12.0	152
烟台	Yantai	39.1	38.2	37.6	37
潍坊	Weifang	58.3	57.4	56.4	13
济宁	Jining	46.6	45.8	46.6	24
泰安	Taian	20.2	20.2	20.3	96
威海	Weihai	10.3	10.3	10.9	170
日照	Rizhao	13.0	12.7	12.7	144
莱芜	Laiwu	3.8	3.8	3.7	258
临沂	Linyi	43.4	43.1	41.9	30
德州	Dezhou	32.7	35.2	38.6	34
聊城	Liaocheng	42.0	42.4	42.0	29

10-4 化肥施用量 续表 2
Consumption of Chemical Fertilizer continued 2

单位：万吨 (10 000 tons)

地名	City	2010	2011	2012	2012 排名 Ranking	地名	City	2010	2011	2012	2012 排名 Ranking
滨州	Binzhou	21.2	20.8	21.2	88	常德	Changde	33.2	32.9	32.7	49
菏泽	Heze	48.4	48.8	49.1	19	张家界	Zhangjiajie	5.6	5.7	6.1	235
河南	**Henan**	**655.2**	**673.7**	**684.4**		益阳	Yiyang	22.2	22.8	23.9	72
郑州	Zhengzhou	22.7	23.6	24.1	68	郴州	Chenzhou	18.5	19.2	19.7	102
开封	Kaifeng	28.7	29.2	29.5	55	永州	Yongzhou	22.4	22.9	23.3	78
洛阳	Luoyang	23.6	24.2	24.1	68	怀化	Huaihua	10.7	11.0	10.8	171
平顶山	Pingdingshan	35.0	35.5	35.8	40	娄底	Loudi	9.3	9.3	9.6	184
安阳	Anyang	42.3	43.3	43.8	27	广东	**Guangdong**	**237.3**	**241.3**	**245.4**	
鹤壁	Hebi	7.5	7.6	7.7	212	广州	Guangzhou	10.8	10.7	10.7	174
新乡	Xinxiang	49.0	50.0	51.2	17	韶关	Shaoguan	35.2	11.3	11.4	161
焦作	Jiaozuo	20.2	20.3	19.8	98	深圳	Shenzhen	0.7	0.6	0.5	280
濮阳	Puyang	25.9	26.1	26.4	64	珠海	Zhuhai	1.0	3.6	0.7	278
许昌	Xuchang	31.0	32.1	30.9	52	汕头	Shantou	5.3	5.2	5.6	241
漯河	Luohe	17.1	16.8	16.8	113	佛山	Foshan	5.3	4.9	5.1	245
三门峡	Sanmenxia	9.2	9.7	9.9	181	江门	Jiangmen	39.5	12.2	12.6	146
南阳	Nanyang	79.9	84.3	87.2	2	湛江	Zhanjiang	41.8	43.9	43.9	26
商丘	Shangqiu	70.2	73.9	77.1	3	茂名	Maoming	32.9	33.3	33.8	46
信阳	Xinyang	47.3	51.6	52.9	16	肇庆	Zhaoqing	18.1	18.6	19.1	107
周口	Zhoukou	74.1	73.0	73.3	4	惠州	Huizhou	8.9	9.1	9.4	189
驻马店	Zhumadian	69.1	70.3	71.6	6	梅州	Meizhou	15.7	15.4	16.1	118
湖北	**Hubei**	**350.8**	**354.9**	**354.9**		汕尾	Shanwei	6.4	6.8	6.9	224
武汉	Wuhan	16.4	15.5	15.5	123	河源	Heyuan	6.7	6.7	7.1	219
黄石	Huangshi	4.7	5.1	5.0	246	阳江	Yangjiang	11.3	11.5	11.9	156
十堰	Shiyan	12.8	13.2	14.3	134	清远	Qingyuan	20.1	20.6	19.2	105
宜昌	Yichang	35.7	36.6	37.6	37	东莞	Dongguan	0.8	0.8	0.7	278
襄阳	Xiangfan	53.2	58.2	57.7	11	中山	ZhongShan	3.1	3.0	2.8	265
鄂州	Ezhou	12.0	12.0	12.0	152	潮州	Chaozhou	4.2	4.8	4.8	250
荆门	Jingmen	29.3	26.7	28.8	59	揭阳	Jieyang	12.1	12.4	12.5	147
孝感	Xiaogan	21.8	21.7	21.0	90	云浮	Yunfu	8.4	8.6	9.0	194
荆州	Jingzhou	37.4	38.1	35.8	40	广西	**Guangxi**	**237.2**	**242.7**	**249.0**	
黄冈	Huanggang	49.7	50.3	51.0	18	南宁	Nanning	43.0	44.0	44.3	25
咸宁	Xianning	11.4	11.7	11.9	156	柳州	Liuzhou	18.5	19.4	19.8	98
随州	Suizhou	16.5	16.0	16.0	119	桂林	Guilin	22.4	22.4	22.7	81
湖南	**Hunan**	**236.6**	**242.5**	**249.1**		梧州	Wuzhou	6.8	6.9	7.0	221
长沙	Changsha	17.6	18.2	20.5	95	北海	Beihai	6.2	6.3	6.3	230
株洲	Zhuzhou	12.1	12.7	12.7	144	防城港	Fangchenggang	5.0	4.9	5.3	242
湘潭	Xiangtan	11.7	11.5	12.4	148	钦州	Qinzhou	24.9	25.5	25.8	65
衡阳	Hengyang	21.9	22.6	23.5	76	贵港	Guigang	19.2	19.4	19.8	98
邵阳	Shaoyang	22.3	22.7	22.7	81	玉林	Yulin	16.0	16.2	16.5	116
岳阳	Yueyang	21.7	23.6	23.4	77	百色	Baise	10.2	10.5	11.1	167

10-4 化肥施用量 续表 3
Consumption of Chemical Fertilizer continued 3

单位：万吨 (10 000 tons)

地名	City	2010	2011	2012	2012 排名 Ranking	地名	City	2010	2011	2012	2012 排名 Ranking
贺州	Hezhou	5.3	5.5	19.7	102	丽江	Lijiang	7.5	7.9	8.5	205
河池	Hechi	11.9	12.5	12.8	143	普洱	Puer	6.2	6.9	7.5	214
来宾	Laibin	22.0	22.4	23.6	75	临沧	Lincang	15.4	18.1	19.2	105
崇左	Chongzuo	25.8	26.8	28.7	60	西藏	**Tibet**	**4.7**	**4.8**	**5.0**	
海南	**Hainan**	**46.4**	**38.7**	**45.5**		拉萨	Lhasa	1.1	1.7	1.7	273
海口	Haikou	3.1	2.7	3.3	262	陕西	**Shaanxi**	**196.8**	**207.3**	**239.8**	
三亚	Sanya	1.8	1.8	4.5	253	西安	Xi'an	23.6	23.9	24.3	67
重庆	**Chongqing**	**91.8**	**95.6**	**96.0**		铜川	Tongchuan	4.9	5.2	5.2	244
四川	**Sichuan**	**248.0**	**251.2**	**253.0**		宝鸡	Baoji	21.5	23.5	25.8	65
成都	Chengdu	17.2	17.4	15.8	121	咸阳	Xianyang	41.4	46.4	66.3	9
自贡	Zigong	8.5	8.7	9.0	194	渭南	Weinan	48.9	50.8	58.3	10
攀枝花	Panzhihua	3.0	2.8	2.8	265	延安	Yan'an	11.4	11.9	13.3	140
泸州	Luzhou	10.3	10.4	10.6	175	汉中	Hanzhong	14.6	14.8	13.9	139
德阳	Deyang	20.0	20.0	19.8	98	榆林	Yulin	12.9	13.4	14.7	129
绵阳	Mianyang	21.0	21.4	21.6	85	安康	Ankang	8.5	9.7	11.4	161
广元	Guangyuan	11.3	11.6	12.0	152	商洛	Shangluo	6.1	6.2	6.2	232
遂宁	Suining	14.4	14.4	14.4	132	甘肃	**Gansu**	**85.3**	**87.2**	**92.1**	
内江	Neijiang	11.8	12.0	12.2	150	兰州	Lanzhou	4.3	4.4	4.5	253
乐山	Leshan	9.1	9.3	9.5	186	嘉峪关	Jiayuguan	0.2	0.2	0.3	283
南充	Nanchong	23.3	23.7	24.1	68	金昌	Jinchang	2.0	2.0	2.3	272
眉山	Meishan	14.5	14.9	14.9	125	白银	Baiyin	4.9	4.8	4.9	248
宜宾	Yibin	10.6	10.3	9.8	183	天水	Tianshui	7.3	7.6	7.7	212
广安	Guangan	10.7	10.9	11.2	163	武威	Wuwei	15.6	15.3	14.8	128
达州	Dazhou	20.0	20.3	21.0	90	张掖	Zhangye	8.1	8.8	9.5	186
雅安	Yaan	5.0	5.0	5.0	246	平凉	Pingliang	8.1	8.6	9.1	192
巴中	Bazhong	13.3	13.7	14.0	137	酒泉	Jiuquan	7.3	7.6	8.1	210
资阳	Ziyang	8.8	9.0	9.1	192	庆阳	Qingyang	9.2	9.3	10.2	179
贵州	**Guizhou**	**86.5**	**94.1**	**98.2**		定西	Dingxi	6.9	6.9	8.8	201
贵阳	Guiyang	6.4	6.6	6.7	227	陇南	Longnan	6.1	6.7	6.7	227
六盘水	Liupanshui	6.8	6.6	6.9	224	青海	**Qinghai**	**8.2**	**8.3**	**9.3**	
遵义	Zunyi	15.5	20.6	21.9	84	西宁	Xining	2.1	2.6	2.8	265
安顺	Anshun	6.1	6.0	6.1	235	宁夏	**Ningxia**	**102.6**	**38.2**	**39.4**	
毕节	Bijie	20.6	20.7	21.3	86	银川	Yinchuan	25.1	9.2	9.2	191
铜仁	Tongren	8.6	8.7	9.5	186	石嘴山	Shizuishan	15.6	5.7	6.8	226
云南	**Yunnan**	**184.6**	**200.5**	**210.2**		吴忠	Wuzhong	24.2	9.0	9.0	194
昆明	Kunming	17.3	17.6	17.9	110	固原	Guyuan	17.7	6.8	7.0	221
曲靖	Qujing	30.5	34.9	35.5	42	中卫	Zhongwei	20.0	7.4	7.4	216
玉溪	Yuxi	38.4	39.4	9.0	194	新疆	**Xinjiang**	**167.6**	**183.8**	**192.7**	
保山	Baoshan	11.3	12.1	12.4	148	乌鲁木齐	Urumqi	1.0	0.9	0.9	277
昭通	Zhaotong	13.1	13.7	14.2	135	克拉玛依	Karamay	0.4	0.4	0.4	282

10-5 农村用电量
Electricity Consumed in Rural Areas

单位：亿千瓦小时　　　　(100 million kwh)

地名	City	2010	2011	2012	2012 排名 Ranking	地名	City	2010	2011	2012	2012 排名 Ranking
全国	**Nation Total**	**6632.3**	**7139.6**	**7508.50**		沈阳	Shenyang	45.85			
北京	**Beijing**	**44.38**	**45.40**	**47.30**		大连	Dalian	78.10			
天津	**Tianjin**	**50.99**	**51.30**	**51.60**		鞍山	Anshan	45.40			
河北	**Hebei**	**511.81**	**559.22**	**593.90**		抚顺	Fushun	11.16			
石家庄	Shijiazhuang	71.35	74.75	78.50	19	本溪	Benxi	1.47			
唐山	Tangshan	14.70	141.93	142.40	10	丹东	Dandong	13.79			
秦皇岛	Qinhuangdao	9.05	23.17	23.30	53	锦州	Jinzhou	17.82			
邯郸	Handan	17.69	53.59	59.20	26	营口	Yingkou	25.98			
邢台	Xingtai	121.78	29.82	32.20	40	阜新	Fuxin	8.05			
保定	Baoding	64.89	41.34	47.40	32	辽阳	Liaoyang	35.01			
张家口	Zhangjiakou	44.32	9.80	12.40	89	盘锦	Panjin	7.67			
承德	Chengde	64.20	15.76	16.70	65	铁岭	Tieling	11.89			
沧州	Cangzhou	26.13	70.18	75.20	21	朝阳	Chaoyang	34.47			
廊坊	Langfang	28.28	70.93	77.70	20	葫芦岛	Huludao	7.98			
衡水	Hengshui	49.43	27.94	28.90	46	吉林	**Jilin**	**39.50**	**42.51**	**46.10**	
山西	**Shanxi**	**81.18**	**86.60**	**95.00**		长春	Changchun	10.37	12.65	12.50	88
太原	Taiyuan	4.84	5.04	5.30	170	吉林	Jilin	4.83	4.97	5.10	173
大同	Datong	2.96	3.02	3.20	211	四平	Siping	5.12	5.65	5.80	160
阳泉	Yangquan	7.05	6.63	6.60	151	辽源	Liaoyuan	1.51	1.42	1.50	247
长治	Changzhi	7.15	7.57	8.10	132	通化	Tonghua	2.93	3.03	3.20	211
晋城	Jincheng	6.84	6.89	7.30	142	白山	Baishan	0.82	0.84	0.90	251
朔州	Shuozhou	2.02	2.06	2.10	233	松原	Songyuan	5.07	4.97	5.30	170
晋中	Jinzhong	11.26	12.44	13.40	79	白城	Baicheng	2.82	3.06	3.30	209
运城	Yuncheng	20.86	22.31	26.40	49	黑龙江	**Heilongjiang**	**52.73**	**70.14**	**64.30**	
忻州	Xinzhou	5.09	5.64	5.80	160	哈尔滨	Harbin	15.08	16.34	17.30	62
临汾	Linfen	6.20	6.77	7.80	136	齐齐哈尔	Qiqihar	5.63	6.04	6.10	150
吕梁	Luliang	6.90	8.24	8.90	120	鸡西	Jixi	2.27	2.66	2.90	217
内蒙古	**Inner Mongolia**	**48.41**	**52.30**	**55.20**		鹤岗	Hegang	0.40	0.45	0.50	255
呼和浩特	Hohhot		3.95	4.00	196	双鸭山	Shuangyashan	1.78	2.03	2.10	233
包头	Baotou	2.97	3.01	3.20	211	大庆	Daqing	3.54	3.64	4.10	191
乌海	Wuhai	0.30	0.28	0.30	256	伊春	Yichun	0.60	0.60	0.60	254
赤峰	Chifeng	15.99	18.02	19.40	56	佳木斯	Jiamusi	4.08	5.15	5.90	158
通辽	Tongliao		9.18	10.20	101	七台河	Qitaihe	0.69	0.78	1.20	250
鄂尔多斯	Erdos	4.51	4.60	4.60	180	牡丹江	Mudanjiang	3.95	4.29	4.50	181
呼伦贝尔	Hulunbuir	2.15	2.67	2.60	224	黑河	Heihe	1.64	1.79	2.40	226
巴彦淖尔	Bayannur	3.99	4.12	4.20	187	绥化	Suihua	8.55	12.24	10.60	99
乌兰察布	Ulanqab	2.10	2.60	2.40	226	上海	**Shanghai**	**195.48**	**204.28**	**209.00**	
辽宁	**Liaoning**	**344.65**	**366.33**	**373.40**		江苏	**Jiangsu**	**1472.89**	**1606.83**	**1696.40**	

10-5 农村用电量 续表 1
Electricity Consumed in Rural Areas continued 1

单位：亿千瓦小时 (100 million kwh)

地名	City	2010	2011	2012	2012 排名 Ranking	地名	City	2010	2011	2012	2012 排名 Ranking
南京	Nanjing	28.62	30.11	30.80	43	池州	Chizhou	2.93	3.03	3.40	206
无锡	Wuxi	337.12	370.65	372.60	3	宣城	Xuancheng	8.84	8.77	10.00	104
徐州	Xuzhou	50.23	56.63	59.60	25	**福建**	**Fujian**	**257.49**	**270.58**	**312.90**	
常州	Changzhou	155.94	151.58	157.40	8	福州	Fuzhou	73.16	77.93	108.00	13
苏州	Suzhou	486.29	524.91	556.10	1	厦门	Xiamen	1.97	2.06	2.40	226
南通	Nantong	120.94	134.43	144.50	9	莆田	Putian	11.10	11.61	12.10	93
连云港	Lianyungang	24.20	27.06	28.80	47	三明	Sanming	11.06	11.75	12.60	85
淮安	Huaian	10.58	11.75	12.60	85	泉州	Quanzhou	109.94	112.50	116.80	11
盐城	Yancheng	57.96	61.24	69.20	24	漳州	Zhangzhou	16.07	16.95	18.40	61
扬州	Yangzhou	39.74	48.88	52.80	30	南平	Nanping	9.60	10.98	12.80	82
镇江	Zhenjiang	53.97	67.31	72.20	23	龙岩	Longyan	15.04	14.98	16.90	63
泰州	Taizhou	84.91	92.48	105.80	14	宁德	Ningde	9.56	11.82	12.80	82
宿迁	Suqian	22.37	29.80	34.20	39	**江西**	**Jiangxi**	**71.57**	**77.31**	**84.60**	
浙江	**Zhejiang**	**765.15**	**848.00**	**869.90**		南昌	Nanchang	11.59	12.76	13.60	78
杭州	Hangzhou	109.37	112.95	109.70	12	景德镇	Jingdezhen	2.21	2.45	2.70	222
宁波	Ningbo	153.54	170.28	173.80	7	萍乡	Pingxiang	4.49	4.78	5.00	174
温州	Wenzhou	71.43	89.80	90.30	17	九江	Jiujiang	7.90	8.85	9.90	108
嘉兴	Jiaxing	85.67	94.95	101.10	15	新余	Xinyu	2.64	2.56	2.40	226
湖州	Huzhou	35.32	36.97	37.10	37	鹰潭	Yingtan	0.80	0.95	3.00	215
绍兴	Shaoxing	168.10	186.37	195.30	5	赣州	Ganzhou	8.81	9.40	10.10	103
金华	Jinhua	36.51	38.71	39.60	36	吉安	Jian	6.54	6.99	7.70	139
衢州	Quzhou	8.96	9.21	9.50	114	宜春	Yichun	9.51	11.18	11.80	95
舟山	Zhoushan	10.70	11.65	12.20	91	抚州	Fuzhou	4.16	4.51	4.80	178
台州	Taizhou	80.77	92.02	95.80	16	上饶	Shangrao	12.92	12.95	13.70	77
丽水	Lishui	4.77	5.10	5.40	166	**山东**	**Shandong**	**439.03**	**456.52**	**465.80**	
安徽	**Anhui**	**107.41**	**117.28**	**128.80**		济南	Jinan	25.57	25.68	26.00	50
合肥	Hefei	5.45	13.88	14.40	72	青岛	Qingdao	42.68	43.16	42.70	34
芜湖	Wuhu	5.80	11.17	12.60	85	淄博	Zibo	53.38	53.52	52.30	31
蚌埠	Bengbu	5.13	5.88	6.90	149	枣庄	Zaozhuang	24.45	28.13	29.00	45
淮南	Huainan	6.88	7.24	7.90	134	东营	Dongying	4.35	4.77	4.80	178
马鞍山	Maanshan	1.71	4.11	4.50	181	烟台	Yantai	76.88	83.28	83.40	18
淮北	Huaibei	1.58	1.78	2.00	238	潍坊	Weifang	56.49	57.08	59.10	27
铜陵	Tongling	1.59	1.52	1.60	245	济宁	Jining	13.62	14.03	14.80	68
安庆	Anqing	12.87	14.08	14.70	69	泰安	Taian	9.10	9.58	9.90	108
黄山	Huangshan	1.76	1.84	2.10	233	威海	Weihai	20.14	20.10	20.70	55
滁州	Chuzhou	7.68	8.25	8.90	120	日照	Rizhao	7.85	8.60	9.00	118
阜阳	Fuyang	9.54	10.64	11.80	95	莱芜	Laiwu	9.96	9.77	9.90	108
宿州	Suzhou	6.20	7.15	8.00	133	临沂	Linyi	32.11	29.39	29.70	44
六安	Liuan	9.68	11.33	12.20	91	德州	Dezhou	7.82	7.83	7.90	134
亳州	Bozhou	6.56	6.84	7.80	136	聊城	Liaocheng	11.90	12.73	13.30	81

10-5　农村用电量　续表 2
Electricity Consumed in Rural Areas continued 2

单位：亿千瓦小时 (100 million kwh)

地名	City	2010	2011	2012	2012 排名 Ranking	地名	City	2010	2011	2012	2012 排名 Ranking
滨州	Binzhou	10.15	9.85	10.30	100	常德	Changde	8.84	9.35	9.60	113
菏泽	Heze	32.58	38.99	43.20	33	张家界	Zhangjiajie	1.49	1.55	1.70	242
河南	**Henan**	**269.41**	**281.82**	**290.00**		益阳	Yiyang	6.39	7.22	8.20	131
郑州	Zhengzhou	40.67	38.27	39.90	35	郴州	Chenzhou	5.61	6.13	6.30	154
开封	Kaifeng	8.22	8.17	8.30	130	永州	Yongzhou	6.24	6.69	7.00	148
洛阳	Luoyang	21.31	22.90	24.50	51	怀化	Huaihua	4.79	5.19	5.40	166
平顶山	Pingdingshan	8.66	9.53	10.20	101	娄底	Loudi	4.98	5.36	5.70	163
安阳	Anyang	25.08	27.96	23.40	52	广东	**Guangdong**	**1044.26**	**1134.92**	**1187.50**	
鹤壁	Hebi	2.14	2.25	2.30	230	广州	Guangzhou	160.17	164.41	181.20	6
新乡	Xinxiang	54.17	56.58	57.20	28	韶关	Shaoguan	3.29	3.51	3.80	198
焦作	Jiaozuo	11.13	12.78	13.40	79	深圳	Shenzhen				
濮阳	Puyang	6.14	6.65	7.30	142	珠海	Zhuhai	2.43	10.28	12.30	90
许昌	Xuchang	9.01	9.39	10.00	104	汕头	Shantou	23.86	25.54	26.90	48
漯河	Luohe	4.44	4.71	4.90	176	佛山	Foshan	205.22	224.87	228.30	4
三门峡	Sanmenxia	3.17	3.42	3.50	204	江门	Jiangmen	50.95	52.92	55.20	29
南阳	Nanyang	16.98	17.90	19.20	57	湛江	Zhanjiang	12.60	14.07	16.50	66
商丘	Shangqiu	15.30	16.42	18.80	59	茂名	Maoming	7.62	8.12	8.50	127
信阳	Xinyang	12.49	12.92	13.90	75	肇庆	Zhaoqing	10.43	11.71	12.80	82
周口	Zhoukou	13.20	14.10	14.60	70	惠州	Huizhou	30.71	33.95	34.80	38
驻马店	Zhumadian	15.61	16.09	16.80	64	梅州	Meizhou	7.39	8.00	8.70	125
湖北	**Hubei**	**109.78**	**112.26**	**112.30**		汕尾	Shanwei	8.11	8.71	9.70	112
武汉	Wuhan	13.28	12.62	12.10	93	河源	Heyuan	4.09	4.46	5.50	165
黄石	Huangshi	9.43	1.13	11.50	97	阳江	Yangjiang	3.71	4.26	5.90	158
十堰	Shiyan	3.72	4.48	4.90	176	清远	Qingyuan	5.31	5.72	5.70	163
宜昌	Yichang	6.64	7.78	8.80	122	东莞	Dongguan	395.05	431.90	440.40	2
襄阳	Xiangfan	6.95	8.12	8.80	122	中山	ZhongShan	74.21	70.97	74.70	22
鄂州	Ezhou	0.85	4.28	4.30	185	潮州	Chaozhou	19.15	27.58	31.00	42
荆门	Jingmen	5.73	6.04	8.80	122	揭阳	Jieyang	14.37	14.12	15.90	67
孝感	Xiaogan	0.60	8.16	8.70	125	云浮	Yunfu	5.99	9.83	9.90	108
荆州	Jingzhou	12.18	13.12	13.80	76	广西	**Guangxi**	**50.22**	**56.18**	**63.30**	
黄冈	Huanggang	24.15	17.21	18.50	60	南宁	Nanning	7.67	8.00	8.40	128
咸宁	Xianning	3.70	13.87	4.10	191	柳州	Liuzhou	3.52	3.80	4.20	187
随州	Suizhou	3.30	3.60	4.10	191	桂林	Guilin	4.87	5.49	5.80	160
湖南	**Hunan**	**98.63**	**106.03**	**110.20**		梧州	Wuzhou	3.31	3.38	3.70	201
长沙	Changsha	21.04	21.35	21.20	54	北海	Beihai		1.62	1.70	242
株洲	Zhuzhou	6.50	7.19	7.30	142	防城港	Fangchenggang	1.15	1.33	1.70	242
湘潭	Xiangtan	4.32	5.16	5.40	166	钦州	Qinzhou	2.81	3.18	5.40	166
衡阳	Hengyang	12.37	13.84	14.60	70	贵港	Guigang	3.82	3.97	4.20	187
邵阳	Shaoyang	7.97	8.62	9.10	117	玉林	Yulin	5.99	7.06	7.70	139
岳阳	Yueyang	6.54	6.76	7.20	145	百色	Baise	3.97	4.80	7.70	139

10-5 农村用电量 续表 3
Electricity Consumed in Rural Areas continued 3

单位：亿千瓦小时 (100 million kwh)

地名	City	2010	2011	2012	2012 排名 Ranking	地名	City	2010	2011	2012	2012 排名 Ranking
贺州	Hezhou	2.15	2.39	2.50	225	丽江	Lijiang	1.09	1.19	1.30	249
河池	Hechi	4.90	5.26	6.50	152	普洱	Puer	1.86	2.00	2.10	233
来宾	Laibin	3.18	3.74	3.80	198	临沧	Lincang	1.31	1.43	1.60	245
崇左	Chongzuo	2.05	2.18	2.30	230	**西藏**	**Tibet**	**0.76**	**0.87**	**1.00**	
海南	**Hainan**	**5.95**	**7.07**	**8.60**		拉萨	Lhasa	0.09	0.08	0.10	257
海口	Haikou	1.32	1.49	3.90	197	**陕西**	**Shaanxi**	**121.00**	**131.30**	**142.50**	
三亚	Sanya	0.23	0.35	0.80	253	西安	Xi'an				
重庆	**Chongqing**	**64.77**	**70.37**	**73.80**		铜川	Tongchuan				
四川	**Sichuan**	**141.66**	**148.57**	**156.00**		宝鸡	Baoji				
成都	Chengdu	31.59	31.61	31.90	41	咸阳	Xianyang				
自贡	Zigong	3.76	3.88	4.10	191	渭南	Weinan				
攀枝花	Panzhihua	1.55	1.76	1.90	240	延安	Yan'an				
泸州	Luzhou	5.21	5.72	6.20	155	汉中	Hanzhong				
德阳	Deyang	17.70	18.72	19.20	57	榆林	Yulin				
绵阳	Mianyang	9.28	9.62	10.00	104	安康	Ankang				
广元	Guangyuan	2.56	2.69	2.80	220	商洛	Shangluo				
遂宁	Suining	2.97	3.23	3.40	206	**甘肃**	**Gansu**	**42.85**	**45.05**	**47.80**	
内江	Neijiang	7.76	8.05	8.40	128	兰州	Lanzhou	4.19	4.29	4.30	185
乐山	Leshan	7.86	8.58	9.50	114	嘉峪关	Jiayuguan	0.11	0.20	0.10	257
南充	Nanchong	5.76	5.92	6.10	156	金昌	Jinchang	1.74	1.77	1.90	240
眉山	Meishan	6.31	6.49	6.70	150	白银	Baiyin	3.93	4.03	4.40	184
宜宾	Yibin	8.43	9.05	10.00	104	天水	Tianshui	2.98	3.14	3.30	209
广安	Guangan	4.11	4.39	4.50	181	武威	Wuwei	5.94	6.25	6.50	152
达州	Dazhou	6.96	7.29	7.80	136	张掖	Zhangye	3.31	3.39	3.80	198
雅安	Yaan	3.93	4.18	4.10	191	平凉	Pingliang	2.62	2.75	2.90	217
巴中	Bazhong	2.36	2.57	2.90	217	酒泉	Jiuquan	3.27	3.40	3.60	203
资阳	Ziyang	5.30	6.07	7.10	146	庆阳	Qingyang	3.89	4.36	5.00	174
贵州	**Guizhou**	**41.70**	**48.00**	**54.50**		定西	Dingxi	2.37	2.68	3.00	215
贵阳	Guiyang			4.20	187	陇南	Longnan	2.92	3.11	3.20	211
六盘水	Liupanshui			2.20	232	**青海**	**Qinghai**	**3.83**	**4.07**	**4.50**	
遵义	Zunyi			14.10	73	西宁	Xining	1.22	1.37	1.50	247
安顺	Anshun			2.70	222	**宁夏**	**Ningxia**	**10.96**	**12.01**	**12.80**	
毕节	Bijie			10.90	98	银川	Yinchuan	2.84	3.19	3.40	206
铜仁	Tongren			7.10	146	石嘴山	Shizuishan	0.84	0.87	0.90	251
云南	**Yunnan**	**61.67**	**66.78**	**73.80**		吴忠	Wuzhong	3.39	3.49	3.50	204
昆明	Kunming	8.10	9.02	9.00	118	固原	Guyuan	1.60	1.89	2.10	233
曲靖	Qujing	7.39	1.85	9.50	114	中卫	Zhongwei	2.29	2.57	2.80	220
玉溪	Yuxi	12.87	1.34	14.10	73	**新疆**	**Xinjiang**	**64.29**	**71.65**	**75.80**	
保山	Baoshan	2.85	3.14	3.70	201	乌鲁木齐	Urumqi	1.76	1.75	2.00	238
昭通	Zhaotong	4.27	4.81	5.20	172	克拉玛依	Karamay	0.05	0.05	0.00	259

10-6 有效灌溉面积
Irrigated Area

单位：千公顷 (1000 hectares)

地名	City	2010	2011	2012	2012 排名 Ranking
全国	**Nation Total**	**60347.7**	**61681.6**	**63036.4**	
北京	**Beijing**	**162.6**	**163.1**	**207.5**	
天津	**Tianjin**	**344.6**	**338.0**	**337.0**	
河北	**Hebei**	**4520.9**	**4596.6**	**4603.1**	
石家庄	Shijiazhuang	480.3	501.1	502.8	12
唐山	Tangshan	485.2	498.8	490.6	13
秦皇岛	Qinhuangdao	134.5	134.4	123.3	139
邯郸	Handan	547.3	549.7	550.5	10
邢台	Xingtai	531.1	553.2	566.5	8
保定	Baoding	665.5	660.5	661.6	2
张家口	Zhangjiakou	251.7	262.4	263.8	50
承德	Chengde	145.5	149.9	151.8	108
沧州	Cangzhou	525.5	533.5	542.4	11
廊坊	Langfang	276.6	275.1	272.7	48
衡水	Hengshui	477.7	478.0	477.0	14
山西	**Shanxi**	**1274.2**	**1324.8**	**1319.1**	
太原	Taiyuan	49.2	48.4	48.1	214
大同	Datong	124.6	126.7	130.1	125
阳泉	Yangquan	8.7	8.8	8.3	251
长治	Changzhi	75.3	80.3	83.4	179
晋城	Jincheng	42.1	42.7	41.8	222
朔州	Shuozhou	120.5	122.0	123.7	138
晋中	Jinzhong	141.1	143.9	144.5	113
运城	Yuncheng	330.7	364.4	377.9	26
忻州	Xinzhou	129.1	129.9	129.6	126
临汾	Linfen	137.5	139.1	140.1	120
吕梁	Luliang	115.4	118.5	91.7	169
内蒙古	**Inner Mongolia**	**3027.5**	**3072.4**	**3125.2**	
呼和浩特	Hohhot	195.6	196.0	199.2	74
包头	Baotou	142.3	157.0	144.3	114
乌海	Wuhai		0.8	8.5	250
赤峰	Chifeng	455.1	431.4	462.4	19
通辽	Tongliao	652.5	608.3	655.3	3
鄂尔多斯	Erdos		208.1	209.1	69
呼伦贝尔	Hulunbuir	179.0	369.8	249.6	58
巴彦淖尔	Bayannur	569.1	650.3	594.4	6
乌兰察布	Ulanqab	115.6	115.6	254.1	56
辽宁	**Liaoning**	**1537.5**	**1588.4**	**1698.8**	
沈阳	Shenyang	240.6	250.8	260.9	52
大连	Dalian	110.3	111.3	114.7	146
鞍山	Anshan	88.7	89.0	91.6	170
抚顺	Fushun	43.5	42.9	47.3	216
本溪	Benxi	20.2	19.5	21.1	243
丹东	Dandong	70.8	71.4	83.3	180
锦州	Jinzhou	197.4	206.5	208.7	70
营口	Yingkou	87.0	84.6	87.0	174
阜新	Fuxin	81.0	94.2	114.7	146
辽阳	Liaoyang	94.2	96.3	98.1	162
盘锦	Panjin	109.0	109.0	110.8	153
铁岭	Tieling	153.9	162.3	184.6	87
朝阳	Chaoyang	169.9	173.1	193.3	80
葫芦岛	Huludao	70.9	77.4	82.8	183
吉林	**Jilin**	**1726.8**	**1831.7**	**1851.9**	
长春	Changchun	240.7	249.5	255.4	55
吉林	Jilin	180.4	180.8	180.8	89
四平	Siping	185.0	188.0	191.8	81
辽源	Liaoyuan	30.6	31.5	31.6	233
通化	Tonghua	106.2	109.5	109.5	154
白山	Baishan	4.4	4.3	4.3	252
松原	Songyuan	508.6	540.8	555.4	9
白城	Baicheng	391.1	442.4	436.1	20
黑龙江	**Heilongjiang**	**3884.3**	**4341.7**	**4776.5**	
哈尔滨	Harbin	304.3	318.5		
齐齐哈尔	Qiqihar	494.9	542.3		
鸡西	Jixi	130.5	138.7		
鹤岗	Hegang	96.9	128.1		
双鸭山	Shuangyashan	54.5	65.8		
大庆	Daqing	469.9	503.6		
伊春	Yichun	26.1	30.4		
佳木斯	Jiamusi	257.1	362.4		
七台河	Qitaihe	13.0	13.0		
牡丹江	Mudanjiang	76.8	80.9		
黑河	Heihe	31.7	40.2		
绥化	Suihua	352.6	367.0		
上海	**Shanghai**	**201.0**	**199.6**	**199.0**	
江苏	**Jiangsu**	**3819.7**	**3817.9**	**3929.7**	

10-6 有效灌溉面积 续表 1
Irrigated Area continued 1

单位：千公顷 (1000 hectares)

地名	City	2010	2011	2012	2012 排名 Ranking
南京	Nanjing	189.8	180.2	196.1	78
无锡	Wuxi	132.2	128.9	116.8	144
徐州	Xuzhou	465.2	470.4	473.0	15
常州	Changzhou	140.0	143.5	129.3	127
苏州	Suzhou	209.7	180.1	179.9	91
南通	Nantong	408.8	408.9	416.0	21
连云港	Lianyungang	320.3	303.7	331.6	32
淮安	Huaian	317.8	323.6	333.9	31
盐城	Yancheng	621.6	621.2	674.4	1
扬州	Yangzhou	266.8	288.7	286.3	44
镇江	Zhenjiang	132.5	132.9	134.3	123
泰州	Taizhou	276.4	283.8	284.9	45
宿迁	Suqian	338.8	352.1	373.4	27
浙江	**Zhejiang**	**1451.0**	**1456.8**	**1471.0**	
杭州	Hangzhou	163.0	163.7	167.1	95
宁波	Ningbo	189.1	189.7	191.5	82
温州	Wenzhou	125.2	126.4	127.0	133
嘉兴	Jiaxing	198.8	199.2	198.8	75
湖州	Huzhou	134.5	135.3	136.4	122
绍兴	Shaoxing	160.6	160.5	160.3	99
金华	Jinhua	159.5	156.9	160.0	101
衢州	Quzhou	93.4	94.2	95.5	165
舟山	Zhoushan	12.9	13.7	13.9	247
台州	Taizhou	127.4	128.3	128.5	130
丽水	Lishui	86.5	88.8	92.1	168
安徽	**Anhui**	**3519.8**	**3547.7**	**3585.1**	
合肥	Hefei	245.0	363.6	364.2	28
芜湖	Wuhu	87.6	199.1	199.9	73
蚌埠	Bengbu	204.8	207.7	212.1	68
淮南	Huainan	103.7	104.5	104.7	158
马鞍山	Maanshan	52.2	129.0	129.0	128
淮北	Huaibei	140.7	145.0	145.0	112
铜陵	Tongling	26.0	25.0	25.0	242
安庆	Anqing	257.1	257.9	258.5	53
黄山	Huangshan	43.3	42.8	42.9	221
滁州	Chuzhou	355.5	355.7	357.7	29
阜阳	Fuyang	370.2	376.9	384.1	24
宿州	Suzhou	369.2	371.4	379.0	25
六安	Liuan	382.4	383.4	386.0	23
亳州	Bozhou	310.1	322.1	336.1	30
池州	Chizhou	83.5	83.5	84.6	177
宣城	Xuancheng	148.1	148.3	149.8	109
福建	**Fujian**	**967.5**	**967.5**	**968.5**	
福州	Fuzhou	114.4	120.0	121.9	140
厦门	Xiamen	17.9	17.9	18.1	244
莆田	Putian	51.3	44.2	45.7	218
三明	Sanming	140.2	135.1	136.6	121
泉州	Quanzhou	112.9	114.9	140.2	119
漳州	Zhangzhou	137.3	132.7	121.3	141
南平	Nanping	182.2	182.4	160.3	99
龙岩	Longyan	1007.1	110.6	112.4	149
宁德	Ningde	104.2	109.8	112.1	150
江西	**Jiangxi**	**1852.4**	**1867.7**	**1907.1**	
南昌	Nanchang	193.0	189.2	191.1	83
景德镇	Jingdezhen	53.3	53.5	51.2	210
萍乡	Pingxiang	23.2	37.8	37.8	228
九江	Jiujiang	181.4	187.4	203.0	72
新余	Xinyu	47.4	47.6	48.7	213
鹰潭	Yingtan	51.4	51.5	51.8	209
赣州	Ganzhou	261.5	262.9	262.2	51
吉安	Jian	293.2	297.3	304.7	39
宜春	Yichun	280.9	282.7	286.7	42
抚州	Fuzhou	214.1	215.0	217.2	66
上饶	Shangrao	238.9	242.9	250.1	57
山东	**Shandong**	**4955.3**	**4986.9**	**5058.1**	
济南	Jinan	246.8	247.4		
青岛	Qingdao	329.0	331.7		
淄博	Zibo	125.9	125.5		
枣庄	Zaozhuang	153.8	150.9		
东营	Dongying	165.6	168.6		
烟台	Yantai	273.7	273.7		
潍坊	Weifang	531.9	536.7		
济宁	Jining	439.0	441.1		
泰安	Taian	252.3	257.9		
威海	Weihai	149.7	149.8		
日照	Rizhao	119.3	117.0		
莱芜	Laiwu	38.0	39.6		
临沂	Linyi	379.8	376.6		
德州	Dezhou	449.5	451.8		
聊城	Liaocheng	490.6	494.1		

10-6 有效灌溉面积 续表 2
Irrigated Area continued 2

单位：千公顷 (1000 hectares)

地名	City	2010	2011	2012	2012 排名 Ranking	地名	City	2010	2011	2012	2012 排名 Ranking
滨州	Binzhou	306.3	310.7			常德	Changde	394.0	394.3	467.9	18
菏泽	Heze	504.3	514.0			张家界	Zhangjiajie	50.2	52.3	50.9	211
河南	**Henan**	**5081.0**	**5150.4**	**5205.6**		益阳	Yiyang	222.0	223.0	235.3	60
郑州	Zhengzhou	196.0	196.3	196.3	77	郴州	Chenzhou	169.9	171.3	185.3	86
开封	Kaifeng	322.4	323.9	323.9	34	永州	Yongzhou	243.2	243.3	286.8	41
洛阳	Luoyang	140.1	141.9	141.9	117	怀化	Huaihua	189.0	190.7	190.2	84
平顶山	Pingdingshan	200.3	206.0	206.0	71	娄底	Loudi	114.1	115.6	91.6	170
安阳	Anyang	297.1	298.8	298.8	40	广东	**Guangdong**	**1273.5**	**1318.2**	**1874.4**	
鹤壁	Hebi	83.5	83.2	83.2	181	广州	Guangzhou	80.7	80.2	79.9	189
新乡	Xinxiang	328.2	329.1	329.1	33	韶关	Shaoguan	92.3	92.3	94.1	167
焦作	Jiaozuo	161.5	162.1	162.1	96	深圳	Shenzhen		0.4	0.4	254
濮阳	Puyang	219.6	221.1	221.1	63	珠海	Zhuhai	19.1	18.8	17.7	245
许昌	Xuchang	238.2	240.8	240.8	59	汕头	Shantou	31.5	30.6	31.1	234
漯河	Luohe	150.4	152.1	152.1	107	佛山	Foshan	42.5	41.5	38.8	224
三门峡	Sanmenxia	54.1	53.4	53.4	207	江门	Jiangmen	102.0	103.4	105.7	157
南阳	Nanyang	468.5	469.3	469.3	17	湛江	Zhanjiang	127.0	136.0	141.0	118
商丘	Shangqiu	599.4	600.0	600.0	5	茂名	Maoming	107.0	109.1	112.0	151
信阳	Xinyang	459.2	469.8	469.8	16	肇庆	Zhaoqing	103.8	102.7	100.5	160
周口	Zhoukou	599.0	611.8	611.8	4	惠州	Huizhou	71.9	74.8	78.2	194
驻马店	Zhumadian	543.4	570.9	570.9	7	梅州	Meizhou	90.5	92.5	9.5	249
湖北	**Hubei**	**2187.2**	**2227.6**	**2548.9**		汕尾	Shanwei	34.9	52.8	38.0	226
武汉	Wuhan	157.2	159.0	162.0	97	河源	Heyuan	59.0	67.8	68.4	197
黄石	Huangshi	38.1	38.7	49.2	212	阳江	Yangjiang	63.5	63.3	61.4	201
十堰	Shiyan	40.2	35.9	30.4	236	清远	Qingyuan	92.2	92.7	94.7	166
宜昌	Yichang	106.4	97.8	109.5	154	东莞	Dongguan	8.4	7.6	26.8	241
襄阳	Xiangfan	234.3	254.1	266.3	49	中山	ZhongShan	20.4	21.3	30.7	235
鄂州	Ezhou	27.8	27.8	27.8	240	潮州	Chaozhou	18.6	21.3	29.0	238
荆门	Jingmen	188.0	191.6	196.4	76	揭阳	Jieyang	54.7	67.8	67.9	198
孝感	Xiaogan	226.8	220.4	220.3	64	云浮	Yunfu	52.9	56.7	80.8	187
荆州	Jingzhou	405.5	411.0	414.9	22	广西	**Guangxi**	**1523.0**	**1529.2**	**1541.3**	
黄冈	Huanggang	234.2	274.5	279.4	47	南宁	Nanning	218.1	239.6	256.8	54
咸宁	Xianning	85.6	88.4	91.2	172	柳州	Liuzhou	97.7	99.8	100.5	160
随州	Suizhou	126.7	135.5	124.6	137	桂林	Guilin	218.7	218.0	218.5	65
湖南	**Hunan**	**2726.7**	**2762.4**	**2715.8**		梧州	Wuzhou	70.6	70.6	70.7	196
长沙	Changsha	228.2	228.4	223.5	62	北海	Beihai	46.6	46.6	46.6	217
株洲	Zhuzhou	144.1	144.6	159.4	102	防城港	Fangchenggang	27.8	27.9	28.7	239
湘潭	Xiangtan	116.6	117.1	132.9	124	钦州	Qinzhou	82.9	83.0	83.1	182
衡阳	Hengyang	255.8	255.8	286.7	42	贵港	Guigang	153.7	153.7	153.7	106
邵阳	Shaoyang	255.0	259.2	281.3	46	玉林	Yulin	146.5	148.2	143.2	115
岳阳	Yueyang	259.9	260.7	314.5	36	百色	Baise	108.7	108.8	108.8	156

10-6 有效灌溉面积 续表 3
Irrigated Area continued 3

单位：千公顷 (1000 hectares)

地名	City	2010	2011	2012	2012 排名 Ranking
贺州	Hezhou	65.7	65.6	66.0	199
河池	Hechi	86.4	87.0	88.0	173
来宾	Laibin	99.9	102.3	104.7	158
崇左	Chongzuo	77.5	78.2	82.3	185
海南	**Hainan**	**179.9**	**170.0**	**256.8**	
海口	Haikou	17.2	17.2	82.8	183
三亚	Sanya	6.8	6.4	34.2	230
重庆	**Chongqing**	**685.3**	**692.9**	**703.0**	
四川	**Sichuan**	**2553.1**	**2600.8**	**2662.7**	
成都	Chengdu	320.3	319.6	310.2	37
自贡	Zigong	80.2	81.1	86.7	175
攀枝花	Panzhihua	28.8	28.9	29.9	237
泸州	Luzhou	115.7	123.3	126.7	134
德阳	Deyang	148.8	148.1	142.9	116
绵阳	Mianyang	210.6	214.1	213.8	67
广元	Guangyuan	87.8	88.4	84.1	178
遂宁	Suining	120.4	121.8	114.7	146
内江	Neijiang	115.5	118.7	116.8	144
乐山	Leshan	101.0	101.9	126.6	135
南充	Nanchong	206.6	211.9	180.1	90
眉山	Meishan	176.2	179.9	158.7	104
宜宾	Yibin	124.8	130.1	154.9	105
广安	Guangan	94.9	97.1	85.2	176
达州	Dazhou	161.1	163.1	145.6	111
雅安	Yaan	42.6	42.7	52.0	208
巴中	Bazhong	76.3	77.8	78.8	192
资阳	Ziyang	167.1	170.9	169.5	94
贵州	**Guizhou**	**1195.3**	**1266.8**	**1214.6**	
贵阳	Guiyang	30.5	29.6	80.8	187
六盘水	Liupanshui	7.8	57.0	59.6	206
遵义	Zunyi	149.0	147.8	309.9	38
安顺	Anshun	53.7	73.7	79.0	191
毕节	Bijie	165.9	178.5	193.6	79
铜仁	Tongren	123.6	123.6	145.9	110
云南	**Yunnan**	**1588.4**	**1634.2**	**1677.9**	
昆明	Kunming	129.5	106.3	128.9	129
曲靖	Qujing	180.1	184.0	188.0	85
玉溪	Yuxi	81.7	81.6	79.8	190
保山	Baoshan	109.9	114.3	118.7	143
昭通	Zhaotong	126.9	135.6	38.3	225
丽江	Lijiang	6.9	70.6	71.6	195
普洱	Puer	115.2	121.8	120.0	142
临沧	Lincang	87.9	91.5	97.5	164
西藏	**Tibet**	**167.0**	**169.0**	**251.0**	
拉萨	Lhasa	32.8	32.7	32.7	231
陕西	**Shaanxi**	**1284.9**	**1274.3**	**1277.2**	
西安	Xi'an		174.9	173.7	93
铜川	Tongchuan	14.3	15.2	15.8	246
宝鸡	Baoji	159.3	159.3	161.3	98
咸阳	Xianyang	232.6	229.8	227.5	61
渭南	Weinan	313.9	315.5	318.1	35
延安	Yan'an	31.7	32.2	32.2	232
汉中	Hanzhong	123.2	124.3	124.8	136
榆林	Yulin	111.3	111.1	111.5	152
安康	Ankang	60.3	60.6	60.6	203
商洛	Shangluo	38.7	39.3	39.6	223
甘肃	**Gansu**	**1098.9**	**1105.9**	**1297.6**	
兰州	Lanzhou	79.4	76.4	81.0	186
嘉峪关	Jiayuguan	2.8	2.8	2.8	253
金昌	Jinchang	60.4	59.9	60.0	205
白银	Baiyin	93.5	94.4	97.7	163
天水	Tianshui	34.5	34.3	35.4	229
武威	Wuwei	183.7	183.7	183.7	88
张掖	Zhangye	161.4	166.4	176.1	92
平凉	Pingliang	44.3	44.3	44.9	220
酒泉	Jiuquan	155.5	157.6	158.9	103
庆阳	Qingyang	46.4	46.5	47.9	215
定西	Dingxi	60.7	60.6	61.0	202
陇南	Longnan	62.5	64.4	66.0	199
青海	**Qinghai**	**251.7**	**251.7**	**251.7**	
西宁	Xining				
宁夏	**Ningxia**	**427.2**	**432.2**	**491.4**	
银川	Yinchuan	128.7	128.6	128.1	131
石嘴山	Shizuishan	78.1	78.2	78.4	193
吴忠	Wuzhong	122.2	127.3	127.4	132
固原	Guyuan	37.8	37.8	37.9	227
中卫	Zhongwei	60.3	60.3	60.3	204
新疆	**Xinjiang**	**4065.3**	**4209.6**	**4029.1**	
乌鲁木齐	Urumqi	44.8	46.3	45.0	219
克拉玛依	Karamay	10.1	10.5	10.5	248

10-7 农作物播种面积
Total Sown Area

单位：千公顷 (1000 hectares)

地名	City	2010	2011	2012	2012 排名 Ranking	地名	City	2010	2011	2012	2012 排名 Ranking
全国	**Nation Total**	**160675.0**	**162283.0**	**163416.0**		沈阳	Shenyang	654.8	670.8	667.4	68
北京	**Beijing**	**317.3**	**302.6**	**282.7**		大连	Dalian	332.8	330.5	328.0	150
天津	**Tianjin**	**459.3**	**468.0**	**479.0**		鞍山	Anshan	251.8	254.1	253.7	181
河北	**Hebei**	**8718.4**	**8773.7**	**8781.8**		抚顺	Fushun	115.9	118.4	117.8	229
石家庄	Shijiazhuang	1020.6	1011.1	1009.5	35	本溪	Benxi	59.9	59.1	59.3	241
唐山	Tangshan	790.5	803.2	803.3	50	丹东	Dandong	206.8	207.2	207.0	209
秦皇岛	Qinhuangdao	220.7	222.3	221.7	205	锦州	Jinzhou	445.9	454.9	453.4	112
邯郸	Handan	1079.8	1077.5	1071.2	28	营口	Yingkou	112.1	110.7	109.8	231
邢台	Xingtai	1012.5	1021.3	1019.6	34	阜新	Fuxin	464.4	552.9	530.6	95
保定	Baoding	1217.0	1229.4	1224.4	15	辽阳	Liaoyang	164.0	163.3	164.7	221
张家口	Zhangjiakou	690.8	693.2	700.7	64	盘锦	Panjin	145.3	145.2	144.4	223
承德	Chengde	359.7	368.4	379.1	136	铁岭	Tieling	569.0	573.7	586.4	85
沧州	Cangzhou	1135.9	1158.7	1151.7	20	朝阳	Chaoyang	423.0	476.7	500.1	102
廊坊	Langfang	496.5	498.8	496.0	103	葫芦岛	Huludao	239.2	238.6	238.9	197
衡水	Hengshui	850.2	854.7	852.7	47	吉林	**Jilin**	**5221.4**	**5222.3**	**5315.1**	
山西	**Shanxi**	**3763.9**	**3797.4**	**3808.1**		长春	Changchun	1257.2	1333.1	1344.1	11
太原	Taiyuan	113.6	110.0	108.1	232	吉林	Jilin	683.8	688.7	691.9	66
大同	Datong	319.1	319.5	321.7	154	四平	Siping	843.7	915.1	915.7	42
阳泉	Yangquan	58.9	59.0	58.6	242	辽源	Liaoyuan	164.3	184.9	230.4	199
长治	Changzhi	280.1	282.2	279.2	167	通化	Tonghua	305.8	325.9	326.1	151
晋城	Jincheng	218.2	216.6	210.0	207	白山	Baishan	62.6	63.5	64.2	240
朔州	Shuozhou	331.7	337.7	335.1	147	松原	Songyuan	950.9	934.2	1217.8	16
晋中	Jinzhong	334.5	329.2	323.0	153	白城	Baicheng	868.5	957.4	1026.4	32
运城	Yuncheng	789.7	799.0	782.9	54	黑龙江	**Heilongjiang**	**14250.0**	**14486.0**	**12237.0**	
忻州	Xinzhou	470.3	473.4	479.2	109	哈尔滨	Harbin	1983.5	1990.8	2024.2	2
临汾	Linfen	560.2	563.0	559.5	90	齐齐哈尔	Qiqihar	2287.3	2287.5	2291.5	1
吕梁	Luliang	407.7	407.8	401.0	130	鸡西	Jixi	476.2	476.2	484.9	107
内蒙古	**Inner Mongolia**	**7003.0**	**7109.9**	**7154.0**		鹤岗	Hegang	194.3	200.6	203.2	210
呼和浩特	Hohhot	443.4	445.4	444.4	118	双鸭山	Shuangyashan	419.1	420.9	420.7	123
包头	Baotou	310.1	312.8	312.3	157	大庆	Daqing	724.4	733.5	751.4	56
乌海	Wuhai	7.7	6.4	6.7	253	伊春	Yichun	240.7	243.5	243.2	188
赤峰	Chifeng	1078.2	1103.5	1111.0	25	佳木斯	Jiamusi	1255.5	1287.0	1304.5	12
通辽	Tongliao	1109.6	1128.7	1120.0	22	七台河	Qitaihe	175.2	172.4	177.5	217
鄂尔多斯	Erdos	379.0	376.6	381.5	134	牡丹江	Mudanjiang	588.2	626.7	635.8	71
呼伦贝尔	Hulunbuir	1537.4	1572.5	1585.4	7	黑河	Heihe	1141.5	1200.8	1210.3	18
巴彦淖尔	Bayannur	633.0	530.5	551.1	91	绥化	Suihua	1785.2	1850.7	1920.1	3
乌兰察布	Ulanqab	595.0	603.0	619.7	76	上海	**Shanghai**	**401.2**	**400.6**	**387.9**	
辽宁	**Liaoning**	**4184.9**	**4356.2**	**4210.6**		江苏	**Jiangsu**	**7619.6**	**7663.3**	**7651.6**	

10-7 农作物播种面积 续表 1
Total Sown Area continued 1

单位：千公顷 (1000 hectares)

地名	City	2010	2011	2012	2012 排名 Ranking
南京	Nanjing	335.3	332.0	328.9	149
无锡	Wuxi	180.9	178.5	182.9	216
徐州	Xuzhou	1099.1	1110.3	1124.6	21
常州	Changzhou	231.0	226.2	226.4	202
苏州	Suzhou	269.9	266.2	263.1	175
南通	Nantong	855.0	850.6	847.0	48
连云港	Lianyungang	591.9	601.4	621.6	74
淮安	Huaian	779.5	785.7	793.1	53
盐城	Yancheng	1460.1	1472.0	1460.7	8
扬州	Yangzhou	500.1	503.6	507.4	98
镇江	Zhenjiang	238.3	238.7	239.7	196
泰州	Taizhou	572.0	577.0	580.5	86
宿迁	Suqian	704.0	706.8	707.1	62
浙江	**Zhejiang**	**2484.7**	**2462.7**	**2324.2**	
杭州	Hangzhou	381.8	373.4	370.1	138
宁波	Ningbo	318.6	314.3	309.5	158
温州	Wenzhou	256.3	249.3	247.1	185
嘉兴	Jiaxing	340.2	340.2	340.5	146
湖州	Huzhou	224.8	225.0	224.3	203
绍兴	Shaoxing	329.8	332.5	331.1	148
金华	Jinhua	273.7	274.2	274.8	169
衢州	Quzhou	223.6	227.0	230.2	200
舟山	Zhoushan	24.1	23.5	23.3	250
台州	Taizhou	265.4	254.6	251.4	183
丽水	Lishui	176.9	172.7	170.7	218
安徽	**Anhui**	**9054.9**	**9023.0**	**8969.6**	
合肥	Hefei	497.0	751.2	750.3	57
芜湖	Wuhu	206.0	387.1	381.2	135
蚌埠	Bengbu	645.9	650.6	631.3	72
淮南	Huainan	248.4	249.7	241.8	191
马鞍山	Maanshan	96.7	238.1	242.9	189
淮北	Huaibei	287.8	286.4	253.9	180
铜陵	Tongling	47.3	47.5	46.0	244
安庆	Anqing	783.3	772.8	777.5	55
黄山	Huangshan	131.3	130.5	130.4	224
滁州	Chuzhou	860.7	866.7	872.5	45
阜阳	Fuyang	1221.9	1234.6	1212.7	17
宿州	Suzhou	986.6	991.9	996.9	37
六安	Liuan	894.3	889.2	899.3	43
亳州	Bozhou	1035.2	1050.5	1048.0	30
池州	Chizhou	198.4	200.0	202.3	211
宣城	Xuancheng	354.4	357.0	355.1	141
福建	**Fujian**	**2270.9**	**2285.8**	**2263.1**	
福州	Fuzhou	261.7	262.6	260.7	177
厦门	Xiamen	29.2	28.7	27.8	248
莆田	Putian	109.1	108.0	105.3	233
三明	Sanming	406.7	416.1	417.9	125
泉州	Quanzhou	255.6	251.4	244.1	186
漳州	Zhangzhou	258.5	257.2	258.4	179
南平	Nanping	424.9	427.7	429.9	121
龙岩	Longyan	297.0	301.9	304.6	161
宁德	Ningde	228.3	232.3	232.7	198
江西	**Jiangxi**	**5457.7**	**5486.8**	**5524.9**	
南昌	Nanchang	532.7	539.2		
景德镇	Jingdezhen	155.7	156.1		
萍乡	Pingxiang	139.3	140.0		
九江	Jiujiang	527.8	535.2		
新余	Xinyu	138.1	137.2		
鹰潭	Yingtan	149.7	152.4		
赣州	Ganzhou	764.1	772.1		
吉安	Jian	922.9	916.9		
宜春	Yichun	902.7	908.5		
抚州	Fuzhou	603.3	603.0		
上饶	Shangrao	783.8	794.6		
山东	**Shandong**	**10818.2**	**10865.4**	**10867.0**	
济南	Jinan	620.9	622.3	609.9	78
青岛	Qingdao	753.9	757.0	723.0	61
淄博	Zibo	307.2	308.0	298.8	163
枣庄	Zaozhuang	406.7	409.1	395.5	131
东营	Dongying	279.2	278.3	282.9	166
烟台	Yantai	557.8	564.3	548.1	93
潍坊	Weifang	1128.7	1140.8	1116.7	23
济宁	Jining	1066.0	1067.0	989.5	38
泰安	Taian	631.6	636.8	621.2	75
威海	Weihai	261.5	264.5	259.0	178
日照	Rizhao	270.8	271.3	271.0	171
莱芜	Laiwu	91.3	91.0	87.6	235
临沂	Linyi	1100.4	1116.9	1100.4	27
德州	Dezhou	1096.1	1117.6	1033.8	31
聊城	Liaocheng	1066.8	1060.9	1022.9	33

10-7 农作物播种面积 续表 2
Total Sown Area continued 2

单位：千公顷 (1000 hectares)

地名	City	2010	2011	2012	2012 排名 Ranking	地名	City	2010	2011	2012	2012 排名 Ranking
滨州	Binzhou	614.1	627.5	618.3	77	常德	Changde	121.6	1184.5	1197.9	19
菏泽	Heze	1487.9	1493.1	1397.8	9	张家界	Zhangjiajie	21.8	214.4	217.5	206
河南	**Henan**	**14248.7**	**14258.6**	**14262.2**		益阳	Yiyang	70.8	714.4	739.0	60
郑州	Zhengzhou	509.8	509.8	507.5	97	郴州	Chenzhou	59.0	587.0	605.1	80
开封	Kaifeng	795.9	799.0	799.6	51	永州	Yongzhou	87.7	861.3	886.5	44
洛阳	Luoyang	694.2	697.7	699.7	65	怀化	Huaihua	58.6	578.1	591.1	83
平顶山	Pingdingshan	545.6	547.7	549.4	92	娄底	Loudi	36.3	357.0	369.4	139
安阳	Anyang	745.4	747.2	750.0	59	广东	**Guangdong**	**4524.5**	**4572.0**	**4629.6**	
鹤壁	Hebi	191.3	191.8	193.1	212	广州	Guangzhou	261.4	263.0	263.0	176
新乡	Xinxiang	786.1	794.6	797.7	52	韶关	Shaoguan	312.6	318.5	324.3	152
焦作	Jiaozuo	350.7	352.8	354.1	143	深圳	Shenzhen	6.4	18.2	5.8	254
濮阳	Puyang	493.7	497.9	500.4	101	珠海	Zhuhai	17.7	19.4	18.6	251
许昌	Xuchang	598.7	601.5	605.2	79	汕头	Shantou	117.7	118.4	119.3	228
漯河	Luohe	369.2	368.7	368.7	140	佛山	Foshan	108.0	109.2	111.7	230
三门峡	Sanmenxia	244.3	246.9	251.9	182	江门	Jiangmen	280.8	283.2	287.1	165
南阳	Nanyang	1855.6	1862.6	1863.1	4	湛江	Zhanjiang	606.5	615.5	629.6	73
商丘	Shangqiu	1379.8	1388.8	1391.9	10	茂名	Maoming	405.2	408.1	413.8	127
信阳	Xinyang	1226.4	1222.9	1226.7	14	肇庆	Zhaoqing	336.5	339.1	344.0	145
周口	Zhoukou	1698.9	1711.0	1711.1	5	惠州	Huizhou	241.5	247.4	249.8	184
驻马店	Zhumadian	1629.8	1646.2	1651.1	6	梅州	Meizhou	339.4	343.1	344.7	144
湖北	**Hubei**	**7556.3**	**8009.6**	**8078.9**		汕尾	Shanwei	154.5	158.3	159.9	222
武汉	Wuhan	541.5	520.0	548.0	94	河源	Heyuan	224.8	227.2	228.8	201
黄石	Huangshi	227.2	228.5	240.0	195	阳江	Yangjiang	240.3	240.3	241.4	193
十堰	Shiyan	434.8	450.1	452.2	113	清远	Qingyuan	340.4	350.2	354.4	142
宜昌	Yichang	578.5	589.3	599.9	82	东莞	Dongguan	24.6	24.5	24.8	249
襄阳	Xiangfan	894.6	918.4	960.8	39	中山	ZhongShan	45.3	45.6	45.8	245
鄂州	Ezhou	121.6	116.0	121.0	227	潮州	Chaozhou	63.9	63.9	64.4	239
荆门	Jingmen	578.8	550.2	586.6	84	揭阳	Jieyang	205.4	205.7	207.8	208
孝感	Xiaogan	593.6	560.7	603.3	81	云浮	Yunfu	185.5	187.3	190.6	213
荆州	Jingzhou	1032.5	1043.2	1067.3	29	广西	**Guangxi**	**5896.9**	**5996.5**	**6082.6**	
黄冈	Huanggang	949.0	953.1	1004.0	36	南宁	Nanning	922.7	932.5	944.0	41
咸宁	Xianning	397.4	400.9	414.8	126	柳州	Liuzhou	397.3	402.4	408.5	129
随州	Suizhou	300.6	308.0	316.4	156	桂林	Guilin	651.3	661.9	678.9	67
湖南	**Hunan**	**821.6**	**8402.0**	**8511.9**		梧州	Wuzhou	277.7	285.1	287.7	164
长沙	Changsha	63.4	639.7	656.7	69	北海	Beihai	181.3	182.0	183.3	215
株洲	Zhuzhou	37.8	376.8	387.8	132	防城港	Fangchenggang	114.4	118.8	121.5	226
湘潭	Xiangtan	31.5	304.5	308.7	160	钦州	Qinzhou	363.7	366.6	376.4	137
衡阳	Hengyang	91.0	933.3	957.4	40	贵港	Guigang	419.3	426.9	438.6	119
邵阳	Shaoyang	80.6	796.5	822.9	49	玉林	Yulin	473.6	481.4	489.0	105
岳阳	Yueyang	86.2	848.7	865.9	46	百色	Baise	482.4	492.7	501.9	99

10-7 农作物播种面积 续表 3
Total Sown Area continued 3

单位：千公顷 (1000 hectares)

地名	City	2010	2011	2012	2012 排名 Ranking
贺州	Hezhou	236.6	240.4	240.4	194
河池	Hechi	458.8	742.8	486.3	106
来宾	Laibin	425.6	435.2	447.1	117
崇左	Chongzuo	474.3	490.0	500.8	100
海南	**Hainan**	**833.7**	**838.4**	**854.6**	
海口	Haikou	77.4	81.2	82.8	236
三亚	Sanya	29.8	29.8	34.2	247
重庆	**Chongqing**	**3359.4**	**3413.1**	**3477.7**	
四川	**Sichuan**	**9979.3**	**10026.5**	**9657.0**	
成都	Chengdu	793.9	776.1		
自贡	Zigong	318.4	323.2		
攀枝花	Panzhihua	68.9	70.9		
泸州	Luzhou	494.1	498.4		
德阳	Deyang	467.1	467.1		
绵阳	Mianyang	669.5	673.8		
广元	Guangyuan	418.7	423.4		
遂宁	Suining	424.5	426.4		
内江	Neijiang	446.8	451.4		
乐山	Leshan	362.8	363.7		
南充	Nanchong	913.1	918.6		
眉山	Meishan	442.0	443.5		
宜宾	Yibin	544.1	550.5		
广安	Guangan	496.9	501.6		
达州	Dazhou	841.2	845.2		
雅安	Yaan	179.4	180.0		
巴中	Bazhong	462.5	465.2		
资阳	Ziyang	761.2	759.7		
贵州	**Guizhou**	**4889.3**	**5021.2**	**5182.9**	
贵阳	Guiyang	265.1	268.3	272.2	170
六盘水	Liupanshui	241.6	242.8	244.0	187
遵义	Zunyi	1177.0	1204.3	1235.9	13
安顺	Anshun	248.2	255.3	263.6	173
毕节	Bijie	1029.5	1061.4	1109.1	26
铜仁	Tongren	530.3	560.2	573.7	88
云南	**Yunnan**	**6118.5**	**6743.0**	**6920.4**	
昆明	Kunming	420.0	429.6	449.2	116
曲靖	Qujing	990.3	1041.4	1115.4	24
玉溪	Yuxi	245.9	255.0	269.4	172
保山	Baoshan	376.7	385.1	412.6	128
昭通	Zhaotong	692.7	704.7	750.2	58
丽江	Lijiang	16.4	171.7	185.9	214
普洱	Puer	426.3	443.8	481.5	108
临沧	Lincang	429.6	445.1	489.9	104
西藏	**Tibet**	**240.0**	**241.4**	**244.0**	
拉萨	Lhasa	38.2	37.9	38.5	246
陕西	**Shaanxi**	**4185.6**	**4181.0**	**4238.3**	
西安	Xi'an	501.2	469.4	467.7	110
铜川	Tongchuan	83.0	79.3	78.8	237
宝鸡	Baoji	444.8	420.3	420.0	124
咸阳	Xianyang	552.4	519.3	522.3	96
渭南	Weinan	758.8	721.8	703.7	63
延安	Yan'an	252.6	239.4	241.7	192
汉中	Hanzhong	448.0	433.0	438.1	120
榆林	Yulin	595.0	563.4	576.0	87
安康	Ankang	453.8	440.6	449.4	115
商洛	Shangluo	286.2	275.3	279.2	167
甘肃	**Gansu**	**3995.2**	**4069.4**	**4099.8**	
兰州	Lanzhou	213.4	219.1	222.2	204
嘉峪关	Jiayuguan	3.9	3.9	4.0	255
金昌	Jinchang	70.5	71.6	74.1	238
白银	Baiyin	297.0	302.1	303.8	162
天水	Tianshui	437.9	446.2	449.5	114
武威	Wuwei	243.6	245.2	242.8	190
张掖	Zhangye	238.7	251.5	263.2	174
平凉	Pingliang	449.2	453.1	455.9	111
酒泉	Jiuquan	166.7	167.2	169.1	219
庆阳	Qingyang	628.8	633.4	646.4	70
定西	Dingxi	551.5	563.7	570.7	89
陇南	Longnan	413.2	418.6	421.3	122
青海	**Qinghai**	**5163.0**	**540.1**	**554.2**	
西宁	Xining	124.1	123.1	122.1	225
宁夏	**Ningxia**	**1247.9**	**1260.4**	**1241.2**	
银川	Yinchuan	166.5	164.4	165.5	220
石嘴山	Shizuishan	92.1	91.9	97.8	234
吴忠	Wuzhong	298.7	314.6	309.4	159
固原	Guyuan	391.9	390.3	386.4	133
中卫	Zhongwei	298.7	299.2	321.2	155
新疆	**Xinjiang**	**4758.6**	**4983.5**	**5123.9**	
乌鲁木齐	Urumqi	54.9	55.2	50.4	243
克拉玛依	Karamay	10.1	10.4	10.3	252

10-8 粮食作物播种面积
Grain Crops Sown Area

单位：千公顷　　　　(1000 hectares)

地名	City	2010	2011	2012	2012 排名 Ranking	地名	City	2010	2011	2012	2012 排名 Ranking
全国	**Nation Total**	**109876.0**	**110573.0**	**111205.0**		沈阳	Shenyang	506.8	507.4	503.3	62
北京	**Beijing**	**223.5**	**209.4**	**193.9**		大连	Dalian	282.9	281.0	277.8	118
天津	**Tianjin**	**311.8**	**310.8**	**322.9**		鞍山	Anshan	210.5	212.5	212.2	153
河北	**Hebei**	**6282.2**	**6286.1**	**6302.4**		抚顺	Fushun	98.4	98.8	98.6	219
石家庄	Shijiazhuang	772.6	769.9	764.6	28	本溪	Benxi	50.1	50.3	49.9	235
唐山	Tangshan	478.7	488.9	490.5	64	丹东	Dandong	166.5	166.5	165.4	177
秦皇岛	Qinhuangdao	147.1	147.8	148.1	191	锦州	Jinzhou	351.4	354.0	358.0	95
邯郸	Handan	774.3	782.5	775.3	27	营口	Yingkou	96.6	95.4	94.5	222
邢台	Xingtai	717.6	718.4	718.1	34	阜新	Fuxin	288.6	337.3	311.9	110
保定	Baoding	918.8	929.8	921.5	17	辽阳	Liaoyang	142.3	142.2	141.2	195
张家口	Zhangjiakou	465.0	479.1	475.3	67	盘锦	Panjin	129.0	128.3	127.4	207
承德	Chengde	283.6	288.7	291.7	114	铁岭	Tieling	435.5	439.7	457.5	71
沧州	Cangzhou	883.0	902.4	898.3	18	朝阳	Chaoyang	343.4	378.9	381.0	91
廊坊	Langfang	317.8	318.2	313.3	108	葫芦岛	Huludao	188.3	189.2	189.3	164
衡水	Hengshui	594.0	595.4	594.6	46	吉林	**Jilin**	**4492.2**	**4545.1**	**4610.3**	
山西	**Shanxi**	**3239.2**	**3287.9**	**3291.5**		长春	Changchun	1150.5	1220.9	1245.3	6
太原	Taiyuan	84.8	82.2	81.8	224	吉林	Jilin	636.5	642.8	645.3	44
大同	Datong	275.6	276.8	278.9	117	四平	Siping	768.9	848.3	857.9	20
阳泉	Yangquan	55.3	56.1	56.7	232	辽源	Liaoyuan	158.2	178.8	224.8	147
长治	Changzhi	255.5	257.0	253.9	136	通化	Tonghua	273.7	293.1	293.0	112
晋城	Jincheng	207.5	205.8	199.6	159	白山	Baishan	50.5	49.6	49.3	236
朔州	Shuozhou	265.9	269.8	268.4	129	松原	Songyuan	795.3	815.9	1032.4	11
晋中	Jinzhong	288.7	283.6	277.8	118	白城	Baicheng	642.5	748.5	804.8	24
运城	Yuncheng	652.5	660.2	667.4	40	黑龙江	**Heilongjiang**	**13549.0**	**13759.0**	**11519.5**	
忻州	Xinzhou	420.9	422.5	426.4	81	哈尔滨	Harbin	1900.3	1894.4	1923.9	2
临汾	Linfen	508.9	511.5	509.4	61	齐齐哈尔	Qiqihar	2144.9	2185.4	2188.9	1
吕梁	Luliang	358.7	357.4	353.9	97	鸡西	Jixi	459.2	460.0	472.3	69
内蒙古	**Inner Mongolia**	**5499.0**	**5562.0**	**5589.4**		鹤岗	Hegang	190.3	195.4	197.9	160
呼和浩特	Hohhot	321.4	323.3	325.0	106	双鸭山	Shuangyashan	390.0	398.4	398.9	87
包头	Baotou	225.3	266.7	227.8	146	大庆	Daqing	654.3	648.7	672.6	38
乌海	Wuhai	5.0	4.4	4.5	251	伊春	Yichun	228.2	231.0	230.2	143
赤峰	Chifeng	875.1	893.3	897.8	19	佳木斯	Jiamusi	1201.0	1237.1	1255.4	5
通辽	Tongliao	913.3	920.9	925.5	16	七台河	Qitaihe	161.0	157.3	162.4	181
鄂尔多斯	Erdos	233.8	239.6	240.8	139	牡丹江	Mudanjiang	498.1	536.4	535.2	56
呼伦贝尔	Hulunbuir	1308.4	1323.9	1330.6	4	黑河	Heihe	1115.0	1151.9	1158.8	10
巴彦淖尔	Bayannur	315.9	262.0	263.4	132	绥化	Suihua	1736.0	1789.5	1841.8	3
乌兰察布	Ulanqab	491.2	474.8	477.2	66	上海	**Shanghai**	**179.2**	**186.3**	**187.6**	
辽宁	**Liaoning**	**3179.3**	**3169.8**	**3217.3**		江苏	**Jiangsu**	**5282.4**	**5319.2**	**5336.6**	

10-8 粮食作物播种面积 续表 1
Grain Crops Sown Area continued 1

单位：千公顷 （1000 hectares）

地名	City	2010	2011	2012	2012 排名 Ranking
南京	Nanjing	161.1	161.0	163.4	180
无锡	Wuxi	118.7	117.0	115.1	214
徐州	Xuzhou	714.1	727.3	730.5	33
常州	Changzhou	161.5	159.5	155.7	187
苏州	Suzhou	161.7	159.7	159.7	183
南通	Nantong	528.8	525.6	522.2	58
连云港	Lianyungang	485.1	487.8	497.6	63
淮安	Huaian	646.3	649.9	653.7	42
盐城	Yancheng	949.0	956.5	965.4	14
扬州	Yangzhou	410.3	414.7	419.0	82
镇江	Zhenjiang	177.3	175.0	177.1	171
泰州	Taizhou	433.2	435.8	438.9	78
宿迁	Suqian	570.7	569.4	571.9	48
浙江	**Zhejiang**	**1275.8**	**1254.1**	**1251.6**	
杭州	Hangzhou	174.7	167.8	165.4	177
宁波	Ningbo	151.1	151.0	148.5	190
温州	Wenzhou	163.1	158.3	156.6	186
嘉兴	Jiaxing	200.1	203.0	207.9	156
湖州	Huzhou	134.6	134.0	136.1	200
绍兴	Shaoxing	184.8	186.0	187.8	165
金华	Jinhua	158.1	154.9	154.8	188
衢州	Quzhou	132.0	133.5	134.0	203
舟山	Zhoushan	11.1	10.6	10.6	248
台州	Taizhou	152.4	141.1	137.4	198
丽水	Lishui	102.3	99.1	97.3	220
安徽	**Anhui**	**6616.4**	**6621.5**	**6622.0**	
合肥	Hefei	282.6	475.2	483.2	65
芜湖	Wuhu	122.1	198.8	197.9	160
蚌埠	Bengbu	473.9	478.8	455.7	72
淮南	Huainan	212.2	212.4	203.3	157
马鞍山	Maanshan	66.7	146.1	153.2	189
淮北	Huaibei	264.2	266.5	234.4	141
铜陵	Tongling	26.5	27.0	27.8	242
安庆	Anqing	454.2	450.7	455.0	74
黄山	Huangshan	65.4	65.0	64.8	228
滁州	Chuzhou	689.5	700.3	709.9	36
阜阳	Fuyang	1002.2	1017.4	996.9	12
宿州	Suzhou	787.1	794.2	802.6	25
六安	Liuan	689.0	702.3	716.1	35
亳州	Bozhou	854.1	863.1	850.7	21
池州	Chizhou	116.6	114.1	115.4	213
宣城	Xuancheng	226.8	230.2	230.1	144
福建	**Fujian**	**1232.3**	**1226.8**	**1201.1**	
福州	Fuzhou	116.0	113.2	106.9	218
厦门	Xiamen	7.9	7.6	7.3	250
莆田	Putian	54.9	53.0	50.0	233
三明	Sanming	212.4	214.9	210.9	154
泉州	Quanzhou	159.9	154.2	146.8	192
漳州	Zhangzhou	119.1	117.8	117.2	212
南平	Nanping	251.1	249.6	248.1	137
龙岩	Longyan	176.0	179.4	180.9	167
宁德	Ningde	134.9	137.1	133.0	204
江西	**Jiangxi**	**3639.1**	**3650.1**	**3675.9**	
南昌	Nanchang	364.9	371.0		
景德镇	Jingdezhen	93.4	93.6		
萍乡	Pingxiang	81.4	82.1		
九江	Jiujiang	273.1	275.9		
新余	Xinyu	100.6	99.7		
鹰潭	Yingtan	116.2	116.7		
赣州	Ganzhou	515.0	514.1		
吉安	Jian	651.6	650.1		
宜春	Yichun	615.4	619.7		
抚州	Fuzhou	408.4	406.2		
上饶	Shangrao	581.4	586.5		
山东	**Shandong**	**7084.8**	**7145.8**	**7202.3**	
济南	Jinan	467.4	468.5	455.1	73
青岛	Qingdao	535.6	545.6	514.3	60
淄博	Zibo	256.1	255.3	247.1	138
枣庄	Zaozhuang	284.4	288.1	276.7	121
东营	Dongying	121.0	118.3	115.1	214
烟台	Yantai	397.5	405.7	391.2	88
潍坊	Weifang	799.5	802.9	779.7	26
济宁	Jining	662.3	686.7	659.9	41
泰安	Taian	432.1	434.5	418.6	83
威海	Weihai	172.7	174.2	167.8	176
日照	Rizhao	185.5	184.4	182.2	166
莱芜	Laiwu	52.8	52.3	50.0	233
临沂	Linyi	744.1	759.6	738.9	32
德州	Dezhou	890.0	920.2	839.9	23
聊城	Liaocheng	776.1	785.5	763.7	29

10-8 粮食作物播种面积 续表 2
Grain Crops Sown Area continued 2

单位：千公顷 （1000 hectares）

地名	City	2010	2011	2012	2012 排名 Ranking	地名	City	2010	2011	2012	2012 排名 Ranking
滨州	Binzhou	439.8	447.1	433.0	80	常德	Changde	67.5	651.5	684.5	37
菏泽	Heze	1018.0	1025.2	967.6	13	张家界	Zhangjiajie	13.6	132.3	131.9	205
河南	**Henan**	**9740.2**	**9859.9**	**9985.2**		益阳	Yiyang	41.8	406.1	414.1	85
郑州	Zhengzhou	361.8	363.4	363.1	94	郴州	Chenzhou	34.9	337.1	341.2	101
开封	Kaifeng	458.5	463.3	472.6	68	永州	Yongzhou	56.8	549.4	552.5	51
洛阳	Luoyang	524.2	526.3	530.9	57	怀化	Huaihua	32.6	312.5	315.7	107
平顶山	Pingdingshan	413.2	414.6	417.3	84	娄底	Loudi	27.1	261.3	268.6	128
安阳	Anyang	541.2	545.5	555.3	50	广东	**Guangdong**	**2531.9**	**2530.4**	**2540.2**	
鹤壁	Hebi	165.1	167.1	169.2	173	广州	Guangzhou	89.8	89.8	89.9	223
新乡	Xinxiang	605.2	614.5	623.1	45	韶关	Shaoguan	158.4	158.3	158.9	185
焦作	Jiaozuo	268.3	270.4	272.8	125	深圳	Shenzhen				
濮阳	Puyang	380.2	383.4	387.9	89	珠海	Zhuhai	8.1	8.1	7.6	249
许昌	Xuchang	429.5	432.3	435.7	79	汕头	Shantou	714.0	71.4	71.7	226
漯河	Luohe	263.4	264.0	266.6	130	佛山	Foshan	20.8	20.8	20.7	245
三门峡	Sanmenxia	163.0	163.9	168.1	175	江门	Jiangmen	193.2	193.1	195.0	163
南阳	Nanyang	1124.8	1144.4	1162.3	9	湛江	Zhanjiang	291.1	291.0	292.5	113
商丘	Shangqiu	926.8	938.2	959.5	15	茂名	Maoming	253.8	253.6	254.1	135
信阳	Xinyang	822.8	831.0	842.5	22	肇庆	Zhaoqing	202.4	202.3	203.2	158
周口	Zhoukou	1130.2	1150.2	1177.2	8	惠州	Huizhou	120.2	120.0	120.9	210
驻马店	Zhumadian	1160.0	1174.1	1186.0	7	梅州	Meizhou	218.4	218.2	218.7	148
湖北	**Hubei**	**4068.4**	**4122.1**	**4180.1**		汕尾	Shanwei	95.6	95.6	95.9	221
武汉	Wuhan	238.2	200.0	229.5	145	河源	Heyuan	164.1	164.0	164.4	179
黄石	Huangshi	133.3	133.8	140.7	196	阳江	Yangjiang	146.4	146.4	146.8	192
十堰	Shiyan	273.5	250.1	274.4	124	清远	Qingyuan	179.3	179.2	179.6	170
宜昌	Yichang	316.3	321.2	327.0	105	东莞	Dongguan	2.8	2.8	2.8	252
襄阳	Xiangfan	667.7	610.0	751.3	31	中山	ZhongShan	15.0	15.0	15.1	246
鄂州	Ezhou	56.2	56.6	58.2	230	潮州	Chaozhou	45.4	45.4	45.8	239
荆门	Jingmen	341.5	300.0	356.2	96	揭阳	Jieyang	136.8	136.7	137.2	199
孝感	Xiaogan	349.5	350.4	353.8	98	云浮	Yunfu	118.9	118.9	119.4	211
荆州	Jingzhou	539.5	410.0	574.8	47	广西	**Guangxi**	**3061.1**	**3072.8**	**3069.1**	
黄冈	Huanggang	521.0	400.0	535.8	55	南宁	Nanning	438.7	441.0	442.0	77
咸宁	Xianning	204.5	207.4	212.6	152	柳州	Liuzhou	166.2	167.5	168.8	174
随州	Suizhou	219.7	200.0	230.7	142	桂林	Guilin	370.8	373.4	377.9	92
湖南	**Hunan**	**480.9**	**4879.6**	**4908.0**		梧州	Wuzhou	158.0	159.7	159.7	183
长沙	Changsha	37.9	366.4	371.2	93	北海	Beihai	81.4	80.4	80.4	225
株洲	Zhuzhou	26.7	256.0	258.6	133	防城港	Fangchenggang	47.3	48.6	49.1	237
湘潭	Xiangtan	22.0	210.4	212.8	151	钦州	Qinzhou	215.2	215.4	216.4	149
衡阳	Hengyang	57.1	548.7	556.8	49	贵港	Guigang	269.8	271.8	274.9	123
邵阳	Shaoyang	55.2	533.8	550.8	52	玉林	Yulin	323.2	326.0	327.2	104
岳阳	Yueyang	54.2	526.1	536.4	54	百色	Baise	271.8	272.0	276.8	120

10-8 粮食作物播种面积 续表 3
Grain Crops Sown Area continued 3

单位：千公顷 （1000 hectares）

地名	City	2010	2011	2012	2012 排名 Ranking	地名	City	2010	2011	2012	2012 排名 Ranking
贺州	Hezhou	137.7	139.0	139.0	197	丽江	Lijiang	12.7	127.2	135.3	201
河池	Hechi	273.2	276.6	276.6	122	普洱	Puer	312.1	317.2	345.0	100
来宾	Laibin	171.0	172.7	174.3	172	临沧	Lincang	263.3	263.9	291.3	115
崇左	Chongzuo	119.7	120.9	121.0	209	西藏	**Tibet**	**170.2**	**170.2**	**170.9**	
海南	**Hainan**	**437.2**	**430.6**	**438.6**		拉萨	Lhasa	25.9	26.1	26.1	243
海口	Haikou	39.8	39.8	41.9	240	陕西	**Shaanxi**	**3159.7**	**3134.9**	**3127.5**	
三亚	Sanya	13.0	12.5	14.3	247	西安	Xi'an	414.5	382.1	381.7	90
重庆	**Chongqing**	**2243.9**	**2259.4**	**2259.6**		铜川	Tongchuan	63.1	58.7	59.3	229
四川	**Sichuan**	**6402.0**	**6440.5**	**6468.2**		宝鸡	Baoji	357.5	335.4	337.5	102
成都	Chengdu					咸阳	Xianyang	430.9	398.9	400.3	86
自贡	Zigong					渭南	Weinan	583.8	538.0	521.6	59
攀枝花	Panzhihua					延安	Yan'an	209.6	196.3	197.8	162
泸州	Luzhou					汉中	Hanzhong	285.9	267.0	268.9	127
德阳	Deyang					榆林	Yulin	498.8	466.3	471.2	70
绵阳	Mianyang					安康	Ankang	287.5	267.8	269.9	126
广元	Guangyuan					商洛	Shangluo	221.9	208.4	209.8	155
遂宁	Suining					甘肃	**Gansu**	**2799.8**	**2833.7**	**2839.4**	
内江	Neijiang					兰州	Lanzhou	130.0	131.4	130.2	206
乐山	Leshan					嘉峪关	Jiayuguan	0.9	0.9	1.2	253
南充	Nanchong					金昌	Jinchang	48.2	49.6	48.4	238
眉山	Meishan					白银	Baiyin	240.0	242.1	239.5	140
宜宾	Yibin					天水	Tianshui	312.6	315.9	311.7	111
广安	Guangan					武威	Wuwei	150.0	149.3	135.2	202
达州	Dazhou					张掖	Zhangye	166.7	173.7	180.6	168
雅安	Yaan					平凉	Pingliang	327.5	332.1	334.7	103
巴中	Bazhong					酒泉	Jiuquan	47.4	43.2	38.7	241
资阳	Ziyang					庆阳	Qingyang	431.8	437.1	453.1	75
贵州	**Guizhou**	**3029.5**	**3055.6**	**3054.3**		定西	Dingxi	436.3	441.4	449.4	76
贵阳	Guiyang	118.9	116.9	110.9	216	陇南	Longnan	312.8	312.6	312.9	109
六盘水	Liupanshui	180.4	182.5	180.2	169	青海	**Qinghai**	**274.5**	**279.4**	**280.2**	
遵义	Zunyi	759.3	758.8	755.6	30	西宁	Xining	61.3	60.5	58.1	231
安顺	Anshun	144.1	143.2	142.8	194	宁夏	**Ningxia**	**844.0**	**852.4**	**828.3**	
毕节	Bijie	636.2	642.5	652.9	43	银川	Yinchuan	123.2	121.0	121.1	208
铜仁	Tongren	352.6	355.7	351.8	99	石嘴山	Shizuishan	67.1	67.3	66.9	227
云南	**Yunnan**	**4274.4**	**4402.4**	**4399.6**		吴忠	Wuzhong	213.0	229.6	213.4	150
昆明	Kunming	261.9	274.6	280.4	116	固原	Guyuan	278.9	274.0	265.9	131
曲靖	Qujing	579.9	597.4	670.4	39	中卫	Zhongwei	161.8	160.5	160.9	182
玉溪	Yuxi	96.6	100.4	108.0	217	新疆	**Xinjiang**	**1991.6**	**2000.4**	**2131.2**	
保山	Baoshan	237.2	235.2	257.4	134	乌鲁木齐	Urumqi	28.0	25.5	21.9	244
昭通	Zhaotong	496.1	504.5	548.2	53	克拉玛依	Karamay	0.6	0.4	0.5	254

11

工　业

Industry

11-1 工业增加值
Added Value of Industry

单位：亿元 (100 million yuan)

地名	City	2010	2011	2012	2012 排名 Ranking
全国	Nation Total	160722.2	188470.2	199670.7	
北京	Beijing	2763.99	3048.79	3294.32	
天津	Tianjin	4410.85	5430.84	6123.06	
河北	Hebei	9554.03	11770.38	12511.60	
石家庄	Shijiazhuang	1469.89	1808.66	1993.59	22
唐山	Tangshan	2395.22	3057.90	3243.82	7
秦皇岛	Qinhuangdao	319.80	354.68	376.48	193
邯郸	Handan	1160.02	1394.20	1473.50	39
邢台	Xingtai	624.28	731.97	761.87	92
保定	Baoding	877.02	1122.88	1259.39	51
张家口	Zhangjiakou	352.47	415.47	441.85	173
承德	Chengde	398.91	541.77	553.77	141
沧州	Cangzhou	1007.02	1229.47	1338.35	43
廊坊	Langfang	614.30	744.66	824.85	83
衡水	Hengshui	363.50	444.82	474.09	163
山西	Shanxi	4657.97	5959.96	6023.55	
太原	Taiyuan	596.88	708.47	784.28	90
大同	Datong	298.80	377.60	419.56	177
阳泉	Yangquan	227.76	282.56	318.46	217
长治	Changzhi	576.37	795.51	861.14	79
晋城	Jincheng	443.89	560.06	618.49	121
朔州	Shuozhou	364.10	478.55	572.81	135
晋中	Jinzhong	378.97	440.83	489.12	156
运城	Yuncheng	315.25	434.34	424.30	175
忻州	Xinzhou	176.04	262.49	292.80	224
临汾	Linfen	474.63	661.39	701.23	105
吕梁	Luliang	568.68	813.08	879.29	78
内蒙古	Inner Mongolia	5618.40	7101.60	7735.78	
呼和浩特	Hohhot	557.05	651.43	637.56	116
包头	Baotou	1188.78	1487.41	1491.30	37
乌海	Wuhai	258.01	322.97	328.19	215
赤峰	Chifeng	483.46	627.87	745.45	93
通辽	Tongliao	633.86	813.06	986.21	70
鄂尔多斯	Erdos	1391.12	1723.05	1971.68	24
呼伦贝尔	Hulunbuir	336.93	441.11	546.03	145
巴彦淖尔	Bayannur	285.79	354.54	384.43	189
乌兰察布	Ulanqab	266.97	332.52	373.71	195
辽宁	Liaoning	8789.27	10696.54	11605.07	
沈阳	Shenyang	2283.51	2725.77	3046.91	15
大连	Dalian	2309.49	2816.00	3207.43	8
鞍山	Anshan	1046.31	1162.00	1159.86	56
抚顺	Fushun	452.43	575.49	627.62	119
本溪	Benxi	488.99	599.01	608.59	123
丹东	Dandong	314.86	387.03	428.54	174
锦州	Jinzhou	377.54	493.61	549.63	144
营口	Yingkou	497.64	603.65	660.35	113
阜新	Fuxin	133.46	178.41	214.94	242
辽阳	Liaoyang	437.28	530.17	594.10	128
盘锦	Panjin	567.37	700.76	778.05	91
铁岭	Tieling	341.93	414.42	458.50	165
朝阳	Chaoyang	285.05	351.64	375.56	194
葫芦岛	Huludao	209.42	261.02	285.83	225
吉林	Jilin	3929.31	4917.95	5582.48	
长春	Changchun	1469.63	1784.30	1922.48	27
吉林	Jilin	766.60	958.45	1044.45	68
四平	Siping	310.86	421.01	488.02	158
辽源	Liaoyuan	196.71	264.85	315.44	218
通化	Tonghua	291.84	372.46	413.63	180
白山	Baishan	241.82	294.66	358.29	202
松原	Songyuan	522.11	606.16	692.07	107
白城	Baicheng	184.29	247.83	267.80	228
黑龙江	Heilongjiang	4608.27	5602.76	5240.65	
哈尔滨	Harbin	1021.55	1197.18	1127.95	58
齐齐哈尔	Qiqihar	336.69	414.76	411.88	181
鸡西	Jixi	170.34	204.29	228.35	240
鹤岗	Hegang	112.10	143.59	161.38	255
双鸭山	Shuangyashan	163.44	216.87	241.40	235
大庆	Daqing	2319.96	2996.15	3157.40	12
伊春	Yichun	67.38	71.14	73.81	276
佳木斯	Jiamusi	112.99	142.02	146.56	259
七台河	Qitaihe	198.18	190.81	169.91	253
牡丹江	Mudanjiang	268.16	344.49	377.70	190
黑河	Heihe	35.62	43.11	50.34	279
绥化	Suihua	150.24	194.34	245.92	233
上海	Shanghai	6536.21	7208.59	7097.76	
江苏	Jiangsu	19277.65	22280.61	23908.47	

注：本表按当年价格计算。

a)Data in this table are calculated at current prices.

11-1 工业增加值 续表 1
Added Value of Industry continued 1

单位：亿元 (100 million yuan)

地名	City	2010	2011	2012	2012 排名 Ranking
南京	Nanjing	2005.21	2390.51	2748.46	17
无锡	Wuxi	2986.52	3463.12	3717.88	6
徐州	Xuzhou	1268.61	1509.82	1666.62	32
常州	Changzhou	1530.86	1768.91	1900.55	28
苏州	Suzhou	4916.49	5555.33	6055.10	1
南通	Nantong	1568.49	1840.41	1992.11	23
连云港	Lianyungang	431.84	517.82	583.31	133
淮安	Huaian	537.00	661.15	737.20	96
盐城	Yancheng	935.51	1111.50	1258.22	52
扬州	Yangzhou	1074.61	1240.87	1344.66	42
镇江	Zhenjiang	1039.78	1175.63	1309.54	45
泰州	Taizhou	981.02	1132.27	1237.05	53
宿迁	Suqian	386.37	502.57	589.82	130
浙江	**Zhejiang**	**12657.78**	**14683.03**	**15338.02**	
杭州	Hangzhou	2502.09	2944.00	3168.75	11
宁波	Ningbo	2586.17	3019.00	3170.07	10
温州	Wenzhou	1387.65	1556.29	1625.00	33
嘉兴	Jiaxing	1192.96	1378.15	1443.02	40
湖州	Huzhou	637.57	729.48	796.75	89
绍兴	Shaoxing	1398.07	1632.35	1751.79	31
金华	Jinhua	938.87	1077.25	1164.53	55
衢州	Quzhou	349.46	439.66	442.16	172
舟山	Zhoushan	218.52	267.28	295.81	223
台州	Taizhou	1135.75	1253.40	1273.64	50
丽水	Lishui	278.00	340.95	384.90	188
安徽	**Anhui**	**5407.40**	**7062.00**	**8025.84**	
合肥	Hefei	1121.64	1560.40	1813.90	30
芜湖	Wuhu	645.29	984.55	1117.44	60
蚌埠	Bengbu	260.95	337.58	391.38	186
淮南	Huainan	345.82	408.94	442.82	171
马鞍山	Maanshan	520.75	711.54	745.36	94
淮北	Huaibei	273.67	338.65	377.12	192
铜陵	Tongling	315.20	403.62	423.43	176
安庆	Anqing	450.96	592.71	672.94	111
黄山	Huangshan	100.31	133.31	152.05	258
滁州	Chuzhou	298.51	385.45	446.09	169
阜阳	Fuyang	242.62	294.81	344.71	206
宿州	Suzhou	214.43	285.68	333.60	209
六安	Liuan	233.06	308.65	354.25	204
亳州	Bozhou	155.06	204.45	241.00	236
池州	Chizhou	103.33	139.80	156.38	257
宣城	Xuancheng	201.80	294.44	333.82	208
福建	**Fujian**	**6397.71**	**7675.09**	**8541.94**	
福州	Fuzhou	1127.59	1355.19	1481.99	38
厦门	Xiamen	865.92	1109.76	1153.77	57
莆田	Putian	405.01	517.04	568.88	138
三明	Sanming	412.51	521.08	565.33	139
泉州	Quanzhou	1961.46	2423.18	2595.57	19
漳州	Zhangzhou	570.56	723.38	818.45	85
南平	Nanping	243.80	297.60	328.97	214
龙岩	Longyan	447.99	596.60	622.95	120
宁德	Ningde	261.74	362.21	418.91	178
江西	**Jiangxi**	**4286.76**	**5411.86**	**5828.20**	
南昌	Nanchang	952.75	1223.72	1290.93	49
景德镇	Jingdezhen	243.77	315.25	329.50	212
萍乡	Pingxiang	302.71	399.23	404.75	182
九江	Jiujiang	478.70	618.55	679.87	109
新余	Xinyu	360.11	470.74	444.75	170
鹰潭	Yingtan	205.04	260.40	285.14	226
赣州	Ganzhou	425.14	548.43	603.48	125
吉安	Jian	310.87	404.32	447.73	168
宜春	Yichun	439.60	576.33	633.39	118
抚州	Fuzhou	254.65	329.33	362.93	199
上饶	Shangrao	379.10	505.42	552.53	142
山东	**Shandong**	**18861.45**	**21275.89**	**22798.33**	
济南	Jinan	1352.42	1507.88	1603.08	34
青岛	Qingdao	2454.19	2794.56	6041.31	2
淄博	Zibo	1612.07	1793.43	1897.61	29
枣庄	Zaozhuang	749.34	843.44	905.60	76
东营	Dongying	1612.02	1801.08	2007.59	21
烟台	Yantai	2319.02	2543.44	2694.25	18
潍坊	Weifang	1545.55	1760.97	1952.43	25
济宁	Jining	1237.23	1395.57	1514.29	36
泰安	Taian	950.02	1037.24	1110.93	61
威海	Weihai	982.13	1022.72	1122.80	59
日照	Rizhao	494.95	582.54	634.20	117
莱芜	Laiwu	302.71	340.12	332.50	211
临沂	Linyi	1009.32	1146.08	1202.68	54
德州	Dezhou	794.79	924.79	1048.54	67
聊城	Liaocheng	854.03	999.46	1088.10	63

11-1 工业增加值 续表 2
Added Value of Industry continued 2

单位：亿元 (100 million yuan)

地名	City	2010	2011	2012	2012 排名 Ranking	地名	City	2010	2011	2012	2012 排名 Ranking
滨州	Binzhou	767.26	877.08	948.62	72	常德	Changde	617.27	809.75	916.99	74
菏泽	Heze	553.13	739.84	858.05	80	张家界	Zhangjiajie	48.20	62.68	70.39	277
河南	**Henan**	**11950.88**	**13949.32**	**15017.56**		益阳	Yiyang	259.56	346.94	416.86	179
郑州	Zhengzhou	1996.37	2566.08	2802.47	16	郴州	Chenzhou	553.31	724.39	818.58	84
开封	Kaifeng	368.34	430.97	487.10	159	永州	Yongzhou	236.78	309.27	349.43	205
洛阳	Luoyang	1243.78	1477.57	1583.20	35	怀化	Huaihua	256.27	333.91	400.77	185
平顶山	Pingdingshan	821.08	916.92	845.53	81	娄底	Loudi	330.21	422.48	501.06	153
安阳	Anyang	731.77	783.83	805.67	88	**广东**	**Guangdong**	**21462.72**	**24649.60**	**25810.07**	
鹤壁	Hebi	283.38	331.63	356.47	203	广州	Guangzhou	3644.96	4140.59	4264.16	4
新乡	Xinxiang	602.34	780.47	812.40	86	韶关	Shaoguan	246.91	298.28	321.49	216
焦作	Jiaozuo	804.18	936.38	984.42	71	深圳	Shenzhen	4233.23	4995.10	5355.85	3
濮阳	Puyang	476.42	537.19	593.16	129	珠海	Zhuhai	619.39	714.29	720.25	99
许昌	Xuchang	847.53	1014.62	1076.57	65	汕头	Shantou	629.27	592.86	679.26	110
漯河	Luohe	452.72	493.31	515.18	152	佛山	Foshan	3419.18	3735.29	3976.10	5
三门峡	Sanmenxia	562.42	665.27	714.50	101	江门	Jiangmen	833.28	953.21	913.78	75
南阳	Nanyang	910.56	1045.17	1082.50	64	湛江	Zhanjiang	524.36	642.11	644.87	115
商丘	Shangqiu	464.48	546.78	570.47	137	茂名	Maoming	550.72	645.80	730.82	98
信阳	Xinyang	376.95	425.88	449.86	167	肇庆	Zhaoqing	411.87	535.42	616.23	122
周口	Zhoukou	492.45	578.95	664.44	112	惠州	Huizhou	960.82	1147.79	1296.40	47
驻马店	Zhumadian	393.04	471.28	519.09	151	梅州	Meizhou	208.51	227.52	225.17	241
湖北	**Hubei**	**6726.53**	**8538.04**	**9735.15**		汕尾	Shanwei	180.78	223.29	260.37	230
武汉	Wuhan	2079.82	2709.02	3203.66	9	河源	Heyuan	227.14	285.90	277.63	227
黄石	Huangshi	361.76	522.36	581.91	134	阳江	Yangjiang	238.21	295.80	359.72	201
十堰	Shiyan	377.92	418.65	452.45	166	清远	Qingyuan	569.40	402.64	370.63	196
宜昌	Yichang	818.32	1189.44	1386.98	41	东莞	Dongguan	2078.45	2288.41	2297.51	20
襄阳	Xiangfan	733.20	1117.97	1304.30	46	中山	ZhongShan	1022.01	1164.62	1291.41	48
鄂州	Ezhou	213.05	269.54	310.23	220	潮州	Chaozhou	293.59	333.27	368.48	197
荆门	Jingmen	330.54	465.60	551.45	143	揭阳	Jieyang	541.04	687.87	810.96	87
孝感	Xiaogan	316.47	408.69	474.87	162	云浮	Yunfu	146.82	181.35	195.25	248
荆州	Jingzhou	293.27	407.41	475.34	161	**广西**	**Guangxi**	**3860.46**	**4851.37**	**5279.26**	
黄冈	Huanggang	262.46	324.00	366.27	198	南宁	Nanning	483.78	629.33	706.11	104
咸宁	Xianning	218.81	285.81	329.25	213	柳州	Liuzhou	776.84	923.21	1055.69	66
随州	Suizhou	164.03	217.79	250.29	232	桂林	Guilin	417.93	519.85	585.55	132
湖南	**Hunan**	**6305.11**	**8122.75**	**9138.50**		梧州	Wuzhou	304.60	417.50	479.88	160
长沙	Changsha	2020.68	2662.47	3051.94	14	北海	Beihai	144.92	176.12	267.77	229
株洲	Zhuzhou	656.38	847.34	948.32	73	防城港	Fangchenggang	138.19	187.32	197.64	247
湘潭	Xiangtan	452.48	610.63	699.26	106	钦州	Qinzhou	187.91	252.89	237.24	237
衡阳	Hengyang	562.74	741.27	834.64	82	贵港	Guigang	218.78	246.83	229.15	238
邵阳	Shaoyang	237.85	302.92	339.88	207	玉林	Yulin	324.14	395.50	404.39	183
岳阳	Yueyang	752.43	981.63	1109.96	62	百色	Baise	273.49	318.19	361.92	200

11-1 工业增加值 续表 3
Added Value of Industry continued 3

单位：亿元 (100 million yuan)

地名	City	2010	2011	2012	2012 排名 Ranking	地名	City	2010	2011	2012	2012 排名 Ranking
贺州	Hezhou	105.91	124.77	136.10	261	丽江	Lijiang	33.10	46.64	56.68	278
河池	Hechi	180.08	189.06	132.96	262	普洱	Puer	53.83	69.82	84.72	273
来宾	Laibin	168.00	195.60	189.06	250	临沧	Lincang	53.71	74.05	112.53	268
崇左	Chongzuo	127.53	169.71	184.06	251	西藏	**Tibet**	**39.73**	**48.18**	**55.35**	
海南	**Hainan**	**385.21**	**475.04**	**521.15**		拉萨	Lhasa	19.72	25.75		
海口	Haikou	101.76	125.03	136.67	260	陕西	**Shaanxi**	**4558.97**	**5857.92**	**6847.41**	
三亚	Sanya	12.74	15.83	17.00	283	西安	Xi'an	1003.57	1189.61	1328.71	44
重庆	**Chongqing**	**3697.83**	**4690.46**	**4981.01**		铜川	Tongchuan	103.99	131.91	159.29	256
四川	**Sichuan**	**7431.45**	**9491.05**	**10550.53**		宝鸡	Baoji	497.40	610.32	735.89	97
成都	Chengdu	2062.82	2610.80	3127.61	13	咸阳	Xianyang	480.70	624.28	743.94	95
自贡	Zigong	339.70	422.28	488.44	157	渭南	Weinan	339.71	476.64	533.55	149
攀枝花	Panzhihua	364.63	461.71	533.07	150	延安	Yan'an	614.45	789.45	904.64	77
泸州	Luzhou	377.15	510.12	588.19	131	汉中	Hanzhong	146.32	203.17	245.70	234
德阳	Deyang	484.26	632.46	718.50	100	榆林	Yulin	1178.34	1597.96	1928.07	26
绵阳	Mianyang	398.39	531.24	607.42	124	安康	Ankang	86.15	127.13	179.91	252
广元	Guangyuan	105.01	155.79	189.91	249	商洛	Shangluo	64.49	96.38	118.96	265
遂宁	Suining	218.88	265.64	305.29	221	甘肃	**Gansu**	**1602.87**	**1923.95**	**2070.24**	
内江	Neijiang	386.64	497.23	570.69	136	兰州	Lanzhou	399.06	497.25	562.42	140
乐山	Leshan	414.42	534.31	601.63	126	嘉峪关	Jiayuguan	143.44	187.00	213.33	243
南充	Nanchong	333.02	432.74	498.05	154	金昌	Jinchang	152.36	163.86	162.93	254
眉山	Meishan	268.00	339.59	390.53	187	白银	Baiyin	144.09	184.77	212.59	244
宜宾	Yibin	476.89	623.26	712.17	103	天水	Tianshui	80.12	101.90	115.76	266
广安	Guangan	199.39	265.07	310.82	219	武威	Wuwei	60.47	81.00	109.07	269
达州	Dazhou	366.26	481.03	544.20	146	张掖	Zhangye	55.42	71.78	75.52	275
雅安	Yaan	135.10	174.95	202.76	246	平凉	Pingliang	88.42	108.91	125.40	263
巴中	Bazhong	61.37	87.94	102.10	270	酒泉	Jiuquan	173.03	210.00	258.72	231
资阳	Ziyang	315.28	420.20	496.19	155	庆阳	Qingyang	193.48	263.65	301.28	222
贵州	**Guizhou**	**1516.87**	**1829.20**	**2217.06**		定西	Dingxi	24.59	33.21	38.58	281
贵阳	Guiyang	352.77	454.90	534.73	148	陇南	Longnan	33.62	43.56	49.36	280
六盘水	Liupanshui	278.58	353.06	402.52	184	青海	**Qinghai**	**613.65**	**811.73**	**895.89**	
遵义	Zunyi	333.67	430.98	541.84	147	西宁	Xining	275.40	356.28	377.19	191
安顺	Anshun	76.40	96.09	114.46	267	宁夏	**Ningxia**	**643.05**	**816.79**	**878.63**	
毕节	Bijie	226.82	295.60	333.06	210	银川	Yinchuan	298.70	396.46	471.92	164
铜仁	Tongren	57.17	74.08	99.63	272	石嘴山	Shizuishan	162.67	205.82	228.85	239
云南	**Yunnan**	**2604.07**	**2994.30**	**3450.72**		吴忠	Wuzhong	87.82	111.24	123.81	264
昆明	Kunming	709.62	848.90	1008.42	69	固原	Guyuan	11.82	20.82	23.02	282
曲靖	Qujing	468.78	577.12	657.30	114	中卫	Zhongwei	50.79	70.58	79.52	274
玉溪	Yuxi	437.53	531.18	598.33	127	新疆	**Xinjiang**	**2161.39**	**2700.20**	**2850.06**	
保山	Baoshan	59.30	75.55	100.06	271	乌鲁木齐	Urumqi	514.76	659.06	714.01	102
昭通	Zhaotong	132.63	170.86	206.11	245	克拉玛依	Karamay	623.47	698.82	692.07	107

11-2 工业增加值指数
Indices of Industrial Added Value

单位：上年=100 (preceding year=100)

地名	City	2010	2011	2012	2012 排名 Ranking	地名	City	2010	2011	2012	2012 排名 Ranking
全国	**Nation Total**	**112.1**	**110.4**	**107.7**		沈阳	Shenyang	115.1	114.0	111.5	225
北京	**Beijing**	**114.9**	**107.5**			大连	Dalian	121.0	118.6	110.7	238
天津	**Tianjin**	**120.8**	**119.3**			鞍山	Anshan	115.2	110.2	109.8	251
河北	**Hebei**	**113.5**	**114.1**			抚顺	Fushun	116.3	114.3	111.9	211
石家庄	Shijiazhuang	113.4	113.5	112.4	191	本溪	Benxi	117.5	114.4	109.8	251
唐山	Tangshan	115.0	114.4	112.0	207	丹东	Dandong	120.2	114.3	111.3	230
秦皇岛	Qinhuangdao	115.6	114.3	112.1	201	锦州	Jinzhou	118.9	118.5	113.3	162
邯郸	Handan	113.5	114.5	112.5	187	营口	Yingkou	118.0	115.2	111.6	222
邢台	Xingtai	114.0	113.4	111.2	232	阜新	Fuxin	118.7	114.8	113.3	162
保定	Baoding	115.2	114.9	112.9	174	辽阳	Liaoyang	115.0	114.3	111.1	235
张家口	Zhangjiakou	115.0	114.9	112.3	198	盘锦	Panjin	119.6	116.1	112.8	177
承德	Chengde	110.7	114.9	113.1	171	铁岭	Tieling	118.9	115.3	109.0	261
沧州	Cangzhou	113.4	113.8	113.4	159	朝阳	Chaoyang	115.5	114.2	110.7	238
廊坊	Langfang	113.2	114.2	111.5	225	葫芦岛	Huludao	118.2	114.1	112.4	191
衡水	Hengshui	113.7	114.7	112.7	179	吉林	**Jilin**	**120.8**	**118.7**		
山西	**Shanxi**	**119.5**	**117.5**			长春	Changchun	120.8	115.0	112.1	201
太原	Taiyuan	112.5	111.9	112.2	200	吉林	Jilin	113.5	118.6	110.0	247
大同	Datong	120.0	116.1	111.9	211	四平	Siping	122.3	128.1	115.9	84
阳泉	Yangquan	118.7	115.1	110.7	238	辽源	Liaoyuan	121.9	127.3	114.2	130
长治	Changzhi	116.6	118.5	111.8	216	通化	Tonghua	126.7	123.2	112.1	201
晋城	Jincheng	115.5	116.3	112.5	187	白山	Baishan	126.1	122.9	113.5	154
朔州	Shuozhou	117.4	120.1	112.8	177	松原	Songyuan	114.7	113.4	110.7	238
晋中	Jinzhong	118.1	118.3	112.5	187	白城	Baicheng	130.6	127.5	115.8	87
运城	Yuncheng	121.6	120.5	106.8	271	黑龙江	**Heilongjiang**	**115.0**	**113.5**		
忻州	Xinzhou	130.8	126.9	115.2	108	哈尔滨	Harbin	117.1	114.0	108.3	268
临汾	Linfen	121.9	120.0	111.9	211	齐齐哈尔	Qiqihar	128.4	115.6	106.2	272
吕梁	Luliang	126.8	116.5	112.1	201	鸡西	Jixi	126.2	118.2	116.9	57
内蒙古	**Inner Mongolia**	**118.8**	**117.3**			鹤岗	Hegang	117.1	118.0	117.1	54
呼和浩特	Hohhot	114.3	111.9	110.0	247	双鸭山	Shuangyashan	132.5	125.9	119.8	24
包头	Baotou	119.8	117.5	114.8	119	大庆	Daqing	111.3	110.3	109.9	249
乌海	Wuhai	123.9	119.8	114.9	117	伊春	Yichun	126.1	104.0	112.0	207
赤峰	Chifeng	120.9	120.5	118.0	35	佳木斯	Jiamusi	138.4	119.7	121.4	12
通辽	Tongliao	126.7	119.0	117.7	41	七台河	Qitaihe	131.7	105.7	109.5	256
鄂尔多斯	Erdos	120.1	116.3	115.6	95	牡丹江	Mudanjiang	124.2	121.2	116.1	79
呼伦贝尔	Hulunbuir	125.9	121.4	120.9	16	黑河	Heihe	119.4	110.9	115.0	114
巴彦淖尔	Bayannur	120.6	115.1	114.6	122	绥化	Suihua	121.7	120.8	134.3	2
乌兰察布	Ulanqab	113.0	115.5	110.2	245	上海	**Shanghai**	**117.5**	**107.4**		
辽宁	**Liaoning**	**116.9**	**114.3**			江苏	**Jiangsu**	**113.3**	**112.3**		

注：本表按不变价格计算。

a)Data in this table are calculated at constant prices.

11-2 工业增加值指数 续表 1
Indices of Industrial Added Value continued 1

单位：上年=100 (preceding year=100)

地名	City	2010	2011	2012	2012 排名 Ranking
南京	Nanjing	114.4	112.9	111.0	236
无锡	Wuxi	113.2	111.7	109.0	261
徐州	Xuzhou	115.7	115.6	114.4	127
常州	Changzhou	113.3	112.6	111.7	220
苏州	Suzhou	113.3	111.7	107.4	269
南通	Nantong	114.3	112.9	112.3	198
连云港	Lianyungang	117.8	117.3	115.4	103
淮安	Huaian	117.4	116.3	116.1	79
盐城	Yancheng	117.0	115.0	115.7	92
扬州	Yangzhou	114.8	113.0	111.8	216
镇江	Zhenjiang	114.9	113.0	112.7	179
泰州	Taizhou	114.6	112.9	113.2	167
宿迁	Suqian	119.3	118.4	117.5	45
浙江	**Zhejiang**	**112.7**	**110.1**		
杭州	Hangzhou	112.7	110.4	108.5	264
宁波	Ningbo	114.3	110.3	104.4	279
温州	Wenzhou	112.4	107.8	104.2	280
嘉兴	Jiaxing	116.3	112.1	108.4	267
湖州	Huzhou	111.8	110.7	111.3	230
绍兴	Shaoxing	109.4	110.4	109.9	249
金华	Jinhua	111.6	111.4	110.5	242
衢州	Quzhou	116.4	114.6	108.5	264
舟山	Zhoushan	114.5	115.3	112.6	184
台州	Taizhou	115.1	106.6	105.8	276
丽水	Lishui	116.0	113.2	112.4	191
安徽	**Anhui**	**121.9**	**119.6**		
合肥	Hefei	123.6	122.4	117.0	55
芜湖	Wuhu	123.9	121.5	116.4	72
蚌埠	Bengbu	123.7	122.3	116.9	57
淮南	Huainan	113.9	115.0	114.1	132
马鞍山	Maanshan	117.2	114.3	112.9	174
淮北	Huaibei	119.1	115.3	115.2	108
铜陵	Tongling	121.9	114.2	111.2	232
安庆	Anqing	121.3	119.8	115.3	106
黄山	Huangshan	121.6	121.9	116.2	76
滁州	Chuzhou	125.5	121.7	117.2	52
阜阳	Fuyang	125.1	120.8	116.5	69
宿州	Suzhou	123.8	123.4	116.8	60
六安	Liuan	127.0	121.1	117.0	55
亳州	Bozhou	125.1	122.6	116.7	63
池州	Chizhou	125.5	121.6	116.7	63
宣城	Xuancheng	126.0	122.2	116.0	82
福建	**Fujian**	**118.0**	**116.7**		
福州	Fuzhou	118.8	115.2	114.1	132
厦门	Xiamen	118.8	118.6	113.6	149
莆田	Putian	120.1	118.3	113.9	140
三明	Sanming	120.7	120.4	115.8	87
泉州	Quanzhou	116.5	116.7	113.5	154
漳州	Zhangzhou	121.7	120.3	115.5	100
南平	Nanping	116.9	118.4	117.5	45
龙岩	Longyan	118.4	117.8	113.3	162
宁德	Ningde	127.1	124.6	119.7	26
江西	**Jiangxi**	**119.9**	**117.3**		
南昌	Nanchang	118.8	115.5	113.7	145
景德镇	Jingdezhen	115.6	116.3	113.0	172
萍乡	Pingxiang	113.7	116.6	113.5	154
九江	Jiujiang	120.0	117.9	113.9	140
新余	Xinyu	118.5	117.7	110.1	246
鹰潭	Yingtan	114.8	112.6	113.5	154
赣州	Ganzhou	117.9	118.0	114.0	138
吉安	Jian	121.9	117.2	113.2	167
宜春	Yichun	121.0	117.9	113.9	140
抚州	Fuzhou	119.4	116.3	114.2	130
上饶	Shangrao	119.5	119.3	113.2	167
山东	**Shandong**	**112.8**	**112.5**		
济南	Jinan	110.7	112.2	109.7	253
青岛	Qingdao	112.3	111.3	111.9	211
淄博	Zibo	112.0	112.6	111.5	225
枣庄	Zaozhuang	110.3	112.6	111.7	220
东营	Dongying	113.4	113.8	112.4	191
烟台	Yantai	112.0	112.8	111.2	232
潍坊	Weifang	113.2	113.4	112.0	207
济宁	Jining	112.5	113.5	112.0	207
泰安	Taian	111.3	112.4	111.8	216
威海	Weihai	111.2	113.1	109.7	253
日照	Rizhao	113.3	113.5	112.4	191
莱芜	Laiwu	112.6	112.6	112.1	201
临沂	Linyi	113.0	112.5	113.7	145
德州	Dezhou	114.6	114.5	114.6	122
聊城	Liaocheng	113.6	113.9	115.0	114

11-2 工业增加值指数 续表 2
Indices of Industrial Added Value continued 2

单位：上年=100 (preceding year=100)

地名	City	2010	2011	2012	2012 排名 Ranking	地名	City	2010	2011	2012	2012 排名 Ranking
滨州	Binzhou	112.7	113.4	112.7	179	常德	Changde	121.9	119.7	114.3	128
菏泽	Heze	117.4	119.2	117.5	45	张家界	Zhangjiajie	120.4	118.7	113.3	162
河南	**Henan**	**115.4**	**114.1**			益阳	Yiyang	121.4	119.5	113.0	172
郑州	Zhengzhou	115.6	119.0	115.2	108	郴州	Chenzhou	120.9	118.5	114.1	132
开封	Kaifeng	115.9	118.8	114.1	132	永州	Yongzhou	120.3	119.2	114.0	138
洛阳	Luoyang	117.1	117.1	111.0	236	怀化	Huaihua	122.0	119.2	113.6	149
平顶山	Pingdingshan	112.2	113.3	105.6	277	娄底	Loudi	118.8	116.4	113.5	154
安阳	Anyang	117.3	115.7	108.6	263	广东	**Guangdong**	**114.9**	**110.8**		
鹤壁	Hebi	115.9	116.0	111.4	229	广州	Guangzhou	112.7	111.5	109.1	257
新乡	Xinxiang	119.7	119.6	113.8	144	韶关	Shaoguan	112.2	113.3	111.9	211
焦作	Jiaozuo	115.0	116.7	112.4	191	深圳	Shenzhen	113.9	112.0	107.3	270
濮阳	Puyang	113.6	115.4	114.9	117	珠海	Zhuhai	118.3	111.6	102.7	282
许昌	Xuchang	116.5	118.6	113.7	145	汕头	Shantou	116.8	111.9	112.5	187
漯河	Luohe	117.5	116.4	114.1	132	佛山	Foshan	115.1	112.2	109.6	255
三门峡	Sanmenxia	118.5	114.9	113.4	159	江门	Jiangmen	117.6	116.7	106.0	274
南阳	Nanyang	115.1	116.6	112.6	184	湛江	Zhanjiang	117.8	110.1	108.5	264
商丘	Shangqiu	114.3	115.5	114.7	121	茂名	Maoming	114.2	113.1	116.4	72
信阳	Xinyang	115.6	117.6	114.3	128	肇庆	Zhaoqing	132.0	123.0	120.4	18
周口	Zhoukou	115.8	117.3	115.4	103	惠州	Huizhou	124.5	114.4	115.0	114
驻马店	Zhumadian	115.2	117.9	114.5	125	梅州	Meizhou	117.9	115.1	113.6	149
湖北	**Hubei**	**121.3**	**119.1**			汕尾	Shanwei	125.3	123.4	121.1	14
武汉	Wuhan	120.5	117.8	113.7	145	河源	Heyuan	117.1	116.1	115.8	87
黄石	Huangshi	120.0	120.1	115.8	87	阳江	Yangjiang	122.7	123.1	119.5	27
十堰	Shiyan	134.7	109.8	106.1	273	清远	Qingyuan	121.1	107.4	104.0	281
宜昌	Yichang	118.8	120.2	115.2	108	东莞	Dongguan	117.5	107.7	106.0	274
襄阳	Xiangfan	121.1	120.8	115.9	84	中山	ZhongShan	116.3	114.2	114.5	125
鄂州	Ezhou	125.0	118.5	116.0	82	潮州	Chaozhou	115.8	113.3	111.6	222
荆门	Jingmen	122.9	120.6	116.1	79	揭阳	Jieyang	127.4	120.4	116.4	72
孝感	Xiaogan	122.9	120.5	115.8	87	云浮	Yunfu	122.0	124.7	117.3	51
荆州	Jingzhou	121.3	122.0	115.5	100	广西	**Guangxi**	**120.4**	**116.5**		
黄冈	Huanggang	120.8	120.9	115.3	106	南宁	Nanning	115.9	120.0	118.7	31
咸宁	Xianning	122.2	124.5	115.9	84	柳州	Liuzhou	119.9	111.3	111.6	222
随州	Suizhou	123.1	119.0	115.6	95	桂林	Guilin	120.2	118.9	119.8	24
湖南	**Hunan**	**121.2**	**118.2**			梧州	Wuzhou	126.8	120.7	119.0	29
长沙	Changsha	121.6	120.4	115.7	92	北海	Beihai	133.5	132.9	141.9	1
株洲	Zhuzhou	120.1	118.0	112.9	174	防城港	Fangchenggang	117.4	117.4	117.8	39
湘潭	Xiangtan	121.3	117.8	113.4	159	钦州	Qinzhou	131.4	140.3	111.5	225
衡阳	Hengyang	121.8	120.2	113.6	149	贵港	Guigang	120.8	105.8	110.4	243
邵阳	Shaoyang	121.5	118.2	113.2	167	玉林	Yulin	122.5	113.0	113.3	162
岳阳	Yueyang	121.3	119.7	113.9	140	百色	Baise	121.4	108.5	109.1	257

11-2 工业增加值指数 续表 3
Indices of Industrial Added Value continued 3

单位：上年=100 (preceding year=100)

地名	City	2010	2011	2012	2012 排名 Ranking	地名	City	2010	2011	2012	2012 排名 Ranking
贺州	Hezhou	119.6	115.4	109.1	257	丽江	Lijiang	122.9	130.1	123.9	7
河池	Hechi	114.7	103.5	90.5	283	普洱	Puer	117.8	123.9	127.0	5
来宾	Laibin	123.2	116.3	112.1	201	临沧	Lincang	111.4	126.0	115.6	95
崇左	Chongzuo	115.0	115.6	117.4	49	西藏	**Tibet**	**113.3**	**118.1**		
海南	**Hainan**	**117.6**	**113.4**			拉萨	Lhasa	115.4	122.6		
海口	Haikou	121.1	112.9	109.1	257	陕西	**Shaanxi**	**118.7**	**117.1**		
三亚	Sanya	121.8	113.9	115.4	103	西安	Xi'an	118.1	116.2	112.4	191
重庆	**Chongqing**	**122.9**	**122.2**			铜川	Tongchuan	119.0	118.2	120.6	17
四川	**Sichuan**	**122.9**	**121.6**			宝鸡	Baoji	118.6	119.0	120.0	23
成都	Chengdu	120.5	120.5	116.5	69	咸阳	Xianyang	119.9	120.2	121.5	11
自贡	Zigong	123.3	121.8	116.8	60	渭南	Weinan	121.8	121.3	121.2	13
攀枝花	Panzhihua	118.0	117.9	116.2	76	延安	Yan'an	115.0	110.8	110.3	244
泸州	Luzhou	128.9	124.2	117.9	37	汉中	Hanzhong	120.6	125.5	124.7	6
德阳	Deyang	119.2	122.9	116.7	63	榆林	Yulin	119.4	116.5	113.6	149
绵阳	Mianyang	123.9	123.7	117.9	37	安康	Ankang	123.3	126.0	130.2	3
广元	Guangyuan	131.5	129.4	122.1	9	商洛	Shangluo	122.6	124.4	128.2	4
遂宁	Suining	126.7	123.5	118.0	35	甘肃	**Gansu**	**115.8**	**116.3**		
内江	Neijiang	124.6	121.9	117.6	42	兰州	Lanzhou	111.8	115.2	111.8	216
乐山	Leshan	121.0	120.8	116.9	57	嘉峪关	Jiayuguan	121.2	119.0	118.1	33
南充	Nanchong	127.0	122.2	117.8	39	金昌	Jinchang	112.3	117.6	117.6	42
眉山	Meishan	125.8	121.6	116.6	66	白银	Baiyin	118.6	117.4	117.2	52
宜宾	Yibin	122.5	121.8	116.8	60	天水	Tianshui	113.0	114.6	117.6	42
广安	Guangan	126.5	124.9	120.3	20	武威	Wuwei	119.7	124.3	121.1	14
达州	Dazhou	127.4	125.0	118.9	30	张掖	Zhangye	119.1	122.0	114.6	122
雅安	Yaan	125.1	123.8	118.1	33	平凉	Pingliang	120.2	119.7	116.5	69
巴中	Bazhong	129.6	122.9	116.6	66	酒泉	Jiuquan	128.5	120.4	121.6	10
资阳	Ziyang	125.2	123.2	117.5	45	庆阳	Qingyang	121.5	122.8	118.7	31
贵州	**Guizhou**	**115.7**	**117.8**			定西	Dingxi	114.0	121.7	120.2	21
贵阳	Guiyang	114.9	122.3	116.2	76	陇南	Longnan	121.1	122.1	120.4	18
六盘水	Liupanshui	118.1	120.2	115.5	100	青海	**Qinghai**	**119.3**	**117.7**		
遵义	Zunyi	118.8	122.5	117.4	49	西宁	Xining	123.1	119.4	119.5	27
安顺	Anshun	113.2	119.3	115.7	92	宁夏	**Ningxia**	**114.4**	**117.3**		
毕节	Bijie	116.5	123.1	116.4	72	银川	Yinchuan	119.1	117.7	115.2	108
铜仁	Tongren	117.1	122.9	115.6	95	石嘴山	Shizuishan	114.3	115.5	114.1	132
云南	**Yunnan**	**114.6**	**117.6**			吴忠	Wuzhong	113.9	114.7	112.7	179
昆明	Kunming	113.9	115.5	115.6	95	固原	Guyuan	109.0	140.5	112.6	184
曲靖	Qujing	114.9	117.6	115.2	108	中卫	Zhongwei	114.5	125.2	114.8	119
玉溪	Yuxi	116.2	116.4	112.7	179	新疆	**Xinjiang**	**113.5**	**111.4**		
保山	Baoshan	118.1	121.6	120.2	21	乌鲁木齐	Urumqi	112.2	110.7	116.6	66
昭通	Zhaotong	119.5	123.0	123.2	8	克拉玛依	Karamay	118.6	102.2	105.0	278

11-3 规模以上工业企业单位数
Number of Industrial Enterprises above Designated Size

单位：个 (unit)

地名	City	2010	2011	2012	2012 排名 Ranking	地名	City	2010	2011	2012	2012 排名 Ranking
全国	**Nation Total**	**452872**	**325609**	**343769**		沈阳	Shenyang	5252	4161	4034	15
北京	**Beijing**	**6885**	**3740**	**3692**		大连	Dalian	4684	2960	3142	25
天津	**Tianjin**	**7947**	**5013**	**5342**		鞍山	Anshan	2455	1087	1186	71
河北	**Hebei**	**13927**	**11570**	**12360**		抚顺	Fushun	1410	930	922	103
石家庄	Shijiazhuang	2576	2379	2388	36	本溪	Benxi	624	437	564	157
唐山	Tangshan	1568	1288	1311	69	丹东	Dandong	1054	875	821	121
秦皇岛	Qinhuangdao	642	379	406	196	锦州	Jinzhou	1005	754	815	122
邯郸	Handan	1095	875	972	93	营口	Yingkou	1651	1406	1447	60
邢台	Xingtai	1010	869	986	92	阜新	Fuxin	461	470	574	155
保定	Baoding	1848	1491	1613	55	辽阳	Liaoyang	891	645	701	132
张家口	Zhangjiakou	530	415	435	190	盘锦	Panjin	708	508	498	173
承德	Chengde	553	422	461	183	铁岭	Tieling	1848	1695	1596	57
沧州	Cangzhou	1919	1610	1774	48	朝阳	Chaoyang	1222	645	720	130
廊坊	Langfang	1223	986	1073	86	葫芦岛	Huludao	566	340	326	216
衡水	Hengshui	968	856	941	97	吉林	**Jilin**	**6181**	**5158**	**5286**	
山西	**Shanxi**	**4240**	**3675**	**3905**		长春	Changchun	1606	1035	1081	84
太原	Taiyuan	480	439	458	186	吉林	Jilin	1177	1103	1121	80
大同	Datong	203	147	169	250	四平	Siping	557	506	502	171
阳泉	Yangquan	186	128	160	254	辽源	Liaoyuan	351	313	304	220
长治	Changzhi	386	340	354	210	通化	Tonghua	604	498	532	164
晋城	Jincheng	284	217	241	235	白山	Baishan	448	407	418	193
朔州	Shuozhou	224	235	261	230	松原	Songyuan	642	561	560	160
晋中	Jinzhong	533	470	512	169	白城	Baicheng	315	279	304	220
运城	Yuncheng	564	429	462	181	黑龙江	**Heilongjiang**	**4596**	**3377**	**3911**	
忻州	Xinzhou	323	307	330	214	哈尔滨	Harbin	1425	901	1148	75
临汾	Linfen	458	380	374	205	齐齐哈尔	Qiqihar	411	274	302	222
吕梁	Luliang	597	579	582	151	鸡西	Jixi	154	113	167	251
内蒙古	**Inner Mongolia**	**4611**	**4175**	**4244**		鹤岗	Hegang	136	113	181	248
呼和浩特	Hohhot	320	267	273	228	双鸭山	Shuangyashan	195	170	193	245
包头	Baotou	715	625	618	144	大庆	Daqing	630	415	413	194
乌海	Wuhai	176	155	153	257	伊春	Yichun	182	105	112	271
赤峰	Chifeng	593	526	532	164	佳木斯	Jiamusi	321	280	306	219
通辽	Tongliao	572	590	616	146	七台河	Qitaihe	137	117	117	268
鄂尔多斯	Erdos	451	385	371	206	牡丹江	Mudanjiang	505	407	451	187
呼伦贝尔	Hulunbuir	447	384	394	199	黑河	Heihe	113	73	99	272
巴彦淖尔	Bayannur	282	275	275	227	绥化	Suihua	202	202	267	229
乌兰察布	Ulanqab	429	373	382	202	上海	**Shanghai**	**16684**	**9962**	**9772**	
辽宁	**Liaoning**	**23832**	**16914**	**17347**		江苏	**Jiangsu**	**64136**	**43368**	**45859**	

11-3 规模以上工业企业单位数 续表 1
Number of Industrial Enterprises above Designated Size continued 1

单位：个 (unit)

地名	City	2010	2011	2012	2012 排名 Ranking
南京	Nanjing	3917	2508	2593	30
无锡	Wuxi	7988	5241	5248	6
徐州	Xuzhou	3412	2788	2859	26
常州	Changzhou	6375	3638	3869	16
苏州	Suzhou	13538	9904	10444	1
南通	Nantong	7589	4912	4941	7
连云港	Lianyungang	1648	1263	1388	65
淮安	Huaian	2399	1495	1941	43
盐城	Yancheng	3827	2590	2816	27
扬州	Yangzhou	3847	2584	2560	31
镇江	Zhenjiang	3125	2173	2446	34
泰州	Taizhou	4012	2489	2531	32
宿迁	Suqian	2471	1795	2236	39
浙江	**Zhejiang**	**64364**	**34698**	**36496**	
杭州	Hangzhou	10370	5868	5927	4
宁波	Ningbo	12492	6616	6804	2
温州	Wenzhou	9096	4161	4290	12
嘉兴	Jiaxing	7311	3987	4324	11
湖州	Huzhou	3561	2309	2428	35
绍兴	Shaoxing	5545	3427	3682	18
金华	Jinhua	5965	2968	3248	20
衢州	Quzhou	1411	861	940	98
舟山	Zhoushan	659	358	383	200
台州	Taizhou	7308	3040	3378	19
丽水	Lishui	1654	916	1100	82
安徽	**Anhui**	**16277**	**12432**	**14514**	
合肥	Hefei	2229	2054	2087	42
芜湖	Wuhu	1785	1666	1793	46
蚌埠	Bengbu	863	582	685	134
淮南	Huainan	589	348	465	180
马鞍山	Maanshan	791	639	750	128
淮北	Huaibei	673	527	657	140
铜陵	Tongling	281	174	204	241
安庆	Anqing	1527	1344	1474	59
黄山	Huangshan	517	408	474	179
滁州	Chuzhou	1237	849	884	105
阜阳	Fuyang	685	628	836	117
宿州	Suzhou	856	869	847	113
六安	Liuan	1028	765	930	101
亳州	Bozhou	423	449	581	152
池州	Chizhou	614	350	431	191
宣城	Xuancheng	1381	780	1001	91
福建	**Fujian**	**19227**	**14116**	**15333**	
福州	Fuzhou	2877	2050	2119	40
厦门	Xiamen	2213	1502	1658	52
莆田	Putian	1347	859	942	96
三明	Sanming	1640	1521	1662	51
泉州	Quanzhou	5186	4004	4270	13
漳州	Zhangzhou	2273	1435	1692	50
南平	Nanping	1260	824	910	104
龙岩	Longyan	1398	978	965	94
宁德	Ningde	1033	943	1115	81
江西	**Jiangxi**	**7976**	**6281**	**7217**	
南昌	Nanchang	1156	939	1015	90
景德镇	Jingdezhen	437	318	292	225
萍乡	Pingxiang	801	567	597	150
九江	Jiujiang	904	762	846	114
新余	Xinyu	371	274	279	226
鹰潭	Yingtan	183	163	194	244
赣州	Ganzhou	891	773	961	95
吉安	Jian	777	631	764	127
宜春	Yichun	853	705	831	118
抚州	Fuzhou	832	607	668	137
上饶	Shangrao	771	512	558	161
山东	**Shandong**	**44037**	**35813**	**37625**	
济南	Jinan	2021	1417	1647	53
青岛	Qingdao	5674	4727	4817	8
淄博	Zibo	3413	3133	3177	24
枣庄	Zaozhuang	1795	1635	1430	61
东营	Dongying	895	815	860	111
烟台	Yantai	3447	2861	2725	29
潍坊	Weifang	5089	4130	4160	14
济宁	Jining	3907	1260	1551	58
泰安	Taian	1665	1608	1788	47
威海	Weihai	1812	1636	1602	56
日照	Rizhao	854	580	557	162
莱芜	Laiwu	466	253	339	211
临沂	Linyi	4027	3374	3754	17
德州	Dezhou	3248	3144	3226	21
聊城	Liaocheng	2403	2148	2332	37

11-3 规模以上工业企业单位数 续表 2
Number of Industrial Enterprises above Designated Size continued 2

单位：个 (unit)

地名	City	2010	2011	2012	2012 排名 Ranking	地名	City	2010	2011	2012	2012 排名 Ranking
滨州	Binzhou	1246	883	1122	79	常德	Changde	983	793	862	110
菏泽	Heze	2088	2205	2491	33	张家界	Zhangjiajie	161	145	151	259
河南	**Henan**	**19574**	**18328**	**19237**		益阳	Yiyang	819	784	827	119
郑州	Zhengzhou	2595	2515	2741	28	郴州	Chenzhou	1212	1043	1080	85
开封	Kaifeng	1184	1084	1150	74	永州	Yongzhou	742	667	673	136
洛阳	Luoyang	1686	1629	1642	54	怀化	Huaihua	618	595	580	153
平顶山	Pingdingshan	854	802	708	131	娄底	Loudi	649	622	665	138
安阳	Anyang	956	824	876	108	广东	**Guangdong**	**53418**	**38305**	**37790**	
鹤壁	Hebi	483	485	489	176	广州	Guangzhou	6969	4438	4373	10
新乡	Xinxiang	1261	1140	1146	76	韶关	Shaoguan	559	408	482	178
焦作	Jiaozuo	1109	1061	1155	73	深圳	Shenzhen	8249	5692	5835	5
濮阳	Puyang	665	678	795	123	珠海	Zhuhai	1347	893	927	102
许昌	Xuchang	1286	1259	1280	70	汕头	Shantou	2580	1877	1880	44
漯河	Luohe	658	538	563	159	佛山	Foshan	7684	6318	5950	3
三门峡	Sanmenxia	664	605	609	149	江门	Jiangmen	3246	2766	1851	45
南阳	Nanyang	1440	1313	1381	66	湛江	Zhanjiang	850	651	695	133
商丘	Shangqiu	783	769	855	112	茂名	Maoming	792	628	675	135
信阳	Xinyang	1193	998	1022	89	肇庆	Zhaoqing	1131	1054	1046	87
周口	Zhoukou	1081	1015	1097	83	惠州	Huizhou	1853	1428	1430	61
驻马店	Zhumadian	1433	1388	1421	63	梅州	Meizhou	521	340	326	216
湖北	**Hubei**	**16106**	**10633**	**12441**		汕尾	Shanwei	452	243	257	231
武汉	Wuhan	2968	1856	2103	41	河源	Heyuan	440	361	383	200
黄石	Huangshi	704	477	553	163	阳江	Yangjiang	596	521	530	166
十堰	Shiyan	915	505	617	145	清远	Qingyuan	813	635	497	174
宜昌	Yichang	1252	911	1130	78	东莞	Dongguan	5899	4243	4526	9
襄阳	Xiangfan	1555	1154	1398	64	中山	ZhongShan	5063	3170	3192	22
鄂州	Ezhou	510	414	462	181	潮州	Chaozhou	1245	726	768	126
荆门	Jingmen	1173	709	863	109	揭阳	Jieyang	2525	1511	1731	49
孝感	Xiaogan	1199	922	1035	88	云浮	Yunfu	604	401	460	185
荆州	Jingzhou	1225	713	846	114	广西	**Guangxi**	**6583**	**5046**	**5239**	
黄冈	Huanggang	1577	840	882	106	南宁	Nanning	1236	914	940	98
咸宁	Xianning	801	643	724	129	柳州	Liuzhou	931	776	786	124
随州	Suizhou	592	492	529	167	桂林	Guilin	801	617	634	143
湖南	**Hunan**	**13844**	**12477**	**12785**		梧州	Wuzhou	466	406	398	198
长沙	Changsha	2615	2218	2280	38	北海	Beihai	236	161	175	249
株洲	Zhuzhou	1471	1261	1314	68	防城港	Fangchenggang	166	149	153	257
湘潭	Xiangtan	860	792	837	116	钦州	Qinzhou	462	231	256	233
衡阳	Hengyang	1123	1182	1171	72	贵港	Guigang	415	342	367	208
邵阳	Shaoyang	888	750	784	125	玉林	Yulin	755	604	614	148
岳阳	Yueyang	1389	1371	1324	67	百色	Baise	266	186	217	239

11-3 规模以上工业企业单位数 续表 3
Number of Industrial Enterprises above Designated Size continued 3

单位：个 (unit)

地名	City	2010	2011	2012	2012 排名 Ranking	地名	City	2010	2011	2012	2012 排名 Ranking
贺州	Hezhou	213	150	166	252	丽江	Lijiang	78	66	77	277
河池	Hechi	277	224	221	238	普洱	Puer	117	99	120	267
来宾	Laibin	202	176	190	246	临沧	Lincang	84	73	88	274
崇左	Chongzuo	171	124	136	262	西藏	**Tibet**	**97**	**56**	**64**	
海南	**Hainan**	**497**	**358**	**377**		拉萨	Lhasa	62	38	45	280
海口	Haikou	186	152	154	256	陕西	**Shaanxi**	**4564**	**3684**	**4284**	
三亚	Sanya	27	25	29	283	西安	Xi'an	1126	890	936	100
重庆	**Chongqing**	**7130**	**4778**	**4985**		铜川	Tongchuan	130	121	127	263
四川	**Sichuan**	**13706**	**12085**	**12719**		宝鸡	Baoji	501	386	448	188
成都	Chengdu	3887	3130	3188	23	咸阳	Xianyang	671	553	641	141
自贡	Zigong	577	485	500	172	渭南	Weinan	527	342	413	194
攀枝花	Panzhihua	388	336	338	212	延安	Yan'an	118	91	113	269
泸州	Luzhou	681	598	574	155	汉中	Hanzhong	353	254	297	224
德阳	Deyang	1054	1023	1142	77	榆林	Yulin	651	569	665	138
绵阳	Mianyang	924	765	825	120	安康	Ankang	282	304	363	209
广元	Guangyuan	313	309	382	202	商洛	Shangluo	136	120	150	260
遂宁	Suining	438	419	441	189	甘肃	**Gansu**	**2001**	**1371**	**1735**	
内江	Neijiang	574	527	491	175	兰州	Lanzhou	466	346	379	204
乐山	Leshan	832	625	636	142	嘉峪关	Jiayuguan	40	26	40	281
南充	Nanchong	515	481	516	168	金昌	Jinchang	54	37	38	282
眉山	Meishan	564	543	578	154	白银	Baiyin	179	144	165	253
宜宾	Yibin	626	503	564	157	天水	Tianshui	201	119	121	265
广安	Guangan	330	370	429	192	武威	Wuwei	178	115	124	264
达州	Dazhou	455	452	461	183	张掖	Zhangye	171	121	158	255
雅安	Yaan	386	326	326	216	平凉	Pingliang	89	70	113	269
巴中	Bazhong	115	131	141	261	酒泉	Jiuquan	274	180	241	235
资阳	Ziyang	563	580	615	147	庆阳	Qingyang	72	53	86	275
贵州	**Guizhou**	**2963**	**2329**	**2752**		定西	Dingxi	84	49	81	276
贵阳	Guiyang	613	753	401	197	陇南	Longnan	101	59	75	278
六盘水	Liupanshui	208	258	247	234	青海	**Qinghai**	**555**	**386**	**423**	
遵义	Zunyi	532	599	489	176	西宁	Xining	242	188	196	243
安顺	Anshun	189	306	216	240	宁夏	**Ningxia**	**975**	**764**	**865**	
毕节	Bijie	353	475	337	213	银川	Yinchuan	355	278	328	215
铜仁	Tongren	212	267	257	231	石嘴山	Shizuishan	301	226	234	237
云南	**Yunnan**	**3599**	**2773**	**3211**		吴忠	Wuzhong	195	170	190	246
昆明	Kunming	1099	792	878	107	固原	Guyuan	29	20	23	284
曲靖	Qujing	532	435	508	170	中卫	Zhongwei	94	73	91	273
玉溪	Yuxi	352	261	302	222	新疆	**Xinjiang**	**2465**	**1738**	**1959**	
保山	Baoshan	144	94	121	265	乌鲁木齐	Urumqi	463	343	370	207
昭通	Zhaotong	251	191	204	241	克拉玛依	Karamay	102	62	65	279

11-4 规模以上工业企业工业总产值
Gross Industrial Output Value of Industrial Enterprises above Designated Size

单位：亿元 (100 million yuan)

地名	City	2010	2011	2012	2012 排名 Ranking
全国	**Nation Total**	**698590.5**	**844268.8**	**902891.42**	
北京	**Beijing**	**13699.84**	**14513.63**	**15596.21**	
天津	**Tianjin**	**16751.82**	**20862.72**	**23427.50**	
河北	**Hebei**	**31143.30**	**39698.80**	**43048.65**	
石家庄	Shijiazhuang	5655.34	7260.56	7643.15	27
唐山	Tangshan	7545.03	9573.67	9962.84	17
秦皇岛	Qinhuangdao	1131.55	1412.06	1500.81	155
邯郸	Handan	4107.32	5095.24	5393.76	44
邢台	Xingtai	1764.60	2254.90	2485.53	91
保定	Baoding	2874.86	3627.85	4113.55	55
张家口	Zhangjiakou	893.48	1112.21	1199.54	189
承德	Chengde	1203.52	1611.14	1706.57	137
沧州	Cangzhou	2817.39	3707.36	4506.82	46
廊坊	Langfang	2169.38	2788.00	3168.31	72
衡水	Hengshui	980.81	1255.80	1367.78	165
山西	**Shanxi**	**12471.33**	**16013.83**	**16243.20**	
太原	Taiyuan	2000.34	2427.29	2588.74	88
大同	Datong	737.59	974.18	1075.55	199
阳泉	Yangquan	542.61	659.10	741.33	228
长治	Changzhi	1433.28	1943.85	2072.63	116
晋城	Jincheng	851.12	1085.77	1117.63	194
朔州	Shuozhou	828.51	1169.89	1322.77	175
晋中	Jinzhong	1029.37	1185.00	1361.89	169
运城	Yuncheng	1261.85	1661.74	1410.64	163
忻州	Xinzhou	411.69	619.50	722.61	231
临汾	Linfen	1380.10	1842.57	1915.78	121
吕梁	Luliang	1442.51	1814.69	1913.61	122
内蒙古	**Inner Mongolia**	**13406.11**	**17774.82**	**16441.57**	
呼和浩特	Hohhot	1188.52	1365.90	1304.87	178
包头	Baotou	2412.24	3001.11	3268.99	70
乌海	Wuhai	545.32	739.90	658.51	236
赤峰	Chifeng	1265.84	1577.33	1868.38	127
通辽	Tongliao	1809.75	2448.46	2559.24	89
鄂尔多斯	Erdos	2681.07	3745.03	3968.54	57
呼伦贝尔	Hulunbuir	740.69	1040.71	1094.71	195
巴彦淖尔	Bayannur	777.46	1014.59	799.55	223
乌兰察布	Ulanqab	677.42	786.83	951.77	215
辽宁	**Liaoning**	**36219.42**	**41776.73**	**48139.28**	
沈阳	Shenyang	9612.53	10880.64	12702.327	8
大连	Dalian	7701.84	8264.75	10350.819	13
鞍山	Anshan	2439.28	2659.83	2985.94	78
抚顺	Fushun	1655.33	2101.09	2432.13	96
本溪	Benxi	1511.35	1930.41	2202.87	105
丹东	Dandong	865.08	1037.93	1287.83	179
锦州	Jinzhou	1672.05	2107.58	2449.03	93
营口	Yingkou	2233.27	2417.70	2646.49	87
阜新	Fuxin	447.77	621.50	773.52	225
辽阳	Liaoyang	1612.52	1921.73	2109.54	113
盘锦	Panjin	1676.36	2155.95	2471.61	92
铁岭	Tieling	2355.13	2818.27	3457.25	66
朝阳	Chaoyang	946.62	1163.11	1254.89	184
葫芦岛	Huludao	766.95	974.55	1015.03	208
吉林	**Jilin**	**13098.35**	**16917.61**	**19019.093**	
长春	Changchun	5884.16	7047.97	8294.17	25
吉林	Jilin	2104.15	2695.41	3032.86	76
四平	Siping	1036.47	1411.26	1710.80	136
辽源	Liaoyuan	585.65	859.75	1022.95	207
通化	Tonghua	869.98	1203.27	1362.06	168
白山	Baishan	674.08	958.74	1168.08	191
松原	Songyuan	1219.48	1619.33	1958.56	120
白城	Baicheng	259.25	353.67	469.62	251
黑龙江	**Heilongjiang**	**9535.15**	**11514.56**	**12006.67**	
哈尔滨	Harbin	2036.38	2253.70	2851.64	81
齐齐哈尔	Qiqihar	832.06	986.38	891.92	217
鸡西	Jixi	248.62	316.34	436.87	257
鹤岗	Hegang	233.91	296.15	387.06	259
双鸭山	Shuangyashan	361.88	507.18	632.32	239
大庆	Daqing	3287.96	4205.79	4280.34	51
伊春	Yichun	194.57	176.31	178.82	274
佳木斯	Jiamusi	313.94	406.63	506.49	248
七台河	Qitaihe	444.78	380.63	367.60	260
牡丹江	Mudanjiang	446.37	592.40	731.09	229
黑河	Heihe	75.48	86.55	121.70	278
绥化	Suihua	326.88	435.67	620.82	241
上海	**Shanghai**	**30114.41**	**32445.15**	**31896.88**	
江苏	**Jiangsu**	**92056.48**	**107680.7**	**117973.0**	

注：本表2012年全国数和地区数为城市合计数（下三表同）。

a) Data of national and provinces are prefecture cities in this chapter in 2012.

11-4 规模以上工业企业工业总产值 续表 1

Gross Industrial Output Value of Industrial Enterprises above Designated Size continued 1

单位：亿元 (100 million yuan)

地名	City	2010	2011	2012	2012 排名 Ranking	地名	City	2010	2011	2012	2012 排名 Ranking
南京	Nanjing	8609.50	10354.65	11437.80	11	池州	Chizhou	297.30	371.60	490.93	250
无锡	Wuxi	12971.08	14561.97	14446.85	5	宣城	Xuancheng	1067.76	1419.58	1282.76	181
徐州	Xuzhou	5112.97	6950.65	8882.29	22	**福建**	**Fujian**	**21901.23**	**27443.90**	**29695.965**	
常州	Changzhou	7396.09	8270.77	8970.30	21	福州	Fuzhou	4545.41	5321.18	5954.89	37
苏州	Suzhou	24651.67	27778.75	28745.54	1	厦门	Xiamen	3688.95	4399.52	4486.3499	47
南通	Nantong	7383.16	8679.82	9890.12	18	莆田	Putian	1266.53	1523.81	1676.62	140
连云港	Lianyungang	1936.28	2630.52	3413.38	68	三明	Sanming	1328.85	1951.09	2248.65	103
淮安	Huaian	2439.11	2941.00	3952.61	58	泉州	Quanzhou	6260.41	7961.83	8378.49	24
盐城	Yancheng	3938.33	4360.07	5554.35	41	漳州	Zhangzhou	1938.92	2411.90	2722.37	86
扬州	Yangzhou	5753.34	6772.79	7198.48	28	南平	Nanping	777.36	931.75	1132.96	193
镇江	Zhenjiang	4190.42	5207.67	6105.69	35	龙岩	Longyan	1177.34	1564.89	1266.52	182
泰州	Taizhou	4916.08	5813.13	7127.29	30	宁德	Ningde	917.45	1377.93	1829.11	130
宿迁	Suqian	1137.37	1522.30	2248.28	104	**江西**	**Jiangxi**	**13835.61**	**17905.87**	**20873.117**	
浙江	**Zhejiang**	**51394.20**	**56410.48**	**58707.60**		南昌	Nanchang	2765.50	3304.39	3856.50	60
杭州	Hangzhou	11081.04	12352.92	12962.28	7	景德镇	Jingdezhen	685.62	839.35	968.46	213
宁波	Ningbo	10853.55	12044.77	12155.08	10	萍乡	Pingxiang	1013.02	1167.84	1331.27	173
温州	Wenzhou	4496.56	4386.02	4246.62	54	九江	Jiujiang	1476.55	2141.47	2778.84	84
嘉兴	Jiaxing	5102.85	5703.30	6039.93	36	新余	Xinyu	1188.50	1540.27	1361.59	170
湖州	Huzhou	2666.53	2890.05	3333.83	69	鹰潭	Yingtan	1164.90	1552.99	1665.85	141
绍兴	Shaoxing	6797.39	7932.68	8551.25	23	赣州	Ganzhou	1267.89	1859.85	2180.07	107
金华	Jinhua	3411.79	3514.35	3791.97	62	吉安	Jian	1132.94	1557.02	1856.74	128
衢州	Quzhou	1087.12	1300.87	1331.00	174	宜春	Yichun	1230.50	1670.99	2016.24	118
舟山	Zhoushan	979.05	1105.17	1199.83	188	抚州	Fuzhou	738.78	816.50	1028.34	205
台州	Taizhou	3630.80	3448.45	3530.81	64	上饶	Shangrao	1171.42	1455.20	1829.20	129
丽水	Lishui	1140.51	1298.08	1562.99	150	**山东**	**Shandong**	**83851.40**	**99504.98**	**113717.11**	
安徽	**Anhui**	**18732.00**	**25875.87**	**28386.53**		济南	Jinan	4413.51	3941.26	4248.29	53
合肥	Hefei	4197.72	6168.35	6600.14	33	青岛	Qingdao	10662.83	12168.59	14053.36	6
芜湖	Wuhu	2251.01	3700.49	4250.02	52	淄博	Zibo	7742.34	9253.14	10333.93	14
蚌埠	Bengbu	772.68	1290.70	1486.29	156	枣庄	Zaozhuang	2822.88	3299.01	3132.94	73
淮南	Huainan	788.93	893.23	994.07	211	东营	Dongying	6037.86	8206.99	10267.48	15
马鞍山	Maanshan	1318.30	1789.92	2016.95	117	烟台	Yantai	10129.98	11161.46	12320.06	9
淮北	Huaibei	881.41	1203.05	1454.23	160	潍坊	Weifang	7529.22	9081.51	10428.25	12
铜陵	Tongling	1104.23	1524.66	1629.02	144	济宁	Jining	3857.18	3725.51	4353.09	48
安庆	Anqing	1315.94	1810.88	2124.25	110	泰安	Taian	3770.07	4565.97	5474.69	43
黄山	Huangshan	330.69	431.02	447.20	255	威海	Weihai	4408.96	4661.32	5626.87	40
滁州	Chuzhou	1052.97	1543.87	1604.69	147	日照	Rizhao	2172.15	2114.93	2447.50	94
阜阳	Fuyang	703.70	924.51	1043.56	202	莱芜	Laiwu	1202.58	1355.35	1520.07	152
宿州	Suzhou	676.92	1171.63	941.28	216	临沂	Linyi	4593.53	5512.62	7196.58	29
六安	Liuan	832.71	1110.65	1402.22	164	德州	Dezhou	3855.76	5182.60	6360.87	34
亳州	Bozhou	324.33	521.73	618.91	242	聊城	Liaocheng	4026.86	5278.37	6649.82	32

11-4 规模以上工业企业工业总产值　续表 2
Gross Industrial Output Value of Industrial Enterprises above Designated Size continued 2

单位：亿元 (100 million yuan)

地名	City	2010	2011	2012	2012 排名 Ranking
滨州	Binzhou	3683.90	4691.71	4973.15	45
菏泽	Heze	2532.03	3428.26	4330.18	50
河南	**Henan**	**34995.53**	**46856.14**	**51363.43**	
郑州	Zhengzhou	5913.76	8018.11	9412.98	20
开封	Kaifeng	1001.39	1358.76	1635.56	143
洛阳	Luoyang	3518.98	4815.40	5902.80	38
平顶山	Pingdingshan	1952.75	2494.14	2275.88	101
安阳	Anyang	2399.83	3106.42	2909.76	80
鹤壁	Hebi	919.81	1158.00	1321.49	176
新乡	Xinxiang	2132.77	2992.59	3230.31	71
焦作	Jiaozuo	2561.87	3294.15	3519.02	65
濮阳	Puyang	1473.63	1895.17	2115.53	111
许昌	Xuchang	2330.63	3142.98	3737.25	63
漯河	Luohe	1434.68	1764.08	1882.74	124
三门峡	Sanmenxia	2027.56	2699.28	3096.09	74
南阳	Nanyang	2016.16	2672.45	2929.74	79
商丘	Shangqiu	1221.11	1671.20	1902.27	123
信阳	Xinyang	985.15	1252.53	1472.69	157
周口	Zhoukou	1263.26	1869.46	2294.59	99
驻马店	Zhumadian	973.64	1471.28	1724.73	134
湖北	**Hubei**	**21623.12**	**28072.73**	**30981.48**	
武汉	Wuhan	6424.60	8785.89	10065.72	16
黄石	Huangshi	1160.63	1603.12	1622.60	145
十堰	Shiyan	1313.10	1362.27	1363.81	167
宜昌	Yichang	2218.30	3195.74	3894.93	59
襄阳	Xiangfan	681.37	3276.97	3833.50	61
鄂州	Ezhou	664.13	901.18	1063.90	200
荆门	Jingmen	852.09	1732.94	2200.58	106
孝感	Xiaogan	1032.90	1437.85	1878.53	125
荆州	Jingzhou	936.71	1181.79	1519.88	153
黄冈	Huanggang	844.23	969.35	1206.53	187
咸宁	Xianning	654.47	940.43	1214.72	186
随州	Suizhou	509.77	705.54	886.76	219
湖南	**Hunan**	**19008.83**	**26386.58**	**28799.91**	
长沙	Changsha	4165.43	5480.00	7058.32	31
株洲	Zhuzhou	1714.94	2216.63	2324.64	98
湘潭	Xiangtan	1496.25	2106.32	2333.56	97
衡阳	Hengyang	1883.25	2823.62	2778.23	85
邵阳	Shaoyang	712.70	1022.25	1221.47	185
岳阳	Yueyang	2784.33	3825.72	4341.27	49
常德	Changde	1262.67	1732.95	1876.19	126
张家界	Zhangjiajie	108.94	165.31	114.30	279
益阳	Yiyang	808.09	1134.07	1315.87	177
郴州	Chenzhou	1440.08	2215.72	2441.10	95
永州	Yongzhou	594.07	860.01	695.93	234
怀化	Huaihua	699.89	1028.33	827.45	221
娄底	Loudi	1038.25	1400.10	1472.18	158
广东	**Guangdong**	**85824.64**	**94860.79**	**96777.70**	
广州	Guangzhou	13831.25	15712.72	16066.43	3
韶关	Shaoguan	773.37	917.86	1000.18	210
深圳	Shenzhen	18526.82	20432.12	21363.05	2
珠海	Zhuhai	2976.18	3377.25	3072.56	75
汕头	Shantou	1897.57	1892.26	2111.54	112
佛山	Foshan	14527.47	14425.03	14653.96	4
江门	Jiangmen	3828.91	4671.20	2519.47	90
湛江	Zhanjiang	1404.95	1752.66	1717.67	135
茂名	Maoming	1360.15	1703.91	1775.52	132
肇庆	Zhaoqing	1744.19	2468.96	2816.44	83
惠州	Huizhou	3905.17	4765.03	5477.28	42
梅州	Meizhou	455.97	546.78	501.73	249
汕尾	Shanwei	432.42	579.41	760.63	227
河源	Heyuan	832.73	1041.39	953.66	214
阳江	Yangjiang	693.46	964.52	1197.42	190
清远	Qingyuan	2887.04	1752.20	1334.44	172
东莞	Dongguan	7739.09	8469.69	9492.55	19
中山	ZhongShan	5023.63	5746.84	5702.16	39
潮州	Chaozhou	723.12	840.22	891.63	218
揭阳	Jieyang	1794.82	2298.98	2828.79	82
云浮	Yunfu	466.34	512.63	540.57	245
广西	**Guangxi**	**9644.13**	**12836.57**	**15529.72**	
南宁	Nanning	1285.40	1725.29	2109.33	114
柳州	Liuzhou	2388.79	2872.39	3426.89	67
桂林	Guilin	942.86	1262.39	1585.51	149
梧州	Wuzhou	715.72	1016.00	1366.63	166
北海	Beihai	332.56	535.27	1026.20	206
防城港	Fangchenggang	453.93	635.56	767.23	226
钦州	Qinzhou	481.74	940.56	1093.63	196
贵港	Guigang	470.30	556.65	624.08	240
玉林	Yulin	702.90	923.48	1028.54	204
百色	Baise	574.31	704.60	882.74	220

11-4 规模以上工业企业工业总产值 续表 3
Gross Industrial Output Value of Industrial Enterprises above Designated Size continued 3

单位：亿元 (100 million yuan)

地名	City	2010	2011	2012	2012 排名 Ranking
贺州	Hezhou	178.55	245.76	303.51	267
河池	Hechi	352.77	390.38	297.89	268
来宾	Laibin	368.28	503.82	563.65	244
崇左	Chongzuo	306.57	400.12	453.89	252
海南	**Hainan**	**1381.25**	**1600.13**	**571.93**	
海口	Haikou	417.97	488.56	513.02	247
三亚	Sanya	40.02	47.13	55.91	283
重庆	**Chongqing**	**9143.55**	**11847.06**	**13095.12**	
四川	**Sichuan**	**23147.38**	**30485.09**	**28727.63**	
成都	Chengdu	5809.73	7568.26	7849.13	26
自贡	Zigong	1108.17	1330.92	1341.51	171
攀枝花	Panzhihua	953.46	1205.79	1283.14	180
泸州	Luzhou	1027.72	1317.45	1160.16	192
德阳	Deyang	1541.21	2037.58	2284.69	100
绵阳	Mianyang	1248.20	1676.38	1821.13	131
广元	Guangyuan	320.23	462.11	569.31	243
遂宁	Suining	619.35	1002.55	1014.05	209
内江	Neijiang	1292.56	1643.61	1438.23	161
乐山	Leshan	1197.35	1507.64	1425.79	162
南充	Nanchong	1124.58	1345.22	1562.29	151
眉山	Meishan	755.55	1053.68	822.46	222
宜宾	Yibin	1230.73	1732.06	1698.89	138
广安	Guangan	606.59	898.88	975.51	212
达州	Dazhou	863.29	1047.32	1047.32	201
雅安	Yaan	316.93	432.24	387.27	258
巴中	Bazhong	175.72	305.51	306.93	265
资阳	Ziyang	1173.41	1586.38	1739.83	133
贵州	**Guizhou**	**4206.37**	**5519.96**	**4833.55**	
贵阳	Guiyang	1499.37	1925.16	1592.90	148
六盘水	Liupanshui	633.58	903.62	1077.93	198
遵义	Zunyi	730.80	988.56	1092.67	197
安顺	Anshun	192.89	256.81	327.43	262
毕节	Bijie	285.67	440.92	515.51	246
铜仁	Tongren	124.66	184.17	227.11	271
云南	**Yunnan**	**6464.63**	**7780.83**	**6710.23**	
昆明	Kunming	2226.65	2603.74	3011.34	77
曲靖	Qujing	1005.40	1203.54	1455.03	159
玉溪	Yuxi	941.44	1110.85	1258.46	183
保山	Baoshan	108.00	145.10	207.55	272
昭通	Zhaotong	204.06	264.00	326.11	263

地名	City	2010	2011	2012	2012 排名 Ranking
丽江	Lijiang	88.80	95.95	125.74	277
普洱	Puer	96.37	124.82	164.65	275
临沧	Lincang	89.89	121.28	161.36	276
西藏	**Tibet**	**62.21**	**74.96**	**58.27**	
拉萨	Lhasa	37.82	48.55	58.27	282
陕西	**Shaanxi**	**11199.84**	**14283.48**	**15407.145**	
西安	Xi'an	3130.15	3552.21	4023.19	56
铜川	Tongchuan	249.05	335.76	445.74	256
宝鸡	Baoji	1340.45	1701.79	1986.69	119
咸阳	Xianyang	1401.92	1854.50	2251.31	102
渭南	Weinan	1039.83	1360.03	1605.87	146
延安	Yan'an	1227.31	1504.86	1510.09	154
汉中	Hanzhong	404.41	545.42	670.83	235
榆林	Yulin	1917.70	2556.85	2134.65	109
安康	Ankang	192.15	309.22	448.35	254
商洛	Shangluo	176.99	265.07	330.42	261
甘肃	**Gansu**	**4902.03**	**6175.24**	**6900.35**	
兰州	Lanzhou	1765.50	2083.74	2084.36	115
嘉峪关	Jiayuguan	511.34	715.39	717.72	232
金昌	Jinchang	565.01	666.54	724.80	230
白银	Baiyin	391.04	509.29	647.32	238
天水	Tianshui	156.93	149.71	245.97	270
武威	Wuwei	163.09	204.26	324.56	264
张掖	Zhangye	142.55	165.84	199.55	273
平凉	Pingliang	142.43	194.33	274.83	269
酒泉	Jiuquan	483.69	568.35	696.69	233
庆阳	Qingyang	396.53	708.89	779.21	224
定西	Dingxi	47.03	56.06	101.51	281
陇南	Longnan	65.78	74.08	103.84	280
青海	**Qinghai**	**1481.99**	**1893.54**	**1031.17**	
西宁	Xining	878.09	1042.98	1031.17	203
宁夏	**Ningxia**	**1924.39**	**2491.44**	**3087.61**	
银川	Yinchuan	935.56	1229.96	1647.57	142
石嘴山	Shizuishan	511.64	617.48	649.90	237
吴忠	Wuzhong	301.58	406.05	448.93	253
固原	Guyuan	15.28	20.37	35.65	284
中卫	Zhongwei	158.71	257.09	305.56	266
新疆	**Xinjiang**	**5341.90**	**6720.85**	**3843.82**	
乌鲁木齐	Urumqi	1674.76	1992.58	2150.78	108
克拉玛依	Karamay	1330.85	1639.04	1693.04	139

11-5 规模以上工业企业内资企业工业总产值
Gross Industrial Output Value of Domestic Funded Enterprises above Designated Size

单位：亿元 (100 million yuan)

地名	City	2010	2011	2012	2012 排名 Ranking	地名	City	2010	2011	2012	2012 排名 Ranking
全国	**Nation Total**	**508673.0**	**625852.0**	**680146.3**		沈阳	Shenyang	7498.66	8467.82	9979.08	2
北京	**Beijing**	**8220.82**	**8781.09**	**9736.14**		大连	Dalian	4914.05	5341.80	7113.29	17
天津	**Tianjin**	**9703.34**	**12264.94**	**13886.264**		鞍山	Anshan	2323.38	2529.38	2845.59	69
河北	**Hebei**	**26609.08**	**34167.05**	**37504.013**		抚顺	Fushun	1543.64	1960.72	2293.54	84
石家庄	Shijiazhuang	5238.56	6766.58	7105.67	18	本溪	Benxi	1121.60	1408.11	1694.11	124
唐山	Tangshan	6456.17	8178.52	8648.67	11	丹东	Dandong	713.92	870.28	1110.52	178
秦皇岛	Qinhuangdao	678.53	845.11	907.87	206	锦州	Jinzhou	1432.20	1838.82	2186.87	87
邯郸	Handan	3377.35	4280.53	4640.64	36	营口	Yingkou	1687.13	1877.15	2081.70	96
邢台	Xingtai	1324.47	1741.42	1980.12	105	阜新	Fuxin	395.53	520.08	725.34	222
保定	Baoding	2477.30	3125.68	3619.52	51	辽阳	Liaoyang	1412.87	1726.32	1874.39	108
张家口	Zhangjiakou	767.43	1013.13	1093.09	180	盘锦	Panjin	1612.91	2076.91	2377.23	79
承德	Chengde	1190.54	1593.46	1686.74	126	铁岭	Tieling	2252.91	2718.79	3344.73	57
沧州	Cangzhou	2490.30	3197.32	3926.52	45	朝阳	Chaoyang	926.38	1138.14	1224.98	168
廊坊	Langfang	1705.22	2263.28	2627.46	74	葫芦岛	Huludao	752.61	954.29	998.43	194
衡水	Hengshui	902.99	1162.03	1267.71	163	吉林	**Jilin**	**9897.90**	**12920.61**	**16946.538**	
山西	**Shanxi**	**11789.81**	**15102.61**	**15051.579**		长春	Changchun	3163.68	3678.13	6823.17	20
太原	Taiyuan	1841.79	2234.44	2190.96	86	吉林	Jilin	1982.19	2539.68	2865.45	68
大同	Datong	704.94	916.32	1012.18	191	四平	Siping	964.59	1322.61	1603.33	131
阳泉	Yangquan	525.47	640.20	722.69	224	辽源	Liaoyuan	561.96	822.33	993.21	196
长治	Changzhi	1388.23	1872.51	1988.28	104	通化	Tonghua	838.02	1131.84	1258.16	164
晋城	Jincheng	729.90	915.46	906.51	208	白山	Baishan	624.20	894.83	1090.25	182
朔州	Shuozhou	804.87	1143.84	1296.97	160	松原	Songyuan	1163.65	1563.78	1903.20	106
晋中	Jinzhong	955.15	1099.48	1256.18	166	白城	Baicheng	229.66	314.10	109.77	278
运城	Yuncheng	1231.04	1623.24	1376.92	155	黑龙江	**Heilongjiang**	**8690.90**	**10557.37**	**10924.187**	
忻州	Xinzhou	409.46	618.87	722.61	225	哈尔滨	Harbin	1634.58	1841.37	2364.22	80
临汾	Linfen	1323.71	1790.11	1861.78	109	齐齐哈尔	Qiqihar	743.07	864.59	772.79	220
吕梁	Luliang	1322.90	1617.90	1716.50	119	鸡西	Jixi	219.44	276.02	387.21	254
内蒙古	**Inner Mongolia**	**12225.41**	**16813.53**	**15332.884**		鹤岗	Hegang	230.99	292.33	382.23	255
呼和浩特	Hohhot	881.06	993.40	944.93	200	双鸭山	Shuangyashan	356.01	496.07	614.24	237
包头	Baotou	2267.10	2815.85	3113.09	61	大庆	Daqing	3186.59	4052.47	4078.36	40
乌海	Wuhai	544.32	737.03	657.99	231	伊春	Yichun	180.63	166.71	167.69	273
赤峰	Chifeng	1191.70	1481.44	1808.29	112	佳木斯	Jiamusi	254.41	341.05	447.62	246
通辽	Tongliao	1597.60	2170.18	2363.05	81	七台河	Qitaihe	444.39	380.24	366.82	257
鄂尔多斯	Erdos	2439.98	3536.21	3773.09	50	牡丹江	Mudanjiang	378.13	536.53	657.55	232
呼伦贝尔	Hulunbuir	688.08	977.02	1041.95	187	黑河	Heihe	68.72	83.79	117.56	277
巴彦淖尔	Bayannur	684.47	902.84	715.83	227	绥化	Suihua	292.61	390.90	567.90	239
乌兰察布	Ulanqab	669.96	754.82	914.66	204	上海	**Shanghai**	**11706.73**	**12595.81**	**12480.23**	
辽宁	**Liaoning**	**29311.14**	**34150.30**	**39849.814**		江苏	**Jiangsu**	**55463.97**	**64650.45**	**73035.43**	

11-5 规模以上工业企业内资企业工业总产值 续表 1
Gross Industrial Output Value of Domestic Funded Enterprises above Designated Size continued 1

单位：亿元 (100 million yuan)

地名	City	2010	2011	2012	2012 排名 Ranking	地名	City	2010	2011	2012	2012 排名 Ranking
南京	Nanjing	5348.05	6171.85	6830.97	19	池州	Chizhou	282.37	352.81	469.97	244
无锡	Wuxi	8045.96	9129.38	9156.39	7	宣城	Xuancheng	973.28	1312.76	1196.93	173
徐州	Xuzhou	4461.62	6045.39	8085.55	12	**福建**	**Fujian**	**11243.66**	**14776.17**	**16789.832**	
常州	Changzhou	4943.23	5429.54	6203.46	27	福州	Fuzhou	2210.27	2677.57	3184.99	60
苏州	Suzhou	8337.57	9150.52	9875.11	3	厦门	Xiamen	911.69	1042.26	1049.69	186
南通	Nantong	4444.33	5283.46	6330.49	26	莆田	Putian	776.87	971.56	1120.08	177
连云港	Lianyungang	1388.15	1935.45	2591.35	75	三明	Sanming	1217.48	1802.14	2096.16	94
淮安	Huaian	2043.71	2327.91	3070.02	63	泉州	Quanzhou	2742.36	3634.83	3976.49	44
盐城	Yancheng	3055.47	3234.00	4213.00	38	漳州	Zhangzhou	938.12	1258.28	1573.46	135
扬州	Yangzhou	4278.35	4869.66	5289.51	31	南平	Nanping	668.79	815.96	1007.55	192
镇江	Zhenjiang	2692.40	3378.12	4052.99	41	龙岩	Longyan	923.59	1259.19	1040.22	188
泰州	Taizhou	3544.92	4216.71	5239.17	33	宁德	Ningde	854.49	1314.40	1740.90	115
宿迁	Suqian	1081.70	1451.22	2097.42	93	**江西**	**Jiangxi**	**11484.86**	**14760.89**	**17610.712**	
浙江	**Zhejiang**	**38290.04**	**41254.07**	**43340.20**		南昌	Nanchang	2038.28	2428.30	3070.94	62
杭州	Hangzhou	7725.78	8327.81	9111.31	9	景德镇	Jingdezhen	650.75	791.93	913.35	205
宁波	Ningbo	6409.68	6898.92	7113.45	16	萍乡	Pingxiang	993.00	1137.60	1298.19	159
温州	Wenzhou	4126.80	3965.34	3875.20	47	九江	Jiujiang	1288.89	1837.51	2344.32	82
嘉兴	Jiaxing	3346.17	3847.68	4042.46	42	新余	Xinyu	855.40	1092.43	1082.85	183
湖州	Huzhou	2042.54	2211.44	2534.25	76	鹰潭	Yingtan	1153.68	1535.25	1632.73	129
绍兴	Shaoxing	5248.45	6100.79	6701.79	22	赣州	Ganzhou	867.67	1335.95	1603.04	132
金华	Jinhua	3068.95	3139.49	3393.92	55	吉安	Jian	922.51	1251.62	1490.18	142
衢州	Quzhou	995.23	1188.80	1209.00	172	宜春	Yichun	1059.74	1456.14	1769.22	113
舟山	Zhoushan	833.79	788.47	870.90	212	抚州	Fuzhou	678.29	748.53	941.62	201
台州	Taizhou	3156.10	2876.95	2982.97	64	上饶	Shangrao	976.64	1145.62	1464.27	143
丽水	Lishui	1096.87	1248.64	1504.96	139	**山东**	**Shandong**	**69485.46**	**83708.54**	**96352.127**	
安徽	**Anhui**	**16163.43**	**22430.19**	**24822.063**		济南	Jinan	4021.64	3571.69	3830.19	49
合肥	Hefei	3250.77	4878.07	5210.14	34	青岛	Qingdao	7467.13	8649.07	10131.972	1
芜湖	Wuhu	1722.53	2952.90	3503.53	54	淄博	Zibo	6793.19	8090.87	9141.96	8
蚌埠	Bengbu	648.47	1049.79	1370.68	156	枣庄	Zaozhuang	2647.56	3087.30	2950.78	66
淮南	Huainan	734.92	827.19	919.09	203	东营	Dongying	5582.43	7633.09	9609.13	5
马鞍山	Maanshan	1122.85	1616.69	1835.28	110	烟台	Yantai	6321.30	6920.84	7786.16	13
淮北	Huaibei	840.76	1155.18	1381.11	154	潍坊	Weifang	6358.24	7886.57	9108.28	10
铜陵	Tongling	985.05	1299.35	1332.53	158	济宁	Jining	3332.88	3220.99	3870.63	48
安庆	Anqing	1256.57	1728.42	2037.60	100	泰安	Taian	3606.78	4388.37	5285.91	32
黄山	Huangshan	320.48	419.29	435.46	248	威海	Weihai	2934.18	3161.35	3924.23	46
滁州	Chuzhou	899.85	1342.86	1406.99	148	日照	Rizhao	1651.92	1595.70	1703.72	121
阜阳	Fuyang	666.39	882.35	993.81	195	莱芜	Laiwu	1166.27	1332.77	1500.58	140
宿州	Suzhou	643.02	1100.95	873.14	211	临沂	Linyi	3818.45	4782.13	6334.42	25
六安	Liuan	730.55	997.30	1341.15	157	德州	Dezhou	3593.73	4898.72	6022.15	28
亳州	Bozhou	321.62	514.27	614.65	236	聊城	Liaocheng	3926.28	5139.09	6491.61	24

11-5 规模以上工业企业内资企业工业总产值 续表 2
Gross Industrial Output Value of Domestic Funded Enterprises above Designated Size continued 2

单位：亿元 （100 million yuan）

地名	City	2010	2011	2012	2012 排名 Ranking	地名	City	2010	2011	2012	2012 排名 Ranking
滨州	Binzhou	3421.12	4353.01	4621.79	37	常德	Changde	1132.00	1564.38	1717.30	118
菏泽	Heze	2337.00	3185.49	4038.61	43	张家界	Zhangjiajie	101.09	156.50	107.86	279
河南	**Henan**	**32673.16**	**43373.71**	**47161.018**		益阳	Yiyang	746.42	1047.56	1218.20	169
郑州	Zhengzhou	5298.13	6797.69	7401.14	14	郴州	Chenzhou	1330.03	2080.61	2283.70	85
开封	Kaifeng	975.59	1324.67	1597.79	133	永州	Yongzhou	531.72	767.51	624.98	234
洛阳	Luoyang	3398.98	4605.98	5682.84	30	怀化	Huaihua	677.42	980.94	800.52	217
平顶山	Pingdingshan	1803.46	2334.76	2144.93	90	娄底	Loudi	1011.54	1341.43	1398.61	151
安阳	Anyang	2374.64	3064.59	5852.32	29	广东	**Guangdong**	**36165.37**	**45594.56**	**48975.307**	
鹤壁	Hebi	893.35	1119.35	1273.23	161	广州	Guangzhou	4369.76	5424.33	6711.01	21
新乡	Xinxiang	1922.46	2733.00	2975.12	65	韶关	Shaoguan	575.74	753.50	825.67	214
焦作	Jiaozuo	2392.90	3051.69	3356.86	56	深圳	Shenzhen	6665.83	8226.78	9527.40	6
濮阳	Puyang	1414.26	1831.93	2039.33	99	珠海	Zhuhai	976.04	1211.53	1176.39	174
许昌	Xuchang	2245.08	3011.99	3593.08	53	汕头	Shantou	1192.60	1421.45	1618.73	130
漯河	Luohe	1132.51	1404.89	1448.42	145	佛山	Foshan	8822.96	9528.73	9721.83	4
三门峡	Sanmenxia	1839.73	2467.47	2866.74	67	江门	Jiangmen	1504.86	2412.65	1209.98	171
南阳	Nanyang	1935.90	2550.33	2811.44	70	湛江	Zhanjiang	629.62	959.24	1024.22	190
商丘	Shangqiu	1205.97	1651.82	1877.64	107	茂名	Maoming	1211.63	1639.98	1699.13	122
信阳	Xinyang	959.44	1214.22	1423.72	147	肇庆	Zhaoqing	680.42	1502.17	1739.78	116
周口	Zhoukou	1187.06	1756.97	2180.08	89	惠州	Huizhou	1225.32	1639.49	2023.50	102
驻马店	Zhumadian	908.99	1369.36	1636.14	128	梅州	Meizhou	311.37	410.64	396.16	253
湖北	**Hubei**	**17276.45**	**22782.41**	**25533.484**		汕尾	Shanwei	200.22	309.77	419.11	251
武汉	Wuhan	4406.42	6353.37	7256.27	15	河源	Heyuan	426.57	633.89	573.98	238
黄石	Huangshi	916.08	1214.06	1429.74	146	阳江	Yangjiang	340.76	705.55	883.70	209
十堰	Shiyan	585.20	754.80	921.25	202	清远	Qingyuan	1555.16	1135.47	875.71	210
宜昌	Yichang	2026.64	2923.28	3595.84	52	东莞	Dongguan	1773.23	2305.19	2717.50	72
襄阳	Xiangfan	-376.44	2665.96	3210.29	58	中山	ZhongShan	1933.79	2600.32	2488.95	78
鄂州	Ezhou	622.60	853.05	1000.75	193	潮州	Chaozhou	422.69	592.27	661.88	229
荆门	Jingmen	771.72	1599.50	2024.54	101	揭阳	Jieyang	1082.40	1822.27	2300.98	83
孝感	Xiaogan	924.25	1284.19	1694.16	123	云浮	Yunfu	264.40	359.35	376.71	256
荆州	Jingzhou	837.32	1063.93	1389.07	152	广西	**Guangxi**	**7668.28**	**10482.15**	**1275.37**	
黄冈	Huanggang	682.17	866.58	1091.18	181	南宁	Nanning	1103.02	1463.99	1744.61	114
咸宁	Xianning	596.32	843.74	1096.92	179	柳州	Liuzhou	1771.60	2209.75	2633.76	73
随州	Suizhou	445.34	647.41	823.47	215	桂林	Guilin	860.51	1179.12	1458.20	144
湖南	**Hunan**	**17606.88**	**24597.61**	**26787.222**		梧州	Wuzhou	565.63	821.72	1212.937	170
长沙	Changsha	3785.58	5065.64	6527.62	23	北海	Beihai	219.98	385.85	813.35	216
株洲	Zhuzhou	1553.47	2004.73	2183.45	88	防城港	Fangchenggang	238.13	381.82	453.18	245
湘潭	Xiangtan	1374.29	1924.44	2088.95	95	钦州	Qinzhou	393.86	802.37	907.53	207
衡阳	Hengyang	1777.98	2638.67	2499.91	77	贵港	Guigang	385.73	457.26	523.36	241
邵阳	Shaoyang	691.19	986.69	1175.30	175	玉林	Yulin	471.06	678.14	791.34	218
岳阳	Yueyang	2631.58	3663.64	4160.82	39	百色	Baise	551.73	672.59	833.78	213

11-5 规模以上工业企业内资企业工业总产值 续表 3
Gross Industrial Output Value of Domestic Funded Enterprises above Designated Size continued 3

单位：亿元 （100 million yuan）

地名	City	2010	2011	2012	2012 排名 Ranking
贺州	Hezhou	158.61	221.48	263.64	268
河池	Hechi	332.52	366.01	279.88	266
来宾	Laibin	318.07	435.58	489.30	243
崇左	Chongzuo	207.94	266.09	310.78	263
海南	**Hainan**	**712.51**	**838.89**	**465.60**	
海口	Haikou	326.50	383.59	414.54	252
三亚	Sanya	35.27	43.64	51.06	283
重庆	**Chongqing**	**7384.98**	**9149.70**	**9810.59**	
四川	**Sichuan**	**21213.61**	**27567.72**	**25283.514**	
成都	Chengdu	4532.02	5530.85	5210.13	35
自贡	Zigong	1055.21	1264.31	1271.86	162
攀枝花	Panzhihua	924.82	1176.42	1256.88	165
泸州	Luzhou	1008.56	1298.97	1143.96	176
德阳	Deyang	1391.91	1864.75	2043.92	98
绵阳	Mianyang	1171.96	1558.06	1735.47	117
广元	Guangyuan	304.19	437.78	541.34	240
遂宁	Suining	597.93	972.48	981.57	197
内江	Neijiang	1245.27	1588.54	1404.94	149
乐山	Leshan	1156.99	1464.18	1385.10	153
南充	Nanchong	1098.42	1300.21	1520.97	137
眉山	Meishan	704.80	971.82	760.19	221
宜宾	Yibin	1199.22	1697.75	1655.85	127
广安	Guangan	589.98	872.63	948.92	199
达州	Dazhou	852.26	1033.91	1033.92	189
雅安	Yaan	303.20	410.86	366.16	258
巴中	Bazhong	175.32	304.60	306.12	264
资阳	Ziyang	1164.54	1572.49	1716.21	120
贵州	**Guizhou**	**4048.82**	**5591.70**	**4691.97**	
贵阳	Guiyang	1429.68	1821.95	1495.37	141
六盘水	Liupanshui	610.23	879.21	1060.81	185
遵义	Zunyi	721.82	975.31	1079.16	184
安顺	Anshun	185.99	250.21	319.34	260
毕节	Bijie	283.06	437.85	511.70	242
铜仁	Tongren	123.91	183.73	225.60	270
云南	**Yunnan**	**6073.90**	**7370.26**	**6360.42**	
昆明	Kunming	2014.25	2403.43	2775.87	71
曲靖	Qujing	964.10	1155.58	1404.29	150
玉溪	Yuxi	918.54	1080.93	1225.85	167
保山	Baoshan	98.79	134.65	197.72	271
昭通	Zhaotong	198.71	258.06	318.53	261
丽江	Lijiang	86.12	92.98	122.53	276
普洱	Puer	89.89	117.23	156.64	275
临沧	Lincang	88.14	117.84	158.99	274
西藏	**Tibet**	**56.77**	**49.10**	**52.88**	
拉萨	Lhasa	39.04	49.10	52.88	282
陕西	**Shaanxi**	**10158.18**	**13102.92**	**14122.746**	
西安	Xi'an	2506.04	2859.19	3199.18	59
铜川	Tongchuan	230.95	313.26	420.26	250
宝鸡	Baoji	1233.42	1557.82	1817.49	111
咸阳	Xianyang	1199.33	1634.60	2078.03	97
渭南	Weinan	996.40	1323.82	1573.09	136
延安	Yan'an	1224.36	1500.06	1507.44	138
汉中	Hanzhong	397.28	535.60	659.76	230
榆林	Yulin	1899.64	2531.30	2109.45	92
安康	Ankang	183.94	300.47	440.22	247
商洛	Shangluo	173.96	258.85	317.82	262
甘肃	**Gansu**	**4803.16**	**6064.33**	**6781.46**	
兰州	Lanzhou	1708.50	2020.07	2012.96	103
嘉峪关	Jiayuguan	511.34	715.39	717.72	226
金昌	Jinchang	565.01	666.54	724.80	223
白银	Baiyin	369.24	484.61	623.44	235
天水	Tianshui	153.96	146.64	240.93	269
武威	Wuwei	162.52	204.18	321.60	259
张掖	Zhangye	139.52	159.83	196.60	272
平凉	Pingliang	142.43	194.33	274.83	267
酒泉	Jiuquan	476.25	561.13	686.78	228
庆阳	Qingyang	391.17	706.20	777.05	219
定西	Dingxi	46.80	53.10	100.92	281
陇南	Longnan	65.78	74.08	103.84	280
青海	**Qinghai**	**1315.48**	**1835.20**	**962.18**	
西宁	Xining	726.95	1003.83	962.18	198
宁夏	**Ningxia**	**1821.77**	**2363.48**	**2981.08**	
银川	Yinchuan	857.32	1152.07	1576.63	134
石嘴山	Shizuishan	493.97	601.36	633.19	233
吴忠	Wuzhong	298.17	399.90	434.51	249
固原	Guyuan	15.28	20.37	35.65	284
中卫	Zhongwei	154.62	251.06	301.10	265
新疆	**Xinjiang**	**5224.15**	**6579.98**	**3799.78**	
乌鲁木齐	Urumqi	1647.09	1962.69	2112.52	91
克拉玛依	Karamay	1329.17	1636.93	1687.27	125

11-6 规模以上工业企业港澳台商投资企业工业总产值
Gross Industrial Output Value of Enterprises with Funds from Hong Kong, Macao & Taiwan above Designated Size

单位：亿元 (100 million yuan)

地名	City	2010	2011	2012	2012 排名 Ranking
全国	**Nation Total**	**65358.00**	**77529.00**	**81591.377**	
北京	**Beijing**	**1114.48**	**1104.70**	**1123.23**	
天津	**Tianjin**	**1455.47**	**2041.82**	**2584.08**	
河北	**Hebei**	**1978.55**	**2307.39**	**2203.47**	
石家庄	Shijiazhuang	209.53	239.18	299.07	49
唐山	Tangshan	550.70	712.16	573.95	32
秦皇岛	Qinhuangdao	168.46	245.60	153.52	78
邯郸	Handan	452.24	364.16	325.89	47
邢台	Xingtai	175.98	227.18	241.43	58
保定	Baoding	131.38	172.66	228.63	64
张家口	Zhangjiakou	9.46	13.97	15.46	205
承德	Chengde	7.82	9.29	12.27	213
沧州	Cangzhou	82.88	117.28	169.62	75
廊坊	Langfang	150.67	156.28	141.38	85
衡水	Hengshui	39.43	49.63	42.25	150
山西	**Shanxi**	**155.77**	**290.72**	**577.11**	
太原	Taiyuan	5.27	9.73	264.75	57
大同	Datong	1.70		0.49	263
阳泉	Yangquan	5.44	7.14	6.61	232
长治	Changzhi	1.85	3.37	2.85	247
晋城	Jincheng	3.44	84.81	101.97	96
朔州	Shuozhou	8.32	10.08	10.59	215
晋中	Jinzhong	46.52	48.48	50.12	139
运城	Yuncheng	4.94	6.91	8.45	222
忻州	Xinzhou	0.72			
临汾	Linfen	50.88	49.82	49.39	142
吕梁	Luliang	26.68	70.37	81.90	108
内蒙古	**Inner Mongolia**	**281.24**	**366.54**	**251.90**	
呼和浩特	Hohhot	101.28	148.60	88.49	105
包头	Baotou	24.09	37.16	16.36	201
乌海	Wuhai	0.52	0.45	0.21	266
赤峰	Chifeng	39.13	45.58	25.59	178
通辽	Tongliao	19.35	29.15	28.15	175
鄂尔多斯	Erdos	17.82	16.94	15.86	202
呼伦贝尔	Hulunbuir	13.76	18.42	19.18	190
巴彦淖尔	Bayannur	49.47	60.82	45.53	147
乌兰察布	Ulanqab	4.26	1.02	12.53	212
辽宁	**Liaoning**	**1571.38**	**1766.57**	**1836.89**	

地名	City	2010	2011	2012	2012 排名 Ranking
沈阳	Shenyang	453.03	393.24	459.94	35
大连	Dalian	280.06	282.13	350.80	43
鞍山	Anshan	39.82	42.88	50.63	137
抚顺	Fushun	40.31	46.47	55.25	133
本溪	Benxi	300.78	414.71	389.28	38
丹东	Dandong	34.10	40.23	37.47	160
锦州	Jinzhou	57.11	118.29	111.47	95
营口	Yingkou	153.49	154.34	143.77	81
阜新	Fuxin	32.76	77.63	16.66	200
辽阳	Liaoyang	121.55	124.16	154.81	77
盘锦	Panjin	9.64	9.66	8.15	223
铁岭	Tieling	38.25	47.32	41.33	153
朝阳	Chaoyang	9.66	13.10	17.08	199
葫芦岛	Huludao	0.82	2.42	0.26	265
吉林	**Jilin**	**489.13**	**669.90**	**871.55**	
长春	Changchun	376.54	503.94	656.09	28
吉林	Jilin	35.73	42.28	64.48	123
四平	Siping	31.59	43.74	51.63	135
辽源	Liaoyuan	6.99	13.00	15.77	203
通化	Tonghua	10.11	26.58	32.14	164
白山	Baishan	17.53	30.08	42.22	151
松原	Songyuan	0.78	1.22	2.03	252
白城	Baicheng	4.47	2.62	7.19	230
黑龙江	**Heilongjiang**	**159.20**	**205.92**	**290.49**	
哈尔滨	Harbin	31.60	26.93	40.91	154
齐齐哈尔	Qiqihar	8.50	23.43	30.61	170
鸡西	Jixi	27.82	37.79	46.70	146
鹤岗	Hegang	0.91	2.34	3.36	244
双鸭山	Shuangyashan	5.87	11.11	19.08	191
大庆	Daqing	48.41	80.10	122.36	90
伊春	Yichun	4.36	1.90	2.35	250
佳木斯	Jiamusi	4.17	3.33	1.49	256
七台河	Qitaihe	0.18			
牡丹江	Mudanjiang	18.86	14.77	14.51	207
黑河	Heihe	4.33		1.54	254
绥化	Suihua	2.88	2.84	8.59	221
上海	**Shanghai**	**5347.54**	**5473.20**	**4944.57**	
江苏	**Jiangsu**	**10041.26**	**12394.99**	**13645.50**	

11-6 规模以上工业企业港澳台商投资企业工业总产值 续表 1
Gross Industrial Output Value of Enterprises with Funds from Hong Kong, Macao & Taiwan above Designated Size continued 1

单位：亿元 （100 million yuan）

地名	City	2010	2011	2012	2012 排名 Ranking	地名	City	2010	2011	2012	2012 排名 Ranking
南京	Nanjing	538.28	553.25	642.83	29	池州	Chizhou	4.62	9.98	10.06	218
无锡	Wuxi	1665.78	1811.00	1809.58	8	宣城	Xuancheng	26.36	26.13	20.99	185
徐州	Xuzhou	296.89	450.15	389.03	39	**福建**	**Fujian**	**5613.55**	**6746.29**	**6844.33**	
常州	Changzhou	888.46	949.66	956.63	19	福州	Fuzhou	1224.32	1436.54	1438.58	12
苏州	Suzhou	3626.67	4585.12	4978.41	2	厦门	Xiamen	1023.90	1157.26	1245.05	17
南通	Nantong	1104.44	1179.59	1257.15	15	莆田	Putian	282.49	317.93	335.00	45
连云港	Lianyungang	132.31	175.84	170.67	74	三明	Sanming	74.39	106.74	113.17	93
淮安	Huaian	94.59	344.09	596.03	31	泉州	Quanzhou	2147.48	2730.50	2642.41	7
盐城	Yancheng	204.91	231.14	283.48	50	漳州	Zhangzhou	646.40	754.52	850.33	22
扬州	Yangzhou	685.69	883.82	982.41	18	南平	Nanping	39.22	36.71	39.47	157
镇江	Zhenjiang	565.12	784.40	931.81	20	龙岩	Longyan	140.17	177.17	130.01	86
泰州	Taizhou	389.00	488.74	554.97	33	宁德	Ningde	35.18	28.93	50.32	138
宿迁	Suqian	21.76	28.33	92.50	101	**江西**	**Jiangxi**	**987.60**	**1360.54**	**1761.66**	
浙江	**Zhejiang**	**5871.97**	**7410.68**	**7560.68**		南昌	Nanchang	162.07	180.76	269.80	56
杭州	Hangzhou	1328.39	1471.10	1480.36	10	景德镇	Jingdezhen	20.33	29.95	31.81	165
宁波	Ningbo	2413.14	2944.88	2886.27	4	萍乡	Pingxiang	10.42	14.92	15.50	204
温州	Wenzhou	108.09	134.41	101.07	97	九江	Jiujiang	101.04	178.45	283.47	51
嘉兴	Jiaxing	638.47	718.95	764.58	23	新余	Xinyu	20.96	25.97	75.46	111
湖州	Huzhou	293.55	360.79	444.38	37	鹰潭	Yingtan	6.45	11.54	6.59	233
绍兴	Shaoxing	896.73	1189.54	1257.07	16	赣州	Ganzhou	230.58	292.85	326.07	46
金华	Jinhua	142.19	161.65	189.91	72	吉安	Jian	110.24	159.45	200.48	69
衢州	Quzhou	36.64	45.52	40.43	156	宜春	Yichun	101.65	125.40	143.11	82
舟山	Zhoushan	9.77	157.65	167.11	76	抚州	Fuzhou	48.04	52.01	66.03	121
台州	Taizhou	190.16	208.62	205.79	68	上饶	Shangrao	175.79	289.24	343.34	44
丽水	Lishui	5.85	17.89	23.70	180	**山东**	**Shandong**	**2895.05**	**3136.25**	**3513.79**	
安徽	**Anhui**	**804.94**	**1359.88**	**1470.37**		济南	Jinan	96.73	92.64	98.38	98
合肥	Hefei	162.06	357.46	453.42	36	青岛	Qingdao	490.40	643.09	682.57	26
芜湖	Wuhu	158.34	215.73	206.08	67	淄博	Zibo	354.91	187.40	206.68	66
蚌埠	Bengbu	74.55	179.54	68.26	116	枣庄	Zaozhuang	80.69	100.08	69.17	114
淮南	Huainan	51.11	59.78	61.77	125	东营	Dongying	235.99	255.80	275.70	53
马鞍山	Maanshan	25.21	35.52	41.58	152	烟台	Yantai	616.44	629.02	740.64	25
淮北	Huaibei	20.59	20.33	43.13	149	潍坊	Weifang	356.62	401.44	469.49	34
铜陵	Tongling	92.25	201.33	275.57	54	济宁	Jining	49.75	60.92	67.08	118
安庆	Anqing	34.49	57.03	55.37	132	泰安	Taian	14.81	16.91	23.11	181
黄山	Huangshan	5.68	7.12	7.14	231	威海	Weihai	102.89	98.67	122.88	89
滁州	Chuzhou	35.62	63.43	72.17	112	日照	Rizhao	44.36	32.82	28.00	177
阜阳	Fuyang	4.70	5.11	8.15	224	莱芜	Laiwu	20.81	8.08	2.78	248
宿州	Suzhou	20.92	51.30	48.97	143	临沂	Linyi	161.94	209.62	230.44	62
六安	Liuan	77.66	69.51	96.32	99	德州	Dezhou	37.97	22.42	28.85	172
亳州	Bozhou	0.23	0.57	1.40	258	聊城	Liaocheng	29.33	27.13	51.67	134

11-6 规模以上工业企业港澳台商投资企业工业总产值 续表 2
Gross Industrial Output Value of Enterprises with Funds from Hong Kong, Macao & Taiwan above Designated Size continued 2

单位：亿元 (100 million yuan)

地名	City	2010	2011	2012	2012 排名 Ranking	地名	City	2010	2011	2012	2012 排名 Ranking
滨州	Binzhou	140.87	206.31	228.87	63	常德	Changde	95.95	143.29	123.69	88
菏泽	Heze	76.24	143.90	177.48	73	张家界	Zhangjiajie	4.91	6.48	4.67	237
河南	**Henan**	**915.51**	**1450.68**	**2328.41**		益阳	Yiyang	40.55	63.74	76.04	110
郑州	Zhengzhou	195.47	607.35	1440.57	11	郴州	Chenzhou	87.40	118.55	141.61	84
开封	Kaifeng	5.58	9.07	10.07	217	永州	Yongzhou	45.16	74.61	61.58	126
洛阳	Luoyang	21.94	33.58	50.84	136	怀化	Huaihua	11.19	16.81	9.19	220
平顶山	Pingdingshan	103.98	103.43	92.98	100	娄底	Loudi	18.65	51.08	60.63	127
安阳	Anyang	8.66	15.21	21.96	183	**广东**	**Guangdong**	**21813.34**	**22844.18**	**22438.244**	
鹤壁	Hebi	13.17	15.00	17.41	196	广州	Guangzhou	2863.46	3064.36	2802.34	5
新乡	Xinxiang	19.34	44.86	48.15	145	韶关	Shaoguan	138.49	145.72	149.46	80
焦作	Jiaozuo	69.83	113.23	70.17	113	深圳	Shenzhen	5003.04	5091.99	5235.12	1
濮阳	Puyang	33.68	30.58	39.38	158	珠海	Zhuhai	718.79	708.72	673.41	27
许昌	Xuchang	23.39	25.51	17.63	193	汕头	Shantou	214.38	212.49	227.76	65
漯河	Luohe	248.97	256.96	302.03	48	佛山	Foshan	2701.56	2736.07	2752.26	6
三门峡	Sanmenxia	36.24	48.76	45.36	148	江门	Jiangmen	1388.40	1604.49	925.22	21
南阳	Nanyang	38.65	56.80	68.12	117	湛江	Zhanjiang	348.38	393.52	385.26	41
商丘	Shangqiu	9.44	13.69	17.56	194	茂名	Maoming	37.10	35.87	49.82	141
信阳	Xinyang	9.79	22.79	31.40	166	肇庆	Zhaoqing	469.50	587.65	641.01	30
周口	Zhoukou	7.82	17.63	25.40	179	惠州	Huizhou	1153.69	1375.14	1407.88	13
驻马店	Zhumadian	11.52	31.53	29.39	171	梅州	Meizhou	89.58	86.47	66.14	120
湖北	**Hubei**	**1100.33**	**1725.88**	**1753.68**		汕尾	Shanwei	179.46	231.44	270.38	55
武汉	Wuhan	455.19	662.17	741.07	24	河源	Heyuan	198.90	229.86	231.99	61
黄石	Huangshi	12.47	219.62	233.17	60	阳江	Yangjiang	128.97	156.47	197.08	70
十堰	Shiyan	2.65	5.08	6.17	235	清远	Qingyuan	1049.49	484.33	366.90	42
宜昌	Yichang	159.33	226.36	234.94	59	东莞	Dongguan	3296.62	3450.70	3790.77	3
襄阳	Xiangfan	483.08	143.50	112.78	94	中山	ZhongShan	1328.17	1616.14	1641.05	9
鄂州	Ezhou	16.02	26.00	30.72	169	潮州	Chaozhou	114.24	154.15	115.47	92
荆门	Jingmen	44.30	51.14	77.13	109	揭阳	Jieyang	290.62	348.21	388.55	40
孝感	Xiaogan	68.72	77.61	90.86	102	云浮	Yunfu	100.51	130.38	120.39	91
荆州	Jingzhou	50.39	62.49	66.34	119	**广西**	**Guangxi**	**569.94**	**780.13**	**942.35**	
黄冈	Huanggang	81.03	55.00	63.67	124	南宁	Nanning	87.72	105.03	190.00	71
咸宁	Xianning	38.32	49.85	60.34	129	柳州	Liuzhou	34.07	66.88	40.69	155
随州	Suizhou	31.00	32.77	36.49	162	桂林	Guilin	13.08	20.90	17.30	197
湖南	**Hunan**	**719.02**	**998.52**	**1047.46**		梧州	Wuzhou	100.47	146.12	90.70	103
长沙	Changsha	121.40	194.00	281.52	52	北海	Beihai	74.34	86.07	152.27	79
株洲	Zhuzhou	80.21	119.80	65.47	122	防城港	Fangchenggang	42.33	21.72	28.21	174
湘潭	Xiangtan	17.25	42.09	60.25	130	钦州	Qinzhou	56.49	88.79	127.81	87
衡阳	Hengyang	76.67	98.23	88.25	106	贵港	Guigang	43.53	55.58	60.43	128
邵阳	Shaoyang	10.75	13.91	17.53	195	玉林	Yulin	35.96	67.45	85.39	107
岳阳	Yueyang	69.19	55.25	57.04	131	百色	Baise	22.48	32.01	48.96	144

11-6 规模以上工业企业港澳台商投资企业工业总产值 续表 3
Gross Industrial Output Value of Enterprises with Funds from Hong Kong, Macao & Taiwan above Designated Size continued 3

单位：亿元 （100 million yuan）

地名	City	2010	2011	2012	2012 排名 Ranking
贺州	Hezhou	12.09	21.53	30.78	168
河池	Hechi	3.26	3.63	4.84	236
来宾	Laibin	5.02	25.01	28.11	176
崇左	Chongzuo	37.80	35.93	36.86	161
海南	**Hainan**	**17.38**	**35.21**	**21.90**	
海口	Haikou	12.81	18.52	21.90	184
三亚	Sanya				
重庆	**Chongqing**	**456.22**	**1045.64**	**1469.18**	
四川	**Sichuan**	**568.57**	**1220.01**	**1662.25**	
成都	Chengdu	279.80	866.93	1303.00	14
自贡	Zigong	4.80	6.89	10.58	216
攀枝花	Panzhihua	2.19	2.98	3.67	242
泸州	Luzhou	2.58	5.12	3.81	239
德阳	Deyang	75.67	80.42	141.77	83
绵阳	Mianyang	17.16	32.23	31.05	167
广元	Guangyuan	0.72	1.01	2.07	251
遂宁	Suining	10.98	0.36	8.06	227
内江	Neijiang	36.27	41.85	14.20	208
乐山	Leshan	23.40	23.21	22.31	182
南充	Nanchong	20.74	25.12	20.16	187
眉山	Meishan	13.61	23.03	17.11	198
宜宾	Yibin	14.63	18.26	37.51	159
广安	Guangan	13.90	13.41	18.27	192
达州	Dazhou	11.03	13.41	13.41	209
雅安	Yaan	9.16	10.92	10.94	214
巴中	Bazhong	0.40	0.90	0.81	261
资阳	Ziyang	2.72	2.00	3.51	243
贵州	**Guizhou**	**57.93**	**74.70**	**43.28**	
贵阳	Guiyang	24.88	34.61	28.63	173
六盘水	Liupanshui				
遵义	Zunyi	3.56	6.96	1.23	259
安顺	Anshun	5.16	6.35	8.09	226
毕节	Bijie	2.00	3.07	3.81	240
铜仁	Tongren	0.75	0.44	1.52	255
云南	**Yunnan**	**140.53**	**174.87**	**133.08**	
昆明	Kunming	65.31	78.53	88.86	104
曲靖	Qujing	3.08	9.32	13.36	210
玉溪	Yuxi	13.05	16.27	14.81	206
保山	Baoshan	5.31	7.83	7.47	229
昭通	Zhaotong	5.35	5.96	7.58	228
丽江	Lijiang	2.68			
普洱	Puer	1.49	0.21		
临沧	Lincang	1.35	2.10	1.00	260
西藏	**Tibet**				
拉萨	Lhasa				
陕西	**Shaanxi**	**162.93**	**206.89**	**178.09**	
西安	Xi'an	23.47	26.41	34.71	163
铜川	Tongchuan				
宝鸡	Baoji	36.22	53.71	68.96	115
咸阳	Xianyang	92.91	111.00	49.99	140
渭南	Weinan	2.44	3.55	6.39	234
延安	Yan'an				
汉中	Hanzhong	1.76	1.87	1.95	253
榆林	Yulin	2.28	2.75	3.05	245
安康	Ankang	0.60	0.37	0.44	264
商洛	Shangluo	3.03	6.22	12.60	211
甘肃	**Gansu**	**26.24**	**28.72**	**27.10**	
兰州	Lanzhou	19.64	20.09	19.19	189
嘉峪关	Jiayuguan				
金昌	Jinchang				
白银	Baiyin	0.73	1.16	1.44	257
天水	Tianshui	0.48	0.57	0.79	262
武威	Wuwei	0.58	0.08	2.96	246
张掖	Zhangye				
平凉	Pingliang				
酒泉	Jiuquan	4.34	2.77	2.57	249
庆阳	Qingyang		0.99		
定西	Dingxi		2.52	0.15	267
陇南	Longnan				
青海	**Qinghai**	**7.97**	**8.44**	**10.05**	
西宁	Xining	5.12	3.22	10.05	219
宁夏	**Ningxia**	**20.70**	**36.64**	**32.40**	
银川	Yinchuan	18.31	11.71	20.46	186
石嘴山	Shizuishan	2.39	1.92	3.80	241
吴忠	Wuzhong			8.13	225
固原	Guyuan				
中卫	Zhongwei		0.54		
新疆	**Xinjiang**	**36.67**	**47.71**	**24.30**	
乌鲁木齐	Urumqi	10.49	13.94	19.79	188
克拉玛依	Karamay	0.91	0.98	4.51	238

11-7 规模以上工业企业外商投资企业工业总产值
Gross Industrial Output Value of Enterprises with Foreign Investment above Designated Size

单位：亿元 （100 million yuan）

地名	City	2010	2011	2012	2012 排名 Ranking	地名	City	2010	2011	2012	2012 排名 Ranking
全国	**Nation Total**	**124560.0**	**140888.0**	**141153.7**		沈阳	Shenyang	1660.84	2019.58	2263.61	12
北京	**Beijing**	**4364.54**	**4627.83**	**4736.85**		大连	Dalian	2507.72	2640.83	2886.73	9
天津	**Tianjin**	**5593.01**	**6555.94**	**6957.16**		鞍山	Anshan	76.08	87.57	89.72	124
河北	**Hebei**	**2555.67**	**3224.35**	**3341.17**		抚顺	Fushun	71.38	93.90	83.34	129
石家庄	Shijiazhuang	207.25	254.81	238.41	72	本溪	Benxi	88.97	107.59	119.47	103
唐山	Tangshan	538.16	682.99	740.22	36	丹东	Dandong	117.06	127.42	139.84	94
秦皇岛	Qinhuangdao	284.56	321.35	439.42	47	锦州	Jinzhou	182.74	150.47	150.69	90
邯郸	Handan	277.74	450.55	427.23	49	营口	Yingkou	392.64	386.21	421.02	50
邢台	Xingtai	264.15	286.30	263.98	69	阜新	Fuxin	19.48	23.79	31.52	186
保定	Baoding	266.19	329.51	265.40	67	辽阳	Liaoyang	78.11	71.25	80.34	132
张家口	Zhangjiakou	116.59	85.10	90.99	123	盘锦	Panjin	53.81	69.38	86.24	127
承德	Chengde	5.16	8.40	7.56	243	铁岭	Tieling	63.97	52.16	71.19	137
沧州	Cangzhou	244.21	392.76	410.37	52	朝阳	Chaoyang	10.57	11.87	12.83	230
廊坊	Langfang	313.49	368.44	399.47	54	葫芦岛	Huludao	13.53	17.84	16.34	222
衡水	Hengshui	38.16	44.14	57.82	153	吉林	**Jilin**	**2711.32**	**3327.10**	**1201.01**	
山西	**Shanxi**	**525.75**	**620.49**	**614.51**		长春	Changchun	2343.94	2865.90	814.92	33
太原	Taiyuan	153.28	183.12	133.03	96	吉林	Jilin	86.23	113.45	102.94	115
大同	Datong	30.95	57.86	62.88	145	四平	Siping	40.29	44.91	55.84	156
阳泉	Yangquan	11.69	11.76	12.04	233	辽源	Liaoyuan	16.70	24.42	13.97	225
长治	Changzhi	43.20	67.96	81.51	131	通化	Tonghua	21.85	44.85	71.75	136
晋城	Jincheng	117.78	85.50	109.16	110	白山	Baishan	32.35	33.83	35.62	179
朔州	Shuozhou	15.32	15.97	15.20	224	松原	Songyuan	55.05	54.33	53.32	159
晋中	Jinzhong	27.71	37.04	55.60	157	白城	Baicheng	25.12	36.95	52.66	160
运城	Yuncheng	25.87	31.59	25.27	198	黑龙江	**Heilongjiang**	**685.05**	**751.28**	**791.99**	
忻州	Xinzhou	1.51	0.63			哈尔滨	Harbin	370.21	385.39	446.51	46
临汾	Linfen	5.51	2.64	4.62	250	齐齐哈尔	Qiqihar	80.48	98.36	88.53	126
吕梁	Luliang	92.92	126.42	115.21	105	鸡西	Jixi	1.37	2.54	2.97	255
内蒙古	**Inner Mongolia**	**899.45**	**1017.20**	**856.78**		鹤岗	Hegang	2.00	1.48	1.47	263
呼和浩特	Hohhot	206.18	223.90	271.46	66	双鸭山	Shuangyashan				
包头	Baotou	121.05	148.11	106.54	112	大庆	Daqing	52.96	73.23	79.62	133
乌海	Wuhai	0.48	2.42	0.31	268	伊春	Yichun	9.58	7.70	8.78	239
赤峰	Chifeng	35.01	50.31	34.50	183	佳木斯	Jiamusi	55.35	62.25	57.38	155
通辽	Tongliao	192.79	249.13	167.04	83	七台河	Qitaihe	0.21	0.40	0.78	266
鄂尔多斯	Erdos	223.27	191.88	179.59	80	牡丹江	Mudanjiang	49.38	41.10	59.02	149
呼伦贝尔	Hulunbuir	38.85	45.27	33.58	184	黑河	Heihe	2.43	2.76	2.59	259
巴彦淖尔	Bayannur	43.53	50.93	38.18	174	绥化	Suihua	31.39	41.93	44.34	168
乌兰察布	Ulanqab	3.20	21.21	24.59	200	上海	**Shanghai**	**13060.13**	**14376.13**	**14472.08**	
辽宁	**Liaoning**	**5336.91**	**5859.86**	**6452.58**		江苏	**Jiangsu**	**26551.24**	**30635.25**	**31292.05**	

11-7 规模以上工业企业外商投资企业工业总产值 续表 1
Gross Industrial Output Value of Enterprises with Foreign Investment above Designated Size continued 1

单位：亿元 （100 million yuan）

地名	City	2010	2011	2012	2012 排名 Ranking
南京	Nanjing	2723.16	3629.55	3964.00	4
无锡	Wuxi	3259.34	3621.59	3480.88	6
徐州	Xuzhou	354.45	455.11	407.71	53
常州	Changzhou	1564.39	1891.57	1810.20	18
苏州	Suzhou	12687.43	14043.11	13892.02	1
南通	Nantong	1834.40	2216.76	2302.49	11
连云港	Lianyungang	415.82	519.24	651.36	38
淮安	Huaian	300.81	269.00	286.56	63
盐城	Yancheng	677.95	894.94	1057.87	28
扬州	Yangzhou	789.29	1019.31	926.56	31
镇江	Zhenjiang	932.89	1045.15	1120.89	27
泰州	Taizhou	982.16	1107.67	1333.15	23
宿迁	Suqian	33.91	42.74	58.35	151
浙江	**Zhejiang**	**7232.19**	**7741.31**	**7806.72**	
杭州	Hangzhou	2025.48	2264.64	2370.61	10
宁波	Ningbo	2030.73	2200.97	2155.35	15
温州	Wenzhou	261.67	286.27	272.36	65
嘉兴	Jiaxing	1118.21	1196.72	1232.89	25
湖州	Huzhou	330.44	317.81	355.20	57
绍兴	Shaoxing	652.22	642.35	592.40	40
金华	Jinhua	200.66	213.21	208.14	74
衢州	Quzhou	55.25	66.55	81.57	130
舟山	Zhoushan	135.49	159.05	161.83	86
台州	Taizhou	284.54	362.88	342.05	58
丽水	Lishui	37.79	31.55	34.66	182
安徽	**Anhui**	**1763.63**	**2085.80**	**2094.09**	
合肥	Hefei	784.89	932.82	936.58	30
芜湖	Wuhu	370.14	531.86	540.41	42
蚌埠	Bengbu	49.66	61.37	47.35	165
淮南	Huainan	2.90	6.26	13.22	227
马鞍山	Maanshan	170.24	137.70	140.09	93
淮北	Huaibei	20.06	27.53	30.00	189
铜陵	Tongling	26.93	23.98	20.92	209
安庆	Anqing	24.88	25.43	31.29	187
黄山	Huangshan	4.53	4.61	4.60	251
滁州	Chuzhou	117.50	137.58	125.53	99
阜阳	Fuyang	32.61	37.05	41.59	170
宿州	Suzhou	12.98	19.38	19.16	212
六安	Liuan	24.50	43.84	64.75	141
亳州	Bozhou	2.48	6.89	2.86	257
池州	Chizhou	10.31	8.81	10.90	234
宣城	Xuancheng	68.12	80.68	64.84	140
福建	**Fujian**	**5044.02**	**5921.43**	**6062.10**	
福州	Fuzhou	1110.82	1207.07	1331.32	24
厦门	Xiamen	1753.36	2200.00	2191.60	13
莆田	Putian	207.17	234.32	221.55	73
三明	Sanming	36.97	42.21	39.32	173
泉州	Quanzhou	1370.57	1596.50	1759.60	19
漳州	Zhangzhou	354.41	399.11	298.59	62
南平	Nanping	69.36	79.08	85.94	128
龙岩	Longyan	113.57	128.54	96.29	119
宁德	Ningde	27.79	34.60	37.89	176
江西	**Jiangxi**	**1363.15**	**1784.45**	**150.74**	
南昌	Nanchang	565.16	695.33	515.77	43
景德镇	Jingdezhen	14.53	17.46	23.30	202
萍乡	Pingxiang	9.60	15.32	17.57	218
九江	Jiujiang	86.61	125.51	151.05	89
新余	Xinyu	312.14	421.87	203.28	76
鹰潭	Yingtan	4.76	6.21	26.53	194
赣州	Ganzhou	169.63	231.05	250.97	70
吉安	Jian	100.19	145.94	166.09	84
宜春	Yichun	69.11	89.45	103.92	114
抚州	Fuzhou	12.44	15.96	20.69	210
上饶	Shangrao	18.99	20.33	21.58	207
山东	**Shandong**	**11470.89**	**12660.19**	**13851.20**	
济南	Jinan	295.14	276.93	319.73	59
青岛	Qingdao	2705.30	2876.43	3238.81	7
淄博	Zibo	594.25	974.87	985.29	29
枣庄	Zaozhuang	94.64	111.63	112.99	107
东营	Dongying	219.44	318.11	382.65	56
烟台	Yantai	3192.24	3611.61	3793.25	5
潍坊	Weifang	814.36	793.49	850.48	32
济宁	Jining	474.55	443.60	415.39	51
泰安	Taian	148.48	160.69	165.67	85
威海	Weihai	1371.90	1401.31	1579.76	20
日照	Rizhao	475.87	486.41	715.78	37
莱芜	Laiwu	15.50	14.50	16.71	221
临沂	Linyi	613.13	520.87	631.72	39
德州	Dezhou	224.06	261.46	299.87	61
聊城	Liaocheng	71.26	112.15	106.54	111

11-7 规模以上工业企业外商投资企业工业总产值 续表 2
Gross Industrial Output Value of Enterprises with Foreign Investment above Designated Size continued 2

单位：亿元 （100 million yuan）

地名	City	2010	2011	2012	2012 排名 Ranking
滨州	Binzhou	121.91	132.39	122.48	102
菏泽	Heze	118.79	98.87	114.08	106
河南	**Henan**	**1406.85**	**2031.76**	**1874.00**	
郑州	Zhengzhou	420.16	613.08	571.27	41
开封	Kaifeng	20.22	25.03	29.70	190
洛阳	Luoyang	98.06	175.84	169.12	82
平顶山	Pingdingshan	45.31	55.95	37.97	175
安阳	Anyang	16.53	26.61	35.47	180
鹤壁	Hebi	13.29	23.65	30.65	188
新乡	Xinxiang	190.97	214.73	207.05	75
焦作	Jiaozuo	99.15	129.24	91.99	121
濮阳	Puyang	25.69	32.66	36.82	178
许昌	Xuchang	62.16	105.49	126.54	98
漯河	Luohe	53.20	102.22	132.28	97
三门峡	Sanmenxia	151.59	183.05	183.99	79
南阳	Nanyang	41.62	65.32	50.18	164
商丘	Shangqiu	5.70	5.69	7.08	245
信阳	Xinyang	15.93	15.53	17.57	217
周口	Zhoukou	68.38	94.85	89.11	125
驻马店	Zhumadian	53.13	70.39	59.21	147
湖北	**Hubei**	**3246.34**	**3564.43**	**3694.31**	
武汉	Wuhan	1562.99	1770.35	2068.38	16
黄石	Huangshi	232.08	169.44	159.69	87
十堰	Shiyan	725.25	602.40	466.40	45
宜昌	Yichang	32.33	46.10	64.16	143
襄阳	Xiangfan	574.73	467.52	510.43	44
鄂州	Ezhou	25.51	22.14	32.43	185
荆门	Jingmen	36.07	82.30	98.91	118
孝感	Xiaogan	39.93	76.05	93.51	120
荆州	Jingzhou	49.00	55.37	64.47	142
黄冈	Huanggang	81.03	47.77	51.68	162
咸宁	Xianning	19.83	46.83	57.46	154
随州	Suizhou	33.43	25.35	26.80	192
湖南	**Hunan**	**682.93**	**790.46**	**965.23**	
长沙	Changsha	258.43	220.35	249.18	71
株洲	Zhuzhou	81.25	92.10	75.73	135
湘潭	Xiangtan	104.70	139.79	184.36	78
衡阳	Hengyang	28.60	86.72	190.06	77
邵阳	Shaoyang	10.75	21.64	28.64	191
岳阳	Yueyang	83.56	106.83	123.41	100
常德	Changde	34.72	25.29	35.20	181
张家界	Zhangjiajie	2.93	2.33	1.78	262
益阳	Yiyang	21.11	22.77	21.63	206
郴州	Chenzhou	22.64	16.55	15.79	223
永州	Yongzhou	17.19	17.89	9.06	238
怀化	Huaihua	11.26	30.58	17.44	219
娄底	Loudi	8.06	7.60	12.94	228
广东	**Guangdong**	**23705.89**	**26432.94**	**25364.15**	
广州	Guangzhou	6318.77	7224.03	6553.08	3
韶关	Shaoguan	21.32	18.64	25.05	199
深圳	Shenzhen	6678.51	7113.35	6600.53	2
珠海	Zhuhai	1275.73	1457.00	1222.77	26
汕头	Shantou	274.51	258.32	265.06	68
佛山	Foshan	1951.23	2160.23	2179.88	14
江门	Jiangmen	520.01	654.06	384.28	55
湛江	Zhanjiang	317.54	399.90	308.20	60
茂名	Maoming	23.45	28.06	26.56	193
肇庆	Zhaoqing	249.82	379.14	435.65	48
惠州	Huizhou	1467.76	1750.40	2045.90	17
梅州	Meizhou	29.68	49.67	39.43	172
汕尾	Shanwei	25.77	38.20	71.13	138
河源	Heyuan	148.27	177.64	147.69	91
阳江	Yangjiang	90.32	102.50	116.65	104
清远	Qingyuan	181.71	132.40	91.84	122
东莞	Dongguan	2494.80	2713.80	2984.28	8
中山	ZhongShan	1358.96	1530.38	1572.16	21
潮州	Chaozhou	107.47	93.80	111.28	108
揭阳	Jieyang	93.73	128.50	139.27	95
云浮	Yunfu	76.55	22.90	43.47	169
广西	**Guangxi**	**1405.91**	**1574.29**	**1872.00**	
南宁	Nanning	94.66	156.28	174.72	81
柳州	Liuzhou	583.12	595.75	752.40	35
桂林	Guilin	69.27	62.36	110.02	109
梧州	Wuzhou	49.62	48.16	63.00	144
北海	Beihai	38.24	63.35	60.58	146
防城港	Fangchenggang	173.48	232.02	285.84	64
钦州	Qinzhou	31.39	49.40	58.30	152
贵港	Guigang	41.04	43.81	40.28	171
玉林	Yulin	195.88	177.89	151.81	88
百色	Baise	0.10			

11-7 规模以上工业企业外商投资企业工业总产值 续表 3
Gross Industrial Output Value of Enterprises with Foreign Investment above Designated Size continued 3

单位：亿元 （100 million yuan）

地名	City	2010	2011	2012	2012 排名 Ranking
贺州	Hezhou	6.10		9.09	237
河池	Hechi	16.99	17.77	13.47	226
来宾	Laibin	45.19	43.23	46.24	166
崇左	Chongzuo	60.84	98.10	106.25	113
海南	**Hainan**	**651.36**	**725.96**	**84.42**	
海口	Haikou	78.66	86.45	79.57	134
三亚	Sanya	4.75	3.49	4.85	249
重庆	**Chongqing**	**1302.35**	**1651.72**	**1815.36**	
四川	**Sichuan**	**1365.20**	**1697.36**	**1781.86**	
成都	Chengdu	997.91	1170.48	1336.00	22
自贡	Zigong	48.16	59.72	59.07	148
攀枝花	Panzhihua	26.45	26.39	22.58	203
泸州	Luzhou	16.58	13.36	12.38	231
德阳	Deyang	73.63	92.40	99.00	117
绵阳	Mianyang	59.08	86.08	54.60	158
广元	Guangyuan	15.32	23.32	25.90	196
遂宁	Suining	10.44	29.71	24.42	201
内江	Neijiang	11.02	13.22	19.09	213
乐山	Leshan	16.96	20.25	18.38	215
南充	Nanchong	5.42	19.88	21.17	208
眉山	Meishan	37.14	58.83	45.16	167
宜宾	Yibin	16.88	16.05	5.53	247
广安	Guangan	2.71	12.84	8.32	240
达州	Dazhou				
雅安	Yaan	4.57	10.46	10.17	235
巴中	Bazhong				
资阳	Ziyang	6.15	11.89	20.10	211
贵州	**Guizhou**	**99.62**	**128.86**	**98.30**	
贵阳	Guiyang	44.81	68.60	68.90	139
六盘水	Liupanshui	23.35	24.40	17.12	220
遵义	Zunyi	5.41	6.28	12.29	232
安顺	Anshun	1.73	0.25		
毕节	Bijie	0.60			
铜仁	Tongren				
云南	**Yunnan**		**235.69**	**216.73**	
昆明	Kunming		121.78	146.61	92
曲靖	Qujing	38.22	38.64	37.38	177
玉溪	Yuxi	9.85	13.66	17.79	216
保山	Baoshan	3.89	2.58	2.36	260
昭通	Zhaotong				
丽江	Lijiang		2.97	3.21	254
普洱	Puer	4.98	7.38	8.00	241
临沧	Lincang	0.40	1.33	1.37	264
西藏	**Tibet**			**5.39**	
拉萨	Lhasa			5.39	248
陕西	**Shaanxi**	**878.74**	**973.67**	**1106.31**	
西安	Xi'an	600.64	666.61	789.30	34
铜川	Tongchuan	18.10	22.50	25.48	197
宝鸡	Baoji	70.81	90.26	100.23	116
咸阳	Xianyang	109.68	109.00	123.29	101
渭南	Weinan	40.99	32.66	26.39	195
延安	Yan'an	2.95	4.80	2.65	258
汉中	Hanzhong	5.38	7.96	9.12	236
榆林	Yulin	15.78	22.85	22.15	205
安康	Ankang	7.62	8.38	7.69	242
商洛	Shangluo				
甘肃	**Gansu**	**72.63**	**82.18**	**91.79**	
兰州	Lanzhou	37.36	43.58	52.21	161
嘉峪关	Jiayuguan				
金昌	Jinchang				
白银	Baiyin	21.07	23.52	22.44	204
天水	Tianshui	2.48	2.49	4.25	253
武威	Wuwei				
张掖	Zhangye	3.02	6.00	2.96	256
平凉	Pingliang				
酒泉	Jiuquan	3.10	4.44	7.34	244
庆阳	Qingyang	5.36	1.70	2.15	261
定西	Dingxi	0.23	0.43	0.43	267
陇南	Longnan				
青海	**Qinghai**	**158.54**	**49.90**	**58.94**	
西宁	Xining	146.02	35.93	58.94	150
宁夏	**Ningxia**	**81.92**	**91.32**	**74.14**	
银川	Yinchuan	59.93	66.19	50.48	163
石嘴山	Shizuishan	15.28	13.48	12.91	229
吴忠	Wuzhong	3.40	6.15	6.29	246
固原	Guyuan				
中卫	Zhongwei	4.09	5.50	4.47	252
新疆	**Xinjiang**	**81.07**	**93.16**	**19.73**	
乌鲁木齐	Urumqi	17.17	15.95	18.47	214
克拉玛依	Karamay	0.77	1.13	1.26	265

11-8 规模以上工业企业资产总计
Total Assets of Industrial Enterprises above Designated Size

单位：亿元 （100 million yuan）

地名	City	2010	2011	2012	2012 排名 Ranking	地名	City	2010	2011	2012	2012 排名 Ranking
全国	**Nation Total**	**592881.89**	**675796.86**	**768421.20**		沈阳	Shenyang	2389.58	2576.78	7420.34	15
北京	**Beijing**	**22750.58**	**25321.75**	**28613.16**		大连	Dalian	2542.71	2479.35	8676.96	11
天津	**Tianjin**	**14584.31**	**17388.99**	**19986.14**		鞍山	Anshan	975.58	862.39	3343.59	57
河北	**Hebei**	**24943.75**	**29687.55**	**33567.18**		抚顺	Fushun	509.31	546.11	1324.96	145
石家庄	Shijiazhuang	2767.54	3451.97	4027.73	40	本溪	Benxi	929.97	634.26	1668.83	118
唐山	Tangshan	7283.48	8427.32	9174.47	9	丹东	Dandong	186.69	168.85	708.33	210
秦皇岛	Qinhuangdao	1271.73	1513.32	1622.65	122	锦州	Jinzhou	364.20	386.26	1013.86	174
邯郸	Handan	3447.65	3778.83	4228.19	37	营口	Yingkou	720.60	747.29	1811.89	110
邢台	Xingtai	1433.48	2053.24	1866.69	102	阜新	Fuxin	285.29	351.28	793.06	202
保定	Baoding	2396.16	2882.65	3124.13	66	辽阳	Liaoyang	404.92	482.73	1504.61	132
张家口	Zhangjiakou	1338.07	1440.84	1663.53	119	盘锦	Panjin	937.72	970.92	1853.08	104
承德	Chengde	1243.17	1547.40	1753.02	114	铁岭	Tieling	686.55	888.79	1891.22	101
沧州	Cangzhou	1735.43	2238.01	3136.38	65	朝阳	Chaoyang	280.34	292.61	947.82	184
廊坊	Langfang	1433.73	1665.86	2062.83	89	葫芦岛	Huludao	376.56	347.53	971.84	182
衡水	Hengshui	593.32	688.12	907.56	190	吉林	**Jilin**	**10196.15**	**11898.88**	**13896.98**	
山西	**Shanxi**	**18505.94**	**22186.50**	**25342.08**		长春	Changchun	4429.59	4980.87	6034.65	25
太原	Taiyuan	3005.65	3491.15	3811.73	45	吉林	Jilin	1729.03	2149.09	2446.84	77
大同	Datong	1549.95	1846.35	1642.31	120	四平	Siping	638.06	658.86	690.45	214
阳泉	Yangquan	1034.19	1548.28	1216.06	155	辽源	Liaoyuan	377.72	451.66	511.98	243
长治	Changzhi	2198.57	2619.01	2885.77	68	通化	Tonghua	724.68	790.84	910.56	188
晋城	Jincheng	1632.80	1954.80	2598.58	73	白山	Baishan	391.97	419.43	530.49	241
朔州	Shuozhou	1050.42	1471.71	1894.34	100	松原	Songyuan	1100.49	1414.83	1568.29	129
晋中	Jinzhong	1510.32	1627.84	2132.63	85	白城	Baicheng	304.06	310.15	393.45	258
运城	Yuncheng	1457.64	1538.40	1734.83	116	黑龙江	**Heilongjiang**	**10471.17**	**11918.83**	**13223.14**	
忻州	Xinzhou	792.83	1015.82	1222.54	154	哈尔滨	Harbin	2642.98	2819.51	3250.97	58
临汾	Linfen	1471.15	1717.37	2051.72	91	齐齐哈尔	Qiqihar	894.49	1124.25	1206.02	158
吕梁	Luliang	2308.51	2841.68	3593.98	49	鸡西	Jixi	352.30	443.84	480.03	247
内蒙古	**Inner Mongolia**	**14691.38**	**18406.42**	**21754.23**		鹤岗	Hegang	210.91	236.94	328.90	268
呼和浩特	Hohhot	1315.64	1522.50	1811.90	109	双鸭山	Shuangyashan	364.29	408.99	484.61	246
包头	Baotou	2870.79	2962.91	3629.69	48	大庆	Daqing	3463.89	3830.52	3956.83	42
乌海	Wuhai	707.68	930.10	1126.72	165	伊春	Yichun	218.31	249.57	239.99	274
赤峰	Chifeng	996.87	1121.35	1231.27	149	佳木斯	Jiamusi	316.27	374.64	430.48	256
通辽	Tongliao	952.52	1074.95	1230.51	151	七台河	Qitaihe	428.02	452.41	476.54	249
鄂尔多斯	Erdos	3944.31	5024.94	6298.58	21	牡丹江	Mudanjiang	421.27	469.76	548.12	235
呼伦贝尔	Hulunbuir	897.76	1191.85	1447.78	136	黑河	Heihe	114.37	135.73	173.91	277
巴彦淖尔	Bayannur	788.72	860.72	918.16	186	绥化	Suihua	276.89	362.51	469.99	250
乌兰察布	Ulanqab	713.25	797.52	971.20	183	上海	**Shanghai**	**27555.88**	**29454.30**	**31160.89**	
辽宁	**Liaoning**	**29076.78**	**31417.30**	**34779.77**		江苏	**Jiangsu**	**66134.06**	**76258.16**	**84550.41**	

11-8 规模以上工业企业资产总计 续表 1
Total Assets of Industrial Enterprises above Designated Size continued 1

单位：亿元 (100 million yuan)

地名	City	2010	2011	2012	2012 排名 Ranking
南京	Nanjing	6960.77	7841.71	8539.68	12
无锡	Wuxi	10917.48	12493.99	13281.51	3
徐州	Xuzhou	3038.84	3964.56	4791.14	31
常州	Changzhou	5259.12	6243.25	6754.38	18
苏州	Suzhou	19351.14	21821.92	23331.48	1
南通	Nantong	4425.78	5289.81	6247.99	23
连云港	Lianyungang	1584.43	1712.85	1927.74	98
淮安	Huaian	1223.78	1333.63	1635.99	121
盐城	Yancheng	2174.20	2475.32	3094.87	67
扬州	Yangzhou	2925.62	3238.81	3639.70	47
镇江	Zhenjiang	3247.13	3831.93	4346.53	35
泰州	Taizhou	2931.37	3446.99	3846.99	43
宿迁	Suqian	707.62	1031.02	1527.13	131
浙江	**Zhejiang**	**47282.79**	**50788.85**	**55654.17**	
杭州	Hangzhou	9937.41	10968.69	11983.52	5
宁波	Ningbo	9426.71	10030.93	10643.47	6
温州	Wenzhou	4446.24	4411.91	4485.61	33
嘉兴	Jiaxing	5065.09	5593.64	6297.58	22
湖州	Huzhou	2059.87	2232.66	2528.41	76
绍兴	Shaoxing	6328.56	6836.97	7450.37	14
金华	Jinhua	3383.00	3438.39	3833.33	44
衢州	Quzhou	968.17	1153.57	1304.70	146
舟山	Zhoushan	1232.28	1322.93	1531.10	130
台州	Taizhou	3259.22	3359.98	3585.48	50
丽水	Lishui	957.11	1007.80	1168.47	162
安徽	**Anhui**	**15930.28**	**19148.71**	**33797.65**	
合肥	Hefei	3272.22	4327.15	4994.68	28
芜湖	Wuhu	1887.49	2774.02	3484.18	54
蚌埠	Bengbu	589.48	697.03	845.78	196
淮南	Huainan	1589.26	1689.00	1920.83	99
马鞍山	Maanshan	1390.72	1808.80	2015.94	94
淮北	Huaibei	1296.62	1498.58	1804.70	111
铜陵	Tongling	1038.74	1239.94	1350.91	143
安庆	Anqing	761.33	949.69	1177.30	161
黄山	Huangshan	179.74	214.86	268.67	271
滁州	Chuzhou	687.95	854.92	1156.68	163
阜阳	Fuyang	502.28	578.03	718.61	208
宿州	Suzhou	382.86	485.13	530.88	240
六安	Liuan	550.70	697.94	903.74	191
亳州	Bozhou	242.16	332.54	396.44	257
池州	Chizhou	242.48	283.06	389.92	260
宣城	Xuancheng	606.56	718.01	838.40	197
福建	**Fujian**	**16058.70**	**18582.15**	**21385.98**	
福州	Fuzhou	3121.07	3354.88	4068.32	39
厦门	Xiamen	3055.25	3512.19	3972.45	41
莆田	Putian	744.79	830.01	1036.20	172
三明	Sanming	842.11	1008.31	1210.05	156
泉州	Quanzhou	4021.34	4889.37	5738.85	26
漳州	Zhangzhou	1371.38	1625.36	1952.18	97
南平	Nanping	607.25	672.48	817.59	199
龙岩	Longyan	1102.38	1252.98	1586.63	126
宁德	Ningde	633.28	815.03	1003.72	176
江西	**Jiangxi**	**8424.86**	**9964.06**	**11967.66**	
南昌	Nanchang	1872.02	2285.45	2637.64	72
景德镇	Jingdezhen	485.37	664.39	728.07	205
萍乡	Pingxiang	396.52	424.24	500.24	245
九江	Jiujiang	950.50	1036.41	1229.13	152
新余	Xinyu	1041.66	1159.94	1190.01	160
鹰潭	Yingtan	841.27	1092.88	1387.18	140
赣州	Ganzhou	657.48	913.65	1074.14	169
吉安	Jian	520.58	544.11	590.23	227
宜春	Yichun	680.23	840.75	997.24	179
抚州	Fuzhou	268.00	267.01	342.06	267
上饶	Shangrao	711.22	727.23	798.18	201
山东	**Shandong**	**53761.28**	**60818.77**	**71107.66**	
济南	Jinan	3831.82	3856.34	4351.02	34
青岛	Qingdao	6491.53	6996.25	7825.64	13
淄博	Zibo	4147.82	4592.98	5302.24	27
枣庄	Zaozhuang	1430.86	1674.18	1772.49	113
东营	Dongying	4069.77	4903.80	6651.97	19
烟台	Yantai	5361.38	5943.42	6545.36	20
潍坊	Weifang	4649.11	5374.25	6181.31	24
济宁	Jining	3835.36	4049.05	4869.06	30
泰安	Taian	2379.95	2844.46	3356.02	56
威海	Weihai	2595.09	2845.64	3203.81	61
日照	Rizhao	1638.70	1915.52	2073.26	88
莱芜	Laiwu	1273.51	1017.76	992.52	180
临沂	Linyi	2381.40	2768.96	3400.50	55
德州	Dezhou	2289.13	2694.88	3151.93	64
聊城	Liaocheng	2454.12	2896.72	3179.68	63

11-8 规模以上工业企业资产总计 续表 2
Total Assets of Industrial Enterprises above Designated Size continued 2

单位：亿元 （100 million yuan）

地名	City	2010	2011	2012	2012 排名 Ranking	地名	City	2010	2011	2012	2012 排名 Ranking
滨州	Binzhou	2455.91	3131.09	4182.30	38	常德	Changde	963.70	1060.83	1366.73	141
菏泽	Heze	1173.46	1487.74	2027.01	92	张家界	Zhangjiajie	151.27	151.54	94.35	282
河南	**Henan**	**23467.42**	**29049.22**	**35174.81**		益阳	Yiyang	492.32	551.75	640.43	222
郑州	Zhengzhou	3898.77	5172.99	7036.68	17	郴州	Chenzhou	984.71	1099.91	1208.31	157
开封	Kaifeng	752.41	908.50	1200.54	159	永州	Yongzhou	363.29	434.14	469.76	251
洛阳	Luoyang	3286.18	3299.98	3750.39	46	怀化	Huaihua	509.77	557.97	576.22	230
平顶山	Pingdingshan	1879.13	2259.78	2059.88	90	娄底	Loudi	926.00	1021.76	1398.47	138
安阳	Anyang	1297.36	1518.77	1752.92	115	**广东**	**Guangdong**	**62626.90**	**67397.28**	**71343.84**	
鹤壁	Hebi	531.79	648.41	719.85	206	广州	Guangzhou	11265.51	11830.60	12156.23	4
新乡	Xinxiang	1409.29	1983.97	2140.51	83	韶关	Shaoguan	844.34	939.54	1044.31	171
焦作	Jiaozuo	1354.37	1624.54	2086.17	87	深圳	Shenzhen	18132.47	17395.72	18458.35	2
濮阳	Puyang	816.85	985.84	1230.58	150	珠海	Zhuhai	2695.19	3221.13	3532.79	52
许昌	Xuchang	1284.71	1825.07	2405.74	79	汕头	Shantou	1276.81	1391.75	1773.70	112
漯河	Luohe	721.60	935.81	1005.03	175	佛山	Foshan	7357.25	8842.89	8814.87	10
三门峡	Sanmenxia	1358.61	1585.46	2092.68	86	江门	Jiangmen	2243.15	2519.34	2320.45	80
南阳	Nanyang	1328.51	1667.32	2133.82	84	湛江	Zhanjiang	997.54	1319.49	1469.32	134
商丘	Shangqiu	865.00	1110.33	1273.93	148	茂名	Maoming	507.30	556.65	697.88	213
信阳	Xinyang	523.40	604.36	719.49	207	肇庆	Zhaoqing	1024.95	1413.31	1448.22	135
周口	Zhoukou	711.01	1117.23	1411.24	137	惠州	Huizhou	2816.43	3262.20	3530.70	53
驻马店	Zhumadian	706.64	941.55	1145.07	164	梅州	Meizhou	479.04	515.07	573.34	232
湖北	**Hubei**	**20894.32**	**23145.78**	**26877.66**		汕尾	Shanwei	311.01	359.44	598.62	226
武汉	Wuhan	7494.72	8292.24	9539.98	8	河源	Heyuan	535.07	567.77	648.20	221
黄石	Huangshi	1059.88	1299.49	1571.88	128	阳江	Yangjiang	449.66	535.37	632.96	223
十堰	Shiyan	2396.43	2547.00	2695.04	71	清远	Qingyuan	1151.34	1129.00	1105.71	168
宜昌	Yichang	3398.86	3832.89	4264.82	36	东莞	Dongguan	6001.71	6612.71	7206.02	16
襄阳	Xiangfan	1333.97	1690.13	2020.08	93	中山	ZhongShan	2779.32	3012.95	3192.02	62
鄂州	Ezhou	422.68	482.94	534.32	237	潮州	Chaozhou	487.57	509.09	576.64	229
荆门	Jingmen	622.23	780.90	919.19	185	揭阳	Jieyang	897.20	1031.66	1109.86	167
孝感	Xiaogan	675.66	838.62	1000.55	177	云浮	Yunfu	374.02	431.61	453.66	252
荆州	Jingzhou	639.35	710.33	855.52	194	**广西**	**Guangxi**	**8667.45**	**10185.46**	**11759.56**	
黄冈	Huanggang	512.30	552.49	649.51	220	南宁	Nanning	971.23	1242.89	1581.00	127
咸宁	Xianning	342.25	456.30	574.19	231	柳州	Liuzhou	1890.20	2094.10	2408.08	78
随州	Suizhou	251.12	308.80	385.34	261	桂林	Guilin	695.66	826.59	982.05	181
湖南	**Hunan**	**13038.95**	**15473.38**	**17784.25**		梧州	Wuzhou	409.71	506.23	626.11	224
长沙	Changsha	3493.59	4027.21	4927.57	29	北海	Beihai	291.86	382.73	480.00	248
株洲	Zhuzhou	1254.38	1449.40	1614.69	124	防城港	Fangchenggang	391.69	514.07	559.25	234
湘潭	Xiangtan	1149.99	1488.66	1496.86	133	钦州	Qinzhou	485.23	669.78	730.67	204
衡阳	Hengyang	761.53	978.78	1067.85	170	贵港	Guigang	426.19	479.79	532.56	238
邵阳	Shaoyang	350.72	383.44	530.37	242	玉林	Yulin	469.06	624.07	659.28	218
岳阳	Yueyang	1224.93	1593.57	1679.66	117	百色	Baise	823.56	920.76	1000.12	178

11-8 规模以上工业企业资产总计 续表 3
Total Assets of Industrial Enterprises above Designated Size continued 3

单位：亿元 （100 million yuan）

地名	City	2010	2011	2012	2012 排名 Ranking	地名	City	2010	2011	2012	2012 排名 Ranking
贺州	Hezhou	139.14	180.31	152.95	279	丽江	Lijiang	102.86	238.83	323.08	269
河池	Hechi	702.66	736.61	786.44	203	普洱	Puer	306.49	471.67	541.47	236
来宾	Laibin	433.75	490.25	532.22	239	临沧	Lincang	398.67	487.47	569.95	233
崇左	Chongzuo	291.00	339.41	384.00	262	**西藏**	**Tibet**	**315.21**	**346.15**	**506.86**	
海南	**Hainan**	**1621.38**	**1753.25**	**2023.16**		拉萨	Lhasa	240.99	238.35	380.10	263
海口	Haikou	451.70	514.85	653.52	219	**陕西**	**Shaanxi**	**14688.70**	**17234.61**	**20591.16**	
三亚	Sanya	57.06	61.47	81.12	283	西安	Xi'an	3459.92	3858.62	4649.37	32
重庆	**Chongqing**	**8099.01**	**9321.10**	**11113.36**		铜川	Tongchuan	334.65	397.37	450.35	254
四川	**Sichuan**	**22564.76**	**26113.61**	**30362.89**		宝鸡	Baoji	1310.49	1510.86	1617.74	123
成都	Chengdu	5531.83	6597.29	10255.39	7	咸阳	Xianyang	1214.22	1405.72	1817.42	107
自贡	Zigong	675.84	786.14	910.50	189	渭南	Weinan	1466.22	1638.18	1838.88	105
攀枝花	Panzhihua	1773.22	2206.33	2594.04	74	延安	Yan'an	2180.00	2472.05	2875.11	69
泸州	Luzhou	589.12	706.87	917.75	187	汉中	Hanzhong	522.15	611.82	809.99	200
德阳	Deyang	2222.87	2103.38	2220.11	82	榆林	Yulin	3058.12	3922.70	3218.71	60
绵阳	Mianyang	1335.78	1659.14	1863.31	103	安康	Ankang	207.02	245.93	304.87	270
广元	Guangyuan	263.17	301.21	366.28	265	商洛	Shangluo	210.07	285.49	345.86	266
遂宁	Suining	300.06	460.07	509.24	244	**甘肃**	**Gansu**	**6509.32**	**7665.01**	**9146.01**	
内江	Neijiang	570.38	660.35	830.92	198	兰州	Lanzhou	1857.15	2034.41	2260.38	81
乐山	Leshan	1277.76	1397.40	1592.99	125	嘉峪关	Jiayuguan	875.03	1209.27	1330.27	144
南充	Nanchong	815.41	905.07	1028.00	173	金昌	Jinchang	788.17	1014.53	1282.64	147
眉山	Meishan	504.43	576.04	685.34	215	白银	Baiyin	567.14	701.61	873.40	193
宜宾	Yibin	1253.48	1552.22	1828.50	106	天水	Tianshui	224.94	218.13	252.90	272
广安	Guangan	299.75	385.60	451.61	253	武威	Wuwei	162.56	146.70	246.24	273
达州	Dazhou	765.39	780.81	853.28	195	张掖	Zhangye	190.50	197.78	238.31	275
雅安	Yaan	771.62	773.22	881.52	192	平凉	Pingliang	323.64	354.56	377.40	264
巴中	Bazhong	63.78	87.74	94.95	281	酒泉	Jiuquan	728.35	872.31	1117.79	166
资阳	Ziyang	466.08	604.96	704.17	211	庆阳	Qingyang	403.98	489.72	614.98	225
贵州	**Guizhou**	**5960.13**	**7386.54**	**8302.29**		定西	Dingxi	93.47	101.80	131.23	280
贵阳	Guiyang	2335.38	2752.08	2863.18	70	陇南	Longnan	143.70	168.74	224.78	276
六盘水	Liupanshui	1023.23	1188.73	1392.42	139	**青海**	**Qinghai**	**3053.61**	**3386.32**	**4041.92**	
遵义	Zunyi	864.30	1160.25	1355.58	142	西宁	Xining	1770.79	1755.73	2002.19	95
安顺	Anshun	316.61	377.30	393.05	259	**宁夏**	**Ningxia**	**3293.16**	**4044.32**	**4860.19**	
毕节	Bijie	483.49	639.48	712.99	209	银川	Yinchuan	1266.53	2112.41	2533.77	75
铜仁	Tongren	115.77	141.56	159.89	278	石嘴山	Shizuishan	551.41	910.59	682.67	216
云南	**Yunnan**	**9611.09**	**11053.93**	**13076.97**		吴忠	Wuzhong	466.36	574.77	669.86	217
昆明	Kunming	2834.64	3161.14	3582.86	51	固原	Guyuan	33.61	40.41	52.66	285
曲靖	Qujing	1415.36	1584.40	1953.85	96	中卫	Zhongwei	338.16	396.25	587.57	228
玉溪	Yuxi	949.96	1126.68	1225.04	153	**新疆**	**Xinjiang**	**7911.97**	**9304.95**	**11669.17**	
保山	Baoshan	238.29	269.68	431.64	255	乌鲁木齐	Urumqi	2245.68	2807.97	3241.83	59
昭通	Zhaotong	400.00	522.85	702.24	212	克拉玛依	Karamay	1571.22	1700.15	1817.19	108

11-9 规模以上工业企业负债总计
Total Liabilities of Industrial Enterprises above Designated Size

单位：亿元 （100 million yuan）

地名	City	2010	2011	2012	2012 排名 Ranking
全国	**Nation Total**	**340396.4**	**392644.6**	**445371.8**	
北京	**Beijing**	**11548.07**	**12648.61**	**14837.22**	
天津	**Tianjin**	**8825.23**	**10864.27**	**12686.19**	
河北	**Hebei**	**15136.72**	**17865.03**	**19939.47**	
石家庄	Shijiazhuang	1496.73	1807.94	2107.47	52
唐山	Tangshan	4707.05	5370.09	6010.21	9
秦皇岛	Qinhuangdao	886.51	1061.09	1140.91	102
邯郸	Handan	2092.96	2248.09	2531.22	39
邢台	Xingtai	758.11	1087.09	1012.66	116
保定	Baoding	1450.07	1735.90	1838.48	60
张家口	Zhangjiakou	855.01	1022.25	1179.89	97
承德	Chengde	880.96	1099.32	1209.57	93
沧州	Cangzhou	840.64	1054.23	1227.07	87
廊坊	Langfang	861.57	1024.08	1206.45	94
衡水	Hengshui	307.09	354.95	475.54	198
山西	**Shanxi**	**12142.27**	**14936.46**	**17639.40**	
太原	Taiyuan	1955.69	2336.49	2639.66	35
大同	Datong	1047.90	1297.83	1126.17	104
阳泉	Yangquan	605.64	1083.30	771.10	138
长治	Changzhi	1537.88	1809.17	2036.88	55
晋城	Jincheng	934.67	1126.31	1585.23	68
朔州	Shuozhou	569.59	774.24	1213.59	91
晋中	Jinzhong	1098.00	1218.84	1677.69	65
运城	Yuncheng	965.52	1042.94	1201.69	95
忻州	Xinzhou	507.62	632.51	727.33	145
临汾	Linfen	991.59	1221.86	1556.42	71
吕梁	Luliang	1542.08	2007.15	2664.01	33
内蒙古	**Inner Mongolia**	**8090.91**	**11188.94**	**13323.58**	
呼和浩特	Hohhot	896.36	1021.70	1210.61	92
包头	Baotou	1775.28	1916.35	2519.16	40
乌海	Wuhai	498.36	659.15	821.19	132
赤峰	Chifeng	528.70	584.10	683.38	156
通辽	Tongliao	537.08	536.77	544.02	180
鄂尔多斯	Erdos	1928.59	2426.61	3188.06	25
呼伦贝尔	Hulunbuir	571.07	752.46	871.06	128
巴彦淖尔	Bayannur	434.42	545.57	612.84	168
乌兰察布	Ulanqab	517.00	580.41	712.61	148
辽宁	**Liaoning**	**16232.06**	**17980.57**	**20147.42**	
沈阳	Shenyang	3247.23	2819.76	4001.84	17
大连	Dalian	4685.99	3798.13	5314.86	11
鞍山	Anshan	1335.22	1093.23	1827.07	61
抚顺	Fushun	531.68	444.08	735.08	143
本溪	Benxi	1227.99	925.59	1149.61	101
丹东	Dandong	308.76	277.28	443.06	205
锦州	Jinzhou	390.35	313.51	488.09	192
营口	Yingkou	783.67	702.39	1035.29	113
阜新	Fuxin	359.49	230.78	505.83	189
辽阳	Liaoyang	547.11	492.93	784.53	135
盘锦	Panjin	881.47	630.10	1158.28	99
铁岭	Tieling	461.28	318.49	755.76	139
朝阳	Chaoyang	375.07	325.92	620.39	165
葫芦岛	Huludao	713.98	420.94	782.88	136
吉林	**Jilin**	**5474.03**	**6484.40**	**7499.40**	
长春	Changchun	2483.70	2911.06	3342.11	22
吉林	Jilin	925.83	1150.91	1385.26	82
四平	Siping	319.53	338.88	351.18	226
辽源	Liaoyuan	228.63	283.10	343.48	229
通化	Tonghua	405.31	427.35	480.06	197
白山	Baishan	213.63	256.08	319.73	234
松原	Songyuan	496.38	594.92	655.46	160
白城	Baicheng	164.65	154.88	218.34	263
黑龙江	**Heilongjiang**	**5776.59**	**6703.59**	**7585.08**	
哈尔滨	Harbin	1728.49	1811.04	2111.91	51
齐齐哈尔	Qiqihar	497.72	649.52	725.46	146
鸡西	Jixi	286.44	330.21	363.51	222
鹤岗	Hegang	185.13	200.87	249.07	253
双鸭山	Shuangyashan	266.52	260.77	302.77	237
大庆	Daqing	1120.84	1410.81	1447.21	79
伊春	Yichun	156.05	195.41	200.67	265
佳木斯	Jiamusi	197.97	223.84	259.65	251
七台河	Qitaihe	303.17	303.47	337.71	230
牡丹江	Mudanjiang	252.60	272.24	322.10	232
黑河	Heihe	67.90	94.62	119.36	277
绥化	Suihua	156.51	182.75	231.05	257
上海	**Shanghai**	**14500.46**	**15399.53**	**15772.54**	
江苏	**Jiangsu**	**37878.51**	**44372.68**	**48417.22**	

11-9 规模以上工业企业负债总计 续表 1
Total Liabilities of Industrial Enterprises above Designated Size continued 1

单位：亿元 （100 million yuan）

地名	City	2010	2011	2012	2012 排名 Ranking	地名	City	2010	2011	2012	2012 排名 Ranking
南京	Nanjing	4027.15	4595.39	4958.85	12	池州	Chizhou	147.21	169.15	220.33	262
无锡	Wuxi	6357.83	7404.07	7817.20	3	宣城	Xuancheng	354.56	402.09	475.50	199
徐州	Xuzhou	1578.52	2148.68	2598.36	37	福建	**Fujian**	**8469.33**	**9699.95**	**11417.84**	
常州	Changzhou	3149.52	3804.26	4120.79	16	福州	Fuzhou	1730.79	1826.94	2285.77	43
苏州	Suzhou	11143.67	12879.96	13474.80	1	厦门	Xiamen	1625.44	1868.49	2129.81	48
南通	Nantong	2486.32	3043.91	3469.89	21	莆田	Putian	412.30	465.09	579.08	174
连云港	Lianyungang	911.75	1044.15	1110.17	109	三明	Sanming	482.66	588.91	696.13	151
淮安	Huaian	680.06	702.05	850.99	129	泉州	Quanzhou	1902.82	2235.17	2810.48	29
盐城	Yancheng	1175.63	1362.71	1740.86	64	漳州	Zhangzhou	739.13	826.09	1059.44	111
扬州	Yangzhou	1534.20	1749.67	1933.85	58	南平	Nanping	295.18	323.75	404.84	213
镇江	Zhenjiang	1808.72	2183.97	2479.41	41	龙岩	Longyan	477.76	579.15	806.10	133
泰州	Taizhou	1788.97	2002.98	2126.82	50	宁德	Ningde	409.26	534.99	646.19	162
宿迁	Suqian	344.48	498.75	692.41	152	江西	**Jiangxi**	**4700.44**	**5551.22**	**6653.96**	
浙江	**Zhejiang**	**28681.36**	**30936.35**	**33516.05**		南昌	Nanchang	1116.08	1300.64	1464.46	77
杭州	Hangzhou	5797.97	6484.74	7013.95	4	景德镇	Jingdezhen	284.71	463.88	513.99	188
宁波	Ningbo	5813.21	6340.04	6601.71	5	萍乡	Pingxiang	175.77	191.97	190.27	267
温州	Wenzhou	2698.77	2662.31	2662.66	34	九江	Jiujiang	606.37	668.08	689.03	154
嘉兴	Jiaxing	3035.23	3378.10	3736.03	19	新余	Xinyu	664.83	723.44	787.37	134
湖州	Huzhou	1207.49	1314.22	1488.08	75	鹰潭	Yingtan	366.80	563.83	731.75	144
绍兴	Shaoxing	3816.83	4126.30	4454.88	14	赣州	Ganzhou	373.57	520.85	635.36	164
金华	Jinhua	2191.41	2166.88	2438.99	42	吉安	Jian	189.71	195.63	228.60	259
衢州	Quzhou	582.51	660.28	782.48	137	宜春	Yichun	391.35	415.70	552.98	179
舟山	Zhoushan	913.54	807.80	1099.75	110	抚州	Fuzhou	126.94	126.65	187.71	268
台州	Taizhou	2011.67	2053.85	2180.98	44	上饶	Shangrao	404.30	380.56	421.70	210
丽水	Lishui	592.90	619.37	708.50	149	山东	**Shandong**	**28969.89**	**33847.62**	**39241.58**	
安徽	**Anhui**	**9565.86**	**11398.66**	**13612.01**		济南	Jinan	2392.65	2493.90	2736.33	32
合肥	Hefei	1993.17	2555.87	2979.18	26	青岛	Qingdao	3552.54	4071.16	4595.04	13
芜湖	Wuhu	1165.07	1658.17	2038.89	54	淄博	Zibo	2214.15	2444.58	2863.72	28
蚌埠	Bengbu	309.69	355.37	480.11	196	枣庄	Zaozhuang	745.03	875.85	972.41	121
淮南	Huainan	1091.81	1147.61	1332.26	85	东营	Dongying	1548.00	2534.02	3265.64	23
马鞍山	Maanshan	781.23	1033.35	1218.62	90	烟台	Yantai	2625.18	2906.09	3244.62	24
淮北	Huaibei	806.07	972.16	1110.25	108	潍坊	Weifang	2648.57	3132.97	3601.45	20
铜陵	Tongling	733.62	863.08	942.12	123	济宁	Jining	2204.58	2551.85	2885.95	27
安庆	Anqing	358.98	460.97	598.16	172	泰安	Taian	1446.89	1689.94	1986.88	57
黄山	Huangshan	99.10	115.87	143.00	273	威海	Weihai	1360.63	1444.96	1494.14	74
滁州	Chuzhou	366.96	452.40	643.78	163	日照	Rizhao	982.74	1242.10	1404.38	80
阜阳	Fuyang	306.40	357.70	391.20	217	莱芜	Laiwu	855.30	698.89	651.02	161
宿州	Suzhou	233.18	252.46	286.25	243	临沂	Linyi	1273.39	1497.01	1787.59	63
六安	Liuan	310.00	409.73	522.40	186	德州	Dezhou	1000.83	1050.90	1253.48	86
亳州	Bozhou	142.20	192.68	229.94	258	聊城	Liaocheng	1186.76	1464.42	1579.12	69

11-9 规模以上工业企业负债总计 续表 2
Total Liabilities of Industrial Enterprises above Designated Size continued 2

单位：亿元 (100 million yuan)

地名	City	2010	2011	2012	2012 排名 Ranking	地名	City	2010	2011	2012	2012 排名 Ranking
滨州	Binzhou	1462.76	1932.21	2619.43	36	常德	Changde	476.92	545.66	683.11	157
菏泽	Heze	566.59	727.73	1032.55	114	张家界	Zhangjiajie	84.26	85.92	55.02	281
河南	**Henan**	**12960.96**	**15651.99**	**18087.58**		益阳	Yiyang	320.78	331.66	371.42	221
郑州	Zhengzhou	2134.90	2762.83	3915.42	18	郴州	Chenzhou	405.38	483.34	529.34	184
开封	Kaifeng	282.66	341.65	423.76	208	永州	Yongzhou	182.03	215.93	223.91	261
洛阳	Luoyang	1909.51	1909.29	2127.57	49	怀化	Huaihua	331.65	374.08	382.23	219
平顶山	Pingdingshan	1117.81	1455.71	1226.96	88	娄底	Loudi	670.95	709.47	676.17	159
安阳	Anyang	822.74	929.95	1122.01	105	**广东**	**Guangdong**	**35073.74**	**39767.73**	**41508.50**	
鹤壁	Hebi	380.20	461.17	481.82	195	广州	Guangzhou	6332.04	6642.59	6445.46	6
新乡	Xinxiang	738.76	1071.01	1114.42	106	韶关	Shaoguan	562.01	647.92	685.72	155
焦作	Jiaozuo	764.73	863.74	974.80	120	深圳	Shenzhen	9439.26	10548.62	11380.03	2
濮阳	Puyang	391.76	459.11	518.66	187	珠海	Zhuhai	1648.11	1946.08	2144.37	46
许昌	Xuchang	592.46	770.47	903.53	125	汕头	Shantou	460.86	527.86	744.97	141
漯河	Luohe	331.55	357.66	347.49	227	佛山	Foshan	4480.16	5699.04	5354.35	10
三门峡	Sanmenxia	842.83	962.46	1221.45	89	江门	Jiangmen	1214.28	1422.06	1382.25	83
南阳	Nanyang	768.86	955.20	1128.11	103	湛江	Zhanjiang	663.98	943.63	1151.62	100
商丘	Shangqiu	508.85	667.54	678.50	158	茂名	Maoming	249.27	302.62	344.27	228
信阳	Xinyang	277.33	297.74	321.26	233	肇庆	Zhaoqing	499.30	670.68	691.13	153
周口	Zhoukou	315.96	427.52	494.49	191	惠州	Huizhou	1771.83	2031.06	2153.47	45
驻马店	Zhumadian	354.34	442.01	486.69	193	梅州	Meizhou	251.80	272.97	293.85	240
湖北	**Hubei**	**12259.18**	**13675.69**	**15759.18**		汕尾	Shanwei	162.86	205.31	279.93	245
武汉	Wuhan	4716.24	5201.52	6062.78	8	河源	Heyuan	290.59	317.13	362.44	223
黄石	Huangshi	683.30	851.70	1006.26	117	阳江	Yangjiang	293.66	317.79	393.59	216
十堰	Shiyan	1314.92	1436.73	1508.33	73	清远	Qingyuan	713.70	592.01	602.66	171
宜昌	Yichang	2094.02	2320.71	2586.81	38	东莞	Dongguan	3525.30	3877.06	4189.56	15
襄阳	Xiangfan	790.78	958.82	1113.26	107	中山	ZhongShan	1630.56	1791.70	1866.89	59
鄂州	Ezhou	264.19	312.77	316.34	235	潮州	Chaozhou	260.59	253.80	262.55	248
荆门	Jingmen	321.76	403.53	483.32	194	揭阳	Jieyang	413.72	526.47	527.49	185
孝感	Xiaogan	319.31	382.84	500.98	190	云浮	Yunfu	209.87	231.32	251.90	252
荆州	Jingzhou	367.47	391.58	450.07	204	**广西**	**Guangxi**	**5413.29**	**6315.95**	**7345.60**	
黄冈	Huanggang	249.54	300.74	352.26	225	南宁	Nanning	536.52	649.65	931.60	124
咸宁	Xianning	161.89	212.89	291.93	241	柳州	Liuzhou	1166.78	1353.10	1570.17	70
随州	Suizhou	128.66	141.85	176.70	269	桂林	Guilin	410.43	502.60	573.61	176
湖南	**Hunan**	**7504.26**	**8766.13**	**9821.07**		梧州	Wuzhou	223.03	282.86	358.22	224
长沙	Changsha	1848.35	2194.32	2791.69	30	北海	Beihai	196.32	246.38	266.64	247
株洲	Zhuzhou	733.44	791.91	850.96	130	防城港	Fangchenggang	264.59	329.16	378.40	220
湘潭	Xiangtan	779.90	942.65	1023.19	115	钦州	Qinzhou	304.42	406.28	422.45	209
衡阳	Hengyang	500.49	571.05	613.59	167	贵港	Guigang	235.92	230.89	280.84	244
邵阳	Shaoyang	163.14	171.91	239.44	256	玉林	Yulin	273.99	375.65	391.20	217
岳阳	Yueyang	716.93	892.97	838.18	131	百色	Baise	574.65	656.26	718.92	147

11-9 规模以上工业企业负债总计 续表 3
Total Liabilities of Industrial Enterprises above Designated Size continued 3

单位：亿元 (100 million yuan)

地名	City	2010	2011	2012	2012 排名 Ranking
贺州	Hezhou	73.80	96.51	133.54	275
河池	Hechi	534.81	561.15	611.39	169
来宾	Laibin	331.27	382.69	405.83	212
崇左	Chongzuo	175.92	202.60	227.09	260
海南	**Hainan**	**861.92**	**919.16**	**1042.32**	
海口	Haikou	209.50	238.05	312.76	236
三亚	Sanya	37.53	35.11	50.62	283
重庆	**Chongqing**	**4879.66**	**5659.74**	**7003.22**	
四川	**Sichuan**	**13889.83**	**15991.15**	**18721.46**	
成都	Chengdu	3163.54	3803.25	6088.08	7
自贡	Zigong	448.94	513.47	575.23	175
攀枝花	Panzhihua	1339.52	1681.92	2057.29	53
泸州	Luzhou	314.71	383.84	533.19	182
德阳	Deyang	1571.45	1455.06	1529.29	72
绵阳	Mianyang	885.04	1067.64	1173.28	98
广元	Guangyuan	163.11	184.77	215.66	264
遂宁	Suining	97.57	175.28	194.05	266
内江	Neijiang	294.10	329.99	403.83	214
乐山	Leshan	800.51	893.63	1057.36	112
南充	Nanchong	407.07	444.43	461.28	201
眉山	Meishan	313.82	330.79	396.49	215
宜宾	Yibin	652.22	827.46	975.74	119
广安	Guangan	186.54	237.96	271.45	246
达州	Dazhou	621.59	589.00	602.85	170
雅安	Yaan	539.61	553.32	616.54	166
巴中	Bazhong	40.28	48.23	51.08	282
资阳	Ziyang	228.97	302.59	332.51	231
贵州	**Guizhou**	**3865.34**	**4760.44**	**5388.12**	
贵阳	Guiyang	1649.92	1926.21	2021.81	56
六盘水	Liupanshui	653.08	766.31	894.48	127
遵义	Zunyi	387.00	534.79	593.21	173
安顺	Anshun	204.61	244.32	260.02	250
毕节	Bijie	356.33	451.51	530.46	183
铜仁	Tongren	78.29	94.39	104.32	279
云南	**Yunnan**	**5735.24**	**6763.81**	**8255.51**	
昆明	Kunming	1676.88	1834.83	2143.38	47
曲靖	Qujing	890.06	1046.31	1341.61	84
玉溪	Yuxi	347.60	492.00	536.38	181
保山	Baoshan	157.51	174.40	298.91	238
昭通	Zhaotong	230.65	309.15	450.53	203

地名	City	2010	2011	2012	2012 排名 Ranking
丽江	Lijiang	65.91	164.32	239.79	255
普洱	Puer	234.27	359.73	423.92	207
临沧	Lincang	283.72	350.67	416.08	211
西藏	**Tibet**	**58.38**	**99.71**	**163.38**	
拉萨	Lhasa	42.36	66.25	118.93	278
陕西	**Shaanxi**	**8348.75**	**9755.86**	**11719.05**	
西安	Xi'an	1989.79	2221.39	2764.13	31
铜川	Tongchuan	216.45	250.40	289.66	242
宝鸡	Baoji	754.54	921.32	970.98	122
咸阳	Xianyang	679.21	770.54	996.88	118
渭南	Weinan	905.67	1035.72	1195.26	96
延安	Yan'an	1250.53	1390.86	1627.55	67
汉中	Hanzhong	354.16	415.90	570.16	177
榆林	Yulin	1562.92	1983.32	1487.21	76
安康	Ankang	133.56	134.27	169.52	270
商洛	Shangluo	131.47	194.14	244.43	254
甘肃	**Gansu**	**4065.50**	**4908.30**	**5701.95**	
兰州	Lanzhou	1186.60	1258.89	1448.56	78
嘉峪关	Jiayuguan	536.30	819.19	901.39	126
金昌	Jinchang	476.27	652.97	747.83	140
白银	Baiyin	355.56	450.73	560.76	178
天水	Tianshui	132.81	134.60	154.16	271
武威	Wuwei	100.57	87.56	134.88	274
张掖	Zhangye	124.23	127.37	147.85	272
平凉	Pingliang	230.31	247.56	260.05	249
酒泉	Jiuquan	477.96	621.65	707.43	150
庆阳	Qingyang	201.16	237.19	296.16	239
定西	Dingxi	62.45	70.76	84.81	280
陇南	Longnan	77.10	92.05	128.58	276
青海	**Qinghai**	**1946.26**	**2141.48**	**2656.60**	
西宁	Xining	1224.34	1189.68	1397.32	81
宁夏	**Ningxia**	**2010.12**	**2655.87**	**3236.63**	
银川	Yinchuan	692.66	1342.85	1646.60	66
石嘴山	Shizuishan	346.37	607.19	452.74	202
吴忠	Wuzhong	323.12	395.55	466.09	200
固原	Guyuan	19.98	26.75	30.80	285
中卫	Zhongwei	220.80	279.26	440.07	206
新疆	**Xinjiang**	**3958.66**	**4908.20**	**6672.60**	
乌鲁木齐	Urumqi	999.33	1472.56	1807.93	62
克拉玛依	Karamay	620.62	651.83	743.99	142

11-10 规模以上工业企业所有者权益

Total Equity of Industrial Enterprises above Designated Size

单位：亿元 (100 million yuan)

地名	City	2010	2011	2012	2012 排名 Ranking	地名	City	2010	2011	2012	2012 排名 Ranking
全国	**Nation Total**	**251160.4**	**282003.8**	**320614.1**		沈阳	Shenyang	2790.04	3201.86	3383.12	11
北京	**Beijing**	**11202.50**	**12673.14**	**13774.66**		大连	Dalian	2609.91	2774.36	3306.34	13
天津	**Tianjin**	**5759.08**	**6501.70**	**7271.83**		鞍山	Anshan	1501.82	1541.29	1511.22	52
河北	**Hebei**	**9687.76**	**11714.09**	**13508.91**		抚顺	Fushun	467.94	586.29	589.49	133
石家庄	Shijiazhuang	1259.48	1630.96	1890.82	34	本溪	Benxi	490.42	446.09	513.16	151
唐山	Tangshan	2531.47	3035.61	3146.65	16	丹东	Dandong	251.30	253.97	257.53	222
秦皇岛	Qinhuangdao	384.90	451.87	481.37	158	锦州	Jinzhou	361.73	417.32	511.66	152
邯郸	Handan	1346.72	1495.54	1676.12	45	营口	Yingkou	697.02	692.99	770.02	105
邢台	Xingtai	667.77	959.55	847.43	91	阜新	Fuxin	198.45	236.31	285.99	211
保定	Baoding	935.23	1136.41	1277.56	64	辽阳	Liaoyang	551.77	619.76	717.29	112
张家口	Zhangjiakou	481.36	418.08	481.28	159	盘锦	Panjin	693.53	694.85	669.43	120
承德	Chengde	357.66	447.39	540.54	142	铁岭	Tieling	650.99	1028.05	1115.95	70
沧州	Cangzhou	881.43	1176.71	1889.75	35	朝阳	Chaoyang	285.28	287.21	323.82	197
廊坊	Langfang	560.45	631.98	851.98	90	葫芦岛	Huludao	223.07	231.11	188.50	243
衡水	Hengshui	281.29	330.00	425.42	174	吉林	**Jilin**	**4678.85**	**5378.56**	**6326.40**	
山西	**Shanxi**	**6330.97**	**7192.48**	**7643.12**		长春	Changchun	1927.19	2071.42	2657.94	23
太原	Taiyuan	1039.36	1153.34	1176.17	67	吉林	Jilin	797.45	989.31	1049.47	74
大同	Datong	500.92	540.48	515.44	149	四平	Siping	309.79	303.72	334.97	195
阳泉	Yangquan	427.63	464.78	444.11	168	辽源	Liaoyuan	148.62	164.29	164.46	252
长治	Changzhi	658.86	801.77	844.22	92	通化	Tonghua	317.57	361.43	426.25	173
晋城	Jincheng	698.13	828.17	1011.93	78	白山	Baishan	175.47	159.94	205.31	238
朔州	Shuozhou	473.98	671.08	659.97	122	松原	Songyuan	602.42	819.23	911.49	83
晋中	Jinzhong	409.49	406.96	453.83	165	白城	Baicheng	35.54	154.98	173.62	249
运城	Yuncheng	488.99	492.18	531.27	146	黑龙江	**Heilongjiang**	**4668.40**	**5204.50**	**5624.77**	
忻州	Xinzhou	284.10	382.51	472.11	162	哈尔滨	Harbin	914.05	1007.81	1135.85	69
临汾	Linfen	477.99	489.68	490.84	157	齐齐哈尔	Qiqihar	394.32	474.63	480.44	160
吕梁	Luliang	763.70	833.27	925.27	82	鸡西	Jixi	65.32	112.64	116.05	268
内蒙古	**Inner Mongolia**	**5982.08**	**7200.22**	**8370.91**		鹤岗	Hegang	25.58	34.57	79.61	276
呼和浩特	Hohhot	408.13	498.50	597.16	131	双鸭山	Shuangyashan	96.40	147.39	181.42	244
包头	Baotou	1087.19	1057.75	1108.67	71	大庆	Daqing	2338.93	2418.61	2508.02	27
乌海	Wuhai	208.68	270.95	304.23	208	伊春	Yichun	61.62	53.99	38.74	282
赤峰	Chifeng	465.70	533.45	543.05	141	佳木斯	Jiamusi	117.50	149.81	169.25	250
通辽	Tongliao	413.25	534.40	673.64	119	七台河	Qitaihe	124.82	148.50	138.44	260
鄂尔多斯	Erdos	1994.63	2582.27	3088.02	18	牡丹江	Mudanjiang	159.81	195.22	225.12	234
呼伦贝尔	Hulunbuir	324.18	437.83	574.79	137	黑河	Heihe	46.38	41.08	54.33	278
巴彦淖尔	Bayannur	349.55	306.00	304.94	207	绥化	Suihua	113.88	179.02	235.84	231
乌兰察布	Ulanqab	188.84	215.38	252.61	223	上海	**Shanghai**	**19055.42**	**14054.76**	**15350.79**	
辽宁	**Liaoning**	**12082.43**	**13298.77**	**14448.05**		江苏	**Jiangsu**	**28255.55**	**31885.22**	**36064.93**	

11-10 规模以上工业企业所有者权益 续表 1
Total Equity of Industrial Enterprises above Designated Size continued 1

单位：亿元 （100 million yuan）

地名	City	2010	2011	2012	2012 排名 Ranking
南京	Nanjing	2933.62	3246.30	3580.83	8
无锡	Wuxi	4559.65	5089.90	5464.31	4
徐州	Xuzhou	1460.32	1815.89	2192.78	29
常州	Changzhou	2109.60	2438.99	2633.59	24
苏州	Suzhou	8207.47	8941.97	9856.69	1
南通	Nantong	1939.45	2245.90	2778.10	22
连云港	Lianyungang	672.68	668.69	817.56	98
淮安	Huaian	543.72	631.45	785.00	103
盐城	Yancheng	998.57	1112.59	1354.01	62
扬州	Yangzhou	1391.42	1489.14	1705.85	44
镇江	Zhenjiang	1438.41	1647.96	1867.12	37
泰州	Taizhou	1142.40	1444.01	1720.17	41
宿迁	Suqian	363.14	532.27	834.71	95
浙江	**Zhejiang**	**18601.43**	**19852.48**	**22076.81**	
杭州	Hangzhou	4139.45	4483.95	4950.89	5
宁波	Ningbo	3613.50	3690.89	4025.59	7
温州	Wenzhou	1747.47	1749.60	1819.16	39
嘉兴	Jiaxing	2029.87	2215.54	2552.76	26
湖州	Huzhou	852.39	918.44	1036.71	75
绍兴	Shaoxing	2511.73	2710.67	2995.89	20
金华	Jinhua	1191.59	1272.15	1388.31	58
衢州	Quzhou	385.66	493.29	520.87	148
舟山	Zhoushan	318.74	369.36	431.35	171
台州	Taizhou	1247.56	1305.46	1401.87	57
丽水	Lishui	364.21	38.84	459.22	163
安徽	**Anhui**	**6308.09**	**7697.50**	**9061.31**	
合肥	Hefei	1267.12	1755.29	1987.68	31
芜湖	Wuhu	709.90	1112.70	1432.41	55
蚌埠	Bengbu	278.34	339.67	361.86	187
淮南	Huainan	497.23	541.32	587.89	135
马鞍山	Maanshan	606.94	772.23	793.36	102
淮北	Huaibei	489.26	523.81	681.80	116
铜陵	Tongling	304.06	376.65	407.91	177
安庆	Anqing	396.99	481.94	565.31	138
黄山	Huangshan	80.62	98.61	125.03	265
滁州	Chuzhou	315.72	398.90	505.80	153
阜阳	Fuyang	194.92	217.64	323.64	198
宿州	Suzhou	148.45	230.13	240.66	228
六安	Liuan	233.49	282.03	374.89	185
亳州	Bozhou	98.45	139.65	163.41	253

地名	City	2010	2011	2012	2012 排名 Ranking
池州	Chizhou	94.64	113.07	167.20	251
宣城	Xuancheng	250.21	313.87	342.47	192
福建	**Fujian**	**7567.00**	**8800.24**	**9844.02**	
福州	Fuzhou	1385.84	1531.56	1746.22	40
厦门	Xiamen	1427.81	1642.33	1830.94	38
莆田	Putian	329.61	362.90	452.58	166
三明	Sanming	358.94	416.20	513.91	150
泉州	Quanzhou	2110.72	2586.55	2874.89	21
漳州	Zhangzhou	629.85	796.55	882.45	87
南平	Nanping	310.94	346.09	410.30	176
龙岩	Longyan	624.47	671.73	780.34	104
宁德	Ningde	222.98	276.15	352.38	190
江西	**Jiangxi**	**3724.43**	**4412.84**	**5193.22**	
南昌	Nanchang	755.94	984.80	1173.18	68
景德镇	Jingdezhen	200.66	200.51	214.07	236
萍乡	Pingxiang	220.75	232.27	309.98	204
九江	Jiujiang	344.14	368.33	540.11	143
新余	Xinyu	376.83	436.50	402.64	179
鹰潭	Yingtan	474.47	529.05	655.43	123
赣州	Ganzhou	283.91	392.80	438.78	169
吉安	Jian	330.87	348.47	361.64	188
宜春	Yichun	288.88	433.05	444.25	167
抚州	Fuzhou	141.06	140.36	154.35	256
上饶	Shangrao	306.93	346.67	376.47	184
山东	**Shandong**	**24791.38**	**26741.14**	**31500.46**	
济南	Jinan	1439.17	1355.55	1614.69	47
青岛	Qingdao	2938.99	2902.55	3230.60	15
淄博	Zibo	1933.67	2130.40	2438.52	28
枣庄	Zaozhuang	685.83	793.90	800.07	101
东营	Dongying	2521.77	2363.18	3386.33	10
烟台	Yantai	2736.20	3003.06	3300.73	14
潍坊	Weifang	2000.54	2227.44	2579.85	25
济宁	Jining	1630.77	1490.59	1983.11	32
泰安	Taian	933.06	1127.81	1369.14	61
威海	Weihai	1234.46	1394.24	1709.67	43
日照	Rizhao	655.96	660.75	668.88	121
莱芜	Laiwu	418.21	314.29	341.50	193
临沂	Linyi	1108.02	1266.79	1612.91	48
德州	Dezhou	1288.30	1608.42	1898.45	33
聊城	Liaocheng	1267.36	1419.31	1600.56	49

11-10 规模以上工业企业所有者权益 续表 2
Total Equity of Industrial Enterprises above Designated Size continued 2

单位：亿元 （100 million yuan）

地名	City	2010	2011	2012	2012 排名 Ranking
滨州	Binzhou	993.15	1191.88	1562.87	51
菏泽	Heze	606.88	754.34	994.46	79
河南	**Henan**	**10506.46**	**13397.23**	**16854.27**	
郑州	Zhengzhou	1763.87	2410.16	3097.93	17
开封	Kaifeng	469.75	566.85	765.27	106
洛阳	Luoyang	1376.67	1390.69	1588.09	50
平顶山	Pingdingshan	761.32	804.07	823.62	97
安阳	Anyang	474.62	588.82	628.04	129
鹤壁	Hebi	151.59	187.24	234.44	232
新乡	Xinxiang	670.53	912.96	1016.94	77
焦作	Jiaozuo	589.64	760.80	1091.06	72
濮阳	Puyang	425.09	526.73	727.56	110
许昌	Xuchang	692.25	1054.60	1491.13	53
漯河	Luohe	390.05	578.15	631.67	128
三门峡	Sanmenxia	515.78	623.00	864.92	88
南阳	Nanyang	559.65	712.12	972.57	80
商丘	Shangqiu	356.15	442.79	589.39	134
信阳	Xinyang	246.07	306.62	388.14	182
周口	Zhoukou	395.05	689.71	907.29	84
驻马店	Zhumadian	352.30	499.54	639.52	126
湖北	**Hubei**	**8577.11**	**9321.25**	**11039.62**	
武汉	Wuhan	2773.20	3080.46	3464.41	9
黄石	Huangshi	376.58	443.37	564.53	139
十堰	Shiyan	2586.32	1044.16	1181.84	66
宜昌	Yichang	1304.84	1503.78	1672.89	46
襄阳	Xiangfan	423.56	715.18	891.97	85
鄂州	Ezhou	158.49	169.84	215.73	235
荆门	Jingmen	298.56	373.29	434.09	170
孝感	Xiaogan	684.56	441.72	493.82	156
荆州	Jingzhou	271.88	316.48	400.75	180
黄冈	Huanggang	262.76	246.76	290.58	210
咸宁	Xianning	180.36	239.41	279.16	215
随州	Suizhou	122.46	163.73	202.79	239
湖南	**Hunan**	**5534.59**	**6707.25**	**7961.85**	
长沙	Changsha	1645.24	1836.35	2134.99	30
株洲	Zhuzhou	520.94	657.49	763.73	107
湘潭	Xiangtan	370.09	546.00	473.67	161
衡阳	Hengyang	261.04	407.72	454.25	164
邵阳	Shaoyang	187.57	211.52	290.79	209
岳阳	Yueyang	508.00	700.60	841.48	93

地名	City	2010	2011	2012	2012 排名 Ranking
常德	Changde	486.78	539.38	683.55	114
张家界	Zhangjiajie	67.01	65.62	39.33	281
益阳	Yiyang	171.54	220.09	268.95	217
郴州	Chenzhou	579.33	617.49	678.86	118
永州	Yongzhou	181.27	219.17	245.85	227
怀化	Huaihua	178.13	183.89	193.99	242
娄底	Loudi	254.95	312.28	722.25	111
广东	**Guangdong**	**27461.84**	**27631.44**	**29610.21**	
广州	Guangzhou	4933.46	5187.77	5696.68	3
韶关	Shaoguan	282.13	300.40	357.28	189
深圳	Shenzhen	8686.97	6930.43	7052.90	2
珠海	Zhuhai	1045.96	1273.02	1385.72	59
汕头	Shantou	803.01	860.84	1025.21	76
佛山	Foshan	2864.65	3139.03	3345.60	12
江门	Jiangmen	1013.99	1056.95	933.89	81
湛江	Zhanjiang	331.94	374.11	310.73	203
茂名	Maoming	252.02	249.40	347.73	191
肇庆	Zhaoqing	516.43	731.70	748.62	109
惠州	Huizhou	1041.35	1228.23	1375.36	60
梅州	Meizhou	226.12	239.00	277.01	216
汕尾	Shanwei	146.89	153.10	318.15	200
河源	Heyuan	242.63	252.71	282.65	213
阳江	Yangjiang	155.17	217.20	237.09	230
清远	Qingyuan	429.00	531.59	500.48	154
东莞	Dongguan	2475.01	2726.36	3004.35	19
中山	ZhongShan	1142.63	1217.13	1318.37	63
潮州	Chaozhou	226.61	254.92	313.01	202
揭阳	Jieyang	482.29	500.93	578.50	136
云浮	Yunfu	163.56	222.16	200.87	241
广西	**Guangxi**	**3211.63**	**3821.02**	**4295.15**	
南宁	Nanning	428.07	581.31	640.39	125
柳州	Liuzhou	723.42	736.37	826.87	96
桂林	Guilin	282.17	317.31	398.30	181
梧州	Wuzhou	178.25	218.53	263.03	218
北海	Beihai	92.83	134.24	207.40	237
防城港	Fangchenggang	125.16	182.25	179.33	245
钦州	Qinzhou	180.45	262.28	308.21	205
贵港	Guigang	189.75	247.98	249.74	225
玉林	Yulin	193.23	241.17	262.01	219
百色	Baise	243.57	263.25	280.32	214

11-10 规模以上工业企业所有者权益 续表 3
Total Equity of Industrial Enterprises above Designated Size continued 3

单位：亿元 (100 million yuan)

地名	City	2010	2011	2012	2012 排名 Ranking
贺州	Hezhou	74.19	98.75	100.00	271
河池	Hechi	165.48	175.46	174.46	247
来宾	Laibin	98.38	105.92	125.09	264
崇左	Chongzuo	115.03	136.51	154.95	255
海南	**Hainan**	**757.79**	**832.58**	**981.34**	
海口	Haikou	241.56	276.46	340.11	194
三亚	Sanya	19.32	25.34	30.50	284
重庆	**Chongqing**	**3205.78**	**3629.22**	**4082.76**	
四川	**Sichuan**	**8571.93**	**10049.11**	**11471.16**	
成都	Chengdu	2339.15	2769.02	4115.84	6
自贡	Zigong	221.94	249.97	332.59	196
攀枝花	Panzhihua	432.82	524.40	535.17	144
泸州	Luzhou	272.94	323.02	377.12	183
德阳	Deyang	637.95	646.68	683.54	115
绵阳	Mianyang	445.99	590.45	681.41	117
广元	Guangyuan	97.89	115.86	143.67	259
遂宁	Suining	200.10	284.08	313.62	201
内江	Neijiang	272.59	326.19	418.68	175
乐山	Leshan	471.28	501.34	525.14	147
南充	Nanchong	405.37	455.58	553.12	140
眉山	Meishan	187.05	242.83	284.22	212
宜宾	Yibin	598.38	723.95	854.28	89
广安	Guangan	109.76	147.64	174.38	248
达州	Dazhou	132.33	191.44	246.98	226
雅安	Yaan	231.22	218.72	258.97	221
巴中	Bazhong	23.31	39.51	43.43	280
资阳	Ziyang	232.06	297.19	364.26	186
贵州	**Guizhou**	**2081.15**	**2598.58**	**2886.54**	
贵阳	Guiyang	683.66	817.89	839.51	94
六盘水	Liupanshui	369.50	418.78	494.15	155
遵义	Zunyi	474.27	621.40	753.98	108
安顺	Anshun	107.53	130.43	132.04	263
毕节	Bijie	126.12	183.93	177.29	246
铜仁	Tongren	36.80	46.78	54.57	277
云南	**Yunnan**	**3857.72**	**4290.12**	**4801.03**	
昆明	Kunming	1157.76	1325.68	1439.49	54
曲靖	Qujing	521.82	532.96	591.92	132
玉溪	Yuxi	601.07	634.68	688.66	113
保山	Baoshan	80.00	95.20	132.73	262
昭通	Zhaotong	168.65	213.70	251.71	224
丽江	Lijiang	34.49	70.08	83.29	275
普洱	Puer	71.63	111.59	122.48	266
临沧	Lincang	114.73	136.80	153.87	257
西藏	**Tibet**	**223.22**	**246.17**	**343.16**	
拉萨	Lhasa	172.71	171.84	260.99	220
陕西	**Shaanxi**	**6311.19**	**7462.86**	**8823.27**	
西安	Xi'an	1462.93	1635.53	1871.60	36
铜川	Tongchuan	116.87	144.02	159.36	254
宝鸡	Baoji	552.64	588.96	644.86	124
咸阳	Xianyang	530.16	630.46	817.46	99
渭南	Weinan	556.43	601.35	634.47	127
延安	Yan'an	929.37	1080.78	1244.01	65
汉中	Hanzhong	167.29	196.01	238.07	229
榆林	Yulin	1489.54	1936.41	1720.06	42
安康	Ankang	72.43	111.12	133.29	261
商洛	Shangluo	78.34	90.35	100.66	270
甘肃	**Gansu**	**2411.02**	**2745.03**	**3423.55**	
兰州	Lanzhou	661.02	773.44	809.29	100
嘉峪关	Jiayuguan	334.61	390.08	428.83	172
金昌	Jinchang	311.58	361.52	534.71	145
白银	Baiyin	210.49	249.72	307.51	206
天水	Tianshui	91.05	83.28	95.02	272
武威	Wuwei	61.12	58.47	110.26	269
张掖	Zhangye	65.37	67.82	89.18	274
平凉	Pingliang	82.85	106.35	116.29	267
酒泉	Jiuquan	249.46	248.76	406.81	178
庆阳	Qingyang	201.27	252.17	318.32	199
定西	Dingxi	30.74	30.81	46.27	279
陇南	Longnan	65.38	75.33	94.90	273
青海	**Qinghai**	**1084.12**	**1237.81**	**1381.69**	
西宁	Xining	526.12	561.32	603.93	130
宁夏	**Ningxia**	**1153.29**	**1385.19**	**1612.69**	
银川	Yinchuan	484.21	768.88	882.79	86
石嘴山	Shizuishan	173.47	301.04	227.48	233
吴忠	Wuzhong	139.93	179.12	201.73	240
固原	Guyuan	13.33	13.57	20.72	285
中卫	Zhongwei	112.46	116.99	146.65	258
新疆	**Xinjiang**	**3888.40**	**4285.72**	**4985.61**	
乌鲁木齐	Urumqi	1232.34	1330.75	1431.88	56
克拉玛依	Karamay	948.93	1048.18	1072.82	73

11-11 规模以上工业企业主营业务收入
Revenue from Principal Business of Industrial Enterprises above Designated Size

单位：亿元 （100 million yuan）

地名	City	2010	2011	2012	2012 排名 Ranking
全国	**Nation Total**	**697744.0**	**841830.2**	**929291.5**	
北京	**Beijing**	**14807.11**	**15753.36**	**16905.14**	
天津	**Tianjin**	**17319.62**	**21103.50**	**23645.72**	
河北	**Hebei**	**31628.93**	**40201.02**	**43643.84**	
石家庄	Shijiazhuang	5553.67	7194.45	7663.37	27
唐山	Tangshan	7980.95	9584.12	10376.69	13
秦皇岛	Qinhuangdao	1176.80	1446.03	1561.38	151
邯郸	Handan	4311.41	5811.33	6077.12	36
邢台	Xingtai	1788.89	2315.66	2430.87	93
保定	Baoding	2866.16	3508.25	3880.41	57
张家口	Zhangjiakou	831.20	1029.76	1088.96	197
承德	Chengde	1245.69	1562.89	1643.20	146
沧州	Cangzhou	2816.26	3792.54	4493.99	50
廊坊	Langfang	2142.98	2773.20	3118.65	75
衡水	Hengshui	914.92	1182.79	1309.20	178
山西	**Shanxi**	**12712.50**	**16803.91**	**18118.94**	
太原	Taiyuan	2057.79	2568.46	3374.36	67
大同	Datong	801.40	1532.35	1617.44	149
阳泉	Yangquan	597.36	714.71	816.55	223
长治	Changzhi	1368.27	1831.28	1853.87	128
晋城	Jincheng	992.99	1237.64	1332.10	174
朔州	Shuozhou	804.63	1111.82	1164.60	188
晋中	Jinzhong	1050.12	1208.19	1347.34	169
运城	Yuncheng	1207.36	1600.91	1407.12	163
忻州	Xinzhou	394.71	594.59	628.87	237
临汾	Linfen	1411.11	1883.71	1959.11	126
吕梁	Luliang	1474.43	1858.32	1815.57	131
内蒙古	**Inner Mongolia**	**13387.83**	**17542.37**	**18135.15**	
呼和浩特	Hohhot	1153.97	1320.70	1248.21	183
包头	Baotou	2520.05	2952.00	3033.59	78
乌海	Wuhai	557.70	686.32	664.82	236
赤峰	Chifeng	1241.33	1559.46	1803.96	134
通辽	Tongliao	1814.02	2421.46	2512.10	88
鄂尔多斯	Erdos	2790.13	3906.88	4273.98	52
呼伦贝尔	Hulunbuir	724.53	1011.03	1046.56	199
巴彦淖尔	Bayannur	685.10	872.40	721.48	230
乌兰察布	Ulanqab	666.87	751.44	854.37	220
辽宁	**Liaoning**	**36049.59**	**42845.44**	**48199.85**	
沈阳	Shenyang	9399.62	10843.66	12609.05	7
大连	Dalian	7468.41	8642.40	9924.26	16
鞍山	Anshan	2716.91	3176.55	3093.83	76
抚顺	Fushun	1653.15	2054.33	2392.02	96
本溪	Benxi	1597.82	2127.94	2055.05	119
丹东	Dandong	909.57	1054.67	1267.27	182
锦州	Jinzhou	1625.38	2074.75	2392.22	95
营口	Yingkou	2276.77	2460.14	2610.15	87
阜新	Fuxin	409.64	593.04	727.78	228
辽阳	Liaoyang	1599.96	1956.71	2111.35	112
盘锦	Panjin	1624.39	2159.07	2442.96	92
铁岭	Tieling	2322.04	2822.72	3463.84	66
朝阳	Chaoyang	938.38	1118.76	1228.34	184
葫芦岛	Huludao	785.14	947.80	992.52	208
吉林	**Jilin**	**12528.35**	**16745.42**	**19835.58**	
长春	Changchun	5660.60	7120.96	8642.88	24
吉林	Jilin	2097.85	2756.36	3036.98	77
四平	Siping	923.26	1279.97	1498.58	155
辽源	Liaoyuan	538.83	827.72	977.69	210
通化	Tonghua	802.26	1132.63	1316.42	177
白山	Baishan	630.27	924.84	1098.84	192
松原	Songyuan	1213.78	1649.61	1982.42	125
白城	Baicheng	252.19	353.71	440.78	253
黑龙江	**Heilongjiang**	**9899.14**	**11454.60**	**12526.14**	
哈尔滨	Harbin	2051.12	2263.81	2507.78	89
齐齐哈尔	Qiqihar	817.23	907.30	888.00	217
鸡西	Jixi	247.06	309.31	342.67	258
鹤岗	Hegang	221.17	262.08	274.23	266
双鸭山	Shuangyashan	348.73	499.72	611.67	238
大庆	Daqing	3665.56	4198.01	4307.89	51
伊春	Yichun	178.64	166.01	168.65	272
佳木斯	Jiamusi	315.59	396.71	505.76	247
七台河	Qitaihe	410.67	368.46	300.89	263
牡丹江	Mudanjiang	441.17	616.10	762.28	225
黑河	Heihe	72.49	83.91	100.42	279
绥化	Suihua	307.20	419.00	599.75	239
上海	**Shanghai**	**32084.08**	**34299.95**	**34096.29**	
江苏	**Jiangsu**	**91077.41**	**107030.1**	**119286.8**	

11-11 规模以上工业企业主营业务收入 续表 1
Revenue from Principal Business of Industrial Enterprises above Designated Size continued 1

单位：亿元 (100 million yuan)

地名	City	2010	2011	2012	2012 排名 Ranking
南京	Nanjing	8625.35	10472.31	11283.26	11
无锡	Wuxi	12879.78	14567.14	14191.69	4
徐州	Xuzhou	5102.14	6940.76	8837.26	23
常州	Changzhou	7274.88	8212.53	9097.95	22
苏州	Suzhou	24577.51	27898.91	28998.80	1
南通	Nantong	7254.56	8432.59	9690.95	17
连云港	Lianyungang	1905.48	2601.68	3346.45	69
淮安	Huaian	2411.10	2918.90	3953.91	55
盐城	Yancheng	3891.66	4355.32	5561.88	40
扬州	Yangzhou	5637.77	6563.35	7037.79	29
镇江	Zhenjiang	4009.31	5040.45	5975.34	37
泰州	Taizhou	4742.55	5672.88	6918.60	30
宿迁	Suqian	1124.30	1498.37	2213.14	102
浙江	**Zhejiang**	**50536.31**	**55349.76**	**57682.73**	
杭州	Hangzhou	10843.24	12022.57	12528.86	8
宁波	Ningbo	10396.63	11803.24	11795.98	10
温州	Wenzhou	4365.64	4041.25	4010.58	54
嘉兴	Jiaxing	5013.12	5609.89	5907.52	38
湖州	Huzhou	2672.05	2894.77	3365.13	68
绍兴	Shaoxing	6693.85	7780.31	8333.61	25
金华	Jinhua	3318.58	3380.78	3594.80	63
衢州	Quzhou	1108.97	1300.94	1368.40	166
舟山	Zhoushan	877.73	1014.18	1020.98	203
台州	Taizhou	3487.00	3308.78	3334.40	70
丽水	Lishui	1125.47	1274.09	1523.19	154
安徽	**Anhui**	**18164.60**	**24960.16**	**28905.07**	
合肥	Hefei	3733.01	5363.44	6911.14	31
芜湖	Wuhu	2111.56	3492.59	3901.24	56
蚌埠	Bengbu	752.59	1230.46	1414.83	161
淮南	Huainan	792.68	920.53	1022.84	202
马鞍山	Maanshan	1477.99	2053.58	2216.16	101
淮北	Huaibei	934.72	1350.55	1694.29	141
铜陵	Tongling	1249.17	1696.39	2007.03	122
安庆	Anqing	1314.55	1748.72	2087.20	115
黄山	Huangshan	303.56	408.51	426.87	255
滁州	Chuzhou	965.83	1485.99	1637.90	147
阜阳	Fuyang	694.47	882.39	1044.98	200
宿州	Suzhou	670.10	1128.80	928.41	216
六安	Liuan	786.61	1033.11	1331.22	175
亳州	Bozhou	316.85	490.62	590.47	240

地名	City	2010	2011	2012	2012 排名 Ranking
池州	Chizhou	276.26	348.59	468.52	251
宣城	Xuancheng	992.99	1325.89	1221.98	185
福建	**Fujian**	**21479.37**	**26850.95**	**29206.84**	
福州	Fuzhou	4203.70	4941.29	5688.49	39
厦门	Xiamen	3677.58	4359.32	4549.75	48
莆田	Putian	1241.05	1471.16	1648.25	145
三明	Sanming	1300.40	1914.84	2226.16	100
泉州	Quanzhou	5993.32	7549.69	8214.19	26
漳州	Zhangzhou	1867.97	2342.09	2693.90	86
南平	Nanping	729.36	866.79	1096.89	194
龙岩	Longyan	1127.90	1508.87	1352.50	168
宁德	Ningde	851.96	1303.94	1736.71	139
江西	**Jiangxi**	**14196.68**	**18466.82**	**22533.38**	
南昌	Nanchang	2760.17	3316.94	3855.03	58
景德镇	Jingdezhen	678.56	844.40	946.23	213
萍乡	Pingxiang	1049.99	1190.97	1340.63	172
九江	Jiujiang	1507.60	2189.09	3006.90	79
新余	Xinyu	1230.26	1580.32	1433.63	160
鹰潭	Yingtan	1456.60	1983.07	2408.42	94
赣州	Ganzhou	1258.68	1825.75	2092.58	114
吉安	Jian	1122.47	1552.67	2001.60	123
宜春	Yichun	1221.20	1700.79	2136.49	109
抚州	Fuzhou	733.95	809.61	1015.18	205
上饶	Shangrao	1177.20	1473.23	2007.93	121
山东	**Shandong**	**83663.00**	**99766.24**	**118086.9**	
济南	Jinan	4422.95	4068.63	4766.50	46
青岛	Qingdao	10545.17	12107.00	13827.12	6
淄博	Zibo	7713.05	9192.21	10206.05	15
枣庄	Zaozhuang	2761.25	3362.27	3144.25	73
东营	Dongying	5888.01	8199.68	10284.45	14
烟台	Yantai	10019.53	11154.65	12388.09	9
潍坊	Weifang	7486.72	9111.94	10542.05	12
济宁	Jining	3908.66	3862.97	4738.39	47
泰安	Taian	3584.30	4468.84	5536.97	41
威海	Weihai	4284.45	4635.09	5522.36	42
日照	Rizhao	1928.49	2160.70	2271.94	99
莱芜	Laiwu	1506.29	1027.57	1370.36	165
临沂	Linyi	4637.88	5626.39	7508.14	28
德州	Dezhou	3941.04	5208.33	6526.49	33
聊城	Liaocheng	4061.87	5247.75	6703.86	32

11-11 规模以上工业企业主营业务收入 续表 2
Revenue from Principal Business of Industrial Enterprises above Designated Size continued 2

单位：亿元 (100 million yuan)

地名	City	2010	2011	2012	2012 排名 Ranking	地名	City	2010	2011	2012	2012 排名 Ranking
滨州	Binzhou	3782.38	4978.06	6133.65	35	常德	Changde	1209.50	1674.93	1824.92	130
菏泽	Heze	2501.77	3473.87	4500.67	49	张家界	Zhangjiajie	106.35	156.70	107.98	278
河南	**Henan**	**36163.12**	**47647.21**	**52276.38**		益阳	Yiyang	797.57	1123.90	1293.57	181
郑州	Zhengzhou	5942.31	8144.44	9603.42	20	郴州	Chenzhou	1437.27	2222.37	2449.30	91
开封	Kaifeng	1003.05	1380.34	1657.98	144	永州	Yongzhou	587.52	853.95	678.97	234
洛阳	Luoyang	3917.63	4866.81	5384.81	44	怀化	Huaihua	677.60	983.80	791.41	224
平顶山	Pingdingshan	2011.01	2410.58	2207.48	103	娄底	Loudi	1096.50	1352.83	1456.87	158
安阳	Anyang	2430.90	3140.11	2762.73	83	广东	**Guangdong**	**84114.85**	**92996.88**	**93821.74**	
鹤壁	Hebi	919.10	1179.49	1337.75	173	广州	Guangzhou	13624.65	15270.24	14595.82	3
新乡	Xinxiang	2165.17	2942.94	2979.44	80	韶关	Shaoguan	768.97	888.55	937.67	214
焦作	Jiaozuo	2622.42	3345.97	3699.55	60	深圳	Shenzhen	18813.72	20556.94	20990.98	2
濮阳	Puyang	1550.33	1895.22	2167.51	104	珠海	Zhuhai	3058.87	3464.00	3467.34	65
许昌	Xuchang	2316.79	3203.50	3666.49	61	汕头	Shantou	1805.34	1819.78	2072.74	118
漯河	Luohe	1620.61	1998.32	1901.23	127	佛山	Foshan	13733.60	13957.78	13980.37	5
三门峡	Sanmenxia	2103.44	2755.36	3153.79	72	江门	Jiangmen	3639.89	4442.10	2464.21	90
南阳	Nanyang	2009.77	2644.70	2893.05	81	湛江	Zhanjiang	1328.82	1660.66	1618.78	148
商丘	Shangqiu	1405.51	1881.74	2075.26	117	茂名	Maoming	1364.57	1710.96	1778.35	136
信阳	Xinyang	995.25	1288.45	1477.23	157	肇庆	Zhaoqing	1689.05	2366.82	2745.09	84
周口	Zhoukou	1281.91	1940.72	2352.66	97	惠州	Huizhou	3892.63	4708.80	5503.05	43
驻马店	Zhumadian	1023.29	1478.67	1686.77	143	梅州	Meizhou	438.65	508.11	484.77	248
湖北	**Hubei**	**21151.56**	**27072.02**	**32325.95**		汕尾	Shanwei	415.83	557.03	739.78	227
武汉	Wuhan	7639.32	8701.47	9665.08	18	河源	Heyuan	757.50	978.57	928.70	215
黄石	Huangshi	1337.14	1652.03	2094.00	113	阳江	Yangjiang	657.55	940.52	1178.48	187
十堰	Shiyan	1137.81	1244.64	1346.99	170	清远	Qingyuan	2771.05	1722.18	1299.99	180
宜昌	Yichang	1989.81	3002.47	3782.78	59	东莞	Dongguan	7708.17	8454.92	9612.66	19
襄阳	Xiangfan	1949.61	3003.68	3510.84	64	中山	ZhongShan	4710.39	5380.34	5203.63	45
鄂州	Ezhou	641.96	865.02	1019.34	204	潮州	Chaozhou	715.49	833.15	883.82	218
荆门	Jingmen	1177.33	1724.24	2146.15	108	揭阳	Jieyang	1780.50	2287.35	2782.95	82
孝感	Xiaogan	975.63	1407.25	1803.56	135	云浮	Yunfu	439.61	488.10	552.55	242
荆州	Jingzhou	847.00	1098.07	1405.01	164	广西	**Guangxi**	**9235.85**	**12216.87**	**14733.63**	
黄冈	Huanggang	741.84	876.94	1093.14	196	南宁	Nanning	1226.64	1620.67	2023.57	120
咸宁	Xianning	580.55	874.56	1132.94	191	柳州	Liuzhou	2415.83	2834.07	3318.01	71
随州	Suizhou	487.44	668.10	880.20	219	桂林	Guilin	861.05	1159.99	1496.15	156
湖南	**Hunan**	**18669.79**	**25726.21**	**27823.31**		梧州	Wuzhou	684.39	953.75	1301.49	179
长沙	Changsha	4138.73	5361.22	6268.14	34	北海	Beihai	310.68	468.13	957.49	212
株洲	Zhuzhou	1643.70	2021.47	2164.85	105	防城港	Fangchenggang	427.60	585.47	687.51	233
湘潭	Xiangtan	1473.62	2141.67	2280.22	98	钦州	Qinzhou	429.54	928.61	1049.78	198
衡阳	Hengyang	1830.86	2744.54	2696.46	85	贵港	Guigang	455.16	546.83	672.00	235
邵阳	Shaoyang	695.42	996.69	1181.61	186	玉林	Yulin	680.93	900.29	986.51	209
岳阳	Yueyang	2725.32	3739.18	4215.45	53	百色	Baise	523.31	647.56	724.51	229

11-11 规模以上工业企业主营业务收入 续表 3
Revenue from Principal Business of Industrial Enterprises above Designated Size continued 3

单位：亿元 (100 million yuan)

地名	City	2010	2011	2012	2012 排名 Ranking
贺州	Hezhou	166.39	236.76	281.01	265
河池	Hechi	330.40	352.62	322.10	260
来宾	Laibin	345.75	474.88	516.62	245
崇左	Chongzuo	278.37	361.07	411.34	256
海南	**Hainan**	**1322.83**	**1603.55**	**1697.10**	
海口	Haikou	411.02	481.46	505.80	246
三亚	Sanya	41.34	46.45	54.90	283
重庆	**Chongqing**	**9039.03**	**11382.34**	**12880.32**	
四川	**Sichuan**	**23062.82**	**29887.91**	**31427.16**	
成都	Chengdu	5626.12	7214.33	9341.43	21
自贡	Zigong	1085.33	1288.07	1323.18	176
攀枝花	Panzhihua	1060.96	1228.72	1356.70	167
泸州	Luzhou	1020.49	1306.18	1140.27	190
德阳	Deyang	1488.66	1970.55	2128.80	110
绵阳	Mianyang	1275.97	1705.12	1811.13	132
广元	Guangyuan	320.47	458.95	566.69	241
遂宁	Suining	640.75	1045.47	1040.53	201
内江	Neijiang	1286.38	1637.68	1434.36	159
乐山	Leshan	1168.93	1362.28	1346.71	171
南充	Nanchong	1129.95	1331.08	1551.26	153
眉山	Meishan	743.40	1022.45	833.87	221
宜宾	Yibin	1272.74	1789.29	1846.21	129
广安	Guangan	605.56	886.50	972.47	211
达州	Dazhou	882.08	1062.59	1005.78	206
雅安	Yaan	288.81	381.35	375.27	257
巴中	Bazhong	170.93	285.35	306.31	262
资阳	Ziyang	1161.85	1563.82	1740.55	138
贵州	**Guizhou**	**3926.01**	**5291.32**	**5966.52**	
贵阳	Guiyang	1488.54	1842.80	2116.89	111
六盘水	Liupanshui	561.83	724.31	830.80	222
遵义	Zunyi	653.71	919.92	999.70	207
安顺	Anshun	183.78	233.83	273.05	267
毕节	Bijie	249.34	376.95	478.52	249
铜仁	Tongren	116.89	159.76	190.45	270
云南	**Yunnan**	**6356.24**	**7621.91**	**8942.15**	
昆明	Kunming	2309.47	2667.24	3133.30	74
曲靖	Qujing	1000.38	1167.67	1407.37	162
玉溪	Yuxi	895.76	1057.61	1146.41	189
保山	Baoshan	100.67	135.02	188.60	271
昭通	Zhaotong	189.26	246.52	306.98	261
丽江	Lijiang	65.85	91.94	121.12	277
普洱	Puer	88.96	116.06	154.03	274
临沧	Lincang	85.57	118.04	144.60	276
西藏	**Tibet**	**59.70**	**73.14**	**91.88**	
拉萨	Lhasa	45.07	52.94	66.98	282
陕西	**Shaanxi**	**10888.80**	**13790.12**	**16328.25**	
西安	Xi'an	2889.51	3310.24	3644.89	62
铜川	Tongchuan	256.87	361.91	477.95	250
宝鸡	Baoji	1212.02	1544.29	1692.71	142
咸阳	Xianyang	1370.30	1689.29	2161.29	107
渭南	Weinan	1054.52	1377.54	1558.53	152
延安	Yan'an	1217.78	1456.09	1808.64	133
汉中	Hanzhong	397.15	524.85	746.54	226
榆林	Yulin	1853.88	2543.75	1987.99	124
安康	Ankang	178.84	291.57	452.12	252
商洛	Shangluo	138.02	211.25	327.39	259
甘肃	**Gansu**	**5175.56**	**6568.75**	**7787.26**	
兰州	Lanzhou	1742.53	1973.83	2079.25	116
嘉峪关	Jiayuguan	610.87	881.59	1096.22	195
金昌	Jinchang	1059.32	1413.04	1719.58	140
白银	Baiyin	400.54	536.93	692.15	232
天水	Tianshui	154.03	138.01	156.39	273
武威	Wuwei	110.57	163.07	211.33	268
张掖	Zhangye	108.84	124.67	152.05	275
平凉	Pingliang	136.20	183.46	207.31	269
酒泉	Jiuquan	369.80	436.57	527.10	244
庆阳	Qingyang	311.91	532.51	696.52	231
定西	Dingxi	44.95	50.74	79.03	280
陇南	Longnan	66.02	66.76	76.15	281
青海	**Qinghai**	**1525.08**	**1722.80**	**1889.37**	
西宁	Xining	996.51	990.36	1098.79	193
宁夏	**Ningxia**	**1879.99**	**2425.70**	**2981.46**	
银川	Yinchuan	799.97	1208.21	1615.65	150
石嘴山	Shizuishan	409.79	610.31	545.79	243
吴忠	Wuzhong	314.10	384.73	439.92	254
固原	Guyuan	13.88	19.78	25.89	284
中卫	Zhongwei	151.35	239.51	290.42	264
新疆	**Xinjiang**	**5492.61**	**6782.25**	**7510.67**	
乌鲁木齐	Urumqi	1678.93	2038.88	2164.70	106
克拉玛依	Karamay	1424.05	1733.18	1763.38	137

11-12 规模以上工业企业利润总额
Total Profits of Industrial Enterprises above Designated Size

单位：亿元 （100 million yuan）

地名	City	2010	2011	2012	2012 排名 Ranking	地名	City	2010	2011	2012	2012 排名 Ranking
全国	**Nation Total**	**53049.66**	**61396.33**	**61910.06**		沈阳	Shenyang	673.25	712.58	730.46	16
北京	**Beijing**	**1028.34**	**1129.50**	**1267.89**		大连	Dalian	532.62	481.44	514.06	27
天津	**Tianjin**	**1552.05**	**1933.72**	**2100.66**		鞍山	Anshan	186.85	233.92	80.80	169
河北	**Hebei**	**2141.47**	**2639.01**	**2559.47**		抚顺	Fushun	83.82	24.06	15.02	254
石家庄	Shijiazhuang	412.98	502.87	562.72	23	本溪	Benxi	55.58	66.21	69.32	184
唐山	Tangshan	456.60	579.33	589.16	21	丹东	Dandong	75.67	66.08	72.33	178
秦皇岛	Qinhuangdao	45.43	51.75	18.42	246	锦州	Jinzhou	138.17	131.02	169.35	102
邯郸	Handan	190.76	255.60	202.63	80	营口	Yingkou	194.82	220.85	207.15	77
邢台	Xingtai	137.42	144.68	134.44	123	阜新	Fuxin	28.47	44.16	34.58	226
保定	Baoding	238.48	304.11	255.07	57	辽阳	Liaoyang	171.60	144.44	136.18	122
张家口	Zhangjiakou	56.63	75.57	74.14	176	盘锦	Panjin	12.25	166.77	151.59	117
承德	Chengde	122.31	124.44	121.31	134	铁岭	Tieling	99.60	157.06	210.46	73
沧州	Cangzhou	247.23	351.60	342.40	45	朝阳	Chaoyang	91.02	79.13	88.32	160
廊坊	Langfang	170.74	169.49	175.07	99	葫芦岛	Huludao	19.39	-18.75	-49.97	285
衡水	Hengshui	62.89	79.56	84.10	165	吉林	**Jilin**	**843.21**	**1175.97**	**1215.04**	
山西	**Shanxi**	**958.25**	**1282.96**	**1010.91**		长春	Changchun	509.02	645.21	657.43	18
太原	Taiyuan	81.61	71.41	103.26	147	吉林	Jilin	56.18	89.21	70.32	182
大同	Datong	32.52	44.43	28.92	233	四平	Siping	38.15	47.15	52.98	204
阳泉	Yangquan	41.71	43.72	27.81	235	辽源	Liaoyuan	16.00	21.75	22.97	239
长治	Changzhi	135.96	201.73	155.26	111	通化	Tonghua	29.12	52.96	64.96	190
晋城	Jincheng	148.16	198.74	179.51	91	白山	Baishan	22.04	28.93	34.55	227
朔州	Shuozhou	120.98	176.94	177.17	94	松原	Songyuan	115.49	208.18	227.21	65
晋中	Jinzhong	39.77	80.84	56.62	200	白城	Baicheng	9.81	12.34	16.31	251
运城	Yuncheng	49.47	99.08	41.87	214	黑龙江	**Heilongjiang**	**1248.82**	**1446.65**	**1338.56**	
忻州	Xinzhou	50.26	69.44	68.70	185	哈尔滨	Harbin	118.80	103.26	115.04	139
临汾	Linfen	70.49	90.24	37.38	221	齐齐哈尔	Qiqihar	81.01	60.75	51.54	207
吕梁	Luliang	173.00	194.57	118.72	136	鸡西	Jixi	17.25	15.27	6.32	267
内蒙古	**Inner Mongolia**	**1688.44**	**2210.94**	**1931.69**		鹤岗	Hegang	12.54	9.69	5.31	268
呼和浩特	Hohhot	187.96	204.40	99.95	149	双鸭山	Shuangyashan	17.03	34.32	42.49	213
包头	Baotou	188.47	233.27	220.60	70	大庆	Daqing	814.66	1055.51	975.63	5
乌海	Wuhai	91.48	53.46	53.40	203	伊春	Yichun	10.06	9.22	-3.43	281
赤峰	Chifeng	129.62	167.96	143.58	119	佳木斯	Jiamusi	35.29	33.44	32.59	229
通辽	Tongliao	136.52	160.53	169.95	101	七台河	Qitaihe	57.25	22.40	-4.99	282
鄂尔多斯	Erdos	685.82	847.85	900.95	8	牡丹江	Mudanjiang	26.31	33.86	42.52	212
呼伦贝尔	Hulunbuir	68.08	152.38	88.92	158	黑河	Heihe	3.27	4.85	8.53	265
巴彦淖尔	Bayannur	44.27	85.21	51.10	208	绥化	Suihua	41.35	47.76	55.91	201
乌兰察布	Ulanqab	48.69	64.37	14.06	255	上海	**Shanghai**	**2299.66**	**2253.82**	**2149.42**	
辽宁	**Liaoning**	**2371.35**	**2511.21**	**2435.69**		江苏	**Jiangsu**	**5970.56**	**7074.44**	**7250.20**	

11-12 规模以上工业企业利润总额 续表 1
Total Profits of Industrial Enterprises above Designated Size continued 1

单位：亿元 （100 million yuan）

地名	City	2010	2011	2012	2012 排名 Ranking	地名	City	2010	2011	2012	2012 排名 Ranking
南京	Nanjing	497.91	594.40	604.44	20	池州	Chizhou	19.21	37.55	40.13	216
无锡	Wuxi	945.91	1149.48	878.69	9	宣城	Xuancheng	109.73	140.85	98.26	152
徐州	Xuzhou	457.80	643.54	743.38	14	福建	**Fujian**	**1754.18**	**2114.54**	**2023.27**	
常州	Changzhou	413.47	468.43	443.77	35	福州	Fuzhou	324.06	341.27	385.76	39
苏州	Suzhou	1507.06	1484.73	1252.70	1	厦门	Xiamen	276.75	299.34	247.30	59
南通	Nantong	553.09	694.85	786.59	11	莆田	Putian	92.73	124.08	123.27	133
连云港	Lianyungang	165.82	190.10	273.20	54	三明	Sanming	41.22	58.31	66.47	187
淮安	Huaian	124.39	150.21	209.13	75	泉州	Quanzhou	627.32	804.41	658.25	17
盐城	Yancheng	217.08	269.17	396.91	37	漳州	Zhangzhou	161.61	208.82	222.27	68
扬州	Yangzhou	417.53	517.25	498.81	30	南平	Nanping	45.61	53.31	60.76	196
镇江	Zhenjiang	228.08	301.58	363.11	41	龙岩	Longyan	136.27	147.91	133.65	124
泰州	Taizhou	343.88	438.02	538.06	25	宁德	Ningde	42.83	67.48	125.53	132
宿迁	Suqian	112.86	190.53	250.83	58	江西	**Jiangxi**	**856.81**	**1113.86**	**1506.51**	
浙江	**Zhejiang**	**3174.75**	**3327.29**	**3112.65**		南昌	Nanchang	126.25	163.30	204.91	78
杭州	Hangzhou	764.47	795.53	771.58	12	景德镇	Jingdezhen	26.14	26.54	36.42	223
宁波	Ningbo	657.77	631.66	553.21	24	萍乡	Pingxiang	113.78	121.95	154.75	113
温州	Wenzhou	262.42	210.74	209.82	74	九江	Jiujiang	81.32	109.70	154.38	115
嘉兴	Jiaxing	321.10	309.52	279.94	52	新余	Xinyu	89.36	83.23	35.91	225
湖州	Huzhou	144.14	169.97	168.41	104	鹰潭	Yingtan	75.30	95.37	97.90	154
绍兴	Shaoxing	405.27	480.76	454.67	33	赣州	Ganzhou	58.88	127.53	99.06	150
金华	Jinhua	194.72	107.89	232.33	63	吉安	Jian	77.88	104.84	150.68	118
衢州	Quzhou	81.20	123.23	97.98	153	宜春	Yichun	99.38	150.67	191.70	82
舟山	Zhoushan	48.86	32.62	10.00	262	抚州	Fuzhou	30.91	35.28	40.21	215
台州	Taizhou	307.17	175.27	180.77	88	上饶	Shangrao	77.61	95.44	109.20	142
丽水	Lishui	97.38	119.93	129.18	129	山东	**Shandong**	**6107.99**	**7097.71**	**8016.35**	
安徽	**Anhui**	**1445.57**	**1663.16**	**1870.26**		济南	Jinan	334.81	232.30	219.51	71
合肥	Hefei	385.77	374.88	495.33	31	青岛	Qingdao	582.80	645.78	742.40	15
芜湖	Wuhu	117.98	176.06	204.24	79	淄博	Zibo	624.48	736.51	763.51	13
蚌埠	Bengbu	45.58	41.32	61.73	194	枣庄	Zaozhuang	198.72	231.07	185.28	86
淮南	Huainan	44.82	54.10	52.37	206	东营	Dongying	705.20	1004.80	1187.55	2
马鞍山	Maanshan	117.54	105.16	108.27	143	烟台	Yantai	790.14	903.48	967.06	6
淮北	Huaibei	62.12	71.75	82.28	166	潍坊	Weifang	528.43	536.71	571.68	22
铜陵	Tongling	32.93	55.50	58.44	198	济宁	Jining	433.25	269.53	282.04	51
安庆	Anqing	111.65	131.75	154.63	114	泰安	Taian	299.09	358.79	405.21	36
黄山	Huangshan	25.33	23.77	22.27	240	威海	Weihai	259.89	255.73	306.61	46
滁州	Chuzhou	80.92	165.08	178.89	92	日照	Rizhao	143.31	116.76	189.64	83
阜阳	Fuyang	75.21	81.85	79.35	170	莱芜	Laiwu	57.37	42.32	20.78	242
宿州	Suzhou	41.05	51.77	50.68	209	临沂	Linyi	322.59	378.38	457.40	32
六安	Liuan	79.28	97.09	117.39	137	德州	Dezhou	327.19	418.06	500.23	29
亳州	Bozhou	38.15	54.67	66.01	188	聊城	Liaocheng	292.74	350.42	445.80	34

11-12 规模以上工业企业利润总额 续表 2

Total Profits of Industrial Enterprises above Designated Size continued 2

单位：亿元 (100 million yuan)

地名	City	2010	2011	2012	2012 排名 Ranking	地名	City	2010	2011	2012	2012 排名 Ranking
滨州	Binzhou	217.12	265.01	297.29	47	常德	Changde	105.24	170.73	176.28	95
菏泽	Heze	204.45	285.04	377.28	40	张家界	Zhangjiajie	17.84	5.44	2.68	277
河南	**Henan**	**3302.22**	**4131.59**	**4016.39**		益阳	Yiyang	53.93	73.99	71.07	180
郑州	Zhengzhou	715.48	918.86	913.71	7	郴州	Chenzhou	149.96	229.43	186.52	85
开封	Kaifeng	124.23	156.99	174.15	100	永州	Yongzhou	52.99	73.32	36.71	222
洛阳	Luoyang	212.08	239.95	221.14	69	怀化	Huaihua	48.98	68.47	43.29	211
平顶山	Pingdingshan	145.33	165.81	129.40	128	娄底	Loudi	51.04	78.42	86.12	163
安阳	Anyang	188.24	229.96	156.77	110	**广东**	**Guangdong**	**6239.64**	**5874.03**	**5464.90**	
鹤壁	Hebi	57.51	66.95	65.93	189	广州	Guangzhou	1031.27	958.53	825.60	10
新乡	Xinxiang	169.87	198.49	175.89	97	韶关	Shaoguan	35.07	35.71	31.32	231
焦作	Jiaozuo	234.66	276.79	275.61	53	深圳	Shenzhen	1599.02	1318.25	1135.83	4
濮阳	Puyang	118.28	161.75	182.15	87	珠海	Zhuhai	191.24	165.62	164.38	107
许昌	Xuchang	276.96	344.60	357.50	43	汕头	Shantou	173.28	139.85	164.88	106
漯河	Luohe	213.03	241.95	228.67	64	佛山	Foshan	1073.34	1006.72	1140.50	3
三门峡	Sanmenxia	202.30	251.69	258.54	56	江门	Jiangmen	251.08	311.15	127.96	130
南阳	Nanyang	141.78	202.14	208.05	76	湛江	Zhanjiang	148.57	114.39	111.56	141
商丘	Shangqiu	107.35	124.66	116.81	138	茂名	Maoming	116.09	80.18	98.56	151
信阳	Xinyang	64.37	70.27	86.86	162	肇庆	Zhaoqing	98.18	168.16	192.20	81
周口	Zhoukou	194.29	292.18	262.74	55	惠州	Huizhou	196.32	220.16	219.32	72
驻马店	Zhumadian	80.90	117.19	125.87	131	梅州	Meizhou	51.31	34.89	29.94	232
湖北	**Hubei**	**1668.55**	**1864.46**	**2046.28**		汕尾	Shanwei	13.45	13.98	31.52	230
武汉	Wuhan	366.91	431.91	392.96	38	河源	Heyuan	83.79	118.85	58.07	199
黄石	Huangshi	54.71	68.72	62.23	193	阳江	Yangjiang	88.03	98.61	137.15	121
十堰	Shiyan	149.79	201.91	180.66	89	清远	Qingyuan	163.96	145.11	74.89	175
宜昌	Yichang	208.84	245.97	297.03	48	东莞	Dongguan	352.36	316.54	291.67	49
襄阳	Xiangfan	118.41	281.42	357.66	42	中山	ZhongShan	273.96	331.47	283.77	50
鄂州	Ezhou	18.99	23.29	26.15	237	潮州	Chaozhou	62.34	75.21	78.86	171
荆门	Jingmen	55.79	103.05	107.96	144	揭阳	Jieyang	189.75	184.98	227.19	66
孝感	Xiaogan	48.64	82.44	103.57	146	云浮	Yunfu	47.23	35.67	39.74	218
荆州	Jingzhou	36.81	59.29	75.65	174	**广西**	**Guangxi**	**771.59**	**894.82**	**932.83**	
黄冈	Huanggang	33.73	56.43	70.33	181	南宁	Nanning	112.56	153.72	176.02	96
咸宁	Xianning	38.18	94.15	114.40	140	柳州	Liuzhou	126.25	122.83	130.35	127
随州	Suizhou	28.97	96.02	101.59	148	桂林	Guilin	107.05	136.28	177.28	93
湖南	**Hunan**	**1451.45**	**1832.99**	**1790.96**		梧州	Wuzhou	35.22	53.32	73.77	177
长沙	Changsha	432.40	503.11	520.88	26	北海	Beihai	33.23	65.61	86.07	164
株洲	Zhuzhou	98.42	125.09	119.09	135	防城港	Fangchenggang	52.76	67.32	45.14	210
湘潭	Xiangtan	107.15	72.82	71.35	179	钦州	Qinzhou	1.50	-34.75	-6.96	283
衡阳	Hengyang	147.64	208.56	160.22	108	贵港	Guigang	83.35	98.16	61.12	195
邵阳	Shaoyang	64.14	91.81	88.74	159	玉林	Yulin	73.79	88.94	69.59	183
岳阳	Yueyang	98.43	104.88	189.16	84	百色	Baise	40.09	34.06	19.79	245

11-12 规模以上工业企业利润总额 续表 3
Total Profits of Industrial Enterprises above Designated Size continued 3

单位：亿元 (100 million yuan)

地名	City	2010	2011	2012	2012 排名 Ranking
贺州	Hezhou	7.49	10.43	27.89	234
河池	Hechi	26.25	20.72	24.99	238
来宾	Laibin	24.16	18.08	3.60	275
崇左	Chongzuo	40.01	65.58	55.67	202
海南	**Hainan**	**140.04**	**140.97**	**133.35**	
海口	Haikou	34.92	40.07	39.99	217
三亚	Sanya	3.73	2.43	2.58	278
重庆	**Chongqing**	**518.59**	**660.35**	**645.39**	
四川	**Sichuan**	**1661.85**	**2197.84**	**2333.76**	
成都	Chengdu	391.64	501.64	643.67	19
自贡	Zigong	65.00	86.54	81.37	168
攀枝花	Panzhihua	49.89	74.58	38.59	220
泸州	Luzhou	92.11	135.05	140.15	120
德阳	Deyang	120.84	154.79	154.85	112
绵阳	Mianyang	93.93	122.22	106.51	145
广元	Guangyuan	14.50	25.01	33.92	228
遂宁	Suining	48.31	84.81	81.81	167
内江	Neijiang	73.25	106.97	78.29	172
乐山	Leshan	99.31	96.35	88.17	161
南充	Nanchong	80.18	102.32	132.37	126
眉山	Meishan	45.64	91.48	67.49	186
宜宾	Yibin	148.41	209.36	240.62	61
广安	Guangan	30.19	42.56	52.39	205
达州	Dazhou	41.49	63.01	77.29	173
雅安	Yaan	29.15	34.38	36.36	224
巴中	Bazhong	3.00	10.76	7.32	266
资阳	Ziyang	92.54	120.24	159.02	109
贵州	**Guizhou**	**317.63**	**465.13**	**627.02**	
贵阳	Guiyang	61.02	119.35	151.63	116
六盘水	Liupanshui	59.04	64.58	94.21	155
遵义	Zunyi	134.53	180.95	245.03	60
安顺	Anshun	13.02	11.30	12.76	257
毕节	Bijie	14.83	31.99	38.92	219
铜仁	Tongren	3.24	3.78	5.01	271
云南	**Yunnan**	**599.34**	**639.70**	**586.52**	
昆明	Kunming	153.91	180.74	168.46	103
曲靖	Qujing	73.14	71.78	64.41	191
玉溪	Yuxi	87.00	105.07	90.86	156
保山	Baoshan	13.00	15.43	16.39	250
昭通	Zhaotong	15.89	22.61	15.96	252

地名	City	2010	2011	2012	2012 排名 Ranking
丽江	Lijiang	8.70	10.65	15.30	253
普洱	Puer	8.66	15.67	12.21	258
临沧	Lincang	11.26	31.99	16.94	249
西藏	**Tibet**	**10.82**	**12.83**	**12.89**	
拉萨	Lhasa	6.86	7.47	5.03	270
陕西	**Shaanxi**	**1469.57**	**1933.92**	**2057.22**	
西安	Xi'an	192.95	171.43	165.08	105
铜川	Tongchuan	20.77	11.02	26.58	236
宝鸡	Baoji	58.61	95.83	132.46	125
咸阳	Xianyang	140.61	198.79	236.64	62
渭南	Weinan	57.55	78.22	63.71	192
延安	Yan'an	222.32	320.21	350.17	44
汉中	Hanzhong	16.75	19.95	20.20	243
榆林	Yulin	583.86	795.16	511.01	28
安康	Ankang	22.66	39.83	58.88	197
商洛	Shangluo	9.01	9.71	9.72	263
甘肃	**Gansu**	**231.70**	**268.10**	**285.23**	
兰州	Lanzhou	43.94	-16.46	-22.67	284
嘉峪关	Jiayuguan	20.03	28.31	13.88	256
金昌	Jinchang	26.60	42.17	19.91	244
白银	Baiyin	12.48	21.39	21.03	241
天水	Tianshui	4.64	2.74	3.63	273
武威	Wuwei	5.56	5.83	5.12	269
张掖	Zhangye	8.69	10.52	9.48	264
平凉	Pingliang	12.70	19.34	10.10	261
酒泉	Jiuquan	6.15	14.87	17.05	248
庆阳	Qingyang	72.45	118.84	180.64	90
定西	Dingxi	1.66	1.75	2.24	279
陇南	Longnan	10.62	9.80	10.87	259
青海	**Qinghai**	**182.02**	**222.85**	**168.89**	
西宁	Xining	43.36	39.13	17.31	247
宁夏	**Ningxia**	**138.00**	**175.68**	**131.22**	
银川	Yinchuan	49.87	106.29	89.33	157
石嘴山	Shizuishan	13.53	40.32	10.62	260
吴忠	Wuzhong	13.40	16.15	4.64	272
固原	Guyuan	2.82	3.86	2.81	276
中卫	Zhongwei	7.91	9.73	1.79	280
新疆	**Xinjiang**	**852.43**	**963.74**	**888.64**	
乌鲁木齐	Urumqi	197.88	174.91	175.25	98
克拉玛依	Karamay	230.05	243.47	226.21	67

11-13 规模以上工业企业应交增值税
Value-added Tax Payable of Industrial Enterprises above Designated Size

单位：亿元 （100 million yuan）

地名	City	2010	2011	2012	2012 排名 Ranking
全国	**Nation Total**	**22472.72**	**26302.71**	**29566.64**	
北京	**Beijing**	**409.79**	**427.06**	**455.76**	
天津	**Tianjin**	**656.54**	**758.27**	**903.27**	
河北	**Hebei**	**872.28**	**1062.04**	**1165.91**	
石家庄	Shijiazhuang	139.10	176.77	170.64	43
唐山	Tangshan	221.71	271.52	316.38	17
秦皇岛	Qinhuangdao	28.60	32.67	41.76	172
邯郸	Handan	105.32	124.61	149.38	51
邢台	Xingtai	53.87	65.06	71.08	109
保定	Baoding	84.95	108.26	105.76	69
张家口	Zhangjiakou	31.74	36.10	40.79	176
承德	Chengde	48.04	62.87	61.72	130
沧州	Cangzhou	81.64	104.68	115.61	60
廊坊	Langfang	57.29	54.95	64.73	126
衡水	Hengshui	20.02	24.55	28.03	210
山西	**Shanxi**	**714.39**	**886.71**	**829.51**	
太原	Taiyuan	69.49	88.30	74.82	105
大同	Datong	55.54	71.57	67.39	118
阳泉	Yangquan	43.90	56.19	43.67	168
长治	Changzhi	75.85	97.89	90.32	87
晋城	Jincheng	67.89	83.95	84.47	93
朔州	Shuozhou	79.84	98.26	105.07	70
晋中	Jinzhong	64.26	74.93	68.92	114
运城	Yuncheng	34.55	39.12	33.40	194
忻州	Xinzhou	25.83	44.15	43.12	169
临汾	Linfen	72.23	88.21	77.94	99
吕梁	Luliang	100.02	124.23	115.13	62
内蒙古	**Inner Mongolia**	**586.32**	**728.71**	**749.77**	
呼和浩特	Hohhot	62.43	57.90	54.68	139
包头	Baotou	104.46	124.64	107.53	68
乌海	Wuhai	31.97	30.11	33.38	195
赤峰	Chifeng	40.65	38.95	40.70	177
通辽	Tongliao	45.26	54.56	86.54	90
鄂尔多斯	Erdos	189.99	249.47	251.66	25
呼伦贝尔	Hulunbuir	26.28	38.87	45.66	161
巴彦淖尔	Bayannur	14.75	17.46	18.33	240
乌兰察布	Ulanqab	19.41	20.69	20.44	232
辽宁	**Liaoning**	**968.69**	**1047.26**	**1295.54**	
沈阳	Shenyang	224.31	210.28	245.58	28
大连	Dalian	164.31	204.11	349.82	13
鞍山	Anshan	85.81	93.45	97.63	80
抚顺	Fushun	42.06	35.62	33.13	198
本溪	Benxi	30.90	40.91	41.88	170
丹东	Dandong	29.17	31.11	37.11	186
锦州	Jinzhou	47.83	48.67	60.99	133
营口	Yingkou	113.97	101.76	115.43	61
阜新	Fuxin	17.19	18.88	19.84	235
辽阳	Liaoyang	26.25	26.82	44.70	164
盘锦	Panjin	54.85	80.37	64.89	125
铁岭	Tieling	58.34	74.15	101.56	76
朝阳	Chaoyang	27.11	30.62	26.56	216
葫芦岛	Huludao	20.57	25.11	25.78	218
吉林	**Jilin**	**355.00**	**450.65**	**541.78**	
长春	Changchun	180.53	189.97	249.26	27
吉林	Jilin	49.24	92.33	98.94	78
四平	Siping	18.56	17.65	18.56	239
辽源	Liaoyuan	10.99	12.57	15.45	252
通化	Tonghua	20.87	25.66	38.07	182
白山	Baishan	16.06	21.86	23.12	223
松原	Songyuan	40.45	62.44	62.31	128
白城	Baicheng	2.65	4.41	6.88	270
黑龙江	**Heilongjiang**	**509.51**	**585.85**	**618.42**	
哈尔滨	Harbin	86.21	75.36	91.30	85
齐齐哈尔	Qiqihar	35.89	35.83	32.06	200
鸡西	Jixi	17.55	19.63	20.78	231
鹤岗	Hegang	12.34	15.34	14.21	257
双鸭山	Shuangyashan	16.67	24.44	33.16	197
大庆	Daqing	250.56	310.15	321.54	16
伊春	Yichun	5.56	3.09	4.45	278
佳木斯	Jiamusi	8.39	9.59	12.28	260
七台河	Qitaihe	23.48	25.02	17.16	244
牡丹江	Mudanjiang	17.46	23.97	31.12	203
黑河	Heihe	2.93	3.21	4.65	277
绥化	Suihua	10.01	14.18	16.59	245
上海	**Shanghai**	**816.97**	**834.21**	**856.36**	
江苏	**Jiangsu**	**2692.69**	**3118.03**	**3708.77**	

11-13 规模以上工业企业应交增值税 续表 1
Value-added Tax Payable of Industrial Enterprises above Designated Size continued 1

单位：亿元 （100 million yuan）

地名	City	2010	2011	2012	2012 排名 Ranking	地名	City	2010	2011	2012	2012 排名 Ranking
南京	Nanjing	348.29	344.41	492.16	2	池州	Chizhou	8.67	11.04	12.93	258
无锡	Wuxi	252.57	324.13	333.52	15	宣城	Xuancheng	32.22	43.37	38.86	180
徐州	Xuzhou	254.94	333.88	405.47	7	福建	**Fujian**	**555.85**	**701.84**	**869.60**	
常州	Changzhou	184.91	217.24	256.59	24	福州	Fuzhou	87.43	114.18	184.57	39
苏州	Suzhou	451.41	477.05	486.44	3	厦门	Xiamen	66.31	68.44	78.41	98
南通	Nantong	250.79	293.06	335.37	14	莆田	Putian	21.34	35.05	40.60	178
连云港	Lianyungang	75.60	89.51	122.41	58	三明	Sanming	41.41	54.80	61.88	129
淮安	Huaian	64.34	72.81	89.66	88	泉州	Quanzhou	171.56	197.59	233.67	31
盐城	Yancheng	147.50	191.22	238.39	30	漳州	Zhangzhou	67.47	116.79	139.78	54
扬州	Yangzhou	245.29	274.53	299.65	20	南平	Nanping	16.76	18.60	30.00	206
镇江	Zhenjiang	126.77	149.01	182.47	41	龙岩	Longyan	44.19	45.78	47.44	157
泰州	Taizhou	188.62	230.87	309.36	18	宁德	Ningde	22.63	35.74	53.25	143
宿迁	Suqian	38.10	56.30	77.58	102	江西	**Jiangxi**	**421.87**	**507.52**	**675.27**	
浙江	**Zhejiang**	**1412.68**	**1534.54**	**1590.69**		南昌	Nanchang	76.11	86.67	103.37	72
杭州	Hangzhou	305.99	338.99	361.02	11	景德镇	Jingdezhen	20.14	19.88	22.46	226
宁波	Ningbo	277.04	298.19	300.78	19	萍乡	Pingxiang	45.63	43.49	52.93	147
温州	Wenzhou	157.30	120.50	125.68	55	九江	Jiujiang	38.56	48.80	63.42	127
嘉兴	Jiaxing	146.10	181.97	191.00	35	新余	Xinyu	21.77	27.48	27.76	213
湖州	Huzhou	73.04	73.43	85.70	92	鹰潭	Yingtan	23.45	32.59	35.59	190
绍兴	Shaoxing	155.71	176.01	187.53	37	赣州	Ganzhou	43.12	58.96	67.34	119
金华	Jinhua	96.60	242.74	102.59	74	吉安	Jian	43.82	55.01	70.32	111
衢州	Quzhou	29.97	41.46	41.85	171	宜春	Yichun	50.44	61.82	79.64	96
舟山	Zhoushan	13.45	17.40	15.64	249	抚州	Fuzhou	20.14	20.40	25.49	220
台州	Taizhou	102.90	103.20	102.96	73	上饶	Shangrao	41.07	52.76	67.71	117
丽水	Lishui	32.70	33.68	38.82	181	山东	**Shandong**	**2545.93**	**2863.60**	**3426.20**	
安徽	**Anhui**	**672.57**	**800.44**	**909.63**		济南	Jinan	131.99	97.40	114.73	63
合肥	Hefei	160.23	183.17	243.94	29	青岛	Qingdao	305.36	330.68	441.95	4
芜湖	Wuhu	83.51	122.83	147.36	52	淄博	Zibo	287.35	317.26	363.16	10
蚌埠	Bengbu	22.70	25.81	27.92	211	枣庄	Zaozhuang	111.46	134.64	121.28	59
淮南	Huainan	57.63	61.85	66.44	123	东营	Dongying	235.45	312.32	376.65	9
马鞍山	Maanshan	71.10	62.87	56.69	138	烟台	Yantai	210.48	228.85	263.23	22
淮北	Huaibei	43.07	55.98	61.34	132	潍坊	Weifang	201.72	192.47	213.09	32
铜陵	Tongling	21.85	26.30	21.47	229	济宁	Jining	156.69	115.33	152.93	50
安庆	Anqing	37.50	43.47	45.59	162	泰安	Taian	136.53	163.60	187.33	38
黄山	Huangshan	8.53	9.86	8.94	269	威海	Weihai	98.96	116.11	154.34	49
滁州	Chuzhou	29.84	49.25	52.36	148	日照	Rizhao	53.72	67.17	49.22	153
阜阳	Fuyang	27.80	35.61	48.63	156	莱芜	Laiwu	29.30	19.88	16.06	247
宿州	Suzhou	12.61	23.06	22.28	227	临沂	Linyi	93.18	121.24	157.05	47
六安	Liuan	20.11	27.85	32.04	201	德州	Dezhou	149.89	204.49	257.89	23
亳州	Bozhou	10.95	18.13	22.82	224	聊城	Liaocheng	152.82	126.76	169.62	45

11-13 规模以上工业企业应交增值税 续表 2
Value-added Tax Payable of Industrial Enterprises above Designated Size continued 2

单位：亿元 （100 million yuan）

地名	City	2010	2011	2012	2012 排名 Ranking	地名	City	2010	2011	2012	2012 排名 Ranking
滨州	Binzhou	91.25	111.16	123.28	56	常德	Changde	67.28	100.75	112.78	64
菏泽	Heze	93.78	135.62	182.61	40	张家界	Zhangjiajie	3.80	6.11	4.26	280
河南	**Henan**	**1147.72**	**1397.73**	**1452.56**		益阳	Yiyang	31.16	48.72	54.46	141
郑州	Zhengzhou	261.21	328.96	387.98	8	郴州	Chenzhou	72.97	124.24	176.92	42
开封	Kaifeng	30.98	40.22	45.56	163	永州	Yongzhou	21.44	34.16	27.88	212
洛阳	Luoyang	94.52	105.99	100.91	77	怀化	Huaihua	22.09	31.83	25.30	221
平顶山	Pingdingshan	73.08	89.08	81.37	95	娄底	Loudi	63.64	57.79	60.24	135
安阳	Anyang	74.35	95.26	74.38	106	**广东**	**Guangdong**	**2280.56**	**2729.01**	**2866.35**	
鹤壁	Hebi	23.63	28.20	28.49	208	广州	Guangzhou	469.63	454.12	440.24	5
新乡	Xinxiang	45.21	59.92	51.23	150	韶关	Shaoguan	29.11	33.45	41.11	174
焦作	Jiaozuo	101.41	116.47	111.16	66	深圳	Shenzhen	470.83	786.77	636.76	1
濮阳	Puyang	36.26	47.99	52.97	146	珠海	Zhuhai	64.24	73.74	70.43	110
许昌	Xuchang	104.10	121.75	140.98	53	汕头	Shantou	51.61	45.47	53.33	142
漯河	Luohe	31.48	35.14	37.90	184	佛山	Foshan	318.39	296.36	360.34	12
三门峡	Sanmenxia	40.71	47.74	43.75	166	江门	Jiangmen	109.04	117.21	76.34	103
南阳	Nanyang	77.54	92.43	92.06	84	湛江	Zhanjiang	43.84	41.49	79.29	97
商丘	Shangqiu	37.32	43.54	46.13	160	茂名	Maoming	53.21	73.99	104.93	71
信阳	Xinyang	27.20	32.80	38.97	179	肇庆	Zhaoqing	61.63	72.78	90.72	86
周口	Zhoukou	38.16	43.20	49.06	155	惠州	Huizhou	118.75	194.15	268.72	21
驻马店	Zhumadian	25.37	33.54	37.11	186	梅州	Meizhou	22.38	24.20	26.86	214
湖北	**Hubei**	**639.08**	**710.52**	**838.79**		汕尾	Shanwei	9.63	7.27	11.15	263
武汉	Wuhan	228.90	233.71	250.52	26	河源	Heyuan	20.22	25.91	30.33	204
黄石	Huangshi	18.50	27.48	40.96	175	阳江	Yangjiang	21.85	30.11	46.33	159
十堰	Shiyan	17.05	43.88	51.52	149	清远	Qingyuan	61.61	40.52	35.46	191
宜昌	Yichang	77.00	90.95	96.49	81	东莞	Dongguan	108.19	139.58	196.92	33
襄阳	Xiangfan	48.96	73.52	86.09	91	中山	ZhongShan	145.09	158.78	169.68	44
鄂州	Ezhou	18.02	25.99	25.77	219	潮州	Chaozhou	28.73	31.27	34.78	192
荆门	Jingmen	24.89	31.60	43.72	167	揭阳	Jieyang	56.25	65.48	75.16	104
孝感	Xiaogan	25.12	31.12	37.19	185	云浮	Yunfu	16.48	16.32	17.47	242
荆州	Jingzhou	16.62	24.75	29.26	207	**广西**	**Guangxi**	**320.65**	**376.00**	**528.62**	
黄冈	Huanggang	15.90	21.57	33.27	196	南宁	Nanning	46.07	64.15	71.92	108
咸宁	Xianning	12.28	21.57	28.35	209	柳州	Liuzhou	68.98	75.72	81.93	94
随州	Suizhou	12.81	23.31	32.13	199	桂林	Guilin	35.66	44.60	57.45	137
湖南	**Hunan**	**830.66**	**1077.77**	**1132.62**		梧州	Wuzhou	17.29	26.51	69.56	113
长沙	Changsha	182.95	189.01	191.86	34	北海	Beihai	7.53	7.68	54.58	140
株洲	Zhuzhou	94.05	103.07	107.90	67	防城港	Fangchenggang	6.10	8.58	11.31	262
湘潭	Xiangtan	48.86	59.46	66.45	122	钦州	Qinzhou	12.09	10.83	18.08	241
衡阳	Hengyang	64.39	103.91	102.02	75	贵港	Guigang	13.41	13.39	17.21	243
邵阳	Shaoyang	28.18	41.78	49.13	154	玉林	Yulin	26.36	27.52	30.12	205
岳阳	Yueyang	114.66	150.91	156.94	48	百色	Baise	29.32	28.31	38.05	183

11-13 规模以上工业企业应交增值税 续表 3
Value-added Tax Payable of Industrial Enterprises above Designated Size continued 3

单位：亿元 (100 million yuan)

地名	City	2010	2011	2012	2012 排名 Ranking
贺州	Hezhou	5.86	6.52	12.31	259
河池	Hechi	18.59	15.43	16.18	246
来宾	Laibin	15.81	14.91	15.75	248
崇左	Chongzuo	13.72	20.34	19.90	234
海南	**Hainan**	**60.46**	**59.48**	**67.97**	
海口	Haikou	15.29	16.73	18.91	238
三亚	Sanya	2.22	2.15	2.55	282
重庆	**Chongqing**	**341.75**	**365.58**	**406.39**	
四川	**Sichuan**	**945.28**	**1189.55**	**1283.83**	
成都	Chengdu	217.36	311.43	406.86	6
自贡	Zigong	48.90	51.98	58.35	136
攀枝花	Panzhihua	38.61	43.72	44.57	165
泸州	Luzhou	44.47	58.94	53.13	145
德阳	Deyang	59.50	50.45	69.75	112
绵阳	Mianyang	56.23	71.12	87.18	89
广元	Guangyuan	10.53	9.93	14.30	256
遂宁	Suining	30.18	45.81	46.77	158
内江	Neijiang	57.33	81.95	68.55	115
乐山	Leshan	47.25	52.67	49.81	152
南充	Nanchong	44.22	59.57	60.76	134
眉山	Meishan	28.87	40.99	36.68	188
宜宾	Yibin	58.00	80.82	77.76	100
广安	Guangan	19.32	24.00	26.06	217
达州	Dazhou	26.17	22.76	22.06	228
雅安	Yaan	14.90	22.30	22.75	225
巴中	Bazhong	2.66	8.70	6.24	273
资阳	Ziyang	40.37	53.37	65.39	124
贵州	**Guizhou**	**193.20**	**242.83**	**300.64**	
贵阳	Guiyang	58.88	76.01	97.64	79
六盘水	Liupanshui	34.78	41.30	36.63	189
遵义	Zunyi	38.69	56.66	73.31	107
安顺	Anshun	8.40	9.47	10.27	266
毕节	Bijie	23.41	23.78	31.50	202
铜仁	Tongren	3.69	5.86	6.41	271
云南	**Yunnan**	**337.57**	**404.80**	**463.85**	
昆明	Kunming	91.01	104.48	122.56	57
曲靖	Qujing	50.84	59.07	67.18	120
玉溪	Yuxi	59.28	70.19	77.68	101
保山	Baoshan	5.52	8.40	11.02	264
昭通	Zhaotong	16.44	20.57	24.82	222
丽江	Lijiang	3.90	5.81	10.32	265
普洱	Puer	6.35	8.53	9.86	267
临沧	Lincang	6.34	9.01	9.25	268
西藏	**Tibet**	**5.01**	**5.82**	**7.70**	
拉萨	Lhasa	3.69	3.75	4.81	276
陕西	**Shaanxi**	**584.23**	**720.69**	**893.13**	
西安	Xi'an	98.00	104.79	112.65	65
铜川	Tongchuan	14.17	14.93	19.40	237
宝鸡	Baoji	41.28	40.47	61.55	131
咸阳	Xianyang	51.99	67.40	95.81	82
渭南	Weinan	37.01	39.15	50.66	151
延安	Yan'an	90.80	124.86	159.23	46
汉中	Hanzhong	11.52	15.11	20.95	230
榆林	Yulin	184.74	252.35	190.30	36
安康	Ankang	12.12	19.13	26.81	215
商洛	Shangluo	5.67	9.13	15.23	254
甘肃	**Gansu**	**165.56**	**194.95**	**214.40**	
兰州	Lanzhou	60.64	62.45	66.50	121
嘉峪关	Jiayuguan	17.39	22.34	15.49	251
金昌	Jinchang	17.64	22.08	19.80	236
白银	Baiyin	10.68	20.54	20.20	233
天水	Tianshui	7.11	4.20	4.39	279
武威	Wuwei	3.70	3.33	3.32	281
张掖	Zhangye	3.95	5.45	5.47	274
平凉	Pingliang	11.08	15.13	15.40	253
酒泉	Jiuquan	11.13	13.53	11.84	261
庆阳	Qingyang	14.89	18.32	41.70	173
定西	Dingxi	1.35	0.94	1.22	284
陇南	Longnan	3.53	4.32	5.00	275
青海	**Qinghai**	**80.66**	**83.88**	**87.95**	
西宁	Xining	36.36	28.44	33.66	193
宁夏	**Ningxia**	**71.12**	**80.50**	**97.48**	
银川	Yinchuan	20.25	40.55	53.14	144
石嘴山	Shizuishan	13.88	25.08	14.64	255
吴忠	Wuzhong	11.72	9.22	15.52	250
固原	Guyuan	0.52	1.26	1.59	283
中卫	Zhongwei	6.09	4.53	6.28	272
新疆	**Xinjiang**	**261.52**	**312.00**	**327.88**	
乌鲁木齐	Urumqi	52.63	65.85	67.79	116
克拉玛依	Karamay	90.30	89.94	93.13	83

12

建筑业

Construction

12-1 建筑业企业单位数
Number of Construction Enterprises

单位：个 （unit）

地名	City	2010	2011	2012	2012 排名 Ranking
全国	**Nation Total**	**71863**	**72280**	**75280**	
北京	**Beijing**	**3594**	**3667**	**3178**	
天津	**Tianjin**	**1448**	**1494**	**1535**	
河北	**Hebei**	**2289**	**2290**	**2347**	
石家庄	Shijiazhuang	271	263	272	67
唐山	Tangshan	296	302	324	56
秦皇岛	Qinhuangdao	207	200	218	84
邯郸	Handan	240	235	306	61
邢台	Xingtai	165	158	168	127
保定	Baoding	247	269	291	64
张家口	Zhangjiakou	124	134	155	139
承德	Chengde	197	193	199	106
沧州	Cangzhou	212	208	213	89
廊坊	Langfang	209	207	218	84
衡水	Hengshui	121	121	135	148
山西	**Shanxi**	**1970**	**1920**	**2016**	
太原	Taiyuan	821	826	840	15
大同	Datong	204	158	171	123
阳泉	Yangquan	78	59	69	232
长治	Changzhi	146	136	142	146
晋城	Jincheng	71	62	77	222
朔州	Shuozhou	78	104	104	187
晋中	Jinzhong	118	134	145	143
运城	Yuncheng	129	131	131	152
忻州	Xinzhou	110	105	109	183
临汾	Linfen	128	123	133	151
吕梁	Luliang	87	82	95	195
内蒙古	**Inner Mongolia**	**873**	**896**	**828**	
呼和浩特	Hohhot	171	226	191	108
包头	Baotou	98	99	101	189
乌海	Wuhai	32	33	37	274
赤峰	Chifeng	116	119	120	168
通辽	Tongliao	44	51	51	252
鄂尔多斯	Erdos	166	198	160	130
呼伦贝尔	Hulunbuir	74	102	74	227
巴彦淖尔	Bayannur	53	51	53	248
乌兰察布	Ulanqab	41	41	41	270
辽宁	**Liaoning**	**5102**	**5534**	**5547**	
沈阳	Shenyang	1542	1569	1885	1
大连	Dalian	1378	1515	1669	2
鞍山	Anshan	319	361	419	42
抚顺	Fushun	164	189	228	78
本溪	Benxi	186	205	235	75
丹东	Dandong	201	191	224	79
锦州	Jinzhou	190	219	241	73
营口	Yingkou	157	188	218	84
阜新	Fuxin	159	191	218	84
辽阳	Liaoyang	217	228	274	66
盘锦	Panjin	176	175	200	103
铁岭	Tieling	93	99	111	180
朝阳	Chaoyang	159	179	213	89
葫芦岛	Huludao	161	225	293	62
吉林	**Jilin**	**1289**	**1346**	**1653**	
长春	Changchun	366	383	985	10
吉林	Jilin	161	215	292	63
四平	Siping	153	131	92	201
辽源	Liaoyuan	82	77	85	212
通化	Tonghua	97	97	117	173
白山	Baishan	99	85	94	197
松原	Songyuan	104	134	139	147
白城	Baicheng	57	48	46	261
黑龙江	**Heilongjiang**	**1945**	**2020**	**2038**	
哈尔滨	Harbin	890	920	910	13
齐齐哈尔	Qiqihar	132	129	126	159
鸡西	Jixi	82	87	93	200
鹤岗	Hegang	59	64	75	224
双鸭山	Shuangyashan	55	58	59	243
大庆	Daqing	235	232	236	74
伊春	Yichun	53	54	53	248
佳木斯	Jiamusi	70	78	75	224
七台河	Qitaihe	27	45	40	272
牡丹江	Mudanjiang	182	158	160	130
黑河	Heihe	51	56	61	239
绥化	Suihua	81	112	123	164
上海	**Shanghai**	**3094**	**3243**	**2963**	
江苏	**Jiangsu**	**8949**	**9164**	**8743**	

12-1 建筑业企业单位数 续表 1
Number of Construction Enterprises continued 1

单位：个 (unit)

地名	City	2010	2011	2012	2012 排名 Ranking
南京	Nanjing	1517	1579	1605	3
无锡	Wuxi	598	619	574	29
徐州	Xuzhou	364	382	390	46
常州	Changzhou	564	577	594	27
苏州	Suzhou	1454	1479	1476	5
南通	Nantong	890	931	946	11
连云港	Lianyungang	214	223	231	76
淮安	Huaian	624	623	579	28
盐城	Yancheng	668	692	709	21
扬州	Yangzhou	743	728	763	20
镇江	Zhenjiang	374	368	381	48
泰州	Taizhou	640	656	673	22
宿迁	Suqian	299	307	333	53
浙江	**Zhejiang**	**5627**	**5430**	**5550**	
杭州	Hangzhou	1331	1373	1430	6
宁波	Ningbo	753	844	922	12
温州	Wenzhou	547	593	617	25
嘉兴	Jiaxing	271	291	308	59
湖州	Huzhou	178	197	205	99
绍兴	Shaoxing	541	572	620	24
金华	Jinhua	583	625	666	23
衢州	Quzhou	197	208	212	93
舟山	Zhoushan	118	121	122	166
台州	Taizhou	408	402	411	44
丽水	Lishui	184	204	213	89
安徽	**Anhui**	**2469**	**2528**	**2539**	
合肥	Hefei	703	803	835	16
芜湖	Wuhu	164	180	200	103
蚌埠	Bengbu	128	130	144	144
淮南	Huainan	67	66	68	237
马鞍山	Maanshan	137	158	153	141
淮北	Huaibei	57	53	54	246
铜陵	Tongling	84	92	91	202
安庆	Anqing	237	237	243	72
黄山	Huangshan	76	76	82	216
滁州	Chuzhou	124	127	134	150
阜阳	Fuyang	108	122	126	159
宿州	Suzhou	100	103	127	156
六安	Liuan	130	133	143	145
亳州	Bozhou	34	38	41	270
池州	Chizhou	84	89	94	197
宣城	Xuancheng	117	121	127	156
福建	**Fujian**	**2606**	**2734**	**2387**	
福州	Fuzhou	748	804	884	14
厦门	Xiamen	466	484	509	31
莆田	Putian	145	150	172	121
三明	Sanming	140	157	178	119
泉州	Quanzhou	491	488	497	33
漳州	Zhangzhou	165	175	185	113
南平	Nanping	148	155	188	110
龙岩	Longyan	187	197	219	82
宁德	Ningde	116	124	127	156
江西	**Jiangxi**	**1391**	**1428**	**1507**	
南昌	Nanchang	439	451	481	34
景德镇	Jingdezhen	54	52	42	266
萍乡	Pingxiang	95	83	78	219
九江	Jiujiang	142	140	164	129
新余	Xinyu	60	67	69	232
鹰潭	Yingtan	40	39	42	266
赣州	Ganzhou	124	133	203	100
吉安	Jian	106	104	131	152
宜春	Yichun	129	141	180	117
抚州	Fuzhou	85	86	84	213
上饶	Shangrao	117	132	158	133
山东	**Shandong**	**6482**	**5747**	**5661**	
济南	Jinan	739	464	468	37
青岛	Qingdao	640	584	596	26
淄博	Zibo	477	413	418	43
枣庄	Zaozhuang	262	223	222	81
东营	Dongying	211	209	211	94
烟台	Yantai	932	798	817	18
潍坊	Weifang	581	480	500	32
济宁	Jining	372	369	361	49
泰安	Taian	346	323	337	52
威海	Weihai	380	441	445	39
日照	Rizhao	227	215	209	95
莱芜	Laiwu	151	111	135	148
临沂	Linyi	360	354	356	50
德州	Dezhou	198	180	181	116
聊城	Liaocheng	201	201	207	97

12-1 建筑业企业单位数 续表 2

Number of Construction Enterprises continued 2

单位：个 （unit）

地名	City	2010	2011	2012	2012 排名 Ranking	地名	City	2010	2011	2012	2012 排名 Ranking
滨州	Binzhou	216	209	213	89	常德	Changde	120	118	119	169
菏泽	Heze	189	173	171	123	张家界	Zhangjiajie	31	31	29	279
河南	**Henan**	**4341**	**4511**	**4332**		益阳	Yiyang	101	97	100	191
郑州	Zhengzhou	1250	1325	1413	7	郴州	Chenzhou	91	93	100	191
开封	Kaifeng	188	208	229	77	永州	Yongzhou	87	89	90	203
洛阳	Luoyang	383	398	411	44	怀化	Huaihua	90	90	90	203
平顶山	Pingdingshan	197	189	188	110	娄底	Loudi	111	110	109	183
安阳	Anyang	189	186	202	101	广东	**Guangdong**	**4551**	**4589**	**4144**	
鹤壁	Hebi	53	55	58	244	广州	Guangzhou	779	781	786	19
新乡	Xinxiang	318	334	351	51	韶关	Shaoguan	76	93	99	193
焦作	Jiaozuo	172	172	178	119	深圳	Shenzhen	808	814	822	17
濮阳	Puyang	186	189	196	107	珠海	Zhuhai	144	151	170	125
许昌	Xuchang	111	116	117	173	汕头	Shantou	212	197	191	108
漯河	Luohe	82	82	89	207	佛山	Foshan	497	452	443	40
三门峡	Sanmenxia	126	127	130	154	江门	Jiangmen	165	165	158	133
南阳	Nanyang	328	323	331	54	湛江	Zhanjiang	106	108	122	166
商丘	Shangqiu	141	157	166	128	茂名	Maoming	97	114	118	171
信阳	Xinyang	186	193	200	103	肇庆	Zhaoqing	119	122	101	189
周口	Zhoukou	162	177	183	115	惠州	Huizhou	111	118	112	179
驻马店	Zhumadian	206	205	219	82	梅州	Meizhou	146	149	155	139
湖北	**Hubei**	**2845**	**2603**	**2774**		汕尾	Shanwei	38	37	37	274
武汉	Wuhan	1349	1037	1169	8	河源	Heyuan	85	103	102	188
黄石	Huangshi	115	102	117	173	阳江	Yangjiang	95	111	123	164
十堰	Shiyan	132	128	156	136	清远	Qingyuan	80	71	69	232
宜昌	Yichang	322	194	224	79	东莞	Dongguan	444	448	473	36
襄阳	Xiangfan	296	257	307	60	中山	ZhongShan	314	315	315	57
鄂州	Ezhou	68	64	77	222	潮州	Chaozhou	83	82	80	218
荆门	Jingmen	91	90	109	183	揭阳	Jieyang	107	114	117	173
孝感	Xiaogan	131	100	130	154	云浮	Yunfu	45	44	44	264
荆州	Jingzhou	173	173	179	118	广西	**Guangxi**	**1160**	**1174**	**1053**	
黄冈	Huanggang	224	191	202	101	南宁	Nanning	466	483	476	35
咸宁	Xianning	63	68	94	197	柳州	Liuzhou	89	100	90	203
随州	Suizhou	86	15	78	219	桂林	Guilin	161	151	157	135
湖南	**Hunan**	**2005**	**1997**	**1906**		梧州	Wuzhou	31	46	46	261
长沙	Changsha	517	513	555	30	北海	Beihai	47	47	44	264
株洲	Zhuzhou	177	177	172	121	防城港	Fangchenggang	57	51	52	250
湘潭	Xiangtan	130	118	116	177	钦州	Qinzhou	50	48	52	250
衡阳	Hengyang	174	178	170	125	贵港	Guigang	48	48	48	256
邵阳	Shaoyang	116	115	111	180	玉林	Yulin	65	68	69	232
岳阳	Yueyang	209	216	209	95	百色	Baise	60	51	71	231

12-1 建筑业企业单位数 续表 3
Number of Construction Enterprises continued 3

单位：个 (unit)

地名	City	2010	2011	2012	2012 排名 Ranking
贺州	Hezhou	28	32	34	278
河池	Hechi	44	45	45	263
来宾	Laibin	36	36	37	274
崇左	Chongzuo	40	40	42	266
海南	**Hainan**	**149**	**152**	**120**	
海口	Haikou	93	96	81	217
三亚	Sanya	20	23	19	284
重庆	**Chongqing**	**2467**	**2530**	**2334**	
四川	**Sichuan**	**4334**	**4318**	**3193**	
成都	Chengdu	1524	1582	1551	4
自贡	Zigong	168	150	146	142
攀枝花	Panzhihua	80	89	84	213
泸州	Luzhou	188	187	186	112
德阳	Deyang	243	245	244	71
绵阳	Mianyang	272	273	268	68
广元	Guangyuan	199	194	184	114
遂宁	Suining	173	171	156	136
内江	Neijiang	130	128	126	159
乐山	Leshan	197	162	156	136
南充	Nanchong	249	223	250	69
眉山	Meishan	126	124	126	159
宜宾	Yibin	231	216	218	84
广安	Guangan	103	111	113	178
达州	Dazhou	99	113	124	163
雅安	Yaan	51	50	49	254
巴中	Bazhong	101	99	98	194
资阳	Ziyang	120	122	118	171
贵州	**Guizhou**	**605**	**581**	**558**	
贵阳	Guiyang	268	246	278	65
六盘水	Liupanshui	27	27	26	281
遵义	Zunyi	94	91	95	195
安顺	Anshun	19	22	23	283
毕节	Bijie	45	46	50	253
铜仁	Tongren	34	34	38	273
云南	**Yunnan**	**2176**	**2227**	**2080**	
昆明	Kunming	2048	1031	1107	9
曲靖	Qujing	190	187	206	98
玉溪	Yuxi	151	153	160	130
保山	Baoshan	52	54	58	244
昭通	Zhaotong	90	71	75	224
丽江	Lijiang	61	59	60	242
普洱	Puer	208	228	89	207
临沧	Lincang	190	48	48	256
西藏	**Tibet**	**174**	**200**	**175**	
拉萨	Lhasa	80	94	88	210
陕西	**Shaanxi**	**1016**	**1136**	**1249**	
西安	Xi'an	322	334	390	46
铜川	Tongchuan	28	28	29	279
宝鸡	Baoji	76	100	119	169
咸阳	Xianyang	61	75	84	213
渭南	Weinan	90	89	88	210
延安	Yan'an	63	97	111	180
汉中	Hanzhong	98	94	105	186
榆林	Yulin	163	180	248	70
安康	Ankang	54	74	78	219
商洛	Shangluo	54	53	54	246
甘肃	**Gansu**	**890**	**908**	**1108**	
兰州	Lanzhou	329	327	464	38
嘉峪关	Jiayuguan	19	19	24	282
金昌	Jinchang	27	29	36	277
白银	Baiyin	53	63	72	230
天水	Tianshui	72	71	90	203
武威	Wuwei	41	39	47	259
张掖	Zhangye	60	67	89	207
平凉	Pingliang	38	37	49	254
酒泉	Jiuquan	44	46	68	237
庆阳	Qingyang	60	64	69	232
定西	Dingxi	43	44	61	239
陇南	Longnan	46	45	74	227
青海	**Qinghai**	**439**	**446**	**367**	
西宁	Xining	326	324	312	58
宁夏	**Ningxia**	**503**	**524**	**508**	
银川	Yinchuan	301	318	331	54
石嘴山	Shizuishan	45	47	47	259
吴忠	Wuzhong	72	72	73	229
固原	Guyuan	43	42	42	266
中卫	Zhongwei	42	45	48	256
新疆	**Xinjiang**	**1004**	**1025**	**887**	
乌鲁木齐	Urumqi	485	477	435	41
克拉玛依	Karamay	53	60	61	239

12-2 建筑业企业从业人员
Employment of Construction Enterprises

单位：万人 （10 000 persons）

地名	City	2010	2011	2012	2012 排名 Ranking	地名	City	2010	2011	2012	2012 排名 Ranking
全国	**Nation Total**	**4160.40**	**3852.50**	**4267.20**		沈阳	Shenyang	67.50	34.53	55.77	17
北京	**Beijing**	**59.90**	**49.60**	**48.47**		大连	Dalian	77.80	55.12	59.00	15
天津	**Tianjin**	**65.50**	**65.38**	**32.24**		鞍山	Anshan	17.70	10.67	14.93	63
河北	**Hebei**	**128.60**	**120.50**	**134.54**		抚顺	Fushun	11.30	6.39	11.98	84
石家庄	Shijiazhuang	14.50	13.11	13.54	72	本溪	Benxi	7.00	5.89	9.55	105
唐山	Tangshan	18.70	16.96	16.16	58	丹东	Dandong	10.80	5.26	10.38	94
秦皇岛	Qinhuangdao	5.90	4.93	5.23	167	锦州	Jinzhou	8.20	5.81	12.32	79
邯郸	Handan	15.40	11.85	15.74	61	营口	Yingkou	9.30	6.70	9.38	107
邢台	Xingtai	6.90	5.83	5.92	154	阜新	Fuxin	4.60	4.47	6.27	144
保定	Baoding	23.60	27.95	32.95	33	辽阳	Liaoyang	10.90	4.91	7.90	121
张家口	Zhangjiakou	7.50	4.00	4.40	190	盘锦	Panjin	8.70	5.30	8.29	119
承德	Chengde	5.80	5.68	4.70	179	铁岭	Tieling	11.20	10.34	11.40	88
沧州	Cangzhou	11.00	10.79	12.42	77	朝阳	Chaoyang	13.90	7.03	21.01	50
廊坊	Langfang	13.90	13.74	18.82	54	葫芦岛	Huludao	11.20	9.28	12.30	80
衡水	Hengshui	5.50	5.66	5.10	170	吉林	**Jilin**	**42.00**	**34.32**	**53.13**	
山西	**Shanxi**	**75.20**	**62.45**	**66.27**		长春	Changchun	19.90	13.53	26.08	38
太原	Taiyuan	41.10	30,22	30.99	34	吉林	Jilin	5.00	6.12	5.89	155
大同	Datong	3.70	3.38	3.67	204	四平	Siping	3.90	1.89	3.54	209
阳泉	Yangquan	3.30	3.58	4.59	183	辽源	Liaoyuan	3.70	3.03	5.88	156
长治	Changzhi	2.90	2.70	2.31	235	通化	Tonghua	1.50	1.94	2.88	223
晋城	Jincheng	2.10	2.10	2.61	226	白山	Baishan	1.50	1.49	2.03	242
朔州	Shuozhou	2.30	2.32	3.06	218	松原	Songyuan	3.70	3.53	4.48	186
晋中	Jinzhong	4.00	3.80	4.46	188	白城	Baicheng	1.30	1.12	0.95	271
运城	Yuncheng	4.50	4.93	4.84	175	黑龙江	**Heilongjiang**	**56.20**	**49.08**	**49.24**	
忻州	Xinzhou	3.10	2.80	2.89	222	哈尔滨	Harbin	30.10	24.88	23.26	47
临汾	Linfen	6.10	4.89	4.86	173	齐齐哈尔	Qiqihar	3.00	2.54	2.43	232
吕梁	Luliang	1.80	1.74	1.98	243	鸡西	Jixi	2.10	1.96	1.96	244
内蒙古	**Inner Mongolia**	**44.30**	**41.05**	**36.66**		鹤岗	Hegang	1.00	1.39	1.50	257
呼和浩特	Hohhot	8.60	6.84	6.36	141	双鸭山	Shuangyashan	1.30	1.40	1.47	258
包头	Baotou	8.30	12.16	6.25	145	大庆	Daqing	6.50	5.57	5.97	152
乌海	Wuhai	1.00	3.40	1.59	253	伊春	Yichun	0.80	1.01	1.14	268
赤峰	Chifeng	7.40	6.50	6.14	148	佳木斯	Jiamusi	4.00	2.78	3.55	208
通辽	Tongliao	2.20	1.47	2.31	235	七台河	Qitaihe	0.70	0.75	0.64	282
鄂尔多斯	Erdos	6.30	8.38	7.21	129	牡丹江	Mudanjiang	2.70	2.69	2.86	224
呼伦贝尔	Hulunbuir	3.40	2.92	2.28	238	黑河	Heihe	0.90	0.84	1.33	262
巴彦淖尔	Bayannur	4.10	3.14	1.62	250	绥化	Suihua	2.50	2.78	2.55	228
乌兰察布	Ulanqab	1.10	1.21	1.60	251	上海	**Shanghai**	**96.10**	**96.86**	**87.73**	
辽宁	**Liaoning**	**270.10**	**171.70**	**199.40**		江苏	**Jiangsu**	**591.80**	**620.90**	**739.34**	

12-2 建筑业企业从业人员 续表 1
Employment of Construction Enterprises continued 1

单位：万人 （10 000 persons）

地名	City	2010	2011	2012	2012 排名 Ranking	地名	City	2010	2011	2012	2012 排名 Ranking
南京	Nanjing	60.40	64.85	77.39	9	池州	Chizhou	3.20	3.97	3.93	199
无锡	Wuxi	25.50	24.49	25.48	39	宣城	Xuancheng	4.20	4.90	5.01	172
徐州	Xuzhou	33.80	40.90	46.70	23	**福建**	**Fujian**	**229.60**	**219.09**	**185.35**	
常州	Changzhou	36.10	30.78	43.41	25	福州	Fuzhou	88.50	67.33	76.76	10
苏州	Suzhou	56.30	54.62	54.79	18	厦门	Xiamen	58.80	55.86	60.74	14
南通	Nantong	107.20	121.81	157.27	2	莆田	Putian	7.00	10.04	12.80	76
连云港	Lianyungang	17.90	20.42	24.60	44	三明	Sanming	7.70	10.51	11.14	90
淮安	Huaian	37.80	44.44	48.33	21	泉州	Quanzhou	31.40	35.96	39.20	28
盐城	Yancheng	42.40	43.77	51.43	20	漳州	Zhangzhou	9.00	8.78	12.05	83
扬州	Yangzhou	70.70	69.32	79.14	8	南平	Nanping	3.40	4.32	4.74	178
镇江	Zhenjiang	15.40	13.40	14.66	65	龙岩	Longyan	17.90	19.58	24.75	43
泰州	Taizhou	66.70	55.51	79.76	7	宁德	Ningde	5.90	6.71	7.48	127
宿迁	Suqian	21.70	36.58	37.24	30	**江西**	**Jiangxi**	**86.10**	**85.02**	**107.27**	
浙江	**Zhejiang**	**615.70**	**541.84**	**640.77**		南昌	Nanchang	33.30	31.69	42.20	26
杭州	Hangzhou	111.70	91.55	100.29	3	景德镇	Jingdezhen	2.30	1.86	2.19	240
宁波	Ningbo	74.40	86.68	95.59	4	萍乡	Pingxiang	2.90	3.70	3.62	206
温州	Wenzhou	36.40	40.44	46.26	24	九江	Jiujiang	9.90	9.34	9.77	103
嘉兴	Jiaxing	30.10	24.67	27.48	37	新余	Xinyu	2.50	3.11	2.97	221
湖州	Huzhou	14.10	11.76	16.33	56	鹰潭	Yingtan	3.00	3.40	4.85	174
绍兴	Shaoxing	143.60	149.26	171.37	1	赣州	Ganzhou	7.10	5.08	5.93	153
金华	Jinhua	74.00	52.92	91.62	5	吉安	Jian	4.70	4.98	6.14	148
衢州	Quzhou	12.00	13.17	14.49	66	宜春	Yichun	4.90	5.61	6.87	135
舟山	Zhoushan	6.50	6.63	6.41	140	抚州	Fuzhou	7.30	7.13	9.19	109
台州	Taizhou	55.70	57.55	63.28	13	上饶	Shangrao	8.30	9.12	13.78	67
丽水	Lishui	7.70	7.20	7.80	122	**山东**	**Shandong**	**314.70**	**270.68**	**277.42**	
安徽	**Anhui**	**158.00**	**167.01**	**169.60**		济南	Jinan	47.30	29.49	35.36	31
合肥	Hefei	58.90	75.19	72.34	11	青岛	Qingdao	34.90	18.30	20.47	52
芜湖	Wuhu	10.20	10.15	10.68	92	淄博	Zibo	32.70	33.09	33.67	32
蚌埠	Bengbu	6.50	5.15	6.70	136	枣庄	Zaozhuang	13.10	14.26	15.77	60
淮南	Huainan	5.80	5.00	2.56	227	东营	Dongying	9.80	8.80	9.82	101
马鞍山	Maanshan	7.90	8.08	8.41	116	烟台	Yantai	26.60	21.66	20.97	51
淮北	Huaibei	3.50	3.88	4.48	186	潍坊	Weifang	28.00	25.46	22.62	48
铜陵	Tongling	4.30	4.14	4.21	194	济宁	Jining	17.80	16.94	16.04	59
安庆	Anqing	11.70	11.70	11.73	86	泰安	Taian	29.90	30.53	27.79	36
黄山	Huangshan	4.10	4.23	3.94	197	威海	Weihai	11.20	10.40	8.65	113
滁州	Chuzhou	6.40	7.00	8.36	118	日照	Rizhao	8.10	6.26	7.49	125
阜阳	Fuyang	5.10	5.37	5.61	160	莱芜	Laiwu	4.40	4.05	4.77	177
宿州	Suzhou	7.40	7.25	8.08	120	临沂	Linyi	18.60	20.69	24.95	42
六安	Liuan	10.20	9.49	11.19	89	德州	Dezhou	8.40	7.77	7.20	130
亳州	Bozhou	1.50	1.51	1.66	248	聊城	Liaocheng	5.40	5.45	5.56	161

12-2 建筑业企业从业人员 续表 2
Employment of Construction Enterprises continued 2

单位：万人 （10 000 persons）

地名	City	2010	2011	2012	2012 排名 Ranking	地名	City	2010	2011	2012	2012 排名 Ranking
滨州	Binzhou	6.80	6.56	6.09	150	常德	Changde	8.20	8.33	9.65	104
菏泽	Heze	11.70	10.97	10.07	99	张家界	Zhangjiajie	1.30	1.34	1.30	263
河南	**Henan**	**235.00**	**228.92**	**226.75**		益阳	Yiyang	4.70	4.54	4.68	180
郑州	Zhengzhou	58.40	46.35	47.48	22	郴州	Chenzhou	3.90	4.05	5.82	157
开封	Kaifeng	8.20	8.86	8.46	114	永州	Yongzhou	5.80	5.45	5.73	159
洛阳	Luoyang	27.00	30.49	28.29	35	怀化	Huaihua	2.90	2.97	3.85	200
平顶山	Pingdingshan	5.80	6.53	6.15	147	娄底	Loudi	5.50	5.22	6.57	139
安阳	Anyang	23.70	24.26	25.23	40	**广东**	**Guangdong**	**196.30**	**190.28**	**190.50**	
鹤壁	Hebi	3.10	3.01	2.43	232	广州	Guangzhou	39.70	39.14	40.25	27
新乡	Xinxiang	21.10	20.34	21.38	49	韶关	Shaoguan	5.70	5.92	7.10	133
焦作	Jiaozuo	5.80	5.25	4.83	176	深圳	Shenzhen	45.60	44.55	52.26	19
濮阳	Puyang	8.20	8.08	8.87	111	珠海	Zhuhai	4.40	2.90	3.46	210
许昌	Xuchang	5.30	5.75	6.31	143	汕头	Shantou	14.40	13.02	13.02	73
漯河	Luohe	3.90	3.46	3.29	215	佛山	Foshan	11.00	10.34	11.66	87
三门峡	Sanmenxia	5.10	5.01	4.58	184	江门	Jiangmen	8.50	11.29	7.26	128
南阳	Nanyang	15.20	14.70	12.35	78	湛江	Zhanjiang	10.30	8.92	9.79	102
商丘	Shangqiu	9.20	9.72	9.34	108	茂名	Maoming	8.30	8.68	10.00	100
信阳	Xinyang	13.60	14.00	13.63	69	肇庆	Zhaoqing	4.10	2.78	3.05	220
周口	Zhoukou	9.20	9.11	10.31	96	惠州	Huizhou	3.20	2.96	3.34	212
驻马店	Zhumadian	10.90	12.24	12.82	75	梅州	Meizhou	9.10	7.78	7.01	134
湖北	**Hubei**	**198.60**	**141.11**	**170.44**		汕尾	Shanwei	1.30	0.95	0.78	275
武汉	Wuhan	65.30	65.84	70.90	12	河源	Heyuan	1.70	1.86	1.69	247
黄石	Huangshi	6.60	7.06	6.67	137	阳江	Yangjiang	5.50	5.22	5.23	167
十堰	Shiyan	7.10	4.34	6.01	151	清远	Qingyuan	3.40	2.88	2.48	231
宜昌	Yichang	14.30	12.90	12.30	80	东莞	Dongguan	5.70	6.07	6.35	142
襄阳	Xiangfan	10.50	11.17	13.78	67	中山	ZhongShan	5.30	5.45	5.06	171
鄂州	Ezhou	4.20	3.66	3.73	202	潮州	Chaozhou	1.50	1.49	1.45	259
荆门	Jingmen	3.20	3.44	3.94	197	揭阳	Jieyang	5.70	6.26	5.42	164
孝感	Xiaogan	8.20	9.82	13.62	70	云浮	Yunfu	1.80	1.84	1.65	249
荆州	Jingzhou	7.50	7.31	4.01	196	**广西**	**Guangxi**	**59.10**	**59.48**	**67.03**	
黄冈	Huanggang	18.60	4.83	18.24	55	南宁	Nanning	19.60	29.70	20.30	53
咸宁	Xianning	3.00	3.02	3.67	204	柳州	Liuzhou	12.70	11.51	12.87	74
随州	Suizhou	2.60	1.13	3.29	215	桂林	Guilin	5.50	4.44	5.80	158
湖南	**Hunan**	**150.40**	**155.45**	**118.72**		梧州	Wuzhou	1.20	1.52	1.53	255
长沙	Changsha	68.50	72.92	25.07	41	北海	Beihai	1.40	1.44	1.41	260
株洲	Zhuzhou	10.60	9.95	12.09	82	防城港	Fangchenggang	1.80	1.89	2.28	238
湘潭	Xiangtan	8.70	7.73	10.68	92	钦州	Qinzhou	4.80	4.50	6.65	138
衡阳	Hengyang	12.60	15.39	13.61	71	贵港	Guigang	1.50	1.60	1.39	261
邵阳	Shaoyang	8.90	8.59	8.37	117	玉林	Yulin	6.90	4.88	5.34	166
岳阳	Yueyang	7.60	7.85	10.12	98	百色	Baise	1.50	1.18	1.23	265

12-2 建筑业企业从业人员 续表 3
Employment of Construction Enterprises continued 3

单位：万人 （10 000 persons）

地名	City	2010	2011	2012	2012排名 Ranking
贺州	Hezhou	0.70	0.59	0.39	283
河池	Hechi	1.60	1.42	1.60	251
来宾	Laibin	0.70	1.06	1.53	255
崇左	Chongzuo	0.60	0.54	0.69	279
海南	**Hainan**	**11.00**	**5.50**	**5.90**	
海口	Haikou	8.20	3.72	4.32	193
三亚	Sanya	0.70	0.51		
重庆	**Chongqing**	**139.30**	**134.84**	**140.88**	
四川	**Sichuan**	**292.20**	**249.46**	**218.88**	
成都	Chengdu	130.10	93.42	81.32	6
自贡	Zigong	6.70	8.24	7.71	124
攀枝花	Panzhihua	7.00	5.22	3.33	213
泸州	Luzhou	17.30	16.11	16.26	57
德阳	Deyang	16.50	13.54	10.34	95
绵阳	Mianyang	12.60	11.94	11.75	85
广元	Guangyuan	4.20	5.40	4.39	191
遂宁	Suining	8.40	8.52	8.46	114
内江	Neijiang	11.70	9.91	7.73	123
乐山	Leshan	5.80	6.01	5.36	165
南充	Nanchong	17.30	18.41	14.76	64
眉山	Meishan	7.00	6.36	7.20	130
宜宾	Yibin	8.50	8.45	8.73	112
广安	Guangan	11.60	11.03	10.83	91
达州	Dazhou	12.50	9.44	10.24	97
雅安	Yaan	1.10	1.14	1.17	267
巴中	Bazhong	6.10	7.27	7.17	132
资阳	Ziyang	5.80	7.43	0.78	275
贵州	**Guizhou**	**33.80**	**33.14**	**35.52**	
贵阳	Guiyang	22.70	22.47	23.75	46
六盘水	Liupanshui	1.00	1.06	1.20	266
遵义	Zunyi	3.90	3.65	3.79	201
安顺	Anshun	0.70	0.81	0.75	277
毕节	Bijie	0.70	0.76	0.86	273
铜仁	Tongren	1.40	1.11	1.12	269
云南	**Yunnan**	**78.60**	**89.44**	**74.86**	
昆明	Kunming	48.00	54.27	56.95	16
曲靖	Qujing	7.80	6.12	7.49	125
玉溪	Yuxi	2.90	3.26	3.30	214
保山	Baoshan	3.30	4.35	4.60	181
昭通	Zhaotong	1.90	1.54	1.96	244

地名	City	2010	2011	2012	2012排名 Ranking
丽江	Lijiang	0.90	0.93	1.09	270
普洱	Puer	4.40	5.24	2.50	229
临沧	Lincang	5.30	1.76	1.57	254
西藏	**Tibet**		**5.03**	**3.59**	
拉萨	Lhasa		2.89	2.16	241
陕西	**Shaanxi**	**104.70**	**90.88**	**79.63**	
西安	Xi'an	53.90	49.21	39.12	29
铜川	Tongchuan	1.20	1.40	0.67	280
宝鸡	Baoji	14.00	6.48	5.50	162
咸阳	Xianyang	12.00	10.47	9.50	106
渭南	Weinan	7.90	5.65	5.16	169
延安	Yan'an	2.00	2.26	2.37	234
汉中	Hanzhong	4.20	3.42	4.33	192
榆林	Yulin	3.50	4.76	4.41	189
安康	Ankang	2.00	2.29	2.86	224
商洛	Shangluo	3.10	4.00	3.60	207
甘肃	**Gansu**	**45.80**	**46.00**	**56.10**	
兰州	Lanzhou	13.20	14.26	15.29	62
嘉峪关	Jiayuguan	0.50	0.49	0.84	274
金昌	Jinchang	2.10	1.85	4.58	184
白银	Baiyin	2.80	2.94	3.42	211
天水	Tianshui	2.90	2.67	3.16	217
武威	Wuwei	2.50	2.60	4.15	195
张掖	Zhangye	1.40	1.92	2.29	237
平凉	Pingliang	4.20	3.75	6.23	146
酒泉	Jiuquan	4.10	3.17	2.50	229
庆阳	Qingyang	3.90	3.82	3.69	203
定西	Dingxi	3.20	3.38	4.60	181
陇南	Longnan	1.30	0.97	1.71	246
青海	**Qinghai**	**9.00**	**8.92**	**11.74**	
西宁	Xining	6.30	7.13	9.15	110
宁夏	**Ningxia**	**9.80**	**10.11**	**8.97**	
银川	Yinchuan	5.80	6.53	5.43	163
石嘴山	Shizuishan	0.80	0.74	0.75	277
吴忠	Wuzhong	1.60	1.50	1.29	264
固原	Guyuan	0.70	0.71	0.65	281
中卫	Zhongwei	0.90	0.63	0.90	272
新疆	**Xinjiang**	**56.50**	**52.73**	**30.30**	
乌鲁木齐	Urumqi	22.70	19.75	24.59	45
克拉玛依	Karamay	2.80	2.29	3.06	218

12-3 建筑业企业总产值
Gross Output Value of Construction

单位：亿元 （100 million yuan）

地名	City	2010	2011	2012	2012 排名 Ranking
全国	**Nation Total**	**96031.1**	**116463.3**	**137217.9**	
北京	**Beijing**	**5196.0**	**6046.3**	**6588.3**	
天津	**Tianjin**	**2424.5**	**2986.5**	**3258.6**	
河北	**Hebei**	**3231.5**	**3972.7**	**4865.1**	
石家庄	Shijiazhuang	558.7	729.9	921.3	33
唐山	Tangshan	563.8	587.3	608.7	46
秦皇岛	Qinhuangdao	166.1	201.2	205.2	124
邯郸	Handan	314.7	331.7	422.3	61
邢台	Xingtai	87.6	104.9	137.7	166
保定	Baoding	602.8	801.6	1055.4	28
张家口	Zhangjiakou	204.0	236.3	247.9	107
承德	Chengde	139.7	166.2	167.1	140
沧州	Cangzhou	192.6	255.1	307.8	78
廊坊	Langfang	342.8	477.5	690.8	43
衡水	Hengshui	58.9	81.0	100.8	195
山西	**Shanxi**	**2143.5**	**2324.9**	**2668.2**	
太原	Taiyuan	1343.9	1420.3	1601.4	21
大同	Datong	96.6	108.1	127.1	174
阳泉	Yangquan	100.8	128.9	145.1	161
长治	Changzhi	62.2	81.6	118.0	181
晋城	Jincheng	35.7	45.4	57.4	239
朔州	Shuozhou	48.0	57.2	58.0	238
晋中	Jinzhong	140.5	134.1	154.9	154
运城	Yuncheng	93.7	116.5	127.3	173
忻州	Xinzhou	41.0	44.0	55.6	240
临汾	Linfen	152.7	142.4	164.5	142
吕梁	Luliang	28.2	46.2	58.9	237
内蒙古	**Inner Mongolia**	**1125.6**	**1394.7**	**1441.0**	
呼和浩特	Hohhot	201.8	210.9	245.5	108
包头	Baotou	192.2	232.0	235.5	113
乌海	Wuhai	40.1	52.4	60.0	236
赤峰	Chifeng	133.1	163.2	159.2	148
通辽	Tongliao	63.7	66.8	64.1	231
鄂尔多斯	Erdos	275.8	410.9	434.6	58
呼伦贝尔	Hulunbuir	69.6	76.8	84.1	205
巴彦淖尔	Bayannur	73.6	80.2	54.5	242
乌兰察布	Ulanqab	26.1	33.1	41.8	254
辽宁	**Liaoning**	**4690.3**	**6218.3**	**7547.4**	
沈阳	Shenyang	1055.2	1447.3	1715.5	19
大连	Dalian	1321.8	1707.2	2030.4	13
鞍山	Anshan	373.2	461.0	551.3	51
抚顺	Fushun	228.2	333.9	370.9	66
本溪	Benxi	159.4	239.6	286.3	87
丹东	Dandong	193.3	226.7	303.2	80
锦州	Jinzhou	209.5	237.7	277.1	94
营口	Yingkou	155.9	227.7	307.9	77
阜新	Fuxin	85.7	162.7	217.3	119
辽阳	Liaoyang	162.1	206.0	260.9	99
盘锦	Panjin	210.7	223.4	299.7	82
铁岭	Tieling	206.8	253.9	286.0	88
朝阳	Chaoyang	165.7	247.5	324.2	74
葫芦岛	Huludao	162.9	243.6	312.5	75
吉林	**Jilin**	**1350.2**	**1626.7**	**1990.4**	
长春	Changchun	669.8	787.6	913.8	34
吉林	Jilin	159.0	213.3	287.1	86
四平	Siping	59.0	66.5	79.1	211
辽源	Liaoyuan	47.0	65.6	84.0	207
通化	Tonghua	138.3	149.0	184.9	131
白山	Baishan	44.3	48.7	75.1	218
松原	Songyuan	146.9	202.9	256.3	101
白城	Baicheng	25.4	23.1	28.3	268
黑龙江	**Heilongjiang**	**1769.7**	**2029.2**	**2374.0**	
哈尔滨	Harbin	1081.3	1221.4	1499.0	23
齐齐哈尔	Qiqihar	64.5	65.5	77.9	213
鸡西	Jixi	36.5	41.0	53.1	243
鹤岗	Hegang	21.9	32.0	32.3	262
双鸭山	Shuangyashan	26.1	29.8	26.0	271
大庆	Daqing	230.6	242.2	255.5	102
伊春	Yichun	19.3	24.1	22.9	275
佳木斯	Jiamusi	71.9	103.0	95.8	196
七台河	Qitaihe	15.9	17.9	16.6	278
牡丹江	Mudanjiang	103.0	123.6	146.9	158
黑河	Heihe	26.7	41.6	52.9	244
绥化	Suihua	58.6	68.6	75.8	216
上海	**Shanghai**	**4300.2**	**4586.3**	**4843.4**	
江苏	**Jiangsu**	**12405.9**	**15122.7**	**18423.6**	

12-3 建筑业企业总产值 续表 1
Gross Output Value of Construction continued 1

单位：亿元 （100 million yuan）

地名	City	2010	2011	2012	2012 排名 Ranking	地名	City	2010	2011	2012	2012 排名 Ranking
南京	Nanjing	1643.3	2006.6	2645.7	6	池州	Chizhou	46.5	69.4	73.2	220
无锡	Wuxi	499.5	540.6	570.7	49	宣城	Xuancheng	61.9	82.4	108.9	188
徐州	Xuzhou	535.7	648.1	881.7	35	**福建**	**Fujian**	**3062.2**	**3873.9**	**4424.5**	
常州	Changzhou	735.5	883.9	1050.2	29	福州	Fuzhou	1161.5	1430.1	1663.5	20
苏州	Suzhou	1275.6	1530.8	1745.0	18	厦门	Xiamen	558.0	672.1	802.9	38
南通	Nantong	2731.2	3571.8	4423.8	2	莆田	Putian	125.4	183.5	248.0	106
连云港	Lianyungang	330.2	367.7	431.5	59	三明	Sanming	156.4	236.3	306.1	79
淮安	Huaian	571.9	679.2	839.0	37	泉州	Quanzhou	508.5	657.6	793.5	39
盐城	Yancheng	649.4	814.8	945.4	32	漳州	Zhangzhou	157.2	170.4	253.8	103
扬州	Yangzhou	1553.4	1894.4	2241.8	10	南平	Nanping	61.0	75.7	85.8	203
镇江	Zhenjiang	321.2	349.6	370.9	66	龙岩	Longyan	247.9	332.0	414.2	63
泰州	Taizhou	1264.1	1436.3	1751.2	17	宁德	Ningde	86.3	116.2	145.5	160
宿迁	Suqian	294.9	399.0	526.7	52	**江西**	**Jiangxi**	**1691.5**	**2096.7**	**2789.6**	
浙江	**Zhejiang**	**12210.9**	**14907.4**	**17332.7**		南昌	Nanchang	792.4	1008.8	1334.0	25
杭州	Hangzhou	2663.8	3032.5	3307.6	5	景德镇	Jingdezhen	38.4	21.1	32.8	261
宁波	Ningbo	1425.1	1933.4	2509.1	7	萍乡	Pingxiang	47.0	63.0	70.9	225
温州	Wenzhou	610.8	791.0	964.7	31	九江	Jiujiang	205.5	252.8	266.9	96
嘉兴	Jiaxing	589.9	764.3	844.3	36	新余	Xinyu	59.2	73.3	103.2	193
湖州	Huzhou	354.2	433.6	464.9	56	鹰潭	Yingtan	65.2	72.4	140.4	164
绍兴	Shaoxing	3263.4	4212.2	4847.7	1	赣州	Ganzhou	113.1	141.3	157.8	149
金华	Jinhua	1566.7	1914.7	2321.3	9	吉安	Jian	60.5	76.6	131.7	168
衢州	Quzhou	225.6	266.6	300.1	81	宜春	Yichun	69.6	95.0	135.3	167
舟山	Zhoushan	133.8	160.8	163.6	145	抚州	Fuzhou	102.2	114.6	140.7	163
台州	Taizhou	1034.4	1243.5	1448.1	24	上饶	Shangrao	138.5	177.7	280.1	91
丽水	Lishui	141.1	155.0	161.2	146	**山东**	**Shandong**	**55496.6**	**6482.9**	**7281.3**	
安徽	**Anhui**	**2865.0**	**3599.6**	**4230.4**		济南	Jinan	894.3	1129.1	1207.5	27
合肥	Hefei	1359.6	1778.3	2145.3	11	青岛	Qingdao	813.7	903.1	1013.1	30
芜湖	Wuhu	250.9	298.6	343.7	70	淄博	Zibo	505.3	622.7	757.0	41
蚌埠	Bengbu	118.1	162.5	243.6	109	枣庄	Zaozhuang	159.2	192.8	224.8	117
淮南	Huainan	142.9	165.6	71.4	222	东营	Dongying	238.3	266.2	297.3	83
马鞍山	Maanshan	160.6	240.9	264.4	98	烟台	Yantai	500.9	552.4	566.3	50
淮北	Huaibei	47.7	62.7	83.4	208	潍坊	Weifang	447.4	524.3	580.8	48
铜陵	Tongling	60.4	70.5	86.0	202	济宁	Jining	289.5	352.0	427.6	60
安庆	Anqing	111.3	131.7	150.3	157	泰安	Taian	486.0	550.8	613.3	45
黄山	Huangshan	41.3	56.6	64.9	229	威海	Weihai	166.8	193.8	215.3	120
滁州	Chuzhou	94.8	115.9	154.2	155	日照	Rizhao	147.9	171.1	191.1	130
阜阳	Fuyang	74.7	93.8	117.6	182	莱芜	Laiwu	45.1	53.8	71.4	222
宿州	Suzhou	85.0	117.6	141.5	162	临沂	Linyi	287.6	353.4	418.7	62
六安	Liuan	114.1	130.0	155.1	153	德州	Dezhou	129.5	157.5	198.9	127
亳州	Bozhou	18.5	23.1	26.8	269	聊城	Liaocheng	102.8	119.1	151.7	156

12-3 建筑业企业总产值 续表 2
Gross Output Value of Construction continued 2

单位：亿元 （100 million yuan）

地名	City	2010	2011	2012	2012 排名 Ranking	地名	City	2010	2011	2012	2012 排名 Ranking
滨州	Binzhou	148.0	182.2	172.0	138	常德	Changde	114.7	143.6	175.2	134
菏泽	Heze	134.1	158.4	174.5	135	张家界	Zhangjiajie	25.5	26.3	28.7	267
河南	**Henan**	**4400.6**	**5279.4**	**6009.1**		益阳	Yiyang	67.5	81.6	109.5	187
郑州	Zhengzhou	1352.3	1549.2	1817.0	15	郴州	Chenzhou	76.3	104.5	131.6	169
开封	Kaifeng	105.8	132.9	164.0	144	永州	Yongzhou	77.7	94.5	113.4	183
洛阳	Luoyang	877.7	1110.9	1214.4	26	怀化	Huaihua	62.4	78.6	93.5	199
平顶山	Pingdingshan	88.7	102.9	121.6	179	娄底	Loudi	85.0	105.6	137.8	165
安阳	Anyang	319.1	359.2	410.8	64	**广东**	**Guangdong**	**4742.1**	**5804.2**	**6514.4**	
鹤壁	Hebi	34.3	43.4	42.4	253	广州	Guangzhou	1296.2	1578.4	1763.2	16
新乡	Xinxiang	238.7	294.6	344.6	69	韶关	Shaoguan	102.8	130.2	166.1	141
焦作	Jiaozuo	87.5	99.2	108.1	189	深圳	Shenzhen	1461.0	1859.0	2103.0	12
濮阳	Puyang	139.0	168.4	192.4	129	珠海	Zhuhai	100.8	121.6	184.5	132
许昌	Xuchang	85.0	95.3	106.1	191	汕头	Shantou	219.1	252.5	292.4	85
漯河	Luohe	35.3	41.7	42.9	252	佛山	Foshan	315.4	350.6	338.5	71
三门峡	Sanmenxia	82.4	104.7	112.6	185	江门	Jiangmen	119.2	171.6	173.3	136
南阳	Nanyang	197.8	242.7	260.5	100	湛江	Zhanjiang	168.1	203.9	248.7	105
商丘	Shangqiu	170.4	214.7	229.0	114	茂名	Maoming	134.7	185.7	271.7	95
信阳	Xinyang	207.2	247.6	278.2	92	肇庆	Zhaoqing	99.4	101.0	103.7	192
周口	Zhoukou	184.1	216.6	250.7	104	惠州	Huizhou	69.8	86.9	93.7	198
驻马店	Zhumadian	175.5	233.8	284.8	89	梅州	Meizhou	125.9	158.3	169.7	139
湖北	**Hubei**	**4344.4**	**5586.5**	**7043.4**		汕尾	Shanwei	15.4	15.1	11.5	281
武汉	Wuhan	2344.1	3180.5	4040.6	3	河源	Heyuan	20.7	30.9	33.9	258
黄石	Huangshi	146.9	182.8	210.0	123	阳江	Yangjiang	66.2	72.4	81.6	209
十堰	Shiyan	179.5	199.8	222.6	118	清远	Qingyuan	52.8	66.7	64.8	230
宜昌	Yichang	325.6	545.7	690.4	44	东莞	Dongguan	122.1	131.7	157.6	150
襄阳	Xiangfan	313.4	403.3	493.7	54	中山	ZhongShan	133.7	141.8	160.1	147
鄂州	Ezhou	54.3	63.6	77.7	214	潮州	Chaozhou	26.0	30.6	30.8	264
荆门	Jingmen	47.2	57.3	67.8	227	揭阳	Jieyang	75.1	92.9	91.4	200
孝感	Xiaogan	132.4	180.1	240.3	110	云浮	Yunfu	17.9	22.4	24.1	272
荆州	Jingzhou	107.4	138.3	156.0	152	**广西**	**Guangxi**	**1222.3**	**1553.1**	**1867.1**	
黄冈	Huanggang	292.9	377.0	489.0	55	南宁	Nanning	466.4	608.5	719.2	42
咸宁	Xianning	48.3	66.8	80.2	210	柳州	Liuzhou	241.1	318.6	378.5	65
随州	Suizhou	39.3	43.0	49.7	246	桂林	Guilin	129.2	166.5	197.6	128
湖南	**Hunan**	**3161.7**	**3915.0**	**4407.9**		梧州	Wuzhou	28.6	27.5	23.0	274
长沙	Changsha	1740.2	1960.7	2329.9	8	北海	Beihai	33.5	45.0	45.2	250
株洲	Zhuzhou	210.9	269.7	332.2	72	防城港	Fangchenggang	41.3	61.1	71.7	221
湘潭	Xiangtan	149.0	173.6	202.1	125	钦州	Qinzhou	61.2	79.6	126.9	175
衡阳	Hengyang	250.9	354.1	309.1	76	贵港	Guigang	23.6	30.7	40.2	256
邵阳	Shaoyang	134.1	160.0	182.6	133	玉林	Yulin	110.5	108.4	128.4	172
岳阳	Yueyang	149.4	202.1	237.3	112	百色	Baise	22.2	22.4	23.9	273

12-3 建筑业企业总产值 续表 3
Gross Output Value of Construction continued 3

单位：亿元 （100 million yuan）

地名	City	2010	2011	2012	2012 排名 Ranking	地名	City	2010	2011	2012	2012 排名 Ranking
贺州	Hezhou	7.3	8.4	10.5	283	丽江	Lijiang	21.3	26.8	33.8	259
河池	Hechi	26.7	33.3	41.4	255	普洱	Puer	104.1	44.2	63.3	232
来宾	Laibin	169.2	28.5	44.7	251	临沧	Lincang	77.0	32.7	48.5	247
崇左	Chongzuo	12.1	15.3	17.2	277	**西藏**	**Tibet**	**121.9**	**124.6**	**8640.4**	
海南	**Hainan**	**199.5**	**255.5**	**283.1**		拉萨	Lhasa	103.7	101.7	67.0	228
海口	Haikou	143.1	193.6	211.0	122	**陕西**	**Shaanxi**	**3063.6**	**3498.3**	**3529.4**	
三亚	Sanya	23.5	26.4	33.0	260	西安	Xi'an	1820.3	1900.8	1874.2	14
重庆	**Chongqing**	**2534.3**	**3328.8**	**3975.7**		铜川	Tongchuan	26.1	34.1	29.7	266
四川	**Sichuan**	**4200.9**	**5305.9**	**6240.3**		宝鸡	Baoji	264.2	253.2	277.7	93
成都	Chengdu	2097.4	2769.8	3328.3	4	咸阳	Xianyang	389.9	556.8	457.4	57
自贡	Zigong	85.1	106.1	124.2	177	渭南	Weinan	221.1	314.5	328.6	73
攀枝花	Panzhihua	125.7	168.1	164.5	142	延安	Yan'an	54.3	68.4	84.1	205
泸州	Luzhou	176.0	204.4	293.8	84	汉中	Hanzhong	52.3	70.0	87.7	201
德阳	Deyang	253.8	275.0	213.7	121	榆林	Yulin	108.9	126.8	156.6	151
绵阳	Mianyang	186.2	211.9	227.6	115	安康	Ankang	30.2	41.1	55.3	241
广元	Guangyuan	51.6	70.4	76.5	215	商洛	Shangluo	59.4	82.2	112.6	185
遂宁	Suining	105.1	117.6	130.5	170	**甘肃**	**Gansu**	**752.0**	**925.7**	**1364.6**	
内江	Neijiang	105.4	119.3	125.6	176	兰州	Lanzhou	334.9	404.9	517.5	53
乐山	Leshan	77.6	94.2	106.6	190	嘉峪关	Jiayuguan	15.1	21.9	30.6	265
南充	Nanchong	215.1	277.7	355.8	68	金昌	Jinchang	48.4	69.2	102.9	194
眉山	Meishan	108.8	89.5	123.2	178	白银	Baiyin	37.2	44.9	63.2	233
宜宾	Yibin	96.4	120.3	145.8	159	天水	Tianshui	33.3	45.6	62.8	234
广安	Guangan	156.0	189.0	225.4	116	武威	Wuwei	33.6	38.2	75.5	217
达州	Dazhou	135.0	175.4	200.0	126	张掖	Zhangye	21.9	28.0	45.3	249
雅安	Yaan	11.5	13.3	15.9	279	平凉	Pingliang	32.1	39.6	84.7	204
巴中	Bazhong	113.2	169.9	238.5	111	酒泉	Jiuquan	74.5	81.4	113.1	184
资阳	Ziyang	68.8	92.6	130.1	171	庆阳	Qingyang	50.6	60.2	79.1	211
贵州	**Guizhou**	**623.0**	**824.7**	**1039.2**		定西	Dingxi	33.3	49.4	74.0	219
贵阳	Guiyang	469.1	622.1	789.5	40	陇南	Longnan	10.6	9.2	22.3	276
六盘水	Liupanshui	12.9	19.2	26.4	270	**青海**	**Qinghai**	**279.6**	**319.4**	**325.8**	
遵义	Zunyi	55.9	70.1	95.6	197	西宁	Xining	225.6	256.5	266.6	97
安顺	Anshun	4.9	6.0	9.1	284	**宁夏**	**Ningxia**	**342.7**	**427.9**	**467.0**	
毕节	Bijie	6.5	7.6	10.9	282	银川	Yinchuan	225.9	267.7	282.9	90
铜仁	Tongren	12.7	12.3	14.0	280	石嘴山	Shizuishan	36.9	46.7	49.8	245
云南	**Yunnan**	**1511.9**	**1869.7**	**2383.7**		吴忠	Wuzhong	41.6	60.4	67.9	226
昆明	Kunming	1120.9	1199.4	1507.0	22	固原	Guyuan	16.4	24.9	31.0	263
曲靖	Qujing	133.8	134.2	173.2	137	中卫	Zhongwei	22.0	28.3	35.3	257
玉溪	Yuxi	39.6	53.0	71.2	224	**新疆**	**Xinjiang**	**969.5**	**1327.8**	**1622.3**	
保山	Baoshan	30.4	46.4	61.5	235	乌鲁木齐	Urumqi	413.1	534.2	607.0	47
昭通	Zhaotong	30.5	34.6	46.6	248	克拉玛依	Karamay	75.5	88.4	119.0	180

12-4 建筑业企业房屋建筑施工面积
Floor Space of Buildings Under Construction

单位：万平方米　　(10 000 sq.m)

地名	City	2010	2011	2012	2012 排名 Ranking
全国	**Nation Total**	**708023.5**	**851828.1**	**986427.5**	
北京	**Beijing**	**29440.4**	**36506.9**	**41660.3**	
天津	**Tianjin**	**7564.3**	**10058.8**	**12484.9**	
河北	**Hebei**	**23471.5**	**30832.7**	**35270.4**	
石家庄	Shijiazhuang	3863.0	4883.9	6046.9	37
唐山	Tangshan	3630.9	4254.4	4641.6	44
秦皇岛	Qinhuangdao	1200.8	1436.8	1654.6	106
邯郸	Handan	2506.3	2595.1	3581.1	54
邢台	Xingtai	808.3	910.7	1104.6	142
保定	Baoding	4394.3	6851.1	7828.1	29
张家口	Zhangjiakou	1658.9	2248.0	1790.4	96
承德	Chengde	916.9	1028.3	980.8	160
沧州	Cangzhou	1573.5	2164.7	2291.8	79
廊坊	Langfang	2221.8	3595.7	4382.1	48
衡水	Hengshui	696.9	864.0	968.4	161
山西	**Shanxi**	**7289.5**	**8798.4**	**10991.1**	
太原	Taiyuan	3349.0	4553.0	5901.0	38
大同	Datong	544.5	682.8	721.4	192
阳泉	Yangquan	352.9	390.9	587.3	208
长治	Changzhi	522.5	607.0	788.2	183
晋城	Jincheng	191.7	212.0	288.2	256
朔州	Shuozhou	146.0	143.9	142.8	273
晋中	Jinzhong	418.9	478.3	484.8	223
运城	Yuncheng	525.0	685.8	844.7	175
忻州	Xinzhou	271.4	322.6	286.2	259
临汾	Linfen	473.1	530.1	606.0	203
吕梁	Luliang	494.6	192.0	340.4	242
内蒙古	**Inner Mongolia**	**7577.9**	**9323.1**	**10550.7**	
呼和浩特	Hohhot	1333.6	1403.7	1742.2	101
包头	Baotou	1453.5	1825.6	1883.0	92
乌海	Wuhai	334.3	444.0	389.7	237
赤峰	Chifeng	1132.0	1312.6	2924.4	67
通辽	Tongliao	382.1	495.2	395.5	236
鄂尔多斯	Erdos	957.6	1684.9	1140.6	141
呼伦贝尔	Hulunbuir	405.9	459.1	497.2	219
巴彦淖尔	Bayannur	697.4	708.1	597.7	206
乌兰察布	Ulanqab	289.9	421.4	485.8	222
辽宁	**Liaoning**	**26807.0**	**34906.3**	**40049.8**	
沈阳	Shenyang	5733.0	9172.8	10485.0	18
大连	Dalian	8664.6	10006.0	12246.5	15
鞍山	Anshan	2381.8	2438.0	3414.2	58
抚顺	Fushun	1205.9	1245.3	1372.0	122
本溪	Benxi	779.5	912.4	982.0	159
丹东	Dandong	856.5	1476.9	956.2	163
锦州	Jinzhou	1322.5	1461.0	1679.4	105
营口	Yingkou	1115.6	1533.1	1720.4	102
阜新	Fuxin	608.3	841.7	1039.7	151
辽阳	Liaoyang	539.8	635.5	865.1	173
盘锦	Panjin	525.9	1147.8	903.0	171
铁岭	Tieling	1254.5	1478.2	1382.1	119
朝阳	Chaoyang	1010.4	1329.8	1852.8	95
葫芦岛	Huludao	808.7	1227.9	1142.5	140
吉林	**Jilin**	**5900.7**	**7446.7**	**13133.1**	
长春	Changchun	2283.7	2904.7	5209.8	41
吉林	Jilin	514.7	862.4	1323.8	126
四平	Siping	326.3	474.7	454.9	229
辽源	Liaoyuan	255.0	555.8	714.5	193
通化	Tonghua	845.1	837.0	1063.2	146
白山	Baishan	244.6	285.7	463.4	228
松原	Songyuan	617.8	767.2	1061.1	147
白城	Baicheng	147.1	157.9	165.8	270
黑龙江	**Heilongjiang**	**7170.7**	**8904.8**	**8563.5**	
哈尔滨	Harbin	3856.9	5132.1	4824.8	43
齐齐哈尔	Qiqihar	390.9	335.3	336.3	241
鸡西	Jixi	174.4	200.6	207.8	264
鹤岗	Hegang	254.4	279.9	326.9	247
双鸭山	Shuangyashan	184.3	202.8	177.0	268
大庆	Daqing	297.2	317.1	286.8	258
伊春	Yichun	169.4	178.7	169.7	269
佳木斯	Jiamusi	529.0	593.3	499.2	218
七台河	Qitaihe	90.2	114.0	104.6	280
牡丹江	Mudanjiang	526.1	716.4	798.3	181
黑河	Heihe	177.4	214.9	228.7	262
绥化	Suihua	432.5	460.6	465.1	227
上海	**Shanghai**	**22996.8**	**24885.8**	**27961.5**	
江苏	**Jiangsu**	**119035.5**	**145451.5**	**166779.1**	

12-4 建筑业企业房屋建筑施工面积 续表 1
Floor Space of Buildings Under Construction continued 1

单位：万平方米 (10 000 sq.m)

地名	City	2010	2011	2012	2012 排名 Ranking
南京	Nanjing	10639.1	13479.0	16622.6	11
无锡	Wuxi	4146.3	4192.6	4430.6	47
徐州	Xuzhou	4872.4	5517.0	7702.9	30
常州	Changzhou	6225.5	7657.7	8765.1	23
苏州	Suzhou	8323.9	10105.8	11013.8	17
南通	Nantong	35745.3	49322.9	54420.5	1
连云港	Lianyungang	2637.2	3052.4	3451.1	56
淮安	Huaian	6716.4	6084.0	8054.1	26
盐城	Yancheng	7030.3	8280.5	8942.5	22
扬州	Yangzhou	13578.1	15495.9	17651.7	9
镇江	Zhenjiang	1682.2	1863.8	1904.8	90
泰州	Taizhou	14830.5	16859.3	18977.1	8
宿迁	Suqian	2608.5	3540.7	4842.4	42
浙江	**Zhejiang**	**123587.0**	**147121.8**	**166969.2**	
杭州	Hangzhou	22650.4	26104.4	26362.7	4
宁波	Ningbo	14288.6	18161.5	22343.2	5
温州	Wenzhou	7009.4	8678.1	10095.2	19
嘉兴	Jiaxing	6186.5	7791.6	7957.9	27
湖州	Huzhou	2941.6	3513.5	3666.3	52
绍兴	Shaoxing	34390.6	42792.0	47377.7	2
金华	Jinhua	19075.1	21953.1	29175.4	3
衢州	Quzhou	2229.6	2596.8	2616.7	70
舟山	Zhoushan	1231.7	1450.7	1582.3	109
台州	Taizhou	12370.9	12926.0	14619.4	14
丽水	Lishui	1212.6	1154.1	1172.4	138
安徽	**Anhui**	**23295.7**	**28472.9**	**33335.6**	
合肥	Hefei	9008.1	12188.5	16050.7	13
芜湖	Wuhu	1829.5	2179.5	2361.1	77
蚌埠	Bengbu	852.7	1244.1	2290.0	80
淮南	Huainan	1752.0	2216.4	405.0	233
马鞍山	Maanshan	1024.6	1651.4	1959.8	86
淮北	Huaibei	234.1	258.0	297.2	254
铜陵	Tongling	579.7	609.7	761.1	186
安庆	Anqing	1630.4	1625.3	1772.8	98
黄山	Huangshan	622.4	664.5	676.6	197
滁州	Chuzhou	902.5	965.1	1341.1	124
阜阳	Fuyang	848.4	999.7	1175.9	137
宿州	Suzhou	537.0	622.2	699.4	195
六安	Liuan	1329.4	1378.3	1526.4	111
亳州	Bozhou	185.4	210.9	236.1	261

地名	City	2010	2011	2012	2012 排名 Ranking
池州	Chizhou	422.7	641.5	747.0	191
宣城	Xuancheng	753.0	1017.8	1035.1	152
福建	**Fujian**	**28406.9**	**35674.5**	**41821.8**	
福州	Fuzhou	10588.3	13866.1	16121.1	12
厦门	Xiamen	4543.0	4987.8	5322.9	40
莆田	Putian	1455.3	2386.5	3007.5	64
三明	Sanming	1580.6	2295.5	2936.1	66
泉州	Quanzhou	4925.9	5882.2	6899.7	32
漳州	Zhangzhou	1691.4	1777.7	2101.7	82
南平	Nanping	532.9	735.0	789.8	182
龙岩	Longyan	2150.3	2499.1	3201.3	61
宁德	Ningde	939.1	1244.5	1441.7	116
江西	**Jiangxi**	**13669.7**	**15514.3**	**18889.4**	
南昌	Nanchang	6226.8	6996.8	8274.9	25
景德镇	Jingdezhen	403.9	449.2	555.1	210
萍乡	Pingxiang	292.4	364.4	335.7	245
九江	Jiujiang	1340.4	1404.1	1615.8	108
新余	Xinyu	390.9	428.6	624.9	201
鹰潭	Yingtan	450.6	513.2	752.5	189
赣州	Ganzhou	677.1	791.1	960.9	162
吉安	Jian	794.1	1003.0	1255.6	132
宜春	Yichun	880.4	1054.2	1379.3	121
抚州	Fuzhou	1096.1	1177.7	1269.1	131
上饶	Shangrao	1107.9	1332.1	1865.7	93
山东	**Shandong**	**44828.8**	**50504.5**	**56902.1**	
济南	Jinan	4654.4	5804.8	6556.1	33
青岛	Qingdao	6972.1	7125.7	8281.6	24
淄博	Zibo	4486.3	5272.8	6273.6	36
枣庄	Zaozhuang	1592.3	1819.8	2125.8	81
东营	Dongying	775.6	795.4	849.0	174
烟台	Yantai	3931.9	3912.3	3970.0	50
潍坊	Weifang	5286.9	5831.3	6332.2	35
济宁	Jining	2575.5	2778.0	3448.1	57
泰安	Taian	3165.9	3535.4	3595.7	53
威海	Weihai	2134.7	2526.3	2469.6	74
日照	Rizhao	711.8	908.4	1191.2	136
莱芜	Laiwu	425.2	431.6	1091.7	143
临沂	Linyi	3189.8	3971.3	4488.7	46
德州	Dezhou	1287.9	1405.9	1552.6	110
聊城	Liaocheng	1421.7	1768.7	1987.4	85

12-4 建筑业企业房屋建筑施工面积 续表 2
Floor Space of Buildings Under Construction continued 2

单位：万平方米 (10 000 sq.m)

地名	City	2010	2011	2012	2012 排名 Ranking	地名	City	2010	2011	2012	2012 排名 Ranking
滨州	Binzhou	901.1	1228.4	1247.4	134	常德	Changde	1118.7	1346.9	1520.2	112
菏泽	Heze	1315.9	1388.4	1441.4	117	张家界	Zhangjiajie	245.0	277.5	346.4	240
河南	**Henan**	**28677.1**	**33282.0**	**38328.7**		益阳	Yiyang	688.8	819.0	922.9	169
郑州	Zhengzhou	8876.9	10517.4	12001.6	16	郴州	Chenzhou	768.9	941.4	1208.8	135
开封	Kaifeng	1035.1	1103.9	1356.8	123	永州	Yongzhou	915.3	1044.1	1292.7	130
洛阳	Luoyang	3680.0	4690.0	6385.5	34	怀化	Huaihua	664.9	732.0	776.2	185
平顶山	Pingdingshan	775.6	955.0	1051.4	150	娄底	Loudi	671.3	764.9	903.4	170
安阳	Anyang	3223.6	3194.9	3838.5	51	**广东**	**Guangdong**	**33140.4**	**37876.8**	**42431.7**	
鹤壁	Hebi	317.2	363.5	450.4	231	广州	Guangzhou	7135.5	8439.1	9119.7	21
新乡	Xinxiang	1768.7	2120.8	2077.1	83	韶关	Shaoguan	781.8	950.9	1031.8	154
焦作	Jiaozuo	642.0	755.2	895.0	172	深圳	Shenzhen	5980.3	7505.1	9731.9	20
濮阳	Puyang	637.7	749.4	800.4	180	珠海	Zhuhai	877.4	980.7	1004.8	156
许昌	Xuchang	681.6	789.3	827.4	178	汕头	Shantou	2381.6	2697.3	3016.6	63
漯河	Luohe	438.1	479.0	475.7	225	佛山	Foshan	3335.6	3405.6	3240.4	60
三门峡	Sanmenxia	363.0	427.6	404.8	234	江门	Jiangmen	1640.1	1917.2	1713.2	103
南阳	Nanyang	1201.7	1435.1	1379.9	120	湛江	Zhanjiang	1943.7	2427.9	2971.0	65
商丘	Shangqiu	1139.2	1326.1	1508.7	114	茂名	Maoming	1770.8	1898.7	2840.6	68
信阳	Xinyang	1421.5	1630.5	1780.1	97	肇庆	Zhaoqing	728.5	773.9	760.6	187
周口	Zhoukou	1299.1	1373.8	1470.5	115	惠州	Huizhou	942.9	1011.0	1073.0	145
驻马店	Zhumadian	991.1	1124.4	1327.7	125	梅州	Meizhou	1315.8	1239.3	1299.4	128
湖北	**Hubei**	**11620.9**	**31023.8**	**39113.9**		汕尾	Shanwei	175.1	168.3	127.5	277
武汉	Wuhan	12662.3	17255.2	20900.1	6	河源	Heyuan	218.8	265.3	247.4	260
黄石	Huangshi	1458.2	1400.8	1509.7	113	阳江	Yangjiang	825.3	761.5	820.9	179
十堰	Shiyan	472.7	541.5	835.4	177	清远	Qingyuan	632.9	727.1	645.8	199
宜昌	Yichang	821.6	1305.3	1699.4	104	东莞	Dongguan	733.4	756.0	777.6	184
襄阳	Xiangfan	1259.1	1715.9	2727.2	69	中山	ZhongShan	601.0	704.9	757.3	188
鄂州	Ezhou	510.9	565.5	621.6	202	潮州	Chaozhou	373.1	461.0	531.1	213
荆门	Jingmen	379.0	446.9	639.8	200	揭阳	Jieyang	559.4	572.5	526.2	214
孝感	Xiaogan	1434.7	1731.9	2468.3	75	云浮	Yunfu	187.3	213.3	194.9	266
荆州	Jingzhou	973.6	1188.7	1249.3	133	**广西**	**Guangxi**	**10742.3**	**12906.3**	**15076.6**	
黄冈	Huanggang	2672.4	2681.1	3526.9	55	南宁	Nanning	3136.3	4063.1	4605.1	45
咸宁	Xianning	468.7	559.0	703.5	194	柳州	Liuzhou	2436.6	3077.1	4130.9	49
随州	Suizhou	456.3	529.5	576.0	209	桂林	Guilin	1297.0	1460.1	1654.0	107
湖南	**Hunan**	**27680.3**	**32795.7**	**36412.2**		梧州	Wuzhou	226.7	259.1	839.3	176
长沙	Changsha	15052.2	18294.6	19728.7	7	北海	Beihai	329.5	529.5	301.1	253
株洲	Zhuzhou	1486.2	1681.9	1927.7	89	防城港	Fangchenggang	223.5	401.1	344.1	241
湘潭	Xiangtan	1545.4	1514.5	1755.0	100	钦州	Qinzhou	660.9	586.8	933.4	166
衡阳	Hengyang	1816.3	2343.0	2581.2	71	贵港	Guigang	233.0	319.3	363.8	238
邵阳	Shaoyang	1555.5	1738.2	2064.3	84	玉林	Yulin	1378.5	1458.5	1294.1	129
岳阳	Yueyang	984.0	1113.5	1151.6	139	百色	Baise	187.0	220.2	197.2	265

12-4 建筑业企业房屋建筑施工面积 续表 3
Floor Space of Buildings Under Construction continued 3

单位：万平方米 (10 000 sq.m)

地名	City	2010	2011	2012	2012 排名 Ranking
贺州	Hezhou	170.9	70.0	92.0	281
河池	Hechi	368.0	419.8	314.1	251
来宾	Laibin	107.5	152.1	677.3	196
崇左	Chongzuo	76.4	82.8	75.1	283
海南	**Hainan**	**1429.7**	**2735.9**	**2281.2**	
海口	Haikou	1122.7	2459.8	1942.4	88
三亚	Sanya	56.9	73.9	75.0	284
重庆	**Chongqing**	**19489.4**	**21976.2**	**26269.7**	
四川	**Sichuan**	**29440.8**	**34738.4**	**38550.9**	
成都	Chengdu	12668.8	15945.5	17266.4	10
自贡	Zigong	859.3	1048.8	1033.5	153
攀枝花	Panzhihua	240.4	403.2	466.3	226
泸州	Luzhou	1887.5	1953.2	2544.4	72
德阳	Deyang	1539.9	1923.5	1886.0	91
绵阳	Mianyang	1663.4	1758.4	1947.9	87
广元	Guangyuan	439.2	565.6	513.8	215
遂宁	Suining	1017.6	1035.9	1025.6	155
内江	Neijiang	876.3	898.1	933.3	167
乐山	Leshan	781.5	779.9	751.2	190
南充	Nanchong	1971.9	2101.1	2539.0	73
眉山	Meishan	715.5	877.2	945.0	165
宜宾	Yibin	856.1	954.5	1075.2	144
广安	Guangan	939.1	844.4	1054.3	149
达州	Dazhou	1284.7	1434.9	1855.0	94
雅安	Yaan	111.5	111.4	138.8	274
巴中	Bazhong	675.6	1072.3	1318.7	127
资阳	Ziyang	620.6	783.8	955.6	164
贵州	**Guizhou**	**5756.4**	**6779.4**	**8257.7**	
贵阳	Guiyang	3471.8	4390.3	5644.0	39
六盘水	Liupanshui	96.2	125.0	115.0	279
遵义	Zunyi	1003.6	980.4	1004.0	157
安顺	Anshun	103.8	127.0	129.0	275
毕节	Bijie	83.0	108.3	83.0	282
铜仁	Tongren	177.1	216.1	215.0	263
云南	**Yunnan**	**8872.3**	**10452.7**	**13374.0**	
昆明	Kunming	3547.5	5861.7	7896.3	28
曲靖	Qujing	915.8	932.5	1056.1	148
玉溪	Yuxi	375.1	487.6	661.9	198
保山	Baoshan	203.3	287.0	287.8	257
昭通	Zhaotong	230.9	342.7	325.1	250
丽江	Lijiang	168.3	171.5	192.0	267
普洱	Puer	367.6	241.6	311.0	252
临沧	Lincang	378.8	175.8	292.8	255
西藏	**Tibet**	**272.4**	**192.3**	**198.8**	
拉萨	Lhasa	174.5	111.0	119.9	278
陕西	**Shaanxi**	**11490.7**	**13934.2**	**17065.7**	
西安	Xi'an	4592.6	6183.0	7531.1	31
铜川	Tongchuan	223.2	304.5	326.6	248
宝鸡	Baoji	1997.4	1565.2	1757.0	99
咸阳	Xianyang	1442.8	1880.7	2310.6	78
渭南	Weinan	909.2	1104.9	1396.7	118
延安	Yan'an	342.9	410.5	503.4	217
汉中	Hanzhong	708.7	875.8	991.2	158
榆林	Yulin	551.4	649.4	931.6	168
安康	Ankang	315.2	464.3	599.7	205
商洛	Shangluo	321.0	412.3	588.4	207
甘肃	**Gansu**	**5032.6**	**5925.1**	**8165.9**	
兰州	Lanzhou	1841.9	2708.9	3283.2	59
嘉峪关	Jiayuguan	90.8	112.9	127.8	276
金昌	Jinchang	335.2	363.8	451.0	230
白银	Baiyin	248.3	255.3	338.1	243
天水	Tianshui	335.9	380.2	555.1	210
武威	Wuwei	159.4	209.7	492.9	221
张掖	Zhangye	149.0	218.2	418.9	232
平凉	Pingliang	352.8	259.9	495.3	220
酒泉	Jiuquan	277.3	324.2	512.8	216
庆阳	Qingyang	418.4	278.0	358.0	239
定西	Dingxi	447.6	431.4	603.7	204
陇南	Longnan	112.6	73.4	147.5	271
青海	**Qinghai**	**693.1**	**739.0**	**774.4**	
西宁	Xining	452.6	511.3	540.1	212
宁夏	**Ningxia**	**2596.9**	**3367.4**	**3736.8**	
银川	Yinchuan	1642.2	2138.7	2385.3	76
石嘴山	Shizuishan	324.5	396.4	400.2	235
吴忠	Wuzhong	362.0	475.2	481.9	224
固原	Guyuan	85.7	140.5	143.0	272
中卫	Zhongwei	182.6	216.7	326.5	249
新疆	**Xinjiang**	**6620.1**	**8947.7**	**11026.5**	
乌鲁木齐	Urumqi	1764.6	2371.2	3144.6	62
克拉玛依	Karamay	106.9	179.9	329.5	246

12-5 建筑业企业房屋建筑竣工面积
Floor Space of Buildings Completed in Construction

单位：万平方米 （10 000 sq.m）

地名	City	2010	2011	2012	2012 排名 Ranking
全国	**Nation Total**	**277450.2**	**316429.3**	**358736.2**	
北京	**Beijing**	**5933.2**	**6455.5**	**8406.2**	
天津	**Tianjin**	**2419.2**	**2637.6**	**2876.7**	
河北	**Hebei**	**9100.9**	**10641.8**	**12419.9**	
石家庄	Shijiazhuang	1155.6	1372.2	1619.7	46
唐山	Tangshan	1156.4	1239.7	1362.4	54
秦皇岛	Qinhuangdao	427.9	389.0	454.9	159
邯郸	Handan	847.4	1001.2	1359.2	55
邢台	Xingtai	413.2	415.0	529.4	146
保定	Baoding	2108.6	2418.4	3058.8	23
张家口	Zhangjiakou	812.0	1056.9	962.3	83
承德	Chengde	396.9	473.6	429.0	166
沧州	Cangzhou	726.6	848.4	1035.5	74
廊坊	Langfang	754.2	948.8	1125.9	67
衡水	Hengshui	302.2	478.6	482.9	152
山西	**Shanxi**	**2585.4**	**2537.8**	**3161.7**	
太原	Taiyuan	843.7	935.0	1270.7	58
大同	Datong	230.1	201.7	227.6	218
阳泉	Yangquan	131.4	127.9	154.5	247
长治	Changzhi	218.5	188.9	317.9	195
晋城	Jincheng	131.9	101.9	118.6	257
朔州	Shuozhou	94.3	102.6	93.1	265
晋中	Jinzhong	151.2	146.1	187.6	231
运城	Yuncheng	285.6	268.5	286.6	203
忻州	Xinzhou	181.1	168.5	181.6	236
临汾	Linfen	163.7	190.0	197.0	227
吕梁	Luliang	153.9	106.8	126.7	254
内蒙古	**Inner Mongolia**	**3805.2**	**4064.8**	**3659.0**	
呼和浩特	Hohhot	374.4	515.7	526.1	147
包头	Baotou	431.4	507.1	552.1	140
乌海	Wuhai	187.9	267.1	179.8	238
赤峰	Chifeng	781.6	821.7	699.7	118
通辽	Tongliao	248.7	394.5	257.4	209
鄂尔多斯	Erdos	651.0	555.9	490.1	151
呼伦贝尔	Hulunbuir	326.4	365.4	306.7	198
巴彦淖尔	Bayannur	290.9	304.5	198.5	225
乌兰察布	Ulanqab	134.3	171.8	177.3	239
辽宁	**Liaoning**	**13003.3**	**16692.1**	**17465.4**	
沈阳	Shenyang	1839.5	2332.6	2349.2	30
大连	Dalian	4209.2	3834.6	5287.9	10
鞍山	Anshan	937.7	1027.5	1243.7	61
抚顺	Fushun	869.3	947.6	911.4	89
本溪	Benxi	453.0	595.8	634.0	126
丹东	Dandong	380.4	313.7	626.2	128
锦州	Jinzhou	645.3	559.2	1005.3	80
营口	Yingkou	626.1	891.2	841.5	98
阜新	Fuxin	235.4	296.4	552.3	139
辽阳	Liaoyang	342.8	355.6	535.5	143
盘锦	Panjin	369.7	3474.2	535.5	143
铁岭	Tieling	979.6	977.6	1087.5	69
朝阳	Chaoyang	654.1	616.5	1089.7	68
葫芦岛	Huludao	461.1	469.7	766.6	111
吉林	**Jilin**	**4272.9**	**4194.6**	**6026.6**	
长春	Changchun	1634.6	1284.2	2140.0	35
吉林	Jilin	332.1	584.0	809.0	104
四平	Siping	303.0	330.4	381.3	179
辽源	Liaoyuan	121.0	233.6	239.6	214
通化	Tonghua	734.3	443.9	578.8	134
白山	Baishan	128.6	132.5	283.7	204
松原	Songyuan	609.0	730.4	1022.8	76
白城	Baicheng	79.0	102.3	123.1	255
黑龙江	**Heilongjiang**	**3619.9**	**4438.3**	**4340.8**	
哈尔滨	Harbin	1356.1	1871.8	1759.8	40
齐齐哈尔	Qiqihar	237.7	219.6	246.6	212
鸡西	Jixi	131.1	135.4	118.3	259
鹤岗	Hegang	120.4	93.7	136.4	252
双鸭山	Shuangyashan	84.2	134.2	117.7	260
大庆	Daqing	267.6	210.1	182.6	234
伊春	Yichun	136.2	165.0	144.6	249
佳木斯	Jiamusi	369.5	423.1	393.6	176
七台河	Qitaihe	59.6	76.1	54.7	280
牡丹江	Mudanjiang	300.8	366.4	435.3	163
黑河	Heihe	124.9	179.2	198.3	226
绥化	Suihua	369.9	459.3	454.2	160
上海	**Shanghai**	**6217.1**	**5984.7**	**6476.1**	
江苏	**Jiangsu**	**48560.1**	**54650.2**	**61241.7**	

12-5 建筑业企业房屋建筑竣工面积 续表 1
Floor Space of Buildings Completed in Construction continued 1

单位：万平方米 (10 000 sq.m)

地名	City	2010	2011	2012	2012 排名 Ranking
南京	Nanjing	3962.7	4288.4	5065.7	13
无锡	Wuxi	1894.5	1864.7	1852.8	39
徐州	Xuzhou	2530.6	2584.8	3247.3	21
常州	Changzhou	2659.1	2849.5	3067.9	22
苏州	Suzhou	3344.2	3945.1	4067.1	15
南通	Nantong	10912.2	12783.2	16294.8	2
连云港	Lianyungang	1454.5	1653.8	1584.5	51
淮安	Huaian	3127.2	3411.0	3316.2	19
盐城	Yancheng	3120.4	4065.0	3979.2	17
扬州	Yangzhou	6749.3	7010.3	7507.0	7
镇江	Zhenjiang	653.3	915.2	772.9	109
泰州	Taizhou	6755.3	7451.7	8317.7	6
宿迁	Suqian	1396.7	1827.4	2168.6	34
浙江	**Zhejiang**	**45099.2**	**51151.8**	**55467.8**	
杭州	Hangzhou	8219.9	8556.1	8388.4	5
宁波	Ningbo	4585.7	5179.6	6056.6	8
温州	Wenzhou	1942.9	2137.6	2207.2	33
嘉兴	Jiaxing	2334.6	2870.4	2976.7	24
湖州	Huzhou	1419.0	1740.5	1611.9	48
绍兴	Shaoxing	13575.0	16589.7	18047.2	1
金华	Jinhua	6593.3	7452.8	8723.3	4
衢州	Quzhou	1063.8	1330.2	1305.8	57
舟山	Zhoushan	297.1	289.5	396.1	174
台州	Taizhou	4445.4	4402.7	5191.9	12
丽水	Lishui	622.6	602.7	562.7	136
安徽	**Anhui**	**10512.4**	**11897.8**	**13346.2**	
合肥	Hefei	3290.2	4410.3	5470.2	9
芜湖	Wuhu	858.2	940.0	1021.5	77
蚌埠	Bengbu	432.8	440.1	565.1	135
淮南	Huainan	328.5	364.3	141.8	250
马鞍山	Maanshan	559.6	783.2	780.1	108
淮北	Huaibei	145.2	150.7	156.1	246
铜陵	Tongling	244.6	275.4	290.9	200
安庆	Anqing	960.9	949.0	1047.4	72
黄山	Huangshan	294.8	293.9	316.9	196
滁州	Chuzhou	640.1	608.8	725.0	114
阜阳	Fuyang	368.7	454.0	435.3	163
宿州	Suzhou	336.6	360.2	412.8	170
六安	Liuan	842.7	922.8	1000.7	81
亳州	Bozhou	142.1	137.6	176.4	240
池州	Chizhou	273.0	349.8	376.4	181
宣城	Xuancheng	367.8	457.7	429.5	165
福建	**Fujian**	**9095.8**	**10943.8**	**12343.8**	
福州	Fuzhou	2875.5	3731.7	4044.1	16
厦门	Xiamen	1177.8	1332.4	1226.6	64
莆田	Putian	345.8	537.0	803.2	106
三明	Sanming	508.3	752.8	1082.2	70
泉州	Quanzhou	2207.3	2154.7	2332.1	31
漳州	Zhangzhou	633.8	710.7	952.6	84
南平	Nanping	157.3	227.0	246.8	211
龙岩	Longyan	895.5	1149.0	1252.3	59
宁德	Ningde	294.5	348.5	403.9	173
江西	**Jiangxi**	**6488.1**	**7813.2**	**10148.8**	
南昌	Nanchang	2167.6	2837.2	3284.5	20
景德镇	Jingdezhen	140.4	127.1	136.6	251
萍乡	Pingxiang	179.5	242.1	202.5	223
九江	Jiujiang	759.4	714.8	1013.3	78
新余	Xinyu	212.1	187.0	330.3	191
鹰潭	Yingtan	96.6	187.3	304.3	199
赣州	Ganzhou	353.4	436.6	616.0	130
吉安	Jian	496.7	674.4	821.7	101
宜春	Yichun	640.2	758.6	998.0	82
抚州	Fuzhou	654.9	686.9	813.1	103
上饶	Shangrao	787.3	961.3	1628.6	45
山东	**Shandong**	**19179.7**	**19278.7**	**21526.9**	
济南	Jinan	1305.6	1229.9	1637.7	44
青岛	Qingdao	2158.3	1717.5	2027.4	37
淄博	Zibo	1799.9	2212.8	2641.1	27
枣庄	Zaozhuang	778.3	874.4	860.5	94
东营	Dongying	440.1	482.4	467.6	156
烟台	Yantai	1814.5	1695.7	1730.6	42
潍坊	Weifang	2133.3	2238.9	2417.5	29
济宁	Jining	1293.4	1213.1	1381.5	53
泰安	Taian	2322.7	2074.2	2209.0	32
威海	Weihai	831.6	964.2	929.8	88
日照	Rizhao	316.0	458.5	517.0	150
莱芜	Laiwu	221.3	290.6	354.1	184
临沂	Linyi	1540.4	1397.6	1618.5	47
德州	Dezhou	516.9	688.5	662.5	123
聊城	Liaocheng	561.8	596.6	682.2	121

12-5 建筑业企业房屋建筑竣工面积 续表 2
Floor Space of Buildings Completed in Construction continued 2

单位：万平方米 （10 000 sq.m）

地名	City	2010	2011	2012	2012 排名 Ranking	地名	City	2010	2011	2012	2012 排名 Ranking
滨州	Binzhou	348.3	391.5	630.6	127	常德	Changde	566.3	564.8	641.9	125
菏泽	Heze	797.2	752.3	768.2	110	张家界	Zhangjiajie	129.8	145.1	121.5	256
河南	**Henan**	**13156.0**	**15146.8**	**16397.6**		益阳	Yiyang	281.3	409.3	520.2	149
郑州	Zhengzhou	2601.7	3413.5	3667.8	18	郴州	Chenzhou	400.5	512.2	675.1	122
开封	Kaifeng	524.1	453.8	539.3	142	永州	Yongzhou	622.4	668.0	846.4	96
洛阳	Luoyang	954.1	1234.9	1602.2	49	怀化	Huaihua	207.6	350.6	348.8	185
平顶山	Pingdingshan	270.7	359.8	360.0	183	娄底	Loudi	303.9	342.2	427.0	167
安阳	Anyang	1862.0	1934.5	2097.8	36	**广东**	**Guangdong**	**10163.6**	**12420.8**	**13485.4**	
鹤壁	Hebi	151.4	147.0	173.3	241	广州	Guangzhou	1509.2	1597.0	2859.3	25
新乡	Xinxiang	1087.1	1344.3	1220.7	65	韶关	Shaoguan	294.2	460.2	821.2	102
焦作	Jiaozuo	347.7	320.3	380.2	180	深圳	Shenzhen	1426.2	2314.0	1743.8	41
濮阳	Puyang	456.9	484.4	540.5	141	珠海	Zhuhai	273.2	298.8	336.9	188
许昌	Xuchang	414.9	410.9	449.7	161	汕头	Shantou	637.0	861.7	851.1	95
漯河	Luohe	257.9	272.4	252.3	210	佛山	Foshan	1007.7	1232.0	1059.7	71
三门峡	Sanmenxia	180.2	170.3	200.8	224	江门	Jiangmen	582.2	730.1	324.5	194
南阳	Nanyang	704.3	802.8	715.7	116	湛江	Zhanjiang	636.0	697.5	270.8	207
商丘	Shangqiu	813.2	919.0	1038.5	73	茂名	Maoming	745.4	1021.8	1243.5	62
信阳	Xinyang	1043.1	1103.2	1234.4	63	肇庆	Zhaoqing	253.9	269.2	288.4	201
周口	Zhoukou	771.7	887.7	945.6	87	惠州	Huizhou	300.0	327.8	555.1	137
驻马店	Zhumadian	618.1	758.3	803.8	105	梅州	Meizhou	494.3	530.8	164.7	244
湖北	**Hubei**	**2558.9**	**16468.1**	**20397.3**		汕尾	Shanwei	103.7	115.5	367.4	182
武汉	Wuhan	5701.9	8113.3	9223.5	3	河源	Heyuan	136.9	161.1	475.2	153
黄石	Huangshi	566.6	840.0	904.2	90	阳江	Yangjiang	316.9	266.7	798.7	107
十堰	Shiyan	233.5	277.9	411.4	172	清远	Qingyuan	304.1	315.8	276.9	205
宜昌	Yichang	488.6	555.8	885.9	92	东莞	Dongguan	312.0	403.9	93.7	264
襄阳	Xiangfan	756.8	922.1	1422.1	52	中山	ZhongShan	279.1	287.6	389.0	178
鄂州	Ezhou	390.0	389.0	395.6	175	潮州	Chaozhou	82.1	93.8	110.2	262
荆门	Jingmen	264.0	296.5	330.3	191	揭阳	Jieyang	391.5	340.7	342.1	186
孝感	Xiaogan	911.2	1129.9	1596.4	50	云浮	Yunfu	78.7	94.9	113.0	261
荆州	Jingzhou	594.5	673.7	740.6	113	**广西**	**Guangxi**	**4093.8**	**4670.2**	**5028.7**	
黄冈	Huanggang	1841.5	1930.9	2730.9	26	南宁	Nanning	971.6	1294.9	1131.1	66
咸宁	Xianning	272.9	379.5	464.6	158	柳州	Liuzhou	661.7	761.1	228.2	217
随州	Suizhou	317.6	364.7	335.6	190	桂林	Guilin	457.2	470.4	445.0	162
湖南	**Hunan**	**10573.4**	**11777.7**	**13398.8**		梧州	Wuzhou	114.4	109.4	87.0	269
长沙	Changsha	4267.6	4448.8	5005.6	14	北海	Beihai	100.6	260.6	182.3	235
株洲	Zhuzhou	693.3	802.0	1007.6	79	防城港	Fangchenggang	149.2	193.3	234.1	216
湘潭	Xiangtan	545.9	730.2	696.1	119	钦州	Qinzhou	293.9	315.2	470.1	155
衡阳	Hengyang	874.1	1064.4	1249.0	60	贵港	Guigang	154.0	228.9	242.0	213
邵阳	Shaoyang	790.1	835.9	889.4	91	玉林	Yulin	727.8	636.9	719.4	115
岳阳	Yueyang	827.4	825.7	880.1	93	百色	Baise	107.1	119.6	131.4	253

12-5 建筑业企业房屋建筑竣工面积 续表 3
Floor Space of Buildings Completed in Construction continued 3

单位：万平方米 （10 000 sq.m）

地名	City	2010	2011	2012	2012 排名 Ranking
贺州	Hezhou	19.3	46.0	54.8	279
河池	Hechi	192.1	206.3	45.3	282
来宾	Laibin	90.3	102.1	89.0	267
崇左	Chongzuo	60.5	57.1	58.3	276
海南	**Hainan**	**508.7**	**583.5**	**811.8**	
海口	Haikou	366.0	438.2	585.1	132
三亚	Sanya	40.6	31.6	57.0	278
重庆	**Chongqing**	**8292.0**	**8989.6**	**11601.8**	
四川	**Sichuan**	**12086.3**	**13663.1**	**15750.0**	
成都	Chengdu	3726.6	4864.4	5192.9	11
自贡	Zigong	393.5	450.3	466.3	157
攀枝花	Panzhihua	90.9	71.5	95.9	263
泸州	Luzhou	1086.3	1056.9	1337.9	56
德阳	Deyang	636.4	676.5	644.3	124
绵阳	Mianyang	642.7	680.5	691.9	120
广元	Guangyuan	175.7	211.3	224.1	219
遂宁	Suining	572.5	560.4	592.6	131
内江	Neijiang	405.8	406.5	416.1	169
乐山	Leshan	412.6	372.2	393.4	177
南充	Nanchong	1029.0	1101.6	1651.0	43
眉山	Meishan	428.4	479.3	529.5	145
宜宾	Yibin	442.0	523.4	619.9	129
广安	Guangan	506.9	390.2	553.2	138
达州	Dazhou	785.3	679.4	831.4	100
雅安	Yaan	68.1	71.9	81.6	272
巴中	Bazhong	274.2	469.8	746.0	112
资阳	Ziyang	296.1	457.9	522.7	148
贵州	**Guizhou**	**1349.7**	**1530.4**	**1863.3**	
贵阳	Guiyang	631.8	698.1	1028.0	75
六盘水	Liupanshui	47.7	53.6	48.0	281
遵义	Zunyi	243.8	361.0	330.0	193
安顺	Anshun	42.1	26.6	41.0	284
毕节	Bijie	43.0	52.1	58.0	277
铜仁	Tongren	101.2	91.8	80.0	274
云南	**Yunnan**	**4393.4**	**4444.9**	**5919.4**	
昆明	Kunming	590.8	2122.0	2552.0	28
曲靖	Qujing	552.8	511.0	710.0	117
玉溪	Yuxi	237.3	233.1	336.4	189
保山	Baoshan	159.7	184.6	188.5	230
昭通	Zhaotong	186.1	165.1	264.5	208
丽江	Lijiang	87.4	121.7	149.0	248
普洱	Puer	170.8	119.7	168.0	242
临沧	Lincang	186.2	97.9	192.0	228
西藏	**Tibet**	**151.8**	**120.6**	**138.2**	
拉萨	Lhasa	53.8	66.8	80.7	273
陕西	**Shaanxi**	**3781.3**	**5896.0**	**5386.7**	
西安	Xi'an	1391.9	2610.8	1985.3	38
铜川	Tongchuan	38.8	54.2	63.4	275
宝鸡	Baoji	617.3	491.9	583.7	133
咸阳	Xianyang	429.2	616.8	838.9	99
渭南	Weinan	323.0	919.8	472.5	154
延安	Yan'an	102.6	184.7	118.5	258
汉中	Hanzhong	267.0	312.3	337.0	187
榆林	Yulin	263.5	291.6	423.0	168
安康	Ankang	115.7	138.7	211.3	220
商洛	Shangluo	190.5	245.3	315.8	197
甘肃	**Gansu**	**2013.9**	**2409.8**	**3227.4**	
兰州	Lanzhou	458.4	720.0	843.6	97
嘉峪关	Jiayuguan	48.5	50.6	84.5	271
金昌	Jinchang	180.4	132.0	180.8	237
白银	Baiyin	113.7	165.5	159.1	245
天水	Tianshui	134.0	162.1	208.4	221
武威	Wuwei	110.9	142.8	287.9	202
张掖	Zhangye	80.9	123.2	185.6	233
平凉	Pingliang	191.4	157.9	272.8	206
酒泉	Jiuquan	195.5	254.6	411.6	171
庆阳	Qingyang	203.0	158.5	190.2	229
定西	Dingxi	95.4	124.8	206.7	222
陇南	Longnan	44.8	46.2	45.0	283
青海	**Qinghai**	**273.2**	**323.8**	**344.1**	
西宁	Xining	170.0	186.0	186.3	232
宁夏	**Ningxia**	**1076.4**	**1385.8**	**1524.2**	
银川	Yinchuan	649.6	878.8	948.8	85
石嘴山	Shizuishan	111.8	175.7	165.5	243
吴忠	Wuzhong	179.7	187.9	238.5	215
固原	Guyuan	35.7	73.9	89.1	266
中卫	Zhongwei	99.6	69.5	86.2	270
新疆	**Xinjiang**	**2891.5**	**3465.5**	**4554.0**	
乌鲁木齐	Urumqi	667.1	650.1	946.0	86
克拉玛依	Karamay	25.4	58.0	87.6	268

13

运输和邮电

Transport, Postal and Telecommunication Services

13-1 公路里程
Length of Highways

单位：公里 (km)

地名	City	2010	2011	2012	2012 排名 Ranking	地名	City	2010	2011	2012	2012 排名 Ranking
全国	**Nation Total**	**4008229**	**4106387**	**4237508**		沈阳	Shenyang	11757.0	12056.6	11909.4	132
北京	**Beijing**	**21114.0**	**21347.1**	**21492.0**		大连	Dalian	11493.0	11802.6	11760.4	136
天津	**Tianjin**	**14832.0**	**15163.0**	**15391.0**		鞍山	Anshan	7048.0	7297.2	7271.0	207
河北	**Hebei**	**154344.0**	**156964.7**	**163045.0**		抚顺	Fushun	5827.0	5951.9	6023.7	234
石家庄	Shijiazhuang	15410.0	15768.7	16281.7	70	本溪	Benxi	3916.0	3981.8	4076.4	255
唐山	Tangshan	13855.0	14124.3	14532.9	99	丹东	Dandong	7310.0	7440.0	7593.4	199
秦皇岛	Qinhuangdao	8572.0	8620.4	8774.5	182	锦州	Jinzhou	7035.0	7192.6	7219.2	209
邯郸	Handan	13857.0	14137.8	14710.6	93	营口	Yingkou	3896.0	3982.6	4099.1	254
邢台	Xingtai	13735.0	14100.0	15639.1	79	阜新	Fuxin	6034.0	6293.9	6317.1	230
保定	Baoding	17857.0	18106.0	19007.8	45	辽阳	Liaoyang	3236.0	3336.3	3352.9	264
张家口	Zhangjiakou	19225.0	19366.2	19606.2	38	盘锦	Panjin	3291.0	3372.4	3392.2	263
承德	Chengde	18804.0	19014.5	19369.2	42	铁岭	Tieling	10337.0	10548.0	10673.9	150
沧州	Cangzhou	13233.0	13543.1	14303.5	100	朝阳	Chaoyang	13837.0	14062.3	14069.9	106
廊坊	Langfang	9005.0	9294.4	9492.9	172	葫芦岛	Huludao	6529.0	6708.2	6920.0	213
衡水	Hengshui	10791.0	10889.4	11326.4	142	**吉林**	**Jilin**	**90437.0**	**91754.0**	**93208.0**	
山西	**Shanxi**	**131644.0**	**134808.1**	**137771.0**		长春	Changchun	20500.0	20842.0	21665.8	25
太原	Taiyuan	6181.0	6747.7	7009.5	211	吉林	Jilin	14479.0	14631.0	14673.6	95
大同	Datong	11969.0	12395.0	12515.1	124	四平	Siping	8741.0	8793.0	8896.3	180
阳泉	Yangquan	5367.0	5484.7	5599.7	238	辽源	Liaoyuan	4137.0	4205.0	4236.9	251
长治	Changzhi	10706.0	10953.3	11183.9	144	通化	Tonghua	6292.0	6427.0	6515.0	224
晋城	Jincheng	8447.0	8631.3	8757.1	184	白山	Baishan	6375.0	6510.0	6531.6	222
朔州	Shuozhou	9551.0	9785.0	10056.6	161	松原	Songyuan	11859.0	11885.0	11944.9	131
晋中	Jinzhong	14562.0	14963.5	15330.6	86	白城	Baicheng	9320.0	9606.0	9798.2	166
运城	Yuncheng	15109.0	15305.1	15509.1	82	**黑龙江**	**Heilongjiang**	**151945.0**	**155591.8**	**159063.0**	
忻州	Xinzhou	16650.0	16892.5	17280.4	62	哈尔滨	Harbin	19154.0	19776.2	20426.7	32
临汾	Linfen	17105.0	17389.6	17816.3	57	齐齐哈尔	Qiqihar	18851.0	19274.8	19919.0	36
吕梁	Luliang	15996.0	16260.4	16712.7	67	鸡西	Jixi	5336.0	5285.2	5705.0	236
内蒙古	**Inner Mongolia**	**157994.0**	**160995.0**	**163763.0**		鹤岗	Hegang	2462.0	2481.5	2496.2	271
呼和浩特	Hohhot	6560.0	6606.0	6723.0	220	双鸭山	Shuangyashan	3756.0	3753.5	3674.2	260
包头	Baotou	6745.0	6851.7	6862.0	215	大庆	Daqing	7769.0	7903.8	8026.5	191
乌海	Wuhai	868.0	803.0	890.0	282	伊春	Yichun	2146.0	2226.6	2301.0	273
赤峰	Chifeng	22873.0	23307.0	23825.0	14	佳木斯	Jiamusi	9235.0	9264.6	9301.7	174
通辽	Tongliao	17284.0	18002.4	18140.0	51	七台河	Qitaihe	1643.0	1770.5	1770.5	276
鄂尔多斯	Erdos	16961.0	17682.0	17822.0	56	牡丹江	Mudanjiang	7293.0	7700.0	7921.8	193
呼伦贝尔	Hulunbuir	19663.0	20236.0	20788.0	29	黑河	Heihe	8819.0	9045.1	9118.6	177
巴彦淖尔	Bayannur	19818.0	19839.0	20068.0	35	绥化	Suihua	17423.0	17756.6	18547.6	48
乌兰察布	Ulanqab	12334.0	13147.0	12682.0	119	**上海**	**Shanghai**	**16687.0**	**16792.0**	**12541.0**	
辽宁	**Liaoning**	**101545.0**	**104026.3**	**105562.0**		**江苏**	**Jiangsu**	**150307.0**	**152247.0**	**154118.0**	

13-1 公路里程 续表 1
Length of Highways continued 1

单位：公里 (km)

地名	City	2010	2011	2012	2012 排名 Ranking
南京	Nanjing	10749.0	10861.0	11028.9	145
无锡	Wuxi	7628.0	7632.0	7638.0	198
徐州	Xuzhou	16175.0	16199.0	16278.3	71
常州	Changzhou	8348.0	8446.0	8677.2	186
苏州	Suzhou	12296.0	12415.0	12477.0	126
南通	Nantong	17474.0	17789.0	17914.5	55
连云港	Lianyungang	11224.0	11313.0	11506.0	139
淮安	Huaian	11804.0	12458.0	12801.0	117
盐城	Yancheng	18415.0	18564.0	18807.0	47
扬州	Yangzhou	10231.0	10245.0	10319.9	157
镇江	Zhenjiang	6936.0	7015.0	7068.5	210
泰州	Taizhou	8696.0	8894.0	9003.9	178
宿迁	Suqian	10332.0	10416.0	10597.0	154
浙江	**Zhejiang**	**110177.0**	**111776.0**	**113550.0**	
杭州	Hangzhou	15266.0	15089.0	15746.9	77
宁波	Ningbo	9884.0	10439.0	10660.8	151
温州	Wenzhou	13965.0	14084.8	14122.0	105
嘉兴	Jiaxing	7669.0	7758.0	7863.2	194
湖州	Huzhou	7890.0	7987.8	8110.9	188
绍兴	Shaoxing	9281.0	9480.0	9587.2	169
金华	Jinhua	11512.0	11608.0	11861.7	133
衢州	Quzhou	7484.0	7624.6	7822.9	195
舟山	Zhoushan	1706.0	1721.0	1801.7	275
台州	Taizhou	11267.0	11528.0	11688.1	137
丽水	Lishui	13940.0	14130.0	14284.8	101
安徽	**Anhui**	**149382.0**	**149535.0**	**165157.0**	
合肥	Hefei	8512.0	14965.0	16907.0	65
芜湖	Wuhu	4809.0	8795.0	9534.0	170
蚌埠	Bengbu	6493.0	6493.0	6520.0	223
淮南	Huainan	4180.0	4180.0	4200.0	252
马鞍山	Maanshan	2223.0	5095.0	6958.0	212
淮北	Huaibei	3560.0	3560.0	3621.0	261
铜陵	Tongling	1555.0	1555.0	1555.0	279
安庆	Anqing	14956.0	14956.0	15024.0	89
黄山	Huangshan	5509.0	5541.0	5645.0	237
滁州	Chuzhou	14538.0	14539.0	17238.0	63
阜阳	Fuyang	11382.0	11384.0	11384.0	141
宿州	Suzhou	12612.0	12612.0	12612.0	122
六安	Liuan	16200.0	16219.0	24306.0	12
亳州	Bozhou	10803.0	10843.0	10843.0	148
池州	Chizhou	6828.0	6828.0	6833.0	216
宣城	Xuancheng	11956.0	11970.0	11978.0	130
福建	**Fujian**	**91015.0**	**92322.0**	**94661.0**	
福州	Fuzhou	10234.0	10371.0	10625.0	152
厦门	Xiamen	1865.0	1871.0	1924.0	274
莆田	Putian	5552.0	5804.0	6066.0	233
三明	Sanming	13661.0	14017.0	14250.0	102
泉州	Quanzhou	14253.0	14350.0	14700.0	94
漳州	Zhangzhou	10105.0	10196.0	10263.0	159
南平	Nanping	13663.0	13733.0	14132.0	104
龙岩	Longyan	12161.0	12337.0	12620.0	121
宁德	Ningde	9521.0	9644.0	10081.0	160
江西	**Jiangxi**	**140634.0**	**146631.7**	**150595.0**	
南昌	Nanchang	9748.0	10272.6	10853.0	147
景德镇	Jingdezhen	4118.0	4293.0	4595.0	246
萍乡	Pingxiang	6069.0	6452.6	6817.0	217
九江	Jiujiang	17678.0	18206.4	18970.0	46
新余	Xinyu	4007.0	4130.5	4317.0	250
鹰潭	Yingtan	3633.0	3798.7	4015.0	256
赣州	Ganzhou	25709.0	26537.7	28160.0	2
吉安	Jian	20041.0	20729.3	21717.0	23
宜春	Yichun	16428.0	17189.5	17761.0	58
抚州	Fuzhou	12657.0	13205.6	13949.0	107
上饶	Shangrao	17774.0	18528.7	19441.0	41
山东	**Shandong**	**229858.0**	**233189.3**	**244586.0**	
济南	Jinan	11611.0	11940.0	12296.8	127
青岛	Qingdao	16181.0	16234.8	16221.0	72
淄博	Zibo	10317.0	10486.0	10600.8	153
枣庄	Zaozhuang	6960.0	7003.5	7533.7	201
东营	Dongying	8111.0	8278.2	8482.5	187
烟台	Yantai	14516.0	14834.1	15934.2	74
潍坊	Weifang	23181.0	23694.5	24456.1	11
济宁	Jining	15613.0	16257.0	17439.8	60
泰安	Taian	13759.0	13927.2	14208.0	103
威海	Weihai	6720.0	6768.8	6899.0	214
日照	Rizhao	6499.0	6672.5	7501.1	202
莱芜	Laiwu	3557.0	3600.1	3892.7	257
临沂	Linyi	22316.0	22621.4	24112.1	13
德州	Dezhou	20744.0	20827.1	21435.7	27
聊城	Liaocheng	14699.0	14915.2	16581.5	69

13-1 公路里程 续表 2
Length of Highways continued 2

单位：公里　　　　　　　　　　　　　　　　　　　　　　　　　　　　　　　　（km）

地名	City	2010	2011	2012	2012 排名 Ranking
滨州	Binzhou	15029.0	14934.7	15619.2	81
菏泽	Heze	20043.0	20194.2	21371.8	28
河南	**Henan**	**245089.0**	**247587.0**	**249649.0**	
郑州	Zhengzhou	12284.0	10381.4	12695.2	118
开封	Kaifeng	8636.0	7171.0	8838.5	181
洛阳	Luoyang	17837.0	17949.2	18331.0	49
平顶山	Pingdingshan	13316.0	10844.0	13467.0	110
安阳	Anyang	11651.0	8205.0	11807.7	135
鹤壁	Hebi	4401.0	4442.6	4459.9	248
新乡	Xinxiang	12897.0	10999.4	13060.7	114
焦作	Jiaozuo	7316.0	7348.0	7365.5	204
濮阳	Puyang	6281.0	6407.8	6452.2	226
许昌	Xuchang	9161.0	9242.5	9286.8	175
漯河	Luohe	5226.0	5242.4	5249.9	240
三门峡	Sanmenxia	9348.0	9404.0	9511.9	171
南阳	Nanyang	37136.0	33628.3	38001.9	1
商丘	Shangqiu	22712.0	19683.0	23051.6	15
信阳	Xinyang	24207.0	21560.9	24691.4	10
周口	Zhoukou	21375.0	18573.7	21828.0	22
驻马店	Zhumadian	19080.0	17131.2	19265.4	44
湖北	**Hubei**	**206212.0**	**212746.0**	**218151.0**	
武汉	Wuhan	12561.0	15103.3	13337.0	111
黄石	Huangshi	4917.0	5611.1	5394.3	239
十堰	Shiyan	19977.0	22665.0	22036.0	21
宜昌	Yichang	25638.0	26191.0	26443.0	5
襄阳	Xiangfan	25364.0	25683.0	25972.0	6
鄂州	Ezhou	2913.0	3024.1	3099.0	265
荆门	Jingmen	10985.0	12522.0	11559.0	138
孝感	Xiaogan	11840.0	11481.0	12902.7	116
荆州	Jingzhou	18685.0	18204.0	19658.0	37
黄冈	Huanggang	23392.0	22144.6	24879.7	8
咸宁	Xianning	13029.0	13229.1	13547.5	109
随州	Suizhou	6887.0	7079.0	7245.0	208
湖南	**Hunan**	**227998.0**	**232190.0**	**234040.0**	
长沙	Changsha	15307.0	15438.2	15709.5	78
株洲	Zhuzhou	13466.0	13531.2	13563.4	108
湘潭	Xiangtan	7700.0	7784.1	7799.0	196
衡阳	Hengyang	20098.0	20569.0	20754.8	30
邵阳	Shaoyang	20923.0	21609.4	21704.7	24
岳阳	Yueyang	19786.0	20076.0	20184.7	34

地名	City	2010	2011	2012	2012 排名 Ranking
常德	Changde	22045.0	22160.2	22179.7	19
张家界	Zhangjiajie	8630.0	8739.7	8771.9	183
益阳	Yiyang	15665.0	15819.2	15825.5	76
郴州	Chenzhou	16701.0	16991.1	17398.8	61
永州	Yongzhou	22084.0	22601.6	22959.5	16
怀化	Huaihua	19784.0	19999.5	20192.2	33
娄底	Loudi	14416.0	14611.5	14619.2	97
广东	**Guangdong**	**190144.0**	**190724.0**	**194943.0**	
广州	Guangzhou	8975.0	9052.0	8997.1	179
韶关	Shaoguan	13753.0	13749.0	14767.4	91
深圳	Shenzhen	1617.0	1618.0	1659.1	277
珠海	Zhuhai	1395.0	1397.0	1448.4	280
汕头	Shantou	3805.0	3806.0	3802.3	258
佛山	Foshan	5214.0	5222.0	5206.6	241
江门	Jiangmen	9972.0	10010.0	10008.3	163
湛江	Zhanjiang	21491.0	21502.0	21489.4	26
茂名	Maoming	15609.0	15616.0	15637.6	80
肇庆	Zhaoqing	11260.0	11457.0	12611.1	123
惠州	Huizhou	10826.0	10893.0	10933.4	146
梅州	Meizhou	15860.0	15867.0	15882.2	75
汕尾	Shanwei	4864.0	4864.0	4863.6	244
河源	Heyuan	14721.0	14732.0	15250.7	88
阳江	Yangjiang	7454.0	7461.0	7465.2	203
清远	Qingyuan	18233.0	18238.0	18238.5	50
东莞	Dongguan	4751.0	4828.0	4968.6	243
中山	ZhongShan	1838.0	1903.0	2756.9	267
潮州	Chaozhou	5046.0	5046.0	5048.1	242
揭阳	Jieyang	6349.0	6353.0	6353.1	227
云浮	Yunfu	7111.0	7111.0	7556.0	200
广西	**Guangxi**	**101782.0**	**104889.0**	**107906.0**	
南宁	Nanning	10567.0	11527.0	11816.7	134
柳州	Liuzhou	7957.0	8013.2	8017.9	192
桂林	Guilin	11186.0	11287.0	11423.0	140
梧州	Wuzhou	4054.0	6009.0	6656.7	221
北海	Beihai	2414.0	2577.0	2486.0	272
防城港	Fangchenggang	2571.0	3319.7	2710.0	268
钦州	Qinzhou	5357.0	5616.6	5949.5	235
贵港	Guigang	6064.0	6069.0	6352.1	228
玉林	Yulin	8640.0	8765.7	9990.6	164
百色	Baise	13354.0	14289.9	14723.0	92

13-1 公路里程 续表 3
Length of Highways continued 3

单位：公里 (km)

地名	City	2010	2011	2012	2012 排名 Ranking
贺州	Hezhou	3746.0	3793.0	4530.3	247
河池	Hechi	7334.0	11611.0	12004.6	129
来宾	Laibin	5981.0	6086.9	6169.6	231
崇左	Chongzuo	6607.0	6647.8	6811.1	218
海南	**Hainan**	**21236.0**	**22916.0**	**24265.0**	
海口	Haikou	1994.0	3032.7	3078.3	266
三亚	Sanya	1089.0	1709.0	1650.0	278
重庆	**Chongqing**	**116949.0**	**118561.8**	**120728.0**	
四川	**Sichuan**	**266082.0**	**283268.3**	**293499.0**	
成都	Chengdu	20312.0	21313.7	22213.8	17
自贡	Zigong	5793.0	6013.2	6320.9	229
攀枝花	Panzhihua	4438.0	4597.9	4663.1	245
泸州	Luzhou	12089.0	12980.3	13097.8	113
德阳	Deyang	7459.0	7758.1	8073.9	189
绵阳	Mianyang	15377.0	18159.6	19446.1	40
广元	Guangyuan	14950.0	15557.9	17205.7	64
遂宁	Suining	8317.0	8626.2	8713.1	185
内江	Neijiang	9647.0	9795.9	10020.2	162
乐山	Leshan	8698.0	8984.1	9281.3	176
南充	Nanchong	19466.0	20283.3	20564.4	31
眉山	Meishan	7084.0	7279.3	7358.7	205
宜宾	Yibin	13276.0	16796.2	18031.6	53
广安	Guangan	9378.0	9641.3	9776.9	167
达州	Dazhou	18390.0	19112.1	19310.9	43
雅安	Yaan	5625.0	5932.7	6126.8	232
巴中	Bazhong	13745.0	15794.6	16070.2	73
资阳	Ziyang	11893.0	14431.0	14555.4	98
贵州	**Guizhou**	**151644.0**	**157820.0**	**164542.0**	
贵阳	Guiyang	8901.0	9215.5	9386.2	173
六盘水	Liupanshui	11652.0	11904.1	12061.6	128
遵义	Zunyi	22939.0	24024.7	24714.3	9
安顺	Anshun	9126.0	9228.2	9668.4	168
毕节	Bijie	23985.0	24894.9	27908.0	3
铜仁	Tongren	21248.0	21509.3	22176.6	20
云南	**Yunnan**	**209231.0**	**214524.0**	**219052.0**	
昆明	Kunming	16442.0	16963.0	17447.0	59
曲靖	Qujing	26671.0	20436.0	27726.0	4
玉溪	Yuxi	16452.0	16702.0	16594.0	68
保山	Baoshan	11712.0	12315.0	12631.0	120
昭通	Zhaotong	15554.0	15316.0	15277.0	87

地名	City	2010	2011	2012	2012 排名 Ranking
丽江	Lijiang	7605.0	6620.0	6768.0	219
普洱	Puer	19192.0	19176.0	19507.0	39
临沧	Lincang	14045.0	14475.0	14637.0	96
西藏	**Tibet**	**58249.0**	**63108.0**	**65198.0**	
拉萨	Lhasa	3417.0	3761.5		
陕西	**Shaanxi**	**147461.0**	**151986.0**	**161411.0**	
西安	Xi'an	12575.0	12599.0	13127.1	112
铜川	Tongchuan	3521.0	3560.0	3706.6	259
宝鸡	Baoji	14255.0	14676.0	15002.8	90
咸阳	Xianyang	15201.0	15327.0	15402.8	84
渭南	Weinan	17716.0	17764.0	18072.8	52
延安	Yan'an	14926.0	15727.0	16755.9	66
汉中	Hanzhong	15051.0	15974.0	17935.3	54
榆林	Yulin	22372.0	23393.0	25868.8	7
安康	Ankang	19973.0	20859.0	22181.5	18
商洛	Shangluo	11871.0	12107.0	12987.9	115
甘肃	**Gansu**	**118879.0**	**123696.0**	**131201.0**	
兰州	Lanzhou	6945.0	7209.5	7713.6	197
嘉峪关	Jiayuguan	614.0	677.7	688.6	283
金昌	Jinchang	2019.0	2188.6	2518.4	270
白银	Baiyin	9589.0	9728.8	11223.4	143
天水	Tianshui	10126.0	10241.9	10347.4	156
武威	Wuwei	9003.0	9112.3	10447.0	155
张掖	Zhangye	10582.0	10663.7	10830.2	149
平凉	Pingliang	9524.0	9650.2	9987.1	165
酒泉	Jiuquan	13458.0	15248.2	15458.1	83
庆阳	Qingyang	11289.0	11567.3	12484.9	125
定西	Dingxi	10122.0	10232.8	10273.7	158
陇南	Longnan	14460.0	14803.3	15400.1	85
青海	**Qinghai**	**62185.0**	**64280.0**	**65988.0**	
西宁	Xining	4291.0	4294.8	4320.0	249
宁夏	**Ningxia**	**22518.0**	**24506.0**	**26522.0**	
银川	Yinchuan			4153.1	253
石嘴山	Shizuishan		2429.0	2541.0	269
吴忠	Wuzhong			8044.1	190
固原	Guyuan		6605.0	7338.2	206
中卫	Zhongwei		6343.0	6502.8	225
新疆	**Xinjiang**	**152843.0**	**155150.0**	**165909.0**	
乌鲁木齐	Urumqi	3265.0	3425.7	3482.3	262
克拉玛依	Karamay	939.0	950.4	1002.9	281

13-2 等级公路里程
Length of Express-way and Class I to IV Highway

单位：公里 （km）

地名	City	2010	2011	2012	2012 排名 Ranking
全国	**Nation Total**	**3304709**	**3453590**	**3609600**	
北京	**Beijing**	**20921.0**	**21154.5**	**21299.0**	
天津	**Tianjin**	**14832.0**	**15163.0**	**15391.0**	
河北	**Hebei**	**146053.0**	**149056.6**	**155439.0**	
石家庄	Shijiazhuang	14198.0	14614.8	15137.4	61
唐山	Tangshan	13855.0	14124.3	14532.9	71
秦皇岛	Qinhuangdao	8572.0	8620.4	8774.5	160
邯郸	Handan	13319.0	13667.9	14264.8	78
邢台	Xingtai	12159.0	12581.6	14236.8	80
保定	Baoding	17614.0	17878.0	18793.6	24
张家口	Zhangjiakou	17162.0	17318.9	17614.6	33
承德	Chengde	17558.0	17832.8	18248.7	30
沧州	Cangzhou	12678.0	13013.0	13778.5	84
廊坊	Langfang	9005.0	9294.4	9492.9	145
衡水	Hengshui	9933.0	10110.5	10564.5	130
山西	**Shanxi**	**127664.0**	**131002.4**	**134242.0**	
太原	Taiyuan	6047.0	6617.1	6881.9	198
大同	Datong	11877.0	12303.8	12431.8	105
阳泉	Yangquan	5367.0	5484.7	5599.7	226
长治	Changzhi	10051.0	10390.6	10643.6	129
晋城	Jincheng	8172.0	8364.7	8518.9	165
朔州	Shuozhou	9422.0	9657.8	9945.2	139
晋中	Jinzhong	14471.0	14881.2	15249.3	59
运城	Yuncheng	15082.0	15278.0	15483.4	55
忻州	Xinzhou	15969.0	16222.4	16660.6	41
临汾	Linfen	16333.0	16641.2	17137.2	36
吕梁	Luliang	14873.0	15160.9	15690.8	53
内蒙古	**Inner Mongolia**	**144395.0**	**147946.0**	**151046.0**	
呼和浩特	Hohhot	6176.0	6238.0	6364.0	208
包头	Baotou	5602.0	5761.0	5780.0	221
乌海	Wuhai	868.0	739.0	880.0	282
赤峰	Chifeng	21883.0	22272.0	22915.0	7
通辽	Tongliao	15749.0	16540.2	16683.0	40
鄂尔多斯	Erdos	15302.0	15958.0	16315.0	45
呼伦贝尔	Hulunbuir	18291.0	18963.0	19533.0	22
巴彦淖尔	Bayannur	14785.0	14819.0	15223.0	60
乌兰察布	Ulanqab	12294.0	12635.0	12657.0	99
辽宁	**Liaoning**	**84757.0**	**87649.9**	**90033.0**	
沈阳	Shenyang	9643.0	10020.5	10473.5	131
大连	Dalian	7976.0	8350.3	8963.5	157
鞍山	Anshan	6851.0	6977.5	7193.5	191
抚顺	Fushun	4477.0	4621.7	4903.3	236
本溪	Benxi	3092.0	3180.6	3451.4	256
丹东	Dandong	5310.0	5488.9	5987.2	218
锦州	Jinzhou	6860.0	7017.6	7219.2	190
营口	Yingkou	2967.0	3078.4	3369.6	258
阜新	Fuxin	5817.0	6022.1	6317.1	210
辽阳	Liaoyang	3106.0	3205.6	3352.9	259
盘锦	Panjin	3090.0	3179.6	3313.7	260
铁岭	Tieling	9291.0	9506.7	9853.1	141
朝阳	Chaoyang	7201.0	7461.8	8108.1	172
葫芦岛	Huludao	6018.0	6238.9	6642.8	202
吉林	**Jilin**	**81006.0**	**83790.0**	**95414.0**	
长春	Changchun	17653.0	18965.0	21665.8	11
吉林	Jilin	14118.0	14306.0	14673.6	70
四平	Siping	7924.0	8090.0	8896.3	158
辽源	Liaoyuan	4137.0	4205.0	4236.9	244
通化	Tonghua	6292.0	6427.0	6515.0	205
白山	Baishan	6334.0	6474.0	6531.6	204
松原	Songyuan	8202.0	8320.0	11944.9	108
白城	Baicheng	8358.0	8808.0	9798.2	142
黑龙江	**Heilongjiang**	**118917.0**	**124131.6**	**129260.0**	
哈尔滨	Harbin	16010.0	16867.9	20426.6	17
齐齐哈尔	Qiqihar	15959.0	16708.0	19919.0	19
鸡西	Jixi	4684.0	4651.4	5705.0	224
鹤岗	Hegang	2030.0	2065.0	2496.2	270
双鸭山	Shuangyashan	3281.0	3286.7	3674.2	253
大庆	Daqing	6046.0	6253.5	8026.5	175
伊春	Yichun	2073.0	2164.1	2301.0	272
佳木斯	Jiamusi	6613.0	6826.5	9301.7	146
七台河	Qitaihe	1470.0	1607.4	1770.5	275
牡丹江	Mudanjiang	6689.0	7177.7	7921.8	176
黑河	Heihe	7050.0	7343.8	9118.6	152
绥化	Suihua	13531.0	14234.0	18547.6	25
上海	**Shanghai**	**11974.0**	**12084.0**	**12541.0**	
江苏	**Jiangsu**	**141706.0**	**144113.0**	**146100.0**	

13-2 等级公路里程 续表 1

Length of Express-way and Class I to IV Highway continued 1

单位：公里 (km)

地名	City	2010	2011	2012	2012 排名 Ranking
南京	Nanjing	9638.0	9868.0	10054.4	138
无锡	Wuxi	7593.0	7632.0	7638.0	181
徐州	Xuzhou	14965.0	15029.0	15135.1	62
常州	Changzhou	8296.0	8394.0	8624.9	163
苏州	Suzhou	12296.0	12415.0	12477.0	104
南通	Nantong	17306.0	17638.0	17763.3	32
连云港	Lianyungang	11049.0	11221.0	11415.0	119
淮安	Huaian	10816.0	11541.0	11899.0	111
盐城	Yancheng	16340.0	16507.0	16760.7	39
扬州	Yangzhou	8934.0	8972.0	9050.2	155
镇江	Zhenjiang	6936.0	7015.0	7068.5	193
泰州	Taizhou	8664.0	8868.0	8997.1	156
宿迁	Suqian	8873.0	9013.0	9216.4	150
浙江	**Zhejiang**	**105851.0**	**107880.0**	**110024.0**	
杭州	Hangzhou	14399.0	14586.6	14938.6	66
宁波	Ningbo	9272.0	9721.5	10102.0	137
温州	Wenzhou	7714.0	7735.1	13798.1	83
嘉兴	Jiaxing	7357.0	7578.0	7730.4	179
湖州	Huzhou	7144.0	7257.6	7406.4	185
绍兴	Shaoxing	8749.0	8961.0	9078.2	154
金华	Jinhua	11378.0	11599.0	11852.7	112
衢州	Quzhou	7300.0	7487.7	7699.3	180
舟山	Zhoushan	1597.0	1615.6	1701.5	276
台州	Taizhou	11005.0	11287.0	11453.4	118
丽水	Lishui	13910.0	14108.1	14263.1	79
安徽	**Anhui**	**142344.0**	**143403.0**	**159427.0**	
合肥	Hefei	8498.0	13352.0	15301.0	58
芜湖	Wuhu	4400.0	8392.0	9136.0	151
蚌埠	Bengbu	5942.0	5977.0	6071.0	217
淮南	Huainan	4016.0	4016.0	4036.0	247
马鞍山	Maanshan	2181.0	4847.0	6712.0	200
淮北	Huaibei	3560.0	3560.0	3621.0	254
铜陵	Tongling	1529.0	1529.0	1529.0	279
安庆	Anqing	14729.0	14902.0	14970.0	65
黄山	Huangshan	5480.0	5513.0	5617.0	225
滁州	Chuzhou	14538.0	14539.0	17238.0	34
阜阳	Fuyang	10938.0	10981.0	10986.0	125
宿州	Suzhou	11916.0	11916.0	11916.0	110
六安	Liuan	15279.0	15689.0	23944.0	6
亳州	Bozhou	10125.0	10315.0	10452.0	132
池州	Chizhou	6087.0	6096.0	6102.0	216
宣城	Xuancheng	11766.0	11781.0	11797.0	114
福建	**Fujian**	**70655.0**	**73669.0**	**76503.0**	
福州	Fuzhou	8649.0	8866.0	9269.0	147
厦门	Xiamen	1597.0	1727.0	1780.0	274
莆田	Putian	3674.0	3806.0	3910.0	250
三明	Sanming	9233.0	10700.0	11095.0	123
泉州	Quanzhou	8930.0	9169.0	9543.0	144
漳州	Zhangzhou	7886.0	8045.0	8167.0	169
南平	Nanping	11831.0	11971.0	12483.0	103
龙岩	Longyan	10298.0	10592.0	11011.0	124
宁德	Ningde	8557.0	8793.0	9245.0	148
江西	**Jiangxi**	**101494.0**	**114462.6**	**120332.0**	
南昌	Nanchang	7843.0	8478.5	9103.0	153
景德镇	Jingdezhen	3260.0	3617.0	3950.0	248
萍乡	Pingxiang	4351.0	4903.4	5354.0	232
九江	Jiujiang	11289.0	12575.6	13724.0	85
新余	Xinyu	2976.0	3173.4	3370.0	257
鹰潭	Yingtan	2498.0	2795.1	3095.0	262
赣州	Ganzhou	17987.0	20358.7	22426.0	9
吉安	Jian	17432.0	18570.5	19756.0	20
宜春	Yichun	11440.0	12780.9	13510.0	89
抚州	Fuzhou	9067.0	10609.5	11538.0	117
上饶	Shangrao	10579.0	13312.5	14506.0	74
山东	**Shandong**	**227718.0**	**231428.2**	**243037.0**	
济南	Jinan	11466.0	11809.2	12187.8	106
青岛	Qingdao	16164.0	16224.1	16210.3	47
淄博	Zibo	9838.0	10011.5	10134.6	136
枣庄	Zaozhuang	6824.0	6868.7	7401.8	186
东营	Dongying	8111.0	8278.2	8482.5	166
烟台	Yantai	14516.0	14834.1	15934.2	51
潍坊	Weifang	23052.0	23694.5	24456.1	3
济宁	Jining	15315.0	15988.0	17223.7	35
泰安	Taian	13441.0	13615.6	13915.5	81
威海	Weihai	6720.0	6768.8	6899.0	197
日照	Rizhao	6499.0	6672.5	7501.1	184
莱芜	Laiwu	3539.0	3581.7	3876.1	251
临沂	Linyi	22230.0	22536.2	24086.9	5
德州	Dezhou	20744.0	20827.1	21435.7	12
聊城	Liaocheng	14615.0	14832.5	16524.2	43

13-2 等级公路里程 续表 2
Length of Express-way and Class I to IV Highway continued 2

单位：公里 （km）

地名	City	2010	2011	2012	2012 排名 Ranking	地名	City	2010	2011	2012	2012 排名 Ranking
滨州	Binzhou	14601.0	14691.3	15396.0	56	常德	Changde	19538.0	22054.1	22086.6	10
菏泽	Heze	20043.0	20194.2	21371.8	14	张家界	Zhangjiajie	5878.0	6309.7	6463.9	206
河南	**Henan**	**182560.0**	**191234.3**	**194406.0**		益阳	Yiyang	14298.0	14868.3	14924.9	67
郑州	Zhengzhou	10318.0	9316.6	11407.0	120	郴州	Chenzhou	14997.0	15494.0	15917.5	52
开封	Kaifeng	6661.0	5546.3	6952.1	195	永州	Yongzhou	19129.0	20025.0	20467.0	16
洛阳	Luoyang	12788.0	12968.2	13399.9	90	怀化	Huaihua	16155.0	18201.6	18487.6	26
平顶山	Pingdingshan	12234.0	10203.1	12679.2	97	娄底	Loudi	10573.0	11708.8	11847.7	113
安阳	Anyang	9309.0	6949.6	9907.7	140	**广东**	**Guangdong**	**170144.0**	**172382.0**	**177204.0**	
鹤壁	Hebi	4188.0	4229.5	4255.4	243	广州	Guangzhou	7739.0	7849.0	7857.3	177
新乡	Xinxiang	10225.0	8944.0	10426.2	133	韶关	Shaoguan	13155.0	13247.0	14308.6	77
焦作	Jiaozuo	5983.0	6218.4	6241.2	212	深圳	Shenzhen	1617.0	1618.0	1659.1	277
濮阳	Puyang	5661.0	5899.2	5950.1	219	珠海	Zhuhai	1366.0	1368.0	1422.7	280
许昌	Xuchang	6560.0	6949.1	7011.2	194	汕头	Shantou	3790.0	3794.0	3790.8	252
漯河	Luohe	3979.0	4126.9	4138.5	245	佛山	Foshan	5202.0	5222.0	5206.6	233
三门峡	Sanmenxia	6911.0	7199.3	7353.9	187	江门	Jiangmen	8037.0	8112.0	8138.6	170
南阳	Nanyang	27506.0	25179.9	28527.0	1	湛江	Zhanjiang	13585.0	14358.0	14525.1	72
商丘	Shangqiu	14334.0	13506.7	16062.5	49	茂名	Maoming	14660.0	14751.0	14777.4	68
信阳	Xinyang	17096.0	15161.6	18253.9	29	肇庆	Zhaoqing	11176.0	11388.0	12546.3	101
周口	Zhoukou	14456.0	14033.7	16538.0	42	惠州	Huizhou	10074.0	10235.0	10340.8	134
驻马店	Zhumadian	12489.0	11948.5	13342.5	91	梅州	Meizhou	13480.0	13585.0	13646.3	86
湖北	**Hubei**	**187812.0**	**196452.0**	**203145.0**		汕尾	Shanwei	4555.0	4575.0	4585.9	241
武汉	Wuhan	12200.0	14775.5	13013.5	94	河源	Heyuan	13766.0	13978.0	14497.8	75
黄石	Huangshi	4906.0	5400.0	5394.3	229	阳江	Yangjiang	6262.0	6309.0	6367.3	207
十堰	Shiyan	17992.0	21196.0	20677.0	15	清远	Qingyuan	18071.0	18080.0	18085.4	31
宜昌	Yichang	19193.0	22804.0	21411.0	13	东莞	Dongguan	4637.0	4716.0	4860.8	239
襄阳	Xiangfan	23599.0	23975.0	24324.0	4	中山	ZhongShan	1766.0	1858.0	2712.4	266
鄂州	Ezhou	2061.0	2507.7	2603.0	267	潮州	Chaozhou	4939.0	4948.0	4968.5	234
荆门	Jingmen	10322.0	11538.0	10939.0	126	揭阳	Jieyang	6203.0	6209.0	6217.5	213
孝感	Xiaogan	11840.0	10481.0	12902.7	96	云浮	Yunfu	6063.0	6181.0	6688.5	201
荆州	Jingzhou	17588.0	17294.0	18807.0	23	**广西**	**Guangxi**	**81239.0**	**87296.0**	**91583.0**	
黄冈	Huanggang	21858.0	21059.7	22847.8	8	南宁	Nanning	9210.0	10152.0	10664.9	128
咸宁	Xianning	10806.0	11167.0	11569.3	116	柳州	Liuzhou	5372.0	6386.2	6191.9	214
随州	Suizhou	6690.0	6883.0	7245.0	189	桂林	Guilin	7972.0	8379.0	8630.0	162
湖南	**Hunan**	**184045.0**	**198903.3**	**203627.0**		梧州	Wuzhou	3413.0	5062.0	5709.7	223
长沙	Changsha	12347.0	12677.6	13043.4	93	北海	Beihai	2320.0	2466.0	2486.0	271
株洲	Zhuzhou	13140.0	13235.5	13273.3	92	防城港	Fangchenggang	1716.0	2432.3	1995.9	273
湘潭	Xiangtan	4375.0	4820.3	4884.2	237	钦州	Qinzhou	4633.0	5083.3	5361.2	230
衡阳	Hengyang	14600.0	15833.5	16258.8	46	贵港	Guigang	4832.0	4512.0	4956.8	235
邵阳	Shaoyang	12872.0	15174.2	16907.6	38	玉林	Yulin	6255.0	6408.0	7842.2	178
岳阳	Yueyang	19090.0	19454.2	19569.0	21	百色	Baise	11079.0	12042.7	12677.0	98

13-2 等级公路里程 续表 3
Length of Express-way and Class I to IV Highway continued 3

单位：公里 (km)

地名	City	2010	2011	2012	2012 排名 Ranking
贺州	Hezhou	3034.0	2741.0	4316.2	242
河池	Hechi	2000.0	9717.0	10322.2	135
来宾	Laibin	4608.0	4700.3	4825.4	240
崇左	Chongzuo	5650.0	5913.3	6167.1	215
海南	**Hainan**	**21012.0**	**22104.0**	**23540.0**	
海口	Haikou	92.0	2994.4	3056.3	263
三亚	Sanya	898.0	1688.0	1581.8	278
重庆	**Chongqing**	**80006.0**	**83613.9**	**86810.0**	
四川	**Sichuan**	**205983.0**	**220946.9**	**234293.0**	
成都	Chengdu	17923.0	19054.9	20268.5	18
自贡	Zigong	4131.0	4525.7	4870.5	238
攀枝花	Panzhihua	2706.0	2867.8	3032.3	264
泸州	Luzhou	7130.0	7714.4	8123.6	171
德阳	Deyang	6566.0	6888.6	7251.8	188
绵阳	Mianyang	9176.0	11231.8	12493.9	102
广元	Guangyuan	8943.0	9838.0	11246.1	121
遂宁	Suining	7119.0	7452.8	7560.0	183
内江	Neijiang	5779.0	5932.9	6320.6	209
乐山	Leshan	7301.0	7648.3	8053.7	174
南充	Nanchong	15483.0	16195.8	17105.2	37
眉山	Meishan	5466.0	5211.6	5583.5	227
宜宾	Yibin	11320.0	13261.0	14746.1	69
广安	Guangan	7866.0	8156.6	8388.3	168
达州	Dazhou	15570.0	16144.6	16474.6	44
雅安	Yaan	4955.0	5192.3	5510.0	228
巴中	Bazhong	12305.0	14938.7	15308.5	57
资阳	Ziyang	8483.0	10564.0	10933.5	127
贵州	**Guizhou**	**72557.0**	**79643.0**	**86577.0**	
贵阳	Guiyang	7940.0	8255.4	8461.0	167
六盘水	Liupanshui	8033.0	8403.5	8825.5	159
遵义	Zunyi	10034.0	11496.1	12024.5	107
安顺	Anshun	3118.0	3330.5	3928.7	249
毕节	Bijie	12189.0	13281.8	15053.1	64
铜仁	Tongren	6032.0	7104.7	8650.0	161
云南	**Yunnan**	**158120.0**	**165843.0**	**171960.0**	
昆明	Kunming	12645.0	13598.0	13639.8	87
曲靖	Qujing	17254.0	17299.0	18355.1	28
玉溪	Yuxi	15766.0	16224.0	16120.0	48
保山	Baoshan	8432.0	9246.0	9603.0	143
昭通	Zhaotong	10214.0	11116.0	11235.0	122
丽江	Lijiang		5739.0	5935.0	220
普洱	Puer	6878.0	12507.0	12907.0	95
临沧	Lincang	10612.0	11453.0	11668.0	115
西藏	**Tibet**		**38911.0**	**41776.0**	
拉萨	Lhasa		2152.4		
陕西	**Shaanxi**	**134498.0**	**139453.0**	**146290.0**	
西安	Xi'an	12118.0	12142.0	12587.3	100
铜川	Tongchuan	3140.0	3179.0	3248.3	261
宝鸡	Baoji	13861.0	14284.0	14506.7	73
咸阳	Xianyang	13602.0	13761.0	13546.8	88
渭南	Weinan	14627.0	14715.0	15066.0	63
延安	Yan'an	14343.0	15129.0	15949.9	50
汉中	Hanzhong	12993.0	14021.0	15598.3	54
榆林	Yulin	22066.0	23083.0	25065.5	2
安康	Ankang	16550.0	17619.0	18417.4	27
商洛	Shangluo	11198.0	11520.0	11944.3	109
甘肃	**Gansu**	**85733.0**	**91692.0**	**101372.0**	
兰州	Lanzhou	4467.0	4847.0	5360.8	231
嘉峪关	Jiayuguan	580.0	648.0	658.9	283
金昌	Jinchang	2010.0	2179.0	2508.8	269
白银	Baiyin	4743.0	5037.1	6945.6	196
天水	Tianshui	8721.0	8911.5	9216.8	149
武威	Wuwei	5220.0	5443.9	7132.9	192
张掖	Zhangye	8022.0	8230.9	8558.9	164
平凉	Pingliang	5970.0	6251.0	6749.5	199
酒泉	Jiuquan	12315.0	14165.9	14441.9	76
庆阳	Qingyang	5103.0	5491.7	6603.9	203
定西	Dingxi	7617.0	7790.6	8071.7	173
陇南	Longnan	12866.0	13241.2	13891.9	82
青海	**Qinghai**	**47604.0**	**49971.0**	**52061.0**	
西宁	Xining	3351.0	3396.5	3460.0	255
宁夏	**Ningxia**	**21198.0**	**23875.0**	**26009.0**	
银川	Yinchuan		3982.0	4105.7	246
石嘴山	Shizuishan		2339.0	2541.0	268
吴忠	Wuzhong		6517.0	7587.0	182
固原	Guyuan		927.0	5748.7	222
中卫	Zhongwei		6067.0	6312.5	211
新疆	**Xinjiang**	**98560.0**	**104335.9**	**118861.0**	
乌鲁木齐	Urumqi	2596.0	2799.5	2935.4	265
克拉玛依	Karamay	935.0	946.0	998.5	281

13-3 民用汽车拥有量
Number of Civil Vehicles Owned

单位：辆 (unit)

地名	City	2010	2011	2012	2012 排名 Ranking
全国	**Nation Total**	**78018300**	**93563200**	**109330900**	
北京	**Beijing**	**4497100**	**4705300**	**4935600**	
天津	**Tianjin**	**1582400**	**1907800**	**2211200**	
河北	**Hebei**	**4928700**	**6071900**	**7285100**	
石家庄	Shijiazhuang	901653	1075211	1274760	12
唐山	Tangshan	806066	969084	1138232	18
秦皇岛	Qinhuangdao	287471	344293	404354	81
邯郸	Handan	576093	667518	780270	35
邢台	Xingtai	402438	475679	562087	56
保定	Baoding	798307	971875	1179570	16
张家口	Zhangjiakou	293612	353058	419012	76
承德	Chengde	195875	230163	278015	118
沧州	Cangzhou	605675	730669	872577	29
廊坊	Langfang	492955	607493	698126	36
衡水	Hengshui	281536	338570	402985	83
山西	**Shanxi**	**2478900**	**2593300**	**3299500**	
太原	Taiyuan	605048	712815	787599	34
大同	Datong	247799	288610	286037	116
阳泉	Yangquan	116035	135139	147873	186
长治	Changzhi	242285	278715	288313	114
晋城	Jincheng	193639	220349	220568	146
朔州	Shuozhou	72152	88237	102524	234
晋中	Jinzhong	278790	330310	347905	97
运城	Yuncheng	309801	352709	350515	96
忻州	Xinzhou	180555	208003	198804	158
临汾	Linfen	268525	310529	320557	105
吕梁	Luliang	212514	238403	221806	145
内蒙古	**Inner Mongolia**	**1878000**	**2331500**	**2660800**	
呼和浩特	Hohhot	321551	525215	500322	65
包头	Baotou	297403	368103	416335	77
乌海	Wuhai	154600	148004	154650	180
赤峰	Chifeng	291465	223615	279684	117
通辽	Tongliao	348850	412957	288760	113
鄂尔多斯	Erdos	485000	448732	440561	73
呼伦贝尔	Hulunbuir	153067	160270	162342	172
巴彦淖尔	Bayannur	146297	153598	147361	187
乌兰察布	Ulanqab	116429	124736	131407	203
辽宁	**Liaoning**	**2963200**	**3567500**	**4148800**	
沈阳	Shenyang	984312	981473	1129026	19
大连	Dalian	944885	826035	942603	26
鞍山	Anshan	365158	294803	327400	103
抚顺	Fushun	227607	170406	187746	163
本溪	Benxi	136811	99434	104860	230
丹东	Dandong	228141	142618	159525	175
锦州	Jinzhou	433823	253041	274709	121
营口	Yingkou	250500	202412	230031	142
阜新	Fuxin	329330	143842	166943	170
辽阳	Liaoyang	284423	161166	159465	176
盘锦	Panjin	178699	170203	192898	161
铁岭	Tieling	317900	140675	161663	173
朝阳	Chaoyang	509669	273033	276495	119
葫芦岛	Huludao	250970	163232	183081	165
吉林	**Jilin**	**1528900**	**1830000**	**3299500**	
长春	Changchun	664845	772653	877243	28
吉林	Jilin	272846	313610	344650	99
四平	Siping	145042	180270	224817	144
辽源	Liaoyuan	58608	65857	74298	260
通化	Tonghua	106889	121092	130927	205
白山	Baishan	62286	70864	74969	258
松原	Songyuan	180836	206261	233765	141
白城	Baicheng	93406	112215	132111	202
黑龙江	**Heilongjiang**	**1947900**	**2311000**	**2598700**	
哈尔滨	Harbin	652435	855169	892839	27
齐齐哈尔	Qiqihar	233880	408801	108432	150
鸡西	Jixi	127246	142621	142901	191
鹤岗	Hegang	40550	49817	56108	273
双鸭山	Shuangyashan	56547	106252	109457	224
大庆	Daqing	328347	389135	412594	79
伊春	Yichun	38444	46127	48624	275
佳木斯	Jiamusi				
七台河	Qitaihe	76301	54995	53876	274
牡丹江	Mudanjiang	117296	135438	211110	152
黑河	Heihe				
绥化	Suihua	16060	23642	40191	277
上海	**Shanghai**	**1755100**	**1947500**	**2126600**	
江苏	**Jiangsu**	**5508000**	**6751800**	**8022000**	

13-3 民用汽车拥有量 续表 1
Number of Civil Vehicles Owned continued 1

单位：辆 (unit)

地名	City	2010	2011	2012	2012 排名 Ranking
南京	Nanjing	830524	997069	1177453	17
无锡	Wuxi	734009	873128	1009793	24
徐州	Xuzhou	432612	526896	605772	50
常州	Changzhou	453723	560708	659320	41
苏州	Suzhou	1261001	1518866	1791048	4
南通	Nantong	449023	559662	682196	37
连云港	Lianyungang	188898	230489	272789	124
淮安	Huaian	169858	210181	252994	132
盐城	Yancheng	267391	338024	404328	82
扬州	Yangzhou	232869	287584	347045	98
镇江	Zhenjiang	198003	242472	287919	115
泰州	Taizhou	226588	282381	340829	100
宿迁	Suqian	198532	233933	276439	120
浙江	**Zhejiang**	**5420500**	**6568000**	**7735600**	
杭州	Hangzhou	1248056	1495503	1761001	5
宁波	Ningbo	877434	1058900	1232485	13
温州	Wenzhou	789343	949686	1096379	21
嘉兴	Jiaxing	367812	466747	574269	53
湖州	Huzhou	218000	275450	338897	101
绍兴	Shaoxing	434809	525914	627394	44
金华	Jinhua	591787	712820	849496	31
衢州	Quzhou	121423	151457	177318	167
舟山	Zhoushan	60463	73741	85518	250
台州	Taizhou	565917	678938	793273	33
丽水	Lishui	140492	167513	195806	160
安徽	**Anhui**	**2098100**	**2586200**	**3031300**	
合肥	Hefei	386060	550400	665553	39
芜湖	Wuhu	132091	201308	242475	135
蚌埠	Bengbu	98706	117533	136161	196
淮南	Huainan	89780	103471	118885	215
马鞍山	Maanshan	68423	105814	122878	213
淮北	Huaibei	80759	99203	121237	214
铜陵	Tongling	39877	49481	58244	271
安庆	Anqing	146788	176857	211146	151
黄山	Huangshan	95638	107651	114868	219
滁州	Chuzhou	134594	156942	159610	174
阜阳	Fuyang	282858	335188	376374	86
宿州	Suzhou	176286	191595	204771	155
六安	Liuan	211088	245021	268503	125
亳州	Bozhou	199383	233301	260552	130
池州	Chizhou	42915	52369	62923	267
宣城	Xuancheng	122874	140390	148790	185
福建	**Fujian**	**1970800**	**2399300**	**2839200**	
福州	Fuzhou	433734	535255	626234	45
厦门	Xiamen	385391	469083	563612	55
莆田	Putian	83663	105463	129678	206
三明	Sanming	98044	118537	135807	197
泉州	Quanzhou	480067	574320	674210	38
漳州	Zhangzhou	162733	202928	245134	134
南平	Nanping	87205	105239	124380	211
龙岩	Longyan	164772	198522	233793	140
宁德	Ningde	72609	89605	109979	222
江西	**Jiangxi**	**1374300**	**1715500**	**2016400**	
南昌	Nanchang	362429	1814205	476780	69
景德镇	Jingdezhen	70402	85873	102620	233
萍乡	Pingxiang	64030	78547	91222	247
九江	Jiujiang	158875	201236	235308	138
新余	Xinyu	57967	72985	83009	253
鹰潭	Yingtan	34055	44505	58435	270
赣州	Ganzhou	191527	246183	306323	106
吉安	Jian	109757	131472	154060	181
宜春	Yichun	165994	205506	236925	137
抚州	Fuzhou	100269	122871	141881	192
上饶	Shangrao	145055	179821	214547	149
山东	**Shandong**	**7058900**	**8511200**	**10271600**	
济南	Jinan	797359	927799	1056559	22
青岛	Qingdao	975571	1163422	1330886	11
淄博	Zibo	443657	518543	587053	52
枣庄	Zaozhuang	271085	323232	370235	88
东营	Dongying	335413	385053	439915	74
烟台	Yantai	746845	868299	966258	25
潍坊	Weifang	1042508	1100565	1427576	7
济宁	Jining	474922	552345	635449	43
泰安	Taian	302484	340162	392816	85
威海	Weihai	318103	375541	431004	75
日照	Rizhao	212625	255372	296355	110
莱芜	Laiwu	119431	135092	149441	184
临沂	Linyi	733934	879134	1045195	23
德州	Dezhou	382248	449353	539941	61
聊城	Liaocheng	455787	493401	534507	62

13-3 民用汽车拥有量 续表 2
Number of Civil Vehicles Owned continued 2

单位：辆 （unit）

地名	City	2010	2011	2012	2012 排名 Ranking	地名	City	2010	2011	2012	2012 排名 Ranking
滨州	Binzhou	350867	409455	477596	68	常德	Changde	657929	748829	796085	32
菏泽	Heze	383532	426824	481272	67	张家界	Zhangjiajie	140871	171804	210229	154
河南	**Henan**	**3997300**	**5012800**	**5819500**		益阳	Yiyang	403669	464119	511376	64
郑州	Zhengzhou	963010	1240337	1427306	8	郴州	Chenzhou	490873	550862	600411	51
开封	Kaifeng	188867	218472	253582	131	永州	Yongzhou	535562	587063	548016	60
洛阳	Luoyang	379104	444452	514154	63	怀化	Huaihua	397976	487785	573966	54
平顶山	Pingdingshan	233567	272921	300813	107	娄底	Loudi	414100	512531	610788	49
安阳	Anyang	298064	343083	376126	87	**广东**	**Guangdong**	**7822600**	**9109300**	**10374200**	
鹤壁	Hebi	79018	94790	108018	227	广州	Guangzhou	1598934	1857740	2041592	3
新乡	Xinxiang	299628	352696	406789	80	韶关	Shaoguan	99543	118044	135754	198
焦作	Jiaozuo	211260	240763	263922	128	深圳	Shenzhen	1669674	1939653	2213975	2
濮阳	Puyang	237408	282519	322531	104	珠海	Zhuhai	209671	241022	273365	123
许昌	Xuchang	216653	254832	296478	109	汕头	Shantou	266354	314837	359868	92
漯河	Luohe	102661	116398	135348	199	佛山	Foshan	912421	1043562	1197638	15
三门峡	Sanmenxia	153955	161891	177538	166	江门	Jiangmen	278817	319663	361205	91
南阳	Nanyang	302779	352196	402753	84	湛江	Zhanjiang	149295	180481	214356	150
商丘	Shangqiu	321057	356593	440736	72	茂名	Maoming	164011	193024	228248	143
信阳	Xinyang	215149	238892	234379	139	肇庆	Zhaoqing	147382	173506	199243	157
周口	Zhoukou	383354	430186	415742	78	惠州	Huizhou	256415	306376	357655	95
驻马店	Zhumadian	172742	200547	267541	126	梅州	Meizhou	106711	130280	156700	179
湖北	**Hubei**	**2074900**	**2494900**	**1936400**		汕尾	Shanwei	31833	36796	42553	276
武汉	Wuhan	1046500	1100208	1104988	20	河源	Heyuan	75560	91682	108258	226
黄石	Huangshi	77600	133000	103000	232	阳江	Yangjiang	85452	106567	128012	208
十堰	Shiyan	127868	202000	164374	171	清远	Qingyuan	127952	155367	187704	164
宜昌	Yichang	193708	193139	264000	127	东莞	Dongguan	920766	1061373	1207044	14
襄阳	Xiangfan	236744	190900	293759	111	中山	ZhongShan	371343	426411	482647	66
鄂州	Ezhou	25830	80116	93024	244	潮州	Chaozhou	111453	128182	145528	189
荆门	Jingmen	98606	116000	136789	195	揭阳	Jieyang	137433	164825	191602	162
孝感	Xiaogan	511575	90822	116263	216	云浮	Yunfu	68746	85711	105940	228
荆州	Jingzhou	136716	111474	174000	168	**广西**	**Guangxi**	**1520600**	**1877500**	**2274400**	
黄冈	Huanggang	111528	98000	153288	182	南宁	Nanning	432199	533553	638629	42
咸宁	Xianning	76612	87650	100361	238	柳州	Liuzhou	202349	245727	299475	108
随州	Suizhou	55294	70520	82620	254	桂林	Guilin	179996	218207	260919	129
湖南	**Hunan**	**2110600**	**2582200**	**3081400**		梧州	Wuzhou	56733	71437	555325	57
长沙	Changsha	1008677	1193649	1408329	9	北海	Beihai	72051	87428	100712	237
株洲	Zhuzhou	513783	526021	625507	46	防城港	Fangchenggang	39294	47542	60662	268
湘潭	Xiangtan	355852	400108	469824	70	钦州	Qinzhou	58378	75007	625126	47
衡阳	Hengyang	575644	616240	664766	40	贵港	Guigang	73912	92601	115525	218
邵阳	Shaoyang	478209	547924	617038	48	玉林	Yulin	137047	163190	210262	153
岳阳	Yueyang	421528	432391	555163	58	百色	Baise	83780	102122	123308	212

13-3 民用汽车拥有量 续表 3
Number of Civil Vehicles Owned continued 3

单位：辆 (unit)

地名	City	2010	2011	2012	2012 排名 Ranking	地名	City	2010	2011	2012	2012 排名 Ranking
贺州	Hezhou	45500	57118	69467	261	丽江	Lijiang	50487	179070	866111	30
河池	Hechi	71015	88449	108426	225	普洱	Puer	99632	615930	139427	194
来宾	Laibin	51115	54393	67368	264	临沧	Lincang	39771	437187	63184	266
崇左	Chongzuo	45696	47007	63430	265	**西藏**	**Tibet**	**166200**	**199200**	**227700**	
海南	**Hainan**	**392400**	**478100**	**554600**		拉萨	Lhasa	108785	123339	134561	200
海口	Haikou	238038	285880	331266	102	**陕西**	**Shaanxi**	**1906400**	**2364300**	**2846400**	
三亚	Sanya	51620	64453	78644	257	西安	Xi'an	957162	1168238	1380125	10
重庆	**Chongqing**	**1143000**	**1296800**	**1593600**		铜川	Tongchuan	49915	57487	56114	272
四川	**Sichuan**	**3549700**	**4221700**	**4932200**		宝鸡	Baoji	130893	149601	170043	169
成都	Chengdu	2599300	1932900	2225100	1	咸阳	Xianyang	156209	185481	217558	147
自贡	Zigong	72871	84512	100965	236	渭南	Weinan	266699	309902	361235	90
攀枝花	Panzhihua	82265	92224	103955	231	延安	Yan'an	179370	197714	215297	148
泸州	Luzhou	94677	116027	143735	190	汉中	Hanzhong	101474	113814	131267	204
德阳	Deyang	217110	230558	247867	133	榆林	Yulin	309016	375889	448015	71
绵阳	Mianyang			292909	112	安康	Ankang	63592	73098	84763	252
广元	Guangyuan	79339	94625	110419	220	商洛	Shangluo	49643	55004	60107	269
遂宁	Suining	67945	83034	97701	241	**甘肃**	**Gansu**	**820400**	**1055900**	**1291400**	
内江	Neijiang	71298	83288	99676	240	兰州	Lanzhou	246100	302300	358963	93
乐山	Leshan	122318	145367	156829	178	嘉峪关	Jiayuguan	19970	25000	30700	279
南充	Nanchong	150100	181087	202663	156	金昌	Jinchang	27870	33000	40100	278
眉山	Meishan	94453	116503	146309	188	白银	Baiyin	90100	109200	128600	207
宜宾	Yibin	89830	112530	150929	183	天水	Tianshui	70500	84900	105700	229
广安	Guangan	57444	71409	86509	248	武威	Wuwei	57680	70100	84800	251
达州	Dazhou	99264	123664	133556	201	张掖	Zhangye	51200	63700	80000	256
雅安	Yaan	69578	82267	93000	245	平凉	Pingliang	70080	83600	99800	239
巴中	Bazhong	51560	65414	68984	262	酒泉	Jiuquan	64400	78600	94000	243
资阳	Ziyang	70285	85868	102203	235	庆阳	Qingyang	81500	100000	127000	209
贵州	**Guizhou**	**1157600**	**1363700**	**1643600**		定西	Dingxi	73400	92600	115600	217
贵阳	Guiyang	604425	644728	554962	59	陇南	Longnan	57979	66700	74800	259
六盘水	Liupanshui	113038	138809	158617	177	**青海**	**Qinghai**	**309900**	**398500**	**491300**	
遵义	Zunyi	174307	221746	274036	122	西宁	Xining				
安顺	Anshun	55655	69253	92210	246	**宁夏**	**Ningxia**	**415200**	**533500**	**663500**	
毕节	Bijie	83024	95586	126847	210	银川	Yinchuan	225597	296194	370040	89
铜仁	Tongren	223804	239122	86362	249	石嘴山	Shizuishan	58302	69527	80900	255
云南	**Yunnan**	**2339100**	**2800400**	**3285300**		吴忠	Wuzhong	78413	93401	109705	223
昆明	Kunming	1324215	1495825	1689623	6	固原	Guyuan	73657	85060	97284	242
曲靖	Qujing	778571	867485	358331	94	中卫	Zhongwei	44796	55625	67994	263
玉溪	Yuxi	187758	645397	241312	136	**新疆**	**Xinjiang**	**1271400**	**1616600**	**2038200**	
保山	Baoshan	80061	529048	110356	221	乌鲁木齐	Urumqi				
昭通	Zhaotong	99313	447633	139737	193	克拉玛依	Karamay				

13-4 客运总量
Total Passenger Traffic

单位：万人　　　　（10 000 persons）

地名	City	2010	2011	2012	2012 排名 Ranking	地名	City	2010	2011	2012	2012 排名 Ranking
全国	**Nation Total**	**3269508**	**3526319**	**3804035**		沈阳	Shenyang	30658	31625	32869	18
北京	**Beijing**	**135045**	**139718**	**142731**		大连	Dalian	17805	13724	14395	68
天津	**Tianjin**	**24525**	**24934**	**27529**		鞍山	Anshan	6215	6696	7075	153
河北	**Hebei**	**90847**	**99458**	**105064**		抚顺	Fushun	3338	3383	3473	242
石家庄	Shijiazhuang	12401	13938	15378	59	本溪	Benxi	4737	4530	4802	200
唐山	Tangshan	12045	13645	14500	66	丹东	Dandong	5358	5563	5992	172
秦皇岛	Qinhuangdao	2993	2920	2838	253	锦州	Jinzhou	4605	5012	5226	187
邯郸	Handan	13237	16666	18171	41	营口	Yingkou	5058	4766	4827	199
邢台	Xingtai	7207	8449	9375	116	阜新	Fuxin	1209	1261	1313	276
保定	Baoding	14954	15677	16460	50	辽阳	Liaoyang	4785	4872	5059	191
张家口	Zhangjiakou	3962	4305	4860	197	盘锦	Panjin	3245	3899	4227	217
承德	Chengde	5020	5198	5421	184	铁岭	Tieling	5658	6280	6593	163
沧州	Cangzhou	9206	10111	9841	113	朝阳	Chaoyang	3870	4076	4317	214
廊坊	Langfang	6132	4720	3620	237	葫芦岛	Huludao	5913	3649	3929	225
衡水	Hengshui	3100	3561	3934	224	**吉林**	**Jilin**	**64486**	**68190**	**72679**	
山西	**Shanxi**	**38424**	**39208**	**39987**		长春	Changchun	12796	13631	14447	67
太原	Taiyuan	4800	5194	5357	185	吉林	Jilin	11119	11732	12565	82
大同	Datong	3584	3376	3390	244	四平	Siping	5237	5418	5837	176
阳泉	Yangquan	2678	2811	3019	248	辽源	Liaoyuan	1546	1595	1713	273
长治	Changzhi	3630	3678	3677	236	通化	Tonghua	8033	8302	8786	125
晋城	Jincheng	2645	2751	2821	254	白山	Baishan	4846	5026	5438	183
朔州	Shuozhou	3401	3507	3601	239	松原	Songyuan	8003	8561	9022	122
晋中	Jinzhong	3639	3841	3912	226	白城	Baicheng	2408	2467	2544	259
运城	Yuncheng	6042	5605	5641	179	**黑龙江**	**Heilongjiang**	**46895**	**50481**	**52404**	
忻州	Xinzhou	4193	2039	2307	264	哈尔滨	Harbin	13068	14837	15618	58
临汾	Linfen	4843	5121	5208	188	齐齐哈尔	Qiqihar	6751	7492	7748	139
吕梁	Luliang	1939	2126	1960	270	鸡西	Jixi	4445	4661	4925	195
内蒙古	**Inner Mongolia**	**24043**	**26014**	**27630**		鹤岗	Hegang	531	535	526	283
呼和浩特	Hohhot	2452	2466	2927	250	双鸭山	Shuangyashan	775	702	3174	247
包头	Baotou	2115	2121	2085	266	大庆	Daqing	2552	2590	2642	257
乌海	Wuhai	602	591	514	284	伊春	Yichun	1292	1353	1401	275
赤峰	Chifeng	4755	5427	5506	182	佳木斯	Jiamusi	3466	3455	3981	222
通辽	Tongliao	3167	6083	6374	166	七台河	Qitaihe	1341	1364	1298	277
鄂尔多斯	Erdos	2372	2493	2658	256	牡丹江	Mudanjiang	4238	4440	4482	208
呼伦贝尔	Hulunbuir	3165	3620	4217	218	黑河	Heihe	1495	1431	1277	278
巴彦淖尔	Bayannur	2223	2233	1914	272	绥化	Suihua	3409	3930	4093	220
乌兰察布	Ulanqab	1635	1856	2071	268	**上海**	**Shanghai**	**10233**	**10033**	**10859**	
辽宁	**Liaoning**	**101525**	**98606**	**103283**		**江苏**	**Jiangsu**	**226073**	**246855**	**267710**	

13-4 客运总量 续表 1
Total Passenger Traffic continued 1

单位：万人 （10 000 persons）

地名	City	2010	2011	2012	2012 排名 Ranking	地名	City	2010	2011	2012	2012 排名 Ranking
南京	Nanjing	39688	43042	46992	7	池州	Chizhou	4838	5729	6690	160
无锡	Wuxi	19232	23045	24854	30	宣城	Xuancheng	9720	10919	12132	87
徐州	Xuzhou	20761	23238	23265	34	**福建**	**Fujian**	**75798**	**79549**	**82041**	
常州	Changzhou	29361	15845	17257	46	福州	Fuzhou	18916	19858	19279	38
苏州	Suzhou	47309	66338	71626	6	厦门	Xiamen	12375	13883	14544	65
南通	Nantong	16965	19851	21620	36	莆田	Putian	9636	9976	10435	106
连云港	Lianyungang	13432	14761	15956	56	三明	Sanming	3692	3838	3947	223
淮安	Huaian	9694	11459	12479	83	泉州	Quanzhou	13986	14346	14208	70
盐城	Yancheng	12147	13434	14647	64	漳州	Zhangzhou	5349	5492	5545	181
扬州	Yangzhou	7276	8330	8934	123	南平	Nanping	3702	3567	3533	240
镇江	Zhenjiang	9545	11382	12444	84	龙岩	Longyan	4074	3554	3693	234
泰州	Taizhou	8907	9186	9935	111	宁德	Ningde	7038	7222	8058	137
宿迁	Suqian	9067	10161	10945	99	**江西**	**Jiangxi**	**76447**	**78930**	**84240**	
浙江	**Zhejiang**	**226946**	**230769**	**233115**		南昌	Nanchang	10684	10396	10624	103
杭州	Hangzhou	33772	34778	35819	14	景德镇	Jingdezhen	2461	1894	1951	271
宁波	Ningbo	34905	28745	29997	22	萍乡	Pingxiang	5997	6185	7040	154
温州	Wenzhou	34417	34719	34501	16	九江	Jiujiang	10544	11328	11968	89
嘉兴	Jiaxing	11955	12160	12343	85	新余	Xinyu	1947	2043	2075	267
湖州	Huzhou	9964	9996	9476	115	鹰潭	Yingtan	6141	5286	5747	178
绍兴	Shaoxing	17869	17907	18000	42	赣州	Ganzhou	10225	9551	10645	101
金华	Jinhua	29882	30695	31250	20	吉安	Jian	4006	4112	4454	210
衢州	Quzhou	11282	11511	11727	94	宜春	Yichun	6217	7726	8663	126
舟山	Zhoushan	15109	15594	16155	53	抚州	Fuzhou	4130	4554	4601	206
台州	Taizhou	30137	30610	30874	21	上饶	Shangrao	15499	15753	16569	49
丽水	Lishui	5863	5876	5874	174	**山东**	**Shandong**	**249358**	**251187**	**265632**	
安徽	**Anhui**	**159388**	**185575**	**213432**		济南	Jinan	16478	15257	17488	44
合肥	Hefei	19805	29157	34418	17	青岛	Qingdao	23805	24582	26184	29
芜湖	Wuhu	9760	12201	15115	61	淄博	Zibo	39893	40857	42540	10
蚌埠	Bengbu	12417	14342	16415	51	枣庄	Zaozhuang	7406	7648	7567	142
淮南	Huainan	5410	6503	7473	145	东营	Dongying	4106	4231	4426	211
马鞍山	Maanshan	2521	3036	7133	152	烟台	Yantai	33613	33875	35897	13
淮北	Huaibei	6172	7472	8545	127	潍坊	Weifang	22175	22921	23745	33
铜陵	Tongling	7929	9221	10641	102	济宁	Jining	9369	9982	10665	100
安庆	Anqing	6588	7498	8541	128	泰安	Taian	5311	5371	6175	168
黄山	Huangshan	2337	2643	3001	249	威海	Weihai	15724	16265	17474	45
滁州	Chuzhou	8092	10352	11915	91	日照	Rizhao	4338	4486	4665	204
阜阳	Fuyang	20151	23176	26785	27	莱芜	Laiwu	2938	3603	3899	228
宿州	Suzhou	6241	6624	7024	155	临沂	Linyi	25888	22798	23825	32
六安	Liuan	21560	25845	29912	23	德州	Dezhou	10348	11166	11937	90
亳州	Bozhou	5614	6827	8067	136	聊城	Liaocheng	8590	8726	9213	120

13-4 客运总量 续表 2
Total Passenger Traffic continued 2

单位：万人 （10 000 persons）

地名	City	2010	2011	2012	2012 排名 Ranking	地名	City	2010	2011	2012	2012 排名 Ranking
滨州	Binzhou	6618	6249	6434	165	常德	Changde	12865	13372	14294	69
菏泽	Heze	16115	16170	16200	52	张家界	Zhangjiajie	5986	6983	7303	149
河南	**Henan**	**167223**	**193285**	**207247**		益阳	Yiyang	8835	10179	11288	96
郑州	Zhengzhou	30121	33759	35660	15	郴州	Chenzhou	8098	7820	8416	130
开封	Kaifeng	6807	7984	8446	129	永州	Yongzhou	8380	8798	9232	119
洛阳	Luoyang	14164	16839	18355	40	怀化	Huaihua	8493	10389	104902	3
平顶山	Pingdingshan	8350	9735	10515	105	娄底	Loudi	19496	10470	10972	97
安阳	Anyang	7675	8690	9330	118	**广东**	**Guangdong**	**456139**	**510653**	**574266**	
鹤壁	Hebi	6360	6909	7458	146	广州	Guangzhou	62596	67756	76069	5
新乡	Xinxiang	5903	6778	7296	150	韶关	Shaoguan	10782	12530	16124	54
焦作	Jiaozuo	4204	4500	4774	201	深圳	Shenzhen	156407	168445	185011	1
濮阳	Puyang	4242	5039	5794	177	珠海	Zhuhai	19173	22652	26762	28
许昌	Xuchang	5684	6501	7021	156	汕头	Shantou	2877	3280	3770	232
漯河	Luohe	3853	4377	4678	203	佛山	Foshan	25355	35078	43119	9
三门峡	Sanmenxia	4081	4814	5180	189	江门	Jiangmen	18096	19052	19578	37
南阳	Nanyang	17135	20674	22633	35	湛江	Zhanjiang	12972	14121	14952	62
商丘	Shangqiu	12803	14537	15312	60	茂名	Maoming	6962	7565	8327	131
信阳	Xinyang	10580	12599	13076	78	肇庆	Zhaoqing	6388	7322	7731	140
周口	Zhoukou	9519	11023	11877	93	惠州	Huizhou	13313	13600	16597	48
驻马店	Zhumadian	13902	16247	17590	43	梅州	Meizhou	4535	5207	5952	173
湖北	**Hubei**	**103268**	**112422**	**127079**		汕尾	Shanwei	7250	9524	11883	92
武汉	Wuhan	22896	25743	27493	25	河源	Heyuan	3294	3878	4653	205
黄石	Huangshi	3915	4294	4718	202	阳江	Yangjiang	4108	4282	4346	212
十堰	Shiyan	5230	6016	7312	148	清远	Qingyuan	9982	11241	12862	80
宜昌	Yichang	9584	11786	13964	73	东莞	Dongguan	77446	80337	79739	4
襄阳	Xiangfan	10924	12454	14694	63	中山	ZhongShan	14228	21083	28207	24
鄂州	Ezhou	1749	1984	2148	265	潮州	Chaozhou	2126	2749	3414	243
荆门	Jingmen	6203	6864	7416	147	揭阳	Jieyang	4811	20695	6076	171
孝感	Xiaogan	7508	8171	9077	121	云浮	Yunfu	4907	5398	6458	164
荆州	Jingzhou	8228	8663	9360	117	**广西**	**Guangxi**	**75751**	**83100**	**90229**	
黄冈	Huanggang	9828	11269	12935	79	南宁	Nanning	10153	11170	12042	88
咸宁	Xianning	5198	5762	6306	167	柳州	Liuzhou	3017	3405	3784	231
随州	Suizhou	4617	5000	5560	180	桂林	Guilin	15518	17847	18462	39
湖南	**Hunan**	**156404**	**171371**	**184336**		梧州	Wuzhou	4291	3624	3910	227
长沙	Changsha	33984	35524	36441	11	北海	Beihai	3139	3665	3992	221
株洲	Zhuzhou	13127	14688	16049	55	防城港	Fangchenggang	2235	2389	2540	260
湘潭	Xiangtan	4789	4946	4988	192	钦州	Qinzhou	3981	4188	4503	207
衡阳	Hengyang	17479	20786	24026	31	贵港	Guigang	6255	6579	6934	158
邵阳	Shaoyang	11404	12631	14026	72	玉林	Yulin	6244	6878	7555	143
岳阳	Yueyang	10291	11473	12586	81	百色	Baise	6170	6952	7776	138

13-4 客运总量 续表 3
Total Passenger Traffic continued 3

单位：万人 （10 000 persons）

地名	City	2010	2011	2012	2012 排名 Ranking
贺州	Hezhou	3322	3660	4205	219
河池	Hechi	6768	7657	8241	133
来宾	Laibin	3587	3959	4318	213
崇左	Chongzuo	2758	2700	2730	255
海南	**Hainan**	**44209**	**46224**	**47117**	
海口	Haikou	31503	34890	10116	109
三亚	Sanya	3573	4313	5119	190
重庆	**Chongqing**	**126066**	**140398**	**156545**	
四川	**Sichuan**	**241868**	**258845**	**277611**	
成都	Chengdu	100998	99070	106874	2
自贡	Zigong	8859	9097	9878	112
攀枝花	Panzhihua	5732	5885	6134	169
泸州	Luzhou	9578	10643	13499	75
德阳	Deyang	10153	10726	12197	86
绵阳	Mianyang	10100	9562	10161	107
广元	Guangyuan	5140	9987	14136	71
遂宁	Suining	5391	5587	5848	175
内江	Neijiang	17421	17887	10966	98
乐山	Leshan	7682	8338	8894	124
南充	Nanchong	17355	11780	13166	77
眉山	Meishan	6356	6749	7192	151
宜宾	Yibin	14185	15789	17219	47
广安	Guangan	6502	5162	10546	104
达州	Dazhou	9713	10690	11472	95
雅安	Yaan	2249	2384	2522	261
巴中	Bazhong	5621	5869	6858	159
资阳	Ziyang	6029	6468	7494	144
贵州	**Guizhou**	**70819**	**72428**	**83527**	
贵阳	Guiyang	30384	38287	46490	8
六盘水	Liupanshui	24738	28137	32658	19
遵义	Zunyi	18046	21080	26924	26
安顺	Anshun	7352	8528	6600	162
毕节	Bijie		7370	8265	132
铜仁	Tongren		6274	10126	108
云南	**Yunnan**	**39407**	**44963**	**48456**	
昆明	Kunming	11627	14855	15918	57
曲靖	Qujing	5276	5455	6616	161
玉溪	Yuxi	2943	3413	3688	235
保山	Baoshan	1557	1779	2023	269
昭通	Zhaotong	2183	2418	2911	251
丽江	Lijiang	1838	2169	2327	263
普洱	Puer	2622	2906	3294	245
临沧	Lincang	697	779	884	280
西藏	**Tibet**	**8165**	**3769**	**3849**	
拉萨	Lhasa		663	860	281
陕西	**Shaanxi**	**93171**	**107032**	**111773**	
西安	Xi'an	31118	34335	36154	12
铜川	Tongchuan	1477	1616	1667	274
宝鸡	Baoji	8119	9606	9999	110
咸阳	Xianyang	10677	12766	13356	76
渭南	Weinan	10260	12229	13802	74
延安	Yan'an	6584	7801	8210	135
汉中	Hanzhong	7637	9118	9479	114
榆林	Yulin	6310	7342	7640	141
安康	Ankang	7106	7899	8214	134
商洛	Shangluo	13530	3667	3815	230
甘肃	**Gansu**	**53771**	**60902**	**64361**	
兰州	Lanzhou	3798	4389	4831	198
嘉峪关	Jiayuguan	2589	3083	4266	216
金昌	Jinchang	793	948	1044	279
白银	Baiyin	1843	4814	4929	194
天水	Tianshui	2958	7289	6081	170
武威	Wuwei	3530	3934	3866	229
张掖	Zhangye	2427	2733	3205	246
平凉	Pingliang	3136	3407	3606	238
酒泉	Jiuquan	6104	6527	6957	157
庆阳	Qingyang	8203	3372	3483	241
定西	Dingxi	2166	2607	4952	193
陇南	Longnan	1206	30319	4462	209
青海	**Qinghai**	**10951**	**11870**	**12692**	
西宁	Xining	4868	5050	5233	186
宁夏	**Ningxia**	**13560**	**15104**	**16343**	
银川	Yinchuan	4378	3413	3734	233
石嘴山	Shizuishan	2080	2339	2471	262
吴忠	Wuzhong	3281	3936	4270	215
固原	Guyuan	2326	2587	2589	258
中卫	Zhongwei	2506	2715	2866	252
新疆	**Xinjiang**	**31937**	**35130**	**38331**	
乌鲁木齐	Urumqi	3820	4435	4910	196
克拉玛依	Karamay	561	169	653	282

13-5 货运总量
Total Freight Traffic

单位：万吨 (10 000 tons)

地名	City	2010	2011	2012	2012 排名 Ranking
全国	**Nation Total**	**3241807**	**3696961**	**4099400**	
北京	**Beijing**	**21762**	**24663**	**26162**	
天津	**Tianjin**	**40013**	**43601**	**46015**	
河北	**Hebei**	**156596**	**189799**	**219130**	
石家庄	Shijiazhuang	19689	24273	28755	21
唐山	Tangshan	29829	37081	41649	5
秦皇岛	Qinhuangdao	6459	6819	7170	185
邯郸	Handan	25506	29266	34384	12
邢台	Xingtai	10253	12752	14333	99
保定	Baoding	14788	18967	22685	41
张家口	Zhangjiakou	6982	8872	9310	164
承德	Chengde	5775	7121	8150	173
沧州	Cangzhou	19952	26003	30803	16
廊坊	Langfang	9415	9440	11175	131
衡水	Hengshui	4377	5366	6038	204
山西	**Shanxi**	**124367**	**134436**	**144608**	
太原	Taiyuan	13851	13543	14225	101
大同	Datong	17360	19269	19537	59
阳泉	Yangquan	7595	7786	7991	175
长治	Changzhi	9079	9705	10938	138
晋城	Jincheng	9395	10425	11110	132
朔州	Shuozhou	17548	20475	23858	36
晋中	Jinzhong	11015	11367	12703	112
运城	Yuncheng	6225	7021	7293	183
忻州	Xinzhou	11420	11347	12361	114
临汾	Linfen	12222	13019	14097	102
吕梁	Luliang	9148	10030	10701	143
内蒙古	**Inner Mongolia**	**137051**	**149185**	**170669**	
呼和浩特	Hohhot	9659	10100	14733	94
包头	Baotou	28374	32390	36275	9
乌海	Wuhai	7882	9733	10544	147
赤峰	Chifeng	11110	10441	13640	105
通辽	Tongliao	14033	10906	10960	135
鄂尔多斯	Erdos	45941	52685	58565	2
呼伦贝尔	Hulunbuir	11352	13699	15928	86
巴彦淖尔	Bayannur	3388	3431	3515	245
乌兰察布	Ulanqab	5311	5800	6508	197
辽宁	**Liaoning**	**137231**	**168320**	**189942**	
沈阳	Shenyang	17348	19405	21719	47
大连	Dalian	31073	34943	38913	8
鞍山	Anshan	17805	21016	24391	33
抚顺	Fushun	7367	9461	10269	150
本溪	Benxi	8306	9833	11077	133
丹东	Dandong	6263	7423	8302	172
锦州	Jinzhou	11070	13973	16218	83
营口	Yingkou	13904	14893	16182	84
阜新	Fuxin	4659	5169	5434	218
辽阳	Liaoyang	8650	10904	13973	103
盘锦	Panjin	7222	9138	10952	136
铁岭	Tieling	9804	11772	11303	129
朝阳	Chaoyang	4259	4621	5110	223
葫芦岛	Huludao	8697	9507	10574	146
吉林	**Jilin**	**40729**	**47451**	**54808**	
长春	Changchun	10863	13328	16227	82
吉林	Jilin	7913	9181	10580	145
四平	Siping	5191	5945	6901	192
辽源	Liaoyuan	1653	1694	1794	277
通化	Tonghua	3111	3469	3489	246
白山	Baishan	2122	2182	2397	265
松原	Songyuan	4212	4967	5801	210
白城	Baicheng	1873	1839	2008	273
黑龙江	**Heilongjiang**	**59314**	**63216**	**65231**	
哈尔滨	Harbin	10129	11431	11764	122
齐齐哈尔	Qiqihar	9861	10874	11789	121
鸡西	Jixi	5731	5838	5881	209
鹤岗	Hegang	3343	3369	3080	257
双鸭山	Shuangyashan	3795	3803	2140	269
大庆	Daqing	4750	4971	5014	225
伊春	Yichun	1524	1650	1718	279
佳木斯	Jiamusi	3355	3324	4150	235
七台河	Qitaihe	3391	3434	3004	258
牡丹江	Mudanjiang	4370	4528	3753	238
黑河	Heihe	1794	1596	1485	281
绥化	Suihua	2778	3282	3849	237
上海	**Shanghai**	**87256**	**92962**	**94038**	
江苏	**Jiangsu**	**179014**	**202528**	**220007**	

13-5 货运总量 续表 1
Total Freight Traffic continued 1

单位：万吨 (10 000 tons)

地名	City	2010	2011	2012	2012 排名 Ranking
南京	Nanjing	30592	35755	38941	7
无锡	Wuxi	12641	14132	15519	90
徐州	Xuzhou	26206	25281	21821	46
常州	Changzhou	13110	15644	17154	74
苏州	Suzhou	13509	15694	17419	69
南通	Nantong	20302	24214	26815	24
连云港	Lianyungang	12690	18753	18340	63
淮安	Huaian	9484	11197	11860	120
盐城	Yancheng	14078	16068	17501	68
扬州	Yangzhou	9333	11133	12244	116
镇江	Zhenjiang	10435	12334	13599	108
泰州	Taizhou	12365	14682	16086	85
宿迁	Suqian	6450	7115	7685	178
浙江	**Zhejiang**	**171038**	**186376**	**191817**	
杭州	Hangzhou	25915	28831	30088	18
宁波	Ningbo	31377	32020	33286	14
温州	Wenzhou	11672	12263	11916	119
嘉兴	Jiaxing	16004	16869	16876	75
湖州	Huzhou	18108	20103	19467	60
绍兴	Shaoxing	9054	9021	9547	159
金华	Jinhua	11803	12585	12913	110
衢州	Quzhou	9112	8561	8736	168
舟山	Zhoushan	14329	17885	19985	53
台州	Taizhou	18155	19685	21245	51
丽水	Lishui	7361	4702	4660	229
安徽	**Anhui**	**228104**	**268413**	**312437**	
合肥	Hefei	18873	29287	33720	13
芜湖	Wuhu	16598	21747	23598	38
蚌埠	Bengbu	15828	19120	22322	43
淮南	Huainan	11566	12911	14552	95
马鞍山	Maanshan	12779	14803	19542	58
淮北	Huaibei	9239	10517	11446	127
铜陵	Tongling	7936	9500	10928	139
安庆	Anqing	19566	22609	26134	29
黄山	Huangshan	5231	5844	6957	191
滁州	Chuzhou	9958	12126	14379	97
阜阳	Fuyang	23920	27749	32835	15
宿州	Suzhou	15524	17910	21650	49
六安	Liuan	25156	29703	35056	11
亳州	Bozhou	11178	13752	16318	80

地名	City	2010	2011	2012	2012 排名 Ranking
池州	Chizhou	7977	9786	8685	169
宣城	Xuancheng	10832	15447	15540	89
福建	**Fujian**	**66083**	**75191**	**84345**	
福州	Fuzhou	14911	16033	17213	73
厦门	Xiamen	10086	11932	13642	104
莆田	Putian	2508	3006	3721	240
三明	Sanming	7832	8656	9490	162
泉州	Quanzhou	11838	14148	16283	81
漳州	Zhangzhou	4919	5468	6101	202
南平	Nanping	3170	3639	4123	236
龙岩	Longyan	9212	9198	9984	153
宁德	Ningde	2143	2437	2678	262
江西	**Jiangxi**	**100635**	**111851**	**127196**	
南昌	Nanchang	8326	8844	9525	161
景德镇	Jingdezhen	1742	2014	2241	267
萍乡	Pingxiang	8280	9230	10691	144
九江	Jiujiang	9603	10681	12353	115
新余	Xinyu	9096	10289	11634	125
鹰潭	Yingtan	4927	5408	6576	196
赣州	Ganzhou	15650	17896	19849	55
吉安	Jian	8377	63279	9531	160
宜春	Yichun	10811	13308	15714	87
抚州	Fuzhou	9017	9920	11942	118
上饶	Shangrao	15714	15643	17912	66
山东	**Shandong**	**301313**	**318407**	**333603**	
济南	Jinan	23146	25595	26208	27
青岛	Qingdao	26971	29184	29246	20
淄博	Zibo	28334	26644	27112	23
枣庄	Zaozhuang	24843	23453	23675	37
东营	Dongying	6981	7383	7600	179
烟台	Yantai	19466	20866	21941	44
潍坊	Weifang	21732	23702	25212	31
济宁	Jining	24114	25940	26497	26
泰安	Taian	11073	10692	11653	124
威海	Weihai	4913	5409	8388	171
日照	Rizhao	17319	18501	19739	57
莱芜	Laiwu	6547	6231	6438	198
临沂	Linyi	28975	32994	35216	10
德州	Dezhou	14466	15945	17582	67
聊城	Liaocheng	14214	14747	15192	92

13-5 货运总量 续表 2
Total Freight Traffic continued 2

单位：万吨 (10 000 tons)

地名	City	2010	2011	2012	2012 排名 Ranking
滨州	Binzhou	11327	12863	14339	98
菏泽	Heze	28065	28191	28253	22
河南	**Henan**	**202962**	**241017**	**272115**	
郑州	Zhengzhou	20599	24369	26600	25
开封	Kaifeng	6488	7716	8841	167
洛阳	Luoyang	14305	17163	19788	56
平顶山	Pingdingshan	15860	17368	18937	61
安阳	Anyang	17087	20261	22652	42
鹤壁	Hebi	5409	6240	7077	188
新乡	Xinxiang	8235	9687	11067	134
焦作	Jiaozuo	14653	18096	20036	52
濮阳	Puyang	3916	4646	5478	216
许昌	Xuchang	15565	18899	21543	50
漯河	Luohe	3939	4787	5428	219
三门峡	Sanmenxia	4657	5340	5948	208
南阳	Nanyang	15898	18990	21835	45
商丘	Shangqiu	17743	21278	24322	34
信阳	Xinyang	7592	9814	10840	141
周口	Zhoukou	13255	15456	17329	71
驻马店	Zhumadian	16332	19800	22948	40
湖北	**Hubei**	**93422**	**106913**	**122945**	
武汉	Wuhan	40288	41804	43892	4
黄石	Huangshi	5799	6951	8079	174
十堰	Shiyan	3795	4544	5504	215
宜昌	Yichang	10314	12377	15669	88
襄阳	Xiangfan	9914	12344	14504	96
鄂州	Ezhou	1894	2220	2117	271
荆门	Jingmen	7794	9339	11392	128
孝感	Xiaogan	4361	4999	5752	211
荆州	Jingzhou	4930	6099	6975	190
黄冈	Huanggang	4137	4785	5605	213
咸宁	Xianning	2656	2724	3321	252
随州	Suizhou	2099	2443	2909	260
湖南	**Hunan**	**149540**	**168516**	**191052**	
长沙	Changsha	22817	25495	25970	30
株洲	Zhuzhou	14050	16341	18129	65
湘潭	Xiangtan	7486	8193	9875	155
衡阳	Hengyang	16388	19051	21655	48
邵阳	Shaoyang	13823	15930	18827	62
岳阳	Yueyang	26640	28740	19921	54
常德	Changde	9774	10499	11661	123
张家界	Zhangjiajie	1445	1754	2083	272
益阳	Yiyang	8374	9078	10098	151
郴州	Chenzhou	17045	19922	23906	35
永州	Yongzhou	7498	8322	10004	152
怀化	Huaihua	4192	4825	5452	217
娄底	Loudi	18172	14475	16702	76
广东	**Guangdong**	**192343**	**224394**	**256077**	
广州	Guangzhou	56644	64132	75175	1
韶关	Shaoguan	7373	7813	10334	149
深圳	Shenzhen	26174	28901	30359	17
珠海	Zhuhai	7039	6888	7582	180
汕头	Shantou	3175	3638	4154	234
佛山	Foshan	19545	23952	25199	32
江门	Jiangmen	7458	8180	8996	165
湛江	Zhanjiang	9602	11603	12778	111
茂名	Maoming	5016	5871	6817	193
肇庆	Zhaoqing	2869	3360	3750	239
惠州	Huizhou	11352	14477	17344	70
梅州	Meizhou	4504	5164	5996	205
汕尾	Shanwei	1232	1596	1765	278
河源	Heyuan	2244	2698	3296	253
阳江	Yangjiang	1904	3191	4402	232
清远	Qingyuan	7217	8132	9375	163
东莞	Dongguan	9312	10165	11191	130
中山	ZhongShan	9828	11439	17261	72
潮州	Chaozhou	2989	2990	3576	244
揭阳	Jieyang	2080	2280	2561	263
云浮	Yunfu	2303	2707	3106	256
广西	**Guangxi**	**115476**	**136132**	**161356**	
南宁	Nanning	19171	24326	29785	19
柳州	Liuzhou	7970	9376	10826	142
桂林	Guilin	4959	6518	8522	170
梧州	Wuzhou	2112	4079	4778	227
北海	Beihai	3944	5004	5663	212
防城港	Fangchenggang	9888	12079	13621	106
钦州	Qinzhou	17122	19321	23381	39
贵港	Guigang	7278	8778	10941	137
玉林	Yulin	11746	13203	15119	93
百色	Baise	11367	13946	16406	79

13-5 货运总量 续表 3
Total Freight Traffic continued 3

单位：万吨 (10 000 tons)

地名	City	2010	2011	2012	2012 排名 Ranking
贺州	Hezhou	1036	1245	13604	107
河池	Hechi	8109	9512	10847	140
来宾	Laibin	3969	4548	5202	221
崇左	Chongzuo	3215	3820	4718	228
海南	**Hainan**	**22455**	**25115**	**26880**	
海口	Haikou	8003	9307	10413	148
三亚	Sanya	1890	2020	3619	242
重庆	**Chongqing**	**81377**	**96771**	**86474**	
四川	**Sichuan**	**134305**	**155310**	**174349**	
成都	Chengdu	44087	34368	39542	6
自贡	Zigong	4149	4747	5283	220
攀枝花	Panzhihua	11539	13495	14284	100
泸州	Luzhou	5345	6366	7418	182
德阳	Deyang	7424	8895	9876	154
绵阳	Mianyang	5273	5843	6437	199
广元	Guangyuan	5540	6350	6746	194
遂宁	Suining	3200	3517	3371	249
内江	Neijiang	7852	9761	5979	206
乐山	Leshan	8393	9930	11483	126
南充	Nanchong	4799	5838	6363	201
眉山	Meishan	4336	5070	4838	226
宜宾	Yibin	6224	6528	7078	187
广安	Guangan	2777	2714	5040	224
达州	Dazhou	11876	13888	15322	91
雅安	Yaan	2644	4064	4551	231
巴中	Bazhong	2549	2849	3471	247
资阳	Ziyang	4350	5341	6425	200
贵州	**Guizhou**	**39735**	**44890**	**52655**	
贵阳	Guiyang	10397	13886	16635	77
六盘水	Liupanshui	10457	11440	16608	78
遵义	Zunyi	6489	7541	9638	157
安顺	Anshun	2071	2361	2752	261
毕节	Bijie		3527	5113	222
铜仁	Tongren		1454	2126	270
云南	**Yunnan**	**51564**	**60170**	**68735**	
昆明	Kunming	14906	25338	26193	28
曲靖	Qujing	10610	10971	11982	117
玉溪	Yuxi	4879	5755	6659	195
保山	Baoshan	1499	1735	1996	274
昭通	Zhaotong	2761	3219	3708	241
丽江	Lijiang	815	967	1345	282
普洱	Puer	2441	2821	3404	248
临沧	Lincang	1535	1357	1580	280
西藏	**Tibet**	**982**	**1028**	**1127**	
拉萨	Lhasa		441	477	284
陕西	**Shaanxi**	**104414**	**120908**	**136727**	
西安	Xi'an	34332	39239	44924	3
铜川	Tongchuan	2604	3013	3590	243
宝鸡	Baoji	6578	7725	8933	166
咸阳	Xianyang	5042	6178	7192	184
渭南	Weinan	8784	10596	12418	113
延安	Yan'an	4172	6789	7496	181
汉中	Hanzhong	4293	5204	5977	207
榆林	Yulin	6532	7924	9613	158
安康	Ankang	5460	6272	6992	189
商洛	Shangluo	7920	552	639	283
甘肃	**Gansu**	**30270**	**35269**	**45832**	
兰州	Lanzhou	8032	8882	9728	156
嘉峪关	Jiayuguan	3075	3463	4576	230
金昌	Jinchang	1784	2069	1937	275
白银	Baiyin	4397	7601	7901	177
天水	Tianshui	1873	2494	2245	266
武威	Wuwei	935	5449	5545	214
张掖	Zhangye	1182	1387	1880	276
平凉	Pingliang	3331	3638	4375	233
酒泉	Jiuquan	1823	2140	2458	264
庆阳	Qingyang	3265	3324	3363	250
定西	Dingxi	2241	2597	3327	251
陇南	Longnan	1536	21879	6053	203
青海	**Qinghai**	**11057**	**12586**	**13484**	
西宁	Xining	2978	3083	3278	254
宁夏	**Ningxia**	**32325**	**36864**	**41113**	
银川	Yinchuan	10547	11800	13520	109
石嘴山	Shizuishan	5063	7014	7940	176
吴忠	Wuzhong	5611	6376	7167	186
固原	Guyuan	2819	3267	3272	255
中卫	Zhongwei	2220	2006	2143	268
新疆	**Xinjiang**	**48459**	**53252**	**58794**	
乌鲁木齐	Urumqi	15192	16540	18218	64
克拉玛依	Karamay	2324	2570	2946	259

13-6 邮电业务总量
Postal and Telecommunication Services

单位：亿元 （100 million yuan）

地名	City	2010	2011	2012	2012 排名 Ranking
全国	**Nation Total**	**31978.48**	**13333.49**	**15019.28**	
北京	**Beijing**	**1227.34**	**566.45**	**631.23**	
天津	**Tianjin**	**433.30**	**176.29**	**185.00**	
河北	**Hebei**	**1351.63**	**539.62**	**598.29**	
石家庄	Shijiazhuang	235.97	93.90	110.85	21
唐山	Tangshan	194.28	70.04	77.37	36
秦皇岛	Qinhuangdao	71.66	29.01	32.01	113
邯郸	Handan	135.62	51.61	59.42	51
邢台	Xingtai	96.31	36.84	42.42	74
保定	Baoding	192.61	74.40	84.90	29
张家口	Zhangjiakou	72.06	28.30	31.90	116
承德	Chengde	61.51	23.05	26.21	151
沧州	Cangzhou	119.86	45.07	52.5	58
廊坊	Langfang	104.99	44.37	51.87	61
衡水	Hengshui	66.28	24.12	28.17	138
山西	**Shanxi**	**735.93**	**305.62**	**338.94**	
太原	Taiyuan	164.21	72.03	79.29	32
大同	Datong	63.26	25.85	29.23	129
阳泉	Yangquan	32.06	13.97	14.61	230
长治	Changzhi	57.20	22.72	25.38	153
晋城	Jincheng	39.81	16.85	18.44	195
朔州	Shuozhou	29.90	12.56	14.39	231
晋中	Jinzhong	61.30	27.51	29.25	128
运城	Yuncheng	73.68	29.63	33.60	98
忻州	Xinzhou	50.41	21.03	23.46	169
临汾	Linfen	76.56	31.01	34.73	94
吕梁	Luliang	64.70	26.41	29.65	126
内蒙古	**Inner Mongolia**	**601.37**	**245.07**	**273.34**	
呼和浩特	Hohhot	80.58	39.74	43.64	71
包头	Baotou	74.82	33.29	29.86	124
乌海	Wuhai	6.53	7.38	7.97	268
赤峰	Chifeng	62.58	23.19	26.52	147
通辽	Tongliao	43.60	53.85	19.09	192
鄂尔多斯	Erdos	20.31	22.85	24.90	158
呼伦贝尔	Hulunbuir	16.15	17.68	20.43	186
巴彦淖尔	Bayannur	34.53	4.93	5.86	278
乌兰察布	Ulanqab	11.33	14.40	17.30	206
辽宁	**Liaoning**	**1171.63**	**472.64**	**516.07**	
沈阳	Shenyang	290.44	119.09	126.4	15
大连	Dalian	232.85	97.65	106.10	22
鞍山	Anshan	92.08	35.57	39.35	82
抚顺	Fushun	51.32	20.03	21.79	180
本溪	Benxi	39.42	15.46	16.78	209
丹东	Dandong	55.37	21.55	23.59	168
锦州	Jinzhou	67.56	29.05	32.34	109
营口	Yingkou	58.62	22.30	24.94	157
阜新	Fuxin	38.77	16.01	18.28	199
辽阳	Liaoyang	44.64	17.53	19.20	191
盘锦	Panjin	40.45	15.84	18.46	194
铁岭	Tieling	48.18	19.33	21.32	181
朝阳	Chaoyang	48.11	19.28	22.15	176
葫芦岛	Huludao	51.32	20.30	22.29	175
吉林	**Jilin**	**613.17**	**238.61**	**262.91**	
长春	Changchun	216.40	81.90	73.91	39
吉林	Jilin	102.70	36.50	29.37	127
四平	Siping	61.50	21.40	17.92	202
辽源	Liaoyuan	25.30	9.30	7.35	271
通化	Tonghua	47.40	17.50	14.09	234
白山	Baishan	33.70	14.40	8.26	266
松原	Songyuan	60.10	18.80	14.39	232
白城	Baicheng	44.20	13.40	10.58	254
黑龙江	**Heilongjiang**	**745.58**	**307.77**	**329.81**	
哈尔滨	Harbin	261.27	101.75	111.76	20
齐齐哈尔	Qiqihar	84.73	30.86	32.12	111
鸡西	Jixi	39.67	13.57	10.86	250
鹤岗	Hegang	24.88	10.73	11.56	243
双鸭山	Shuangyashan	31.60	13.22	30.32	121
大庆	Daqing	71.06	28.10	11.69	242
伊春	Yichun	24.03	8.92	21.88	179
佳木斯	Jiamusi	26.10	21.04	8.91	264
七台河	Qitaihe	20.25	8.13	22.40	174
牡丹江	Mudanjiang	63.28	23.67	14.14	233
黑河	Heihe	32.59	11.33	28.45	134
绥化	Suihua	77.82	25.53	6.54	276
上海	**Shanghai**	**1275.24**	**563.42**	**637.93**	
江苏	**Jiangsu**	**2328.76**	**986.55**	**1120.36**	

注：本表数据2010年按2000年不变价格计算，2011年起按2010年不变价格计算，按可比价格比上年增长16.3%（下两表同）。

a)The business volume of postal and telecommunication services before 2010 was calculated at 2000 constant prices and that from 2011 was calculated at 2010 constant prices.The rate of increase at constant prices in 2010 was 16.3%. The same applies to the table following.

13-6 邮电业务总量 续表 1
Postal and Telecommunication Services continued 1

单位：亿元 (100 million yuan)

地名	City	2010	2011	2012	2012 排名 Ranking
南京	Nanjing	139.07	120.91	129.16	13
无锡	Wuxi	103.94	94.34	100.79	23
徐州	Xuzhou	73.39	39.55	62.38	48
常州	Changzhou	57.40	59.47	64.48	47
苏州	Suzhou	176.86	205.02	237.91	3
南通	Nantong	62.48	65.16	71.65	42
连云港	Lianyungang	26.98	28.84	33.31	101
淮安	Huaian	27.27	24.96	26.75	144
盐城	Yancheng	38.95	42.22	53.73	56
扬州	Yangzhou	41.55	46.47	45.92	68
镇江	Zhenjiang	38.21	28.92	31.73	117
泰州	Taizhou	36.70	36.81	39.75	80
宿迁	Suqian	21.25	21.63	23.88	167
浙江	**Zhejiang**	**2101.84**	**901.29**	**1025.09**	
杭州	Hangzhou	144.06	215.40	171.34	6
宁波	Ningbo	224.72	137.89	124.65	17
温州	Wenzhou	111.07	135.70	126.37	16
嘉兴	Jiaxing	70.60	63.28	82.55	30
湖州	Huzhou	27.91	37.35	33.76	95
绍兴	Shaoxing	48.88	62.16	58.10	52
金华	Jinhua	64.75	96.83	78.36	34
衢州	Quzhou	32.67	20.90	15.66	220
舟山	Zhoushan	14.79	17.27	16.41	213
台州	Taizhou	66.30	83.76	76.33	38
丽水	Lishui	20.05	25.51	19.68	189
安徽	**Anhui**	**887.55**	**369.19**	**418.10**	
合肥	Hefei	52.15	66.58	82.31	31
芜湖	Wuhu	18.58	23.01	29.15	130
蚌埠	Bengbu	16.34	18.96	21.25	183
淮南	Huainan	13.68	16.09	17.80	203
马鞍山	Maanshan	10.58	13.56	18.17	201
淮北	Huaibei	10.85	12.90	14.95	227
铜陵	Tongling	5.88	6.89	7.55	270
安庆	Anqing	22.59	27.17	29.96	123
黄山	Huangshan	7.87	9.45	10.38	257
滁州	Chuzhou	18.73	22.18	24.77	160
阜阳	Fuyang	29.78	34.47	39.57	81
宿州	Suzhou	20.14	24.73	28.19	137
六安	Liuan	19.41	23.07	26.55	145
亳州	Bozhou	17.15	19.77	23.31	170

地名	City	2010	2011	2012	2012 排名 Ranking
池州	Chizhou	7.93	9.25	10.35	258
宣城	Xuancheng	12.85	15.97	17.67	204
福建	**Fujian**	**1214.39**	**510.83**	**592.90**	
福州	Fuzhou	280.95	109.32	133.95	11
厦门	Xiamen	182.52	74.70	98.06	24
莆田	Putian	74.36	29.71	42.95	73
三明	Sanming	68.67	28.55	31.96	115
泉州	Quanzhou	267.35	111.05	132.04	12
漳州	Zhangzhou	110.64	60.20	52.23	60
南平	Nanping	64.15	29.30	32.49	107
龙岩	Longyan	68.66	32.48	32.75	104
宁德	Ningde	76.58	37.76	38.46	86
江西	**Jiangxi**	**692.00**	**279.20**	**310.38**	
南昌	Nanchang	46.73	53.54	60.36	49
景德镇	Jingdezhen	12.22	17.43	17.16	207
萍乡	Pingxiang	10.89	10.89	13.30	236
九江	Jiujiang	11.50	23.74	32.54	106
新余	Xinyu	5.62	21.20	10.25	259
鹰潭	Yingtan	5.59	5.74	7.83	269
赣州	Ganzhou	33.77	37.12	52.26	59
吉安	Jian	19.53	19.99	28.11	139
宜春	Yichun	17.55	17.62	31.97	114
抚州	Fuzhou	10.03	14.76	20.27	187
上饶	Shangrao	10.63	24.72	32.12	112
山东	**Shandong**	**1960.68**	**809.02**	**891.57**	
济南	Jinan	214.85	79.39	94.39	26
青岛	Qingdao	274.78	100.65	116.89	19
淄博	Zibo	105.73	37.29	44.22	70
枣庄	Zaozhuang	66.02	25.24	28.87	132
东营	Dongying	67.40	22.98	26.53	146
烟台	Yantai	175.79	60.49	72.42	40
潍坊	Weifang	183.22	72.29	79.20	33
济宁	Jining	130.31	46.18	55.25	54
泰安	Taian	77.27	31.42	39.23	83
威海	Weihai	81.76	29.99	33.57	99
日照	Rizhao	50.89	18.69	22.10	177
莱芜	Laiwu	21.31	7.89	9.23	263
临沂	Linyi	161.94	59.46	70.15	43
德州	Dezhou	82.80	31.20	36.61	90
聊城	Liaocheng	87.86	31.64	38.03	88

13-6 邮电业务总量 续表 2

Postal and Telecommunication Services continued 2

单位：亿元 (100 million yuan)

地名	City	2010	2011	2012	2012 排名 Ranking
滨州	Binzhou	72.20	26.41	31.13	119
菏泽	Heze	108.82	40.37	48.47	64
河南	**Henan**	**1473.45**	**603.67**	**680.03**	
郑州	Zhengzhou	296.32	116.98	126.69	14
开封	Kaifeng	63.49	23.54	27.97	141
洛阳	Luoyang	119.85	47.20	54.41	55
平顶山	Pingdingshan	79.04	28.74	32.41	108
安阳	Anyang	83.89	34.65	38.9	84
鹤壁	Hebi	23.08	9.23	10.86	249
新乡	Xinxiang	100.10	39.33	45.89	69
焦作	Jiaozuo	64.65	25.40	28.28	136
濮阳	Puyang	54.59	20.37	24.15	165
许昌	Xuchang	65.66	25.05	28.45	135
漯河	Luohe	37.70	14.95	17.31	205
三门峡	Sanmenxia	42.38	14.95	16.72	210
南阳	Nanyang	113.10	43.08	48.52	63
商丘	Shangqiu	98.74	37.49	43.51	72
信阳	Xinyang	77.12	29.69	33.40	100
周口	Zhoukou	94.27	35.53	42.02	75
驻马店	Zhumadian	79.05	29.97	35.30	92
湖北	**Hubei**	**1039.03**	**431.77**	**491.29**	
武汉	Wuhan	338.53	128.95	167.87	7
黄石	Huangshi	15.36	16.66	18.30	198
十堰	Shiyan	13.15	14.70	16.45	212
宜昌	Yichang	22.35	25.02	28.08	140
襄阳	Xiangfan	27.98	26.93	33.19	102
鄂州	Ezhou	6.40	7.34	8.10	267
荆门	Jingmen	13.53	13.87	16.36	214
孝感	Xiaogan	9.67	12.70	22.09	178
荆州	Jingzhou	28.11	29.12	32.71	105
黄冈	Huanggang	20.51	20.33	26.47	149
咸宁	Xianning	11.62	12.08	15.44	222
随州	Suizhou	8.93	9.61	10.82	252
湖南	**Hunan**	**1057.99**	**439.94**	**491.21**	
长沙	Changsha	84.14	106.31	121.71	18
株洲	Zhuzhou	25.16	29.91	33.67	96
湘潭	Xiangtan	18.29	22.45	26.44	150
衡阳	Hengyang	29.12	34.55	38.72	85
邵阳	Shaoyang	24.60	29.73	33.66	97
岳阳	Yueyang	26.45	32.36	36.30	91
常德	Changde	28.33	34.14	37.55	89
张家界	Zhangjiajie	8.66	10.76	12.17	241
益阳	Yiyang	18.95	23.91	26.50	148
郴州	Chenzhou	23.32	24.98	30.95	120
永州	Yongzhou	18.59	22.95	24.45	163
怀化	Huaihua	20.82	23.91	27.87	142
娄底	Loudi	18.57	23.89	25.35	154
广东	**Guangdong**	**4553.38**	**1888.00**	**2161.56**	
广州	Guangzhou	1051.65	525.32	495.88	1
韶关	Shaoguan	69.58	21.68	25.6	152
深圳	Shenzhen	1031.26	404.40	463.95	2
珠海	Zhuhai	137.61	43.85	49.11	62
汕头	Shantou	173.81	60.13	78.11	35
佛山	Foshan	428.72	134.57	138.43	10
江门	Jiangmen	135.08	50.34	55.92	53
湛江	Zhanjiang	116.85	56.98	67.34	44
茂名	Maoming	87.27	39.23	47.78	66
肇庆	Zhaoqing	95.05	32.28	41.08	77
惠州	Huizhou	201.02	65.92	76.94	37
梅州	Meizhou	52.48	35.69	41.08	77
汕尾	Shanwei	48.01	17.59	21.28	182
河源	Heyuan	46.33	19.36	24.26	164
阳江	Yangjiang	50.67	21.36	25.22	155
清远	Qingyuan	56.06	28.14	93.56	27
东莞	Dongguan	674.09	218.36	198.41	4
中山	ZhongShan	194.98	69.35	72.06	41
潮州	Chaozhou	54.52	21.70	25.02	156
揭阳	Jieyang	94.01	35.57	40.67	79
云浮	Yunfu	33.91	16.18	18.71	193
广西	**Guangxi**	**821.89**	**326.55**	**366.36**	
南宁	Nanning	176.99	82.98	94.56	25
柳州	Liuzhou	81.38	31.28	28.85	133
桂林	Guilin	93.54	35.58	38.22	87
梧州	Wuzhou	43.01	16.39	18.36	197
北海	Beihai	24.54	1.80	15.15	225
防城港	Fangchenggang	23.03	8.77	9.89	260
钦州	Qinzhou	37.96	15.74	15.69	219
贵港	Guigang	44.76	17.91	20.27	187
玉林	Yulin	77.23	28.74	31.64	118
百色	Baise	47.96	18.97	18.19	200

13-6 邮电业务总量 续表 3

Postal and Telecommunication Services continued 3

单位：亿元 (100 million yuan)

地名	City	2010	2011	2012	2012 排名 Ranking
贺州	Hezhou	2.32	9.67	10.82	252
河池	Hechi	49.48	18.75	20.68	185
来宾	Laibin	32.38	12.15	13.02	238
崇左	Chongzuo	34.07	12.68	15.51	221
海南	**Hainan**	**224.66**	**93.80**	**104.89**	
海口	Haikou	40.87	42.88	48.01	65
三亚	Sanya	12.12	13.31	13.73	235
重庆	**Chongqing**	**581.30**	**243.92**	**276.99**	
四川	**Sichuan**	**1450.69**	**606.88**	**692.31**	
成都	Chengdu	441.27	170.82	178.89	5
自贡	Zigong	35.14	12.71	14.84	229
攀枝花	Panzhihua	14.87	10.09	10.86	250
泸州	Luzhou	22.52	20.50	24.85	159
德阳	Deyang	67.37	20.80	22.63	173
绵阳	Mianyang	32.36	29.47	32.23	110
广元	Guangyuan	13.25	14.44	15.76	218
遂宁	Suining	12.40	10.76	151.00	9
内江	Neijiang	16.56	12.99	15.22	224
乐山	Leshan	53.15	18.39	21.08	184
南充	Nanchong	23.80	26.18	29.00	131
眉山	Meishan	11.69	12.85	15.00	226
宜宾	Yibin	64.03	21.11	24.09	166
广安	Guangan	12.15	4.92	5.52	279
达州	Dazhou	29.32	21.73	24.46	162
雅安	Yaan	4.02	7.98	9.40	262
巴中	Bazhong	3.83	19.35	16.26	215
资阳	Ziyang	15.14	13.35	16.14	216
贵州	**Guizhou**	**512.47**	**219.32**	**262.05**	
贵阳	Guiyang	132.40	55.16	65.05	46
六盘水	Liupanshui	11.62	13.34	19.32	190
遵义	Zunyi	25.27	57.04	46.92	67
安顺	Anshun	8.36	9.87	14.93	228
毕节	Bijie	17.70	20.45	29.79	125
铜仁	Tongren	11.15	13.80	18.43	196
云南	**Yunnan**	**773.04**	**324.07**	**363.44**	
昆明	Kunming		85.79	91.85	28
曲靖	Qujing	17.62	17.24	65.97	45
玉溪	Yuxi	19.61	22.13	24.52	161
保山	Baoshan	9.70	12.55	13.06	237
昭通	Zhaotong	14.54	16.39	15.89	217

地名	City	2010	2011	2012	2012 排名 Ranking
丽江	Lijiang	4.72	4.86	7.30	272
普洱	Puer	11.81	13.33	3.49	282
临沧	Lincang	2.07	8.94	1.96	283
西藏	**Tibet**	**64.34**	**25.51**	**34.86**	
拉萨	Lhasa	6.82	15.80	12.91	239
陕西	**Shaanxi**	**857.24**	**348.55**	**386.41**	
西安	Xi'an		143.46	167.35	8
铜川	Tongchuan		6.64	7.23	274
宝鸡	Baoji		25.42	27.26	143
咸阳	Xianyang		30.49	33.06	103
渭南	Weinan		32.16	35.05	93
延安	Yan'an		22.34	23.12	171
汉中	Hanzhong		21.91	23.05	172
榆林	Yulin		38.69	41.82	76
安康	Ankang		16.26	16.65	211
商洛	Shangluo		10.89	10.95	247
甘肃	**Gansu**	**423.15**	**172.29**	**189.88**	
兰州	Lanzhou	126.25	56.52	53.35	57
嘉峪关	Jiayuguan	9.05	4.66	4.36	281
金昌	Jinchang	11.28	5.09	4.60	280
白银	Baiyin	26.04	11.20	11.12	246
天水	Tianshui	38.32	16.37	16.95	208
武威	Wuwei	24.32	10.39	10.56	255
张掖	Zhangye	23.74	11.96	9.74	261
平凉	Pingliang	27.59	10.40	10.46	256
酒泉	Jiuquan	28.68	12.92	11.42	244
庆阳	Qingyang	38.07	13.82	11.14	245
定西	Dingxi	30.06	11.62	15.44	222
陇南	Longnan	34.73	15.70	12.71	240
青海	**Qinghai**	**114.30**	**48.29**	**57.04**	
西宁	Xining				
宁夏	**Ningxia**	**135.20**	**57.58**	**65.66**	
银川	Yinchuan	43.19		30.10	122
石嘴山	Shizuishan	5.70		8.32	265
吴忠	Wuzhong	20.70		10.87	248
固原	Guyuan	4.16		7.09	275
中卫	Zhongwei	3.92		7.25	273
新疆	**Xinjiang**	**555.95**	**231.81**	**263.36**	
乌鲁木齐	Urumqi	45.10	51.70	60.03	50
克拉玛依	Karamay	4.06	5.19	6.24	277

13-7 邮政业务总量
Post Services

单位：亿元 （100 million yuan）

地名	City	2010	2011	2012	2012排名 Ranking
全国	**Nation Total**	**1985.30**	**1607.71**	**2036.84**	
北京	**Beijing**	**107.34**	**130.16**	**142.33**	
天津	**Tianjin**	**33.84**	**23.07**	**25.65**	
河北	**Hebei**	**58.12**	**48.28**	**59.59**	
石家庄	Shijiazhuang	6.15	6.15	14.95	9
唐山	Tangshan	3.43	3.32	5.35	42
秦皇岛	Qinhuangdao	1.53	1.37	2.32	126
邯郸	Handan	2.70	4.44	5.41	41
邢台	Xingtai	1.43	1.73	3.20	81
保定	Baoding	4.39	4.76	9.33	17
张家口	Zhangjiakou	1.63	1.41	2.18	137
承德	Chengde	1.41	1.20	2.07	148
沧州	Cangzhou	2.47	2.90	5.62	38
廊坊	Langfang	2.98	3.51	6.83	24
衡水	Hengshui	1.19	1.12	2.34	124
山西	**Shanxi**	**39.24**	**26.29**	**30.45**	
太原	Taiyuan	4.32	4.64	5.11	44
大同	Datong	1.68	1.96	2.25	132
阳泉	Yangquan	1.45	1.13	1.19	215
长治	Changzhi	1.22	1.53	1.69	174
晋城	Jincheng	1.50	1.15	1.22	212
朔州	Shuozhou	1.37	0.91	0.99	229
晋中	Jinzhong	1.71	1.91	1.96	153
运城	Yuncheng	1.76	2.17	2.37	122
忻州	Xinzhou	1.51	1.83	2.07	148
临汾	Linfen	4.30	2.15	2.42	118
吕梁	Luliang	2.29	1.84	2.06	150
内蒙古	**Inner Mongolia**	**16.62**	**13.56**	**14.84**	
呼和浩特	Hohhot	2.31	2.14	1.67	178
包头	Baotou	1.48	1.40	1.26	204
乌海	Wuhai	0.61	0.42	0.49	261
赤峰	Chifeng	1.63	1.24	1.64	179
通辽	Tongliao	0.75	0.60	0.80	243
鄂尔多斯	Erdos	0.81	0.94	1.16	221
呼伦贝尔	Hulunbuir	1.08	1.39	0.75	246
巴彦淖尔	Bayannur	0.86	0.62	0.81	242
乌兰察布	Ulanqab	0.83	0.91	0.60	255
辽宁	**Liaoning**	**58.41**	**38.22**	**42.89**	
沈阳	Shenyang	4.30	11.42	11.93	12
大连	Dalian	4.55	9.12	10.08	15
鞍山	Anshan	2.84	2.45	2.94	94
抚顺	Fushun	1.07	1.25	1.54	190
本溪	Benxi	0.89	1.20	1.26	204
丹东	Dandong	2.16	1.73	2.06	150
锦州	Jinzhou	1.24	1.49	1.76	166
营口	Yingkou	1.05	1.26	1.43	194
阜新	Fuxin	0.70	0.62	0.74	248
辽阳	Liaoyang	1.39	1.42	1.69	174
盘锦	Panjin	1.89	1.76	2.10	145
铁岭	Tieling	1.61	1.43	1.64	179
朝阳	Chaoyang	2.31	1.41	1.87	158
葫芦岛	Huludao	1.30	1.66	1.86	160
吉林	**Jilin**	**25.77**	**18.36**	**22.29**	
长春	Changchun	4.15	4.30	6.02	31
吉林	Jilin	3.44	2.30	3.12	84
四平	Siping	1.33	1.40	2.23	135
辽源	Liaoyuan	0.62	0.70	0.96	232
通化	Tonghua	1.64	1.40	2.14	141
白山	Baishan	1.12	1.10	1.56	188
松原	Songyuan	1.04	1.00	1.60	185
白城	Baicheng	0.79	0.70	1.40	197
黑龙江	**Heilongjiang**	**47.71**	**30.12**	**32.43**	
哈尔滨	Harbin	7.58	7.24	7.54	23
齐齐哈尔	Qiqihar	0.34	2.30	2.61	109
鸡西	Jixi	4.28	2.03	2.28	129
鹤岗	Hegang	1.04	0.88	0.96	232
双鸭山	Shuangyashan	1.27	1.17	1.18	218
大庆	Daqing	3.34	2.56	2.79	99
伊春	Yichun	1.14	0.89	1.02	228
佳木斯	Jiamusi	2.70	1.77	1.91	155
七台河	Qitaihe	0.42	0.42	0.45	268
牡丹江	Mudanjiang	3.77	2.45	2.78	101
黑河	Heihe	1.10	1.06	1.19	215
绥化	Suihua	1.90	2.04	2.23	135
上海	**Shanghai**	**176.45**	**148.11**	**190.83**	
江苏	**Jiangsu**	**188.34**	**154.10**	**205.75**	

13-7 邮政业务总量 续表 1
Post Services continued 1

单位：亿元

（100 million yuan）

地名	City	2010	2011	2012	2012 排名 Ranking
南京	Nanjing	6.90	7.69	8.88	18
无锡	Wuxi	5.55	5.91	6.61	27
徐州	Xuzhou	5.03	5.08	6.01	33
常州	Changzhou	5.21	4.57	5.28	43
苏州	Suzhou	15.27	35.87	50.56	4
南通	Nantong	6.13	8.00	8.84	19
连云港	Lianyungang	2.75	1.99	2.31	128
淮安	Huaian	2.33	2.33	2.68	105
盐城	Yancheng	3.93	5.62	5.67	36
扬州	Yangzhou	4.03	8.63	5.50	39
镇江	Zhenjiang	2.33	2.42	3.03	90
泰州	Taizhou	3.59	3.91	4.30	55
宿迁	Suqian	2.09	2.11	2.42	118
浙江	**Zhejiang**	**154.07**	**150.89**	**215.20**	
杭州	Hangzhou	11.47	48.41	11.61	13
宁波	Ningbo	6.46	21.26	8.61	20
温州	Wenzhou	5.18	16.15	6.49	28
嘉兴	Jiaxing	4.16	9.90	3.63	71
湖州	Huzhou	1.83	4.34	2.53	111
绍兴	Shaoxing	3.32	8.63	4.21	57
金华	Jinhua	5.41	25.16	7.76	22
衢州	Quzhou	0.90	2.11	1.16	221
舟山	Zhoushan	1.01	1.54	1.25	207
台州	Taizhou	4.31	10.68	4.68	49
丽水	Lishui	1.46	2.71	1.79	164
安徽	**Anhui**	**45.93**	**36.85**	**45.87**	
合肥	Hefei	3.21	3.90	5.93	34
芜湖	Wuhu	2.05	1.92	2.11	144
蚌埠	Bengbu	1.19	1.21	1.43	194
淮南	Huainan	1.04	1.22	1.33	201
马鞍山	Maanshan	0.81	1.17	1.33	201
淮北	Huaibei	0.86	0.82	0.99	229
铜陵	Tongling	0.53	0.55	0.65	253
安庆	Anqing	4.32	3.25	3.90	66
黄山	Huangshan	0.85	0.76	0.89	238
滁州	Chuzhou	1.04	1.10	1.37	198
阜阳	Fuyang	4.14	3.26	3.88	67
宿州	Suzhou	1.89	2.18	2.50	113
六安	Liuan	2.01	1.78	2.24	134
亳州	Bozhou	1.46	1.78	2.15	139
池州	Chizhou	0.74	0.85	1.05	225
宣城	Xuancheng	0.97	1.05	1.20	213
福建	**Fujian**	**69.06**	**59.31**	**78.69**	
福州	Fuzhou	7.31	13.52	17.90	6
厦门	Xiamen	3.74	11.70	16.45	7
莆田	Putian	2.65	3.71	6.69	26
三明	Sanming	2.31	2.55	3.01	92
泉州	Quanzhou	6.11	15.05	20.99	5
漳州	Zhangzhou	2.23	4.20	4.22	56
南平	Nanping	2.62	3.30	3.53	73
龙岩	Longyan	2.21	2.48	3.05	88
宁德	Ningde	2.14	2.76	2.85	98
江西	**Jiangxi**	**36.85**	**28.16**	**31.64**	
南昌	Nanchang	4.34	7.83	6.70	25
景德镇	Jingdezhen	0.76	5.68	5.73	35
萍乡	Pingxiang	1.87	1.87	0.90	236
九江	Jiujiang	1.65	1.92	2.27	130
新余	Xinyu	0.73	0.68	0.84	239
鹰潭	Yingtan	0.91	0.61	0.72	249
赣州	Ganzhou	4.26	3.49	4.66	50
吉安	Jian	2.70	3.05	3.04	89
宜春	Yichun	2.75	2.27	2.43	117
抚州	Fuzhou	1.60	1.69	1.84	161
上饶	Shangrao	2.52	2.26		
山东	**Shandong**	**104.82**	**81.37**	**94.09**	
济南	Jinan	4.70	4.44	4.97	45
青岛	Qingdao	5.27	5.41	6.02	31
淄博	Zibo	2.28	2.34	2.42	118
枣庄	Zaozhuang	1.33	1.12	1.24	210
东营	Dongying	1.23	1.17	1.25	207
烟台	Yantai	5.35	4.05	4.48	52
潍坊	Weifang	3.81	3.72	3.93	64
济宁	Jining	3.17	3.01	3.52	74
泰安	Taian	1.86	2.22	2.75	104
威海	Weihai	2.36	2.35	2.68	105
日照	Rizhao	1.39	1.12	1.16	221
莱芜	Laiwu	0.67	0.70	0.78	244
临沂	Linyi	3.07	1.49	1.71	171
德州	Dezhou	4.15	3.13	3.59	72
聊城	Liaocheng	2.30	2.84	3.41	75

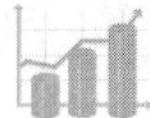

13-7 邮政业务总量 续表 2
Post Services continued 2

单位：亿元 （100 million yuan）

地名	City	2010	2011	2012	2012 排名 Ranking	地名	City	2010	2011	2012	2012 排名 Ranking
滨州	Binzhou	1.55	3.00	3.67	70	常德	Changde	2.01	2.38	2.96	93
菏泽	Heze	2.57	3.54	3.95	63	张家界	Zhangjiajie	0.50	0.78	0.90	236
河南	**Henan**	**89.80**	**62.80**	**69.16**		益阳	Yiyang	1.55	2.23	2.64	108
郑州	Zhengzhou	6.18	6.03	6.26	30	郴州	Chenzhou	2.32	2.35	4.40	54
开封	Kaifeng	2.06	1.96	2.12	142	永州	Yongzhou	1.62	2.09	2.41	121
洛阳	Luoyang	3.60	3.20	3.17	82	怀化	Huaihua	1.62	1.78	2.32	126
平顶山	Pingdingshan	2.35	2.35	2.26	131	娄底	Loudi	1.18	1.33	1.68	177
安阳	Anyang	3.00	3.01	2.90	96	**广东**	**Guangdong**	**378.00**	**270.84**	**395.18**	
鹤壁	Hebi	0.62	0.53	0.46	266	广州	Guangzhou	20.23	112.27	137.81	1
新乡	Xinxiang	3.49	3.54	3.68	69	韶关	Shaoguan	2.89	0.56	2.47	114
焦作	Jiaozuo	2.46	2.03	1.81	163	深圳	Shenzhen	28.07	100.73	116.25	2
濮阳	Puyang	1.58	1.59	1.57	187	珠海	Zhuhai	3.52	3.11	5.63	37
许昌	Xuchang	1.96	1.99	1.87	158	汕头	Shantou	2.01	3.63	15.83	8
漯河	Luohe	1.17	1.20	1.19	215	佛山	Foshan	0.00	11.85	5.49	40
三门峡	Sanmenxia	1.36	1.27	1.25	207	江门	Jiangmen	4.41	3.43	4.77	48
南阳	Nanyang	3.93	4.43	4.86	46	湛江	Zhanjiang	4.90	1.21	3.39	76
商丘	Shangqiu	3.75	4.14	4.44	53	茂名	Maoming	3.84	0.32	2.67	107
信阳	Xinyang	2.67	2.92	2.93	95	肇庆	Zhaoqing	1.68	1.31	6.27	29
周口	Zhoukou	3.55	3.61	4.12	59	惠州	Huizhou	1.94	3.82	3.16	83
驻马店	Zhumadian	3.37	3.82	4.19	58	梅州	Meizhou	3.40	0.90	1.07	224
湖北	**Hubei**	**55.71**	**42.88**	**52.55**		汕尾	Shanwei	1.02	0.42	1.62	182
武汉	Wuhan	6.46	7.18	7.85	21	河源	Heyuan	0.88	0.21	2.12	142
黄石	Huangshi	1.70	1.84	1.90	156	阳江	Yangjiang	1.55	0.63	2.09	146
十堰	Shiyan	1.60	2.03	1.83	162	清远	Qingyuan	2.00	0.52	62.14	3
宜昌	Yichang	1.56	1.91	2.35	123	东莞	Dongguan	8.12	38.57	10.08	15
襄阳	Xiangfan	2.31	2.36	2.79	99	中山	ZhongShan	4.26	5.67	1.92	154
鄂州	Ezhou	0.57	0.61	1.72	170	潮州	Chaozhou	1.04	0.90	2.25	132
荆门	Jingmen	1.31	1.06	1.56	188	揭阳	Jieyang	2.34	0.93	1.63	181
孝感	Xiaogan	2.00	1.50	3.06	86	云浮	Yunfu	2.00	0.37		
荆州	Jingzhou	2.81	3.56	3.74	68	**广西**	**Guangxi**	**28.58**	**21.88**	**24.14**	
黄冈	Huanggang	2.42	2.15	2.53	111	南宁	Nanning	3.83	4.30	4.79	47
咸宁	Xianning	1.91	1.13	1.24	210	柳州	Liuzhou	1.71	4.20	1.70	172
随州	Suizhou	1.97	1.24	1.59	186	桂林	Guilin	2.26	2.49	2.17	138
湖南	**Hunan**	**49.05**	**39.47**	**48.69**		梧州	Wuzhou	1.44	1.28	1.26	204
长沙	Changsha	5.46	6.81	13.64	11	北海	Beihai	0.80	0.68	0.70	250
株洲	Zhuzhou	1.55	1.94	3.03	90	防城港	Fangchenggang	0.35	0.58	0.47	265
湘潭	Xiangtan	1.96	1.50	2.44	116	钦州	Qinzhou	0.88	12.24	1.18	218
衡阳	Hengyang	3.62	2.95	3.97	62	贵港	Guigang	2.03	1.85	1.79	164
邵阳	Shaoyang	2.70	3.22	4.01	61	玉林	Yulin	2.29	2.34	2.15	139
岳阳	Yueyang	2.40	2.04	2.77	103	百色	Baise	1.10	1.17	1.20	213

13-7 邮政业务总量 续表 3
Post Services continued 3

单位：亿元 （100 million yuan）

地名	City	2010	2011	2012	2012 排名 Ranking	地名	City	2010	2011	2012	2012 排名 Ranking
贺州	Hezhou	0.69	0.70	0.63	254	丽江	Lijiang	0.47	0.39	0.10	276
河池	Hechi	1.34	1.31	1.33	201	普洱	Puer	0.65	0.49	0.02	278
来宾	Laibin	0.75	0.74	0.68	251	临沧	Lincang	0.45	0.50	0.02	278
崇左	Chongzuo	1.23	1.16	0.95	234	**西藏**	**Tibet**	**1.88**	**1.65**	**1.85**	
海南	**Hainan**	**9.90**	**7.15**	**7.78**		拉萨	Lhasa		0.42	0.49	261
海口	Haikou	2.33	1.40	1.73	169	**陕西**	**Shaanxi**	**37.42**	**28.89**	**31.34**	
三亚	Sanya	0.51	0.52	0.58	257	西安	Xi'an	5.88	8.69	14.40	10
重庆	**Chongqing**	**30.72**	**25.91**	**31.28**		铜川	Tongchuan	0.58	0.63	0.76	245
四川	**Sichuan**	**69.99**	**56.55**	**72.38**		宝鸡	Baoji	1.90	2.88	2.45	115
成都	Chengdu	9.37	9.31	10.92	14	咸阳	Xianyang	2.04	2.95	2.78	101
自贡	Zigong	1.45	9.18	1.90	156	渭南	Weinan	1.99	2.94	2.56	110
攀枝花	Panzhihua	0.85	0.69	0.82	241	延安	Yan'an	1.13	1.66	1.03	227
泸州	Luzhou	2.00	2.52	2.87	97	汉中	Hanzhong	2.10	4.04	3.22	80
德阳	Deyang	1.72	2.03	2.33	125	榆林	Yulin	1.55	1.80	1.47	193
绵阳	Mianyang	2.23	2.66	3.12	84	安康	Ankang	1.35	1.80	1.50	192
广元	Guangyuan	1.23	1.49	1.51	191	商洛	Shangluo	2.67	1.49	1.18	218
遂宁	Suining	1.14	1.52	1.69	174	**甘肃**	**Gansu**	**11.32**	**11.15**	**9.88**	
内江	Neijiang	1.14	1.40	1.61	183	兰州	Lanzhou	2.02	1.84	1.76	166
乐山	Leshan	1.67	1.42	1.70	172	嘉峪关	Jiayuguan	0.18	0.19	0.23	273
南充	Nanchong	2.58	4.01	4.08	60	金昌	Jinchang	0.25	0.20	0.21	275
眉山	Meishan	1.03	9.54	1.61	183	白银	Baiyin	0.46	0.39	0.45	268
宜宾	Yibin	1.94	1.86	2.05	152	天水	Tianshui	0.98	0.87	1.05	225
广安	Guangan	1.69	1.95	2.08	147	武威	Wuwei	0.57	0.55	0.55	258
达州	Dazhou	19.20	2.29	3.34	77	张掖	Zhangye	0.39	0.41	0.48	264
雅安	Yaan	0.42	0.49	0.59	256	平凉	Pingliang	0.38	0.39	0.46	266
巴中	Bazhong	1.24	9.65	1.76	166	酒泉	Jiuquan	0.61	0.44	0.51	260
资阳	Ziyang	2.03	2.21	3.06	86	庆阳	Qingyang	0.78	0.66	0.84	239
贵州	**Guizhou**	**15.50**	**14.97**	**17.93**		定西	Dingxi	0.46	0.46	0.52	259
贵阳	Guiyang	2.29	2.73	3.28	78	陇南	Longnan	0.45	0.63	0.67	252
六盘水	Liupanshui	0.70	0.78	0.93	235	**青海**	**Qinghai**	**3.23**	**2.40**	**2.58**	
遵义	Zunyi	18.94	27.56	3.27	79	西宁	Xining	1.16	1.23		
安顺	Anshun	0.55	0.65	0.75	246	**宁夏**	**Ningxia**	**4.10**	**3.57**	**4.55**	
毕节	Bijie		1.16	1.34	200	银川	Yinchuan	1.14	1.31	1.35	199
铜仁	Tongren		1.24	1.41	196	石嘴山	Shizuishan	0.63	0.63	0.39	270
云南	**Yunnan**	**18.91**	**16.32**	**18.25**		吴忠	Wuzhong	0.30	0.29	0.34	271
昆明	Kunming	3.62	3.62	3.91	65	固原	Guyuan	0.35	0.35	0.34	271
曲靖	Qujing	1.30	0.90	0.97	231	中卫	Zhongwei	0.22	0.36	0.23	273
玉溪	Yuxi	0.74	0.61	0.06	277	**新疆**	**Xinjiang**	**18.63**	**14.45**	**16.74**	
保山	Baoshan	0.58	0.42	0.02	278	乌鲁木齐	Urumqi	3.01	3.30	4.53	51
昭通	Zhaotong	0.93	0.77	0.02	278	克拉玛依	Karamay	0.61	0.43	0.49	261

13-8 电信业务总量
Telecommunication Services

单位：亿元 （100 million yuan）

地名	City	2010	2011	2012	2012 排名 Ranking
全国	**Nation Total**	**29993.18**	**11725.78**	**12982.44**	
北京	**Beijing**	**1120.00**	**436.29**	**488.90**	
天津	**Tianjin**	**399.46**	**153.22**	**159.35**	
河北	**Hebei**	**1293.51**	**491.34**	**538.70**	
石家庄	Shijiazhuang	229.82	87.75	95.90	22
唐山	Tangshan	190.85	66.72	72.02	34
秦皇岛	Qinhuangdao	70.13	27.65	29.69	109
邯郸	Handan	132.92	47.17	54.01	49
邢台	Xingtai	94.88	35.11	39.22	73
保定	Baoding	188.22	69.64	75.57	30
张家口	Zhangjiakou	70.43	26.89	29.72	107
承德	Chengde	60.10	21.85	24.14	148
沧州	Cangzhou	117.39	42.18	46.88	59
廊坊	Langfang	102.01	40.85	45.04	62
衡水	Hengshui	65.09	23.00	25.83	137
山西	**Shanxi**	**696.69**	**279.33**	**308.49**	
太原	Taiyuan	159.89	67.39	74.18	32
大同	Datong	61.58	23.88	26.98	130
阳泉	Yangquan	30.61	12.84	13.42	226
长治	Changzhi	55.98	21.19	23.69	154
晋城	Jincheng	38.31	15.70	17.22	195
朔州	Shuozhou	28.53	11.65	13.40	227
晋中	Jinzhong	59.59	25.61	27.29	126
运城	Yuncheng	71.92	27.46	31.23	95
忻州	Xinzhou	48.90	19.20	21.39	170
临汾	Linfen	72.26	28.86	32.31	92
吕梁	Luliang	62.41	24.57	27.59	124
内蒙古	**Inner Mongolia**	**584.75**	**231.51**	**258.51**	
呼和浩特	Hohhot	78.27	37.60	41.97	68
包头	Baotou	73.34	31.90	28.60	121
乌海	Wuhai	5.92	6.96	7.48	265
赤峰	Chifeng	60.95	21.95	24.88	144
通辽	Tongliao	42.85	53.25	18.29	191
鄂尔多斯	Erdos	19.50	21.91	23.74	153
呼伦贝尔	Hulunbuir	15.07	16.29	19.68	181
巴彦淖尔	Bayannur	33.67	4.31	5.05	277
乌兰察布	Ulanqab	10.50	13.50	16.70	200
辽宁	**Liaoning**	**1113.22**	**434.42**	**473.18**	
沈阳	Shenyang	286.14	107.67	114.47	16
大连	Dalian	228.30	88.52	96.02	21
鞍山	Anshan	89.24	33.12	36.41	78
抚顺	Fushun	50.25	18.78	20.25	178
本溪	Benxi	38.53	14.26	15.52	209
丹东	Dandong	53.21	19.82	21.53	168
锦州	Jinzhou	66.32	27.56	30.58	101
营口	Yingkou	57.57	21.04	23.51	156
阜新	Fuxin	38.07	15.39	17.54	193
辽阳	Liaoyang	43.25	16.11	17.51	194
盘锦	Panjin	38.56	14.09	16.36	204
铁岭	Tieling	46.57	17.90	19.68	181
朝阳	Chaoyang	45.80	17.87	20.28	177
葫芦岛	Huludao	50.02	18.64	20.43	175
吉林	**Jilin**	**587.40**	**220.25**	**240.62**	
长春	Changchun	212.25	77.60	67.89	40
吉林	Jilin	99.26	34.20	26.25	134
四平	Siping	60.17	20.00	15.69	208
辽源	Liaoyuan	24.68	8.60	6.39	274
通化	Tonghua	45.76	16.10	11.95	238
白山	Baishan	32.58	13.30	6.70	272
松原	Songyuan	59.06	17.80	12.79	233
白城	Baicheng	43.41	12.70	9.18	259
黑龙江	**Heilongjiang**	**697.87**	**277.65**	**297.38**	
哈尔滨	Harbin	253.69	94.51	104.22	20
齐齐哈尔	Qiqihar	84.39	28.56	29.51	112
鸡西	Jixi	35.39	11.54	8.58	262
鹤岗	Hegang	23.84	9.85	10.60	244
双鸭山	Shuangyashan	30.33	12.05	29.14	114
大庆	Daqing	67.72	25.54	8.90	260
伊春	Yichun	22.89	8.03	20.86	174
佳木斯	Jiamusi	23.40	19.27	7.00	269
七台河	Qitaihe	19.83	7.71	21.95	167
牡丹江	Mudanjiang	59.51	21.22	11.36	240
黑河	Heihe	31.49	10.27	27.26	127
绥化	Suihua	75.92	23.49	4.31	279
上海	**Shanghai**	**1098.79**	**415.31**	**447.09**	
江苏	**Jiangsu**	**2140.42**	**832.45**	**914.62**	

13-8 电信业务总量 续表 1
Telecommunication Services continued 1

单位：亿元　　(100 million yuan)

地名	City	2010	2011	2012	2012 排名 Ranking
南京	Nanjing		113.22	120.28	12
无锡	Wuxi	132.17	88.43	94.18	23
徐州	Xuzhou	98.39	34.47	56.37	47
常州	Changzhou	68.36	54.90	59.20	46
苏州	Suzhou	52.19	169.15	187.35	4
南通	Nantong	161.59	57.16	62.81	43
连云港	Lianyungang	56.36	26.85	31.00	98
淮安	Huaian	24.23	22.62	24.07	149
盐城	Yancheng	24.94	36.61	48.06	56
扬州	Yangzhou	35.03	37.83	40.42	70
镇江	Zhenjiang	37.52	26.50	28.70	120
泰州	Taizhou	35.88	32.90	35.45	84
宿迁	Suqian	33.11	19.52	21.46	169
浙江	**Zhejiang**	**19.16**	**750.40**	**809.89**	
杭州	Hangzhou	132.59	166.99	159.73	7
宁波	Ningbo	218.26	116.63	116.04	15
温州	Wenzhou	105.89	119.55	119.88	13
嘉兴	Jiaxing	66.44	53.38	78.92	28
湖州	Huzhou	26.08	33.01	31.23	95
绍兴	Shaoxing	45.56	53.52	53.89	50
金华	Jinhua	59.34	71.67	70.60	36
衢州	Quzhou	31.77	18.79	14.50	218
舟山	Zhoushan	13.78	15.73	15.16	211
台州	Taizhou	61.99	73.08	71.65	35
丽水	Lishui	18.59	22.81	17.89	192
安徽	**Anhui**	**841.62**	**332.34**	**372.23**	
合肥	Hefei	48.94	62.67	76.38	29
芜湖	Wuhu	16.53	21.09	27.04	129
蚌埠	Bengbu	15.15	17.75	19.82	180
淮南	Huainan	12.64	14.86	16.47	201
马鞍山	Maanshan	9.77	12.39	16.84	199
淮北	Huaibei	9.99	12.08	13.96	224
铜陵	Tongling	5.35	6.34	6.90	270
安庆	Anqing	18.27	23.92	26.06	135
黄山	Huangshan	7.02	8.68	9.49	253
滁州	Chuzhou	17.69	21.08	23.40	157
阜阳	Fuyang	25.64	31.21	35.69	82
宿州	Suzhou	18.25	22.55	25.69	139
六安	Liuan	17.40	21.29	24.31	147
亳州	Bozhou	15.69	17.99	21.16	171
池州	Chizhou	7.19	8.39	9.30	256
宣城	Xuancheng	11.88	14.92	16.47	201
福建	**Fujian**	**1145.33**	**451.52**	**514.22**	
福州	Fuzhou	273.64	95.80	116.05	14
厦门	Xiamen	178.78	63.00	81.61	27
莆田	Putian	71.71	26.00	36.26	79
三明	Sanming	66.36	26.00	28.95	118
泉州	Quanzhou	261.24	96.00	111.05	17
漳州	Zhangzhou	108.41	56.00	48.01	57
南平	Nanping	61.53	26.00	28.96	117
龙岩	Longyan	66.45	30.00	29.70	108
宁德	Ningde	74.44	35.00	35.61	83
江西	**Jiangxi**	**655.15**	**251.04**	**278.74**	
南昌	Nanchang	42.39	45.71	53.66	51
景德镇	Jingdezhen	11.46	11.75	11.43	239
萍乡	Pingxiang	9.02	9.02	12.40	235
九江	Jiujiang	9.85	21.83	30.27	105
新余	Xinyu	4.89	20.52	9.41	255
鹰潭	Yingtan	4.68	5.13	7.11	267
赣州	Ganzhou	29.51	33.63	47.60	58
吉安	Jian	16.83	16.94	25.07	142
宜春	Yichun	14.80	15.35	29.54	111
抚州	Fuzhou	8.43	13.07	18.43	189
上饶	Shangrao	8.11	22.46	32.12	93
山东	**Shandong**	**1855.86**	**727.65**	**797.48**	
济南	Jinan	210.15	74.95	89.42	25
青岛	Qingdao	269.51	95.24	110.87	18
淄博	Zibo	103.45	34.95	41.80	69
枣庄	Zaozhuang	64.69	24.12	27.63	123
东营	Dongying	66.17	21.81	25.28	141
烟台	Yantai	170.44	56.44	67.94	39
潍坊	Weifang	179.41	68.57	75.27	31
济宁	Jining	127.14	43.17	51.73	52
泰安	Taian	75.41	29.20	36.48	77
威海	Weihai	79.40	27.64	30.89	99
日照	Rizhao	49.50	17.57	20.94	173
莱芜	Laiwu	20.64	7.18	8.45	263
临沂	Linyi	158.87	57.97	68.44	38
德州	Dezhou	78.65	28.07	33.02	90
聊城	Liaocheng	85.56	28.80	34.62	87

13-8 电信业务总量 续表 2
Telecommunication Services continued 2

单位：亿元 （100 million yuan）

地名	City	2010	2011	2012	2012 排名 Ranking	地名	City	2010	2011	2012	2012 排名 Ranking
滨州	Binzhou	70.65	23.41	27.46	125	常德	Changde	26.32	31.76	34.59	88
菏泽	Heze	106.25	36.83	44.52	63	张家界	Zhangjiajie	8.16	9.98	11.27	241
河南	**Henan**	**1383.65**	**540.87**	**610.87**		益阳	Yiyang	17.40	21.68	23.86	152
郑州	Zhengzhou	290.14	110.95	120.43	11	郴州	Chenzhou	21.00	22.63	26.55	132
开封	Kaifeng	61.43	21.57	25.85	136	永州	Yongzhou	16.97	20.86	22.04	164
洛阳	Luoyang	116.25	44.00	51.24	54	怀化	Huaihua	19.20	22.13	25.55	140
平顶山	Pingdingshan	76.69	26.39	30.15	106	娄底	Loudi	17.39	22.56	23.67	155
安阳	Anyang	80.89	31.64	36.00	81	**广东**	**Guangdong**	**4175.38**	**1617.16**	**1766.38**	
鹤壁	Hebi	22.47	8.70	10.40	246	广州	Guangzhou	1031.42	413.06	358.07	1
新乡	Xinxiang	96.61	35.79	42.21	67	韶关	Shaoguan	66.69	21.12	23.13	158
焦作	Jiaozuo	62.19	23.37	26.47	133	深圳	Shenzhen	1003.19	303.66	347.70	2
濮阳	Puyang	53.01	18.77	22.58	161	珠海	Zhuhai	134.09	40.74	43.48	66
许昌	Xuchang	63.70	23.07	26.58	131	汕头	Shantou	171.80	56.50	62.28	44
漯河	Luohe	36.53	13.75	16.12	205	佛山	Foshan	428.72	122.72	132.94	10
三门峡	Sanmenxia	41.02	13.68	15.47	210	江门	Jiangmen	130.67	46.91	51.15	55
南阳	Nanyang	109.17	38.65	43.66	64	湛江	Zhanjiang	111.95	55.78	63.95	42
商丘	Shangqiu	94.99	33.35	39.07	74	茂名	Maoming	83.43	38.92	45.11	61
信阳	Xinyang	74.45	26.77	30.47	102	肇庆	Zhaoqing	93.38	30.96	34.81	85
周口	Zhoukou	90.72	31.92	37.90	76	惠州	Huizhou	199.08	62.10	73.78	33
驻马店	Zhumadian	75.68	26.15	31.11	97	梅州	Meizhou	49.08	34.79	40.01	72
湖北	**Hubei**	**983.32**	**388.89**	**438.74**		汕尾	Shanwei	46.99	17.17	19.66	183
武汉	Wuhan	332.07	121.77	160.02	6	河源	Heyuan	45.45	19.15	22.14	162
黄石	Huangshi	13.66	14.82	16.40	203	阳江	Yangjiang	49.12	20.73	23.13	158
十堰	Shiyan	11.55	12.67	14.62	215	清远	Qingyuan	54.06	27.62	31.42	94
宜昌	Yichang	20.79	23.11	25.73	138	东莞	Dongguan	665.97	179.79	188.33	3
襄阳	Xiangfan	25.67	24.57	30.40	103	中山	ZhongShan	190.72	63.68	70.14	37
鄂州	Ezhou	5.83	6.73	6.38	275	潮州	Chaozhou	53.48	20.80	22.77	160
荆门	Jingmen	12.22	12.81	14.80	214	揭阳	Jieyang	91.67	34.63	39.04	75
孝感	Xiaogan	7.67	11.20	19.03	186	云浮	Yunfu	31.91	15.81	18.71	187
荆州	Jingzhou	25.30	25.56	28.97	116	**广西**	**Guangxi**	**793.31**	**304.67**	**342.22**	
黄冈	Huanggang	18.09	18.18	23.94	151	南宁	Nanning	173.16	78.68	89.77	24
咸宁	Xianning	9.71	10.95	14.20	222	柳州	Liuzhou	79.67	27.08	27.15	128
随州	Suizhou	6.96	8.37	9.23	258	桂林	Guilin	91.28	33.09	36.05	80
湖南	**Hunan**	**1008.94**	**400.47**	**442.52**		梧州	Wuzhou	41.57	15.11	17.10	196
长沙	Changsha	78.68	99.50	108.07	19	北海	Beihai	23.74	1.12	14.45	220
株洲	Zhuzhou	23.61	27.97	30.64	100	防城港	Fangchenggang	22.68	8.19	9.42	254
湘潭	Xiangtan	16.33	20.95	24.00	150	钦州	Qinzhou	37.08	14.51	14.51	217
衡阳	Hengyang	25.50	31.60	34.75	86	贵港	Guigang	42.73	16.06	18.48	188
邵阳	Shaoyang	21.90	26.51	29.65	110	玉林	Yulin	74.94	26.40	29.49	113
岳阳	Yueyang	24.05	30.32	33.53	89	百色	Baise	46.86	17.80	16.99	198

13-8 电信业务总量 续表 3
Telecommunication Services continued 3

单位：亿元 （100 million yuan）

地名	City	2010	2011	2012	2012 排名 Ranking	地名	City	2010	2011	2012	2012 排名 Ranking
贺州	Hezhou	1.63	8.97	10.19	248	丽江	Lijiang	4.25	4.47	7.20	266
河池	Hechi	48.14	17.44	19.35	185	普洱	Puer	11.16	12.84	3.47	281
来宾	Laibin	31.63	11.41	12.34	236	临沧	Lincang	1.62	8.44	1.94	283
崇左	Chongzuo	32.84	11.52	14.56	216	**西藏**	**Tibet**	**62.46**	**23.86**	**33.01**	
海南	**Hainan**	**214.76**	**86.65**	**97.11**		拉萨	Lhasa	6.82	15.38	12.42	234
海口	Haikou	38.54	41.48	46.28	60	**陕西**	**Shaanxi**	**819.82**	**319.66**	**355.07**	
三亚	Sanya	11.61	12.79	13.15	229	西安	Xi'an		134.77	152.95	8
重庆	**Chongqing**	**550.58**	**218.01**	**245.72**		铜川	Tongchuan		6.01	6.47	273
四川	**Sichuan**	**1380.70**	**550.33**	**619.93**		宝鸡	Baoji		22.54	24.81	145
成都	Chengdu	431.90	161.50	167.97	5	咸阳	Xianyang		27.53	30.28	104
自贡	Zigong	33.69	3.54	12.94	232	渭南	Weinan		29.22	32.49	91
攀枝花	Panzhihua	14.02	9.40	10.04	249	延安	Yan'an		20.68	22.09	163
泸州	Luzhou	20.52	17.98	21.98	166	汉中	Hanzhong		17.87	19.83	179
德阳	Deyang	65.65	18.77	20.30	176	榆林	Yulin		36.89	40.35	71
绵阳	Mianyang	30.13	26.81	29.11	115	安康	Ankang		14.46	15.15	212
广元	Guangyuan	12.02	12.95	14.25	221	商洛	Shangluo		9.40	9.77	252
遂宁	Suining	11.26	9.24	149.31	9	**甘肃**	**Gansu**	**411.83**	**161.14**	**180.00**	
内江	Neijiang	15.42	11.59	13.61	225	兰州	Lanzhou	124.23	54.67	51.59	53
乐山	Leshan	51.48	16.97	19.38	184	嘉峪关	Jiayuguan	8.87	4.47	4.13	280
南充	Nanchong	21.22	22.17	24.92	143	金昌	Jinchang	11.03	4.88	4.39	278
眉山	Meishan	10.66	3.31	13.39	228	白银	Baiyin	25.58	10.80	10.67	243
宜宾	Yibin	62.09	19.25	22.04	164	天水	Tianshui	37.34	15.50	15.90	206
广安	Guangan	10.46	2.97	3.44	282	武威	Wuwei	23.75	9.84	10.01	250
达州	Dazhou	10.12	19.44	21.12	172	张掖	Zhangye	23.35	11.55	9.26	257
雅安	Yaan	3.60	7.49	8.81	261	平凉	Pingliang	27.21	10.02	10.00	251
巴中	Bazhong	2.59	9.70	14.50	218	酒泉	Jiuquan	28.07	12.48	10.91	242
资阳	Ziyang	13.11	11.13	13.08	230	庆阳	Qingyang	37.29	13.16	10.30	247
贵州	**Guizhou**	**496.97**	**204.35**	**244.12**		定西	Dingxi	29.60	11.16	14.92	213
贵阳	Guiyang	130.11	52.43	61.77	45	陇南	Longnan	34.28	15.07	12.04	237
六盘水	Liupanshui	10.92	12.56	18.39	190	**青海**	**Qinghai**	**111.07**	**45.89**	**54.46**	
遵义	Zunyi	6.33	29.47	43.65	65	西宁	Xining				
安顺	Anshun	7.81	9.22	14.18	223	**宁夏**	**Ningxia**	**131.10**	**54.01**	**61.11**	
毕节	Bijie	17.70	19.28	28.45	122	银川	Yinchuan	42.05	25.56	28.75	119
铜仁	Tongren	11.15	12.56	17.02	197	石嘴山	Shizuishan	5.07	7.18	7.93	264
云南	**Yunnan**	**754.13**	**307.75**	**345.19**		吴忠	Wuzhong	20.40	9.15	10.53	245
昆明	Kunming		82.31	87.94	26	固原	Guyuan	3.81	5.15	6.75	271
曲靖	Qujing	16.32	16.34	65.00	41	中卫	Zhongwei	3.70	5.81	7.02	268
玉溪	Yuxi	18.87	21.52	24.46	146	**新疆**	**Xinjiang**	**537.32**	**217.36**	**246.61**	
保山	Baoshan	9.12	12.13	13.04	231	乌鲁木齐	Urumqi	42.09	48.40	55.50	48
昭通	Zhaotong	13.61	15.62	15.87	207	克拉玛依	Karamay	3.45	4.76	5.75	276

13-9 年末固定电话用户
Fixed Telephone Subscribers at Year-end

单位：万户 （10 000 subscribers）

地名	City	2010	2011	2012	2012 排名 Ranking	地名	City	2010	2011	2012	2012 排名 Ranking
全国	**Nation Total**	**29434.20**	**28509.80**	**27815.30**		沈阳	Shenyang	320.20	296.34	276.46	12
北京	**Beijing**	**885.60**	**883.90**	**883.20**		大连	Dalian	280.30	270.56	256.40	14
天津	**Tianjin**	**366.80**	**333.91**	**353.70**		鞍山	Anshan	112.80	108.05	101.89	61
河北	**Hebei**	**1251.40**	**1242.75**	**1207.70**		抚顺	Fushun	75.20	71.58	63.67	128
石家庄	Shijiazhuang	190.80	190.80	181.10	27	本溪	Benxi	45.70	42.56	41.78	199
唐山	Tangshan	168.80	173.13	163.60	36	丹东	Dandong	85.50	83.80	83.53	86
秦皇岛	Qinhuangdao	73.80	74.45	73.90	108	锦州	Jinzhou	94.80	90.59	87.65	79
邯郸	Handan	105.90	102.13	95.90	66	营口	Yingkou	61.70	60.76	59.99	138
邢台	Xingtai	95.80	94.52	93.40	72	阜新	Fuxin	53.20	49.89	49.00	183
保定	Baoding	176.20	174.96	172.80	33	辽阳	Liaoyang	54.00	51.23	49.06	181
张家口	Zhangjiakou	67.60	66.82	65.60	123	盘锦	Panjin	63.30	35.25	33.56	224
承德	Chengde	47.20	45.42	42.40	197	铁岭	Tieling	79.90	58.12	53.68	163
沧州	Cangzhou	120.70	125.84	126.00	49	朝阳	Chaoyang	36.30	74.03	70.73	114
廊坊	Langfang	106.30	109.62	107.90	57	葫芦岛	Huludao	65.20	60.55	57.65	142
衡水	Hengshui	98.30	85.06	85.00	84	**吉林**	**Jilin**	**595.20**	**579.00**	**578.80**	
山西	**Shanxi**	**720.70**	**682.23**	**685.20**		长春	Changchun	182.20	177.00	182.40	26
太原	Taiyuan	158.20	148.14	148.92	39	吉林	Jilin	93.80	92.20	91.40	75
大同	Datong	57.10	56.81	54.11	161	四平	Siping	50.70	50.30	50.40	175
阳泉	Yangquan	33.60	29.67	31.11	229	辽源	Liaoyuan	23.90	24.20	24.70	247
长治	Changzhi	61.50	58.60	63.26	131	通化	Tonghua	54.20	51.20	51.80	171
晋城	Jincheng	45.40	45.16	45.73	187	白山	Baishan	41.00	39.70	37.40	212
朔州	Shuozhou	25.20	23.68	27.29	239	松原	Songyuan	37.90	37.90	37.50	211
晋中	Jinzhong	77.20	72.61	69.79	118	白城	Baicheng	38.40	36.90	38.20	209
运城	Yuncheng	86.00	83.38	81.70	90	**黑龙江**	**Heilongjiang**	**813.50**	**793.46**	**776.10**	
忻州	Xinzhou	48.60	43.53	45.32	190	哈尔滨	Harbin	272.30	256.01	260.92	13
临汾	Linfen	70.20	66.71	63.53	129	齐齐哈尔	Qiqihar	93.20	92.62	86.50	80
吕梁	Luliang	57.80	53.94	54.17	159	鸡西	Jixi	40.50	39.13	37.10	214
内蒙古	**Inner Mongolia**	**414.00**	**379.50**	**368.30**		鹤岗	Hegang	19.30	18.85	18.40	265
呼和浩特	Hohhot	70.30	71.50	79.40	93	双鸭山	Shuangyashan	27.10	26.10	26.77	241
包头	Baotou	38.80	39.99	45.40	188	大庆	Daqing	44.20	44.43	41.36	200
乌海	Wuhai	12.30	11.60	15.54	275	伊春	Yichun	34.30	33.44	27.16	240
赤峰	Chifeng	49.80	54.70	49.45	177	佳木斯	Jiamusi	57.20	57.53	57.30	143
通辽	Tongliao	29.60	27.90	27.30	238	七台河	Qitaihe	16.80	16.93	16.72	269
鄂尔多斯	Erdos	24.50	25.03	24.14	249	牡丹江	Mudanjiang	74.50	69.93	64.59	126
呼伦贝尔	Hulunbuir	51.10	45.05	40.79	201	黑河	Heihe	32.10	33.32	33.60	223
巴彦淖尔	Bayannur	22.80	23.23	23.50	252	绥化	Suihua	88.30	91.64	92.76	73
乌兰察布	Ulanqab	21.90	21.20	23.50	252	**上海**	**Shanghai**	**935.90**	**926.43**	**902.90**	
辽宁	**Liaoning**	**1428.00**	**1353.32**	**1285.10**		**江苏**	**Jiangsu**	**2498.80**	**2370.94**	**2387.20**	

13-9 年末固定电话用户 续表 1
Fixed Telephone Subscribers at Year-end continued 1

单位：万户 (10 000 subscribers)

地名	City	2010	2011	2012	2012 排名 Ranking	地名	City	2010	2011	2012	2012 排名 Ranking
南京	Nanjing	290.10	299.40	309.35	8	池州	Chizhou	34.90	35.77	31.84	228
无锡	Wuxi	213.90	235.14	240.85	19	宣城	Xuancheng	60.90	64.29	56.16	148
徐州	Xuzhou	177.20	174.34	175.29	29	**福建**	**Fujian**	**1046.00**	**1015.00**	**1017.30**	
常州	Changzhou	159.60	158.65	162.05	37	福州	Fuzhou	219.00	207.00	207.19	22
苏州	Suzhou	351.70	378.76	376.79	3	厦门	Xiamen	161.00	153.00	146.89	40
南通	Nantong	243.10	251.41	255.67	15	莆田	Putian	68.00	68.00	65.22	125
连云港	Lianyungang	99.30	108.17	109.80	55	三明	Sanming	61.00	57.00	53.92	162
淮安	Huaian	100.60	100.92	99.57	64	泉州	Quanzhou	252.00	235.00	232.35	20
盐城	Yancheng	333.00	180.55	173.95	32	漳州	Zhangzhou	105.00	114.00	97.84	65
扬州	Yangzhou	162.60	145.41	145.76	41	南平	Nanping	62.00	62.00	56.65	147
镇江	Zhenjiang	129.60	109.50	110.61	54	龙岩	Longyan	58.00	59.00	52.90	165
泰州	Taizhou	149.00	143.02	142.25	43	宁德	Ningde	60.00	60.00	58.03	141
宿迁	Suqian	102.70	85.64	85.29	83	**江西**	**Jiangxi**	**709.60**	**673.94**	**644.20**	
浙江	**Zhejiang**	**1998.60**	**1947.88**	**1882.50**		南昌	Nanchang	161.80	148.20	139.66	45
杭州	Hangzhou	368.60	353.76	346.22	5	景德镇	Jingdezhen	36.50	28.02	25.78	243
宁波	Ningbo	317.40	317.68	308.00	9	萍乡	Pingxiang	24.50	27.40	27.72	237
温州	Wenzhou	277.00	271.52	254.47	16	九江	Jiujiang	86.20	85.37	85.00	84
嘉兴	Jiaxing	166.10	121.03	155.89	38	新余	Xinyu	20.50	20.49	19.09	263
湖州	Huzhou	107.80	107.73	101.70	62	鹰潭	Yingtan	18.90	17.13	16.28	270
绍兴	Shaoxing	201.80	199.22	195.06	23	赣州	Ganzhou	107.30	107.51	105.05	59
金华	Jinhua	183.60	178.07	167.15	34	吉安	Jian	58.20	63.18	57.02	146
衢州	Quzhou	63.50	55.36	52.09	168	宜春	Yichun	62.10	63.22	61.63	135
舟山	Zhoushan	54.90	53.60	53.43	164	抚州	Fuzhou	37.40	35.22	31.05	230
台州	Taizhou	178.70	171.00	165.07	35	上饶	Shangrao	77.20	78.21	75.88	103
丽水	Lishui	51.30	49.15	49.07	180	**山东**	**Shandong**	**2023.10**	**1896.63**	**1854.20**	
安徽	**Anhui**	**1231.00**	**1243.95**	**1091.40**		济南	Jinan	204.60	191.26	193.58	24
合肥	Hefei	160.70	204.18	187.09	25	青岛	Qingdao	261.10	250.92	253.48	17
芜湖	Wuhu	65.20	89.96	80.83	91	淄博	Zibo	126.30	107.13	101.62	63
蚌埠	Bengbu	66.40	66.92	54.12	160	枣庄	Zaozhuang	74.20	68.98	89.60	78
淮南	Huainan	47.30	48.76	44.09	192	东营	Dongying	58.40	57.07	174.50	30
马鞍山	Maanshan	49.50	66.61	58.46	139	烟台	Yantai	175.10	172.88	175.65	28
淮北	Huaibei	39.00	40.46	35.11	219	潍坊	Weifang	178.70	189.85	112.86	53
铜陵	Tongling	23.60	24.48	21.82	256	济宁	Jining	128.60	117.49	90.87	77
安庆	Anqing	120.60	119.59	107.70	58	泰安	Taian	99.10	96.62	142.14	44
黄山	Huangshan	43.90	44.67	40.00	204	威海	Weihai	88.40	81.93	74.89	106
滁州	Chuzhou	75.70	79.64	69.37	119	日照	Rizhao	44.00	42.90	79.94	92
阜阳	Fuyang	106.10	106.77	92.37	74	莱芜	Laiwu	26.40	24.83	55.41	153
宿州	Suzhou	87.40	84.94	71.57	111	临沂	Linyi	150.50	150.91	78.66	94
六安	Liuan	97.90	95.18	78.58	95	德州	Dezhou	100.80	90.10	69.97	117
亳州	Bozhou	72.80	71.70	52.86	166	聊城	Liaocheng	100.20	91.45	49.60	176

13-9 年末固定电话用户 续表 2
Fixed Telephone Subscribers at Year-end continued 2

单位：万户 (10 000 subscribers)

地名	City	2010	2011	2012	2012 排名 Ranking
滨州	Binzhou	85.60	80.60	24.38	248
菏泽	Heze	92.50	81.70	90.99	76
河南	**Henan**	**1431.70**	**1340.39**	**1288.70**	
郑州	Zhengzhou	261.70	252.00	246.60	18
开封	Kaifeng	61.20	59.66	55.90	151
洛阳	Luoyang	139.60	128.04	125.60	50
平顶山	Pingdingshan	58.60	54.83	55.90	151
安阳	Anyang	94.70	87.05	85.90	81
鹤壁	Hebi	30.70	29.30	29.00	234
新乡	Xinxiang	128.30	118.88	116.20	51
焦作	Jiaozuo	63.90	57.86	56.00	149
濮阳	Puyang	40.40	37.65	36.70	216
许昌	Xuchang	69.20	59.04	54.70	158
漯河	Luohe	32.30	30.20	28.70	235
三门峡	Sanmenxia	35.90	33.60	30.50	231
南阳	Nanyang	105.00	97.98	94.20	69
商丘	Shangqiu	82.80	81.97	76.20	100
信阳	Xinyang	79.60	77.80	68.00	121
周口	Zhoukou	70.50	66.39	63.40	130
驻马店	Zhumadian	60.10	53.91	51.90	170
湖北	**Hubei**	**1026.40**	**1020.30**	**1003.60**	
武汉	Wuhan	316.00	313.00	295.00	10
黄石	Huangshi	46.80	45.50	46.90	186
十堰	Shiyan	66.90	66.80	51.60	172
宜昌	Yichang	73.10	65.77	77.04	99
襄阳	Xiangfan	72.10	73.98	75.60	104
鄂州	Ezhou	21.00	17.00	16.12	271
荆门	Jingmen	36.50	36.66	40.24	203
孝感	Xiaogan	85.00	82.00	55.05	157
荆州	Jingzhou	80.00	70.22	72.70	109
黄冈	Huanggang	102.60	93.77	93.60	70
咸宁	Xianning	39.30	45.60	42.52	195
随州	Suizhou	37.10	34.13	33.51	225
湖南	**Hunan**	**1077.00**	**1011.55**	**953.90**	
长沙	Changsha	216.90	217.86	213.15	21
株洲	Zhuzhou	80.00	77.95	75.13	105
湘潭	Xiangtan	58.90	52.64	48.31	184
衡阳	Hengyang	104.00	99.95	93.53	71
邵阳	Shaoyang	92.10	82.41	76.11	101
岳阳	Yueyang	88.80	82.43	78.18	97

地名	City	2010	2011	2012	2012 排名 Ranking
常德	Changde	84.50	74.03	68.77	120
张家界	Zhangjiajie	22.90	20.03	19.10	262
益阳	Yiyang	55.00	50.73	47.78	185
郴州	Chenzhou	63.10	62.68	61.94	134
永州	Yongzhou	50.60	45.87	42.34	198
怀化	Huaihua	72.40	64.85	55.21	156
娄底	Loudi	58.60	52.98	49.21	179
广东	**Guangdong**	**3169.10**	**3147.14**	**3135.80**	
广州	Guangzhou	598.60	591.45	590.73	1
韶关	Shaoguan	65.10	60.17	60.10	137
深圳	Shenzhen	532.80	556.56	570.38	2
珠海	Zhuhai	86.10	87.73	82.94	88
汕头	Shantou	140.30	136.80	137.92	46
佛山	Foshan	267.60	272.19	278.25	11
江门	Jiangmen	127.50	130.14	132.69	47
湛江	Zhanjiang	86.60	80.84	77.37	98
茂名	Maoming	94.10	86.76	83.47	87
肇庆	Zhaoqing	79.70	77.28	78.39	96
惠州	Huizhou	132.50	128.83	129.24	48
梅州	Meizhou	77.70	73.23	71.21	112
汕尾	Shanwei	49.90	48.21	43.40	193
河源	Heyuan	58.00	55.06	52.74	167
阳江	Yangjiang	52.40	51.05	49.39	178
清远	Qingyuan	58.40	57.46	55.94	150
东莞	Dongguan	319.30	318.51	316.74	6
中山	ZhongShan	125.80	121.62	115.93	52
潮州	Chaozhou	70.70	70.72	70.20	116
揭阳	Jieyang	99.30	97.59	95.67	67
云浮	Yunfu	46.70	44.96	43.12	194
广西	**Guangxi**	**708.90**	**650.90**	**599.30**	
南宁	Nanning	120.00	107.82	95.34	68
柳州	Liuzhou	65.00	63.35	57.09	144
桂林	Guilin	76.80	76.91	71.79	110
梧州	Wuzhou	40.10	35.03	45.10	191
北海	Beihai	30.10	28.25	22.47	254
防城港	Fangchenggang	14.70	13.93	13.97	277
钦州	Qinzhou	40.40	36.86	36.90	215
贵港	Guigang	62.00	51.83	49.04	182
玉林	Yulin	74.70	57.73	65.57	124
百色	Baise	46.70	37.10	39.07	207

13-9 年末固定电话用户 续表 3
Fixed Telephone Subscribers at Year-end continued 3

单位：万户　　(10 000 subscribers)

地名	City	2010	2011	2012	2012 排名 Ranking	地名	City	2010	2011	2012	2012 排名 Ranking
贺州	Hezhou	21.60	20.67	15.59	274	丽江	Lijiang	15.20	15.97	15.85	272
河池	Hechi	42.40	37.79	33.65	222	普洱	Puer	34.20	32.20	32.17	227
来宾	Laibin	21.40	17.54	15.81	273	临沧	Lincang	20.70	19.25	18.70	264
崇左	Chongzuo	20.60	18.93	18.30	266	**西藏**	**Tibet**	**37.00**	**40.53**	**40.50**	
海南	**Hainan**	**179.80**	**174.98**	**173.00**		拉萨	Lhasa	8.60	15.33	20.30	261
海口	Haikou	84.60	82.97	82.61	89	**陕西**	**Shaanxi**	**781.90**	**775.48**	**772.10**	
三亚	Sanya	18.30	24.50	23.61	251	西安	Xi'an	298.00	305.16	313.82	7
重庆	**Chongqing**	**582.70**	**571.25**	**575.70**		铜川	Tongchuan	15.20	14.49	13.62	278
四川	**Sichuan**	**1419.00**	**1383.00**	**1347.10**		宝鸡	Baoji	77.20	74.24	70.96	113
成都	Chengdu	373.70	388.00	375.20	4	咸阳	Xianyang	61.90	62.75	63.73	127
自贡	Zigong	49.40	50.60	45.36	189	渭南	Weinan	90.10	87.50	85.83	82
攀枝花	Panzhihua	32.50	31.00	55.32	154	延安	Yan'an	41.10	38.47	38.59	208
泸州	Luzhou	63.60	56.68	55.32	154	汉中	Hanzhong	62.70	59.34	57.08	145
德阳	Deyang	59.70	51.25	51.48	173	榆林	Yulin	56.60	59.65	58.27	140
绵阳	Mianyang	74.30	73.72	74.89	106	安康	Ankang	43.30	40.05	39.09	206
广元	Guangyuan	45.70	45.13	40.42	202	商洛	Shangluo	35.70	33.84	30.08	232
遂宁	Suining	35.70	37.16	35.50	217	**甘肃**	**Gansu**	**411.90**	**396.43**	**377.80**	
内江	Neijiang	48.80	48.84	50.55	174	兰州	Lanzhou	113.10	115.03	108.41	56
乐山	Leshan	66.80	72.33	66.99	122	嘉峪关	Jiayuguan	8.60	9.00	10.17	283
南充	Nanchong	93.60	94.89	70.52	115	金昌	Jinchang	10.90	10.88	10.34	282
眉山	Meishan	46.00	42.81	42.46	196	白银	Baiyin	25.50	24.79	23.97	250
宜宾	Yibin	66.80	63.03	60.83	136	天水	Tianshui	42.80	40.49	38.07	210
广安	Guangan	42.70	37.60	34.43	221	武威	Wuwei	28.60	27.13	25.44	244
达州	Dazhou	67.90	72.40	63.12	132	张掖	Zhangye	30.70	21.06	29.25	233
雅安	Yaan	25.50	23.60	37.31	213	平凉	Pingliang	24.10	28.92	21.17	258
巴中	Bazhong	43.30	35.70	33.10	226	酒泉	Jiuquan	21.40	24.21	20.93	260
资阳	Ziyang	56.60	42.50	39.23	205	庆阳	Qingyang	30.70	19.23	26.01	242
贵州	**Guizhou**	**432.60**	**403.97**	**380.40**		定西	Dingxi	26.70	22.51	21.18	257
贵阳	Guiyang	98.10	99.34	101.97	60	陇南	Longnan	21.10	27.46	17.89	267
六盘水	Liupanshui	33.40	29.75	28.11	236	**青海**	**Qinghai**	**103.20**	**104.20**	**102.50**	
遵义	Zunyi	85.50	80.73	75.91	102	西宁	Xining	63.10	64.20	62.95	133
安顺	Anshun	25.80	23.81	21.13	259	**宁夏**	**Ningxia**	**111.90**	**108.50**	**105.00**	
毕节	Bijie	44.10	39.38	35.39	218	银川	Yinchuan	67.80	49.57	52.01	169
铜仁	Tongren	32.10	28.72	25.33	245	石嘴山	Shizuishan	18.40	17.95	15.02	276
云南	**Yunnan**	**562.50**	**540.11**	**524.30**		吴忠	Wuzhong	16.10	11.50	11.36	280
昆明	Kunming	117.90	171.77	174.30	31	固原	Guyuan	13.50	11.04	11.04	281
曲靖	Qujing	38.80	34.77	34.85	220	中卫	Zhongwei	14.20	11.74	11.55	279
玉溪	Yuxi	23.70	24.03	22.20	255	**新疆**	**Xinjiang**	**547.50**	**540.80**	**517.90**	
保山	Baoshan	19.20	18.32	17.26	268	乌鲁木齐	Urumqi	156.40	146.20	144.60	42
昭通	Zhaotong	22.30	22.72	25.12	246	克拉玛依	Karamay	9.80	9.50	10.10	284

13-10 年末移动电话用户
Mobile Telephone Subscribers at Year-end

单位：万户 (10 000 subscribers)

地名	City	2010	2011	2012	2012 排名 Ranking	地名	City	2010	2011	2012	2012 排名 Ranking
全国	**Nation Total**	**85900.30**	**98625.30**	**111215.50**		沈阳	Shenyang	744.00	841.56	945.46	15
北京	**Beijing**	**2129.80**	**2575.90**	**3168.00**		大连	Dalian	674.60	776.51	840.31	21
天津	**Tianjin**	**1089.60**	**1235.60**	**1325.20**		鞍山	Anshan	279.20	317.82	342.60	85
河北	**Hebei**	**4353.50**	**5094.50**	**5513.10**		抚顺	Fushun	172.60	185.29	192.13	196
石家庄	Shijiazhuang	693.80	808.19	894.80	18	本溪	Benxi	113.10	126.80	141.67	235
唐山	Tangshan	501.30	609.81	668.00	31	丹东	Dandong	159.10	176.04	198.87	191
秦皇岛	Qinhuangdao	241.10	279.06	293.20	119	锦州	Jinzhou	201.40	237.51	270.55	139
邯郸	Handan	456.20	538.37	620.70	36	营口	Yingkou	172.00	204.92	225.11	170
邢台	Xingtai	346.50	376.53	404.10	61	阜新	Fuxin	120.90	142.38	166.97	213
保定	Baoding	635.40	741.51	789.50	24	辽阳	Liaoyang	125.20	144.31	167.49	212
张家口	Zhangjiakou	242.00	265.87	301.10	113	盘锦	Panjin	109.70	131.49	148.35	229
承德	Chengde	185.30	208.85	239.30	160	铁岭	Tieling	145.60	169.63	205.27	188
沧州	Cangzhou	450.30	521.30	541.40	43	朝阳	Chaoyang	171.20	199.26	232.89	163
廊坊	Langfang	349.40	444.21	455.10	53	葫芦岛	Huludao	153.30	190.92	213.63	181
衡水	Hengshui	252.10	300.80	305.90	109	**吉林**	**Jilin**	**1805.40**	**2004.00**	**2257.00**	
山西	**Shanxi**	**2225.10**	**2446.90**	**2764.60**		长春	Changchun	567.60	669.20	780.30	26
太原	Taiyuan	454.30	493.31	581.00	39	吉林	Jilin	291.70	317.20	336.80	89
大同	Datong	219.70	231.60	263.22	141	四平	Siping	202.10	220.90	249.90	148
阳泉	Yangquan	104.10	113.40	126.06	244	辽源	Liaoyuan	77.20	86.20	98.40	260
长治	Changzhi	190.70	216.62	240.07	158	通化	Tonghua	133.10	149.50	161.90	216
晋城	Jincheng	134.00	147.44	169.66	210	白山	Baishan	82.90	88.90	97.40	261
朔州	Shuozhou	93.10	104.46	119.47	246	松原	Songyuan	183.10	185.50	210.00	183
晋中	Jinzhong	187.40	210.89	240.82	157	白城	Baicheng	116.20	131.60	149.50	228
运城	Yuncheng	253.70	275.72	306.39	108	**黑龙江**	**Heilongjiang**	**2243.00**	**2376.60**	**2663.90**	
忻州	Xinzhou	158.60	178.05	189.36	201	哈尔滨	Harbin	694.70	812.29	845.65	20
临汾	Linfen	236.10	264.64	288.05	125	齐齐哈尔	Qiqihar	253.00	274.34	286.66	126
吕梁	Luliang	193.40	210.77	231.46	166	鸡西	Jixi	114.10	124.76	134.05	240
内蒙古	**Inner Mongolia**	**2034.00**	**2316.20**	**2550.10**		鹤岗	Hegang	77.90	94.45	90.83	268
呼和浩特	Hohhot	276.00	330.00	370.60	73	双鸭山	Shuangyashan	95.10	103.03	108.25	251
包头	Baotou	266.20	293.80	358.30	77	大庆	Daqing	203.40	246.64	243.22	153
乌海	Wuhai	93.00	101.80	112.38	249	伊春	Yichun	61.50	70.52	75.21	276
赤峰	Chifeng	931.10	283.60	338.42	87	佳木斯	Jiamusi	167.30	182.94	193.29	194
通辽	Tongliao	206.00	289.50	349.06	83	七台河	Qitaihe	53.90	60.41	64.10	278
鄂尔多斯	Erdos	296.20	299.43	301.24	112	牡丹江	Mudanjiang	174.40	190.67	191.63	197
呼伦贝尔	Hulunbuir	246.20	306.45	312.95	103	黑河	Heihe	87.50	100.33	106.82	252
巴彦淖尔	Bayannur	108.80	83.18	242.00	155	绥化	Suihua	232.90	275.15	291.05	121
乌兰察布	Ulanqab	94.10	124.70	159.60	217	**上海**	**Shanghai**	**2361.60**	**2620.61**	**3008.30**	
辽宁	**Liaoning**	**3341.80**	**3836.50**	**4291.30**		**江苏**	**Jiangsu**	**5923.10**	**6684.83**	**7471.40**	

13-10 年末移动电话用户 续表 1
Mobile Telephone Subscribers at Year-end continued 1

单位：万户 (10 000 subscribers)

地名	City	2010	2011	2012	2012 排名 Ranking
南京	Nanjing	931.30	836.05	926.93	16
无锡	Wuxi	767.20	705.73	767.22	27
徐州	Xuzhou	600.70	568.22	655.11	33
常州	Changzhou	501.40	471.15	520.34	44
苏州	Suzhou	1308.80	1256.17	1394.42	6
南通	Nantong	592.90	550.70	599.83	38
连云港	Lianyungang	306.70	290.70	316.34	101
淮安	Huaian	280.60	304.14	351.07	81
盐城	Yancheng	236.50	454.49	516.25	46
扬州	Yangzhou	409.40	369.18	419.08	59
镇江	Zhenjiang	277.80	268.34	299.63	114
泰州	Taizhou	339.30	329.45	373.56	70
宿迁	Suqian	296.90	279.08	329.60	92
浙江	**Zhejiang**	**5047.40**	**5756.00**	**6442.60**	
杭州	Hangzhou	1061.80	1218.11	138.67	237
宁波	Ningbo	845.50	1029.46	1088.00	9
温州	Wenzhou	977.20	951.66	1110.40	8
嘉兴	Jiaxing	493.50	514.23	544.82	42
湖州	Huzhou	286.90	322.11	324.26	94
绍兴	Shaoxing	436.40	588.50	663.83	32
金华	Jinhua	701.20	707.03	950.31	14
衢州	Quzhou	170.50	199.15	208.20	184
舟山	Zhoushan	128.90	153.39	154.29	222
台州	Taizhou	719.60	791.45	782.99	25
丽水	Lishui	225.40	255.23	280.57	129
安徽	**Anhui**	**2798.70**	**3259.41**	**3609.80**	
合肥	Hefei	404.90	574.69	629.37	35
芜湖	Wuhu	162.00	224.00	250.21	147
蚌埠	Bengbu	155.50	175.92	192.42	195
淮南	Huainan	120.70	144.70	156.26	221
马鞍山	Maanshan	104.50	147.67	165.30	214
淮北	Huaibei	101.20	116.70	134.88	239
铜陵	Tongling	52.30	56.98	61.12	279
安庆	Anqing	217.50	257.61	280.73	128
黄山	Huangshan	76.30	87.76	91.52	265
滁州	Chuzhou	189.20	221.98	246.41	152
阜阳	Fuyang	290.40	321.02	361.53	75
宿州	Suzhou	199.70	248.50	279.44	130
六安	Liuan	203.90	246.20	272.38	136
亳州	Bozhou	173.50	195.79	226.23	169

地名	City	2010	2011	2012	2012 排名 Ranking
池州	Chizhou	78.50	87.11	90.78	269
宣城	Xuancheng	129.30	152.80	171.25	208
福建	**Fujian**	**3022.00**	**3553.00**	**4049.20**	
福州	Fuzhou	653.00	730.00	861.46	19
厦门	Xiamen	436.00	465.00	554.17	40
莆田	Putian	195.00	233.00	271.71	137
三明	Sanming	187.00	225.00	219.78	174
泉州	Quanzhou	671.00	825.00	957.89	13
漳州	Zhangzhou	321.00	390.00	425.42	58
南平	Nanping	179.00	220.00	238.34	161
龙岩	Longyan	186.00	227.00	254.26	146
宁德	Ningde	194.00	238.00	260.93	142
江西	**Jiangxi**	**1811.00**	**2322.10**	**2573.40**	
南昌	Nanchang	472.60	403.44	447.77	55
景德镇	Jingdezhen	38.80	93.06	100.49	258
萍乡	Pingxiang	135.40	107.46	116.42	248
九江	Jiujiang	265.70	260.75	274.53	133
新余	Xinyu	73.40	76.33	84.34	270
鹰潭	Yingtan	61.20	59.68	64.97	277
赣州	Ganzhou	413.00	422.97	471.54	50
吉安	Jian	227.90	220.14	239.75	159
宜春	Yichun	209.00	262.88	291.98	120
抚州	Fuzhou	143.00	165.15	179.76	206
上饶	Shangrao	292.20	290.87	301.88	110
山东	**Shandong**	**5340.60**	**7118.05**	**7588.90**	
济南	Jinan	551.20	769.36	820.28	22
青岛	Qingdao	650.60	866.48	918.75	17
淄博	Zibo	289.80	372.62	404.27	60
枣庄	Zaozhuang	184.80	249.78	347.61	84
东营	Dongying	202.80	262.16	601.42	37
烟台	Yantai	453.70	579.92	707.15	29
潍坊	Weifang	466.80	665.21	517.82	45
济宁	Jining	372.70	486.74	354.44	79
泰安	Taian	247.20	332.10	699.54	30
威海	Weihai	192.80	255.33	462.83	52
日照	Rizhao	140.10	186.79	274.36	135
莱芜	Laiwu	69.60	88.74	256.98	144
临沂	Linyi	398.90	655.14	271.53	138
德州	Dezhou	232.60	309.07	275.23	132
聊城	Liaocheng	272.00	349.50	207.10	185

13-10 年末移动电话用户 续表 2
Mobile Telephone Subscribers at Year-end continued 2

单位：万户 （10 000 subscribers）

地名	City	2010	2011	2012	2012 排名 Ranking	地名	City	2010	2011	2012	2012 排名 Ranking
滨州	Binzhou	260.20	255.43	95.05	262	常德	Changde	234.70	269.02	310.82	105
菏泽	Heze	354.90	433.68	374.54	69	张家界	Zhangjiajie	76.10	76.15	90.90	267
河南	**Henan**	**4449.70**	**5061.69**	**5787.60**		益阳	Yiyang	181.00	202.31	231.67	165
郑州	Zhengzhou	788.60	850.89	982.40	11	郴州	Chenzhou	231.30	269.52	307.18	107
开封	Kaifeng	193.40	219.14	246.50	151	永州	Yongzhou	174.80	178.04	213.86	179
洛阳	Luoyang	360.30	394.16	465.60	51	怀化	Huaihua	189.30	224.21	257.87	143
平顶山	Pingdingshan	229.90	255.15	294.10	118	娄底	Loudi	172.60	207.51	236.81	162
安阳	Anyang	257.20	298.14	342.00	86	**广东**	**Guangdong**	**9710.10**	**10792.83**	**12468.00**	
鹤壁	Hebi	75.30	90.14	101.00	257	广州	Guangzhou	1715.60	1971.24	2367.39	2
新乡	Xinxiang	286.80	322.42	384.40	68	韶关	Shaoguan	147.20	164.85	189.41	200
焦作	Jiaozuo	192.40	223.16	246.80	149	深圳	Shenzhen	1977.70	2158.42	2464.43	1
濮阳	Puyang	161.20	190.88	222.70	171	珠海	Zhuhai	241.30	256.32	290.75	122
许昌	Xuchang	213.80	242.16	256.90	145	汕头	Shantou	403.40	445.99	500.75	47
漯河	Luohe	119.10	135.03	143.40	233	佛山	Foshan	799.40	900.02	1050.68	10
三门峡	Sanmenxia	142.20	148.52	150.00	226	江门	Jiangmen	289.80	329.68	392.09	64
南阳	Nanyang	334.90	409.92	479.10	48	湛江	Zhanjiang	304.20	330.27	388.13	66
商丘	Shangqiu	282.60	343.08	404.10	61	茂名	Maoming	215.80	241.22	275.81	131
信阳	Xinyang	233.20	269.10	295.80	115	肇庆	Zhaoqing	206.90	230.08	264.64	140
周口	Zhoukou	285.40	332.71	387.50	67	惠州	Huizhou	357.50	405.49	477.04	49
驻马店	Zhumadian	249.50	288.89	323.70	95	梅州	Meizhou	172.20	192.09	220.21	173
湖北	**Hubei**	**3454.70**	**3953.70**	**4554.10**		汕尾	Shanwei	114.50	129.82	152.97	223
武汉	Wuhan	1145.00	1203.00	1593.00	5	河源	Heyuan	104.30	120.24	140.04	236
黄石	Huangshi	151.00	182.00	215.00	177	阳江	Yangjiang	125.60	137.21	157.35	219
十堰	Shiyan	230.30	241.10	246.79	150	清远	Qingyuan	190.90	207.31	240.84	156
宜昌	Yichang	282.50	309.85	322.70	96	东莞	Dongguan	1421.80	1545.98	1718.58	4
襄阳	Xiangfan	296.50	312.08	350.17	82	中山	ZhongShan	447.80	488.62	547.55	41
鄂州	Ezhou	67.00	79.36	81.84	272	潮州	Chaozhou	155.70	174.77	206.55	187
荆门	Jingmen	140.70	161.65	186.69	202	揭阳	Jieyang	229.20	261.13	301.29	111
孝感	Xiaogan	212.00	170.00	311.81	104	云浮	Yunfu	89.50	102.13	121.48	245
荆州	Jingzhou	320.00	330.00	372.80	71	**广西**	**Guangxi**	**2214.50**	**2532.70**	**2884.10**	
黄冈	Huanggang	261.10	280.00	320.41	98	南宁	Nanning	484.40	683.97	729.38	28
咸宁	Xianning	133.10	170.00	190.82	198	柳州	Liuzhou	220.40	247.92	284.99	127
随州	Suizhou	129.40	141.68	157.25	220	桂林	Guilin	350.30	378.19	328.35	93
湖南	**Hunan**	**3259.80**	**3749.13**	**4262.00**		梧州	Wuzhou	117.70	128.64	146.98	230
长沙	Changsha	738.80	894.29	971.75	12	北海	Beihai	101.60	111.28	20.03	284
株洲	Zhuzhou	231.50	259.21	295.15	117	防城港	Fangchenggang	59.90	67.95	77.52	273
湘潭	Xiangtan	163.60	201.34	230.85	167	钦州	Qinzhou	107.30	126.45	126.45	243
衡阳	Hengyang	279.40	322.77	360.93	76	贵港	Guigang	140.80	159.95	183.94	205
邵阳	Shaoyang	225.20	241.98	288.76	124	玉林	Yulin	218.50	247.82	351.11	80
岳阳	Yueyang	257.80	308.49	355.65	78	百色	Baise	142.60	20.62	184.24	204

13-10 年末移动电话用户 续表 3
Mobile Telephone Subscribers at Year-end continued 3

单位：万户 （10 000 subscribers）

地名	City	2010	2011	2012	2012 排名 Ranking	地名	City	2010	2011	2012	2012 排名 Ranking
贺州	Hezhou	90.70	107.01	138.47	238	丽江	Lijiang	68.80	76.37	81.89	271
河池	Hechi	137.60	164.73	232.33	164	普洱	Puer	149.10	180.13	201.01	189
来宾	Laibin	96.00	136.91	159.15	218	临沧	Lincang	120.10	142.84	162.86	215
崇左	Chongzuo	100.00	108.10	126.79	242	**西藏**	**Tibet**	**93.50**	**196.40**	**235.50**	
海南	**Hainan**	**594.30**	**671.64**	**775.60**		拉萨	Lhasa	42.30	82.45	93.56	264
海口	Haikou	320.70	324.45	368.01	74	**陕西**	**Shaanxi**	**2518.20**	**2907.18**	**3264.80**	
三亚	Sanya	37.40	92.29	102.72	256	西安	Xi'an	986.60	1141.70	1322.50	7
重庆	**Chongqing**	**1664.40**	**1801.19**	**2069.60**		铜川	Tongchuan	48.10	52.95	56.01	280
四川	**Sichuan**	**4156.00**	**4817.90**	**5498.20**		宝鸡	Baoji	194.60	224.69	242.34	154
成都	Chengdu	1732.00	2023.00	2136.10	3	咸阳	Xianyang	252.50	299.15	334.48	90
自贡	Zigong	170.70	176.50	193.47	193	渭南	Weinan	246.10	282.51	314.95	102
攀枝花	Panzhihua	122.50	127.00	132.61	241	延安	Yan'an	173.70	201.78	216.46	176
泸州	Luzhou	255.70	294.00	317.16	100	汉中	Hanzhong	151.10	177.80	199.94	190
德阳	Deyang	268.60	295.00	331.45	91	榆林	Yulin	260.40	292.66	319.51	99
绵阳	Mianyang	384.10	433.42	439.62	57	安康	Ankang	119.80	134.41	152.17	225
广元	Guangyuan	183.10	206.78	214.09	178	商洛	Shangluo	85.30	99.55	106.41	254
遂宁	Suining	153.10	178.94	189.94	199	**甘肃**	**Gansu**	**1390.10**	**1614.70**	**1763.50**	
内江	Neijiang	177.00	202.55	218.29	175	兰州	Lanzhou	324.80	368.39	391.60	65
乐山	Leshan	261.10	302.38	289.90	123	嘉峪关	Jiayuguan	24.20	28.27	33.43	283
南充	Nanchong	302.30	344.17	371.69	72	金昌	Jinchang	34.50	39.02	41.49	282
眉山	Meishan	174.40	204.54	220.22	172	白银	Baiyin	83.10	96.64	106.67	253
宜宾	Yibin	268.40	313.30	337.78	88	天水	Tianshui	132.00	154.18	168.11	211
广安	Guangan	160.60	190.60	206.58	186	武威	Wuwei	77.60	99.86	108.61	250
达州	Dazhou	271.50	298.60	322.32	97	张掖	Zhangye	100.50	94.02	94.17	263
雅安	Yaan	120.70	119.95	144.32	232	平凉	Pingliang	91.30	90.59	116.65	247
巴中	Bazhong	155.30	181.30	185.70	203	酒泉	Jiuquan	72.90	128.81	100.48	259
资阳	Ziyang	175.60	212.80	229.03	168	庆阳	Qingyang	122.70	127.47	152.24	224
贵州	**Guizhou**	**1964.40**	**2044.30**	**2321.40**		定西	Dingxi	108.50	107.79	149.92	227
贵阳	Guiyang	496.80	544.05	640.85	34	陇南	Longnan	105.90	140.77	145.28	231
六盘水	Liupanshui	167.60	182.50	211.13	182	**青海**	**Qinghai**	**397.80**	**463.50**	**537.20**	
遵义	Zunyi	356.20	392.54	449.28	54	西宁	Xining	179.80	206.00	213.70	180
安顺	Anshun	113.20	125.72	142.58	234	**宁夏**	**Ningxia**	**450.80**	**520.50**	**591.00**	
毕节	Bijie	233.80	258.60	295.59	116	银川	Yinchuan	182.20	242.87	310.24	106
铜仁	Tongren	130.30	146.68	171.04	209	石嘴山	Shizuishan	65.80	73.47	91.49	266
云南	**Yunnan**	**2244.50**	**2589.51**	**2895.80**		吴忠	Wuzhong	80.60	96.00	103.40	255
昆明	Kunming	652.90	702.14	801.57	23	固原	Guyuan	61.00	77.50	77.51	274
曲靖	Qujing	358.30	435.03	399.00	63	中卫	Zhongwei	53.80	62.38	77.06	275
玉溪	Yuxi	168.20	180.56	195.70	192	**新疆**	**Xinjiang**	**1359.80**	**1670.90**	**2010.60**	
保山	Baoshan	133.30	158.02	173.09	207	乌鲁木齐	Urumqi	236.70	339.90	447.50	56
昭通	Zhaotong	145.20	239.37	274.38	134	克拉玛依	Karamay	37.40	49.70	53.25	281

13-11 互联网宽带接入用户数
Internet Broadband Access Subscribers

单位：万户 （10 000 subscribers）

地名	City	2010	2011	2012	2012 排名 Ranking	地名	City	2010	2011	2012	2012 排名 Ranking
全国	**Nation Total**	**12629.10**	**15000.10**	**17518.30**		沈阳	Shenyang	137.50	152.15	139.58	46
北京	**Beijing**	**498.40**	**510.80**	**473.70**		大连	Dalian	123.50	133.11	141.61	42
天津	**Tianjin**	**173.00**	**186.70**	**204.80**		鞍山	Anshan	53.90	55.33	62.48	83
河北	**Hebei**	**667.00**	**824.50**	**963.90**		抚顺	Fushun	31.80	33.60	35.46	153
石家庄	Shijiazhuang	131.30	166.80	185.82	37	本溪	Benxi	23.00	25.72	29.96	180
唐山	Tangshan	89.30	110.92	122.90	54	丹东	Dandong	28.80	32.07	35.94	151
秦皇岛	Qinhuangdao	39.40	52.44	56.24	97	锦州	Jinzhou	39.10	46.38	49.96	109
邯郸	Handan	59.60	76.96	92.45	67	营口	Yingkou	27.90	32.01	37.13	145
邢台	Xingtai	48.20	61.32	71.13	79	阜新	Fuxin	21.50	26.21	29.56	185
保定	Baoding	95.60	122.77	141.35	44	辽阳	Liaoyang	21.60	25.25	29.35	186
张家口	Zhangjiakou	37.10	41.12	48.60	112	盘锦	Panjin	16.70	17.67	21.18	218
承德	Chengde	25.50	33.99	40.64	134	铁岭	Tieling	23.10	27.67	29.16	188
沧州	Cangzhou	50.70	62.86	73.77	78	朝阳	Chaoyang	23.80	30.37	34.11	159
廊坊	Langfang	52.50	69.30	77.10	74	葫芦岛	Huludao	23.30	27.57	32.45	171
衡水	Hengshui	37.80	47.81	53.91	99	**吉林**	**Jilin**	**285.10**	**307.40**	**364.60**	
山西	**Shanxi**	**353.10**	**416.10**	**504.80**		长春	Changchun	91.80	96.90	116.80	56
太原	Taiyuan	103.00	111.41	134.93	47	吉林	Jilin	54.70	53.70	62.10	84
大同	Datong	27.90	33.03	44.10	126	四平	Siping	23.00	27.40	32.60	170
阳泉	Yangquan	19.60	19.87	27.00	198	辽源	Liaoyuan	9.40	15.20	14.00	251
长治	Changzhi	30.00	37.13	45.17	121	通化	Tonghua	21.60	24.80	29.80	182
晋城	Jincheng	15.50	25.90	31.83	172	白山	Baishan	15.20	15.20	18.10	230
朔州	Shuozhou	12.10	14.80	19.60	226	松原	Songyuan	16.50	18.60	22.60	215
晋中	Jinzhong	29.70	41.45	42.82	128	白城	Baicheng	16.00	18.00	22.90	212
运城	Yuncheng	39.80	47.50	59.80	88	**黑龙江**	**Heilongjiang**	**326.10**	**385.40**	**435.80**	
忻州	Xinzhou	30.10	36.80	33.60	163	哈尔滨	Harbin	110.60	132.80	155.98	41
临汾	Linfen	55.20	43.60	53.08	103	齐齐哈尔	Qiqihar	36.00	42.54	46.30	117
吕梁	Luliang	26.60	32.70	32.70	168	鸡西	Jixi	16.20	17.53	19.56	227
内蒙古	**Inner Mongolia**	**190.50**	**231.00**	**274.80**		鹤岗	Hegang	8.60	10.95	11.91	261
呼和浩特	Hohhot	32.40	36.10	42.40	131	双鸭山	Shuangyashan	12.70	15.28	17.61	234
包头	Baotou	28.80	22.93	23.32	211	大庆	Daqing	23.90	25.37	25.50	204
乌海	Wuhai	6.60	7.00	9.46	270	伊春	Yichun	12.10	14.22	15.51	244
赤峰	Chifeng	24.40	23.00	29.17	187	佳木斯	Jiamusi	23.90	27.77	30.91	175
通辽	Tongliao	19.30	17.66	24.46	206	七台河	Qitaihe	8.20	10.05	11.06	265
鄂尔多斯	Erdos	11.50	10.44	13.07	256	牡丹江	Mudanjiang	30.20	34.45	38.46	138
呼伦贝尔	Hulunbuir	24.20	26.75	34.02	160	黑河	Heihe	12.90	16.21	17.87	233
巴彦淖尔	Bayannur	12.90	12.47	16.50	240	绥化	Suihua	25.30	32.54	37.57	143
乌兰察布	Ulanqab	9.90	12.40	15.60	242	**上海**	**Shanghai**	**486.70**	**493.50**	**541.00**	
辽宁	**Liaoning**	**595.60**	**655.10**	**707.90**		**江苏**	**Jiangsu**	**1048.40**	**1171.00**	**1350.70**	

13-11 互联网宽带接入用户数 续表 1
Internet Broadband Access Subscribers continued 1

单位：万户 (10 000 subscribers)

地名	City	2010	2011	2012	2012 排名 Ranking
南京	Nanjing	147.70	187.98	205.32	30
无锡	Wuxi	132.50	129.39	140.66	45
徐州	Xuzhou	70.10	86.95	95.82	64
常州	Changzhou	84.90	93.86	101.33	63
苏州	Suzhou	188.50	223.39	252.25	22
南通	Nantong	83.00	104.57	116.39	58
连云港	Lianyungang	44.30	50.53	58.96	91
淮安	Huaian	29.50	43.29	47.76	115
盐城	Yancheng	58.70	73.75	82.53	69
扬州	Yangzhou	68.60	67.68	74.18	77
镇江	Zhenjiang	43.20	55.15	59.77	89
泰州	Taizhou	50.40	64.69	70.59	80
宿迁	Suqian	30.90	35.97	45.13	122
浙江	**Zhejiang**	**869.50**	**1019.70**	**1152.60**	
杭州	Hangzhou	218.40	241.14	275.91	17
宁波	Ningbo	172.00	238.02	213.12	28
温州	Wenzhou	172.80	178.70	201.65	33
嘉兴	Jiaxing	78.10	91.99	112.37	59
湖州	Huzhou	50.90	53.35	60.06	86
绍兴	Shaoxing	86.60	107.61	125.75	53
金华	Jinhua	91.40	116.23	131.92	49
衢州	Quzhou	23.70	28.12	35.81	152
舟山	Zhoushan	22.90	26.46	30.53	177
台州	Taizhou	95.80	112.66	126.54	52
丽水	Lishui	25.10	30.13	37.74	141
安徽	**Anhui**	**341.90**	**432.60**	**507.00**	
合肥	Hefei	53.80	87.40	94.05	65
芜湖	Wuhu	25.50	39.57	44.81	124
蚌埠	Bengbu	20.20	26.55	29.00	190
淮南	Huainan	17.90	24.70	26.40	200
马鞍山	Maanshan	17.70	27.51	29.96	180
淮北	Huaibei	14.30	18.54	20.97	221
铜陵	Tongling	9.60	12.39	13.86	252
安庆	Anqing	27.40	37.06	41.76	133
黄山	Huangshan	12.00	15.52	16.55	239
滁州	Chuzhou	21.20	28.63	32.81	167
阜阳	Fuyang	23.80	33.07	36.52	147
宿州	Suzhou	18.40	24.82	29.09	189
六安	Liuan	18.20	24.78	28.12	194
亳州	Bozhou	14.90	20.14	22.86	213
池州	Chizhou	9.70	12.92	14.36	247
宣城	Xuancheng	18.10	23.77	25.90	202
福建	**Fujian**	**471.60**	**605.20**	**738.00**	
福州	Fuzhou	530.00	709.00	772.15	3
厦门	Xiamen	358.00	415.00	518.90	5
莆田	Putian	139.00	185.00	229.54	24
三明	Sanming	129.00	144.00	176.95	39
泉州	Quanzhou	587.00	685.00	832.00	2
漳州	Zhangzhou	217.00	273.00	340.06	10
南平	Nanping	124.00	142.00	181.54	38
龙岩	Longyan	116.00	153.00	188.40	36
宁德	Ningde	188.00	166.00	202.54	32
江西	**Jiangxi**	**253.40**	**313.00**	**372.00**	
南昌	Nanchang	81.40	68.96	74.89	75
景德镇	Jingdezhen	11.20	18.15	20.61	223
萍乡	Pingxiang	13.60	16.30	18.13	229
九江	Jiujiang	30.90	36.77	42.50	129
新余	Xinyu	11.30	12.58	14.45	246
鹰潭	Yingtan	9.00	10.09	11.52	262
赣州	Ganzhou	42.70	48.37	56.91	96
吉安	Jian	20.60	25.53	30.53	177
宜春	Yichun	23.80	26.36	31.50	173
抚州	Fuzhou	21.00	20.25	23.65	210
上饶	Shangrao	22.30	29.60	33.98	161
山东	**Shandong**	**966.90**	**1154.10**	**1364.10**	
济南	Jinan	117.30	137.81	166.80	40
青岛	Qingdao	188.30	165.71	203.38	31
淄博	Zibo	53.90	65.48	79.40	71
枣庄	Zaozhuang	31.20	39.11	53.27	102
东营	Dongying	30.70	38.56	121.92	55
烟台	Yantai	87.60	103.70	116.43	57
潍坊	Weifang	70.70	103.89	78.32	73
济宁	Jining	45.90	68.18	65.06	82
泰安	Taian	45.00	55.65	103.55	62
威海	Weihai	44.90	54.50	57.62	93
日照	Rizhao	23.40	32.59	49.65	110
莱芜	Laiwu	13.50	16.25	47.46	116
临沂	Linyi	62.00	87.03	60.06	86
德州	Dezhou	33.80	45.68	44.55	125
聊城	Liaocheng	34.00	50.29	38.77	136

13-11 互联网宽带接入用户数 续表 2
Internet Broadband Access Subscribers continued 2

单位：万户 （10 000 subscribers）

地名	City	2010	2011	2012	2012 排名 Ranking
滨州	Binzhou	30.40	40.51	18.53	228
菏泽	Heze	35.70	49.17	59.35	90
河南	**Henan**	**642.50**	**784.50**	**927.60**	
郑州	Zhengzhou	586.30	747.78	917.00	1
开封	Kaifeng	121.20	168.89	226.00	26
洛阳	Luoyang	270.90	324.78	402.00	7
平顶山	Pingdingshan	156.80	193.74	256.00	20
安阳	Anyang	186.40	239.78	308.00	15
鹤壁	Hebi	50.80	67.58	94.00	66
新乡	Xinxiang	223.80	265.42	367.00	9
焦作	Jiaozuo	138.40	176.16	227.00	25
濮阳	Puyang	106.00	138.73	192.00	34
许昌	Xuchang	136.50	174.62	236.00	23
漯河	Luohe	76.80	97.15	128.00	51
三门峡	Sanmenxia	89.80	111.64	130.00	50
南阳	Nanyang	221.90	274.17	388.00	8
商丘	Shangqiu	167.80	231.28	333.00	11
信阳	Xinyang	157.70	195.15	258.00	19
周口	Zhoukou	170.70	223.23	320.00	12
驻马店	Zhumadian	155.20	193.49	271.00	18
湖北	**Hubei**	**459.40**	**580.10**	**708.00**	
武汉	Wuhan	212.00	231.00	312.00	14
黄石	Huangshi	19.70	25.50	32.90	165
十堰	Shiyan	24.30	31.40	50.54	107
宜昌	Yichang	35.80	42.61	52.46	105
襄阳	Xiangfan	36.30	41.21	57.06	95
鄂州	Ezhou	20.30	12.27	14.07	250
荆门	Jingmen	18.90	22.50	35.99	150
孝感	Xiaogan	30.00	30.00	29.69	183
荆州	Jingzhou	38.00	42.12	50.42	108
黄冈	Huanggang	28.40	34.53	46.30	117
咸宁	Xianning	36.60	30.73	30.90	176
随州	Suizhou	13.50	16.91	21.63	217
湖南	**Hunan**	**374.50**	**483.10**	**604.40**	
长沙	Changsha	95.40	111.54	133.83	48
株洲	Zhuzhou	32.60	41.97	52.82	104
湘潭	Xiangtan	19.00	24.10	34.92	155
衡阳	Hengyang	34.00	44.34	54.41	98
邵阳	Shaoyang	24.50	34.47	42.10	132
岳阳	Yueyang	29.00	40.58	48.53	114
常德	Changde	28.30	41.13	48.96	111
张家界	Zhangjiajie	10.80	13.42	16.88	237
益阳	Yiyang	17.50	22.95	28.99	191
郴州	Chenzhou	23.10	29.85	37.84	140
永州	Yongzhou	19.80	25.36	33.03	164
怀化	Huaihua	21.50	27.94	32.61	169
娄底	Loudi	19.60	26.85	34.61	157
广东	**Guangdong**	**1400.00**	**1643.90**	**1903.60**	
广州	Guangzhou	280.20	569.73	563.00	4
韶关	Shaoguan	26.40	20.60	38.11	139
深圳	Shenzhen	261.50	281.00	304.35	16
珠海	Zhuhai		51.10		
汕头	Shantou	68.90	78.75	78.75	72
佛山	Foshan	130.50	164.89	218.69	27
江门	Jiangmen	246.60	304.99	317.21	13
湛江	Zhanjiang	37.70	41.70	57.50	94
茂名	Maoming	30.00	32.08	38.57	137
肇庆	Zhaoqing				
惠州	Huizhou	67.70	81.82	104.18	61
梅州	Meizhou	25.10	76.50	34.65	156
汕尾	Shanwei	13.10	15.20	17.92	232
河源	Heyuan	16.10	19.84	24.92	205
阳江	Yangjiang	16.00	23.40	27.11	196
清远	Qingyuan	97.80	13.78	36.40	148
东莞	Dongguan	153.90	190.72	209.59	29
中山	ZhongShan	69.60	79.51	87.08	68
潮州	Chaozhou	24.60	29.80	34.96	154
揭阳	Jieyang	32.90	40.61	46.15	119
云浮	Yunfu	38.70	38.69	70.05	81
广西	**Guangxi**	**330.10**	**414.80**	**507.10**	
南宁	Nanning	90.80	130.32	504.85	6
柳州	Liuzhou	61.70	56.43	58.85	92
桂林	Guilin	39.70	50.78	60.60	85
梧州	Wuzhou	17.30	22.40	109.52	60
北海	Beihai	15.50	22.54	17.98	231
防城港	Fangchenggang	9.00	10.83	12.14	259
钦州	Qinzhou	16.00	20.33	20.33	225
贵港	Guigang	17.00	21.88	26.52	199
玉林	Yulin	23.90	33.18	32.86	166
百色	Baise	21.50	20.33	27.36	195

13-11 互联网宽带接入用户数 续表 3
Internet Broadband Access Subscribers continued 3

单位：万户 (10 000 subscribers)

地名	City	2010	2011	2012	2012 排名 Ranking
贺州	Hezhou	10.10	12.00	17.55	235
河池	Hechi	19.20	35.94	45.80	120
来宾	Laibin	9.70	12.95	15.52	243
崇左	Chongzuo	8.70	12.39	13.48	255
海南	**Hainan**	**67.60**	**80.40**	**95.50**	
海口	Haikou	39.60	47.76	48.57	113
三亚	Sanya	8.30	10.00	12.27	258
重庆	**Chongqing**	**263.10**	**319.90**	**388.10**	
四川	**Sichuan**	**521.80**	**668.40**	**823.00**	
成都	Chengdu	158.40	203.00	255.00	21
自贡	Zigong	21.40	25.80	27.11	196
攀枝花	Panzhihua	14.90	17.00	28.26	193
泸州	Luzhou	20.50	26.02	36.30	149
德阳	Deyang	30.60	36.80	43.03	127
绵阳	Mianyang	34.00	44.74	53.54	101
广元	Guangyuan	13.90	19.81	23.86	208
遂宁	Suining	15.30	20.51	23.67	209
内江	Neijiang	15.50	19.27	22.55	216
乐山	Leshan	26.90	30.51	37.73	142
南充	Nanchong	30.00	40.60	40.34	135
眉山	Meishan	14.50	18.97	25.83	203
宜宾	Yibin	26.80	31.70	37.30	144
广安	Guangan	12.90	17.00	21.18	218
达州	Dazhou	22.80	29.60	37.13	145
雅安	Yaan	8.60	13.01	24.08	207
巴中	Bazhong	12.40	12.90	14.10	249
资阳	Ziyang	14.50	17.40	21.12	220
贵州	**Guizhou**	**149.70**	**204.80**	**243.90**	
贵阳	Guiyang	50.80	68.24	80.77	70
六盘水	Liupanshui	9.50	12.75	15.13	245
遵义	Zunyi	27.20	36.62	44.94	123
安顺	Anshun	7.90	12.42	11.38	263
毕节	Bijie	11.90	18.30	20.58	224
铜仁	Tongren	8.30	11.75	14.25	248
云南	**Yunnan**	**224.10**	**298.00**	**375.50**	
昆明	Kunming	93.80	112.99	141.60	43
曲靖	Qujing	21.90	21.45	30.93	174
玉溪	Yuxi	20.70	22.22	26.10	201
保山	Baoshan		11.48	13.49	254
昭通	Zhaotong	11.0	13.98	17.24	236

地名	City	2010	2011	2012	2012 排名 Ranking
丽江	Lijiang	6.00			
普洱	Puer	11.10	14.89	15.64	241
临沧	Lincang	6.50	9.13	11.10	264
西藏	**Tibet**	**10.40**	**12.80**	**17.10**	
拉萨	Lhasa	5.40			
陕西	**Shaanxi**	**308.30**	**369.80**	**439.60**	
西安	Xi'an	189.00	172.44	189.39	35
铜川	Tongchuan	5.40	6.69	7.28	276
宝鸡	Baoji	28.60	30.61	34.45	158
咸阳	Xianyang	29.50	36.97	42.41	130
渭南	Weinan	31.50	39.86	50.58	106
延安	Yan'an	17.80	20.10	20.87	222
汉中	Hanzhong	21.60	26.14	29.64	184
榆林	Yulin	20.20	24.55	28.61	192
安康	Ankang	15.80	19.39	22.80	214
商洛	Shangluo	9.50	12.33	13.55	253
甘肃	**Gansu**	**112.20**	**133.60**	**163.30**	
兰州	Lanzhou	39.00	50.34	53.62	100
嘉峪关	Jiayuguan	4.40	5.44	6.36	278
金昌	Jinchang	4.30	5.45	5.97	279
白银	Baiyin	7.10	9.28	10.55	267
天水	Tianshui	8.50	11.68	12.85	257
武威	Wuwei	6.10	8.59	9.56	269
张掖	Zhangye	6.80	8.67	12.11	260
平凉	Pingliang	6.00	9.81	9.12	271
酒泉	Jiuquan	6.60	6.37	9.88	268
庆阳	Qingyang	6.60	6.64	10.56	266
定西	Dingxi	4.80	7.81	7.66	274
陇南	Longnan	4.80	9.22	7.51	275
青海	**Qinghai**	**34.90**	**41.60**	**49.90**	
西宁	Xining	24.60	27.30	30.30	179
宁夏	**Ningxia**	**43.00**	**52.20**	**60.90**	
银川	Yinchuan	24.20	30.71	33.95	162
石嘴山	Shizuishan	6.90	9.15	16.87	238
吴忠	Wuzhong	9.90	5.90	9.01	272
固原	Guyuan	3.00	3.71	3.82	280
中卫	Zhongwei	4.00	5.74	7.81	273
新疆	**Xinjiang**	**160.40**	**206.10**	**255.00**	
乌鲁木齐	Urumqi	51.40	64.42	74.89	75
克拉玛依	Karamay	5.20	6.40	7.21	277

14

贸易和旅游

Tourism, Trade and Economic

14-1 社会消费品零售额
Total Retail Sales of Consumer Goods

单位：亿元　　　　(100 million yuan)

地名	City	2010	2011	2012	2012 排名 Ranking
全国	**Nation Total**	**156998.40**	**183918.60**	**210307.00**	
北京	**Beijing**	**6229.30**	**6900.32**	**7702.80**	
天津	**Tianjin**	**2902.55**	**3395.06**	**3921.40**	
河北	**Hebei**	**6821.79**	**8035.50**	**9254.00**	
石家庄	Shijiazhuang	1409.89	1662.99	1915.76	21
唐山	Tangshan	1134.54	1334.80	1535.02	28
秦皇岛	Qinhuangdao	334.98	394.45	453.81	116
邯郸	Handan	717.17	845.20	973.68	52
邢台	Xingtai	460.73	542.05	624.05	85
保定	Baoding	864.22	1018.48	1174.32	40
张家口	Zhangjiakou	324.45	382.05	439.60	119
承德	Chengde	258.05	303.88	349.72	162
沧州	Cangzhou	580.71	683.83	787.97	65
廊坊	Langfang	419.13	493.12	568.08	92
衡水	Hengshui	317.91	374.66	432.03	126
山西	**Shanxi**	**3318.15**	**3903.43**	**4506.80**	
太原	Taiyuan	837.00	985.15	1139.16	42
大同	Datong	313.12	370.95	427.96	131
阳泉	Yangquan	167.00	196.06	225.58	213
长治	Changzhi	284.53	334.18	386.19	147
晋城	Jincheng	197.70	232.30	268.64	200
朔州	Shuozhou	148.08	173.74	201.18	220
晋中	Jinzhong	286.07	335.27	387.27	146
运城	Yuncheng	365.26	428.78	793.85	64
忻州	Xinzhou	169.82	201.36	232.88	211
临汾	Linfen	318.22	374.05	431.70	127
吕梁	Luliang	231.54	271.59	312.43	180
内蒙古	**Inner Mongolia**	**3384.00**	**3991.70**	**4572.50**	
呼和浩特	Hohhot	758.50	890.04	1022.30	49
包头	Baotou	730.80	857.54	975.10	50
乌海	Wuhai	72.70	86.12	100.90	263
赤峰	Chifeng	341.50	399.90	469.20	110
通辽	Tongliao	242.70	290.03	330.50	170
鄂尔多斯	Erdos	379.30	439.90	507.20	103
呼伦贝尔	Hulunbuir	294.60	349.00	405.50	140
巴彦淖尔	Bayannur	128.80	151.61	173.00	231
乌兰察布	Ulanqab	161.50	187.02	216.40	215
辽宁	**Liaoning**	**6887.60**	**8095.30**	**9346.60**	
沈阳	Shenyang	2065.90	2426.87	2802.20	8
大连	Dalian	1639.80	1924.79	2224.05	18
鞍山	Anshan	514.20	605.20	703.68	74
抚顺	Fushun	333.90	392.68	455.24	115
本溪	Benxi	192.40	226.26	261.16	205
丹东	Dandong	275.80	324.94	375.90	151
锦州	Jinzhou	318.30	374.61	434.46	123
营口	Yingkou	249.80	294.21	341.41	167
阜新	Fuxin	149.00	175.20	202.64	218
辽阳	Liaoyang	208.60	245.10	283.82	192
盘锦	Panjin	185.10	217.88	252.03	209
铁岭	Tieling	227.30	267.03	307.94	181
朝阳	Chaoyang	216.60	254.66	294.40	187
葫芦岛	Huludao	233.20	274.20	317.65	175
吉林	**Jilin**	**3504.92**	**4119.82**	**4772.90**	
长春	Changchun	1289.85	1515.85	1739.64	23
吉林	Jilin	684.02	803.87	935.79	54
四平	Siping	287.71	337.66	147.23	241
辽源	Liaoyuan	107.51	126.83	339.37	168
通化	Tonghua	247.08	290.73	190.28	223
白山	Baishan	139.08	163.14	453.08	117
松原	Songyuan	329.74	388.62	221.45	214
白城	Baicheng	162.24	190.18	351.45	161
黑龙江	**Heilongjiang**	**4039.20**	**4750.10**	**5491.00**	
哈尔滨	Harbin	1770.16	2070.41	2394.60	13
齐齐哈尔	Qiqihar	357.26	417.23	480.17	107
鸡西	Jixi	118.78	140.00	162.27	234
鹤岗	Hegang	71.38	83.93	97.12	265
双鸭山	Shuangyashan	65.25	76.50	88.52	267
大庆	Daqing	591.03	694.44	803.10	62
伊春	Yichun	56.69	66.20	76.52	270
佳木斯	Jiamusi	208.52	245.47	284.43	190
七台河	Qitaihe	54.61	63.68	74.20	271
牡丹江	Mudanjiang	265.83	313.10	363.40	156
黑河	Heihe	54.38	63.55	73.48	272
绥化	Suihua	250.46	293.09	353.09	160
上海	**Shanghai**	**6070.50**	**6814.80**	**7412.30**	
江苏	**Jiangsu**	**13606.80**	**15988.38**	**18331.30**	

14-1 社会消费品零售额 续表 1
Total Retail Sales of Consumer Goods continued 1

单位：亿元 (100 million yuan)

地名	City	2010	2011	2012	2012 排名 Ranking
南京	Nanjing	2288.74	2697.10	3103.82	6
无锡	Wuxi	1825.79	2142.02	2443.24	11
徐州	Xuzhou	956.99	1141.89	1312.50	35
常州	Changzhou	1054.39	1236.10	1413.33	30
苏州	Suzhou	2402.02	2829.58	3240.97	5
南通	Nantong	1277.07	1493.27	1719.27	24
连云港	Lianyungang	430.68	500.23	575.49	90
淮安	Huaian	469.09	547.85	633.24	84
盐城	Yancheng	766.49	895.09	1023.20	48
扬州	Yangzhou	726.12	853.74	973.97	51
镇江	Zhenjiang	564.68	664.07	766.46	66
泰州	Taizhou	555.35	651.17	737.57	72
宿迁	Suqian	289.38	336.26	388.23	145
浙江	**Zhejiang**	**10163.20**	**11930.60**	**13588.30**	
杭州	Hangzhou	2146.08	2548.36	2944.63	7
宁波	Ningbo	1704.51	2018.86	2329.26	14
温州	Wenzhou	1498.10	1767.64	1929.29	20
嘉兴	Jiaxing	799.36	948.57	1083.74	46
湖州	Huzhou	516.09	609.89	703.87	73
绍兴	Shaoxing	852.89	1006.75	1158.66	41
金华	Jinhua	916.23	1088.95	1260.41	38
衢州	Quzhou	290.82	344.34	396.36	143
舟山	Zhoushan	212.54	251.71	290.54	189
台州	Taizhou	960.45	1132.37	1304.30	36
丽水	Lishui	266.13	315.89	371.09	154
安徽	**Anhui**	**4151.52**	**4900.64**	**5736.60**	
合肥	Hefei	839.02	1111.12	1293.62	37
芜湖	Wuhu	287.45	421.01	490.20	105
蚌埠	Bengbu	269.87	319.28	371.51	153
淮南	Huainan	187.21	221.95	256.47	207
马鞍山	Maanshan	147.80	226.09	262.94	204
淮北	Huaibei	125.52	148.28	171.67	233
铜陵	Tongling	99.15	117.75	137.24	244
安庆	Anqing	338.68	397.49	460.56	113
黄山	Huangshan	125.96	148.34	172.08	232
滁州	Chuzhou	214.80	254.47	296.81	186
阜阳	Fuyang	326.70	385.38	446.04	118
宿州	Suzhou	193.99	229.23	266.04	201
六安	Liuan	279.94	331.34	382.06	149
亳州	Bozhou	222.76	262.59	303.69	182

地名	City	2010	2011	2012	2012 排名 Ranking
池州	Chizhou	91.18	107.10	124.29	248
宣城	Xuancheng	194.70	228.91	265.84	202
福建	**Fujian**	**5310.03**	**6276.19**	**7256.50**	
福州	Fuzhou	1624.28	1947.81	2319.82	16
厦门	Xiamen	685.02	800.28	881.91	58
莆田	Putian	290.37	338.02	394.79	144
三明	Sanming	245.58	291.51	341.48	166
泉州	Quanzhou	1234.43	1462.09	1706.64	25
漳州	Zhangzhou	472.63	563.51	661.08	79
南平	Nanping	262.04	306.27	357.30	157
龙岩	Longyan	312.17	374.33	432.28	125
宁德	Ningde	234.64	275.28	322.42	173
江西	**Jiangxi**	**2956.21**	**3485.06**	**4027.20**	
南昌	Nanchang	756.41	935.70	1122.40	43
景德镇	Jingdezhen	141.65	166.65	188.81	224
萍乡	Pingxiang	159.06	184.67	21.82	284
九江	Jiujiang	286.89	332.35	384.66	148
新余	Xinyu	112.74	133.85	154.79	237
鹰潭	Yingtan	86.64	104.10	118.66	253
赣州	Ganzhou	375.35	435.74	495.00	104
吉安	Jian	202.83	230.28	264.46	203
宜春	Yichun	267.86	312.21	356.21	158
抚州	Fuzhou	236.68	268.28	302.25	183
上饶	Shangrao	330.10	381.23	429.18	129
山东	**Shandong**	**14620.30**	**17155.49**	**19651.90**	
济南	Jinan	1802.46	2114.29	2420.25	12
青岛	Qingdao	1961.13	2302.37	2635.62	9
淄博	Zibo	1005.68	1186.70	1363.64	31
枣庄	Zaozhuang	422.85	496.00	568.24	91
东营	Dongying	388.74	456.38	522.99	99
烟台	Yantai	1412.69	1657.08	1901.35	22
潍坊	Weifang	1214.80	1425.96	1613.56	26
济宁	Jining	1004.25	1177.98	1351.56	33
泰安	Taian	697.84	819.27	1351.25	34
威海	Weihai	709.28	832.69	939.86	53
日照	Rizhao	319.54	367.44	428.89	130
莱芜	Laiwu	188.82	198.39	228.05	212
临沂	Linyi	1158.75	1376.89	1579.87	27
德州	Dezhou	658.62	772.56	886.79	57
聊城	Liaocheng	558.60	655.79	751.38	68

14-1 社会消费品零售额 续表 2
Total Retail Sales of Consumer Goods continued 2

单位：亿元 （100 million yuan）

地名	City	2010	2011	2012	2012 排名 Ranking	地名	City	2010	2011	2012	2012 排名 Ranking
滨州	Binzhou	450.75	529.73	602.27	87	常德	Changde	469.45	553.45	638.77	82
菏泽	Heze	665.51	785.97	904.07	55	张家界	Zhangjiajie	83.04	97.87	112.71	254
河南	**Henan**	**8004.22**	**9453.65**	**10915.60**		益阳	Yiyang	260.71	306.87	353.77	159
郑州	Zhengzhou	1702.10	2015.61	2322.71	15	郴州	Chenzhou	408.39	481.95	554.58	94
开封	Kaifeng	369.56	440.50	510.33	102	永州	Yongzhou	242.41	285.16	329.34	171
洛阳	Luoyang	816.18	963.54	1114.78	44	怀化	Huaihua	233.86	274.74	316.73	178
平顶山	Pingdingshan	352.78	414.03	478.39	108	娄底	Loudi	219.01	258.07	297.75	185
安阳	Anyang	347.51	409.24	472.07	109	**广东**	**Guangdong**	**17414.66**	**20246.72**	**22677.10**	
鹤壁	Hebi	93.45	110.04	127.37	246	广州	Guangzhou	4500.28	5243.02	5977.27	1
新乡	Xinxiang	393.69	468.20	548.07	96	韶关	Shaoguan	329.78	383.99	409.59	139
焦作	Jiaozuo	323.46	380.93	439.41	120	深圳	Shenzhen	3000.76	3520.87	4008.78	2
濮阳	Puyang	232.73	277.04	321.23	174	珠海	Zhuhai	486.03	567.86	635.20	83
许昌	Xuchang	354.01	420.51	488.85	106	汕头	Shantou	830.41	972.21	1029.82	47
漯河	Luohe	219.80	258.27	299.21	184	佛山	Foshan	1687.13	1931.41	2019.50	19
三门峡	Sanmenxia	202.62	239.28	277.08	198	江门	Jiangmen	655.86	759.15	807.21	61
南阳	Nanyang	800.97	943.89	1092.08	45	湛江	Zhanjiang	679.79	805.59	861.33	59
商丘	Shangqiu	406.24	478.75	554.65	93	茂名	Maoming	704.97	842.86	902.20	56
信阳	Xinyang	442.60	523.33	605.80	86	肇庆	Zhaoqing	332.89	389.71	433.39	124
周口	Zhoukou	490.32	579.80	673.15	77	惠州	Huizhou	582.53	684.72	754.15	67
驻马店	Zhumadian	379.52	447.23	518.13	101	梅州	Meizhou	319.05	372.79	403.50	141
湖北	**Hubei**	**7013.90**	**8275.20**	**9562.50**		汕尾	Shanwei	352.06	414.59	424.32	133
武汉	Wuhan	2570.40	3031.79	3432.43	3	河源	Heyuan	163.07	188.04	209.37	217
黄石	Huangshi	300.05	355.05	411.50	137	阳江	Yangjiang	370.58	440.11	467.01	112
十堰	Shiyan	306.37	364.18	426.80	132	清远	Qingyuan	370.50	433.69	459.63	114
宜昌	Yichang	550.79	656.00	739.10	71	东莞	Dongguan	1108.06	1266.31	1354.58	32
襄阳	Xiangfan	571.24	721.51	800.14	63	中山	ZhongShan	648.11	756.07	809.33	60
鄂州	Ezhou	135.58	159.68	181.27	226	潮州	Chaozhou	245.47	287.73	317.04	177
荆门	Jingmen	252.98	311.25	347.65	164	揭阳	Jieyang	446.62	573.45	521.05	100
孝感	Xiaogan	385.24	459.70	531.80	98	云浮	Yunfu	136.97	167.58	180.31	227
荆州	Jingzhou	471.08	595.66	650.54	80	**广西**	**Guangxi**	**3312.00**	**3908.10**	**4516.60**	
黄冈	Huanggang	407.40	482.10	551.00	95	南宁	Nanning	905.93	1073.15	1255.59	39
咸宁	Xianning	205.04	247.89	281.68	194	柳州	Liuzhou	480.00	568.80	661.84	78
随州	Suizhou	198.45	161.65	273.64	199	桂林	Guilin	391.53	462.36	536.35	97
湖南	**Hunan**	**5839.50**	**6884.73**	**7921.90**		梧州	Wuzhou	191.77	224.08	257.21	206
长沙	Changsha	1864.53	2201.61	2521.71	10	北海	Beihai	108.00	127.29	146.51	242
株洲	Zhuzhou	426.76	502.56	579.90	88	防城港	Fangchenggang	51.84	61.16	71.30	274
湘潭	Xiangtan	256.66	302.20	349.14	163	钦州	Qinzhou	172.19	204.27	237.56	210
衡阳	Hengyang	472.15	556.53	642.62	81	贵港	Guigang	209.54	245.97	284.05	191
邵阳	Shaoyang	278.32	327.92	378.86	150	玉林	Yulin	307.24	362.81	422.83	134
岳阳	Yueyang	507.23	598.06	687.40	75	百色	Baise	113.85	134.34	156.67	236

14-1 社会消费品零售额 续表 3
Total Retail Sales of Consumer Goods continued 3

单位：亿元 (100 million yuan)

地名	City	2010	2011	2012	2012 排名 Ranking	地名	City	2010	2011	2012	2012 排名 Ranking
贺州	Hezhou	78.68	92.36	106.39	257	丽江	Lijiang	45.50	55.67	65.69	276
河池	Hechi	131.73	154.79	176.98	229	普洱	Puer	72.66	86.22	102.17	261
来宾	Laibin	79.46	94.42	109.53	255	临沧	Lincang	72.58	87.10	101.97	262
崇左	Chongzuo	61.08	72.40	84.37	268	**西藏**	**Tibet**	**185.39**	**219.00**	**254.60**	
海南	**Hainan**	**623.82**	**741.13**	**870.80**		拉萨	Lhasa	88.45	105.14	124.55	247
海口	Haikou	326.94	387.18	436.26	121	**陕西**	**Shaanxi**	**3195.67**	**3789.99**	**4383.80**	
三亚	Sanya	63.70	86.01	104.80	258	西安	Xi'an	1637.04	1965.98	2263.86	17
重庆	**Chongqing**	**2938.60**	**3487.81**	**4033.70**		铜川	Tongchuan	46.58	54.56	63.86	277
四川	**Sichuan**	**6810.12**	**8044.58**	**9268.60**		宝鸡	Baoji	307.52	358.23	412.83	136
成都	Chengdu	2428.83	2875.08	3329.22	4	咸阳	Xianyang	296.35	345.10	401.08	142
自贡	Zigong	252.62	298.05	341.67	165	渭南	Weinan	237.87	278.96	326.32	172
攀枝花	Panzhihua	146.19	172.79	198.06	222	延安	Yan'an	111.81	131.14	151.74	238
泸州	Luzhou	266.23	315.06	364.72	155	汉中	Hanzhong	157.50	184.44	216.05	216
德阳	Deyang	305.50	358.46	413.77	135	榆林	Yulin	203.51	240.95	279.22	197
绵阳	Mianyang	426.30	502.00	579.51	89	安康	Ankang	110.78	129.72	151.49	239
广元	Guangyuan	150.88	177.01	201.60	219	商洛	Shangluo	79.19	92.18	107.28	256
遂宁	Suining	208.49	245.76	280.54	195	**甘肃**	**Gansu**	**1394.50**	**1648.00**	**1906.50**	
内江	Neijiang	206.60	243.90	280.52	196	兰州	Lanzhou	554.64	646.71	745.82	69
乐山	Leshan	284.09	334.98	374.99	152	嘉峪关	Jiayuguan	24.01	30.01	34.61	283
南充	Nanchong	344.21	406.66	468.01	111	金昌	Jinchang	37.00	43.32	50.54	278
眉山	Meishan	188.56	222.77	256.00	208	白银	Baiyin	87.28	103.50	120.09	251
宜宾	Yibin	316.78	374.97	435.27	122	天水	Tianshui	128.57	153.64	178.00	228
广安	Guangan	214.00	253.03	282.98	193	武威	Wuwei	76.50	90.66	104.72	259
达州	Dazhou	312.55	369.73	430.28	128	张掖	Zhangye	67.68	80.28	93.17	266
雅安	Yaan	104.65	122.92	139.41	243	平凉	Pingliang	87.98	104.65	121.21	250
巴中	Bazhong	117.83	139.57	160.89	235	酒泉	Jiuquan	88.92	106.80	123.99	249
资阳	Ziyang	213.00	252.09	293.54	188	庆阳	Qingyang	93.47	112.11	129.84	245
贵州	**Guizhou**	**1482.68**	**1751.62**	**2027.60**		定西	Dingxi	53.32	63.43	73.34	273
贵阳	Guiyang	484.78	584.33	683.19	76	陇南	Longnan	41.19	48.86	47.01	280
六盘水	Liupanshui	131.34	157.61	182.82	225	**青海**	**Qinghai**	**346.03**	**404.85**	**476.00**	
遵义	Zunyi	290.25	350.62	409.87	138	西宁	Xining	230.26	271.29	317.46	176
安顺	Anshun	70.08	83.93	97.53	264	**宁夏**	**Ningxia**	**403.59**	**477.58**	**548.80**	
毕节	Bijie	126.10	150.38	174.42	230	银川	Yinchuan	225.00	274.47	316.02	179
铜仁	Tongren	75.31	89.88	103.90	260	石嘴山	Shizuishan	61.48	67.28	77.14	269
云南	**Yunnan**	**2500.14**	**3000.14**	**3511.60**		吴忠	Wuzhong	51.92	59.68	68.42	275
昆明	Kunming	1060.19	1271.73	1493.80	29	固原	Guyuan	32.45	37.74	43.26	282
曲靖	Qujing	232.80	280.76	331.69	169	中卫	Zhongwei	32.75	38.41	43.99	281
玉溪	Yuxi	141.53	168.36	198.64	221	**新疆**	**Xinjiang**	**1324.48**	**1557.09**	**1858.60**	
保山	Baoshan	84.35	101.47	119.69	252	乌鲁木齐	Urumqi	514.24	649.73	739.69	70
昭通	Zhaotong	105.67	126.83	149.61	240	克拉玛依	Karamay	34.79	43.58	48.00	279

14-2 批发和零售业法人企业数
Number of Corporation Enterprises of Wholesale and Retail Trades

单位：个 （unit）

地名	City	2010	2011	2012	2012 排名 Ranking
全国	**Nation Total**	**111770**	**125223**	**138865**	
北京	**Beijing**	**8935**	**8681**	**8110**	
天津	**Tianjin**	**3802**	**4220**	**4534**	
河北	**Hebei**	**2548**	**2943**	**3215**	
石家庄	Shijiazhuang	307	322	342	97
唐山	Tangshan	373	399	424	75
秦皇岛	Qinhuangdao	198	206	206	154
邯郸	Handan	403	436	465	65
邢台	Xingtai	172	229	276	118
保定	Baoding	296	352	424	75
张家口	Zhangjiakou	167	177	198	162
承德	Chengde	158	178	179	177
沧州	Cangzhou	211	315	343	96
廊坊	Langfang	162	191	187	174
衡水	Hengshui	101	138	171	181
山西	**Shanxi**	**2214**	**2444**	**2919**	
太原	Taiyuan	401	494	580	53
大同	Datong	181	176	220	146
阳泉	Yangquan	88	97	110	222
长治	Changzhi	303	373	401	82
晋城	Jincheng	172	170	271	120
朔州	Shuozhou	142	143	174	179
晋中	Jinzhong	186	208	257	128
运城	Yuncheng	274	278	285	114
忻州	Xinzhou	153	145	222	144
临汾	Linfen	198	208	232	139
吕梁	Luliang	127	145	151	196
内蒙古	**Inner Mongolia**	**1353**	**1596**	**1667**	
呼和浩特	Hohhot	252	352	381	89
包头	Baotou	270	264	281	116
乌海	Wuhai	52	80	98	227
赤峰	Chifeng	114	140	149	197
通辽	Tongliao	117	216	201	158
鄂尔多斯	Erdos	162	157	156	190
呼伦贝尔	Hulunbuir	229	225	216	149
巴彦淖尔	Bayannur	42	41	43	268
乌兰察布	Ulanqab	23	31	30	279
辽宁	**Liaoning**	**4785**	**5522**	**6276**	
沈阳	Shenyang	1377	1602	1948	6
大连	Dalian	1077	1492	1643	12
鞍山	Anshan	624	621	674	45
抚顺	Fushun	242	232	223	143
本溪	Benxi	126	171	174	179
丹东	Dandong	207	214	203	156
锦州	Jinzhou	179	192	224	142
营口	Yingkou	200	235	302	110
阜新	Fuxin	90	94	143	202
辽阳	Liaoyang	98	96	139	206
盘锦	Panjin	168	167	159	188
铁岭	Tieling	155	159	148	198
朝阳	Chaoyang	139	144	189	172
葫芦岛	Huludao	103	102	107	223
吉林	**Jilin**	**1124**	**1235**	**1346**	
长春	Changchun	261	277	338	99
吉林	Jilin	245	296	312	105
四平	Siping	144	153	141	203
辽源	Liaoyuan	67	81	75	241
通化	Tonghua	154	164	209	153
白山	Baishan	19	28	30	279
松原	Songyuan	55	57	59	252
白城	Baicheng	43	39	36	277
黑龙江	**Heilongjiang**	**1547**	**1653**	**1939**	
哈尔滨	Harbin	625	655	799	37
齐齐哈尔	Qiqihar	98	99	96	229
鸡西	Jixi	48	58	81	236
鹤岗	Hegang	59	58	80	238
双鸭山	Shuangyashan	43	44	51	258
大庆	Daqing	253	276	297	112
伊春	Yichun	24	31	28	281
佳木斯	Jiamusi	46	47	54	257
七台河	Qitaihe	10	10	18	284
牡丹江	Mudanjiang	230	222	249	133
黑河	Heihe	25	32	41	271
绥化	Suihua	57	69	88	232
上海	**Shanghai**	**5530**	**7150**	**6662**	
江苏	**Jiangsu**	**12374**	**12264**	**13611**	

14-2 批发和零售业法人企业数 续表 1
Number of Corporation Enterprises of Wholesale and Retail Trades continued 1

单位：个 (unit)

地名	City	2010	2011	2012	2012 排名 Ranking	地名	City	2010	2011	2012	2012 排名 Ranking
南京	Nanjing	1508	1615	1767	9	池州	Chizhou	86	109	136	208
无锡	Wuxi	2549	1943	1550	13	宣城	Xuancheng	125	176	226	140
徐州	Xuzhou	643	1137	1479	17	**福建**	**Fujian**	**3924**	**5038**	**6254**	
常州	Changzhou	786	800	1126	25	福州	Fuzhou	872	993	1173	24
苏州	Suzhou	3563	3186	3204	3	厦门	Xiamen	1233	1331	1373	18
南通	Nantong	876	985	1029	27	莆田	Putian	131	307	416	79
连云港	Lianyungang	322	352	393	85	三明	Sanming	280	361	434	70
淮安	Huaian	195	233	634	47	泉州	Quanzhou	597	1023	1512	14
盐城	Yancheng	563	670	780	39	漳州	Zhangzhou	271	376	475	60
扬州	Yangzhou	307	344	468	64	南平	Nanping	151	171	197	164
镇江	Zhenjiang	329	376	409	80	龙岩	Longyan	263	315	431	71
泰州	Taizhou	357	402	460	66	宁德	Ningde	126	161	243	134
宿迁	Suqian	170	221	312	105	**江西**	**Jiangxi**	**1187**	**1359**	**1498**	
浙江	**Zhejiang**	**10053**	**11994**	**12917**		南昌	Nanchang	384	448	473	61
杭州	Hangzhou	3135	3392	3420	2	景德镇	Jingdezhen	46	52	65	247
宁波	Ningbo	2105	2378	2521	4	萍乡	Pingxiang	49	53	61	250
温州	Wenzhou	1261	1775	1976	5	九江	Jiujiang	94	103	112	220
嘉兴	Jiaxing	812	1052	1238	21	新余	Xinyu	50	50	47	261
湖州	Huzhou	315	350	436	69	鹰潭	Yingtan	44	50	35	278
绍兴	Shaoxing	725	899	1003	29	赣州	Ganzhou	82	112	153	193
金华	Jinhua	534	718	734	41	吉安	Jian	85	101	124	212
衢州	Quzhou	181	243	272	119	宜春	Yichun	87	112	135	209
舟山	Zhoushan	187	235	259	126	抚州	Fuzhou	149	132	111	221
台州	Taizhou	627	710	705	43	上饶	Shangrao	117	146	182	175
丽水	Lishui	214	283	252	132	**山东**	**Shandong**	**11792**	**12079**	**13661**	
安徽	**Anhui**	**2451**	**3297**	**4036**		济南	Jinan	957	1047	1669	11
合肥	Hefei	592	791	815	35	青岛	Qingdao	1084	1323	1498	15
芜湖	Wuhu	210	308	424	75	淄博	Zibo	694	666	713	42
蚌埠	Bengbu	146	210	221	145	枣庄	Zaozhuang	389	357	429	72
淮南	Huainan	81	122	153	193	东营	Dongying	308	355	400	83
马鞍山	Maanshan	88	139	181	176	烟台	Yantai	1145	1121	1200	23
淮北	Huaibei	54	77	113	219	潍坊	Weifang	867	899	1229	22
铜陵	Tongling	63	86	115	218	济宁	Jining	1050	1080	1069	26
安庆	Anqing	183	252	310	108	泰安	Taian	996	987	1029	27
黄山	Huangshan	87	121	147	201	威海	Weihai	361	361	397	84
滁州	Chuzhou	165	234	317	103	日照	Rizhao	161	173	179	177
阜阳	Fuyang	146	192	270	122	莱芜	Laiwu	120	172	267	123
宿州	Suzhou	65	152	201	158	临沂	Linyi	910	907	963	30
六安	Liuan	148	174	197	164	德州	Dezhou	939	689	616	50
亳州	Bozhou	103	154	206	154	聊城	Liaocheng	533	521	603	51

14-2 批发和零售业法人企业数 续表 2

Number of Corporation Enterprises of Wholesale and Retail Trades continued 2

单位：个 (unit)

地名	City	2010	2011	2012	2012 排名 Ranking
滨州	Binzhou	435	421	429	72
菏泽	Heze	843	947	954	32
河南	**Henan**	**6305**	**6226**	**6368**	
郑州	Zhengzhou	1140	1154	1855	8
开封	Kaifeng	361	371	440	68
洛阳	Luoyang	589	585	792	38
平顶山	Pingdingshan	346	363	595	52
安阳	Anyang	320	302	353	94
鹤壁	Hebi	106	112	161	185
新乡	Xinxiang	390	340	473	61
焦作	Jiaozuo	211	221	341	98
濮阳	Puyang	179	184	469	63
许昌	Xuchang	309	316	454	67
漯河	Luohe	166	175	211	151
三门峡	Sanmenxia	201	215	238	136
南阳	Nanyang	563	592	815	35
商丘	Shangqiu	232	221	299	111
信阳	Xinyang	265	273	391	87
周口	Zhoukou	364	305	358	93
驻马店	Zhumadian	515	440	628	49
湖北	**Hubei**	**3479**	**3949**	**5167**	
武汉	Wuhan	1125	1089	1694	10
黄石	Huangshi	95	255	218	148
十堰	Shiyan	223	219	258	127
宜昌	Yichang	232	486	631	48
襄阳	Xiangfan	286	450	502	57
鄂州	Ezhou	36	25	37	275
荆门	Jingmen	152	102	254	131
孝感	Xiaogan	142	172	219	147
荆州	Jingzhou	125	139	311	107
黄冈	Huanggang	180	227	262	124
咸宁	Xianning	214	310	238	136
随州	Suizhou	78	112	140	204
湖南	**Hunan**	**2625**	**2854**	**3515**	
长沙	Changsha	886	787	1246	20
株洲	Zhuzhou	230	255	379	90
湘潭	Xiangtan	101	127	199	161
衡阳	Hengyang	159	262	486	58
邵阳	Shaoyang	111	130	211	151
岳阳	Yueyang	165	232	393	85

地名	City	2010	2011	2012	2012 排名 Ranking
常德	Changde	109	151	304	109
张家界	Zhangjiajie	35	36	87	235
益阳	Yiyang	107	142	271	120
郴州	Chenzhou	280	293	419	78
永州	Yongzhou	170	145	202	157
怀化	Huaihua	104	105	134	210
娄底	Loudi	127	141	255	130
广东	**Guangdong**	**11343**	**12826**	**14147**	
广州	Guangzhou	3585	3801	4393	1
韶关	Shaoguan	36	88	148	198
深圳	Shenzhen	1596	1769	1899	7
珠海	Zhuhai	536	582	662	46
汕头	Shantou	280	400	522	55
佛山	Foshan	1182	1265	1287	19
江门	Jiangmen	331	398	404	81
湛江	Zhanjiang	181	299	329	101
茂名	Maoming	365	481	510	56
肇庆	Zhaoqing	160	188	201	158
惠州	Huizhou	237	275	318	102
梅州	Meizhou	77	109	125	211
汕尾	Shanwei	48	54	59	252
河源	Heyuan	35	69	88	232
阳江	Yangjiang	35	88	99	225
清远	Qingyuan	147	162	166	183
东莞	Dongguan	769	817	962	31
中山	ZhongShan	642	799	770	40
潮州	Chaozhou	134	142	137	207
揭阳	Jieyang	861	900	907	33
云浮	Yunfu	106	140	161	185
广西	**Guangxi**	**1465**	**1859**	**2185**	
南宁	Nanning	505	587	687	44
柳州	Liuzhou	283	370	428	74
桂林	Guilin	109	155	198	162
梧州	Wuzhou	50	77	74	242
北海	Beihai	11	29	37	275
防城港	Fangchenggang	50	59	66	246
钦州	Qinzhou	68	84	122	213
贵港	Guigang	58	59	76	240
玉林	Yulin	109	175	195	169
百色	Baise	54	63	98	227

14-2 批发和零售业法人企业数 续表 3
Number of Corporation Enterprises of Wholesale and Retail Trades continued 3

单位：个 (unit)

地名	City	2010	2011	2012	2012 排名 Ranking
贺州	Hezhou	29	41	50	259
河池	Hechi	50	70	81	236
来宾	Laibin	29	33	43	268
崇左	Chongzuo	43	54	57	255
海南	**Hainan**	**626**	**585**	**485**	
海口	Haikou	457	412	336	100
三亚	Sanya	44	46	40	272
重庆	**Chongqing**	**2585**	**3430**	**3668**	
四川	**Sichuan**	**3001**	**4420**	**5252**	
成都	Chengdu	1775	1649	1480	16
自贡	Zigong	152	143	193	170
攀枝花	Panzhihua	132	130	156	190
泸州	Luzhou	222	258	361	92
德阳	Deyang	179	180	237	138
绵阳	Mianyang	181	177	225	141
广元	Guangyuan	95	125	153	193
遂宁	Suining	117	150	148	198
内江	Neijiang	133	130	161	185
乐山	Leshan	147	126	168	182
南充	Nanchong	141	158	317	103
眉山	Meishan	142	120	119	214
宜宾	Yibin	245	263	283	115
广安	Guangan	270	262	260	125
达州	Dazhou	113	169	212	150
雅安	Yaan	43	29	56	256
巴中	Bazhong	52	48	89	231
资阳	Ziyang	133	131	159	188
贵州	**Guizhou**	**800**	**894**	**1285**	
贵阳	Guiyang	310	334	383	88
六盘水	Liupanshui	61	72	156	190
遵义	Zunyi	129	143	197	164
安顺	Anshun	32	34	45	264
毕节	Bijie	38	52	99	225
铜仁	Tongren	25	33	94	230
云南	**Yunnan**	**1842**	**2098**	**2616**	
昆明	Kunming	751	758	824	34
曲靖	Qujing	172	203	239	135
玉溪	Yuxi	116	136	188	173
保山	Baoshan	54	59	116	217
昭通	Zhaotong	57	69	105	224

地名	City	2010	2011	2012	2012 排名 Ranking
丽江	Lijiang	40	50	79	239
普洱	Puer	63	74	88	232
临沧	Lincang	31	44	62	249
西藏	**Tibet**	**60**	**59**	**81**	
拉萨	Lhasa	31	41	48	260
陕西	**Shaanxi**	**1569**	**1878**	**2325**	
西安	Xi'an	453	499	575	54
铜川	Tongchuan	36	53	69	244
宝鸡	Baoji	85	109	196	168
咸阳	Xianyang	177	207	257	128
渭南	Weinan	154	238	287	113
延安	Yan'an	75	99	117	216
汉中	Hanzhong	124	150	197	164
榆林	Yulin	306	329	363	91
安康	Ankang	115	142	190	171
商洛	Shangluo	34	41	60	251
甘肃	**Gansu**	**705**	**816**	**1092**	
兰州	Lanzhou	265	299	352	95
嘉峪关	Jiayuguan	25	28	47	261
金昌	Jinchang	28	33	43	268
白银	Baiyin	43	57	70	243
天水	Tianshui	81	83	140	204
武威	Wuwei	27	29	44	267
张掖	Zhangye	42	47	67	245
平凉	Pingliang	29	35	45	264
酒泉	Jiuquan	68	93	119	214
庆阳	Qingyang	23	29	59	252
定西	Dingxi	29	34	39	274
陇南	Longnan	20	20	28	281
青海	**Qinghai**	**179**	**182**	**214**	
西宁	Xining		137	162	184
宁夏	**Ningxia**	**392**	**412**	**432**	
银川	Yinchuan	242	258	281	116
石嘴山	Shizuishan	51	43	40	272
吴忠	Wuzhong	42	47	47	261
固原	Guyuan	16	20	19	283
中卫	Zhongwei	41	44	45	264
新疆	**Xinjiang**	**1175**	**1260**	**1388**	
乌鲁木齐	Urumqi	519	439	479	59
克拉玛依	Karamay	65	57	63	248

14-3 批发和零售业年末从业人数
Employed Persons of Wholesale and Retail Trades at Year-end

单位：人 (person)

地名	City	2010	2011	2012	2012 排名 Ranking
全国	**Nation Total**	**8522285**	**9010604**	**9856498**	
北京	**Beijing**	**594698**	**689002**	**719900**	
天津	**Tianjin**	**165719**	**179611**	**199796**	
河北	**Hebei**	**265558**	**312243**	**338301**	
石家庄	Shijiazhuang	44175	50557	53169	37
唐山	Tangshan	46368	70003	71712	24
秦皇岛	Qinhuangdao	14918	15983	15792	143
邯郸	Handan	28764	28721	32431	60
邢台	Xingtai	13986	20708	20872	102
保定	Baoding	36889	39821	42881	49
张家口	Zhangjiakou	14189	14410	16209	138
承德	Chengde	13474	12819	16783	133
沧州	Cangzhou	28327	32956	41285	51
廊坊	Langfang	14673	15410	15448	147
衡水	Hengshui	9795	10855	11719	180
山西	**Shanxi**	**239761**	**213385**	**249301**	
太原	Taiyuan	59764	51275	63019	30
大同	Datong	24691	24377	25733	81
阳泉	Yangquan	11066	10992	10519	198
长治	Changzhi	17381	19634	23287	90
晋城	Jincheng	19688	24198	25072	83
朔州	Shuozhou	15249	13436	18743	116
晋中	Jinzhong	25522	19638	21354	101
运城	Yuncheng	20718	17503	15422	148
忻州	Xinzhou	14073	12144	12781	169
临汾	Linfen	19376	20583	16526	136
吕梁	Luliang	12972	12078	15792	143
内蒙古	**Inner Mongolia**	**134440**	**129928**	**138705**	
呼和浩特	Hohhot	34789	34058	41886	50
包头	Baotou	27601	23530	25901	80
乌海	Wuhai	2662	3016	3918	259
赤峰	Chifeng	22346	11837	21906	96
通辽	Tongliao	8336	9595	9980	201
鄂尔多斯	Erdos	19171	14021	13386	162
呼伦贝尔	Hulunbuir	14938	12310	14646	155
巴彦淖尔	Bayannur	6748	6086	6756	227
乌兰察布	Ulanqab	4867	5087	8707	212
辽宁	**Liaoning**	**300555**	**305791**	**332979**	
沈阳	Shenyang	93741	100898	114292	12
大连	Dalian	65157	69325	79576	22
鞍山	Anshan	20066	18941	19430	112
抚顺	Fushun	19091	11390	12020	176
本溪	Benxi	9329	11750	11608	181
丹东	Dandong	7959	7518	7476	219
锦州	Jinzhou	15811	15046	14660	154
营口	Yingkou	11662	16234	16573	134
阜新	Fuxin	7469	5964	7454	221
辽阳	Liaoyang	3763	4177	4874	251
盘锦	Panjin	13375	11164	11401	187
铁岭	Tieling	11004	9295	9280	208
朝阳	Chaoyang	11656	13237	14348	158
葫芦岛	Huludao	10472	10852	10851	193
吉林	**Jilin**	**107751**	**110574**	**118304**	
长春	Changchun	33353	39739	43245	46
吉林	Jilin	16671	16870	15938	141
四平	Siping	9729	21848	20650	103
辽源	Liaoyuan	5436	4938	5256	244
通化	Tonghua	9785	10152	9541	205
白山	Baishan	3401	3617	3284	268
松原	Songyuan	16875	7902	6826	226
白城	Baicheng	4094	3358	3533	263
黑龙江	**Heilongjiang**	**155267**	**138036**	**149109**	
哈尔滨	Harbin	54225	43640	54716	34
齐齐哈尔	Qiqihar	10062	9237	5167	247
鸡西	Jixi	6600	4683	5285	243
鹤岗	Hegang	6213	7603	8943	211
双鸭山	Shuangyashan	3434	4721	5410	240
大庆	Daqing	30555	22154	21745	99
伊春	Yichun	1887	1645	1439	282
佳木斯	Jiamusi	12818	7681	10710	194
七台河	Qitaihe	1634	1330	1357	284
牡丹江	Mudanjiang	11644	14075	14702	153
黑河	Heihe	1904	1586	2396	276
绥化	Suihua	9612	8504	10903	192
上海	**Shanghai**	**536466**	**659743**	**698368**	
江苏	**Jiangsu**	**716623**	**758358**	**836314**	

14-3 批发和零售业年末从业人数 续表 1
Employed Persons of Wholesale and Retail Trades at Year-end continued 1

单位：人 (person)

地名	City	2010	2011	2012	2012 排名 Ranking	地名	City	2010	2011	2012	2012 排名 Ranking
南京	Nanjing	148847	198874	240285	3	池州	Chizhou	4458	5499	5635	237
无锡	Wuxi	97941	85727	88854	17	宣城	Xuancheng	11088	10511	12943	166
徐州	Xuzhou	43856	55493	68350	25	**福建**	**Fujian**	**281238**	**302030**	**346190**	
常州	Changzhou	42556	46290	51297	38	福州	Fuzhou	82303	84007	95460	16
苏州	Suzhou	161254	166042	181862	6	厦门	Xiamen	76986	83243	83356	18
南通	Nantong	30586	59148	61125	33	莆田	Putian	13110	16988	16020	140
连云港	Lianyungang	24726	21698	20251	104	三明	Sanming	13201	15187	18755	115
淮安	Huaian	16174	14154	21919	95	泉州	Quanzhou	41163	46792	63525	29
盐城	Yancheng	36941	32981	31790	62	漳州	Zhangzhou	18609	26491	24515	85
扬州	Yangzhou	30204	23854	27371	73	南平	Nanping	10585	12630	11515	184
镇江	Zhenjiang	19785	24651	25931	78	龙岩	Longyan	17150	20541	21623	100
泰州	Taizhou	26838	25495	27758	71	宁德	Ningde	8131	9272	11421	186
宿迁	Suqian	14979	12406	15701	146	**江西**	**Jiangxi**	**121169**	**130791**	**146316**	
浙江	**Zhejiang**	**516727**	**609624**	**641490**		南昌	Nanchang	42127	46489	53214	35
杭州	Hangzhou	173230	196172	226014	4	景德镇	Jingdezhen	3406	3679	4576	254
宁波	Ningbo	107950	125612	135000	9	萍乡	Pingxiang	3908	4426	4791	252
温州	Wenzhou	53489	69147	62106	32	九江	Jiujiang	10770	13631	12750	170
嘉兴	Jiaxing	34896	41840	44114	44	新余	Xinyu	3721	3110	3583	262
湖州	Huzhou	15801	18536	16437	137	鹰潭	Yingtan	2008	2055	2113	280
绍兴	Shaoxing	38148	43050	43180	47	赣州	Ganzhou	10790	10904	13041	163
金华	Jinhua	29334	35664	35600	56	吉安	Jian	8038	9828	11770	179
衢州	Quzhou	9539	12552	12600	171	宜春	Yichun	16709	15930	18103	125
舟山	Zhoushan	8123	10270	10600	195	抚州	Fuzhou	8339	9998	9379	207
台州	Taizhou	32615	37052	36070	54	上饶	Shangrao	11353	10741	12996	164
丽水	Lishui	10929	16508	14176	160	**山东**	**Shandong**	**855382**	**777877**	**870327**	
安徽	**Anhui**	**261772**	**274144**	**314506**		济南	Jinan	86770	99100	119772	10
合肥	Hefei	87587	87430	100508	15	青岛	Qingdao	91225	87997	103306	13
芜湖	Wuhu	16815	21880	23582	88	淄博	Zibo	90447	50782	53191	36
蚌埠	Bengbu	9647	11916	12826	168	枣庄	Zaozhuang	22917	20153	23334	89
淮南	Huainan	8997	11139	12103	173	东营	Dongying	31117	34922	35974	55
马鞍山	Maanshan	9344	13203	14461	157	烟台	Yantai	70476	68210	71966	23
淮北	Huaibei	7282	7840	9521	206	潍坊	Weifang	71225	65669	81084	21
铜陵	Tongling	4110	5154	5687	236	济宁	Jining	65950	62314	66224	28
安庆	Anqing	17701	15943	19641	111	泰安	Taian	49718	46175	48083	41
黄山	Huangshan	3978	5439	6135	229	威海	Weihai	40075	38945	30609	65
滁州	Chuzhou	13805	17528	19668	110	日照	Rizhao	17560	16009	16558	135
阜阳	Fuyang	19531	22239	24696	84	莱芜	Laiwu	9726	10540	12556	172
宿州	Suzhou	8640	10766	12884	167	临沂	Linyi	66515	67735	67624	26
六安	Liuan	16905	18714	19879	109	德州	Dezhou	37251	37888	36999	52
亳州	Bozhou	10036	11108	14235	159	聊城	Liaocheng	28970	29279	31503	63

14-3 批发和零售业年末从业人数 续表 2
Employed Persons of Wholesale and Retail Trades at Year-end continued 2

单位：人 （person）

地名	City	2010	2011	2012	2012 排名 Ranking
滨州	Binzhou	28348	27640	27155	74
菏泽	Heze	47092	45834	44069	45
河南	**Henan**	**444710**	**440712**	**454403**	
郑州	Zhengzhou	89339	87715	101224	14
开封	Kaifeng	20498	18263	23191	91
洛阳	Luoyang	35243	38990	44936	43
平顶山	Pingdingshan	27240	23079	28397	70
安阳	Anyang	19999	18724	18732	118
鹤壁	Hebi	6130	6724	8548	213
新乡	Xinxiang	25816	23471	26838	75
焦作	Jiaozuo	18679	15185	18738	117
濮阳	Puyang	16491	12708	15858	142
许昌	Xuchang	18847	18067	20062	106
漯河	Luohe	12752	10159	11584	182
三门峡	Sanmenxia	12782	10056	10589	197
南阳	Nanyang	47791	45584	49796	40
商丘	Shangqiu	18716	20584	22899	92
信阳	Xinyang	28747	27866	31384	64
周口	Zhoukou	31472	30389	34160	58
驻马店	Zhumadian	32403	28737	32039	61
湖北	**Hubei**	**360100**	**356798**	**412304**	
武汉	Wuhan	185673	181300	201748	5
黄石	Huangshi	6430	12497	11927	177
十堰	Shiyan	17552	20212	20005	107
宜昌	Yichang	18559	24209	29363	67
襄阳	Xiangfan	25664	27002	28843	69
鄂州	Ezhou	3420	2470	3433	265
荆门	Jingmen	12369	15820	16828	131
孝感	Xiaogan	96	15495	15205	150
荆州	Jingzhou	10155	10474	14503	156
黄冈	Huanggang	30251	15306	16958	130
咸宁	Xianning	4267	9879	10512	199
随州	Suizhou	9889	10097	9802	202
湖南	**Hunan**	**237361**	**238308**	**89596**	
长沙	Changsha	92064	100895	159588	8
株洲	Zhuzhou	12810	14564	25921	79
湘潭	Xiangtan	9934	12340	18904	114
衡阳	Hengyang	16699	17442	36826	53
邵阳	Shaoyang	10566	11235	19098	113
岳阳	Yueyang	11385	15297	27470	72
常德	Changde	11353	13099	26574	76
张家界	Zhangjiajie	4318	5229	11178	190
益阳	Yiyang	7002	9306	16096	139
郴州	Chenzhou	15489	15565	25393	82
永州	Yongzhou	12580	10885	17195	129
怀化	Huaihua	9263	8686	13900	161
娄底	Loudi	8468	8926	15704	145
广东	**Guangdong**	**888237**	**993603**	**1135041**	
广州	Guangzhou	283089	309625	373933	1
韶关	Shaoguan	8030	9379	9800	203
深圳	Shenzhen	245886	274815	324370	2
珠海	Zhuhai	29127	30374	33199	59
汕头	Shantou	11704	15430	18370	120
佛山	Foshan	61913	64517	66603	27
江门	Jiangmen	18364	23101	21770	98
湛江	Zhanjiang	14445	16181	18125	124
茂名	Maoming	17264	19081	20111	105
肇庆	Zhaoqing	13121	19148	15015	151
惠州	Huizhou	22175	24879	28872	68
梅州	Meizhou	8212	8850	11256	188
汕尾	Shanwei	5343	5245	5087	248
河源	Heyuan	3339	4781	5410	240
阳江	Yangjiang	3774	5009	7009	224
清远	Qingyuan	7305	6931	7461	220
东莞	Dongguan	63906	70643	81198	20
中山	ZhongShan	42219	47207	45227	42
潮州	Chaozhou	5771	8748	5181	245
揭阳	Jieyang	19151	20385	26449	77
云浮	Yunfu	9794	11044	10595	196
广西	**Guangxi**	**122788**	**143712**	**164632**	
南宁	Nanning	43604	26652	61595	31
柳州	Liuzhou	20611	14195	24455	86
桂林	Guilin	13605	13809	17238	127
梧州	Wuzhou	4179	3836	4163	256
北海	Beihai	3697	2448	6545	228
防城港	Fangchenggang	1361	891	2372	278
钦州	Qinzhou	4725	5617	5805	234
贵港	Guigang	5694	3432	4953	250
玉林	Yulin	10857	11995	15274	149
百色	Baise	5469	1763	7159	223

14-3 批发和零售业年末从业人数 续表 3
Employed Persons of Wholesale and Retail Trades at Year-end continued 3

单位：人 (person)

地名	City	2010	2011	2012	2012 排名 Ranking	地名	City	2010	2011	2012	2012 排名 Ranking
贺州	Hezhou	1832	3021	3658	261	丽江	Lijiang	3370	3500	5609	238
河池	Hechi	3819	4806	5811	233	普洱	Puer	4833	1500	7640	218
来宾	Laibin	1421	1659	2459	275	临沧	Lincang	2185	3800	5411	239
崇左	Chongzuo	1950	1802	2693	273	**西藏**	**Tibet**	**6152**	**6891**	**7505**	
海南	**Hainan**	**39117**	**42464**	**42063**		拉萨	Lhasa	2027	4359	5169	246
海口	Haikou	30198	29040	30365	66	**陕西**	**Shaanxi**	**195151**	**208894**	**238562**	
三亚	Sanya	3123	3566	3991	258	西安	Xi'an	99692	105156	119338	11
重庆	**Chongqing**	**222281**	**252979**	**262157**		铜川	Tongchuan	2594	3551	4992	249
四川	**Sichuan**	**302200**	**255696**	**393014**		宝鸡	Baoji	14957	15156	18259	123
成都	Chengdu	239516	182206	171879	7	咸阳	Xianyang	15432	16503	18338	121
自贡	Zigong	12183	8589	10175	200	渭南	Weinan	16132	20002	22166	93
攀枝花	Panzhihua	9571	7077	7908	215	延安	Yan'an	7256	7819	9049	210
泸州	Luzhou	15469	14968	17359	126	汉中	Hanzhong	9782	9665	12021	175
德阳	Deyang	15875	10952	12945	165	榆林	Yulin	17726	20002	21835	97
绵阳	Mianyang	20637	15154	16819	132	安康	Ankang	8060	7355	8524	214
广元	Guangyuan	7717	7300	6830	225	商洛	Shangluo	2741	2942	3500	264
遂宁	Suining	11820	11790	9590	204	**甘肃**	**Gansu**	**66546**	**69154**	**83070**	
内江	Neijiang	11977	10138	12045	174	兰州	Lanzhou	29738	30408	34427	57
乐山	Leshan	12977	9900	10966	191	嘉峪关	Jiayuguan	1604	1827	2341	279
南充	Nanchong	14521	12217	14735	152	金昌	Jinchang	1618	1467	1905	281
眉山	Meishan	10607	7340	5982	230	白银	Baiyin	4915	5508	4185	255
宜宾	Yibin	13403	10710	11820	178	天水	Tianshui	5635	5839	11539	183
广安	Guangan	11570	10166	7732	217	武威	Wuwei	2020	2020	2374	277
达州	Dazhou	17911	17044	18415	119	张掖	Zhangye	3646	2975	3248	269
雅安	Yaan	4430	3117	3343	267	平凉	Pingliang	3267	3492	3377	266
巴中	Bazhong	5330	4353	5826	232	酒泉	Jiuquan	4533	5122	5299	242
资阳	Ziyang	22603	8478	11233	189	庆阳	Qingyang	3261	3278	5973	231
贵州	**Guizhou**	**79220**	**88731**	**106440**		定西	Dingxi	2556	2480	2494	274
贵阳	Guiyang	29501	33954	43164	48	陇南	Longnan	2087	2584	3216	270
六盘水	Liupanshui	4631	5594	7296	222	**青海**	**Qinghai**	**17203**	**19337**	**22134**	
遵义	Zunyi	16253	16990	17208	128	西宁	Xining		19921	19944	108
安顺	Anshun	3681	3859	3835	260	**宁夏**	**Ningxia**	**30061**	**33601**	**35964**	
毕节	Bijie	6193	8290	11429	185	银川	Yinchuan	20176	21261	24329	87
铜仁	Tongren	3681	4038	5761	235	石嘴山	Shizuishan	2784	3386	3187	271
云南	**Yunnan**	**162841**	**165151**	**198534**		吴忠	Wuzhong	2481	3157	2990	272
昆明	Kunming	75497	75000	83223	19	固原	Guyuan	1468	1562	1365	283
曲靖	Qujing	12277	18000	21981	94	中卫	Zhongwei	3152	4235	4093	257
玉溪	Yuxi	10924	14000	18300	122	**新疆**	**Xinjiang**	**95191**	**103436**	**111173**	
保山	Baoshan	7038	6800	9100	209	乌鲁木齐	Urumqi	63771	48037	50654	39
昭通	Zhaotong	5108	6200	7740	216	克拉玛依	Karamay	6520	5501	4602	253

14-4 批发和零售业商品销售额
Total Sales of Commodities of Wholesale and Retail Trades

单位：亿元 (100 million yuan)

地名	City	2010	2011	2012	2012 排名 Ranking
全国	**Nation Total**	**276635.7**	**360525.90**	**410532.70**	
北京	**Beijing**	**37203.90**	**45212.70**	**52381.40**	
天津	**Tianjin**	**13642.50**	**18578.50**	**23061.90**	
河北	**Hebei**	**5463.50**	**8007.10**	**9146.00**	
石家庄	Shijiazhuang	1294.88	1574.92	1864.77	34
唐山	Tangshan	1205.76	2069.14	2238.87	26
秦皇岛	Qinhuangdao	531.25	762.34	793.38	75
邯郸	Handan	572.68	952.17	1151.71	60
邢台	Xingtai	213.73	311.46	357.06	132
保定	Baoding	593.24	782.73	968.19	67
张家口	Zhangjiakou	189.79	280.03	334.46	138
承德	Chengde	186.70	234.28	261.89	160
沧州	Cangzhou	287.29	502.03	579.42	98
廊坊	Langfang	252.05	320.38	355.88	133
衡水	Hengshui	136.10	217.62	240.45	173
山西	**Shanxi**	**5549.50**	**7779.50**	**10866.80**	
太原	Taiyuan	2208.38	2678.05	4021.92	15
大同	Datong	238.64	542.28	1050.12	64
阳泉	Yangquan	399.62	544.08	732.78	82
长治	Changzhi	690.76	1040.85	1613.45	44
晋城	Jincheng	315.71	361.65	526.05	106
朔州	Shuozhou	227.22	382.18	473.32	116
晋中	Jinzhong	395.40	624.32	760.43	78
运城	Yuncheng	206.21	258.94	292.77	147
忻州	Xinzhou	225.65	294.15	372.69	128
临汾	Linfen	380.78	561.04	532.40	105
吕梁	Luliang	262.45	501.76	490.93	113
内蒙古	**Inner Mongolia**	**2951.50**	**3499.00**	**3949.60**	
呼和浩特	Hohhot	668.30	949.24	923.69	69
包头	Baotou	649.99	977.94	972.66	66
乌海	Wuhai	53.04	117.14	117.10	230
赤峰	Chifeng	184.66	248.45	270.86	154
通辽	Tongliao	245.39	362.47	322.00	142
鄂尔多斯	Erdos	730.40	331.88	804.99	74
呼伦贝尔	Hulunbuir	252.12	273.44	270.40	155
巴彦淖尔	Bayannur	75.15	99.97	110.01	234
乌兰察布	Ulanqab	44.47	58.75	96.92	242
辽宁	**Liaoning**	**10630.00**	**15138.00**	**15184.40**	
沈阳	Shenyang	5503.66	8319.00	8150.95	7
大连	Dalian	2549.30	3479.21	3646.08	17
鞍山	Anshan	921.57	996.75	1097.53	62
抚顺	Fushun	242.03	312.54	368.28	130
本溪	Benxi	85.31	142.20	150.16	215
丹东	Dandong	162.09	185.44	203.87	192
锦州	Jinzhou	217.38	268.06	331.84	139
营口	Yingkou	161.99	237.56	280.70	150
阜新	Fuxin	115.70	233.72	267.36	156
辽阳	Liaoyang	115.18	134.37	213.18	188
盘锦	Panjin	172.50	330.10	370.66	129
铁岭	Tieling	136.11	208.05	252.81	164
朝阳	Chaoyang	136.52	161.16	230.39	178
葫芦岛	Huludao	110.71	132.34	170.39	208
吉林	**Jilin**	**2230.40**	**2788.70**	**3322.40**	
长春	Changchun	1087.49	1302.67	1452.17	53
吉林	Jilin	487.64	696.84	768.02	76
四平	Siping	117.83	172.56	245.57	170
辽源	Liaoyuan	35.06	46.29	82.21	253
通化	Tonghua	178.62	176.93	250.78	165
白山	Baishan	31.65	38.36	58.63	269
松原	Songyuan	102.15	123.81	166.22	209
白城	Baicheng	67.43	57.54	101.68	239
黑龙江	**Heilongjiang**	**3034.10**	**4454.20**	**4965.40**	
哈尔滨	Harbin	1394.37	1539.83	1770.18	37
齐齐哈尔	Qiqihar	100.40	141.87	184.05	204
鸡西	Jixi	64.31	94.34	120.67	228
鹤岗	Hegang	35.23	48.28	52.25	274
双鸭山	Shuangyashan	31.17	39.24	49.65	276
大庆	Daqing	661.90	1574.16	1512.16	50
伊春	Yichun	27.90	37.26	37.56	283
佳木斯	Jiamusi	71.05	88.72	106.38	236
七台河	Qitaihe	29.19	33.58	40.66	282
牡丹江	Mudanjiang	396.90	384.72	488.73	114
黑河	Heihe	34.48	45.02	55.07	272
绥化	Suihua	71.47	113.57	146.89	216
上海	**Shanghai**	**31678.20**	**44467.40**	**47751.50**	
江苏	**Jiangsu**	**26994.90**	**33194.90**	**35005.70**	

14-4 批发和零售业商品销售额 续表 1
Total Sales of Commodities of Wholesale and Retail Trades continued 1

单位：亿元 (100 million yuan)

地名	City	2010	2011	2012	2012 排名 Ranking	地名	City	2010	2011	2012	2012 排名 Ranking
南京	Nanjing	6816.70	7298.64	9835.90	4	池州	Chizhou	55.38	69.22	85.21	251
无锡	Wuxi	5591.26	4664.05	6160.90	9	宣城	Xuancheng	169.15	175.82	203.35	193
徐州	Xuzhou	784.07	1403.17	1743.30	38	**福建**	**Fujian**	**8304.10**	**11852.50**	**13785.90**	
常州	Changzhou	1667.77	1781.40	1981.80	33	福州	Fuzhou	1850.15	3041.78	3703.04	16
苏州	Suzhou	10247.21	9195.16	9613.80	5	厦门	Xiamen	4166.16	5453.46	5910.74	12
南通	Nantong	1209.49	1558.21	1812.30	36	莆田	Putian	198.02	325.38	513.98	109
连云港	Lianyungang	399.80	572.90	631.70	89	三明	Sanming	276.69	402.52	504.66	111
淮安	Huaian	220.51	306.38	413.00	123	泉州	Quanzhou	918.97	1299.14	1706.84	40
盐城	Yancheng	458.84	676.05	713.60	83	漳州	Zhangzhou	336.72	470.44	502.32	112
扬州	Yangzhou	447.09	588.59	692.40	86	南平	Nanping	159.43	221.62	258.15	162
镇江	Zhenjiang	490.89	695.17	758.50	79	龙岩	Longyan	281.85	478.21	476.05	115
泰州	Taizhou	667.22	808.98	1012.00	65	宁德	Ningde	116.11	159.88	210.07	189
宿迁	Suqian	265.78	480.80	423.70	121	**江西**	**Jiangxi**	**2019.30**	**2521.70**	**2939.00**	
浙江	**Zhejiang**	**23472.20**	**30315.10**	**32683.00**		南昌	Nanchang	1019.91	1300.46	1549.31	47
杭州	Hangzhou	10267.25	12663.47	13240.57	3	景德镇	Jingdezhen	48.89	59.01	69.33	262
宁波	Ningbo	7506.60	7420.33	8087.66	8	萍乡	Pingxiang	43.96	56.51	70.05	261
温州	Wenzhou	1797.08	2617.82	2464.68	25	九江	Jiujiang	114.56	142.86	190.67	201
嘉兴	Jiaxing	1158.36	1417.74	1722.02	39	新余	Xinyu	60.63	70.78	78.27	255
湖州	Huzhou	569.15	917.92	1297.79	56	鹰潭	Yingtan	112.74	90.06	56.19	271
绍兴	Shaoxing	610.97	1440.39	1654.42	42	赣州	Ganzhou	136.64	181.66	225.07	180
金华	Jinhua	938.35	1065.48	1141.46	61	吉安	Jian	79.46	113.78	131.75	225
衢州	Quzhou	62.62	401.55	418.24	122	宜春	Yichun	173.41	240.60	272.96	153
舟山	Zhoushan	353.32	507.52	809.55	73	抚州	Fuzhou	99.88	108.10	112.27	233
台州	Taizhou	1082.48	1278.11	1321.37	55	上饶	Shangrao	129.22	157.85	183.18	205
丽水	Lishui	272.82	436.09	454.87	118	**山东**	**Shandong**	**16105.60**	**20586.70**	**24366.90**	
安徽	**Anhui**	**5144.80**	**6880.80**	**7717.00**		济南	Jinan	2211.05	2483.60	3393.95	20
合肥	Hefei	2625.75	3362.01	3622.73	18	青岛	Qingdao	3073.74	4174.27	4619.06	13
芜湖	Wuhu	337.61	549.43	662.54	87	淄博	Zibo	1151.19	1325.33	1558.87	46
蚌埠	Bengbu	137.45	189.34	247.03	168	枣庄	Zaozhuang	268.75	285.79	442.72	119
淮南	Huainan	97.08	191.52	219.18	184	东营	Dongying	447.01	720.75	830.87	71
马鞍山	Maanshan	307.36	495.62	301.71	146	烟台	Yantai	1469.78	1800.88	2085.85	30
淮北	Huaibei	71.63	101.82	132.67	223	潍坊	Weifang	1603.72	1878.32	2117.82	28
铜陵	Tongling	98.29	119.92	141.04	220	济宁	Jining	899.17	1310.80	1481.45	51
安庆	Anqing	142.88	205.63	235.21	177	泰安	Taian	913.17	1262.09	1539.41	48
黄山	Huangshan	66.63	80.22	105.51	238	威海	Weihai	503.53	633.82	749.20	81
滁州	Chuzhou	145.26	206.03	264.51	159	日照	Rizhao	370.28	534.49	694.44	85
阜阳	Fuyang	401.06	495.12	626.09	91	莱芜	Laiwu	231.91	335.96	324.55	141
宿州	Suzhou	124.59	254.03	354.10	134	临沂	Linyi	1006.08	1332.60	1640.18	43
六安	Liuan	153.90	237.39	335.81	136	德州	Dezhou	460.02	577.38	621.04	93
亳州	Bozhou	98.55	148.07	201.44	196	聊城	Liaocheng	503.19	658.06	753.97	80

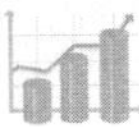

14-4 批发和零售业商品销售额 续表 2

Total Sales of Commodities of Wholesale and Retail Trades continued 2

单位：亿元 (100 million yuan)

地名	City	2010	2011	2012	2012 排名 Ranking	地名	City	2010	2011	2012	2012 排名 Ranking
滨州	Binzhou	371.75	478.60	556.32	102	常德	Changde	1354.39	470.92	199.63	197
菏泽	Heze	621.27	793.98	957.19	68	张家界	Zhangjiajie	409.76	82.86	53.24	273
河南	**Henan**	**6340.30**	**7888.10**	**8772.10**		益阳	Yiyang	1153.66	270.63	161.18	212
郑州	Zhengzhou	2339.11	2943.86	3247.48	22	郴州	Chenzhou	2486.32	420.61	406.77	124
开封	Kaifeng	179.48	206.87	243.29	171	永州	Yongzhou	1460.09	254.51	201.57	195
洛阳	Luoyang	545.20	747.00	844.70	70	怀化	Huaihua	1311.34	242.80	135.76	221
平顶山	Pingdingshan	528.72	560.16	617.03	94	娄底	Loudi	1210.44	224.35	224.90	181
安阳	Anyang	341.67	442.50	388.61	126	**广东**	**Guangdong**	**31759.80**	**39001.50**	**45040.40**	
鹤壁	Hebi	49.39	72.77	88.86	249	广州	Guangzhou	15445.39	18871.50	31800.33	1
新乡	Xinxiang	277.39	374.96	441.37	120	韶关	Shaoguan	129.94	173.79	604.51	96
焦作	Jiaozuo	167.94	220.49	264.94	157	深圳	Shenzhen	6615.28	10553.06	14657.78	2
濮阳	Puyang	112.06	181.81	259.77	161	珠海	Zhuhai	916.66	1260.50	2080.12	31
许昌	Xuchang	189.41	281.71	358.09	131	汕头	Shantou	405.05	650.57	1853.37	35
漯河	Luohe	141.20	183.49	206.71	190	佛山	Foshan	2535.52	2927.13	6083.83	10
三门峡	Sanmenxia	157.84	174.47	223.38	183	江门	Jiangmen	440.81	557.18	1370.90	54
南阳	Nanyang	447.46	527.06	579.33	99	湛江	Zhanjiang	431.34	577.69	1528.96	49
商丘	Shangqiu	405.92	514.29	556.33	101	茂名	Maoming	489.04	669.72	1607.61	45
信阳	Xinyang	156.29	211.12	254.40	163	肇庆	Zhaoqing	264.67	411.09	763.27	77
周口	Zhoukou	206.45	269.44	292.06	148	惠州	Huizhou	525.67	639.29	1251.78	57
驻马店	Zhumadian	206.45	269.17	328.18	140	梅州	Meizhou	147.59	190.46	626.67	90
湖北	**Hubei**	**8013.10**	**10083.20**	**12312.90**		汕尾	Shanwei	68.39	81.84	553.18	103
武汉	Wuhan	6035.71	7221.67	8826.32	6	河源	Heyuan	69.16	89.39	278.72	151
黄石	Huangshi	145.78	231.53	242.68	172	阳江	Yangjiang	68.15	107.72	710.52	84
十堰	Shiyan	270.48	270.00	314.44	143	清远	Qingyuan	144.26	161.59	594.60	97
宜昌	Yichang	223.12	406.98	574.00	100	东莞	Dongguan	1428.61	1814.91	2522.89	24
襄阳	Xiangfan	156.23	422.80	506.79	110	中山	ZhongShan	1080.82	1249.59	2117.53	29
鄂州	Ezhou	166.23	51.53	57.04	270	潮州	Chaozhou	194.60	266.78	639.26	88
荆门	Jingmen	352.62	188.10	247.47	167	揭阳	Jieyang	603.84	716.60	1081.70	63
孝感	Xiaogan	124.32	219.85	249.83	166	云浮	Yunfu	103.73	172.68	313.24	144
荆州	Jingzhou	135.76	163.95	226.50	179	**广西**	**Guangxi**	**2589.30**	**3365.70**	**4227.60**	
黄冈	Huanggang	152.12	257.20	277.05	152	南宁	Nanning	1124.70	1468.72	2019.30	32
咸宁	Xianning	98.19	205.81	239.60	174	柳州	Liuzhou	592.34	734.72	1706.50	41
随州	Suizhou	105.36	173.87	216.69	186	桂林	Guilin	179.36	239.35	245.60	169
湖南	**Hunan**	**3764.50**	**5275.50**	**5915.90**		梧州	Wuzhou	70.93	102.54	89.24	248
长沙	Changsha	20929.09	1967.68	2934.27	23	北海	Beihai	29.32	62.77	98.55	240
株洲	Zhuzhou	3014.88	440.55	381.27	127	防城港	Fangchenggang	38.92	55.76	81.01	254
湘潭	Xiangtan	1220.40	257.10	197.81	199	钦州	Qinzhou	85.98	127.47	206.64	191
衡阳	Hengyang	1882.96	496.23	336.88	135	贵港	Guigang	64.68	72.97	93.89	243
邵阳	Shaoyang	1353.96	284.21	185.75	202	玉林	Yulin	146.07	204.71	224.40	182
岳阳	Yueyang	2017.23	506.74	400.67	125	百色	Baise	75.04	88.58	106.10	237

14-4 批发和零售业商品销售额 续表 3
Total Sales of Commodities of Wholesale and Retail Trades continued 3

单位：亿元 (100 million yuan)

地名	City	2010	2011	2012	2012 排名 Ranking
贺州	Hezhou	146.79	49.13	71.28	259
河池	Hechi	741.90	88.54	98.50	241
来宾	Laibin	12.02	21.74	59.79	268
崇左	Chongzuo	31.38	48.69	60.22	267
海南	**Hainan**	**1406.70**	**1625.50**	**1939.50**	
海口	Haikou	1069.26	1217.52	1463.77	52
三亚	Sanya	72.90	106.82	184.08	203
重庆	**Chongqing**	**5610.10**	**7740.80**	**8234.20**	
四川	**Sichuan**	**5508.60**	**7879.70**	**9696.90**	
成都	Chengdu	3638.79	4912.83	5965.26	11
自贡	Zigong	78.47	111.61	198.26	198
攀枝花	Panzhihua	134.95	165.66	202.09	194
泸州	Luzhou	123.23	205.24	290.90	149
德阳	Deyang	243.42	327.44	303.10	145
绵阳	Mianyang	181.27	440.14	541.95	104
广元	Guangyuan	59.06	87.41	114.19	232
遂宁	Suining	67.11	98.02	144.45	218
内江	Neijiang	91.81	122.94	161.12	213
乐山	Leshan	107.27	139.36	183.18	205
南充	Nanchong	95.90	143.35	194.50	200
眉山	Meishan	81.14	112.47	145.33	217
宜宾	Yibin	138.00	228.00	264.85	158
广安	Guangan	72.54	130.55	160.20	214
达州	Dazhou	101.94	179.06	216.54	187
雅安	Yaan	30.32	42.71	45.44	280
巴中	Bazhong	34.98	58.49	76.48	256
资阳	Ziyang	60.66	90.12	122.63	227
贵州	**Guizhou**	**1582.70**	**2000.40**	**2806.80**	
贵阳	Guiyang	731.15	895.97	1215.17	58
六盘水	Liupanshui	93.19	136.69	218.39	185
遵义	Zunyi	319.74	453.06	623.25	92
安顺	Anshun	62.53	70.10	91.48	244
毕节	Bijie	100.10	89.30	162.68	210
铜仁	Tongren	46.68	62.59	86.59	250
云南	**Yunnan**	**4295.50**	**5240.30**	**6785.90**	
昆明	Kunming	2519.55	3329.66	4233.42	14
曲靖	Qujing	277.03	371.37	467.57	117
玉溪	Yuxi	425.56	276.69	335.70	137
保山	Baoshan	74.35	89.46	115.24	231
昭通	Zhaotong	100.35	115.93	162.43	211
丽江	Lijiang	61.26	85.66	90.30	246
普洱	Puer	65.34	16.91	128.21	226
临沧	Lincang	50.66	638.18	89.98	247
西藏	**Tibet**	**92.10**	**109.50**	**141.10**	
拉萨	Lhasa	77.58	71.64	90.64	245
陕西	**Shaanxi**	**4224.10**	**5745.30**	**6697.50**	
西安	Xi'an	2144.01	3081.38	3610.28	19
铜川	Tongchuan	19.35	32.61	49.44	277
宝鸡	Baoji	378.92	418.57	514.14	108
咸阳	Xianyang	372.19	440.60	613.95	95
渭南	Weinan	119.13	208.50	238.40	175
延安	Yan'an	82.84	136.08	131.92	224
汉中	Hanzhong	93.57	131.08	177.45	207
榆林	Yulin	914.31	1158.76	1189.10	59
安康	Ankang	65.07	92.11	120.26	229
商洛	Shangluo	32.57	42.64	48.69	278
甘肃	**Gansu**	**2021.40**	**2642.10**	**3190.10**	
兰州	Lanzhou	1404.11	1813.93	2157.81	27
嘉峪关	Jiayuguan	61.74	86.49	107.47	235
金昌	Jinchang	21.32	29.44	42.35	281
白银	Baiyin	38.95	60.81	82.31	252
天水	Tianshui	82.42	104.66	144.15	219
武威	Wuwei	30.21	42.15	47.43	279
张掖	Zhangye	38.58	53.68	71.81	258
平凉	Pingliang	34.68	49.96	60.27	266
酒泉	Jiuquan	171.63	216.27	238.11	176
庆阳	Qingyang	35.87	51.88	75.70	257
定西	Dingxi	39.88	52.48	68.52	263
陇南	Longnan	37.04	46.00	52.11	275
青海	**Qinghai**	**409.80**	**665.20**	**1080.80**	
西宁	Xining		548.14	516.45	107
宁夏	**Ningxia**	**652.4**	**835.5**	**1051.2**	
银川	Yinchuan	513.45	593.67	824.28	72
石嘴山	Shizuishan	49.19	69.77	70.61	260
吴忠	Wuzhong	40.84	63.16	61.46	265
固原	Guyuan	18.23	24.50	26.64	284
中卫	Zhongwei	30.68	84.35	68.23	264
新疆	**Xinjiang**	**3941.10**	**5150.90**	**5512.90**	
乌鲁木齐	Urumqi	2595.86	3285.89	3341.24	21
克拉玛依	Karamay	79.45	108.54	134.84	222

14-5 住宿和餐饮业法人企业数
Number of Corporation Enterprises of Hotels and Catering Services

单位：个 (unit)

地名	City	2010	2011	2012	2012 排名 Ranking	地名	City	2010	2011	2012	2012 排名 Ranking
全国	**Nation Total**	**37308**	**39002**	**40499**		沈阳	Shenyang	243	257	276	27
北京	**Beijing**	**3377**	**3301**	**3117**		大连	Dalian	281	332	329	22
天津	**Tianjin**	**613**	**633**	**618**		鞍山	Anshan	174	173	175	51
河北	**Hebei**	**833**	**900**	**937**		抚顺	Fushun	44	43	44	201
石家庄	Shijiazhuang	101	112	113	83	本溪	Benxi	40	41	39	210
唐山	Tangshan	96	102	104	98	丹东	Dandong	93	93	93	110
秦皇岛	Qinhuangdao	81	83	88	117	锦州	Jinzhou	55	59	63	164
邯郸	Handan	104	106	107	91	营口	Yingkou	73	72	72	143
邢台	Xingtai	44	58	71	145	阜新	Fuxin	15	14	22	249
保定	Baoding	116	124	132	76	辽阳	Liaoyang	39	38	33	225
张家口	Zhangjiakou	93	100	93	110	盘锦	Panjin	49	35	35	219
承德	Chengde	57	61	67	155	铁岭	Tieling	19	19	21	254
沧州	Cangzhou	54	58	60	170	朝阳	Chaoyang	30	27	31	234
廊坊	Langfang	54	58	62	165	葫芦岛	Huludao	34	39	38	213
衡水	Hengshui	33	38	40	209	**吉林**	**Jilin**	**438**	**363**	**360**	
山西	**Shanxi**	**878**	**898**	**979**		长春	Changchun	114	108	106	97
太原	Taiyuan	201	222	245	39	吉林	Jilin	108	72	72	143
大同	Datong	89	85	103	100	四平	Siping	33	25	23	248
阳泉	Yangquan	42	41	46	196	辽源	Liaoyuan	10	14	15	266
长治	Changzhi	100	111	108	90	通化	Tonghua	37	29	32	229
晋城	Jincheng	62	54	69	150	白山	Baishan	24	18	19	261
朔州	Shuozhou	61	55	59	172	松原	Songyuan	34	21	21	254
晋中	Jinzhong	64	63	71	145	白城	Baicheng	10	9	8	282
运城	Yuncheng	71	71	66	160	**黑龙江**	**Heilongjiang**	**479**	**498**	**488**	
忻州	Xinzhou	48	47	71	145	哈尔滨	Harbin	250	255	247	37
临汾	Linfen	89	85	76	136	齐齐哈尔	Qiqihar	33	33	33	225
吕梁	Luliang	51	59	59	172	鸡西	Jixi	12	14	14	270
内蒙古	**Inner Mongolia**	**787**	**762**	**743**		鹤岗	Hegang	11	11	12	276
呼和浩特	Hohhot	211	191	191	45	双鸭山	Shuangyashan	12	15	13	273
包头	Baotou	119	116	107	91	大庆	Daqing	42	43	34	223
乌海	Wuhai	21	17	18	264	伊春	Yichun	26	25	26	241
赤峰	Chifeng	80	82	84	122	佳木斯	Jiamusi	23	18	21	254
通辽	Tongliao	32	38	30	235	七台河	Qitaihe	4	4	8	282
鄂尔多斯	Erdos	112	110	104	98	牡丹江	Mudanjiang	42	46	45	198
呼伦贝尔	Hulunbuir	77	77	77	134	黑河	Heihe	7	9	10	279
巴彦淖尔	Bayannur	14	13	14	270	绥化	Suihua	6	7	9	281
乌兰察布	Ulanqab	38	39	32	229	**上海**	**Shanghai**	**1856**	**2167**	**2027**	
辽宁	**Liaoning**	**1189**	**1242**	**1274**		**江苏**	**Jiangsu**	**2461**	**2659**	**2747**	

14-5 住宿和餐饮业法人企业数 续表 1

Number of Corporation Enterprises of Hotels and Catering Services continued 1

单位：个 (unit)

地名	City	2010	2011	2012	2012 排名 Ranking	地名	City	2010	2011	2012	2012 排名 Ranking
南京	Nanjing	599	649	639	7	池州	Chizhou	47	53	51	188
无锡	Wuxi	265	285	282	26	宣城	Xuancheng	64	71	76	136
徐州	Xuzhou	183	201	223	43	**福建**	**Fujian**	**1073**	**1236**	**1401**	
常州	Changzhou	146	149	147	66	福州	Fuzhou	277	321	394	14
苏州	Suzhou	471	486	466	11	厦门	Xiamen	212	256	276	27
南通	Nantong	109	124	131	78	莆田	Putian	39	48	56	182
连云港	Lianyungang	96	105	101	101	三明	Sanming	68	82	84	122
淮安	Huaian	93	98	136	72	泉州	Quanzhou	190	218	251	34
盐城	Yancheng	93	110	136	72	漳州	Zhangzhou	72	82	94	108
扬州	Yangzhou	147	156	164	59	南平	Nanping	83	88	84	122
镇江	Zhenjiang	101	114	121	80	龙岩	Longyan	74	77	87	119
泰州	Taizhou	97	107	113	83	宁德	Ningde	58	64	75	139
宿迁	Suqian	60	75	88	117	**江西**	**Jiangxi**	**733**	**623**	**615**	
浙江	**Zhejiang**	**2161**	**2408**	**2489**		南昌	Nanchang	262	182	165	58
杭州	Hangzhou	762	853	834	4	景德镇	Jingdezhen	42	38	34	223
宁波	Ningbo	386	447	456	12	萍乡	Pingxiang	21	20	21	254
温州	Wenzhou	437	236	264	30	九江	Jiujiang	65	56	58	178
嘉兴	Jiaxing	145	159	174	53	新余	Xinyu	30	30	28	239
湖州	Huzhou	80	84	92	113	鹰潭	Yingtan	17	20	19	261
绍兴	Shaoxing	125	139	153	63	赣州	Ganzhou	73	69	69	150
金华	Jinhua	130	150	162	60	吉安	Jian	63	62	59	172
衢州	Quzhou	33	38	41	204	宜春	Yichun	34	40	41	204
舟山	Zhoushan	94	101	107	91	抚州	Fuzhou	38	28	29	237
台州	Taizhou	120	127	132	76	上饶	Shangrao	88	78	92	113
丽水	Lishui	71	73	69	150	**山东**	**Shandong**	**4130**	**3413**	**3189**	
安徽	**Anhui**	**1021**	**1188**	**1323**		济南	Jinan	360	357	381	15
合肥	Hefei	248	328	332	19	青岛	Qingdao	358	364	362	17
芜湖	Wuhu	78	94	109	89	淄博	Zibo	517	363	241	41
蚌埠	Bengbu	53	58	62	165	枣庄	Zaozhuang	118	103	111	86
淮南	Huainan	27	31	45	198	东营	Dongying	72	63	67	155
马鞍山	Maanshan	41	64	68	153	烟台	Yantai	411	356	368	16
淮北	Huaibei	12	7	11	278	潍坊	Weifang	231	231	240	42
铜陵	Tongling	41	54	71	145	济宁	Jining	293	279	258	33
安庆	Anqing	88	97	110	88	泰安	Taian	389	268	242	40
黄山	Huangshan	80	78	98	104	威海	Weihai	210	196	185	46
滁州	Chuzhou	50	60	84	122	日照	Rizhao	66	63	65	161
阜阳	Fuyang	52	57	67	155	莱芜	Laiwu	23	35	41	204
宿州	Suzhou	23	38	41	204	临沂	Linyi	214	158	148	65
六安	Liuan	56	60	62	165	德州	Dezhou	342	152	116	82
亳州	Bozhou	20	38	35	219	聊城	Liaocheng	106	94	96	107

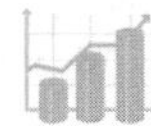

14-5 住宿和餐饮业法人企业数 续表 2

Number of Corporation Enterprises of Hotels and Catering Services continued 2

单位：个 (unit)

地名	City	2010	2011	2012	2012 排名 Ranking	地名	City	2010	2011	2012	2012 排名 Ranking
滨州	Binzhou	105	82	84	122	常德	Changde	63	67	79	133
菏泽	Heze	315	237	183	48	张家界	Zhangjiajie	53	55	50	191
河南	**Henan**	**2295**	**2363**	**2368**		益阳	Yiyang	95	98	94	108
郑州	Zhengzhou	750	373	1048	3	郴州	Chenzhou	81	72	82	129
开封	Kaifeng	267	193	270	29	永州	Yongzhou	74	46	46	196
洛阳	Luoyang	256	182	516	9	怀化	Huaihua	41	42	39	210
平顶山	Pingdingshan	341	217	451	13	娄底	Loudi	27	25	33	225
安阳	Anyang	165	85	166	57	**广东**	**Guangdong**	**3910**	**4119**	**4401**	
鹤壁	Hebi	63	44	112	85	广州	Guangzhou	1125	1166	1291	1
新乡	Xinxiang	173	106	247	37	韶关	Shaoguan	49	72	134	75
焦作	Jiaozuo	137	60	184	47	深圳	Shenzhen	675	683	706	6
濮阳	Puyang	127	38	179	49	珠海	Zhuhai	176	168	174	53
许昌	Xuchang	232	121	259	32	汕头	Shantou	106	124	140	71
漯河	Luohe	119	68	150	64	佛山	Foshan	334	339	327	23
三门峡	Sanmenxia	107	73	111	86	江门	Jiangmen	135	137	135	74
南阳	Nanyang	404	236	520	8	湛江	Zhanjiang	70	83	81	130
商丘	Shangqiu	103	67	146	67	茂名	Maoming	67	75	67	155
信阳	Xinyang	301	153	332	19	肇庆	Zhaoqing	84	95	92	113
周口	Zhoukou	306	180	313	24	惠州	Huizhou	145	157	169	56
驻马店	Zhumadian	226	151	248	35	梅州	Meizhou	42	52	58	178
湖北	**Hubei**	**1409**	**1497**	**1853**		汕尾	Shanwei	21	25	33	225
武汉	Wuhan	617	502	761	5	河源	Heyuan	41	56	61	169
黄石	Huangshi	41	149	68	153	阳江	Yangjiang	58	66	73	141
十堰	Shiyan	69	70	81	130	清远	Qingyuan	64	71	74	140
宜昌	Yichang	112	131	174	53	东莞	Dongguan	310	315	341	18
襄阳	Xiangfan	145	143	156	61	中山	ZhongShan	219	243	248	35
鄂州	Ezhou	21	19	20	258	潮州	Chaozhou	51	54	54	185
荆门	Jingmen	75	63	76	136	揭阳	Jieyang	101	103	107	91
孝感	Xiaogan	65	68	80	132	云浮	Yunfu	37	35	36	217
荆州	Jingzhou	44	42	87	119	**广西**	**Guangxi**	**581**	**662**	**737**	
黄冈	Huanggang	53	53	59	172	南宁	Nanning	140	162	263	31
咸宁	Xianning	135	158	73	141	柳州	Liuzhou	50	58	67	155
随州	Suizhou	34	47	65	161	桂林	Guilin	115	132	154	62
湖南	**Hunan**	**1205**	**1124**	**1152**		梧州	Wuzhou	23	26	24	246
长沙	Changsha	324	291	306	25	北海	Beihai	42	42	44	201
株洲	Zhuzhou	97	93	100	102	防城港	Fangchenggang	12	12	15	266
湘潭	Xiangtan	99	80	51	188	钦州	Qinzhou	31	33	35	219
衡阳	Hengyang	86	87	99	103	贵港	Guigang	25	27	38	213
邵阳	Shaoyang	58	57	54	185	玉林	Yulin	37	48	51	188
岳阳	Yueyang	85	88	93	110	百色	Baise	46	51	55	183

14-5 住宿和餐饮业法人企业数 续表 3
Number of Corporation Enterprises of Hotels and Catering Services continued 3

单位：个 (unit)

地名	City	2010	2011	2012	2012 排名 Ranking	地名	City	2010	2011	2012	2012 排名 Ranking
贺州	Hezhou	5	8	10	279	丽江	Lijiang	48	52	60	170
河池	Hechi	25	29	29	237	普洱	Puer	14	16	20	258
来宾	Laibin	10	13	15	266	临沧	Lincang	10	10	13	273
崇左	Chongzuo	19	21	22	249	**西藏**	**Tibet**	**46**	**49**	**69**	
海南	**Hainan**	**412**	**380**	**361**		拉萨	Lhasa	13	24	27	240
海口	Haikou	159	139	145	69	**陕西**	**Shaanxi**	**1182**	**1305**	**1457**	
三亚	Sanya	122	131	107	91	西安	Xi'an	441	481	505	10
重庆	**Chongqing**	**833**	**1060**	**1073**		铜川	Tongchuan	28	30	38	213
四川	**Sichuan**	**1532**	**2049**	**2297**		宝鸡	Baoji	94	110	131	78
成都	Chengdu	788	1121	1054	2	咸阳	Xianyang	126	146	177	50
自贡	Zigong	32	36	49	192	渭南	Weinan	106	128	146	67
攀枝花	Panzhihua	39	44	59	172	延安	Yan'an	65	70	77	134
泸州	Luzhou	37	46	65	161	汉中	Hanzhong	80	81	97	106
德阳	Deyang	47	60	84	122	榆林	Yulin	137	140	142	70
绵阳	Mianyang	68	98	119	81	安康	Ankang	65	78	98	104
广元	Guangyuan	32	43	59	172	商洛	Shangluo	31	32	37	216
遂宁	Suining	25	42	44	201	**甘肃**	**Gansu**	**399**	**439**	**545**	
内江	Neijiang	32	36	55	183	兰州	Lanzhou	166	176	192	44
乐山	Leshan	48	53	58	178	嘉峪关	Jiayuguan	11	16	15	266
南充	Nanchong	54	83	107	91	金昌	Jinchang	10	11	12	276
眉山	Meishan	32	33	36	217	白银	Baiyin	15	19	22	249
宜宾	Yibin	46	49	54	185	天水	Tianshui	51	48	62	165
广安	Guangan	27	27	35	219	武威	Wuwei	17	17	25	242
达州	Dazhou	30	47	57	181	张掖	Zhangye	15	19	22	249
雅安	Yaan	23	30	32	229	平凉	Pingliang	10	18	22	249
巴中	Bazhong	13	16	25	242	酒泉	Jiuquan	38	40	47	195
资阳	Ziyang	35	39	41	204	庆阳	Qingyang	14	19	49	192
贵州	**Guizhou**	**368**	**416**	**508**		定西	Dingxi	12	15	25	242
贵阳	Guiyang	133	156	175	51	陇南	Longnan	15	15	19	261
六盘水	Liupanshui	22	24	32	229	**青海**	**Qinghai**	**90**	**91**	**84**	
遵义	Zunyi	72	78	84	122	西宁	Xining		53	48	194
安顺	Anshun	18	19	25	242	**宁夏**	**Ningxia**	**140**	**163**	**169**	
毕节	Bijie	22	26	32	229	银川	Yinchuan	84	93	89	116
铜仁	Tongren	23	30	45	198	石嘴山	Shizuishan	16	18	20	258
云南	**Yunnan**	**603**	**700**	**809**		吴忠	Wuzhong	15	18	17	265
昆明	Kunming	241	260	330	21	固原	Guyuan	7	12	13	273
曲靖	Qujing	55	64	70	149	中卫	Zhongwei	18	22	30	235
玉溪	Yuxi	38	42	39	210	**新疆**	**Xinjiang**	**274**	**294**	**309**	
保山	Baoshan	11	13	24	246	乌鲁木齐	Urumqi	25	91	87	119
昭通	Zhaotong	18	28	14	270	克拉玛依	Karamay	2	7	8	282

14-6 住宿和餐饮业年末从业人数
Employed Persons of Hotels and Catering Services at Year-end

单位：人 (person)

地名	City	2010	2011	2012	2012 排名 Ranking
全国	**Nation Total**	**4311167**	**4434618**	**4544590**	
北京	**Beijing**	**380254**	**386224**	**411718**	
天津	**Tianjin**	**79969**	**83814**	**84824**	
河北	**Hebei**	**107211**	**115743**	**113858**	
石家庄	Shijiazhuang	19357	22977	20008	41
唐山	Tangshan	14851	16732	15950	56
秦皇岛	Qinhuangdao	9159	9074	9392	103
邯郸	Handan	9807	10390	10628	90
邢台	Xingtai	4593	5743	6677	146
保定	Baoding	14142	14604	14423	62
张家口	Zhangjiakou	10251	11388	9976	100
承德	Chengde	5215	5319	5994	159
沧州	Cangzhou	7513	6911	7168	133
廊坊	Langfang	9147	9623	10050	97
衡水	Hengshui	3176	2982	3592	212
山西	**Shanxi**	**122077**	**123955**	**132151**	
太原	Taiyuan	36416	41945	45117	16
大同	Datong	16956	16573	18728	45
阳泉	Yangquan	5278	5047	5155	175
长治	Changzhi	10315	10691	10794	88
晋城	Jincheng	9527	7822	8852	110
朔州	Shuozhou	6832	6373	6484	149
晋中	Jinzhong	8297	8831	7800	123
运城	Yuncheng	6688	7234	6163	158
忻州	Xinzhou	6009	5593	6842	143
临汾	Linfen	9766	8567	8601	113
吕梁	Luliang	5988	6118	7317	131
内蒙古	**Inner Mongolia**	**77084**	**73875**	**73568**	
呼和浩特	Hohhot	26952	21057	28270	30
包头	Baotou	19395	13030	17436	52
乌海	Wuhai	2210	1960	3315	218
赤峰	Chifeng	7408	5696	8325	116
通辽	Tongliao	3038	3164	3920	202
鄂尔多斯	Erdos	12742	10969	12003	77
呼伦贝尔	Hulunbuir	9861	6409	8686	111
巴彦淖尔	Bayannur	1815	1318	2085	248
乌兰察布	Ulanqab	4653	4592	4550	183
辽宁	**Liaoning**	**113081**	**106562**	**112109**	
沈阳	Shenyang	33850	32894	34283	24
大连	Dalian	35207	33012	35795	22
鞍山	Anshan	8116	7241	8377	115
抚顺	Fushun	2608	2384	2467	236
本溪	Benxi	2217	2382	2168	244
丹东	Dandong	4200	3946	4674	180
锦州	Jinzhou	4096	4063	3956	199
营口	Yingkou	7153	7654	7028	140
阜新	Fuxin	1380	1148	1449	268
辽阳	Liaoyang	2631	2373	2410	238
盘锦	Panjin	3018	2249	2751	230
铁岭	Tieling	2371	2264	1924	253
朝阳	Chaoyang	2281	1982	2108	247
葫芦岛	Huludao	3953	2970	2706	234
吉林	**Jilin**	**37835**	**33607**	**33862**	
长春	Changchun	15677	15461	15268	59
吉林	Jilin	7203	5646	5729	165
四平	Siping	1486	1259	1335	270
辽源	Liaoyuan	747	968	930	277
通化	Tonghua	1959	1722	1953	252
白山	Baishan	1492	1522	1465	264
松原	Songyuan	3390	2040	1807	256
白城	Baicheng	807	1032	873	280
黑龙江	**Heilongjiang**	**46946**	**42908**	**44228**	
哈尔滨	Harbin	26303	21796	21731	36
齐齐哈尔	Qiqihar	1921	2249	2046	249
鸡西	Jixi	695	591	599	283
鹤岗	Hegang	949	941	930	277
双鸭山	Shuangyashan	1063	1303	894	279
大庆	Daqing	4858	3480	3206	220
伊春	Yichun	1113	1016	1706	259
佳木斯	Jiamusi	2176	1803	1802	257
七台河	Qitaihe	338	244	339	284
牡丹江	Mudanjiang	4560	4548	7119	135
黑河	Heihe	517	787	1268	272
绥化	Suihua	533	600	651	282
上海	**Shanghai**	**278967**	**274205**	**285151**	
江苏	**Jiangsu**	**294952**	**350818**	**337825**	

14-6 住宿和餐饮业年末从业人数 续表 1
Employed Persons of Hotels and Catering Services at Year-end continued 1

单位：人 (person)

地名	City	2010	2011	2012	2012 排名 Ranking
南京	Nanjing	76300	84548	102824	5
无锡	Wuxi	43063	46542	49291	14
徐州	Xuzhou	13558	14142	14371	63
常州	Changzhou	24973	30974	35118	23
苏州	Suzhou	63055	68981	76648	8
南通	Nantong	9002	11277	13195	69
连云港	Lianyungang	7458	7577	7547	125
淮安	Huaian	8740	9702	10084	96
盐城	Yancheng	10416	9550	11993	78
扬州	Yangzhou	15493	12737	15794	57
镇江	Zhenjiang	9601	10789	12183	73
泰州	Taizhou	12042	10716	11931	79
宿迁	Suqian	5334	5755	6425	150
浙江	**Zhejiang**	**294615**	**307984**	**300036**	
杭州	Hangzhou	114660	138703	111990	3
宁波	Ningbo	52590	53943	54314	13
温州	Wenzhou	40940	30911	29812	27
嘉兴	Jiaxing	16699	18205	18198	48
湖州	Huzhou	9442	9732	11075	85
绍兴	Shaoxing	18131	19365	19676	43
金华	Jinhua	15899	18351	17512	51
衢州	Quzhou	3353	4060	3865	203
舟山	Zhoushan	8148	8575	8948	108
台州	Taizhou	18567	18097	17533	50
丽水	Lishui	5597	5727	5944	161
安徽	**Anhui**	**102161**	**110142**	**127508**	
合肥	Hefei	31294	35759	42435	20
芜湖	Wuhu	7734	8933	13304	68
蚌埠	Bengbu	3923	3701	3474	215
淮南	Huainan	3387	3294	3954	200
马鞍山	Maanshan	4567	7026	7020	141
淮北	Huaibei	1737	1318	1384	269
铜陵	Tongling	2863	3486	4648	181
安庆	Anqing	7111	7378	8913	109
黄山	Huangshan	8975	9037	10594	91
滁州	Chuzhou	4432	5405	5571	166
阜阳	Fuyang	3819	4117	4375	189
宿州	Suzhou	2362	3025	3102	224
六安	Liuan	4942	5287	5262	173
亳州	Bozhou	2180	3315	3312	219
池州	Chizhou	3256	4313	4577	182
宣城	Xuancheng	4848	5066	5566	167
福建	**Fujian**	**146857**	**155347**	**168784**	
福州	Fuzhou	48090	49921	55756	12
厦门	Xiamen	37754	40373	42854	19
莆田	Putian	5411	6201	6545	148
三明	Sanming	4468	5690	5737	164
泉州	Quanzhou	26449	29141	28412	29
漳州	Zhangzhou	6141	6581	7901	121
南平	Nanping	6987	9321	7896	122
龙岩	Longyan	6114	6297	7091	138
宁德	Ningde	5443	5768	6592	147
江西	**Jiangxi**	**70074**	**66852**	**71198**	
南昌	Nanchang	25911	21773	23911	34
景德镇	Jingdezhen	3689	3150	3025	225
萍乡	Pingxiang	2026	1730	1826	255
九江	Jiujiang	7699	7118	7394	128
新余	Xinyu	3849	4161	4276	192
鹰潭	Yingtan	1971	2565	2363	240
赣州	Ganzhou	7223	6666	7106	137
吉安	Jian	3830	4262	4035	196
宜春	Yichun	4012	4959	5502	168
抚州	Fuzhou	3050	3095	3132	223
上饶	Shangrao	6814	7373	8628	112
山东	**Shandong**	**312137**	**286738**	**279720**	
济南	Jinan	44488	44451	46826	15
青岛	Qingdao	52478	54055	43310	18
淄博	Zibo	24098	17249	15264	60
枣庄	Zaozhuang	8139	6216	7494	126
东营	Dongying	11600	11148	12894	71
烟台	Yantai	26354	24354	26784	31
潍坊	Weifang	22560	21848	20964	39
济宁	Jining	16804	14987	18028	49
泰安	Taian	19076	16280	14749	61
威海	Weihai	15972	14702	13779	64
日照	Rizhao	6150	5741	5855	162
莱芜	Laiwu	2407	2892	2878	226
临沂	Linyi	14986	13922	13759	65
德州	Dezhou	15737	11915	10560	92
聊城	Liaocheng	8456	7821	9328	104

14-6 住宿和餐饮业年末从业人数 续表 2
Employed Persons of Hotels and Catering Services at Year-end continued 2

单位：人 (person)

地名	City	2010	2011	2012	2012 排名 Ranking
滨州	Binzhou	8025	6565	7181	132
菏泽	Heze	14807	11993	10039	98
河南	**Henan**	**168075**	**169482**	**174853**	
郑州	Zhengzhou	65152	47813	69649	9
开封	Kaifeng	11564	9610	10542	94
洛阳	Luoyang	17962	16296	26163	32
平顶山	Pingdingshan	15383	13064	18591	46
安阳	Anyang	9194	6570	8957	107
鹤壁	Hebi	3036	2067	4336	190
新乡	Xinxiang	9341	7503	12077	75
焦作	Jiaozuo	8079	6088	9617	102
濮阳	Puyang	3872	2114	4529	184
许昌	Xuchang	9038	7697	10948	86
漯河	Luohe	4381	3351	5368	172
三门峡	Sanmenxia	7469	5289	7383	129
南阳	Nanyang	15772	12703	21540	38
商丘	Shangqiu	5250	4410	6270	154
信阳	Xinyang	10809	8257	12101	74
周口	Zhoukou	10298	7355	10552	93
驻马店	Zhumadian	9273	7785	11127	84
湖北	**Hubei**	**147141**	**150268**	**173312**	
武汉	Wuhan	83361	76253	89912	6
黄石	Huangshi	3315	8442	5114	176
十堰	Shiyan	8856	6513	8206	117
宜昌	Yichang	8695	11080	12987	70
襄阳	Xiangfan	12354	8916	9828	101
鄂州	Ezhou	2194	2099	2164	245
荆门	Jingmen	6698	5752	6178	156
孝感	Xiaogan	46	5681	7162	134
荆州	Jingzhou	3551	3658	5014	177
黄冈	Huanggang	5212	5246	5762	163
咸宁	Xianning	2015	5475	6371	152
随州	Suizhou	3646	4046	4399	188
湖南	**Hunan**	**140501**	**141712**	**48321**	
长沙	Changsha	57570	59060	59800	11
株洲	Zhuzhou	9521	9810	10756	89
湘潭	Xiangtan	8125	7475	6680	145
衡阳	Hengyang	9736	12210	13392	66
邵阳	Shaoyang	5557	6347	6409	151
岳阳	Yueyang	8131	8008	8200	118
常德	Changde	7813	8340	10024	99
张家界	Zhangjiajie	4897	5070	5453	171
益阳	Yiyang	6185	6269	5959	160
郴州	Chenzhou	6837	6237	7118	136
永州	Yongzhou	6150	5608	5478	170
怀化	Huaihua	4205	4591	4299	191
娄底	Loudi	3588	3587	4423	186
广东	**Guangdong**	**609863**	**647692**	**655577**	
广州	Guangzhou	174453	120721	198459	1
韶关	Shaoguan	6688	8563	11217	83
深圳	Shenzhen	131240	165673	147419	2
珠海	Zhuhai	22239	21818	21674	37
汕头	Shantou	10915	11540	11355	82
佛山	Foshan	41245	39285	37762	21
江门	Jiangmen	19509	21807	19842	42
湛江	Zhanjiang	15156	15327	16222	54
茂名	Maoming	8257	8133	7718	124
肇庆	Zhaoqing	10637	11051	10865	87
惠州	Huizhou	19788	21423	22766	35
梅州	Meizhou	5168	6305	6169	157
汕尾	Shanwei	3049	3120	3976	198
河源	Heyuan	5698	6411	7381	130
阳江	Yangjiang	8021	12163	9220	105
清远	Qingyuan	11527	11803	12061	76
东莞	Dongguan	66267	68771	68648	10
中山	ZhongShan	27534	29539	29532	28
潮州	Chaozhou	3569	3378	3174	222
揭阳	Jieyang	6543	6738	6268	155
云浮	Yunfu	3869	3722	3849	205
广西	**Guangxi**	**70818**	**74217**	**83636**	
南宁	Nanning	21160	10986	33799	25
柳州	Liuzhou	7061	4580	7971	120
桂林	Guilin	14709	12563	16077	55
梧州	Wuzhou	2215	1637	1866	254
北海	Beihai	3673	2381	3954	200
防城港	Fangchenggang	1013	330	1069	276
钦州	Qinzhou	2742	3738	3204	221
贵港	Guigang	2197	2643	2814	227
玉林	Yulin	5371	4698	5260	174
百色	Baise	4256	2106	4406	187

14-6 住宿和餐饮业年末从业人数 续表 3
Employed Persons of Hotels and Catering Services at Year-end continued 3

单位：人 (person)

地名	City	2010	2011	2012	2012 排名 Ranking	地名	City	2010	2011	2012	2012 排名 Ranking
贺州	Hezhou	687	881	1216	273	丽江	Lijiang	5743	5300	6277	153
河池	Hechi	2295	2342	2628	235	普洱	Puer	844	1100	2039	250
来宾	Laibin	1679	1750	1976	251	临沧	Lincang	777	2100	871	281
崇左	Chongzuo	1760	1848	2191	242	**西藏**	**Tibet**	**4742**	**5190**	**6227**	
海南	**Hainan**	**65532**	**71936**	**65798**		拉萨	Lhasa	1656	3049	3342	217
海口	Haikou	21567	20294	18369	47	**陕西**	**Shaanxi**	**149146**	**156843**	**168430**	
三亚	Sanya	29752	33869	33438	26	西安	Xi'an	77836	83871	86639	7
重庆	**Chongqing**	**102772**	**109964**	**116700**		铜川	Tongchuan	2094	2361	2729	233
四川	**Sichuan**	**176495**	**161286**	**222769**		宝鸡	Baoji	9571	9568	10130	95
成都	Chengdu	91665	110229	107633	4	咸阳	Xianyang	10122	11835	13373	67
自贡	Zigong	3589	5835	6741	144	渭南	Weinan	10111	10720	12807	72
攀枝花	Panzhihua	3740	4050	4219	193	延安	Yan'an	6585	7055	7446	127
泸州	Luzhou	3380	3668	3809	206	汉中	Hanzhong	7406	7097	8018	119
德阳	Deyang	6290	6989	8467	114	榆林	Yulin	14948	13060	15298	58
绵阳	Mianyang	8558	9780	11822	80	安康	Ankang	5937	6596	6884	142
广元	Guangyuan	2320	2974	3667	209	商洛	Shangluo	3425	3658	4045	194
遂宁	Suining	2472	3746	3610	211	**甘肃**	**Gansu**	**43859**	**44898**	**47499**	
内江	Neijiang	2813	3328	3786	207	兰州	Lanzhou	21962	21512	20527	40
乐山	Leshan	4093	4649	4830	179	嘉峪关	Jiayuguan	1284	1571	1452	267
南充	Nanchong	5214	7147	8980	106	金昌	Jinchang	1355	1381	1281	271
眉山	Meishan	3783	3800	3612	210	白银	Baiyin	1602	1878	1722	258
宜宾	Yibin	3917	3892	4041	195	天水	Tianshui	4231	3918	4489	185
广安	Guangan	2497	2580	2786	229	武威	Wuwei	966	981	1465	264
达州	Dazhou	3783	4561	4985	178	张掖	Zhangye	752	1034	1127	275
雅安	Yaan	1867	2194	2171	243	平凉	Pingliang	1497	2405	2415	237
巴中	Bazhong	1443	1993	2250	241	酒泉	Jiuquan	3265	3356	3578	213
资阳	Ziyang	14897	18114	19528	44	庆阳	Qingyang	1940	2529	3556	214
贵州	**Guizhou**	**35377**	**42190**	**49407**		定西	Dingxi	1207	1707	2368	239
贵阳	Guiyang	16445	20921	24074	33	陇南	Longnan	1474	1343	1455	266
六盘水	Liupanshui	1852	1997	2738	232	**青海**	**Qinghai**	**10934**	**10139**	**10575**	
遵义	Zunyi	5205	4964	5489	169	西宁	Xining		7391	1690	260
安顺	Anshun	1532	1457	1679	261	**宁夏**	**Ningxia**	**16670**	**17735**	**19587**	
毕节	Bijie	2102	2636	3863	204	银川	Yinchuan	10573	10759	11444	81
铜仁	Tongren	1851	2580	3433	216	石嘴山	Shizuishan	1458	1410	1650	262
云南	**Yunnan**	**71018**	**78010**	**89852**		吴忠	Wuzhong	1531	2279	2155	246
昆明	Kunming	35795	36700	44082	17	固原	Guyuan	1165	1371	1596	263
曲靖	Qujing	5726	2300	7072	139	中卫	Zhongwei	1943	1916	2742	231
玉溪	Yuxi	3489	3700	3690	208	**新疆**	**Xinjiang**	**34004**	**34282**	**35507**	
保山	Baoshan	1438	2300	2790	228	乌鲁木齐	Urumqi	20261	17425	16306	53
昭通	Zhaotong	1435	2600	4010	197	克拉玛依	Karamay	2471	1124	1195	274

14-7 住宿和餐饮业营业额
Business Revenue of Hotels and Catering Services

单位：亿元 (100 million yuan)

地名	City	2010	2011	2012	2012 排名 Ranking	地名	City	2010	2011	2012	2012 排名 Ranking
全国	**Nation Total**	**5992.94**	**7070.90**	**7954.20**		沈阳	Shenyang	72.74	92.66	102.69	13
北京	**Beijing**	**698.91**	**830.50**	**918.60**		大连	Dalian	56.21	66.58	70.90	22
天津	**Tianjin**	**109.51**	**129.70**	**142.20**		鞍山	Anshan	13.46	17.68	19.94	94
河北	**Hebei**	**101.26**	**127.40**	**138.50**		抚顺	Fushun	3.89	3.76	4.57	212
石家庄	Shijiazhuang	21.72	27.30	27.71	70	本溪	Benxi	2.76	3.25	3.17	236
唐山	Tangshan	16.85	19.20	20.11	93	丹东	Dandong	6.57	8.83	10.49	136
秦皇岛	Qinhuangdao	8.36	10.10	11.77	130	锦州	Jinzhou	5.07	7.26	6.90	179
邯郸	Handan	9.37	14.25	15.49	110	营口	Yingkou	8.40	11.99	12.97	119
邢台	Xingtai	3.82	5.04	6.51	186	阜新	Fuxin	1.20	1.13	1.67	264
保定	Baoding	11.06	13.86	15.80	108	辽阳	Liaoyang	3.34	3.80	4.18	220
张家口	Zhangjiakou	7.62	9.37	9.22	145	盘锦	Panjin	5.62	4.45	5.30	200
承德	Chengde	5.09	6.91	7.73	167	铁岭	Tieling	2.41	4.07	4.19	219
沧州	Cangzhou	5.90	7.23	7.95	164	朝阳	Chaoyang	3.10	3.07	3.51	229
廊坊	Langfang	9.11	10.78	12.20	124	葫芦岛	Huludao	4.44	5.04	4.48	214
衡水	Hengshui	2.37	3.38	3.95	225	**吉林**	**Jilin**	**46.75**	**49.30**	**58.40**	
山西	**Shanxi**	**121.08**	**145.30**	**156.60**		长春	Changchun	23.66	26.75	28.63	69
太原	Taiyuan	49.04	59.54	66.92	28	吉林	Jilin	7.87	7.28	9.29	144
大同	Datong	139.02	16.39	18.87	98	四平	Siping	2.52	2.54	3.86	228
阳泉	Yangquan	4.96	6.43	5.07	202	辽源	Liaoyuan	0.54	0.77	1.06	275
长治	Changzhi	8.71	10.70	11.62	131	通化	Tonghua	1.82	2.21	4.32	217
晋城	Jincheng	7.45	6.30	8.51	155	白山	Baishan	0.98	1.24	1.45	269
朔州	Shuozhou	6.00	7.70	8.66	151	松原	Songyuan	3.20	1.80	2.18	253
晋中	Jinzhong	5.74	6.90	7.52	171	白城	Baicheng	0.57	0.63	0.74	279
运城	Yuncheng	8.58	13.10	7.25	174	**黑龙江**	**Heilongjiang**	**62.66**	**58.50**	**66.90**	
忻州	Xinzhou	4.66	5.60	7.07	178	哈尔滨	Harbin	44.73	36.77	39.95	44
临汾	Linfen	7.48	7.45	7.41	172	齐齐哈尔	Qiqihar	1.51	1.99	2.74	243
吕梁	Luliang	4.54	5.24	7.68	168	鸡西	Jixi	0.73	0.67	0.58	282
内蒙古	**Inner Mongolia**	**87.35**	**100.00**	**100.90**		鹤岗	Hegang	0.51	0.71	0.88	277
呼和浩特	Hohhot	132.10	164.87	44.90	38	双鸭山	Shuangyashan	0.66	0.95	0.79	278
包头	Baotou	21.43	21.08	29.86	64	大庆	Daqing	5.25	5.75	4.75	209
乌海	Wuhai	12.70	15.82	6.55	184	伊春	Yichun	1.02	1.52	2.16	255
赤峰	Chifeng	4.20	5.50	8.57	153	佳木斯	Jiamusi	1.95	1.83	2.14	256
通辽	Tongliao	2.41	3.62	4.42	215	七台河	Qitaihe	0.32	0.35	0.07	284
鄂尔多斯	Erdos	12.11	81.00	14.83	112	牡丹江	Mudanjiang	3.40	4.71	5.86	192
呼伦贝尔	Hulunbuir	9.54	6.95	13.51	118	黑河	Heihe	0.48	0.67	1.37	271
巴彦淖尔	Bayannur	1.02	1.56	1.98	261	绥化	Suihua	0.61	0.56	0.66	281
乌兰察布	Ulanqab	3.60	3.97	3.87	226	**上海**	**Shanghai**	**557.47**	**565.50**	**630.10**	
辽宁	**Liaoning**	**189.21**	**234.00**	**255.00**		**江苏**	**Jiangsu**	**423.31**	**511.20**	**557.00**	

14-7 住宿和餐饮业营业额 续表 1
Business Revenue of Hotels and Catering Services continued 1

单位：亿元 （100 million yuan）

地名	City	2010	2011	2012	2012 排名 Ranking
南京	Nanjing	6.90	139.21	181.90	6
无锡	Wuxi	5.55	76.49	78.40	20
徐州	Xuzhou	5.03	51.67	32.20	56
常州	Changzhou	5.21	52.84	53.20	34
苏州	Suzhou	15.27	154.45	137.00	8
南通	Nantong	6.13	44.27	21.30	89
连云港	Lianyungang	2.75	15.02	10.90	134
淮安	Huaian	2.33	16.13	14.10	116
盐城	Yancheng	3.92	39.18	19.20	97
扬州	Yangzhou	4.03	25.79	24.60	77
镇江	Zhenjiang	2.43	28.66	22.50	85
泰州	Taizhou	3.59	21.71	18.80	99
宿迁	Suqian	2.09	7.80	8.10	160
浙江	**Zhejiang**	**470.06**	**557.70**	**581.20**	
杭州	Hangzhou	247.70	242.91	248.54	4
宁波	Ningbo	74.71	83.48	88.20	17
温州	Wenzhou	65.55	63.87	61.47	31
嘉兴	Jiaxing	23.74	29.85	31.41	58
湖州	Huzhou	13.68	18.31	20.73	91
绍兴	Shaoxing	31.38	35.86	41.80	42
金华	Jinhua	21.11	27.79	30.65	61
衢州	Quzhou	4.43	5.33	5.93	191
舟山	Zhoushan	14.21	17.29	17.07	105
台州	Taizhou	23.44	25.93	27.60	71
丽水	Lishui	6.09	7.34	7.80	165
安徽	**Anhui**	**106.67**	**139.40**	**160.80**	
合肥	Hefei	39.84	55.10	60.95	32
芜湖	Wuhu	9.10	13.07	13.94	117
蚌埠	Bengbu	3.35	4.20	4.97	206
淮南	Huainan	3.34	3.93	4.66	211
马鞍山	Maanshan	4.14	6.44	7.19	176
淮北	Huaibei	1.36	1.40	1.72	262
铜陵	Tongling	2.93	3.99	5.38	198
安庆	Anqing	7.33	9.75	12.14	125
黄山	Huangshan	8.52	10.20	12.81	121
滁州	Chuzhou	3.90	5.11	6.64	180
阜阳	Fuyang	3.19	4.12	4.81	208
宿州	Suzhou	1.76	2.97	3.36	234
六安	Liuan	4.28	5.26	6.13	190
亳州	Bozhou	1.55	2.54	2.79	242
池州	Chizhou	3.60	4.58	5.30	200
宣城	Xuancheng	5.27	6.79	8.00	163
福建	**Fujian**	**197.7**	**237.9**	**289.3**	
福州	Fuzhou	79.62	87.17	114.90	12
厦门	Xiamen	57.24	73.43	81.77	19
莆田	Putian	4.76	5.90	7.38	173
三明	Sanming	4.77	7.04	9.22	145
泉州	Quanzhou	26.22	32.84	37.07	47
漳州	Zhangzhou	6.84	8.80	10.57	135
南平	Nanping	6.35	7.79	10.29	138
龙岩	Longyan	5.49	6.70	8.19	159
宁德	Ningde	6.34	8.28	9.89	140
江西	**Jiangxi**	**76.68**	**80.80**	**89.50**	
南昌	Nanchang	31.50	31.33	34.00	54
景德镇	Jingdezhen	3.30	3.58	3.51	229
萍乡	Pingxiang	1.90	2.29	2.46	249
九江	Jiujiang	6.20	7.03	8.32	157
新余	Xinyu	4.80	6.35	7.10	177
鹰潭	Yingtan	1.40	1.99	2.12	258
赣州	Ganzhou	6.80	6.64	7.78	166
吉安	Jian	3.40	4.54	3.99	224
宜春	Yichun	3.10	4.40	4.99	205
抚州	Fuzhou	2.40	2.46	2.69	245
上饶	Shangrao	11.90	10.29	12.54	123
山东	**Shandong**	**480.70**	**504.40**	**540.20**	
济南	Jinan	54.25	61.98	65.42	30
青岛	Qingdao	79.20	92.86	99.67	15
淄博	Zibo	47.58	39.04	31.76	57
枣庄	Zaozhuang	8.16	8.84	9.30	143
东营	Dongying	17.72	20.32	23.64	82
烟台	Yantai	46.49	53.15	68.22	27
潍坊	Weifang	22.97	26.81	28.77	67
济宁	Jining	23.10	23.78	26.48	74
泰安	Taian	41.20	40.37	45.55	36
威海	Weihai	30.20	36.09	33.05	55
日照	Rizhao	8.34	7.18	7.66	169
莱芜	Laiwu	1.94	2.99	2.58	247
临沂	Linyi	20.64	21.83	22.68	84
德州	Dezhou	30.36	21.50	25.10	76
聊城	Liaocheng	8.75	9.89	11.54	132

14-7 住宿和餐饮业营业额 续表 2
Business Revenue of Hotels and Catering Services continued 2

单位：亿元 (100 million yuan)

地名	City	2010	2011	2012	2012 排名 Ranking
滨州	Binzhou	8.87	8.65	8.88	149
菏泽	Heze	30.90	29.09	29.97	63
河南	**Henan**	**199.03**	**254.60**	**295.10**	
郑州	Zhengzhou	77.32	104.24	125.81	10
开封	Kaifeng	16.05	22.62	26.87	72
洛阳	Luoyang	18.31	27.45	34.40	53
平顶山	Pingdingshan	17.76	28.62	30.30	62
安阳	Anyang	12.95	14.14	12.83	120
鹤壁	Hebi	3.03	4.06	5.46	194
新乡	Xinxiang	9.92	13.59	17.59	104
焦作	Jiaozuo	10.73	13.04	16.95	106
濮阳	Puyang	7.52	11.54	15.64	109
许昌	Xuchang	12.74	17.85	22.09	86
漯河	Luohe	6.01	9.80	11.89	129
三门峡	Sanmenxia	5.70	6.96	8.06	162
南阳	Nanyang	22.09	31.28	37.46	46
商丘	Shangqiu	6.58	7.82	10.08	139
信阳	Xinyang	18.11	24.10	28.92	66
周口	Zhoukou	15.38	19.76	23.83	79
驻马店	Zhumadian	11.73	15.72	23.65	81
湖北	**Hubei**	**169.27**	**217.40**	**298.10**	
武汉	Wuhan	113.68	130.10	155.26	7
黄石	Huangshi	5.60	9.54	6.58	182
十堰	Shiyan	35.89	6.50	8.63	152
宜昌	Yichang	32.16	14.48	19.80	95
襄阳	Xiangfan	6.80	15.98	20.78	90
鄂州	Ezhou	1.82	2.25	3.14	238
荆门	Jingmen	33.60	8.40	22.69	83
孝感	Xiaogan	4.80	6.17	9.33	142
荆州	Jingzhou	3.69	4.29	6.17	189
黄冈	Huanggang	55.80	4.20	5.35	199
咸宁	Xianning	3.25	6.30	14.70	113
随州	Suizhou	2.60	4.60	10.39	137
湖南	**Hunan**	**178.04**	**212.60**	**243.50**	
长沙	Changsha	202.18	233.93	266.97	3
株洲	Zhuzhou	56.37	62.01	70.60	25
湘潭	Xiangtan	36.55	45.11	56.83	33
衡阳	Hengyang	64.64	60.29	70.71	23
邵阳	Shaoyang	37.01	43.71	45.48	37
岳阳	Yueyang	66.97	91.32	101.83	14
常德	Changde	68.58	82.53	74.88	21
张家界	Zhangjiajie	13.79	15.01	18.67	101
益阳	Yiyang	33.15	36.24	42.76	41
郴州	Chenzhou	57.66	61.34	116.37	11
永州	Yongzhou	27.64	30.65	35.52	51
怀化	Huaihua	28.25	31.93	39.79	45
娄底	Loudi	29.06	33.72	34.88	52
广东	**Guangdong**	**843.60**	**968.50**	**1053.50**	
广州	Guangzhou	326.72	388.30	442.15	1
韶关	Shaoguan	7.21	10.58	14.41	114
深圳	Shenzhen	218.78	282.68	387.90	2
珠海	Zhuhai	31.96	34.85	36.51	50
汕头	Shantou	16.09	20.14	21.61	87
佛山	Foshan	67.41	65.03	66.46	29
江门	Jiangmen	26.96	29.38	31.18	59
湛江	Zhanjiang	18.77	25.75	28.67	68
茂名	Maoming	13.51	14.09	15.27	111
肇庆	Zhaoqing	14.60	18.38	23.83	79
惠州	Huizhou	24.82	32.28	37.01	48
梅州	Meizhou	6.71	9.04	12.04	127
汕尾	Shanwei	3.64	4.51	5.44	195
河源	Heyuan	5.45	8.08	8.92	148
阳江	Yangjiang	12.16	15.24	20.21	92
清远	Qingyuan	13.68	16.10	16.42	107
东莞	Dongguan	79.15	88.97	96.04	16
中山	ZhongShan	35.35	41.15	43.39	40
潮州	Chaozhou	4.15	6.01	6.63	181
揭阳	Jieyang	13.75	15.66	18.76	100
云浮	Yunfu	5.08	6.99	8.67	150
广西	**Guangxi**	**67.59**	**84.80**	**96.50**	
南宁	Nanning	26.55	33.89	44.29	39
柳州	Liuzhou	6.54	8.89	87.08	18
桂林	Guilin	12.89	15.97	19.40	96
梧州	Wuzhou	1.92	2.27	2.13	257
北海	Beihai	15.92	4.37	4.55	213
防城港	Fangchenggang	0.68	0.77	0.99	276
钦州	Qinzhou	2.32	2.70	3.44	231
贵港	Guigang	1.69	2.06	2.45	250
玉林	Yulin	3.44	4.49	5.03	204
百色	Baise	3.02	3.39	3.87	226

14-7 住宿和餐饮业营业额 续表 3
Business Revenue of Hotels and Catering Services continued 3

单位：亿元 (100 million yuan)

地名	City	2010	2011	2012	2012 排名 Ranking	地名	City	2010	2011	2012	2012 排名 Ranking
贺州	Hezhou	5.28	0.60	0.74	279	丽江	Lijiang	5.22	8.35	9.10	147
河池	Hechi	15.61	2.13	2.60	246	普洱	Puer	0.61	0.89	23.90	78
来宾	Laibin	1.02	1.36	1.55	266	临沧	Lincang	0.53	6.25	11.19	133
崇左	Chongzuo	1.64	1.92	2.30	252	**西藏**	**Tibet**	**4.42**	**5.50**	**7.20**	
海南	**Hainan**	**88.66**	**108.70**	**104.80**		拉萨	Lhasa	10.86	3.62	4.40	216
海口	Haikou	22.51	25.56	26.51	73	**陕西**	**Shaanxi**	**156.80**	**205.00**	**230.40**	
三亚	Sanya	52.86	71.05	68.40	26	西安	Xi'an	94.92	124.24	130.13	9
重庆	**Chongqing**	**134.38**	**182.50**	**212.60**		铜川	Tongchuan	1.78	2.33	3.05	239
四川	**Sichuan**	**215.07**	**294.80**	**395.70**		宝鸡	Baoji	8.65	10.20	12.10	126
成都	Chengdu	132.96	175.42	194.92	5	咸阳	Xianyang	9.21	13.33	17.61	103
自贡	Zigong	3.10	4.83	8.37	156	渭南	Weinan	11.12	14.98	21.54	88
攀枝花	Panzhihua	2.93	3.70	4.86	207	延安	Yan'an	5.15	6.32	6.58	182
泸州	Luzhou	2.96	3.97	5.07	202	汉中	Hanzhong	4.90	7.01	8.09	161
德阳	Deyang	5.87	7.52	9.72	141	榆林	Yulin	13.02	16.21	18.67	101
绵阳	Mianyang	8.49	11.90	52.86	35	安康	Ankang	4.77	6.47	8.22	158
广元	Guangyuan	2.27	3.14	4.12	222	商洛	Shangluo	2.42	2.93	3.37	232
遂宁	Suining	1.82	3.35	4.13	221	**甘肃**	**Gansu**	**37.11**	**47.50**	**64.50**	
内江	Neijiang	2.15	3.17	4.73	210	兰州	Lanzhou	215.40	24.68	29.12	65
乐山	Leshan	3.61	4.90	6.53	185	嘉峪关	Jiayuguan	11.64	1.66	1.72	262
南充	Nanchong	5.45	8.98	12.81	121	金昌	Jinchang	7.89	1.14	1.48	268
眉山	Meishan	2.81	4.09	5.59	193	白银	Baiyin	10.33	1.75	2.41	251
宜宾	Yibin	3.72	6.08	7.54	170	天水	Tianshui	28.03	4.52	7.21	175
广安	Guangan	1.96	2.66	3.37	232	武威	Wuwei	6.59	0.94	1.17	274
达州	Dazhou	3.13	4.52	6.21	188	张掖	Zhangye	5.54	0.90	1.20	273
雅安	Yaan	1.79	2.34	2.72	244	平凉	Pingliang	11.50	1.95	2.91	241
巴中	Bazhong	1.25	2.41	4.31	218	酒泉	Jiuquan	27.11	3.48	5.44	195
资阳	Ziyang	18.06	25.93	36.73	49	庆阳	Qingyang	13.78	2.38	6.29	187
贵州	**Guizhou**	**32.13**	**42.90**	**54.90**		定西	Dingxi	8.04	1.23	2.09	259
贵阳	Guiyang	18.15	25.00	30.68	60	陇南	Longnan	9.82	1.06	1.30	272
六盘水	Liupanshui	1.55	1.77	2.53	248	**青海**	**Qinghai**	**9.05**	**10.00**	**11.60**	
遵义	Zunyi	4.31	5.11	5.43	197	西宁	Xining		7.82	8.52	154
安顺	Anshun	0.95	1.20	1.38	270	**宁夏**	**Ningxia**	**15.95**	**19.70**	**21.60**	
毕节	Bijie	1.48	2.40	3.17	236	银川	Yinchuan	11.30	13.59	14.34	115
铜仁	Tongren	1.43	2.10	3.26	235	石嘴山	Shizuishan	1.05	1.27	1.51	267
云南	**Yunnan**	**73.74**	**96.90**	**126.20**		吴忠	Wuzhong	1.38	2.08	2.18	253
昆明	Kunming	43.31	54.78	70.70	24	固原	Guyuan	0.96	1.18	1.58	265
曲靖	Qujing	6.17	3.58	11.90	128	中卫	Zhongwei	1.22	1.52	2.05	260
玉溪	Yuxi	4.66	3.53	4.08	223	**新疆**	**Xinjiang**	**38.93**	**47.90**	**52.80**	
保山	Baoshan	1.55	20.76	26.00	75	乌鲁木齐	Urumqi	6.46	35.98	41.59	43
昭通	Zhaotong	1.18	1.84	0.50	283	克拉玛依	Karamay	0.58	2.70	3.05	239

14-8 货物进出口总额
Total Imports & Exports

单位：亿美元 (USD 100 million)

地名	City	2010	2011	2012	2012 排名 Ranking
全国	**Nation Total**	**29740.00**	**36418.60**	**38671.20**	
北京	**Beijing**	**3016.61**	**3895.83**	**4081.07**	
天津	**Tianjin**	**822.01**	**1033.91**	**1156.34**	
河北	**Hebei**	**419.31**	**535.99**	**505.63**	
石家庄	Shijiazhuang	109.74	141.69	129.49	38
唐山	Tangshan	75.39	108.63	104.82	43
秦皇岛	Qinhuangdao	35.09	43.49	44.12	76
邯郸	Handan	30.80	38.47	37.23	87
邢台	Xingtai	18.19	21.82	17.52	131
保定	Baoding	58.59	73.49	60.91	61
张家口	Zhangjiakou	2.85	3.12	3.84	213
承德	Chengde	3.19	1.88	1.52	252
沧州	Cangzhou	16.78	21.48	23.34	113
廊坊	Langfang	47.99	52.94	50.27	67
衡水	Hengshui	20.71	28.98	32.41	95
山西	**Shanxi**	**125.78**	**147.60**	**150.43**	
太原	Taiyuan	79.13	85.34	84.74	53
大同	Datong	5.68	4.31	5.04	197
阳泉	Yangquan	2.91	3.33	2.44	234
长治	Changzhi	3.72	7.79	11.49	154
晋城	Jincheng	5.32	11.35	12.35	148
朔州	Shuozhou	1.25	1.39	2.57	233
晋中	Jinzhong	2.30	2.33	4.95	200
运城	Yuncheng	10.45	12.55	10.64	160
忻州	Xinzhou	1.27	1.92	2.18	239
临汾	Linfen	6.51	7.96	8.26	171
吕梁	Luliang	7.25	9.32	5.79	189
内蒙古	**Inner Mongolia**	**87.19**	**119.39**	**112.59**	
呼和浩特	Hohhot	15.06	20.25	17.01	132
包头	Baotou	19.53	27.69	21.00	123
乌海	Wuhai	0.06	0.04	0.46	271
赤峰	Chifeng	3.24	12.23	7.75	176
通辽	Tongliao	1.75	0.93	1.04	260
鄂尔多斯	Erdos	4.31	6.15	4.23	207
呼伦贝尔	Hulunbuir	23.26	25.66	21.91	118
巴彦淖尔	Bayannur	5.33	9.60	12.71	144
乌兰察布	Ulanqab	0.82	1.05	0.52	269
辽宁	**Liaoning**	**806.71**	**959.57**	**1040.90**	
沈阳	Shenyang	78.56	106.20	127.48	39
大连	Dalian	519.82	605.10	641.13	9
鞍山	Anshan	39.04	47.39	41.04	84
抚顺	Fushun	10.25	9.97	9.68	165
本溪	Benxi	34.76	41.24	41.21	83
丹东	Dandong	29.29	38.78	45.97	72
锦州	Jinzhou	23.18	26.11	30.36	101
营口	Yingkou	29.22	43.36	54.92	64
阜新	Fuxin	1.45	2.00	2.84	229
辽阳	Liaoyang	12.49	7.68	9.12	168
盘锦	Panjin	4.80	8.00	11.11	157
铁岭	Tieling	5.45	5.51	5.19	195
朝阳	Chaoyang	4.96	5.38	6.25	184
葫芦岛	Huludao	13.44	12.86	13.54	141
吉林	**Jilin**	**168.46**	**220.47**	**245.63**	
长春	Changchun	132.24	173.49	196.89	30
吉林	Jilin	8.46	12.70	11.50	152
四平	Siping	2.63	2.54	3.29	222
辽源	Liaoyuan	0.62	1.07	1.71	248
通化	Tonghua	4.96	7.14	5.27	193
白山	Baishan	2.34	2.76	3.34	221
松原	Songyuan	0.88	1.01	1.33	255
白城	Baicheng	0.81	1.20	1.78	246
黑龙江	**Heilongjiang**	**255.04**	**385.13**	**375.90**	
哈尔滨	Harbin	42.25	49.09	46.29	70
齐齐哈尔	Qiqihar	8.93	10.29	8.21	173
鸡西	Jixi	7.07	9.23	10.80	159
鹤岗	Hegang	0.82	1.12	1.30	256
双鸭山	Shuangyashan	9.97	13.07	12.02	151
大庆	Daqing	15.41	21.59	28.09	105
伊春	Yichun	3.02	3.48	3.48	217
佳木斯	Jiamusi	30.52	36.52	31.08	99
七台河	Qitaihe	0.61	0.93	1.00	261
牡丹江	Mudanjiang	90.04	104.23	126.62	40
黑河	Heihe	28.55	32.83	38.06	85
绥化	Suihua	1.04	1.32	1.63	249
上海	**Shanghai**	**3688.69**	**4374.36**	**4365.87**	
江苏	**Jiangsu**	**4657.93**	**5397.59**	**5479.61**	

14-8 货物进出口总额 续表 1
Total Imports & Exports continued 1

单位：亿美元 (USD 100 million)

地名	City	2010	2011	2012	2012 排名 Ranking
南京	Nanjing	456.01	573.44	552.35	12
无锡	Wuxi	612.23	724.63	707.72	8
徐州	Xuzhou	41.61	63.10	83.27	54
常州	Changzhou	222.78	286.33	290.28	21
苏州	Suzhou	2740.76	3008.63	3056.92	2
南通	Nantong	210.75	257.75	263.01	23
连云港	Lianyungang	50.72	68.98	80.02	56
淮安	Huaian	21.71	28.54	42.38	79
盐城	Yancheng	39.37	52.45	57.54	62
扬州	Yangzhou	82.40	101.40	101.73	46
镇江	Zhenjiang	81.54	100.75	114.13	42
泰州	Taizhou	85.86	110.88	103.67	45
宿迁	Suqian	12.20	20.70	27.93	106
浙江	**Zhejiang**	**2535.33**	**3093.78**	**3124.01**	
杭州	Hangzhou	523.55	639.72	616.83	10
宁波	Ningbo	829.04	981.87	965.73	5
温州	Wenzhou	170.94	215.72	204.38	28
嘉兴	Jiaxing	228.24	284.84	287.44	22
湖州	Huzhou	69.28	86.62	87.37	61
绍兴	Shaoxing	270.16	335.05	320.98	19
金华	Jinhua	131.99	164.34	227.39	26
衢州	Quzhou	18.89	26.87	30.18	102
舟山	Zhoushan	107.33	132.64	153.56	34
台州	Taizhou	170.01	205.04	206.22	27
丽水	Lishui	15.33	21.25	22.29	114
安徽	**Anhui**	**242.77**	**313.38**	**392.85**	
合肥	Hefei	99.59	123.09	176.42	32
芜湖	Wuhu	26.10	39.65	46.24	71
蚌埠	Bengbu	5.44	7.70	12.28	149
淮南	Huainan	1.22	2.39	3.49	215
马鞍山	Maanshan	28.78	41.97	36.52	88
淮北	Huaibei	2.00	2.01	3.49	216
铜陵	Tongling	34.11	41.31	35.70	89
安庆	Anqing	6.81	8.58	12.39	147
黄山	Huangshan	3.28	4.62	7.01	181
滁州	Chuzhou	9.13	11.32	15.32	136
阜阳	Fuyang	3.56	6.47	10.97	158
宿州	Suzhou	1.54	2.21	4.06	211
六安	Liuan	4.54	6.26	7.37	180
亳州	Bozhou	2.39	3.28	4.99	199

地名	City	2010	2011	2012	2012 排名 Ranking
池州	Chizhou	2.11	2.58	3.45	218
宣城	Xuancheng	6.92	9.95	13.55	140
福建	**Fujian**	**1087.80**	**1435.22**	**1559.38**	
福州	Fuzhou	245.86	346.45	310.51	20
厦门	Xiamen	570.31	701.58	744.97	6
莆田	Putian	34.22	46.47	44.21	75
三明	Sanming	12.80	17.75	31.87	96
泉州	Quanzhou	112.56	170.64	250.87	25
漳州	Zhangzhou	73.99	97.13	98.31	47
南平	Nanping	10.83	14.73	19.15	130
龙岩	Longyan	15.13	24.01	34.99	90
宁德	Ningde	12.11	16.47	24.50	111
江西	**Jiangxi**	**216.00**	**314.69**	**334.14**	
南昌	Nanchang	53.07	78.75	82.89	55
景德镇	Jingdezhen	8.09	12.71	12.76	143
萍乡	Pingxiang	4.53	7.38	11.11	156
九江	Jiujiang	18.15	37.84	45.21	74
新余	Xinyu	36.08	35.19	24.48	112
鹰潭	Yingtan	39.03	40.07	40.32	77
赣州	Ganzhou	16.30	29.23	32.92	94
吉安	Jian	11.29	22.96	27.32	108
宜春	Yichun	6.60	11.45	16.52	134
抚州	Fuzhou	5.59	9.59	10.55	161
上饶	Shangrao	16.67	26.54	27.05	110
山东	**Shandong**	**1889.51**	**2359.92**	**2455.44**	
济南	Jinan	74.31	104.00	91.27	49
青岛	Qingdao	570.60	723.17	732.02	7
淄博	Zibo	67.02	90.36	95.33	48
枣庄	Zaozhuang	9.11	10.68	11.31	155
东营	Dongying	80.01	102.18	123.01	41
烟台	Yantai	437.81	453.49	478.02	14
潍坊	Weifang	117.51	140.88	149.72	35
济宁	Jining	44.60	57.45	51.16	65
泰安	Taian	15.89	18.21	21.61	120
威海	Weihai	139.06	169.23	171.26	33
日照	Rizhao	133.77	208.37	252.93	24
莱芜	Laiwu	27.18	35.92	21.26	122
临沂	Linyi	47.67	68.31	78.87	57
德州	Dezhou	19.50	26.82	27.18	109
聊城	Liaocheng	36.32	56.54	55.92	63

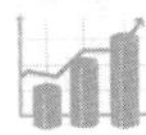

16-26 剧场、影剧院数 续表 2

Number of Theaters, Music Halls and Cinemas continued 2

单位：个 (unit)

地名	City	2010	2011	2012	2012 排名 Ranking
滨州	Binzhou	11	8	13	71
菏泽	Heze	29	29	21	40
河南	**Henan**	**164**	**174**	**171**	
郑州	Zhengzhou	14	14	14	64
开封	Kaifeng	8	8	9	113
洛阳	Luoyang	29	29	26	26
平顶山	Pingdingshan	8	8	8	130
安阳	Anyang	9	17	17	48
鹤壁	Hebi	2	5	6	162
新乡	Xinxiang	11	11	10	99
焦作	Jiaozuo	10	10	10	99
濮阳	Puyang	7	6	6	162
许昌	Xuchang	6	6	6	162
漯河	Luohe	1	1	1	266
三门峡	Sanmenxia	6	6	6	162
南阳	Nanyang	13	13	13	71
商丘	Shangqiu	8	8	8	130
信阳	Xinyang	9	9	9	113
周口	Zhoukou	10	10	9	113
驻马店	Zhumadian	13	13	13	71
湖北	**Hubei**	**142**	**142**	**133**	
武汉	Wuhan	64	64	61	3
黄石	Huangshi	5	5	6	162
十堰	Shiyan	4	4	4	207
宜昌	Yichang	21	21	13	71
襄阳	Xiangfan	9	9	9	113
鄂州	Ezhou	2	2	2	249
荆门	Jingmen	6	7	7	146
孝感	Xiaogan	5	5	4	207
荆州	Jingzhou	4	3	4	207
黄冈	Huanggang	13	13	14	64
咸宁	Xianning	2	2	2	249
随州	Suizhou	7	7	7	146
湖南	**Hunan**	**104**	**108**	**107**	
长沙	Changsha	8	8	10	99
株洲	Zhuzhou	2	4	2	249
湘潭	Xiangtan	12	10	10	99
衡阳	Hengyang	5	5	5	189
邵阳	Shaoyang	9	9	9	113
岳阳	Yueyang	10	10	12	86
常德	Changde	9	9	15	56
张家界	Zhangjiajie	7	7	7	146
益阳	Yiyang	6	6	7	146
郴州	Chenzhou	6	7	7	146
永州	Yongzhou	11	11	6	162
怀化	Huaihua	13	13	13	71
娄底	Loudi	6	9	4	207
广东	**Guangdong**	**324**	**274**	**313**	
广州	Guangzhou	23	39	42	13
韶关	Shaoguan	16	16	13	71
深圳	Shenzhen	16	21	88	1
珠海	Zhuhai	1	1	1	266
汕头	Shantou	20	5	2	249
佛山	Foshan	36	36	38	14
江门	Jiangmen	9	8	4	207
湛江	Zhanjiang	4	4	4	207
茂名	Maoming	5	5	5	189
肇庆	Zhaoqing	35	8	10	99
惠州	Huizhou	12	7	7	146
梅州	Meizhou	12	12	19	45
汕尾	Shanwei	18		10	99
河源	Heyuan	7			
阳江	Yangjiang	2	2	1	266
清远	Qingyuan		9	9	113
东莞	Dongguan	46	52	12	86
中山	ZhongShan	20	19	15	56
潮州	Chaozhou	3	3	3	230
揭阳	Jieyang	15	3	6	162
云浮	Yunfu	24	24	24	29
广西	**Guangxi**	**95**	**97**	**100**	
南宁	Nanning	11	11	11	91
柳州	Liuzhou	2	3	3	230
桂林	Guilin	21	21	19	45
梧州	Wuzhou	6	6	6	162
北海	Beihai	2	2	2	249
防城港	Fangchenggang	4	4	4	207
钦州	Qinzhou	3	3	3	230
贵港	Guigang	3	10	12	86
玉林	Yulin	9	9	9	113
百色	Baise	14		13	71

16-26 剧场、影剧院数 续表 3
Number of Theaters, Music Halls and Cinemas continued 3

单位：个 (unit)

地名	City	2010	2011	2012	2012 排名 Ranking
贺州	Hezhou	10	10	6	162
河池	Hechi	4	4	3	230
来宾	Laibin		6	7	146
崇左	Chongzuo	6	8	2	249
海南	**Hainan**	**12**	**12**	**11**	
海口	Haikou	10	10	9	113
三亚	Sanya	2	2	2	249
重庆	**Chongqing**	**33**	**37**	**9**	
四川	**Sichuan**	**112**	**122**	**155**	
成都	Chengdu	15	14	20	43
自贡	Zigong	3	3	4	207
攀枝花	Panzhihua	2	2	4	207
泸州	Luzhou	4	4	5	189
德阳	Deyang	9	9	8	130
绵阳	Mianyang	4	15	17	48
广元	Guangyuan	16	11	32	18
遂宁	Suining	4	4	7	146
内江	Neijiang	9	9	9	113
乐山	Leshan	1	1	1	266
南充	Nanchong	3	4	3	230
眉山	Meishan	6	6	3	230
宜宾	Yibin	6	6	7	146
广安	Guangan	4	4	5	189
达州	Dazhou	11	11	11	91
雅安	Yaan		3	3	230
巴中	Bazhong	7	11	11	91
资阳	Ziyang	8	5	5	189
贵州	**Guizhou**	**28**	**33**	**34**	
贵阳	Guiyang	4	5	5	189
六盘水	Liupanshui	4	4	4	207
遵义	Zunyi	19	15	15	56
安顺	Anshun	1	1	4	207
毕节	Bijie		2		
铜仁	Tongren		6	6	162
云南	**Yunnan**	**72**	**47**	**47**	
昆明	Kunming	36	7	7	146
曲靖	Qujing	10	10	10	99
玉溪	Yuxi	21	22	22	33
保山	Baoshan	1	4	4	207
昭通	Zhaotong				

地名	City	2010	2011	2012	2012 排名 Ranking
丽江	Lijiang	3	3	3	230
普洱	Puer				
临沧	Lincang	1	1	1	266
西藏	**Tibet**			**4**	
拉萨	Lhasa			4	207
陕西	**Shaanxi**	**129**	**109**	**108**	
西安	Xi'an	31	28	31	21
铜川	Tongchuan	5	8	8	130
宝鸡	Baoji	15	15	16	51
咸阳	Xianyang	12	10	10	99
渭南	Weinan	15	14	11	91
延安	Yan'an	10	2	2	249
汉中	Hanzhong	11	5	3	230
榆林	Yulin	13	13	13	71
安康	Ankang	6	6	6	162
商洛	Shangluo	11	8	8	130
甘肃	**Gansu**	**81**	**82**	**80**	
兰州	Lanzhou	7	10	13	71
嘉峪关	Jiayuguan	11	11	12	86
金昌	Jinchang	4	4	4	207
白银	Baiyin	6	3	3	230
天水	Tianshui	6	6	6	162
武威	Wuwei		1	1	266
张掖	Zhangye	6	6	6	162
平凉	Pingliang	8	8	8	130
酒泉	Jiuquan	7	7	4	207
庆阳	Qingyang	11	11	6	162
定西	Dingxi	7	7	8	130
陇南	Longnan	8	8	9	113
青海	**Qinghai**	**2**	**2**	**8**	
西宁	Xining	2	2	8	130
宁夏	**Ningxia**	**22**	**32**	**32**	
银川	Yinchuan	4	10	10	99
石嘴山	Shizuishan	1	4	4	207
吴忠	Wuzhong	5	5	5	189
固原	Guyuan	9	10	10	99
中卫	Zhongwei	3	3	3	230
新疆	**Xinjiang**	**5**	**6**	**8**	
乌鲁木齐	Urumqi	3	3	3	230
克拉玛依	Karamay	2	3	5	189

16-27 公共图书馆数
Number of Public Libraries

单位：个 (unit)

地名	City	2010	2011	2012	2012 排名 Ranking
全国	**Nation Total**	**2884**	**2952**	**3076**	
北京	**Beijing**	**25**	**25**	**24**	
天津	**Tianjin**	**31**	**31**	**31**	
河北	**Hebei**	**165**	**166**	**172**	
石家庄	Shijiazhuang	26	27	27	1
唐山	Tangshan	13	13	13	35
秦皇岛	Qinhuangdao	6	6	6	189
邯郸	Handan	20	20	20	5
邢台	Xingtai	18	18	20	5
保定	Baoding	23	23	23	2
张家口	Zhangjiakou	14	14	15	16
承德	Chengde	10	10	11	65
沧州	Cangzhou	14	14	15	16
廊坊	Langfang	10	10	10	86
衡水	Hengshui	11	11	12	49
山西	**Shanxi**	**126**	**126**	**126**	
太原	Taiyuan	12	11	12	49
大同	Datong	13	13	13	35
阳泉	Yangquan	5	5	5	222
长治	Changzhi	14	14	14	22
晋城	Jincheng	6	6	6	189
朔州	Shuozhou	7	7	7	160
晋中	Jinzhong	11	11	11	65
运城	Yuncheng	13	13	13	35
忻州	Xinzhou	14	14	14	22
临汾	Linfen	17	17	17	10
吕梁	Luliang	14	14	14	22
内蒙古	**Inner Mongolia**	**113**	**114**	**114**	
呼和浩特	Hohhot	9	10	10	86
包头	Baotou	10	10	10	86
乌海	Wuhai	4	3	3	267
赤峰	Chifeng	14	14	14	22
通辽	Tongliao	9	9	9	106
鄂尔多斯	Erdos	9	9	9	106
呼伦贝尔	Hulunbuir	14	14	14	22
巴彦淖尔	Bayannur	8	8	8	130
乌兰察布	Ulanqab	12	12	12	49
辽宁	**Liaoning**	**128**	**128**	**129**	
沈阳	Shenyang	21	21	21	4
大连	Dalian	13	13	14	22
鞍山	Anshan	9	9	9	106
抚顺	Fushun	7	7	7	160
本溪	Benxi	7	7	7	160
丹东	Dandong	8	8	8	130
锦州	Jinzhou	9	9	9	106
营口	Yingkou	8	8	8	130
阜新	Fuxin	8	8	8	130
辽阳	Liaoyang	9	9	9	106
盘锦	Panjin	5	5	5	222
铁岭	Tieling	9	9	9	106
朝阳	Chaoyang	8	8	8	130
葫芦岛	Huludao	7	7	7	160
吉林	**Jilin**	**65**	**65**	**66**	
长春	Changchun	13	13	13	35
吉林	Jilin	10	10	10	86
四平	Siping	5	5	5	222
辽源	Liaoyuan	3	3	3	267
通化	Tonghua	8	8	8	130
白山	Baishan	6	6	6	189
松原	Songyuan	4	4	5	222
白城	Baicheng	6	6	6	189
黑龙江	**Heilongjiang**	**107**	**107**	**106**	
哈尔滨	Harbin	18	18	18	8
齐齐哈尔	Qiqihar	12	12	12	49
鸡西	Jixi	4	4	4	243
鹤岗	Hegang	3	3	3	267
双鸭山	Shuangyashan	5	5	5	222
大庆	Daqing	6	6	6	189
伊春	Yichun	18	18	18	8
佳木斯	Jiamusi	7	7	7	160
七台河	Qitaihe	2	2	2	277
牡丹江	Mudanjiang	8	8	8	130
黑河	Heihe	6	6	6	189
绥化	Suihua	11	11	11	65
上海	**Shanghai**	**28**	**25**	**25**	
江苏	**Jiangsu**	**111**	**112**	**112**	

16-27 公共图书馆数 续表 1
Number of Public Libraries continued 1

单位：个 (unit)

地名	City	2010	2011	2012	2012 排名 Ranking
南京	Nanjing	18	16	17	10
无锡	Wuxi	9	10	10	86
徐州	Xuzhou	7	8	8	130
常州	Changzhou	4	4	4	243
苏州	Suzhou	12	12	12	49
南通	Nantong	10	9	9	106
连云港	Lianyungang	7	7	7	160
淮安	Huaian	8	8	8	130
盐城	Yancheng	9	11	9	106
扬州	Yangzhou	7	7	7	160
镇江	Zhenjiang	8	8	8	130
泰州	Taizhou	6	6	6	189
宿迁	Suqian	6	6	7	160
浙江	**Zhejiang**	**97**	**97**	**97**	
杭州	Hangzhou	16	16	15	16
宁波	Ningbo	13	13	12	49
温州	Wenzhou	13	13	13	35
嘉兴	Jiaxing	8	6	6	189
湖州	Huzhou	5	5	5	222
绍兴	Shaoxing	6	6	6	189
金华	Jinhua	10	10	10	86
衢州	Quzhou	7	7	7	160
舟山	Zhoushan	4	4	4	243
台州	Taizhou	10	10	10	86
丽水	Lishui	9	12	9	106
安徽	**Anhui**	**88**	**100**	**102**	
合肥	Hefei	7	11	9	106
芜湖	Wuhu	4	6	6	189
蚌埠	Bengbu	4	4	4	243
淮南	Huainan	4	4	4	243
马鞍山	Maanshan	5	7	10	86
淮北	Huaibei	2	5	5	222
铜陵	Tongling	2	4	4	243
安庆	Anqing	9	10	10	86
黄山	Huangshan	7	8	8	130
滁州	Chuzhou	7	7	8	130
阜阳	Fuyang	6	7	7	160
宿州	Suzhou	5	5	5	222
六安	Liuan	6	6	6	189
亳州	Bozhou	4	4	4	243
池州	Chizhou	4	4	4	243
宣城	Xuancheng	7	8	8	130
福建	**Fujian**	**86**	**86**	**87**	
福州	Fuzhou	15	14	14	22
厦门	Xiamen	9	9	10	86
莆田	Putian	3	3	3	267
三明	Sanming	12	12	12	49
泉州	Quanzhou	10	10	10	86
漳州	Zhangzhou	10	10	10	86
南平	Nanping	10	10	10	86
龙岩	Longyan	7	7	7	160
宁德	Ningde	10	10	10	86
江西	**Jiangxi**	**108**	**114**	**114**	
南昌	Nanchang	10	10	10	86
景德镇	Jingdezhen	6	5	5	222
萍乡	Pingxiang	6	6	6	189
九江	Jiujiang	12	15	15	16
新余	Xinyu	3	3	3	267
鹰潭	Yingtan	4	4	4	243
赣州	Ganzhou	18	19	19	7
吉安	Jian	13	15	15	16
宜春	Yichun	10	11	11	65
抚州	Fuzhou	12	12	12	49
上饶	Shangrao	13	13	13	35
山东	**Shandong**	**149**	**150**	**150**	
济南	Jinan	11	11	11	65
青岛	Qingdao	13	13	13	35
淄博	Zibo	9	9	9	106
枣庄	Zaozhuang	7	7	7	160
东营	Dongying	6	6	6	189
烟台	Yantai	13	13	13	35
潍坊	Weifang	12	12	12	49
济宁	Jining	11	11	11	65
泰安	Taian	7	7	7	160
威海	Weihai	4	4	4	243
日照	Rizhao	4	4	4	243
莱芜	Laiwu	2	2	2	277
临沂	Linyi	12	13	13	35
德州	Dezhou	12	12	12	49
聊城	Liaocheng	8	8	8	130

16-27 公共图书馆数 续表 2
Number of Public Libraries continued 2

单位：个 (unit)

地名	City	2010	2011	2012	2012 排名 Ranking
滨州	Binzhou	8	8	8	130
菏泽	Heze	9	9	9	106
河南	**Henan**	**142**	**152**	**156**	
郑州	Zhengzhou	12	13	13	35
开封	Kaifeng	6	6	6	189
洛阳	Luoyang	11	16	16	14
平顶山	Pingdingshan	8	8	9	106
安阳	Anyang	7	7	7	160
鹤壁	Hebi	3	4	4	243
新乡	Xinxiang	11	11	11	65
焦作	Jiaozuo	7	7	7	160
濮阳	Puyang	6	7	7	160
许昌	Xuchang	6	6	7	160
漯河	Luohe	4	5	5	222
三门峡	Sanmenxia	6	6	7	160
南阳	Nanyang	13	13	13	35
商丘	Shangqiu	9	9	9	106
信阳	Xinyang	11	11	11	65
周口	Zhoukou	10	11	11	65
驻马店	Zhumadian	10	10	10	86
湖北	**Hubei**	**108**	**109**	**111**	
武汉	Wuhan	17	17	17	10
黄石	Huangshi	3	3	3	267
十堰	Shiyan	8	8	8	130
宜昌	Yichang	12	11	14	22
襄阳	Xiangfan	9	9	9	106
鄂州	Ezhou	1	4	4	243
荆门	Jingmen	6	6	6	189
孝感	Xiaogan	8	8	8	130
荆州	Jingzhou	8	8	8	130
黄冈	Huanggang	12	11	12	49
咸宁	Xianning	7	7	7	160
随州	Suizhou	2	4	4	243
湖南	**Hunan**	**124**	**130**	**136**	
长沙	Changsha	12	12	12	49
株洲	Zhuzhou	6	6	6	189
湘潭	Xiangtan	5	5	6	189
衡阳	Hengyang	12	13	14	22
邵阳	Shaoyang	11	14	14	22
岳阳	Yueyang	8	8	11	65
常德	Changde	9	9	9	106
张家界	Zhangjiajie	3	4	4	243
益阳	Yiyang	7	7	7	160
郴州	Chenzhou	12	11	11	65
永州	Yongzhou	13	12	12	49
怀化	Huaihua	6	14	15	16
娄底	Loudi	11	6	6	189
广东	**Guangdong**	**133**	**134**	**137**	
广州	Guangzhou	14	14	14	22
韶关	Shaoguan	9	9	9	106
深圳	Shenzhen	8	9	11	65
珠海	Zhuhai	3	3	3	267
汕头	Shantou	8	8	8	130
佛山	Foshan	6	6	6	189
江门	Jiangmen	7	7	7	160
湛江	Zhanjiang	7	7	8	130
茂名	Maoming	5	5	5	222
肇庆	Zhaoqing	9	9	9	106
惠州	Huizhou	5	5	5	222
梅州	Meizhou	10	10	10	86
汕尾	Shanwei	4	4	4	243
河源	Heyuan	7	7	7	160
阳江	Yangjiang	4	4	4	243
清远	Qingyuan	9	9	9	106
东莞	Dongguan	1	1	1	280
中山	ZhongShan	1	1	1	280
潮州	Chaozhou	4	4	4	243
揭阳	Jieyang	6	6	6	189
云浮	Yunfu	5	5	5	222
广西	**Guangxi**	**108**	**108**	**112**	
南宁	Nanning	16	16	16	14
柳州	Liuzhou	11	11	11	65
桂林	Guilin	13	13	13	35
梧州	Wuzhou	5	5	5	222
北海	Beihai	3	3	3	267
防城港	Fangchenggang	4	4	4	243
钦州	Qinzhou	3	5	5	222
贵港	Guigang	5	6	6	189
玉林	Yulin	6	6	6	189
百色	Baise				

16-27 公共图书馆数 续表 3
Number of Public Libraries continued 3

单位：个 (unit)

地名	City	2010	2011	2012	2012 排名 Ranking
贺州	Hezhou	15	4	4	243
河池	Hechi	11	11	11	65
来宾	Laibin	6	6	6	189
崇左	Chongzuo	7	7	7	160
海南	**Hainan**	**20**	**20**	**20**	
海口	Haikou	2	2	3	267
三亚	Sanya	1	1	1	280
重庆	**Chongqing**	**43**	**43**	**43**	
四川	**Sichuan**	**161**	**169**	**188**	
成都	Chengdu	21	22	22	3
自贡	Zigong	7	7	7	160
攀枝花	Panzhihua	5	6	6	189
泸州	Luzhou	7	7	8	130
德阳	Deyang	6	6	6	189
绵阳	Mianyang	8	8	9	106
广元	Guangyuan	7	8	8	130
遂宁	Suining	6	6	6	189
内江	Neijiang	4	4	4	243
乐山	Leshan	10	11	11	65
南充	Nanchong	8	8	8	130
眉山	Meishan	7	7	7	160
宜宾	Yibin	10	10	10	86
广安	Guangan	6	6	6	189
达州	Dazhou	7	7	7	160
雅安	Yaan	8	9	9	106
巴中	Bazhong	5	5	5	222
资阳	Ziyang	5	5	5	222
贵州	**Guizhou**	**93**	**94**	**93**	
贵阳	Guiyang	9	10	8	130
六盘水	Liupanshui	6	5	5	222
遵义	Zunyi	14	14	14	22
安顺	Anshun	6	6	6	189
毕节	Bijie	9	9	9	106
铜仁	Tongren	11	11	11	65
云南	**Yunnan**	**150**	**152**	**152**	
昆明	Kunming	18	16	17	10
曲靖	Qujing	11	11	11	65
玉溪	Yuxi	10	10	10	86
保山	Baoshan	7	7	7	160
昭通	Zhaotong	12	12	12	49
丽江	Lijiang	6	6	6	189
普洱	Puer	10	10	11	65
临沧	Lincang	9	9	9	106
西藏	**Tibet**		**60**	**77**	
拉萨	Lhasa				
陕西	**Shaanxi**	**112**	**112**	**112**	
西安	Xi'an	14	14	14	22
铜川	Tongchuan	5	5	5	222
宝鸡	Baoji	13	13	13	35
咸阳	Xianyang	12	12	12	49
渭南	Weinan	11	11	11	65
延安	Yan'an	13	13	13	35
汉中	Hanzhong	11	11	11	65
榆林	Yulin	12	12	12	49
安康	Ankang	11	11	11	65
商洛	Shangluo	8	8	8	130
甘肃	**Gansu**	**94**	**100**	**103**	
兰州	Lanzhou	8	8	8	130
嘉峪关	Jiayuguan	1	1	2	277
金昌	Jinchang	3	4	4	243
白银	Baiyin	6	6	6	189
天水	Tianshui	7	8	8	130
武威	Wuwei	4	4	5	222
张掖	Zhangye	6	7	7	160
平凉	Pingliang	8	8	8	130
酒泉	Jiuquan	7	8	8	130
庆阳	Qingyang	9	9	9	106
定西	Dingxi	7	8	8	130
陇南	Longnan	9	10	10	86
青海	**Qinghai**	**44**	**49**	**49**	
西宁	Xining		5	6	189
宁夏	**Ningxia**	**20**	**27**	**26**	
银川	Yinchuan	5	7	7	160
石嘴山	Shizuishan	2	4	4	243
吴忠	Wuzhong	5	6	5	222
固原	Guyuan	5	6	6	189
中卫	Zhongwei	3	3	3	267
新疆	**Xinjiang**	**103**	**103**	**105**	
乌鲁木齐	Urumqi	4	4	6	189
克拉玛依	Karamay	4	4	4	243

16-28 公共图书馆图书总藏量
Total Collections of Public Libraries

单位：千册、件 (1000 copies 、piece)

地名	City	2010	2011	2012	2012 排名 Ranking
全国	**Nation Total**	**632639**	**672403**	**727816**	
北京	**Beijing**	**46130**	**50490**	**55560**	
天津	**Tianjin**	**12583**	**13539**	**14692**	
河北	**Hebei**	**16110**	**17357**	**19572**	
石家庄	Shijiazhuang	4788	4997	5766	24
唐山	Tangshan	1819	1988	2180	64
秦皇岛	Qinhuangdao	919	953	1247	114
邯郸	Handan	1402	1441	1479	96
邢台	Xingtai	906	956	1082	140
保定	Baoding	1677	1889	1930	72
张家口	Zhangjiakou	1173	1195	1562	92
承德	Chengde	758	753	857	170
沧州	Cangzhou	786	848	1027	152
廊坊	Langfang	1410	1828	1905	75
衡水	Hengshui	472	509	538	236
山西	**Shanxi**	**21412**	**13271**	**14693**	
太原	Taiyuan	3980	4851	5125	29
大同	Datong	631	661	687	204
阳泉	Yangquan	599	639	691	201
长治	Changzhi	1198	1317	1525	93
晋城	Jincheng	276	280	306	273
朔州	Shuozhou	307	325	748	189
晋中	Jinzhong	10570	1110	1238	115
运城	Yuncheng	1164	1183	1194	124
忻州	Xinzhou	789	795	796	181
临汾	Linfen	1218	1342	1491	95
吕梁	Luliang	680	768	890	168
内蒙古	**Inner Mongolia**	**9975**	**10540**	**11723**	
呼和浩特	Hohhot	2770	2887	2240	62
包头	Baotou	3036	3036	3036	39
乌海	Wuhai	413	432	524	240
赤峰	Chifeng	731	793	1173	128
通辽	Tongliao	812	885	904	164
鄂尔多斯	Erdos	651	759	779	184
呼伦贝尔	Hulunbuir	650	830	1750	84
巴彦淖尔	Bayannur	400	406	640	220
乌兰察布	Ulanqab	512	512	678	206
辽宁	**Liaoning**	**32903**	**34519**	**38488**	
沈阳	Shenyang	10894	11339	12997	6
大连	Dalian	10452	11160	12919	7
鞍山	Anshan	2116	2158	2419	55
抚顺	Fushun	1056	1046	1071	144
本溪	Benxi	968	970	1010	156
丹东	Dandong	1289	1453	1303	108
锦州	Jinzhou	1257	1264	1255	112
营口	Yingkou	987	1013	1352	106
阜新	Fuxin	407	407	429	257
辽阳	Liaoyang	1010	964	1085	139
盘锦	Panjin	477	508	544	233
铁岭	Tieling	640	720	591	227
朝阳	Chaoyang	677	682	677	207
葫芦岛	Huludao	673	835	835	176
吉林	**Jilin**	**12936**	**13977**	**15133**	
长春	Changchun	6844	8486	9231	12
吉林	Jilin	2004	2127	2178	65
四平	Siping	681	697	703	199
辽源	Liaoyuan	1156	307	341	269
通化	Tonghua	794	767	824	178
白山	Baishan	510	527	733	191
松原	Songyuan	525	611	659	214
白城	Baicheng	422	455	464	248
黑龙江	**Heilongjiang**	**16560**	**17850**	**17559**	
哈尔滨	Harbin	7062	8000	8281	13
齐齐哈尔	Qiqihar	1805	1672	1597	89
鸡西	Jixi	340	336	341	269
鹤岗	Hegang	340	356	360	266
双鸭山	Shuangyashan	314	334	334	271
大庆	Daqing	3033	3050	2890	43
伊春	Yichun	607	742	857	170
佳木斯	Jiamusi	734	734	471	246
七台河	Qitaihe	207	219	218	279
牡丹江	Mudanjiang	722	840	720	194
黑河	Heihe	338	298	318	272
绥化	Suihua	1058	1269	1173	128
上海	**Shanghai**	**68087**	**68931**	**72024**	
江苏	**Jiangsu**	**44361**	**46290**	**66168**	

16-28 公共图书馆图书总藏量 续表 1
Total Collections of Public Libraries continued 1

单位：千册、件 （1000 copies 、piece）

地名	City	2010	2011	2012	2012 排名 Ranking
南京	Nanjing	13393	13774	15736	5
无锡	Wuxi	3609	4626	5653	26
徐州	Xuzhou	2698	2416	2416	56
常州	Changzhou	2423	2404	3755	35
苏州	Suzhou	8027	7666	16629	3
南通	Nantong	2870	3323	5366	27
连云港	Lianyungang	1724	1996	2638	49
淮安	Huaian	1327	1455	2997	41
盐城	Yancheng	1826	2011	2559	51
扬州	Yangzhou	2232	2129	2821	45
镇江	Zhenjiang	1988	2163	2770	46
泰州	Taizhou	1616	1675	1926	73
宿迁	Suqian	628	652	903	165
浙江	**Zhejiang**	**38938**	**45120**	**52534**	
杭州	Hangzhou	12540	14365	17380	2
宁波	Ningbo	7340	7327	7327	15
温州	Wenzhou	3250	4804	7741	14
嘉兴	Jiaxing	4211	5068	5937	21
湖州	Huzhou	2110	2505	2033	69
绍兴	Shaoxing	2599	2673	2931	42
金华	Jinhua	1794	2033	2301	58
衢州	Quzhou	1205	1247	1375	103
舟山	Zhoushan	767	968	1038	151
台州	Taizhou	1798	2520	3084	38
丽水	Lishui	1324	1610	1387	102
安徽	**Anhui**	**11197**	**13789**	**21369**	
合肥	Hefei	3107	4910	6971	16
芜湖	Wuhu	622	1001	1357	104
蚌埠	Bengbu	428	471	490	244
淮南	Huainan	327	324	368	265
马鞍山	Maanshan	560	1119	1960	71
淮北	Huaibei	260	550	794	182
铜陵	Tongling	555	557	611	226
安庆	Anqing	961	1091	2023	70
黄山	Huangshan	494	546	668	209
滁州	Chuzhou	559	591	1850	78
阜阳	Fuyang	399	497	565	229
宿州	Suzhou	202	233	531	238
六安	Liuan	469	519	1783	82
亳州	Bozhou	337	347	415	259

地名	City	2010	2011	2012	2012 排名 Ranking
池州	Chizhou	258	328	254	275
宣城	Xuancheng	647	705	729	193
福建	**Fujian**	**16817**	**18765**	**27449**	
福州	Fuzhou	5591	3124	6221	18
厦门	Xiamen	3349	4606	6139	19
莆田	Putian	182	494	843	173
三明	Sanming	1397	1441	2134	67
泉州	Quanzhou	2620	4518	4470	31
漳州	Zhangzhou	1001	1036	1564	91
南平	Nanping	1346	1533	2651	48
龙岩	Longyan	782	1286	2228	63
宁德	Ningde	549	727	1199	123
江西	**Jiangxi**	**15595**	**15914**	**18856**	
南昌	Nanchang	4396	4171	5783	23
景德镇	Jingdezhen	630	565	704	198
萍乡	Pingxiang	750	741	830	177
九江	Jiujiang	1594	1900	2528	52
新余	Xinyu	551	588	620	223
鹰潭	Yingtan	308	307	377	264
赣州	Ganzhou	1834	1981	2101	68
吉安	Jian	1986	2080	2307	57
宜春	Yichun	1586	1156	1217	121
抚州	Fuzhou	920	1209	1237	116
上饶	Shangrao	1040	1216	1153	132
山东	**Shandong**	**45567**	**46620**	**43598**	
济南	Jinan	9412	9890	11474	9
青岛	Qingdao	4442	4709	5304	28
淄博	Zibo	2234	2499	2589	50
枣庄	Zaozhuang	1043	1131	1073	141
东营	Dongying	729	800	1225	118
烟台	Yantai	5128	5530	5840	22
潍坊	Weifang	2092	3002	3014	40
济宁	Jining	1692	1853	1919	74
泰安	Taian	1103	1220	1220	119
威海	Weihai	1180	1548	1604	88
日照	Rizhao	354	406	409	261
莱芜	Laiwu	380	450	470	247
临沂	Linyi	5506	3061	3112	36
德州	Dezhou	966	1117	1265	111
聊城	Liaocheng	5421	5421	959	161

16-28 公共图书馆图书总藏量 续表 2
Total Collections of Public Libraries continued 2

单位：千册、件 （1000 copies 、piece）

地名	City	2010	2011	2012	2012 排名 Ranking
滨州	Binzhou	1205	1291	1460	98
菏泽	Heze	2680	2692	661	212
河南	**Henan**	**18130**	**20309**	**20782**	
郑州	Zhengzhou	5527	6082	6243	17
开封	Kaifeng	790	779	790	183
洛阳	Luoyang	1347	1570	1646	87
平顶山	Pingdingshan	828	864	913	162
安阳	Anyang	968	1039	1177	127
鹤壁	Hebi	406	431	461	250
新乡	Xinxiang	1053	1092	1121	135
焦作	Jiaozuo	716	924	870	169
濮阳	Puyang	660	542	559	231
许昌	Xuchang	996	1026	1063	146
漯河	Luohe	392	374	387	263
三门峡	Sanmenxia	702	1420	1479	96
南阳	Nanyang	1390	1491	1193	125
商丘	Shangqiu	616	616	757	188
信阳	Xinyang	692	854	895	166
周口	Zhoukou	440	598	565	229
驻马店	Zhumadian	607	607	663	211
湖北	**Hubei**	**24027**	**24206**	**25543**	
武汉	Wuhan	10367	11458	11821	8
黄石	Huangshi	1074	1082	1135	134
十堰	Shiyan	1051	1077	1098	138
宜昌	Yichang	1669	1763	1834	80
襄阳	Xiangfan	2560	1400	1500	94
鄂州	Ezhou	368	402	409	261
荆门	Jingmen	610	497	1073	141
孝感	Xiaogan	769	827	856	172
荆州	Jingzhou	1064	1112	1116	136
黄冈	Huanggang	1590	1669	1740	85
咸宁	Xianning	675	679	712	196
随州	Suizhou	2230	2240	2249	61
湖南	**Hunan**	**19259**	**23195**	**23801**	
长沙	Changsha	6331	9534	9976	11
株洲	Zhuzhou	1180	1219	1281	110
湘潭	Xiangtan	822	1057	1235	117
衡阳	Hengyang	1520	1659	1783	82
邵阳	Shaoyang	1414	1417	1423	100
岳阳	Yueyang	2020	2029	891	167
常德	Changde	1319	1352	1399	101
张家界	Zhangjiajie	196	150	210	280
益阳	Yiyang	900	963	1025	153
郴州	Chenzhou	839	850	1060	147
永州	Yongzhou	881	890	1139	133
怀化	Huaihua	1014	1197	1569	90
娄底	Loudi	823	878	811	179
广东	**Guangdong**	**66651**	**72197**	**61045**	
广州	Guangzhou	17950	15756		
韶关	Shaoguan	823	647	1017	154
深圳	Shenzhen	22957	24919	26957	1
珠海	Zhuhai	866	1603	1835	79
汕头	Shantou	2423	2653	2758	47
佛山	Foshan	2989	3573	4014	32
江门	Jiangmen	1660	1960	2150	66
湛江	Zhanjiang	1126	1262	1291	109
茂名	Maoming	608	637	646	218
肇庆	Zhaoqing	1088	1435	1872	77
惠州	Huizhou	949	1122	1220	119
梅州	Meizhou	1233	1080	1180	126
汕尾	Shanwei	171	171	242	276
河源	Heyuan	552	557	557	232
阳江	Yangjiang	607	634	658	215
清远	Qingyuan	831	863	909	163
东莞	Dongguan	7010	10220	10198	10
中山	ZhongShan	1076	1298	1250	113
潮州	Chaozhou	429	446	460	251
揭阳	Jieyang	656	712	1173	128
云浮	Yunfu	648	649	658	215
广西	**Guangxi**	**17976**	**17253**	**20889**	
南宁	Nanning	5006	5330	5732	25
柳州	Liuzhou	1288	1551	1899	76
桂林	Guilin	3700	3870	3987	33
梧州	Wuzhou	950	957	1012	155
北海	Beihai	500	499	533	237
防城港	Fangchenggang	253	261	293	274
钦州	Qinzhou	498	499	650	217
贵港	Guigang	510	648	772	185
玉林	Yulin	1668	1651	1704	86
百色	Baise	1163		1448	99

16-28 公共图书馆图书总藏量 续表 3
Total Collections of Public Libraries continued 3

单位：千册、件 （1000 copies 、piece）

地名	City	2010	2011	2012	2012 排名 Ranking	地名	City	2010	2011	2012	2012 排名 Ranking
贺州	Hezhou	570	560	615	225	丽江	Lijiang	317	334	448	254
河池	Hechi	723	946	1052	149	普洱	Puer	676	772	843	173
来宾	Laibin	466	414	509	241	临沧	Lincang	592	548	645	219
崇左	Chongzuo	681	67	683	205	**西藏**	**Tibet**				
海南	**Hainan**	**640**	**716**	**940**		拉萨	Lhasa				
海口	Haikou	440	446	460	251	**陕西**	**Shaanxi**	**11296**	**12260**	**13791**	
三亚	Sanya	200	270	480	245	西安	Xi'an	4465	4907	6123	20
重庆	**Chongqing**	**10308**	**11487**	**1522**		铜川	Tongchuan	600	650	667	210
四川	**Sichuan**	**24493**	**29090**	**32108**		宝鸡	Baoji	1204	1308	1308	107
成都	Chengdu	12126	15392	16423	4	咸阳	Xianyang	1046	1044	1051	150
自贡	Zigong	386	338	443	255	渭南	Weinan	895	960	965	160
攀枝花	Panzhihua	563	625	747	190	延安	Yan'an	550	649	672	208
泸州	Luzhou	967	1192	1165	131	汉中	Hanzhong	565	697	697	200
德阳	Deyang	661	820	765	187	榆林	Yulin	1010	1026	1069	145
绵阳	Mianyang	1277	1684	2517	53	安康	Ankang	487	504	709	197
广元	Guangyuan	772	920	1059	148	商洛	Shangluo	474	515	530	239
遂宁	Suining	374	398	463	249	**甘肃**	**Gansu**	**9689**	**10192**	**10578**	
内江	Neijiang	423	524	691	201	兰州	Lanzhou	4248	4594	4683	30
乐山	Leshan	477	502	576	228	嘉峪关	Jiayuguan	115	120	120	282
南充	Nanchong	936	958	1004	157	金昌	Jinchang	142	285	347	267
眉山	Meishan	216	220	238	277	白银	Baiyin	530	520	618	224
宜宾	Yibin	1122	1126	988	158	天水	Tianshui	900	810	800	180
广安	Guangan	1724	1601	1820	81	武威	Wuwei	360	322	342	268
达州	Dazhou	890	1010	1072	143	张掖	Zhangye	627	645	689	203
雅安	Yaan	577	686	714	195	平凉	Pingliang	430	440	460	251
巴中	Bazhong	400	468	437	256	酒泉	Jiuquan	460	482	500	243
资阳	Ziyang	602	626	988	158	庆阳	Qingyang	584	578	625	221
贵州	**Guizhou**	**4203**	**5415**	**8392**		定西	Dingxi	654	655	733	191
贵阳	Guiyang	2223	2127	2448	54	陇南	Longnan	639	741	661	212
六盘水	Liupanshui	351	375	410	260	**青海**	**Qinghai**	**2876**	**2250**	**2250**	
遵义	Zunyi	1260	1331	3800	34	西宁	Xining	2876	2250	2250	60
安顺	Anshun	369	344	424	258	**宁夏**	**Ningxia**	**4562**	**4903**	**4987**	
毕节	Bijie		744	539	234	银川	Yinchuan	2595	2819	2875	44
铜仁	Tongren		494	771	186	石嘴山	Shizuishan	376	480	539	234
云南	**Yunnan**	**6761**	**7790**	**7305**		吴忠	Wuzhong	642	719	841	175
昆明	Kunming	1785	2380	2253	59	固原	Guyuan	492	492	506	242
曲靖	Qujing	1030	1112	1107	137	中卫	Zhongwei	457	393	226	278
玉溪	Yuxi	1668	1918	1210	122	**新疆**	**Xinjiang**	**2597**	**4169**	**4464**	
保山	Baoshan	530	560	622	222	乌鲁木齐	Urumqi	2137	2758	3111	37
昭通	Zhaotong	163	166	177	281	克拉玛依	Karamay	460	1411	1353	105

16-29 每百人公共图书馆藏书量
Collections of Public Libraries Per 100 Persons

单位：册、件 (copy、piece)

地名	City	2010	2011	2012	2012 排名 Ranking
全国	**Nation Total**	**50.70**	**52.96**	**65.56**	
北京	**Beijing**	**366.75**	**395.10**	**428.22**	
天津	**Tianjin**	**127.77**	**135.87**	**147.93**	
河北	**Hebei**	**22.07**	**23.63**	**26.39**	
石家庄	Shijiazhuang	48.40	50.11	57.35	73
唐山	Tangshan	24.75	26.97	29.39	150
秦皇岛	Qinhuangdao	31.88	32.89	42.82	106
邯郸	Handan	14.55	14.70	14.89	252
邢台	Xingtai	12.38	12.97	14.47	255
保定	Baoding	14.44	16.27	16.47	237
张家口	Zhangjiakou	25.17	25.57	33.35	134
承德	Chengde	20.32	20.12	22.74	189
沧州	Cangzhou	10.75	11.54	13.80	259
廊坊	Langfang	33.65	43.02	43.97	101
衡水	Hengshui	10.72	11.53	12.16	267
山西	**Shanxi**	**61.64**	**37.71**	**41.76**	
太原	Taiyuan	108.89	132.90	140.09	17
大同	Datong	19.87	20.73	21.51	202
阳泉	Yangquan	45.80	48.62	52.31	82
长治	Changzhi	36.13	39.40	45.38	99
晋城	Jincheng	12.76	12.87	14.02	258
朔州	Shuozhou	19.30	18.83	43.11	105
晋中	Jinzhong	329.32	34.34	38.09	115
运城	Yuncheng	23.11	22.90	22.99	187
忻州	Xinzhou	25.65	25.64	25.68	165
临汾	Linfen	27.85	30.49	35.07	127
吕梁	Luliang	17.73	19.73	22.60	194
内蒙古	**Inner Mongolia**	**45.84**	**48.08**	**53.73**	
呼和浩特	Hohhot	120.67	124.30	97.26	32
包头	Baotou	138.13	136.91	135.87	19
乌海	Wuhai	77.92	79.79	95.55	34
赤峰	Chifeng	15.97	17.24	25.43	168
通辽	Tongliao	25.48	27.65	28.27	156
鄂尔多斯	Erdos	42.72	47.98	51.22	86
呼伦贝尔	Hulunbuir	23.96	30.69	65.69	61
巴彦淖尔	Bayannur	21.47	21.73	34.28	130
乌兰察布	Ulanqab	17.84	17.73	23.63	178
辽宁	**Liaoning**	**77.39**	**81.13**	**90.67**	
沈阳	Shenyang	151.39	156.90	179.32	10
大连	Dalian	178.23	189.62	218.85	8
鞍山	Anshan	60.15	61.39	69.04	54
抚顺	Fushun	47.80	47.52	48.85	94
本溪	Benxi	62.61	62.85	65.93	60
丹东	Dandong	53.41	60.27	54.18	79
锦州	Jinzhou	40.77	41.00	40.77	112
营口	Yingkou	41.91	43.02	57.51	72
阜新	Fuxin	21.16	21.19	22.39	196
辽阳	Liaoyang	55.09	52.84	60.17	69
盘锦	Panjin	36.34	38.71	42.25	108
铁岭	Tieling	20.97	23.61	19.56	216
朝阳	Chaoyang	19.96	20.00	19.88	212
葫芦岛	Huludao	23.89	29.68	29.82	148
吉林	**Jilin**	**51.65**	**55.73**	**60.82**	
长春	Changchun	90.18	111.40	121.96	21
吉林	Jilin	46.17	49.09	50.56	90
四平	Siping	20.00	20.43	20.90	209
辽源	Liaoyuan	93.41	25.05	27.95	158
通化	Tonghua	35.11	33.94	36.69	120
白山	Baishan	39.63	41.01	57.31	74
松原	Songyuan	18.10	20.91	22.74	189
白城	Baicheng	20.83	22.46	23.20	182
黑龙江	**Heilongjiang**	**43.65**	**47.17**	**47.14**	
哈尔滨	Harbin	71.19	80.54	83.35	41
齐齐哈尔	Qiqihar	31.77	29.47	28.57	152
鸡西	Jixi	17.97	17.79	18.34	224
鹤岗	Hegang	31.16	32.72	33.18	135
双鸭山	Shuangyashan	20.72	22.08	22.21	199
大庆	Daqing	108.40	108.33	102.65	29
伊春	Yichun	47.81	58.77	68.45	56
佳木斯	Jiamusi	28.92	29.30	19.69	214
七台河	Qitaihe	22.29	23.63	23.60	179
牡丹江	Mudanjiang	26.72	31.44	27.74	160
黑河	Heihe	19.40	17.07	18.40	222
绥化	Suihua	18.05	21.81	21.06	208
上海	**Shanghai**	**482.09**	**485.65**	**504.75**	
江苏	**Jiangsu**	**59.41**	**61.60**	**87.60**	

16-29 每百人公共图书馆藏书量 续表 1
Collections of Public Libraries Per 100 Persons continued 1

单位：册、件 （copy、piece）

地名	City	2010	2011	2012	2012 排名 Ranking
南京	Nanjing	211.77	216.45	246.46	7
无锡	Wuxi	77.35	98.85	120.26	23
徐州	Xuzhou	27.73	24.74	24.39	173
常州	Changzhou	67.16	66.25	102.94	28
苏州	Suzhou	125.88	119.35	256.70	5
南通	Nantong	37.62	43.44	70.13	53
连云港	Lianyungang	34.64	39.51	51.63	84
淮安	Huaian	24.63	26.78	54.81	77
盐城	Yancheng	22.37	24.50	31.12	144
扬州	Yangzhou	48.61	46.28	61.54	66
镇江	Zhenjiang	73.44	79.56	102.06	30
泰州	Taizhou	32.02	33.03	38.04	116
宿迁	Suqian	11.50	11.75	16.12	244
浙江	**Zhejiang**	**82.01**	**94.56**	**109.46**	
杭州	Hangzhou	181.97	206.48	248.10	6
宁波	Ningbo	127.86	127.12	126.83	20
温州	Wenzhou	41.31	60.17	96.74	33
嘉兴	Jiaxing	123.28	147.73	172.33	11
湖州	Huzhou	81.16	95.96	77.78	47
绍兴	Shaoxing	59.21	60.75	66.49	58
金华	Jinhua	38.44	43.34	48.89	93
衢州	Quzhou	47.94	49.36	54.38	78
舟山	Zhoushan	79.26	99.80	106.81	26
台州	Taizhou	30.83	42.95	51.19	87
丽水	Lishui	50.99	64.06	52.82	80
安徽	**Anhui**	**16.40**	**20.05**	**30.96**	
合肥	Hefei	62.77	69.53	98.11	31
芜湖	Wuhu	27.10	25.98	35.39	125
蚌埠	Bengbu	11.82	12.89	13.32	261
淮南	Huainan	13.40	13.19	15.10	250
马鞍山	Maanshan	43.38	48.95	85.83	38
淮北	Huaibei	11.84	24.79	36.38	121
铜陵	Tongling	74.99	75.12	82.33	42
安庆	Anqing	15.61	17.64	32.61	137
黄山	Huangshan	33.37	36.86	45.36	100
滁州	Chuzhou	12.40	13.05	40.92	111
阜阳	Fuyang	3.94	4.85	5.43	280
宿州	Suzhou	3.15	3.59	8.15	272
六安	Liuan	6.65	7.31	25.10	170
亳州	Bozhou	5.61	5.74	6.77	278
池州	Chizhou	16.08	20.32	15.69	245
宣城	Xuancheng	23.24	25.23	26.08	164
福建	**Fujian**	**47.35**	**52.83**	**76.69**	
福州	Fuzhou	86.56	48.11	94.94	35
厦门	Xiamen	185.84	248.62	321.55	4
莆田	Putian	5.63	15.13	25.60	166
三明	Sanming	51.22	52.72	77.82	46
泉州	Quanzhou	38.23	65.52	64.49	64
漳州	Zhangzhou	21.01	21.62	32.42	138
南平	Nanping	42.88	48.92	84.46	39
龙岩	Longyan	24.88	43.58	74.84	50
宁德	Ningde	16.18	21.38	35.03	128
江西	**Jiangxi**	**33.21**	**33.49**	**39.25**	
南昌	Nanchang	87.53	82.60	113.87	24
景德镇	Jingdezhen	38.61	34.33	42.23	109
萍乡	Pingxiang	39.87	38.93	43.14	104
九江	Jiujiang	32.01	37.82	49.70	91
新余	Xinyu	46.69	49.25	51.45	85
鹰潭	Yingtan	25.26	25.16	30.40	146
赣州	Ganzhou	20.21	21.57	22.67	191
吉安	Jian	40.12	41.47	45.64	97
宜春	Yichun	28.43	20.39	21.24	207
抚州	Fuzhou	22.77	29.35	29.61	149
上饶	Shangrao	14.05	16.21	15.16	249
山东	**Shandong**	**47.78**	**48.61**	**45.51**	
济南	Jinan	155.81	163.03	188.34	9
青岛	Qingdao	58.17	61.45	68.92	55
淄博	Zibo	52.89	58.96	61.11	67
枣庄	Zaozhuang	26.67	28.69	27.18	162
东营	Dongying	39.43	43.02	66.06	59
烟台	Yantai	78.75	84.85	89.81	36
潍坊	Weifang	23.94	34.21	34.29	129
济宁	Jining	20.07	21.88	22.65	192
泰安	Taian	19.80	21.80	21.83	201
威海	Weihai	46.53	60.98	63.26	65
日照	Rizhao	12.30	14.05	14.20	256
莱芜	Laiwu	29.99	35.45	37.21	119
临沂	Linyi	51.33	28.32	28.71	151
德州	Dezhou	16.94	19.39	21.90	200
聊城	Liaocheng	90.72	89.72	16.13	243

16-29 每百人公共图书馆藏书量 续表 2
Collections of Public Libraries Per 100 Persons continued 2

单位：册、件 （copy、piece）

地名	City	2010	2011	2012	2012 排名 Ranking
滨州	Binzhou	31.89	33.91	38.33	114
菏泽	Heze	27.95	27.85	6.91	276
河南	**Henan**	**16.56**	**18.30**	**18.63**	
郑州	Zhengzhou	57.39	60.21	58.21	71
开封	Kaifeng	14.77	14.34	14.51	254
洛阳	Luoyang	19.15	22.08	23.19	184
平顶山	Pingdingshan	15.34	15.74	16.74	235
安阳	Anyang	16.65	17.58	19.85	213
鹤壁	Hebi	25.05	26.27	28.27	156
新乡	Xinxiang	17.44	17.83	18.17	225
焦作	Jiaozuo	19.46	24.98	23.69	177
濮阳	Puyang	16.10	13.01	13.27	262
许昌	Xuchang	20.34	20.77	21.51	202
漯河	Luohe	14.08	13.53	14.07	257
三门峡	Sanmenxia	30.48	62.94	65.41	62
南阳	Nanyang	11.71	12.42	9.89	270
商丘	Shangqiu	6.71	6.65	8.10	273
信阳	Xinyang	7.95	9.74	10.47	269
周口	Zhoukou	3.59	4.83	4.60	281
驻马店	Zhumadian	6.85	6.80	7.37	274
湖北	**Hubei**	**45.09**	**45.40**	**247.67**	
武汉	Wuhan	123.90	138.51	143.86	16
黄石	Huangshi	41.29	41.59	43.40	103
十堰	Shiyan	29.76	30.92	31.74	141
宜昌	Yichang	41.88	44.20	45.97	96
襄阳	Xiangfan	43.31	23.59	25.25	169
鄂州	Ezhou	33.93	36.74	37.40	118
荆门	Jingmen	20.31	16.46	35.49	123
孝感	Xiaogan	14.48	15.64	16.24	240
荆州	Jingzhou	16.17	16.78	16.38	239
黄冈	Huanggang	21.42	22.36	23.26	181
咸宁	Xianning	23.20	23.00	23.90	175
随州	Suizhou	86.46	86.35	87.54	37
湖南	**Hunan**	**28.31**	**33.80**	**34.55**	
长沙	Changsha	97.04	145.20	151.01	14
株洲	Zhuzhou	30.24	31.15	32.37	139
湘潭	Xiangtan	28.44	36.41	42.32	107
衡阳	Hengyang	19.20	20.83	22.28	197
邵阳	Shaoyang	17.81	17.77	17.76	230
岳阳	Yueyang	35.71	35.65	15.55	247
常德	Changde	21.17	21.61	22.24	198
张家界	Zhangjiajie	11.90	8.91	12.34	265
益阳	Yiyang	18.89	20.12	21.27	206
郴州	Chenzhou	16.71	16.78	20.79	210
永州	Yongzhou	14.43	14.10	18.36	223
怀化	Huaihua	19.89	23.31	30.38	147
娄底	Loudi	19.01	20.15	18.53	221
广东	**Guangdong**	**78.22**	**83.70**	**70.77**	
广州	Guangzhou	222.67	193.42		
韶关	Shaoguan	25.08	19.63	31.15	143
深圳	Shenzhen	883.40	930.16	937.24	1
珠海	Zhuhai	82.68	151.21	172.22	12
汕头	Shantou	46.23	50.11	51.76	83
佛山	Foshan	80.59	95.34	106.29	27
江门	Jiangmen	42.32	49.78	54.87	76
湛江	Zhanjiang	14.48	15.93	16.44	238
茂名	Maoming	8.14	8.37	8.63	271
肇庆	Zhaoqing	25.76	33.61	43.78	102
惠州	Huizhou	28.14	32.71	35.68	122
梅州	Meizhou	23.95	20.87	22.63	193
汕尾	Shanwei	4.96	4.93	6.97	275
河源	Heyuan	15.39	15.19	15.69	245
阳江	Yangjiang	21.45	22.29	23.29	180
清远	Qingyuan	20.10	20.72	22.41	195
东莞	Dongguan	385.65	553.12	545.29	2
中山	ZhongShan	72.13	86.11	82.23	43
潮州	Chaozhou	16.44	16.97	17.37	232
揭阳	Jieyang	9.91	10.64	17.41	231
云浮	Yunfu	22.92	22.68	22.93	188
广西	**Guangxi**	**33.85**	**32.27**	**38.95**	
南宁	Nanning	70.77	74.91	80.34	44
柳州	Liuzhou	34.56	41.38	51.01	88
桂林	Guilin	71.30	74.17	76.37	49
梧州	Wuzhou	29.11	29.21	30.72	145
北海	Beihai	29.97	29.72	31.71	142
防城港	Fangchenggang	27.73	28.56	32.00	140
钦州	Qinzhou	12.85	12.76	16.59	236
贵港	Guigang	9.74	12.28	14.57	253
玉林	Yulin	24.73	24.11	24.63	172
百色	Baise	28.67		35.44	124

16-29 每百人公共图书馆藏书量 续表 3
Collections of Public Libraries Per 100 Persons continued 3

单位：册、件 (copy、piece)

地名	City	2010	2011	2012	2012 排名 Ranking	地名	City	2010	2011	2012	2012 排名 Ranking
贺州	Hezhou	24.42	24.00	27.16	163	丽江	Lijiang	26.32	27.56	37.66	117
河池	Hechi	18.11	22.50	25.56	167	普洱	Puer	26.55	30.15	33.49	133
来宾	Laibin	17.92	15.82	19.55	217	临沧	Lincang	24.34	23.25	27.28	161
崇左	Chongzuo	27.98	2.72	27.84	159	**西藏**	**Tibet**				
海南	**Hainan**	**29.43**	**32.47**	**42.94**		拉萨	Lhasa				
海口	Haikou	27.43	27.46	28.47	155	**陕西**	**Shaanxi**	**29.30**	**31.52**	**35.30**	
三亚	Sanya	35.08	46.44	83.84	40	西安	Xi'an	57.04	61.97	76.92	48
重庆	**Chongqing**	**31.20**	**34.50**	**4.55**		铜川	Tongchuan	70.22	76.06	78.19	45
四川	**Sichuan**	**29.42**	**34.75**	**38.23**		宝鸡	Baoji	31.59	34.13	34.07	131
成都	Chengdu	105.53	132.32	139.97	18	咸阳	Xianyang	20.11	19.86	19.91	211
自贡	Zigong	11.84	10.33	13.49	260	渭南	Weinan	15.98	17.00	17.08	234
攀枝花	Panzhihua	50.55	55.94	66.78	57	延安	Yan'an	23.89	27.86	28.55	153
泸州	Luzhou	19.25	23.70	23.06	186	汉中	Hanzhong	14.81	18.22	18.14	226
德阳	Deyang	16.99	21.00	19.54	218	榆林	Yulin	27.71	27.68	28.54	154
绵阳	Mianyang	23.57	30.99	46.15	95	安康	Ankang	16.00	16.52	23.17	185
广元	Guangyuan	24.83	29.56	33.97	132	商洛	Shangluo	19.36	20.78	21.30	204
遂宁	Suining	9.81	10.40	12.31	266	**甘肃**	**Gansu**	**39.84**	**41.76**	**43.41**	
内江	Neijiang	9.91	12.30	16.20	242	兰州	Lanzhou	131.30	142.10	145.65	15
乐山	Leshan	13.50	14.16	16.22	241	嘉峪关	Jiayuguan	52.75	61.70	60.73	68
南充	Nanchong	12.45	12.67	13.22	263	金昌	Jinchang	30.55	61.17	74.24	51
眉山	Meishan	6.19	6.27	6.79	277	白银	Baiyin	29.38	28.98	35.17	126
宜宾	Yibin	20.82	20.74	18.08	227	天水	Tianshui	24.54	21.92	21.29	205
广安	Guangan	36.98	34.17	38.85	113	武威	Wuwei	18.82	16.77	18.00	229
达州	Dazhou	12.98	14.62	15.41	248	张掖	Zhangye	47.92	49.27	52.66	81
雅安	Yaan	37.25	44.04	45.62	98	平凉	Pingliang	18.55	18.88	19.66	215
巴中	Bazhong	10.31	12.02	11.21	268	酒泉	Jiuquan	46.96	48.64	50.59	89
资阳	Ziyang	12.01	12.42	19.53	219	庆阳	Qingyang	22.53	22.06	23.83	176
贵州	**Guizhou**	**24.43**	**17.87**	**27.63**		定西	Dingxi	21.77	21.67	24.74	171
贵阳	Guiyang	65.93	56.55	65.36	63	陇南	Longnan	22.68	26.17	23.20	182
六盘水	Liupanshui	11.00	11.67	12.71	264	**青海**	**Qinghai**	**130.21**	**100.99**	**113.37**	
遵义	Zunyi	16.07	17.24	49.26	92	西宁	Xining	130.21	100.99	113.37	25
安顺	Anshun	13.19	12.19	14.91	251	**宁夏**	**Ningxia**	**70.99**	**75.24**	**75.88**	
毕节	Bijie		8.74	6.28	279	银川	Yinchuan	163.41	173.77	171.93	13
铜仁	Tongren		11.56	18.08	227	石嘴山	Shizuishan	50.25	63.96	72.68	52
云南	**Yunnan**	**23.43**	**27.29**	**25.71**		吴忠	Wuzhong	46.40	51.43	59.39	70
昆明	Kunming	30.57	43.75	41.46	110	固原	Guyuan	32.26	31.68	32.81	136
曲靖	Qujing	16.44	17.59	17.37	232	中卫	Zhongwei	38.69	32.96	18.84	220
玉溪	Yuxi	72.33	82.74	56.52	75	**新疆**	**Xinjiang**	**92.57**	**145.18**	**151.13**	
保山	Baoshan	20.97	22.03	24.34	174	乌鲁木齐	Urumqi	87.93	110.61	120.67	22
昭通	Zhaotong	2.84	2.87	3.03	282	克拉玛依	Karamay	122.63	373.08	360.03	3

主要社会经济指标解释

行政区域土地面积 是指在该行政区划内的全部土地面积(包括水面面积)。计算土地面积以行政区划为准。

常住人口 包括：(1)住本户，户口在本乡、镇、街道的人(含户口在本户，外出不满半年的人)；(2)住本户半年以上，户口在外乡、镇、街道的人；(3)住本户不满半年，户口在外乡、镇、街道，离开户口登记地半年以上的人；(4)住本户，户口待定的人。

地区生产总值(GRP) 指按市场价格计算的一个地区所有常住单位在一定时期内生产活动的最终成果。

地方财政一般预算收入 包括(1)税收收入；(2)社会保险基金收入；(3)非税收入；(4)贷款转回收本金收入(5) 转移性收入。

地方财政一般预算内支出 包括：(1)一般公共服务；(2)外交；(3)国防；(4)公共安全；(5)教育；(6)科学技术；(7)文化体育与传媒；(8)社会保障和就业；(9)社会保险基金支出；(10)医疗卫生；(11)环境保护；(12)城乡社区事务；(13)农林水事务；(14)交通运输；(15)工业商业金融等事务；(16)其它支出；(17)转移性支出。

住宅 指专供居住的房屋，包括别墅、公寓、职工家属宿舍和集体宿舍（包括职工单身宿舍和学生宿舍）等，但不包括住宅楼中作为人防用、不住人的地下室等。住宅按照性质可以划分为普通住房、经济使用住房和别墅、高档公寓。

专利申请受理量 指经专利部门初步审查后符合受理条件的专利申请量。

专利申请授权量 指经专利部门审查合格后，一句专利法授予申请人对申请项目专有权的专利申请数量。

中等职业学校 是指按国家规定的设置标准和审批程序批准建立的，招收初中（或部分高中）毕业生或同等学历者，实施中等职业技术教育，培养中等职业技术人才的学校。招收初中毕业生的，修业年限一般为三至四年；招收高中毕业生的，修业年限一般为二年至三年。包括中等专业学校、技工学校、职业中学（高中）等。统计中等职业学校时应注意，已承担培养学生任务的中等职业技术学校和独立设置的高等学校中专部或中专学校计算校数。正在筹建、尚未招生的中等职业学校和高等学校附设的中专班不计校数。

专任教师 指主要从事教学工作的人员。包括临时（一年以内）调去帮助做其它工作的教学人员。高等学校函授部、夜大学的专任教师和承担科研任务，未担任教学工作仍属教师编制的人员，应计入专任教师中。不包括调离教学岗位，担任行政领导工作或其他工作的原教学人员。

医院、卫生院床位数 指各级各类医院本年 10 月底的固定实有床位（非编制床位）。包括正规床、简易床、监护床和正在消毒、修理的床位及因扩建或大修理而停用的床位（按扩建或大修理前的床位计算），但不包括产科的新生儿床、库存床、临时增设的床位、病人家属的陪床、接产室的待产床等。

公共图书馆图书总藏量 指图书馆已编目的古籍、图书、期刊和报纸的合订本、小册子、手稿以及缩微制品、录像带、录音带、光盘等听视文献资料数量总和。